Mise à jour

pwc

INCLUS dans votre abonnement :
la **version numérique** de votre Mémento sur le web
ou sur tablette et mobile.

Votre code personnel d'activation est disponible
en première page de cet ouvrage.

Et aussi, chaque mois par :

- Le **FRC** (Feuillet Rapide Comptable) :
la revue qui met à jour en continu votre Mémento.

- Le **NAVIS Comptable Conso France/IFRS** :
un outil unique pour maîtriser la comptabilité et ses évolutions
tant en règles françaises qu'en normes IFRS.

Rendez-vous sur notre boutique en ligne pour en savoir plus :
www.efl.fr

FRC Hors série 2/24
Du résultat comptable au résultat fiscal :
les retraitements spécifiques aux fusions,
apports partiels d'actif etTUP

EDITIONS FRANCIS LEFEBVRE

10, place des Vosges
92400 COURBEVOIE

ISBN 978-2-36893-695-5

MÉMENTO EXPERT

FUSIONS & ACQUISITIONS

24

Aspects stratégiques et opérationnels
Comptes sociaux et Résultat fiscal
Comptes consolidés en normes IFRS

A jour au 1er avril 2024

EDITIONS
FRANCIS LEFEBVRE

Auteur pwc

PwC est également auteur
des Mémentos Comptable, Comptes consolidés et IFRS pwc

Aspects stratégiques et opérationnels (page 15)

Sous la direction des experts du
Pôle Transactions (Deals)

et la coordination de
Stéphanie BERRA

Comptes sociaux et Résultat fiscal (page 267)

Sous la direction de
Marie-Jeanne MORVAN
Leader technique
Règles Comptables françaises

la supervision technique de
Bénédicte LE MAUX
Expert-comptable,
Commissaire aux comptes,
Deal Structuring
and Tax accounting

et la coordination de
Tatiana OVSYANNIKOVA
Spécialiste Règles françaises

Comptes consolidés en normes IFRS (page 1011)

Sous la direction de
Bertrand BALOCHE
Responsable
de la direction technique

la supervision technique de
Anne GIZARDIN et
Selim MAHJOUBI
Responsables techniques IFRS

et la coordination de
Joëlle MOUGHANNI et
Liza THÉRACHE AIT-KHALED
Responsables Publications IFRS

et pour la responsabilité de la gestion administrative de l'ouvrage
Muthoni MEYER

Créateur du Mémento Fusions & Acquisitions en 2009 : **Claude LOPATER**, *ancien associé PwC*

PLAN GENERAL DE L'OUVRAGE

Introduction générale

Liste des principales abréviations

PREMIERE PARTIE ASPECTS STRATÉGIQUES ET OPÉRATIONNELS

INTRODUCTION DE LA PARTIE

Table alphabétique*

DEUXIEME PARTIE COMPTES SOCIAUX, RÉSULTAT FISCAL, CONTRÔLE ET INFORMATION

TITRE I Traitement comptable et fiscal dans les comptes sociaux

* Liserés gris

INTRODUCTION GENERALE

Seizième édition du Mémento Fusions & Acquisitions

Plus de 900 Questions/Réponses pour couvrir les aspects stratégiques et opérationnels, les comptes sociaux et le résultat fiscal, les comptes consolidés en normes IFRS.

Parce que les acquisitions, les cessions et les restructurations constituent une stratégie de croissance fondamentale pour les entreprises et l'organisation des groupes,

Parce que ces transactions sont soumises à des règles complexes (juridiques, fiscales, sociales, comptables),

Parce que l'actualité peut modifier en permanence l'économie et l'optimisation d'une transaction, l'environnement réglementaire, les due diligences à réaliser...

Ce Mémento est entièrement dédié aux Fusions & Acquisitions. Il est rédigé sous forme de Questions/Réponses et se compose de **trois parties complémentaires.**

1re partie : Aspects stratégiques et opérationnels

Rédigée par les experts du Pôle Transactions de PwC (voir page 15), cette partie répond aux questions auxquelles une entreprise est confrontée tout au long des processus de fusions-acquisitions et propose plus de 250 Questions/Réponses abordant successivement les étapes suivantes :
- Comment identifier les cibles ?
- Comment évaluer une cible ?
- Comment négocier et conclure une acquisition ?
- Comment intégrer et optimiser une acquisition ?
- Comment conduire un processus de cession ?

2e partie : Comptes sociaux, résultat fiscal, contrôle et information

Rédigée par les auteurs du Mémento Comptable (voir page 267), cette partie analyse toutes les incidences sur les comptes sociaux et le résultat fiscal des opérations de restructuration : fusions, apports partiels d'actif, apports-cessions, transmissions universelles de patrimoine, scissions, etc.

Près de 400 Questions/Réponses y sont développées ainsi que de nombreux exemples et tableaux de synthèse.

Cette partie est également illustrée par des écritures comptables à passer et des retraitements fiscaux à effectuer.

Le contrôle externe des fusions et des opérations assimilées est également abordé, avec le rôle des commissaires à la fusion, aux apports et des commissaires aux comptes.

A jour :
- **de la réforme du régime juridique des fusions, scissions et apports** (Ord. 2023-393 du 24-5-2023 et Loi « DDADUE » 2024-364 du 22-4-2024) portant notamment sur les nouveaux types d'opérations (nouvelle scission partielle, nouveau cas de fusion sans échange de titres) et sur le nouveau cadre instauré pour les opérations transfrontalières au sein de l'Union européenne. Les modifications apportées incluent l'éclairage de la doctrine juridique sur ces nouveautés (positions Ansa notamment) ;

– du **règlement ANC no 2023-08** homologué par arrêté du 26 décembre 2023, intégrant, dans le Plan comptable général et le Recueil des normes comptables de l'ANC, les conséquences comptables de cette réforme du régime juridique des fusions, scissions et apports ;

– des derniers développements de la jurisprudence fiscale en matière de transfert de déficits.

Enfin, cette partie traite des aspects pratiques relatifs à l'**information** comptable et financière. Dans ce cadre, un **échéancier** indispensable au suivi des opérations reprend toutes les étapes à suivre pour réaliser une fusion.

3e partie : Comptes consolidés en normes IFRS

Rédigée par les auteurs du Mémento IFRS (voir page 1011), cette partie présente l'incidence sur les comptes consolidés IFRS des opérations de croissance externe et désinvestissement, accords signés et options (prise de contrôle, partenariats, influence notable, etc.). Ces opérations sont traitées par les normes listées ci-après. Les dispositions de ces normes sont détaillées sous la forme d'un « Essentiel de la norme » complété par près de 230 Questions/Réponses consacrées aux :

– Etats financiers consolidés (IFRS 10) ;

– Partenariats (IFRS 11) ;

– Participations dans des entreprises associées et des joint ventures (IAS 28) ;

– Regroupements d'entreprises (IFRS 3), y compris les transactions entre entreprises sous contrôle commun ;

– Variations de périmètre dans une filiale et dans une entreprise mise en équivalence ;

– Options sur titres consolidés ou mis en équivalence ;

– Informations à fournir sur des intérêts détenus dans d'autres entités (IFRS 12).

Basée sur les informations disponibles au 31 décembre 2023, cette partie intègre l'actualité de l'année, notamment :

– les décisions de l'IASB sur les projets en cours, avec, en particulier, l'évolution vers le stade de normalisation des projets « Goodwill et dépréciation » (qui vise à accroître l'utilité de l'information fournie aux investisseurs concernant les regroupements d'entreprises) et « Equity Method » (qui vise à apporter des réponses aux difficultés d'application de la méthode de la mise en équivalence) ;

– les décisions de l'IFRS Interpretation Committee (IFRS IC) ;

– les décisions de l'ESMA ;

– les recommandations de l'AMF ;

– et les problématiques issues de la pratique.

Au cours de l'année, les Questions/Réponses de cette partie sont mises à jour en lien avec l'actualité dans le Navis Comptable Conso France/IFRS (disponible sur www.efl.fr).

Remerciements particuliers

Plus que tout autre ouvrage, ce Mémento, par son caractère pluridisciplinaire, constitue un travail d'équipe.

Nous souhaitons ainsi spécialement remercier :

- **les experts du Pôle Transactions (Deals) de PwC** (partie 1 « Aspects stratégiques et opérationnels ») ;
- **Bénédicte Le Maux,** Deal Structuring and Tax accounting (partie 2 « Comptes sociaux et Résultat fiscal ») ;
- **au sein du Département technique Règles françaises et IFRS de PwC** :
  • **Alice Benhamou-Chocron, Stéphanie Berra, Modestine Gaspard, Tatiana Ovsyannikova** et **Axelle Vigne,** pour la partie 2 « Comptes sociaux et Résultat fiscal »,
  • **Anne Gizardin, Selim Mahjoubi, Lisa Merillat, Joëlle Moughanni, Tanguy Rannou** et **Liza Thérache Aït-Khaled,** pour la partie 3 « Comptes consolidés en normes IFRS »,
  • **Muthoni Meyer,** pour la coordination et la gestion administrative de l'ouvrage,
  • **Marie-Claude Canavaggio** et **Charlotte de Zutter,** pour la gestion documentaire ;
- **Frédéric Danos**, Professeur de droit privé à l'université de Tours, of counsel, PwC Société d'Avocats ;
- **Me Lionel Flin, Avocat,** pour ses avis et conseils en matière fiscale.

Le 1er avril 2024

Marie-Jeanne Morvan, Leader technique Règles comptables françaises

Bertrand Baloche, Responsable de la direction technique

LISTE DES PRINCIPALES ABREVIATIONS

AGO/AGE	Assemblée générale ordinaire/extraordinaire
AMF	Autorité des marchés financiers
AN	Journal officiel débats parlementaires Assemblée nationale
ANC	Autorité des normes comptables (ex-CNC)
Ansa	Association nationale des sociétés par actions
APA	Apport partiel d'actif
Art.	Article
ASC	Accounting Standards Codification (codification des normes comptables américaines)
BFR	Besoin en fonds de roulement
BODGI	Bulletin officiel de la direction générale des impôts
Bofip	Bulletin officiel des finances publiques
BSA	Bon de souscription d'actions
Bull. CNCC EC, EJ	Bulletin de la CNCC – Chronique de la commission des études comptables ou de la commission des études juridiques
C. com. art. L ou R	Code de commerce (partie législative ou réglementaire)
C. déont.	Code de déontologie
C. déont. com.	Code de déontologie de la profession de commissaire aux comptes
C. mon. fin.	Code monétaire et financier
CAA	Cour administrative d'appel
CE	Conseil d'Etat
CESR	Committee of european securities regulators (Comité européen des régulateurs de marché, devenu l'ESMA)
CGI	Code général des impôts
CNC	Conseil national de la comptabilité (devenu ANC)
CNCC	Compagnie nationale des commissaires aux comptes
CNOEC	Conseil national de l'ordre des experts-comptables
COB	Commission des opérations de bourse (devenue AMF)
CRC	Comité de la réglementation comptable (devenu ANC)
CSE	Comité social et économique
CU CNC	Comité d'urgence du Conseil national de la comptabilité
D. adm.	Documentation administrative
DCF	Discounted cash flow
DGFiP	Direction générale des finances publiques
DLF	Direction de la législation fiscale
DP	Discussion paper
EBIT	Earnings before interests and taxes
EBITDA	Earnings before interests, taxes, depreciation and amortization
ED	Exposure draft (exposé-sondage)
EECS	European enforcers coordination sessions
EFRAG	European financial reporting advisory group (niveau technique du mécanisme européen d'adoption des normes IFRS)
EIP	Entité d'intérêt public
ERP	Enterprise resources planning
ESMA	European securities and markets authority (ex-CESR)
FAS	Financial accounting standard (ancienne dénomination des normes américaines désormais recodifiées ASC – Accounting Standards Codification)
FASB	Financial accounting standards board
FRC	Feuillet rapide comptable (Ed. Francis Lefebvre)
HTM	Held to maturity
IAS	International accounting standard
IASB	International accounting standards board (comité exécutif de *l'IASC*)

IASB Update	Bulletin d'information mensuel présentant un compte rendu des décisions du Board de l'IASB
ASC	International accounting standards committee
IFRIC	International financial reporting interpretations committee (comité d'interprétation remplaçant le SIC depuis mars 2002 et devenu IFRS IC)
IFRIC Update	Bulletin d'information mensuel présentant un compte-rendu des décisions de l'IFRIC
IFRS	International financial reporting standards
IFRS IC	IFRS Interpretation Committee (comité d'interprétation des IFRS (ex-IFRIC))
IG	Intégration globale (méthode de consolidation)
IP	Intégration proportionnelle (méthode de consolidation)
IR (dans Recueil ANC)	Commentaire infra-réglementaire d'un article du PCG, issu du Recueil des normes comptables de l'ANC
IT	Information Technology
JV	Joint venture
LBO	Leverage buy-out
MEQ	Mise en équivalence (méthode de consolidation)
MoU	Memorandum of understanding
NAF	Nomenclature des activités françaises (code NAF)
NDA	No disclosure agreement
NEP	Norme d'exercice professionnel (commissariat aux comptes)
OCA	Obligation convertible en actions
OEC	Ordre des experts-comptables
OPA	Offre publique d'achat
OPCVM	Organisme de placement collectif en valeurs mobilières
OPE	Offre publique d'échange
ORA	Obligation remboursable en actions
Ord.	Ordonnance
PCG	Plan comptable général
PPA	Purchase price allocation (allocation du prix d'acquisition)
Rec.	Recommandation
Règl.	Règlement (exemple : Règl. ANC)
Rép.	Réponse ministérielle
SEC	Securities and exchange commission
Sén.	Journal officiel débats parlementaires Sénat
SIC	Standing interpretations committee de l'IASC (devenu IFRIC, puis IFRS IC)
SIIC	Société d'investissement immobilier cotée
SPA	Share purchase agreement
SPI	Société à prépondérance immobilière
TA	Tribunal Administratif
TSA	Transitional service agreement
TUP	Transmission universelle de patrimoine (dissolution par confusion de patrimoine)
UGT	Unité génératrice de trésorerie
US GAAP	United States generally accepted accounting principles
VMP	Valeur mobilière de placement
VDD	Vendor due diligence

PREMIERE PARTIE

Aspects stratégiques et opérationnels

Introduction de la partie

* Liseré gris

Auteur pwc

Aspects stratégiques et opérationnels

Les experts
du Pôle Transactions (Deals), PwC

INTRODUCTION DE LA PARTIE

« ASPECTS STRATEGIQUES ET OPERATIONNELS »

(1re Partie du Mémento Fusions & Acquisitions 2024)

Notre motivation principale en rédigeant cet ouvrage a été de **partager notre expérience** des problématiques les plus couramment rencontrées par les acheteurs et les vendeurs au cours d'un **processus transactionnel.** Décrire un processus de fusions-acquisitions s'avère en pratique une tâche particulièrement complexe, tant la diversité des situations, la pluralité des structures de transaction possibles et les différences d'une entreprise à l'autre, en termes de taille, de maturité et de couverture géographique démultiplient les cas de figure.

Aussi, pour répondre de manière simple et complète aux questions que se posent les entreprises en matière de fusions-acquisitions, plusieurs partis pris ont été retenus.

1. En premier lieu, il nous est apparu qu'un exposé **sous la forme de questions-réponses synthétiques** permettait d'introduire plus de fluidité et de convivialité pour le lecteur.

Afin de mieux traduire la complexité de chaque sujet, chaque question a été traitée selon une approche multidisciplinaire par une équipe de **spécialistes en transactions.** Cette approche est le **reflet fidèle de notre pratique quotidienne** de l'accompagnement des transactions, qui consiste à conjuguer, au gré des besoins de nos clients, des compétences de toute nature : stratégique, opérationnelle, financière, juridique, fiscale, comptable, en matière de négociation, de contrôle interne...

Dans un souci de simplification, cet ouvrage n'aborde que de manière accessoire les **particularités de l'approche sectorielle.** Le lecteur doit toutefois garder à l'esprit que conduire avec succès une transaction dans des secteurs aussi différents que l'automobile ou celui des biotechnologies par exemple, exige des approches spécifiques, notamment en termes de valorisation financière, d'appréciation des synergies opérationnelles et des zones de risque associées.

2. En second lieu, pour plus de clarté, **la structure de l'ouvrage suit un ordre chronologique, rythmé par les cinq étapes du « deal continuum ».** Selon ce modèle, une entreprise souhaitant réaliser des opérations de fusions-acquisitions est généralement confrontée aux questions suivantes :

- **Comment identifier des cibles ?** Pour répondre à quels objectifs de développement et suivant quels critères, avec quelles méthodes, pourquoi et comment choisir un conseil en fusions-acquisitions, comment organiser les premiers contacts avec le vendeur potentiel et le management de la cible...
- **Comment évaluer une cible ?** Quelles techniques d'évaluation financière utiliser, comment valoriser les synergies, pourquoi et comment prendre en compte les normes comptables relatives à l'allocation du prix d'acquisition, aux regroupements d'entreprises, quels sont les effets des problématiques de concentration ou de celles liées au mode de financement...
- **Comment négocier et conclure une acquisition ?** Pourquoi et comment réaliser ou faire réaliser des due diligences, comment appréhender les risques de la cible au niveau commercial, financier, opérationnel, juridique, fiscal, social, actuariat, systèmes d'information, environnement..., comment traduire le résultat des due diligences dans les négociations avec les vendeurs et les accords avec les banques de financement, comment structurer une transaction, comment conduire des négociations, comment rédiger un contrat d'acquisition, comment prendre en compte dans ce processus les particularités des entreprises en difficulté ou des sociétés cotées... sur quels critères décider de

l'abandon ou de la poursuite de la transaction et quelles garanties demander, pourquoi et comment mettre en place une bonne gouvernance en IFRS pour prendre des décisions adéquates...

- **Comment intégrer et optimiser une acquisition ?** Comment intégrer une acquisition en créant de la valeur, comment réaliser les synergies, comment procéder à l'intégration d'un point de vue juridique et fiscal, comment gérer les clauses de prix et les garanties de passif...

- **Comment conduire un processus de cession ?** Pourquoi et comment préparer une cession, comment identifier les acquéreurs potentiels, comment gérer les organes représentatifs du personnel, quand et comment informer les salariés, quelles informations préparer et fournir aux acquéreurs potentiels, à quel moment faut-il conduire des due diligences vendeur, comment rédiger un contrat de cession, comment préparer une cotation sur un marché financier...

3. Enfin, cet ouvrage ne serait pas opérationnel sans mettre en évidence certaines problématiques pouvant impacter les opérations de fusions-acquisitions, notamment :
- les enjeux liés à la **cybersécurité** (notamment les **attaques par « ransomware »**) et à la **directive NIS 2 (« Network and Information Security »)**, visant à assurer un niveau de cybersécurité élevé et commun dans l'ensemble de l'UE ;
- les opportunités des outils de **Data Analytics** liés à la technologie de l'**IA (Intelligence artificielle)** ;
- l'intégration des **éléments ESG** (Environnemental, Social, Gouvernance) dans les processus d'acquisition et en post deal, ainsi que les enjeux liés à la **directive CSRD (« Corporate Sustainability Reporting Directive »)** qui impose de nouvelles obligations de publication d'**informations de durabilité** ;
- le nouveau cadre de **régulation des plateformes numériques** avec le règlement européen **DMA (« Digital Markets Act »)** qui comporte des dispositions relatives au **contrôle des concentrations**.

La rédaction de cet ouvrage puise dans l'**expérience** du **pôle Transactions de PwC, leader en France dans le domaine du conseil et de l'accompagnement des entreprises réalisant des opérations de fusions-acquisitions, qui intervient chaque année dans plusieurs centaines de transactions.**

Autant de savoir-faire que nous avons souhaité partager avec vous tout au long de cette partie « Aspects stratégiques et opérationnels » du Mémento Fusions & Acquisitions 2024.

Le 1er avril 2024

Les experts du Pôle Transactions (Deals)

PwC

CHAPITRE 1

Comment identifier des opportunités d'acquisition ?

Plan du chapitre

Plan du chapitre (suite et fin)

SECTION I

Stratégies de développement : comment choisir entre la croissance externe et la croissance organique ?

Avantages et inconvénients des différentes options de croissance

1110 ***Question***

Quelles sont les différentes options de croissance pour une entreprise et leurs principaux avantages et inconvénients ?

Réponse Schématiquement, la **croissance d'une entreprise** peut être réalisée de trois façons potentiellement complémentaires :
- la croissance organique ;
- la croissance externe (les fusions-acquisitions) ;
- les alliances stratégiques.

Le choix entre ces trois options dépend de la situation et de l'environnement dans lesquels se trouve l'entreprise.

1. **La croissance organique** est l'option de croissance la plus « naturelle ». Elle présente en effet de nombreux avantages :
- elle permet à l'entreprise d'avoir une expansion mesurée et progressive dans la continuité de son activité historique ;
- elle offre la possibilité au dirigeant de conserver la pleine maîtrise de sa stratégie et de ses moyens, puisqu'il reste le seul maître à bord ;
- elle n'entraîne pas les coûts liés à la gestion des opérations de croissance externe ou aux problématiques d'intégration post-acquisition ;
- elle préserve la stabilité des structures et de l'organisation en place et, dans ce cadre, est généralement plus motivante pour les salariés, qui peuvent se voir proposer de nouvelles opportunités de carrière.

La croissance organique est l'option de croissance la moins traumatisante et la moins risquée pour l'entreprise, et reste en toute logique une voie à privilégier.

Néanmoins, ce mode de croissance requiert du temps que l'entreprise n'a pas nécessairement, surtout si, en parallèle, les concurrents réalisent des opérations de croissance externe. La croissance organique exige également des ressources financières, puisque la croissance du chiffre d'affaires nécessite généralement des investissements, et de pouvoir financer un accroissement du besoin en fonds de roulement. Enfin, la croissance organique est par nature aléatoire, notamment lorsque l'entreprise sort de son domaine d'expertise ou de son cœur de métier, par exemple pour partir à la conquête de nouveaux marchés, nouveaux pays, nouveaux produits ou services, nouveaux métiers, nouveaux canaux de distribution, nouveaux segments de clients, etc., ou lorsque le marché sur lequel l'entreprise est positionnée ou souhaite se développer est en rapide et profonde mutation.

La croissance organique peut également s'avérer difficile en raison de la conjoncture économique, des spécificités du marché visé – en particulier de son degré de maturité – ou encore de l'environnement réglementaire et technologique.

2. **La croissance externe** : lorsque la croissance organique est limitée, un recours à la croissance externe en complément peut s'avérer pertinent. Il se justifie en particulier lorsque l'entreprise a besoin d'aller vite, la rapidité étant l'un des avantages majeurs de la croissance externe, que ce soit pour prendre des parts de marché aux concurrents, acquérir des capacités de production supplémentaires, développer rapidement un savoir-faire spécifique ou une nouvelle technologie, pénétrer un nouveau marché dans lequel les barrières à l'entrée sont élevées, gagner de nouveaux clients ou changer de dimension dans un marché en consolidation. Ce mode de croissance peut également permettre un « choc psychologique » et servir de catalyseur à une rationalisation des actifs.

La croissance externe nécessite un soin particulier dans la sélection et l'intégration de la cible afin de minimiser le risque de choc des cultures et faire jouer toutes les synergies comme une optimisation de l'organisation commerciale ou industrielle, une réduction des coûts par la mutualisation des fonctions support ou de meilleures conditions d'approvisionnement.

3. **Les alliances stratégiques** sont une troisième voie qui peut s'offrir à l'entreprise en quête de croissance. Cette voie n'est pas couverte spécifiquement par cet ouvrage, cependant, la plupart des sujets qui y sont abordés restent pertinents. Ce mode de croissance présente l'avantage d'être plus flexible. En effet, elle peut par exemple ne concerner qu'une fonction ou une activité de l'entreprise. Elle est également réversible et généralement moins onéreuse puisqu'il n'y a pas de coût de gestion de l'opération ni de prime payée à l'acquisition. A l'inverse, ce mode de croissance reste fragile dans la mesure où les bénéfices induits, partagés avec le partenaire, peuvent disparaître très rapidement avec le retrait de celui-ci.

En synthèse, les **avantages et inconvénients de chaque option** peuvent être résumés comme suit :

	Principaux avantages	Principaux inconvénients
Croissance organique	– Simplicité de réalisation (« business as usual ») – Stabilité de l'organisation en place – Contrôle des opérations (gouvernance inchangée) – Motivation des salariés	– Relative lenteur – Consommation de ressources financières (augmentation du besoin en fonds de roulement, coûts de lancement...) – Mode de croissance peu adapté aux marchés matures, mal connus, en transformation, ou aux barrières à l'entrée élevées
Croissance externe	– Rapidité de réalisation – Bénéfice/impact immédiat – Synergies/rationalisation – « Choc psychologique »	– Réalisation plus complexe – Coût d'acquisition – Risque de démotivation des salariés et de choc des cultures entre les équipes
Alliance stratégique	– Flexibilité – Réversibilité – Coût	– Partage des bénéfices – Bénéfice fragile (risque de conflit avec le partenaire)

Différentes stratégies de croissance externe

1115 ***Question***

Quels sont les différents types d'acquisitions possibles dans le cadre d'une croissance externe ?

Réponse Une entreprise peut généralement opter entre **deux types de stratégie** de croissance externe, en fonction notamment de ses objectifs et de ses besoins :
- **l'intégration verticale** : cette stratégie de croissance externe consiste à rapprocher deux entreprises d'un même secteur mais dont les opérations et activités se situent à différents niveaux de la chaîne de valeur. La croissance dite « verticale » de l'entreprise peut ainsi passer par l'acquisition de ses fournisseurs ou même de ses clients, ce qui peut lui permettre à terme d'intégrer tout ou partie de la marge réalisée par eux ;
- **l'intégration horizontale** consiste, quant à elle, à acquérir des entreprises ayant un positionnement et une activité similaires sur la chaîne de valeur. Dans ce cas, il s'agit pour l'entreprise de consolider ses parts de marché et de réaliser des économies d'échelle, en procédant par exemple à l'acquisition d'un concurrent direct.

Ces stratégies d'intégration verticale et horizontale peuvent se décliner sous différentes formes en fonction de l'orientation stratégique retenue. L'entreprise peut par exemple choisir un développement soit sur le marché domestique, soit à l'international.

Le management aura aussi le choix de procéder à une opération de croissance externe portant sur la majorité du capital de sa cible ou sur une prise de participation minoritaire.

Avantages et inconvénients des prises de participation majoritaires

1120 ***Question***

Quels sont les principaux avantages et inconvénients liés à une prise de participation majoritaire ?

Réponse Les principaux **avantages d'une prise de participation majoritaire** résident dans :
- l'obtention du contrôle de la société cible : l'actionnaire majoritaire étant en mesure de décider de la gestion et de la stratégie de l'entreprise, notamment à travers le choix des dirigeants. Son contrôle ne sera limité que si l'ensemble des minoritaires réunissent une minorité de blocage : 33,33 % dans le cas d'une SA ; 25 % ou 33,33 % dans celui d'une SARL, selon que cette dernière a été constituée avant ou après le 4 août 2005 ;
- la maîtrise de l'opération de rapprochement : le nouvel actionnaire majoritaire va en effet pouvoir imprimer le rythme du processus d'intégration et choisir le niveau de celui-ci ;
- une mise en œuvre plus aisée des synergies opérationnelles ;
- la possibilité d'opter pour l'intégration fiscale à partir d'une détention de 95 % des titres de la cible. Ce mécanisme permet notamment de réduire de 5 à 1 % la quote-part de frais et charges imposable à raison des dividendes distribués entre les sociétés membres du même groupe d'intégration fiscale depuis plus d'un exercice ou en provenance de filiales européennes soumises à un impôt équivalent à l'IS dès lors qu'elles satisfont, depuis plus d'un exercice, aux conditions posées pour appartenir au même groupe fiscal que la mère autres que l'assujettissement à l'impôt sur les sociétés (CGI art. 145 et 216 modifié par l'article 52 de la loi 2023-1322 du 29-12-2023) ;
- dans le cas d'une société cotée, l'actionnaire majoritaire détenant plus de 95 % des droits de vote a la possibilité de réaliser une offre publique de retrait, éventuellement suivie

d'une offre de retrait obligatoire permettant d'acquérir l'intégralité des titres de la société cible.

Les principaux **inconvénients d'une prise de participation majoritaire** résident dans :
- le versement d'une prime de contrôle payée au-delà de la valeur intrinsèque de la société, au moment de l'acquisition ;
- une complexité potentielle plus importante lors de l'exécution en cas de présence de minoritaires. Lorsqu'une cession de 100 % des titres est envisagée, l'actionnaire majoritaire devra s'employer à convaincre les actionnaires d'effectuer une sortie conjointe. Ce cas de figure est parfois prévu par l'insertion d'une clause permettant de forcer la vente des titres (ou clause de « drag along ») dans le pacte d'actionnaires de la société cible.

Par ailleurs, dans l'hypothèse où l'opération envisagée ne concernerait pas la totalité du capital de la cible, une attention particulière devra être portée au sort des actionnaires minoritaires afin de clarifier leur rôle le plus en amont possible : sont-ils sortants à terme ? Veulent-ils jouer un rôle actif ou être de simples actionnaires dormants (« sleeping partners ») ? L'anticipation de ces questions en amont permettra de clarifier et de faciliter les relations entre actionnaires. A cet égard, les actionnaires auront tout intérêt à donner un cadre juridique à leurs relations, par une modification des statuts et/ou la mise en place d'un pacte d'actionnaires.

Autres stratégies de croissance externe

1125 ***Question***

Hormis l'acquisition de l'intégralité des titres d'une société, quelles sont les stratégies de croissance externe possibles ?

Réponse Les autres stratégies de croissance externe possibles sont les suivantes :
- la prise de participation minoritaire résultant de l'acquisition de moins de 50 % des titres de la société cible. L'acquéreur pourra à terme monter au capital de la cible, s'il adopte une stratégie de prise de participation progressive ;
- l'achat d'une quote-part du capital de la société cible à un prix d'acquisition déterminé suivi de l'acquisition ultérieure du solde sur la base des résultats futurs de la cible. Ce mécanisme est en général défini par la clause dite de complément de prix (« earn-out ») au moment de l'acquisition ;
- l'achat du seul fonds de commerce de la cible ;
- la création d'une entreprise commune (« joint venture ») avec une autre société. Cette entreprise commune pourra être détenue à parts variables par les deux sociétés.

Les opérations de prise de participation minoritaire relèvent d'une stratégie différente de celle d'une prise de participation majoritaire. L'entrée au capital en tant que minoritaire peut répondre à la combinaison des logiques suivantes :
- volonté de solidifier ou de développer les relations commerciales, technologiques ou autres avec un partenaire ;
- souhait de réaliser une opération financière : dans ce cas, l'acquéreur aura notamment pour but de bénéficier des fruits de l'activité de la cible via l'encaissement de dividendes et/ou de plus-values lors de la revente de ses titres.

Du fait de leur profil d'investisseur financier, les fonds d'investissement ont des critères de sélection pouvant différer de ceux que pourraient retenir des investisseurs industriels. Ainsi, les aspects liés à la recherche de synergies, d'économies d'échelle, les caractéristiques de l'outil industriel, d'adhésion à la culture d'entreprise sont de moindre importance pour des investisseurs financiers dans la mesure où l'opération envisagée ne vise pas l'intégration d'activité.

Le poids de l'actionnaire minoritaire dans la gestion de la cible sera plus ou moins limité en fonction du pourcentage qu'il détiendra dans la cible. Au-delà de 33,33 % dans une SA, et de 25 % ou 33,33 % dans une SARL (voir n° 1120), il bénéficiera d'une minorité de blocage. Dans tous les cas de figure, l'actionnaire minoritaire aura tout intérêt à donner un cadre juridique à sa relation avec les autres actionnaires (statuts et/ou pacte d'actionnaires).

Prise en considération des normes IFRS 3 et IFRS 10 dans les stratégies d'acquisitions et de cessions

1130 ***Question***

En quoi les normes IFRS 3 et IFRS 10 peuvent-elles influer sur les stratégies et modalités d'acquisitions et de cessions ?

Réponse Lorsque le groupe établit des états financiers consolidés en IFRS, il convient de considérer qu'avec les normes IFRS 3, Regroupements d'entreprises, et IFRS 10, Etats financiers consolidés, selon les modalités des transactions, les incidences sur les résultats et les capitaux propres peuvent varier de manière importante et s'avérer contre-intuitives. Ainsi, il est important d'anticiper les conséquences comptables d'un schéma d'acquisition et éventuellement de l'ajuster notamment lorsque les options suivantes sont envisagées :

1. **Prise de contrôle en plusieurs fois ou par une transaction unique** Selon la norme IFRS 3, lors d'une acquisition par étapes (passage de 30 % à 60 % par exemple), les participations antérieurement détenues (30 % dans l'exemple) sont **réévaluées à la juste valeur en contrepartie du résultat.** Ainsi, le résultat de l'exercice de prise de contrôle est amélioré si la juste valeur est supérieure à la valeur nette comptable des titres.

Pour plus de détails sur le traitement comptable, selon IFRS 3, d'une acquisition par achats successifs de titres, voir n° 23750.

Si l'acquéreur a le choix, est-il plus judicieux sur le plan comptable de réaliser une prise de contrôle par achats successifs de titres ou de réaliser une prise de contrôle par une transaction unique ?

Privilégier une acquisition par étapes permet éventuellement de dégager en résultat un profit, correspondant à la plus-value latente sur les titres acquis lors des premières transactions, sans qu'un tiers ne l'ait payé.

A l'inverse, aucune plus-value ne sera constatée en résultat lors de la prise de contrôle par une transaction unique.

2. **Prise de participation majoritaire (à 51 %, par exemple) impliquant le contrôle et le rachat ultérieur des intérêts minoritaires** Selon les normes IFRS 3 et IFRS 10, l'écart entre le prix payé lors du rachat des minoritaires et la valeur comptable des intérêts minoritaires acquis doit obligatoirement être comptabilisé **en déduction des capitaux propres.** Ainsi, l'acquéreur grèvera ses capitaux propres à chaque rachat d'intérêts minoritaires.

Pour plus de détails sur le traitement comptable, selon IFRS 10, d'une acquisition complémentaire de titres d'une entreprise déjà intégrée globalement, voir n° 23730.

Néanmoins, cet effet défavorable peut être atténué par le choix de la comptabilisation d'un goodwill complet (et non partiel) lors de la prise de contrôle. En effet, à la date d'acquisition, le choix pour la méthode du goodwill complet par rapport à celle du goodwill partiel a pour effet d'augmenter les capitaux propres du montant du goodwill afférent aux intérêts minoritaires, les intérêts minoritaires étant alors valorisés à leur juste valeur (et non à leur quote-part dans la juste valeur des actifs et passifs identifiables acquis en cas d'option pour le goodwill partiel).

Ce choix peut ainsi s'avérer intéressant pour les sociétés ayant de faibles capitaux propres et/ou un ratio d'endettement élevé.

Lors des exercices ultérieurs, en cas d'acquisition complémentaire de titres réalisée auprès des actionnaires minoritaires, cette augmentation des capitaux propres demeurera. Elle permettra alors de compenser la diminution des capitaux propres résultant du rachat des intérêts minoritaires, lorsque celui-ci interviendra.

Toutefois, il y a une contrepartie à cet avantage. En cas de perte de valeur, cette option augmente les éventuelles charges de dépréciation à constater en résultat opérationnel.

Pour plus de détails sur le goodwill complet et le goodwill partiel, voir nº 22180 s.

Ainsi, avec les normes IFRS 3 et IFRS 10, si l'acquéreur a le choix, est-il plus judicieux sur le plan comptable de réaliser une prise de contrôle avec 51 % seulement des titres, puis de réaliser ultérieurement des rachats d'intérêts minoritaires ou de réaliser une prise de contrôle avec 100 % par une transaction unique ?

Privilégier une prise de contrôle par une transaction unique permettra de ne pas dégrader les capitaux propres.

3. Prise de contrôle de 100 % des titres puis, après les avoir fait fructifier, revente d'intérêts minoritaires tout en conservant le contrôle Selon la norme IFRS 10, l'écart entre le prix payé et la valeur comptable des intérêts minoritaires cédés est systématiquement constaté en capitaux propres.

En outre, si ultérieurement l'entreprise décide de céder des titres tout en perdant le contrôle, les gains réalisés précédemment, et constatés en capitaux propres, ne pourront pas être recyclés en résultat.

Pour plus de détails sur le traitement comptable, selon IFRS 10, d'une diminution de pourcentage d'intérêts sans perte de contrôle, voir nº 23820.

4. Prise de contrôle, puis vente de titres avec perte du contrôle exclusif tout en conservant une participation Selon la norme IFRS 10, le résultat de cession des titres est comptabilisé en résultat. En revanche, les titres conservés doivent être réévalués à leur juste valeur et la plus-value est à comptabiliser en résultat (qu'ils soient mis en équivalence ou classés en simple actif financier à l'issue de la perte de contrôle).

Pour plus de détails sur le traitement comptable, selon IFRS 10, d'une diminution de pourcentage d'intérêts avec perte du contrôle exclusif, voir nº 23835 s.

En conséquence, accepter de perdre le contrôle tout en conservant une participation minoritaire devrait permettre d'améliorer le résultat du montant de la plus-value latente sur les titres conservés, comme s'ils avaient réellement été vendus.

Nécessité d'anticiper les conséquences comptables avant toute opération d'acquisition/cession

1135 ***Question***

Comment anticiper au mieux les conséquences comptables des normes IFRS 3 et IFRS 10, quitte à modifier ou adapter les stratégies d'acquisitions/cessions ?

Réponse Le seul moyen pour éviter les surprises est d'avoir une gouvernance en IFRS aussi solide que celle permettant des optimisations fiscales et juridiques, voire plus (voir n° 3120).

Impact des normes IFRS 10, IFRS 11 et IFRS 12 sur le contrôle, les partenariats et l'information financière

1140 ***Question***

En quoi les normes IFRS 10, IFRS 11 et IFRS 12 sur le contrôle, les partenariats et les informations peuvent-elles avoir des conséquences sur toute décision d'acquisition ?

Réponse Avec la norme IFRS 10, Etats financiers consolidés, la notion de contrôle exclusif, identique pour tout type de cible, est largement illustrée.

Pour l'Essentiel de la norme IFRS 10, voir n° 15005 s.

La norme IFRS 11, Partenariats, a mis fin à la méthode de l'intégration proportionnelle et prévoit deux types d'accords conjoints (joint venture et joint operation) avec respectivement deux modes de comptabilisation différents et obligatoires.

Pour l'Essentiel de la norme IFRS 11, voir n° 15358 s.

Il convient de se poser les questions suivantes avant toute signature de contrat :

1. Dispositions des normes IFRS 10, IFRS 11 et IFRS 12 :

- Comment apprécier le contrôle exclusif ?
- Comment opérer la distinction entre contrôle exclusif et contrôle conjoint ?
- Deux catégories de partenariats : joint operation et joint venture : comment les distinguer en pratique ?
- Quelles conséquences sur vos états financiers ?

2. Enjeux stratégiques et opérationnels :

- Malgré la suppression de l'intégration proportionnelle, comment préserver la croissance du chiffre d'affaires, du résultat opérationnel et des ratios de performance dans la communication financière ?

3. Actions à mener :

- Quelles précautions prendre avant de signer un nouveau contrat de joint venture ?
- Quels rôles pour la direction générale et le comité d'audit ?

SECTION II

Stratégies de développement : le cas spécifique des fonds d'investissement

Impact du développement des fonds d'investissement

1210 ***Question***

Quel a été l'impact du développement des fonds d'investissement sur les processus d'acquisition ?

Réponse Le capital-investissement consiste en la prise de participations majoritaires ou minoritaires par des structures dédiées appelées **fonds d'investissement dans le capital d'entreprises,** le plus souvent non cotées.

Généralement, on distingue **quatre segments** correspondant à des niveaux de maturité différents de l'entreprise financée :
- le **capital-risque** dédié au financement du démarrage de nouvelles entreprises ;
- le **capital-développement** qui permet le financement du développement des entreprises ;
- le **capital-transmission** ou **LBO** (« Leverage Buy-Out ») pour la transmission ou la cession des entreprises ;
- enfin le **capital-retournement** pour investir dans des entreprises en difficulté et les redresser.

Les opérations de capital-transmission ou LBO ont souvent recours à un effet de levier reposant notamment sur un endettement bancaire.

Le développement du capital-investissement a grandement contribué au dynamisme du marché des fusions-acquisitions au cours des dernières années, tant en valeur qu'en nombre d'opérations.

Les acteurs du capital-investissement ont influencé le marché par :
- la professionnalisation des processus de fusions-acquisitions (en anglais : « mergers and acquisitions »/M&A) et l'implication systématique de conseils (banquiers d'affaires, avocats, auditeurs, consultants en stratégie, etc.) ;
- un appétit à investir contribuant à renforcer la tension concurrentielle dans des processus pouvant impliquer à la fois des entreprises (acquéreurs stratégiques) et des investisseurs financiers ;
- l'augmentation des niveaux de dette (ou leviers) utilisés dans la structuration des opérations ;
- le développement de mécanismes financièrement incitatifs réservés aux équipes de management des cibles (« management package ») ;
- la hausse des niveaux des multiples et des prix d'acquisition, résultant des points précédents. Dans le cadre de l'évaluation d'une entreprise, le multiple correspond usuellement au coefficient affecté à un agrégat financier de la cible (résultat d'exploitation ou EBITDA/« Earning Before Interest, Tax, Depreciation and Amortization », par exemple) permettant d'obtenir la valeur de l'entreprise.

Critères de sélection des fonds d'investissement

1215 ***Question***

Les fonds d'investissement sélectionnent-ils leurs investissements avec des critères différents de ceux des acquéreurs stratégiques ?

Réponse En général, la stratégie d'investissement des fonds d'investissement se fonde sur :
- l'existence d'une stratégie clairement établie ;
- une croissance historique régulière de l'entreprise cible ;
- une position solide sur son marché ;
- une équipe de management de qualité et ayant fait ses preuves ;
- une organisation et une gouvernance rigoureuses ;
- des flux de trésorerie ou cash-flows récurrents et une bonne visibilité sur les résultats futurs ;
- des perspectives de développement, notamment par croissance organique ou externe, autrement appelée « build-up ».

Accessoirement, certains fonds d'investissement, appelés fonds de retournement sont spécialisés dans la reprise d'entreprises en difficulté ou sous-performantes.

A la différence des acquéreurs stratégiques, les fonds d'investissement adoptent, dès leur entrée au capital d'une entreprise, une approche intégrant une anticipation de sortie, car l'horizon de détention de l'investissement est en général de 4 à 5 ans, les fonds ayant une durée moyenne de 8 à 10 ans. Les équipes de gestion des fonds d'investissement réalisent donc leurs acquisitions principalement en fonction de la rentabilité future estimée de celles-ci. En pratique, cette rentabilité future, mesurée par le taux de rendement interne, peut se situer par exemple dans une fourchette de 25 % à 30 %, hors frais liés à la gestion du fonds.

Particularités des LBO

1220 ***Question***

Qu'est-ce qu'un LBO et quelles en sont les particularités ?

Réponse Un **LBO** ou « **Leverage Buy-Out** » est une opération portant sur l'acquisition d'une entreprise avec effet de levier (financier, juridique, fiscal), c'est-à-dire en finançant une part importante du prix d'acquisition par de l'endettement bancaire.

L'opération consiste à créer une société holding (« New Company » ou « Newco ») par un apport de capitaux propres provenant de fonds d'investissement ainsi que de l'équipe de management, en place ou nouvelle.

Cette « Newco » s'endette pour acquérir la majorité ou la totalité du capital de l'entreprise cible. Le montage repose sur une structure d'endettement ayant des priorités différentes de remboursement : **dette senior** qui est une dette bancaire à long terme (bénéficiant d'une priorité sur le remboursement et sur les sûretés), la **dette mezzanine** qui est une dette subordonnée – non bancaire – (affectée d'un rang inférieur sur le remboursement et les sûretés par rapport à la dette senior), **prêts d'actionnaires** (permettant d'augmenter le levier fiscal grâce aux intérêts capitalisés). Parfois, pour les grosses opérations d'acquisition, s'intercale entre la dette senior et la dette mezzanine (aussi appelée dette junior), une **dette « second lien »**, qui est une dette (bancaire) à long terme subordonnée à la dette senior, mais qui bénéficie d'une priorité sur la mezzanine. Les excédents de trésorerie de la cible seront remontés au niveau de la holding via des dividendes devant permettre de payer les intérêts et le principal des financements. Parfois, la remontée des excédents de trésorerie est accélérée par la technique du **« debt push down »**, qui consiste, pour les prêteurs seniors, à financer par des prêts la remontée de dividendes par les sociétés du groupe de la société cible (et à prendre également des sûretés sur les actifs de ces sociétés).

En principe, le LBO crée ainsi de la valeur par le biais de **différents types de leviers** :
– le **levier financier,** issu de la différence entre le coût de la dette et la rentabilité économique anticipée de la cible ;
– le **levier fiscal,** l'opération permettant de bénéficier du régime d'intégration fiscale et donc de l'imputation fiscale des intérêts supportés par la société holding sur les bénéfices réalisés par la cible (sur la limitation de la déductibilité des charges financières, voir nº 3498), et de la limitation à 1 % de la quote-part de frais et charges imposable sur les dividendes versés par les filiales appartenant au groupe depuis plus d'un exercice, au lieu de 5 % en droit commun (CGI art. 145 et 216 modifié par l'article 52 de la loi 2023-1322 du 29-12-2023) ;
– le **levier managérial,** permettant de motiver financièrement les équipes de management pour qu'elles créent de la valeur ;
– le **levier juridique,** s'appuyant sur la différenciation entre pouvoir et capital, ce qui permet de contrôler la totalité du groupe avec un apport limité en capitaux propres.

Les opérations de type LBO reposant sur la mise en place de dettes financières et celles-ci pouvant représenter une part importante du prix d'acquisition, les périodes de resserrement de crédit et de crise de liquidité de la dette, telles que celles liées à la crise dite des « subprimes », rendent ce type d'opérations plus difficiles à réaliser.

Différents types de LBO

1225 ***Question***

Quels sont les différents types de LBO ?

Réponse Selon les situations, les opérations de LBO peuvent prendre différentes formes :
– le **MBO (« Management Buy-out »)** : reprise d'une entreprise par un ou plusieurs dirigeants en place aux côtés d'un fonds d'investissement ;
– le **MBI (« Management Buy-in »)** : acquisition d'une entreprise par une équipe de management externe ;
– le **BIMBO (« Buy-in Management Buy-out »)** : opération de reprise d'entreprise réalisée en partie par la direction existante accompagnée par des dirigeants extérieurs ;
– l'**OBO (« Owner Buy-out »)** : opération au cours de laquelle l'actionnaire majoritaire rachète par endettement les actionnaires minoritaires et reste donc actionnaire contrôlant l'entreprise ;
– le **LBU (« Leverage Build-up »)** : politique de croissance externe menée par des investisseurs à partir d'une acquisition initiale.

Une opération de LBO peut être réalisée plusieurs fois au cours du cycle de vie de l'entreprise. Ainsi, des fonds d'investissement différents peuvent réaliser de manière successive des opérations de LBO. On parlera alors de LBO primaire, pour la première opération réalisée, puis de LBO secondaire, tertiaire ou même quaternaire.

SECTION III

Quelles sont les principales étapes d'un processus d'acquisition, qui sont les intervenants et quel est le rôle d'un conseil en fusions-acquisitions ?

A. Comment se déroule un processus d'acquisition ?

Etapes d'un processus d'acquisition

1310 ***Question***

Quelles sont les principales étapes d'un processus d'acquisition ?

Réponse Selon que l'on a affaire à un processus d'acquisition compétitif ou à une opération de gré à gré, les étapes clés pourront être différentes.

1. **Processus compétitif** Dans le cadre d'un processus compétitif géré par un conseil en fusions-acquisitions, les principales étapes d'un processus d'acquisition sont les suivantes :

a. **identification d'une opportunité (ou cible)** : prise de connaissance du « profil aveugle » ou **« teaser »** qui est un document d'une page environ, donnant les principales caractéristiques de la cible ainsi que du **« mémorandum d'information »**, appelé également « book » ou « info memo », qui est un document détaillé fournissant les caractéristiques économiques et financières de la cible, après que l'acheteur potentiel a signé un **engagement de confidentialité** (voir no 1455) ;

b. le cas échéant, **sélection d'un conseil financier** ou **banque conseil** par l'acquéreur potentiel ;

c. **définition du montage de l'opération** : accord avec les partenaires financiers ou autres sur les principales caractéristiques de l'opération ;

d. envoi au conseil du cédant d'une **offre indicative** généralement non juridiquement engageante basée sur les informations disponibles (notamment, le « mémorandum d'information »), donnant notamment une indication de prix ;

e. si l'offre de l'acquéreur potentiel est retenue, entrée de celui-ci et de ses conseils dans une **chambre d'information (ou « data room »)** dans laquelle sont mises à disposition diverses informations sur la société cible : informations économiques et financières, juridiques, fiscales, sociales, etc. (voir no 5220 s.). L'accès à cette « data room » permet à l'acheteur potentiel de réaliser, avec l'aide de cabinets spécialisés, des due diligences visant à apprécier la **situation de la cible** ainsi que les **risques et opportunités** liés à l'acquisition envisagée et d'en tirer d'éventuelles conséquences sur l'offre indicative précédemment communiquée, notamment au regard du prix proposé et des garanties demandées ;

f. l'acquéreur potentiel peut également se voir convié par le vendeur et ses conseils à une **présentation managériale (« management presentation »)** au cours de laquelle l'équipe dirigeante de la cible présentera formellement son entreprise et fournira des informations complémentaires ;

g. réception par les acquéreurs potentiels du projet de **contrat d'acquisition (« share purchase agreement » ou SPA)** et échanges de questions/réponses entre les acquéreurs et le conseil du cédant ;

h. envoi par les acquéreurs d'une **offre ferme** précisant notamment le prix, les conditions, le mode de financement, ainsi que les modifications demandées au contrat d'acquisition ;

i. si l'offre est retenue, un **accord d'exclusivité** lie l'acquéreur et le vendeur ;

j. le cas échéant, consultation/avis du **comité social et économique (CSE)** de la société acquéreuse et de la société cible ;

k. le cas échéant, **information préalable des salariés** dans le cadre d'opérations entraînant le transfert du fonds de commerce ou du contrôle de la PME qui les emploie (voir nº 5196 à 5199) ;

l. **finalisation des négociations** avec l'acquéreur retenu et détermination du prix, d'un éventuel ajustement de prix, des garanties et des conditions et modalités de cession ;

m. signature du **contrat d'acquisition,** appelée **« signing »** ;

n. **levée des conditions suspensives** comme l'autorisation de l'opération par les autorités de la concurrence, l'obtention de l'autorisation préalable d'une autorité de tutelle si la société cible et/ou son acquéreur évoluent dans un secteur réglementé, accord d'un partenaire stratégique de la société cible, obtention de financement, etc. ;

o. **transfert de propriété et des fonds.** Cette phase est appelée le **« closing ».**

2. **Opération de gré à gré** Lorsqu'un vendeur et un acquéreur envisagent une opération de gré à gré, c'est-à-dire sans processus compétitif, les principales étapes demeurent :

a. signature d'un **engagement réciproque de confidentialité** ;

b. signature d'une **lettre d'intention** ou, le cas échéant, **protocole préliminaire (« term-sheet »)** incluant généralement une exclusivité ;

c. due diligences par l'acquéreur en **« data room »** ou via la **remise de documents** ;

d. signature du **contrat d'acquisition** ;

e. réalisation, le cas échéant, des éventuelles **conditions suspensives** ;

f. **transfert de propriété et des fonds.**

Bien que se caractérisant par un nombre plus réduit d'étapes comparés aux processus compétitifs, les processus de gré à gré ne sont pas nécessairement plus rapides. En effet, l'absence de tension concurrentielle n'est pas de nature à inciter l'acheteur potentiel à opérer rapidement ; ce qui peut, dans certains cas, s'avérer gênant pour le vendeur.

Compétences nécessaires

1315 ***Question***

Quelles sont les compétences nécessaires pour mener à bien un processus d'acquisition ?

Réponse Les **processus d'acquisition** sont en général **longs** et **complexes.** Ils nécessitent des compétences techniques solides (par exemple en termes de valorisation ou de structuration juridique et fiscale), mais aussi un savoir-faire en matière transactionnelle basé sur l'expérience et une bonne connaissance des ressorts psychologiques animant les acheteurs et les vendeurs : force de persuasion, talent de négociation, appréciation des **points de rupture (« deal breakers »)**, etc.

En conséquence, un processus d'acquisition doit idéalement être mené par des **équipes pluridisciplinaires** et **expérimentées** dont chacune des composantes va apporter ses compétences techniques, son expertise et son savoir-faire.

Ainsi, une opération de croissance externe peut être réalisée par une entreprise en utilisant ses **ressources internes** si elle dispose d'une équipe dédiée à ce type d'opérations ou en mobilisant selon les besoins des **conseils externes,** par exemple dans les spécialités suivantes : avocats fiscalistes, avocats d'affaires, conseils financiers en fusions-acquisitions, auditeurs spécialistes en transactions (due diligences), conseils en stratégie, etc.

Rôle du management

1320 ***Question***

Quel est le rôle du management dans un processus d'acquisition ?

Réponse Au cours d'un processus d'acquisition, le **rôle des équipes de management** est **majeur.** En effet, ces équipes sont mobilisées et travaillent en coordination avec leurs conseils sur les différentes étapes de l'opération.

Dans la **phase de préparation** et d'analyse du contexte de l'opération, le management intervient notamment sur les thèmes suivants :
- identification des cibles potentielles ;
- définition du schéma de l'opération ;
- demande d'autorisation/consultation des actionnaires sur le projet d'acquisition.

Dans la **phase d'exécution** de l'opération, le management prend part aux opérations suivantes :
- revue du plan d'affaires (« business plan ») de la cible intégrant les synergies identifiées ;
- revue du « mémorandum d'information » ;
- préparation de l'offre préliminaire, non juridiquement engageante ;
- revue de la « data room » et participation à des due diligences avec ou sans conseils ;
- participation aux présentations de la société cible ;
- préparation de l'offre ferme et financée, juridiquement engageante, passant notamment par une phase de négociation avec les banquiers prêteurs ;
- négociation avec la société cible et préparation du contrat d'acquisition.

Enfin, une fois l'opération réalisée, l'équipe de direction jouera un rôle clé dans le **processus d'intégration** de la société cible.

Rôle des différents conseils

1325 ***Question***

Quel est le rôle des différents conseils susceptibles d'intervenir dans une opération d'acquisition ?

Réponse Les opérations d'acquisition devenant de plus en plus complexes (multiplication de processus compétitifs, calendriers serrés, poids des acheteurs professionnels tels que les fonds d'investissement, etc.), le recours à des conseils extérieurs s'est largement développé ces dernières années. Les opérations non intermédiées sont désormais très rares et généralement limitées à des opérations de faible taille.

Les quatre principaux conseils impliqués dans une opération d'acquisition sont :

1. les **conseils en fusions-acquisitions** ;
2. les **avocats d'affaires** ;
3. les **cabinets de conseil en stratégie** ;
4. et les **cabinets spécialisés dans les due diligences.**

Lors d'un processus d'acquisition, la mission du **conseil en fusions-acquisitions** est centrale. Il coordonne l'ensemble du projet en orchestrant l'intervention des différents intervenants tout en étant en première ligne sur les étapes clés telles que la rédaction de l'offre, la réflexion autour du prix ou la négociation. Ce rôle clé l'amène à couvrir tout ou partie des aspects suivants :

- analyse de l'activité et des spécificités de la cible et de la documentation fournie par le vendeur ;
- étude préliminaire de la structure d'acquisition de la cible, en lien avec les objectifs de l'acquéreur (anticipation des impacts comptables et financiers de l'opération envisagée) ;
- assistance dans l'évaluation de la cible par les méthodes usuelles ;
- assistance au cours des discussions, des rendez-vous et séances de travail avec les vendeurs et leurs conseils ;
- assistance dans la préparation des éléments clés (notamment, le prix et des garanties) de l'offre préliminaire et de l'offre ferme ;
- lien le cas échéant avec l'équipe de management de la cible ;
- négociations avec les actionnaires de la cible sur les termes de l'opération ;
- assistance dans le montage du financement, le cas échéant, et aide à la négociation avec les banquiers prêteurs ;
- gestion et coordination globale avec les autres conseils impliqués (avocats, conseils en due diligence, conseils en stratégie), afin de faciliter le processus.

Les avocats d'affaires sont impliqués quant à eux dans :

- la rédaction des offres préliminaires et fermes (« letter of intent » ou LOI, etc.) ;
- la structuration juridique et fiscale de l'acquisition ;
- les due diligences juridiques, fiscales et sociales ;
- la création du véhicule d'acquisition (la NewCo) ;
- la rédaction et la négociation de l'ensemble des documents juridiques d'acquisition : « term sheet », contrat d'acquisition des titres de la cible, garantie d'actifs et de passifs (GAP), pacte d'actionnaires, put et call, TSA, émissions de valeurs mobilières, documentation bancaire, etc. ;
- la mise en place du « management package » ;
- l'analyse des contraintes réglementaires propres au secteur et à l'activité de la cible ;

– l'analyse de contrôlabilité de l'opération au regard du contrôle des concentrations et, le cas échéant, l'élaboration du dossier de notification devant la ou les autorités de concurrence compétentes ;
– l'analyse de l'opération au regard des règles relatives au contrôle des investissements étrangers en France et, le cas échéant, l'élaboration du dossier de demande d'autorisation devant la ou les autorités compétentes ;
– l'organisation du « signing » et du « closing » incluant la levée des conditions suspensives (les « CPs »).

Les conseils en stratégie sont impliqués dans :
– l'analyse et la compréhension de la cible, de son marché, de son positionnement, de ses concurrents, et de ses opérations ;
– l'identification des synergies potentielles avec l'acquéreur ;
– la préparation d'un plan d'affaires (« business plan ») intégrant la cible, en particulier concernant l'impact sur le chiffre d'affaires.

Les cabinets spécialisés dans les due diligences : les due diligences peuvent couvrir tous les secteurs potentiellement à risque d'une cible : financier, juridique, fiscal, social, environnemental, passifs sociaux (notamment les engagements de retraite), assurances... Le rôle des cabinets spécialisés dans les due diligences est, par exemple en ce qui concerne les aspects financiers, de faciliter l'opération en éclairant le jugement de l'acheteur sur la situation financière de la cible, ainsi que sur les risques et les potentiels d'amélioration grâce notamment à la revue des actifs/passifs cédés, des comptes historiques, et des projections du management. Les cabinets spécialistes en due diligences financières participent également à la définition et à la revue des comptes pro-forma historiques et projetés, lorsque la cible n'est pas une entité juridique autonome. Ils peuvent aussi revoir les clauses financières ou ayant trait à des aspects comptables et fiscaux des contrats d'acquisition ou de cession et, en particulier, certaines définitions et clauses de garantie de passif afin de veiller à ce que les risques identifiés lors des due diligences soient couverts par le mécanisme de prix ou par une garantie.

B. Quel est le rôle d'un conseil en fusions-acquisitions ?

Rôle du conseil en fusions-acquisitions

1330 ***Question***

Quel est le rôle d'un conseil en fusions-acquisitions au cours des différentes étapes du processus d'acquisition ?

Réponse Un conseil en fusions-acquisitions a pour rôle d'aider son client dans la gestion du processus d'acquisition : cela signifie qu'il est en théorie présent de l'**« origination »** de celle-ci (première réflexion autour de la stratégie de croissance et identification d'une cible) au **« closing »** (conclusion définitive de l'opération et transfert de la propriété des titres et des fonds). Il met au service de son client ses compétences techniques, son expérience en matière transactionnelle et son réseau.

Au cours d'un processus d'acquisition, le conseil en fusions-acquisitions est l'interlocuteur privilégié de toutes les parties : son client, la contrepartie acquéreuse ou vendeuse ainsi que les autres conseils.

Les travaux du conseil en fusions-acquisitions se scindent en **deux étapes génériques** :

1. **Marketing** : en amont, l'**« origination »** est la détermination d'opportunités de fusions-acquisitions. Il s'agit d'identifier des entreprises susceptibles d'être sur le marché et des acquéreurs potentiels susceptibles d'être intéressés par celles-ci. Cette phase passe par la réalisation de présentations commerciales (« pitchs »), de recherches organisées (« screenings ») de cibles potentielles à partir de bases de données et suivant des critères précis comme le secteur d'activité, la taille, l'implantation géographique, le niveau de rentabilité et de croissance... de sondage du réseau de relations personnelles et professionnelles, de suivi de l'actualité industrielle et financière. La phase suivante consiste à tester le marché et à contacter les acquéreurs potentiels. Elle se conclut par l'envoi du **« teaser »** (voir n° 1455) aux acquéreurs contactés et se déclarant potentiellement intéressés.

2. **Exécution** : la phase d'exécution débute lorsque les acquéreurs potentiels confirment, après avoir pris connaissance du « teaser », leur intérêt pour le dossier, en signant un engagement de confidentialité. Le mémorandum d'information leur est alors adressé. La phase d'exécution comprend des travaux de valorisation de la cible, la gestion des relations et des flux d'information entre les différents intervenants (documents, gestion de « data room », etc.), la sélection d'acquéreurs après la remise des offres. Le conseil en fusions-acquisitions participe aussi aux négociations, à la revue du contrat d'acquisition (notamment les clauses financières ou ayant trait à des aspects comptables et financiers) et à la signature du contrat d'acquisition (**« signing »**). Il intervient enfin après la levée des conditions suspensives lors du transfert effectif de propriété et du transfert de fonds (**« closing »**).

Chaque étape de la phase d'exécution est réalisée en étroite concertation avec le mandant.

Choix d'un conseil

1335 ***Question***

Pourquoi et comment choisir un conseil en fusions-acquisitions ?

Réponse Le principal avantage de la désignation d'un conseil en fusions-acquisitions est de permettre aux dirigeants de mener un processus d'acquisition et de cession tout en restant concentrés sur la gestion quotidienne de leur entreprise.

Ainsi, les entreprises qui ne disposent pas, soit de compétences en interne ayant une expérience des analyses à mener et des méthodes de négociation, soit de ressources suffisantes en termes de temps et d'hommes, et qui n'ont pas la possibilité de traiter de gré à gré avec la contrepartie, ont intérêt, pour optimiser l'opération envisagée, à avoir recours à un conseil spécialisé.

Le **choix** du conseil en fusions-acquisitions est réalisé pour chaque opération au cas par cas, suivant les caractéristiques de celle-ci, en prenant en compte notamment les critères suivants :

- le **mode d'intermédiation** de l'opération au niveau de la contrepartie acheteuse ou vendeuse ;
- la **taille** de l'opération et la **situation géographique** de la cible ;

- la **compétence sectorielle** et les **références** du prestataire ;
- la **disponibilité** et la **qualité** des équipes du mandataire.

Types de mandat

1340 ***Question***

Quels sont les différents types de mandats proposés par un conseil en fusions-acquisitions ?

Réponse Un conseil en fusions-acquisitions peut gérer différents types de mandats que l'on peut analyser en **quatre catégories.**

1. **Mandat de vente** : un actionnaire mandate un conseil pour la vente de son entreprise ou de son groupe, une entreprise ou un fonds d'investissement mandate un conseil pour vendre une de ses filiales ou participations.

2. **Mandat d'achat** : une entreprise ou un fonds d'investissement mandate un conseil pour trouver une cible et accompagner son client au cours de l'ensemble du processus d'acquisition.

3. **Conseil au management** : lors d'une opération de LBO, le management mandate un conseil pour l'aider à élaborer une stratégie, à préparer et conduire ses négociations avec les investisseurs en fonds propres et les partenaires financiers et à préparer un contrat d'intéressement.

4. **Conseil en financement** : l'initiateur mandate un conseil pour l'assister dans sa levée ou sa restructuration de capital et/ou de dette, dans la mise en place du financement d'acquisition, ou dans le montage d'un financement par le vendeur avant la mise sur le marché de la cible (« staple financing »). Ce type de mandat peut aussi couvrir le refinancement d'une dette d'acquisition ou la restructuration de celle-ci.

C. Quel peut être le rôle des commissaires aux comptes, aux apports et à la fusion ?

Diligences lors d'une acquisition

1370 ***Question***

Lorsqu'elle a engagé un processus d'acquisition d'une entité (« la cible »), quelles sont les diligences d'acquisition qu'une entité peut demander à son commissaire aux comptes ?

Réponse Le commissaire aux comptes peut réaliser, à la demande de l'entité, sur les comptes et l'information financière de la « cible » ou sur les données qui les sous-tendent, différentes prestations lors de l'acquisition d'entités entrant dans le cadre des **services autres que la certification des comptes** ou **« SACC »** (voir FRC 12/23 Hors série inf. 73 à 76) :
- des **constats à l'issue de procédures convenues** (portant notamment sur des comptes ou des éléments de contrôle interne de la cible) ;
- des **attestations** ;

- un **audit** ;
- un **examen limité.**

Comme cela est d'usage pour toute opération, le commissaire aux comptes intervient avec l'accord de la « cible » et dans des conditions fixées par celle-ci.

Le commissaire aux comptes recourt à des experts spécialisés en transactions choisis au sein de son cabinet et disposant d'une compétence technique, sectorielle et géographique – dans le cas d'opérations transfrontalières – pour l'aider à réaliser les diligences liées à l'accompagnement d'un processus d'acquisition.

Diligences lors d'une cession

1375 ***Question***

Lorsqu'elle envisage de céder une entreprise, quelles sont les diligences de cession qu'une entité peut demander à son commissaire aux comptes ?

Réponse Le commissaire aux comptes est autorisé à réaliser, à la demande de l'entité, sur les comptes et l'information financière de l'entité cédée ou sur les données qui les sous-tendent, différentes prestations entrant dans le cadre des **services autres que la certification des comptes** ou **« SACC »** (voir FRC 12/23 Hors série inf. 73 à 76) :

- des **constats à l'issue de procédures convenues** (portant notamment sur des comptes ou des éléments de contrôle interne de l'entité cédée) ;
- des **attestations** ;
- un **audit** ;
- un **examen limité.**

Le commissaire aux comptes recourt à des experts spécialisés en transactions choisis au sein de son cabinet et disposant d'une compétence technique, sectorielle et géographique – dans le cas d'opérations transfrontalières – pour l'aider à réaliser les diligences liées à l'accompagnement d'un processus de cession.

Rôle des commissaires aux comptes des entités participant à une opération de fusion ou de scission

1380 ***Question***

Quel est le rôle des commissaires aux comptes des entités participant à des opérations de fusion ou de scission ?

Réponse En dehors des demandes spécifiques de l'entité (voir nº 1370 et 1375), trois étapes sont à distinguer :

1. **avant la fusion,** les commissaires aux comptes doivent avoir certifié les comptes des 3 derniers exercices et s'il est établi, vérifié la sincérité d'un état comptable intermédiaire ;
2. **au cours de l'opération,** ils n'ont pas directement à intervenir mais ils gardent une responsabilité propre quant aux irrégularités qu'ils seraient amenés à découvrir (égalité entre les actionnaires, faits délictueux, conformité du traité de fusion au regard des règles comptables, etc.) ;
3. **après la réalisation de la fusion,** les commissaires aux comptes de la société absorbante s'assurent de la correcte comptabilisation des apports. En revanche, les fonctions des commissaires aux comptes de la **société absorbée** cessent de plein droit.

Pour plus de détails, voir nº 13170 à 13185.

Intervention d'un commissaire à la fusion ou d'un commissaire aux apports

1385 ***Question***

Dans quels cas l'intervention d'un commissaire à la fusion et/ou aux apports est-elle nécessaire ?

Réponse

1. **Intervention du commissaire à la fusion** Sauf exceptions, l'intervention d'un commissaire à la fusion (ou à la scission) est **obligatoire** dans les opérations suivantes réalisées entre **sociétés par actions**, entre **SARL**, entre **sociétés par actions et SARL** :
- **fusion** (hors fusions entre une société mère et une filiale détenue à 90 % ou à 100 %, et hors fusions entre sociétés sœurs détenues par une même société à 90 % ou à 100 %) ;
- **scission** (hors scissions simplifiées) ;
- **apport d'une branche d'activité**, lorsque l'opération est soumise au régime juridique des scissions (hors régime simplifié prévu pour les apports partiels d'actif réalisés entre une filiale contrôlée à 100 % et sa mère ou inversement).

Lorsque ces opérations sont réalisées entre une ou plusieurs sociétés autres que des sociétés par actions ou SARL, l'intervention d'un commissaire à la fusion n'est pas requise légalement mais elle paraît souhaitable.

Dès lors qu'un commissaire à la fusion est désigné, il effectue également la mission de commissariat aux apports.

2. **Intervention du commissaire aux apports** Seule la désignation d'un commissaire aux apports est nécessaire en cas :
- d'apport en nature ou d'apport partiel d'actif non placé sous le régime des scissions, impliquant des sociétés émettant des titres admis à la négociation sur un marché réglementé ;
- d'opération comportant des apports en nature ou des avantages particuliers et nécessitant un commissaire à la fusion (ou à la scission), mais dont les actionnaires ont écarté la désignation.

Pour plus de détails, voir n° 13010.

Rôle des commissaires à la fusion et des commissaires aux apports

1387 ***Question***

Que recouvrent les missions de commissariat à la fusion et aux apports ?

Réponse Le **commissaire à la fusion** :
- contrôle la pertinence des valeurs relatives attribuées aux actions des sociétés participant à la fusion ;
- et apprécie le caractère équitable du rapport d'échange.

La mission de **commissariat aux apports** a, quant à elle, pour objectif de vérifier que la valeur des apports n'est pas surévaluée et, en conséquence, de conclure que la valeur des apports :
- en cas d'apports en nature, correspond au moins à la valeur nominale des actions (ou parts) à émettre, augmentée de la prime d'émission ;

– en cas de fusion, est au moins égale au montant de l'augmentation du capital de la société absorbante (ou au montant du capital de la société issue de la scission) augmenté de la prime de fusion (ou d'émission).

Le cas échéant, le commissaire aux apports apprécie également les avantages particuliers qui peuvent être stipulés.

Pour plus de détails, voir nº 13060 (commissariat à la fusion) et 13105 (commissariat aux apports).

SECTION IV

Comment identifier, sélectionner et approcher les cibles ?

Identification des cibles potentielles

1410 ***Question***

Quelles sont les différentes manières d'identifier des cibles potentielles ?

Réponse L'identification de cibles potentielles peut résulter de la combinaison de différentes sources et méthodes :
– une approche structurée de recherche de cibles (voir nº 1415) ;
– la mise en place d'une veille sectorielle sur des segments de marché et/ou un périmètre géographique sélectionné ;
– la recherche et l'identification au sein d'un groupe d'activités non stratégiques ;
– le recours aux réseaux professionnels dans lesquels le conseil en fusions-acquisitions évolue ;
– l'identification de sociétés confrontées à des problématiques de transmission ;
– la revue du portefeuille des fonds d'investissement afin d'identifier les sorties potentielles ;
– l'utilisation, à bon escient, et dans le respect des règles de confidentialité, des informations collectées au contact des acteurs du monde des fusions-acquisitions, conjuguée au suivi de l'activité économique et de la stratégie annoncée des entreprises.

Approche structurée de recherche de cibles

1415 ***Question***

En quoi consiste et comment mettre en place une approche structurée de recherche de cibles ?

Réponse L'acquisition d'une société doit s'inscrire dans un plan stratégique de croissance solide, élaboré sur la base d'une analyse fine de l'existant, et proposant des objectifs réalistes accompagnés d'un plan d'action cohérent.

Une fois ce plan de croissance finalisé, la recherche de cibles est un exercice méthodique que l'on peut résumer en **cinq étapes** :

Etape 1 : validation du périmètre de recherche Cette étape préliminaire consiste notamment à définir la zone géographique dans laquelle mener la recherche et, par exemple, le type de métiers ou de compétences recherchés, le type de sociétés potentiellement attractives, etc.

Etape 2 : élaboration d'une première liste de sociétés à partir de la consolidation de diverses sources incluant des bases de données d'entreprises (pour la France, recherche par code NAF – Nomenclature d'activité française ou APE – Activité principale exercée), des annuaires et salons professionnels, des associations et syndicats, etc. Cette liste doit comporter un premier niveau d'informations sur les sociétés : chiffres clés, couverture géographique, description sommaire de l'activité et de l'offre de produits et de services, etc.

Etape 3 : réalisation d'un premier « filtrage » de cette liste de travail sur la base de critères clairs et quantifiables qui peuvent être :

– de nature **financière** comme une fourchette de chiffre d'affaires, un seuil de rentabilité ou endettement minimal, un degré de fragmentation du capital ou la nature de l'actionnariat ;

– de nature **commerciale** comme la nature de l'offre de produits ou de services, ou les caractéristiques du portefeuille de clients ;

– de nature **opérationnelle** comme la propriété d'un brevet, la qualité de l'outil industriel, ou la maîtrise d'une expertise spécifique.

Etape 4 : élaboration d'une liste plus restreinte de cibles potentiellement attractives, par itérations successives et affinage progressif des critères.

Etape 5 : analyse plus approfondie des sociétés les plus intéressantes a priori, afin de sélectionner celles avec qui engager les premières démarches en priorité.

Si cet exercice peut tout à fait être réalisé par les entreprises en interne, les services d'un cabinet de conseil pourront être précieux pour accompagner l'acquéreur dans ses réflexions et lui permettre d'accéder en toute discrétion et confidentialité à des informations sur la cible.

Entreprises en difficulté à vendre

1420 ***Question***

Comment savoir qu'une entreprise en difficulté est à vendre ?

Réponse Une société en difficulté est une société dont la pérennité est compromise. Elle peut représenter une **opportunité d'acquisition intéressante,** en particulier parce qu'elle permet d'acquérir des actifs à moindre coût. Toutefois, le plan de retournement et son plan de refinancement doivent être travaillés en détail : les difficultés sont plus souvent structurelles que conjoncturelles, et la durée de la période de retournement est souvent sous-évaluée en première approche.

La société en difficulté peut être soit « in bonis », c'est-à-dire qu'il n'y a pas de procédure collective, soit en procédure collective.

1. **Société in bonis** : les difficultés de la société ne sont pas nécessairement connues ou avérées. Les indicateurs qui permettent de repérer ces difficultés sont notamment les suivants :

– **Analyse des comptes** (l'information est disponible sur Infogreffe ou dans des bases de données payantes) : BFR (besoin en fonds de roulement) supérieur à 4 mois de chiffre d'affaires, perte représentant plus de la moitié du capital social, résultat d'exploitation négatif, résultat net négatif représentant plus d'un mois de chiffre d'affaires, endettement excessif au vu de la nature de l'activité, sont des signes clairs de difficultés.

– **Autres informations utiles, publiques ou faciles à obtenir** : EBITDA négatif, investissements récents importants financés par de la dette, fonds de roulement négatif, création depuis moins de 3 ans, inscriptions de privilèges du Trésor public ou de l'Urssaf, annonce de plans sociaux.

– **Informations plus difficiles à obtenir pour mieux cerner la gravité ou l'urgence de la situation** : un client représentant plus de 50 % du chiffre d'affaires, retards de règlement des fournisseurs, retards de paie, sous-utilisation de la capacité de production, etc.

2. **Société en procédure collective** (procédure de sauvegarde, redressement judiciaire ou liquidation judiciaire) : les difficultés de l'entreprise sont publiques. Il convient de contacter l'administrateur judiciaire pour valider si un adossement ou une reprise sont à l'ordre du jour, selon quelles modalités et quel calendrier.

Une entreprise en difficulté n'est pas forcément à vendre à l'instant « t. », mais ses difficultés la conduiront probablement tôt ou tard à chercher des adossements ou des financements, qui sont autant d'opportunités pour établir le contact et « entrer » dans le dossier.

Choix des opportunités d'acquisition

1425 ***Question***

Comment choisir entre différentes opportunités d'acquisition ?

Réponse Le choix, par le management ou les actionnaires, d'une opportunité de croissance externe, peut se fonder sur différents critères. Ces critères peuvent être qualitatifs ou financiers.

1. Parmi les **critères qualitatifs,** on peut noter :

– l'**attractivité** intrinsèque du **segment de marché** : le marché est-il important et/ou en croissance, à fort potentiel ? Quelles sont les dynamiques concurrentielles ? Sont-elles positives ?... ;

– l'**adéquation** du **positionnement de marché** de la cible : quelle implantation géographique (marché domestique ou étranger) ? Quel type de clientèle ? Quelle adéquation aux « valeurs » de l'acquéreur ? Quelle notoriété et réputation de la cible sur son marché de référence ?... ;

– les **synergies** (commerciales, opérationnelles, etc.) : quel partage envisageable de clients, prospects, bases de données... ? Quelles synergies opérationnelles ? (partage des coûts, réseaux de distribution, système d'information, etc.) ;

– l'**accessibilité** de la cible : la structure du capital rend-elle envisageable une acquisition ? S'agit-il d'une société familiale ? La société est-elle cotée ? Un investisseur financier est-il présent au capital ? etc.

2. Parmi les **critères financiers,** on peut noter :

– la **taille** et la **rentabilité** de la cible : quel chiffre d'affaires ? Quelle rentabilité minimale appréciée sur la base des comptes historiques ? Quelle perspective de croissance future ?... ;

– quelle est la **valeur actuelle nette des flux de trésorerie futurs** de la cible selon le plan d'affaires (ou « business plan ») établi au moment de l'acquisition envisagée ? Le projet dégageant la valeur actuelle nette des flux de trésorerie futurs la plus élevée sera, toutes choses étant égales par ailleurs, privilégié ;

– quel sera l'impact de l'acquisition sur la **rentabilité** de la société acheteuse ? L'acquisition la plus relutive, c'est-à-dire celle qui va le plus augmenter les résultats nets futurs, sera également privilégiée ;
– quel sera le **profil financier** du nouvel ensemble ? Quelles marges de flexibilité laisse-t-il ? L'accès au financement sera-t-il significativement modifié ? Il est souvent nécessaire d'échanger avec ses banquiers en amont d'une opération. Lorsqu'il existe plusieurs projets, l'un d'entre eux peut s'avérer plus facile à financer ;
– quel est le projet qui va générer les **synergies financières** les plus importantes ?

Stratégies d'approche d'une cible

1430 ***Question***

Quelles sont les différentes stratégies d'approche d'une cible ?

Réponse **L'approche des actionnaires de la cible** peut être directement effectuée par le **management (approche directe)** ou, via un **conseil (approche indirecte).**

En cas de problème potentiel de confidentialité, en particulier quand l'acquéreur et la cible opèrent dans le même secteur ou ont des relations commerciales, **l'approche peut être dans un premier temps anonyme,** afin de tester la réceptivité des vendeurs potentiels sans dévoiler d'information sur l'acheteur potentiel.

L'avantage de passer par un **conseil financier** est multiple :
– il a l'habitude de ce genre de situations et sait gérer les phases d'approche. Un subtil équilibre doit être trouvé afin d'attiser l'intérêt de la cible tout en ne dévoilant pas l'identité de l'acquéreur ;
– il peut servir de « fusible » : si l'approche ne fonctionne pas, quelqu'un d'autre (l'acquéreur, un autre intermédiaire) pourra effectuer une nouvelle tentative ;
– les vendeurs potentiels accordent généralement beaucoup plus de crédit à une approche réalisée par un intermédiaire mandaté à cet effet. La présence d'un conseil est en effet un gage de la motivation et du sérieux de l'acheteur potentiel.

L'approche d'une cible peut dépendre des contacts existant avec celle-ci. Les **stratégies d'approches** passent généralement par une phase d'entretiens préliminaires avec les actionnaires pour évaluer leur intérêt à céder leurs titres, suivie de :
– la collecte d'informations complémentaires permettant de confirmer l'intérêt stratégique de l'acheteur potentiel pour la cible ;
– en cas d'intérêt confirmé, la formalisation d'une présentation de la société initiatrice ;
– l'étude de synergies opérationnelles ;
– la présentation aux actionnaires cédants du projet d'acquisition, et des objectifs stratégiques de la transaction proposée, ainsi que la mise en forme d'une offre indicative.

Acquisition d'une société patrimoniale

1435 ***Question***

Quels sont les facteurs clés de succès pour acquérir une société patrimoniale ?

Réponse Les entreprises patrimoniales sont en général contrôlées par un ou plusieurs membres d'une ou plusieurs familles, et issus, le cas échéant, de plusieurs générations.

A l'origine, un groupe d'associés a procédé à l'apport des fonds nécessaires à la mise en place de la société, qu'il s'agisse d'une petite structure ou plus rarement d'un groupe international, parfois coté en bourse.

S'agissant des structures à dimension humaine, le dirigeant est souvent actionnaire au côté des membres de sa famille. L'affectio societatis liant le dirigeant, les actionnaires et l'entreprise est généralement très fort. A ce titre, les actionnaires familiaux sollicités par des acheteurs potentiels prendront en considération non seulement le prix offert mais également les autres éléments constitutifs de l'offre, dont la capacité du repreneur à comprendre et à intégrer la culture d'entreprise et les particularités de son mode de fonctionnement.

Afin de maximiser ses chances, l'acquéreur devra en amont des phases de présentation aux actionnaires appréhender :
- **le contexte historique de l'entreprise** : de la création à ce jour ;
- **le contexte actuel** : organigramme actuel, fonction attribuée et fonction réelle, rapport entre les personnes, volonté de rester et d'accompagner la reprise... ;
- la **personnalité** de chaque protagoniste, afin de bien évaluer les circuits décisionnels de la cible (qui a le pouvoir ? qui décide ? etc.).

Par ailleurs, des **problématiques juridiques et fiscales** propres aux groupes familiaux seront à prendre en compte dans la structuration et le calendrier de l'opération d'acquisition, en particulier :
- les **enjeux fiscaux** spécifiques du/des actionnaire(s) cédant(s) (succession..., voir nº 5440) ;
- la possible **atomisation de l'actionnariat** au sein de la famille qui n'est pas nécessairement, dans ce type de structures, organisée dans un pacte d'actionnaires permettant en particulier d'imposer la cession aux actionnaires (clauses de sortie conjointe obligatoire ou clauses de « drag-along ») ;
- l'existence d'**éléments d'actifs nécessaires à l'exploitation** du groupe acquis qui seraient historiquement détenus en propre par les actionnaires cédants (par exemple : immeubles, marques ou brevets...) et dont il faudra prévoir le transfert dans le périmètre de cession ou, alternativement, sécuriser la mise à disposition postérieurement à l'acquisition, tout en prenant en compte le coût fiscal induit pour l'actionnaire cédant.

Lors des discussions, l'acquéreur devra veiller à présenter un projet de développement post-acquisition en adéquation avec les valeurs de l'entreprise patrimoniale.

Approche d'une société cotée

1440 ***Question***

Quelles sont les spécificités de l'approche d'une société cotée ?

Réponse La **principale spécificité** liée à l'approche d'une **société cotée** réside dans la **gestion de l'information.**

L'information publique, notamment le document de référence si la société cible en publie un, permet à l'acquéreur potentiel d'avoir des éléments d'information.

En dehors d'un processus organisé par les actionnaires de la cible, une société qui souhaite acquérir une cible cotée doit commencer par approcher ses principaux actionnaires et/ou ses dirigeants. Cette approche est très délicate, en particulier si ces actionnaires sont des fonds ou des Sicav, car dès lors qu'ils savent qu'une opération capitalistique sur leur société peut avoir lieu, ils sont considérés comme initiés au sens de la réglementation boursière. La principale conséquence pour eux est une interdiction d'utiliser cette information pour intervenir sur le marché boursier. Une alternative consiste à s'adresser directement à l'ensemble des actionnaires en faisant une offre publique spontanée, mais ce cas de figure est très rare. La mise à disposition d'informations au profit de l'acquéreur potentiel est un autre point sensible ; il existe, d'une part, un risque de fuite, notamment lors de la « data room » et, d'autre part, se pose le problème de l'égalité de traitement et d'information entre les actionnaires : l'acquéreur qui a accès à la « data room » ne bénéficie-t-il pas d'informations privilégiées par rapport à d'autres actionnaires ? Qu'en est-il des projections financières qui n'ont pas été communiquées au marché ?

L'autre difficulté qui se pose à l'acquéreur potentiel est la suivante : selon la répartition du capital de la société cible, il ne sera pas forcément aisé pour l'acquéreur d'obtenir 100 % du capital. En effet, pour y arriver, il devra, s'il s'agit par exemple d'un marché réglementé en France, obtenir 90 % du capital et des droits de vote avant de pouvoir lancer une procédure de retrait obligatoire (C. mon. fin. art. L 433-4). Il est également possible de réaliser des offres publiques d'achat (ou « OPA ») avec une condition sur l'obtention d'un seuil minimum. Par exemple, si moins de 50 % des actions sont apportées à l'offre, alors celle-ci peut être annulée par l'acquéreur. Cependant, il n'est pas admis par l'Autorité des Marchés Financiers (AMF) de mettre un seuil d'acceptation à 95 %. Il est donc possible que l'acquéreur ne puisse pas réunir l'intégralité des actions de la cible. L'acquéreur potentiel a également un risque de contre-OPA venant d'un autre acquéreur. La spécificité d'une opération sur une société cotée par rapport à une société non cotée est que les engagements d'apport à une offre publique ne sont pas irrévocables.

Il existe également des **spécificités juridiques.** Si les actions d'une société sont cotées sur un marché réglementé, l'AMF veille à ce que l'information financière respecte certaines règles : l'acquéreur pourrait donc théoriquement se satisfaire des informations publiques et il lui sera donc plus difficile d'obtenir une garantie de passif, d'autant plus que celle-ci ne pourra être souscrite que par les principaux actionnaires et en aucun cas par l'ensemble des porteurs.

En outre, le Code du travail (art. L 2312-42 à L 2312-52) prévoit des dispositions particulières à l'égard du comité social et économique (CSE) en cas d'OPA.

Enfin, en termes de **montage financier,** l'acquisition d'une cible cotée offre à certains égards moins de souplesse. Par exemple, il est beaucoup plus compliqué de mettre en place des mécanismes de complément de prix. L'ensemble du processus d'acquisition via une offre publique d'achat ou d'échange doit par ailleurs respecter un cadre très précis : le Règlement général de l'AMF.

Dans tous les cas, la réglementation oblige l'acquéreur à passer par un **intermédiaire agréé.** Au-delà de cette obligation, il y a un vrai intérêt pour un acquéreur à être épaulé par un conseil compte tenu de l'ensemble de ces spécificités, et d'autant plus si les actions de la cible sont admises sur une bourse étrangère voire sur plusieurs places boursières en même temps.

Confidentialité de l'approche d'une cible

1445 ***Question***

Pourquoi et comment maintenir le caractère confidentiel de l'approche ?

Réponse Au cours du processus d'approche d'une cible et de négociation de la transaction, la gestion de l'information et en particulier le maintien d'un niveau adapté de confidentialité peuvent s'avérer clé. Les obligations respectives des parties sont couvertes à cet égard par l'**accord de confidentialité** signé lorsque la phase d'approche de la cible a été réalisée et qu'un accord favorable a été réservé à l'offre par le vendeur potentiel.

Dans la phase d'approche, le **maintien de la confidentialité** est fondamental pour la cible, puisque la rupture de celle-ci risquerait de déstabiliser son management et le personnel, ainsi que d'altérer la confiance que lui portent ses clients, ses fournisseurs ou d'autres partenaires commerciaux ou financiers. Le risque serait de pénaliser ses opérations et de lui faire perdre de la valeur.

Dans ce contexte, l'acquéreur reste souvent anonyme dans la phase d'approche, ce qui est facilité par le recours à un conseil en fusions-acquisitions qui le représente dans ses premières démarches.

Le maintien de la confidentialité est encore plus sensible pour les sociétés cotées, car la diffusion d'information est contrôlée par l'AMF qui veille, entre autres, à l'égalité de traitement de l'ensemble des actionnaires.

Documents d'information type

1450 ***Question***

Quels sont les premiers documents d'information type sur la cible à obtenir ?

Réponse L'information publique aujourd'hui **disponible** permet de collecter de nombreuses et précieuses informations sur une cible, sans contact direct avec celle-ci : greffe du tribunal de commerce pour obtenir les comptes lorsque ceux-ci ont été déposés, bases de données, articles de presse, consultation du site internet de l'entreprise, des plaquettes et documents commerciaux collectés, par exemple, sur un salon professionnel ou sollicités auprès de la société permettent d'obtenir une première appréciation de la qualité et du positionnement de la cible.

Des **informations complémentaires** particulièrement utiles peuvent être obtenues via un **contact direct ou indirect** réalisé, par exemple, par un cabinet de conseil en fusions-acquisitions ou en stratégie auprès des principaux partenaires de l'entreprise : clients, fournisseurs, voire des experts sectoriels. Ces contacts permettent de mieux apprécier le positionnement de la cible, sa notoriété, ainsi que le niveau de satisfaction associé à ses services ou à ses produits.

Lorsque les premiers contacts ont été établis avec la cible, il est usuel pour le management de l'acquéreur et ses conseils de solliciter auprès de la cible des informations complémentaires permettant de mieux apprécier sa situation, ses activités et son positionnement. Sans être exhaustives, ces informations peuvent couvrir les domaines suivants : données financières historiques, de l'exercice en cours et prévisionnelles, le cas échéant, provenant des outils de gestion pour apprécier la rentabilité par produit et par zone géographique, etc., analyse de la rentabilité et de la concentration clients, liste des principaux clients avec le chiffre d'affaires et la marge associée, détail de la rémunération du personnel, détail des marques et brevets...

La liste des documents demandés à la cible pourra prendre en compte à la fois la qualité des relations avec celle-ci, permettant le cas échéant d'avoir des demandes relativement fournies, et s'orientera plus particulièrement vers les zones de risque et d'incertitude identifiées.

Teaser et mémorandum d'information

1455 ***Question***

Dans le cadre d'un processus compétitif organisé, de quoi se composent un « teaser » et un « mémorandum d'information » ?

Réponse Dans le cadre d'un processus compétitif géré par un conseil en fusions-acquisitions, mandaté par le vendeur, la documentation marketing mise à la disposition des acquéreurs potentiels sera généralement assez standardisée.

Bien souvent, un acheteur se verra communiquer par le vendeur ou ses conseils deux documents clés : le profil aveugle ou « teaser » et le « mémorandum d'information ».

1. **Le profil aveugle, ou « teaser »** : le premier document qui est envoyé aux acquéreurs/investisseurs potentiels par le conseil vendeur s'appelle le « teaser ». Il s'agit d'un document court qui décrit dans les grandes lignes et de manière anonyme l'activité de la société, ses marchés, ses chiffres clés et éventuellement les grands axes de développement. Les acquéreurs potentiels le reçoivent accompagné d'un engagement de confidentialité (« non disclosure agreement »/NDA). Cet accord stipule qu'en cas d'intérêt manifesté par les acquéreurs, les informations reçues à l'avenir dans le cadre du processus de transaction ne pourront en aucun cas être divulguées : si le « teaser » laisse penser aux acquéreurs que la cible est intéressante, ceux-ci retournent au conseil vendeur l'engagement de confidentialité signé. En retour, ils reçoivent le mémorandum d'information.

2. **Le mémorandum d'information** : c'est un document détaillé sur la cible présentant ses chiffres clés, son activité, ses marchés, ses concurrents, ses fournisseurs, ses clients, ses actifs, ses perspectives (plan d'affaires), etc. Ce document est préparé par le conseil financier du vendeur à partir d'informations obtenues de la cible. Il a pour objectifs de présenter la société aux acquéreurs potentiels intéressés qui ont signé l'engagement de confidentialité, et de leur permettre de commencer leurs analyses, notamment au moyen de procédures de due diligences, afin de pouvoir remettre une offre indicative non liante juridiquement. Sur le contenu du « mémorandum d'information », voir n° 5210.

CHAPITRE 2

Comment évaluer une opportunité d'acquisition ?

Plan du chapitre

Plan du chapitre (suite et fin)

SECTION I

Quels sont les principaux enjeux du processus d'évaluation d'une opportunité d'acquisition ?

Appréciation de l'intérêt d'une acquisition

2110 ***Question***

Quels sont les différents éléments permettant d'apprécier l'intérêt d'une acquisition ?

Réponse Plusieurs critères permettent à l'acquéreur potentiel de prendre une **décision motivée** quant à la **poursuite d'une opération d'acquisition.** Cette décision est formalisée par l'envoi d'une **lettre d'intention** au vendeur.

Pour les sociétés qui ont établi un **plan stratégique de croissance externe,** reposant sur des critères de sélection des cibles définis et hiérarchisés, il est relativement facile de déterminer dans quelle mesure une opportunité d'acquisition satisfait aux critères prédéfinis.

Ces critères intègrent, dans la plupart des cas, une **évaluation financière de la cible,** ainsi qu'une **vision préliminaire du potentiel de création de la valeur** conformément à la stratégie d'acquisition envisagée permettant d'estimer la valeur globale qui, dans le cadre des négociations ultérieures, servira de base à la détermination du prix. Une première estimation des **synergies potentielle**s peut également être conduite afin d'apprécier l'intérêt stratégique et financier de l'acquisition (voir n° 2230). La réalisation de l'évaluation financière permettra concomitamment à l'acheteur potentiel de réfléchir à son mode de financement de l'acquisition (sur fonds propres, dette bancaire...), et pourra ainsi confirmer le caractère raisonnable de l'opération envisagée au regard de sa structure financière.

A ce stade, **l'étude préliminaire** d'un dossier afin d'apprécier si la cible proposée peut présenter un intérêt stratégique ne mobilise a priori que des ressources restreintes de l'acquéreur potentiel. L'objet de cette étude préliminaire consistera à identifier, via les éléments d'information disponibles (documents financiers, rapports des commissaires aux comptes, éléments d'information publics, discussion éventuelle avec des clients/ fournisseurs, ou avec le management et certains actionnaires de la cible), s'il existe un ou plusieurs éléments rédhibitoires conduisant à abandonner l'étude du dossier. Outre les éléments financiers précités, différents éléments peuvent être des **obstacles** à la réalisation de l'opération (**« deal breakers »**) : faible attractivité du segment de marché sur lequel la cible évolue, absence de complémentarité géographique, synergies s'avérant peu évidentes, type de transaction envisagée (par exemple, minoritaire) ne correspondant pas aux intérêts de l'acheteur dans le cas où ce dernier souhaiterait acquérir 100 % des titres de la cible, etc.

SECTION II

Comment apprécier l'opportunité de poursuivre une opération de croissance externe ?

A. Comment réaliser une première évaluation de la cible ?

Objectif de l'évaluation financière

2210 ***Question***

Sur quelles bases réaliser une évaluation financière et quel en est l'objectif ?

Réponse A ce stade, l'acquéreur potentiel dispose d'un **« mémorandum d'information »** (voir n° 1455), mais n'a pas encore eu la possibilité de réaliser des due diligences. C'est donc sur une base relativement restreinte qu'il doit formuler une offre préliminaire afin de pouvoir passer, si son offre est retenue, à la phase suivante du processus qui lui offrira notamment l'accès à des informations plus détaillées sur la cible.

Pour formuler son offre préliminaire, l'acquéreur potentiel doit donc préparer une **première évaluation financière de la cible** (sur la description des méthodes d'évaluation généralement appliquées, voir n° 2220). La mise en œuvre de ces méthodes sera à ce stade surtout fondée sur les informations présentées dans le mémorandum d'information :

- habituellement, ce document présente a minima des **données financières historiques** (EBIT, EBITDA...) permettant de mettre en œuvre l'approche de marché ;
- si le mémorandum présente également un **plan d'affaires,** l'approche « intrinsèque » peut être appliquée ;
- en l'absence d'un plan d'affaires dans le mémorandum, l'acquéreur potentiel peut préparer, ou faire préparer par son conseil, des **prévisions financières** qui restent synthétiques à ce stade. Ces prévisions seront fondées sur la vision qu'a l'acquéreur potentiel du développement de la cible et de son marché et peuvent inclure un premier chiffrage des synergies potentielles (voir n° 2230) et des autres leviers de création de valeur (voir n° 2258). Sur cette base, l'acquéreur potentiel peut mettre en œuvre l'approche dite « intrinsèque ».

Valeur financière et prix d'une transaction

2215 ***Question***

Quelle est la différence entre la valeur financière et le prix d'une transaction ?

Réponse La **valeur financière** représente une **estimation de la valeur de la cible.** Elle est préparée par une ou par plusieurs des parties à la transaction (acquéreur, vendeur, conseil...), à partir des méthodes d'évaluation usuelles (pour la description des méthodes d'évaluation, voir n° 2220). Cette valeur est fondée sur les hypothèses que la partie ayant réalisé l'évaluation a prises : elle est donc, par définition, subjective.

Il est fréquent que l'acquéreur potentiel et le vendeur n'estiment pas de la même manière la valeur de la cible. Les divergences peuvent concerner, par exemple, la vision sur le développement futur de la cible, les risques y afférents, ainsi que les paramètres d'évaluation, tels que les multiples, le taux d'actualisation, le taux de croissance à long terme, etc. En outre, la valeur pour l'acquéreur potentiel peut éventuellement inclure des synergies que lui seul peut générer.

Le **prix,** en revanche, **est la résultante d'une négociation entre un cédant et un acheteur spécifiques.** Le prix dépendra non seulement de la valeur estimée par les parties, mais également de facteurs, tels que la concurrence entre plusieurs acquéreurs potentiels, les qualités de négociateur des parties concernées, et les forces et faiblesses respectives de l'acquéreur et du cédant. En conséquence, le prix finalement payé peut différer de façon importante de la valeur estimée par les parties.

Méthodes d'évaluation financière d'une cible

2220 ***Question***

Quelles sont les principales méthodes permettant de réaliser une évaluation financière de la cible ?

Réponse Les spécialistes de l'évaluation utilisent généralement les méthodes suivantes pour **estimer la valeur de marché** d'une société ou d'une activité :

1. **L'approche intrinsèque** (« **Discounted Cash Flow method** » ou **DCF**) indique la valeur d'une activité par référence à la valeur actuelle des flux de trésorerie que l'activité pourrait générer dans le futur. Cette approche nécessite la disponibilité d'un plan d'affaires et l'estimation de paramètres d'évaluation, tels que le taux d'actualisation. Elle présente l'avantage de pouvoir prendre en compte toutes les spécificités de l'activité (croissance non linéaire, projet d'investissement important...), mais elle est généralement plus lourde à mettre en œuvre que l'approche de marché. Cette approche est généralement réalisée à partir des **flux opérationnels** (ou « **Free Cash Flow** »). Cependant, pour les activités à fort effet de levier adossé aux actifs (financement projet), la méthode sera mise en œuvre en intégrant les flux financiers.

2. **L'approche de marché** indique la valeur d'une activité par comparaison avec des sociétés cotées en bourse et/ou des transactions récentes portant sur des sociétés comparables. Des multiples de valorisation (sur EBITDA, EBIT...) sont estimés pour ces sociétés et/ou transactions comparables qui sont ensuite appliqués sur la cible. Cette méthode, fondée en grande partie sur des données externes, est relativement facile à mettre en œuvre. La clé du succès de cette méthode réside dans la sélection de l'échantillon de sociétés et/ou transactions comparables.

3. **L'approche par l'actif net** indique la valeur d'une société par référence à la valeur de ses actifs et passifs pris individuellement. L'actif net réévalué est calculé par addition des valeurs de marché des actifs de la société diminuée de la valeur des dettes. Dans la pratique, cette approche est retenue dans un **contexte de liquidation**, pour des sociétés n'ayant pas d'activité (telles que des holdings), ou pour des sociétés immobilières.

Pour certains secteurs, des méthodes spécifiques peuvent exister.

L'évaluation n'étant pas une science exacte, les spécialistes de l'évaluation mettent généralement en œuvre **plusieurs méthodes** afin de conforter les résultats obtenus.

Revue du plan d'affaires et intégration à l'évaluation financière

2225 ***Question***

Comment et pourquoi faire une revue critique du plan d'affaires (« business plan ») préparé par le vendeur et comment l'intégrer à une évaluation financière ?

Réponse L'une des principales méthodes d'évaluation, l'approche intrinsèque est fondée sur des flux de trésorerie futurs issus d'un plan d'affaires. Si le vendeur a communiqué un plan d'affaires pour la cible à l'acheteur potentiel, ce dernier doit faire une revue critique de ce plan afin de fonder son évaluation financière sur sa propre vision du développement de la cible et des risques y afférents.

Cette revue critique s'appuie notamment sur les éléments suivants :
- **comparaison des prévisions** avec les **résultats historiques** : la cible a-t-elle déjà réalisé dans le passé les volumes, les chiffres d'affaires, les marges qui sont prévus dans le plan d'affaires ?
- **comparaison des prévisions de la cible** avec celles du **secteur** dans son ensemble ou de certains **opérateurs comparables** du secteur ;
- **compréhension des plans d'actions sous-jacents aux prévisions** : si le plan prévoit une amélioration des performances financières, on peut par exemple se demander quelles actions concrètes le management a prévu pour les réaliser. Les questions relatives au plan d'affaires sont généralement posées durant la phase des due diligences et au cours des présentations du management.

A la suite de cette revue, l'acquéreur potentiel peut ajuster les prévisions sur lesquelles il fondera son estimation de la valeur financière de la cible et son offre préliminaire. Il pourra également faire des **analyses de sensibilité** sur les facteurs clés du plan d'affaires.

Intégration des synergies et autres potentiels de création de valeur dans l'évaluation financière

2230 ***Question***

Comment intégrer des synergies potentielles entre l'acheteur et le vendeur dans une évaluation financière ?

Réponse A ce stade, le « mémorandum d'information » (voir nº 1455) étant la principale source d'information disponible, il sera possible de faire seulement une **estimation** très préliminaire des **synergies potentielles et des autres leviers de création de valeur.**

Toutefois, sur la base de l'expérience d'acquisitions passées, l'acquéreur et/ou son conseil pourront éventuellement préparer une première évaluation de certaines synergies, telles que les économies sur les achats. Ils pourront également identifier d'autres synergies qui ne peuvent être évaluées à ce stade du processus, mais qui devront être étudiées dans la phase d'échanges d'informations plus détaillées.

Même si les synergies ne peuvent être estimées que de manière indicative, il est fondamental de chercher à être exhaustif dans l'identification de celles-ci. En effet, l'acquéreur potentiel doit intégrer cette évaluation préliminaire des synergies dans la réflexion qu'il mène, le cas échéant, avec son conseil, concernant la stratégie à retenir pour la remise de l'offre préliminaire. En effet, en fonction des modalités de la transaction (nombre d'acquéreurs potentiels, par exemple), il n'est pas inhabituel que l'acquéreur doive inclure une partie de la valeur des synergies dans le prix afin de réaliser la transaction.

Il convient de noter que les **synergies industrielles et/ou opérationnelles** sont accessibles principalement par les acquéreurs stratégiques.

Au-delà des synergies inhérentes au rapprochement entre l'acquéreur et le vendeur, une première estimation des autres leviers de création de valeur peut être valorisée, tels qu'un repositionnement stratégique de la cible, une amélioration de la performance opérationnelle ou de la structure juridique.

L'absence de prise en compte par l'acquéreur potentiel de tout ou partie des synergies lors de la remise de l'offre préliminaire peut conduire à son exclusion du processus au vu d'une offre comportant un prix faiblement compétitif, ne reflétant pas son véritable intérêt pour la transaction.

Atteinte des objectifs comptables de l'acquéreur

2235 ***Question***

Comment anticiper et éviter les « deals breakers » comptables dans les opérations de croissance externe ?

Réponse Dans une transaction, les parties en présence (acquéreur/vendeur) ont des intentions propres et des intérêts différents.

Lors de l'élaboration des contrats d'acquisition ou des pactes d'actionnaires, **l'atteinte des objectifs** fixés par l'acquéreur/le vendeur au regard de la traduction comptable de l'opération est essentielle sans quoi elle peut constituer un **« deal breaker »** :
- avoir un certain niveau de contrôle ;
- pouvoir afficher la performance de l'investissement dans les comptes (intention d'incorporer le chiffre d'affaires de la société acquise, EBIT...) ;
- pouvoir « monétiser » l'investissement quand on ne contrôle pas comptablement la cible ;
- retenir les anciens actionnaires ;
- éviter la contrainte de la dette consolidée ;
- etc.

Les clauses qui transcrivent les objectifs des parties peuvent avoir des **impacts comptables** post-acquisition contre-intuitifs et donc non désirés (variabilité accrue de l'EBITDA, augmentation non prévue de la dette et risque de rupture de covenants, non-consolidation de la cible et donc de son chiffre d'affaires et de sa marge...). Une attention toute particulière doit être portée à la rédaction de ces clauses.

C'est pourquoi, il est important d'anticiper la dimension comptable dans la structuration de l'opération dès les négociations et surtout avant la signature des contrats.

B. Quels peuvent être les éléments opérationnels clés à considérer pour déterminer l'opportunité de poursuivre une opération de croissance externe ?

Décision de poursuivre ou d'abandonner une opération

2250 ***Question***

Quels éléments sont à prendre en compte dans la décision de poursuivre ou d'abandonner une opération de croissance externe ?

Réponse La décision de poursuivre une opération de croissance externe doit être prise au cas par cas, au vu notamment de la stratégie d'acquisition définie par l'acquéreur potentiel. Un critère majeur est le **caractère raisonnable de la valeur de la cible** au vu des **capacités de financement** de l'acquéreur (voir nº 2260), qui pourra être complété selon les cas par d'autres éléments, tels que les conclusions des due diligences, la capacité à dégager des synergies (voir nº 2255), l'absence de problématiques liées à la concentration (voir nº 2265) ou à l'exercice d'une activité réglementée (voir nº 2270), ou l'anticipation des conséquences comptables de l'acquisition (norme IFRS 3 notamment, voir nº 3120).

Identification des synergies

2255 ***Question***

Pourquoi réaliser une première approche de l'identification des synergies ?

Réponse Une **analyse préliminaire des synergies** permet d'appréhender en première approche la création de valeur générée par le rapprochement de deux sociétés. Celle-ci s'entend en complément de la valeur attendue par la simple croissance organique des entités, ainsi que des améliorations de performance intrinsèques anticipées pour chacune des entités considérées isolément.

On distingue notamment :

- les **synergies liées aux revenus** qui s'appréhendent à travers une analyse du marché sur lequel évolue chaque société, de leurs bases de clients et de leurs gammes de produits respectives ;
- les **synergies de coûts** (achats, frais de personnel...) liées à l'organisation des opérations intègrent l'organisation future des sites de production, l'optimisation de la chaîne logistique, des réseaux de vente, des fonctions supports et des systèmes d'information. Ces synergies peuvent être évaluées au travers d'un diagnostic rapide des forces et des faiblesses de chaque entreprise et de l'estimation des gains résultant du partage de bonnes pratiques ou de l'effet de taille du nouvel ensemble ;
- ces analyses permettent également d'identifier les **dissynergies potentielles** pouvant résulter du rapprochement de deux entreprises (risque de « cannibalisation » d'un produit par un autre, remises clients, alignement par le haut des avantages sociaux...).

Dans le cadre d'opérations à enjeux concurrentiels importants (par exemple, rapprochement de deux acteurs d'un même marché) où le partage d'informations sensibles, comme les conditions d'achats fournisseurs, n'est pas autorisé afin de ne pas fausser la concurrence, l'estimation des synergies peut être réalisée :
- soit **sans accès** aux données de la cible, par le biais de l'exploitation d'informations publiques et de comparatifs ;
- soit en donnant un **accès restreint** aux données de la cible à un tiers de confiance (généralement, le conseil de l'acquéreur), en utilisant une approche dite **« Black Box »** ou **« Clean team »**. Dans cette approche, le tiers de confiance collecte les données sensibles des deux parties et analyse les **synergies potentielles**. Le potentiel de synergies est restitué de manière agrégée, afin qu'il ne soit pas possible de déduire de ce résultat les informations de l'autre partie. Cette approche est souvent utilisée pour estimer les synergies sur les achats, en comparant les conditions tarifaires des fournisseurs communs.

Une première estimation des synergies permet ainsi de mieux apprécier la valorisation possible de la cible en intégrant, le cas échéant, en tout ou partie la création de valeur liée aux synergies anticipées et d'appréhender, en cas de recours à l'endettement, la capacité de la cible à rembourser la dette d'acquisition. Enfin, anticiper les synergies constitue l'opportunité de mieux appréhender les problématiques d'intégration qui se poseront au moment du rapprochement effectif des sociétés.

Identification des autres leviers de création de valeur

2258 ***Question***

Pourquoi réaliser une première approche de l'identification des autres leviers de création de valeur ?

Réponse Une **analyse préliminaire des autres leviers de création de valeur** permet d'esquisser la création de valeur potentielle inhérente à l'activité de la cible en sus des synergies et du plan d'affaires présenté par le vendeur, en cohérence avec la stratégie d'acquisition.

Ces leviers peuvent s'analyser selon trois axes :
- les leviers amenant un **repositionnement stratégique** (pénétration de nouveaux marchés, lancement de nouveaux produits, abandon d'activités non stratégiques) de la cible, notamment via de futures acquisitions ou cessions d'actifs, une réallocation des investissements entre les divisions ou les géographies, une rationalisation du portefeuille de produits ;
- les leviers ayant trait à une amélioration de la **performance opérationnelle et commerciale** de la cible (non traités dans le cadre de l'estimation des synergies), tels que de nouveaux canaux de distribution, la rationalisation de l'appareil de production ou l'optimisation des fonctions supports dans les divisions ou géographies non sujettes à estimation de synergies ;
- les leviers relatifs au **bilan** (par exemple, l'optimisation du besoin en fonds de roulement (BFR) et des investissements) **et à la structuration juridique et fiscale.**

Cette évaluation doit être réalisée conjointement avec l'identification des synergies, afin d'éviter les redondances et les contradictions.

Mode de financement

2260 ***Question***

Quelles questions se poser sur le mode de financement ?

Réponse Il est nécessaire d'envisager les **modalités de financement** très en **amont de l'opération,** idéalement au moment de l'identification de la cible.

En pratique, il convient de rassembler le plus d'informations possible sur la cible, afin d'être en mesure de répondre au mieux aux questions futures des **prêteurs.** Ces informations doivent porter notamment sur l'analyse du marché, les perspectives de croissance de la cible, la visibilité des revenus, l'analyse des marges, du besoin en fonds de roulement (BFR) et des prévisions de trésorerie.

Sur la base de ces informations, il convient de **cibler** les **établissements bancaires potentiels,** notamment les banques qui sont déjà en relation avec la cible, auxquels il sera possible de faire appel pour financer la transaction. Des discussions préliminaires peuvent être engagées avec ces établissements, afin d'obtenir une première réaction informelle sur l'opération : avis sur le secteur d'activité et la cible sélectionnée, premières indications des points clés à approfondir pour un éventuel passage en comité de crédit, échanges préliminaires autour d'une structure de financement.

Par ailleurs, au-delà des financements classiques, on peut identifier, en amont, des **sources de financements alternatifs** basées notamment sur l'actif circulant de la cible, comme l'affacturage, la titrisation ou le financement de stocks. L'utilisation de ces sources alternatives n'est possible que dans certains cas particuliers, comme le refinancement de la dette de la cible ou l'endettement de la cible pour procéder à une distribution de dividende exceptionnel à la holding d'acquisition...

Enfin, une identification précoce du potentiel d'amélioration du BFR de la cible peut permettre de libérer de la trésorerie susceptible de contribuer au financement de l'acquisition.

Ces éléments permettront de préparer au mieux la phase concrète de recherche et de mise en place des financements.

Problèmes liés aux concentrations

2265 ***Question***

Comment anticiper les problématiques de concentration ?

Réponse Lorsqu'il effectue son analyse de la cible, l'acquéreur doit considérer les éléments suivants, afin d'**anticiper** correctement les problématiques de **concentration.**

L'acquéreur doit envisager le marché sur lequel il souhaite réaliser sa transaction du **point de vue du régulateur** : bien que reposant sur les mêmes données, l'analyse économique des marchés obéit à un objectif différent, et donc doit passer par des analyses spécifiques. La théorie économique permet d'estimer les risques concurrentiels structurels du ou des marchés envisagés à partir de données objectives (produits, zones géographiques, réglementation, concentration, pratiques commerciales, etc.). Cette estimation permet à l'acquéreur de connaître ainsi ses chances de succès auprès du régulateur, voire ses risques de sortie de marché.

La compréhension des **mécanismes économiques** qui peuvent être opposés ou invoqués en faveur de l'opération permet, si le diagnostic est posé assez tôt, de choisir parmi les cibles, de dessiner la transaction de manière spécifique ou d'en optimiser la valeur par le séquencement des acquisitions dans le cas d'une stratégie d'entrée dans un secteur. L'analyse économique de la transaction envisagée a ainsi tout intérêt à être intégrée dans le processus global d'analyse financière et commerciale amont.

Les principaux effets proconcurrentiels qu'apprécient les régulateurs sont identifiables à partir des **objectifs stratégiques** de l'opération. De plus, la préparation en amont d'options d'engagements en accord avec les intérêts de l'acquéreur permet d'optimiser les chances de succès sans détruire la valeur stratégique de l'acquisition.

Autorisations à obtenir pour les secteurs réglementés

2270 ***Question***

Comment anticiper les problématiques liées à l'obtention d'une autorisation pour les secteurs réglementés ?

Réponse Les opérations réalisées dans certains secteurs, notamment en France dans la **banque** et les **assurances,** mais également les opérations réalisées par toute entreprise non ressortissante de l'Union européenne dans les secteurs sensibles au sens de la réglementation des investissements étrangers, peuvent être subordonnées à une **autorisation préalable** délivrée par l'**autorité administrative** de tutelle.

Il est donc recommandé d'identifier **dès le début du processus** de cession ou d'acquisition la nécessité d'obtenir une telle autorisation, ainsi que d'évaluer les chances pour l'acquéreur de l'obtenir. Cette analyse préliminaire nécessite généralement une première prise de contact, qui peut se faire au départ de façon anonyme, avec l'autorité administrative compétente.

Par ailleurs, toutes les opérations faisant l'objet d'une autorisation préalable doivent être **déclarées** lors de leur réalisation (C. mon. fin. art. R 151-11).

Autorisations à obtenir pour certains investissements étrangers

2271 ***Question***

Quelles sont les contraintes liées aux investissements étrangers en France ?

Réponse Les relations financières entre la France et l'étranger sont libres, cette liberté s'exerçant dans le respect des engagements internationaux souscrits par la France (C. mon. fin. art. L 151-1).

Toutefois, par exception, dans des secteurs limitativement énumérés, touchant à la défense nationale ou susceptibles de mettre en jeu l'ordre public et des activités essentielles à la garantie des intérêts du pays, les investissements étrangers dans une activité en France sont soumis à une **procédure d'autorisation préalable** (C. mon. fin. art. L 151-3).

Il est donc recommandé d'identifier **dès le début du processus** de cession ou d'acquisition la nécessité d'obtenir une telle autorisation, ainsi que d'évaluer les chances pour l'acquéreur de l'obtenir.

Investigations complémentaires sans accès à la cible

2275 ***Question***

Quelles investigations complémentaires peut-on mener sans accès à la cible ?

Réponse Réaliser des investigations avant la remise d'une première offre de prix peut avoir **différents objectifs**, et notamment de :
- valider les éléments clés de la valorisation ;
- analyser les forces et faiblesses de la cible, les opportunités et les menaces liées au secteur dans lequel elle évolue ;
- identifier des éléments clés du succès de la transaction ;
- mettre en exergue les éventuelles synergies et les autres leviers de création de valeur ;
- mettre en avant des « deal breakers » ou des éléments de négociation ;
- identifier des problèmes de séparation et d'intégration post-acquisition.

Ce type de travaux est réalisé dans le cadre d'une **« due diligence sans accès »**, à laquelle l'acquéreur potentiel peut avoir recours directement ou par l'intermédiaire d'un cabinet spécialisé. Ce type d'investigations est notamment mis en œuvre dans le cadre de projets d'acquisition visant une société cotée (voir nº 1440).

On peut réaliser une **première analyse de l'environnement externe de la société,** à savoir les dynamiques des segments de marché sur lesquels la cible est présente et de l'environnement concurrentiel. Une telle analyse est menée sans disposer d'informations fournies par la cible autres que celles généralement disponibles dans les comptes sociaux, dans ses plaquettes commerciales, sur son site internet ou dans le mémorandum d'information mis à disposition des éventuels acquéreurs par les conseils en fusions-acquisitions gérant le processus de vente.

Il s'agit de rechercher, collecter et analyser des informations diverses et variées permettant de se faire un avis sur la qualité de l'environnement dans lequel évolue la cible potentielle : les marchés adressés (par géographie, par segment) sont-ils en croissance ? Leur potentiel est-il important ? Quels sont les leviers de croissance ? Quelles sont les grandes caractéristiques de l'environnement politique et réglementaire de chaque segment de marché ? Quel est le positionnement relatif actuel de la cible par rapport à la concurrence ? Quelle performance relative ? La concurrence est-elle maîtrisée ? Est-elle stable ou, au contraire, caractérisée par l'apparition de nouveaux entrants ? Existe-t-il des barrières à l'entrée suffisantes pour assurer la pérennité du business de la société ? etc.

Pour mener à bien cet exercice, on peut par exemple s'appuyer sur des **sources documentaires** comme des études de marché, la revue de la presse spécialisée et généraliste, des recherches internet (notamment les sites web de la cible potentielle et de ses concurrents, les blogs et forums, etc.), des **enquêtes ad hoc** (enquêtes auprès d'une cible type de clientèle « B2C » ou « B2B ») ou l'**information financière,** notamment les rapports annuels des différents acteurs du marché et des sociétés cotées comparables, des notes d'analystes financiers, des études sectorielles. Ces analyses pourront être complétées par la réalisation d'entretiens avec des experts (associations professionnelles, experts de marché, journalistes, etc.), des clients, distributeurs, concurrents, etc.

C. Dans quels cas faut-il avoir recours aux expertises immobilières et quelles sont leurs particularités ?

Contexte des expertises immobilières

2300 ***Question***

Quels sont les différents contextes dans lesquels des expertises immobilières doivent être réalisées ?

Réponse Dans le cadre d'une transaction, les **actifs immobiliers** sont généralement évalués pour trois raisons principales :
- **améliorer la valorisation** globale de la cible en identifiant, outre son cœur d'activité, une valeur additionnelle liée à son patrimoine immobilier, qui pourra éventuellement être externalisé ;
- **faciliter,** voire augmenter le **recours à la dette,** les actifs immobiliers permettant le plus souvent de lever un financement supérieur à celui obtenu pour le cœur d'activité d'une société ;
- **détecter la prépondérance immobilière** d'une société. En effet, une société qui a plus de 50 % d'immobilier à son actif réévalué sera qualifiée « à prépondérance immobilière » (SPI), même si elle n'exerce pas une activité de foncière. Cette qualification a des impacts fiscaux qui peuvent être significatifs dans le cadre d'une transaction, notamment en matière de droits d'enregistrement.

Différents types de valeurs

2305 ***Question***

Quels sont les types de valeurs ?

Réponse Dans le cadre d'une **transaction,** la valeur utilisée par les parties sera la **valeur de marché,** ou **valeur vénale.** Cette valeur correspond au prix auquel un bien ou un droit immobilier pourra raisonnablement être cédé en cas de vente amiable au moment de l'expertise, les conditions suivantes étant supposées préalablement réunies :
- la libre volonté du vendeur et de l'acquéreur ;
- la disposition d'un délai raisonnable pour la négociation, compte tenu de la nature du bien et de la situation du marché ;
- le maintien de la valeur à un niveau sensiblement stable pendant ce délai ;
- la proposition du bien à la vente dans les conditions du marché, sans réserve, avec une publicité adéquate ;
- l'absence de facteurs de convenance personnelle.

Méthodes d'évaluation des biens immobiliers

2310 ***Question***

Quelles sont les différentes méthodes d'évaluation des biens immobiliers couramment employées ?

Réponse Les méthodes d'évaluation les plus couramment employées sont les suivantes :

1. la **comparaison** : cette méthode permet de déterminer la valeur au mètre carré sur la base de transactions comparables. Elle est plutôt adaptée à l'immobilier résidentiel ou d'exploitation ;

2. la **capitalisation du revenu net** : cette méthode est fondée sur le rapport entre le loyer net et un taux de rendement qui serait attendu par un investisseur. Elle est destinée aux biens procurant, effectivement ou potentiellement, un revenu ;

3. l'**actualisation des cash-flows** (« Discounted Cash Flows »/DCF ; voir nº 2220) : cette méthode est fondée sur la projection et l'actualisation des flux futurs générés par l'actif sur une durée déterminée. Elle prend en considération une valeur terminale ou de revente. Elle est utilisée pour les biens procurant, effectivement ou potentiellement, un revenu qui peut évoluer dans le temps ;

4. le **coût de remplacement net** : cette méthode agrège le coût d'acquisition du terrain avec les coûts de reconstruction des bâtiments à l'identique ou à l'équivalent, en prenant en compte leur vétusté et leur obsolescence. Elle est adaptée aux biens spécifiques et/ou sans marché.

Eléments influant sur la valeur des biens immobiliers

2315 ***Question***

Quels sont les éléments et indicateurs qui peuvent influer sur la valeur des biens immobiliers ?

Réponse Différents facteurs peuvent influer sur la **valeur des biens immobiliers,** certains liés au bien lui-même et à ses conditions d'occupation, d'autres ayant trait à l'évolution du marché immobilier.

Les **principaux facteurs** liés à l'**actif** et à ses **conditions d'occupation** sont les suivants :
- nature et localisation ;
- superficie du terrain et des bâtiments ;
- réserve foncière ;
- date de construction et état général des bâtiments ;
- occupation/taux de vacance ;
- loyer contractuel, potentiel ou théorique ;
- charges et taxes non récupérables auprès des locataires éventuels ;
- état environnemental (pollution des sols, amiante, termites, plomb...) ;
- travaux nécessaires/prévus...

Les principaux facteurs relatifs au **marché immobilier** recouvrent les éléments suivants :
- loyer de marché et son évolution ;
- croissance des loyers contractuels (ICC : Indice du Coût de la Construction, ILC : Indice Locatif des Commerces, IRL : Indice de Référence des Loyers...) ;
- niveaux de l'offre et de la demande (locatives et en investissement) ;
- valeurs au m^2 ;
- taux de rendement/taux d'actualisation...

D. Comment et pourquoi réaliser une première approche de l'allocation du prix d'acquisition ?

Nécessité d'anticiper l'impact de la norme IFRS 3, Regroupements d'entreprises

2350 ***Question***

Dans le cas où les états financiers sont établis en normes IFRS, comment anticiper au mieux l'impact de la norme IFRS 3, Regroupements d'entreprises, sur les comptes de l'acquéreur à la suite de l'acquisition envisagée ?

Réponse Voir nº 3120.

Appréciation du risque de dépréciation du goodwill

2360 ***Question***

Comment appréhender dans la phase d'acquisition le risque de dépréciation ultérieure du goodwill ?

Réponse Voir nº 3120.

Evaluation des actifs et passifs acquis dans les actes juridiques

2370 ***Question***

Quel est l'intérêt d'anticiper l'impact sur les comptes sociaux de l'évaluation des actifs et passifs acquis dans les actes juridiques ?

Réponse Voir nº 3522.

SECTION III

Comment prendre et formaliser une décision de poursuivre une opération de croissance externe ?

A. Comment et sur quelles bases rédiger une lettre d'intention ?

Décision de poursuivre une acquisition

2410 ***Question***

Comment décider de la poursuite d'une acquisition et qui en a le pouvoir ?

Réponse Les **équipes internes** spécialisées en fusions-acquisitions, ou, à défaut, les **dirigeants clés,** éventuellement appuyés par des conseils, réalisent dans un premier temps l'**analyse de la transaction potentielle,** afin d'être en mesure d'émettre une recommandation quant à l'intérêt de l'opération et la poursuite des négociations.

En principe, seul le représentant légal de la société a pouvoir pour engager celle-ci vis-à-vis des tiers et notamment émettre une lettre d'offre pour l'acquisition d'une cible. Toutefois, des procédures internes peuvent rendre nécessaire l'obtention d'un accord préalable des organes collégiaux (conseil d'administration, conseil de surveillance...).

Par ailleurs, des salariés du groupe acquéreur (par exemple, le responsable des fusions-acquisitions) peuvent avoir le pouvoir de décider de la poursuite d'une acquisition, s'ils bénéficient d'une délégation de pouvoir ou s'ils ont reçu un pouvoir spécial pour l'opération.

Chaque entreprise dispose par ailleurs de ses **règles de gouvernance propres** déterminant les opérations devant être approuvées préalablement suivant le niveau de l'investissement envisagé, ainsi que l'organe compétent pour donner cette approbation. A titre d'exemple, dans certains groupes, les décisions de croissance externe portant sur des cibles de petite taille peuvent rester du ressort de la filiale locale concernée, alors que l'approbation des décisions de croissance externe sur des cibles plus significatives relève de la société holding, en sa qualité d'actionnaire.

Lorsque l'acquéreur potentiel est assisté dans l'opération par un conseil en fusions-acquisitions agissant en vertu d'un **mandat** (voir nº 1340), la lettre d'offre peut être émise directement par ce conseil.

Rédaction d'une lettre d'intention

2415 ***Question***

Quand, sur quelles bases et avec quelles précautions rédiger une lettre d'intention ? En quoi la lettre d'intention se distingue-t-elle de la lettre d'offre ?

Réponse La **lettre d'intention** est un **document préparatoire** qui a pour objectif de définir l'intention des parties quant (i) aux modalités des négociations durant la phase des pourparlers, voire (ii) quant à l'objet même des négociations. Dans le premier cas, la lettre d'intention vise à fixer un cadre aux négociations en définissant et organisant ses différentes étapes (y compris les conditions dans lesquelles mettre fin aux négociations) et à s'assurer de la confidentialité de celles-ci. Dans le second cas, la lettre d'intention va jusqu'à définir les éléments structurants de l'opération envisagée en abordant notamment les thèmes suivants : périmètre de l'acquisition, base et hypothèse de calcul du prix indicatif ou fourchette de prix, conditions de due diligences satisfaisantes et autres conditions suspensives liées à des autorisations administratives ou internes, demande d'exclusivité... Pour autant, dans ce cas, les parties entendent exclure tout engagement définitif de réaliser l'opération envisagée dans la lettre d'intention. Il convient donc d'apporter un soin particulier à la rédaction de la lettre d'intention à cet égard.

Ainsi, l'objet de la lettre d'intention est d'**encadrer** et d'**officialiser** les **conditions de la phase des pourparlers.** A ce sujet, les exigences de bonne foi et de confidentialité lors de la conduite des négociations et à l'occasion de la rupture de celles-ci au cours de la période précontractuelle sont prévues par les articles 1112 s. du Code civil. Le contenu et le moment de l'émission de la lettre d'intention varient sensiblement suivant la façon dont est conduit le processus d'acquisition. Elle est généralement émise par l'acquéreur potentiel.

Dans les **opérations de gré à gré,** la signature de la lettre d'intention intervient généralement après une phase plus ou moins longue de discussions préalables entre le vendeur et l'acquéreur potentiel. La lettre d'intention permet au vendeur d'apprécier le caractère sérieux du projet de l'acquéreur potentiel, avant de donner à celui-ci un accès complet aux informations et documents concernant la cible.

Lorsque le **processus** (intermédié ou non par un conseil en fusions-acquisitions aux côtés du vendeur et de l'acheteur) met en concurrence plusieurs acquéreurs potentiels (sans exclusivité), une **lettre d'offre** dite « indicative » est généralement émise avant l'accès à la « data room » contenant les informations détaillées sur la cible. Son objet est de permettre au vendeur ou à son conseil d'apprécier l'intérêt des offres, afin de sélectionner le ou les candidats acquéreurs auxquels il donnera accès à une information détaillée sur la cible et ses opérations (accès à une « data room », accès au management...). A l'issue des phases de due diligences sur l'information disponible en « data room », les acquéreurs potentiels émettront une seconde lettre d'offre dite « ferme » et financée, c'est-à-dire avec indication du mode de financement (fonds propres uniquement et/ou recours pour tout ou partie à l'endettement), accompagnée d'un accord de principe de la banque prêteuse pour le financement de l'opération.

B. Quelles sont les principales conséquences de la signature d'une lettre d'intention ?

Lettre d'intention engageante

2420 ***Question***

En quoi une lettre d'intention est-elle engageante ?

Réponse La **lettre d'intention** ne permet pas, en principe, de « forcer » la vente, c'est-à-dire d'obtenir l'exécution de la vente devant un tribunal, sauf si les éléments essentiels de la vente (l'objet et le prix) y sont définis et que le destinataire de la lettre l'accepte sans réserve dans le délai imparti.

Dans la mesure où elle est **acceptée par l'autre partie,** par contresignature ou lettre en réponse, elle a valeur de **contrat** et est **engageante** (« binding ») sur les éléments non conditionnels et précis de la lettre d'intention, principalement l'exclusivité, voire dans certains cas la confidentialité et le non-débauchage lorsqu'un accord de confidentialité n'a pas été signé préalablement.

La lettre d'intention doit donc être rédigée de manière que le principe même de l'acquisition reste effectivement conditionnel (voir n° 2415), et soumis en dernier lieu à un accord définitif sur les termes du contrat de cession, le prix d'acquisition et les garanties données.

A défaut, et en particulier dans le système de droit français, si le prix et le périmètre de l'acquisition sont suffisamment précis, l'acceptation non conditionnée de l'autre partie peut entraîner formation du contrat de vente aux conditions de la lettre d'intention.

Par ailleurs et en cas de cessation inattendue (ou brutale) des négociations à un stade avancé du processus de vente, l'émission et le contenu d'une lettre d'intention peuvent être pris en compte par un juge dans le cadre d'une demande en dommages-intérêts pour rupture abusive de pourparlers formée par la partie qui souhaitait poursuivre les négociations et réaliser l'opération. Une demande en dommages-intérêts est d'autant plus plausible depuis la réforme sur le droit des obligations. Toutefois, la partie ayant subi une rupture abusive des pourparlers ne pourra prétendre à une indemnisation ayant pour objet de compenser la perte des avantages attendus du contrat non conclu, ni même la perte de chance d'obtenir ces avantages (C. civ. art. L 1112).

CHAPITRE 3

Comment négocier et conclure une acquisition ?

Plan du chapitre

Plan du chapitre (suite)

Plan du chapitre (suite)

Plan du chapitre (suite)

Plan du chapitre (suite et fin)

Questions traitées dans ce chapitre	N°
Comment valoriser au mieux le potentiel de synergies lié à la transaction à travers la mise en place d'une « clean room » ?	3287
Quels sont les principaux points à considérer dans le cadre d'un détourage d'activité (« carve-out ») ?	3290
E. Qu'est-ce qu'une due diligence juridique, sociale et fiscale acheteur ?	
En quoi consiste une due diligence juridique ?	3300
Quels sont les points structurants de la due diligence juridique et quelles différences y a-t-il entre une cession de titres (« share deal ») et une cession d'actifs (« asset deal ») ?	3305
En quoi consiste une due diligence fiscale ?	3310
Comment apprécier correctement la position fiscale ?	3315
Comment apprécier correctement les risques fiscaux ?	3320
En quoi consiste une due diligence sociale ?	3325
F. Quels autres types de due diligence acheteur peut-on réaliser ?	
En quoi consiste une due diligence environnementale ?	3340
En quoi consiste une due diligence ESG (Environnemental, Social, Gouvernance) ?	3342
En quoi consiste une due diligence anticorruption ?	3343
En quoi consiste une due diligence bancaire ?	3344
En quoi consiste une due diligence assurance ?	3345
En quoi consiste une due diligence sur les retraites et engagements sociaux ?	3350
En quoi consiste une due diligence immobilière ?	3355
En quoi consiste une due diligence de la conformité comptable et fiscale des systèmes d'information ?	3360
En quoi consiste une due diligence réglementaire ?	3361
G. Quels sont les enjeux liés à la cybersécurité ?	
Pourquoi considérer le sujet de la cybersécurité lors d'une opération de M&A ?	3362
Quels sont les risques auxquels la cybersécurité peut répondre ?	3363
Quels sont les principaux éléments en termes de cybersécurité à prendre en compte lors d'une acquisition ?	3364
Quels sont les secteurs d'activité concernés par les cybermenaces ?	3365
Quels sont les textes législatifs et réglementaires à connaître dans le domaine de la cybersécurité ?	3366
H. Quels sont les enjeux liés au « Data Analytics » et à l'IA dans le cadre des transactions ?	
Quelle est l'origine du développement de l'approche « Data Analytics » liée à la technologie de l'IA (Intelligence artificielle) dans le contexte des transactions ?	3367
Quels bénéfices peut-on attendre de l'approche « Data Analytics » couplée avec l'IA lors d'une transaction ?	3368
Quelles sont les précautions à prendre lorsque l'approche « Data Analytics » est mise en œuvre dans le cadre d'une transaction ?	3369

Questions traitées dans ce chapitre	N°
I. Quels sont les enjeux spécifiques liés à l'activité bancaire ?	
Quels sont les risques spécifiques à l'activité bancaire ?	3370
Quelles sont les principales catégories d'ajustements spécifiques à l'activité bancaire ?	3371
Comment est évaluée une banque ou une institution financière ?	3372
J. Quels facteurs spécifiques peuvent influer sur le déroulement des due diligences ?	
Quelles sont les spécificités d'une due diligence lorsque l'acheteur est coté ?	3373
Quelles sont les spécificités d'une due diligence lorsque la cible est cotée ?	3375
Quelles sont les spécificités d'une due diligence portant sur un groupe international ?	3380
Quelles sont les spécificités d'une due diligence portant sur l'acquisition d'une société à l'étranger ?	3385
Quel type de due diligences pour acquérir une entreprise en difficulté ?	3390
Qu'est-ce qu'une revue indépendante des projections (« Independent Business Review »/IBR) et dans quels cas y recourir ?	3395
Section III. Comment adapter le prix et la structuration de la transaction au résultat des due diligences ?	
A. Comment affiner l'évaluation financière de la cible ?	
Comment prendre en compte les résultats des due diligences réalisées dans la valorisation de la cible ?	3410
B. Comment choisir son financement ?	
Comment et à quel moment choisir le mode de financement d'une acquisition ?	3425
Quels sont les critères et le processus d'attribution des financements ?	3430
Qu'est-ce qu'un covenant et comment faut-il le négocier ?	3435
Quelles sont les informations à fournir et les règles à suivre pendant la durée du crédit ?	3440
Quelles sont les spécificités d'une émission obligataire ?	3443
Quelles sont les spécificités d'un financement hypothécaire ?	3445
Quels sont les avantages et les contraintes d'un financement hypothécaire par rapport aux emprunts classiques ?	3450
Comment est évaluée la valeur de l'actif sur laquelle porte l'hypothèque ?	3455
C. Quels éléments prendre en compte pour réaliser la structuration de la transaction ?	
Quelles sont les contraintes des entreprises en matière de structuration de la transaction ?	3470
Quelles sont les contraintes des fonds d'investissement en matière de structuration de la transaction ?	3475
En quoi consiste la structuration de la transaction ?	3480
A quoi sert le mémorandum de structure ?	3485
En quoi les règles comptables impactent-elles la structuration des opérations ?	3487
A quoi sert le modèle fiscal (ou « tax model ») ?	3490

Questions traitées dans ce chapitre	Nº
A quoi sert le tableau des flux financiers (ou « funds flow statement ») ?	3495
Quelles précautions prendre pour s'assurer de la déductibilité fiscale des charges d'intérêts sur la dette d'acquisition ?	3498
Le goodwill d'acquisition peut-il être amorti fiscalement ?	3500
D. Comment conduire les négociations et rédiger un contrat d'acquisition ?	
Qui participe aux négociations et quels sont les sujets à négocier ?	3515
Quels sont les principaux risques associés à une négociation ?	3520
Quel est l'intérêt d'anticiper l'impact sur les comptes sociaux de l'évaluation des actifs et passifs acquis dans les actes ?	3522
Quelles sont l'utilité et la portée juridique des avant-contrats (engagement de confidentialité, accords d'exclusivité, lettres d'offre, lettres d'intention, protocole d'accord (« Memorandum of Understanding »/MOU ou bien « term sheet ») ?	3525
Comment se matérialise le contrat d'acquisition et pourquoi distingue-t-on la plupart du temps la signature (« signing ») de la réalisation de l'opération (« closing ») ?	3530
Quelles sont les différentes natures de garanties susceptibles d'être intégrées dans un contrat d'acquisition ?	3535
Comment intégrer les conclusions des due diligences dans la rédaction du contrat d'acquisition ?	3540
Quelles sont les différentes possibilités de garantir la garantie ?	3545
Quelles sont les pistes pour rapprocher vendeur et acheteur ?	3550
Quelles précautions prendre dans le contrat d'acquisition pour la rédaction des clauses relatives au prix et notamment les clauses d'ajustement de prix et de complément de prix (« earn out ») ?	3555
A quels éléments faut-il être attentif pour la rédaction des clauses relatives au prix et notamment les clauses d'ajustement ou de complément de prix (« earn out ») ?	3556
Quels sont les avantages et les inconvénients du mécanisme dit de « locked box » pour l'acheteur ?	3560
En quoi la norme IFRS 3, Regroupements d'entreprises, oblige-t-elle les entreprises à adapter leurs clauses contractuelles ?	3565
Quelles sont les clauses qui peuvent avoir des conséquences importantes sur les comptes, notamment compte tenu de leur impact sur l'appréciation du degré de contrôle de l'acquéreur sur l'entité ?	3570
Quelles sont les clauses permettant d'anticiper dans le contrat d'acquisition une résolution optimale d'un litige ?	3575
E. Quels sont les éléments spécifiques pouvant influencer la rédaction du contrat d'acquisition ?	
Quels sont les documents spécifiques à une opération avec effet de levier (LBO ou « Leverage Buy-Out ») ?	3590
Quels sont les aspects spécifiques à une prise de participation (par rapport à l'acquisition de 100 % des titres) ?	3595

Questions traitées dans ce chapitre	N°
Quels sont les schémas de reprise d'une entreprise en difficulté ?	3815
Quels sont les facteurs clés de succès d'une reprise d'entreprise en difficulté ?	3820
Quelles sont les principales différences entre les procédures de mandat ad hoc, conciliation, sauvegarde, de redressement judiciaire et de liquidation judiciaire du point de vue du repreneur ?	3825
Quel est l'intérêt de la procédure de sauvegarde accélérée ?	3827
Comment opérer la reprise d'une entreprise en difficulté « à la barre du tribunal » et quelle est la marche à suivre avec l'administrateur judiciaire et le tribunal de commerce ?	3830
Quel est l'intérêt du « Prépack Cession » ?	3833
« A la barre » du tribunal de commerce, est-il plus intéressant de reprendre les titres d'une société en plan de continuation ou ses actifs en plan de cession ?	3835
Comment évaluer le prix et le coût d'acquisition d'une entreprise en difficulté ?	3840
Existe-t-il un intérêt fiscal à acheter une entreprise en difficulté ?	3845
Quelles sont les contraintes fiscales à prendre en considération lors du refinancement d'une entreprise en difficulté ?	3850

SECTION I

Quels sont les principaux enjeux du processus de négociation et de formalisation d'une acquisition ?

A. Comment piloter le processus d'achat ?

Meilleures pratiques

3110 ***Question***

Quelles sont les meilleures pratiques pour réussir une acquisition ?

Réponse La **réussite d'une acquisition** peut être appréciée à l'issue d'un processus passant par l'identification de la cible, la négociation avec le vendeur, puis, une fois l'acquisition réalisée, l'intégration de la société acquise. Les facteurs de succès sont spécifiques à chacune de ces quatre principales étapes :

– en premier lieu, le **choix d'une cible de qualité** est facilité par la définition par le management de l'acquéreur d'un plan stratégique encadrant les critères de choix. Il pourra s'agir d'un critère de positionnement stratégique, de taille, de rentabilité, d'implantation géographique, etc. Ce plan pourra aussi anticiper la structure de financement adéquate ;

– **l'approche du vendeur** est également clé. Une cible potentielle pourra être hésitante à se dévoiler et à admettre qu'elle est potentiellement à vendre. L'équipe en charge de contacter la cible devra donc se montrer rassurante sur ses intentions, démontrer que l'acheteur qu'il représente est à la fois sérieux et motivé. L'approche d'une société potentiellement à vendre doit donc être préparée avec soin, afin de déterminer quel discours tenir à la cible pour que celle-ci soit prête à écouter ce que lui dit le représentant de l'acheteur, sans que lui soient dévoilées trop d'informations sur l'acquéreur potentiel et sa stratégie. Une réflexion doit également être entamée afin de savoir s'il est plus pertinent de contacter la cible ou son actionnaire ;

– une conduite efficace du processus de négociation repose sur la bonne **appréhension par l'acheteur des risques et potentialités de la cible** : appréhension des synergies, correcte évaluation des risques financiers, juridiques, sociaux et fiscaux..., appréciation des performances du plan d'affaires, dans le souci notamment de calibrer le niveau de financement requis et l'échéancier associé. Cette connaissance repose sur la réalisation par l'acheteur de due diligences qu'il peut, soit réaliser directement, soit confier en tout ou partie à un cabinet externe spécialisé. Cette connaissance de la cible permet à l'acheteur d'appréhender la valeur intrinsèque de la cible, ainsi que la valeur possible des synergies, le coût et le temps nécessaires pour réaliser ces synergies. Ces éléments doivent être pris en compte lors de la négociation du prix et des clauses de garantie adaptées et protectrices ;

– enfin, la **phase d'intégration** doit permettre, lorsqu'elle est correctement organisée et planifiée, de mettre en œuvre les synergies et économies d'échelle couronnant la réussite de l'acquisition.

Gouvernance en IFRS et prise de décision

3120 ***Question***

En matière d'acquisitions/cessions, comment éviter les surprises comptables et de communication financière ?

Réponse Prendre de bonnes décisions stratégiques et opérationnelles en IFRS signifie que celles-ci soient :

– optimales pour le groupe : recherche des solutions IFRS les meilleures, à l'instar des solutions fiscales et juridiques ;

– en limitant les risques de surprise pour la communication financière de demain : c'est-à-dire en prenant en compte les interprétations énoncées par l'IFRS Interpretations Committee, et en suivant les évolutions des projets IFRS de manière à intégrer l'actualité la plus récente lors de la prise de décision ;

– et en toute connaissance de cause des différents acteurs impliqués dans les processus de décision : opérationnels, direction comptable, direction financière, direction générale, comité d'audit, auditeurs.

Comment y parvenir ? Il est fortement recommandé de réaliser deux choses, l'une permanente (1.), l'autre à chaque acquisition/cession (2.) :

1. D'un point de vue général, mettre en place une **procédure de contrôle interne IFRS applicable avant la prise de toute décision ou la signature de tout contrat important.** Cette procédure, qui existe rarement aujourd'hui de manière formalisée, est complexe à mettre en œuvre.

Elle nécessite en effet de **définir le rôle de chacun dans le processus de décision.**

a. Le rôle des opérationnels Tout d'abord, cela paraît évident mais c'est rarement le cas, les opérationnels doivent tous être impliqués dans la procédure car ils sont tous potentiellement concernés ! Par exemple, il ne faut pas seulement impliquer le responsable fusions-acquisitions, mais tous ceux qui développent les accords de partenariat, de franchise, les trésoriers et financiers qui prennent des couvertures, négocient des financements ou refinancements ou les covenants, qui mettent en place les titrisations, affacturage, etc. ; les DRH, qui proposent des plans de stock-options, des bonus différés, de nouveaux avantages prévoyance, retraites, intéressement... ; les responsables de produits ou gammes de services, qui lancent de nouveaux produits attractifs mélangeant biens et services, prévoient les conditions générales de ventes et des offres gratuites... ; les responsables immobilier ou matériels, qui s'occupent non seulement des achats, locations mais aussi de l'entretien, du remplacement, des remises en état... ; les responsables marketing-communication, qui gèrent les catalogues, salons, campagnes de publicité..., sans oublier bien sûr les responsables juridiques, qui rédigent les contrats et négocient les clauses, les protections...

Un mini-diagnostic ou inventaire – par sujet, thème, type d'opération – des surprises liées à l'impact de normes IFRS déjà survenues dans le groupe est un autre moyen de preuve ou d'incitation pour justifier l'ouverture de cette procédure de contrôle interne à un éventail large de responsables opérationnels.

Ensuite, avant d'initier toute opération, et non la veille de la signature, ils doivent dialoguer avec les équipes comptables et financières pour réfléchir ensemble aux impacts que cela peut avoir dans les comptes.

Cela constitue une réelle opportunité pour expliciter les normes comptables et leurs enjeux aux opérationnels sans que cela soit vécu comme une seule réponse à un dispositif réglementaire (voir ci-après rôle de la direction comptable). Beaucoup disent qu'ils le font au sein de leur entreprise, mais rarement pour tous les opérationnels concernés.

Pour en être convaincu, un moyen est de comparer le niveau de concertation avec les directions fiscales et juridiques par rapport aux directions comptables et financières. Cette concertation avec les comptables est également importante en ce qui concerne le sujet des reportings internes et la prise en compte des normes dans la lecture de la performance économique du groupe, afin de réconcilier ou rapprocher le pilotage opérationnel des chiffres résultant des normes.

b. Le rôle de la direction comptable (et de la direction financière) Son rôle, essentiel, est de permettre aux opérationnels d'agir en parfaite connaissance de cause des conséquences comptables de leurs opérations et d'alerter sur tous les risques de traduction divergente par rapport à ce que les gens ont en tête. Elle doit aussi vulgariser les traitements comptables pour qu'ils soient accessibles à ceux qui doivent les comprendre. C'est particulièrement important lorsqu'il y a des changements de principes comptables effectifs ou en cours pour que les mentalités évoluent. Dans ce cadre, il peut être opportun de faire par exemple des présentations ciblées sur les traitements comptables des points les moins intuitifs qui sont prévus par les normes actuelles et par les nouvelles normes IFRS ou projets en cours les plus structurants.

Dans le processus même de négociation, son rôle est de travailler sur les projets de contrats (clauses particulières) et de donner un avis d'expert sur les traductions comptables. En parallèle, elle doit alerter les directions générales et le comité d'audit de ces mêmes difficultés ou changements.

Si la direction comptable ne dispose pas des ressources nécessaires pour suivre l'actualité, la comprendre, jouer le rôle d'expert et la vulgariser pour les opérationnels et les dirigeants, elle doit se faire aider de ses commissaires aux comptes ou d'autres conseils.

La direction comptable peut ainsi élargir son champ d'action avec une orientation non plus seulement tournée vers le passé mais, au contraire, vers l'anticipation et l'avenir.

c. Le rôle du comité d'audit Son rôle est d'abord clé dans la décision même, pour juger de son opportunité, de la cohérence avec la stratégie, de la maîtrise des risques liés, de l'optimisation du traitement envisagé et des conséquences sur les principaux ratios de structure et de performance, la communication financière, le rating de l'entreprise, etc.

En ce qui concerne les IFRS, le plus pertinent pour aider à comprendre les enjeux majeurs des normes nouvelles est de demander en réunion de comité d'audit des présentations faites par la direction financière, la direction comptable ou le département des normes et, par ailleurs, de demander aux commissaires aux comptes d'exercer régulièrement, au-delà des présentations des travaux d'audit, un rôle d'alerte.

d. Le rôle du commissaire aux comptes, voire des conseils Participer à l'anticipation est une priorité tout à fait fondamentale. Comment ?

- en participant à l'information de l'entreprise ;
- en l'alertant des évolutions qui se profilent ;

- en développant des relations directes avec les responsables opérationnels pour identifier au plus tôt les opérations susceptibles d'avoir des impacts ;
- et en participant à des réunions informelles dans lesquelles un tour d'horizon de ce qui se passe dans l'entreprise est effectué.

2. Pour chaque projet d'acquisition/cession :

a. **Réaliser des simulations des incidences des projets sur les résultats (y compris les impacts sur la marge brute et le résultat opérationnel), les capitaux propres et la dette, et ce, dès les projets de pactes d'actionnaires et d'acquisition** Il convient d'apprécier les impacts favorables ou défavorables des normes IFRS 3 (Regroupements d'entreprises) et IFRS 10 (Etats financiers consolidés), IFRS 11 (Partenariats) et IFRS 12 (Informations sur les participations détenues) en fonction de sa propre situation financière (exemple : faiblesse des capitaux propres), des stratégies de croissance et de restructuration envisagées, des besoins en termes de communication financière (impacts sur les ratios de performance, de situation financière).

En outre, cette analyse ne doit pas se limiter aux impacts sur l'exercice en cours au moment de la transaction. Des prévisions sont à réaliser sur les exercices suivant les acquisitions, notamment au regard de la hausse de la volatilité des résultats et des capitaux propres. Il convient également d'anticiper les changements normatifs pouvant intervenir dans le futur. Ces changements peuvent avoir un impact significatif sur les indicateurs clefs de la cible.

Par exemple, la norme IFRS 3 a été amendée en octobre 2018 pour modifier la définition d'une activité (« business ») pour les transactions à compter du 1er janvier 2020, ce qui pourrait conduire à réduire le nombre d'acquisitions qualifiées de regroupements d'entreprises selon cette norme, voir no 21490.

b. **Anticiper les besoins en matière d'évaluations lors de l'opération** Les différentes simulations précitées et la comptabilisation effective de ces opérations obligent à des évaluations nombreuses et délicates : réévaluation des participations détenues dans la cible avant la prise de contrôle, évaluation de la juste valeur des intérêts minoritaires, mise à la juste valeur d'une participation minoritaire à la suite de la cession du contrôle...

c. **Anticiper les impacts dans les comptes sociaux,** ces derniers ayant notamment des enjeux fiscaux et des conséquences en termes de remontée de dividendes ultérieurs.

Doivent notamment être anticipées :
- l'allocation du prix global aux différentes entités juridiques achetées. Ainsi, en cas d'achat d'un groupe international, il est primordial de valoriser de manière pertinente les titres des sociétés individuelles acquises lors de leur affectation à des holdings par pays. Cette valorisation a des conséquences sur les dépréciations postérieures des titres ainsi que des enjeux fiscaux ;
- l'identification et la qualification des incorporels pour s'assurer, le cas échéant, de leur caractère amortissable lorsque l'acquéreur souhaite déduire fiscalement leur coût d'acquisition (sur l'amortissement du goodwill, voir no 3500) ;
- selon la structuration juridique de l'acquisition (achat de titres, apports, fusion, etc.), la méthode de valorisation des actifs individuels apportés, qui n'est pas sans conséquence sur le résultat comptable et fiscal futur.

3. **Réaliser une analyse du « Purchase Price Allocation » (PPA)** La norme IFRS 3 oblige les acquéreurs à allouer le prix d'acquisition à la juste valeur des actifs et passifs de la cible **(« Purchase Price Allocation »/PPA).** L'écart résiduel entre le prix payé et la juste valeur des actifs et passifs constitue le goodwill.

Même si la norme indique que l'acquéreur dispose d'un délai maximum d'un an après l'acquisition pour finaliser le PPA, il est fortement conseillé de réaliser une **analyse du PPA en amont de la transaction** (ou pré-PPA) afin d'identifier les principaux impacts comptables pour l'acquéreur, notamment en termes de charges d'amortissement complémentaires. En effet, l'expérience montre que les ajustements de valeur les plus importants concernent souvent les actifs incorporels qui ne figuraient pas au bilan de la cible (car créés en interne), tels que les marques, les relations clients, les technologies, etc., qui seront pour la plupart amortis dans le compte de résultat post-acquisition. La comptabilisation de ces actifs donnera donc lieu à des charges d'amortissement complémentaires qui peuvent être plus ou moins importantes en fonction de la valeur et de la durée d'amortissement des actifs.

L'acquéreur doit prendre en compte ces amortissements complémentaires dans son évaluation de l'intérêt de l'acquisition. En particulier, ces éléments doivent être intégrés dans l'estimation de l'effet dilutif ou relutif de l'opération envisagée.

4. Apprécier le risque de dépréciation ultérieure du goodwill Selon les normes IFRS, le **goodwill** ne doit pas être amorti mais **testé pour dépréciation** une fois par an. Les modalités de réalisation des évaluations dans le cadre de ces tests de dépréciation sont définies par la norme IAS 36, Dépréciation d'actifs. Cette norme impose certaines contraintes qui font parfois apparaître des divergences entre la manière dont la valeur a été appréhendée au moment de l'acquisition et celle au moment des tests de dépréciation. Par exemple, si le prix payé a été fondé sur un plan d'affaires à 10 ans présentant une amélioration de la marge après la 5e année, ceci peut poser un problème lors du test de dépréciation, car la norme IAS 36 limite a priori la durée des plans d'affaires à 5 ans (sauf justification spécifique).

Il est donc important d'**identifier en amont de la transaction** les **hypothèses** qui pourraient poser un problème lors du test de dépréciation. Le cas échéant, il est fortement conseillé de réaliser des tests de sensibilité afin d'analyser si le goodwill résultant du prix proposé passe le test de dépréciation en retenant des hypothèses autorisées sous IAS 36.

L'expérience montre que dans certains cas, des acquéreurs ont revu à la baisse le prix proposé parce que le prix initialement envisagé présentait un risque élevé de dépréciation post-acquisition.

SECTION II

Comment réaliser une estimation précise des risques et opportunités d'une cible potentielle ?

A. Qu'est-ce qu'une due diligence ?

Appréciation des risques et opportunités d'une acquisition

3150 ***Question***

De quelle manière les acheteurs apprécient-ils les risques et opportunités liés à une opération d'acquisition ?

Réponse L'augmentation de l'intensité concurrentielle dans les transactions a conduit les acheteurs à mieux appréhender la **valeur de la cible**, afin d'être à même de proposer un **niveau de prix adapté** dans un contexte où le prix apparaît comme l'un des principaux facteurs discriminants entre les acheteurs. L'approche d'un « juste prix » a conduit les acheteurs à s'intéresser plus volontiers aux **opportunités futures** plutôt qu'aux performances passées, tout en réalisant ou faisant réaliser des analyses approfondies dans des domaines de plus en plus variés (environnement, marché, engagements de retraite, etc.) et de plus en plus tôt dans le processus d'acquisition.

Les acquéreurs potentiels, qui, historiquement, utilisaient plutôt des **due diligences « confirmatoires »**, réalisées postérieurement à la signature du protocole de cession, et relatives à la mise en jeu d'une clause de prix ou une garantie actif passif... utilisent désormais plutôt des **due diligences « exploratoires »** orientées vers l'analyse des risques et des potentialités de la cible et réalisées préalablement à la signature d'un accord définitif. Ces analyses portent notamment sur le positionnement stratégique de la cible et ses perspectives de développement.

Cette évolution explique notamment pourquoi des cabinets, et notamment des cabinets d'audit financier, ont spécialisé des équipes dans l'accompagnement des transactions. Ces cabinets peuvent réaliser des due diligences de marché, financières ou bien juridiques, fiscales et sociales.

Les audits d'acquisition réalisés postérieurement à l'acquisition de la cible viennent le cas échéant compléter ces procédures, notamment pour valider certaines données financières conformément au protocole de cession.

Définition et objectifs d'une due diligence

3155 ***Question***

Qu'est-ce qu'une due diligence et quels en sont les objectifs ?

Réponse Une **due diligence** consiste en des **analyses approfondies** qui visent à mettre en évidence les facteurs de **risque** et les **potentialités** pouvant avoir un impact sur l'**appréciation par l'acquéreur** de la **valeur de la cible.**

Lorsqu'elles sont réalisées par ou pour le compte d'un acheteur, ces analyses sont appelées « due diligences acheteur » (ou « buy-side due diligence ») et « vendor due diligence » quand elles sont réalisées par la cible (voir n° 3175).

Une due diligence a lieu en général une fois que la proposition de l'acquéreur a été retenue, c'est-à-dire quand il reste un nombre limité d'acquéreurs potentiels, voire un seul s'il y a exclusivité. L'acheteur (ou ses conseils) se voit alors attribuer une période pendant laquelle il va pouvoir réaliser ou faire réaliser des travaux d'investigation détaillés sur la cible. Ces travaux permettent d'affiner la **valorisation de la cible** et d'identifier des **leviers de négociation,** ainsi que les garanties ou les conditions suspensives à inclure dans le contrat d'acquisition.

Si les conclusions des due diligences ne sont pas satisfaisantes pour l'acquéreur, notamment au vu de l'existence de risques (risques fiscaux, juridiques, sociaux, rentabilité financière biaisée par des résultats exceptionnels) ou de conclusions négatives sur la faisabilité du plan d'affaires, l'acquéreur pourra décider au vu de celles-ci de revoir à la baisse le prix proposé, voire de suspendre les négociations.

Dans le cas particulier d'un **LBO** (« Leverage Buy-Out »), les travaux de due diligence visent également à apprécier les **flux de trésorerie** qui pourront être affectés au remboursement de la dette. Corrélativement, les conclusions de ces travaux seront systématiquement communiquées aux banquiers prêteurs.

Les due diligences incluent généralement des due diligences financières fiscales, juridiques et sociales mais peuvent également inclure des due diligences de marché, opérationnelles, environnementales, des analyses portant sur les engagements de retraite et les assurances, ainsi que sur la qualité du management.

Les due diligences peuvent être réalisées par l'acquéreur en utilisant ses propres équipes appuyées, le cas échéant, par un département fusions-acquisitions. Mais elles peuvent aussi être confiées pour tout ou partie à des cabinets externes, notamment pour les aspects financiers à des équipes spécialisées en transactions au sein d'un cabinet d'audit. A l'issue des travaux, un rapport est émis qui engage la responsabilité de son signataire. Ce rapport permet également de faciliter le recours à un financement.

L'approche de la due diligence et l'ampleur des travaux réalisés doivent être adaptées et cadencées suivant le niveau d'information disponible et d'accès au management de la cible.

Distinction entre due diligence et audit

3160 ***Question***

Quelles sont les différences entre une due diligence et un audit ?

Réponse Alors qu'un **audit** vise, au travers l'analyse de la comptabilité d'une entreprise, à la **certification de ses comptes,** une **due diligence** a pour **objectif** de permettre à l'acheteur, via l'analyse de l'information mise à sa disposition, de **prendre une décision d'investissement.**

Le résultat d'une due diligence n'est pas un rapport général statuant sur la fiabilité des comptes, mais un **rapport de synthèse** regroupant des analyses détaillées sur les données, notamment financières, juridiques et fiscales de la cible. Ce rapport est destiné à l'acheteur qui peut éventuellement décider de le transmettre à des tiers comme les banques, afin de faciliter leur compréhension du projet et éventuellement son financement.

Niveaux d'accès à l'information

3165 ***Question***

Quels sont les différents niveaux d'accès à l'information et quel en est l'impact sur le processus d'acquisition et le calibrage des travaux de due diligence ?

Réponse La quantité et la qualité de l'information fournie, ainsi que les modalités d'accès au management de la société cible restent à la discrétion du vendeur :
- le **mode de présentation** de l'information peut être plus ou moins élaboré : mise en place d'une « data room » physique ou électronique (voir nº 5220 s.), mise à disposition d'une « vendor due diligence » (voir nº 3175), etc. ;
- l'**accès au management** et à la **société** peut être plus ou moins restreint : accès direct ou via un système de questions/réponses pouvant être géré au moyen d'une « data room » électronique. Il en est de même de l'accès aux principaux conseils de la cible (financiers, fiscaux, avocats...).

Ces contraintes techniques, ainsi que celles liées aux délais imposés par le vendeur, peuvent justifier que les acheteurs s'appuient sur des cabinets externes spécialisés pour analyser l'information disponible.

L'offre de l'acheteur sera plus ou moins engageante en fonction de la qualité de l'information mise à sa disposition, c'est-à-dire qu'il peut éventuellement faire une offre sous réserve d'investigations complémentaires.

Dans le cas où l'information disponible serait limitée, l'acheteur peut négocier avec le vendeur un accès à une information plus étendue et demander pour cela une **période d'exclusivité.** Il est en général préférable de limiter les travaux engagés tant que des informations de qualité n'ont pas été mises à la disposition de l'acheteur.

La **due diligence** n'est pas un exercice standard mais **sur mesure,** d'où la nécessité de bien en préciser, selon le stade d'avancement du processus d'acquisition :
- **les objectifs** : affiner l'offre de prix, y compris le calibrage des paiements différés (compléments de prix ou « earn-out »), clarifier la situation d'endettement net, préciser les éléments de garantie, analyser les risques juridiques, environnementaux, sociaux... ;
- **le périmètre de revue** : nombre d'exercices revus, référentiel comptable, appréciation des résultats de l'exercice en cours, etc. Par exemple, dans le cas où l'objet de la due diligence est d'affiner l'offre de prix lorsque celui-ci reste encore négociable, le vendeur portera son attention, notamment sur la rentabilité récurrente, les résultats de l'exercice en cours et les prévisions.

Dans le cas où l'objet de la due diligence est de clarifier la situation de dette nette, le vendeur pourra orienter ses investigations vers des travaux sur un bilan récent ou un bilan projeté à la date de transfert de propriété des titres, revoir les éléments hors bilan et les éléments de saisonnalité du besoin en fonds de roulement.

Si l'acheteur veut apprécier les éléments à inclure dans les **garanties d'actif passif** (GAP), les investigations devront en priorité porter sur le bilan, les engagements hors bilan, les risques et litiges. Cette analyse devra se faire en étroite collaboration avec les avocats ou les personnes responsables de la revue juridique, fiscale et sociale.

« Data room »

3170 ***Question***

Qu'est-ce qu'une « data room » et comment appréhender l'information qu'elle contient ?

Réponse Une chambre d'information, ou **« data room »**, est une salle comprenant diverses **informations** concernant la **cible** qui peuvent être de natures **opérationnelles, marketing, commerciales, financières, juridiques, fiscales, sociales, etc.** Elle est généralement située dans un site neutre, par exemple chez les avocats du vendeur, dans la banque d'affaires ou dans des bureaux loués pour l'occasion. Ceci facilite le maintien du caractère confidentiel de l'information. Elle est ouverte aux acheteurs potentiels pour une durée limitée, normalement définie au début du processus d'une transaction.

De plus en plus fréquemment, les « data rooms » sont « virtuelles », c'est-à-dire que les acheteurs potentiels et leurs conseils peuvent accéder à un certain nombre de documents numérisés par le biais d'un site Internet sécurisé. Les « data rooms » peuvent également être mises en place dans le cadre de transactions hautement confidentielles, pour préserver la confidentialité, par exemple dans le cadre de transactions portant sur des sociétés cotées.

Chaque « data room » a un fonctionnement qui lui est propre, fixé par le vendeur à travers un **règlement de « data room »**. Dans ce règlement sont définis les dates, horaires et lieux de la « data room », les règles de confidentialité à respecter, le fonctionnement des demandes d'informations supplémentaires. Un système de questions/réponses est le plus souvent mis en place, par lequel des questions écrites sont remontées régulièrement, éventuellement tous les jours, au management de la société cotée. Le règlement détermine également s'il sera ou non donné accès aux conseils, au management, ou à l'éventuelle équipe de due diligence vendeur (« vendor due diligence »/VDD, voir n° 3175). De manière schématique, une due diligence vendeur est un rapport portant sur la cible, et pouvant couvrir divers aspects (financiers, juridiques, fiscaux, sociaux), réalisé par un cabinet indépendant du vendeur qui a pour objectif d'accélérer et de faciliter le processus de cession en fournissant aux différents acheteurs potentiels des informations pertinentes et fiables sur la cible.

Le vendeur fournit également un **index de la « data room »** listant l'ensemble des documents mis à la disposition des acheteurs potentiels. C'est un document clé qui conditionne l'orientation des travaux réalisés par l'équipe de due diligence et les éventuelles demandes d'informations complémentaires à formuler. En conséquence, il est important de recevoir ce document le plus tôt possible et si possible en amont de l'ouverture de la « data room » afin d'organiser l'intervention des différents conseils et éventuellement de demander immédiatement des documents complémentaires.

Vendor due diligence

3175 ***Question***

Comment mener des due diligences sur la base d'une « vendor due diligence » ?

Réponse Les travaux de due diligence acheteur, lorsqu'il existe un **rapport de due diligence vendeur** (« vendor due diligence »/VDD), consistent essentiellement en :
- une **analyse critique** réalisée par des experts des limites du rapport de due diligence vendeur, ainsi que des risques associés à ces limites : appréciation de l'étendue des travaux, points non couverts, limites rencontrées par l'équipe ayant réalisé la due diligence vendeur et inscrites dans le rapport, appréciation de la qualité et de la pertinence des travaux réalisés ;
- l'**identification des sujets** devant permettre à l'acheteur d'affiner et de différencier son offre : analyse des résultats récurrents, de la dette nette ajustée, des flux de trésorerie et des opportunités/risques associés au plan d'affaires.

Ces travaux seront réalisés la plupart du temps par une équipe de **conseil** spécialisée en **due diligence,** au moyen d'une revue attentive du rapport de due diligence vendeur ainsi que de ses annexes, et tout particulièrement la lettre de mission qui définit précisément l'étendue des travaux. Ces informations pourront être complétées et approfondies via la tenue de cessions de questions/réponses auprès de l'équipe ayant préparé le rapport de due diligence vendeur et/ou du management de la cible. A l'issue de ces travaux, un rapport portant sur les conclusions relatives à cette revue sera émis et adressé à l'acheteur potentiel.

En aucun cas, les travaux présentés dans la due diligence vendeur ne seront dupliqués dans le rapport de due diligence réalisée par l'acquéreur, mais le rapport sera lu en relation et conjointement au rapport de due diligence vendeur.

Dans le cas où le vendeur met à disposition de l'acheteur plus d'informations, la due diligence peut également comprendre la réalisation de travaux venant en complément de la due diligence vendeur, notamment en ce qui concerne l'analyse du résultat de l'année en cours.

B. Qu'est-ce qu'une due diligence financière acheteur ?

Due diligence financière

3200 ***Question***

Quels sont les principaux objectifs d'une due diligence financière ?

Réponse Les éléments comptables et financiers d'une transaction peuvent être appréhendés par le biais de travaux de **due diligence financière.**

Celle-ci vise prioritairement à donner des éléments pour la **valorisation de l'entreprise** en appréciant notamment le **niveau de résultat récurrent** sur une base autonome. Ainsi,

lorsqu'une société fait partie d'un groupe, certaines prestations peuvent être rendues à un prix différent d'un prix de marché, elle peut bénéficier d'avantages commerciaux ou sur les achats qui ne seront pas maintenus dans l'hypothèse d'une sortie du groupe. Des coûts de mise en autonomie relatifs par exemple aux systèmes d'information, ou aux prestations de nature juridique ou fiscale, sont parfois également à prendre en compte. L'objet de la due diligence sera, dans ce cas, d'apprécier le niveau de revenus et de coûts de la cible sur une base autonome. Cette analyse permettra notamment de préciser les modalités de mise en autonomie de la filiale concernée et d'en négocier les conditions avec le vendeur.
La due diligence peut aussi viser à apprécier entre autres la **qualité des projections** et à analyser les **résultats de l'année en cours,** le **besoin en fonds de roulement,** les **investissements** ainsi que des éléments tels que les engagements de retraite.

Le rapport émis au titre de la due diligence financière doit également considérer les impacts éventuels sur les agrégats financiers de la cible des autres due diligences menées à la demande de l'acheteur potentiel, afin de fournir une vue synthétique sur la situation et les perspectives financières de la cible.

Revue des comptes historiques

3205 ***Question***

Comment et sur quels documents s'appuyer pour effectuer une revue des comptes historiques de l'entreprise cible ?

Réponse Deux types de comptes peuvent être obtenus :
– les **états financiers historiques** : s'agissant de ces documents, il est important de comprendre s'ils ont fait l'objet d'un audit, quel référentiel comptable est utilisé pour leur production, quelles sont les méthodes de valorisation retenues pour les stocks, les provisions, etc., en appréciant le cas échéant les différences avec les comptes de l'acheteur potentiel ;
– les **comptes de gestion** : il est important d'en connaître la source et de vérifier leur cadrage avec la comptabilité générale, ainsi que d'apprécier le caractère raisonnable des éventuels éléments en rapprochement.

Ces comptes analytiques ou de gestion sont souvent plus pertinents à analyser que les états financiers historiques, dans la mesure où ils proposent une vision plus économique de l'activité de l'entreprise (résultats par activité/produit/régions, etc.). C'est pourquoi il est important de les rapprocher avec les états financiers audités, source d'information plus fiable.

D'autres documents détaillant des postes en particulier (fichier clients...) peuvent être également remis par le management à l'acheteur et pourront faire l'objet d'une analyse détaillée, à condition que ces informations puissent être mises en relation avec les états de gestion.

Appréhension des performances de la cible

3210 ***Question***

Comment avoir une bonne appréhension des performances réelles de l'entreprise ?

Réponse En pratique, les **indicateurs de résultat** les plus couramment utilisés sont le résultat avant intérêts et impôt sur les sociétés (EBIT ou « Earnings Before Interest and Tax ») ou résultat avant intérêts, impôt sur les sociétés et amortissements (EBITDA « Earnings Before Interest, Tax, Depreciation and Amortization »).

Ces agrégats ne sont pas définis par une norme comptable française, américaine ou internationale spécifique. Ils visent à présenter les résultats de la société avant l'impact d'éléments « hors exploitation » (charge d'intérêts de la structure de dette existante, charge fiscale de la structure actuelle). Notamment l'EBITDA, proche de l'excédent d'exploitation en normes françaises, a vocation à mesurer la génération de trésorerie issue de l'exploitation.

Il est utile de réaliser une **revue de la qualité des résultats historiques** (« Quality of Earnings ») afin de mesurer le caractère récurrent ou normalisé des résultats, dans le souci d'avoir une meilleure appréhension des résultats à venir. Cette analyse se présente en général sous la forme d'un tableau d'analyse réalisé sur deux ou trois exercices permettant de passer du résultat dans les comptes (apprécié au niveau de l'EBITDA ou de l'EBIT), au résultat récurrent en prenant en compte différents ajustements.

Les **ajustements** réalisés à ce titre sur la base des résultats historiques pour aboutir au **résultat dit « récurrent »** sont identifiés de façon subjective, dans la mesure où il n'existe pas de norme ou de liste exhaustive des ajustements à réaliser. A titre d'exemple, ces ajustements peuvent couvrir :
- des **ajustements de récurrence,** qui permettent par exemple d'éliminer l'impact sur un exercice d'une charge ou d'un produit qui n'a pas vocation à être reproduit à l'avenir ;
- des **ajustements pro forma,** qui permettent par exemple de prendre en compte dans les résultats l'impact financier d'un changement de périmètre ;
- et enfin des **ajustements relatifs à la mise en autonomie** (ou « stand alone adjustments »), qui permettent par exemple de refléter dans les comptes les conséquences de la mise en autonomie du périmètre de cession sous la forme par exemple de coûts complémentaires relatifs aux systèmes d'information ou bien aux fonctions fiscales et juridiques.

L'acheteur devra, pour identifier les ajustements précités, analyser quels éléments expliquent les résultats des années antérieures, leur évolution, l'impact éventuel d'une saisonnalité dans l'activité, d'un changement de périmètre ou d'accidents de parcours.

A ce titre, des analyses dites à périmètre constant (« like for like »), c'est-à-dire permettant par exemple d'apprécier la performance économique d'une chaîne de magasins sur la seule base des magasins ouverts la première année, sans tenir compte les années suivantes des ouvertures éventuelles de nouveaux magasins, sont généralement nécessaires afin d'apprécier l'évolution des résultats sur une base comparable d'une année sur l'autre.

Appréciation du niveau de dette nette ajustée

3215 ***Question***

Comment et pourquoi apprécier le niveau de dette nette ajustée ?

Réponse La **dette financière nette** correspond aux dettes financières auxquelles on retranche les disponibilités. L'analyse de la dette nette ajustée sert principalement à la **valorisation de la société** et à **dimensionner un éventuel refinancement.**

La **dette nette** doit être **ajustée** en prenant en compte des éléments qui, sans être comptablement inclus dans un poste de passif, se traduiront néanmoins par un décaissement futur comme un retard d'investissement, des indemnités de départ en retraite, des comptes courants d'actionnaires présentés en dettes d'exploitation, des décaissements futurs pour des provisions et des produits constatés d'avance... La prise en compte de ces différents ajustements permet d'apprécier le montant économique de la dette nette (« Quality of Net Debt »). Les due diligences autres que financières sont souvent à l'origine d'ajustements de dette nette, particulièrement en matière fiscale (coût de sortie d'intégration fiscale, passifs fiscaux liés aux restructurations, perte d'attributs fiscaux du fait de la transaction...), mais aussi en matière juridique (paiement d'un complément de prix dans le cadre d'une acquisition, litiges...).

Ces ajustements sont identifiés sur la base d'une **analyse financière et économique de la cible,** mais de façon subjective, dans la mesure où il n'existe pas de norme ou de liste exhaustive des ajustements à réaliser.

Analyse du besoin en fonds de roulement

3220 ***Question***

Pourquoi faire une analyse du besoin en fonds de roulement ?

Réponse L'analyse du **besoin en fonds de roulement** sert de base au dimensionnement des besoins en financement après l'acquisition et permet d'apprécier si les **covenants financiers** (voir nº 3435) sont raisonnables.

Cette analyse permet également à l'acheteur de réfléchir à la mise en place de **mécanismes d'ajustement de prix** à la date de la conclusion de la transaction, compte tenu de la saisonnalité du besoin en fonds de roulement.

Si la saisonnalité du besoin en fonds de roulement conduit l'acheteur à prendre possession de la cible avec un niveau de trésorerie non récurrent, provenant par exemple de l'encaissement de ventes saisonnières, un mécanisme d'ajustement de prix peut s'avérer nécessaire afin de corriger cette anomalie.

Analyse des flux de trésorerie

3225 ***Question***

Pourquoi et comment analyser les flux de trésorerie ?

Réponse L'analyse des flux de trésorerie permet de porter une appréciation sur la capacité d'une entreprise à convertir ses résultats en trésorerie, ce qui est utile pour la valorisation notamment par la méthode intrinsèque (« Discounted Cash Flow »/DCF), ainsi que pour le calibrage et la structuration de la dette d'acquisition. Ce calibrage doit notamment prendre en compte, d'une part les flux de trésorerie issus de l'exploitation et, en sens inverse, les flux de remboursement de dette d'investissement, voire les dividendes futurs.

L'appréciation de la qualité des flux de trésorerie doit également comprendre l'analyse du niveau d'investissement récurrent, afin de dimensionner les besoins en financement suivant l'acquisition.

Analyse des résultats de l'année en cours et des projections financières

3230 ***Question***

Pourquoi et comment analyser les résultats de l'année en cours et les projections financières (« business plan ») ?

Réponse **L'analyse des résultats de l'année en cours** comporte notamment la comparaison du dernier résultat estimé avec celui de l'année précédente et avec le budget. Cette analyse permet d'affiner les données sous-jacentes à la valorisation et d'apprécier la capacité de la cible à préparer des budgets de manière fiable et traduisant de manière adaptée la saisonnalité de l'activité. L'analyse détaillée des données financières, pour être la plus pertinente possible, doit utiliser les données les plus récentes disponibles. Cette analyse est un des facteurs qui permettent d'apprécier la qualité du plan d'affaires, lorsque notamment les budgets historiques se sont révélés proches des données financières historiques, tant en termes de montants que de saisonnalité.

L'analyse du plan d'affaires sert, quant à elle, notamment à la valorisation de la société cible via la méthode intrinsèque. Pour analyser un plan d'affaires, il est important de connaître l'approche suivie pour sa construction et les principales hypothèses retenues pour estimer le chiffre d'affaires, la structure des coûts, etc.

Deux approches principales peuvent être retenues pour construire un plan d'affaires :
- l'agrégation des plans d'affaires des différentes entités entrant dans le périmètre de cession en procédant à une consolidation de celles-ci (approche dite **« bottom-up »**),
- la projection des données globales qui sont ensuite ventilées par filiale ou branche d'activité (approche dite **« top-down »**).

La revue d'un plan d'affaires doit comprendre également la vérification de l'exactitude du modèle afin de relever les éventuelles incohérences, soit dans les hypothèses retenues, soit dans les formules de calcul. Le plan d'affaires doit être analysé sur la base de la revue des comptes historiques et comprendre la revue des comptes de résultat, des bilans et des tableaux de flux projetés. Enfin, le point de démarrage du plan d'affaires doit être rapproché des analyses réalisées sur les comptes historiques afin de s'assurer de leur cohérence, notamment en ce qui concerne le résultat de l'année en cours ou la dette financière.

Analyse des risques liés au bilan

3235 ***Question***

Comment analyser les risques liés au bilan ?

Réponse Schématiquement, un **bilan** peut comporter **deux types de risque** pour l'acheteur : la **surévaluation ou l'inexistence d'actifs** d'une part, la **sous-évaluation** de passifs ou l'existence de **passifs latents** d'autre part.

Les conclusions des travaux de due diligence financière doivent permettre à l'acheteur d'apprécier la qualité des actifs et des passifs inscrits au bilan. A titre d'exemple :
- la valeur des immeubles au vu d'un rapport d'expertise immobilière (voir nº 3455) ;
- le caractère suffisant des dépréciations de créances clients ou des stocks au vu de leur valeur de marché ;

– la correcte appréciation du provisionnement des litiges au moyen d'un contact avec les avocats de la cible ;
– l'appréciation des passifs latents d'impôt sur les sociétés ou d'engagements de retraite (ou autres passifs sociaux) au vu des travaux de due diligence réalisés par les fiscalistes ou les actuaires.

Autant qu'il est possible, ces risques, une fois identifiés, doivent être pris en compte dans le contrat d'acquisition ou dans les ajustements portés à la dette nette (voir n° 3215).

C. Qu'est-ce qu'une due diligence stratégique ou commerciale acheteur ?

Définition d'une due diligence stratégique ou commerciale

3250 ***Question***

En quoi consiste une due diligence stratégique ou commerciale ?

Réponse Une **due diligence commerciale et stratégique** a pour objectifs de donner à l'acquéreur une **vision** globale de la **position de marché et concurrentielle** de la cible, ainsi qu'une compréhension approfondie de la **stratégie** et des **prévisions de croissance** du chiffre d'affaires.

Elle sert donc à valider que la cible évolue sur un marché sain et porteur, que sa position relative par rapport aux concurrents actuels et futurs est solide, et que son portefeuille de clients est de qualité.

Une telle étude permet ainsi à l'acquéreur d'avoir un niveau de confort satisfaisant sur la capacité de la cible à se développer et à atteindre les objectifs de son plan d'affaires, sur lequel repose généralement sa valorisation.

Thèmes d'investigation

3255 ***Question***

Quels sont les principaux thèmes d'investigation d'une due diligence stratégique ou commerciale ?

Réponse Une **due diligence stratégique ou commerciale** aborde généralement une large variété de thèmes portant sur l'**environnement économique** dans lequel évolue la cible, ainsi que sur la cible elle-même.

Les principaux thèmes peuvent porter plus spécifiquement sur :
– l'analyse détaillée de l'**activité de la cible** : décomposition fine du chiffre d'affaires par activité, métier, zones géographiques, lignes de produits, etc., identification des principaux clients, distributeurs et fournisseurs, compréhension de la stratégie historique de la cible, etc. ;
– l'analyse de la **performance historique** de la cible ;
– l'**environnement de marché** et la demande : taille et croissance historique et attendue des segments de marché sur lesquels la cible est présente (idéalement en volume et en

valeur), analyse des tendances d'évolution de la demande, identification et analyse des vecteurs de croissance, compréhension de l'environnement réglementaire, état de l'art de la technologie, compréhension des attentes des clients, etc. ;
– la **chaîne de valeur** : compréhension des différentes étapes de la chaîne de valeur, identification des principaux acteurs présents sur cette chaîne de valeur, compréhension des rapports de forces entre ces acteurs (en vision dynamique), compréhension du circuit décisionnel et des critères de sélection, identification et analyse des facteurs clés de succès (par exemple, la taille, l'expertise technique, la possession d'un brevet, la présence locale, etc.) ;
– l'**environnement concurrentiel** : identification et analyse des principaux concurrents (directs, indirects ou génériques), analyse de la donne concurrentielle et de son évolution (parts de marché, consolidation en cours, intensité concurrentielle, etc.), identification des barrières à l'entrée et du risque de nouveaux entrants, analyse du positionnement relatif de la cible par rapport à ses principaux concurrents (notamment au regard des facteurs clés de succès de l'industrie et des attentes clients précédemment analysées).

Selon l'information disponible et le niveau d'accès accordé par la cible et son éventuel conseil, cette analyse pourra être complétée par :
– une **analyse du portefeuille de clients** ou de **contrats** de la cible, pour en évaluer la solidité : degré de concentration, ancienneté et caractéristiques de la relation commerciale avec les principaux clients (notamment par l'intermédiaire des contrats existants), taux de renouvellement des contrats, degré de satisfaction des principaux clients et perception par ces derniers des forces et faiblesses de la cible dans l'absolu et par rapport à ses concurrents, etc. ;
– une **analyse de l'organisation commerciale** de la cible.

En synthèse de ces différents travaux, une revue critique des prévisions de chiffres d'affaires de la cible est généralement menée. Cette revue suppose la compréhension fine des différentes hypothèses sous-jacentes (croissance du marché en volume et/ou en valeur, prise de part de marché et gains de nouveaux contrats ou de nouveaux clients, augmentation des prix), leur analyse critique au regard de l'environnement de marché concurrentiel et de la performance historique ainsi que, en conclusion, l'identification des principales zones de risques (« downsides ») ou d'opportunités (« upsides »).

Il est à noter que, dans le cadre d'un processus de vente structurée, le vendeur a pu faire préparer une telle analyse stratégique dans le cadre d'une « due diligence stratégique vendeur ». Dans ce cas, l'analyse pourra être allégée et consister plutôt en la conduite d'une revue critique des travaux réalisés avec identification des zones d'ombre, réalisation de recherches et analyses complémentaires ciblées, etc. et de sessions de questions/réponses avec le management et le conseil ayant rédigé la due diligence stratégique vendeur.

Les **sources d'information** nécessaires à la bonne réalisation d'une due diligence commerciale et stratégique sont nombreuses et incluent notamment :
– des sources documentaires : études sectorielles, presse généraliste et spécialisée, informations publiées par les concurrents (rapports annuels, comptes sociaux, communiqués de presse, site Internet), etc. ;
– des entretiens avec l'équipe de management de la cible : direction générale, direction financière, direction marketing et commerciale notamment ;
– des entretiens externes avec les acteurs du marché, tels que des experts (associations professionnelles, par exemple), des clients (entretiens anonymes), des distributeurs et des concurrents ;

– des entretiens approfondis avec les principaux clients et distributeurs de la cible (ces entretiens sont généralement organisés par le management ou son conseil) ;
– des entretiens avec l'équipe de management de la cible ou ses conseils, notamment via l'animation de sessions de questions/réponses généralement organisées et gérées par la banque d'affaires conseillant le vendeur.

D. Qu'est-ce qu'une due diligence opérationnelle acheteur ?

Définition d'une due diligence opérationnelle

3270 ***Question***

En quoi consiste une due diligence opérationnelle ?

Réponse Au-delà des due diligences financières ou stratégiques, l'appréhension des aspects proprement opérationnels d'une cible doit permettre à l'investisseur d'avoir une vision d'ensemble de l'activité et d'évaluer les enjeux associés au regard de la transaction.

Une **due diligence opérationnelle** s'attachera donc à donner plus de confort à l'éventuel investisseur sur la **capacité** des opérations et de l'organisation de la cible à **atteindre les objectifs** sous-jacents au plan d'affaires d'acquisition.

Thèmes d'investigation

3275 ***Question***

Quels sont les principaux thèmes d'investigation d'une due diligence opérationnelle ?

Réponse De manière usuelle, les objectifs d'une due diligence opérationnelle sont les suivants :

1. **Minimiser les risques liés à la transaction** en identifiant les risques associés aux activités de l'entreprise tant du point de vue de l'exploitation (problèmes de dépendance vis-à-vis de fournisseurs et/ou de clients, qualité non maîtrisée...) que des investissements (outil industriel vétuste, sous-investissements, etc.).
2. **Identifier, valoriser et hiérarchiser les opportunités de création de valeur** au travers de l'analyse des principaux leviers opérationnels de performance (efficacité industrielle, chaîne logistique, besoin en fonds de roulement, etc.).

La due diligence opérationnelle vise ainsi à donner du confort à l'éventuel investisseur sur :
– les problématiques opérationnelles qui représentent des enjeux clés pour la compréhension de l'activité de la cible et de sa performance, avec l'appréciation des risques et les opportunités associées ;
– le niveau de performance opérationnelle historique ;

– la capacité opérationnelle de la cible à atteindre les objectifs du plan d'affaires d'acquisition d'un point de vue commercial, opérationnel et financier, et ce en liaison avec les performances historiques ;
– les enjeux associés aux systèmes d'information, afin notamment d'évaluer les principaux risques technologiques pouvant impacter la valeur de la cible (sur la due diligence des systèmes d'information, voir nº 3280) ;
– la qualité des outils de reporting financier et de pilotage (« management reporting »), et la mise en perspective du reporting opérationnel avec le reporting financier ;
– la solidité du plan de détourage (ou « carve-out », voir nº 3290) dans le cas de cession d'une activité non indépendante, visant à évaluer les risques opérationnels associés à la séparation et à déterminer leur impact financier (structure de coûts de l'entité détourée et impact sur la rentabilité de la cible, coûts de mise en œuvre et de transition) ;
– les enjeux et défis relatifs à l'intégration future et la création de valeur attendue de l'opération (sur les synergies entre la cible et l'acquéreur, voir nº 3285).

3. **Préparer la prise de contrôle de la cible et accélérer la mise en œuvre des plans d'amélioration/transformation** afin :
– de capitaliser sur les leviers identifiés au cours des due diligences opérationnelles ;
– d'anticiper les initiatives de prise de contrôle (dont notamment l'organisation, la gouvernance, le pilotage) à lancer entre le « signing » et le « closing » (sur ces notions, voir nº 3530) ;
– de préparer les chantiers d'intégration (initiatives commerciales, opérationnelles et financières) afin de lancer les initiatives identifiées peu après le « closing ».

Revue des opérations de la cible

3277 ***Question***

En quoi consiste une revue des opérations de la cible ?

Réponse La due diligence opérationnelle vise ainsi à donner du confort à l'investisseur sur :

1. **Les zones opérationnelles qui représentent un facteur clé pour la compréhension de l'activité,** avec l'appréciation des risques et opportunités associés, notamment dans le cadre de :
– la sécurisation des spécificités du processus de fabrication (savoir-faire clés, machines spécifiques...) ;
– la revue de la « supply chain » et en particulier, la revue du « sourcing » en pays « low costs » versus « high costs » ;
– les enjeux de localisation des unités de fabrication, notamment en lien avec les contraintes externes telles que l'impact devises, la localisation des clients et des fournisseurs... ;
– la compréhension de la structure de coûts des produits fabriqués et les leviers d'optimisation possibles (en lien avec les plans d'amélioration de la performance) ;
– les plans d'amélioration de la performance, avec en particulier la capacité à absorber/compenser les augmentations de coûts observées chaque année ;
– la gestion des risques opérationnels, avec notamment la capacité du management à mettre en œuvre des plans d'actions permettant de maîtriser/réduire/supprimer les risques identifiés.

La conclusion de cette analyse doit permettre d'identifier les opportunités et risques opérationnels clés, afin de mettre en œuvre post-acquisition les actions créatrices de valeur permettant de maximiser à terme la valeur de l'investissement réalisé.

2. **Les performances opérationnelles historiques** en identifiant les événements clés ayant contribué à cette performance, notamment les principaux investissements, l'impact des plans d'amélioration de la performance mis en œuvre, les commandes exceptionnelles...

Ainsi, cette analyse permet de comprendre si le niveau de la performance historique de l'entreprise est fondé sur une activité opérationnelle récurrente transposable dans les projections d'un plan d'affaires.

3. **La capacité opérationnelle de la cible à atteindre les objectifs du plan d'affaires d'acquisition** en lien avec les performances historiques de l'entreprise. Cette analyse permet de comprendre le processus d'élaboration du plan d'affaires en lien avec la stratégie et les prévisions commerciales. Les aspects traités sont multiples, avec notamment :
- la compréhension de la capacité de la « supply chain » à absorber les variations de volumes prévues au plan d'affaires, en étudiant notamment la stratégie fournisseurs, la logistique, la capacité des lignes de fabrication et leur taux d'utilisation... ;
- les impacts de la variation d'activité sur le besoin en fonds de roulement (incluant les aspects saisonniers) ;
- l'identification des projets d'investissement clés et la capacité du management à mener ces projets dans les délais anticipés et suivant les investissements inclus dans le plan d'affaires ;
- l'identification des programmes de réduction de coûts inclus dans le plan d'affaires, leur mise en perspective avec les plans d'amélioration de performance déjà réalisés et la capacité historique du management à délivrer les gains attendus dans les délais impartis ;
- l'identification des risques et opportunités associés à la stratégie opérationnelle, incluant l'évaluation des enjeux financiers associés et leurs potentiels impacts en termes d'image, d'environnement et humains.

La conclusion de cette analyse peut généralement conduire à ajuster le plan d'affaires, soit en termes d'ambition, soit en termes d'investissement (machines, humains, financiers...) à réaliser dans l'entreprise afin de rendre les objectifs atteignables.

Systèmes d'information

3280 *Question*

En quoi consiste une due diligence des systèmes d'information ?

Réponse Transverses à l'ensemble des métiers de l'entreprise, les **systèmes d'information** contribuent à la **productivité** et à la **performance** de celle-ci et doivent à ce titre faire l'objet d'une attention particulière lors de toute opération d'acquisition. Une **due diligence** des systèmes d'information (communément appelée due diligence « IT » ou « Information Technology ») doit donc permettre à l'acquéreur de s'assurer de l'**adéquation de l'organisation et des systèmes d'information** de la cible par rapport à ses besoins actuels et futurs.

A ce titre, la due diligence des systèmes d'information permet à l'acquéreur potentiel de disposer d'une certaine visibilité sur :
- les forces et faiblesses du système d'information au regard de la situation actuelle mais aussi future ;

- les principales zones de risques pouvant avoir un impact sur l'activité ;
- les opportunités d'amélioration de performance et de réduction de coûts liées à la fonction informatique et aux systèmes d'information ;
- les éventuels ajustements à prévoir sur les charges et investissements informatiques, afin d'assurer un fonctionnement pérenne du système d'information qui permettra de contribuer à la réalisation du plan d'affaires.

Les **principaux axes d'analyse** retenus couvrent notamment :
- l'organisation de la direction des systèmes d'information (ressources internes et externes impliquées dans la gestion du système d'information, pilotage de la fonction informatique, départs et recrutements prévus...) ;
- l'environnement informatique (architecture applicative, matérielle et réseaux) ;
- la sécurité et continuité d'exploitation (sécurisation des accès et des données, plan de reprise d'activité...) ;
- la stratégie informatique de la cible, principaux projets et investissements associés ;
- les coûts et investissements informatiques historiques et projetés (budget de l'année en cours et projections) ;
- le plan préliminaire d'intégration informatique et impact financier associé (c'est-à-dire coûts et investissements à prévoir, synergies et économies attendues).

Sur la due diligence de la conformité comptable et fiscale des systèmes d'information, voir nº 3360.

Synergies entre la cible et l'acquéreur

3285 ***Question***

Comment identifier et estimer les synergies éventuelles liées à la transaction ?

Réponse D'une façon générale, est qualifiée de **synergie,** toute **création de valeur** résultant directement ou indirectement de la **transaction.** Ainsi, ne rentre pas dans le champ des synergies la création de valeur qui pourrait être générée par la cible ou l'acquéreur indépendamment du rapprochement des deux entités.

Trois natures de synergies sont à étudier :
- les synergies de **revenus** résultant d'une croissance additionnelle du chiffre d'affaires ;
- les synergies de **coûts** provenant d'une mutualisation de coûts, d'une massification d'achats et/ou d'améliorations de la productivité ;
- les synergies associées à une optimisation des **investissements.**

Les synergies constituant une des sources principales de création de valeur dans le cadre d'une transaction, leur identification et leur valorisation peuvent constituer des points déterminants pour un investisseur dans sa prise de décision et la fixation du prix. A ce titre, les synergies seront in fine en tout ou partie prises en compte dans le plan d'affaires d'acquisition sur lequel repose généralement la valorisation servant de base à la fixation du prix d'acquisition.

Traditionnellement, la première estimation des synergies fait partie intégrante du processus de modélisation financière qui intervient durant les phases initiales d'évaluation de la cible. Cette première estimation est généralement établie sur la base d'informations disponibles dans le public, associées à une série d'hypothèses très préliminaires sur les principaux éléments caractéristiques des organisations et de leurs principaux facteurs de coûts et de rentabilité.

Au fur et à mesure de l'avancée du processus transactionnel et de la mise à disposition d'informations complémentaires, les hypothèses initiales sont affinées et de ce fait, l'identification et la valorisation des synergies peuvent être précisées.

A compter de l'annonce de la transaction, l'investisseur disposera d'un accès plus important au management de la cible lui permettant de collecter des informations qui étaient, préalablement à la signature, considérées comme confidentielles. Ainsi, l'annonce de la transaction marque le départ d'une analyse plus approfondie des actions nécessaires à l'atteinte des synergies.

Dans ce cadre, pourront être étudiés les éléments suivants :

1. **Les synergies de revenus** ou synergies **commerciales** (notamment à travers l'exploitation des portefeuilles clients, la revue des catalogues produits et des tarifs...).
2. **Les synergies de coûts** envisageables sur l'ensemble des fonctions de l'entreprise :
- réduction d'effectif faisant suite à la réorganisation du nouvel ensemble ;
- massification des achats et renégociation des contrats et rabais fournisseurs ;
- rationalisation des sites de production et distribution ;
- optimisation des processus métiers sur la base des meilleures pratiques observées ;
- réduction du nombre de sites administratifs et suppression d'un des deux sièges ;
- homogénéisation des systèmes d'information (levier important pour la réalisation de synergies).

3. **Les éventuelles « dyssynergies »** liées à l'opération doivent également être étudiées, notamment sur les aspects :
- **commerciaux** : à titre d'exemple, le rapprochement de deux concurrents peut permettre de gagner de nouveaux clients mais peut aussi représenter un risque si les clients de l'acquéreur préfèrent travailler avec deux fournisseurs distincts ;
- **ressources humaines** : l'intégration de la cible peut nécessiter l'alignement à moyen terme des politiques de rémunération, pouvant conduire à une augmentation significative des coûts de personnel.

3287 ***Question***

Comment valoriser au mieux le potentiel de synergies lié à la transaction à travers la mise en place d'une « clean room » ?

Réponse La « clean room » correspond à la mise à disposition par les entreprises parties à une transaction de données « sensibles ». Un tiers, neutre et objectif, procède en toute confidentialité et indépendance, à une analyse de ces données afin notamment d'apprécier les sources et le montant des synergies possibles. La synthèse de ces travaux est utilisée par les parties pour faciliter la réalisation de la transaction.

L'approche « clean room » facilite les négociations entre les parties et permet également d'accélérer la préparation de l'intégration.

Le recours à une « clean room » est particulièrement **opportun dans les situations suivantes** :
- les synergies représentent une part significative de la création de valeur retenue pour la fixation du prix ou justifiant le rapprochement ;
- l'opération est soumise à des contraintes juridiques et réglementaires spécifiques relatives à l'application possible d'une loi anti-trust ;
- les informations à traiter sont particulièrement sensibles au regard des relations concurrentielles entre les parties, ce qui est fréquemment le cas pour la création d'alliances ou de partenariats.

Les principales étapes de l'approche « clean room » sont les suivantes :
- apprécier la stratégie d'acquisition, les principaux objectifs poursuivis et les principes directeurs envisagés pour l'intégration future ;
- élaborer ou préciser le modèle de synergies ;
- identifier ou confirmer les principaux leviers de création de valeur ;
- formuler les demandes d'information ;
- analyser les informations transmises par les parties ;
- présenter les résultats sous la forme d'une note synthétique mettant en évidence les montants de synergies attendues pour les principaux leviers de création de valeur. L'information détaillée ne sera habituellement transmise à l'acquéreur que lors du « closing » de la transaction en accord avec les règles de confidentialité processus de la « clean room ».

Cette approche requiert une gestion stricte de la confidentialité tout au long du processus. Pour ce faire, les conditions d'intervention du tiers indépendant responsable de l'analyse des données doivent être clairement et formellement définies en amont.

« Carve-out »

3290 ***Question***

Quels sont les principaux points à considérer dans le cadre d'un détourage d'activité (« carve-out ») ?

Réponse Lorsqu'un acquéreur envisage une transaction impliquant un **détourage de certaines activités ou actifs du vendeur ou de la cible** (« carve-out ») afin d'isoler les activités susceptibles de faire l'objet d'une cession, il est nécessaire de comprendre très précisément les périmètres commercial, opérationnel, juridique et financier de l'opération envisagée. Ces travaux permettront notamment d'appréhender les éléments nécessaires à la continuité de l'exploitation du périmètre cédé.

Dans le cadre du processus de due diligence, il est donc nécessaire d'**apprécier le niveau d'intégration de l'activité** à détourer avec le groupe cédant, ainsi que le détail des coûts supportés qu'ils soient alloués ou facturés, voire non facturés le cas échéant.

Ainsi, l'investisseur potentiel se doit d'apprécier les **impacts de la séparation** sur les opérations et la structure de coûts de la cible en évaluant notamment les coûts récurrents et non récurrents résultant de la transaction.

Si chaque opération de détourage présente ses spécificités, un certain nombre de problématiques sont régulièrement rencontrées et doivent ainsi donner lieu à analyse. Il convient notamment de s'interroger sur les points suivants :
- **capacité des effectifs** compris dans le périmètre des activités cédées à **gérer l'activité** ;
- **capacité de l'acquéreur** à prendre le relais des **services fournis** par la société mère et le groupe cédant en général ;
- **transfert** de l'ensemble des **immobilisations corporelles et incorporelles,** ainsi que des stocks et travaux en cours **nécessaires à l'activité** ;
- **transfert de l'ensemble des contrats** (fournisseurs et clients) à l'entité juridique destinée à héberger l'activité détourée (à ce titre un examen approfondi d'éventuelles clauses de changement d'actionnaire doit être conduit) ;
- **transfert des systèmes d'information** (y compris la propriété des licences et des logiciels) et des données historiques nécessaires à la continuité de l'exploitation. A ce titre, une attention particulière doit être portée sur le système d'information en cas de

détourage. En effet, la fonction informatique est souvent mutualisée entre différentes unités de gestion et la séparation partielle ou totale de ces activités peut nécessiter des travaux longs, complexes et coûteux (par exemple, duplication nécessaire des environnements technique et applicatif, isolement des données de la cible, migration des données). Par ailleurs, la propriété des actifs informatiques (notamment, les licences concernant les logiciels utilisés, les développements spécifiques réalisés sur certaines applications et les contrats de services informatiques) doit faire l'objet d'une analyse rigoureuse, afin de s'assurer que l'acquéreur aura la possibilité de prendre le contrôle desdits actifs dans le cadre de la cession.

Ces différents axes d'analyse doivent être appréhendés en tenant compte du degré d'intégration souhaité entre les activités reprises avec celles de l'acheteur, ainsi que de l'éventuel support susceptible d'être apporté par le nouvel actionnaire. Afin de faciliter la transition, il est d'usage de formaliser une liste de services, appelés **contrats de services de transition** (« Transitional Services Agreements »/TSA) que le vendeur devra assurer pour le compte de l'entité cédée le temps de remplacer les services non transférés.

En résumé, ces différents travaux permettent d'appréhender la capacité de l'activité cédée à poursuivre ses opérations, de déterminer l'organisation à mettre en œuvre pour que tout fonctionne normalement au sein du périmètre cédé à compter du premier jour suivant l'acquisition (« Day 1 operational readiness ») et d'identifier les opportunités d'optimisation des coûts des activités acquises.

E. Qu'est-ce qu'une due diligence juridique, sociale et fiscale acheteur ?

Due diligence juridique

3300 ***Question***

En quoi consiste une due diligence juridique ?

Réponse Une due diligence juridique consiste à analyser la situation juridique d'une cible, afin d'évaluer les risques juridiques potentiels susceptibles d'affecter la valeur de l'entreprise ou de remettre en cause l'intérêt de l'acheteur pour l'opération :

1. **Risques directement quantifiables** : il peut s'agir, par exemple, des amendes significatives pour non-respect d'une réglementation, d'indemnités ou de pénalités à payer en cas de changement de contrôle, de litiges en défense, etc.

2. **Risques non directement quantifiables ou non quantifiables affectant les opérations ou les structures** : à titre d'exemple, des clauses de non-concurrence dans les contrats qui lieraient le groupe acquéreur ; engagement d'exclusivité donné susceptible de s'imposer au groupe acquéreur, litige susceptible d'entraîner un préjudice d'image ; existence et droits d'actionnaires minoritaires ; clauses de changement de contrôle affectant une grande partie du portefeuille des contrats clients ou fournisseurs, etc.

La due diligence a pour but également de confirmer certains éléments structurants de la valorisation financière et stratégique de la cible et notamment de confirmer la propriété des principaux actifs (titres, immeubles, marques, brevets) ou de certains éléments pris en compte dans le plan d'affaires. Par exemple, l'existence et la durée de vie du portefeuille de contrats, la portée/durée d'une exclusivité donnée au groupe cible, l'appréciation des chances de succès d'un litige important en demande, etc.

Différence entre cession de titres et cession d'actifs

3305 ***Question***

Quels sont les points structurants de la due diligence juridique et quelles différences y a-t-il entre une cession de titres (« share deal ») et une cession d'actifs (« asset deal ») ?

Réponse La **due diligence juridique** couvre tous les aspects juridiques de la vie de l'entreprise cible. Elle doit être **adaptée à l'activité et à l'historique** de la cible. Schématiquement, l'analyse peut porter sur tout ou partie des sujets suivants :

1. **Valeurs mobilières et vie sociale** : notamment, détention des titres et instruments dilutifs, promesses d'achat et/ou de vente données à des tiers sur les titres (« put » et « call »), restrictions statutaires ou contractuelles à la cession de tels titres, existence et pouvoirs de nuisance de minoritaires, prérogatives du management, structure du groupe...

2. **Contrats commerciaux** : problématiques de changement de contrôle, existence d'engagements à long terme d'approvisionnement ou d'investissement du groupe cible ; pérennité juridique de la clientèle ; clauses de non-concurrence ou d'exclusivité données par/bénéficiant au groupe cible...

3. **Contrats financiers** : changement de contrôle, coûts de cessation anticipée, sûretés associées...

4. **Immobilier et baux** : propriété, sûretés données sur les actifs immobiliers, servitudes grevant les propriétés, conformité du portefeuille de baux commerciaux à la réglementation, impact des renouvellements, engagements spécifiques de travaux pris dans les baux...

5. **Propriété intellectuelle et industrielle** : portefeuille de brevets, de marques et de noms de domaine ; vérification de la propriété desdits droits ; licences données au ou par le groupe cible ; droits sur les principaux logiciels et appréciation du caractère adéquat des droits par rapport aux opérations/projets annoncés/contrats clients.

6. **Analyse des litiges significatifs et appréciation de la provision pour litiges.**

7. **Analyse de la conformité et des contraintes spécifiques liées à une réglementation sectorielle** comme pour la banque/assurance ou la pharmacie, ou liées à des règles spécifiques notamment en matière de protection des données (« GDPR », voir n° 3366) ou de prévention et de détection des faits de corruption ou de trafic d'influence (voir n° 3343).

Lorsque la transaction est structurée en cession d'actifs (« asset deal ») et en droit français (hors hypothèse d'apport dans une entité juridique nouvelle via un transfert universel de patrimoine), les sujets portant sur les valeurs mobilières, la vie sociale et les litiges n'ont pas à être analysés dans la mesure où l'entité juridique n'est pas transférée et que les risques, passifs et litiges sont conservés par l'entité vendeuse (sauf à effectuer une revue à des fins informatives pour apprécier la récurrence des litiges).

En revanche, dans le cadre d'une cession d'actifs, la revue des contrats (commerciaux, financiers, baux) doit dans ce cas être élargie en coordination avec la due diligence opérationnelle, pour porter sur :
– l'identification précise des contrats à transférer compte tenu du périmètre de l'opération ;
– les conditions et la faisabilité du transfert de chaque contrat significatif (obligation ou non de renégocier avec le cocontractant).

S'agissant des cessions d'actifs significatifs des sociétés cotées, le Code Afep-Medef prévoit le principe du vote consultatif de l'assemblée générale des actionnaires, en cas de cession, en une ou plusieurs opérations, portant sur la moitié au moins des actifs sur les deux derniers exercices.

Due diligence fiscale

3310 ***Question***

En quoi consiste une due diligence fiscale ?

Réponse Une due diligence fiscale sert à apprécier :
– la **position fiscale** courante et différée d'une société ou d'un groupe de sociétés, l'existence de passifs d'impôts différés qui n'avaient pas été constatés dans les comptes, tels que l'impôt latent sur des plus-values en report ou sursis d'imposition, ou au contraire d'actifs d'impôts différés constatés en comptabilité, par exemple des pertes fiscales reportables mais dont l'existence ou le montant risque d'être remis en cause du fait même de la transaction ;
– l'existence de **risques fiscaux** sur la période encore ouverte à contrôle ;
– les principaux points à prendre en considération dans le cadre de la **structuration de l'acquisition** ; une due diligence fiscale cherchera ainsi à identifier l'existence de frottements fiscaux lors de la remontée de la trésorerie à l'intérieur du groupe ou encore, à identifier l'insuffisance des capacités de distribution pouvant créer des situations de trésorerie bloquée (« trapped cash »), ainsi que les coûts fiscaux générés par la transaction, tels que les droits d'enregistrement ou, le cas échéant, les coûts de sortie de l'intégration fiscale.

Lors de l'acquisition d'entreprises étrangères, la due diligence fiscale va également s'assurer de la pérennité des régimes fiscaux de faveur ou dérogatoires dont l'entreprise bénéficie et dont l'existence pourrait être remise en cause par l'acquisition envisagée.

En pratique, une due diligence fiscale couvre essentiellement l'impôt sur les bénéfices, la cotisation économique territoriale et la TVA (ou les impôts équivalents à l'étranger), qui sont généralement les impôts les plus significatifs en termes de coûts et de trésorerie. Cependant, une due diligence fiscale peut également couvrir d'autres impôts qui génèrent une charge récurrente indépendante du montant des résultats (autres impôts locaux, droits de douane) ou qui sont liés à la nature de l'activité exercée (activité polluante...).

Appréciation de la position fiscale

3315 ***Question***

Comment apprécier correctement la position fiscale ?

Réponse La **position fiscale courante** correspond à la position fiscale de la société au **moment de la transaction,** et se traduit par des décaissements d'impôt constatés en comptabilité sous forme de charges ou de provisions.

Une **due diligence fiscale** doit aussi tenir compte de la **position fiscale différée** qui est susceptible de provoquer une augmentation ou, au contraire, une diminution significative et prévisible de la charge d'impôt future.

L'accroissement peut résulter par exemple de l'existence de régimes fiscaux dérogatoires mais temporaires dont la disparition aura un impact négatif sur le taux effectif d'imposition (par exemple, un amortissement fiscal accéléré par rapport à l'amortissement pratiqué en comptabilité), ou d'agréments fiscaux dont les conditions d'application risquent de ne plus être remplies à l'avenir (par exemple, des agréments obtenus pour le transfert de déficits imposant un maintien de l'activité à l'origine de ces déficits).

Un coût fiscal supplémentaire peut aussi résulter de restructurations juridiques passées, ayant entraîné l'existence de différences entre le prix de revient comptable et le prix de revient fiscal d'actifs, coût qui se matérialise lorsque lesdits actifs sont cédés.

Inversement, la situation fiscale différée de la cible peut révéler une diminution future de la charge d'impôt courante dont la prévisibilité a conduit à comptabiliser un actif d'impôt différé. L'appréhension de la valeur de cet actif dans le cadre de la fixation du prix d'acquisition peut entrer dans le champ de la due diligence fiscale (voir nº 3815).

Enfin, certains de ces actifs ou passifs d'impôt différé peuvent ne constituer que des ajustements techniques sans effets réels in fine sur la position fiscale courante de la cible. Il peut en être ainsi de différences entre les comptes sociaux des sociétés du groupe cible et ses comptes consolidés (l'écart d'acquisition affecté à certains actifs incorporels pourra générer un impôt différé passif qui n'a pas vocation à influer sur la position fiscale courante).

Appréciation des risques fiscaux

3320 ***Question***

Comment apprécier correctement les risques fiscaux ?

Réponse L'**appréciation des risques fiscaux** est par nature délicate et s'appuie sur la pratique et l'expérience. La difficulté est en effet de donner une vue la plus objective possible de la réalité des risques, en s'efforçant de les quantifier en se fondant sur la pratique de l'administration fiscale, sur la qualité des arguments et de la documentation dont dispose la société ainsi que sur la jurisprudence. Ceci doit permettre de déterminer, d'une part, la probabilité que le risque soit soulevé en cas de contrôle et, d'autre part, dans le cas où ce risque serait soulevé, les chances de succès d'un contentieux ultérieur devant les tribunaux.

L'appréciation des risques fiscaux est évidemment importante pour la **négociation des garanties fiscales** avec les cédants ou l'estimation du **prix d'acquisition.** Réciproquement, les conditions juridiques dans lesquelles se déroule l'opération d'acquisition ont une influence sur l'appréciation qu'il convient de retenir des risques identifiés. Si l'acquéreur potentiel participe à un « open bid » et que le vendeur accorde la préférence aux offres exigeant peu ou pas de garanties, la gestion des risques identifiés nécessitera un arbitrage entre ajustements de dette nette et garanties.

De même, l'appréciation des risques doit aussi tenir compte des **contraintes de l'acquéreur** qui, s'il est structurellement tenu par un objectif de revente à moyen terme (fonds d'investissement, par exemple), se souciera peu de ses chances de succès devant les tribunaux.

En revanche, la gestion des risques identifiés par les travaux de due diligence peut s'avérer délicate pour la **période postérieure à l'acquisition.** En effet, le cédant peut souhaiter inclure dans le contrat d'acquisition une clause l'exonérant de toute obligation d'indemnisation en cas de changement par l'acquéreur des pratiques fiscales à risque après la transaction, considérant que ce changement de pratique accroît le risque de redressement.

Due diligence sociale

3325 ***Question***

En quoi consiste une due diligence sociale ?

Réponse Une **due diligence sociale** sert à apprécier :
– les **risques liés à la gestion du personnel,** en s'efforçant, lorsque cela est possible, d'apprécier le montant des risques identifiés ;
– le **climat social,** qui donnera une idée de la « faisabilité sociale » de l'acquisition et du délai nécessaire pour la réalisation du processus d'information et de consultation des instances représentatives du personnel ;
– la **durée et le coût attendu des opérations d'intégration post-acquisition,** notamment lorsqu'il s'agit d'une reprise d'actifs.

L'examen des litiges, individuels et collectifs, éclairera sur la qualité de la gestion des ressources humaines.

F. Quels autres types de due diligences acheteur peut-on réaliser ?

Due diligence environnementale

3340 ***Question***

En quoi consiste une due diligence environnementale ?

Réponse Dans le cadre d'une fusion ou d'une acquisition, une **due diligence environnementale** consiste à réaliser l'**évaluation technique et réglementaire** des **risques environnementaux** et à les traduire en conséquences financières sur la transaction.

Les **principaux points traités** sont les suivants :

1. Les responsabilités et enjeux financiers liés aux **passifs environnementaux** dus à la contamination potentielle des sols et eaux souterraines (y compris liée à des activités historiques) et à la présence de matériaux réglementés (notamment l'amiante).

2. Les enjeux financiers découlant des **obligations de mise en conformité** d'une installation vis-à-vis de la réglementation environnementale en vigueur ou future (rejets

dans l'eau, rejets atmosphériques, déchets solides, etc.), ou de projets de développement impliquant la restructuration, l'extension ou la création d'installations industrielles.

3. Les enjeux stratégiques et financiers du fait de **l'utilisation de matières premières** en voie d'épuisement, de **substances réglementées,** etc. En particulier, il est important de mesurer les enjeux liés à l'utilisation de substances chimiques sujettes à disparaître (réglementation REACH « Registration, Evaluation and Authorisation of Chemicals ») et impliquant des coûts consécutifs à la modification des procédés et à la gestion de ces substances.

4. Les enjeux liés à la capacité de l'entreprise à faire du **développement durable** un **levier de création de valeur** (limitation de la contrainte CO_2 dans les comptes, existence d'opportunités en matière d'éco-conception de produits et capacité de l'entreprise à les saisir...).

5. Les enjeux liés à la directive **« Corporate Sustainability Reporting Directive » (CSRD)**, qui impose de **nouvelles obligations de publication d'informations de durabilité** et qui a été transposée en droit français en décembre 2023. Le **nouveau rapport de durabilité** devra être pris en compte dans les opérations de due diligences d'acquisition/cession et d'intégration post-acquisition dès l'exercice 2024 pour les plus grandes entreprises.

Pour plus de détails sur ce rapport, sur les entités visées et les dates d'application de cette nouvelle obligation, voir Mémento Comptable nº 65010.

Pour l'ensemble de ces points, les conclusions sont exprimées sous forme de conséquences sur les états financiers, sur le plan d'affaires et de recommandations concernant la gestion des risques environnementaux par la société cible. Ces éléments peuvent faire l'objet, le cas échéant, de garanties de passif contractuelles.

Due diligence développement durable

3342 ***Question***

En quoi consiste une due diligence ESG (Environnemental, Social, Gouvernance) ?

Réponse Les **due diligences ESG** consistent en une analyse à la fois qualitative et quantitative, permettant d'évaluer les risques et les opportunités de croissance au travers d'une approche ESG.

Les points traités sont principalement :
- l'identification des principaux enjeux ESG pour l'entreprise, notamment vis-à-vis de son actionnaire ;
- l'analyse des réponses de l'entreprise aux principaux enjeux ;
- la mise en lumière des zones à risques et des pistes d'opportunités ;
- la définition d'un premier plan d'action.

Ces due diligences constituent une première partie de l'évaluation des critères ESG et sont fréquemment complétées par une analyse plus approfondie des enjeux sociaux et environnementaux. De plus en plus d'investisseurs considèrent que la réalisation de due diligences ESG est un point essentiel du processus d'acquisition.

En outre, les grandes sociétés doivent établir et mettre en œuvre de manière effective un **plan de vigilance** afin de prévenir les atteintes graves envers les droits humains et les libertés fondamentales, la santé et la sécurité des personnes, ainsi que l'environnement.

Cette obligation vise les SA, SCA et SAS employant, à la clôture de deux exercices consécutifs (C. com. art. L 225-102-4) :
– au moins 5 000 salariés en leur sein et dans leurs filiales directes ou indirectes dont le siège social est fixé sur le territoire français ;
– ou au moins 10 000 salariés en leur sein et dans leurs filiales directes ou indirectes dont le siège social est fixé sur le territoire français ou à l'étranger.

Avec la **directive CSRD** (voir nº 3340), l'Union européenne introduit la **comparabilité** des reportings de durabilité d'une entreprise à une autre ainsi que la **qualité** de l'information :
– c'est grâce aux nouvelles **normes ESRS** (« European Stability Reporting Standards ») élaborées par l'EFRAG qu'un nombre croissant de sociétés vont être tenues d'établir leur reporting ESG ;
– la directive CSRD va en outre exiger une **certification de l'information ESG** (par des commissaires aux comptes et/ou des organismes tiers indépendants) **au même niveau que les audits actuels sur l'information financière**. Désormais présente dans les stratégies des entreprises et prise en compte dans les deals et les évaluations, l'information ESG doit être au même niveau de qualité que l'information financière.

Due diligence anticorruption

3343 ***Question***

En quoi consiste une due diligence anticorruption ?

Réponse Les **due diligences anticorruption** consistent en une analyse permettant d'évaluer les risques de corruption potentiels liés à l'acquisition d'une société.

Les points traités sont principalement :
– l'analyse du niveau de maturité de la société cible sur la question de la lutte contre la corruption via la réalisation d'un « diagnostic » des outils de prévention et de détection des conduites prohibées élaborés et mis en place au sein de l'organisation (Code de conduite, cartographie des risques de corruption, dispositif d'alerte, procédure de sélection des partenaires d'affaires, formations, régime de sanction, etc.) ;
– la mise en lumière d'éventuels actes de corruption commis au sein de la société cible.

Due diligence portant sur les banques et sur les autres institutions financières

3344 ***Question***

En quoi consiste une due diligence bancaire ?

Réponse Une **due diligence bancaire** désigne les études et analyses couramment effectuées dans le cadre de transactions portant sur des banques ou d'autres institutions financières (telles que les sociétés de gestion d'actifs, les banques privées, les banques d'investissement, les sociétés de leasing, etc.). Il s'agit d'analyser l'objet de la transaction dans le but de cerner les **potentialités et les risques** essentiels.

L'ensemble des actifs et des passifs de la cible doit ainsi être analysé afin d'évaluer les risques financiers, comptables et fiscaux, ainsi que les éventuels impacts sur la situation nette. Il s'agit également d'effectuer une revue des résultats historiques de la cible, afin d'isoler et de retraiter certains impacts pouvant être considérés comme non récurrents ou non représentatifs du périmètre de la transaction.

Les **principaux objectifs** d'une due diligence bancaire sont les suivants :
- présenter une revue de qualité de la situation nette et des résultats, afin de réduire les incertitudes quant à la véritable valeur de la cible ;
- identifier les risques relatifs à l'activité bancaire, notamment le risque de crédit, opérationnel, de marché, de change, ou encore le risque de taux d'intérêt global ou le risque pays, ainsi que tout autre risque spécifique au portefeuille de crédit ou au portefeuille de titres de l'établissement.

La due diligence bancaire doit porter sur différents aspects, notamment :

1. **La revue du portefeuille de crédit** consiste à évaluer les méthodes de provisionnement (individuelles et collectives) des encours de la cible, afin d'identifier un potentiel sur/sous provisionnement et donc un éventuel impact sur la situation nette et sur les exigences en termes de fonds propres comptables et réglementaires.

2. **La revue du portefeuille titres** doit permettre d'estimer la valeur de marché des titres détenus en portefeuille pour constater d'éventuelles plus ou moins-values latentes et des décotes de liquidités à prendre en compte dans la revue de la situation nette.

3. **L'analyse du coût de refinancement** comprend la revue de la structure des dépôts clients et des financements (interbancaires et auprès de la banque centrale), en lien avec l'environnement macro-économique. La stabilité des dépôts constitue également un point d'attention.

4. **Les aspects réglementaires/prudentiels** doivent être analysés afin de s'assurer que l'institution financière respecte la réglementation en vigueur (capitaux propres réglementaires, contrôle interne, etc.) et que les éventuelles évolutions réglementaires sont correctement anticipées.

5. Une due diligence bancaire doit également comprendre une **analyse financière** des comptes de la cible visant une présentation du résultat normalisé. Cela comprend notamment les points spécifiques suivants :
- revue des informations financières historiques et prévisionnelles ;
- analyse de l'évolution du coût du risque et retraitement de tout élément non récurrent. Dans ce cadre, le calcul d'un coût du risque moyen sur les trois derniers exercices peut être substitué au coût du risque comptabilisé sur le dernier exercice revu. A noter qu'il peut également être utile de comparer le coût du risque d'autres banques ayant sensiblement le même profil de risque ;
- analyse de la composition du produit net bancaire (marge nette d'intérêts, commissions et revenus du portefeuille de titres) et normalisation de la valeur de ce dernier afin de neutraliser tout événement de marché particulier (par exemple, retraitement des commissions et marges non récurrentes) ;
- revue de la structure de coûts en utilisant notamment le coefficient d'exploitation (c'est-à-dire le ratio : charges d'exploitation / PNB) pour comparer la structure de coûts de la cible avec celle de l'acquéreur ou avec celle d'autres banques similaires.

Due diligence assurance

3345 ***Question***

En quoi consiste une due diligence assurance ?

Réponse La **due diligence assurance** vise à s'assurer que les **principaux actifs et risques opérationnels** disposent d'une **couverture assurance adéquate** (typologie des polices et couvertures, exclusions, plafond et franchise).

Si la cible a des litiges ou risques de litiges très significatifs en défense, l'analyse devra également porter sur la couverture assurance maximum des indemnités qu'elle sera éventuellement amenée à verser.

Due diligence sur les retraites et engagements sociaux

3350 ***Question***

En quoi consiste une due diligence sur les retraites et engagements sociaux ?

Réponse La due diligence sur les retraites et engagements sociaux a pour principal objet de :

- **recenser** les avantages accordés au personnel ou anciens membres du personnel, que ceux-ci résultent de lois, d'accords collectifs ou individuels ou encore de simples pratiques ou usages en vigueur, générateurs pour l'employeur d'une dette ou passif social, à moyen ou long terme. Il peut s'agir, par exemple, des avantages à long terme et postérieurs à l'emploi accordés aux salariés ou aux anciens salariés, des engagements de retraite et autres avantages assimilés (avantages tarifaires, jubilés/médailles du travail, charges de stock-options ou attributions gratuites d'actions, etc.). Cette analyse doit être menée dans l'ensemble des pays/entités concernés par la transaction ;

  Plus largement, et en dehors des enjeux comptables liés au recensement des engagements existants, la due diligence en matière d'engagement sociaux doit consister à appréhender et revoir les aspects de politique salariale (grille salariale, mises en place de plans de bonus ou encore de stock-options ou d'actions gratuites, etc.) mais également les contrats d'assurance santé ou de prévoyance, les contrats de participation ou d'intéressement, dans l'objectif à terme d'harmoniser les niveaux d'avantages et de garantie octroyés aux salariés de la cible, ou encore les fournisseurs de ces avantages, avec ceux du groupe acquéreur.

- **vérifier** et, le cas échéant, **estimer** que le coût desdits passifs a bien été appréhendé et reflété dans les états financiers sur des bases comptables, économiques et financières raisonnables ;
- **appréhender** le coût annuel récurrent supporté par l'employeur au titre desdits passifs ainsi que le niveau et le cadencement des éventuels décaissements associés, notamment lorsque les régimes sont financés ou externalisés auprès de fonds de pension, de compagnies d'assurances, etc. En effet, le coût des passifs sociaux appréhendé, par exemple, par un assureur ou par un fonds de pension peut être significativement différent du coût reporté dans les états financiers, car les enjeux auxquels répondent ces évaluations sont très différents de ceux visés par les normes comptables. On peut ainsi avoir, pour un même passif, une **valorisation très différente** du coût desdits régimes selon l'objectif poursuivi lors de la valorisation ;
- enfin, identifier les **opportunités futures** de modification, de réduction, d'harmonisation et d'optimisation des avantages accordés, ainsi que le coût/gain associé tant au niveau des avantages accordés et de leur coût comptable que de leur coût en termes de trésorerie (plan de financement).

  Pour évaluer les impacts d'une évaluation des engagements de retraite en IFRS, voir les dispositions de la norme IAS 19, Avantages du personnel, Mémento IFRS n°s 27974 s.

Due diligence immobilière

3355 ***Question***

En quoi consiste une due diligence immobilière ?

Réponse La **due diligence immobilière** désigne les études et analyses couramment effectuées dans le cadre de transactions portant sur des sociétés ou des actifs immobiliers. Il s'agit d'une analyse approfondie et d'un examen de l'objet de la transaction visant à cerner les **potentialités et les risques** essentiels.

Les **principaux objectifs** d'une due diligence immobilière sont les suivants :
- réduire les incertitudes quant à la véritable valeur d'un bien immobilier et/ou des titres d'une société détenant des biens immobiliers ;
- identifier les risques relatifs aux actifs immobiliers.

La due diligence immobilière doit considérer différents aspects, notamment : risques juridiques et fiscaux, marché immobilier, risques environnementaux et financiers, techniques de construction. Ainsi :

1. L'**emplacement** du bien immobilier et son marché doivent être systématiquement analysés.

2. L'**analyse juridique** doit porter sur la structure de propriété et/ou les dispositions des baux existants.

3. L'**analyse fiscale** doit identifier et évaluer les risques découlant de l'acquisition d'un bien immobilier ou des titres d'une société immobilière, ainsi que les passifs fiscaux latents qui y sont attachés (tels la taxe de publicité foncière et autres coûts liés à la dissolution post-acquisition d'une SCI).

4. L'**analyse technique** doit porter sur la construction et les équipements techniques (conformité réglementaire, sécurité...) de l'immeuble et inclure aussi bien des visites de ce dernier que des examens documentaires.

5. Les **risques environnementaux** spécifiques (pollution des sols, amiante, termites, plomb...) doivent être également analysés.

6. Enfin, une due diligence immobilière doit comprendre une **analyse financière** du bien immobilier et/ou des comptes de la société. Cette analyse financière doit permettre d'apprécier la valeur du bien immobilier et/ou des titres de la société et comprend notamment les points suivants :
- revue des informations financières historiques et prévisionnelles ;
- cadrage des baux avec la comptabilité et vérification des loyers en place, ainsi que de la correcte application des dispositions contractuelles ;
- revue des crédits-bails (modélisations des différents scénarios de sortie) ;
- analyse de la dette en valeur de marché ;
- calcul du prix des parts (approche « Actif Net Réévalué », ANR) en tenant compte des coûts de remboursement anticipé de la dette en place et de la fiscalité latente ;
- revue de contrat d'acquisition et des éléments d'ajustement de prix.

Lorsque la cible est un propriétaire-utilisateur de locaux, il peut être intéressant d'évaluer le potentiel de « sale-and-lease-back » du ou des biens utilisés. On appréciera alors la qualité de la localisation, du bâti et de la capacité du locataire potentiel à payer un loyer de marché. Qui plus est, moins le bâtiment sera spécifique, plus il sera attractif pour un investisseur.

Due diligence pénale

3358 ***Question***

En quoi consiste une due diligence pénale ?

Réponse La **due diligence pénale** vise à s'assurer que la **responsabilité** de la société absorbée ne risque pas d'être engagée dans des **contentieux de nature pénale.** Si c'est le cas, il faudra évaluer le risque que cette mise en cause puisse aboutir.

En effet, la responsabilité pénale de l'entité absorbée est transmise à l'absorbante (pour plus de détails, voir nº 4412).

Due diligence de la conformité comptable et fiscale des systèmes d'information

3360 ***Question***

En quoi consiste une due diligence de la conformité comptable et fiscale des systèmes d'information ?

Réponse Toutes les entreprises sont concernées par la réglementation en matière de comptabilités informatisées, quelle que soit leur taille ou l'organisation de leur système d'information.

La **conformité du système de comptabilité informatisée** de la société cible ou du groupe cible sur la période ouverte à contrôle fiscal (exercices clos au cours des trois années précédentes et exercices antérieurs en cas de reports déficitaires) doit être l'un des points d'attention, avec le respect des obligations spécifiques qui sont prévues par le Code de commerce et les textes comptables et fiscaux (en termes notamment de documentation des systèmes, de respect des obligations comptables, de conservation des données et de capacité de restitution).

Les risques sont en effet importants : rejet de comptabilité par l'administration et imposition d'office, voire application des pénalités de 100 % pour opposition à contrôle fiscal. Si l'administration a longtemps fait preuve d'une attitude conciliante face aux errements plus ou moins graves des entreprises dont les systèmes d'information ne respectaient pas toujours dans le détail la réglementation comptable et fiscale française, cette période pédagogique a vécu.

Le **fichier des écritures comptable (FEC)** devient un véritable enjeu des due diligences fiscales compte tenu des sanctions applicables en cas de non-communication ou de non-conformité d'un FEC (sanction pouvant aller jusqu'à 10 % des droits redressés). La présentation de ce fichier est obligatoire pour chacun des exercices soumis au contrôle.

La **due diligence de conformité des systèmes** doit également déterminer si la transaction envisagée permettra de maintenir les éléments du respect de la conformité des systèmes (lorsqu'elle existe) après le transfert de propriété, notamment en cas d'utilisation d'un système informatique « propriétaire » ou d'applications « propriétaires » développés par le vendeur. Les relations contractuelles avec les prestataires tiers (éditeurs, intégrateurs, hébergeur, infogérant...) et les cas d'externalisation ou de délocalisation doivent être revus afin de s'assurer de la cessibilité ou de la transférabilité des droits existants. Dans de telles hypothèses, une **protection spécifique de l'acheteur et de la société cible doit être prévue contractuellement** pour maintenir la faculté d'utilisation et d'accès au système informatique et à l'ensemble de ses éléments permettant de s'assurer du maintien de sa conformité.

Due diligence réglementaire – acheteur

3361 ***Question***

En quoi consiste une due diligence réglementaire ?

Réponse Dans le cadre d'une fusion ou d'une acquisition, une **due diligence réglementaire** consiste à réaliser l'**évaluation** des **contraintes réglementaires actuelles (en matière d'encadrement tarifaire et de partage du risque par exemple), ainsi qu'à chiffrer l'impact des évolutions réglementaires à venir** et à les traduire en conséquences financières sur la transaction. Une due diligence réglementaire concerne typiquement les secteurs qui font l'objet d'un encadrement tarifaire (« energy » et « utilities », télécommunications, services postaux, infrastructure de transport ferroviaire, aérien, routier, etc.).

A titre d'exemple, les principaux points traités peuvent être les suivants :

- les **responsabilités et enjeux financiers** liés aux obligations d'orientation des tarifs vers les coûts et de séparation comptable (impact « topline » et « bottom line ») ;
- les enjeux financiers découlant des **renégociations tarifaires avec le régulateur : paramètres régulés de type WACC** (« Weighted average cost of capital »), **formules tarifaires, base d'actifs régulés, règles de partage du risque**... ;
- les enjeux stratégiques et financiers liés à l'**évolution réglementaire**. En particulier, il est important de mesurer les enjeux liés **à tout changement réglementaire anticipé sur la période du plan d'affaires** ;
- les enjeux liés à la capacité de l'entreprise à assurer un plan d'investissement cohérent avec les préconisations du régulateur.

Pour l'ensemble de ces points, les conclusions sont exprimées sous forme de conséquences sur les états financiers, sur le plan d'affaires, et de recommandations concernant la prise en compte des évolutions réglementaires par la société cible.

G. Quels sont les enjeux liés à la cybersécurité ?

3362 ***Question***

Pourquoi considérer le sujet de la cybersécurité lors d'une opération de M&A ?

Réponse L'avènement des nouvelles technologies et du digital a eu pour conséquence d'accroître considérablement l'**exposition** des entreprises à des incidents pouvant potentiellement affecter directement leur cœur d'activité. Schématiquement, des groupes organisés (pays, organisations criminelles, concurrents, nouveaux entrants, activistes, etc.) utilisent des compétences de type « hacker » afin d'accéder à des informations confidentielles, soit pour leurs propres objectifs, soit pour en faire le commerce. Leur intention peut aussi être purement malveillante, l'objectif étant alors de nuire à l'entreprise en bloquant ses systèmes d'information.

Ces risques sont de plus en plus importants au fur et à mesure que les entreprises opèrent leur transition numérique, sans pour autant que l'on puisse constater une augmentation significative de leur niveau de maturité sur ces problématiques. La réponse est en effet encore insuffisante : beaucoup d'entreprises cernent encore mal les systèmes et les données sensibles qu'elles doivent protéger en priorité, et consacrent à leur cybersécurité des moyens humains et financiers encore non adaptés à leurs enjeux. Face à une accélération de la menace cyber, le **risque cyber n'a jamais été aussi complexe à traiter.**

L'**ampleur des cyberattaques** ne cesse de croître en raison de l'interconnexion, de l'intrication et de l'interdépendance des réseaux numériques. Le périmètre d'action à considérer dépasse ainsi les frontières de l'entreprise pour intégrer son écosystème étendu, et notamment ses partenaires et fournisseurs.

Face aux menaces, le **traitement du risque cyber est entravé.** La plupart des équipes cyber doivent en effet composer avec des organisations complexes, des périmètres informatiques obsolescents, des architectures techniques complexes et une gestion insuffisante des risques liés aux tiers. Tous ces éléments doivent être pris en compte dans le processus de due diligence des entreprises lors d'une fusion-acquisition.

L'accélération de la digitalisation, les nouveaux modes de travail et de collaboration avec les clients imposent de renforcer la sécurité des infrastructures IT et la mise en place de pratiques « Security by Design » ou SbD (sécurité dès la conception, c'est-à-dire prise en compte du risque et intégration d'une sécurité dès la conception d'un projet).

3363 ***Question***

Quels sont les risques auxquels la cybersécurité peut répondre ?

Réponse La cybersécurité est un **phénomène invisible** : peu d'entreprises sont en mesure de détecter rapidement une attaque sophistiquée et d'y faire face. Un incident se révèle le plus souvent lorsqu'il est déjà trop tard pour y répondre. Il s'est récemment beaucoup manifesté par ses conséquences (pertes de parts de marché, innovation similaire chez un concurrent, pertes financières, recours de clients ou de salariés, arrêt d'éléments critiques).

Les risques cyber peuvent induire des risques spécifiques à certains actifs de l'entreprise, des risques sur le fonctionnement de l'entreprise.

Une entreprise peut se faire dérober des **données stratégiques** concernant ses clients, ses employés mais aussi son innovation, un nouveau procédé industriel, une future opération de marché ou, plus simplement, ses données financières. Tout ce qui constitue un **actif différenciant** de l'entreprise, qu'il soit matériel ou immatériel, est une cible d'attaque potentielle car il représente une valeur marchande sur le marché noir.

L'accélération des attaques par rançongiciel, ainsi que des incidents d'envergure (largement médiatisés) ont illustré le potentiel d'une cyber attaque à mettre à mal le fonctionnement même d'une entreprise.

Au-delà des conséquences citées précédemment, le risque cyber peut mettre à mal :
- l'image de l'entreprise, lorsqu'une crise cyber est mal gérée ;
- et la valeur de l'entreprise acquise, lorsque les failles de sécurité remettent en cause l'appréciation de la cible ou occasionnent des coûts importants de remédiation.

En conséquence, pour un acquéreur, une **faille de cybersécurité** peut **considérablement obérer l'avenir de la cible** mais également représenter une source majeure de contentieux au regard des incidents passés, connus ou non, au moment de la transaction.

Enfin, dans le contexte d'un diagnostic de faible niveau de sécurité, un **plan de remédiation** permettant d'atteindre une exposition raisonnable au risque peut engendrer des dépenses très importantes et s'avérer long à mettre en place, du fait notamment de la rareté des ressources humaines susceptibles de le conduire.

3364 ***Question***

Quels sont les principaux éléments en termes de cybersécurité à prendre en compte lors d'une acquisition ?

Réponse Lors d'un premier niveau d'analyse qui permettra de se donner des axes d'évaluation complémentaires, on peut considérer **quatre critères d'analyse** :
- L'entreprise dispose-t-elle d'une **stratégie** de cybersécurité, c'est-à-dire les données stratégiques et sensibles sont-elles identifiées et inventoriées ? L'entreprise dispose-t-elle d'une vision exhaustive de son exposition externe, au-delà de son système traditionnel de gestion ?
- La sécurité de l'information est-elle sous la responsabilité explicite de l'un des membres du comité exécutif de l'entreprise ? Ce dernier dispose-t-il d'un programme d'amélioration continue des moyens humains et financiers associés ?
- Les **incidents** de sécurité sont-ils connus, ont-ils été documentés, font-ils l'objet d'un plan de remédiation ? L'entreprise dispose-t-elle d'un dispositif d'amélioration continue des dispositifs de gestion d'incidents et de gestion de crise ?
- L'entreprise procède-t-elle à une évaluation régulière (au moins une fois par an) de son niveau réel de **maturité** sur les questions de sécurité ? Cette évaluation intègre-t-elle les risques physiques ou de sûreté et les risques cyber dans son analyse ? Les métiers sont-ils impliqués dans cette démarche afin d'évaluer l'impact des incidents et de les sensibiliser aux problématiques de sécurité ?

3365 ***Question***

Quels sont les secteurs d'activité concernés par les cybermenaces ?

Réponse Toutes les entreprises sont, à un niveau plus ou moins élevé, concernées par le risque cyber. Par ailleurs, elles essaient toutes aujourd'hui de tirer parti du digital afin d'améliorer l'expérience client et employé, ou simplement pour rendre plus efficients des processus internes. Cette montée en puissance du digital a pour corollaire l'accroissement du niveau d'exposition au risque cyber.

En outre, la cybersécurité devient de plus en plus intégrée dans les cadres réglementaires. Certains secteurs, comme celui de la finance, font déjà l'objet de régulations précises sur la gestion des risques opérationnels depuis de nombreuses années et sont considérés comme davantage matures en termes de gestion du risque cyber. D'autres secteurs, notamment les opérateurs dits « d'importance vitale » (OIV, voir nº 3366), sont également soumis à des exigences cyber strictes déclinées par la réglementation.

3366 ***Question***

Quels sont les textes législatifs et réglementaires à connaître dans le domaine de la cybersécurité ?

Réponse Partout dans le monde, des régulations incitent les entreprises à mieux se protéger. Ces évolutions législatives invitent aussi à plus de transparence et à une meilleure coopération entre les différents acteurs.

1. Loi de programmation militaire (nº 2013-1168 du 18-12-2013) : en France, elle a notamment défini le principe d'**opérateur d'importance vitale (OIV)** qui renforce les exigences de sécurité pour toutes les entreprises ou organismes susceptibles d'engendrer des risques systémiques. En pratique, il s'agit de plus de 200 opérateurs publics ou privés dont la liste est confidentielle et dont les activités sont indispensables au bon fonctionnement et à la survie du pays.

2. Règlement européen UE nº 2016/679 du 27 avril 2016 **sur la protection des données, dit « GDPR »** (« General Data Protection Regulation ») : il est **applicable dans l'ensemble des 28 Etats membres de l'Union européenne (UE).**

Le règlement européen se caractérise par un **champ d'application géographique étendu** et concerne à la fois les entreprises établies sur le territoire de l'UE, mais également les entreprises qui, sans être établies dans un des Etats membres, traitent des données personnelles de personnes situées en UE.
Les entreprises concernées sont notamment tenues de réaliser une cartographie exhaustive des traitements de données personnelles mis en œuvre, de déployer les mesures d'une politique de sécurité des données, d'assurer une bonne gestion des contrats relatifs au traitement des données, de garantir l'exercice des droits des personnes concernées, ainsi que de notifier aux autorités de contrôle européennes compétentes les failles de sécurité constatées.

Outre les risques opérationnels et les conséquences en matière de réputation et d'image de marque, le non-respect des dispositions du règlement par les entreprises les exposent à une **sanction pécuniaire pouvant aller jusqu'à 4 % du chiffre d'affaires annuel mondial total de l'exercice précédent ou 20 millions d'euros** (le montant le plus élevé étant retenu).

En pratique et préalablement à l'opération de fusion-acquisition, les entreprises doivent apprécier à différents niveaux les impacts du règlement européen sur la protection des données personnelles dans le cadre des opérations de fusions-acquisitions :

a. **Impacts sur les modalités d'organisation de la due diligence** : il est nécessaire d'être particulièrement attentif à la nature des informations portées à la connaissance des tiers autorisés dans le cadre des due diligences, ainsi qu'aux conditions de mise à disposition de ces informations (anonymisation ou pseudonymisation des données, restrictions des droits d'accès, signature de clauses de confidentialité renforcée, localisation et modalités d'hébergement et sécurité de la « data room » virtuelle, etc.).

b. **Impacts sur l'analyse de conformité de la cible** : dans le cadre de la due diligence, il convient de constater l'existence et la pertinence des mesures de protection déployées par l'entreprise pour identifier tout risque devant faire l'objet d'un engagement « pre-closing » ou d'une garantie.

c. **Impacts sur l'opération et sur la valorisation de la cible** : le respect des obligations légales et réglementaires n'est pas sans influencer la compétitivité et la valeur de la cible. En matière de protection des données personnelles, un fichier de données non conforme peut être considéré comme illicite et indisponible.

3. Directive NIS 2 « Network and Information Security » (Directive (UE) 2022/2555 du 14-12-2022) concernant les mesures visant à assurer un **niveau de cybersécurité élevé et commun dans l'ensemble de l'Union européenne (UE)** : elle répond à l'évolution rapide des menaces cybernétiques en renforçant la gestion des risques dans un paysage numérique en constante mutation et elle anticipe les nouvelles formes d'attaques.

En effet, la directive NIS 2 **élargit considérablement le champ d'application de la directive NIS de 2016 transposée en France en 2018**. Elle s'adresse à un éventail plus large d'industries pour étendre et renforcer les exigences en matière de cybersécurité dans l'UE. Les secteurs visés par NIS 2 (« critiques » et « hautement critiques ») concernent un **large spectre d'entreprises**. En fonction de ces secteurs, les entités seront désormais considérées en tant qu'entités importantes (EI) ou entités essentielles (EE).

Cela inclut la **maîtrise des risques liés au tiers, la rationalisation des obligations de signalement et l'introduction d'exigences strictes en matière de mise en application**. En d'autres termes, la directive NIS 2 impose à un grand nombre d'organisations de mettre en place un cadre complet de gestion des risques, dans le but d'accroître le niveau global de résilience en matière de cybersécurité au sein de l'UE.

La directive NIS 2 **devra être transposée** par chaque Etat membre de l'UE en droit national, **au plus tard en octobre 2024**. En France, l'ANSSI (Agence nationale de la sécurité des systèmes d'information), l'autorité nationale en matière de cybersécurité et de cyberdéfense, assurera en tant que régulateur le respect de la loi, en ayant recours, si nécessaire, à des sanctions administratives sévères et à des mesures correctives.

H. Quels sont les enjeux liés au « Data Analytics » et à l'IA dans le cadre des transactions ?

3367 ***Question***

Quelle est l'origine du développement de l'approche « Data Analytics » liée à la technologie de l'IA (Intelligence artificielle) dans le contexte des transactions ?

Réponse L'essor du « Data Analytics » et de l'IA proviennent de la rencontre de deux phénomènes : en même temps que les sociétés collectent et génèrent de plus en plus de **données**, les **outils** de collecte, d'analyse et de visualisation des données atteignent une maturité rendant plus facile leur exploitation.

Conscients de ces opportunités, les investisseurs cherchent à valoriser ces données tant **financières** que **non financières** dans l'analyse des transactions sur lesquelles ils interviennent, et utilisent de plus en plus les approches « Data Analytics » en s'appuyant sur l'IA afin de donner plus de profondeur à leurs décisions d'investissement.

L'apport du « Data Analytics » lié à la technologie de l'IA s'articule autour de trois thèmes principaux :
- **des analyses plus rapides et plus accessibles** : outre des gains d'efficacité permis par l'automatisation et l'utilisation d'outils plus performants, la visualisation de données interactives permet d'explorer les données de manière plus intuitive et approfondie et de communiquer les messages clés avec davantage d'impact ;
- **des analyses basées sur des données plus volumineuses et variées,** qu'elles soient issues de l'entreprise considérée ou de sources externes (par exemple, « open data » sur internet, bases de données externes), structurées ou non structurées (par exemple, réseaux sociaux) ;

– **des techniques d'analyses plus avancées** : outre l'amélioration des analyses descriptives (c'est-à-dire le diagnostic fondé sur l'historique) grâce à un traitement plus granulaire de la donnée, des outils statistiques d'apprentissage automatique (« machine learning ») permettent de fournir des analyses prédictives (par exemple, quels sont les risques inhérents au « business plan » de la société ?) et prescriptives (par exemple, quelles sont les actions à mener post acquisition afin de maximiser la valeur de la société ?).

3368 ***Question***

Quels bénéfices peut-on attendre de l'approche « Data Analytics » couplée avec l'IA lors d'une transaction ?

Réponse Le « Data Analytics » couplé avec l'IA est pertinent tout au long du processus de transaction :

1. **Identification de la cible et veille concurrentielle** : les outils de programmation permettent d'automatiser l'extraction et l'analyse de données sectorielles et de détecter les opportunités de marché (par exemple, analyse de portefeuilles de participation, évolution des cours de bourse, synthèse d'informations issues de la presse et des réseaux sociaux).

2. **Due diligences** : l'automatisation de la collecte, de la consolidation et du « nettoyage » de données combinée à l'intuitivité et à l'interactivité des outils de visualisation permettent de fluidifier le processus de due diligence, tant du côté acheteur que du côté vendeur. Par exemple, à l'achat, l'approche « Data Analytics » en lien avec l'IA aide à l'identification rapide et à la compréhension fine des caractéristiques clés de la cible et de son environnement ; du côté vendeur, elle facilite la structuration de la donnée et le traitement de son exhaustivité au niveau de détail le plus fin afin de donner du confort sur l'« equity story ». Les outils de visualisation peuvent s'avérer particulièrement pertinents pour accompagner les sessions de Q&A avec les investisseurs potentiels.

3. **Valorisation** : l'aptitude à générer des benchmarks de qualité basés sur de l'information de marché à la fois volumineuse et variée est clé dans l'exercice de valorisation, de même que la faculté de passer aisément d'un scénario à l'autre grâce à des outils de visualisation interactifs et flexibles. Le « Data Analytics » et l'IA permettent également dans le cadre de la valorisation d'actifs d'avoir une approche à la fois plus précise quantitativement (par exemple, analyse fine du portefeuille clients, du taux d'attrition, des habitudes de consommation par analyse des paniers/tickets de caisse) et qualitativement (par exemple, « analyse sentimentale » sur les réseaux sociaux pour évaluer la perception d'une image de marque).

4. **Structure de la transaction et réalisation de la valeur post-acquisition** : l'analyse de données au niveau de granularité le plus fin permet de mieux appréhender les synergies réalisables et d'identifier plus précisément d'éventuels effets de cannibalisation (par exemple, analyse de portefeuilles clients et produits, analyse de zones de chalandise de magasins). Le « Data Analytics » et l'IA constituent également de véritables atouts pour modéliser des options ou évaluer des scénarios.

Le « Data Analytics », en s'appuyant sur la technologie innovante de l'IA, peut trouver une application pour l'analyse des transactions dans **tous les secteurs.** L'approche « data-driven » est particulièrement appropriée lorsque les données disponibles sont volumineuses et éclatées, par exemple dans les cas suivants :

– **analyses multisites** : benchmarking de performance et analyse concurrentielle dans la distribution, l'hôtellerie ;

– **analyses de portefeuilles clients et produits** : tendances, clustering, concentration, cohortes ;
– **analyses du carnet de commandes** : tendances des taux de conversion, qualité du carnet de commandes ;
– **analyses d'abonnements** : taux d'attrition, « pricing », « cross-selling ».

3369 ***Question***

Quelles sont les précautions à prendre lorsque l'approche « Data Analytics » est mise en œuvre dans le cadre d'une transaction ?

Réponse L'approche « data-driven » dans les métiers Transactions implique la prise en compte de précautions spécifiques pour évaluer et mitiger les risques liés à la collecte, la manipulation et la restitution de données, notamment sur les aspects suivants :

1. **Qualité de la donnée** : la multiplication des sources de données a pour corollaire la **diversification des sources potentielles de biais** ; d'où l'importance de comprendre d'où proviennent les données, comment elles sont alimentées et quels sont les liens existants entre les différentes bases de données.

2. **Souveraineté de la donnée** : l'exploitation de données propriétaires des sociétés, par exemple lors de due diligences, pose la **problématique de leur hébergement et de leur protection,** d'autant plus lorsqu'elles concernent des données sensibles (par exemple, données personnelles des consommateurs) ; il s'agit de s'assurer que les acteurs du marché Transactions disposent d'une infrastructure informatique adaptée afin d'assurer la sécurité du transport et du stockage de ces données. Elle pose également la question du **contrôle du volume et de la profondeur des données rendues disponibles** à des investisseurs potentiels et autres parties prenantes. Le vendeur devra ainsi définir les limites de diffusion des données ainsi que le niveau de granularité des analyses.

3. **Qualité des algorithmes et modèles statistiques : l'automatisation des processus d'extraction et d'analyse** peut produire un **effet « boîte noire »** ; les travaux de due diligence doivent permettre de comprendre et d'évaluer les algorithmes et techniques d'analyse utilisés, leurs paramètres et hypothèses sous-jacentes. En complément d'un audit des données, les due diligences peuvent aussi comporter un volet « audit algorithmique » qui permettra de s'assurer de la robustesse des modèles analytiques utilisés par la cible.

I. Quels sont les enjeux spécifiques liés à l'activité bancaire ?

3370 ***Question***

Quels sont les risques spécifiques à l'activité bancaire ?

Réponse Les activités bancaires et financières génèrent structurellement des risques que les banques doivent gérer, notamment grâce à leur dispositif de contrôle interne. Les principaux risques liés à l'activité bancaire sont les suivants :
– **le risque de crédit** (ou de contrepartie) : risque encouru en cas de défaillance d'une contrepartie ;

– **le risque opérationnel** qui regroupe les risques suivants : erreurs faites par les employés de la banque, qu'elles soient involontaires (par exemple, erreur de saisie) ou volontaires (fraudes, malversations...), insuffisances de conception, d'organisation et de mise en œuvre des procédures d'enregistrement dans le système comptable et dans les systèmes d'information ou encore, événements externes, tels que les risques de détérioration de l'outil industriel, les risques technologiques, les risques climatiques et les risques environnementaux ;
– **le risque de taux d'intérêt global** : risque encouru en cas de variation des taux d'intérêt du fait de l'ensemble des opérations de bilan et de hors-bilan, à l'exception, le cas échéant, des opérations soumises aux risques de marché ;
– **le risque de marché et le risque de change** : il s'agit du risque de taux d'intérêt, du risque sur actions et du risque de règlement de contrepartie liés au portefeuille de négociation, ainsi que du risque de change portant sur l'ensemble du bilan et du hors-bilan (à l'exception des éléments structurels) ;
– **le risque de liquidité** : risque encouru par l'établissement de ne pas pouvoir faire face à ses engagements ou de ne pas pouvoir dénouer ou compenser une position en raison de la situation du marché ;
– **le risque pays** : il s'agit du risque de contrepartie lié à l'environnement de la contrepartie. En cas de crise grave dans un pays (instabilité politique ou sociale, crise économique, etc.), les entreprises qui y sont installées risquent de se retrouver en difficultés et la forte exposition d'un établissement financier à des contreparties d'un même pays peut se révéler problématique ;
– **le risque spécifique/intrinsèque** : il s'agit du risque de crédit spécifique à un actif, qui résulte uniquement d'éléments affectant un titre en particulier. Plus un portefeuille est concentré, plus ces positions sont importantes et plus ce risque est élevé.

3371 ***Question***

Quelles sont les principales catégories d'ajustements spécifiques à l'activité bancaire ?

Réponse L'activité bancaire génère des risques qui doivent être appréhendés dans le cadre de la due diligence et se traduisent par des ajustements spécifiques qui impactent la situation nette. Les principales catégories d'ajustements spécifiques à l'activité bancaire sont :
– **les ajustements liés aux risques** : il s'agit des ajustements identifiés en lien avec l'activité de crédit, c'est-à-dire le **risque de crédit** ou de contrepartie, ainsi que le **risque de valorisation** des titres ou des instruments financiers ;
– **les ajustements liés au périmètre de la transaction et aux normes comptables** : il s'agit des ajustements issus des divergences de méthodes appliquées par la cible et par l'acheteur potentiel, qui visent à présenter des résultats et une situation nette selon un périmètre homogène. Ces ajustements concernent principalement les règles de définition des taux de **provisionnement** des crédits, ainsi que la méthodologie retenue pour le calcul de la **juste valeur** des crédits, des instruments financiers ou de certains engagements.

3372 ***Question***

Comment est évaluée une banque ou une institution financière ?

Réponse La **méthode d'évaluation d'une banque ou d'institution financière** diffère de la méthode d'actualisation des flux de trésorerie et de celle des multiples de marché

(EBITDA, EBIT, chiffre d'affaires), qui sont couramment utilisées pour déterminer la valeur de l'entreprise. En effet, du fait des spécificités de l'activité bancaire, les notions de flux de trésorerie d'exploitation, d'EBITDA, d'EBIT ou de chiffre d'affaires ne sont pas applicables à une institution financière. En conséquence, deux approches sont possibles :
– évaluer une banque en fonction de sa rentabilité future et des dividendes qui seront versés aux actionnaires (**méthode d'actualisation des dividendes** ou « Dividend Discount Model » – DDM), tout en considérant les contraintes prudentielles auxquelles les banques sont soumises et qui portent en particulier sur un niveau de fonds propres minimum ;
– appliquer **l'approche des multiples** à des agrégats spécifiques, tels que le résultat net ou la situation nette. Dans le cadre de cette approche, il convient d'ajuster ces agrégats afin de tenir compte (i) des éléments non récurrents pouvant impacter le résultat net, (ii) de la valeur de marché des actifs et des passifs, ainsi que d'un éventuel sur/sous-provisionnement des risques pouvant impacter la situation nette.

Le choix de l'approche et des éléments sous-jacents à considérer pour la méthode des multiples doit être adapté à la cible. Par exemple, les actifs sous gestion auxquels on appliquera un multiple pourront être pris en compte dans le cadre de l'évaluation d'une société de gestion d'actifs.

J. Quels facteurs spécifiques peuvent influer sur le déroulement des due diligences ?

Acquéreurs cotés

3373 ***Question***

Quelles sont les spécificités d'une due diligence lorsque l'acheteur est coté ?

Réponse Pour un **acheteur coté,** un projet d'acquisition significative peut constituer une **information privilégiée** pour le marché, c'est-à-dire une information non connue publiquement, précise et susceptible d'avoir une incidence sur le cours de l'action si elle était communiquée au public.

En conséquence, la **confidentialité** des procédures de due diligence est **particulièrement renforcée** lorsque l'acheteur potentiel est coté. Ainsi, toute personne ayant connaissance de cette information privilégiée est considérée comme « initiée » et soumise à l'obligation de s'abstenir de toute opération sur le titre.

Cibles cotées

3375 ***Question***

Quelles sont les spécificités d'une due diligence lorsque la cible est cotée ?

Réponse Lorsque la **société cible est cotée,** l'**information publique** disponible est **plus importante** que dans les sociétés fermées compte tenu des obligations d'information

périodiques et permanentes qui s'imposent à ces sociétés. En effet, les sociétés cotées doivent notamment :
- communiquer sur les opérations significatives réalisées ;
- publier un prospectus pour les émissions de titres par voie d'offre au public, ainsi qu'un rapport financier annuel, qui peut prendre la forme d'un document de référence ;
- publier leur chiffre d'affaires trimestriel et leur résultat semestriel, etc.

Toutefois, l'**accès à l'information non publique** est **strictement encadré**, d'une part par le principe général d'égalité de traitement des investisseurs et du public et la prévention des abus de marché, comme les délits et manquements d'initiés ou les manipulations de cours, et d'autre part, par le type d'opération envisagée : acquisition de bloc de contrôle auprès d'un actionnaire de référence suivie de garantie de cours et de retrait obligataire, offre publique d'achat (OPA) amicale ou inamicale, etc.

En France, l'acquéreur potentiel et ses conseils n'auront un accès complet à l'information sur la cible en « data room » qu'à condition, principalement :
- que l'opération porte sur le reclassement d'une participation significative ;
- que des accords de confidentialité renforcés soit signés, incluant un engagement d'abstention d'intervention sur le titre ; et
- que les candidats acquéreurs aient manifesté un intérêt sérieux et aient prouvé leur capacité à financer la transaction.

Groupe international

3380 ***Question***

Quelles sont les spécificités d'une due diligence portant sur un groupe international ?

Réponse Réaliser une **due diligence** sur un **groupe international** pose la question de l'étendue géographique des due diligences à réaliser. Schématiquement, deux options sont possibles : réaliser l'ensemble des investigations dans une « data room » ou au siège du groupe, ou, à l'inverse, réaliser des investigations dans chaque filiale ou succursale étrangère.

Le choix du **mode d'investigation** le plus approprié est fonction de la qualité de l'information disponible au siège, celle-ci dépendant du niveau de contrôle du siège sur les filiales, ainsi que du mode de mise à disposition des informations (information centralisée au siège ou diffuse). Dans le cas d'une information diffuse, l'acheteur qui souhaite procéder à des investigations en un temps limité a intérêt à disposer d'un cabinet spécialisé doté de bureaux à l'étranger dans les pays où sont implantées les principales filiales.

Des **problématiques spécifiques** se présentent dans le déroulement des due diligences sur un groupe international, du fait notamment :
- des **normes comptables utilisées** pour la préparation des comptes des filiales, qui servent de supports à la due diligence financière et qui peuvent présenter des différences significatives avec les comptes consolidés du groupe cible ;
- des **effets de change**, lorsque les états financiers des filiales sont exprimés dans une devise de reporting différente de celle du groupe ;
- des **règles** régissant les **opérations entre les sociétés du groupe**, en particulier les prix de transfert, qui demandent une revue fiscale approfondie, ou bien l'existence, dans certains pays, de trésorerie bloquée ou difficile à rapatrier ;

– des **langues parlées par les responsables,** dans les filiales ou bien utilisées en comptabilité, dans les contrats, ou dans les communications avec les régulateurs locaux, qui peuvent nécessiter le concours de traducteurs ou d'équipes en provenance de bureaux étrangers.

Acquisition d'une société à l'étranger

3385 ***Question***

Quelles sont les spécificités d'une due diligence portant sur l'acquisition d'une société à l'étranger ?

Réponse Une due diligence portant sur l'**acquisition d'une société à l'étranger** exigera des précautions supplémentaires et le recours à des experts locaux pour couvrir notamment les risques suivants :
– risques juridiques et fiscaux spécifiques au droit local et à la réglementation du pays ;
– risques dans l'analyse des comptes établis en normes comptables locales : une réconciliation avec des normes internationales reconnues est de nature à faciliter cette analyse.
Lorsque certains documents disponibles pour la due diligence sont en langue étrangère, une traduction pourra s'avérer nécessaire.

En outre, si la cible est cotée, la réglementation locale sur les OPA/OPE devra être respectée, ce qui pourra impacter le déroulement de la due diligence.

Entreprises en difficulté

3390 ***Question***

Quel type de due diligences pour acquérir une entreprise en difficulté ?

Réponse Un investisseur envisageant une opération sur une **entreprise en difficulté** va chercher à répondre à plusieurs **questions clés** liées à ce contexte :
1. Diagnostic sur la nature et la genèse des difficultés : les difficultés rencontrées sont-elles dues plutôt à des volumes insuffisants, une structure de coût inadaptée, un besoin en fonds de roulement trop élevé, à des erreurs de gestion ?

2. Les difficultés sont-elles de type conjoncturel ou structurel ?

3. Quels sont les besoins précis de trésorerie à court et moyen terme, qu'il va falloir financer (notamment ceux nécessaires à la mise en œuvre du plan de retournement) ?

4. Quels sont les risques liés aux actifs ou aux sociétés faisant l'objet de l'investissement ?

5. Quelle est la capacité de l'entreprise et de son management à opérer le retournement ?

La due diligence sur une entreprise en difficulté se focalise principalement sur la compréhension précise de la **situation présente de la cible** ainsi que de ses **perspectives d'évolution,** en accordant une importance secondaire aux analyses sur l'historique, hormis celles qui permettent d'apprécier comment la société a traversé dans le passé les bas de cycles économiques. L'objectif premier sera d'apprécier la **capacité de la cible** à générer des **flux de trésorerie futurs,** ainsi que l'analyse des moyens et instruments permettant de répondre aux besoins de trésorerie à court terme.

Une due diligence est un exercice rendu d'autant plus complexe dans un contexte de difficulté que la durée d'investigation, l'accès aux informations et aux interlocuteurs sont limités par l'urgence de la situation. La due diligence doit donc se focaliser sur les points clés afin de répondre aux questions évoquées ci-avant, et permettre in fine à l'investisseur de se forger une opinion sur l'opportunité d'investir, à quel prix et avec quels besoins d'investissement à court et moyen terme. Les aléas potentiels et le niveau de risque sont structurellement plus élevés sur les investissements dans les entreprises en difficulté. Ce surcroît de risque doit être mis en balance avec l'intérêt stratégique de l'opération et le niveau du coût d'acquisition, souvent faible.

Revue indépendante des projections

3395 ***Question***

Qu'est-ce qu'une revue indépendante des projections (« Independent Business Review »/IBR) et dans quels cas y recourir ?

Réponse Une **revue indépendante des projections** (« Independent Business Review »/IBR) peut être initiée par les banques, les actionnaires ou le management, lorsqu'une société s'avère sous-performante, cette situation se traduisant généralement par un non-respect des covenants définis par les banquiers prêteurs (voir n° 3435), voire une impasse de liquidité anticipée ou avérée. Cette revue permet de **fiabiliser les informations financières** et de **restaurer la confiance** entre les différentes parties : banques prêteuses, investisseurs potentiels, actionnaires.

Cette situation peut nécessiter au préalable l'élaboration par la société de nouvelles projections financières tenant compte de la sous-performance ainsi que des mesures que l'entreprise envisage de mettre en œuvre afin de corriger celle-ci (dynamisation des ventes, baisse du point mort, etc.). Elle nécessite une analyse de la situation de trésorerie à court et moyen terme afin d'anticiper les mesures à prendre le cas échéant pour que la continuité d'exploitation de l'entreprise soit préservée.

L'**objet** de la revue est de donner un **avis circonstancié et objectif** sur la qualité et le caractère raisonnable des projections financières, ainsi que des prévisions de trésorerie associées autour desquelles se bâtira le plan de restructuration. Cette revue, réalisée en pratique par les cabinets qui disposent d'un savoir-faire en matière de diagnostic financier, conjugue couramment une revue de marché afin d'apprécier les perspectives commerciales, un diagnostic opérationnel afin de mesurer l'impact des plans d'amélioration prévus par le management, ainsi qu'un diagnostic financier.

Cette revue indépendante des projections fournit ainsi un ensemble d'**informations et d'analyses tangibles et objectives** (« common information platform ») à partir desquelles une négociation peut être menée par les différentes parties en présence (portant par exemple sur une renégociation de la dette, l'injection de fonds propres...), afin de permettre à l'entreprise de poursuivre son activité sur des bases assainies.

Cette revue couvre l'appréciation des performances récentes de l'entreprise en vue notamment de comprendre les raisons de sa sous-performance au plan commercial, opérationnel et financier, et apporte un éclairage sur la nature et la pertinence des mesures de redressement envisagées.

SECTION III

Comment adapter le prix et la structuration de la transaction au résultat des due diligences ?

A. Comment affiner l'évaluation financière de la cible ?

Prise en compte des due diligences dans la valorisation

3410 ***Question***

Comment prendre en compte les résultats des due diligences réalisées dans la valorisation de la cible ?

Réponse L'offre préliminaire soumise par l'acquéreur potentiel est généralement préparée sur la base d'informations limitées disponibles en première phase, notamment sur la base du mémorandum d'information. Pour préparer son offre définitive, l'acquéreur potentiel peut en général s'appuyer sur des informations plus détaillées auxquelles il a accès dans le cadre de due diligences acheteur, de due diligences vendeur ou de présentation faite par les équipes de direction de la cible.

Les **résultats des due diligences** permettent de **mettre à jour l'évaluation préliminaire** de la cible ainsi que, le cas échéant, celle des synergies. A titre d'exemple, voici quelques éléments importants :

- **meilleure compréhension de l'activité** de la cible afin d'affiner l'échantillon de sociétés et/ou des transactions comparables retenues dans le cadre d'une approche de valorisation réalisée par comparaison avec des éléments de marché ;
- **analyse détaillée des résultats** historiques, courants et budgétés et revue approfondie de certains agrégats ou indicateurs de performance ;

  Ces analyses vont permettre d'appréhender la rentabilité de la cible et de pouvoir disposer de données ajustées qui pourront être utilisées pour affiner la valorisation de la cible. A titre d'exemple, la présentation d'un EBITDA normalisé permettra d'appliquer un multiple de valorisation sur un agrégat ajusté pertinent.

- **analyse détaillée du plan d'affaires** utilisé en cas d'évaluation par l'approche intrinsèque, c'est-à-dire reposant sur l'actualisation des cash flows futurs ;

  La meilleure appréhension des risques de l'activité permettra également de mettre à jour l'estimation du taux d'actualisation et/ou d'affiner les analyses de sensibilité sur le plan d'affaires préparées lors de la phase d'étude préliminaire.

- **analyse détaillée de la dette** nette afin de déterminer à partir de la valeur de l'entreprise, le prix des actions de la cible.

L'analyse de la valeur affecte évidemment la **négociation** du prix, mais aussi la manière dont le **prix est structuré,** ainsi que les **garanties demandées.** Ainsi, certains résultats de la due diligence n'auront peut-être pas d'impact sur le prix global, mais sur la manière dont ce prix est formulé. Par exemple, en cas de divergence significative entre acquéreur et cédant concernant le plan d'affaires, il peut être approprié de proposer un prix de base fixe mais limité, augmenté d'un complément de prix (« earn-out »), calculé en fonction des résultats futurs. De même, les conclusions de la due diligence peuvent conduire l'acheteur à négocier des clauses de garantie spécifiques pour se prémunir contre des risques de perte de valeur. Par exemple, dans le cas de l'identification d'un risque fiscal, juridique ou environnemental, le prix pourrait ne pas être affecté, mais l'acquéreur pourrait demander une garantie spécifique.

B. Comment choisir son financement ?

Dates et modalités du choix du financement

3425 ***Question***

Comment et à quel moment choisir le mode de financement d'une acquisition ?

Réponse Dès l'identification de la cible, le **mode de financement** de l'acquisition doit être envisagé, l'approche des acteurs du financement devant être réalisée le plus en amont possible. Cette approche doit permettre d'anticiper et de répondre au mieux aux questions des futurs partenaires financiers.

La **structuration du financement** est liée à la **nature de l'opération.**

Dans le cadre d'une **acquisition réalisée par une entreprise,** le paiement du prix de l'acquisition pourra être réalisé grâce à :
- un financement sur fonds propres ;
- un endettement bancaire classique ;
- un financement adossé aux actifs existants permettant de dégager de la trésorerie (affacturage, financement de stocks...) ;
- un financement plus structuré comprenant de la dette senior et de la dette mezzanine (dette subordonnée au remboursement de la dette bancaire dite « dette senior ») ;
- un financement par émission obligataire (lorsque les conditions de marché le permettent).

Dans le cadre d'un **LBO** (« Leverage Buy-Out »), l'investisseur financier apportera à la holding d'acquisition entre 30 et 50 % du prix d'achat, le plus souvent avec l'aide de co-investisseurs et de certains dirigeants de l'entreprise cible et complétera avec des emprunts d'origine bancaire ou souscrits par des entités spécialisées (fonds mezzanine). Ceux-ci seront remboursés par le versement de dividendes par la société rachetée.

En général, les banquiers prêteurs refinanceront les dettes de la société acquise pour garantir une communauté d'intérêts entre les banquiers de la cible et ceux de la holding. Les financements possibles sont les suivants :
- financement senior, financement mezzanine, crédit renouvelable, financement d'investissement ;

– financement d'actif, financement de créances et de stocks pour les besoins de l'exploitation, pour financer le développement (croissance externe et investissement).

Dans les deux cas cités ci-avant, le vendeur pourra éventuellement consentir à l'acheteur un crédit vendeur.

Attribution des financements

3430 *Question*

Quels sont les critères et le processus d'attribution des financements ?

Réponse Dans la majorité des cas, le **financement** est arrangé une fois que l'acheteur a présenté un **dossier d'emprunt** aux banques. Les banques réalisent une **analyse de crédit** détaillée qui est présentée à un comité de crédit. De nombreux critères sont étudiés par les organismes prêteurs, comme :
– l'analyse du marché, de la position de la cible et de ses perspectives au sein de ce marché ;
– la revue des éléments historiques et prévisionnels en termes d'opérations : analyse de la rentabilité, des marges, analyses prix/volume, besoin en fonds de roulement... ;
– la capacité de remboursement des prêts accordés à l'entreprise à partir d'un modèle financier détaillé permettant de préparer des projections selon divers scénarios (hypothèses du management, cas dégradés).
D'autres éléments pourront être demandés ou analysés au cas par cas.

Les **comités de crédit des organismes prêteurs** veillent à l'analyse approfondie des dossiers présentés, à une prise de risque mesurée et à une rentabilité compétitive par rapport aux autres produits financiers que leur établissement est en mesure de proposer. En effet, les banques procèdent à un arbitrage quant à leur utilisation du capital, notamment dans le cadre de la réglementation prudentielle (« Bâle II » et « Bâle III »).

Négociation des covenants

3435 *Question*

Qu'est-ce qu'un covenant et comment faut-il le négocier ?

Réponse Un **covenant** est un **engagement sur le respect de ratios** permettant de suivre les performances de la société cible et sa couverture des risques. Parmi les covenants les plus couramment rencontrés, on trouve par exemple le ratio Dette nette/EBITDA, le ratio de couverture des intérêts, ou le niveau d'investissement maximum. Les banques imposent généralement à la société des conditions de remboursement anticipé en cas de non-respect de ces ratios (« breach de covenant »).

Lors de la **négociation d'un covenant,** il est important d'obtenir une **marge de manœuvre** suffisante pour permettre à l'entreprise d'assurer sa gestion quotidienne. Cette marge de manœuvre doit également être suffisamment rassurante pour les banques qui doivent avoir le sentiment de pouvoir intervenir dès qu'une dégradation sensible de l'activité se fait ressentir.

Informations à fournir et règles à suivre

3440 ***Question***

Quelles sont les informations à fournir et les règles à suivre pendant la durée du crédit ?

Réponse Les banques prêteuses sont généralement satisfaites lorsque les **informations financières et de gestion** provenant de la cible (le « reporting ») sont **fiables, fréquentes et détaillées.** Ce **reporting** se compose habituellement des éléments suivants :

– un **ensemble d'informations mensuelles** comprenant divers indicateurs, comme le niveau de marges commerciales, le niveau de trésorerie, les écarts éventuels par rapport au budget annuel, le niveau de besoin en fonds de roulement (BFR) et d'investissement… ;

– les **comptes trimestriels** qui contiennent les mêmes informations que précédemment, complétées des ou de certaines positions bilancielles, ainsi que du carnet de commandes… ;

– les **comptes semestriels** et, en fin de période comptable, les **comptes annuels audités** ;

– l'organisation d'une **réunion annuelle** avec les banquiers prêteurs pour la présentation des résultats, du budget, des perspectives ;

– la tenue de **conférences téléphoniques** ponctuelles comportant une session de questions/réponses. Les banques seront très demandeuses de ce type de points téléphoniques, notamment en cas de dégradation de conjoncture.

Enfin, il est à noter que les banquiers seront particulièrement attentifs à la **situation de trésorerie** disponible et prévisionnelle.

Financement par émission obligataire

3443 ***Question***

Quelles sont les spécificités d'une émission obligataire ?

Réponse Le placement d'une émission obligataire, qu'il soit public ou privé, suit un processus plus long et rythmé que celui d'un financement « classique ». Il est important d'anticiper ce processus au moment du choix du financement à mettre en place.

Avec les accords dits « Bâle III », le régulateur a souhaité ouvrir le financement des entreprises aux marchés financiers. Lorsque les conditions de marché sont réunies, l'émission obligataire peut permettre un financement à des conditions avantageuses.

Du fait de son exposition à un marché plus ou moins organisé, ce type de financement exige de respecter un certain formalisme. Ainsi, avant même d'entamer la réflexion relative à la structuration, il est nécessaire d'engager une analyse préliminaire et une analyse du marché approfondie qui permettront de s'assurer de l'adéquation entre l'émission proposée et la demande du marché visé.

Outre la détermination de ses caractéristiques (nominal, maturité, coupon, conversion éventuelle, covenants…), une émission obligataire implique un travail important en termes de documentation juridique (document de souscription, prospectus…) mais aussi en matière commerciale et marketing (« road show » auprès des investisseurs, processus de notation…).

Il est important de noter que le nombre élevé d'intervenants suppose un effort de coordination afin de respecter le bon « séquençage » de l'opération.

Spécificités d'un financement hypothécaire

3445 ***Question***

Quelles sont les spécificités d'un financement hypothécaire ?

Réponse Le crédit hypothécaire est un prêt dont le remboursement est garanti par une hypothèque portant sur un bien immobilier. Dans l'éventualité où l'emprunteur ne peut faire face au remboursement de son crédit, la banque peut saisir et faire vendre le bien hypothéqué, et ce, même dans l'hypothèse où ce bien aurait été revendu à une autre personne.

L'hypothèque permet au débiteur d'utiliser ou de mettre en location le bien immobilier, voire de le revendre (en théorie, car dans la pratique une mainlevée de l'hypothèque est toujours demandée avant une vente), tout en offrant au créancier la possibilité de saisir le bien cautionné en cas d'impayé, quel que soit le propriétaire au jour de la saisie.

Le coût de l'hypothèque est relativement élevé. Sa constitution est assujettie à une taxe de publicité foncière à laquelle s'ajoutent la contribution de sécurité immobilière (ancien salaire du conservateur des hypothèques) et les émoluments du notaire. Au total, les frais d'hypothèque représentent environ 2 % du montant du prêt. La garantie prend date à compter de son inscription à la conservation des hypothèques et doit faire l'objet au préalable d'un acte notarié.

Avantages et contraintes d'un financement hypothécaire

3450 ***Question***

Quels sont les avantages et les contraintes d'un financement hypothécaire par rapport aux emprunts classiques ?

Réponse L'**hypothèque,** grâce à la garantie portée par l'actif, **facilite l'obtention d'un crédit** et permet de **réduire le risque** que représentent des emprunteurs avec une structure financière plus fragile.

Le financement hypothécaire étant lié de façon directe à la valeur de l'actif, toute fluctuation de valeur importante peut remettre en cause ses conditions et modalités d'application en termes de montant, de durée et de taux.

Evaluation de la valeur de l'actif

3455 ***Question***

Comment est évaluée la valeur de l'actif sur laquelle porte l'hypothèque ?

Réponse La **valeur hypothécaire** correspond à une évaluation qui doit être appréciée de façon conservatrice dans le but de céder à terme l'immeuble pour une valeur supérieure à la créance hypothécaire. Elle repose sur une notion de revenus stabilisés dans le temps.

Elle doit prendre en compte les éléments suivants :
- les caractéristiques et les éléments techniques tangibles de l'immeuble sur le long terme ;

- les conditions normales du marché local ;
- les conditions d'utilisation actuelles et les conditions alternatives d'utilisation ;
- un taux de rendement retenu, comparable à celui exigé par un propriétaire qui assurerait la gestion des biens immobiliers en bon père de famille.

En conséquence, cette valeur ne doit pas prendre en considération les éléments suivants :
- la personnalité, le savoir-faire, l'expérience du propriétaire actuel de l'immeuble ;
- l'usage éventuellement spécifique actuel de l'immeuble ; et
- les niveaux de prix constatés de façon instantanée.

La valeur hypothécaire d'un bien immobilier dérive de sa valeur de marché et s'avère en général inférieure.

C. Quels éléments prendre en compte pour réaliser la structuration de la transaction ?

Contraintes des entreprises

3470 ***Question***

Quelles sont les contraintes des entreprises en matière de structuration de la transaction ?

Réponse Pour une entreprise, la structuration de la transaction a pour objectif essentiel de regrouper juridiquement les sociétés acquises selon une logique industrielle ou commerciale, et par pays afin de permettre la consolidation des résultats fiscaux des sociétés du groupe acheteur et des sociétés acquises et l'optimisation du taux effectif d'imposition du groupe au niveau consolidé.

En termes de structuration, les entreprises utilisent de plus en plus fréquemment les outils traditionnels des fonds d'investissement afin de concrétiser les opportunités qu'offre une présence dans plusieurs pays. Elles doivent aussi prendre en compte les contraintes relatives à leur volonté d'intégration des entreprises acquises.

La mise en œuvre de ces mesures demande une communication et une coordination importantes entre l'entreprise et ses conseils nationaux et étrangers, afin que les schémas d'acquisition proposés intègrent la logique économique et commerciale de l'entreprise.

Un autre objectif peut être d'harmoniser la politique de prix de transfert entre le groupe acquéreur et les sociétés acquises, voire de modifier cette politique.

Contraintes des fonds d'investissement

3475 ***Question***

Quelles sont les contraintes des fonds d'investissement en matière de structuration de la transaction ?

Réponse Pour un **fonds d'investissement**, la logique de structuration de la transaction est différente et répond à plusieurs contraintes :

1. S'assurer de la compatibilité des modalités d'acquisition avec les contraintes réglementaires et fiscales du fonds et de ses investisseurs Ces contraintes varient en fonction de la forme du fonds et de l'origine de ses investisseurs. Un FCPR (fonds commun de placement à risques), véhicule typiquement utilisé par la plupart des fonds de « private equity » français, est, à titre d'exemple, soumis à des contraintes réglementaires et/ou fiscales en ce qui concerne le type d'investissement (en particulier, la proportion de son actif investi dans des sociétés hors de l'UE), ou encore le type d'instrument dans lequel ce dernier investit (il doit s'agir de titres de capital ou donnant accès au capital).

2. Optimiser le traitement fiscal des frais liés à l'acquisition et, en particulier, des coûts du financement de l'acquisition afin d'accroître le taux de rentabilité interne de l'investissement.

En pratique, cette contrainte conduit à mettre en place le plus rapidement possible une structure d'acquisition permettant de compenser fiscalement les charges générées par la dette et les frais d'acquisition avec les bénéfices imposables des sociétés opérationnelles acquises.

Cet objectif peut impliquer, lorsque le groupe acquis est présent dans plusieurs pays de concevoir des schémas dits de « debt push down », afin de placer la dette d'acquisition dans les pays disposant d'une base imposable importante (voir nº 3498).

La structure d'acquisition doit satisfaire aux contraintes imposées par la documentation bancaire, qui concernent en particulier les garanties demandées par les banques pour sécuriser leurs créances et l'identité des sociétés qui pourront tirer sur les lignes de crédit mises à disposition. Réciproquement, la documentation bancaire doit aussi prendre en compte les contraintes de la structure d'acquisition que le fonds d'investissement souhaite mettre en place. Tout écart entre les contraintes des emprunteurs et des banques est susceptible de donner lieu à une négociation qui se traduira par des aménagements de la documentation de financement. A titre d'exemple, les banques arrangeuses du financement peuvent souhaiter n'avoir qu'une seule entité emprunteuse pour faciliter la gestion des flux lié au financement, alors que l'acquéreur pourra pour diverses raisons souhaiter que la dette soit tirée par plusieurs véhicules (par exemple, par les entités endettées du groupe cible, afin de refinancer directement la dette à leur niveau).

De tels schémas doivent aussi permettre une circulation efficiente de la trésorerie afin de permettre le paiement des échéances bancaires (voir nº 4260).

3. S'assurer que la sortie de l'investissement pourra se faire dans des conditions optimales pour le fonds et/ou ses porteurs de parts ainsi que pour les différents investisseurs Dans certains schémas d'acquisition où plusieurs véhicules holdings peuvent être créés, le niveau de sortie peut avoir une influence juridique ou fiscale qu'il convient de prendre en compte dès le stade de la structuration de l'acquisition (voir nº 5425).

Définition de la structuration

3480 ***Question***

En quoi consiste la structuration de la transaction ?

Réponse La structuration de la transaction consiste à concevoir une **structure juridique et fiscale adéquate** qui répond aux principales contraintes des acquéreurs (voir nº 3470 et 3475).

La structuration a, d'une façon générale, pour but d'organiser les différentes étapes suivantes :
- étapes préparatoires de la transaction ;
- choix du pays de localisation de la ou des holdings d'acquisition ;
- mise en place de groupes d'intégration fiscale ;
- réorganisations juridiques post-acquisition ;
- modalités du remboursement de la dette d'acquisition ;
- anticipation des scénarios de revente ultérieure des sociétés acquises.

Il s'agit également d'identifier les instruments juridiques qui permettent de réduire les coûts fiscaux de la transaction et d'optimiser le besoin en fonds de roulement fiscal post-acquisition (gestion des retenues à la source sur les intérêts et les dividendes, gestion des acomptes d'impôt sur les sociétés à acquitter dans les premiers mois suivant la prise de contrôle, récupération de la TVA sur les frais d'acquisition).

La structuration d'acquisition organise également les modalités d'investissement des différents acteurs de la transaction, que ce soit l'acquéreur, le management des sociétés acquises ou encore les prêteurs.

Mémorandum de structure

3485 ***Question***

A quoi sert le mémorandum de structure ?

Réponse Il s'agit du document qui **synthétise** toutes les **étapes de la transaction** et qui décrit toutes les conséquences et coûts fiscaux liés à la mise en place et au fonctionnement de la structure. Le **mémorandum de structure** peut également intégrer une **simulation chiffrée** de l'impact des différentes **options de structuration** de la transaction sur les comptes des sociétés d'acquisition et des sociétés acquises.

Les investisseurs s'engagent à respecter lors de la mise en place de la structure d'acquisition le mémorandum de structure, qui est attaché à la documentation bancaire et dont la forme, jugée satisfaisante par les conseils des prêteurs, conditionne la mise à disposition des fonds. Ce document engage la responsabilité de ses auteurs aussi bien à l'égard des investisseurs en capital que vis-à-vis des prêteurs.

La documentation de financement doit par ailleurs tenir compte et être en cohérence avec les différentes actions envisagées dans le mémorandum de structure. A titre d'exemple, la documentation de financement doit autoriser les réorganisations post-acquisition dont l'absence d'impact fiscal négatif est confirmée dans le mémorandum de structure au terme d'une analyse jugée satisfaisante par les conseils des prêteurs.

3487 ***Question***

En quoi les règles comptables impactent-elles la structuration des opérations ?

Réponse Les règles comptables sont susceptibles d'influer la structuration d'une acquisition selon plusieurs angles.

D'une part, dans certains cas, la structuration des opérations requiert des réorganisations préalables (filialisation d'une activité préalablement à sa cession, fusion, etc.) ou postérieure à l'acquisition. Ces opérations nécessitent souvent un traité d'apport dans lequel **l'évaluation des actifs et passifs transférés** est soumise à des **règles comptables** (PCG art. 710-1 à 770-2 ; voir Annexe 2 nº 13640). Or, ces règles peuvent avoir une incidence sur le profil du groupe en modifiant la base d'amortissement de certains actifs, en réduisant ou au contraire augmentant les capacités de distribution et donc de circulation de la trésorerie au sein du groupe. Ainsi, les apports partiels d'actif au sein d'un groupe sont en général réalisés à la valeur nette comptable (donc sans réévaluation des actifs). Toutefois, les actifs peuvent être réévalués si un objectif de cession peut être matérialisé ou si l'apport est en partie rémunéré en cash. Maîtriser les règles comptables en matière d'apport présente donc un réel enjeu.

D'autre part, le **traitement fiscal** d'un certain nombre d'éléments du résultat est souvent entièrement dépendant de la définition qui en est retenue au plan comptable. Il en est par exemple ainsi des frais d'émission d'emprunt ou des frais d'acquisition de titres, dont la définition au plan fiscal suit généralement leur définition comptable (même si le traitement fiscal des frais d'acquisition diffère de leur traitement comptable).

Par ailleurs, certaines options fiscales sont aussi des options comptables, en ce sens qu'elles doivent être reflétées telles quelles dans la comptabilité des sociétés concernées pour pouvoir traduire leurs effets lors de la détermination du résultat fiscal. C'est par exemple le cas de la décision consistant à étaler la déduction des frais d'émission d'emprunt.

Enfin, certains choix comptables sont susceptibles de générer des effets induits au plan fiscal.

Il s'ensuit qu'un mémorandum de structure doit obligatoirement prendre en compte ces règles et anticiper les contraintes ou les opportunités qu'elles peuvent générer, mais aussi qu'un suivi rigoureux post-acquisition des options comptables et des modalités exactes de réalisation des réorganisations doit être réalisé.

Tax model

3490 ***Question***

A quoi sert le modèle fiscal (ou « tax model ») ?

Réponse Le **modèle fiscal** sert essentiellement à estimer l'impôt sur les sociétés et à préciser le calendrier des décaissements.

Cette estimation tient compte de la structure financière et fiscale qui sera retenue pour l'acquisition.

Le modèle fiscal vise à estimer l'impact des limitations à la déduction fiscale des charges financières sur les différentes tranches de la dette d'acquisition, puisqu'elles sont susceptibles d'être soumises à des limitations générales ou spécifiques en fonction de leur nature (voir nº 3498). Ainsi, les financements accordés par les associés en plus de leurs apports en capitaux propres pourront être soumis, en plus des limitations générales, aux limitations particulières applicables aux financements accordés par les actionnaires. Le modèle fiscal permet donc de déterminer si, sur la base des différentes hypothèses de « business plan », certains ratios d'endettement auxquels la déductibilité des intérêts de certaines tranches de dette est subordonnée pourront bien être respectés, grâce à un maintien des capitaux propres des sociétés emprunteuses à un niveau adéquat.

Le modèle fiscal tient également compte des frottements fiscaux susceptibles d'intervenir dans le cadre du service de la dette.

Enfin, ce modèle présente une double utilité : il permet de déterminer le taux de rentabilité interne (TRI) de l'investissement pour le fonds acquéreur, mais également de déterminer les futurs décaissements d'impôt pour la fixation des covenants de la documentation de financement.

Tableau des flux financiers

3495 ***Question***

A quoi sert le tableau des flux financiers (ou « funds flow statement ») ?

Réponse Le **tableau des flux financiers** a pour objet de tracer l'ensemble des **flux découlant** de la mise en place de la **structure d'acquisition.** Il permet ainsi de déterminer l'origine des fonds (apports en fonds propres des investisseurs, prêts bancaires) et de préciser leur utilisation.

C'est sur la base de ce document qu'est effectuée l'intégralité des virements intervenant au « closing ». Ce document constitue une annexe à la documentation de financement.

Déductibilité des intérêts de la dette d'acquisition

3498 ***Question***

Quelles précautions prendre pour s'assurer de la déductibilité fiscale des charges d'intérêts sur la dette d'acquisition ?

Réponse L'une des composantes essentielles de l'optimisation fiscale d'une transaction réside dans la capacité à **compenser les intérêts de la dette d'acquisition** avec le résultat fiscal de l'acquéreur si ce dernier est une entreprise, ou avec le résultat de la société cible si l'acquéreur est un fonds d'investissement.

Cela suppose de mettre en place, aussi vite que possible après l'acquisition, une consolidation fiscale entre la société qui porte la dette d'acquisition et celle dont les titres ont été acquis.

La mise en place de cette consolidation fiscale est généralement réalisée par la création d'un groupe fiscal. La fusion rapide entre la société d'acquisition et la société acquise peut être contestée fiscalement par l'administration, sauf si elle permet le démantèlement d'une structure d'acquisition préexistante (cas des LBO secondaires) et satisfait aux conditions posées par l'administration fiscale (BOI-IS-FUS-10-40).

Les restrictions concernant la **déductibilité des charges financières** portent sur :
– la limitation de déduction des **charges financières nettes** qui est en principe fixée au plus élevé des montants entre 3 millions d'euros et 30 % du **résultat fiscal retraité (Ebitda fiscal).** Ces limites sont appréciées au niveau du groupe pour les sociétés fiscalement intégrées. En complément, les sociétés membres d'un groupe consolidé peuvent déduire, sous certaines conditions, 75 % des sommes non déduites en application de la première limitation. Les entreprises autonomes peuvent également pratiquer une déduction supplémentaire égale à 75 % des sommes non déduites en application de la limitation générale. Les sociétés sous-capitalisées ne peuvent pas bénéficier de cette faculté de

déduction complémentaire et se voient appliquer une limitation de la déduction de leurs charges financières nettes plus restrictive (pour plus de détails sur ce régime, voir Mémento Fiscal nº 35830 s.) ;
- la limitation de déduction des charges financières comptabilisées par les sociétés membres d'un groupe fiscal, si une **société intégrée** a été **acquise directement ou indirectement auprès de personnes qui contrôlent directement ou indirectement la société cessionnaire.** Ce dispositif complexe, visant à éviter les acquisitions « à soi-même » faites dans le but de déduire des charges financières de profits opérationnels, doit donner lieu à une analyse précise des relations entre investisseurs lorsque certains détenaient une participation dans la cible ;
- les règles de **limitation de taux** qui sont susceptibles de s'appliquer à la tranche de dette souscrite par les investisseurs. Elles limitent, en fonction du degré d'influence des investisseurs, la déduction des intérêts afférents à ces emprunts à un taux de référence, ou bien permettent une déduction à un taux supérieur si l'emprunteur établit qu'il s'agit d'un « taux de marché » (pour plus de détails sur ce régime, voir Mémento Fiscal nº 35827) ;
- les **mesures anti-abus** relatives aux dispositifs hybrides. Des règles particulières visent à neutraliser les effets fiscaux asymétriques (déduction d'une charge des résultats imposables dans un Etat, non-inclusion du produit dans les résultats d'un autre Etat ou double déduction) résultant de la différence entre la législation française et la législation d'autres Etats quant à la qualification de certains instruments financiers et/ou entités ou bien en matière d'attribution des paiements. Seuls sont concernés par ces mesures les effets d'asymétrie constatés dans les relations entre entreprises associées. Pour plus de détails, voir Mémento Fiscal nº 35815.

La superposition de ces règles rend indispensable l'estimation et l'anticipation de leur impact financier, notamment grâce à l'utilisation de modèles fiscaux (voir nº 3490).

Goodwill et fiscalité

3500 ***Question***

Le goodwill d'acquisition peut-il être amorti fiscalement ?

Réponse La réponse à cette question dépend de la nature des actifs acquis et de l'Etat dans lequel ces actifs sont situés. Si ce goodwill est affecté à un actif amortissable isolé, tel qu'un process, une technologie, une recette ou une collection, il peut dans la plupart des Etats être déprécié dans le temps et donc être amorti fiscalement. Il est bien entendu nécessaire d'affecter le prix d'acquisition à l'actif devant être déprécié.

Pour les acquisitions de sociétés, le goodwill est d'une façon générale non amortissable, sauf dans certains Etats comme les Etats-Unis ou Israël.

En France, le goodwill d'acquisition n'est fiscalement pas amortissable. Toutefois, les amortissements comptabilisés à raison des fonds commerciaux acquis entre le 1er janvier 2022 et le 31 décembre 2025 sont déductibles fiscalement sous certaines conditions (voir Mémento Comptable nº 31990).

Sur l'impact sur les comptes sociaux de l'évaluation des actifs et passifs acquis dans les actes, voir nº 3522.

D. Comment conduire les négociations et rédiger un contrat d'acquisition ?

Participants et sujets à négocier

3515 ***Question***

Qui participe aux négociations et quels sont les sujets à négocier ?

Réponse Les différents acteurs d'une **négociation de contrat d'acquisition** sont le **vendeur,** l'**acquéreur,** leurs **conseils financiers** respectifs ainsi que leurs **avocats.** L'acheteur s'appuie également sur tous les conseils ayant été impliqués dans la due diligence.

Les principaux sujets discutés sont, outre le prix, les modalités de paiement (échéancier, complément de prix, crédit vendeur), les garanties données par le vendeur (garantie d'actif et de passif, indemnités spécifiques), et le cas échéant les conditions suspensives à la réalisation de la transaction (notamment, l'obtention d'un financement, d'une autorisation administrative, etc.).

Dans la négociation des garanties, l'acheteur cherchera à se protéger contre des mauvaises surprises futures quand il aura pris le contrôle de la cible (passifs latents ou non révélés au jour de la réalisation de l'opération ; consistance des actifs...), alors que le vendeur cherchera à limiter au maximum sa responsabilité future, dans sa durée et dans son montant.

Risques associés

3520 ***Question***

Quels sont les principaux risques associés à une négociation ?

Réponse Le principal **risque** lors d'une négociation est d'**atteindre le point de rupture** en allant trop loin dans la négociation avec l'autre partie. Afin d'éviter cette situation, il est vital pour les deux parties en présence d'avoir une idée aussi précise que possible des « deal breakers » de sa contrepartie.

Les conseils des parties pourront dans ce contexte contribuer à apaiser le climat et évaluer au mieux la position adverse. Ils pourront également mettre à contribution leurs expériences de ce type de situation pour tenter de débloquer, au mieux de l'intérêt de leur mandant, les éventuelles impasses de négociation.

Evaluation des actifs et passifs acquis dans les actes

3522 ***Question***

Quel est l'intérêt d'anticiper l'impact sur les comptes sociaux de l'évaluation des actifs et passifs acquis dans les actes ?

Réponse Parmi les enjeux d'une acquisition, figurent notamment la possibilité (i) d'en déduire fiscalement son coût et (ii) de distribuer rapidement des dividendes.

1. Un des moyens de **déduire fiscalement une acquisition** est de s'assurer de l'amortissement des actifs acquis. Mais cet amortissement doit être anticipé dès le départ de l'opération afin :
- d'identifier d'éventuels actifs amortissables en dehors du coût d'acquisition des titres (par exemple des droits d'entrée dans un contrat conclu de manière concomitante avec le cédant) ;
- de distinguer, dans le traité d'apport ou dans l'acte de cession, l'ensemble des actifs et passifs. En effet, contrairement aux comptes consolidés où les actifs et passifs sont comptabilisés à partir d'une évaluation (PPA – « Purchase Price Allocation », voir nº 3710) réalisée après l'acquisition, leur comptabilisation dans les comptes sociaux dépend des valeurs inscrites dans les actes. Sans cette identification préalable, les actifs ne pourront pas être comptabilisés dans les comptes sociaux interdisant en conséquence tout amortissement. Et comme pour un PPA en IFRS, il est également indispensable de chiffrer l'ensemble des passifs (notamment, des passifs sociaux, y compris les indemnités de départ à la retraite) dans l'acte, afin que les actifs acquis en contrepartie soient correctement évalués. A défaut, et conformément à la doctrine CNCC en la matière, les passifs risqueraient de devoir être comptabilisés en contrepartie d'un fonds commercial non amortissable fiscalement (voir nº 3500) ;
- de rechercher parmi les incorporels les éléments qui seraient susceptibles d'être amortissables. Par exemple, un portefeuille de contrats à durée définie distinct du fonds commercial peut justifier son amortissement (voir Mémento Comptable nº 32030).

2. De la même façon, un objectif de remontée rapide de dividende oblige à anticiper l'impact sur le compte de résultat social des actifs et passifs acquis dès la préparation de l'acquisition.

Dans certains cas, l'acquéreur a même intérêt à anticiper ces impacts avant l'acte de cession. Ainsi, en cas d'acquisition structurée en un apport-cession (filialisation de l'activité suivie d'une cession des titres), l'acquéreur doit anticiper l'identification des actifs dès la filialisation chez le vendeur.

Avant-contrats

3525 ***Question***

Quelles sont l'utilité et la portée juridique des avant-contrats (engagement de confidentialité, accords d'exclusivité, lettres d'offre, lettres d'intention, protocole d'accord « Memorandum of Understanding »/MOU ou bien « term sheet ») ?

Réponse La signature ou l'absence de signature d'avant-contrats varie sensiblement, selon que le processus d'acquisition est un **processus d'enchères** (« open bid ») ou un **processus de gré à gré** (voir nº 1310).

Les **accords de confidentialité** doivent être signés dès que des négociations sont initiées, afin de protéger en particulier la confidentialité des informations transmises par la cible et son actionnaire et l'existence même de discussions portant sur la vente de la société/du groupe cible. Cet accord revêt une importance particulière dans la mesure où le vendeur est soumis à un devoir général d'information, et doit ainsi transmettre toute information déterminante pour le consentement de l'acheteur. La rétention d'une telle information peut engager la responsabilité du vendeur, voire conduire à la nullité du contrat de vente.

Les **lettres d'intention, lettres d'offre** ou les **protocoles d'accord** ont pour objectif de formaliser un accord de principe sur tout ou partie des éléments structurant de la négociation, avant finalisation du contrat d'acquisition.

La portée et le caractère liant de ces documents dépendent toutefois de leur contenu. Ainsi, un effet obligatoire est conféré à ces documents dès lors qu'ils consignent un accord précis des parties sur l'objet de la vente et le prix. Il convient également de veiller au bon déroulement des négociations qui, si elles sont rompues de manière brutale et/ou abusive, peuvent donner lieu au paiement de dommages-intérêts (voir n° 2420).

Signature et réalisation de l'opération

3530 ***Question***

Comment se matérialise le contrat d'acquisition et pourquoi distingue-t-on la plupart du temps la signature (« signing ») de la réalisation de l'opération (« closing ») ?

Réponse Le contrat d'acquisition présente des caractéristiques différentes selon que la transaction porte sur une **acquisition de titres de sociétés (« share deal »)** ou une **acquisition d'actifs (« asset deal »)**. Selon la nature et la localisation de ces titres ou de ces actifs, un certain formalisme peut être requis.

Le **contrat d'acquisition de titres** peut porter sur des titres existants acquis auprès d'un actionnaire ou associé, ou, dans certain cas, sur des titres à émettre par la société cible.

Lorsque la transaction porte sur les titres de sociétés établies dans certains pays (ex : Allemagne, Pays-Bas, Espagne, Italie...), la transaction peut requérir l'intervention d'un notaire local ou le respect d'un formalisme local particulier. Pour cette raison et dans le cadre d'acquisitions de groupes multinationaux, lorsque la transaction porte sur les titres de différentes filiales et non sur les titres de la société holding de tête, il est généralement établi un contrat d'acquisition-cadre incluant les déclarations garanties et des actes réitératifs locaux pour les besoins des formalités locales.

Lorsque l'**acquisition porte sur des actifs** pouvant être assimilés à un « fonds de commerce » en France, le contrat fait l'objet d'une publicité spécifique destinée à purger les droits des créanciers du fonds. Un formalisme particulier peut également être nécessaire dans certains pays. De même, les contrats portant en tout ou partie sur des immeubles requièrent également l'intervention d'un notaire et la réalisation de certaines formalités foncières.

Lorsque le contrat d'acquisition est soumis à des conditions suspensives ou des formalités « pré-closing » comme l'autorisation des autorités de concurrence, les autorisations pour investissements étrangers, l'obtention d'un financement, la purge d'un droit de préemption prévu par la loi ou la finalisation d'opérations de détourage, le transfert de propriété ne s'opère qu'après constatation de la réalisation de ces conditions.

Dans ce cas, on distingue la signature du contrat du transfert effectif de propriété. Le contrat organise alors spécifiquement la période comprise entre sa signature et le transfert de propriété : obligation de gestion « raisonnable » de la cible par le vendeur, opérations réalisées soumises à l'autorisation préalable de l'acquéreur.

A la date du transfert seront signés les actes requis pour opérer juridiquement le transfert de propriété. Par exemple, en France, pour les sociétés par actions, il s'agira de la signature des ordres de mouvements et formulaires fiscaux y afférents, ainsi que de l'inscription sur les comptes d'actionnaires.

Natures de garanties

3535 ***Question***

Quelles sont les différentes natures de garanties susceptibles d'être intégrées dans un contrat d'acquisition ?

Réponse Le **contrat d'acquisition** comprend un certain nombre de **déclarations faites par le vendeur** sur les titres cédés et les actifs et/ou passifs du groupe cible au jour du transfert de propriété, notamment sur la propriété des titres, le périmètre du groupe et sa situation in bonis, les comptes sociaux, la comptabilité, la situation sociale et fiscale, les salariés, le respect des réglementations, les contrats significatifs, l'immobilier, la propriété intellectuelle, les litiges, la gestion raisonnable depuis la date des derniers comptes clos, et parfois un niveau d'actif net au jour du transfert.

Le contrat peut prévoir que les documents et informations communiqués lors des due diligences (ou tout ou partie d'entre eux) font partie intégrante des déclarations, qu'ils complètent ou limitent. Ces documents et informations sont alors généralement annexés au contrat d'acquisition.

Le vendeur garantit l'exactitude de ces déclarations, généralement au jour du transfert de propriété. S'il s'avère par la suite qu'une déclaration était en réalité inexacte, le vendeur sera alors tenu de verser une indemnité, parfois traitée comme une réduction de prix, à hauteur d'un montant correspondant schématiquement au différentiel entre la situation déclarée et ce qu'était la situation réelle.

Cette garantie est en principe limitée (plafond global correspondant à x % du prix de vente, durée, déduction des impacts fiscaux favorables ou des indemnités d'assurance...). Selon le choix des parties, elle se substitue ou non aux garanties légales, qui sont généralement plus limitées mais qui, a contrario, incluent la possibilité de demander l'annulation de la vente.

Des **garanties spécifiques** peuvent être négociées lorsque des risques importants ont été identifiés lors de la phase de due diligences (environnement, litige, risques fiscaux, etc.). Elles n'entrent alors pas dans le mécanisme général de garantie (notamment plafond, durée...) et peuvent parfois prendre la forme de prise en charge directe des coûts, voire de mesures correctives conduites directement par le vendeur, par exemple pour des travaux de dépollution.

La négociation des clauses de garantie devrait couvrir, dans les engagements ou déclarations du cédant, l'ensemble des obligations liées à la tenue d'une comptabilité informatisée conforme (documentation, conservation des données, restitution). En l'absence de garantie de passif, la récupération de l'intégralité des systèmes de la société cible avec l'antériorité est indispensable. Il peut également être utile d'obtenir des garanties spécifiques pour maintenir l'accès pour la ou les sociétés cibles aux différents éléments ou composantes du système informatique du vendeur notamment dans les cas de système « propriétaire » ou d'applications « propriétaires ». L'objectif est d'assurer le maintien de la conformité du système informatique de la société cible (documentation, conservation des données et traitements, capacité de restitution) de manière aussi bien rétrospective que prospective, permettant à la cible de conserver le système existant ou de migrer vers un autre système informatique dans un laps de temps déterminé.

Prise en compte des conclusions des due diligences

3540 ***Question***

Comment intégrer les conclusions des due diligences dans la rédaction du contrat d'acquisition ?

Réponse Les conclusions d'une due diligence peuvent affecter la rédaction d'un contrat d'acquisition de plusieurs manières :
- si les due diligences ont mis en évidence des problématiques devant être nécessairement gérées par le vendeur avant le transfert de propriété, celles-ci se traduiront par la stipulation de conditions suspensives ou d'engagement « pré-closing ». Par exemple, il pourra s'agir de l'obtention du consentement à la réalisation de l'opération par un cocontractant stratégique bénéficiant contractuellement d'une clause de changement de contrôle, de la régularisation de formalités ou de situations de non-conformité juridiques, fiscales, sociales ou réglementaires lorsque cela est possible, d'une réorganisation juridique préalable en cas de « calibrage » du périmètre de cession, etc. ;
- des déclarations et garanties spécifiques devront être stipulées lorsque des risques importants ont été précisément identifiés lors de la phase de due diligence ;
- des mécanismes d'ajustement de prix pourront également être prévus afin, par exemple, de tenir compte de l'évolution de certains agrégats (dette nette, besoin en fonds de roulement normatif etc.) entre le « signing » et le « closing ». Ce type de mécanisme trouve notamment à s'appliquer lorsque le prix d'acquisition doit en partie refléter des comptes estimés ou non encore arrêtés et/ou certifiés au « signing ».

Garantie de la garantie

3545 ***Question***

Quelles sont les différentes possibilités de garantir la garantie ?

Réponse Différents **types de garanties** sont envisageables, notamment :
- le séquestre d'une fraction du prix de cession généralement auprès d'une banque, d'un notaire ou d'un avocat ;
- la compensation avec un paiement différé du prix de cession ;
- la mise en place d'une garantie bancaire (à première demande ou d'une caution) ;
- la prise de sûreté (nantissement, hypothèque) portant sur certains actifs du vendeur ;
- une garantie personnelle donnée par l'actionnaire majoritaire du vendeur, éventuellement contre-garantie par un nantissement sur un actif de ce dernier ;
- une garantie consentie par une société d'assurance.

Rapprochement du vendeur et de l'acheteur

3550 ***Question***

Quelles sont les pistes pour rapprocher vendeur et acheteur ?

Réponse Afin de permettre aux acheteurs et vendeurs de conclure la transaction, il est essentiel de comprendre précisément quels sont les objectifs des différentes parties.

Lorsqu'un écart existe sur le niveau de prix, il est parfois souhaitable d'avoir recours à des **formules de prix** permettant de rapprocher les positions, en maintenant une possibilité de gain futur pour le vendeur, tout en permettant à l'acheteur de réduire le risque de surpayer la cible.

Lorsqu'il s'agit de difficultés de financement de l'acquisition par l'acheteur, des montages incluant la mise en place d'un **crédit vendeur** sont envisageables.

Ces mécanismes, nommés « **complément de prix** » (ou « **earn out** ») permettent de fixer un complément de prix variable en fonction de la performance réelle future de l'entreprise.

En pratique, les pistes pour rapprocher vendeurs et acheteurs sont nombreuses et le choix est étroitement dépendant de l'identification des vrais points de friction.

Rédaction des clauses relatives au prix

3555 ***Question***

Quelles précautions prendre dans le contrat d'acquisition pour la rédaction des clauses relatives au prix et notamment les clauses d'ajustement ou de complément de prix (« earn out ») ?

Réponse Un **délai** étant souvent observé **entre la signature du contrat d'acquisition et le transfert de propriété** (voir n° 3530), la définition du prix dans le contrat d'acquisition est souvent décomposée en deux parties : un prix estimé selon les éléments financiers disponibles à la date de signature du contrat et un ajustement de prix, reposant sur la situation financière de la société acquise à la date du transfert.

Lorsque les vendeurs continuent à jouer un rôle opérationnel actif au sein de la cible, il peut être opportun de faire varier le prix de cession selon les performances futures de la société cible, par le biais de clauses dites de complément de prix (ou « earn out ») (voir n° 3550). Ce type de clause consiste à prévoir un complément de prix conditionné à l'atteinte par la cible d'un certain objectif, que celui-ci soit opérationnel, financier, commercial.

Le **mécanisme d'ajustement et/ou de complément de prix** doit être décrit de manière extrêmement claire et précise dans le contrat d'acquisition, de sorte que ce prix soit déterminable avec les seules stipulations du contrat d'acquisition (voir n° 3556).

3556 ***Question***

A quels éléments faut-il être attentif pour la rédaction des clauses relatives au prix et notamment les clauses d'ajustement ou de complément de prix (« earn out ») ?

Réponse Le **mécanisme d'ajustement et/ou de complément de prix décrit dans le SPA** (« share purchase agreement », voir n° 1310) **doit préciser les éléments suivants** :

- les **livrables** à transmettre : il s'agit le plus souvent du calcul de l'« earn-out » ou de l'ajustement de prix et les états financiers sur la base desquels le calcul a été effectué. Afin d'éviter les malentendus, le contrat d'acquisition cession peut inclure des modèles de livrables ;
- le **rôle** de chacune des parties : une partie préparera les livrables tandis que l'autre les reverra ;
- les définitions des **agrégats comptables, financiers et opérationnels** utilisés ;
- les **principes comptables** à appliquer pour établir les états financiers et/ou déterminer les agrégats utilisés pour le calcul de l'ajustement de prix ou de l'« earn-out » ;

– les **conditions d'accès** aux informations financières, comptables et opérationnelles nécessaires pour préparer les livrables relatifs à l'ajustement de prix ou à l'« earn-out ». La cible, propriété de l'acquéreur depuis le « closing », est généralement détentrice de ces informations. Toutefois, le vendeur peut être chargé de la gestion des informations financières et comptables de la cible durant une période de transition (voir « TSA, transitional services agreement », nº 3600), dans le cadre d'un « carve-out » ;
– les **délais à respecter** lors de la procédure d'ajustement de prix ou d'« earn-out » ;
– un **mécanisme de résolution des litiges**. Le contrat doit par ailleurs prévoir la procédure à suivre en cas de désaccord des parties sur le montant de l'ajustement de prix et/ou de complément de prix. Ce type de clause prévoit généralement en cas de désaccord persistant, le recours à un expert indépendant.

A ce titre, il est préférable de préciser que l'expert agira conformément aux dispositions de l'article 1592 du Code civil (et non à celles de l'article 1843-4) de telle manière que le mode de détermination de l'ajustement de prix ou de complément de prix défini par le contrat d'acquisition s'impose au tiers expert, celui-ci agissant uniquement en tant que mandataire des parties. Il conviendrait également de prévoir les cas où les parties ne parviendraient pas à un accord pour désigner un expert, ou si ce dernier refuse la mission qui lui est confiée, ou encore en cas d'interruption de cette mission.

Mécanisme de « locked box »

3560 ***Question***

Quels sont les avantages et inconvénients du mécanisme dit de « locked box » pour l'acheteur ?

Réponse Le **contrat d'acquisition** peut prévoir un **prix fixe** défini préalablement à la signature. Il s'agit du mécanisme dit de **« locked box »,** dans lequel le prix final est établi à la signature de la transaction, généralement sur la base d'un bilan fiable, audité ou non, à une date antérieure à la signature du contrat d'acquisition. Dans ce cas, aucun ajustement du prix ne sera prévu dans le contrat d'acquisition.

Le prix des titres reposera sur la valeur d'entreprise corrigée de la dette nette et du besoin en fonds de roulement, tels que mesurés dans le bilan de la cible de référence préalablement à la signature des accords.

Ce mécanisme facilite la comparaison des offres dans le cadre de processus d'enchères et permet notamment au vendeur de connaître et recevoir dès le « closing » 100 % du prix fixé pour la transaction, et d'éviter la procédure de revue des comptes de « closing » et d'ajustement de prix, ainsi qu'un litige potentiel sur ledit ajustement.

De son côté, l'acheteur supporte le risque opérationnel (notamment, la détérioration éventuelle du niveau d'activité) et prend le risque que la situation financière de la cible évolue entre la date du bilan sur lequel repose le calcul du prix et la date de réalisation de la transaction. Afin de se couvrir contre le risque de déperdition de valeur (« leakage »), l'acheteur pourra notamment :
– baser le prix de cession sur un bilan le plus récent possible et mener des due diligences approfondies sur ce bilan ;
– intégrer dans le contrat une clause spécifiant qu'aucune perte de valeur n'est survenue entre la date du bilan de référence et le « closing », à l'exception de certains éléments expressément autorisés. L'acheteur souhaitera notamment s'assurer que les affaires de la cible ont été gérées de manière raisonnable par le vendeur jusqu'au « closing »,

qu'aucune distribution de dividendes n'a été réalisée ou décidée, qu'aucune transaction n'a été effectuée autrement qu'à des conditions normales de marché, que les frais liés à la transaction n'ont pas été payés par la cible, etc. ;
- intégrer une clause d'indemnisation pour toute déperdition de valeur non prévue ;
- intégrer une clause de garantie portant sur l'exactitude du bilan de référence.

Il est plus difficile de mettre en place un tel mécanisme, notamment lorsque :
- un « carve-out » doit être effectué avant le « closing » de la transaction ;
- la cible appartient à un groupe, car le risque de déperdition de valeur est plus élevé compte tenu notamment des opérations intragroupes ou des méthodes d'allocation de coûts pratiquées au sein du groupe ;
- la performance varie de manière significative ;
- la cible est en phase de forte croissance et son bilan peut à ce titre évoluer rapidement.

Impact de la norme IFRS 3, Regroupements d'entreprises, sur les clauses contractuelles

3565 ***Question***

En quoi la norme IFRS 3, Regroupements d'entreprises, oblige-t-elle les entreprises à adapter leurs clauses contractuelles ?

Réponse

1. Les clauses de compléments de prix

Remarque Avant d'analyser le traitement des compléments de prix, il convient de déterminer au préalable si le paiement complémentaire constitue la rémunération de services rendus ou un complément de prix. Sur la manière d'effectuer cette analyse, voir no 22260.

La valeur de l'activité acquise ou de certains de ses actifs importants peut être incertaine à la date d'acquisition. Ainsi, les clauses de complément de prix sont souvent fondées sur les bénéfices postérieurs à l'acquisition (croissance du chiffre d'affaires ou du résultat opérationnel) ou sur la réussite future d'un projet important et incertain en date d'acquisition.

Selon la norme IFRS 3, la **juste valeur des compléments de prix** est **obligatoirement évaluée à la date de prise de contrôle,** reflétant leur probabilité de survenance. Tout changement ultérieur d'estimation de cette juste valeur ne pourra en aucun cas être constaté en goodwill (sauf s'il est lié à des circonstances qui existaient à la date d'acquisition et qui sont connues pendant la période d'évaluation de 12 mois) :
- si le complément de prix est payé par de la trésorerie ou par un nombre variable d'actions, les changements d'estimations de la juste valeur seront à constater en résultat, comme tous les passifs financiers ;
- en revanche, si la clause de complément de prix est financée par un instrument de capitaux propres et prévoit la remise d'un nombre fixe d'actions au vendeur quelle que soit la valeur de l'action, il n'y aura pas d'ajustements ultérieurs en résultat.

En pratique, les clauses d'ajustement de prix sont très fréquemment payées par de la trésorerie. Ainsi, la comptabilisation des variations de juste valeur des clauses de compléments de prix en résultat introduit de la **volatilité sur les résultats** des exercices postérieurs à l'acquisition.

Afin de limiter la volatilité des résultats futurs, plusieurs approches sont à considérer :
- **renforcer les due diligences et supprimer les clauses d'ajustement** de prix en figeant le prix d'acquisition dès la prise de contrôle (mécanisme de « locked box », voir no 3560) ou réduire leur durée ;
- **payer les compléments de prix en instruments de capitaux propres,** en prévoyant la remise d'un nombre fixe d'actions au vendeur si les objectifs de croissance sont satisfaits ;
- faire appel à des **spécialistes du secteur** et utiliser des références comparables pour **évaluer au mieux la juste valeur des compléments de prix.**

2. **Les clauses de garantie de passif** Selon la norme IFRS 3, la **promesse de remboursement faite par le vendeur** à l'acquéreur au titre d'éventuels passifs fait l'objet de la **comptabilisation d'une créance à l'actif,** dans le bilan de l'acquéreur. Cet actif doit être évalué en fonction des dispositions du contrat et limité au passif qu'il couvre. Ainsi, tout changement d'estimation ultérieur à l'acquisition sera constaté à l'actif et au passif, neutralisant tout impact au compte de résultat, au niveau consolidé.

Pour bénéficier de cette méthode de comptabilisation, il convient d'inclure une clause de remboursement pour chaque risque garanti. A défaut d'identification précise du risque garanti, la garantie de passif devrait aboutir à une dissymétrie de traitement comptable, avec la comptabilisation du passif dans le bilan de la cible sans comptabilisation d'une créance à l'actif du bilan de l'acquéreur.

Incidence des clauses contractuelles sur les comptes

3570 ***Question***

Quelles sont les clauses qui peuvent entraîner des conséquences importantes sur les comptes, notamment compte tenu de leur impact sur l'appréciation du degré de contrôle de l'acquéreur sur l'entité ?

Réponse Toutes les **clauses** pouvant conférer du **pouvoir à l'acquéreur dans la gestion de l'entité** peuvent avoir une incidence majeure sur le **degré de contrôle** et par conséquent sur la méthode **à retenir pour consolider l'entité.** En effet, selon les normes IFRS, le niveau de détention des actions n'est pas le seul critère de décision quant à la méthode de consolidation à retenir :
- contrôle exclusif : intégration globale ;
- contrôle conjoint : mise en équivalence des joint ventures et comptabilisation des intérêts des partenaires dans la joint operation ;
- influence notable : mise en équivalence.

L'appréciation du degré de contrôle sera notamment impactée par les éléments contractuels suivants :
- l'existence ou non d'un pacte d'actionnaires, d'un accord entre minoritaires, d'actions de préférence, de clauses particulières dans les statuts ou de tout autre contrat entre un actionnaire et l'entité (voir no 15130) ;
- les droits d'un investisseur lui conférant la capacité actuelle de diriger les activités pertinentes de l'entité (voir no 15130) ;
- en l'absence de détention de la majorité des droits de vote, la détention du bloc de droits de vote le plus important, les droits de vote des autres investisseurs étant largement dispersés et dilués (voir no 15150) ;
- l'existence d'un mandat de gestion (voir no 15173) ;

- l'existence d'options d'achat de titres complémentaires (« calls »), exerçables ou non immédiatement, et les éventuelles conditions pour pouvoir exercer celles-ci (voir nº 15160 et 24205 s.) ;
- etc.

Néanmoins, l'existence d'une clause contractuelle précisant la nature du contrôle ou de l'influence exercée par chacun des partenaires constitue un indicateur mais n'est pas suffisante pour établir la véritable nature du contrôle ou de l'influence exercée sur l'entité.

Chaque situation étant un cas différent et les conséquences sur les comptes pouvant être non négligeables sur de nombreux exercices, il est important pour l'acquéreur de l'examiner avec soin afin d'éviter toute surprise.

C'est pourquoi, avant la finalisation de ces clauses, il est conseillé de faire appel à ses commissaires aux comptes dans le cadre des services autres que la certification des comptes (voir nº 1370 s.), et/ou à un conseil externe afin de mieux mesurer les conséquences comptables de leur rédaction.

Anticipation de la résolution des litiges

3575 ***Question***

Quelles sont les clauses permettant d'anticiper dans le contrat d'acquisition la résolution optimale d'un litige ?

Réponse Il est important lors de la rédaction du **contrat d'acquisition** d'intégrer des **clauses relatives à une procédure de résolution des litiges potentiels,** notamment ceux portant sur la détermination de l'ajustement de prix ou du complément de prix. Ces clauses devront détailler précisément :
- d'une part, les **rôles de chacun** et le **calendrier à respecter.** Il conviendra de préciser les tâches respectives de l'acheteur, du vendeur et de leurs conseils dans l'établissement et la revue du montant de l'ajustement ou du complément de prix. Pour ce qui concerne les délais, il devra être précisé les délais d'établissement, de revue, de notification éventuelle d'un désaccord, de réponse de la partie adverse... Enfin, pour chaque étape, le contrat d'acquisition devra préciser les modalités d'information des parties, par exemple, la notification par lettre recommandée ;
- d'autre part, le **mode opératoire** à suivre **en cas de désaccord** persistant entre les parties. Il s'agit généralement, dans le cas d'un litige portant sur la détermination du prix, de la désignation d'un expert dont le rôle sera de résoudre les points de désaccord. Il est habituellement prévu dans le contrat qu'à défaut d'accord entre les parties sur la désignation de l'expert parmi une liste de noms identifiés, celui-ci pourra être nommé judiciairement. Dans le cas d'un litige portant sur une garantie de passif, les voies de recours sont également prévues au contrat (pour plus de détails, voir nº 4305).

E. Quels sont les éléments spécifiques pouvant influencer la rédaction du contrat d'acquisition ?

Documents spécifiques aux LBO

3590 ***Question***

Quels sont les documents spécifiques à une opération avec effet de levier (LBO ou « Leverage Buy-Out ») ?

Réponse De nombreux documents sont établis et signés lors de la signature du contrat d'acquisition et au « closing », compte tenu de la structuration d'une opération de type LBO et des différents acteurs impliqués dans une telle opération, à savoir :
- les « banques seniors » (qui octroient les prêts bancaires à la holding de reprise auxquels sont subordonnés les autres financements de l'acquisition) ;
- les « mezzaneurs » : apporteurs de financement sous forme généralement d'un emprunt obligataire (assorti d'une faculté de conversion ou d'un bon de souscription, le cas échéant), subordonné au prêt bancaire senior, avec faculté de conversion en titres de capital dans un nombre limité de cas ;
- les fonds d'investissement ;
- les managers.

Outre le contrat d'acquisition signé entre la holding constituée pour l'acquisition et le vendeur, les principaux documents signés sont les suivants :
- **investissement des fonds de capital investissement** : contrats d'émission de valeurs mobilières émises par la holding d'acquisition (actions, obligations convertibles en actions, obligations à bons de souscription d'actions, bons de souscription d'actions...) et souscrites par le fonds de capital investissement ;
- **intéressement des managers** : « term sheet » managers arrêtant les principes de l'accord, puis contrat d'émission de valeurs mobilières souscrites par les managers ou création de catégories d'actions spécifiques, pacte d'actionnaires signé avec le fonds de capital-investissement (comportant notamment des options d'achat ou « call » et des options de vente ou « put » à des conditions différenciées suivant les circonstances du départ des managers) et, le cas échéant, contrats d'apport de titres de la cible à la holding constituée pour l'opération en cas de réinvestissement dans un LBO secondaire ou tertiaire ;
- **financement bancaire** : « term sheet » bancaire puis, documentation bancaire du financement senior, documentation relative aux sûretés garantissant le financement bancaire ;
- **financement mezzanine** : « term sheet » mezzanine puis, contrat d'émission d'obligations à bons de souscription d'actions ou d'obligations convertibles en actions ;
- **convention de subordination** organisant la priorité de désintéressement des différents acteurs et les obligations d'abstention en découlant.

Spécificités des prises de participation minoritaires

3595 ***Question***

Quels sont les aspects spécifiques à une prise de participation (par rapport à l'acquisition de 100 % des titres) ?

Réponse Les différences essentielles entre une **prise de participation minoritaire** et l'acquisition de la totalité des titres d'une cible résident dans l'**organisation du pouvoir de décision** au sein de la cible et du groupe et dans le **contrôle de la liquidité de la participation** de l'**actionnaire minoritaire** et son droit corrélatif à l'information.

Afin d'améliorer la position du minoritaire, il est important pour lui de faire établir un pacte d'actionnaires. Celui-ci pourra être éventuellement assorti de la mise en place de promesse unilatérale d'achat (« put » ou option de vente pour le bénéficiaire de la promesse) ou de promesse unilatérale de vente (« call » ou option d'achat pour le bénéficiaire de la promesse), ainsi que d'une clause spécifique de gestion des différends en cas d'actionnariat réparti à 50/50 (« deadlock clause »).

Aspects juridiques des « carve-out »

3600 ***Question***

Quels sont les aspects juridiques liés à des problématiques de détourage (« carve-out ») ?

Réponse Dans le cadre d'un **détourage** (« carve-out », voir n° 3290), la transaction sera structurée soit par l'**acquisition directe de l'activité,** soit par la **filialisation de l'activité à transférer,** via un apport en nature ou soumis au régime juridique des scissions.

Le choix des modalités juridiques précises de l'opération sera guidé par différents facteurs, notamment la transférabilité des principaux contrats, les impacts fiscaux, l'existence d'un passif latent ou de litiges importants que l'acquéreur ne souhaite pas reprendre...

La conformité à la réglementation de l'opération préalable de détourage et l'absence d'impacts négatifs, notamment fiscaux, devront être intégrés aux déclarations et garanties stipulées par le contrat d'acquisition.

Par ailleurs, la cession d'activités détourées suppose généralement la négociation d'un **contrat de prestations de services** (« Transitional Services Agreement »/TSA) avec le vendeur portant sur les conditions fournisseurs et les services communs dont bénéficiait l'activité lorsqu'elle était intégrée au groupe vendeur (informatique et systèmes d'information, achats, finance, prestations administratives...), sur une période transitoire afin de donner le temps à la cible de trouver ses propres fournisseurs ou de substituer les services communs rendus par l'ancien groupe par ses propres services.

Ce type d'opération peut également s'accompagner de la signature d'un contrat commercial entre la cible et le groupe vendeur destiné à assurer un débouché à court ou moyen terme aux produits de la cible.

Du point de vue du droit social, les aspects fondamentaux et structurants sont d'isoler correctement le personnel affecté à l'activité concernée et d'évaluer les modalités et conséquences de leur sortie dans le cadre du détourage, afin de limiter les risques de réclamation ultérieurs.

F. Quels sont les éléments à prendre en compte concernant la concentration et la régulation ?

Opérations à notifier

3620 ***Question***

Quel type d'acquisition doit être notifié aux autorités de concurrence nationales et/ou européennes ?

Réponse Les **opérations** (vente, apport...) de titres ou d'actifs, de branches d'activité, de souscriptions de titres à émettre et de fusions emportant **acquisition du contrôle d'une entreprise selon les critères du droit de la concurrence peuvent être soumises** au **contrôle des autorités de concurrence,** lorsque les parties en cause et la transaction atteignent certains seuils. Les simples prises de participation ne sont en général pas concernées, sauf à ce qu'elles conduisent à une prise de contrôle selon les critères du droit de la concurrence. La définition juridique des opérations soumises à contrôle, les seuils, le caractère obligatoire de la notification, le calendrier associé à la notification varient significativement d'un pays à l'autre.

Un contrôle existe au niveau de l'**Union européenne** (UE) pour les **opérations de concentration** dites de « dimension communautaire ». Schématiquement, lorsque l'opération constitue effectivement une concentration, elle doit être notifiée à la Commission européenne dans deux cas :

1. Lorsque la taille des parties prenantes est importante, c'est-à-dire que le chiffre d'affaires (CA) consolidé combiné des entreprises concernées parties à l'opération excède 5 milliards d'euros sur le plan mondial **et** le CA consolidé européen d'au moins deux des entreprises concernées excède 250 millions d'euros, à moins que chacune des entreprises concernées réalise plus des deux tiers de son CA total dans l'UE à l'intérieur d'un seul et même pays.

2. Si les seuils précités ne sont pas atteints, il s'agit néanmoins d'une concentration considérée de dimension européenne (Règl. (CE) 139/2004 du 20-1-2004), si cumulativement :

- le CA total réalisé sur le plan mondial par l'ensemble des entreprises concernées représente un montant supérieur à 2,5 milliards d'euros ;
- dans chacun d'au moins trois pays de l'UE, le CA total réalisé par toutes les entreprises concernées est supérieur à 100 millions d'euros ;
- dans chacun d'au moins trois pays de l'UE, le CA total réalisé individuellement par au moins deux entreprises concernées est supérieur à 25 millions d'euros ;
- le CA total réalisé individuellement dans l'UE par au moins deux des entreprises concernées représente un montant supérieur à 100 millions d'euros, à moins que chacune des entreprises concernées réalise plus de deux tiers de son CA total dans l'UE à l'intérieur d'un seul et même pays.

De plus, la législation sur les **marchés numériques** (**« Digital Market Act »/DMA**), publiée au Journal officiel de l'UE le 12 octobre 2022, vise à rendre le secteur numérique plus équitable et plus compétitif. Le DMA est **applicable depuis le 6 mars 2024** dans toute l'UE.

Le DMA comporte des dispositions relatives notamment au **contrôle des concentrations** qui impliquent des plateformes en ligne agissant en tant que « **gatekeepers** » (ou **contrôleurs d'accès**). Il s'agit de plateformes qui disposent d'un poids important sur le marché intérieur et d'une base d'utilisateurs conséquente, solide et stable dans plusieurs pays de l'UE. Elles assurent en outre au moins un « service de plateforme essentiel » constituant un point d'accès important des entreprises utilisatrices pour atteindre les consommateurs finaux.

Ces plateformes qualifiées de « gatekeepers » ont notamment l'obligation d'informer la Commission européenne de tout projet de concentration impliquant un autre fournisseur de services de plateforme essentiels ou de tout autre service fourni dans le secteur numérique, et ce, que l'opération soit notifiable ou non devant la Commission européenne ou devant une autorité nationale de concurrence. Le contrôleur d'accès doit informer la Commission de cette concentration avant sa réalisation et après la conclusion de l'accord, la publication de l'offre publique d'achat ou d'échange ou l'acquisition d'une participation de contrôle. En septembre 2023, la Commission européenne a désigné six entreprises en tant que contrôleurs d'accès :

- Alphabet (Google, Chrome, Android, YouTube) ;
- Amazon ;
- Apple (iOS, Safari, App Store) ;
- ByteDance (TikTok) ;
- Meta (Facebook, Instagram, WhatsApp, Messenger) ;
- Microsoft (Windows, LinkedIn).

Lorsque l'**opération ne relève pas du contrôle communautaire,** il convient de vérifier les règles applicables dans les Etats membres où les entreprises concernées réalisent leur CA. Les critères varient sensiblement d'un Etat membre à l'autre.

En France (C. com. art. L 430-2), la notification est obligatoire auprès de l'Autorité de la concurrence dès lors que, de manière cumulative, le CA mondial hors taxes de l'ensemble des entreprises ou groupe de personnes physiques ou morales concernées est supérieur à 150 millions d'euros, que le CA hors taxes réalisé en France par deux au moins des entreprises ou groupes de personnes physiques ou morales concernées est supérieur à 50 millions d'euros, et que l'opération n'entre pas dans le champ d'application du règlement (CE) nº 134/2004 du 20 janvier 2004 relatif au contrôle des concentrations. Ces seuils sont inférieurs si les parties opèrent dans les DROM-COM ou dans le secteur du commerce de détail.

Des procédures existent dans la plupart des pays du monde, afin de définir les conditions dans lesquelles les autorités de concurrence doivent procéder aux opérations de notification et de contrôle.

Ainsi, une opération identique, même de taille relativement faible, peut faire l'objet d'une notification aux autorités de concurrence de plusieurs pays ou d'un contrôle par ces dernières, selon la procédure propre à chaque pays, si la cible a une activité importante à l'international.

A défaut de notification avant la réalisation de l'opération envisagée, les sanctions encourues sont très importantes.

Par ailleurs, il est à noter que l'article 22 du règlement (CE) nº 139/2004 du Conseil du 20 janvier 2004 permet à un Etat membre de **demander à la Commission d'examiner les effets des opérations de concentration qui n'atteignent pas les seuils communautaires de contrôle** des concentrations, mais qui affectent le commerce entre les Etats membres et qui menacent d'affecter de manière significative la concurrence sur le territoire du ou des Etats membres qui formulent cette demande de renvoi.

Par sa communication du 31 mars 2021, la Commission entend réévaluer l'application de l'article 22 du règlement et accepter des renvois lorsque les critères de l'article 22 sont remplis, même dans les hypothèses où l'Etat membre requérant n'a pas la compétence initiale pour connaître de l'opération. Cette évolution couvre désormais les opérations de concentration qui ne franchissent pas les seuils de notification au niveau national et européen.

Dans cette communication, la Commission précise que ce mécanisme de renvoi mérite d'être appliqué aux opérations de concentration impliquant au moins une entreprise dont le CA ne reflète pas le potentiel concurrentiel réel ou futur, notamment dans les hypothèses suivantes :
- une jeune pousse ou un nouvel arrivant disposant d'un potentiel concurrentiel substantiel, mais encore en phase initiale de mise en œuvre d'un modèle économique générateur de recettes importantes ;
- un innovateur significatif ou une entreprise menant des recherches potentiellement importantes ;
- une entreprise exerçant une pression concurrentielle importante ;
- une entreprise qui a accès à des actifs présentant une valeur d'un point de vue concurrentiel (par exemple, des matières premières, des infrastructures, des données ou des droits de propriété intellectuelle) ;
- une entreprise qui fournit des produits ou des services constituant des intrants ou composants clés pour d'autres secteurs industriels.

La Commission peut également tenir compte du caractère particulièrement élevé ou non de la valeur de la contrepartie reçue par le vendeur par rapport au CA actuel de l'entreprise cible.

Il est à noter que le « closing » ou la réalisation d'une opération de concentration n'empêche pas un Etat membre de demander son renvoi à la Commission.

Compte tenu de la complexité de ces règles, il est impératif de prendre conseil auprès d'un avocat spécialisé.

Contraintes liées aux autorités de concurrence

3625 ***Question***

Quelles peuvent être les contraintes imposées par les autorités de concurrence ?

Réponse La première contrainte est la démonstration du **caractère pro-concurrentiel** de la transaction dans un temps imparti relativement court. En effet, si la **charge de la preuve** revient en droit à l'Autorité de la concurrence, dans la pratique, ce sont la (les) partie(s) notifiante(s) qui doi(ven)t démontrer à l'Autorité de la concurrence que l'opération n'entraîne pas la création ou le renforcement d'une position dominante sur les différents marchés concernés.

Malgré des **différences notables pour chaque pays,** les contraintes envisageables prennent généralement trois formes :
- **des engagements de type comportemental** : l'entreprise peut avoir à s'engager par exemple sur des pratiques commerciales spécifiques ;

– **des remèdes structurels** : la cession d'un actif, la licence obligatoire d'un brevet, en sont des exemples. Si une cession est exigée, elle doit être viable économiquement et réalisée dans un délai déterminé, ce qui accroît généralement l'impact financier de l'engagement. L'impact financier et stratégique des engagements doit être évalué afin que les exigences des autorités ne remettent pas en cause l'intérêt financier de la transaction, si elle était conclue. Des contrôles a posteriori sont effectués pour veiller au respect des engagements et des sanctions peuvent être prononcées en cas de manquement aux engagements. Dans tous les cas, la préparation de la notification fait souvent la différence ;
– enfin, **l'Autorité de la concurrence a le pouvoir d'interdire la fusion.** Même s'il existe des voies de recours, les délais et les coûts associés à la démarche juridique amènent souvent les parties à renoncer définitivement. Ce dernier cas est assez rare, mais suffisamment coûteux pour que les parties cherchent à l'éviter.

G. Quelles sont les particularités d'un contrat d'intéressement du management ou « management package » ?

Définition

3635 ***Question***

Qu'est-ce qu'un management package ?

Réponse Le **contrat d'intéressement du management (« management package »)** constitue le mode d'intéressement des managers lors d'une opération d'acquisition et prend en général la forme d'une participation au capital de la société cible.

La finalité du management package est d'**intéresser les managers à la création de valeur** de la cible, afin d'aligner leurs intérêts avec ceux de l'actionnaire. Le management package doit donc répondre aux objectifs principaux suivants : motivation, responsabilisation et rétention des dirigeants.

Le management package peut reprendre à l'identique (« pari passu ») les modalités d'investissement de l'acquéreur ou comporter des spécificités tenant compte de la double qualité des personnes concernées : investisseurs et dirigeants.

Cette deuxième catégorie de management package s'est développée au cours de ces dernières années dans le cadre des opérations à effet de levier. Elle vise à déterminer les droits financiers des dirigeants en fonction d'objectifs de performance, fixés lors de l'acquisition, devant être réalisés par la cible sur une période déterminée.

Les instruments financiers devront alors être déterminés avec soin ; ils peuvent être aussi bien des instruments de participation immédiate ou à terme au capital (actions ordinaires, actions de préférence, actions à bons de souscription d'actions et autres valeurs mobilières complexes, mais aussi stock-options, attributions gratuites d'actions (AGA) et bons de souscription de parts de créateur d'entreprise (BSPCE), etc.) que des instruments de dettes (obligations simples ou complexes). Le choix entre ces différents instruments peut notamment prendre en compte les avantages fiscaux dont ils sont assortis, pour l'entreprise et/ou pour les dirigeants (sur cette question, voir Mémento Fiscal n° 88780 à 88830).

L'utilisation de ces instruments de capital et de dette permet de créer un contexte motivant au profit du management (« envy ratio »).

Personnes concernées

3640 ***Question***

A qui s'adresse le management package ? Concerne-t-il tous les salariés ?

Réponse Le **management package** est avant tout destiné aux « premiers cercles » de dirigeants, c'est-à-dire les **dirigeants « clés ».** Seule cette catégorie, d'ailleurs, dispose en général de fonds personnels suffisants pour accepter de participer à l'investissement.

Toutefois, le management package peut être **également élargi,** avec quelques adaptations, à d'**autres salariés** (appelés cercles « 2 » ou « 3 ») et être proposé à d'autres catégories de dirigeants, lesquels pourront aussi investir et être intéressés, selon des critères spécifiques, à chaque catégorie.

Aussi, parallèlement au management package stricto sensu, l'opération d'acquisition peut être aussi l'occasion de mettre en place des outils d'actionnariat salarié plus standards, tels que des options de souscription d'actions, des attributions gratuites d'actions ou encore des augmentations de capital réservées faisant appel aux dispositifs classiques de l'épargne salariale (plans d'épargne entreprise). Ces derniers instruments constituent, quant à eux, un mode d'intéressement moins risqué pour leurs bénéficiaires.

Principales composantes

3645 ***Question***

Quelles sont les principales composantes d'un management package ?

Réponse

1. La première composante est **financière.** Il s'agit de déterminer les droits financiers des managers en fonction d'objectifs de performance. La définition du management package se fait généralement à partir du plan d'affaires préparé par le management, sur lequel celui-ci s'est mis d'accord avec les actionnaires investisseurs. Il est important que le package soit suffisamment motivant pour inciter le management à s'engager sur la durée et à être performant.

La contrepartie de ces schémas motivants est le risque lié au package : une équipe de management peut perdre tout ou partie de son investissement si l'opération n'évolue pas dans un sens favorable.

2. La deuxième composante est **juridique.** Il s'agit de retranscrire les éléments financiers définis au préalable dans un cadre juridique :

a. définition des **instruments juridiques** (actions, obligations, etc.) ;

b. définition du **cadre juridique de la relation dirigeants – actionnaires** et des relations entre actionnaires, notamment en matière de :

– gouvernance d'entreprise : répartition des pouvoirs de décision ;

- contrôle de l'actionnariat ;
- conditions de liquidité ;
- gestion des départs (volontaires ou non) et définition des conditions de sortie. Ces clauses sont importantes car elles définissent les conditions financières de sortie des membres de l'équipe en cas de séparation anticipée ;
- conditions de non-concurrence.

Enfin, la **mise de fonds** initiale des **managers** doit être **calibrée** au vu de leur patrimoine personnel, afin que celle-ci soit suffisamment conséquente pour les motiver, mais sans être trop importante et traduise une volonté de prise de risque au même titre que les investisseurs financiers. En règle générale, en matière d'opérations à effet de levier, le fonds demandera aux managers une somme de l'ordre d'au moins un an de salaire pour un LBO primaire, et la moitié de la plus-value nette générée par la sortie du LBO lors des LBO suivants.

Cet aspect est important en particulier pour asseoir le régime fiscal et social des gains réalisés par les dirigeants. En effet, la cession par les dirigeants de leur participation au sein de la société cible suit en général le régime des plus-values de cessions de valeurs mobilières. Cependant, l'administration fiscale se réserve le droit de requalifier le gain réalisé en revenu professionnel, soumis à des taux d'imposition plus élevés, et en particulier en salaires, si les circonstances font apparaître que ce gain constitue en réalité la rémunération de l'activité professionnelle et non un gain en capital. A cet égard, le fait que les gains réalisés trouvent essentiellement leur source dans l'exercice des fonctions de dirigeant constitue un critère important de qualification des revenus, pour l'administration comme pour la jurisprudence (voir Mémento Fiscal n° 21620).

Une problématique similaire existe en matière de cotisations de sécurité sociale.

Comptabilisation

3650 ***Question***

Comment un management package doit-il être comptabilisé ?

Réponse La **comptabilisation** du paiement par l'acquéreur aux actionnaires vendeurs qui restent dirigeants ou salariés de l'entreprise après l'acquisition peut être opérée de deux manières distinctes suivant la qualité qu'on leur attribue :
- si on leur attribue la qualité d'**actionnaires vendeurs de l'activité**, le paiement sera comptabilisé dans le **prix d'acquisition** des titres et sera en conséquence intégré dans le goodwill ;
- si on leur attribue la **qualité de membres du personnel** qui réalisent des services post-acquisition, le paiement sera qualifié de **rémunération de services** et à constater en charges au titre des exercices concernés. En effet, il est considéré que ce paiement a pour objectif de conserver des membres du personnel et de rétribuer des services futurs plutôt que d'acquérir l'activité existante.

Certains indicateurs sont à considérer pour qualifier le paiement sur le plan comptable. Par exemple, les paiements aux vendeurs dirigeants devraient généralement être comptabilisés en charges post-acquisition lorsqu'il est prévu que le paiement conditionnel est automatiquement annulé en cas de démission ou qu'il n'est octroyé qu'aux actionnaires vendeurs qui conservent un emploi dans la société achetée et non pas aux autres.

L'**acquéreur** doit donc être **vigilant** sur la **rédaction des clauses de paiement conditionnel** afin de justifier leur comptabilisation en goodwill ou en charges au titre des exercices postérieurs à l'acquisition.

En outre, qualifier un paiement de rémunération de services plutôt que de rémunération de titres peut entraîner également un risque de requalification du paiement au regard du droit social et fiscal, à la fois pour l'acquéreur et pour les bénéficiaires avec les conséquences associées en termes de charges sociales et patronales, impôt sur le revenu, etc.

SECTION IV

Comment anticiper au mieux les conséquences comptables d'une acquisition ?

A. Comment réaliser une allocation du prix d'acquisition ?

Obligations des acquéreurs liées à la norme IFRS 3, Regroupements d'entreprises

3710 ***Question***

Quelles obligations la norme IFRS 3, Regroupements d'entreprises, impose-t-elle aux acquéreurs lorsque les états financiers sont établis en normes IFRS ?

Réponse La première étape consiste à déterminer si l'acquisition porte sur une acquisition d'actifs ou sur une activité (« business »).

Pour plus de détails sur cette distinction, voir n° 21490.

Si l'acquisition porte sur une activité, la norme IFRS 3 oblige les acquéreurs à **allouer le prix d'acquisition à la juste valeur des actifs et passifs** de la cible (**« Purchase Price Allocation »/PPA)**. L'écart résiduel entre le prix payé et la juste valeur des actifs et passifs constitue le goodwill (pour plus de détails, voir n° 21406 s.).

Le PPA comprend typiquement les étapes suivantes :
- détermination du prix d'acquisition et du premier écart d'acquisition ;
- identification des actifs et passifs devant être (ré-) évalués (voir n° 3715) ;
- estimation de la juste valeur des actifs et passifs identifiés ;

- calcul du goodwill résiduel ;
- allocation des actifs, des passifs et du goodwill aux Unités Génératrices de Trésorerie (UGT) concernées.

Les **clés de succès d'un PPA** sont :
- une bonne compréhension de la transaction, de la cible et de son secteur ;
- une bonne compréhension des dispositions des normes comptables concernant le PPA ;
- une bonne maîtrise des techniques d'évaluation des actifs (incorporels et corporels) et passifs identifiés.

Identification des éléments à évaluer lors de l'acquisition

3715 ***Question***

Comment identifier les actifs et passifs devant être (ré-)évalués ?

Réponse L'**identification des actifs et passifs** inscrits au bilan de la cible mais **nécessitant une réévaluation** à la juste valeur peut être réalisée sur la base d'une **revue du dernier bilan** et de l'**appréciation que l'acquéreur et son conseil** ont pu obtenir pendant la phase des due diligences. Par exemple, certains actifs corporels presque totalement amortis mais susceptibles d'avoir une durée de vie résiduelle longue devront probablement être réévalués à la hausse.

Toutefois, l'expérience montre que les ajustements de valeur les plus significatifs concernent souvent les **actifs incorporels** qui ne figuraient pas dans le bilan de la cible, puisque créés en interne, tels que les marques, les relations clients et les technologies. Afin de pouvoir être reconnus séparément du goodwill, un actif incorporel doit satisfaire au moins l'un des deux critères suivants :
- **critère de séparabilité** : l'actif doit pouvoir être séparé ou scindé de l'entité et cédé, transféré, concédé, loué ou échangé, individuellement ou conjointement avec d'autres actifs liés. Par exemple, une technologie non brevetée ainsi que des relations clients non contractuelles satisfont à ce critère ;
- **critère juridique** : l'actif doit résulter de droits d'origine légale ou contractuelle, que ces droits soient ou non transférables ou séparables de l'entité ou d'autres droits et obligations. Par exemple, des marques, des brevets, ou des relations clients contractuelles satisfont au critère juridique, alors que ce n'est pas le cas des technologies non brevetées ou des relations clients non contractuelles.

Selon la norme IFRS 3, tout actif acquis dans le cadre d'un regroupement d'entreprises est censé être évaluable de façon fiable.

Valeur des actifs incorporels

3720 ***Question***

Comment estimer la juste valeur des actifs incorporels ?

Réponse Les spécialistes de l'évaluation appliquent généralement les approches suivantes pour l'évaluation d'actifs incorporels :

1. **L'approche intrinsèque,** qui consiste à déterminer la valeur de l'actif incorporel en actualisant à un taux approprié les revenus ou les économies de coûts qui pourront être

générés dans le futur grâce à sa détention. Cette approche est mise en œuvre soit par la méthode des redevances, soit par la méthode des superprofits :
- la **méthode des redevances,** qui consiste à actualiser les redevances qui pourraient être perçues ou qui sont économisées grâce à la détention de l'actif incorporel ;
- la **méthode des superprofits,** qui consiste à actualiser les superprofits que l'actif incorporel est supposé pouvoir générer dans le futur. Ces superprofits sont estimés en déduisant des résultats d'exploitation après impôts générés par l'activité, une juste rémunération des autres actifs également engagés pour générer ces profits.

2. **L'approche de marché,** qui donne une estimation de la valeur d'un actif par comparaison avec des transactions récentes portant sur des actifs comparables. Du fait de l'absence de marché organisé pour les actifs incorporels et de la rareté de transactions ne portant que sur un actif incorporel, cette méthode est rarement mise en œuvre.

3. **L'approche basée sur les coûts,** qui donne une estimation de la valeur d'un actif par référence à son coût de remplacement ou de reconstitution ajusté si nécessaire pour tenir compte de son état et de son ancienneté. Cette méthode est applicable pour des actifs incorporels reproductibles à l'identique dans un délai raisonnable.

Il est également important de rappeler que l'estimation de la juste valeur des actifs incorporels doit être effectuée sans tenir compte des intentions de l'acquéreur.

L'évaluation des actifs incorporels étant complexe, il est fréquent d'avoir recours à un expert en évaluation.

Durée de vie des actifs incorporels

3725 ***Question***

Comment estimer la durée de vie résiduelle d'un actif incorporel afin de déterminer la charge d'amortissement annuelle ?

Réponse En ce qui concerne le mode d'amortissement, **deux types d'actifs incorporels** existent :
- des actifs à **durée de vie définie,** qui sont amortis ;
- des actifs à **durée de vie indéfinie,** qui ne sont pas amortis mais testés une fois par an pour déterminer la dépréciation éventuelle.

Les **facteurs à prendre en compte** lors de l'**évaluation de la durée de vie résiduelle des actifs incorporels** sont notamment les suivants :
- durée d'utilisation prévue de l'actif ;
- cycles de vie caractéristiques du produit ;
- informations publiques concernant les durées de vie d'actifs similaires ;
- obsolescence technique, technologique, commerciale ou autre ;
- stabilité du secteur d'activité dans lequel l'actif est utilisé et l'évolution de la demande ;
- niveau des dépenses de maintenance nécessaires pour obtenir les avantages économiques futurs ;
- durée du contrôle sur l'actif et les limitations juridiques (ou d'autre nature) à son utilisation.

Dans la pratique, la plupart des actifs incorporels, tels que les technologies, les relations clients, ou les logiciels ont une durée de vie définie. En outre, la durée de vie économique peut être plus courte que la durée de la protection des droits. Par exemple, un brevet peut être protégé pendant 20 ans, tandis que le rythme des évolutions technologiques peut réduire sa durée de vie économique à 5 ans.

D'autres actifs peuvent avoir une durée de vie indéfinie, notamment certaines marques fortes. « Indéfinie » ne signifie pas « infinie », mais une durée de vie qui est prévue comme étant très longue et dont la durée est difficile à déterminer avec précision.

Suivi du goodwill et des actifs incorporels

3730 ***Question***

Comment opérer un suivi dans le temps de la valeur du goodwill et des actifs incorporels ?

Réponse En normes IFRS, le **goodwill** et les **actifs incorporels** à durée de vie indéfinie ne sont pas amortis mais doivent être testés pour dépréciation une fois par an et plus fréquemment en cas de survenance d'un indice de perte de valeur. Les modalités de ces **tests de dépréciation** sont définies par la norme IAS 36, Dépréciation d'actifs.

Selon cette norme, le goodwill est testé au niveau de l'unité génératrice de trésorerie (UGT) auquel il est alloué, ou, dans certains cas, au niveau d'un regroupement d'UGT. Les actifs incorporels à durée de vie indéfinie sont, quant à eux, testés soit isolément s'ils génèrent des flux largement indépendants, soit au niveau de l'UGT à laquelle ils sont rattachés, soit au niveau d'un regroupement d'UGT.

Le test consiste en la **comparaison** entre la **valeur comptable** et la **valeur recouvrable** de l'UGT ou de l'actif. La valeur recouvrable est définie comme la plus haute de :
- la juste valeur diminuée des coûts de cession ;
- la valeur d'utilité.

Typiquement, la juste valeur est estimée en appliquant une approche de marché (sur les principales méthodes d'évaluation, voir n° 3720), tandis que pour la valeur d'utilité l'approche intrinsèque est retenue. Toutefois, les modalités d'estimation de ces deux concepts de valeur définies par IAS 36 sont parfois complexes. Dans certains cas, il peut donc être nécessaire d'avoir recours à un expert en la matière.

Les actifs incorporels à durée de vie définie sont amortis sur leur durée d'utilité résiduelle. Ils ne sont pas testés pour dépréciation, sauf lorsqu'il y a un **indice de perte de valeur** (« triggering event »). Dans ce cas, un **test de dépréciation** selon les modalités d'IAS 36 décrites ci-avant doit être réalisé. Par ailleurs, lorsqu'il y a un indice de perte de valeur concernant un goodwill ou un actif incorporel à durée de vie indéfinie lors d'une clôture intermédiaire, un test de dépréciation doit également être réalisé à ce moment-là, sans attendre le test annuel.

Les facteurs à analyser pouvant révéler l'existence d'un indice de perte de valeur sont notamment les suivants (sans être limitatifs) :
- performance économique de l'actif ou de l'UGT significativement inférieure à ce qui a été anticipé ;
- changement important, passé ou prévu, dans l'environnement technologique, légal, économique ou de marché pouvant affecter l'UGT ou l'actif ;
- concurrence accrue et non anticipée ;
- perte de personnel clé ;

- évolution significative de certains paramètres financiers (inflation, taux d'intérêt, prime de marché, etc.) pouvant accroître le coût moyen pondéré du capital utilisé dans la détermination de la valeur recouvrable ;
- changement important dans les opérations affectant l'UGT ou l'actif (restructuration, plan de cession, etc.).

Les procédures internes doivent permettre le suivi et l'identification de ces éléments.

B. Quelles sont les spécificités liées à l'élaboration du bilan d'ouverture ?

Différences de principes comptables

3750 ***Question***

Comment identifier et traiter les différences de principes comptables entre l'acquéreur et la cible disposant du même référentiel comptable ?

Réponse L'analyse détaillée des **politiques comptables de la cible** au regard de celles de l'acquéreur constitue une étape indispensable pour identifier les principales divergences, à la fois dans les états financiers et dans les notes annexes aux comptes. Cette analyse s'appuie sur l'information financière publiée, notamment les **notes annexes** présentant les **méthodes comptables** appliquées par la cible et l'acquéreur, ainsi que sur des **entretiens** avec les responsables comptables ou responsables du département des normes chez la cible et chez l'acquéreur.

Une fois ces divergences identifiées, l'acquéreur doit procéder à la **quantification des différences** de manière à préparer un bilan d'ouverture alignant les politiques comptables appliquées. Selon la nature des divergences, la quantification peut être plus ou moins complexe. Dans certains cas, des divergences peuvent nécessiter de recalculer des données sur plusieurs exercices, par exemple lorsqu'elles portent sur les principes comptables relatifs à la comptabilisation des dépenses de recherche et développement. La valorisation des stocks, la comptabilisation du revenu ou des contrats à long terme peuvent aussi être une source de difficultés importantes. Face à ce type de problématiques, il est généralement souhaitable de se placer en mode « projet » car la production des données peut nécessiter, pendant des périodes assez longues, d'impliquer de nombreux intervenants issus de différents départements que ce soit chez la cible ou chez l'acquéreur.

Conversion de comptes de référentiels différents

3755 ***Question***

Comment gérer la conversion des comptes de la cible aux normes IFRS ou françaises dans le cas où l'acheteur et la cible ont un référentiel comptable différent ?

Réponse Une société française achetant une société étrangère fait face, dans la majorité des cas, au besoin de convertir les comptes de la cible selon son **référentiel comptable.**

Procéder à la **conversion des comptes de la cible** selon un autre référentiel comptable nécessite au préalable une bonne connaissance à la fois du référentiel comptable de la cible avant la conversion et du nouveau référentiel. C'est un **projet à part entière,** qui requiert la mobilisation d'une équipe de projet de conversion.

Selon le référentiel comptable révisé, le projet peut être plus ou moins complexe et recouvrir des problématiques spécifiques. Par exemple, une conversion vers les IFRS nécessite la production d'une information relativement détaillée pour les notes annexes par rapport à d'autres référentiels, ce qui exige d'adapter les procédures et systèmes comptables pour être en mesure de présenter une information fiable et conforme aux exigences des normes comptables.

La démarche classique constatée est composée des trois phases détaillées dans le tableau suivant :

PHASE I	**Organisation générale/Diagnostic**
	– Diagnostic préliminaire – Opportunités/menaces pour la communication financière – Problématiques structurantes du projet identifiées – Première évaluation et organisation des ressources nécessaires – Inventaire des projets en cours et processus de coordination avec ces projets formalisé – Communication à destination des entités et des différentes directions du Groupe du calendrier du projet – Analyse du référentiel Groupe et des spécificités Métier – Apport d'expériences et benchmark sectoriels – Validation des options retenues
PHASE II	**a. Planification détaillée**
	– Plan d'action détaillé – Budget – Equipes de travail mobilisées – Outils et méthodes prêts à l'emploi – Campagne de communication interne et externe – Planning de formation – Analyse des impacts sur les états financiers
	b. Exécution
	– Retraitements par thèmes valorisés (sur la base des états financiers) – Etats de synthèse et notes des états financiers conformes avec le nouveau référentiel approuvés par la communication financière – Manuel des principes comptables mis à jour – Manuel des procédures de reporting et de consolidation mis à jour – Cahier des charges partenaires (développeurs informatiques, auditeurs, consultants) – Modules de formation programmés
	c. Déploiement
	– Retraitements suivis en local (gérés hors système d'information reporting) – Premier jeu d'états financiers conformes au nouveau référentiel – Adaptation des systèmes locaux – Nouvelles procédures communiquées – Formations réalisées

PHASE III	Application/suivi
	– Application : • des nouveaux principes comptables, • des nouvelles procédures de reporting et de consolidation – Débriefing post-reporting avec les entités – Automatisation du système d'information reporting – Adaptation à la marge des systèmes locaux

Le **diagnostic** est une étape cruciale dont les objectifs principaux, outre l'identification des divergences, sont d'identifier les difficultés de mise en œuvre du projet.

Cette phase de diagnostic doit être approfondie, systématique et formalisée à travers des groupes de travail. Ceux-ci doivent, dans la mesure du possible et dès le départ du projet, associer à la direction comptable et financière, des représentants des métiers et des fonctions. Ces derniers devront en effet apporter, dans le cadre de l'analyse d'un certain nombre de thèmes, des réponses à des questions dont la fonction comptable n'a pas la maîtrise et faire émerger certains de ces points.

De nombreuses ressources doivent donc être mobilisées au sein de la cible (commerciaux, juristes, responsables des ressources humaines, de communication, etc.) et en externe pour le pilotage du projet de transition et la réalisation des différentes étapes du projet.

Enfin, cette mobilisation générale permettra également d'examiner avec soin l'interaction avec les autres projets qui peuvent être en cours au sein de l'entreprise et notamment les projets concernant les systèmes d'information (mise en place de logiciels de consolidation, d'ERP ou de projets du type réduction des délais de clôture).

Le **calendrier du projet** doit anticiper des délais de mise en place souvent plus longs que prévus initialement. En effet, la complexité des normes, qu'elles aient ou non des impacts financiers importants, a des répercussions importantes sur le calendrier de conversion, notamment du fait de leurs modalités d'application.

D'une manière générale, le passage à un nouveau référentiel comptable chez la cible nécessite une profonde **refonte des systèmes d'information,** qui se traduit par :
– l'aménagement des composantes du système d'information pour permettre l'élaboration de l'information financière requise : modification du plan comptable de la cible, refonte des flux d'informations comptables à destination du groupe pour disposer des informations nécessaires aux retraitements de consolidation ou à la présentation d'informations nouvelles ;
– l'alignement du reporting : alignement des tableaux de bord et du langage de gestion utilisé pour mesurer les performances de l'entreprise sur celui utilisé pour l'information financière du groupe, afin de disposer d'un système d'information cohérent dans son ensemble au niveau du groupe, du niveau le plus opérationnel (systèmes opérationnels et comptables de base) jusqu'au niveau le plus stratégique (outils de pilotage du groupe).

L'ampleur des changements à mettre en œuvre chez la cible mais également le nombre d'acteurs concernés nécessitent d'accompagner ces changements par un plan de formation pour chaque métier et fonction associé au projet (chacun dans son domaine). Le processus de formation, de transfert et de développement des compétences, un des principaux leviers pour faciliter le changement, doit accompagner chacune de ces phases en étant calibré de manière appropriée en fonction de l'état d'avancement du projet, des participants et des objectifs.

SECTION V

Quelles particularités de la cible peuvent influencer la conduite d'une acquisition ?

A. Quelles sont les spécificités à prendre en compte pour les sociétés cotées ?

Communication financière

3805 ***Question***

Quel est l'impact sur la communication financière du fait que l'une des sociétés parties à la transaction soit cotée ?

Réponse Le **processus de communication de l'opération** est influencé par plusieurs critères, notamment :
- le **statut coté ou non coté** de l'acheteur, ainsi que de la cible ;
- le **mode de rémunération de l'acquisition** : en numéraire ou en titres (en totalité ou en partie) ;
- la **taille de la cible** par rapport à l'acquéreur.

Lorsque la rémunération de l'acquisition est réalisée par une émission de titres par une société cotée, cette dernière peut, soit établir un prospectus, soit un document valant dispense de prospectus (dit « document d'exemption ») dont le contenu est défini par le règlement délégué (UE) 2021/528.

Lorsque les titres financiers offerts dans le cadre de l'opération représentent au moins 20 % des titres financiers de même catégorie déjà admis aux négociations sur un marché réglementé, le document d'exemption doit être déposé auprès de l'AMF (C. mon. fin. art. L 621-8 IV).

Pour plus de détails sur le document d'exemption, voir nº 13215.

Des communiqués de presse d'annonce de l'opération et de clôture lors de la signature sont également requis.

Si le poids de la cible est supérieur à 25 % de l'acheteur, des informations financières proforma illustrant l'impact de l'opération devront être incluses dans le document d'offre. Dans les calendriers souvent courts des opérations, la charge de travail complémentaire liée à leur préparation est à prendre en compte, ainsi que le temps pour les commissaires aux comptes de l'acquéreur d'effectuer les diligences supplémentaires relatives à l'émission d'un rapport sur ces informations financières proforma.

Lorsque la cible et l'acquéreur sont tous deux cotés, l'opération d'échange de titres constitue une offre publique d'échange (OPE) qui nécessite également la préparation d'un projet d'offre et de notes d'information à déposer auprès de l'AMF.

Obligations de l'acquéreur au titre du droit boursier

3806 ***Question***

Quelles sont les principales obligations de l'acquéreur au titre du droit boursier ?

Réponse L'acquisition auprès d'un actionnaire de référence d'une participation significative d'une société cotée sur Euronext ou Euronext Growth est soumise à des contraintes fortes.

Ainsi, une ou plusieurs personnes agissant de concert venant à détenir plus de 30 % des titres cotés sur Euronext ou 50 % sur Euronext Growth doivent en informer immédiatement l'Autorité des marchés financiers (AMF) et déposer une **offre publique d'achat obligatoire** portant sur 100 % des titres de la société cible.

Un acquéreur peut décider lui-même de lancer une offre publique d'achat. Cette offre peut ainsi être lancée selon une procédure normale ou une procédure simplifiée.

L'offre publique d'achat et les parties concernées doivent respecter les contraintes suivantes :
- l'offre doit porter sur 100 % des titres de la société cible avec un seuil de caducité de 50 % pour toutes les offres de prise de contrôle (C. mon. fin. art. L 433-1-2) ;
- l'initiateur doit être assisté d'un banquier présentateur et disposer du financement pour l'acquisition, virtuellement, de la totalité des titres de la société cible ;
- l'offre peut stipuler des conditions suspensives liées, entre autres, à l'obtention d'un certain nombre de titres ou encore au droit de la concurrence ;
- l'initiateur doit remettre une note d'information et la société cible doit quant à elle établir une note en réponse, toute communication étant, d'une manière générale, étroitement contrôlée par l'AMF ;
- l'initiateur, la société cible, leurs dirigeants, les établissements présentateurs et les établissements-conseils, les personnes ou entités détenant au moins 5 % du capital et des droits de vote ont une obligation renforcée d'information de l'AMF pour toute opération ayant pour objet de transférer, immédiatement ou à terme la propriété des titres ou des droits de vote.

Enfin, l'initiateur d'une offre publique d'acquisition, volontaire ou obligatoire, qui viendrait à détenir plus de 90 % du capital et des droits de vote a la possibilité de lancer une offre publique de retrait, ou peut être contraint, sur demande des minoritaires, à faire une offre publique de retrait pour racheter ces minoritaires après paiement d'une indemnisation (C. mon. fin. art. L 433-4).

Effet de levier fiscal

3807 ***Question***

Comment optimiser l'effet de levier fiscal lors de l'acquisition d'une société cotée ?

Réponse Lors d'une acquisition, l'un des principaux enjeux fiscaux réside dans la mise en place d'une **intégration fiscale** entre la société d'acquisition, la société acquise et ses filiales françaises afin de permettre la compensation entre les intérêts de la dette d'acquisition et les résultats fiscaux des sociétés acquises (voir nº 4260). Toutefois, la création d'une intégration fiscale suppose l'acquisition sur le marché d'au moins 95 % des droits de vote et des droits financiers de la société. S'agissant d'une **société cotée,** il est fréquent que ce seuil ne soit pas atteint. Le non-franchissement de ce seuil n'a généralement pas les mêmes conséquences selon que l'initiateur de l'offre est :

- un groupe industriel finançant l'offre sur ses fonds propres, ou pouvant par ailleurs disposer de son propre groupe fiscal et de résultats opérationnels contre lesquels déduire les coûts du financement de l'offre,
- ou un fonds d'investissement.

Dans ce dernier cas, l'offre de financement des organismes prêteurs est en général structurée de manière à tenir compte, dans son dimensionnement, du franchissement ou non du seuil permettant de constituer une intégration fiscale.

Le non-franchissement de ce seuil entraîne en effet toute une série de conséquences résultant de l'absence d'intégration fiscale :

- il rend difficile toute déduction des charges liées à l'acquisition sur les profits de la cible ;
- il rend le service de la dette d'acquisition plus coûteux, dans la mesure où les dividendes perçus de la société cotée seront soumis à l'impôt à hauteur d'une quote-part de frais et charges de 5 % de leur montant (voir Mémento Fiscal nº 40970), ce qui ne devrait pas avoir de conséquences en termes de trésorerie mais devrait seulement réduire les déficits fiscaux du véhicule d'acquisition.

Même dans l'hypothèse où le seuil de 95 % n'est pas atteint, diverses décisions quant au profil du groupe en question peuvent générer un effet de levier fiscal. Celles-ci peuvent notamment consister en des arbitrages entre capitaux propres et endettement de la société cotée afin d'améliorer la rentabilité de ses fonds propres. Ces opérations doivent faire l'objet d'une analyse poussée quant à leurs conséquences juridiques et fiscales.

B. Quelles sont les spécificités à prendre en compte pour l'acquisition d'entreprises en difficulté ?

Opportunités et défis

3810 ***Question***

Quels sont les opportunités et défis de la reprise d'une entreprise en difficulté ?

Réponse C'est une opportunité pour un investisseur de savoir **identifier une entreprise sous-évaluée,** disposant d'un potentiel de retournement et de développement. Cet investisseur pourra réaliser le redressement de celle-ci à travers l'application de sa propre expérience de restructuration, la réalisation d'investissement et la mise en œuvre de synergies. Toutefois, redresser une entreprise s'avère souvent plus difficile qu'anticipé. Ce type d'investissement devrait être réservé à des investisseurs expérimentés en opérations de retournement, disposant si possible de synergies potentielles avec des activités en bonne santé.

Le défi associé est d'**identifier les causes des difficultés,** puis de **définir et mettre en œuvre une stratégie de redressement,** pour retrouver la voie de la croissance et de la rentabilité. Le rachat d'une société en crise à bas prix ne pourra générer un bon retour sur investissement que s'il est accompagné d'une stratégie adaptée d'investissement, de croissance rentable, puis, le cas échéant, de sortie.

L'expérience montre que plus une entreprise avance sur la courbe du déclin économique, plus le redressement est difficile à opérer. Les problèmes opérationnels entraînent des difficultés financières au niveau du chiffre d'affaires, puis de la rentabilité et enfin de la trésorerie, qui mènent à une situation de crise pouvant conduire, si des mesures adéquates ne sont pas rapidement adoptées, au départ de personnel clé. L'expérience montre également que les retournements réussis sont moins fréquents sans expérience préalable dans le secteur (que l'expérience vienne de la nouvelle équipe de management ou – mieux – de l'investisseur industriel, qui peut mettre en œuvre des synergies avec son activité).

L'accumulation de difficultés sans traitement adéquat peut rendre une entreprise difficile à acheter sans recourir au préalable à une procédure collective afin d'obtenir une restructuration du passif, voire de se séparer, dans des conditions propres au droit des procédures collectives, de certains segments de la société.

L'enjeu pour l'investisseur est de comprendre les causes profondes des difficultés et d'identifier les activités qui ont encore un potentiel de développement. Il est souvent nécessaire de commencer par examiner les produits, la segmentation des clients, le potentiel des différents marchés visés en croissance et taille, le positionnement concurrentiel, etc., et de construire un nouveau plan d'affaires. La mise en œuvre d'un plan de retournement établi sur ces bases doit permettre en principe de stopper le déclin et de rétablir la croissance. Il est recommandé d'anticiper la nécessité de financer des aléas par rapport au plan de redressement théorique, car les plans de redressement s'exécutent rarement tel que prévu initialement.

Schémas de reprise

3815 ***Question***

Quels sont les schémas de reprise d'une entreprise en difficulté ?

Réponse La reprise d'entreprises en difficulté se situe dans un contexte régulé, dans lequel les **tribunaux et les mandataires judiciaires** sont des acteurs à part entière de l'opération lorsque les conditions d'ouverture d'une procédure collective sont réunies.

Contrairement à ce qui se passe dans un processus de cession classique où l'actionnaire cédant joue un rôle de premier plan, le **management de la cible** a ici un **rôle crucial** dans la conduite du processus.

Le dirigeant de la cible (représentant légal) a en effet le contrôle (et la responsabilité corrélative) de la demande d'ouverture des différentes procédures (mandat ad hoc, conciliation, sauvegarde).

Enfin, les **créanciers** sont également des **parties prenantes** importantes puisque l'un des principaux enjeux est la renégociation des encours fournisseurs et de l'endettement bancaire.

Le **schéma de reprise** et l'utilisation des outils procéduraux, le cas échéant, doivent être déterminés au regard notamment :
- de la situation de trésorerie de l'entreprise (entreprise encore in bonis ou déjà en cessation de paiement) ;
- de son endettement (existant ou latent) et de la typologie de ses principaux créanciers (créanciers financiers ou fournisseurs ; encours/dettes à échoir concentrés sur un nombre limité de créanciers ou au contraire très atomisés...) ;
- de l'approche de l'acquéreur potentiel (approche « amicale » concertée avec le management et/ou l'actionnaire ; approche « inamicale » en concertation le cas échéant avec un créancier important...).

Facteurs clés de succès

3820 ***Question***

Quels sont les facteurs clés de succès d'une reprise d'entreprise en difficulté ?

Réponse La **reprise d'une entreprise en difficulté** suppose une **rigueur renforcée** dans la mise en œuvre des critères d'identification, de valorisation, d'analyse des risques et de négociation par rapport à celle requise pour l'acquisition d'une entreprise saine, dans la mesure où les risques associés sont sensiblement supérieurs.

De plus, l'**approche** doit être **adaptée,** notamment dans le souci de comprendre les raisons pour lesquelles l'entreprise connaît des difficultés, ou afin de s'adapter à un calendrier spécifique.
En effet, le calendrier est rythmé par des facteurs souvent hors du contrôle des intervenants : situation de trésorerie de la cible, évolution des procédures amiables ou judiciaires, attitude des actionnaires et des créanciers dans cette situation de crise. Le repreneur potentiel doit comprendre ces facteurs et anticiper leur évolution, afin d'être un interlocuteur crédible auprès des décideurs et des parties prenantes : dirigeants, actionnaires, banquiers, administrateur judiciaire, tribunal de commerce, clients et fournisseurs stratégiques, acteurs publics (trésorier payeur général, préfet, etc.), syndicats et représentants du personnel. Les délais pour conduire l'étude de la reprise peuvent être très courts et ne permettent pas toujours de mener toutes les investigations souhaitées.

L'approche est radicalement différente selon que la cible est « in bonis » ou en procédure collective. En **procédure collective,** il convient de se faire connaître auprès du ou des administrateurs qui pourront fournir les informations permettant d'appréhender le dossier.

Les points essentiels pour réussir une acquisition dans ce contexte sont de disposer d'une projection de trésorerie détaillée à court et moyen terme, de préparer un plan de retournement crédible, d'identifier clairement l'équipe de management qui mettra en œuvre ce plan, de proposer un prix d'acquisition approprié (voir n° 3840), et de réunir des moyens financiers et humains suffisants.

Mandat ad hoc, conciliation, sauvegarde, redressement et liquidation judiciaires

3825 ***Question***

Quelles sont les principales différences entre les procédures de mandat ad hoc, conciliation, sauvegarde, de redressement judiciaire et de liquidation judiciaire du point de vue du repreneur ?

Réponse Les **modalités** et les **possibilités de reprise** peuvent être **différentes** suivant le **type de procédure** dont fait l'objet l'entreprise en difficulté.

La connaissance des principales caractéristiques des procédures collectives utilisées et de leurs objectifs permet de choisir le scénario de reprise le plus adapté.

L'objectif des procédures de mandat ad hoc, conciliation, sauvegarde ou de redressement judiciaire est la poursuite de l'activité dans un cadre de continuité après négociation et étalement du paiement du passif.

Un tiers repreneur peut intervenir dans ces procédures dans le cadre d'un adossement total ou partiel via le rachat des titres de l'entreprise ou la montée au capital au côté de l'actionnaire existant. Il peut également se porter acquéreur d'activités/actifs jugés non stratégiques et dont la cible souhaitera/devra se défaire dans le cadre de son redressement.

Tout repreneur peut intervenir en cas d'échec de réalisation des plans de sauvegarde ou de redressement et en procédure de liquidation judiciaire, dans le cadre d'un appel d'offres pour présenter un plan de reprise des actifs, qui peut être global ou partiel. Les différents candidats repreneurs sont en concurrence, et le choix du repreneur est effectué par le tribunal après examen des offres en Chambre du Conseil.

Les règles régissant les procédures collectives sont complexes. Parmi les éléments stratégiques différenciant les différentes procédures, on citera en particulier :

- **confidentialité** : le mandat ad hoc et la conciliation sont confidentiels (pas de publication légale, ni de mention au registre du commerce, révélation aux tiers interdite), tandis que les procédures collectives, impliquant un défaut sur certains engagements contractuels, sont publiques ;
- **degré de détérioration de la situation de trésorerie** : lorsque l'entreprise est en cessation de paiement avérée, seuls la conciliation (si la situation de cessation de paiement remonte à moins de 45 jours et si un accord peut être trouvé rapidement avec les principaux créanciers), le redressement ou la liquidation judiciaires sont possibles ;
- **impact immédiat sur les créanciers** : les créanciers d'un débiteur qui fait l'objet d'une procédure de sauvegarde, de redressement ou de liquidation judiciaire, doivent procéder à la **déclaration de leurs créances** afin de pouvoir prétendre au règlement des sommes qui leur sont dues. A l'issue de la déclaration de créances, les procédures de sauvegarde, redressement et liquidation judiciaires permettent de « geler » les poursuites en paiement des créanciers (pour l'essentiel, la plupart des créances antérieures à la procédure) et de bloquer l'exercice des sûretés (hypothèques, nantissement...) par les créanciers privilégiés ;
- **privilège du « new money »** : les apports (en trésorerie) du repreneur peuvent bénéficier d'un privilège légal leur permettant d'être payés par préférence aux créances privilégiées des salaires et des frais de justice nées pour les besoins du déroulement de

la procédure (que ce soit, à présent, en conciliation, en sauvegarde ou en redressement judiciaire). Ce privilège ne concerne pas les apports consentis par les actionnaires et associés du débiteur dans le cadre d'une augmentation de capital ;
- **opposabilité d'un moratoire/plan aux créanciers non signataires** : les procédures préventives (mandat ad hoc et conciliation) ne permettent pas d'imposer à tous les créanciers des délais de paiements/abandon de créances acceptés par les signataires d'un accord même homologué (conciliation). En revanche, les procédures de sauvegarde et de redressement (plan de continuation) permettent de rendre le plan opposable à tous les créanciers ;
- **rachat de l'entreprise « à la barre » (appel d'offre)** : en redressement ou liquidation judiciaire, la procédure de cession est nécessairement concurrentielle et fait l'objet d'une décision du tribunal. La procédure de sauvegarde ne peut en revanche avoir pour effet la cession totale de l'entreprise mais une cession de titres de droit commun d'une société en plan de sauvegarde est possible (sous réserve des engagements pris auprès du tribunal et de sa correcte information).

Procédure de sauvegarde accélérée

3827 ***Question***

Quel est l'intérêt de la procédure de sauvegarde accélérée ?

Réponse La **procédure de sauvegarde accélérée** permet de convertir en une procédure collective accélérée une procédure de conciliation rencontrant des difficultés à aboutir, faute d'unanimité des créanciers.

Il est possible de circonscrire les effets de la procédure de sauvegarde accélérée aux seuls créanciers financiers. La durée de la procédure de sauvegarde accélérée est limitée à **4 mois maximum** (C. com. art. L 628-8) et est ouverte à toutes les entreprises, quelle que soit leur taille. La procédure de conciliation est un préalable nécessaire à ce que le débiteur puisse demander l'ouverture de la procédure de sauvegarde accélérée. L'ouverture d'une procédure de sauvegarde accélérée ne produit d'effet qu'à l'égard des parties affectées par le projet de plan.

La mise en place de **classes** de créanciers, plus précisément de **« parties affectées »** (issue de l'ord. 2021-1193 du 15-9-2021) **s'applique, quelle que soit la taille de l'entreprise concernée, en sauvegarde accélérée** et, sous certaines conditions, soit en raison de la taille du débiteur (250 salariés et 20 millions de CA net ou 40 millions de CA net), soit à sa demande, en sauvegarde non accélérée et en redressement judiciaire.

Ces **classes de parties affectées** sont déterminées en fonction d'un critère de « communauté d'intérêts économiques », justifiant que des créanciers – dont les droits sont affectés par le projet de plan de sauvegarde ou de redressement – soient regroupés au sein d'une même classe. Cette répartition des créanciers en classes de parties affectées est laissée à l'appréciation de l'administrateur judiciaire mais elle doit reposer sur des critères objectifs vérifiables et doit, toutefois, respecter **trois critères impératifs** :
- les créanciers titulaires de sûretés réelles portant sur les biens du débiteur pour leurs créances garanties et les autres créanciers doivent être répartis dans des classes distinctes ;
- les accords de subordination doivent être respectés ;
- les détenteurs de capital, s'ils sont affectés par le projet de plan, sont appelés à voter au sein d'une ou plusieurs classes.

Apparaît ainsi en filigrane de ces trois critères impératifs, une ébauche de **structuration de classes de créanciers** en fonction de leur rang, allant du rang le plus élevé (les titulaires de sûretés) au rang le plus bas (les détenteurs de capital qui sont sous cet angle, des créanciers « hypo-chirographaires » ou « super-subordonnés »).

Les différentes classes de parties affectées votent chacune sur le **projet de plan** qui leur est présenté à la **majorité des 2/3** des voix détenues par les membres ayant exprimé un vote. Les classes de parties affectées ne peuvent pas présenter de plan concurrent en procédure de sauvegarde, contrairement à ce qui est prévu en procédure de redressement judiciaire (et à ce qui était prévu en procédure de sauvegarde avec des comités de créanciers). En ce cas, le contrôle du tribunal sera assez réduit, mais il devra tout de même s'assurer, notamment, du « best interest test », c'est-à-dire de ce que les créanciers minoritaires n'ayant pas voté le plan à l'intérieur d'une classe ne se trouvent pas dans une situation moins favorable que ce qu'ils pouvaient en attendre sur le terrain des répartitions en cas de liquidation judiciaire ou de plan de cession.

Si le plan n'a pas été approuvé par chaque classe, le tribunal peut, sous certaines conditions, adopter le plan et décider de son **application forcée interclasses,** c'est-à-dire de **l'imposer aux classes dissidentes.** Toutefois, des conditions strictes doivent être remplies afin de protéger les droits de créanciers de classes dissidentes (C. com. art. L 632-2). En particulier, le tribunal devra s'assurer du respect de la règle de priorité, c'est-à-dire que « les créances des créanciers affectés d'une classe qui a voté contre le plan sont intégralement désintéressées par des moyens identiques ou équivalents lorsqu'une classe de rang inférieur a droit à un paiement ou conserve un intéressement dans le cadre du plan ».

Reprise « à la barre » du tribunal

3830 ***Question***

Comment opérer la reprise d'une entreprise en difficulté « à la barre » du tribunal et quelle est la marche à suivre avec l'administrateur judiciaire et le tribunal de commerce ?

Réponse La **reprise « à la barre » du tribunal** concerne uniquement la reprise de certains actifs dans le cadre d'un **plan de sauvegarde** (le plan de sauvegarde ne peut en effet conduire à la cession de l'entreprise).

Elle porte en revanche sur la reprise de certains ou de la totalité des actifs dans le cadre d'un **plan de redressement judiciaire** sans solution de continuation, ainsi que dans le cadre d'une **procédure de liquidation.**

La **publication des appels d'offres** est généralement faite sur les sites Internet de la profession des administrateurs et mandataires judiciaires ainsi que par le biais de journaux de diffusion régionale ou nationale (à vocation économique).

Le **délai de dépôt des offres** est fixé par l'administrateur judiciaire ou le mandataire judiciaire dans le cas d'un redressement judiciaire et par le tribunal dans le cas d'une liquidation.

Un **dossier de présentation** et/ou une « data room » sont préparés par la société à l'usage des candidats repreneurs. Ce dossier et/ou « data room » comprennent l'ensemble des informations à caractère financier, juridique, fiscal, social... nécessaires à l'élaboration d'une offre de reprise.

Les candidats repreneurs peuvent retirer ce dossier à l'étude de l'administrateur judiciaire ou du mandataire judiciaire contre signature d'un engagement de confidentialité.

L'**offre présentée** doit comporter les **informations suivantes** (C. com. art. L 642-2) :
- la désignation précise des biens, droits et contrats inclus dans l'offre ;
- les prévisions d'activité et de financement ;
- le prix offert, les modalités de règlement, la qualité des apporteurs de capitaux et, le cas échéant, de leurs garants. Si l'offre propose un recours à l'emprunt, elle doit préciser les conditions, en particulier de durée ;
- la date de la réalisation de la cession ;
- l'indication des niveaux et perspectives d'emploi justifiés par l'activité considérée ;
- les garanties souscrites en vue d'exercer l'exécution de l'offre ;
- les prévisions de cession d'actifs au cours des 2 années suivant la cession ;
- la durée de chacun des engagements pris par l'auteur de l'offre.

Il convient également de prévoir :
- une note de présentation du repreneur avec les principaux renseignements juridiques et financiers ;
- l'identité des détenteurs du capital de la structure d'accueil des actifs repris ;
- une attestation selon laquelle, l'auteur de l'offre ne tombe pas sous le coup des interdictions prévues à l'article L 642-3 du Code de commerce ;
- une attestation de sincérité de prix.

L'offre doit être impérativement assortie de garantie bancaire, sauf remise d'un chèque de banque au cours de l'examen de l'offre par la Chambre du Conseil.

Les offres sont examinées en Chambre du Conseil. Le tribunal, après avoir recueilli l'avis du ministère et entendu le débiteur, les organes ayant pris part à la procédure, et les représentants du comité social et économique (voir nº 5190), retient l'offre qui permet dans les meilleures conditions d'assurer le plus durablement l'emploi attaché à l'ensemble cédé, le paiement des créanciers et qui présente les meilleures garanties d'exécution.

Dans le contexte de rachat à la barre, aucune garantie de passif n'est octroyée à l'acquéreur. La rédaction et la signature des actes est faite sous l'égide de l'administrateur ou du mandataire dans les conditions du jugement arrêtant la cession.

« Prépack Cession »

3833 ***Question***

Quel est l'intérêt du « Prépack Cession » ?

Réponse Le **« Prépack Cession »** permet d'obtenir les mêmes effets qu'une reprise en plan de cession, en évitant une période d'observation en procédure collective trop longue, qui peut s'avérer destructrice pour le fonds de commerce de l'activité concernée (publicité négative, interruption du flux de commandes, départ de collaborateurs clés...).

La loi dispose que le conciliateur « peut être chargé, à la demande du débiteur et après avis des créanciers participants, d'une mission ayant pour objet l'organisation d'une cession partielle ou totale de l'entreprise qui pourrait être mise en œuvre, le cas échéant, dans le cadre d'une procédure ultérieure de sauvegarde, de redressement judiciaire ou de liquidation judiciaire ».

En pratique, le plan de cession est préparé par l'investisseur avec le débiteur, sous l'égide d'un mandataire ad hoc ou d'un conciliateur. Le débiteur demande l'ouverture d'une procédure collective (redressement judiciaire ou sauvegarde) accélérée, qui se caractérise en particulier par l'absence d'appel d'offres public – ou par un appel d'offres accéléré. En contrepartie, le plan de cession proposé doit s'imposer comme la meilleure solution qui puisse raisonnablement être obtenue. A défaut, le tribunal peut décider de revenir à une procédure classique, plus longue et incluant une publicité plus large. L'avis du ministère public est également sollicité avant l'approbation du plan par le tribunal.

Pour justifier de ne pas ouvrir le dossier à la concurrence habituelle entre les repreneurs potentiels, il faut (i) que la qualité du plan de redressement proposé soit très bonne au regard des caractéristiques du dossier et des critères d'appréciation prévus par la loi et (ii) que les inconvénients d'une procédure d'appel d'offres plus longue et plus publique soient notoires.

Dans certaines situations intermédiaires, le tribunal saisi d'une demande de « Prépack Cession » peut néanmoins décider de lancer un appel d'offres dans des délais fortement raccourcis par rapport à la procédure standard.

La voie du « Prépack Cession » permet la mise en œuvre d'une reprise en plan de cession en un mois environ à partir de l'ouverture de la procédure collective et, ainsi, de rendre plus vraisemblable le redressement effectif de l'activité reprise. Cela explique le succès du « Prépack Cession ».

Reprise de titres en plan de continuation et d'actifs en plan de cession

3835 ***Question***

« A la barre » du tribunal de commerce, est-il plus intéressant de reprendre les titres d'une société en plan de continuation ou ses actifs en plan de cession ?

Réponse Reprendre les **titres d'une société** présente certains risques, puisque l'acheteur court le risque de reprendre également des dettes/passifs (existants ou latents, tels que les risques de contentieux) non identifiés. Certes, dans un plan de sauvegarde ou de continuation, les créanciers doivent déclarer leurs créances sous peine de nullité. Cependant, les créanciers ont tendance à maximiser leurs déclarations en incluant des éléments contestables : il reste donc une incertitude significative sur le montant final des créances valides.

Cependant, en cas de **reprise de titres, le montant investi à la date de l'opération est souvent plus faible car le BFR est déjà constitué, au moins en partie.** L'acheteur doit donc juger si les risques additionnels liés à la reprise des passifs concernant l'historique compensent la réduction du montant immédiatement investi. Pour cela, il doit mener une due diligence plus approfondie que pour la reprise d'actifs, dans la mesure où il dispose de suffisamment de temps.

Néanmoins, il faut noter qu'un **plan de continuation** peut offrir la possibilité de **renégocier le niveau de dette** ou de rééchelonner celle-ci. Le plan de cession, lui, donne à l'investisseur l'opportunité de faire une offre non exclusive ne portant que sur les actifs et le périmètre social correspondant à ses besoins.

L'administrateur judiciaire peut présenter au tribunal à la fois des plans de continuation et/ou de cession. En conséquence, l'investisseur n'a aucune exclusivité une fois la procédure collective ouverte. A condition qu'il soit réalisable, le plan de continuation a généralement la faveur du tribunal parce que tout le passif est apuré ou éventuellement abandonné avec l'accord des créanciers. Les actionnaires historiques vont également préférer le plan de continuation, de manière à conserver le contrôle sur la société. Toutefois, ils peuvent avoir besoin d'un apport financier de la part d'autres investisseurs et sont donc susceptibles de subir une dilution de leurs parts au capital. Enfin, un plan de continuation implique souvent des restructurations sociales moins importantes.

Une stratégie possible pour les investisseurs est donc d'essayer d'accompagner les actionnaires actuels de la société dans un plan de continuation et, si cela se révèle non faisable à la suite des travaux de due diligence, de présenter en dernier ressort une offre en plan de cession.

Prix et coût d'acquisition

3840 ***Question***

Comment évaluer le prix et le coût d'acquisition d'une entreprise en difficulté ?

Réponse Le prix d'acquisition, c'est-à-dire le montant payé au précédent actionnaire, n'est qu'une composante du coût total d'acquisition.

Ce prix, en général très faible, voire négatif dans les cas extrêmes, peut, le cas échéant, inclure des éléments de retour à meilleure fortune, qui permettent de diluer ou désintéresser l'actionnaire sans débourser d'argent, tout en lui laissant l'espoir de récupérer tout ou partie de son investissement (voir également no 3845).

L'ensemble des autres composantes du coût total d'acquisition diffère selon la procédure en cours.

1. **Situation in bonis** : la société aura sans doute besoin d'être recapitalisée par l'acquéreur pour financer le plan de retournement, pour assumer les pertes durant la période de redressement, et pour revenir à un taux d'endettement acceptable.

2. **Adossement en plan de sauvegarde ou de continuation** : le plan assumant au moins partiellement les dettes de l'entreprise même si elles sont étalées, il sera généralement nécessaire, comme dans la situation in bonis, de recapitaliser l'entreprise pour les mêmes raisons.

3. **Reprise en plan de cession** : le coût d'acquisition inclura le financement éventuel de mesures d'accompagnement pour les personnels non repris. C'est un critère de décision pour le choix du plan retenu. Les injections de capitaux dans la cible auront d'abord pour finalité de reconstituer le fonds de roulement, puisque les créances clients ne sont pas reprises, puis de financer le plan de retournement.

4. **Reprise en liquidation** : le candidat repreneur se porte acquéreur des actifs de son choix. Il lui appartiendra de les intégrer dans une structure existante, ou de créer une société, qu'il faudra capitaliser suffisamment pour assurer le succès du plan d'affaires correspondant.

Intérêt fiscal

3845 ***Question***

Existe-t-il un intérêt fiscal à acheter une entreprise en difficulté ?

Réponse Un des principaux avantages fiscaux qui peut être obtenu de l'acquisition d'une entreprise en difficulté est la **préservation et l'utilisation des déficits fiscaux** de cette entreprise (via la reprise de l'entité juridique). Les vendeurs peuvent d'ailleurs souhaiter voir les acquéreurs éventuels valoriser ces déficits fiscaux. L'utilité de ces déficits (et donc la valeur qu'ils peuvent atteindre) va dépendre de toute une série de facteurs de nature opérationnelle (« business plan » permettant d'évaluer le rythme de consommation des déficits), juridique (garanties que le vendeur est prêt à octroyer concernant leur validité) mais aussi fiscale.

A ce sujet, les problématiques suivantes doivent plus particulièrement être notées :

1. **Disponibilité des déficits** La **disponibilité post-acquisition des déficits** d'une société cible ne pose généralement pas de difficultés lorsque la société acquise ne fait pas partie d'un groupe d'intégration fiscale, puisque le changement de contrôle d'une société n'entraîne pas en France, contrairement à d'autres pays, la remise en cause de ses déficits fiscaux. A propos des conséquences d'un changement d'activité de la société acquise, voir ci-après 2.

Lorsque la **société acquise fait partie d'un groupe d'intégration fiscale,** sans en être la société mère intégrante, l'acquisition de cette société entraîne sa sortie du groupe et, en conséquence, la perte des déficits fiscaux qu'elle a générée au sein du groupe et qui restent acquis à ce groupe. Toutefois, si la sortie du groupe d'intégration fiscale est causée par une liquidation judiciaire de la société mère intégrante ou une cession d'une filiale faisant l'objet d'une procédure collective, les filiales du groupe peuvent récupérer les déficits transférés dans l'intégration fiscale à la société mère intégrante et non encore utilisés par le groupe (et par la suite former, ou rejoindre, un nouveau groupe d'intégration fiscale tout en étant dotées de tout ou partie de leurs déficits fiscaux). Voir Mémento Fiscal nº 40675.

Si la **société acquise est une société mère intégrante,** l'acquisition de cette société peut entraîner la cessation du groupe d'intégration fiscale et, en conséquence, la transformation des déficits du groupe en déficits propres de la société acquise. Cette cessation limite automatiquement l'utilisation ultérieure de ces déficits qui ne peuvent plus être imputés que sur les résultats imposables de cette seule société. Il existe toutefois un important correctif à cette situation sous la forme d'une possibilité d'option pour l'application du régime dit de « l'imputation des déficits sur une base élargie » qui permet, en cas de constitution d'un nouveau groupe fiscal par la société acheteuse, de continuer d'imputer les déficits sur les résultats des filiales membres de l'ancien groupe fiscal de la société acquise (voir Mémento Fiscal nº 40755).

2. **Risque de pertes des déficits post-acquisition** Même à supposer les déficits disponibles, certains évènements sont susceptibles d'en entraîner la perte. Parmi ces évènements figurent :

- les opérations menant à la disparition juridique de la société (fusion, scission...), sauf (i) si ces opérations bénéficient d'un régime de faveur et (ii) qu'un agrément est obtenu moyennant notamment des engagements de maintien de l'activité transférée ou, en cas de fusion, que le montant cumulé des déficits reportables, des charges financières nettes et de la capacité de déduction inemployée des charges financières de la société absorbée n'excède pas 200 000 € (voir nº 7802 et 7812) ;
- les opérations conduisant à un changement de régime fiscal de la société ;
- la disparition des moyens de production nécessaires à l'exploitation pendant une durée supérieure à douze mois ;
- les opérations entraînant un changement dans l'activité réelle de la société. Sont susceptibles de constituer un tel événement (i) un changement d'activité réelle au sens

assez restrictif que lui donne la jurisprudence, mais aussi (ii) l'adjonction d'une activité entraînant pour la société déficitaire le franchissement à la hausse, dans un certain laps de temps, de certains seuils (chiffre d'affaires, ou cumulativement total de bilan et effectif), ou (iii) l'abandon ou le transfert d'activités entraînant le franchissement par cette même société de ces seuils à la baisse (voir Mémento Fiscal nº 38720).

En pratique, l'acquisition d'une société déficitaire peut être suivie de mesures de réorganisation de son activité, nécessaires pour la rendre à nouveau rentable. La nature de ces réorganisations doit par conséquent être déterminée en amont afin d'en évaluer l'impact potentiellement négatif sur le maintien des déficits et donc sur leur valorisation potentielle.

3. Possibilité de report des déficits Les possibilités de report des déficits sont soumises à des restrictions qui aboutissent à en diminuer la valeur actualisée dans le cadre d'un exercice de valorisation. Ces déficits ne sont en effet reportables que sur les profits de précédents exercices (« carry-back »), dans la limite du montant le plus faible entre le bénéfice de l'exercice précédent et un montant d'un million d'euros (voir Mémento Comptable nº 52650 s.).

Les possibilités de report en avant des déficits fiscaux sur les profits d'un exercice ultérieur sont limitées à une portion de ce résultat égale à un million d'euros majoré de 50 % du résultat excédant cette limite (voir Mémento Comptable nº 52590).

Autrement dit, le rythme de consommation des déficits est allongé et leur valeur actualisée amoindrie.

4. Qualité des déficits La valorisation des déficits dépend aussi de la nature des opérations qui ont pu les générer, selon que ces déficits proviennent d'opérations dont le traitement comptable et fiscal n'est pas ou peu susceptible d'être remis en cause, ou au contraire d'opérations générant des risques fiscaux (politique de prix de transfert agressive, par exemple). Par ailleurs, de même que les règles de changement d'activité peuvent entraîner la perte des déficits post-acquisition, ces règles ont pu « fragiliser » l'existence de ces déficits du fait de réorganisations intervenues préalablement à la mise en vente de la société déficitaire. Des opérations de due diligences approfondies peuvent donc s'avérer nécessaires afin de préciser la qualité des déficits.

Refinancement et contraintes fiscales

3850 ***Question***

Quelles sont les contraintes fiscales à prendre en considération lors du refinancement d'une entreprise en difficulté ?

Réponse L'acquisition d'une entreprise en difficulté suppose presque inévitablement la **restauration des capitaux propres** de la société et son **désendettement.** Ces objectifs peuvent être atteints par :
- une augmentation de capital financée par l'apport d'argent frais par le nouvel investisseur ;
- ou l'incorporation au capital de la société en difficulté d'une partie de ses dettes, les créanciers devenant actionnaires de la société.

Une autre solution consiste à obtenir des créanciers qu'ils abandonnent leurs créances sur la société.

Ces différentes opérations de recapitalisation peuvent par ailleurs être le fait des actionnaires cédants (qui ont aussi souvent la qualité de créanciers), des banques prêteuses ou des repreneurs.

Le choix entre ces différentes options peut avoir un impact fiscal significatif pour le débiteur comme pour l'actionnaire.

1. **Pour le débiteur** Les **augmentations de capital,** qu'elles soient en numéraire ou par incorporation de créances (au sens de l'apport de numéraire libéré par compensation avec une créance certaine, liquide et exigible), sont neutres d'un point de vue fiscal. **L'abandon des créances commerciales** aboutira en principe pour cette société à l'imposition du montant de la créance abandonnée, ce produit pouvant venir s'imputer sur ses reports déficitaires après application le cas échéant d'un plafonnement (voir n° 3845). Si l'**abandon de créances** est qualifié de **financier,** le produit est alors en principe imposé chez la société qui en bénéficie. Toutefois, la quote-part non déductible chez la créancière d'un abandon consenti au profit d'une société placée sous une procédure collective (voir ci-après), n'est pas imposable chez la débitrice si celle-ci prend l'engagement d'augmenter son capital au profit de la société créancière, dans un délai de deux ans, pour un montant au moins équivalent à celui des créances abandonnées.
2. **Pour les créanciers** L'abandon de créance ne pourra généralement pas être déduit sauf (i) dans l'hypothèse limitée, qui ne caractérise généralement pas la situation des banques prêteuses ou des actionnaires cédants, de la continuation de relations commerciales substantielles entre créanciers et débiteur ou (ii) à hauteur de la situation nette négative de la société débitrice et pour la fraction excédentaire, dans la proportion de son capital détenu par d'autres sociétés, à la condition que cet abandon soit octroyé à une société en sauvegarde, en redressement ou en liquidation judiciaires, ou dans le cadre d'un procédure de conciliation en application d'un accord constaté ou homologué dans les conditions prévues à l'article L 611-8 du Code de commerce (voir Mémento Comptable n° 42270).

L'incorporation (par compensation) de la créance au capital de la société débitrice, suivie de la cession par le créancier-actionnaire de l'intégralité de sa participation dans le débiteur, ne pourra pas non plus donner lieu à une moins-value déductible de ses résultats. Le CGI interdit en effet la déduction de la moins-value résultant de la différence entre la valeur d'inscription des titres en comptabilité et leur valeur réelle. Le créancier se trouve imposable à l'occasion de l'opération de recapitalisation (par exemple parce qu'il a au préalable provisionné cette créance et que la recapitalisation entraîne une reprise de cette provision), sans pouvoir pour autant déduire la moins-value dégagée immédiatement après, à l'occasion de la cession des titres. Le seul correctif à cette situation concerne le cas où la créance en cause a préalablement été acquise pour un prix décoté, à condition toutefois que le créancier initial n'ait aucun lien avec la société débitrice ou avec le nouveau détenteur de la créance. Dans ce cas de figure, la moins-value n'est toujours pas déductible mais le profit résultant de l'opération de recapitalisation n'est imposable que pour la différence entre la valeur réelle des titres reçus et le prix de revient de la créance.

La condition d'absence de liens entre le créancier initial et la société débitrice n'est pas exigée lorsque l'augmentation de capital est effectuée dans le cadre d'un protocole de conciliation constaté ou homologué dans les conditions prévues à l'article L 611-8 du Code de commerce ou d'un plan de sauvegarde ou de redressement (CGI art. 209, VII bis).

Enfin, l'apport en nature de la créance devrait permettre au créancier d'éviter ce type de problématique, la seule imposition possible résultant, dans un tel cas de figure, d'une revalorisation réelle de la créance.

Ces dispositions sont en définitive susceptibles d'entraîner des distorsions rendant plus complexes les opérations de recapitalisation et de reprise d'entreprises en difficulté.

La capitalisation de créances détenues par des tiers non actionnaires peut par ailleurs poser problème si la société débitrice est une filiale d'un groupe intégré car cette capitalisation entraîne, lorsqu'elle abaisse le pourcentage de détention de la mère en-deçà de 95 %, la sortie de cette société du périmètre du groupe d'intégration fiscale avec effet rétroactif au premier jour de l'exercice de la capitalisation. Dans ce cas, il peut être nécessaire de reclasser les créances à l'intérieur du groupe préalablement à leur capitalisation.

CHAPITRE 4

Comment intégrer et optimiser une acquisition ?

Plan du chapitre

Plan du chapitre (suite et fin)

Questions traitées dans ce chapitre	N°
Faut-il harmoniser les politiques de prix de transfert de la cible et de la société acheteuse ?	4263
Dans quelle mesure la politique de prix de transfert mérite-t-elle d'être adaptée à la suite de la réalisation d'une nouvelle acquisition ?	4265
Quelles précautions prendre lorsque la société acquise bénéficie du crédit d'impôt recherche (CIR) ?	4267
Comment la structuration des opérations peut-elle permettre d'atteindre les objectifs poursuivis ?	4270
Quelles précautions en matière de systèmes d'information comptables lors de l'intégration ?	4273
Comment réussir le processus d'harmonisation des statuts sociaux ?	4275
Section III. Comment optimiser la gestion des clauses relatives au prix et aux garanties de passif incluses dans le contrat d'acquisition ?	
A. Mise en œuvre des clauses d'ajustement de prix, d'« earn out » et de garanties de passif	
Comment optimiser le calcul de l'ajustement ou du complément de prix (« earn out ») ?	4300
Comment gérer la mise en jeu des garanties de passif ?	4305
Comment traiter fiscalement l'exécution de la garantie de passif ?	4310
B. Comment gérer les désaccords et litiges portant sur le contrat d'acquisition ?	
Quels sont les désaccords et litiges les plus communément rencontrés dans le cadre d'une acquisition ?	4320
Quel mode opératoire est-il nécessaire d'adopter en cas de désaccord ou de litige lors d'une acquisition ?	4325
Quelles sont les différentes voies susceptibles d'être suivies si le désaccord persiste ?	4330
Section IV. Quelles spécificités de la cible peuvent influencer l'optimisation d'une acquisition ?	
Comment identifier les leviers du retournement de l'entreprise ?	4400
Quelles sont les dix erreurs les plus fréquentes qui peuvent mettre en péril le retournement ?	4405
Les procédures judiciaires peuvent-elles faciliter le retournement ?	4410
Quelles sont les conséquences d'une action pénale engagée à l'encontre de la cible ?	4412
Comment gérer au mieux l'impact social du retournement et d'une restructuration ?	4415
Quelles sont les spécificités de l'intégration d'une entreprise en difficulté ?	4420

SECTION I

Quelles sont les principales mesures à mettre en œuvre pour réussir l'intégration post-acquisition ?

A. Comment mener une intégration post-acquisition ?

Enjeux de l'intégration

4110 ***Question***

Quels sont les principaux enjeux de l'intégration d'une acquisition ?

Réponse Le succès d'une acquisition suppose que le management de l'acquéreur réussisse l'intégration de la société acquise, sans porter atteinte à la capacité de la cible et de l'acquéreur à atteindre leurs objectifs respectifs de croissance organique.

A ce titre les **principaux enjeux d'une intégration** peuvent être résumés comme suit :
- **prendre le contrôle effectif** de l'activité nouvellement acquise avant de lancer les chantiers prioritaires de création de valeur ;
- **disposer** rapidement d'une **structure de gouvernance** des deux entités, capable d'assurer une prise de décision rapide ;
- **délivrer le plan d'affaires d'acquisition** et particulièrement les synergies et les autres leviers de création de valeur envisagés sans mettre en péril la capacité des organisations à poursuivre leurs objectifs initiaux de croissance organique ;
- **gérer les attentes des collaborateurs** et plus particulièrement ceux considérés comme clés durant la période d'incertitude que constitue tout processus d'intégration ;
- mettre sous tension et contrôler le **processus d'intégration** afin de **minimiser les risques** ;
- **gérer les divergences** en matière de **culture d'entreprise** et de **gouvernance,** pour permettre aux deux équipes de management de travailler ensemble, en maintenant la motivation des équipes et la dynamique d'intégration ;
- aligner l'**ensemble des collaborateurs** sur des **objectifs** clairs, partagés et positionnés dans le temps.

Caractéristiques des prises de contrôle

4115 ***Question***

Quelles sont les principales caractéristiques d'une prise de contrôle ?

Réponse La prise de contrôle effective d'une cible par un acquéreur intervient au « closing » de la transaction (voir n° 1310). C'est à cette date qu'intervient le transfert effectif de propriété de la cible et donc la prise de contrôle par le nouvel acquéreur.

Afin d'anticiper cette étape et de minimiser les risques associés, la phase de **prise de contrôle** doit être préparée **dès la signature du contrat d'acquisition.** Cette préparation a pour objectif d'identifier, planifier et mettre en œuvre l'ensemble des actions permettant de :

- s'assurer de la **continuité des opérations** à compter du « closing » sans perturbation significative des activités ;
- satisfaire à l'ensemble des **obligations induites** par les **régulateurs** ;
- évaluer rapidement les **risques** susceptibles d'affecter l'activité et devant faire l'objet d'**actions correctives** immédiatement après la réalisation de la transaction ;
- mettre en place les **contrôles et actions** critiques nécessaires au **bon pilotage** des opérations dans le nouvel environnement.

On peut citer à titre d'exemples, les **actions suivantes** :

- finalisation de l'ensemble de la **documentation financière** requise, tel que le bilan d'ouverture ;
- mise en place d'un **accord transitionnel (TSA)** assurant l'intégration ou la migration des systèmes d'information ;
- obtention des autorisations des **organismes de régulation** de la concurrence ;
- revue de l'ensemble des **contrats avec des tiers** (clients ou fournisseurs) susceptibles de contenir des clauses de changement de contrôle ;
- identification des **personnes clés** au sein de l'organisation de la cible, afin de s'assurer de leur adhésion au projet d'acquisition et d'intégration ;
- planification de la mise en œuvre dès le « closing » des **contrôles critiques** requis par l'acquéreur (signatures engageant la société, autorisation de dépense, gestion de trésorerie, comptes bancaires, etc.) ;
- préparation d'un **plan de communication** pour le **« Day 1 »** (premier jour suivant l'acquisition) adapté à chacune des parties prenantes (employés, fournisseurs, clients, presse, etc.) ;
- conduite éventuelle d'**investigations complémentaires,** compte tenu d'un accès plus important à la cible, afin d'identifier des risques de perturbation de l'activité.

Chaque transaction comportant des particularités propres, l'acquéreur devra donc s'attacher à passer au crible l'ensemble des fonctions afin de sécuriser sa prise de contrôle. Dans le cas d'une transaction complexe, l'acquéreur pourra avoir recours à un consultant disposant de cette expertise.

Mise en place d'un plan d'intégration

4120 ***Question***

Comment mettre en place un plan d'intégration ?

Réponse Le **plan d'intégration** constitue la **feuille de route des deux entreprises,** afin d'atteindre les objectifs du plan d'affaires d'acquisition.

Les intégrations ont comme caractéristique d'impacter la plupart des fonctions de l'entreprise et impliquent de ce fait un nombre important de personnes. Il est donc impératif de procéder à la mise en place d'une structure de gestion de projet qui prendra en charge la coordination de l'ensemble du projet, s'assurera de la cohérence des travaux conduits, et donnera de la visibilité à la direction générale quant aux progrès réalisés, aux points de blocage et aux décisions à prendre.

Dans la mesure où un nombre important de personnes sont impliquées dans le processus d'intégration, il est essentiel de définir en tout premier lieu les **fondamentaux de l'intégration,** à savoir :
- la **stratégie d'acquisition,** incluant notamment les raisons sous-jacentes à la transaction ;
- les **objectifs attendus** de l'intégration (synergies de revenus, de coûts, croissance de parts de marché, satisfaction des clients, etc.) ;
- l'**approche envisagée** et les principaux jalons de l'intégration ;
- les **organes de gouvernance** du projet d'intégration (comités de pilotage, direction de l'intégration, gestion de projet, chefs de chantiers, équipes d'intégration) ;
- le **degré d'intégration envisagé** pour chacune des activités, des fonctions et des pays concernés (intégration totale, partielle ou maintien de l'indépendance).

Ces fondamentaux de l'intégration doivent être partagés avec les acteurs clés des deux entreprises sur lesquels reposera la réalisation effective de l'intégration. Ce partage pourra être effectué dans le cadre d'un séminaire de lancement de l'intégration.

La **phase de planification** proprement dite pourra ainsi être lancée : l'ensemble des responsables de chantiers et leurs équipes assistés par l'équipe de gestion de projet devront identifier et documenter l'ensemble des projets d'intégration qu'ils souhaitent mettre en œuvre. Les principaux chantiers sont en général organisés par fonction de l'entreprise : opérations, organisation commerciale, marketing, R&D, etc. et sont déclinés en sous-chantiers ou projets.

Chaque projet doit dans un premier temps **faire l'objet** :
- d'un descriptif des objectifs et de la valeur attendue du projet ;
- de la nomination d'un responsable et/ou d'une équipe ;
- d'une date prévisionnelle de démarrage et de fin ;
- d'une estimation des ressources nécessaires à sa mise en œuvre.

La capacité de l'entreprise à mener de front l'atteinte des objectifs budgétaires initiaux et ceux de l'intégration induit une hiérarchisation des différents projets en fonction, d'une part de la disponibilité des ressources en interne afin de les mettre en œuvre, mais également de la création de valeur associée. Il convient donc à ce stade de **mobiliser le comité de direction** pour réexaminer l'ensemble des projets au regard :
- de la capacité de l'organisation à mettre en œuvre ces projets ;
- de la contribution à la création de valeur par rapport aux objectifs de l'intégration, tels que définis dans les principes fondamentaux de l'intégration.

A l'issue de cette phase de hiérarchisation des projets, qui conduit en général à l'abandon de certains projets ou à leur modification, il est possible de lancer les équipes d'intégration dans la définition de plans d'actions détaillés.

La structure responsable de la gestion du projet d'intégration doit ensuite procéder à la consolidation de l'ensemble de ces projets, en prenant en compte la dépendance de certains d'entre eux à des prérequis, ainsi que leur enchaînement logique.

Due diligence vendeur développement durable

4125 ***Question***

Comment intégrer les éléments ESG (Environnemental, Social, Gouvernance) en post-deal et construire un plan de progrès ?

Réponse Le **plan d'action ESG** s'appuie sur les due diligences ESG réalisées dans la phase d'étude par l'acquéreur et ses conseils et complétées, lorsque l'acquisition est conclue, par les travaux d'approfondissement effectués avec le management de l'entreprise et un plein accès à l'information disponible. Une fois élaboré, ce plan de progrès sera validé par le nouvel actionnaire et fera l'objet d'un suivi annuel en conseil de surveillance.

Le plan d'action doit couvrir la totalité des risques identifiés et utiliser le prisme ESG pour enrichir le « business plan » afin de contribuer à la valorisation de l'entreprise en travaillant sur des sujets tels que :
- le développement du chiffre d'affaires (innovation produits, accès à de nouveaux marchés...) ;
- la réduction des coûts (énergie, par exemple) ;
- l'amélioration de l'efficacité opérationnelle (réduction des accidents, baisse du turnover...).

B. Comment confirmer et mettre en œuvre les synergies et les autres leviers de création de valeur préalablement identifiés ?

Confirmation et validation

4140 ***Question***

Comment affiner et valider les synergies et les autres leviers de création de valeur initialement identifiés ?

Réponse Les pistes de synergies et les autres leviers de création de valeur identifiés en amont de la transaction sont généralement affinés par le management et les équipes d'intégration lors du processus de définition du plan d'intégration (voir no 4120). Il s'agit d'un processus itératif entre les différentes parties prenantes aboutissant à la validation des données de référence par la direction financière, à la validation des hypothèses par la direction générale et à une appropriation de ces synergies et autres leviers de création de valeur par les personnes qui seront responsables de leur mise en œuvre.

1. Les **leviers relatifs aux revenus** (par exemple, ventes croisées, nouveaux canaux de distributions, ventes dans de nouvelles géographies) sont complexes à appréhender, dans la mesure où il est souvent délicat de quantifier précisément l'accroissement du chiffre d'affaires directement lié à la transaction. L'exercice est d'autant plus complexe et aléatoire qu'il est également difficile de mesurer les « dissynergies » susceptibles

d'apparaître et de réduire les gains anticipés. Ces dissynergies peuvent, par exemple, concerner des pertes de volume liées à la volonté des clients de conserver plusieurs fournisseurs, ou la baisse des prix engendrée par un alignement des prix pratiqués, etc.).

Il est donc conseillé d'adopter une démarche associant les différentes parties prenantes, prudente et conservatrice d'estimation des objectifs de revenus additionnels.

2. Les **leviers associés à la réduction des coûts variables,** tels que la refonte de l'outil industriel, la mutualisation des achats et des contrats fournisseurs, l'optimisation du réseau de logistique sont a priori moins corrélés à des facteurs exogènes (marché, clients...) et doivent faire l'objet d'une analyse approfondie, tant sur les impacts associés que sur la mise en œuvre, car ils peuvent être générateurs d'économies importantes, plus facilement quantifiables et mesurables.

3. De la même façon, les **leviers associés à la réduction des coûts fixes** (par exemple, mutualisation des achats indirects et prestataires, rationalisation des sites et locaux) doivent être analysés finement au regard du niveau d'économies qui peut être envisagé.

Les **synergies associées à la mutualisation des équipes** dépendent fortement, non seulement des structures organisationnelles des entités à intégrer, mais également du niveau de spécificités relatif à chaque fonction :
- les **fonctions support,** comme la gestion des ressources humaines, la finance, le juridique ou les systèmes d'information, offrent naturellement des opportunités de mutualisation du fait de la relative homogénéité de leurs processus. Indépendamment de toute mutualisation, l'alignement sur les meilleures pratiques des deux entités constitue également une source d'opportunités notamment en termes de productivité ;
- les **fonctions opérationnelles,** comme la recherche et développement, le commercial, les achats, ou les opérations doivent quant à elles être analysées au cas par cas, étant donné qu'elles peuvent s'appuyer sur des compétences ou des processus spécifiques dont la mutualisation est moins évidente, par exemple, s'agissant d'achats de matières premières nécessitant des compétences spécifiques.

Une attention particulière doit être portée au **calendrier de mise en œuvre des actions** associées à la génération de ces synergies. En effet, il n'est pas rare de constater que les plannings de mise en œuvre sont soit trop agressifs, soit peu réalistes (indisponibilité des ressources, gestion de l'activité quotidienne, interaction entre les différents projets, etc.).

Il convient également d'affiner, lors du processus de définition du plan d'intégration, **les coûts de mise en œuvre** de ces **synergies et autres leviers de création de valeur** (recrutements, coûts sociaux, investissements, etc.).

Pour l'ensemble des fonctions visées et des leviers envisagés, le management doit par ailleurs **détailler** les **hypothèses** relatives aux **gains financiers** afin de s'assurer que ceux-ci sont mesurables, traçables et ont un impact réel sur les états financiers. Ainsi, l'alignement des meilleures pratiques des deux acteurs de la fusion doit donner lieu à une amélioration de la productivité qui doit, elle-même, se traduire par un impact réel sur le chiffre d'affaires et/ou sur les coûts.

Afin de conforter ces estimations, il est également utile de **documenter l'ensemble des analyses** ayant abouti au chiffrage des gains financiers en précisant notamment le type de processus mis en œuvre, les personnes impliquées dans le chiffrage (opérationnels, direction générale, externes), ainsi que les éléments confortant les hypothèses retenues (données comparables, analyses de marché, performances précédemment atteintes, etc.).

Facteurs clés de succès

4145 ***Question***

Quels sont les facteurs clés de succès dans la mise en œuvre des synergies et autres leviers de création de valeur identifiés ?

Réponse Le principal facteur clé de **succès** dans la mise en œuvre des **synergies et des autres leviers de création de valeur** est la robustesse du plan d'intégration et des synergies envisagées. Pour cela, il est important de faire en sorte que l'**identification** et la **quantification** des **leviers** soient effectuées par les personnes qui seront **responsables de leur mise en œuvre.**

Le type de processus utilisé pour la définition des leviers est également important et induit par le commentaire ci-avant : dans la mesure du possible, la direction générale fixera des **objectifs de création de valeur** et il incombera aux équipes sur le terrain de définir les moyens d'y arriver ou de proposer un niveau de création de valeur alternatif.

Un **pilotage régulier** de la mise en œuvre des synergies et leviers permettra de détecter rapidement tout écart par rapport aux prévisions et ainsi de mettre en œuvre les actions correctrices nécessaires. Dans la mesure du possible, ce pilotage sera effectué par des ressources dédiées.

L'intervention d'un **consultant externe** durant le processus de définition des synergies et des autres leviers de création de valeur permet, le cas échéant, de disposer d'une vue critique indépendante sur la robustesse de ce processus, les hypothèses retenues et les modalités de calcul, et in fine sur le caractère réaliste et raisonnable des impacts identifiés et valorisés.

Enfin, une **revue indépendante des synergies et des autres leviers de création de valeur** par un tiers est également souhaitable, car elle peut permettre d'identifier des erreurs de valorisation (par exemple, des réductions d'effectif comptées en double) ou d'alerter le management sur l'absence de faisabilité du plan d'intégration (calendrier trop agressif, coûts de mise en œuvre sous-évalués, etc.).

Leviers de création de valeur liés à l'immobilier

4150 ***Question***

Quels sont les leviers de création de valeur liés à l'immobilier à la suite d'une acquisition ?

Réponse Acquérir une entreprise constitue l'opportunité de revoir son organisation opérationnelle et financière. Dans ce cadre, **les aspects immobiliers** méritent une attention particulière dans la mesure où ils peuvent constituer un **levier d'amélioration des performances,** une **source de réduction des coûts** et un **gisement de valeur.**

Une réflexion sur la politique immobilière d'une organisation peut ainsi s'articuler en **trois temps principaux.**

Une première phase d'audit de la situation immobilière doit être menée afin d'**identifier les besoins** présents et futurs, quantitatifs et qualitatifs, et d'**analyser le parc immobilier,** tout particulièrement en termes de mode de détention et de coûts.

Cette phase d'audit a pour objectif de mieux comprendre la situation immobilière d'une entreprise, afin de l'adapter à ses besoins. Ainsi, elle peut conduire à **une phase de**

rationalisation et d'adaptation du parc immobilier via, notamment, des regroupements de sites, l'adaptation de certains bâtiments ou encore la relocalisation d'activités. L'objectif premier est **d'améliorer les performances opérationnelles** par une meilleure coordination des équipes, un usage plus aisé des bâtiments, une image de marque renforcée... Par ailleurs, cette démarche peut également déboucher sur **une réduction des coûts** du fait de regroupement de sites ou de la renégociation de contrats de prestataires.

Une fois que le parc immobilier est adapté à l'organisation et aux besoins de son occupant, **une phase d'optimisation financière** peut débuter.

Pour les **sites en location,** le principal levier consiste à **optimiser les loyers** ou à proposer des prolongations de durées fermes des baux.

Pour les **sites en pleine propriété ou en crédit-bail, une distinction mérite d'être effectuée** entre :
- les **actifs stratégiques** : usines, centres de R&D, actifs clés pour une stratégie de marque (« flagship »)... ;
- les **actifs opérationnels non stratégiques** : immeubles de bureaux, locaux de stockage... ; et
- les **actifs non opérationnels et non stratégiques** (terrains, logements...).

En fonction de la catégorie des actifs, **deux principales stratégies d'optimisation financière** peuvent être envisagées :
a. Une première stratégie consiste en une opération de cession. Si l'actif cédé est opérationnel, sa cession s'accompagnera généralement d'un contrat de location permettant à l'entreprise d'y demeurer. Cette stratégie peut procurer à la fois des **avantages organisationnels,** comme la prise en charge de l'entretien et de la gestion administrative, mais aussi **financiers.** Les avantages financiers consistent principalement en **une meilleure valorisation globale d'une entreprise et en l'optimisation des fonds propres** qui peuvent ainsi être réorientés vers des activités à plus forte création de valeur (investissements en R&D, opérations de croissance externe...). Par ailleurs, l'entreprise cédante peut garder une part de contrôle sur les actifs vendus en conservant une participation minoritaire ou majoritaire au sein de la structure de reprise. Ce schéma est facilité par le régime fiscal des OPCI (Organisme de placement collectif immobilier) et prend tout son sens s'agissant d'actifs stratégiques ou encore d'actifs sur lesquels il existe un important potentiel de création de valeur sur le long terme.

Conduire une telle stratégie nécessite de veiller à **plusieurs points d'attention,** comme :
- la **dimension stratégique des actifs cédés,** afin d'éviter une perte de substance préjudiciable à la pérennité de l'activité ;
- les **impacts fiscaux** ;
- et les **implications comptables.**

b. Une seconde stratégie consiste en l'utilisation des actifs immobiliers comme levier de financement via l'obtention de **financements bancaires assortis d'une garantie réelle,** donc le plus souvent attractifs, ou au travers d'une cession en **crédit-bail.** Si cette stratégie est moins génératrice de trésorerie à court terme, elle permet de **garder la propriété sur le long terme des actifs,** ce qui peut s'avérer clé, notamment pour les actifs stratégiques.

Ainsi, il apparaît que **l'immobilier** peut constituer **un important levier de création de valeur, tant dans le cadre de politiques d'optimisation organisationnelle que financière.** Une période **post-acquisition** peut ainsi représenter un **moment opportun** pour les mettre en œuvre tout en veillant à prendre en compte leurs impacts, notamment sur les points suivants : **activité de l'entreprise, stratégie de financement, aspects fiscaux et comptables.**

C. Comment s'assurer de la qualité du processus d'intégration et de l'atteinte des objectifs ?

Principaux risques du processus d'intégration

4170 ***Question***

Quels sont les principaux risques affectant le déroulement d'une intégration ?

Réponse Les principaux risques susceptibles d'affecter le bon déroulement d'une intégration sont les suivants :
- **manque de vision stratégique** du nouvel ensemble ou une appréciation mauvaise ou incomplète du modèle organisationnel cible envisagé (par exemple, du degré d'intégration souhaité) ;
- **absence de réflexion** suffisante sur les **fondamentaux** de l'intégration empêchant les équipes de développer une vision claire du processus d'intégration et des attentes associées ;
- définition **d'objectifs d'intégration non réalistes** ou **trop ambitieux** dans le calendrier fixé initialement, notamment en matière de croissance du chiffre d'affaires ou de réduction de coûts ;
- **manque** de coordination de l'ensemble par la structure de gestion de projet ne permettant pas de gérer les interdépendances entre les différentes initiatives ;
- **évaluation erronée** des **ressources nécessaires** à la mise en œuvre de l'intégration en parallèle de l'atteinte des objectifs budgétaires ;
- **appréhension** et **gestion insuffisantes** des **problématiques culturelles** et de leurs impacts sur le rapprochement des deux sociétés ;
- **manque de ressources expérimentées** capables de définir et de délivrer le plan d'intégration ;
- **plan d'intégration** et **projets d'intégration insuffisamment détaillés** rendant impossible le pilotage et réduisant de fait la capacité du management à réagir rapidement ;
- absence ou **manque d'implication** de la **direction générale** dans le pilotage de l'intégration et des projets sous-jacents ;
- **fuite des talents** clés ;
- **manque de communication** auprès des équipes pouvant avoir des effets néfastes sur la motivation et l'envie de faire.

Pilotage de l'intégration

4175 ***Question***

Comment piloter la mise en œuvre de l'intégration ?

Réponse Quelques principes de fonctionnement sont nécessaires pour le pilotage de l'intégration :
- la **structuration** et l'**animation** des différents **chantiers d'intégration** et de synergies sont des éléments clés pour le bon déroulement de l'intégration ;
- le suivi de l'intégration doit **impliquer la direction générale** et faire l'objet de **comités de pilotage réguliers,** permettant ainsi un suivi du planning et des coûts des différents projets, une revue des interdépendances, ainsi qu'une analyse des risques et des problèmes rencontrés ;
- un **pilotage** rigoureux des **synergies réalisées** doit être disponible tout au long du projet d'intégration. Ceci nécessite la mise en place d'outils de contrôle et de prise de décision, comme un suivi des projets et des coûts d'intégration, un suivi des risques associés, un « tracking » des synergies... ;
- il est également possible dans certaines situations de réaliser un **diagnostic de l'état d'avancement** du projet d'intégration, afin de mettre en évidence les principaux risques et problèmes rencontrés et mettre en œuvre les actions permettant de relancer le projet de manière appropriée.

Succès d'une intégration

4180 ***Question***

Quand et comment apprécier le succès d'une intégration ?

Réponse Le succès d'une intégration se mesure, d'une part, à la **réalisation de la création de valeur et des synergies** incluses dans le plan d'affaires d'acquisition, ainsi que des objectifs intangibles n'ayant pas d'impact direct sur les comptes, comme la rétention des équipes, le niveau de satisfaction client, etc. et, d'autre part, à l'absence de perturbation majeure de l'activité tout au long du processus d'intégration.

Il conviendra de mesurer le succès d'une intégration dès sa phase de planification, puis d'apprécier le bon déroulement de celle-ci à des étapes clés. Ces étapes sont définies en fonction des objectifs fixés dans les fondamentaux de l'intégration. On peut citer, à titre d'exemple :
- le succès du lancement du processus d'intégration après la définition des fondamentaux ;
- la motivation et l'adhésion des équipes au processus d'intégration lors de la phase de planification ;
- la mise en œuvre de la nouvelle organisation sans perturbation de l'activité (insatisfaction des clients, départs des collaborateurs, etc.) ;
- l'atteinte d'un jalon-clé pour une fonction donnée de l'entreprise.

SECTION II

Quels sont les principaux facteurs de création de valeur dans le cadre d'une intégration ?

A. Quels sont les principaux leviers opérationnels ?

Croissance du chiffre d'affaires

4200 ***Question***

Comment identifier et hiérarchiser les opportunités de croissance du chiffre d'affaires ?

Réponse **Deux principales opportunités** de croissance du chiffre d'affaires sont susceptibles d'être identifiées à la suite d'une acquisition :
- l'augmentation du chiffre d'affaires de l'une, de l'autre ou des deux sociétés par la **matérialisation de synergies commerciales** ;
- la **diversification de l'activité** du nouveau groupe vers des métiers ou marchés que ces deux sociétés n'auraient pas pu servir seules.

Pour évaluer plus précisément ces opportunités, l'important dans un **premier temps** est de dresser une **cartographie** très précise de l'activité de chacune de ces sociétés. Les **axes de segmentation** que l'on peut utiliser pour un tel exercice peuvent, par exemple, être la couverture géographique (dans quels pays chacune des sociétés est-elle présente ?), mais aussi l'offre de produits et de services, les canaux de distribution (vente directe, via des distributeurs ou via internet), les clients ou secteurs servis, le réseau de prescription, le modèle de revenus (vente « sèche », location, abonnement, etc.), la stratégie de marque (marque propre, marque blanche), etc.

Dans un **second temps**, ces deux cartographies pourront être comparées, idéalement par un groupe de travail commun, de façon à **identifier** d'éventuelles **complémentarités** dans chacune des dimensions analysées précédemment. Par exemple :
- d'éventuelles complémentarités dans les offres de produits et services, susceptibles d'augmenter le panier moyen ou d'aboutir au développement de nouvelles offres à valeur ajoutée ;
- des réseaux ou des partenariats commerciaux, de distribution ou de prescriptions susceptibles d'être partagés ;
- des clients de l'un susceptibles de servir de références pour l'autre ou d'en devenir client grâce par exemple à un partage des bases clients et prospects ;
- des méthodes, expertises et outils commerciaux efficaces chez l'un et susceptibles d'être déployés chez l'autre.

A l'inverse, cet exercice pourra également permettre d'**identifier** d'éventuels **risques de dyssynergies commerciales** : par exemple, l'interdiction faite par un client de l'une des sociétés de travailler avec l'un de ses concurrents, qui peut par ailleurs être client de l'autre, etc.

Ensemble, les deux sociétés nouvellement rapprochées pourront également envisager de pénétrer des marchés sur lesquels aucune des deux n'était présente.

La sélection des différentes **opportunités de développement conjoint** pourra alors se faire, classiquement selon des critères :
- d'**attractivité** : potentiel de marché, s'il existe par exemple une demande non satisfaite, et opportunité concurrentielle, si l'entreprise est capable de se différencier par rapport aux concurrents en place ;
- de **faisabilité** : compétences à acquérir ou à développer, force commerciale à déployer, investissements à consentir, crédibilité sur le marché, etc.

Gestion des coûts de structure

4205 ***Question***

Comment optimiser la gestion des coûts de structure dans le cadre d'une intégration ?

Réponse L'optimisation des coûts de structure passe par :
- la **rationalisation des fonctions support** : elle est généralement réalisée sur la base d'une comparaison des meilleures pratiques sur chacune des sous-fonctions métiers. Par exemple, pour la gestion de la trésorerie, la comptabilité clients, la consolidation, etc. Les gains associés sont généralement quantifiés sur la base de (i) la mutualisation des prestataires (alignement des conditions, économies d'échelle) et (ii) des réductions d'effectifs envisageables (par exemple, après intégration et fusion des systèmes d'information associés) ;
- la **rationalisation des sites administratifs et opérationnels,** par exemple via le regroupement par zone géographique, la suppression d'un des deux sièges administratifs, la création de nouvelles plateformes logistiques. Un inventaire de l'ensemble des sites doit être effectué afin notamment de mettre en évidence les sites pouvant accueillir des effectifs et ceux arrivant en fin de bail dont le renouvellement devra être étudié ;
- l'**uniformisation des systèmes d'information,** permettant de réaliser des économies en matière d'infrastructure informatique et de coûts de maintenance (réduction d'effectifs et rationalisation des contrats de prestation existants). Cette uniformisation passe par une analyse de la stratégie d'intégration des systèmes informatiques : par exemple, l'absorption complète du système d'information de la cible dans celui de l'acquéreur, l'utilisation de l'un ou l'autre suivant la zone géographique ou la fonction gérée, ou la mise en œuvre d'un nouveau système d'information, etc. ;
- la **simplification de la structure de direction,** notamment des fonctions de direction générale en central et en filiale.

Réorganisation de l'outil industriel

4210 ***Question***

Quand et comment conduire une réorganisation de l'outil industriel ?

Réponse La mise en œuvre d'une **réorganisation de l'outil industriel** peut s'avérer nécessaire post-acquisition. Elle trouve son origine dans :
- la volonté de l'acquéreur d'optimiser les coûts de production ;
- et/ou le lancement de nouveaux produits dans de nouvelles géographies ;
- et/ou les difficultés financières rencontrées par la société acquise.

Afin d'appréhender l'ampleur de la réorganisation à mener, une première analyse globale de l'acquéreur et de la société achetée sous un angle opérationnel et financier est nécessaire.

Quelques exemples d'axes d'analyse :
- Quelles sont les synergies de revenus et synergies opérationnelles attendues dans le cadre de l'intégration ?
- Quels sont les objectifs attendus du nouveau plan d'affaires en termes de croissance du chiffre d'affaires et de volumes produits associés ?
- Quelle est la nouvelle capacité de production une fois la société intégrée et quels sont les besoins de production sur la base du plan d'affaires ?
- L'outil de production de l'acquéreur ou de la société achetée est-il sous-capacitaire ? Quels sont les marchés / lignes de produits ne faisant pas partie de la nouvelle stratégie ? Quelle est la rentabilité associée à ces lignes de produits ?

La réorganisation envisagée doit avoir pour objectif de maximiser la performance opérationnelle de la future organisation tout en anticipant les besoins inhérents au plan d'affaires.

La **rapidité de la réorganisation** est un facteur clé de réussite pour plusieurs raisons :
- une réorganisation peut être mal perçue en interne et donc dégrader la productivité générale de l'entreprise ;
- l'incertitude dans un processus d'intégration peut générer une perte de motivation des salariés concernés et se répercute sur la productivité et le climat social ;
- dans le cas d'une entreprise en difficulté financière, les pertes doivent être financées pendant la période intermédiaire.

La réorganisation de l'outil industriel dans le cadre d'une intégration nécessite de suivre **quatre grandes phases** qui conditionnent son succès :

1. **anticipation de la nouvelle organisation** avant le « closing » à travers un diagnostic et l'étude d'un plan d'actions détaillé, destiné à être déployé dès les premiers jours suivant le « closing », ce plan devant être accompagné d'objectifs chiffrés ;

2. **communication** de la stratégie et explication des actions majeures qui vont être mises en œuvre ;

3. **mise en œuvre** de la réorganisation suivant le **plan d'actions** préparé ;
4. **comparaison des résultats** opérationnels et financiers avec les **objectifs** initialement fixés.

Une entreprise met notamment en place un plan de réorganisation, lorsque la situation opérationnelle et financière est telle que la pérennité de ses activités peut être compromise. Un plan de réorganisation de l'outil industriel a pour but de réduire les coûts, notamment via la diminution des effectifs, ou de réduire la taille de l'entreprise, notamment en vendant des actifs, en se focalisant sur les produits rentables, ce qui permet ainsi de favoriser la survie de l'entreprise.

Un **plan de réorganisation** est en général mené en deux temps :

1. Une **phase de diagnostic,** qui vise à identifier les opportunités de rationalisation d'activité et de réduction des coûts ou de réduction d'activité. A titre d'exemple, la

rationalisation d'activité peut résulter d'une revue du portefeuille produits associée à l'analyse des marges, suivie de l'identification des produits les moins rentables avec pour corollaire une analyse et un arbitrage sur les produits à céder, notamment en fonction des actifs nécessaires à leur fabrication. La réduction des coûts peut, à titre d'exemple, résulter d'une analyse du niveau de productivité par comparaison avec d'autres entreprises du secteur.

2. Une **phase de mise en œuvre** des actions identifiées lors de la phase de diagnostic.

Synergies en matière d'achats

4215 ***Question***

Comment mettre en œuvre les synergies sur les achats ?

Réponse Les leviers associés à la génération de synergies sur achats peuvent être multiples. Citons les plus courants :
- l'**amélioration des prix d'achat** (facial, remise de fin d'année ou RFA, etc.) et, par conséquent, du résultat d'exploitation via une globalisation des portefeuilles ;
- l'**amélioration des conditions de règlement** et donc du résultat financier par une renégociation de ces dernières ou un alignement sur les conditions de l'une ou l'autre des entités à intégrer ;
- la **réduction des stocks** sans impact sur l'activité via la mise en place de stocks de consignation.

Pour mettre en œuvre ces synergies, il convient :
- de procéder à une **identification des principaux postes d'achats** de chacune des entités et d'identifier les natures d'achats ou les fournisseurs communs ;
- de conduire une **revue du portefeuille des achats** (nombre de fournisseurs, volumes achetés, tarifs négociés, conditions contractuelles, qualité de service), afin d'identifier les synergies potentielles ;
- de **valoriser les synergies** sur la base du fonctionnement cible attendu (harmonisation des prix en cas d'écarts, rationalisation du nombre de fournisseurs limitant ainsi les commandes à des fournisseurs avec des prix élevés, accès à des volumes permettant de négocier les prix nets à la baisse, etc.) ;
- d'**identifier les actions** à mener pour atteindre les gains attendus, ainsi que des responsables pour leur mise en œuvre. Sur la base de ces éléments, les acheteurs devront ensuite négocier avec les fournisseurs afin d'obtenir les niveaux attendus de prix nets et de qualité de service.

Il convient également d'étudier les opportunités de substitution de certains produits dans une logique de diminution globale des coûts directs et indirects. Cette action peut être menée conjointement avec les équipes Méthodes/R&D qui devront valider le produit de remplacement.

Enfin, le management peut profiter de cette opportunité pour définir et mettre en place des pratiques achats unifiées (référencement fournisseurs, validation des achats, etc.) permettant d'optimiser les processus achats et de pérenniser les gains obtenus voire d'améliorer la productivité de la fonction achats.

Optimisation de la trésorerie

4220 ***Question***

Quelles sont les principales mesures d'optimisation de la trésorerie dans un contexte d'intégration ?

Réponse L'optimisation de la trésorerie dans un contexte d'intégration peut notamment résulter de :

- l'**optimisation des montants d'investissement** (via des économies d'échelle sur les fournisseurs), la **renonciation ou le décalage dans le temps de certains investissements** qui s'avèrent inutiles ou peu prioritaires pour l'exécution et l'atteinte du plan d'affaires, puisque les outils concernés existent dans le périmètre à intégrer (par exemple, les systèmes de consolidation, certains modules de système d'information, les licences, certains équipements industriels ou logistiques, etc.) ;
- l'**optimisation du besoin en fonds de roulement (BFR)** : le focus principal sur ce point doit porter sur les trois composantes du BFR opérationnel que sont les comptes clients, les comptes fournisseurs et les stocks. L'enjeu consiste à identifier, au sein de chaque composante du BFR, la part véritablement nécessaire pour l'activité de l'entreprise de celle qui est superflue mais qui est néanmoins présente dans le BFR, en raison d'un focus insuffisant, de procédures mal définies ou mal appliquées, d'un reporting imprécis, etc.

L'identification de la contribution relative du BFR nécessaire versus non nécessaire s'effectue grâce à une revue de l'incidence sur la trésorerie du fonctionnement des processus attachés aux **trois composantes du BFR opérationnel** :

- le **processus ventes,** qui va de la gestion des devis à l'encaissement et au lettrage des règlements reçus (« quote to cash »). Cette revue mettra en évidence les axes de progrès sur la gestion des termes et moyens de paiement, les modalités de gestion du risque de crédit (qui présente également des enjeux sur le résultat), la vitesse et la qualité de facturation, ainsi que le recouvrement et la gestion des litiges ;
- le **processus achats,** qui intègre la gestion des budgets jusqu'au paiement des fournisseurs. De la même façon, des potentiels d'amélioration peuvent être mis en évidence sur les modalités de sélection des fournisseurs, la gestion des termes de paiement, le rapprochement commande, réception, facture et le paiement des fournisseurs. En complément des gains en trésorerie, ces analyses permettent régulièrement de générer des synergies sur les achats ;
- les **processus de production et de distribution** (composantes de la chaîne logistique). L'analyse portera plus particulièrement sur les responsabilités associées aux différents types de stock (matières premières, encours, produits finis, pièces détachées), la gestion de la demande prévisionnelle (planification industrielle, prévisions des ventes, etc.) et les paramètres de gestion de stock (délais, stock de sécurité, etc.).

En complément du BFR opérationnel, une revue des modalités de gestion de la **TVA** ou des **dettes fiscales et sociales** peut également révéler un complément d'optimisation de la trésorerie.

Au-delà des aspects BFR, il pourra également être envisagé d'étudier les opportunités de mise en œuvre (ou d'extension) d'outils, tels que le **« cash pooling »** ou l'utilisation d'**instruments de couverture** (change ou prix de matières premières).

Création de valeur

4225 ***Question***

Quelles peuvent être les autres opportunités de création de valeur liées à l'intégration ?

Réponse Les projets d'intégration peuvent être l'occasion de **refondre** en profondeur et d'**optimiser** les **processus métiers** de la nouvelle structure. Certaines de ces optimisations sont quantifiables, alors que d'autres le sont plus difficilement. Ces dernières constitueront ainsi des gisements de **création de valeur** additionnels, notamment pour ce qui est de l'amélioration de la qualité des processus métiers.

La réussite d'une intégration permet par ailleurs de **renforcer l'image** de l'acquéreur, ce qui peut conduire au renforcement et au gain de parts de marché, résultat d'une communication appropriée sur ce succès.

Un processus d'intégration réussi peut également permettre à un acquéreur d'**optimiser les projets d'intégration futurs,** en répliquant l'organisation et les processus mis en œuvre dans le cadre de la première intégration réalisée.

Appréciation du risque de fraude et de corruption

4230 ***Question***

Quelles sont les principales mesures à mettre en œuvre pour apprécier le risque de fraude et de corruption dans la société rachetée ?

Réponse Certaines caractéristiques de la société rachetée sont susceptibles de révéler un **risque de fraude,** dans le cas par exemple d'une entreprise de petite taille où il existe une faible ségrégation des tâches, ou dans le cas d'entreprises exerçant une forte pression sur les salariés pour l'atteinte de leurs objectifs, ou encore dans des entreprises dans lesquelles un historique de fraudes a été relevé lors des due diligences. Ces particularités peuvent également révéler un **risque de corruption** qui peut être plus ou moins important en fonction du secteur industriel, du pays d'implantation de l'entreprise, des interactions de la cible avec des agents publics étrangers pouvant influer dans des procédures d'achat, de l'utilisation d'intermédiaires, de l'absence ou du manque d'effectivité d'un programme de conformité anticorruption, etc. En effet, il convient de se prémunir des conséquences de la transmission de la responsabilité pénale en cas d'absorption de la cible (voir nº 4412), ainsi que du risque de recel et d'éviter le risque de réitération de tels faits (due diligences anticorruption, voir nº 3343). Ces différents points doivent donc faire l'objet d'un **traitement spécifique** lors du processus d'intégration.

Sur la base des zones de risques relevés et, le cas échéant, des soupçons de fraude ou de corruption identifiés lors de la reprise en main de la comptabilité, il est vivement conseillé de mener une investigation sur les points sensibles identifiés, et ce le plus rapidement possible, afin de pouvoir disposer d'éléments factuels permettant au nouvel actionnaire de se faire sa propre opinion. Il est également recommandé de s'assurer, dès l'acquisition de la société, que celle-ci adopte – si cela n'est pas déjà fait – un programme de conformité anticorruption conforme aux meilleurs standards existants, incluant notamment des politiques et des procédures strictes visant à diffuser une véritable culture d'intégrité.

En effet, c'est en gérant ce type de risques le plus en amont possible que l'acquéreur a le plus de chances de ne pas en subir directement les conséquences, tant financières qu'en termes de réputation. La **responsabilité des anciens actionnaires** sera d'autant plus facile à mettre en cause, si le point attaché à un risque de fraude ou de corruption est soulevé à une date proche de la transaction.

B. Quels outils de reporting et de pilotage de l'intégration peut-on mettre en place ?

Suivi du processus d'intégration

4250 ***Question***

Comment assurer un suivi efficace du processus d'intégration ?

Réponse Le suivi de l'intégration doit concerner l'ensemble des aspects organisationnels, de planning, de coûts, de bénéfices attendus du projet d'intégration, etc., ainsi qu'à tous les niveaux : global, chantier par chantier, projet par projet.

Les principaux éléments devant faire l'objet d'un suivi concernent :
- l'**organisation du projet** : une équipe projet doit être mise en place assurant le pilotage des différents chantiers et projets, veillant à la correcte allocation des ressources, la gestion des interdépendances entre chantiers, le suivi des risques et des actions préventives, etc. ;
- la **planification et le suivi des travaux** : les principaux éléments à suivre sont le respect du planning initial, l'atteinte des objectifs sur la période, le suivi des travaux en cours et des prochaines échéances, les risques et les problèmes rencontrés, les décisions à prendre afin de corriger les éventuelles anomalies identifiées ;
- le **suivi financier** (i.e. budgété versus réalisé) : analyse du coût des projets et évaluation du degré d'atteinte des synergies attendues.

Ce suivi doit s'accompagner de :
- la définition et du suivi d'indicateurs spécifiques permettant de constater l'avancement des travaux. Par exemple, concernant la fonction logistique, un suivi du plan de rationalisation et des fermetures d'entrepôts associées peut être effectué ;
- la définition d'un taux de retour sur investissement (« return on investment » ou ROI) de chaque projet en permettant de mesurer son impact sur le compte de résultat, en identifiant les coûts de mise en œuvre, ainsi que le montant et le calendrier des bénéfices attendus ;
- la remontée au comité de pilotage des idées et initiatives additionnelles à prévoir.

L'ensemble de ces informations devra être produit périodiquement et au gré des besoins du projet et systématiquement communiqué à la direction générale, afin qu'elle puisse en effectuer le suivi et procéder à d'éventuels arbitrages.

Intégration et performance financière

4255 ***Question***

Comment s'assurer que la performance de l'intégration se traduit dans la performance financière ?

Réponse Les bénéfices de l'intégration et leur impact sur la performance financière de la nouvelle structure doivent pouvoir être clairement reconstitués et évalués.

Lors de la **préparation du plan d'intégration,** il est important de présenter des **comptes financiers ajustés** des effets de l'intégration, c'est-à-dire présentant l'impact des synergies de revenus et de coûts sur la performance du nouvel ensemble. De la même manière, les investissements relatifs aux projets d'intégration et leur impact en termes d'amortissement dans le compte de résultat doivent pouvoir être présentés de manière globale.

Les **outils de pilotage** mis en œuvre dans le cadre du **projet d'intégration** doivent également permettre un suivi des bénéfices atteints et de leur impact sur les états financiers. Dans ce cadre, il est conseillé de demander aux directions opérationnelles d'effectuer ce suivi au niveau le plus fin, c'est-à-dire site par site, voire fonction par fonction, en incluant des indicateurs de performance opérationnels spécifiques à l'intégration.

Le **comité de pilotage** de l'intégration devra par ailleurs **rendre compte au comité exécutif** de l'avancée des travaux et des réalisations à date. Ce suivi devra permettre de confronter les réalisations aux prévisions initiales, tant en matière de synergies que d'impact sur la performance globale du nouvel ensemble.

C. Quels sont les principaux leviers juridiques et fiscaux ?

Intégration fiscale

4260 ***Question***

Dans quels cas est-il préférable d'inclure la société acquise dans une intégration fiscale ?

Réponse Dans pratiquement tous les cas lorsqu'il s'agit d'une acquisition en France, il est préférable **de faire entrer les sociétés acquises dans un groupe d'intégration fiscale,** ne serait-ce que pour s'assurer de la compensation entre les frais liés à l'acquisition (sauf pour la partie de frais amortis avant la mise en place de l'intégration fiscale) et le bénéfice fiscal de la société acquise, ou encore de la réduction de 5 % à 1 % de la quote-part de frais et charges imposable sur les dividendes versés par la société acquise.

Il est cependant parfois préférable de ne pas intégrer fiscalement une société acquise (par exemple, dans certains cas de reclassements intragroupe de filiales précédant leur inclusion dans un groupe fiscal). En effet, cette opération peut dans certains cas conduire à une limitation de la déductibilité des charges financières au sein du groupe fiscal par application des dispositions dite « de l'amendement Charasse » (CGI art. 223 B ; voir n° 3498).

Par ailleurs, il peut être intéressant de **maintenir un groupe existant** afin de **préserver les reports déficitaires** d'ensemble ou d'éviter la déneutralisation de plus-values, et/ou de subventions intragroupes significatives, qui ont été neutralisées lorsqu'elles ont été accordées au titre d'exercices ouverts avant le 1er janvier 2019.

Politique de prix de transfert de la cible et de l'acquéreur

4263 ***Question***

Faut-il harmoniser les politiques de prix de transfert de la cible et de la société acheteuse ?

Réponse Il importe de **revoir la politique de prix de transfert** de la cible et de **vérifier sa cohérence** vis-à-vis de la politique de prix de transfert de la société acheteuse.

Les politiques de prix de transfert peuvent ne pas être identiques, mais à condition de pouvoir le justifier par des répartitions de fonctions, risques ou actifs différentes. Les analyses fonctionnelles relatives à la cible et à la société acheteuse devront être confrontées pour déterminer dans quelle mesure les éventuelles différences constatées permettent de défendre des méthodes de prix de transfert différentes. Dans le cas contraire, il conviendra d'ajuster les politiques de prix de transfert de la société acheteuse et/ou de la cible pour les rendre compatibles.

En outre, dans le cas où la même politique de prix de transfert est appliquée pour la société acheteuse et pour la cible, ses modalités d'application devront également être revues ; il conviendra notamment de s'assurer que les niveaux de marge sont cohérents compte tenu des comparables utilisés.

Enfin, le choix de modifier la politique de prix de transfert de la cible doit être effectué en étant conscient de ses effets induits potentiels. Il convient par exemple de porter attention aux clauses du contrat d'acquisition et, en particulier, aux limitations et exclusions relatives à la mise en jeu de la garantie de passif. Il peut en effet être prévu une exception à une telle mise en jeu pour les dommages trouvant leur origine dans une modification des pratiques passées de la cible.

Adaptation des politiques de prix de transfert

4265 ***Question***

Dans quelle mesure la politique de prix de transfert mérite-t-elle d'être adaptée à la suite de la réalisation d'une nouvelle acquisition ?

Réponse La **politique de prix de transfert** mérite d'être **adaptée,** tant pour les transactions matérielles que pour les transactions immatérielles, principalement lorsqu'un ou plusieurs des éléments suivants résulte de l'acquisition : la mise en place de synergies avec la société acquise, la transformation de centres de profits en centres de coûts, le passage d'une exploitation directe à une exploitation indirecte, le renforcement de la structure de management, etc.

En ce qui concerne l'éventuelle dette intragroupe mise en place lors de l'acquisition, il conviendra de s'assurer notamment que le taux d'intérêt pratiqué est un taux de marché. Une étude de comparables spécifiques pourra être effectuée pour le vérifier.

Crédit d'impôt recherche

4267 ***Question***

Quelles précautions prendre lorsque la société acquise bénéficie du crédit d'impôt recherche (CIR) ?

Réponse Plusieurs actions peuvent être menées :

1. **Documentation et justification des CIR** Lorsque les travaux réalisés dans le cadre de la due diligence ont révélé une fragilité de la documentation scientifique servant à justifier les CIR déclarés par la cible, l'acheteur a tout intérêt à s'attacher à compléter la documentation existante dès les premiers mois suivant l'acquisition. Il pourra ainsi limiter les risques fiscaux en tirant pleinement parti de la présence chez la cible des personnels de recherche-développement impliqués et en se prémunissant contre le risque de déperdition d'informations à raison de réorganisations post-acquisition, départs ou mutations de personnels.

2. **Opportunité du dépôt d'un rescrit** Si la due diligence a fait apparaître des doutes sur l'éligibilité scientifique au CIR (au regard des critères définis par le ministère de la recherche et par l'administration fiscale) de travaux de recherche-développement que la cible projette d'engager, l'acquéreur doit s'interroger sur l'opportunité de déposer un rescrit auprès du ministère de la recherche afin de valider l'éligibilité du projet préalablement à son lancement. Une telle démarche peut au demeurant avoir été prévue, préalablement à l'acquisition, avec révision corrélative du prix, lorsque les « business plans » de la cible ont valorisé l'obtention du CIR.

3. **Incidence du nouveau périmètre sur le CIR** Lorsque préalablement à l'opération, la société acquise entretient, avec l'acquéreur ou des sociétés de son groupe, des liens de sous-traitance de travaux de recherche, les modalités de prise en compte de ces dépenses dans le CIR des sociétés du groupe doivent être réévaluées afin de tenir compte de l'entrée dans le groupe de la cible.

Autant de réflexions qui alimenteront de manière plus globale la redéfinition de la stratégie de détention des incorporels.

Rationalisation des structures juridiques

4270 ***Question***

Comment la structuration des opérations peut-elle permettre d'atteindre les objectifs poursuivis ?

Réponse Une restructuration juridique à la suite d'une acquisition peut avoir différents objectifs : simplification des structures, mise en adéquation avec la gestion opérationnelle, réduction des coûts administratifs, remontée plus rapide des dividendes, amélioration des fonds propres, etc.

Pour réaliser cette restructuration sans mouvement de cash, le groupe dispose d'un arsenal d'opérations juridiques : fusion, apport partiel d'actif, scission, apport en nature d'actifs, dissolution sans liquidation (opérant une transmission universelle de patrimoine, TUP).

Les principales opérations juridiques envisageables consistent en :

– la **fusion** de deux ou plusieurs structures juridiques entraînant la dissolution de la société absorbée et la transmission universelle de son patrimoine (actifs et passifs) à la société absorbante ; cette opération est rémunérée par une émission de titres de l'absorbante au profit des actionnaires/associés de l'absorbée, sauf dans certaines hypothèses telles que notamment la fusion d'une société dans son associé actionnaire unique ou la fusion concernant des sociétés sœurs détenues à 100 % par la même société mère ;

- la **dissolution** sans liquidation d'une société entraînant la transmission universelle de patrimoine au profit de son associé/actionnaire unique ;
- l'**apport partiel d'actif** d'une branche d'activité emportant transmission universelle de patrimoine (régime des scissions) au profit d'une autre structure juridique. Cette opération est également rémunérée par une émission de titres de la société bénéficiaire au profit de la société apporteuse ;
- l'**apport en nature d'actifs** d'une structure n'emportant pas transmission universelle de patrimoine au profit d'une autre structure juridique. Cette opération est également rémunérée par une émission de titres de la société bénéficiaire au profit de la société apporteuse, d'une valeur équivalente à celle de l'actif apporté ;
- la **dissolution amiable** suivie de liquidation.

Tout l'art est ensuite de combiner ces modalités juridiques pour :

- répondre aux objectifs poursuivis : un regroupement d'activités pourra se faire plus facilement au moyen d'apports partiels d'actif, la réduction des coûts administratifs implique en général la réduction des structures par voie de TUP ou de fusion ;
- prendre en compte les différentes contraintes du groupe, par exemple : situation fiscale des entités (reports déficitaires, plus-values latentes...), existence d'un passif latent que l'on ne souhaite pas transférer, existence d'un incorporel que l'on souhaite valoriser, contrats non transférables, etc. ;
- tout en mesurant les conséquences de ces opérations pour en limiter le coût fiscal, gérer les contraintes liées aux commissariats aux apports et à la fusion, anticiper les impacts sur les résultats futurs et les distributions...

Les règles de transmission des personnels affectés aux activités transférées obéissent aux règles spécifiques du Code du travail, quelle que soit la procédure retenue sur le plan du droit des sociétés.

La structuration de ces opérations et l'anticipation de leurs conséquences, notamment en matière opérationnelle, comptable, fiscale sont ainsi indispensables pour réussir l'intégration d'une acquisition au sein d'un groupe.

Le traitement comptable et fiscal de ces opérations, qui obéissent à des règles propres, fait l'objet de la **2e partie du présent ouvrage** (voir no 7005 s.).

Systèmes d'information comptables

4273 ***Question***

Quelles précautions prendre en matière de systèmes d'information comptables lors de l'intégration ?

Réponse Les **opérations d'intégration et de restructuration,** après l'acquisition de la société cible, par voie de fusion, d'apport ou de dissolution sont des moteurs d'une restructuration permanente des **systèmes d'information comptables.**

A cette occasion, des structures juridiques disparaissent souvent avec leurs systèmes informatiques. Parfois même, c'est l'occasion dont profitent les entreprises acheteuses pour migrer vers un nouveau système. Une entreprise qui fait évoluer, qui change son système ou qui reprend les droits ou obligations d'une société acquise, par exemple par voie de fusion, reste tenue à l'ensemble des obligations comptables et fiscales, qu'elles concernent la documentation, la conservation ou la restitution des données et traitements.

Préoccupées par les contraintes budgétaires ou de réduction des coûts, les entreprises oublient souvent de conserver les systèmes anciens, voire les données informatiques dont la seule conservation ne suffit pas.

Il est essentiel de s'assurer, pour l'entreprise qui survit, que les **données et traitements** des sociétés dont elle reprend les droits et obligations (y compris fiscales) **restent accessibles et exploitables** sur les périodes ouvertes à contrôle fiscal. Il convient d'étudier les solutions qui existent pour conserver les données et traitements au moindre coût, voire les systèmes les ayant générés si cela s'avère nécessaire.

Dans un contexte où la priorité est donnée à l'intégration opérationnelle, les risques pris au regard de la conformité des systèmes abandonnés ou modifiés doivent faire l'objet d'une évaluation précise qui visera notamment à confirmer que les engagements du vendeur ne deviennent pas caducs compte tenu des décisions prises par l'acheteur.

Enfin, l'élément non matérialisé que représente la **« mémoire informatique »** (historique de la mise en conformité et des connaissances des salariés de la société cible) doit également faire l'objet d'une attention particulière en vue d'un transfert ou d'un partage avec les acteurs du ou des nouveaux systèmes mis en place à l'occasion des restructurations post-acquisitions.

Harmonisation des statuts sociaux

4275 ***Question***

Comment réussir le processus d'harmonisation des statuts sociaux ?

Réponse L'**harmonisation** peut porter sur des statuts très variés comme les contrats de travail, les rémunérations, les conventions collectives, les accords d'entreprises, la protection sociale complémentaires ou encore l'épargne salariale.

Ce processus est très encadré par la loi. Son succès dépend de nombreux facteurs dont certains s'imposent à la société, notamment le niveau des différences de statuts entre les salariés concernés. Il dépend aussi de la capacité à négocier et de la volonté des partenaires sociaux à participer à cette négociation. Face aux enjeux, un des facteurs clé est l'**anticipation des problèmes** et, notamment, la mise en évidence, lors des due diligences, des différences importantes entre les groupes de salariés concernés, ainsi que des éléments pouvant bloquer le processus d'harmonisation.

SECTION III

Comment optimiser la gestion des clauses relatives au prix et aux garanties de passif incluses dans le contrat d'acquisition ?

A. Mise en œuvre des clauses d'ajustement de prix, d'« earn out » et de garanties de passif

Ajustements et compléments de prix

4300 ***Question***

Comment optimiser le calcul de l'ajustement ou du complément de prix (« earn out ») ?

Réponse Il convient de garder en mémoire le **calendrier de notification du calcul** prévu dans le contrat d'acquisition afin de prévoir une période suffisante pour la préparation ou la revue des comptes servant de base au calcul, ainsi que, le cas échéant, l'intervention de consultants externes.

Le calcul de l'**ajustement de prix** (voir nº 3555) est habituellement réalisé dans les mois suivant la date du transfert et repose généralement sur des comptes arrêtés à la date du transfert.

Le calcul du **complément de prix** (voir nº 3555) est habituellement effectué dans un délai d'un à trois ans après la date de transfert, sur la base des comptes arrêtés un à trois ans après cette date.

Les points à analyser, que ce soit pour le calcul d'un ajustement de prix ou d'un complément de prix, sont notamment la **cohérence des principes comptables** utilisés pour la préparation des comptes servant de base au calcul avec ceux utilisés pour la préparation des derniers comptes audités, les éventuels reclassements opérés entre les deux jeux de comptes, le **juste respect du principe de séparation des exercices (« cut-off »)**, les montants reposant sur des **évaluations** ou des **estimations**, telles que les provisions, ainsi que l'exhaustivité des passifs.

Le calcul du prix de cession définitif ou du complément de prix doit être sous-tendu par des analyses comptables et des pièces justificatives probantes, qui seront revues par le vendeur et ses conseils (ces calculs ayant lieu post-transfert de propriété, l'acheteur est généralement celui qui prépare le calcul de l'ajustement ou du complément, dans la mesure où c'est lui qui dispose désormais de la maîtrise opérationnelle des documents comptables de la cible), et, en cas de désaccord persistant, produites dans le cadre d'une mission d'expertise de prix.

Mise en jeu des garanties de passif

4305 ***Question***

Comment gérer la mise en jeu des garanties de passif ?

Réponse Le **contrat d'acquisition** (voir nº 3535) prévoit généralement des conditions précises de **délais et de formalisme** qui seront à respecter lorsque l'acquéreur découvre une situation ou qu'il est informé d'un événement susceptible d'entraîner la mise en jeu des garanties de passif.

Il est donc nécessaire que l'acquéreur communique les termes de la garantie de passif aux personnes idoines dans la société qu'il vient d'acquérir, afin d'organiser une **remontée d'information** efficace sur les différents sujets couverts par la garantie de passif, pour assurer une remontée effective des informations pertinentes. Ces informations pourront être **centralisées** par une personne désignée dès la signature du contrat d'acquisition, pour un traitement optimal des sujets de garantie.

Dès qu'une situation susceptible de donner lieu à la mise en jeu de la garantie survient, il convient de la **notifier immédiatement**, à titre conservatoire, au garant (généralement, le vendeur et/ou sa société mère). Un **dossier complet** comprenant les pièces justificatives existantes devra être établi le plus rapidement possible. Ces pièces seront versées au dossier et examinées par le vendeur et ses conseils, et en cas de désaccord persistant entre l'acquéreur et le vendeur, par les tribunaux ou arbitres et, le cas échéant, par les experts indépendants missionnés par les tribunaux ou arbitres.

Des **seuils individuels et/ou cumulés de réclamations** sont habituellement prévus dans le contrat d'acquisition, afin d'éviter la mise en jeu de la garantie de passif pour des points non significatifs. Le respect de ces seuils est également un élément à prendre en considération dans la gestion de la garantie de passif. A ce titre et pour justifier l'atteinte des seuils cumulés dans le futur, il sera nécessaire de notifier au garant les événements et situations susceptibles d'être, par leur nature, couverts par la garantie, mais qui sont, dans leurs montants, inférieurs aux seuils prévus par le contrat d'acquisition.

Traitement fiscal des garanties de passif

4310 ***Question***

Comment traiter fiscalement l'exécution de la garantie de passif ?

Réponse De façon générale, les sommes versées en exécution d'une garantie de passif étant généralement traitées dans le contrat d'acquisition comme un **ajustement du prix**, elles impactent comptablement et fiscalement le **coût d'entrée des titres** pour l'acquéreur. Si, au contraire, le contrat d'acquisition confère à ces sommes un caractère indemnitaire, le bénéficiaire (l'acquéreur) devra incorporer à son résultat imposable les sommes reçues en exécution de cette garantie, à moins qu'elles n'aient pour objet de compenser une charge non déductible (redressement d'IS, par exemple).

B. Comment gérer les désaccords et litiges portant sur le contrat d'acquisition ?

Désaccord et litiges les plus fréquents

4320 ***Question***

Quels sont les désaccords et litiges les plus communément rencontrés dans le cadre d'une acquisition ?

Réponse Les **désaccords et litiges** les plus communément rencontrés dans le cadre de l'application des clauses d'un contrat d'acquisition portent sur la **détermination du prix** final et, par voie de conséquence, sur l'ajustement de prix ou sur les **garanties de passif.**

Par exemple, le **calcul de l'ajustement de prix ou du complément de prix** peut reposer en partie sur des éléments faisant appel à une estimation, comme notamment le montant de certaines provisions qui seraient incluses dans la définition de la dette financière nette au « closing » (voir n° 1310) et pour l'estimation desquelles les deux parties seraient en désaccord.

Afin de limiter les risques de désaccord sur l'application d'une formule de calcul, il est judicieux de retenir pour celle-ci l'utilisation d'un agrégat communément défini, ce qui, par exemple, n'est pas le cas de l'EBITDA.

Les désaccords dans le cadre de la **mise en jeu d'une garantie de passif** portent schématiquement sur **deux sujets** :

1. **L'événement ou la situation invoquée par l'acquéreur sont-ils bien couverts par une clause de la garantie de passif et de quelle manière ?** A titre d'exemple, concernant une garantie donnée sur l'exactitude des comptes, le passif invoqué par l'acquéreur, non comptabilisé dans les comptes garantis, a-t-il bien un fait générateur qui se situe avant la clôture des comptes garantis ? L'acquéreur mettra en jeu la garantie de passif relative aux comptes, alors que le vendeur essaiera de démontrer que ce passif ne pouvait être anticipé et inclus dans les comptes garantis. Autre exemple : l'événement en question n'a-t-il pas été révélé à l'acquéreur préalablement à l'acquisition et ne se trouve-t-il pas exclu du champ d'application de la garantie en application des clauses d'exclusions du contrat ?

2. **Quel est le montant de l'indemnisation/réduction de prix ?** La définition de ce montant dépend de la rédaction du mécanisme de garantie et de la fiabilité des éléments financiers pris en compte pour calculer le passif à retenir. Par ailleurs, le contrat d'acquisition prévoit généralement des mécanismes de déduction (assurances, provisions, voire parfois augmentation d'actifs) sur le montant desquels le vendeur et le garant devront trouver un accord.

Mode opératoire

4325 ***Question***

Quel mode opératoire est-il nécessaire d'adopter en cas de désaccord ou de litige lors d'une acquisition ?

Réponse Il convient d'abord de respecter scrupuleusement la procédure prévue dans le contrat d'acquisition, en termes de rôles respectifs des différentes parties impliquées (signataires du contrat, experts, arbitre, etc.), de calendrier et de documents à produire. Le non-respect des procédures prévues par le contrat d'acquisition peut en effet aboutir à la perte du droit à réclamation (acquéreur/bénéficiaire) ou du droit de contestation de la réclamation (vendeur/garant), quel que soit le bien-fondé de la demande ou de la contestation de cette demande.

Il faut également préparer soigneusement le dossier produit à l'appui de la réclamation (acquéreur) ou de la contestation de cette réclamation (vendeur), ce qui requiert une organisation proactive et efficiente de la collecte des pièces qui vont soutenir la demande ou sa contestation.

Les dirigeants de l'acquéreur et du vendeur/garant ne doivent pas sous-estimer le temps et les expertises requises pour gérer ce type de litige et s'entourer des compétences (notamment, juridiques et financières) appropriées, qu'elles soient internes ou externes, pour appréhender correctement et en temps opportun la situation.

Désaccords persistants

4330 ***Question***

Quelles sont les différentes voies susceptibles d'être suivies si le désaccord persiste ?

Réponse Le contrat prévoit les voies à suivre en cas de désaccord entre les parties.

Lorsque le **désaccord porte sur le prix,** le contrat prévoit généralement (voir n° 3555) le recours à un expert indépendant ou un arbitre de prix. L'expertise prévue à l'article 1843-4 du Code civil est obligatoire lorsqu'il existe une contestation sur le prix et que (i) la loi renvoie à ce texte pour fixer les conditions du prix de cession, ou (ii) les statuts prévoient la cession des droits sociaux sans que leur valeur soit déterminée ou déterminable. La mission de l'expert est aujourd'hui encadrée. Il a l'obligation de faire application des modalités de détermination du prix telles que prévues par les statuts, mais aussi par toute autre convention liant les parties. L'ordonnance 2019-738 du 17 juillet 2019 a ainsi renforcé la sécurité juridique en obligeant l'expert à respecter la volonté des parties et à ne plus fixer le prix selon des critères qu'il jugerait plus opportuns. Ce type d'arbitrage est limité à la détermination du prix et ne doit pas être confondu avec l'arbitrage qui se substitue au choix des parties, à la compétence des tribunaux dans les procédures contentieuses (voir ci-après). Dans ce cas, le prix fixé ou déterminé par l'expert ou l'arbitre est définitif et ne pourra plus être contesté (sauf situations très particulières). Lorsque le désaccord porte sur d'autres sujets, principalement **la mise en jeu de la garantie de passif,** le contrat peut, le cas échéant, prévoir une phase de médiation préalable avant la procédure contentieuse. En toute hypothèse et même si le contrat ne l'a pas prévue, les parties peuvent toujours décider d'un recours préalable à la médiation.

Le rôle du médiateur est d'aider les parties à trouver un accord, sans trancher lui-même les points de désaccord.

Enfin, en cas de désaccord persistant, le litige sera porté au contentieux. Le contrat d'acquisition prévoit généralement une clause attributive de juridiction ou d'arbitrage. L'arbitrage peut être porté devant une cour institutionnelle d'arbitrage (par exemple, la Cour d'arbitrage de la Chambre de Commerce Internationale de Paris) ou tranché par un arbitre unique ou une cour arbitrale « ad hoc » constituée de plusieurs arbitres dont la désignation est prévue par la clause.

Lorsque le contrat d'acquisition avait prévu une attribution de juridiction aux tribunaux étatiques, il est toujours loisible aux parties, de soumettre finalement leur litige à l'arbitrage (pour des raisons tenant notamment à la confidentialité ou à la langue utilisée) par une convention d'arbitrage.

SECTION IV

Quelles spécificités de la cible peuvent influencer l'optimisation d'une acquisition ?

Leviers de retournement

4400 ***Question***

Comment identifier les leviers du retournement de l'entreprise ?

Réponse Le retournement de l'entreprise a pour objectif le retour à une situation pérenne d'un point de vue opérationnel et financier, et donc à un résultat net et à un flux de trésorerie positifs. L'**identification des leviers** pertinents et efficaces de ce retournement est indispensable pour le succès de l'opération.

Ces leviers peuvent être soit internes, c'est-à-dire pouvant être mis en œuvre sur la seule base des moyens organisationnels et opérationnels de la cible, soit faire appel à des synergies avec d'autres activités de l'acquéreur.

Les **leviers internes** doivent répondre à des questions relatives :
- à la **sécurisation** : mise sous contrôle des fonctions et processus clés, fidélisation des clients stratégiques ;
- au **périmètre** : activités, produits, services rentables ou non rentables ;
- à la **performance** : productivité, dépenses ;
- à la **trésorerie** : ajustement des stocks, optimisation et mobilisation des comptes clients, rétablissement des comptes fournisseurs ;
- aux **ressources humaines** : nouvelle équipe de direction, postes clés, mobilisation du personnel ;
- à la **communication** interne et externe.

De plus, la combinaison des activités de la cible avec d'autres activités de l'acheteur peut permettre de dégager des synergies et donc des améliorations rapides supplémentaires. Il pourra s'agir par exemple de regroupement de fonctions support, d'optimisation industrielle et logistique, d'amélioration des termes des achats.

Toutes les synergies habituelles peuvent s'appliquer, la situation d'urgence justifiant souvent une mise en œuvre plus énergique et plus rapide.

Par opposition à un plan d'optimisation, qui peut être complexe et détaillé, un plan de retournement efficace s'appuie sur un nombre limité de leviers et de mesures, dont la mise en œuvre rigoureuse est un préalable indispensable au déploiement des actions de moyen terme.

Erreurs les plus fréquentes

4405 ***Question***

Quelles sont les 10 erreurs les plus fréquentes qui peuvent mettre en péril le retournement ?

Réponse Les erreurs les plus courantes sont les suivantes :
- se tromper dans le diagnostic des difficultés ;
- sous-estimer l'ampleur des mesures à prendre pour mettre la situation sous contrôle, puis pour éradiquer les pertes ;
- ne pas surveiller ni anticiper la trésorerie ;
- ne pas prendre les mesures de changement nécessaires dans la composition de l'équipe de direction et les postes clés ; laisser partir des ressources clés et garder des employés qui freinent le retournement ;
- communiquer de façon insuffisante ou non crédible sur les changements nécessaires de stratégie et de management ;
- retarder les mesures potentiellement « douloureuses » ;
- penser que le retournement viendra par la croissance ou par l'investissement ;
- disperser les énergies et les ressources financières sur des projets qui ne sont pas directement liés au retournement ;
- ne pas assurer un alignement parfait entre la vision du management et les attentes des nouveaux actionnaires ;
- ne pas impliquer l'ensemble des forces vives de l'entreprise.

Incidence des procédures judiciaires

4410 ***Question***

Les procédures judiciaires peuvent-elles faciliter le retournement ?

Réponse Par définition, l'**ouverture d'une procédure collective** peut être analysée comme un **indicateur** d'un **niveau de risque** certain quant à la pérennité de la société en difficulté, dans la mesure où elle se justifie par de réelles difficultés de trésorerie de la société. Il faut toutefois relativiser ce propos, au regard du type de procédure engagée (voir n° 3825).

Hormis les cas du mandat ad hoc et de la conciliation, les procédures collectives ont pour effet de rendre publiques les difficultés de trésorerie de la société, ce qui peut inquiéter les partenaires financiers et commerciaux de l'entreprise. Le gel du passif pénalise les créanciers et les incite à revoir leurs conditions de crédit et leurs relations d'affaires avec la société en difficulté, ce qui se traduit généralement par le paiement comptant avant livraison. Les clients, doutant de la pérennité de la société, vont chercher des alternatives.

De plus, les règles régissant les procédures collectives (en particulier, le redressement judiciaire) encadrent strictement les initiatives du repreneur.

En dépit de ces éléments contraignants, les procédures judiciaires peuvent faciliter le redressement, notamment dans les cas suivants :
– quand la société est touchée par une crise de confiance et par la réduction de son crédit fournisseurs, une **procédure de sauvegarde** prévoit un moratoire qui offre à la société un délai pour négocier une restructuration ou qui permet d'imposer un rééchelonnement de ses dettes ;
– si la société a atteint un niveau d'endettement tel qu'elle n'est pas en mesure de rembourser ses dettes conformément aux conditions contractuelles, mais que, parallèlement, l'activité est viable, une **procédure judiciaire** peut permettre une restructuration ou un rééchelonnement de la dette et ainsi de maintenir l'activité.

Enfin, transformer la structure de coûts pour adapter l'activité aux nouvelles conditions économiques peut entraîner un coût supérieur à ce que la société peut supporter. Dans ce cas, un plan de cession permet à l'acquéreur de faire une offre sur tout ou partie des opérations, avec le nombre d'employés qu'il estime approprié dans le nouvel environnement. La procédure collective permet ainsi de sauvegarder tout ou partie de l'activité.

Incidence des actions pénales

4412 ***Question***

Quelles sont les conséquences d'une action pénale engagée à l'encontre de la cible ?

Réponse Les opérations de fusion-absorption entrant dans le champ de la directive européenne relative à la fusion de sociétés anonymes, réalisées postérieurement au 25 novembre 2020, **transfèrent la responsabilité pénale de la société absorbée à la société absorbante** pour les actions pénales où la peine encourue est une amende ou une mesure de confiscation (Cass. crim. 25-11-2020 nº 18-86.955).

Quelle que soit la date de l'opération de fusion-absorption, la responsabilité pénale de la société absorbante peut être engagée en raison des faits commis par la société absorbée si l'opération a eu pour objectif de faire échapper cette dernière à sa responsabilité pénale, ce qui constitue une fraude à la loi (Cass. crim. 25-11-2020 nº 18-86.955).

Il est donc important d'effectuer un audit précis de l'activité et des agissements passés de la cible, au moins pour la période non atteinte par la prescription, afin d'appréhender pleinement le risque de transfert de la responsabilité pénale.

Impact social

4415 ***Question***

Comment gérer au mieux l'impact social du retournement et d'une restructuration ?

Réponse Le **retournement d'une entreprise en difficulté** va généralement nécessiter de réduire l'effectif dans des proportions significatives : arrêt d'activités, recherche de productivité, synergies liées à un adossement, etc.

Si l'entreprise est **in bonis** ou **en sauvegarde,** le droit commun s'applique, notamment en ce qui concerne le licenciement économique.

Dans le cas d'un **redressement judiciaire,** pendant la période d'observation, les licenciements pour motif économique doivent être autorisés par le juge-commissaire. Il convient de fixer les critères d'ordre des licenciements et de consulter le comité social et économique (CSE) ou les délégués du personnel à ce sujet. Pendant cette période, le coût du plan social peut être pris en charge par l'AGS (Association pour la Gestion du régime de garantie des créances des Salariés).

Un candidat-repreneur, formulant son plan de cession, devra indiquer le nombre de contrats de travail poursuivis et les catégories professionnelles concernées, donc le nombre de licenciements à décider avant la reprise de l'entreprise. Les salariés qui ne sont pas licenciés conservent leur contrat de travail. Le maintien de l'emploi et les moyens d'assurer le traitement social des salariés licenciés sont des critères clés de décision du tribunal quant au choix du plan (de continuation ou de cession).

Dans tous les cas, les **salariés protégés,** notamment les représentants des salariés, bénéficient de la protection spécifique du droit commun : il faut donc systématiquement l'autorisation de l'inspection du travail avant tout licenciement, sous peine d'annulation.

Spécificités de l'intégration

4420 ***Question***

Quelles sont les spécificités de l'intégration d'une entreprise en difficulté ?

Réponse Les bonnes pratiques d'**intégration** s'appliquent aux **entreprises en difficulté.** De plus, la particularité de la situation de crise demande de mettre en place des outils et des processus spécifiques de pilotage et de reporting, d'assurer l'alignement des intérêts des nouveaux actionnaires et du management, et de réagir rapidement face à toute dérive et tout imprévu.

Parmi les outils et processus spécifiques de pilotage et de reporting, le suivi de la **situation de trésorerie** est un élément vital. Une prévision de court terme à la semaine, sur un horizon d'au moins deux mois, s'avère en général indispensable. De plus, il est important d'établir un tableau de bord pour apprécier l'effet des mesures clés du plan de retournement par comparaison à ce qui avait été prévu, et de réaliser des points d'avancement fréquents, le plus souvent de façon hebdomadaire.

L'alignement des intérêts des nouveaux actionnaires et du management dépend de leurs relations passées et présentes. Il est également important que les nouveaux actionnaires et le management fassent converger leurs visions du retournement de la cible.

Enfin, il faut être particulièrement réactif face à un imprévu résultant de la situation de crise, sans pour autant déroger ni retarder la mise en œuvre du plan d'action prévu pour assurer le retournement.

CHAPITRE 5

Comment conduire un processus de cession ?

Plan du chapitre

Plan du chapitre (suite et fin)

Questions traitées dans ce chapitre	N°
Quelles informations financières faut-il préparer dans le cadre d'une introduction en bourse ?	5460
Quel est le rôle des différents acteurs intervenant dans une introduction en bourse ?	5465
Quelles sont les étapes clé d'une introduction en bourse ?	5470
Quelles sont les principales obligations de publication d'informations financières des sociétés cotées ?	5475

SECTION I

Quels sont les principaux enjeux de la préparation d'un processus de cession ?

A. Quelles circonstances peuvent amener à la cession d'une activité ?

Raisons pouvant conduire à une cession

5110 ***Question***

Quelles sont les principales raisons pouvant conduire à la cession d'une entreprise ou d'une activité ?

Réponse Une cession peut être motivée par des raisons liées à l'**entreprise elle-même** ou par des motifs propres à ses **actionnaires.**

Dans le **premier cas,** il peut s'agir de permettre à la société en vente de bénéficier d'un **actionnariat plus adapté** : adossement à un grand groupe, fusion avec un concurrent pour atteindre une taille critique, changement de management... La cession peut aussi être décidée parce que l'entreprise est en difficulté.

Dans le **second cas,** la cession vise à **préserver les intérêts des actionnaires,** sans bien entendu contrevenir à ceux de l'entreprise. Ceux-ci peuvent procéder à une cession afin d'obtenir des liquidités, bénéficier d'un effet d'aubaine à la suite d'une offre financièrement intéressante, exprimer leur volonté d'un changement d'orientation stratégique, par exemple par un recentrage sur les métiers historiques, ou bien encore pour préparer leur succession, s'il s'agit d'une entreprise familiale.

Etapes d'un processus de cession de gré à gré ou compétitif

5115 ***Question***

Quelles sont les principales étapes d'un processus de cession et les différences entre un processus de gré à gré et un processus compétitif ?

Réponse Les principales étapes d'une **cession** dans le cadre d'un **processus compétitif** sont les suivantes :

- constitution par le vendeur ou ses conseils d'un dossier de présentation de la cible ;
- identification et prise de contact avec des acheteurs potentiels, dans un premier temps de façon anonyme ;
- signature par les acheteurs potentiels d'un engagement de confidentialité ;

- envoi aux acheteurs potentiels d'un « mémorandum d'information » ;
- envoi par les acheteurs potentiels d'offres non liantes juridiquement ;
- sélection en fonction des critères spécifiques du vendeur de certains acheteurs qui pourront prendre part à la phase de due diligence ;
- prise de contact entre les acheteurs sélectionnés et le management de la société, visite des sites et accès à des informations très détaillées sur la société (contrats, situation financière...) dans le cadre d'une « data room » ;
- envoi par les acheteurs potentiels d'offres liantes juridiquement ;
- sélection de la meilleure offre par le vendeur et négociations finales ;
- signature d'un protocole d'accord, puis de l'accord définitif entraînant transferts des fonds et de la propriété des titres.

Dans le cadre d'un processus de **vente en gré à gré,** les principales étapes sont identiques à celles listées ci-avant, hormis en ce qui concerne la sélection des acheteurs. La principale différence entre les deux types de processus réside dans le fait que le processus en gré à gré est **moins rigide que le processus compétitif,** et peut plus facilement être adapté, notamment en termes de délais, aux attentes de l'acheteur.

En revanche, les processus de vente de gré à gré ne sont **pas nécessairement plus rapides** que les processus compétitifs. En l'absence de tensions concurrentielles, l'acheteur peut être tenté de faire traîner les discussions dans le but d'obtenir de meilleures conditions (prix, garantie). En effet, plus le temps passe, plus le caractère confidentiel d'une cession est à risque et plus la cible se trouve fragilisée du fait de l'incertitude qui entoure son actionnariat futur. Cette incertitude peut être un facteur déstabilisant pour les salariés, clients ou fournisseurs de la cible. Dans ce contexte, le vendeur pourra se retrouver dans une situation où il n'aura pas d'autre choix que de finaliser la transaction le plus rapidement possible au prix de concessions.

Appréciation de l'intérêt d'une offre d'achat

5120 ***Question***

Quels sont les critères clés pour évaluer l'intérêt d'une offre d'achat ?

Réponse Un des éléments principaux permettant d'apprécier, voire de comparer différentes **offres d'achat,** est bien entendu le **prix.** Le montant proposé n'est pas le seul critère à prendre en compte : son mode de paiement (en titres ou en espèces), ainsi que son mode de calcul (paiement immédiat ou paiement différé via des clauses de complément de prix), doivent également être considérés par le vendeur.

L'examen d'une offre d'achat ne doit toutefois pas se limiter à la seule étude du prix proposé, mais doit prendre en compte un certain nombre d'autres éléments contenus dans la lettre d'offre, comme les conditions, les délais, le sort des salariés ou l'appréciation de la qualité de l'intérêt stratégique exprimé par l'acheteur, etc. Le vendeur peut également prendre en compte le processus que l'acheteur envisage de mettre en place pour mener à bien la transaction, ainsi que les conditions que ce dernier souhaite voir remplies, comme les informations dont il souhaite disposer. Enfin, le vendeur doit pouvoir, à partir de l'offre qui lui est faite, évaluer la faisabilité de la transaction, notamment en s'assurant que l'acquéreur dispose et met en œuvre des moyens financiers et humains suffisants pour mener à bien cette dernière.

Le vendeur doit également tenir compte d'autres critères, tels que l'identité de l'acheteur, sa réputation, ses antécédents, l'origine des fonds avec lesquels il pense financer l'acquisition, ses intentions (poursuite de l'activité ou démantèlement), ou l'étendue des garanties qu'il demande.

Afin d'avoir une bonne appréciation de l'offre qui lui est faite, le vendeur doit définir, très en amont de la transaction, ses objectifs et les critères qu'il prendra en compte pour évaluer les éventuelles offres d'achat qui pourraient lui être faites. Au-delà du prix, ces critères peuvent inclure des éléments aussi divers que la continuité de l'activité, le maintien de l'emploi, l'exonération de toute responsabilité future, ou encore le maintien du management en place.

Mandats « dual track »

5125 ***Question***

Qu'est-ce qu'un mandat « dual track » ?

Réponse Un mandat « **dual track** » est un mandat ouvert à **deux types d'opérations envisagées parallèlement** :
- un projet d'**introduction en bourse**,
- et un **processus de cession** ouvert auprès d'acquéreurs potentiels.

Le fait de mener les deux opérations en parallèle permet de créer une tension compétitive entre les acheteurs potentiels, tout en se laissant la possibilité d'envisager une cotation sur un marché financier si celle-ci s'avérait plus intéressante au regard de l'appétit manifesté par les potentiels investisseurs sollicités.

Rôle du conseil en fusions-acquisitions

5130 ***Question***

Quel est le rôle du conseil en fusions-acquisitions dans le processus de cession ?

Réponse Le **conseil en fusions-acquisitions** a un double rôle de gestion de processus d'une part, et d'optimisation du résultat pour son client, d'autre part.

Dans le rôle de **gestion de processus,** le conseil peut par exemple rédiger le « mémorandum d'information », organiser la « data room », le contact et la négociation avec les acheteurs potentiels...

L'**optimisation du résultat** pour le vendeur est fonction de la capacité du conseil à identifier les acquéreurs pertinents partout dans le monde, à accéder aux décideurs au bon niveau, à comprendre la valeur de la société vendue pour les acquéreurs et à créer les conditions nécessaires pour que cette valeur se retrouve dans les conditions de cession.

La décision finale concernant la vente, c'est-à-dire la sélection des acheteurs, la décision sur le prix et sur le mode de paiement, reste du ressort du vendeur.

Sur les diligences de cession qu'une entité peut demander à son commissaire aux comptes lorsqu'elle envisage de céder une entreprise, voir nº 1375.

B. Comment identifier les acheteurs potentiels ?

Identification des acheteurs pertinents

5150 ***Question***

Comment identifier les acheteurs potentiels pertinents ?

Réponse Le premier réflexe que doit avoir le vendeur est de **lister les acteurs** présents sur le ou les marchés de la cible, que ce soient des participations de fonds d'investissement ou des entreprises privées ou cotées. Cette approche permettra d'identifier les acteurs susceptibles d'être intéressés par une opération de croissance externe.

Il convient de réfléchir également à d'autres acteurs pouvant être intéressés par le dossier, n'opérant pas forcément sur les mêmes activités, mais ayant des complémentarités pouvant générer des synergies, comme une base de clients similaire.

Ensuite, il faut regarder la taille des acquéreurs, notamment en termes de chiffre d'affaires, de capacité financière, de rentabilité, de trésorerie, d'actionnariat, etc., afin de voir si la transaction est a priori réalisable.

Il est également intéressant de savoir si les acheteurs considérés ont déjà procédé à des opérations d'acquisition dans un passé récent, afin d'avoir une indication sur leur capacité à mener à bien ce type d'opération. Une grande attention doit également être portée à la réputation des acheteurs envisagés.

Critères d'évaluation de l'intérêt de l'acheteur

5155 ***Question***

Quels sont les critères clés pour évaluer l'intérêt d'un acquéreur ?

Réponse Un bon moyen de mesurer l'**intérêt réel** que porte un **acheteur potentiel** à la cible est de comprendre dans quelle mesure cette acquisition lui permettrait d'atteindre ses **objectifs stratégiques** en termes de parts de marché, d'acquisition d'une technologie, de développement à l'international...

Un **dialogue approfondi** avec les acquéreurs potentiels permet de mieux apprécier leur intérêt réel à réaliser l'acquisition plutôt que vouloir, par exemple, simplement recueillir des informations commerciales. Le fait qu'ils mandatent des conseils est généralement un signe d'intérêt fort.

Les critères permettant d'évaluer l'intérêt d'un investisseur financier pour une cible sont de nature légèrement différente à ce qui précède. Notamment, le vendeur devra apprécier dans quelle mesure les intentions de l'acheteur sont susceptibles de créer de la valeur, s'agissant par exemple d'une opération de croissance externe (« build up ») envisagée pour une société qu'il détient en portefeuille. Doivent aussi être pris en compte d'autres éléments, tels que la connaissance dont l'investisseur dispose du secteur d'activité de la cible, sa réputation, son expérience, sa capacité à obtenir des financements compatibles avec la taille de l'opération...

Approche des acquéreurs potentiels

5160 ***Question***

Comment procéder à l'approche des acheteurs potentiels ?

Réponse L'approche des acheteurs potentiels démarre lorsque tous les **documents marketing** (« teaser », accord de confidentialité, « mémorandum d'information », lettre de procédure) sont prêts pour pouvoir démarrer l'opération.

En règle générale, la première approche se fait par téléphone, sur la base d'un « teaser » décrivant succinctement les points clés de l'investissement, afin de valider avec l'acquéreur potentiel un intérêt de principe.

Du côté du vendeur, l'interlocuteur à contacter peut être un membre de la direction générale ou un membre de la direction stratégie/business développement/fusions-acquisitions, si de tels départements existent.

S'agissant d'un acheteur ayant un profil d'investisseur financier, la personne contactée sera un associé ou un directeur de participations responsable et ayant une compétence du secteur concerné.

Afin de conserver la **confidentialité de l'opération**, l'approche sera idéalement réalisée par un conseil en fusions-acquisitions mandaté par le vendeur, le « teaser » ne fournissant que des informations succinctes sur une base anonyme.

L'interlocuteur à contacter est sélectionné par le vendeur et/ou son conseil comme le meilleur point d'entrée, grâce à la mise en commun des contacts de chacun. Dans le cas où aucun contact n'existe avec l'entreprise ou le fonds d'investissement à contacter, le conseil devra trouver par lui-même le meilleur contact et appeler directement pour présenter l'opportunité. Si certains acquéreurs potentiels sont à l'étranger, les conseils ayant un réseau international dense pourront faire appel à leurs correspondants locaux pour faciliter la prise de contact.

Si l'acquéreur potentiel exprime un intérêt de principe, le conseil lui envoie alors un **accord de confidentialité** à signer, par lequel l'acquéreur potentiel s'engage à garder confidentielle toute l'information privilégiée qu'il va recevoir dans le cadre de la transaction et à n'utiliser cette information que dans le cadre de l'étude de la transaction proposée.

Une fois l'accord de confidentialité signé, l'acquéreur potentiel reçoit le « **mémorandum d'information** », document qui lui fournit suffisamment d'informations fonctionnelles, commerciales et financières sur la cible pour qu'il puisse remettre une offre chiffrée non engageante juridiquement. En plus du « mémorandum d'information », l'acquéreur potentiel recevra généralement une **lettre de procédure** lui décrivant les différentes étapes prévues pour la transaction, le timing envisagé (avec généralement une date limite pour la remise d'une offre non engageante, fixée entre trois et six semaines après transmission du « mémorandum d'information ») et les attentes des vendeurs pour la prochaine étape (en plus d'un prix, les vendeurs voudront généralement disposer d'informations telles que la stratégie industrielle envisagée, la capacité à financer la transaction…).

Tout au long de la première phase du processus, le conseil du vendeur devra s'assurer, via des contacts réguliers, que les acquéreurs potentiels étudiant le dossier ont bien été sensibilisés au calendrier envisagé de l'opération, disposent de l'information dont ils ont besoin et seront en mesure de respecter le calendrier envisagé. Ils devront se tenir prêts à être flexibles si, pour des raisons de gouvernance interne liées aux acheteurs, certains aspects de la procédure doivent être ajustés afin de ne pas mettre en péril l'opération.

C. Comment préparer le processus de cession ?

Information à fournir aux acheteurs potentiels

5180 ***Question***

Quel peut être l'intérêt pour un vendeur de fournir une information structurée aux différents acheteurs potentiels ?

Réponse Le **nombre croissant d'acheteurs potentiels** pour une cible, ainsi que le développement des due diligences, qui ont amélioré la connaissance des risques par les acheteurs potentiels, ont incité les vendeurs à mieux préparer le processus de vente et à mieux maîtriser celui-ci.

Ainsi, les vendeurs privilégient désormais le recours à des **processus organisés,** orchestrés par des **professionnels des fusions-acquisitions.**

Corrélativement, l'information, notamment de nature financière, fait désormais l'objet d'une préparation et d'une présentation structurée. Une telle présentation permet de faire entrer un nombre plus important d'acheteurs potentiels dans le processus de cession, accroissant d'autant la pression concurrentielle, et présente aussi l'avantage de raccourcir le temps nécessaire pour réaliser une transaction, puisque les acheteurs potentiels peuvent s'appuyer sur une information déjà structurée.

Ainsi se sont développés des **processus d'assistance vendeur** (« vendor assistance ») ou de due diligence vendeur (« vendor due diligence »).

Dans une assistance vendeur, le vendeur se fait accompagner par un conseil tout au long du processus de cession : le conseil assiste le management dans la préparation des informations présentées en « data room » et l'aide à anticiper au mieux les éventuels points critiques de la transaction.

Le vendeur peut aussi mettre en place un processus de « vendor due diligence » (voir nº 5260).

D. Quand et comment informer les organes représentatifs du personnel et les salariés ?

Consultation des organes représentatifs

5190 ***Question***

A quel moment et comment consulter les organes représentatifs du personnel ?

Réponse La **consultation** des **organes représentatifs du personnel** doit respecter un **calendrier précis.**

La consultation des organes du personnel ne doit pas être réalisée trop tôt dans le processus, sous peine de laisser un grand nombre de questions sans réponses, tout en faisant courir le risque, si le projet de cession est abandonné, d'avoir inutilement inquiété les salariés et leurs représentants. En revanche, cette consultation doit être faite **avant la prise de décision,** faute de quoi la société et son représentant légal s'exposent à un **délit d'entrave** (sanctionné pénalement).

En pratique, la consultation doit intervenir à un moment où le projet est arrêté mais encore modifiable et, en tout état de cause, avant la prise définitive de la décision. Ce principe doit être mis en œuvre au regard des particularités de chaque opération.

Le **processus de consultation** est conduit avec le **comité social et économique (CSE)**, ou le comité central social et économique. Durant ce processus, le comité peut se faire assister d'un **expert.** Au terme du processus de consultation et lors d'un vote, le comité doit émettre un avis sur le projet.

La conduite de ce processus est un facteur clé de réussite de la cession car, au-delà des risques juridiques attachés, elle constituera la première prise de connaissance, voire de contact, entre les représentants du personnel et le nouvel actionnaire.

1. Consultation du comité social et économique (CSE) Le **Code du travail** (C. trav. art. L 2312-8) prévoit une obligation de consultation du CSE sur la modification de l'organisation économique ou juridique de l'entreprise. Bien que la portée de cette obligation ne soit plus définie au sein du Code du travail, **une opération de cession ou d'acquisition relève de la compétence du CSE.**

La Cour d'appel de Versailles s'est prononcée sur la consultation du CSE en cas de projet de prise de participation, quoique minoritaire, au sein d'une société cotée, en amont d'un projet d'OPA. Dans cette hypothèse, la Cour décide que le CSE de la société cible doit être informé et consulté en amont du projet d'OPA, conformément à l'article L 2312-8 du Code du travail (CA Versailles 15-4-2021 nº 21/00378) :

- si le projet d'acquisition est suffisamment déterminé pour avoir une incidence sur l'organisation, la gestion et la marche générale de la société dans laquelle la participation va être prise ;
- si la transmission négociée d'une partie du capital est utilisée comme un moyen de placer la société cible sous la dépendance d'une autre.

Les **délais** dans lesquels le CSE doit rendre ses avis sont **fixés par accord** entre l'employeur et les délégués syndicaux ou, à défaut de délégués syndicaux, par accord entre l'employeur et le CSE. En l'absence d'accord, ces délais sont fixés par décret (C. trav. art. L 2312-16 et R 2312-6).

Ainsi, **en l'absence d'accord,** le CSE est considéré avoir été consulté et avoir émis un avis négatif à l'expiration d'un **délai d'un mois calendaire.** Ce délai d'un mois court à compter du moment où l'employeur a communiqué au CSE les informations nécessaires à sa consultation.

Ce délai d'un mois peut être modifié par accord dans les conditions mentionnées ci-avant. Le délai négocié doit permettre au CSE d'exercer utilement sa compétence, en fonction de la nature et de l'importance des questions qui lui sont soumises.

Si le CSE a recours à l'assistance d'un **expert,** ce délai est porté à **deux mois.** Il est porté à **trois mois** dans le cas d'une ou plusieurs expertises, dans le cadre de consultations se déroulant à la fois au niveau du CSE central et d'un ou plusieurs CSE d'établissement.

En cas de consultation à la fois du CSE central et d'un ou plusieurs CSE d'établissement, un accord peut définir l'ordre et les délais dans lesquels le CSE central et le ou les comités d'établissement rendent et transmettent leurs avis. A défaut, les délais mentionnés ci-avant s'appliquent au CSE central. En outre, chaque comité d'établissement doit transmettre son avis au CSE central au plus tard sept jours avant l'expiration du délai attribué au CSE central pour rendre son avis.

En tout état de cause, le président du tribunal judiciaire statuant selon la procédure accélérée au fond peut prolonger ces délais, notamment si le CSE estime ne pas avoir eu toutes les informations nécessaires pour rendre son avis. Cependant, la Cour de cassation a jugé que si le comité d'entreprise entendait agir, il devait le faire dans le délai de consultation (Cass. soc. 21-9-2016 ; 27-5-2020) ; si ce même délai expire en cours de procédure, le juge pourra alors fixer un nouveau délai de consultation (Cass. soc. 26-2-2020). De même, si le comité d'entreprise et l'employeur ont conclu un accord organisant le calendrier de consultation, l'action contentieuse doit s'insérer dans ce calendrier (Cass. soc. 3-11-2016). Ces décisions sont manifestement transposables au CSE.

2. **Expert-comptable ou expert technique** Dans le cadre de son expertise pour le CSE, **l'expert** demande à l'employeur, au plus tard dans les **trois jours** de sa désignation, toutes les informations complémentaires qu'il juge nécessaires à la réalisation de sa mission (C. trav. art. R 2315-45). Un tel délai n'a ni pour objet ni pour effet de faire obstacle à ce que l'expert demande à l'employeur, en cours d'expertise, d'autres informations complémentaires nécessaires à l'exercice de sa mission (CE 4e-1e ch. 15-7-2020). **L'employeur** répond à cette demande dans les **cinq jours** (C. trav. art. R 2315-45). S'agissant du **délai** imparti à **l'expert-comptable ou à l'expert technique** pour **remettre son rapport**, il est **fixé par accord** d'entreprise ou par accord entre le CSE et l'employeur (C. trav. art. R 2315-47).

A **défaut d'accord**, l'expert doit remettre son rapport au plus tard **quinze jours** avant l'expiration des délais de consultation du CSE.

Comité d'entreprise européen

5193 ***Question***

Quels sont les enjeux de la consultation dans le cadre d'une opération à dimension européenne et internationale ?

Réponse Un projet de cession ou d'acquisition peut s'inscrire dans le cadre d'un groupe européen ou international.

Dans tous les cas où des opérations de cession ou d'acquisition ne se limitent pas à un cadre purement franco-français, il importe de vérifier si les instances de représentation européennes ne sont pas compétentes.

La compétence du comité d'entreprise européen porte sur les questions transnationales, c'est-à-dire sur les questions qui concernent des entreprises ou établissements implantés dans au moins deux Etats membres.

En cas de nécessité de saisine de l'instance communautaire, la question se pose de savoir s'il existe une priorité pour les instances nationales à se voir consultées ou au contraire si l'instance européenne doit avoir la priorité : tactiquement et juridiquement, l'enjeu est important. Les textes légaux ne tranchent pas cette question, sur laquelle la jurisprudence ne permet pas non plus d'en tirer une règle générale. Les tribunaux se décident au cas par cas, en fonction notamment des attributions et des règles de fonctionnement du comité d'entreprise européen convenues par les partenaires sociaux, leur objectif étant de donner un « effet utile » à l'intervention de chaque comité.

Accord avec le personnel

5195 ***Question***

Un accord avec le personnel est-il nécessaire ?

Réponse Non, seul est requis un **avis,** c'est-à-dire un vote positif ou négatif (le refus de voter des membres du comité social et économique pouvant dans certains cas être assimilable à un vote négatif) **des organes représentatifs du personnel.**

La loi nº 2014-856 du 31 juillet 2014 relative à l'économie sociale et solidaire impose toutefois **l'information préalable des salariés** en cas d'opération entraînant la vente du fonds de commerce ou de la PME qui les emploie (voir nº 5196 à 5199).

5196 ***Question***

Quelles sont les obligations vis-à-vis des salariés en cas de projet de cession d'entreprises ?

Réponse Un dispositif d'**information préalable des salariés en cas de vente d'entreprises** a été mis en place dans les catégories d'entreprises suivantes (Loi 2014-856 du 31-7-2014) :
- entreprises de moins de 50 salariés ;
- entreprises (i) employant 50 à 250 salariés et (ii) qui réalisent un chiffre d'affaires annuel n'excédant pas 50 M€ ou dont le total de bilan n'excède pas 43 M€.

Les opérations concernées Cette obligation d'information préalable vise la vente de plus de 50 % du capital de la société ou la vente de son fonds de commerce.

Les textes n'envisagent que les ventes directes, seule la situation de la société faisant l'objet d'une vente (majoritaire de son capital ou de son fonds de commerce) devant être analysée. En conséquence, il n'existe aucune obligation d'information vis-à-vis des salariés de la filiale en cas de vente d'une société holding n'employant aucun salarié et détenant une filiale employant moins de 250 salariés. De même, si cette société holding emploie moins de 250 salariés, l'obligation d'information préalable ne vise que ses propres salariés, et non pas ceux de sa filiale.

Cette obligation d'information préalable ne s'applique pas :
- en cas de succession, de liquidation du régime matrimonial, de cession d'un fonds ou d'une participation à un conjoint, un ascendant ou un descendant ;
- aux sociétés faisant l'objet d'une procédure de conciliation, de sauvegarde, de redressement ou de liquidation judiciaire ;
- si, au cours des douze mois qui précèdent la vente, celle-ci a déjà fait l'objet d'une information dans le cadre de l'obligation d'information triennale sur les possibilités de reprise de l'entreprise par les salariés.

5197 ***Question***

Comment et à quel moment les salariés sont-ils informés du projet de cession ?

Réponse L'information est faite par tout moyen lui conférant une date certaine (lettre, mail, affichage, réunion...). Un écrit permet cependant de conserver **une preuve de la réalisation de cette information.** La loi ne précise pas la nature des informations transmises aux salariés. A minima, les salariés devront être informés du projet de cession du capital ou du fonds de commerce et de la possibilité qu'ils ont de formuler une offre d'achat. La loi ne donne aucune précision supplémentaire sur le contenu de l'information et n'exige pas que l'information s'étende à l'acquéreur pressenti, ni au prix ni à aucune des conditions de l'offre.

Dans les entreprises :
- de moins de 50 salariés, les salariés doivent être informés au moins **deux mois avant la réalisation de la vente.** La loi précise que lorsque l'information du salarié est réalisée par lettre recommandée avec avis de réception, le délai de deux mois court à compter de la première présentation de la lettre ;
- employant 50 à 249 salariés, et qui sont par conséquent dans l'obligation de mettre en place un comité social et économique (CSE, voir no 5190) et de le consulter dans le cadre de ses attributions économiques (attributions similaires à celles de l'ancien comité d'entreprise), les salariés sont informés, **au plus tard en même temps que la saisine du CSE,** sur le projet de vente (si l'entreprise est en situation de carence de représentants du personnel, le délai est identique à celui des entreprises de moins de 50 salariés).

5198 ***Question***

Que faire en cas d'offre présentée par un ou plusieurs salariés ?

Réponse Le cédant est libre de choisir s'il souhaite entrer ou non en négociation avec le ou les salariés ayant présenté une offre. Dans le cas où il ne souhaite pas entrer en négociation, il n'a aucune obligation de transmettre les informations et documents relatifs à l'entreprise.

Les salariés n'ont pas de droit prioritaire par rapport à l'offre proposée par un tiers et le cédant n'a pas à motiver son refus. Il pourra cependant être conduit à devoir s'expliquer sur son choix, notamment si l'offre émanant du ou des salariés était plus favorable que celle qu'il a acceptée.

5199 ***Question***

Quelle est la sanction du non-respect ou du respect tardif de l'obligation d'information préalable des salariés ?

Réponse La sanction encourue est une **amende civile d'un montant maximum de 2 % du montant de la vente.**

Elle peut être prononcée par le juge, sur demande du ministère public, lorsqu'une action en responsabilité a été engagée.

A défaut de précision dans la loi, il semble que le délai de prescription serait celui de l'action en responsabilité civile délictuelle (5 ans).

La cession de fonds de commerce ou de participation doit avoir lieu dans les deux ans suivant l'expiration du délai de deux mois, faute de quoi l'information est à nouveau due. Le cédant n'a pas l'obligation d'informer à nouveau les salariés en cas de nouveau projet de cession pendant ce délai.

SECTION II

Comment sélectionner et présenter aux acheteurs potentiels les informations relatives à l'entité cédée ?

A. Qu'est-ce qu'un « mémorandum d'information » ?

Contenu du « mémorandum d'information »

5210 ***Question***

Quels éléments faire figurer dans un « mémorandum d'information » ?

Réponse Un « **mémorandum d'information** » doit fournir suffisamment d'informations à un acheteur potentiel pour qu'il puisse valider son intérêt et procéder à une **première évaluation** de la cible, afin de soumettre une offre non engageante au vendeur.

La diffusion de ce document étant relativement large, les informations les plus sensibles ne devront pas y figurer.

A ce titre, il ne doit pas contenir de données trop détaillées dont la nature et le contenu stratégique pourraient permettre aux acheteurs potentiels de disposer d'informations dont il n'est pas souhaitable qu'ils aient connaissance à ce stade du processus pour des raisons d'ordre concurrentiel (par exemple : liste de clients, politiques tarifaires, rentabilité des produits, grille des salaires, etc.).

Ainsi, un « mémorandum d'information » comprend généralement les éléments suivants :
- présentation du marché de l'entreprise et de ses perspectives ;
- présentation générale de l'organisation (ressources humaines, organigramme, système d'information...) ;
- présentation de l'entreprise, de ses activités, de ses produits et de ses clients ;
- présentation de la stratégie de la société ;
- présentation des performances financières de la société, tant historiques que prospectives (plan d'affaires).

B. Comment mettre en place une salle d'informations (ou « data room »)?

Sélection et présentation des informations

5220 ***Question***

Comment sélectionner et présenter l'information mise à la disposition des acheteurs en « data room » ?

Réponse La « **data room** » doit permettre aux acheteurs potentiels de disposer de suffisamment d'informations pour pouvoir soumettre au vendeur une offre engageante. Ainsi, une « data room » doit mettre à la disposition des acheteurs des informations de tout type sur la cible : financières (états financiers, rapports des commissaires aux comptes, etc.), juridiques (statuts, pactes d'actionnaires, PV de CA et d'AG, principaux contrats), commerciales (catalogues de produits, ventes par produit, types de clientèle, etc.), fiscales et sociales. L'analyse de ces informations précises et récentes va permettre aux acheteurs potentiels d'approfondir leur connaissance de la cible et d'affiner leur offre.

La **sélection des informations** produites par le vendeur joue un **rôle crucial** dans le processus de prise de décision. Le vendeur doit sélectionner les informations qu'il considère comme pouvant influencer de façon significative la décision de l'acheteur et veiller à la parfaite exactitude de celles-ci. L'acheteur s'appuiera sur cette information pour faire une offre ferme et pourra se retourner, le cas échéant, contre le vendeur lorsqu'il n'aura pas eu accès à une information sincère et complète.

Concernant les **informations sensibles,** leur diffusion dépend notamment du nombre d'acheteurs potentiels qui auront accès à la « data room », ainsi que de leur nature. De plus, le vendeur peut choisir de limiter l'information donnée, notamment pour des concurrents directs qui pourraient mettre à leur profit certaines informations commerciales (par exemple, la politique tarifaire). Concernant certains contrats comportant une clause de confidentialité, le vendeur peut masquer les informations sensibles, voire demander l'autorisation du cocontractant, lorsque la clause porte sur l'existence même de l'accord. Enfin, le vendeur peut choisir de ne diffuser les informations les plus sensibles que dans un deuxième temps à un nombre très limité d'acheteurs potentiels, ou au seul candidat final, dans l'intervalle entre le « signing » et le « closing ». Cependant, cette solution ajoute de l'incertitude en fin de processus, dans la mesure où elle offre des « portes de sortie » à l'acquéreur.

Organisation

5225 ***Question***

Comment organiser une « data room » ?

Réponse La **constitution d'une « data room »** présente un **enjeu important** dans la gestion d'un processus de vente, particulièrement dans un processus de vente compétitif. La « data room » doit permettre aux différents candidats acquéreurs potentiels d'être au même niveau d'information et éviter ainsi des distorsions entre les offres fermes fondées sur une mauvaise compréhension des problématiques et des risques liés à la transaction.

Une « data room » suppose une **organisation rigoureuse.**

Les documents doivent être consultables facilement par les acquéreurs et leurs conseils et donc rigoureusement agencés selon un index précis.

Ils doivent être totalement fiables dans la mesure où ils serviront de base aux acheteurs pour formuler leur proposition d'achat. La **traçabilité** de l'information communiquée, qu'il s'agisse de documents de « data room » ou de questions/réponses des acheteurs et de leurs conseils, est importante. Cette traçabilité peut être mise à profit dans le cadre des limitations de déclarations et garanties données dans le contrat de cession.

Des processus doivent être mis en place pour assurer la **confidentialité du processus,** que la « data room » soit physique ou électronique. Les participants à une « data room » signent un règlement préparé par le vendeur qui les engage sur des points précis.

De manière générale, les copies de documents sont interdites ou limitées et les documents ne peuvent être ni enregistrés ni emportés par les acheteurs potentiels, sauf autorisation expresse du vendeur. D'autre part, l'accès à l'information peut être découpé en plusieurs phases, la production de documents jugés particulièrement sensibles (comme des contrats stratégiques) pouvant être reportée à un stade ultérieur, durant la période d'exclusivité, par exemple.

En général, la « data room » physique est organisée dans les locaux des conseils du vendeur, et elle est surveillée. Cependant, la « data room » peut également être électronique et consultable à distance. Il est alors possible de définir des options de sécurité permettant différents niveaux d'accès et interdisant ou limitant la copie de documents.

Une procédure précise et centralisée doit être organisée pour gérer le flux de questions/réponses des acheteurs potentiels durant la phase de due diligences. Des formulaires types de questions sont en général proposés aux acheteurs, puis sont régulièrement centralisés par les conseils du vendeur qui se chargent de diriger ceux-ci vers les bons interlocuteurs chez le vendeur et de centraliser les réponses.

La constitution d'une « data room » présente un enjeu important dans la gestion d'un processus de vente et particulièrement dans un processus de vente compétitif (« bidding process »). La « data room » doit permettre aux différents candidats acquéreurs potentiels d'être au même niveau d'information et éviter ainsi des distorsions entre les offres fermes fondées sur une mauvaise compréhension des problématiques et des risques liés à la transaction.

« Data rooms » électroniques

5230 ***Question***

Quels sont les avantages et inconvénients des « data rooms » électroniques ?

Réponse L'avantage principal d'une **« data room » électronique** est de permettre d'ouvrir un processus de vente à un nombre plus important d'acquéreurs (grâce à l'absence de contraintes physiques) et à des acheteurs situés dans des zones géographiques éloignées, leur épargnant des déplacements, ainsi qu'à leurs conseils.

Une « data room » électronique permet aussi à tous les acquéreurs potentiels et leurs conseils d'avoir **accès à l'ensemble de l'information** mise à disposition **en même temps,** ce qui permet de traiter les acquéreurs de manière égale tout en accroissant l'intensité concurrentielle. En effet, lorsque la « data room » reste « physique », c'est-à-dire avec la mise à disposition de documents papiers, le temps de consultation nécessaire laissé à chaque équipe d'acquéreur réduit mécaniquement le nombre de postulants, même si tous les documents sont photocopiés pour tenir plusieurs « data rooms » en parallèle. La numérisation des documents et leur consultation à distance, principe de la « data room » électronique, fait disparaître ces limites physiques.

Un autre avantage est le **gain de temps,** notamment pour les conseils qui ne sont pas contraints de se déplacer puisque la consultation des documents peut être faite depuis leur ordinateur, ce qui est spécialement appréciable lorsque des mises à jour fréquentes d'informations sont réalisées. Ce travail de veille est facilité par la notification par voie de courriels à l'ensemble des acquéreurs et à leurs conseils, des informations nouvelles mises à disposition dans la « data room » électronique.

La « data room » électronique donne également de la **latitude** au vendeur et à son conseil **quant à l'information à rendre disponible** à différentes phases de la « data room », permettant ainsi, soit de restreindre l'accès à certaines informations sensibles pour des concurrents, soit de réserver les informations les plus sensibles concernant certains contrats (par exemple, aux deux ou trois derniers candidats en lice).

Une « data room » électronique permet aussi de **fluidifier les questions/réponses** entre les parties et leurs conseils, puisque les listes de questions et les réponses corrélatives émanant de la cible transitent via la « data room » électronique.

Cependant, la constitution d'une « data room » électronique suppose que le vendeur fasse scanner l'ensemble de l'information, ce qui constitue un **processus relativement lourd.** De plus, malgré des outils de sécurisation performants, il subsiste toujours un risque concernant la **confidentialité,** notamment dans le cas où le système serait piraté.

Certains acheteurs peuvent aussi considérer que la mise à disposition d'informations de façon électronique reste moins pratique qu'une information papier, étant observé que, même dans les « data rooms » électroniques, le vendeur peut choisir de rendre certains documents imprimables.

C. Qu'est-ce qu'une « management presentation » ?

Préparation et structuration

5250 ***Question***

Comment préparer et structurer une présentation managériale (« management presentation ») ?

Réponse A l'issue du premier tour, un certain nombre d'acquéreurs potentiels sont sélectionnés sur la base d'offres indicatives qu'ils ont remises. Ces derniers ont alors l'opportunité de rencontrer le management de la société lors d'une « management presentation ».

Une **présentation managériale** est une **réunion formelle et structurée** au cours de laquelle l'équipe de management de la cible présente à un acheteur potentiel l'activité, l'organisation, le marché et les produits, la situation financière et les perspectives de la cible, avant de répondre à d'éventuelles questions de l'acheteur. La présentation managériale vise à compléter et à mettre éventuellement à jour l'information déjà fournie dans le « mémorandum d'information ». Elle constitue une étape décisive dans la décision des acheteurs potentiels de confirmer ou d'infirmer leur intérêt pour la transaction. L'acheteur potentiel, en fonction des places disponibles, pourra venir avec son équipe de management, ses conseils et, le cas échéant, avec les banquiers sollicités pour financer l'opération. La présence de conseils est souvent révélatrice de l'intention de l'acheteur et permet de jauger sa motivation. Le vendeur est la plupart du temps, accompagné par un conseil en fusions-acquisitions.

Une présentation managériale est réservée à chaque acheteur potentiel ayant déposé une première offre qui a été acceptée. Dans certains cas, plusieurs présentations managériales peuvent être organisées, notamment afin de traiter spécifiquement certains sujets (par exemple, la présentation du plan d'affaires).

Cette présentation constitue souvent une **étape décisive dans la prise de décision** de l'acheteur, ce qui suppose une préparation et une structuration particulièrement méticuleuse de la présentation par le vendeur, ses conseils et, bien entendu, l'équipe de management. Il s'agit d'un exercice de séduction réciproque entre le vendeur et l'acquéreur. A l'acquéreur de démontrer de l'empathie et de faire partager son projet industriel et financier. Au vendeur de mettre en exergue, de façon claire et honnête, la solidité de sa société.

Cette réunion permet notamment à l'acheteur potentiel de mesurer la qualité et le dynamisme de l'équipe de la cible. Pour un acheteur non financier, un des enjeux de cette réunion est de mettre face à face l'équipe de direction de deux entreprises : directeurs généraux, directeurs financiers, directeurs industriels, directeurs commerciaux, directeurs du personnel... qui devront travailler ensemble dans le futur si la transaction aboutit. A cet égard, la présentation managériale est aussi très importante pour l'équipe de direction qui la délivre, puisqu'elle va avoir l'occasion de rencontrer ses futurs partenaires potentiels et de se faire une idée sur la compatibilité de la stratégie, de la culture d'entreprise et des intentions des différents acheteurs. Si la sélection de l'acheteur final est du ressort de l'actionnaire vendeur, l'expérience montre que l'équipe de direction est souvent consultée et une part importante de son opinion se forgera lors de la présentation managériale.

D. Quelle est l'utilité d'une due diligence vendeur et/ou d'une assistance vendeur ?

Définition

5260 ***Question***

Qu'est-ce qu'une due diligence vendeur (« vendor due diligence »/VDD) ?

Réponse Une **« vendor due diligence »** est un **rapport** effectué à la **demande du vendeur** par un cabinet tiers, destiné à fournir des informations pertinentes et sincères aux différents acheteurs, permettant à ceux-ci d'accélérer leur prise de connaissance de la cible, tout en leur épargnant de réaliser pour leur compte des due diligences approfondies.

L'engagement de responsabilité que le cabinet responsable de la due diligence vendeur confère in fine à l'acheteur, ainsi qu'aux éventuels banquiers finançant l'opération, est de nature à faciliter la réalisation de l'opération.

Une due diligence vendeur est un **rapport objectif,** réalisé par des **experts indépendants,** sur lequel l'acquéreur peut s'appuyer en toute confiance pour prendre ses décisions d'investissement. Usuellement, le rapport de due diligence vendeur est mis à disposition des acheteurs potentiels dans le cadre de la « data room », conformément aux règles de confidentialité qui se rapportent à celle-ci.

En pratique, le cabinet en charge de la réalisation d'une due diligence vendeur, effectue son travail d'analyse au contact du management de la cible durant plusieurs semaines, afin de couvrir, de manière approfondie, l'ensemble des thèmes d'une due diligence. Le rapport produit à l'issue de ces travaux fait l'objet d'une lecture attentive, notamment réalisée par l'équipe de management de la cible qui généralement confirme, via la signature d'une lettre d'affirmation attachée au rapport, l'exactitude et la sincérité des informations contenues dans celui-ci.

L'information financière contenue dans le rapport de due diligence vendeur est généralement **résumée dans le « mémorandum d'information »**, afin d'assurer la cohérence des chiffres entre les deux documents.

Contenu du rapport

5265 ***Question***

Que contient un rapport de due diligence vendeur ?

Réponse Comme un rapport de due diligence acheteur, un rapport de due diligence vendeur est un **diagnostic éventuellement pluridisciplinaire** qui peut couvrir, au-delà des aspects financiers, des éléments fiscaux, légaux, sociaux, opérationnels et stratégiques. Il peut également contenir une analyse des systèmes d'information, une revue des engagements de retraite et des risques environnementaux. Il donne, dans ce cas, une vision complète de l'activité devant permettre à l'acquéreur de prendre sa décision d'investissement.

Ces travaux impliquent un **engagement de responsabilité** de l'auteur de la due diligence vendeur, à la différence de l'assistance vendeur (« vendor assistance »), qui consiste en une assistance apportée au vendeur dans la préparation d'une partie de l'information financière mise ultérieurement à la disposition des acheteurs potentiels au cours du processus de cession.

Avantages des due diligences vendeur

5270 ***Question***

Quelle est en pratique la valeur ajoutée d'une due diligence vendeur dans un processus de cession ? Cela accélère-t-il le processus ?

Réponse Les travaux réalisés dans le cadre d'une **due diligence vendeur** sont souvent **plus complets et plus détaillés** que ceux d'une due diligence acheteur dans la mesure où l'équipe qui réalise ces travaux dispose d'un large accès à la cible, à ses comptes et à son management, ce qui lui permet de réaliser un travail approfondi susceptible de répondre aux attentes et aux questions de tout type d'acheteur, financier ou industriel. Le délai pour la réalisation d'une due diligence vendeur est également plus long que celui accordé à l'acquéreur pour réaliser sa due diligence.

Le **management de la société** est fortement **impliqué** dans le processus de due diligence vendeur. Cette implication constitue une préparation efficace à la suite du processus de cession, puisqu'il permet notamment au management de prendre du recul sur les évolutions récentes de l'entreprise sur le plan économique, financier et de son organisation, ainsi que ses perspectives de développement. Ces éléments seront ensuite présentés aux acheteurs potentiels.

Dans l'hypothèse où d'éventuels retards, anomalies, ou optimisations possibles sont détectés au cours du processus de due diligence vendeur, le vendeur peut faire procéder aux améliorations nécessaires, ou anticiper avec son conseil les réponses qui seront faites aux acheteurs sur ces sujets. Une telle préparation en amont rend la situation du vendeur plus confortable, comparée notamment à celle qui résulte d'anomalies découvertes par les acheteurs au cours de due diligence acheteur. De plus, il peut arriver que les équipes ayant réalisé la due diligence vendeur soient mandatées par l'acheteur pour compléter leurs travaux sur un point spécifique ou mettre à jour leur rapport pour tenir compte des derniers résultats enregistrés par l'entreprise.

La réalisation d'une due diligence vendeur **permet au vendeur d'accroître l'intensité concurrentielle** entre les acheteurs qui disposent d'une information de qualité et pertinente, ce qui permet au vendeur de mieux maîtriser le processus de vente sur la durée, puisqu'il n'est pas obligé d'octroyer une période d'exclusivité à un acheteur pour permettre à celui-ci de finaliser son offre. De ce fait, le recours à une due diligence vendeur dans un processus de cession accélère le processus, grâce à une meilleure préparation réalisée en amont.

Le rapport de due diligence vendeur reste un document impartial dans la mesure où l'équipe qui l'a produit engage sa responsabilité vis-à-vis de l'acquéreur à l'issue du processus de cession, comme si elle avait travaillé pour le compte de celui-ci dès l'origine.

Due diligence vendeur développement durable

5272 ***Question***

Pourquoi faut-il intégrer les aspects ESG (Environnemental, Social, Gouvernance) dans les VDD ?

Réponse La montée en puissance des questions ESG dans le Capital Investissement a fortement développé les due diligences ESG dans les processus d'acquisition. Les demandes des investisseurs sont croissantes dans ce domaine.

La réalisation d'une VDD ESG suppose que l'entreprise ait effectué des travaux sur ce sujet ou dispose d'un certain nombre de réalisations concrètes. Le travail réalisé lors de la VDD consiste à identifier les priorités ESG ayant un lien direct avec la valeur de l'entreprise, que ce soit en matière de gestion des risques, d'efficacité opérationnelle ou de croissance des revenus pour présenter :
- le niveau de maturité ESG de l'entreprise ;
- les principaux sujets couverts et leur lien avec la valorisation ;
- les potentiels de croissance complémentaire liés à l'ESG pour un acquéreur.

A minima, ces informations sont destinées à rassurer un acquéreur sur la qualité de management de l'entreprise en lui démontrant que le spectre de sujets ESG couverts par le management est complet. Ces informations permettent aussi aux acquéreurs, notamment financiers, de répondre aux exigences croissantes de leurs investisseurs en matière ESG.

Due diligence réglementaire – vendeur

5273 ***Question***

Pourquoi faut-il intégrer les aspects réglementaires dans les VDD ?

Réponse Les demandes des investisseurs sont croissantes dans ce domaine lorsque la société fait l'objet d'un encadrement tarifaire sectoriel (« energy » et « utilities », télécommunications, services postaux, infrastructure de transport ferroviaire, aérien, routier, etc.).

La réalisation d'une VDD réglementaire suppose que l'entreprise ait une comptabilité analytique séparée entre activités régulées et périmètre non régulé. Le travail réalisé lors de la VDD consiste à **identifier les impacts réglementaires à venir sur la période du plan d'affaires** ayant un lien direct avec la valeur de l'entreprise, que ce soit en matière de :

- tarifs sur le périmètre régulé (par exemple, tarifs d'accès à une infrastructure régulée) ;
- coûts régulés (OPEX, CAPEX, CAPEX de renouvellement) et règles d'allocation entre périmètre régulé et non régulé ;
- mesure du risque (WACC pour « weighted average cost of capital » régulé) et règles de partage du risque entre périmètre régulé et périmètre non régulé (par exemple, dans le cas d'un aéroport, entre compagnies aériennes et activités commerciales ou immobilières de l'aéroport) ;
- projections d'activité (par exemple, prise en compte du trafic prévisionnel dans la formule tarifaire).

A minima, ces informations sont destinées à rassurer un acquéreur sur la prise en compte des évolutions réglementaires à venir en lui démontrant que le spectre de sujets réglementaires couverts par le management est complet. Ces informations permettent aussi aux acquéreurs, notamment financiers, de répondre aux exigences croissantes de leurs investisseurs en matière de prise en compte des risques réglementaires dans la valorisation de l'activité.

Déroulement du processus de vente

5275 ***Question***

Comment un processus de vente avec une due diligence vendeur se déroule-t-il ?

Réponse Schématiquement, un **processus de vente avec une due diligence vendeur** se déroule de la façon suivante :

1. **Phase de préparation de la vente** : réalisation de la due diligence vendeur, discussion des points clés avec le management et prise en compte des résultats dans le « mémorandum d'information » préparé par le conseil du vendeur en vue de présenter

des informations cohérentes, anticipation et traitement approprié des éventuelles anomalies rencontrées au cours du processus.

2. **Phase d'analyse et de remise des offres** : envoi du « mémorandum d'information » aux candidats et réception des offres initiales, accès à la « data room » pour les candidats contenant notamment, le projet de rapport final de due diligence vendeur, une copie de la présentation managériale et un projet de contrat d'acquisition.

3. **Phase de négociation et de finalisation** : discussion finale des termes du contrat d'acquisition, compléments d'information éventuels et engagement de responsabilité des auteurs du rapport de due diligence vendeur vis-à-vis de l'acquéreur final.

Définition et périmètre d'une « assistance vendeur »

5280 ***Question***

Qu'est-ce qu'une « assistance vendeur » et quel périmètre peut-elle couvrir ?

Réponse Une **« assistance vendeur »** est un exercice réalisé pour le **compte du vendeur** et porte sur un champ plus ou moins large, en fonction de la demande de celui-ci. Elle a pour **objectif d'aider le vendeur** dans son processus de vente en **structurant l'information** qu'il envisage de fournir aux acheteurs potentiels et en effectuant des **analyses** du même type que celles que réaliserait un acheteur potentiel.

Cette intervention se distingue d'une due diligence vendeur par son **périmètre** qui n'a pas vocation à être exhaustif : l'acheteur peut en effet choisir d'apporter un éclairage seulement sur un point spécifique de son activité, ou de compiler des données financières pour les rendre homogènes sur plusieurs années. Le prestataire d'une assistance vendeur n'est engagé que vis-à-vis du commanditaire de son travail, et en aucune manière vis-à-vis d'un éventuel acheteur.

Cette approche peut être utile dans le cas de processus très courts ou lorsque la taille de la cible et son absence de complexité ne justifient pas la mise en place d'un processus de due diligence vendeur complet.

E. Comment passer de la négociation au contrat ?

Eléments clés d'une négociation

5300 ***Question***

Quels sont les éléments clés d'une négociation avec un acheteur ?

Réponse Une **négociation** est la rencontre d'un acheteur et d'un vendeur avec des **intérêts contradictoires** mais disposant d'une **volonté commune** de **réaliser une transaction.**

Une négociation comprend des aspects tactiques et psychologiques. Il est utile que des conseils en fusions-acquisitions servent d'intermédiaires afin d'éviter que l'acheteur et le vendeur ne s'affrontent inutilement lors du processus, ce qui pourrait compromettre l'aboutissement des négociations, tout en créant des relations entre les parties une fois la transaction finalisée.

Un conseil en fusions-acquisitions apportera son expérience pour gérer des situations auxquelles son client (et potentiellement la partie adverse, si elle n'est pas conseillée) sera forcément moins habitué.

Une bonne négociation s'accompagne tout d'abord d'une **gestion efficace du temps.** En fonction d'un certain nombre de facteurs externes ou de la psychologie et des impératifs de chacun des acteurs, il peut être utile d'accélérer le processus de négociation, ou, a contrario, de le ralentir pour éviter une situation de blocage.

Une autre dimension essentielle de la négociation est la **mise à disposition de l'information au cours du processus.** La manière et le tempo avec lesquels l'acheteur communique des aspects négatifs ou positifs impactant la cible ou le processus, voire les contraintes de dernière minute, peuvent influer sur l'issue et les conditions d'un accord.

Les sujets abordés lors des négociations commenceront toujours par le prix. Un accord sur la valorisation de la cible sera généralement un préalable à toute autre discussion, mais ne sera jamais suffisant à l'aboutissement d'un accord global.

Les **autres points clés** devant être négociés sont trop souvent négligés par les parties, alors qu'ils peuvent constituer un élément essentiel de la valeur retirée par les parties de l'opération. Les **clauses** les plus usuelles à discuter portent sur le mode de paiement, les conditions suspensives, les garanties d'actif et de passif (clauses protégeant l'acheteur de « mauvaises surprises » qu'il serait susceptible de rencontrer au cours des premiers mois suivant l'acquisition). Dans certains cas, une grande partie de la discussion portera sur le maintien de certaines relations avec le vendeur via, par exemple, l'utilisation d'une marque ou d'une licence, la définition d'**accords de transition** (« Transitional Services Agreements », TSA), etc.

Sur ces points, l'**expérience d'un conseil** en fusions-acquisitions permettra au vendeur de limiter son risque et de faire les **choix les plus éclairés** au cours de la négociation. Le conseil sera plus à même de trouver les points de rupture de la partie adverse afin d'optimiser le résultat pour son client.

D'une manière générale, la tactique de négociation devra toujours être définie et ajustée en fonction de l'autre partie, adaptée au contexte et au risque que chacun est prêt à prendre sur l'opération.

Rédaction d'un contrat

5305 ***Question***

Quels sont les éléments clés à prendre en compte dans la rédaction d'un contrat de cession ?

Réponse L'**objectif pour le vendeur** doit être de **minimiser les aléas** portant sur la **réalisation effective de l'opération** et ceux liés aux **engagements de garanties.**

De ce point de vue, le nombre de **conditions suspensives** stipulées au profit de l'acquéreur doit être réduit autant que possible. Ces conditions suspensives peuvent concerner l'obtention d'un financement, l'obtention du consentement préalable d'un cocontractant stratégique, ou le fait que la conjoncture n'ait pas significativement évolué (changement de circonstances imprévisibles rendant l'exécution du contrat excessivement onéreuse et permettant à une partie de réclamer la renégociation du contrat, ou, à défaut d'accord avec l'autre partie, l'intervention d'un juge). Les parties peuvent cependant renoncer dans le contrat d'acquisition à invoquer cette règle d'imprévision ou à en aménager les effets par le biais de **« MAC clauses »** (ou « Material Adverse Change »), permettant de résilier le contrat si un événement majeur négatif survient.

Les **déclarations** doivent **être limitées** dans **leur nombre, leur durée, leur portée.** En effet, il faut éviter les déclarations trop générales non assorties d'exception et il convient de prendre en compte dans celles-ci les informations communiquées au cours des due diligences. Il convient de noter toutefois que le vendeur est soumis par la loi à un devoir général d'information en vertu duquel il doit communiquer à l'acquéreur, durant les négociations, toute information dont l'importance est déterminante pour le consentement de ce dernier.

Les **garanties,** à supposer qu'elles soient accordées, doivent être **limitées** dans leur **montant** et peuvent être assorties de plafonds ou de franchises. De plus, les garanties doivent être limitées dans leur coût, les garanties supposant de bloquer des fonds étant généralement très coûteuses.

Une pratique issue des pays anglo-saxons se développe : il s'agit de l'assurance des garanties par des sociétés d'assurance. Dans ce cas, il convient de soumettre à la société d'assurance les garanties en amont du processus de rédaction du contrat de cession, afin de vérifier que les garanties consenties sont bien assurables.

A cet égard, le vendeur se mettra en position de négocier dans de bonnes conditions les termes de son contrat de cession si le processus de cession a été correctement géré : détourage précis de l'activité, exhaustivité de l'information communiquée en « data room », communication intelligente sur les risques que le vendeur a pu préalablement identifier...

Pour plus de détails sur les enjeux de la rédaction du contrat, voir n° 3525 à 3555.

Mécanisme de « locked box »

5310 ***Question***

Quels sont les avantages et inconvénients du mécanisme de « locked box » pour le vendeur ?

Réponse Le mécanisme de **« locked box »** permet notamment au vendeur de connaître et recevoir dès le « closing » **100 % du prix fixé** pour la transaction, et d'éviter la procédure de revue des comptes de « closing » et d'ajustement de prix, ainsi que d'éventuels litiges sur cet ajustement.

Sur la présentation détaillée de ce mécanisme, voir n° 3560.

SECTION III

Quels sont les principaux facteurs de complexité pouvant influencer la conduite d'une cession ?

A. Mise en vente d'une branche d'activité : comment préparer et réaliser un détourage (« carve-out ») ?

Détourage (« carve out »)

5400 ***Question***

Qu'est-ce qu'un détourage (« carve out ») ?

Réponse Un détourage (« carve out ») est une opération de **filialisation/cession d'une branche d'activité** qui peut prendre les formes suivantes :
- détourage d'une ou plusieurs entités juridiquement distinctes ;
- détourage d'une partie d'une ou plusieurs entités juridiques.

L'activité détourée peut faire l'objet d'une acquisition de gré à gré et d'une intégration dans un nouvel ensemble (corporate, private equity…) ou d'une opération sur le marché (IPO, spin-off) avec la création d'un groupe autonome.

Facteurs de succès

5403 ***Question***

Quels sont les principaux facteurs de succès dans la préparation d'un détourage ?

Réponse Toute opération de **détourage (« carve-out »)** présente un degré de complexité plus ou moins important qui nécessite de la méthodologie, de la rigueur et une bonne préparation.

En effet, lors d'un détourage, de multiples éléments sont susceptibles de venir interférer et ralentir le processus de cession. Il est donc important pour un vendeur de **préparer le détourage en amont,** afin de donner à l'acquéreur du confort et de la visibilité sur le détail des activités cédées (processus, systèmes d'information, équipes, contrats…), ainsi que sur les coûts associés. Ce travail préparatoire permet d'identifier et de traiter en amont du processus de vente l'ensemble des problématiques qui pourraient être utilisées par l'acheteur pour négocier le prix à la baisse.

Un manque de préparation peut être de nature à limiter l'appétit des acheteurs potentiels. Amenés ainsi à poser de nombreuses questions pour se faire une idée des chantiers à réaliser, ils peuvent se décourager en réalisant que la séparation n'est pas prête à être exécutée, ce qui représente une source de risques importante.

Les **principaux travaux à conduire** incluent notamment les éléments suivants :
- définir le périmètre juridique et commercial des activités à céder et identifier en particulier les éléments nécessaires à la fois à l'activité détourée et à l'activité non cédée ;
- déterminer les opérations (sites, effectif, systèmes d'information...) susceptibles d'être transférées ;
- identifier et évaluer les principales prestations de services actuellement rendues par le groupe cédant dont bénéficie l'activité cédée ;
- identifier les principaux accords de transition qui pourraient être proposés à l'acquéreur pour assurer la continuité de l'exploitation et une transition souple ;
- identifier et évaluer le surcoût éventuel de sortie du périmètre du groupe cédant, notamment lié à la perte de synergies (contrats, mutualisation de fonctions...) ;
- valider que les coûts nécessaires au bon fonctionnement de l'activité sont bien reflétés dans les états financiers, et ce, à une valeur de « marché » ;
- mettre à jour les états financiers et le plan d'affaires.

Une fois le périmètre à céder ainsi que les coûts de fonctionnement en mode autonome (structure « stand alone ») clairement définis, il convient de retranscrire ceux-ci dans les états financiers qui servent de base à l'appréciation et à la valorisation de l'activité. Cette étape se traduit par la réalisation de **comptes pro forma,** destinés à présenter aux acheteurs potentiels l'image la plus exacte possible des résultats de l'activité à céder.

Il est également utile d'**ajuster le plan d'affaires** pour illustrer la structure de coût cible lorsque l'activité sera opérée de manière autonome par l'acquéreur, ce qui suppose de réaliser les opérations suivantes :
- prévoir un plan de séparation des systèmes d'information incluant le transfert des logiciels et matériels nécessaires, ainsi que l'historique des données utiles à la continuité de l'activité ;
- développer un plan préliminaire de transition ;
- préparer des accords de transition (« Transitional Services Agreements »/TSA) : en effet, dans un contexte de détourage, le cédant doit souvent s'engager à assurer, pendant une durée déterminée, certains services qui étaient auparavant rendus à l'entité cédée. Cette pratique vise à éviter toute interruption dans la continuité de l'activité. Chaque service identifié doit être clairement explicité, avec un niveau de service attendu détaillé, une durée déterminée et un coût (ou une méthode de calcul) préalablement défini(e). Enfin, les pénalités éventuelles en cas de non-respect des engagements doivent aussi être définies.

Facteurs de complexité

5405 ***Question***

Quels sont les principaux facteurs de complexité d'un détourage ?

Réponse Le **niveau de complexité** d'une opération de détourage résulte de deux facteurs principaux :
- la **capacité à identifier** clairement, d'un point de vue opérationnel et financier, le **périmètre de cession,** notamment lorsque ce périmètre ne correspond pas exactement à une ou plusieurs entités juridiques distinctes ;

– la **nature et l'ampleur** des **prestations opérationnelles** existant entre le groupe cédant et les activités détourées.

En conséquence, il sera beaucoup plus complexe d'identifier, d'analyser et d'évaluer les impacts financiers d'opérations totalement imbriquées au sein d'un groupe tant au niveau des fonctions support que de la chaîne logistique.

D'autres éléments plus traditionnels constituent également des facteurs de complexité dans l'analyse et la gestion des opérations de détourage :
- la nature de l'acquéreur ;
- le calendrier de mise en œuvre ;
- la qualité de l'information financière sous-jacente ;
- la qualité et la disponibilité des équipes travaillant sur l'opération.

Gestion de la période de transition

5410 ***Question***

Comment gérer la période de transition avec l'acheteur ?

Réponse Cette **période** s'étend du **« closing »** au dernier jour des **accords de transition** (« Transitional Services Agreements »/TSA), qui marque la fin des liens entre le groupe cédant et l'activité cédée et qui concerne tout autant le vendeur que l'acheteur.

Durant cette période, le vendeur et l'acheteur restent liés contractuellement afin d'assurer la continuité de l'activité et faciliter la gestion de la transition pour le compte du nouvel actionnaire. Le vendeur se doit à la fois d'assurer les services qu'il s'est engagé à rendre et de préparer/anticiper la fin des TSA au sein de sa structure.

Ces services de transition nécessitent fréquemment une **contribution** de la part des **équipes du groupe cédant**, par exemple pour la gestion de la paye, de l'outil informatique... Il peut toutefois s'agir uniquement de refacturation, au titre de loyers, ou de location de matériel par exemple, sans réelles prestations de services. Suivant le mode de calcul retenu pour la facturation des TSA, il est nécessaire d'être en mesure de tracer les demandes de prestations et les coûts associés qui serviront de base à la facturation, sauf à ce que le montant du service ait été fixé forfaitairement.

Il est à noter que le fonctionnement de l'entreprise sous TSA peut conduire le management à revoir certains modes opératoires et procédures, afin notamment de permettre une coordination efficace et fluide entre les deux parties.

Par ailleurs, le groupe cédant doit anticiper ce que deviendra le coût associé à la réalisation de cette prestation à la fin des TSA, et apprécier si ce coût pourra être supporté par les autres entités du groupe cédant ou aura vocation à disparaître en générant des économies.

Il est donc important d'**évaluer** et de **quantifier** les **impacts opérationnels et financiers** de ces prestations et d'anticiper la réaffectation des ressources dédiées à leur délivrance.

De même, durant la période de transition, le groupe acquéreur se doit d'**anticiper les actions** à mener afin de prendre en charge directement les prestations temporairement assumées en tout ou partie par le vendeur. Il doit également s'assurer que la fin des TSA ne va pas désorganiser son activité.

Problématiques comptables

5413 *Question*

Sur le plan comptable, quels sont les points clés à considérer pour réaliser un détourage ?

Réponse Pour réaliser un détourage (ou « carve-out »), les **points clés** à considérer sur le plan comptable sont les suivants :

1. **Information financière** Moins l'activité/entité/division qui va être cédée (« périmètre cédé ») est autonome, plus la préparation de l'information financière sera complexe. Dans le cadre d'un détourage d'activité, elle peut prendre, soit la forme d'agrégats, soit la forme d'états financiers :

- dans le cas de **cessions via une introduction en bourse,** il faut systématiquement préparer des états financiers complets historiques (dit états financiers « carve-out ») qui seront inclus dans le document d'offre (prospectus) ;

- dans le cas de **cessions de gré à gré,** selon le niveau de confort (audit, revue limitée, procédures convenues) demandé par les acheteurs et les banques, l'information financière peut prendre, **soit** la forme d'agrégats (tels que EBITDA, BFR, dette nette), **soit** la forme d'états financiers historiques résumés ou complets (« carve-out »).

Il est souvent difficile d'appréhender ce que représentent des comptes combinés, des comptes « carve-out » ou ce qu'est une entité devant présenter des états financiers (« reporting entity »). Il convient donc de bien évaluer les questions à se poser et les informations à inclure dans les états financiers à préparer. Il est également très important de bien comprendre la différence entre des comptes IFRS, des comptes préparés selon des méthodes inscrites dans la base de préparation et l'information pro forma. Enfin, il convient de bien maîtriser l'attente des régulateurs sur des comptes combinés ou des comptes « carve-out ».

2. **Méthodes et pratiques les plus courantes** Il n'existe pas de règles établies pour l'élaboration de comptes « carve-out » et ce, quel que soit le référentiel comptable (US GAAP, IFRS ou principes français). Cependant, il existe un certain nombre de méthodes et de pratiques, souvent issues de demandes des régulateurs boursiers, permettant de :

- traiter la répartition de certains coûts entre le périmètre cédé et le cédant ;
- déterminer les actifs et passifs (par exemple, passifs de retraite) ;
- déterminer les montants de dettes financières ;
- présenter les informations sectorielles et l'allocation aux unités génératrices de trésorerie (UGT) ;
- déterminer une charge/produit d'impôt (courant et différé) ;
- présenter les transactions intra-groupe (éliminées en consolidation) ;
- comptabiliser les instruments de capitaux propres et présenter les capitaux propres ;
- déterminer la valeur des actifs et passifs retenue pour l'élaboration des comptes : valeur en consolidation (« push down ») ou bien valeur dans les comptes sociaux ;
- choisir la devise la plus appropriée pour la présentation des comptes du périmètre cédé.

L'ensemble de ces méthodes a pour but de montrer aux futurs investisseurs quelle a été la contribution du périmètre cédé dans les comptes du cédant sur la base des informations historiques. L'objectif est différent de l'information pro forma (voir nº 5415) qui a, elle, vocation à faire rétroagir l'effet d'une opération sur les informations historiques. Les états financiers « carve-out » servent de point de départ à l'élaboration de l'information financière pro forma et « normative » que l'on peut trouver dans les « data rooms ». Ils peuvent également être utilisés dans les clauses d'ajustement de prix et la valorisation.

3. **Préparation des états financiers « carve-out »** Leur préparation nécessite :

- la mise en place d'une structure de projet permettant de déterminer rapidement :
  - la pertinence, la faisabilité, le « timing »,
  - les différentes options de présentation,
  - l'anticipation des principaux problèmes structurants (problèmes de disponibilité de l'information et problématiques comptables) ;
- la réalisation proprement dite des états financiers « carve-out », comprenant notamment :
  - la collecte des informations historiques afin d'élaborer les états financiers sur un ou plusieurs exercices,
  - la résolution de problématiques comptables complexes (regroupement d'entreprises, dépréciation d'actifs, impôt, etc.),
  - l'élaboration des états financiers (comptes et notes annexes),
  - l'élaboration de tableaux de passage avec des référentiels comptables qui peuvent être différents entre les entités du périmètre cédé et ceux retenus pour les comptes « carve-out » ;
- la mise en place de la documentation nécessaire et l'assistance dans les discussions avec les auditeurs et les différents intervenants de la transaction (acheteurs, banques, conseils, etc.).

4. **Impacts financiers chez le cédant** Les points suivants sont à prendre en compte pour le cédant :

- l'information financière à présenter au marché dans le cas d'un groupe coté (prospectus, rapport financier annuel) ;
- les impacts des principaux ratios et covenants utilisés dans la communication du groupe ;
- la résolution de problématiques comptables :
  - application ou non de la norme IFRS 5, Actifs immobilisés (ou groupes d'actifs) détenus en vue de la vente et abandons d'activités,
  - date d'application d'IFRS 5,
  - qualification ou non d'activité abandonnée,
  - allocation de dettes, de coûts directs, etc.,
  - activité versus actif,
  - revue de l'évaluation des impôts différés, lorsque la cession devient probable ;

    Par exemple, changement du taux retenu pour le calcul des impôts différés, du fait de la modification du mode de recouvrement attendu des actifs, le taux à retenir étant dorénavant celui applicable en cas de cession, ou encore comptabilisation de l'impôt différé, pour la première fois, au titre de la différence temporelle sur les titres consolidés (impôt différé dit « outside basis »).

- l'**information sectorielle** (refonte ou non) ;
- la **détermination du gain ou de la perte de cession** ;

    Par exemple, recyclage ou non des éléments comptabilisés en autres éléments du résultat global, allocation d'une quote-part de goodwill aux activités cédées, prise en compte des compléments de prix à recevoir, etc.

- dans le **cas de cessions par palier** :
  - la méthode de consolidation de l'entité en voie de cession,
  - la comptabilisation des éventuelles options d'achat et de vente ;
- la **valorisation et le suivi des clauses d'ajustement de prix, de la mise en place des TSA (« Transitional Services Agreements »)**.

Comptes pro forma des activités cédées

5415 ***Question***

Pourquoi préparer les comptes pro forma des activités cédées ?

Réponse Dans une opération de détourage, le vendeur des activités cédées ne dispose pas toujours d'états financiers historiques reflétant ces activités. Seuls des états financiers au niveau de l'entité juridique sont disponibles. En vue de la due diligence des acheteurs potentiels, des comptes pro forma relatifs aux activités cédées doivent être préparés sur une période qui, en général, couvre les deux à trois exercices précédant la cession.

Problématiques juridiques

5420 ***Question***

Quelles sont les principales problématiques juridiques lors de la mise en vente d'une branche d'activité ou d'une société ?

Réponse La **mise en vente d'une branche d'activité** peut être formalisée, soit par la cession directe de « fonds de commerce », soit par une opération préalable d'apport, soumise ou non au régime des scissions (opérant transmission universelle de patrimoine), à une société nouvelle dont les titres seront ensuite cédés.

Elle est généralement plus complexe dans sa mise en œuvre qu'une cession de titres de société et suppose notamment :

- l'**identification des principaux actifs** à transférer : contrats, immeubles, marques et brevets, personnel, etc. ;
- l'**analyse des conditions et modalités de leurs transferts** : autorisation des cocontractants, mainlevées des sûretés et hypothèques, formalisme spécifique aux transferts de biens immobiliers, formalités d'inscription post-cession pour les marques et brevets... ;
- l'**identification des passifs**, qu'ils soient ou non transférés.

Concomitamment à l'analyse fiscale (voir nº 5425), ces analyses juridiques seront nécessaires à la structuration de l'opération : choix d'un apport partiel d'actif soumis au régime des scissions pour transfert automatique des actifs et passifs afférents à l'activité transférée ou, au contraire, cession d'actifs de fonds de commerce pour éviter le transfert d'un passif latent important...

Lors de la mise en vente de titres de société, le vendeur devra évaluer les principaux risques juridiques afférents aux structures juridiques et aux opérations et qui pourraient être révélés dans les due diligences qu'effectuera l'acquéreur. De la même façon, le vendeur devra recenser les contrats significatifs prévoyant des clauses de changement de contrôle et les autorisations, le cas échéant, affectées par le changement de contrôle.

Cette démarche permettra au vendeur :

- de corriger les irrégularités qui peuvent l'être facilement comme un défaut d'autorisation ou de déclarations administratives, des contrats à régulariser, des registres à mettre à jour, des renouvellements d'enregistrements à effectuer, une transaction sur un contentieux important ou encore, un accord d'un client stratégique dont le contrat contenait une clause de changement de contrôle... ;

– lorsque des mesures correctives ne sont pas envisageables, d'anticiper avec l'acheteur les discussions sur les garanties et/ou le prix de cession et par conséquent d'être en meilleure position de négociation.

Coût fiscal

5425 ***Question***

Quel est le coût fiscal de la mise en vente d'une branche d'activité ou d'une société ?

Réponse Le coût fiscal concerne essentiellement :
– pour le cédant, l'impôt sur les sociétés appliqué à la plus-value de cession ;
– et, pour l'acquéreur, les droits de mutation.

1. Pour le cédant Dans le cas d'une cession d'une branche d'activité, la plus-value dégagée majore le résultat imposable à l'impôt sur les sociétés dans les conditions de droit commun qui est calculé au taux de 25 %. Les produits qui se rapportent à la cession de certains actifs, tels que les titres de participation ou les brevets, bénéficient toutefois de mesures plus favorables (voir Mémento Comptable nº 52620, 52625 et 32155).

Dans le cas de la cession par une personne morale soumise à l'IS des titres d'une société détenue depuis au moins deux ans qui ont la nature de titres de participation, la plus-value réalisée est soumise à une taxation limitée à une quote-part de frais et charges égale à 12 % de son brut. Ce régime équivaut en pratique à une imposition effective de 3,1 % sur la base d'un taux de 25,825 % (soit l'IS au taux de 25 % et la contribution sociale sur les bénéfices calculée au taux de 3,3 % du montant de l'IS). Il n'est pas possible de minorer la plus-value, qui sert d'assiette à la quote-part de 12 %, du montant des moins-values de cession de titres de participation subies au cours du même exercice. Cependant, la taxation de la quote-part de frais et charges n'est établie que si, au cours de l'exercice de cession, une plus-value nette à long terme globale est constatée (pour plus de détails, voir Mémento Comptable nº 36700).

Outre la condition relative à la durée de détention des titres, ce régime est subordonné à la qualification des titres cédés comme des titres de participation au sens fiscal (notion qui inclut notamment les titres qualifiés comme tels sur le plan comptable ; pour plus de détails, voir Mémento Comptable nº 35155 s.).

Il ne concerne pas les plus-values réalisées lors de la cession de certaines participations (pour plus de détails, voir Mémento Comptable nº 36700) :

(i) les titres de sociétés à prépondérance immobilière non cotées (dont la cession est imposée au taux de droit commun) ;

(ii) les titres de sociétés à prépondérance immobilière cotées qui bénéficient du régime du long terme, mais sont imposés au taux de 19 % (hors CSB) ;

(iii) les titres des sociétés à prépondérance financière (titres de sociétés de portefeuille qui ne détiennent que des valeurs mobilières de placement), dont la cession est imposée au taux de droit commun ;

(iv) les titres de sociétés situées dans des Etats non coopératifs, dont la cession est imposée au taux de droit commun.

Par ailleurs, les actionnaires étrangers peuvent se voir soumis à l'impôt en France en raison de l'application combinée des dispositions de droit interne français et des conventions fiscales conclues avec leur Etat de résidence. Dans cette situation, la jurisprudence admet que les crédits d'impôt correspondant à l'impôt supporté à l'étranger s'imputent sur l'impôt dû à raison de la quote-part de frais et charges (voir Mémento Comptable nº 36720).

Enfin, certains cédants sont soumis à des régimes fiscaux spécifiques. C'est en particulier le cas des fonds d'investissement, dont le régime varie selon leur forme juridique (Sicav, FCP, SCR), la composition de leur portefeuille (OPCVM « actions » ou non), le respect de certains ratios de nature fiscale (FCPR « fiscal » ou « juridique ») et la nature des gains réalisés (plus-values ou revenus de capitaux mobiliers).

Il est donc crucial, lors de la structuration d'une acquisition, de prendre en compte les conséquences fiscales d'une cession éventuelle du groupe acquis, afin que celle-ci se déroule (à fiscalité constante) dans des conditions satisfaisantes pour l'ensemble des personnes y prenant part.

2. Pour l'acquéreur S'agissant des **acquisitions de fonds de commerce,** les droits de mutation sont liquidés sur le prix de certains des éléments du fonds de commerce (ils incluent le prix des actifs immobilisés, mais généralement pas celui des actifs circulants), au taux de 5 % pour la partie du prix supérieure à 200 000 €. L'assiette des droits est constituée du plus élevé entre le prix stipulé (y compris les charges incombant à l'acquéreur) et la valeur vénale du fonds de commerce.

Des transactions peuvent par ailleurs porter sur des activités qui ne constituent pas des fonds de commerce à proprement parler. S'il est en revanche possible de les qualifier de conventions de successeur, les droits d'enregistrement sont liquidés à partir des mêmes taux qu'une cession de fonds de commerce, sur une assiette correspondant à toutes les sommes dont le paiement est imposé à l'acquéreur ou les charges lui incombant au titre de la convention.

En contrepartie, l'acquéreur d'une branche d'activité bénéficie d'une base amortissable réévaluée (si cette réévaluation peut être affectée à des actifs amortissables), ce qui n'est pas le cas de l'acquéreur d'une société qui ne pourra pas amortir la survaleur. Au-delà d'une certaine taille de transaction, l'arbitrage entre cession d'actifs et cession de titres se fait néanmoins rarement en faveur des cessions d'actifs, hormis pour certaines transactions immobilières. Sur le plan fiscal, ceci résulte de l'absence d'amortissement possible du goodwill, qui contraste avec l'intérêt généralement élevé de la part du vendeur de bénéficier du régime fiscal des plus-values à long terme.

En cas d'**acquisition de sociétés,** le taux est de 0,1 % par transaction, pour les seules cessions d'actions de sociétés non cotées, ainsi que pour la cession de titres de sociétés cotées constatées par un acte. La cession des droits sociaux de sociétés dont le capital est divisé en parts sociales et non en actions (telles que les SARL ou SNC) est soumise à un droit de 3 % par transaction après application d'un abattement égal, pour chaque part cédée, au rapport entre 23 000 € et le nombre total de parts composant le capital de la société.

Si la société dont les droits sont cédés est à prépondérance immobilière, les droits d'enregistrement sont liquidés au taux de 5 % appliqué au prix total de cession :

Il peut arriver que les opérations de « détourage » d'une branche prennent la forme d'un apport partiel d'actif à une société sans activité antérieure, suivie de la cession au tiers repreneur des titres de cette société. Ces opérations, fréquemment dénommées « apport-cession » peuvent être préférées à une cession de l'activité elle-même pour diverses raisons (sur les éléments juridiques d'un tel arbitrage, voir nº 5420). Ce type d'opération a aussi pour conséquence d'entraîner l'exigibilité des droits d'enregistrement applicables aux cessions de droits sociaux. Ceux-ci étant généralement moins élevés que ceux applicables aux cessions de fonds de commerce, la réalisation de ce type d'opération est susceptible d'entraîner une économie de droits en faveur du contribuable acquéreur. Dans des faits proches mais néanmoins différents, la jurisprudence a toutefois déjà eu l'occasion de rendre des arrêts favorables à l'administration, qui avait invoqué l'abus de droit à l'encontre des opérations en cause et avait en conséquence rétabli les droits applicables en cas de cession de l'actif en lieu et place de ceux applicables à la cession des droits sociaux. Ainsi le traitement fiscal de ce type d'opération doit faire l'objet d'une analyse approfondie.

Enfin, une taxe de 0,3 % (taxe sur les transactions financières) s'applique à la valeur d'acquisition à titre onéreux d'un titre de capital ou d'un titre assimilé qui donne ou peut donner accès au capital ou aux droits de vote, dès lors que :
- ce titre est admis aux négociations sur un marché réglementé français, européen ou étranger,
- son acquisition donne lieu à un transfert de propriété,
- il est émis par une entreprise française, dont la capitalisation boursière excède un milliard d'euros au 1er décembre de l'année précédant l'année d'imposition.

Problématiques sociales

5430 ***Question***

Quelles sont les principales problématiques sociales auxquelles il faut faire face lors de la vente d'une branche d'activité ou d'une société ?

Réponse Dans le cadre de la cession d'une société, la problématique **sociale** principale est liée au **processus d'information** et de **consultation des représentants** du personnel selon un calendrier approprié, un contenu de l'information complet et pertinent, une correcte anticipation des questions et une gestion attentive des instances représentatives du personnel, ainsi que de leurs experts.

Dans le cadre de la **cession d'une branche d'activité,** en plus de la conduite du processus d'information et de consultation, se pose le problème du **détourage** (voir nº 5400 s.) :

1. Il s'agit tout d'abord d'identifier correctement les personnels affectés à la branche d'activité cédée (C. trav. art. L 1224-1). Dans certaines situations et pour certaines activités (notamment, pour les fonctions dites « supports »), il convient de résoudre le cas des salariés affectés seulement partiellement à la branche cédée.

2. Il s'agit aussi d'anticiper toutes les conséquences de la cession de cette branche d'activité sur le statut du personnel. En effet, certains éléments du statut social risquent d'être remis en cause du fait de la cession de la branche d'activité. Il peut notamment en être ainsi des dispositifs d'épargne salariale (accord de participation, accord d'intéressement, Plan d'Epargne Entreprise...), des couvertures de protection sociale complémentaires et supplémentaires, des accords collectifs d'entreprise, ainsi que des instances représentatives du personnel et des mandats en cours.

B. Quelles sont les particularités des sociétés patrimoniales ?

Transmission d'une entreprise patrimoniale

5440 ***Question***

Quels sont les facteurs clés de réussite dans le cadre d'une opération de transmission d'une entreprise patrimoniale ?

Réponse Les entreprises patrimoniales peuvent être des entreprises familiales contrôlées par un ou plusieurs membres d'une ou plusieurs familles et issus, le cas échéant, de plusieurs générations. Il peut également s'agir d'entreprises jeunes (start up) créées et contrôlées par le groupe d'associés fondateurs.

La cession d'une entreprise patrimoniale est souvent une décision lourde, chargée d'émotion et qui doit être préparée avec soin sur un plan opérationnel comme sur un plan financier, juridique et fiscal.

Le ou les dirigeants et actionnaire(s) cédant(s) doivent, en parallèle à cette prise de décision, se poser des questions de fond sur leurs projets et leur situation personnelle. Les réponses à ces questions permettront de structurer le schéma de cession et de réaliser, le cas échéant, en amont de la cession, des opérations en vue d'optimiser les aspects fiscaux du projet.

Par exemple :

- Quel projet post-cession ? Cesser une activité professionnelle totalement ou partiellement ? Développer un nouveau projet professionnel ? Investir en minoritaire dans de nouveaux projets... Ainsi, pour le dirigeant cédant, il convient de définir, notamment, s'il peut bénéficier du régime de réduction d'impôt sur les plus-values. Un dirigeant qui envisage un nouveau projet professionnel devra définir la quote-part du prix de cession affectée au réinvestissement et celle conservée et placée.
- Quelles sont les opportunités offertes dans le cadre de la cession pour commencer la transmission d'une partie du patrimoine aux enfants et petits-enfants, voire au conjoint, et procéder à des donations ?
- Faut-il céder ou conserver les éléments d'actifs utilisés par l'entreprise, mais qui entrent dans le patrimoine propre des cédants (par exemple, immobilier, marques...) ? Quel impact fiscal et quel impact sur le prix de cession ?

En fonction des projets du cédant, celui-ci pourra, par exemple, créer une société holding qui recueillerait tout ou partie du prix de cession et constituerait la structure de réinvestissement dans un nouveau projet professionnel.
Les opérations d'apport de titres à une société holding suivies de la cession par celle-ci de ces mêmes titres, qui permettent de surseoir à l'imposition de la plus-value de cession pour le cédant, devront être soigneusement analysées.

Si le cédant envisage de transmettre une partie de son patrimoine à ses enfants, il aura généralement intérêt à opérer les donations précession.

Enfin, il conviendra d'analyser les impacts en matière d'imposition personnelle de la cession et d'IFI (impôt sur la fortune immobilière), notamment si le cédant conserve des immeubles qui ont été, au préalable, utilisés dans le cadre de son activité professionnelle.

Concernant l'entreprise, l'expérience prouve qu'il est souhaitable d'établir un diagnostic préalable des principaux risques et obstacles (opérationnels, financiers, juridiques ou fiscaux...) susceptibles de freiner ou bloquer le processus de cession, et d'envisager en conséquence les changements et/ou les actions correctives qui peuvent être conduits en amont de la transaction, afin de permettre au candidat acquéreur d'avoir un accès satisfaisant à l'information sur l'entreprise.

Absorbés par le développement de leur entreprise, les dirigeants n'anticipent pas toujours suffisamment tôt la transmission de l'outil familial. Il est donc important qu'ils soient sensibilisés à ces problématiques par leurs conseils extérieurs (experts-comptables, avocats, notaires, banques privées...), afin d'organiser la transmission de leur entreprise dans les meilleures conditions possibles.

C. Comment préparer et mettre en place une cotation sur un marché financier ?

Avantages et inconvénients

5450 ***Question***

Quels sont les principaux avantages et inconvénients d'une introduction en bourse ?

Réponse

1. Les **avantages** d'une introduction en bourse sont de plusieurs ordres, à la fois pour les actionnaires existants et pour l'entreprise.

a. **Pour les actionnaires,** l'introduction peut leur permettre de **réaliser** immédiatement une **partie de leur patrimoine** ou de se **désengager** de façon étalée dans le temps, suivant l'évolution du marché. Elle rend les titres liquides, permet de valoriser la société au cours du temps et favorise la transmission.

b. **Pour l'entreprise,** un des avantages principaux est d'offrir un **accès facilité aux capitaux** pour poursuivre le développement de la société. En outre, l'admission à la cote augmente la **visibilité et la notoriété** de la société et permet de mettre en place des outils d'intéressement pour les salariés de façon plus souple que dans le cadre privé, qui influent sur la motivation et la fidélisation des salariés. La cotation en bourse peut également donner droit à des avantages fiscaux (par exemple, dans le cas des sociétés foncières avec le régime SIIC). Enfin, la cotation permet de faciliter les opérations d'acquisitions rémunérées en titres.

2. Les principaux **inconvénients** sont une **mobilisation** forte du **management** sur la **communication financière,** qui doit être renforcée et qui fait l'objet de règles strictes. Corrélativement, la confidentialité auprès des concurrents et des partenaires de l'entreprise devient plus restreinte et le cadre réglementaire plus rigide. Le cours de bourse de la société peut également être impacté par des mouvements spéculatifs qui peuvent contribuer à déstabiliser l'entreprise ou à altérer son image. De même, une société peut voir son cours de bourse affecté négativement par les conditions générales du marché, alors que ses fondamentaux restent bons. Enfin, si une part significative du capital est en bourse, la société encourt un risque de prise de contrôle inamicale. La cotation entraîne également certains coûts supplémentaires pour l'entreprise.

Informations financières requises

5460 ***Question***

Quelles informations financières faut-il préparer dans le cadre d'une introduction en bourse ?

Réponse Une **introduction en bourse** nécessite la préparation d'un **prospectus** comprenant un certain nombre d'informations financières. Le contenu précis du prospectus dépend de la taille de la société et du marché sur lequel elle souhaite s'introduire. Il comprend généralement :

- des **comptes historiques** (consolidés, dans le cas de l'admission d'une société tête de groupe) pour les deux ou trois derniers exercices, préparés en conformité avec les normes comptables acceptées sur le marché où l'admission est demandée ;
- des **comptes intérimaires,** si l'admission a lieu plus de 9 mois après la dernière clôture comptable (sauf pour les sociétés ne dépassant pas certains seuils) ;
- un **examen approfondi de la situation financière et des résultats sur les 2 ou 3 derniers exercices** (appelé communément « Management Discussion and Analysis »/MD&A). Cette analyse présente notamment les variations des postes du compte de résultat (par activité et/ou par secteur géographique), de la situation financière et du tableau des flux de trésorerie sur 2 ou 3 ans, fait état des facteurs qui expliquent les évolutions significatives et les éléments de nature non récurrente. Le degré de précision attendu par les investisseurs mérite généralement de faire appel à des experts ayant l'expérience de ce genre d'exercice ;
- des **informations financières pro forma** éventuelles pour illustrer l'impact de **modifications significatives** du périmètre du groupe ;
- un **tableau présentant les capitaux et l'endettement** à moins de 90 jours de la date du prospectus.

En outre, la société doit faire une déclaration sur l'adéquation de son fonds de roulement pour au moins les 12 mois suivant l'admission, ce qui requiert la préparation de projections des besoins en fonds de roulement, leur comparaison aux ressources disponibles et une analyse de sensibilité aux principaux risques identifiés pour s'assurer du bien-fondé de la déclaration incluse dans le prospectus.

Dans le cas d'une admission à la cote sur un **marché réglementé,** les comptes consolidés historiques de la société doivent être préparés selon les **normes IFRS.** La transition du référentiel de normes comptables françaises vers les normes IFRS requiert la mise en place d'un projet de conversion (voir n° 3755). La transition comptable s'accompagne pour la société d'une réflexion stratégique sur sa communication financière, notamment sur le choix de ses principaux indicateurs de structure financière et de mesure de la performance calculés à partir des données (chiffre d'affaires, EBIT, EBITDA, résultats par action...), dont certaines sont établies selon les normes IFRS.

Rôle des différents acteurs

5465 ***Question***

Quel est le rôle des différents acteurs intervenant dans une introduction en bourse ?

Réponse Les différents acteurs intervenant dans une introduction en bourse sont les suivants :

- la **société émettrice** dont les titres vont être admis sur le marché ;
- les **avocats,** qui rédigent la documentation réglementaire et procèdent aux due diligences juridiques et fiscales ;
- les **commissaires aux comptes,** qui valident l'information comptable figurant dans le prospectus ;
- la ou les **banques chargées du placement** des titres auprès des investisseurs ;
- le **régulateur** en cas d'offre au public ;
- l'**entreprise de marché** qui gère le marché sur lequel l'admission est demandée ;
- les **investisseurs,** privés ou institutionnels ;
- l'**agence de communication** financière, qui détermine avec l'entreprise la politique de communication et organise les réunions d'informations destinées aux analystes financiers et aux journalistes ;
- les **autres conseils** pouvant intervenir sur la préparation de l'information financière ou des documents d'offre ;
- sur le marché Euronext Growth, un **« listing sponsor »** (expert financier ou prestataire de services d'investissement) qui est garant auprès de l'entreprise de marché du caractère éligible de la société au regard des règles de marché et du respect des règles du marché tout au long de la vie boursière du titre coté.

Etapes clés

5470 ***Question***

Quelles sont les étapes clés d'une introduction en bourse ?

Réponse

1. La première étape clé est une **phase préliminaire** comprenant une **première évaluation de la société** et la prise des **décisions stratégiques** relatives à l'introduction : choix du marché (réglementé ou non, local ou étranger), calendrier optimal, pourcentage de flottant, sélection des partenaires (prestataire de services d'investissement, ou « listing sponsor » le cas échéant, avocat, agence de communication...). A ce stade, il est important de pouvoir s'appuyer sur une stratégie de développement (ou « equity story ») bien définie, qui rende la société attractive aux yeux des investisseurs. Le cahier des charges des différents intervenants est établi et une première analyse juridique de la situation de la société est réalisée, à la suite de laquelle une présentation du projet peut être envisagée auprès du régulateur ou de la bourse choisie, de manière à anticiper d'éventuelles difficultés.

2. Le montage de l'opération débute ensuite par le lancement des due diligences financière, juridique et fiscale sur la société, en parallèle à la production du document d'admission ou prospectus.

3. Pendant l'**examen du dossier par le régulateur** et l'entreprise de marché et au cas où l'introduction s'accompagne d'une levée de fonds ou d'une cession de titres, la stratégie d'approche des investisseurs cibles est affinée, l'évaluation de la société est faite par le prestataire de services d'investissement et une série de présentations (ou « road show ») est planifiée.

4. En cas d'offre au public de titres, la dernière étape avant l'introduction est celle du **placement des titres.** Un livre d'ordre (« bookbuilding ») est mis à jour en temps réel par

le prestataire de services d'investissement, qui fixe également la fourchette de prix qui va être proposée en fonction de la demande émanant des investisseurs institutionnels.

5. Puis, l'allocation des titres est réalisée, suivie par le règlement-livraison, qui a lieu quelques jours après l'admission aux négociations.

La complexité de ce type d'opération, l'implication de plusieurs intervenants, ainsi que le volume et la nature des informations à préparer dans un calendrier souvent serré, exigent une gestion très précise du processus et l'appui de conseils spécialisés, qui aident à la coordination et au pilotage de l'opération jusqu'à sa clôture.

Obligations d'information

5475 ***Question***

Quelles sont les principales obligations de publication d'informations financières des sociétés cotées ?

Réponse Les **sociétés cotées** sont soumises à des **règles de transparence** qui dépendent pour partie du marché sur lequel elles se sont introduites. Sur les marchés relevant des directives européennes, par exemple, le marché réglementé Euronext, les sociétés cotées sont tenues de publier des informations comptables et financières de deux types : les **informations financières périodiques** et des **informations financières** publiées de **façon ponctuelle,** principalement la communication au marché de tout événement significatif pouvant influer sur le cours du titre coté.

Les informations financières périodiques englobent (C. mon. fin. art. L 451-1-2) :
- le **rapport financier annuel,** qui doit être publié dans les **4 mois** de la clôture de l'exercice et qui contient les comptes annuels, les comptes consolidés le cas échéant, accompagnés des rapports des commissaires aux comptes, du rapport de gestion et d'une attestation des responsables du document ;
- et le **rapport financier semestriel,** qui doit être publié dans les **3 mois** de la clôture du semestre et qui comprend les comptes complets ou condensés pour le semestre écoulé, consolidés, le cas échéant, accompagnés du rapport d'examen limité des commissaires aux comptes, du rapport semestriel d'activité et d'une attestation des responsables du document.

Suppression de l'information financière trimestrielle Depuis 2015, les sociétés cotées sur Euronext n'ont plus l'obligation de publier une information financière trimestrielle (C. mon. fin. art. L 451-1-2).

Afin d'éclairer au mieux les émetteurs sur cette suppression, l'AMF a publié la recommandation n° 2015-03 du 3 février 2015 (reprise dans la Position-recommandation 2016-05 ; « Guide de l'information périodique des sociétés cotées », modifiée en dernier lieu le 29-4-2021 § 10) qui s'articule autour des 4 points suivants :
- les émetteurs ont le choix de publier ou de ne pas publier une information financière trimestrielle ou intermédiaire ;
- dans l'hypothèse où une information trimestrielle ou intermédiaire est publiée, elle doit être exacte, précise et sincère ;
- le principe d'égalité d'accès à l'information entre les différentes catégories d'investisseurs et entre pays doit être respecté ;
- si l'émetteur décide de ne pas publier une information financière trimestrielle, il devra porter cette information à la connaissance du public si elle constitue une information

privilégiée au sens du règlement Abus de marché (nº 596/2014/EU du 16-4-2014, art. 7 § 1), au titre de l'information permanente.

Dans sa recommandation nº 2015-03 (reprise dans la Position-recommandation 2016-05 précitée § 1), l'AMF a également rappelé aux émetteurs de publier, dès que possible après la clôture de l'exercice et au plus tard fin février, ou dans un délai de 60 jours suivant la clôture, l'information sur le chiffre d'affaires annuel de l'exercice écoulé accompagné d'un comparatif, à défaut d'avoir publié leurs résultats annuels à cette date.

Table alphabétique (1re partie)

Aspects stratégiques et opérationnels

A

B

E

F

G

T

V

DEUXIEME PARTIE

Comptes sociaux, Résultat fiscal, Contrôle et information

* Liseré gris

Auteur **pwc**

Comptes sociaux et résultat fiscal

Marie-Jeanne MORVAN
Expert-comptable, Commissaire aux comptes,
Leader technique Règles Comptables françaises

Bénédicte LE MAUX
Expert-comptable, Commissaire aux comptes,
Deal Structuring and Tax accounting

Avec

Stéphanie BERRA
Aspects
commissariat aux comptes

Tatiana OVSYANNIKOVA
Aspects comptables

Alice BENHAMOU-CHOCRON
Aspects fiscaux

Axelle VIGNE
Aspects juridiques

Frédéric DANOS
Professeur de droit privé à l'université de Tours,
of counsel, PwC Société d'Avocats
Aspects juridiques

Avec la contribution de Maître **Lionel FLIN**, *Avocat fiscaliste*

TITRE I

Traitement comptable et fiscal dans les comptes sociaux

CHAPITRE 1

Des règles comptables et fiscales spécifiques aux fusions et opérations assimilées

Plan du chapitre

Plan du chapitre (suite et fin)

Préambule

7005 ***Question***

Comment comptabiliser un regroupement d'entreprises dans les comptes individuels (comptes sociaux) ?

Réponse

La comptabilisation dépend des modalités de rémunération de l'acquisition. Ainsi :
- l'acquisition par remise de trésorerie suit les règles comptables générales applicables aux acquisitions d'immobilisations, de titres, de stocks... ;
- l'acquisition par remise de titres de la société acquérant les éléments d'actif (et de passif, le cas échéant) est susceptible d'entrer dans le champ d'application des règles comptables relatives aux fusions et opérations assimilées. Il en est de même de certaines opérations réalisées sans remise de titres (fusions ou scissions sans échange de titres, dites « simplifiées »).

Cette deuxième partie du Mémento Fusions & Acquisitions traite uniquement du second type de regroupements d'entreprises (rémunérés au moyen d'une émission de titres ou de la remise de titres auto-détenus ou encore sans émission de titres lorsqu'un régime juridique simplifié l'autorise).

Commentaires Sur le champ d'application des règles comptables relatives aux fusions et opérations assimilées, voir nº 7100 s.
Sur la comptabilisation des éléments acquis par remise de trésorerie, voir Mémento Comptable, chapitres 7 et 8 (immobilisations), chapitre 6 (stocks), chapitre 9 (titres).

SECTION I

Textes applicables

Textes comptables

7010 ***Question***

Quels sont les textes comptables traitant des fusions et opérations assimilées ?

Réponse

De manière spécifique :
- le PCG (art. 710-1 à 770-2), ainsi que le Recueil des normes comptables de l'ANC commentant ces articles ;
- deux avis du Comité d'urgence du CNC précisant des modalités pratiques d'application des règles (Avis CU CNC 2005-C du 4-5-2005, 2006-B du 5-7-2006).

Commentaires Un corps de règles comptables spécifiques traite des fusions et opérations assimilées dans les comptes sociaux.

Un rapprochement avec les règles françaises de consolidation (elles-mêmes inspirées des normes IFRS) a été systématiquement recherché, notamment en ce qui concerne :
- la méthode de valorisation des apports (voir n° 7605) ;
- la définition de la valeur réelle (voir n° 7700) ;
- l'affectation du mali technique (voir n° 8362).

Pas d'identité de traitement dans les comptes individuels et consolidés Même si le rapprochement entre comptes individuels et comptes consolidés a été recherché, il ne s'agit toutefois pas de traiter de manière identique les regroupements d'entreprises dans les deux jeux de comptes. Sur la comptabilisation des fusions dans les comptes consolidés établis en règles françaises, voir Mémento Comptes consolidés.

Les textes comptables applicables sont les suivants :
- PCG art. 213-2, 221-1, 932-1 et 833-20/14 (voir n° 13620) ;
- PCG art. 710-1 à 770-2 (ancien Règl. CRC 2004-01 du 4-5-2004 intégré dans le PCG), modifié par les règlements ANC n° 2015-06 du 23 novembre 2015 sur le traitement du mali de fusion, n° 2017-01 du 5 mai 2017, n° 2019-06 du 8 novembre 2019 sur les fusions et scissions sans échange de titres et en dernier lieu n° 2023-08 du 22 novembre 2023 qui prend en compte la réforme des fusions et opérations assimilées introduite par l'ordonnance 2023-393 du 24 mai 2023 ;
- avis CU CNC n° 2005-C du 4 mai 2005, émis par le Comité d'urgence du CNC afin de préciser notamment les modalités de comptabilisation des titres reçus en rémunération d'un apport partiel d'actif ;
- avis CU CNC n° 2006-B du 5 juillet 2006 précisant notamment les modalités d'évaluation des actions échangées entre actionnaires, dans le cadre d'opérations de fusion intervenant entre sociétés détenues à 100 %.

Ils sont intégralement repris dans le titre VII du Recueil des normes comptables de l'ANC.

Ces textes sont également reproduits ci-après en annexe à cet ouvrage (voir n° 13620 à 13640).

Textes fiscaux

7012 ***Question***

Quels sont les textes fiscaux traitant du régime fiscal applicable, en matière d'IS, aux fusions et assimilées ?

Réponse

Les principales dispositions légales spécifiquement applicables aux fusions et opérations assimilées sont :
- les articles 209, II et 209, II bis du CGI (régime applicable aux déficits des sociétés parties à l'opération) ;
- les articles 210-0 A et suivants du CGI, issus ou aménagés par des dispositions législatives ayant eu pour objet de transposer en droit interne les prescriptions de la directive communautaire 90/434/CE relative aux opérations de restructuration entre sociétés de deux ou plusieurs Etats membres (régime applicable à l'opération de fusion ou assimilée).

L'administration fiscale a commenté ces dispositions dans plusieurs instructions reprises dans la base Bofip.

Commentaires **1. Principales mesures législatives et réglementaires** Le régime de faveur des fusions applicable en matière d'IS est prévu par l'article 210 A du CGI. Conformément à l'article 210 B du même code, ce régime s'applique également à certaines opérations d'apport partiel d'actif et de scission. Les opérations concernées par ce régime spécial et son champ d'application territorial sont précisés par l'article 210-0 A du CGI (voir nº 7105, 7107, 7150, 7160 et 7205), tandis que l'article 210 C du CGI mentionne les entités concernées (voir nº 7200 s.).

Lorsque l'opération est placée sous le régime de droit commun, c'est le régime de la cessation d'entreprise prévu par l'article 221 du CGI qui s'applique.

Par ailleurs, l'article 209, II du CGI prévoit, en cas d'opération placée sous le régime de faveur, les conditions du transfert des déficits subis par la société absorbée ou apporteuse qui est en principe subordonné à l'obtention d'un agrément administratif mais peut dans certains cas intervenir de plein droit (voir nº 7802 et 7812).

L'article 209, II bis du CGI interdit la déduction, en cas de fusion sans échange de titres ou de TUP, du vrai mali en cas d'actif net apporté négatif (voir nº 8400).

Les obligations déclaratives des sociétés qui se placent sous le régime spécial sont prévues par l'article 54 septies du CGI (voir nº 7302 et 10303).

2. Directive communautaire :

Opérations entre sociétés d'Etats membres différents La directive 90/434/CE du 23 juillet 1990 concernant le régime fiscal commun applicable aux fusions, scissions, apports partiels d'actif et échanges d'actions (aménagée notamment par la directive 2005/19/CE du 17-2-2005) prescrit aux Etats membres d'assurer, au regard de l'impôt sur les sociétés et de l'impôt sur le revenu, la neutralité fiscale des opérations de cette nature auxquelles participent des sociétés appartenant à des Etats membres différents.

> La directive 90/434/CE a été abrogée par la directive 2009/133/CE du 19 octobre 2009 (entrée en vigueur le 14-12-2009). Toutefois, excepté quelques modifications de pure forme, la dernière directive reprend purement et simplement, en les recodifiant, les dispositions de la directive du 23 juillet 1990 modifiée. Pour ces opérations, les Etats membres ne peuvent pas subordonner leurs régimes de sursis d'imposition à des conditions s'ajoutant à celles prévues par la directive (CJCE 11-12-2008, aff. 285/07), sauf en cas d'opération abusive (CJCE 17-7-1997, aff. C 28/95), les Etats membres pouvant alors refuser d'appliquer tout ou partie du régime de faveur qu'elle instaure.

Ont par ailleurs été jugées contraires au principe de la liberté d'établissement les dispositions de l'ancien article 210 C du CGI qui subordonnaient l'application du régime de faveur à des opérations transnationales à un agrément préalable de l'administration dont l'obtention était subordonnée au respect d'un ensemble de conditions alors que, dans le cas d'une opération de fusion interne, un tel report était accordé sans que le contribuable soit soumis à une telle procédure (CJUE 8-3-2017 aff. 14/16). A la suite de cette décision, les dispositions de l'article 210 C du CGI ont été aménagées.

Opérations entre sociétés françaises Par ailleurs, même si la directive n'est en principe applicable qu'aux opérations de restructuration impliquant des sociétés de deux ou de plusieurs Etats membres, la Cour de justice de l'Union européenne, saisie d'une opération réalisée entre sociétés d'un même Etat, s'est jugée compétente pour interpréter le droit communautaire lorsque celui-ci ne régit pas directement la situation en cause, dès lors qu'à l'occasion de sa transposition en droit interne, le législateur national a entendu appliquer le même traitement aux situations internes et à celles régies par la directive, de sorte qu'il a aligné la législation interne sur le droit communautaire (CJCE 17-7-1997 aff. C 28/95 précité).

Faisant pour la première fois une application positive de cette jurisprudence, le Conseil d'Etat a interprété la notion de fusion prévue à l'article 210 A du CGI à la lumière de la directive communautaire (CE 17-6-2011 nº 314667 et 324392).

Selon la Haute Assemblée, il ressort des travaux préparatoires de la loi dont sont issues les dispositions de l'article 210 A du CGI que celles-ci avaient pour objet de transposer la directive en droit interne et que le législateur n'a pas entendu, à cette occasion, traiter moins favorablement les fusions opérées uniquement entre sociétés françaises, qui sont hors du champ de la directive, par rapport à celles qui mettent en cause des sociétés d'un autre Etat membre, qui sont dans le champ de cette directive.

Toutefois, lorsque le texte de droit interne est clair, il ne peut être interprété à la lumière de la directive même si le législateur a entendu appliquer le même traitement aux opérations internes et à celles régies par la directive.

Dans le cas d'une opération de scission ne concernant que des sociétés françaises, le juge doit donc appliquer la lettre de l'article 210 B du CGI alors même que celui-ci ajoute une condition non prévue par la directive en réservant l'application du régime spécial aux seules opérations de scission comportant au moins deux branches complètes d'activité, chaque société bénéficiaire des apports devant en recevoir au moins une (CE 30-1-2013 nº 346683). Par ailleurs, dans le cas d'un apport partiel d'actif ne concernant que des sociétés établies en France, les dispositions de l'article 210 B du CGI qui prescrivent de manière claire à la société apporteuse de calculer la plus-value de cession des titres reçus en contrepartie de l'apport par référence à la valeur que les biens apportés avaient, du point de vue fiscal, dans ses propres écritures, n'ont pas à être interprétées à la lumière de la directive alors même que ces dispositions sont contraires aux articles 4, 5 et 6 de cette directive (CAA Versailles 26-6-2012 nº 11VE01783). Enfin, dans le cas d'une TUP réalisée entre deux sociétés françaises, le juge n'a pas à examiner si l'obligation de mentionner dans la décision de dissolution les engagements exigés de la société confondante par l'article 210 A du CGI serait ou non compatible avec les objectifs de la directive (CE 20-1-2016 nº 376980).

Cependant, le texte de droit interne peut être déclaré inconstitutionnel, et donc inapplicable, lorsque sa non-conformité avec une directive communautaire introduit une discrimination à rebours portant atteinte au principe d'égalité devant l'impôt du fait d'une différence de traitement entre des opérations franco-françaises et des opérations transnationales impliquant des sociétés françaises et des sociétés établies dans un autre Etat membre de l'Union européenne (Cons. const. 6-10-2017 nº 2017-660 QPC ; Cons. const. 3-2-2016 nº 2015-520 QPC ; CE 6-4-2016 nº 367256 ; décisions rendues à propos du régime des sociétés mères).

3. Doctrine administrative Les commentaires de l'administration fiscale relatifs au régime applicable en matière d'IS en cas de fusion ou d'opérations assimilées sont publiés dans la division BOI-IS-FUS de la base administrative Bofip.

SECTION II

Comptes concernés

Comptes concernés

7050 ***Question***

Dans quels comptes les règles comptables relatives aux fusions et opérations assimilées définies par le PCG sont-elles applicables ?

Réponse

Dans les comptes sociaux exclusivement.

Commentaires Les règles comptables relatives aux fusions et opérations assimilées sont applicables aux comptes individuels (ou comptes sociaux).

Elles ne concernent **en aucun cas les comptes consolidés,** même si elles s'en inspirent (voir nº 7605).

Fiscalement, compte tenu de la connexion entre le résultat comptable et le résultat fiscal (voir nº 7012), ce dernier est également affecté. Nous présentons donc, tout au long de ce Mémento, les conséquences fiscales de ces règles comptables. Par ailleurs, le chapitre 8 de la 2e partie de ce Mémento (nº 12005 s.) dresse, sous forme de tableaux, une synthèse des principales divergences existant entre les règles comptables et fiscales et des retraitements extra-comptables en découlant.

Sur la comptabilisation des fusions et autres opérations de regroupements d'entreprises dans les comptes consolidés établis :
- en règles françaises, voir Mémento Comptes consolidés ;
- en normes IFRS, voir la 3e partie de ce Mémento.

SECTION III

Opérations concernées

I. Principe général

Opérations visées

7100 ***Question***

Quelles sont les opérations visées par les règles du PCG relatives aux fusions et opérations assimilées ?

Réponse

Il s'agit des fusions, des apports partiels d'actif, des scissions et des dissolutions par confusion de patrimoine (TUP).

PCG art. 710-1

Le présent titre vise la comptabilisation, dans les comptes individuels des entités absorbantes, confondantes ou bénéficiaires des apports établies en France et appliquant le présent règlement, de toutes les opérations de fusion et opérations assimilées rémunérées par des titres et retracées dans un traité d'apport prévu à l'article L 236-6 du Code de commerce ou tout autre document faisant foi pour les entités non soumises au Code de commerce.

Il vise également la comptabilisation des apports partiels d'actif non soumis au régime des scissions, des confusions de patrimoine visées à l'article 1844-5 du Code civil et des fusions et scissions sans échange de parts ou d'actions visées au II de l'article L 236-3 du Code de commerce [ndrl : et par l'article L 236-19 renvoyant sur L 236-3 pour les scissions sans échange de titres].

Commentaires En pratique, il s'agit :

– non seulement des **fusions, apports partiels d'actif et scissions** rémunérés tant au moyen d'une augmentation de capital que par remise de titres autodétenus ;

Juridiquement, les apports réalisés dans le cadre des fusions, apports partiels d'actif et scissions sont rémunérés soit :

– par l'émission d'actions nouvelles (C. com. art. L 236-1, L 236-18 et L 236-27) ;

– soit par la remise de titres autodétenus (en ce sens, Communication Ansa n° 3248, CJ du 5-2-2003 ; Mémento Sociétés commerciales n° 82605).

Actions assorties de BSA Selon l'Ansa (CJ n° 23-028 du 5-7-2023, réponse portant sur les apports partiels d'actif soumis au régime des scissions, mais transposable, à notre avis, aux fusions), il est possible d'assortir les actions remises d'un ou plusieurs bons de souscription d'actions (BSA). Dans ce cas, l'action et les droits associés sont valorisés et considérés comme un élément de la rémunération du patrimoine apporté sans être considéré comme une soulte (qui est nécessairement constituée de numéraire).

En revanche, il n'est pas possible d'ajouter à cette rémunération en actions des titres obligataires, même donnant accès à terme au capital, ou de prévoir a fortiori une rémunération exclusivement composée de tels titres de créance (Communication Ansa, CJ précité).

Rémunération par élévation du nominal Selon l'Ansa (CJ n° 24-015 du 6-3-2024, réponse portant sur les apports partiels d'actifs simplifiés « vers le bas » soumis au régime des scissions), il est possible de rémunérer un apport partiel d'actif en procédant à une élévation du nominal des actions car aucun texte n'interdit ce procédé d'augmentation de capital. En effet, dès lors que l'apport partiel d'actif ne suppose pas de dissolution de la société apporteuse, il ne peut y avoir d'échange de titres et rien n'interdit de rémunérer l'apport par une élévation du nominal, sous certaines conditions (unanimité ou pluralité de valeurs nominales).

Fiscalement, la possibilité de rémunérer ces opérations par remise de titres autodétenus est également prévue (BOI-IS-FUS-20-10 n° 80 et 90). Au 1er avril 2024, l'administration n'a pas pris position sur le cas où les actions remises seraient assorties de BSA ni sur les conséquences d'une rémunération de l'apport par élévation du nominal des actions.

– mais également des opérations de **fusion et de scission sans échange de titres ainsi que** des opérations de **confusion de patrimoine** (TUP).

Sur la définition de ces différentes opérations, voir ci-après n° 7105 à 7160.

II. Définition des opérations

A. Fusion

Définition d'une fusion

7105 ***Question***

Quelle est la définition d'une fusion ?

Réponse

Une fusion de société est une opération par laquelle une ou plusieurs sociétés transmettent leur patrimoine à une société existante ou à une nouvelle société qu'elles constituent.

PCG art. 710-2
(*en partie*) **Fusion d'entités** : opération définie à l'article L 236-1 alinéa 1er du Code de commerce.
Code de commerce, article L 236-1, alinéa 1er
Une ou plusieurs sociétés peuvent, par voie de fusion, transmettre leur patrimoine à une société existante ou à une nouvelle société qu'elles constituent.

Commentaires Le patrimoine transmis doit en outre être rémunéré sous forme de titres de la société absorbante (voir nº 7100).

Pour certaines opérations, notamment pour celles réalisées entre sociétés commerciales, la rémunération peut être complétée d'une soulte (en espèces) ne dépassant pas 10 % de la valeur nominale de ces titres (C. com. art. L 236-1, al. 3).

Pour plus de détails sur la soulte, voir nº 8100.

Fiscalement, cette définition est identique à celle retenue pour les fusions ouvrant droit au régime de faveur en matière d'IS (CGI art. 210-0 A-I-1º a et b ; BOI-IS-FUS-10-20-10 nº 1 et 20). Pour une présentation de ce régime, voir nº 7300.

Définition d'une fusion sans échange de titres

7107 ***Question***

Quelle est la définition d'une fusion sans échange de titres ?

Réponse

Une fusion sans échange de titres est une opération :
- par laquelle une entité absorbe une ou plusieurs de ses filiales détenues à 100 % ;
- dans laquelle les titres de l'entité absorbante et de l'entité absorbée sont détenus en totalité par une même entité ;

– ou dans laquelle les titres des sociétés qui fusionnent sont détenues par les mêmes associés et dans les mêmes proportions, et ces proportions sont conservées à l'issue de la fusion.

PCG art. 710-2
(*en partie*) **Fusion sans échange de titres** : opérations définies à l'article L 236-3 du Code de commerce.
Recueil des normes comptables, Commentaires sous l'article 710-2 (*en partie*)
IR 3 : Fusion sans échange de titres
Il n'est pas procédé à l'échange de parts ou d'actions de la société bénéficiaire contre des parts ou actions des sociétés qui disparaissent :
• quand l'opération correspond à l'absorption par une entité, d'une ou plusieurs de ses filiales détenues à 100 % ;
• pour une opération dans laquelle les titres de l'entité absorbante et de l'entité absorbée sont détenus en totalité par une même entité ;
• quand les sociétés qui fusionnent sont détenues par les mêmes associés et dans les mêmes proportions. Ces proportions devront, pour cela, être conservées à l'issue de la fusion.
IR 3 : Notion de titres Dans ce règlement, la notion de « titres » recoupe les parts et actions au sens du Code de commerce.

Commentaires Une fusion réalisée sans échange de titres n'entraîne aucune augmentation de capital de la part de la société absorbante pour rémunérer les apports transmis.

Fiscalement, la fusion sans échange de titres est éligible au régime de faveur des fusions en matière d'IS dans les deux premières situations visées : absorption d'une filiale détenue à 100 % et fusions entre deux entités détenues en totalité par une même entité (CGI art. 210-0 A-I-1° et 3° ; BOI-IS-FUS-10-20-10 n° 10). S'agissant de la troisième situation, l'application du régime de faveur nécessite un aménagement législatif qui n'est pas intervenu au 1er avril 2024. Interrogé lors de notre formation « Les Journées PwC des Reportings – module Règles françaises et résultat fiscal » du 28 novembre 2023, Aulne Abeille, sous-directeur en charge de la fiscalité des entreprises à la Direction de la législation fiscale, nous a indiqué que le législateur interviendra pour fixer le régime fiscal des nouvelles opérations de restructuration définies par le Code de commerce avec le souci de les traiter de manière cohérente avec le régime prévu pour les opérations actuellement visées par le CGI. Il nous a indiqué que dans cette attente, les entreprises peuvent saisir la Direction de la législation fiscale des questions soulevées par les opérations envisagées.

Le régime de faveur s'applique lorsque le capital des sociétés fusionnantes est intégralement détenu par une association régie par la loi du 1er juillet 1901 qui est soumise à l'IS sur la totalité de ses résultats ou qui a constitué un secteur dit « lucratif » et inscrit la totalité des titres de la société absorbée et de la société absorbante dans ce secteur (Rép. Serre : AN 15-2-2022 n° 35810). Pour une présentation de ce régime, voir n° 7300.

Juridiquement, deux régimes juridiques de fusion simplifiée coexistent (C. com. art. L 236-11 et L 236-12 modifiés par ord. 2023-393 du 24-5-2023) :
– la fusion à 100 %, lorsque la société absorbante détient la société absorbée à 100 % ou lorsque les sociétés absorbante et absorbée sont détenues à 100 % par la même société mère (C. com. art. L 236-11) ;
– la fusion à 90 %, lorsque la société absorbante détient au moins 90 % des parts ou des autres titres conférant un droit de vote de la société absorbée, sans en détenir la totalité ou, en cas de fusion entre sociétés sœurs, lorsqu'une même société détient en permanence au moins 90 % des parts ou des autres titres conférant un droit de vote de la société absorbante et de la société absorbée, sans en détenir la totalité (C. com. art. L 236-12 modifié).

Ces opérations bénéficient de procédures allégées par rapport aux fusions dites classiques. Pour plus de détails, voir nos 13420, 13421 et 13425 (tableau de synthèse des régimes juridiques simplifiés pour les fusions, scissions et apports). Voir également Mémento Sociétés commerciales n° 83280 à 83286.

Ces deux régimes simplifiés ne s'appliquent pas en cas de fusion entre des sociétés détenues (parts et actions) par les mêmes associés et dans les mêmes proportions, sauf si l'une des deux sociétés détient au moins 90 % de la société apporteuse.

B. Apports partiels d'actif

1. Cas général

Apports partiels d'actif constituant une branche d'activité

7110 ***Question***

Quels sont les apports partiels d'actif visés par les règles comptables sur les fusions ?

Réponse

Sont visés par les règles sur les fusions, les apports partiels d'actif constituant une branche autonome d'activité, c'est-à-dire un ensemble pouvant fonctionner par ses propres moyens. Cette définition comptable correspond à la définition fiscale des apports partiels d'actif ouvrant droit au régime de faveur.

PCG art. 710-2
(*en partie*) **Apport partiel d'actif constituant une branche d'activité** : opération par laquelle une entité apporte un ensemble d'actifs et de passifs constituant une branche autonome, à une autre personne morale et reçoit en échange des titres remis par l'entité bénéficiaire des apports.
Recueil des normes comptables, Commentaires sous l'article 710-2 (*en partie*)
IR 2 : Apports de titres ou d'actifs isolés Voir articles 213-2 et 213-3.
IR 3 : Branche autonome Une branche autonome d'activité est une division d'une entité qui constitue, du point de vue de l'organisation, une exploitation autonome, c'est-à-dire un ensemble capable de fonctionner par ses propres moyens.

Commentaires Les apports partiels d'actif visés par les règles comptables sur les fusions et opérations assimilées sont les apports d'un ensemble d'actifs et de passifs constituant une branche autonome rémunérés par des titres de la société bénéficiaire des apports.

En revanche, les apports d'actifs isolés ne constituent pas une branche autonome. Ils sont donc exclus du champ d'application des règles relatives aux fusions (Commentaire IR 2 sous l'art. 710-2 du PCG). Les principes de valorisation prévus par ces règles ne s'appliquant pas, ces apports doivent être évalués selon les règles prévues par le PCG en matière d'échange (PCG art. 213-3) ce qui conduit, en général, à les évaluer à la valeur vénale. Pour plus de détails sur les règles comptables relatives aux échanges, voir Mémento Comptable n° 26740.

Fiscalement, il en est de même : seuls les apports de branche complète d'activité sont éligibles de plein droit au régime de faveur, à l'exclusion des apports isolés (CGI art. 210 B ; sur la possibilité de bénéficier du régime de faveur sur agrément lorsque les apports ne portent pas sur une branche complète d'activité, voir n° 7340). En outre, selon l'administration, l'apport partiel ne peut pas être rémunéré par une soulte excédant la valeur d'une seule action de la société bénéficiaire des apports (BOI-IS-FUS-20-20 n° 130).

Sur le cas particulier des apports de titres, voir n° 7115 et 7119.

Une branche autonome d'activité est une division d'une société qui constitue, du point de vue de l'organisation, une exploitation autonome, c'est-à-dire un ensemble capable de fonctionner par ses propres moyens (Commentaire IR 3 sous l'art. 710-2 du PCG).

Cette définition comptable de la branche d'activité **correspond à la définition fiscale** des opérations d'apports partiels d'actif éligibles, sous certaines conditions, au régime de faveur (voir nº 7340). Ainsi, un apport partiel d'actif qualifié fiscalement de branche complète devra conserver cette même qualification sur le plan comptable.

Qualification fiscale C'est bien la qualification fiscale de la branche d'activité et non le bénéfice (ou non) du régime fiscal de faveur qu'il convient de considérer. Ainsi, le fait que l'entreprise décide de **ne pas opter pour le régime fiscal de faveur** alors que l'apport remplit les conditions nécessaires pour en bénéficier ne signifie pas nécessairement que cet apport ne constitue pas un **apport partiel d'actif sur le plan comptable.** Dans ce cas, l'entreprise devra analyser la nature des apports au vu de la définition comptable telle qu'explicitée ci-avant afin de conclure à l'existence (ou non) d'un apport partiel d'actif (soumis au PCG art. 710-1 à 770-2).

Fiscalement, une branche complète d'activité (BCA) est définie comme l'ensemble des éléments d'actif et de passif d'une division d'une société qui constituent, du point de vue de l'organisation, une **exploitation autonome,** c'est-à-dire un ensemble capable de fonctionner par ses propres moyens [définition donnée par la directive communautaire nº 2009/133/CE du 19 octobre 2009 et par l'administration (BOI-IS-FUS-20-20 nº 10].
Sur la possibilité de bénéficier du régime de faveur sur agrément lorsque la branche apportée ne remplit pas cette définition, voir nº 7340.

1. **Caractère autonome de la branche complète d'activité** Selon le Conseil d'Etat, cette condition doit être satisfaite chez la société apporteuse comme chez la société bénéficiaire des apports (CE 27-7-2005 nº 259052 ; Avis CE 13-7-2012 nº 358931 ; CE 6-12-2013 nº 346809). L'administration considère qu'elle doit être respectée :
- chez la société apporteuse lorsque l'apport partiel d'actif est éligible de plein droit au régime de faveur des fusions (BOI-IS-FUS-20-20 nº 20 et 90),
- et chez la société bénéficiaire des apports lorsque l'apport partiel d'actif est placé sous ce régime sur agrément (BOI-SJ-AGR-20-10 nº 60).

L'autonomie de l'activité de l'entreprise apportée n'implique pas nécessairement que l'activité de la branche apportée soit indépendante économiquement des autres divisions de l'entreprise apporteuse [CAA Versailles 1-4-2014 nº 12VE04118 rendu à propos de l'art. 238 quaterdecies du CGI qui se réfère à la notion de branche complète d'activité qui est identique, selon l'administration (BOI-BIC-PVMV-40-20-50 nº 100), à celle à retenir en matière d'apport partiel d'actif].

L'administration considère que l'autonomie requiert que la division possède une clientèle propre et les éléments lui garantissant un approvisionnement pérenne (BOI-IS-FUS-20-20 nº 250). Toutefois, si tel n'est pas le cas, elle admet qu'elle puisse néanmoins constituer une BCA si les contrats conclus avec les sociétés qui assurent la commercialisation des produits qu'elle fabrique lui garantissent des débouchés commerciaux ou un approvisionnement pour une durée au moins égale à 5 ans (BOI-IS-FUS-20-20 nº 260).

Selon l'administration, pour constituer une exploitation autonome, la branche complète doit porter sur une activité réellement exercée à la date de réalisation de l'apport (ainsi qu'à sa date d'effet si elle est différente) (BOI-IS-FUS-20-20 nº 40).

S'agissant de l'apport des éléments d'actif et de passif se rapportant à une activité donnée préalablement en **location-gérance,** l'administration considère (BOI-IS-FUS-20-20 nº 270 à 290) :
- qu'il est par principe exclu de l'application de plein droit du régime de faveur dès lors qu'il porte sur des éléments d'actifs isolés et s'apparente à une opération patrimoniale de la société apporteuse devenue bailleur de fonds de commerce, au motif notamment que le personnel affecté à l'exploitation est déjà employé par la société bénéficiaire de l'apport (position confirmée par CAA Bordeaux 30-6-2020 nº 19BX00404) ;
- sauf si le contrat de location-gérance a été conclu pendant la période de rétroactivité, le caractère autonome de la branche d'activité étant alors apprécié à la date d'effet de l'opération.

2. Consistance de l'apport

Pour le détail des éléments à inclure ou exclure, voir 4. ci-après.

a. A inclure Pour être éligible de plein droit au régime de faveur en matière d'IS, l'apport doit, selon la jurisprudence, opérer un transfert complet des **éléments essentiels de l'activité** (CE 27-7-2005 nº 259052 ; Avis CE 13-7-2012 nº 358931 ; CE 6-12-2013 nº 346809).

Constituent ainsi un transfert de BCA :
- la cession par une société d'un contrat de mandat pour l'exploitation d'un magasin de dépôt de marchandises appartenant à une autre société, qui stipule au profit du mandataire la mise à disposition de la clientèle, de l'enseigne et des stocks, dès lors que la cession du contrat de mandat porte sur l'élément essentiel de l'activité de la société cédante et permet au cessionnaire d'en disposer durablement (TA Orléans 11-12-2012 nº 1003226 rendu sur le fondement de l'art. 238 quaterdecies du CGI mais transposable à l'art. 210 B du CGI) ;
- la cession de matériels agricoles d'une exploitation maraîchère, tandis que les bâtiments de l'exploitation (serres, local de chaufferie, local de stockage et hangar) sont conservés par les cédants et donnés en location au gérant de la société cessionnaire, lequel les met à disposition de cette dernière, dès lors que ces modalités garantissent à la société le libre usage de ces bâtiments pour une durée suffisante au regard de l'activité transmise (CE 8-12-2017 nº 407128 rendu sur le fondement de l'art. 238 quindecies du CGI mais transposable, à notre avis, à l'art. 210 B du CGI) ;
- un apport ayant entraîné le transfert de l'ensemble des droits, biens et obligations relatifs à l'exploitation d'un supermarché, et notamment des autorisations administratives indispensables à son fonctionnement, alors même que le contrat d'enseigne et d'approvisionnement exclusif qui était arrivé à expiration n'a pas été transféré, un nouveau contrat ayant été immédiatement conclu par la société bénéficiaire (CE 22-9-2017 nº 400613) ;
- la cession de cartes commerciales pour l'exercice de la profession d'agent commercial qui, eu égard aux conditions particulières d'exercice de la profession, peut être regardée comme un transfert des éléments essentiels de l'activité (CAA Nantes 27-5-2021 nº 19NT03799 rendu sur le fondement de l'art. 238 quindecies du CGI mais transposable, à notre avis, à art. 210 B du CGI).

L'**administration** considère, de manière plus stricte, que l'apport doit en principe porter sur la **totalité des éléments d'actif et de passif** liés directement ou indirectement à l'exploitation autonome apportée (BOI-IS-FUS-20-20 nº 110). Elle admet toutefois que certains éléments puissent ne pas être transférés : voir 4. (passifs) ci-après.

En outre, les éléments composant la branche complète doivent être **effectivement apportés,** leur seule mention dans le traité d'apport n'étant pas suffisante pour démontrer la consistance de l'apport (CAA Paris 18-12-2009 nº 07PA03913 ; voir nº 10090).

b. A exclure La branche complète d'activité ne comprend :
- ni les éléments d'actif et de passif afférents aux autres branches d'activité de la société apporteuse ;
- ni les éléments d'actif et de passif relatifs à la gestion patrimoniale de la société apporteuse. Constituent notamment un **patrimoine étranger à l'exploitation** les immeubles et les placements financiers sans lien avec l'exploitation même s'ils ont été financés par le réinvestissement des bénéfices de cette exploitation (BOI-IS-FUS-20-20 nº 120).

L'apport ne doit porter que sur les passifs afférents à la branche. Selon l'administration (BOI-IS-FUS-20-20 nº 130), l'apport d'un **passif non attaché à la branche** complète d'activité équivaut au paiement d'une soulte faisant obstacle à l'application du régime de faveur (voir Fiscalement ci-avant). A l'inverse, revenant sur sa jurisprudence antérieure (CAA Bordeaux 2-2-2010 nº 08-3318), la cour administrative d'appel de Bordeaux a jugé qu'aucun texte ne prévoit que la prise en charge d'un passif supérieur à celui de la branche apportée soit susceptible d'empêcher l'identification d'une branche complète d'activité (CAA Bordeaux 30-12-2010 nº 09-2218).

3. Modalités juridiques du transfert Selon l'administration, les éléments apportés doivent en principe être transférés en pleine propriété (BOI-IS-FUS-20-20 nº 180), sauf, sous certaines conditions, les constructions et marques nécessaires à l'activité apportée (voir 3.b. ci-avant).

Selon le Conseil d'Etat, l'apport doit être effectué dans des conditions permettant à la société bénéficiaire de l'apport de disposer durablement des éléments transférés (CE 27-7-2005 nº 259052 ; Avis CE 13-7-2012 nº 358931 ; CE 6-12-2013 nº 346809), ce qui pourrait laisser penser que la possibilité de transférer un simple droit d'usage ne serait pas limitée aux seules constructions et marques.

4. Applications Le tableau ci-après, établi par nos soins, présente une synthèse de la jurisprudence et de la doctrine administrative relatives au caractère déterminant ou non, pour la qualification de branche complète d'activité (BCA), de l'apport de certains éléments.

	Doctrine administrative
Marques, dénomination et nom commercial	– Principe : tous les éléments nécessaires à l'activité de la branche apportée doivent être transférés en pleine propriété à la société bénéficiaire des apports (BOI-IS-FUS-20-20 n° 180). – Toutefois, il est admis que la société apporteuse conserve la propriété des marques sous lesquelles sont commercialisés les produits de la branche apportée lorsque ces marques ne sont pas exclusivement utilisées par cette branche à condition que la société apporteuse concède la marque à la société bénéficiaire des apports sur une durée d'au moins 10 ans (BOI-IS-FUS-20-20 n° 200).
	Jurisprudence
	– La circonstance qu'une **marque** ne soit pas apportée en pleine propriété mais sous la forme d'un droit d'usage ne fait pas obstacle à ce que la branche d'activité soit regardée comme complète et autonome dès lors que (CE 6-12-2013 n° 346809) : • ce droit est concédé dans des conditions permettant à la société bénéficiaire d'en disposer pour une durée suffisante, • sans que les stipulations du traité d'apport ne permettent à la société apporteuse de résilier discrétionnairement l'usage de la marque. BCA caractérisée en l'espèce en cas d'apport d'une activité de franchisage de produits de droguerie, peinture et travaux manuels sans transfert de propriété de la marque qui est simplement concédée dès lors que : • la concession est assortie d'une clause de non-concurrence de cinq ans à la charge de la société apporteuse, • et que le traité d'apport ne prévoit pas de clause unilatérale de résiliation. – Pas de BCA en cas d'apport d'un fonds industriel de fabrication et de vente de chaussures comprenant notamment la clientèle mais excluant la **marque** sous laquelle plus de 90 % de la production était commercialisé dès lors que la marque est un élément essentiel de l'existence du fonds et déterminant de la clientèle (Cass. com. 13-5-1980 n° 78-15666 (1)). – Pas de BCA en cas de cession par une société de la clientèle et du réseau commercial qu'elle a développés dès lors que la **marque** correspondante n'a pu être concédée. A la date de la cession, la société cédante avait en effet mis fin à l'accord de distribution par lequel le propriétaire de la marque l'autorisait à l'exploiter. Peu importe que la société cessionnaire ait, dans le même temps, conclu un accord de distribution avec le propriétaire de la marque (CAA Lyon 24-4-2012 n° 11LY01696 (3)). – Pas de BCA en cas d'apport d'un fonds de commerce de vente de vêtements ne comportant pas les marques commerciales mais seulement un droit d'usage précaire du **nom commercial** (CE 27-7-2005 n° 259052). – Pas de BCA en cas de cession d'une activité de prise en charge d'interventions de dépannage par une société exerçant une activité d'entretien électrique et de chauffage dès lors que l'autorisation d'exploiter la **dénomination** du cédant, élément jugé par la Cour comme « essentiel » à l'activité transférée, revêt un caractère précaire notamment car conclue pour un an renouvelable par tacite reconduction (CAA Marseille 20-12-2013 n° 11MA02535 (3)).

Constructions	**Doctrine administrative** – Principe : tous les éléments nécessaires à l'activité de la branche apportée doivent être transférés en pleine propriété à la société bénéficiaire des apports (BOI-IS-FUS-20-20 n° 180). – Toutefois, l'administration admet que la société apporteuse conserve la propriété des constructions nécessaires à l'exercice de l'activité de la branche apportée à condition qu'elle consente à la société bénéficiaire des apports un droit d'usage qui lui permette d'exploiter de manière autonome et pérenne la branche apportée (BOI-IS-FUS-20-20 n° 190) (4).
Autres immobilisations corporelles	**Doctrine administrative** – La BCA comprend tous les éléments d'actif et de passif liés directement ou indirectement à l'exploitation autonome apportée (BOI-IS-FUS-20-20 n° 110). **Jurisprudence** – Pas de BCA en cas d'apport d'un fonds de commerce de transport comprenant seulement les éléments incorporels alors que les **véhicules,** éléments essentiels de l'activité apportée, ne sont pas transférés (CAA Douai 31-1-2013 n° 12DA00345). – Pas de BCA en cas de vente d'une clientèle et des contrats qui lui sont attachés dès lors notamment que les **moyens en matériel** (et les salariés, voir ci-après) ne sont pas transférés (CE 9-4-2014 n° 366200 et 366226 (3)).
Actif circulant : créances et stocks	**Doctrine administrative** – La BCA comprend tous les éléments d'actif et de passif liés directement ou indirectement à l'exploitation autonome apportée (BOI-IS-FUS-20-20 n° 110). – Lorsque l'apport ne comprend pas les éléments de « **bas de bilan** », il n'est pas regardé comme portant sur une branche complète d'activité (BOI-SJ-AGR-20-10 n° 20). **Jurisprudence** – Le transfert des **créances** n'est exigé que si elles sont indispensables à l'exploitation autonome de l'activité (CE 10-6-2013 n° 337137 ; Cass. com. 15-5-2012 n° 11-17.972 (2)). – BCA caractérisée en cas de cession de fonds de commerce de négoce de piscines ne comportant pas les **stocks** dès lors que ces derniers ne sont pas des éléments essentiels à l'activité transférée (TA Caen 29-3-2011 n° 10-1241 (3)). – Le **stock** (actif circulant et destiné à être renouvelé) ne constitue pas un élément indispensable à l'activité autonome de l'entreprise (Cass. Com. 6-2-1990 n° 199 D (2)).
Actifs et passifs communs	**Doctrine administrative** – Principe : les éléments d'actif et de passif des services administratifs communs sont répartis entre les différentes branches d'activités en fonction de leur affectation. La répartition de ces éléments aux différentes branches d'activités est réalisée selon une méthode cohérente sur la base de critères adaptés à la nature de chaque élément et représentatifs des différentes branches concernées (BOI-IS-FUS-20-20 n° 80, 120, 140 et 230). – Toutefois, tenant compte du caractère général des services rendus, l'administration admet que les éléments d'actif et de passif afférents aux **services administratifs communs** ne soient pas compris dans l'apport (BOI-IS-FUS-20-20 n° 220 et 240).

	Doctrine administrative
Passif	– Principe : la définition de la BCA implique que tout le passif afférent à celle-ci soit apporté (BOI-IS-FUS-20-20 nº 210), y compris les éléments de « bas de bilan » (BOI-SJ-AGR-20-10 nº 20). La société bénéficiaire de l'apport ne peut en revanche prendre en charge des éléments de passif qui ne sont pas attachés à la branche d'activité (BOI-SJ-AGR-20-10 nº 70). – Toutefois, l'administration admet que les éléments de passif qui ne sont pas directement et exclusivement liés à l'exploitation autonome apportée, tels que notamment les emprunts généraux ou les soldes créditeurs bancaires, puissent être conservés par la société apporteuse sous réserve qu'il n'existe pas de justification économique ou juridique à leur transfert (BOI-IS-FUS-20-20 nº 220).
	Jurisprudence
	– Pas de BCA en cas d'apport ne comportant aucun élément du passif de la société apporteuse, bien qu'inhérent expressément à l'actif apporté (CAA Bordeaux 10-11-2015 nº 14BX01972).
	Jurisprudence
Salariés	– La constitution d'une BCA est subordonnée au transfert effectif du personnel nécessaire à la poursuite autonome de l'exploitation. Cette condition doit s'apprécier compte tenu de : • la nature de l'activité et, • la spécificité des emplois qui y sont affectés. En cas de refus du transfert par certains de ces salariés, une analyse doit être menée au cas par cas afin de déterminer si ce refus est de nature à faire obstacle à ce que le transfert des éléments essentiels de cette activité puisse néanmoins être regardé comme complet (Avis CE 13-7-2012 nº 358931 (3) ; CE 23-10-2013 nº 359516 (3) ; CE 9-4-2014 nº 366200 et 366226 (3)). Ainsi, selon le rapporteur public dans l'affaire ayant donné lieu à l'avis précité du CE, la cession d'une branche d'un laboratoire de recherche doit s'accompagner des chercheurs alors que la cession d'une chaîne de restauration peut se concevoir sans l'intégralité du personnel qui y était affecté. – Pas de BCA en cas de cession d'un fonds de commerce de produits œnologiques dès lors que les deux agents technico-commerciaux de la société, seuls salariés nécessaires à la poursuite d'une exploitation autonome de l'activité, ont refusé d'être repris par la société cessionnaire (TA Montpellier 8-11-2012 nº 1004452). – Pas de BCA en cas d'apport d'un fonds de commerce de distillation de vins de Cognac à une société qui l'exploite depuis plusieurs années dans le cadre d'un contrat de location-gérance, dès lors que ce contrat a déjà entraîné le transfert des salariés (CAA Bordeaux 30-6-2020 nº 19BX00404). – BCA caractérisée en cas de cession d'une activité de vente de vêtements (CAA Douai 18-9-2014 nº 13DA01806 (3)) : • même si le personnel composé de deux personnes n'a pas été transféré, ces dernières ayant été licenciées deux mois avant la cession, • dès lors que l'exploitation du fonds de commerce dépendait « essentiellement du droit d'utiliser la marque commerciale, les locaux et aménagements commerciaux », éléments qui ont été transférés.
(1) Rendu en matière de droits d'enregistrement mais cité par le rapporteur public dans ses conclusions sous l'avis CE 13 juillet 2012, nº 358931 (voir rubrique Salariés). (2) Rendu en matière de droits d'enregistrement mais cité par le rapporteur public dans ses conclusions sous l'avis CE 13 juillet 2012, nº 358931 (voir rubrique Salariés) et sous l'arrêt CE 10 juin 2013, nº 337137 (rubrique Créances).	

(3) Rendu dans le cadre de l'article 238 quaterdecies ou 238 quindecies du CGI mais transposable à l'art. 210 B du CGI.
(4) En matière de droits d'enregistrement en revanche, un droit d'usage sur des immeubles ne peut suppléer leur apport en pleine propriété lorsque ce sont des unités de production nécessaires et essentielles aux activités de la société bénéficiaire de l'apport, au point qu'elle en constitue de véritables outils de production (Cass. com. 30-10-1989 nº 87-19.766 ; BOI-ENR-AVS-20-80 nº 160).

2. Régime juridique des apports partiels d'actif

Régime applicable

7113 ***Question***

Les sociétés commerciales ayant le choix du régime juridique sous lequel placer l'apport partiel d'actif (régime des scissions ou régime des augmentations de capital par apport en nature), ce choix a-t-il une incidence sur le traitement comptable de l'opération ?

Réponse

Non. Les règles comptables relatives aux fusions s'appliquent à tous les apports partiels d'actif quel que soit le régime juridique auquel ils sont soumis.

PCG art. 710-1

Le présent titre vise la comptabilisation, dans les comptes individuels des entités absorbantes, confondantes ou bénéficiaires des apports établies en France et appliquant le présent règlement, de toutes les opérations de fusions et opérations assimilées rémunérées par des titres et retracées dans un traité d'apport prévu à l'article L 236-6 du Code de commerce ou tout autre document faisant foi pour les entités non soumises au Code de commerce.
Il vise également la comptabilisation des apports partiels d'actif non soumis au régime des scissions [...].

Commentaires 1. **Possibilité de soumettre l'opération au régime juridique des scissions** Les sociétés commerciales, quelles que soient leurs formes respectives, ont la faculté de soumettre une opération d'apport partiel d'actif au régime juridique des scissions (C. com. art. L 236-27 al. 1er modifié par ord. 2023-383 du 24-5-2023 ; voir Mémento Sociétés commerciales nº 83620). Le régime juridique des scissions présente un intérêt à plusieurs titres :

a. **Protection des actionnaires** L'AMF (Rec. COB de juillet 1977 concernant l'information des actionnaires dans les opérations de fusion...) estime « éminemment souhaitable » que les dirigeants suivent cette possibilité afin de protéger au mieux les intérêts des actionnaires notamment lorsque l'opération représente une part essentielle de l'activité et des biens de la société qui fait l'apport ou de celle qui le reçoit (Bull. COB nº 95, juillet-août 1977). En effet, selon la CNCC (Guide professionnel sur le commissariat aux apports et à la fusion, juin 2012, § 1.161), utiliser cette faculté permet aux dirigeants des sociétés participant à l'opération de faire bénéficier leurs actionnaires respectifs du rapport du commissaire à la scission sur le caractère équitable de l'opération (sauf décision unanime des actionnaires de ne pas désigner de commissaire à la scission, voir nº 13010, et sauf en cas de régime simplifié, voir nº 13420).

b. Transmission universelle du patrimoine Le régime juridique des scissions entraîne, notamment, la transmission universelle du patrimoine au titre de la branche d'activité apportée. La société bénéficiaire des apports se substitue donc à la société apporteuse dans tous les biens, droits ou obligations au titre de la branche, sauf dérogation expresse prévue par les parties dans le traité d'apport (Cass. soc. 19-11-2014 nº 13-19263, FS-PB). De même, la société apporteuse et la société bénéficiaire de l'apport sont solidaires pour le paiement des dettes transmises (Cass. com. 12-12-2006 nº 05-15.619) et des impositions dont le fait générateur est antérieur à l'apport, qui concernent l'activité de la branche apportée (CE 9-10-2019 nº 414122).

Cet effet de transmission universelle de patrimoine reconnu par la jurisprudence est désormais consacré dans le Code de commerce (C. com. art L 236-27 modifié par ord. précitée).

En pratique, le régime des scissions est particulièrement adapté aux apports partiels d'actif emportant le transfert d'éléments de passif et de créances : il permet le transfert des dettes et évite la signification au débiteur du transfert des créances. Pour plus de détails, voir Mémento Sociétés commerciales nº 83800 s.

Remarques :

1. **Mention dans le traité** Bien qu'aucun texte ne l'impose formellement, il est d'usage de mentionner dans le traité d'apport l'option pour le régime des scissions (voir Mémento Sociétés commerciales nº 83622).

2. **Régime d'apport partiel d'actif simplifié** Ce régime vise les apports partiels d'actif soumis au régime des scissions réalisés par une filiale détenue à 100 % en faveur de sa société mère ainsi que les apports partiels d'actif réalisés par la société mère en faveur de sa filiale détenue à 100 % (C. com. art. L 236-28). Ce régime bénéficie des mêmes procédures allégées que celles prévues pour les fusions simplifiées à 100 % :
- dispense d'approbation de l'apport par les AGE de la société apporteuse et de la société bénéficiaire des apports ;
- dispense de l'émission des rapports par le conseil d'administration de la société apporteuse et de la société bénéficiaire des apports ;
- et dispense de nomination d'un commissaire aux apports/à la scission.

Selon l'Ansa (CJ nº 24-003 du 7-2-2024), dans le cas d'un apport partiel d'actif effectué par une filiale contrôlée à 100 % au profit de sa société mère (APA simplifié vers le haut), la société filiale n'a pas l'obligation de réduire son capital et le traité d'apport a toute liberté de choisir le poste de passif sur lequel doit s'imputer le transfert d'actif (primes, réserves ou bénéfices).

Selon l'Ansa, en cas d'apport partiel d'actif soumis au régime simplifié des scissions avec distribution des actions d'apport aux actionnaires de la société apporteuse (opération d'« apport-attribution »), par imputation sur ses comptes de réserves, il n'y a pas lieu de réunir une assemblée de celle-ci. Le comité juridique a en effet considéré que (Com. nº 22-029 du 6-7-2022) :
- la décision de distribution des actions d'apport ne s'apparente pas à une forme de distribution des réserves ;
- l'attribution des actions d'apport est étroitement liée à l'opération d'apport elle-même

et que le régime est en conséquence simplifié pour l'ensemble de l'opération. Sur le traitement comptable et fiscal de l'attribution des actions d'apport aux actionnaires de la société apporteuse, voir nº 10040. Pour plus de détails, voir nº 13420 et 13425 (tableau de synthèse des régimes juridiques simplifiés pour les fusions, scissions et apports). Voir également Mémento Sociétés commerciales nº 83625.

Pour une étude détaillée du régime juridique de l'apport partiel d'actif, voir Mémento Sociétés commerciales nº 83620 à 83638.

2. **A défaut, le régime des augmentations de capital** (ou des constitutions si la société bénéficiaire des apports est une société nouvelle) **avec apports en nature** est seul applicable (voir Mémento Sociétés commerciales n° 83620). Dans ce cas, un traité d'apport n'est pas formellement imposé par les textes, mais il est en pratique établi. Quel que soit le régime juridique auquel est soumis l'apport partiel d'actif et qu'un traité d'apport soit établi ou pas, l'opération doit suivre les règles comptables relatives aux fusions et assimilées, et notamment les règles de valorisation qu'elles définissent (sur ces règles, voir n° 7600 s.).

A noter que ce titre ne traite pas le cas de figure des apports d'actif isolé, ces derniers ne constituent pas une branche complète d'activité. Voir Mémento Comptable n° 26715.

3. Cas particuliers

Apports de titres

7115 ***Question***

Les apports de titres constituent-ils des apports partiels d'actif ?

Réponse

Les apports de titres conférant le contrôle (exclusif ou conjoint) de la participation à l'entité bénéficiaire sont assimilés à des apports partiels d'actif constituant une branche autonome d'activité. Ils sont alors à valoriser selon les règles comptables sur les fusions. Il devrait en être de même sur le plan fiscal pour la plupart des apports de titres conférant le contrôle.

Les apports de titres ne conférant pas le contrôle de cette participation à l'entité bénéficiaire sont en revanche considérés comme des apports d'actifs isolés, non visés par les règles comptables sur les fusions, alors qu'ils peuvent dans certains cas bénéficier du régime de faveur.

PCG art. 710-2

(*en partie*) **Les apports de titres de participation conférant le contrôle de cette participation à l'entité bénéficiaire des apports** : ces apports sont assimilés à des apports partiels d'actif constituant une branche d'activité et entrent dans le champ d'application du présent titre. Le contrôle au sens du présent article s'entend du contrôle exclusif et du contrôle conjoint tels que définis aux articles 211-3 et 211-4 du règlement ANC n° 2020-01 relatif aux comptes consolidés.

Recueil des normes comptables, Commentaires sous l'article 710-2 (*en partie*)

IR 2 : Apports de titres ou d'actifs isolés Voir articles 213-2 et 213-3.

IR 2 : Apports de titres de participation conférant le contrôle de la participation à l'entité bénéficiaire. Pour chaque opération d'apport de titres de participation, il convient de rechercher si l'apport confère le contrôle exclusif ou conjoint de la participation à l'entité bénéficiaire de l'apport. Le champ d'application du présent titre vise les apports représentatifs du contrôle mais également ceux grâce auxquels l'entité bénéficiaire acquiert le contrôle exclusif ou conjoint de l'entité dont les titres sont apportés.

La notion de contrôle s'apprécie en prenant en compte l'ensemble des apports de titres effectués par plusieurs entités de manière concomitante à une même entité bénéficiaire.

Commentaires Pour qu'un apport de titres entre dans le champ d'application des règles comptables sur les fusions et opérations assimilées, l'entité bénéficiaire des apports doit, du fait de cet apport, acquérir le contrôle (exclusif ou conjoint) de l'entité dont les titres sont apportés.

La notion de contrôle s'apprécie en prenant en compte **l'ensemble des apports de titres** effectués par plusieurs entités **de manière concomitante** à une même entité bénéficiaire (Recueil des normes comptables de l'ANC, Commentaire IR2 sous l'art. 710-2 du PCG). Si les apports concomitants confèrent le contrôle et l'opération est qualifiée d'apport partiel d'actif, la valeur d'apport est ensuite déterminée individuellement pour chaque apport, au regard des règles prévues par le PCG (en ce sens, Bull. CNCC nº 202, juin 2021, EC 2020-22 ; sur ces règles de valorisation des apports, voir nº 7600).

Sur la notion comptable de contrôle exclusif, voir nº 7609 ; sur celle de contrôle conjoint, voir nº 7635.

Exemple 1 ***Apport conférant le contrôle à l'entité bénéficiaire des apports*** *(exemple issu de l'annexe II du titre VII du Recueil des normes comptables de l'ANC).*

Soit une entité C détenue par les entités suivantes : A, B et D. Les entités A, B et D sont sous le contrôle ultime de l'entité M. A la date de l'apport, l'entité A contrôle C. L'entité D apporte sa participation dans l'entité C à l'entité B.

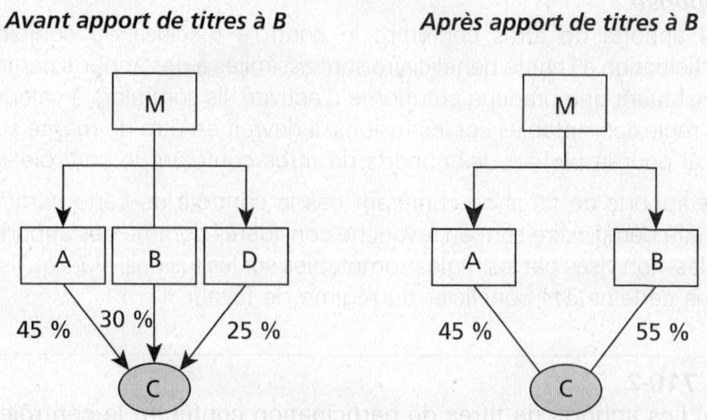

Solution de l'exemple 1 *A l'issue de l'opération d'apport de titres de l'entité D à l'entité B, cette dernière prend le contrôle de C conformément à l'article 741-2 du PCG (sur la notion de contrôle, voir nº 7609). L'opération est assimilée à une branche complète d'activité et entre dans le champ d'application des règles sur les fusions. Les entités B et D étant sous le contrôle de l'entité M, les apports sont valorisés à la valeur comptable (sur les règles de valorisation des apports, voir nº 7600 s.).*

Exemple 2 ***Apport conférant le contrôle à l'entité bénéficiaire des apports*** *(exemple établi par nos soins)*

Soit une entité C détenue à 60 % par l'entité A (ce qui confère à A le contrôle de C). L'entité A est sous le contrôle ultime de l'entité M1 ; l'entité B est sous le contrôle ultime de l'entité M2. A la date de l'apport, l'entité A contrôle C. Elle apporte sa participation dans l'entité C à l'entité B.

Avant apport de titres à B **Après apport de titres à B**

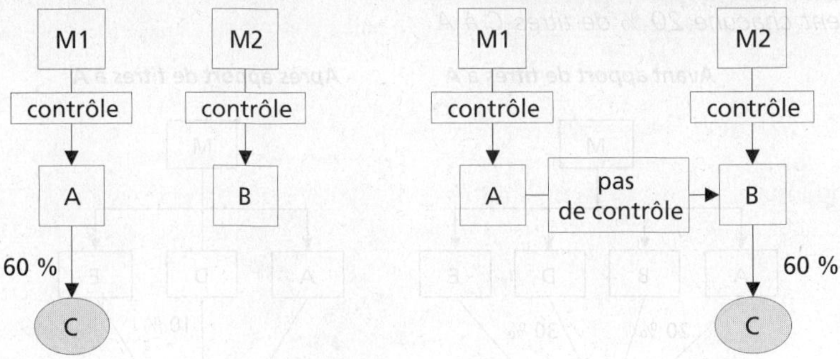

Solution de l'exemple 2 *A l'issue de l'opération d'apport de titres de l'entité C à l'entité B, cette dernière prend le contrôle de C. L'opération est assimilée à une branche complète d'activité et entre dans le champ d'application des règles sur les fusions. L'entité apporteuse A perdant le contrôle de l'entité C et ne prenant pas le contrôle de l'entité bénéficiaire B, il s'agit d'un apport à l'endroit (PCG art. 742-1). Les entités Aet B étant sous contrôle distinct, les apports sont valorisés à la valeur réelle selon les dispositions de l'article 743-1 du PCG.*

Exemple 3 ***Apport complémentaire*** *(exemple issu de l'annexe II du titre VII du Recueil des normes comptables de l'ANC)*
Soit une entité C détenue par les entités A et B, qui sont sous le contrôle commun de l'entité M. A la date de l'apport, l'entité A détient 45 % de C et l'entité B 55 %, ce qui confère à l'entité B le contrôle de l'entité C. L'entité A apporte 10 % de sa participation dans l'entité C à l'entité B.

Avant apport de titres à B **Après apport de titres à B**

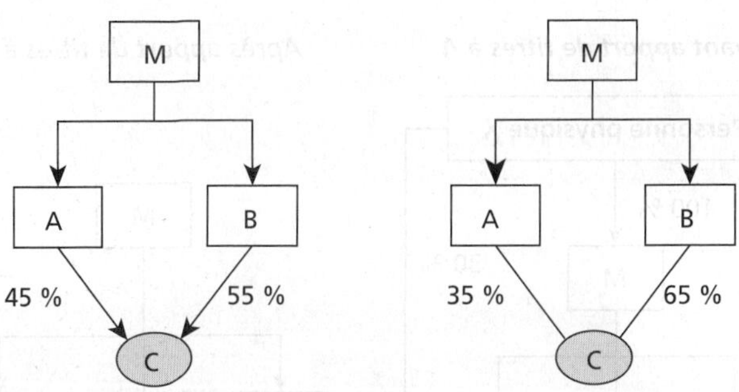

Solution de l'exemple 3 *L'entité bénéficiaire des apports B ayant déjà le contrôle de C préalablement à l'apport, ce dernier ne conduit pas à conférer à B le contrôle de C conformément à l'article 741-2 du PCG (sur la notion de contrôle, voir n° 7609). L'opération n'est donc pas assimilée à une branche complète d'activité et n'entre donc pas dans le champ d'application des règles sur les fusions. L'apport de titres est considéré comme un apport d'actifs isolés et est évalué conformément à l'article 213-3 du PCG (en principe, à la valeur vénale).*

Exemple 4 ***Apports concomitants de titres*** *(exemple issu de l'annexe II du titre VII du Recueil des normes comptables de l'ANC)*

Soit une entité C détenue par les entités A, B, D et E. Les entités A, B, D et E sont sous le contrôle commun de l'entité M. De manière concomitante, les entités B, D et E apportent chacune 20 % de titres C à A.

Avant apport de titres à A

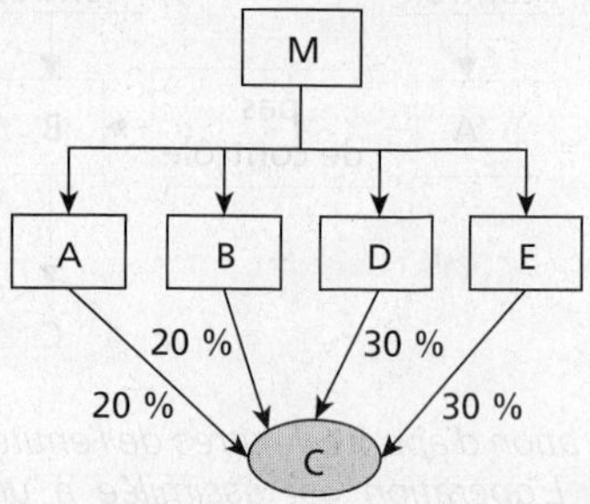

Après apport de titres à A

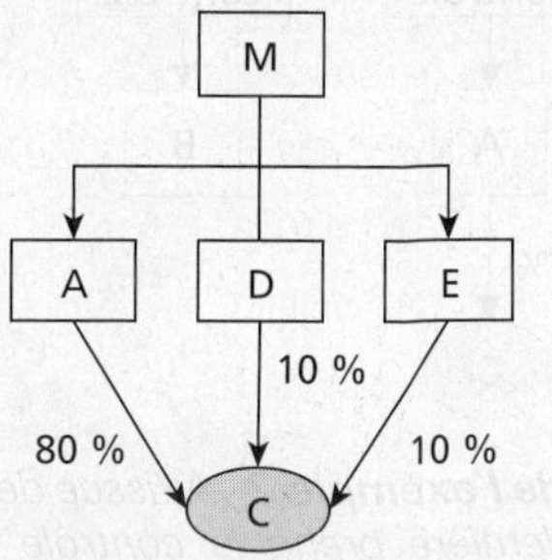

Solution de l'exemple 4 *Les apports de titres C à l'entité A permettent de conférer à cette dernière A le contrôle de l'entité C. Les apports de titres sont assimilés à des apports de branche complète d'activité et entrent dans le champ d'application des règles sur les fusions. Les entités A, B, D et E étant sous contrôle commun, les apports sont donc valorisés à la valeur comptable (sur les règles de valorisation des apports, voir nº 7600 s.).*

Exemple 5 *Apports concomitants impliquant une personne physique (exemple issu de l'annexe II du titre VII du Recueil des normes comptables de l'ANC)*

Soit une entité C détenue par les entités A, B, D et une personne physique X. Les entités A, B, D sont sous le contrôle commun de l'entité M. De manière concomitante, l'entité B apporte 5 % des titres C à A et la personne physique apporte 30 % (soit la totalité de ses titres).

Avant apport de titres à A

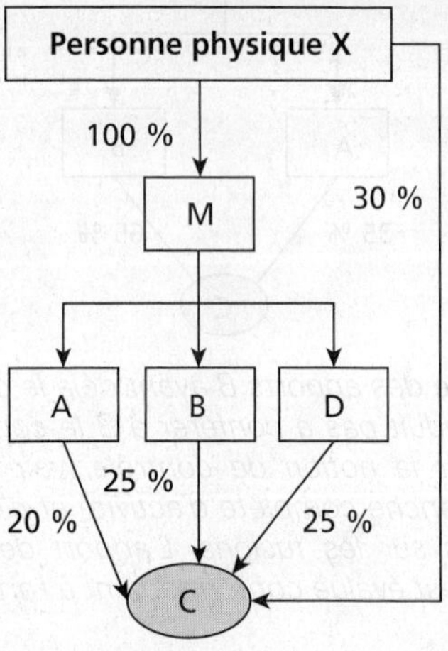

Après apport de titres à A

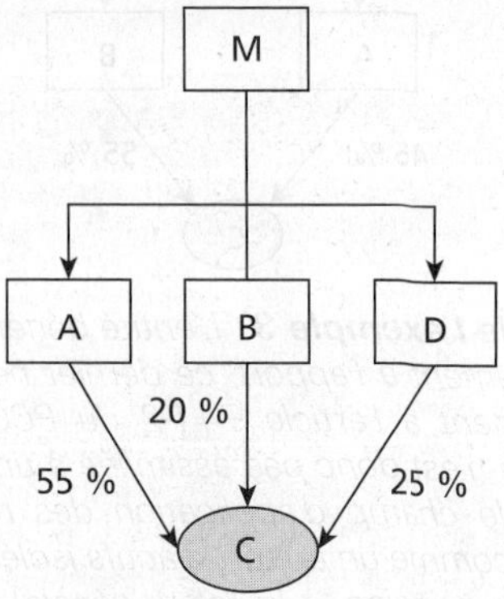

Solution de l'exemple 5 *Les apports des titres C à l'entité A permettent de conférer à cette dernière le contrôle de l'entité C. En conséquence, l'apport de titres réalisé par*

B est assimilé à un apport de branche complète d'activité et entre dans le champ d'application des règles sur les fusions. Les titres apportés par B sont donc inscrits dans le traité d'apport à leur valeur comptable, l'apport étant réalisé sous contrôle commun. En revanche, le contrôle des personnes physiques n'étant pas pris en compte dans l'appréciation du contrôle commun / distinct en application de l'article 741-1, les titres apportés par la personne physique doivent être évalués à la valeur réelle (sur les règles de valorisation des apports, voir no 7600 s.).

Fiscalement, en effet, sont assimilés à une branche complète d'activité (et sont donc éligibles de plein droit au régime de faveur) les apports de participations (CGI art. 210 B-1 ; BOI-IS-FUS-20-40-20 no 1 s.) :
- portant sur plus de 50 % du capital de la société dont les titres sont apportés ;
- visant à renforcer une détention déjà supérieure à 50 % ;
- conférant à la société bénéficiaire des apports la détention directe de plus de 30 % des droits de vote de la société dont les titres sont apportés si aucun associé ne détient, directement ou indirectement, une fraction des droits de vote supérieure. Il n'est pas exigé que l'apport porte sur une quotité minimale de titres. En effet, pour l'appréciation du seuil de 30 %, il est tenu compte des titres déjà détenus ;
- ou effectués au profit d'une société détenant déjà plus de 30 % des droits de vote de la société dont les titres sont apportés si la société bénéficiaire acquiert de ce fait la fraction des droits de vote la plus élevée dans la société, que cette dernière détienne ou non la majorité absolue ;
- à condition que la société apporteuse ne reçoive pas une soulte dépassant 10 % de la valeur nominale des parts ou actions qui lui sont attribuées ou excédant la plus-value qu'elle a réalisée (CGI art. 210 B-1), l'administration n'admettant, dans cette limite, que les soultes perçues en espèces par la société apporteuse, à l'exclusion de celles qui prendraient la forme d'une prise en charge isolée, directe ou indirecte, d'un passif de la société apporteuse par la société bénéficiaire (BOI-IS-FUS-20-40-20 no 300).

L'administration a précisé que les seuils visés ci-dessus s'apprécient en prenant en compte l'ensemble des apports de titres effectués de manière concomitante à une même société (BOI-IS-FUS-20-40-20 no 250).

Lorsque ces conditions sont réunies, l'assimilation des apports de titres à une branche complète d'activité s'applique quel que soit le régime fiscal de la société dont les titres sont apportés (BOI-IS-FUS-20-40-20 no 40). Elle concerne donc les apports de parts de sociétés de personnes ou de titres de sociétés étrangères non soumises à l'IS en France (BOI-IS-FUS-20-40-20 no 55). Selon le Conseil d'Etat, l'apport de la majorité des parts d'un GIE porte sur des éléments assimilés à une branche complète d'activité dès lors que l'activité du GIE est susceptible de faire l'objet d'une exploitation autonome. L'administration refuse toutefois cette assimilation au motif que les GIE peuvent être dépourvus de capital (BOI-IS-FUS-20-40-20 no 50).

Lorsque la société bénéficiaire détient déjà, avant l'opération, plus de 30 % des droits de vote de la société dont les titres sont apportés et la fraction la plus élevée des droits de vote de cette société, mais moins de 50 % de son capital, les ***apports complémentaires de titres*** *ne sont pas assimilés au transfert d'une branche complète d'activité (CAA Lyon 10-12-2009 no 08-426, décision définitive). Sauf à obtenir un agrément, ils ne peuvent pas bénéficier du régime fiscal de faveur.*

L'apport de titres non assimilés à une branche complète d'activité peut être placé sous le régime de faveur sur agrément dès lors que l'opération n'a pas pour objectif principal ou pour l'un de ses objectifs principaux la fraude ou l'évasion fiscales, notamment s'il se traduit par une simplification des structures juridiques existant au sein d'un groupe permettant la constitution de pôles d'activités (BOI-SJ-AGR-20-10 no 90 et 100).

Intérêt du régime de faveur des apports partiels d'actif *Ce régime place en sursis d'imposition le résultat d'apport des titres. Sa mise en œuvre soumet la société apporteuse à l'obligation de calculer les plus-values de cession ultérieures des titres reçus en contrepartie de l'apport d'après la valeur fiscale des biens apportés.*

La pertinence de l'option pour ce régime doit être analysée au regard de ses avantages (mise en sursis du résultat d'apport) et/ou inconvénients (double imposition économique sur les

*éléments apportés non amortissables, voir nº 10035 et 10150) comparés à ceux attachés au **régime de droit commun applicable aux apports de titres** :*
*– l'application du régime de faveur des apports partiels d'actif aux apports de titres présente un intérêt limité lorsqu'il s'agit **de titres de participation** (au sens fiscal, autres que des titres de sociétés à prépondérance immobilière) **détenus depuis au moins deux ans**, tout au moins lorsque la société bénéficiaire entend conserver les titres reçus pendant au moins deux ans. En effet, en application du régime de droit commun, la plus-value d'apport afférente à ces titres ne donne lieu qu'à la taxation d'une quote-part de frais et charges fixée à 12 % de son montant (CGI art. 219-I a quinquies ; voir nº 10035) ;*
*– la **moins-value d'apport de titres de participation détenus depuis moins de deux ans entre deux sociétés liées** au sens de l'article 39-12 du CGI est placée en report de déduction et, prend en principe le caractère d'une moins-value à long terme non déductible à l'issue d'un délai de deux ans suivant l'acquisition initiale des titres apportés (CGI art. 219 I-a septies ; voir Mémento Fiscal nº 19075) ;*
*– l'**exonération des dividendes** reçus par la société bénéficiaire d'un apport de titres de participation est remise en cause si les titres apportés sont cédés dans un délai de deux ans suivant l'apport (CGI art. 145-1-c ; voir Mémento Fiscal nº 41005).*

Divergences résiduelles entre règles comptables et fiscales en matière d'apport de titres La plupart des apports de titres constituant une branche d'activité au sens comptable (PCG art. 710-2) peuvent bénéficier du régime de faveur sur le plan fiscal et, en conséquence, être évalués à la valeur comptable tant fiscalement que comptablement lorsqu'ils sont réalisés sous contrôle commun.
Toutefois, certains apports de titres pouvant bénéficier du régime fiscal de faveur ne pourront pas être évalués comptablement à la valeur comptable même s'ils sont réalisés sous contrôle commun.
Ainsi (exemples d'apports réalisés sous contrôle commun) :
1. Apport complémentaire de titres alors que l'entité bénéficiaire détient déjà le contrôle (50 %) Dans une telle situation, l'apport complémentaire de titres ne confère pas le contrôle à l'entité bénéficiaire et il ne peut donc pas être assimilé à un apport d'une branche complète d'activité (voir exemple nº 2 ci-avant) ; l'opération n'entre donc pas dans le champ d'application des règles sur les fusions et l'apport doit être valorisé comptablement à la valeur réelle alors que fiscalement le régime de faveur peut être retenu ;
2. Apport qui confère à la bénéficiaire plus de 30 % des droits de vote mais pas le contrôle (exclusif ou conjoint) Si la société bénéficiaire des apports détient 20 % des titres d'une société et en reçoit 15 % supplémentaires (les autres actionnaires en détenant chacun moins de 30 %), l'apport des 15 % est évalué à la valeur réelle comptablement (car il ne confère ni le contrôle exclusif ni le contrôle conjoint à la bénéficiaire en l'absence d'un accord contractuel avec les autres associés ou si le nombre des autres associés est très élevé) alors qu'il peut bénéficier du régime fiscal de faveur.

Apports concomitants d'actifs

7119 ***Question***

Les apports concomitants d'actifs par plusieurs sociétés sous contrôle commun à une même société et aboutissant à apporter un ensemble constitutif d'une branche complète d'activité constituent-ils des apports partiels d'actif ?

Réponse

Non, il s'agit d'apports isolés, à l'exception des apports concomitants de titres de participation conférant le contrôle de la participation à l'entité bénéficiaire.

Commentaires A notre avis, sur un plan juridique et dans les comptes individuels, chaque apport doit être apprécié isolément. En conséquence, les apports concomitants d'actifs par plusieurs sociétés sous contrôle commun à une même société et aboutissant à apporter un ensemble constitutif d'une branche complète d'activité ne constituent pas, sur le plan comptable, des apports partiels d'actif, **mais des apports d'actifs isolés.**
En conséquence, ils ne suivent pas les règles de valorisation définies par le PCG (voir nº 7110).

Fiscalement, il en est de même pour les apports concomitants d'actifs autres que des participations. Ces apports n'ouvrent donc pas droit au régime de faveur.

S'agissant des apports concomitants de titres, voir nº 7115.

Apport d'une activité immobilière

7120 ***Question***

L'apport d'une activité immobilière constitue-t-il un apport partiel d'actif ?

Réponse

Oui, à notre avis, si l'activité apportée est capable de fonctionner par ses propres moyens, c'est-à-dire notamment lorsqu'elle comporte non seulement des immeubles, mais également des éléments d'actif et de passif attachés à ces immeubles (contrats de location en cours, personnel, emprunts bancaires...).

Commentaires L'apport d'une activité immobilière constitue un apport partiel d'actif si elle répond à la définition d'une branche autonome d'activité donnée par les règles comptables, c'est-à-dire si elle constitue un ensemble capable de fonctionner par ses propres moyens (voir nº 7110).
Il en est ainsi lorsque l'activité apportée comporte non seulement des immeubles, mais également des éléments d'actif et de passif attachés à ces immeubles : tel est le cas des contrats de location en cours, des moyens dédiés permettant d'assurer la gestion des immeubles (personnels, moyens administratifs, etc.), des emprunts bancaires... (en ce sens, Bull. CNCC nº 164, décembre 2011, EC 2011-30, p. 732).
L'activité apportée peut être externe (les immeubles sont loués à des tiers à l'entreprise) ou interne (c'est-à-dire, tournée vers les autres sociétés du groupe).

Fiscalement, en revanche, selon l'administration, l'apport d'une activité immobilière ne peut bénéficier de plein droit du régime fiscal de faveur (BOI-IS-FUS-20-20 nº 90).

C. Scissions

Définition d'une scission « totale »

7150 ***Question***

Quelle est la définition d'une scission totale ?

Réponse

Une scission totale est l'opération par laquelle une société transmet son patrimoine à plusieurs sociétés.

PCG art. 710-2
(*en partie*) Scission de sociétés : opération définie à l'article L 236-1, alinéa 2 du Code de commerce [ndlr : désormais à l'article L 236-18 du Code de commerce] comme une transmission du patrimoine d'une société « à plusieurs sociétés ».

Commentaires Le patrimoine transmis doit en outre être rémunéré sous forme de titres des sociétés bénéficiaires des apports et, éventuellement, d'une soulte (en espèces) ne dépassant pas 10 % de la valeur nominale des titres (C. com. art. L 236-18, al. 3).

Sur les modalités de versement de la soulte, voir n° 8100.

Fiscalement, la définition des scissions susceptibles de bénéficier du régime de faveur en matière d'IS est plus étroite que la définition retenue par le PCG (art. 710-2 précité). Sur le plan fiscal, les scissions éligibles au régime de faveur sont en effet celles qui, en plus des conditions prévues sur le plan juridique, prévoient l'attribution des titres des sociétés bénéficiaires des apports aux associés de la société scindée de façon proportionnelle à leurs droits dans le capital, ce qui exclut les scissions-partages (CGI art. 210-0 A-I-2° ; BOI-IS-FUS-20-10 n° 10 à 50).

Sur les scissions réalisées sans échange de titres, voir n° 7155.

Pour une présentation du régime de faveur en matière d'IS, et sur les conditions devant être remplies pour en bénéficier, voir n° 7360.

Juridiquement, sur le régime juridique des scissions, voir Mémento Sociétés commerciales n° 83450 s.

Remarques :

1. **Régime juridique de scission simplifiée** Un régime juridique de scission simplifiée existe, permettant de bénéficier des mêmes procédures allégées que celles prévues pour les fusions simplifiées à 100 % (voir n° 13420).

Ce régime simplifié n'est pas applicable lorsqu'une société est scindée au profit de son actionnaire unique, détenteur de 100 % des actions, et d'une autre société au sein de laquelle l'opération se traduirait alors par une augmentation de capital (Com. Ansa, CJ n° 13-058 du 4-12-2013).

2. **Scission partielle** L'ordonnance n° 2023-393 du 24 mai 2023 consacre dans le Code de commerce la possibilité d'attribuer des parts et des actions représentant la contrepartie des apports directement aux associés de la société apporteuse lorsque les sociétés participantes décident de soumettre l'opération au régime des scissions (C. com. art. L 236-27 modifié, al. 2). Pour plus de détails, voir n° 7156.

3. **Scissions transfrontalières** L'ordonnance n° 2023-393 du 24 mai 2023 transpose en droit français la directive UE/2019/2121 du 27 novembre 2019, modifiant la directive UE/2017/1132 du 14 juin 2017 et crée la scission transfrontalière (pour plus de détails, voir n° 7205).

Définition d'une scission sans échange de titres

7155 ***Question***

Quelle est la définition d'une scission sans échange de titres ?

Réponse

Une scission sans échange de titres est une opération de scission d'une entité au bénéfice de plusieurs entités, dans laquelle l'entité scindée et les entités bénéficiaires sont filiales à 100 % d'une même entité mère.

PCG art. 710-2
(*en partie*) **Scission sans échange de titres** : opération dans laquelle les titres de l'entité scindée et des entités bénéficiaires sont détenus en totalité par une même entité.
Recueil des normes comptables, Commentaires sous l'article 710-2 (*en partie*)
IR 3 : Notion de titres Dans ce règlement, la notion de « titres » recoupe les parts et actions au sens du Code de commerce.

Commentaires Aucune émission de titres n'est nécessaire de la part des sociétés bénéficiaires pour rémunérer les apports (C. com. art. L 236-19 renvoyant sur L 236-3 II, al. 3).
Remarque Sur le plan juridique, la scission d'une société détenue par plusieurs actionnaires au profit de sociétés bénéficiaires des apports détenues par les mêmes actionnaires et dans les mêmes proportions que dans la société scindée devrait, à notre avis, également être réalisée sans échange de titres (par renvoi de C. com. art. L 236-19 sur L 236-3, qui le prévoit expressément pour les fusions, voir no 7107).

Fiscalement, les scissions sans échange de titres peuvent être placées sous le régime de faveur prévu à l'article 210 B du CGI, conformément à l'article 210-0 A du CGI, exception faite de la scission d'une société détenue par plusieurs actionnaires au profit de sociétés bénéficiaires des apports détenues par les mêmes actionnaires et dans les mêmes proportions que dans la société scindée, aucune disposition fiscale ne traitant spécifiquement cette situation à ce jour.

Juridiquement, voir Mémento Sociétés commerciales no 82961.

Définition d'une scission « partielle »

7156 ***Question***

Quelle est la définition d'une scission partielle ?

Réponse

Une scission partielle est une opération d'apport partiel d'actif donnant lieu à l'attribution de titres de la société bénéficiaire des apports directement aux associés de la société apporteuse.

PCG art. 710-2
(*en partie*) **Scission partielle** : opération définie à l'article L 236-27 du Code de commerce.
Recueil des normes comptables, Commentaires sous l'article 710-2 (*en partie*)
IR 3 : Scission partielle : Opération par laquelle un apport partiel d'actif (APA) réalisé au bénéfice d'une entité, donne lieu à l'attribution de titres représentatifs du capital de la société bénéficiaire de l'apport, non pas à la société apporteuse, mais aux associés de la société apporteuse.

Commentaires Selon l'article L 236-27 du Code de commerce, auquel renvoie l'article 710-2 du PCG, la scission partielle est définie comme l'apport d'une partie de l'actif d'une société et, le cas échéant, d'une partie de son passif, donnant lieu à l'attribution à ses associés :
– des parts ou actions de la ou des sociétés bénéficiaires des apports (cas no 1 décrit dans le schéma ci-après) ;

- de ses propres parts ou actions (cas nº 2 décrit dans le schéma ci-après) ;
- ou à la fois de ses propres parts ou actions ainsi que de parts ou actions de la ou des sociétés bénéficiaires des apports (cas nº 3 décrit dans le schéma ci-après).

Toutefois, sur le plan comptable, à ce jour, seule la scission partielle donnant lieu à l'attribution de titres de la ou des sociétés bénéficiaires des apports aux associés de la société scindée est visée (cas nº 1 du schéma ci-après ; en ce sens, Commentaire IR 3 sous l'art. 710-2 du PCG)

L'ANC devrait se prononcer sur le traitement comptable des deux autres cas, dans lesquels la société apporteuse remet des titres à son actionnaire, lorsque le dispositif juridique aura été précisé et, notamment lorsque les modalités de remise des titres auront été définies : nouveaux titres émis dans le cadre d'une augmentation de capital par incorporation de réserves, titres à acquérir pour réaliser cette attribution ou remise de titres autodétenus.

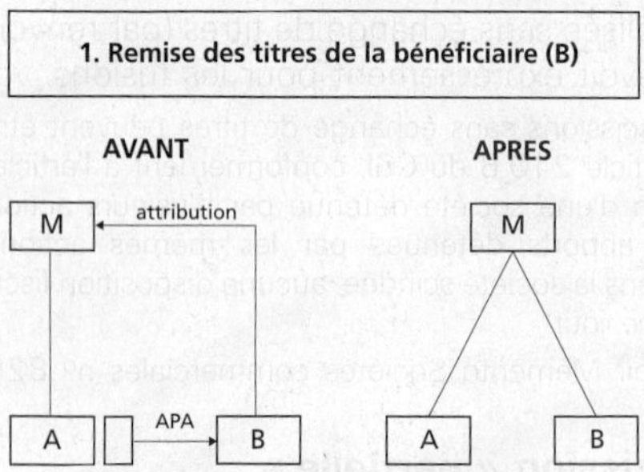

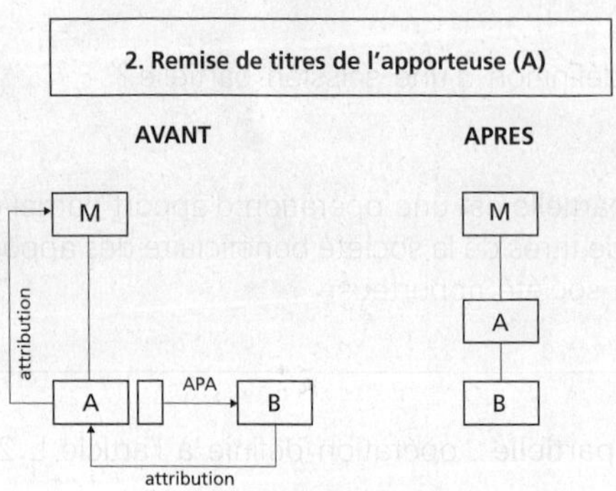

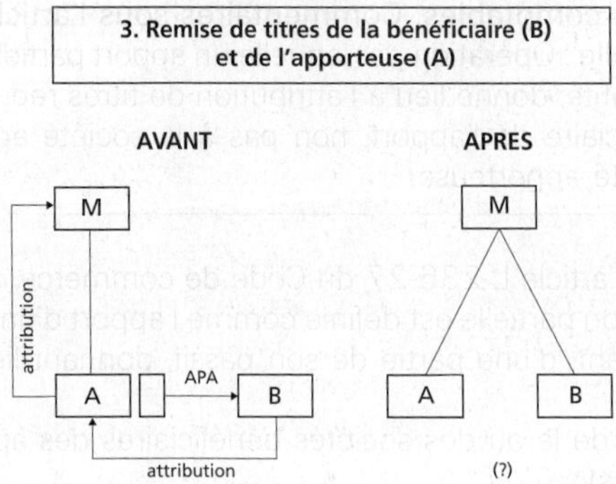

Fiscalement, aucune disposition fiscale ne traite spécifiquement des opérations de scission partielle. Les dispositions des articles 210 B et 115-2 du CGI permettent de réaliser sous un régime de neutralité fiscale une opération d'apport partiel d'actif conduisant la société apporteuse à recevoir des titres de la société bénéficiaire qu'elle peut ensuite, sous certaines conditions, attribuer gratuitement à ses actionnaires (voir nº 10040). Dans l'attente d'une adaptation des textes fiscaux, Aulne Abeille, sous-directeur en charge de la fiscalité des entreprises à la Direction de la législation fiscale, nous a indiqué lors de notre formation « Les Journées PwC des Reportings – module Règles françaises et résultat fiscal » du 28 novembre 2023 que les entreprises qui souhaiteraient réaliser de telles opérations peuvent interroger la Direction de la législation fiscale sur les questions qu'elles soulèvent.
Dans l'attente, afin d'éviter tout risque fiscal lié à l'absence de position fiscale stable, il reste toujours possible de réaliser l'opération en deux étapes : un apport partiel d'actif suivi d'une attribution des titres reçus.

Pour plus de détails sur le régime juridique de la scission partielle, voir Mémento Sociétés commerciales nº 83626.

D. Dissolutions par confusion de patrimoine

Définition

7160 ***Question***

Quelle est la définition d'une opération de dissolution par confusion de patrimoine (transmission universelle de patrimoine – TUP) ?

Réponse

Constitue une dissolution par confusion de patrimoine l'opération conduisant à la dissolution d'une société dont toutes les parts sont réunies en une seule main et entraînant la transmission universelle de son patrimoine à l'associé unique, sans qu'il y ait lieu à liquidation.

PCG art. 710-1

(*en partie*) Le présent titre vise la comptabilisation, dans les comptes individuels des entités absorbantes, confondantes ou bénéficiaires des apports établies en France et appliquant le présent règlement, de toutes les opérations de fusions et opérations assimilées rémunérées par des titres et retracées dans un traité d'apport prévu à l'article L 236-6 du Code de commerce ou tout autre document faisant foi pour les entités non soumises au Code de commerce.
Il vise également la comptabilisation des [...] confusions de patrimoine visées à l'article 1844-5 du Code civil.

PCG art. 710-2

(*en partie*) **Confusion de patrimoine** : cette opération visée à l'article 1844-5 du Code civil conduit à la dissolution de l'entité dont toutes les parts sont réunies en une seule main et entraîne la transmission universelle de son patrimoine à l'associé unique, sans qu'il y ait lieu à liquidation.

Commentaires La définition comptable figurant dans le PCG correspond à la définition juridique de ces opérations.

Juridiquement, lorsque la société absorbante détient 100 % du capital de la société qui transmet son patrimoine, l'associé unique peut choisir de se placer sous le régime prévu à l'article 1844-5 du Code civil de la dissolution par réunion de toutes les parts en une seule main (encore appelé « dissolution par confusion de patrimoine » ou « transmission universelle du patrimoine » – TUP).

La dissolution par réunion de toutes les parts en une seule main présente les mêmes caractéristiques juridiques que la fusion-absorption relevant de l'article L 236-11 du Code de commerce mais n'est pas soumise au même régime juridique. Pour plus de détails sur ce régime, voir Mémento Sociétés commerciales nº 86050 à 86093.

En particulier, la réalisation d'une opération de dissolution par confusion de patrimoine **ne requiert pas l'établissement d'un traité d'apport.**

Bien qu'un traité d'apport ne soit pas prévu pour réaliser ces opérations, elles doivent suivre **le même traitement comptable** que les opérations de fusion.

Fiscalement, ces opérations sont éligibles au régime de faveur des fusions en matière d'IS (CGI art. 210-0 A-I-3º ; BOI-IS-FUS-10-20-10 nº 50). Pour une présentation de ce régime, voir nº 7300 et 7302.

SECTION IV

Entités concernées

Principe

7200 ***Question***

Quelles sont les entités soumises aux règles comptables relatives aux fusions et opérations assimilées ?

Réponse

Les règles comptables relatives aux fusions et opérations assimilées s'appliquent à toutes les entités absorbantes, confondantes ou bénéficiaires des apports établies en France, quelle que soit leur forme juridique, et appliquant le PCG (de manière obligatoire ou volontaire) ou un plan comptable dérivé du PCG si ce plan comptable ne prévoit pas de règles spécifiques.

PCG art. 710-1
(*en partie*) Le présent titre vise la comptabilisation, dans les comptes individuels des entités absorbantes, confondantes ou bénéficiaires des apports établies en France et appliquant le présent règlement [...].
Recueil des normes comptables, Commentaires sous l'article 710-1 (*en partie*)
IR 2 : Interaction avec les champs d'applications d'autres règlements comptables Concernant les entités entrant dans le champ d'application d'autres règlements comptables spécifiques (à savoir les entités relevant des Règl. ANC 2018-06, ANC 2014-07, ANC 2015-04 et ANC 2015-11), le présent titre s'applique en l'absence de précisions particulières dans ces règlements. En effet, ces règlements sont des adaptations du Plan comptable général.
IR 2 : Opération impliquant des sociétés civiles et des sociétés commerciales
Le présent titre s'applique à toutes les entités visées à l'article 710-1, quels que soient la forme juridique de l'entité absorbée et les principes comptables auxquels elle est soumise.

Commentaires Les règles comptables relatives aux fusions et opérations assimilées concernent toutes les entités absorbantes, confondantes ou bénéficiaires des apports :
- qui appliquent le PCG de manière obligatoire ou volontaire,
- quelle que soit leur forme juridique,
- et qui sont établies en France.

En conséquence, le champ d'application dépasse largement le cadre des opérations dans lesquelles les entités bénéficiaires, absorbantes ou confondantes, sont des sociétés commerciales (à savoir les SA, SAS, SCA, SARL, SNC et SCS, sociétés européennes (SE)). Ainsi, si les entités bénéficiaires des apports (ou absorbantes ou confondantes) ne sont pas régies par le Code de commerce (mutuelle, société civile...), elles sont concernées par les règles comptables sur les fusions dès lors qu'elles appliquent le PCG de façon obligatoire ou volontaire, sans tenir compte de leur forme juridique, à condition néanmoins qu'aucune disposition spécifique de niveau supérieur ne soit incompatible avec ces règles.

Il en est de même pour les entités bénéficiaires des apports (ou absorbantes ou confondantes) soumises à des règlements qui sont des adaptations du PCG (en ce sens Commentaire IR 2 sous l'art. 710-1 du PCG).

Entreprises du secteur bancaire Elles sont soumises au PCG à défaut de règle spécifique dans le règlement ANC nº 2014-07 qui leur soit applicable. Sur la détermination du rapport d'échange précisée par la note de présentation de l'avis CNC nº 2004-18 dans le cadre des fusions entre banques coopératives, voir nº 7509.

Coopératives agricoles et unions de coopératives agricoles Elles sont soumises au PCG sous réserve d'adaptations spécifiques prévues par le règlement ANC nº 2021-01 du 7 mai 2021.

Associations Bien que le Recueil des normes comptables de l'ANC mentionne expressément (Commentaire IR 2 sous l'art. 710-1 du PCG) les entités relevant du règlement ANC nº 2018-06, les fusions ou opérations assimilées entre des associations n'entrent pas, à notre avis, dans le champ d'application des règles sur les fusions dans la mesure où ces opérations ne sont pas rémunérées par des titres.

Sur les opérations transfrontalières, voir nº 7205.

Fiscalement, les entités relevant des règles comptables relatives aux fusions et opérations assimilées peuvent, sur option, quelles que soient leur forme et leur activité, placer leurs opérations de restructuration sous un régime de faveur en matière d'IS (CGI art. 210 A à 210 C), à condition notamment d'être soumises à l'IS, de plein droit ou sur option.

Ainsi, pour bénéficier de ce régime, les sociétés de personnes (par exemple les SNC) doivent opter pour leur assujettissement à l'IS. Cette option, qui doit être exercée avant la date de réalisation définitive de l'opération (BOI-IS-FUS-10-20-20 nº 20) et avant la fin du troisième mois de l'exercice au cours duquel l'entreprise souhaite être soumise à l'IS pour la première fois (CGI art. 239), ne peut pas être considérée comme constitutive d'un abus de droit (BOI-IS-FUS-10-20-20 nº 60). Le régime spécial s'applique également aux sociétés en commandite simple alors même qu'elles n'ont pas opté pour l'assujettissement à l'IS de la part des bénéfices revenant aux commandités, dès lors qu'elles sont légalement passibles de cet impôt pour une partie de leur bénéfice correspondant aux droits des commanditaires, quelle que soit l'importance de cette part (CE 11-4-2018 nº 409027 ; BOI-IS-FUS-10-20-20 nº 10).

A défaut d'option pour le régime de faveur des fusions, la société apporteuse, absorbée, scindée ou dissoute est imposable sur les plus-values d'apport et sur les provisions, qui deviennent sans objet en raison de l'apport.

Pour plus de détails sur le régime de faveur en matière d'IS, voir nº 7300.

Opérations transfrontalières

7205 ***Question***

Les règles comptables relatives aux fusions et opérations assimilées s'appliquent-elles en cas d'opérations transfrontalières ?

Réponse

Oui. Toutefois, en matière de valorisation, les opérations transfrontalières sont exclues du champ d'application des règles comptables relatives aux fusions et opérations assimilées.

PCG art. 710-1

Le présent titre vise la comptabilisation, dans les comptes individuels des entités absorbantes, confondantes ou bénéficiaires des apports établies en France et appliquant le présent règlement, de toutes les opérations de fusions et opérations assimilées rémunérées par des titres et retracées dans un traité d'apport prévu à l'article L 236-6 du Code de commerce ou tout autre document faisant foi pour les entités non soumises au Code de commerce.

Il vise également la comptabilisation des apports partiels d'actif non soumis au régime des scissions, des confusions de patrimoine visées à l'article 1844-5 du Code civil et des fusions et scissions sans échange de parts ou d'actions visées au II de l'article L 236-3 du Code de commerce [ndlr et par L 326-19 pour les scissions sans échange de titres].

Recueil des normes comptables, Commentaires sous l'article 710-1 (*en partie*)

IR 2 : Opérations impliquant des entités étrangères / cas particulier des établissements stables Les établissements stables situés en France n'ont pas de personnalité morale en France distincte de la société étrangère. De ce fait, ils ne sont pas soumis au présent titre. En conséquence, si un établissement stable français d'une société étrangère absorbe une entité française ou reçoit un apport d'une entité française, cette opération est considérée juridiquement et comptablement comme faite par une entité étrangère absorbante ou bénéficiaire des apports et n'est pas soumise aux règles du présent titre.

Commentaires En cas d'opération transfrontalière, la société française, qu'elle soit absorbante (bénéficiaire des apports) ou absorbée (apporteuse), comptabilise les écritures selon les règles du PCG.
Toutefois, en matière de valorisation des apports, les opérations transfrontalières sont exclues du champ d'application de PCG (voir n° 7602).

Sur la valorisation à retenir dans le cas d'une apporteuse étrangère dont la réglementation locale impose une méthode de valorisation non conforme aux règles françaises, voir n° 7602.

En cas d'opération réalisée au profit de l'établissement stable français d'une société étrangère, la valorisation des apports n'est pas soumise aux règles sur les fusions du PCG, l'établissement stable étant juridiquement une société étrangère (Commentaire IR 2 sous l'art. 710-1 du PCG).

Sur les conséquences pratiques de cette règle en cas d'apport partiel d'actif transfrontalier, voir n° 10020.

Juridiquement, une société française non soumise aux règles comptables françaises sur les fusions (société apporteuse ou absorbée) est néanmoins tenue au dépôt d'un traité d'apport selon les formalités prévues par le Code de commerce (voir Mémento Sociétés commerciales n° 84650).

Fiscalement, l'application du régime de faveur des fusions en matière d'IS aux opérations transfrontalières ne dépend pas de la nationalité des sociétés parties à l'opération mais de l'Etat dans lequel elles sont établies.

Le tableau ci-après, établi par nos soins, synthétise les règles de territorialité applicables, en matière d'IS, aux fusions et opérations assimilées transfrontalières.

Pour plus de détails sur le régime de faveur en matière d'IS, voir n° 7300.

		Etat d'établissement de la société bénéficiaire des apports		
		France	UE ou Etat lié à la France par une convention contenant une clause d'assistance administrative	Etat hors UE non lié à la France par une convention contenant une clause d'assistance administrative
Etat d'établissement de la société apporteuse	France	Régime de faveur sans agrément (1) (CGI art. 210 A et B)	Régime de faveur sans agrément (CGI art. 210 C) (3) (4)	Pas de régime de faveur (CGI art. 210-0 A-II) (8)
	UE ou Etat lié à la France par une convention contenant une clause d'assistance administrative	Régime de faveur sans agrément (1) (2) (5) (CGI art. 210 A et B)	Régime de faveur de plein droit (6)	Pas de régime de faveur (7)
	Etat hors UE non lié à la France par une convention contenant une clause d'assistance administrative	Pas de régime de faveur (CGI art. 210-0 A-II) (8)	Pas de régime de faveur (7)	Pas de régime de faveur (7)

(1) Un agrément est toutefois nécessaire en cas d'apport partiel d'actif ne portant pas sur une branche complète d'activité (voir nº 7110 et 7340).
(2) Dans le cas où les plus-values résultant de l'opération sont territorialement imposables en France, l'administration entend subordonner l'application du régime de faveur à la condition que les modalités de l'opération permettent l'imposition ultérieure des plus-values en sursis (BOI-IS-FUS-10-20-20 nº 140).
(3) Ces opérations bénéficient de plein droit du régime de faveur, sous réserve que les éléments apportés soient effectivement rattachés à un établissement stable situé en France de la société étrangère bénéficiaire de l'opération. En outre, la société apporteuse est tenue de souscrire dans le même délai que sa déclaration de résultats une déclaration spéciale permettant d'apprécier les motifs et les conséquences de l'opération (CGI art. 210-0 A ; CGI art. 210 C, II ; CGI A III art. 46 quater-0 ZS ter).
L'administration a indiqué que cette obligation de rattachement à un établissement stable situé en France n'est pas exigée pour les apports de participations assimilés à une branche complète d'activité, ni en cas d'absorption d'une société dont l'actif est exclusivement constitué par des titres de participation. Elle doit en revanche être respectée en cas d'absorption d'une société holding dont les activités seraient constitutives d'un établissement stable si elles étaient exercées par une société étrangère (BOI-IS-FUS-10-20-20 nº 100).
(4) Si l'établissement stable français d'une société étrangère participe à une opération de fusion par laquelle il absorbe ou reçoit un apport d'une société française, l'administration précise que cette opération étant juridiquement et comptablement réalisée par une entité étrangère n'est pas soumise aux règles de comptabilisation et d'évaluation du recueil des normes comptables françaises (BOI-IS-FUS-30-10 nº 40).
(5) L'apport par une société étrangère de sa succursale française à une société française, qui est considéré comme portant sur une branche complète d'activité, est éligible au régime de faveur sans que les titres remis en contrepartie n'aient à être rattachés à un établissement stable situé en France. En revanche, dans le cas où c'est la succursale française qui procède elle-même à un apport partiel d'actif au profit d'une société française, les titres remis en rémunération de l'apport doivent être rattachés à cette succursale (BOI-IS-FUS-10-20-20 nº 140).
(6) En cas d'apport, par une société étrangère, d'un établissement stable français à une autre société étrangère dans le cadre d'une opération de fusion, le régime de faveur devrait, à notre avis, s'appliquer de plein droit lorsqu'aucune modification n'est apportée à la composition de l'actif de l'établissement stable, étant précisé que l'administration n'a pas pris position sur ce point. Le transfert des déficits de l'établissement stable français apporté est toutefois subordonné au respect des conditions prévues à l'article 209, II du CGI, impliquant dans certains cas la délivrance d'un agrément (voir nº 7802) (CAA Versailles 30-12-2013 nº 11VE02595, confirmé par Cons. const. 28-11-2014 nº 2014-431 QPC).
(7) Si l'apport par la société étrangère inclut un établissement stable français, aucun agrément ne peut être demandé. Cette opération entraîne donc les conséquences d'une cessation d'entreprise de l'établissement.
(8) Cette exclusion s'applique lorsqu'une convention fiscale a été conclue mais n'est pas encore entrée en vigueur, et dans les cas où la clause d'assistance administrative n'est pas applicable (CE 13-4-2016 nº 377899).

Juridiquement :

1. Fusions transfrontalières Les fusions réalisées entre une société ayant son siège social en France et une autre société relevant du droit d'un autre Etat membre de l'Union européenne sont régies :
- non seulement par des dispositions spécifiques (C. com. art. L 236-31 à L 236-45 modifiés par ord. 2023-393 du 24-5-2023),
- mais également par les dispositions non contraires des articles L 236-1 à L 236-17 du Code de commerce consacrés à la fois aux dispositions générales (applicables aux fusions « nationales », entre sociétés françaises), aux dispositions particulières aux sociétés anonymes (par assimilation, sous réserve toutefois de leurs particularités, aux SAS, aux SCA et aux sociétés européennes) et aux SARL.

Notamment, les fusions transfrontalières peuvent bénéficier des règles simplifiées prévues en cas d'absorption d'une filiale détenue à 100 % (C. com. art. L 236-11) ou à au moins 90 % (C. com. art. L 236-12) sous certaines conditions, voir Mémento Sociétés commerciales nº 84630. Pour plus de détails sur ces simplifications, voir nºs 13420 et 13421.

Les articles R 236-20 et suivants du Code de commerce et D 2371-1 et suivants du Code du travail prévoient les délais et formalités juridiques et sociales. Pour plus de détails sur ce régime juridique, voir Mémento Sociétés commerciales nº 84650 à 84680.

Sur le contrôle des fusions transfrontalières, voir nº 13025.

2. Scissions transfrontalières La scission transfrontalière est l'opération par laquelle une société par actions ou une SARL ayant son siège social en France participe à une scission avec une ou plusieurs sociétés relevant du droit d'un autre Etat membre de l'UE, la société scindée transmettant son patrimoine à plusieurs sociétés existantes ou nouvelles. Cette scission est régie par les mesures spécifiques prévues par les articles C. com. L 236-46 et L 236-47, ainsi que par les dispositions non contraires des articles C. com. L 236-18 à L 236-26 consacrés aux scissions domestiques (pour plus de détails sur le régime juridique des scissions transfrontalières introduit par l'ord. nº 2023-393 du 24-5-2023 transposant en droit français la directive 2017/1132 du 14-6-2017 modifiée par directive 2019/2121 du 27-11-2019, voir Mémento Sociétés commerciales nº 84690 à 84697).

3. Apports partiels d'actif transfrontaliers L'apport partiel d'actif transfrontalier est l'opération par laquelle une société par actions ou une SARL ayant son siège social en France participe, avec une ou plusieurs sociétés relevant du droit d'un autre Etat membre de l'UE, à l'opération par laquelle l'une des sociétés fait apport d'une partie de son actif et, le cas échéant, de son passif à une ou plusieurs autres sociétés existantes ou nouvelles. Cet apport est régi par les mesures spécifiques prévues par les articles C. com. L 236-48 et L 236-49 ainsi que par les dispositions non contraires des articles C. com. L 236-27 à L 236-30 consacrés aux apports partiels d'actifs domestiques (pour plus de détails sur le régime juridique des apports partiels transfrontaliers introduit par l'ord. nº 2023-393 du 24-5-2023 transposant en droit français la directive 2017/1132 du 14-6-2017 modifiée par directive 2019/2121 du 27-11-2019, voir Mémento Sociétés commerciales nº 84703 à 84709).

SECTION V

Traitement fiscal

I. Fusions

A. Impôt sur les sociétés

Régime fiscal applicable

7300 ***Question***

Quel est le traitement fiscal des fusions en matière d'impôt sur les sociétés ?

Réponse

Ces opérations relèvent de l'un des deux régimes suivants :
- le régime de faveur, applicable sur option lorsque certaines conditions sont remplies ;

- le régime de droit commun, qui s'applique :
  - lorsque les conditions du régime de faveur ne sont pas remplies,
  - en cas de renonciation au régime de faveur,
  - ou à défaut d'indication particulière concernant le régime fiscal choisi.

Commentaires Sous certaines conditions, les sociétés peuvent sur option placer l'opération sous un régime spécial de faveur qui a pour objet de conférer à la fusion un caractère intercalaire. Le Conseil d'Etat a jugé qu'en adoptant les dispositions de l'article 210 A du CGI, le législateur a entendu assurer la neutralité au plan fiscal des opérations de fusion de sociétés et, sauf lorsqu'il en a disposé autrement, regarder de telles opérations comme des opérations intercalaires (CE 11-2-2013 nº 356519). A défaut, la fusion entraîne, en principe, les conséquences fiscales d'une cessation d'entreprise.

Pour pouvoir être placée de plein droit sous le régime de faveur, l'opération doit remplir les quatre conditions suivantes :
- répondre à la définition fiscale des fusions de l'article 210-0 A du CGI (sur cette définition, voir nº 7105) ;
- être réalisée entre personnes morales ou organismes passibles de l'impôt sur les sociétés (CGI art. 210 C-1) ;
- être réalisée entre sociétés ayant leur siège dans un Etat de l'UE ou dans un Etat ou territoire ayant conclu avec la France une convention fiscale contenant une clause d'assistance administrative en vue de lutter contre la fraude et l'évasion fiscales (CGI art. 210-0 A II), sous réserve que la convention soit entrée en vigueur et que la clause d'assistance administrative soit applicable (CE 13-4-2016 nº 377899 ; voir nº 7205) ;
- ne pas avoir comme objectif principal ou l'un de ses objectifs principaux la fraude ou l'évasion fiscale (CGI art. 210-0 A III). Les entreprises peuvent formuler une demande de rescrit auprès de l'administration préalablement à la réalisation de l'opération afin d'obtenir l'assurance que l'application du régime de faveur ne sera pas remise en cause pour ce motif. Un accord tacite est réputé accordé sur ce point en l'absence de réponse dans un délai de six mois (LPF art. L 80 B).

En contrepartie des avantages du régime de faveur, la société absorbante doit s'engager dans l'acte de fusion à respecter certaines obligations concernant notamment les inscriptions au bilan, la réintégration de bénéfices et de plus-values et le calcul des plus-values ultérieures afférentes aux éléments non amortissables (CGI art. 210 A-3).

Ayant jugé que ce formalisme est compatible avec le droit communautaire (CE 20-1-2016 nº 376980), le Conseil d'Etat en assure une application stricte. Il a ainsi jugé qu'une plus-value d'apport sur un ensemble immobilier est imposable lorsque l'engagement pris pour respecter les obligations de l'article 210 A, 3 du CGI ne vise que la construction à l'exclusion du terrain (CE 6-3-1981 nº 15085). Cet engagement doit être souscrit dans l'acte de fusion quelle que soit la composition du bilan de la société absorbée, y compris s'il est dénué d'effet pratique (CE 24-6-2022 nº 450183 : voir nº 7320).

Les dispositions de ces deux régimes classées selon la valeur d'apport à laquelle est réalisée la fusion (valeur comptable ou valeur réelle), sont présentées dans les tableaux comparatifs, établis par nos soins, aux nº 7802 et 7812.

Cas particulier des « fusions rapides » La fusion rapide consiste, pour une société holding, à acquérir le contrôle d'une société puis de fusionner avec cette société à une date proche de l'acquisition des titres. Cette opération permet à la société holding de rembourser la dette contractée à l'occasion de l'acquisition directement sur les actifs de la société acquise. Fiscalement, la fusion rapide permet de compenser les charges de la société holding (charges financières correspondant aux emprunts souscrits) avec les bénéfices opérationnels de la société acquise.

Ce type d'opérations peut en principe bénéficier du régime de faveur. L'administration se réserve toutefois le droit de les remettre en cause sur le fondement de l'acte anormal de gestion ou conformément à la procédure de répression des abus de droit (BOI-IS-FUS-10-40 nº 10 à 30).

Conformément à l'article 210-0 A, III du CGI, elles seraient exclues du régime de faveur si elles avaient pour objectif principal ou l'un de leurs objectifs principaux la fraude ou l'évasion fiscales. Sur les critères à prendre en compte pour sécuriser le traitement fiscal de telles opérations, voir également BOI-IS-FUS-10-40 n° 50.

Obligations déclaratives

7302 ***Question***

Le régime fiscal de faveur s'accompagne-t-il d'obligations déclaratives ?

Réponse

Oui. En pratique, ces obligations diffèrent selon que l'opération est réalisée à la valeur réelle ou à la valeur comptable.

Commentaires En contrepartie des reports d'imposition accordés par le régime de faveur des fusions, l'article 54 septies du CGI prévoit :
- **la souscription d'un état de suivi des plus-values en report ou sursis d'imposition** ;
- la tenue d'un **registre de suivi des plus-values en report ou sursis d'imposition.**

Le tableau suivant, établi par nos soins, récapitule les obligations déclaratives pesant :
- sur la société absorbée et sur la société absorbante ;
- selon que l'opération de fusion est réalisée à la valeur réelle ou à la valeur comptable.

<table>
<tr><th rowspan="2"></th><th colspan="2">Etat de suivi des plus-values en report ou sursis d'imposition (3)</th><th rowspan="2">Registre de suivi des plus-values en report ou sursis d'imposition</th></tr>
<tr><th>Fusion à la valeur réelle</th><th>Fusion à la valeur comptable</th></tr>
<tr><td>Textes de référence</td><td>• CGI art. 54 septies-I et 1763
• CGI ann. III, art. 38 quindecies
• BOI-IS-FUS-60-10</td><td>• CGI art. 54 septies-I et 1763
• CGI ann. III, art. 38 quindecies
• BOI-IS-FUS-60-10</td><td>• CGI art. 54 septies-II et 1763
• BOI-IS-FUS-60-20</td></tr>
<tr><td>Sociétés concernées</td><td colspan="2">Société absorbante et société absorbée</td><td>Société absorbante</td></tr>
<tr><td rowspan="2">Eléments concernés</td><td>Immobilisations (amortissables et non amortissables) et VMP bénéficiant d'une plus ou moins-value en report ou en sursis d'imposition au titre de l'opération de fusion ou d'une précédente opération.</td><td>Mêmes éléments qu'en cas de fusion à la valeur réelle.</td><td>Immobilisations non amortissables et VMP bénéficiant d'une plus-value en report ou en sursis d'imposition au titre de l'opération de fusion ou d'une précédente opération.</td></tr>
<tr><td colspan="2">Tolérance administrative
(BOI-IS-FUS-60-10-20 nº 90 à 140). Ne figurent pas sur l'état :
• les éléments auxquels n'est attaché aucun sursis ou report d'imposition ;
• les éléments auxquels est attaché un sursis d'imposition lorsque leur valeur comptable correspond à leur valeur fiscale.</td><td>Tolérance administrative
(BOI-IS-FUS-60-20 nº 30 et 40).
Ne figurent pas sur le registre :
• les éléments auxquels n'est attaché aucun sursis ou report d'imposition ;
• les éléments auxquels est attaché un sursis d'imposition lorsque leur valeur comptable correspond à leur valeur fiscale.</td></tr>
</table>

	Etat de suivi des plus-values en report ou sursis d'imposition [3]		Registre de suivi des plus-values en report ou sursis d'imposition
	Fusion à la valeur réelle	Fusion à la valeur comptable	
Informations à mentionner	Etat produit sur papier libre conformément au modèle de l'administration [3] et mentionnant :	Etat produit sur papier libre conformément au modèle de l'administration [3] et mentionnant :	– date de l'opération ; – nature des biens transférés ; – valeur comptable d'origine ; – valeur fiscale ; – valeur d'échange ou d'apport de ces biens.
	Pour l'absorbée : **1.** Date de réalisation et nature de l'opération ; **2.** Nom ou dénomination et adresse des personnes physiques et morales concernées ;		
	3. Pour les biens non amortissables : • leur valeur fiscale (col. 1) ; • leur valeur comptable à la date de l'opération (col. 2) ; • la valeur d'apport (col. 5) ;	**3.** Pour les biens non amortissables : si leur valeur fiscale est différente de leur valeur comptable, voir ci-contre. Dans le cas contraire, Mention « Néant. La valeur nette comptable correspond à la valeur fiscale » ;	
	4. Pour les biens amortissables : • le montant net des plus ou moins-values d'apport ;	**4.** Pour les biens amortissables : • Mention « Néant. La valeur d'apport correspond à la valeur nette comptable »	
Pour l'absorbante : 1. Date de réalisation et nature de l'opération ; **2.** Nom ou dénomination et adresse des personnes physiques et morales concernées ;			

	Etat de suivi des plus-values en report ou sursis d'imposition (3)		Registre de suivi des plus-values en report ou sursis d'imposition
	Fusion à la valeur réelle	Fusion à la valeur comptable	
3. Pour les biens non amortissables : • leur valeur fiscale servant pour le calcul du résultat imposable des cessions ultérieures (col. 1 ; montant figurant col. 1 chez l'absorbée) ; • leur valeur comptable (col. 2 ; montant figurant col. 5 chez l'absorbée) ;	**3.** Pour les biens non amortissables : si leur valeur fiscale est différente de leur valeur comptable, voir ci-contre. Dans le cas contraire, Mention « Néant. La valeur nette comptable correspond à la valeur fiscale » ;		
4. Pour les biens amortissables : • le montant des plus ou moins-values réalisées lors de l'opération (4) ; • la durée de réintégration des plus-values ; • le montant des plus-values déjà réintégrées dans les résultats des exercices précédents ; • le montant des plus-values réintégrées dans les résultats de l'exercice ; • le montant des plus-values restant à réintégrer.	**4.** Pour les biens amortissables : • Mention « Néant. La valeur nette comptable correspond à la valeur fiscale » ;		

	Etat de suivi des plus-values en report ou sursis d'imposition (3)		Registre de suivi des plus-values en report ou sursis d'imposition
	Fusion à la valeur réelle	Fusion à la valeur comptable	
Délai d'établissement	**- Pour l'absorbée** : Etat à joindre à la déclaration de résultat de l'exercice de la fusion (produite dans les 60 jours de la publication de la fusion). **- Pour l'absorbante** : Etat à joindre à la déclaration de résultat de l'exercice de la fusion et des exercices suivants tant qu'il existe, au titre de l'opération concernée, des éléments auxquels est attaché un sursis ou un report d'imposition.	Voir ci-contre Comme pour les fusions à la valeur réelle, l'administration admettant toutefois, lorsque tous les biens transférés ont un prix de revient fiscal qui coïncide avec leur valeur comptable, que l'état ne soit produit qu'au titre de l'exercice de réalisation de l'opération BOI-IS-FUS-60-10-20 nº 130).	**Principe** : registre à tenir à disposition de l'administration jusqu'à la fin de la troisième année qui suit celle au titre de laquelle le dernier bien porté sur le registre est sorti de l'actif de l'entreprise.
Sanctions	En cas de **non-production** ou de **caractère incomplet ou inexact** des états ou du registre lors de la déclaration de résultat de l'exercice de l'opération ou des exercices ultérieurs : amende de 5 % des résultats omis (CGI art. 1763) (1) (2).		

(1) L'amende n'est pas applicable, en cas de première infraction commise au cours de l'année civile en cours et des trois années précédentes, lorsque les intéressés ont réparé leur omission soit spontanément, soit à la première demande de l'administration avant la fin de l'année qui suit celle au cours de laquelle le document devait être présenté (CGI art. 1763).
(2) Cette amende n'est pas déductible du résultat imposable (CGI art. 39-2).
(3) Cet état de suivi, qui doit être rempli sur papier libre selon le modèle fourni par l'administration (BOI-FORM-000017), doit être souscrit pour chaque opération de l'exercice bénéficiant du régime de faveur.
(4) Lorsque la plus-value nette globale sur les éléments amortissables (autres que les constructions et biens assimilés, voir nº 8625) résulte d'une compensation entre les plus et moins-values, il est admis que la société absorbante peut choisir entre une répartition proportionnelle ou une affectation sur certains biens, sous réserve, dans ce dernier cas, de joindre à l'état de suivi une annexe à l'état de suivi détaillant la quote-part de la plus-value nette affectée à chaque bien (BOI-IS-FUS-60-10-20 nº 10).

B. Droits d'enregistrement

Régime fiscal applicable

7305 ***Question***

Des droits d'enregistrement sont-ils dus en cas de fusion ?

Réponse

Les actes constatant les fusions sont enregistrés gratuitement.

Commentaires Quel que soit le régime applicable en matière d'IS (régime de faveur ou régime de droit commun), les actes constatant les fusions sont enregistrés gratuitement (CGI art. 816). Cette exonération générale s'applique également aux fusions sans échange de titres définies au nº 7107 (CGI ann. II art. 301 F).

En cas d'apport d'immeubles, la taxe de publicité foncière n'est pas exigible. En revanche, une contribution de sécurité immobilière (CGI art. 879), correspondant à 0,1 % de la valeur vénale des immeubles, ainsi que les émoluments proportionnels du notaire, restent dus.

Pour plus de détails, voir Mémento Fiscal nº 39630.

II. Dissolutions par confusion de patrimoine (TUP)

A. Impôt sur les sociétés

Régime fiscal applicable

7320 ***Question***

Quel est le traitement fiscal des opérations de dissolution par confusion de patrimoine (TUP) en matière d'impôt sur les sociétés ?

Réponse

Comme les fusions, ces opérations relèvent de l'un des deux régimes suivants :
- le régime de faveur, applicable sur option lorsque certaines conditions sont remplies ;
- le régime de droit commun, qui s'applique :
  • lorsque les conditions du régime de faveur ne sont pas remplies,
  • en cas de renonciation au régime de faveur,
  • ou à défaut d'indication particulière concernant le régime fiscal choisi.

Commentaires La décision de dissolution d'une société, par transmission universelle du patrimoine dans les conditions prévues par l'article 1844-5 du Code civil, présente le caractère d'un « acte de fusion » au sens de l'article 210 A-3 du CGI. L'application du régime de faveur est donc subordonnée à la souscription, par la société confondante dans la décision de dissolution, des engagements prévus par cet article (concernant notamment les inscriptions au bilan, la réintégration de bénéfices et de plus-values et le calcul des plus-values ultérieures afférentes aux éléments non amortissables), que l'opération soit réalisée entre deux sociétés françaises ou entre sociétés de deux Etats membres différents de l'Union européenne (CE 20-1-2016 n° 376980). Ces engagements doivent être souscrits quelle que soit la composition du bilan de la société confondue, et la société confondante ne peut s'en dispenser au motif qu'ils seraient dénués d'effet pratique. Ainsi, la société confondante ne peut pas se dispenser de l'engagement de reprendre au passif de son bilan les provisions dont l'imposition est différée au motif qu'aucune provision ne figurait au passif du bilan de la société confondue (CE 24-6-2022 n° 450183).

Lorsque la société confondante est implantée dans un autre Etat membre de l'Union européenne, l'application du régime de faveur est subordonnée à la condition que les éléments transférés soient rattachés à un établissement stable de la société confondante. La société confondue doit souscrire une déclaration spéciale permettant à l'administration d'apprécier les motifs et les conséquences de l'opération.

Sur les obligations de dépôt d'un état de suivi et de tenue d'un registre des plus-values en report ou en sursis, voir tableau n° 7302.

B. Droits d'enregistrement

Régime fiscal applicable

7325 ***Question***

Des droits d'enregistrement sont-ils dus en cas de TUP ?

Réponse

Les actes constatant la décision de dissolution sont enregistrés gratuitement, mais la taxe de publicité foncière est exigible en cas de transmission d'immeubles.

Commentaires La décision de dissolution est enregistrée gratuitement (CGI art. 811).

Les TUP ne bénéficiant pas du régime de faveur des fusions en matière de droits d'enregistrement (voir n° 7305), la transmission universelle de patrimoine, en cas de transfert d'immeubles, rend exigible la taxe de publicité foncière au taux de 0,71498 % calculée sur la valeur vénale des immeubles (CGI art. 1647) à laquelle s'ajoute, comme en matière de fusions, la contribution de sécurité immobilière correspondant à 0,1 % de la valeur vénale de l'immeuble et les émoluments proportionnels du notaire.

Recommandation Lorsque la filiale détient des immeubles, l'exigibilité de la taxe de publicité foncière en cas de TUP rend la fusion simplifiée à 100 % plus avantageuse (voir n° 7305).

En outre, lorsque les immobilisations transmises ont été apportées par d'autres associés (personnes physiques ou personnes morales non soumises à l'IS) que la société confondante et que cet apport a bénéficié d'une exonération ou d'une réduction de droits d'enregistrement, la transmission de ces immobilisations à la société confondante lors de la TUP peut, dans certains cas, rendre exigibles des droits de mutation (théorie de la mutation conditionnelle, voir Mémento Fiscal no 67100).

III. Apports partiels d'actif

A. Impôt sur les sociétés

Régime fiscal applicable

7340 ***Question***

Quel est le traitement fiscal des opérations d'apport partiel d'actif en matière d'impôt sur les sociétés ?

Réponse

Comme les fusions, ces opérations relèvent de l'un des deux régimes suivants :
- le régime de faveur, applicable sur option lorsque certaines conditions sont remplies ;
- le régime de droit commun, qui s'applique :
  - lorsque les conditions du régime de faveur ne sont pas remplies,
  - en cas de renonciation au régime de faveur,
  - ou à défaut d'indication particulière concernant le régime fiscal choisi.

Commentaires 1. Régime de faveur applicable de plein droit Le régime fiscal de faveur des fusions (voir no 7300) s'applique de plein droit lorsque (CGI art. 210 B) l'apport porte sur une branche complète d'activité ou des éléments assimilés (voir no 7110).

Les apports partiels d'actif portant sur une branche complète d'activité consentis à des **personnes morales étrangères** par des personnes morales françaises peuvent être placés de plein droit sous le régime spécial, sous réserve que les éléments apportés soient effectivement rattachés à un établissement stable de la personne morale étrangère situé en France (CGI art. 210 C-2). La société apporteuse est alors tenue de souscrire, par voie électronique, une **déclaration spéciale** permettant d'apprécier les motifs et conséquences de cette opération.

Les entreprises peuvent présenter une **demande de rescrit** auprès de l'administration préalablement à la réalisation de l'opération, suivant les modalités fixées par l'article R 80 B-9 du LPF, afin d'obtenir l'assurance que l'application du régime de faveur ne sera pas remise en cause au motif que son objectif principal ou l'un de ses objectifs principaux seraient la fraude ou l'évasion fiscales. Un accord tacite est réputé délivré sur ce point en l'absence de réponse dans un délai de six mois (LPF art. L 80 B).

Lors de la **cession ultérieure des titres** reçus en contrepartie de l'apport, la société apporteuse doit calculer la plus ou moins-value réalisée d'après la valeur fiscale des biens apportés dès lors que l'opération a été placée sous le régime de faveur (CGI art. 210 B).

2. Régime de faveur applicable sur agrément Lorsque l'opération ne satisfait pas les conditions permettant l'application du régime de faveur de plein droit (en l'absence d'une branche complète d'activité par exemple), un **agrément** de l'administration peut autoriser sa mise en œuvre (CGI art. 210 B et 1649 nonies ; voir Mémento Fiscal nº 39265). Cet agrément, qui doit faire l'objet d'une demande déposée avant la réalisation de l'opération, est délivré de plein droit lorsque, compte tenu des éléments faisant l'objet de l'apport, les conditions suivantes sont cumulativement réunies (CGI art. 210 B-3) :

- l'opération est justifiée par un motif économique, se traduisant notamment par l'exercice par la société bénéficiaire de l'apport d'une activité autonome et l'amélioration des structures, ainsi que par une association entre les parties, formalisée par un engagement de conservation pendant trois ans des titres remis en contrepartie de l'apport ;
- les dispositions de l'article 210-0 A du CGI sont respectées, ce qui suppose en particulier que l'opération n'ait pas comme objectif principal ou comme un de ses objectifs principaux la fraude ou l'évasion fiscales ;
- les modalités de l'opération permettent d'assurer l'imposition future des plus-values mises en sursis d'imposition. En particulier, la société apporteuse est soumise à la règle mentionnée ci-dessus pour le calcul de la plus-value de cession ultérieure des titres reçus.

Ces conditions sont limitatives. En particulier, la détermination du rapport d'échange en fonction des valeurs comptables (voir nº 7509 et 7654) n'est pas un motif valable de refus d'agrément (CE 28-11-2016 nº 378793), mais elle est de nature à entraîner la constatation d'une subvention allouée par la société apporteuse à la société bénéficiaire de l'apport soumise à l'obligation de déclaration dans le cadre du régime de l'intégration fiscale pour les opérations réalisées au cours d'exercices ouverts avant le 1er janvier 2019 (CE 1-7-2020 nº 418378).

Sur les obligations déclaratives des sociétés parties à l'opération, voir également nº 10303.

Sur le sort des déficits antérieurs et de la créance de carry-back de la société apporteuse, voir nº 7802 à 7812.

Le tableau ci-après, établi par nos soins, présente une synthèse des conditions dans lesquelles le régime de faveur peut être mis en œuvre sur agrément.

	Principes généraux
	– Principe : l'agrément est délivré seulement si l'opération est justifiée par un motif économique valable. – Condition regardée comme satisfaite par l'administration lorsqu'une opération se traduit (BOI-SJ-AGR-20-10 n° 40 et 50) : • par le regroupement d'une partie des activités de la société apporteuse (ou scindée) avec les activités semblables ou connexes des sociétés bénéficiaires des apports ; • ou par la rationalisation des conditions d'exploitation des activités commerciales ou industrielles des groupes à travers leurs opérations de restructuration interne. – Toutefois, cela n'est pas le cas lorsque l'opération a un caractère patrimonial (BOI-SJ-AGR-20-10 n° 40 et 50).
	Exercice d'une activité autonome
Motif économique de l'opération	– La société bénéficiaire de l'apport doit pouvoir exercer l'activité reçue de manière autonome, notamment en termes de personnel, sans recourir à des investissements ou des apports supplémentaires immédiats (BOI-SJ-AGR-20-10 n° 60). – Peuvent bénéficier d'un agrément les apports d'éléments d'actif, même isolés, qui concourent efficacement à la création, à l'extension d'une entreprise, et à une réelle amélioration de ses structures (BOI-SJ-AGR-20-10 n° 80). – La prise en charge par la société bénéficiaire de l'apport d'éléments de passif qui ne sont pas attachés à la branche d'activité en cause équivaut au paiement d'une soulte, qui s'oppose à l'application du régime de faveur, de plein droit ou sur agrément (BOI-SJ-AGR-20-10 n° 70).
	Amélioration des structures
	– L'apport de titres non assimilés à une branche complète d'activité peut bénéficier de l'agrément s'il conduit à une réelle amélioration économique des structures du groupe, et si l'opération n'a pas un objectif patrimonial. Tel est le cas, par exemple, s'il permet une simplification des structures juridiques existant au sein d'un groupe permettant la constitution de pôles d'activités (BOI-SJ-AGR-20-10 n° 90 et 100). – Peuvent bénéficier d'un agrément les apports d'éléments d'actif, même isolés, qui concourent efficacement à la création, à l'extension d'une entreprise, et à une réelle amélioration de ses structures (BOI-SJ-AGR-20-10 n° 80).
	Formalisation de l'association entre les parties par l'engagement de conservation des titres
	– L'engagement de conservation des titres durant trois ans doit être souscrit en annexe à la demande d'agrément ou, en tout état de cause, préalablement à la délivrance de l'agrément (BOI-SJ-AGR-20-10 n° 110 et 120). – L'engagement de conservation est en principe regardé comme respecté si la société apporteuse détient à tout moment de la période de trois ans qui suit l'opération d'apport un nombre de titres au moins égal à celui qui lui a été remis en rémunération de l'apport. Les titres conservés doivent présenter les mêmes caractéristiques économiques que ceux remis en rémunération de l'apport. Ainsi (BOI-SJ-AGR-20-10 n° 130 à 180) :

	• si la société bénéficiaire de l'apport procède ultérieurement à une augmentation de capital, la réduction mécanique de la valeur relative de la participation ne rompt pas l'engagement de conservation dès lors que les caractéristiques économiques des titres restent inchangées ; • si la société bénéficiaire de l'apport procède ultérieurement à une réduction de capital, l'engagement de conservation est rompu, sauf en cas d'imputation égalitaire de ses pertes ; • en cas d'opération ultérieure de regroupement ou de division, le nombre de titres doit être ajusté.
Respect de l'article 210-0 A du CGI (voir nº 7300 sur les conditions posées par cet article)	– L'agrément sera délivré lorsque l'apport partiel d'actif est rémunéré moyennant la remise de titres représentatifs du capital social de la société bénéficiaire des apports (BOI-SJ-AGR-20-10 nº 300). – L'agrément ne sera pas délivré aux opérations d'apport partiel d'actif (BOI-SJ-AGR-20-10 nº 320 et 330) : • impliquant une société, apporteuse ou bénéficiaire d'un apport, ayant son siège dans un Etat ou territoire autre qu'un Etat membre de l'Union européenne, n'ayant pas conclu avec la France une convention contenant une clause d'assistance administrative en vue de lutter contre la fraude et l'évasion fiscales ; • dont l'objectif principal ou l'un des objectifs principaux est la fraude ou l'évasion fiscales. L'opération sera considérée avoir un tel objectif s'il ne peut pas être établi qu'elle est effectuée pour des motifs économiques valables, tels que la restructuration ou la rationalisation des activités des sociétés concernées.
Imposition future des plus-values en sursis d'imposition	– L'imposition future des plus-values dégagées lors de l'opération d'apport est garantie par les engagements suivants (BOI-SJ-AGR-20-10 nº 350) : • la société bénéficiaire doit calculer les plus-values de cession ultérieure des biens non amortissables d'après leur valeur fiscale dans les écritures de la société apporteuse ; • la société apporteuse doit calculer les plus-values de cession sur les titres remis en contrepartie de l'apport, par référence à la valeur que les biens apportés avaient du point de vue fiscal dans ses propres écritures. – Si la société bénéficiaire de l'apport est une personne morale étrangère, les éléments apportés doivent être rattachés à un établissement stable de la personne morale étrangère situé en France (BOI-SJ-AGR-20-10 nº 360 ; pour plus de détails, voir nº 7205). – En cas d'apport de titres non assimilés à une BCA, l'agrément pourra être délivré, sous réserve que l'opération n'ait pas pour objectif principal ou l'un de ses objectifs principaux la fraude ou l'évasion fiscales (BOI-SJ-AGR-20-10 nº 370). – L'agrément ne saurait être délivré si l'opération envisagée est de nature à faire échec à l'imposition future des plus-values placées en sursis d'imposition (BOI-SJ-AGR-20-10 nº 380).

Conséquences du non-respect du délai de conservation	– En cas de cession des titres reçus en contrepartie d'un apport réalisé sous le régime de faveur sur agrément dans le délai de trois ans suivant sa réalisation (CGI art. 210 B et art. 1649 nonies A) : • l'administration pourrait engager une procédure de retrait d'agrément entraînant la remise en cause globale du régime fiscal de faveur initialement appliqué ; • ce qui conduirait donc à l'imposition rétroactive au nom de la société apporteuse des plus-values d'apport dans les conditions et au taux en vigueur au titre de l'exercice de l'opération. – La remise en cause du régime de faveur permet à la société bénéficiaire des apports de demander une régularisation de sa situation par la voie contentieuse si elle a déjà réintégré dans ses résultats imposables tout ou partie des plus-values dégagées lors de l'apport des biens amortissables (Rép. Dubernard, AN 27-1-1997 nº 40552, non reprise dans le Bofip). – En cas d'opérations de restructurations successives (fusion ou opération assimilée) affectant le respect de l'engagement de conservation des titres, le maintien du régime de faveur accordé du fait de décisions d'agrément antérieures pourra être accepté sur décision expresse du bureau des agréments (BOI-SJ-AGR-20-10 nº 280).

3. Régime spécifique pour les PME Un régime spécifique (CGI art. 238 quindecies ; BOI-BIC-PVMV-40-20-50) permet, sous certaines conditions, aux PME d'être exonérées d'IS sur les plus-values dégagées à l'occasion, notamment, de l'apport partiel d'actif d'une branche complète d'activité dont la valeur vénale n'excède pas le seuil de 500 000 € pour une exonération totale, ou qui est comprise entre 500 000 € et 1 000 000 € pour une exonération partielle. Pour plus de détails et sur les conditions d'application de ce dispositif, voir Mémento Fiscal nº 19650 à 19690.

Ce dispositif permet d'éviter les contraintes imposées par l'article 210 B du CGI (et rappelées ci-avant) relatives au calcul des plus-values d'après la valeur fiscale des biens apportés.

B. Droits d'enregistrement

Régime fiscal applicable

7345 ***Question***

Des droits d'enregistrement sont-ils dus en cas d'apport partiel d'actif ?

Réponse

Non, les apports partiels d'actif sont enregistrés gratuitement.

Commentaires Quel que soit le régime applicable en matière d'IS (régime de faveur ou régime de droit commun), les actes constatant les apports partiels d'actif portant sur une branche complète d'activité sont enregistrés gratuitement (CGI art. 817).

Il en est de même des apports partiels d'actif ne portant pas sur une branche complète d'activité mais bénéficiant sur agrément du régime de faveur des fusions en matière d'IS (CGI art. 817 B).

Pour plus de détails, voir Mémento Fiscal n° 39630.

Sur les coûts annexes dus lorsqu'un immeuble figure parmi les apports, voir n° 7305.

IV. Scissions

Pour plus de détails sur le régime fiscal des scissions, voir Mémento Fiscal n° 39220.

A. Impôt sur les sociétés

Régime fiscal applicable

7360 ***Question***

Quel est le traitement fiscal des opérations de scission en matière d'impôt sur les sociétés ?

Réponse

Comme les fusions, ces opérations relèvent de l'un des deux régimes suivants :

- le régime de faveur, applicable sur option lorsque certaines conditions sont remplies ;
- le régime de droit commun, qui s'applique :
  - lorsque les conditions du régime de faveur ne sont pas remplies,
  - en cas de renonciation au régime de faveur,
  - ou à défaut d'indication particulière concernant le régime choisi.

Commentaires 1. **Régime de faveur applicable de plein droit** Le régime de faveur des fusions en matière d'IS (voir n° 7300) s'applique de plein droit aux sociétés qui (CGI art. 210-0 A et 210 B ; BOI-IS-FUS-20-10 et BOI-IS-FUS-20-30-10 n° 70) :

- exploitent au moins deux branches complètes d'activité ;

Dans le cas où la scission ne concerne que des sociétés françaises, cette condition ne peut être écartée au motif qu'elle ajouterait à la directive communautaire (CE 30-1-2013 n° 346683 ; voir n° 7012).

A la différence d'un apport partiel d'actif (voir n° 7115), les apports de titres dans le cadre d'une scission ne sont pas assimilés à des apports de branche complète d'activité (CGI art. 210 B ; CE précité).

- se scindent par apport à des sociétés distinctes (nouvelles ou préexistantes) recevant chacune au moins l'une de ces branches.

En outre, les associés de la société scindée doivent devenir associés de chacune des sociétés bénéficiaires des apports à proportion des droits qu'ils détenaient dans le capital de la société scindée (la soulte en espèces éventuellement reçue ne devant pas dépasser 10 % de la valeur nominale des titres reçus).

L'exigence d'une répartition proportionnelle des titres exclut les scissions-partages du régime de faveur (BOI-SJ-AGR-20-20 nº 70).

Les scissions sans échange de titres réalisées dans les conditions prévues à l'article L 236-3, II-3º du Code de commerce sur renvoi de l'article L 236-19 peuvent être placées sous le régime de faveur de plein droit en application de l'article 210-0 A du CGI lorsque l'entité mère détient à 100 % l'entité scindée et les entités bénéficiaires.

2. Régime de faveur applicable sur agrément Dans l'hypothèse où les apports réalisés ne portent pas sur une ou plusieurs branches d'activité, la scission peut être placée sous le régime de faveur sous réserve de l'obtention d'un agrément auprès de l'administration qui est délivré dans les conditions prévues en cas d'apport partiel d'actif ne portant pas sur une branche complète d'activité (voir nº 7340).

L'administration n'exige pas que les associés de la société scindée soient des personnes morales ayant leur siège ou un établissement stable en France ou des personnes physiques résidant en France (BOI-SJ-AGR-20-10 nº 190 à 200).

Les associés de la société scindée doivent s'engager, dans l'acte de scission, à conserver les titres remis en contrepartie des apports pendant une durée de trois ans, cette condition n'étant toutefois exigée que des associés présumés avoir pris une part active à la décision de l'opération de scission.

Il s'agit des associés :
– qui détiennent 5 % au moins des droits de vote dans la société scindée à la date d'approbation de la scission ;
– ou qui y exercent, ou y ont exercé dans les 6 mois précédant cette date, directement ou par l'intermédiaire de leurs mandataires sociaux ou préposés, des fonctions de direction, d'administration ou de surveillance et détiennent au moins 0,1 % des droits de vote dans la société.

Entrent dans cette catégorie (BOI-SJ-AGR-20-10 nº 220 et 230) :
– les actionnaires ou associés titulaires d'un pouvoir de décision au sein de la société scindée : administrateurs au conseil d'administration, membres du directoire ou du conseil de surveillance ;
– toutes les personnes exerçant des fonctions de direction au sein de la société scindée telles que, par exemple, dans les sociétés anonymes, le directeur général ou les directeurs généraux délégués.

3. Apports à des personnes morales étrangères Les apports consentis à des **personnes morales étrangères** par des personnes morales françaises bénéficient du régime de faveur de plein droit, sous réserve (CGI art. 210 C-2) que les éléments apportés soient effectivement rattachés à un établissement stable de la personne morale étrangère situé en France. La société scindée est tenue de souscrire, par voie électronique, une **déclaration spéciale** permettant d'apprécier les motifs et conséquences de cette opération.

Obligations déclaratives Les sociétés issues d'une scission sont tenues au dépôt de l'état de suivi et à la tenue du registre des plus-values en report ou sursis d'imposition (CGI art. 54 septies ; voir tableau au nº 7302).

Sur les autres obligations déclaratives pesant sur les sociétés scindées et bénéficiaires des apports, voir Mémento Fiscal nº 39310.

Sur le sort des déficits antérieurs et de la créance de carry-back de la société scindée, voir Mémento Fiscal nº 39555 à 39570.

B. Droits d'enregistrement

Régime fiscal applicable

7365 ***Question***

Des droits d'enregistrement sont-ils dus en cas de scission ?

Réponse

Non, les actes constatant les scissions sont enregistrés gratuitement.

Commentaires Quel que soit le régime applicable en matière d'IS (régime de faveur ou de droit commun), les actes constatant les scissions sont enregistrés gratuitement (CGI art. 811). Cette exonération générale s'applique également aux scissions sans échange de titres définies au n° 7155 (CGI Ann. II art. 301 F).

Sur les coûts annexes dus lorsqu'un immeuble figure parmi les apports, voir n° 7305.

CHAPITRE 2

Valorisation des apports

Plan du chapitre

Plan du chapitre (suite)

Plan du chapitre (suite et fin)

SECTION I

Lien entre rapport d'échange et valorisation des apports

I. Détermination du rapport d'échange (ou parité)

Enjeu du rapport d'échange (parité)

7505 ***Question***

A quoi sert le rapport d'échange ?

Réponse

A déterminer le nombre d'actions qui seront remises par la société absorbante (ou bénéficiaire des apports) aux actionnaires de la société absorbée (ou apporteuse) pour rémunérer les apports.

Il ne doit pas être calculé si l'opération ne donne pas lieu à échange de titres.

Commentaires Une fusion (ou une opération assimilée) apparaît comme une comparaison entre deux (ou plusieurs) entités. Or, les évaluations réalisées dans le cadre du processus d'acquisition aboutissent à déterminer la valeur globale des entités en présence qui, ensuite divisée par le nombre d'actions ou de parts composant le capital, permet d'obtenir la valeur (réelle) unitaire de chaque titre.

Le rapprochement de ces valeurs unitaires donne une parité théorique, qui permet d'arrêter le rapport d'échange définitif.

Opérations visées Le rapport d'échange ne doit être déterminé que si la fusion (ou l'opération assimilée) donne lieu à échange de titres. En conséquence, aucun rapport d'échange ne doit être calculé dans les situations suivantes :
- fusion-absorption par une société mère de sa filiale détenue à 100 % (voir nº 7107) ;
- fusion entre sociétés détenues à 100 % par la même société mère (voir nº 7107) ;
- scission d'une société au bénéfice de plusieurs sociétés, dans laquelle la société scindée et les sociétés bénéficiaires sont filiales à 100 % d'une même société mère (voir nº 7155) ;
- dissolution par confusion de patrimoine ou TUP (voir nº 7160).

Calcul du rapport d'échange (parité)

7507 ***Question***

Comment le rapport d'échange est-il déterminé ?

Réponse

En général, le rapport d'échange est calculé en fonction de la valeur réelle de chaque société.

Commentaires Les règles comptables sur les fusions et opérations assimilées (PCG art. 710-1 à 770-2) n'abordent pas le calcul du rapport d'échange. Selon la CNCC (Guide professionnel sur le commissariat aux apports et à la fusion, juin 2012 § 1.223), le rapport d'échange se détermine à partir des valeurs réelles de chaque société en présence.

En pratique, il s'agit de rechercher une appréciation objective des situations et des perspectives propres à chaque société par l'emploi de méthodes d'évaluation (autrement dit, à une « pesée » des sociétés en présence).

Sur les cas particuliers de détermination du rapport d'échange (selon les valeurs comptables ou selon les valeurs nominales des parts), voir n° 7509.

Fiscalement, il en est de même (BOI-IS-FUS-30-20 n° 20). L'administration a indiqué que d'une manière générale, le **régime de faveur** en matière d'IS (voir n° 7300) ne saurait s'appliquer à des opérations à l'occasion desquelles des transferts de valeurs non représentatives des apports sont organisés entre associés et sociétés. Mais le Conseil d'Etat a jugé que l'administration ne peut valablement refuser l'agrément exigé pour la réalisation de certains apports partiels d'actif sous le régime de faveur au motif que la rémunération de l'apport est calculée sur la base des valeurs nettes comptables des éléments apportés et non d'après leurs valeurs réelles dès lors que la loi ne pose aucune condition relative à la parité pour la délivrance de cet agrément (CE 28-11-2016 n° 378793 ; voir n° 7340).

Lorsque la valeur réelle des titres remis en rémunération est **inférieure** à la valeur réelle de l'apport, l'administration considère que la société apporteuse doit constater, à due concurrence, un produit taxable dans les conditions de droit commun correspondant à la libéralité consentie (BOI-IS-FUS-30-20 n° 30). Le Conseil d'Etat a jugé, à propos d'une opération réalisée au sein d'un groupe fiscal, que la fixation de la parité d'échange d'après la valeur comptable des titres et non leur valeur réelle, qui traduit une insuffisante rémunération de la société apporteuse, doit, alors même que cette minoration du nombre de titres émis en contrepartie de l'apport est sans incidence sur l'actif net de la société bénéficiaire de cet apport, être regardée comme une subvention de l'apporteuse à la bénéficiaire, à hauteur de la **différence positive** entre la valeur réelle des titres apportés et ceux reçus en contrepartie de l'apport, qui est soumise à l'obligation de déclaration des subventions prévue dans le cadre du régime de l'intégration fiscale pour les opérations réalisées au cours d'exercices ouverts avant le 1er janvier 2019 (CE 1-7-2020 n° 418378).

Sur la tolérance administrative permettant de retenir la valeur comptable pour certains apports partiels d'actif, dont les conditions n'étaient pas réunies dans l'affaire jugée par le Conseil d'Etat (précitée), voir n° 7509.

Date d'appréciation de la valeur réelle La valeur réelle de la société bénéficiaire des apports s'apprécie au moment de l'opération et non ultérieurement compte tenu des éléments apportés (BOI-IS-FUS-30-20 n° 20).

Pour déterminer le rapport d'échange, deux approches peuvent être retenues :

1. Approche par les critères Cette approche permet de calculer des valeurs relatives, sans avoir à évaluer chaque société en présence. Les valeurs relatives sont alors déterminées en faisant le rapport entre les montants par action, déterminé pour chaque société sur la base d'un même critère.

Les critères habituellement utilisés dans la détermination des valeurs relatives sont les suivants auxquels sont appliqués des multiples :

- critères de performance, en particulier pour des opérations entre sociétés exerçant la même activité : chiffre d'affaires, excédent brut d'exploitation, résultat d'exploitation, résultat courant, marge brute d'autofinancement et résultat net ;
- critère patrimonial : actif net réévalué ou actif net corrigé ;
- critères de marché : cours de bourse et dividendes versés.

Selon l'avis technique de la CNCC sur le commissariat à la fusion (Bull. CNCC n° 161, mars 2011, p. 29 et guide professionnel CNCC « Commissariat aux apports et commissariat à la fusion », juin 2012 § 5.2), pour les sociétés dont les titres sont admis à la négociation sur un marché réglementé, le critère du cours de bourse bénéficie d'une présomption de légitimité. Néanmoins, dans des circonstances particulières, il pourrait être justifié de l'exclure : ainsi, en l'absence de liquidité, ou lorsque le flottant ou les volumes échangés sont insuffisants, ou encore lorsque la volatilité est anormale.

Toutefois, cette approche ne conduit pas nécessairement à des valeurs relatives pertinentes, notamment lorsque les sociétés en présence présentent des différences importantes remettant en cause la règle d'identité des multiples utilisés.

Sur les critères à prendre en compte et leurs limites, voir le guide professionnel CNCC « Commissariat aux apports et commissariat à la fusion » (juin 2012 § 1.221).

2. Approche par les valeurs En l'absence de critères pertinents, il peut être souhaitable de partir d'une évaluation de chaque société.

Les méthodes d'évaluation habituellement utilisées dans la détermination des valeurs relatives sont notamment les suivantes :
– approche intrinsèque : actualisation des flux de trésorerie prévisionnels (voir M Fusions et Acquisitions nº 2220 et Guide professionnel CNCC « L'évaluation financière expliquée : principes et démarches », novembre 2011 § 5.1 s.) ;
– approche de marché (ou analogique) : comparaisons boursières ou par référence à des transactions récentes portant sur des sociétés comparables (voir M Fusions et Acquisitions nº 2220 et Guide professionnel CNCC « L'évaluation financière expliquée : principes et démarches », novembre 2011 § 6.1 s.) ;
– approche par l'actif net (ou patrimoniale) : calcul de l'actif net réévalué (voir M Fusions et Acquisitions nº 2220 et Guide professionnel CNCC « L'évaluation financière expliquée : principes et démarches », novembre 2011 § 6.2 s.).

Prise en compte des impôts différés passifs Lorsque les actifs apportés recèlent des plus-values latentes, la question est de savoir si le calcul du rapport d'échange doit tenir compte de l'impôt afférent à ces plus-values (impôt différé passif). Plusieurs solutions sont, à notre avis, envisageables, notamment :
– tenir compte uniquement de l'impôt différé passif sur les apports de la société absorbée (ou apporteuse). Toutefois, il est difficile, pour les dirigeants de la société absorbée, d'admettre que l'impôt sur les biens apportés soit pris en compte alors qu'il n'est pas tenu compte du même impôt latent existant sur les actifs de la société absorbante ;
– tenir compte à la fois de cet impôt différé passif sur les apports de la société absorbée (ou apporteuse) et d'un impôt différé de même nature sur les plus-values latentes de la société absorbante (ou bénéficiaire des apports). Cette solution est cohérente avec l'obligation posée par le PCG d'inscrire les impôts différés dans le traité d'apport lorsque l'opération est réalisée en valeur réelle, voir nº 7700 ;
– ne pas tenir compte des incidences de l'impôt, tant chez la société absorbée (ou apporteuse) que chez la société absorbante (ou bénéficiaire des apports).

A notre avis, le choix de la solution à retenir est à discuter entre les parties.

Sur le contrôle du rapport d'échange par le commissaire à la fusion, voir nº 13060.

Cas particuliers : rapport d'échange à la valeur comptable ou à la valeur nominale des parts sociales

7509 ***Question***

Le rapport d'échange peut-il être déterminé en fonction d'autres valeurs que les valeurs réelles ?

Réponse

Oui :
– il peut être déterminé en fonction des valeurs comptables, sous réserve de respecter les conditions imposées par les règles fiscales ;
– il doit être déterminé en fonction de la valeur nominale des parts sociales dans le secteur coopératif.

Commentaires **1. Possibilité de déterminer le rapport d'échange selon les valeurs comptables** Le PCG n'abordant pas le calcul du rapport d'échange, les parties peuvent donc décider, sur le plan comptable, de retenir les valeurs comptables, sous réserve de respecter les droits des actionnaires.

Calculer le rapport d'échange à partir des valeurs comptables permet, notamment, de réaliser certaines opérations qui, pour des raisons juridiques, ne pourraient pas l'être si les valeurs réelles étaient retenues (pour un exemple, voir n° 7654).

Fiscalement, le rapport d'échange doit en principe être déterminé sur la base des valeurs réelles (voir n° 7507) mais l'administration admet par tolérance, que le rapport d'échange d'un apport partiel d'actif soit calculé sur la base des valeurs comptables lorsque les quatre conditions suivantes sont réunies (BOI-IS-FUS-30-20 n° 40) :
- l'apport partiel d'actif est placé sous le régime de faveur des fusions,
- les titres reçus par la société apporteuse en contrepartie de son apport représentent au moins 99 % du capital de la société bénéficiaire après l'apport,
- la participation de la société apporteuse dans la société bénéficiaire représente au moins 99,99 % du capital de cette dernière après l'apport,
- tous les titres de la société bénéficiaire des apports présentent les mêmes caractéristiques.

Sur la non-application dans ce cas des exigences de l'administration quant au nombre de titres à émettre, voir l'exemple figurant au n° 7654.

Lorsque les conditions définies ci-dessus ne sont pas réunies, la détermination de la parité d'échange d'après la valeur comptable des apports traduit l'octroi d'un avantage par la société apporteuse à la société bénéficiaire des apports constitutif d'une subvention (voir n° 7507).

Le Conseil d'Etat a toutefois jugé que l'administration ne peut valablement refuser l'agrément prévu à l'article 210 B du CGI exigé pour la réalisation de certains apports partiels d'actif sous le régime de faveur (voir n° 7340) au motif que la rémunération des apports est calculée sur la base des valeurs nettes comptables des éléments apportés et non d'après leurs valeurs réelles dès lors que la loi ne pose aucune condition relative à la parité pour la délivrance de cet agrément (CE 28-11-2016 n° 378793 ; voir n° 7340).

2. Obligation de déterminer le rapport d'échange selon la valeur nominale des parts pour les entités sous statut coopératif Compte tenu des spécificités liées à leur statut, l'ANC a précisé que, pour les entités suivantes, le rapport d'échange des parts sociales se détermine sur la base de la valeur nominale respective des parts sociales des deux entités parties prenantes à l'opération :
- banques sous statut coopératif (Note de présentation de l'Avis CNC 2004-18 du 27-10-2004) ;
- coopératives ou unions de coopératives agricoles (Avis CNC 2007-06 du 4-5-2007).

II. Distinction entre valorisation des apports et rapport d'échange

Distinction entre valorisation des apports et rapport d'échange

7510 ***Question***

Les valeurs définitivement portées dans le traité d'apport (ou tout autre document faisant foi pour les entités non soumises au Code de commerce) peuvent-elles être différentes de celles retenues pour déterminer le rapport d'échange ?

Réponse

Oui, le mode de valorisation des apports est indépendant de la détermination du rapport d'échange. Néanmoins, si les apports sont valorisés à la valeur réelle, la somme des apports doit alors correspondre à la valeur globale de la société absorbée retenue pour le calcul du rapport d'échange.

Commentaires La valorisation des apports est réglementée par le PCG alors que le rapport d'échange résulte d'une évaluation « libre » des parties prenantes (voir nº 7507). Le mode de valorisation des apports est donc indépendant du calcul du rapport d'échange. Ainsi, les valeurs définitivement portées dans le traité de fusion ou d'apport (ou tout autre document faisant foi pour les entités non soumises au Code de commerce) sont différentes de celles retenues pour la détermination du rapport d'échange **lorsque les apports doivent être valorisés à la valeur comptable** (et que le rapport d'échange n'est pas déterminé en fonction des valeurs comptables, voir nº 7509).

Sur les situations dans lesquelles la valeur comptable doit être retenue pour valoriser les apports dans le traité, voir nº 7605.

Néanmoins, **si l'opération est réalisée à la valeur réelle,** la somme des valeurs portées dans le traité de fusion ou d'apport (ou tout autre document faisant foi pour les entités non soumises au Code de commerce) correspond obligatoirement à la valorisation globale de la société absorbée ou de la branche d'activité apportée retenue pour le rapport d'échange.

Ainsi, un fonds commercial doit être constaté dans le traité d'apport pour la différence éventuelle entre la valeur globale de la société absorbée ou de la branche d'activité apportée retenue pour la détermination du rapport d'échange et la somme des valeurs réelles des éléments apportés inscrites dans le traité d'apport (voir nº 7700). Sur la constatation d'un badwill, voir nº 7707.

Sur la cohérence à respecter en termes d'actualisation des actifs et des passifs, voir nº 7703.

Sur les situations dans lesquelles la valeur réelle doit être retenue pour valoriser les apports dans le traité, voir nº 7605.

Fiscalement, il en est de même. En effet, le rapport d'échange doit, en principe, être calculé sur la base de la valeur réelle des apports et de la société qui les reçoit (voir nº 7507), alors que les éléments d'actif immobilisé apportés peuvent, sous certaines conditions, être transcrits sur la base de leur valeur comptable (voir nº 7600).

A propos des conséquences d'une minoration ou d'une majoration des valeurs d'apport, voir nº 7700.

Exemple *La société Y absorbe la société X. Le rapport d'échange est calculé sur la base des valeurs réelles. Les sociétés X et Y étant sous contrôle commun, les apports doivent être valorisés à la valeur comptable dans le traité d'apport (en application du principe de valorisation des apports, voir nº 7600 et 7605).*

Le bilan de Y à la date d'effet de la fusion s'établit ainsi, après affectation du résultat :

Actif		*Passif*	
Immobilisations	*700 000*	*Capital (5 000 actions de 100)*	*500 000*
Stocks	*450 000*	*Réserves*	*390 000*
Créances et disponibilités	*180 000*	*Provision pour hausse des prix.*	*90 000*
		Dettes	*350 000*
	1 330 000		*1 330 000*

Pour le calcul du rapport d'échange, la ***valeur globale de la société absorbée X*** *au capital de 300 000 (3 000 actions de 100) est évaluée comme suit :*

Immobilisations (valeur comptable 341 900)	*401 900*
Stocks	*100 000*
Créances et disponibilités	*80 000*
Dettes	*(140 000)*
	441 900
A déduire :	
Impôt sur plus-value d'apport des immobilisations (taux d'impôt retenu 26,5 %)	*(15 900)*
Valeur globale	*426 000*

Valeur unitaire *par action : 426 000/3 000 =* ***142***

En appliquant des règles de calcul homogènes, la ***valeur unitaire de la société absorbante Y*** *est égale à :*

Actif net comptable	*980 000*
Plus-value latente sur les immobilisations	*150 000*
	1 130 000
A déduire (26,5 %) :	
Impôt sur provision pour hausse des prix	*(23 850)*
Impôt sur plus-value latente sur immobilisations	*(39 750)*
Valeur globale	*1 065 000*

Valeur unitaire *par action : 1 066 400/5 000 =* ***213***

Solution de l'exemple *Le rapport d'échange (Y/X = 213,28/142 = 1,5) est donc de 2 actions de la société absorbante Y pour 3 actions de la société absorbée X.*

Si X et Y avaient été des sociétés sous contrôle distinct, les apports auraient été valorisés différemment dans le traité d'apport (à la valeur réelle, voir n° 7605). Or, le fait que les valeurs d'apport soient calculées sur la base des valeurs comptables ou sur la base des valeurs réelles dans le traité d'apport ne modifie en rien le calcul du rapport d'échange qui, dans tous les cas, sera de 2 actions Y pour 3 actions X.

SECTION II

Principes de valorisation des apports

I. Principe général

A. Valeur comptable ou valeur réelle selon les opérations

Opérations entre entités françaises : absence de choix comptable

7600 ***Question***

Est-il possible de choisir entre valeur comptable et valeur réelle pour valoriser les apports dans le traité ?

Réponse

Non. Pour les opérations entre entités françaises, à une situation donnée correspond une seule méthode de valorisation, ce qui implique que :
- pour certaines situations, la valeur comptable doit obligatoirement être retenue,
- pour d'autres, obligatoirement la valeur réelle.

PCG art. 740-1
(*en partie*) Les apports sont évalués à la valeur comptable ou à la valeur réelle, selon la situation de contrôle au moment de l'opération et le sens de l'opération.

Commentaires Selon le PCG, à une situation donnée correspond une seule méthode de valorisation lorsque l'opération est réalisée entre entités françaises :
- pour certaines situations, obligatoirement la valeur comptable,
- et pour d'autres, obligatoirement la valeur réelle.

Les situations dépendent :
- de l'existence ou non d'un contrôle (commun ou distinct) entre l'entité initiatrice et l'entité cible ;

Sur la notion de contrôle, voir nº 7609.

- du sens de l'opération (exemple : fusion à l'endroit ou à l'envers).

Sur la notion de sens de l'opération, voir nº 7623.

Le PCG prévoit en outre des règles de valorisation spécifiques pour les opérations réalisées sous contrôle conjoint ou aboutissant au contrôle conjoint (voir nº 7637).

Ainsi le PCG fournit deux tableaux récapitulatifs (voir nº 7605) qui présentent les différentes situations possibles et leur valorisation correspondante :
- un premier tableau pour les opérations sous contrôle commun ou sous contrôle distinct ;
- et un second tableau pour les opérations sous contrôle conjoint ou aboutissant au contrôle conjoint.

Fiscalement, les règles comptables de transcription des apports s'imposent aux entreprises (CE 8-6-2005 nº 270967, à propos de l'arrêté d'homologation du Règlement CRC nº 2004-01 du 4-5-2004). Selon l'administration, aucune disposition ne permet de déroger aux règles de transcription des apports fixées par l'Autorité des normes comptables (BOI-IS-FUS-30-20 nº 1). Cependant, sur le plan fiscal, une opération de fusion ou d'apport partiel d'actif étant assimilée à une cessation d'entreprise (cessation partielle pour un apport partiel d'actif), les actifs et passifs doivent en principe être évalués à la valeur réelle. Toutefois, si les apports sont effectués à la valeur comptable sur le plan comptable, ces valeurs peuvent être retenues sur le plan fiscal à la double condition que (BOI-IS-FUS-30-20 nº 1 et 10 ; voir nº 7750) :
- l'opération soit placée sous le régime de faveur des fusions en matière d'IS (CGI art. 210 A ; pour plus de détails sur ce régime, voir nº 7812) ;
- la société bénéficiaire des apports reprenne à son bilan les écritures comptables de la société apporteuse [valeurs d'origine, amortissements et (provisions pour) dépréciations] et continue de calculer les dotations aux amortissements à partir de la valeur d'origine qu'avaient les biens dans les écritures de la société apporteuse (voir nº 8142).

Opérations transfrontalières : choix des valeurs possible

7602 ***Question***

Une opération réalisée entre une entité française et une entité étrangère est-elle soumise aux principes de valorisation définis par le PCG ?

Réponse

Non. La valorisation des apports dans le cadre d'opérations transfrontalières n'est pas réglementée par le PCG. La valeur comptable ou la valeur réelle peut donc être retenue.

Commentaires L'entité étrangère n'étant pas soumise à la réglementation comptable française, les règles de valorisation des actifs et des passifs définies par le PCG (voir nº 7605) ne peuvent pas lui être imposées (Recueil des normes comptables de l'ANC, Commentaire IR 2 sous l'art. 720-1 du PCG).

En conséquence, en cas d'opération transfrontalière, les parties peuvent décider de retenir la valeur comptable ou la valeur réelle pour valoriser les apports dans le traité.

Toutefois, selon le Recueil des normes comptables de l'ANC (Commentaire IR 2 précité) :
- en l'absence de réglementation relative à la valorisation des apports dans le pays où est établie l'entité étrangère, il est recommandé de déterminer les valeurs d'apports selon les mêmes modalités que pour les opérations réalisées entre entités établies en France ;

Sur ces modalités, voir nº 7600 et 7605.

- les fusions et opérations assimilées présentant des caractéristiques comparables devraient être traitées de manière identique.

Fiscalement, il en est de même (BOI-IS-FUS-30-10 nº 30).

B. Tableaux récapitulatifs des différentes situations possibles et de la valorisation correspondante

Règles générales de valorisation des opérations entre entités françaises

7605 ***Question***

Quelles sont les différentes situations possibles et la valorisation correspondante ?

Réponse

La valeur comptable doit être retenue pour les opérations suivantes :
- opérations réalisées entre entités sous contrôle commun ;
- opérations réalisées à l'envers entre entités sous contrôle distinct.

Pour les opérations réalisées à l'endroit entre entités sous contrôle distinct, les apports sont obligatoirement valorisés à la valeur réelle.

Pour les opérations réalisées sous contrôle conjoint ou aboutissant à un contrôle conjoint et n'impliquant pas des entités sous contrôle commun, les apports sont obligatoirement valorisés à la valeur réelle sauf si le contrôle conjoint existe avant et après l'opération.

Commentaires 1. Opérations sous contrôle commun ou sous contrôle distinct (voir II. ci-après, nº 7609 s.) Les différentes situations possibles et la valorisation correspondante sont fournies par le PCG (art. 743-1) dans le tableau récapitulatif présenté ci-après :

		Valorisation des apports	
		Valeur comptable	Valeur réelle
Notion de contrôle (1)	**Opérations impliquant des entités sous contrôle commun**		
	Opérations à l'endroit (2)	X (3)	
	Opérations à l'envers (2)	X (3)	
	Opérations impliquant des entités sous contrôle distinct		
	Opérations à l'envers (2)	X (3)	
	Opérations à l'endroit (2)		X (3)

(1) Sur la notion de contrôle, voir nº 7609.
(2) Sur la définition du sens des opérations, voir nº 7623.
(3) Sur les raisons conduisant à retenir la valeur comptable ou la valeur réelle, voir nº 7625 à 7632.

La valorisation suit la **logique des comptes consolidés.**

Par « logique », il faut comprendre :
- **impact dans les comptes consolidés** (situation inchangée ou non avant et après l'opération),
- et **non pas valeur identique** entre les actifs et passifs figurant dans les comptes consolidés et la valorisation des apports.

Sur les situations dérogatoires, voir n° 7607.

2. Opérations sous contrôle conjoint ou aboutissant au contrôle conjoint et qui n'impliquent pas des entités sous contrôle commun (voir III. ci-après, n° 7635 s.). Les différentes situations possibles et la valorisation correspondante sont fournies par le PCG (art. 743-2, créé par le règlement ANC 2017-01) dans le tableau récapitulatif présenté ci-après :

		Contrôle de l'entité cible après l'opération		
		Contrôle exclusif	Contrôle conjoint	Absence de contrôle
Contrôle de l'entité cible avant l'opération	Contrôle exclusif		Valeur réelle	
	Contrôle conjoint	Valeur réelle	Valeur comptable	Valeur réelle
	Absence de contrôle		Valeur réelle	

Pour plus de détails, voir n° 7637.

Si les entités parties à l'opération se trouvent sous contrôle commun ultime d'une même entité, la **valeur comptable** doit être retenue.

3. Apports d'actifs isolés exclus Les apports d'actifs isolés ne répondant pas à la définition d'un apport partiel d'actif, ils sont exclus du champ d'application des règles comptables relatives aux fusions (voir n° 7110). En conséquence, ils doivent être réalisés, comme tous les échanges, à la **valeur vénale** (en général). Pour plus de détails sur la valorisation des échanges, voir Mémento Comptable n° 26740.

Situations dérogatoires

7607 ***Question***

Existe-t-il des dérogations à ces principes généraux de valorisation ?

Réponse

Oui. Il existe deux situations dérogatoires dans lesquelles la valeur réelle, au lieu de la valeur comptable, doit être retenue pour valoriser les apports :
- la filialisation d'une branche d'activité destinée à être cédée,
- l'insuffisance d'actif net apporté pour permettre la libération du capital.

Commentaires

Sur ces deux situations, voir nº 7646 et 7648 s.

Le recours à cette dérogation pour insuffisance d'actif net apporté n'est en revanche pas possible en cas de fusion ou de scission réalisée sans échange de titres ainsi qu'en cas d'opération de dissolution par confusion de patrimoine (TUP), en l'absence d'augmentation de capital à réaliser pour rémunérer les apports (voir nº 7650).

II. Opérations sous contrôle commun ou sous contrôle distinct

A. Notion de contrôle

1. Appréciation du contrôle

Définition du contrôle

7609 ***Question***

Quelle notion de contrôle retenir ?

Réponse

Pour définir la situation de contrôle au moment de l'opération, les règles sur les fusions et opérations assimilées retiennent la définition du contrôle exclusif précisée par les règles relatives aux comptes consolidés (établis en règles françaises).

PCG

Art. 741-1 (*en partie*) Pour chaque opération, il convient de déterminer s'il s'agit, à la date de réalisation juridique de l'opération :
– d'opérations impliquant des entités sous contrôle commun, i.e. une des entités participant à l'opération contrôle préalablement l'autre de manière exclusive ou les deux entités sont préalablement sous le contrôle commun d'une même entité mère ;
– d'opérations impliquant des entités sous contrôle distinct, i.e. aucune des entités participant à l'opération ne contrôle préalablement l'autre de manière exclusive ou ces entités ne sont pas préalablement sous le contrôle commun d'une même entité mère.

Art. 741-2 (*en partie*) Le contrôle commun d'une entité correspond au contrôle exclusif, tel que défini à l'article 211-3 du règlement ANC nº 2020-01 relatif aux comptes consolidés.

Commentaires Pour définir la situation de contrôle au moment de l'opération, le PCG (art. 741-2) retient la **même définition** du contrôle **que** celle retenue **dans les comptes consolidés** (établis en règles françaises), elle-même issue du Code de commerce.

Fusions et opérations assimilées portant sur des établissements de crédit dotés d'un organe central, au sens de l'article L 511-31 du Code monétaire et financier Le contrôle est également à apprécier au regard des dispositions de l'article 211-2 du règlement ANC n° 2020-01 relatif aux comptes consolidés.

Cette notion de contrôle recouvre **uniquement le contrôle exclusif** (tel que défini par le Règl. ANC 2020-01 art. 211-3).

Le contrôle exclusif est explicité par l'article L 233-16 du Code de commerce et complété par l'article 211-3 du règlement ANC n° 2020-01 relatif aux comptes consolidés.

Il peut revêtir trois formes (résumées brièvement ci-après ; pour plus de détails, voir Mémento Comptes consolidés n° 2016 à 2034) :
- un **contrôle de droit** : celui-ci résulte de la détention directe ou indirecte de la majorité des droits de vote dans une autre entreprise ;
- un **contrôle contractuel** : celui-ci est démontré si une influence dominante est exercée sur cette entreprise en vertu d'un contrat ou de clauses statutaires donnant la possibilité d'utiliser ou d'orienter l'utilisation des actifs de l'entreprise contrôlée de la même façon qu'elle contrôle ses propres actifs ;
- un **contrôle de fait** : celui-ci est présumé si une entreprise a disposé, pendant deux exercices successifs, directement ou indirectement, d'une fraction supérieure à 40 % des droits de vote et qu'aucun autre associé ne détient une fraction supérieure à la sienne. A défaut, le contrôle peut résulter de la désignation, pendant deux exercices successifs, de la majorité des membres des organes d'administration, de direction ou de surveillance d'une autre entreprise.

Interprétation de la notion de contrôle

1. De nombreuses interprétations comptables ont déjà été émises et appliquées sur cette notion de contrôle dans le cadre des comptes consolidés, dont il convient de s'inspirer (sur le contrôle exclusif, voir Mémento Comptes consolidés n° 2016 à 2034).

2. D'autres interprétations de la notion de contrôle sont susceptibles d'exister dans d'autres droits (ou d'en être tirées), droit de la concurrence par exemple. Elles **ne peuvent être utilisées** dans ce cadre, s'agissant d'un texte comptable renvoyant à un autre texte comptable.

Date d'appréciation du contrôle

7611 ***Question***

A quelle date la notion de contrôle doit-elle être appréciée ?

Réponse

A la date de réalisation juridique de l'opération.

PCG art. 741-1

(*en partie*) Pour chaque opération, il convient de déterminer, s'il s'agit, à la date de réalisation juridique de l'opération :
- d'opérations impliquant des entités sous contrôle commun [...] ;
- d'opérations impliquant des entités sous contrôle distinct [...].

Commentaires Selon le PCG (art. 741-1), la situation de contrôle est à apprécier à la date de réalisation juridique de l'opération (sur cette date, voir n° 10505).

La **date d'effet rétroactif,** le cas échéant, ne doit pas être retenue (en ce sens également, guide professionnel CNCC sur le commissariat aux apports et à la fusion, juin 2012 § 1.21).

En effet, la notion de contrôle a son importance lors de la prise de décision et donc il convient de se placer à la date d'approbation de l'assemblée afin de déterminer :
- le contexte de l'opération (restructuration interne ou acquisition),
- et la société à l'initiative de l'opération.

Exercice du contrôle

7613 ***Question***

Le contrôle doit-il être exercé par une personne morale ?

Réponse

Oui, seul le contrôle exercé par une personne morale doit être pris en compte. Le contrôle ultime éventuellement exercé par une personne physique ne doit pas être pris en considération pour conclure à une opération sous contrôle commun.

PCG art. 741-1
(*en partie*) La notion de contrôle commun s'apprécie au niveau des personnes morales, même si elles sont détenues par la ou les mêmes personnes physiques.

Commentaires La notion de contrôle s'appréciant uniquement au niveau des personnes morales, il n'y a pas lieu de prendre en considération le contrôle ultime exercé par une ou plusieurs personnes physiques pour déterminer si une opération est réalisée sous contrôle commun ou distinct.
Sur la valorisation à retenir pour les opérations réalisées sous le contrôle de personnes physiques, voir nº 7639.

2. Conséquences pratiques

a. Entités sous contrôle commun

Définition du contrôle commun

7615 ***Question***

Quelles sont les entités considérées comme étant sous contrôle commun ?

Réponse

En pratique, il s'agit des entités qui, préalablement à l'opération, sont susceptibles d'être incluses dans le même périmètre de consolidation et consolidées par intégration globale.

Commentaires Compte tenu des éléments précisés ci-avant (nº 7609 à 7613), les entités sous contrôle commun sont celles qui, en pratique :
- préalablement à l'opération,
- sont susceptibles d'être incluses dans le même périmètre de consolidation et consolidées par intégration globale (contrôle exclusif).

Sur une présentation des méthodes de consolidation, voir Mémento Comptes consolidés nº 4217 à 4236 (intégration globale).

Les sociétés sous contrôle commun correspondent donc à la société consolidante et/ou aux sociétés susceptibles d'être intégrées globalement par cette société.

Nécessité de comptes consolidés

7617 ***Question***

La société contrôlante doit-elle établir des comptes consolidés pour justifier d'une opération sous contrôle commun ?

Réponse

Non, à notre avis.

Commentaires Les règles comptables ne définissent pas la notion de contrôle commun par référence à l'obligation d'établir des comptes consolidés. En conséquence, une opération peut être considérée réalisée sous contrôle commun alors même que la société contrôlante n'établit pas de comptes consolidés.

L'établissement de comptes consolidés devrait en général être le cas sauf pour les sociétés justifiant d'une exemption (notamment, petit groupe en dessous des seuils d'établissement). Sur ces exemptions, voir Mémento Comptes consolidés nº 9206 à 9208-8.

Sur le cas particulier d'une opération sous contrôle commun d'une société mère non cotée, réalisée entre une société admise sur un marché réglementé ou organisé et devant à ce titre établir des comptes consolidés et une société non incluse dans son périmètre de consolidation, voir nº 7625 (exemple 3).

b. Entités sous contrôle distinct

Définition

7619 ***Question***

Quelles sont les entités considérées comme étant sous contrôle distinct ?

Réponse

Il s'agit des entités qui ne sont pas susceptibles d'être consolidées, au sein d'un même groupe, par intégration globale.

Commentaires Compte tenu de la définition des entités sous contrôle commun (voir nº 7615), les entités sous contrôle distinct sont, a contrario, les entités qui ne sont pas susceptibles d'être consolidées, au sein d'un même groupe, par intégration globale.

Exclusion du contrôle conjoint (ou de l'intégration proportionnelle) et de l'influence notable (ou de la mise en équivalence) Si les sociétés parties prenantes à l'opération sont consolidées par la même entité mais que l'une d'entre elles est uniquement intégrée proportionnellement ou mise en équivalence dans cette consolidation (car sous contrôle conjoint ou sous influence notable), les deux sociétés seront considérées comme n'étant pas sous contrôle commun bien qu'elles fassent partie du même groupe consolidé.

Sur la définition du contrôle conjoint, voir Mémento Comptes consolidés nº 2042 à 2047.
Sur la définition de l'influence notable, voir Mémento Comptes consolidés nº 2052 à 2062.

B. Sens de l'opération

Définition du sens de l'opération

7623 ***Question***

Comment définir les opérations à l'endroit et les opérations à l'envers ?

Réponse

Une opération à l'endroit est une opération à l'issue de laquelle l'actionnaire principal de l'entité absorbante (ou bénéficiaire des apports) conserve son pouvoir de contrôle sur celle-ci.

Une opération à l'envers est une opération à l'issue de laquelle l'actionnaire de l'entité absorbée (ou l'entité apporteuse) prend le contrôle de l'entité absorbante (ou de la bénéficiaire des apports).

PCG

Art. 742-1 Les opérations à l'endroit visées par le présent titre sont :

Fusion à l'endroit : fusion à l'issue de laquelle la personne morale, actionnaire principal de l'entité absorbante avant l'opération, conserve, bien que dilué le cas échéant, son pouvoir de contrôle sur l'absorbante.

Simultanément, la personne morale, actionnaire principal de l'entité absorbée avant l'opération, perd son pouvoir de contrôle sur celle-ci.

Dans une telle fusion, la cible est l'entité absorbée et l'initiatrice est l'entité absorbante.

Apport à l'endroit : apport à l'issue duquel l'entité apporteuse perd le contrôle de la branche d'activité apportée, appelée cible. Elle ne prend pas le contrôle de l'entité bénéficiaire des apports, appelée initiatrice. Dans un tel apport, la cible est la branche d'activité apportée et l'initiatrice est l'entité bénéficiaire des apports :

Art. 742-2 Les opérations à l'envers visées par le présent titre sont :

Fusion à l'envers : fusion à l'issue de laquelle la personne morale, actionnaire principal de l'entité absorbée avant l'opération, prend le contrôle de l'entité absorbante, appelée cible.

Simultanément, la personne morale, actionnaire principal de l'entité absorbante avant l'opération, perd son pouvoir de contrôle sur celle-ci.

Dans une telle fusion, la cible est l'entité absorbante et l'initiatrice est l'entité absorbée ou sa maison mère.

Apport à l'envers : apport à l'issue duquel l'entité apporteuse prend le contrôle de l'entité bénéficiaire des apports ou renforce son contrôle sur celle-ci.

Dans un tel apport, la cible est l'entité bénéficiaire des apports et l'initiatrice est l'entité apporteuse ou sa société mère.

Commentaires L'analyse du sens de l'opération est nécessaire uniquement en cas d'opération sous contrôle distinct (en ce sens, Bull. CNCC, nº 202, juin 2021, EC 2020-21). En effet, les opérations sous contrôle commun sont, dans tous les cas, effectuées aux valeurs comptables (voir nº 7605).

Sur la notion de contrôle à prendre en compte pour apprécier le sens de l'opération, voir nº 7609.

Pour des exemples d'opérations à l'endroit et à l'envers, voir nº 7630 et 7632 (opérations sous contrôle distinct).

Apport à l'envers En pratique les apports de branche complète d'activité à l'envers sous contrôle distinct devraient être fréquents. En effet, dès que l'apport est conséquent et conduit à obtenir en rémunération plus de 40 % des titres de la société bénéficiaire (seuil de présomption du contrôle, voir nº 7609), l'apport est qualifié d'opération à l'envers et doit être valorisé à la valeur comptable (voir nº 7605).

Fiscalement, sur les conséquences des opérations considérées fiscalement comme réalisées à l'envers (absorption d'une société bénéficiaire par une société déficitaire), voir nº 7804.

C. Exemples

1. Opérations impliquant des entités sous contrôle commun

Opérations à l'endroit et à l'envers sous contrôle commun

7625 ***Question***

A quelle valeur les apports doivent-ils être évalués lorsque l'opération est réalisée entre entités sous contrôle commun ?

Réponse

A la valeur comptable en principe, que l'opération soit réalisée à l'endroit ou à l'envers.

PCG

Art. 743-1 (*en partie*) Opérations à l'endroit ou à l'envers impliquant des entités sous contrôle commun. Avant l'opération, la situation de contrôle est déjà établie entre l'entité initiatrice et l'entité cible. L'opération de regroupement correspond donc à un renforcement de contrôle ou à un maintien de contrôle (cas des fusions sans échange de titres et des opérations de transmission universelle de patrimoine) et, dans la logique des comptes consolidés, il convient de ne pas réévaluer l'ensemble des actifs et passifs apportés.

Art. 760-1 Les opérations de dissolution par confusion de patrimoine étant par définition toujours réalisées entre entreprises sous contrôle commun, les actifs et passifs de l'entité dissoute sont toujours transmis à leur valeur comptable telle que définie à l'article 744-2.

Commentaires Dans ce cas, les opérations n'ont **aucun impact sur les actifs et passifs dans les comptes consolidés** établis au niveau de la société mère. Elles doivent donc être réalisées dans les comptes sociaux aux valeurs comptables. Ces opérations sont des restructurations internes, telles que :
- l'absorption d'une filiale par une autre (voir exemple 1 ci-après) ;
- une fusion ou un apport partiel d'actif à l'envers entre deux entités du groupe (voir ci-après exemple 2) ;

– la fusion de deux entités sœurs détenues à 100 % par la même entité mère ;
– une opération de dissolution par confusion de patrimoine (TUP) avec une filiale détenue à 100 % ;
– la filialisation d'une activité lorsque l'apport crée l'entité bénéficiaire des apports (à condition néanmoins que cette filialisation ne soit pas assortie d'un engagement de cession hors groupe ; dans ce cas, voir nº 10200) ;
– la scission d'une entité détenue à 100 % par une entité mère au profit d'entités bénéficiaires également détenues à 100 % par cette même entité mère.

Exceptions En cas d'opération transfrontalière, voir nº 7602. En cas de fusion consécutive à l'acquisition des titres de la société absorbée et lorsque les deux opérations (acquisition de titres et fusion) sont liées, le bulletin CNCC prévoit que, sous certaines conditions, la fusion soit réalisée à la valeur réelle (Bull. CNCC nº 168, décembre 2012, EC 2012-43, p. 761 s.). Cette solution n'ayant toutefois pas été confirmée par l'ANC à l'occasion de la modification du PCG par le règlement ANC nº 2017-01, elle ne doit pas être appliquée à notre avis.

Sur la valorisation à retenir lorsque l'opération, initialement sous contrôle exclusif, conduit à une situation de contrôle conjoint (joint venture), voir nº 7637.

Exemple 1 *Opérations à l'endroit impliquant des entités sous contrôle commun (exemple fourni par l'Annexe I du Titre VII du Recueil des normes comptables ; voir nº 13640).*

L'entité B absorbe l'entité A

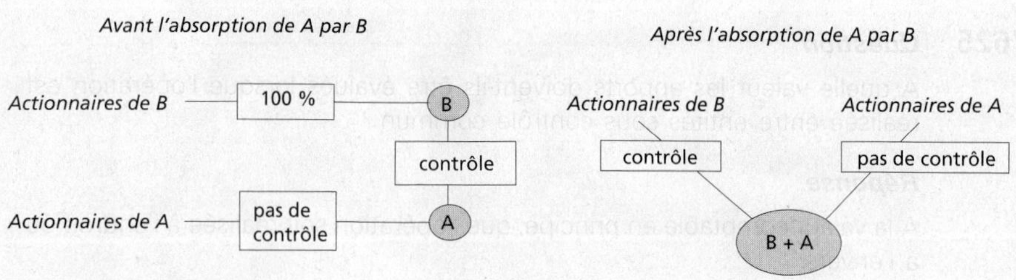

Solution de l'exemple 1 *L'entité absorbante B est l'initiatrice, l'entité A est la cible. La situation de contrôle est démontrée avant et après l'opération, les apports sont évalués à la* ***valeur comptable.***

Exemple 2 ***Opérations à l'envers impliquant des entités sous contrôle commun***

a. Fusion entre deux entités sous contrôle commun *(exemple fourni par l'Annexe I du Titre VII du Recueil des normes comptables ; voir nº 13640)*

L'entité A absorbe l'entité B

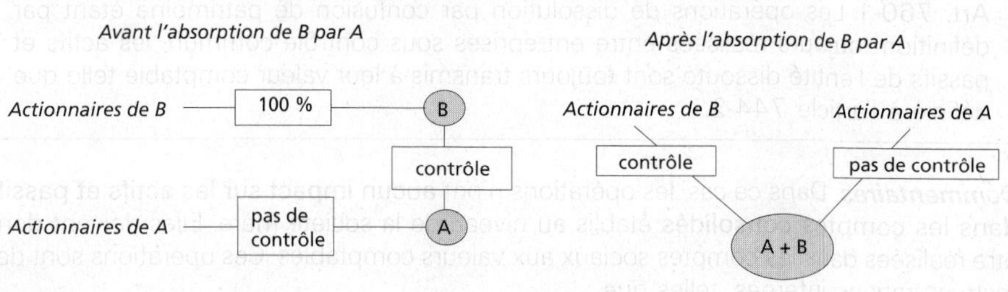

Solution de l'exemple 2a. *Les actionnaires de l'entité B, entité absorbée, sont à l'initiative de l'opération. L'entité A, bénéficiaire des apports, est la cible. Par cette opération, les actionnaires de B renforcent leur contrôle dans l'entité A. La situation de*

*contrôle est démontrée avant et après l'opération, les apports sont évalués à la **valeur comptable**.*

b. Apport d'une branche complète d'activité à l'envers entre entités sous contrôle commun

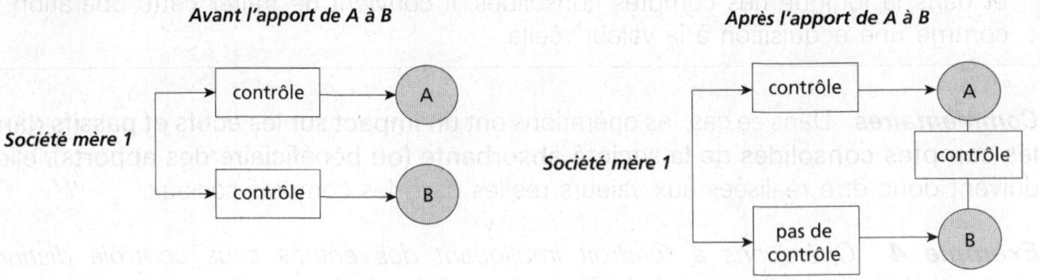

Solution de l'exemple 2b. *Par cette opération, l'entité apporteuse A prend le contrôle de la société bénéficiaire des apports B. La situation de contrôle de l'entité mère 1 sur les entités A et B est démontrée avant et après l'opération, les apports sont évalués à la **valeur comptable**.*

Exemple 3 *Opération réalisée par une société contrôlée par une société mère non cotée.*

Deux entités A et B sont contrôlées par la même société mère C (non cotée). L'entité A, dont les instruments financiers sont négociés sur Euronext Growth, doit établir des comptes consolidés ; B n'est pas incluse dans son périmètre de consolidation.

Solution de l'exemple 3 *L'opération entre A et B (quel que soit son sens) :*

– doit être comptabilisée à la valeur comptable dans les comptes individuels de l'entité absorbante A, en application des règles comptables sur les fusions (opération sous contrôle commun ; PCG art. 743-1 ; voir no 7605) ;

– peut, dans les comptes consolidés de l'entité absorbante A, être comptabilisée soit selon la méthode générale de la comptabilité d'acquisition conduisant à réestimer les valeurs des actifs et passifs de B (pour plus de détails, voir Mémento Comptes consolidés no 5001 s.), soit, sur option, à la valeur comptable consolidée si les conditions d'utilisation de la méthode optionnelle sont remplies (voir Mémento Comptes consolidés no 5401 s.).

2. Opérations impliquant des entités sous contrôle distinct

Opérations à l'endroit sous contrôle distinct

7630 ***Question***

A quelle valeur les apports doivent-ils être évalués lorsque l'opération est réalisée à l'endroit entre entités sous contrôle distinct ?

Réponse

A la valeur réelle.

PCG art. 743-1
(*en partie*) **Opérations à l'endroit impliquant des entités sous contrôle distinct**
Avant l'opération, la situation de contrôle n'est pas établie entre l'entité initiatrice et l'entité cible. L'opération de regroupement correspond donc à une prise de contrôle et dans la logique des comptes consolidés, il convient de traiter cette opération comme une acquisition à la valeur réelle.

Commentaires Dans ce cas, les opérations ont **un impact sur les actifs et passifs dans les comptes consolidés de la société absorbante (ou bénéficiaire des apports)**, elles doivent donc être réalisées aux valeurs réelles dans les comptes sociaux.

Exemple 4 *Opérations à l'endroit impliquant des entités sous contrôle distinct (exemple fourni par l'Annexe I du Titre VII du Recueil des normes comptables ; voir nº 13640).*

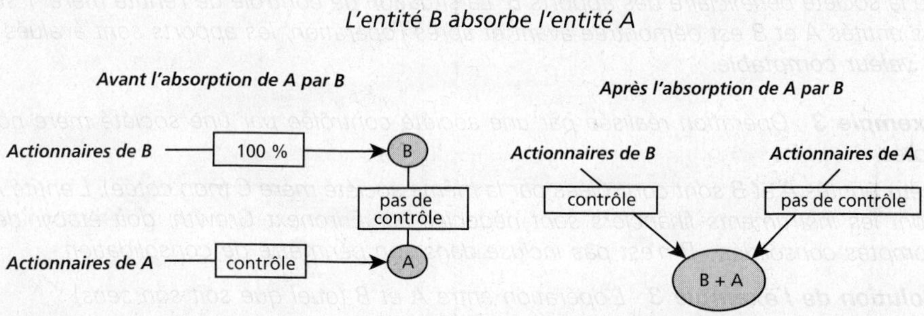

Solution de l'exemple 4 *Les actionnaires de l'entité B sont à l'initiative de l'opération de fusion. L'entité A est la cible. Avant l'opération, les deux entités n'étant pas contrôlées par une même entité, elles sont en situation de contrôle distinct. Par cette opération, l'entité B prend le contrôle de l'entité A (acquisition).*

Dans les comptes consolidés de B, l'entité A sera consolidée pour la première fois par intégration globale et ses actifs et passifs seront valorisés selon la méthode générale de la comptabilité d'acquisition, la valeur d'entrée des actifs et passifs de l'entité A pouvant correspondre à la valeur réelle telle qu'arrêtée dans le traité de fusion (voir Mémento Comptes consolidés nº 5126).

En conséquence, par symétrie, les apports sont valorisés à la ***valeur réelle*** *dans les comptes individuels.*

Exemple 5 *Opérations à l'endroit impliquant des entités sous contrôle distinct – Cas d'un apport concomitant de titres (Bull. CNCC, nº 202, juin 2021, EC 2020-22).*

La société X apporte 56 % des titres qu'elle détient dans la société B à la société A. La société Y apporte 5 % des titres de la société B à la société A. Ces apports sont réalisés de manière concomitante.

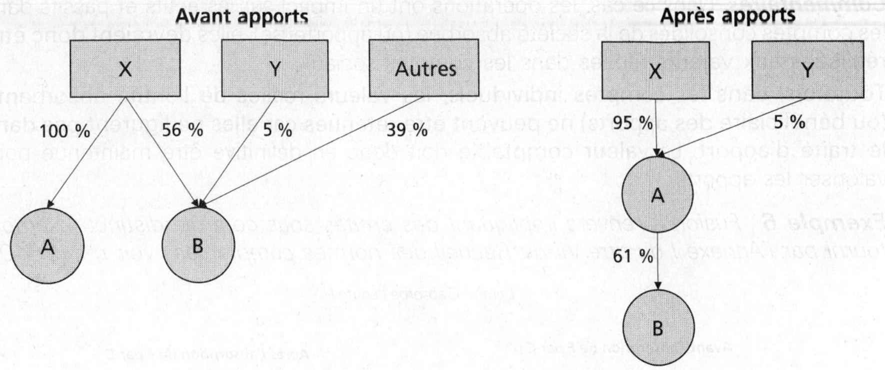

Solution de l'exemple 5 *Les apports concomitants des titres B réalisés par les sociétés X et Y à la société A permettent* ***ensemble*** *de conférer à cette dernière le* ***contrôle*** *de la société B. Conformément à l'article 710-2 du PCG, ces apports sont assimilés à des apports partiels d'actif constituant une branche autonome d'activité (voir également Recueil des normes comptables de l'ANC, Commentaire IR2 sous l'article 710-2 du PCG précité ; pour plus de détails, voir n° 7115) et entrent dans le champ d'application des règles comptables sur les fusions et opérations assimilées.*

Toutefois, pour déterminer si les opérations impliquent des entités sous contrôle commun ou distinct, il convient, à notre avis, de mener l'analyse du contrôle ***pour chaque opération d'apport*** *de titres, conformément à l'article 741-1 du PCG.*

Apport des titres B par X à A *Les sociétés A et B sont sous contrôle commun de la société X. Les apports de titres sont évalués à la* ***valeur comptable.***

Apport des titres B par Y à A *Avant l'apport, la société Y ne contrôle pas la société B et ne détient aucune participation dans la société A. Après l'apport, Y ne contrôle ni A ni B. L'apport des titres B à A par Y est donc réalisé entre entités sous contrôle distinct et les apports de titres doivent être évalués à la* ***valeur réelle.***

Opérations à l'envers sous contrôle distinct

7632 ***Question***

A quelle valeur les apports doivent-ils être évalués lorsque l'opération est réalisée à l'envers entre entités sous contrôle distinct ?

Réponse

A la valeur comptable, pour des raisons juridiques.

PCG art. 743-1

(*en partie*) Opérations à l'envers impliquant des entités sous contrôle distinct

Compte tenu des contraintes légales, les actifs et passifs de la cible (correspondant à l'absorbante ou à la bénéficiaire des apports) ne peuvent pas être comptabilisés à leur valeur réelle parce qu'ils ne figurent pas dans le traité d'apport. En effet, les actifs et les passifs figurant dans le traité d'apport sont ceux de l'entité initiatrice ; ils n'ont pas à être réévalués.

Commentaires Dans ce cas, les opérations ont un impact sur les actifs et passifs dans les comptes consolidés de la société absorbée (ou apporteuse), elles **devraient donc être réalisées aux valeurs réelles** dans les comptes sociaux.

Toutefois, dans les comptes individuels, les valeurs réelles de l'entité absorbante (ou bénéficiaire des apports) ne peuvent être retenues car elles ne figurent pas dans le traité d'apport. La **valeur comptable** doit donc en définitive être maintenue pour valoriser les apports.

Exemple 6 *Fusion à l'envers impliquant des entités sous contrôle distinct (exemple fourni par l'Annexe I du titre VII du Recueil des normes comptables ; voir n° 13640).*

L'entité C absorbe l'entité F

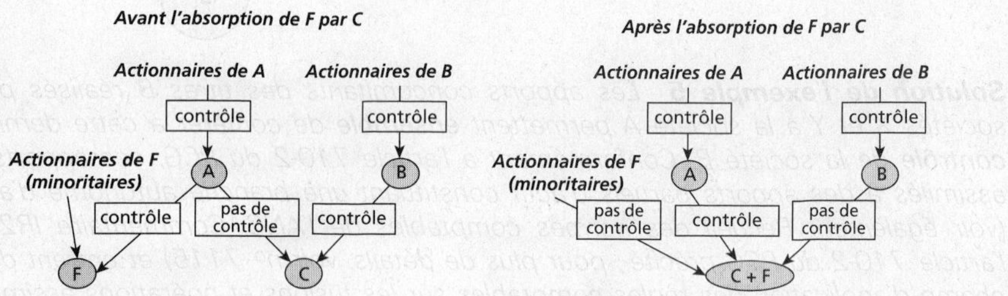

Solution de l'exemple 6 *Par cette opération, l'entité A prend le contrôle de l'entité C. L'entité A (mère de l'entité absorbée) est l'initiatrice, l'entité C (entité absorbante) est la cible. A l'issue de l'opération, l'entité absorbante C est sous le contrôle de A, actionnaire principal de l'entité absorbée (F). La logique des* ***comptes consolidés*** *aurait conduit à retenir* ***la valeur réelle*** *pour évaluer les actifs et passifs de C dans le traité d'apport.*

En effet, en absorbant F, C passe sous le contrôle de A et doit donc désormais être consolidée à la valeur déterminée selon la méthode générale de la comptabilité d'acquisition dans les comptes consolidés de A.

Toutefois, la valeur réelle ne peut être retenue dans les comptes individuels, seuls les apports de F (entité absorbée) étant mentionnés dans le traité d'apport. En conséquence, dans les comptes individuels de C après fusion, les actifs et passifs de la ***société C*** *restent valorisés à leur* ***valeur comptable.***

*En outre, F étant contrôlée par A avant et après la fusion, l'impact de la fusion sur les comptes consolidés de A en ce qui concerne F est nul. En conséquence, les apports de l'****entité F*** *sont valorisés à leur* ***valeur comptable.***

Exemple 7 *Apport d'une branche complète d'activité à l'envers entre entités sous contrôle distinct (établi par nos soins).*

L'entité A apporte à l'entité B une branche complète d'activité en rémunération de laquelle elle reçoit 55 % des titres de B.

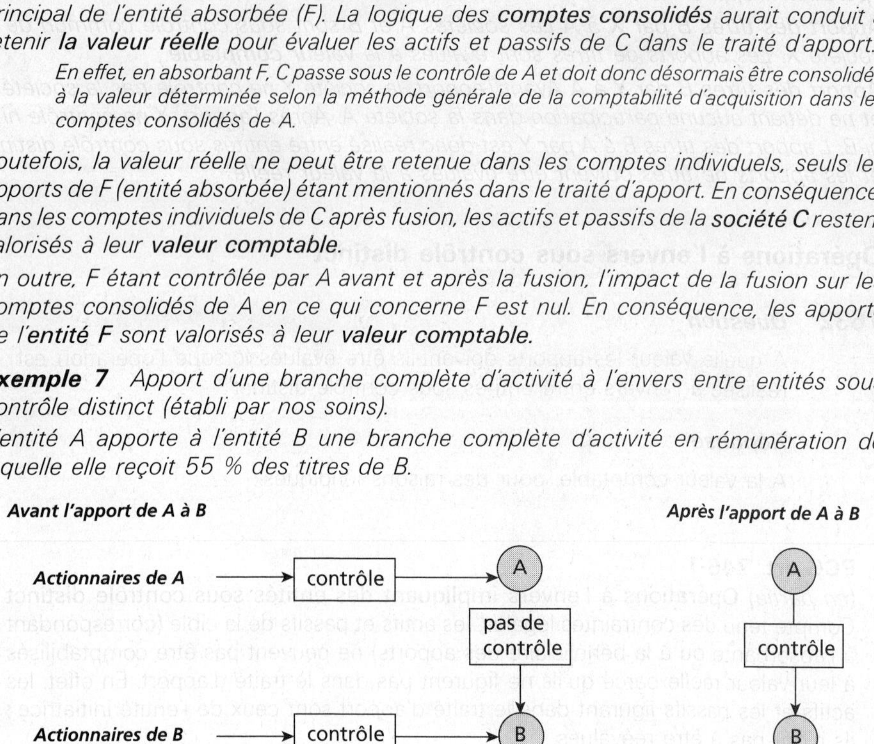

Solution de l'exemple 7 *A l'issue de l'opération d'apport, l'entité apporteuse A prend le contrôle de l'entité bénéficiaire des apports (B). La logique des* ***comptes consolidés*** *aurait conduit à retenir la valeur réelle des actifs de B et non celles des actifs apportés par A.*

En effet, la prise de contrôle de B par A constitue une entrée de périmètre de consolidation de l'entité B qui doit être comptabilisée selon la méthode générale de la comptabilité d'acquisition (pour plus de détails, voir Mémento Comptes consolidés nº 5011).

Toutefois, cette valeur réelle de l'actif net de B ne pouvant pas être retenue dans les comptes individuels, les actifs et passifs apportés par A restent valorisés à leur ***valeur comptable****.*

III. Opérations impliquant des entités sous contrôle conjoint ou aboutissant au contrôle conjoint

Définition du contrôle conjoint

7635 ***Question***

Quelle notion de contrôle conjoint retenir ?

Réponse

Les règles sur les fusions et opérations assimilées retiennent la définition du contrôle conjoint précisée par les règles relatives aux comptes consolidés (établis en règles françaises).

PCG art. 743-2
(*en partie*) Le contrôle conjoint est défini à l'article 211-4 du règlement ANC nº 2020-01 relatif aux comptes consolidés.

Commentaires Le PCG (art. 743-2) retient la **même définition** du contrôle conjoint **que** celle retenue **dans les comptes consolidés** (établis en règles françaises), elle-même issue du Code de commerce.

Le contrôle conjoint est explicité par l'article L 233-16 III du Code de commerce et complété par l'article 211-4 du règlement ANC nº 2020-01 relatif aux comptes consolidés.

Le contrôle conjoint est le partage du contrôle d'une entreprise exploitée en commun par un nombre limité d'associés ou d'actionnaires, de sorte que les politiques financière et opérationnelle résultent de leur accord. Il n'est donc pas lié au pourcentage de droits de vote détenus mais suppose l'existence de deux éléments essentiels :
- le partage du contrôle par un nombre limité d'actionnaires ou d'associés,
- l'existence d'un accord contractuel.

Pour plus de détails sur la définition du contrôle conjoint, voir Mémento Comptes consolidés nº 2042 à 2047.

Principe de valorisation

7637 ***Question***

Comment valoriser les apports réalisés dans le cadre d'opérations impliquant des entités sous contrôle conjoint ou aboutissant au contrôle conjoint ?

Réponse

En cas de contrôle conjoint, les apports sont évalués à la valeur comptable lorsque le caractère conjoint du contrôle existe avant et après l'opération. A défaut, la valeur réelle doit être retenue.

Si les entités parties à l'opération se trouvent sous le contrôle commun ultime d'une même entité, la valeur comptable doit être retenue dans tous les cas.

PCG art. 743-2

(*en partie*) Les apports sous contrôle conjoint ou aboutissant à un contrôle conjoint et qui n'impliquent pas des entités sous contrôle commun au sens de l'article 741-2 sont évalués comme suit :

- Apports évalués à la valeur comptable

Opérations n'entraînant aucun changement de contrôle. Avant l'opération, l'entité cible est sous le contrôle conjoint de l'entité initiatrice et le reste à l'issue de l'opération.

- Apports évalués à la valeur réelle

Opérations entraînant un changement de contrôle à savoir :

• l'entité cible, qui n'était pas contrôlée conjointement par l'entité initiatrice avant l'opération, passe sous son contrôle conjoint à l'issue de l'opération ;

• ou l'entité cible, sous le contrôle conjoint de l'entité initiatrice avant l'opération, n'est plus contrôlée conjointement par cette dernière à l'issue de l'opération.

- En cas de création d'une entité spécifiquement destinée à recevoir des apports, l'analyse du contrôle doit être appréciée en analysant les liens entre les entités parties prenantes à l'opération à l'initiation de l'opération, c'est-à-dire avant la création de l'entité bénéficiaire des apports.

Commentaires Le contrôle commun étant limité au contrôle exclusif (voir nº 7609), le PCG prévoit des règles de valorisation spécifiques pour les opérations impliquant des entités sous contrôle conjoint. Ainsi, désormais (Recueil des normes comptables de l'ANC, Commentaire IR 3 sous l'article 743-2 du PCG) :

1. En cas de modification du contrôle : les apports sont évalués à la **valeur réelle.** Tel est le cas lors du passage :

- d'une situation de contrôle conjoint à une situation de contrôle exclusif ;
- d'une situation de contrôle exclusif ou d'absence de contrôle à une situation de contrôle conjoint (création d'une joint venture).

Voir ci-après, exemples 1, 2 et 3.

2. En l'absence de modification du contrôle conjoint, c'est-à-dire que le contrôle reste conjoint avant et après l'opération, les apports sont à évaluer à la **valeur comptable.** Voir ci-après, exemples 1 et 4.

Ces principes de valorisation sont synthétisés dans le tableau suivant (PCG art. 743-2) :

		Contrôle de l'entité cible après l'opération		
		Contrôle exclusif	Contrôle conjoint	Absence de contrôle
Contrôle de l'entité cible avant l'opération	Contrôle exclusif		Valeur réelle	
	Contrôle conjoint	Valeur réelle	Valeur comptable	Valeur réelle
	Absence de contrôle		Valeur réelle	

3. Si les entités parties à l'opération se trouvent sous le contrôle commun ultime d'une même entité, la **valeur comptable** doit être retenue dans tous les cas. Il n'est pas tenu compte des spécificités sur le contrôle conjoint détaillées ci-avant.

Voir exemple fourni par l'annexe IV au titre VII du Recueil des normes comptables (voir nº 13640), cas nº 5.

Exemple 1 *Fusion d'entités sous contrôle conjoint préalablement à l'opération (Cas nº 1 fourni dans l'annexe IV du titre VII du Recueil des normes comptables).*

Les entités C et D sont détenues chacune de manière conjointe par les entités A et B. C et D fusionnent.

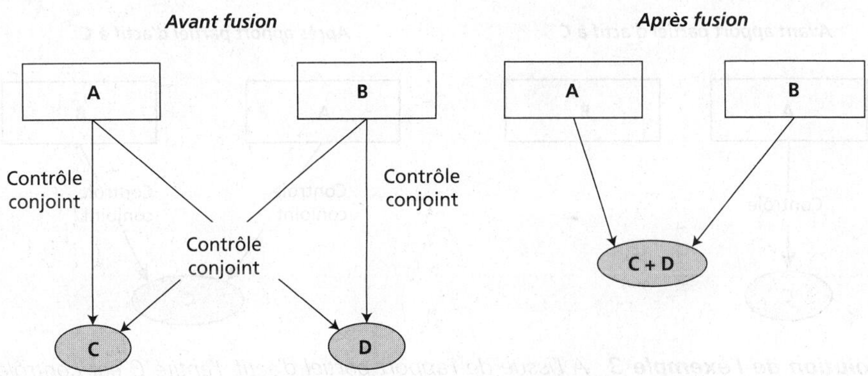

Solution de l'exemple 1 *A l'issue de la fusion entre les entités C et D :*

– Si l'entité A prend le contrôle exclusif du nouvel ensemble, les apports sont valorisés à la valeur réelle. Il y a en effet changement de contrôle puisque A passe d'un contrôle conjoint à un contrôle exclusif. Tel est également le cas si l'entité B prend le contrôle exclusif du nouvel ensemble.

– Si le nouvel ensemble reste sous le contrôle conjoint de A et B, les apports sont valorisés à la valeur comptable.

Exemple 2 *Fusion de deux entités contrôlées de manière exclusive préalablement à l'opération et conjointement après l'opération (Cas nº 2 fourni dans l'annexe IV du titre VII du Recueil des normes comptables).*

Les entités C et D sont respectivement sous contrôle exclusif de A et B préalablement à l'opération. C et D fusionnent.

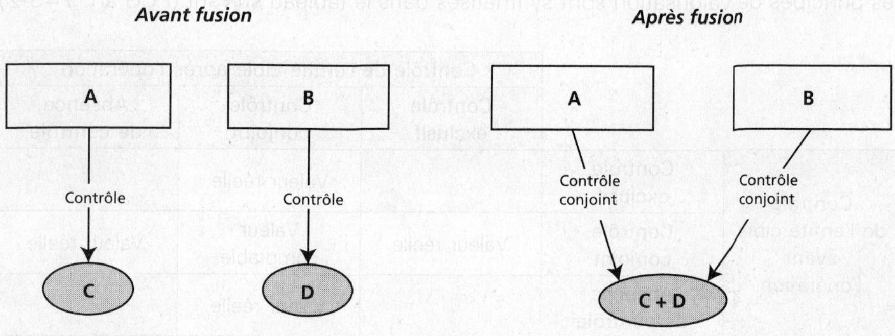

Solution de l'exemple 2 *La fusion entre les entités C et D est réalisée sous contrôle distinct. A l'issue de cette fusion, le nouvel ensemble est contrôlé conjointement par A et B. Dans ce cas, les apports sont réalisés à la valeur réelle, que C absorbe D ou inversement.*

Exemple 3 *Apport partiel d'actif conduisant au contrôle conjoint (Cas nº 3 fourni dans l'annexe IV du titre VII du Recueil des normes comptables).*

Deux entités A et B, sous contrôle distinct, apportent une branche d'activité autonome à une entité C, contrôlée exclusivement par A avant l'apport.

Préalablement à l'opération, A et C sont sous contrôle commun (C est détenue à 100 % par A).

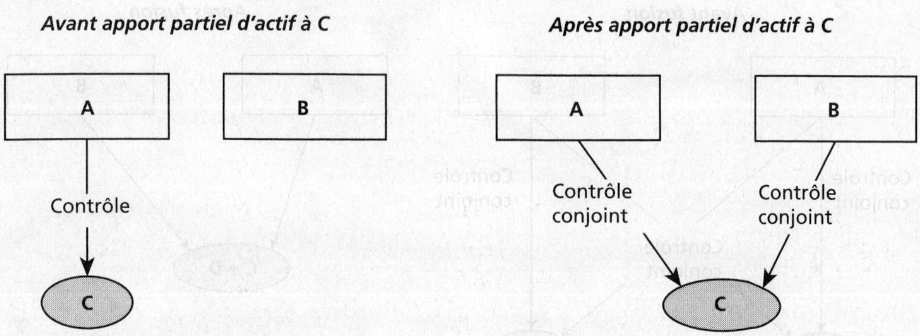

Solution de l'exemple 3 *A l'issue de l'apport partiel d'actif, l'entité C est contrôlée de manière conjointe par A et B.*
– Pour A, l'opération conduit à passer du contrôle exclusif au contrôle conjoint ;
– Pour B, l'opération conduit à passer d'une absence de contrôle à un contrôle conjoint.
L'opération entraînant modification du contrôle, les apports de A et B à l'entité C sont évalués à la valeur réelle.

Exemple 4 *Apport partiel d'actif à une société contrôlée conjointement avant l'opération (Cas nº 4 fourni par l'annexe IV du titre VII du Recueil des normes comptables) (voir nº 13640).*

Apport partiel d'actif des entités A et B à C contrôlée conjointement par les entités A et B avant les opérations d'apport.

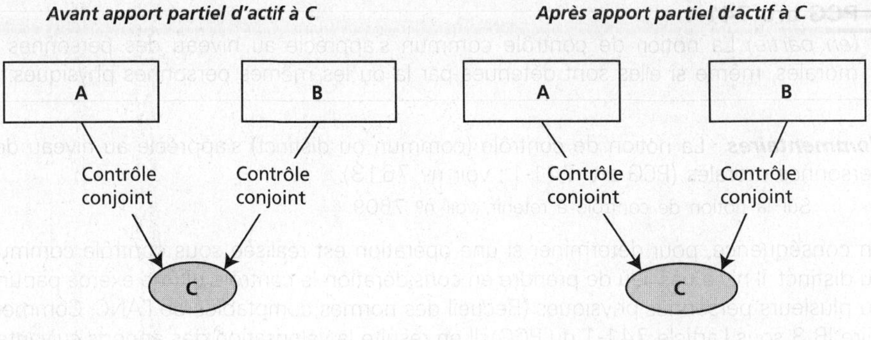

Solution de l'exemple 4 *A l'issue de l'apport partiel d'actif, l'entité C reste contrôlée de manière conjointe par A et B. En conséquence, les apports de A et B à l'entité C sont évalués à la valeur comptable.*

Toutefois, si la création de l'entité C ou l'aménagement de son contrôle conjoint préalablement aux apports sont réalisés dans le but de recevoir spécifiquement ces apports, l'analyse du contrôle doit être apprécié en analysant les liens entre les entités parties prenantes à l'opération et lors de son initiation. Ainsi, l'opération conduisant en réalité à une modification du contrôle pour les entités A et B (passage du contrôle distinct au contrôle conjoint), les apports doivent être évalués à la valeur réelle en application de l'article 743-2.

IV. Opérations réalisées entre des entités contrôlées par une ou plusieurs personnes physiques

Principe de valorisation

7639 ***Question***

Comment valoriser les apports réalisés dans le cadre d'opérations entre entités contrôlées par une ou plusieurs personnes physiques ?

Réponse

Si les entités parties à l'opération sont chacune contrôlées directement par une ou plusieurs personnes physiques, à la valeur réelle ou à la valeur comptable par application des règles de valorisation relatives aux opérations sous contrôle distinct.

En revanche, la valeur comptable est retenue dans tous les cas dès lors que les entités parties à l'opération sont sous contrôle commun d'une même personne morale, peu importe la détention ultime par une ou plusieurs personnes physiques.

PCG art. 741-1
(*en partie*) La notion de contrôle commun s'apprécie au niveau des personnes morales, même si elles sont détenues par la ou les mêmes personnes physiques.

Commentaires La notion de contrôle (commun ou distinct) s'apprécie au niveau des personnes morales (PCG art. 741-1 ; voir nº 7613).

Sur la notion de contrôle à retenir, voir nº 7609.

En conséquence, pour déterminer si une opération est réalisée sous contrôle commun ou distinct, il n'y a pas lieu de prendre en considération le contrôle ultime exercé par une ou plusieurs personnes physiques (Recueil des normes comptables de l'ANC, Commentaire IR 3 sous l'article 741-1 du PCG). Il en résulte la valorisation des apports suivante :

1. Entités sans lien de contrôle entre elles mais dont l'une au moins est contrôlée directement par une ou plusieurs personnes physiques Ces opérations sont considérées comme étant réalisées sous contrôle distinct (Recueil des normes comptables de l'ANC, Commentaire IR 3 sous l'art. 741-1 du PCG).

En conséquence, conformément aux règles de valorisation applicables aux opérations sous contrôle distinct (voir nº 7605) :
- si l'opération est réalisée à l'endroit, la **valeur réelle** est à retenir (voir nº 7630) ;
- si l'opération est réalisée à l'envers, la **valeur comptable** est à retenir (voir nº 7632).

Il en résulte concrètement les conclusions suivantes :
- les fusions entre deux sociétés sous contrôle d'une même personne physique sont à réaliser à la valeur réelle. En effet, le sens des opérations doit également être apprécié au niveau des seules personnes morales (Recueil des normes comptables de l'ANC, Commentaire IR 3 sous l'art. 741-1 du PCG). Il ne peut donc pas être tenu compte du contrôle pris ou perdu par un actionnaire personne physique pour conclure à une opération à l'envers. En conséquence, une fusion réalisée entre deux entités contrôlées par des personnes physiques sans autre lien de contrôle est réputée être réalisée à l'endroit (voir exemple 1 ci-après) ;
- les apports partiels d'actif entre deux entités sous contrôle d'une même personne physique sont réalisés soit à la valeur réelle, soit à la valeur comptable selon le sens de l'opération. En effet, en cas d'apport partiel d'actif, le sens de l'opération ne dépend pas de l'actionnaire des entités parties prenantes. Ainsi, selon le PCG (art. 742-1), un apport à l'envers est celui au terme duquel « l'entité apporteuse prend le contrôle de l'entité bénéficiaire des apports, ou renforce son contrôle sur celle-ci » (voir nº 7623). L'exclusion du contrôle de la personne physique ne permet donc pas de s'exonérer de l'analyse du sens de l'opération (voir exemples 2 et 8 ci-après) ;
- la fusion entre deux entités dont l'une est sous contrôle commun d'une autre entité et l'autre sous le contrôle d'une personne physique est réalisée soit à la valeur réelle, soit à la valeur comptable, selon le sens de l'opération, c'est-à-dire selon que l'actionnaire (personne morale) prend ou non le contrôle de l'ensemble fusionné après l'opération. Voir exemples 5, 6 et 7 ci-après ;
- la scission d'une société contrôlée conjointement par deux personnes physiques pour créer deux sociétés contrôlées exclusivement par chacune de ces personnes physiques est à réaliser à la valeur réelle, s'agissant d'une opération sous contrôle distinct réalisée à l'endroit (voir exemple 3 ci-après).

2. Existence d'un lien de contrôle exclusif entre les entités parties à l'opération préalablement à l'opération Dans ce cas, il s'agit d'une opération entre entités sous contrôle commun (voir nº 7615), peu importe la détention ultime par une personne physique. En conséquence, les apports doivent être valorisés à la valeur comptable (voir nº 7625). Voir exemple 4 ci-après.

3. Apport entre une personne physique et une personne morale Lorsque l'opération est réalisée par une personne physique à une personne morale, elle est réputée être réalisée sous contrôle distinct et est donc évaluée à la valeur réelle [Recueil des normes comptables de l'ANC, Commentaire IR 3 sous l'art. 741-1 du PCG ; voir également l'exemple fourni par l'annexe III du titre VII du Recueil des normes comptables, 5e cas (voir nº 13640)].

***Exemple 1** Absence de lien de contrôle préalablement à l'opération (exemple fourni par l'annexe III du titre VII du Recueil des normes comptables, 2e cas ; voir nº 13640).*

Monsieur X, personne physique, contrôle les personnes morales A et B. L'entité A absorbe l'entité B.

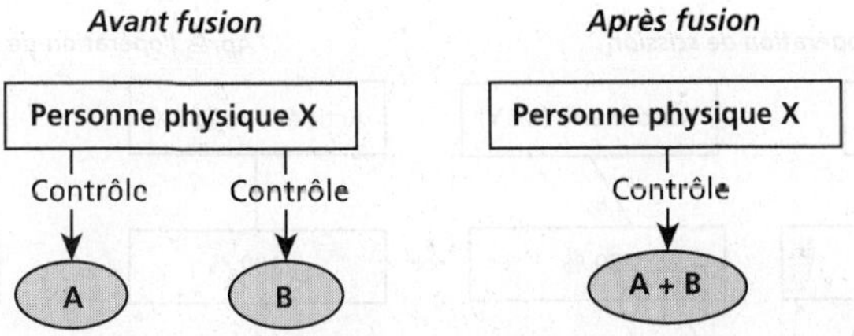

***Solution de l'exemple 1** Préalablement à l'opération, les deux entités A et B n'ont aucun lien de contrôle dans la mesure où le contrôle ne s'apprécie qu'au niveau des personnes morales.*

*Les entités A et B sont sous contrôle distinct. Comme il n'est pas tenu compte du contrôle exercé par les personnes physiques, l'opération est réputée être réalisée à l'endroit. En conséquence, les apports de B à A doivent être valorisés à la **valeur réelle** (voir nº 7605).*

Voir également exemple fourni par l'annexe III du titre VII du Recueil des normes comptables, 3e cas 1) (voir nº 13640).

***Exemple 2** Absence de lien de contrôle préalablement à l'opération (exemple fourni par l'annexe III du titre VII du Recueil des normes comptables, 4e cas, 2 ; voir nº 13640).*

Cas d'un apport partiel d'actif à l'envers. Deux personnes morales A et B sont détenues par une même personne physique, Monsieur X.

L'entité A apporte une branche complète d'activité à l'entité B et reçoit en rémunération des titres émis par B.

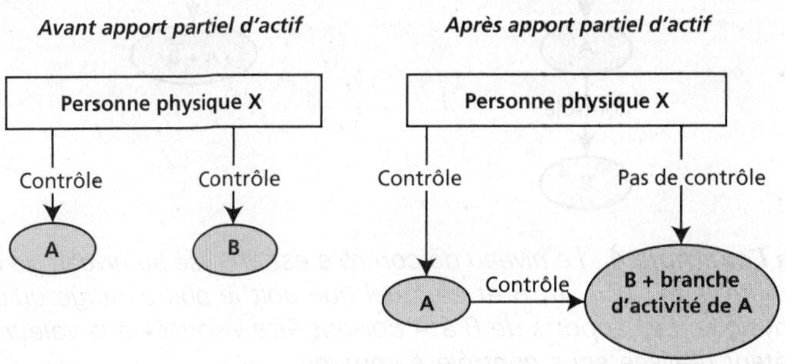

Solution de l'exemple 2 *A l'issue de l'opération d'apport, l'entité apporteuse A prend le contrôle de l'entité bénéficiaire des apports (B). A la date de l'opération, les deux entités sont contrôlées par une même personne physique mais n'ont aucun lien de contrôle entre elles dans la mesure où le contrôle ne s'apprécie qu'au niveau des personnes morales. L'apport partiel d'actif est donc réalisé entre entités sous contrôle distinct. Après l'apport, l'entité apporteuse prend le contrôle de l'entité bénéficiaire des apports. Il s'agit donc d'un apport partiel d'actif à l'envers, les apports de A à B doivent être valorisés à la* **valeur comptable** *(voir n° 7605).*

Exemple 3 *(établi par nos soins)* ***Absence de lien de contrôle préalablement à l'opération*** *L'entité A est détenue conjointement à 50 % par deux personnes physiques, Monsieur X et Monsieur Y. Dans le cadre d'une scission, l'entité A apporte ses deux activités (A1 et A2) aux entités B et C, créées pour l'occasion. B et C sont détenues à 100 % respectivement par Monsieur X et Monsieur Y.*

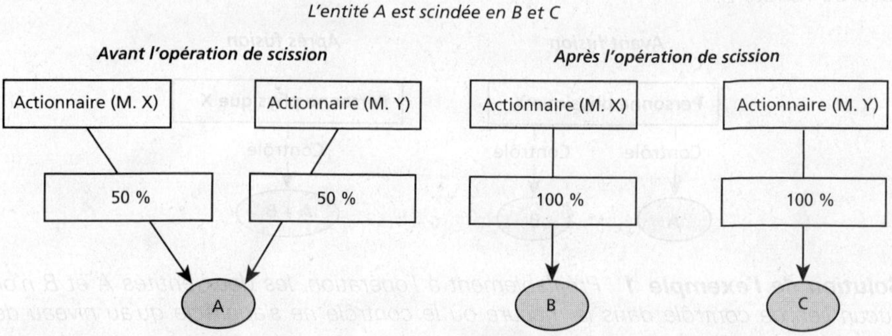

Solution de l'exemple 3 *Les apports de A à B et C sont valorisés à la* **valeur réelle** *car la scission est réalisée sous contrôle distinct à l'endroit.*

Exemple 4 ***Existence d'un lien de contrôle préalablement à l'opération*** *(exemple fourni par l'annexe III du titre VII du Recueil des normes comptables, 1er cas ; voir n° 13640)*

Une personne physique, Monsieur X contrôle une personne morale A, qui contrôle elle-même une personne morale B. A absorbe B.

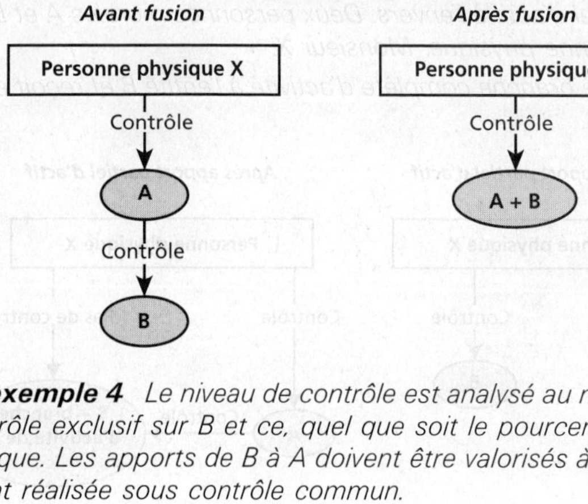

Solution de l'exemple 4 *Le niveau de contrôle est analysé au niveau de l'entité A qui exerce un contrôle exclusif sur B et ce, quel que soit le pourcentage qu'en détient la personne physique. Les apports de B à A doivent être valorisés à la* **valeur comptable,** *l'opération étant réalisée sous contrôle commun.*

Exemple 5 *(exemple fourni par l'annexe III du titre VII du Recueil des normes comptables, 3e cas 2. 1) L'entité A est contrôlée directement par une personne morale M (le contrôle ultime par la personne physique étant exercé par l'intermédiaire de cette personne morale). L'entité A absorbe l'entité B. La personne morale M perd le contrôle.*

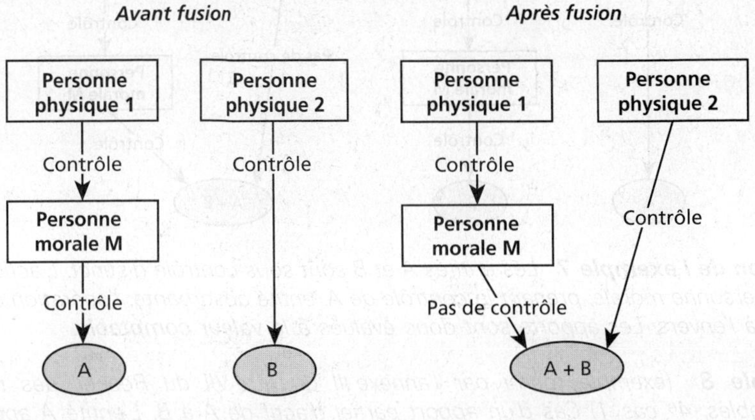

Solution de l'exemple 5 *Les entités A et B sont sous contrôle distinct. L'actionnaire de A, personne morale M, perd le contrôle de A. L'opération est une fusion à l'envers. Les apports sont donc évalués à la* ***valeur comptable.***

Exemple 6 *(exemple fourni par l'annexe III du titre VII du Recueil des normes comptables, 3e cas 2. 2) L'entité A est contrôlée directement par une personne morale M (le contrôle ultime par la personne physique étant exercé par l'intermédiaire de cette personne morale). L'entité A absorbe l'entité B. La personne morale M garde le contrôle.*

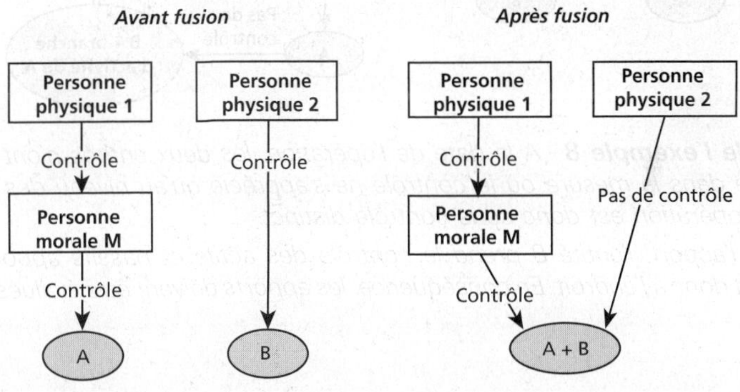

Solution de l'exemple 6 *Les entités A et B sont sous contrôle distinct. L'actionnaire de A, personne morale M, garde le contrôle de A. L'opération est une fusion à l'endroit. Les apports sont donc évalués à la* ***valeur réelle.***

Exemple 7 *(exemple fourni par l'annexe III du titre VII du Recueil des normes comptables, 3e cas 3) L'entité B est contrôlée directement par une personne morale M (le contrôle ultime par la personne physique étant exercé par l'intermédiaire de cette personne morale). L'entité A absorbe l'entité B.*

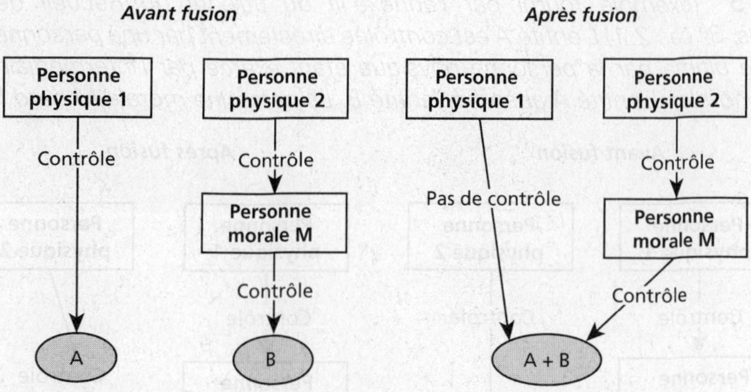

Solution de l'exemple 7 *Les entités A et B sont sous contrôle distinct. L'actionnaire de B, personne morale, prenant le contrôle de A, entité absorbante, l'opération est une fusion à l'envers. Les apports sont donc évalués à la* ***valeur comptable.***

Exemple 8 *(exemple fourni par l'annexe III du titre VII du Recueil des normes comptables, 4e cas 1) Cas d'un apport partiel d'actif de A à B. L'entité A apporte à l'entité B une branche complète d'activité et reçoit en contrepartie des titres de l'entité B.*

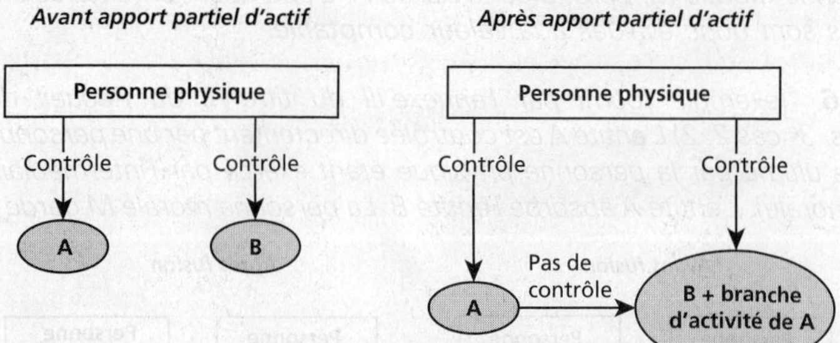

Solution de l'exemple 8 *A la date de l'opération, les deux entités n'ont aucun lien de contrôle dans la mesure où le contrôle ne s'apprécie qu'au niveau des personnes morales. L'opération est donc sous contrôle distinct.*

Du fait de l'apport, l'entité B prend le contrôle des actifs et passifs apportés par A. L'apport est donc à l'endroit. En conséquence, les apports doivent être évalués à la ***valeur réelle.***

SECTION III

Situations dérogatoires

Présentation

7645 ***Question***

Quelles sont les situations dérogatoires aux principes généraux de valorisation ?

Réponse

Les règles comptables prévoient deux situations dérogatoires, dans lesquelles la valeur réelle doit être retenue pour valoriser les apports :
- la filialisation d'une branche d'activité destinée à être cédée,
- l'insuffisance d'actif net apporté pour permettre la libération du capital.

Commentaires Sur la filialisation d'une branche d'activité destinée à être cédée, voir ci-après.
Sur l'insuffisance d'actif net apporté pour permettre la libération du capital, voir nº 7648.

I. Filialisation d'une branche d'activité destinée à être cédée (apport-cession)

7646 Le traitement comptable et fiscal des apports-cessions est examiné dans le chapitre consacré aux apports partiels d'actif (nº 10200 s.).

II. Actif net apporté insuffisant pour permettre la libération du capital

Nature et raison de la dérogation

7648 ***Question***

En quoi consiste la dérogation pour actif net insuffisant ?

Réponse

Cette dérogation permet de retenir la valeur réelle pour des opérations qui, si elles étaient effectuées à la valeur comptable conformément aux règles générales de valorisation, ne seraient pas réalisables juridiquement.

PCG art. 743-3
(*en partie*) Par dérogation, lorsque les apports doivent être évalués à la valeur nette comptable en application des règles prévues par les articles 743-1 et 743-2 et que l'actif net comptable apporté est insuffisant pour permettre la libération du capital, les valeurs réelles des éléments apportés doivent être retenues. Si l'actif net comptable apporté est insuffisant mais néanmoins positif, cette dérogation ne s'applique qu'au seul cas d'apport à une entité ayant une activité préexistante, et ne peut pas s'appliquer en cas de création ex nihilo d'une entité ni en cas d'aménagement d'une entité préexistante.
Par ailleurs, cette dérogation ne peut s'appliquer ni aux opérations de dissolution par confusion de patrimoine ni aux fusions et scissions sans échange de titres.

Commentaires Les fusions et opérations assimilées se traduisent en général par une augmentation de capital de la société bénéficiaire des apports.

Voir toutefois nº 7650 le cas des fusions et des scissions sans échange de titres ainsi que des TUP.

Or, **les actions d'apport doivent être intégralement libérées dès leur émission** (C. com. art. L 225-147).

Le respect de cette obligation requiert que le montant des apports effectués au profit de la société bénéficiaire soit au moins égal à l'augmentation de capital de cette société augmentée, éventuellement, de la prime de fusion ou d'apport, conformément à l'article R 225-8 du Code de commerce (Recueil des normes comptables de l'ANC, Commentaire IR 3 sous l'art. 743-3 du PCG), voir nº 10505.

Le montant de l'augmentation de capital de la société bénéficiaire est déterminé en fonction du rapport d'échange retenu, lui-même calculé sur la base de la valeur réelle globale de chaque société (voir nº 7507) à la date de réalisation juridique de l'opération (voir nº 10505). Ce montant est donc indépendant de la méthode de valorisation des apports appliquée (sur cette méthode, voir nº 7605).

Fiscalement, il en est de même. La transcription des apports à leur valeur comptable n'a aucune incidence sur les modalités de détermination du rapport d'échange qui doit être calculée sur la base de la valeur réelle des apports (voir nº 7507). Sur le cas particulier dans lequel la rémunération d'un apport partiel d'actif peut être effectuée sur la base de la valeur nette comptable, voir nº 7654.

C'est pourquoi, afin d'éviter que l'obligation découlant du principe général « à une situation donnée, une seule valorisation » ne fasse obstacle à la réalisation de certaines opérations, le PCG a prévu une **dérogation,** selon laquelle la valorisation des apports à la **valeur réelle doit être retenue** :
- lorsque l'actif net comptable apporté est insuffisant pour permettre la libération du capital ; cette dérogation est néanmoins limitée à certaines opérations, voir nº 7652 ;
- lorsque l'actif net comptable apporté est négatif (sans condition) (Recueil des normes comptables de l'ANC, Commentaire IR 3 sous l'art. 743-3 du PCG ; voir nº 10505) ;
- sous réserve toutefois que la valeur réelle des apports soit supérieure à l'augmentation de capital plus la prime.

Par ailleurs, selon la CNCC (Guide professionnel sur le commissariat aux apports et à la fusion, juin 2012 § 1.172) :
- la problématique liée à l'apport d'un actif net comptable négatif à la date d'effet comptable subsiste même si l'actif net comptable devient positif, à la date de réalisation juridique de l'opération, du fait des opérations d'exploitation qui ont eu lieu pendant la période intercalaire et ont eu un effet positif sur l'évaluation de l'actif net comptable ;
- en revanche, sont à prendre en compte les opérations affectant les capitaux propres intervenues pendant la période intercalaire qui conduiraient à rendre positif, à la date de réalisation juridique de l'opération, l'actif net apporté.

Sur le traitement comptable d'une augmentation de capital de l'entité absorbée pendant la période intercalaire, voir nº 10625.

Exemple *(établi par nos soins) La société A absorbe la société B. Ces sociétés n'ont pas de lien en capital mais sont contrôlées par une même société mère (fusion avec échange de titres).*

Situation de A à la date de fusion		*Situation de B à la date de fusion*	
Capital	*100 000 (1 000 actions de 100)*	*Capital*	*50 000 (500 actions de 100)*
Valeur réelle	*150 000 (150 par action)*	*Actif net comptable*	*30 000*
		Valeur réelle	*60 000 (120 par action)*

Solution de l'exemple *Le rapport d'échange est égal à 4 actions A pour 5 actions B. La société A doit donc augmenter son capital de 40 000 (50 000 x 4/5). En application du principe général de valorisation des apports (voir nº 7605), la fusion devrait être réalisée sur la base de la valeur comptable, A et B étant des sociétés sous contrôle commun. Toutefois, l'actif net comptable de B (30 000) est insuffisant pour permettre la libération du capital de A (40 000). L'apport à la valeur réelle permet, en revanche, de procéder à la fusion, la libération du capital étant en effet possible dans ce cas. L'opération se traduit pour A par :*
- *une augmentation de capital de 40 000 ;*
- *une prime de fusion de 20 000 (60 000 – 40 000).*

Fusions, scissions sans échange de titres et TUP

7650 ***Question***

Cette dérogation s'applique-t-elle aux fusions et scissions sans échange de titres ainsi qu'aux TUP ?

Réponse

Non. En l'absence d'augmentation de capital de la société absorbante, bénéficiaire des apports ou confondante, l'apport d'un actif net insuffisant ou d'un actif net négatif n'empêche pas la libération du capital.

PCG art. 743-3
(*en partie*) Cette dérogation ne peut s'appliquer ni aux opérations de dissolution par confusion de patrimoine ni aux fusions et scissions sans échange de titres.

Commentaires Ni les fusions et scissions réalisées sans échange de titres ni les TUP n'entraînent d'augmentation de capital de l'entité bénéficiaire pour rémunérer les apports. Le problème de libération du capital (voir nº 7648) ne se pose donc pas.
En conséquence, la dérogation prévue ne concerne pas ces opérations.

Les règles comptables confirment ainsi la position de la CNCC (Guide professionnel sur le commissariat aux apports et à la fusion de juin 2012 § 1.172 et Bull. CNCC nº 117, mars 2000, EJ 99-260, p. 99 s.) selon laquelle, dans le cas d'une fusion simplifiée (à 100 %), rien ne s'oppose à ce que la société absorbante reçoive un apport en nature dont la valeur est négative dans la mesure où il n'y a pas d'augmentation de capital.

Opérations visées Sont visées les opérations suivantes :
- fusion-absorption par une entité mère de sa filiale détenue à 100 % (voir nº 7107) ;
- fusion entre entités détenues à 100 % par la même entité mère (voir nº 7107) ;
- scission d'une entité au bénéfice de plusieurs entités, dans laquelle l'entité scindée et les entités bénéficiaires sont filiales à 100 % d'une même entité mère (voir nº 7155) ;
- dissolution par confusion de patrimoine ou TUP (voir nº 7160).

Limitation de la dérogation

7652 ***Question***

Cette dérogation peut-elle être appliquée, en toutes circonstances, aux fusions et scissions avec échange de titres ainsi qu'aux apports partiels d'actif ?

Réponse

Non. Si l'actif net apporté est insuffisant mais néanmoins positif, la société absorbante ou bénéficiaire des apports doit avoir une activité préexistante à l'apport.

PCG art. 743-3
(*en partie*) Si l'actif net comptable apporté est insuffisant mais néanmoins positif, cette dérogation ne s'applique qu'au seul cas d'apport à une entité ayant une activité préexistante, et ne peut pas s'appliquer en cas de création ex nihilo d'une entité ni en cas d'aménagement d'une entité préexistante.

Commentaires La dérogation relative à l'insuffisance d'actif net apporté pour permettre la libération du capital est réservée, dans le cas où l'actif net apporté est insuffisant mais néanmoins positif, aux opérations d'apport à des sociétés ayant une activité préexistante (PCG art. 743-3 précité ; Recueil des normes comptables de l'ANC, Commentaire IR 3 sous l'art. 743-3 du PCG ; en ce sens également, Bull. CNCC nº 178, juin 2015, EJ 2014-124 et EC 2014-51, p. 322 s.).
Ainsi, lorsque l'actif net apporté est insuffisant mais néanmoins positif, sont exclues les opérations réalisées avec des sociétés absorbantes ou bénéficiaires des apports (PCG art. 743-3) :
- créées pour les besoins de l'opération (en ce sens également, Bull. CNCC nº 162, juin 2011, EC 2011-18, p. 272 s.),
- ou déjà existantes mais dans lesquelles des opérations préalables (restructurations internes ou restructurations financières par exemple) ont été effectuées afin de se placer dans le champ de la dérogation et ce, de manière **abusive**.

En revanche, lorsque l'**actif net apporté est négatif** :
- la valeur réelle est à retenir, sans restriction sur les caractéristiques de la société absorbante ou bénéficiaire des apports,
- sous réserve que la valeur réelle des apports soit supérieure à l'augmentation de capital plus la prime (Recueil des normes comptables de l'ANC, Commentaire IR 3 sous l'art. 743-3 du PCG ; voir n° 10505).

Pour plus de détails, voir n° 7648.

Réalisation d'une opération à la valeur comptable malgré un actif net comptable insuffisant

7654 ***Question***

En cas d'actif net comptable positif mais insuffisant pour libérer le capital, comment permettre néanmoins la réalisation de l'opération à la valeur comptable ?

Réponse

Deux solutions permettent de réaliser cette opération à la valeur comptable :
- 1re solution : déterminer le rapport d'échange à partir des valeurs comptables ;
- 2e solution : réduire le capital de la société absorbante (ou bénéficiaire des apports) préalablement à l'opération pour réduire le nominal des actions.

Commentaires Cette question concerne les opérations pour lesquelles la valorisation à la valeur comptable ne permet pas de respecter l'obligation juridique de libération du capital, compte tenu de la détermination du rapport d'échange à partir des valeurs réelles (voir n° 7648).

Elle s'adresse en particulier aux cas où la société absorbante (ou bénéficiaire des apports) ne répond pas aux conditions requises par les règles comptables pour pouvoir bénéficier de la dérogation aux règles générales de valorisation (voir n° 7652).

Il existe deux solutions permettant de réaliser une opération à la valeur comptable en cas d'actif net comptable positif apporté mais insuffisant pour permettre la libération du capital (Recueil des normes comptables de l'ANC, Commentaire IR 3 sous l'art. 743-3 du PCG) :
- 1re solution : déterminer le rapport d'échange à partir des valeurs comptables (voir ci-après) ;

  Cette solution ne concerne toutefois que les apports partiels d'actif à des sociétés détenues à 100 % par la société apporteuse.

- 2e solution : réduire le capital de la société absorbante (ou bénéficiaire des apports) préalablement à l'opération pour réduire le nominal des actions (voir ci-après).

  Cette solution peut être retenue quelle que soit l'opération réalisée (dès lors que l'apport est positif), mais présente certaines contraintes juridiques.

1. Détermination du rapport d'échange d'un apport partiel d'actif sur la base des valeurs comptables Afin de pouvoir réaliser l'apport partiel d'actif à la valeur comptable tout en permettant la libération du capital, il est possible, pour certaines opérations, de déterminer le rapport d'échange sur la base des valeurs comptables.

Dans ce cas, en effet, l'augmentation de capital est nécessairement égale à la valeur (comptable) des apports.

Cette solution est acceptable :
- sur le plan comptable : le PCG ne traitant pas du rapport d'échange (voir n° 7507), les parties peuvent décider de retenir les valeurs comptables sous réserve de respecter les droits des actionnaires ;

A notre avis, compte tenu des contraintes fiscales (voir ci-après), cette solution ne peut toutefois être retenue **qu'en cas d'apport partiel d'actif à une filiale détenue à 100 %**, en l'absence de minoritaires.

En effet, la fusion avec une filiale détenue à 100 % peut toujours être réalisée, quelle que soit la valeur des apports (voir n° 7650).

- sur le plan fiscal, sous réserve du respect des conditions strictes posées par l'administration (voir n° 7509).

2. Réduction de capital de la société absorbante (ou bénéficiaire des apports) préalablement à l'opération La société absorbante ou bénéficiaire des apports peut, préalablement à l'opération, procéder à une réduction de son capital, non motivée par des pertes, afin de réduire la valeur nominale de ses actions ; cette réduction de capital a pour contrepartie la création d'une prime d'émission (Bull. CNCC n° 162, juin 2011, EC 2011-18, p. 272 s.).

Sur le plan juridique, la Chancellerie a confirmé la licéité de cette opération (Lettre de la Chancellerie au CNC en date du 16 décembre 2005 publiée par la CNCC ; Bull. CNCC n° 140, décembre 2005, p. 570).

Cette solution permet de satisfaire à l'obligation juridique de libération du capital :
- en réalisant l'apport à la valeur comptable,
- en calculant le rapport d'échange à partir des valeurs réelles,
- et en respectant l'obligation fiscale de calcul des parités à la valeur réelle (voir n° 7507).

En outre, elle est applicable à toutes les opérations de fusion et d'apport partiel d'actif (à condition toutefois que l'apport soit positif), et ce, même en présence de minoritaires.

Alors que la solution précédente (détermination du rapport d'échange à partir des valeurs comptables) ne peut, à notre avis, être retenue qu'en cas d'apport partiel d'actif effectué au profit d'une société détenue à 100 % (en l'absence de minoritaires).

Toutefois, cette opération présente des **contraintes sur le plan juridique.** En effet, elle requiert une décision de l'assemblée générale de la société absorbante (ou bénéficiaire des apports). En outre, certaines règles, applicables à toute réduction de capital non motivée par des pertes, doivent être respectées :
- maintien de l'égalité entre les actionnaires (C. com. art. L 225-204),
- intervention du commissaire aux comptes,

Sur cette intervention, voir FRC 12/22 Hors série inf. 104.

- mesures de publicité (C. com. art. L 225-205),
- possibilité pour les créanciers sociaux de faire opposition à l'opération (C. com. art. L 225-205).

Pour plus de détails sur les aspects juridiques de cette opération, voir Mémento Sociétés commerciales n° 51730.

Cette solution ne peut pas être imposée à une société absorbante (bénéficiaire des apports) préexistante à l'opération (Bull. CNCC n° 178, juin 2015, EJ 2014-124 et EC 2014-51, p. 322 s.). Cette dernière peut donc choisir de ne pas réduire son capital et de réaliser l'opération à la valeur réelle en application de l'article 743-1 du PCG, voir n° 7648.

Exemple *(établi par nos soins) La société A filialise une activité en apportant la branche complète d'activité correspondante à une société nouvelle B qu'elle a préalablement créée à cet effet.*

Situation de A à la date de l'APA		*Situation de B à la date de l'APA*	
Valeur comptable de l'apport	*100 000*	*Capital*	*10* *(10 actions de 1)*
Valeur réelle de l'apport	*150 000*		

En retenant un rapport d'échange calculé sur la base de la valeur réelle (règle générale), B devrait émettre 150 000 actions, correspondant à une augmentation de capital de 150 000 (150 000 actions x 1).

Les deux sociétés étant sous contrôle commun, les apports devraient être valorisés à la valeur comptable. Toutefois, l'actif net comptable de la branche d'activité apportée par A (100 000) est insuffisant pour permettre la libération du capital de B (150 000).

Or, la société B ayant été constituée pour les besoins de l'opération, la dérogation relative à l'insuffisance d'actif net apporté pour permettre la libération du capital ne peut être retenue. Les apports doivent donc être valorisés à la valeur comptable (et non à la valeur réelle).

Solutions de l'exemple : – 1re solution : rapport d'échange sur la base de la valeur comptable *Afin de pouvoir réaliser l'opération à la valeur comptable, le rapport d'échange est donc calculé sur la base de la valeur comptable, les conditions comptables et fiscales étant en effet réunies.*

Sur ces conditions, voir ci-avant.

Dans ce cas, le nombre d'actions à émettre est de 100 000. L'augmentation de capital s'élève donc à 100 000 actions x 1 = 100 000.

Cette solution permet de satisfaire à l'obligation juridique de libération du capital :
- *tout en réalisant l'apport à la valeur comptable,*
- *sans risque fiscal.*

– ***2e solution : réduction de capital*** *Afin de respecter la règle fiscale applicable, selon laquelle le rapport d'échange doit être calculé selon les valeurs réelles quelle que soit la valeur retenue pour la transcription des apports, le nombre de titres à émettre doit être de 150 000 (déterminé sur la base du rapport d'échange calculé à partir des valeurs réelles).*

Toutefois, la société B peut réduire le montant du nominal de ses actions afin de ramener le montant de l'augmentation de capital à 100 000, correspondant à la valeur comptable des apports :

Avant réduction du nominal		*Après réduction du nominal*	
Capital social : 10 actions x 1	*10*	*Capital social : 10 actions x 0,666 (1)*	*6,66*
		Prime d'émission : 10 x 0,334 (2)	*3,34*
Total	*10*	*Total*	*10*

(1) Montant du nominal permettant de rémunérer l'apport à la valeur comptable (100 000) / nombre d'actions à émettre (150 000) = 0,666.
(2) [Montant du nominal avant réduction (1) – montant du nominal après réduction (0,666)] = 0,334.

Dans ce cas, l'augmentation de capital s'élève bien à 100 000 (soit 150 000 actions x 0,666).

L'obligation juridique de libération du capital est donc respectée.

> ***Augmentation du nominal des actions après l'opération*** *La prime d'émission ainsi créée peut, par la suite, être réintégrée dans le capital et augmenter le nominal des actions. Pour plus de détails, voir Mémento Comptable nº 55340 et Mémento Sociétés commerciales nº 49512.*

SECTION IV

Informations en annexe

Informations concernant la méthode de valorisation

7660 ***Question***

Quelles sont les informations à fournir dans l'annexe des comptes concernant la méthode de valorisation ?

Réponse

La société absorbante ou bénéficiaire des apports doit obligatoirement fournir une information dans l'annexe aux comptes de l'exercice de l'opération sur :
- le contexte de l'opération,
- les modalités de valorisation, que celles-ci soient conformes au principe général ou qu'elles y dérogent (filialisation d'une branche d'activité destinée à être cédée ou actif net apporté insuffisant pour permettre la libération du capital).

Commentaires Voir nº 13270.

Sur les deux dérogations au principe général de valorisation des apports, voir nº 7645.

SECTION V

Détermination des valeurs d'apport

I. Valeur réelle

Eléments à inscrire dans le traité d'apport

7700 ***Question***

Quels sont les différents actifs et passifs à inscrire à la valeur réelle dans le traité d'apport ?

Réponse

Evaluer les apports à la valeur réelle dans le traité conduit à y mentionner les trois types d'éléments suivants :
- les actifs et passifs déjà comptabilisés dans l'entité absorbée (ou apporteuse),
- certains actifs et passifs ne figurant pas au bilan de l'entité absorbée (ou apporteuse), tels qu'éléments incorporels créés, provision pour retraite ou impôts différés,
- le fonds commercial.

PCG art. 744-1

(*en partie*) Lorsque les apports sont évalués à la valeur réelle, les valeurs individuelles des actifs et passifs apportés correspondent aux valeurs réelles attribuées à chacun des éléments inscrits dans le traité d'apport, figurant ou non à l'actif (par exemple, les marques ou les impôts différés actifs) ou au passif (par exemple, les provisions pour retraite ou les impôts différés passifs) du bilan de l'absorbée ou de l'entité apporteuse à la date d'effet de l'opération. Ces valeurs s'apprécient en fonction du marché et de l'utilité du bien pour l'entité. Pour l'établissement de ces valeurs, l'entité utilise les références ou les techniques les mieux adaptées à la nature du bien, telles que les prix de marché, les indices spécifiques et des expertises indépendantes.
La différence éventuelle positive entre la valeur globale des apports et la somme algébrique des valeurs réelles, estimées à la même date, des actifs et passifs identifiés est également inscrite dans le traité d'apport ou autre document faisant foi, sur une ligne « fonds commercial », reprise comme telle au bilan de l'entité absorbante ou bénéficiaire.

Commentaires Les apports réalisés à la valeur réelle impliquent l'inscription des éléments suivants dans le traité d'apport :
- les actifs et passifs déjà comptabilisés chez l'entité absorbée ou apporteuse (voir ci-après 1.) ;

– les actifs et passifs non comptabilisés chez l'entité absorbée ou apporteuse (voir ci-après 2.) ;
– le fonds commercial éventuel (voir ci-après 3.).

Fiscalement, la définition comptable de la valeur réelle est retenue (BOI-IS-FUS-30-20 nº 50 et 220), ce qui n'interdit pas à l'administration fiscale d'en contester le montant, même s'il n'a pas été remis en cause par le commissaire aux apports (CAA Versailles 26-3-2009 nº 08-1604 et nº 08-1605, rendu définitif par CE 7-11-2012 nº 328670). Sur le rôle du commissaire aux apports en matière de valorisation, voir nº 13110.

Dans l'hypothèse où la valorisation des apports doit obligatoirement être effectuée d'après leurs valeurs réelles, l'administration est fondée à contrôler que les valeurs retenues dans le traité correspondent effectivement aux valeurs réelles de chacun des éléments d'actif.

En cas de **minoration des valeurs d'apport**, l'administration peut corriger la valeur d'inscription des biens concernés chez la société bénéficiaire sur le fondement de l'article 38, 2 du CGI dès lors que la minoration dissimule une libéralité, qui est présumée lorsque les parties sont en relation d'intérêt (CE 9-5-2018 nº 387071). Il en résulte une imposition supplémentaire au nom de la société bénéficiaire à concurrence de cet écart au titre de l'exercice de réalisation de l'opération. La société apporteuse est quant à elle regardée comme ayant commis un acte anormal de gestion du fait de la sous-évaluation de l'apport et elle supporte à ce titre une imposition au taux normal de l'IS, même si ce sont des titres de participation qui ont été apportés (CE 6-2-2019 nº 410248). Toutefois, lorsque l'écart entre la valeur réelle et la valeur d'apport est justifié par l'existence d'une contrepartie, ces rehaussements devraient, à notre avis, être évités (CE 21-10-2020 nº 434512).

En cas de **majoration des valeurs d'apport**, aucune correction du résultat imposable de la société bénéficiaire n'est encourue au titre de l'exercice de réalisation de l'opération, mais l'administration peut remettre en cause la déduction des amortissements, provisions ou moins-values, à concurrence du montant correspondant à la part excessive de la valeur du bien reçu (CE 27-4-2001 nº 212680). Du point de vue de la société apporteuse, le Conseil d'Etat a jugé que la seule circonstance qu'un apport ait été consenti pour une valeur majorée ne traduit pas par elle-même l'existence d'une libéralité de la société bénéficiaire de l'apport au profit de l'apporteur qui serait imposable en tant que revenu distribué en application de l'article 111, c du CGI (CE 20-10-2021 nº 445685). Selon l'approche économique retenue par le rapporteur public Romain Victor sous cette décision, l'existence d'une libéralité dans une telle situation devrait être appréciée en considérant non pas les relations entre l'apporteur et la société bénéficiaire mais celles entretenues entre les associés de cette société et l'apporteur, compte tenu de l'impact de l'opération sur la répartition du capital entre eux.

1. Actifs et passifs déjà comptabilisés chez l'entité absorbée ou apporteuse Ils doivent être estimés à leur valeur réelle.

Le PCG (art. 744-1 précité) apporte quelques précisions sur le mode d'évaluation de la valeur réelle (prix de marché, valeur d'utilité du bien, indices spécifiques, expertises).

Ainsi, plusieurs méthodes peuvent conduire à une estimation de la valeur réelle. Aucune ne se suffit à elle-même. Aussi est-il possible de tenir compte de plusieurs d'entre elles en menant une **analyse multi-critères** (en ce sens, Bull. CNCC nº 203, septembre 2021, EC 2021-06).

Créances et dettes en devises Dans le traité d'apport, les créances et dettes en devises sont évaluées sur la base du cours à la date d'effet de l'opération en cas d'effet rétroactif, ou à la date du traité en l'absence d'effet rétroactif. Dans ce second cas, leur évaluation devra, à notre avis, être réestimée en fonction du cours du jour de l'opération, voir nº 8135.

Titres de participation :
– selon la CNCC (Bull. CNCC nº 203, septembre 2021, EC 2021-06), la valeur réelle de titres apportés s'apprécie de manière globale, au regard des méthodes d'évaluation pertinentes. Il ne s'agit pas de procéder à une somme des valeurs réelles individuelles des actifs et passifs sous-jacents et identifiés de l'entité dont les titres sont apportés (clientèle, savoir-faire, capital humain...). Ainsi, la valeur globale des titres apportés en valeur réelle tient compte de l'ensemble des éléments qui y contribuent, y compris les risques attachés à l'activité, indépendamment de la comptabilisation ou non des actifs et passifs dans les comptes annuels de la société dont les titres sont apportés ;

– lorsque la société absorbée (apporteuse) a incorporé les **frais d'acquisition** dans le coût d'entrée de ses titres de participation, ces frais ne devraient pas être maintenus en tant que tels dans le traité d'apport, la valeur réelle étant estimée pour les titres dans leur ensemble.

Fiscalement, sur la poursuite, par la société absorbante (ou bénéficiaire des apports), de l'amortissement fiscal de ces frais d'acquisition, voir nº 7802.

Pour les incidences de la définition de la valeur réelle sur la décomposition des immobilisations apportées, voir nº 7705.

Sur la possibilité de recourir à l'actualisation, voir nº 7703.

2. Actifs et passifs ne figurant pas au bilan de l'entité absorbée ou apporteuse Ils doivent être valorisés à leur valeur réelle (définie selon les modalités issues de l'art. 744-1 du PCG, voir 1. ci-avant).

Il s'agit notamment des éléments suivants :

a. Les actifs incorporels créés par l'entité absorbée (ou apporteuse) et qui n'ont pas pu être portés au bilan, les règles comptables l'interdisant en raison de la non-reconnaissance de ces actifs générés en interne (exemple cité par le PCG art. 744-1 précité : les marques).

b. Les contrats souscrits par l'entité absorbée (ou apporteuse) (par exemple, contrats de crédit-bail) et qui ont une valeur.

c. Les éléments que l'entité absorbée (ou apporteuse) a pu choisir de ne pas comptabiliser (exemple cité par le PCG art. 744-1 précité : les provisions pour retraite).

Ce traitement est inspiré de celui retenu dans les comptes consolidés pour les regroupements d'entreprises (voir Mémento Comptes consolidés nº 5077 s.).

Ainsi, en matière d'**engagements de retraite,** les **droits acquis** des salariés de l'entité absorbée (ou apporteuse) **à la date d'effet de l'opération,** qui étaient mentionnés dans l'annexe des comptes de la société absorbée (ou apporteuse), doivent figurer dans le traité en tant que passif apporté.

Et ce, même si l'entité absorbante ne provisionne pas les engagements de retraite (voir nº 8150).

Coûts de développement A notre avis, les développements dont les coûts ont été antérieurement passés en charges dans les comptes de l'entité absorbée (ou apporteuse) doivent également être inscrits dans le traité d'apport pour leur valeur réelle. En effet, dans les comptes consolidés, lors de l'entrée d'une entreprise dans le périmètre de consolidation, les coûts de développement répondant aux conditions d'activation sont obligatoirement inscrits à l'actif :
– même si l'entité acquise a choisi d'inscrire ces coûts directement en charges, conformément à l'option (immobilisations incorporelles/charges) laissée par le Plan comptable général (PCG art. 212-3/2 ; voir Mémento Comptable nº 30890),
– même si ce n'est pas la méthode retenue par le groupe.

3. Les impôts différés actifs et passifs, même si cette notion n'existe pas dans les règles applicables aux comptes sociaux et est rarement utilisée en pratique.

Ce traitement est également inspiré des comptes consolidés.

Ainsi, par exemple :
– si l'opération est placée sous le régime de faveur, le traité d'apport doit tenir compte des impôts différés passifs sur les plus-values d'apport (voir nº 7900) ;
– si la société absorbée (ou apporteuse) **« apporte » un déficit fiscal sur agrément** (voir nº 7802) ou détient des créances futures d'impôt importantes et que la société absorbante (ou bénéficiaire des apports) est en situation fiscale de les utiliser les exercices ultérieurs, un impôt différé actif est à constater dans le traité d'apport ;

Sur l'impôt différé actif que peut constater une société française du fait du plafonnement des déficits reportables en avant, voir Mémento Comptes consolidés nº 3647-4.

– si la société absorbée (ou apporteuse) apporte des éléments d'actif grevés d'un **sursis d'imposition** (par exemple, apport d'une immobilisation non amortissable ayant fait l'objet d'une opération de fusion ou d'apport antérieure à la valeur réelle placée sous le régime fiscal de faveur, voir nº 7802), un impôt différé passif est à constater dans le traité d'apport.

Pour l'incidence du choix du régime fiscal sur la constatation (ou non) d'impôts différés dans le traité d'apport, voir nº 7900 s.

Sur la possibilité d'actualiser les montants d'impôts différés, voir nº 7703.

4. **Les impôts exigibles liés à la fusion** Lorsque la fusion est placée sous le régime fiscal de droit commun, la dette d'impôt générée par l'opération [correspondant, par exemple, à l'imposition des plus-values de fusion chez la société absorbée (voir nº 7802)] doit également être mentionnée dans le traité d'apport (voir nº 7920).

Conséquences pratiques La prise en compte d'éléments actifs et passifs que l'entité absorbée (ou apporteuse) peut ne pas avoir comptabilisés nécessite un recensement préalable minutieux de ces éléments. En outre, pour certains d'entre eux, une évaluation peut s'avérer nécessaire uniquement pour les besoins de l'opération.

Contrôle du traité d'apport par le commissaire à la fusion Sur les conséquences pour le commissaire à la fusion de l'absence, dans le traité, des éléments que la société absorbée (ou apporteuse) a, le cas échéant, choisi de ne pas comptabiliser, voir nº 13140.

5. **Le fonds commercial** Selon le PCG (art. 744-1), un fonds commercial peut devoir être identifié. Celui-ci correspond, en pratique, à la différence éventuelle entre la valeur globale de l'entité absorbée ou de la branche d'activité apportée résultant de la détermination du rapport d'échange (voir nº 7507) et la somme des valeurs réelles des éléments apportés tels qu'énumérés aux points ci-avant.

En fait, il s'agit du « goodwill » ou « écart d'acquisition » tel qu'on le trouve dans les comptes consolidés. Il est constitué :
- d'éléments apportés mais ne pouvant être identifiés comptablement (tels que le capital humain...) ;
- d'éléments ne pouvant être comptabilisés ni chez la société absorbée ou apporteuse ni chez la société absorbante ou bénéficiaire des apports (tels que les engagements hors bilan..., voir nº 7707) ;
- de la fraction du prix payée par la société absorbante ou bénéficiaire des apports dans le cadre de l'opération en contrepartie des avantages que procure la prise de contrôle de la société absorbée ou de la branche d'activité (élimination d'une entreprise concurrente, assurance d'un approvisionnement ou d'un débouché, amélioration des conditions de production, expansion à l'étranger...).

Contrôle du traité d'apport par le commissaire à la fusion Sur les conséquences pour le commissaire à la fusion de la mention du fonds commercial (le cas échéant) dans le traité d'apport, voir nº 13140.

Sur la constatation d'un badwill, voir nº 7707.

Date d'évaluation des apports

7702 ***Question***

Quelles sont les valeurs réelles à mentionner dans le traité ?

Réponse

Les valeurs réelles telles qu'évaluées à la date d'effet de l'opération.

PCG art. 744-1

(*en partie*) Lorsque les apports sont évalués à la valeur réelle, les valeurs individuelles des actifs et passifs apportés correspondent aux valeurs réelles attribuées à chacun des éléments inscrits dans le traité d'apport, figurant ou non à l'actif (par exemple les marques ou les impôts différés actifs) ou au passif (par exemple les provisions pour retraites ou les impôts différés passifs) du bilan de l'absorbée ou de l'entité apporteuse à la date d'effet de l'opération.

Commentaires Les apports sont à évaluer à la **date d'effet** comptable de l'opération (et non à la date de réalisation juridique).

En conséquence :

1. **En cas d'effet rétroactif conféré à l'opération** Les valeurs à reprendre dans le traité d'apport sont les valeurs réelles des actifs et passifs figurant dans les comptes de la société absorbée (apporteuse) à la date d'effet rétroactif (en ce sens également, Bull. CNCC n° 182, juin 2016, EC 2016-16, p. 393 s.).

2. **En cas d'effet immédiat ou différé** Les valeurs à mentionner dans le traité sont des valeurs réelles estimées sous condition résolutoire (à prévoir explicitement dans le traité) des valeurs réelles définitives telles qu'elles seront fixées à la date d'effet.

Actualisation

7703 ***Question***

Les actifs et passifs apportés (dettes, créances, provisions à long terme, etc.) peuvent-ils ou doivent-ils figurer pour leur valeur actualisée dans le traité d'apport en cas d'apport à la valeur réelle ?

Réponse

Les actifs et passifs à long terme apportés devraient, à notre avis, être inscrits pour leur valeur actualisée, celle-ci étant plus représentative de la valeur économique ou financière réelle, à condition que cette évaluation soit cohérente avec l'évaluation globale des sociétés.

Commentaires Les règles comptables relatives aux fusions et opérations assimilées n'imposent pas de recourir à l'actualisation pour déterminer la valeur réelle des actifs et passifs apportés. Toutefois, elles ne l'interdisent pas de manière explicite.

En outre, ces règles établissent un lien direct entre les valeurs globales des sociétés participant à l'opération et les valeurs réelles attribuées à chacun des éléments inscrits dans le traité d'apport (voir n° 7510 et 7700). Aussi, dans un souci de cohérence entre l'évaluation de ces valeurs globales et celle des valeurs réelles individuelles des apports inscrites dans le traité, si la valeur actualisée des actifs et passifs est retenue dans le cadre de la détermination de la valeur globale des sociétés, il est préférable, à notre avis, de la retenir également pour déterminer leur valeur dans le traité d'apport.

En ce sens également, le guide professionnel CNCC sur le commissariat aux apports et à la fusion qui précise que les commissaires aux apports doivent vérifier les calculs d'actualisation lorsque des créances à long terme et des prêts non productifs d'intérêts sont apportés (§ 2.231, p. 125).

Si cette méthode est retenue pour déterminer la valeur réelle des apports, **l'ensemble des créances et des passifs à long terme** est, à notre avis, à actualiser.

Fiscalement, le Conseil d'Etat a déjà admis, en cas de transfert d'une créance, de retenir sa valeur actualisée afin de tenir compte des contraintes de paiement imposées au créancier, non compensées (ou insuffisamment) par des intérêts. Il en est ainsi en cas de :
- cession (CE 6-12-1978 nº 12561 ; BOI-BNC-BASE-30-20 nº 50) ;
- fusion à valeur réelle, le Conseil d'Etat analysant l'apport de la créance comme la cession d'un élément d'actif de la société absorbée à la société absorbante (en l'espèce, prêt à long terme et sans intérêts ; CE 25-5-1983 nº 30061).

Cas particulier des impôts différés Les impôts différés n'étant pas actualisés dans les comptes consolidés (Règl. ANC 2020-01 art. 272-12 ; voir Mémento Comptes consolidés nº 3688), y compris en IFRS, il est habituel de ne pas les actualiser dans le calcul de la valeur globale. En conséquence, pour être cohérent avec les valeurs retenues pour l'évaluation globale des sociétés et compte tenu du lien établi entre les règles relatives aux fusions et les règles françaises de consolidation (voir nº 7010), les impôts différés ne sont en général pas actualisés dans le traité d'apport.
Pour le lien avec le rapport d'échange (parité), voir nº 7507.

Décomposition des immobilisations

7705 ***Question***

Les immobilisations apportées à la valeur réelle doivent-elles être décomposées dans le traité d'apport ?

Réponse

Non, à notre avis.

Commentaires Conformément au PCG (art. 214-9), certaines immobilisations corporelles sont décomposées (en composants et structure) dans les comptes de la société absorbée (ou apporteuse).

Pour plus de détails sur la décomposition des immobilisations, voir Mémento Comptable nº 25705 à 25815.

Cette décomposition des immobilisations ne devrait pas, à notre avis, être maintenue dans le traité d'apport, la valeur réelle étant, en général, estimée pour une immobilisation dans son ensemble.

Fiscalement, il en est, à notre avis, de même, l'administration ne prévoyant la possibilité de se référer à la décomposition pratiquée chez la société absorbée (ou apporteuse) qu'en cas d'opération réalisée à la valeur comptable (BOI-BIC-PVMV-10-20-20 nº 430).

Sur la décomposition ultérieure de ces immobilisations, dans les comptes de la société absorbante (ou bénéficiaire des apports), voir nº 8618 (absorbante), 10123 (bénéficiaire des apports).

Actifs et passifs non comptabilisables

7707 ***Question***

Les actifs non comptabilisables et les passifs éventuels doivent-ils être repris dans le traité d'apport ?

Réponse

Non, pas de manière individuelle. Ils sont néanmoins inclus dans le fonds commercial.

Un badwill est constaté dans le traité d'apport si la prise en compte des passifs conduit à rendre la valeur du fonds commercial négative.

PCG art. 744-1

(*en partie*) La différence éventuelle positive entre la valeur globale des apports et la somme algébrique des valeurs réelles, estimées à la même date, des actifs et passifs identifiés est également inscrite dans le traité d'apport ou autre document faisant foi, sur une ligne « fonds commercial », reprise comme telle au bilan de l'entité absorbante ou bénéficiaire.

Lorsque, dans des cas exceptionnels où la prise en compte de ces passifs conduit à rendre la valeur du fonds commercial négative (constatation d'un badwill), ce dernier fait l'objet d'une mention dans le traité d'apport et est comptabilisé dans un sous-compte de la prime de fusion lors de la réalisation de l'opération.

Commentaires Certains éléments d'actif et les passifs éventuels non comptabilisés par la société absorbée (ou apporteuse), ne peuvent pas être repris individuellement dans le traité d'apport (Recueil des normes comptables de l'ANC, Commentaire IR 3 sous art. 744-1 du PCG), bien qu'ils soient pris en compte dans le calcul du rapport d'échange (ou parité).

Il s'agit, par exemple :
- pour les actifs non comptabilisables : des engagements hors bilan représentatifs des clauses de retour à meilleure fortune ayant assorti certains abandons de créance ou subventions. Ces engagements ne peuvent en effet être inscrits à l'actif de la société ayant consenti l'aide (voir Mémento Comptable nº 42320 à 42330) ;
- pour les passifs éventuels : des litiges éventuels, des restructurations probables ou des engagements hors bilan (engagements de garantie donnés, par exemple). Ces passifs ne sont pas à comptabiliser, mais à inscrire en annexe (PCG art. 322-5 ; voir Mémento Comptable nº 52520). En revanche, une clause de retour à meilleure fortune concédée pourrait, à notre avis, donner lieu à constatation d'une provision dans le traité d'apport si, compte tenu de la situation de la société absorbée, le retour à meilleure fortune est probable à la date de l'opération (en ce sens, voir Mémento Comptable nº 42320 à 42330) et s'il en a été tenu compte pour déterminer le rapport d'échange.

Fiscalement, s'agissant des clauses de retour à meilleure fortune, voir nº 8145.

En effet, ces éléments ne répondent pas aux critères de définition et de comptabilisation prévus par le PCG. Or, les inscrire dans le traité d'apport contraindrait la société absorbante (ou bénéficiaire des apports) à les reprendre dans ses comptes (voir nº 8130), ce qui serait contraire aux règles comptables.

En conséquence, ces éléments ne sont pas repris individuellement, mais **compris dans le fonds commercial** (sur l'identification du fonds commercial, voir nº 7700).

Cas exceptionnels : passifs éventuels excédant la valeur du fonds commercial Lorsque la prise en compte des passifs éventuels conduit à rendre négative la valeur du fonds commercial, un badwill doit être mentionné dans le traité d'apport (PCG art. 744-1), en minoration des apports.

Sur la comptabilisation de ce badwill et son suivi après l'opération, voir nº 8152.

Exemple *(établi par nos soins)* ***Une société A absorbe une société B, sous contrôle distinct.*** *Déterminée dans le cadre du calcul du rapport d'échange, la valeur globale de la société B est dans un premier temps estimée à 800, pour un actif net valorisé à 700. Un fonds commercial serait donc à constater à hauteur de 100 (voir n° 7700).*
Il s'avère toutefois qu'un litige éventuel pèse sur la société B, pour un montant évalué à 150. En conséquence, dans le cadre du rapport d'échange, la valeur globale de la société B est finalement estimée à 650 (800 – 150). L'actif net demeurant valorisé à 700 (en l'absence de comptabilisation du litige éventuel), il en ressort un badwill de 50. La prise en compte du litige éventuel vient donc annuler le fonds commercial qui aurait été constaté en l'absence de ce litige.

Solution de l'exemple *Conformément au PCG (art. 744-1), ce badwill est à constater dans le traité d'apport en minoration des apports.*

II. Valeur comptable

Date d'évaluation des apports

7735 ***Question***

Quelles sont les valeurs comptables à mentionner dans le traité ?

Réponse

Les valeurs comptables à la date d'effet de l'opération.

PCG art. 744-2
(*en partie*) Lorsque les apports sont évalués à la valeur comptable, les valeurs comptables individuelles des actifs et passifs apportés correspondent aux valeurs de chaque actif et passif figurant dans les comptes de l'entité absorbée ou apporteuse à la date d'effet de l'opération.

Commentaires Il résulte de l'article 744-2 du PCG (précité) que les valeurs comptables à reprendre dans le traité d'apport sont :

1. **En cas d'effet rétroactif conféré à l'opération,** les valeurs figurant dans les comptes de l'entité absorbée (apporteuse) à la date d'effet rétroactif.

2. **En cas de date d'effet immédiat ou différé,** les valeurs comptables estimées à la date d'effet immédiat ou différé (Recueil des normes comptables de l'ANC, Commentaire IR 3 sous l'art. 744-2 du PCG et Guide professionnel CNCC sur le commissariat aux apports et à la fusion, juin 2012, § 1.143).

En effet, selon le Recueil des normes comptables (Commentaire précité), le traité d'apport est unique et doit être établi pour les besoins de l'assemblée générale approuvant l'opération (c'est-à-dire à la date de réalisation). Or, les valeurs comptables à la date d'effet de l'opération (valeurs à mentionner dans le traité) n'étant, à cette date, pas connues, une estimation doit donc être réalisée. En pratique, à notre avis, il n'est pas obligatoire de procéder à cette estimation à la date d'effet immédiat ou différé, le traité d'apport pouvant mentionner les valeurs comptables des actifs et passifs déterminées lors d'une clôture comptable précédente.

Selon le Recueil des normes comptables (Commentaire IR 3 précité), le traité d'apport doit mentionner que l'évaluation des apports est faite sous réserve de la détermination des valeurs comptables définitives telles qu'elles seront fixées à la date d'effet.

Cette mention (en pratique, une clause d'ajustement des valeurs d'apport prévue dans le traité) permettra de corriger les valeurs définitives d'apport à la date d'effet de l'opération en contrepartie de la modification de la prime de fusion ou d'apport (le cas échéant ; voir position de la CNCC ci-après).

Ainsi, selon l'Ansa (Communication nº 04-041, CJ du 5-5-2004), il n'est pas nécessaire de réunir une assemblée générale afin d'approuver l'évaluation effectuée à la date d'effet différé ; toutefois, l'augmentation du capital intervenant à cette date, il conviendra de s'assurer que l'obligation de libération du capital est bien respectée.

Garantie de l'actif net prévu Selon le guide professionnel CNCC sur le commissariat aux apports et à la fusion (juin 2012, § 1.143), les opérations avec effet immédiat ou différé constituent généralement des opérations délicates, dans la mesure où la consistance des apports n'est pas connue précisément à la date où le commissaire aux apports émet son rapport. Cependant, cette difficulté peut être résolue si les actionnaires de l'entité absorbée (en cas de fusion) ou l'entité apporteuse (en cas d'apport) acceptent de garantir l'actif net apporté dans le traité de fusion (ou d'apport).

A la date d'effet de l'opération, deux situations peuvent alors exister (Guide professionnel CNCC précité, § 1.143) :

a. **L'actif net est inférieur à l'actif net provisoire** Dans ce cas, l'actionnaire garant (ou l'entité apporteuse) doit couvrir cet écart par un apport de trésorerie complémentaire.

La nécessité d'un apport de trésorerie complémentaire pourrait, à notre avis, être discutée lorsque l'opération est réalisée à la valeur comptable et qu'un écart, même à la baisse n'est pas susceptible de remettre en cause le rapport d'échange. Dans cette situation en effet, la prime de fusion n'étant qu'un écart technique qui ne représente pas la véritable plus-value des apports (voir nº 8112), l'écart pourrait venir la réduire dès lors que les actionnaires ont approuvé cet ajustement (par analogie avec le traitement d'un écart à la hausse, voir ci-après).

b. **L'actif net est supérieur à l'actif net provisoire** L'écart ainsi constaté vient augmenter la prime de fusion (ou d'apport). Pour plus de détails, voir également Mémento Sociétés commerciales nº 83900 à 83903.

Sur la comptabilisation de l'écart entre l'actif net à la date d'effet de l'opération et l'actif net provisoire, voir nº 8135.

Sur les diligences du commissaire aux apports en cas d'opération réalisée avec un effet immédiat ou différé, voir nº 13115.

Valeurs comptables à reprendre dans le traité d'apport

7740 ***Question***

Les valeurs comptables figurant dans les comptes de l'entité absorbée ou apporteuse peuvent-elles être modifiées dans le traité d'apport ?

Réponse

Non. Lorsque l'opération est réalisée à la valeur comptable, les valeurs inscrites dans les comptes de l'entité absorbée ou apporteuse doivent être reprises sans être modifiées.

Commentaires Selon le PCG (art. 744-2), la reprise des valeurs comptables dans le traité d'apport doit se faire sans modification par rapport aux valeurs inscrites dans les comptes de l'entité absorbée ou apporteuse.

En conséquence :

– les frais d'établissement comptabilisés par l'entité absorbée ou apporteuse doivent être maintenus dans le traité d'apport ;

Ces éléments seront donc également comptabilisés dans les comptes de l'entité absorbante ou bénéficiaire des apports.

Cette position concerne également, à notre avis, tous les éléments qui, si l'opération était réalisée à la valeur réelle, seraient considérés comme des « non-valeurs » (écarts de conversion Actif, etc.).

– la décomposition des immobilisations corporelles retenue par l'entité absorbée (ou apporteuse) est, à notre avis, également reprise dans le traité d'apport sans modification ;

Fiscalement, il en est de même (BOI-BIC-PVMV-10-20-20 n° 430).

Décomposition ultérieure éventuellement différente Cette décomposition résultant des conditions d'utilisation de l'immobilisation par l'entité absorbée ou apporteuse, elle pourra différer chez l'entité absorbante ou bénéficiaire des apports. Sur la modification ultérieure de la décomposition des immobilisations corporelles transmises, voir n° 8620.

– lorsqu'ils sont immobilisés, les frais d'acquisition d'immobilisations (y compris les frais d'acquisition des titres de participation incorporés dans le coût d'entrée de ces titres) sont, à notre avis, maintenus à l'actif.

Fiscalement, sur la poursuite, par la société absorbante (ou bénéficiaire des apports), de l'amortissement fiscal de ces frais d'acquisition, voir n° 7812.

En revanche, en cas de **fusion placée sous le régime fiscal de droit commun,** la **dette d'impôt** correspondant à l'imposition des plus-values d'apport chez la société absorbée doit être mentionnée dans le traité d'apport, même si elle ne figure pas dans les comptes établis à la date d'effet (voir n° 7920).

Sur la nécessité d'harmoniser les méthodes comptables post-opération, résultant de l'obligation de reprendre les valeurs comptables telles qu'elles figurent dans les comptes de l'entité absorbée ou apporteuse à la date d'effet de l'opération, voir n° 8605.

Inscription des passifs non comptabilisés dans le traité d'apport

7742 ***Question***

La non-comptabilisation de passifs éventuels ou de la provision pour retraite, doit-elle donner lieu à une inscription spécifique dans le traité d'apport ?

Réponse

En général, non. Toutefois, lorsque la valeur globale réelle de l'apport est inférieure à sa valeur comptable, une mention spécifique doit être portée dans le traité d'apport et cet écart (« badwill ») est comptabilisé dans un sous-compte de la prime de fusion lors de la réalisation de l'opération.

PCG art. 744-2

(*en partie*) L'écart négatif entre la valeur globale de l'apport et la somme des actifs et passifs inscrits dans le traité d'apport fait l'objet d'une mention dans le traité d'apport (constatation d'un « badwill ») et est comptabilisé dans un sous-compte de la prime de fusion lors de la réalisation de l'opération.

Commentaires Lorsqu'une opération est réalisée en valeur comptable, les valeurs à reprendre dans le traité d'apport sont celles qui figurent dans les comptes de la société absorbée (ou apporteuse) à la date d'effet de l'opération, sans modification possible (voir nº 7740).

Ce qui signifie, notamment, que les passifs non comptabilisés par la société absorbée (ou apporteuse) ne doivent pas être mentionnés dans le traité. Tel est le cas des provisions pour retraite qui, dans les comptes sociaux, peuvent ne pas être comptabilisées si le montant des engagements de l'entreprise est fourni en annexe (voir Mémento Comptable nº 17705 et 17715). Tel est le cas également des restructurations probables qui ne répondent pas aux conditions de comptabilisation d'une provision (voir Mémento Comptable nº 17395).

Or, ces passifs sont néanmoins apportés à la société absorbante (ou bénéficiaire des apports) et viennent minorer la valeur globale des apports.

Cette minoration est, en général, sans incidence, les plus-values latentes sur les actifs apportés étant souvent suffisantes pour que la valeur réelle globale de l'apport soit néanmoins supérieure à sa valeur comptable.

Toutefois, lorsque les actifs apportés ne recèlent pas de plus-values latentes ou que celles-ci s'avèrent insuffisantes pour couvrir des passifs éventuels pris en compte pour déterminer la valeur globale de l'apport, l'écart négatif entre cette valeur globale de l'apport et la somme des actifs et passifs individuels évalués à leur valeur comptable (ou « badwill ») doit faire l'objet d'une mention dans le traité d'apport (PCG art. 744-2) en minoration des apports.

Sur la comptabilisation de ce badwill et son suivi après l'opération, voir nº 8152.

En outre, la prise en compte désormais obligatoire de cet écart dans le traité est cohérente avec la position de la CNCC (Guide professionnel CNCC sur le commissariat aux apports et à la fusion, juin 2012), selon laquelle le commissaire aux apports estime que la non-surévaluation des apports ne s'apprécie pas uniquement par rapport à la somme des valeurs individuelles des apports mais par rapport à la valeur réelle globale de l'apport notamment en cas de fusion ou d'apport d'une branche d'activité (voir nº 13110).

Opérations visées Seules les opérations donnant lieu à rémunération des apports par l'entité bénéficiaire sur la base de la valeur réelle globale (voir nº 7507) peuvent conduire à la constatation d'un badwill. En conséquence, en cas de fusion ou de scission réalisée sans échange de titres, aucun badwill ne doit être mentionné dans le traité d'apport. Sur les opérations visées, voir nº 7107 (fusions sans échange de titres) et nº 7155 (scissions sans échange de titres).

Exemple *(établi par nos soins)* ***A et B sont deux sociétés sous contrôle commun d'une même société mère M. A apporte une branche d'activité à B.***

– Chez A :

Valeur comptable des actifs et passifs de la branche d'activité apportée (correspondant à la valeur réelle)	*100*
Provision pour retraite (relative au personnel transféré à B) non comptabilisée	*(20)*
Valeur réelle globale des apports	*80*

– Chez B :

Augmentation de capital à réaliser (en fonction de la valeur réelle des apports A)	*80*

En conséquence, le montant des actifs et passifs inscrits dans le traité (100) est supérieur au montant de l'augmentation de capital à réaliser pour rémunérer les apports (80).

Solution de l'exemple *Un badwill de 20 est inscrite dans le traité d'apport à hauteur de la surévaluation (20). Cette inscription a pour effet de ramener la valeur globale des apports dans le traité à 80. Elle est donc bien égale à la rémunération des apports chez B. Ce badwill est comptabilisé dans un sous-compte de la prime de fusion (voir nº 8152).*

Eclatement brut/amortissement – dépréciation/net

7750 ***Question***

La valeur d'apport des actifs apportés doit-elle être présentée de manière éclatée dans le traité d'apport (valeur brute/amortissement – dépréciation/ valeur nette) ?

Réponse

Oui, pour des raisons fiscales.

PCG art. 744-2
Lorsque les apports sont évalués à la valeur comptable, les valeurs comptables individuelles des actifs et passifs apportés correspondent aux valeurs de chaque actif et passif figurant dans les comptes de l'entité absorbée ou apporteuse à la date d'effet de l'opération.

Commentaires 1. **Obligation fiscale** Lorsque la fusion ou l'opération assimilée est réalisée à la valeur comptable, cette même valeur peut être retenue sur le plan fiscal à la double condition que (BOI-IS-FUS-30-20 nº 10 ; voir nº 7810) :
- l'opération soit placée sous le régime de faveur des fusions en matière d'IS (CGI art. 210 A) ;
- la société absorbante ou bénéficiaire des apports reprenne à son bilan les écritures comptables de la société absorbée ou apporteuse [valeurs d'origine, amortissements et (provisions pour) dépréciations] et qu'elle continue de calculer les dotations aux amortissements à partir de la valeur d'origine qu'avaient les biens dans les écritures de la société absorbée ou apporteuse.

A défaut, l'opération est réputée réalisée fiscalement à la valeur réelle.

A noter qu'il **ne** faut **pas confondre** :
- une fusion aux valeurs comptables qui signifie, pour l'administration fiscale, que la totalité de l'actif immobilisé a été apportée à la valeur comptable ;
- une fusion aux valeurs réelles, dont certaines peuvent s'avérer égales à la valeur comptable ; dans ce cas, aucun éclatement n'est bien sûr requis (BOI-IS-FUS-10-20-40-20 nº 1).

2. **Possibilité comptable** La reprise, dans le traité d'apport, des valeurs comptables brutes, amortissements et dépréciations n'est **pas explicitement prévue** par les règles comptables.

Toutefois, comme l'ANC l'a constaté lors de l'approbation du règlement CRC nº 2004-01 (intégré au PCG), la rédaction du texte l'autorise **sans difficulté,** ce qui permet :
- sur un **plan pratique,** d'utiliser les traitements informatiques de la société absorbée ou apporteuse,
- d'être **compatible avec l'obligation fiscale** d'éclater la valeur nette comptable des actifs apportés pour pouvoir retenir cette valeur sur le plan fiscal.

Logique des comptes consolidés Cette approche est, en outre, conforme à la logique des comptes consolidés déjà utilisée pour déterminer la méthode de valorisation des apports à retenir, voir nº 7605. En effet, une opération réalisée entre entités sous contrôle commun n'a pas d'impact sur les actifs et passifs établis au niveau de la société mère, la valeur comptable consolidée doit être reprise en maintenant l'éclatement valeur brute et amortissements/ dépréciations figurant dans les comptes consolidés avant l'opération.

Mention obligatoire dans le traité d'apport Pour être retenu sur le plan comptable, cet éclatement doit être mentionné dans le traité d'apport (en annexe) (Bull. CNCC nº 94, juin 1994, EC 93-112, p. 311 s.).

Information en annexe La société bénéficiaire des apports doit en outre mentionner cet éclatement dans l'annexe aux comptes, en précisant que le mode de comptabilisation retenu répond aux obligations posées par l'instruction fiscale (Bull. CNCC précité).

L'éclatement de la valeur nette comptable des actifs apportés figurant dans le traité, elle doit être reprise telle quelle dans les comptes de la société absorbante ou bénéficiaire des apports, voir nº 8142.

Changement de réglementation à la date d'effet de l'opération

7758 ***Question***

La valeur comptable doit-elle prendre en compte un changement de réglementation comptable intervenant à la date d'effet de l'opération ?

Réponse

Non. Le traité d'apport est établi sur la base du bilan d'ouverture qui ne tient pas compte de l'impact du changement de méthode.

Commentaires Les valeurs comptables de l'entité absorbée ou apporteuse mentionnées dans le traité d'apport ne doivent pas tenir compte d'un changement de réglementation intervenant à la date d'effet de l'opération.

En effet, selon l'avis CU CNC nº 2005-C (question nº 23), le traité d'apport d'une opération de fusion ou assimilée ayant un effet rétroactif à l'ouverture de l'exercice est établi sur la base du bilan d'ouverture de cet exercice, qui par définition est identique au bilan de clôture de l'exercice précédent en application du principe d'intangibilité du bilan d'ouverture.

L'impact du changement de méthode sur les éléments apportés est à comptabiliser en capitaux propres dans les comptes de l'entité absorbante (ou bénéficiaire des apports) après l'apport.

Changements de réglementation visés Cette solution concerne non seulement les changements de réglementation comptable (cas général, précisé dans l'avis CU CNC 2005-C), mais également, à notre avis, tous les changements de méthodes (pour plus de détails sur ces changements, voir Mémento Comptable nº 8480).

SECTION VI

Conséquences fiscales de la valorisation des apports

I. Conséquences fiscales de l'obligation comptable de réaliser certaines opérations à la valeur réelle

1. Conséquences sur la valeur d'apport

Valeur d'apport à retenir sur le plan fiscal

7800 ***Question***

Quelle valeur d'apport retenir sur le plan fiscal lorsque l'opération est réalisée à la valeur réelle sur le plan comptable ?

Réponse

La valeur réelle.

Commentaires Lorsque, en application des règles comptables de valorisation des apports, une fusion ou une opération assimilée est réalisée à la valeur réelle, cette valeur est également retenue sur le plan fiscal. **Aucune déconnexion** des valeurs d'apport n'est donc **possible** dans ce cas.

En effet, selon l'administration fiscale, aucune disposition ne permet de déroger aux règles de transcription des apports fixées par l'Autorité des normes comptables (BOI-IS-FUS-30-20 nº 1) sauf, dans certains cas, lorsque l'opération est réalisée aux valeurs comptables, voir nº 7810.

Lorsque l'opération est éligible au régime fiscal de faveur (sur les conditions d'éligibilité, voir nº 7300), les entreprises parties à l'opération doivent choisir le régime fiscal sous lequel elles souhaitent placer leur fusion ou opération assimilée : régime de faveur (CGI art. 210 A) ou régime de droit commun (cessation d'entreprise).

La décision de placer l'opération sous le régime de faveur constitue une décision de gestion. En l'absence de choix, l'opération est réputée placée sous le régime fiscal de droit commun. Pour un tableau comparatif de ces deux régimes lorsque l'opération est réalisée à la valeur réelle, voir nº 7802.

2. Conséquences sur le choix du régime fiscal

Comparaison entre le régime de droit commun et le régime de faveur

7802 ***Question***

Quels sont les avantages et contraintes du régime fiscal de faveur par rapport au régime de droit commun lorsque l'opération est réalisée à la valeur réelle sur le plan comptable ?

Réponse

Les tableaux suivants, établis par nos soins, déclinent, selon le régime fiscal applicable, les droits et obligations principales des sociétés absorbée et absorbante lorsque la valeur réelle est retenue sur le plan comptable.

Commentaires Pour une définition générale du régime de droit commun et du régime de faveur, voir nº 7300.

Pour une application de ces tableaux aux apports partiels d'actif, voir nº 10300.

1. Obligations et droits de la société absorbée

	Fusion réalisée comptablement à la valeur réelle			
	Régime de droit commun (1)	MFusions	Régime de faveur (2)	MFusions
Imposition des plus-values (fiscales (3)) et profits d'apport sur l'ensemble des éléments d'actif apportés (immobilisations et actifs circulants)	OUI (6)	nº 7920 et 8015	NON (mais obligations corrélatives pour l'absorbante ; voir tableau 2.a ci-après)	nº 7900 et 8015 Sur le retraitement extra-comptable correspondant, voir nº 12305
Imposition du bénéfice de l'exercice en cours	OUI (4)		OUI (4)	
Imposition immédiate des résultats et plus-values dont l'imposition a été étalée ou différée (5)	OUI		NON (mais obligations corrélatives pour l'absorbante ; voir tableau 2.a ci-après)	
Amende pour rupture de l'engagement auquel était subordonnée la taxation réduite de certaines plus-values résultant de la cession de terrains ou locaux professionnels à transformer en usage d'habitation (7)	NON (mais obligations corrélatives pour l'absorbante ; voir tableau 2.a ci-après)		NON (mais obligations corrélatives pour l'absorbante ; voir tableau 2.a ci-après)	

	Fusion réalisée comptablement à la valeur réelle			
	Régime de droit commun (1)	MFusions	Régime de faveur (2)	MFusions
Sort des provisions	Imposition de toutes les provisions (y compris les provisions réglementées)	nº 7922 et 7924	Imposition des seules provisions devenues sans objet (mais obligations corrélatives pour l'absorbante ; voir tableau 2.aci-après)	nº 7902
Imposition de la réserve spéciale des plus-values à long-terme	NON	nº 7926	NON (mais obligations corrélatives pour l'absorbante ; voir tableau 2.a ci-après)	nº 7910
Remise en cause du régime des sociétés mères sur les dividendes reçus de filiales dont les titres sont apportés	OUI si titres détenus depuis moins de 2 ans	nº 8645	NON	nº 8643

(1) Pour les principaux retraitements extra-comptables applicables aux fusions réalisées à la valeur réelle et placées sous le régime de droit commun, voir nº 12400 à 12430.
(2) Pour les principaux retraitements extra-comptables applicables aux fusions réalisées à la valeur réelle et placées sous le régime de faveur, voir nº 12300 à 12380.
(3) Sur la différence entre la plus-value comptable et la plus-value fiscale d'apport, voir nº 8130.
(4) Toutefois, si la fusion est réalisée avec effet rétroactif à l'ouverture de l'exercice, le bénéfice de l'exercice en cours est englobé dans le résultat de la société absorbante et imposé en même temps que celui-ci (voir nº 10605).
(5) Il s'agit notamment :
– des subventions d'équipement dont l'imposition a été étalée en application de l'article 42 septies du CGI et dont la société absorbante peut, sur option spécifique dans le traité d'apport, poursuivre l'étalement de l'imposition lorsque l'opération est placée sous le régime de faveur (BOI-IS-FUS-10-20-30 nº 360 à 390 ; voir nº 7908) ;
– des plus-values résultant de la perception d'indemnités d'assurance ou d'expropriation d'immeubles dont l'imposition a été étalée (CGI art. 39 quaterdecies 1 ter ; voir Mémento Comptable nº 29425 et 45800) ;
– des plus-values sur immobilisations amortissables résultant d'opérations de fusion ou d'apport antérieures placées sous le régime de faveur et en cours d'étalement chez la société absorbée au moment de la fusion (BOI-IS-FUS-10-20-40-10 nº 160 ; voir nº 8625) ;
– des plus-values sur immobilisations non amortissables résultant d'opérations de fusion ou d'apport antérieures placées sous le régime de faveur dont l'imposition est différée (CGI art. 210 A ; BOI-IS-FUS-10-20-40-10 nº 40 ; voir nº 8653) ;
– des plus-values de cession-bail d'immeubles intervenue entre le 23 avril 2009 et le 31 décembre 2012, ou entre le 1er janvier 2021 et le 30 juin 2023 (précédées d'un accord de financement accepté par le crédit-preneur entre le 28 septembre 2020 et le 31 décembre 2022), et dont l'imposition a été étalée (CGI art. 39 novodecies ; BOI-IS-FUS-10-20-40-10 nº 150 ; voir Mémento Comptable nº 28320) ;

– des plus-values résultant du transfert de titres du compte « Titres de participation » ou d'un sous-compte « Titres relevant du régime des plus-values à long terme » à un autre compte du bilan ou inversement (CGI art. 210 A, 3-b ; BOI-IS-FUS-10-20-40-10 nº 170 ; voir Mémento Comptable nº 35435).
(6) Sur l'application, en cas d'opération placée sous le régime de droit commun, des mesures anti-abus prévoyant :
– un report de déduction de la moins-value de cession de titres de participation détenus depuis moins de deux ans entre sociétés liées au sens de l'article 39-12 du CGI (CGI art. 219 I-a septies), voir BIC-VII-33750 s. ;
– la non-déduction de la moins-value de cession, dans les deux ans de leur émission, de titres de participation reçus en rémunération d'un apport consenti depuis le 19 juillet 2012 à une société en difficulté, à hauteur de la différence entre la valeur d'inscription des titres en comptabilité et leur valeur réelle à la date d'émission (CGI art. 39 quaterdecies 2 bis ; BOI-BIC-PVMV-30-30-120), voir BIC-VII-33880 s. ;
– l'application du régime du long terme (ce qui, corrélativement, interdit leur déduction ou imputation) aux moins-values résultant de la cession de titres de sociétés à prépondérance financière (voir nº 10035) à hauteur des dividendes reçus de ces sociétés ayant bénéficié du régime des sociétés mères au cours de l'exercice de cession ou des cinq exercices précédents (CGI art. 219 I-a ter), voir Mémento Comptable nº 36700 à 36770.
(7) Certaines plus-values réalisées par les sociétés soumises à l'IS sont imposées à taux réduit lorsque la société cessionnaire prend un engagement. L'absorption de cette société n'entraîne pas de rupture de l'engagement, quel que soit le régime fiscal sous lequel est placée l'opération, à condition que la société absorbante se substitue à la société absorbée pour le respect de cet engagement dans le délai restant à courir. Il en est ainsi des plus-values réalisées lors de la cession jusqu'au 31 décembre 2026 de terrains ou locaux professionnels (qui doivent être situés dans certaines zones géographiques), taxées au taux réduit de 19 % en contrepartie de l'engagement par la société cessionnaire de transformer les biens acquis en logements dans les quatre ans (délai porté à six ans pour certaines opérations à compter du 1er janvier 2024) suivant la date de clôture de l'exercice d'acquisition (CGI art. 210 F modifié par loi 2023-1322 du 29-12-2023 art. 51 ; BOI-IS-BASE-20-30-10-20 nº 140 s.). Ce régime s'applique également aux promesses unilatérales ou synallagmatiques de vente conclues jusqu'au 31 décembre 2026, à condition que la cession soit réalisée au plus tard le 31 décembre 2028 (voir Mémento Fiscal nº 19447).

2. Obligations et droits de la société absorbante

a. Lors de l'opération de fusion

	Fusion réalisée comptablement à la valeur réelle			
	Régime de droit commun (1)	MFusions	Régime de faveur (2)	MFusions
Transfert des provisions et réserves de l'absorbée : – provisions conservant leur objet ; – provisions réglementées (telles que provisions pour hausse des prix) ; – réserve spéciale des plus-values à long terme ; – réserve spéciale pour fluctuation des cours.	NON		OUI (3)	nº 7902, 7906, 7910 et 8154
Substitution à l'absorbée pour l'imposition des plus-values et profits fiscaux d'apport (4) :				

	Fusion réalisée comptablement à la valeur réelle			
	Régime de droit commun (1)	MFusions	Régime de faveur (2)	MFusions
Sur immobilisations amortissables	NON		OUI étalement des plus-values d'apport dans les bénéfices imposables au taux de droit commun par parts égales, ou de manière anticipée : – sur 15 ans pour les constructions et les droits qui s'y rapportent, ainsi que pour les plantations et les agencements et aménagements des terrains amortissables sur une période au moins égale à cette durée (5) ; – sur 5 ans pour les autres éléments amortissables (6).	nº 8625 et 8650 Sur le retraitement extra-comptable correspondant, voir nº 12351
Sur immobilisations non amortissables et valeurs mobilières de placement (VMP)			OUI sursis d'imposition des plus-values d'apport jusqu'à la cession de ces éléments (voir tableau 2.c ci-après) (6)	nº 8653
Sur éléments de l'actif circulant (hors VMP)			OUI imposition immédiate du profit d'apport chez l'absorbante (7)	nº 8140 Sur le retraitement extra-comptable correspondant, voir nº 12315
Substitution à l'absorbée pour l'imposition des résultats et des plus-values dont l'imposition a été étalée ou différée chez cette dernière	NON		OUI (8)	

	Fusion réalisée comptablement à la valeur réelle			
	Régime de droit commun (1)	MFusions	Régime de faveur (2)	MFusions
Reprise par l'absorbante de l'engagement pris par l'absorbée en contrepartie de l'exonération ou de l'imposition à taux réduit de certaines plus-values résultant de la cession de terrains ou de locaux professionnels à transformer en usage d'habitation (11)	OUI		OUI	
Sort de la plus-value d'annulation des titres de l'absorbée détenus par l'absorbante (boni de fusion)	Imposition (taux normal) ou régime du long terme (taxation limitée à une quote-part de frais et charges, ou taux de 19 %)	nº 8460 Sur le retraitement extra-comptable correspondant, voir nº 12405	Exonération	nº 8460 Sur le retraitement extra-comptable correspondant, voir nº 12320
Remise en cause du régime des sociétés mères sur les dividendes versés par l'absorbée à l'absorbante avant la fusion	OUI si titres détenus depuis moins de 2 ans	nº 8310	NON mais possible non-déduction du vrai mali à due concurrence (9)	nº 8310 Sur le retraitement extra-comptable correspondant, voir nº 12326
Transfert automatique de la créance de crédit d'impôt recherche et de la réduction d'impôt mécénat	OUI (9)		OUI (10)	

(1) Pour les principaux retraitements extra-comptables applicables aux fusions réalisées à la valeur réelle et placées sous le régime de droit commun, voir nº 12400 à 12430.
(2) Pour les principaux retraitements extra-comptables applicables aux fusions réalisées à la valeur réelle et placées sous le régime de faveur, voir nº 12300 à 12380.
(3) Sur le cas particulier de la provision pour amortissement dérogatoire, voir nº 7906 et 8615.
(4) Sur la différence entre la plus-value comptable et la plus-value fiscale d'apport, voir nº 8130.
(5) Sur le cas où la plus-value nette dégagée sur les constructions, plantations, agencements et aménagements de terrains excède 90 % de la plus-value nette globale sur éléments amortissables, voir nº 8625.

(6) Lorsque la société absorbante décide de déduire de ses résultats imposables l'amortissement comptabilisé à raison du fonds commercial reçu entre le 1er janvier 2022 et le 31 décembre 2025 (en provenance d'une société non liée et non contrôlée par la même personne physique pour les opérations réalisées depuis le 18 juillet 2022 : voir nº 8615), la plus-value d'apport suit le régime applicable aux éléments amortissables et fait l'objet d'une réintégration échelonnée sur cinq ans. Dans le cas particulier où les conditions permettant l'amortissement comptable du fonds ne seraient réunies qu'au titre d'un exercice postérieur à la fusion, la réintégration échelonnée de la plus-value d'apport ne débute qu'à compter de l'exercice où cet amortissement est pratiqué en comptabilité (BOI-IS-FUS-10-20-40-10 nº 1 ; BOI-IS-FUS-10-20-40-20 nº 110 : voir nº 8625). En revanche, si l'amortissement comptabilisé n'est pas déduit fiscalement, le fonds commercial suit le régime applicable aux éléments non amortissables (BOI-IS-FUS-10-20-40-10 nº 1 et BOI-IS-FUS-10-20-40-20 nº 110).
(7) L'obligation comptable de transcrire les éléments de l'actif circulant à leur valeur d'apport fait obstacle à l'application du sursis d'imposition prévu à l'article 210 A-3-e du CGI (opération réalisée à la valeur réelle), ce sursis étant subordonné à la condition que la société absorbante inscrive à son bilan ces éléments pour la valeur qu'ils avaient, du point de vue fiscal, dans les écritures de la société absorbée (BOI-IS-FUS-30-20 nº 50 et 60 ; voir nº 8140).
(8) Il s'agit notamment des subventions d'équipement, des indemnités d'assurance et des indemnités d'expropriation, des plus-values sur immobilisations amortissables ou non amortissables résultant d'opérations de fusion ou d'apport antérieures placées sous le régime de faveur, des plus-values sur certaines cessions-bail d'immeubles et des plus-values de transfert de titres de compte à compte (voir tableau 1 ci-avant).
(9) Sur la mesure anti-abus limitant dans certains cas la déduction du vrai mali à hauteur des dividendes ayant bénéficié du régime des sociétés mères, voir Mémento Fiscal nº 39540.
(10) Pour le crédit d'impôt recherche : CGI art. 199 ter B et BOI-BIC-RICI-10-10-50 nº 660 et 670. Pour la réduction d'impôt mécénat : BOI-BIC-RICI-20-30-30 nº 270. Sur la créance de carry-back, voir tableau d. ci-après.
(11) Voir tableau 1. ci-avant.

b. En cours de détention des actifs reçus de la société absorbée

	Fusion réalisée comptablement à la valeur réelle		
	Régime de droit commun (1)	Régime de faveur (2)	MFusions
Possibilité d'amortir les biens reçus suivant le mode dégressif	NON	OUI (si immobilisations éligibles)	nº 8615
Poursuite, par l'absorbante, de l'amortissement fiscal des frais d'acquisition afférents aux titres apportés par l'absorbée	NON	OUI	nº 8627 Sur le retraitement extra-comptable correspondant, voir nº 12352
Poursuite, par l'absorbante, des déductions exceptionnelles en faveur de certains investissements (3)	NON	OUI	nº 8615 Sur le retraitement extra-comptable correspondant, voir nº 12353
Calcul de la (provision pour) dépréciation des éléments d'actif reçus de l'absorbée :		Par référence à :	

	Fusion réalisée comptablement à la valeur réelle		
	Régime de droit commun (1)	Régime de faveur (2)	MFusions
Sur immobilisations amortissables (4)		– leur valeur d'apport	nº 8630
Sur immobilisations non amortissables et VMP	Par référence à leur valeur d'apport	– leur valeur fiscale chez la société absorbée (5)	nº 8630 Sur les retraitements extra-comptables correspondants, voir nº 12345 et 12350
Sur éléments de l'actif circulant (hors VMP)		– leur valeur d'apport	nº 8630
Substitution à l'absorbée pour l'imposition des plus-values et profits fiscaux d'apport sur immobilisations amortissables	NON	OUI (voir tableau 2.a ci-avant)	nº 8625 et 8650 Sur le retraitement extra-comptable correspondant, voir nº 12351
Substitution à l'absorbée pour l'imposition des résultats et des plus-values dont l'imposition a été étalée ou différée chez cette dernière	NON	OUI (6)	
Transfert à l'absorbante des charges financières nettes en report et de la capacité de déduction inemployée de l'absorbée	NON	OUI (7)	
Reprise, par l'absorbante, des éléments déterminés par l'absorbée pour l'application du régime de la propriété intellectuelle	NON	OUI (8)	
Décompte du délai de conservation de 2 ans des titres reçus éligibles au régime des sociétés mères	A compter de la date de fusion	A compter de la date d'acquisition des titres par l'absorbée	nº 8643

(1) Pour les principaux retraitements extra-comptables applicables aux fusions réalisées à la valeur réelle et placées sous le régime de droit commun, voir nº 12400 à 12430.

(2) Pour les principaux retraitements extra-comptables applicables aux fusions réalisées à la valeur réelle et placées sous le régime de faveur, voir nº 12300 à 12380.

(3) La poursuite par la société absorbante des déductions exceptionnelles en faveur de certains investissements est autorisée par l'administration lorsque l'opération est placée sous le régime de faveur (BOI-BIC-BASE-100-10 nº 240). Sont visés notamment les investissements dans certains biens d'équipements productifs, dans certains véhicules et matériels de réfrigération peu polluants, ou dans la robotique et la transformation numérique (pour plus de détails, voir Mémento Comptable nº 27425).

(4) Lorsque la société absorbante déduit fiscalement l'amortissement comptabilisé à raison d'un fonds commercial reçu entre le 1er janvier 2022 et le 31 décembre 2025 (voir nº 8615), la constatation d'une (provision pour) dépréciation entraîne l'obligation de la rapporter au résultat imposable des exercices suivants pour un montant égal à la différence entre (CGI art. 39, 1-5º ; BOI-BIC-PROV-40-10-10 nº 155) :
– la dotation aux amortissements qui aurait été constatée en l'absence de (provision pour) dépréciation ;
– et la dotation aux amortissements calculée sur la nouvelle base amortissable comptable, qui est minorée de la provision pour dépréciation comptabilisée.
La reprise fiscale de cette (provision pour) dépréciation doit être réalisée extra-comptablement à la ligne (WI) de l'imprimé nº 2058 A.
L'administration admet que l'amortissement comptable du fonds peut être complété par un amortissement dérogatoire afin d'assurer la déduction fiscale de la totalité de son coût de revient (BOI-BIC-PROV-40-10-10 nº 155 : voir nº 8630).
(5) Les immobilisations non amortissables acquises par voie de fusion (ou opération assimilée) placée sous le régime de faveur ne peuvent faire l'objet d'une (provision pour) dépréciation fiscalement déductible que si leur valeur d'inventaire est inférieure à leur valeur fiscale avant apport, et dans la limite de la différence entre ces deux valeurs (CGI art. 39-1-5º). La valeur fiscale avant apport est, en général, inférieure à la valeur d'apport lorsque les apports ont été réalisés à la valeur réelle ; voir nº 8630.
(6) Il s'agit notamment des subventions d'équipement, des indemnités d'assurance et des indemnités d'expropriation, des plus-values sur immobilisations amortissables ou non amortissables résultant d'opérations de fusion ou d'apport antérieures placées sous le régime de faveur, des plus-values sur certaines cessions-bail d'immeubles et des plus-values de transfert de titres de compte à compte (voir tableau 1. ci-avant).
(7) Les conditions du transfert des charges financières nettes en report et de la capacité de déduction inemployée de la société absorbée à la société absorbante sont identiques à celles exigées pour le transfert des déficits, sur agrément ou de plein droit (CGI art. 209-II ; BOI-SJ-AGR-20-30-20 nº 1 à 20 ; voir nº 7802, II-d. ci-après) ; lorsqu'un agrément est nécessaire, les deux transferts sont sollicités dans la même demande et sont cumulables (BOI-SJ-AGR-20-30-20 nº 60).
(8) Le résultat net provenant de la cession, concession, ou sous-concession de certains produits de la propriété intellectuelle peut faire l'objet, sur option, d'une **imposition séparée au taux réduit de 10 %** pour une fraction de son montant. L'application du ratio dit « nexus » au résultat net permet de déterminer l'assiette imposable au taux réduit, l'autre fraction du résultat net étant soumise à l'IS au taux de droit commun. Ce ratio correspond au rapport entre :
– les dépenses de R&D présentant un lien direct avec la création et le développement de l'actif incorporel qui sont engagées par l'entreprise ou externalisées auprès d'entreprises non liées, majorées de 30 %,
– et les dépenses totales de R&D réalisées directement ou indirectement par l'entreprise (CGI art. 238 ; voir Mémento Fiscal nº 10420 s.).

La société absorbante calcule son ratio « nexus » en reprenant, au titre des exercices postérieurs à l'opération, le montant des dépenses utilisé par la société absorbée pour le calcul de son propre ratio « nexus ». Elle reprend également l'éventuel résultat net négatif de cession, concession ou sous-concession réalisé par la société absorbée pour l'imputer sur ses résultats nets ultérieurs de même nature (CGI art. 209, II ter ; voir Mémento Fiscal nº 10425).

c. Lors de la cession des actifs reçus de la société absorbée

	Fusion réalisée comptablement à la valeur réelle		
	Régime de droit commun (1)	**Régime de faveur (2)**	**MFusions**
Calcul de la plus-value de cession des éléments d'actif reçus		Par référence à :	
Sur éléments amortissables	Par référence à leur valeur d'apport	– leur valeur d'apport (3 et 4)	nº 8130, 8640, 8650 Sur le retraitement extra-comptable correspondant, voir nº 12365
Sur éléments non amortissables de l'actif immobilisé et VMP	Par référence à leur valeur d'apport	– leur valeur fiscale chez la société absorbée (1 et 5)	nº 8130, 8640, 8653 Sur les retraitements extra-comptables correspondants, voir nº 12370 et 12375
Sur éléments de l'actif circulant (hors VMP)	Par référence à leur valeur d'apport	– leur valeur d'apport	nº 8130 et 8140
Imposition immédiate des résultats et des plus-values dont l'imposition a été étalée ou différée chez l'absorbée	NON (déjà imposés chez l'absorbée lors de la fusion)	OUI (6)	
Décompte du délai de détention de 2 ans pour l'application du régime du long terme aux cessions de titres reçus	A compter de la date de la fusion	A compter de la date d'acquisition des titres par l'absorbée (7)	nº 8645
Remise en cause du régime des sociétés mères sur les dividendes reçus sur les titres cédés	OUI si titres cédés dans les 2 ans de la fusion	NON sauf si titres cédés dans les 2 ans de leur acquisition par l'absorbée	nº 8643

(1) Pour les principaux retraitements extra-comptables applicables aux fusions réalisées à la valeur réelle et placées sous le régime de droit commun, voir nº 12400 à 12430.
(2) Pour les principaux retraitements extra-comptables applicables aux fusions réalisées à la valeur réelle et placées sous le régime de faveur, voir nº 12300 à 12380.
(3) Si la cession intervient avant la fin du délai de réintégration des plus-values d'apport, la fraction non encore réintégrée de ces plus-values est imposable immédiatement (voir nº 8650). En cas de moins-value d'apport sur immobilisations amortissables, voir tableau d. ci-après.
(4) S'agissant des fonds commerciaux reçus en apport entre le 1er janvier 2022 et le 31 décembre 2025 pour lesquels l'absorbante a déduit fiscalement l'amortissement comptabilisé (voir nº 8615), la plus-value de cession est déterminée suivant les règles prévues pour les immobilisations amortissables. Lorsque l'absorbante a au contraire renoncé à la faculté de déduire fiscalement l'amortissement comptabilisé, la plus-value de cession du fonds suit le régime prévu à l'égard des immobilisations non amortissables (BOI-IS-FUS-10-20-40-10 nº 1).

(5) Pour les plus-values : CGI art. 210 A, 3-c. Pour les moins-values : BOI-IS-FUS-10-20-30 nº 120. Toutefois, selon une décision isolée (TA Lille 23-5-2002 nº 99-207), en cas de moins-value de cession d'une immobilisation non amortissable reçue dans le cadre d'un apport partiel d'actif placé sous le régime de faveur (décision transposable aux fusions), le prix de revient fiscal du bien correspond à sa valeur d'apport et non à sa valeur fiscale.
(6) Il s'agit notamment des subventions d'équipement, des indemnités d'assurance et des indemnités d'expropriation, des plus-values sur immobilisations amortissables ou non amortissables résultant d'opérations de fusion ou d'apport antérieures placées sous le régime de faveur, des plus-values sur certaines cessions-bail d'immeubles et des plus-values de transfert de titres de compte à compte (voir tableau 1 ci-avant).
(7) Voir nº 8645. En outre, s'agissant du calcul du délai de détention des titres reçus par voie d'apport dans le cadre d'une fusion placée sous le régime fiscal de faveur, pour l'application des mesures anti-abus prévoyant :
– un report de déduction des moins-values à court terme sur cession de titres de participation entre sociétés liées, qui deviennent en principe des moins-values à long terme non déductibles à l'issue d'un délai de deux ans suivant l'acquisition des titres apportés (CGI art. 219-I-a septies), voir BIC-VII-33750 s. ;
– la non-déduction d'une fraction de la moins-value de cession, dans les deux ans de leur émission, de titres de participation reçus en rémunération d'un apport consenti à une société en difficulté (CGI art. 39 quaterdecies 2 bis), voir BIC-VII-33880 s.

d. Sort des déficits et moins-values à long terme des sociétés absorbée et absorbante

	Fusion réalisée comptablement à la valeur réelle	
	Régime de droit commun	Régime de faveur
Possibilité de transférer à l'absorbante les déficits reportables de l'absorbée	NON	OUI (transfert sur agrément ou de plein droit suivant les caractéristiques de l'opération) (1)
Possibilité de transférer de plein droit les moins-values d'apport sur immobilisations amortissables	NON	OUI (2)
Transfert de plein droit de la créance de carry-back de l'absorbée pour sa valeur nominale	OUI (3)	OUI (3)
Possibilité pour l'absorbante de conserver ses propres déficits	OUI (4) Sauf en cas de changement d'activité (mais dérogation sur agrément)	OUI (4) Sauf en cas de changement d'activité (mais dérogation sur agrément)

(1) a. Conditions d'octroi de l'agrément Le transfert des déficits de la société absorbée à la société absorbante est en principe subordonné à l'obtention d'un agrément qui est délivré de droit si les conditions suivantes sont cumulativement réunies (CGI art. 209 II-1 ; BOI-SJ-AGR-20-30-10-10 nº 120 à 220) :
– l'opération doit être justifiée d'un point de vue économique et obéir à des motivations principales autres que fiscales. Mais la circonstance qu'une restructuration n'est pas constitutive d'un montage motivé par une recherche d'optimisation fiscale n'est pas suffisante pour obtenir l'agrément (CE 5-5-2021 nº 442629 ; sur les autres conditions à remplir pour obtenir l'agrément, voir ci-après). Les difficultés financières rencontrées par la société absorbée ne permettent pas d'établir la justification économique de l'opération dès lors qu'il n'est pas démontré que la société absorbante présente une situation plus rentable, ainsi que les garanties nécessaires pour assurer la continuité et le développement de l'activité de la société absorbée (CAA Nantes 18-8-2018 nº 17NT03321) ;

– l'activité à l'origine des déficits n'a pas fait l'objet, chez la société apporteuse, de changements significatifs pendant leur période de constatation, qui s'étend de l'exercice de naissance des déficits jusqu'à celui de demande de leur transfert. Toutefois, un transfert par anticipation avant la fusion de tout ou partie de l'activité à l'origine des déficits à la société absorbante ne constitue pas un changement significatif d'activité justifiant le refus de l'agrément (CE 9-6-2020 nº 436187). L'existence d'un tel changement s'apprécie, sur le plan qualitatif et quantitatif, notamment au vu de l'évolution de la clientèle, de l'emploi, des moyens de production effectivement mis en œuvre, de la nature et du volume d'activité (CGI art. 209-II précité) ou de tout autre critère pertinent au regard de l'activité exercée (BOI-SJ-AGR-20-30-10-10 nº 160 et 190). En conséquence, doivent être pris en compte l'ensemble des éléments caractérisant l'activité de la société absorbée pendant la période de constatation des déficits et le contexte économique dans lequel les évolutions constatées s'inscrivent (CE 17-10-23 nº 464667). En pratique, l'administration mène une analyse économique de ces critères fondée sur la comptabilité analytique de la société absorbée (BOI-SJ-AGR-20-30-10-10 nº 150 et 230), et conclut souvent à un transfert partiel de ces déficits. Dans le même sens, le Conseil d'Etat admet la possibilité d'un tel transfert (partiel) et précise que le juge de l'excès de pouvoir, saisi d'une argumentation en ce sens, peut annuler un refus d'agrément en tant seulement qu'il refuserait le transfert d'une fraction des déficits concernés (CE 17-10-23 nº 464667). En cas d'absorption de plusieurs sociétés, ces changements ne sont pas appréciés de manière globale pour l'ensemble des sociétés concernées mais individuellement pour chacune d'elles (CE 5-5-2021 nº 442629). L'existence d'un changement d'activité est déterminée en fonction des seuls éléments relatifs à l'activité qui est à l'origine des déficits. Il en résulte que la circonstance que l'activité déficitaire soit devenue plus importante au sein de l'entité absorbée en raison de l'abandon partiel ou total d'une activité bénéficiaire est sans incidence sur le droit à l'obtention de l'agrément (CE 25-10-2017 nº 401403). Le Conseil d'Etat a jugé que la suppression de la totalité de l'effectif salarié et de l'essentiel des moyens d'exploitation mis en œuvre ne caractérise pas un changement significatif dès lors qu'elle est intervenue dans le cadre d'une externalisation de l'activité et a permis le maintien du chiffre d'affaires de la société (CE 2-4-2021 nº 429319).
Selon nos informations, l'administration s'est rangée à cette position et considère donc que les critères fixés pour apprécier le maintien de l'activité ne sont pas cumulatifs. Le Conseil d'Etat a également jugé que les seules baisses de chiffre d'affaires et d'effectifs ne peuvent caractériser un changement significatif dès lors que ces évolutions résultent de la réorganisation de l'activité industrielle de la société confondue autour des clients les plus rentables afin de maintenir le cœur de son activité économique en période de crise (CE 17-10-23 nº 464667). Dans le même sens, la cour administrative d'appel de Lyon a jugé que l'évolution, même importante, d'un ou de plusieurs des éléments à prendre en compte ne saurait à elle seule, indépendamment du contexte dans lequel elle intervient, caractériser le changement significatif d'activité et qu'en conséquence, la baisse importante du chiffre d'affaires et de l'effectif salarié s'expliquant par le caractère cyclique de l'activité n'est pas constitutive d'un tel changement (CAA Lyon 9-3-2023 nº 21LY01810). En revanche, lorsqu'une même activité est exercée sur deux sites et que l'un d'entre eux est fermé, l'effectif salarié étant corrélativement réduit, la jurisprudence conclut au défaut de maintien de l'activité, sans qu'il y ait lieu d'analyser la contribution de chacun des sites au montant des déficits dès lors qu'une baisse significative du chiffre d'affaires est constatée (CAA Lyon 29-9-2020 nº 18LY03024). Procède également à un changement significatif d'activité la société qui réalisait la fabrication et la commercialisation de produits et abandonne toute activité de fabrication à la suite d'une réorganisation (CAA Paris 15-12-2021 nº 20PA00678) ;
– et la société absorbante doit s'engager à poursuivre l'activité de la société absorbée à l'origine des déficits pendant au moins trois ans sans lui apporter de changements significatifs. Le respect de cette exigence est apprécié selon les mêmes modalités que celles prévues à l'égard de la société absorbée (voir ci-avant). La Cour administrative de Lyon a jugé que la société absorbante avait apporté des changements significatifs à l'activité de la société absorbée dans une situation où elle avait réduit le personnel de plus de 50 % et fermé l'un des trois sites d'exploitation, alors même que le chiffre d'affaires avait été maintenu (CAA Lyon 4-2-2021 nº 19LY01879).
L'administration ne peut s'opposer à la délivrance de l'agrément au motif que la société absorbante ayant le statut de société en commandite simple n'est soumise à l'IS que sur une fraction de ses résultats, dès lors que l'opération est éligible au régime de faveur prévu à l'article 210 A du CGI (voir nº 7200).
b. Modalités de la demande d'agrément La demande d'agrément doit être déposée selon le modèle fourni par l'administration (BOI-LETTRE-000119) et avant la réalisation de l'opération (CGI art. 1649 nonies) même si des pièces justificatives peuvent être adressées à l'administration après l'opération pendant l'instruction de la demande (BOI-SJ-AGR-20-30-10-10 nº 250). L'agrément relève de la compétence du ministre du Budget, notamment lorsque la demande (CGI ann. IV art. 170 sexies) :

– est présentée par une société tête d'un groupe d'intégration fiscale ou par une entreprise relevant de la DGE ;
– ou porte sur un montant de déficits supérieur à 10 M€ pour une même opération (CGI ann. IV art. 170 sexies, a-3º).Dans les autres cas, la demande d'agrément est adressée à la Direction régionale des finances publiques dont relève le siège de l'entreprise.
Le transfert des déficits remonte à la date d'effet, le cas échéant rétroactif, de l'opération, même si l'agrément n'est pas encore accordé à cette date (CE 18-1-2017 nº 389004).
Le montant du déficit mentionné dans la décision d'agrément ne peut être opposé à la société absorbante si celle-ci dépose dans les délais une réclamation tendant à l'augmentation du montant du déficit initialement déclaré par la société apporteuse (CE 7-2-2018 nº 396926). A l'inverse, l'administration, dans le cadre de son droit de contrôle, peut revoir à la baisse le montant des déficits déclarés dont le transfert a été autorisé par agrément (BOI-SJ-AGR-20-30-10-10 nº 230).
c. Déficits transférés de plein droit Pour les opérations de fusions (avec ou sans échange de titres) et les confusions de patrimoine (BOI-IS-FUS-10-60-10 nº 20) réalisées sous le régime de faveur (à l'exclusion des scissions et apports partiels d'actif), la société absorbante bénéficie de plein droit, sans agrément préalable, du transfert des déficits, charges financières nettes et de la capacité de déduction inemployée de la société absorbée ou confondue dans les conditions suivantes (CGI art. 209, II-2) :
– le montant cumulé des déficits antérieurs, des charges financières nettes en report et de la capacité de déduction des charges financières nettes inemployée de la société absorbée est inférieur à 200 000 €. Si ce montant cumulé est supérieur, la société absorbante peut se prévaloir d'un transfert de plein droit à hauteur de 199 999 €, mais le surplus ne peut pas faire l'objet d'une demande d'agrément, et est définitivement perdu (BOI-IS-FUS-10-60-20 nº 50) ;
– durant la période qui s'étend du premier exercice au cours duquel ces déficits, ces charges financières nettes ou cette capacité de déduction inemployée ont été constatés jusqu'à la réalisation de la fusion, la société absorbée ne doit pas avoir cédé ou cessé l'exploitation d'un fonds de commerce ou d'un établissement, même si celui-ci n'a pas contribué aux déficits, charges financières nettes ou à la capacité de déduction inemployée (BOI-IS-FUS-10-60-20 nº 70). En cas de réalisation d'une telle opération, un agrément est nécessaire pour obtenir le transfert des déficits, charges financières nettes et de la capacité de déduction inemployée, correspondant aux activités maintenues par la société absorbée (BOI-IS-FUS-10-60-20 nº 80).
d. Déficits exclus du transfert sur agrément ou de plein droit Ne peuvent être transférés les déficits provenant (CGI art. 209-II ; BOI-IS-FUS-10-60-20 nº 60) :
– de la gestion d'un patrimoine mobilier par une société dont l'actif est principalement composé de participations financières (holding) ; l'administration n'est toutefois pas fondée à refuser son agrément pour le transfert des déficits subis par une société holding animatrice qui participe activement à la conduite du groupe et au contrôle de ses filiales, fournit à titre purement interne au groupe des services administratifs, juridiques, comptables, financiers et immobiliers, dès lors qu'elle doit être regardée comme exerçant à ce titre une activité distincte de la gestion de son patrimoine mobilier (CAA Paris 8-6-2021 nº 18PA03711) ;
– de la gestion d'un patrimoine immobilier ;
– ainsi que, selon l'administration, de toute activité à caractère patrimonial (BOI-SJ-AGR-20-30-10-10 nº 200).
En outre selon l'administration, les moins-values à long terme de la société absorbée sont exclues du bénéfice de l'agrément de transfert des déficits et ne peuvent donc pas être transférées à la société absorbante (Rép. Fosset, Sén. 5-3-1992 nº 17537 non reprise dans Bofip).
Le droit pour la société absorbante d'imputer sur ses propres résultats les déficits de la société absorbée, transférés de plein droit ou sur agrément, n'est pas remis en cause par la circonstance qu'elle serait elle-même dans une situation de changement d'activité au sens de l'article 221, 5 du CGI (voir (4)) entraînant la perte de ses propres déficits reportables (BOI-RES-IS-000103).
(2) Lorsque l'opération est placée sous le régime de faveur, la société absorbée peut imputer les moins-values nettes d'apport afférentes aux immobilisations amortissables sur son résultat de cessation et/ou transférer de plein droit (donc sans agrément) le surplus à la société absorbante qui peut les reporter dans les conditions et limites du report déficitaire (BOI-IS-FUS-10-20-30 nº 130 et 140) ; voir nº 8625.

(3) CGI art. 220 quinquies II, al. 2 pour une fusion intervenant au cours des cinq années suivant celle de la clôture de l'exercice au cours duquel la société absorbée a exercé l'option pour le carry-back. Au-delà de ce délai, la société absorbante peut reprendre l'instance engagée par la société absorbée pour obtenir le remboursement de sa créance (CAA Paris 6-11-2009 nº 07-4370). Mais aucun transfert de créance née du report en arrière des déficits ne peut en revanche intervenir si la société absorbée n'a pas exercé l'option pour le carry-back avant le prononcé de sa dissolution (TA Pau 30-5-2013 nº 1102028). Pour plus de détails, voir Mémento Fiscal nº 39570.

(4) Une société absorbante se trouve en situation de changement d'activité entraînant la perte de ses déficits reportables lorsque l'activité adjointe (dans le cadre d'une fusion ou de la réception d'une branche d'activité apportée : BOI-IS-CESS-10 nº 270) entraîne au titre de l'exercice de la fusion ou au titre de l'exercice suivant une augmentation de plus de 50 % par rapport à l'exercice précédent la fusion (CGI art. 221-5 ; voir Mémento Fiscal nº 38715 et 38720) :

- soit de son chiffre d'affaires ;
- soit de l'effectif moyen du personnel et du montant brut des éléments de son actif immobilisé.

Toutefois, la perte des déficits peut être évitée par l'obtention d'un agrément préalable délivré lorsque la fusion est indispensable à la poursuite de l'activité à l'origine des déficits et à la pérennité des emplois.

S'agissant de la contestation par l'administration, sur le fondement de l'abus de droit, du report des déficits, voir nº 7804.

e. Sort des charges financières nettes en report et de la capacité de déduction inemployée des charges financières nettes par la société absorbée (CGI art. 212 bis)

	Fusion réalisée comptablement à la valeur réelle	
	Régime de droit commun	Régime de faveur
Possibilité de transférer à l'absorbante les charges financières nettes en report et la capacité de déduction inemployée de l'absorbée	NON	OUI (transfert sur agrément ou de plein droit suivant les caractéristiques de l'opération) (1)
Possibilité pour l'absorbante de conserver ses propres charges financières nettes en report et sa capacité de déduction inemployée	OUI (2) Sauf en cas de changement d'activité (mais dérogation sur agrément)	OUI (2) Sauf en cas de changement d'activité (mais dérogation sur agrément)

(1) Les conditions du transfert des charges financières nettes en report et de la capacité de déduction inemployée de la société absorbée à la société absorbante sont identiques à celles exigées pour le transfert des déficits sur agrément ou de plein droit (CGI art. 209-II ; BOI-SJ-AGR-20-30-20 nº 1 à 20 ; voir 7802, II-d. ci-avant). Lorsqu'un agrément est nécessaire, les deux transferts sont sollicités dans la même demande et sont cumulables (BOI-SJ-AGR-20-30-20 nº 60).

(2) Le montant des charges financières nettes non admises en déduction après application du plafond de droit commun et, le cas échéant, de la déduction supplémentaire de 75 %, peut être reporté sans limitation dans le temps et faire l'objet d'une déduction au titre des exercices suivants (CGI art. 212 bis, VIII). En outre la fraction d'intérêts différés non encore déduits à la clôture du dernier exercice ouvert avant le 1er janvier 2019 en application de l'ancien dispositif de lutte contre la sous-capitalisation est reportable dans les mêmes conditions (BOI-IS-BASE-35-40-10-30 nº 10). Toutefois les entreprises autonomes qui bénéficient de la déduction supplémentaire de 75 % sont privées de la faculté de report des charges financières non déduites (CGI art. 212 bis, VI bis).

Lorsque l'apport de l'activité de la société absorbée est susceptible d'entraîner pour la société bénéficiaire un changement d'activité (voir d. ci-avant), la perte du droit au report de ses propres charges financières nettes en report et de sa capacité de déduction inemployée peut être, à notre avis, évitée par l'obtention d'un agrément préalable délivré dans des conditions strictes (voir d. ci-avant) (CGI art. 221-5).

Paramètres du choix

7804 ***Question***

Sous quel régime fiscal placer une opération réalisée à la valeur réelle sur le plan comptable ?

Réponse

Au choix, sous le régime de droit commun ou sous le régime de faveur. Ce choix n'a pas d'incidence sur la valeur d'apport.

Commentaires

Pour des tableaux de synthèse des principaux retraitements extra-comptables à effectuer selon que l'opération est placée sous le régime fiscal de faveur ou de droit commun, voir n° 12300 et 12400.

Le choix entre le régime de faveur et le régime de droit commun dépend de nombreux paramètres tenant notamment à :

– l'appartenance ou non à un groupe intégré des sociétés parties à l'opération (ou de l'une d'entre elles) ;

Par mesure de simplification, les commentaires ci-après se rapportent aux opérations de **fusion** réalisées entre deux sociétés dont **aucune n'est fiscalement intégrée.**

– l'existence de plus-values ou de moins-values latentes sur les différents actifs apportés, leur répartition et la nature des actifs auxquels elles se rapportent (immobilisations amortissables, non amortissables, stocks) ;

– l'existence ou non de reports déficitaires (voir 1. ci-après) ou de moins-values à long terme reportables (voir 2. ci-après) chez les sociétés parties à l'opération.

1. Les reports déficitaires La situation bénéficiaire ou déficitaire des sociétés parties à l'opération et l'existence ou non de déficits reportables (au taux de droit commun) constituent le plus souvent des éléments déterminants du choix du régime fiscal. Ainsi :

– lorsque **les deux sociétés parties à l'opération sont bénéficiaires,** il est en général fiscalement plus avantageux de placer l'opération sous le **régime de faveur** ;

En effet, ce régime permet, contrairement au régime de droit commun, de différer l'imposition des plus-values d'apport afférentes aux immobilisations amortissables (réintégration échelonnée de la plus-value d'apport chez la société absorbante) et non amortissables (imposition de la plus-value d'apport lors de la cession ultérieure des immobilisations par la société absorbante) transmises par la société absorbée.

Cela conduit toutefois la société absorbante ou bénéficiaire des apports à procéder à des réintégrations extra-comptables après l'opération, ce qui peut être contraignant en pratique.

Pour plus de détails et pour un examen comparatif des principales caractéristiques du régime fiscal de droit commun et de faveur, voir n° 7802.

– lorsque **la société absorbée** est **bénéficiaire** et **la société absorbante déficitaire,** l'option pour le **régime de faveur** permet d'imputer les déficits de la société absorbante (ou ses reports déficitaires dans la limite des plafonds applicables, voir Mémento Comptable n° 52590) sur les plus-values d'apport et, en particulier, sur les réintégrations échelonnées afférentes aux immobilisations amortissables ;

En effet, l'option pour le régime de faveur permet de transférer à la société absorbante l'imposition (échelonnée ou différée, voir ci-avant) des plus-values d'apport dégagées par la société absorbée.

Critères à prendre en compte La pertinence de cette solution dépend :

– du régime fiscal et de l'importance du montant des plus-values d'apport par rapport à celui des reports déficitaires de la société absorbante ;

– mais aussi du maintien, ou non, du droit au report par la société absorbante de ses propres déficits postérieurement à la fusion, qui doit être évalué au regard du risque de changement d'activité (selon l'importance de l'activité apportée) et, le cas échéant, sécurisé par un agrément (voir n° 7802 d.). Si l'administration s'estime fondée à contester le report des déficits de la société absorbante sur le fondement de l'abus de droit (BOI-IS-DEF-10-10 n° 260), la jurisprudence considère toutefois que le sens de la fusion ne peut être contesté dès lors que l'opération n'a pas un caractère fictif et répond à un intérêt économique (CE 21-3-1986 n° 53002 ; CAA Paris 18-6-2007 n° 06-1941), ce qui n'est pas le cas de la fusion de deux sociétés coquilles, dépourvues de tout moyen humain et matériel, l'opération n'étant motivée par aucun intérêt stratégique mais par le seul avantage fiscal consistant à imputer les déficits de la société absorbante sur les bénéfices de la société absorbée (CE 11-4-2014 n° 352999).

– lorsque **la société absorbée dispose de reports déficitaires,** l'option pour le **régime de droit commun** est un moyen efficace pour les utiliser, même si leurs conditions d'imputation sont plafonnées (voir Mémento Comptable n° 52590). Ceux-ci peuvent en effet être imputés sur les plus-values d'apport (dans la limite des plafonds prévus par l'article 209 I du CGI), dispensant par là même la société absorbante d'avoir à solliciter un agrément pour obtenir leur transfert lorsque celui-ci est nécessaire (voir n° 7802).

Cette solution est d'autant plus avantageuse lorsque la société absorbante ne remplit pas les conditions d'obtention de l'agrément faute, par exemple, de pouvoir s'engager à poursuivre pendant au moins trois ans l'activité de la société absorbée sans y apporter de changements significatifs. Pour plus de détails sur les conditions de délivrance de l'agrément de transfert des déficits, voir n° 7802.

Elle permet en outre d'obtenir la connexion entre les valeurs d'apport comptables et fiscales et d'éviter des retraitements extra-comptables post-opération.

Importance des plus-values d'apport La pertinence de cette solution dépend du régime fiscal et de l'importance du montant des plus-values d'apport par rapport à celui des reports déficitaires, laquelle détermine l'application ou non du plafonnement de l'imputation de ces déficits.

Le tableau ci-après, établi par nos soins, présente les options qui peuvent être privilégiées selon la situation, déficitaire ou bénéficiaire, des parties à une fusion réalisée à la valeur réelle :

Fusion en valeur réelle		Société absorbante			
		Bénéficiaire		Déficitaire	
Société absorbée	Bénéficiaire	Régime de faveur		Régime de faveur	
	Déficitaire	Si possibilité de transfert des déficits : régime de faveur	Si pas de possibilité de transfert des déficits : régime de droit commun	Si possibilité de transfert des déficits : régime de faveur	Si pas de possibilité de transfert des déficits : régime de faveur ou régime de droit commun selon l'importance des plus-values d'apport et le montant des déficits respectifs

2. Les moins-values à long terme reportables L'existence, chez la société absorbée, de moins-values à long terme reportables est un élément susceptible de favoriser l'option pour le **régime de droit commun.**

Moins-values à long terme reportables Le stock de moins-values à long terme reportables est constitué uniquement de moins-values sur titres du secteur au taux réduit de 19 % (titres de sociétés à prépondérance immobilière cotées) et 15 % (titres relevant du secteur du capital-risque), à l'exclusion des moins-values sur titres du secteur de taxation limitée à une quote-part de frais et charges, qui ne sont pas reportables (voir Mémento Comptable nº 36700 à 36770 et 37500).

En effet, la renonciation au régime de faveur permet :

- d'imputer le stock de moins-values à long terme reportables sur **les plus-values d'apport relevant du long terme au taux réduit imposables** chez la société absorbée **du fait de la fusion** ;

Incidence de la nature des titres Compte tenu du régime de taxation limitée à une quote-part de frais et charges applicable à la plupart des plus-values de cession de titres de participation (voir nº 8015 et Mémento Comptable nº 36700 à 36770), une telle imputation de moins-values à long terme reportables au taux de 19 % ou de 15 % ne pourra s'effectuer que lorsque l'apport porte sur des actifs relevant du régime du long terme au taux de 15 % ou de 19 %, c'est-à-dire principalement certains titres de sociétés de capital-risque ou les titres de participation dans des sociétés à prépondérance immobilière cotées.

- d'imputer le stock de moins-values à long terme **sur le bénéfice de cessation réalisé par la société absorbée** l'exercice de la fusion ;

En effet, les moins-values à long terme reportables relevant du taux réduit sont imputables sur les bénéfices de liquidation d'une entreprise pour une fraction de leur montant égale au rapport existant entre le taux d'imposition des plus-values à long terme applicable à l'exercice de réalisation de la moins-value et le taux normal de l'IS en vigueur au titre de l'exercice de liquidation (CGI art. 219, I-a bis).

En revanche, **en cas d'option pour le régime de faveur,** les stocks de moins-values à long terme reportables de la société absorbée sont, en principe, définitivement perdus.

En effet :
- ils ne peuvent être imputés sur l'IS comme en cas de liquidation ;
- ils ne sont pas transférables sur agrément à la société absorbante.

II. Conséquences fiscales de l'obligation comptable de réaliser certaines opérations à la valeur comptable

1. Conséquences sur la valeur d'apport

Valeur d'apport à retenir sur le plan fiscal

7810 ***Question***

Quelle valeur d'apport retenir sur le plan fiscal lorsque l'opération est réalisée comptablement à la valeur comptable ?

Réponse

La valeur d'apport à retenir sur le plan fiscal dépend du régime fiscal sous lequel est placée l'opération :
- valeur comptable si l'opération est placée sous le régime fiscal de faveur ;
- valeur réelle si l'opération est placée sous le régime de droit commun. D'où une déconnexion dans ce cas entre valeur d'apport comptable et valeur d'apport fiscale.

Commentaires Lorsque, en application des règles comptables de valorisation des apports, une fusion ou opération assimilée est réalisée à la valeur comptable, cette valeur n'est **pas retenue dans tous les cas sur le plan fiscal.**

En effet, selon l'administration, une opération de fusion ou d'apport partiel d'actif étant assimilée sur le plan fiscal à une cessation d'entreprise (cessation partielle pour un apport partiel d'actif), les actifs et passifs doivent en principe être évalués à la valeur réelle. Toutefois, si les apports sont effectués à la valeur comptable sur le plan comptable, ces valeurs peuvent être retenues sur le plan fiscal à la double condition que (BOI-IS-FUS-30-20 n° 1 et 10) :
- l'opération soit placée sous le régime de faveur des fusions en matière d'IS (CGI art. 210 A ; pour des détails sur ce régime, voir n° 7812) ;
- la société bénéficiaire des apports reprenne à son bilan les écritures comptables de la société apporteuse [valeurs d'origine, amortissements et (provisions pour) dépréciations] et continue de calculer les dotations aux amortissements à partir de la valeur d'origine qu'avaient les biens dans les écritures de la société apporteuse.

Sur les conséquences comptables de cette obligation, voir n° 8142.

En conséquence, en cas d'opération réalisée comptablement à la valeur comptable, la valeur d'apport à retenir sur le plan fiscal dépend essentiellement du régime fiscal sous lequel est placée l'opération :
- si l'opération est placée sous le régime fiscal de faveur des fusions, la valeur d'apport à retenir sur le plan fiscal est la valeur comptable ;
- si l'opération est placée sous le régime fiscal de droit commun, la valeur d'apport à retenir sur le plan fiscal est la valeur réelle. Les valeurs d'apport comptable et fiscale sont donc, dans ce cas, différentes.

Sur les conséquences de cette **déconnexion des valeurs d'apport,** voir n° 7814.

Le tableau ci-après, établi par nos soins, résume la position de l'administration fiscale en cas d'opération réalisée comptablement sur la base des valeurs comptables :

		Valeur d'apport comptable : VC
Régime fiscal	Faveur	Valeur d'apport fiscale : VC
	Droit commun	Valeur d'apport fiscale : VR

2. Conséquences sur le choix du régime fiscal

Comparaison entre le régime de droit commun et le régime de faveur

7812 ***Question***

Quels sont les avantages et contraintes du régime fiscal de faveur par rapport au régime de droit commun lorsque l'opération est réalisée à la valeur comptable ?

Réponse

Les tableaux suivants, établis par nos soins, déclinent, selon le régime fiscal applicable, les droits et obligations principales des sociétés absorbée et absorbante lorsque la valeur comptable est retenue sur le plan comptable.

Commentaires Pour une définition générale du régime de droit commun et du régime de faveur, voir nº 7300.

Pour une application de ces tableaux aux apports partiels d'actif, voir nº 10300.

1. Obligations et droits de la société absorbée

	Fusion réalisée comptablement à la valeur comptable			
	Régime de droit commun (1)	MFusions	Régime de faveur (2)	MFusions
Imposition des plus-values (fiscales (3)) d'apport sur l'ensemble des éléments d'actif apportés (immobilisations et actifs circulants)	OUI (4) (7) (mais contrepartie pour l'absorbante lors de la cession des actifs ; voir tableau ci-après au 2.c)	nº 7810, 8015 Sur le retraitement extra-comptable correspondant, voir nº 12205	NON	nº 8015
Imposition du bénéfice de l'exercice en cours	OUI (5)		OUI (5)	
Imposition immédiate des résultats et plus-values dont l'imposition a été étalée ou différée (6)	OUI		NON (mais obligations corrélatives pour la société absorbante ; voir tableau 2.a ci-après)	
Amende pour rupture de l'engagement auquel était subordonnée la taxation réduite de certaines plus-values résultant de la cession de terrains ou de locaux professionnels à transformer en usage d'habitation (8)	NON (mais obligations corrélatives pour la société absorbante ; voir tableau 2.a ci-après)		NON (mais obligations corrélatives pour la société absorbante ; voir tableau 2.a ci-après)	
Sort des provisions	Imposition de toutes les provisions (y compris provisions réglementées)	nº 7922 et 7924	Imposition des seules provisions devenues sans objet (mais obligations corrélatives pour l'absorbante ; voir tableau 2.a ci-après)	nº 7902

	Fusion réalisée comptablement à la valeur comptable			
	Régime de droit commun (1)	MFusions	Régime de faveur (2)	MFusions
Imposition de la réserve spéciale des plus-values à long-terme	NON	nº 7926	NON (mais obligations corrélatives de l'absorbante ; voir tableau 2.a ci-après)	nº 7910
Remise en cause du régime des sociétés mères sur les dividendes reçus de filiales dont les titres sont apportés	OUI si titres détenus depuis moins de 2 ans	nº 8645	NON si titres conservés pendant 2 ans à partir de l'acquisition par l'absorbée	nº 8643

(1) Pour les principaux retraitements extra-comptables applicables aux fusions réalisées à la valeur comptable et placées sous le régime de droit commun, voir nº 12200 à 12260.
(2) Pour les principaux retraitements extra-comptables applicables aux fusions réalisées à la valeur comptable et placées sous le régime de faveur, voir nº 12100 à 12145.
(3) Sur la différence entre la plus-value comptable et la plus-value fiscale d'apport, voir nº 8130.
(4) Selon l'administration fiscale (BOI-IS-FUS-30-20 nº 10), lorsqu'une fusion est réalisée comptablement à la valeur comptable, cette valeur d'apport ne peut être retenue sur le plan fiscal qu'à condition, notamment, que l'opération soit placée sous le régime de faveur des fusions. A défaut, l'opération est réputée fiscalement réalisée à la valeur réelle (voir nº 7810).
(5) Toutefois, si la fusion est réalisée avec effet rétroactif à l'ouverture de l'exercice, le bénéfice de l'exercice en cours est englobé dans le résultat de la société absorbante et imposé en même temps que celui-ci (voir nº 10695).
(6) Il s'agit notamment :
- des subventions d'équipement dont l'imposition est étalée en application de l'article 42 septies du CGI, et dont la société absorbante peut, sur option spécifique dans le traité d'apport poursuivre l'étalement de l'imposition lorsque l'opération est placée sous le régime de faveur (BOI-IS-FUS-10-20-30 nº 360 ; voir nº 7908) ;
- des plus-values résultant de la perception d'indemnités d'assurance ou d'expropriation d'immeubles dont l'imposition est étalée (CGI art. 39 quaterdecies 1 ter ; voir Mémento Comptable nº 29425 et 45800) ;
- des plus-values sur immobilisations amortissables résultant d'opérations de fusion ou d'apport antérieures placées sous le régime de faveur et en cours d'étalement chez la société absorbée au moment de la fusion (BOI-IS-FUS-10-20-40-10 nº 160 ; voir nº 8625) ;
- des plus-values sur immobilisations non amortissables résultant d'opérations de fusion ou d'apport antérieures placées sous le régime de faveur dont l'imposition est différée (CGI art. 210 A ; voir nº 8653) ;
- des plus-values de cession-bail d'immeubles intervenues entre le 23 avril 2009 et le 31 décembre 2012, ou entre le 1er janvier 2021 et le 30 juin 2023 (précédées d'un accord de financement accepté par le crédit-preneur entre le 28 septembre 2020 et le 31 décembre 2022), et dont l'imposition a été étalée (CGI art. 39 novodecies ; BOI-IS-FUS-10-20-40-10 nº 150 ; voir Mémento Comptable nº 28320) ;
- des plus-values résultant du transfert de titres du compte « Titres de participation » ou d'un sous-compte « Titres relevant du régime des plus-values à long terme » à un autre compte du bilan ou inversement (CGI art. 210 A, 3-b ; BOI-IS-FUS-10-20-40-10 nº 170 ; voir Mémento Comptable nº 35435).
(7) La mesure anti-abus instaurant un report de déduction de la moins-value de cession de titres de participation détenus depuis moins de deux ans entre sociétés liées au sens de l'article 39-12 du CGI (CGI art. 219 I-a septies) s'applique lorsque de telles moins-values sont constatées à l'occasion d'une opération placée sous le régime de droit commun : voir BIC-VII-33750 s.

Par ailleurs, sur l'application, en cas d'opération placée sous le régime de droit commun, des mesures anti-abus prévoyant :
– la non-déduction de la moins-value de cession, dans les deux ans de leur émission, de titres de participation reçus en rémunération d'un apport consenti depuis le 19 juillet 2012 à une société en difficulté, à hauteur de la différence entre la valeur d'inscription des titres en comptabilité et leur valeur réelle à la date d'émission (CGI art. 39 quaterdecies 2 bis ; BOI-BIC-PVMV-30-30-120), voir Doc. BIC-VII-33880 s. ;
– l'application du régime du long terme (ce qui, corrélativement, interdit leur déduction ou imputation) aux moins-values résultant de la cession de titres de sociétés à prépondérance financière (voir nº 10035) à hauteur des dividendes reçus de ces sociétés ayant bénéficié du régime des sociétés mères au cours de l'exercice de cession ou des cinq exercices précédents (CGI art. 219 I-a ter), voir Mémento Comptable nº 36700 à 36770.
(8) Certaines plus-values réalisées par les sociétés soumises à l'IS sont imposées à taux réduit lorsque la société cessionnaire prend un engagement. L'absorption de cette société n'entraîne pas rupture de l'engagement, quel que soit le régime fiscal sous lequel est placée l'opération, à condition que la société absorbante se substitue à la société absorbée pour le respect de cet engagement dans le délai restant à courir. Il en est ainsi des plus-values réalisées jusqu'au 31 décembre 2026 à l'occasion de la cession de terrains ou de locaux professionnels (qui doivent être situés dans certaines zones géographiques), taxées au taux réduit de 19 % en contrepartie de l'engagement par la société cessionnaire de transformer les biens en logements dans les quatre ans (délai porté à six ans pour certaines opérations à compter du 1er janvier 2024) suivant la date de clôture de l'exercice d'acquisition (CGI art. 210 F modifié par loi 2023-1322 du 29-12-2023 art. 51 ; BOI-IS-BASE-20-30-10-20 nº 140 s.). Ce régime s'applique également aux promesses unilatérales ou synallagmatiques de vente conclues jusqu'au 31 décembre 2026, à condition que la cession soit réalisée au plus tard le 31 décembre 2028 (voir Mémento Fiscal nº 19447).

2. Obligations et droits de la société absorbante

a. Lors de l'opération de fusion

	Fusion réalisée comptablement à la valeur comptable			
	Régime de droit commun (1)	MFusions	Régime de faveur (2)	MFusions
Transfert des provisions et réserves de l'absorbée : – provisions conservant leur objet – provisions réglementées (telles que provisions pour hausse des prix) – réserve spéciale des plus-values à long terme – réserve spéciale pour fluctuation des cours	NON		OUI (3)	nº 7902, 7906, 7910, 8154
Reprise des écritures de l'absorbée afférentes aux actifs transférés [valeur d'origine, amortissements, (provisions pour) dépréciation]	NON		OUI	nº 7600, 7810, 8142
Substitution à l'absorbée pour l'imposition des résultats et des plus-values dont l'imposition a été différée ou étalée chez cette dernière	NON		OUI (sous certaines conditions) (4)	

	Fusion réalisée comptablement à la valeur comptable			
	Régime de droit commun (1)	MFusions	Régime de faveur (2)	MFusions
Reprise par l'absorbante de l'engagement pris par l'absorbée en contrepartie de l'imposition à taux réduit de certaines plus-values résultant de la cession de terrains ou de locaux professionnels à transformer en usage d'habitation (7)	OUI		OUI	
Sort de la plus-value d'annulation des titres de l'absorbée détenus par l'absorbante (boni de fusion)	Imposition (taux normal) ou régime du long terme (taxation limitée à une quote-part de frais et charges, ou taux de 19 %)	nº 8460 Sur le retraitement extra-comptable correspondant, voir nº 12210	Exonération	nº 8460 Sur le retraitement extra-comptable correspondant, voir nº 12105
Remise en cause du régime des sociétés mères sur les dividendes versés par l'absorbée à l'absorbante avant la fusion	OUI si titres détenus depuis moins de 2 ans	nº 8310	NON mais possible non-déduction du vrai mali à due concurrence (5)	nº 8310 Sur le retraitement extra-comptable correspondant, voir nº 12111
Transfert automatique de la créance de crédit d'impôt recherche et de la réduction d'impôt mécénat	OUI (6)		OUI (6)	

(1) Pour les principaux retraitements extra-comptables applicables aux fusions réalisées à la valeur comptable et placées sous le régime de droit commun, voir nº 12200 à 12260.
(2) Pour les principaux retraitements extra-comptables applicables aux fusions réalisées à la valeur comptable et placées sous le régime de faveur, voir nº 12100 à 12145.
(3) Sur le cas particulier de la provision pour amortissement dérogatoire, voir nº 7906.
(4) Il s'agit notamment des subventions d'équipement, des indemnités d'assurance et d'expropriation, des plus-values sur immobilisations amortissables ou non amortissables résultant d'opérations de fusion ou d'apport antérieures placées sous régime de faveur, des plus-values de cession-bail d'immeubles et des plus-values de transfert de titres de compte à compte (voir tableau 1. ci-avant).
(5) Sur la mesure anti-abus limitant dans certains cas la déduction du vrai mali à hauteur des dividendes ayant bénéficié du régime des sociétés mères, voir Mémento Fiscal nº 39540.
(6) Pour le crédit d'impôt recherche : CGI art. 199 ter B et BOI-BIC-RICI-10-10-50 nº 660 et 670. Pour la réduction d'impôt mécénat : BOI-BIC-RICI-20-30-30 nº 270. Sur la créance de carry-back, voir tableau d. ci-après.
(7) Voir tableau 1. ci-avant.

b. En cours de détention des actifs reçus de la société absorbée

	Fusion réalisée comptablement à la valeur comptable			
	Régime de droit commun (1)	MFusions	Régime de faveur (2)	MFusions
Possibilité d'amortir les biens reçus suivant le mode dégressif	NON		OUI (si immobilisations éligibles)	nº 8615
Poursuite, par l'absorbante, de l'amortissement fiscal des frais d'acquisition afférents aux titres apportés par l'absorbée	NON		OUI	nº 8627 Sur le retraitement extra-comptable correspondant, voir nº 12132
Poursuite, par l'absorbante, des déductions exceptionnelles en faveur de certains investissements (3)	NON		OUI	nº 8615 Sur le retraitement extra-comptable correspondant, voir nº 12133
Calcul de la (provision pour) dépréciation des éléments d'actif reçus de l'absorbée :	Par référence à leur valeur d'apport comptable	nº 7814 et 8130	Par référence à :	
Sur immobilisations amortissables			leur valeur d'apport (4)	nº 8630
Sur immobilisations non amortissables et VMP			leur valeur fiscale chez l'absorbée (5)	nº 8630
Sur éléments de l'actif circulant (hors VMP)			leur valeur d'apport	nº 8630
Dépréciation de la quote-part du mali technique affectée à une immobilisation	Déductible (dans les conditions applicables à la dépréciation de l'actif sous-jacent) (5)	nº 8373	Non déductible (6)	nº 8373 Sur le retraitement extra-comptable correspondant, voir nº 12130
Substitution à l'absorbée pour l'imposition des résultats et des plus-values dont l'imposition a été étalée chez cette dernière	NON		OUI (7)	

	Fusion réalisée comptablement à la valeur comptable			
	Régime de droit commun (1)	MFusions	Régime de faveur (2)	MFusions
Transfert à l'absorbante des charges financières nettes en report et de la capacité de déduction inemployée de l'absorbée	NON		OUI (8)	
Reprise, par l'absorbante, des éléments déterminés par l'absorbée pour l'application du régime de la propriété intellectuelle	NON		OUI (9)	
Décompte du délai de conservation de 2 ans des titres reçus lors de l'apport et éligibles au régime des sociétés mères	A compter de la date de la fusion		A compter de la date de l'acquisition des titres par l'absorbée	nº 8643

(1) Pour les principaux retraitements extra-comptables applicables aux fusions réalisées à la valeur comptable et placées sous le régime de droit commun, voir nº 12200 à 12260.
(2) Pour les principaux retraitements extra-comptables applicables aux fusions réalisées à la valeur comptable et placées sous le régime de faveur, voir nº 12100 à 12145.
(3) La poursuite par la société absorbante des déductions exceptionnelles en faveur de certains investissements est autorisé par l'administration lorsque l'opération est placée sous le régime de faveur (BOI-BIC-BASE-100-10 nº 240 et 250). Sont visés notamment les investissements dans certains biens d'équipements productifs, dans certains véhicules de transports et matériels de réfrigération peu polluants, ou dans la robotique et la transformation numérique (pour plus de détails, voir Mémento Comptable nº 27425).
(4) Lorsque le fonds commercial reçu par la société absorbante entre le 1er janvier 2022 et le 31 décembre 2025 donne lieu à la déduction fiscale des amortissements comptabilisés, la dépréciation constatée dans les comptes fait l'objet d'une réintégration fiscale échelonnée et l'administration admet la constatation d'amortissements dérogatoires afin que l'entreprise puisse déduire la totalité du coût de revient du fonds (voir nº 7802, 2-b). Depuis le 18 juillet 2022, l'application de cette règle est limitée aux opérations entre sociétés non liées et donc, s'agissant des fusions réalisées à la valeur comptable, aux opérations à l'envers impliquant des entités sous contrôle distinct (voir nº 8615).
(5) Les immobilisations non amortissables acquises par voie de fusion (ou opération assimilée) placée sous le régime de faveur ne peuvent faire l'objet d'une (provision pour) dépréciation fiscalement déductible que si leur valeur d'inventaire est inférieure à leur valeur fiscale avant apport et dans la limite de la différence entre ces deux valeurs (CGI art. 39-1-5º). La valeur fiscale avant apport peut être inférieure à la valeur d'apport lorsqu'un bien non amortissable, apporté dans le cadre d'une fusion effectuée à la valeur comptable, a fait l'objet d'un précédent apport en régime de faveur et à la valeur réelle.
(6) Lorsque la fusion est placée sous le régime de droit commun, la dépréciation du mali technique est admise dans les mêmes conditions que celles de la dépréciation de l'actif sous-jacent (BOI-IS-FUS-10-50-20 nº 190). En revanche, la dépréciation de la quote-part de mali technique affectée aux immobilisations ne peut donner lieu à aucune déduction lorsque la fusion est placée sous le régime de faveur (CGI art. 210 A-1, al. 3 ; BOI-IS-FUS-10-50-20 nº 130) ; voir nº 8373.
(7) Il s'agit notamment des subventions d'équipement, des indemnités d'assurance et d'expropriation, des plus-values sur immobilisations amortissables résultant d'opérations de fusion ou d'apport antérieures placées sous régime de faveur, des plus-values de cession-bail d'immeubles et des plus-values de transfert de titres de compte à compte (voir tableau 1 ci-avant).

(8) Les conditions du transfert des charges financières nettes en report et de la capacité de déduction inemployée de la société absorbée à la société absorbante sont identiques à celles exigées pour le transfert des déficits, sur agrément ou de plein droit (CGI art. 209-II ; BOI-SJ-AGR-20-30-20 nº 1 à 20 ; voir nº 7802, II-d. ci-après) ; lorsqu'un agrément est nécessaire, les deux transferts sont sollicités dans la même demande et sont cumulables (BOI-SJ-AGR-20-30-20 nº 60).

(9) Le **résultat net** provenant de la cession, concession, ou sous-concession de certains produits de la propriété intellectuelle peut faire l'objet, sur option, d'une **imposition séparée au taux réduit de 10 %** pour une fraction de son montant. L'application du ratio dit « nexus » au résultat net permet de déterminer l'assiette imposable au taux réduit, l'autre fraction du résultat net étant soumise à l'IS au taux de droit commun. Ce ratio correspond au rapport entre :

– les dépenses de R&amp ; D présentant un lien direct avec la création et le développement de l'actif incorporel qui sont engagées par l'entreprise ou externalisées auprès d'entreprises non liées, majorées de 30 % ;

– et les dépenses totales de R&amp ; D réalisées directement ou indirectement par l'entreprise (CGI art. 238 ; voir Mémento Fiscal nº 10420 s.).

La société absorbante calcule son ratio « nexus » en reprenant, au titre des exercices postérieurs à l'opération, le montant des dépenses utilisé par la société absorbée pour le calcul de son propre ratio « nexus ». Elle reprend également l'éventuel résultat net négatif de cession, concession ou sous-concession réalisé par la société absorbée pour l'imputer sur ses résultats nets ultérieurs de même nature (CGI art. 209, II ter ; voir Mémento Fiscal nº 10425).

c. Lors de la cession des actifs reçus de la société absorbée

	Fusion réalisée comptablement à la valeur comptable			
	Régime de droit commun (1)	MFusions	Régime de faveur (2)	MFusions
Calcul de la plus-value de cession des éléments d'actif reçus :	Par référence à leur valeur réelle à la date de la fusion (3)	Sur les retraitements extra-comptables correspondants, voir nº 12245, 12250 et 12255	Par référence à :	
Sur éléments amortissables			– leur valeur d'apport	nº 8130, 8640, 8650
Sur éléments non amortissables de l'actif immobilisé et VMP			– leur valeur fiscale chez l'absorbée (4) (5)	nº 8130, 8640, 8643
Sur éléments de l'actif circulant (hors VMP)			– leur valeur d'apport	nº 8130
Sort de la quote-part de mali technique affectée à une immobilisation cédée	Déductible (régime d'imposition du résultat de cession de l'actif sous-jacent) (6)	nº 8380	Non déductible (6)	nº 8380 Sur le retraitement extra-comptable correspondant, voir nº 12140
Imposition immédiate des résultats et des plus-values dont l'imposition a été étalée ou différée chez l'absorbée	NON (déjà imposés chez l'absorbée lors de la fusion)		OUI (7)	

	Fusion réalisée comptablement à la valeur comptable			
	Régime de droit commun (1)	MFusions	Régime de faveur (2)	MFusions
Décompte du délai de détention de 2 ans pour l'application du régime du long terme aux cessions de titres reçus	A compter de la date de la fusion		A compter de la date d'acquisition des titres par l'absorbée (8)	n° 8643
Remise en cause du régime des sociétés mères pour les dividendes reçus sur les titres cédés	OUI si titres cédés dans les 2 ans de la fusion		NON sauf si titres cédés dans les 2 ans de leur acquisition par l'absorbée	n° 8643

(1) Pour les principaux retraitements extra-comptables applicables aux fusions réalisées à la valeur comptable et placées sous le régime de droit commun, voir n° 12200 à 12260.

(2) Pour les principaux retraitements extra-comptables applicables aux fusions réalisées à la valeur comptable et placées sous le régime de faveur, voir n° 12100 à 12145.

(3) Cette valeur réelle, retenue sous certaines conditions pour la détermination de la plus-value fiscale d'apport sur les immobilisations imposable au nom de la société absorbée (voir tableau ci-avant au 1. et n° 8015), doit être minorée, le cas échéant, des amortissements pratiqués depuis la fusion par la société absorbante (BOI-IS-FUS-30-20 n° 180). Le recours à la valeur réelle, admis par l'administration en matière d'immobilisation devrait, à notre avis, être également applicable aux éléments de l'actif circulant.

(4) Lorsqu'un bien apporté dans le cadre d'une fusion a fait l'objet d'un précédent apport en régime de faveur et à la valeur réelle, la valeur fiscale à retenir est la valeur d'origine chez l'apporteuse de la précédente opération (BOI-IS-FUS-10-20-40-10 n° 40).

(5) Pour les plus-values : CGI art. 210 A, 3-c. Pour les moins-values : BOI-IS-FUS-10-20-30 n° 120. Toutefois, selon une décision isolée (TA Lille 23-5-2002 n° 99-307), en cas de moins-value de cession d'une immobilisation non amortissable reçue dans le cadre d'un apport partiel d'actif placé sous le régime de faveur (décision transposable aux fusions), le prix de revient fiscal du bien correspond à sa valeur d'apport et non à sa valeur fiscale.

(6) Lorsque la fusion est placée sous le régime de droit commun, la sortie de l'actif de la quote-part de mali technique affectée, le cas échéant, aux immobilisations cédées suit le régime de l'actif sous-jacent (BOI-IS-FUS-10-50-20 n° 190). En revanche, une telle sortie ne peut donner lieu à aucune déduction lorsque la fusion est placée sous le régime de faveur (CGI art. 210 A-1, al. 3 ; BOI-IS-FUS-10-50-20 n° 130) ; voir n° 8380.

(7) Il s'agit notamment des subventions d'équipement, des indemnités d'assurance et des indemnités d'expropriation, des plus-values sur immobilisations amortissables ou non amortissables résultant d'opérations de fusion ou d'apport antérieures placées sous le régime de faveur, des plus-values sur certaines cessions-bail d'immeubles et des plus-values de transfert de titres de compte à compte (voir tableau 1 ci-avant).

(8) Voir n° 8643. En outre, s'agissant du calcul du délai de détention des titres reçus par voie d'apport dans le cadre d'une fusion placée sous le régime fiscal de faveur, pour l'application des mesures anti-abus prévoyant :
- un report de déduction des moins-values à court terme sur cession de titres de participation entre sociétés liées, qui deviennent en principe des moins-values à long terme non déductibles à l'issue d'un délai de deux ans suivant l'acquisition des titres cédés (CGI art. 219-I-a septies) (CGI art. 219-I-a septies), voir BIC-VII-33750 s. ;
- la non-déduction d'une fraction de la moins-value de cession, dans les deux ans de leur émission, de titres de participation reçus en rémunération d'un apport consenti à une société en difficulté (CGI art. 39 quaterdecies 2 bis), voir BIC-VII-33880 s.

d. Sort des déficits et moins-values à long terme des sociétés absorbée et absorbante

	Fusion réalisée comptablement à la valeur comptable	
	Régime de droit commun	Régime de faveur
Possibilité de transférer à l'absorbante les déficits reportables de l'absorbée	NON	OUI (transfert sur agrément ou de plein droit suivant les caractéristiques de l'opération) (1)
Possibilité de transférer de plein droit les moins-values d'apport sur immobilisations amortissables	NON	– (2)
Transfert de plein droit de la créance de carry-back de l'absorbée pour sa valeur nominale	OUI (3)	OUI (3)
Possibilité pour l'absorbante de conserver ses propres déficits	OUI (4) Sauf en cas de changement d'activité (dérogation sur agrément)	OUI (4) Sauf en cas de changement d'activité (dérogation sur agrément)

(1) a. **Conditions d'octroi de l'agrément** Le transfert des **déficits** de la société absorbée à la société absorbante est en principe subordonné à l'obtention d'un **agrément** qui est délivré de droit si les conditions suivantes sont cumulativement réunies (CGI art. 209 II-1 ; BOI-SJ-AGR-20-30-10-10 nº 120 à 220) :
– l'opération doit être justifiée d'un **point de vue économique** et obéir à des motivations principales autres que fiscales. Mais la circonstance qu'une restructuration n'est pas constitutive d'un montage motivé par une recherche d'optimisation fiscale n'est pas suffisante pour obtenir l'agrément (CE 5-5-2021 nº 442629 ; sur les autres conditions à remplir pour obtenir l'agrément, voir ci-après). Les difficultés financières rencontrées par la société absorbée ne permettent pas d'établir la justification économique de l'opération dès lors qu'il n'est pas démontré que la société absorbante présente une situation plus rentable, ainsi que les garanties nécessaires pour assurer la continuité et le développement de l'activité de la société absorbée (CAA Nantes 18-8-2018 nº 17NT03321) ;
– l'activité à l'origine des déficits n'a pas fait l'objet, chez la **société apporteuse,** de **changements significatifs** pendant leur période de constatation, qui s'étend de l'exercice de naissance des déficits jusqu'à celui de demande de leur transfert. Toutefois, un **transfert par anticipation** avant la fusion de tout ou partie de l'activité à l'origine des déficits à la société absorbante ne constitue pas un changement significatif d'activité justifiant le refus de l'agrément (CE 9-6-2020 nº 436187). L'existence d'un tel changement s'apprécie, sur le plan qualitatif et quantitatif, notamment au vu de l'évolution de la **clientèle,** de l'emploi, des **moyens de production** effectivement mis en œuvre, de la nature et du **volume d'activité** (CGI art. 209-II précité) ou de tout autre critère pertinent au regard de l'activité exercée (BOI-SJ-AGR-20-30-10-10 nº 160 et 190). En conséquence, doivent être pris en compte l'ensemble des éléments caractérisant l'activité de la société absorbée pendant la période de constatation des déficits et le contexte économique dans lequel les évolutions constatées s'inscrivent (CE 17-10-23 nº 464667). En pratique, l'administration mène une **analyse économique** de ces critères fondée sur la comptabilité analytique de la société absorbée (BOI-SJ-AGR-20-30-10-10 nº 150 et 230), et conclut souvent à un transfert partiel de ces déficits. Dans le même sens, le Conseil d'Etat admet la possibilité d'un tel transfert (partiel) et précise que le juge de l'excès de pouvoir, saisi d'une argumentation en ce sens, peut annuler un refus d'agrément en tant seulement qu'il refuserait le transfert d'une fraction des déficits concernés (CE 17-10-23 nº 464667).
En cas d'absorption de plusieurs sociétés, ces **changements** ne sont pas appréciés de manière globale pour l'ensemble des sociétés concernées mais individuellement pour chacune d'elles (CE 5-5-2021 nº 442629).
L'existence d'un changement d'activité est déterminée en fonction des seuls éléments relatifs à l'**activité qui est à l'origine des déficits.** Il en résulte que la circonstance que l'activité déficitaire soit

devenue plus **importante** au sein de l'entité absorbée en raison de l'abandon partiel ou total d'une activité bénéficiaire est sans incidence sur le droit à l'obtention de l'agrément (CE 25-10-2017 nº 401403). Le Conseil d'Etat a jugé que la suppression de la totalité de l'effectif salarié et de l'essentiel des moyens d'exploitation mis en œuvre ne caractérise pas un changement significatif dès lors qu'elle est intervenue dans le cadre d'une externalisation de l'activité et a permis le maintien du chiffre d'affaires de la société (CE 2-4-2021 nº 429319). Selon nos informations, l'administration s'est rangée à cette position et considère donc que les critères fixés pour apprécier le maintien de l'activité ne sont pas cumulatifs. Le Conseil d'Etat a également jugé que les seules baisses de chiffre d'affaires et d'effectifs ne peuvent caractériser un changement significatif dès lors que ces évolutions résultent de la réorganisation de l'activité industrielle de la société confondue autour des clients les plus rentables afin de maintenir le cœur de son activité économique en période de crise (CE 17-10-23 nº 464667). Dans le même sens, la cour administrative d'appel de Lyon a également jugé que l'évolution même importante d'un ou plusieurs des éléments à prendre en compte ne saurait à elle seule, indépendamment du contexte dans lequel elle intervient, caractériser le changement significatif d'activité et qu'en conséquence la baisse importante du chiffre d'affaires et de l'effectif salarié s'expliquant par le caractère cyclique de l'activité n'est pas constitutive d'un tel changement (CAA Lyon 9-3-2023 nº 21LY01810).
En revanche, lorsqu'une **même activité** est exercée sur deux sites et que l'un d'entre eux est fermé, l'effectif salarié étant corrélativement réduit, la jurisprudence conclut au défaut de maintien de l'activité, sans qu'il y ait lieu d'analyser la contribution de chacun des sites au montant des déficits dès lors qu'une **baisse significative** du chiffre d'affaires est constatée (CAA Lyon 29-9-2020 nº 18LY03024). Procède également à un changement significatif d'activité la société qui réalisait la fabrication et la commercialisation de produits et abandonne toute activité de fabrication à la suite d'une réorganisation (CAA Paris 15-12-2021 nº 20PA00678) ;
- et la **société absorbante** doit s'engager à poursuivre l'activité de la société absorbée à l'origine des déficits pendant au moins trois ans sans lui apporter de changements significatifs. Le respect de cette exigence est apprécié selon les mêmes modalités que celles prévues à l'égard de la société absorbée (voir ci-avant). La Cour administrative de Lyon a jugé que la société absorbante avait apporté des changements significatifs à l'activité de l'absorbée dans une situation où elle avait réduit le personnel de plus de 50 %, fermé l'un des trois sites d'exploitation, alors même que le chiffre d'affaires avait été maintenu (CAA Lyon 4-2-2021 nº 19LY01879).
L'administration ne peut s'opposer à la délivrance de l'agrément au motif que la société absorbante ayant le statut de société en commandite simple n'est soumise à l'IS que sur une fraction de ses résultats, dès lors que l'opération est éligible au régime de faveur prévu à l'article 210 A du CGI (voir nº 7200).
b. Modalités de la demande d'agrément La **demande d'agrément** doit être déposée selon le modèle fourni par l'administration (BOI-LETTRE-000119) et avant la réalisation de l'opération (CGI art. 1649 nonies) même si des pièces justificatives peuvent être adressées à l'administration après l'opération pendant l'instruction de la demande (BOI-SJ-AGR-20-30-10-10 nº 250). L'agrément relève de la compétence du **ministre du Budget**, notamment lorsque la demande (CGI ann. IV art. 170 sexies) :
- est présentée par une société tête d'un groupe d'intégration fiscale ou par une entreprise relevant de la DGE ;
- ou porte sur un montant de déficits supérieur à 10 M€ pour une même opération (CGI ann. IV art. 170 sexies, a-3º).
Dans les autres cas, la demande d'agrément est adressée à la **Direction régionale des finances publiques** dont relève le siège de l'entreprise.
Le transfert des déficits remonte à la date d'effet, le cas échéant rétroactif, de l'opération, même si l'agrément n'est pas encore accordé à cette date (CE 18-1-2017 nº 389004).
Le montant du déficit mentionné dans la **décision d'agrément** ne peut être opposé à la société absorbante si celle-ci dépose dans les délais une réclamation tendant à l'augmentation du montant du déficit initialement déclaré par la société apporteuse (CE 7-2-2018 nº 396926). A l'inverse, l'administration, dans le cadre de son droit de contrôle, peut revoir à la baisse le montant des déficits déclarés dont le transfert a été autorisé par agrément (BOI-SJ-AGR-20-30-10-10 nº 230).
c. Déficits transférés de plein droit Pour les opérations de fusions (avec ou sans échange de titres) et les confusions de patrimoine (BOI-IS-FUS-10-60-10 nº 20) réalisées sous le régime de

faveur (à l'exclusion des scissions et apports partiels d'actif), la société absorbante bénéficie de **plein droit**, sans agrément préalable, du transfert des déficits, charges financières nettes et de la capacité de déduction inemployée de la société absorbée ou confondue dans les conditions suivantes (CGI art. 209, II-2) :
- le montant cumulé des déficits antérieurs, des charges financières nettes en report et de la capacité de déduction des charges financières nettes inemployée de la société absorbée est inférieur à 200 000 €. Si ce montant cumulé est supérieur, la société absorbante peut se prévaloir d'un transfert de plein droit à hauteur de 199 999 €, mais le surplus ne peut pas faire l'objet d'une demande d'agrément, et est définitivement perdu (BOI-IS-FUS-10-60-20 nº 50) ;
- durant la période qui s'étend du premier exercice au cours duquel ces déficits, ces charges financières nettes ou cette capacité de déduction inemployée ont été constatés jusqu'à la réalisation de la fusion, la société absorbée ne doit pas avoir cédé ou cessé l'exploitation d'un fonds de commerce ou d'un établissement, même si celui-ci n'a pas contribué aux déficits, charges financières nettes ou à la capacité de déduction inemployée (BOI-IS-FUS-10-60-20 nº 70). En cas de réalisation d'une telle opération, un agrément est nécessaire pour obtenir le transfert des déficits, charges financières nettes et de la capacité de déduction inemployée, correspondant aux activités maintenues par la société absorbée (BOI-IS-FUS-10-60-20 nº 80).

d. Déficits exclus du transfert sur agrément ou de plein droit Ne peuvent être transférés les déficits provenant (CGI art. 209-II ; BOI-IS-FUS-10-60-20 nº 60) :
- de la **gestion d'un patrimoine mobilier** par une société dont l'actif est principalement composé de participations financières (holding) ; l'administration n'est toutefois pas fondée à refuser son agrément pour le transfert des déficits subis par une société **holding animatrice** qui participe activement à la conduite du groupe et au contrôle de ses filiales, fournit à titre purement interne au groupe des services administratifs, juridiques, comptables, financiers et immobiliers, dès lors qu'elle doit être regardée comme exerçant à ce titre une activité distincte de la gestion de son patrimoine mobilier (CAA Paris 8-6-2021 nº 18PA03711) ;
- de la **gestion d'un patrimoine immobilier** ;
- ainsi que, selon l'administration, de toute activité à caractère patrimonial (BOI-SJ-AGR-20-30-10-10 nº 200).

En outre selon l'administration, les moins-values à long terme de la société absorbée sont exclues du bénéfice de l'agrément de transfert des déficits et ne peuvent donc pas être transférées à la société absorbante (Rép. Fosset, Sén. 5-3-1992 nº 17537 non reprise dans Bofip).
Le droit pour la société absorbante d'imputer sur ses propres résultats les déficits de la société absorbée, transférés de plein droit ou sur agrément, n'est pas remis en cause par la circonstance qu'elle serait elle-même dans une situation de changement d'activité au sens de l'article 221, 5 du CGI (voir (4)) entraînant la perte de ses propres déficits reportables (BOI-RES-IS-000103).
(2) Lorsque l'opération est placée sous le régime de faveur et que les apports sont effectués à la valeur comptable sur le plan comptable, cette valeur peut être retenue sur le plan fiscal (voir nº 7810). Aucune moins-value d'apport n'est donc dégagée fiscalement.
(3) CGI art. 220 quinquies II, al. 2 pour une fusion intervenant au cours des cinq années suivant celle de la clôture de l'exercice au cours duquel la société absorbée a exercé l'option pour le carry-back. Au-delà de ce délai, la société absorbante peut reprendre l'instance engagée par la société absorbée pour obtenir le remboursement de sa créance (CAA Paris 6-11-2009 nº 07-4370). Mais aucun transfert de créance née du report en arrière des déficits ne peut en revanche intervenir si la société absorbée n'a pas exercé l'option pour le carry-back avant le prononcé de sa dissolution (TA Pau 30-6-2013 nº 1102028). Pour plus de détails, voir Mémento Fiscal nº 39570.
(4) Une société absorbante se trouve en situation de changement d'activité entraînant la perte de ses déficits reportables lorsque l'activité adjointe (dans le cadre d'une fusion ou de la réception d'une branche d'activité apportée : BOI-IS-CESS-10 nº 270) entraîne au titre de l'exercice de la fusion ou au titre de l'exercice suivant une augmentation de plus de 50 % par rapport à l'exercice précédent la fusion (CGI art. 221-5 ; voir Mémento Fiscal nº 38715 et 38720) :
- soit de son chiffre d'affaires ;
- soit de l'effectif moyen du personnel et du montant brut des éléments de son actif immobilisé.
Toutefois, la perte des déficits peut être évitée par l'obtention d'un agrément préalable délivré lorsque la fusion est indispensable à la poursuite de l'activité à l'origine des déficits et à la pérennité des emplois.
S'agissant de la contestation par l'administration, sur le fondement de l'abus de droit, du report des déficits, voir nº 7804.

e. Sort des charges financières nettes en report et de la capacité de déduction inemployée des charges financières nettes par la société absorbée (CGI art. 212 bis)

	Fusion réalisée comptablement à la valeur comptable	
	Régime de droit commun	Régime de faveur
Possibilité de transférer à l'absorbante les charges financières nettes en report et la capacité de déduction inemployée de l'absorbée	NON	OUI (transfert sur agrément ou, de plein droit suivant les caractéristiques de l'opération) (1)
Possibilité pour l'absorbante de conserver ses propres charges financières nettes en report et sa capacité de déduction inemployée	OUI (2) Sauf en cas de changement d'activité (mais dérogation sur agrément)	OUI (2) Sauf en cas de changement d'activité (mais dérogation sur agrément)

(1) Les conditions du transfert des charges financières nettes en report et de la capacité de déduction inemployée de la société absorbée à la société absorbante sont identiques à celles exigées pour le transfert des déficits sur agrément de plein droit (CGI art. 209-II ; BOI-SJ-AGR-20-30-20 nº 20 ; voir 7802, II-d. ci-avant). Lorsqu'un agrément est nécessaire, les deux transferts sont sollicités dans la même demande et sont cumulables (BOI-SJ-AGR-20-30-20 nº 60).

(2) Le montant des charges financières nettes non admises en déduction après application du platond de droit commun et, le cas échéant, de la déduction supplémentaire de 75 %, peut être reporté sans limitation dans le temps et faire l'objet d'une déduction au titre des exercices suivants (CGI art. 212 bis, VIII). En outre la fraction d'intérêts différés non encore déduits à la clôture du dernier exercice ouvert avant le 1er janvier 2019 en application de l'ancien dispositif de lutte contre la sous-capitalisation est reportable dans les mêmes conditions (BOI-IS-BASE-35-40-10-30 nº 10). Toutefois les entreprises autonomes qui bénéficient de la déduction supplémentaire de 75 % sont privées de la faculté de report des charges financières non déduites (CGI art. 212 bis, VI bis).
Lorsque l'apport de l'activité de la société absorbée est susceptible d'entraîner pour la société bénéficiaire un changement d'activité (voir ci-avant d.), la perte du droit au report de ses propres charges financières nettes en report et de sa capacité de déduction inemployée peut être, à notre avis, évitée par l'obtention d'un agrément préalable délivré dans des conditions strictes (voir d. ci-avant) (CGI art. 221-5).

3. Fusions sans échange de titres entre entités sœurs intégralement détenues par une même entité mère : obligations et droits de la société mère

	Fusion sans échange de titres			
	Régime de droit commun (1)	MFusions	Régime de faveur (2)	MFusions
Remise en cause lors de l'opération de fusion du régime des sociétés mères sur les dividendes versés antérieurement par l'absorbée	OUI si titres détenus depuis moins de 2 ans	nº 8740	NON	nº 8740
Décompte du délai de détention de 2 ans des titres de l'absorbée pour l'application du régime du long terme aux cessions de titres par la mère après l'opération	A compter de la date d'acquisition des titres de l'absorbée par la mère (3)		A compter de la date d'acquisition des titres de l'absorbée par la mère (3)	

	Fusion sans échange de titres			
	Régime de droit commun (1)	MFusions	Régime de faveur (2)	MFusions
Remise en cause lors de la cession des titres de l'absorbante du régime des sociétés mères pour les dividendes reçus sur les titres de l'absorbée	OUI si titres cédés dans les 2 ans de la fusion (4)		NON sauf si titres cédés dans les deux ans de leur acquisition par la société mère (4)	n° 8742

(1) Pour les principaux retraitements extra-comptables applicables aux fusions réalisées à la valeur comptable et placées sous le régime de droit commun, voir n° 12200 à 12260.
(2) Pour les principaux retraitements extra-comptables applicables aux fusions réalisées à la valeur comptable et placées sous le régime de faveur, voir n° 12100 à 12145.
(3) Lorsque la société mère de sociétés ayant réalisé une fusion sans échange de titres cède des titres de la société absorbante dans le délai de deux ans suivant l'acquisition des titres de l'absorbée, une fraction de la plus ou moins-value réalisée est réputée correspondre à la cession des titres de l'absorbée et relève du régime du court terme (voir n° 8742).
(4) Lors d'une fusion sans échange de titres, la société mère ajoute le coût de revient des titres de la société absorbée au coût de revient des titres de la société absorbante. En cas de cession de titres par la société mère dans le délai de deux ans suivant la fusion, une fraction des titres cédés est réputée correspondre aux titres de la société absorbée. Le respect du délai de détention de deux ans est apprécié pour ces titres à partir de leur acquisition par la société mère (opérations réalisées sous le régime de faveur) ou à partir de la date de la fusion (opérations réalisées sous le régime de droit commun) (voir n° 8742).

Paramètres du choix

7814 ***Question***

Sous quel régime fiscal placer une opération réalisée comptablement à la valeur comptable ?

Réponse

Au choix, sous le régime de droit commun ou sous le régime de faveur.

Placer l'opération sous le régime de droit commun conduit toutefois à une déconnexion des valeurs d'apport, le plus souvent défavorable aux entreprises.

Commentaires

Pour des tableaux de synthèse des principaux retraitements extra-comptables à effectuer selon que l'opération est placée sous le régime fiscal de faveur ou de droit commun, voir n° 12100 et 12200.

1. Les principaux paramètres du choix Lorsque l'opération est réalisée comptablement à la valeur comptable, la valeur d'apport à retenir sur le plan fiscal dépend du régime fiscal sous lequel est placée l'opération (voir n° 7810). En conséquence, en pratique, le choix pour le régime de faveur ou pour le régime de droit commun détermine la valeur d'apport fiscale : valeur comptable (connexion des valeurs) ou valeur réelle (déconnexion des valeurs).

La question du choix du régime fiscal suppose que l'opération puisse être placée sous le régime de faveur, et notamment, en cas d'apport partiel d'actif, que la société apporteuse puisse s'engager à conserver pendant 3 ans les titres reçus en contrepartie de l'apport lorsque cet engagement est requis (voir nº 7340). Sur le cas particulier des apports-cessions, voir nº 10200.

La déconnexion des valeurs d'apport est le plus souvent défavorable aux entreprises sauf lorsque la société absorbée dispose de reports déficitaires ou de moins-values à long terme reportables.

Par mesure de simplification, les commentaires ci-après se rapportent aux opérations de **fusion** réalisées entre deux sociétés dont **aucune n'est intégrée fiscalement.**

2. Une déconnexion des valeurs d'apport le plus souvent défavorable La déconnexion des valeurs d'apport est le plus souvent défavorable aux entreprises pour les raisons suivantes :

– la déconnexion est fiscalement pénalisante ;

En effet, outre la non-application du régime de faveur :
– les plus-values d'apport sur les **immobilisations amortissables** sont imposables, lors de l'opération, chez la société absorbée (ou apporteuse),
– et les immobilisations apportées ne peuvent pas être amorties chez la société absorbante (ou bénéficiaire des apports) sur cette base réévaluée, celles-ci étant inscrites au bilan de la société absorbante (ou bénéficiaire des apports) pour leur valeur nette comptable (valeur d'apport). En outre, l'administration fiscale n'accepte ni la déduction d'amortissements purement fiscaux non comptabilisés (application de l'article 39-1-2º du CGI ; BOI-IS-FUS-30-20 nº 200), ni la déduction d'une (provision pour) dépréciation non comptabilisée (application de l'article 39-1-5º du CGI ; BOI-IS-FUS-30-20 nº 200).

Cette « double imposition » de la plus-value d'apport n'est effacée que lors de la cession des immobilisations concernées, par le biais d'une déduction extra-comptable. Pour plus de détails, voir nº 8640.

Sur le caractère pénalisant de la déconnexion en cas de dépréciation, postérieurement à l'apport, d'**immobilisations non amortissables,** voir nº 10140.

– la déconnexion entraîne de nombreux retraitements extra-comptables ;

Pour un tableau de synthèse des principaux retraitements, voir nº 12200.

– la déconnexion nécessite un suivi des plus-values « en sursis de comptabilisation ».

En pratique, en effet, afin d'être en mesure d'effectuer les retraitements extra-comptables applicables lors de la cession des immobilisations reçues en apport, la société absorbante (ou bénéficiaire des apports) doit tenir un état de suivi de la valeur fiscale des immobilisations apportées.

A l'inverse d'un état de suivi des plus-values en sursis d'imposition, cet état devra récapituler les plus-values « en sursis de comptabilisation » déjà imposées.

On rappelle, toutefois, que cet état ne constitue pas un justificatif des déductions extra-comptables à pratiquer lors de la cession des immobilisations, l'administration exigeant de la société absorbante (ou bénéficiaire des apports) qu'elle justifie que les plus-values d'apport (faisant l'objet de la déduction extra-comptable) ont été incluses dans le résultat imposable de la société absorbée (ou apporteuse) au titre de l'exercice de l'apport (voir nº 10150).

3. Existence de reports déficitaires chez la société absorbée Lorsque la société absorbée dispose de reports déficitaires, le choix pour le **régime de droit commun** des fusions **peut être favorable,** en particulier dans le cas où ces déficits ne peuvent être transférés, ni de plein droit (en particulier si déficits supérieurs à 200 000 €) ni sur agrément au motif que les conditions légales ne sont pas réunies (par exemple, absence de poursuite, par la société absorbante, de l'activité apportée pendant 3 ans, voir nº 7812).

En effet, dans cette situation :
– les déficits de la société absorbée pourront, dans les limites des plafonds prévus par l'article 209 I du CGI (voir Mémento Comptable nº 52590), être imputés sur les plus-values d'apport, calculées sur la valeur réelle des actifs (et non sur leur valeur d'apport comptable),
– et ces plus-values d'apport pourront être déduites ultérieurement, par la société absorbante, du résultat de cession des immobilisations reçues en apport (BOI-IS-FUS-30-20 nº 180 ; voir nº 8640).

Importance des plus-values fiscales d'apport La pertinence de cette solution dépend du régime fiscal et de l'importance, du montant des plus-values fiscales d'apport par rapport à celui des reports déficitaires, lequel conditionne l'application ou non du plafonnement de l'imputation de ces déficits.

4. Existence de moins-values à long terme reportables chez la société absorbée
L'existence, chez la société absorbée, de moins-values à long terme reportables est un élément susceptible de favoriser l'option pour le **régime de droit commun.**

Moins-values à long terme reportables Le stock de moins-values à long terme reportables est constitué uniquement de moins-values sur titres du secteur au taux réduit de 19 % (titres de sociétés à prépondérance immobilière cotées) et 15 % (titres relevant du secteur du capital-risque), à l'exclusion des moins-values sur titres du secteur de taxation limité à une quote-part de frais et charges qui ne sont pas reportables (voir Mémento Comptable nº 36700 à 36770 et 37500).

En effet, la renonciation au régime de faveur permet :
– d'imputer le stock de moins-values à long terme reportables sur **les plus-values d'apport relevant du long terme au taux réduit imposables** chez la société absorbée **du fait de la fusion** ;

Incidence de la nature des titres Compte tenu de l'exonération de la plupart des plus-values de cession de titres de participation (voir nº 8015 et Mémento Comptable nº 36700 à 36770), une telle imputation de moins-values à long terme reportables au taux de 19 % et 15 % ne pourra s'effectuer que lorsque l'apport porte sur des actifs relevant du régime du long terme au taux de 15 % ou de 19 %, c'est-à-dire principalement certains titres de sociétés de capital-risque et les titres de participation dans des sociétés à prépondérance immobilière cotées.

– d'imputer le stock de moins-values à long terme **sur le bénéfice de cessation réalisé par la société absorbée** l'exercice de la fusion ;

En effet, les moins-values à long terme reportables relevant du taux réduit sont imputables sur les bénéfices de liquidation d'une entreprise, dans la limite du rapport existant entre le taux d'imposition des plus-values à long terme applicable à l'exercice de réalisation de la moins-value et le taux normal de l'IS en vigueur au titre de l'exercice de liquidation (CGI art. 219, I-a bis).

En revanche, **en cas d'option pour le régime de faveur,** les stocks de moins-values à long terme reportables de la société absorbée subissent un sort moins favorable.

En effet :
– ils ne peuvent être imputés sur l'IS comme en cas de liquidation ;
– mais ils sont en revanche transférables de plein droit à la société absorbante dès lors que les (provisions pour) dépréciation qui en sont la cause sont reprises au passif du bilan de la société absorbante (CE 30-12-2011 nº 316194 ; BOI-IS-FUS-10-20-50 nº 40).

III. Synthèse des conséquences fiscales de la valorisation des apports

Valeur d'apport

7830 ***Question***

Quelles valeurs d'apport retenir sur le plan fiscal en fonction de la valorisation comptable des apports ?

Réponse

Le tableau ci-après, établi par nos soins, présente une synthèse des valeurs d'apport à retenir sur le plan fiscal en fonction de la valorisation comptable des apports.

Commentaires

		Valorisation comptable des apports	
		Valeur comptable (VC) (1)	Valeur réelle (VR) (2)
Régime fiscal	Faveur	Valeur d'apport fiscale : VC (3)	Valeur d'apport fiscale : VR (5)
	Droit commun	Valeur d'apport fiscale : VR (4)	Valeur d'apport fiscale : VR (6)

(1) Voir nº 7810.
(2) Voir nº 7800.
(3) Pour l'ensemble des retraitements extra-comptables applicables à une opération réalisée comptablement à la valeur comptable et placée sous le régime fiscal de faveur, voir nº 12100 à 12145.
(4) Pour l'ensemble des retraitements extra-comptables applicables à une opération réalisée comptablement à la valeur comptable et placée sous le régime fiscal de droit commun, voir nº 12200 à 12260.
(5) Pour l'ensemble des retraitements extra-comptables applicables à une opération réalisée comptablement à la valeur réelle et placée sous le régime fiscal de faveur, voir nº 12300 à 12380.
(6) Pour l'ensemble des retraitements extra-comptables applicables à une opération réalisée comptablement à la valeur réelle et placée sous le régime fiscal de droit commun, voir nº 12400 à 12430.

Régime fiscal

7832 ***Question***

Quel régime fiscal appliquer en fonction des valeurs d'apport comptables et fiscales ?

Réponse

Le tableau ci-après, établi par nos soins, présente une synthèse du régime fiscal applicable à l'opération en fonction de la valorisation comptable et fiscale des apports.

Commentaires

		Valorisation comptable des apports	
		Valeur comptable (VC) (1)	Valeur réelle (VR) (2)
Valeur fiscale des apports	Valeur comptable	Régime de faveur	(3)
	Valeur réelle	Régime de droit commun	Choix entre régime de faveur et régime de droit commun

(1) Voir nº 7810.
(2) Voir nº 7800.
(3) Situation impossible.

SECTION VII

Incidences du régime fiscal sur le traité d'apport

I. Incidences du régime de faveur

Plus-values d'apport et impôt

7900 ***Question***

Lorsque l'opération est placée sous le régime fiscal de faveur, les modalités d'imposition des plus-values d'apport conduisent-elles à constater une provision pour impôt dans le traité ?

Réponse

Oui, de manière obligatoire lorsque l'opération est réalisée comptablement à la valeur réelle, à condition néanmoins que le paiement de l'impôt futur par la société absorbante (ou bénéficiaire des apports) soit probable.

Non, lorsque l'opération est réalisée à la valeur comptable.

Commentaires Lorsque l'opération est placée sous le régime fiscal de faveur, l'imposition des plus-values d'apport incombe à la société absorbante (ou bénéficiaire des apports) de manière soit immédiate, soit échelonnée, soit reportée (voir nº 7802).

1. **Lorsque les apports sont valorisés à la valeur réelle,** les plus-values d'apport sont mentionnées dans le traité d'apport (voir nº 7700) et inscrites dans les comptes de la société absorbée ou apporteuse (voir nº 8015). Du fait de la non-imposition immédiate de ces plus-values chez la société absorbée (apporteuse), celle-ci transmet donc à la société absorbante (bénéficiaire des apports) des éléments sur lesquels pèse une charge

d'impôt, que les règles comptables imposent de mentionner dans le traité d'apport (voir nº 7700), que cette charge porte sur des actifs immobilisés ou sur des actifs circulants.

Fiscalement, lorsque l'opération réalisée à la valeur réelle est placée sous le régime de faveur, la charge d'impôt sur les plus-values et profits d'apport étant transférée à la société absorbante (bénéficiaire des apports), ces plus-values et profits doivent être déduits extra-comptablement sur l'imprimé nº 2058-A de la société absorbée (apporteuse). Pour plus de détails sur ces retraitements, voir nº 8015 et 12305.

a. Provision pour impôt (impôt différé passif) sur plus-values d'apport d'immobilisations Une distinction doit être effectuée selon que les immobilisations sont amortissables ou non :

– **Immobilisations amortissables** Les plus-values d'apport sur les immobilisations amortissables étant obligatoirement imposées chez la société absorbante (ou bénéficiaire des apports) (voir nº 7802), le paiement de l'impôt par cette dernière est certain. En conséquence, un impôt différé passif doit être mentionné dans le traité d'apport sous la forme d'une provision pour impôt (en ce sens également, guide professionnel CNCC sur le commissariat aux apports et à la fusion, § 2.231, p. 128-129).

Cette constatation permet de ne pas affecter les résultats futurs de la société absorbante (bénéficiaire des apports).

Il n'est pas possible de compenser l'économie fiscale appelée à résulter de l'augmentation de la charge d'amortissement (du fait de la réestimation de l'immobilisation à la valeur réelle) du surcoût entraîné par l'imposition échelonnée de la plus-value (Guide professionnel CNCC précité, § 2.231, p. 129).
En effet :
– le bien amortissable apporté est amorti de la même manière et génère la même économie d'impôt que s'il avait été acheté. Ce n'est donc pas l'opération de fusion (ou d'apport) qui permet de dégager une base amortissable supplémentaire ;
– au contraire, le report d'imposition de la plus-value d'apport est étroitement lié à l'opération elle-même. C'est pourquoi ce surcoût pour les années futures (que n'implique pas l'achat) doit être pris en compte dans le traité d'apport.

Sur les conséquences de la réintégration des plus-values de fusion sur éléments amortissables sur la provision pour impôt, voir nº 8625.

Cette provision pour impôt ne doit pas non plus être diminuée du montant des déficits éventuellement transférés par la société absorbée (apporteuse). En effet, l'économie d'impôt correspondante est constatée sous la forme d'un impôt différé actif (voir nº 7700).

2. Immobilisations non amortissables Une provision pour impôt n'est pas systématiquement à faire figurer dans le traité au titre des plus-values d'apport sur les immobilisations non amortissables apportées (en ce sens, Guide professionnel CNCC précité, § 2.231, p. 129). En effet, ces plus-values étant placées en sursis d'imposition jusqu'à la cession des éléments (voir nº 7802), le fait générateur du paiement de l'impôt n'est qu'éventuel : il est lié à une décision de cession de l'actif, laquelle peut ne jamais se produire. En outre, certaines immobilisations non amortissables ne peuvent être cédées séparément de l'activité apportée (par exemple, fonds commercial, marques...).

Une provision pour impôt n'est donc, à notre avis, obligatoirement mentionnée dans le traité que si le paiement de l'impôt par la société absorbante (ou bénéficiaire des apports) apparaît probable à la date de l'opération. Tel est le cas notamment en cas de cession probable des actifs reçus (par exemple, si les actifs ne sont pas nécessaires à l'exploitation et s'ils sont cessibles séparément de l'activité reçue).

Sur la possibilité d'actualiser les impôts différés, voir nº 7703.

b. Provision pour impôt (impôt différé passif) sur profits d'apport d'éléments de l'actif circulant Lorsque l'opération est réalisée à la valeur réelle et placée sous le régime de

faveur, les profits dégagés, le cas échéant, par l'apport de stocks, d'en-cours, de créances ou de valeurs mobilières de placement ne sont pas imposables chez la société absorbée (ou apporteuse) mais chez la société absorbante (ou bénéficiaire des apports) (CGI art. 210 A-1 ; voir n° 8140).
En conséquence, il y a lieu de constater une provision pour impôt dans le traité de fusion (voir n° 7700).

Valeurs mobilières de placement Les profits d'apport réalisés sur les valeurs mobilières de placement (voir n° 7802) bénéficient du sursis d'imposition jusqu'à leur cession, contrairement aux autres éléments de l'actif circulant. Néanmoins, ces titres ayant vocation à être cédés, le paiement de l'impôt par la société absorbante (ou bénéficiaire des apports) est probable. Une provision pour impôt doit donc être constituée lors de l'apport.

3. Lorsque les apports sont valorisés à la valeur comptable, en revanche, la question de la constatation d'une provision pour impôt dans le traité d'apport ne se pose pas, les actifs et passifs étant apportés pour leur valeur comptable, telle qu'elle figure dans les comptes de la société absorbée (apporteuse) à la date d'effet de l'opération (voir n° 7740).

En outre, l'opération étant placée, par hypothèse, sous le régime fiscal de faveur, elle est nécessairement réalisée à la valeur comptable sur le plan fiscal (voir n° 7810). Les plus-values et profits latents à la date de l'opération ne sont pas imposés lors de la fusion ou de l'apport, il est donc également logique, de ce point de vue, de ne comptabiliser aucune provision pour impôt.

Dépréciations et provisions déductibles

7902 ***Question***

Lorsque l'opération est placée sous le régime fiscal de faveur, comment traiter les dépréciations et provisions déductibles comptabilisées par la société absorbée (ou apporteuse) ?

Réponse

Les dépréciations et provisions conservant leur objet ne sont pas imposables lors de l'opération. Les provisions sont mentionnées dans le traité d'apport et doivent donc être reprises à son passif par la société absorbante (ou bénéficiaire des apports). Les dépréciations figurent dans le traité d'apport uniquement lorsque l'opération est réalisée à la valeur comptable.

Commentaires Lorsque l'opération est placée sous le régime fiscal de faveur, les provisions correspondant à des dépréciations ou à des charges déductibles inscrites au bilan de la société absorbée (ou apporteuse), quelle que soit leur nature, ne sont pas imposables au moment de l'opération à condition qu'elles conservent leur objet (CGI art. 210 A-2).

En conséquence :

1. Provisions (pour risques et charges) déductibles Ces provisions conservant leur objet, elles seront reprises au passif de la société absorbante (ou bénéficiaire des apports) qui supportera en principe effectivement les charges ou risques couverts par ces provisions ; elles viennent donc en diminution de l'actif net apporté et doivent figurer dans le traité d'apport, quelle que soit la méthode de valorisation des apports retenue.

Fiscalement, les dispositions de l'article 210 A du CGI permettent d'éviter, en cas de fusion, l'imposition des provisions qui figurent au dernier bilan de la société absorbée (ou apporteuse), à la condition que ces provisions conservent leur objet et soient reprises au passif de la société absorbante (ou bénéficiaire des apports) dans le premier bilan de l'exercice dont la clôture suit la fusion. Voir également nº 7802.

2. **Dépréciations** Lorsque l'opération est réalisée à la valeur comptable, les dépréciations constatées dans les comptes de la société absorbée (ou apporteuse) sont à inscrire dans le traité d'apport (voir nº 7750). En revanche, en cas d'apport en valeur réelle, les dépréciations ne doivent pas figurer dans le traité d'apport, les actifs étant inscrits dans le traité à leur valeur réelle qui correspond à leur nouvelle valeur brute, voir nº 7700.

Provisions non déduites

7904 ***Question***

Lorsque l'opération est placée sous le régime fiscal de faveur, les provisions, dont la reprise ne sera, selon l'administration, pas imposable chez la société absorbante (ou bénéficiaire des apports), doivent-elles conduire à constater un impôt différé actif dans le traité d'apport ?

Réponse

Oui, lorsque l'apport est réalisé comptablement à la valeur réelle.

Commentaires Certaines provisions n'ont pas été déduites des résultats imposables de la société absorbée (ou apporteuse) l'année de leur constatation en comptabilité (provisions non déductibles par nature ou non déduites pour des raisons de convenances personnelles). Pour la détermination des valeurs apportées par la société absorbée (ou apporteuse), ces provisions, dès lors qu'elles sont toujours justifiées, représentent des éléments de passif pris en charge par la société absorbante (ou bénéficiaire des apports) et doivent être inscrites dans le traité d'apport.

Fiscalement, lorsque l'opération est placée sous le régime de faveur, la reprise ultérieure au compte de résultat de la société absorbante des provisions non déductibles qui ont été régulièrement réintégrées dans les résultats de la société absorbée n'est pas imposable (BOI-IS-FUS-10-20-40-10 nº 220 pour le cas général ; position de la DLF exprimée dans l'avis CU CNC 2005-C, question nº 4 s'agissant des engagements de retraite comptabilisés ou non mais valorisés lors d'un apport transcrit à la valeur réelle : voir nº 8600).

La déduction extra-comptable de la reprise de provision chez la société absorbante est à effectuer sur l'imprimé nº 2058-A (ligne WU) ; voir nº 12127 et 12343.

L'administration a indiqué qu'en cas de provision non déduite par la société absorbée pour des raisons de convenances personnelles, la société absorbante ne peut déduire les charges qui se rattachent à l'activité de la société absorbée (BOI-IS-FUS-10-20-40-10 nº 220). Cette situation devrait être rare en pratique compte tenu de la jurisprudence du Conseil d'Etat ayant posé pour principe que les provisions constatées dans les comptes doivent par principe être déduites du résultat imposable, sauf si des règles propres au droit fiscal s'y opposent (CE 5-12-2016 nº 398859 ; pour plus de détails, voir Mémento Comptable nº 45605 à 45660).

Pour une synthèse du traitement fiscal à appliquer chez la société absorbante, selon que l'opération est placée ou non sous le régime de faveur, à la reprise des provisions qui n'étaient pas déductibles chez la société absorbée, voir le tableau au nº 8145.

Lorsque l'opération est réalisée à la valeur réelle, la non-imposition future des reprises de provisions issue de la position de l'administration (le cas échéant, voir Fiscalement ci-avant) conduit à inscrire un impôt différé actif dans le traité d'apport (correspondant à l'économie d'impôt réalisée lors de la reprise en produit de la provision) (voir nº 7700).

Ce n'est en revanche pas le cas **lorsque l'opération est réalisée à la valeur comptable** (voir nº 7740).

Cas particulier de la provision pour congés payés Le tableau suivant, établi par nos soins, récapitule le sort de l'indemnité correspondant aux droits à congés payés acquis et non utilisés par les salariés de la société absorbée à la date d'effet de la fusion (et les charges sociales et fiscales qui s'y rattachent) en fonction du régime de déduction de ces droits retenu par cette dernière et par la société absorbante :

		Société absorbée	
		Déduction immédiate (Régime de droit commun)	Déduction décalée (Régime optionnel) (1)
Société absorbante	Déduction immédiate (Régime de droit commun)	L'indemnité de congés payés versée par l'absorbante aux salariés transférés (et correspondant à leurs droits acquis chez l'absorbée antérieurement à la date d'effet de la fusion) aura été **déduite par l'absorbée** du résultat de l'exercice clos par elle immédiatement avant la fusion. L'absorbante **ne peut donc pas déduire** de son résultat imposable cette indemnité de congés payés lors de son versement.	**La société absorbante ne peut pas déduire** l'indemnité qui correspond aux droits acquis par les salariés transférés au cours d'une période neutralisée (CGI art. 236 bis). Cette période est celle au cours de laquelle les salariés transférés ont acquis les droits à congé non utilisés à la date de l'opération ou à sa date d'effet en cas d'effet rétroactif (CGI ann. III art. 49 octies A) (2).
Société absorbante	Déduction décalée (Régime optionnel) (1)	(idem)	L'indemnité de congé payé versée aux salariés transférés est **déductible chez l'absorbante** (elle a été précédemment réintégrée chez l'absorbée, BOI-BIC-PROV-30-20-10-10 n° 130).

(1) L'article 39-1-1° bis, al. 2 du CGI a offert aux sociétés, sur option irrévocable, la possibilité de rester placées sous le régime de déduction décalée des charges de congés payés.
(2) Cette période ne peut être inférieure (CGI art. 236 bis) :
– à la période d'acquisition des droits à congé non utilisés à la clôture de l'exercice de la société absorbante, en cours lors de la fusion ;
– et à sept mois.

Provisions réglementées

7906 ***Question***

Lorsque l'opération est placée sous le régime fiscal de faveur, comment traiter les provisions réglementées comptabilisées par la société absorbée (ou apporteuse) ?

Réponse

Les provisions réglementées ne sont pas reprises dans le traité d'apport, s'agissant d'éléments inclus dans les capitaux propres de la société absorbée (ou apporteuse).

Elles doivent en revanche généralement être reconstituées après l'opération dans les comptes de la société absorbante (ou bénéficiaire des apports), cette reconstitution étant alors le plus souvent mentionnée dans le traité d'apport.

Lorsque la reconstitution vise une provision pour hausse des prix et que l'opération est réalisée à la valeur réelle, une provision pour impôt doit être constatée dans le traité d'apport.

Commentaires Les provisions réglementées figurent au bilan de la société absorbée (ou de la société apporteuse) dans les capitaux propres. N'étant pas destinées à couvrir des charges futures, elles sont assimilables sur le plan économique à des réserves et se trouvent comprises de ce fait dans la prime de fusion (ou d'apport) et dans l'augmentation de capital.

En conséquence, ces provisions ne constituent pas des éléments à reprendre dans le traité de fusion (ou d'apport), que l'opération soit réalisée à la valeur comptable ou à la valeur réelle.

Toutefois, en général, la société absorbante (ou bénéficiaire des apports) doit reconstituer ces provisions dans ses comptes après l'apport pour des raisons fiscales, afin notamment de permettre à l'administration de suivre leur évolution (voir n° 7802 et 7812). Cette reconstitution étant constatée par imputation sur la prime de fusion (ou d'apport), elle est donc généralement **prévue dans le traité** (afin d'éviter une résolution spéciale de l'assemblée).

Le compte « Prime de fusion (ou d'apport) » est débité par le crédit du compte « Provisions réglementées » pour le montant qui figurait au bilan de la société absorbée.

Sur la reconstitution des provisions réglementées dans les comptes de la société absorbante, voir n° 8154.

Du point de vue fiscal, si ces provisions ont été régulièrement constituées, elles ne sont soumises à aucune imposition au moment de la fusion. En effet, l'administration admet leur reprise en franchise d'impôt, à condition qu'elles soient reconstituées dans les comptes de la société absorbante (BOI-IS-FUS-10-20-30 n° 320). S'agissant de la provision spéciale des captives de réassurance, elle a précisé que l'absence d'imposition suppose que la société absorbante ait également le statut d'entreprise captive de réassurance (BOI-BIC-PROV-60-70-15 n° 150).

Parmi les provisions réglementées, certaines ne sont pas définitivement exonérées d'impôt.

1. Provisions réglementées admises temporairement en déduction du résultat fiscal

Il s'agit notamment de la provision pour hausse des prix. Cette provision n'a un caractère de capitaux propres qu'à concurrence de son montant net d'impôt.

Lorsque l'opération est réalisée à la valeur réelle, compte tenu de la reconstitution des provisions par la société absorbante (bénéficiaire des apports pour les provisions constituées à raison de l'activité transférée) après l'opération, il y a lieu de mentionner dans le traité d'apport l'impôt différé (passif, s'agissant d'une dette d'impôt future) grevant ces provisions (du fait de la définition de la valeur réelle, voir n° 7700). Une provision pour impôt doit donc être constatée.

Ce n'est en revanche **pas le cas lorsque l'opération est réalisée à la valeur comptable.**

Fiscalement, dès lors que l'opération est placée sous le régime de faveur, **la société absorbante est tenue** :
- d'inscrire la provision réglementée à son passif,
- d'utiliser et/ou de reprendre la provision dans les mêmes conditions que la société absorbée.

L'administration exige en outre que (BOI-BIC-PROV-60-30-30 n° 120) :
- l'inscription au passif de l'absorbante de la provision pour hausse des prix figurant dans les comptes de l'absorbée distingue le montant des dotations de chaque exercice,
- l'engagement de la société absorbante de reprendre ces provisions pour hausse des prix dans les mêmes conditions qu'aurait dû le faire la société absorbée soit joint à la déclaration de cessation de la société absorbée.

2. Provision pour amortissements dérogatoires Cette provision est annulée par la société absorbée (apporteuse), que l'opération soit réalisée à la valeur comptable ou à la valeur réelle.

La comptabilisation est la suivante (en ce sens, Bull. CNCC n° 168, décembre 2012, EC 2012-51, p. 764 s.) : l'amortissement est annulé par le compte 78725 « Reprise sur provisions réglementées (immobilisations) – Amortissements dérogatoires ».

Fiscalement, à notre avis, l'imposition ou non de la reprise de la provision dépend des modalités de transcription des apports (voir ci-après).

1er cas : fusion en valeur réelle La provision n'est pas transmise en tant que telle à la société absorbante (bénéficiaire des apports).

Fiscalement :

1. Reprise de la provision pour amortissements dérogatoires chez la société absorbée Ce produit participe à la plus-value fiscale d'apport des actifs sous-jacents, placée en sursis d'imposition dès lors que l'opération est placée sous le régime de faveur. Toutefois, si la provision pour amortissements dérogatoires était relative aux frais d'acquisition des titres de participation détenus par la société absorbée, cette reprise ne devrait pas, à notre avis, être imposable car son imposition aboutirait à remettre en cause la déduction au taux de droit commun des amortissements constatés. Une déduction extra-comptable devrait donc être pratiquée (imprimé n° 2058-A, ligne XG).

2. Situation de la société absorbante La société absorbante est corrélativement libre de pratiquer sur les immobilisations apportées un amortissement dérogatoire calculé selon son propre plan d'amortissement (voir n° 8618).

2e cas : fusion en valeur comptable La provision peut, à notre avis, être reconstituée chez la société absorbante. Sur les modalités de reconstitution, voir n° 8154.

Fiscalement, en effet, l'administration autorise la déduction extra-comptable de la reprise de la provision comptabilisée chez la société absorbée afin d'éviter que le produit correspondant ne donne naissance à une plus-value de fusion dont la taxation serait transmise à la société absorbante. Toutefois, cette déduction extra-comptable n'est admise que si ces amortissements sont reconstitués chez la société absorbante et réintégrés dans les mêmes conditions que l'aurait fait la société absorbée (BOI-IS-FUS-30-20 n° 10).

Cas particulier de la provision pour amortissements dérogatoires constituée par la société absorbée pour permettre l'amortissement fiscal des frais d'acquisition de ses titres de participation A notre avis, la reprise de cette provision par la société absorbée devrait être exonérée d'impôt (voir ci-avant, cas où la fusion est en valeur réelle), sans que la société absorbante ait à reconstituer la provision pour amortissements dérogatoires.

Subventions d'investissement

7908 ***Question***

Lorsque l'opération est placée sous le régime fiscal de faveur, comment traiter les subventions d'investissement comptabilisées par la société absorbée (apporteuse) ?

Réponse

Etant des éléments des capitaux propres, les subventions d'investissement ne sont pas inscrites dans le traité d'apport en tant que passif apporté.

Toutefois, en cas d'option pour l'imposition étalée chez la société absorbante (ou bénéficiaire des apports) de la subvention restant à étaler et donc, de reconstitution de cette dernière dans les comptes de la société absorbante (ou bénéficiaire des apports), le traité doit le préciser. Dans ce cas, une provision pour impôt doit également être constatée lorsque l'opération est réalisée à la valeur réelle.

Commentaires Les subventions n'ont en principe pas à figurer dans les éléments apportés et il convient pour la société absorbée (ou apporteuse) de les annuler (à notre avis, par le crédit du compte 777 « Quote-part des subventions d'investissement virées à résultat »).

Fiscalement, en effet, la fraction de la subvention non encore rapportée aux bases de l'impôt est en principe directement réintégrée dans le résultat de l'exercice de sortie du patrimoine (CGI art. 42 septies).

Toutefois, lorsque l'opération est placée sous le régime fiscal de faveur, il est possible, sur option dans le projet de fusion, de déroger à cette règle fiscale au profit d'une imposition étalée chez la société absorbante (ou bénéficiaire des apports) (CGI art. 42 septies ; voir n° 8154). Dans ce cas, il y a lieu de reconstituer chez la société absorbante (bénéficiaire des apports) la fraction de la subvention non encore imposée lors de la fusion (apport partiel d'actif) en débitant directement la prime de fusion (prime d'apport) par le crédit du compte 131 « Subvention d'investissement », pour le montant brut.

La reconstitution de la subvention chez la société absorbante (bénéficiaire des apports) étant effectuée par imputation sur la prime de fusion, cette écriture ne modifiera pas les capitaux propres mais devra être prévue par l'AGE approuvant le traité d'apport ou de fusion.

En conséquence, sur le plan comptable, **en cas d'opération réalisée à la valeur réelle,** un impôt différé passif est à constater dans le traité d'apport à hauteur du montant de l'imposition restant à étaler sous la forme d'une provision pour impôt.

Mentions à porter dans le traité Le traité, outre l'option pour l'imposition étalée de la fraction de subvention d'investissement restant à imposer (voir ci-avant), doit également mentionner la durée de réintégration résiduelle de la subvention à la date d'apport (voir n° 13210). A défaut, le solde de la subvention est rapporté en totalité aux résultats de la société absorbée (apporteuse) au titre de l'exercice en cours à la date d'apport (BOI-IS-FUS-10-20-30 n° 380).

Réserve spéciale des plus-values à long terme et réserve spéciale de fluctuation des cours

7910 ***Question***

Lorsque l'opération est placée sous le régime fiscal de faveur, comment traiter la réserve spéciale des plus-values à long terme et la réserve spéciale de fluctuation des cours ?

Réponse

Ces réserves figurant au bilan de la société absorbée ou apporteuse (le cas échéant), elles ne sont pas reprises dans le traité d'apport.

En revanche, en cas de fusion, le régime de faveur impose à la société absorbante de les reconstituer à son passif et autorise en cas d'apport partiel d'actif, sous certaines conditions, la société bénéficiaire des apports à le faire.

Commentaires Les réserves de la société absorbée (ou apporteuse) ne constituent pas des éléments à reprendre dans le traité d'apport. Elles sont comprises dans la prime de fusion (ou d'apport) et dans l'augmentation de capital.
Toutefois, dans le cadre du régime fiscal de faveur, la société absorbante doit en cas de fusion les reconstituer à son passif :

1. **Réserve spéciale des plus-values à long terme** La reconstitution au passif de la société absorbante de la réserve spéciale des plus-values à long terme provenant de la société absorbée porte sur la réserve existant effectivement dans la société absorbée à la date d'effet de la fusion (BOI-IS-FUS-10-20-40-10 n° 310), diminuée, le cas échéant, des prélèvements effectués sur celle-ci pendant la période intercalaire (par exemple, au titre d'une distribution de dividendes).

> **En pratique,** l'obligation de reconstituer la réserve spéciale des plus-values à long terme au passif du bilan de la société absorbante concerne la réserve spéciale excédant 200 M€ qui aurait été maintenue au passif du bilan de la société absorbée à la clôture du **premier exercice arrêté depuis le 31 décembre 2004.**

Sur la reconstitution de la réserve par la société absorbante, voir n° 8154.

En cas d'apport partiel d'actif soumis au régime de faveur, si l'apporteuse a conservé à son bilan la part de réserve spéciale supérieure à 200 M€ à la clôture du premier exercice clos depuis le 31 décembre 2004, la société bénéficiaire des apports peut la reprendre à son passif mais uniquement pour une fraction proportionnelle à la valeur des éléments d'actif apportés (BOI-IS-FUS-20-40-30 n° 210).

2. **Réserve spéciale pour fluctuation des cours** En cas de fusion, la société absorbante est tenue de reprendre au passif de son bilan la réserve spéciale figurant dans les écritures de la société absorbée à la date de la fusion (CGI art. 210 A-3-a).

> Cependant la société absorbée peut, avant la fusion, soit incorporer à son capital la réserve spéciale, soit annuler cette réserve par imputation de pertes sans avoir à supporter d'imposition (voir Mémento Comptable n° 56235). Dans ce cas, la société absorbante n'est plus tenue de reprendre à son passif la réserve précédemment incorporée au capital ou annulée (BOI-IS-FUS-10-20-40-10 n° 370).

La société bénéficiaire d'un apport partiel d'actif n'est pas tenue de reprendre la réserve spéciale de fluctuation des cours.

> En tout état de cause, la fraction de la réserve reprise ne peut excéder un montant déterminé proportionnellement aux provisions pour fluctuation des cours constituées à l'ouverture du

premier exercice clos depuis le 31 décembre 1997 au titre des matières premières utilisées pour l'exercice de l'activité reçue (BOI-IS-FUS-20-40-30 n° 220).

Frais d'acquisition des titres apportés

7912 ***Question***

Lorsque l'opération est placée sous le régime fiscal de faveur et que la société absorbante (bénéficiaire des apports) poursuit l'amortissement fiscal des frais d'acquisition afférents aux titres apportés par la société absorbée (apporteuse), l'économie future d'impôt ainsi transférée doit-elle donner lieu à constatation d'un impôt différé actif dans le traité d'apport ?

Réponse

Oui, de manière obligatoire lorsque l'opération est réalisée comptablement à la valeur réelle.

Non, lorsque l'opération est réalisée à la valeur comptable.

Commentaires Lorsque l'opération est placée sous le régime fiscal de faveur, la société absorbante (bénéficiaire des apports) peut décider de poursuivre l'amortissement fiscal des frais d'acquisition afférents aux titres apportés par la société absorbée (apporteuse) (voir n° 7802 et 7812).

Sur les modalités de poursuite de l'amortissement fiscal des frais d'acquisition de titres apportés par la société absorbante (bénéficiaire des apports), voir n° 8627.

1. **Lorsque les apports sont valorisés à la valeur réelle,** l'amortissement fiscal des frais d'acquisition chez la société absorbante (bénéficiaire des apports) est, à notre avis, réalisé au moyen d'une déduction extra-comptable (imprimé n° 2058-A, ligne XG ; voir n° 8627).

La société absorbée (apporteuse) transmet donc à la société absorbante (bénéficiaire des apports) une économie future d'impôt que les règles comptables imposent de mentionner dans le traité d'apport (voir n° 7700), sous la forme d'un impôt différé actif.

Si la valeur réelle des titres apportés est supérieure à leur valeur fiscale (tenant compte de l'amortissement fiscal des frais d'acquisition), un **impôt différé passif** devrait, en principe, également être reconnu dans le traité d'apport. Toutefois, tel n'est pas le cas en pratique, les plus-values de cession de titres de participation étant seulement soumises à un régime de taxation limitée à une quote-part de frais et charges lorsqu'elles relèvent du régime du long terme (voir Mémento Comptable n° 36700 à 36770).

2. **Lorsque les apports sont valorisés à la valeur comptable,** en revanche, l'impôt différé actif transféré à la société absorbante (bénéficiaire des apports) ne doit pas figurer dans le traité d'apport, seuls les actifs et passifs comptabilisés par la société absorbée (apporteuse) devant y être repris (voir n° 7740). Or, s'agissant d'un impôt différé, il ne devrait pas être constaté dans les comptes de la société absorbée (apporteuse), la méthode de l'impôt exigible étant généralement appliquée dans les comptes individuels.

II. Incidences du régime de droit commun

Plus-values d'apport et provision pour impôt

7920 ***Question***

Lorsque l'opération est placée sous le régime de droit commun, les modalités d'imposition des plus-values d'apport conduisent-elles à constater une dette d'impôt dans le traité ?

Réponse

En cas de fusion, la dette d'impôt de la société absorbée résultant de l'imposition des plus-values de fusion figure obligatoirement dans le traité.

En revanche, en cas d'apport, la dette d'impôt restant à la charge de la société apporteuse, elle n'a pas à figurer dans le traité.

Commentaires Lorsque l'opération est placée sous le régime fiscal de droit commun, la société absorbée (apporteuse) transmet à la société absorbante (bénéficiaire des apports) un apport libéré de tout impôt sur les sociétés (voir nº 7300).

En conséquence :

a. **Impôt exigible** L'impôt relatif à l'ensemble des plus-values d'apport est inscrit à un compte de dette par le débit du compte 695 « Impôt sur les bénéfices ».

En cas d'apport partiel d'actif, cet impôt est acquitté par la société apporteuse.

En revanche, en cas de fusion, l'impôt est en pratique acquitté par la société absorbante, la société absorbée disparaissant. La dette d'impôt constitue donc un passif de la société absorbée à prendre en charge par la société absorbante (ce qui vient minorer l'actif net apporté). A ce titre, elle doit figurer dans le traité de fusion, que l'opération soit réalisée en valeur réelle (voir nº 7700) ou en valeur comptable (voir nº 7740).

b. **Impôts différés** Aucun impôt différé ne doit être constaté dans le traité d'apport. En effet :

– **lorsque l'opération est réalisée comptablement à la valeur réelle,** la plus-value d'apport est constatée dans les comptes et imposée au moment de la fusion ou de l'apport (voir a. ci-avant). En conséquence, le résultat comptable et fiscal de la cession ultérieure des actifs sera calculé sur la même base (voir nº 8640) ;

– **lorsque l'opération est réalisée comptablement à la valeur comptable,** la société absorbante (bénéficiaire des apports) bénéficie bien d'un impôt différé actif (c'est-à-dire d'une économie future d'impôt), mais ce dernier ne peut figurer dans le traité d'apport, qui ne reprend que les éléments comptabilisés par la société absorbée (apporteuse) (voir nº 7740).

Dépréciations et provisions déduites fiscalement

7922 ***Question***

Lorsque l'opération est placée sous le régime de droit commun, faut-il constater dans le traité un impôt sur les dépréciations et provisions déduites fiscalement ?

Réponse

En cas de fusion, la dette d'impôt (exigible) de la société absorbée résultant de l'imposition des dépréciations et provisions figure obligatoirement dans le traité. Tel n'est pas le cas si l'opération est un apport, la dette d'impôt restant à la charge de la société apporteuse.

Aucun impôt différé ne doit, par ailleurs, être constaté dans le traité.

Commentaires Lorsque l'opération est placée sous le régime fiscal de droit commun, toutes les provisions correspondant à des dépréciations ou à des charges déductibles constituées par la société absorbée (ou par l'apporteuse à raison de l'activité apportée) deviennent imposables du seul fait de l'opération, même lorsqu'elles conservent leur objet (CE 17-6-1957 no 19274, 33867 et 34099 ; BOI-BIC-PROV-50 no 210 et 220).

Sur le plan comptable, l'impôt en résultant étant exigible, il est inscrit à un compte de dette par le débit du compte 695 « Impôt sur les bénéfices ».

En cas d'apport partiel d'actif, cet impôt est acquitté par la société apporteuse.

En revanche, en cas de fusion, l'impôt est en pratique acquitté par la société absorbante, la société absorbée disparaissant. La dette d'impôt constitue donc un passif de la société absorbée à prendre en charge par la société absorbante (ce qui vient minorer l'actif net apporté). A ce titre, elle doit figurer dans le traité de fusion, que l'opération soit réalisée en valeur réelle (voir no 7700) ou en valeur comptable (voir no 7740).

En ce qui concerne la reprise des provisions et dépréciations :

1. **Provisions (pour risques et charges) déductibles** Lors de l'utilisation de cette provision (le cas échéant), la reprise comptabilisée par la société absorbante (ou bénéficiaire des apports) devrait, à notre avis, être imposable fiscalement

En effet, la solution issue de la décision rendue par le Conseil d'Etat le 25 septembre 2013 (voir no 7923), fondée sur la prise en compte des provisions dans l'évaluation des apports, nous paraît devoir s'appliquer quel que soit le traitement fiscal de la provision chez la société apporteuse.

En conséquence, même lorsque l'opération est réalisée à la valeur réelle, aucun impôt différé n'est à constater dans le traité d'apport (en l'absence de différence entre résultat comptable et résultat fiscal lorsque la reprise de provision sera comptabilisée).

2. **Dépréciation** La réintégration dans les bénéfices imposables de la société absorbée (ou apporteuse) d'une dépréciation justifiée est en principe une mesure purement formelle puisque la dépréciation effectivement constatée (du fait de la valorisation des apports) se trouve comprise corrélativement dans les charges d'exploitation (s'agissant d'une moins-value sur actif).

En cas d'opération à la valeur comptable et placée sous le régime de droit commun, la dépréciation n'existe pas au bilan fiscal dès lors que le bien a été apporté fiscalement

à la valeur réelle (voir n° 7810). En conséquence, si le traité reprend les dépréciations (voir n° 7750) :
- la dépréciation ayant été imposée chez la société absorbée lors de l'opération, sa reprise par la société absorbante (ou bénéficiaire des apports) devrait, à notre avis, être déduite extra-comptablement (imprimé n° 2058-A, ligne XG) ;
- au moment de l'opération, la société absorbante (ou bénéficiaire des apports) bénéficie donc d'un impôt différé actif (une économie future d'impôt). Toutefois, ce dernier ne peut pas être constaté dans le traité d'apport, ce dernier reprenant uniquement les éléments comptabilisés par la société absorbée (ou apporteuse), voir n° 7740.

Charges à payer et provisions non déduites

7923 ***Question***

Lorsque l'opération est placée sous le régime de droit commun, comment traiter les charges à payer et provisions non déduites comptabilisées par la société absorbée (ou apporteuse) ?

Réponse

Ces charges à payer et provisions doivent être reprises dans le traité d'apport. Aucun impôt différé n'est en revanche à mentionner.

Commentaires Certaines charges à payer ou provisions n'ont pas été déduites des résultats imposables l'année de leur constatation en comptabilité. Pour la détermination des valeurs apportées par la société absorbée (ou apporteuse), ces provisions représentent des éléments de passif pris en charge par la société absorbante (ou bénéficiaire des apports) et doivent être inscrites dans le traité d'apport.

Fiscalement, lorsque l'opération est placée sous le régime de droit commun, la reprise ultérieure au compte de résultat de la société absorbante des charges à payer et provisions fiscalement non déduites par la société absorbée et inscrites parmi les passifs apportés est imposable. Se prononçant sur la reprise, par la société bénéficiaire d'un apport partiel d'actif placé sous le régime de droit commun, de provisions constituées par la société apporteuse, le Conseil d'Etat a en effet refusé la déduction extra-comptable d'une telle reprise, alors même que les provisions n'étaient pas déductibles du résultat imposable de la société apporteuse, au motif que ces provisions avaient été prises en compte dans l'évaluation de l'apport dont elles ont minoré la valeur d'acquisition (CE 25-9-2013 n° 356832). Pour plus de détails sur la théorie du prix d'acquisition, voir n° 8145.

S'agissant des provisions pour retraite, voir toutefois n° 8600.

La reprise de provision étant imposée fiscalement chez la société absorbante (bénéficiaire des apports), aucun impôt différé n'est à inscrire dans le traité d'apport, même lorsque l'opération est réalisée à la valeur réelle (en l'absence de différence future entre résultat comptable et résultat fiscal).

Provisions réglementées

7924 ***Question***

Lorsque l'opération est placée sous le régime de droit commun, les provisions réglementées doivent-elles figurer dans le traité d'apport ?

Réponse

Non.

Commentaires Lorsque l'opération est placée sous le régime de droit commun, les provisions fiscalement déduites qui ne correspondent pas à des dépréciations ou à des charges effectives (ainsi, les provisions réglementées) sont réintégrées dans le résultat fiscal de la société absorbée (ou apporteuse pour les provisions réglementées se rapportant à l'activité transférée). Elles doivent donc être virées pour solde au crédit du compte 78 « Reprises sur provisions – Produits exceptionnel » et la charge d'impôt en découlant est comptabilisée par le débit du compte 695 « Impôt sur les bénéfices ».

Sur la reconstitution de cette provision dans les comptes de la société absorbante, voir nº 8154.

Réserve spéciale des plus-values à long terme et réserve spéciale pour fluctuation des cours

7926 ***Question***

Lorsque la fusion est placée sous le régime de droit commun, la réserve spéciale des plus values à long terme et la réserve spéciale pour fluctuations des cours doivent-elle figurer dans le traité d'apport ?

Réponse

Non.

Commentaires Ces réserves n'ont pas à figurer dans le traité d'apport. La dissolution de la société absorbée n'entraîne en outre pas d'imposition complémentaire (CGI art. 39-1-5º et 209 quater-3).

CHAPITRE 3

Comptabilisation des opérations de fusion

Plan du chapitre

Plan du chapitre (suite)

Plan du chapitre (suite)

Plan du chapitre (suite)

Plan du chapitre (suite et fin)

SECTION I

Comptabilisation de la fusion chez la société absorbée

Remarque préalable La fusion peut aboutir, soit à la création d'une société nouvelle, soit à l'absorption d'une ou de plusieurs sociétés par une société existante (voir nº 7105). Sur le plan comptable, cette distinction n'entraîne pas de différences particulières : aussi nous plaçons-nous dans le cas le plus fréquent de la **fusion-absorption.**

I. Etablissement d'une situation comptable avant la fusion

Date d'établissement

8005 ***Question***

A quelle date la société absorbée doit-elle établir la situation comptable servant de base au traité d'apport ?

Réponse

A la date d'effet de la fusion.

Commentaires Comme point de départ à la fusion, la société absorbée dresse un bilan et un inventaire comptables qui constituent la base indispensable aux estimations ultérieures (voir nº 7507) et permettent d'établir le traité de fusion.

En ce qui concerne la date d'établissement de cette situation, deux cas peuvent se produire en pratique :

1. **Date d'effet correspondant à la date de clôture de l'exercice précédent** En général, par souci de simplification, la date d'effet est confondue avec la date de clôture de l'exercice précédant celui de la réalisation de l'opération (effet rétroactif conféré à la fusion : voir nº 10510). Dans ce cas, les comptes sont établis dans les conditions et les formes habituelles. Ils comprennent le compte de résultat, le bilan et l'annexe. Ces documents doivent être soumis à l'approbation des associés, le cas échéant.

2. **Date d'effet différente de la date de clôture de l'exercice précédent** Dans ce cas, il convient, à notre avis, d'arrêter une situation comptable (bilan et inventaire uniquement) qui reste un document interne destiné à déterminer les bases financières de l'opération (et n'a donc pas à être soumis aux associés).

Pour des détails sur la détermination de la date d'effet comptable, voir nº 10510.

II. Ecritures comptables lors de la fusion

Ecritures constatant la fusion

8010 ***Question***

Quelles écritures la société absorbée doit-elle comptabiliser pour constater la fusion ?

Réponse

La fusion entraînant la dissolution de la société absorbée, cette dernière doit constater dans ses comptes :
- le transfert de son patrimoine à la société absorbante et la créance correspondante sur la société absorbante ;
- l'annulation des capitaux propres et la constatation de la dette qui en résulte envers les actionnaires ;
- la compensation entre la créance sur la société absorbante et la dette envers les actionnaires.

Commentaires Les écritures constatant la fusion doivent **solder tous les comptes de la société absorbée.** Outre les comptes habituels, peuvent être utilisés, à notre avis, les comptes suivants :
- 466 « Fusion - Société absorbante - Compte d'apport » ;

Compte créé par nos soins, le PCG ne prévoyant des comptes 46 que pour certaines catégories de biens.

- 773 « Résultat de fusion » pour enregistrer les plus-values et moins-values d'apport (subdivision non prévue par le PCG à créer dans les produits exceptionnels, le résultat étant généralement positif, les moins-values étant en principe déjà comptabilisées) ;

Compte créé par nos soins.

Opérations concernées Ce compte n'est utilisé qu'en cas de fusion à la valeur réelle, seules ces opérations dégageant des plus et moins-values d'apport (contrairement aux opérations réalisées à la valeur comptable).

- 4561 « Associés - Compte d'apport en société ».

Fiscalement :
1. Pour les conséquences, chez la société absorbée, d'une fusion réalisée en régime de droit commun, voir n° 8015.
2. Sur la mesure anti-abus instaurant **la mise en suspens de la moins-value de cession entre entreprises liées** au sens de l'article 39, 12 du CGI **de titres de participation détenus depuis moins de deux ans** (CGI art. 219 I-a septies), voir Mémento Fiscal n° 19075.

Identification individuelle des éléments apportés

8012 ***Question***

Les éléments apportés doivent-ils tous être identifiés individuellement dans les comptes de la société absorbée au moment de l'apport ?

Réponse

En principe, non, la société absorbée disparaissant. Toutefois, cette comptabilisation peut devoir être retenue pour des raisons fiscales lorsque les apports sont effectués à la valeur réelle et la fusion est placée sous le régime fiscal de droit commun.

Commentaires La société fusionnée disparaissant, elle n'a **pas d'obligation comptable** de comptabiliser les éléments apportés de manière individuelle. En conséquence, lorsque les apports sont évalués à la valeur réelle, la société absorbée n'est pas tenue, contrairement à la société apporteuse (voir n° 10010), de décomposer la plus ou moins-value d'apport globale et d'identifier ainsi à la fois les éléments qu'elle a comptabilisés et ceux qu'elle n'a pas comptabilisés mais qui doivent être mentionnés dans le traité d'apport (impôts différés, provisions pour retraite, etc.).

Toutefois, pour des raisons fiscales, cette comptabilisation peut être retenue.

Fiscalement, lorsque la fusion est réalisée à la valeur réelle et placée sous le régime de droit commun, les profits (ou pertes) et plus-values (ou moins-values) d'apport sont fiscalisés chez la société absorbée lors de l'opération. Le régime d'imposition de ces gains ou pertes dépendant de la nature des actifs ou passifs sous-jacents (taux de droit commun, régime du long terme, exonération, non-déduction...), la comptabilisation individuelle de ces éléments dans les comptes de la société absorbée est en pratique nécessaire. Elle permet ainsi de traiter de manière identique, sur le plan fiscal, les plus ou moins-values dégagées lors de l'opération, que les éléments apportés aient ou non été comptabilisés par la société absorbée (BOI-IS-FUS-30-20 n° 230 à 260).

Par ailleurs, lorsque la fusion est réalisée à la valeur réelle et placée sous le régime de faveur, la plus-value sur immobilisations non amortissables doit être mentionnée de manière distincte sur l'état de suivi des plus-values (voir n° 7302), que la plus-value d'apport soit compensée ou décomposée dans les comptes de la société absorbée. Pour un exemple chiffré, voir n° 10010.

***Exemple 1** Pas d'identification des éléments apportés Une société française Y projette d'absorber une société française X. Les deux sociétés sont sous contrôle distinct. A la date du 31 décembre N, le bilan de la société X se présente ainsi :*

Actif		*Passif*	
Immobilisations nettes	*280 000*	*Capital (3 000 actions de 100)*	*300 000*
Stocks et en-cours	*140 000*	*Réserves*	*50 000*
Créances et disponibilités	*80 000*	*Dettes*	*150 000*
	500 000		*500 000*

L'actif net comptable s'élève à 350 000. La valorisation des apports doit être effectuée à la valeur réelle, la fusion étant réalisée entre sociétés sous contrôle distinct (en application du principe de valorisation des apports, voir n° 7600 et 7605).

Les valeurs réelles des éléments apportés sont les suivantes :

- *Immobilisations : 355 000, celles-ci recélant une plus-value latente de 75 000.*
- *Créances et disponibilités : 75 000, du fait d'une dépréciation devant être constatée.*
- *Autres éléments : la valeur réelle est égale à la valeur comptable.*

Par hypothèse, aucun autre élément actif ou passif (tel que provision pour retraite, impôts différés actifs et passifs...) n'est identifié dans cette situation. L'actif net apporté est donc égal à 420 000.

Du fait de l'opération, sont dégagées : une plus-value de 75 000 sur les immobilisations et une moins-value de 5 000 sur les créances et disponibilités, soit une plus-value nette de fusion de 70 000.

Solution de l'exemple 1 *Ecritures de la société absorbée X après approbation de l'opération par les associés :*

	20/21 Immobilisations (crédit)	300 Stocks (crédit)	4/5 Créances et disponibilités (crédit)	16/40 Dettes (débit)	101 Capital (débit)	106 Réserves (débit)	4 561 Actionnaires société X compte d'apport (débit)	4 561 Actionnaires société X compte d'apport (crédit)	466 Société Y compte d'apport (débit)	466 Société Y compte d'apport (crédit)	773 Résultat de fusion (débit)	773 Résultat de fusion (crédit)
I. Apport des éléments d'actif et passif												
a.	*280 000*								*355 000*			*75 000*
b.		*140 000*							*140 000*			
c.			*80 000*						*75 000*		*5 000*	
d.				*150 000*						*150 000*		
II. Solde des comptes de capitaux propres					*300 000*	*50 000*		*420 000*			*70 000*	
III. Compensation créances/dettes							*420 000*			*420 000*		
							420 000	*420 000*	*570 000*	*570 000*	*75 000*	*75 000*

Tous les comptes de la société absorbée sont donc soldés

Exemple 2 *Identification des éléments apportés Voir n° 10010.*

Comptabilisation des plus-values d'apport

8015 ***Question***

Les plus-values d'apport sont-elles toujours comptabilisées chez la société absorbée ?

Réponse

Oui, lorsque l'opération est comptablement réalisée à la valeur réelle.
Jamais, lorsque l'opération est comptablement réalisée à la valeur comptable.

Commentaires Les plus-values d'apport sont dégagées comptablement chez la société absorbée **lorsque l'opération est réalisée à la valeur réelle** (voir n° 7700).

Fiscalement :

1. Il en est de même lorsque l'opération a été placée sous le **régime fiscal de droit commun** (voir n° 7802). Les plus-values d'apport, après imputation éventuelle des déficits reportables de la société absorbée, sont alors imposables dans les conditions de droit commun (sur la limitation de l'imputation des déficits liée au plafonnement, voir Mémento Comptable n° 52590).

2. En revanche, lorsque la fusion est placée sous le **régime de faveur,** la plus-value nette globale afférente à l'ensemble des éléments de l'actif apportés [immobilisations (amortissables ou non), titres (immobilisés ou non), stocks...] est exonérée chez la société absorbée (CGI art. 210 A ; voir n° 7802). Cette plus-value nette d'apport doit donc être déduite extra-comptablement sur l'imprimé n° 2058-A (ligne XG ; voir n° 12305). Sur l'imposition de cette plus-value d'apport chez la société absorbante, voir n° 7802.

En revanche, ces plus-values ne sont pas comptabilisées **lorsque l'opération est réalisée à la valeur comptable** (voir nº 7740).

Fiscalement :

1. Il en est de même lorsque l'opération a été placée sous le **régime fiscal de faveur** (voir nº 7812).

2. En revanche, lorsque la fusion a été placée sous le **régime de droit commun**, elle est alors fiscalement réputée réalisée à la valeur réelle et entraîne l'imposition des plus-values fiscales et profits fiscaux d'apport chez la société absorbée dans les conditions de droit commun (CGI art. 221-2 ; voir nº 7812). Ces plus-values et profits d'apports doivent donc être réintégrés extra-comptablement sur l'imprimé nº 2058-A (ligne WQ, voir nº 12205).

Sur l'incidence de cette déconnexion des valeurs d'apport comptable et fiscale en cas d'intégration fiscale, voir nº 10013.

SECTION II

Comptabilisation de la fusion chez la société absorbante

Remarque préalable La fusion peut aboutir soit à la création d'une société nouvelle, soit à l'absorption d'une ou plusieurs sociétés par une société existante (voir nº 7105). Sur le plan comptable, cette distinction n'entraîne pas de différences particulières : aussi nous plaçons-nous dans le cas le plus fréquent de la **fusion-absorption**.

I. Contrepartie des apports

A. Fusion avec échange de titres

1. Rémunération des apports

Modalités de rémunération

8100 ***Question***

En cas de fusion réalisée avec échange de titres, comment la société absorbante rémunère-t-elle les associés de la société absorbée pour l'apport réalisé ?

Réponse

Par remise de ses propres actions uniquement.

Cette remise est effectuée soit par émission d'actions nouvelles, soit par remise d'actions autodétenues préalablement à l'opération.

Commentaires Lorsque l'opération de fusion est réalisée avec échange de titres, la société absorbante rémunère les actionnaires de la société absorbée au titre de l'apport qu'ils effectuent en leur remettant des actions (voir nº 7105).

Du rapport d'échange retenu résulte le nombre d'actions qu'elle doit leur remettre La remise de ces actions peut être effectuée (voir nº 7100) :

- soit par émission d'actions nouvelles,
- soit par remise d'actions autodétenues.

Sur la détermination du rapport d'échange, voir nº 7505 à 7509.

Sur la comptabilisation des actions reçues par les actionnaires de la société absorbée, voir nº 8700 s.

Cas particuliers :

1. **Soulte** Les associés des sociétés qui transmettent leur patrimoine dans le cadre d'une fusion peuvent recevoir, outre des parts ou des actions de la société absorbante, une soulte en espèces qui ne fait pas perdre à l'opération son caractère de fusion dans la mesure où son montant ne dépasse pas 10 % de la valeur nominale des parts ou actions attribuées (C. com. art. L 236-1, al. 3 ; voir nº 7105). Le versement d'une soulte est l'un des procédés utilisés pour éviter la négociation de nombreux rompus lorsque le rapport d'échange ne correspond pas à une parité arithmétique simple (voir Mémento Sociétés commerciales nº 82992). Sur le traitement comptable de la soulte, voir nº 8151.

Fiscalement, il en est de même (CGI art. 210-0 A), la fusion n'étant susceptible de bénéficier du régime de faveur qu'à la condition que la soulte n'excède pas 10 %. Par ailleurs, le montant de la soulte a également son importance pour l'imposition des plus-values d'échange chez les associés de la société absorbée, voir nº 8710.

En cas de fusion transfrontalière, la soulte en espèces peut être supérieure à 10 % de la valeur nominale des parts ou actions attribuées (C. com. art. L 236-33 ; voir Mémento Sociétés commerciales nº 84651).

2. **Modalités de versement de la soulte** Selon l'Ansa (Com. nº 04-029, CJ du 7-4-2004), la soulte est nécessairement versée en espèces, elle ne peut l'être en nature (par exemple, par remise de valeurs mobilières composées ou d'actions propres de la société absorbante, émises ou détenues en portefeuille).

3. **Actions partiellement libérées** L'existence de telles actions dans la société absorbante n'est pas un obstacle à la fusion. Il en est de même s'il s'agit d'actions de la société absorbée. Pour plus de détails, voir Mémento Sociétés commerciales nº 82995 et 83000.

Exemple *La société Y au capital de 500 000 (5 000 actions de 100) absorbe la société X au capital de 300 000 (3 000 actions de 100).*

Le rapport d'échange est, par définition, calculé sur la base de la valeur globale de chaque société, soit 420 000 pour X (140 par action) et 1 050 000 pour Y (210 par action).

X et Y étant des sociétés sous contrôle commun, l'apport de X est effectué à la valeur comptable, soit 390 000.

Le rapport d'échange Y/X = 210 / 140 = 1,5 est donc de 2 actions de la société absorbante Y pour 3 actions de la société absorbée X.

Solution de l'exemple *La société Y ayant choisi de rémunérer les apports par émission d'actions nouvelles, elle doit donc créer 3 000 x 2/3 = 2 000 actions nouvelles à remettre aux actionnaires de la société X (ou encore pour rémunérer l'apport de 420 000 de la société X, la société Y doit créer un certain nombre de titres dont la valeur unitaire est de 210, soit 420 000 / 210 = 2 000 titres nouveaux).*

Si la société Y choisit de rémunérer les apports par remise de titres autodétenus, elle doit en remettre également 2 000.

Lien entre la valorisation des apports et le nombre d'actions remises

8102 ***Question***

La méthode de valorisation des apports retenue (valeur réelle ou valeur comptable) a-t-elle une incidence sur le nombre d'actions remises aux associés de la société absorbée ?

Réponse

Non, car le nombre d'actions remises est déterminé à partir du rapport d'échange et non sur la valorisation des apports.

Commentaires Sur la détermination du rapport d'échange, voir nº 7507.

2. Capital

Incidence de la fusion sur le capital de la société absorbante

8105 ***Question***

La remise des actions pour rémunérer les apports se traduit-elle nécessairement par une augmentation de capital de la société absorbante ?

Réponse

Oui, lorsque la remise des actions aux actionnaires de la société absorbée est effectuée par émission d'actions nouvelles.

Non, lorsqu'il s'agit d'actions autodétenues préalablement à l'opération. Dans ce cas, la société absorbante constate un résultat de cession correspondant à la différence entre la valeur nette comptable des actions remises et la valeur des apports reçus par voie de fusion.

Commentaires **Lorsque la remise des actions est réalisée par émission d'actions nouvelles,** la société absorbante constate mécaniquement une augmentation de capital social.

Juridiquement, en cas d'augmentation de capital, la procédure de renonciation ou de suppression du droit préférentiel de souscription n'est pas nécessaire dès lors que les actionnaires de la société absorbante ont approuvé le projet de fusion (C. com. art. L 228-101).

Lorsque la remise des actions est réalisée par remise d'actions autodétenues, la différence entre la valeur des biens reçus par voie d'apport et la valeur nette comptable des actions propres remises à la société apporteuse constitue, à notre avis, une plus ou moins-value à constater en résultat (voir nº 10070).

Lorsque la société absorbante détient des titres de la société absorbée préalablement à la fusion, la quote-part des apports revenant à la société absorbante ne peut toutefois pas être rémunérée (voir nº 8300).

3. Prime de fusion

Nature de la prime de fusion

8110 ***Question***

Lorsque la rémunération des apports est effectuée par émission de titres de la société absorbante, conduisant à une augmentation de capital, comment traiter la différence entre la valeur des biens reçus par voie d'apport et le montant de l'augmentation de capital de la société absorbante ?

Réponse

Cette différence (obligatoirement positive) constitue la prime de fusion.

Commentaires Lorsque les apports sont rémunérés par une émission de titres réalisée par la société absorbante, la différence entre la valeur des biens reçus par voie d'apport et le montant de capital de l'augmentation de capital fait apparaître une prime de fusion analogue à la prime d'émission créée à l'occasion d'une augmentation de capital. La prime de fusion s'analyse, en effet, comme le « prix du droit d'entrée » des nouveaux associés dans la société absorbante.

Sur la comptabilisation des apports, voir nº 8151.

Pour des détails sur la prime d'émission comptabilisée en cas d'augmentation de capital (le cas échéant), voir Mémento Comptable nº 55315.

La prime de fusion est à distinguer du boni de fusion, voir nº 8460.

Sur le traitement à retenir lorsque la rémunération des apports est réalisée par remise de titres autodétenus par la société absorbante, voir nº 10070.

Exemple *Dans l'exemple précédent (voir nº 8100), le capital de la société Y est augmenté de 2 000 x 100 (valeur nominale) = 200 000. La valeur des apports (sur la base des valeurs comptables) étant égale à 390 000, elle est supérieure au montant de l'augmentation de capital.*

Solution de l'exemple *La différence entre l'apport net sur la base des valeurs comptables, soit 390 000 et l'augmentation de capital de 200 000 correspond à la prime de fusion, soit 190 000.*

Lien entre la valorisation des apports, l'augmentation de capital et la prime de fusion

8112 ***Question***

La méthode retenue pour valoriser les apports (valeur réelle ou valeur comptable) a-t-elle une incidence sur le montant de la prime de fusion ?

Réponse

Oui. Quelles que soient la situation et la valorisation des apports devant être retenues, le montant de capital rémunérant les apports est identique, mais la prime de fusion est plus élevée en cas d'opération en valeur réelle.

Commentaires Le montant du capital rémunérant les apports ne dépend pas de la valorisation de ces apports mais du rapport d'échange (voir nº 8100). La prime de fusion mesurant la différence entre la valeur des apports et l'augmentation de capital, est donc plus importante lorsque les valeurs réelles (et non les valeurs comptables) doivent être retenues dans le traité d'apport.

Exemple *Dans l'exemple précédent (voir nº 8110), le capital de la société Y est augmenté de 2 000 x 100 (valeur nominale) = 200 000. Lorsque la fusion est réalisée entre sociétés sous contrôle commun, la prime de fusion s'élève à 390 000 (apports à la valeur comptable) – 200 000 (augmentation de capital) = 190 000.*

Si la fusion était réalisée à l'endroit entre sociétés sous contrôle distinct, la valeur des apports s'élèverait, par hypothèse, à 420 000 (valeur réelle).

Solution de l'exemple *Dans ce cas, la différence entre la valeur globale de X, soit 420 000 et le montant de l'augmentation de capital de 200 000 représente la prime de fusion, soit 220 000 (contre 190 000 si l'apport était réalisé à la valeur comptable).*

Classement comptable

8115 ***Question***

Comment comptabiliser la prime de fusion ?

Réponse

La prime de fusion est comprise dans les capitaux propres au compte 1042.

Commentaires Le montant de la prime de fusion ayant été fixé et approuvé par l'assemblée générale extraordinaire des associés, il est **interdit** d'en comptabiliser une partie **en résultat,** dans le but, par exemple, de compenser les pertes de la société absorbante.

Utilisation de la prime de fusion

8117 ***Question***

Comment cette prime peut-elle être utilisée après l'apport ?

Réponse

La prime de fusion peut, notamment, être distribuée aux actionnaires ou être virée à la réserve légale.

En revanche, il n'est pas possible d'effectuer des prélèvements sur la prime pour modifier le coût d'entrée des éléments apportés.

Commentaires En dehors de son utilisation dans le cadre du projet de fusion (voir nº 13210), les opérations modifiant la prime de fusion sont soumises au contrôle de l'assemblée générale des associés (voir Mémento Sociétés commerciales nº 49725).

1. **Opérations régulières** Sont considérées comme régulières les opérations suivantes :
– distribution de la prime de fusion (voir Mémento Sociétés commerciales nº 49725) y compris pour la partie afférente au boni de fusion (Com. Ansa nº 3252, 7-5-2003 ; sur le boni, voir nº 8450 s.) ;

Fiscalement, le remboursement des sommes qui, à l'occasion d'une fusion, ont été incorporées au capital ou portées au poste « prime de fusion » est considéré comme un remboursement d'apports et non comme un revenu distribué imposable au nom des actionnaires dans la mesure où les biens apportés étaient eux-mêmes considérés comme des apports chez la société absorbée (BOI-RPPM-RCM-10-20-30-30 n° 120).

- virement de la prime de fusion à la réserve légale (Avis CNC du 8-4-1970) ;
- prélèvements sur les primes de fusion ou d'apport en vue de la constitution de réserves (mais non de provisions) destinées à faire face à des risques éventuels (Avis du CNC précité) ; ainsi, le badwill résultant de la prise en compte de passifs éventuels qui excèdent le fonds commercial dégagé dans le traité d'apport (apport en valeur réelle, voir n° 7707 ; apport en valeur comptable, voir n° 7742) est imputé sur la prime de fusion (voir n° 8152) ;
- imputation des frais d'augmentation de capital sur la prime afférente à cette augmentation de capital (C. com. art. L 232-9) ;
- imputation des frais de fusion : honoraires des évaluateurs, des commissaires à la fusion, notaires, etc. (PCG art. 760-1 ; voir n° 8160) ;
- imputation de la perte réalisée par la société absorbée pendant la période intercalaire (en cas d'effet rétroactif, voir n° 10695).

2. Opérations irrégulières Sont considérées comme irrégulières les opérations suivantes :

- prélèvements sur les primes de fusion ou d'apport en vue de la constitution de dépréciations du portefeuille-titres apporté (Avis CNC précité et Lettre du garde des Sceaux du 26-9-1972 ; Bull. CNCC n° 8, décembre 1972, p. 416 et rapport COB 1976, p. 59) ;
- prélèvements sur la prime de fusion des impacts de l'homogénéisation avec les méthodes de la société absorbante, en dehors des cas d'harmonisation obligatoire (voir n° 8605) ;

En effet, l'incidence des changements de méthodes réalisés dans le cadre de l'harmonisation comptable a minima obligatoire après fusion (PCG art. 744-3 ; en cas d'opération réalisée à la valeur comptable uniquement, voir n° 8605) doit être imputée sur le mali ou boni de fusion, le cas échéant.

A défaut, ou lorsque les retraitements résultent de l'harmonisation facultative des méthodes comptables à laquelle procède l'entité absorbante ou bénéficiaire des apports, l'impact des changements de méthodes est imputé sur les capitaux propres, sur le compte « Report à nouveau » et non sur le compte « Prime de fusion » (voir n° 8605). Cela n'interdit pas néanmoins à l'assemblée d'imputer ensuite le report à nouveau débiteur sur la prime de fusion par une résolution spécifique.

- prélèvements sur les primes de fusion ou d'apports en vue de réduire directement la valeur des biens apportés pour la ramener à la valeur comptable que ces biens avaient dans la comptabilité des sociétés absorbées (Avis CNC 8-4-1970 et lettre du garde des Sceaux du 26 septembre 1972 ; Bull. CNCC n° 8, décembre 1972, p. 430) (voir n° 8132) ;
- imputation sur la prime de fusion, sans consultation de l'assemblée générale, des modifications de valeurs de fusion pour faits postérieurs à la fusion.

Pour un exemple, voir n° 8145.

En effet, l'imputation sur la prime de fusion étant du ressort de l'assemblée générale extraordinaire, il est nécessaire (Bull. CNCC n° 14, juin 1974, p. 240 s.) que tous les produits et les charges intervenus après la date d'effet de la fusion soient, en attendant la décision de cette assemblée, inscrits dans le compte de résultat, en faisant apparaître distinctement le résultat normal de l'exercice et l'écart qu'on se propose d'imputer sur la prime de fusion.

A notre avis, ne peuvent donc être directement imputés sur le montant de la prime de fusion, les coûts liés à la restructuration consécutive à une opération de fusion.

Exemple *La société A absorbe en N la société B. Le capital social de B s'élève à 300 000, correspondant à des apports en numéraire de ses actionnaires lors de sa constitution à hauteur de 50 000, et à hauteur de 250 000 à des réserves incorporées au capital.*

A l'occasion de la fusion, afin de rémunérer les apports (dont la valeur d'apport s'établit par hypothèse à 600 000), A augmente son capital de 100 000 et comptabilise une prime de fusion de 500 000.

Solution de l'exemple *Les sommes incorporées au capital ou portées au poste « prime de fusion » par la société A lors de la fusion, soit 600 000 (100 000 + 500 000), seront fiscalement considérées comme des remboursements d'apports à hauteur de 50 000 (somme qui représentait des apports dans le capital de la société B au sens de l'article 112 du CGI) et comme des revenus distribués imposables dans les conditions de droit commun à hauteur de 550 000 (600 000 – 50 000).*

Cas particulier : création d'une société nouvelle

8121 ***Question***

Une prime de fusion est-elle dégagée lorsque la fusion aboutit à la création d'une société nouvelle ?

Réponse

En principe, non. Les apports sont, dans ce cas, rémunérés par la seule augmentation de capital. Toutefois, une prime peut, dans certains cas, être créée.

Commentaires Lorsque la fusion aboutit à la création d'une société nouvelle, l'émission des actions nouvelles permet la constitution du capital de la société. Dans ce cas, il n'existe en principe **aucune prime de fusion.** Toutefois, à notre avis, **il peut être créé une prime de fusion** à condition que le rapport d'échange n'en soit pas changé, ce qui implique de calculer la prime de fusion correspondant aux apports de chaque société dans les mêmes proportions que celles retenues pour le rapport d'échange (voir également Mémento Sociétés commerciales nº 82944).

Cette opération permet de limiter le montant du capital sur lequel sera versé le premier dividende ou de distribuer la prime de fusion aux actionnaires de la société nouvelle.

Exemple *Deux sociétés A et B fusionnent par création d'une société nouvelle C. L'apport de A est de 1 000 000, celui de B s'élève à 400 000.*

Solution de l'exemple *En principe, pour des actions de nominal 100, il doit être créé 14 000 actions C pour rémunérer ces apports, soit 10 000 actions pour A et 4 000 actions pour B.*

En fait, le capital nouveau est fixé à 700 000, soit 7 000 actions de 100 avec une prime de fusion de 700 000. Pour que le rapport d'échange ne soit pas modifié, les actionnaires de A reçoivent 5 000 actions C et les actionnaires de B, 2 000.

B. Fusion sans échange de titres

Contrepartie des apports

8122 ***Question***

Dans le cas d'une fusion réalisée sans échange de titres, quelle est la contrepartie des apports chez l'entité absorbante en l'absence d'échange de titres et d'augmentation de capital ?

Réponse

Lorsque l'opération est une fusion-absorption d'une filiale détenue à 100 %, l'apport a pour contrepartie l'annulation des titres de l'entité absorbée ainsi que, le cas échéant, la constatation d'un mali ou d'un boni de fusion.

Lorsque l'opération est réalisée entre entités détenues à 100 % par la même entité mère, l'entité absorbante doit inscrire la contrepartie des apports dans ses capitaux propres en report à nouveau, que l'actif net apporté soit positif ou négatif.

PCG art. 745-1
Lorsque l'entité absorbante a acquis des titres de l'entité absorbée antérieurement à la date de l'opération de fusion, un boni ou mali peut apparaître lors de l'annulation de ces titres auxquels se substituent les actifs et passifs de l'entité absorbée.

PCG art. 746-1
Pour les fusions définies aux 3° et 4° du II de l'article L 236-3 du Code de commerce [...], l'entité absorbante [...] inscrit la contrepartie des apports en report à nouveau.

Commentaires **1. Fusion réalisée entre une entité mère et sa filiale détenue à 100 %**
Les apports sont comptabilisés en contrepartie de l'annulation des titres de l'entité absorbée et, le cas échéant, d'un mali ou d'un boni de fusion (voir n° 8300 et 8310).

2. Fusion réalisée entre entités détenues à 100 % par la même entité mère En l'absence d'émission d'actions par l'entité absorbante et donc d'augmentation de capital pour rémunérer les apports (voir n° 7107), la contrepartie des apports reçus par voie de fusion est à comptabiliser :
- en report à nouveau (PCG art. 746-1) ;
- y compris lorsque l'actif net apporté est négatif.

Utilisation ultérieure du report à nouveau Le report à nouveau ainsi constaté est ajouté à celui figurant déjà dans les capitaux propres de l'entité absorbante, le cas échéant (sur la définition du report à nouveau, voir Mémento Comptable n° 56100). Il constitue une somme distribuable dans les conditions de droit commun (sur les conditions à respecter, voir Mémento Comptable n° 53970).

3. Fusion réalisée entre entités détenues par les mêmes associés et dans les mêmes proportions, qui sont conservées à l'issue de fusion Le traitement est prévu par l'article 746-1 du PCG, décrit ci-avant au 2.

Fiscalement, les mesures suivantes concernent les **fusions entre entités détenues à 100 % par la même entité mère** visées à l'article L 236-3, II-3° du Code de commerce. Ni la loi ni la doctrine administrative ne traitent en revanche des fusions réalisées entre entités détenues par les mêmes associés et dans les mêmes proportions qui sont conservées à l'issue de la fusion, visées à l'article L 236-3, II-4° du Code de commerce. Interrogé lors de notre formation « Les Journées PwC des Reportings – module Règles françaises et résultat fiscal » du 28 novembre 2023, Aulne Abeille, sous-directeur en charge de la fiscalité des entreprises à la Direction de la législation fiscale, nous a indiqué que le législateur interviendra pour fixer le régime fiscal des opérations de restructuration visées par les dispositions du Code de commerce issues de l'ordonnance 2023-393 du 24 mai 2023 avec le souci de les traiter de manière cohérente avec le régime prévu pour les opérations actuellement visées par le CGI. Il nous a indiqué que dans cette attente, les entreprises peuvent saisir la Direction de la législation fiscale des questions soulevées par les opérations envisagées.

1. **Conséquences sur le résultat de l'entité absorbante** :
– les sommes incorporées aux capitaux propres à l'occasion d'une fusion sans échange de titres viennent en diminution du bénéfice net (CGI art. 38, 2). Aucune variation d'actif net imposable n'est donc constatée par l'entité absorbante, y compris si l'opération est soumise au régime de droit commun (BOI-IS-FUS-10-10-20 n° 40) ;
– en cas de reprise d'un passif excédant la valeur réelle de l'actif qui est transféré à l'occasion d'une fusion sans échange de titre, l'article 209, II bis du CGI interdit toute déduction de la charge correspondant à cet excédent.

2. **Traitement de la distribution ultérieure du report à nouveau** L'article 112 du CGI prévoit que les sommes incorporées aux capitaux propres à la suite d'une fusion sans échange de titres ne sont pas regardées comme des apports remboursables en franchise d'impôt, mais comme des revenus distribués. Toutefois, l'administration a précisé que les sommes portées aux capitaux propres de la société absorbante peuvent être considérées comme un remboursement d'apport non imposable dans la mesure où les biens apportés étaient eux-mêmes considérés comme des apports dans la société absorbée (BOI-RPPM-RCM-10-20-30-30 n° 120).

II. Coût d'entrée des éléments reçus par voie d'apport

A. Principe général

1. Coût d'entrée comptable et prix de revient fiscal

Principe

8130 ***Question***

Pour quelle valeur les éléments reçus par voie de fusion doivent-ils être comptabilisés par la société absorbante ?

Réponse

La société absorbante doit inscrire à son bilan les éléments reçus de la société absorbée pour leur valeur retenue dans le traité d'apport.

PCG art. 213-2
Le coût d'acquisition s'entend pour les biens et titres reçus à titre d'apports en nature par la société bénéficiaire, des valeurs figurant dans le traité d'apport, déterminées et évaluées selon les dispositions du titre VII.

Commentaires Le coût d'entrée comptable des éléments reçus par voie de fusion est leur valeur d'apport telle qu'elle figure dans le traité (PCG art. 213-2), c'est-à-dire soit la valeur réelle, soit la valeur comptable des apports (selon la situation au moment de l'opération, voir nº 7600 et 7605).

Fiscalement, le prix de revient fiscal du bien, sur la base duquel sont calculés les amortissements et dépréciations admis en déduction, dépend :
- de la valeur d'apport retenue sur le plan comptable,
- du régime fiscal sous lequel a été placée la fusion,
- de la nature du bien.

1. La fusion est comptablement réalisée à la valeur réelle :

a. Lorsque l'opération a été placée sous le régime fiscal de faveur Il convient de prendre en compte la nature des éléments reçus :
- immobilisations amortissables : comme sur le plan comptable, le prix de revient fiscal correspond à la valeur d'apport. Sur la réintégration immédiate, lors de la cession d'une immobilisation amortissable, des plus-values d'apport (résultant de la fusion ou de restructurations antérieures) non encore réintégrées de manière échelonnée, voir nº 8650 ;
- immobilisations non amortissables (fonds de commerce, marques, terrains et titres) et valeurs mobilières de placement : le prix de revient fiscal peut être différent du coût de revient comptable. Il correspond à la valeur qu'avaient ces biens, du point de vue fiscal, dans les écritures de la société absorbée avant la fusion (valeur fiscale chez l'absorbée avant la fusion).

La différence entre ces deux valeurs peut résulter :
- de la plus-value d'apport,
- et de plus-values dégagées sur ces biens, antérieurement à la fusion, et placées en sursis ou report d'imposition. Tel est notamment le cas de plus-values d'apport résultant de restructurations antérieures à la fusion (fusions ou opérations assimilées successives), ou de plus-values sur titres ayant fait l'objet d'un échange (voir Mémento Comptable nº 37185 et 37205) ou d'un transfert de compte à compte (voir Mémento Comptable nº 35430 s.) ;
- éléments de l'actif circulant (hors VMP) : le prix de revient fiscal correspond, comme sur le plan comptable, à la valeur d'apport (voir nº 7802 et 8140).

b. Lorsque l'opération a été placée sous le régime de droit commun Le prix de revient fiscal correspond, comme sur le plan comptable, à la valeur d'apport.

2. La fusion est comptablement réalisée à la valeur comptable :

a. Lorsque l'opération a été placée sous le régime fiscal de faveur Il convient de prendre en compte la nature des éléments reçus :
- immobilisations amortissables : comme sur le plan comptable, le prix de revient fiscal correspond à la valeur d'apport. Sur la réintégration immédiate, lors de la cession d'une immobilisation amortissable, des plus-values d'apport (résultant d'opérations de **restructurations antérieures**) non encore réintégrées de manière échelonnée, voir nº 8650 ;
- immobilisations non amortissables (fonds de commerce, marques, terrains et titres) et valeurs mobilières de placement : le prix de revient fiscal est différent du coût de revient comptable. Il correspond à la valeur qu'avaient ces biens, du point de vue fiscal, dans les écritures de la société absorbée avant la fusion. La différence entre ces deux valeurs résulte de plus-values dégagées sur ces biens, **antérieurement à la fusion,** et placées en sursis ou report d'imposition ;
- éléments de l'actif circulant : le prix de revient fiscal correspond, comme sur le plan comptable, à la valeur d'apport (voir nº 7812).

b. Lorsque l'opération a été placée sous le régime de droit commun (et donc fiscalement réalisée à la valeur réelle, voir nº 7810), le prix de revient fiscal correspond à la valeur réelle du bien au jour de la fusion (retenue pour l'imposition de la plus-value d'apport). Sur l'impossibilité d'amortir ou de déprécier fiscalement ces biens sur cette valeur réelle, voir tableau ci-après. Sur les retraitements extra-comptables lors de la cession des actifs apportés, voir nº 8640 et 12245 à 12255.

Le tableau suivant, établi par nos soins, présente une comparaison entre le coût d'entrée comptable et le prix de revient fiscal (tel que retenu pour le calcul des amortissements et des dépréciations fiscalement admis en déduction) des éléments apportés :

<table>
<tr><th rowspan="2">Valeur d'apport sur le plan comptable (dans le traité)</th><th colspan="2">Régime de faveur</th><th colspan="2">Régime de droit commun</th></tr>
<tr><th>Coût d'entrée comptable</th><th>Prix de revient fiscal</th><th>Coût d'entrée comptable</th><th>Prix de revient fiscal</th></tr>
<tr><td>Valeur réelle</td><td>Valeur réelle</td><td>Valeur réelle (1) sauf pour les immobilisations non amortissables (et VMP) : valeur fiscale chez l'absorbée avant la fusion (2)</td><td colspan="2">Valeur réelle</td></tr>
<tr><td>Valeur comptable</td><td>Valeur nette comptable</td><td>Valeur comptable (3) sauf pour les immobilisations non amortissables (et VMP) : valeur fiscale chez l'absorbée avant la fusion (4) (6)</td><td>Valeur comptable</td><td>Valeur réelle (5)</td></tr>
<tr><td colspan="5">(1) Les amortissements et dépréciations des immobilisations amortissables sont calculés sur la base de la valeur d'apport (valeur réelle). Toutefois, la cession de ces immobilisations entraîne la réintégration immédiate des plus-values d'apport (dont l'imposition est échelonnée chez la société absorbante) qui n'ont pas encore été réintégrées (voir 1.a. ci-avant).
(2) Cette valeur fiscale tient compte non seulement de la plus-value d'apport dégagée du fait de la fusion et placée en sursis mais aussi des plus-values en report ou en sursis résultant notamment d'opérations antérieures réalisées en régime de faveur (voir 1.a. ci-avant).
(3) Toutefois, la cession des immobilisations amortissables entraîne la réintégration immédiate des plus-values d'apport (résultant d'opérations de restructurations antérieures réalisées à la valeur réelle et placées sous le régime de faveur) dont l'imposition étalée chez l'absorbée n'est pas achevée (voir nº 8650).
(4) Cette valeur fiscale tient compte des plus-values en report ou en sursis résultant notamment d'opérations antérieures réalisées en régime de faveur (voir 2.a. ci-avant).
(5) D'un point de vue fiscal, cette opération est réputée réalisée à la valeur réelle. Afin d'éviter une double imposition, des déductions extra-comptables sont autorisées à ce titre lors de la cession des immobilisations (voir nº 8640). En revanche, l'administration fiscale refuse la déduction d'amortissements dérogatoires ou de provisions réglementées calculées sur la différence entre le coût d'entrée du bien et son prix de revient fiscal (voir nº 7814).
(6) Pour les OPCVM, la valeur fiscale à retenir par la société absorbante correspond à la valeur d'inscription chez la société absorbée ajustée en fonction des écarts de valeur liquidative constatés par cette dernière. Les profits latents imposés ou les pertes latentes déduites chez la société absorbée vont ainsi respectivement augmenter ou réduire la valeur fiscale des titres pour le calcul de la plus ou moins-value en cas de cession ultérieure (BOI-IS-BASE-10-20-20 nº 190).</td></tr>
</table>

Dérogation impossible

8132 ***Question***

La société absorbante peut-elle déroger à l'obligation comptable de comptabiliser les apports à leur valeur d'apport ?

Réponse

Non, y compris lorsque la valorisation retenue dans le traité d'apport n'est pas conforme aux règles comptables françaises (cas d'une fusion transfrontalière).

Commentaires Compte tenu de l'obligation de comptabiliser les apports à leur valeur d'apport, seraient, à notre avis (en ce sens, Avis CNC du 8-4-1970), considérées comme irrégulières les pratiques consistant pour la société absorbante :
- soit à prélever sur la prime de fusion en vue de réduire directement la valeur des biens apportés (notamment les stocks et les créances, voir nº 8140) pour la ramener à la valeur comptable que ces biens avaient dans la comptabilité des sociétés absorbées ;
- soit à reprendre immédiatement les biens apportés à la valeur comptable qu'ils avaient dans la comptabilité de la société absorbée et à inscrire simultanément à l'actif du bilan un poste correspondant à l'excédent de la valeur d'apport sur cette valeur comptable.

En cas de fusion transfrontalière réalisée entre une société absorbante française et une société absorbée étrangère, la valorisation des apports dans le traité n'est pas soumise aux principes définis par le PCG (voir nº 7602). En conséquence, même si les apports ne sont pas valorisés selon ces principes, aucun retraitement des valeurs n'est à effectuer dans les comptes de l'entité absorbante.

Tel est notamment le cas lorsque la société absorbée est soumise à une réglementation lui imposant de retenir une méthode de valorisation non conforme à celle prévue par le PCG, ou lorsque son référentiel comptable est différent de celui de la société absorbante.

Sur les principes de valorisation applicables en règles françaises, voir nº 7600, 7602 et 7605.

Sur l'obligation, pour la société absorbante, de comptabiliser l'ensemble des actifs et passifs figurant dans le traité de fusion, voir nº 8150.

Effet immédiat ou différé

8135 ***Question***

Quel est le coût d'entrée à retenir lorsque la fusion est réalisée avec effet immédiat ou différé ?

Réponse

La société absorbante devrait constater les apports pour leur valeur d'apport définitive à la date d'effet de l'opération.

Commentaires L'écart éventuel entre les valeurs d'apport figurant dans le traité de fusion présenté aux assemblées générales approuvant l'opération et les valeurs définitives à la date d'effet comptable de l'opération doit être traité conformément à ce qui a été prévu dans le traité et/ou aux résolutions des AGE.

Tel est notamment le cas pour les **créances et dettes libellées en devises,** qui sont évaluées dans le traité de fusion sur la base du cours à la date d'établissement du traité et doivent être comptabilisées sur la base du cours à la date de réalisation de l'opération.

Lorsque les actionnaires de la société absorbée ont accepté de **garantir l'actif net apporté dans le traité de fusion** (voir nº 7702 en cas de fusion à la valeur réelle et nº 7735 en cas de fusion à la valeur comptable), l'écart entre l'actif net à la date d'effet de l'opération et l'actif net provisoire figurant dans le traité d'apport est comptabilisé :
- dans un compte de trésorerie (cas d'un actif net à la date d'effet de l'opération inférieur à l'actif net provisoire figurant dans le traité, les actionnaires de la société absorbée devant dans ce cas réaliser un apport de trésorerie complémentaire) ;
- en augmentation de la prime de fusion (cas d'un actif net supérieur à l'actif net provisoire).

2. Incidence du régime fiscal de faveur sur le coût d'entrée

a. Fusion réalisée comptablement à la valeur réelle

Stocks et créances

8140 ***Question***

Compte tenu de l'obligation de comptabiliser les apports à la valeur figurant dans le traité, le report d'imposition (prévu par le Code général des impôts) des profits d'apport relatifs aux stocks et créances apportés à la valeur réelle peut-il être appliqué ?

Réponse

Non, en pratique. Il en résulte une imposition fiscale immédiate des profits d'apport.

Commentaires En cas d'apports en valeur réelle, les stocks et les créances sont obligatoirement comptabilisés à la valeur réelle (PCG art. 213-2 ; voir nº 8130).

Fiscalement, aux termes de l'article 210 A-3-e du CGI, lorsqu'une fusion ou opération assimilée est placée sous le régime fiscal de faveur, les éléments de l'actif circulant apportés (stocks et créances, hors VMP) sont inscrits au bilan de la société bénéficiaire de l'apport :
- soit pour leur valeur d'apport (en l'espèce, la valeur réelle), auquel cas les profits d'apport sont immédiatement imposables chez la société absorbante,
- soit pour leur valeur fiscale avant apport, auquel cas les profits d'apport ne sont imposables chez la société absorbante qu'au fur et à mesure de la cession des stocks sous-jacents (ou créances).

Toutefois, en cas d'opération réalisée comptablement à la valeur réelle, le report d'imposition offert par l'article 210 A-3-e du CGI est, en pratique, privé de toute portée du fait de l'obligation comptable (précitée) de reprendre les stocks et créances à la valeur réelle. En conséquence, en l'état actuel des textes, l'imposition immédiate, chez la société absorbante, des profits d'apport sur les stocks et les créances ne peut pas être évitée (BOI-IS-FUS-30-20 nº 50 et 60), sauf à solliciter un examen particulier de l'opération auprès de l'administration.

Incidences comptables de l'imposition immédiate Une provision pour impôt directement liée à la fusion ayant été inscrite dans le traité d'apport (voir nº 7900), elle figure dans les comptes de la société absorbante. Cette provision pour impôt sera **reprise** par le résultat **immédiatement** à la fin de l'exercice au cours duquel la fusion a été réalisée, afin de compenser la charge d'impôt résultant de l'imposition immédiate du profit d'apport.

b. Fusion réalisée comptablement à la valeur comptable

Actifs : éclatement brut/amortissement et dépréciation/net

8142 ***Question***

Les actifs (immobilisations, créances et stocks) apportés à la valeur comptable doivent-ils être comptabilisés de manière éclatée (valeur brute/amortissement et dépréciation/valeur nette) ?

Réponse

Oui, lorsque l'éclatement de la valeur d'apport figure dans le traité (pour des raisons fiscales).

Commentaires Selon l'administration fiscale, une fusion étant en principe assimilée sur le plan fiscal à une cessation d'entreprise, les actifs et passifs doivent être évalués à la valeur réelle.

Toutefois, lorsque les apports sont effectués à la valeur comptable sur le plan comptable, cette valeur ne peut être retenue sur le plan fiscal, pour une opération placée sous le régime fiscal de faveur, qu'à condition notamment que la société absorbante reprenne à son bilan les écritures comptables de la société absorbée (valeur brute/amortissements et dépréciations/valeur nette) (BOI-IS-FUS-30-20 nº 10), y compris celles se rapportant à l'actif circulant (créances et stocks).

Or, compte tenu de l'obligation, prévue par le PCG, de comptabiliser les éléments apportés pour leur valeur figurant dans le traité d'apport (voir nº 8130), cet éclatement doit être mentionné dans le traité d'apport (voir nº 7750).

Pour les conséquences de cette comptabilisation sur la réappréciation d'un actif déprécié chez la société absorbée, voir nº 8634.

B. Eléments non inscrits dans le traité d'apport ou incorrectement évalués

Eléments omis ou incorrectement évalués

8145 ***Question***

Pour quelle valeur les éléments apportés mais omis ou incorrectement évalués dans le traité d'apport doivent-ils être comptabilisés ?

Réponse

Pour la valeur retenue dans le traité d'apport, il en résulte notamment que :
- les actifs non inventoriés sont comptabilisés pour une valeur nulle ;
- les charges non comptabilisées par la société absorbée (dettes se révélant après la fusion ou actifs surévalués) devraient, à notre avis, donner lieu à la constatation, par la société absorbante, d'une charge exceptionnelle (éventuellement imputée lors de l'affectation du résultat sur la prime de fusion).

Commentaires 1. **Actifs non inventoriés ou sous-évalués** Lors de l'inventaire des biens transmis à la société absorbante au cours d'une fusion, il peut se produire que **certains éléments** de l'actif soient **omis dans le traité d'apport**. Ces biens sont réputés transférés sans contrepartie dans le patrimoine de la société absorbante et sont alors comptabilisés pour une valeur nulle (en ce sens, Bull. CNCC n° 42, juin 1981, EJ 81-54, p. 268).

Fiscalement, il en est de même. En effet, les biens non inventoriés sont, en principe, réputés transférés sans contrepartie à la société absorbante qui devrait corrélativement, en application de l'article 38 du CGI, constater un profit égal à la valeur réelle de ces biens à la date de l'apport. Toutefois, à la condition qu'il n'y ait pas d'intention frauduleuse, l'administration admet leur comptabilisation à une valeur nulle, avec une imposition différée au moment de leur cession ultérieure (BOI-BIC-PVMV-10-20-30-10 n° 260).

En cas de **sous-évaluation** d'un actif révélée ultérieurement (opération en valeur réelle), le coût d'entrée correspondant à la valeur d'apport ne peut être modifié que si le traité est lui-même rectifié (en ce sens, Cass. com. 29-1-1991 n° 258 P), ce qui juridiquement n'est possible qu'en cas de dol ou de fraude (Bull. CNCC n° 34, juin 1979, EJ 79-48, p. 229).

Fiscalement, la sous-évaluation volontaire d'une immobilisation apportée peut être regardée comme dissimulant une libéralité consentie par l'apporteur à la société bénéficiaire de l'apport, taxable sur le fondement de l'article 38, 2 du CGI (CE plén. 9-5-2018 n° 387071). L'administration subordonne la prise en compte de la valeur rectifiée à la modification préalable du bilan (BOI-BIC-AMT-10-30-30-20 n° 70 pour le calcul des amortissements en cas d'apport à la valeur réelle ; Rép. Bénouville, AN 12-7-1975, n° 19358, non reprise dans Bofip pour le calcul du résultat de cession ultérieure).

En cas de dol ou de fraude, la correction de l'erreur sur l'apport se traduirait par une augmentation de capital (réservée à l'apporteur).

2. Dettes ou passifs non inventoriés ou actifs surévalués Il peut arriver postérieurement à la fusion que certaines dettes se révèlent (par exemple, lorsque des ristournes dues par la société absorbée n'ont pas été provisionnées par cette dernière et doivent être réglées par la société absorbante après la fusion).

Rappelons toutefois qu'en principe, en cas de fusion réalisée à la valeur réelle, les passifs éventuels sont repris dans le traité d'apport, non de manière individuelle, mais dans le fonds commercial (voir n° 7707). Tel est le cas lorsqu'une garantie donnée par la société absorbée est appelée à jouer après la fusion.

Sur le plan comptable, il n'est pas possible de remettre en cause les valeurs d'apport (voir n° 8132). Toutefois, si l'erreur se traduit par une moins-value latente, il convient de constater une charge exceptionnelle pour ramener l'élément d'actif ou de passif à sa valeur d'inventaire (en ce sens également, Bull. CNCC n° 34, juin 1979, EC 79-17, p. 230 s.). Une assemblée générale extraordinaire peut ensuite imputer cette charge exceptionnelle sur la prime de fusion lors de l'affectation du résultat (voir n° 8117).

Fiscalement :

1. **Principe** Les charges nées chez la société absorbée **avant la date d'effet de la fusion** ne sont en principe pas déductibles chez la société absorbante. En effet, ces charges sont réputées représenter un élément du prix d'acquisition de l'actif de la société absorbée, même si l'état du passif n'en fait pas mention : c'est la **théorie** fiscale dite « du **prix d'acquisition** » (BOI-IS-FUS-10-20-50 n° 100).

Au-delà des passifs non inventoriés, la théorie du prix d'acquisition est également susceptible de s'appliquer aux **passifs inventoriés mais non déduits fiscalement** (sauf dans le cas où la charge concernée n'est déductible que sur l'exercice où elle est effectivement concernée, voir ci-après 1re exception). Ainsi, relevant que des provisions dotées par la société apporteuse et non déduites fiscalement avaient été prises en compte pour déterminer la valeur de l'actif net apporté, la jurisprudence a refusé la déduction extra-comptable de leur reprise (CE 25-9-2013 n° 356382, décision rendue à propos d'une opération placée sous le régime

de droit commun ; CAA Paris 27-3-2014 nº 12PA03862, décision rendue à propos d'une opération placée sous le régime de faveur). Il est à noter que dans ses conclusions sous une décision du Conseil d'Etat du 22 novembre 2022 nº 447097 (voir ci-après), la rapporteure publique Emilie Bockdam-Tognetti a indiqué que la question de l'application de la théorie du prix d'acquisition à des fusions placées sous le régime de faveur demeure, selon elle, ouverte, compte tenu notamment du principe de neutralité fiscale et de continuation fiscale de la société absorbée par la société absorbante qui a été consacré par le Conseil d'Etat pour les opérations placées sous ce régime (CE 11-2-2013 nº 356519, voir nº 7300). Par ailleurs, compte tenu du refus du Conseil d'Etat d'appliquer la théorie du prix d'acquisition aux TUP placées sous le régime de faveur (CE 22-11-2022 nº 447097 ; voir nº 9010), au motif notamment que l'opération ne donne pas lieu au versement de rémunération par la société confondante, il est permis de s'interroger sur son application à d'autres opérations qui sont également susceptibles d'être soumises au régime fiscal de faveur des fusions et ne donnent pas lieu à l'émission de titres par la société bénéficiaire, à savoir :
- les **fusions simplifiées** entre une société mère et sa filiale détenue à 100 % (C. com. art. L 236-3, II-1° et 2°) ;
- les **fusions entre sociétés sœurs** dont la totalité du capital est détenue par la même société mère (C. com. art. L 236-3, II-3°) ;
- et les **scissions simplifiées** de sociétés, lorsque la société mère détient la totalité du capital des sociétés scindées et bénéficiaires des apports (C. com. art. L 236-19 renvoyant à L 236-3).

Les motifs de l'arrêt du Conseil d'État pourraient justifier cette extension, mais il convient de souligner que la rapporteure publique a expressément réservé sa position sur ces points dans ses conclusions.

2. Exceptions La théorie du prix d'acquisition n'est pas applicable dans les deux cas suivants, ce qui permet la déduction chez la société absorbante des charges nées chez la société absorbée :

1er cas : la charge concernée n'est déductible que sur l'exercice où elle est effectivement supportée (et non avant) Il s'agit des charges dont :
- le fait générateur est antérieur à la fusion ;

Tel est le cas des indemnités de congés payés versées par la société absorbante aux salariés de la société absorbée alors même que la période d'acquisition des droits à congés était antérieure à la fusion (CE 26-7-1985 nº 45149 ; décision rendue sous l'ancien régime des congés payés applicable avant 1987). Cette décision devrait également être applicable, à notre avis, à toutes les situations où des dispositions fiscales spéciales interdisent chez la société absorbée la constitution en franchise d'impôt de provisions destinées à faire face à des dépenses futures probables à la date d'effet de la fusion (par exemple, les provisions pour charges de retraite, pour licenciement économique ou pour contribution sociale de solidarité).
- mais dont la déductibilité ne naît, par nature ou par la loi, que postérieurement à la fusion.

2e cas : la charge n'est pas connue ni prévisible à la date de la fusion Selon le Conseil d'Etat, constituent des charges « connues ou prévisibles » les charges « qu'il était possible de connaître ou de prévoir lors de la fusion, compte tenu des diligences normales incombant à la société issue de la fusion ou bénéficiaire de l'apport » (CE 6-6-2008 nº 285629). Pour des illustrations, voir le tableau ci-après.

En pratique, afin d'optimiser la possibilité de déduire chez la société absorbante les charges nées chez la société absorbée avant la fusion, il est conseillé d'entreprendre les diligences normales incombant à une société absorbante (au minimum, les formalités légales prévues par le Code de commerce, voir nº 13010). Toutefois, à notre avis, afin d'effectuer les diligences maximales, il est vivement recommandé de procéder à un audit d'acquisition, ainsi qu'à une analyse détaillée des rapports des commissaires aux comptes de la cible (future absorbée). A défaut d'avoir permis de corriger le bilan de la société absorbée avant l'opération, un audit d'acquisition pourrait permettre de démontrer le caractère non prévisible de la charge et donc sa déductibilité chez la société absorbante.

3. Tableau de synthèse sur la théorie du prix d'acquisition Le tableau ci-après, établi par nos soins, présente une synthèse de la doctrine administrative et de la plupart des décisions de jurisprudence relatives à la théorie du prix d'acquisition.

I. Application de la théorie du prix d'acquisition aux charges	
Nature des charges	Application de la théorie du prix d'acquisition
Charges liées aux ventes de l'absorbée	
Ristournes à des clients de l'absorbée dues antérieurement à la fusion (CE 6-11-1974 n° 89562 et 89564 ; BOI-IS-FUS-10-20-50 n° 110)	**Oui** Le versement de ristournes par l'absorbante, prévu dans l'acte d'apport-fusion : - est regardé comme un élément du coût d'acquisition des éléments d'actif recueillis par l'absorbante - même s'il ne figure pas sur l'état du passif produit par l'absorbée
Avoirs consentis aux clients de l'absorbée ayant pour objet de réparer des erreurs de facturation commises par cette dernière (doubles facturations, facturations injustifiées...) (CE 18-3-1992 n° 62402)	**Oui** En l'espèce, le fait générateur des avoirs (créances des clients) était antérieur à la fusion
Impôt	**Oui** Le paiement par l'absorbante de l'impôt dû par l'absorbée : - constitue un élément du prix de cession de cette société (CE 7-5-1941 n° 59848 à 59850 à propos de l'impôt sur le revenu des valeurs mobilières) - est assumé par l'absorbante en contrepartie de l'actif qui lui a été attribué et constitue donc un élément du prix d'acquisition de cet actif (CE 26-11-1971 n° 81743 à propos de l'ancienne patente ; BOI-IS-FUS-10-20-50 n° 110)
Supplément d'impôt rétroactivement dû à raison de la période d'exploitation de l'absorbée, suite à une révision, après la fusion, des bases de calcul de la redevance (CE 9-1-1974 n° 89157 à propos de la redevance due à la Ceca ; BOI-IS-FUS-10-20-50 n° 110)	**Non** Cette charge n'étant ni connue ni prévisible à la date de la fusion, la théorie du prix d'acquisition n'est, par exception, pas applicable ; voir ci-avant, 2e exception
Rehaussements d'impôt en partie provisionnés chez l'absorbée (CAA Lyon 6-4-2010 n° 08-638, confirmée par CE (na) 14-12-2011 n° 340736 à propos d'un rehaussement de TVA et de droits d'enregistrement)	**Oui** Les rehaussements notifiés à l'absorbée avant la fusion doivent être regardés : - non comme une charge d'exploitation de l'absorbante (qui ne peut donc pas doter une provision complémentaire pour le solde du rehaussement) - mais comme une dette de l'absorbée prévisible avant la fusion car en partie provisionnés et mentionnés dans le rapport du commissaire aux apports - ayant eu pour effet de réduire la valeur de l'actif net apporté et de minorer la prime de fusion et le coût d'acquisition de l'absorbée - même si les avis d'imposition correspondants ont été adressés postérieurement à la fusion

I. Application de la théorie du prix d'acquisition aux charges	
Nature des charges	Application de la théorie du prix d'acquisition
Indemnités de départ d'un ancien dirigeant de l'absorbée résultant d'un engagement pris par l'absorbée avant la fusion (CE 7-7-1972 nº 81749 ; BOI-IS-FUS-10-20-50 nº 110)	Oui Le versement des indemnités doit être regardé comme une dette de l'absorbée réduisant la valeur de l'actif net apporté
Indemnités de congés payés versées aux salariés de l'absorbée et correspondant à une période d'acquisition des droits antérieure à la date d'effet de la fusion (CE 26-7-1985 nº 45149)	Non L'indemnité de congés payés n'étant déductible qu'au titre de l'exercice de son paiement (option pour l'ancien régime), la théorie du prix d'acquisition n'est, par exception, pas applicable (voir 1re exception ci-avant)
Charges financières de l'absorbée	
Primes de remboursement d'obligations émises par l'absorbée mais échues chez l'absorbante et payées par elle (CE 25-5-1973 nº 73725 , 26-5-1993 nº 78157 ; 20-6-2016 nº 361832 ; BOI-IS-FUS-10-20-50 nº 110)	Non Les primes n'étant déductibles qu'au fur et à mesure de leur paiement, les versements effectués postérieurement à la fusion – sont des charges financières nées chez l'absorbante et déductibles chez elle – alors même que l'intégralité des primes avait été prise en compte dans le passif apporté
Dettes de l'absorbée issues de la liquidation d'une filiale (CE 16-6-1993 nº 70446)	Oui Le montant des déficits cumulés de la filiale de l'absorbée antérieurement à la date d'effet de la fusion doit être regardé comme un élément dont les parties au traité de fusion ont déjà tenu compte dans l'évaluation de l'actif net de l'absorbée
Dettes de l'absorbée issues de la prise en compte des pertes comptables (antérieures à la fusion) d'une SCI dont elle était associée (CE 27-6-2008 nº 282910)	Oui Les dettes résultant des pertes de la SCI : – doivent être regardées comme un élément du coût d'acquisition de l'absorbée par l'absorbante – même si elles n'étaient pas comptabilisées au bilan de clôture de l'absorbée
Engagement de remboursement de l'absorbée résultant d'un abandon de créance avec clause de retour à meilleure fortune qui lui a été consenti avant la fusion (CE 30-12-2015 nº 369215 ; 22-11-2022 nº 447097)	Non Le remboursement par l'absorbante d'un abandon de créance accordé à l'absorbée est déductible dès lors que : – le fait générateur de la dette est né postérieurement à la fusion (à la date de réalisation des conditions posées par la convention d'abandon de créance) – aucune provision n'a été constituée et aucune dette n'a été inscrite par l'absorbée au titre du retour à meilleure fortune, qui procède d'un simple engagement hors bilan

I. Application de la théorie du prix d'acquisition aux charges	
Nature des charges	Application de la théorie du prix d'acquisition
Détournements de fonds de l'absorbée	
Détournements de fonds opérés chez l'absorbée et découverts par l'absorbante seulement après la fusion (CE 6-6-2008 n° 285629)	Non Les détournements de fonds n'étant ni connus ni prévisibles à la date de la fusion, la théorie du prix d'acquisition n'est, par exception, pas applicable ; voir ci-avant, 2e exception

II. Application de la théorie du prix d'acquisition aux provisions non déduites par l'absorbée		
Régime fiscal de l'opération	Application de la théorie du prix d'acquisition	Conséquences
Opération placée sous le régime de droit commun		
Provision non déductible chez l'absorbée (1)	**Oui/Non** **Oui pour le Conseil d'Etat** (CE 25-9-2013 n° 356382 ; voir n° 7923) Les provisions constituées par l'absorbée en vue de couvrir des charges – qui ont été prises en compte dans l'évaluation de l'apport – constituent un élément du prix d'apport	**Taxation de la reprise de la provision** par l'absorbante. A notre avis, **déduction corrélative** par l'absorbante **de la charge** provisionnée au titre de l'exercice de sa survenance
	Non pour la doctrine administrative s'agissant des engagements de retraite en cas d'apport transcrit à la valeur réelle (voir n° 8600) : – lorsqu'ils sont non comptabilisés (BOI-IS-FUS-30-20 n° 240) – ou, à notre avis, lorsqu'ils sont comptabilisés (BOI-IS-FUS-30-20 n° 260)	**Déduction extra-comptable de la reprise** comptable de la provision par l'absorbante
Régime fiscal de l'opération	**Application de la théorie du prix d'acquisition**	**Conséquences**
Opération placée sous le régime de faveur		
Provision non déductible par nature chez l'absorbée (1)	**Non/Oui** **Non pour la doctrine administrative** (BOI-IS-FUS-10-20-40-10 n° 220 pour le cas général : voir n° 7904 ; position de la DLF exprimée dans l'avis CU CNC 2005-C, question n° 4 s'agissant des engagements de retraite comptabilisés ou non mais valorisés lors d'un apport transcrit à la valeur réelle : voir n° 8600)	**Déduction extra-comptable de la reprise** comptable de la provision par l'absorbante

II. Application de la théorie du prix d'acquisition aux provisions non déduites par l'absorbée		
Régime fiscal de l'opération	**Application de la théorie du prix d'acquisition**	**Conséquences**
	Oui pour la CAA de Paris (27-3-2014 nº 12PA03862, sur le cas d'une (provision pour) dépréciation d'une créance détenue par l'absorbée sur l'absorbante, voir nº 8153) La (provision pour) dépréciation constituée par l'absorbée avant l'opération – doit être reprise par l'absorbante, la créance étant éteinte par confusion de patrimoine – a nécessairement été prise en compte pour la détermination de la valeur d'apport	**Taxation de la reprise de la (provision pour) dépréciation** par l'absorbante. En l'espèce, pas de charge car extinction de la créance par confusion de patrimoine
Provision non déduito par l'absorbée par convenance personnelle	**Oui pour la doctrine administrative** (BOI-IS-FUS-10-20-40-10 nº 220 ; voir nº 7904) Les charges provisionnées se rattachent à l'activité de l'absorbée	**Non-déduction chez l'absorbante de la charge** provisionnée lorsqu'elle survient
(1) Sur le cas particulier des charges déductibles lors de leur survenance mais dont la loi interdit leur déduction sous forme de provision, voir 1re exception ci-avant.		

Le graphique ci-après, établi par nos soins, présente la théorie du prix d'acquisition sous la forme d'une échelle de temps :

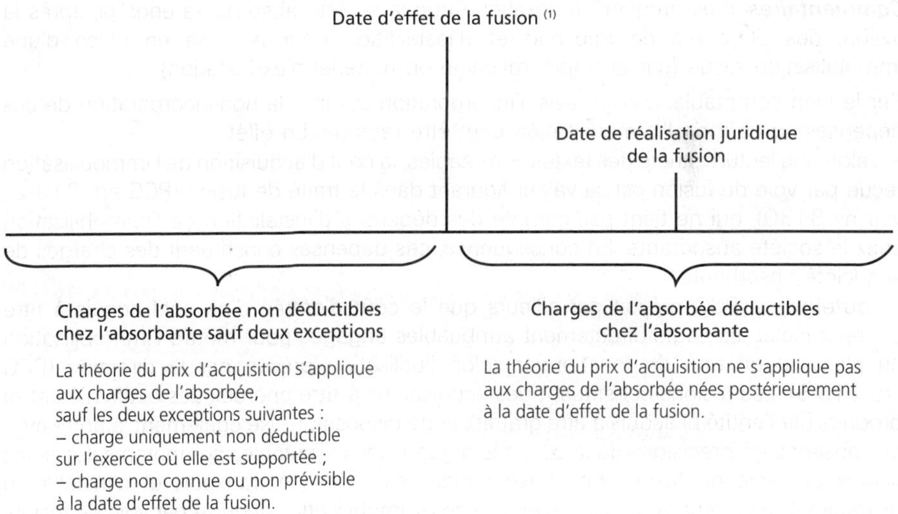

(1) CE 16 juin 1993 nº 70446, sauf prise en compte pour déterminer la valeur de l'actif net apporté (voir ci-avant ; CE 25-9-2013 nº 356382).

Incidence de la théorie du prix d'acquisition sur l'agrément de transfert des déficits Une société absorbante subissant une rectification fiscale au titre de charges déduites à son niveau mais qui, selon l'administration, auraient dû l'être chez la société absorbée, peut demander par une réclamation déposée dans les délais une augmentation, à due concurrence, du montant des déficits transférés par la société absorbée lorsqu'elle a préalablement obtenu un agrément de transfert de déficits (CE 7-2-2018 nº 396926). Sur les conditions d'obtention de cet agrément, voir nº 7802 et 7812.

Actifs surévalués Aucune dépréciation ou perte ne peut ultérieurement être constatée par la société bénéficiaire des apports à hauteur de la surévaluation, que celle-ci concerne l'actif immobilisé ou l'actif circulant (CE 18-3-1992 nº 62402). De manière inédite, la Cour administrative d'appel de Versailles en a jugé de même sur la base de la théorie du prix d'acquisition en considérant que la dépréciation de terrains apportés, non comptabilisée par la société absorbée mais attestée par un rapport d'expertise, effectué à la demande de la société absorbante entre la date d'effet et la date de réalisation juridique de l'opération et validé par le commissaire aux apports, ne pouvait être déduite par la société absorbante par le biais d'une provision dotée postérieurement à l'opération (CAA Versailles 8-2-2011 nº 09-1202).

Frais d'installation des immobilisations reçues

8146 ***Question***

Les frais engagés par la société absorbante pour installer les immobilisations reçues par voie de fusion peuvent-ils être considérés comme des coûts accessoires à l'acquisition et activés à ce titre ?

Réponse

En l'absence de position des organismes comptables compétents, la société absorbante peut décider :
- soit d'exclure ces frais du coût des immobilisations reçues et de les comptabiliser en charges ;
- soit de les incorporer au coût d'entrée des immobilisations, comme les règles fiscales le prévoient.

Commentaires Il est fréquent en pratique que la société absorbante engage, après la fusion, des dépenses de transport et d'installation pour la mise en place d'une immobilisation reçue (par exemple, machine ou matériel d'exploitation).

Sur le plan comptable, à notre avis, l'incorporation comme la non-incorporation de ces dépenses au coût de l'immobilisation peut être retenue. En effet :
- selon une lecture stricte des textes comptables, le coût d'acquisition de l'immobilisation reçue par voie de fusion est sa valeur figurant dans le traité de fusion (PCG art. 213-2 ; voir nº 8130), qui ne tient pas compte des dépenses d'installation de l'immobilisation chez la société absorbante. En conséquence, ces dépenses constituent des charges de la société absorbante ;
- **toutefois,** le PCG prévoit par ailleurs que le coût d'entrée d'un actif acquis à titre onéreux inclut les coûts directement attribuables engagés pour mettre l'immobilisation en place et en état de fonctionner selon l'utilisation prévue par la direction (PCG art. 213-8). Les fusions constituant des acquisitions à titre onéreux (les actifs n'étant ni produits par l'entité ni acquis à titre gratuit), cette disposition vise également, à notre avis, en l'absence de précisions de la part des organismes comptables compétents, les actifs acquis par voie de fusion. En conséquence, les coûts de transport et d'installation devraient être incorporés au coût d'entrée de l'immobilisation acquise par voie de fusion.

Elle permet en outre d'éviter une divergence avec le traitement fiscal.

Fiscalement, en effet, ces frais constituent un élément du coût de revient des immobilisations acquises par voie de fusion (CGI ann. III, art. 38 quinquies et CE 26-12-2008 nº 295943 et 296462).

Engagements hors bilan de la société absorbée

8147 ***Question***

Les engagements hors bilan de la société absorbée deviennent-ils des engagements de la société absorbante ?

Réponse

Oui. La société absorbante doit donc les mentionner dans son annexe dès l'exercice de réalisation de la fusion.

Commentaires Pour plus de détails sur la reprise des engagements de la société absorbée par la société absorbante, voir Mémento Sociétés commerciales nº 83800 à 83840.

Par ailleurs, lorsque les apports sont valorisés à la valeur réelle, ces engagements peuvent donner lieu à la constatation d'un actif ou d'un passif. Par exemple, une garantie de passif donnée, dont il sera tenu compte dans l'évaluation de la société absorbée pour le calcul du rapport d'échange, fera naître un passif éventuel. Sur la prise en compte de ce passif éventuel dans l'évaluation des apports, voir nº 7707.

Fiscalement, la société absorbante reprenant l'ensemble des droits et obligations de la société absorbée par l'effet de la fusion, y compris ses engagements hors bilan, elle se substitue à cette dernière comme débitrice de la **clause de retour à meilleure fortune** dont était assorti l'abandon de créance consenti par une société tierce à la société absorbée et elle est fondée à pratiquer la déduction des versements effectués à ce titre (CE 18-11-2022 nº 461355).

III. Ecritures comptables lors de la fusion

Eléments à reprendre

8150 ***Question***

L'ensemble des éléments figurant dans le traité d'apport doit-il être repris dans le bilan de la société absorbante ?

Réponse

Oui et ce, même si la comptabilisation de ces éléments n'est pas la méthode de comptabilisation retenue par la société absorbante pour elle-même.

Commentaires Le traité d'apport peut mentionner des éléments que la société absorbante ne comptabilise pas pour elle-même dans ses comptes. Or, compte tenu de l'obligation de comptabiliser les éléments repris dans le traité d'apport (PCG art. 213-2 ; voir nº 8130), ces éléments doivent être repris dans le bilan de la société absorbante de manière exhaustive, même si ce n'est pas la méthode retenue par la société absorbante pour elle-même.

Tel est le cas :
- des provisions pour retraite, que la société absorbante a choisi de mentionner en annexe uniquement ;
- des actifs et passifs d'impôt différé (en cas d'apport à la valeur réelle), que la société absorbante ne comptabilise pas, en application de la méthode de l'impôt exigible généralement retenue dans les comptes individuels ;
- ou, à notre avis, des coûts de développement portés à l'actif alors que la société absorbante a opté pour l'inscription de ces coûts en charges.

Sur le traitement ultérieur de ce type d'éléments dans les comptes de la société absorbante, voir n° 8600 (fusion en valeur réelle) et n° 8605 (fusion en valeur comptable).

Il en est de même du fonds commercial (en cas d'apport à la valeur réelle). L'équivalent du goodwill ainsi dégagé doit être comptabilisé dans les comptes sociaux, au compte 207 « Fonds commercial ».

Cette définition du fonds commercial est conforme à la définition comptable générale, selon laquelle le fonds commercial correspond aux éléments acquis du fonds de commerce ne pouvant être inscrits à d'autres postes du bilan tels que stocks, matériels, brevets et marques, etc. (C. com. art. R 123-186 ; voir Mémento Comptable n° 30480).

Ce traitement est également conforme à celui qui est appliqué dans les comptes consolidés en cas d'acquisition, au moment de la valorisation initiale (Règl. ANC 2020-01 art. 231-7 ; voir Mémento Comptes consolidés n° 5077).

Non-reprise du produit constaté d'avance correspondant à l'étalement d'une plus-value de cession-bail (ou « lease-back ») Si la plus-value de cession-bail a fait l'objet d'un étalement dans les comptes de la société absorbée (voir Mémento Comptable n° 28320), la plus-value restant à constater en produits à la date de la fusion figure dans un compte « Produits constatés d'avance ». Si l'opération a été réalisée en valeur comptable, ce passif figure dans le traité d'apport et est repris tel quel dans les comptes de la société absorbante dans le cadre de la fusion (voir n° 7740). Toutefois, selon le bulletin CNCC (n° 161, mars 2011, EC 2010-72, p. 138), l'étalement n'étant pas justifié dans les comptes de la société absorbante (qui n'a pas réalisé l'opération de cession-bail), le passif ne doit pas être maintenu après la fusion et la plus-value restant à étaler est alors à constater intégralement en produits.

En contrepartie, la quote-part de mali correspondant à la plus-value de cession-bail est comptabilisée en charges.

Cette position est toutefois contestable à notre avis. En effet, lorsque l'opération de fusion est réalisée en valeur comptable, elle ne constitue pas une véritable cession/acquisition mais une poursuite des opérations chez la société absorbante. L'étalement de la plus-value de cession-bail devrait donc en toute logique se poursuivre chez la société absorbante. Il est vrai qu'au cas d'espèce exposé par le bulletin CNCC où le mali est en totalité justifié par la plus-value de cession-bail, le maintien du produit constaté d'avance et du mali correspondant à l'actif n'est pas nécessairement utile et pertinent.

Ecritures constatant la fusion

8151 ***Question***

Quelles écritures la société absorbante doit-elle comptabiliser pour constater la fusion ?

Réponse

A la date de réalisation juridique de l'opération, l'entité absorbante comptabilise les écritures relatives :
- à la reprise des apports et à leur contrepartie ;
- à l'engagement des frais pour réaliser l'opération ;
- le cas échéant, à la reconstitution des provisions réglementées et des subventions d'investissement.

Commentaires 1. **Comptabilisation des apports** Les apports énumérés dans le traité de fusion sont comptabilisés en mouvementant les comptes d'actif et de passif concernés.

L'ensemble des éléments figurant dans le traité d'apport doivent être comptabilisés, voir n° 8600 (fusion en valeur réelle) et n° 8605 (fusion en valeur comptable).

2. **Contrepartie des apports** La contrepartie des apports dépend de la nature juridique de la fusion :
- fusion réalisée avec échange de titres (voir a.) ;
- fusion réalisée sans échange de titres (voir b.).

a. **Fusion réalisée avec échange de titres** L'entité absorbante comptabilise :
- l'augmentation de capital (ou sa création) ou la remise de titres autodétenus (voir n° 8105) ;
- la création du poste « Prime de fusion » (le cas échéant) (voir n° 8110) ;
- et, s'il y a soulte, une diminution de sa trésorerie.

Sur la comptabilisation du badwill, le cas échéant, voir n° 8152.

b. **Fusion réalisée sans échange de titres** :
- fusion entre entités sœurs détenues à 100 % par la même entité ou fusion entre entités détenues par les mêmes associés et dans les mêmes proportions, conservées à l'issue de l'opération : la contrepartie des apports est à comptabiliser en report à nouveau (voir n° 8122) ;
- absorption d'une entité détenue à 100 % par l'entité absorbante : un mali ou un boni de fusion est à constater.

Sur le mali de fusion, voir n° 8320 s. Sur le boni de fusion, voir n° 8450 s.

3. **Engagement des frais pour réaliser l'opération** Sur la comptabilisation de ces frais, voir n° 8163.

4. **Reconstitution** (le cas échéant) des provisions réglementées, des subventions d'investissement ainsi que des réserves spéciales des plus-values à long terme et de fluctuation des cours. Pour plus de détails, voir n° 8154.

Exemple *La société Y absorbe la société X. Le rapport d'échange a été calculé et s'établit à 2 actions Y pour 3 actions X. X et Y étant des sociétés sous contrôle distinct et l'opération étant réalisée à l'endroit, les apports doivent être valorisés à la valeur réelle (en application du principe de valorisation des apports, voir n° 7605).*

a. *Bilan de la société Y*

Actif		*Passif*	
Immobilisations	*700 000*	*Capital (5 000 actions x 100)*	*500 000*
Stocks	*450 000*	*Réserves*	*420 000*
Créances et disponibilités	*180 000*	*Provision pour hausse des prix*	*60 000*
		Dettes	*350 000*
	1 330 000		*1 330 000*

b. *Apports de la société X*

Marque créée	*50 000*
Immobilisations corporelles	*400 000*
Stocks	*80 000*
Créances et disponibilités	*60 000*
Provision pour retraite	*(50 000)*
Dettes	*(130 000)*
Provision pour impôts (sur plus-values)	*(30 000)*

Somme des valeurs réelles des éléments apportés	*380 000*
Valeur globale de X (résultant de la détermination du rapport d'échange)	*420 000*
Fonds commercial	*40 000*

La société X a un capital de 300 000 (3 000 actions de 100).

c. ***Augmentation de capital de Y*** *Le montant de l'augmentation de capital à réaliser par Y est donc de 3 000 x 2/3 x 100 soit 200 000.*

Solution de l'exemple

1. *Ecritures dans la société Y*

a. Engagement du nouvel actionnaire (société X)

	101 Capital		104 Prime d'apport		4561 Actionnaires société X compte d'apport	
	Débit	Crédit	Débit	Crédit	Débit	Crédit
		200 000		220 000	420 000	

b. Libération des apports

	205 Marque		207 Fonds commercial		21 Immobilisations		300 Stocks		Classe 4/5		4561	
	Débit	Crédit	Débit	Crédit	Débit	Crédit	Débit	Crédit	Débit	Crédit	Débit	Crédit
Apport d'éléments actifs	50 000		40 000		400 000		80 000		60 000			630 000

	153 Provisions pour retraite		155 Provisions pour impôt		16/40 Dettes		4561	
	Débit	Crédit	Débit	Crédit	Débit	Crédit	Débit	Crédit
Apport d'éléments passifs......		50 000		30 000		130 000	210 000	
							630 000	630 000
							soldé	

2. *Après la fusion,* le bilan de la société absorbante Y se présente ainsi :

Actif		*Passif*	
Marque	*50 000*	*Capital* .... (500 000 + 200 000)	*700 000*
Fonds commercial	*40 000*	*Prime de fusion*	*220 000*
Immobilisations .... (700 000 + 400 000)	*1 100 000*	*Réserves*	*420 000*
Stocks .... (450 000 + 80 000)	*530 000*	*Provision pour hausse des prix*	*60 000*
Créances et disponibilités .... (180 000 + 60 000)	*240 000*	*Provision pour retraite*	*50 000*
		Provision pour impôts	*30 000*
		Dettes .... (350 000 + 130 000)	*480 000*
	1 960 000		*1 960 000*

Badwill

8152 ***Question***

Comment le badwill mentionné dans le traité de fusion doit-il être comptabilisé ?

Réponse

Lors de la réalisation de l'opération, dans un sous-compte de la prime de fusion.

PCG art. 744-1
[Détermination des apports à la valeur réelle] Lorsque, dans des cas exceptionnels où la prise en compte de ces passifs conduit à rendre la valeur du fonds commercial négative (constatation d'un badwill), ce dernier fait l'objet d'une mention dans le traité d'apport et est comptabilisé dans un sous-compte de la prime de fusion lors de la réalisation de l'opération.

PCG art. 744-2
[Détermination des apports à la valeur comptable] L'écart négatif entre la valeur globale de l'apport et la somme des actifs et passifs inscrits dans le traité d'apport fait l'objet d'une mention dans le traité d'apport (constatation d'un « badwill ») et est comptabilisé dans un sous-compte de la prime de fusion lors de la réalisation de l'opération.

Commentaires A la date de réalisation de l'opération, le badwill est comptabilisé dans les capitaux propres de la société absorbante, dans un sous-compte de la prime de fusion (PCG art. 744-1 et 744-2 ; Recueil des normes comptables de l'ANC, Commentaire IR 3 sous l'art. 744-2 du PCG). Ce badwill peut notamment être justifié par des passifs éventuels ou par des restructurations probables ne répondant pas à la date de l'opération aux conditions de comptabilisation d'une provision (voir n° 7707).
Le cas échéant, les coûts correspondants engagés ultérieurement seront comptabilisés en charges selon leur nature.
Sur l'information à donner en annexe, voir n° 8200.

Elimination des créances et dettes réciproques

8153 ***Question***

Les créances et dettes réciproques entre la société absorbante et la société absorbée doivent-elles être éliminées ?

Réponse

Oui, en totalité. Cette élimination n'a pas d'incidence sur le résultat sauf lorsque la valeur de la créance et la valeur de la dette éliminées ne sont pas d'égal montant (cas notamment d'une créance dépréciée préalablement à la fusion ou acquise à une valeur décotée).

Commentaires Lors de la fusion, la société absorbante inscrit à son bilan l'intégralité du patrimoine social de la société absorbée (voir n° 8010), qui peut comprendre des créances ou des dettes réciproques.

Ces créances et dettes réciproques sont immédiatement éliminées : elles sont soldées par compensation. Cette élimination n'a pas d'incidence sur le résultat de la société absorbante lorsque la valeur de la créance et la valeur de la dette réciproques ainsi éliminées sont d'égal montant.

Fiscalement, il en est de même. Concernant les comptes réciproques, la dette existant au passif de la société absorbée annulant la créance figurant à l'actif de la société absorbante, celle-ci ne peut déduire aucune perte (CE 20-6-2016 n° 361832 à propos d'obligations convertibles émises par l'absorbée et acquises par l'absorbante avant la fusion ; CAA Lyon 24-9-2013 n° 12LY03025) ou, dans la situation inverse, la créance existant à l'actif de la société absorbée annulant la dette figurant au passif de la société absorbante (CAA Paris 23-1-2015 n° 11PA02626, décision non définitive), celle-ci ne peut déduire aucune perte.

En revanche, un produit est à comptabiliser lorsque ces valeurs sont différentes. Tel est notamment le cas dans les situations suivantes :

1. L'opération est **réalisée à la valeur comptable** et la société absorbante détient une créance (créance client ou compte-courant) sur la société absorbée, **dépréciée avant l'opération.**

Dans ce cas en effet :
- la créance et la dette réunies chez la société absorbante sont soldées par compensation pour leur valeur nominale ;
- la créance sous-jacente disparaissant, la dépréciation devient sans objet. Elle doit donc être reprise en résultat conformément aux règles générales (voir Mémento Comptable n° 48210) ;
- le produit correspondant à cette reprise de dépréciation n'est pas compensé par une constatation en perte de la créance, cette créance ayant été préalablement compensée avec la dette.

Créance dépréciée dans les comptes de la société absorbée En pratique, l'analyse est la même s'il s'agit d'une créance sur la société absorbante dépréciée dans les comptes de la société absorbée. Cette dernière apporte ses créances mais également les dépréciations correspondantes dont la reprise impacte le résultat de la société absorbante sans compensation.

Fiscalement, il en est de même (CAA Paris 27-3-2014 n° 12PA03862 ; décision rendue en matière de dissolution par confusion de patrimoine mais applicable, à notre avis, aux fusions).

2. L'opération est **réalisée à la valeur comptable** et la société absorbante détient une créance sur la société absorbée, acquise auprès d'un tiers **à une valeur décotée.**

3. L'opération est **réalisée à la valeur réelle** et la valeur réelle de la créance inscrite dans les comptes de la société absorbée est inférieure à la valeur comptable de la dette inscrite dans les comptes de la société absorbante.

Apports partiels d'actif, TUP... La même analyse est à retenir lorsque des créances ou dettes réciproques sont reprises dans le cadre d'un apport partiel d'actif, d'une TUP ou d'une scission.

Exemple *La société A absorbe la société B dont elle détient 100 % du capital avant l'opération.*

Bilan de la société A

Actif		*Passif*	
Titres B	*800 000*	*Capital (4 000 actions x 100)*	*400 000*
Créance envers B	*400 000*	*Réserves*	*400 000*
Dépréciation de la créance B	*(400 000)*		
	800 000		*800 000*

Bilan de la société B

Actif		*Passif*	
Immobilisations (terrain)	*1 200 000*	*Capital (1 000 actions x 100)*	*100 000*
		Réserves	*700 000*
		Dette envers A	*400 000*
	1 200 000		*1 200 000*

Solution de l'exemple *Ecritures dans la société A*

1. Reprise des apports dans les comptes de la société A

a. Titres détenus préalablement à la fusion
b. Comptabilisation des apports

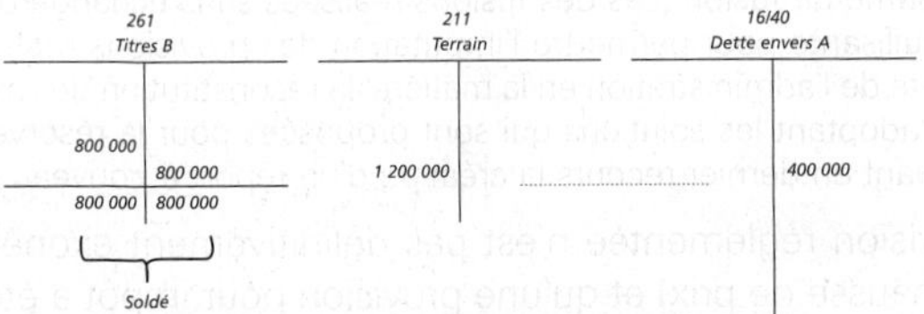

2. Elimination de la créance et la dette réciproques

Préalablement à la fusion
a. Elimination des créances et dette
b. Reprise de la dépréciation

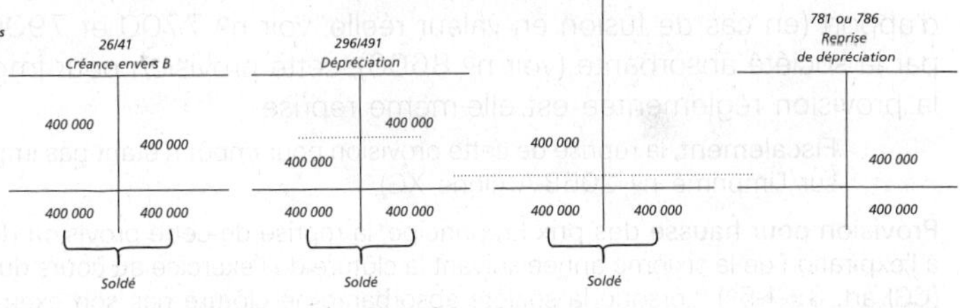

Du fait de l'annulation de la créance et de la dette réciproques, la dépréciation de 400 000 devient sans objet et doit être reprise. Cette reprise matérialise la disparition du risque de non-recouvrement (voir ci-avant), mais ne vient pas compenser la constatation d'une perte sur créance.

Reconstitution des provisions réglementées, subventions d'investissement, réserve spéciale des plus-values à long terme et réserve spéciale pour fluctuation des cours

8154 ***Question***

Lorsque, conformément au régime fiscal de faveur, la société absorbante s'est engagée à reconstituer dans ses comptes les provisions réglementées, les subventions d'investissement ainsi que la réserve spéciale des plus-values à long terme et la réserve spéciale pour fluctuation des cours, comment comptabiliser cette reconstitution ?

Réponse

La reconstitution est effectuée en priorité par imputation sur la prime de fusion, puis sur les réserves. En dernier recours, un report à nouveau débiteur peut, à notre avis, être créé.

Commentaires **Lorsque la fusion a été placée sous le régime fiscal de faveur,** la société absorbante a dû prendre l'engagement dans le traité de fusion de reconstituer certaines provisions réglementées (voir n° 7906), les subventions d'investissement (voir n° 7908), la réserve spéciale des plus-values à long terme ainsi que la réserve spéciale pour fluctuation des cours (voir n° 7910).

En outre, lorsque l'opération a été comptablement réalisée à la valeur comptable, cette reconstitution est, à notre avis, obligatoire, l'opération constituant une restructuration intragroupe impliquant de maintenir une continuité.

1. **Provisions réglementées** La reconstitution est effectuée par imputation sur la prime de fusion pour le montant qui figurait au bilan de la société absorbée. Le compte « Prime de fusion » est débité par le crédit du compte « Provisions réglementées ».

Cette imputation ne donne pas lieu à une résolution spéciale de l'assemblée, car elle est prévue généralement dans le traité de fusion approuvé par l'assemblée.

En l'absence de prime de fusion (cas des fusions réalisées sans échange de titres) ou si la prime de fusion n'est pas suffisante pour permettre l'imputation des provisions réglementées, et en l'absence de position explicite de l'administration en la matière, la reconstitution de l'excédent peut, à notre avis, être effectuée en adoptant les solutions qui sont proposées pour la réserve spéciale des plus-values à long terme incluant en dernier recours la création d'un report à nouveau débiteur (voir 3. ci-après).

Lorsque la provision réglementée n'est pas définitivement exonérée d'impôt (cas de la provision pour hausse de prix) et qu'une provision pour impôt a été inscrite dans le traité d'apport (en cas de fusion en valeur réelle, voir n° 7700 et 7900), puis comptabilisée par la société absorbante (voir n° 8600), cette provision pour impôt est reprise lorsque la provision réglementée est elle-même reprise.

Fiscalement, la reprise de cette provision pour impôt n'étant pas imposable, elle est à déduire sur l'imprimé n° 2058-A (ligne XG).

Provision pour hausse des prix En principe, la reprise de cette provision doit intervenir au plus tard à l'expiration de la sixième année suivant la clôture de l'exercice au cours duquel elle a été constituée (CGI art. 39-1-5°). Lorsque la société absorbante ne clôture pas son exercice à la même date que la société absorbée, la provision pour hausse des prix constituée par celle-ci et reprise au bilan de la société absorbante en franchise d'impôt doit être réintégrée aux bénéfices de cette dernière à l'expiration de la sixième année suivant celle de la constitution de la provision. En pratique, cette règle conduit à reporter cette réintégration à plus de six ans, mais en tout état de cause à moins de sept ans (Rép. Noir, AN 17-10-1983 n° 28517, non reprise dans Bofip ; BOI-BIC-PROV-60-30-30 n° 120).

Sur les modalités d'inscription de la provision pour hausse des prix au passif de la société absorbante et sur l'engagement de reprise à souscrire, voir n° 7906.

Provision pour amortissements dérogatoires En cas de fusion en valeur comptable, la provision pour amortissements dérogatoires relatifs aux immobilisations, comptabilisée chez la société absorbée, peut être reconstituée chez la société absorbante (voir n° 7906). Cette reconstitution vise également, à notre avis, les amortissements dérogatoires :
- déjà comptabilisés chez la société absorbée au titre de l'amortissement fiscal des frais d'acquisition liés aux titres de participation apportés (lorsque, sur le plan comptable, ces frais ont été incorporés au coût d'entrée des titres acquis) ;
- lorsque la société absorbante continue à pratiquer l'amortissement fiscal de ces frais d'acquisition (en application de la tolérance de l'administration, voir n° 7912 et 8627).

Sur les modalités selon lesquelles l'amortissement fiscal est poursuivi par la société absorbante, voir n° 7912 et 8627.

Sur le retraitement extra-comptable lors de la reprise des amortissements dérogatoires, voir n° 7906 et 8640.

2. **Subventions d'investissement** Lorsque les sociétés parties à l'opération ont opté dans le traité de fusion pour l'imposition étalée de la subvention d'investissement non encore imposée, cette dernière doit être reconstituée dans les comptes de la société absorbante, par imputation sur la prime de fusion. Le compte « Prime de fusion » est débité par le crédit du compte « Subventions d'investissement ».

En l'absence de prime de fusion (cas des fusions réalisées sans échange de titres) ou si le montant de la prime de fusion est insuffisant, il est possible, à notre avis, de reconstituer la subvention en utilisant les solutions proposées par l'administration pour la réserve spéciale des plus-values à long terme (avec en dernier recours, la création d'un report à nouveau débiteur, voir 3. ci-après).

Reprise ultérieure de la subvention au rythme de l'amortissement La subvention d'investissement est ensuite reprise chez la société absorbante de la manière suivante :
- pour les immobilisations non amortissables, sur la durée initialement retenue par la société absorbée qui reste à courir à la date de l'opération ;
- pour les immobilisations amortissables, sur la durée d'amortissement des biens subventionnés prévue par le plan d'amortissement hérité de la société absorbée en cas d'apport à la valeur comptable et selon la nouvelle durée d'amortissement retenue à la date de l'opération en cas d'apport à la valeur réelle.

Fiscalement, il en est de même (BOI-IS-FUS-10-20-40-10 n° 180).

En cas de cession ultérieure du bien subventionné par la société absorbante, la fraction de la subvention non encore imposée doit être réintégrée en totalité (CGI art. 42 septies) sur l'exercice de cession (imprimé n° 2058-A, ligne WQ).

En cas d'immobilisation décomposée, l'imposition de la subvention peut être répartie sur la durée moyenne pondérée d'amortissement de l'immobilisation concernée, voir Mémento Comptable n° 56495.

La provision pour impôt apportée (en cas de fusion réalisée à la valeur réelle, voir n° 7700) doit être reprise au même rythme que la subvention pour investissement.

Fiscalement, la reprise de cette provision n'est, à notre avis, pas imposable. Elle est donc à déduire sur l'imprimé n° 2058-A (ligne XG).

3. Réserve spéciale des plus-values à long terme La société absorbante doit reconstituer de la manière suivante la réserve spéciale des plus-values à long terme qui a été maintenue au passif du bilan de la société absorbée pour la part qui excédait 200 M€ à la clôture du premier exercice arrêté depuis le 31 décembre 2004 :
- dès la clôture de l'exercice de réalisation de la fusion ;
- en suivant l'ordre suivant indiqué par l'administration (BOI-IS-FUS-10-20-40-10 n° 330), l'imputation successive sur chacun de ces postes n'étant possible qu'après épuisement ou en l'absence du poste précédent :
  • en priorité, imputation sur la prime de fusion,

  Cette imputation peut ne s'accompagner d'aucune écriture comptable et faire seulement l'objet d'une mention particulière au bilan (en précisant sous la rubrique « Prime de fusion » : « dont... € affectés à la réserve spéciale des plus-values à long terme »).

  • puis imputation sur les réserves (au sens large, y compris les plus-values latentes avant la fusion) de la société absorbée incorporées au capital de la société absorbante (dont le montant correspond à l'excédent de l'augmentation de capital de la société absorbante sur le capital de la société absorbée),

  Cette imputation ne nécessite, elle non plus, aucune écriture comptable.

  • puis prélèvement sur les bénéfices et les réserves ordinaires figurant au bilan de la société absorbante à la date de l'opération de fusion,
  • ensuite, prélèvement sur la réserve légale de la société absorbante,
  • enfin, par le débit d'un compte de report à nouveau débiteur si toutes ces possibilités d'imputation sont épuisées (CE 5-2-2001 n° 211266 et BOI-IS-FUS-10-20-40-10 n° 330).

Pas d'imputation sur les primes d'émission Les primes d'émission étant exclues des possibilités d'imputation fixées par l'administration, si la prime de fusion dégagée par l'opération est insuffisante pour effectuer cette imputation, la société ne peut imputer cette réserve sur une prime d'émission qui a été inscrite à son passif lors d'une augmentation de capital antérieure (TA Poitiers 24-10-1996 n° 92-1825).

Précisions en cas de fusion-renonciation En cas de fusion-renonciation, la société absorbante n'émet des titres qu'à hauteur de la rémunération de la quote-part d'actif net de la société absorbée

correspondant à la participation des autres associés (voir nº 8302). En conséquence, la réserve est considérée comme reprise au bilan de la société absorbante à hauteur de la différence positive entre (BOI-IS-FUS-10-20-40-10 nº 340) :
– le total formé par l'augmentation de capital de la société absorbante et la prime de fusion comptabilisée ;
– et le capital de la société absorbée.

Le surplus de la réserve doit ensuite être reconstitué par la société absorbante par imputation sur ses bénéfices et réserves.

Tel devrait, à notre avis, être également le cas pour les fusions réalisées sans échange de titres (voir nº 7107), en l'absence de création de prime de fusion lors de l'opération.

4. **Réserve spéciale pour fluctuation des cours** La société absorbante doit d'abord reconstituer la réserve spéciale des plus-values à long terme puis, dans l'hypothèse où la société absorbée avait transféré, à une réserve spéciale, à la clôture du premier exercice arrêté depuis le 31 décembre 1997, tout ou partie des sommes figurant au compte « Provision pour fluctuation des cours », elle doit également reconstituer cette réserve suivant les mêmes modalités. Par analogie avec la méthode de reconstitution de la réserve spéciale des plus-values à long terme (voir ci-avant), l'administration admet également, en dernier recours, de débiter un compte de report à nouveau débiteur (BOI-IS-FUS-10-20-40-10 nº 380 s.).

Sur les actions que la société absorbée peut entreprendre l'exercice précédant la fusion pour libérer la société absorbante de son obligation de reconstituer la réserve spéciale pour fluctuation des cours, voir nº 7910.

Incidences de la non-reconstitution La fraction de la réserve spéciale qui n'a pas pu être reconstituée est rapportée au résultat imposable au titre du premier exercice clos après la date de réalisation de l'opération de fusion (BOI-IS-FUS-10-20-40-10 nº 410).

IV. Frais relatifs à la fusion

Nature des frais liés à la fusion

8160 ***Question***

Quelle est la nature des frais liés à une fusion ?

Réponse

Les frais liés à une fusion constituent, en principe, une charge de la société absorbante. Toutefois, sous certaines conditions, ils peuvent être assimilés à des frais d'émission de titres.

Recueil des normes comptables de l'ANC, Avis CU CNC nº 2000-D (du 21 décembre 2000 relatif au traitement comptable des frais d'émission et d'acquisition de titres) sous l'art. 221-1 du PCG

(*en partie*) Seuls les coûts externes directement liés à l'opération, c'est-à-dire les dépenses qui n'auraient pas été engagées en l'absence de cette opération, constituent, sur le plan comptable, des frais d'émission et d'acquisition de titres.

Commentaires 1. **Principe** Les frais engagés pour réaliser une opération de fusion sont, par leur nature, une charge de la société absorbante.

Fiscalement, il en est de même. Ces frais présentent par nature le caractère d'une charge d'exploitation de la société absorbante et n'ont aucune influence sur l'évaluation de l'actif net apporté par la société absorbée (CE 7-7-1972 nº 81749).

2. **Possibilité d'assimiler les frais de fusion à des frais d'émission de titres** Les frais relatifs à une fusion sont considérés comme des frais d'émission lorsque les trois conditions suivantes sont remplies :
- les frais sont **directement liés à l'opération,** c'est-à-dire qu'ils n'auraient pas été engagés en l'absence de cette opération ;
- à notre avis, il est nécessaire que l'opération entraîne une **augmentation de capital** ;

Fusion réalisée sans échange de titres En l'absence d'augmentation de capital, tous les frais liés à l'opération sont, à notre avis, à comptabiliser en charges.

- les coûts sont **externes.**

Selon l'avis CU CNC nº 2000-D, constituent des coûts externes, par exemple : les honoraires des conseils et des banques, les formalités légales et dépenses liées, la communication et la publicité, etc. Pour plus de détails concernant ces coûts externes, voir Mémento Comptable nº 45130.

En revanche, les coûts internes constituent obligatoirement des **charges.**

Il s'agit par exemple du temps passé pour monter l'opération, convaincre l'investisseur et lui fournir l'ensemble des éléments, du coût du service « fusions – acquisitions »...

Fiscalement, il en est de même. En application de l'article 38 quater de l'annexe III au CGI, les coûts liés à l'augmentation de capital et à la fusion susceptibles de constituer des frais d'établissement à porter à l'actif sont identiques sur le plan fiscal et sur le plan comptable (BOI-BIC-CHG-20-30-20 nº 1 et 10).

Traitement comptable et fiscal

8163 ***Question***

Comment comptabiliser les frais liés à une fusion considérés comme des frais d'émission de titres ?

Réponse

Ces frais sont, au choix de l'entreprise, comptabilisés :
- soit en charges,
- soit en frais d'établissement,
- soit en diminution de la prime de fusion, avec éventuellement une comptabilisation en partie en charges si la prime de fusion est insuffisante pour absorber la totalité des frais.

PCG art. 212-9
(*en partie*) Les frais d'augmentation de capital, de fusion et de scission peuvent être inscrits à l'actif en frais d'établissement ou imputés sur les primes d'émission et de fusion ; en cas d'insuffisance, ces frais sont comptabilisés en charges.

Commentaires **1. Un triple traitement possible** La société absorbante peut choisir de comptabiliser les frais d'émission de titres résultant d'une opération de fusion :
- en charges ;
- en immobilisations incorporelles (en frais d'établissement) ;
- ou par imputation sur la prime de fusion. Si la prime est insuffisante pour permettre l'imputation de la totalité des frais, l'excédent de ces frais est comptabilisé en charges (PCG art. 212-9 ; voir Mémento Comptable nº 45150).

Fiscalement, les frais de fusion constituent des frais d'établissement. Le traitement comptable retenu pour ces frais constitue une décision de gestion qui détermine le régime fiscal applicable (BOI-BIC-CHG-20-30-20 nº 10). En conséquence, ils sont :

1. soit déduits immédiatement :
- lorsqu'ils sont comptabilisés en charges,
- ou lorsqu'ils sont imputés sur la prime de fusion (CE 7-7-1972 nº 81749 ; BOI-BIC-CHG-20-30-20 nº 90). Dans ce cas, leur déduction est opérée extra-comptablement sur l'imprimé nº 2058-A (ligne XG), voir nº 12115, 12220, 12330 et 12415.

2. soit déduits de manière échelonnée sur une période maximale de cinq ans, lorsqu'ils sont inscrits à l'actif en frais d'établissement (BOI-BIC-AMT-10-10 nº 240 et BOI-BIC-CHG-20-30-20 nº 90).

S'agissant d'un choix de méthode comptable, la société absorbante ou bénéficiaire des apports est tenue d'appliquer la méthode déjà retenue pour comptabiliser les frais d'augmentation de capital (le cas échéant). Un changement de méthode n'est possible que dans les conditions prévues par le PCG (voir Mémento Comptable nº 8480 à 8585).

Sur le traitement, dans les comptes consolidés établis par une société mère, des coûts engagés par une filiale consolidée absorbant une autre filiale consolidée, voir Mémento Comptes consolidés nº 3413.

2. Synthèse Le tableau suivant, établi par nos soins, présente une synthèse du traitement comptable (dans les comptes individuels) et fiscal des frais relatifs aux opérations de fusion :

Traitement comptable	Traitement fiscal	Retraitements
Charge	Déduction immédiate	
Frais d'établissement (immobilisation incorporelle)	Déduction échelonnée (amortissement sur 5 ans)	
Imputation sur la prime de fusion	Déduction immédiate	Déduction extra-comptable

V. Informations en annexe

Informations au titre de l'opération

8200 ***Question***

Quelles informations la société absorbante doit-elle fournir dans l'annexe des comptes de l'exercice de la fusion ?

Réponse

La société absorbante doit fournir une information dans l'annexe aux comptes de l'exercice de la fusion sur :
- le contexte de l'opération ;
- les modalités de valorisation ;
- le cas échéant, le traitement comptable du boni de fusion ;
- le cas échéant, les modalités d'affectation du mali technique ainsi que les modalités d'amortissement, de dépréciation et de sortie définitive de ce mali ;
- le montant de la perte intercalaire et/ou du badwill enregistré dans le sous-compte de la prime de fusion ;
- et les principaux impacts de la fusion sur le bilan et le résultat (voir nº 8210).

Commentaires Voir nº 13270.

Information comparative

8210 ***Question***

La société absorbante doit-elle établir des comptes pro forma au titre des exercices antérieurs présentés ?

Réponse

Non, l'établissement de tels comptes pro forma n'étant pas requis par le PCG. Toutefois, une information permettant d'expliciter l'impact de la fusion sur les principaux postes du bilan et du compte de résultat doit être fournie au titre de l'information comparative.

Commentaires Voir nº 13275.

SECTION III

Participations entre la société absorbante et la société absorbée

I. La société absorbante détient des titres de la société absorbée

A. Pas d'échange des titres détenus sur la société absorbée

Problématique

8300 ***Question***

La société absorbante peut-elle recevoir ses propres titres en échange des titres de la société absorbée qu'elle détenait préalablement à l'opération ?

Réponse

Non, cet échange est interdit par le Code de commerce.

Pour respecter cette règle, deux solutions sont concevables :
- la fusion-renonciation ;
- ou la fusion-allotissement.

Commentaires Dans le cas général où la société absorbante ne détient pas 100 % du capital de la société absorbée mais seulement une fraction de celui-ci, la société absorbante a une double qualité :
- d'une part, elle reçoit l'apport de la société absorbée, apport qu'elle doit rémunérer par une attribution d'actions nouvelles ou par une remise d'actions autodétenues ;
- mais d'autre part, en tant que membre de la société absorbée, elle est appelée à recevoir une fraction de ses propres actions.

Or, lorsque la société absorbante détient des titres de la société absorbée, elle ne peut pas recevoir ses propres titres en échange (C. com. art. L 236-3, al. 2).

Dans cette perspective, deux méthodes sont concevables :
- la fusion-renonciation (voir nº 8302) ;
- ou la fusion-allotissement (voir nº 8304).

Cas particulier La société absorbante détient 100 % du capital de la société absorbée Ce cas de figure est autorisé par l'article C. com. L 236-11, qui prévoit une procédure allégée (voir nº 7107 et 13420). Chez la société absorbante, cette opération se traduit par la substitution, à son actif, des actifs de la société absorbée aux titres de participation détenus sur elle. Par différence, l'opération dégage un boni ou un mali de fusion (sur ces notions, voir nº 8320 et 8450). La société absorbante n'a bien sûr aucune augmentation de capital à réaliser, n'ayant pas d'apport à rémunérer.

Premier procédé : la fusion-renonciation

8302 ***Question***

En quoi consiste la fusion-renonciation ?

Réponse

Ce procédé, fréquemment appliqué en pratique, consiste, pour la société absorbante à « renoncer » à émettre ou remettre les actions qui devraient lui revenir (à hauteur de la participation détenue dans la société absorbée préalablement à l'opération).

Commentaires Pour plus de détails sur ce procédé, voir Mémento Sociétés commerciales nº 82962 à 82966.

Exemple *Soit une société A au capital de 2 400 000 divisé en 240 000 actions de 10 dont la valeur unitaire réelle est de 18. Dans le portefeuille de la société A figurent 30 000 actions d'une société B achetées pour 330 000 (soit 11 par action).*

La société B a un capital de 1 200 000, divisé en 120 000 actions de 10 ayant une valeur réelle de 12.

La fusion entre les deux sociétés est envisagée, A absorbant B qui lui apporte un actif net évalué à la valeur réelle de 1 440 000.

Le rapport d'échange (sur la base des valeurs réelles) s'établit comme suit :

Valeur action A / Valeur action B = 18/12 = 3/2 ; d'où un rapport d'échange de 2 actions A pour 3 actions B.

La société A devrait donc créer 80 000 actions nouvelles (120 000 x 2/3) dont 20 000 resteraient sa propriété puisqu'elle détient le quart des actions B (30 000 sur 120 000).

Solution de l'exemple *Pour éviter ce résultat, la société A déclare dans l'acte de fusion « renoncer » à la fraction de l'augmentation de capital (20 000 x 10 = 200 000) qui correspond à ses propres droits (1/4) dans l'apport de la société B.*

La société A limite donc son émission à 60 000 actions nouvelles attribuées aux actionnaires de la société B autres qu'elle-même, à raison de 2 actions A pour 3 actions B, d'où :

- une augmentation du capital de 600 000 (60 000 x 10, valeur nominale de l'action A) ;

- une prime de fusion de 480 000 (60 000 x 8, différence entre la valeur réelle et la valeur nominale de l'action A). En effet, A et B étant sous contrôle distinct et la fusion étant réalisée à l'endroit, la valeur réelle doit être retenue pour valoriser les apports.

Quant à la fraction de l'actif net apporté par B qui correspond à la participation de la société A, soit 360 000 (1 440 000 x 1/4), elle a pour contrepartie comptable dans les écritures de la société A :

- d'une part l'annulation de sa participation dans la société B, soit 330 000 ;

- d'autre part un boni de fusion de 30 000 (sur la distinction entre prime et boni de fusion, voir nº 8460).

Ecritures dans la société absorbante A :

	101 Capital (débit)	101 Capital (crédit)	104 Prime de fusion (débit)	104 Prime de fusion (crédit)	261 Titres B (débit)	261 Titres B (crédit)	Société B (compte d'apport) (débit)	Société B (compte d'apport) (crédit)
Titres détenus (avant fusion)					*330 000*			
Fusion		*600 000*		*510 000 (1)*		*330 000*	*1 440 000*	
					330 000	*330 000*		

(1) Le boni de fusion (30 000) doit, dans certains cas, être comptabilisé en produit financier (voir nº 8460).

Second procédé : la fusion-allotissement

8304 ***Question***

En quoi consiste la fusion-allotissement ?

Réponse

Ce procédé consiste à effectuer une attribution en partage à la société absorbante de la fraction du patrimoine de la société absorbée correspondant aux droits de la société absorbante (pour cette fraction, il n'y a donc pas d'échange de titres). Seul le surplus fait l'objet d'un véritable apport-fusion.

Commentaires En d'autres termes, la « fusion-allotissement » s'analyse juridiquement en une liquidation partielle de société suivie, un instant de raison après, d'une fusion. Mais, dans cette conception, la plus-value réalisée par la société absorbante (différence entre la valeur réelle et la valeur comptable des titres de la société absorbée) n'a que le caractère d'une plus-value de fusion ; à concurrence de l'actif alloti, il s'agit d'une plus-value de liquidation.

Toutefois, sur le plan comptable, cette plus-value est, à notre avis, à traiter comme le boni de fusion en cas de fusion-renonciation (voir nº 8460), les règles comptables ne faisant pas de distinction entre les deux méthodes juridiques.

Ecart négatif entre actif partagé et valeur comptable des titres inscrits au bilan de la société absorbante Si l'attribution en partage fait apparaître un écart négatif entre l'actif partagé et la valeur comptable des titres inscrits au bilan de la société absorbante, il s'agit d'un mali de fusion, à traiter conformément aux règles comptables, voir nº 8320 s.

Pour plus de détails sur ce procédé, voir Mémento Sociétés commerciales nº 82967.

Exemple *Reprise des données de l'exemple du nº 8302.*

Solution de l'exemple *La comptabilisation de l'opération par la société absorbante doit faire ressortir les deux aspects de la fusion-allotissement :*

– attribution en partage à la société absorbante A de la fraction de l'actif de la société B correspondant à ses droits (25 %), soit 1 440 000 x 25 % = 360 000.

Ce partage dégage un profit de 30 000 égal à la différence entre l'actif partagé et la valeur comptable des titres inscrits au bilan de la société absorbante. L'apport attribué en partage est enregistré en contrepartie de l'annulation des titres détenus et le profit

qui en résulte est constaté comme le boni, en capitaux propres ou en résultat (financier) sous certaines conditions (voir nº 8460) ;
– le surplus (soit 1 080 000) fait l'objet d'un véritable apport-fusion rémunéré par une augmentation de capital de 600 000 et dégage une prime de fusion (au sens strict) de 480 000.
Dans ce cas, l'annulation de la participation de 330 000 détenue par la société A dans la société B est réputée faite antérieurement à la fusion proprement dite, en raison de l'attribution en partage à la société A de la fraction de l'actif de la société B correspondant à ses droits, soit 1 440 000 x 1/4 = 360 000.
Le profit en découlant (30 000) n'a donc plus à proprement parler le caractère d'une prime de fusion. Seule a encore ce caractère la différence (480 000) entre l'apport-fusion véritable (1 440 000 x 3/4 = 1 080 000) et l'augmentation de capital (600 000).

B. Annulation des titres détenus sur la société absorbée

8310 ***Question***

L'échange des titres de la société absorbée détenus par la société absorbante étant interdit, que deviennent ces titres ?

Réponse

Ils doivent être annulés, en contrepartie des apports reçus par voie de fusion. Cette annulation dégage un mali ou un boni de fusion.

Commentaires Sur le mali de fusion, voir nº 8320 s. Sur le boni de fusion, voir nº 8450 s.

Fiscalement, l'annulation des titres de la société absorbée, dans les deux ans de leur acquisition, est susceptible d'entraîner une remise en cause de l'exonération des dividendes versés par la société absorbée à la société absorbante. En effet, cette exonération est réservée aux dividendes de filiales dont les titres sont détenus pendant au moins deux ans, étant précisé que cette obligation de conservation ne concerne qu'un socle de 5 % donnant droit à la qualité de société mère, et non la totalité des titres (CE 15-12-2014 nº 380942 ; BOI-IS-BASE-10-10-10-20 nº 210 ; voir Mémento Comptable nº 36370). Mais l'annulation des titres de la société absorbée par la société absorbante dans le cadre d'une fusion placée sous le régime de faveur n'est pas assimilée à une cession entraînant la rupture de l'obligation de conservation des titres (CGI art. 145-1-c ; BOI-IS-BASE-10-10-10-20 nº 340). En conséquence, **en cas d'absorption d'une filiale dans les deux ans de l'acquisition des titres** :
– **si la fusion est placée sous le régime de droit commun,** l'exonération des dividendes versés par la société absorbée, dont a bénéficié la société absorbante depuis l'acquisition des titres, est susceptible d'être remise en cause rétroactivement. Selon l'administration, une déclaration rectificative doit être déposée dans les trois mois de la fusion et une somme correspondant à l'IS dont la société absorbante a été indûment exonérée doit être versée au Trésor assortie des intérêts de retard (BOI-IS-BASE-10-10-10-20 nº 230) ;
– **si la fusion est placée sous le régime de faveur,** l'exonération des dividendes des exercices antérieurs n'est pas remise en cause et aucun impôt supplémentaire n'est dû.
Toutefois, l'administration exige par ailleurs, selon une position à notre avis contestable dès lors qu'elle n'est pas prévue par la loi, que la société absorbante conserve une part significative des actifs représentatifs des titres annulés pendant toute la durée du délai initial de conservation des titres (BOI-IS-BASE-10-10-10-20 nº 350).

Sur la mesure anti-abus faisant obstacle, en cas d'absorption par une société mère de sa filiale dans les deux ans de son acquisition, à la déduction d'une moins-value à court terme à hauteur des dividendes exonérés distribués depuis l'acquisition des titres (CGI art. 210 A 4e al.), voir Mémento Fiscal no 39540).

Le maintien du régime d'exonération des dividendes en cas d'absorption de la filiale distributrice dans les deux ans de l'acquisition des titres qui est prévu en cas de fusion (CGI art. 145-1-c), s'applique également aux opérations de dissolution par confusion de patrimoine (BOI-IS-BASE-10-10-10-20 no 340).

Sur le traitement fiscal du mali et du boni de fusion, voir no 8364 et 8368 (mali) et 8460 (boni).

C. Mali de fusion

1. Traitement du mali lors de la fusion

a. Calcul du mali de fusion

Définition du mali de fusion

8320 ***Question***

Qu'est-ce que le mali de fusion ?

Réponse

Le mali de fusion correspond à l'écart négatif entre :
- l'actif net, positif ou négatif, tel que déterminé après harmonisation obligatoire des méthodes comptables, reçu par l'entité absorbante à hauteur de sa participation dans l'entité absorbée ;
- et la valeur comptable de cette participation.

PCG art. 745-3
(*en partie*) Le mali de fusion représente l'écart négatif entre l'actif net, positif ou négatif, reçu par l'entité absorbante, après harmonisation des méthodes comptables telle que défini à l'article 744-3 à hauteur de sa participation dans l'entité absorbée et la valeur comptable de cette participation.

Commentaires Les règles comptables ne traitent que du mali dégagé dans le cadre d'opérations de fusion ou de TUP réalisées en valeur comptable, c'est-à-dire des opérations réalisées entre entités sous contrôle commun (voir no 7625) et correspondant à une moins-value d'annulation des titres de la société absorbée détenus par la société absorbante.

Sur l'harmonisation obligatoire des méthodes comptables, voir no 8605.

Fiscalement, le montant de ce mali de fusion diffère de celui du mali comptable (donnant lieu à retraitements sur l'imprimé no 2058-A, voir no 12120, 12225, 12325 et 12410) :
- en raison du traitement fiscal réservé aux frais d'acquisition de titres (no 8329) ;
- lorsque les titres annulés sont grevés d'une plus ou moins-value en sursis ou report d'imposition ;

- à notre avis, lorsque l'opération est réalisée comptablement à la valeur comptable et est placée sous le régime fiscal de droit commun (la valeur d'apport à retenir sur le plan fiscal étant alors la valeur réelle, voir nº 7810) ;
- lorsque les titres de la société absorbée ont fait l'objet d'une dépréciation dans les comptes avant l'opération (nº 8328).

Sur le cas particulier des TUP fiscalement rétroactives, voir nº 9018.

Sur le mali dégagé lorsque l'opération est réalisée en valeur réelle, c'est-à-dire notamment entre entités sous contrôle distinct, voir nº 8405.

Sur la valeur comptable à retenir, voir nº 8328.

Date de calcul

8322 ***Question***

A quelle date le mali de fusion doit-il être calculé ?

Réponse

A la date d'effet de la fusion, y compris lorsqu'elle est antérieure à la date d'acquisition des titres de l'entité absorbée par l'entité absorbante.

PCG art. 751-4

(*en partie*) Le mali de fusion doit être calculé à la date d'effet rétroactif de la fusion. Si la date d'effet rétroactif est antérieure à la date d'acquisition des titres de l'entité absorbée, il est tenu compte pour le calcul du mali technique tel que défini à l'article 745-3 :
- de l'actif net de l'entité absorbée à la date d'effet rétroactif et de la valeur des titres à leur date d'acquisition ;
- des variations de capitaux propres de l'entité absorbée entre la date d'effet rétroactif de la fusion et la date d'acquisition des titres.

Commentaires Les apports étant évalués à la date d'effet de l'opération (voir nº 7735), l'actif net reçu et la valeur comptable de la participation pris en compte pour le calcul du mali de fusion doivent être appréciés :
- à la date d'effet de l'opération (lorsque celle-ci diffère de la date de réalisation de l'opération) ;

Ainsi, en cas de fusion avec effet rétroactif, le mali de fusion est calculé à la date d'effet rétroactif (PCG art. 751-4 ; voir nº 8325).

Fiscalement, il en est de même. Le calcul du mali de fusion doit ainsi prendre en compte l'économie d'impôt issue de l'agrément autorisant le transfert des déficits de l'absorbée (voir nº 7802), qui produit ses conséquences à la date d'effet de la fusion (CE 18-1-2017 nº 389004 et CAA Versailles 6-2-2018 nº 17VE00250, décision de renvoi).

- y compris, lorsqu'elle est antérieure à la date d'acquisition des titres de l'entité absorbée par l'entité absorbante (PCG art. 751-4).

Dans ce cas, le mali est calculé par différence entre le coût des titres acquis (en totalité ou en partie) postérieurement à la date d'effet rétroactif et les valeurs comptables à cette date d'effet. Toutefois, pour l'incidence, sur le mali de fusion, des opérations intervenues entre la date d'effet comptable et la date d'acquisition des titres, voir nº 8325 point 2.

Fiscalement, en revanche, selon l'administration, l'annulation de la participation de la société absorbante dans la société absorbée est réputée intervenir à la date d'acquisition des titres si elle est postérieure à la date d'effet rétroactif (BOI-IS-FUS-40-10-20 nº 20).

Incidence des opérations intercalaires sur le calcul du mali

8325 ***Question***

Le calcul du mali doit-il tenir compte de la perte de rétroactivité ou des dividendes versés pendant la période intercalaire ?

Réponse

Non en principe, car le mali de fusion est calculé à la date d'effet de la fusion.

En revanche, il doit tenir compte des variations de capitaux propres de l'entité absorbée intervenus pendant la période intercalaire dès lors que les titres ont été acquis pendant cette période et que ces variations ont été prises en compte dans la détermination de ce prix.

PCG art. 751-4
Le mali de fusion doit être calculé à la date d'effet rétroactif de la fusion. Ainsi, ni la perte intercalaire, ni les dividendes à verser ne sont pris en compte pour son évaluation.
Si la date d'effet rétroactif est antérieure à la date d'acquisition des titres de l'entité absorbée, il est tenu compte pour le calcul du mali technique tel que défini à l'article 745-3 :
- de l'actif net de l'entité absorbée à la date d'effet rétroactif et de la valeur des titres à leur date d'acquisition ;
- des variations de capitaux propres de l'entité absorbée entre la date d'effet rétroactif de la fusion et la date d'acquisition des titres.

Commentaires 1. **Principe** Le calcul du mali de fusion étant réalisé à la date d'effet rétroactif, il ne doit pas prendre en compte la perte de rétroactivité ou les dividendes versés pendant la période intercalaire (PCG art. 751-4). Pour un exemple chiffré, voir exemple 1 ci-après.

Fiscalement, il en est de même s'agissant de dividendes versés pendant la période intercalaire (CAA Lyon 29-1-2015 n° 13LY02122, décision rendue à propos d'une TUP avec effet rétroactif fiscal mais transposable, à notre avis, aux fusions avec effet rétroactif), ainsi que pour l'augmentation de capital réalisée pendant la période de rétroactivité fiscale, qui ne doit pas être prise en compte dans le calcul de la moins-value d'annulation des titres (CE 18-3-2020 n° 426473).

Selon le Recueil des normes comptables de l'ANC (Commentaire IR 3 sous l'art. 751-4 du PCG) :
- l'inscription dans le traité d'apport de la perte intercalaire et des dividendes à verser résulte de l'obligation juridique de libération du capital et du risque de surévaluation des apports qui doit être apprécié à la date définitive de l'opération (AGE) et non à la date d'effet (PCG art. 751-1) ;

Sur les conditions de prise en compte :
- de la perte de rétroactivité, voir n° 10665 s. ;
- des dividendes versés pendant la période intercalaire, voir n° 10615 s.

- le mali de fusion doit être calculé à la date d'effet rétroactif de la fusion en fonction des éléments comptables, sans tenir compte des éléments liés à la libération juridique du capital.

En effet, si ces éléments étaient retenus dans le calcul du mali, il en serait tenu compte deux fois :
- en majoration du mali d'une part ;
- en charge de la période de rétroactivité (perte de la période ou annulation des dividendes) d'autre part.

2. Cas particulier : acquisition des titres de la société absorbée pendant la période intercalaire Lorsque l'acquisition des titres de la société absorbée par la société absorbante (en tout ou partie) est postérieure à la date d'effet (rétroactif) de la fusion :
- le mali de fusion est calculé à la date d'effet de l'opération, conformément au principe général (voir nº 8322) ;
- il correspond à la différence entre la valeur des titres à leur date d'acquisition et l'actif net comptable de la société absorbée à la date d'effet de la fusion ;
- les éléments ayant concouru à la détermination du prix de ces titres doivent également être pris en compte ; tel est le cas des dividendes versés à l'entité cédante pendant la période antérieure à la date d'acquisition des titres par l'entité absorbante (Recueil des normes comptables de l'ANC, Commentaire IR 3 sous l'art. 751-4 du PCG).

Ainsi, lorsqu'un **dividende est versé à l'ancien actionnaire** pendant la période intercalaire :
- le prix d'acquisition des titres de la société absorbée tient compte de ce versement et a été minoré à due concurrence ;
- en conséquence, l'actif net comptable retenu pour calculer le mali doit également en tenir compte et être minoré de ce versement (PCG art. 751-4). Pour un exemple chiffré, voir exemple 2 ci-après.

Par ailleurs, en cas d'augmentation du capital de la société absorbée pendant la période intercalaire souscrite par la société absorbante : en application des principes décrits ci-avant, le mali de fusion correspond à la différence entre la valeur totale des titres, incluant les titres souscrits pendant la période intercalaire, et l'actif net comptable à la date d'effet de la fusion.

Toutefois, si la société absorbante détenait déjà une participation dans la société absorbée à la date d'effet de l'opération, l'augmentation de capital ainsi réalisée constitue une opération réciproque réalisée pendant la période intercalaire, qui ne devrait pas avoir d'incidence sur le calcul du mali de fusion (voir nº 10625).

Fiscalement, le Conseil d'Etat considère qu'une augmentation de capital de la filiale intervenue postérieurement à la date de l'effet rétroactif ne peut être prise en compte pour le calcul du mali de fusion, dès lors que la société absorbante doit être regardée comme ayant reçu elle-même les apports pour leur valeur à la date où l'augmentation du capital est intervenue (CE 18-3-2020 nº 426473).

Exemple 1 *(établi par nos soins)*

Cas traité *Cet exemple illustre les dispositions de l'article 751-4 du PCG (voir 1. ci-avant) lorsqu'une perte intercalaire doit être constatée dans le traité d'apport. Il pourrait être également décliné en cas de dividendes versés pendant la période intercalaire.*

Une société A absorbe sa filiale B détenue à 80 %. Conformément au principe de valorisation des apports (voir nº 7605), la fusion est réalisée à la valeur comptable.

Actif net de B apporté (valeur comptable), non minoré de la perte intercalaire	*8 000*
Actif net de B apporté (valeur réelle), non minoré de la perte intercalaire (1).........	*8 000*
Valeur des titres chez A	*8 000*
Perte intercalaire (2)..........	*400*

(1) Les actifs apportés ne recèlent ni plus-values latentes ni passifs non comptabilisés.
(2) L'opération étant réalisée à la valeur comptable et en l'absence de plus-values latentes, la perte intercalaire doit être mentionnée dans le traité d'apport en minoration des apports. Pour plus de détails sur le traitement de la perte intercalaire en cas d'opération en valeur comptable, voir nº 10650 s.

Solution de l'exemple 1 *Le mali est calculé de la manière suivante :*

Valeur des titres B chez A	*8 000*
Actif net de B apporté (valeur comptable), non minoré de la perte intercalaire	*(8 000)*
Mali de fusion	*0*

Aucun mali n'est constaté lors de cette opération.

Après la reprise des écritures dans la société absorbante, la perte de rétroactivité apparaîtra dans le compte de résultat à hauteur de (400).

Incidence de la prise en compte de la perte intercalaire dans le calcul du mali *Si le calcul du mali avait tenu compte de la perte intercalaire, le montant du mali aurait été de 400, correspondant à un « vrai » mali en l'absence de plus-values latentes sur les actifs apportés :*

Valeur des titres B chez A	*8 000*
Actif net B apporté (valeur comptable), minoré de la perte intercalaire	*(7 600)*
Mali de fusion	*400*

La perte de rétroactivité aurait donc été constatée deux fois :
– dans le « vrai » mali d'une part,
– en charges de la période de rétroactivité d'autre part.

Exemple 2 *(établi par nos soins) Une société A détient 100 % du capital d'une société B. Les deux sociétés fusionnent le 1er septembre N, avec effet rétroactif au 1er janvier N, sachant que :*

– les titres de la société ont été acquis par A le 30 juin N auprès d'une autre société (X) pour 1 000 ;

– l'actif net apporté au 1er janvier N est de 600 ;

– B a versé un dividende de 50 à son ancien actionnaire X pendant la période intercalaire ; le versement des dividendes a été pris en compte dans la détermination du prix d'acquisition des titres de B.

Solution de l'exemple 2 *A l'issue des écritures de fusion, le mali est égal au mali de fusion « théorique » (c'est-à-dire la différence entre la valeur des apports et celle des titres à la date d'effet de la fusion), diminuée des dividendes versés aux actionnaires autres que la société absorbante.*

Le mali de fusion est calculé de la manière suivante :

Valeur des titres B chez A	*1 000*
Actif net de B « théorique » (1)	*550*
Mali de fusion	*450*

(1) Correspondant à l'actif net comptable de B (600), réduit de la distribution de dividendes à X réalisée pendant la période intercalaire (avant l'acquisition des titres de B par A) (50).

1. Chez l'absorbée (société B), le 1er juin N

1x Réserves B (débit)	1x Réserves B (crédit)	457 Dividendes à verser (débit)	457 Dividendes à verser (crédit)
50			50

2. Chez l'absorbante (société A)

	1x Réserves A (débit)	1x Réserves A (crédit)	2 - 3 - 4 - 16 Actif Net (débit)	2 - 3 - 4 - 16 Actif Net (crédit)	2x Mali de fusion (débit)	2x Mali de fusion (crédit)	261 Titres de participation (débit)	261 Titres de participation (crédit)	457 Dividendes à verser (débit)	457 Dividendes à verser (crédit)	512 Banque (débit)	512 Banque (crédit)
Acquisition des titres le 30 juin N							1000					1000
Fusion le 1er septembre N												
Comptabilisation des apports (1)			600		400			1000				
Reprise des opérations intercalaires	50									50		
Correction du mali		50				50						
	50	50	600		450		1000	1000		50		1000
	Soldé						Soldé					

(1) Tels que prévus au traité de fusion (voir n° 8130)

***Conclusion** A l'issue des écritures de fusion, le mali est égal au mali de fusion « théorique » (c'est-à-dire la différence entre la valeur des apports et celle des titres à la date d'effet de la fusion), diminuée des dividendes versés aux actionnaires autres que la société absorbante.*

Incidence de la dépréciation des titres de la société absorbée

8328 ***Question***

Quelle est la valeur comptable des titres de la société absorbée à retenir lorsque ces derniers ont été dépréciés : la valeur brute ou la valeur nette ?

Réponse

La valeur comptable des titres à prendre en compte dans le calcul est la valeur nette comptable, c'est-à-dire après dépréciation.

Commentaires Pour calculer le mali de fusion, la valeur comptable de la participation à retenir est la valeur nette comptable (Recueil des normes comptables de l'ANC, Commentaire IR 3 sous l'art. 745-3 du PCG), c'est-à-dire y compris les dépréciations éventuellement comptabilisées avant l'opération de fusion.

Cela conduit à **figer la dépréciation** comptabilisée sur les titres. Celle-ci ne doit donc pas être reprise lors de la comptabilisation de l'opération de fusion.

Fiscalement, l'absence de reprise de la (provision pour) dépréciation est susceptible d'entraîner des conséquences fiscales défavorables lorsque les titres annulés sont des titres de participation [hors titres dans des sociétés à prépondérance immobilière (SPI) non cotées, qui relèvent du taux normal] détenus depuis moins de deux ans. En effet :

- la moins-value d'annulation de ces titres de participation est dans ce cas déductible du résultat au taux normal (voir nº 8368),
- alors que la (provision pour) dépréciation de titres de participation est en principe constitutive d'une moins-value à long terme (CGI art. 39-1-5º, al. 17), non déductible pour les titres hors SPI et relève du taux de 19 % pour les titres de SPI cotées. Pour plus de détails et pour les exclusions du régime du long terme, voir Mémento Comptable nº 35930.

En conséquence, afin de préserver la déductibilité au taux de droit commun de la moins-value d'annulation des titres détenus depuis moins de 2 ans (pour son montant correspondant à la dépréciation des titres annulés), des retraitements extra-comptables doivent être effectués sur l'imprimé n° 2058-A (BOI-IS-FUS-10-50-20 n° 50). Ces retraitements sont, à notre avis, les suivants (voir n° 12110, 12215, 12325 et 12410) :

1. Constatation de la reprise de la dépréciation constitutive d'une plus-value à long terme :
- réintégration (ligne WQ) de la dépréciation,
- déduction (lignes WV à XB) du montant de la réintégration au titre des plus-values à long terme. Sur les retraitements relatifs aux plus-values à long terme, voir Mémento Comptable n° 36700 s.

2. Déduction (ligne XG) de la moins-value d'annulation de titres pour son montant correspondant à la dépréciation non reprise comptablement.

Le Conseil d'Etat a jugé que, même si aucune reprise de (provision pour) dépréciation n'est prise en compte pour la détermination des résultats imposables de l'exercice de réalisation de l'opération, une société absorbante est fondée à déduire extra-comptablement au titre du mali de confusion une moins-value représentative de la perte réelle subie du fait de l'annulation des titres de la société absorbée (retraitement b. ci-avant) (CE 13-11-2020 n° 424455 dans le contexte d'une TUP mais transposable, à notre avis, aux fusions). Cette solution s'applique, à notre avis, aux opérations placées sous le régime de faveur et à celles placées sous le régime de droit commun.

(Provisions pour) dépréciation de titres de SPI cotées En toute logique, la même correction devrait également s'appliquer aux provisions pour dépréciation de titres de SPI cotées lorsque leur déduction a été plafonnée en application de l'article 39-1-5° du CGI (Mémento Comptable n° 35980).

Pas d'incidence sur le résultat Si la dépréciation des titres préalablement à la fusion a été correctement évaluée, le calcul du mali de fusion à partir de la valeur nette comptable des titres comprenant la dépréciation a le même impact (nul) sur le résultat que si le mali avait été calculé à partir de la valeur brute des titres. En effet, dans ce cas, la dépréciation serait reprise (en produits) et compenserait le « vrai » mali (correspondant à la dépréciation) comptabilisé en charges.

Exemple 1 *(établi par nos soins) Une société A détient 100 % du capital d'une société B. En N, A absorbe B dans le cadre d'une fusion réalisée sur la base des valeurs comptables, en application du principe général de valorisation des apports (voir n° 7600 et 7605).*

Valeur brute des titres B chez A	*21 000*
Dépréciation comptabilisée au 31/12/N-1	*(3 000)*
Valeur nette comptable des titres B chez A	*18 000*
Actif net de la société B (valeur comptable)	*16 000*
Actif net de la société B (valeur réelle)	*18 000*

Solution de l'exemple 1 *Le mali de fusion est égal à 2 000 [18 000 (VNC des titres B chez A) – 16 000 (actif net comptable de B)]. Etant expliqué par des plus-values latentes, il correspond en totalité à un mali technique à inscrire à l'actif en l'affectant aux éléments sous-jacents auxquels il se rapporte (voir n° 8345).*

Exemple 2 *(établi par nos soins) Une société A détient 100 % du capital d'une société B (qui n'est pas une société à prépondérance immobilière) pour un prix de 100 000. Les titres ont la nature de titres de participation. Ils ont été acquis au cours de l'exercice N–1. A la clôture de l'exercice N, A comptabilise une dépréciation des titres de 40 000.*

En N+1, A absorbe B dans le cadre d'une fusion réalisée sur la base des valeurs comptables (voir n° 7600 et 7605).

Valeur brute des titres B chez A	*100 000*
Dépréciation comptabilisée au 31/12/N	*(40 000)*
Valeur nette comptable des titres B chez A	*60 000*
Actif net de la société B (valeur comptable)	*60 000*
Actif net de la société B (valeur réelle)	*60 000*

Solution de l'exemple 2 *Le mali de fusion est égal à zéro [60 000 (VNC des titres B chez A) – 60 000 (actif net comptable de B)].*

__Fiscalement__, la (provision pour) dépréciation de 40 000 constatée à la clôture de l'exercice a fait l'objet d'une réintégration extra-comptable (s'agissant de titres de participation, elle n'est pas déductible ; voir Mémento Comptable nº 35980).

Sur le plan comptable, la dépréciation n'est pas reprise lors de la fusion. Aucun vrai mali n'est comptabilisé.

__Fiscalement__, la société absorbante peut déduire extra-comptablement la perte calculée d'après la valeur brute des titres de la société absorbée : les titres ayant été détenus pendant moins de deux ans, cette perte de 40 000 peut faire l'objet, de manière extra-comptable, d'une déduction du résultat imposable au taux de droit commun.

Incidence du traitement comptable et fiscal des frais d'acquisition des titres de l'absorbée

8329 ***Question***

Le calcul du mali de fusion doit-il tenir compte des frais d'acquisition engagés par la société absorbante pour acquérir les titres de la société absorbée ?

Réponse

Oui :
- sur le plan comptable lorsque les frais d'acquisition ont été immobilisés, le mali est alors augmenté à due concurrence ;
- sur le plan fiscal, quelle que soit l'option retenue sur le plan comptable (immobilisation ou charge).

Commentaires Selon la CNCC, la valeur comptable à prendre en compte dans le calcul du mali de fusion doit inclure les frais d'acquisition des titres de la société absorbée, lorsque ces derniers sont immobilisés (Bull. CNCC nº 153, mars 2009, EC 2008-80, p. 275).

Les frais d'acquisition de titres immobilisés viennent donc automatiquement majorer le montant du mali de fusion.

Rappelons que les frais d'acquisition ne sont immobilisés que lorsque l'entreprise a opté pour leur incorporation au coût d'entrée des titres (méthode comptable de référence, dont l'adoption est définitive). Si l'entreprise n'a pas pris cette option, les frais d'acquisition sont comptabilisés immédiatement en charges (PCG art. 221-1 renvoyant sur 213-8). Pour plus de détails, voir Mémento Comptable nº 35620.

Pour l'incidence de ces frais d'acquisition sur le mali technique de fusion, voir nº 8348.

Fiscalement, quelle que soit l'option comptable retenue, les frais d'acquisition des titres de participation (au sens fiscal) (CGI art. 209-VII) :
- sont obligatoirement incorporés au coût de revient de ces titres ;
- peuvent être amortis sur cinq ans à compter de la date d'acquisition des titres.

En conséquence, la valeur « fiscale » du mali de fusion est déterminée (BOI-IS-BASE-30-10 nº 310 et 320) :
- à partir du prix de revient des titres,
- majoré de leurs frais d'acquisition,
- minoré des amortissements fiscaux de ces frais déjà pratiqués.

Corrélativement, les frais d'acquisition des titres annulés ne peuvent plus être amortis à compter de la date de la fusion (BOI précité).

Il en résulte en pratique :
- en cas d'immobilisation des frais d'acquisition des titres, un mali « fiscal » inférieur ou égal au mali « comptable » ;
- en cas de comptabilisation en charges des frais d'acquisition des titres, un mali « fiscal » supérieur ou égal au mali « comptable ».

Incidence de l'annulation des titres de la société absorbée sur les amortissements dérogatoires relatifs aux frais d'acquisition des titres comptabilisés par la société absorbante Lorsque, sur le plan comptable, les frais d'acquisition ont été inclus dans le coût d'acquisition des titres, la société détentrice de ces titres a comptabilisé un amortissement dérogatoire (provision réglementée) pour bénéficier de l'amortissement fiscal sur 5 ans des frais (BOI-IS-BASE-30-10 n° 160 ; voir Mémento Comptable n° 35620). Selon le bulletin CNCC, lorsque les titres de la filiale sont annulés dans le cadre de la fusion, ces amortissements dérogatoires devraient être repris immédiatement, par le crédit du compte 78725 « Reprises sur provisions réglementées » (Bull. CNCC n° 168, décembre 2012, EC 2012-51, p. 764).

Fiscalement, aucune disposition ne prévoit le sort des amortissements dérogatoires sur frais d'acquisition des titres en cas d'annulation de ces titres. A notre avis, la reprise des amortissements dérogatoires ne devrait pas être imposable car son imposition aboutirait à remettre en cause la déduction au taux de droit commun des amortissements constatés. Une déduction extra-comptable devrait donc être pratiquée (imprimé n° 2058-A, ligne XG).

Exemple *(établi par nos soins) Le 1er janvier N, une société A acquiert 100 % des titres d'une société B pour 1 000. Les frais d'acquisition de ces titres (droits de mutation, honoraires) s'élèvent à 100.*

Le 1er mars N+3, A absorbe B avec effet rétroactif au 1er janvier N+3.

L'actif net comptable de la société B à cette date est de 800.

Solution de l'exemple

1er cas – Les frais d'acquisition de titres ont été activés dans le coût d'entrée des titres.

L'opération de fusion dégage un mali de fusion, déterminé de la manière suivante :

	Comptable	*Fiscal*
Actif net comptable de B à la date d'effet de la fusion	*800*	*800*
Valeur nette comptable des titres B (prix d'achat + frais d'acquisition) (1)	*1 100*	
Valeur « fiscale » des titres B (y compris frais d'acquisition non encore amortis à la date de la fusion) (2)		*1 040*
Mali de fusion	*300*	*240*

(1) Conformément à la position de la CNCC (Bull. CNCC n° 153, mars 2009, EC 2008-80, p. 275).
(2) Valeur « fiscale » des titres = prix de revient (1 000) + frais d'acquisition non encore amortis à la date de la fusion (100 – 100 x 3/5).

Le mali « comptable » est supérieur au mali « fiscal ».

2e cas – Les frais d'acquisition de titres sont comptabilisés en charges de l'exercice.

L'opération de fusion dégage un mali de fusion, déterminé de la manière suivante :

	Comptable	*Fiscal*
Actif net comptable de B à la date d'effet de la fusion	*800*	*800*
Valeur nette comptable des titres B (prix d'achat + frais d'acquisition)	*1 000*	
Valeur « fiscale » des titres B (y compris frais d'acquisition non encore amortis à la date de la fusion) (1)		*1 040*
Mali de fusion	*200*	*240*

(1) Valeur « fiscale » des titres = prix de revient (1 000) + frais d'acquisition non encore amortis à la date de la fusion (100 – 100 x 3/5).

Le mali « comptable » est inférieur au mali « fiscal ».

Ajustement de prix postérieur à la fusion

8330 ***Question***

Lorsqu'une acquisition de titres avec clause d'ajustement de prix (ainsi, earn-out ou garantie) est suivie d'une fusion, comment traiter le complément de prix versé ou l'indemnité perçue après la fusion ?

Réponse

Le complément de prix ou l'indemnité vient corriger le mali de fusion.

PCG art. 745-3
(*en partie*) Le cas échéant, le mali est corrigé des ajustements de prix sur les titres de participation, positifs ou négatifs, intervenus postérieurement à la fusion.

Commentaires Les ajustements de prix correspondent à des compléments ou des diminutions de prix de la participation détenue antérieurement à la fusion :
- résultant de l'application de clauses de garantie ou de révisions de prix ;
- versés ou perçus postérieurement à la fusion (Recueil des normes comptables de l'ANC, Commentaire IR 3 sous l'art. 745-3 du PCG).

1. **Complément de prix versé** Lorsque des titres sont acquis avec une clause de complément de prix (earn-out), le complément n'est, en général, pas comptabilisé à la date d'acquisition des titres.

En effet, à cette date, il ne peut généralement pas être évalué de manière fiable. Il n'est constaté dans le coût d'acquisition des titres qu'au moment où il peut être déterminé. Pour plus de détails, voir Mémento Comptable nº 37630.

Tel est notamment le cas lorsque les conditions d'évaluation sont liées à la performance future de la société acquise. Un complément de prix peut, par exemple, être égal à un pourcentage du chiffre d'affaires réalisé sur les deux exercices suivant l'acquisition, à l'occasion de la commercialisation d'un produit X de la société acquise.

Or, lorsque la filiale dont les titres ont été acquis est absorbée avant la détermination de ce complément de prix, le mali de fusion (déterminé à la date de la fusion) n'en tient pas compte et les titres sur lesquels porte le complément n'apparaissent plus à l'actif du bilan à la date à laquelle il est versé.

Dans ces conditions, le complément de prix déterminé après l'opération de fusion doit corriger le mali de fusion (PCG art. 745-3) et vient le majorer. Cette majoration du mali doit être affectée comptablement aux actifs sous-jacents (voir nº 8362).

Sur la comptabilisation en charges des versements post-fusion réalisés au titre de certificat de valeur garantie (CVG), voir Mémento Comptable nº 37230.

2. **Indemnité perçue** Lorsque des titres ont été acquis avec une clause de garantie, l'indemnité perçue par l'acquéreur des titres au titre de la mise en jeu de cette garantie vient réduire le coût d'acquisition des titres (en ce sens, Bull. CNCC nº 175, septembre 2014, EC 2014-17, p. 415 s. ; voir également Mémento Comptable nº 37605).

Or, lorsqu'une fusion est intervenue entre la date d'acquisition des titres et la perception de l'indemnité, cette dernière doit venir corriger le montant du mali de fusion (PCG art. 745-3), en le réduisant.

En conséquence, à notre avis :
- si le mali de fusion constitue un mali technique pour son intégralité et a été comptabilisé à l'actif (voir nº 8364), ce dernier est réduit à concurrence de l'indemnité perçue ;

– si le mali de fusion constitue un « vrai » mali et a été comptabilisé en charges, l'entité constate un produit financier, à notre avis, par symétrie avec la comptabilisation du « vrai » mali, voir no 8368.

Fusions de plusieurs filiales avec leur société mère

8331 ***Question***

Lorsqu'une société mère fusionne simultanément avec plusieurs de ses filiales, les bonis et malis de chaque opération de fusion peuvent-ils être compensés ?

Réponse

Non, les malis et bonis dégagés doivent être comptabilisés de manière séparée.

Commentaires Lorsqu'une société mère fusionne avec plusieurs de ses filiales simultanément dans un même traité de fusion, les bonis et malis de chaque opération de fusion ne peuvent pas faire l'objet d'une compensation et doivent être calculés et comptabilisés individuellement (Recueil des normes comptables de l'ANC, Commentaire IR 3 sous l'art. 745-1 du PCG).

Le mali et le boni de fusion obéissent en effet à des traitements comptables (et fiscaux) différents.

Fiscalement, il en est, à notre avis, de même.

Fusions en cascade dans un groupe

8333 ***Question***

En cas de fusions en cascade dans un groupe, le mali de fusion peut-il être calculé de manière globale au niveau de la société mère ?

Réponse

Non, les malis et bonis de fusion doivent être calculés étape par étape.

Commentaires Lorsque des fusions ont lieu en cascade au sein d'un même groupe, chaque fusion doit être traitée individuellement même si les dates d'effet sont identiques (Recueil des normes comptables de l'ANC, Commentaire IR 3 sous l'article 745-1 du PCG). En conséquence, les malis et bonis doivent être calculés étape par étape, et non de manière globale au niveau de la société mère.

Fiscalement, il en est, à notre avis, de même.

a. **Fusion « ascendante »** Une filiale fusionne avec une sous-filiale (premier traité de fusion), puis la société mère avec sa filiale (deuxième traité de fusion). Sur le sort du premier mali lors de la deuxième opération, voir no 8390.

b. **Fusion « descendante »** Une société mère fusionne avec une filiale (premier traité de fusion) puis avec une sous-filiale, contrôlée par la filiale absorbée (deuxième traité de fusion).

Dans ce cas, pour calculer le mali dégagé lors de la 2e opération (fusion de la mère et de la sous-filiale), la valeur comptable des titres de la sous-filiale à retenir correspond à :
- la valeur nette comptable des titres de cette sous-filiale figurant dans les comptes de la société mère (à l'issue de la 1re fusion) (voir nº 8320 et 8328),
- à laquelle doit être ajoutée la quote-part de mali technique affectée à ces titres lors de la 1re fusion, le cas échéant (PCG art. 745-10 ; voir nº 8390 et pour un exemple chiffré, voir ci-après).

Sur la détermination du mali technique, voir nº 8345. Sur son affectation aux actifs sous-jacents apportés, voir nº 8362.

Fiscalement, lorsque les opérations successives sont placées sous le régime de faveur des fusions, ce nouveau calcul (auquel s'ajoute une nouvelle affectation, voir nº 8390) du mali devrait être, en pratique, sans incidence, la déduction du mali technique étant écartée tant dans le cadre de sa dépréciation qu'à l'occasion de la cession des actifs sous-jacents. Lorsque les opérations, ou l'une d'elles, ne sont pas placées sous le régime de faveur, voir nº 8390.

Exemple *(établi par nos soins) Une société A détient 100 % du capital d'une société B qui détient elle-même 100 % d'une société C.*

Des fusions successives sont réalisées dans le groupe de la manière suivante :
- dans un premier temps, A absorbe B,
- dans un second temps, A absorbe C.

Ces deux opérations sont réalisées sur la base des valeurs comptables, en application du principe général de valorisation des apports (voir nº 7600 et 7605).

1re opération : *absorption de B par A*

Valeur nette comptable des titres B chez A (a)	*10 000*
Actif net de la société B (valeur comptable) (b)	*7 000*
Mali de fusion (c) = (b) – (a)	*3 000*
Plus-value latente sur titres C détenus par B	*6 500*
Mali technique de fusion (1)	*3 000*

(1) Voir nº 8345 et 8350.

Le mali de fusion dégagé lors de cette première opération étant justifié en totalité par une plus-value latente sur les titres C, il constitue un mali technique en totalité, qui doit être affecté aux titres C (voir nº 8362).

2e opération : *absorption de C par A*

Valeur d'apport des titres C (i.e. valeur nette comptable des titres C chez B puis A à l'issue de la 1re opération)	*8 000*
Actif net de la société C (valeur comptable)	*4 000*
Plus-values latentes sur ensemble immobilier détenu par C	*6 500*

Solution de l'exemple *Lors de la seconde opération (absorption de C par A), le mali de fusion est calculé de la manière suivante :*

Valeur d'apport des titres C (a)	*8 000*
Mali technique affecté aux titres C lors de la 1re opération (b)	*3 000*
Valeur comptable des titres C chez A (c) = (a) + (b)	*11 000*
Actif net de la société C (valeur comptable) (d)	*4 000*
***Mali de fusion** (e) = (c) – (d)*	***7 000***
Plus-values latentes sur ensemble immobilier détenu par C (f)	*6 500*

Mali technique de fusion [1] (g) *6 500*

Vrai mali (h) = (e) – (g) *500*

(1) Voir n° 8345 et 8350.

Sur le traitement du mali technique de fusion en cas d'opérations de regroupement ultérieures, voir n° 8390.

Ecart de réévaluation sur les titres de la société absorbée

8335 ***Question***

Comment calculer le mali de fusion lorsque les titres de la société absorbée ont été réévalués dans les comptes de la société absorbante préalablement à la fusion ?

Réponse

La valeur comptable des titres à prendre en compte dans le calcul du mali est leur valeur réévaluée.

Commentaires En cas de réévaluation préalablement à la date d'effet de la fusion, la valeur comptable des titres de la société absorbée dans les comptes de la société absorbante correspond à leur valeur réévaluée.

Or, pour calculer le mali de fusion, la valeur des titres de la société absorbée à prendre en compte est la valeur comptable (PCG art. 745-3 ; voir n° 8320), à la date d'effet de la fusion (voir n° 8322).

En conséquence, le mali de fusion doit être calculé en retenant la valeur réévaluée des titres de la société absorbée.

Ce qui conduit à augmenter le mali de fusion à concurrence de l'écart de réévaluation.

Sort de l'écart de réévaluation L'écart de réévaluation est maintenu au passif du bilan de la société absorbante. La solution consistant à l'imputer sur la prime de fusion est, à notre avis, contestable (solution proposée par le bulletin COB n° 137, mai 1981, p. 11). En effet, les écarts de réévaluation sont considérés comme réalisés (et donc supprimés du passif) uniquement dans les deux cas suivants (PCG art. 214-27 ; Avis CNC 2003-10 du 24-6-2003 ; voir Mémento Comptable n° 56795) :

- lors de la cession de l'immobilisation réévaluée, c'est-à-dire lors de la réalisation de la plus-value sur laquelle porte l'écart de réévaluation ;
- progressivement, au fur et à mesure de la constatation du supplément d'amortissement relatif à la partie réévaluée de l'amortissement.

Or, le remplacement des titres de la société absorbée par les actifs sous-jacents ne peut pas être considéré comme une cession des titres. A la lettre du texte, la plus-value latente ne sera réalisée que lors de la cession ou de l'amortissement (le cas échéant) des actifs sous-jacents.

> L'affectation du mali technique (lorsque celui-ci est expliqué par les mêmes plus-values latentes que l'écart de réévaluation) permet de suivre la réalisation de ces plus-values lors de la cession des actifs sous-jacents.

b. Distinction entre mali technique et « vrai » mali

Définitions

8340 ***Question***

Comment distinguer le mali technique du « vrai » mali ?

Réponse

Le mali technique correspond aux plus-values latentes sur les actifs apportés diminuées des passifs non comptabilisés.

Le « vrai » mali correspond au solde (différence entre mali de fusion et mali technique de fusion), qui peut correspondre à un complément de dépréciation de la participation détenue dans la société absorbée.

PCG art. 745-4

(*en partie*) Le mali de fusion peut, le cas échéant, être décomposé en deux éléments :
– le mali technique proprement dit [...]. Cette composante est généralement constatée pour les fusions ou les opérations de transmission universelle de patrimoine évaluées à la valeur comptable, lorsque la valeur nette des titres de l'entité absorbée figurant à l'actif de l'entité absorbante est supérieure à l'actif net comptable apporté [...] ;
– au-delà du mali technique, l'éventuelle dépréciation ou l'éventuel complément de dépréciation de la participation détenue dans l'entité absorbée, nécessaire au moment de la fusion [...].

Commentaires Cette distinction entre mali technique de fusion et « vrai » mali est présentée dans le schéma suivant :

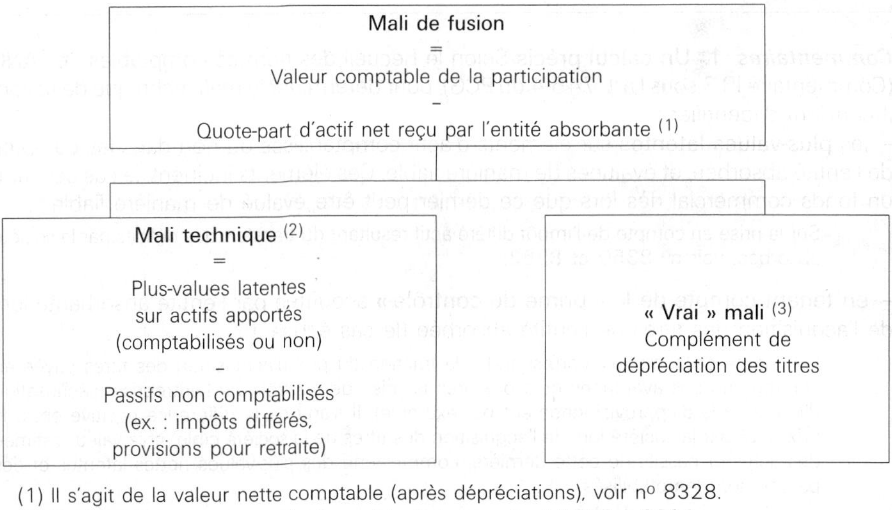

(1) Il s'agit de la valeur nette comptable (après dépréciations), voir n° 8328.
(2) Sur le traitement comptable du mali technique, voir n° 8345 à 8364.
(3) Sur le traitement comptable du « vrai » mali, voir n° 8368.

Pour des exemples de distinction entre le mali technique et le « vrai » mali, voir n° 8350.

c. Traitement comptable du mali technique

Détermination du mali technique

8345 ***Question***

Comment déterminer le mali technique ?

Réponse

Le mali technique correspond, à hauteur de la participation antérieurement détenue, aux plus-values latentes sur éléments d'actif comptabilisés ou non dans les comptes de l'entité absorbée déduction faite des passifs non comptabilisés en l'absence d'obligation comptable (par exemple, provisions pour retraite, impôts différés passifs).

PCG art. 745-4

(*en partie*) [Le mali technique] correspond, à hauteur de la participation antérieurement détenue, aux plus-values latentes sur éléments d'actif comptabilisés ou non dans les comptes de l'absorbée (éléments d'actifs identifiés hors fonds commercial, fonds commercial) déduction faite des passifs non comptabilisés dans les comptes de l'entité absorbée en l'absence d'obligation comptable (par exemple, provisions pour retraites, impôts différés passifs).
Cette composante est généralement constatée pour les fusions ou les opérations de transmission universelle de patrimoine évaluées à la valeur comptable, lorsque la valeur nette des titres de l'entité absorbée figurant à l'actif de l'entité absorbante est supérieure à l'actif net comptable apporté.
Les plus-values latentes sur éléments d'actif destinés à être revendus à brève échéance sont évaluées nettes d'impôts. Les passifs reversés à court terme sont évalués net d'impôt.

Commentaires 1. **Un calcul précis** Selon le Recueil des normes comptables de l'ANC (Commentaire IR 3 sous l'art. 745-4 du PCG), pour déterminer le mali technique de fusion, il convient d'identifier :

- les **plus-values latentes** sur éléments d'actif comptabilisés ou non dans les comptes de l'entité absorbée, et évaluées de manière fiable. Ces éléments incluent, le cas échéant, un fonds commercial dès lors que ce dernier peut être évalué de manière fiable ;

  Sur la prise en compte de l'impôt différé actif résultant du transfert des déficits par la société absorbée, voir n° 8350 et 8362.

- **en tenant compte de la « prime de contrôle »** acquittée par l'entité absorbante lors de l'acquisition des titres de l'entité absorbée (le cas échéant) ;

  La « prime de contrôle » correspond à la fraction du prix d'acquisition des titres payée en contrepartie des avantages qu'a procurés la prise de contrôle de l'entreprise (sécurisation d'une source d'approvisionnement par exemple). Il s'agit de la différence positive entre le prix payé par la société lors de l'acquisition des titres de la société cible, et la valeur estimée des actifs et passifs de cette dernière, compte tenu des plus-values nettes latentes et des passifs non comptabilisés.

- **déduction faite des passifs non comptabilisés** dans les comptes de l'entité absorbée en l'absence d'obligation comptable (par exemple provisions pour retraite, impôts différés passifs).

Toutefois (PCG art. 745-4), la prise en compte des impôts différés passifs sur les plus-values latentes est limitée aux actifs destinés à être cédés à brève échéance. De même, seuls les passifs reversés à court terme doivent être évalués net d'impôt.

Fiscalement, la cour administrative d'appel de Paris, se prononçant sur des faits antérieurs au règlement précité de l'ANC, a eu l'occasion de refuser la prise en compte systématique d'impôts latents dans une affaire où l'intention ou non de céder les actifs à brève échéance n'a pas été évoquée (CAA Paris 28-1-2016 nº 13PA04786 et 14PA03726).

Le calcul du mali technique est **définitif** : il n'est, à notre avis, pas possible ultérieurement de modifier le montant du mali technique, par exemple pour lui incorporer des frais accessoires ou des frais financiers (en ce sens, Bull. CNCC nº 174, juin 2014, EC 2013-35, p. 258 à 263). Néanmoins, il doit être corrigé des ajustements de prix sur les titres de participation, positifs ou négatifs, intervenus postérieurement à la fusion, voir nº 8330.

Fiscalement, sur la date de prise en compte des déficits de l'absorbante en instance de report chez l'absorbante, voir nº 8362, 1-a.

2. Une gestion administrative contraignante L'identification du mali technique présente un caractère contraignant. En effet, alors que la fusion est réalisée à la valeur comptable, cette identification nécessite de déterminer la valeur réelle des actifs apportés, inscrits ou non à l'actif de l'entité absorbée.

Or, même s'il est précisé qu'une **évaluation globale** de l'entité absorbée peut être utilisée pour déterminer le montant du mali technique (Note de présentation du Règl. ANC 2015-06 ; en ce sens également, Recueil des normes comptables de l'ANC, Commentaire IR 3 sous l'art. 745-4 du PCG), une **identification individuelle** des éléments composant le mali technique doit être réalisée en vue de l'affectation comptable de ce mali (voir nº 8362).

Ces différents calculs viennent alourdir la gestion administrative des opérations réalisées à la valeur comptable.

Sur une illustration de ce principe, voir exemples de calcul (nº 8350).

Traitement des frais d'acquisition des titres de la société absorbée

8348 ***Question***

Les frais d'acquisition des titres de la société absorbée inclus dans le mali de fusion font-ils partie du mali technique ?

Réponse

Ces frais sont inclus dans le mali technique uniquement si des plus-values latentes de la société absorbée permettent de justifier leur valeur.

Commentaires 1. **Frais d'acquisition immobilisés dans les comptes de la société absorbante** Selon la CNCC, les frais d'acquisition des titres de la société absorbée viennent automatiquement majorer le mali de fusion lorsqu'ils ont été immobilisés par la société absorbante (voir nº 8329). Ce mali doit en outre être analysé conformément aux règles générales afin de déterminer s'il constitue un mali technique ou un « vrai » mali (voir nº 8340).

Ainsi, lorsque la fusion est réalisée à une date proche de l'acquisition des titres, il est en général nécessaire de documenter des effets de synergie ou une prime de contrôle pour justifier un mali technique incluant des frais d'acquisition de titres. A défaut, les frais d'acquisition sont constitutifs d'un vrai mali.

Ces frais viennent bien en plus du prix d'achat des titres. Or, lorsque la fusion est concomitante à l'acquisition des titres, ce prix devrait refléter la totalité des plus-values latentes nettes des actifs et passifs de la société absorbée.

Fiscalement :

1. **Les titres de participation (au sens fiscal) sont détenus depuis moins de deux ans** (cas d'une acquisition de titres suivie d'une fusion). Dans ce cas, le vrai mali est déductible du résultat imposable au taux de droit commun (BOI-IS-FUS-10-50-20 n° 50), après déduction de l'amortissement de ces frais déjà fiscalement déduit (voir n° 8329).
Sur le risque de remise en cause des « fusions rapides » par l'administration, voir n° 7300.
2. **Lorsque les titres de participation (au sens fiscal) sont détenus depuis au moins deux ans.** Dans ce cas, le vrai mali est constitutif d'une moins-value à long terme (non déductible lorsque les titres relèvent du secteur de taxation limitée à une quote-part de frais et charges, voir Mémento Comptable n° 36700 s.).

2. Frais d'acquisition inscrits en charges dans les comptes de la société absorbante
Dans ce cas, la question de leur comptabilisation en mali technique ne se pose pas. Les frais sont maintenus en charges.

Fiscalement, en revanche, le calcul du mali de fusion doit prendre en compte les frais d'acquisition, même s'ils sont comptabilisés en charges (voir n° 8329). Les frais fiscalement non amortis viennent donc majorer le montant (fiscal) du mali de fusion.

Sur le risque de remise en cause des « fusions rapides » par l'administration, voir n° 7300.

3. Synthèse Le tableau ci-après, établi par nos soins, présente une synthèse du traitement comptable et fiscal des frais d'acquisition de titres en **cas de fusion réalisée à une date proche de l'acquisition** :

Traitement comptable des frais lors de l'acquisition	Traitement des frais lors de la fusion		
	Traitement comptable		Traitement fiscal
Actif (dans le coût d'entrée des titres)	Absence de plus-values latentes	**Charge**	**Charge déductible**
	Plus-values latentes justifiant l'activation des frais en mali technique (1)	**Actif** (mali technique)	**Pas de déduction** des frais
Charge	Frais d'acquisition maintenus en charges		**Charge déductible** (vrai mali)

(1) Y compris prime de contrôle acquittée par la société absorbante lors de l'acquisition des titres de la société absorbée.

Exemple *(établi par nos soins) Le 1er janvier N, une société A acquiert 100 % des titres d'une société B pour 1 000. Les frais d'acquisition de ces titres (droits de mutation, honoraires) s'élèvent à 100.*

L'actif net comptable de la société B à cette date est de 800. Les actifs détenus par B recèlent des plus-values latentes à hauteur de 200.

Le 1er mars N, A absorbe B avec effet rétroactif au 1er janvier N.

Solution de l'exemple

1er cas – Les frais d'acquisition de titres sont comptabilisés en immobilisations dans le coût d'entrée des titres *L'opération de fusion dégage un mali de fusion, déterminé de la manière suivante :*

Actif net comptable de B à la date d'effet de la fusion	*800*
Valeur nette comptable des titres B (prix d'achat + frais d'acquisition) (1)	*1 100*
Mali de fusion	*300*

(1) Conformément à la position de la CNCC (Bull. CNCC n° 153, mars 2009, EC 2008-80, p. 275 ; voir n° 8329).

Ce mali de fusion est justifié à hauteur de 200 (plus-values latentes chez B). Il s'agit du mali technique.

Le solde est de 100 et correspond aux frais d'acquisition de titres.

Ce solde n'est pas justifié par des plus-values latentes chez la société absorbée B, ces dernières ayant été prises en compte dans le seul prix d'achat des titres. Il constitue donc un vrai mali (à comptabiliser en charges, voir n° 8368).

> ***Fiscalement**, cette charge est déductible du résultat imposable au taux de droit commun (BOI-IS-FUS-10-50-20 n° 50).*

En revanche, si le solde est justifié par une prime de contrôle acquittée par la société absorbante lors de l'acquisition des titres B, il est à inscrire à l'actif du bilan de cette dernière, en mali technique de fusion (voir n° 8345).

2e cas – Les frais d'acquisition de titres sont comptabilisés en charges de l'exercice

L'opération de fusion dégage un mali de fusion, déterminé de la manière suivante :

Actif net comptable de B à la date d'effet de la fusion	*800*
Valeur nette comptable des titres B (prix d'achat hors frais d'acquisition)	*1 000*
Mali de fusion	*200*

Ce mali de fusion étant entièrement justifié par des plus-values latentes chez B, il constitue un mali technique.

> ***Fiscalement**, en revanche, le prix de revient des titres de participation doit inclure les frais d'acquisition de ces titres (BOI-IS-BASE-30-10 n° 310 et 320). En conséquence, le mali de fusion (fiscal) s'élève à 300. La partie correspondant aux frais d'acquisition (100) n'étant pas justifiée par des plus-values latentes, elle devrait constituer, à notre avis, une charge, déductible du résultat imposable au taux de droit commun, en tant que vrai mali (BOI-IS-FUS-10-50-20 n° 50).*

***Récapitulatif** Le tableau suivant (établi par nos soins) présente, en cas de fusion réalisée à une date proche de l'acquisition des titres, le traitement comptable et fiscal des frais d'acquisition de titres selon leur comptabilisation :*

Traitement comptable des frais lors de l'acquisition	*Traitement des frais lors de la fusion*			
	Traitement comptable		*Traitement fiscal*	*Synthèse*
***Actif** (dans le coût d'entrée des titres)*	*Absence de plus-values latentes*	*Charge : (100) (« vrai » mali de fusion)*	*Charge déductible : (100)*	*Charge nette d'IS : (66,66) (1)*
	Plus-values latentes justifiant l'activation des frais en mali technique (1)	*Charge : 0 (mali technique : 100)*	*Pas de déduction des frais*	*Charge : 0*
Charge	*Charge : (100) (frais d'acquisition maintenus en charges)*		*Charge : (100) (« vrai » mali de fusion) (3)*	*Charge nette d'IS : (66,66) (2)*

(1) Y compris la prime de contrôle acquittée par la société absorbante lors de l'acquisition des titres de B.
(2) Par hypothèse, le taux d'impôt est de 33,1/3 % et la société absorbante est bénéficiaire.
(3) Montant correspondant aux frais d'acquisition non encore amortis.

Exemples de calcul du mali technique

8350 ***Question***

Comment calculer le mali technique en pratique ?

Réponse

Les exemples ci-après (établis par nos soins) présentent deux cas rencontrés en pratique :
- 1er cas : le mali de fusion est constitué uniquement d'un mali technique ;
- 2e cas : le mali de fusion est composé à la fois d'un mali technique et d'un « vrai » mali.

Exemple 1 *(établi par nos soins)* ***Cas d'un mali de fusion constitué uniquement d'un mali technique*** *Une société française A détient 60 % d'une société française B. En N, A absorbe B dans le cadre d'une fusion réalisée sur la base des valeurs comptables, en application du principe de valorisation des apports (voir no 7600 et 7605).*

Valeur comptable des titres B chez A	*18 000*
Actif net comptable de la société B	*22 000*

Solution de l'exemple 1

a. *Calcul du mali de fusion*

Quote-part des apports à la valeur comptable (1)	*13 200*
Valeur comptable de la participation	*18 000*
Mali de fusion	*4 800*

(1) La fusion est réalisée entre sociétés sous contrôle commun. 13 200 = 22 000 (actif net comptable de B) x 60 % (participation de A dans B).

b. ***Calcul de l'actif net retraité de la société B (reflétant les valeurs réelles)***

Actif net comptable de la société B	*22 000*
Plus-value sur terrain	*7 000*
Plus-value sur immeuble I1 (destiné à être cédé à brève échéance)	*3 000*
Plus-value sur immeuble I2	*500*
Plus-value sur titres de participation	*6 000*
Impôt différé actif sur déficits transférés	*6 000*
Impôt différé passif sur plus-values latentes (1)	*(1 000)*
Engagements de retraite non comptabilisés chez B (2)	*(2 000)*
Actif net retraité de la société B	*41 500*

(1) 1 000 = 3 000 (plus-value sur immeuble I1, destiné à être cédé à brève échéance) x 33,1/3 % (taux d'impôt par hypothèse). Sur la prise en compte de l'impôt sur les plus-values latentes dans le calcul et l'affectation du mali technique, voir no 8345 et 8362.
(2) Conformément au PCG art. 745-4 (voir no 8345), les engagements de retraite doivent être pris en compte.

c. ***Distinction entre mali technique et « vrai » mali***

Quote-part des apports à la valeur comptable (1)	*13 200*
Quote-part des apports évalués à la valeur réelle pour déterminer le mali technique de fusion (2)	*24 900*
Ecart entre valeur comptable et valeur réelle	*11 700*

(1) 13 200 = 22 000 (actif net comptable de B) x 60 % (participation de A dans B).
(2) 24 900 = 41 500 (actif net retraité de B) x 60 % (participation de A dans B).

d. *Conclusion L'écart négatif entre la quote-part des apports à la valeur comptable et la quote-part des apports à la valeur réelle démontre l'existence de plus-values latentes nettes. Cet écart (11 700) étant supérieur au mali (4 800), ce dernier est en conséquence entièrement justifié et correspond en totalité à un mali technique.*

Exemple 2 *(établi par nos soins)* ***Cas d'un mali de fusion composé à la fois d'un mali technique et d'un « vrai » mali***

Une société française A détient 60 % d'une société française B.

En N, A absorbe B dans le cadre d'une fusion réalisée sur la base des valeurs comptables, en application du principe de valorisation des apports (voir no 7600 et 7605).

Valeur comptable des titres B chez A	*18 000*
Actif net comptable de la société B	*22 000*

Solution de l'exemple 2

a. ***Calcul du mali de fusion***

Quote-part des apports à la valeur comptable (1)	*13 200*
Valeur comptable de la participation	*18 000*
Mali de fusion	*4 800*

(1) 13 200 = 22 000 (actif net comptable de B) x 60 % (participation de A dans B).

b. ***Calcul de l'actif net retraité de la société B***

Actif net comptable de la société B	*22 000*
Plus-value sur terrain	*7 000*
Plus-value sur immeuble I1 (destiné à être cédé à brève échéance)	*3 000*
Plus-value sur immeuble I2	*500*
Impôt différé actif sur déficits transférés	*6 000*
Impôt différé passif sur plus-values latentes (1)	*(1 000)*
Engagements de retraite non comptabilisés chez B (2)	*(8 000)*
Actif net retraité de la société B	*29 500*

(1) 1 000 = 3 000 (plus-value sur immeuble B destiné à être cédé à brève échéance) x 33,1/3 % (taux d'impôt par hypothèse). Sur la prise en compte de l'impôt sur les plus-values latentes dans le calcul et l'affectation du mali technique, voir no 8345 et 8362.
(2) Conformément au PCG art. 745-4 (voir no 8345), les engagements de retraite doivent être pris en compte.

c. ***Distinction entre mali technique et « vrai » mali***

Quote-part des apports à la valeur comptable (1)	*13 200*
Quote-part des apports à la valeur réelle (2)	*17 700*
Ecart entre valeur comptable et valeur réelle	*4 500*

(1) 13 200 = 22 000 (actif net comptable de B) x 60 % (participation de A dans B).
(2) 17 700 = 29 500 (actif net retraité de B) x 60 % (participation de A dans B).

d. *Conclusion Le mali de 4 800 est, en conséquence, justifié à hauteur de 4 500 par des plus-values latentes nettes. Il s'agit du mali technique.*

Le solde non justifié, soit 300 (4 800 – 4 500), constitue le solde du mali ou « vrai » mali. Pour le traitement comptable de ce « vrai » mali, voir no 8368.

Affectation du mali technique

8362 ***Question***

Comment affecter le mali technique aux actifs apportés ?

Réponse

En priorité, aux actifs identifiables apportés dont la valeur réelle peut être estimée de manière fiable.

Le résiduel (le cas échéant) est affecté au fonds commercial de l'entité absorbée.

PCG art. 745-5
A la date de l'opération, l'entité procède à l'affectation du mali technique, calculé selon les modalités prévues à l'article 745-4 [voir n° 8345], aux différents actifs apportés concernés, qu'ils soient inscrits ou non dans les comptes de l'absorbée, comme suit :
- Si le mali technique est supérieur à la somme des plus-values latentes, estimées de manière fiable, sur les éléments d'actifs identifiés hors fonds commercial, il est affecté aux actifs apportés et le montant résiduel au fonds commercial ;
- Si le mali technique est inférieur à la somme des plus-values latentes, estimées de manière fiable, sur les éléments d'actifs identifiés hors fonds commercial, il est affecté aux actifs apportés au prorata des plus-values latentes.

Commentaires Le mali technique doit être affecté :
- en priorité aux **actifs sous-jacents identifiables** apportés, au prorata des plus-values latentes estimées de manière fiable (voir 1. ci-après) ;
- pour son montant résiduel, c'est-à-dire après affectation aux actifs identifiables, **au fonds commercial** (voir 2. ci-après).

Fiscalement, il en est de même (BOI-IS-FUS-10-50-10 n° 20). En pratique, l'établissement du tableau ci-après permettra notamment d'assurer le suivi du mali technique et d'effectuer les retraitements extra-comptables nécessaires (amortissement, dépréciation, cession ; voir n° 8370, 8373 et 8380) lorsque l'opération est placée sous le régime de faveur.

Les modalités de calcul des plus-values latentes et d'affectation du mali technique sont présentées dans les commentaires du recueil des normes comptables sous l'article 745-5 à l'aide du tableau reproduit ci-après :

Actifs	Valeur comptable sociale (1)	Valeur réelle fiable (2)	Plus-value latente (3) = (2) – (1)	Impôt latent le cas échéant	Plus-value latente nette d'impôt (3) – (4)	Affectation du mali au prorata des plus-values latentes nettes d'impôt, le cas échéant, dans la limite de celles-ci
Actif 1						
Actif 2						
Actif 3						
Total Mali de fusion sur actifs incorporels identifiables (a)						

Actifs	Valeur comptable sociale (1)	Valeur réelle fiable (2)	Plus-value latente (3) = (2) – (1)	Impôt latent le cas échéant	Plus-value latente nette d'impôt (3) – (4)	Affectation du mali au prorata des plus-values latentes nettes d'impôt, le cas échéant, dans la limite de celles-ci
Actif 4						
Actif 5						
Actif 6						
Total Mali de fusion sur actifs corporels (b)						
Actif 7						
Actif 8						
Actif 9						
Total Mali de fusion sur actifs financiers (c)						
Actif 10						
Actif 11						
Actif 12						
Total Mali de fusion sur actif circulant (d)						
Total Mali de fusion sur actifs identifiables (a) + (b) + (c) + (d)						
Mali résiduel affecté au fonds commercial (e)						
Total Mali sur actifs incorporels (a + e) = (f)						
Total Mali (b) + (c) + (d) + (f)						

Sur la comptabilisation du mali technique au bilan en fonction de son affectation, voir n° 8364.

1. Modalités d'affectation aux actifs sous-jacents identifiables

a. Nature des actifs sous-jacents Les actifs sous-jacents apportés peuvent être des actifs incorporels, corporels, financiers ou circulants.

Ces actifs peuvent ne pas figurer dans les comptes de l'entité absorbée (notamment, marques et incorporels créés, actif d'impôt différé sur report déficitaire, etc.).

Si tel est le cas, ils ne figureront pas en tant que tels dans les comptes de l'entité absorbante, du fait de la valorisation des apports à la valeur comptable, mais ils seront compris dans un compte « Mali de fusion » (voir n° 8364).

Les déficits fiscaux de la société absorbée transférés à l'absorbante (dans les conditions décrites aux n° 7802, 2-d et 7812, 2-d) sont constitutifs d'actifs sous-jacents apportés (actif d'impôt différé) dès lors qu'il est estimé que la société absorbante pourra les recouvrer. Ils doivent donc être pris en compte dans la détermination du mali technique (pour des exemples, voir nº 8350).

Fiscalement, l'économie d'impôt résultant du transfert à l'absorbante des déficits en instance de report chez la société absorbée doit être retenue dans le calcul du mali technique, même si l'agrément de l'administration autorisant ce transfert est obtenu postérieurement à la réalisation définitive de l'opération, dès lors qu'il produit ses conséquences à la date d'effet de la fusion (CE 18-1-2017 nº 389004 et CAA Versailles 6-2-2018 nº 17VE00250, décision de renvoi).

b. Affectation au prorata des plus-values latentes estimées de manière fiable L'affectation doit être effectuée dans la mesure où les plus-values latentes existent et peuvent être estimées de manière fiable (Recueil des normes comptables de l'ANC, Commentaire IR 3 sous l'art. 745-5 du PCG).

Pour déterminer ces plus-values, la valeur réelle des actifs à retenir est calculée grâce à un prix de marché ou par une méthode de calcul basée sur les flux futurs de trésorerie ou toute autre méthode jugée appropriée par le management (Note de présentation du Règl. ANC 2015-06 ; en ce sens également, Recueil des normes comptables de l'ANC, Commentaire IR 3 sous l'art. 745-5 du PCG).

Ainsi, plusieurs méthodes peuvent conduire à une estimation de la valeur réelle. Aucune ne se suffisant à elle-même, il est possible de tenir compte de plusieurs d'entre elles pour mener une **analyse multicritères.**

L'affectation à tel ou tel actif **ne peut pas être discrétionnaire** : elle doit être réalisée au prorata des plus-values latentes ainsi que l'illustre l'exemple 1 ci-après.

c. Prise en compte de l'effet d'impôt Les plus-values latentes tiennent comptent de l'effet d'impôt uniquement si la **cession des actifs** est envisagée à **brève échéance** (PCG art. 745-4 ; voir nº 8345).

Pour un exemple, voir ci-après.

d. Date de détermination des plus-values latentes Selon le PCG (art. 745-5), l'affectation du mali technique est réalisée à la date de l'opération. En conséquence, les plus-values latentes :

– ne sont pas déterminées à la date d'acquisition des titres de l'entité absorbée par l'entité absorbante ;

Traitement différent dans les comptes consolidés Ce point se différencie de ce qui aura pu être fait dans les comptes consolidés à la date d'acquisition des titres (et donc de la prise de contrôle), et donc de l'éventuelle valorisation à la juste valeur des actifs et passifs apportés.

En revanche, si l'acquisition des titres est très proche de la fusion, les justes valeurs retenues dans les comptes consolidés pourraient en pratique servir à la détermination des plus-values latentes.

– en cas d'effet rétroactif ou différé, sont déterminées à la date d'effet de l'opération (conformément à la méthode du calcul du mali de fusion, voir nº 8322).

Ainsi, à notre avis, le mali doit être affecté à un actif recélant une plus-value latente à la date d'effet rétroactif même si cet actif est cédé au cours de la période intercalaire. Dans ce cas, la quote-part de mali correspondant à la plus-value (nette d'impôt) est immédiatement comptabilisée en résultat et compense ainsi le résultat de cession constaté lors de la reprise, par l'entité absorbante, des écritures intercalaires de l'entité absorbée.

2. Affectation du mali technique résiduel au fonds commercial L'affectation du mali technique résiduel au fonds commercial ne devrait pas nécessiter de documentation particulière. En effet, dans la mesure où le mali technique a été correctement calculé (voir nº 8345), sa comptabilisation à l'actif est justifiée.

Toutefois, sur le test de dépréciation annuel à réaliser en cas d'affectation du mali au fonds commercial non amorti, voir n° 8373.

Fiscalement, l'affectation d'une fraction du mali technique au bilan d'un établissement stable étranger est constitutive d'une cession de fonds de commerce imposable en France de l'article 38, 1 du CGI dès lors qu'il n'est pas justifié que le fonds de commerce sur lequel porte cette fraction du mali se rattache à un établissement stable existant à l'étranger antérieurement à l'opération (CE 27-5-2020 n° 434412).

Cas particulier d'une « prime de contrôle » Une partie du mali technique peut dans certains cas être expliquée par le paiement d'une « prime de contrôle » lors de l'acquisition des titres (PCG art. 745-4 ; voir n° 8345). Dans ce cas, l'affectation du mali ne porte pas sur des actifs sous-jacents de l'entité absorbée mais constitue un élément du fonds commercial de l'entité absorbante.

Date d'identification de la « prime de contrôle » La question de l'existence d'un mali représentatif d'une « prime de contrôle » se pose en pratique lorsque la fusion intervient à une date proche de l'acquisition.

En conséquence, contrairement au principe selon lequel les plus-values latentes sont à déterminer à la date de l'opération (voir ci-avant), il convient, à notre avis, de déterminer la « prime de contrôle » à la date d'acquisition des titres de la filiale par la société mère, ce qui implique que les entreprises l'aient identifiée à cette date (et non au moment de la fusion).

Fiscalement, le mali résultant de la prise en compte, dans le prix d'acquisition des titres, des avantages économiques que procure la prise de contrôle de la société absorbée n'est pas déductible (BOI-IS-FUS-10-50-20 n° 60, BOI-IS-FUS-10-20-50 n° 150 et CE 16-5-1975 n° 92372). C'est à l'administration qu'il appartient de prouver que, lors de l'acquisition des titres, la société mère n'a pas seulement acquis les titres mais a également accru la valeur de son propre fonds de commerce (CE 25-4-2003 n° 236923).

3. Contrôle de l'affectation du mali Le mali ne faisant pas partie des apports, son affectation n'a pas à être validée par le commissaire aux apports dans le cadre de son contrôle sur la valeur des apports. Cette validation doit en revanche être effectuée a posteriori par le commissaire aux comptes de l'entité absorbante dans le cadre de ses travaux sur les comptes (voir n° 13185).

Exemple 1 *(inspiré de l'exemple 1 figurant dans l'annexe VI du titre VII du Recueil des normes comptables de l'ANC) Une société française A détient 100 % d'une société française B.*

En N, A absorbe B dans le cadre d'une fusion réalisée sur la base des valeurs comptables, en application du principe de valorisation des apports (voir n° 7600 et 7605).

Valeur comptable des titres B chez A	*50 000*
Actif net comptable de la société B	*42 000*

Le mali de fusion s'élève à 8 000.

L'actif net réévalué de la société B est le suivant :

Actif net comptable	*42 000*
Plus-values sur actifs identifiables et inscrits dans les comptes de B (voir b.ci-après)	*4 300*
Impôt différé actif sur déficits transférés	*1 000*
Fonds commercial créé (non comptabilisé chez B)	*3 500*
Actif net réévalué	*50 800*

L'actif net réévalué de la société B étant supérieur à la valeur comptable des titres B acquis par A, le mali de fusion (8 000) correspond en totalité à un mali technique.

Solution de l'exemple 1

a. *Valeurs nettes comptables des actifs apportés (hypothèse)*

Identification du bien	*Durée amortissement*	*Valeur brute*	*Amortissements*	*Valeur comptable sociale*
Logiciel	*5 ans*	*900*	*720*	*180*
Brevet A (1)	*10 ans*	*1 000*	*500*	*500*
Brevet B (1)	*15 ans*	*2 500*	*833*	*1 667*
Terrain (2)		*1 000*		*1 000*
Outillages	*10 ans*	*2 000*	*1 800*	*200*
Titres de participation		*1 000*		*1 000*
Total		***8 400***	***3 853***	***4 547***

(1) L'entité souhaite conserver le brevet B mais a l'intention de céder le brevet A dans un avenir proche.
(2) L'entité a l'intention de céder le terrain dans un avenir proche.

b. ***Identification des plus-values et affectation du mali technique de fusion*** *Le mali technique (8 000) étant supérieur à la somme des plus-values latentes nettes sur actifs identifiables (c'est-à-dire hors fonds commercial de l'entité absorbée) (5 300), il est d'abord affecté aux actifs apportés, le montant résiduel étant affecté au fonds commercial de l'entité absorbée (PCG art. 745-5).*

Il en résulte l'affectation suivante :

Actifs	*Valeur comptable sociale (1)*	*Valeur réelle (2)*	*Plus-value latente (3) = (2) – (1)*	*Impôt latent le cas échéant*	*Plus-value latente nette d'impôt (3) – (4)*	*Affectation du mali*
Logiciel	*180*	*180 (1)*				
Brevet A (2)	*500*	*1 500*	*1 000*	*333*	*667*	*667*
Brevet B (2)	*1 667*	*4 000*	*2 333*		*2 333*	*2 333*
Total Mali de fusion sur actifs incorporels (a)						***3 000***
Terrain (3)	*1 000*	*2 200*	*1 200*	*400*	*800*	*800*
Outillages	*200*	*200 (4)*				
Total Mali de fusion sur actifs corporels (b)						***800***
Titres de participation	*1 000*	*1 500*	*500*		*500*	*500*
Total Mali de fusion sur actifs financiers (c)						***500***

Actifs	*Valeur comptable sociale (1)*	*Valeur réelle (2)*	*Plus-value latente (3) = (2) - (1)*	*Impôt latent le cas échéant*	*Plus-value latente nette d'impôt (3) - (4)*	*Affectation du mali*
Impôts différé actif sur déficits reportables (5)		*1 000*	*1 000*		*1 000*	*1 000*
Total Mali de fusion sur actif circulant (d)						***1 000***
Total Mali sur actifs identifiables (a) + (b) + (c) + (d)			*6 033*	*733*	*5 300*	*5 300*
Mali résiduel affecté au fonds commercial (e)						*2 700 (6)*
Total Mali (a) + (b) + (c) + (d) + (e)						***8 000***

(1) La valeur réelle au-delà de la valeur nette comptable du logiciel ne pouvant être estimée de manière fiable, aucune plus-value latente n'a été identifiée.
(2) L'entité absorbante ayant l'intention de céder le brevet A dans un avenir proche, un impôt latent est pris en compte (par mesure de simplification, il n'a pas été tenu compte du taux réduit d'IS le cas échéant applicable en cas de cession de brevet). En revanche, l'intention de l'entité absorbante étant de conserver le brevet B, il n'est tenu compte d'aucun effet d'impôt sur la plus-value.
(3) L'entité a l'intention de céder le terrain dans un avenir proche. Un impôt latent est donc pris en compte.
(4) La valeur réelle des outillages est présumée au moins équivalente à la valeur nette comptable mais sans écart significatif, aucune plus-value latente n'a donc été identifiée.
(5) L'entité absorbante affecte une quote-part de mali à l'impôt qu'elle présume pouvoir recouvrer à raison des déficits reportables de l'entité absorbée (transférés) en tenant compte de l'impôt latent sur les plus-values de cession prévues à brève échéance.
(6) Le fonds commercial non comptabilisé dans les comptes de l'entité absorbée est évalué à 3 500, mais, le solde du mali à affecter étant de 2 700, le fonds n'est reconnu qu'à hauteur de ce montant dans les comptes de l'entité absorbante.
Pour la comptabilisation du mali technique à l'actif de l'entité absorbante, voir no 8364.

Exemple 2 *(inspiré de l'exemple 2 figurant dans l'annexe VI du titre VII du Recueil des normes comptables de l'ANC) Une société française A détient 100 % d'une société française B.*
En N, A absorbe B dans le cadre d'une fusion réalisée sur la base des valeurs comptables, en application du principe de valorisation des apports (voir no 7600 et 7605).

Valeur comptable des titres B chez A *45 500*
Actif net comptable de la société B *42 000*

Le mali de fusion s'élève à 3 500.
L'actif net réévalué de la société B est le suivant :

Actif net comptable *42 000*
Plus-values sur actifs identifiables et inscrits dans les comptes de B (voir b. ci-après) .. *4 300*
Impôt différé actif sur déficits transférés *1 000*
Fonds commercial créé (non comptabilisé chez B) *3 500*
Actif net réévalué *50 800*

L'actif net réévalué de la société B étant supérieur à la valeur comptable des titres B acquis par A, le mali de fusion (3 500) correspond en totalité à un mali technique.

Solution de l'exemple 2

a. Valeurs nettes comptables des actifs apportés (hypothèse)

Identification du bien	*Durée amortissement*	*Valeur brute*	*Amortissements*	*Valeur comptable sociale*
Logiciel	*5 ans*	*900*	*720*	*180*
Brevet A (1)	*10 ans*	*1 000*	*500*	*500*
Brevet B (1)	*15 ans*	*2 500*	*833*	*1 667*
Terrain (2)		*1 000*		*1 000*
Outillages	*10 ans*	*2 000*	*1 800*	*200*
Titres de participation		*1 000*		*1 000*
Total		*8 400*	*3 853*	*4 547*

(1) L'entité souhaite conserver le brevet B mais a l'intention de céder le brevet A dans un avenir proche.
(2) L'entité a l'intention de céder le terrain dans un avenir proche.

***b. Identification des plus-values et affectation du mali technique de fusion** Le mali technique (3 500) étant inférieur aux plus-values latentes sur actifs identifiables (5 300), il est affecté dans les comptes de l'entité absorbante au prorata de ces plus-values, sans possibilité d'affectation au fonds commercial de l'entité absorbée (PCG art. 745-5).*

Actifs	*Valeur comptable sociale (1)*	*Valeur réelle (2)*	*Plus-value latente (3) = (2) – (1)*	*Impôt latent le cas échéant*	*Plus-value latente nette d'impôt (3) – (4)*	*Affectation du mali au prorata des plus-values latentes nettes d'impôt, le cas échéant, dans la limite de celles-ci*
Logiciel	*180*	*180 (1)*				
Brevet A (2)	*500*	*1 500*	*1 000*	*333*	*667*	*440*
Brevet B (2)	*1 667*	*4 000*	*2 333*		*2 333*	*1 541*
Total Mali de fusion sur actifs incorporels (a)						*1 981*
Terrain (3)	*1 000*	*2 200*	*1 200*	*400*	*800*	*528*
Outillages	*200*	*200 (4)*				
Total Mali de fusion sur actifs corporels (b)						*528*
Titres de participation	*1 000*	*1 500*	*500*		*500*	*330*
Total Mali de fusion sur actifs financiers (c)						*330*

Actifs	*Valeur comptable sociale (1)*	*Valeur réelle (2)*	*Plus-value latente (3) = (2) - (1)*	*Impôt latent le cas échéant*	*Plus-value latente nette d'impôt (3) - (4)*	*Affectation du mali au prorata des plus-values latentes nettes d'impôt, le cas échéant, dans la limite de celles-ci*
Impôts différé actif sur déficits reportables (5)		*1 000*	*1 000*		*1 000*	*660*
Total Mali de fusion sur actif circulant (d)						***660***
Total mali sur actifs identifiables (a) + (b) + (c) + (d)			*6 033*	*733*	*5 300*	*3 500*
Mali résiduel affecté au fonds commercial (e)						
Total Mali (a) + (b) + (c) + (d) + (e)						***3 500***

(1) La valeur réelle au-delà de la valeur nette comptable du logiciel ne pouvant être estimée de manière fiable par l'entité, aucune plus-value latente n'a été identifiée.
(2) L'entité absorbante ayant l'intention de céder le brevet A dans un avenir proche, un impôt latent est pris en compte (par mesure de simplification, il n'a pas été tenu compte du taux réduit d'IS le cas échéant applicable en cas de cession de brevet). En revanche, l'intention de l'entité absorbante étant de conserver le brevet B, il n'est tenu compte d'aucun effet d'impôt sur la plus-value.
(3) L'entité a l'intention de céder le terrain dans un avenir proche. Un impôt latent est donc pris en compte.
(4) La valeur réelle des outillages est présumée au moins équivalente à la valeur nette comptable mais sans écart significatif, aucune plus-value latente n'a donc été identifiée.
(5) L'entité absorbante affecte une quote-part de mali à l'impôt qu'elle présume pouvoir recouvrer à raison des déficits reportables de l'entité absorbée (transférés) en tenant compte de l'impôt latent sur les plus-values de cession prévues à brève échéance.
Pour la comptabilisation du mali technique à l'actif de l'entité absorbante, voir nº 8364.

Comptabilisation du mali technique

8364 ***Question***

Comment comptabiliser le mali technique affecté aux actifs apportés ?

Réponse

Le mali technique est comptabilisé à l'actif du bilan de l'entité absorbante, en fonction des différentes natures d'actifs sous-jacents auxquels il a été affecté.

Les catégories suivantes sont à utiliser :
- Mali de fusion sur actifs incorporels ;
- Mali de fusion sur actifs corporels ;
- Mali de fusion sur actifs financiers ;
- Mali de fusion sur actif circulant.

PCG art. 745-6
A la date de l'opération, l'entité absorbante comptabilise le mali technique dans un compte spécifique par catégorie d'actif concerné après son affectation.

Commentaires L'entité absorbante doit comptabiliser le mali technique à son bilan :
- dans des comptes spécifiques,
- en suivant l'affectation de ce mali aux actifs sous-jacents apportés.

Ainsi, selon le Recueil des normes comptables de l'ANC (Commentaire IR 3 sous l'art. 745-6 du PCG), le mali technique doit être présenté au bilan dans les quatre catégories suivantes :
- mali de fusion sur actifs incorporels ;
- mali de fusion sur actifs corporels ;
- mali de fusion sur actifs financiers ;
- mali de fusion sur actif circulant.

Cette comptabilisation du mali technique par catégorie d'actifs a pour but de faciliter son suivi dans le temps (voir nº 8370).

Les comptes à utiliser sont les suivants (PCG art. 932-1), les entreprises pouvant créer autant de sous-comptes que nécessaire pour suivre le mali affecté aux différents actifs :
- compte 2081 : « Mali de fusion sur actifs incorporels » ;
- compte 2187 : « Mali de fusion sur actifs corporels » ;
- compte 278 : « Mali de fusion sur actifs financiers » ;
- compte 478 : « Mali de fusion sur actif circulant ».

Pour un exemple, voir ci-après.

Fiscalement, les conséquences de l'activation du mali technique diffèrent selon le régime fiscal sous lequel est placée la fusion.

1. Lorsque l'opération est placée sous le régime de faveur des fusions, l'inscription à l'actif du mali technique :

- ne constitue pas une augmentation d'actif net imposable au sens de l'article 38-2 du CGI (BOI-IS-FUS-10-50-20 nº 120). En conséquence, aucun retraitement extra-comptable n'est à effectuer au titre de l'immobilisation du mali technique. En revanche, des retraitements extra-comptables doivent être effectués sur les exercices d'amortissement, de dépréciation du mali et de cession des immobilisations sous-jacentes au mali technique (voir nº 8370, 8373 et 8380) ;

- ne signifie pas que les apports sont réalisés à une valeur intermédiaire (entre la valeur nette comptable et la valeur réelle), susceptible de remettre en cause le régime de faveur (BOI-IS-FUS-10-50-20 nº 120). En effet, le mali technique ne correspond pas à une plus-value d'apport de la société absorbée mais à une plus-value latente incluse dans le coût de revient des titres de la filiale dans les comptes de la société absorbante. En outre, le mali technique n'est pas un élément inclus dans le traité d'apport.

La valeur du mali technique n'a pas à figurer sur l'état de suivi des plus-values en sursis d'imposition prévu par l'article 54 septies I du CGI (voir nº 7302) (Ord. 2015-681 du 18-6-2015 art. 9 et 10).

2. Lorsque l'opération est placée sous le régime de droit commun, l'inscription à l'actif du mali technique n'entraîne pas d'augmentation d'actif net imposable au sens de l'article 38-2 du CGI. Aucun retraitement extra-comptable ne doit donc être effectué à ce titre chez la société absorbante. Toutefois, en pratique, le mali technique est indirectement imposé chez la société absorbée, les plus-values latentes qu'il recouvre étant incluses dans les plus-values d'apport taxables lors de l'opération (voir nº 8015).

Exemple 1 *(reprise des données de l'exemple 1 du n° 8362) Une société A détient 100 % d'une société B, qu'elle absorbe en N. La fusion dégage un mali technique de fusion, affecté de la manière suivante aux actifs apportés :*

Actifs	*Affectation du mali*
Logiciel	
Brevet A	*667*
Brevet B	*2 333*
Total Mali de fusion sur actifs incorporels (a)	***3 000***
Terrain	*800*
Outillages	
Total Mali de fusion sur actifs corporels (b)	***800***
Titres de participation	*500*
Total Mali de fusion sur actifs financiers (c)	***500***
Impôt différé actif sur déficits reportables	*1 000*
Total Mali de fusion sur actif circulant (d)	***1 000***
Total Mali sur actifs identifiables (a) + (b) + (c) + (d)	*5 300*
Mali résiduel affecté au fonds commercial (e)	*2 700*
Total Mali (a) + (b) + (c) + (d) + (e)	***8 000***

Solution de l'exemple 1 *Le mali technique est comptabilisé à l'actif de la manière suivante :*
- *compte 2081 : « Mali de fusion sur actifs incorporels » : 5 700 (1) ;*
- *compte 2187 : « Mali de fusion sur actifs corporels » : 800 ;*
- *compte 278 : « Mali de fusion sur actifs financiers » : 500 ;*
- *compte 478 : « Mali de fusion sur actif circulant » : 1 000.*

(1) Le total à affecter au mali de fusion sur actifs incorporels est égal à la somme du mali de fusion sur actifs incorporels identifiables (3 000) et du mali de fusion résiduel affecté au fonds commercial (2 700).

Exemple 2 *(reprise des données de l'exemple 2 du n° 8362) Une société A détient 100 % d'une société B, qu'elle absorbe en N. La fusion dégage un mali technique de fusion, affecté de la manière suivante aux actifs apportés :*

Actifs	*Affectation du mali*
Logiciel	
Brevet A	*440*
Brevet B	*1 541*
Total Mali de fusion sur actifs incorporels (a)	***1 981***
Terrain	*528*

Actifs	*Affectation du mali*
Outillages	
Total Mali de fusion sur actifs corporels (b)	***528***
Titres de participation	*330*
Total Mali de fusion sur actifs financiers (c)	***330***
Impôt différé actif sur déficits reportables	*660*
Total Mali de fusion sur actif circulant (d)	***660***
Total Mali sur actifs identifiables (a) + (b) + (c) + (d)	***3 500***

Solution de l'exemple 2 *Le mali technique est comptabilisé à l'actif de la manière suivante :*
- compte 2081 : « Mali de fusion sur actifs incorporels » : 1 981 ;
- compte 2187 : « Mali de fusion sur actifs corporels » : 528 ;
- compte 278 : « Mali de fusion sur actifs financiers » : 300 ;
- compte 478 : « Mali de fusion sur actif circulant » : 660.

d. Traitement comptable du « vrai » mali

Principe

8368 ***Question***

Comment comptabiliser le « vrai » mali de fusion ?

Réponse

Le « vrai » mali constitue une charge financière.

PCG art. 745-4
(*en partie*) Au-delà du mali technique, l'éventuelle dépréciation ou l'éventuel complément de dépréciation de la participation détenue dans l'entité absorbée, nécessaire au moment de la fusion. Cette dépréciation ou ce complément doivent être comptabilisés dans le résultat financier de l'entité absorbante de l'exercice au cours duquel l'opération est réalisée.

Commentaires Le « vrai » mali est obligatoirement comptabilisé en charges, dans le résultat financier.

Fiscalement, lorsque l'actif net apporté par la société absorbée est positif, cette moins-value d'annulation des titres est (BOI-IS-FUS-10-50-20 n° 50) :
- constitutive d'une moins-value à long terme si les titres annulés sont des titres de participation (au sens de l'article 219 I-a-ter du CGI) détenus depuis au moins deux ans (CAA Paris 28-1-1997 n° 95-3465, décision définitive) (Sur les titres susceptibles de bénéficier du régime du long terme, voir n° 10035). Cette moins-value n'est pas déductible lorsque les titres de participation relèvent du secteur exonéré ou relèvent du taux de 19 % lorsqu'ils sont des titres de SPI cotées (voir n° 10035) ;
- déductible du résultat imposable au taux de droit commun dans les autres cas.

Selon l'administration (BOI-IS-FUS-10-50-20 nº 60), il appartient à la société absorbante de démontrer la réalité de la perte liée au vrai mali, laquelle ne peut être admise en déduction que si :
- les titres ont été acquis dans des conditions normales ;
- et l'actif net réel reçu est inférieur au prix d'acquisition des titres.

Sur les mesures anti-abus, dont :
- lorsque l'opération est placée sous le régime de faveur, **non-déduction de la moins-value d'annulation à court terme des titres de la société absorbée** détenus par la société absorbante **(le « vrai » mali)** à hauteur des distributions qui ont été exonérées d'IS en application du régime des sociétés mères (CGI art. 210 A, 4e al.), voir Mémento Fiscal nº 39540 ;
- **non-déduction de la moins-value de cession, dans les deux ans de leur émission, de titres de participation reçus en rémunération d'un apport consenti à une société en difficulté,** à hauteur de la différence entre la valeur d'inscription des titres en comptabilité et leur valeur réelle à la date d'émission (CGI art. 39 quaterdecies 2 bis ; BOI-BIC-PVMV-30-30-120), voir BIC-VII-33880 s. ;
- **mise en suspens de la moins-value de cession entre entreprises liées** au sens de l'article 39-12 du CGI **de titres de participation détenus depuis moins de deux ans** (CGI art. 219 I-a septies), voir BIC-VII-33750 s. ;
- **application du régime du long terme** (ce qui, corrélativement, interdit leur déduction ou imputation) **aux moins-values résultant de la cession de titres de sociétés à prépondérance financière** (voir nº 10035) **à hauteur des dividendes reçus de ces sociétés ayant bénéficié du régime des sociétés mères** au cours de l'exercice de cession ou des cinq exercices précédents (CGI art. 219 I-a ter), voir Mémento Comptable nº 36700 s.

Sur le traitement de ce vrai mali lorsque l'actif net apporté par la société absorbée est négatif, voir nº 8400.

Sur le traitement fiscal de la reprise de dépréciation et les éventuels retraitements extra-comptables correspondants lorsque les titres ont été antérieurement dépréciés, voir nº 8328.

2. Traitement du mali technique après la fusion

a. Amortissement du mali technique

Principe

8370 ***Question***

Le mali technique est-il amortissable ?

Réponse

Oui. Le mali technique est amorti au même rythme que l'immobilisation à laquelle il est affecté.

PCG art. 745-7
Le mali est amorti ou rapporté au résultat selon les mêmes règles et dans les mêmes conditions que les actifs sous-jacents auquel il est affecté.

PCG art. 745-9
Les amortissements et dépréciations sont comptabilisés dans des comptes spécifiques par catégorie d'actif concerné.

Commentaires Le mali technique doit suivre le traitement de l'actif sous-jacent auquel il est affecté. En conséquence :

– si l'actif sous-jacent est amortissable : le mali technique affecté doit être amorti au même rythme que cet actif, c'est-à-dire sur la durée résiduelle d'utilisation de l'actif à la date de la fusion (PCG art. 745-7) ;

Les comptes suivants sont à utiliser (PCG art. 932-1) : compte 28081 « Amortissement du mali de fusion sur actifs incorporels » ; compte 28187 « Amortissement du mali de fusion sur actifs corporels ». Pour un exemple chiffré, voir nº 8373.

Tel est le cas de la quote-part de mali technique affectée à des brevets ou à des outillages (Recueil des normes comptables de l'ANC, Commentaire IR 3 sous l'art. 745-7 du PCG).

Actif sous-jacent totalement amorti à la date de la fusion La quote-part de mali technique affectée à un actif totalement amorti à la date de la fusion devient la nouvelle valeur brute de l'actif sous-jacent et doit être amortie sur la durée d'utilisation résiduelle de cet actif à la date de l'opération (en ce sens, Bull. CNCC nº 185, mars 2017, EC 2016-15 p. 77 s. et EC 2016-24 p. 83 s.).

– en revanche si l'actif sous-jacent n'est pas amortissable : le mali technique affecté n'est pas amorti. En revanche, il peut faire l'objet d'une dépréciation (voir nº 8373).

Tel est le cas de la quote-part de mali technique affectée à un terrain ou à des titres (Recueil des normes comptables de l'ANC, Commentaire IR 3 sous l'art. 745-7 du PCG).

Quote-part de mali résiduelle affectée à un fonds commercial : elle suit les règles d'amortissement du fonds commercial (sur ces règles, voir Mémento Comptable nº 31985).

Il en résulte que le mali pourra être pour partie amortissable et pour partie non amortissable selon les actifs sous-jacents auxquels il est affecté (Recueil des normes comptables de l'ANC, Commentaire IR 3 sous l'art. 745-7 du PCG).

Fiscalement, le traitement de l'amortissement du mali technique dépend du régime fiscal sous lequel a été placée l'opération de fusion :

1. La fusion a été soumise au régime de faveur L'amortissement du mali technique n'est pas déductible (CGI art. 210 A-1), celui-ci étant représentatif de plus-values d'apport non imposées lors de l'opération en application du régime de faveur (BOI-IS-FUS-10-50-20 nº 130 ; voir nº 8364).

En conséquence, l'amortissement doit être réintégré extra-comptablement au titre de l'exercice de sa dotation (imprimé nº 2058-A, ligne WE), voir nº 12129.

Sur les conséquences de la non-déductibilité de l'amortissement du mali lors de la cession des actifs sous-jacents, voir nº 8380.

2. La fusion a été soumise au régime de droit commun L'amortissement de la quote-part du mali technique affectée à des actifs amortissables devrait en principe, à notre avis, être déductible du résultat imposable au taux de droit commun (sauf si cette quote-part est affectée à des biens somptuaires dont les charges sont exclues du droit à déduction), les plus-values qu'il représente ayant déjà été imposées chez la société absorbée lors de l'apport, l'opération placée sous le régime de droit commun étant fiscalement réputée réalisée à la valeur réelle (voir nº 7810). Toutefois, lorsque la société absorbante comptabilise l'amortissement de la quote-part de mali technique affecté au fonds commercial (voir nº 8362), elle ne peut le déduire fiscalement pour les opérations réalisées depuis le 18 juillet 2022. En effet, depuis cette date, la faculté de déduction fiscale de l'amortissement du fonds commercial offerte pour les opérations réalisées entre le 1er janvier 2022 et le 31 décembre 2025 ne peut pas être retenue lorsque l'opération intervient entre sociétés liées (Loi 2022-1157 du 16-8-2022 art. 7 et BOI-BIC-AMT-10-20 nº 360).

b. Dépréciation du mali technique

Modalités de dépréciation

8373 ***Question***

Comment déterminer l'éventuelle dépréciation du mali technique ?

Réponse

Le mali technique de fusion doit faire l'objet de tests de dépréciation et, le cas échéant, être déprécié.

PCG art. 745-8

Conformément à l'article 214-15, chaque quote-part du mali affecté à un actif sous-jacent subit une dépréciation lorsque la valeur actuelle de l'actif sous-jacent devient inférieure à sa valeur nette comptable, majorée de la quote-part de mali affectée. La dépréciation est imputée en priorité sur la quote-part du mali technique. Le mali technique résiduel affecté au fonds commercial suit les règles de dépréciation applicables aux fonds commerciaux. S'il fait l'objet d'une dépréciation comptabilisé en conformité avec l'article 214-17, aucune reprise de dépréciation n'est possible.

Commentaires Le mali technique étant affecté comptablement à des actifs sous-jacents (voir nº 8362) :

– il doit être intégré à la valeur nette comptable de ces actifs lors des tests de dépréciation ;

Fréquence des tests de dépréciation Conformément aux règles applicables aux immobilisations (PCG art. 214-6), l'entité doit, à **chaque clôture,** identifier s'il existe un indice de perte de valeur de l'immobilisation à laquelle le mali technique a été affecté. L'existence d'un tel indice entraîne l'obligation de réaliser un test de dépréciation. Pour plus de détails, voir Mémento Comptable nº 27720.

Toutefois, lorsque le mali technique a été **affecté au fonds commercial** et que ce dernier n'est pas amorti par l'entité absorbante (en raison d'une durée d'utilisation non limitée), un test de dépréciation doit être réalisé à chaque clôture (qu'il existe ou non un indice de perte de valeur) (PCG art. 214-17).

– il doit être déprécié lorsque la valeur actuelle de l'actif sous-jacent devient inférieure à sa valeur nette comptable, majorée de la quote-part de mali affectée. La dépréciation est alors imputée **en priorité sur la quote-part du mali technique.**

Possibilité de regrouper des actifs sous-jacents Pour les besoins du test de dépréciation, il est possible de regrouper des actifs, lorsque l'actif à tester ne peut être évalué de façon isolée (PCG art. 214-15). Tel est le cas lorsque les flux de trésorerie générés impliquent l'utilisation d'un ensemble d'actifs. Pour plus de détails, voir Mémento Comptable nº 26875.

Possibilité de regrouper des actifs sous-jacents avec des actifs détenus antérieurement par l'entité absorbante La CNCC a admis le caractère fongible de clientèles (clientèle propre à l'entité absorbante et clientèle acquise par voie de fusion) lorsque l'activité de l'entité est unique. Du fait de cette fongibilité, le mali affecté à la clientèle acquise doit être testé en considérant les flux de trésorerie de l'ensemble de l'activité (et non uniquement ceux provenant de la clientèle acquise) (Bull. CNCC nº 145, mars 2007, EC 2006-89, p. 176 s.).

Mali technique affecté au fonds commercial Si le mali technique affecté au fonds commercial fait l'objet d'une dépréciation, aucune reprise de dépréciation n'est possible, voir Mémento Comptable nº 32010.

Fiscalement, le traitement de la (provision pour) dépréciation du mali technique dépend du régime fiscal sous lequel a été placée l'opération de fusion :

1. **La fusion a été soumise au régime de faveur** La dépréciation du mali technique n'est pas déductible (CGI art. 210 A-1), celui-ci étant représentatif de plus-values d'apport non imposées lors de l'opération en application du régime de faveur (BOI-IS-FUS-10-50-20 nº 130 ; voir nº 8364).

En conséquence, la (provision pour) dépréciation doit être réintégrée extra-comptablement au titre de l'exercice de sa dotation (imprimé nº 2058-A, ligne WI) et sa reprise devra être déduite extra-comptablement (imprimé nº 2058-A, ligne WU), voir nº 12130.

2. **La fusion a été soumise au régime de droit commun** La dépréciation du mali technique est, en principe, déductible du résultat imposable au taux normal de l'IS, dans les conditions de droit commun : voir Mémento Comptable nº 27741, s'agissant notamment des provisions pour dépréciation calculées sur la base des flux futurs de trésorerie, les plus-values qu'il représente ayant déjà été imposées chez la société absorbée lors de l'apport (BOI-IS-FUS-10-50-20 nº 180).

Toutefois (BOI-IS-FUS-10-50-20 nº 190), les conditions de déduction de la dépréciation du mali technique (montant, taux) dépendent du régime fiscal de l'actif sous-jacent auquel la quote-part de mali dépréciée a été affectée. Ainsi :
– si le mali technique est affecté à des biens somptuaires dont les charges sont exclues du droit à déduction, la dépréciation du mali n'est pas déductible ;
– si le mali technique est affecté à des titres relevant du régime fiscal des plus et moins-values à long terme, la dépréciation du mali n'est pas déductible du résultat imposable au taux de droit commun, mais est constitutive d'une moins-value à long terme.
Par ailleurs, selon nos informations, l'administration considère que dans l'hypothèse où le mali technique est affecté à des titres de participation dans des sociétés à prépondérance immobilière ou des immeubles de placement, la dépréciation du mali suit les mêmes règles de limitation que celles applicables à la dépréciation des actifs sous-jacents (déduction des seules moins-values latentes excédant les plus-values latentes recelées par les actifs de même catégorie, CGI art. 39-1-5º, al. 20 et al. 34 ; voir Mémento Comptable nº 27495 et 35980).

Exemple 1 *(suite de l'exemple 1 du nº 8362) Une société A détient 100 % d'une société B.*

En N, A absorbe B. La fusion dégage un mali technique de 8 000.
Par hypothèse :
– le brevet A est amorti sur 10 ans et sa durée résiduelle d'utilisation à la date de la fusion est de 5 ans. La quote-part du mali affectée au brevet est donc amortie sur 5 ans. Le brevet A est cédé le 30 juin N+2 ;
– le brevet B est amorti sur 15 ans et sa durée résiduelle d'utilisation à la date de la fusion est de 10 ans. La quote-part du mali affectée au brevet est donc amortie sur 10 ans.

Evolution de la valeur actuelle des actifs apportés

Identification du bien	*Valeur actuelle (= valeur réelle par hypothèse)*			
	1/01/N	*31/12/N*	*31/12/N+1*	*31/12/N+2*
Brevet A (1)	*1 500*	*1 000*	*1 000*	
Brevet B	*4 000*	*4 000*	*3 800*	*3 666*
Terrain (1)	*2 200*	*2 200*	*2 200*	
Titres de participation	*1 500*	*1 300*	*1 300*	*1 500*
Fonds commercial	*3 500*	*3 500*	*2 300*	*4 000*
Total	*12 700*	*12 000*	*10 600*	*9 166*
(1) Actifs cédés en N+2.				

Pour plus de détails, voir exemple du nº 8362.

Au 1er janvier N :

Actifs	*Affectation du mali*
Logiciel	
Brevet A	*667*
Brevet B	*2 333*
Total Mali de fusion sur actifs incorporels	***3 000***
Terrain	*800*
Outillages	
Total Mali de fusion sur actifs corporels	***800***
Titres de participation	*500*
Total Mali de fusion sur actifs financiers	***500***
Impôt différé actif sur déficits reportables	*1 000*
Total Mali de fusion sur actif circulant	***1 000***
Total Mali affecté aux actifs identifiables	*5 300*
Mali résiduel affecté au fonds commercial	*2 700*
Total Mali	***8 000***

Solution de l'exemple 1 a. *Calcul de la dépréciation au 31/12/N*

Actifs	VNC au 1/01/N (a)	Amort. année N (b)	VNC au 31/12/N (c) = (a) – (b)	Affectation mali technique (d)	Amort. ou reprise mali (e)	VNC mali 31/12/N (f) = (d) – (e)	VNC de l'actif au 31/12/N (g) = (c) + (f)	Valeur actuelle au 31/12/N (h)	Dépréciation (i) = (g) – (h)	VNC après dépréciation (g) – (i)
Fonds commercial				2 700	–	2 700	2 700	3 500	0	2 700
Brevet A	500	(100)	400	667	(133)	533	933	1 000	0	933
Brevet B	1 667	(167)	1 500	2 333	(233)	2 100	3 600	4 000	0	3 600
Total Mali de fusion sur actifs incorporels – VNC au 31/12/N										**5 333**
Terrain	1 000		1 000	800	–	800	1 800	2 200	0	1 800
Total Mali de fusion sur actifs corporels – VNC au 31/12/N										**800**
Titres de participation	1 000		1 000	500	–	500	1 500	1 300	(200)	1 300
Total Mali de fusion sur actifs financiers – VNC au 31/12/N										**300** (2)
IDA sur déficits reportables				1 000	(450) (1)	550	550	550	0	550
Total Mali de fusion sur actif circulant – VNC au 31/12/N										**550**
Total Mali technique – VNC au 31/12/N										**6 983**

(1) Par hypothèse.
(2) La dépréciation est imputée en priorité sur le mali technique affecté aux titres de participation.

b. *Calcul de la dépréciation au 31/12/N+1*

Actifs	*VNC au 31/12/N (a)*	*Amort. année N+1 (b)*	*VNC au 31/12/N+1 (c) = (a) – (b)*	*VNC mali technique au 31/12/N (d)*	*Amort. ou reprise mali (e)*	*VNC mali 31/12/N+1 (f) = (d) – (e)*	*VNC de l'actif au 31/12/N+1 (g) = (c) + (f)*	*Valeur actuelle au 31/12/N+1 (h)*	*Dépréciation (i) = (g) – (h)*	*VNC après dépréciation (g) – (i)*
Fonds commercial				*2 700*	*-*	*2 700*	*2 700*	*2 300*	*(400)*	*2 300*
Brevet A	*400*	*(100)*	*300*	*533*	*(133)*	*400*	*700*	*1 000*	*0*	*700*
Brevet B	*1 500*	*(167)*	*1 334*	*2 100*	*(233)*	*1 867*	*3 200*	*3 800*	*0*	*3 200*
Total Mali de fusion sur actifs incorporels – VNC au 31/12/N+1										***4 567***
Terrain	*1 000*	*-*	*1 000*	*800*	*-*	*800*	*1 800*	*2 200*	*0*	*1 800*
Total Mali de fusion sur actifs corporels – VNC au 31/12/N+1										***800***
Titres de participation	*1 000*	*-*	*1 000*	*300*	*-*	*300*	*1 300*	*1 300*	*0*	*1 300*
Total Mali de fusion sur actifs financiers – VNC au 31/12/N										***300***
IDA sur déficits reportables				*550*	*(450) (1)*	*100*	*100*	*100*	*0*	*100*
Total Mali de fusion sur actif circulant - VNC au 31/12/N+1										***100***
Total Mali technique - VNC au 31/12/N+1										***5 767***

(1) Par hypothèse.

c. *Calcul de la dépréciation au 31/12/N+2*

Au cours de l'exercice N+2, sont cédés à la fois le brevet A (au 30 juin) et le terrain (au 31 décembre).

Actifs	VNC au 31/12/N+1 (a)	Amort. année N+2 (b)	VNC au 31/12/N+2 (c) = (a) – (b)	VNC mali technique au 31/12/N+1 (d)	Amort. ou reprise mali (e)	VNC mali 31/12/N+2 (f) = (d) – (e)	VNC de l'actif au 31/12/N+2 (g) = (c) + (f)	Valeur actuelle au 31/12/N+2 (h)	Dépréciation (i) = (g) – (h)	VNC après dépréciation (g) – (i)
Fonds commercial				2 300	–	2 300	2 300	4 000	(2)	2 300
Brevet A						(3)				
Brevet B	1 334	(167)	1 167	1 867	(233)	1 634	2 800	3 666	0	2 800
Total Mali de fusion sur actifs incorporels – VNC au 31/12/N+2										**3 934**
Terrain						(3)				
Total Mali de fusion sur actifs corporels – VNC au 31/12/N+2										**0**
Titres de participation	1 000		1 000	300	–	300	1 300	1 500	200 (2)	1 500
Total mali de fusion sur actifs financiers – VNC au 31/12/N+2										**500**
IDA sur déficits reportables				1 000	(100) (1)	0	0			
Total Mali de fusion sur actif circulant – VNC au 31/12/N+2										**0**
Total Mali technique – VNC au 31/12/N+2										**4 434**

(1) Par hypothèse.
(2) Bien que la valeur actuelle du fonds commercial soit supérieure à la valeur nette comptable du mali technique affecté au fonds commercial, la dépréciation du mali technique constatée en N+1 n'est pas reprise (cette reprise étant interdite ; PCG art. 214-19). En revanche, la dépréciation du mali technique affecté aux titres de participation est reprise, la valeur actuelle des titres étant supérieure à leur valeur nette comptable y compris la quote-part du mali affectée.
(3) Le mali technique suit le même traitement que l'actif auquel il est affecté. En conséquence, la quote-part du mali portant sur le terrain et celle sur le brevet A sont sorties du bilan, les immobilisations étant cédées.

c. Cession ultérieure de l'actif sous-jacent

Traitement du mali technique

8380 ***Question***

Que devient le mali technique en cas de sortie ultérieure de l'actif sous-jacent (par cession, mise au rebut, etc.) ?

Réponse

La quote-part de mali affectée à l'actif sous-jacent cédé doit être sortie de l'actif. La valeur nette comptable de cette quote-part est comptabilisée en charges et entre dans le calcul de la plus ou moins-value de cession de l'actif.

PCG art. 745-10
En cas de cession, d'apport ou de toute autre opération relative à l'actif sous-jacent auquel le mali est affecté, ce dernier suit le même traitement que l'actif sous-jacent.

Commentaires Lors de la cession ultérieure de l'actif sous-jacent, le mali technique doit être réduit à due concurrence et la quote-part du mali affectée à cet actif est constatée en résultat (Recueil des normes comptables de l'ANC, Commentaire IR 3 sous l'art. 745-10 du PCG).

La dépréciation du mali technique éventuellement affectée à cette quote-part (voir n° 8373) est également reprise. Il en est de même, à notre avis, de la dépréciation du mali technique affecté à un fonds commercial.

La charge ainsi constatée :
- correspond à la valeur nette comptable de la quote-part de mali affectée à la date de la cession ;
- entre dans la détermination de la plus ou moins-value de cession de l'actif cédé (Recueil des normes comptables de l'ANC, Commentaire IR 3 sous l'art. 745-10 du PCG).

Si la quote-part de mali n'était pas sortie, le résultat de cession dégagé sur l'actif sous-jacent comprendrait une part de plus-value « achetée » au moment de l'acquisition des titres.

Fiscalement, comme pour les amortissements (voir n° 8370) ou les (provisions pour) dépréciation (voir n° 8373), le traitement de la sortie de la quote-part de mali dépend du régime fiscal sous lequel l'opération de fusion a été placée :

1. **La fusion a été placée sous le régime de faveur** La quote-part du mali technique affectée à l'actif sous-jacent ne peut donner lieu à aucune déduction lors de sa sortie de l'actif (CGI art. 210 A-1 ; BOI-IS-FUS-10-50-20 n° 130). La plus ou moins-value fiscale de cession de l'actif sous-jacent doit être déterminée par rapport au prix de revient de cet élément tel qu'il figure dans les comptes de la société cédante, sans tenir compte de la quote-part du mali technique qui lui a été affectée (voir n° 8362).

En conséquence, lors de la cession de l'actif, les retraitements extra-comptables suivants doivent être effectués sur l'imprimé n° 2058-A (voir n° 12140) :
- réintégration (ligne WQ) de la quote-part de mali technique affectée à l'actif cédé. A notre avis, la quote-part de mali à réintégrer correspond à la quote-part sortie comptablement de l'actif c'est-à-dire :
  • nette des amortissements déjà réintégrés (voir n° 8370),
  • brute des (provisions pour) dépréciation reprises lors de la cession de l'actif sous-jacent ;
- le cas échéant, déduction (ligne WU) de la reprise de dépréciation de cette quote-part de mali technique (cette dernière n'étant pas imposable, voir n° 8373).

2. **La fusion a été placée sous le régime de droit commun** La quote-part du mali technique affectée à l'actif sous-jacent est, en principe, intégralement déductible du résultat imposable au taux de droit commun, sauf si les actifs sous-jacents constituent (BOI-IS-FUS-10-50-20 n° 190 et 210) :
- des titres de participation détenus depuis au moins deux ans éligibles au régime du long terme dans le secteur de taxation limité à une quote-part de frais et charges (voir n° 8328). Toutefois, en pratique, le mali vient dans ce cas réduire le montant de la plus-value de cession servant de base au calcul de la quote-part de frais et charges de 12 % imposable au taux de droit commun (voir Mémento Comptable n° 36700 s.) ;
- des titres de participation dans des sociétés à prépondérance immobilière cotées détenus depuis au moins deux ans éligibles au régime du long terme au taux de 19 %. Dans ce cas, le mali minore le résultat de cession imposable au taux réduit ;
- des titres de sociétés établies dans un Etat ou Territoire Non Coopératif (ETNC) exclus du régime du long terme. Le mali ne peut alors s'imputer que sur des plus-values provenant de la cession de tels titres (CGI art. 219, I-a sexies-0 ter).

En revanche, lorsque l'actif sous-jacent fait partie des biens somptuaires dont les charges sont exclues du droit à déduction (CGI art. 39-4), le mali affecté à cet actif devrait, à notre avis, être néanmoins déductible lors de la cession de cet actif, l'interdiction de déduction ne visant que les charges afférentes à ces biens et non pas les moins-values de cession (CE 8-7-1985 n° 31755).

Sur les **mesures anti-abus** applicables à certaines cessions de titres, voir n° 8368.

Exemple *(élaboré par nos soins) Une société A absorbe le 1er janvier N une société B qu'elle détient à 90 %. Un mali de fusion est dégagé pour 1 000, affecté à hauteur de 420 à un actif sous-jacent dont la valeur comptable est de 700 (valeur brute : 1 000, durée d'utilisation de 10 ans ; à la date de la fusion, la durée résiduelle d'utilisation de l'actif est de 7 ans).*

En décembre N+3, cet actif sous-jacent est cédé pour 2 000.

Solution de l'exemple *A la date de la cession, la valeur nette comptable de l'ensemble constitué de l'actif sous-jacent et de la quote-part de mali qui lui a été affectée extra-comptablement est de 480 (300 pour l'actif sous-jacent et 180 pour le mali technique affecté à l'actif). La plus-value dégagée à l'occasion de cette cession est donc de 1 520 (2 000 – 480).*

Cas particulier : mali technique affecté à des actions propres annulées par la suite

8382 ***Question***

La quote-part de mali technique affectée à des actions propres est-elle également comptabilisée en charges lorsque les actions propres sont par la suite annulées (alors même que cette annulation vient diminuer les capitaux propres) ?

Réponse

Non. Cette quote-part de mali technique doit également être imputée sur les capitaux propres.

PCG art. 745-10
En cas de cession, d'apport ou de toute autre opération relative à l'actif sous-jacent auquel le mali est affecté, ce dernier suit le même traitement que l'actif sous-jacent.

Commentaires Le raisonnement selon lequel le mali suit le même traitement que les actifs sous-jacents en cas de cession (voir n° 8380) trouve également à s'appliquer lorsque le mali technique a été affecté à des actions propres annulées par la suite.

Lors de l'annulation des titres, le mali ne peut être maintenu à l'actif et doit être imputé sur les capitaux propres (Note de présentation du Règl. ANC 2015-06 du 23-11-2015 et Recueil des normes comptables, Commentaire IR 3 sous l'art. 745-10 du PCG). Il suit donc le même traitement que les actifs auxquels il a été affecté (les actions propres annulées ; sur ce traitement, voir Mémento Comptable n° 55510).

A notre avis, par analogie avec la solution retenue en cas d'annulation d'actions propres résultant d'une fusion à l'envers (voir n° 8492), l'imputation est à réaliser :
- en diminution des réserves disponibles, y compris la prime de fusion ;
- pour le solde, dans le compte « Report à nouveau débiteur ».

Fiscalement, la sortie du mali technique affecté à des actions propres est, à notre avis, sans incidence sur le bénéfice imposable, au même titre que l'annulation des titres autodétenus (voir n° 8492). Aucun retraitement extra-comptable ne doit donc être effectué.

Exemple *Les opérations suivantes sont réalisées entre trois sociétés M, F (détenue à 100 % par M) et H (détenue à 100 % par F) :*
- 1re opération : M et F fusionnent. L'apport des actifs de F se fait à la valeur comptable, s'agissant d'une opération réalisée entre entités sous contrôle commun. M constate à cette occasion un mali de fusion qui est affecté aux titres H.
- 2e opération : H absorbe M. L'opération étant également réalisée aux valeurs comptables, H retrouve à son actif non seulement ses actions propres mais également le mali qui leur a été affecté (suite à la 1re opération).

Solution de l'exemple *Lorsque les actions propres détenues par H sont annulées, le mali correspondant ne peut pas être maintenu à l'actif mais doit également être imputé sur les capitaux propres (pour les postes sur lesquels effectuer l'imputation, voir ci-avant).*

d. Opérations de regroupement ultérieures

Absorption ultérieure de la société absorbante

8390 ***Question***

Que devient le mali technique lorsque la société absorbante est elle-même absorbée par la suite (fusion « ascendante ») ?

Réponse

Lorsque l'opération suivante est réalisée à la valeur réelle, le mali technique est pris en compte dans la valeur des actifs apportés.

Lorsque l'opération suivante est réalisée à la valeur comptable, le mali technique constitue un élément d'actif à mentionner dans le traité d'apport.

PCG art. 745-10
En cas de cession, d'apport ou de toute autre opération relative à l'actif sous-jacent auquel le mali est affecté, ce dernier suit le même traitement que l'actif sous-jacent.

Commentaires Conformément à l'article 745-10 du PCG, le mali technique affecté à un actif sous-jacent doit suivre le traitement de cet actif. En conséquence, en cas d'opérations de fusion successives, c'est-à-dire lorsque la société absorbante est elle-même absorbée (ou confondue) par la suite, le mali doit faire partie des éléments apportés. Le traitement à retenir dépend des conditions de réalisation de la deuxième opération (en ce sens Recueil des normes comptables de l'ANC, Commentaire IR 3 sous l'art. 745-10 du PCG) :

1. **La fusion est réalisée à l'endroit entre entités sous contrôle distinct** Dans ce cas, conformément au principe général (voir nº 7600 et 7605), les apports sont valorisés à la valeur réelle et le mali est, de fait, intégré et affecté aux différentes valeurs des actifs sous-jacents apportés. Il n'apparaît donc pas dans les apports en tant qu'élément isolé.
2. **La fusion est réalisée entre entités sous contrôle commun (ou à l'envers entre entités sous contrôle distinct)** Dans ce cas, les apports sont valorisés à la valeur comptable (voir principe général, nº 7600 et 7605). Le mali doit être transféré tel quel, comme les autres éléments apportés, pour sa valeur comptable.

   En effet, en cas d'opération réalisée à la valeur comptable, les actifs et passifs comptabilisés par la société absorbée doivent être repris sans modification dans le traité d'apport (voir nº 7740) et, par suite, comptabilisés dans les comptes de la société absorbante.

Si la seconde fusion conduit à dégager un mali technique, ce dernier doit faire l'objet d'une affectation aux actifs apportés lors de cette opération.

L'affectation comptable du mali (voir nº 8362) empêche, à notre avis, de cumuler le mali technique résultant de la première opération et celui résultant de la seconde, et de procéder à une réaffectation en fonction de l'ensemble des actifs sous-jacents figurant dans le traité d'apport de la nouvelle opération.

En cas de fusion « descendante » néanmoins, voir nº 8333.

Toutefois, lors de l'affectation du mali technique de fusion constaté sur la 2e opération, il convient de tenir compte des plus-values déjà prises en compte dans le cadre de l'affectation du mali constaté sur la 1re opération (et transféré à l'entité absorbante).

Apport ultérieur d'actifs auxquels est affectée une quote-part de mali

8391 ***Question***

En cas d'apport partiel d'actif postérieur à une fusion, que devient le mali technique affecté aux actifs apportés ?

Réponse

La quote-part de mali afférente aux actifs apportés est également apportée. Elle doit donc figurer dans le traité d'apport.

PCG art. 745-10
En cas de cession, d'apport ou de toute autre opération relative à l'actif sous-jacent auquel le mali est affecté, ce dernier suit le même traitement que l'actif sous-jacent.

Commentaires En cas d'apport ultérieur d'un actif auquel a été affectée une quote-part de mali technique (lors d'une fusion réalisée préalablement à l'apport), cette quote-part est à rattacher à l'actif sous-jacent apporté (PCG art. 745-10). En conséquence, cette quote-part de mali doit (Bull. CNCC nº 172, décembre 2013, EC 2013-59, p. 668 s.) :
- être sortie du bilan dans les mêmes conditions que l'actif sous-jacent ;

Elle est donc à constater en charges, comme en cas de cession (voir nº 8380).
- et figurer dans le traité d'apport.

En ce qui concerne la valeur à reprendre dans le traité : elle dépend, à notre avis, des conditions de réalisation de l'apport partiel d'actif (par analogie avec le traitement retenu en cas de fusion ultérieure ; Recueil des normes comptables de l'ANC, Commentaire IR 3 sous l'art. 745-10 du PCG ; voir nº 8390). Ainsi :

1. **Si l'apport est réalisé à l'endroit entre entités sous contrôle distinct** Dans ce cas, conformément au principe général (voir nº 7600 et 7605), les apports sont valorisés à la valeur réelle et le mali est, de fait, intégré et affecté à la valeur de l'actif sous-jacent apporté. Il n'apparaît donc pas dans le traité en tant qu'élément isolé.

2. **Si l'apport est réalisé entre entités sous contrôle commun (ou à l'envers entre entités sous contrôle distinct)** Dans ce cas, les apports sont valorisés à la valeur comptable (voir principe général, nº 7600 et 7605). La quote-part de mali doit être transférée telle quelle, comme l'élément sous-jacent apporté, pour sa valeur comptable. Selon le bulletin CNCC (précité), cette quote-part doit figurer dans le traité d'apport de manière distincte.

e. Réévaluation réalisée après la fusion

Traitement du mali technique

8392 ***Question***

En cas de réévaluation des immobilisations après la fusion, que devient le mali technique affecté aux immobilisations apportées puis réévaluées ?

Réponse

Le mali technique est maintenu à l'actif du bilan, mais est à reclasser du compte « Mali de fusion sur actifs corporels ou financiers » au compte correspondant aux immobilisations réévaluées.

Commentaires Après la fusion, la société absorbante peut, conformément aux dispositions prévues par le Code de commerce et le PCG (voir Mémento Comptable nº 56785), décider de réévaluer ses immobilisations corporelles et financières, y compris celles reçues par voie de fusion.

Dans ce cas, les immobilisations sont en principe réévaluées en contrepartie d'un écart de réévaluation (voir Mémento Comptable nº 56805).

Or, le mali technique comptabilisé lors de la fusion en compte « Mali de fusion sur actifs » est représentatif des plus-values sur les immobilisations apportées (voir nº 8345).

En conséquence, à notre avis (en ce sens également, Bull. CNCC nº 161, mars 2011, EC 2010-42, p. 125), le mali technique :

- ne peut être maintenu tel quel à l'actif ;

  Les biens devant être comptabilisés à leur valeur réévaluée, le maintien à l'actif du mali technique conduirait en effet à comptabiliser deux fois à l'actif les mêmes plus-values.

- ne doit toutefois pas être inscrit en charges ;

  En effet, le mali technique est inscrit en charges uniquement lorsqu'il est amorti (voir nº 8370), déprécié (voir nº 8373) ou lorsque l'actif auquel il a été affecté est cédé ou sorti du bilan (voir nº 8380). Ce qui n'est pas le cas ici.

– mais est à reclasser du compte « Mali de fusion sur actifs » à celui des immobilisations réévaluées, pour sa valeur nette comptable à la date de réévaluation.

Il résulte de ce reclassement que l'écart de réévaluation est réduit du montant du mali technique.

Exemple *(établi par nos soins) Une société A absorbe une filiale B détenant un terrain, dont la valeur comptable est de 3 000. La fusion génère un mali technique à hauteur de 1 000, intégralement affecté à ce terrain.*

Après la fusion, A réévalue ses immobilisations corporelles (qui ne comprennent que le terrain) et financières.

Le terrain est évalué à 4 000. Les immobilisations financières sont réévaluées à hauteur de 8 000.

Solution de l'exemple *Le mali technique de 1 000 est reclassé dans le même compte que le terrain.*

En conséquence, aucun écart de réévaluation n'est à constater au passif sur ce terrain.

Les écritures à comptabiliser sont les suivantes :

	2187 Mali de fusion sur actifs corporels (Débit)	2187 Mali de fusion sur actifs corporels (Crédit)	211 Terrain (Débit)	211 Terrain (Crédit)
Solde à nouveau	*1 000*			
a. Reclassement du mali technique		*1 000*	*1 000*	

	261 Titres de participation (Débit)	261 Titres de participation (Crédit)	105 Ecart de réévaluation (Débit)	105 Ecart de réévaluation (Crédit)
b. Réévaluation des autres immobilisations (financières)	*8 000*			*8 000*

f. Informations à fournir dans l'annexe

Informations au titre du mali

8393 ***Question***

Quelles sont les informations à fournir dans l'annexe concernant le mali technique ?

Réponse

Lors de l'exercice de réalisation de la fusion, l'annexe aux comptes doit mentionner les éléments significatifs sur lesquels le mali a été affecté.

Lors des exercices ultérieurs (à chaque clôture), l'entité doit mentionner en annexe le suivi de son mali affecté aux actifs en détaillant par actif la valeur brute, et le cas échéant les amortissements, les dépréciations et reprises de dépréciations.

PCG art. 770-1
(*en partie*) Pour toutes les opérations entrant dans le champ d'application du présent titre, l'entité absorbante ou bénéficiaire des apports doit mentionner [...] les informations suivantes dans l'annexe de ses comptes annuels de l'exercice de l'opération.
[...]
- Lorsqu'une opération a conduit à la constatation d'un mali, l'entité doit mentionner les éléments significatifs sur lesquels le mali a été affecté, ainsi que les modalités d'amortissement de dépréciation et sortie définitive du mali.

PCG art. 770-2
A chaque clôture, l'entité doit mentionner dans l'annexe le suivi de son mali affecté aux actifs en détaillant par actif la valeur brute et, le cas échéant, les amortissements, les reprises d'amortissement, les dépréciations et reprises de dépréciations.

Commentaires L'information concernant l'affectation du mali technique est obligatoire au titre de l'exercice de fusion et lors des exercices ultérieurs.

En pratique, à notre avis, cette information pourrait être fournie :
- pour les malis sur immobilisations (corporelles, incorporelles ou financières), dans le tableau de suivi des immobilisations, sur des lignes spécifiques ;
- pour les autres malis (sur actifs circulants notamment), en faisant figurer dans l'annexe la colonne « affectation du mali » du tableau d'affectation élaboré par l'entreprise en application du PCG (voir nº 8362), et en y ajoutant les colonnes permettant de suivre les dépréciations.

Fiscalement, cette information permet de (voir nº 8370, 8373 et 8380) :
- justifier les retraitements extra-comptables à effectuer lorsque l'opération est placée sous le régime de faveur des fusions ;
- déterminer le traitement fiscal du mali technique lorsque l'opération est placée sous le régime fiscal de droit commun.

3. Cas particuliers de mali

a. Mali en cas d'actif net apporté négatif

Traitement comptable

8400 ***Question***

Comment traiter l'actif net négatif apporté lors d'une fusion entre une entité et sa filiale détenue à 100 % ou d'une TUP ?

Réponse

L'actif net négatif apporté fait partie intégrante du mali de fusion.
Conformément aux règles générales, ce mali constitue :
- un mali technique affecté aux actifs sous-jacents à hauteur des plus-values latentes (nettes) d'apport, à condition que ces plus-values soient à la fois justifiées et documentées ;
- un « vrai » mali à comptabiliser en charges pour le solde.

Commentaires 1. **Opérations concernées** Du fait de l'obligation juridique de libération du capital, il n'est en général pas possible d'apporter (par voie de fusion ou d'apport partiel d'actif) un actif net négatif (voir nº 7648). Toutefois, tel peut être le cas pour une fusion entre une entité et sa filiale détenue à 100 % et une TUP (obligatoirement réalisées à la valeur comptable), pour lesquelles la société absorbante (ou confondante) ne procède pas à une augmentation de capital pour rémunérer les apports.

2. **Calcul du mali en cas d'actif net négatif** L'application des règles générales de calcul du mali (voir nº 8320) conduit mécaniquement à déterminer un mali global supérieur à la valeur des titres inscrits à l'actif de l'entité absorbante. En effet, selon le Recueil des normes comptables de l'ANC (Recueil des normes comptables de l'ANC, Commentaire IR 3 sous l'art. 745-4 du PCG) :
- la définition générale du mali technique s'applique quel que soit l'actif net comptable de l'entité absorbée, sans qu'il y ait lieu de limiter le montant du mali technique au seul montant des titres comptabilisés par l'entité absorbante ;
- le calcul du mali technique n'est limité que par les montants des plus-values latentes nettes sur éléments d'actifs et de passifs comptabilisés ou non, dans la mesure où elles sont justifiées et documentées.

3. **Analyse du mali correspondant à l'actif net négatif apporté** Conformément aux règles générales d'analyse du mali (voir nº 8340), ce dernier peut être justifié par :
- l'existence de plus-values latentes sur les actifs transmis et/ou d'une éventuelle prime de contrôle que la société mère aurait payée lors de l'acquisition des titres de la filiale ;
- des pertes réalisées par la filiale depuis la prise de son contrôle par la société mère rendant ses capitaux propres négatifs.

4. **Comptabilisation en fonction de l'analyse réalisée :**

a. **Si ce mali correspond à des plus-values latentes,** il constitue un **mali technique,** dont le montant est limité au montant des plus-values nettes latentes sur les éléments d'actif et de passif apportés (comptabilisés ou non), à condition que ces plus-values latentes soient **justifiées et documentées** (voir ci-avant).

Egalement, selon la Note de présentation précitée, la définition du mali technique donnée par le PCG (art. 745-3 à 745-10) :
- ne fait pas de distinction selon que la situation nette de la société absorbée est positive ou négative ;
- ne prévoit pas de limiter le mali technique à la valeur des titres immobilisés chez l'entité absorbante.

Toutefois, à notre avis, la **justification du mali par des incorporels générés en interne** non valorisés dans les comptes de l'entité absorbée (par exemple, un fonds commercial créé) devrait en pratique être **exceptionnelle** dès lors que l'actif net négatif est généré par des pertes récurrentes de la filiale.

Sur le traitement du mali technique, voir nº 8362 et 8364 (inscription à l'actif), nº 8370 (amortissement), nº 8373 (dépréciation), nº 8380 (sortie de l'actif).

Fiscalement, voir nº 8362 et 8364 (comptabilisation), nº 8370 (amortissement), nº 8373 (dépréciation), nº 8380 (sortie de l'actif lors de la cession de l'actif sous-jacent).

En outre, le calcul du mali technique doit être déterminé à partir des **mêmes hypothèses de plus-values latentes** que celles qui ont présidé à la comptabilisation ou à la non-comptabilisation de la dépréciation des titres et des provisions pour risques éventuelles (Recueil des normes comptables de l'ANC, Commentaire IR 3 sous l'art. 745-4 du PCG).

5. **Si ce mali correspond à une vraie perte,** incluse dans la situation nette négative, il doit être comptabilisé en charges financières, conformément au traitement du « vrai » mali (voir nº 8368).

Fiscalement, la charge correspondant à l'excédent du passif sur la valeur réelle de l'actif transféré n'est pas déductible, que l'opération soit placée ou non sous le régime de faveur des fusions (CGI art. 209-II bis ; BOI-IS-FUS-10-50-20 n° 70). Elle doit donc faire l'objet d'une réintégration extra-comptable sur l'imprimé n° 2058-A (ligne WQ), voir n° 12120 et 12225.

Cette disposition est une source de pénalisation lorsque :
- le montant des déficits transférables est inférieur aux pertes comptables (charges non déductibles ou existence de moins-values à long terme) ;
- l'agrément de transfert des déficits ne peut pas être obtenu (par exemple en l'absence d'engagement de la société mère de poursuivre pendant trois ans au moins les activités de la filiale à l'origine des déficits).

La réalisation d'une augmentation de capital immédiatement avant une opération de fusion afin de rétablir un actif net positif de la société absorbée permettant la déduction du mali est constitutive d'un abus de droit dès lors qu'elle ne répond à aucune logique économique (CE 27-1-2023 n° 463883 ; solution rendue à propos d'une TUP mais, à notre avis, transposable à une opération de fusion).

Neutralité comptable de la perte constatée L'actif net négatif d'une filiale détenue à 100 % a dû donner lieu, chez la société absorbante, préalablement à la fusion, à la constitution d'une dépréciation sur titres ainsi que d'une provision pour risque à hauteur des pertes non compensées par des plus-values latentes.

En effet, la société mère a, sauf engagement contraire, l'obligation, au minimum implicite, de soutien envers sa filiale (voir Mémento Comptable n° 37855).

Lors de la fusion, la reprise en produit de la dépréciation et de la provision compense ainsi la quote-part de mali comptabilisée en charges.

Fiscalement, la reprise de provision pour risque constitue un produit imposable au taux de droit commun si la dotation a été déduite (sur la non-déduction des provisions pour risques liés à la situation nette négative d'une filiale, voir Mémento Comptable n° 37855). En revanche, la reprise de (provision pour) dépréciation des titres de participation est susceptible de relever du régime du long terme. Tel est le cas lorsque les titres relèvent du secteur de taxation limitée à une quote-part de frais et charges (la reprise n'est alors pas imposable) ou du secteur à 19 % (titres de sociétés à prépondérance immobilière cotées) (voir Mémento Comptable n° 35980).

Exemple *Une société M acquiert 100 % des titres d'une société F en N pour 50.*
A la date d'acquisition des titres par M, la situation de F est la suivante :

Situation nette de F	*(100)*
Plus-value nette sur terrain	*150*
Valeur réelle de F	*50*

a. ***Exercice N*** *: les bilans des deux sociétés se présentent de la manière suivante :*

Bilan de F

Terrain	*30*	*Réserves*	*(100)*
		Dettes	*130*
	30		*30*

Bilan de M

Titres	*50*	*Réserves*	*0*
		Résultat	*0*
		Emprunt	*50*
	50		*50*

Bilan consolidé

Terrain	180	*Réserves*	*0*
		Résultat	*0*
		Emprunt	*50*
		Dettes F	*130*
	180		180

b. *Exercice N+10 : la situation nette de F est passée à (220), du fait de pertes complémentaires constatées depuis l'acquisition à hauteur de (120).*

La valeur réelle de F est donc égale à (70), la plus-value latente sur le terrain étant toujours de 150. En conséquence, les titres F sont intégralement dépréciés dans les comptes de M. Une provision pour risques est en outre comptabilisée à hauteur de 70. Elle correspond à l'actif net négatif de F tenant compte de la plus-value latente sur le terrain.

A la fin de l'exercice N+10, les bilans des deux sociétés se présentent de la manière suivante :

Bilan de F

Terrain	30	*Réserves*	*(100)*
		Résultat	*(120)*
		Dettes	*250*
	30		30

Bilan de M

Titres	0	*Réserves*	*0*
		Résultat (1)	*(120)*
		Provision	*70*
		Emprunt	*50*
	0		0

(1) Dotation à la dépréciation des titres (50) + dotation aux provisions (70) = (120)

Bilan consolidé

Terrain	180	*Réserves*	*0*
		Résultat (1)	*(120)*
		Emprunt	*50*
		Dettes	*250*
	180		180

(1) Correspond au résultat de F, le résultat de M étant nul après élimination des opérations réciproques.

M absorbe F au début de l'exercice N+11.

Solution de l'exemple *L'exercice de réalisation de l'opération de fusion, le mali de fusion dégagé est égal à 220 [valeur nette comptable des titres F détenus par M (0) – actif net négatif de F (220)].*

Les plus-values latentes nettes s'élèvent à 150. Par hypothèse, elles sont justifiées et documentées. En conséquence, le mali technique de fusion est égal à 150.

Le solde (70) constitue un « vrai » mali à comptabiliser en charges.

Cette charge est toutefois compensée par la reprise, après l'opération, de la provision comptabilisée à la fin de l'exercice N+10, à hauteur de 70 (voir ci-avant).

A l'issue de l'opération, le bilan de M se présente de la manière suivante :

Bilan de M

Terrain	*30*	*Réserves*	*(120)*
Mali de fusion sur immobilisations corporelles	*150*	*Résultat (1)*	*0*
		Emprunt M	*50*
		Dettes F	*250*
	180		*180*

(1) La reprise de provision (70) compense la charge correspondant au « vrai » mali.

Bilan consolidé après fusion

Terrain	*180*	*Réserves*	*(120)*
		Résultat	*0*
		Emprunt M	*50*
		Dettes F	*250*
	180		*180*

Dans les comptes consolidés, le montant des capitaux propres est inchangé par rapport au montant constaté avant l'opération.

b. Mali dégagé lors d'opérations réalisées à la valeur réelle

Traitement comptable

8405 ***Question***

Comment traiter le mali en cas d'opération réalisée à la valeur réelle ?

Réponse

Le mali dégagé dans cette situation constitue, à notre avis, un « vrai » mali à comptabiliser en charges.

Commentaires Le PCG définit le traitement comptable du mali dégagé lors d'opérations réalisées à la valeur comptable, c'est-à-dire, en pratique, lors d'opérations de restructurations internes (nº 7625).

Toutefois, il ne traite pas du mali dégagé lors d'opérations réalisées à la valeur réelle. Or, un tel mali peut exister en pratique. Tel est le cas lorsque l'entité absorbante détient une participation dans l'entité absorbée, insuffisante toutefois pour que l'opération soit considérée comme réalisée entre entités sous contrôle commun.

Il s'agit par exemple d'entités sous contrôle conjoint (lorsque l'opération conduit à une prise de contrôle exclusif, voir nº 7637) ou, au sein d'un même groupe, d'une société consolidante et d'une société mise en équivalence.

Sur la définition du contrôle distinct, voir nº 7619.

L'opération est alors réalisée à la valeur réelle, l'entité absorbante est susceptible de dégager un mali, égal à la différence entre l'actif net qu'elle reçoit à hauteur de sa participation détenue dans l'entité absorbée, et la valeur comptable de cette participation (voir nº 8320).

En l'absence de précisions dans le PCG, mais par référence aux principes généraux énoncés par celui-ci, le mali dégagé lors d'une fusion réalisée à la valeur réelle est, à notre avis, à considérer comme un **« vrai » mali** (voir n° 8340).

En effet, ce mali correspond à un **complément de dépréciation de la participation** : il n'est pas justifié par l'existence de plus-values latentes non prises en compte ou d'éléments non valorisés dans les apports (comme dans le cas du mali dégagé lors d'opérations à la valeur comptable, voir n° 8345), ces apports étant effectués à la valeur réelle.

Fiscalement, ce mali est déductible au taux de droit commun ou constitutif d'une moins-value à long terme, voir n° 8368.

Exemple *(établi par nos soins) Une entité française A détient 30 % d'une entité française B. La valeur comptable de ces titres est de 2 000.*

En N, A absorbe B. A et B étant des entités sous contrôle distinct, l'opération est réalisée à la valeur réelle, en application du principe de valorisation des apports (voir n° 7600 et 7605).

Calcul de l'actif net retraité de l'entité B :

Actif net comptable de B	*5 000*
Plus-value latente sur immeuble	*200*
Fonds commercial créé	*800*
Actif net réévalué de B	*6 000*

Solution de l'exemple *Le mali de fusion est calculé de la manière suivante :*

Quote-part de A dans l'actif net retraité de B	*1 800 (1)*
Valeur comptable de la participation	*2 000*
Mali de fusion	*200*

(1) 1 800 = 6 000 (actif net retraité de B) x 30 %.

L'actif net de B ayant été retraité des plus-values latentes, le mali de fusion correspond à la dépréciation des titres B que A aurait dû constater dans ses comptes préalablement à la fusion. En effet, ce mali n'est pas justifié par des plus-values latentes ou des éléments non valorisés.

D. Boni de fusion

a. Calcul du boni de fusion

Définition du boni de fusion

8450 ***Question***

Qu'est-ce que le boni de fusion ?

Réponse

Le boni de fusion correspond à l'écart positif entre :
- l'actif net reçu par l'entité absorbante, tel que déterminé après harmonisation obligatoire des méthodes comptables, à hauteur de sa participation détenue dans l'entité absorbée ;
- et la valeur comptable de cette participation.

PCG art. 745-2
(*en partie*) Le boni représente l'écart positif entre l'actif net positif reçu par l'entité absorbante, après harmonisation des méthodes comptables telle que défini à l'article 744-3, à hauteur de sa participation détenue dans l'entité absorbée, et la valeur comptable de cette participation.

Commentaires

Fiscalement, ce boni de fusion correspond à la plus-value d'annulation des titres de la société absorbée détenus par la société absorbante (BOI-IS-FUS-10-50-20 n° 10 et 20). Le montant de cette plus-value diffère de celui du boni comptable :
- en raison du traitement fiscal réservé aux frais d'acquisition de titres (voir n° 8453) ;
- lorsque les titres annulés sont grevés d'une plus ou moins-value en sursis ou report d'imposition ;
- à notre avis, lorsque l'opération est réalisée comptablement à la valeur comptable et est placée sous le régime fiscal de droit commun (la valeur d'apport à retenir sur le plan fiscal étant alors la valeur réelle, voir n° 7810) (voir n° 12210).

Plus-value d'annulation de titres et boni de fusion Ce boni ne doit pas être confondu avec la notion de boni de fusion retenue en matière d'impôt de distribution et correspondant à la différence entre la valeur réelle des titres de la société absorbante remis aux actionnaires de la société absorbée et la fraction du capital de cette dernière ayant le caractère d'apports au sens de l'article 112 du CGI.

Date de calcul

8452 ***Question***

A quelle date le boni de fusion est-il calculé ?

Réponse

A la date d'effet de l'opération.

Commentaires L'actif net reçu et la valeur comptable de la participation pris en compte pour le calcul du boni doivent être appréciés comme pour le calcul du mali (voir n° 8322) :
- à la date d'effet de l'opération (lorsque celle-ci diffère de la date de réalisation de l'opération) ;

Ainsi, en cas de fusion avec effet rétroactif, le boni de fusion est calculé à la date d'effet rétroactif (voir n° 8325).

Fiscalement, il en est de même. Le Conseil d'Etat a en effet jugé que le calcul du mali de fusion doit notamment prendre en compte l'économie d'impôt issue de l'agrément autorisant le transfert des déficits de l'absorbée (voir n° 7802), qui produit ses conséquences à la date d'effet de la fusion (CE 18-1-2017 n° 389004 et CAA Versailles 6-2-2018 n° 17VE00250, décision de renvoi). La même solution devrait, à notre avis, s'appliquer en présence d'un boni de fusion.

- y compris, lorsqu'elle est antérieure à la date d'acquisition des titres de la société absorbée par la société absorbante. Dans une telle situation, il convient cependant de tenir compte des variations de capitaux propres de l'entité absorbée entre la date d'effet rétroactif de la fusion et la date d'acquisition des titres pour le calcul du boni.

Fiscalement, en revanche, l'administration estime que la plus-value d'annulation est déterminée à la date d'acquisition des titres si elle est postérieure à sa date d'effet (BOI-IS-FUS-40-10-20 n° 20 et 30).

Incidence du traitement comptable et fiscal des frais d'acquisition des titres de l'absorbée

8453 ***Question***

Le calcul du boni de fusion doit-il tenir compte des frais d'acquisition engagés par la société absorbante pour acquérir les titres de la société absorbée ?

Réponse

Oui :
- sur le plan comptable lorsque les frais d'acquisition ont été immobilisés, le boni de fusion est alors minoré à due concurrence ;
- sur le plan fiscal, quelle que soit l'option retenue sur le plan comptable (immobilisation ou charge).

Commentaires La valeur comptable des titres de la société absorbée prise en compte pour calculer le boni de fusion (voir n° 8450) doit inclure les frais d'acquisition de ces titres lorsque ces derniers ont été immobilisés dans les comptes de la société absorbante (en ce sens, Bull. CNCC n° 153, mars 2009, EC 2008-80, p. 275 ; voir n° 8329). Le boni de fusion est minoré à due concurrence.

En revanche, lorsque les frais d'acquisition ont été comptabilisés en charges, le boni de fusion n'en tient pas compte.

Fiscalement, quelle que soit l'option comptable retenue, les frais d'acquisition des titres de participation (au sens fiscal) (CGI art. 209-VII) :
- sont obligatoirement incorporés au coût de revient de ces titres ;
- peuvent être amortis sur cinq ans à compter de la date d'acquisition des titres.

En conséquence, la valeur « fiscale » du boni de fusion est déterminée (BOI-IS-BASE-30-10 n° 310 et 320) :
- à partir du prix de revient des titres,
- majoré de leurs frais d'acquisition,
- minoré des amortissements fiscaux de ces frais, déjà pratiqués.

Corrélativement, les frais d'acquisition sur les titres annulés ne peuvent plus être amortis à compter de la date de la fusion (BOI précité).

Il en résulte en pratique :
- en cas d'immobilisation des frais d'acquisition des titres, un boni « fiscal » supérieur ou égal au boni « comptable » ;
- en cas de comptabilisation en charges des frais d'acquisition de titres, un boni « fiscal » inférieur ou égal au boni « comptable », voire à un « mali fiscal ».

Incidence de l'annulation des titres de la société absorbée sur les amortissements dérogatoires relatifs aux frais d'acquisition des titres comptabilisés par la société absorbante Lorsque, sur le plan comptable, les frais d'acquisition ont été inclus dans le coût d'acquisition des titres, la société détentrice de ces titres a pu comptabiliser un amortissement dérogatoire (provision réglementée) pour bénéficier de l'amortissement fiscal sur 5 ans des frais (BOI-IS-BASE-30-10 n° 160 ; voir Mémento Comptable n° 35620). Selon le bulletin CNCC, lorsque les titres de la filiale sont annulés dans le cadre de la fusion, ces amortissements dérogatoires devraient être repris immédiatement, par le crédit du compte 78725 « Reprises sur provisions réglementées » (Bull. CNCC n° 168, décembre 2012, EC 2012-51, p. 764).

Fiscalement, aucune disposition ne prévoit le sort des amortissements dérogatoires sur frais d'acquisition des titres en cas d'annulation de ces titres et l'administration n'a pas pris position sur ce point. A notre avis, la reprise des amortissements dérogatoires ne devrait pas être imposable car son imposition aboutirait à remettre en cause la déduction au taux de droit commun des amortissements constatés. Une déduction extra-comptable devrait donc être pratiquée (imprimé n° 2058-A, ligne XG).

Exemple *(établi par nos soins) Le 1er janvier N, une société A acquiert 100 % des titres d'une société B pour 1 000. Les frais d'acquisition de ces titres (droits de mutation, honoraires) s'élèvent à 100.*

Le 1er mars N+3, A absorbe B avec effet rétroactif au 1er janvier N+3.

L'actif net comptable de la société B à cette date est de 1 200.

Solution de l'exemple

1er cas – Les frais d'acquisition de titres ont été activés dans le coût d'entrée des titres.

L'opération de fusion dégage un boni de fusion, déterminé de la manière suivante :

	Comptable	*Fiscal*
Actif net comptable de B à la date d'effet de la fusion	*1 200*	*1 200*
Valeur nette comptable des titres B (prix d'achat + frais d'acquisition) (1)	*1 100*	
Valeur « fiscale » des titres B (y compris frais d'acquisition non encore amortis à la date de la fusion) (2)		*1 040*
Boni de fusion	*100*	*160*

(1) Conformément à la position de la CNCC (Bull. CNCC no 153, mars 2009, EC 2008-80, p. 275).
(2) Valeur « fiscale » des titres = prix de revient (1 000) + frais d'acquisition non encore amortis à la date de la fusion (100 – 100 x 3/5) = 1 040.

Le boni « comptable » est inférieur au boni « fiscal ».

2e cas – Les frais d'acquisition de titres sont comptabilisés en charges de l'exercice.

L'opération de fusion dégage un boni de fusion, déterminé de la manière suivante :

	Comptable	*Fiscal*
Actif net comptable de B à la date d'effet de la fusion	*1 200*	*1 200*
Valeur nette comptable des titres B	*1 000*	
Valeur « fiscale » des titres B (y compris frais d'acquisition non encore amortis à la date de la fusion) (1)		*1 040*
Boni de fusion	*200*	*160*

(1) Valeur « fiscale » des titres = prix de revient (1 000) + frais d'acquisition non encore amortis à la date de la fusion (100 – 100 x 3/5) = 1 040.

Le boni « comptable » est supérieur au boni « fiscal ».

Fusions concomitantes ou en cascade

8455 ***Question***

En cas de fusions concomitantes d'une société mère avec plusieurs de ses filiales ou de fusions en cascade au sein d'un groupe, les bonis et malis de chaque opération de fusion peuvent-ils être compensés ?

Réponse

– En cas de fusion de plusieurs filiales avec leur société mère, les malis et bonis dégagés doivent être comptabilisés de manière séparée, sans compensation possible.

– En cas de fusion en cascade dans un groupe, les malis et bonis de fusion doivent être calculés étape par étape. Toutefois, si le mali et le boni portent sur le même actif sous-jacent, ils devraient in fine faire l'objet d'une compensation.

Commentaires En cas :
- d'absorption concomitante de plusieurs filiales par leur mère, voir n° 8331 et Recueil des normes comptables de l'ANC, Commentaire IR 3 sous l'art. 745-1 du PCG ;
- d'opérations de fusions en cascade dans un groupe, voir n° 8333 et Recueil des normes comptables de l'ANC, Commentaire IR 3 sous l'art. 745-1 du PCG.

Fiscalement, il en est de même, les bonis et malis de fusion ne relevant pas du même régime fiscal (voir n° 8331 et 8333).

Exemple ***Fusion en cascade dans un groupe*** *Une société française A détient 100 % du capital d'une société française B qui détient elle-même 100 % d'une société française C. Les titres C constituent l'unique actif de la société B.*

Des fusions successives sont réalisées dans le groupe de la manière suivante :
- dans un premier temps, B absorbe C,
- dans un second temps, A absorbe B.

Ces deux opérations sont réalisées sur la base des valeurs comptables, en application du principe général de valorisation des apports (voir n° 7600 et 7605).

*1re **opération** : absorption de C par B*

Valeur nette comptable des titres C chez B (a)	*11 000*
Actif net de la société C (valeur comptable) (b)	*8 000*
Mali de fusion (c) = (b) – (a)	*3 000*
Plus-value latente sur les actifs de C	*3 000*
Mali technique de fusion (1)	*3 000*

(1) Voir n° 8345 et 8350.

Le mali de fusion dégagé lors de cette première opération étant justifié en totalité par des plus-values latentes sur les actifs détenus par C, il constitue un mali technique en totalité, qui doit être affecté à ces actifs (voir n° 8362).

*2e **opération** : absorption de B par A*

Valeur nette comptable des titres B chez A	*10 000*
Actif net de la société B (valeur comptable)	*11 000*

Solution de l'exemple *Lors de la seconde opération (absorption de B par A), l'application des règles (voir n° 8450) conduit à comptabiliser un boni de fusion de 1 000 [valeur nette comptable des titres B chez A (10 000) – actif net de la société B (11 000)].*

Il en résulte, dans les comptes de la société absorbante A :
- la reprise du mali technique de fusion comptabilisé par la société B lors de la fusion avec la sous-filiale C (voir n° 8390) ;
- la comptabilisation du boni de fusion dégagé lors de la fusion avec la société B.

Toutefois, si ce boni porte sur le même sous-jacent que le mali technique de fusion, il devrait, à notre avis, venir en diminution du mali. Ainsi, dans cet exemple où B ne détient que les titres de C, le boni dégagé lors de la fusion entre B et A devrait être imputé sur le mali affecté aux actifs de C.

Ecart de réévaluation sur les titres de la société absorbée

8457 ***Question***

Comment calculer le boni de fusion lorsque les titres de l'entité absorbée ont été réévalués dans les comptes de l'entité absorbante préalablement à la fusion ?

Réponse

La valeur comptable à prendre en compte dans le calcul doit inclure l'écart de réévaluation.

Commentaires Le boni de fusion doit être calculé en retenant la valeur réévaluée des titres de l'entité absorbée (voir n° 8335).

b. Traitement comptable et fiscal du boni de fusion

Principe

8460 ***Question***

Comment comptabiliser le boni de fusion ?

Réponse

Le boni est à comptabiliser en produit financier s'il correspond à des résultats accumulés par l'entité absorbée depuis son acquisition par l'entité absorbante et non distribués, en ce compris le résultat de l'exercice non encore affecté en réserves ou en report à nouveau. A défaut, il est comptabilisé en capitaux propres.

PCG art. 745-2

(*en partie*) Le boni est comptabilisé dans le résultat financier à hauteur de la quote-part des résultats accumulés par l'entité absorbée depuis l'acquisition et non distribués et, dans les capitaux propres pour le montant résiduel ou si les résultats accumulés ne peuvent être déterminés de manière fiable.

Commentaires Le boni de fusion est comptabilisé :
- en résultat financier à hauteur de la quote-part des résultats accumulés par l'entité absorbée (depuis l'acquisition des titres de l'entité absorbée par l'entité absorbante) et non distribués, en ce compris le résultat de l'exercice non encore affecté en réserves ou en report à nouveau ;

En effet, si, au lieu d'être accumulés, ces résultats avaient donné lieu à distribution de dividendes, l'entité absorbante les aurait comptabilisés en résultat financier.

Résultats à prendre en compte Seuls les résultats accumulés depuis l'acquisition, reflétant la performance de l'entité absorbée dans le groupe, sont concernés. Les résultats accumulés avant l'acquisition ont, en pratique, été achetés par l'entité absorbante et ne doivent pas contribuer aux résultats du groupe.

- en capitaux propres pour le montant résiduel ou si ces résultats ne peuvent être déterminés de manière fiable.

Dans ce cas, en l'absence de précision dans le PCG sur le compte à utiliser pour comptabiliser le boni de fusion, ce dernier peut, à notre avis, être inscrit :
- soit dans le compte « Prime de fusion ». Il serait alors préférable, à notre avis, de distinguer la prime de fusion proprement dite du boni de fusion. Ce dernier pourrait ainsi être comptabilisé dans un compte 1042X « Boni de fusion », sous-compte de la prime de fusion ;
- soit dans le compte « Report à nouveau ». En effet, un tel classement a déjà été retenu par le PCG dans le cas des fusions sans échange de titres réalisées entre entités détenues à 100 % par la même entité mère, pour comptabiliser la contrepartie des apports reçus et non rémunérés par une émission de titres (PCG art. 746-1 ; voir n° 8122).

Juridiquement, la notion de « boni de fusion » est différente de celle de « prime de fusion ». La prime de fusion proprement dite constitue un élément résultant de la différence entre, d'une part, la valeur de l'apport d'actif net fait par la société absorbée après diminution de la partie de cet actif correspondant à la participation de la société absorbante dans la société absorbée, et d'autre part, la valeur nominale des titres représentatifs de l'augmentation du capital. N'intervient qu'ensuite la notion soit de boni, soit de mali de fusion ayant un caractère différent de la prime stricto sensu.

Par ailleurs, le boni de fusion n'est juridiquement pas considéré comme une réserve : « il s'agit d'une forme de plus-value ou d'un poste autonome, dont le régime de distribution doit être considéré en soi » (Ansa – Avis du comité juridique du 7-5-2003). Selon l'Ansa (avis précité), « en l'absence de texte, la distribution du boni de fusion n'est pas interdite ».

Les modalités d'affectation du boni ne relèvent pas des contrôles du commissaire à la fusion mais, le cas échéant, de ceux du commissaire aux comptes de l'entité absorbante (Guide professionnel CNCC sur le commissariat aux apports et à la fusion, juin 2012 § 1.42).

Le tableau suivant (établi par nos soins) synthétise les trois situations possibles dans lesquelles le boni doit être comptabilisé soit en résultat, soit en capitaux propres :

Situations possibles	Traitement comptable du boni de fusion	
Fraction du boni inférieure ou égale à la quote-part des résultats accumulés par l'absorbée depuis l'acquisition des titres de l'entité absorbée par l'entité absorbante, et non distribués	Déterminée de façon fiable (1)	**Résultat financier**
	Non déterminée de façon fiable	**Capitaux propres** (Prime de fusion)
Eventuel montant résiduel du boni		**Capitaux propres** (Prime de fusion)
(1) Sur la détermination de ce montant, voir nº 8462.		

Fiscalement, l'imposition du boni de fusion (qualifié de plus-value d'annulation des titres) dépend du régime fiscal sous lequel est placée l'opération en matière d'IS :

1. **Régime de faveur** Cette plus-value est exonérée si l'opération est placée sous le régime de faveur des fusions (CGI art. 210 A-1), que la plus-value soit à court terme ou à long terme (BOI-IS-FUS-10-50-20 nº 1), sans donner lieu, dans ce dernier cas, à la taxation d'une quote-part de frais et charges de 12 % telle qu'exigée dans le cadre du régime des plus-values à long terme sur cession de titres de participation (voir Mémento Comptable nº 36700 s.).
En conséquence, dans ce cas :
– la fraction du boni comptabilisée en résultat doit être déduite extra-comptablement sur l'imprimé nº 2058-A (ligne XG, voir nº 12105) ;
– aucun retraitement n'est nécessaire pour la quote-part comptabilisée en capitaux propres.

2. **Régime de droit commun** Si l'opération a été placée sous le régime de droit commun, la plus-value d'annulation des titres (BOI-IS-FUS-10-50-20 nº 10) :
– relève du régime du long terme si les titres annulés sont des titres de participation (sauf titres de SPI non cotées) détenus depuis au moins deux ans (taxation limitée à une quote-part de frais et charges de 12 % ou imposition au taux de 19 % ; voir Mémento Comptable nº 36700 s.) ;
– est imposable au taux normal dans les autres cas.
En conséquence :
– la fraction du boni qui n'est pas comptabilisée en résultat mais en capitaux propres doit être réintégrée extra-comptablement sur l'imprimé nº 2058-A (ligne WQ ; voir nº 12210) ;
– les retraitements extra-comptables propres au régime du long terme doivent, le cas échéant, être effectués (sur ces retraitements, voir Mémento Comptable nº 36700 s.).

Synthèse comptable et fiscale Le tableau suivant, établi par nos soins, présente une synthèse du traitement comptable et fiscal du boni de fusion :

Traitement comptable	Traitement fiscal	Retraitements sur l'imprimé n° 2058-A
	Régime de faveur	
Résultat financier	Exonération	Déduction extra-comptable
Capitaux propres		
	Régime de droit commun	
Résultat financier	Imposition au taux normal ou Régime du long terme (exonération ou taux de 19 %) (1)	(2)
Capitaux propres		Réintégration extra-comptable et (le cas échéant) retraitements du long terme

(1) Lorsque les titres annulés sont des titres de participation au sens fiscal (hors SPI non cotées) détenus depuis au moins deux ans, leur plus-value de cession relève du long terme et est :
- soumise à une taxation limitée à une quote-part de frais et charges de 12 % lorsque les titres ne sont pas des titres de SPI ;
- imposable au taux de 19 % lorsque les titres sont des titres de SPI cotées.

(2) Sous réserve des retraitements spécifiques au régime des plus-values à long terme. Sur ces retraitements, voir Mémento Comptable n° 36700 s.

Détermination des résultats accumulés

8462 ***Question***

Comment déterminer en pratique les résultats accumulés par l'entité absorbée depuis l'acquisition de ses titres par l'entité absorbante ?

Réponse

Il convient :
- dans un premier temps, de déterminer le montant les capitaux propres de l'entité absorbée à la date d'acquisition des titres, à partir notamment d'un arrêté comptable à cette date ;
- dans un second temps, de reconstituer, à partir de ce montant, les variations de capitaux propres depuis l'acquisition des titres.

Commentaires 1. **Détermination des capitaux propres de l'entité absorbée à la date de l'acquisition des titres** En pratique, cette détermination pourra être difficile à réaliser, notamment si l'acquisition est ancienne.

Afin de déterminer ce montant, l'entité absorbante devrait, à notre avis, avoir recours à l'arrêté réalisé à la date de cette acquisition.

A défaut, des éléments issus du reporting interne établi à cette date pourraient, à notre avis, être utilisés, à condition qu'ils répondent à la condition de fiabilité énoncée par le PCG.

2. Reconstitution des variations de capitaux propres de l'entité absorbée depuis la date d'acquisition des titres Les résultats accumulés de l'entité absorbée depuis cette date sont constitués :
– des sommes comptabilisées en comptes de Réserves ou de Report à nouveau entre la date d'acquisition des titres et la date de la fusion ;
– et des résultats incorporés au capital depuis l'acquisition (et non encore distribués à l'entité absorbante sous la forme d'une réduction de capital non motivée par des pertes).

Pour s'assurer que les réductions de capital n'ont pas eu pour effet de distribuer à l'actionnaire les réserves préalablement incorporées au capital, il est possible, à notre avis, d'analyser la comptabilisation de ces réductions de capital dans les comptes de la société absorbante. Si ces réductions ont donné lieu à la constatation d'un produit financier, seule la différence entre les réserves incorporées au capital et le produit financier déjà comptabilisé par la société absorbante pourra être constatée en résultat lors de la fusion.

c. Exemples de traitement du boni de fusion

Exemples pratiques

8470 ***Question***

Comment traiter en pratique le boni de fusion ?

Réponse

Les exemples ci-après (établis par nos soins) présentent deux cas rencontrés en pratique :
– 1er exemple : le boni de fusion est comptabilisé en totalité en résultat financier ;
– 2e exemple : le boni de fusion est comptabilisé en partie en résultat financier et en capitaux propres pour le solde.

***Exemple 1** Boni de fusion comptabilisé en totalité en résultat financier* *Une société A a acquis en N 90 % des titres d'une société B, pour un prix de 1 100.*

A la date de l'acquisition, le bilan de B est le suivant :

Bilan de B au 1/01/N

Actifs divers	*1 300*	*Capital*	*1 000*
		Réserves	*150*
		Dettes diverses	*150*
	1 300		*1 300*

Au 31/12/N+2, A absorbe B (sans effet rétroactif).

A la date de la fusion, le bilan de B est le suivant :

Bilan de B au 31/12/N+2

Actifs divers	*1 800*	*Capital*	*1 000*
		Réserves	*100*
		Report à nouveau	*300*
		Dettes diverses	*400*
	1 800		*1 800*

Par simplification, dans notre exemple, aucune harmonisation comptable obligatoire (PCG art. 744-3) n'est identifiée.

Solution de l'exemple 1

a. *Détermination du boni de fusion :*
Le boni de fusion est égal à 160 = 1 260 [90 % (quote-part de A dans B) x 1 400 (actif net que A reçoit de B = 1 800 – 400)] – 1 100 (valeur des titres de B dans A).

b. ***Détermination du montant des résultats accumulés depuis l'acquisition et non distribués** :*
Résultats accumulés depuis l'acquisition = 400 (somme des réserves et report à nouveau à la date de la fusion) – 150 (réserves à la date d'acquisition des titres) = 250.

c. ***Détermination de la quote-part à inscrire en résultat financier** :*
La quote-part des résultats accumulés depuis l'acquisition et non distribués revenant à A est égale à 90 % de 250, soit 225.

Ce montant étant supérieur au montant du boni de fusion, l'intégralité de ce boni est à inscrire en résultat financier.

***Exemple 2** Boni de fusion comptabilisé en partie en résultat financier et en capitaux propres pour le solde Les hypothèses sont les mêmes que pour l'exemple ci-avant, seule la valeur des titres acquis étant modifiée. En effet, celle-ci est, par hypothèse, de 1 000.*

Solution de l'exemple 2

a. *Détermination du boni de fusion :*
Le boni de fusion est égal à 260 = 1 260 [90 % (quote-part de A dans B) x 1 400 (actif net que A reçoit de B)] – 1 000 (valeur des titres de B dans A).

b. ***Détermination du montant des résultats accumulés depuis l'acquisition et non distribués** :*
Résultats accumulés depuis l'acquisition = 400 (somme des réserves et report à nouveau à la date de la fusion) – 150 (réserves à la date d'acquisition des titres) = 250.

c. ***Détermination de la quote-part à inscrire en résultat financier** :*
La quote-part des résultats accumulés depuis l'acquisition et non distribués revenant à A est égale à 90 % de 250, soit 225.

Ce montant est inférieur au montant du boni de fusion (260). En conséquence, le boni est inscrit à hauteur de 225 dans le résultat financier et pour le solde (35) en capitaux propres.

d. Informations à fournir dans l'annexe

Informations au titre du boni

8475 ***Question***

Quelles sont les informations relatives au boni de fusion à fournir dans l'annexe ?

Réponse

Dans l'annexe aux comptes de l'exercice de réalisation de l'opération, l'entité absorbante doit mentionner le boni comptabilisé en résultat et celui comptabilisé en capitaux propres (le cas échéant).

PCG art. 770-1
(*en partie*) Pour toutes les opérations entrant dans le champ d'application du présent titre, l'entité absorbante [...] doit mentionner [...] les informations suivantes dans l'annexe de ses comptes annuels de l'exercice de l'opération.
Lorsqu'une opération a conduit à la constatation d'un boni, l'entité doit mentionner le traitement retenu.

Commentaires L'information concernant le boni de fusion est obligatoire et concerne le traitement comptable dont il a fait l'objet : comptabilisation en produit financier ou en capitaux propres (en prime de fusion à notre avis, voir nº 8460).

II. La société absorbée détient des titres de la société absorbante

Traitement des titres autodétenus à l'issue de l'opération

8490 ***Question***

Que doit faire la société absorbante de ses propres titres apportés par la société absorbée dans le cadre de la fusion ?

Réponse

Si la société absorbante est une société par actions, elle peut les conserver à condition que le total des actions autodétenues n'excède pas 10 % de son capital.

A défaut, les actions apportées sont cédées ou annulées.

Commentaires Lorsque la société absorbée détient des titres de la société absorbante, cette dernière va trouver ses propres parts ou actions dans le patrimoine qui lui est transmis par la société absorbée (par exemple, en cas d'absorption d'une société mère par sa filiale) (voir Mémento Sociétés commerciales nº 82969 et 82970). A l'issue de l'opération, la société absorbante détient donc ses propres titres. Le traitement de ces titres autodétenus diffère selon la forme juridique de la société absorbante.

1. **La société absorbante est une société par actions** Dans ce cas, elle peut conserver ces actions en portefeuille à condition que, compte tenu des autres actions propres qu'elle détient déjà (par exemple à la suite d'une précédente fusion ou encore en vue d'une attribution aux salariés), elle ne possède pas plus de 10 % de son capital.

En vertu de l'article L 225-213 du Code de commerce, la société est donc autorisée à conserver ses propres actions lorsqu'elles ont été « acquises à la suite d'une transmission de patrimoine à titre universel » et, contrairement au cas où la société absorbante détient des titres de la société absorbée (nº 8300 et 8310), aucune disposition légale propre aux fusions n'interdit à une société la conservation de ses propres actions lorsqu'elle les trouve dans le patrimoine de la société absorbée.

Dans le cas contraire, elle est tenue de céder les actions excédentaires dans le délai de deux ans à compter de leur acquisition, c'est-à-dire de la date de réalisation définitive de la fusion, ou de les annuler après l'expiration de ce délai (C. com. art. L 225-213).

D'autres procédés peuvent être envisagés en dehors de la vente préalable des droits sociaux. La société absorbée peut notamment distribuer aux associés les actions ou parts qu'elle détient dans la société absorbante.

En pratique, la société absorbée apporte la totalité de ses valeurs d'actif et de passif, y compris les titres de la société absorbante. En contrepartie, celle-ci augmente son capital dans les conditions habituelles puis le réduit d'un montant égal à la valeur nominale de ses propres actions qui lui sont apportées pour les annuler (sur le traitement comptable dans ce cas, voir n° 8492).

2. **La société absorbante n'est pas une société par actions** Dans ce cas, elle ne peut conserver ses propres titres et doit donc soit les annuler, soit les céder.

Traitement de l'écart dégagé en cas d'annulation des actions

8492 ***Question***

L'écart dégagé lors de l'annulation des titres autodétenus par la société absorbante à l'issue de l'opération est-il constitutif d'un mali technique ?

Réponse

Non. Lorsque la valeur d'apport des titres annulés est supérieure à leur valeur nominale, l'écart est comptabilisé en diminution des réserves disponibles et du report à nouveau (pour le solde).

En revanche, lorsque la valeur d'apport des titres annulés est inférieure à leur valeur nominale, l'écart vient augmenter la prime de fusion.

PCG art. 745-3

Lorsqu'une fusion a pour effet de transférer à l'entité absorbante ses propres titres, aucun mali de fusion n'est constaté pour l'annulation de ces derniers.

Commentaires Lorsque la société absorbante choisit d'annuler les titres autodétenus à l'issue de la fusion (voir n° 8490), l'annulation de ces titres engendre en général un écart entre, d'une part, la valeur des titres annulés figurant dans le traité d'apport et, d'autre part, leur valeur nominale.

1. **Nature de cet écart** L'écart résultant de l'annulation des titres autodétenus par la société absorbante suite à la fusion ne peut pas être assimilé à un mali technique (PCG art. 745-3 et Recueil des normes comptables de l'ANC, Commentaire IR 3 sous l'art. 745-3 du PCG ; en ce sens également, Bull. CNCC n° 166, juin 2012, EC 2012-05, p. 456 à 460).

En effet :

- cet écart ne répond pas à la définition du mali technique (sur cette définition, voir n° 8345) ;
- le comptabiliser à l'actif reviendrait à reconnaître une immobilisation incorporelle générée en interne.

Or, cette possibilité est très limitée en règles françaises. Sur la comptabilisation des immobilisations incorporelles générées en interne, voir Mémento Comptable n° 30840 à 30965.

Justification du traitement comptable retenu Cette analyse est en outre justifiée par le fait que l'opération de fusion, d'une part, et la réduction de capital, d'autre part, ne sont pas nécessairement :
- concomitantes dans le temps, la société absorbante qui détiendrait plus de 10 % de son capital bénéficiant d'un délai de 2 ans pour régulariser sa situation (C. com. art. L 225-213, al. 2) ;
- liées dans la mesure où la société absorbante peut décider de céder ses actions plutôt que de les annuler.

2. Modalités de comptabilisation Selon le Recueil des normes comptables de l'ANC (Commentaire IR 3 sous l'art. 745-4 du PCG), les dispositions prévues par le PCG (art. 942-27) en cas de rachat d'actions propres (en vue de leur annulation) doivent être appliquées.

Pour le cas où une quote-part de mali technique est affectée aux actions propres annulées, voir nº 8382.

En conséquence, l'écart résultant de l'annulation des titres autodétenus par la société absorbante est à comptabiliser de la manière suivante (tableau établi par nos soins, sur la base de l'article 942-27 du PCG) :

Ecart	Comptabilisation de l'écart (1)
Valeur d'apport des titres annulés > valeur nominale	- En diminution des réserves disponibles, y compris la prime de fusion - Pour le solde, dans le compte « Report à nouveau débiteur » (2)
Valeur d'apport des titres annulés < valeur nominale	En augmentation de la prime de fusion

(1) Pour plus de détails sur le traitement retenu en matière d'annulation d'actions propres, voir Mémento Comptable nº 55510.
(2) Et non en résultat.

Fiscalement, cet écart sur annulation de titres autodétenus est sans incidence sur le bénéfice imposable de la société absorbante que l'opération de fusion soit placée sous le régime de faveur (CGI art. 210 A ; BOI-IS-FUS-10-20-50 nº 160 à propos d'une fusion réalisée comptablement à la valeur réelle) ou non (à notre avis, la plus-value d'annulation correspondant en principe à la plus-value d'apport qui est déjà imposée au niveau de l'absorbée). Aucun retraitement extra-comptable ne doit donc être effectué.

Sort des frais d'acquisition des titres annulés Du fait de l'annulation des titres, la société absorbante perd, à notre avis, le droit d'amortir fiscalement le solde des frais d'acquisition non encore amortis à la date de l'annulation.

Rapport du commissaire aux comptes Dans le cas où la société absorbante, qui a reçu ses propres actions lors d'une fusion, décide de réduire son capital à concurrence des actions propres reçues, l'assemblée générale sera amenée à se prononcer sur le principe de la réduction du capital. En conséquence, le commissaire aux comptes de la société absorbante doit rédiger un rapport sur la réduction du capital social et ce, même si les opérations de fusion et de réduction du capital sont concomitantes (Bull. CNCC nº 112, décembre 1998, EJ 98-128, p. 616 et nº 160, décembre 2010, EJ 2010-56, p. 668).

Toutefois, selon l'Ansa (CJ nº 18-055 du 7-11-2018), lorsque l'annulation des actions propres a été prévue par le traité de fusion et que les opérations de fusion et de réduction de capital sont concomitantes, la réduction du capital n'a pas à être précédée d'un rapport du commissaire aux comptes. Elle constitue en effet une modalité de la fusion et ne résulte pas d'une décision spécifique de réduction de capital. Les actionnaires se prononcent seulement sur ce traité et ses modalités dans le cadre de la procédure d'approbation de la fusion, leur information étant assurée par le rapport du commissaire à la fusion ou du commissaire aux apports.

Exemple *Soient une société française A au capital de 3 000 000 divisé en 300 000 actions de 10 dont la valeur réelle est de 16, et une société française B au capital de 2 000 000 divisé en 100 000 actions de 20 valant 32. Dans le portefeuille de la société B figurent 40 000 actions A.*

La société A doit absorber la société B. A et B étant des sociétés sous contrôle distinct, et l'opération étant par hypothèse réalisée à l'endroit, les apports sont valorisés à la valeur réelle et s'élèvent à 3 200 000, observation faite que dans cette somme sont comprises les 40 000 actions A évaluées à leur valeur réelle de 16 l'une, soit à 640 000.

Solution de l'exemple *Le rapport d'échange s'établit comme suit :*
action A / action B = 16/32 = 1/2 ; soit 2 actions A pour 1 action B.

La société A va donc créer 200 000 actions nouvelles (100 000 x 2/1) qui seront attribuées aux actionnaires de la société B à raison de 2 actions A pour 1 action B, d'où, dans un premier temps :
- *une augmentation du capital de 2 000 000 (200 000 x 10) ;*
- *une prime de fusion de 1 200 000 [200 000 x (16 – 10) ou 3 200 000 (valeur des apports) – 2 000 000 (montant de l'augmentation de capital)].*

Puis, dans un deuxième temps, elle supprime de son actif les 40 000 actions A qui lui ont été apportées (évaluées à 640 000). Pour cela, elle réduit immédiatement son capital de 400 000 (40 000 x 10) et impute sur la prime de fusion la différence entre la valeur d'apport et la valeur nominale des actions annulées, soit 240 000 (40 000 x 6).

En définitive, le capital social n'est augmenté que de 1 600 000 (2 000 000 – 400 000) avec une prime de fusion de 960 000 (1 200 000 – 240 000).

L'apport comprend, outre les titres de la société A, des immobilisations corporelles pour 2 400 000, des créances pour 1 000 000 et des dettes pour 840 000.

	101 Capital (débit)	101 Capital (crédit)	104 Prime de fusion (débit)	104 Prime de fusion (crédit)	261 Titres B (débit)	261 Titres B (crédit)	4561 Société X compte d'apport (débit)	4561 Société X compte d'apport (crédit)
Engagement société B		*2 000 000*		*1 200 000*			*3 200 000*	
Réduction de capital	*400 000*		*240 000*			*640 000*		

	21 Immobilisations (débit)	21 Immobilisations (crédit)	410 Créances (débit)	410 Créances (crédit)	16/40 Dettes (débit)	16/40 Dettes (crédit)	261 Titres B (débit)	4561 Société X compte d'apport (crédit)
Libération de l'apport	*2 400 000*		*1 000 000*			*840 000*	*640 000*	*3200 000*

III. Participations réciproques

Traitement comptable

8500 ***Question***

Comment traiter les fusions dans lesquelles la société absorbante et la société absorbée détiennent des participations réciproques ?

Réponse

Si les deux sociétés qui cherchent à fusionner détiennent des participations dans les limites autorisées par le Code de commerce, les procédés indiqués ci-avant leur sont appliqués simultanément ; c'est-à-dire éventuellement une fusion-renonciation (voir nº 8302) et une réduction de capital (voir nº 8490).

Exemple *Le bilan de la société A s'établit ainsi :*

Bilan société A

Immobilisations	*2 340 000*	*Capital (24 000 actions de 100)*	*2 400 000*
Titres B (500 actions)	*60 000*	*Réserves*	*650 000*
Créances	*1 650 000*	*Dettes*	*1 000 000*
	4 050 000		*4 050 000*

Elle envisage d'absorber la société B qui présente le bilan suivant :

Bilan société B

Immobilisations	*600 000*	*Capital (5 000 actions de 100)*	*500 000*
Titres A (1 200 actions)	*120 000*	*Réserves*	*440 000*
Créances	*520 000*	*Dettes*	*300 000*
	1 240 000		*1 240 000*

A détenant 10 % du capital de B et B détenant 5 % du capital de A, les sociétés sont sous contrôle distinct. L'opération étant réalisée à l'endroit, les apports de B doivent être réalisés à la valeur réelle (en application du principe de valorisation des apports, voir nº 7600 et 7605).

La valeur réelle des immobilisations de la société A est de 2 800 000, celle des immobilisations de la société B de 1 100 000. Le calcul de la valeur globale des deux sociétés (c'est-à-dire l'actif net évalué à la valeur réelle) pour le rapport d'échange doit tenir compte de la valeur réelle des titres détenus par chacune d'elles. En désignant par « a » la valeur unitaire des titres de la société A et par « b » celle des titres de la société B et en négligeant les effets de l'impôt, l'actif net évalué à la valeur réelle est égal à :

Société A : 3 050 000 (actif net comptable) + 460 000 (plus-values latentes) – 60 000 (titres B) + 500 b = 24 000 a

Société B : 940 000 (actif net comptable) + 500 000 (plus-values latentes) – 120 000 (titres A) + 1 200 a = 5 000 b

La résolution de ce système de deux équations à deux inconnues permet d'obtenir les valeurs suivantes :

a = 150

b = 300

Les titres B dans la société A valent donc : 500 x 300 = 150 000 et les titres A dans la société B : 1 200 x 150 = 180 000.

Sur ces bases (en l'absence, par hypothèse, d'autres éléments entrant dans ce calcul), la valeur globale de la société A représente 3 600 000 et la valeur globale de la société B : 1 500 000, suivant détail :

	Société A	*Société B*
Actif net comptable	3 050 000	940 000
Plus-value sur immobilisations	460 000	500 000
Plus-value sur titres	90 000	60 000
Valeur globale	3 600 000	1 500 000

Solution de l'exemple *En rémunération de son apport, la société B devrait donc recevoir 10 000 (1) actions de la société A. Mais détenant 10 % des titres de la société B, la société A ne doit attribuer aux autres associés que 9 000 (2) actions.*

(1) 10 000 = 1 500 000/150

(2) 9 000 = 1 500 000/150 x 90/100

Par ailleurs, dans l'apport reçu de B figurent 1 200 titres A. La société A, ne souhaitant pas détenir ses propres actions, doit les annuler. En définitive, elle n'émet que :

10 000 – 1 000 – 1 200 = 7 800 actions nouvelles au nominal de 100.

Son capital augmente donc de 780 000 et la prime de fusion s'élève, après annulation des titres de la société B, à :

Apports de la société B valorisés à la valeur réelle	1 500 000
Elimination à leur valeur réelle des titres A contenus dans l'apport	– 180 000
Augmentation de capital	– 780 000
Annulation des titres B à la valeur comptable et non à la valeur réelle	– 60 000
Prime de fusion	480 000

Cette prime se décompose ainsi :

– prime de fusion proprement dite (150 – 100) x 7 800 =	390 000
– boni de fusion (sur participation dans B) (150 000 – 60 000) =	90 000
	480 000

Ecritures dans la société absorbante A :

	101 Capital (débit)	101 Capital (crédit)	104 Prime de fusion (débit)	104 Prime de fusion (crédit)	261 Titres A (débit)	261 Titres A (crédit)	261 Titres B (débit)	261 Titres B (crédit)	4561 Société B (compte d'apport) (débit)	4561 Société B (compte d'apport) (crédit)
Augmentation théorique de capital ...		900 000		600 000					1 500 000	
Elimination titres A	120 000		60 000			180 000				
Elimination titres B			60 000					60 000		
	120 000	900 000	120 000	600 000						
	780 000		480 000							

IV. Actions autodétenues par la société absorbée préalablement à l'opération

Traitement comptable

8520 ***Question***

Les actions autodétenues par la société absorbée doivent-elles être échangées contre des actions de la société absorbante ?

Réponse

Non. La société absorbante doit, en pratique, limiter son émission au nombre d'actions à attribuer aux associés de la société absorbée autres que la société absorbée elle-même.

Commentaires En pratique, la société absorbée peut détenir une partie de ses propres actions (par exemple, en vue d'une attribution à ses salariés ou, s'il s'agit d'une société cotée, dans le cadre d'un plan de rachat d'actions prévu à C. com. art. L 22-10-62).

Ces actions ne peuvent pas être échangées contre des actions ou parts de la société absorbante (C. com. art. L 236-3 II), sous réserve toutefois des cas de reprise d'un plan d'options d'achat d'actions ou d'un programme d'attribution gratuite d'actions mis en place dans la société absorbée (voir Mémento Sociétés commerciales nº 82980).

En pratique, la société absorbante limite son émission au nombre d'actions à attribuer aux actionnaires de la société absorbée autres que la société absorbée elle-même. Pour ce faire, deux possibilités existent :

1. **Réduction de capital de la société absorbée préalablement à l'opération** Dans ce cas, les actions autodétenues par la société absorbée sont annulées avant la réalisation de l'opération. La question de leur apport ne se pose donc pas.

Cette solution présente toutefois des contraintes sur le plan juridique, s'agissant d'une réduction de capital non motivée par des pertes. Pour plus de détails, voir Mémento Sociétés commerciales nº 51800 à 51935.

2. **Annulation des actions autodétenues au moment de la fusion** Il convient de distinguer selon que l'opération est réalisée à la valeur réelle ou à la valeur comptable :

a. **L'opération est réalisée à la valeur réelle** Dans ce cas, les actions propres autodétenues par la société absorbée constituent une « non-valeur » qui ne devrait pas figurer dans le traité de fusion. L'émission de la société absorbante est donc, de fait, limitée aux actionnaires de la société absorbée autres que la société absorbée elle-même.

b. **L'opération est réalisée à la valeur comptable** Les actions autodétenues par la société absorbée n'étant pas rémunérées dans le cadre de la fusion, deux approches pourraient, à notre avis, être retenues :

– soit mentionner ces actions autodétenues dans le traité d'apport, conformément au PCG (art. 744-2) selon lequel, en cas d'opération réalisée à la valeur comptable, les valeurs inscrites dans les comptes de la société absorbée doivent être reprises dans le traité sans être modifiées (voir nº 7740). Toutefois, dans ce cas, lors de la comptabilisation de la fusion chez la société absorbante, ces actions autodétenues n'existant plus, elles doivent être immédiatement annulées, en contrepartie du compte « Prime de fusion » ;

– soit ne pas mentionner ces actions dans le traité d'apport, dans la mesure où elles ne sont pas prises en compte dans la détermination de la rémunération de l'apport.

Boni ou mali de fusion Ni boni ni mali de fusion ne devrait être dégagé sur ces propres actions, à la différence de ce qui se passe pour les actions de la société absorbée détenues par la société absorbante (voir n° 8310).

SECTION IV

Suivi des apports dans les comptes de la société absorbante

I. Harmonisation des méthodes comptables

A. Apports en valeur réelle

Actifs et passifs reçus dont la comptabilisation n'est pas retenue par la société absorbante pour elle-même

8600 ***Question***

Lorsque la fusion est réalisée à la valeur réelle, la société absorbante doit-elle sortir de son bilan les actifs et passifs apportés (frais de développement ou provision pour retraite, par exemple) lorsque, selon ses propres méthodes comptables, ces actifs et passifs ne devraient pas figurer au bilan ?

Réponse

Non. Ces éléments doivent être maintenus au bilan de la société absorbante. Ils ne seront repris en résultat que lors de leur utilisation.

PCG art. 744-1

(*en partie*) Les actifs et passifs identifiés lors de la fusion [...] sont comptabilisés dans les comptes de l'entité absorbante [...], quelles que soient ses méthodes comptables. Les actifs et passifs qui ne sont pas habituellement comptabilisés par l'entité absorbante [...] (par exemple actifs et passifs d'impôt différé, provision pour engagement de départ à la retraite le cas échéant) sont repris en résultat en fonction de leur utilisation.

Commentaires Selon le PCG (art. 744-1), les éléments comptabilisés dans les comptes de la société absorbante du fait de l'opération (en valeur réelle) mais ne correspondant pas aux méthodes retenues par la société absorbante pour elle-même (par exemple, provisions pour retraite, actifs et passifs d'impôt différé, coûts de développement portés à l'actif) :
- doivent être maintenus au bilan de la société absorbante ;
- sont repris en résultat au cours des exercices ultérieurs en fonction de leur utilisation.

Ainsi, une provision pour retraite doit être reprise au fur et à mesure de son utilisation effective, c'est-à-dire au fur et à mesure de sa consommation par les seuls salariés de la société absorbée. Aucun nouveau droit acquis par ceux-ci, postérieurement à l'opération, ne devra être provisionné. Cependant, il est possible, à notre avis, de réajuster la provision chaque année en fonction de l'évolution du taux d'actualisation, afin de la porter, à la date du paiement des droits à la retraite, à la valeur nominale des droits acquis à la date de l'opération (par analogie avec la position qui pourrait être retenue dans les comptes consolidés, voir Mémento Comptes consolidés nº 5153).

Fiscalement, pour l'administration, les provisions pour retraite n'étant pas déductibles, leur reprise chez la société absorbante n'est pas imposable et doit être déduite extra-comptablement (imprimé nº 2058-A, ligne WU) :
- que les engagements de retraite n'aient pas été comptabilisés chez la société absorbée (BOI-IS-FUS-30-20 nº 240) ou, à notre avis, l'aient été (BOI-IS-FUS-30-20 nº 260) ;
- que l'opération soit placée sous le régime de faveur des fusions (position de la DLF exprimée dans l'avis CU CNC 2005-C, question nº 4, désormais reprise dans l'article 744-1 du PCG et BOI-IS-FUS-10-20-40-10 nº 220 ; voir nº 7904) ou sous le régime de droit commun (BOI-IS-FUS-30-20 nº 240).

Pour une synthèse du traitement fiscal à appliquer, chez la société absorbante, à la reprise des provisions qui étaient non déductibles chez la société absorbante, voir tableau au nº 8145.

Il en est de même :
- pour les actifs et passifs d'impôts différés, qui seront également utilisés dès lors que l'économie ou la charge d'impôt sera effectivement réalisée ;

Fiscalement, les charges ou produits d'impôt différé, n'étant respectivement ni déductibles ni imposables, doivent être retraités extra-comptablement sur l'imprimé nº 2058-A (ligne WQ ou XG) :
- qu'ils aient ou non été comptabilisés chez la société absorbée (BOI-IS-FUS-30-20 nº 260) ;
- que l'opération soit placée sous le régime de faveur des fusions (position de la DLF exprimée dans l'avis CU CNC 2005-C, question nº 4, désormais reprise dans l'article 744-1 du PCG) ou sous le régime de droit commun (BOI-IS-FUS-30-20 nº 250).

- pour les coûts de développement portés à l'actif, qui devront être amortis. Les dépenses engagées postérieurement à l'opération et concernant les projets dont les coûts ont été activés dans le traité d'apport seront à comptabiliser en charges. Elles ne viendront donc pas augmenter les coûts de développement inscrits à l'actif si telle n'est pas la méthode retenue par la société absorbante.

Traitement analogue dans les comptes consolidés Le règlement ANC nº 2020-01 (art. 232-6) prévoit qu'après leur comptabilisation initiale et par application du principe d'homogénéité des méthodes comptables, les actifs et passifs identifiables doivent être évalués et présentés conformément aux règles comptables suivies habituellement par le groupe. Pour plus de détails, voir Mémento Comptes consolidés nº 5162-1.

Dans le cas particulier des provisions pour retraites selon l'article 232-1 (en partie), les provisions pour engagements de retraite et avantages assimilés afférant à l'entité acquise sont comptabilisés même dans le cas où le groupe acquéreur n'a pas opté pour la comptabilisation de ces engagements.

Harmonisation sur les méthodes de la société absorbée La société absorbante n'est pas tenue de modifier ultérieurement ses méthodes comptables du fait des apports reçus. Elle n'est notamment pas tenue d'adopter les méthodes de référence en matière d'engagements de retraite (provisionnement de l'intégralité des engagements) ou de coûts de développement (activation) même si une partie des engagements de retraite et des coûts de développement est comptabilisée à son bilan du fait de l'apport.

Cependant, si elle le souhaite, afin d'harmoniser ses méthodes, la société absorbante peut toujours adopter une méthode de référence, dans les conditions fixées par le PCG.

Sur ces conditions, voir Mémento Comptable n° 8480.

B. Apports en valeur comptable

Apports à la VNC comptabilisés selon des méthodes différentes de la société absorbante

8605 ***Question***

La société absorbante doit-elle appliquer ses méthodes de comptabilisation et d'évaluation à tous les éléments reçus à la valeur comptable lorsque ceux-ci ont été valorisés de manière différente par la société absorbée ?

Réponse

Oui, s'il s'agit de retraitements nécessaires pour se conformer à la définition des actifs et passifs tels que prévus au PCG ou s'il s'agit de provisionner les engagements de retraite ou assimilés de l'entité absorbée selon les modalités d'évaluation de l'entité absorbante. Ces retraitements d'harmonisation obligatoire sont comptabilisés en contrepartie du mali ou boni de fusion (le cas échéant).

Non, pour les éventuels retraitements au-delà des retraitements obligatoires décrits ci-avant. Dans ce cas, l'harmonisation n'est pas obligatoire mais reste possible : son impact est alors comptabilisé conformément aux règles comptables sur les changements de méthodes.

PCG art. 744-3

En cas d'opération réalisée à la valeur comptable impliquant une entité absorbée [...] non soumise au présent règlement, l'entité absorbante [...] procède aux retraitements nécessaires des actifs et passifs apportés pour se conformer à la définition des actifs et passifs tels que prévus au présent règlement.

Lorsque l'entité absorbante [...] provisionne ses engagements de retraite et assimilés conformément à l'article 324-1, elle ajuste sa provision pour tenir compte des droits des membres du personnel de l'entité absorbée [...], selon ses propres modalités d'évaluation.

Ces retraitements sont comptabilisés en contrepartie du mali ou boni de fusion éventuellement constaté. A défaut de mali ou boni, ils sont imputés en report à nouveau conformément aux règles sur les changements de méthode.

Au-delà des retraitements obligatoires prévus aux alinéas précédents, l'entité absorbante [...] peut également harmoniser les méthodes de comptabilisation et d'évaluation des actifs et passifs apportés selon ses propres méthodes. Dans ce cas, les changements en résultant sont traités conformément à l'article 122-3.

Commentaires Lorsque l'évaluation des apports est réalisée à la valeur comptable, les valeurs mentionnées dans le traité d'apport sont fonction des méthodes comptables appliquées par l'entité absorbée.
En effet, la reprise des valeurs comptables dans le traité d'apport doit se faire sans modification par rapport aux valeurs inscrites dans les comptes de l'entité absorbée (voir nº 7740).

En conséquence, les situations suivantes sont fréquentes en pratique :
- en cas d'opérations transfrontalières, les actifs et passifs apportés par l'entité étrangère absorbée peuvent ne pas répondre à la définition des actifs et passifs telle que prévue par le PCG ;
- l'entité absorbante peut avoir retenu une méthode comptable non retenue par l'entité absorbée (et inversement ; par exemple, le provisionnement des engagements de retraite, l'étalement des frais d'émission d'emprunt, etc.).

Dans ce type de situation, après la comptabilisation du traité d'apport, le PCG (art. 744-3) :
- n'impose pas une harmonisation complète et rétroactive des méthodes comptables à pratiquer dans les comptes de l'entité absorbante ;
- mais définit des retraitements d'harmonisation obligatoire minimale et les modalités de leur comptabilisation.

1. **Harmonisation des méthodes obligatoire** Elle vise les éléments suivants (PCG art. 744-3) :
- retraiter les actifs et passifs apportés pour **se conformer à la définition des actifs et passifs prévue par le PCG** (cas des opérations transfrontalières) ;

Ainsi, selon le Recueil des normes comptables de l'ANC (Commentaire IR 3 sous l'art. 744-3 du PCG) cette harmonisation consiste à :
- sortir du bilan les actifs et passifs apportés qui ne répondent pas à la définition des actifs et passifs donnée par le PCG (par exemple, des charges à répartir ou des actifs pris en crédit-bail ainsi que la dette associée) ;
- constater les actifs et passifs qui doivent être comptabilisés au bilan conformément au PCG.

2. **constater ou compléter la provision pour engagements de retraite** qui doit être comptabilisée au bilan **si telle est la méthode appliquée par l'entité absorbante.**

Ces retraitements sont comptabilisés **en contrepartie du mali ou boni de fusion éventuellement constaté** (PCG art. 744-3).

A défaut de mali ou de boni, ils sont imputés au report à nouveau de l'entité absorbante, conformément aux règles sur les changements de méthode (Recueil des normes comptables de l'ANC, Commentaire IR 3 sous l'art. 744-3 du PCG).

Sur les règles applicables en cas de changement de méthode, voir Mémento Comptable nº 8480 s. Si la société absorbée provisionne les engagements de retraite alors que ce n'est pas la méthode retenue par la société absorbante, voir ci-après.

3. **Harmonisation des méthodes facultative** L'entité absorbante peut décider d'harmoniser les méthodes de comptabilisation et d'évaluation des actifs et passifs apportés selon ses propres méthodes, au-delà de l'harmonisation minimale décrite ci-avant. Cette harmonisation complémentaire est alors à traiter comme un changement de méthode. Sur les règles applicables dans ce cas, voir Mémento Comptable nº 8480 s.

Toutefois, lorsque la société absorbée provisionne les **engagements de retraite et assimilés** alors que ce n'est pas la méthode retenue par la société absorbante, l'harmonisation sur la méthode de la société absorbante (conduisant à reprendre immédiatement la provision constatée par la société absorbée) ne devrait pas, à notre avis, pouvoir être possible. En effet, par analogie avec le traitement retenu dans les comptes consolidés (voir nº 8600), cette provision devrait être maintenue et reprise en résultat en fonction de son utilisation.

Par ailleurs, lorsque les **frais de développement** sont inscrits à l'actif de la société absorbée alors que la société absorbante les comptabilise immédiatement en charges (conformément au choix de méthode comptable offert par l'article 212-3.1 du PCG ; voir Mémento Comptable nº 30285), il est possible, à notre avis :
- soit de maintenir les frais de développement provenant de la société absorbée à l'actif du bilan de la société absorbante, par analogie avec le traitement de la provision pour engagements de retraite (voir ci-avant) et le traitement retenu dans les comptes consolidés (voir nº 8600) ;
- soit d'harmoniser la méthode de la société absorbée (activation des frais si les conditions sont remplies) sur celle de la société absorbante (charge immédiate), et de supprimer les frais de développement constatés à l'actif par la société absorbante du fait de la fusion. L'impact de cette suppression est constaté conformément aux règles sur les changements de méthode.

II. Classement comptable des actifs et passifs reçus

Modification du classement

8610 ***Question***

Le classement comptable, dans les comptes de la société absorbée, des éléments apportés doit-il être maintenu dans les comptes de la société absorbante après l'apport ?

Réponse

Non, si ce classement comptable ne correspond pas à l'utilisation de ces éléments par la société absorbante.

Commentaires Les titres apportés par la société absorbée doivent être classés dans les comptes de la société absorbante selon leur utilité pour cette dernière, ce qui peut conduire à un changement de classification comptable des titres (ainsi, titres de participation alors que les titres étaient inscrits en VMP dans les comptes de la société absorbée) (Bull. CNCC nº 150, juin 2008, EC 2008-01, p. 330 s.).

Selon le bulletin CNCC, aucune disposition des règles sur les fusions et opérations assimilées ne contraint la société absorbante à traiter les actifs et passifs acquis par voie de fusion selon les modalités antérieurement retenues par la société absorbée.

Les dispositions en matière d'harmonisation comptable introduites par le règlement ANC nº 2017-01 (voir nº 8605) ne rendent pas, à notre avis, cette disposition du bulletin CNCC caduque.

Il en est de même, à notre avis, de tout autre actif susceptible d'être classé différemment selon l'utilité de l'entreprise. Ainsi, des stocks de matériels apportés pourraient devoir être reclassés en immobilisations si l'usage attendu de ce matériel par la société absorbante répond à la définition d'une immobilisation.

Exemple *Une société A détient des titres de participation d'une société cotée B ainsi que 100 % d'une autre société non cotée C, cette dernière détenant des titres de B sous forme de titres de placement.*

Dans le cadre d'une opération de fusion, la société A reprend l'actif net de la société C.

Solution de l'exemple *Les titres de placement préalablement détenus par la société C (absorbée) sont comptabilisés et évalués dans les comptes de la société A (absorbante) comme les autres titres de B qu'elle détient préalablement à l'opération, c'est-à-dire en titres de participation.*

III. Amortissement

A. Plan d'amortissement

Amortissement des immobilisations reçues

8615 ***Question***

Comment amortir les immobilisations amortissables reçues par voie de fusion ?

Réponse

Lorsque la fusion a été réalisée à la valeur réelle, les immobilisations amortissables sont amorties sur la base de leur valeur d'apport et en fonction de la durée d'utilisation de ces éléments prévue par la société absorbante.

Lorsque la fusion a été réalisée à la valeur comptable, ces immobilisations sont amorties selon le plan d'amortissement (base, durée et mode) pratiqué antérieurement par la société absorbée, sauf si l'utilisation des éléments par la société absorbante est différente.

Commentaires Le calcul des amortissements des éléments amortissables reçus par voie d'apport varie selon la valeur d'apport comptabilisée :

1. **La valeur d'apport est la valeur réelle** Dans ce cas, les amortissements sont calculés sur la valeur d'apport (valeur réelle). Conformément au PCG (art. 214-4 et 214-11), le plan d'amortissement est défini en fonction de la durée d'utilisation des biens prévue par la société absorbante à la date d'entrée à l'actif de ces biens, c'est-à-dire à la date de l'apport.

Sur la décomposition des immobilisations, voir n° 8618.

Fiscalement, il en est de même, quel que soit le régime fiscal sous lequel l'opération a été placée.

En ce qui concerne l'application du mode dégressif :

1. **La fusion a été placée sous le régime de droit commun** Le système dégressif ne peut pas être appliqué car les éléments reçus sont qualifiés de biens acquis d'occasion (BOI-IS-FUS-10-10-20 n° 30).

2. **La fusion a été placée sous le régime de faveur** Les amortissements peuvent être pratiqués selon le mode dégressif si la nature des biens concernés y ouvre droit. L'interdiction de pratiquer des amortissements dégressifs sur des biens d'occasion est donc dans ce cas écartée. En outre, pour le calcul de l'amortissement dégressif, la société absorbante peut retenir (BOI-IS-FUS-10-20-50 n° 20) :
- la durée retenue par la société absorbée ;
- ou la durée probable d'utilisation du bien apporté, appréciée à la date de la fusion.

2. **La valeur d'apport est la valeur comptable** (c'est-à-dire reprenant la valeur brute, les amortissements et les dépréciations figurant chez la société absorbée, voir n° 8142). Dans ce cas, le plan d'amortissement (durée et mode) pratiqué antérieurement chez la société absorbée se poursuit chez la société absorbante, mais doit, le cas échéant, tenir compte, de manière prospective, de la nouvelle utilisation faite par la société absorbante.

Fiscalement, il en est de même (BOI-IS-FUS-10-10-20 n° 30, en régime de droit commun et BOI-IS-FUS-10-20-50 n° 30, en régime de faveur), y compris lorsque l'opération est fiscalement réalisée à la valeur réelle (sur la déconnexion des valeurs d'apport et l'impossibilité pour la société absorbante de constater un amortissement dérogatoire ou de procéder à une déduction extra-comptable, voir n° 7814).

Sur la décomposition des immobilisations, voir n° 8620.

Sur la reprise de la subvention d'investissement relative à des éléments apportés reconstituée par la société absorbante, voir n° 8154.

Cas particuliers

1. **Amortissements dérogatoires constatés par la société absorbée et reconstitués par la société absorbante** (voir n° 8154) Ces amortissements sont également repris selon le rythme pratiqué chez la société absorbée, ce dernier étant toutefois modifié lorsque le plan d'amortissement est modifié par la société absorbante (voir ci-avant).

2. **Déductions exceptionnelles en faveur de certains investissements** Lorsque des biens bénéficiant d'une des mesures temporaires permettant une déduction fiscale exceptionnelle (CGI art. 39 décies à 39 décies G ; voir Mémento Comptable n° 27425) sont apportés dans le cadre d'une opération placée sous le régime fiscal de faveur avant la fin de la période sur laquelle est pratiquée la déduction, celle-ci est poursuivie par la société absorbante pour la durée restant à courir et le montant restant à déduire, quelle que soit leur valeur d'apport (BOI-BIC-BASE-100-10 n° 240).

Dans ce cas, la déduction est pratiquée (voir n° 12133 et 12353) :
- de manière extra-comptable sur l'imprimé n° 2058-A (indication case X9 de la fraction de déduction acquise au titre de l'exercice, ce montant étant à agréger au montant total des déductions diverses mentionnées ligne XG) ;
- pendant la durée résiduelle de déduction.

3. **Amortissement du fonds commercial reçu en apport** La société absorbante a la possibilité (mais non l'obligation) de déduire de ses résultats imposables les amortissements comptabilisés à raison de **fonds commerciaux reçus entre le 1er janvier 2022 et le 31 décembre 2025** (CGI art. 39, 1-2° modifié en dernier lieu par loi 2022-1157 du 16-8-2022 art. 7 ; BOI-IS-FUS-10-20-40-10 n° 1 ; pour plus de détails sur l'amortissement du fonds commercial, voir Mémento Comptable n° 31990). Toutefois :
- pour les opérations réalisées depuis le 18 juillet 2022, ce régime n'est pas applicable si les sociétés absorbante et absorbée sont des entreprises liées au sens de l'article 39,12 du CGI, ou si elles sont contrôlées par une même personne physique (Loi 2022-1157 du 16-8-2022 art. 7) ;
- pour les opérations intervenues entre le 1er janvier et le 17 juillet 2022, l'administration a indiqué qu'elle se réserve la possibilité de remettre en cause la déduction de l'amortissement dans l'hypothèse où elles seraient réalisées pour des motifs exclusivement ou principalement fiscaux (LPF art. L 64 et L 64 A ; CGI art. 205 A ; BOI-BIC-AMT-10-20 n° 360).

En pratique, compte tenu de cette mesure anti-abus, la déduction fiscale de l'amortissement du fonds commercial n'est pas applicable lorsque l'acquisition du fonds commercial est réalisée par voie de fusion entre entités sous contrôle commun (car liées au sens de l'article 39,12 du CGI). Seules les opérations réalisées entre entités sous contrôle distinct ouvrent droit à la déduction fiscale de l'amortissement du fonds commercial par la société absorbante.
Lorsque l'opération a été réalisée à la valeur réelle et que la société absorbante décide de déduire l'amortissement du fonds commercial, elle doit procéder à la réintégration échelonnée sur cinq ans de la plus-value d'apport constatée sur le fonds commercial (voir nº 8625). Il en résulte que le dispositif temporaire ne présente un intérêt fiscal que dans l'hypothèse où les amortissements comptabilisés, porteurs d'une économie d'impôt, excèdent le montant de ces réintégrations liées à l'imposition de la plus-value d'apport.

B. Décomposition des immobilisations

Immobilisations apportées à la valeur réelle

8618 ***Question***

Comment traiter ultérieurement les immobilisations apportées à la valeur réelle dont la décomposition n'a pas été reprise par la société absorbante ?

Réponse

Les immobilisations apportées doivent être décomposées en fonction de l'utilisation prévue par la société absorbante, à compter de la date d'apport.

Commentaires En général, les immobilisations figurant dans le traité d'apport à la valeur réelle sont, à notre avis, non décomposées (voir nº 7705).
Par la suite, dans les comptes de la société absorbante, elles doivent néanmoins être décomposées et amorties en application des règles comptables générales.

Sur ces règles, voir Mémento Comptable nº 25710.

En conséquence, ces immobilisations sont décomposées :
- en fonction de l'utilisation prévue par la société absorbante ;

Celle-ci pouvant évidemment différer de l'utilisation par la société absorbée, le plan d'amortissement résultant de la décomposition par la société absorbante pourra être différent. Ainsi, il n'y aura pas nécessairement coïncidence entre la durée d'utilisation retenue par la société absorbante et la durée résiduelle qui restait à courir à la date de l'apport dans le plan d'amortissement initialement retenu par la société absorbée.
Pour une méthodologie de décomposition des immobilisations, voir Mémento Comptable nº 25775 à 25810.

- à compter de la date d'entrée à l'actif de ces immobilisations.

Fiscalement, il en est, à notre avis, de même.
Sur le calcul de la réintégration échelonnée des plus-values sur immobilisations amortissables, voir nº 8625.
Pour l'incidence de la décomposition des immobilisations apportées sur la réintégration des plus-values de fusion, voir nº 8650.

Immobilisations apportées à la valeur comptable

8620 ***Question***

Comment traiter ultérieurement la décomposition des immobilisations apportées à la valeur comptable lorsqu'elle ne correspond pas aux conditions d'utilisation de la société absorbante ?

Réponse

La décomposition doit être modifiée si elle ne correspond pas à l'utilisation des immobilisations par la société absorbante.

Commentaires La décomposition des immobilisations apportées par la société absorbée et comptabilisée par la société absorbante a été déterminée en fonction de l'utilisation de ces immobilisations par la société absorbée, dont les caractéristiques propres ont été prises en compte.

Lorsque l'utilisation des immobilisations par la société absorbante diffère de celle de la société absorbée, cette décomposition devrait, à notre avis, être modifiée pour tenir compte des caractéristiques propres de la société absorbante.

Fiscalement, il en est de même : en cas d'opération réalisée à la valeur comptable, il convient de se référer à la ventilation des éléments chez la société absorbée, sauf si la société absorbante justifie d'une décomposition différente de l'immobilisation du fait d'une utilisation différente notamment (BOI-BIC-PVMV-10-20-20 nº 430).

La modification du plan d'amortissement en résultant est **prospective** (conformément à l'article 214-15 du PCG). Cette modification n'a donc un impact que sur les dotations aux amortissements constatées après l'apport (les amortissements « apportés » ne sont pas modifiés).

Révision des plans d'amortissement La révision des plans d'amortissement pour tenir compte de l'utilisation des immobilisations par la société absorbante, même si elle ne conduit pas à l'identification de composants, est également à effectuer. L'impact de cette révision est prospectif, s'agissant d'un changement d'estimation.

C. Imposition des plus-values de fusion sur éléments amortissables (régime fiscal de faveur)

Incidences de la réintégration des plus-values de fusion

8625 ***Question***

Quelles sont les incidences comptables de la réintégration chez la société absorbante des plus-values de fusion sur éléments amortissables ?

Réponse

Cette réintégration est neutre sur le plan comptable, le supplément d'impôt dû par la société absorbante étant compensé par la reprise de provision pour impôt sur plus-value comptabilisée du fait de la fusion.

Commentaires Lorsque l'opération est réalisée comptablement à la valeur réelle et fiscalement placée sous le régime fiscal de faveur, la société absorbante doit réintégrer dans son résultat fiscal les plus-values de fusion sur éléments amortissables (CGI art. 210 A-3-d) (sur les modalités de réintégration, voir ci-après).

En revanche, tel n'est pas le cas lorsque l'opération est réalisée à la valeur comptable et placée sous le régime de faveur, les plus-values d'apport n'étant dégagées ni comptablement ni fiscalement.

Fiscalement, les plus-values d'apport sur éléments amortissables doivent être réintégrées de façon échelonnée, sur une durée fixée à 5 ans pour les biens mobiliers et à 15 ans en principe pour les immeubles (constructions, plantations, agencements et aménagements de terrain). La plus-value d'apport constatée sur le fonds commercial reçu entre le 1er janvier 2022 et le 31 décembre 2025 doit également être réintégrée de manière échelonnée lorsque la société absorbante déduit fiscalement les amortissements comptabilisés (Loi 2022-1157 du 16-8-2022 art. 7 ; BOI-IS-FUS-10-20-40-10 nº 1 et BOI-IS-FUS-10-20-40-20 nº 110 ; voir nº 8615).

1. Montant de la réintégration Le montant de la réintégration annuelle est calculé à partir de la plus-value nette, après déduction des moins-values dégagées par l'apport des biens relevant d'une durée de réintégration identique (BOI-IS-FUS-10-20-40-20 nº 50).

Lorsque la plus-value nette globale sur les éléments amortissables (autres que les constructions, les plantations et les agencements et aménagements de terrains) résulte d'une compensation entre plus-values et moins-values, l'administration admet que la société absorbante puisse choisir entre une répartition proportionnelle et une affectation sur certains biens pour la détermination des plus-values nettes à réintégrer sur chaque bien. Dans ce dernier cas, la société doit produire en annexe à l'état prévu à l'article 54 septies du CGI (voir nº 7302), la quote-part de la plus-value nette affectée à chaque bien (BOI-IS-FUS-10-20-40-20 nº 140).

2. Période de réintégration La réintégration est échelonnée, en principe, sur 15 ans pour les immeubles et sur 5 ans pour les autres immobilisations (CGI art. 210 A-3-d). Toutefois, si la plus-value nette sur les immeubles (constructions, plantations, agencements et aménagements de terrain) représente plus de 90 % de la plus-value nette globale sur les éléments amortissables, sa durée de réintégration n'est pas égale à 15 ans mais à la durée moyenne pondérée d'amortissement de ces biens (BOI-IS-FUS-10-20-40-20 nº 100), en tenant compte le cas échéant de la durée d'amortissement des composants (BOI 4 A-13-05 nº 134, précision non reprise dans Bofip). Cette mesure permet d'allonger la période de réintégration et de la rapprocher de la durée d'amortissement.

La réintégration doit être répartie par parts égales à compter de l'exercice de réalisation de la fusion (BOI-IS-FUS-10-20-40-20 nº 110), sans qu'il y ait lieu d'opérer un calcul prorata temporis la première année lorsque la fusion ne prend pas effet au premier jour de l'exercice (CAA Marseille 22-3-2018 nº 16MA04863). Toutefois, la société absorbante peut procéder à une réintégration anticipée de tout ou partie de la plus-value, le montant cumulé des réintégrations constatées à la fin de chaque exercice devant être au moins égal à celui qui aurait résulté d'une réintégration linéaire (BOI-IS-FUS-10-20-40-20 nº 120).

Par ailleurs, l'administration admet que la société absorbante puisse compenser, à la date de la fusion, la plus-value nette avec les déficits de la société absorbée qu'elle est autorisée, sur agrément, à reporter sur ses propres résultats (BOI-IS-FUS-10-20-40-20 nº 50).

3. Cas particulier : période de réintégration de la plus-value d'apport sur le fonds commercial en cas d'amortissement débutant postérieurement à la fusion Dans le cas particulier où les conditions permettant l'amortissement comptable du fonds commercial (voir Mémento Comptable nº 31990) reçu entre le 1er janvier 2022 et le 31 décembre 2025 ne seraient réunies qu'au titre d'un exercice postérieur à la fusion, la réintégration échelonnée de la plus-value d'apport sur le fonds à laquelle la société absorbante est tenue lorsqu'elle déduit fiscalement ces amortissements ne débute qu'à compter de l'exercice où cet amortissement est pratiqué en comptabilité (BOI-IS-FUS-10-20-40-10 nº 1 et BOI-IS-FUS-10-20-40-20 nº 110).

Exemple *En janvier 2024, une entreprise reçoit dans le cadre d'une fusion sous contrôle distinct réalisée à la valeur réelle sous le régime de faveur un fonds commercial d'une valeur de 100. La plus-value d'apport de 25 qui est constatée est placée en sursis d'imposition, le fonds commercial n'étant pas amortissable (voir nº 7802).*

Le 1er janvier 2026, un événement nouveau conduit l'entreprise à identifier une limite prévisible à l'exploitation de ce fonds commercial, fixée au 31 décembre 2033. En conséquence, le fonds commercial est amorti comptablement sur huit ans par la société à compter du 1er janvier 2026.
Fiscalement, l'entreprise décide de déduire cet amortissement du fonds commercial pratiqué en comptabilité conformément à l'article 39, 1-2o du CGI, soit une déduction de 12,5 pour chacun des exercices 2026 à 2033. Le fonds commercial relève alors du régime des immobilisations amortissables pour l'application du régime de faveur. La plus-value d'apport doit être réintégrée sur cinq ans à compter de l'exercice 2026 (BOI-IS-FUS-10-20-40-10 no 1 et BOI-IS-FUS-10-20-40-20 no 110).
Le tableau ci-après récapitule les déductions fiscales et comptables pratiquées :

Exercice	*Comptabilité*		*Fiscalité*		
	Valeur nette comptable du fonds commercial chez l'absorbante	*Amortissement du fonds commercial*	*Plus-value en sursis d'imposition*	*Réintégration de la plus-value d'apport du fonds commercial*	*Déduction de l'amortissement du fonds commercial*
2024	*100*		*25*		
2025	*100*				
2026	*87,5*	*12,5*	*(25)*	*5*	*12,5*
2027	*75*	*12,5*		*5*	*12,5*
2028	*62,5*	*12,5*		*5*	*12,5*
2029	*50*	*12,5*		*5*	*12,5*
2030	*37,5*	*12,5*		*5*	*12,5*
2031	*25*	*12,5*			*12,5*
2032	*12,5*	*12,5*			*12,5*
2033	*0*	*12,5*			*12,5*
Total		*100*	*0*	*25*	*100*

4. Cas où la compensation des plus-values et moins-values dégagées par l'apport des biens fait apparaître une moins-value nette Celle-ci est alors transmise de plein droit à la société absorbante, sauf lorsque la société absorbée a déjà compensé cette moins-value nette avec ses résultats imposables (BOI-IS-FUS-10-20-40-20 no 160).

5. Opérations de restructuration antérieures La réintégration porte également sur les plus-values résultant d'opérations antérieures placées sous le régime de faveur, pour lesquelles la société absorbante s'est engagée à poursuivre la réintégration au lieu et place de la société absorbée (voir no 8640 et 8650).

Lorsque les apports sont évalués à la valeur réelle, le traité d'apport doit mentionner les impôts différés (passifs) sur plus-values d'apport. Ces impôts différés sont inscrits dans les comptes de la société absorbante lors de l'apport (voir no 8150) et repris en résultat au fur et à mesure de leur utilisation (voir no 8600).

En conséquence, la réintégration des plus-values de fusion dans le résultat fiscal de la société absorbante constitue une opération neutre sur le plan comptable : le supplément d'impôt que la société doit acquitter est compensé par la reprise, étalée dans le temps, de la provision pour impôt au crédit du compte de résultat.

Même si l'absorbante est **déficitaire fiscalement**, il convient néanmoins de reprendre la quote-part de provision pour impôt afférente à l'exercice par le compte de résultat, celle-ci étant devenue sans objet à la suite d'un événement (exercice déficitaire) survenu postérieurement à la fusion.

Fiscalement, la quote-part des plus-values de fusion imposable au titre de l'exercice (suivi effectué sur l'imprimé n° 2059-B) est réintégrée de manière extra-comptable sur l'imprimé n° 2058-A (ligne WO ; voir n° 12351). Par ailleurs, la reprise de la provision pour impôt par la société absorbante ne devrait pas être imposable, voir n° 8600.

Sur les conséquences comptables et fiscales de la cession de l'immobilisation amortissable à laquelle est attachée une plus-value en report échelonné, voir n° 8640.

D. Amortissement fiscal des frais d'acquisition liés aux titres de participation apportés (régime fiscal de faveur)

Incidences de l'amortissement fiscal

8627 ***Question***

Comment la société absorbante poursuit-elle l'amortissement fiscal des frais d'acquisition liés aux titres de participation apportés (fusion placée sous le régime fiscal de faveur) ?

Réponse

En cas d'opération réalisée en valeur réelle, l'amortissement fiscal des frais d'acquisition engagés par la société absorbée et poursuivi par la société absorbante est effectué de manière extra-comptable (déduction sur l'imprimé n° 2058-A).

En cas d'opération réalisée en valeur comptable :
- lorsque les frais d'acquisition ont été comptablement incorporés dans le coût d'entrée des titres chez la société absorbée, la poursuite de l'amortissement fiscal chez la société absorbante donne lieu, à notre avis, à la comptabilisation d'un amortissement dérogatoire sur la durée résiduelle d'amortissement ;
- en revanche, lorsque les frais ont été immédiatement comptabilisés en charges lors de l'acquisition des titres par la société absorbée, la poursuite de leur amortissement fiscal par la société absorbante est, à notre avis, effectuée par déduction extra-comptable (sur l'imprimé n° 2058-A).

Commentaires Quel que soit le traitement comptable retenu par la société absorbée lors de l'acquisition de titres de participation (inscription en charges ou incorpo-

ration dans le coût d'acquisition des titres), les frais d'acquisition des titres (CGI art. 209-VII) :
- ont été, sur le plan fiscal, obligatoirement incorporés au prix de revient de ces titres ;
- ont pu être fiscalement amortis sur 5 ans à compter de la date d'acquisition des titres.
Cet amortissement fiscal prend la forme :
- d'un amortissement dérogatoire lorsque les frais d'acquisition ont été comptablement immobilisés ;
- d'une déduction extra-comptable lorsque ces frais ont été comptabilisés en charges.
Lors de l'apport des titres de participation dans le cadre d'une fusion placée sous le régime de faveur des fusions, la société absorbante est autorisée à poursuivre l'amortissement fiscal des frais d'acquisition afférents aux titres apportés (BOI-IS-BASE-30-10 n° 290 ; voir n° 7802 et 7812).

En l'absence de précisions de la part de l'administration fiscale, les modalités de la poursuite de cet amortissement sont, à notre avis, les suivantes :

1. **Fusion réalisée en valeur réelle** Dans ce cas, les frais d'acquisition des titres n'ont pas été repris en tant que tels dans le traité d'apport, la valeur réelle étant estimée de manière globale pour les titres (voir n° 7700). Ils ne sont donc pas isolés dans les comptes de la société absorbante.

En conséquence, à notre avis, l'amortissement fiscal des frais d'acquisition non encore amortis par la société absorbée à la date de l'opération est réalisé de manière extra-comptable par la société absorbante. Une déduction extra-comptable est donc opérée sur l'imprimé n° 2058-A (ligne XG) sur la durée résiduelle d'amortissement des titres à la date de la fusion, à raison de 1/5e du montant total des frais d'acquisition engagés par la société absorbée par exercice (voir n° 12352).

2. **Fusion réalisée en valeur comptable** S'agissant d'une opération entre sociétés sous contrôle commun (en général), la fusion constitue une restructuration intragroupe justifiant de maintenir une continuité. En conséquence, à notre avis, la déduction fiscale des frais d'acquisition de titres de participation non encore amortis fiscalement à la date de la fusion est effectuée par la société absorbante dans les mêmes conditions que par la société absorbée. En conséquence (voir n° 12132) :

a. **Si les frais d'acquisition ont été incorporés dans le coût d'entrée des titres par la société absorbée** Dans ce cas, les frais déjà amortis par la société absorbée ont été comptabilisés en amortissements dérogatoires qui ont pu être reconstitués dans les comptes de la société absorbante (voir n° 8154). La poursuite de l'amortissement fiscal des frais d'acquisition donne donc également lieu, chez la société absorbante, à la constatation d'amortissements dérogatoires pendant la durée résiduelle d'amortissement.

La dotation annuelle est débitée du compte 68725 par le crédit du compte 145 « Amortissements dérogatoires » à hauteur de 1/5e des frais d'acquisition engagés par la société absorbée.

Sur la déduction de la reprise extra-comptable des amortissements dérogatoires en cas de cession des titres de participation apportés, voir n° 8640.

b. **Si les frais d'acquisition ont été inscrits en charges dans les comptes de la société absorbée** Dans ce cas, la déduction fiscale des frais d'acquisition des titres de participation par la société absorbante est réalisée :
- de manière extra-comptable sur l'imprimé n° 2058-A (ligne XG),
- pendant la durée résiduelle d'amortissement fiscal des titres à la date de la fusion, à raison de 1/5e du montant total des frais d'acquisition engagés par la société absorbée par exercice.

IV. Dépréciation

Détermination des dépréciations ultérieures

8630 ***Question***

Comment calculer les dépréciations ultérieures sur les éléments reçus par voie de fusion ?

Réponse

Les dépréciations sont déterminées sur la base de la valeur d'apport des éléments reçus, en appliquant les règles comptables relatives aux dépréciations d'actifs.

Leur déduction fiscale dépend du régime fiscal sous lequel a été placée la fusion, de la valorisation retenue sur le plan comptable et de la nature des actifs apportés.

Commentaires Les dépréciations sont calculées sur le coût d'entrée des éléments reçus, c'est-à-dire leur valeur d'apport (voir n° 8130), en appliquant les règles générales de détermination des dépréciations.

Sur la dépréciation du mali technique, voir n° 8373.

Fiscalement, le caractère déductible ou non des dépréciations comptabilisées dépend à la fois de la valeur d'apport, du régime fiscal sous lequel l'opération a été placée et de la nature des biens reçus par voie d'apport.

1. La fusion a été placée sous le régime de droit commun Les dépréciations comptabilisées sont déductibles dans les conditions de droit commun [voir Mémento Comptable n° 27715 à 27825 (immobilisations corporelles), Mémento Comptable n° 31825 (immobilisations incorporelles), Mémento Comptable n° 21705 à 21875 (stocks), Mémento Comptable n° 35930 à 36155 (titres)]. Sur le cas particulier d'une déconnexion des valeurs d'apport, voir n° 10140.

2. La fusion a été placée sous le régime de faveur Il convient dans ce cas de prendre en compte la nature des éléments reçus :

a. Immobilisations amortissables Les dépréciations comptabilisées sont déductibles dans les conditions de droit commun. Sur ces conditions, voir **1.** ci-avant.

b. Immobilisations non amortissables (fonds de commerce, marques, terrains et titres) et valeurs mobilières de placement. La dépréciation est calculée par référence à la valeur que ces actifs avaient, du point de vue fiscal, dans les écritures de la société absorbée (CGI art. 39-1-5° ; BOI-IS-FUS-10-20-40-10 n° 250 à 290) et non par rapport à leur valeur d'apport.

En conséquence :

– **en cas de fusion réalisée à la valeur réelle,** une quote-part de la dépréciation comptabilisée doit être réintégrée extra-comptablement (ligne WI ; voir n° 12345 et 12350) lorsque la valeur d'apport de l'immobilisation est supérieure à sa valeur fiscale avant apport. Tel est le cas lorsqu'une plus-value d'apport a été dégagée sur ce bien ou lorsqu'il est grevé de sursis d'imposition antérieurs (fusion antérieure...) ;

Exemple

Valeur d'apport du bien	*300*
Valeur avant apport (prix de revient fiscal)	*100*
1er cas : valeur d'inventaire : 250	
Dépréciation comptabilisée (300 – 250)	*50*
Dépréciation déductible (250 > 100)	*0*
Dépréciation à réintégrer	*50*

2e cas : valeur d'inventaire : 80

Dépréciation comptabilisée (300 – 80)	*220*
Dépréciation déductible (100 – 80)	*20*
Dépréciation à réintégrer	*200*

– **en cas de fusion réalisée comptablement à la valeur comptable,** la valeur fiscale à retenir peut être différente de cette valeur comptable, notamment lorsque les actifs transférés ont été reçus par la société absorbée à l'occasion d'une précédente opération réalisée à la valeur réelle et placée sous un régime de sursis d'imposition (fusion, etc.). Il en résulte que :
• si cette valeur est inférieure à la valeur comptable (égale à la valeur d'apport), l'excédent de la (provision pour) dépréciation comptable constituée à la clôture de l'exercice par rapport à la dotation fiscalement admise en déduction doit être réintégré pour la détermination du résultat fiscal (imprimé nº 2058-A, ligne WI) ;
• si cette valeur est supérieure à la valeur comptable, il n'est pas possible, selon l'administration (BOI-IS-FUS-10-20-40-10 nº 270) de constater une provision réglementée résultant de ce que la valeur d'inventaire est devenue inférieure au prix de revient fiscal.

Sur les retraitements extra-comptables à effectuer lorsque la valeur comptable des titres de participation apportés inclut les frais d'acquisition de ces titres ou lorsque les titres constituent des titres de participation éligibles au régime du long terme, voir Mémento Comptable nº 35980.

3. Eléments de l'actif circulant La dépréciation est, en pratique, calculée sur la valeur d'apport (qui constitue le prix de revient fiscal des éléments reçus, voir nº 8130 et 8140). La plus-value d'apport ayant été imposée au titre de l'exercice au cours duquel la fusion a été réalisée (CGI art. 210 A-3-e), les dépréciations comptabilisées sur la base de la valeur d'apport sont donc déductibles dans les conditions de droit commun.

4. Dépréciation d'un fonds commercial amorti Lorsque la société absorbante déduit fiscalement l'amortissement comptabilisé au titre d'un fonds commercial reçu entre le 1er janvier 2022 et le 31 décembre 2025 (voir nº 8615), la déduction d'une (provision pour) dépréciation entraîne l'obligation de la rapporter au résultat imposable des exercices suivants pour un montant égal à la différence entre (CGI art. 39, 1-5º ; BOI-BIC-PROV-40-10-10 nº 155) :
– la dotation aux amortissements qui aurait été constatée en l'absence de (provision pour) dépréciation,
– et la dotation aux amortissements calculée sur la nouvelle base amortissable comptable, qui est minorée de la (provision pour) dépréciation comptabilisée.

La reprise fiscale de cette (provision pour) dépréciation doit être réalisée extra-comptablement à la ligne (WI) de l'imprimé nº 2058 A.

L'administration admet que, dans cette situation, l'amortissement comptable du fonds peut être complété par un **amortissement dérogatoire** afin d'assurer la déduction fiscale de la totalité de son coût de revient. Cet amortissement dérogatoire est d'un montant égal à la réintégration fiscale de la (provision pour) dépréciation pratiquée (BOI-BIC-PROV-40-10-10 nº 155).

S'agissant des immobilisations corporelles, l'avis CNC 2006-12 prévoit le transfert de la dépréciation en amortissement afin de permettre la déduction fiscale de la totalité du coût de revient de l'immobilisation même si la dépréciation n'est pas déductible fiscalement (voir Mémento Comptable nº 27765).

Exemple *En janvier 2024, une entreprise reçoit dans le cadre d'une fusion un fonds commercial qu'elle amortit comptablement et fiscalement à compter de cette date sur une période de 10 ans, identifiant une limite prévisible à son exploitation pour décembre 2033 (voir Mémento Comptable nº 31990).*

L'entreprise comptabilise une dépréciation (fiscalement déductible) du fonds commercial à la clôture de l'exercice 2028 de 150 pour ramener la valeur nette comptable à la valeur actuelle (voir Mémento Comptable nº 27765). Sur le plan comptable, le plan d'amortissement est modifié prospectivement en partant de cette nouvelle base.

A compter de l'exercice 2029 :
- les amortissements comptabilisés sont minorés ;
- et la dépréciation donne lieu à des réintégrations extra-comptables.

L'entreprise comptabilise des amortissements dérogatoires et peut ainsi déduire fiscalement la totalité du prix de revient du fonds commercial reçu en apport.

Le tableau ci-après récapitule les déductions fiscales et comptables pratiquées :

Exercice	*Comptabilité*				*Fiscalité*		
	Base amortissable	*Dotation aux amortissements*	*Dotation aux dépréciations*	*Dotation aux amortissements dérogatoires*	*Déduction issue de la comptabilité*	*Reprise extra-comptable de la dépréciation*	*Montant total des déductions fiscales*
2024	*1 000*	*100*			*100*		*100*
2025	*1 000*	*100*			*100*		*100*
2026	*1 000*	*100*			*100*		*100*
2027	*1 000*	*100*			*100*		*100*
2028	*1 000*	*100*	*150*		*250*		*250*
2029	*350*	*70*		*30*	*100 (1)*	*30*	*70 (2)*
2030	*350*	*70*		*30*	*100*	*30*	*70*
2031	*350*	*70*		*30*	*100*	*30*	*70*
2032	*350*	*70*		*30*	*100*	*30*	*70*
2033	*350*	*70*		*30*	*100*	*30*	*70*
Total		*850*	*150*	*150*	*1 150*	*150*	*1 000*

(1) Déduction issue de la comptabilité : 100 = 70 (amortissement après dépréciation) + 30 (amortissement dérogatoire)
(2) Montant total des déductions fiscales : 70 = 100 (déduction issue de la comptabilité) – 30 (reprise extra-comptable d'une quote-part de la dépréciation)

Dépréciation d'éléments fongibles

8632 ***Question***

Comment calculer la dépréciation d'éléments fongibles apportés à la société absorbante lorsque cette dernière détient déjà des éléments de même nature (par exemple, titres ou fonds commerciaux) ?

Réponse

La valeur actuelle servant de base à la dépréciation est calculée en considérant l'ensemble des éléments fongibles désormais détenus par la société absorbante.

Commentaires 1. **Titres** Selon la CNCC, les règles d'évaluation des titres s'appliquant de manière uniforme pour une même ligne de titres en raison de leur fongibilité, il convient d'évaluer les titres acquis par voie de fusion en considérant l'ensemble des titres désormais détenus par la société absorbante (Bull. CNCC no 150, juin 2008, EC 2008-01, p. 330 s.).

Cette évaluation doit obligatoirement tenir compte du mali affecté (le cas échéant) aux titres reçus (Bull. CNCC précité).

2. **Fonds commerciaux** Pour l'incidence du caractère fongible de clientèles sur la dépréciation du mali technique, voir no 8373.

Réappréciation ultérieure d'un actif déprécié apporté à la valeur comptable

8634 ***Question***

La réappréciation, après la fusion, d'un actif déprécié apporté à la valeur comptable doit-elle donner lieu à une reprise de dépréciation dans les comptes de la société absorbante ?

Réponse

Oui.

Commentaires En cas d'apport réalisé à la valeur comptable, les éléments d'actif doivent, pour des raisons fiscales, être repris dans le traité d'apport et inscrits dans les comptes de la société absorbante pour leur valeur comptable « éclatée » (valeur brute/amortissement et dépréciation/valeur nette) (voir no 7750 et 8142).

Lorsqu'un actif déprécié dans les comptes de la société absorbée, apporté à la valeur comptable, se réapprécie après l'opération, une reprise de dépréciation est à comptabiliser en résultat (Bull. CNCC no 181, mars 2016, EC 2015-54, p. 102 s.).

Fiscalement, selon la DLF, interrogée par nos soins dans le cadre de notre journée « Arrêté des comptes 2006 » Les Echos – PwC, la réappréciation de l'élément apporté doit donner lieu à une reprise de (provision pour) dépréciation, lorsque l'opération a été placée sous le régime fiscal de faveur des fusions (cas général des opérations réalisées comptablement à la valeur comptable), pour les deux raisons suivantes :
– les provisions conservant leur objet ont été reprises au bilan de la société absorbante et n'ont pas été imposées lors de l'apport (CGI art. 210 A) ;
– en application du principe de neutralité des fusions, la société absorbante poursuivant l'activité de la société absorbée, elle doit imposer la reprise de (provision pour) dépréciation devenant sans objet si la dotation a été déduite par la société absorbée (BOI-IS-FUS-10-20-40-10 no 220) (voir no 7812).

Toutefois, selon certains, il pourrait être avancé (ce qui conduirait à une non-imposition du produit) que :
– l'imposition, au travers d'une reprise de dépréciation, de la réappréciation de l'immobilisation au-delà de sa valeur d'apport revient à imposer une plus-value latente ;
– comme l'a jugé le Conseil d'Etat en matière de taxe professionnelle, le prix de revient des immobilisations apportées à la valeur nette comptable et comptabilisées de manière éclatée correspond à leur valeur d'apport, c'est-à-dire leur valeur nette comptable, et non à leur prix de revient chez la société absorbée (Avis CE 28-10-2005 no 279961 ; CE 1-7-2009 no 279961).

V. Cession

A. Résultat de cession

Détermination du résultat de cession

8640 ***Question***

Comment calculer le résultat de cession des éléments reçus dans le cadre de l'apport lors de leur cession ultérieure ?

Réponse

Le résultat de cession est déterminé (et comptabilisé) par rapport à la valeur nette comptable chez la société absorbante à la date de la cession.

Commentaires Conformément aux règles comptables applicables en cas de cession d'un élément d'actif, le résultat de cession est calculé à partir de la valeur nette comptable de l'élément à la date de sa cession.

Sur le cas où une quote-part de mali technique a été affectée aux éléments cédés, voir no 8380.

Fiscalement, le résultat de cession correspond au résultat comptable corrigé des éléments suivants :

1. **Différences entre le prix de revient fiscal et le coût d'entrée comptable**

a. **Plus et moins-values en sursis ou report d'imposition** (voir no 8130).

b. **Plus et moins-values en « sursis de comptabilisation »** (voir no 7814) Lorsque l'opération a été comptablement réalisée à la valeur comptable et placée sous le régime fiscal de droit commun (et donc fiscalement réalisée à la valeur réelle, voir no 7800), l'administration fiscale admet que le résultat de cession soit calculé en tenant compte (BOI-IS-FUS-30-20 no 180) :

– de la valeur réelle du bien au jour de la fusion (retenue pour l'imposition de la plus-value d'apport, voir no 7812),

– diminuée des amortissements pratiqués depuis la fusion chez la société absorbante.

Sur la portée de cette tolérance administrative et sur les justificatifs à fournir pour bénéficier de cette tolérance, voir no 10150.

L'excédent du résultat de cession comptable sur le résultat de cession fiscal est déduit extra-comptablement (ligne XG) sur l'imprimé no 2058-A (voir no 12245, 12250 et 12255).

2. **Retraitements extra-comptables déclenchés par la cession** Ainsi, notamment, en cas de cession :

– d'immobilisations amortissables : réintégration de la fraction de plus-value d'apport non encore réintégrée et résultant de la fusion ou d'opérations antérieures réalisées à la valeur réelle et placées sous le régime de faveur, voir no 8650 ;

– d'immobilisations financées par une subvention d'investissement : réintégration de la subvention afférente à l'élément cédé et transférée lors de la fusion, voir no 8154 ;

– de titres de participation :

• la plus ou moins-value de cession doit être calculée à partir de la valeur fiscale des titres c'est-à-dire en pratique le plus souvent (en supposant qu'il n'y ait pas eu d'opération antérieure) d'après leur prix d'acquisition majoré des frais d'acquisition fiscalement incorporés au prix de revient, minoré des amortissements admis en déduction (ou des déductions extra-comptables) pour la détermination du résultat imposable de la société absorbée. Si les frais d'acquisition n'étaient pas totalement amortis lors de la fusion, en cas de poursuite de l'amortissement fiscal par la société absorbante, par la constatation d'amortissements dérogatoires ou par déduction extra-comptable (opération placée sous le régime de faveur, voir n° 8627), la valeur fiscale à prendre en compte pour le calcul du résultat de cession des titres par la société absorbante est diminuée des frais amortis fiscalement par la société absorbée et par la société absorbante (BOI-IS-BASE-30-10 n° 290 et 300).

Par ailleurs, lorsque les biens cédés sont des titres de participation (au sens fiscal, voir n° 10035) détenus depuis au moins deux ans, les retraitements extra-comptables propres au régime du long terme doivent, le cas échéant, être effectués au titre de la plus ou moins-value de cession (sur ces retraitements, voir Mémento Comptable n° 36700 s.). Sur l'appréciation du délai de détention des titres cédés, voir n° 8643.

Pour les mesures anti-abus applicables aux cessions de titres, voir BIC-VII-33750 s. et BIC-VII-33880 s.

Pour les conséquences de la cession de titres apportés sur le régime des sociétés mères dont ont bénéficié les dividendes perçus, voir n° 7802 et 7812.

Sur le cas où une quote-part de mali technique a été affectée aux éléments cédés, voir n° 8380.

• en cas de poursuite de l'amortissement fiscal des frais d'acquisition par la société absorbante par la constatation d'amortissements dérogatoires (cas où, après que la société absorbée ait inclus comptablement ces frais dans le prix d'entrée des titres, la fusion est réalisée à la valeur comptable et placée sous le régime de faveur, voir n° 8627), la question se pose du sort des amortissements dérogatoires en cas de cession des titres par la société absorbante. A notre avis, la reprise des amortissements dérogatoires ne devrait pas être imposable car son imposition aboutirait à remettre en cause la déduction au taux de droit commun des amortissements constatés. Une déduction extra-comptable devrait donc être pratiquée (imprimé n° 2058-A, ligne XG).

Le tableau suivant, établi par nos soins, présente une comparaison entre le résultat de cession comptable et fiscal lors de la cession ultérieure des éléments apportés :

<table>
<tr><th rowspan="3">Valeur d'apport comptable</th><th colspan="3">Résultat de cession</th></tr>
<tr><th rowspan="2">Comptable</th><th colspan="2">Fiscal</th></tr>
<tr><th>Régime de faveur</th><th>Régime de droit commun</th></tr>
<tr><td>Valeur réelle</td><td rowspan="2">Prix de cession
– VNC de l'élément au jour de la cession</td><td rowspan="2">Idem résultat comptable (1) sauf immobilisations non amortissables (et VMP) :
prix de cession
– valeur que ces éléments avaient, du point de vue fiscal, dans les écritures de l'absorbée avant la fusion (2)</td><td>Idem résultat comptable</td></tr>
<tr><td>Valeur comptable</td><td>Tolérance : prix de cession
– valeur réelle du bien au jour de la fusion (diminuée des amortissements pratiqués depuis la fusion chez la société absorbante)</td></tr>
</table>

(1) Toutefois, la cession des **immobilisations amortissables** entraîne la réintégration immédiate des plus-values d'apport (dont l'imposition est échelonnée chez la société absorbante) qui n'ont pas encore été réintégrées (voir n° 8650), sauf si la cession prend la forme d'une opération de restructuration placée sous les régimes de faveur des articles 210 A et B du CGI (voir n° 8650).
Les plus-values d'apport visées par la réintégration immédiate sont :
– les plus-values d'apport résultant de la fusion elle-même lorsque l'opération est réalisée à la valeur réelle ;
– les plus-values d'apport résultant de restructurations antérieures, quelle que soit la valeur à laquelle la fusion est réalisée.
Cette réintégration est toutefois neutralisée par la déduction de la reprise de provision pour impôt comptabilisée.

(2) La cession d'**immobilisations non amortissables** entraîne l'imposition des plus-values en sursis ou en report (voir nº 8653) et la déduction des moins-values nettes partielles constatées lors de l'apport d'éléments non amortissables, la société absorbante calculant la plus ou moins-value résultant de la cession de ces biens par rapport à la valeur qu'ils avaient, du point de vue fiscal, dans les écritures de la société absorbée (BOI-IS-FUS-10-20-30 nº 120). Il s'agit notamment, quelle que soit la valeur à laquelle la fusion a été réalisée, des plus ou moins-values résultant d'opérations de restructurations antérieures placées sous le régime de faveur. Lorsque l'opération est réalisée à la valeur réelle, sont également visées les plus ou moins-values d'apport résultant de la fusion elle-même, voir nº 8653.

Cession de titres reçus dans le cadre d'une fusion réalisée à la valeur comptable

8643 ***Question***

Lorsque la méthode Fifo est retenue pour calculer le résultat de cession des titres, quelle est la date d'acquisition des titres reçus à retenir pour déterminer la valeur brute des titres cédés ?

Réponse

Lorsque la fusion est réalisée à la valeur comptable, la date à retenir est celle de l'acquisition des titres par la société absorbée (et non la date d'effet de l'opération), à la fois comptablement (pour des raisons fiscales) et fiscalement (l'opération ayant été placée sous le régime de faveur).

Commentaires La date d'acquisition des titres reçus de la société absorbée à retenir pour déterminer la valeur brute des titres cédés en appliquant la méthode Fifo est, **en principe,** la date d'effet comptable de l'opération.

En effet, sur le plan comptable, en l'absence de disposition en ce sens prévue dans le PCG, il n'y a pas, à notre avis, de conservation, par la société absorbante de l'historique des acquisitions réalisées par la société absorbée.

En outre, la date de jouissance des éléments apportés est bien la date d'effet comptable (voir nº 10510).

Fiscalement, en revanche, **lorsque la fusion a été placée sous le régime fiscal de faveur** de l'article 210 A du CGI, celle-ci doit être regardée comme une opération intercalaire, et la date à prendre en compte est celle de l'acquisition des titres par la société absorbée (CE 11-2-2013 nº 356519 ; 4-7-2014 nº 357264 ; BOI-IS-FUS-10-20-50 nº 90). En effet, pour apprécier le délai de détention de deux ans (qui permet de déterminer si la plus ou moins-value est à court ou long terme), la société absorbante est réputée avoir acquis les titres apportés par la société absorbée à la date de leur entrée dans le patrimoine de cette dernière ; autrement dit, ces éléments sont réputés figurer dans le patrimoine de la société absorbante depuis la date de leur acquisition par la société absorbée.

En application de cette règle, la cession de titres reçus par voie d'apport depuis moins de deux ans, sous le régime de faveur des fusions, peut donner lieu, le cas échéant, à l'application du régime du long terme lorsque la cession intervient au moins deux ans à compter de l'entrée des titres dans le patrimoine de la société absorbée.

Sur la **mesure anti-abus** instaurant un **report de déduction de la moins-value de cession de titres de participation détenus depuis moins de deux ans entre entreprises liées** au sens de l'article 39-12 du CGI (CGI art. 219 I-a septies), voir BIC-VII-33750 s.

En conséquence, afin d'éviter toute divergence entre le traitement comptable et le traitement fiscal, il est possible, à notre avis, tant que cette position n'est pas infirmée par une autorité compétente, de **retenir sur le plan comptable la position fiscale.**

Cette position peut également, à notre avis, être justifiée par trois raisons supplémentaires. S'agissant d'une **opération réalisée entre sociétés sous contrôle commun** :
- l'opération réalisée constitue une restructuration intragroupe impliquant de maintenir une continuité, notamment dans la détention des titres ;
- cette logique est également celle qui prévaut déjà pour la reprise de la valeur « éclatée » des actifs apportés à la valeur nette comptable (voir nº 7750) : les amortissements et les dépréciations figurant dans les comptes de la société absorbée doivent également être maintenus dans les comptes de la société absorbante si l'opération est, sur le plan fiscal, également réalisée à la valeur comptable (afin d'éviter une déconnexion entre comptabilité et fiscalité), ce qui est en général le cas ;
- l'historique des acquisitions est également conservé dans les comptes consolidés.

Fiscalement, lorsque **la fusion a été placée sous le régime de faveur,** elle est traitée comme une opération intercalaire : la société absorbante est réputée, pour l'application du régime des sociétés mères et filiales, détenir les titres apportés depuis leur acquisition par la société absorbée et non pas depuis la fusion (CGI art. 145-1-c). En conséquence, seule la cession des titres par la société absorbante dans un délai de deux ans **à compter de leur acquisition par l'absorbée,** remet en cause l'application du régime, à moins que celle-ci ne conserve 5 % du capital de la filiale. En effet, l'obligation de conservation des titres ne porte que sur ce socle (CE 16-12-2014 nº 380942 ; BOI-IS-BASE-10-10-10-20 nº 210 ; voir Mémento Comptable nº 36315), et non sur la totalité des titres. Selon l'administration, lorsque l'exonération du régime des sociétés mères est remise en cause rétroactivement, sont visés non seulement les dividendes reçus par la société absorbante, mais également ceux reçus par la société absorbée avant la fusion (BOI-IS-BASE-10-10-10-20 nº 380). La société absorbante doit dans ce cas déposer une liasse fiscale rectificative et acquitter l'impôt complémentaire assorti des intérêts de retard (BOI-IS-BASE-10-10-10-20 nº 230).

En revanche, lorsque **la fusion a été placée sous le régime de droit commun,** la cession de titres reçus dans le cadre de l'opération dans un **délai de deux ans suivant sa réalisation** a en principe pour effet de rompre le délai de conservation requis pour bénéficier de l'exonération des dividendes dans le cadre du régime des sociétés mères, si elle a pour effet d'abaisser le seuil de participation en-deçà de 5 %.

Sur le cas où la **fusion a été placée sous le régime de droit commun,** voir nº 7802 et 7812.

Exemple *Une société A détient 1 000 actions d'une société X qu'elle a acquises le 15 mars N–3 pour un prix unitaire de 10.*

Au cours de l'exercice N, la société A est absorbée par la société M (sa société mère), avec effet rétroactif au 1er janvier N. L'opération est placée sous le régime fiscal de faveur des fusions.

La société M détient, préalablement à la fusion, 2 000 actions de la société X, qu'elle a acquises le 30 novembre N–2 pour un prix unitaire de 20.

Le 30 juin N+1, la société M cède 2 500 actions X pour un prix unitaire de 25.

La méthode Fifo est retenue sur le plan comptable pour calculer le résultat de cession.

Solution de l'exemple *La plus-value de cession est déterminée de la manière suivante :*

	Fifo tenant compte des opérations de fusion	*Fiscalement*
Date d'acquisition des titres cédés (1)	*– Date d'acquisition des titres par M (30/11/N–2) pour 2 000 actions – Date d'effet de la fusion (1/01/N) pour 500 actions (détenues par A)*	*– Date d'acquisition des titres par A (15/03/N–3) pour 1 000 actions – Date d'acquisition des titres par M (30/11/N–2) pour 1 500 actions*

	Fifo tenant compte des opérations de fusion	*Fiscalement*
VNC des titres cédés (a)	*45 000 = (2 000 actions de M x 20) + (500 actions de A x 10)*	*40 000 = (1 000 actions de A x 10) + (1 500 actions de M x 20)*
Prix de cession (b)	*62 500 = 2 500 actions x 25*	*62 500 = 2 500 actions x 25*
Plus-value de cession (b-a)	*17 500*	*22 500*
Valeur des titres restant au bilan au 30/6/N+1	*5 000 = 500 actions (de A) x 10*	*10 000 = 500 actions (de M) x 20*
(1) Application de la méthode Fifo.		

Pour éviter une telle divergence entre le résultat fiscal et le résultat comptable de cession, il est possible, à notre avis, de retenir la méthode fiscale sur le plan comptable et de considérer que la date d'acquisition des titres cédés est la date à laquelle la société absorbée a acquis ces titres.

Cession de titres reçus dans le cadre d'une fusion réalisée à la valeur réelle

8645 ***Question***

Lorsque la méthode Fifo est retenue pour calculer le résultat de cession des titres, quelle est la date d'acquisition des titres à retenir pour déterminer la valeur brute des titres cédés ?

Réponse

Lorsque la fusion est réalisée à la valeur réelle, la date à retenir pour calculer le résultat de cession est, sur le plan comptable, la date d'effet de l'opération.

En revanche, sur le plan fiscal, lorsque l'opération a été placée sous le régime de faveur, la date à retenir est celle de l'acquisition des titres par la société absorbée.

Commentaires La date d'acquisition des titres reçus de la société absorbée à retenir pour déterminer la valeur brute des titres cédés en appliquant la méthode Fifo est, **en principe**, la date d'effet comptable de l'opération.

Lorsque l'opération est comptablement réalisée à la valeur réelle, il n'est pas possible de retenir, contrairement aux opérations réalisées à la valeur comptable (voir n° 8643), la date d'acquisition des titres par la société absorbée. En effet, dans ce cas, l'argument de la continuité d'exploitation ne peut pas être retenu.

Fiscalement :

1. **Calcul des plus ou moins-values de cession** Lorsque la fusion a été placée sous le régime de faveur de l'article 210 A du CGI, la date à prendre en compte est celle de l'acquisition des titres par la société absorbée (voir n° 8643). A notre avis, cette règle qui sert à déterminer le délai de détention des titres cédés s'applique également pour la détermination de leur coût de revient.

En conséquence, compte tenu de la divergence entre la règle comptable et fiscale, des retraitements extra-comptables sont susceptibles de devoir être effectués lors de la cession.

Sur les autres retraitements éventuellement applicables, notamment en cas de cession de titres de participation, voir nº 8640.

2. Dividendes Voir nº 8643.

B. Impact de la cession sur l'imposition des plus-values de fusion (régime fiscal de faveur)

Immobilisations amortissables

8650 ***Question***

Quelles sont les incidences comptables et fiscales de la cession des éléments amortissables reçus par voie de fusion pour lesquels l'imposition des plus-values de fusion a été échelonnée ?

Réponse

La fraction de plus-value de fusion afférente aux éléments cédés et non encore réintégrée est immédiatement réintégrée fiscalement. Lorsque l'opération a été réalisée comptablement à la valeur réelle, cette réintégration n'a toutefois pas d'incidence sur le plan comptable, le supplément d'impôt ainsi généré étant compensé par la reprise de provision pour impôt comptabilisée par la société absorbante..

Commentaires **Lorsque l'opération a été placée sous le régime fiscal de faveur** (ou sous certaines conditions en cas d'opérations successives, voir nº 8625), la société absorbante doit rapporter à son résultat fiscal les plus-values de fusion sur éléments amortissables placées en sursis et non encore réintégrées (sur les modalités de réintégration, voir nº 8625).

Fiscalement, en effet, la cession d'un bien amortissable entraîne la réintégration immédiate de la fraction de plus-value d'apport y afférente, y compris celles résultant d'opérations antérieures placées sous le régime de faveur pour lesquelles la société absorbante avait repris l'engagement de réintégration de la société absorbée (CGI art. 210 A-3-d ; voir nº 8625).

Selon l'administration, l'imposition est applicable quelles que soient les modalités de cession (vente, don, apport, destruction, mise au rebut, etc.) sauf si la cession résulte d'un nouvel apport dans le cadre d'une opération elle-même placée sous le régime de faveur. Dans ce dernier cas, la société absorbante ou bénéficiaire du nouvel apport se substitue à la société apporteuse pour l'imposition de la fraction des plus-values d'apport non encore réintégrée (BOI-IS-FUS-10-20-40-10 nº 160 et BOI-IS-FUS-10-20-40-20 nº 130 à 150 ; voir 12351).

Les fonds commerciaux reçus en apport entre le 1er janvier 2022 et le 31 décembre 2025 pour lesquels la société absorbante a déduit fiscalement l'amortissement comptabilisé (voir nº 8615), suivent le régime des immobilisations amortissables lors de leur cession (BOI-IS-FUS-10-20-40-10 nº 1).

Incidences de la décomposition d'une immobilisation Dans son instruction 4 A-13-05 n° 132, l'administration fiscale avait précisé qu'en cas de décomposition, par la société absorbante, d'une immobilisation amortissable reçue par voie d'apport :
– le remplacement d'un composant n'est pas considéré comme la cession de l'immobilisation (entraînant la réintégration immédiate de la plus-value y afférente, voir n° 7802). En conséquence, la plus-value d'apport afférente à l'immobilisation dans son ensemble et non encore imposée (en cours de réintégration échelonnée) n'a pas à être immédiatement réintégrée lors de ce remplacement ;
– ce n'est que lors de la cession de l'immobilisation principale que la réintégration de la plus-value d'apport le cas échéant non encore rapportée au résultat doit être effectuée.

Ces précisions n'ont pas été reprises dans Bofip à ce jour.

Sur le plan comptable, le solde de la provision pour impôt constituée lors de la fusion en valeur réelle (voir n° 8150) doit être repris lors de la cession, pour la quote-part afférente à l'élément cédé.

Fiscalement, cette reprise de provision devrait être déduite extra-comptablement [imprimé n° 2058-A (ligne WU) ; voir n° 8600].

Immobilisations non amortissables et valeurs mobilières de placement

8653 ***Question***

Quelles sont les incidences comptables et fiscales de la cession des éléments non amortissables de l'actif immobilisé (y compris VMP) reçus par voie de fusion pour lesquels les plus-values ont été placées en sursis d'imposition ?

Réponse

Les plus-values de fusion sont immédiatement imposées fiscalement. Lorsque l'opération a été réalisée comptablement à la valeur réelle, cette réintégration n'a toutefois pas d'incidence sur le plan comptable, le supplément d'impôt ainsi généré étant compensé par la reprise de provision pour impôt comptabilisée par la société absorbante.

Commentaires Lorsque l'opération est placée sous le **régime fiscal de faveur,** les plus-values de fusion sur immobilisations non amortissables (ainsi que sur valeurs mobilières de placement : CGI art. 210 A, 6) sont placées en sursis d'imposition jusqu'à la cession des éléments sous-jacents (pour des détails, voir n° 7802 et 7812).

Fiscalement, la cession de ces éléments entraîne l'imposition immédiate des plus-values de fusion placées en sursis d'imposition (CGI art. 210 A-3-c ; sur la notion de cession, voir n° 8650). Dans le cas où l'apport d'éléments non amortissables a dégagé une moins-value nette partielle, la plus ou moins-value de cession de ces éléments est calculée par rapport à leur valeur fiscale chez la société absorbée (BOI-IS-FUS-10-20-30 n° 120). Voir toutefois la décision isolée du Tribunal administratif de Lille (voir n° 10157).

La différence entre la plus ou moins-value fiscale et la plus ou moins-value comptable fait l'objet des retraitements extra-comptables suivants sur l'imprimé n° 2058-A :
– lorsque la plus-value fiscale est supérieure à la plus-value comptable, la différence est réintégrée (ligne WQ) ;
– lorsque la moins-value fiscale est supérieure à la moins-value comptable, la différence est déduite (ligne XG).

Sur les retraitements extra-comptables à effectuer lorsque les immobilisations cédées sont des titres relevant du régime des plus-values à long terme, voir Mémento Comptable n° 36700 s.

Sur les mesures anti-abus portant sur des titres, voir BIC-VII-33750 s. et BIC-VII-33880 s.

Cas particuliers :

1. **Apport de titres puis rachat de ces titres par la société cible** Conformément à l'article 112, 6o du CGI, ce gain constitue en totalité un gain en capital pour la société bénéficiaire de l'apport. Lorsque les titres ont été acquis à l'occasion d'une opération placée sous le régime de faveur, il est égal à la différence entre le prix de rachat des titres et leur valeur d'inscription dans les écritures de la société apporteuse.

2. **Fonds commercial reçu en apport entre le 1er janvier 2022 et le 31 décembre 2025** Lorsque la société absorbante a renoncé à la possibilité qui lui est offerte de déduire fiscalement les amortissements comptabilisés à raison du fonds commercial (voir no 8615), la plus-value d'apport a été placée en sursis d'imposition et le calcul de la plus-value de cession ultérieure suit le régime applicable aux immobilisations non amortissables (BOI-IS-FUS-10-20-40-10 no 1).

Sur le plan comptable, la provision pour impôt constituée à ce titre lors de la fusion en valeur réelle (voir no 8150) doit être reprise pour la quote-part afférente à l'élément cédé.

Fiscalement, cette reprise de provision devrait être déduite extra-comptablement [imprimé no 2058-A (ligne WU) ; voir no 8600].

SECTION V

Comptabilisation chez les associés de la société absorbée

I. Fusions avec échange de titres

A. Valorisation des titres reçus

Principe

8700 ***Question***

A quelle valeur les titres reçus par les associés de la société absorbée doivent-ils être évalués ?

Réponse

Dans le cas général où la société absorbée n'est pas détenue à 100 % par un seul actionnaire, les titres reçus par les actionnaires sont à évaluer à leur valeur vénale.

En revanche, la valeur comptable des titres remis à l'échange est à retenir dans les deux situations suivantes :
- la fusion est réalisée entre des sociétés détenues directement ou indirectement à 100 % ou quasi 100 % par l'actionnaire subissant l'échange de titres ;
- la fusion est réalisée en présence d'actionnaires tiers mais la transaction n'a pas de substance commerciale.

Commentaires En cas de fusion donnant lieu à échange de titres, la société actionnaire (ou associée) de la société absorbée doit annuler les titres de la société absorbée qu'elle détenait préalablement à l'opération, ces titres étant échangés contre des titres de la société absorbante. La question est de savoir à quelle valeur les titres reçus doivent être évalués.

1. Cas général : valorisation des titres reçus à leur valeur vénale Les conséquences d'une opération de fusion chez les associés de la société absorbée, lorsque cette dernière n'est pas détenue à 100 % par les mêmes associés que la société absorbante préalablement à la fusion, n'ont pas été abordées par les règles comptables relatives aux fusions et opérations assimilées.

En conséquence, à notre avis, dans le cas général où la société absorbée et la société absorbante ne sont pas détenues à 100 % par un même actionnaire, il convient d'appliquer les dispositions générales prévues par le PCG en matière d'échanges de titres.

Or, le PCG (art. 213-3) prévoit qu'en principe, le coût d'entrée des biens acquis par voie d'échange est la valeur vénale.

Deux exceptions sont prévues, pour lesquelles la valeur comptable doit être retenue (PCG art. 213-3) :
- la transaction n'a pas de substance commerciale ;
- la valeur vénale ne peut être évaluée de manière fiable.

Les titres reçus par les actionnaires de la société absorbée doivent donc, en principe, être évalués à leur valeur vénale.

Exception non applicable L'exception du PCG prévoyant, en cas d'échange d'actifs, de retenir la valeur nette comptable de l'actif cédé lorsque la transaction n'a pas de substance commerciale (voir ci-avant) ne devrait pas pouvoir être retenue. En effet, lorsque les opérations de fusion interviennent entre sociétés sous contrôle distinct ou sous contrôle commun, en présence d'actionnaires tiers (c'est-à-dire à l'exception des opérations dans lesquelles les sociétés absorbée et absorbante sont détenues à 100 % par un même actionnaire), la CNCC (Bull. n° 202, juin 2021, EC 2021-03) considère qu'il n'est pas possible de conclure à l'absence de substance commerciale du fait de :
- l'existence d'intérêts minoritaires impliquant nécessairement un effet dilutif ou relutif de l'opération ;
- l'objectif de l'opération. En effet, une opération de fusion est en général motivée par la réalisation de synergies entre les sociétés absorbante et absorbée et d'économies d'échelle, mais également par la rationalisation de l'organigramme et la simplification des flux financiers entre les entités. En outre, ces objectifs figurent dans les documents juridiques afin de justifier l'opération vis-à-vis des tiers (salariés, administration fiscale notamment).

Selon la CNCC (Bull. précité ci-avant), ces éléments entraînent nécessairement une modification des flux de trésorerie pour l'actionnaire majoritaire, avant et après l'échange de titres, conduisant à justifier la substance commerciale de l'opération. En conséquence, cette position de la CNCC devrait conduire à dégager quasi-automatiquement une plus-value d'échange chez l'actionnaire des entités parties à la fusion en présence d'actionnaires minoritaires.

Si l'absence de substance commerciale doit être retenue, celle-ci doit être démontrée, voir 2. ci-après.

Sur l'évaluation à retenir lorsque la société absorbée et la société absorbante sont détenues à 100 % par un même actionnaire, voir 2. ci-après et nº 8740 pour les fusions réalisées sans échange de titres.

Non-homogénéité des règles sur les échanges de titres avec celles sur les fusions Les règles sur les échanges de titres (PCG art. 213-3) ne suivent pas la même logique « comptes consolidés » qui prévaut pour la valorisation des apports ainsi que pour l'évaluation des titres reçus en rémunération de l'apport d'une branche complète d'activité (voir nº 7605 et 10020). Si elle était applicable, la logique « comptes consolidés » conduirait à valoriser les titres reçus à la valeur nette comptable des titres annulés en cas de fusion sous contrôle commun.

Il en résulte une valorisation potentiellement différente des titres reclassés au sein d'un groupe selon la construction juridique des opérations de restructuration. Ainsi, par exemple : une société A contrôle une société B qu'elle souhaite regrouper avec une société C ; C et A n'ont pas de lien en capital mais sont sous contrôle commun, par hypothèse, B et C ne sont pas toute deux détenues à 100 % par A.
- 1re solution : C fusionne avec B. Les titres B détenus par A sont échangés, suite à la fusion, contre des titres C. L'échange ayant a priori une substance commerciale (voir ci-avant), les titres C sont enregistrés chez A à leur valeur vénale, dégageant ainsi une plus-value éventuelle ;
- 2e solution : A apporte les titres de B à C et est rémunérée par des titres C ; cet apport est suivi d'une fusion entre C et B. L'apport constituant une branche complète d'activité sous contrôle commun, A comptabilisera les titres C reçus à la valeur comptable des titres B apportés, sans dégager de plus-value.

2. Valorisation des titres reçus à la valeur comptable des titres remis à l'échange
L'échange des titres doit être comptabilisé à la valeur comptable des titres de la société absorbée anciennement détenus par l'actionnaire lorsque :
- la fusion est réalisée entre des sociétés détenues directement ou indirectement à 100 % par l'actionnaire subissant l'échange de titres (voir a. ci-après) ;
- malgré la présence d'actionnaires tiers, les flux de trésorerie résultant des titres échangés ne sont pas modifiés (voir b. ci-après).

Fiscalement, l'échange est, en revanche, réalisé à la valeur réelle (CGI ann. III art. 38 quinquies), l'administration et la jurisprudence refusant d'appliquer sur le plan fiscal la dérogation comptable prévue par l'article 213-3 du PCG (BOI-BIC-CHG-20-20-10 nº 290 ; CAA Nantes 2-4-2015 nº 13 NT 02140). Toutefois, les entreprises ont la possibilité de placer le résultat d'échange (non dégagé sur le plan comptable) en sursis d'imposition (voir nº 8710). Sur les retraitements extra-comptables en résultant, voir nº 8725.

a. Fusion réalisée entre des sociétés détenues directement ou indirectement à 100 % ou quasi 100 % par l'actionnaire subissant l'échange (Avis CU CNC 2006-B du 5-7-2006, question nº 3).

Actionnaires minoritaires non significatifs Selon l'avis CU CNC précité, il en est de même lorsque les actionnaires minoritaires des sociétés absorbée et absorbante ne sont pas significatifs (tel est le cas des actionnaires minoritaires qui ne détiennent leurs titres que pour satisfaire aux obligations légales de constitution des sociétés).

Pour un exemple, voir nº 8725.

Sur le traitement à retenir en cas de fusion réalisée entre entités sœurs détenues à 100 % par le même actionnaire et ne donnant pas lieu à échange de titres, voir nº 8740.

Détention indirecte A notre avis, la détention indirecte à prendre en compte est uniquement celle présentée dans le schéma suivant :

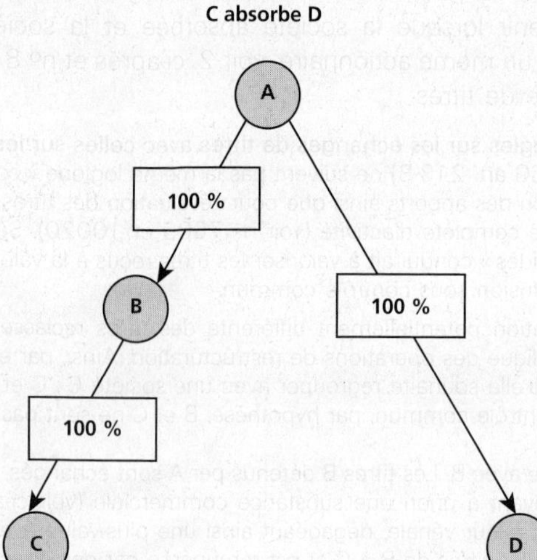

L'échange de titres se fait au niveau de A qui détient directement D et indirectement C.

En revanche, cela ne vise pas la situation suivante :

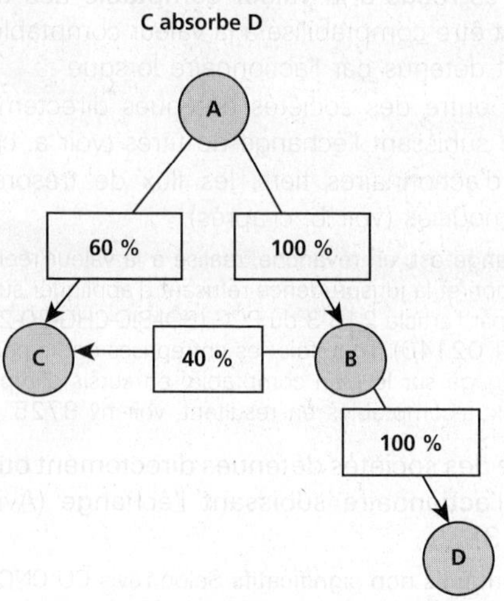

L'échange de titres au niveau de B est bien valorisé en valeur vénale.

b. Fusion réalisée en présence d'actionnaires tiers mais la transaction n'a pas de substance commerciale (les flux de trésorerie résultant des titres échangés ne sont pas modifiés) L'absence de modification des flux de trésorerie est démontrée si la configuration (risque, calendrier et montants) ou la valeur des flux de trésorerie de l'actif reçu ne diffère pas significativement de la configuration ou de la valeur des flux de trésorerie de l'actif transféré (Avis CNC 2004-15 relatif à la comptabilisation des actifs § 4.1.4).

La comparaison des flux de trésorerie entre les titres anciennement détenus et les nouveaux titres reçus peut, à notre avis, notamment être fondée sur l'analyse des éléments suivants :
- **la comparaison des actifs et passifs sous-jacents** des titres anciennement détenus et des nouveaux titres reçus, c'est-à-dire :
  • leur composition : les actifs de la société absorbée sont-ils distincts de ceux de la société absorbante ou bien ne sont-ils que leur reflet (cas d'un holding intermédiaire ne détenant que les titres de la filiale opérationnelle par exemple) ?
  • le rendement des actifs : la comparaison rétrospective des flux de trésorerie en provenance de la société absorbée avec ceux qui auraient été générés par la détention directe des titres de la société absorbante aboutit-elle à un écart significatif ? Les projections des flux de trésorerie générés par l'opération sur les années à venir diffèrent-elles sensiblement des projections de flux qui auraient été générés en l'absence de fusion ?
  • le résultat dégagé en cas de cession des actifs : les nouveaux titres détenus sont-ils cessibles de la même manière que ceux détenus auparavant (liquidité équivalente notamment) ?
  • l'exposition aux risques (variabilité des flux de trésorerie) : l'examen du risque sur le cours de l'action de la société absorbante et du risque de détérioration de l'activité et des performances de la société absorbante susceptible d'avoir un impact sur les flux de trésorerie générés par la participation, permet-il de conclure que l'actionnaire est exposé aux mêmes risques avant et après l'opération ?
- la variation attendue du cours de bourse : une variation sensible et durable du cours de bourse a-t-elle été observée (ou est-elle prévisible) suite à l'annonce de l'opération ?
- **la prise en compte de la situation déficitaire antérieure** (comptable et fiscale) ;
- **le versement d'une soulte significative.**

Cette analyse est indépendante de l'opération de fusion préalable En effet, il n'y a pas de corrélation entre les valeurs d'apport retenues dans l'opération de fusion et les valeurs d'échange résultant de la traduction de la substance commerciale de l'opération. Ainsi, l'opération de fusion peut être réalisée à la valeur comptable et ne pas dégager de plus-value alors que l'échange des titres chez les actionnaires peut être effectué à la valeur vénale et dégager une plus-value si l'opération d'échange a une substance commerciale (et inversement).

Exemple *(établi par nos soins)* ***Valorisation des titres reçus à leur valeur vénale*** *Une société A détient 30 % d'une société B, détenant elle-même 60 % de la société C.*

En N, C absorbe B, dans le cadre d'une fusion réalisée sur la base des valeurs comptables, en application du principe de valorisation des apports (voir nº 7600 et 7605).

Société A	*Valeur comptable des titres B*	*2 000*
Société B	*Valeur comptable des titres C*	*10 000*
	Actif net comptable	*7 000*
Société C	*Actif net comptable*	*22 000*
	Capital avant fusion	*10 000 (1 000 actions x 10)*
	Capital après fusion	*12 000 (1 200 actions x 10)*
	Valeur réelle de l'action C après la fusion	*30*

La société C absorbe la société B

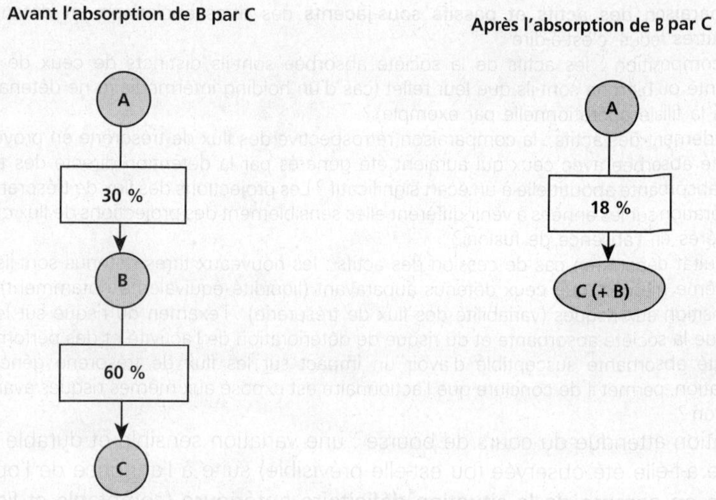

Solution de l'exemple *Les titres C reçus par la société A en échange des titres B sont à comptabiliser à leur valeur vénale.*

L'échange a en effet une substance commerciale. La société doit toutefois retenir la valeur comptable si l'absence de substance commerciale est démontrée (voir ci-avant).

En conséquence, la société A doit comptabiliser les titres C pour 6 480 = 18 % (pourcentage de détention de A dans le nouvel ensemble C + B) x 1 200 (nombre d'actions de C après la fusion) x 30 (valeur vénale d'une action C).

Sur la comptabilisation de la plus-value, voir nº 8710.

Pour un exemple d'opération sans substance commerciale, voir nº 8725, Exemple 2.

Synthèse de la valorisation comptable des titres reçus en échange

8705

Situations possibles	Valorisation des titres reçus	
	Valeur vénale	Valeur comptable (maintien de la valeur antérieure des titres annulés)
Fusions entre entités détenues à 100 % par un même actionnaire (1) (2)		X
Fusions entre entités non détenues à 100 % par un même actionnaire :		
– Echange avec substance commerciale (3)	X	
– Echange sans substance commerciale (3)		X

(1) ou quasi 100 %, voir nº 8700.
(2) sur le traitement à retenir en cas de fusion réalisée entre entités soeurs détenues à 100 % par le même actionnaire et ne donnant pas lieu à échange de titres, voir nº 8740.
(3) pour les critères à prendre en compte pour déterminer l'existence d'une substance commerciale, voir nº 8700.

B. Comptabilisation des titres reçus à la valeur vénale

Pour la comptabilisation des titres reçus à la valeur comptable, voir nº 8725.

1. Comptabilisation lors de l'échange

Principe

8710 ***Question***

Lorsque la valeur vénale est retenue pour valoriser l'échange des titres (cas général), comment traiter la différence entre la valeur comptable des titres (de la société absorbée) annulés ou remis à l'échange et la valeur des titres (de la société absorbante) reçus en échange ?

Réponse

Cette différence constitue :
- un produit exceptionnel lorsque la valeur vénale des titres reçus est supérieure à la valeur comptable des titres remis à l'échange,
- une charge exceptionnelle dans le cas contraire.

Commentaires En cas de comptabilisation de l'échange à la valeur vénale (cas général, voir nº 8700), deux situations sont à distinguer, selon que les titres reçus de la société absorbante ont une valeur vénale supérieure ou inférieure à la valeur comptable des titres de la société absorbée inscrite à l'actif du bilan de l'entreprise actionnaire.

Traitement applicable quelle que soit la méthode de valorisation des apports retenue pour la fusion (c'est-à-dire quelle que soit la situation lors de la fusion : opération entre sociétés sous contrôle commun ou distinct, à l'endroit ou à l'envers) : en effet, que la fusion soit réalisée en valeur comptable ou en valeur réelle, l'actionnaire de l'absorbée recevra le même nombre de titres, celui-ci résultant du rapport d'échange et non de la valeur des apports.

1. **Si les titres reçus de la société absorbante ont une valeur supérieure à la valeur comptable des titres de la société absorbée inscrite à l'actif du bilan de l'entreprise actionnaire**, les entreprises doivent constater la plus-value (en produit exceptionnel).

Existence d'une soulte Lorsque la fusion prévoit le versement d'une soulte (qui ne peut cependant pas excéder 10 % de la valeur nominale des titres reçus, voir nº 7105), la comptabilisation de la soulte vient à notre avis augmenter le produit exceptionnel.

Fiscalement, cette plus-value d'échange peut, sur option, être placée en sursis d'imposition, que la fusion ait ou non été placée sous le régime fiscal de faveur des fusions de l'article 210 A du CGI (CGI art. 38-7 bis), sous réserve qu'elle n'ait pas comme objectif principal ou l'un de ses objectifs principaux la fraude ou l'évasion fiscales. En conséquence :

1. **En l'absence d'option pour le sursis d'imposition,** la plus-value d'échange :
- relève du régime du long terme (taxation limitée à une quote-part de frais et charges de 12 % ou imposition au taux de 19 %) lorsque les titres échangés sont des titres de participation au sens fiscal (hors titres de sociétés à prépondérance immobilière non cotées) détenus depuis au moins deux ans (pour plus de détails, voir Mémento Comptable nº 36700 s.) ;
- est imposable au taux normal dans les autres cas.

2. **En cas d'option pour le sursis d'imposition,** la plus-value d'échange :
- n'est pas imposable au titre de l'exercice de l'échange des titres ;
- et lorsque les droits sociaux reçus en échange seront cédés, la plus-value imposable sera déterminée d'après la valeur fiscale des titres remis à l'échange.

Sur les retraitements extra-comptables à effectuer, voir nº 12125, 12230, 12335 et 12420.

Lorsque l'échange des titres s'accompagne du paiement d'une soulte au profit de l'associé de la société absorbée, la plus-value d'échange peut bénéficier du sursis d'imposition pour sa fraction excédant le montant de la soulte, à condition que celle-ci n'excède pas 10 % de la valeur nominale des titres reçus en échange ou la plus-value réalisée (CGI art. 38-7 bis ; BOI-IS-FUS-50-20 nº 30). La plus-value réalisée est en revanche imposable immédiatement à hauteur de la soulte, le cas échéant selon le régime du long terme si les conditions en sont remplies (CGI article précité ; BOI-IS-FUS-50-20 nº 60). Sur le traitement particulier de la soulte en cas de moins-value d'échange, voir BOI-IS-FUS-50-20 nº 110.

Remarques :

1. **Incidences du régime des plus-values à long terme** L'option pour le sursis d'imposition permet d'éviter la taxation d'une quote-part de frais et charges fixée à 12 % du montant brut des plus-values de cession de titres de participation (hors titres de SPI).

2. **Existence de déficits** Les entreprises peuvent avoir intérêt à ne pas opter pour le sursis d'imposition lorsqu'elles disposent de reports déficitaires et qu'elles détiennent les titres depuis moins de deux ans. Dans ce cas toutefois, la comparaison du coût fiscal de cette alternative devra tenir compte des règles de plafonnement de l'imputation des déficits (voir nº 7804).

3. **Obligations déclaratives en cas d'option pour le sursis d'imposition** Les entreprises parties à l'échange de titres doivent joindre à leur déclaration annuelle de résultat un état de suivi des plus-values en sursis d'imposition, tant que les titres reçus en échange ne sont pas cédés (CGI art. 54 septies-I ; BOI-IS-FUS-60-10-10 nº 1 ; pour des détails sur cet état, voir nº 7302). En outre, l'entreprise associée de la société absorbée doit inscrire les plus-values d'échange de titres en sursis d'imposition sur un registre spécial, qui doit être conservé jusqu'à la fin de la troisième année qui suit celle où le dernier titre porté sur le registre est cédé (CGI art. 54 septies-II).

4. **Sort des frais d'acquisition des titres remis à l'échange** Lorsque le résultat d'échange a été placé en sursis d'imposition, l'entreprise associée de la société absorbée peut continuer à amortir les frais d'acquisition liés aux titres remis à l'échange sur la durée d'amortissement restant à courir (BOI-IS-BASE-30-10 nº 340). La poursuite de l'amortissement fiscal des frais d'acquisition est, à notre avis, effectuée par déduction extra-comptable sur l'imprimé nº 2058-A (ligne XG) quel que soit le traitement retenu avant l'échange (voir nº 12137, 12237, 12357 et 12427) :

– lorsque les frais ont été incorporés au coût d'entrée des titres sur le plan comptable (les titres sous-jacents ayant disparu, seule la déduction extra-comptable est, à notre avis, possible en pratique) ;

– tel est également le cas s'ils ont été intégralement comptabilisés en charges lors de l'acquisition des titres.

5. **Bénéfice du régime des sociétés mères** :

a. **Dividendes reçus de la société absorbée** L'annulation, par l'entreprise associée, des titres de la société absorbée détenus depuis moins de deux ans au moment de la fusion ne remet pas en cause le bénéfice du régime des sociétés mères dont ont bénéficié les dividendes versés par la société absorbée à condition que (CGI art. 145-1-c ; BOI-IS-BASE-10-10-10-20 nº 250 et 300) :

– les titres de la société absorbante reçus en échange soient conservés jusqu'au terme du délai de deux ans décompté à partir de l'acquisition ou de la souscription des titres annulés de la société absorbée ;

– l'entreprise associée opte pour le sursis d'imposition de la plus ou moins-value d'échange prévu à l'article 38-7 bis du CGI.

b. **Dividendes reçus de la société absorbante** Si l'entreprise associée n'avait pas la qualité de société mère à l'égard de la société absorbante mais l'acquiert suite à l'échange, elle peut également calculer le délai de détention des titres de société absorbante à partir de la date d'acquisition des titres de la société absorbée, lorsque la fusion a été placée sous le régime de faveur de l'article 210 A à condition qu'elle opte pour la mise en sursis du résultat d'échange offerte par l'article 38-7 bis du CGI (BOI-IS-BASE-10-10-10-20 nº 410). A défaut, les titres de la société absorbante sont réputés acquis à la date de l'échange.

En cas d'option pour le sursis d'imposition, aucune provision ne doit être constatée, l'impôt en sursis répondant à la définition d'un impôt différé (Bull. CNCC nº 127, septembre 2002,

EC 2002-20, p. 366). En revanche, l'engagement fiscal doit être mentionné en annexe, s'il est significatif.

Sur les divergences entre traitements comptable et fiscal en cas de dépréciation des titres reçus, voir nº 8715. En cas de cession, voir nº 8720.

Pour un exemple, voir ci-après.

2. Si les titres reçus de la société absorbante ont une valeur inférieure à la valeur comptable des titres de la société absorbée inscrite à l'actif du bilan de l'entreprise actionnaire, l'entreprise actionnaire comptabilise les nouveaux titres pour leur valeur réelle et constate la charge exceptionnelle au débit du compte de résultat.

Existence d'une soulte Lorsque la fusion prévoit le versement d'une soulte (soulte qui ne peut cependant pas excéder 10 % de la valeur nominale des titres reçus, voir nº 7105), la comptabilisation de la soulte vient, à notre avis, réduire la charge exceptionnelle.

Fiscalement, la moins-value d'échange peut, sur option, être placée en sursis d'imposition que la fusion ait ou non été placée sous le régime fiscal de faveur des fusions de l'article 210 A du CGI (CGI art. 38-7 bis), sous réserve qu'elles n'aient pas comme objectif principal ou l'un de leurs objectifs principaux la fraude ou l'évasion fiscales. En conséquence :

1. En l'absence d'option pour le sursis d'imposition La moins-value d'échange :
- est constitutive d'une moins-value à long terme non déductible ou déductible au taux de 19 % lorsque les titres échangés sont des titres de participation (au sens fiscal) détenus depuis au moins deux ans (hors titres de société à prépondérance immobilière non cotée) ;

Sur les possibilités d'imputation de cette moins-value à long terme, voir Mémento Comptable nº 36700 s.
- est déductible au taux normal dans les autres cas.

Sur les mesures anti-abus, dont :
- **non-déduction de la moins-value d'échange, dans les deux ans de leur émission, de titres de participation reçus en rémunération d'un apport consenti depuis le 19 juillet 2012 à une société en difficulté**, à hauteur de la différence entre la valeur d'inscription des titres en comptabilité et leur valeur réelle à la date d'émission (CGI art. 39 quaterdecies 2 bis ; BOI-BIC-PVMV-30-30-120), voir BIC-VII-33880 s. ;
- remise en cause de l'exonération des dividendes versés par la société absorbée lorsque ses titres ont été acquis depuis moins de deux ans (CGI art. 145, 1-c), voir IS-V-1680 s. ;
- **report de déduction de la moins-value d'échange, entre entreprises liées** au sens de l'article 39-12 du CGI, **de titres de participation détenus depuis moins de deux ans**, qui devient en principe une moins-value à long terme non déductible à l'issue d'un délai de deux ans suivant l'acquisition des titres échangés (CGI art. 219 I-a septies), voir BIC-VII-33750 s.

2. En cas d'option pour le sursis d'imposition La moins-value d'échange constituera une moins-value à long terme ou une charge déductible du résultat de l'exercice au cours duquel les droits sociaux reçus en échange seront cédés (et non au titre de l'exercice de l'échange).

Sur les retraitements extra-comptables à effectuer, voir nº 12125, 12230, 12335 et 12420.

Sur le sort des frais d'acquisition des titres remis à l'échange restant à amortir fiscalement à la date de la fusion, voir 1.4. ci-avant.

Pour l'incidence de l'annulation des titres de la société absorbée et de l'entrée à l'actif des titres de la société absorbante sur le régime des sociétés mères, voir 1.5. ci-avant.

Lorsque l'échange des titres s'accompagne du paiement d'une soulte à l'entreprise associée, celle-ci n'est pas imposée immédiatement du fait de la réalisation de la moins-value mais la valeur fiscale des titres de la société absorbée à retenir pour le calcul du résultat de cession ultérieure des titres de la société absorbante reçus en échange est diminuée du montant de la soulte (BOI-IS-FUS-50-20 nº 110).

Si l'entreprise a déprécié les titres de la société absorbée préalablement à la fusion, cette comptabilisation demeure inchangée : la dépréciation doit simplement être **reprise en totalité** en résultat (comme en cas de cession).

Pour un exemple, voir ci-après (exemple 2).

Exemple 1 *Valeur des titres reçus supérieure à la valeur comptable des titres remis à l'échange Une société a une participation de 100 000 dans une société A. La société A est absorbée par une société B et les actions B délivrées à l'entreprise participante en échange des titres A ont une valeur de 120 000.*

Solution de l'exemple 1 *Sur le plan comptable, la société participante enregistre les titres B pour 120 000 et constate une plus-value de 20 000.*

Fiscalement, l'imposition des 20 000 peut être reportée sur l'exercice de cession des titres reçus. Lors de la cession, la plus-value sera calculée en retenant un prix de revient de 100 000.

En cas d'échange avec soulte (laquelle sera nécessairement inférieure ou égale à la plus-value réalisée de 20 000), la plus-value ne sera immédiatement imposable qu'à concurrence de la soulte.

Exemple 2 *Valeur des titres reçus inférieure à la valeur comptable des titres remis à l'échange Une société M a une participation de 100 000 dans une société A. La société A est absorbée par une société B et les actions B délivrées à la société M en échange des titres A ont une valeur de 80 000.*

Les titres A détenus par M ont été dépréciés préalablement à l'opération.

Solution de l'exemple 2 *Sur le plan comptable, la société participante enregistre les titres B pour 80 000 et constate une charge exceptionnelle de 20 000.*

La provision antérieurement comptabilisée par M doit être reprise intégralement quel que soit le montant de cette dépréciation.

Ainsi, que la provision antérieurement constituée ait été de 10 000 (soit un montant inférieur à la perte constatée lors de l'échange) ou de 40 000 (soit un montant supérieur), elle est reprise en totalité.

Classement des titres reçus

8712 ***Question***

Les titres de la société absorbante reçus par les associés de la société absorbée sont-ils automatiquement classés dans le même compte que les titres (de la société absorbée) remis à l'échange (titres de participation, titres immobilisés...) ?

Réponse

Non. Le classement comptable des titres reçus est à déterminer en fonction de leurs caractéristiques propres.

Commentaires Les titres reçus de la société absorbante constituant des titres nouveaux pour les associés de la société absorbée, leur classement comptable est, à notre avis, déterminé en fonction des caractéristiques propres de ces titres.

Les titres reçus sont enregistrés au compte 26 « Titres de participation » lorsqu'ils répondent à la définition de titres de participation. Sur cette définition, voir Mémento Comptable nº 35155 s.

Sur le classement des titres ne constituant pas des titres de participation, voir Mémento Comptable nº 35225 à 35390.

Ce classement est à effectuer indépendamment du classement retenu préalablement à la fusion pour les titres de la société absorbée (voir exemple ci-après).

Fiscalement, il en est de même (BOI-IS-FUS-50-20 nº 140).

Exemple *Une société A est détenue à hauteur de 15 % par une société X et à hauteur de 85 % par une société Y.*

Dans les comptes de X, les titres de A sont classés dans la catégorie « Titres de participation ». En effet, les titres représentant au moins 10 % du capital d'une entreprise sont présumés constituer des titres de participation (voir Mémento Comptable n° 35155 s.).

Y absorbe A. A l'issue de la fusion, X détient 5 % de Y, qui ne lui permettent pas d'exercer une influence sur cette dernière. Néanmoins, elle a l'intention de conserver durablement les titres Y.

Solution de l'exemple *Les titres Y sont à classer en « autres titres immobilisés » dans les comptes de X. Et ce, même si les titres de A (société absorbée) étaient classés en « titres de participation ».*

2. Evaluation ultérieure des titres reçus

a. Dépréciation des titres

Détermination de la dépréciation

8715 ***Question***

Comment calculer la dépréciation ultérieure des titres échangés à la valeur vénale chez les actionnaires de la société absorbée ?

Réponse

La dépréciation est calculée sur la base de la valeur vénale des titres reçus en échange (qui constitue leur coût d'entrée comptable).

Commentaires La valeur vénale des titres reçus en échange du fait de la fusion constitue leur coût d'entrée comptable (voir n° 8710). En conséquence, les dépréciations ultérieures sont calculées sur cette base, en application des règles générales prévues par le PCG (pour les titres de participation, PCG art. 221-3 ; voir Mémento Comptable n° 35695 s. ; pour les titres immobilisés, PCG art. 221-6 ; voir Mémento Comptable n° 35845 s.).

Fiscalement, il en est de même lorsque la plus-value d'échange n'a pas été placée en sursis d'imposition (en application de l'article 38-7 bis du CGI, voir n° 8710).

En revanche, lorsque l'entreprise a opté pour le sursis d'imposition, seule la fraction de la (provision pour) dépréciation calculée par rapport au prix de revient fiscal est déductible (CGI art. 39-1-5°), l'excédent devant être réintégré sur l'imprimé n° 2058-A (ligne WI ; voir n° 12135, 12235, 12355 et 12425).

b. Cession des titres

Résultat de cession

8720 ***Question***

Comment calculer le résultat de cession des titres échangés à la valeur vénale chez les actionnaires de la société absorbée ?

Réponse

Conformément au PCG, le résultat de cession des titres échangés est comptabilisé par rapport à leur coût d'entrée comptable (c'est-à-dire leur valeur vénale lors de l'échange).

Commentaires La valeur vénale des titres reçus en échange du fait de la fusion constituant leur coût d'entrée comptable (voir nº 8710), le résultat de cession de ces titres doit être calculé par rapport à ce coût.

Fiscalement, le calcul du résultat de cession et la détermination de son régime dépendent de l'exercice ou non de l'option pour le sursis lors de l'échange (voir nº 8710) :

1. En l'absence d'option pour le sursis Le point de départ du délai de détention pour l'application éventuelle du régime du long terme à la plus ou moins-value calculée d'après la valeur comptable (correspondant à la valeur réelle lors de l'échange) est la date de l'échange (sur les conditions d'application du régime du long terme, voir Mémento Comptable nº 36700 s.).

2. En cas d'option pour le sursis Celui-ci prend fin lors de la cession.

a. Celle-ci entraîne l'imposition d'une plus ou moins-value calculée d'après la **valeur fiscale des titres** remis à l'échange. Cette valeur correspond à la valeur fiscale des titres de la société absorbée auxquels ils se sont substitués. Lorsque les titres de la société absorbée constituaient pour l'actionnaire des titres de participation :
- si les **frais d'acquisition** de ces titres ont été inclus comptablement dans leur coût d'entrée à l'actif, celui-ci doit être minoré des amortissements admis en déduction (ou déductions extra-comptables) en application de l'article 209-VII bis du CGI pour la détermination du résultat imposable de l'actionnaire de la société absorbée ;
- si les frais n'ont pas été inclus comptablement dans leur coût d'entrée à l'actif, celui-ci doit être majoré des frais d'acquisition non encore fiscalement amortis (BOI-IS-BASE-30-10 nº 340).

La différence entre la plus ou moins-value fiscale et la plus ou moins-value comptable est mentionnée sur l'imprimé nº 2058-A (voir nº 12145, 12260, 12380 et 12430), quel que soit le régime fiscal dont relève le résultat de cession (régime de droit commun ou régime des plus-values à long terme) :
- lorsque la plus-value fiscale est supérieure à la plus-value comptable, la différence est réintégrée (ligne WQ) ;
- lorsque la moins-value fiscale est supérieure à la moins-value comptable, la différence est déduite (ligne XG).

b. Le point de départ du **délai de détention de 2 ans** (pour l'éligibilité au régime du long terme) est la date d'acquisition des titres d'origine remis à l'échange.

Mais la plus-value de cession suit le régime fiscal applicable aux titres de la société absorbante reçus en échange, compte tenu de leur qualification en tant que titres de participation ou titres de placement, indépendamment de la qualification des titres de la société absorbée remis à l'échange. Dans l'hypothèse où les titres remis n'avaient pas la même qualification que les titres reçus, l'administration ne peut soutenir que la société aurait dû constater un transfert de compte à compte, en l'absence d'identité des titres (CAA Versailles 12-4-2018 nº 15VE02067). Sur la qualification des titres, voir Mémento Comptable nº 35150 à 35450.

Par ailleurs, les retraitements propres au régime du long terme peuvent devoir être effectués. Sur ces retraitements, voir Mémento Comptable nº 36700 s.

Sur la **mesure anti-abus** instaurant un **report de déduction de la moins-value de cession, entre entreprises liées** au sens de l'article 39-12 du CGI, **de titres de participation détenus depuis moins de deux ans** (CGI art. 219 I-a septies), voir BIC-VII-33750 s.

Des retraitements extra-comptables peuvent en outre devoir être effectués du fait de l'amortissement fiscal pratiqué à la date de cession sur les frais d'acquisition des titres reçus par voie d'échange (BOI-IS-BASE-30-10 nº 340).

Sur l'impact de l'existence d'une **soulte** lors de l'échange lorsque celui-ci a généré une moins-value placée en sursis, voir nº 8710.

C. Comptabilisation des titres reçus à la valeur comptable

Impact sur le résultat

8725 ***Question***

Quelles sont les incidences de la comptabilisation des titres reçus (de la société absorbante) à la valeur comptable des titres (de la société absorbée) remis à l'échange ?

Réponse

En cas d'échange de titres réalisé à la valeur comptable, aucun résultat n'est constaté chez l'actionnaire du fait de la fusion.

Commentaires Lorsque les titres reçus par les actionnaires de la société absorbée en échange de leurs titres sont évalués à la valeur comptable, la fusion n'a aucune incidence sur le résultat de ces actionnaires.

Fiscalement, en revanche, l'échange est réalisé à la valeur réelle (CGI ann. III art. 38 quinquies), l'administration et la jurisprudence refusant d'appliquer sur le plan fiscal la dérogation comptable prévue par l'article 213-3 du PCG (BOI-BIC-CHG-20-20-10 n° 290 ; CAA Nantes 2-4-2015 n° 13NT02140). Toutefois, les entreprises ont la possibilité de placer le résultat d'échange (non dégagé sur le plan comptable) en sursis d'imposition (CGI art. 38-7 bis ; voir n° 8710).

Il en résulte, à notre avis, les retraitements extra-comptables (sur l'imprimé n° 2058-A) suivants (voir n° 12125, 12230, 12335 et 12420) :

1. En l'absence d'option pour le sursis d'imposition :
- l'exercice de la fusion : réintégration (ligne WQ) de la plus-value imposée immédiatement mais non comptabilisée ou déduction (ligne XG) de la moins-value immédiatement déductible mais non comptabilisée ;
- l'exercice de cession des titres reçus en échange : déduction (ligne XG) de la plus-value déjà imposée ou réintégration (ligne WQ) de la moins-value déduite.

Sur la **mesure anti-abus** instaurant un **report de déduction de la moins-value de cession de titres de participation détenus depuis moins de deux ans entre entreprises liées** au sens de l'article 39-12 du CGI (CGI art. 219, I-a septies), voir BIC-VII-33750 s.

Par ailleurs, les corrections extra-comptables afférentes au régime des plus-values à long terme sont susceptibles de devoir être effectuées (sur ces corrections, voir Mémento Comptable n° 36700 s.).

2. En cas d'option pour le sursis d'imposition, en l'absence de commentaires de l'administration sur ce point, à notre avis, l'exercice de la fusion :
- réintégration (ligne WQ) de la plus-value non comptabilisée ou déduction (ligne XG) de la moins-value ;
- déduction (ligne XG) de cette même plus-value pour la placer en sursis ou réintégration (ligne WQ) de la moins-value.

Les titres étant comptabilisés à la valeur comptable, on pourrait s'interroger sur l'utilité de la souscription d'un état de suivi. Toutefois, en l'absence de dispense expresse de la part de l'administration, les entreprises devraient, à notre avis, par prudence, le souscrire. Le tribunal administratif de Montreuil a ainsi jugé qu'une société qui n'a pas joint à sa déclaration de résultat l'état de suivi et qui s'est bornée à ne pas inscrire comptablement la moins-value d'échange dans les comptes de l'exercice de l'échange ne peut être considérée comme ayant exercé l'option pour le sursis d'imposition (TA Montreuil 4-5-2015 n° 1306538).

Par ailleurs, lorsque l'échange des titres s'accompagne du paiement d'une soulte à l'entreprise associée, la plus-value est à concurrence de la soulte et, par analogie avec le régime applicable en cas d'échange comptable à la valeur réelle, imposable immédiatement, le cas échéant selon le régime du long terme si les conditions en sont remplies (CGI art. 38-7 bis ; BOI-IS-FUS-50-20 nº 60).

Sur le sort des frais d'acquisition des titres remis à l'échange restant à amortir fiscalement à la date de la fusion, voir nº 8710.

S'agissant de la cession des titres reçus en échange, voir nº 8735.

Exemple 1 *(établi par nos soins)* ***Fusion réalisée entre des sociétés détenues à 100 % par un même actionnaire***

La société A détient 100 % de sa fille B détenant elle-même 100 % de la société C.

Les titres de B sont inscrits à l'actif du bilan de A pour 10 000.

L'actif net de B est de 20 000, l'actif net de C est de 1 000.

Les titres de C sont inscrits à l'actif du bilan de B pour 1 000.

La société C absorbe la société B

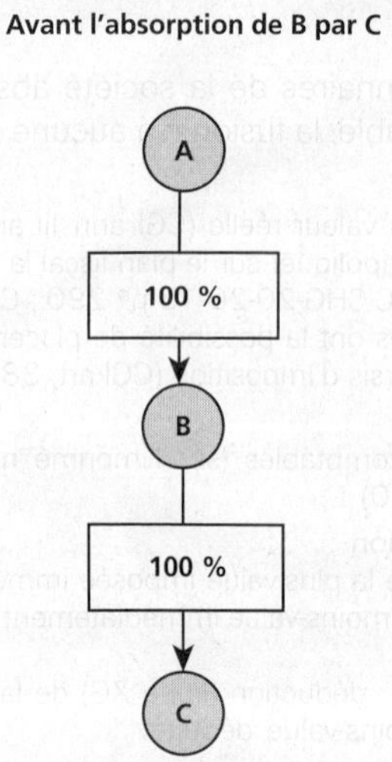

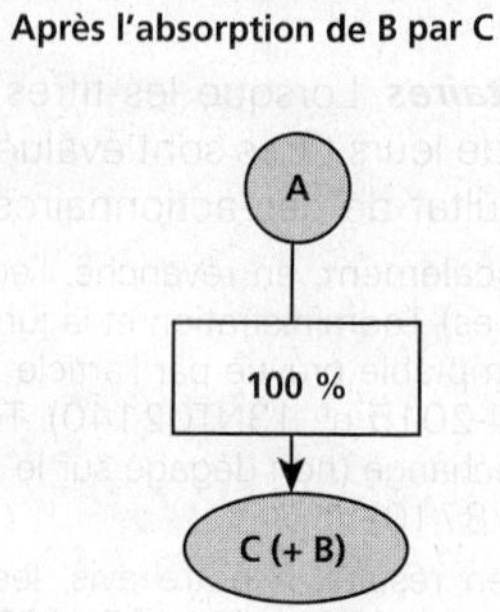

Les sociétés B et C étant sous contrôle commun, la fusion est réalisée à la valeur comptable, conformément au principe de valorisation des apports (voir nº 7600 et 7605). Les apports de B sont donc valorisés à 20 000 (actif net comptable).

Solution de l'exemple 1 *L'opération de fusion conduit à échanger, dans les comptes de A, les titres de C contre les titres de B. Cette opération juridique n'entraînant cependant aucune transaction avec des tiers, la valeur des titres C détenus par A à l'issue de l'opération est égale à la valeur comptable des titres B détenus par A préalablement à l'opération, soit 10 000.*

Détention directe de C par A La conclusion serait la même si la société C était détenue à 100 % directement par la société A.

Exemple 2 *(établi par nos soins)* ***Fusion en présence d'actionnaires tiers mais l'échange n'a pas de substance commerciale***

Une société A détient 30 % d'une société B, détenant elle-même 60 % de la société C.

En N, C absorbe B, dans le cadre d'une fusion réalisée sur la base des valeurs comptables, en application du principe de valorisation des apports.

La société C absorbe la société B

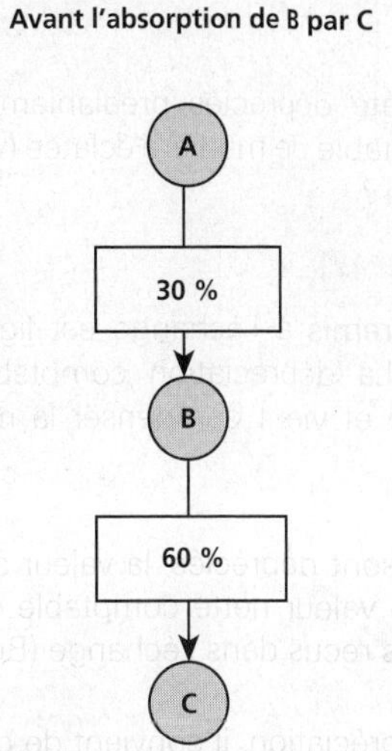

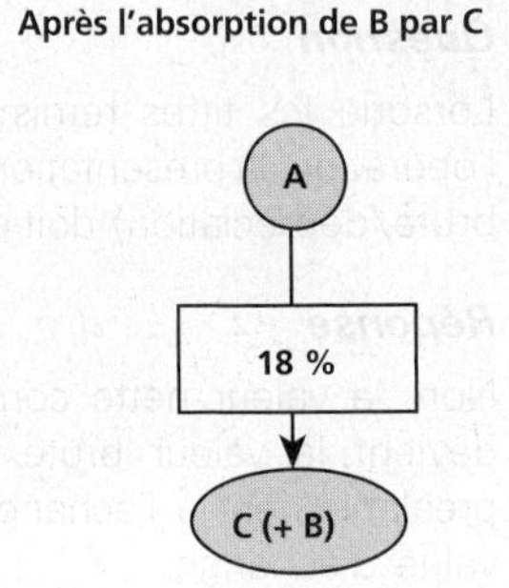

Solution de l'exemple 2 *L'analyse menée par la société A démontre que les flux de trésorerie futurs qui seront dégagés du fait de la détention des titres de la société C ne seront pas différents de ceux qui auraient été dégagés du fait de la détention des titres de la société B. En effet :*
– B est un holding dont l'unique actif est la participation dans C. La seule différence pour A entre une participation directe dans C et indirecte via B est l'emprunt de B contracté pour financer les titres C ;
– une comparaison rétrospective entre les flux de trésorerie générés par B et les flux qui auraient été générés par la détention directe des titres C montre un écart non significatif du fait d'une politique de distribution de dividendes de C vers A (via B) régulière ;
– la cessibilité et la liquidité des titres B sont par ailleurs estimées identiques à celles des titres C.
En conséquence, les titres reçus par la société B dans le cadre de la fusion sont évalués à la valeur comptable des titres remis à l'échange. Aucun résultat n'est donc dégagé dans les comptes de A.

Classement des titres reçus

8728 ***Question***

Les titres de la société absorbante reçus par les associés de la société absorbée sont-ils automatiquement classés dans le même compte que les titres (de la société absorbée) remis à l'échange (titres de participation, titres immobilisés...) ?

Réponse

Non. Le classement comptable des titres reçus est à déterminer en fonction de leurs caractéristiques propres.

Commentaires Voir nº 8712.

Incidence d'une dépréciation des titres remis à l'échange

8730 ***Question***

Lorsque les titres remis à l'échange ont été dépréciés préalablement à l'opération, la présentation de la valeur comptable de manière éclatée (valeur brute/dépréciation) doit-elle être maintenue ?

Réponse

Non, la valeur nette comptable des titres remis à l'échange est figée et devient la valeur brute des titres reçus. La dépréciation comptabilisée préalablement à l'échange est donc reprise et vient compenser la moins-value d'échange.

Commentaires Lorsque les titres remis à l'échange sont dépréciés, la valeur à laquelle les titres reçus en échange sont comptabilisés est la valeur nette comptable des titres remis à l'échange qui devient la valeur brute des titres reçus dans l'échange (Bull. CNCC nº 161, mars 2011, EC 2010-59, p. 142).

En ce qui concerne le traitement comptable de la dépréciation, il convient de distinguer deux situations :

1. **Dépréciation comptabilisée antérieurement à l'échange des titres** Dans ce cas, à notre avis, en application des règles générales applicables aux cessions de titres, les titres remis à l'échange sont sortis de l'actif pour leur valeur brute et la dépréciation est reprise en résultat. L'opération n'a pas d'incidence sur le résultat, la moins-value d'échange étant compensée par la reprise de dépréciation.

Pour plus de détails sur ces règles générales, voir Mémento Comptable nº 36700 s. et Mémento Comptable nº 36925.

Pour un exemple, voir ci-après.

Fiscalement, en revanche, cette écriture n'est pas neutre lorsque les titres remis à l'échange sont des titres de participation au sens fiscal (hors titres de sociétés à prépondérance immobilière non cotées) détenus depuis moins de deux ans :

- la reprise de (provision pour) dépréciation est constitutive d'une plus-value à long terme (exonérée ou imposable au taux de 19 %, voir Mémento Comptable nº 35930) ;
- la moins-value d'échange est une moins-value à court terme (déductible au taux de droit commun, voir Mémento Comptable nº 36700 s.).

2. **Aucune dépréciation comptabilisée préalablement à l'échange,** alors même que la valeur réelle des titres est inférieure à leur valeur nette comptable (ce qui peut être le cas lorsque la valeur d'un titre a diminué en cours d'exercice et qu'il n'y a pas eu d'arrêté intermédiaire). Dans ce cas, la moins-value est extériorisée au moment de l'échange. En conséquence, à notre avis, aucune dépréciation n'est comptabilisée, mais une moins-value de cession correspondant à la différence entre la valeur réelle des titres et leur valeur nette comptable à la date de l'échange est constatée.

En effet, il n'est pas possible d'enregistrer le coût d'entrée d'un actif à une valeur supérieure à son coût réel d'entrée.

Exemple *(établi par nos soins) La société A détient à 100 % les sociétés B et C. B absorbe C. Avant la fusion, les titres des sociétés B et C dans les comptes de A ont respectivement une valeur brute de 100 et de 250. Les titres C ont été dépréciés dans les comptes de A à hauteur de 50, soit une valeur nette comptable de 200. Dans le cadre de la fusion, les titres C doivent être annulés, ils sont échangés contre des titres de B.*

Solution de l'exemple *La valeur brute des titres B reçus par A est égale à la valeur nette comptable des titres C avant la fusion, c'est-à-dire 200.*

En conséquence, lors de fusion, la société A :

- sort les titres C de son actif et inscrit les titres B. Elle constate une moins-value d'échange de 50 [valeur brute des titres B reçus en échange (200) – valeur brute des titres C (250)] ;

- reprend la dépréciation des titres C comptabilisée préalablement à la fusion. Cette reprise de dépréciation (50) compense la moins-value d'échange.

L'opération de fusion est donc sans incidence sur le résultat de A.

Cession ultérieure des titres reçus par voie d'échange

8735 ***Question***

En cas de cession ultérieure, par les actionnaires de la société absorbée, des titres de la société absorbante reçus par voie d'échange à la valeur comptable, comment calculer le résultat de cession ?

Réponse

Conformément au PCG, le résultat de cession des titres reçus par voie d'échange est comptabilisé par rapport à leur coût d'entrée comptable (c'est-à-dire leur valeur comptable lors de l'échange).

Commentaire Dans le cas où les titres reçus par voie d'échange du fait de la fusion sont évalués à leur valeur comptable (voir nº 8700), le résultat de cession de ces titres doit être calculé par rapport à ce coût.

Fiscalement, le calcul du résultat de cession et ses modalités d'imposition dépendent de l'exercice ou non de l'option pour le sursis d'imposition lors de l'échange (voir nº 8725) :

1. En l'absence d'option pour le sursis

a. Le résultat d'échange ayant été dégagé fiscalement lors de l'opération, le coût de revient fiscal des titres diffère de leur coût de revient comptable. Les retraitements extra-comptables correspondants doivent donc être effectués.

b. Le point de départ du délai de détention pour l'application éventuelle du régime du long terme au résultat de cession est la date de l'échange (sur les conditions d'application du régime du long terme, voir Mémento Comptable nº 36700 s.).

Par ailleurs, les retraitements extra-comptables propres au régime du long terme doivent, le cas échéant, être effectués. Sur ces retraitements, voir Mémento Comptable nº 36700 s.

2. En cas d'option pour le sursis Celui-ci prend fin lors de la cession.

a. Celle-ci entraîne l'imposition ou la déduction d'une plus ou moins-value en principe calculée d'après la valeur comptable des titres remis à l'échange. Lorsque les titres de la société absorbée constituaient pour l'actionnaire des titres de participation :

– si les frais d'acquisition de ces titres ont été inclus comptablement dans leur coût d'entrée à l'actif, celui-ci doit être minoré des amortissements admis en déduction (ou déductions extra-comptables) en application de l'article 209-VII bis du CGI pour la détermination du résultat imposable de l'actionnaire de la société absorbée ;

– si les frais n'ont pas été inclus comptablement dans leur coût d'entrée à l'actif, celui-ci doit être majoré des frais d'acquisition non encore fiscalement amortis (BOI-IS-BASE-30-10 nº 340).

La différence entre la plus ou moins-value fiscale et la plus ou moins-value comptable est mentionnée sur l'imprimé nº 2058-A (voir nº 12145, 12260, 12380 et 12430), quel que soit le régime fiscal dont relève le résultat de cession (régime de droit commun ou régime des plus-values à long terme) :

– lorsque la plus-value fiscale est supérieure à la plus-value comptable, la différence est réintégrée (ligne WQ) ;

– lorsque la moins-value fiscale est supérieure à la moins-value comptable, la différence est déduite (ligne XG).

b. Le point de départ du délai de détention de 2 ans (pour l'éligibilité au régime du long terme) est la date d'acquisition des titres d'origine remis à l'échange.

Les retraitements propres au régime du long terme peuvent devoir être effectués. Sur ces retraitements, voir Mémento Comptable nº 36700 s.

La plus-value de cession suit le régime fiscal applicable aux titres de la société absorbante reçus en échange, compte tenu de leur qualification en tant que titres de participation ou titres de placement, indépendamment de la qualification des titres de la société absorbée remis à l'échange. Dans l'hypothèse où les titres remis n'avaient pas la même qualification que les titres reçus, l'administration ne peut soutenir que la société aurait dû constater un transfert de compte à compte, en l'absence d'identité des titres (CAA Versailles 12-4-2018 nº 15VE02067). Sur la qualification des titres, voir Mémento Comptable nº 35150 à 35450.

Sur la **mesure anti-abus** instaurant un **report de déduction de la moins-value de cession, entre entreprises liées** au sens de l'article 39-12 du CGI, **de titres de participation détenus depuis moins de deux ans,** qui devient en principe une moins-value à long terme non déductible à l'issue d'un délai de deux ans suivant l'acquisition des titres échangés (CGI art. 219 I-a septies), voir BIC-VII-33750 s.

Des retraitements extra-comptables peuvent en outre devoir être effectués du fait de l'amortissement fiscal pratiqué à la date de cession sur les frais d'acquisition des titres reçus par voie d'échange (BOI-IS-BASE-30-10 nº 340).

Sur l'impact de l'existence d'une soulte lors de l'échange lorsque celui-ci a généré une moins-value placée en sursis, voir nº 8710.

II. Fusions sans échange de titres

Impact sur le résultat

8740 ***Question***

En l'absence d'échange de titres pour l'actionnaire de l'entité absorbée, comment comptabiliser la fusion ?

Réponse

Dans les comptes de l'actionnaire, la valeur nette comptable des titres de l'entité absorbée (valeur brute – dépréciations) est ajoutée à celle des titres de l'entité absorbante, sans impact sur le résultat.

PCG art. 746-2

(*en partie*) En conséquence d'une fusion sans échange de titres, dans les comptes de l'entité détentrice des titres des entités absorbée et absorbante, la valeur brute et les éventuelles dépréciations des titres de l'entité qui disparaît sont ajoutées à la valeur brute et aux éventuelles dépréciations des titres de l'entité bénéficiaire des apports.

La valeur comptable brute des titres de l'entité qui disparaît est répartie uniformément sur la valeur unitaire des titres de l'entité absorbante.

Commentaires Dans les comptes de l'actionnaire à 100 % des entités absorbée et absorbante, il convient de procéder à une addition des éléments suivants (PCG art. 746-2) :

– la valeur brute comptable historique des titres de l'entité absorbée est ajoutée à celle des titres de l'entité absorbante, afin de former la « nouvelle » valeur brute des titres de l'entité absorbante ;

– le cas échéant, la dépréciation des titres de l'entité absorbée est ajoutée à celle des titres de l'entité absorbante.

Cette opération est sans effet sur le résultat comptable de l'actionnaire (transfert au bilan uniquement). Aucune plus ou moins-value n'est donc dégagée lors d'une fusion entre soeurs détenues à 100 % par la même mère.

Selon le PCG (art. 746-2), la valeur comptable brute unitaire des titres de l'entité absorbée est répartie de manière uniforme sur la valeur unitaire des titres de l'entité absorbante (c'est-à-dire au prorata du nombre d'actions détenues par actionnaire). En conséquence, après l'opération de fusion, cette dernière correspond à la somme de la valeur comptable brute unitaire « historique » des titres de l'entité absorbante à laquelle est ajoutée la quote-part résultant de la répartition uniforme de la valeur comptable brute des titres de l'entité absorbée.

Fiscalement, les mesures suivantes concernent les **fusions entre entités détenues à 100 % par la même entité mère** visées à l'article L 236-3, II-3° du Code de commerce. Ni la loi ni la doctrine administrative ne traitent en revanche des fusions réalisées entre entités détenues par les mêmes associés et dans les mêmes proportions qui sont conservées à l'issue de la fusion visées à l'article L 236-3, II-4° du Code de commerce. Interrogé lors de notre formation « Les Journées PwC des Reportings – module Règles françaises et résultat fiscal » du 28 novembre 2023, Aulne Abeille, sous-directeur en charge de la fiscalité des entreprises à la Direction de la législation fiscale, nous a indiqué que le législateur interviendra pour fixer le régime fiscal des opérations de restructuration visées par les dispositions du Code de commerce issues de l'ordonnance 2023-393 du 24 mai 2023 avec le souci de les traiter de manière cohérente avec le régime prévu pour les opérations actuellement visées par le CGI. Il nous a indiqué que dans cette attente, les entreprises peuvent saisir la Direction de la législation fiscale des questions soulevées par les opérations envisagées.

1. Conséquences de la disparition des titres de l'entité absorbée sur le résultat imposable de la mère S'appuyant sur le traitement comptable de l'opération, l'administration a indiqué qu'elle n'entraîne pas une sortie des titres de l'entité absorbée du bilan de la société détentrice, qui ne constate donc aucune plus ou moins-value imposable. L'opération est sans impact sur le résultat fiscal de la société mère au titre de l'exercice au cours duquel elle est réalisée (BOI-IS-FUS-50-30 n° 10).

2. Sort de la (provision pour) dépréciation constituée par la société mère sur les titres de l'entité absorbée L'ajout de la (provision pour) dépréciation constituée sur les titres de l'entité absorbée à l'éventuelle dépréciation constatée sur les titres de l'entité absorbante ne constitue pas fiscalement une reprise de provision (BOI-IS-FUS-50-30 n° 40).

3. Conséquences de la disparition des titres de l'entité absorbée au regard du régime des sociétés mères et filiales La disparition des titres de l'entité absorbée est en elle-même sans conséquence sur l'application du régime des sociétés mères et filiales lorsque l'opération est placée sous le **régime de faveur.** En effet, elle n'est pas constitutive d'une cession marquant la rupture de l'obligation de conservation des titres pendant deux ans qui est imposée à la société mère. Pour l'appréciation de ce délai de détention, les titres de l'entité absorbée sont réputés détenus par la mère depuis la date de leur souscription ou acquisition jusqu'à la date de cession des titres de l'entité absorbante (CGI art. 145, 1-c ; BOI-IS-BASE-10-10-10-20 n° 403).

En revanche, si la fusion est placée sous le **régime de droit commun,** l'exonération des dividendes versés par l'entité absorbée est remise en cause rétroactivement si l'acquisition de ses titres est intervenue depuis moins de deux ans à la date de la fusion. Une déclaration rectificative doit alors être déposée dans les trois mois de la fusion et une somme correspondant à l'IS dont l'entité détentrice a été indûment exonérée doit être versée au Trésor, assortie des intérêts de retard (BOI-IS-BASE-10-10-10-20 n° 230).

4. **Sort des frais d'acquisition des titres de l'entité absorbée** Dès lors que l'opération de fusion n'entraîne pas la sortie des titres de l'entité absorbée du bilan de la société détentrice (en l'absence d'échange, à traiter comme une cession suivie d'une acquisition), celle-ci est à notre avis fondée à poursuivre l'amortissement fiscal de ces frais conformément à l'article 209, VII du CGI. En particulier, lorsque les frais ont été incorporés au prix d'acquisition des titres, la société détentrice peut poursuivre la constatation d'amortissements dérogatoires jusqu'à l'expiration de la période de cinq ans prévue pour l'échelonnement de leur déduction.

Exemple *(établi par nos soins) La société A détient 100 % des titres de B (100 titres) et C. La société C est absorbée par l'entité B et lui apporte l'ensemble de ses actifs et passifs.*

La valeur nette comptable des titres C au bilan de A s'élève à 1 800 (valeur brute de 2 000 et dépréciation de 200).

Solution de l'exemple *Titres de participation chez A avant fusion :*

Titres B (100 titres)	*4 000*
Titres C	*2 000*
Dépréciation des titres C	*(200)*
	5 800

A la date de fusion, la société A enregistre la disparition des titres de la société C, sans impact sur le résultat :

	26111 Titres B (débit)	(crédit)	*26112 Titres C* (débit)	(crédit)	*29611 Dépréciation Titres B* (débit)	(crédit)	*29612 Dépréciation Titres C* (débit)	(crédit)
a. Titres détenus préalablement à la fusion	*4 000*		*2 000*					*200*
A la date de l'opération								
b. Constatation de la disparition de C	*2 000*			*2 000*		*200*	*200*	
	6 000			*0*		*200*		*0*

Titres de participation chez A après fusion :

Titres B (100 titres)	*6 000*
Dépréciation des titres B	*(200)*
	5 800

Ainsi, à la date de l'opération, la valeur brute unitaire des titres B est augmentée de 20 (2 000 / 100 titres B).

Evaluation ultérieure des titres de l'entité absorbante

8741 ***Question***

Comment calculer la dépréciation ultérieure des titres de l'entité absorbante ?

Réponse

La dépréciation est calculée sur la base de la nouvelle valeur comptable des titres de l'entité absorbante (après ajout de la valeur comptable de l'entité absorbée).

PCG art. 746-2
Recueil des normes comptables, Commentaires sous l'article 746-2 (*en partie*)
IR 3 Sort de la dépréciation des titres de l'entité qui disparaît Les dépréciations des titres de l'entité qui disparaît sont ajoutées aux dépréciations des titres de l'entité bénéficiaire des apports. L'entité détermine par la suite la nouvelle valeur d'utilité des titres de la société bénéficiaire des apports conformément à l'article 221-3 et ajuste, le cas échéant, le montant de la dépréciation.

Commentaires La valeur composée de la valeur brute des titres de l'entité absorbante et de l'entité absorbée à la date de la fusion constitue la « nouvelle » valeur brute des titres de l'entité absorbante (PCG art. 746-2 ; voir nº 8740). En conséquence, les dépréciations ultérieures sont calculées sur cette base, en application des règles générales prévues par le PCG (art. 221-3 ; voir Mémento Comptable nº 35695 s. et 36865).

Incidence à la date de la fusion Il en résulte que si la valeur d'utilité des titres du nouvel ensemble est supérieure à leur valeur nette comptable à la date de la fusion, la dépréciation éventuellement comptabilisée préalablement à la fusion sur les titres de l'entité absorbante ou absorbée est à reprendre immédiatement (Commentaire IR 3 sous l'article 746-2 du PCG). En revanche, tant que la fusion n'est pas réalisée, il n'est pas possible, à notre avis, d'anticiper ce traitement comptable pour regrouper les titres du futur ensemble pour la réalisation d'un test de dépréciation.

Fiscalement, il en est de même (BOI-IS-FUS-50-30 nº 40), étant précisé que, si les titres concernés ont la nature de titres de participation (autres que des titres de sociétés à prépondérance immobilière), la reprise de la dépréciation est sans incidence fiscale (voir Mémento Comptable nº 35980).

Cession des titres de l'entité absorbante

8742 ***Question***

En cas de cession ultérieure des titres de l'entité absorbante reçus par voie d'échange à la valeur comptable, comment calculer le résultat de cession ?

Réponse

Conformément au PCG, le résultat de cession des titres de l'entité absorbante est calculé à partir de leur valeur comptable au moment de la cession.

Commentaires La valeur composée de la valeur brute des titres de l'entité absorbante et de l'entité absorbée à la date de la fusion constitue la « nouvelle » valeur brute des titres de l'entité absorbante (PCG art. 746-2 ; voir nº 8740). En conséquence, le résultat de cession des titres doit être calculé par rapport à cette valeur comptable (application des règles générales, PCG art. 946-67 ; voir Mémento Comptable nº 36930).

Fiscalement, les mesures suivantes concernent les **fusions entre entités détenues à 100 % par la même entité mère** visées à l'article L 236-3, II-3° du Code de commerce. Ni la loi ni la doctrine administrative ne traitent en revanche des fusions réalisées entre entités détenues par les mêmes associés et dans les mêmes proportions qui sont conservées à l'issue de la fusion, visées à l'article L 236-3, II-4° du Code de commerce. Interrogé lors de notre formation « Les Journées PwC des Reportings – module Règles françaises et résultat fiscal » du 28 novembre 2023, Aulne Abeille, sous-directeur en charge de la fiscalité des entreprises à la Direction de la législation fiscale, nous a indiqué que le législateur interviendra pour fixer le régime fiscal des opérations de restructuration visées par les dispositions du Code de commerce issues de l'ordonnance 2023-393 du 24 mai 2023 avec le souci de les traiter de manière cohérente avec le régime prévu pour les opérations actuellement visées par le CGI. Il nous a indiqué que dans cette attente, les entreprises peuvent saisir la Direction de la législation fiscale des questions soulevées par les opérations envisagées.

1. Conséquences de la cession sur l'application du régime des sociétés mères et filiales Conformément à l'article 145 du CGI, l'exonération des dividendes prévue par le régime des sociétés mères et filiales revêt un caractère définitif lorsque les titres sont conservés pendant au moins deux ans. Il en résulte qu'à la suite d'une fusion sans échange de titres, la cession des titres de la société absorbante par la société mère n'entraîne aucune conséquence sur l'exonération des dividendes si elle intervient **au moins deux ans après l'opération.**

En revanche, lorsque la **cession** intervient **moins de deux ans après la fusion,** une remise en cause de l'exonération des dividendes est opérée dans la mesure où cette cession est regardée comme portant sur des titres détenus depuis moins de deux ans (CGI art. 145, 1-c). Pour l'application de cette règle, les titres cédés sont rattachés aux titres de l'entité absorbante ou aux titres de l'entité absorbée par application d'un calcul forfaitaire au **prorata des valeurs vénales des entités absorbante et absorbée** à la date de l'opération. Lorsque la fusion est assortie d'un effet rétroactif, l'administration accepte que ce calcul soit effectué d'après la valeur réelle des titres à la date d'effet et non à la date de sa réalisation définitive. En pratique, l'évaluation des titres lors du dernier inventaire de la société mère peut être retenue (BOI-IS-BASE-10-10-10-20 n° 403).

Après réalisation de cette répartition, le respect du délai minimal de conservation de deux ans est alors apprécié distinctement pour les titres cédés qui sont réputés correspondre aux titres de l'entité absorbée et pour ceux correspondant aux titres de l'entité absorbante détenus avant l'opération de fusion.

Le **décompte du délai de détention des titres de l'entité absorbante réputés correspondre aux titres de l'entité absorbée** est effectué à partir de l'acquisition ou de la souscription des titres de l'entité absorbée par la société mère si l'opération de fusion sans échange de titre a été placée **sous le régime de faveur.** Si l'opération a été placée **sous le régime de droit commun,** le point de départ du délai de détention de deux ans est la réalisation de la fusion.

En conséquence, l'exonération des dividendes est remise en cause pour les distributions réputées provenir des titres détenus depuis moins de deux ans qui sont l'objet de la cession (voir Mémento Fiscal n° 41000). Pour un exemple, voir ci-après.

2. Plus-values issues de la cession ultérieure des titres de la société absorbante

a. Montant de la plus-value La plus-value imposable lors de la cession de titres de l'entité absorbante est déterminée par différence entre leur prix de cession et leur prix de revient tel qu'il a été rectifié lors de l'opération de fusion, par l'incorporation au prix d'origine du prix d'acquisition des titres de l'entité absorbée. Toutefois, si la valeur fiscale des titres de l'une ou l'autre entité différait de sa valeur comptable en raison par exemple de sa participation à une précédente opération de restructuration pour laquelle une option pour le sursis d'imposition de la plus-value d'échange des titres avait été exercée, c'est cette valeur qu'il y aurait lieu de retenir pour la détermination du montant global de la plus-value imposable (BOI-IS-FUS-50-30 n° 30).

b. Régime d'imposition Pour l'appréciation du **délai minimal de détention des titres** de la société absorbante pendant deux ans qui subordonne l'application du régime du long terme (exonération de la plus-value de cession sous réserve de l'imposition d'une quote-part de frais et charges de 12 %), il convient de se référer aux dates d'acquisition des titres de chacune des entités participant à la fusion. Si les titres des sociétés ayant participé à la fusion sans échange de titres placée sous le régime de faveur proviennent d'une opération qui avait elle-même un caractère intercalaire, il convient de retenir la date d'acquisition ou de souscription d'origine (BOI-IS-FUS-50-30 n° 60). Lorsque la cession des titres de l'entité absorbante intervient au moins deux ans après leur acquisition et après l'acquisition des titres de l'entité absorbée, l'intégralité de la plus ou moins-value réalisée est soumise au régime du long terme.

En revanche, dans le cas où, à la date de cession des titres issus de la fusion sans échange de titres, les titres de l'une seulement des entités ayant participé à l'opération ont été acquis depuis moins de deux ans, il convient de calculer séparément la plus ou moins-value correspondant à la cession des titres de chacune des entités. Seule la plus ou moins-value réputée correspondre aux titres acquis depuis au moins deux ans bénéficiera du régime du long terme.

Pour l'application de cette règle, le prix de cession des titres de l'entité issue de l'opération est ventilé en proportion de la valeur vénale des titres de chacune des entités à la date d'effet juridique de l'opération. De même que pour l'application du régime des sociétés mères et filiales (voir 1. ci-avant), l'administration admet que le calcul soit réalisé d'après la valeur réelle des titres à la date d'effet rétroactif de la fusion et non à la date de sa réalisation définitive. En pratique, l'évaluation des titres lors du dernier inventaire de la société mère peut être retenue (BOI-IS-BASE-10-10-10-20 n° 403).

Deux plus ou moins-values distinctes sont donc ensuite calculées, par différence entre le prix de cession ventilé et la valeur d'origine des titres de chaque entité ayant participé à l'opération (CGI art. 39 duodecies, 12 ; BOI-IS-FUS-50-30 n° 90).

Un calcul séparé des plus ou moins-values de cession doit également être réalisé dans le cas où des titres d'une même entité ont été acquis à des dates différentes, dont certains depuis moins de deux ans à la date de la cession (BOI-IS-FUS-50-30 n° 90).

Exemple 1 *(établi par nos soins) Soit une société M qui détient les sociétés F1 et F2, soit :*
- 100 titres de la société F1 (représentant 100 % du capital) acquis en janvier N–3 pour 550 000 ;
- 50 titres de la société F2 (représentant 100 % du capital) acquis en avril N–1 pour 300 000.

F1 et F2 réalisent des distributions de dividendes à M en juin N–1.

Ces distributions ont bénéficié de l'exonération prévue par le régime des sociétés mères et filiales.

En février N, F1 absorbe F2 dans le cadre d'une opération de fusion sans échange de titres placée sous le régime de faveur. A la date d'effet de la fusion, la valeur vénale des titres F1 s'élève à 600 000 et celle des titres F2 à 400 000.

F1 réalise une distribution de dividendes en juin N à M, qui bénéficie du régime des sociétés mères.

En février N+1, M cède la totalité de sa participation au sein de F1 pour 1 100 000.

Solution de l'exemple 1 *Sur le plan comptable, le résultat de cession est une plus-value de 250 000.*

Prix de cession de F1	*1 100 000*
- Valeur comptable de F1 (1)	*- 850 000*
Résultat de cession	*250 000*

(1) La valeur comptable de F1 à prendre en compte lors de la cession correspond à la valeur brute des titres F1 avant l'opération de fusion (550 000) augmentée de la valeur brute des titres de F2, absorbée (300 000).
La valeur des titres F2 est répartie linéairement sur la valeur des titres F1. L'augmentation de la valeur unitaire des titres F1 est de 300 000 / 100 = 3 000 par titre. Après la fusion, la valeur unitaire des titres F1 est donc de 8 500, soit une valeur totale de 850 000.

Pour plus de détails, voir n° 8740.

Fiscalement, *Les titres de F1 cédés sont réputés porter sur :*
- des titres de F2 à hauteur de 400 000 (valeur réelle des titres de F2 à la date de la fusion) / 1 000 000 (somme des valeurs réelles des titres F1 et F2 à la date de la fusion) x 100 (nombre de titres de F1 acquis), soit 40 titres ;
- des titres F1 à hauteur du solde, soit 100 – 40 = 60 titres.

*1. **Incidence sur les distributions réalisées préalablement à la fusion** Les titres F2 ayant été acquis depuis moins de deux ans à la date de la cession, l'application du régime des sociétés mères et filiales est remise en cause pour la totalité des dividendes versés par F2 en juin N-1 et pour une fraction de la distribution effectuée par F1 en N correspondant aux 40 titres réputés provenir des titres de F2.*

*2. **Régime d'imposition du résultat de cession** Les titres de F2 sont détenus depuis moins de 2 ans à la date de la cession, alors qu'au contraire les titres F1 sont détenus depuis au moins deux ans. Il convient donc de ventiler le montant global de la plus-value réalisée : la fraction se rapportant aux titres de F2 relève du régime du court terme alors que la fraction se rapportant aux titres F1 bénéficie du régime du long terme.*

La part du prix de cession des titres qui est réputée se rapporter aux titres F2 s'élève à 1 100 000 x (40 / 100) = 440 000. La plus-value qui est réputée se rapporter aux titres de F2 s'élève donc à 440 000 - 300 000 = 140 000. Elle est soumise à l'IS au taux de droit commun.

Le solde de la plus-value (250 000 - 140 000 = 110 000) est exonéré, sous réserve de l'incorporation d'une quote-part de frais et charges de 12 % au résultat imposable au taux de droit commun (voir Mémento Comptable nº 36720).

Exemple 2 *(établi par nos soins) Soit une entité M qui détient la totalité du capital des entités F1 et F2, acquis dans les conditions suivantes :*
- entité F1 : 900 titres acquis en janvier N-3 pour 280 000 et 900 titres acquis en octobre N-2 pour 360 000 ;
- entité F2 : 800 titres acquis en avril N-3 pour 240 000 et 400 titres acquis en avril N-1 pour 120 000.

F1 et F2 réalisent des distributions de dividendes à M en décembre N-2. Ces distributions ont bénéficié de l'exonération prévue par le régime des sociétés mères et filiales.

F1 absorbe F2 dans le cadre d'une opération de fusion sans échange de titres le 1er juin N-1 avec effet rétroactif au 1er janvier N-1. A la date d'effet de la fusion, la valeur vénale des titres F1 s'élève à 800 000 et celle des titres F2 à 400 000.

F1 réalise une distribution de dividendes en décembre N-1 à M, qui bénéficie du régime des sociétés mères.

M cède 1 050 titres F1 en janvier N pour 787 500, puis les 750 titres restant en décembre N pour 562 500, soit un montant total de 1 350 000 pour la totalité des titres F1.

Solution de l'exemple 2 *Sur le plan comptable, le résultat de cession est une plus-value de 350 000 dégagée sur l'exercice N.*

Prix de cession de F1	*1 350 000*
- Valeur comptable de F1 (1)	*- 1 000 000*
Résultat de cession	*350 000*

(1) La valeur comptable de F1 à prendre en compte lors de la cession correspond à la valeur brute des titres F1 avant l'opération de fusion (640 000), augmentée de la valeur brute des titres de F2, absorbée (360 000).
La valeur des titres F2 est répartie linéairement sur la valeur des titres F1. L'augmentation de la valeur unitaire des titres F1 s'élève de 360 000 / 1 800 = 200 par titre. Après la fusion, la valeur unitaire des titres F1 est donc de 556 pour une valeur totale de 1 000 000.

Pour plus de détails, voir nº 8740.

Fiscalement :

1. Imputation des cessions sur les différentes acquisitions de titres

a. Répartition des titres F1 cédés, entre F1 et F2 *En application de la méthode « premier entré, premier sorti », la cession en janvier N de 1 050 titres F1 est réputée porter sur :*
- 900 titres F1 acquis en janvier N-3 ;
- 150 titres F1 acquis en octobre N-2.

Les 900 titres F1 acquis en janvier N-3 et cédés en janvier N sont réputés se rapporter à :
- des titres F2 à hauteur de : 900 (nombre de titres F1 cédés) x (400 000 [valeur réelle des titres F2 à la date de la fusion] / 1 200 000 [somme des valeurs réelles des titres F1 et F2 à la date de la fusion]), soit 300 titres ;
- des titres F1 à hauteur du solde, soit 900 - 300 = 600 titres.

Les 150 titres F1 acquis en octobre N-2 et cédés en janvier N sont réputés porter sur :
- des titres de F2 à hauteur de : 150 (nombre de titres F1 cédés) x (400 000 [valeur réelle des titres de F2 à la date de la fusion] / 1 200 000 [somme des valeurs réelles des titres F1 et F2 à la date de la fusion]), soit 50 titres ;
- des titres F1 à hauteur du solde, soit 150 - 50 = 100 titres.

Donc au total, sur les 1 050 titres F1 cédés en janvier N, 350 titres (300 + 50) sont réputés porter sur des titres F2.

La cession en **décembre N** *de 750 titres F1 est réputée porter sur le solde des titres F1 acquis en octobre N-2. Ces titres sont réputés porter sur :*
- des titres de F2 à hauteur de : 750 (nombre de titres F1 cédés) x (400 000 [valeur réelle des titres de F2 à la date de la fusion] / 1 200 000 [somme des valeurs réelles des titres F1 et F2 à la date de la fusion]), soit 250 titres ;
- des titres F1 à hauteur du solde, soit 750 - 250 = 500 titres.

b. Date d'acquisition des titres F1 cédés en fonction de leur rattachement à des titres F1 ou F2 *Compte tenu du rapport entre les valeurs vénales des entités F1 et F2 à la date de la fusion, 600 titres F1 sont réputés se rattacher à des titres F2 (300 + 50 + 250). Ces 600 titres sont réputés acquis par M depuis :*
- avril N-3 pour 800 (nombre de titres F2 acquis en N-3) / 1 200 (nombre total de titres de F2 acquis) x 600 (nombre de titres F1 réputés être des titres F2) = 400 titres ;
- avril N-1 pour le solde, soit 600 - 400 = 200 titres.

Au total 1 200 titres F1 cédés sont réputés se rattacher à des titres d'origine F1 (600 + 100 + 500). Ces 1 200 titres sont réputés acquis par M depuis :
- janvier N-3 pour 900 (nombre de titres F1 acquis en N-3) / 1 800 (nombre total de titres de F1 acquis) x 1 200 (nombre de titres F1 réputés après la fusion se rattacher à des titres F1) = 600 titres ;
- octobre N-2 pour le solde, soit 1 200 - 600 = 600 titres.

c. Répartition des cessions des titres F1 selon la date d'acquisition des titres auxquels ils sont réputés se rattacher *La cession par M en janvier N de 1 050 titres F1 est réputée porter sur :*
- l'acquisition des titres F2 réalisée en avril N-3 à hauteur de 350 titres (1) ;
- l'acquisition des titres F1 effectuée en janvier N-3 à hauteur de 600 titres (2) ;
- l'acquisition des titres F1 effectuée en octobre N-2 à hauteur de 100 titres (2).

(1) Les 350 titres F1 cédés en janvier N, réputés se rattacher à des titres F2 (voir a.), correspondent en totalité à des titres F2 acquis en avril N-3 en application de la règle Fifo. En effet, sur les 600 titres F1 réputés être des titres F2, 400 titres sont réputés acquis par M depuis avril N-3 (voir b.).

(2) Voir a. ci-avant.

La cession par M en décembre N des 750 titres F1 restant est réputée porter (voir ci-avant a.) sur :
- l'acquisition des titres F2 en avril N-3 pour 50 titres (1) ;
- l'acquisition des titres F2 effectuée en avril N-1 pour 200 titres (1) ;
- et l'acquisition des titres F1 effectuée en octobre N-2 pour 500 titres (2).

(1) Les 250 titres F1 cédés en décembre N, réputés être des titres F2 (voir a.) correspondent à 50 titres acquis en janvier N-3 et à 200 titres acquis en octobre N-2 en application de la règle Fifo. En effet, sur les 600 titres F1 réputés être des titres F2, 400 titres sont réputés

acquis en avril N-3 (dont 350 cédés en janvier N) et les 200 restants sont réputés acquis en avril N-1 (voir b.).

(2) Voir a. ci-avant.

*2. **Conséquences des distributions réalisées préalablement à la fusion** La cession des 1 050 titres F1 en janvier N par M est sans incidence sur l'application du régime des sociétés mères et filiales. En effet, seuls 100 titres réputés se rattacher à F1 sont détenus depuis moins de deux ans, acquis en octobre N-2. Toutefois, à l'issue de l'opération, M détient toujours 5 % du capital de F1 et n'a donc pas enfreint l'obligation de conservation, qui porte sur la participation de 5 % permettant d'accéder au statut de société mère (voir Mémento Comptable nº 36370). Lors de la cession des 750 titres restant de F1 en décembre N, les 500 titres réputés porter sur des titres F1 sont détenus depuis plus de deux ans, il n'y a donc pas de remise en cause du régime des sociétés mères et filiales.*

S'agissant de la cession des titres F1 réputés porter sur des titres F2, il faut distinguer :

- les 50 titres F2 acquis en avril N-3 qui ont été conservés depuis plus de deux ans par M. Le bénéfice du régime des sociétés mères et filiales n'est donc pas remis en cause pour les dividendes perçus à raison de ces titres ;

- les 200 titres F2 qui ont été acquis en avril N-1 ont été conservés moins de deux ans par M. Le régime des sociétés mères et filiales est remis en cause pour les dividendes correspondant à ces titres perçus en décembre N-1.

*3. **Régime d'imposition du résultat de cession** Les 1 050 titres F1 cédés en janvier N relèvent du régime :*

- du long terme pour ceux réputés porter les titres F1 acquis en janvier N-3 (600 titres) et pour ceux réputés porter sur les titres F2 acquis en avril N-3 (350 titres) ;

- du court terme pour les titres réputés porter sur les titres F1 acquis en octobre N-2 (100 titres).

Les 750 titres F1 cédés en décembre N relèvent du régime :

- du long terme pour ceux réputés porter les titres F1 acquis en octobre N-2 (500 titres) et pour ceux réputés porter sur les titres F2 acquis en avril N-3 (50 titres) ;

- du court terme pour ceux réputés porter sur les titres F2 acquis en avril N-1 (200 titres).

CHAPITRE 4

Comptabilisation des dissolutions par confusion de patrimoine (TUP)

Plan du chapitre

Plan du chapitre (suite et fin)

SECTION I

Comptabilisation de l'opération de dissolution par confusion de patrimoine (TUP) chez la société confondue

I. Etablissement d'une situation comptable avant l'opération

Date d'établissement

9005 ***Question***

A quelle date la société confondue doit-elle établir la situation comptable servant de base à l'opération de dissolution par confusion de patrimoine ?

Réponse

A la date d'effet de cette opération, qui correspond à l'issue du délai d'opposition des créanciers.

Commentaires La date d'effet de l'opération de TUP correspond à l'issue du délai d'opposition des créanciers, aucun effet rétroactif ou différé n'étant admis sur le plan comptable (voir nº 10530). C'est donc à cette date que la société confondue doit établir la situation servant de base à l'opération.

Sur la date d'effet à retenir en cas d'opposition des créanciers, voir nº 10530.

La solution est identique lorsqu'un effet rétroactif fiscal (voir nº 10535) a été conféré à l'opération.

En pratique, deux situations peuvent se produire :

1. **La date d'effet correspond à la date de clôture de l'exercice précédent** Dans ce cas, les comptes sont établis dans les conditions et les formes habituelles. Ils comprennent le compte de résultat, le bilan et l'annexe.

2. **La date d'effet est différente de la date de clôture de l'exercice précédent** Dans ce cas, il convient, à notre avis, d'arrêter une situation comptable (bilan et inventaire uniquement) qui reste un document interne destiné à déterminer les bases financières de l'opération (et n'a donc pas à être soumis aux associés).

II. Ecritures comptables lors de l'opération de dissolution par confusion de patrimoine

Ecritures constatant l'opération

9007 ***Question***

Quelles écritures la société confondue doit-elle comptabiliser pour constater la dissolution par confusion de patrimoine ?

Réponse

L'opération entraînant la dissolution de la société confondue, cette dernière doit constater dans ses comptes le transfert de son patrimoine à la société confondante et l'annulation de ses capitaux propres.

Commentaires Les écritures constatant la TUP doivent **solder tous les comptes de la société confondue.**

L'opération étant réalisée en valeur comptable (voir n° 7625), aucun résultat n'est dégagé.

Sur les retraitements extra-comptables à effectuer lorsque la TUP est dotée d'un effet rétroactif fiscal, voir n° 10545.

SECTION II

Comptabilisation des « apports » chez la société confondante

I. Coût d'entrée des éléments reçus par voie d'apport

Coût d'entrée comptable

9010 ***Question***

Pour quelle valeur les éléments reçus doivent-ils être comptabilisés par la société confondante ?

Réponse

La société confondante doit inscrire à son bilan l'intégralité du patrimoine social de la société confondue évalué à la valeur comptable, c'est-à-dire tel qu'il figure dans le bilan de cette dernière à la date d'effet de l'opération.

Pour des raisons fiscales, les actifs (amortissables et non amortissables) reçus sont comptabilisés pour leur valeur nette comptable présentée de façon éclatée (valeur brute/amortissements et dépréciations/valeur nette).

Commentaires Les « apports » de la société confondue à la société confondante sont obligatoirement évalués à la valeur comptable, l'opération étant réalisée entre sociétés sous contrôle commun (voir n° 7625).

Le coût d'entrée des éléments reçus par voie de TUP correspond donc à leur valeur comptable. En l'absence de traité d'apport, ce sont les actifs et passifs figurant au bilan de la société dissoute à la date d'effet de l'opération qui doivent être comptabilisés.

Sur la date d'effet à retenir et l'impossibilité de conférer à l'opération un effet comptable rétroactif, voir n° 10530.

Actifs reçus Pour des raisons fiscales (voir n° 8142), les actifs reçus sont à comptabiliser pour leur valeur présentée de manière éclatée (valeur brute/amortissements et dépréciations/valeur nette).

Fiscalement :

1. Comme en matière de fusion, les TUP doivent en principe être réalisées aux valeurs réelles (BOI-IS-FUS-30-20 n° 10). Elles peuvent toutefois être réalisées aux **valeurs comptables** à la double condition d'être placées sous le régime de faveur des fusions de l'article 210 A du CGI et que la société confondante reprenne à son bilan les écritures comptables de la société dissoute (valeur d'origine, amortissements, dépréciations, voir n° 7812 et 8142). Sur le prix de revient fiscal des éléments d'actif, voir n° 8130. Sur l'inclusion dans le coût d'entrée, des frais de transport et de montage des immobilisations engagés par la société confondante pour installer les immobilisations reçues, voir n° 8146.

2. Les **droits et obligations** des sociétés confondue et confondante, selon le régime fiscal choisi (régime de droit commun ou régime de faveur), sont identiques à ceux des sociétés absorbée et absorbante en cas de fusion. Sur ces droits et obligations, voir n° 7812.

3. Le Conseil d'Etat a jugé que la **théorie dite « du prix d'acquisition »** (voir n° 8145) ne s'applique pas aux confusions de patrimoine réalisées sous régime de faveur, en raison de l'absence de rémunération versée par la société confondante en contrepartie de la transmission de l'actif net de la société confondue et eu égard à l'objectif de neutralité fiscale des opérations de fusion poursuivi par le législateur en adoptant les dispositions de l'article 210 A du CGI. Reste sans incidence à cet égard la circonstance que les titres de la société confondue ont été acquis par la société confondante en tenant compte de l'actif net de la première, et y compris, le cas échéant, de ses engagements hors bilan (CE 22-11-2022 n° 447097).

4. A propos d'un versement effectué par la société confondante au titre d'une **clause de retour à meilleure fortune** dont était assorti l'abandon de créance consenti par une société tierce à la société confondue, voir n° 8147.

II. Ecritures comptables lors de l'opération de dissolution par confusion de patrimoine

Ecritures constatant la transmission du patrimoine

9015 ***Question***

Quelles écritures la société confondante doit-elle comptabiliser pour constater l'opération de dissolution par confusion de patrimoine ?

Réponse

La société confondante comptabilise les écritures relatives à :
- la transmission des actifs et passifs de la société confondue ;
- la constatation d'un mali ou d'un boni de confusion ;
- l'engagement des frais pour réaliser l'opération.

Commentaires La société confondante comptabilise les éléments reçus par voie de TUP à leur valeur comptable (voir nº 9010). En contrepartie, elle annule les titres de la société confondue qu'elle détenait préalablement à l'opération et comptabilise, selon le cas, un mali ou un boni de confusion.

Fiscalement, pour les conséquences de l'annulation des titres sur le régime des sociétés mères, voir nº 8310.

Sur la détermination du mali ou du boni de confusion, voir nº 9020 ou 9025.

Frais engagés pour réaliser l'opération En l'absence d'augmentation de capital, ces frais sont obligatoirement comptabilisés en charges de la société confondante.

Fiscalement, il en est de même (voir nº 8163).

Sur la nécessité de reconstituer les provisions réglementées, subventions d'investissement (sur option), réserve spéciale des plus-values à long terme et réserve spéciale de fluctuation des cours, voir nº 8154.

Elimination de créance et dette réciproques En cas de dépréciation antérieure à l'opération de TUP, un produit est constaté après l'opération (voir nº 8153).

Exemple *La société Y détient 100 % du capital de la société X. Elle réalise une opération de dissolution par confusion de patrimoine avec X.*

a. *Bilan de la société Y*

Actif		*Passif*	
Immobilisations	*700 000*	*Capital (5 000 actions x 100)*	*500 000*
Titres X	*300 000*	*Réserves*	*500 000*
Stocks	*100 000*	*Dettes*	*300 000*
Créances et disponibilités	*200 000*		
	1 300 000		*1 300 000*

b. *Bilan de la société X*

Actif		*Passif*	
Immobilisations (terrain)	*800 000*	*Capital (1 000 actions x 100)*	*100 000*
		Réserves	*300 000*
		Dettes	*400 000*
	800 000		*800 000*

Solution de l'exemple *Ecritures dans la société Y*

	211 Terrain		*16/40 Dettes*		*261 Titres X*		*76 Boni de confusion*	
Titres détenus (avant la TUP)					*300 000*			
Apports	*800 000*			*400 000*		*300 000*		*100 000 (1)*

(1) Par hypothèse, les réserves de X (100) correspondent à des bénéfices non distribués. Pour plus de détails sur la comptabilisation du boni de confusion, voir n° 9025.

Après la TUP, le bilan de la société absorbante Y se présente ainsi :

Actif		*Passif*	
Immobilisations (700 000 + 800 000)	*1 500 000*	*Capital*	*500 000*
Stocks	*100 000*	*Réserves*	*500 000*
Créances et disponibilités	*200 000*	*Résultat (boni de fusion)*	*100 000*
		Dettes (300 000 + 400 000)	*700 000*
	1 800 000		*1 800 000*

III. Mali de confusion

Date de calcul du mali de confusion

9018 ***Question***

A quelle date le mali de confusion doit-il être calculé ?

Réponse

Comptablement, à la date de réalisation de l'opération (qui correspond également à la date d'effet comptable).

Fiscalement, il en est de même, sauf si la TUP est dotée d'un effet rétroactif fiscal, le mali de confusion étant alors calculé à la date d'effet fiscal.

Commentaires Sur le plan comptable, le mali de confusion doit être calculé à la date d'effet de l'opération (voir n° 8322), c'est-à-dire à l'issue du délai d'opposition des créanciers (aucun effet rétroactif comptable ne pouvant être conféré, voir n° 10530).

Fiscalement, en revanche, lorsque la TUP est dotée d'un effet rétroactif fiscal (voir nº 10535), le mali de confusion est calculé en prenant en compte l'actif net de la société confondue à la date d'effet fiscal, et non à la date d'effet retenue sur le plan comptable (CAA Lyon 29-1-2015 nº 13LY02122 ; CE 18-3-2020 nº 426473).

En conséquence, des retraitements extra-comptables doivent être effectués sur l'imprimé nº 2058-A (voir nº 12120 et 12225).

Comptabilisation du mali de confusion

9020 ***Question***

Comment déterminer le mali de confusion et quel traitement comptable doit-il suivre ?

Réponse

Le mali de confusion est calculé et comptabilisé selon les règles établies pour le mali de fusion

PCG art. 760-2

(*en partie*) Le traitement du mali [...] pouvant apparaître lors de l'annulation dans les comptes de l'entité bénéficiaire de la transmission universelle de patrimoine suit les règles générales exposées aux articles 745-2 à 745-9.

Commentaires Le mali dégagé lors d'opérations de TUP doit suivre le traitement défini pour le mali de fusion (voir nº 8320 à 8405) concernant :
- la distinction entre le mali technique et le « vrai » mali ;
- la comptabilisation du mali technique à l'actif du bilan de la société confondante, en fonction des actifs sous-jacents transmis auxquels il est affecté, son amortissement, sa dépréciation éventuelle et sa sortie en cas de cession des actifs sous-jacents ;
- la comptabilisation du solde du mali en charges financières.

Fiscalement, s'agissant de l'incidence, sur le calcul du mali, des frais d'acquisition des titres de la société confondue, voir nº 8329, d'une déconnexion des valeurs (opération réalisée à la valeur comptable et placée sous le régime de droit commun), voir nº 8320, d'une dépréciation des titres de la société confondue, voir nº 8328, et sur le traitement fiscal du mali technique, voir nº 8364 et 8368 (distinction), nº 8364 (immobilisation), nº 8370 (amortissement), nº 8373 (dépréciation) et nº 8380 (sortie).

Cas particulier Actif net transmis négatif : les solutions comptables et fiscales sont identiques à celles développées en matière de fusions entre une entité et sa filiale détenue à 100 % (voir nº 8400).

Fiscalement, sur la non-déductibilité du vrai mali pour situation nette négative, voir nº 8400.

IV. Boni de confusion

Date de calcul du boni de confusion

9022 ***Question***

A quelle date le boni de confusion doit-il être calculé ?

Réponse

Comptablement, à la date de réalisation de l'opération.

Fiscalement, il en est de même, sauf si la TUP est dotée d'un effet rétroactif fiscal, le boni de confusion étant alors calculé à la date d'effet fiscal.

Commentaires Sur le plan comptable, le boni de confusion doit être calculé à la date d'effet de l'opération (voir nº 8452), c'est-à-dire à l'issue du délai d'opposition des créanciers (aucun effet rétroactif ne pouvant être conféré, voir nº 10530).

Fiscalement, en revanche, lorsque la TUP est dotée d'un effet rétroactif fiscal (voir nº 10535), le boni de confusion est calculé en prenant en compte l'actif net de la société confondue à la date d'effet fiscal, et non à la date d'effet retenue sur le plan comptable (CAA Lyon 29-1-2015 nº 13LY02122).

En conséquence, des retraitements extra-comptables doivent être effectués sur l'imprimé nº 2058-A (voir nº 12105 et 12210).

Comptabilisation du boni de confusion

9025 ***Question***

Comment déterminer le boni de confusion et quel traitement comptable doit-il suivre ?

Réponse

Le boni de confusion est calculé et comptabilisé selon les règles établies pour le boni de fusion.

PCG art. 760-2

(*en partie*) Le traitement [...] du boni pouvant apparaître lors de l'annulation dans les comptes de l'entité bénéficiaire de la transmission universelle de patrimoine suit les règles générales exposées aux articles 745-2 [...].

Commentaires Selon le PCG (art. 760-2) le boni dégagé lors d'opérations de TUP doit suivre le traitement comptable défini pour le boni de fusion : comptabilisation en résultat financier ou en capitaux propres (à notre avis dans un sous-compte de la prime de fusion « Boni de confusion ») selon les situations (voir nº 8450 à 8475).

Fiscalement, le boni de confusion correspond à la plus-value d'annulation des titres de la société confondue détenus par la société confondante (BOI-IS-FUS-10-50-20 nº 10 et 20). Le montant de cette plus-value est susceptible de différer de celui du boni comptable et des retraitements extra-comptables doivent alors être effectués sur l'imprimé nº 2058-A :
- en raison du traitement fiscal réservé aux frais d'acquisition de titres (voir nº 8453) ;

– lorsque les titres annulés sont grevés d'une plus ou moins-value en sursis ou report d'imposition ;
– à notre avis, en raison de la déconnexion des valeurs d'apport lorsque l'opération est placée sous le régime fiscal de droit commun (la valeur d'apport à retenir sur le plan fiscal étant alors la valeur réelle, voir nº 7810) (voir nº 12210).

Sur le traitement du boni de fusion, voir nº 8460.

Sur la différence de montant de la plus-value d'annulation de titres résultant de la prise en compte de l'effet rétroactif fiscal conféré à l'opération, voir nº 9022.

V. Informations en annexe

Informations au titre de l'opération

9027 ***Question***

Quelles informations la société confondante doit-elle fournir dans l'annexe des comptes de l'exercice de l'opération de dissolution par confusion de patrimoine ?

Réponse

La société confondante doit fournir une information dans l'annexe aux comptes de l'exercice de la TUP sur :
– le contexte de l'opération ;
– les modalités de valorisation ;
– le cas échéant, le traitement comptable du boni de confusion ;
– le cas échéant, les modalités d'affectation du mali technique au bilan ainsi que les modalités d'amortissement, de dépréciations et de sortie définitive de ce mali ;
– et, les principaux impacts de la TUP sur le bilan et le résultat (voir nº 9028).

Commentaires Voir nº 13270.

Information comparative

9028 ***Question***

La société confondante doit-elle établir des comptes pro forma au titre des exercices antérieurs présentés ?

Réponse

Non, l'établissement de tels comptes pro forma n'étant pas requis par le PCG. Toutefois, une information permettant d'expliciter l'impact de la TUP sur les principaux postes du bilan et du compte de résultat doit être fournie au titre de l'information comparative.

Commentaires Voir nº 13275.

SECTION III

Suivi des « apports » dans les comptes de la société confondante

I. Harmonisation des méthodes comptables

Apports comptabilisés selon des méthodes différentes de celles de la société confondante

9035 ***Question***

La société confondante doit-elle appliquer ses méthodes de comptabilisation et d'évaluation à tous les éléments reçus lorsque ceux-ci ont été valorisés de manière différente par la société confondue ?

Réponse

Oui, s'il s'agit de retraitements nécessaires pour se conformer à la définition des actifs et passifs tels que prévus au PCG ou s'il s'agit de provisionner les engagements de retraite ou assimilés de la société confondue selon les modalités d'évaluation de la société confondante. Ces retraitements obligatoires sont comptabilisés en contrepartie du mali ou boni de confusion (le cas échéant).

Non, pour les éventuels retraitements au-delà des retraitements obligatoires décrits ci-avant. Dans ce cas, l'harmonisation n'est pas obligatoire mais reste possible : son impact est alors comptabilisé conformément aux règles sur les changements de méthodes comptables.

Commentaires Voir nº 8605.

II. Classement comptable des actifs et passifs reçus

Modification du classement

9040 ***Question***

Le classement comptable, dans les comptes de la société confondue, des éléments apportés doit-il être maintenu dans les comptes de la société confondante après la TUP ?

Réponse

Non, si ce classement comptable ne correspond pas à l'utilisation de ces éléments par la société confondante.

Commentaires Voir nº 8610.

III. Amortissement

A. Plan d'amortissement

Amortissement des immobilisations reçues

9045 ***Question***

Comment amortir les immobilisations amortissables reçues par voie de TUP ?

Réponse

Sur le plan comptable comme sur le plan fiscal, l'amortissement des immobilisations reçues est déterminé selon le plan (base, durée et mode) pratiqué antérieurement par la société confondue, sauf si l'utilisation des éléments par la société confondante est différente.

Commentaires Voir nº 8615.

Fiscalement, s'agissant des différentes mesures de déductions exceptionnelles prévues en faveur de certains investissements, la solution exposée nº 8615 est, selon nos informations, également applicable en cas de TUP placée sous le régime de faveur.

B. Décomposition des immobilisations

Décomposition des immobilisations reçues

9050 ***Question***

Comment traiter ultérieurement la décomposition des immobilisations reçues ?

Réponse

Comptablement et fiscalement, la décomposition ne doit pas être révisée sauf si elle ne correspond pas à l'utilisation des immobilisations par la société confondante. Dans ce cas, la décomposition est modifiée pour tenir compte des caractéristiques propres à la société confondante.

Commentaires Voir n° 8620.

IV. Dépréciation

Détermination des dépréciations ultérieures

9055 ***Question***

Comment calculer les dépréciations ultérieures sur les éléments reçus par voie de TUP ?

Réponse

Les dépréciations sont déterminées sur la base du coût d'entrée des éléments reçus (voir n° 9010), en appliquant les règles comptables relatives aux dépréciations d'actifs.

Lorsque l'opération a été placée sous le régime fiscal de faveur et que les actifs sont grevés d'une plus-value en sursis ou en report résultant d'une opération antérieure, la dépréciation comptable peut être différente de la dépréciation admise fiscalement (calculée par référence à la valeur que les actifs avaient, du point de vue fiscal, dans les écritures de la société confondue). Dans ce cas, des retraitements sont à effectuer sur l'imprimé n° 2058-A.

Commentaires Voir n° 8630.

Dépréciation d'éléments fongibles

9057 ***Question***

Comment calculer la dépréciation d'éléments fongibles reçus par la société confondante lorsque cette dernière détient déjà des éléments de la même nature (par exemple, titres ou fonds commerciaux) ?

Réponse

La valeur actuelle servant de base à la dépréciation est calculée en considérant l'ensemble des éléments fongibles désormais détenus par la société confondante.

Commentaires Voir nº 8632.

Réappréciation ultérieure d'un actif apporté avec une dépréciation

9059 ***Question***

La réappréciation, après l'opération de TUP, d'un actif apporté avec une dépréciation doit-elle donner lieu à une reprise de dépréciation dans les comptes de la société confondante ?

Réponse

Sur le plan fiscal, la réappréciation de l'actif doit entraîner une reprise de (provision pour) dépréciation.

Comptablement, lorsqu'un actif déprécié dans les comptes de la société absorbée, apporté à la valeur comptable, se réapprécie après l'opération, une reprise de dépréciation est comptabilisée, conformément au Bulletin CNCC nº 181, mars 2016.

Commentaires Voir nº 8634.

V. Cession

Détermination du résultat de cession

9065 ***Question***

Comment calculer le résultat de cession des éléments reçus par voie de TUP et cédés ultérieurement ?

Réponse

Comptablement, le résultat de cession est déterminé par rapport à la valeur nette comptable chez la société confondante à la date de la cession.

Fiscalement, dans le cas général où la TUP a été placée sous le régime de faveur, le résultat de cession fiscal est identique au résultat comptable. Toutefois, lorsque la cession porte sur des éléments non amortissables de l'actif immobilisé (ou des VMP) bénéficiant d'un sursis d'imposition résultant d'opérations de restructuration antérieures à la TUP, le résultat de cession fiscal est calculé par référence à la valeur que ces actifs avaient, du point de vue fiscal, dans les écritures de la société confondue. Des retraitements peuvent donc devoir être effectués sur l'imprimé nº 2058-A. En outre, lorsque la cession porte sur des immobilisations amortissables grevées d'une plus-value en sursis d'imposition résultant d'une opération antérieure, la quote-part de plus-value échelonnée et non encore réintégrée doit faire l'objet d'une réintégration extra-comptable immédiate.

Commentaires Voir nº 8640.

Cession de titres reçus dans le cadre d'une TUP

9067 ***Question***

Lorsque la méthode Fifo est retenue pour calculer le résultat de cession des titres, quelle est la date d'acquisition des titres à retenir pour déterminer la valeur brute des titres cédés ?

Réponse

La date d'acquisition des titres par la société confondue (et non la date de réalisation de l'opération), à la fois comptablement (pour des raisons fiscales) et fiscalement (lorsque l'opération a été placée sous le régime de faveur).

Commentaires Voir nº 8643.

CHAPITRE 5

Comptabilisation des opérations de scission

Plan du chapitre

Plan du chapitre (suite)

Plan du chapitre (suite et fin)

SECTION I

Comptabilisation de la scission chez la société scindée

I. Etablissement d'une situation comptable avant la scission

Date d'établissement

9501 ***Question***

A quelle date la société scindée doit-elle établir la situation comptable servant de base au traité d'apport ?

Réponse

A la date d'effet de la scission.

Commentaires Voir nº 8005.

II. Ecritures comptables lors de la scission

A. Scission « totale »

Ecritures constatant la scission

9505 ***Question***

Comment comptabiliser la scission totale chez la société scindée ?

Réponse

La scission entraînant la disparition de la société scindée, cette dernière doit constater dans ses comptes :

1. Lors d'une scission avec échange de titres :
- le transfert de son patrimoine aux sociétés bénéficiaires des apports et la remise d'actions de ces dernières en contrepartie ;
- l'annulation des capitaux propres (y compris le résultat de scission) par l'échange de titres des sociétés bénéficiaires des apports.

2. Lors d'une scission sans échange de titres : le transfert de son patrimoine aux sociétés bénéficiaires des apports. En l'absence d'échange de titres, aucune remise d'actions des entités bénéficiaires n'est à comptabiliser.

Commentaires Les écritures dans les comptes de la société scindée sont identiques à celles enregistrées par la société absorbée lors d'une opération de fusion (à l'exception toutefois des écritures relatives à la remise des actions des sociétés bénéficiaires, en cas de scission avec échange de titres, voir exemple ci-après).

En conséquence, tous les comptes de la société scindée doivent être soldés (voir nº 8010). La comptabilisation individuelle des éléments apportés n'est pas obligatoire, mais elle peut devoir être retenue pour des raisons fiscales, lorsque les apports sont effectués à la valeur réelle et la scission est placée sous le régime fiscal de droit commun (voir nº 8015).

Exemple *(établi par nos soins)* ***Une société A fait l'objet d'une scission au profit de deux sociétés B et C, qui reçoivent chacune une branche d'activité de la société A, A1 et A2.*** *La scission donne lieu à échange de titres.*

Les sociétés A, B et C étant sous contrôle distinct, l'opération est réalisée à la valeur réelle (en application du principe de valorisation des apports, voir nº 7605).

a. ***Bilan de la société A***

Actif		*Passif*	
Immobilisations	*700 000*	*Capital (5 000 actions x 100)*	*500 000*
Stocks	*500 000*	*Réserves*	*300 000*
Créances et disponibilités	*100 000*	*Dettes*	*500 000*
	1 300 000		*1 300 000*

b. ***Valeur des apports***

– *Branche A1 :*

	Valeur comptable	*Valeur réelle*
Immobilisations	*400 000*	*700 000*
Stocks	*300 000*	*350 000*
Créances	*50 000*	*50 000*
Dettes	*(300 000)*	*(300 000)*
Total	*450 000*	*800 000*

– *Branche A2 :*

	Valeur comptable	*Valeur réelle*
Immobilisations	*300 000*	*400 000*
Stocks	*200 000*	*350 000*
Créances	*50 000*	*50 000*
Dettes	*(200 000)*	*(200 000)*
Total	*350 000*	*600 000*

c. ***Valeur réelle des sociétés bénéficiaires des apports***

– *Société B (dont le capital est divisé en 8 000 actions) : 1 600 000, soit 200 par action*

– *Société C (dont le capital est divisé en 4 000 actions) : 1 200 000, soit 300 par action*

Solution de l'exemple :

a. *Rapport d'échange*

– *Nombre de titres à émettre :*

- *Pour rémunérer l'apport de la branche A1, B doit émettre :*
- *Pour rémunérer l'apport de la branche A2, C doit émettre :*
- *600 000 (valeur réelle de A2)/300 (valeur réelle de l'action C) = 2 000 actions*

– *Rapport d'échange : il s'établit à :*

- *8 actions B pour 10 actions A (4 000 actions B pour rémunérer les apports/ 5 000 actions A)*
- *4 actions C pour 10 actions A (2 000 actions C pour rémunérer les apports/ 5 000 actions A)*

b. *Comptabilisation de la scission dans les comptes de A*

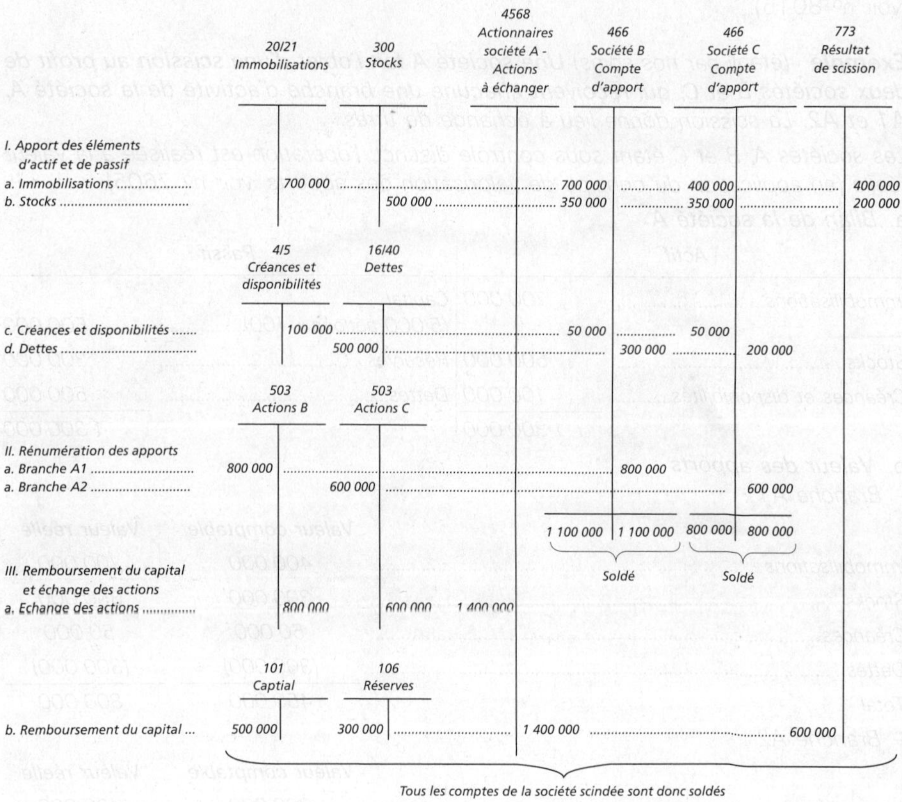

Remarque *Dans le cas d'une scission sans échange de titres (dans laquelle les apports doivent être évalués à leur valeur comptable, voir n° 7155 et 7600), les écritures relatives à la rémunération des apports et l'échange des actions n'ont pas lieu d'être enregistrés au compte 503. A notre avis, la dette envers l'actionnaire de A (en compte 4568) est compensée par les créances des sociétés bénéficiaires B et C (en compte 466).*

Comptabilisation des plus-values d'apport

9507 ***Question***

Les plus-values d'apport sont-elles toujours comptabilisées dans les comptes de la société scindée ?

Réponse

Oui, lorsque l'opération est comptablement réalisée à la valeur réelle.

Non, lorsque l'opération est comptablement réalisée à la valeur comptable.

Commentaires Les plus-values d'apport sont dégagées comptablement chez la société scindée lorsque l'opération est réalisée à la valeur réelle (voir n° 7700).

Fiscalement :

1. Il en est de même lorsque l'opération est placée sous le **régime fiscal de droit commun** (voir n° 7802).

2. En revanche, lorsque la scission est placée sous le **régime de faveur**, la plus-value nette globale afférente à l'ensemble des éléments de l'actif apportés [immobilisations (amortissables ou non), titres (immobilisés ou non), stocks...] est exonérée chez la société scindée (CGI art. 210 A et 210 B ; voir n° 7802). Cette plus-value nette d'apport doit donc être déduite extra-comptablement sur l'imprimé n° 2058-A (ligne XG, voir n° 12305).

En revanche, ces plus-values ne sont pas comptabilisées lorsque l'opération est réalisée à la valeur comptable (voir n° 7740).

Fiscalement :

1. Il en est de même lorsque l'opération est placée sous le **régime fiscal de faveur** (voir n° 7812).

2. En revanche, lorsque la scission est placée sous le **régime de droit commun**, elle est alors fiscalement réputée réalisée à la valeur réelle et entraîne l'imposition des plus-values fiscales et profits d'apport chez la société scindée (CGI art. 221-2 ; voir n° 7812). Ces plus-values et profits d'apports doivent donc être réintégrés extra-comptablement sur l'imprimé n° 2058-A (ligne WQ, voir n° 12205).

B. Scission « partielle »

Ecritures constatant la scission

9510 ***Question***

Comment comptabiliser la scission partielle chez la société scindée ?

Réponse

Pour les scissions partielles prévoyant l'attribution directe des titres émis par l'entité bénéficiaire des apports aux associés de l'entité scindée, cette dernière inscrit la contrepartie des apports en réduction des capitaux propres selon les modalités fixées par le traité d'apport.

A défaut de précision dans le traité, la contrepartie des apports est imputée sur les comptes distribuables des capitaux propres et, en dernier recours, au débit du compte de report à nouveau.

PCG art. 747-1

Pour les scissions partielles prévoyant l'attribution directe des titres émis par l'entité bénéficiaire des apports aux associés de l'entité scindée, l'entité scindée inscrit la contrepartie des apports en réduction des capitaux propres selon les modalités fixées par le traité de scission.

A défaut de précision dans le traité de scission, la contrepartie des apports est imputée sur le ou les comptes distribuables des capitaux propres et, en dernier recours, est comptabilisée au débit du compte de report à nouveau.

IR 3 : Modalités de rémunération et comptabilisation de l'apport

En application de l'article L 236-27 du Code de commerce, les parts ou actions de la société émises par la société bénéficiaire des apports peuvent être attribuées directement aux associés de la société apporteuse ou la société apporteuse peut également remettre ses propres titres directement à ses associés en plus ou à la place des titres reçus de la société bénéficiaire.

En pratique, les parts ou actions de la société bénéficiaire des apports peuvent être attribuées à l'entité apporteuse, et/ou aux associés de la société apporteuse.

Dans ce cas, l'entité apporteuse répartira la rémunération des apports entre la part à comptabiliser en titres reçus et celle à comptabiliser dans les comptes de capitaux propres.

IR 3 : Comptes de capitaux propres

Selon les modalités prévues par le traité de scission, la contrepartie des apports est comptabilisée :

- par une réduction de capital et/ou
- imputés sur le ou les comptes distribuables et à défaut,
- au débit du report à nouveau.

Commentaires La scission partielle n'entraînant pas la disparition de la société scindée, cette dernière doit constater dans ses comptes la sortie des actifs et des passifs apportés au profit de la société bénéficiaire. Il convient de distinguer les trois situations de scission partielle prévues par le Code de commerce (C. com. art. L 236-27) :

1. La scission partielle prévoit l'attribution directe aux associés de l'entité scindée des titres émis par l'entité bénéficiaire des apports La contrepartie de cette sortie des apports est inscrite en réduction des capitaux propres de l'entité scindée selon les modalités fixées par le traité de scission : réduction de capital, imputation sur le ou les comptes distribuable et/ou imputation sur le report à nouveau (PCG art. 747-1).

A défaut de précision dans le traité de scission, la contrepartie des apports est imputée sur le ou les comptes distribuables des capitaux propres et, en dernier recours, est comptabilisée au débit du compte de report à nouveau (PCG art. 747-1).

Juridiquement, selon l'Ansa (nº 23-030, réunion du 5-7-2023), les articles L 232-11 et L 232-12 du Code de commerce relatifs à la distribution de dividendes ne sont pas applicables dans cette situation. Ainsi, l'attribution directe aux associés des titres de la société bénéficiaire des apports pourra être imputée sur le compte report à nouveau de la société scindée au-delà de ses capacités distributives, c'est-à-dire même si le report à nouveau est ou devient négatif du fait de l'attribution. Il conviendrait toutefois, dans ce cas, à notre avis, que l'attribution soit réalisée dans le cadre de l'intérêt social de la société scindée.

Fiscalement, le régime de faveur s'applique dans certaines conditions aux opérations d'apport-attribution consistant en la réalisation de l'apport partiel d'actif d'une branche complète d'activité (CGI art. 210 B) moyennant l'attribution de titres de la société bénéficiaire à la société apporteuse suivi de l'attribution de ces titres à ses propres associés (CGI art. 115-2 ; voir nº 10040). Mais, au 1er avril 2024 l'article 210-0 A du CGI qui précise la nature des opérations pouvant être placées sous le régime de faveur ne vise pas les scissions partielles désormais définies à l'article L 236-27 du Code de commerce. Sur un plan économique, la scission partielle réalisée moyennant l'attribution des titres de la société bénéficiaire aux associés de la société apporteuse est proche de l'apport-attribution résultant de la combinaison des articles 210 B et 115-2 du CGI. Interrogé lors de notre formation « Les Journées PwC des Reportings – module Règles françaises et résultat fiscal » du 28 novembre 2023, Aulne Abeille, sous-directeur en charge de la fiscalité des entreprises à la Direction de la législation fiscale, nous a indiqué que le législateur interviendra pour fixer le régime fiscal des opérations de restructuration définies par les dispositions du Code de commerce issues de l'ordonnance 2023-393 du 24 mai 2023 avec le souci de les traiter de manière cohérente avec le régime prévu pour les opérations actuellement visées par le CGI. Il nous a indiqué que dans cette attente, les entreprises peuvent saisir la Direction de la législation fiscale des questions soulevées par les opérations envisagées.

Exemple *(fourni par le Recueil des normes comptables de l'ANC, commentaire IR 5 sous le nouvel article 747-1 du PCG) Les capitaux propres de l'entité scindée avant l'opération de scission partielle sont les suivants :*

Capital : 50

Réserves distribuables : 10

Report à nouveau : 40

Selon les modalités prévues par le traité de scission partielle, la contrepartie des apports est comptabilisée en réserves distribuables pour 5 et en report à nouveau pour 5.

Ecritures comptables d'une opération de scission partielle réalisée à la valeur nette comptable dans les comptes de l'entité apporteuse en contrepartie d'une réduction de capitaux propres :

	VNC	*Traité d'apport*
Immobilisation corporelle	*30 (100 – 70)*	*30*
Provision pour risques	*(20)*	*(20)*
Total	***10***	***10***

Solution de l'exemple *1ère solution : Inscription individuelle des apports*

Apport de la branche	D	C
Immobilisation corporelle		
675 Valeurs comptables des actifs	*30*	
28 Amortissements	*70*	
21 Immobilisations		*100*
7752 Produits de cession des actifs corporels		*30*
46 Comptes d'apport – Entité bénéficiaire des apports	*30*	
Provision pour risques		
15 Provision pour risques	*20*	
78 Reprise de provision		*20*
67 Charge liée au transfert du passif à la bénéficiaire des apports	*20*	
46 Comptes d'apport – Entité bénéficiaire des apports		*20*
Rémunération des apports		
1061 Réserves distribuables	*5*	
110 Report à nouveau	*5*	
46 Comptes d'apport – Entité bénéficiaire des apports		*10*

*2ème **solution** : Inscription globale du prix des apports*

Apport de la branche	D	C
Immobilisation corporelle		
675 Valeurs comptables des actifs	*30*	
28 Amortissements	*70*	
21 Immobilisations		*100*
Autres apports		
15 Provision pour risques	*20*	
78 Reprise de provision		*20*
77 Produit d'apport		*10*
46 Comptes d'apport – Entité bénéficiaire des apports	*10*	
Rémunération des apports		
1061 Réserves distribuables	*5*	
110 Report à nouveau	*5*	
46 Comptes d'apport – Entité bénéficiaire des apports		*10*

2. ***La scission partielle prévoit l'attribution aux associés de l'entité scindée de titres de l'entité scindée uniquement*** *Dans cette situation, les titres de l'entité bénéficiaire des apports devraient être remises à l'entité scindée. Dès lors, le traitement comptable retenu dans le cadre d'un apport partiel d'actif serait, à notre avis, à retenir, ces deux opérations étant similaires (voir no 10010 s.). En revanche, l'attribution des titres de l'entité scindée à ses associés n'étant pas prévue par le PCG, l'ANC devrait se prononcer sur cette situation lorsque le dispositif juridique aura été précisé. Pour plus de détails, voir no 7156.*

3. ***La scission partielle prévoit l'attribution aux associés de l'entité scindée de titres de la société scindée ainsi que de titres de la ou les sociétés bénéficiaires*** *Dans cette situation, le Recueil des normes comptables de l'ANC précise que l'entité scindée répartit la rémunération des apports entre la part à comptabiliser en titres reçus et celle à comptabiliser dans les comptes de capitaux propres (IR 3 sous l'article 747-1 du PCG). Toutefois, aucune précision n'est apportée concernant la mise en œuvre de cette disposition. Il conviendra que l'ANC se prononce sur cette situation lorsque le dispositif juridique aura été précisé. Pour plus de détails, voir no 7156.*

Comptabilisation des plus-values d'apport

9512 ***Question***

Les plus-values d'apport sont-elles toujours comptabilisées dans les comptes de la société scindée ?

Réponse

Oui, lorsque l'opération est comptablement réalisée à la valeur réelle.

Non, lorsque l'opération est comptablement réalisée à la valeur comptable.

Commentaires Voir no 9507.

SECTION II

Comptabilisation de la scission chez les sociétés bénéficiaires des apports

I. Ecritures comptables lors de la scission

Eléments à reprendre

9550 ***Question***

L'ensemble des éléments figurant dans le traité d'apport doit-il être repris dans le bilan des sociétés bénéficiaires des apports ?

Réponse

Oui et ce, même si la comptabilisation de ces éléments n'est pas la méthode de comptabilisation retenue par les sociétés bénéficiaires des apports pour elles-mêmes.

Commentaires Voir nº 8150.

Comptabilisation des apports et de leur contrepartie

9553 ***Question***

Quelles sont les écritures à comptabiliser chez les sociétés bénéficiaires des apports ?

Réponse

Après l'approbation du traité de scission par les associés, chaque société bénéficiaire des apports comptabilise les écritures relatives à la reprise des apports, en contrepartie des capitaux propres.

Elle comptabilise également les frais engagés (le cas échéant) pour réaliser l'opération et doit, dans certains cas, reconstituer les provisions réglementées, les subventions d'investissement, la réserve spéciale des plus-values à long terme et la réserve spéciale pour fluctuation des cours relatives à la branche d'activité apportée.

Commentaires 1. **Comptabilisation des apports** Les apports énumérés dans le traité de scission sont comptabilisés en mouvementant les comptes d'actif et de passif concernés.

L'ensemble des actifs et passifs figurant dans le traité doit être comptabilisé, voir nº 9550. Sur le coût d'entrée des éléments reçus par voie de scission, voir nº 9560.

2. Contrepartie des apports Les apports sont comptabilisés en contrepartie des **capitaux propres** des entités bénéficiaires des apports. Les postes de capitaux propres à mouvementer dépendent toutefois de la nature juridique de la scission :
- scission réalisée avec échange de titres, pour laquelle les apports donnent lieu à rémunération sous forme d'une remise de titres (voir a.) ;
- scission réalisée sans échange de titres, qui ne donnent pas lieu à rémunération de la part des entités bénéficiaires des apports (voir b.).

a. Scission réalisée avec échange de titres et scission partielle De la parité retenue résulte le nombre d'actions remises par les sociétés bénéficiaires en rémunération des apports aux associés de la société scindée et/ou aux associés de la société scindée en cas de scission partielle. La remise de ces actions peut être effectuée :
- soit par émission d'actions nouvelles,
- soit par remise d'actions autodétenues.

Pour plus de détails sur la détermination de la parité, voir n° 7505 à 7509.

La méthode de valorisation des apports retenue dans le traité d'apport (valeur réelle ou valeur comptable) n'a aucune incidence sur le nombre d'actions remises aux associés de la société scindée, ce nombre étant basé sur la parité. Pour plus de détails, voir n° 8102.

La différence (obligatoirement positive) entre la valeur des biens reçus par voie d'apport et le montant de capital rémunérant les apports constitue la **prime de scission,** qui doit être comptabilisée au sein des capitaux propres dans le compte 1043 « Prime d'apport ».

Dans le cas de la **remise d'actions autodétenues,** la différence entre la valeur des biens reçus par voie d'apport et la valeur nette comptable des actions remises devrait, à notre avis, constituer un **résultat de cession.**

Sur le lien entre la valorisation des apports, l'augmentation de capital et la prime de scission, voir n° 8112.

Sur l'utilisation de la prime de scission (distribution aux actionnaires notamment), voir n° 8117.

Sur la possibilité de créer une prime de scission lorsque l'opération aboutit à créer une société nouvelle, voir n° 8121.

Pour un exemple, voir ci-après.

b. Scission réalisée sans échange de titres (scission réalisée entre sociétés sœurs détenues à 100 % par la même société mère, voir n° 7155) La contrepartie des apports est comptabilisée en report à nouveau (PCG art. 746-1 ; voir n° 8122).

Fiscalement, voir n° 8122.

3. Comptabilisation des frais engagés Pour plus de détails, voir n° 8160 et 8163.

4. Reconstitution des provisions réglementées, subventions d'investissement, réserve spéciale des plus-values à long terme et réserve spéciale pour fluctuation des cours Sur l'obligation d'effectuer cette reconstitution, voir n° 7906 à 7910. Sur les écritures à comptabiliser lors de la reconstitution, voir n° 8154.

Exemple *Reprise des données de l'exemple figurant au n° 9505.*
Par hypothèse, la valeur nominale des actions B est de 80, celle des actions C de 100.

Solution de l'exemple :

a. *Comptabilisation des apports chez la société B La société B doit émettre 4 000 actions pour rémunérer l'apport de la branche A1. L'augmentation de capital à réaliser s'élève donc à 320 000 [4 000 actions x 80 (valeur nominale)].*
La prime de scission, correspondant à la différence entre la valeur des apports et l'augmentation de capital, s'élève à 480 000 (800 000 – 320 000).

	101 Capital	104 Prime de scission	4561 Société A Compte d'apport
I. Remise des actions à la société A	320 000	480 000	800 000

	21 Immobilisations	300 Stocks	4/5 Créances et disponibilités	16/40 Dettes	4561 Société A Compte d'apport
II. Libération des apports	700 000	350 000	50 000	300 000	800 000
					800 000 | 800 000
					Soldé

b. *Comptabilisation des apports chez la société C La société C doit émettre 2 000 actions pour rémunérer l'apport de la branche A2. L'augmentation de capital à réaliser s'élève donc à 200 000 [2 000 actions x 100 (valeur nominale)].*

La prime de scission est égale à 400 000 (600 000 – 200 000).

	101 Capital	104 Prime de scission	4561 Société A Compte d'apport
I. Remise des actions à la société A	200 000	400 000	600 000

	21 Immobilisations	300 Stocks	4/5 Créances et disponibilités	16/40 Dettes	4561 Société A Compte d'apport
II. Libération des apports	400 000	350 000	50 000	200 000	600 000
					600 000 | 600 000
					Soldé

II. Coût d'entrée des éléments reçus par voie d'apport

Coût d'entrée comptable et prix de revient fiscal

9560 ***Question***

Pour quelle valeur les éléments reçus doivent-ils être comptabilisés par les sociétés bénéficiaires des apports ?

Réponse

Chaque société bénéficiaire des apports doit inscrire à son bilan les éléments reçus de la société scindée pour leur valeur retenue dans le traité d'apport.

PCG art. 213-2
(*en partie*) Le coût d'acquisition s'entend pour les biens et titres reçus à titre d'apports en nature par la société bénéficiaire, des valeurs figurant dans le traité d'apport, déterminées et évaluées selon les dispositions du titre VII.

Commentaires Voir nº 8130.

Incidence du régime fiscal de faveur sur le coût d'entrée comptable :
- des stocks et des créances, lorsque l'apport est réalisé comptablement à la valeur réelle, voir nº 8140 ;
- des actifs, lorsque l'apport est réalisé comptablement à la valeur comptable, voir nº 8142.

Sur les écritures à comptabiliser lorsque des éléments apportés n'ont pas été inscrits dans le traité d'apport, voir nº 8145.

III. Informations en annexe

Informations au titre de l'opération

9565 ***Question***

Quelles informations les sociétés bénéficiaires des apports doivent-elles fournir dans leur annexe aux comptes de l'exercice de l'opération ?

Réponse

Les sociétés bénéficiaires des apports doivent fournir une information dans l'annexe aux comptes de l'exercice de l'opération sur :
- le contexte de l'opération ;
- les modalités de valorisation ;
- le montant de la perte intercalaire enregistré dans le sous-compte de la prime de scission ;
- et, les principaux impacts de la scission sur les principaux postes du bilan et du compte de résultat (voir nº 9566).

Commentaires Voir nº 13270.

Information comparative

9566 ***Question***

Les sociétés bénéficiaires des apports doivent-elles établir des comptes pro forma au titre des exercices antérieurs présentés ?

Réponse

Non, l'établissement de tels comptes pro forma n'étant pas requis par le PCG. Toutefois, une information permettant d'expliciter l'impact de la scission sur les principaux postes du bilan et du compte de résultat doit être fournie au titre de l'information comparative.

Commentaires Voir nº 13275.

SECTION III

Suivi des apports dans les comptes des sociétés bénéficiaires des apports

I. Harmonisation des méthodes comptables

A. Apports en valeur réelle

Actifs et passifs reçus dont la comptabilisation n'est pas retenue par les sociétés bénéficiaires des apports pour elles-mêmes

9570 ***Question***

Lorsque la scission est réalisée à la valeur réelle, les sociétés bénéficiaires des apports doivent-elles conserver dans leur bilan les actifs et passifs apportés (frais de développement ou provision pour retraite, par exemple) lorsque selon leurs propres méthodes comptables, ces actifs et passifs ne devraient pas figurer au bilan ?

Réponse

Oui. Ces éléments doivent être maintenus au bilan de chaque société bénéficiaire des apports. Ils ne seront repris en résultat que lors de leur utilisation.

PCG art. 744-1

(*en partie*) Les actifs et passifs identifiés lors de la fusion ou de l'apport partiel d'actif sont comptabilisés dans les comptes de l'entité absorbante ou bénéficiaire des apports, quelles que soient ses méthodes comptables. Les actifs et passifs qui ne sont pas habituellement comptabilisés par l'entité absorbante ou bénéficiaire des apports (par exemple actifs et passifs d'impôt différé, provision pour engagement de départ à la retraite le cas échéant) sont repris en résultat en fonction de leur utilisation.

Commentaires Voir nº 8600.

B. Apports en valeur comptable

Apports comptabilisés selon des méthodes différentes de celles des sociétés bénéficiaires des apports

9575 ***Question***

Les sociétés bénéficiaires des apports doivent-elles appliquer leurs méthodes de comptabilisation et d'évaluation à tous les éléments reçus à la valeur comptable lorsque ceux-ci ont été valorisés de manière différente par la société scindée ?

Réponse

Oui, s'il s'agit de retraitements nécessaires pour se conformer à la définition des actifs et passifs tels que prévus au PCG ou s'il s'agit de provisionner les engagements de retraite ou assimilés de la société scindée selon les modalités d'évaluation de la société bénéficiaire.

Non, pour les éventuels retraitements au-delà des retraitements obligatoires décrits ci-avant. Dans ce cas, l'harmonisation n'est pas obligatoire mais reste possible.

Tous les retraitements réalisés sont traités conformément aux règles sur les changements de méthodes comptables.

Commentaires Dans les opérations de scission, l'impact des retraitements d'harmonisation doit être comptabilisé conformément aux règles générales sur les changements de méthode. En particulier, aucune imputation ne peut être réalisée en mali ou boni de fusion, un tel élément ne pouvant être constaté dans le cadre d'une scission.

Pour plus de détails sur l'harmonisation des méthodes de comptabilisation et d'évaluation réalisée post-opération, voir nº 8605.

II. Classement comptable des actifs et passifs reçus

Modification du classement

9580 ***Question***

Le classement comptable, dans les comptes de la société scindée, des éléments apportés doit-il être maintenu dans les comptes des sociétés bénéficiaires des apports après l'opération ?

Réponse

Non, si ce classement comptable ne correspond pas à l'utilisation de ces éléments par les sociétés bénéficiaires des apports.

Commentaires Pour plus de détails ainsi que pour un exemple, voir nº 8610.

III. Amortissement

A. Plan d'amortissement

Amortissement des immobilisations reçues

9585 ***Question***

Comment amortir les immobilisations amortissables reçues par voie d'apport ?

Réponse

Lorsque l'apport a été réalisé à la valeur réelle, sur la base de leur valeur d'apport et en fonction de la durée d'utilisation de ces éléments prévue par les sociétés bénéficiaires des apports.

Lorsque l'apport a été réalisé à la valeur comptable, selon le plan d'amortissement (base, durée et mode) pratiqué antérieurement par la société scindée, sauf si l'utilisation des éléments par les sociétés bénéficiaires des apports est différente.

Commentaires Voir nº 8615.

B. Décomposition des immobilisations

Immobilisations apportées à la valeur réelle

9590 ***Question***

Comment traiter ultérieurement les immobilisations apportées à la valeur réelle dont la décomposition n'a pas été reprise par les sociétés bénéficiaires des apports ?

Réponse

Les immobilisations apportées doivent être décomposées en fonction de l'utilisation prévue par les sociétés bénéficiaires des apports, à compter de la date d'apport.

Commentaires Voir nº 8618.

Immobilisations apportées à la valeur comptable

9595 ***Question***

Comment traiter ultérieurement la décomposition des immobilisations apportées à la valeur comptable ?

Réponse

La décomposition doit être révisée si elle ne correspond pas à l'utilisation des immobilisations par les sociétés bénéficiaires des apports. Dans ce cas, la décomposition est modifiée pour tenir compte des caractéristiques propres aux sociétés bénéficiaires des apports.

Commentaires Voir nº 8620.

C. Imposition des plus-values d'apport sur éléments amortissables (apports en valeur réelle et régime fiscal de faveur)

Incidences de la réintégration des plus-values d'apport

9600 ***Question***

Quelle est l'incidence sur le résultat comptable de la réintégration, chez les sociétés bénéficiaires des apports, des plus-values d'apport sur éléments amortissables ?

Réponse

Cette opération est neutre sur le résultat comptable, le supplément d'impôt dû par les sociétés bénéficiaires des apports étant compensé par la reprise de la provision pour impôt sur plus-value comptabilisée lors de l'apport.

Commentaires Voir nº 8625.

IV. Dépréciation

Détermination des dépréciations ultérieures

9610 ***Question***

Comment calculer les dépréciations ultérieures sur les éléments reçus par voie d'apport ?

Réponse

Les dépréciations sont déterminées sur la base de la valeur d'apport des éléments reçus, en appliquant les règles comptables relatives aux dépréciations d'actifs.

Leur déduction fiscale dépend du régime fiscal sous lequel la scission a été placée, de la valorisation retenue et de la nature des actifs apportés.

Commentaires Voir nº 8630.

Réappréciation ultérieure d'un actif déprécié apporté à la valeur comptable

9615 ***Question***

La réappréciation, après l'apport, d'un actif déprécié apporté à la valeur comptable doit-elle donner lieu à une reprise de dépréciation dans les comptes des sociétés bénéficiaires des apports ?

Réponse

Oui (en ce sens, Bull. CNCC nº 181, mars 2016, EC 2015-54, p. 102 s.).

Commentaires Voir nº 8634.

V. Cession

A. Résultat de cession

Détermination du résultat de cession

9620 ***Question***

Comment calculer le résultat de cession des éléments reçus dans le cadre de l'apport lors de leur cession ultérieure ?

Réponse

Le résultat de cession est déterminé (et comptabilisé) par rapport à la valeur nette comptable chez les sociétés bénéficiaires des apports à la date de la cession.

Commentaires Voir nº 8640.

Sur la cession de titres reçus dans le cadre de la scission, voir nº 8643 (opération réalisée à la valeur comptable), nº 8645 (opération réalisée à la valeur réelle).

B. Impact sur la cession de l'imposition des plus-values d'apport (régime fiscal de faveur)

Eléments amortissables

9625 ***Question***

Quelles sont les incidences comptables et fiscales de la cession des éléments amortissables reçus par voie d'apport pour lesquels l'imposition des plus-values d'apport a été échelonnée ?

Réponse

La fraction de plus-value afférente aux éléments cédés et non encore réintégrée est immédiatement réintégrée fiscalement. Lorsque l'opération a été réalisée comptablement à la valeur réelle, cette réintégration n'a toutefois pas d'incidence sur le plan comptable, le supplément d'impôt ainsi généré étant compensé par la reprise de la provision pour impôt comptabilisée par la société bénéficiaire des apports.

Commentaires Voir nº 8650.

Eléments non amortissables de l'actif immobilisé et valeurs mobilières de placement

9627 ***Question***

Quelles sont les incidences comptables et fiscales de la cession des éléments non amortissables de l'actif immobilisé (y compris VMP) reçus par voie d'apport pour lesquels les plus-values d'apport ont été placées en sursis d'imposition ?

Réponse

Les plus-values d'apport sont en principe immédiatement imposées fiscalement. Cette imposition n'a toutefois pas d'incidence sur le plan comptable, le supplément d'impôt ainsi généré étant compensé par la reprise de la provision pour impôt comptabilisée par la société bénéficiaire des apports.

Commentaires Voir nº 8653.

SECTION IV

Situation des associés de la société scindée

I. Scission « totale » avec échange de titres

Comptabilisation des titres reçus (règle générale)

9640 ***Question***

Dans le cadre d'une scission totale, comment les associés de la société scindée doivent-ils comptabiliser les titres reçus des sociétés bénéficiaires des apports en échange des actions de la société scindée ?

Réponse

Les titres des sociétés bénéficiaires des apports reçus en échange sont comptabilisés selon les cas :
- à leur valeur réelle, ce qui dégage une plus ou moins-value dans les comptes des associés de la société scindée ;
- ou à la valeur comptable des titres remis à l'échange, ce qui conduit à ne dégager aucun résultat dans les comptes des associés de la société scindée.

Commentaires Les associés de la société scindée doivent appliquer les mêmes règles que les associés de la société absorbée (en cas de fusion), à la fois comptablement et fiscalement. Pour plus de détails sur ces règles, voir nº 8700 s.

La valeur comptable des titres remis à l'échange est notamment retenue lorsque la scission est réalisée au profit de sociétés créées et sans activité préexistante (« coquilles vides »), à condition toutefois de démontrer que l'échange n'a pas de substance commerciale. Sur la notion de substance commerciale, voir nº 8700.

Fiscalement, comme en cas de fusion (voir nº 8725), l'échange est en principe réalisé à la valeur vénale. Toutefois, quel que soit le régime sous lequel a été placée la scission (régime de faveur ou régime de droit commun), les associés de la société scindée peuvent opter pour le sursis d'imposition du résultat d'échange, sauf à hauteur de la soulte éventuelle (CGI art. 38-7 bis ; voir nº 8710 et 8725 ; sur les formalités à respecter, voir nº 7360).

Le prix de revient fiscal des titres des sociétés bénéficiaires des apports reçus en contrepartie de ceux-ci, à retenir pour le calcul de la plus ou moins-value de cession ultérieure, est égal au produit de la valeur fiscale des titres de la société scindée par le rapport existant à la date de la scission entre (CGI art. 38-7 bis ; BOI-IS-FUS-50-20 n° 90 s.) :
- la valeur réelle des titres de chaque société bénéficiaire ;
- et la valeur réelle des titres de la société scindée.

Sur l'obligation fiscale de conserver les titres des sociétés bénéficiaires pendant 3 ans, lorsque l'opération est placée sous le régime de faveur en application d'un agrément de l'administration, voir n° 7360.

Comptabilisation des titres reçus à la valeur comptable

9642 ***Question***

Lorsque les titres des sociétés bénéficiaires des apports reçus en échange sont comptabilisés à la valeur comptable des titres de la société scindée remis à l'échange, comment évaluer chacune des lignes de titres chez les associés de la société scindée ?

Réponse

La valeur de chacune des lignes de titres reçus est déterminée, à notre avis, en répartissant la valeur comptable des titres remis à l'échange au prorata des valeurs réelles des titres reçus.

Commentaires Lorsque la scission est réalisée avec échange de titres, les associés de l'entité scindée reçoivent, en échange des titres de cette dernière, des titres de chacune des sociétés bénéficiaires des apports.

Dans certains cas (voir n° 8700 et 9640), cet échange est comptabilisé à la valeur comptable des titres remis à l'échange.

En l'absence de précisions dans les règles, la valeur comptable de chacune de ces lignes de titres reçus est déterminée de la manière suivante :
- la valeur comptable de l'ensemble des titres reçus est égale à la valeur comptable des titres de la société scindée remis à l'échange (voir n° 9640) ;
- cette valeur est répartie entre les titres des différentes sociétés bénéficiaires des apports et, à notre avis, au prorata des valeurs réelles respectives des titres reçus.

Cette répartition au prorata des valeurs réelles de chacune des lignes de titres est préconisée par analogie avec la répartition des titres qui est effectuée dans le cadre d'une attribution gratuite des titres postérieure à un apport partiel d'actif (en application de l'art. 115-2 du CGI ; voir n° 10190), d'une scission partielle (voir n° 9700) ou dans le cadre de la répartition des titres de l'entité scindée lorsque l'opération est réalisée sans échange de titres (voir n° 9643).

Fiscalement, voir n° 8725 et 9640.

Exemple *La société A, détenue à 100 % par M, exploite deux branches d'activités A1 et A2. Elle est scindée et apporte ces deux branches d'activité à deux sous-filiales de M détenues de manière indirecte à 100 %, B et C.*

La valeur comptable des titres A dans les comptes de M préalablement à l'opération est de 10 000.

Par hypothèse, l'échange de titres au niveau de M n'a pas de substance commerciale.

La valeur réelle totale des titres B et C reçus est respectivement de 8 000 (titres B) et de 6 000 (titres C).

Solution de l'exemple *L'échange au niveau de M étant réalisé en valeur comptable (en l'absence de substance commerciale), la valeur comptable des titres A est maintenue dans les comptes de M. Elle est répartie au prorata des valeurs réelles des titres B et C pour déterminer la valeur comptable des titres B et C reçus.*

Il en résulte les valeurs comptables suivantes :

- Valeur comptable des titres B = 10 000 (VNC des titres A) x 8 000 (valeur réelle des titres B)/14 000 (somme des valeurs réelles des titres B et C) = 5 714 ;

- Valeur comptable des titres C = 10 000 x 6 000 (valeur réelle des titres C)/ 14 000 = 4 286.

II. Scission « totale » sans échange de titres

A. Comptabilisation lors de la scission

Principe

9643 ***Question***

En l'absence de rémunération de l'apport par les entités bénéficiaires des apports, comment comptabiliser la scission chez l'actionnaire de l'entité scindée ?

Réponse

La valeur nette comptable des titres de l'entité scindée est répartie entre les titres des entités bénéficiaires des apports, sans impact sur le résultat de l'actionnaire.

PCG art. 746-2

(*en partie*) En conséquence d'une scission totale sans échange de titres, dans les comptes de l'entité détentrice des titres de l'entité scindée, la valeur des titres et les éventuelles dépréciations de l'entité qui disparaît sont réparties, entre les titres des entités bénéficiaires des apports au prorata de la valeur réelle des apports transmis à chacune des entités bénéficiaires.

La quote-part de la valeur comptable brute des titres de l'entité qui disparaît est répartie uniformément sur la valeur unitaire des titres des entités bénéficiaires des apports.

Commentaires 1. **Valeur comptable des titres des entités bénéficiaires des apports**
Dans les comptes de l'entité détentrice (à 100 %) des titres de l'entité scindée et des entités bénéficiaires des apports, la valeur comptable des titres de l'entité scindée

(qui disparaît) est répartie entre les titres des entités bénéficiaires des apports dans les comptes de l'entité actionnaire de l'entité scindée. Bien que les apports dans le cadre d'une scission sans échange de titres soient valorisés à la valeur comptable (voir n° 7605), la répartition de la valeur comptable des titres de l'entité scindée doit être effectuée au prorata de la valeur réelle des apports transmis à chaque entité bénéficiaire.

2. **Reprise de la valeur nette comptable** Lorsque les titres de l'entité scindée font l'objet d'une dépréciation préalablement à l'opération de scission, cette dépréciation doit être ajoutée aux dépréciations des titres des entités bénéficiaires des apports dans les comptes de l'entité détentrice. Elle est également répartie au prorata de la valeur des apports transmis à chacune des entités bénéficiaires.

En conséquence, **aucun impact résultat** n'est constaté (transferts au bilan uniquement). Aucune plus ou moins-value n'est dégagée lors de l'opération de scission.

> **Fiscalement** L'administration a apporté les précisions suivantes à propos de la scission sans échange de titres d'une entité dont la totalité du capital est détenue par la même entité, qui détient également la totalité du capital des sociétés bénéficiaires des apports.
>
> a. **Conséquences de la disparition des titres de l'entité scindée sur le résultat imposable de l'entité détentrice** S'appuyant sur le traitement comptable de l'opération (voir ci-avant), l'administration a indiqué que, sur le plan fiscal, cette opération n'entraîne pas une sortie des titres de la société scindée du bilan de l'entité détentrice, qui ne constate aucune plus ou moins-value imposable. L'opération est donc sans impact sur le résultat fiscal de la société détentrice (BOI-IS-FUS-50-30 n° 20).
>
> b. **Sort de la (provision pour) dépréciation constituée par l'entité détentrice sur les titres de l'entité absorbée** Les éventuelles (provisions pour) dépréciation constituées sur les titres de l'entité scindée sont réparties sur les titres des entités bénéficiaires des apports dans les comptes de l'entité détentrice, au prorata de la valeur réelle des apports transmis à chaque société bénéficiaire. Ce transfert de (provision pour) dépréciation ne s'analyse pas comme une reprise de provision (BOI-IS-FUS-50-30 n° 50).
>
> c. **Conséquences de la disparition des titres de l'entité scindée au regard du régime des sociétés mères et filiales** La disparition des titres de l'entité scindée est en elle-même sans conséquence sur l'application du régime des sociétés mères et filiales lorsque l'opération est placée sous le **régime de faveur.** En effet, elle n'est pas constitutive d'une cession marquant la rupture de l'obligation de conservation des titres pendant deux ans qui est imposée à l'entité détentrice. Pour l'appréciation de ce délai de détention, les titres de l'entité scindée sont réputés détenus par la mère depuis la date de leur souscription ou acquisition jusqu'à la date de cession des titres des entités bénéficiaires des apports (CGI art. 145, 1-c ; BOI-IS-BASE-10-10-10-20 n° 403).
>
> En revanche, si la scission est placée sous le **régime de droit commun,** l'exonération des dividendes versés à l'entité détentrice par l'entité scindée est remise en cause rétroactivement si l'acquisition de ses titres est intervenue depuis moins de deux ans à la date de la scission. Une déclaration rectificative doit alors être déposée dans les trois mois de la scission et une somme correspondant à l'IS dont l'entité détentrice a été indûment exonérée doit être versée au Trésor, assortie des intérêts de retard (BOI-IS-BASE-10-10-10-20 n° 230).

3. **Calcul de la valeur comptable unitaire** Après l'opération de scission, la quote-part de la valeur comptable brute de l'entité scindée ajoutée à la valeur comptable des entités bénéficiaires des apports doit être répartie uniformément sur la valeur unitaire des titres des entités bénéficiaires des apports (c'est-à-dire au prorata du nombre de titres détenus).

Exemple *(établi par nos soins) La société A, détenue à 100 % par M, exploite deux branches d'activités A1 et A2. Elle est scindée et apporte ces deux branches d'activité à deux filiales de M détenues à 100 %, B et C.*

La valeur comptable des titres dans les comptes de M préalablement à l'opération s'élève à :
- VNC titres A = 1 200
- VNC titres B = 100 (100 actions dont la valeur comptable unitaire est de 1)
- VNC titres C = 100 (50 actions dont la valeur comptable unitaire est de 2)

Par hypothèse, la valeur réelle globale des apports est de 4 500, répartie de la manière suivante :

- VR de la branche d'activité apportée à B = 3 000

- VR de la branche d'activité apportée à C = 1 500

Solution de l'exemple :

1. ***Calcul de la répartition de la valeur nette comptable des titres A*** *:*

- VNC des titres A affectée aux titres B = 1 200 (VNC Titres A pré-scission) x 3 000 (VR branche apportée à B) / 4 500 (VR globale des apports) = 800

- VNC des titres A affectés aux titres C = 1 200 (VNC Titres A pré-scission) x 1 500 (VR branche apportée à C) / 4 500 (VR globale des apports) = 400

Après la scission, la valeur nette comptable des titres de B et C s'élève respectivement à 900 (100 + 800) et 500 (100 + 400).

	26111 - Titres A		*26112 - Titres B*		*26113 - Titres C*	
A la date de l'opération						
Constatation de la disparition de A		*1 200*	*800*		*400*	

2. ***Détermination de la valeur comptable unitaire post-scission des titres des sociétés bénéficiaires des apports*** *:*

- la valeur comptable unitaire des titres B post-scission s'établit à : 1 (valeur comptable unitaire préalablement à la scission) + (800 / 100 titres) = 9 ;

- la valeur comptable unitaire des titres C post-scission s'établit à : 2 (valeur comptable unitaire préalablement à la scission) + (400 / 50) = 10.

B. Evaluation ultérieure des titres des entités bénéficiaires des apports

1. Dépréciation des titres

Détermination de la dépréciation

9644 ***Question***

Comment calculer la dépréciation ultérieure des titres des entités bénéficiaires des apports chez l'actionnaire ?

Réponse

La dépréciation est calculée sur la base de la nouvelle valeur nette comptable des titres des entités bénéficiaires des apports, après allocation de la valeur nette comptable des titres de l'entité scindée.

Commentaires La valeur composée de la valeur brute initiale des titres de chaque entité bénéficiaire des apports et de la quote-part de la valeur comptable des titres de l'entité scindée qui leur est allouée dans le cadre de la scission constitue la « nouvelle » valeur brute des titres de chaque entité bénéficiaire des apports dans les comptes de l'actionnaire (PCG art. 746-2 ; voir nº 9643). En conséquence, les dépréciations ultérieures sont calculées sur cette base, en application des règles générales prévues par le PCG (art. 221-3 ; voir Mémento Comptable nº 35695 s. et 36865).

Fiscalement, il en est de même (BOI-IS-FUS-50-30 nº 50), étant précisé que si les titres concernés ont la nature de titres de participation (autres que des titres de sociétés à prépondérance immobilière), ces dotations aux (provisions pour) dépréciations de même que leur reprise sont sans incidence sur le résultat imposable (voir Mémento Comptable nº 35980).

2. Cession des titres

Résultat de cession

9645 ***Question***

Comment calculer le résultat de cession des titres des entités bénéficiaires des apports ?

Réponse

Le résultat de cession des titres des sociétés bénéficiaires des apports est calculé par rapport à leur valeur comptable, c'est-à-dire leur valeur brute ou coût d'entrée comptable lors de l'opération.

Commentaires La valeur composée de la valeur brute initiale des titres de chaque entité bénéficiaire des apports et de la quote-part de la valeur comptable des titres de l'entité scindée qui leur est allouée dans le cadre de la scission constitue la « nouvelle » valeur brute des titres de chaque entité bénéficiaire des apports dans les comptes de l'actionnaire (PCG art. 746-2 ; voir nº 9643). En conséquence, le résultat de cession des titres doit être calculé par rapport à cette valeur comptable (application des règles générales, PCG art. 946-67 ; voir Mémento Comptable nº 36930).

Fiscalement :

1. Conséquences de la cession des titres des entités bénéficiaires des apports sur l'application du régime des sociétés mères et filiales Conformément à l'article 145 du CGI, l'exonération des dividendes prévue par le régime des sociétés mères et filiales revêt un caractère définitif lorsque les titres sont conservés pendant au moins deux ans. Il en résulte qu'à la suite d'une scission sans échange de titres, la cession des titres des sociétés bénéficiaires des apports par la société mère n'entraîne aucune conséquence sur l'exonération des dividendes si elle intervient **au moins deux ans après l'opération.**

En revanche, lorsque la **cession** intervient **moins de deux ans après la scission,** une remise en cause de l'exonération des dividendes est opérée dans la mesure où cette cession est regardée comme portant sur des titres détenus depuis moins de deux ans (CGI art. 145). Pour l'application de cette règle, les titres cédés sont rattachés aux titres des entités bénéficiaires ou aux titres de l'entité scindée, par application d'un calcul forfaitaire au **prorata des valeurs vénales des entités bénéficiaires des apports et scindée** à la date de l'opération. Lorsque la scission est assortie d'un effet rétroactif, l'administration accepte que ce calcul soit effectué d'après la valeur réelle des titres à cette date et non à la date de sa réalisation définitive. En pratique, l'évaluation des titres lors du dernier inventaire de la société mère peut être retenue (BOI-IS-BASE-10-10-10-20 nº 403).

Après réalisation de cette répartition, le respect du délai minimal de conservation de deux ans est alors apprécié distinctement pour les titres cédés qui sont réputés correspondre aux titres de l'entité scindée et pour ceux correspondant aux titres de l'entité bénéficiaire des apports détenus avant l'opération de scission.

Le **décompte du délai de détention des titres réputés correspondre aux titres de l'entité scindée** est effectué à partir de leur acquisition ou souscription par la société mère si l'opération de scission sans échange de titres a été placée **sous le régime de faveur.** Si l'opération a été placée **sous le régime de droit commun,** le point de départ du délai de détention de deux ans est la date de réalisation de la scission.

En conséquence, l'exonération des dividendes est remise en cause pour les distributions réputées provenir des titres détenus depuis moins de deux ans qui sont l'objet de la cession.

Exemple *(exemple établi par nos soins) Soit une société M qui détient 100 % des titres d'une société F1 acquis en janvier N-4. Elle a souscrit 100 % des titres des sociétés F2 et F3 en mai N-1.*

F1 procède à une distribution de dividendes à M en février N-4 ainsi qu'à une autre distribution en mai N-1, placée sous le régime des sociétés mères et filiales.

F2 a réalisé une distribution de dividendes soumise au régime des sociétés mères et filiales en juin N-1.

En février N, F1 est scindée au profit de F2 et F3. La part des actifs de F1 apportés à F2 ont alors une valeur réelle de 600 000 et les titres F2 une valeur réelle de 20 000.

F2 verse des dividendes à M en juin N.

En février N+1, M cède la totalité de sa participation au sein de F2.

Les titres cédés sont réputés correspondre à des titres de F1 pour 600 000 / 620 000 = 97 % et aux titres F2 pour 3 %.

Les titres F2 ayant été souscrits depuis moins de deux ans à la date de la cession, l'application du régime des sociétés mères et filiales est remise en cause pour la totalité des dividendes versés par F2 en juin N-1 et pour 3 % des dividendes versés par F2 en juin N en tant qu'ils sont réputés provenir des titres F2 acquis en mai N-1.

2. Plus-values issues de la cession ultérieure des titres de la société bénéficiaire des apports

a. Montant de la plus-value Le montant de la plus-value imposable lors de la cession de titres de chaque entité bénéficiaire des apports est déterminé par différence entre leur prix de cession et leur prix de revient tel qu'il a été rectifié lors de l'opération de scission, par l'incorporation au prix d'origine d'une fraction du prix d'acquisition des titres de l'entité scindée, suivant le mode de répartition décrit au nº 9643. Toutefois, si la valeur fiscale des titres de l'une ou l'autre entité différait de sa valeur comptable, en raison par exemple de sa participation à une précédente opération de restructuration pour laquelle une option pour le sursis d'imposition de la plus-value d'échange des titres avait été exercée, c'est cette valeur qu'il y aurait lieu de retenir pour la détermination du montant global de la plus-value imposable (BOI-IS-FUS-50-30 nº 30).

b. Régime d'imposition Pour l'appréciation du **délai minimal de détention des titres** de chaque entité bénéficiaire des apports pendant deux ans qui subordonne l'application du régime du long terme (exonération de la plus-value de cession sous réserve de l'imposition d'une quote-part de frais et charges de 12 %), il convient de se référer aux dates d'acquisition de ses titres et des titres de l'entité scindée. Si les titres des entités ayant participé à la scission sans échange de titres placée sous le régime de faveur proviennent d'une opération qui avait elle-même un caractère intercalaire, il convient de retenir la date d'acquisition ou de souscription d'origine (BOI-IS-FUS-50-30 nº 60). Lorsque la cession des titres de l'entité bénéficiaire des apports intervient au moins deux ans après leur acquisition et après l'acquisition des titres de la société scindée, l'intégralité de la plus-value est soumise au régime du long terme.

En revanche, dans le cas où, à la date de cession des titres d'une entité bénéficiaire des apports, les titres de l'une seulement des entités ayant participé à l'opération ont été acquis depuis au moins de deux ans, il convient de calculer séparément la plus ou moins-value correspondant à la cession des titres de chacune des entités. Seule la plus ou moins-value réputée correspondre aux titres acquis depuis au moins deux ans bénéficiera du régime du long terme.

Pour l'application de cette règle, le prix de cession des titres de l'entité issue de l'opération (F2 ou F3) est ventilé entre l'entité scindée (F1) et l'entité bénéficiaire des apports (F2 ou F3). La quote-part du prix de cession réputée se rapporter aux titres de la société scindée est déterminée par différence entre (CGI art. 39 duodecies, 12) :

- une fraction du prix de cession des titres égale au rapport entre la valeur réelle des titres de la société scindée à la date de la scission et la somme des valeurs réelles de la société bénéficiaire des apports et de la société scindée à cette même date ;
- et le prix d'acquisition des titres de la société scindée.

De même que pour l'application du régime des sociétés mères et filiales (voir 1 ci-avant), l'administration admet que ce calcul soit réalisé d'après la valeur réelle des titres à la date d'effet rétroactif de la scission et non à la date de sa réalisation définitive. En pratique, l'évaluation des titres lors du dernier inventaire de la société mère peut être retenue (BOI-IS-BASE-10-10-10-20 nº 403).

Deux plus ou moins-values distinctes sont donc ensuite calculées, par différence entre le prix de cession ventilé et la valeur d'origine des titres de chaque entité ayant participé à l'opération (CGI art. 39 duodecies, 12 ; BOI-IS-FUS-50-30 nº 90).

Un calcul séparé des plus ou moins-values de cession doit également être réalisé dans le cas où des titres d'une même entité ont été acquis à des dates différentes, dont certains depuis moins de deux ans à la date de la cession (BOI-IS-FUS-50-30 nº 90).

Exemple 1 *(exemple établi par nos soins) Soit une société M qui détient 100 % des titres d'une société F1 acquis en mars N–2 pour 100 000.*

F1 est scindée en juin N au profit de F2 et F3, toutes deux détenues à 100 % par M. Les titres des sociétés F2 et F3 ont été souscrits en février N pour 10 000 et 20 000.

A la date de la scission, la valeur réelle de F1 est de 150 000, et se décompose entre la valeur de la branche d'activité A apportée à F2 pour 65 000 et la valeur de la branche d'activité B apportée à F3 pour 85 000. Les valeurs réelles de F2 et F3 avant l'apport sont égales à leurs valeurs comptables respectives, soit 10 000 et 20 000.

En novembre N+1, M cède la totalité des titres de F2 pour 200 000.

Solution de l'exemple 1 :

1. Montant de la plus-value réalisée sur les titres F2

Prix de cession de F2	*200 000*
– Valeur comptable de F2 (1)	*– 53 333*
Résultat de cession	*146 667*

(1) Lors de la scission, la valeur comptable des titres F1 a été affectée aux titres F2 à hauteur de 100 000 (prix d'acquisition des titres F1) x 65 000 (valeur réelle lors de la scission de la part A de F1 apportée à F2) / 150 000 (valeur réelle de F1 lors de la scission) = 43 333. La valeur comptable des titres F2 après scission est donc de 43 333 (valeur comptable de la part A de F1 apportée à F2) + 10 000 (valeur comptable des titres F2 lors de la scission) = 53 333. Pour plus de détails, voir nº 9643.

Le montant de la plus-value réalisée par M lors de la cession des titres F2 est donc de 200 000 (prix de cession de F2 en novembre N+1) – 53 333 (valeur comptable de F2 après la scission) = 146 667.

*2. **Régime d'imposition** Les titres de F2 ont été détenus depuis moins de 2 ans à la date de leur cession par M, alors qu'au contraire les titres F1 sont détenus depuis au moins deux ans.*

Il convient donc de ventiler le montant de la plus-value réalisée : la fraction se rapportant aux titres de F2 relève du régime du court terme alors que la fraction réputée se rapporter aux titres F1 relève du régime du long terme.

La part du prix de cession des titres F2 qui est réputée se rapporter aux titres F1 s'élève à [200 000 (prix de cession de F2 en novembre N+1) x 150 000 (valeur réelle de F1 lors de la scission) / 160 000 (valeur réelle de F1 + F2 lors de la scission)] = 187 500. La plus-value qui est réputée se rapporter aux titres de F1 est donc de 187 500 (prix de cession de F2 réputé se rattacher aux titres F1) – 100 000 (valeur comptable des titres F1) = 87 500. Elle bénéficie du régime du long terme. Elle est exonérée sous réserve de l'incorporation d'une quote-part de frais et charges de 12 % au résultat imposable au taux de droit commun.

Le solde de la plus-value (146 667 – 87 500 = 59 667) qui est réputé se rapporter aux titres F2 relève du régime du court terme, incorporé au résultat taxable au taux de droit commun.

Exemple 2 *(exemple établi par nos soins) Soit une société M qui détient 100 % des titres des sociétés F2 (200 titres) et F3 (400 titres) acquis en janvier N-4, respectivement pour 80 000 et 100 000. M acquiert 300 titres de F1 en avril N-3 pour 50 000, puis les 700 titres restant de F1 en mars N-1 pour 150 000.*

F1 est scindée en mars N, avec effet rétroactif au 1er janvier N, au profit de F2 et F3.

A la date de la scission, la valeur réelle de F1 est de 250 000, et se décompose entre la valeur de la branche d'activité A apportée à F2 pour 150 000 et la valeur de la branche d'activité B apportée à F3 pour 100 000. Les valeurs réelles de F2 et F3 à la date de la scission sont égales à leurs valeurs comptables respectives, soit 100 000 et 200 000.

En janvier N+1, M cède la totalité des titres F2 pour 500 000.

Solution de l'exemple 2 :

1. Montant de la plus-value réalisée sur les titres F2

Prix de cession de F2	*500 000*
– Valeur comptable de F2 (1)	*– 200 000*
Résultat de cession	*300 000*

(1) Lors de la scission, la valeur comptable des titres F1 a été affectée aux titres F2 à hauteur de [50 000 (prix d'acquisition des titres F1 en avril N-3) + 150 000 (prix d'acquisition des titres F1 en mars N-1)] x 150 000 (valeur réelle lors de la scission de la part A de F1 apportée à F2) / 250 000 (valeur réelle de F1 lors de la scission) = 120 000. La valeur comptable des titres F2 après scission est donc de 120 000 + 80 000 = 200 000. Pour plus de détails, voir nº 9643.

Le montant de la plus-value réalisée par M lors de la cession des titres F2 est donc de 500 000 (prix de cession de F2 en janvier N+1) – 200 000 (valeur comptable de F2 après la scission) = 300 000.

*2. **Régime d'imposition** Les titres de F2 ont été détenus depuis plus de 2 ans à la date de leur cession par M, alors qu'au contraire les titres F1 sont détenus depuis moins deux ans pour la partie des titres acquis en mars N-1.*

Il convient donc de ventiler le prix de cession entre les titres F1 et F2. La part du prix de cession des titres F2 est réputée se rapporter :

– aux titres F1 pour 500 000 (prix de cession de F2 en janvier N+1) x 250 000 (valeur réelle de F1 lors de la scission) / 350 000 (valeur réelle de F1 + F2 lors de la scission) = 357 143 ;

– aux titres F2 pour le solde, soit 500 000 – 357 143 = 142 857.

La part du prix de cession des titres F2, qui est réputée se rattacher à des titres F1, doit être répartie selon leur date d'acquisition. Elle se rapporte :

– aux titres acquis en avril N-3 pour 357 143 (prix de cession de F2 réputé se rattacher aux titres F1) x 300 (nombre de titres F1 acquis en avril N-3) / 1 000 (nombre total de titres F1) = 107 143 ;

– aux titres acquis en mars N-1 pour le solde soit 357 143 – 107 143 = 250 000.

En conséquence, la plus-value réalisée se décompose comme suit pour les titres réputés se rattacher à F1 :

– pour les titres acquis en avril N-3 : 107 143 (prix de cession F2 réputé se rattacher aux titres F1 acquis en avril N-3) – 50 000 (coût d'acquisition des 300 titres F1 acquis en avril N-3) = 57 143 ;

– pour les titres acquis en mars N–1 : 250 000 (prix de cession F2 réputé se rattacher aux titres F1 acquis en mars N–1) – 150 000 (coût d'acquisition des 700 titres F1 acquis en mars N–1) = 100 000.

La plus-value sur les titres réputés se rattacher aux titres F2 correspond donc au solde de la plus-value, soit 300 000 – (57 143 + 100 000) = 142 857.

La fraction de la plus-value de cession des titres F2 rattachée aux titres F2 et F1 acquis en avril N–3 relève du régime du long terme, et la fraction rattachée aux titres F1 acquis en mars N–1 relève du régime du court terme.

II. Scission « partielle »

A. Comptabilisation lors de la scission

Comptabilisation des titres reçus

9700 ***Question***

Dans le cas d'une scission partielle, comment les associés de l'entité scindée doivent-ils comptabiliser les titres reçus de l'entité bénéficiaire des apports ?

Réponse

A la date de l'opération, la valeur nette comptable des titres de l'entité scindée est répartie entre les nouveaux titres émis par les entités bénéficiaires des apports et les titres de l'entité scindée conservés, au prorata de leurs valeurs réelles.

PCG art. 747-2

En conséquence d'une scission partielle, dans les comptes des entités détentrices des titres de l'entité scindée, la valeur nette comptable, calculée à la date de l'opération, des titres de l'entité scindée est répartie entre les nouveaux titres émis par les entités bénéficiaires des apports et les titres de l'entité scindée conservés au prorata de leur valeur réelle.

La valeur comptable unitaire des titres détenus après scission correspond, pour chaque ligne de titres, à la valeur comptable globale ainsi attribuée divisée par le nombre de titres de la ligne.

Commentaires Dans les comptes des entités détentrices des titres de l'entité scindée, la scission partielle doit se traduire par la répartition de la valeur nette comptable des titres de l'entité scindée, calculée à la date de l'opération, entre :
- d'une part, les nouveaux titres émis par les entités bénéficiaires des apports ;
- d'autre part, les titres de l'entité scindée conservés (PCG art. 747-2).

Cette répartition doit être réalisée au prorata de leurs valeurs réelles respectives. Pour un exemple chiffré, voir ci-après.

Il résulte de cette répartition qu'**aucun impact résultat** n'est constaté lors de la scission dans les comptes des entités détentrices des titres de l'entité scindée, l'opération se traduisant par un transfert au bilan uniquement.

A l'issue de la scission, la valeur comptable unitaire des titres détenus après scission correspond, pour chaque ligne de titres, à la valeur comptable globale ainsi attribuée divisée par le nombre de titres de la ligne (PCG art. 747-2).

> **Fiscalement,** la règle prévue à l'article 747-2 du PCG reprend celle qui doit être respectée en application de l'article 115, 2 du CGI pour que l'attribution gratuite des titres reçus en contrepartie d'un apport partiel d'actif réalisé dans les conditions prévues à l'article 210 B du CGI ne donne lieu à aucune imposition chez les associés de la société apporteuse (voir n° 10190). Toutefois, au 1er avril 2024, l'article 210-0 A du CGI qui définit les opérations pouvant être placées sous le régime de faveur ne vise pas les scissions partielles définies à l'article L 236-27 du Code de commerce. Interrogé lors de notre formation « Les Journées PwC des Reportings – module Règles françaises et résultat fiscal » du 28 novembre 2023, Aulne Abeille, sous-directeur en charge de la fiscalité des entreprises à la Direction de la législation fiscale, nous a indiqué que le législateur interviendra pour fixer le régime fiscal des nouvelles opérations de restructuration définies par le Code de commerce issues de l'ordonnance 2023-393 du 24 mai 2023 avec le souci de les traiter de manière cohérente avec le régime prévu pour les opérations actuellement visées par le CGI. Il nous a indiqué que dans cette attente, les entreprises peuvent saisir la Direction de la législation fiscale des questions soulevées par les opérations envisagées.

Remarque Ce traitement comptable ne concerne que le cas de la scission partielle donnant lieu à l'attribution de titres de l'entité bénéficiaire des apports aux associés de l'entité scindée. Pour rappel (voir n° 9510), les autres cas de scission partielle prévus par le Code de commerce ne sont pas traités par le PCG :
- scissions partielles donnant lieu à l'attribution de titres l'entité apporteuse uniquement,
- scissions partielles donnant lieu à l'attribution à la fois de titres de l'entité apporteuse et de titres l'entité bénéficiaire des apports.

Exemple *(fourni par le Recueil des normes comptables de l'ANC, commentaire IR 4 sous le nouvel article 747-2 du PCG)*

La société M détient 100 % des titres de la société A pour une valeur de 50 000. La société A comprend les activités A 1 et A 2. L'activité A 2 est apportée à la société B qui en rémunération attribue ses titres à M, associée de A.

Les valeurs réelles des titres de A (préalablement à la scission partielle) et des titres de B remis gratuitement au moment de l'opération sont respectivement de 100 000 et de 60 000.

Solution de l'exemple *La société M inscrit à son bilan les titres B pour : 50 000 x 60 000 / 100 000 = 30 000*

La valeur des titres de A sera réduite à hauteur du montant attribué aux titres B, les titres A dans M après l'opération seront de : 50 000 – 30 000 = 20 000

B. Evaluation ultérieure des titres des entités scindée et bénéficiaire des apports

1. Dépréciation des titres

Détermination de la dépréciation

9710 ***Question***

Comment calculer la dépréciation ultérieure des titres des entités scindée et bénéficiaire des apports chez les associés de ces entités ?

Réponse

La dépréciation est calculée sur la base de la nouvelle valeur nette comptable des titres des entités scindée et bénéficiaire des apports, déterminée lors de la scission par répartition de la valeur nette comptable des titres de l'entité scindée.

Commentaires La valeur nette comptable des titres des entités scindée et bénéficiaire des apports dans les comptes des entités détentrices de ces titres correspond à leur valeur déterminée lors de la scission, par répartition de la valeur nette comptable des titres de l'entité scindée (PCG art. 747-2 ; voir n° 9700). En conséquence, les dépréciations ultérieures sont calculées sur cette base, en application des règles générales prévues par le PCG (art. 221-3 ; voir Mémento Comptable n° 35695 s. et 36865).

2. Cession des titres

Résultat de cession

9720 ***Question***

Comment calculer le résultat de cession des titres des entités scindée et bénéficiaire des apports chez les associés de ces entités ?

Réponse

Le résultat de cession des titres des sociétés bénéficiaires des apports est calculé par rapport à leur valeur comptable déterminée lors de la scission.

Commentaires La valeur nette comptable des titres des entités scindée et bénéficiaire des apports dans les comptes des entités détentrices de ces titres correspond à leur valeur déterminée lors de la scission, par répartition de la valeur nette comptable des titres de l'entité scindée (PCG art. 747-2 ; voir n° 9700). En conséquence, le résultat de cession des titres doit être calculé par rapport à cette valeur comptable (application des règles générales, PCG art. 946-67 ; voir Mémento Comptable n° 36930).

CHAPITRE 6

Comptabilisation des apports partiels d'actif

Plan du chapitre

Plan du chapitre (suite)

Plan du chapitre (suite et fin)

SECTION I

Comptabilisation de l'apport chez la société apporteuse

I. Etablissement d'une situation comptable avant l'apport

Date d'établissement

10005 ***Question***

A quelle date la société apporteuse doit-elle établir la situation comptable servant de base au traité d'apport ?

Réponse

A la date d'effet de l'opération.

Commentaires Un apport partiel d'actif n'entraîne pas la disparition de la société apporteuse. Pour déterminer les bases de l'apport, la société apporteuse procède à un arrêté de ses comptes à la date d'effet de l'opération.

Sur les modalités d'établissement de cette situation (conditions et forme) selon la date d'effet choisie, voir n° 8005.

Sur la détermination de la date d'effet comptable, voir n° 10510.

II. Ecritures comptables lors de l'apport

A. Comptabilisation de la sortie des éléments apportés

Identification individuelle des éléments apportés

10010 ***Question***

Les éléments apportés sont-ils identifiés individuellement dans les comptes de la société apporteuse au moment de l'apport ?

Réponse

Oui, de manière obligatoire lorsque l'opération est réalisée à la valeur comptable.

Lorsque l'opération est réalisée à la valeur réelle, la comptabilisation des éléments de manière individuelle n'est en revanche pas obligatoire, même si elle est préférable, pour des raisons fiscales notamment, lorsque l'opération est placée sous le régime fiscal de droit commun.

Commentaires 1. **Opération réalisée à la valeur comptable** Lorsque l'opération est réalisée à la valeur comptable, les apports sont obligatoirement comptabilisés de manière individuelle dans les comptes de la société apporteuse.

En effet, en pratique, il y a, dans ce cas, une correspondance exacte entre les éléments :
- comptabilisés par la société apporteuse (faisant l'objet des écritures de sortie),
- et figurant dans le traité d'apport.

Contrairement à la situation dans laquelle les apports sont évalués à la valeur réelle (voir **2.** ci-après), l'évaluation à la valeur comptable ne conduit pas :
- à identifier des éléments non comptabilisés par la société apporteuse,
- et à devoir affecter une plus-value d'apport à ces éléments (en l'absence de plus-value d'apport dégagée sur le plan comptable, voir n° 10013).

2. **Opération réalisée à la valeur réelle** La définition de la valeur réelle peut conduire à inscrire dans le traité d'apport davantage d'éléments que ceux figurant au bilan de la société apporteuse (voir n° 7700).

Le Recueil des normes comptables de l'ANC (Commentaire IR 3 sous l'art. 744-1 du PCG) décrit deux solutions pour comptabiliser la sortie des éléments apportés chez la société apporteuse :

1re solution : comptabilisation individuelle des éléments apportés. Elle consiste à comptabiliser :

- séparément dans l'entité apporteuse « les sorties » de tous les éléments figurant à l'actif et au passif ;
- ainsi que, séparément, les éléments mentionnés au traité d'apport répondant aux conditions de définition et de comptabilisation des actifs et passifs mais qui n'étaient pas

comptabilisés antérieurement (engagements de retraite, impôts différés, actifs incorporels créés en interne, fonds commercial, etc.).

Ces éléments ne pourraient être comptabilisés qu'en charges et produits exceptionnels (l'écriture étant précisée dans le libellé). Selon le Recueil des normes comptables de l'ANC (Commentaire précité), cette solution conduisant à ventiler le prix de cession dans les comptes de l'entité apporteuse est préférable car elle permet d'avoir une correspondance entre :

- les écritures de sortie chez l'entité apporteuse,
- le traité d'apport,
- et la reprise des éléments transmis dans la comptabilité de l'entité bénéficiaire de l'apport.

En outre, il est précisé que, pour des raisons fiscales, cette présentation individualisée est utile pour les biens faisant l'objet d'un traitement spécifique.

> **Fiscalement**, en effet, cette solution est préférable en pratique, en particulier lorsque l'opération est placée sous le régime de droit commun des fusions, le régime d'imposition des profits (ou pertes) et plus et moins-values d'apport dépendant de la nature des actifs et passifs sous-jacents (taux de droit commun, régime du long terme, exonération, non-déduction...) (voir exemple ci-après).

2e solution : comptabilisation globale des opérations.

Exemple *L'exemple suivant est inspiré de l'exemple d'application fourni par le Recueil des normes comptables de l'ANC en annexe V du titre VII du livre II du PCG (voir nº 13640).*

Remarque liminaire *Dans cet exemple, deux solutions sont présentées : inscription individuelle ou inscription globale des apports. Toutefois, le Recueil des normes comptables de l'ANC (Commentaire IR 3 sous l'art. 744-1 du PCG) précise clairement que* ***la première solution est préférable.***

Deux sociétés françaises A et B sont sous contrôle distinct.

En N, A apporte à B une branche complète d'activité. Cet apport est valorisé à la valeur réelle, conformément au principe de valorisation des apports entre entités françaises (voir nº 7600 et 7605).

La valeur de la branche d'activité est la suivante :

	Valeur nette comptable	*Valeur réelle (traité d'apport)*	*Plus-values*
Fonds commercial créé (1)	-	*50*	*50*
Immeuble	*30 (2)*	*80*	*50*
Provision pour risques	*(20)*	*(20)*	-
Provision pour retraite (1)	-	*(40)*	*(40)*
Impôt différé actif (1)	-	*10*	*10*
Total	*10*	*80*	*70*

(1) Eléments que la société A n'a pas comptabilisés, mais devant figurer dans le traité d'apport (voir nº 7700).

(2) Valeur nette comptable : 30 = Valeur brute (100) – amortissements (70).

Solution de l'exemple *L'apport partiel d'actif est comptabilisé de la manière suivante chez la société apporteuse A :*

*1re **solution** Comptabilisation **individuelle** des apports*

Cette solution est à privilégier (voir remarque liminaire ci-avant).

1. Apports de la branche

– Immeuble

Compte	Débit	Crédit
213 Immeuble		100
281 Amort.	70	
675 VNC actifs cédés	30	
7752 Produit cession actif corporel		80
46 Sté B	80	

– Fonds commercial

Compte	Débit	Crédit
7752 Produit cession actif corporel		50
46 Sté B	50	

– Provision pour risques

Compte	Débit	Crédit
151 Provision pour risques	20	
78 Reprise de provision		20
67 Charge liée au paiement du passif à la bénéficiaire des apports	20	
46 Sté B		20

– Engagements de retraite

Compte	Débit	Crédit
67 Charges exceptionnelles	40	
46 Sté B		40

– Impôt différé actif

Compte	Débit	Crédit
77 Produits exceptionnels		10
46 Sté B	10	

2. Rémunération des apports

Compte	Débit	Crédit
261 Titres	80	
46 Sté B		80
46 Sté B – totaux	140	140

soldé

*2e solution Comptabilisation **globale** des apports*

1. Apports de la branche

– Immeuble

213 Immeuble		281 Amort.		675 VNC actifs cédés	
	100	70		30	

– Autres apports

151 Provision pour risques		78 Reprise de provision	
20			20

2. Rémunération des apports

261 Titres		77 Produit d'apport		46 Sté B	
80			80 (1)	80	80
				soldé	

(1) 80 = 50 (plus-value sur fonds commercial) – 40 (charge relative aux engagements de retraite) + 10 (prise en compte de l'impôt différé actif) + 80 (produit de cession de l'immeuble) – 20 (transfert du risque à la bénéficiaire des apports)

Fiscalement, la situation diffère selon que l'opération est placée ou non sous le régime de faveur des articles 210 A et suivants du CGI (BOI-IS-FUS-30-20 nº 230 et position de la DLF exprimée dans l'avis CU CNC 2005-C, question nº 4, reprise dans le Recueil des normes comptables de l'ANC, Commentaire IR 3 sous l'art. 744-2 du PCG) :

*1. **L'opération est placée sous le régime de faveur** Dans l'exemple ci-avant :*

– chez la société apporteuse : la plus-value, qu'elle soit compensée (en tant que résultat de cession, 2e solution), ou qu'elle soit décomposée en produits (plus-value sur fonds de commerce, produit correspondant à l'impôt différé actif) et charges (provision pour retraite) (1re solution), n'est pas imposable ;

– chez la société bénéficiaire de l'apport : la plus-value sur fonds de commerce sera calculée par rapport à sa valeur fiscale (soit 0 au cas particulier) lors de sa cession ultérieure, la charge qui sera encourue lors de l'annulation de l'impôt différé actif (lors de l'utilisation de cette « créance ») ne sera pas déductible, la reprise de provision pour retraite ne sera pas imposable.

Toutefois, que la plus-value d'apport soit compensée ou décomposée dans les comptes de la société apporteuse, la plus-value sur fonds de commerce doit être mentionnée de manière distincte sur l'état de suivi des plus-values, voir nº 7302.

Cette position fiscale est illustrée dans les tableaux suivants, établis par nos soins :
– 1re ***solution : la plus-value d'apport est décomposée dans les comptes de la société apporteuse***

	Société apporteuse			*Société bénéficiaire des apports*		
	Résultat comptable	*Retraitements extra-comptables*	*Résultat fiscal*	*Résultat comptable*	*Retraitements extra-comptables*	*Résultat fiscal*
	(a)	*(b)*	*(a) + (b)*	*(a)*	*(b)*	*(a) + (b)*
Apport :						
– fonds de commerce	50	(50) (1)	0	-	-	-
– ID actif	10	(10) (2)	0	-	-	-
– engagements de retraite	(40)	40 (3)	0	-	-	-
Utilisation de l'ID actif				(10)	10 (4)	0
Reprise de la provision pour retraite				40	(40) (5)	0
Cession du fonds de commerce (pour 200 par hypothèse)				150	50 (1)	200
Total (6)	20	(20)	0	180	20	200

(1) L'imposition de la plus-value d'apport sur le fonds de commerce est placée en sursis d'imposition jusqu'à la cession de celui-ci par la société bénéficiaire des apports.
(2) Le produit correspondant à l'impôt différé actif n'est pas imposable lors de l'apport chez la société apporteuse.
(3) La charge représentative des engagements de retraite n'est pas déductible lors de l'apport chez la société apporteuse.
(4) La charge comptabilisée par la société bénéficiaire des apports lors de l'utilisation de l'impôt différé actif n'est pas déductible.
(5) La reprise de provision pour retraite comptabilisée par la société bénéficiaire des apports n'est pas imposable.
(6) Par mesure de simplification, il n'est pas tenu compte de l'apport de l'immeuble.

– 2e solution : la plus-value d'apport n'est pas décomposée dans les comptes de la société apporteuse

	Société apporteuse			Société bénéficiaire des apports		
	Résultat comptable (a)	Retraitements extra-comptables (b)	Résultat fiscal (a) + (b)	Résultat comptable (a)	Retraitements extra-comptables (b)	Résultat fiscal (a) + (b)
Apport du fonds de commerce	20	(20) (1)	0	-	-	-
Utilisation de l'ID actif				(10)	10 (2)	0
Reprise de la provision pour retraite				40	(40) (3)	0
Cession du fonds de commerce (pour 200 par hypothèse)				150	50 (1)	200
Total (4)	20	(20)	0	180	20	200

(1) L'imposition de la plus-value d'apport sur le fonds de commerce est placée en sursis d'imposition jusqu'à la cession de celui-ci par la société bénéficiaire des apports.
(2) La charge comptabilisée par la société bénéficiaire des apports lors de l'utilisation de l'impôt différé actif n'est pas déductible.
(3) La reprise de provision pour retraite comptabilisée par la société bénéficiaire des apports n'est pas imposable.
(4) Par mesure de simplification, il n'est pas tenu compte de l'apport de l'immeuble.

***2. L'opération est placée sous le régime de droit commun des fusions** Dans l'exemple présenté ci-avant :*

– chez la société apporteuse : la plus-value d'apport globale doit être décomposée sur le plan fiscal, son caractère imposable ou non chez la société apporteuse étant déterminé élément par élément (BOI-IS-FUS-30-20 n° 230) : imposition de la plus-value d'apport sur le fonds commercial, exonération du produit correspondant à l'impôt différé actif (BOI-IS-FUS-30-20 n° 250), non-déductibilité de la charge correspondant à la provision pour retraite (BOI-IS-FUS-30-20 n° 240) ;

– chez la société bénéficiaire de l'apport : la plus-value ultérieure sur la cession du fonds de commerce sera calculée par rapport à sa valeur comptable (soit 50), la charge correspondant à l'annulation de l'impôt différé actif ne sera pas déductible (BOI-IS-FUS-30-20 n° 250), la reprise de provision pour retraite ne sera pas imposable (BOI-IS-FUS-30-20 n° 240).

Cette solution permet de traiter de manière identique, sur le plan fiscal, les plus et moins-values dégagées lors de l'opération, que les éléments apportés aient été comptabilisés ou non par la société apporteuse (BOI-IS-FUS-30-20 n° 260).

Cette solution fiscale est illustrée dans le tableau suivant, établi par nos soins :

	Société apporteuse			*Société bénéficiaire des apports*		
	Résultat comptable	*Retraitements extra-comptables*	*Résultat fiscal*	*Résultat comptable*	*Retraitements extra-comptables*	*Résultat fiscal*
	(a)	*(b)*	*(a) + (b)*	*(a)*	*(b)*	*(a) + (b)*
Apport :						
– fonds de commerce	*50*	*-*	*50*	*-*	*-*	*-*
– ID actif	*10*	*(10) (1)*	*0*	*-*	*-*	*-*
– engagements de retraite	*(40)*	*40 (2)*	*0*	*-*	*-*	*-*
Utilisation de l'ID actif				*(10)*	*10 (3)*	*0*
Reprise de la provision pour retraite				*40*	*(40) (4)*	*0*
Cession du fonds de commerce (pour 200 par hypothèse)				*150*	*-*	*150*
Total (5)	*20*	*30*	*50*	*180*	*(30)*	*150*

(1) Le produit correspondant à l'impôt différé actif n'est pas imposable.
(2) La charge représentative des engagements de retraite n'est pas déductible fiscalement.
(3) La charge comptabilisée par la société bénéficiaire des apports lors de l'utilisation de l'impôt différé actif n'est pas déductible.
(4) La reprise de provision pour retraite comptabilisée par la société bénéficiaire des apports n'est pas imposable.
(5) Par mesure de simplification, il n'est pas tenu compte de l'apport de l'immeuble.

Comptabilisation des plus-values d'apport

10013 ***Question***

Les plus-values d'apport sont-elles toujours comptabilisées chez la société apporteuse ?

Réponse

Oui, lorsque l'opération est comptablement réalisée à la valeur réelle.

Non, lorsque l'opération est comptablement réalisée à la valeur comptable.

Commentaires Les plus-values d'apport sont dégagées comptablement chez la société apporteuse **lorsque l'opération est réalisée à la valeur réelle** (voir n° 7700).

Fiscalement, il en est de même lorsque l'opération est placée sous le régime fiscal de droit commun (voir n° 7802).

En revanche, lorsque l'apport partiel d'actif est placé sous le **régime de faveur,** la plus-value nette globale afférente à l'ensemble des éléments de l'actif apportés [immobilisations (amortissables ou non), titres (immobilisés ou non), stocks...] est exonérée chez la société apporteuse (CGI art. 210 A et 210 B ; voir nº 7802). Cette plus-value nette d'apport doit donc être déduite extra-comptablement sur l'imprimé nº 2058-A (ligne XG ; voir nº 12305). Sur les modalités d'imposition de cette plus-value d'apport, voir nº 8015.

En revanche, ces plus-values ne sont pas comptabilisées **lorsque l'opération est réalisée à la valeur comptable** (voir nº 7740).

Fiscalement, il en est de même lorsque l'opération est placée sous le régime fiscal de faveur (voir nº 7812).

En revanche, lorsque l'apport partiel d'actif est placé sous le **régime de droit commun,** il est alors fiscalement réputé réalisé à la valeur réelle et entraîne l'imposition des plus-values fiscales et profits d'apport chez la société apporteuse (CGI art. 221-2 ; voir nº 7812). Ces plus-values et profits fiscaux d'apport doivent donc être réintégrés extra-comptablement sur l'imprimé nº 2058-A (ligne WQ, voir nº 12205).

Sur les conséquences de cette déconnexion entre la valeur d'apport comptable (valeur comptable) et la valeur d'apport fiscale (valeur réelle) :
- chez la société apporteuse, voir nº 10035,
- chez la société bénéficiaire des apports, voir nº 10120 (amortissement des éléments apportés), nº 10140 (dépréciation) et nº 10150 (cession).

Incidence de cette déconnexion sur l'intégration fiscale En principe, en application de l'article 223 F du CGI, les plus et moins-values dégagées lors de la cession, à l'intérieur d'un groupe intégré, d'immobilisations et de certains titres du portefeuille sont neutralisées pour la détermination du résultat d'ensemble.

Dans le cas particulier de l'apport d'immobilisations dans le cadre d'un apport partiel d'actif, interne à un groupe fiscal, réalisé comptablement sur la base de la valeur comptable mais fiscalement sur la base de la valeur réelle, l'administration (BOI-IS-FUS-30-20 nº 210) :
- admet que les plus et moins-values fiscales dégagées bénéficient de cette neutralisation,
- dès lors que la rémunération des apports est calculée sur la base des valeurs réelles, sauf application de la tolérance permettant de calculer le rapport d'échange sur la base des valeurs comptables. Sur cette tolérance d'application très stricte, voir nº 7509.

En pratique, les plus et moins-values neutralisées n'étant pas dégagées en comptabilité, elles devront faire l'objet d'un suivi extra-comptable en vue de leur imposition ou déduction ultérieure lorsqu'un événement motivera l'expiration du report d'imposition.

En revanche, en cas de réalisation d'un apport de titres assimilés à une branche complète d'activité soumis au régime de l'article 223 F du CGI, la quote-part de frais et charges calculée au taux de 12 % sur la plus-value d'apport n'est pas neutralisée pour la détermination du résultat d'ensemble du groupe fiscal.

B. Comptabilisation des titres reçus en contrepartie de l'apport partiel d'actif

Coût d'entrée comptable et prix de revient fiscal des titres

10020 ***Question***

A quelle valeur comptabiliser les titres reçus en contrepartie d'un apport partiel d'actif ?

Réponse

A la valeur des apports retenue dans le traité d'apport.

PCG Art. 221-1
(en partie) Le coût d'entrée des titres reçus en contrepartie d'un apport partiel d'actif par la société apporteuse doit être égal à la valeur des apports retenue dans le traité d'apport.

Commentaires Les titres reçus sont enregistrés au compte 26 « Titres de participation » lorsqu'ils répondent à la définition des titres de participation.

Sur la définition des titres de participation, voir Mémento Comptable nº 35155 à 35205.

Sur le classement de titres ne constituant pas des titres de participation, voir Mémento Comptable nº 35225 à 35390.

Ils sont comptabilisés **pour la valeur des apports retenue dans le traité d'apport** (PCG art. 221-1).

Sur l'évaluation des titres en cas d'effet rétroactif, voir nº 10020.

En conséquence :

1. **Lorsque l'opération est réalisée à la valeur réelle,** les titres sont comptabilisés pour un montant égal à la valeur réelle des apports.

Fiscalement, il en est de même lorsque l'opération est placée sous le régime de droit commun.

En revanche, lorsque l'apport partiel d'actif est placé sous le régime de faveur des fusions, le prix de revient fiscal de ces titres diffère de leur coût d'entrée comptable : il est égal à la valeur que les biens apportés avaient du point de vue fiscal dans les écritures de la société apporteuse (CGI art. 210 B). Il peut en résulter des retraitements extra-comptables lors de la dépréciation et de la cession de ces titres (voir nº 10030 et 10035).

2. **Lorsque l'opération est réalisée à la valeur comptable,** le coût d'entrée des titres reçus en rémunération de l'apport partiel d'actif doit correspondre à la valeur comptable des apports.

Cette position est conforme à la logique des comptes consolidés (Avis CU CNC 2005-C, question nº 7 reprise dans le Recueil des normes comptables de l'ANC sous l'art. 221-1 du PCG ; voir nº 13620). En effet, en cas d'opération réalisée à la valeur comptable (opération sous contrôle commun), aucune plus-value n'aurait été dégagée dans les comptes consolidés. En conséquence, par symétrie, aucune plus-value ne doit être dégagée dans les comptes individuels.

Fiscalement, il en est en principe de même lorsque l'**opération est placée sous le régime de faveur.** Toutefois, le prix de revient fiscal des titres étant dans ce cas égal à la valeur que les biens apportés avaient du point de vue fiscal dans les écritures de la société apporteuse, il peut différer de la valeur comptable lorsque des actifs apportés sont grevés de plus-values en report ou en sursis d'imposition (résultant par exemple d'une opération de restructuration antérieure placée sous le régime de faveur).

En revanche, le prix de revient fiscal est différent du coût d'entrée comptable en cas de déconnexion des valeurs d'apport comptable et fiscale (**apport partiel d'actif** réalisé à la valeur comptable sur le plan comptable et à la valeur réelle sur le plan fiscal car placé **sous le régime de droit commun,** voir nº 7810). Dans ce cas, le prix de revient fiscal des titres reçus en rémunération de l'apport correspond à notre avis, à la valeur réelle des apports (et non à leur valeur comptable). Il en résulte des retraitements extra-comptables lors de la cession de ces titres (voir nº 10035).

Sur les conséquences de cette déconnexion entre la valeur d'apport comptable (valeur comptable) et la valeur d'apport fiscale (valeur réelle) :
- chez la société apporteuse, voir nº 10035,
- chez la société bénéficiaire des apports, voir nº 10120 (amortissement des éléments apportés), nº 10140 (dépréciation) et nº 10150 (cession).

Le tableau suivant, établi par nos soins, présente une comparaison entre le coût d'entrée comptable et le prix de revient fiscal (tel que retenu pour le calcul des dépréciations fiscalement admises en déduction) de ces titres :

<table>
<tr><th rowspan="2">Valeur d'apport retenue dans le traité</th><th colspan="2">Régime de faveur</th><th colspan="2">Régime de droit commun</th></tr>
<tr><th>Coût d'entrée comptable</th><th>Prix de revient fiscal</th><th>Coût d'entrée comptable</th><th>Prix de revient fiscal</th></tr>
<tr><td>Valeur réelle</td><td>Valeur réelle</td><td rowspan="2">Valeur fiscale des biens apportés chez l'apporteuse avant l'opération (1)</td><td colspan="2">Valeur réelle</td></tr>
<tr><td>Valeur comptable</td><td>Valeur nette comptable</td><td>Valeur nette comptable</td><td>Valeur réelle (2)</td></tr>
</table>

(1) Cette valeur fiscale tient compte :
- pour les opérations à la valeur réelle, non seulement des plus-values dégagées du fait de l'apport et placées en sursis mais aussi des plus-values en report ou en sursis résultant notamment d'opérations antérieures réalisées en régime de faveur ;
- pour les opérations à la valeur comptable, des plus-values en report ou en sursis résultant notamment d'opérations antérieures réalisées en régime de faveur.

(2) D'un point de vue fiscal, cette opération est réputée réalisée à la valeur réelle : la valeur fiscale des titres reçus en rémunération correspond donc à la valeur réelle des biens apportés à la date de l'apport. En conséquence, afin d'éviter une double imposition, des déductions extra-comptables devraient à notre avis, être autorisées lors de la cession de ces titres (voir nº 10035). En revanche, en cas de dépréciation de ces titres postérieurement à l'apport, l'administration fiscale n'accepte pas la déduction de provisions non comptabilisées calculées sur la différence entre le coût d'entrée des titres et leur prix de revient fiscal (voir nº 10030).

Cas particulier : perte de rétroactivité mentionnée dans le traité d'apport Le PCG ne prévoit pas expressément quel est le coût d'entrée des titres reçus en rémunération d'un apport partiel d'actif lorsqu'une provision pour perte intercalaire minore les apports dans le traité (en application de l'article 751-2 du PCG, voir nº 10665). En conséquence :
- les règles générales relatives à la détermination du coût d'entrée des titres reçus (voir ci-avant) sont, à notre avis, à retenir. Ainsi, ce coût d'entrée des titres correspond à la valeur des apports retenue dans le traité ;
- la valeur des apports retenue dans le traité correspondant à la valeur (réelle ou comptable) de l'actif net apporté **minorée de la perte de rétroactivité**, les titres reçus en rémunération des apports devraient être comptabilisés à cette même valeur (en application de PCG art. 221-1 précité).

Opération réalisée entre une entité apporteuse française et une entité bénéficiaire des apports étrangère : la valorisation des apports en cas d'opération transfrontalière n'étant pas réglementée par le PCG (voir nº 7602), les titres reçus en rémunération des apports par l'entité apporteuse française :
- sont obligatoirement comptabilisés sur la base de la valorisation retenue dans le traité d'apport,
- même si celle-ci n'est pas conforme au principe de valorisation défini par le PCG pour les opérations entre entités françaises (cas, par exemple, d'une opération réalisée à la valeur réelle entre entités sous contrôle commun).

Frais engagés par la société apporteuse à l'occasion de l'apport A notre avis, lorsqu'ils sont supportés par l'entité apporteuse, ces frais devraient constituer des **frais d'acquisition des titres** de l'entité bénéficiaire des apports et être comptabilisés chez l'entité

apporteuse selon les dispositions de l'article 221-1 du PCG (renvoyant à l'article 213-8). Dans ce cas, ils sont :
- soit inclus dans le coût d'acquisition des titres acquis (méthode de référence) ;
- soit comptabilisés en charges.

Sur la définition des frais d'acquisition des titres, voir Mémento Comptable nº 35620.

III. Suivi ultérieur des titres reçus en rémunération des apports

A. Dépréciation

Traitement comptable et fiscal

10030 ***Question***

Après l'opération, les titres reçus en rémunération des apports sont-ils susceptibles d'être dépréciés ?

Réponse

Oui, lorsqu'ils recèlent des moins-values latentes.

Commentaires Lorsque la société conserve en portefeuille les titres qu'elle a reçus en rémunération de ses apports, elle doit suivre les règles comptables générales applicables aux titres. Dans ce cas, les titres sont dépréciés lorsque leur valeur actuelle est inférieure à leur valeur comptable.

Pour plus de détails sur les règles de dépréciation des titres, voir Mémento Comptable nº 35930 à 36085.

Fiscalement, le traitement de la (provision pour) dépréciation comptabilisée (le cas échéant) diffère selon :

1. La nature des titres (titres de participation relevant du secteur de taxation réduite à une quote-part de frais et charges, du taux réduit des plus-values à long terme ou non)

Les titres reçus en rémunération des apports constituent en général des titres de participation au sens fiscal, éligibles au régime du long terme (voir nº 10020). En application des règles de droit commun :
- si ces titres de participation relèvent du secteur de taxation limitée à une quote-part de frais et charges, leur dépréciation est, quelle que soit leur durée de détention, non déductible et sans impact sur la quote-part de frais et charges applicable aux plus-values à long terme (voir nº 10035) ;
- si la société bénéficiaire des apports est une société à prépondérance immobilière, la dépréciation de ses titres est alors déductible (au taux réduit de 19 % si elle est cotée, au taux de droit commun si elle est non cotée) mais dans certaines limites (CGI art. 39-1-5º).

Pour plus de détails sur le régime fiscal applicable aux dépréciations de titres de participation, voir Mémento Comptable nº 35980.

Pour les retraitements extra-comptables afférents au régime du long terme, voir Mémento Comptable nº 36700 à 36760.

2. La valeur comptable des titres (voir ci-après).

3. Le régime fiscal sous lequel l'apport partiel d'actif a été placé (voir tableau récapitulatif au nº 10020) :

a. Les titres ont été comptabilisés pour la valeur réelle des apports :

– **L'opération a été placée sous le régime de faveur** : dans ce cas, la (provision pour) dépréciation de ces titres doit être calculée (CGI art. 39-1-5º) :

- non pas par rapport à leur coût d'entrée comptable (valeur réelle),
- mais par rapport à leur prix de revient fiscal qui correspond à la valeur que les biens apportés avaient, d'un point de vue fiscal, dans les écritures de la société apporteuse (voir nº 10020). Outre les retraitements possibles liés à la nature des titres (voir 1. ci-avant), une quote-part de la dépréciation comptabilisée peut devoir être retraitée sur l'imprimé nº 2058-A (ligne WI, voir nº 12340) lorsque le prix de revient fiscal des titres est différent (généralement inférieur) de leur coût d'entrée comptable.

– **L'opération a été placée sous le régime de droit commun** : dans ce cas, le coût d'entrée comptable des titres correspond à leur prix de revient fiscal. La (provision pour) dépréciation comptabilisée est déductible fiscalement, sous réserve des corrections liées à la nature des titres (voir 1. ci-avant).

b. Les titres ont été comptabilisés pour la valeur comptable des apports :

– **L'opération a été placée sous le régime de faveur** : le traitement est identique à celui défini au a. (1er tiret) ci-avant lorsque la valeur fiscale des titres est différente de leur valeur comptable (cas où il existe des plus ou moins-values en sursis d'imposition relatives à des réorganisations passées).

– **L'opération a été placée sous le régime de droit commun** : dans ce cas, la valeur fiscale des titres reçus en rémunération de l'apport correspond, à notre avis, à la valeur réelle des apports (et non à leur valeur comptable). En conséquence, la (provision pour) dépréciation comptabilisée étant calculée par rapport à la valeur comptable (inférieure à la valeur réelle), elle devrait être déductible fiscalement (sous réserve des corrections liées à la nature des titres, voir **1.** ci-avant). En revanche, en application de l'article 39-1-5º du CGI, la dépréciation non comptabilisée correspondant à la différence (qui a été imposée sur le plan fiscal) entre valeur réelle (valeur fiscale) et valeur comptable ne peut pas être déduite extra-comptablement (en ce sens, BOI-IS-FUS-30-20 nº 200 ; voir nº 7814 et 10140).

Pour un tableau de synthèse comparant le coût d'entrée comptable des titres et leur prix de revient fiscal pour les besoins du calcul de la dépréciation déductible, voir nº 10020.

B. Cession des titres

Sur l'attribution gratuite des titres aux actionnaires de la société apporteuse, voir nº 10040.

Détermination du résultat de cession

10035 ***Question***

Lorsque les titres reçus en rémunération de l'apport sont cédés après l'apport, comment calculer le résultat de cession ?

Réponse

Conformément aux règles comptables générales, le résultat de cession correspond à la différence entre le prix de cession des titres et leur coût d'entrée.

Sur le plan fiscal, le résultat fiscal de cession est susceptible de différer du résultat comptable lorsque :
– l'opération a été réalisée comptablement à la valeur réelle et placée sous le régime fiscal de faveur,
– l'opération a été réalisée comptablement à la valeur comptable, qu'elle ait été placée sous le régime fiscal de faveur (plus-values en sursis d'imposition résultant d'opérations antérieures) ou de droit commun (déconnexion des valeurs d'apport).

Commentaires Sur le plan comptable, le résultat de cession est égal au prix de cession diminué de la valeur brute des titres, c'est-à-dire leur coût d'entrée (PCG art. 213-2 et 221-1). Les dépréciations comptabilisées (le cas échéant) doivent être reprises. Pour plus de détails, voir Mémento Comptable nº 36705 et 36710.

Sur la détermination du coût d'entrée des titres reçus en rémunération de l'apport, voir nº 10020 s.

Fiscalement, le traitement de la plus ou moins-value de cession diffère selon :

1. La nature des titres Les titres reçus en rémunération des apports constituent en général des titres de participation au sens fiscal (voir nº 10020), éligibles au régime du long terme. Le régime des plus ou moins-values de cession de titres de participation (hors parts de FCPR et SCR) est synthétisé dans le tableau ci-après, établi par nos soins (le taux de l'IS indiqué n'inclut pas la CSB, voir Mémento Comptable nº 52635 et 52645) :

Nature des titres de participation (au sens fiscal) cédés (a)			Sociétés à prépondérance immobilière		Autres
			cotées	non cotées	
Titres détenus depuis au moins 2 ans (d)	1. Titres comptabilisés en titres de participation 2. Titres non comptabilisés en titres de participation mais éligibles au régime des sociétés mères et représentant 5 % des droits de vote 3. Titres non comptabilisés en titres de participation mais acquis par OPA/OPE par l'entreprise initiatrice	si inscrits en sous-compte	19 %	25 % (f)	3 % (b) (c)
Titres détenus depuis moins de 2 ans (d) (e)			25 % (f)		

a. Sont **exclus du régime du long terme les titres** (CGI art. 219) :
- d'OPCVM (hors FCPR et SCR dits « fiscaux ») ;
- de sociétés à prépondérance immobilière non cotées ;
- en principe (voir ci-après d.) de sociétés à prépondérance financière, dont l'actif est constitué principalement par des titres exclus de ce régime ou dont l'activité consiste de manière prépondérante dans la gestion de ces mêmes valeurs pour leur propre compte,
- en principe, de sociétés établies dans un Etat ou Territoire Non Coopératif (ETNC).

Pour plus de détails et pour les retraitements extra-comptables afférents au régime du long terme, voir Mémento Comptable nº 36700 à 36760.

b. Les plus-values **nettes** à long terme de cession sont soumises à une **imposition limitée à une quote-part de frais et charges de 12 %**, assise sur le montant brut des plus-values. Cette quote-part est soumise à l'IS au taux de droit commun (CGI art. 219-I a quinquies), soit une taxation de 3 % pour un taux d'IS de 25 %. Les moins-values **nettes** à long terme constatées sur la cession de ces titres n'ouvrent droit à aucune déduction et ne sont pas reportables. Mais aucune imposition n'est due au titre de la quote-part de frais et charges si l'entreprise ne réalise pas une plus-value nette à long terme au titre de l'exercice de cession (CE 14-6-2017 nº 400885).

c. Sur les plus-values à long terme constatées lors de la première cession de titres d'une société de télévision titulaire d'une autorisation délivrée par le CSA, voir CGI art. 219-I a.

d. Décompte du délai de détention des titres cédés Le délai de détention de deux ans des titres reçus par la société apporteuse en contrepartie de son apport, qui subordonne l'application du régime des plus-values à long terme lors de leur cession ultérieure, est décompté à partir :
- de la date de réalisation définitive de l'apport d'une branche complète d'activité, sans distinguer selon qu'il est placé sous le régime de droit commun ou sous le régime de faveur (BOI-IS-FUS-20-40-30 nº 160), étant précisé que la rétroactivité de l'opération est sans incidence sur l'application de cette règle (BOI-IS-FUS-40-10-20 nº 120) ;
- ou de la date d'acquisition par la société apporteuse des titres transférés, s'il s'agit d'un apport de titres assimilés à une branche complète d'activité placé sous le régime de faveur (CGI art. 210 B). L'effet rétroactif conféré à l'apport partiel d'actif est sans incidence sur les modalités de décompte de ce délai : voir nº 10515.

e. **Mesures anti-abus** :
- report de déduction de la moins-value de cession de titres de participation au sens fiscal (hors titres de SPI non cotées) détenus depuis moins de deux ans lorsque la cession intervient entre entreprises liées au sens de l'article 39-12 du CGI qui prend en principe le caractère d'une moins-value à long terme non déductible à l'issue d'un délai de deux ans suivant l'acquisition des titres apportés (CGI art. 219 I-a septies), voir BIC-VII-33750 s. ;
- non-déductibilité d'une partie de la moins-value de cession de titres émis en contrepartie d'un apport à une société en difficulté (CGI art. 39 quaterdecies 2 bis), voir BIC-VII-33880 s. ;
- application du régime du long terme (ce qui, corrélativement, interdit leur déduction ou imputation) aux moins-values résultant de la cession de titres de sociétés à prépondérance financière (voir a.) à hauteur des dividendes reçus de ces sociétés ayant bénéficié du régime des sociétés mères au cours de l'exercice de cession ou des cinq exercices précédents (CGI art. 219 I-a ter), voir Mémento Comptable nº 36700 à 36760.

f. Taux de l'IS Le taux normal de l'IS est fixé à 25 % (15 % pour la part des bénéfices des PME n'excédant pas 42 500 € : voir Mémento Comptable nº 52620).

2. **La valeur comptable des titres** (voir 3. ci-après).

3. **Le régime fiscal** sous lequel l'apport partiel d'actif a été placé :

a. Les titres ont été comptabilisés pour la valeur réelle des apports
- **Opération placée sous le régime fiscal de faveur** : le résultat de cession des titres est calculé d'après la valeur fiscale de ces titres, c'est-à-dire d'après la valeur que les biens apportés avaient du point de vue fiscal dans les écritures de la société apporteuse (CGI art. 210 B, 2).

En conséquence, la différence entre le résultat fiscal et le résultat comptable de cession (calculé à partir du coût d'entrée des titres, voir ci-avant) est mentionnée sur l'imprimé nº 2058-A (voir nº 12360) :

- lorsque la plus-value fiscale est supérieure à la plus-value comptable, la différence est réintégrée (ligne WQ),
- lorsque la moins-value fiscale est supérieure à la moins-value comptable, la différence est déduite (ligne XG).

En pratique, les règles de détermination du coût de revient fiscal des titres reçus en rémunération d'un apport partiel d'actif placé sous le régime de faveur génèrent une double imposition résultant :
– de l'imposition des plus-values d'apport (mises en sursis d'imposition ou étalées chez la société bénéficiaire des apports) ;
– et du calcul de la plus-value de cession des titres reçus en contrepartie de l'apport sur les bases de la valeur que les biens apportés avaient dans les écritures de la société apporteuse.
Sur les conditions dans lesquelles, en cas d'opérations franco-françaises, la directive fusion qui ne prévoit pas d'obligation, pour la société apporteuse, de calculer la plus-value de cession des titres reçus en rémunération de l'apport par référence à la valeur que les biens apportés avaient dans ses propres écritures, serait susceptible d'être invoquée, voir nº 7012.

Cette double imposition est toutefois atténuée lorsque la plus-value de cession de titres n'est imposée qu'à raison d'une quote-part de frais et charges de 12 %.
– **Opération placée sous le régime fiscal de droit commun** : aucun retraitement autre que ceux liés à la nature des titres (voir 1. ci-avant) n'est à effectuer, le résultat comptable de cession étant égal au résultat fiscal.

b. Les titres ont été comptabilisés pour la valeur comptable des apports
– **Opération placée sous le régime fiscal de faveur** : le traitement est identique à celui défini au a. (1er tiret) ci-avant lorsque la valeur fiscale des titres est différente de leur valeur comptable (cas où il existe des plus ou moins-values en sursis d'imposition relatives à des réorganisations passées).
– **Opération placée sous le régime fiscal de droit commun** : sur le plan fiscal, l'apport partiel d'actif a été réputé réalisé à la valeur réelle (CGI art. 221-2). La société apporteuse a donc été imposée à raison des plus-values fiscales d'apport (voir nº 10013). En revanche, ces plus-values n'ont pas été constatées en comptabilité (plus-values imposées « en sursis de comptabilisation », voir nº 7814). En contrepartie, selon nos informations, afin d'éviter une double imposition, l'administration devrait admettre que, lors de la cession des titres reçus par la société apporteuse, la plus-value soit calculée en tenant compte de la valeur réelle retenue pour l'imposition de la plus-value d'apport (voir également en ce sens CE 8-7-2005 nº 270967). C'est cette solution qui prévaut pour le calcul de la plus-value réalisée par la société bénéficiaire des apports lors de la cession des biens reçus (BOI-IS-FUS-30-20 nº 180). En conséquence, l'excédent de résultat de cession comptable sur la plus-value fiscale de cession pourrait être déduit de manière extra-comptable sur l'imprimé nº 2058-A (ligne XG, voir nº 12240).

C. Attribution gratuite aux actionnaires

Traitement comptable et fiscal

10040 ***Question***

Comment comptabiliser l'attribution gratuite aux actionnaires des titres reçus en rémunération de l'apport (prévue par l'article 115-2 du CGI) ?

Réponse

Les titres attribués sont annulés pour leur valeur comptable, qui correspond :
- à la valeur réelle des apports si l'apport partiel d'actif est réalisé en valeur réelle ;
- à la valeur comptable des apports si l'apport partiel d'actif est réalisé en valeur comptable.

Commentaires La société apporteuse peut attribuer gratuitement à ses actionnaires les titres reçus en rémunération de ses apports.

Juridiquement, cette opération d'apport-attribution est à distinguer de la scission partielle définie par l'article L 236-27 du Code de commerce, voir nº 7156.

Fiscalement, cette attribution, qui doit être réalisée proportionnellement aux droits des associés dans le capital de la société apporteuse peut, sous certaines conditions, être effectuée en franchise d'impôt, de plein droit ou dans le cadre d'un agrément administratif.

1. Apport-attribution placé de plein droit sous le régime de faveur Ce régime s'applique de plein droit à l'attribution de titres représentatifs de l'apport partiel d'actif d'une branche complète d'activité, sous réserve du respect des conditions suivantes (CGI art. 115-2º) :
- l'apport a été placé sous le régime de l'article 210 A du CGI ;
- la société apporteuse dispose au moins d'une branche complète d'activité après la réalisation de l'apport ;
- l'attribution, proportionnelle aux droits des associés dans le capital a lieu dans un délai d'un an décompté de date à date à compter de la réalisation de l'apport.

L'administration considère :
- qu'une société apporteuse qui ne détiendrait plus après l'apport que des participations, ou d'autres actifs isolés, ne serait pas regardée comme disposant d'une branche complète d'activité (BOI-IS-FUS-20-40-40 nº 90) ;
- que lorsqu'il n'est pas possible d'attribuer aux associés de la société apporteuse un nombre entier de titres nouveaux, il est admis que la société verse une somme en espèces à ses associés, si elle a pour seul objet d'attribuer à chacun le nombre entier de titres le plus proche auquel il aurait pu prétendre sans application d'une règle pratique d'arrondi (BOI-IS-FUS-20-40-40 nº 140).

L'administration admet l'application du régime de faveur aux apports réalisés par une société étrangère s'ils sont placés dans l'Etat de résidence de l'apporteuse sous un régime fiscal comparable à celui de l'article 210 A du CGI (BOI-IS-FUS-20-40-40 nº 80), voire d'un agrément si cela est nécessaire (BOI-SJ-AGR-20-20 nº 60).

2. Apport-attribution placé sous le régime de faveur sur agrément Lorsque l'apport partiel d'actif ne porte pas sur une branche complète d'activité (cas notamment où il concerne des titres – y compris s'ils sont assimilés à une branche complète d'activité), ou si la réalisation de l'opération ne permettrait plus à la société apporteuse de disposer d'une branche complète d'activité après l'opération, l'application du régime de neutralité fiscale est subordonnée à la délivrance d'un agrément par l'administration (BOI-IS-FUS-20-40-40 nº 60 et 100).

Cet agrément est délivré si les conditions suivantes sont remplies (CGI art. 115-2 bis) :
- les conditions posées à l'article 210 B-3 du CGI pour l'obtention d'un agrément en cas de réalisation d'un apport partiel d'actif sont réunies (voir nº 7340), ce qui implique notamment l'engagement de la société bénéficiaire de l'attribution de conserver pendant au moins trois ans les titres représentatifs de l'apport partiel d'actif ;
- l'attribution des titres est justifiée par un motif économique, se traduisant notamment par l'exercice par la société apporteuse d'une activité autonome ou l'amélioration des structures, ainsi que par une association entre les parties formalisée par un engagement de conservation des titres de la société apporteuse par ses associés pendant trois ans à compter de la réalisation de l'apport (pour plus de détails, voir nº 7340).

Le respect des obligations de conservation des titres de la société apporteuse et des titres représentatifs de l'apport partiel d'actif n'est exigé que des associés qui détiennent dans cette société, à la date d'approbation de l'apport, 5 % au moins des droits de vote ou qui y exercent ou y ont exercé, dans les six mois précédant cette date, directement ou par l'intermédiaire de leurs mandataires sociaux ou préposés, des fonctions de direction, d'administration ou

de surveillance et détiennent au moins 0,1 % des droits de vote dans la société. A compter du 1er janvier 2023, les actionnaires de la société apporteuse détenant à la date de l'apport au moins 5 % des droits de vote de celle-ci peuvent être dispensés de l'engagement de conservation des titres de cette société si les conditions cumulatives suivantes sont réunies (CGI art. 115, 2 bis modifié par loi 2022-1726 du 30-12-2022 art. 25) :
- les actions de la société apporteuse sont admises aux négociations sur un marché réglementé français ou européen ;
- la société apporteuse n'est pas contrôlée par un actionnaire ou un groupe d'actionnaires agissant de concert au sens de l'article L 233-3 du Code de commerce ;
- l'actionnaire détenant au moins 5 % des droits de vote de l'apporteuse n'exerce pas une influence notable sur la gestion de cette dernière au sens de l'article L 233-17-2 du Code de commerce.

La dispense d'engagement de conservation porte sur les titres de la société apporteuse mais non sur les titres représentatifs de l'apport.

En outre, dans l'hypothèse où le capital de la société apporteuse est émietté et qu'il existe une disproportion marquée entre la valeur de la branche apportée et celle de la société bénéficiaire, l'administration peut accepter de délier certains associés de l'engagement de conservation (BOI-SJ-AGR-20-20 no 210 à 230).

L'administration précise en outre que dans la situation où des titres faisant l'objet d'un engagement de conservation de trois ans sont affectés par des opérations de restructurations ultérieures (fusions ou assimilées), le régime de faveur pourra être maintenu par une nouvelle décision expresse du bureau des agréments (BOI-SJ-AGR-20-20 no 140).

La motivation économique d'une opération est justifiée lorsque l'apport-attribution :
- permet à une société holding de tête ou métier de réunir sous un centre de décision unique les activités concernées par les apports (BOI-SJ-AGR-20-20 no 90 et 100) ;
- se traduit par une rationalisation des structures existant au sein d'un groupe ou par une organisation de l'organigramme en râteau permettant la constitution de pôles d'activités (BOI-SJ-AGR-20-20 no 120).

L'administration exclut d'agréer des opérations qui consisteraient à séparer des actifs patrimoniaux de l'activité opérationnelle ou qui ne seraient réalisées que dans le but de placer une distribution en nature sous le régime de franchise d'impôt (BOI-SJ-AGR-20-20 no 90 et 100).

De même, l'apport par une société holding de titres à une personne morale étrangère, suivi de l'attribution de ces titres aux associés de la société holding qui ne seraient pas imposables en France, ne peut pas bénéficier de l'agrément (BOI-SJ-AGR-20-20 no 120).

Sur le plan comptable, à notre avis, l'attribution de ces actions se traduit :

1. **A l'actif,** par l'annulation des titres attribués :
- Pour leur valeur réelle si l'apport a été réalisé à la valeur réelle (ce qui est cohérent avec le traitement des dividendes en nature, voir Mémento Comptable no 54037). Lorsque les titres sont attribués concomitamment à l'apport partiel d'actif, leur valeur réelle devrait correspondre à leur valeur comptable. En effet, la valeur comptable des titres reçus en rémunération des apports est la valeur réelle de ces apports (voir no 10020). Aucun résultat ne devrait donc être constaté.
- Pour leur valeur comptable si l'apport a été réalisé à la valeur comptable, afin d'être cohérent avec le traitement retenu lors de l'apport. En effet, l'attribution des titres ne devrait pas, à notre avis, remettre en cause la non-constatation d'un résultat prévu par le PCG, s'agissant d'une opération liée à l'apport sous contrôle commun (en ce sens également, voir Com. Ansa, CJ no 3235 du 2-4-2003).

Néanmoins, l'annulation des titres attribués pour leur valeur réelle a, in fine, la même incidence sur les capitaux propres de la société apporteuse. En effet, dans un premier temps, la plus-value sur les titres attribués est dégagée **en résultat,** l'attribution étant traitée, sur le plan comptable, **comme une cession** (en ce sens, voir Mémento Comptable no 54037). Dans un second temps, les capitaux propres sont réduits à hauteur de la valeur réelle des titres attribués (selon les modalités d'attribution choisies, voir ci-après).

Fiscalement, l'attribution devrait en principe entraîner, quelles que soient les modalités choisies (voir ci-après), la constatation d'une plus ou moins-value :
- calculée par rapport à la valeur réelle des titres attribués,
- et exonérée sur le fondement de l'article 210 B-2 du CGI.

2. Au passif, par une réduction des capitaux propres selon les modalités définies par la société apporteuse (réduction de capital, imputation sur les réserves...).

Fiscalement, selon l'administration fiscale, l'attribution des titres réalisée dans le cadre de l'article 115-2 du CGI, qui n'est pas sur le plan fiscal constitutive d'une distribution de revenus mobiliers, peut prendre différentes formes juridiques : distribution de dividendes, distribution exceptionnelle, distribution d'acompte sur dividende, réduction de capital, etc. (BOI-IS-FUS-20-40-40 nº 170).

Sur les conséquences chez les associés de la société apporteuse, voir nº 10190.

Sur la possibilité qu'une attribution gratuite de titres puisse conduire à considérer l'opération comme un apport-cession à valoriser à la valeur réelle, voir nº 10205.

Sur la comptabilisation d'une réduction de capital ou d'une distribution de dividendes réalisée en nature, voir FRC 4/16 inf. 9.

Sur l'intervention du commissaire aux comptes en cas de réduction du capital dans le cadre des dispositions de l'article 115-2 du CGI, voir nº 13187.

SECTION II

Comptabilisation de l'apport chez la société bénéficiaire des apports

I. Rémunération de l'apport

Comptabilisation de la remise de titres

10070 ***Question***

Comment la société bénéficiaire des apports doit-elle traduire dans ses comptes la rémunération des apports ?

Réponse

La rémunération des apports se traduit par la remise d'actions à l'entité apporteuse :
- soit par émission d'actions nouvelles pouvant entraîner la constitution d'une prime d'apport ;
- soit par remise d'actions autodétenues pouvant conduire, à notre avis, à la constatation d'une plus ou moins-value.

Commentaires Du rapport d'échange retenu résulte le nombre d'actions remises par la société bénéficiaire des apports à la société apporteuse en rémunération de l'apport.

Pour plus de détails sur la détermination du rapport d'échange, voir nº 7505 à 7509.

La méthode de valorisation des apports retenue dans le traité d'apport (valeur réelle ou valeur comptable) n'a aucune incidence sur le nombre d'actions remises à la société apporteuse, ce nombre étant basé sur la parité. Pour plus de détails, voir n° 8102.

La remise de ces actions peut être effectuée selon deux modalités (voir Mémento Sociétés commerciales n° 82600 et 82605) :

1. **Par émission d'actions nouvelles** Dans ce cas, la différence (obligatoirement positive) entre la valeur des biens reçus par voie d'apport et le montant de l'augmentation de capital rémunérant les apports constitue la **prime d'apport,** qui doit être comptabilisée au sein des capitaux propres dans le compte 1043 « Prime d'apport ».

Sur le lien entre la valorisation des apports, l'augmentation de capital et la prime d'apport, voir n° 8112.
Sur l'utilisation de la prime d'apport (distribution aux actionnaires notamment), voir n° 8117.

2. **Par remise d'actions autodétenues** Dans ce cas, à notre avis, la différence entre la valeur des biens reçus par voie d'apport et la valeur nette comptable des actions propres remises à la société apporteuse constitue une plus ou moins-value à constater en résultat dans le compte 6783 « Malis provenant du rachat par l'entreprise d'actions ou d'obligations émises par elle-même » en cas de perte ou 7783 « Bonis provenant du rachat par l'entreprise d'actions ou obligations émises par elle-même » en cas de profit (PCG art. 945-50).

Fiscalement, ces titres ne constituant pas des titres de participation (voir Mémento Comptable n° 37675), le résultat de cession est exclu du régime des plus ou moins-values à long terme et imposé dans les conditions de droit commun.

II. Coût d'entrée des éléments reçus par voie d'apport

Coût d'entrée comptable et prix de revient fiscal

10080 ***Question***

Pour quelle valeur les éléments reçus doivent-ils être comptabilisés par la société bénéficiaire des apports ?

Réponse

La société bénéficiaire des apports doit inscrire à son bilan les éléments reçus de la société apporteuse pour leur valeur retenue dans le traité d'apport.

PCG art. 213-2
(*en partie*) Le coût d'acquisition s'entend pour les biens et titres reçus à titre d'apports en nature par la société bénéficiaire, des valeurs figurant dans le traité d'apport, déterminées et évaluées selon les dispositions du titre VII.

Commentaires Le coût d'entrée comptable des éléments reçus par voie d'apport est leur valeur d'apport telle qu'elle figure dans le traité (PCG art. 213-2), c'est-à-dire (voir n° 7600 s.) :
- soit la valeur réelle ;
- soit la valeur comptable, présentée de manière éclatée (brut/amortissements/dépréciations) pour des raisons fiscales (voir n° 8142).

Aucune dérogation à cette obligation n'est possible. Pour plus de détails, voir n° 8130 et 8132.

Sur le coût d'entrée à retenir lorsque l'opération est réalisée sans effet rétroactif, voir n° 8135.
Sur l'inclusion, dans le coût d'entrée, des frais de transport et de montage des immobilisations engagés par la société bénéficiaire des apports pour installer les immobilisations reçues, voir n° 8146.
Sur le coût d'entrée des éléments non inscrits dans le traité d'apport, voir n° 8145 et 8147.

Fiscalement, le prix de revient fiscal du bien, sur la base duquel sont calculés les amortissements et dépréciations admis en déduction, dépend :
- de la valeur d'apport retenue sur le plan comptable,
- du régime fiscal sous lequel a été placée l'opération,
- de la nature du bien.

1. **L'apport partiel d'actif est comptablement réalisé à la valeur réelle** :

a. Lorsque l'opération a été placée sous le régime fiscal de faveur Il convient de prendre en compte la nature des éléments reçus :
- Immobilisations amortissables : comme sur le plan comptable, le prix de revient fiscal correspond à la valeur d'apport. Sur la réintégration immédiate, lors de la cession d'une immobilisation amortissable, de la fraction des plus-values d'apport non encore réintégrées de manière échelonnée, voir n° 10128.
- Immobilisations non amortissables [fonds de commerce, marques, terrains et titres (y compris valeurs mobilières de placement)] : le prix de revient fiscal peut être différent du coût de revient comptable. Il correspond à la valeur qu'avaient les immobilisations cédées, du point de vue fiscal, dans les écritures de la société apporteuse avant l'apport. La différence entre ces deux valeurs peut résulter :
  - de la plus-value d'apport,
  - et de plus-values dégagées sur ces biens, antérieurement à l'opération, et placées en sursis ou report d'imposition. Tel est notamment le cas de plus-values d'apport résultant de restructurations antérieures à l'apport partiel d'actif (fusions ou opérations assimilées successives), ou de plus-values sur titres ayant fait l'objet d'un échange (voir Mémento Comptable n° 37160 à 37260) ou d'un transfert de compte à compte (voir Mémento Comptable n° 35430 et 35435).
- Eléments de l'actif circulant : le prix de revient fiscal correspond, comme sur le plan comptable, à la valeur d'apport (voir n° 7802 et 8140).

b. Lorsque l'opération est placée sous le régime de droit commun Le prix de revient fiscal correspond, comme sur le plan comptable, à la valeur d'apport.

2. **L'apport partiel d'actif est comptablement réalisé à la valeur comptable** :

a. Lorsque l'opération a été placée sous le régime fiscal de faveur Il convient de prendre en compte la nature des éléments reçus :
- immobilisations amortissables : comme sur le plan comptable, le prix de revient fiscal correspond à la valeur d'apport. Sur la réintégration immédiate, lors de la cession d'une immobilisation amortissable, des plus-values d'apport (résultant d'opérations de **restructurations antérieures**) non encore réintégrées de manière échelonnée, voir n° 8625 ;
- immobilisations non amortissables [fonds de commerce, marques, terrains et titres (y compris valeurs mobilières de placement)] : le prix de revient fiscal peut être différent du coût de revient comptable. Il correspond à la valeur qu'avaient les immobilisations cédées, du point de vue fiscal, dans les écritures de la société apporteuse avant l'opération. La différence entre ces deux valeurs peut résulter de plus-values dégagées sur ces biens, **antérieurement à l'apport partiel d'actif,** et placées en sursis ou report d'imposition ;
- éléments de l'actif circulant : le prix de revient fiscal correspond, comme sur le plan comptable, à la valeur d'apport (voir n° 7812).

b. Lorsque l'opération a été placée sous le régime de droit commun (et donc fiscalement à la valeur réelle, voir n° 7810), le prix de revient fiscal correspond à la valeur réelle du bien au jour de l'apport partiel d'actif (retenue pour l'imposition de la plus-value d'apport). Sur l'impossibilité d'amortir ou de déprécier fiscalement ces biens sur cette valeur réelle, voir n° 10120 et 10140.

Sur les retraitements extra-comptables lors de la cession des actifs apportés, voir n° 10150 et 12245 à 12255.

Pour une comparaison entre le coût d'entrée comptable et le prix de revient fiscal (tel que retenu pour le calcul des amortissements et des dépréciations fiscalement admis en déduction) des éléments apportés, voir n° 8130 (tableau établi par nos soins).

Incidence du régime fiscal de faveur sur le coût d'entrée comptable Pour l'incidence de ce régime sur le coût d'entrée comptable :
- des **stocks et des créances,** lorsque l'apport est réalisé comptablement à la valeur réelle, voir nº 8140 ;
- des **actifs,** lorsque l'apport est réalisé comptablement à la valeur comptable, voir nº 8142.

Eléments omis ou incorrectement évalués

10081 ***Question***

Pour quelle valeur les éléments apportés mais omis ou incorrectement évalués dans le traité d'apport doivent-ils être comptabilisés ?

Réponse

Quelle que soit la valeur retenue dans le traité d'apport :
- les actifs non inventoriés sont comptabilisés pour une valeur nulle ;
- les charges non comptabilisées par la société apporteuse (dettes se révélant après l'apport partiel d'actif ou actifs surévalués) devraient, à notre avis, donner lieu à la constatation, par la société bénéficiaire de l'apport, d'une charge exceptionnelle.

Commentaires 1. Actifs non inventoriés ou sous-évalués
- Les éléments de l'actif **omis dans le traité d'apport** sont réputés transférés sans contrepartie dans le patrimoine de la société bénéficiaire des apports et sont alors comptabilisés pour une valeur nulle (voir nº 8145).

Fiscalement, voir nº 8145.

- En cas de **sous-évaluation d'un actif** révélée ultérieurement (opération en valeur réelle), le coût d'entrée correspondant à la valeur d'apport ne peut être modifié que si le traité est lui-même rectifié (voir nº 8145).

Fiscalement, voir nº 8145.

2. Dettes ou passifs non inventoriés ou actifs surévalués Sur le plan comptable, il n'est possible dans cette situation de remettre en cause les valeurs d'apport. En conséquence, si l'erreur se traduit par une moins-value latente, il convient de constater une charge exceptionnelle pour ramener l'élément d'actif ou de passif à sa valeur d'inventaire (voir nº 8145).

Fiscalement, les charges nées chez la société apporteuse **avant la date d'effet de l'apport** ne sont en principe pas déductibles chez la société bénéficiaire de l'apport. En effet, ces charges sont réputées représenter un élément du prix d'acquisition de l'actif de la société apporteuse, même si l'état du passif n'en fait pas mention : c'est la **théorie** fiscale dite « du **prix d'acquisition** » (BOI-IS-FUS-10-20-50 nº 100). Plusieurs décisions jurisprudentielles ont confirmé l'application de cette théorie dans le cas d'un apport partiel d'actif.

Ainsi constitue une charge de la société apporteuse, non déductible chez la société bénéficiaire de l'apport, l'impôt dû par la société apporteuse antérieurement à l'opération (CE 26-11-1971 nº 81743).

De même, dans le cadre d'un apport partiel d'actif placé sous le régime de droit commun, il a été jugé que la reprise par la société bénéficiaire de l'apport de provisions non déduites chez la société apporteuse (en vertu d'une décision de gestion ou d'une interdiction légale) est taxable dès lors que ces provisions, prises en compte dans l'évaluation de l'apport, constituent un élément du prix d'apport (CE 25-9-2013 nº 356382). Toutefois, il est fait exception à cette règle s'agissant des provisions pour retraite (voir nº 8600).

Pour une analyse détaillée de la théorie du prix d'acquisition, voir nº 8145.

III. Ecritures comptables lors de l'apport partiel d'actif

Eléments à reprendre

10090 ***Question***

L'ensemble des éléments figurant dans le traité d'apport doit-il être repris dans le bilan de la société bénéficiaire des apports ?

Réponse

Oui et ce, même si la comptabilisation de ces éléments n'est pas la méthode de comptabilisation retenue par la société bénéficiaire des apports pour elle-même.

Commentaires Le traité d'apport peut mentionner des éléments que la société bénéficiaire des apports ne comptabilise pas pour elle-même dans ses comptes. Ces éléments doivent être repris dans le bilan de la société bénéficiaire des apports de manière exhaustive (PCG art. 213-2, voir no 8150).

Tel est le cas :

- des provisions pour retraite, que la société bénéficiaire des apports a choisi de mentionner en annexe uniquement ;
- des actifs et passifs d'impôt différé (en cas d'apport à la valeur réelle), que la société bénéficiaire des apports ne comptabilise pas, en application de la méthode de l'impôt exigible généralement retenue dans les comptes individuels ;
- ou, à notre avis, des coûts de développement portés à l'actif alors que la société bénéficiaire des apports a opté pour l'inscription de ces coûts en charges.

Sur le traitement ultérieur de ce type d'éléments dans les comptes de la société bénéficiaire des apports, voir no 10100.

Il en est de même du fonds commercial (en cas d'apport à la valeur réelle). L'équivalent du goodwill ainsi dégagé doit être comptabilisé dans les comptes sociaux, au compte 207 « Fonds commercial ».

Pour plus de détails, voir no 8150.

Ecritures constatant l'apport

10092 ***Question***

Quelles écritures la société bénéficiaire des apports doit-elle comptabiliser pour constater l'apport partiel d'actif ?

Réponse

A la date de réalisation juridique de l'opération, la société bénéficiaire des apports comptabilise les écritures relatives :

- à la rémunération des apports ;

- à leur libération ;
- à l'engagement des frais pour réaliser l'opération ;
- à la reconstitution des provisions réglementées, des subventions d'investissement et, le cas échéant, de la réserve spéciale des plus-values à long terme et pour fluctuation des cours.

Commentaires 1. **Rémunération des apports** La société bénéficiaire des apports comptabilise :
- l'augmentation de capital (ou sa création) ou la remise de titres autodétenus (voir n° 10070) ;
- et la création du poste « Prime d'apport » (le cas échéant).

Pour plus de détails, voir n° 8151.

Sur la comptabilisation du badwill, le cas échéant, voir n° 8152.

2. **Libération des apports** Les apports énumérés dans le traité d'apport sont comptabilisés en mouvementant les comptes d'actif et de passif intéressés.

L'ensemble des éléments figurant dans le traité d'apport doivent être comptabilisés, voir n° 10090.

3. **Engagement des frais pour réaliser l'opération** Si les frais engagés par la société bénéficiaire des apports constituent des frais d'émission de titres (voir n° 8160), ils sont, au choix de l'entreprise, comptabilisés (voir n° 8163) :
- soit en charges ;
- soit en frais d'établissement ;
- soit en diminution de la prime de fusion, avec éventuellement une comptabilisation en partie en charges si la prime de fusion est insuffisante pour absorber la totalité des frais.

Lorsque l'apport partiel d'actif porte sur des titres (voir n° 7110), les frais engagés par la société bénéficiaire des apports peuvent également, à notre avis, constituer des frais d'acquisition de ces titres, à condition toutefois que le contrat prévoie qu'ils soient supportés par la société bénéficiaire de l'apport et que la nature des frais réponde à la définition de frais d'acquisition de titres (telle que prévue par l'avis CU CNC 2000-D du 21-12-2000 ; pour plus de détails, voir Mémento Comptable n° 35620).

Dans ce cas, les frais sont (PCG art. 221-1 renvoyant à 213-8 ; voir Mémento Comptable n° 35620) :
- **soit inclus dans le coût d'acquisition** des titres acquis (méthode de référence) ;
- **soit** comptabilisés **en charges.**

Pour plus de détails, voir Mémento Comptable n° 35620.

Fiscalement, il en est de même à notre avis. Sur le traitement fiscal en résultant, voir Mémento Comptable n° 35620.

Lorsque les frais sont engagés par l'entité apporteuse, voir n° 10020.

4. **Reconstitution** (le cas échéant) **des provisions réglementées, des subventions d'investissement ainsi que de la réserve spéciale des plus-values à long terme et de la réserve pour fluctuation des cours** Sur l'obligation (ou la simple faculté s'agissant des réserves spéciales) pour la société bénéficiaire des apports, de procéder à ces reconstitutions, voir n° 7906 à 7910. Sur la comptabilisation de la reconstitution, voir n° 8154.

Exemple *La société X apporte une branche d'activité à la société Y.*
X et Y étant des sociétés françaises sous contrôle distinct et l'opération étant réalisée à l'endroit, les apports doivent être valorisés à la valeur réelle (en application du principe de valorisation des apports, voir nº 7600 et 7605). En rémunération des apports, Y remet des actions nouvelles par augmentation de capital (voir Cas 1 ci-après) ou remet des titres autodétenus (voir Cas 2 ci-après).

a. ***Bilan de la société Y***

Actif		*Passif*	
Immobilisations	*700 000*	*Capital (5 000 actions x 100)*	*500 000*
Actions propres	*60 000*	*Réserves*	*420 000*
Stocks	*390 000*	*Provision pour hausse des prix*	*60 000*
Créances et disponibilités	*180 000*	*Dettes*	*350 000*
	1 330 000		*1 330 000*

b. ***Apports de la société X***

Marque créée	*50 000*
Immobilisations corporelles	*200 000*
Stocks	*80 000*
Créances et disponibilités	*60 000*
Provision pour retraite	*(50 000)*
Dettes	*(130 000)*
Impôts différés passifs (sur plus-values)	*(30 000)*
Somme des valeurs réelles des éléments apportés	*180 000*
Valeur globale de la branche apportée (résultant de la détermination du rapport d'échange)	*220 000*
Fonds commercial	*40 000*

Solution de l'exemple

Cas 1 Augmentation de capital de Y *Pour rémunérer les apports, le montant de l'augmentation de capital que Y doit réaliser s'élève, par hypothèse, à 50 000.*

Ecritures dans la société Y

1. Engagement du nouvel actionnaire (entité X)

	101 Capital (débit)	101 Capital (crédit)	104 Prime d'apport (débit)	104 Prime d'apport (crédit)	4561 Entité X - Compte (débit)	4561 Entité X - Compte (crédit)
		50		170	220	

2. Libération des apports

	205 Marque (débit)	205 Marque (crédit)	207 Fonds (débit)	207 Fonds (crédit)	21 Immobilisations (débit)	21 Immobilisations (crédit)	30 Stocks (débit)	30 Stocks (crédit)	Classe 4/5 (débit)	Classe 4/5 (crédit)	4561 Entité X - Compte (débit)	4561 Entité X - Compte (crédit)
Apport d'éléments actifs	50		40		200		80		60			430

	153 Provision pour retraite (débit)	153 Provision pour retraite (crédit)	155 Provision pour impôts (débit)	155 Provision pour impôts (crédit)	21 Immobilisations (débit)	21 Immobilisations (crédit)	4561 Entité X - Compte (débit)	4561 Entité X - Compte (crédit)
Apport d'éléments passifs		50		30		130	210	
							430	430

4561 : soldé

Après l'apport partiel d'actif, le bilan de la société Y (bénéficiaire des apports) se présente ainsi :

Actif		*Passif*	
Marque	*50 000*	*Capital (500 000 + 50 000)*	*550 000*
Fonds commercial	*40 000*	*Prime d'apport*	*170 000*
Immobilisations (700 000 + 200 000)	*900 000*	*Réserves*	*420 000*
Actions propres	*60 000*	*Provision pour hausse des prix*	*60 000*
Stocks (390 000 + 80 000)	*470 000*	*Provision pour retraite*	*50 000*
Créances et disponibilités (180 000 + 60 000)	*240 000*	*Impôt différé passif*	*30 000*
		Dettes (350 000 + 130 000)	*480 000*
	1 760 000		*1 760 000*

Cas 2 Remise de titres autodétenus Pour rémunérer les apports, Y remet des actions propres dont la valeur nette comptable est, par hypothèse, de 50 000.

Ecritures dans la société Y

1. Engagement du nouvel actionnaire (entité X)

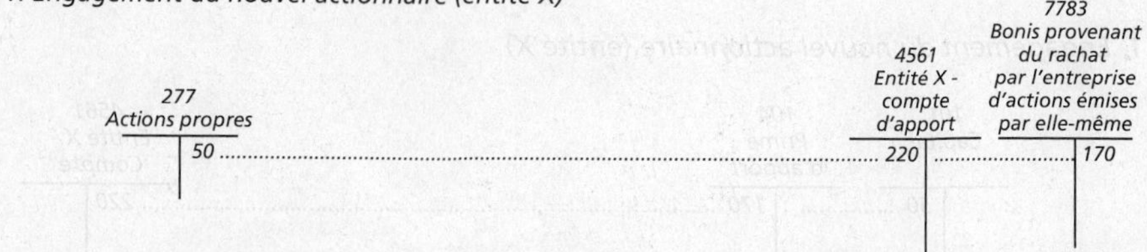

2. Libération des apports

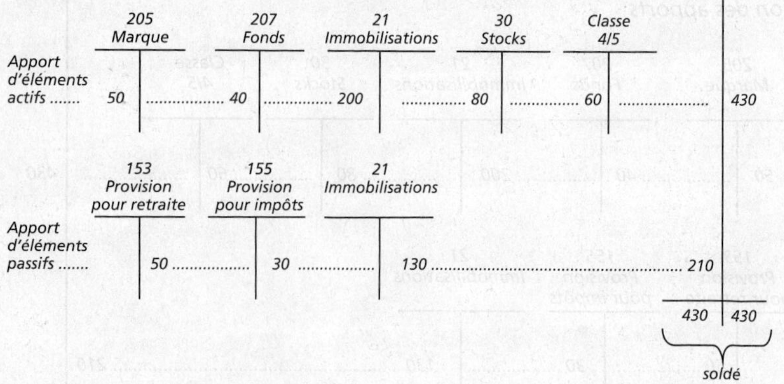

Après l'apport partiel d'actif, le bilan de la société Y (bénéficiaire des apports) se présente ainsi :

Actif		*Passif*	
Marque	*50 000*	*Capital*	*500 000*
Fonds commercial	*40 000*	*Prime d'apport*	*170 000*
Immobilisations (700 000 + 200 000)	*900 000*	*Réserves*	*420 000*
Actions propres (60 000 – 50 000)	*10 000*	*Provision pour hausse des prix*	*60 000*
Stocks (390 000 + 80 000)	*470 000*	*Provision pour retraite*	*50 000*
Créances et disponibilités (180 000 + 60 000)	*240 000*	*Impôt différé passif*	*30 000*
		Dettes (350 000 + 130 000)	*480 000*
	1 710 000		*1 710 000*

IV. Informations en annexe

Informations au titre de l'opération

10095 ***Question***

Quelles informations la société bénéficiaire des apports doit-elle fournir dans l'annexe des comptes de l'exercice de l'opération ?

Réponse

La société bénéficiaire des apports doit fournir une information dans l'annexe aux comptes de l'exercice de l'opération sur :
- le contexte de l'opération ;
- les modalités de valorisation ;
- le montant de la perte intercalaire enregistré dans le sous-compte de la prime d'apport ;
- en cas d'opération d'apport-cession, le résultat de cession intragroupe constaté ;
- et, les principaux impacts de l'apport partiel d'actif sur le bilan et le résultat (voir nº 10096).

Commentaires Voir nº 13270.

Information comparative

10096 ***Question***

La société bénéficiaire des apports doit-elle établir des comptes pro forma au titre des exercices antérieurs présentés ?

Réponse

Non, l'établissement de tels comptes pro forma n'étant pas requis par le PCG. Toutefois, une information permettant d'expliciter l'impact de l'apport partiel d'actif sur les principaux postes du bilan et du compte de résultat doit être fournie au titre de l'information comparative.

Commentaires Voir nº 13275.

SECTION III

Suivi des apports dans les comptes de la société bénéficiaire des apports

I. Harmonisation des méthodes comptables

A. Apports en valeur réelle

Actifs et passifs reçus dont la comptabilisation n'est pas retenue par la société bénéficiaire des apports pour elle-même

10100 ***Question***

Lorsque l'apport partiel d'actif est réalisé en valeur réelle, la société bénéficiaire des apports doit-elle sortir de son bilan les actifs et passifs apportés (frais de développement ou provision pour retraite, par exemple) lorsque selon ses propres méthodes comptables, ces actifs et passifs ne devraient pas figurer au bilan ?

Réponse

Non. Ces éléments doivent être maintenus au bilan de la société bénéficiaire des apports. Ils seront repris en résultat seulement lors de leur utilisation.

PCG art. 744-1

(*en partie*) Les actifs et passifs identifiés lors de la fusion ou de l'apport partiel d'actif sont comptabilisés dans les comptes de l'entité [...] bénéficiaire des apports, quelles que soient ses méthodes comptables. Les actifs et passifs qui ne sont pas habituellement comptabilisés par l'entité [...] bénéficiaire des apports (par exemple actifs et passifs d'impôt différé, provision pour engagements de départ à la retraite le cas échéant) sont repris en fonction de leur utilisation.

Commentaires Selon le PCG (art. 744-1), la société bénéficiaire des apports doit maintenir à son bilan les éléments qu'elle a comptabilisés du fait de l'apport mais dont la comptabilisation ne correspond pas aux méthodes qu'elle a retenues pour elle-même.

Il s'agit, par exemple, des provisions pour retraite, des actifs et passifs d'impôt différé, des coûts de développement portés à l'actif.

Ces éléments doivent être repris en résultat en fonction de leur utilisation.

Pour plus de détails, voir nº 8600.

Pas d'harmonisation obligatoire sur les méthodes de la société apporteuse La société bénéficiaire des apports n'est pas tenue de modifier ultérieurement ses méthodes comptables du fait des apports reçus (voir n° 8600). Cependant, si elle le souhaite, afin d'harmoniser ses méthodes, elle peut toujours adopter une méthode de référence, dans les conditions fixées à l'article 122-3 du PCG.

Sur ces conditions, voir Mémento Comptable n° 8480.

B. Apports en valeur comptable

Apports comptabilisés selon des méthodes différentes de celles de la société bénéficiaire des apports

10105 ***Question***

La société bénéficiaire des apports doit-elle appliquer ses méthodes de comptabilisation et d'évaluation à tous les éléments reçus à la valeur comptable lorsque ceux-ci ont été valorisés de manière différente par la société apporteuse ?

Réponse

Oui, s'il s'agit de retraitements nécessaires pour se conformer à la définition des actifs et passifs tels que prévus au PCG ou s'il s'agit de provisionner les engagements retraite ou assimilés de la société absorbée selon les modalités d'évaluation de la société absorbante. L'impact du changement de méthode est alors comptabilisé conformément aux règles comptables sur les changements de méthodes.

Non, pour les éventuels retraitements au-delà des retraitements obligatoires décrits ci-avant. Dans ce cas, l'harmonisation n'est pas obligatoire mais reste possible : son impact est alors également comptabilisé conformément aux règles comptables sur les changements de méthodes.

Commentaires Lorsque l'évaluation des apports est réalisée à la valeur comptable, les valeurs mentionnées dans le traité d'apport sont fonction des méthodes comptables appliquées par la société apporteuse. Or, ces méthodes peuvent être différentes des méthodes comptables appliquées par la société bénéficiaire des apports.

Après la comptabilisation du traité d'apport, le PCG (art. 744-2) :
- n'impose pas une harmonisation complète et rétroactive des méthodes de comptabilisation et d'évaluation à pratiquer dans les comptes de la société bénéficiaire des apports ;
- mais définit des retraitements d'harmonisation obligatoire minimale. Sur ces retraitements, voir n° 8605.

II. Classement comptable des actifs et passifs reçus

Modification du classement

10110 ***Question***

Le classement comptable, dans les comptes de la société apporteuse, des éléments apportés doit-il être maintenu dans les comptes de la société bénéficiaire des apports après l'opération ?

Réponse

Non, si ce classement comptable ne correspond pas à l'utilisation de ces éléments par la société bénéficiaire des apports.

Commentaires Ainsi, les titres apportés par la société apporteuse doivent être classés dans les comptes de la société bénéficiaire des apports selon leur utilité pour cette dernière, ce qui peut conduire à un changement de classification comptable des titres (ainsi, titres de participation alors que les titres étaient inscrits en VMP dans les comptes de la société apporteuse) (voir nº 8610).

Il en est de même, à notre avis, de tout autre actif susceptible d'être classé différemment selon l'utilité de l'entreprise. Ainsi, des stocks de matériels apportés pourraient devoir être reclassés en immobilisations si l'usage attendu de ces matériels par la société bénéficiaire des apports répond à la définition d'une immobilisation.

Pour plus de détails ainsi que pour un exemple, voir nº 8610.

III. Amortissement

A. Plan d'amortissement

Amortissement des immobilisations reçues

10120 ***Question***

Comment amortir les immobilisations amortissables reçues par voie d'apport ?

Réponse

Lorsque l'apport a été réalisé à la valeur réelle, les immobilisations amortissables sont amorties sur la base de leur valeur d'apport et en fonction de la durée d'utilisation de ces éléments prévue par la société bénéficiaire des apports.

Lorsque l'apport a été réalisé à la valeur comptable, ces immobilisations sont amorties selon le plan d'amortissement (base, durée et mode) pratiqué antérieurement par la société apporteuse, sauf si l'utilisation des éléments par la société bénéficiaire des apports est différente.

Commentaires Le calcul des amortissements des éléments amortissables reçus par voie d'apport varie selon la valeur d'apport comptabilisée :

1. **La valeur d'apport est la valeur réelle** Dans ce cas, les amortissements sont calculés :
- sur la valeur d'apport (valeur réelle) des biens,
- en fonction de la durée d'utilisation prévue par la société bénéficiaire des apports à la date d'entrée à l'actif de ces biens, c'est-à-dire à la date de l'apport (PCG art. 214-3.1, 214-4 et 214-11).

Sur la décomposition des immobilisations (voir nº 10123).

Fiscalement, il en est de même, quel que soit le régime fiscal sous lequel l'opération a été placée.

En ce qui concerne l'application du mode dégressif :

a. **L'apport partiel d'actif a été placé sous le régime de droit commun** Le mode dégressif ne peut pas être appliqué, car les éléments reçus sont qualifiés de biens acquis d'occasion (BOI-IS-FUS-10-10-20 nº 30).

b. **L'apport partiel d'actif a été placé sous le régime de faveur** Les amortissements peuvent être pratiqués selon le mode dégressif si la nature des biens concernés y ouvre droit. L'interdiction de pratiquer des amortissements dégressifs sur des biens d'occasion est donc dans ce cas écartée. En outre, pour le calcul de l'amortissement dégressif, la société absorbante peut retenir (BOI-IS-FUS-10-20-50 nº 20) :
- la durée retenue par la société absorbée, ou
- la durée probable d'utilisation du bien apporté, appréciée à la date de la fusion.

2. **La valeur d'apport est la valeur comptable** (c'est-à-dire reprenant la valeur brute, les amortissements et les dépréciations figurant chez la société apporteuse, voir nº 8142) Dans ce cas, le plan d'amortissement (durée et mode) pratiqué antérieurement chez la société apporteuse se poursuit chez la société bénéficiaire des apports, mais doit, le cas échéant, tenir compte, de manière prospective, de la nouvelle utilisation faite par la société bénéficiaire des apports.

Fiscalement, il en est de même :
- lorsque l'opération a été placée sous le régime de faveur (BOI-IS-FUS-10-20-50 nº 30 et BOI-IS-FUS-10-20-40-10 nº 180) ;
- lorsque l'opération a été placée sous le régime de droit commun (cas où l'apport est fiscalement réalisé à la valeur réelle), alors même que la société apporteuse a été imposée sur la plus-value d'apport calculée sur la base de la valeur réelle de ces immobilisations à la date de l'apport (voir nº 10013).

En effet, en application de l'article 39-1-2º du CGI, l'administration fiscale **n'accepte pas la déduction d'amortissements purement fiscaux non comptabilisés** (BOI-IS-FUS-30-20 nº 200). Or, des amortissements dérogatoires ne sont pas prévus en cas de base fiscale supérieure à la valeur brute comptable. En conséquence, la société bénéficiaire des apports ne peut déduire (sous forme d'amortissement) la différence (déjà imposée) entre la valeur d'origine fiscale des immobilisations (valeur réelle) et leur coût de revient comptable (valeur comptable).

Ces amortissements non comptabilisés ne sont néanmoins pas considérés comme irrégulièrement différés au sens de l'article 39 B du CGI (BOI-IS-FUS-30-20 nº 180). Pour plus de détails sur les amortissements irrégulièrement différés, voir Mémento Comptable nº 27010.

Ce n'est que lors de la cession de l'immobilisation sous-jacente qu'il est mis fin à la pénalisation résultant de l'impossibilité d'amortir la plus-value d'apport, voir n° 10150. Pour un exemple chiffré, voir n° 10150.

Cas particulier – Déductions exceptionnelles en faveur de certains investissements Lorsque des biens bénéficiant d'une des mesures temporaires permettant une déduction fiscale exceptionnelle (CGI art. 39 decies à 39 decies G ; voir Mémento Comptable n° 27425) sont apportés dans le cadre d'un apport partiel d'actif placé sous le régime fiscal de faveur avant la fin de la période sur laquelle est pratiquée la déduction, celle-ci est poursuivie par la société bénéficiaire des apports pour la durée restant à courir et le montant restant à déduire, quelle que soit leur valeur d'apport (BOI-BIC-BASE-100-10 n° 240).

Dans ce cas, la déduction est pratiquée (voir n° 12133 et 12353) :
- de manière extra-comptable sur l'imprimé n° 2058-A (indication case X9 de la fraction de déduction acquise au titre de l'exercice, ce montant étant à agréger au montant total des déductions diverses mentionnées ligne XG),
- pendant la durée résiduelle de déduction.

Sur la décomposition des immobilisations, voir n° 10123 et 10125.

Sur la reprise ultérieure de la subvention d'investissement relative à des éléments apportés et reconstituée par la société bénéficiaire des apports, voir n° 8615.

Sur la reprise ultérieure des amortissements dérogatoires constatés par la société apporteuse et reconstitués par la société bénéficiaire des apports, voir n° 8615.

Sur l'amortissement du fonds commercial reçu par voie d'apport entre le 1er janvier 2022 et le 31 décembre 2025, voir n° 8615.

B. Décomposition des immobilisations

Immobilisations apportées à la valeur réelle

10123 ***Question***

Comment traiter ultérieurement les immobilisations apportées à la valeur réelle dont la décomposition n'a pas été reprise par la société bénéficiaire des apports ?

Réponse

Les immobilisations apportées doivent être décomposées en fonction de l'utilisation prévue par la société bénéficiaire des apports, à compter de la date d'apport.

Commentaires Bien que non décomposées dans le traité d'apport (voir n° 7705), les immobilisations apportées à la valeur réelle doivent être décomposées et amorties dans les comptes de la société bénéficiaire des apports, en application des règles comptables générales.

Sur ces règles, voir Mémento Comptable n° 25710.

En conséquence, ces immobilisations sont décomposées :
- en fonction de l'utilisation prévue par la société bénéficiaire des apports,
- à compter de la date d'entrée à l'actif de ces immobilisations.

Pour plus de détails, voir nº 8618.

Fiscalement, il en est, à notre avis, de même. Pour l'incidence de la décomposition des immobilisations apportées sur la réintégration des plus-values d'apport, voir nº 8618.

Immobilisations apportées à la valeur comptable

10125 ***Question***

Comment traiter ultérieurement la décomposition des immobilisations apportées à la valeur comptable lorsqu'elle ne correspond pas aux conditions d'utilisation de la société bénéficiaire des apports ?

Réponse

La décomposition doit être modifiée si elle ne correspond pas à l'utilisation des immobilisations par la société bénéficiaire des apports.

Commentaires Lorsque l'utilisation des immobilisations apportées par la société bénéficiaire des apports diffère de celle de la société apporteuse, la décomposition de ces immobilisations devrait, à notre avis, être modifiée pour tenir compte des caractéristiques propres à la société bénéficiaire des apports.

Fiscalement, il en est de même : en cas d'opération réalisée à la valeur comptable, il convient de se référer à la ventilation des éléments chez la société apporteuse, sauf si la société bénéficiaire des apports justifie d'une décomposition différente de l'immobilisation du fait d'une utilisation différente notamment (BOI-BIC-PVMV-10-20-20 nº 430).

Il est également nécessaire de revoir les plans d'amortissement pour tenir compte de l'utilisation des immobilisations par la société bénéficiaire des apports, même si cela ne conduit pas à l'identification de composants.

La modification du plan d'amortissement résultant de ces révisions est prospective (PCG art. 214-15).

Pour plus de détails, voir nº 8620.

C. Imposition des plus-values d'apport sur éléments amortissables (apports en valeur réelle et régime fiscal de faveur)

Incidences de la réintégration des plus-values d'apport

10128 ***Question***

Quelle est l'incidence sur le résultat comptable de la réintégration, chez la société bénéficiaire des apports, des plus-values d'apport sur éléments amortissables ?

Réponse

Cette réintégration est neutre sur le résultat comptable, le supplément d'impôt dû par la société bénéficiaire des apports étant compensé par la reprise de la provision pour impôt sur plus-value comptabilisée lors de l'apport.

Commentaires Lorsque l'opération est réalisée comptablement à la valeur réelle et fiscalement placée sous le régime fiscal de faveur, la société bénéficiaire des apports doit réintégrer dans son résultat fiscal les plus-values d'apport sur éléments amortissables (CGI art. 210 A-3-d) (sur les modalités de réintégration, voir nº 8625).

En revanche, tel n'est pas le cas lorsque l'opération est réalisée à la valeur comptable (et placée sous le régime de faveur), les plus-values d'apport n'étant dégagées ni comptablement ni fiscalement lors de l'opération.

Cette réintégration est neutre sur le résultat comptable. En effet :
- elle entraîne un supplément d'impôt pour la société bénéficiaire des apports ;
- mais cette charge supplémentaire est compensée par la reprise de la provision pour impôt comptabilisée lors de l'apport (voir nº 8150).

Pour plus de détails, voir nº 8625.

Fiscalement, la quote-part des plus-values d'apport imposable au titre de l'exercice (suivi effectué sur l'imprimé nº 2059-B) est réintégrée de manière extra-comptable sur l'imprimé nº 2058-A (ligne WO, voir nº 12351). Par ailleurs, la reprise de la provision pour l'impôt par la société bénéficiaire des apports ne devrait pas être imposable (voir nº 8600).

Pour l'incidence de la décomposition d'une immobilisation sur la réintégration des plus-values d'apport, voir nº 8650.

Sur les conséquences de la cession de l'immobilisation amortissable, voir nº 10155.

D. Amortissement fiscal des frais d'acquisition liés aux titres de participation apportés (régime fiscal de faveur)

Incidences de l'amortissement fiscal

10135 ***Question***

Comment la société bénéficiaire des apports poursuit-elle l'amortissement fiscal des frais d'acquisition liés aux titres de participation apportés (apport placé sous le régime fiscal de faveur) ?

Commentaires Voir nº 8627.

IV. Dépréciation

Détermination des dépréciations ultérieures

10140 ***Question***

Comment calculer les dépréciations ultérieures sur les éléments reçus par voie d'apport ?

Réponse

Les dépréciations sont déterminées sur la base de la valeur d'apport des éléments reçus, en appliquant les règles comptables relatives aux dépréciations d'actifs.

Leur déduction fiscale dépend du régime fiscal sous lequel a été placé l'apport partiel d'actif, de la valorisation retenue sur le plan comptable et de la nature des actifs apportés.

Commentaires Les dépréciations sont calculées sur le coût d'entrée des éléments reçus, c'est-à-dire leur valeur d'apport (voir n° 10080), en appliquant les règles générales de détermination des dépréciations.

Sur la dépréciation d'éléments fongibles apportés à la société bénéficiaire des apports lorsque cette dernière détient déjà des éléments de même nature (titres, par exemple), voir n° 8632.

Fiscalement, le caractère déductible ou non des dépréciations comptabilisées dépend à la fois de la valeur d'apport, du régime fiscal sous lequel l'opération a été placée et de la nature des biens reçus par voie d'apport :

1. L'apport partiel d'actif a été placé sous le régime de droit commun Les dépréciations comptabilisées sont déductibles dans les conditions de droit commun. Sur ces conditions, voir n° 10030 (titres de participation) et Mémento Comptable n° 27741 (immobilisations corporelles), Mémento Comptable n° 31825 (immobilisations incorporelles), Mémento Comptable n° 21705 à 21790 (stocks).

Lorsque l'opération a été réalisée comptablement à la valeur comptable et qu'une perte de valeur d'un actif est constatée postérieurement à l'apport, la société bénéficiaire des apports ne peut déduire, sous forme de dépréciations, la différence (déjà imposée chez la société apporteuse, voir n° 10013) entre la valeur d'origine fiscale des actifs (valeur réelle) et leur coût de revient comptable (valeur comptable). En effet, en application de l'article 39-1-5° du CGI, l'administration fiscale n'accepte pas la déduction d'une (provision pour) dépréciation non comptabilisée (BOI-IS-FUS-30-20 n° 200). Ce n'est que lors de la cession de l'actif qu'il est mis fin à la pénalisation résultant de l'impossibilité de déprécier la plus-value d'apport, voir n° 10150.

2. L'apport partiel d'actif a été placé sous le régime de faveur Il convient dans ce cas de prendre en compte la nature des éléments reçus :

a. **Immobilisations amortissables** Les dépréciations comptabilisées sont déductibles dans les conditions de droit commun (sur ces conditions, voir ci-avant **1.**).

b. **Immobilisations non amortissables** [fonds de commerce, marques, terrains et titres (y compris valeurs mobilières de placement)] La dépréciation est calculée par référence à la valeur que ces actifs avaient, du point de vue fiscal, dans les écritures de la société apporteuse (CGI art. 39-1-5° ; BOI-IS-FUS-10-20-40-10 n° 250 à 290) et non par rapport à leur valeur d'apport.

En conséquence :

– en cas d'**opération réalisée à la valeur réelle,** une quote-part de la dépréciation comptabilisée doit être réintégrée extra-comptablement (ligne WI, voir n° 12345 et 12350) lorsque la valeur d'apport de l'immobilisation est supérieure à sa valeur fiscale avant apport. Tel est le cas lorsqu'une plus-value d'apport a été dégagée sur ce bien ou lorsqu'il est grevé de sursis d'imposition antérieurs (fusion antérieure, etc.) ;

Exemple

- *valeur d'apport du bien*........ 300
- *valeur avant apport (prix de revient fiscal)*........ 100

1er cas : valeur d'inventaire : 250

- *dépréciation comptabilisée (300 - 250)*........ 50
- *dépréciation déductible (250 > 100)*........ 0
- *dépréciation à réintégrer*........ 50

2e cas : valeur d'inventaire : 80

- *dépréciation comptabilisée (300 - 80)*........ 220
- *dépréciation déductible (100 - 80)*........ 20
- *dépréciation à réintégrer*........ 200

– en cas d'**opération réalisée comptablement à la valeur comptable,** la valeur fiscale à retenir peut être différente de cette valeur comptable, notamment lorsque les actifs transférés ont été reçus par la société apporteuse à l'occasion d'une précédente opération placée sous un régime de sursis d'imposition (fusion, etc.).

Il en résulte que :

– si cette valeur est inférieure à la valeur comptable (égale à la valeur d'apport), l'excédent de la (provision pour) dépréciation comptable constituée à la clôture de l'exercice par rapport à la dotation fiscalement admise en déduction doit être réintégré pour la détermination du résultat fiscal (imprimé nº 2058-A, ligne WI) ;

– si cette valeur est supérieure à la valeur comptable, il n'est pas possible, selon l'administration (BOI-IS-FUS-10-20-40-10 nº 270) de constater une provision réglementée résultant de ce que la valeur d'inventaire est devenue inférieure au prix de revient fiscal.

3. Eléments de l'actif circulant La dépréciation est, en pratique, calculée sur la valeur d'apport (qui constitue le prix de revient fiscal des éléments reçus, voir nº 10080). La plus-value d'apport ayant été imposée au titre de l'exercice au cours duquel l'opération a été réalisée (opération à la valeur réelle : voir nº 7802), les dépréciations comptabilisées sur la base de la valeur d'apport sont donc déductibles dans les conditions de droit commun.

Réappréciation ultérieure d'un actif déprécié apporté à la valeur comptable

10143 ***Question***

La réappréciation, après l'apport, d'un actif déprécié apporté à la valeur comptable donne-t-elle lieu à une reprise de dépréciation dans les comptes de la société bénéficiaire des apports ?

Réponse

Oui, même si la charge initiale de dépréciation n'a pas été comptabilisée par la société bénéficiaire des apports (mais par l'apporteuse ; en ce sens, Bull. CNCC nº 181, mars 2016, EC 2015-54, p. 102 s.).

Commentaires En cas de réappréciation d'un actif comptabilisé pour sa valeur comptable « éclatée » (valeur brute/amortissement et dépréciation/valeur nette), la dépréciation doit être reprise à due concurrence (voir nº 8634).

Fiscalement, il en est de même selon la DLF, interrogée par nos soins dans le cadre de notre journée « Arrêté des comptes 2006 » Les Echos – PwC, lorsque l'opération a été placée sous le régime fiscal de faveur des fusions (cas général des opérations réalisées comptablement à la valeur comptable), pour les deux raisons suivantes :

– les provisions conservant leur objet ont été reprises au bilan de la société bénéficiaire des apports et n'ont pas été imposées lors de l'apport (CGI art. 210 A) ;

– en application du principe de neutralité des fusions, la société bénéficiaire des apports poursuivant l'activité de la société apporteuse, elle doit imposer la reprise de (provision pour) dépréciation devenant sans objet si la dotation a été déduite par la société apporteuse (BOI-IS-FUS-10-20-40-10 nº 220).

Toutefois, selon certains, il pourrait être avancé (ce qui aboutirait à une non-imposition du produit) que :

– l'imposition, au travers d'une reprise de dépréciation, de la réappréciation de l'immobilisation au-delà de sa valeur d'apport revient à imposer une plus-value latente ;

– comme l'a jugé le Conseil d'Etat en matière de taxe professionnelle, le prix de revient des immobilisations apportées à la valeur nette comptable et comptabilisées de manière éclatée correspond à leur valeur d'apport, c'est-à-dire leur valeur nette comptable, et non à leur prix de revient chez la société apporteuse (Avis CE 28-10-2005 nº 279961 ; CE 1-7-2009 nº 279961).

V. Cession

A. Résultat de cession

Détermination du résultat de cession

10150 ***Question***

Comment calculer le résultat de cession des éléments reçus dans le cadre de l'apport lors de leur cession ultérieure ?

Réponse

Le résultat de cession est déterminé (et comptabilisé) par rapport à la valeur nette comptable chez la société bénéficiaire des apports à la date de la cession.

Commentaires Conformément aux règles comptables applicables en cas de cession d'un élément d'actif, le résultat de cession est calculé à partir de la valeur nette comptable de l'élément à la date de sa cession.

Fiscalement, le résultat de cession correspond au résultat comptable corrigé des éléments suivants :

1. **Différences entre le prix de revient fiscal et le coût d'entrée comptable**

a. **Plus et moins-values en sursis ou report d'imposition** (voir nº 10080).

b. **Plus et moins-values en « sursis de comptabilisation »** (voir nº 7814) Lorsque l'opération a été comptablement réalisée à la valeur comptable et placée sous le régime fiscal de droit

commun (et donc fiscalement réalisée à la valeur réelle, voir nº 7800), le résultat de cession imposable est en principe égal au résultat comptable (prix de cession – valeur comptable des éléments apportés) alors même que la plus-value d'apport a déjà été imposée chez la société apporteuse (voir nº 10013). Toutefois, afin d'éviter une double imposition de la plus-value d'apport, l'administration fiscale admet qu'en cas de cession ultérieure des biens compris dans l'apport, leur résultat fiscal de cession soit calculé (BOI-IS-FUS-30-20 nº 180) en tenant compte :
– de la valeur réelle fiscalement retenue pour l'imposition de la plus-value d'apport, voir nº 7812 ;

La société bénéficiaire des apports doit justifier que cette valeur fiscale a été incluse dans le résultat imposable de la société apporteuse au titre de l'exercice de l'apport, que cette réintégration ait ou non abouti à une imposition effective (BOI-IS-FUS-30-20 nº 190). En conséquence, à notre avis, la société bénéficiaire des apports devra veiller à se procurer, au plus tôt, auprès de la société apporteuse :
• une copie de la déclaration de résultat fiscal de la société apporteuse souscrite au titre de l'exercice de réalisation de l'apport, et en particulier de son imprimé nº 2058-A,
• un détail du calcul de la plus-value d'apport réintégrée extra-comptablement sur l'imprimé nº 2058-A ;
– diminuée des amortissements pratiqués depuis lors sur le bien en comptabilité.

En conséquence, l'excédent du résultat de cession comptable sur la plus-value fiscale de cession doit faire l'objet d'une déduction extra-comptable sur l'imprimé nº 2058-A (ligne XG, voir nº 12245, 12250 et 12255).

Par ailleurs, lorsque les biens cédés sont des titres de participation (au sens fiscal), les retraitements extra-comptables propres aux plus-values à long terme doivent, le cas échéant, être effectués (sur ces retraitements, voir Mémento Comptable nº 36700 à 36755).

Pour un exemple, voir ci-après.

Portée de la tolérance :
– selon nos informations, cette tolérance administrative ne serait pas limitée aux seules cessions d'immobilisations au sens strict mais à tous les cas de sortie de l'actif des immobilisations (mise au rebut, liquidation, distribution...) ;
– en outre, par analogie avec la solution retenue en matière de cession d'immobilisation, l'administration devrait, à notre avis, admettre, qu'en cas de cession, par la société bénéficiaire des apports, de stocks apportés comptablement à la valeur comptable mais fiscalement à la valeur réelle, le profit fiscal d'apport imposé extra-comptablement chez la société apporteuse lors de l'apport soit déduit extra-comptablement du résultat de cession.

2. Retraitements extra-comptables déclenchés par la cession Ainsi, notamment, en cas de cession d'immobilisations amortissables : réintégration de la fraction de plus-value d'apport non encore réintégrée et résultant de l'apport ou d'opérations antérieures réalisées à la valeur réelle et placées sous le régime de faveur, déduction de la reprise de la provision pour impôt correspondante (voir nº 10155 et 10157), prise en compte des frais d'acquisition de titres de participation amortis par l'apporteuse et la bénéficiaire pour le calcul de la valeur fiscale des titres apportés (voir nº 8640), réintégration des subventions afférentes aux éléments cédés et transférées lors de l'apport (voir nº 8154). Sur les autres retraitements possibles liés aux mesures anti-abus concernant les titres de participation, voir BIC-VII-33750 s. et BIC-VII-33880 s.

Pour les conséquences de la cession de titres apportés sur le régime des sociétés mères dont ont bénéficié les dividendes perçus, voir nº 7802 et 7812.

3. Régime fiscal de la plus ou moins-value de cession de titres de participation reçus en apport La cession de titres classés parmi les titres de participation par la société bénéficiaire de l'apport relève du régime des plus et moins-values à long terme, dès lors que cette cession intervient au moins deux ans après que ces titres aient été acquis par la société apporteuse (BOI-IS-FUS-10-20-50 nº 90).

Cas particulier de titres reçus par voie d'un apport transfrontalier comptablement réalisé à la valeur comptable (société apporteuse étrangère et société bénéficiaire des apports française) Lorsque la société cible n'est pas à prépondérance immobilière, les conventions fiscales conformes au modèle OCDE attribuent le droit d'imposer la plus-value d'apport à l'Etat d'implantation de la société apporteuse étrangère. Or, lorsque l'apport des titres a été réalisé à la valeur comptable, cette plus-value d'apport n'a, par définition, pas été externalisée comptablement lors de l'opération. Selon un représentant de la Direction de la Législation Fiscale, interrogé par nos soins dans le cadre de notre conférence « Fusions & Acquisitions » Les Echos Conférences – PwC du 9 juin 2009, afin de respecter les dispositions conventionnelles précitées, il doit être considéré que le prix de revient fiscal des titres reçus correspond à leur valeur réelle au jour de l'apport, et ce, même si la plus-value d'apport, territorialement imposable à l'étranger, n'a pas été effectivement imposée à l'étranger car localement exonérée d'imposition en application de la législation étrangère applicable.

En conséquence, que l'imposition chez la société apporteuse étrangère ait été effective ou non, la société bénéficiaire des apports doit pouvoir justifier en France que la plus-value d'apport a été extériorisée fiscalement à l'étranger lors de l'apport. La société française bénéficiaire des apports devra donc veiller à se procurer ces éléments justificatifs auprès de la société apporteuse dès la réalisation de l'apport sans attendre la cession ultérieure des titres.

Pour un tableau de synthèse du traitement comptable et fiscal de la cession ultérieure des éléments apportés, voir n° 8640.

Sur la cession de titres reçus dans le cadre d'un apport réalisé :
- à la valeur comptable, voir n° 8643,
- à la valeur réelle, voir n° 8645.

Exemple *Déconnexion entre les valeurs d'apport comptable et fiscale Une société française A apporte au 1/01/N une branche complète d'activité à une filiale française B. La valeur comptable de la branche s'élève à 5 000 (Immobilisation : 4 000 ; Stocks : 1 000)*

La valeur comptable de l'immobilisation se décompose de la manière suivante :
- *valeur brute : 8 000 (amortissable sur 10 ans),*
- *amortissements (déjà pratiqués par la société apporteuse à la date de l'apport) : 4 000,*
- *valeur réelle : 6 100 (Immobilisation : 5 000 ; Stocks : 1 100).*

Par hypothèse, le rapport d'échange est tel que l'augmentation de capital de B pour rémunérer les apports doit être égale à 4 000.

Par hypothèse, cette branche d'activité constitue une branche complète d'activité sur le plan comptable, mais l'opération a été placée sous le régime de droit commun.

Solution de l'exemple *Compte tenu de ces éléments :*
- *sur le plan comptable, les apports doivent être valorisés à la valeur comptable (voir n° 7605),*
- *sur le plan fiscal, l'opération est réputée réalisée sur la base de la valeur réelle (voir n° 7804).*

Il en résulte une déconnexion des valeurs d'apport comptable et fiscale.

1. *Comptabilisation de l'apport en N*

a. *Ecritures dans les comptes de la société apporteuse (Société A)*

– apport de la branche

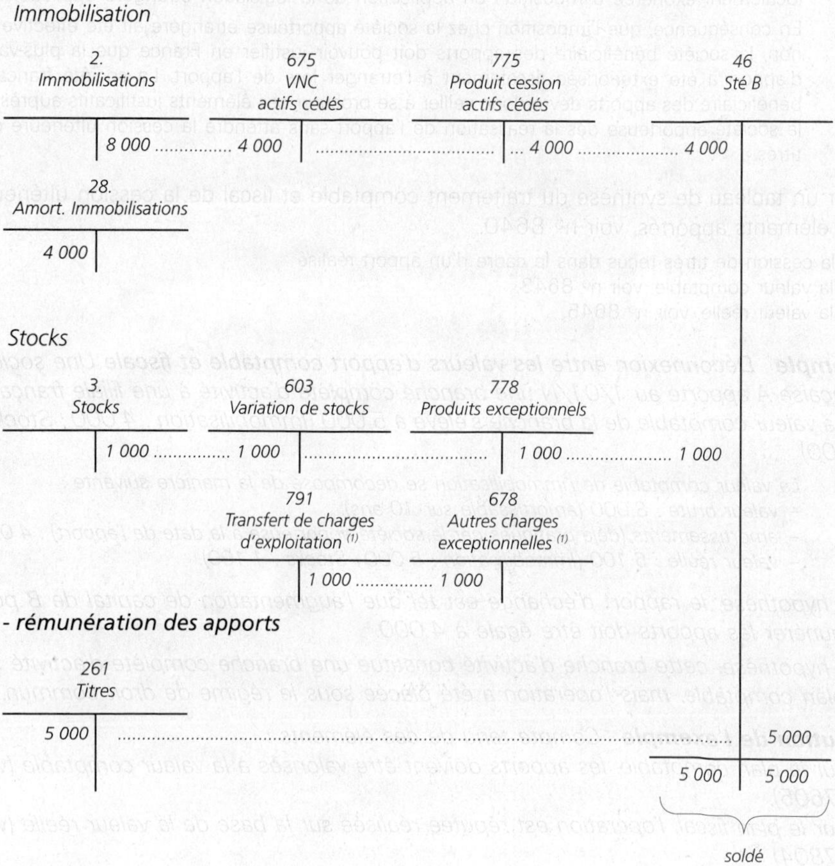

(1) Ecriture nécessaire pour ne pas fausser le résultat d'exploitation.

***Fiscalement,** la plus-value fiscale d'apport sur l'immobilisation et le profit fiscal d'apport sur les stocks sont immédiatement imposables chez la société apporteuse. N'étant pas dégagés sur le plan comptable, ces éléments sont à réintégrer sur l'imprimé no 2058-A (ligne WQ), pour un montant de 1 100 [= 6 100 (valeur réelle des apports) – 5 000 (valeur comptable des apports)].*

b. *Ecritures dans les comptes de la société bénéficiaire des apports (Société B)*

***Reprise des valeurs comptables des apports** Pour des raisons de simplification (reprise des fichiers d'immobilisations de la société apporteuse par la société bénéficiaire des apports), les valeurs comptables des apports ont été reprises dans les comptes de B de façon éclatée (valeur brute/amortissement/dépréciation) malgré l'absence de contrainte fiscale en la matière, les apports se faisant sur le plan fiscal à la valeur réelle.*

– engagement de l'actionnaire A

Compte	Débit	Crédit
101 Capital		*4 000*
1043 Prime d'apport		*1 000*
4561 Sté A Compte d'apport	*5 000*	

- libération des apports

Compte	Débit	Crédit
2 Immobilisations	*8 000 (1)*	
28 Amort. immobilisations		*4 000 (1)*
3 Stocks	*1 000 (1)*	
4561 Sté A Compte d'apport		*5 000*
Total 4561	*5 000*	*5 000*

soldé

(1) Valeur comptable des apports

Fiscalement, *l'apport n'a pas d'incidence fiscale pour la société bénéficiaire des apports, la plus-value (fiscale) et le profit (fiscal) d'apport étant imposés extra-comptablement chez la société apporteuse (voir a. ci-avant).*

2. ***Amortissement de l'immobilisation apportée chez la société bénéficiaire des apports*** *L'immobilisation apportée était amortie sur 10 ans dans les comptes de la société A. L'utilisation que la société B fait de cette immobilisation n'étant pas différente, le plan d'amortissement est poursuivi sur la durée retenue par la société A (10 ans).*

En conséquence, la dotation annuelle est de 800 [= 8 000 (valeur brute comptable) / 10 ans].

Alors même que la plus-value d'apport a déjà été imposée lors de l'apport chez la société apporteuse, la société bénéficiaire ne peut pas calculer ses amortissements sur la base réévaluée de 5 000 (valeur réelle de l'immobilisation), amortissable sur la durée résiduelle d'utilisation de l'immobilisation (soit 5 ans), soit une dotation annuelle de 1 000.

Fiscalement, *en effet, l'administration (BOI-IS-FUS-30-20 nº 200 ; voir nº 10120) refuse la déduction d'amortissements non comptabilisés sur la différence entre la valeur réelle et la valeur comptable de l'immobilisation (soit 200 par an dans notre exemple).*

La déductibilité de cette différence est différée jusqu'à la cession ultérieure de l'immobilisation (voir 3. ci-après).

3. ***Cession en N+2 de l'immobilisation apportée*** *L'immobilisation est cédée le 31/12/N+2 pour 2 000.*

Le résultat comptable de cession est déterminé de la manière suivante :

Prix de cession	*2 000*
Valeur nette comptable	*1 600 (1)*
Résultat comptable de cession	*400*

(1) Valeur nette comptable : 1 600 = Valeur brute (8 000) – Amortissements au 31/12/N+2 (8 000 x 8 ans / 10 ans). Par hypothèse, la cession n'était pas prévue lorsque la société B a repris l'immobilisation. Le plan d'amortissement n'a donc pas tenu compte de la valeur résiduelle de l'immobilisation.

Fiscalement, le résultat fiscal de cession est déterminé de la manière suivante (BOI-IS-FUS-30-20 n° 180) :

Prix de cession		*2 000*
Valeur nette de l'immobilisation retenue au plan fiscal		*2 600*
Valeur brute fiscale (1)	*5 000*	
Amortissements pratiqués depuis l'apport (sur le plan comptable) (2)	*(2 400)*	
Résultat fiscal de cession		*(600)*

(1) Valeur d'apport de l'immobilisation retenue sur le plan fiscal pour imposer la plus-value chez la société apporteuse, c'est-à-dire la valeur réelle.

(2) Dotation comptable annuelle : 800 x 3 ans = 2 400.

En conséquence, la différence entre le résultat comptable (plus-value de 400) et le résultat fiscal (moins-value de 600), soit 1 000, est à déduire extra-comptablement sur l'imprimé n° 2058-A (ligne XG).

B. Impact de la cession sur l'imposition des plus-values d'apport (régime fiscal de faveur)

Immobilisations amortissables

10155 ***Question***

Quelles sont les incidences comptables et fiscales de la cession des éléments amortissables reçus par voie d'apport pour lesquels l'imposition des plus-values d'apport a été échelonnée ?

Réponse

La fraction de plus-value d'apport afférente aux éléments cédés et non encore réintégrée est immédiatement réintégrée fiscalement. Lorsque l'opération a été réalisée comptablement à la valeur réelle, cette réintégration n'a toutefois pas d'incidence sur le plan comptable, le supplément d'impôt ainsi généré étant compensé par la reprise de la provision pour impôt comptabilisée par la société bénéficiaire des apports.

Commentaires **Lorsque l'opération a été réalisée comptablement à la valeur réelle et placée sous le régime fiscal de faveur** (ou, sous certaines conditions, en cas d'opérations de restructuration successives, voir n° 8625), la société bénéficiaire des apports doit réintégrer dans son résultat fiscal les plus-values d'apport sur éléments amortissables (sur les modalités de réintégration, voir n° 8625). La cession de l'immobilisation entraîne l'imposition immédiate de la plus-value d'apport restant à échelonner (y compris celle résultant d'une opération antérieure placée sous le régime de faveur de l'article 210 A du CGI).

En revanche, tel n'est pas le cas lorsque l'opération a été réalisée à la valeur comptable (et placée sous le régime de faveur), les plus-values n'étant dégagées ni comptablement ni fiscalement lors de l'apport (sauf si des plus-values d'apport restent à réintégrer au titre d'opérations antérieures).

Sur le plan comptable, le solde de la provision pour impôt constituée lors de l'apport en valeur réelle (voir nº 8150) doit être repris lors de la cession, pour la quote-part afférente à l'élément cédé.

Fiscalement, cette reprise de provision devrait être déduite extra-comptablement [imprimé nº 2058-A (ligne WU), voir nº 10128].

Sur l'incidence de la décomposition d'une immobilisation, voir nº 8650.

Immobilisations non amortissables et valeurs mobilières de placement

10157 ***Question***

Quelles sont les incidences comptables et fiscales de la cession des éléments non amortissables de l'actif immobilisé (y compris VMP) reçus par voie d'apport et dont les plus-values d'apport ont été placées en sursis d'imposition ?

Réponse

Les plus-values d'apport sont immédiatement imposées fiscalement. Lorsque l'opération a été réalisée comptablement à la valeur réelle, cette réintégration n'a toutefois pas d'incidence sur le plan comptable, le supplément d'impôt ainsi généré étant compensé par la reprise de la provision pour impôt comptabilisée par la société bénéficiaire des apports.

Commentaires **Lorsque l'opération est réalisée comptablement à la valeur réelle et placée sous le régime fiscal de faveur,** les plus-values d'apport sur immobilisations non amortissables (ainsi que les valeurs mobilières de placement) sont placées en sursis d'imposition jusqu'à la cession des éléments sous-jacents (pour des détails, voir nº 7802).

Fiscalement, la cession de ces éléments entraîne l'imposition immédiate des plus-values d'apport placées en sursis d'imposition (CGI art. 210 A-3-c). La différence entre la plus-value fiscale et la plus-value comptable fait l'objet des retraitements extra-comptables suivants sur l'imprimé nº 2058-A :
- lorsque la plus-value fiscale est supérieure à la plus-value comptable, la différence est réintégrée (ligne WQ) ;
- lorsque la moins-value fiscale est supérieure à la moins-value comptable, la différence est déduite (ligne XG).

Toutefois, une décision isolée du Tribunal administratif de Lille (23-5-2002 nº 99-307) a jugé qu'en cas de moins-value de cession d'une immobilisation non amortissable reçue dans le cadre d'un apport partiel d'actif, le prix de revient fiscal du bien correspond à sa valeur d'apport et non à sa valeur fiscale.

Sur les conséquences fiscales des cessions de titres apportés dans le cadre d'une opération placée sous le régime de faveur, voir également nº 8645 et 8653. Sur les retraitements extra-comptables à effectuer lorsque les immobilisations cédées sont des titres relevant du régime des plus-values à long terme, voir Mémento Comptable nº 36700 à 36755.

Sur le plan comptable, lors de la cession des éléments, la provision pour impôt constituée à ce titre lors de l'apport en valeur réelle (voir nº 7900) doit être reprise pour la quote-part afférente à l'élément cédé.

Fiscalement, cette reprise de provision doit être déduite extra-comptablement [imprimé nº 2058-A (ligne WU), voir nº 8600].

SECTION IV

Situation des associés de la société apporteuse

Attribution gratuite de titres

10190 ***Question***

Comment comptabiliser, chez les associés de la société apporteuse, l'attribution, par la société apporteuse, des titres reçus en rémunération de l'apport ?

Réponse

La valeur comptable des titres de la société apporteuse détenus préalablement à l'attribution gratuite est répartie entre les titres déjà détenus et les nouveaux titres de la société bénéficiaire des apports (attribués gratuitement), au prorata de leurs valeurs réelles respectives déterminées à la date de l'opération d'apport.

Commentaires En principe, l'attribution gratuite des titres n'a pas d'incidence sur l'évaluation des titres de la société apporteuse à l'actif des associés de cette dernière. Elle modifie le coût de revient moyen des titres anciens et nouveaux.

Ainsi, lorsque la société apporteuse attribue gratuitement à ses actionnaires les titres reçus en contrepartie de l'apport partiel d'actif :

- les titres de la société apporteuse sont maintenus dans les comptes de la société actionnaire,
- mais leur valeur comptable est répartie, au prorata de leur valeur réelle respective calculée à la date de l'opération d'apport, entre d'une part, les titres de la société apporteuse déjà détenus et d'autre part, les titres que cette dernière a attribués gratuitement (sur les modalités de répartition, voir exemple ci-après).

Titres dépréciés Lorsque les titres de la société apporteuse détenus sont dépréciés, la répartition est, à notre avis, à réaliser sur la base de la valeur nette comptable de ces titres.

Sur le traitement de l'attribution des titres chez la société apporteuse, voir nº 10040.

Juridiquement, cette opération d'apport-attribution est à distinguer de la scission partielle définie par l'article L 236-27 du Code de commerce, voir nº 7156.

Une solution à retenir pour des raisons fiscales Cette solution n'est pas prévue par les règles comptables actuelles mais doit obligatoirement être retenue par les sociétés qui souhaitent attribuer à leurs actionnaires les titres reçus en rémunération des apports en franchise d'impôt de distribution, en application de l'article 115-2 du CGI.

Fiscalement, en effet, l'attribution des titres réalisée dans l'année suivant celle de la réalisation de l'apport n'est pas constitutive d'un revenu mobilier et ne donne lieu à aucune imposition chez les associés (voir nº 10040), sous réserve du respect des conditions posées à l'article 115-2 ou 115-2 bis du CGI (voir nº 10040), et la valeur comptable des titres de la société apporteuse figurant antérieurement au bilan doit alors être répartie de la manière suivante :

- les actions de la société bénéficiaire reçues gratuitement doivent être inscrites au bilan pour une valeur égale à la valeur comptable des titres de la société apporteuse pondérée du rapport existant à la date de l'opération d'apport entre la valeur réelle des titres répartis et celle des titres de la société apporteuse,

– la valeur comptable des titres de la société apporteuse figurant antérieurement au bilan est réduite à due concurrence.

Sur les modalités de calcul du prix de revient fiscal des titres de la société apporteuse lorsqu'il diffère du coût de revient comptable, voir n° 10195.

L'obligation de conservation pendant deux ans des titres détenus dans la société apporteuse, à laquelle est subordonnée l'exonération des dividendes dans le cadre du **régime des sociétés mères,** n'est pas rompue par l'attribution des titres placée sous le régime de l'article 115-2 du CGI (CGI art. 145-1-c). Pour l'application du **régime des plus-values à long terme,** les titres attribués par la société apporteuse sont réputés avoir été acquis à la même date que les titres de cette société précédemment détenus (BOI-IS-FUS-20-40-40 n° 230). Pour le décompte du délai de détention en cas d'acquisition des titres de la société apporteuse à des dates différentes, les titres attribués sont réputés acquis dans les mêmes proportions à chacune de ces dates (BOI-IS-FUS-20-40-40 n° 240).

L'associé bénéficiant de l'attribution gratuite doit établir et conserver un registre de suivi des plus-values en sursis ou report d'imposition (CGI art. 54 septies II) mentionnant les titres reçus, et joindre à sa déclaration annuelle de résultat un état de suivi de ces plus-values (CGI art. 54 septies I), dans les mêmes conditions que les entreprises membres de la société absorbée (voir n° 8710).

Exemple *(établi par nos soins) La société A, détenue par M, fait apport de sa branche complète d'activité à la société B. Les titres B reçus en contrepartie de l'apport sont répartis gratuitement à la société M.*

– Valeur comptable des titres de la société A chez l'actionnaire M 50 000

– Valeur réelle des titres A avant l'opération de répartition 100 000

– Valeur réelle des titres B remis gratuitement à M 60 000

Solution de l'exemple *L'actionnaire M devra inscrire à son bilan les titres B répartis (c'est-à-dire reçus gratuitement) pour : 50 000 x 60 000 / 100 000 = 30 000.*

La valeur des titres A détenue par l'actionnaire devra être réduite à : 50 000 – 30 000 = 20 000.

Globalement, la valeur des titres A et des titres B détenus par M, soit 20 000 + 30 000 = 50 000, est identique à la valeur qu'avaient les titres A dans les écritures de M avant la répartition.

Cession des titres par les associés de la société apporteuse

10195 ***Question***

Comment calculer le résultat de cession, chez les associés de la société apporteuse, des titres de la société bénéficiaire de l'apport attribués gratuitement ou des titres de la société apporteuse ?

Réponse

Le résultat de cession correspond au prix de cession de ces titres diminué de leur coût d'entrée. Sur le plan fiscal, il convient toutefois de prendre en compte les sursis d'imposition antérieurs.

Commentaires Après l'attribution gratuite des titres reçus en rémunération de l'apport partiel d'actif, les associés peuvent décider de céder les titres de la société apporteuse et/ou ceux de la société bénéficiaire des apports qui leur ont été attribués gratuitement. Dans ce cas, pour calculer le résultat de cession des titres, la valeur à retenir sur le plan comptable est en principe le coût d'entrée de ces titres (PCG art. 214-1 à 214-6 ; pour plus de détails, voir Mémento Comptable nº 36710).

Fiscalement, il en est de même lorsque le coût d'entrée comptable des titres est identique à leur prix de revient fiscal. Toutefois, si ce prix de revient fiscal est différent, en raison notamment de sursis ou de report d'imposition résultant d'opérations antérieures d'apport, d'échange ou de transfert de compte à compte, la plus-value de cession des titres de la société apporteuse ainsi que celle des titres de la société bénéficiaire attribués gratuitement sont alors déterminées à partir du prix de revient fiscal des titres de la société apporteuse, et doivent être réparties selon les mêmes modalités que celles visées à l'article 115-2, al. 2 du CGI (BOI-IS-FUS-20-40-40 nº 210 ; voir nº 10190). Pour un exemple, voir ci-après. Dans ce cas, les entreprises qui bénéficient de l'attribution des titres doivent joindre à leur déclaration annuelle de résultat un état faisant apparaître la date et la nature de l'opération ainsi que la valeur fiscale des titres attribués. En outre, elles doivent inscrire les titres attribués sur le registre prévu à l'article 54 septies, II du CGI (voir nº 8710 ; BOI-IS-FUS-20-40-40 nº 210).

Sur l'engagement de conservation des titres pendant trois ans qui est exigé lorsque l'exonération de l'attribution des titres de la société bénéficiaire de l'apport aux associés de la société apporteuse résulte d'un agrément de l'administration fiscale délivré en application de l'article 115-2 bis du CGI, voir nº 10040.

Cession des titres de la société bénéficiaire des apports attribués gratuitement Lorsque la méthode Fifo est appliquée pour calculer le résultat de cession des titres attribués gratuitement, il n'est pas possible, à notre avis, de retenir, comme sur le plan fiscal (voir ci-après), la date d'acquisition des titres de la société apporteuse. En effet, même si la valeur des titres de la société apporteuse est globalement maintenue dans les comptes de la société actionnaire (voir nº 10190) :

- « l'échange » entre les titres de la société apporteuse (représentant les actifs apportés) et les titres de la société bénéficiaire des apports attribués, a en général une substance commerciale et peut donc, à notre avis, être considérée comme une véritable acquisition ;
- l'attribution gratuite conduit à distinguer deux lignes de titres, dont les sous-jacents sont différents (d'une part, la société apporteuse et d'autre part, la société bénéficiaire des apports). Il n'y a donc pas de continuité dans la détention des titres justifiant d'appliquer la même date d'acquisition pour les deux types de titres.

Fiscalement, en revanche, lorsque l'attribution gratuite des titres est effectuée dans le cadre de l'article 115-2 du CGI, ils sont réputés avoir été acquis à la même date que ceux de la société apporteuse précédemment détenus. Le point de départ du délai de deux ans, qui conditionne l'application du taux réduit des plus-values à long terme, est donc décompté à partir de la date d'acquisition des titres de la société apporteuse (et non de la date d'attribution gratuite) ou de la date où ils sont réputés acquis s'ils ont fait l'objet d'une précédente opération placée sous le régime de faveur (BOI-IS-FUS-20-40-40 nº 230).

Exemple *Les hypothèses sont identiques à celles retenues dans l'exemple précédent (au nº 10190). La valeur fiscale des titres A n'est que de 25 000 (dans la mesure où ces titres avaient été reçus par M lors de l'absorption d'une société soumise au régime de faveur des fusions), alors que leur valeur comptable est de 50 000.*

Solution de l'exemple *Les plus-values de cession des titres B devront être calculées en prenant comme valeur fiscale d'origine : 25 000 x 60 000 / 100 000 = 15 000. Quant à la valeur fiscale d'origine des titres A, elle sera de : 25 000 – 15 000 = 10 000.*

SECTION V

Cas particulier des apports-cessions

I. Exception au principe général de valorisation des apports

Valorisation des apports

10200 ***Question***

Comment comptabiliser un apport réalisé sous contrôle commun (entre sociétés françaises), suivi d'une cession (ou apport-cession) ou de toute autre opération conduisant à la perte du contrôle au profit d'une société sous contrôle distinct ?

Réponse

A la valeur réelle.

PCG art. 743-1
(*en partie*) Apports évalués à la valeur réelle [...] Cette analyse s'applique également aux opérations d'apport ou de scission suivies d'une perte de contrôle de l'entité bénéficiaire des apports au profit d'une entité sous contrôle distinct.

Commentaires La filialisation d'une branche d'activité suivie d'une perte de contrôle au profit d'une société sous contrôle distinct, ou apport-cession, constitue une situation dérogatoire au principe général de valorisation des apports, dans laquelle la valeur réelle doit être retenue pour valoriser les apports.

Sur le principe général de valorisation des apports, voir n° 7600 à 7605.

Sur les modalités de la perte de contrôle et les conditions dans lesquelles elle devrait être prise en compte, voir n° 10205 à 10207.

Sur les conséquences de la non-réalisation de la cession, voir n° 10210.

Fiscalement L'intention de la société apporteuse de céder les titres reçus n'est pas incompatible avec l'**application** à l'apport du régime de faveur lorsque sa mise en œuvre peut être effectuée **de plein droit** (voir n° 7340), ce qui implique notamment que l'opération porte sur une branche complète d'activité ou des éléments assimilés et n'ait pas pour objectif principal ou pour l'un de ses objectifs principaux la fraude ou l'évasion fiscales. La cession des titres reçus entraîne la constatation d'une plus ou moins-value calculée d'après la valeur fiscale des biens apportés. Dès lors que les titres ne relèvent pas du régime fiscal des titres de participation, cette plus ou moins-value relève du régime du court terme.

Si l'apport préalable à la cession est soumis au **régime de droit commun,** la société apporteuse est imposable sur :
- les plus-values et profits d'apport,
- les provisions afférentes aux éléments apportés qui deviennent sans objet en raison de l'apport.

Pour un tableau de synthèse des principaux retraitements extra-comptables résultant d'apports partiels d'actif réalisés :
- à la valeur réelle et placés sous le régime fiscal de faveur, voir nº 12300 s.,
- à la valeur réelle et placés sous le régime fiscal de droit commun, voir nº 12400 s.

Sur l'application de la **mesure anti-abus** instaurant un **report de déduction des moins-values de cession de titres de participation détenus depuis moins de deux ans entre deux sociétés liées** au sens de l'article 39-12 du CGI (CGI art. 219 I-a septies), voir BIC-VII-33750 s.

Sur le risque d'abus de droit en matière de droits d'enregistrement, voir IS-VI-51690 s.

La filialisation d'une branche d'activité est une opération impliquant des sociétés sous contrôle commun.

Si le principe général de valorisation était appliqué, s'agissant d'une opération entre sociétés françaises, l'opération devrait donc être effectuée à la valeur comptable (sur ce principe, voir nº 7605).

Or, la finalité de la filialisation est la perte du contrôle de la branche d'activité au profit d'une société sous contrôle distinct.

Une opération effectuée avec une société sous contrôle distinct doit être réalisée à la valeur réelle (conformément au principe général de valorisation, voir nº 7605).

C'est pourquoi il est obligatoire de tenir compte de l'objectif de l'opération qui préside à la filialisation, c'est-à-dire, en pratique, d'apprécier si la filialisation et l'opération de perte de contrôle constituent :

- une seule et même opération,

  Dans ce cas, la valeur réelle doit être retenue en anticipant la perte de contrôle dès la filialisation. Cette anticipation est toutefois soumise à deux conditions, voir nº 10205.

  Sur les conséquences de la non-réalisation in fine de la perte de contrôle, voir nº 10210. Sur les mentions devant figurer dans le traité d'apport dans l'éventualité de cette non-réalisation, voir nº 10212.

- ou au contraire deux opérations indépendantes.

  Dans ce cas, la valeur comptable doit être retenue.

L'ensemble des situations d'apport-cession est synthétisé dans un tableau établi par nos soins (voir nº 10230).

II. Conditions de prise en compte du projet de cession

Existence d'un engagement de réaliser une opération conduisant à une perte de contrôle

10205 ***Question***

Quelles sont les conditions obligeant à traiter l'apport-cession entre sociétés françaises à la valeur réelle ?

Réponse

A notre avis, un engagement de cession des titres ou tout autre engagement de réaliser une opération entraînant une perte de contrôle devrait exister au moment de la filialisation.

Commentaires L'obligation de retenir les valeurs réelles pour la filialisation d'une branche d'activité suivie d'une perte de contrôle au profit d'une société sous contrôle distinct, ou apport-cession, résulte à notre avis, de l'existence **au moment de la filialisation, d'un engagement préalable** de cession des titres ou de tout autre engagement conduisant à une perte de contrôle.

Suite aux modifications apportées par le règlement ANC n° 2017-01, le PCG ne mentionne plus expressément la nécessité d'un engagement préalable conduisant à une perte de contrôle. Toutefois :
- le Recueil des normes comptables (Commentaire IR 3 sous l'art. 743-1 du PCG) précise que les filialisations visées sont assorties d'un engagement de cession sous contrôle distinct,
- le PCG mentionne l'existence d'une condition résolutoire à reprendre dans le traité d'apport (art. 743-1).

En conséquence, à notre avis, l'exigence de cet engagement de cession (ou de tout autre engagement conduisant à une perte de contrôle) est **maintenue.**

Il s'agit, à notre avis :
- de la conclusion d'un **accord de principe** sur la cession des titres (ou sur la perte de contrôle) et non d'un protocole ferme (qui porterait non seulement sur le principe mais également sur les modalités de sa réalisation et comporterait d'autres conséquences juridiques en cas de non-réalisation) ;

A notre avis, cet engagement préalable ne devrait pas nécessairement comporter l'identité du cessionnaire envisagé (notamment pour des raisons de confidentialité).

- d'une décision formelle de cession des titres (ou de toute autre opération conduisant à la perte de contrôle) de la part de l'organe compétent de la société, accompagnée de démarches réelles pour réaliser cette opération (recherches actives d'un acquéreur matérialisées par l'octroi d'un mandat de vente à un tiers par exemple).

Modalités de la perte de contrôle Selon le Recueil des normes comptables de l'ANC (Commentaire IR 3 sous l'art. 743-1 du PCG), la dérogation prévue s'applique non seulement aux opérations de filialisation d'une branche d'activité destinée à être cédée mais également à toutes les opérations suivies d'une perte de contrôle, quelles qu'en soient les modalités. Ainsi, peuvent être considérées comme des opérations d'apport-cession les opérations suivies d'une cession partielle ou d'une dilution de la filiale ayant reçu les apports. Il en va de même, à notre avis :
- des opérations suivies d'une introduction en bourse entraînant la perte de contrôle de la filiale ;
- et de certaines opérations suivies immédiatement d'une attribution gratuite des titres de la filiale ayant reçu les apports.

Réalisation quasi certaine de l'opération entraînant la perte de contrôle Compte tenu des conséquences lourdes en cas de non-réalisation de l'opération aboutissant à la perte de contrôle de la filiale (voir n° 10210 s.), les entreprises ont intérêt, à notre avis, à retenir les valeurs réelles pour les apports-cessions uniquement lorsque cette opération est quasi certaine.

D'autres mentions doivent figurer dans le traité d'apport dans l'éventualité de la non-réalisation de la condition résolutoire, voir n° 10212.

Délai

10207 ***Question***

Dans quel délai l'opération entraînant la perte de contrôle doit-elle être réalisée ?

Réponse

En l'absence de précision prévue par le PCG, ce délai est, à notre avis, laissé à l'appréciation des parties.

Commentaires Le PCG ne prévoit pas de délai dans lequel l'opération entraînant la perte de contrôle doit se réaliser. Ce délai est donc laissé à l'appréciation des parties.
En pratique, lorsque l'opération a été initialement placée sous le régime de droit commun sur le plan fiscal, la date limite pour réaliser l'apport devrait correspondre à la date limite fiscale et être indiquée dans l'engagement préalable.

Fiscalement, voir les précisions apportées ci-après, n° 10212.

III. Conséquences comptables et fiscales de la non-réalisation de la cession

Modifications des valeurs d'apport

10210 ***Question***

Quelles sont les conséquences comptables et fiscales de la non-réalisation de l'opération entraînant la perte de contrôle après l'apport ?

Réponse

L'absence de réalisation de l'opération entraînant la perte de contrôle constitue une condition résolutoire qui conduit alors à comptabiliser rétrospectivement l'opération comme si l'engagement de réaliser l'opération n'avait jamais existé. L'apport en valeur réelle doit en conséquence être retraité et comptabilisé en valeur comptable.

PCG art. 743-1
(*en partie*) Apports évalués à la valeur réelle [...] Cette analyse s'applique également aux opérations d'apport ou de scission suivies d'une perte de contrôle de l'entité bénéficiaire des apports au profit d'une entité sous contrôle distinct. Si cette perte de contrôle ne se réalise pas, la condition résolutoire mentionnée dans le traité d'apport s'applique. Il convient alors d'analyser à nouveau l'opération et de modifier les valeurs d'apport.

Commentaires La non-réalisation de l'opération entraînant la perte de contrôle de la filiale constitue une condition résolutoire de la réalisation de l'apport partiel d'actif en valeur réelle.

Sur l'obligation, toutefois, dans certains cas, de conserver les valeurs réelles, voir n° 10225.

Comptablement, cela signifie qu'il n'y a pas lieu de tenir compte de cette condition pour la comptabilisation. Ce sont donc **les valeurs réelles qui, dans un premier temps, sont retenues** (comme si l'opération conduisant à la perte de contrôle se réalisait) et non les valeurs comptables.

Cependant, si l'opération conduisant à la perte de contrôle (cession, introduction en bourse...) n'est in fine pas réalisée, la condition résolutoire s'applique. Il convient dans ce cas donc de retraiter rétrospectivement l'opération **comme si les apports avaient été effectués à l'origine à la valeur comptable**. Les effets de ce retraitement sont comptabilisés sur l'exercice de réalisation de la condition résolutoire (voir nº 10214).

Fiscalement, les sociétés apporteuses et bénéficiaires des apports devraient à notre avis pouvoir tirer toutes les conséquences de la mise en jeu de la condition résolutoire dès lors que l'apport a été réalisé au cours d'un exercice non prescrit.

En particulier, si l'opération a été placée sous le régime de faveur, la société bénéficiaire des apports peut, à notre avis, obtenir par voie de réclamation la réduction de son résultat imposable au titre des exercices ouverts depuis la réalisation de l'apport à hauteur des réintégrations pratiquées en application de l'article 210 B du CGI à raison des plus-values sur biens amortissables.

Sur les conditions exigées pour placer l'opération sous le régime de faveur en cas de non-réalisation de la cession alors qu'elle a été initialement soumise au régime de droit commun, voir nº 10212.

Il en résulte les conséquences suivantes développées ci-après :
- mentions dans le traité d'apport des valeurs d'apport comptable et fiscale (voir nº 10212) ;
- contre-passation des écritures comptables (voir nº 10214) ;
- annulation du résultat de cession anticipé (voir nº 10214 et 10218).

Pour un exemple chiffré, voir nº 10220.

Mentions dans le traité d'apport

10212 ***Question***

Quelles mentions le traité d'apport doit-il comporter lorsque l'opération est qualifiée d'apport-cession ?

Réponse

Le traité d'apport doit mentionner non seulement la valeur réelle des éléments apportés (du fait de l'engagement de réaliser une opération aboutissant à la perte de contrôle) mais également leur valeur comptable (pour le cas où l'opération entraînant la perte de contrôle ne serait pas réalisée).

Commentaires En raison du retour aux valeurs comptables si l'opération aboutissant à la perte de contrôle ne se réalise pas, le PCG a jugé prudent de faire mentionner clairement dans le traité d'apport, à la fois les valeurs réelles et les valeurs comptables des apports (PCG art. 743-1 ; voir 10210).

En effet, il n'est possible ni sur le plan juridique ni sur le plan pratique, de justifier et de reconstituer a posteriori les valeurs comptables. Ainsi, toutes les situations possibles (l'opération aboutissant à la perte de contrôle se réalise ou ne se réalise pas) seront approuvées par l'assemblée générale dès la filialisation.

Sur les conséquences de l'absence de mention des deux valeurs sur la mission du commissaire aux apports, voir nº 13140.

Fiscalement, lorsque l'apport porte sur une branche complète d'activité ou des éléments assimilés et qu'il a été initialement placé sous le régime de droit commun, l'administration accepte que les parties reviennent sur ce choix en cas de non-réalisation de la cession. L'application du régime de faveur dans une telle situation est subordonnée à la condition que le traité d'apport comporte les éléments suivants (BOI-IS-FUS-30-20 nº 80 et 90) :
- une date limite pour réaliser l'opération qui ne doit pas aller au-delà de la date de clôture de l'exercice de la société apporteuse qui suit celui au cours duquel est intervenue la date de la dernière assemblée générale ayant approuvé l'opération d'apport ;
- la mention des valeurs comptables et réelles des actifs et passifs transmis ;
- l'option, si l'opération projetée ne se réalise pas, des sociétés apporteuse et bénéficiaire de l'apport de se placer sous le bénéfice du régime fiscal de faveur ;
- l'engagement de remplir les prescriptions prévues à l'article 210 A du CGI.

Sous réserve du respect de ces conditions, l'option pour le régime de faveur en cas de non-réalisation de la cession conduit à replacer chacune des entreprises, au titre de l'exercice en cours à la date où est intervenu l'événement ayant donné lieu à l'abandon du projet de cession de la filiale, dans la situation qui aurait été la leur si l'opération d'apport avait été réalisée sous le régime de faveur (BOI-IS-FUS-30-20 nº 100).

Sur les conditions pour bénéficier du régime de faveur, voir nº 7300 et 7340.

Contre-passation des écritures comptables

10214 ***Question***

Comment le retour aux valeurs comptables est-il comptabilisé ?

Réponse

Les écritures d'apport aux valeurs réelles sont contre-passées dans l'exercice au cours duquel la condition résolutoire est réalisée. La société apporteuse et la société bénéficiaire des apports doivent alors enregistrer les apports aux valeurs comptables.

Commentaires Si l'opération aboutissant à la perte de contrôle ne se réalise pas, les écritures d'apport initiales aux valeurs réelles doivent être contre-passées pour enregistrer les apports aux valeurs comptables, tant chez la société bénéficiaire des apports que chez la société apporteuse (Recueil des normes comptables de l'ANC, Commentaire IR 3 sous l'art. 743-1 du PCG).

Sur l'obligation, toutefois, dans certains cas, de conserver les valeurs réelles, voir nº 10225.

Cette contre-passation doit intervenir **l'exercice de la réalisation de la condition résolutoire,** c'est-à-dire, à notre avis, l'exercice au cours duquel il est certain que l'opération entraînant la perte de contrôle n'aura pas lieu.

Cette contre-passation implique l'annulation de toutes les écritures comptables qui n'auraient pas dû être passées.

1. **Chez la société bénéficiaire des apports** Les écritures suivantes sont notamment à comptabiliser (Recueil des normes comptables de l'ANC, Commentaire précité) :
- la substitution des valeurs comptables d'apport aux valeurs réelles ;
- la réduction de la prime d'apport ;
- le recalcul (la reprise) des amortissements et dépréciations déjà pratiqués depuis la filialisation, ainsi que des plus ou moins-values de cession. Ces éléments ayant été comptabilisés en résultat, leur contre-passation est également, à notre avis, à inscrire dans le résultat (et non en capitaux propres s'agissant de l'annulation d'une écriture antérieure et non pas d'un changement de méthode).

Fiscalement, il en est de même, que l'opération soit placée sous le régime de faveur (BOI-IS-FUS-30-20 n° 120), ou sous le régime de droit commun. En effet, en raison du retour aux valeurs comptables, seuls les amortissements comptabilisés sur cette base sont fiscalement admis en déduction. Si la société bénéficiaire a cédé des biens reçus, il convient de retraiter le résultat de cession en raison de la modification de leur valeur d'apport (BOI-IS-FUS-30-20 n° 120).

Si l'option pour le régime de faveur avait été exercée lors de l'apport, la société bénéficiaire devrait, à notre avis, pouvoir obtenir la restitution de l'impôt acquitté à raison des réintégrations pratiquées conformément à l'article 210 B du CGI sur les plus-values d'apport sur biens amortissables, initialement déterminées d'après la valeur réelle des biens transférés.

L'administration (BOI-IS-FUS-30-20 n° 130) admet que si les différentes rectifications apportées se traduisent en définitive par une augmentation du bénéfice imposable, elles ne sont pas assorties d'intérêts de retard :

- si elles sont spontanément effectuées par l'entreprise,
- dans le délai imparti pour le dépôt de la déclaration de résultat de l'exercice en cours à la date de l'événement ayant entraîné l'abandon du projet de cession.

Conséquence de la substitution des valeurs d'apports sur le capital social Selon le Recueil des normes comptables de l'ANC (Commentaire précité), ce retraitement ne devrait pas avoir d'incidence sur le capital social. En effet, l'augmentation de capital lors de l'apport a été déterminée en fonction du rapport d'échange, lui-même calculé sur la base de la valeur réelle globale de chaque société, non remise en cause en cas de modification de la valorisation des apports. Seuls les montants affectés à la prime d'apport sont modifiés (voir exemple au n° 10220).

Toutefois, dans certains cas, la totalité de la rémunération de l'apport est effectuée par augmentation de capital (sans création d'une prime d'apport). L'application de la condition résolutoire et le retour aux valeurs comptables remettent en cause la libération du capital et en conséquence la faisabilité juridique de l'opération. Dans ce cas particulier, les valeurs réelles pourraient, à notre avis, être conservées, en application de la dérogation prévue en cas d'insuffisance d'actif net permettant la libération du capital (voir n° 10225).

2. Chez la société apporteuse La société apporteuse doit notamment comptabiliser l'annulation de la plus-value (ou moins-value) d'apport due à l'annulation du résultat de cession anticipé (Recueil des normes comptables de l'ANC, Commentaire précité). A notre avis, la plus-value (ou moins-value) d'apport ayant été constatée en résultat lors de sa réalisation, la modification de son montant est également à comptabiliser en résultat (et non en capitaux propres s'agissant de l'annulation d'une écriture antérieure).

Fiscalement :

1. Si l'opération d'apport a été placée dès l'origine sous le régime de faveur des fusions La plus-value d'apport a été exonérée au nom de la société apporteuse et son annulation est donc sans conséquence fiscale. L'annulation de la plus ou moins-value d'apport qui est constatée dans les comptes donne lieu à un retraitement extra-comptable sur l'imprimé n° 2058-A, voir n° 12385.

2. Si l'opération d'apport placée à l'origine sous le régime de droit commun est maintenue sous ce régime Le retour aux valeurs comptables est sans incidence fiscale, il ne remet pas en cause l'imposition de la plus-value d'apport résultant de l'application du régime de droit commun. Afin de neutraliser au plan fiscal la contre-passation des écritures, un retraitement extra-comptable sur l'imprimé n° 2058-A doit donc être effectué, voir n° 12440.

3. Si l'opération d'apport a été placée à l'origine sous le régime de droit commun et que l'entreprise opte pour le régime de faveur (dans les conditions décrites au n° 10212) La plus-value d'apport initialement soumise à l'impôt est en définitive exonérée. Les conséquences de la survenance de la condition résolutoire sont tirées au titre de l'exercice concerné. La contre-passation des écritures comptables permet de parvenir à ce résultat pour tous les biens dont l'apport a donné lieu à la constatation d'une plus ou moins-value d'apport relevant du régime fiscal de droit commun d'un montant identique en comptabilité et en fiscalité. Des retraitements extra-comptables devront notamment être effectués sur l'imprimé n° 2058-A (voir n° 12450) si ont été compris dans l'apport des éléments dont les plus ou moins-values ont été soumises à un taux réduit d'imposition ou exonérées (titres de participation ou titres de sociétés à prépondérance immobilière cotées par exemple).

Pour un exemple chiffré, voir n° 10220.

Information en annexe

10218 ***Question***

Quelles informations la société apporteuse doit-elle fournir en annexe en cas d'apport-cession ?

Réponse

Afin d'éviter la distribution d'un résultat non encore définitivement réalisé, la société apporteuse doit mentionner le montant du résultat de cession dans l'annexe aux comptes de l'exercice de réalisation de la filialisation.

PCG art. 770-1
(*en partie*) Pour toutes les opérations entrant dans le champ d'application du présent titre, l'entité absorbante ou bénéficiaire des apports doit mentionner l'impact de l'opération sur les principaux postes du bilan et du compte de résultat, les informations suivantes dans l'annexe de ses comptes annuels de l'exercice de l'opération. [...]
– En cas d'opérations de filialisation d'une branche d'activité destinée à être cédée à une entité sous contrôle distinct, les apports étant évalués à la valeur réelle, l'entité doit mentionner le résultat de cession intragroupe constaté, afin de prévenir la distribution anticipée du résultat avant la réalisation de la cession à l'extérieur du groupe.

Commentaires L'utilisation des valeurs réelles alors que l'opération conduisant à la perte de contrôle n'est pas encore réalisée entraîne une **anticipation de la prise en compte du résultat de cette opération** à travers la constatation immédiate d'une plus-value d'apport intragroupe.
Or, ce résultat anticipé devra être annulé si cette opération ne se réalise pas.
En conséquence, afin d'éviter la distribution de la plus-value d'apport intragroupe tant que l'opération aboutissant à la perte de contrôle n'est pas effectivement réalisée, ou tout au moins afin que les membres du conseil et les actionnaires prennent leur décision de distribution en toute connaissance de cause, le montant du résultat de cession intragroupe (correspondant à la plus-value d'apport) doit être mentionné en annexe.

Exemple

10220

Exemple *Une société française A apporte au 1/01/N une branche complète d'activité à une filiale française B. La valeur comptable de la branche s'élève à 5 000 (Immobilisations : 4 000 ; Stocks : 1 000)*

La valeur comptable des immobilisations se décompose de la manière suivante :
- *valeur brute : 8 000 (amortissable sur 10 ans),*
- *amortissements pratiqués par la société apporteuse à la date de l'apport : 4 000.*
- *Valeur réelle : 6 100 (Immobilisations : 5 000 ; Stocks : 1 100)*

Par hypothèse, le rapport d'échange est tel que l'augmentation de capital de B pour rémunérer les apports doit être égale à 4 000.
Un engagement de cession, mentionné dans le traité d'apport, prévoit la cession, en N+1, des titres de la société B à une société C, sous contrôle distinct de A et B.

Par hypothèse, l'opération remplit les conditions pour bénéficier du régime fiscal de faveur (voir nº 10212). Ainsi, les mentions fiscales nécessaires ont été incluses dans le traité d'apport.

Les mentions fiscales nécessaires ont été incluses dans le traité d'apport.

La cession, prévue en N+1, n'a finalement pas lieu.

La situation des deux sociétés avant l'apport est la suivante :

Société A

Actif		*Passif*	
Immobilisations	*10 000*	*Capital*	*13 000*
Immobilisations branche	*4 000*		
Stocks branche	*1 000*	*Dettes*	*2 000*
	15 000		*15 000*

Société B

Actif		*Passif*	
Actifs divers	*2 000*	*Capital*	*2 000*
	2 000		*2 000*

Solution de l'exemple :

1. ***Comptabilisation de l'apport en N*** *Compte tenu de l'existence de l'engagement préalable de cession et de sa mention dans le traité d'apport, les apports sont valorisés à la valeur réelle.*

a. ***Ecritures dans les comptes de la société bénéficiaire des apports (Société B)***

– engagement de l'actionnaire A

101 Capital		*1043 Prime d'apport*		*4561 Sté A Compte d'apport*	
Débit	Crédit	Débit	Crédit	Débit	Crédit
	4 000		*2 100*	*6 100*	

– libération des apports

2 Immobilisations		*3 Stocks*		*4561 Sté A Compte d'apport*	
Débit	Crédit	Débit	Crédit	Débit	Crédit
5 000 (1)		*1 100* (1)			*6 100*
				6 100	*6 100*
				soldé	

(1) Valeur réelle des apports

Fiscalement, *s'agissant de la détermination du prix de revient fiscal des éléments reçus, voir nº 10080.*

b. *Ecritures dans les comptes de la société apporteuse (Société A)*

– apport de la branche

Immobilisations

Compte	Débit	Crédit
2 Immobilisations		8 000
675 VNC actifs cédés	4 000	
775 Produit cession actifs cédés		5 000
46 Sté B	5 000	
28 Amort. Immobilisations	4 000	

Stocks

Compte	Débit	Crédit
3 Stocks		1 000
603 Variation de stocks	1 000	
778 Produits exceptionnels		1 100
46 Sté B	1 100	
791 Transfert de charges d'exploitation (1)		1 000
675 Autres charges exceptionnelles (1)	1 000	

– rémunération des apports

Compte	Débit	Crédit
261 Titres	6 100	
46 Sté B		6 100
46 Sté B (totaux)	6 100	6 100

46 Sté B : soldé

(1) Ecriture nécessaire pour ne pas fausser le résultat d'exploitation.

Fiscalement, s'agissant de l'apport partiel d'actif d'une branche complète d'activité, les parties ont le choix de le placer sous le régime de faveur ou sous le régime de droit commun (pour plus de détails, voir n° 10200).

2. ***Nouvelle comptabilisation des apports en N+1, la cession n'ayant pas été réalisée***
La cession n'étant, en définitive, pas réalisée, les apports doivent être comptabilisés à la valeur comptable sur l'exercice N+1, comme si l'apport avait été réalisé initialement à la valeur comptable.

Sur l'obligation, toutefois, dans certains cas, de conserver les valeurs réelles, voir n° 10225.

a. *Ecritures dans les comptes de la société bénéficiaire des apports (Société B)*

– engagement de l'actionnaire A

101 Capital (débit)	*101 Capital* (crédit)	*1043 Prime d'apport* (débit)	*1043 Prime d'apport* (crédit)	*4561 Sté A Compte d'apport* (débit)	*4561 Sté A Compte d'apport* (crédit)
	4 000 (4)	*2 100 (2)*	*2 100 (1)*	*1 000*	*2 100*
			1 000 (3)		
			1 000 (3)		
				6 100 (2)	
					5 000
				7 100	*7 100*
				soldé	

– libération des apports

2 Immobilisations (débit)	*2 Immobilisations* (crédit)	*28 Amort. Immobilisations* (débit)	*28 Amort. Immobilisations* (crédit)	*3 Stocks* (débit)	*3 Stocks* (crédit)
5 000 (1)	*5 000 (2)*			*1 100 (1)*	*1 100 (2)* ....
8 000			*4 000*	*1 000*	
8 000 (5)			*4 000 (5)*	*1 000 (5)*	

(1) Ecriture comptabilisée lors de l'apport en N.
(2) La valeur des apports est ramenée à leur valeur nette comptable, l'écriture passée en N est contre-passée en N+1.
(3) Le montant de la prime d'apport, différence entre valeur des apports et augmentation de capital, est recalculé (5 000 – 4000 = 1 000).
(4) Le montant de l'augmentation de capital déterminé en fonction des parités qui sont inchangées même en l'absence de cession est identique.
(5) Valeur comptable des apports. La valeur comptable des immobilisation est éclatée entre valeur brute et amortissements (voir nº 8142).

__Fiscalement__, la société bénéficiaire des apports devrait, à notre avis, pouvoir tirer toutes les conséquences de la mise en jeu de la condition résolutoire. Elle pourra en particulier opter pour le régime de faveur si l'opération a été initialement placée sous le régime de droit commun (voir nº 10212), et déposer une réclamation pour obtenir la réduction de son résultat imposable du montant des réintégrations des plus-values sur biens amortissables pratiquées sous le régime de faveur, en application de l'article 210 B du CGI (voir nº 10210 à 10214).

__Cas d'une dotation aux amortissements comptabilisée en N__ Les immobilisations apportées étaient amorties sur 10 ans dans les comptes de la société A. A la date de l'apport, la durée résiduelle d'utilisation estimée par la société B est de 5 ans.

__Dotation N__ = 1 000 [5 000 (Valeur réelle des immobilisations apportées) / 5 ans]

Compte tenu de l'absence de cession en N+1, la dotation qui aurait dû être constatée en N est la suivante :

__Dotation N corrigée__ = 800 [8 000 (Valeur brute des immobilisations apportées) / 10 ans]

L'utilisation des immobilisations apportées par A et B étant par hypothèse identique, le plan d'amortissement des immobilisations est poursuivi sur la durée retenue par la société A (10 ans).

Ecritures en N+1 :

28 Amortissement

1 000 (2)	1 000 (1)
	800 (2)
	800 (3)

68 DAP Immobilisations

800 (2)	1 000 (2)
800 (3)	

(1) Amortissement constaté en N, sur la base des valeurs réelles.

(2) La dotation comptabilisée en N est annulée en N+1, et comptabilisée pour sa valeur corrigée. D'où un impact sur le résultat positif (reprise) de 1 000 (dotation N) – 800 (dotation N+1) = 200.

(3) Dotation de l'année N+1.

***Fiscalement**, il en est de même, sans distinguer selon que l'opération est placée sous le régime de faveur, ou sous le régime de droit commun. En effet, en raison du retour aux valeurs comptables, seuls les amortissements calculés sur cette base sont fiscalement déductibles (voir nº 10214). En conséquence, dans ce cas, aucun retraitement extra-comptable ne doit être pratiqué à ce titre en N+1 (sous réserve que les amortissements soient déductibles en application des règles de droit commun).*

b. *Ecritures dans les comptes de la société apporteuse (Société A)*

Apports de la branche

Correction de la valeur d'apport des immobilisations

775 Produit cession actifs cédés

5 000 (1)	
	4 000 (2)

46 Sté B

	5 000 (1)
4 000 (2)	

Correction de la valeur d'apport des stocks

778 Produit exceptionnels

1 100 (1)	
	1 000 (2)

46 Sté B (suite)

	1 100 (1)
1 000 (2)	

Rémunération des apports

Correction de la valeur des titres

261 Titres

6 100 (3)	1 100 (4)
5 000	

46 Sté B (suite)

1 100 (4)	
6 100	6 100

soldé

(1) Annulation des apports à la valeur réelle comptabilisée en N.
(2) Comptabilisation des valeurs d'apport à la valeur comptable.
(3) Rémunération des apports comptabilisés à la valeur réelle en N.
(4) Correction de la rémunération des apports désormais évalués à la valeur comptable.

Le changement de valorisation des apports en raison de l'absence de cession ***annule la plus-value d'apport*** *de 1 100 et réduit en conséquence le résultat de l'exercice N+1, en contrepartie d'une* ***réduction du coût d'entrée des titres*** *reçus par la société apporteuse en rémunération de son apport.*

> ***Fiscalement****, si l'opération a été placée sous le régime de faveur des fusions, la plus-value d'apport n'a pas été imposée en N et son annulation en N+1 est donc sans conséquence fiscale. En conséquence, un retraitement extra-comptable sur l'imprimé nº 2058-A doit être effectué sur le résultat de l'exercice N+1 afin de neutraliser les conséquences de l'annulation de la plus-value d'apport dans les comptes (voir nº 10210 et 10214).*
>
> *Si l'opération d'apport a été placée sous le régime de droit commun, le retour aux valeurs comptables est également sans incidence fiscale, puisque la plus-value d'apport est imposable en N même si elle n'est pas comptabilisée. La neutralisation au plan fiscal de la contre-passation des écritures en N+1 suppose un retraitement extra-comptable sur l'imprimé nº 2058-A (voir nº 10210 et 10214).*
>
> *Si l'opération d'apport, initialement placée en N sous le régime de droit commun, est placée en N+1 sous le régime de faveur en raison de la non-réalisation de la cession (voir nº 10212), la plus-value d'apport initialement soumise en N à l'impôt doit donc être en définitive exonérée en N+1. La contre-passation des écritures comptables permet de parvenir à ce résultat pour tous les biens dont l'apport a donné lieu à la constatation d'une plus ou moins-value d'apport relevant du régime fiscal de droit commun d'un montant identique en comptabilité et en fiscalité. En revanche, des retraitements extra-comptables devront être effectués sur l'imprimé nº 2058-A notamment si ont été compris dans l'apport des éléments dont les plus ou moins-values ont été soumises à un taux réduit d'imposition ou exonérées (par exemple, titres de participation ou titres de sociétés à prépondérance immobilière cotées) (voir nº 10210 à 10214).*

Maintien de la valeur réelle en cas de non-réalisation de la cession

10225 ***Question***

La valeur réelle pourrait-elle néanmoins être maintenue sur le plan comptable en cas de non-réalisation de la cession ?

Réponse

Oui, si l'opération se trouve dans le champ de la dérogation prévue par les règles comptables en cas d'actif net apporté insuffisant.

Commentaires En cas d'opération de filialisation suivie d'une perte de contrôle, les apports sont, en principe, obligatoirement valorisés à la valeur comptable si l'opération conduisant à la perte de contrôle n'est finalement pas réalisée (voir nº 10210).

Toutefois, si cette opération se trouve dans le champ d'application de l'autre dérogation prévue par les règles comptables (actif net apporté insuffisant pour permettre la libération du capital), la valeur réelle doit être maintenue.

> Pour plus de détails sur cette dérogation, qui ne peut être retenue que si certaines sont remplies, voir nº 7648 à 7654.

Problème d'application des règles comptables En général, la branche d'activité destinée à être cédée est apportée à une structure prévue à cet effet (coquille vide). En conséquence, les conditions restrictives d'application de la dérogation pour actif net apporté (voir nº 7652) ne pourront, dans la majorité des cas, pas être respectées. Toutefois, l'apport partiel d'actif ayant déjà été réalisé sur le plan juridique à la date de non-réalisation de l'opération entraînant la perte de contrôle (du fait de son approbation par les associés des sociétés parties à l'opération), il n'est pas possible de recourir aux deux moyens alternatifs permettant de maintenir la valeur comptable (réduction du capital préalablement à l'opération et rapport d'échange en valeur comptable, voir nº 7654). En conséquence, en pratique, l'entreprise n'aura pas d'autre choix que de maintenir les valeurs réelles (et donc d'appliquer malgré tout la dérogation) pour libérer le capital.

Fiscalement, la valeur réelle peut également être maintenue dans ce cas (BOI-IS-FUS-30-20 nº 140). La non-réalisation de la cession n'entraîne dans cette situation aucun retraitement extra-comptable si l'opération a été placée sous le régime de faveur ou de droit commun et qu'aucune modification n'est apportée au régime fiscal retenu à l'origine.

IV. Synthèse des différentes situations possibles en cas d'apport-cession

Tableau récapitulatif (établi par nos soins)

10230

		Régime comptable	Régime fiscal (en matière d'IS)	
Engagement préalable de cession (1) des titres pris	et **l'opération se réalise** (1) (conformément à l'engagement)	**Valeur réelle**	Choix entre le régime de **droit commun** et le régime de **faveur**	Voir nº 10200
	mais la **cession** (1) **ne se réalise pas**	Valeur réelle puis retour à la **Valeur comptable** (en raison de la condition résolutoire)	Quel que soit le régime fiscal initialement retenu, aucune conséquence fiscale du retour aux valeurs comptables. En cas d'application du régime de droit commun à l'origine, option pour le régime de faveur possible lors de la non-réalisation de la cession.	Voir nº 10210 à 10214 et 10225
		Valeur réelle maintenue (si l'opération se trouve dans le champ de la 2e dérogation (2))	Quel que soit le régime fiscal initialement retenu, aucune conséquence fiscale	
Pas d'engagement préalable de cession (1) des titres	et **pas de cession** (1) prévue des titres	**Valeur comptable**	Choix entre le régime de **droit commun** et le régime de **faveur**	Voir nº 7810
	mais **cession** (1) prévue des titres	**Valeur comptable**	Choix entre le régime de **droit commun** et le régime de **faveur**	Voir nº 10120, 10140 et 10150

(1) Ou toute autre opération entraînant la perte de contrôle.
(2) Dérogation pour insuffisance d'actif net apporté. Pour plus de détails sur cette dérogation, voir nº 7648 à 7654.

SECTION VI

Complément pratique : régime fiscal applicable en matière d'IS

Obligations des sociétés apporteuse et bénéficiaire de l'apport selon le régime sous lequel est placée l'opération

10300 ***Question***

Les sociétés apporteuse et bénéficiaire de l'apport sont-elles soumises à des obligations ou impositions différentes selon le régime fiscal sous lequel est placée l'opération ?

Réponse

Oui, ces différences sont identiques à celles existantes dans le cadre de fusion, à quelques exceptions près.

Commentaires Les apports partiels d'actif placés sous le régime fiscal de droit commun sont assimilés à des cessations partielles d'activité (BOI-IS-FUS-20-40-30 nº 100). Les conséquences de la cessation partielle sont les mêmes, en ce qui concerne l'activité transférée, que celles identifiées dans le cas d'une fusion placée sous le régime de droit commun, étant toutefois précisé que l'apport de titres détenus depuis moins de deux ans ne remet pas en cause le régime des sociétés mères sur les dividendes reçus à raison de ces titres si la société apporteuse conserve par ailleurs 5 % du capital de la société cible (sur la portée de l'engagement de conservation, voir nº 8310).

Que l'opération soit placée sous le régime de faveur ou non, l'administration admet toutefois que, si aucun effet rétroactif n'a été prévu, le résultat de l'activité transférée ne soit pas imposé immédiatement mais soit au contraire déclaré et, le cas échéant, imposé chez la société apporteuse en même temps que celui des activités conservées (BOI-BIC-CESS-30-20 nº 200).

L'application du régime de faveur est soumise à des engagements particuliers qui s'imposent à la fois à la société apporteuse et à la société bénéficiaire des apports. Ces engagements sont également identiques à ceux prévus en matière de fusion [voir nº 7302, 7802 (opération en valeur réelle), 7812 (opération en valeur comptable)], à l'exception des principales spécificités suivantes :

1. **La société apporteuse est tenue** de calculer les plus-values ultérieures de cession de ces titres par rapport à la valeur fiscale qu'avaient les biens apportés dans ses propres écritures (CGI art. 210 B ; voir nº 7340).

Lorsque l'application du régime de faveur résulte d'un agrément de l'administration, la société apporteuse est également tenue de conserver les titres reçus en rémunération de l'apport pendant trois ans.

Sur les cas toutefois dans lesquels ces titres peuvent être apportés sans remise en cause du régime de faveur, voir nº 7340.

2. **La société bénéficiaire des apports** n'est pas tenue de :
- reprendre la réserve spéciale des plus-values à long terme correspondant aux immobilisations apportées ;

Cette reprise n'est que facultative et, en tout état de cause, limitée à la quote-part de la réserve correspondant aux immobilisations apportées (BOI-IS-FUS-20-40-30 no 200 et 210).

- reprendre la réserve pour fluctuation des cours de la société apporteuse.

Cette reprise est facultative et, en tout état de cause, limitée proportionnellement à l'activité apportée (BOI-IS-FUS-20-40-30 no 220).

Obligations déclaratives des sociétés apporteuse et bénéficiaire de l'apport lorsque l'opération est placée sous le régime de faveur

10303 ***Question***

Les sociétés apporteuse et bénéficiaire de l'apport sont-elles soumises à des obligations déclaratives spécifiques lorsque l'opération est placée sous le régime de faveur ?

Réponse

Oui, ces obligations sont identiques à celles existantes dans le cadre de fusion pour la bénéficiaire des apports et sont étendues à la société apporteuse.

Commentaires La société **bénéficiaire des apports** est tenue aux mêmes obligations déclaratives qu'une société absorbante en ce qui concerne les éléments transférés (état de suivi et registre des plus-values, voir no 7302).

La société **apporteuse** doit souscrire :
- au titre de l'exercice de l'apport, un état de suivi mentionnant les éléments apportés et les titres reçus en échange auxquels sont attachés un sursis ou un report d'imposition ;
- au titre des exercices suivant l'apport, un état de suivi mentionnant les titres reçus en rémunération de l'apport auxquels sont attachés un sursis ou un report d'imposition.

Voir toutefois no 7302 la tolérance administrative applicable :
- aux éléments auxquels n'est attaché aucun sursis ou report d'imposition ;
- aux éléments auxquels est attaché un sursis d'imposition lorsque leur valeur comptable correspond à leur valeur fiscale.

En outre, lorsque la société apporteuse attribue gratuitement à ses **actionnaires** les titres rémunérant l'apport dans les conditions prévues par l'article 115-2 du CGI (voir no 10040), et si la valeur fiscale de ses titres est différente de leur valeur comptable, les entreprises associées doivent joindre à leur déclaration annuelle de résultat un état faisant apparaître la date et la nature de l'opération ainsi que la valeur fiscale des titres attribués (BOI-IS-FUS-20-40-40 no 210).

CHAPITRE 7

Incidences comptables et fiscales de la rétroactivité des fusions et opérations assimilées

Plan du chapitre

Plan du chapitre (suite et fin)

SECTION I

Définition de la date d'effet

I. Trois dates d'effet

A. Date d'effet juridique (ou date de réalisation)

Définition

10505 ***Question***

Quelle est la date de réalisation juridique d'une fusion (hors fusion par création d'une société nouvelle) ou d'une opération assimilée ?

Réponse

Juridiquement, l'opération prend effet à la date de la dernière AGE approuvant l'opération ou à une date ultérieure (fusion avec effet différé) qui ne peut excéder la date de clôture de l'exercice en cours de la société absorbante.

Commentaires La date d'effet juridique d'une fusion est définie par l'article L 236-4 du Code de commerce selon lequel la fusion prend effet :
- à la date de la dernière AGE approuvant l'opération ;
- ou à une date ultérieure (fusion avec effet différé) qui ne peut excéder la date de clôture de l'exercice en cours de la société absorbante.

L'article L 236-4 prévoit également que la fusion pourrait être réalisée avec un effet **juridique** rétroactif qui ne saurait être antérieur à la date de clôture du dernier exercice clos de la société absorbée. Cependant, la doctrine majoritaire considère que la rétroactivité ne peut s'appliquer qu'à la jouissance et non au transfert de propriété (Com. Ansa nº 2744-3, CJ du 5-10-1994).

Fusions à effet différé Selon l'Ansa (Com. nº 06-026, CJ du 3-5-2006), le contrat d'apport doit prévoir les modalités de garantie de la valeur de l'apport durant la période intercalaire en raison de la protection de la réalité du capital au moment de l'émission.

Fusions à effet rétroactif avec clause suspensive Selon l'Ansa (Com. nº 22-0231, CJ du 6-7-2022), lorsque la fusion est assortie d'une condition suspensive, l'article L 236-4 du Code de commerce s'oppose à ce que les effets de la fusion rétroagissent à l'exercice au cours duquel la fusion a été approuvée si la condition suspensive se réalise lors de l'exercice suivant.

Fusions simplifiées à 100 % En l'absence d'AGE (voir nº 13420) :
- la date de réalisation juridique de la fusion est celle choisie par les parties **(dans le traité).** Elle ne peut pas être antérieure à l'issue du délai d'opposition des créanciers, qui intervient 30 jours suivant la date de parution de l'avis de fusion au Bodacc (et le cas échéant au Balo) ou sur le site internet de la société (C. com. art. R 236-2 ; pour plus de détails, voir nº 13420) ;

- une fusion simplifiée ne peut pas être réalisée avec un effet différé (Com. Ansa nº 18-044, CJ du 5-9-2018), l'effet différé s'appréciant par rapport à la date de la dernière AGE approuvant l'opération (voir ci-avant) ; précision apportée pour les fusions réalisées entre une société mère et sa filiale détenue à 100 %, mais applicable, à notre avis, aux fusions réalisées entre sociétés sœurs détenues à 100 % par une même société mère.

Fusions simplifiées à 90 % En présence d'au moins une AGE (voir nº 13420 sur l'approbation de la fusion par l'AGE de la société absorbée), les dispositions de l'article L 236-4 sur les limites à la date d'effet différé de la fusion s'imposent de plein droit. L'Ansa a précisé (CJ nº 21-016, 7-4-2021) que la décision de l'associé unique de la société absorbée est assimilable à une AG (hypothèse où la société absorbante est détenue à hauteur de 99,99 % du capital par l'unique actionnaire des deux sociétés absorbées).

En pratique, lorsque l'on parle de rétroactivité comptable et fiscale, celle-ci est appréciée par référence à cette date de réalisation juridique.

Exceptions 1. TUP Voir nº 10530.

2. Fusions transfrontalières Juridiquement, la fusion transfrontalière prend effet :
- en cas de création d'une société nouvelle, à la date d'immatriculation de cette société au registre du commerce et des sociétés (C. com. art. L 236-4, sur renvoi de L 236-44 modifié par ord. 2023-393 du 24-5-2023) ;
- en cas de transmission à une société existante, selon les dispositions du projet de fusion, sans toutefois pouvoir être ni postérieure à la date de clôture de l'exercice en cours de la société bénéficiaire pendant lequel a été réalisé le contrôle de légalité, ni antérieure à ce contrôle ou à la réception du certificat de conformité par l'autorité compétente du siège de chaque société ayant participé à l'opération (C. com. art. L 236-44 modifié par ord. précitée).

L'exécution des contrôles de légalité étant nécessairement postérieure à la tenue des AGE approuvant l'opération, les fusions transfrontalières sont donc, en pratique, réalisées avec un effet différé.

Pour plus de détails, voir Mémento Sociétés commerciales nº 84680.

B. Date d'effet comptable

Définition

10510 ***Question***

Quelle est la date d'effet comptable d'une fusion ou d'une opération assimilée ?

Réponse

Deux dates d'effet peuvent être choisies sur le plan comptable :
- la date de réalisation définitive de l'opération (fusion à effet comptable immédiat) ;
- ou une autre date antérieure à la date de réalisation, fixée conventionnellement par les parties dans la limite de la date d'ouverture de l'exercice en cours de la société absorbée (ou de la société absorbante, si celle-ci clôture son exercice après la société absorbée).

Commentaires Sur le plan comptable, la possibilité de donner un **effet rétroactif à l'opération** est prévue par l'article R 236-1 5º du Code de commerce selon lequel le traité de fusion doit préciser la date à partir de laquelle les opérations de la société absorbée seront, du point de vue comptable, considérées comme accomplies par la société bénéficiaire des apports.

En l'absence de clause de rétroactivité, la date d'effet comptable se confond avec la **date de réalisation définitive de l'opération** (voir nº 10505), que cette dernière soit différée ou pas.

Dans les comptes consolidés établis en règles françaises, il y a lieu de retenir la date de prise de contrôle effective, c'est-à-dire la date de réalisation définitive de la fusion (ou de l'apport) indépendamment de la clause de rétroactivité (voir Mémento Comptes consolidés nº 5254).

Dans les comptes consolidés établis en normes IFRS, voir nº 21720.

1. Opérations concernées par une date conventionnelle antérieure Elle peut être utilisée :
- non seulement en cas de fusion de sociétés existantes (voir C. com. art. L 236-4 précité) ;
- mais également en cas d'apports partiels d'actif placés expressément sous le régime juridique des scissions (voir C. com. art. L 236-27, al. 1er modifié par ord. 2023-393 du 24-5-2023).

Selon la CNCC, sont également visés les apports qui ne sont pas expressément placés sous ce régime en application du principe fondamental de liberté contractuelle des parties, dès lors que la rétroactivité n'affecte pas le droit des tiers (Bull. CNCC nº 84, décembre 1991, EJ 91-106, p. 558 s.).

Exception Sur l'impossibilité de conférer un effet comptable rétroactif aux opérations de dissolution par confusion de patrimoine (TUP), voir nº 10530.

2. Limites de la date conventionnelle La date d'effet conventionnelle ne doit pas être antérieure à la date de clôture du dernier exercice clos **de la ou des sociétés qui transmettent leur patrimoine** (C. com. art. L 236-4).

Pour un schéma récapitulatif des dates pouvant être retenues, voir nº 10520.

Cas particulier Apport partiel d'actif fait à une société nouvelle créée précédemment à l'apport (ou créée du fait de l'apport) Dans ce cas, la date d'effet ne peut être antérieure à la date à laquelle la société bénéficiaire de l'apport acquiert la personnalité morale, c'est-à-dire lors de son immatriculation au registre du commerce et des sociétés – RCS (C. com. art. L 236-4 ; position constante du bulletin CNCC : Bull. CNCC nº 186, juin 2017, EJ 2016-36 et EC 2016-34, p. 356 s. ; nº 97, mars 1995, EJ 95-25, p. 96 s. et nº 98, juin 1995, EJ 95-97, p. 204 s.).

Pour un avis contraire en cas d'apport à une « société coquille », voir Mémento Sociétés commerciales nº 83871.

Sur la position de l'administration et de la jurisprudence fiscale, voir nº 10515.

Fusion transfrontalière

10512 ***Question***

Une fusion transfrontalière peut-elle être dotée d'un effet rétroactif comptable (lorsque la société absorbante est une société française) ?

Réponse

Oui, à notre avis.

Commentaires Sur le plan juridique, la fusion transfrontalière est considérée comme réalisée dès que les formalités de contrôle de la légalité de l'opération ont été réalisées, c'est-à-dire nécessairement après la date d'approbation de l'opération par les associés (cas général d'une fusion dans laquelle la société absorbante préexiste à l'opération) (voir nº 10505).

Toutefois, le projet de fusion doit mentionner la date à partir de laquelle les opérations de la société absorbée sont considérées du point de vue comptable comme accomplies pour le compte de la société absorbante (C. com. art. R 236-21 5º modifié par décret 2023-430 du 2-6-2023) (lorsque la société absorbante est une société française).

La possibilité de choisir une date d'effet comptable différente de celle de la réalisation juridique de l'opération est donc prévue sur le plan juridique.

En conséquence, un effet rétroactif comptable peut, à notre avis, être conféré à une fusion transfrontalière.

Fiscalement, sur la date d'effet d'une fusion transfrontalière, voir nº 10515.

La période pendant laquelle un effet rétroactif comptable peut être conféré à l'opération ne peut, à notre avis :
– être antérieure à la limite posée sur le plan fiscal, c'est-à-dire à la date d'ouverture de l'exercice de la société absorbante au cours duquel la fusion a été réalisée (voir nº 10515) ;
– être antérieure à la date de clôture du dernier exercice clos de la société absorbée. En effet, il n'est pas possible en pratique de faire rétroagir une fusion sur une période incluse dans un exercice déjà clos.

C. Date d'effet fiscal

Définition

10515 ***Question***

Quelle est la date d'effet fiscal d'une fusion ou d'une opération assimilée ?

Réponse

En matière d'IS, la date d'effet fiscal à retenir est, en principe, la date d'effet comptable.

Commentaires En l'absence de disposition du CGI, **le principe de la rétroactivité des fusions en matière d'IS a été** :
– posé par le Conseil d'Etat, quel que soit le régime sous lequel est placée l'opération (CE 12-7-1974 nº 81753 confirmé par CE 26-6-1993 nº 78156 et 78157 et CE 16-6-1993 nº 70446) ;
– admis par l'administration (BOI-IS-FUS-40-10-10 nº 1) ;
– explicitement étendu aux apports partiels d'actif (CE 18-3-1992 nº 62402), aux scissions et aux TUP (BOI-IS-FUS-40-40 nº 20 et 30).

Cette rétroactivité ne produit ses effets qu'en matière d'impôt sur les sociétés, et reste en particulier sans incidence au regard de la TVA ou des taxes locales, étant précisé qu'une clause de rétroactivité comptable et fiscale n'est pas opposable à l'administration en l'absence de rétroactivité juridique prévue expressément dans le traité (CAA Bordeaux 12-7-2016 nº 14BX00394, rendu définitif par CE (na) 24-3-2017 nº 404705 ; voir nº 10505).

Hormis pour les TUP (voir nº 10535), il en résulte clairement que **la date d'effet fiscal est la date d'effet comptable** :
- les parties ne pouvant renoncer, même partiellement, à tirer les conséquences fiscales de la rétroactivité fixée conventionnellement (BOI-IS-FUS-40-10-10 nº 10 ; CE 18-3-1992 nº 62402 ; 18-1-2017 nº 389004) ;
- **à condition** toutefois que cette date ne soit pas antérieure à la plus récente des dates d'ouverture des exercices des deux sociétés participantes au cours desquels l'opération a été définitivement conclue (CE 26-5-1993 nº 78156 et 78157 ; 13-9-2021 nº 451564 ; BOI-IS-FUS-40-10-20 nº 40 s.).

Lorsque la date d'effet rétroactif est antérieure à l'ouverture de l'exercice de la société absorbante ou bénéficiaire de l'apport au cours duquel l'opération d'apport est approuvée, la société absorbée ou apporteuse reste imposable sur les opérations qu'elle a réalisées entre (BOI-IS-FUS-40-10-20 nº 110) :
- la date d'effet,
- et l'ouverture de l'exercice de la société absorbante ou bénéficiaire de l'apport.

Absence d'exercice arrêté durant l'année civile Une entreprise qui n'a pas arrêté un exercice au cours d'une année civile doit souscrire une déclaration provisoire traduisant une « clôture » fiscale qui conduit à établir l'impôt dû depuis l'ouverture du dernier exercice jusqu'au 31 décembre de l'année concernée (CGI art. 37, al. 2). L'exercice comptable comprend alors deux périodes d'imposition distinctes au titre de chacune des années civiles concernées (CE 28-7-2011 nº 314860). Dès lors qu'une clause conventionnelle de rétroactivité ne saurait aboutir à déroger à cette règle, l'administration comme la jurisprudence considèrent que dans l'hypothèse où **la société absorbée** n'a **pas arrêté d'exercice au cours de l'année précédant la fusion** (et n'a pas été créée au cours dudit exercice), la date d'effet rétroactif de l'opération ne peut pas être antérieure au **1er janvier de l'année au cours de laquelle l'opération est conclue** (BOI-IS-FUS-40-10-20 nº 90 ; CE 13-9-2021 nº 451564).

Indépendamment du choix effectué quant à l'effet rétroactif de l'opération, la procédure de **contrôle fiscal** de la société absorbée peut valablement être conduite avec ses représentants jusqu'à la date de parution du bulletin officiel des annonces civiles et commerciales faisant état de sa radiation du RCS (TA Cergy-Pontoise 21-2-2018 nº 1411902).

Limite à la portée fiscale de la rétroactivité : décompte du délai de détention des titres reçus en contrepartie de l'apport La rétroactivité d'un apport ou d'une fusion est sans effet sur le décompte du délai de détention des titres reçus par la société apporteuse ou par les associés de la société absorbée pour l'application du régime des plus-values à long terme lors de leur cession (BOI-IS-FUS-40-10-20 nº 120 ; voir également nº 10035 et 8720).

Divergence entre comptabilité et fiscalité en matière de rétroactivité : apport partiel d'actif au profit d'une société nouvelle Le Conseil d'Etat et l'administration estiment que les dispositions du Code de commerce (C. com. art. L 236-4) ne s'opposent pas à ce que l'opération produise un effet rétroactif fiscal à une date antérieure à celle d'immatriculation de la société nouvelle, sous réserve que cette rétroactivité ne remonte pas à une date antérieure à l'ouverture de l'exercice au cours duquel la société nouvelle a été immatriculée au registre du commerce et des sociétés (CE 29-6-2011 nº 317234 ; BOI-IS-FUS-40-10-20 nº 60).

La CNCC considère au contraire que l'article L 236-4 du Code de commerce fait obstacle à ce que l'opération rétroagisse à une date antérieure à l'immatriculation de la société nouvelle bénéficiaire des apports (voir nº 10510).

Fusions transfrontalières Il devrait être admis qu'une clause de rétroactivité fiscale soit stipulée en cas de fusion transfrontalière, à condition que la date d'effet fiscal ne soit pas antérieure à la date d'ouverture de l'exercice social de la société absorbante au cours duquel la fusion a été réalisée.

En cas d'absorption d'une société française par une personne morale étrangère, l'administration a précisé que l'effet rétroactif ne peut pas être antérieur à la date d'ouverture du premier exercice de son établissement stable français auquel les apports doivent être rattachés (BOI-IS-FUS-40-10-20 nº 75). Sur la portée de cette obligation de rattachement des apports à un établissement stable, voir nº 7205.

Sur l'application du régime de faveur en cas d'absorption d'une société française par une société étrangère, voir nº 7205.

Sur le cas particulier des opérations de dissolution par confusion de patrimoine, voir nº 10535.

D. Détermination de la date d'effet rétroactif (comptable et fiscal)

Période visée

10520 ***Question***

Compte tenu des limites juridiques et fiscales, quelle est, en pratique, la période pendant laquelle un effet comptable et fiscal rétroactif peut être conféré à l'opération ?

Réponse

Entre :
- la date de clôture du dernier exercice clos de la société absorbée ou apporteuse (butoir juridique) ou la date d'ouverture de l'exercice de la société absorbante (ou bénéficiaire des apports) au cours duquel l'opération est réalisée, si cette date est postérieure (butoir fiscal) ;
- et la date de réalisation de l'opération.

Commentaires La combinaison des conditions posées juridiquement (voir nº 10505) et fiscalement (voir nº 10515) implique qu'une date d'effet rétroactif ne peut être conférée que dans la zone non hachurée dans le schéma ci-après :

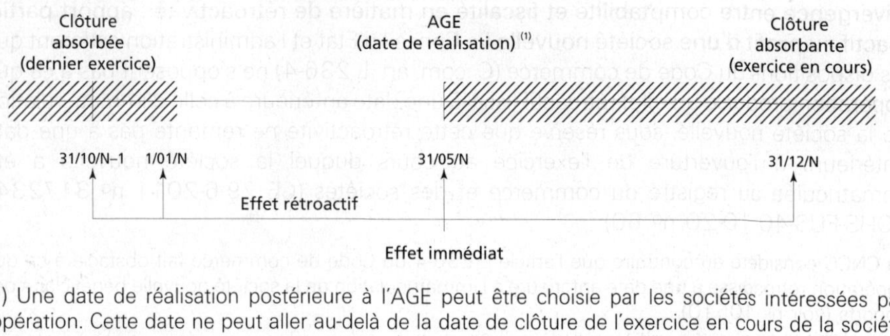

(1) Une date de réalisation postérieure à l'AGE peut être choisie par les sociétés intéressées par l'opération. Cette date ne peut aller au-delà de la date de clôture de l'exercice en cours de la société absorbante (voir nº 10505). Si la date de réalisation est différée, l'effet comptable se confondra avec la date de réalisation (sauf clause de rétroactivité).

Fiscalement, la date d'effet rétroactif de la fusion ne peut être antérieure à la plus récente des dates d'ouverture par les deux sociétés participantes de l'exercice au cours duquel l'opération a été définitivement approuvée (voir n° 10515).

Exercices décalés Comme l'illustre le schéma ci-après, établi par nos soins, lorsque la société absorbante (bénéficiaire des apports) et la société absorbée (apporteuse) ne clôturent pas leurs exercices aux mêmes dates, la date d'effet rétroactif possible sera déterminée, selon la date fixée pour l'AGE approuvant l'opération :
- soit par la limite juridique (ouverture de l'exercice en cours de la société absorbée ou apporteuse, voir n° 10505) ;
- soit par la limite fiscale (ouverture de l'exercice de la société absorbante ou bénéficiaire des apports, voir n° 10515).

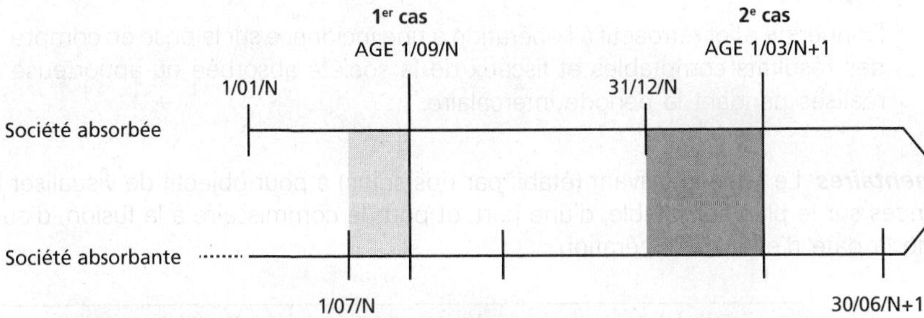

1er cas (AGE 1/09/N) : effet rétroactif maximum possible jusqu'à l'ouverture de l'exercice de la société absorbante (1/07/N). La société absorbée doit acquitter l'impôt au titre des bénéfices qu'elle a réalisés entre l'ouverture de son exercice (1/01/N) et la date d'effet de la fusion (30/06/N) (CE 26-1-2011 n° 312470).

2e cas (AGE 1/03/N+1) : effet rétroactif maximum possible jusqu'à la clôture du dernier exercice clos de la société absorbée (31/12/N).

Absence d'exercice clos au cours de l'année précédant la fusion Lorsque la société absorbée est soumise à l'obligation de souscrire la déclaration provisoire prévue à l'article 37, alinéa 2 du CGI (voir n° 10515), la date d'effet rétroactif de la fusion ne peut être antérieure au 1er janvier de l'année en cours.

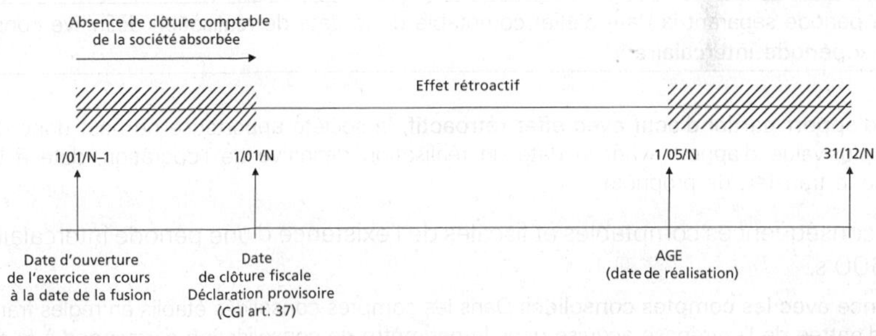

II. Conséquences pratiques de la rétroactivité

Incidences de la date d'effet de l'opération

10525 ***Question***

Quelles sont les incidences de la date d'effet rétroactif de l'opération ?

Réponse

Donner un effet rétroactif à l'opération a une incidence sur la prise en compte des résultats comptables et fiscaux de la société absorbée ou apporteuse réalisés pendant la période intercalaire.

Commentaires Le tableau suivant (établi par nos soins) a pour objectif de visualiser les incidences sur le plan comptable, d'une part, et pour le commissaire à la fusion, d'autre part, de la date d'effet de l'opération :

	Date de commencement de prise en compte par l'absorbante ou la bénéficiaire des apports des résultats comptables et fiscaux de l'absorbée ou de l'apporteuse	Date d'appréciation par le commissaire à la fusion de la libération des apports
Sans rétroactivité	Date de réalisation définitive	Date de réalisation définitive
Avec rétroactivité (1)	Date d'effet comptable	

(1) La période séparant la date d'effet comptable de la date de réalisation définitive constitue la « **période intercalaire** ».

En cas d'apport partiel d'actif avec effet rétroactif, la société apporteuse ne peut donc dégager aucune plus-value d'apport avant la date de réalisation définitive de l'opération, date à laquelle s'effectue le transfert de propriété.

Sur les conséquences comptables et fiscales de l'existence d'une période intercalaire, voir n° 10600 s.

Divergence avec les comptes consolidés Dans les comptes consolidés établis en règles françaises, la date d'entrée de l'entreprise acquise dans le périmètre de consolidation correspond à la **date du transfert effectif du contrôle,** qui intervient, de manière générale, à la date d'acquisition des titres lorsque la prise de contrôle est réalisée en une seule transaction (Règl. ANC 2020-01 art. 211-10, voir Mémento Comptes consolidés n° 5030 à 5031-1). Le fait qu'un contrat comporte une clause de rétroactivité ne suffit pas à placer le transfert du contrôle à une date différente de celle du transfert des titres, comme par exemple l'assemblée générale extraordinaire en cas de fusion (Règl. ANC 2020-01 art. 211-10). En conséquence, des retraitements entre comptes sociaux et comptes consolidés peuvent devoir être réalisés.

III. Cas particulier : TUP

Date d'effet comptable

10530 ***Question***

Quelle est la date d'effet comptable d'une TUP ?

Réponse

La date d'effet comptable correspond à l'issue du délai d'opposition des créanciers : aucun effet rétroactif comptable n'est possible.

PCG art. 760-3
La rétroactivité des opérations de dissolution par confusion de patrimoine n'étant pas prévue par le Code civil, les articles 751-1 à 752-5 ne sont pas applicables à ce type d'opérations.
Les écritures comptables sont reprises chez l'entité confondante à l'issue du délai d'opposition des créanciers tel que prévu par l'article 1844-5 du Code civil.

Commentaires Selon le PCG (art. 760-3) :
- d'une part, il n'est **pas possible de donner un effet rétroactif aux TUP sur le plan comptable.** En effet, cette possibilité n'est pas expressément prévue par l'article 1844-5 du Code civil (régissant ces opérations), contrairement au Code de commerce qui la prévoit pour les fusions ;

Position de la Chancellerie L'impossibilité de faire rétroagir les TUP sur le plan comptable constitue une position constante de la Chancellerie (en ce sens, Lettre de la Chancellerie à la CNCC du 10-4-2003 et publiée au bulletin CNCC nº 129, mars 2003, p. 91 et Lettre de la Chancellerie au Délégué général de l'Ansa du 27-4-2004).
Pour un avis contraire, voir Mémento Sociétés commerciales nº 86089 et position de l'Ansa (Com. 04-056, CJ du 7-7-2004).

- d'autre part, la date d'effet comptable correspond à l'issue du délai d'opposition des créanciers, c'est-à-dire 30 jours à compter de la publication de la décision de dissolution dans un journal d'annonces légales en cas d'absence d'opposition des créanciers (Décret 78-704 du 3-7-1978 art. 8 al. 2) (et non à compter de la date d'insertion au Bodacc, Cass. com. 11-6-2003 nº 941).

Le délai d'opposition des créanciers est de 30 jours francs : il commence à courir le lendemain de la date de publication de la décision dans le journal pour expirer le 30e jour à minuit. En l'absence d'opposition des créanciers, la date de la transmission du patrimoine est fixée au jour suivant l'expiration du délai d'opposition à zéro heure (Avis CCRCS 2012-026 du 30-6-2012).
Ainsi, par exemple, lorsque la décision de dissolution a été publiée le 31 octobre N :
- le délai d'opposition des créanciers court du 1er novembre N au 30 novembre N (minuit) ;
- la transmission universelle de patrimoine (et donc, la date d'effet comptable de l'opération) intervient le 1er décembre N (zéro heure).

Date d'effet en cas d'opposition des créanciers Lorsqu'un créancier exerce son droit d'opposition, l'opération prend effet :
- au jour de la décision du tribunal, en cas de rejet de l'opposition par le tribunal de commerce ;
- à la date à laquelle la société confondue a constitué les garanties exigées ou désintéressé les créanciers opposants, en cas d'acceptation de l'opposition par le tribunal.

Sur les conséquences de l'absence d'effet rétroactif comptable d'une TUP, voir nº 10545.

Date d'effet fiscal

10535 ***Question***

Quelle est la date d'effet fiscal d'une TUP ?

Réponse

La date d'effet fiscal de droit commun correspond, comme sur le plan comptable, à l'issue du délai d'opposition des créanciers. Un effet rétroactif purement fiscal peut toutefois être conféré à l'opération.

Commentaires **1. Date d'effet fiscal de droit commun** Elle est alignée sur la date d'effet comptable de l'opération.

Elle correspond donc, sauf clause contraire (voir ci-après), à l'issue du délai d'opposition des créanciers (BOI-IS-FUS-40-40 n° 90) et ne nécessite en conséquence aucun retraitement extra-comptable.

2. Effet fiscal rétroactif possible Un effet rétroactif purement fiscal peut être conféré, en matière d'impôt sur les sociétés, à une opération de dissolution par confusion de patrimoine. Cet effet, qui doit être expressément prévu dans la décision de dissolution, n'est opposable qu'aux deux sociétés parties à l'opération et à l'administration fiscale, à l'exclusion notamment des créanciers sociaux (BOI-IS-FUS-40-40, n° 30, 40 et 70).

La date d'effet de l'opération :

– peut remonter jusqu'à la date de création de la société confondue, y compris lorsque celle-ci a été créée en N-1 et dispensée de déposer une déclaration fiscale au titre de sa première année d'activité en application de l'article 209-I du CGI,

– mais ne peut être antérieure à la date d'ouverture chez la société confondante (ou chez la société confondue si elle est postérieure) de l'exercice de réalisation de la TUP.

La clause de rétroactivité fiscale s'oppose à ce qu'une augmentation de capital réalisée par la société confondue au cours de la période intercalaire soit prise en compte pour la détermination de la moins-value d'annulation des titres (CE 18-3-2020 n° 426473).

L'effet rétroactif étant purement fiscal et n'ayant pas de portée sur le plan comptable, il se traduit par des retraitements extra-comptables à effectuer sur les imprimés n° 2058-A des deux sociétés parties à l'opération (voir n° 10545).

Cas particulier Décision de dissolution publiée au cours du dernier mois de l'exercice en cours de la société confondante L'administration fiscale admet que la confusion de patrimoine puisse fiscalement rétroagir jusqu'à l'ouverture de l'exercice de la société confondante (ou de celui de la société dissoute, si elle est postérieure) au cours duquel la décision de dissolution est prise et non pas seulement de l'exercice au titre duquel intervient la transmission de patrimoine (BOI-IS-FUS-40-40 n° 110). Cette tolérance permet donc, dans le cas où la décision de dissolution est publiée au cours du dernier mois de l'exercice en cours de la société confondante, de faire rétroagir l'opération jusqu'à l'ouverture de l'exercice précédant celui de sa réalisation (voir exemple ci-après).

> Le choix de cette option ainsi que le point de départ de l'effet rétroactif doivent figurer expressément dans la décision de dissolution. Cette option ne dispense pas l'associé unique de prendre en compte les résultats de la société dissoute exercice par exercice (BOI-IS-FUS-40-40 n° 110).

Pour un exemple, voir ci-après.

3. Effet fiscal différé impossible Pour des raisons juridiques, un effet différé ne saurait aller au-delà de la date de disparition juridique de la société dissoute, à savoir en principe (sauf exercice de son droit d'opposition par un créancier) 30 jours après la date de publication de la décision de dissolution (date d'effet de droit commun).

En conséquence, aucun effet fiscal différé ne peut être donné par l'associé unique à une opération de dissolution par confusion de patrimoine (BOI-IS-FUS-40-40 n° 100).

Exemple *(repris de BOI-IS-FUS-40-40 nº 120)* ***– Effet rétroactif fiscal et décision de dissolution publiée au cours du dernier mois de l'exercice en cours de la société confondante*** *Deux sociétés, dont l'une est l'associée unique de l'autre, ont des exercices coïncidant avec l'année civile.*

Le conseil d'administration de l'associée unique décide, le 23 décembre N, de dissoudre sa filiale. Cette décision est publiée dans un journal d'annonces légales le 27 décembre N.

La transmission de patrimoine de la filiale dissoute a lieu le 27 janvier N+1, à l'issue du délai d'opposition des créanciers de 30 jours.

Solution de l'exemple *Le schéma suivant présente la période de rétroactivité opposable à l'administration :*

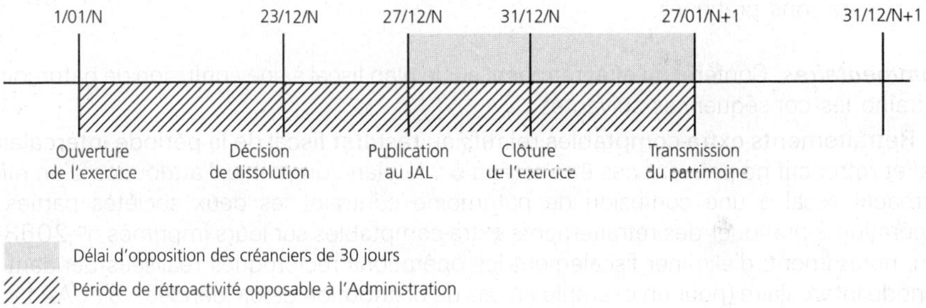

Synthèse

10540 ***Question***

Quelles sont, en synthèse, les différentes dates d'effet possibles d'une TUP sur le plan comptable et sur le plan fiscal ?

Réponse

Le schéma suivant, établi par nos soins, met en évidence ces différentes dates.

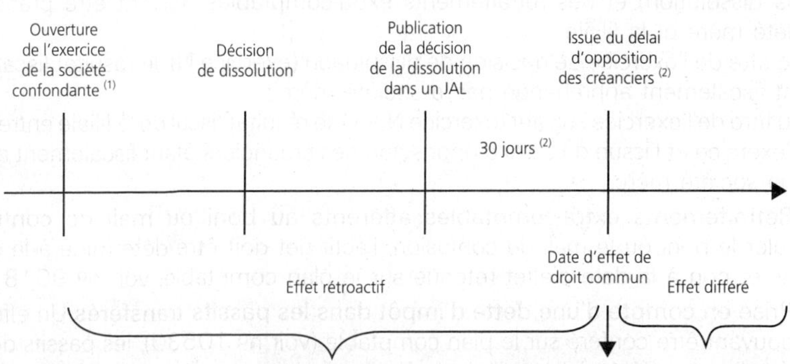

	Effet rétroactif	Date d'effet de droit commun	Effet différé
Comptablement	**Impossible**	**Obligatoire**	**Impossible**
Fiscalement	**Possible**	**Possible**	**Impossible**

(1) Ou de la société confondue, si elle est postérieure.
(2) Sur ce délai en cas d'opposition des créanciers, voir nº 10530.

Conséquences du choix d'un effet rétroactif fiscal

10545 ***Question***

Quelles sont les conséquences du choix d'un effet rétroactif fiscal ?

Réponse

Conférer un effet rétroactif à une TUP :
- entraîne, sur le plan fiscal, des retraitements extra-comptables à effectuer par les deux sociétés parties à l'opération,
- sur le plan comptable pour s'aligner sur le fiscal, entraîne la présentation de comptes irréguliers en cas d'effet rétroactif comptable donné pour des raisons pratiques.

Commentaires Conférer un effet rétroactif sur le plan fiscal à une confusion de patrimoine entraîne les conséquences suivantes :

1. **Retraitements extra-comptables relatifs au résultat fiscal de la période intercalaire** L'effet rétroactif ne pouvant pas être retenu sur le plan comptable, l'attribution d'un effet rétroactif fiscal à une confusion de patrimoine contraint les deux sociétés parties à l'opération à pratiquer des retraitements extra-comptables sur leurs imprimés nº 2058-A afin, notamment, d'éliminer fiscalement les opérations réciproques réalisées pendant la période intercalaire (pour un exemple en cas de distribution de dividendes, voir CAA Lyon 29-1-2015 nº 13LY02122) et de « transférer » le résultat de la période intercalaire de la société confondue à la société confondante.

Ces retraitements sont alourdis lorsque la TUP est réalisée fiscalement et comptablement sur des exercices différents. Tel est notamment le cas d'une opération (voir cas particulier au nº 10535) :
- dont la décision de dissolution est publiée au cours du dernier mois de l'exercice en cours de la société confondante (exercice N),
- et à laquelle un effet rétroactif fiscal est conféré à l'ouverture de l'exercice de la décision de dissolution.

Dans ce cas, en l'absence d'exercice de son droit d'opposition par un créancier, l'opération est réalisée comptablement sur l'exercice N+1 (exercice suivant celui de la publication de la dissolution) et des retraitements extra-comptables doivent être pratiqués par la société mère et la filiale :
- au titre de l'exercice de décision de dissolution (exercice N), le résultat fiscal de la filiale étant fiscalement appréhendé par la société mère ;
- au titre de l'exercice suivant (exercice N+1), le résultat fiscal de la filiale entre l'ouverture de l'exercice et l'issue du délai d'opposition des créanciers étant fiscalement appréhendé par la société mère.

2. **Retraitements extra-comptables afférents au boni ou mali de confusion** Pour calculer le boni ou le mali de confusion, l'actif net doit être déterminé à la date d'effet fiscal, et non à la date d'effet retenue sur le plan comptable, voir nº 9018 et 9022.

3. **Prise en compte d'une dette d'impôt dans les passifs transférés** Un effet rétroactif ne pouvant être conféré sur le plan comptable (voir nº 10530), les passifs de la société confondue transférés à la société confondante doivent comprendre la dette correspondant à la charge d'impôt due par la société confondante au titre de la période allant de la date d'ouverture de l'exercice à la date d'effet de la TUP (Bull. CNCC nº 160, décembre 2010, EC 2010-41, p. 717 à 721).

Cette solution est applicable que les sociétés confondue et confondante fassent ou non partie d'un même groupe d'intégration fiscale (Bull. CNCC nº 160, EC 2010-41 précitée).

Cette position conduit toutefois à constater deux fois la dette d'IS de la période de rétroactivité dans les comptes de la société confondante :
- d'une part, au titre de la reprise des passifs transférés (lors de la constatation de la TUP dans les comptes de la société confondante) ;
- d'autre part, lors de l'enregistrement de la dette d'IS dont la société confondante est juridiquement redevable au titre de la totalité de l'exercice, incluant la période de rétroactivité.

En conséquence, la dette d'impôt reprise dans les passifs transférés devrait, à notre avis, être annulée dans un second temps, en contrepartie du mali ou du boni de fusion.

4. Conséquences en cas d'effet rétroactif comptable donné pour des raisons pratiques Les sociétés qui souhaiteraient profiter de la possibilité de rétroactivité fiscale et qui l'appliqueraient également sur le plan comptable pour éviter d'avoir à pratiquer des retraitements extra-comptables présenteraient des comptes irréguliers.

En conséquence, selon la CNCC (Bull. nº 134, juin 2004, CNP 2003-26, p. 341-342 et CNP 2004-04, p. 342-345), il appartient au commissaire aux comptes :
- de signaler cette irrégularité au gouvernement d'entreprise pour que ce dernier puisse prendre les décisions qui relèvent de sa responsabilité au regard de l'arrêté définitif des comptes,
- en l'absence de comptabilisation correcte, et si l'irrégularité relevée présente un caractère significatif, d'en tirer les conséquences appropriées dans la formulation de son opinion sur les comptes, dans la première partie de son rapport sur les comptes annuels.

SECTION II

Comptabilisation des opérations pendant la période intercalaire

Remarques préalables :
- la lecture des développements suivants suppose la connaissance des différentes dates d'effet possibles (voir ci-avant nº 10505 s.) ;
- du fait de l'impossibilité de conférer un effet rétroactif comptable aux TUP (voir nº 10530), ces opérations ne sont pas visées par les développements suivants.

I. Chez la société absorbée ou apporteuse

Ecritures à comptabiliser

10600 ***Question***

Quelles écritures la société absorbée (ou apporteuse) doit-elle enregistrer au titre de la période intercalaire ?

Réponse

Pendant la période intercalaire, la société absorbée (ou apporteuse) comptabilise les opérations relatives à son activité selon les modalités habituelles. A la date de réalisation de l'opération, les comptes mouvementés sur la période intercalaire sont extournés pour être repris par la société absorbante (ou bénéficiaire des apports).

Commentaires Pendant la période intercalaire, la société absorbée (ou apporteuse) comptabilise les opérations relatives à son activité selon les modalités habituelles. La centralisation des écritures mensuelles est reportée sur le journal général.

A l'issue de la période intercalaire, lorsque l'opération est devenue définitive (c'est-à-dire après approbation du traité d'apport par l'assemblée des associés, voir n° 10505), la société absorbée (ou apporteuse) doit effectuer les travaux comptables suivants :

1. **Ecritures résultant du traité** Afin de solder les comptes arrêtés à la date d'effet comptable de l'opération, la société (absorbée ou apporteuse) doit enregistrer les écritures résultant du traité de fusion ou d'apport (ainsi, plus-values d'apport et provisions pour impôts lorsque l'opération est réalisée à la valeur réelle ; remise des titres de la société bénéficiaire des apports dans le cadre d'un apport partiel d'actif, etc.).

2. **Balance des mouvements de la période intercalaire** (qui sera reprise par la société absorbante ou bénéficiaire des apports).

Des dispositions comptables particulières de ventilation des opérations s'avèrent souhaitables notamment en cas d'apport partiel d'actif, et à condition, bien sûr, que l'opération soit prévue suffisamment à l'avance. En outre, par commodité, il est conseillé de faire coïncider la date de réalisation définitive de l'opération avec un arrêté de comptes mensuel.

3. **Solde des comptes mouvementés sur la période intercalaire** La société absorbée (ou apporteuse) doit extourner l'ensemble des écritures comptabilisées.

Dans le cas d'un apport partiel d'actif, lorsque la société apporteuse encaisse des créances ou paye des dettes pour le compte de la bénéficiaire des apports sur la période intercalaire, le transfert s'effectue alors par une écriture en compte courant.

4. **Etablissement d'états financiers** En cas de fusion, la société absorbée n'a plus à produire d'états financiers, la fusion se traduisant obligatoirement par sa dissolution (en ce sens, C. com. art. L 236-3). Tel n'est évidemment pas le cas pour la société apporteuse.

Fiscalement :

1. **Fusion** Dans le cadre d'une fusion, la société absorbée doit souscrire la déclaration de cessation dans les 45 jours de la première publication de la fusion dans un support habilité à recevoir des annonces judiciaires et légales, la déclaration des résultats du dernier exercice devant quant à elle être produite dans les 60 jours à compter de cette date (CGI art. 221-2 et 201-1 et 3 ; voir n° 13415).

Même dans le cas où la société absorbée n'a pas d'impôt sur les sociétés à verser (cas où la date d'effet comptable de la fusion correspond à la date d'ouverture de l'exercice de la société absorbée), il est néanmoins indispensable qu'elle produise une déclaration de cessation pour informer l'administration de l'effet rétroactif de la fusion et de l'intention de la société absorbante de prendre en compte, pour la déclaration des résultats de l'exercice de la fusion, les conséquences des opérations réalisées par la société absorbée pendant la période intercalaire (IS-VI-14050).

2. **Apport partiel d'actif** Dans ce cas, la déclaration annuelle des résultats de l'apporteuse n'est pas affectée par le résultat de la période intercalaire, celui-ci ayant été annulé par l'extourne de l'ensemble des écritures de la période intercalaire.

Pas d'approbation par les associés de la société absorbée Sur le plan juridique, il n'est pas nécessaire de réunir les associés ou actionnaires de la société absorbée pour leur soumettre les comptes des opérations réalisées pendant la période intercalaire (Rép. Cornet, AN 25-11-1975 n° 23088).

II. Chez la société absorbante ou bénéficiaire des apports

A. Ecritures à comptabiliser

Présentation

10605 ***Question***

Quelles écritures la société absorbante (ou bénéficiaire des apports) doit-elle enregistrer à l'issue de la période intercalaire ?

Réponse

Outre la reprise des éléments figurant dans le traité de fusion ou d'apport, la société absorbante (ou bénéficiaire des apports) doit notamment :
- reprendre la totalité des opérations réalisées par la société absorbée (ou apporteuse) pendant la période intercalaire ;
- éliminer les opérations réciproques effectuées avec la société absorbée (apporteuse) pendant la période intercalaire ;
- tenir compte du nouveau coût des actifs apportés (leur valeur d'apport) pour calculer les amortissements, les résultats de cession lorsque les actifs ont été cédés pendant la période intercalaire, etc.

Commentaires A l'issue de la période intercalaire, lorsque l'opération est devenue définitive (c'est-à-dire après approbation du traité d'apport par l'assemblée des associés, voir no 10505), la société absorbante (ou bénéficiaire des apports) doit effectuer les travaux comptables suivants :

1. **Ecritures résultant du traité** La société absorbante (ou bénéficiaire des apports) enregistre les apports tels qu'ils figurent dans le traité, c'est-à-dire **à la date d'effet comptable de l'opération** (voir no 8150 s.).

2. **Mouvements de la période intercalaire** La société reprend la balance des mouvements de la période intercalaire établie par la société absorbée (ou, pour la société apporteuse, afférente à la branche d'activité apportée).

Afin de ne pas rompre la chronologie des enregistrements, la société absorbante ne reporte à son journal général que le total des opérations réalisées par la société absorbée depuis la date d'effet de l'opération, le détail mensuel étant conservé sur le journal original.

Fiscalement, la société absorbante (ou bénéficiaire des apports) reprendra le résultat de la période intercalaire sur la première déclaration qu'elle souscrira après la réalisation de l'apport (CE 18-3-1992 no 62402). Il en est ainsi du profit résultant de la reprise par la société absorbée, au cours de la période intercalaire, d'une provision devenue sans objet (CAA Paris 22-12-2006 no 04-1945).

Les mouvements de la période intercalaire devront figurer, sur les tableaux fiscaux, dans les mouvements de l'exercice, et ne devront en aucun cas affecter la colonne N-1.

3. **Elimination des opérations réciproques** Voir no 10610.

4. **Retraitement des cessions réalisées sur la période intercalaire par la société absorbée (apport à la valeur réelle)** Ces opérations étant considérées, du point de vue comptable, comme accomplies par la société absorbante ou bénéficiaire des apports (C. com. art. R 236-1 5°), il convient de les retraiter pour tenir compte du nouveau coût d'entrée des actifs (leur valeur d'apport). Ainsi, les plus-values de cession déterminées en fonction de la valeur comptable chez la société absorbée ou apporteuse et non sur la valeur réelle (valeur d'apport) sont éliminées et recalculées sur cette nouvelle valeur.

Fiscalement, sous réserve que le fait générateur de la plus-value soit effectivement rattachable à la période intercalaire (pour un exemple de cession conclue avant la date d'effet mais affectée d'une condition suspensive levée après cette date, voir CE 26-1-2011 n° 312470), le traitement de la plus-value diffère selon que l'opération a été placée sous le régime de faveur ou non.

a. **Si l'opération a été placée sous le régime de faveur,** il convient de distinguer selon que la cession porte sur une immobilisation amortissable ou non :

– immobilisation amortissable : la cession entraîne non seulement l'imposition de la plus-value de cession (différence entre la valeur d'apport et le prix de cession) mais aussi, le cas échéant (si l'opération a été faite à la valeur réelle), celle de la plus-value d'apport (différence entre la valeur d'origine chez l'absorbée et la valeur d'apport) dont l'imposition devait en application du régime de faveur être étalée chez la société absorbante (CGI art. 210 A-3 d ; voir n° 10155) ;

– immobilisation non amortissable : la cession entraîne l'imposition d'une plus-value calculée sur la base de la valeur fiscale qu'avait l'immobilisation apportée chez la société apporteuse (CGI art. 210 A-3 c ; BOI-IS-FUS-40-10-30 n° 40).

Sur les réintégrations extra-comptables à effectuer du fait de la cession, voir n° 12370 et 12375.

b. **Si l'opération a été placée sous le régime du droit commun,** que l'apport ait été fait à la valeur comptable ou à la valeur réelle, la cession entraîne l'imposition d'une plus-value calculée sur la base de la valeur réelle du bien apporté (y compris en cas d'apport à la valeur comptable, BOI-IS-FUS-30-20 n° 180 ; voir n° 12245). Pour un exemple, voir BOI-IS-FUS-40-10-30 n° 20.

En effet, qu'il y ait ou non cession, la société absorbée est imposée sur la plus-value d'apport (calculée sur la base de la valeur réelle).

Sur les retraitements extra-comptables à effectuer au titre de la plus-value d'apport et de la plus-value de cession lorsque l'opération est effectuée à la valeur comptable et placée sous le régime de droit commun, voir n° 12205, 12245 et 12250.

5. **Calcul des amortissements de la période intercalaire** sur les valeurs d'apport **(apport à la valeur réelle)**

A compter de la date d'effet comptable, la société absorbante (ou bénéficiaire des apports) est tenue d'amortir les biens reçus sur la base de la valeur d'apport.

Fiscalement, il en est de même, la date d'effet fiscal étant la même que la date d'effet comptable (TA Paris 9-11-1995 n° 92-1777 ; BOI-IS-FUS-40-10-30 n° 20).

Bien entendu, si l'absorbée ou l'apporteuse a constaté des dotations aux amortissements concernant la période intercalaire, il y a lieu d'en tenir compte et de ne constater qu'un complément de dotation.

Pour un exemple, voir ci-après.

Apport à la valeur comptable Dans ce cas, les amortissements intercalaires peuvent également devoir être retraités lorsque l'utilisation des immobilisations par la société absorbante (ou bénéficiaire des apports) est différente de celle de la société absorbée (ou apporteuse) (voir n° 8615 et 8620).

6. **Etats financiers** La société absorbante (ou bénéficiaire des apports) établit, à compter de la date d'effet de la fusion, des états financiers incluant le patrimoine et les opérations réalisées par la société absorbée.

En effet, la société absorbante doit, en tant que personne morale ayant la qualité de commerçant, conformément à l'article C. com. L 123-12, procéder chronologiquement à l'enregistrement comptable des mouvements affectant son patrimoine : son patrimoine comprend nécessairement celui de la société absorbée, la fusion se traduisant par la transmission universelle du patrimoine de la société absorbée à la société absorbante (en ce sens, C. com. art. L 236-3).

Sur un plan pratique, il semble, à notre avis, possible chez la société absorbante :
- de faire coexister, de façon provisoire, deux systèmes comptables ;

En effet, bien qu'aucune règle ne prévoie ni n'interdise la coexistence de deux systèmes comptables, il est difficile, en pratique, de procéder autrement. Toutefois, il convient de s'assurer du maintien du chemin de révision durant cette phase.

- de tenir des journaux et des livres auxiliaires par entité à condition que les écritures portées sur ces états soient centralisées, une fois par mois au moins, respectivement sur le livre-journal et le grand-livre.

Exemple ***Calcul des amortissements de la période intercalaire*** *Une fusion (à l'endroit) est réalisée le 1/07/N avec effet rétroactif au 1/01/N, entre deux sociétés sous contrôle distinct. En application du principe de valorisation des apports (voir nº 7600 s.), l'opération doit être réalisée en retenant les valeurs réelles.*
Dans le cadre de cette fusion, apport d'une immobilisation qui figure au 31/12/N-1 au bilan de la société absorbée pour 100 000 (prix de revient) moins 40 000 (amortissements 4 annuités) ; soit valeur nette comptable de 60 000.
La valeur d'apport de cette immobilisation (valeur réelle) est de 80 000.

Solution de l'exemple *Lorsque le traité prévoit (C. com. art. L 236-4) une date d'effet autre que celle de la dernière assemblée générale ayant approuvé l'opération, la fusion prend effet à cette date (dans notre exemple le 1/01/N).*
Il y a donc lieu, à notre avis, de calculer la dotation aux amortissements sur la base de la valeur réelle (80 000) à partir du 1/01/N. Cette dotation doit tenir compte d'une éventuelle dotation comptabilisée chez la société absorbée (ou apporteuse) jusqu'au 30/06/N, sur la base de la valeur comptable de 60 000.

B. Elimination des opérations réciproques

Principe

10610 ***Question***

Les opérations réciproques réalisées pendant la période intercalaire entre la société absorbante (ou bénéficiaire des apports) et la société absorbée (ou apporteuse) doivent-elles être éliminées ?

Réponse

Oui, en totalité, même lorsque l'élimination a une incidence sur le résultat (ainsi, élimination des profits et pertes ainsi que des plus et moins-values réciproques).

PCG

Art. 752-1

Les opérations réciproques réalisées entre l'entité absorbée et l'entité absorbante ou correspondant à la branche d'activité apportée en cas d'apport partiel d'actif durant la période intercalaire, sont éliminées comptablement selon les modalités suivantes (règles identiques à celles prévues le règlement ANC nº 2020-01 relatif aux comptes consolidés) et en fonction du caractère significatif des opérations.

Art. 752-2

Les créances et dettes réciproques ainsi que les produits et charges réciproques sont éliminés en totalité. Les incidences fiscales des opérations réciproques continuent cependant à être comptabilisées.

Les effets à recevoir et les effets à payer s'éliminent réciproquement mais, lorsque l'effet à recevoir est remis à l'escompte, le concours bancaire consenti au groupe est substitué à l'effet à payer.

Art. 752-3

Les profits et les pertes ainsi que les plus-values et moins-values réciproques sont éliminés en totalité. En cas d'élimination de pertes, il convient de s'assurer que la valeur de l'élément de l'actif cédé n'est pas supérieure à la valeur réelle de cet élément. L'élimination des incidences des opérations internes portant sur des actifs a pour conséquence de les maintenir à leur valeur d'apport dans le bilan de l'entité fusionnée.

Commentaires Les opérations réciproques réalisées pendant la période intercalaire entre la société absorbante et la société absorbée (par exemple, vente de stocks ou d'immobilisations de la société absorbée à la société absorbante) doivent être éliminées en totalité (PCG art. 752-1 à 752-3). Il en est de même des opérations réciproques réalisées entre les sociétés apporteuse et bénéficiaire des apports et afférentes à la branche d'activité apportée en cas d'apport partiel d'actif.

Fiscalement, il en est de même (BOI-IS-FUS-40-10-30 nº 50 et 60) :
- les opérations réalisées pendant la période intercalaire entre la société absorbée (apporteuse) et la société absorbante (bénéficiaire des apports) ne sont pas prises en compte pour la détermination de leurs résultats imposables ;
- en cas d'apport partiel d'actif, seules sont neutralisées les opérations internes relevant de la branche d'activité apportée.

Selon le PCG (art. précités), il convient de distinguer selon le type d'opérations réalisées :

1. **Opérations n'affectant pas le résultat** de la société absorbante (bénéficiaire des apports) à l'issue de l'opération. Il s'agit, par exemple, des créances et dettes réciproques.

2. **Opérations affectant le résultat** de la société absorbante (bénéficiaire des apports) à l'issue de l'opération. Les opérations visées sont l'ensemble des produits et pertes (par exemple, les marges internes) et l'ensemble des plus et moins-values sur cession d'actifs (cession d'immobilisations ou de stocks).

L'élimination des incidences des opérations internes portant sur des actifs a pour conséquence de les **ramener à leur valeur d'apport dans le bilan de la société absorbée (ou apporteuse).** En conséquence, en pratique :
- si l'opération est réalisée à la **valeur comptable,** les plus et moins-values à éliminer correspondent à la différence entre le prix de cession et la valeur nette comptable à la date d'effet de l'opération des éléments cédés ;
- si l'opération est réalisée à la **valeur réelle,** ces plus et moins-values sont déterminées par différence entre le prix de cession et la valeur réelle à la date d'effet de l'opération des éléments cédés.

Fiscalement, il en est de même (BOI-IS-FUS-40-10-30 nº 50). En conséquence, aucun retraitement extra-comptable n'est à effectuer, les opérations étant éliminées dans les mêmes conditions sur le plan comptable, sous réserve du cas des TUP (voir nº 10545).

Cas particuliers :

1. **Abandon de créance** L'annulation d'un abandon de créance financier, octroyé pendant la période intercalaire, par la société absorbante (ou bénéficiaire des apports) au profit de la société absorbée (ou apporteuse) permet d'en éviter les conséquences fiscales chez les sociétés parties à l'abandon. Pour plus de détails sur le traitement fiscal, voir Mémento Comptable nº 42270 à 42330.

2. **Cession réciproque d'immobilisations** En cas de cession d'une immobilisation, pendant la période intercalaire, par la société absorbée (ou apporteuse) à la société absorbante (ou bénéficiaire de l'apport), cette opération est réputée inexistante et la société absorbante (ou bénéficiaire des apports) est réputée devenue propriétaire du bien par voie d'apport. En conséquence, si la fusion ou l'apport partiel d'actif ont été réalisés à la valeur réelle et placés sous le régime fiscal de faveur (voir nº 7300 pour les fusions et nº 7340 pour les APA) :
- en cas d'immobilisation non amortissable, la plus-value d'apport est placée en sursis d'imposition jusqu'à la cession future de l'immobilisation ;
- en cas d'immobilisation amortissable, la plus-value d'apport doit être réintégrée de manière échelonnée chez la société absorbante (ou bénéficiaire de l'apport).

Pour un exemple, voir BOI-IS-FUS-40-10-30 nº 50.

C. Fusions : précisions sur certaines opérations réalisées pendant la période intercalaire

1. Dividendes versés par la société absorbée

Prise en compte dans le traité d'apport

10615 ***Question***

Les dividendes à verser par la société absorbée doivent-ils minorer les apports ?

Réponse

Oui. Ils doivent être inclus dans le passif pris en charge et sont mentionnés sur une ligne particulière dans le traité de fusion.

PCG art. 752-4
Si la réalisation de l'opération intervient après l'assemblée générale ordinaire de l'entité absorbée ayant approuvé les comptes clos à la date d'effet, afin de répondre à l'obligation juridique de libération du capital, il convient d'inclure les dividendes dans le passif pris en charge. Dans les cas où l'absorbante détient une participation dans l'entité absorbée, les dividendes à verser comptabilisés dans le passif pris en charge incluent ceux revenant à l'absorbante.

Commentaires 1. **Principe** Selon le PCG, dès lors que l'opération est réalisée après l'assemblée générale ordinaire approuvant les comptes de l'exercice de la société absorbée clos à la date d'effet comptable, les dividendes à verser doivent être inclus dans le passif pris en charge.

Ces dividendes figurent sur une ligne particulière du traité de fusion intitulée « Dividendes à verser pendant la période intercalaire ».

Cette minoration des apports permet en effet de satisfaire à l'obligation juridique de libération du capital. Sur cette obligation, voir nº 10650.

Opérations visées Le traitement spécifique des dividendes à verser pendant la période intercalaire est applicable uniquement aux opérations de fusion (hors fusions sans échange de titres, en l'absence d'augmentation de capital rémunérant les apports). Les TUP (en l'absence d'effet rétroactif comptable possible, voir nº 10530) ainsi que les apports partiels d'actif (la société apporteuse subsistant à l'opération) ne sont pas concernés.

L'ensemble des dividendes à verser est à mentionner. Ce traitement concerne :
- non seulement les dividendes à verser à des tiers,
- mais **également les dividendes à verser à la société absorbante.**

Et ce, même si les dividendes versés à la société absorbante n'engendrent pas de charge future pour la société absorbante.

En effet, selon la Chancellerie, interrogée dans le cadre des travaux du CNC sur le règlement CRC nº 2004-01 (intégré au PCG), l'inscription dans le traité d'apport de la totalité des dividendes à verser (c'est-à-dire y compris ceux versés à la société absorbante) permet de satisfaire à l'objectif de transparence à l'égard des tiers.

En revanche, les acomptes sur dividendes déjà versés sont exclus.

2. **Conséquences sur la comptabilisation de l'apport** Lors de la comptabilisation de l'apport, la prime de fusion est donc minorée du montant des dividendes et la contrepartie de cette minoration est enregistrée dans le compte « Dividendes à payer ».

Ces dividendes seront soldés lors de la reprise des écritures de la période intercalaire (versements effectués par la société absorbée). Pour un exemple, voir nº 10620.

En cas d'absence ou d'insuffisance de prime de fusion, le compte à utiliser est, à notre avis, le compte « Report à nouveau ».

Pour l'incidence de ce traitement sur le calcul du mali de fusion, voir nº 8325.

Cas particulier : dividendes versés à la société absorbante

10620 ***Question***

Comment éliminer le produit correspondant aux dividendes versés par la société absorbée à la société absorbante pendant la période intercalaire ?

Réponse

Ce produit est obligatoirement annulé, en contrepartie du compte « Prime de fusion » ou du compte « Report à nouveau » si la société absorbante souhaite verser des acomptes sur dividendes au cours de l'exercice de réalisation de la fusion.

PCG art. 752-5
Afin d'éviter que l'entité appréhende à la fois le résultat de l'absorbée (bénéficiaire) au titre de l'exercice de la fusion en application de la clause de rétroactivité, et les dividendes auxquels elle a droit au titre de l'exercice précédant la fusion, il convient d'annuler le produit correspondant à ces derniers par :
- le crédit du compte « Prime de fusion »
- ou du compte « Report à nouveau » si l'entité souhaite dans l'exercice de l'opération, distribuer un acompte sur dividendes comprenant ces dividendes reçus pendant la période intercalaire.

Commentaires Le produit résultant de la distribution de dividendes de la société absorbée est **obligatoirement annulé.** La contrepartie de cette annulation est le compte « Prime de fusion » ou le compte « Report à nouveau » si la société absorbante souhaite verser des acomptes sur dividendes au cours de l'exercice de réalisation de la fusion.

Fiscalement, il en est de même, le dividende est extourné du résultat de la société absorbante (BOI-IS-FUS-40-10-30 nº 60). Aucune imposition n'est établie au titre de la quote-part de frais et charges et aucun retraitement extra-comptable ne sont à effectuer, le dividende étant éliminé sur le plan comptable.

Exemple *(établi par nos soins) **Elimination des dividendes réciproques** Une société A détient 80 % du capital d'une société B. A absorbe B en N avec effet rétroactif au premier jour de l'exercice. Les titres de B sont comptabilisés chez A pour une valeur nette comptable de 1 500.*

La société B a décidé en N de verser des dividendes au titre du dernier exercice clos (N-1) pour un montant de 500, dont 400 à la société A (500 x 80 %) et 100 aux autres actionnaires.

L'actif net comptable apporté s'élève à 1 300. Il doit toutefois être minoré des dividendes à verser (500).

Le mali de fusion étant calculé à la date d'effet de l'opération (voir nº 8325), il est égal à 460, soit 1 500 (VNC des titres de B) - 1 040 (80 % de l'actif net apporté).

Solution de l'exemple *Les écritures suivantes sont enregistrées dans les comptes de la société absorbante (société A).*

a. Comptabilisation des apports

2. - 3. - 4. Actifs	2. Titres	2. Mali de fusion	101/104 Capital social + Prime	457 Dividendes à verser
1 300 (débit)	1 500 (crédit)	460 [(2)] (débit)	400 [(4)] (débit) / 160 [(3)] (crédit)	500 [(1)] (crédit)

b. Distribution des dividendes

- Ecriture comptabilisée par B lors de la décision de distribution [(5)]

106 Réserves B : débit 500 .... *457 Dividendes à verser* : crédit 500

- Ecriture comptabilisée par B lors de la mise en paiement des dividendes [(5)]

512 Banque : crédit 500 .... *457 Dividendes à verser* : débit 500

- Comptabilisation des dividendes reçus par l'absorbante A

512 Banque : débit 400 .... *761 Dividendes* : crédit 400

c. Elimination des dividendes versés à l'absorbante (PCG art. 752-5)

761 Dividendes : débit 400 (4) .... *101/104 Capital social + Prime* : crédit 400

101/104 Capital social + Prime : totaux 400 | 560 → 160

d. Annulation chez l'absorbante A de l'écriture intercalaire de constatation des dividendes chez l'absorbée B

- Annulation de l'écriture

106 Réserves A : crédit 500 → soldé

457 Dividendes à verser : débit 500 ; totaux 1 000 | 1 000 → soldé

(1) La réalisation de l'opération intervenant après l'assemblée générale ordinaire de la société absorbée ayant approuvée Les comptes clos à la date d'effet, il convient d'inclure les dividendes à verser (500) dans le passif pris en charge (PCG art. 752-4).

(2) Compte tenu de la participation de 80 % de A dans B, un mali de fusion doit être calculé et comptabilisé. Le mali de fusion doit être calculé à la date d'effet de l'opération et donc sans tenir compte des dividendes versés pendant la période intercalaire (PCG art. 751-4 ; voir n° 8325). Il est égal à 460, soit 1 500 (VNC des titres de B) - 1 040 (80 % de l'actif net apporté hors dividendes). Le mali de fusion est ensuite à décomposer en mali technique (à affecter aux actifs apportés) et en vrai mali (voir n° 8340).

(3) La fusion étant réalisée à la valeur comptable, l'augmentation du capital social et de la prime pour rémunérer les apports des actionnaires autres que A est égale à 20 % de l'actif net comptable minoré des dividendes soit (1300-500) x 20 %.

(4) En contrepartie de la comptabilisation de la quote-part de la dette liée aux dividendes à verser revenant à la société absorbante. Ce débit "technique" est ensuite extourné lors de l'annulation du produit de dividendes chez l'absorbante (PCG art. 752-5).

(5) La société A reprend la balance des mouvements de la période intercalaire établie par la société B et, notamment, la balance des mouvements relatifs à la distribution de dividendes.

2. Augmentation du capital de l'absorbée pendant la période intercalaire

Traitement par la société absorbante

10625 ***Question***

Comment la société absorbante doit-elle traiter l'augmentation de capital de la société absorbée réalisée pendant la période intercalaire ?

Réponse

L'augmentation de capital souscrite par la société absorbante doit être annulée, comme toute opération réciproque.

L'augmentation de capital souscrite par des tiers est, en général, inscrite dans le traité, s'agissant d'une créance vis-à-vis des tiers dont il est tenu compte pour déterminer la rémunération des apports. Cette créance est enregistrée dans les comptes de la société absorbante. Elle est ensuite annulée en contrepartie de l'annulation de l'augmentation de capital réalisée par la société absorbée pendant la période intercalaire et reprise dans les comptes de la société absorbante.

Commentaires Le traitement de l'augmentation de capital réalisée par la société absorbée pendant la période intercalaire diffère selon que cette augmentation a été souscrite ou pas par la société absorbante :

1. **Augmentation de capital souscrite par la société absorbante** La part de l'augmentation de capital souscrite par la société absorbante constitue une opération réciproque, à éliminer en application du PCG (voir nº 10605 et 10610), en contrepartie des titres reçus par la société absorbante.

Ainsi :
- l'augmentation de capital réalisée pendant la période intercalaire est enregistrée dans les comptes des sociétés absorbante et absorbée comme une augmentation de capital classique,
- lors de la reprise des opérations réalisées pendant la période intercalaire, ces écritures sont annulées en totalité, le capital étant annulé par l'annulation des titres.

Intérêt de l'opération Cette opération permet de réaliser des fusions avec des sociétés à actif net négatif (la recapitalisation de la société absorbée pendant la période intercalaire permettant en effet de satisfaire à l'obligation juridique de libération des apports, appréciée à la date de réalisation de l'opération, voir nº 10650).

Sur l'absence d'incidence sur le calcul du mali d'une augmentation de capital chez la société absorbée pendant la période intercalaire, voir nº 8325.

Fiscalement, une augmentation de capital réalisée au cours de la période intercalaire est également sans conséquence fiscale lorsqu'elle est souscrite en totalité par la société absorbante (CE 18-3-2020 nº 426473, décision rendue à propos d'une TUP et transposable à notre avis en cas de fusion).

2. **Augmentation de capital non souscrite par la société absorbante** En général, en pratique, l'augmentation de capital souscrite par des tiers est inscrite dans le traité de fusion, notamment dans le cas d'un actif net apporté négatif (afin de satisfaire à l'obligation juridique de libération des apports, voir nº 10650). En effet, la rémunération des apports déterminée dans le traité tient compte de cette augmentation de capital et celle-ci vient majorer les apports dans le traité ; elle figure alors sur une ligne distincte (en créance vis-à-vis du tiers souscrivant à cette augmentation). Lors de la comptabilisation des apports

par la société absorbante et de la reprise des opérations intercalaires (voir nº 10605), cette créance est annulée en contrepartie de l'annulation de l'augmentation de capital comptabilisée par la société absorbée pendant la période intercalaire. En pratique, lorsque l'actif net apporté est positif, l'inscription de l'augmentation de capital dans le traité n'est pas indispensable car la reprise des opérations intercalaires comprenant l'augmentation de capital conduira également à une augmentation de la prime de fusion.

Exemple *(établi par nos soins) Une société A et une société B sont détenues respectivement à 100 et 90 % par une même société mère M. A absorbe B le 30 juin N avec effet rétroactif au 1er janvier N.*

A la date d'effet de l'opération, l'actif net de la société B est négatif, égal à (500). Le bilan de la société B se présente ainsi :

Bilan Société B au 1/01/N

Actifs	*800*	*Capitaux propres*	*(500)*
		Dettes	*1 300*
Total	*800*	*Total*	*800*

Afin de respecter l'obligation juridique de libération des apports (voir nº 10505) et de pouvoir réaliser l'opération, le capital de la société B doit être augmenté. Par hypothèse, cette augmentation de capital, égale à 510, est intégralement souscrite par M (en numéraire) pendant la période intercalaire.

A la date de réalisation, l'actif net apporté par B à A est donc égal à 10. Cet apport est rémunéré par émission d'actions nouvelles de A. Par hypothèse, l'augmentation de capital (déterminée par le rapport d'échange) est égale à 1, la prime de fusion est égale à 9.

Solution de l'exemple :

a. Incidence de l'augmentation de capital sur le traité de fusion Dans le traité de fusion, doivent figurer :

– les apports pour leur valeur comptable à la date d'effet de l'opération (voir nº 7740) : (500) ;

– une créance sur la société mère M, dont le montant correspond à l'augmentation de capital souscrite pendant la période intercalaire : 510.

Soit un actif net apporté de 10, rémunéré par une augmentation de capital de 1.

b. Enregistrement des opérations dans les comptes de la société absorbante (société A)

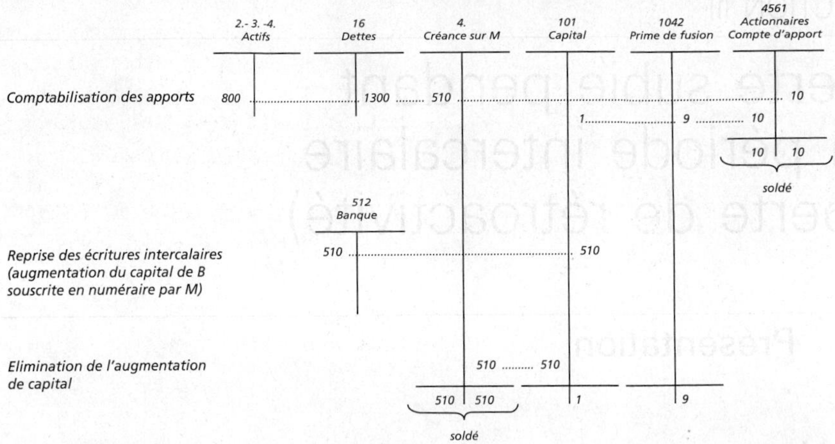

Après la fusion, l'impact de l'opération dans le bilan de la société A est le suivant :

Bilan Société A

Actifs	*800*	*Capitaux*	*1*
		Prime de fusion	*9*
		Capitaux propres	*10*
		Dettes	*1 300*
Trésorerie	*510*		
Total	*1 310*	*Total*	*1 310*

SECTION III

Perte subie pendant la période intercalaire (perte de rétroactivité)

I. Présentation

Principe

10650 ***Question***

La perte de rétroactivité constatée entre la date d'effet rétroactif et la date de réalisation de l'opération doit-elle être prise en compte pour apprécier la libération du capital ?

Réponse

Oui.

PCG

Art. 751-1
L'obligation de libération des apports doit être appréciée à la date de réalisation définitive de l'opération (assemblée générale extraordinaire des entités participant à l'opération).

Art. 751-2
(*en partie*) En cas d'effet rétroactif, lorsque la valeur des apports à la date d'effet risque de devenir, du fait d'une perte intercalaire, supérieure à la valeur réelle globale de l'entité à la date de réalisation de l'opération, une provision pour perte de rétroactivité est constatée au passif pris en charge dans le traité d'apport, réduisant d'autant le montant des apports pour répondre à l'obligation de libération du capital.

Commentaires Une « provision » pour perte de rétroactivité doit être constituée dès lors que le risque de non-libération du capital existe. Ce risque est matérialisé lorsque la valeur des apports à la date d'effet devient, du fait d'une perte réalisée entre la date d'effet de l'opération et sa date de réalisation, supérieure à la valeur réelle globale de la société à la date de réalisation de l'opération.

En effet, **l'obligation juridique de libération du capital** :
- **s'apprécie à la date de réalisation définitive de l'opération** (alors que les apports sont évalués à la date d'effet comptable) (PCG art. 751-1) ;
- implique que l'actif net apporté soit au moins égal à l'augmentation du capital, majorée éventuellement de la prime de fusion, d'apport ou de scission selon le cas (C. com. art. R 236-10 modifié par décret 2023-430 du 2-6-2023).

Champ d'application

10655 ***Question***

Quelles sont les opérations concernées par le traitement de la perte de rétroactivité ?

Réponse

Les fusions, les apports partiels d'actif et les scissions.

Commentaires 1. *Opérations visées* Le traitement de la perte de rétroactivité défini par le PCG vise les opérations suivantes :

- les fusions, de manière explicite ;

En effet, le PCG (art. 751-3) fait référence aux entités « absorbante » et « absorbée » (voir nº 10670 et 10700).

- les apports partiels d'actif et les scissions, lorsque ces opérations entraînent une augmentation du capital de la société bénéficiaire des apports en contrepartie de l'apport.

2. **Opérations exclues** En revanche :

- les fusions et scissions sans échange de titres ne sont pas visées, en l'absence d'augmentation de capital ;
- les opérations de TUP ne pouvant pas bénéficier d'un effet rétroactif sur le plan comptable (voir nº 10530), les règles relatives à la perte de rétroactivité ne leur sont évidemment pas applicables.

II. Traitement de la perte de rétroactivité à la date de l'opération

A. Traitement chez la société absorbée (ou apporteuse)

Incidence comptable

10660 ***Question***

Une provision pour perte de rétroactivité doit-elle être constatée dans les comptes de la société absorbée (ou apporteuse) ?

Réponse

Non, en aucun cas. Il s'agit en effet d'une perte qu'elle ne subira pas in fine.

Commentaires La provision pour perte de rétroactivité ne peut en aucun cas être comptabilisée chez la société absorbée (Bull. COB n° 145, février 1982, p. 7 et Bull. CNCC n° 83, septembre 1991, EC 91-63, p. 379).

En effet, les parties ayant convenu qu'après la date d'effet comptable, les résultats (pertes ou profits) seraient pris en compte par la société absorbante, il n'existe aucune raison de provisionner chez la société absorbée une perte qu'elle n'aura pas à supporter.

Apports partiels d'actif :
- ce raisonnement s'applique également aux apports partiels d'actif (Bull. CNCC précité) ;
- pour l'incidence sur l'évaluation des titres reçus en rémunération des apports d'une perte de rétroactivité, voir n° 10020.

B. Traitement dans le traité de fusion ou d'apport

Mention de la perte de rétroactivité

10665 ***Question***

Le traité de fusion ou d'apport doit-il tenir compte de la perte de rétroactivité ?

Réponse

Oui. Lorsqu'une perte de rétroactivité est susceptible de faire obstacle à la libération des apports (voir n° 10650), les apports doivent être minorés à due concurrence.

PCG art. 751-2

(*en partie*) En cas d'effet rétroactif, lorsque la valeur des apports à la date d'effet risque de devenir, du fait d'une perte intercalaire, supérieure à la valeur réelle globale de l'entité à la date de réalisation de l'opération, une provision pour perte de rétroactivité est constatée au passif pris en charge dans le traité d'apport, réduisant d'autant le montant des apports pour répondre à l'obligation de libération du capital.

Commentaires En principe, le traité de fusion (ou d'apport) ne devrait faire apparaître que les apports (actifs et passifs) valorisés **à la date d'effet comptable.**

En effet, c'est à cette date, rappelons-le, que les parties ont entendu du point de vue comptable effectuer l'opération de fusion (ou d'apport), voir n° 10510.

Toutefois, ces apports peuvent devoir être minorés du montant de la **perte constatée** entre la date d'effet rétroactif et la date de réalisation de l'opération.

La nécessité d'indiquer la perte constatée **résulte uniquement de l'obligation juridique de libération du capital** qui s'apprécie, en effet, non pas à la date d'effet comptable mais à la date de réalisation définitive de l'opération (C. com. art. L 236-10 renvoyant sur L 225-147, voir n° 10505). Or, un risque de non-libération du capital existe lorsque la valeur des apports à la date d'effet devient, du fait d'une perte entre la date d'effet de l'opération et sa date de réalisation, supérieure à la valeur réelle globale de la société à la date de réalisation de l'opération. D'où la constatation dans le passif pris en charge de cette perte de rétroactivité.

Si cette obligation juridique devait être appréciée à la date d'effet comptable, cette minoration n'existerait pas.

Sur les situations dans lesquelles la perte de rétroactivité doit être mentionnée dans le traité, voir n° 10670 et 10675.

En pratique, cette minoration s'effectue sur une ligne particulière du traité intitulée (PCG art. 751-2) : **Provision pour perte de rétroactivité.**

Il s'agit d'une **provision extra-comptable** (donc non comptabilisée chez la société absorbée, voir n° 10660) ne traduisant qu'une minoration juridique et non une minoration comptable. C'est pourquoi nous la citons entre guillemets dans les développements suivants.

Fiscalement, cette minoration juridique n'entraîne aucune conséquence fiscale. En particulier, cette écriture est sans incidence sur la déductibilité chez la société absorbante de la perte fiscale effectivement réalisée par la société absorbée pendant la période de rétroactivité, voir n° 10695.

Pour l'incidence de la perte de rétroactivité sur le calcul du mali de fusion, voir n° 8325.

Situations visées

10670 ***Question***

La perte de rétroactivité doit-elle être « provisionnée » systématiquement ?

Réponse

Non. En pratique, une perte de rétroactivité ne devrait être « provisionnée » qu'en cas d'apport à la valeur réelle et ce, dans des cas limités.

PCG art. 751-3

(*en partie*) [...] l'existence d'une perte intercalaire ne conduit pas systématiquement à la constatation d'une provision, en effet :

- lorsque les apports sont évalués à la valeur réelle, la valeur d'utilité de chacun des apports est estimée en tenant compte des flux de trésorerie futurs. Ces prévisions de trésorerie intègrent nécessairement les résultats prévisionnels des quelques mois entre la date d'effet de la fusion et sa date de réalisation. La perte de rétroactivité est par conséquent déjà intégrée dans l'évaluation des apports. Sauf événements significatifs non prévus durant la période intercalaire, qui remettraient en cause les évaluations faites, la provision pour perte ne se justifie pas dans le traité d'apport aux valeurs réelles [...] ;
- lorsque les apports sont évalués à la valeur comptable, la valeur totale des apports inscrite dans le traité est en général inférieure à la valeur globale de l'entité absorbée.

Commentaires L'existence d'une perte de rétroactivité ne conduit pas systématiquement à la constatation d'une provision.

Le PCG ne nie pas la réalité de la perte intercalaire, mais constate toutefois que :

- **en cas d'apport à la valeur réelle,** les pertes prévisionnelles sont généralement prises en compte lors de la détermination de cette valeur ;

En effet, la valeur réelle des actifs est généralement déterminée en fonction des flux de trésorerie futurs attendus, qui tiennent compte des pertes prévisionnelles.

- **en cas d'apport à la valeur comptable,** la valeur globale de la société étant en général supérieure à la somme des valeurs (les valeurs comptables) inscrites dans le traité d'apport, le risque que la valeur des apports soit inférieure à l'augmentation du capital est faible.

Cette éventualité se rencontre toutefois en l'absence de plus-values latentes suffisantes dans la société absorbée.

Ainsi, le PCG prend bien en compte le fait que la perte de rétroactivité :
- ne constitue pas un passif apporté,
- mais une correction à effectuer aux apports dans les seuls cas où cela est nécessaire, afin de permettre la libération du capital.

En conséquence, que les apports soient effectués à la valeur réelle ou comptable, les situations dans lesquelles la perte de rétroactivité doit être provisionnée sont :
- limitées en cas d'apports à la valeur réelle (voir nº 10675),
- et rares en cas d'apports à la valeur comptable.

Pour l'incidence de la perte de rétroactivité sur le calcul du mali de fusion, voir nº 8325.

Incidence sur les diligences du commissaire aux apports Les commissaires aux apports reconnaissent que la vérification globale des apports ne justifie effectivement pas la constitution systématique d'une « provision » pour perte de rétroactivité (Avis technique CNCC sur le commissariat aux apports, § 3.3.2.1 ; Guide professionnel CNCC sur le commissariat aux apports et à la fusion, § 2.232). Toutefois, le guide professionnel de la CNCC (précité) estime préférable, dans le cas d'un **apport à la valeur comptable,** qu'une telle « provision » soit inscrite dans le traité d'apport lorsque la valeur globale des apports, bien que supérieure à la valeur comptable, repose sur des prévisions de pertes pour l'année au cours de laquelle l'opération d'apport est effectuée et éventuellement pour les premières années postérieures à l'opération (par exemple, en cas d'apport d'une activité en développement ou en redressement). Dans ce cas, le montant de la « provision » pour perte de rétroactivité est égal à tout ou partie des pertes prévues.

Evénements justifiant la constitution d'une « provision » pour rétroactivité

10675 ***Question***

Quels sont les événements pouvant justifier la constitution d'une « provision » pour perte de rétroactivité en cas d'opération en valeur réelle ?

Réponse

Une « provision » pour perte de rétroactivité est mentionnée dans le traité d'apport lorsque des événements significatifs non prévus générant cette perte surviennent (ainsi, perte constatée supérieure à la perte estimée ou perte exceptionnelle d'un actif).

PCG art. 751-3

(*en partie*) Sauf événements significatifs non prévus durant la période intercalaire, qui remettraient en cause les évaluations faites, la provision pour perte ne se justifie pas dans le traité d'apport aux valeurs réelles.
Les événements significatifs non prévus pouvant conduire à la constatation d'une provision pour perte de rétroactivité peuvent être les suivants :
- constatation d'une perte intercalaire supérieure à la perte estimée ;
- perte exceptionnelle d'un actif ;
- remise en cause des hypothèses ayant servi à l'évaluation des flux de trésorerie : changement de taux d'actualisation, modification dans la détermination des flux de trésorerie.

Commentaires Dans le cas d'apports valorisés à la valeur réelle, une « provision » pour perte intercalaire peut être constituée si des événements significatifs non prévus surviennent et remettent en cause la valeur des apports.

Ces événements significatifs non prévus sont les suivants (liste fournie par le PCG art. 751-3) :

- **constatation d'une perte intercalaire supérieure à la perte estimée ;**

  Une perte prévisible et déjà prise en compte dans les valeurs réelles n'a pas à être à nouveau prise en compte si, lors de sa réalisation, elle correspond à la perte estimée. Seul le supplément, significatif et non prévu, doit l'être.

- **perte exceptionnelle d'un actif ;**

  Du fait par exemple d'un sinistre, non couvert par une assurance, survenu pendant la période intercalaire, donc non prévu par hypothèse.

- **remise en cause des hypothèses ayant servi à l'évaluation des flux de trésorerie.**

  La modification peut concerner à la fois le taux d'actualisation et les éléments entrant dans le calcul des flux de trésorerie (chiffre d'affaires, coût de production...). Ainsi, le chiffre d'affaires sera modifié en cas de dépôt de bilan inopiné d'un client important ; le coût de production, en cas de renchérissement important, et de manière inattendue, du coût des matières premières... Dans ce cas, la diminution du montant des flux de trésorerie futurs en résultant peut avoir pour conséquence la dépréciation des actifs durant la période intercalaire.

Lien avec le rapport d'échange

10680 ***Question***

Le rapport d'échange peut-il être remis en cause par la réalisation d'une perte intercalaire ?

Réponse

Oui, lorsque l'événement intervenant pendant la période intercalaire est significatif et non prévu.

Commentaires Si, dans le cas d'une opération réalisée à la valeur comptable, une perte accidentelle très importante (et par nature imprévisible) survient, le traité et l'opération peuvent être remis en cause.

Dans le cas d'une opération réalisée à la valeur réelle, tous les événements cités par le PCG (voir n° 10675) sont de nature à ajuster le rapport d'échange. Ainsi, en général, une perte est, à notre avis, à provisionner dès lors que le rapport d'échange est revu à la baisse (pour la société absorbée ou apporteuse) du fait d'événements survenus durant la période intercalaire, tant que la baisse n'est pas susceptible de remettre l'opération en cause.

Montant à inscrire dans le traité

10685 ***Question***

Pour quel montant la perte de rétroactivité doit-elle figurer dans le traité d'apport ?

Réponse

Il convient de prévoir un montant suffisant pour assurer la libération du capital.

Commentaires Dans le cas où une « provision » pour perte de rétroactivité doit être constituée, il convient de prévoir un montant suffisant pour assurer la libération du capital.

En effet, la jurisprudence (CA Paris 3-5-1975) interprétant la règle énoncée par le Code de commerce (C. com. art. L 225-131, L 242-17 et L 245-1) selon laquelle les actions d'apport doivent être libérées intégralement à l'émission, **sous peine de sanction pénale,** a jugé que la libération devait être appréciée au moment de l'assemblée générale extraordinaire de la société réceptrice des apports qui augmente le capital.

C'est pourquoi il convient d'évaluer les pertes probables de manière assez large pour éviter que des pertes supérieures aux prévisions n'obligent à reporter l'opération pour procéder à de nouvelles évaluations et à reconsidérer le traité d'apport.

Si la libération des apports est assurée et le rapport d'échange restant inchangé, il faut être conscient du fait qu'augmenter, par prudence (pénale), le montant de la « provision » sur le traité de fusion (ou d'apport) n'aura aucune incidence sur les comptes de l'absorbante (ou de la bénéficiaire des apports).

En effet, cet ajout, s'il se révèle finalement injustifié (ou inutile), se retrouvera dans la prime de fusion (ou d'apport) comme il l'aurait été si la « provision » avait été d'un montant moindre (voir n° 10695).

Synthèse

10690 Le tableau suivant, établi par nos soins, présente de manière synthétique les indications à porter dans le traité de fusion (ou d'apport) selon la date ou la période d'évaluation :

Dates ou période d'évaluation	Indications à porter sur le traité de fusion (ou d'apport)
Date d'effet comptable	Apports
Période intercalaire	« Provision » pour perte de rétroactivité (1)
Date de réalisation définitive	Montant (2) des apports servant de base pour apprécier la libération du capital (3)

(1) Cette provision n'est toutefois pas systématique (voir n° 10670).
(2) Seul le montant est à apprécier, la consistance des apports pouvant varier sur la période intercalaire.
(3) Voir exemple ci-après.

Exemple *Une fusion entre deux sociétés est réalisée à la valeur réelle, avec un effet rétroactif.*

La valeur réelle des apports à la date d'effet comptable s'élève à 120.

Une perte de 20 est constatée pendant la période intercalaire, nécessitant de la mentionner dans le traité de fusion.

Solution de l'exemple *La valeur des apports servant de base pour apprécier la libération du capital à la date de réalisation juridique est donc de 100 = 120 (valeur des apports) – 20 (« provision » pour perte intercalaire).*

Le commissaire à la fusion doit donc s'assurer que l'augmentation de capital de la société absorbante plus, le cas échéant, la prime de fusion ou d'apport (voir n° 10650), est au maximum égale à 100.

C. Traitement chez la société absorbante (ou bénéficiaire des apports)

Traitement comptable à la date de réalisation de l'opération

10695 ***Question***

Comment comptabiliser la « provision » pour perte de rétroactivité ?

Réponse

La « provision » est comptabilisée par la société absorbante dans un « sous-compte de la prime de fusion ».

PCG art. 751-2
(*en partie*) L'entité absorbante inscrit [la provision pour perte de rétroactivité] dans un sous-compte de la prime de fusion, et non en provisions pour risques et charges. En effet, elle ne doit pas reprendre en résultat une provision qui n'a jamais été dotée comptablement.

Commentaires La « provision » pour perte de rétroactivité doit être inscrite au bilan de la société absorbante.

Elle est comptabilisée dans un **« sous-compte de la prime de fusion »**. Il est interdit de l'inscrire en provision.

Fiscalement, l'enregistrement, chez la société absorbante, de cette « provision » dans un sous-compte de la prime de fusion n'entraîne aucune conséquence fiscale. En particulier, la constatation comptable d'une perte probable ne peut être assimilée à la renonciation par les parties à l'effet rétroactif au motif que le traité aurait déjà tenu compte d'une surévaluation des actifs. En conséquence, cette écriture est sans incidence sur la déductibilité chez la société absorbante de la perte fiscale effectivement réalisée par la société absorbée pendant la période intercalaire (CE 16-6-1993 n° 70446 ; BOI-IS-FUS-40-10-30 n° 30).

Pour l'incidence de la perte de rétroactivité sur le calcul du mali de fusion, voir n° 8325.

Le tableau suivant, établi par nos soins, récapitule la traduction du traité de fusion (ou d'apport) chez la société absorbante (ou bénéficiaire des apports) :

<table>
<tr><th colspan="3">Société absorbante (ou bénéficiaire des apports)</th><th>Traité de fusion (ou d'apport)</th></tr>
<tr><td rowspan="3">Augmentation de la situation nette</td><td colspan="2">Augmentation de capital</td><td rowspan="2">Actifs et passifs de la société absorbée à la date d'effet comptable</td></tr>
<tr><td rowspan="2">Prime de fusion ou d'apport</td><td>Prime définitive</td></tr>
<tr><td>Sous-compte de la prime de fusion ou d'apport</td><td>« Provision » pour perte de rétroactivité</td></tr>
</table>

III. Conséquences de la perte de rétroactivité sur les comptes de l'exercice de fusion (ou d'apport)

A. Constatation de la perte et affectation du résultat

Comptabilisation par la société absorbante (ou bénéficiaire des apports)

10700 ***Question***

Comment la société absorbante (ou bénéficiaire des apports) doit-elle comptabiliser la perte intercalaire ?

Réponse

La société absorbante (ou bénéficiaire des apports) inclut le résultat réel de la période intercalaire en reprenant les écritures comptabilisées par la société absorbée (bénéficiaire des apports) pendant cette période.

Lors de l'affectation du résultat de la société absorbante (ou bénéficiaire des apports), la perte réelle de rétroactivité est imputée sur le « sous-compte de la prime de fusion ».

PCG art. 751-3

(*en partie*) Lors de l'affectation du résultat de l'entité absorbante, la perte de l'entité absorbée constatée durant la période intercalaire est imputée sur le sous-compte de la prime de fusion. Après cette imputation, le solde du sous-compte de la prime de fusion est intégré à la prime de fusion.

Commentaires 1. **Constatation de la perte intercalaire** Conformément à la volonté des parties exprimée dans le traité, le résultat réel de la période intercalaire (perte ou profit) est inclus dans le résultat de la société absorbante (ou bénéficiaire des apports), au titre de l'exercice au cours duquel a lieu la fusion (ou l'apport), via la reprise des écritures comptabilisées par la société absorbée (apporteuse).

Sur cette reprise, voir n° 10605.

Fiscalement, l'administration (BOI-IS-FUS-40-10-30 n° 30) comme la jurisprudence (CE 18-3-1992 n° 62402) considèrent que la perte (réelle) de la période intercalaire est déductible du résultat de la société absorbante ou bénéficiaire des apports. Cette perte doit toutefois faire l'objet des retraitements extra-comptables de droit commun (charges non déductibles, produits non imposables, éléments relevant du régime du long terme, etc.). Seule peut être déduite la perte correspondant aux opérations réalisées par la société absorbée pendant la période intercalaire. Tel n'est pas le cas d'une perte correspondant à des opérations d'exercices antérieurs, non déductibles en application de la théorie du prix d'acquisition : voir n° 8145.

Bien que le sous-compte de la prime de fusion ne soit pas soldé à la clôture de l'exercice au cours duquel est réalisée la fusion (ou l'apport), il n'est pas nécessaire de le faire apparaître distinctement au niveau des capitaux propres. Il reste en effet inclus dans le poste « Prime de fusion ou d'apport », dans l'attente de l'affectation du résultat de l'exercice.

2. **Affectation du résultat** Selon le PCG (art. 751-3) :
- quel que soit le résultat de la société absorbante dans son ensemble (absorbante + absorbée) l'exercice où l'opération est réalisée, l'affectation du résultat par l'assemblée générale lors de l'approbation des comptes doit prévoir une imputation de la perte réelle de rétroactivité sur le sous-compte de la prime de fusion ;
- après l'affectation, le solde éventuel de ce sous-compte est ensuite obligatoirement soldé et vient augmenter le compte « Prime de fusion ».

L'affectation du résultat relevant de la compétence de l'assemblée générale ordinaire, cette dernière doit au préalable statuer sur ces opérations.

Perte réelle excédant la perte prévue En principe, le montant de la perte de rétroactivité exceptionnelle devrait être connu avec exactitude au moment des apports et donc correspondre à la perte réelle. Si toutefois la perte réelle de rétroactivité s'avérait supérieure au montant inscrit dans le sous-compte de la prime de fusion, l'excédent devrait, à notre avis, également être imputé sur la prime de fusion. Il ne s'agit toutefois pas d'une obligation, l'affectation du résultat résultant d'une décision de l'AGO.

Evénements postérieurs à la date de réalisation de l'opération Ces événements ne doivent pas être pris en compte pour déterminer le montant de la perte réelle à imputer sur le sous-compte de la prime de fusion. Ainsi, par exemple, si le traité mentionne une perte de rétroactivité correspondant à une dépréciation de titres apportés, subie pendant la période intercalaire :
- la reprise de dépréciation résultant d'une remontée des cours postérieure à la date de réalisation de l'opération ne doit pas minorer le montant de la perte de rétroactivité imputée sur le sous-compte de la prime de fusion ;
- elle est au contraire à prendre en compte dans le résultat de la société absorbante après la fusion.

B. Information en annexe

Principe

10705 ***Question***

En cas de perte de rétroactivité, quelles informations doivent être fournies dans l'annexe ?

Réponse

Dans l'annexe aux comptes de l'exercice de réalisation de l'opération, la société absorbante (ou bénéficiaire des apports) doit indiquer le montant qu'elle a comptabilisé dans le « sous-compte de la prime de fusion » au titre de la perte intercalaire.

Commentaires Voir nº 13270.

TITRE II

Du résultat comptable au résultat fiscal

CHAPITRE 8

Retraitements à effectuer pour la détermination du résultat fiscal

Plan du chapitre

Plan du chapitre (suite)

Plan du chapitre (suite)

Plan du chapitre (suite)

Plan du chapitre (suite)

Plan du chapitre (suite et fin)

SECTION I

Présentation générale des retraitements extra-comptables spécifiques aux fusions, apports partiels d'actif, TUP...

12005 Comme nous l'avons exposé dans le premier titre de cette deuxième partie du Mémento Fusions & Acquisitions, les règles comptables et fiscales applicables aux fusions et opérations assimilées sont divergentes sur de nombreux points. Des retraitements extra-comptables, souvent complexes, doivent en conséquence être pratiqués pour la détermination du résultat fiscal des sociétés participant à ces opérations.

Des causes multiples de divergences

Certains retraitements résultent de **régimes de faveur** applicables aux fusions et opérations assimilées qui visent à conférer à ces opérations un caractère intercalaire.

Ainsi, par exemple, en application des articles 210 A ou 38-7 bis du CGI :
- l'imposition des plus-values et profits d'apport dégagés par la société absorbée ou apporteuse est attribuée à la société absorbante ou bénéficiaire des apports de manière immédiate (stocks et créances), échelonnée (immobilisations amortissables) ou différée (immobilisations non amortissables), voir nº 12300 (opération à la valeur réelle en régime de faveur) ;
- la plus-value d'annulation des titres de la société absorbée est exonérée d'impôt, voir nº 12105 et 12320 ;
- la plus-value d'échange des titres des actionnaires de la société absorbée peut être placée en sursis d'imposition jusqu'à la cession des titres, voir nº 12125, 12230, 12335 et 12420.

D'autres retraitements traduisent une **différence entre l'approche comptable et l'approche fiscale** de la qualification d'une dépense ou d'un gain.

Tel est le cas :
- des frais d'augmentation de capital qui peuvent être comptabilisés en diminution des capitaux propres (par imputation sur la prime de fusion ou d'apport) alors que ces frais constituent fiscalement par nature des charges, voir nº 12115, 12220, 12230 et 12415 ;
- du boni de fusion qui doit, dans certains cas, être comptabilisé en capitaux propres alors que ce boni constitue fiscalement un produit (imposable lorsque l'opération n'est pas placée sous le régime de faveur), voir nº 12210 et 12405.

Des retraitements résultant des nouvelles règles comptables sur les fusions

Certains retraitements, tels ceux résultant de l'application du régime fiscal de faveur de l'article 210 A du CGI, sont issus de divergences anciennes.

En outre, le PCG (art. 710-1 à 770-2) est la source de **plus d'une dizaine de retraitements.**

Tel est le cas des corrections extra-comptables :
- consécutives à la comptabilisation à l'actif du mali technique (lorsque la fusion est placée sous le régime de faveur), voir n° 12130 et 12140 ;
- résultant d'une déconnexion, le cas échéant, entre les valeurs d'apport retenues sur le plan comptable et sur le plan fiscal, voir n° 12200 (opération à la valeur comptable en régime de droit commun).

Des retraitements résultant de dates d'effet différentes en comptabilité et en fiscalité

Certains retraitements peuvent résulter du fait qu'une rétroactivité fiscale peut être conférée à l'opération alors qu'elle n'est pas admise comptablement.

Tel est le cas :
- d'un apport partiel d'actif réalisé au profit d'une société nouvelle, voir n° 12500 et 12505 ;
- d'une dissolution par confusion de patrimoine (transmission universelle de patrimoine ou TUP), voir n° 12510 et 12515.

Des retraitements constitutifs de divergences temporaires ou définitives

Certains retraitements ont pour effet **d'étaler ou de différer** l'imposition d'un produit ou la déduction d'une charge.

Tel est le cas :
- des retraitements résultant de l'échelonnement ou du report d'imposition des plus-values d'apport réalisées dans le cadre d'une opération placée sous le régime de faveur, voir n° 12300 (opération à la valeur réelle en régime de faveur) ;
- des retraitements résultant de l'option pour le sursis d'imposition de la plus-value d'échange de titres chez les associés de la société absorbée, voir n° 12100, 12200, 12300 et 12400.

En revanche, d'autres retraitements traduisent **l'exonération définitive** d'un produit ou la **non-déduction définitive** d'une charge.

Tel est le cas :
- de l'exonération de la plus-value d'annulation de titres (boni de fusion) sous le régime de faveur des fusions, voir n° 12105 et 12320 ;
- de la réintégration du vrai mali pour situation nette réelle négative, voir n° 12120 et 12225.

Des retraitements susceptibles d'affecter des exercices différents

Certains retraitements n'affectent que l'**exercice de la fusion** ou de l'apport partiel d'actif.

Il en est ainsi, par exemple, des corrections extra-comptables résultant :
- de l'imputation des frais d'augmentation de capital sur la prime de fusion, voir n° 12115, 12220, 12330 et 12415 ;
- de la différence d'assiette et/ou de régime du mali, voir n° 12120, 12225, 12325 et 12410 ;
- de l'exonération du boni de fusion comptabilisé en résultat (régime de faveur) ou de l'imposition du boni de fusion comptabilisé en capitaux propres (régime de droit commun), voir n° 12105, 12210, 12320 et 12405.

Certains retraitements, en revanche, **s'échelonnent sur plusieurs exercices.**

Tel est le cas de la réintégration par la société absorbante ou bénéficiaire des apports des plus-values d'apport sur immobilisations amortissables, lorsque l'opération a été placée sous le régime de faveur des fusions, voir n° 12351.

D'autres, enfin, affectent des **exercices postérieurs** à celui de l'opération.

Il en est ainsi notamment des retraitements résultant de :
- la dépréciation ou la cession d'immobilisations reçues dans le cadre d'une opération réalisée à la valeur réelle et placée sous le régime de faveur, voir tableau de synthèse nº 12300 ;
- l'amortissement, la dépréciation du mali technique ou la cession d'une immobilisation à laquelle est affectée une quote-part de mali technique, lorsque l'opération a été placée sous le régime de faveur, voir nº 12129, 12130 et 12140 ;
- la cession d'actifs reçus dans le cadre d'une opération réalisée à la valeur comptable et placée sous le régime de droit commun, voir nº 12245, 12250 et 12255 ;
- la cession de titres de participation reçus dans le cadre d'une opération placée sous le régime de faveur, et dont les frais d'acquisition ont été fiscalement amortis, voir nº 12141 et 12376 ;
- la dépréciation ou la cession des titres reçus en échange et comptabilisés à leur valeur réelle par les actionnaires de la société absorbée, en cas d'option pour le régime de sursis d'imposition de l'article 38-7 bis du CGI, voir nº 12100, 12200, 12300 et 12400.

Des retraitements concernant toutes les sociétés parties à l'opération

En cas de fusion ou d'apport partiel d'actif, des retraitements peuvent devoir être effectués chez les sociétés apporteuse, bénéficiaire des apports, absorbée ou absorbante ainsi que chez les associés de la société absorbée.

Ces retraitements sont souvent liés entre eux. Ainsi une société pourra devoir réintégrer un profit déduit extra-comptablement par l'autre société partie à l'opération et inversement.

Tel est le cas des retraitements résultant :
- de l'attribution à la société absorbante ou bénéficiaire des apports, en application du régime de faveur, de l'imposition des plus-values et profits d'apport dégagés par la société absorbée ou apporteuse, voir tableau de synthèse nº 12300 (opération à la valeur réelle en régime de faveur),
- d'une déconnexion entre les valeurs d'apport retenues sur le plan comptable et sur le plan fiscal (déduction, chez la société absorbante ou bénéficiaire des apports, lors de la cession des actifs reçus, de la plus-value d'apport fiscale imposée chez la société absorbée ou apporteuse), voir nº 12245, 12250 et 12255.

Le traité d'apport et l'état de suivi des plus-values en sursis d'imposition permettent d'assurer le suivi et la cohérence de ces **retraitements « miroirs »**.

Des retraitements facultatifs ou obligatoires

Les corrections extra-comptables applicables en cas de fusions et opérations assimilées sont :
- facultatives lorsqu'elles résultent de la mise en œuvre de régimes fiscaux optionnels,

  En cas d'option effective pour le régime fiscal dérogatoire, elles deviennent en revanche obligatoires. Sont ainsi visés les options :
  - pour le régime de faveur applicable en matière d'IS (CGI art. 210 A),
  - pour le sursis d'imposition sur l'échange des titres des associés de la société absorbée (CGI art. 38-7 bis).
- en principe, obligatoires dans les autres cas.

  Toutefois, en cas de déconnexion des valeurs d'apport comptable et fiscale, les retraitements afférents à la cession des actifs reçus par la société absorbante ou bénéficiaire des apports ne sont pas obligatoires, voir nº 12245, 12250 et 12255.

30 principaux retraitements extra-comptables pour 4 typologies d'opérations

Afin de présenter de manière synthétique et pratique les principaux retraitements extra-comptables à effectuer dans le cadre d'une fusion ou opération assimilée, nous présentons dans cette partie les retraitements applicables en fonction de la valeur d'apport et du régime fiscal sous lequel est placée l'opération.

Nous avons retenu quatre combinaisons différentes synthétisées dans le tableau ci-dessous.

		Valorisation comptable des apports	
		Valeur comptable (VC)	Valeur réelle (VR)
Régime fiscal	Faveur	Valeur d'apport fiscale : VC voir nº 12100 à 12150	Valeur d'apport fiscale : VR voir nº 12300 à 12385
	Droit commun	Valeur d'apport fiscale : VR voir nº 12200 à 12270	Valeur d'apport fiscale : VR voir nº 12400 à 12450

Le détail des principaux retraitements que les entreprises peuvent être conduites à effectuer dans chacune de ces quatre situations fait l'objet des quatre sections suivantes, étant précisé que :
- certains retraitements, indépendants de la valorisation des apports et/ou du régime fiscal applicable, sont communs à plusieurs ou à l'ensemble de ces opérations ;
- d'autres retraitements, au contraire, sont spécifiques à une seule typologie d'opération.

SECTION II

Retraitements en cas d'opération réalisée à la valeur comptable et placée sous le régime fiscal de faveur

I. Tableaux de synthèse des principaux retraitements

Opération réalisée à la valeur comptable et placée sous le régime fiscal de faveur

12100 ***Question***

Quels sont les principaux retraitements extra-comptables à effectuer lorsque l'opération est réalisée à la valeur comptable et placée sous le régime fiscal de faveur ?

I. Lors de la fusion ou de l'opération assimilée		
Chez l'absorbée ou l'apporteuse	Chez l'absorbante ou la bénéficiaire des apports	Chez les actionnaires de l'absorbée
	Retraitements de la plus-value d'annulation (boni de fusion ou de confusion) des titres de l'absorbée. Voir nº 12105 Retraitement de la moins-value d'annulation des titres de l'absorbée détenus depuis moins de deux ans à hauteur de la dépréciation le cas échéant comptabilisée. Voir nº 12110 Réintégration de la moins-value d'annulation des titres de l'absorbée détenus depuis moins de deux ans, à hauteur des dividendes reçus de cette société lorsqu'ils ont bénéficié du régime des sociétés mères. Voir nº 12111 Déduction des frais d'augmentation de capital imputés sur la prime de fusion (ou d'apport). Voir nº 12115 Retraitements du mali de fusion (ou de confusion). Voir nº 12120	– Lorsque l'échange est réalisé à la valeur vénale, si option pour le sursis d'imposition : retraitement de la plus ou moins-value d'échange des titres de l'absorbée pour la placer en sursis. – Lorsque l'échange est réalisé à la valeur comptable : • si pas d'option pour le sursis d'imposition : extériorisation de la plus ou moins-value fiscale d'échange des titres de l'absorbée, • si option pour le sursis d'imposition : retraitement de la plus ou moins-value fiscale d'échange des titres de l'absorbée pour la placer en sursis. Voir nº 12125

II. Pendant la détention des éléments d'actif reçus dans le cadre de la fusion ou de l'opération assimilée		
Chez l'absorbée ou l'apporteuse	Chez l'absorbante	Chez les actionnaires de l'absorbée
	Déduction de la reprise d'une provision ou dépréciation lorsque celle-ci n'était pas déductible chez la société absorbée. Voir nº 12127 Réintégration de l'amortissement de la quote-part de mali technique de fusion affectée à un actif amortissable. Voir nº 12129 Réintégration de la dépréciation du mali technique de fusion. Voir nº 12130	Si échange à la valeur réelle et option pour le sursis d'imposition, réintégration de la dépréciation comptable des titres reçus en échange excédant la (provision pour) dépréciation fiscalement déductible (le cas échéant). Voir nº 12135

II. Pendant la détention des éléments d'actif reçus dans le cadre de la fusion ou de l'opération assimilée

Chez l'absorbée ou l'apporteuse	Chez l'absorbante	Chez les actionnaires de l'absorbée
	Poursuite de l'amortissement fiscal des frais d'acquisition de titres de participation apportés. Voir nº 12132	Poursuite de l'amortissement fiscal des frais d'acquisition des titres remis à l'échange en cas d'option pour le sursis d'imposition du résultat d'échange. Voir nº 12137
	Poursuite des déductions fiscales exceptionnelles. Voir nº 12133	A la suite d'une fusion sans échange de titres entre entités détenues à 100 % par la même entité mère, lorsque les titres de l'absorbante ont une valeur fiscale inférieure à leur valeur comptable, réintégration de la dépréciation comptable excédant la (provision pour) dépréciation fiscalement déductible (le cas échéant). Voir nº 12138

III. Lors de la cession des éléments d'actif reçus dans le cadre de la fusion ou de l'opération assimilée

Chez l'absorbée ou l'apporteuse	Chez l'absorbante	Chez les actionnaires de l'absorbée
	Réintégration de la quote-part de mali technique de fusion affectée à l'immobilisation cédée. Voir nº 12140	Si échange à la valeur réelle avec option pour le sursis d'imposition ou si échange à la valeur comptable sans option pour le sursis d'imposition, retraitement de la différence entre le résultat de cession comptable et fiscal des titres reçus en échange. En outre, lorsque les titres de l'absorbée remis à l'échange constituent des titres de participation, et si option pour le sursis d'imposition, retraitement de la différence entre le résultat de cession comptable et fiscal des titres reçus en échange. Voir nº 12145

III. Lors de la cession des éléments d'actif reçus dans le cadre de la fusion ou de l'opération assimilée		
Chez l'absorbée ou l'apporteuse	Chez l'absorbante	Chez les actionnaires de l'absorbée
	En cas de cession de titres de participation, retraitement de la différence entre le résultat de cession comptable et fiscal à raison des frais d'acquisition. Voir nº 12141	A la suite d'une fusion sans échange de titres entre entités détenues à 100 % par la même entité mère : – lorsque les titres de la société absorbante ont une valeur fiscale inférieure à leur valeur comptable, retraitement de la différence entre le résultat de cession comptable et fiscal ; – application différenciée du régime du court terme et du long terme aux titres de l'absorbante et aux titres réputés correspondre aux titres de l'absorbée. Voir nº 12150
	En cas de cession d'immobilisations non amortissables, retraitement de la différence entre le résultat de cession comptable et fiscal. Voir nº 12142	

II. Retraitements à effectuer lors de l'opération

A. Chez la société absorbante ou bénéficiaire des apports

Boni de fusion (ou de confusion)

12105 ***Question***

Lorsque l'opération est réalisée à la valeur comptable et placée sous le régime fiscal de faveur, quels sont les retraitements extra-comptables à effectuer chez la société absorbante (ou la confondante) au titre du boni de fusion (ou de confusion) ?

Comptabilité	Fiscalité
a. Assiette du boni Le boni représente l'écart positif entre l'actif net reçu par l'absorbante (ou la confondante) à hauteur de sa participation détenue dans l'absorbée (ou la confondue) et la valeur comptable de cette participation. En cas de TUP, aucun effet rétroactif ne pouvant être conféré à l'opération sur le plan comptable, l'apport net reçu et la valeur comptable de la participation pris en compte pour le calcul du boni de confusion doivent être appréciés à la date d'effet de l'opération, c'est-à-dire à l'issue du délai d'opposition des créanciers.	**a. Assiette du boni** Un effet rétroactif purement fiscal peut être conféré à une TUP. Le boni de confusion est alors calculé en prenant en compte l'actif net de la société confondue à la date d'effet fiscal. Des retraitements sont en outre susceptibles d'être effectués lorsque le montant du boni de fusion fiscal (ou de confusion) diffère de celui du boni comptable : – en raison du traitement fiscal réservé aux frais d'acquisition de titres ; – lorsque les titres annulés sont grevés d'une plus ou moins-value en sursis ou en report d'imposition
b. Comptabilisation Le boni est comptabilisé : – dans le résultat financier à hauteur de la quote-part des résultats accumulés par l'absorbée (ou la confondue) depuis l'acquisition et non distribués ; – dans les capitaux propres pour le montant résiduel ou si les résultats accumulés ne peuvent être déterminés de manière fiable.	**b. Régime** Fiscalement, le boni de fusion (ou de confusion) correspond à la plus-value d'annulation des titres de l'absorbée (ou la confondue) détenus par l'absorbante (ou la confondante). Lorsque la fusion (ou la TUP) est placée sous le régime fiscal de faveur, cette plus-value d'annulation est exonérée (CGI art. 210 A-1-2°).

Divergences – Retraitements
a. Retraitements d'assiette Retraitements correspondants sur l'imprimé n° 2058-A (lignes XG ou WQ). **b. Retraitement lié au régime** Déduction sur l'imprimé n° 2058-A (ligne XG) de la fraction du boni comptabilisée en résultat ou réintégrée (voir ci-avant a.).

Commentaires Voir n° 8450, 8460 et 9022.

Annulation des titres de la société absorbée détenus depuis moins de deux ans et dépréciés chez la société absorbante

12110 ***Question***

Lorsque l'opération est réalisée à la valeur comptable et placée sous le régime fiscal de faveur, quels sont les retraitements extra-comptables à effectuer chez la société absorbante au titre de l'annulation des titres de la société absorbée :
- détenus depuis moins de deux ans,
- et dépréciés chez la société absorbante ?

Comptabilité	Fiscalité
En cas d'absorption par une société d'une autre société dans laquelle elle détient une participation, le mali de fusion constaté, le cas échéant, est calculé à partir de la valeur nette comptable des titres de l'absorbée dans les comptes de l'absorbante (PCG art. 745-3 et Recueil des normes comptables, Commentaire IR 3 sous l'article 745-3). En conséquence, si les titres de l'absorbée ont été dépréciés par l'absorbante avant la fusion : - le mali de fusion comptabilisé ne comprend pas le montant de cette dépréciation ; - et, corrélativement, la dépréciation n'est pas reprise lors de la comptabilisation de l'opération de fusion. La dépréciation comptabilisée sur les titres est figée et devient donc une perte définitive.	La moins-value d'annulation de titres de participation, représentative de la perte réelle subie, est déductible du résultat au taux normal lorsque les titres de l'absorbée sont détenus depuis moins de deux ans (BOI-IS-FUS-10-50-20 nº 50), même si aucune reprise de (provision pour) dépréciation n'est prise en compte pour la détermination du résultat imposable de l'exercice de réalisation de l'opération (CE 13-11-2020 nº 424455). La (provision pour) dépréciation de titres de participation (au sens fiscal) est constitutive d'une moins-value à long terme (relevant du taux de 19 % pour les titres de SPI cotées ou non déductible pour les titres relevant du secteur de taxation limité à une quote-part de frais et charges), quelle que soit la durée de détention des titres (CGI art. 39-1-5º, al. 17). Lorsque les titres annulés sont des titres de SPI non cotées, la (provision pour) dépréciation les concernant relève du taux de droit commun (voir Mémento Comptable nº 35930).

Divergences – Retraitements
Afin de préserver la déductibilité au taux de droit commun de la quote-part de la moins-value d'annulation des titres détenus depuis moins de deux ans correspondant à la dépréciation des titres annulés, les retraitements extra-comptables suivants doivent être effectués sur l'imprimé nº 2058-A : - constatation de la reprise de la dépréciation constitutive d'une plus-value à long terme : • réintégration (ligne WQ) de la dépréciation, • déduction (lignes WV à XB) de ce même montant au titre des plus-values à long terme ; - déduction (ligne XG) de la moins-value d'annulation de titres à hauteur du montant de la (provision pour) dépréciation antérieurement constatée (qui comptablement n'est pas reprise). Aucun retraitement n'est à effectuer lorsque les titres annulés sont des titres de SPI non cotées.

Commentaires Voir nº 8328.

Annulation des titres de la société absorbée détenus depuis moins de deux ans lorsque celle-ci a distribué des dividendes ayant bénéficié du régime des sociétés mères

12111 ***Question***

Lorsque l'opération est réalisée à la valeur comptable et placée sous le régime fiscal de faveur, quels sont les retraitements extra-comptables à effectuer chez la société absorbante au titre de l'annulation des titres de la société absorbée :

- détenus depuis moins de deux ans,
- lorsque les dividendes reçus de la société absorbée ont été exonérés en application du régime des sociétés mères ?

Comptabilité	Fiscalité
En cas d'absorption par une société d'une autre société dans laquelle elle détient une participation, le mali de fusion constaté, le cas échéant, représente l'écart négatif entre l'actif net reçu par la société absorbante à hauteur de sa participation détenue dans la société absorbée, et la valeur comptable de cette participation (PCG art. 745-3).	La moins-value d'annulation de titres de participation est déductible du résultat au taux normal lorsque les titres de l'absorbée sont détenus depuis moins de deux ans (BOI-IS-FUS-10-50-20 nº 50). Toutefois, cette moins-value d'annulation n'est pas déductible à hauteur des dividendes reçus de la société absorbée depuis son acquisition et qui ont bénéficié chez l'absorbante du régime des sociétés mères (CGI art. 210 A ; BOI-IS-FUS-10-20-50 nº 135). Cette mesure anti-abus vise à empêcher le cumul : – de l'exonération des dividendes ; – et de la déduction au taux normal de la moins-value réputée résulter de cette distribution.
Divergences – Retraitements	
Réintégration de la fraction non déductible de la moins-value sur l'imprimé nº 2058-A (ligne WQ).	

Commentaires Voir nº 8368.

Frais d'augmentation de capital imputés sur la prime de fusion (ou d'apport)

12115 ***Question***

Lorsque l'opération est réalisée à la valeur comptable et placée sous le régime fiscal de faveur, quels sont les retraitements extra-comptables à effectuer chez la société absorbante (ou bénéficiaire des apports) en cas d'imputation des frais d'augmentation de capital sur la prime de fusion (ou d'apport) ?

Comptabilité	Fiscalité
Les frais d'augmentation de capital peuvent être imputés sur le montant de la prime de fusion pour le montant net d'impôt, ce qui constitue la méthode préférentielle.	Les frais d'augmentation de capital sont immédiatement déductibles, même s'ils ont été imputés en comptabilité sur la prime de fusion (BOI-BIC-CHG-20-30-20 nº 90).
Divergences – Retraitements	
Déduction des frais pour leur montant brut sur l'imprimé nº 2058-A (ligne XG).	

Commentaires Voir nº 8163.

Mali de fusion (ou de confusion)

12120 ***Question***

Lorsque l'opération est réalisée à la valeur comptable et placée sous le régime fiscal de faveur, quels sont les retraitements extra-comptables à effectuer chez la société absorbante (ou confondante) au titre du mali ?

Comptabilité	Fiscalité
a. Assiette du mali Le mali de fusion (ou de confusion) correspond à l'écart négatif entre : - l'actif net reçu, positif ou négatif, par la société absorbante (ou confondante) à hauteur de sa participation dans la société absorbée (ou confondue) ; - et la valeur comptable de cette participation. En cas de TUP, aucun effet rétroactif ne pouvant être conféré sur le plan comptable, l'apport net reçu et la valeur comptable de la participation pris en compte pour le calcul du mali de confusion doivent être appréciés à la date d'effet de l'opération, c'est-à-dire à l'issue du délai d'opposition des créanciers.	**a. Assiette du mali** Un effet rétroactif purement fiscal peut être conféré à une TUP. Le mali de confusion est alors calculé en prenant en compte l'actif net de la société confondue à la date d'effet fiscal. Des retraitements sont en outre susceptibles d'être effectués lorsque le montant du mali de fusion (ou de confusion) diffère de celui du mali comptable : - en raison du traitement fiscal réservé aux frais d'acquisition de titres ; - lorsque les titres annulés sont grevés d'une plus ou moins-value en sursis ou en report d'imposition.
b. Cas particulier : vrai mali pour actif net négatif En cas de TUP ou de fusion sans échange de titres avec une filiale à 100 % présentant un actif net réel négatif, le vrai mali de fusion ou de confusion doit être comptabilisé en charges.	**b. Cas particulier : vrai mali pour actif net négatif** La charge correspondant au vrai mali pour actif net réel négatif n'est jamais déductible, sans distinguer selon que l'opération est placée ou non sous le régime fiscal de faveur des fusions, ou est réalisée avec ou sans échange de titres (CGI art. 209 II bis ; BOI-IS-FUS-10-50-20 nº 70).

Divergences – Retraitements
a. Retraitements d'assiette Retraitements extra-comptables sur l'imprimé nº 2058-A (lignes XG et WQ). **b. Cas particulier : vrai mali pour actif net négatif** Réintégration sur l'imprimé nº 2058-A (ligne WQ) du vrai mali pour actif net réel négatif.

Commentaires Voir nº 8320, 8400, 9018 et 9020.

B. Chez les actionnaires de la société absorbée

Echange des titres dans le cadre de la fusion

12125 ***Question***

Lorsque l'opération est réalisée à la valeur comptable et placée sous le régime fiscal de faveur, quels sont les retraitements extra-comptables à effectuer chez les actionnaires de la société absorbée du fait de l'échange de titres réalisé dans le cadre de la fusion ?

Comptabilité	Fiscalité
L'échange est considéré comme une cession des éléments remis en échange suivie de l'acquisition des biens reçus en échange. Les titres reçus en échange sont enregistrés chez ces actionnaires (PCG art. 213-3 sur renvoi de 221-1 ; Avis CU CNC 2006-B du 5-7-2006) :	Sous certaines conditions, les actionnaires de l'absorbée peuvent opter pour la mise en sursis de l'imposition ou de la déduction de la plus ou moins-value d'échange jusqu'à la cession ultérieure des titres de l'absorbante reçus en échange (CGI art. 38-7 bis) : – que la fusion soit ou non placée sous le régime de faveur de l'article 210 A du CGI (BOI-IS-FUS-50-10 n° 1 et 10) ; – quelle que soit la valeur devant être retenue sur le plan comptable (selon la situation, valeur vénale ou valeur comptable ; voir n° 8725).
a. en général, à leur **valeur vénale**. Dans ce cas, la plus ou moins-value d'échange est constatée au titre de l'exercice de l'échange ;	a. Lorsque l'échange est comptablement réalisé à la **valeur vénale** des titres reçus en échange, en cas d'option pour le sursis, la plus (ou moins)-value d'échange : – n'est pas imposable (ou déductible) au titre de l'exercice de l'échange des titres ; – et la plus (ou moins)-value imposable au titre de l'exercice au cours duquel les titres reçus en échange sont cédés (voir n° 12145) est déterminée par différence entre leur prix de cession et leur valeur fiscale à la date de remise à l'échange. Sur le taux d'imposition applicable à ces plus et moins-values, voir Mémento Comptable n° 36700 s. **A noter** En cas d'échange avec soulte, seule la fraction de la plus-value excédant le montant de la soulte est susceptible d'être placée en sursis d'imposition. En cas de moins-value, voir n° 8710.
b. dans certains cas particuliers (notamment dans le cas d'une fusion entre sociétés détenues à 100 % par l'actionnaire subissant l'échange ou d'une transaction sans substance commerciale), à la valeur comptable des titres de l'absorbée antérieurement détenus.	b. Lorsque l'échange est comptablement réalisé à la **valeur comptable** des titres remis à l'échange : – en l'absence d'option pour le sursis d'imposition, la plus (ou moins)-value fiscale d'échange : • est comprise dans le résultat de l'exercice de l'échange des titres, • et n'est corrélativement pas imposable (ou déductible) au titre de l'exercice au cours duquel les titres reçus en échange sont cédés ; – en cas d'option pour le sursis d'imposition, la plus (ou moins)-value fiscale d'échange : • n'est pas comprise dans le résultat de l'exercice de l'échange des titres, • et la plus ou moins-value imposable au titre de l'exercice au cours duquel les titres reçus en échange sont cédés (voir n° 12145) est déterminée par différence entre leur prix de cession et leur valeur fiscale à la date de remise à l'échange. Sur le taux d'imposition applicable à ces plus et moins-values, voir n° 10035.

Divergences – Retraitements

a. Lorsque l'échange est réalisé à la **valeur vénale** sur le plan comptable :
– en cas d'option pour le sursis d'imposition, sur l'imprimé n° 2058-A :

• l'exercice de la fusion : déduction (ligne XG) de la plus-value comptabilisée et non imposée (en cas d'échange avec soulte, déduction de la seule fraction de la plus-value excédant le montant de la soulte) ou réintégration (ligne WQ) de la moins-value comptabilisée et non déduite,

• l'exercice de cession des titres reçus en échange : réintégration (ligne WQ) ou déduction (ligne XG) de la différence entre le résultat de cession fiscal et le résultat de cession comptable (pour plus de détails, voir n° 12145) ;

Par ailleurs, les corrections extra-comptables afférentes au régime du long terme sont susceptibles d'être effectuées. Sur ces corrections, voir Mémento Comptable n° 36700 s.

En outre, l'exercice de l'opération et jusqu'à la cession des titres, un état de suivi des valeurs fiscales doit être joint à la déclaration et un registre des plus-values en sursis doit être conservé par l'entreprise (CGI art. 54 septies).

– en cas d'absence d'option pour le sursis d'imposition du résultat d'échange, aucun retraitement extra-comptable autres que ceux afférents au régime du long terme n'est à effectuer (sur ces retraitements, voir Mémento Comptable n° 36700 s.).

b. Lorsque l'échange est réalisé à la **valeur comptable** sur le plan comptable :
– en l'absence d'option pour le sursis d'imposition, sur l'imprimé n° 2058-A :

• l'exercice de la fusion : réintégration (ligne WQ) de la plus-value immédiatement imposable mais non comptabilisée ou déduction (ligne XG) de la moins-value immédiatement déductible mais non comptabilisée,

• l'exercice de cession des titres reçus en échange : déduction (ligne XG) de la plus-value déjà imposée et réintégration (ligne WQ) de la moins-value déduite (voir n° 12145) ;

– en cas d'option pour le sursis d'imposition, à notre avis, par prudence, l'exercice de la fusion :

• réintégration (ligne WQ) de la plus-value non comptabilisée ou déduction (ligne XG) de la moins-value non comptabilisée,

• déduction (ligne XG) de cette même plus-value ou réintégration (ligne WQ) de cette moins-value pour la placer en sursis.

Par ailleurs, les corrections extra-comptables afférentes au régime du long terme sont susceptibles d'être effectuées. Sur ces corrections, voir Mémento Comptable n° 36700 s.

Sur les retraitements à effectuer lors de la cession des titres reçus en échange, voir n° 12145.

Commentaires Voir n° 8710 et 8725.

III. Retraitements à effectuer pendant la détention des éléments reçus dans le cadre de l'opération

A. Chez la société absorbante

Reprise d'une provision ou d'une dépréciation non déductible chez la société absorbée

12127 ***Question***

Lorsque l'opération a été réalisée à la valeur comptable et placée sous le régime fiscal de faveur, quels sont les retraitements extra-comptables à effectuer chez la société absorbante en cas de reprise d'une provision ou d'une dépréciation non déductible chez l'absorbée ?

Comptabilité	Fiscalité
Les provisions et les dépréciations comptabilisées par la société absorbée (ou apporteuse), figurant dans le traité d'apport et comptabilisées par la société absorbante (ou bénéficiaire des apports) à la date de l'opération sont reprises en résultat lorsqu'elles sont utilisées.	Lorsque l'opération a été placée sous le régime fiscal de faveur, la reprise ultérieure au compte de résultat de la société absorbante des provisions (ou dépréciations) non déductibles qui ont été régulièrement réintégrées dans les résultats de l'absorbée, n'est pas imposable (BOI-IS-FUS-10-20-40-10 nº 220).
Divergences – Retraitements	
Sur l'imprimé nº 2058-A, déduction (ligne WU) de la reprise de provision ou de dépréciation.	

Commentaires Voir nº 7904.

Amortissement du mali technique

12129 ***Question***

Lorsque l'opération a été réalisée à la valeur comptable et placée sous le régime fiscal de faveur, quels sont les retraitements extra-comptables à effectuer chez la société absorbante en cas d'amortissement du mali technique ?

Comptabilité	Fiscalité
La quote-part de mali affectée à des actifs amortissables comme des brevets ou des outillages est amortissable sur la durée d'utilisation résiduelle des actifs.	Lorsque la fusion a été placée sous le régime fiscal de faveur de l'article 210 A du CGI, l'amortissement de la quote-part de mali technique affectée à une immobilisation amortissable n'est pas déductible (CGI art. 210 A-1 ; BOI-IS-FUS-10-50-20 nº 130).

Divergences - Retraitements
Sur l'imprimé nº 2058-A : réintégration (ligne WE) de la dotation pour amortissement. Sur les retraitements à effectuer lors de la dépréciation du mali technique, voir nº 12130 et lors de la cession d'un actif auquel une quote-part de mali technique a été affectée, voir nº 12140.

Commentaires Voir nº 8370.

Dépréciation du mali technique

12130 ***Question***

Lorsque l'opération a été réalisée à la valeur comptable et placée sous le régime fiscal de faveur, quels sont les retraitements extra-comptables à effectuer chez la société absorbante en cas de dépréciation du mali technique ?

Comptabilité	Fiscalité
Lorsque la valeur actuelle d'un actif acquis par voie de fusion ou de TUP est inférieure à la somme de la valeur nette comptable de cet actif et de la quote-part de mali technique affectée à cet actif, une dépréciation du mali technique de fusion doit être constatée à hauteur de la différence.	Lorsque la fusion (ou la TUP) a été placée sous le régime fiscal de faveur de l'article 210 A du CGI, la dépréciation du mali technique de fusion n'est pas déductible (CGI art. 210 A-1 ; BOI-IS-FUS-10-50-20 nº 130 et 150).
Divergences - Retraitements	
Sur l'imprimé nº 2058-A : - réintégration (ligne WI) de la dotation pour dépréciation du mali technique ; - déduction (ligne WU) de la reprise de dépréciation du mali technique. Sur les retraitements à effectuer lors de la cession d'un actif auquel une quote-part de mali technique a été affectée, voir nº 12140.	

Commentaires Voir nº 8373.

Frais d'acquisition de titres apportés

12132 ***Question***

Lorsque l'opération est réalisée à la valeur comptable et placée sous le régime fiscal de faveur, quels sont les retraitements extra-comptables à effectuer chez la société absorbante (ou bénéficiaire des apports) pour poursuivre l'amortissement fiscal des frais d'acquisition des titres de participation apportés ?

Comptabilité	Fiscalité
Dans les comptes de la société absorbée (ou apporteuse), les frais d'acquisition des titres apportés ont été (PCG art. 221-1 sur renvoi de 213-8) : - soit inscrits immédiatement en charges, - soit inclus dans le coût d'acquisition des titres. En cas de fusion (ou d'apport) à la valeur comptable et lorsque les frais d'acquisition ont été immobilisés, la valeur d'apport des titres inclut les frais d'acquisition (voir nº 7740). En revanche, lorsque les frais d'acquisition ont été constatés en charges par la société absorbée (ou apporteuse), ils n'apparaissent plus dans les apports.	Quel que soit le traitement comptable retenu, les frais d'acquisition de titres de participation (CGI art. 209-VII) : - ont été, sur le plan fiscal, obligatoirement incorporés au prix de revient de ces titres, - ont pu être fiscalement amortis sur 5 ans à compter de la date d'acquisition des titres. Cet amortissement fiscal prend la forme : • d'un amortissement dérogatoire lorsque les frais d'acquisition ont été comptablement immobilisés, • d'une déduction extra-comptable lorsque ces frais ont été comptabilisés en charges. En cas d'apport de titres de participation réalisé dans le cadre d'une fusion ou d'une opération assimilée placée sous le régime de faveur des fusions, si les frais d'acquisition ne sont pas totalement amortis à la date de l'opération, la société absorbante est autorisée à poursuivre l'amortissement fiscal des frais d'acquisition supportés par la société absorbée lors de l'acquisition de ces titres (BOI-IS-BASE-30-10 nº 290 et 300). En l'absence de précisions de la part de l'administration, lorsque les frais d'acquisition des titres apportés ont été comptabilisés en charges par la société absorbée, la poursuite de leur amortissement fiscal chez la société absorbante s'effectue, à notre avis, par voie de déduction extra-comptable. Lorsque les frais d'acquisition ont été immobilisés, la société absorbante poursuit leur amortissement fiscal, à notre avis, au travers de la constatation d'amortissements dérogatoires sur la durée résiduelle d'amortissement.

Divergences – Retraitements
Lorsque les frais d'acquisition des titres de participation apportés ont été comptabilisés en charges chez la société absorbée, à notre avis, déduction extra-comptable sur l'imprimé nº 2058-A (ligne XG) de 1/5e par exercice du montant total de ces frais sur leur durée résiduelle d'amortissement.

Commentaires Voir nº 8627.

Déductions exceptionnelles en faveur de certains investissements

12133 ***Question***

Lorsque l'opération a été réalisée à la valeur comptable et placée sous le régime fiscal de faveur, quels sont les retraitements extra-comptables à effectuer chez la société absorbante dans le cas où l'apport comporte des biens bénéficiant de la déduction exceptionnelle et que celle-ci n'a pas été intégralement pratiquée par la société absorbée ?

Comptabilité	Fiscalité
La déduction exceptionnelle étant pratiquée de manière extra-comptable ne donne lieu à aucune écriture comptable.	Lorsque la fusion a été placée sous le régime fiscal de faveur de l'article 210 A du CGI, l'absorbante poursuit l'application de la déduction exceptionnelle qui a été initiée par l'absorbée, pour la durée restant à courir et le montant restant à déduire (CGI art. 39 décies à 39 décies G ; BOI-BIC-BASE-100-10 nº 240). S'agissant des investissements ouvrant droit à ces mesures de déduction exceptionnelle, voir Mémento Comptable nº 27425. Selon nos informations, ces règles s'appliquent également en cas de TUP placée sous le régime de faveur.

Divergences – Retraitements
Sur l'imprimé nº 2058-A : - déduction (ligne XG) du montant de la fraction de déduction exceptionnelle que la société absorbante peut pratiquer au titre de l'exercice ; - indication de ce montant case X9, YA, YB, YC, YD, YH, YI ou YL selon le cas.

Commentaires Voir nº 8615.

B. Chez les actionnaires de la société absorbée

Dépréciation des titres reçus en échange dans le cadre de la fusion

12135 ***Question***

Lorsque l'opération a été réalisée à la valeur comptable et placée sous le régime fiscal de faveur, quels sont les retraitements extra-comptables à effectuer chez les actionnaires de la société absorbée en cas de dépréciation des titres reçus en échange dans le cadre de la fusion ?

Comptabilité	Fiscalité
Les titres acquis par voie d'échange par les actionnaires d'une société absorbée sont enregistrés (voir n° 12125) : – en général, à la valeur vénale ; – dans certains cas particuliers, à la valeur nette comptable des titres de l'absorbée antérieurement détenus. Lorsque la valeur d'utilité des titres devient inférieure à leur valeur nette comptable (coût d'entrée net des dépréciations déjà comptabilisées), une dépréciation doit être constatée (C. com. art. L 123-18 et PCG art. 221-3, 214-5 et 214-17).	En cas de comptabilisation des titres pour leur valeur vénale et d'option pour le sursis d'imposition de la plus-value d'échange, le coût de revient fiscal des titres de l'absorbante reçus en échange par les actionnaires de l'absorbée est égal à la valeur fiscale qu'avaient les titres de l'absorbée dans les écritures de ces actionnaires (CGI art. 38-7 bis). La (provision pour) dépréciation fiscalement déductible afférente à ces titres doit être déterminée par rapport à leur prix de revient fiscal : ainsi, la déduction n'est admise que si leur valeur d'inventaire est inférieure à leur prix de revient fiscal (CGI art. 39-1-5). Sur la limitation de déduction particulière aux dépréciations de titres de participation et sur leurs taux d'imposition, voir Mémento Comptable n° 35930.
Divergences – Retraitements	
Réintégration sur l'imprimé n° 2058-A (ligne WI) de la dépréciation comptable excédant la (provision pour) dépréciation qui peut être déduite sur le plan fiscal. Par ailleurs, les retraitements propres au régime du long terme sont susceptibles de devoir être effectués (sur ces retraitements, voir Mémento Comptable n° 35930). Sur les divergences relatives à la cession de ces titres, voir n° 12145.	

Commentaires Voir n° 8715 et 8725.

Frais d'acquisition des titres de la société absorbée remis à l'échange

12137 ***Question***

Lorsque l'opération est réalisée à la valeur comptable et placée sous le régime fiscal de faveur, quels sont les retraitements extra-comptables à effectuer chez les associés de la société absorbée pour poursuivre l'amortissement fiscal des frais d'acquisition des titres échangés ?

Comptabilité	Fiscalité
Les frais supportés par les associés de la société absorbée lors de l'acquisition des titres de cette dernière ont été (PCG art. 221-1 renvoyant sur art. 213-8) : - soit inscrits immédiatement en charges, - soit inclus dans le coût d'acquisition des titres. Du fait de la fusion, ces titres font l'objet d'un échange contre des titres de la société absorbante, en principe effectué à la valeur vénale (voir n° 8700). Quelle que soit l'option retenue lors de l'acquisition, les frais d'acquisition des titres de la société absorbée ne figurent plus au bilan des associés à l'issue de la fusion, ces titres étant échangés contre des titres de la société absorbante.	Quel que soit le traitement comptable retenu, les frais d'acquisition de titres de la société absorbée (CGI art. 209-VII) : - ont été, sur le plan fiscal, obligatoirement incorporés au prix de revient de ces titres ; - ont pu être fiscalement amortis sur 5 ans à compter de la date d'acquisition des titres. Lorsque l'opération d'échange est placée sous le régime du sursis d'imposition prévu à l'article 38-7 bis du CGI, les associés de la société absorbée sont autorisés à poursuivre l'amortissement fiscal des frais d'acquisition supportés lors de l'acquisition des titres de la société absorbée (BOI-IS-BASE-30-10 n° 340). Les titres sous-jacents ayant disparu, la poursuite de cet amortissement fiscal s'effectue, à notre avis, par voie de déduction extra-comptable.
Divergences – Retraitements	
A notre avis, déduction extra-comptable sur l'imprimé n° 2058-A (ligne XG), sur la durée résiduelle d'amortissement des titres à la date de l'échange, de 1/5e par exercice du montant total des frais engagés par les associés lors de l'acquisition des titres de la société absorbée.	

Commentaires Voir n° 8710.

Fusions sans échange de titres entre sociétés sœurs détenues à 100 % par la même entité mère : dépréciation des titres de la société absorbée à la suite de l'opération

12138 ***Question***

Lorsque l'opération a été placée sous le régime fiscal de faveur, quels sont les retraitements extra-comptables à effectuer en cas de dépréciation des titres de la société absorbée ?

Comptabilité	Fiscalité
Lorsque la fusion est réalisée sans échange de titres : – la valeur brute comptable des titres de l'entité absorbée est ajoutée à celle des titres de l'entité absorbante, pour former la « nouvelle » valeur brute des titres de cette dernière dans les comptes de l'actionnaire ; – si une dépréciation des titres de l'entité absorbée a été constatée préalablement à l'opération de fusion, elle est ajoutée à la dépréciation des titres de l'entité absorbante dans les comptes de l'entité détentrice (le cas échéant). L'entité détentrice détermine la valeur d'utilité des titres de l'entité absorbante après la fusion (c'est-à-dire du nouvel ensemble composé de l'entité absorbante et de l'entité absorbée) conformément à l'article 221-3 du PCG. Le cas échéant, le montant de la dépréciation doit être ajusté.	La (provision pour) dépréciation fiscalement déductible afférente à ces titres doit être déterminée par rapport à leur prix de revient fiscal : ainsi, la déduction n'est admise que si leur valeur d'inventaire est inférieure à leur prix de revient fiscal (CGI art. 39-1-5°). Sur la limitation de déduction particulière aux dépréciations de titres de participation et sur leurs taux d'imposition, voir Mémento Comptable n° 35930.

Divergences – Retraitements
Réintégration sur l'imprimé n° 2058-A (ligne WI) de la dépréciation comptable excédant la (provision pour) dépréciation qui peut être déduite sur le plan fiscal. Par ailleurs, les retraitements propres au régime du long terme sont susceptibles de devoir être effectués (sur ces retraitements, voir Mémento Comptable n° 35930).

Commentaires Voir n° 8741 et 9644.

IV. Retraitements à effectuer lors de la cession des éléments reçus dans le cadre de l'opération

A. Chez la société absorbante

Cession d'une immobilisation à laquelle une quote-part de mali technique de fusion est affectée

12140 ***Question***

Lorsque l'opération a été réalisée à la valeur comptable et placée sous le régime fiscal de faveur, quels sont les retraitements extra-comptables à effectuer chez la société absorbante en cas de cession d'une immobilisation à laquelle une quote-part de mali technique de fusion a été affectée ?

Comptabilité	Fiscalité
En cas de cession d'une immobilisation à laquelle une quote-part de mali technique de fusion (ou de confusion) a été affectée, cette quote-part de mali est : - sortie de l'actif ; - et prise en compte (pour son montant brut) pour le calcul du résultat de cession. Si la quote-part de mali technique affectée à cet actif a été préalablement dépréciée, la dépréciation est reprise lors de la cession de l'actif.	Lorsque la fusion (ou la TUP) a été placée sous le régime fiscal de faveur de l'article 210 A du CGI, la quote-part du mali technique (brute) affectée à l'actif sous-jacent cédé n'est pas déductible (CGI art. 210 A-1 ; BOI-IS-FUS-10-50-20 nº 130). La reprise de dépréciation du mali technique effectuée, le cas échéant, lors de la cession de l'actif sous-jacent n'est pas imposable, la dépréciation n'ayant pas été déduite, voir nº 12130.
Divergences - Retraitements	
Sur l'imprimé nº 2058-A : - réintégration (ligne WQ) de la quote-part (brute) de mali technique affectée à l'actif cédé ; - le cas échéant, déduction (ligne WU) de la reprise de dépréciation de cette quote-part de mali technique (voir nº 12130).	

Commentaires Voir nº 8380.

Cession de titres de participation reçus dans le cadre de l'opération

12141 ***Question***

Lorsque l'opération a été réalisée à la valeur comptable et placée sous le régime fiscal de faveur, quels sont les retraitements extra-comptables à effectuer chez la société absorbante en cas de cession de titres de participation reçus dans le cadre de l'opération ?

Comptabilité	Fiscalité
Dans les comptes de la société absorbée (ou apporteuse), les frais d'acquisition des titres apportés ont été (PCG art. 221-1 renvoyant sur art. 213-8) : – soit inscrits immédiatement en charges, – soit inclus dans le coût d'acquisition des titres.	Quel que soit le traitement comptable retenu, les frais d'acquisition de titres de participation reçus de la société absorbée (ou apporteuse) (CGI art. 209-VII) : – ont été, sur le plan fiscal, obligatoirement incorporés au prix de revient de ces titres ; – ont pu être fiscalement amortis sur 5 ans à compter de la date d'acquisition des titres.
En cas de fusion (ou d'apport) à la valeur comptable et lorsque les frais d'acquisition ont été immobilisés, la valeur d'apport des titres inclut les frais d'acquisition (voir nº 7740). En revanche, lorsque les frais d'acquisition ont été constatés en charges par la société absorbée (ou apporteuse), ils n'apparaissent plus dans les apports.	En cas d'apport de titres de participation réalisé dans le cadre d'une fusion ou d'une opération assimilée placée sous le régime de faveur des fusions, si les frais d'acquisition ne sont pas totalement amortis à la date de l'opération, la société absorbante est autorisée à poursuivre l'amortissement fiscal des frais d'acquisition supportés par la société absorbée lors de l'acquisition de ces titres (par la constatation d'amortissements dérogatoires ou par déduction extra-comptable, voir nº 8627).
Lors de la cession ultérieure des titres par la société absorbante (ou bénéficiaire de l'apport), le résultat de cession est calculé par référence au coût d'entrée, c'est-à-dire la valeur d'apport (en l'espèce la valeur comptable).	En cas de cession ultérieure de ces titres, la société absorbante (ou bénéficiaire des apports) doit calculer la plus ou moins-value de cession d'après leur valeur fiscale, c'est-à-dire en pratique le plus souvent (en supposant qu'il n'y ait pas eu d'opération antérieure) : – d'après leur prix d'acquisition ; – majoré des frais d'acquisition fiscalement incorporés au prix de revient ; – et minoré des amortissements des frais d'acquisition admis en déduction (ou déductions extra-comptables) en application de l'article 209-VII du CGI pour la détermination du résultat imposable. Si les frais d'acquisition n'étaient pas totalement amortis à la date de l'opération, en cas de poursuite de l'amortissement fiscal par la société bénéficiaire des apports, la valeur fiscale à prendre en compte pour le calcul du résultat de cession des titres est diminuée des frais amortis fiscalement par la société absorbée (ou apporteuse) et par la société bénéficiaire des apports (BOI-IS-BASE-30-10 nº 300). La valeur fiscale par rapport à laquelle est déterminée la plus ou moins-value de cession est donc susceptible d'être différente de la valeur comptable (valeur d'apport). Sur le taux d'imposition applicable aux plus ou moins-values de cession de titres, voir nº 10035.

Divergences - Retraitements
Sur l'imprimé nº 2058-A (ligne WQ), réintégration de la différence entre la plus-value fiscale et la plus-value comptable (ou déduction de la différence entre la moins-value comptable et la moins-value fiscale). Réintégration au résultat imposable au taux de droit commun de la quote-part de frais et charges due sur le montant brut des plus-values. Sur le retraitement extra-comptable à pratiquer, à notre avis, lors de la reprise des amortissements dérogatoires, voir nº 8640.

Commentaires Voir nº 8640.

Cession d'immobilisations non amortissables reçues dans le cadre de l'opération

12142 ***Question***

Lorsque l'opération a été réalisée à la valeur comptable et placée sous le régime fiscal de faveur, quels sont les retraitements extra-comptables à effectuer chez la société absorbante en cas de cession d'immobilisations non amortissables reçues dans le cadre de l'opération ?

Comptabilité	Fiscalité
Lors de la cession ultérieure des immobilisations non amortissables reçues, la société absorbante (ou bénéficiaire des apports) détermine le résultat de cession par référence au coût d'entrée, c'est-à-dire la valeur d'apport (en l'espèce, la valeur comptable).	La cession des immobilisations non amortissables entraîne l'imposition immédiate des plus-values de fusion placées en sursis d'imposition (CGI art. 210 A-3-c). La plus ou moins-value imposable est calculée par rapport à la valeur fiscale de ces biens chez la société absorbée ou apporteuse (BOI-IS-FUS-10-20-30 nº 120). En cas d'opération réalisée à la valeur comptable, la valeur fiscale est différente de la valeur d'apport si des opérations antérieures ont été réalisées sous le régime de faveur, pour lesquelles le sursis d'imposition n'a pas été remis en cause.

Divergences - Retraitements
La différence entre le résultat de cession fiscal et le résultat de cession comptable est mentionnée sur l'imprimé nº 2058-A. Ainsi : - lorsque la plus-value fiscale est supérieure à la plus-value comptable, réintégration (ligne WQ) de la différence ; - lorsque la moins-value fiscale est supérieure à la moins-value comptable, déduction (ligne XG) de la différence.

Commentaires Voir nº 8653.

B. Chez les actionnaires de la société absorbée

Cession de titres de la société absorbante reçus en échange dans le cadre de la fusion

12145 ***Question***

Lorsque l'opération a été réalisée à la valeur comptable et placée sous le régime fiscal de faveur, quels sont les retraitements extra-comptables à effectuer chez les actionnaires de la société absorbée en cas de cession de titres reçus en échange dans le cadre de la fusion ?

Comptabilité	Fiscalité
Le résultat de cession est calculé en fonction du coût d'entrée des titres. Le coût d'entrée des titres de l'absorbante reçus en échange par les actionnaires de l'absorbée lors de la fusion est égal (voir nº 12125) : – en général, à la valeur vénale des titres de l'absorbante reçus en échange ; – dans certains cas, à la valeur nette comptable des titres de l'absorbée remis à l'échange, notamment dans le cas d'une fusion entre entités détenues à 100 % par l'actionnaire subissant l'échange ou d'une transaction sans substance commerciale.	Le résultat de cession est calculé d'après la valeur fiscale des titres qui diffère de leur coût d'entrée comptable dans les cas suivants (voir nº 12125) : – en cas d'échange des titres à la valeur vénale avec option pour le sursis d'imposition de la plus ou moins-value d'échange (CGI art. 38-7 bis). La valeur fiscale des titres est alors égale à la valeur fiscale des titres de l'absorbée auxquels ils se sont substitués ; – en cas d'échange des titres à la valeur comptable sans option pour le sursis d'imposition de la plus ou moins-value (fiscale) d'échange. La valeur fiscale des titres est alors égale à la valeur réelle, à la date de l'échange, des titres échangés (voir nº 8725). En outre, lorsque les titres de la société absorbée constituaient pour ses actionnaires des titres de participation et en cas d'option pour le sursis d'imposition de la plus-value d'échange (CGI art. 38-7 bis) (BOI-IS-BASE-30-10 nº 340) : – lorsque les frais d'acquisition des titres ont été inclus comptablement dans leur coût d'entrée à l'actif, celui-ci doit être minoré des amortissements admis en déduction (ou déductions extra-comptables) en application de l'article 209-VII du CGI pour la détermination du résultat imposable de l'actionnaire de la société absorbée (voir nº 8710) ; – lorsque les frais d'acquisition des titres n'ont pas été inclus dans leur coût d'entrée à l'actif, celui-ci doit être majoré des frais d'acquisition non encore fiscalement amortis. Sur le taux d'imposition applicable aux plus ou moins-values de cession, voir nº 10035.

Divergences - Retraitements
La différence entre le résultat de cession fiscal et le résultat de cession comptable est mentionnée sur l'imprimé nº 2058-A : - lorsque la plus-value fiscale est supérieure à la plus-value comptable, la différence est réintégrée (ligne WQ) ; - lorsque la moins-value fiscale est supérieure à la moins-value comptable, la différence est déduite (ligne XG). Sur les autres corrections extra-comptables susceptibles de devoir être effectuées du fait de la cession (notamment régime du long terme, etc.), voir nº 8720.

Commentaires Voir nº 8720 et 8725.

Cession de titres de la société absorbante à la suite d'une fusion sans échange de titres entre sociétés sœurs détenues à 100 % par la même entité mère

12150 ***Question***

Lorsque l'opération a été placée sous le régime fiscal de faveur, quels sont les retraitements extra-comptables à effectuer en cas de cession par la société mère des titres de la société absorbante ?

Comptabilité	Fiscalité
Conformément au PCG (art. 946-67), le résultat de cession des titres de l'entité absorbante est calculé à partir de leur valeur comptable à la date de la cession, c'est-à-dire leur « nouvelle » valeur brute après fusion. Cette valeur correspond à la somme de la valeur brute comptable des titres de l'entité absorbée et de celle des titres de l'entité absorbante (PCG art. 746-2).	Le résultat de cession est calculé d'après la valeur fiscale des titres qui peut, dans certains cas, différer de leur coût d'entrée comptable (voir nº 8720 et 8735). La valeur fiscale des titres de l'absorbante diffère également de leur valeur comptable, lorsque ces titres constituent pour la société mère des titres de participation : - lorsque les frais d'acquisition des titres ont été inclus comptablement dans leur coût d'entrée à l'actif, celui-ci doit être minoré des amortissements admis en déduction (ou déductions extra-comptables) en application de l'article 209-VII du CGI pour la détermination du résultat imposable de l'actionnaire de la société absorbée (voir Mémento Comptable nº 35620) ; - lorsque les frais d'acquisition des titres n'ont pas été inclus dans leur coût d'entrée à l'actif, celui-ci doit être majoré des frais d'acquisition non encore fiscalement amortis. Le décompte du délai de détention des titres de l'absorbante à retenir pour déterminer le régime d'imposition de la plus ou moins-value de cession nécessite de réaliser un calcul séparé pour les titres réputés correspondre aux titres de l'absorbée, dans les conditions décrites au nº 8742.

Divergences – Retraitements
La différence entre le résultat de cession fiscal et le résultat de cession comptable est mentionnée sur l'imprimé nº 2058-A : – lorsque la plus-value fiscale est supérieure à la plus-value comptable, la différence est réintégrée (ligne WQ) ; – lorsque la moins-value fiscale est supérieure à la moins-value comptable, la différence est déduite (ligne XG). Sur les autres corrections susceptibles de devoir être effectuées du fait de la cession (notamment régime du long terme), voir nº 8720.

Commentaires Voir nº 8742.

SECTION III

Retraitements en cas d'opération réalisée à la valeur comptable et placée sous le régime fiscal de droit commun

I. Tableaux de synthèse des principaux retraitements

Opération réalisée à la valeur comptable et placée sous le régime fiscal de droit commun

12200 ***Question***

Quels sont les principaux retraitements extra-comptables à effectuer lorsque l'opération est réalisée à la valeur comptable et placée sous le régime fiscal de droit commun ?

I. Lors de la fusion ou de l'opération assimilée		
Chez l'absorbée ou l'apporteuse	**Chez l'absorbante ou la bénéficiaire des apports**	**Chez les actionnaires de l'absorbée**
Réintégration de la plus-value fiscale d'apport afférente à l'ensemble des éléments d'actif apportés (immobilisations et actif circulant). Voir nº 12205	Retraitements de la plus-value d'annulation (boni de fusion ou de confusion) des titres de l'absorbée (ou de la confondue). Voir nº 12210	– Lorsque l'échange est réalisé à la valeur vénale, si option pour le sursis d'imposition : retraitement de la plus ou moins-value d'échange des titres de l'absorbée pour la placer en sursis ; – Lorsque l'échange est réalisé à la valeur comptable : • si pas d'option pour le sursis d'imposition : extériorisation de la plus ou moins-value fiscale d'échange des titres de l'absorbée, • si option pour le sursis d'imposition : retraitement de la plus ou moins-value fiscale d'échange des titres de l'absorbée pour la placer en sursis. Voir nº 12230
	Retraitement de la moins-value d'annulation des titres de l'absorbée détenus depuis moins de deux ans à hauteur de la dépréciation le cas échéant comptabilisée. Voir nº 12215	
	Déduction des frais d'augmentation de capital imputés sur la prime de fusion (ou d'apport). Voir nº 12220	
	Retraitements du mali de fusion (ou de confusion). Voir nº 12225	

II. Pendant la détention des éléments d'actif reçus dans le cadre de la fusion ou de l'opération assimilée		
Chez l'absorbée ou l'apporteuse	**Chez l'absorbante ou la bénéficiaire des apports**	**Chez les actionnaires de l'absorbée**
		Si échange à la valeur réelle et option pour le sursis d'imposition, réintégration de la dépréciation comptable des titres reçus en échange excédant la (provision pour) dépréciation fiscalement déductible (le cas échéant). Voir nº 12235
		Poursuite de l'amortissement fiscal des frais d'acquisition des titres remis à l'échange en cas d'option pour le sursis d'imposition du résultat d'échange. Voir nº 12237
		A la suite d'une fusion sans échange de titres entre entités détenues à 100 % par la même entité mère, lorsque les titres ont une valeur fiscale inférieure à leur valeur comptable, réintégration de la dépréciation comptable excédant la (provision pour) dépréciation fiscalement déductible (le cas échéant). Voir nº 12238

III. Lors de la cession des éléments d'actif reçus dans le cadre de la fusion ou de l'opération assimilée		
Chez l'apporteuse	Chez l'absorbante ou la bénéficiaire des apports	Chez les actionnaires de l'absorbée
Déduction de l'excédent du résultat de cession comptable sur le résultat de cession fiscal des titres reçus en rémunération d'un apport partiel d'actif. Voir nº 12240	Déduction de l'excédent du résultat de cession comptable sur le résultat de cession fiscal des éléments d'actif : – Immobilisations corporelles et incorporelles Voir nº 12245 – Titres Voir nº 12250 – Eléments de l'actif circulant Voir nº 12255	Si échange à la valeur réelle avec option pour le sursis d'imposition ou si échange à la valeur comptable sans option pour le sursis d'imposition, retraitement de la différence entre le résultat de cession comptable et fiscal des titres reçus en échange. En outre, lorsque les titres de l'absorbée remis à l'échange constituent des titres de participation, et si option pour le sursis d'imposition, retraitement de la différence entre le résultat de cession comptable et fiscal des titres reçus en échange. Voir nº 12260 A la suite d'une fusion sans échange de titres entre entités détenues à 100 % par la même entité mère : – lorsque les titres de l'absorbante ont une valeur fiscale inférieure à leur valeur comptable, retraitement de la différence entre le résultat de cession comptable et fiscal ; – application différenciée du régime du court terme et du long terme aux titres de l'absorbante et aux titres réputés correspondre aux titres de l'absorbée. Voir nº 12270

II. Retraitements à effectuer lors de l'opération

A. Chez la société absorbée ou apporteuse

Extériorisation des plus-values fiscales et profits fiscaux d'apport

12205 ***Question***

Lorsque l'opération est réalisée à la valeur comptable et placée sous le régime fiscal de droit commun, quels sont les retraitements extra-comptables à effectuer chez la société absorbée (ou apporteuse) du fait de l'extériorisation des plus-values fiscales et profits fiscaux d'apport ?

Comptabilité	Fiscalité
Les apports effectués dans le cadre d'une fusion ou d'une opération assimilée ne dégagent pas de résultat d'apport lorsque ces apports sont réalisés à la valeur comptable.	Les fusions et opérations assimilées réalisées comptablement à la valeur comptable sont, dans certaines situations, placées sous le régime fiscal de droit commun. Elles sont alors fiscalement réputées réalisées à la valeur réelle et entraînent l'imposition des plus-values fiscales et profits d'apport chez l'apporteuse (CGI art. 221-2). Il en est ainsi notamment lorsque les sociétés renoncent au régime fiscal de faveur. Tel peut être le cas lorsque l'absorbée dispose de déficits reportables non transférables à l'absorbante.
Divergences – Retraitements	
Réintégration extra-comptable sur l'imprimé nº 2058-A (ligne WQ) de la plus-value fiscale d'apport. Sur les retraitements extra-comptables chez la société bénéficiaire de l'apport lors de la cession ultérieure des immobilisations apportées, voir nº 12245, 12250, 12255.	

Commentaires Voir nº 8015.

B. Chez la société absorbante ou bénéficiaire des apports

Boni de fusion (ou de confusion)

12210 ***Question***

Lorsque l'opération est réalisée à la valeur comptable et placée sous le régime fiscal de droit commun, quels sont les retraitements extra-comptables à effectuer chez la société absorbante (ou la confondante) au titre du boni de fusion (ou du boni de confusion) ?

Comptabilité	Fiscalité
a. Assiette du boni Le boni représente l'écart positif entre l'actif net reçu par l'absorbante (ou la confondante) à hauteur de sa participation détenue dans l'absorbée (ou la confondue), et la valeur comptable de cette participation. En cas de TUP, aucun effet rétroactif ne pouvant être conféré à l'opération sur le plan comptable, l'apport net reçu et la valeur comptable de la participation pris en compte pour le calcul du boni de confusion doivent être appréciés à la date d'effet de l'opération, c'est-à-dire à l'issue du délai d'opposition des créanciers.	**a. Assiette du boni** Un effet rétroactif purement fiscal peut être conféré à une TUP. Le boni de confusion est alors calculé en prenant en compte l'actif net de la société confondue à la date d'effet fiscal. Des retraitements sont également susceptibles d'être effectués lorsque le montant du boni de fusion fiscal (ou de confusion) diffère de celui du boni comptable : – en raison du traitement fiscal réservé aux frais d'acquisition de titres ; – lorsque les titres annulés sont grevés d'une plus ou moins-value en sursis ou en report d'imposition ; – à notre avis, en raison de la déconnexion des valeurs d'apport fiscale et comptable (réalisation de l'opération à la valeur comptable alors que la valeur d'apport à retenir sur le plan fiscal est la valeur réelle puisque l'opération est placée sous le régime fiscal de droit commun).
b. Comptabilisation Le boni est comptabilisé : – dans le résultat financier à hauteur de la quote-part des résultats accumulés par l'absorbée (ou la confondue) depuis l'acquisition et non distribués ; – dans les capitaux propres pour le montant résiduel ou si les résultats accumulés ne peuvent être déterminés de manière fiable.	**b. Régime** Fiscalement, le boni de fusion (ou de confusion) correspond à la plus-value d'annulation des titres de l'absorbée (ou de la confondue) détenus par l'absorbante (ou la confondante). Lorsque la fusion (ou la TUP) est placée sous le régime fiscal de droit commun, cette plus-value est (BOI-IS-FUS-10-50-20 n° 10) : – soumise au régime du long terme (taxation limitée à une quote-part de frais et charges de 12 % ou imposition au taux de 19 %) si les titres annulés sont des titres de participation détenus depuis au moins deux ans (sauf titres de SPI non cotées) ; – au taux normal dans les autres cas.

Divergences – Retraitements
a. Retraitements d'assiette Retraitements correspondants sur l'imprimé n° 2058-A (lignes XG et WQ). **b. Retraitement lié au régime** Réintégration sur l'imprimé n° 2058-A (ligne WQ) de la fraction du boni comptabilisée en capitaux propres ou réintégrée (voir ci-avant a.). Les retraitements propres au régime du long terme doivent, le cas échéant, être effectués. Sur ces retraitements, voir Mémento Comptable n° 36700 s.

Commentaires Voir n° 8450, 8460 et 9022.

Annulation des titres de la société absorbée détenus depuis moins de deux ans et dépréciés chez la société absorbante

12215 ***Question***

Lorsque l'opération est réalisée à la valeur comptable et placée sous le régime fiscal de droit commun, quels sont les retraitements extra-comptables à effectuer chez la société absorbante au titre de l'annulation des titres de la société absorbée :
- détenus depuis moins de deux ans,
- et dépréciés chez la société absorbante ?

Comptabilité	Fiscalité
En cas d'absorption par une société d'une autre société dans laquelle elle détient une participation, le mali de fusion constaté, le cas échéant, est calculé à partir de la valeur nette comptable des titres de l'absorbée dans les comptes de l'absorbante (PCG art. 745-3 et Recueil des normes comptables, Commentaire IR 3 sous l'article 745-3). En conséquence, si les titres de l'absorbée ont été dépréciés par l'absorbante avant la fusion : - le mali de fusion comptabilisé ne comprend pas le montant de cette dépréciation ; - et, corrélativement, la dépréciation n'est pas reprise lors de la comptabilisation de l'opération de fusion. La dépréciation comptabilisée sur les titres est figée et devient donc une perte définitive.	La moins-value d'annulation de titres de participation, représentative de la perte réelle subie, est déductible du résultat au taux normal lorsque les titres de l'absorbée sont détenus depuis moins de deux ans (BOI-IS-FUS-10-50-20 n° 50), même si aucune reprise de (provision pour) dépréciation n'est prise en compte pour la détermination du résultat imposable de l'exercice de réalisation de l'opération (CE 13-11-2020 n° 424455). La (provision pour) dépréciation de titres de participation (au sens fiscal) est constitutive d'une moins-value à long terme (relevant du taux de 19 % pour les titres de SPI cotées ou non déductible pour les titres relevant du secteur de taxation limitée à une quote-part de frais et charges), quelle que soit la durée de détention des titres (CGI art. 39-1-5°, al. 17). Lorsque les titres annulés sont des titres de SPI non cotées, la (provision pour) dépréciation les concernant relève du taux de droit commun (voir Mémento Comptable n° 35930).

Divergences - Retraitements
Afin de préserver la déductibilité au taux de droit commun de la moins-value d'annulation des titres détenus depuis moins de deux ans correspondant à la dépréciation des titres annulés, les retraitements extra-comptables suivants doivent être effectués sur l'imprimé n° 2058-A : - constatation de la reprise de la dépréciation constitutive d'une plus-value à long terme : • réintégration (ligne WQ) de la dépréciation, • déduction (lignes WV à XB) de ce même montant au titre des plus-values à long terme ; - déduction (ligne XG) de la moins-value d'annulation de titres à hauteur du montant de la (provision pour) dépréciation antérieurement constatée (qui comptablement n'est pas reprise). Aucun retraitement n'est à effectuer lorsque les titres annulés sont des titres de SPI non cotées.

Commentaires Voir n° 8328.

Frais d'augmentation de capital imputés sur la prime de fusion (ou d'apport)

12220 ***Question***

Lorsque l'opération est réalisée à la valeur comptable et placée sous le régime fiscal de droit commun, quels sont les retraitements extra-comptables à effectuer chez la société absorbante (ou bénéficiaire des apports) en cas d'imputation des frais d'augmentation de capital sur la prime de fusion (ou d'apport) ?

Comptabilité	Fiscalité
Les frais d'augmentation de capital peuvent être imputés sur le montant de la prime de fusion pour le montant net d'impôt, ce qui constitue la méthode préférentielle.	Les frais d'augmentation de capital sont immédiatement déductibles, même s'ils ont été imputés en comptabilité sur la prime d'émission ou de fusion (BOI-BIC-CHG-20-30-20 n° 90).
Divergences – Retraitements	
Déduction des frais pour leur montant brut sur l'imprimé n° 2058-A (ligne XG).	

Commentaires Voir n° 8163.

Mali de fusion (ou de confusion)

12225 ***Question***

Lorsque l'opération est réalisée à la valeur comptable et placée sous le régime fiscal de droit commun, quels sont les retraitements extra-comptables à effectuer chez la société absorbante (ou confondante) au titre du mali ?

Comptabilité	Fiscalité
a. **Assiette du mali** Le mali de fusion (ou de confusion) correspond à l'écart négatif entre : – l'actif net reçu, positif ou négatif, par la société absorbante (ou confondante) à hauteur de sa participation dans la société absorbée (ou confondue), – et la valeur comptable de cette participation. En cas de TUP, aucun effet rétroactif ne pouvant être conféré sur le plan comptable, l'apport net reçu et la valeur comptable de la participation pris en compte pour le calcul du mali de confusion doivent être appréciés à la date d'effet de l'opération, c'est-à-dire à l'issue du délai d'opposition des créanciers.	a. **Assiette du mali** Un effet rétroactif purement fiscal peut être conféré à une TUP. Le mali de confusion est alors calculé en prenant en compte l'actif net de la société confondue à la date d'effet fiscal. Des retraitements sont en outre susceptibles d'être effectués lorsque le montant du mali de fusion (ou de confusion) diffère de celui du mali comptable : – en raison du traitement fiscal réservé aux frais d'acquisition de titres ; – lorsque les titres annulés sont grevés d'une plus ou moins-value en sursis ou en report d'imposition ; – à notre avis, en raison de la déconnexion des valeurs d'apport comptable et fiscale (réalisation de l'opération à la valeur comptable alors que la valeur d'apport à retenir sur le plan fiscal est la valeur réelle puisque l'opération est placée sous le régime fiscal de droit commun).

Comptabilité	Fiscalité
b. Cas particulier : vrai mali pour actif net négatif En cas de TUP ou de fusion sans échange de titres avec une filiale à 100 % présentant un actif net réel négatif, le vrai mali de fusion ou de confusion doit être comptabilisé en charges.	**b. Cas particulier : vrai mali pour actif net négatif** La charge correspondant au vrai mali pour actif net réel négatif n'est jamais déductible, sans distinguer selon que l'opération est placée ou non sous le régime fiscal de faveur des fusions, ou est réalisée avec ou sans échange de titres (CGI art. 209 II bis ; BOI-IS-FUS-10-50-20 nº 70).

Divergences – Retraitements
a. Retraitements d'assiette Retraitements extra-comptables sur l'imprimé nº 2058-A. **b. Cas particulier : vrai mali pour actif net négatif** Réintégration sur l'imprimé nº 2058-A (ligne WQ) du vrai mali pour actif net réel négatif.

Commentaires Voir nº 8320, 8400, 9018 et 9020.

C. Chez les actionnaires de la société absorbée

Echange des titres dans le cadre de la fusion

12230 ***Question***

Lorsque l'opération est réalisée à la valeur comptable et placée sous le régime fiscal de droit commun, quels sont les retraitements extra-comptables à effectuer chez les actionnaires de la société absorbée du fait de l'échange de titres réalisé dans le cadre de la fusion ?

Comptabilité	Fiscalité
L'échange est considéré comme une cession des éléments remis en échange suivie de l'acquisition des biens reçus en échange. Les titres reçus en échange sont enregistrés chez ces actionnaires (PCG art. 213-3 sur renvoi de 221-1 ; Avis CU CNC 2006-B du 5-7-2006) :	Sous certaines conditions, les actionnaires de l'absorbée peuvent opter pour la mise en sursis de l'imposition ou de la déduction de la plus ou moins-value d'échange jusqu'à la cession ultérieure des titres de l'absorbante reçus en échange (CGI art. 38-7 bis) : – que la fusion soit ou non placée sous le régime de faveur de l'article 210 A du CGI (BOI-IS-FUS-50-10 nº 1 et 10) ; – quelle que soit la valeur devant être retenue sur le plan comptable (selon la situation, valeur vénale ou valeur comptable ; voir nº 8725).

Comptabilité	Fiscalité
a. en général, à leur **valeur vénale**. Dans ce cas, la plus ou moins-value d'échange est constatée au titre de l'exercice de l'échange ;	a. Lorsque l'échange est comptablement réalisé à la **valeur vénale** des titres reçus en échange, en cas d'option pour le sursis, la plus ou moins-value d'échange : – n'est pas imposable (ou déductible) au titre de l'exercice de l'échange des titres ; – et la plus (ou moins)-value imposable au titre de l'exercice au cours duquel les titres reçus en échange sont cédés (voir n° 12260) est déterminée par différence entre leur prix de cession et leur valeur fiscale à la date de remise à l'échange. Sur le taux d'imposition applicable à ces plus et moins-values, voir n° 10035. **A noter** En cas d'échange avec soulte, seule la fraction de la plus-value excédant le montant de la soulte est susceptible d'être placée en sursis d'imposition. En cas de moins-value, voir n° 8710.
b. dans certains cas particuliers (notamment, dans le cas d'une fusion entre sociétés détenues à 100 % par l'actionnaire subissant l'échange ou d'une transaction sans substance commerciale), à la **valeur comptable** des titres de l'absorbée antérieurement détenus.	b. Lorsque l'échange est comptablement réalisé à la **valeur comptable** des titres remis à l'échange : – en l'absence d'option pour le sursis d'imposition, la plus (ou moins)-value fiscale d'échange • est comprise dans le résultat de l'exercice de l'échange des titres, • et n'est corrélativement pas imposable (ou déductible) au titre de l'exercice au cours duquel les titres reçus en échange sont cédés ; – en cas d'option pour le sursis d'imposition, la plus ou moins-value fiscale d'échange : • n'est pas comprise dans le résultat de l'exercice de l'échange des titres, • et la plus ou moins-value imposable au titre de l'exercice au cours duquel les titres reçus en échange sont cédés (voir n° 12260) est déterminée par différence entre leur prix de cession et leur valeur fiscale à la date de remise à l'échange. Sur le taux d'imposition applicable à ces plus et moins-values, voir n° 10035.

Divergences – Retraitements
a. Lorsque l'échange est réalisé à la **valeur vénale** sur le plan comptable : – en cas d'option pour le sursis d'imposition, sur l'imprimé nº 2058-A : • l'exercice de la fusion : déduction (ligne XG) de la plus-value comptabilisée et non imposée (sauf à hauteur de la soulte éventuelle) ou réintégration (ligne WQ) de la moins-value comptabilisée et non déductible, • l'exercice de cession des titres reçus en échange : réintégration (ligne WQ) ou déduction (ligne XG) de la différence entre le résultat de cession fiscal et le résultat de cession comptable (pour plus de détails, voir nº 12260) ; Par ailleurs, les corrections extra-comptables afférentes au régime du long terme sont susceptibles d'être effectuées. Sur ces corrections, voir Mémento Comptable nº 36700 s. En outre, l'exercice de l'opération et jusqu'à la cession des titres, un état de suivi des valeurs fiscales doit être joint à la déclaration et un registre des plus-values en sursis doit être conservé par l'entreprise (CGI art. 54 septies). – en cas d'absence d'option pour le sursis d'imposition du résultat d'échange, aucun retraitement extra-comptable autres que ceux afférents au régime du long terme n'est à effectuer (sur ces retraitements voir Mémento Comptable nº 36700 s.). b. Lorsque l'échange est réalisé à la **valeur comptable** sur le plan comptable : – en l'absence d'option pour le sursis d'imposition, sur l'imprimé nº 2058-A : • l'exercice de la fusion : réintégration (ligne WQ) de la plus-value immédiatement imposable mais non comptabilisée ou déduction (ligne XG) de la moins-value immédiatement déductible mais non comptabilisée, • l'exercice de cession des titres reçus en échange : déduction (ligne XG) de la plus-value déjà imposée ou réintégration (ligne WQ) de la moins-value déduite (voir nº 12260) ; – en cas d'option pour le sursis d'imposition, à notre avis, par prudence, l'exercice de la fusion : • réintégration (ligne WQ) de la plus-value non comptabilisée ou déduction (ligne XG) de la moins-value, • déduction (ligne XG) de cette même plus-value pour la placer en sursis ou réintégration (ligne WQ) de la moins-value. Par ailleurs, les corrections extra-comptables afférentes au régime du long terme sont susceptibles d'être effectuées. Sur ces corrections, voir Mémento Comptable nº 36700 s. Sur les retraitements à effectuer lors de la cession des titres reçus en échange, voir nº 12260.

Commentaires Voir nº 8710 et 8725.

III. Retraitements à effectuer chez les actionnaires de la société absorbée pendant la détention des titres de la société absorbante reçus en échange

Dépréciation des titres reçus en échange dans le cadre de la fusion

12235 ***Question***

Lorsque l'opération a été réalisée à la valeur comptable et placée sous le régime fiscal de droit commun, quels sont les retraitements extra-comptables à effectuer chez les actionnaires de la société absorbée en cas de dépréciation des titres reçus en échange dans le cadre de la fusion ?

Comptabilité	Fiscalité
Les titres acquis par voie d'échange par les actionnaires d'une société absorbée sont enregistrés (voir nº 12230) : – en général, à la valeur vénale ; – dans certains cas particuliers à la valeur nette comptable des titres de l'absorbée antérieurement détenus.	En cas de comptabilisation des titres pour leur valeur vénale et d'option pour le sursis d'imposition de la plus-value d'échange, le coût de revient fiscal des titres de l'absorbante reçus en échange par les actionnaires de l'absorbée est égal à la valeur fiscale qu'avaient les titres de l'absorbée dans les écritures de ces actionnaires (CGI art. 38-7 bis).
Lorsque la valeur d'utilité des titres devient inférieure à leur valeur nette comptable (coût d'entrée net des dépréciations déjà comptabilisées), une dépréciation doit être constatée (C. com. art. L 123-18 et PCG art. 221-3, 214-5 et 214-17).	La (provision pour) dépréciation fiscalement déductible afférente à ces titres doit être déterminée par rapport à leur prix de revient fiscal : ainsi, la déduction n'est admise que si leur valeur d'inventaire est inférieure à leur prix de revient fiscal (CGI art. 39-1-5º). Sur la limitation de déduction particulière aux dépréciations de titres de participation et sur leur taux d'imposition, voir Mémento Comptable nº 35930.

Divergences – Retraitements
Réintégration sur l'imprimé nº 2058-A (ligne WI) de la dépréciation comptable excédant la (provision pour) dépréciation qui peut être déduite sur le plan fiscal. Par ailleurs, les retraitements propres au régime du long terme sont susceptibles de devoir être effectués. Sur ces retraitements, voir Mémento Comptable nº 35930. Sur les divergences relatives à la cession de ces titres, voir nº 12260.

Commentaires Voir nº 8715 et 8725.

Frais d'acquisition des titres de la société absorbée remis à l'échange

12237 ***Question***

Lorsque l'opération est réalisée à la valeur comptable et placée sous le régime fiscal de droit commun, quels sont les retraitements extra-comptables à effectuer chez les associés de la société absorbée pour poursuivre l'amortissement fiscal des frais d'acquisition des titres échangés ?

Comptabilité	Fiscalité
Les frais supportés par les associés de la société absorbée lors de l'acquisition des titres de cette dernière ont été (PCG art. 221-1 renvoyant sur art. 213-8) : - soit inscrits immédiatement en charges, - soit inclus dans le coût d'acquisition des titres. Du fait de la fusion, ces titres font l'objet d'un échange contre des titres de la société absorbante, en principe effectué à la valeur vénale (voir nº 8700). Quelle que soit l'option retenue lors de l'acquisition, les frais d'acquisition des titres de la société absorbée ne figurent plus au bilan des associés à l'issue de la fusion, ces titres étant échangés contre des titres de la société absorbante.	Quel que soit le traitement comptable retenu, les frais d'acquisition de titres de la société absorbée (CGI art. 209-VII) : - ont été, sur le plan fiscal, obligatoirement incorporés au prix de revient de ces titres, - ont pu être fiscalement amortis sur 5 ans à compter de la date d'acquisition des titres. Lorsque l'opération d'échange est placée sous le régime du sursis d'imposition prévu à l'article 38-7 bis du CGI, les associés de la société absorbée sont autorisés à poursuivre l'amortissement fiscal des frais d'acquisition supportés lors de l'acquisition des titres de la société absorbée (BOI-IS-BASE-30-10 nº 340). Les titres sous-jacents ayant disparu, la poursuite de cet amortissement fiscal s'effectue, à notre avis, par voie de déduction extra-comptable.

Divergences – Retraitements
A notre avis, déduction extra-comptable sur l'imprimé nº 2058-A (ligne XG), sur la durée résiduelle d'amortissement des titres à la date de l'échange, de 1/5e par exercice du montant total des frais engagés par les associés lors de l'acquisition des titres de la société absorbée.

Commentaires Voir nº 8710.

Fusions sans échange de titres entre sociétés sœurs détenues à 100 % par la même entité mère : dépréciation des titres de la société absorbée à la suite de l'opération

12238 ***Question***

Lorsque l'opération a été réalisée sous le régime de droit commun, quels sont les retraitements extra-comptables à effectuer en cas de dépréciation des titres de la société absorbée ?

Comptabilité	Fiscalité
Lorsque la fusion est réalisée sans échange de titres : – la valeur brute comptable des titres de l'entité absorbée est ajoutée à celle des titres de l'entité absorbante, pour former la « nouvelle » valeur brute des titres de cette dernière dans les comptes de l'actionnaire ; – si une dépréciation des titres de l'entité absorbée a été constatée préalablement à l'opération de fusion, elle est ajoutée à la dépréciation des titres de l'entité absorbante dans les comptes de l'entité détentrice (le cas échéant). L'entité détentrice détermine la valeur d'utilité des titres de l'entité absorbante après la fusion (c'est-à-dire du nouvel ensemble composé de l'entité absorbante et de l'entité absorbée) conformément à l'article 221-3 du PCG. Le cas échéant, le montant de la dépréciation doit être ajusté.	La (provision pour) dépréciation fiscalement déductible afférente à ces titres doit être déterminée par rapport à leur prix de revient fiscal : ainsi, la déduction n'est admise que si leur valeur d'inventaire est inférieure à leur prix de revient fiscal (CGI art. 39-1-5°). Sur la limitation de déduction particulière aux dépréciations de titres de participation et sur leurs taux d'imposition, voir Mémento Comptable n° 35930.

Divergences – Retraitements
Réintégration sur l'imprimé n° 2058-A (ligne WI) de la dépréciation comptable excédant la (provision pour) dépréciation qui peut être déduite sur le plan fiscal. Par ailleurs, les retraitements propres au régime du long terme sont susceptibles de devoir être effectués (sur ces retraitements, voir Mémento Comptable n° 35930).

Commentaires Voir n° 8741 et 9644.

IV. Retraitements à effectuer lors de la cession des éléments reçus dans le cadre de l'opération

A. Chez la société apporteuse

Cession de titres reçus en rémunération d'un apport partiel d'actif

12240 ***Question***

Lorsque l'opération a été réalisée à la valeur comptable et placée sous le régime fiscal de droit commun, quels sont les retraitements extra-comptables à effectuer chez la société apporteuse au titre de la cession des titres reçus en rémunération de l'apport ?

Comptabilité	Fiscalité
Le résultat de cession est calculé par référence au coût d'entrée des titres. Lorsque ces titres ont été acquis en rémunération d'un apport partiel d'actif réalisé à la valeur comptable, leur coût d'entrée est égal à la valeur nette comptable des éléments apportés (PCG art. 221-1).	Un apport partiel d'actif transcrit à la valeur comptable et placé sous le régime fiscal de droit commun est fiscalement réputé réalisé à la valeur réelle (CGI art. 221-2). L'apporteuse est donc imposable à raison des plus-values fiscales d'apport (non constatées en comptabilité, voir nº 12205). En contrepartie, selon nos informations, afin d'éviter une double imposition, l'administration devrait admettre, que, lors de la cession des titres reçus par l'apporteuse, la plus-value soit calculée en tenant compte de la valeur réelle retenue pour l'imposition de la plus-value d'apport. Une telle solution est admise en cas de cession ultérieure, par la société bénéficiaire des apports, des immobilisations apportées (voir nº 12245). Sur le taux d'imposition applicable aux plus-values de cession de titres, voir nº 10035.

Divergences – Retraitements
Selon nos informations : déduction extra-comptable, sur l'imprimé nº 2058-A (ligne XG) de l'excédent du résultat de cession comptable sur la plus-value fiscale de cession. Par ailleurs, les corrections extra-comptables afférentes au régime du long terme sont susceptibles de devoir être effectuées. Sur ces corrections, voir Mémento Comptable nº 36700 s.

Commentaires Voir nº 10035.

B. Chez la société absorbante ou bénéficiaire des apports

Cession d'immobilisations acquises dans le cadre de l'opération

12245 ***Question***

Lorsque l'opération a été réalisée à la valeur comptable et placée sous le régime fiscal de droit commun, quels sont les retraitements extra-comptables à effectuer chez la société absorbante (ou bénéficiaire des apports) lors de la cession d'une immobilisation acquise dans le cadre de l'opération ?

Comptabilité	Fiscalité
Le résultat de cession est calculé par référence au coût d'entrée des immobilisations, c'est-à-dire leur valeur d'apport, qu'il s'agisse d'éléments amortissables ou non amortissables (en l'espèce, leur valeur comptable).	Lorsqu'une fusion ou une opération assimilée transcrite à la valeur comptable est placée sous le régime fiscal de droit commun (en raison, par exemple, de l'existence de déficits que l'absorbée ne peut pas transférer), l'opération est fiscalement réputée réalisée à la valeur réelle (CGI art. 221-2). L'absorbée ou l'apporteuse est donc imposable à raison des plus-values fiscales d'apport. En contrepartie, l'administration (BOI-IS-FUS-30-20 nº 180) admet, sous certaines conditions, que lors de la cession ultérieure par l'absorbante ou la bénéficiaire des apports des immobilisations comprises dans l'apport, le résultat de cession soit minoré du montant de la plus-value d'apport afférente à ces immobilisations, imposée lors de l'opération.
Divergences – Retraitements	
Déduction extra-comptable, sur l'imprimé nº 2058-A (ligne XG) de l'excédent du résultat de cession comptable sur le résultat de cession fiscal.	

Commentaires Voir nº 8640.

Cession de titres acquis dans le cadre de l'opération

12250 ***Question***

Lorsque l'opération a été réalisée à la valeur comptable et placée sous le régime fiscal de droit commun, quels sont les retraitements extra-comptables résultant de l'opération à effectuer chez la société absorbante (ou bénéficiaire des apports) lors de la cession de titres acquis dans le cadre de l'opération ?

Comptabilité	Fiscalité
Le résultat de cession est calculé par référence au coût d'entrée des titres, c'est-à-dire leur valeur d'apport (en l'espèce, leur valeur comptable).	Lorsqu'une fusion ou une opération assimilée transcrite à la valeur comptable est placée sous le régime fiscal de droit commun (en raison, par exemple, de l'existence de déficits que l'absorbée ne peut pas transférer), l'opération est fiscalement réputée réalisée à la valeur réelle (CGI art. 221-2). L'absorbée ou l'apporteuse est donc imposable à raison des plus-values fiscales d'apport.

Comptabilité	Fiscalité
	En contrepartie, l'administration (BOI-IS-FUS-30-20 nº 180) admet, sous certaines conditions, que, lors de la cession ultérieure par l'absorbante ou la bénéficiaire des apports des titres compris dans l'apport, le résultat de cession soit minoré du montant de la plus-value d'apport afférente à ces titres, imposée lors de l'opération. Sur le taux d'imposition applicable aux plus ou moins-values de cession de titres, voir nº 10035.

Divergences – Retraitements
Déduction extra-comptable, sur l'imprimé nº 2058-A (ligne XG) de l'excédent du résultat de cession comptable sur le résultat de cession fiscal. Sur les autres corrections extra-comptables susceptibles de devoir être effectuées sur le résultat de cession (régime du long terme, frais d'acquisition, etc.), voir nº 8640.

Commentaires Voir nº 8640.

Cession de stocks acquis dans le cadre de l'opération

12255 ***Question***

Lorsque l'opération a été réalisée à la valeur comptable et placée sous le régime fiscal de droit commun, quels sont les retraitements extra-comptables à effectuer chez la société absorbante (ou bénéficiaire des apports) lors de la cession de stocks acquis dans le cadre de l'opération ?

Comptabilité	Fiscalité
Le profit résultant de la vente des stocks est calculé par référence au coût d'entrée de ces stocks, c'est-à-dire leur valeur d'apport (en l'espèce, leur valeur comptable).	Lorsqu'une fusion ou une opération assimilée transcrite à la valeur comptable est placée sous le régime fiscal de droit commun (en raison, par exemple, de l'existence de déficits que l'absorbée ne peut pas transférer), l'opération est fiscalement réputée réalisée à la valeur réelle (CGI art. 221-2). L'absorbée ou l'apporteuse est donc imposable à raison des plus-values fiscales d'apport. En contrepartie, l'administration devrait admettre, à notre avis, sous certaines conditions, comme elle le fait pour les immobilisations (voir nº 12245), que, lors de la vente ultérieure, par l'absorbante ou la bénéficiaire des apports, des stocks compris dans l'apport, le résultat de cession soit minoré du montant de la plus-value d'apport afférente à ces actifs, imposée lors de l'opération.

Divergences – Retraitements
A notre avis, déduction extra-comptable, sur l'imprimé nº 2058-A (ligne XG) de l'excédent du résultat de cession comptable sur le résultat de cession fiscal.

Commentaires Voir nº 8640.

C. Chez les actionnaires de la société absorbée

Cession de titres de la société absorbante reçus en échange dans le cadre de la fusion

12260 ***Question***

Lorsque l'opération a été réalisée à la valeur comptable et placée sous le régime fiscal de droit commun, quels sont les retraitements extra-comptables à effectuer chez les actionnaires de la société absorbée en cas de cession de titres reçus en échange dans le cadre de la fusion ?

Comptabilité	Fiscalité
Le résultat de cession est calculé en fonction du coût d'entrée des titres (voir nº 12230). Le coût d'entrée des titres de l'absorbante reçus en échange par les actionnaires de l'absorbée lors de la fusion est égal : – en général, à la valeur vénale des titres de l'absorbante reçus en échange ; – dans certains cas à la valeur nette comptable des titres de l'absorbée remis à l'échange, notamment dans le cas d'une fusion réalisée entre sociétés détenues à 100 % par l'actionnaire subissant l'échange ou dans le cas d'une transaction sans substance commerciale.	Le résultat de cession est calculé d'après la valeur fiscale des titres qui diffère de leur coût d'entrée comptable dans les cas suivants voir nº 12230) : – en cas d'échange des titres à la valeur vénale avec option pour le sursis d'imposition de la plus ou moins-value d'échange (CGI art. 38-7 bis). La valeur fiscale des titres est alors égale à la valeur fiscale des titres de l'absorbée auxquels ils se sont substitués ; – en cas d'échange des titres à la valeur comptable sans option pour le sursis d'imposition de la plus ou moins-value (fiscale) d'échange. La valeur fiscale des titres est alors égale à la valeur réelle, à la date de l'échange, des titres échangés (voir nº 8725). En outre, lorsque les titres de la société absorbée constituaient pour ses actionnaires des titres de participation, et en cas d'option pour le sursis d'imposition de la plus-value d'échange (CGI art. 38-7 bis) (BOI-IS-BASE-30-10 nº 340) :

Comptabilité	Fiscalité
	– lorsque les frais d'acquisition des titres ont été inclus comptablement dans leur coût d'entrée à l'actif, celui-ci doit être minoré des amortissements admis en déduction (ou déductions extra-comptables) en application de l'article 209-VII du CGI pour la détermination du résultat imposable de l'actionnaire de la société absorbée (voir nº 8710) ; – lorsque les frais d'acquisition des titres n'ont pas été inclus dans leur coût d'entrée à l'actif, celui-ci doit être majoré des frais d'acquisition non encore fiscalement amortis. Sur le taux d'imposition applicable aux plus ou moins-values de cession de titres, voir nº 10035.

Divergences – Retraitements
La différence entre le résultat de cession fiscal et le résultat de cession comptable est mentionnée sur l'imprimé nº 2058-A : – lorsque la plus-value fiscale est supérieure à la plus-value comptable, la différence est réintégrée (ligne WQ) ; – lorsque la moins-value fiscale est supérieure à la moins-value comptable, la différence est déduite (ligne XG). Sur les autres corrections extra-comptables susceptibles de devoir être effectuées sur le résultat de cession (notamment régime du long terme, etc.), voir nº 8720.

Commentaires Voir nº 8710, 8720 et 8725.

Cession de titres de la société absorbante à la suite d'une fusion sans échange de titres entre sociétés sœurs détenues à 100 % par la même entité mère

12270 ***Question***

Lorsque l'opération a été réalisée et placée sous le régime fiscal de droit commun, quels sont les retraitements extra-comptables à effectuer en cas de cession de titres ?

Comptabilité	Fiscalité
Conformément au PCG (art. 946-67), le résultat de cession des titres de l'entité absorbante est calculé à partir de leur valeur comptable à la date de la cession, c'est-à-dire leur « nouvelle » valeur brute après fusion. Cette valeur correspond à la somme de la valeur brute comptable des titres de l'entité absorbée et de celle des titres de l'entité absorbante (PCG art. 746-2).	Le résultat de cession est calculé d'après la valeur fiscale des titres qui peut dans certains cas différer de leur coût d'entrée comptable (voir nº 8720 et 8735). La valeur fiscale des titres de l'absorbante diffère également de leur valeur comptable, lorsque ces titres constituent pour la société mère des titres de participation : – lorsque les frais d'acquisition des titres ont été inclus comptablement dans leur coût d'entrée à l'actif, celui-ci doit être minoré des amortissements admis en déduction (ou déductions extra-comptables) en application de l'article 209-VII du CGI pour la détermination du résultat imposable de l'actionnaire de la société absorbée (voir Mémento comptable nº 35620) ; – lorsque les frais d'acquisition des titres n'ont pas été inclus dans leur coût d'entrée à l'actif, celui-ci doit être majoré des frais d'acquisition non encore fiscalement amortis. Le décompte du délai de détention des titres de l'absorbante à retenir pour déterminer le régime d'imposition de la plus ou moins-value de cession nécessite de réaliser un calcul séparé pour les titres réputés correspondre aux titres de l'absorbée, dans les conditions décrites au nº 8742.

Divergences – Retraitements
La différence entre le résultat de cession fiscal et le résultat de cession comptable est mentionnée sur l'imprimé nº 2058-A : – lorsque la plus-value fiscale est supérieure à la plus-value comptable, la différence est réintégrée (ligne WQ) ; – lorsque la moins-value fiscale est supérieure à la moins-value comptable, la différence est déduite (ligne XG). Sur les autres corrections susceptibles de devoir être effectuées du fait de la cession (notamment régime du long terme) voir nº 8720.

Commentaires Voir nº 8742.

SECTION IV

Retraitements en cas d'opération réalisée à la valeur réelle et placée sous le régime fiscal de faveur

I. Tableaux de synthèse des principaux retraitements

Opération réalisée à la valeur réelle et placée sous le régime fiscal de faveur

12300 ***Question***

Quels sont les principaux retraitements extra-comptables à effectuer lorsque l'opération est réalisée à la valeur réelle et placée sous le régime fiscal de faveur ?

<table>
<tr><th colspan="3">I. Lors de la fusion ou de l'opération assimilée</th></tr>
<tr><th>Chez l'absorbée ou l'apporteuse</th><th>Chez l'absorbante ou la bénéficiaire des apports</th><th>Chez les actionnaires de l'absorbée</th></tr>
<tr><td rowspan="3">Déduction de la plus-value nette d'apport afférente à l'ensemble des éléments d'actif (immobilisations et actif circulant).

Voir nº 12305</td><td>Réintégration du profit sur les éléments de l'actif circulant (hors VMP) correspondant à la différence entre leur valeur réelle et la valeur qu'ils avaient, du point de vue fiscal, dans les écritures de l'absorbée ou apporteuse.
Voir nº 12315</td><td rowspan="3">– Lorsque l'échange est réalisé à la valeur vénale, si option pour le sursis d'imposition : retraitement de la plus ou moins-value d'échange des titres de l'absorbée pour la placer en sursis ;
– Lorsque l'échange est réalisé à la valeur comptable :
• si pas d'option pour le sursis d'imposition : extériorisation de la plus ou moins-value fiscale d'échange des titres de l'absorbée,
• si option pour le sursis d'imposition : retraitement de la plus ou moins-value fiscale d'échange des titres de l'absorbée pour la placer en sursis.</td></tr>
<tr><td>Déduction de la plus-value d'annulation (boni de fusion) des titres de l'absorbée comptabilisée en résultat.
Voir nº 12320</td></tr>
<tr><td>Retraitement de la moins-value d'annulation des titres de l'absorbée détenus depuis moins de deux ans à hauteur de la dépréciation le cas échéant comptabilisée.
Voir nº 12325</td></tr>
</table>

I. Lors de la fusion ou de l'opération assimilée		
Chez l'absorbée ou l'apporteuse	**Chez l'absorbante ou la bénéficiaire des apports**	**Chez les actionnaires de l'absorbée**
En cas de non-réalisation de la cession des titres apportés à une filiale pour laquelle existait un engagement préalable d'apport-cession, retraitement du montant de la plus ou moins-value d'apport qui est annulée sur le plan comptable. Voir nº 12385	Réintégration de la moins-value d'annulation des titres de l'absorbée détenus depuis moins de deux ans, à hauteur des dividendes reçus de cette société lorsqu'ils ont bénéficié du régime des sociétés mères. Voir nº 12326 Déduction des frais d'augmentation de capital imputés sur la prime de fusion (ou d'apport). Voir nº 12330	Voir nº 12335

II. Pendant la détention des éléments d'actif reçus dans le cadre de la fusion ou de l'opération assimilée		
Chez l'apporteuse	**Chez l'absorbante ou la bénéficiaire des apports**	**Chez les actionnaires de l'absorbée**
	Déduction de la reprise d'une provision lorsque celle-ci n'était pas déductible chez l'absorbée. Voir nº 12343	

<table>
<tr><th colspan="3">II. Pendant la détention des éléments d'actif reçus dans le cadre de la fusion ou de l'opération assimilée</th></tr>
<tr><th>Chez l'apporteuse</th><th>Chez l'absorbante ou la bénéficiaire des apports</th><th>Chez les actionnaires de l'absorbée</th></tr>
<tr><td rowspan="4">Réintégration de la dépréciation comptable des titres reçus en rémunération d'un apport partiel d'actif excédant la (provision pour) dépréciation fiscalement déductible.

Voir nº 12340</td><td>Réintégration de la dépréciation comptable des immobilisations non amortissables (y compris titres) et des VMP excédant la (provision pour) dépréciation fiscalement déductible :
– Immobilisations non amortissables
Voir nº 12345
– Titres
Voir nº 12350</td><td>Si échange à la valeur réelle et option pour le sursis d'imposition, réintégration de la dépréciation comptable des titres reçus en échange excédant la (provision pour) dépréciation fiscalement déductible.
Voir nº 12355</td></tr>
<tr><td>Réintégration échelonnée des plus-values d'apport sur les immobilisations amortissables.
Déduction de la reprise progressive de la provision pour impôt comptabilisée lors de l'apport.
Voir nº 12351</td><td rowspan="3">Poursuite de l'amortissement fiscal des frais d'acquisition des titres remis à l'échange en cas d'option pour le sursis d'imposition du résultat d'échange.

Voir nº 12357</td></tr>
<tr><td>Poursuite de l'amortissement fiscal des frais d'acquisition de titres de participation apportés.
Voir nº 12352</td></tr>
<tr><td>Poursuite des déductions fiscales exceptionnelles.
Voir nº 12353</td></tr>
</table>

III. Lors de la cession des éléments d'actif reçus dans le cadre de la fusion ou de l'opération assimilée		
Chez l'apporteuse	Chez l'absorbante ou la bénéficiaire des apports	Chez les actionnaires de l'absorbée
Retraitement de la différence entre le résultat de cession comptable et le résultat de cession fiscal des titres reçus en rémunération d'un apport partiel d'actif. Voir nº 12360	Réintégration de la plus-value d'apport sur les immobilisations amortissables qui n'a pas encore été réintégrée. Voir nº 12365	Si échange à la valeur réelle avec option pour le sursis d'imposition ou si échange à la valeur comptable sans option pour le sursis d'imposition, retraitement de la différence entre le résultat de cession comptable et fiscal des titres reçus en échange. En outre, lorsque les titres de l'absorbée remis à l'échange constituent des titres de participation, et si option pour le sursis d'imposition, retraitement de la différence entre le résultat de cession comptable et fiscal des titres reçus en échange. Voir nº 12380
	Retraitement de la différence entre le résultat de cession comptable et le résultat de cession fiscal des immobilisations non amortissables (y compris titres) et des VMP : – Immobilisations non amortissables Voir nº 12370 – Titres Voir nº 12375 et 12376	

II. Retraitements à effectuer lors de l'opération

A. Chez la société absorbée ou apporteuse

Neutralisation de la plus-value d'apport

12305 ***Question***

Lorsque l'opération est réalisée à la valeur réelle et placée sous le régime fiscal de faveur, quels sont les retraitements extra-comptables à effectuer chez la société absorbée (ou apporteuse) au titre de la neutralisation de la plus-value ou du profit d'apport ?

Comptabilité	Fiscalité
Dans le cadre d'une fusion ou d'une opération assimilée réalisée à la valeur réelle, les plus-values et profits d'apport sont constatés chez l'absorbée ou l'apporteuse.	Lorsque la fusion ou l'opération assimilée réalisée à la valeur réelle est placée sous le régime fiscal de faveur, la plus-value nette globale afférente à l'ensemble des éléments de l'actif apportés [immobilisations (amortissables ou non), titres (immobilisés ou non), stocks...] est exonérée chez la société absorbée ou apporteuse (CGI art. 210 A et 210 B). Sur les obligations pesant sur l'absorbante ou bénéficiaire des apports en contrepartie de cette exonération, voir n° 7802. Sur le sort des moins-values nettes dégagées, le cas échéant, sur les immobilisations amortissables, voir n° 7802.

Divergences – Retraitements
Déduction extra-comptable sur l'imprimé n° 2058-A (ligne XG) de la plus-value nette et du profit d'apport constatée par l'absorbée ou l'apporteuse. En outre, un état de suivi des valeurs fiscales doit être joint à la déclaration et un registre des plus-values en sursis doit être conservé par l'entreprise (CGI art. 54 septies, voir n° 7302). Sur les retraitements que l'absorbante ou bénéficiaire des apports doit effectuer : – en cas de dépréciation et lors de la cession des immobilisations non amortissables apportées, voir n° 12345 et 12370 ; – au titre de la plus-value d'apport sur les immobilisations amortissables, voir n° 12351.

Commentaires Voir n° 8015.

B. Chez la société absorbante ou bénéficiaire des apports

Constatation de la plus-value d'apport sur les stocks et les créances

12315 ***Question***

Lorsque l'opération est réalisée à la valeur réelle et placée sous le régime fiscal de faveur, quels sont les retraitements extra-comptables à effectuer chez la société absorbante (ou bénéficiaire des apports) au titre du profit d'apport sur les stocks et les créances ?

Comptabilité	Fiscalité
Les stocks acquis dans le cadre d'une fusion ou d'une opération assimilée sont inscrits à l'actif pour leur valeur d'apport (en l'espèce, leur valeur réelle).	Le profit correspondant à la différence entre la valeur réelle des stocks et la valeur qu'ils avaient, du point de vue fiscal, dans les écritures de l'absorbée ou dans celle de l'apporteuse est immédiatement imposable (BOI-IS-FUS-30-20 nº 60). En effet la neutralisation des profits sur les éléments de l'actif circulant prévue à l'article 210 A-3-e du CGI n'est en pratique plus applicable, cette neutralisation étant subordonnée à l'inscription de ces éléments chez l'absorbante ou la bénéficiaire des apports pour la valeur qu'ils avaient, du point de vue fiscal, dans les écritures de l'absorbée ou l'apporteuse, et non pour leur valeur d'apport.
Divergences – Retraitements	
Réintégration extra-comptable sur l'imprimé nº 2058-A (ligne WQ) du profit dégagé sur l'apport des stocks.	

Commentaires Voir nº 8140.

Boni de fusion

12320 ***Question***

Lorsque l'opération est réalisée à la valeur réelle et placée sous le régime fiscal de faveur, quels sont les retraitements extra-comptables à effectuer chez la société absorbante au titre du boni de fusion ?

Comptabilité	Fiscalité
a. **Assiette du boni** Le boni représente l'écart positif entre l'actif net reçu par l'absorbante à hauteur de sa participation détenue dans l'absorbée, et la valeur comptable de cette participation.	a. **Assiette du boni** Fiscalement, le boni de fusion correspond à la plus-value d'annulation des titres de l'absorbée détenus par l'absorbante. Des retraitements sont susceptibles d'être effectués lorsque le montant du boni de fusion fiscal diffère de celui du boni comptable : – en raison du traitement fiscal réservé aux frais d'acquisition de titres ; – lorsque les titres annulés sont grevés d'une plus ou moins-value en sursis ou en report d'imposition.

Comptabilité	Fiscalité
b. Comptabilisation Le boni est comptabilisé : – dans le résultat financier à hauteur de la quote-part des résultats accumulés par l'absorbée depuis l'acquisition et non distribués ; – dans les capitaux propres pour le montant résiduel ou si les résultats accumulés ne peuvent être déterminés de manière fiable.	**b. Régime** Lorsque la fusion est placée sous le régime fiscal de faveur, cette plus-value est exonérée (CGI art. 210 A-1-2).
Divergences – Retraitements	
a. Retraitements d'assiette Retraitements correspondants sur l'imprimé nº 2058-A (lignes XG et WQ). **b. Retraitement lié au régime** Déduction sur l'imprimé nº 2058-A (ligne XG) de la fraction du boni comptabilisée en résultat.	

Commentaires Voir nº 8450 et 8460.

Annulation des titres de la société absorbée détenus depuis moins de deux ans et dépréciés chez la société absorbante

12325 ***Question***

Lorsque l'opération est réalisée à la valeur réelle et placée sous le régime fiscal de faveur, quels sont les retraitements extra-comptables à effectuer chez la société absorbante au titre de l'annulation des titres de la société absorbée :
- détenus depuis moins de deux ans,
- et dépréciés chez la société absorbante ?

Comptabilité	Fiscalité
En cas d'absorption par une société d'une autre société dans laquelle elle détient une participation, le mali de fusion constaté, le cas échéant, est calculé à partir de la valeur nette comptable des titres de l'absorbée dans les comptes de l'absorbante (PCG art. 745-3 et Recueil des normes comptables, Commentaire IR 3 sous l'article 745-3). En conséquence, si les titres de l'absorbée ont été dépréciés par l'absorbante avant la fusion : – le mali de fusion comptabilisé ne comprend pas le montant de cette dépréciation ; – et, corrélativement, la dépréciation n'est pas reprise lors de la comptabilisation de l'opération de fusion.	La moins-value d'annulation de titres de participation, représentative de la perte réelle subie, est déductible du résultat au taux normal lorsque les titres de l'absorbée sont détenus depuis moins de deux ans (BOI-IS-FUS-10-50-20 nº 50), même si aucune reprise de (provision pour) dépréciation n'est prise en compte pour la détermination du résultat imposable de l'exercice de réalisation de l'opération (CE 13-11-2020 nº 424455). La (provision pour) dépréciation de titres de participation (au sens fiscal) est constitutive d'une moins-value à long terme (au taux de 19 % pour les titres de SPI cotées ou non déductible pour les titres relevant du secteur de taxation limitée à une quote-part de frais et charges) quelle que soit la durée de détention des titres (CGI art. 39-1-5º, al. 17).

Comptabilité	Fiscalité
La dépréciation comptabilisée sur les titres est figée et devient donc une perte définitive.	Lorsque les titres annulés sont des titres de SPI non cotées, la (provision pour) dépréciation les concernant relève du taux de droit commun (voir Mémento Comptable nº 35930). Des retraitements sont en outre susceptibles d'être effectués lorsque le montant du mali de fusion diffère de celui du mali comptable : – en raison du traitement fiscal réservé aux frais d'acquisition de titres ; – lorsque les titres annulés sont grevés d'une plus ou moins-value en sursis ou en report d'imposition.

Divergences – Retraitements
Afin de préserver la déductibilité au taux de droit commun de la moins-value d'annulation des titres détenus depuis moins de deux ans correspondant à la dépréciation des titres annulés, les retraitements extra-comptables suivants doivent être effectués sur l'imprimé nº 2058-A : – constatation de la reprise de la dépréciation constitutive d'une plus-value à long terme : • réintégration (ligne WQ) de la dépréciation, • déduction (lignes WV à XB) de ce même montant au titre des plus-values à long terme ; – déduction (ligne XG) de la moins-value d'annulation de titres à hauteur du montant de la (provision pour) dépréciation antérieurement constatée (qui comptablement n'est pas reprise). Aucun retraitement n'est à effectuer lorsque les titres annulés sont des titres de SPI non cotées.

Commentaires Voir nº 8320 et 8328.

Annulation des titres de la société absorbée détenus depuis moins de deux ans lorsque celle-ci a distribué des dividendes ayant bénéficié du régime des sociétés mères

12326 ***Question***

Lorsque l'opération est réalisée à la valeur réelle et placée sous le régime fiscal de faveur, quels sont les retraitements extra-comptables à effectuer chez la société absorbante au titre de l'annulation des titres de la société absorbée :

– détenus depuis moins de deux ans,

– lorsque les dividendes reçus de la société absorbée ont été exonérés en application du régime des sociétés mères ?

Comptabilité	Fiscalité
En cas d'absorption par une société d'une autre société dans laquelle elle détient une participation, le mali de fusion constaté, le cas échéant, représente l'écart négatif entre l'actif net reçu par la société absorbante à hauteur de sa participation détenue dans la société absorbée, et la valeur comptable de cette participation (PCG art. 745-3).	La moins-value d'annulation de titres de participation est déductible du résultat au taux normal lorsque les titres de l'absorbée sont détenus depuis moins de deux ans (BOI-IS-FUS-10-50-20 nº 50). Toutefois, cette moins-value d'annulation n'est pas déductible à hauteur des dividendes reçus de la société absorbée depuis son acquisition et qui ont bénéficié chez l'absorbante du régime des sociétés mères (CGI art. 210 A ; BOI-IS-FUS-10-20-50 nº 135). Cette mesure anti-abus vise à empêcher le cumul : – de l'exonération des dividendes ; – et de la déduction au taux normal de la moins-value réputée résulter de cette distribution.
Divergences – Retraitements	
Réintégration de la fraction non déductible de la moins-value sur l'imprimé nº 2058-A (ligne WQ).	

Commentaires Voir nº 8368.

Frais d'augmentation de capital imputés sur la prime de fusion (ou d'apport)

12330 ***Question***

Lorsque l'opération est réalisée à la valeur réelle et placée sous le régime fiscal de faveur, quels sont les retraitements extra-comptables à effectuer chez la société absorbante (ou bénéficiaire des apports) en cas d'imputation des frais d'augmentation de capital sur la prime de fusion (ou d'apport) ?

Comptabilité	Fiscalité
Les frais d'augmentation de capital peuvent être imputés sur le montant de la prime de fusion (ou d'apport) pour le montant net d'impôt, ce qui constitue la méthode préférentielle.	Les frais d'augmentation de capital sont immédiatement déductibles, même s'ils ont été imputés en comptabilité sur la prime d'émission ou de fusion (BOI-BIC-CHG-20-30-20 nº 90).
Divergences – Retraitements	
Déduction des frais pour leur montant brut sur l'imprimé nº 2058-A (ligne XG).	

Commentaires Voir nº 8163.

C. Chez les actionnaires de la société absorbée

Echange des titres dans le cadre de la fusion

12335 ***Question***

Lorsque l'opération est réalisée à la valeur réelle et placée sous le régime fiscal de faveur, quels sont les retraitements extra-comptables à effectuer chez les actionnaires de la société absorbée du fait de l'échange de titres réalisé dans le cadre de la fusion ?

Comptabilité	Fiscalité
L'échange est considéré comme une cession des éléments remis en échange suivie de l'acquisition des biens reçus en échange. Les titres reçus en échange sont enregistrés chez ces actionnaires (PCG art. 213-3 sur renvoi de 221-1 ; Avis CU CNC 2006-B du 5-7-2006) :	Sous certaines conditions, les actionnaires de l'absorbée peuvent opter pour la mise en sursis de l'imposition ou de la déduction de la plus ou moins-value d'échange jusqu'à la cession ultérieure des titres de l'absorbante reçus en échange (CGI art. 38-7 bis) : – que la fusion soit ou non placée sous le régime de faveur de l'article 210 A du CGI (BOI-IS-FUS-50-10 nº 1 et 10) ; – quelle que soit la valeur devant être retenue sur le plan comptable (selon la situation, valeur vénale ou valeur comptable ; voir nº 8725).
a. en général, à leur **valeur vénale.** Dans ce cas, la plus ou moins-value d'échange est constatée au titre de l'exercice de l'échange ;	a. Lorsque l'échange est comptablement réalisé à la **valeur vénale** des titres reçus en échange, en cas d'option pour le sursis, la plus (ou moins)-value d'échange : – n'est pas imposable (ou déductible) au titre de l'exercice de l'échange des titres ; – et la plus (ou moins)-value imposable au titre de l'exercice au cours duquel les titres reçus en échange sont cédés (voir nº 12380) est déterminée par différence entre leur prix de cession et leur valeur fiscale à la date de remise à l'échange. Sur le taux d'imposition applicable à ces plus et moins-values, voir nº 10035. **A noter** En cas d'échange avec soulte, seule la fraction de la plus-value excédant le montant de la soulte est susceptible d'être placée en sursis d'imposition. En cas de moins-value, voir nº 8710.

Comptabilité	Fiscalité
b. dans certains cas particuliers (notamment, dans le cas d'une fusion entre sociétés détenues à 100 % par l'actionnaire subissant l'échange ou d'une transaction sans substance commerciale), à la **valeur comptable** des titres de l'absorbée antérieurement détenus.	b. Lorsque l'échange est comptablement réalisé à la **valeur comptable** des titres remis à l'échange : – en l'absence d'option pour le sursis d'imposition, la plus ou moins-value fiscale d'échange : • est comprise dans le résultat de l'exercice de l'échange des titres, • et n'est corrélativement pas imposable (ou déductible) au titre de l'exercice au cours duquel les titres reçus en échange sont cédés ; – en cas d'option pour le sursis d'imposition, la plus ou moins-value fiscale d'échange : • n'est pas comprise dans le résultat de l'exercice de l'échange des titres, • et la plus ou moins-value imposable au titre de l'exercice au cours duquel les titres reçus en échange sont cédés (voir nº 12380) est déterminée par différence entre leur prix de cession et leur valeur fiscale à la date de remise à l'échange. Sur le taux d'imposition applicable à ces plus et moins-values, voir nº 10035.

Divergences – Retraitements

a. Lorsque l'échange est réalisé à la **valeur vénale** sur le plan comptable :
- en cas d'option pour le sursis d'imposition, sur l'imprimé nº 2058-A :
  - l'exercice de la fusion : déduction (ligne XG) de la plus-value comptabilisée et non imposée (sauf à hauteur de la soulte éventuelle) ou réintégration (ligne WQ) de la moins-value comptabilisée et non déductible,
  - l'exercice de cession des titres reçus en échange : réintégration (ligne WQ) ou déduction (ligne XG) de la différence entre le résultat de cession fiscal et le résultat de cession comptable (pour plus de détails, voir nº 12380) ;

  Par ailleurs, les corrections extra-comptables afférentes au régime du long terme sont susceptibles d'être effectuées. Sur ces corrections, voir Mémento Comptable nº 36700 s.

  En outre, l'exercice de l'opération et jusqu'à la cession des titres, un état de suivi des valeurs fiscales doit être joint à la déclaration et un registre des plus-values en sursis doit être conservé par l'entreprise (CGI art. 54 septies).
- en cas d'absence d'option pour le sursis d'imposition du résultat d'échange : aucun retraitement extra-comptable autre que ceux afférents au régime du long terme n'est à effectuer (sur ces retraitements, voir Mémento Comptable nº 36700 s.).

Divergences – Retraitements (suite)
b. Lorsque l'échange est réalisé à la **valeur comptable** sur le plan comptable : – en l'absence d'option pour le sursis d'imposition, sur l'imprimé nº 2058-A : • l'exercice de la fusion : réintégration (ligne WQ) de la plus-value immédiatement imposable mais non comptabilisée ou déduction (ligne XG) de la moins-value immédiatement déductible mais non comptabilisée, • l'exercice de cession des titres reçus en échange : déduction (ligne XG) de la plus-value déjà imposée ou réintégration (ligne WQ) de la moins-value déduite (voir nº 12380) ; – en cas d'option pour le sursis d'imposition, à notre avis, par prudence, l'exercice de la fusion : • réintégration (ligne WQ) de la plus-value non comptabilisée ou déduction (ligne XG) de la moins-value, • déduction (ligne XG) de cette même plus-value pour la placer en sursis ou réintégration (ligne WQ) de la moins-value. Par ailleurs, les corrections extra-comptables afférentes au régime du long terme sont susceptibles d'être effectuées. Sur ces corrections, voir Mémento Comptable nº 36700 s. Sur les retraitements à effectuer lors de la cession des titres reçus en échange, voir nº 12380.

Commentaires Voir nº 8710 et 8725.

III. Retraitements à effectuer pendant la détention des éléments reçus dans le cadre de l'opération

A. Chez la société apporteuse

Dépréciation des titres reçus en rémunération d'un apport partiel d'actif

12340 ***Question***

Lorsque l'opération a été réalisée à la valeur réelle et placée sous le régime fiscal de faveur, quels sont les retraitements extra-comptables à effectuer chez la société apporteuse en cas de dépréciation des titres reçus en rémunération de l'apport ?

Comptabilité	Fiscalité
Les titres reçus par l'apporteuse en rémunération d'un apport partiel d'actif sont enregistrés pour le montant des apports (PCG art. 221-1). Ils sont comptabilisés à la valeur comptable si les apports ont été évalués à la valeur comptable dans le traité d'apport ou à la valeur réelle si les apports ont été évalués à la valeur réelle dans le traité d'apport. Lorsque les titres constituent des titres de participation et que leur valeur d'utilité devient inférieure à leur valeur nette comptable (coût d'entrée net des dépréciations déjà comptabilisées), une dépréciation doit être constatée (C. com. art. L 123-18 et PCG art. 221-3, 214-5 et 214-17). Lorsque les titres constituent des titres immobilisés ou des valeurs mobilières de placement, une dépréciation est constatée lorsque leur valeur actuelle est inférieure à leur valeur nette comptable (PCG art. 221-6 et 222-1 ; voir Mémento Comptable nº 35845 s.).	Le coût de revient fiscal des titres reçus en rémunération d'un apport partiel d'actif est égal à la valeur que les biens apportés avaient du point de vue fiscal dans les écritures de l'apporteuse (CGI art. 210 B). La (provision pour) dépréciation fiscalement déductible afférente à ces titres doit être déterminée par rapport à leur prix de revient fiscal : ainsi, la déduction n'est admise que si leur valeur d'inventaire est inférieure à leur prix de revient fiscal (CGI art. 39-1-5º). Or, le prix de revient fiscal est, en général, inférieur à la valeur des apports lorsque les apports ont été réalisés à la valeur réelle. Sur la limitation de déduction particulière aux dépréciations de titres de participation et sur leur taux d'imposition, voir Mémento Comptable nº 35930.

Divergences - Retraitements
Sur l'imprimé nº 2058-A : - réintégration (ligne WI) de la dépréciation comptable excédant la (provision pour) dépréciation qui peut être déduite sur le plan fiscal, - déduction (ligne WU) des reprises correspondantes lors des exercices ultérieurs. Par ailleurs, les retraitements propres au régime du long terme peuvent devoir être effectués. Sur ces retraitements, voir Mémento Comptable nº 35930. Sur les divergences relatives à la cession de ces titres, voir nº 12360.

Commentaires Voir nº 10030.

B. Chez la société absorbante ou bénéficiaire des apports

Reprise d'une provision non déductible chez la société absorbée

12343 ***Question***

Lorsque l'opération a été réalisée à la valeur réelle et placée sous le régime fiscal de faveur, quels sont les retraitements extra-comptables à effectuer chez la société absorbante (ou bénéficiaire des apports) en cas de reprise d'une provision non déductible chez la société absorbée (ou apporteuse) ?

Comptabilité	Fiscalité
Les provisions comptabilisées par l'absorbée figurant dans le traité d'apport et comptabilisées par la société absorbante à la date de l'opération sont reprises en résultat lorsqu'elles sont utilisées.	Lorsque l'opération a été placée sous le régime fiscal de faveur, la reprise ultérieure au compte de résultat de l'absorbante des provisions non déductibles, qui ont été régulièrement réintégrées dans les résultats de l'absorbée, n'est pas imposable (BOI-IS-FUS-10-20-40-10 nº 220).
Divergences – Retraitements	
Sur l'imprimé nº 2058-A, déduction (ligne WU) de la reprise de provision.	

Commentaires Voir nº 7904.

Dépréciation des immobilisations non amortissables acquises dans le cadre de l'opération

12345 ***Question***

Lorsque l'opération a été réalisée à la valeur réelle et placée sous le régime fiscal de faveur, quels sont les retraitements extra-comptables à effectuer chez la société absorbante (ou bénéficiaire des apports) au titre de la dépréciation des immobilisations non amortissables acquises dans le cadre de l'opération ?

Comptabilité	Fiscalité
Les immobilisations non amortissables acquises dans le cadre d'une fusion ou d'une opération assimilée sont enregistrées chez l'absorbante ou la bénéficiaire des apports pour leur valeur d'apport (en l'espèce la valeur réelle). La dépréciation des immobilisations non amortissables acquises par voie de fusion ou d'opération assimilée réalisée à la valeur réelle est donc calculée par rapport à cette valeur réelle.	Les immobilisations non amortissables acquises par voie de fusion ou d'opération assimilée placée sous le régime de faveur, ne peuvent faire l'objet d'une (provision pour) dépréciation déductible fiscalement que si leur valeur d'inventaire est inférieure à leur valeur fiscale avant apport, et dans la limite de la différence entre ces deux valeurs (CGI art. 39-1-5º). Or, la valeur fiscale avant apport est, en général, inférieure à la valeur d'apport lorsque les apports ont été réalisés à la valeur réelle.
Divergences – Retraitements	
Sur l'imprimé nº 2058-A : – réintégration (ligne WI) de l'excédent de la (provision pour) dépréciation comptabilisée par rapport à la dotation fiscalement admise en déduction ; – déduction (ligne WU) de la reprise ultérieure de cette quote-part de dépréciation. Sur les retraitements à effectuer lors de la cession de ces immobilisations, voir nº 12370.	

Commentaires Voir nº 8630.

Dépréciation des titres acquis dans le cadre de l'opération

12350 ***Question***

Lorsque l'opération a été réalisée à la valeur réelle et placée sous le régime fiscal de faveur, quels sont les retraitements extra-comptables à effectuer chez la société absorbante (ou bénéficiaire des apports) au titre de la dépréciation des titres acquis dans le cadre de l'opération ?

Comptabilité	Fiscalité
Les titres acquis dans le cadre d'une fusion ou d'une opération assimilée sont enregistrés chez l'absorbante ou la bénéficiaire des apports pour leur valeur d'apport (en l'espèce la valeur réelle). Lorsque les titres constituent des titres de participation et que leur valeur d'utilité devient inférieure à leur valeur nette comptable (coût d'entrée net des dépréciations déjà comptabilisées), une dépréciation doit être constatée (C. com. art. L 123-18 et PCG art. 221-3, 214-5 et 214-17). Lorsque les titres constituent des titres immobilisés ou des valeurs mobilières de placement, une dépréciation est constatée lorsque leur valeur actuelle est inférieure à leur valeur nette comptable (PCG art. 221-6 et 222-1 ; voir Mémento Comptable nº 35845 s.).	Le coût de revient fiscal des titres acquis dans le cadre d'une fusion ou d'une opération assimilée réalisée à la valeur réelle et placée sous le régime fiscal de faveur est égal à la valeur que ces titres avaient dans les écritures de l'absorbée ou apporteuse (CGI art. 210 A et 210 B). La (provision pour) dépréciation fiscalement déductible afférente à ces titres doit être déterminée par rapport à leur prix de revient fiscal : ainsi, la déduction n'est admise que si leur valeur d'inventaire est inférieure à leur prix de revient fiscal (CGI art. 39-1-5º). Or, le prix de revient fiscal des titres (calculé avant l'apport) peut être inférieur à la valeur d'apport lorsque les apports ont été réalisés à la valeur réelle. Sur la limitation de déduction particulière aux dépréciations de titres de participation et sur leur taux d'imposition, voir Mémento Comptable nº 35930.

Divergences – Retraitements
Sur l'imprimé nº 2058-A : - réintégration (ligne WI) de la dépréciation comptable excédant la (provision pour) dépréciation qui peut être déduite sur le plan fiscal ; - déduction (ligne WU) de la reprise correspondante lors des exercices suivants. Par ailleurs, les retraitements propres au régime du long terme peuvent devoir être effectués. Sur ces retraitements, voir Mémento Comptable nº 35930. Sur les divergences relatives à la cession de ces titres, voir nº 12375.

Commentaires Voir nº 8630.

Echelonnement de la plus-value d'apport sur les immobilisations amortissables

12351 ***Question***

Lorsque l'opération est réalisée à la valeur réelle et placée sous le régime fiscal de faveur, quels sont les retraitements extra-comptables à effectuer chez la société absorbante (ou bénéficiaire des apports) au titre de l'échelonnement de la plus-value d'apport sur les immobilisations amortissables ?

Comptabilité	Fiscalité
Les immobilisations amortissables reçues de l'absorbée ou l'apporteuse dans le cadre d'une fusion ou d'une opération assimilée réalisée à la valeur réelle sont inscrites à l'actif de l'absorbante ou la bénéficiaire des apports pour leur valeur d'apport. Une provision pour impôt doit être constatée par l'absorbante ou bénéficiaire des apports lors de l'opération pour le montant total de l'impôt lié à la réintégration des plus-values d'apport sur 5 ans ou 15 ans (voir colonne ci-contre). Cette provision est reprise au fur et à mesure de la réintégration fiscale des plus-values correspondantes.	A la suite d'une opération de fusion ou assimilée effectuée à la valeur réelle et placée sous le régime fiscal de faveur des fusions prévu à l'article 210 A du CGI, l'absorbante ou la bénéficiaire de l'apport est imposable sur les plus-values dégagées par l'apport des éléments amortissables. Cette imposition des plus-values d'apport est en principe échelonnée sur une période de 15 ans pour les constructions et de 5 ans pour les autres immobilisations amortissables (CGI art. 210 A-3-d). La provision pour impôt n'est pas déductible et corrélativement la reprise de cette provision n'est pas imposable.

Divergences – Retraitements

Au titre de chaque exercice au cours duquel la plus-value d'apport est échelonnée : réintégration sur l'imprimé n° 2058-A (ligne WO) de tout ou partie des plus-values d'apport imposables, telles qu'elles ont été déterminées au cadre B de l'imprimé n° 2059-B.
La reprise de la provision pour impôt comptabilisée doit être déduite sur l'imprimé n° 2058-A (ligne WU).

En outre, l'exercice de l'opération et jusqu'à la cession des titres, un état de suivi des valeurs fiscales des immobilisations amortissables et non amortissables doit être joint à la déclaration et un registre des plus-values en sursis doit être conservé par l'entreprise (CGI art. 54 septies ; voir n° 7302).
Sur les retraitements à effectuer en cas de cession des immobilisations avant la fin de la période d'échelonnement d'imposition de la plus-value d'apport, voir n° 12365.

Commentaires Voir n° 8625.

Frais d'acquisition de titres apportés

12352 ***Question***

Lorsque l'opération est réalisée à la valeur réelle et placée sous le régime fiscal de faveur, quels sont les retraitements extra-comptables à effectuer chez la société absorbante (ou bénéficiaire des apports) pour poursuivre l'amortissement fiscal des frais d'acquisition des titres apportés ?

Comptabilité	Fiscalité
En cas d'opération réalisée à la valeur réelle, les frais d'acquisition de titres apportés n'ont pas à être repris en tant que tels dans le traité d'apport, la valeur réelle étant estimée de manière globale pour les titres (voir nº 7700). En conséquence, quelle que soit la comptabilisation initiale des frais d'acquisition (charges ou incorporation au coût d'entrée des titres acquis, voir nº 12132), les frais ne figurent pas au bilan de la société absorbante (bénéficiaire des apports).	Quel que soit le traitement comptable retenu, les frais d'acquisition de titres de participation (CGI art. 209-VII) : – ont été, sur le plan fiscal, obligatoirement incorporés au prix de revient de ces titres ; – ont pu être fiscalement amortis sur 5 ans à compter de la date d'acquisition des titres. Cet amortissement fiscal prend la forme : • d'un amortissement dérogatoire lorsque les frais d'acquisition ont été comptablement immobilisés, • d'une déduction extra-comptable lorsque ces frais ont été comptabilisés en charges. En cas d'apport de titres de participation réalisé dans le cadre d'une fusion ou d'une opération assimilée placée sous le régime de faveur des fusions, si les frais d'acquisition ne sont pas totalement amortis à la date de l'opération, la société absorbante est autorisée à poursuivre l'amortissement fiscal des frais d'acquisition supportés par la société absorbée lors de l'acquisition de ces titres (BOI-IS-BASE-30-10 nº 290). En l'absence de précisions de la part de l'administration, la poursuite par la société absorbante de l'amortissement fiscal des frais d'acquisition restant à amortir à la date de l'opération est, à notre avis, assurée sous forme de déduction extra-comptable, les frais d'acquisition ne figurant pas au bilan de la société absorbante (bénéficiaire des apports).
Divergences – Retraitements	
A notre avis, déduction extra-comptable sur l'imprimé nº 2058-A (ligne XG) de 1/5e par exercice du montant total des frais d'acquisition des titres apportés, sur leur durée résiduelle d'amortissement.	

Commentaires Voir nº 8627.

Déductions exceptionnelles en faveur de certains investissements

12353 ***Question***

Lorsque l'opération a été réalisée à la valeur réelle et placée sous le régime fiscal de faveur, quels sont les retraitements extra-comptables à effectuer chez la société absorbante dans le cas où l'apport comporte des biens bénéficiant de la déduction exceptionnelle et que celle-ci n'a pas été intégralement pratiquée par la société absorbée ?

Comptabilité	Fiscalité
La déduction exceptionnelle étant pratiquée de manière extra-comptable ne donne lieu à aucune écriture comptable.	Lorsque la fusion a été placée sous le régime fiscal de faveur de l'article 210 A du CGI, l'absorbante poursuit l'application de la déduction exceptionnelle qui a été initiée par l'absorbée, pour la durée restant à courir et le montant restant à déduire (CGI art. 39 decies à 39 decies G ; BOI-BIC-BASE-100-10 n° 240). S'agissant des investissements ouvrant droit à ces mesures de déduction exceptionnelle, voir Mémento Comptable n° 27425. Selon nos informations, ces règles s'appliquent également en cas de TUP placée sous le régime de faveur.

Divergences – Retraitements
Sur l'imprimé n° 2058-A : – déduction (ligne XG) du montant de la fraction de déduction exceptionnelle que la société absorbante peut pratiquer au titre de l'exercice ; – indication de ce montant case X9, YA, YB, YC, YD, YH, YI ou YL selon le cas.

Commentaires Voir n° 8615.

C. Chez les actionnaires de la société absorbée

Dépréciation des titres reçus en échange dans le cadre de la fusion

12355 ***Question***

Lorsque l'opération a été réalisée à la valeur réelle et placée sous le régime fiscal de faveur, quels sont les retraitements extra-comptables à effectuer chez les actionnaires de la société absorbée en cas de dépréciation des titres reçus en échange dans le cadre de la fusion ?

Comptabilité	Fiscalité
Les titres acquis par voie d'échange par les actionnaires d'une société absorbée sont enregistrés (voir nº 12335) : - en général, à la valeur vénale ; - dans certains cas particuliers à la valeur nette comptable des titres de l'absorbée antérieurement détenus. Lorsque les titres constituent des titres de participation et que leur valeur d'utilité devient, de manière significative, inférieure à leur valeur nette comptable (coût d'entrée net des dépréciations déjà comptabilisées), une dépréciation doit être constatée (C. com. art. L 123-18 et PCG art. 221-3, 214-5 et 214-17). Lorsque les titres constituent des titres immobilisés ou des valeurs mobilières de placement, une dépréciation est constatée lorsque leur valeur actuelle est inférieure à leur valeur nette comptable (PCG art. 221-6 et 222-1 ; voir Mémento Comptable nº 35845 s.).	En cas de comptabilisation des titres pour leur valeur vénale et d'option pour le sursis d'imposition de la plus-value d'échange, le coût de revient fiscal des titres de l'absorbante reçus en échange par les actionnaires de l'absorbée est égal à la valeur fiscale qu'avaient les titres de l'absorbée dans les écritures de ces actionnaires (CGI art. 38-7 bis). La (provision pour) dépréciation fiscalement déductible afférente à ces titres doit être déterminée par rapport à leur prix de revient fiscal : ainsi, la déduction n'est admise que si leur valeur d'inventaire est inférieure à leur prix de revient fiscal (CGI art. 39-1-5º). Sur la limitation de déduction particulière aux dépréciations de titres de participation et sur leur taux d'imposition, voir Mémento Comptable nº 35930.

Divergences – Retraitements
Sur l'imprimé nº 2058-A : - réintégration (ligne WI) de la dépréciation comptable excédant la (provision pour) dépréciation qui peut être déduite sur le plan fiscal ; - déduction (ligne WU) des reprises correspondantes. Par ailleurs, les retraitements propres au régime du long terme sont susceptibles de devoir être effectués. Sur ces retraitements, voir Mémento Comptable nº 35930. Sur les divergences relatives à la cession de ces titres, voir nº 12380.

Commentaires Voir nº 8715 et 8725.

Frais d'acquisition des titres de la société absorbée remis à l'échange

12357 ***Question***

Lorsque l'opération est réalisée à la valeur réelle et placée sous le régime fiscal de faveur, quels sont les retraitements extra-comptables à effectuer chez les associés de la société absorbée pour poursuivre l'amortissement fiscal des frais d'acquisition des titres échangés ?

Comptabilité	Fiscalité
Les frais supportés par les associés de la société absorbée lors de l'acquisition des titres de cette dernière ont été soit (PCG art. 221-1 sur renvoi de 213-8) : – inscrits immédiatement en charges ; – ou inclus dans le coût d'acquisition des titres. Du fait de la fusion, ces titres font l'objet d'un échange contre des titres de la société absorbante, en principe effectué à la valeur vénale. Quelle que soit l'option retenue lors de l'acquisition, les frais d'acquisition des titres de la société absorbée ne figurent plus au bilan des associés à l'issue de la fusion, ces titres étant échangés contre des titres de la société absorbante.	Quel que soit le traitement comptable retenu, les frais d'acquisition de titres de la société absorbée (CGI art. 209-VII) : – ont été, sur le plan fiscal, obligatoirement incorporés au prix de revient de ces titres ; – ont pu être fiscalement amortis sur 5 ans à compter de la date d'acquisition des titres. Lorsque l'opération d'échange est placée sous le régime du sursis d'imposition prévu à l'article 38-7 bis du CGI, les associés de la société absorbée sont autorisés à poursuivre l'amortissement fiscal des frais d'acquisition supportés lors de l'acquisition des titres de la société absorbée (BOI-IS-BASE-30-10 n° 340). Les titres sous-jacents ayant disparu, la poursuite de cet amortissement fiscal s'effectue, à notre avis, par voie de déduction extra-comptable.
Divergences – Retraitements	
A notre avis, déduction extra-comptable sur l'imprimé n° 2058-A (ligne XG), sur la durée résiduelle d'amortissement des titres à la date de l'échange, de 1/5e par exercice du montant total des frais engagés par les associés lors de l'acquisition des titres de la société absorbée.	

Commentaires Voir n° 8710.

IV. Retraitements à effectuer lors de la cession des éléments reçus dans le cadre de l'opération

A. Chez la société apporteuse

Cession de titres reçus en rémunération d'un apport partiel d'actif

12360 ***Question***

Lorsque l'opération a été réalisée à la valeur réelle et placée sous le régime fiscal de faveur, quels sont les retraitements extra-comptables à effectuer chez la société apporteuse au titre de la cession des titres reçus en rémunération de l'apport ?

Comptabilité	Fiscalité
Le résultat de cession est calculé par référence au coût d'entrée des titres. Lorsque ces titres ont été acquis en rémunération d'un apport partiel d'actif, leur coût d'entrée est égal à la valeur réelle des éléments apportés si l'opération a été réalisée à la valeur réelle.	Le résultat de cession des titres reçus en rémunération d'un apport partiel d'actif est calculé d'après la valeur fiscale de ces titres, c'est-à-dire d'après la valeur que les biens apportés avaient du point de vue fiscal dans les écritures de l'apporteuse (CGI art. 210 B ; voir nº 12340). Sur le taux d'imposition applicable aux plus ou moins-values de cession de titres, voir nº 10035.

Divergences – Retraitements
La différence entre le résultat de cession fiscal et le résultat de cession comptable est mentionnée sur l'imprimé nº 2058-A : - lorsque la plus-value fiscale est supérieure à la plus-value comptable, la différence est réintégrée (ligne WQ) ; - lorsque la moins-value fiscale est supérieure à la moins-value comptable, la différence est déduite (ligne XG). Par ailleurs, des corrections extra-comptables afférentes au régime du long terme sont susceptibles de devoir être effectuées. Sur ces corrections, voir Mémento Comptable nº 36700 s. Sur les retraitements à effectuer en cas de dépréciation de ces titres, voir nº 12340.

Commentaires Voir nº 10035.

B. Chez la société absorbante ou bénéficiaire des apports

Cession d'immobilisations amortissables acquises dans le cadre de l'opération

12365 ***Question***

Lorsque l'opération a été réalisée à la valeur réelle et placée sous le régime fiscal de faveur, quels sont les retraitements extra-comptables à effectuer chez la société absorbante (ou bénéficiaire des apports) au titre de la cession d'immobilisations amortissables acquises dans le cadre de l'opération ?

Comptabilité	Fiscalité
Le résultat de cession est calculé par référence au coût d'entrée, c'est-à-dire la valeur d'apport (en l'espèce la valeur réelle). Le solde de la provision pour impôt dotée lors de l'opération (voir nº 12351) est repris en totalité.	La cession des immobilisations amortissables entraîne l'imposition immédiate de la fraction de la plus-value d'apport qui n'a pas encore été réintégrée (CGI art. 210 A-3 ; voir nº 12351). La reprise du solde de la provision pour impôt n'est pas imposable.

Divergences – Retraitements
Sur l'imprimé nº 2058-A : – réintégration (ligne WO) de la fraction de la plus-value d'apport qui n'a pas encore été réintégrée ; – déduction (ligne WU) de la reprise de provision pour impôt.

Commentaires Voir nº 8640.

Cession d'immobilisations non amortissables acquises dans le cadre de l'opération

12370 ***Question***

Lorsque l'opération a été réalisée à la valeur réelle et placée sous le régime fiscal de faveur, quels sont les retraitements extra-comptables à effectuer chez la société absorbante (ou bénéficiaire des apports) au titre de la cession d'immobilisations non amortissables acquises dans le cadre de l'opération ?

Comptabilité	Fiscalité
Le résultat de cession est calculé par référence au coût d'entrée de l'immobilisation, c'est-à-dire la valeur d'apport (en l'espèce la valeur réelle).	Lorsque les immobilisations non amortissables cédées ont été acquises dans le cadre d'une fusion ou d'une opération assimilée placée sous le régime de faveur, la plus-value de cession est calculée par référence à la valeur que ces immobilisations avaient, du point de vue fiscal, dans les écritures comptables de l'absorbée ou l'apporteuse (CGI art. 210 A-3-c). C'est également à partir de cette valeur fiscale qu'est calculée la moins-value de cession des immobilisations non amortissables acquises dans le cadre d'une fusion ou d'une opération assimilée placée sous le régime de faveur (BOI-IS-FUS-10-20-30 nº 120). Sur la position isolée du Tribunal administratif de Lille, voir nº 10157. La valeur fiscale est différente de la valeur comptable (valeur d'apport) lorsque l'opération a été réalisée à la valeur réelle.

Divergences – Retraitements
La différence entre le résultat de cession fiscal et le résultat de cession comptable est mentionnée sur l'imprimé nº 2058-A. Ainsi : – lorsque la plus-value fiscale est supérieure à la plus-value comptable, la différence est réintégrée (ligne WQ) ; – lorsque la moins-value fiscale est supérieure à la moins-value comptable, la différence est déduite (ligne XG). Sur les retraitements à effectuer en cas de dépréciation de ces immobilisations, voir nº 12345.

Commentaires Voir nº 8640 et 8653.

Cession de titres acquis dans le cadre de l'opération

12375 ***Question***

Lorsque l'opération a été réalisée à la valeur réelle et placée sous le régime fiscal de faveur, quels sont les retraitements extra-comptables à effectuer chez la société absorbante (ou bénéficiaire des apports) au titre de la cession de titres acquis dans le cadre de l'opération ?

Comptabilité	Fiscalité
Le résultat de cession est calculé par référence au coût d'entrée, c'est-à-dire la valeur d'apport (en l'espèce la valeur réelle).	Lorsque les titres cédés ont été acquis dans le cadre d'une fusion ou d'une opération assimilée placée sous le régime fiscal de faveur, la plus-value de cession est calculée par référence à la valeur fiscale que ces titres avaient dans les écritures de l'absorbée ou apporteuse (CGI art. 210 A-3-c). C'est également à partir de cette valeur qu'est calculée la moins-value de cession des titres acquis dans le cadre d'une fusion ou d'une opération placée sous le régime de faveur (BOI-IS-FUS-10-20-30 n° 120). Sur la position isolée du Tribunal administratif de Lille, voir n° 10157. La valeur fiscale est différente de la valeur comptable (valeur d'apport) lorsque l'opération d'apport a été réalisée à la valeur réelle. Sur le taux d'imposition applicable aux plus ou moins-values de cession de titres, voir n° 10035.

Divergences - Retraitements
La différence entre le résultat de cession fiscal et le résultat de cession comptable est mentionnée sur l'imprimé n° 2058-A : - lorsque la plus-value fiscale est supérieure à la plus-value comptable, la différence est réintégrée (ligne WQ) ; - lorsque la moins-value fiscale est supérieure à la moins-value comptable, la différence est déduite (ligne XG). Sur les autres retraitements susceptibles d'être requis en cas de cession de titres apportés (notamment régime du long terme, régime des sociétés mères, frais d'acquisition), voir n° 8640. Sur les retraitements à effectuer en cas de dépréciation de ces titres, voir n° 12350.

Commentaires Voir n° 8640.

Cession de titres de participation reçus dans le cadre de l'opération

12376 ***Question***

Lorsque l'opération a été réalisée à la valeur réelle et placée sous le régime fiscal de faveur, quels sont les retraitements extra-comptables à effectuer chez la société absorbante (ou bénéficiaire des apports) en cas de cession de titres de participation reçus dans le cadre de l'opération ?

Comptabilité	Fiscalité
En cas d'opération réalisée à la valeur réelle, les frais d'acquisition de titres apportés n'ont pas à être repris en tant que tels dans le traité d'apport, la valeur réelle étant estimée de manière globale pour les titres (voir nº 7700).	Quel que soit le traitement comptable retenu, les frais d'acquisition de titres de participation reçus de la société absorbée (ou apporteuse) (CGI art. 209-VII) : – ont été, sur le plan fiscal, obligatoirement incorporés au prix de revient de ces titres ; – ont pu être fiscalement amortis sur 5 ans à compter de la date d'acquisition des titres.
En conséquence, quelle que soit la comptabilisation initiale des frais d'acquisition (charges ou incorporation au coût d'entrée des titres acquis, voir nº 12132), les frais ne figurent pas au bilan de la société absorbante (bénéficiaire des apports).	En cas d'apport de titres de participation réalisé dans le cadre d'une fusion ou d'une opération assimilée placée sous le régime de faveur des fusions, si les frais d'acquisition ne sont pas totalement amortis à la date de l'opération, la société absorbante est autorisée à poursuivre l'amortissement fiscal des frais d'acquisition supportés par la société absorbée lors de l'acquisition de ces titres (par déduction extra-comptable, voir nº 8627).
Lors de la cession ultérieure des titres par la société absorbante (ou bénéficiaire de l'apport), le résultat de cession est calculé par référence au coût d'entrée, c'est-à-dire la valeur d'apport (en l'espèce la valeur réelle).	En cas de cession ultérieure de ces titres, la société absorbante (ou bénéficiaire des apports) doit calculer la plus ou moins-value de cession d'après leur valeur fiscale, c'est-à-dire en pratique le plus souvent (en supposant qu'il n'y ait pas eu d'opération antérieure) : – d'après leur prix d'acquisition ; – majoré des frais d'acquisition fiscalement incorporés au prix de revient ; – et minoré des amortissements des frais d'acquisition admis en déduction (ou déductions extra-comptables) en application de l'article 209-VII du CGI pour la détermination du résultat imposable. Si les frais d'acquisition n'étaient pas totalement amortis à la date de l'opération, en cas de poursuite de l'amortissement fiscal par la société bénéficiaire des apports, la valeur fiscale à prendre en compte pour le calcul du résultat de cession des titres est diminuée des frais amortis fiscalement par la société absorbée (ou apporteuse) et par la société bénéficiaire des apports (BOI-IS-BASE-30-10 nº 300). La valeur fiscale par rapport à laquelle est déterminée la plus ou moins-value de cession est donc susceptible d'être différente de la valeur comptable (valeur d'apport). Sur le taux d'imposition applicable aux plus ou moins-values de cession de titres, voir nº 10035.

Divergences – Retraitements
Sur l'imprimé n° 2058-A (ligne WQ), réintégration de la différence entre la plus-value fiscale et la plus-value comptable (ou la différence entre la moins-value comptable et la moins-value fiscale). Sur le traitement fiscal des amortissements dérogatoires, voir n° 8640.

Commentaires Voir n° 8640.

C. Chez les actionnaires de la société absorbée

Cession de titres de la société absorbante reçus en échange dans le cadre de la fusion

12380 ***Question***

Lorsque l'opération a été réalisée à la valeur réelle et placée sous le régime fiscal de faveur, quels sont les retraitements extra-comptables à effectuer chez les actionnaires de la société absorbée au titre de la cession de titres de la société absorbante reçus en échange ?

Comptabilité	Fiscalité
Le résultat de cession est calculé en fonction du coût d'entrée des titres. Le coût d'entrée des titres de l'absorbante reçus en échange par les actionnaires de l'absorbée lors de la fusion est égal (voir n° 12335) : – en général, à la valeur vénale des titres de l'absorbante reçus en échange ; – dans certains cas, à la valeur nette comptable des titres de l'absorbée remis à l'échange, notamment dans le cas d'une fusion entre sociétés détenues à 100 % par l'actionnaire subissant l'échange ou d'une transaction sans substance commerciale.	Le résultat de cession est calculé d'après la valeur fiscale des titres qui diffère de leur coût d'entrée comptable dans les cas suivants (voir n° 12335) : – en cas d'échange des titres à la valeur vénale avec option pour le sursis d'imposition de la plus ou moins-value d'échange (CGI art. 38-7 bis). La valeur fiscale des titres est alors égale à la valeur fiscale des titres de l'absorbée auxquels ils se sont substitués ; – en cas d'échange des titres à la valeur comptable sans option pour le sursis d'imposition de la plus ou moins-value (fiscale) d'échange. La valeur fiscale des titres est alors égale à la valeur réelle, à la date de l'échange, des titres échangés (voir n° 8725).

Comptabilité	Fiscalité
	En outre, lorsque les titres de la société absorbée constituaient pour ses actionnaires des titres de participation, et en cas d'option pour le sursis d'imposition de la plus-value d'échange (CGI art. 38-7 bis) (BOI-IS-BASE-30-10 nº 340) : – lorsque les frais d'acquisition des titres ont été inclus comptablement dans leur coût d'entrée à l'actif, celui-ci doit être minoré des amortissements admis en déduction (ou déductions extra-comptables) en application de l'article 209-VII du CGI pour la détermination du résultat imposable de l'actionnaire de la société absorbée (voir nº 8710) ; – lorsque les frais d'acquisition des titres n'ont pas été inclus dans leur coût d'entrée à l'actif, celui-ci doit être majoré des frais d'acquisition non encore fiscalement amortis. Sur le taux d'imposition applicable aux plus ou moins-values de cession de titres, voir nº 10035.

Divergences – Retraitements
La différence entre le résultat de cession fiscal et le résultat de cession comptable est mentionnée sur l'imprimé nº 2058-A : – lorsque la plus-value fiscale est supérieure à la plus-value comptable, la différence est réintégrée (ligne WQ) ; – lorsque la moins-value fiscale est supérieure à la moins-value comptable, la différence est déduite (ligne XG). Sur les autres corrections extra-comptables susceptibles de devoir être effectuées sur le résultat de cession (notamment régime du long terme, etc.), voir nº 8720.

Commentaires Voir nº 8710, 8720 et 8725.

V. Cas particulier de l'apport-cession : retraitements en cas de non-réalisation de la cession

Retour aux valeurs comptables chez la société apporteuse

12385 ***Question***

Quels sont les retraitements extra-comptables à effectuer chez la société apporteuse, consécutivement à la non-réalisation de la cession des titres apportés à une filiale pour laquelle existait un engagement préalable ?

Comptabilité	Fiscalité
Si la cession ne se réalise pas, les écritures d'apport aux valeurs réelles doivent être contre-passées pour enregistrer les apports aux valeurs comptables, tant chez la société bénéficiaire des apports que chez la société apporteuse (Recueil des normes comptables de l'ANC, Commentaire IR3 sous l'art. 743-1 du PCG). La société apporteuse doit notamment comptabiliser l'annulation de la plus-value (ou moins-value) d'apport due à l'annulation du résultat de cession anticipé (voir n° 10218). A notre avis, la plus-value (ou moins-value) d'apport ayant été constatée en résultat lors de sa réalisation, la modification de son montant est également à comptabiliser en résultat (et non en capitaux propres s'agissant de l'annulation d'une écriture antérieure).	Lorsque l'opération a été placée dès l'origine sous le régime de faveur, la plus-value d'apport a été définitivement exonérée au nom de la société apporteuse et son annulation dans les comptes est sans conséquence fiscale. Elle donne donc lieu à un retraitement extra-comptable.

Divergences - Retraitements
L'annulation de la plus ou moins-value d'apport sur le plan comptable donne lieu, sur l'imprimé n° 2058-A : - à la réintégration fiscale du montant de la moins-value (ligne WQ) ; - à la déduction fiscale du montant de la plus-value (ligne XG).

Commentaires Voir n° 10214 et 10220.

SECTION V

Retraitements en cas d'opération réalisée à la valeur réelle et placée sous le régime fiscal de droit commun

I. Tableaux de synthèse des principaux retraitements

Opération réalisée à la valeur réelle et placée sous le régime fiscal de droit commun

12400 ***Question***

Quels sont les principaux retraitements extra-comptables à effectuer lorsque l'opération est réalisée à la valeur réelle et placée sous le régime fiscal de droit commun ?

I. Lors de la fusion ou de l'opération assimilée		
Chez l'absorbée ou l'apporteuse	**Chez l'absorbante ou la bénéficiaire des apports**	**Chez les actionnaires de l'absorbée**
En cas de non-réalisation de l'opération qui aurait dû conduire à la perte de contrôle de la filiale bénéficiaire des apports dans un apport-cession, retraitement du montant de la plus ou moins-value d'apport qui est annulée sur le plan comptable (voir nº 12440), sauf application de la tolérance administrative autorisant l'option pour le régime de faveur à cette date (voir nº 12450).	Réintégration de la plus-value d'annulation (boni de fusion) des titres de l'absorbée comptabilisée en capitaux propres. Voir nº 12405	– Lorsque l'échange est réalisé à la valeur vénale, si option pour le sursis d'imposition : retraitement de la plus ou moins-value d'échange des titres de l'absorbée pour la placer en sursis. – Lorsque l'échange est réalisé à la valeur comptable : • si pas d'option pour le sursis d'imposition : extériorisation de la plus ou moins-value d'échange fiscale des titres de l'absorbée, • si option pour le sursis d'imposition : retraitement de la plus ou moins-value d'échange fiscale des titres de l'absorbée pour la placer en sursis. Voir nº 12420
	Retraitement de la moins-value d'annulation des titres de l'absorbée détenus depuis moins de deux ans à hauteur de la dépréciation le cas échéant comptabilisée. Voir nº 12410	
	Déduction des frais d'augmentation de capital imputés sur la prime de fusion (ou d'apport). Voir nº 12415	

II. Pendant la détention des éléments d'actif reçus dans le cadre de la fusion ou de l'opération assimilée		
Chez l'absorbée ou l'apporteuse	**Chez l'absorbante ou la bénéficiaire des apports**	**Chez les actionnaires de l'absorbée**
		Si échange à la valeur réelle et option pour le sursis d'imposition, réintégration de la dépréciation comptable des titres reçus en échange excédant la (provision pour) dépréciation fiscalement déductible. Voir nº 12425
		Poursuite de l'amortissement fiscal des frais d'acquisition des titres remis à l'échange en cas d'option pour le sursis d'imposition du résultat d'échange. Voir nº 12427

III. Lors de la cession des éléments d'actif reçus dans le cadre de la fusion ou de l'opération assimilée		
Chez l'absorbée ou l'apporteuse	Chez l'absorbante ou la bénéficiaire des apports	Chez les actionnaires de l'absorbée
		Si échange à la valeur réelle avec option pour le sursis d'imposition ou si échange à la valeur comptable sans option pour le sursis d'imposition, retraitement de la différence entre le résultat de cession comptable et fiscal des titres reçus en échange. En outre, lorsque les titres de l'absorbée remis à l'échange constituent des titres de participation, et si option pour le sursis d'imposition, retraitement de la différence entre le résultat de cession comptable et fiscal des titres reçus en échange. Voir nº 12430

II. Retraitements à effectuer lors de l'opération

A. Chez la société absorbante

Boni de fusion

12405 ***Question***

Lorsque l'opération est réalisée à la valeur réelle et placée sous le régime fiscal de droit commun, quels sont les retraitements à effectuer chez la société absorbante au titre du boni de fusion ?

Comptabilité	Fiscalité
a. Assiette du boni Le boni représente l'écart positif entre l'actif net reçu par l'absorbante à hauteur de sa participation détenue dans l'absorbée, et la valeur comptable de cette participation.	**a. Assiette du boni** Fiscalement, le boni de fusion correspond à la plus-value d'annulation des titres de l'absorbée détenus par l'absorbante.

Comptabilité	Fiscalité
	Des retraitements sont susceptibles d'être effectués lorsque le montant du boni de fusion fiscal diffère de celui du boni comptable : - en raison du traitement fiscal réservé aux frais d'acquisition de titres ; - lorsque les titres annulés sont grevés d'une plus ou moins-value en sursis ou en report d'imposition.
b. Comptabilisation Le boni est comptabilisé : - dans le résultat financier à hauteur de la quote-part des résultats accumulés par l'absorbée depuis l'acquisition et non distribués ; - dans les capitaux propres pour le montant résiduel ou si les résultats accumulés ne peuvent être déterminés de manière fiable.	**b. Régime** Lorsque la fusion est placée sous le régime fiscal de droit commun, cette plus-value est (BOI-IS-FUS-50-20 nº 10) : - soumise au régime du long terme (taxation limitée à une quote-part de frais et charges de 12 % ou imposition au taux de 19 %) si les titres annulés sont des titres de participation détenus depuis au moins deux ans (sauf titres de SPI non cotées) ; - au taux normal dans les autres cas.

Divergences – Retraitements
a. Retraitement d'assiette Retraitements correspondants sur l'imprimé nº 2058-A (lignes XG ou WQ). **b. Retraitement lié au régime** Réintégration sur l'imprimé nº 2058-A (ligne WQ) de la fraction du boni comptabilisée en capitaux propres. Les retraitements propres au régime du long terme doivent, le cas échéant, être effectués. Sur ces retraitements, voir Mémento Comptable nº 36700 s.

Commentaires Voir nº 8450 et 8460.

Annulation des titres de la société absorbée détenus depuis moins de deux ans et dépréciés chez la société absorbante

12410 ***Question***

Lorsque l'opération est réalisée à la valeur réelle et placée sous le régime fiscal de droit commun, quels sont les retraitements extra-comptables à effectuer chez la société absorbante au titre de l'annulation des titres de la société absorbée :
- détenus depuis moins de deux ans,
- et dépréciés chez la société absorbante ?

Comptabilité	Fiscalité
En cas d'absorption par une société d'une autre société dans laquelle elle détient une participation, le mali de fusion constaté, le cas échéant, est calculé à partir de la valeur nette comptable des titres de l'absorbée dans les comptes de l'absorbante (PCG art. 745-3 et Recueil des normes comptables, Commentaire IR 3 sous l'article 745-3). En conséquence, si les titres de l'absorbée ont été dépréciés par l'absorbante avant la fusion : – le mali de fusion comptabilisé ne comprend pas le montant de cette dépréciation ; – et, corrélativement, la dépréciation n'est pas reprise lors de la comptabilisation de l'opération de fusion. La dépréciation comptabilisée sur les titres est figée et devient donc une perte définitive.	La moins-value d'annulation de titres de participation, représentative de la perte réelle subie, est déductible du résultat au taux normal lorsque les titres de l'absorbée sont détenus (BOI-IS-FUS-10-50-20 nº 50), même si aucune reprise de (provision pour) dépréciation n'est prise en compte pour la détermination du résultat imposable de l'exercice de réalisation de l'opération (CE 13-11-2020 nº 424455). La (provision pour) dépréciation de titres de participation (au sens fiscal) est constitutive d'une moins-value à long terme (au taux de 19 % pour les titres de SPI cotées ou non déductible pour les titres relevant du secteur exonéré), quelle que soit la durée de détention des titres (CGI art. 39-1-5º, al. 17). Lorsque les titres annulés sont des titres de SPI non cotées, la (provision pour) dépréciation les concernant relève du taux de droit commun (voir Mémento Comptable nº 35930). Des retraitements sont en outre susceptibles d'être effectués lorsque le montant du mali de fusion diffère de celui du mali comptable : – en raison du traitement fiscal réservé aux frais d'acquisition de titres ; – lorsque les titres annulés sont grevés d'une plus ou moins-value en sursis ou en report d'imposition.

Divergences – Retraitements
Afin de préserver la déductibilité au taux de droit commun de la moins-value d'annulation des titres détenus depuis moins de deux ans correspondant à la dépréciation des titres annulés, les retraitements extra-comptables suivants doivent être effectués sur l'imprimé nº 2058-A : – constatation de la reprise de la dépréciation constitutive d'une plus-value à long terme : • réintégration (ligne WQ) de la dépréciation, • déduction (lignes WV à XB) de ce même montant au titre des plus-values à long terme ; – déduction (ligne XG) de la moins-value d'annulation de titres à hauteur du montant de la (provision pour) dépréciation antérieurement constatée (qui comptablement n'est pas reprise). Aucun retraitement n'est à effectuer lorsque les titres annulés sont des titres de SPI non cotées.

Commentaires Voir nº 8320 et 8328.

Frais d'augmentation de capital imputés sur la prime de fusion (ou d'apport)

12415 ***Question***

Lorsque l'opération est réalisée à la valeur réelle et placée sous le régime fiscal de droit commun, quels sont les retraitements extra-comptables à effectuer chez la société absorbante (ou bénéficiaire des apports) en cas d'imputation des frais d'augmentation de capital sur la prime de fusion (ou d'apport) ?

Comptabilité	Fiscalité
Les frais d'augmentation de capital peuvent être imputés sur le montant de la prime de fusion (ou d'apport) pour le montant net d'impôt, ce qui constitue la méthode préférentielle.	Les frais d'augmentation de capital sont immédiatement déductibles, même s'ils ont été imputés en comptabilité sur la prime d'émission ou de fusion (BOI-BIC-CHG-20-30-20 n° 90).
Divergences – Retraitements	
Déduction des frais pour leur montant brut sur l'imprimé n° 2058-A (ligne XG).	

Commentaires Voir n° 8163.

B. Chez les actionnaires de la société absorbée

Echange des titres dans le cadre de la fusion

12420 ***Question***

Lorsque l'opération est réalisée à la valeur réelle et placée sous le régime fiscal de droit commun, quels sont les retraitements extra-comptables à effectuer chez les actionnaires de la société absorbée du fait de l'échange de titres réalisé dans le cadre de la fusion ?

Comptabilité	Fiscalité
L'échange est considéré comme une cession des éléments remis en échange suivie de l'acquisition des biens reçus en échange. Les titres reçus en échange sont enregistrés chez ces actionnaires (PCG art. 213-3 sur renvoi de 221-1 ; Avis CU CNC 2006-B du 5-7-2006) :	Sous certaines conditions, les actionnaires de l'absorbée peuvent opter pour la mise en sursis de l'imposition ou de la déduction de la plus ou moins-value d'échange jusqu'à la cession ultérieure des titres de l'absorbante reçus en échange (CGI art. 38-7 bis) : – que la fusion soit ou non placée sous le régime de faveur de l'article 210 A du CGI (BOI-IS-FUS-50-10 n° 1 et 10) ; – quelle que soit la valeur devant être retenue sur le plan comptable (selon la situation, valeur vénale ou valeur comptable ; voir n° 8725).

Comptabilité	Fiscalité
a. en général, à leur **valeur vénale**. Dans ce cas, la plus ou moins-value d'échange est constatée au titre de l'exercice de l'échange ;	a. Lorsque l'échange est comptablement réalisé à la **valeur vénale** des titres reçus en échange, en cas d'option pour le sursis, la plus (ou moins)-value d'échange : – n'est pas imposable (ou déductible) au titre de l'exercice de l'échange des titres ; – et la plus (ou moins)-value imposable au titre de l'exercice au cours duquel les titres reçus en échange sont cédés (voir n° 12430) est déterminée par différence entre leur prix de cession et leur valeur fiscale à la date de remise à l'échange. Sur le taux d'imposition applicable à ces plus et moins-values, voir n° 10035. **A noter** En cas d'échange avec soulte, seule la fraction de la plus-value excédant le montant de la soulte est susceptible d'être placée en sursis d'imposition. En cas de moins-value, voir n° 8710.
b. dans certains cas particuliers (notamment, notamment dans le cas d'une fusion entre sociétés détenues à 100 % par l'actionnaire subissant l'échange ou d'une transaction sans substance commerciale), à la **valeur comptable** des titres de l'absorbée antérieurement détenus.	b. Lorsque l'échange est comptablement réalisé à la **valeur comptable** des titres remis à l'échange : – en l'absence d'option pour le sursis d'imposition, la plus (ou moins)-value fiscale d'échange : • est comprise dans le résultat de l'exercice de l'échange des titres, • et n'est corrélativement pas imposable (ou déductible) au titre de l'exercice au cours duquel les titres reçus en échange sont cédés ; – en cas d'option pour le sursis d'imposition, la plus ou moins-value fiscale d'échange : • n'est pas comprise dans le résultat de l'exercice de l'échange des titres, • et la plus ou moins-value imposable au titre de l'exercice au cours duquel les titres reçus en échange sont cédés (voir n° 12430) est déterminée par différence entre leur prix de cession et leur valeur fiscale à la date de remise à l'échange. Sur le taux d'imposition applicable aux plus ou moins-values de cession de titres, voir n° 10035.

Divergences – Retraitements

a. Lorsque l'échange est réalisé à la **valeur vénale** sur le plan comptable :
– en cas d'option pour le sursis d'imposition, sur l'imprimé nº 2058-A :
- l'exercice de la fusion : déduction (ligne XG) de la plus-value comptabilisée et non imposée (sauf à hauteur de la soulte éventuelle) ou réintégration (ligne WQ) de la moins-value comptabilisée et non déductible,
- l'exercice de cession des titres reçus en échange : réintégration (ligne WQ) ou déduction (ligne XG) de la différence entre le résultat de cession fiscal et le résultat de cession comptable (pour plus de détails, voir nº 12430) ;

Par ailleurs, les corrections extra-comptables afférentes au régime du long terme sont susceptibles d'être effectuées. Sur ces corrections, voir Mémento Comptable nº 36700 s.
En outre, l'exercice de l'opération et jusqu'à la cession des titres, un état de suivi des valeurs fiscales doit être joint à la déclaration et un registre des plus-values en sursis doit être conservé par l'entreprise (CGI art. 54 septies).

– en cas d'absence d'option pour le sursis d'imposition du résultat d'échange, aucun retraitement extra-comptable autre que ceux afférents au régime du long terme n'est à effectuer (sur ces retraitements, voir Mémento Comptable nº 36700 s.).

b. Lorsque l'échange est réalisé à la **valeur comptable** sur le plan comptable :
– en l'absence d'option pour le sursis d'imposition, sur l'imprimé nº 2058-A :
- l'exercice de la fusion : réintégration (ligne WQ) de la plus-value immédiatement imposable mais non comptabilisée ou déduction (ligne XG) de la moins-value immédiatement déductible mais non comptabilisée,
- l'exercice de cession des titres reçus en échange : déduction (ligne XG) de la plus-value déjà imposée ou réintégration (ligne WQ) de la moins-value déduite (voir nº 12430) ;

– en cas d'option pour le sursis d'imposition, à notre avis, par prudence, l'exercice de la fusion :
- réintégration (ligne WQ) de la plus-value non comptabilisée ou déduction (ligne XG) de la moins-value,
- déduction (ligne XG) de cette même plus-value pour la placer en sursis ou réintégration (ligne WQ) de la moins-value.

Par ailleurs, les corrections extra-comptables afférentes au régime du long terme sont susceptibles d'être effectuées. Sur ces corrections, voir Mémento Comptable nº 36700 s.
Sur les retraitements à effectuer lors de la cession des titres reçus en échange, voir nº 12430.

Commentaires Voir nº 8710 et 8725.

III. Retraitements à effectuer chez les actionnaires de la société absorbée pendant la détention des titres de la société absorbante reçus en échange

Dépréciation des titres reçus en échange dans le cadre de la fusion

12425 ***Question***

Lorsque l'opération a été réalisée à la valeur réelle et placée sous le régime fiscal de droit commun, quels sont les retraitements extra-comptables à effectuer chez les actionnaires de la société absorbée en cas de dépréciation des titres reçus en échange dans le cadre de la fusion ?

Comptabilité	Fiscalité
Les titres acquis par voie d'échange par les actionnaires d'une société absorbée sont enregistrés (voir nº 12420) : - en général, à la valeur vénale ; - dans certains cas particuliers à la valeur nette comptable des titres de l'absorbée antérieurement détenus. Lorsque les titres constituent des titres de participation et que leur valeur d'utilité devient, de manière significative, inférieure à leur valeur nette comptable (coût d'entrée net des dépréciations déjà comptabilisées), une dépréciation doit être constatée (C. com. art. L 123-18 et PCG art. 221-3, 214-5 et 214-17). Lorsque les titres constituent des titres immobilisés ou des valeurs mobilières de placement, une dépréciation est constatée lorsque leur valeur actuelle est inférieure à leur valeur nette comptable (PCG art. 221-6 et 222-1 ; voir Mémento Comptable nº 35845 s.).	En cas de comptabilisation des titres pour leur valeur vénale et d'option pour le sursis d'imposition de la plus-value d'échange, le coût de revient fiscal des titres de l'absorbante reçus en échange par les actionnaires de l'absorbée est égal à la valeur fiscale qu'avaient les titres de l'absorbée dans les écritures de ces actionnaires (CGI art. 38-7 bis). La (provision pour) dépréciation fiscalement déductible afférente à ces titres doit être déterminée par rapport à leur prix de revient fiscal : ainsi, la déduction n'est admise que si leur valeur d'inventaire est inférieure à leur prix de revient fiscal (CGI art. 39-1-5º). Sur la limitation de déduction particulière aux dépréciations de titres de participation et sur leur taux d'imposition, voir Mémento Comptable nº 35930.

Divergences - Retraitements
Réintégration sur l'imprimé nº 2058-A (ligne WI) de la dépréciation comptable excédant la (provision pour) dépréciation qui peut être déduite sur le plan fiscal. Par ailleurs, les retraitements propres au régime du long terme sont susceptibles de devoir être effectués. Sur ces retraitements, voir notre Mémento Comptable nº 35930. Sur les divergences relatives à la cession de ces titres, voir nº 12430.

Commentaires Voir nº 8715 et 8725.

Frais d'acquisition des titres de la société absorbée remis à l'échange

12427 ***Question***

Lorsque l'opération est réalisée à la valeur réelle et placée sous le régime fiscal de droit commun, quels sont les retraitements extra-comptables à effectuer chez les associés de la société absorbée pour poursuivre l'amortissement fiscal des frais d'acquisition des titres échangés ?

Comptabilité	Fiscalité
Les frais supportés par les associés de la société absorbée lors de l'acquisition des titres de cette dernière ont été soit (PCG art. 221-1 renvoyant sur art. 213-8) : - inscrits immédiatement en charges ; - ou inclus dans le coût d'acquisition des titres. Du fait de la fusion, ces titres font l'objet d'un échange contre des titres de la société absorbante, en principe effectué à la valeur vénale. Quelle que soit l'option retenue lors de l'acquisition, les frais d'acquisition des titres de la société absorbée ne figurent plus au bilan des associés à l'issue de la fusion, ces titres étant échangés contre des titres de la société absorbante.	Quel que soit le traitement comptable retenu, les frais d'acquisition de titres de la société absorbée (CGI art. 209-VII) : - ont été, sur le plan fiscal, obligatoirement incorporés au prix de revient de ces titres ; - ont pu être fiscalement amortis sur 5 ans à compter de la date d'acquisition des titres. Lorsque l'opération d'échange est placée sous le régime du sursis d'imposition prévu à l'article 38-7 bis du CGI, les associés de la société absorbée sont autorisés à poursuivre l'amortissement fiscal des frais d'acquisition supportés lors de l'acquisition des titres de la société absorbée (BOI-IS-BASE-30-10 n° 340). Les titres sous-jacents ayant disparu, la poursuite de cet amortissement fiscal s'effectue, à notre avis, par voie de déduction extra-comptable.
Divergences – Retraitements	
A notre avis, déduction extra-comptable sur l'imprimé n° 2058-A (ligne XG), sur la durée résiduelle d'amortissement des titres à la date de l'échange, de 1/5e par exercice du montant total des frais engagés par les associés lors de l'acquisition des titres de la société absorbée.	

Commentaires Voir n° 8710.

IV. Retraitements à effectuer chez les actionnaires de la société absorbée lors de la cession des titres de la société absorbante reçus en échange

Cession de titres de la société absorbante reçus en échange dans le cadre de la fusion

12430 ***Question***

Lorsque l'opération a été réalisée à la valeur réelle et placée sous le régime fiscal de droit commun, quels sont les retraitements extra-comptables à effectuer chez les actionnaires de la société absorbée en cas de cession de titres reçus en échange dans le cadre de la fusion ?

Comptabilité	Fiscalité
Le résultat de cession est calculé en fonction du coût d'entrée des titres. Le coût d'entrée des titres de l'absorbante reçus en échange par les actionnaires de l'absorbée lors de la fusion est égal (voir nº 12420) : – en général, à la valeur vénale des titres de l'absorbante reçus en échange ; – dans certains cas, à la valeur nette comptable des titres de l'absorbée remis à l'échange, notamment dans le cas d'une fusion entre sociétés détenues à 100 % par l'actionnaire subissant l'échange ou d'une transaction sans substance commerciale.	Le résultat de cession est calculé d'après la valeur fiscale des titres qui diffère de leur coût d'entrée comptable dans les cas suivants (voir nº 12420) : – en cas d'échange des titres à la valeur vénale avec option pour le sursis d'imposition de la plus ou moins-value d'échange (CGI art. 38-7 bis). La valeur fiscale des titres est alors égale à la valeur fiscale des titres de l'absorbée auxquels ils se sont substitués ; – en cas d'échange des titres à la valeur comptable sans option pour le sursis d'imposition de la plus ou moins-value (fiscale) d'échange. La valeur fiscale des titres est alors égale à la valeur réelle, à la date de l'échange, des titres échangés (voir nº 8725). En outre, lorsque les titres de la société absorbée constituaient pour ses actionnaires des titres de participation, et en cas d'option pour le sursis d'imposition de la plus-value d'échange (CGI art. 38-7 bis) (BOI-IS-BASE-30-10 nº 340) : – lorsque les frais d'acquisition des titres ont été inclus comptablement dans leur coût d'entrée à l'actif, celui-ci doit être minoré des amortissements admis en déduction (ou déductions extra-comptables) en application de l'article 209-VII du CGI pour la détermination du résultat imposable de l'actionnaire de la société absorbée (voir nº 8710) ; – lorsque les frais d'acquisition des titres n'ont pas été inclus dans leur coût d'entrée à l'actif, celui-ci doit être majoré des frais d'acquisition non encore fiscalement amortis. Sur le taux d'imposition applicable aux plus et moins-values de cession de titres, voir nº 10035.

Divergences – Retraitements
La différence entre le résultat de cession fiscal et le résultat de cession comptable est mentionnée sur l'imprimé n° 2058-A : – lorsque la plus-value fiscale est supérieure à la plus-value comptable, la différence est réintégrée (ligne WQ) ; – lorsque la moins-value fiscale est supérieure à la moins-value comptable, la différence est déduite (ligne XG). Sur les autres corrections extra-comptables susceptibles de devoir être effectuées sur le résultat de cession (notamment régime du long terme, etc.), voir n° 8720.

Commentaires Voir n° 8710, 8720 et 8725.

V. Cas particulier de l'apport-cession : retraitements en cas de non-réalisation de la cession

A. Maintien du régime fiscal de droit commun

Retour aux valeurs comptables chez la société apporteuse

12440 ***Question***

En cas de non-réalisation de l'opération qui aurait dû conduire à la perte du contrôle de la filiale bénéficiaire des apports (cession, dilution...), quels sont les retraitements extra-comptables à effectuer chez la société apporteuse ?

Comptabilité	Fiscalité
Si l'opération entraînant la perte du contrôle ne se réalise pas, les écritures d'apport initiales aux valeurs réelles doivent être contre-passées pour enregistrer les apports aux valeurs comptables, tant chez la société bénéficiaire des apports que chez la société apporteuse (Recueil des normes comptables de l'ANC, Commentaire IR 3 sous l'art. 743-1 du PCG). La société apporteuse doit notamment comptabiliser l'annulation de la plus-value (ou moins-value) d'apport due à l'annulation du résultat de cession anticipé (Recueil des normes comptables de l'ANC, Commentaire précité). A notre avis, la plus-value (ou moins-value) d'apport ayant été constatée en résultat lors de sa réalisation, la modification de son montant est également à comptabiliser en résultat (et non en capitaux propres s'agissant de l'annulation d'une écriture antérieure).	Lorsque l'opération est placée sous le régime de fiscal de droit commun, le retour aux valeurs comptables n'est pas reconnu sur le plan fiscal. L'imposition de la plus-value d'apport est maintenue et les écritures comptables de contre-passation devraient, à notre avis, être extournées extra-comptablement sur l'imprimé nº 2058-A.

Divergences – Retraitements
L'annulation de la plus ou moins-value d'apport sur le plan comptable donne lieu, sur l'imprimé nº 2058-A : – à la déduction fiscale du montant de la moins-value annulée comptablement (ligne XG) ; – à la réintégration fiscale du montant de la plus-value annulée comptablement (ligne WQ).

Commentaires Voir nº 10214 et 10220.

B. Option pour le régime fiscal de faveur

Retour aux valeurs comptables chez la société apporteuse

12450 ***Question***

En cas de non-réalisation de l'opération qui aurait dû conduire à la perte du contrôle de la filiale bénéficiaire des apports (cession, dilution...), quels sont les retraitements extra-comptables à effectuer chez la société apporteuse ?

Comptabilité	Fiscalité
Si l'opération entraînant la perte du contrôle ne se réalise pas, les écritures d'apport initiales aux valeurs réelles doivent être contre-passées pour enregistrer les apports aux valeurs comptables, tant chez la société bénéficiaire des apports que chez la société apporteuse (Recueil des normes comptables de l'ANC, Commentaire IR 3 sous l'art. 743-1 du PCG). La société apporteuse doit notamment comptabiliser l'annulation de la plus-value (ou moins-value) d'apport due à l'annulation du résultat de cession anticipé (Recueil des normes comptables de l'ANC, Commentaire précité). A notre avis, la plus-value (ou moins-value) d'apport ayant été constatée en résultat lors de sa réalisation, la modification de son montant est également à comptabiliser en résultat (et non en capitaux propres s'agissant de l'annulation d'une écriture antérieure).	Lorsque l'opération n'a pas été placée à l'origine sous le régime de faveur des fusions, l'administration accepte dans certaines conditions que l'option soit exercée en cas de non-réalisation de la cession (voir nº 10212). La plus-value d'apport initialement soumise à l'impôt est alors en définitive exonérée. La contre-passation des écritures comptables permet de parvenir à ce résultat pour tous les biens dont l'apport a donné lieu à la constatation d'une plus ou moins-value d'apport relevant du régime fiscal de droit commun d'un montant identique en comptabilité et en fiscalité. Le résultat comptable devra toutefois être retraité des plus ou moins-values sur les éléments compris dans l'apport qui ont été soumis à un taux réduit d'imposition ou à une taxation limitée à une quote-part de frais et charges (titres de participation ou titres de sociétés à prépondérance immobilière cotées par exemple).

Divergences – Retraitements
Si l'option pour le régime fiscal de faveur est exercée lors de la non-réalisation de la cession, les plus ou moins-values qui ont été initialement soumises à un taux réduit d'imposition ou exonérées en tout ou partie donnent lieu, sur l'imprimé nº 2058-A : – à la réintégration fiscale de la plus-value annulée comptablement (ligne WQ) ; – à la déduction fiscale de la moins-value annulée comptablement (ligne XG) ; – à la déduction du montant total de la quote-part de frais et charges de 12 % qui a été précédemment réintégrée lors de l'application du régime fiscal de droit commun (ligne WQ), le cas échéant. Le montant des plus ou moins-values soumises à un taux réduit d'imposition ou exonérées en tout ou partie, et qui ont été initialement incluses dans le cadre B de l'imprimé 2059-A, doivent alors être déduites (pour les plus-values) ou réintégrées (pour les moins-values) sur l'imprimé 2059-A.

Commentaires Voir nº 10210 à 10214 et 10220.

SECTION VI

Retraitements en cas de rétroactivité conférée fiscalement mais non admise comptablement

I. Apport partiel d'actif effectué au profit d'une société nouvelle

A. Chez la société apporteuse

Résultat de la période intercalaire

12500 ***Question***

Un apport partiel d'actif réalisé au profit d'une société nouvelle pouvant, sur le plan fiscal, rétroagir à une date antérieure à la date d'immatriculation de la société nouvelle, qui constitue la date de limite de la rétroactivité sur le plan comptable, quels sont les retraitements extra-comptables chez la société apporteuse ?

Comptabilité	Fiscalité
La date d'effet d'un apport partiel d'actif à une société nouvellement créée ne peut être antérieure à la date d'immatriculation au RCS de cette société (C. com. art. L 236-4). En conséquence, la clause de rétroactivité ne peut conférer à l'apport un effet antérieur à la date d'immatriculation de la société nouvelle bénéficiaire des apports (Bull. CNCC nº 97, mars 1995, EJ 95-25, p. 96 s. et nº 98, juin 1995, EJ 95-97, p. 204 s. ; Bull. CNCC mai 2017, EJ 2016-36 et EC 2016-34).	L'administration et le Conseil d'Etat considèrent que les dispositions du Code de commerce (C. com. art. L 236-4) ne font pas obstacle à ce que les parties fixent la rétroactivité fiscale à une date antérieure à la date d'immatriculation de la société nouvelle, sous réserve que la date d'effet retenue reste sans incidence sur les résultats déjà arrêtés par la société apporteuse (CE 29-6-2011 nº 317234 ; BOI-IS-FUS-40-10-20 nº 60).

Divergences – Retraitements
Déduction du bénéfice imposable (ou réintégration de la perte fiscale) de la branche apportée réalisé au cours de la période précédant l'immatriculation de la société bénéficiaire sur l'imprimé nº 2058-A (respectivement ligne XG ou WQ selon le cas).

Commentaires Voir nº 10505 et 10515.

B. Chez la société bénéficiaire des apports

Résultat de la période intercalaire

12505 ***Question***

Un apport partiel d'actif réalisé au profit d'une société nouvelle pouvant, sur le plan fiscal, rétroagir à une date antérieure à la date d'immatriculation de la société nouvelle, qui constitue la date de limite de la rétroactivité sur le plan comptable, quels sont les retraitements extra-comptables chez la société bénéficiaire des apports ?

Comptabilité	Fiscalité
La date d'effet d'un apport partiel d'actif à une société nouvellement créée ne peut être antérieure à la date d'immatriculation au RCS de cette société (C. com. art. L 236-4). En conséquence, la clause de rétroactivité ne peut conférer à l'apport un effet antérieur à la date d'immatriculation de la société nouvelle bénéficiaire des apports (Bull. CNCC nº 97, mars 1995, EJ 95-25, p. 96 s. et nº 98, juin 1995, EJ 95-97, p. 204 s. ; Bull. CNCC mai 2017, EJ 2016-36 et EC 2016-34).	L'administration et le Conseil d'Etat considèrent que les dispositions du Code de commerce (C. com. art. L 236-4) ne font pas obstacle à ce que les parties fixent la rétroactivité fiscale à une date antérieure à la date d'immatriculation de la société nouvelle, sous réserve que la date d'effet retenue reste sans incidence sur les résultats déjà arrêtés par la société apporteuse (CE 29-6-2011 nº 317234 ; BOI-IS-FUS-40-10-20 nº 60).

Divergences – Retraitements
Réintégration du bénéfice imposable (ou déduction de la perte fiscale) de la branche apportée réalisé au cours de la période précédant l'immatriculation de la société bénéficiaire sur l'imprimé nº 2058-A (respectivement ligne XG ou WQ selon le cas).

Commentaires Voir nº 10505 et 10515.

II. Confusion de patrimoine (TUP)

A. Chez la société confondue

Résultat de la période intercalaire

12510 ***Question***

Lorsqu'un effet rétroactif est conféré sur le plan fiscal alors qu'il n'est pas admis sur le plan comptable, quels sont les retraitements extra-comptables chez la société confondue ?

Comptabilité	Fiscalité
Il n'est pas possible de donner un effet rétroactif aux TUP sur le plan comptable dès lors que cette possibilité n'est pas prévue par l'article 1844-5 du Code civil. La date d'effet comptable correspond à l'issue du délai d'opposition des créanciers.	Un effet rétroactif purement fiscal peut être conféré aux TUP. La date d'effet de l'opération : - peut remonter jusqu'à la date de création de la société confondue ; - mais ne peut être antérieure à la date d'ouverture de l'exercice de réalisation de la TUP par la société confondante (ou par la société confondue si elle est postérieure).

Divergences - Retraitements
Déduction du bénéfice imposable (ou réintégration de la perte fiscale) réalisé par la société confondue au cours de la période écoulée entre la date d'effet comptable et la date d'effet fiscal de la TUP sur l'imprimé n° 2058-A (respectivement ligne XG ou WQ selon le cas). Neutralisation des opérations réciproques réalisées entre la société confondante et la société confondue au cours de la période de rétroactivité fiscale de l'opération par la réintégration sur l'imprimé n° 2058 A des charges correspondantes et la déduction des produits concernés (respectivement ligne XG ou, WQ selon le cas).

Commentaires Voir n° 10530 à 10540.

B. Chez la société confondante

Résultat de la période intercalaire

12515 ***Question***

Lorsqu'un effet rétroactif est conféré sur le plan fiscal alors qu'il n'est pas admis sur le plan comptable, quels sont les retraitements extra-comptables chez la société confondante ?

Comptabilité	Fiscalité
Il n'est pas possible de donner un effet rétroactif aux TUP sur le plan comptable dès lors que cette possibilité n'est pas prévue par l'article 1844-5 du Code civil. La date d'effet comptable correspond à l'issue du délai d'opposition des créanciers.	Un effet rétroactif purement fiscal peut être conféré aux TUP. La date d'effet de l'opération : - peut remonter jusqu'à la date de création de la société confondue ; - mais ne peut être antérieure à la date d'ouverture de l'exercice de réalisation de la TUP par la société confondante (ou par la société confondue si elle est postérieure).

Divergences - Retraitements
Réintégration du bénéfice imposable (ou déduction de la perte fiscale) réalisé par la société confondue au cours de la période écoulée entre la date d'effet comptable et la date d'effet fiscal de la TUP sur l'imprimé n° 2058-A (respectivement ligne WQ ou XG selon le cas). Neutralisation des opérations réciproques réalisées entre la société confondante et la société confondue au cours de la période de rétroactivité fiscale de l'opération par la déduction sur l'imprimé n° 2058 A des charges correspondantes et la réintégration des produits concernés (respectivement ligne WQ ou, XG selon le cas).

Commentaires Voir n° 10530 à 10540.

TITRE III

Contrôle externe : commissaires à la fusion, aux apports, aux comptes

CHAPITRE 9

Contrôle externe des fusions et opérations assimilées

Plan du chapitre

Plan du chapitre (suite et fin)

SECTION I

Les différentes missions de contrôle

I. Textes applicables

Textes de la CNCC applicables au contrôle externe des fusions

13005 ***Question***

Quels sont les textes de la CNCC applicables aux missions du commissaire à la fusion, du commissaire aux apports et du commissaire aux comptes des entreprises participant à une fusion ou à une opération assimilée ?

Réponse

Les textes de la CNCC concernant ces différentes missions sont :
- les deux avis techniques relatifs aux missions de commissariat à la fusion et de commissariat aux apports (décembre 2010) ;
- le guide professionnel CNCC « Commissariat aux apports et commissariat à la fusion » (juin 2012), qui a été actualisé par la fiche thématique CNCC « Périmètre d'intervention des commissaires aux apports et des commissaires à la fusion » (novembre 2022).

Les obligations issues de ces textes et prévues pour les opérations réalisées entre sociétés françaises sont également applicables aux nouvelles opérations transfrontalières réalisées entre une société française et une société située dans l'Union européenne (fusions, scissions et apports partiels d'actif transfrontaliers).

Commentaires Les textes applicables au contrôle externe des fusions et opérations assimilées réalisées entre sociétés de droit français sont :
- **les deux avis techniques de la CNCC relatifs aux missions de commissariat à la fusion et de commissariat aux apports** (2 décembre 2010) : ces avis valent doctrine professionnelle. Ils ont pour objet de fournir des précisions sur les **diligences** qui peuvent être mises en œuvre par les commissaires aux comptes dans le cadre de ces missions, qui peuvent leur être confiées par les sociétés par actions ou les SARL, tout en sachant que d'autres professionnels peuvent être désignés à cet effet. Ces avis fournissent également des **exemples de conclusions de rapports** ;

La CNCC a également publié un **avis technique** spécifique portant sur la mission du commissaire à la fusion, à la scission ou aux apports dans les **associations** et les **fondations** (mai 2016) ; voir nº 13010.

- **le guide professionnel CNCC « Commissariat aux apports et commissariat à la fusion »** (juin 2012) : ce guide s'applique aux missions de commissariat aux apports ou à la fusion effectuées dans les sociétés par actions et dans les SARL. Il a pour objectifs de préciser les **modalités pratiques de mise en œuvre** des deux avis techniques précités et de proposer des **supports opérationnels** susceptibles d'être utilisés par les commissaires aux comptes lorsqu'ils sont désignés en qualité de commissaire aux apports ou de commissaire à la fusion. Ce guide a été **actualisé par la fiche thématique CNCC « Périmètre d'intervention des commissaires aux apports et des commissaires à la fusion »** du 23 novembre 2022, qui tient compte des modifications apportées par la loi « Soilihi » (Loi 2019-744 du 19-7-2019).

Les deux avis techniques et le guide professionnel de la CNCC sont applicables aux **fusions, scissions et apports partiels d'actif transfrontaliers** réalisés entre une société commerciale française et une société située dans l'Union européenne qui sont réalisés depuis le 1er juillet 2023 (Ord. 2023-393 du 24-5-2023 et décret 2023-430 du 2-6-2023).

Un **calendrier d'une opération de fusion** entre deux SA est présenté aux nº 13405 s.

II. Intervention des commissaires à la fusion et des commissaires aux apports

A. Obligation

Intervention du commissaire à la fusion et du commissaire aux apports

13010 ***Question***

Dans quels cas l'intervention d'un commissaire à la fusion et/ou d'un commissaire aux apports est-elle nécessaire ?

Réponse

1. Intervention du commissaire à la fusion Sauf exceptions, l'intervention d'un commissaire à la fusion (ou à la scission) est obligatoire dans les opérations suivantes réalisées entre sociétés par actions, entre SARL, entre sociétés par actions et SARL :

- fusion (hors fusions entre une société mère et une filiale détenue à 100 % ou à 90 % et hors fusions entre sociétés sœurs détenues par une même société à 100 % ou à 90 %) ;
- scission (hors scissions simplifiées ; sur les opérations visées, voir nº 7150 et 7155) ;
- apport d'une branche d'activité, lorsque l'opération est soumise au régime juridique des scissions (hors régime simplifié prévu pour les apports partiels d'actif réalisés entre une filiale contrôlée à 100 % et sa mère ou inversement).

Lorsque ces opérations sont réalisées entre une ou plusieurs sociétés autres que des sociétés par actions ou SARL, l'intervention d'un commissaire à la fusion n'est pas requise légalement mais elle paraît souhaitable.

Dès lors qu'un commissaire à la fusion est désigné, il effectue également la mission de commissariat aux apports.

2. Intervention du commissaire aux apports Seule la désignation d'un commissaire aux apports est nécessaire en cas :
- d'apport en nature ou d'apport partiel d'actif non placé sous le régime des scissions, impliquant des sociétés émettant des titres admis à la négociation sur un marché réglementé ;
- d'opération comportant des apports en nature ou des avantages particuliers et nécessitant un commissaire à la fusion (ou à la scission), mais dont les actionnaires ont écarté la désignation.

Commentaires

Sur le contrôle des opérations transfrontalières réalisées entre une société française et une société étrangère située dans l'Union européenne, voir nº 13025 à 13029.

1. Opérations concernant les sociétés par actions (SA, SAS, SCA, sociétés européennes – SE) et les SARL Le tableau suivant a été établi par nos soins à partir du **guide professionnel CNCC** sur le commissariat aux apports et à la fusion de juin 2012 (§ 2.11 à 2.13, 3.11 et 3.13), de la **fiche thématique CNCC** « Périmètre d'intervention des commissaires aux apports et des commissaires à la fusion » du 23 novembre 2022 (qui actualise le guide précité), de **l'ordonnance portant réforme du régime des fusions, scissions, apports partiels d'actif et opérations transfrontalières** des sociétés commerciales (Ord. 2023-393 du 24-5-2023) et de la **loi portant diverses dispositions d'adaptation au droit de l'Union européenne** en matière d'économie, de finances, de transition écologique, de droit pénal, de droit social et en matière agricole, dite **« DDADUE 2024 »** (Loi 2024-364 du 22-4-2024).

Il synthétise les opérations où un ou plusieurs commissaires à la fusion (ou à la scission) et/ou un ou plusieurs commissaires aux apports sont désignés :

Lorsqu'un commissaire à la fusion est désigné, il effectue également la mission de commissariat aux apports, voir nº 13100.

Opérations visées	Commissaire(s) à la fusion (ou à la scission) (1)	Sources (C. com.)	Commissaire(s) aux apports	Sources (C. com.)	Remarques
FUSIONS					
Fusion entre (SA (2)), SAS, SCA, SE, SARL, et entre ces sociétés	OUI (3)	art. L 236-10 (fusion entre SA (2) ; entre SARL ; entre SA (2) et SARL sur renvoi de l'art. L 236-8)	OUI, lorsque l'opération de fusion comporte des apports en nature ou des avantages particuliers et qu'un commissaire à la fusion n'a pas été désigné (3)	art. L 236-10 (fusion entre SA (2) ; entre SARL ; entre SA (2) et SARL sur renvoi de l'art. L 236-8)	Sur l'intervention du commissaire aux apports en cas de fusion d'une SA (2) qui a émis des valeurs mobilières donnant accès au capital, voir nº 13130. Sur le contrôle des **fusions transfrontalières,** voir nº 13025.
Fusion simplifiée entre une société mère et sa filiale détenue à 100 % (SA (2) ou SARL)	NON	art. L 236-11 (fusion entre SA (2) ; entre SARL ; entre SA (2) et SARL sur renvoi de l'art. L 236-8)	NON	art. L 236-11 (fusion entre SA (2) ; entre SARL ; entre SA (2) et SARL sur renvoi de l'art. L 236-8)	Absorption par une SA (2) ou par une SARL d'une ou plusieurs de ses filiales (SA (2) ou SARL) à 100 %. Voir détails nº 13420, 13425 et Mémento Sociétés commerciales nº 83280 et 83281.

Opérations visées	Commissaire(s) à la fusion (ou à la scission) (1)	Sources (C. com.)	Commissaire(s) aux apports	Sources (C. com.)	Remarques
Fusion simplifiée entre une société mère et sa filiale détenue à 90 % (SA (2) ou SARL)	NON	art. L 236-12 (fusion entre SA (2) ; entre SARL ; entre SA (2) et SARL sur renvoi de l'art. L 236-8)	NON	art. L 236-12 (fusion entre SA (2) ; entre SARL ; entre SA (2) et SARL sur renvoi de l'art. L 236-8)	Absorption par une SA (2) ou une SARL d'une ou plusieurs de ses filiales (SA (2), ou SARL) dont elle détient en permanence au moins 90 % des parts ou autres titres donnant un droit de vote sans en détenir la totalité. Ces simplifications ne sont **toutefois applicables qu'à la condition** que la société absorbante ait **proposé aux actionnaires minoritaires le rachat de leurs actions**, préalablement à la fusion, à un prix correspondant à la valeur de celles-ci (C. com. art. L 236-12 2° modifié par ord. 2023-393 du 24-5-2023) (7). Pour plus de détails, voir n° 13420, 13425 et Mémento Sociétés commerciales n° 83285 à 83286.
Fusion simplifiée entre sociétés sœurs (SA (2) ou SARL) détenues à 100 % par la même société mère	NON	art. L 236-11 (fusion entre SA (2) ; entre SARL ; entre SA (2) et SARL sur renvoi de l'art. L 236-8)	NON	art. L 236-11 (fusion entre SA (2) ; entre SARL ; entre SA (2) et SARL sur renvoi de l'art. L 236-8)	Sont visées les opérations entre sociétés sœurs lorsque, depuis le dépôt du projet de fusion jusqu'à la réalisation de l'opération, une même société détient en permanence 100 % du capital de la société absorbante et des sociétés absorbées. Pour plus de détails sur le régime des fusions simplifiées, voir n° 13420 et 13425.
Fusions simplifiées entre sociétés sœurs (SA (2) ou SARL) dont la société mère détient au moins 90 % des parts ou autres titres conférant un droit de vote	NON	art. L 236-12 (fusion entre SA (2) ; entre SARL ; entre SA (2) et SARL sur renvoi de l'art. L 236-8)	NON	art. L 236-12 (fusion entre SA (2) ; entre SARL ; entre SA (2) et SARL sur renvoi de l'art. L 236-8)	Si les conditions cumulatives suivantes sont réunies : – lorsqu'au moins 90 % des parts ou autres titres conférant un droit de vote de la société absorbante et des sociétés absorbées sont détenus en permanence par la même société mère **ET** – les actionnaires minoritaires de la société absorbée se sont vu proposer, préalablement à la fusion, le rachat de leurs actions par la société absorbante à un prix correspondant à la valeur de celles-ci. Sur les autres simplifications prévues par le régime des fusions simplifiées, voir n° 13420 et 13425.
SCISSIONS « TOTALES » (sur cette notion, voir n° 7150)					
Scission de SA (2) et de SARL	OUI (3)	art. L 236-10 sur renvoi des art. suivants : art. L 236-20 (SA (2) ; SARL ; SA (2) et SARL) et art. L 236-21	OUI, lorsque l'opération de scission comporte des apports en nature ou des avantages particuliers et qu'un commissaire à la scission n'a pas été désigné (3)	art. L 236-10 sur renvoi des art. suivants : art. L 236-20 (SA (2) ; SARL ; SA (2) et SARL) et art. L 236-21	Sur l'intervention du commissaire aux apports en cas de scission d'une SA (2) qui a émis des valeurs mobilières donnant accès au capital, voir n° 13130. Sur le contrôle des **scissions transfrontalières,** voir n° 13027.

Opérations visées	Commissaire(s) à la fusion (ou à la scission) (1)	Sources (C. com.)	Commissaire(s) aux apports	Sources (C. com.)	Remarques
Scission de SA (2) et de SARL par apports à des SA (2) ou des SARL nouvelles sans autre apport que celui de la société scindée	NON	art. L 236-22 et L 236-20 (SA (2) ; SARL ; SA (2) et SARL) et art. L 236-21	NON (4)	art. L 236-22 et L 236-20 (SA (2) ; SARL ; SA (2) et SARL) et art. L 236-21	La désignation du commissaire à la scission est écartée lorsque la scission est réalisée sans autre apport que celui de la société scindée à des sociétés nouvelles, sous réserve que les actions ou parts des sociétés nouvelles sont attribuées aux actionnaires ou associés de la société scindée, proportionnellement à leurs droits dans le capital de celle-ci.
Scission simplifiée de SA (2) et de SARL **détenues à 100 %** par les SA (2) ou SARL bénéficiaires de la scission	NON	art. L 236-11 sur renvoi de l'art. L 236-21 (SA (2) ; SARL ; SA (2) et SARL en application de l'art. L 236-20)	NON	art. L 236-11 sur renvoi de l'art. L 236-21 (SA (2) ; SARL ; SA (2) et SARL en application de l'art. L 236-20)	L'ord. 2023-393 du 24-5-2023 rétablit la possibilité d'appliquer ce régime simplifié aux scissions n'impliquant que des sociétés par actions, confirmant ainsi la pratique (Ansa, CJ nº 21-39, 1-12-2021).
Scission au profit de sociétés sœurs (SA (2) ou SARL) **détenues à 100 % par la même société mère**	NON	art. L 236-11 sur renvoi de l'art. L 236-21 (SA (2) ; SARL ; SA (2) et SARL en application de l'art. L 236-20)	NON	art. L 236-11 sur renvoi de l'art. L 236-21 (SA (2) ; SARL ; SA (2) et SARL en application de l'art. L 236-20)	L'ord. 2023-393 du 24-5-2023 rétablit la possibilité d'appliquer ce régime simplifié aux scissions n'impliquant que des sociétés par actions, confirmant ainsi la pratique (Ansa, CJ nº 21-39, 1-12-2021).
APPORT PARTIEL D'ACTIF (APA) ET SCISSION « PARTIELLE »					
APA soumis au régime des scissions (SA (2) et SARL)	OUI (3)	art. L 236-27 renvoyant à l'art. L 236-21 (SA (2) ; SARL ; SA (2) et SARL en application de l'art. L 236-20)	OUI, lorsque l'opération d'APA comporte des apports en nature ou des avantages particuliers et qu'un commissaire à la scission n'a pas été désigné (3)	art. L 236-27 renvoyant à l'art. L 236-21 (SA (2) ; SARL ; SA (2) et SARL en application de l'art. L 236-20)	En cas d'émission de valeurs mobilières donnant accès au capital, voir Mémento Sociétés commerciales nº 74420. Sur le contrôle des **APA transfrontaliers,** voir nº 13029.
APA soumis au régime des scissions réalisé par une société commerciale (5) au profit d'une SA (2) ou SARL nouvelle, créée sans autre apport que celui de la société apporteuse	NON	art. L 236-27 renvoyant à l'art. L 236-22	NON (4)	art. L 236-27 renvoyant à l'art. L 236-22	La désignation du commissaire à la scission est écartée lorsque l'APA est réalisé au profit d'une société nouvelle, sous réserve que les actions ou parts de cette société soient attribuées aux actionnaires ou associés de la société apporteuse proportionnellement à leurs droits dans le capital de celle-ci.

Opérations visées	Commissaire(s) à la fusion (ou à la scission) (1)	Sources (C. com.)	Commissaire(s) aux apports	Sources (C. com.)	Remarques
APA soumis au régime des scissions donnant lieu à l'attribution aux associés de l'apporteuse : – des parts ou actions de la ou des sociétés bénéficiaires des apports – des parts ou actions de la société apporteuse – ou à la fois des parts ou actions de la société apporteuse ainsi que des parts ou actions de la ou les sociétés bénéficiaires des apports **(scission dite « partielle »)**	OUI (3)	art. L 236-27 renvoyant à l'art. L 236-21 (SA (2) ; SARL ; SA (2) et SARL en application de l'art. L 236-20)	OUI, lorsque l'opération d'APA comporte des apports en nature ou des avantages particuliers et qu'un commissaire à la scission n'a pas été désigné (3)	art. L 236-27 renvoyant à l'art. L 236-21 (SA (2) ; SARL ; SA (2) et SARL en application de l'art. L 236- 20)	Pour plus de détails sur le régime de scission dite « partielle », voir nº 7156.
APA simplifié soumis au régime des scissions réalisé par une filiale en faveur de sa société mère qui la **détient à 100 % ou inversement**	NON	L 236-28 (SA (2) ; SARL ; SA (2) et SARL)	NON	L 236-28 (SA (2) ; SARL ; SA (2) et SARL)	**Dispense des deux rapports** L'exemption prévue à l'article L 236-28 du Code de commerce, issu de l'ordonnance 2023-393 du 24-5-2023, ne visait que le rapport du commissaire à la scission. La loi « DDADUE 2024 » précitée supprime toute incertitude : le bénéfice du régime simplifié **dispense** bien **d'établir** non seulement le rapport du commissaire à la scission mais **également celui du commissaire aux apports** (C. com. art. L 236-28 modifié).
APA simplifié soumis au régime des scissions lorsqu'une même société détient 100 % des actions représentant la totalité du capital de la société apporteuse et de la ou des sociétés bénéficiaires	NON	L 236-28 (SA (2) ; SARL ; SA (2) et SARL)	NON	L 236-28 (SA (2) ; SARL ; SA (2) et SARL)	La loi « DDADUE 2024 » (2024-364 du 22-4-2024) étend le bénéfice du régime simplifié aux apports partiels d'actif réalisés entre sociétés « sœurs » détenues à 100 % par la même société mère.

Opérations visées	Commissaire(s) à la fusion (ou à la scission) (1)	Sources (C. com.)	Commissaire(s) aux apports	Sources (C. com.)	Remarques
Apport en nature ou APA NON placés sous le régime des scissions	NON	art. L 225-8 et L 225-14 (SA (2)) ; art. L 223-9 (SARL)	OUI	art. L 225-8 et L 225-14 (SA (2)) ; art. L 223-9 (SARL)	**Sociétés émettant des titres admis à la négociation sur un marché réglementé** Le commissaire aux apports, bien que cela ne soit pas requis par les textes légaux et réglementaires, peut être conduit, conformément à la doctrine de l'AMF, à se prononcer également sur la rémunération de l'apport et, en conséquence, à mettre, en œuvre des diligences de même nature que celles que mettrait en œuvre un commissaire à la scission (Avis technique CNCC sur la mission de commissariat aux apports § 3.6 et Guide professionnel CNCC sur le commissariat aux apports et à la fusion, juin 2012 § 1.163, 2.26 et 3.13). **Cas particuliers d'apports d'actifs isolés** (6) Des dispenses de nomination d'un commissaire aux apports existent en cas d'apport en nature effectué **en faveur d'une SA,** sur décision des fondateurs, **en cas de constitution,** ou du conseil d'administration ou du directoire, **en cas d'augmentation de capital,** lorsque l'apport est constitué (C. com. art. L 225-8-1 et L 225-147-1) : – de valeurs mobilières ou d'instruments du marché monétaire, s'ils sont évalués au prix moyen pondéré auquel ils ont été négociés sur un ou plusieurs marchés réglementés au cours des 3 mois précédant la date de la réalisation effective de l'apport ; – d'éléments d'actifs autres que les valeurs mobilières ou les instruments du marché monétaire, si dans les 6 mois précédant la date de la réalisation effective de l'apport, ces éléments ont fait l'objet d'une évaluation à la juste valeur par un commissaire aux apports.

(1) Lorsqu'un commissaire à la fusion est désigné, il effectue également la mission de commissariat aux apports, voir nº 13100.
(2) **Sont assimilées aux SA** et par conséquent également concernées par ces dispositions les **SCA** (C. com. art. L 226-1, al. 2), les **SAS** (C. com. art. L 227-1, al. 3) et les **SE** (sociétés européennes ; C. com. art. L 229-1, al. 2).
(3) L'intervention du **commissaire à la fusion** (ou à la scission) peut être **écartée** si cette décision est prise **à l'unanimité** des actionnaires de toutes les sociétés participant à l'opération, mais avec **obligation** de désigner un **commissaire aux apports** si l'opération comporte des apports en nature ou des avantages particuliers (C. com. art. L 236-10).
Toutefois, la désignation d'un **commissaire aux apports est facultative,** sous certaines conditions, dans les SARL (C. com. art. L 223-9 et D 223-6-1 ; voir Mémento Sociétés commerciales nº 30161) et dans les SAS (C. com. art. L 227-1, al. 5 et D 227-3 ; voir Mémento Sociétés commerciales nº 60130) :
– si aucun apport en nature n'a une valeur supérieure à 30 000 € ;
– et si, en outre, la valeur totale de l'ensemble des apports en nature n'excède pas la moitié du capital social.
(4) L'intervention d'un **commissaire aux apports** n'est **pas requise**. La loi « DDADUE 2024 » lève en effet l'incertitude sur le champ d'application de la dispense de rapport. C'est bien l'ensemble des rapports visés qui bénéficient de la dispense : rapport du commissaire à la scission **ET** du commissaire aux apports (C. com. art. L 236-22 modifié).
(5) L'article L 236-6-1 (désormais art. L 236-27, al. 1er) du Code de commerce a étendu le bénéfice de l'apport partiel d'actif placé sous le régime des scissions à toute société commerciale.
(6) La décision de ne pas recourir à la désignation d'un commissaire aux apports, ainsi que tout document relatif à la description et à l'évaluation des apports, dont une attestation précisant qu'aucune circonstance nouvelle n'est venue modifier cette évaluation, sont tenus :
– en cas de constitution d'une SA : à l'adresse prévue du siège social, à la disposition des futurs actionnaires qui peuvent en prendre copie 3 jours au moins avant la date de la signature des statuts (C. com. art. R 22-10-10 et R 225-14-1) ;
– en cas d'augmentation de capital d'une SA : à l'adresse du siège social et au greffe du tribunal de commerce dans le ressort duquel est situé ce siège, à la disposition des actionnaires, 8 jours au moins avant la date de l'AGE ou de la réunion du conseil d'administration ou du directoire en cas de délégation. Dans ce cas, ces documents sont portés à la connaissance des actionnaires à la prochaine assemblée générale (C. com. art. R 225-136-1).
(7) Les fusions impliquant des SARL peuvent désormais bénéficier de ces simplifications suite aux modifications apportées par l'ordonnance 2023-393 du 24 mai 2023 (C. com. art. L 236-8 modifié).

2. Opérations faisant intervenir une ou plusieurs sociétés autres que des SA ou SARL
Les différents cas de figure sont présentés dans le tableau suivant :

Opération entre :		Intervention du commissaire à la fusion
Société bénéficiaire des apports	Société absorbée ou scindée	
SA (1) ou SARL	Société autre que SA (1) ou SARL (2)	Non, mais souhaitable (3)
Société autre que SA (1) ou SARL (2)	SA (1) ou SARL	Non, mais souhaitable (3)
Société autre que SA (1) ou SARL (2)	Société autre que SA (1)ou SARL (2)	Non

(1) Sont assimilées aux SA : les SCA, les SAS et les SE (sociétés européennes) ; voir note (2) du tableau précédent.
(2) Par exemple : SNC, SCS, SCI, etc.
(3) La nomination n'est pas requise légalement (en ce sens, CA Paris 21-9-2001 nº 2001-7363 pour les SNC et Avis CCRCS 08-08 du 10-2-2009 pour les sociétés civiles), mais elle apparaît comme souhaitable. L'intervention du commissaire à la fusion étant destinée à protéger les intérêts des actionnaires des sociétés par actions et ceux des associés des SARL, elle devrait en effet être maintenue quelle que soit la forme des autres sociétés participant à l'opération (voir Mémento Sociétés commerciales nº 83140).

3. Opérations faisant intervenir des associations et des fondations

a. Conditions de nomination du commissaire aux apports, à la fusion ou à la scission
Il doit être **nommé** pour toute opération de restructuration entre associations, fondations et entre associations et fondations, lorsque la **valeur totale de l'ensemble des apports dépasse 1 550 000 €** (Décret 2015-1017 du 18-8-2015).

Simplification du régime des associations et des fondations Les simplifications apportées visent notamment la désignation du commissaire à la fusion, à la scission ou aux apports par le président du tribunal de grande instance, les documents mis à la disposition des membres des associations parties à l'opération ; pour plus de détails, voir le communiqué de la CNCC du 24 mai 2017.
Sur les principales dispositions des décrets nº 2015-807 du 1er juillet 2015 (pour les fondations) et nº 2015-832 du 7 juillet 2015 (pour les associations) relatifs aux opérations de restructuration entre ces entités, voir Bull. CNCC nº 179, septembre 2015, p. 355 s.

b. Mission L'avis technique de la CNCC « La mission du commissaire à la fusion, à la scission ou aux apports dans les associations et les fondations » (24 mai 2016) :
- décrit les **diligences** à mettre en œuvre dans le cadre de ces opérations ;
- propose des **supports opérationnels** : lettre de mission, lettre d'affirmation, plan de rapport.

Fusion transfrontalière

13025 ***Question***

A quels contrôles est soumise une fusion transfrontalière réalisée entre une société française et une société étrangère située dans l'Union européenne ?

Réponse

En cas de fusion transfrontalière réalisée entre une société française et une société étrangère située dans l'Union européenne, le rapport d'un ou plusieurs commissaires à la fusion s'impose. Outre les contrôles réalisés en cas de fusion nationale, le commissaire à la fusion doit évaluer le montant de l'offre de rachat des associés ou actionnaires qui n'ont pas approuvé la fusion et qui exercent leur droit de retrait.

L'intervention du commissaire à la fusion peut être écartée à l'unanimité de toutes les sociétés participant à la fusion transfrontalière. Toutefois, dans ce cas, un commissaire aux apports doit être nommé dès lors que la fusion (non simplifiée) implique une société française et comporte des apports en nature ou des avantages particuliers.

Commentaires L'article L 236-10 du Code de commerce relatif au **commissariat à la fusion** est **applicable aux fusions transfrontalières,** à notre avis, que la société française soit absorbée ou absorbante.

En effet, l'ordonnance (2023-393 du 24-5-2023) et son décret d'application (2023-430 du 2-6-20223) ont transposé dans le Code de commerce la directive UE/2017/1132 du 24 juin 2017 (modifiée par Dir. UE/2019/2121 du 27-11-2019) relative aux opérations transfrontalières et ont instauré un **nouveau régime pour les opérations de restructuration transfrontalières**. En conséquence, les **fusions transfrontalières intra-Union européenne** (voir n° 7205) auxquelles participent une ou plusieurs sociétés par actions ou SARL ayant leur siège social en France sont dorénavant régies entièrement par le Code de commerce :

- par des **dispositions** qui leur sont **spécifiques** (C. com. art. L 236-31 à L 236-45 modifiés par ord. précitée et R 236-20 à R 236-34 modifiés par décret précité) ;
- mais également par les dispositions non contraires consacrées aux **fusions nationales** (C. com. art. L 236-1 à L 236-17 modifiés par ord. précitée), dont l'article L 236-10 du Code de commerce relatif au **commissariat à la fusion**.

Ainsi, dans le cadre d'une fusion transfrontalière impliquant des sociétés françaises (à notre avis, absorbées ou absorbantes), un ou plusieurs commissaires à la fusion établissent un **rapport sur les modalités de la fusion**. Dans la mesure où l'obligation est la même que pour les fusions nationales, les mêmes contrôles devraient être effectués (voir n° 13060).

Outre celles requises pour les fusions nationales, des **mentions spécifiques supplémentaires** (voir n° 13065) sont à ajouter dans le **rapport des commissaires à la fusion** afin de prendre en compte l'existence du **nouveau droit de retrait des associés ou actionnaires** (voir Mémento Sociétés commerciales n° 84665). En effet, pour évaluer le **montant de l'offre de rachat** des associés ou actionnaires **opposants**, c'est-à-dire lorsqu'ils n'ont **pas approuvé la fusion** et qu'ils exercent leur **droit de retrait**, les commissaires à la fusion doivent prendre en considération le prix de marché des actions dans les sociétés participant aux opérations avant l'annonce du projet de fusion ou la valeur des sociétés sans tenir compte de l'effet de la fusion envisagée, déterminée selon les méthodes d'évaluation généralement acceptées (C. com. art. L 236-37 créé par ord. 2023-393 du 24-5-2023).

La **désignation** du commissaire à la fusion peut toutefois être **écartée** lorsque les associés ou actionnaires le décident **à l'unanimité** dans toutes les sociétés participant à l'opération. Cependant, dans cette dernière situation, sauf dans le cas d'une fusion simplifiée, si la fusion transfrontalière implique une société française et comporte des apports en nature ou des avantages particuliers, un **commissaire aux apports** doit être désigné.

Sur le double contrôle de la conformité et de la légalité de la fusion transfrontalière par le greffier du tribunal, voir Mémento Sociétés commerciales n° 84670 à 84672.

Scission transfrontalière

13027 ***Question***

A quels contrôles est soumise une scission transfrontalière à laquelle participent une société française et une ou plusieurs sociétés étrangères situées au sein de l'Union européenne ?

Réponse

La scission transfrontalière à laquelle participent une société française et une ou plusieurs sociétés étrangères situées au sein de l'Union européenne est soumise au contrôle du commissaire à la scission. Outre les contrôles réalisés en cas de scission nationale, le commissaire à la scission doit évaluer le montant de l'offre de rachat des associés ou actionnaires qui n'ont pas approuvé la scission et qui exercent leur droit de retrait.

Est expressément exclue la dispense des rapports du commissaire à la scission, en cas de réalisation de la scission par apport à des sociétés nouvelles constituées sans autre apport que celui de la société scindée.

L'intervention du commissaire à la scission peut être écartée à l'unanimité de toutes les sociétés participant à l'opération. Toutefois, dans ce cas, un commissaire aux apports doit être nommé dès lors que la scission (non simplifiée) implique une société française et comporte des apports en nature ou des avantages particuliers.

Commentaires L'article L 236-10 du Code de commerce relatif au **commissariat à la scission** est **applicable aux scissions transfrontalières**, à notre avis, que la société française soit scindée ou bénéficiaire des apports (C. com. L 236-10 sur renvoi des art. L 236-20 et L 236-21 modifiés par ord. 2023-393 du 24-5-2023, et sur renvoi de l'art. L 236-46 créé par ord. précitée).

En effet, l'ordonnance (2023-393 du 24-5-2023) et son décret d'application (2023-430 du 2-6-20223) précisent que les **scissions transfrontalières intra-Union européenne** (voir nº 7205) auxquelles participent des sociétés par actions ou des SARL ayant leur siège social en France sont régies :
- par des **dispositions** qui leur sont **spécifiques** (C. com. art. L 236-46 et L 236-47 créés par ord. précitée ; R 236-35 et R 236-36 créés par décret précité) ;
- mais également par les dispositions non contraires consacrées aux **scissions nationales** (C. com. art. L 236-18 à L 236-26 modifiés par ord. précitée) ;
- et, en conséquence, par de nombreuses dispositions relatives aux **fusions nationales**, ainsi que par les dispositions non contraires consacrées aux **fusions transfrontalières** (C. com. art. L 236-31 à L 236-45 modifiés par ord. précitée) : voir nº 13025.

Ainsi, un ou plusieurs commissaires à la scission établissent un **rapport sur les modalités de la scission transfrontalière** (à notre avis, que la société française soit scindée ou bénéficiaire des apports). Dans la mesure où l'obligation est la même que pour les scissions réalisées entre sociétés françaises, les mêmes contrôles devraient être effectués (voir nº 13060).

Le **droit de retrait** prévu au profit des associés opposants s'applique également aux scissions transfrontalières. Pour plus de détails, voir nº 13025.

Sont expressément exclues pour les scissions transfrontalières les dispositions relatives à la **dispense des rapports du commissaire à la scission** et, le cas échéant, des dirigeants, en cas de réalisation de la scission par apport à des sociétés nouvelles constituées sans autre apport que celui de la société scindée avec attribution proportionnelle aux actionnaires de la société scindée (C. com. art. L 236-46, al. 2) : voir nº 13010.

La **désignation** du commissaire à la scission peut toutefois être **écartée** lorsque les associés ou actionnaires le décident **à l'unanimité** dans toutes les sociétés participant à l'opération. Cependant, dans cette dernière situation, sauf dans le cas d'une scission simplifiée, si la scission transfrontalière comporte des apports en nature ou des avantages particuliers, un **commissaire aux apports** doit être désigné.

Apport partiel d'actif transfrontalier

13029 ***Question***

A quels contrôles est soumis un apport partiel d'actif (APA) transfrontalier auquel participent une société française et une ou plusieurs sociétés étrangères situées au sein de l'Union européenne ?

Réponse

L'APA transfrontalier auquel participent une société française et une ou plusieurs sociétés étrangères situées au sein de l'Union européenne est soumis au contrôle du commissaire à la scission.

Le droit de retrait prévu au profit des associés ou actionnaires opposants n'est pas applicable en cas d'APA transfrontalier, sauf si le projet prévoit que l'opération constitue une scission partielle.

L'intervention du commissaire à la scission peut être écartée à l'unanimité de toutes les sociétés participant à l'opération. Toutefois, dans ce cas, un commissaire aux apports doit être nommé dès lors que l'APA (non simplifié) implique une société française et comporte des apports en nature ou des avantages particuliers.

Commentaires L'article L 236-10 du Code de commerce relatif au **commissariat à la scission** est **applicable aux APA transfrontaliers**, à notre avis, que la société française soit apporteuse ou bénéficiaire de l'apport (C. com. art. L 236-27 sur renvoi de l'art. L 236-21 ; L 236-20 ; et sur renvoi de l'art. L 236-48 créé par ord. précitée).

En effet, l'ordonnance (2023-393 du 24-5-2023) et son décret d'application (2023-430 du 2-6-20223) précisent que les **APA transfrontaliers intra-Union européenne** (voir n° 7205) auxquels participent des sociétés par actions ou des SARL ayant leur siège social en France sont soumis à des **dispositions spécifiques** (C. com. art. L 236-48 et L 236-49 créés par ord. précitée ; R 236-37 à R 236-38 créés par décret précité), aux dispositions non contraires relatives aux **APA nationaux** (C. com. art. L 236-27 à L 236-30 modifiés par ord. précitée), et en conséquence, par de nombreuses dispositions relatives aux **scissions nationales** et aux **fusions nationales**, ainsi qu'aux dispositions non contraires relatives aux **scissions transfrontalières** (voir n° 13027).

Ainsi, un ou plusieurs commissaires à la scission établissent un **rapport sur les modalités de l'APA transfrontalier** (à notre avis, que la société française soit apporteuse ou bénéficiaire de l'apport). Dans la mesure où l'obligation est la même que pour les APA réalisés entre sociétés françaises, les mêmes contrôles devraient être effectués (voir n° 13060).

En revanche, le **droit de retrait** prévu au profit des associés opposants à une fusion transfrontalière ou à une scission transfrontalière (n° 13025) n'est **pas applicable** en cas d'APA transfrontalier, sauf si le projet prévoit que l'opération constitue une scission partielle (C. com. art. L 236-49 précité) : voir Mémento Sociétés commerciales n° 84706.

La **désignation** du commissaire à la scission peut toutefois être **écartée** lorsque les associés ou actionnaires le décident **à l'unanimité** dans toutes les sociétés participant à l'opération. Cependant, dans cette dernière situation, sauf dans le cas d'un APA simplifié, si l'APA transfrontalier comporte des apports en nature ou des avantages particuliers, un **commissaire aux apports** doit être désigné.

B. Contenu

Contenu des missions de commissariat à la fusion et aux apports

13030 ***Question***

Que recouvrent les missions de commissariat à la fusion et de commissariat aux apports ?

Réponse

Le tableau suivant, établi par nos soins, met en évidence les différents éléments de ces missions.

Commentaires Les différentes missions sont récapitulées dans le tableau ci-après :

	Commissariat à la fusion (nº 13050 à 13080) et aux apports (nº 13100 à 13155)	
	Rapport sur les modalités de la fusion	Rapport sur la valeur des apports en nature
Intervention et contenu de la mission	Appréciation du **caractère équitable** du rapport d'échange par : – vérification de la pertinence des valeurs relatives attribuées aux actions des sociétés participant à l'opération ; – analyse du positionnement du rapport d'échange par rapport aux valeurs relatives jugées pertinentes. Voir nº 13060.	Appréciation de la **valeur des apports en nature,** y compris leur conformité aux règles comptables. Vérification que l'**actif net apporté** est au moins égal à l'augmentation du capital de la société absorbante. Appréciation, le cas échéant, des **avantages particuliers** stipulés lors de l'opération. Voir nº 13110.
	Etablissement d'un rapport sur les vérifications effectuées. Voir nº 13065 à 13075.	Etablissement d'un rapport sur les appréciations et vérifications effectuées. Voir nº 13140 à 13150.
Non-intervention et limites de la mission	Pendant l'opération : – pas de vérifications spécifiques concernant le respect du droit des sociétés ; – pas de jugement sur l'opportunité économique de l'opération.	– pas de vérification de l'équité des valeurs d'échange.
	Après l'opération : – pas de contrôle des écritures comptables enregistrant l'opération.	

Sur le champ d'intervention du commissaire à la fusion et du commissaire aux apports, voir nº 13010. Sur l'appréciation par le commissaire aux apports de la rémunération des apports dans le cadre d'opérations d'apport impliquant des sociétés émettant des titres admis à la négociation sur un marché réglementé, voir nº 13105.

SECTION II

Commissaire(s) à la fusion (ou à la scission)

I. Désignation du commissaire à la fusion

Modalités de désignation

13050 ***Question***

Quelles sont les modalités de désignation du commissaire à la fusion ?

Réponse

La désignation du commissaire à la fusion s'effectue par décision du président du tribunal de commerce statuant sur requête présentée par les dirigeants des sociétés concernées par l'opération. Le commissaire à la fusion est choisi sur la liste des commissaires aux comptes (personnes physiques ou sociétés remplissant certaines conditions) établie par la H2A (Haute Autorité de l'audit) et disponible sur son site ou sur une liste d'experts établie par les cours et tribunaux. Toutefois, le commissaire aux comptes des sociétés réalisant l'opération de fusion ne peut pas intervenir en tant que commissaire à la fusion.

Les commissaires à la fusion sont soumis aux mêmes incompatibilités que celles prévues pour les commissaires aux comptes. En outre, ils doivent vérifier que leur mission est compatible avec les exigences légales et réglementaires et avec celles du Code de déontologie de la profession de commissaire aux comptes.

Commentaires 1. **Modalités de la désignation** Elle s'effectue par **décision** du président du tribunal de commerce statuant sur requête présentée par les dirigeants des sociétés concernées par l'opération (C. com. art. L 236-10 et R 22-10-7, sur renvoi de l'art. R 236-9 modifié par décret 2023-430 du 2-6-2023).

Sur les documents et informations à communiquer au tribunal de commerce, voir le guide professionnel CNCC sur le commissariat aux apports et à la fusion (juin 2012, § 1.5).

Moment de la désignation Aucun délai n'est prévu par les textes légaux et réglementaires pour la désignation du commissaire à la fusion. Il apparaît cependant souhaitable qu'elle soit demandée **avant** que le projet de traité ne soit définitivement établi étant donné la complexité de la mission et le délai de mise à disposition du rapport aux actionnaires (Guide professionnel CNCC précité, § 3.141 et 2.131). Voir calendrier n° 13406.

Pluralité de commissaires à la fusion S'il n'est établi qu'un seul rapport pour l'ensemble de l'opération, cette requête doit être formulée conjointement par toutes les sociétés participantes (C. com. art. R 236-9 modifié). La requête conjointe devrait pouvoir être déposée, dans le cas où les sociétés relèvent de tribunaux de commerce différents et en l'absence de disposition à ce titre dans les textes légaux et réglementaires, devant le président d'un seul de ces tribunaux, celui de l'absorbante, par exemple, en cas de fusion (Guide professionnel CNCC précité, § 3.143).

Le tribunal compétent est celui du lieu du siège social (CA Paris 26-5-1993).

2. Personnes susceptibles d'être désignées commissaires à la fusion Elles sont choisies :

- sur la **liste des commissaires aux comptes** (personnes physiques qui sont notamment, sauf dérogations, titulaires du certificat d'aptitude aux fonctions de commissaire aux comptes ou du diplôme d'expertise comptable, ou bien sociétés de commissaires aux comptes remplissant certaines conditions), qui est établie par la Haute Autorité de l'audit (H2A, anciennement H3C) et qui est disponible sur son site www.h2a-france.org (C. com. art. L 821-14 modifié par ord. 2023-1142 du 6-12-2023) ;
- ou parmi les **experts** inscrits sur une des listes établies par les cours et tribunaux (C. com. art. R 236-9 modifié et sur renvoi de C. com. art. R 22-10-7).

Le commissaire à la fusion peut être une personne physique ou une personne morale Selon le bulletin CNCC (n° 84, décembre 1991, CEP 91-28, p. 565), l'article R 225-7 du Code de commerce (recodifié à l'art. R 22-10-7) ne faisant aucune distinction entre les personnes physiques et les personnes morales, il s'ensuit que les **sociétés** de commissaires aux comptes peuvent être désignées en qualité de commissaire à la fusion, à condition, toutefois, que l'un de leurs associés ne soit pas commissaire aux comptes en nom propre de la société. Cette solution est conforme au Code de déontologie des commissaires aux comptes (art. 1 et 18).

3. Incompatibilités et indépendance

a. Incompatibilités Les commissaires à la fusion sont soumis aux incompatibilités prévues pour les commissaires aux comptes à l'article L 821-31 du Code de commerce (C. com. art. L 236-10).

Sur la nature de ces incompatibilités, voir FRC 12/23 Hors série inf. 20.2 a.

b. Indépendance du commissaire à la fusion par rapport aux commissaires aux comptes Les commissaires aux comptes des EIP (entités d'intérêt public), des non EIP et ceux des entités de leur chaîne de contrôle **ne peuvent pas réaliser les missions de commissariat aux apports et à la fusion.** En effet :

- commissaires aux comptes des **EIP** (et ceux des entités de leur chaîne de contrôle) : le commissariat à la fusion intègre un service d'évaluation qui est **interdit** par le règlement européen n° 537/2014 du 16 avril 2014 (art. 5.1) ;

Sur la notion d'EIP (entité d'intérêt public), voir FRC 12/23 Hors série inf. 11.

- commissaires aux comptes des entités **non EIP** (et ceux des entités de leur chaîne de contrôle) : la CNCC estime qu'il leur est également **impossible de réaliser cette mission** concomitamment à leur mission de certification légale, en raison du **risque pesant sur leur indépendance.**

La loi Pacte a **supprimé les services interdits** aux commissaires aux comptes des non EIP (C. com. art. L 821-28 créé par ord. 2023-1142 du 6-12-2023), dont notamment les missions de commissariat aux apports et à la fusion. Toutefois, la CNCC estime que la réalisation de ces missions concomitamment à la mission de certification des comptes crée un risque sur l'indépendance du commissaire aux comptes et que les mesures de sauvegarde pouvant être mises en place (intervention d'un membre du réseau ou d'une équipe différente de celle de l'audit) ne permettent pas de réduire suffisamment ce risque. En conséquence, il existe une forte présomption d'incompatibilité avec la mission de certification des comptes et le commissaire aux comptes doit **refuser ces missions** (Foire aux questions de la Commission d'éthique professionnelle du 29-4-2021 ; www.cncc.fr).

Mission de commissaire à la fusion après une mission d'expert-indépendant Le commissaire peut, postérieurement à une mission d'expert-indépendant ayant uniquement pour objet une vérification, être nommé commissaire à la fusion dans la mesure où, ne s'agissant pas de la succession d'une mission de commissariat à la fusion à une mission d'évaluation (mais à une mission de vérification), la situation ne paraît pas de nature à créer un risque d'auto-révision (Bull. CNCC n° 146, juin 2007, CEP 2006-85, p. 358 s.).

Sur les incompatibilités et les règles d'indépendance propres aux **commissaires aux apports,** voir n° 13100.

4. Acceptation de la mission Préalablement à l'acceptation de la mission, le commissaire à la fusion vérifie que son accomplissement est compatible avec les exigences légales et réglementaires et celles du Code de déontologie (en ce sens, C. déont. art. 2).

Il s'assure, à cet effet (Avis technique CNCC sur la mission de commissariat à la fusion, § 3.1) :
- qu'il respecte les principes fondamentaux du Code de déontologie, notamment en matière d'indépendance et de compétence ;
- que les délais qui lui sont impartis pour l'exécution de sa mission, compte tenu du calendrier des opérations, sont compatibles avec une correcte réalisation de celle-ci.

Un **exemple** de fiche d'acceptation de mission est fourni par le guide professionnel CNCC sur le commissariat aux apports et à la fusion de juin 2012 (§ 4.1).

a. Lettre de mission Dans le cas où il estime pouvoir accomplir la mission, il est souhaitable que le commissaire à la fusion rédige une lettre de mission adressée aux dirigeants des sociétés participantes dans laquelle pourront être rappelés : la nature et l'objectif de la mission ainsi que toutes informations utiles sur les modalités pratiques de sa réalisation, en particulier le calendrier de la mission et les honoraires proposés (Avis technique CNCC précité, § 3.2). En revanche, la réponse au tribunal de commerce est facultative (pour un exemple de lettre, voir Guide professionnel CNCC précité, § 4.21).

Pour établir sa lettre de mission, la CNCC (Avis technique CNCC précité, § 3) recommande que le commissaire aux comptes nommé pour réaliser la mission de commissaire à la fusion prenne en considération, en l'adaptant à sa mission, la NEP 210 « La lettre de mission du commissaire aux comptes » (voir FRC 12/23 Hors série inf. 56 à 56.4). Un **exemple** de lettre de mission est proposé par le guide professionnel CNCC précité (§ 4.33).

En cas de pluralité de commissaires à la fusion, il est souhaitable qu'ils établissent une lettre de mission commune, ou à défaut des lettres de mission distinctes (Avis technique CNCC précité, § 3.4).

b. Situations de conflits d'intérêts L'AMF recommande que le commissaire à la fusion intègre, dès l'acceptation de sa mission, une analyse des situations de conflits d'intérêts potentielles ou existantes et transmette à l'AMF une lettre justifiant cette analyse (Position-recommandation 2020-06 – Guide d'élaboration du prospectus).

5. Refus de la mission Dans le cas où il refuse la mission, il en avise obligatoirement par écrit le président du tribunal de commerce qui l'a désigné et en informe les dirigeants de la société absorbante (ou bénéficiaire des apports) (Avis technique CNCC précité, § 3.1). Un **exemple** de lettre de refus au tribunal de commerce est proposé par le guide professionnel CNCC précité (§ 4.23).

II. Etablissement du rapport sur les modalités de la fusion

Contrôles à effectuer

13060 ***Question***

Quels contrôles le commissaire à la fusion doit-il effectuer ?

Réponse

Le commissaire à la fusion :
- contrôle la pertinence des valeurs relatives attribuées aux actions des sociétés participant à la fusion, ce qui va le conduire, à :
  - vérifier le caractère adéquat des critères et méthodes d'évaluation retenus,
  - vérifier la correcte application ou mise en œuvre de ces critères et méthodes,
  - s'intéresser à l'incidence des événements survenus entre la date de détermination des valeurs et la date de son rapport,
  - apprécier la sensibilité des valeurs attribuées aux actions à la variation des hypothèses et paramètres utilisés ;
- et apprécie le caractère équitable du rapport d'échange. Pour cela, il :
  - identifie les valeurs relatives qu'il juge pertinentes et qui reflètent, de la manière la plus complète possible, les valeurs relatives des entreprises en présence,
  - apprécie l'importance relative donnée aux valeurs ainsi identifiées,
  - apprécie, dans le cadre de sa lecture d'ensemble du projet de traité de fusion, le caractère satisfaisant des explications qui y sont données sur les écarts entre le rapport d'échange proposé et les différentes valeurs relatives présentées,
  - examine si le rapport d'échange proposé n'entraîne pas d'appauvrissement durable pour chaque catégorie d'actionnaires.

Commentaires Le détail des contrôles à effectuer pour l'établissement de ce rapport est fourni par l'avis technique de la CNCC sur le commissariat à la fusion et le guide professionnel CNCC sur le commissariat aux apports et à la fusion (juin 2012).

Selon la CNCC (Avis technique précité, § 2.5), les contrôles du commissaire à la fusion ont pour objectif final d'apprécier le caractère équitable du rapport d'échange (C. com. art. L 236-10).

A cet effet, le commissaire à la fusion :
- vérifie que les valeurs relatives attribuées aux actions (ou parts) des sociétés participant à l'opération sont pertinentes ;
- apprécie l'importance relative donnée aux valeurs jugées pertinentes ;
- analyse le positionnement du rapport d'échange par rapport aux valeurs relatives jugées pertinentes ;
- examine si le rapport d'échange proposé n'entraîne pas d'appauvrissement durable pour chaque catégorie d'actionnaires.

1. Prise de connaissance générale (Avis technique précité, § 3.2) **Préalablement** à ces contrôles, la réalisation de la mission du commissaire à la fusion implique une prise de connaissance générale lui permettant de comprendre l'opération envisagée ainsi que le contexte économique et juridique dans lequel elle se situe. Cette prise de connaissance générale lui permet également d'identifier les situations pouvant créer un risque de conflit d'intérêts. Dans ce cadre, le commissaire à la fusion obtient notamment le projet de traité d'apport ou de fusion, le rapport des organes sociaux, le calendrier juridique de l'opération (voir notre exemple de calendrier aux nº 13405 s.) et les documents juridiques, comptables et financiers qu'il estime utiles.

A cet effet, le commissaire à la fusion prend contact avec les dirigeants ou leurs représentants, les responsables concernés et les conseils ayant participé à la préparation de l'opération afin d'obtenir toutes les informations utiles. Le guide professionnel CNCC précité (§ 4.7) propose à titre indicatif une **liste aide-mémoire des documents** à obtenir des entités parties à l'opération.

Par ailleurs, le guide professionnel CNCC (§ 4-8) fournit une **liste des contrôles possibles** des aspects formels des fusions et apports partiels d'actif pouvant permettre au commissaire à la fusion ou à la scission de suggérer des améliorations au bon déroulement de ces opérations.

Cette phase de prise de connaissance se termine habituellement par la rédaction d'un **plan de mission** (Guide professionnel CNCC précité, § 3.22).

Un canevas indicatif pour l'établissement d'un plan de mission est fourni dans ce guide (§ 4.5).

Sur les autres diligences que peut mettre en œuvre le commissaire à la fusion dans le cadre de sa prise de connaissance générale, voir Avis technique CNCC précité, § 3.2 et Guide professionnel CNCC précité, § 3.22.

2. Vérification de la pertinence des valeurs relatives attribuées aux actions des sociétés participant à la fusion (Avis technique précité, § 3.3.) Selon la CNCC, la vérification de la pertinence des valeurs relatives attribuées aux actions va conduire, a priori, le commissaire à la fusion à :

- vérifier le caractère adéquat des critères et méthodes d'évaluation retenus (voir **a.** ci-après) ;
- vérifier la correcte application ou mise en œuvre de ces critères et méthodes (voir **b.** ci-après) ;
- s'intéresser à l'incidence des événements survenus entre la date de détermination des valeurs et la date de son rapport (voir **c.** ci-après) ;
- apprécier la sensibilité des valeurs attribuées aux actions à la variation des hypothèses et paramètres utilisés (voir **d.** ci-après).

a. Caractère adéquat des critères et méthodes d'évaluation retenus L'examen des critères et méthodes présentés dans le projet de traité de fusion a pour objectif d'apprécier s'ils sont adéquats en l'espèce. Cette appréciation peut se faire, le cas échéant, en analysant les raisons ayant conduit les dirigeants à écarter certains critères ou méthodes, et en introduisant, si le commissaire à la fusion le juge opportun, des critères ou des méthodes complémentaires.

Sur les critères et méthodes d'évaluation habituellement utilisés pour déterminer les valeurs relatives, voir Avis technique CNCC précité, § 3.3.1 et nº 7507.

Il apparaît souhaitable que le commissaire à la fusion veille à ce que plusieurs approches aient été mises en œuvre lors de la rédaction du projet de traité de fusion, qu'il s'agisse de critères permettant d'aboutir à des valeurs relatives sans nécessairement passer par une évaluation des sociétés en présence, ou des méthodes d'évaluation conduisant à évaluer ces entités.

S'il le juge utile, le commissaire à la fusion peut introduire tel critère ou telle méthode supplémentaire dans son approche afin de permettre une **analyse multicritère** et de donner ainsi un caractère plus objectif aux valeurs retenues. Il veille toutefois à ce que les critères et méthodes ne fassent pas double emploi entre eux et à ce que leur nombre excessif ne complique pas l'appréciation du rapport d'échange par les actionnaires ou associés.

L'AMF (Rapport COB 1991, p. 168) suggère que l'étude par les commissaires à la fusion des calculs présentés par les dirigeants soit, chaque fois qu'il y a lieu, complétée à titre de **contrôle par** l'emploi **d'autres critères** d'usage éprouvé qui auraient été **écartés.**

b. Correcte application des critères et des méthodes retenus (Avis technique CNCC précité, § 3.3.1) Le commissaire à la fusion vérifie que les valeurs relatives présentées résultent d'une correcte application ou mise en œuvre des critères et méthodes retenus en s'assurant de l'homogénéité des calculs entre les entités concernées par la fusion.

A ce titre, et en fonction des approches retenues, il peut en particulier vérifier :

- pour les valeurs relatives déterminées à l'aide des **critères de performance** :
  • que les données issues des exercices passés ont été mises en conformité avec les **méthodes préférentielles** prévues par la réglementation comptable nationale (voir remarque Méthodes préférentielles ci-après). Dans certains cas, les normes IFRS pourraient être utilisées si elles apportent une meilleure représentation économique des ensembles à évaluer) et qu'elles ont été retraitées des différences de méthodes comptables pouvant exister entre les sociétés participantes, des éléments non récurrents et de l'incidence des variations de périmètre,

  Méthodes préférentielles A la suite de l'abrogation du règlement CRC n° 99-02 relatif aux comptes consolidés par le règlement ANC n° 2020-01 du 6 mars 2020, les méthodes préférentielles ont été **supprimées.** Certaines méthodes considérées comme préférentielles par l'ancien règlement CRC n° 99-02 sont désormais d'application obligatoire, d'autres ne sont plus qu'optionnelles (comme dans les comptes individuels), ou d'autres encore ne sont plus autorisées. En attendant la mise à jour de l'avis technique par la CNCC, voir Mémento Comptes consolidés n° 3346.

  • que les hypothèses retenues pour déterminer les données prévisionnelles sont cohérentes et constituent une base raisonnable pour la détermination de ces données ;
- pour les valeurs relatives déterminées à l'aide d'un **critère patrimonial** :
  • que les retraitements nécessaires pour mettre les capitaux propres en conformité avec les **méthodes préférentielles** prévues par la réglementation comptable nationale (voir remarque Méthodes préférentielles ci-avant). Dans certains cas, les normes IFRS pourraient être utilisées si elles apportent une meilleure représentation économique des ensembles à évaluer) ont été effectués (impôts différés, indemnités de départ à la retraite, crédit-bail...),
  • que des éléments probants, tels que des rapports d'expertise récents, sont fournis à l'appui de la réestimation des immobilisations corporelles et incorporelles ;
- pour les valeurs relatives déterminées à l'aide du **critère du cours de bourse** :
  • que le flottant et le nombre de mouvements sur le titre sont suffisants ;
- pour les valeurs relatives déterminées à l'aide de la **méthode d'actualisation des flux de trésorerie prévisionnels** :
  • que les hypothèses retenues par les dirigeants des sociétés participantes pour établir les plans d'affaires (« business plans ») sont cohérentes et constituent une base raisonnable pour la détermination des flux de trésorerie,
  • que la valeur résiduelle retenue à l'issue de la période de prévision reflète une situation normative, que le poids de cette valeur est cohérent dans la valeur d'ensemble,

• que le taux d'actualisation correspond, pour chaque société participante, à son coût moyen pondéré du capital, lui-même calculé à partir du taux sans risque et d'une prime destinée à rémunérer le risque de marché des titres de ces sociétés, majorée si nécessaire d'une prime spécifique justifiée,
• que le taux de croissance à l'infini est cohérent avec le taux de croissance à long terme de l'économie générale et du marché des entreprises en présence,
• d'une manière générale, que les hypothèses et les critères prévisionnels (flux de trésorerie, taux d'actualisation et de croissance), tout en prenant en compte les particularités propres à chacune des entreprises en présence, sont homogènes en termes d'appréciation des risques entre les sociétés participantes ;

- pour les valeurs relatives déterminées à l'aide de la **méthode des comparables boursiers** :
• que les échantillons de référence de chaque société participante sont bien constitués de sociétés qui leur soient suffisamment comparables en termes d'activité, de risque, de rentabilité et de croissance,
• que les cours sont représentatifs de transactions sur les sociétés concernées ;

- pour les valeurs relatives déterminées à l'aide de la **méthode des transactions comparables** :
• que les échantillons de référence de chaque société participante sont bien constitués de transactions récentes, et ce d'autant plus si les marchés financiers connaissent une forte évolution,
• que l'information publique ou mise à la disposition du commissaire à la fusion sur les transactions retenues est suffisante.

Intervention dans le cadre d'une fusion comportant au moins une société soumise au contrôle de l'AMF Pour les opérations de fusion ou d'apport partiel d'actif impliquant au moins une société émettant des titres admis aux négociations sur un marché réglementé, la CNCC considère qu'il est souhaitable que le commissaire à la fusion tienne compte dans son appréciation des valeurs relatives des dispositions de l'article 261-3 du Règlement général de l'AMF (sur la désignation d'un expert indépendant) et de la recommandation de l'AMF sur l'expertise financière indépendante du 28 septembre 2006 (modifiée en dernier lieu le 27 juillet 2010), en prenant en considération les meilleures pratiques d'évaluation exposées dans ces textes, tout en les adaptant aux spécificités de l'opération de fusion (Avis technique précité, § 3.5).

c. Incidence des événements survenus entre la date de détermination des valeurs et la date du rapport (Avis technique CNCC précité, § 3.3.1) Le commissaire à la fusion est également amené à s'intéresser à l'incidence, sur le calcul des valeurs relatives, des événements pouvant être survenus entre la date de leur détermination et la date de son rapport. Le cas échéant, il peut examiner l'**état comptable** prévu à l'article R 236-4 4° du Code de commerce (modifié par décret 2023-430 du 2-6-2023 ; voir n° 13225), lorsqu'il est établi à une date proche de la date des assemblées appelées à statuer sur l'opération envisagée ou, si ce n'est pas le cas, des **comptes intermédiaires** établis à une date la plus proche possible de ces assemblées ou **tout document de gestion** qu'il juge utile. Pour apprécier l'opportunité d'utiliser l'information ressortant de ces documents, il peut s'appuyer sur le **rapport d'examen limité** établi, le cas échéant, par le commissaire aux comptes de la société absorbée ou apporteuse, à la demande de ces dernières. En l'absence de ce rapport, le commissaire à la fusion peut procéder à toutes vérifications qu'il juge appropriées et peut utiliser les travaux effectués par d'autres intervenants.

d. Analyse de la sensibilité des valeurs des actions à la variation des hypothèses et des paramètres (Avis technique CNCC précité, § 3.3.1.) Afin de corroborer les valeurs relatives qui ont été attribuées aux actions dans l'opération envisagée, le commissaire à la fusion peut être amené à apprécier l'incidence que pourrait avoir une variation des hypothèses et paramètres utilisés. Il détermine ainsi si cette analyse, dite « de sensibilité », peut remettre en cause la pertinence de l'intervalle de valeurs relatives proposées dans le projet de traité de fusion.

3. Appréciation du caractère équitable du rapport d'échange (Avis technique CNCC précité, § 2.2) Pour les **apports partiels d'actif soumis au régime juridique des scissions,** et en particulier les **apports de branche d'activité,** il n'est pas possible, en l'absence de capital social de la branche d'effectuer une pesée comparative par action et donc de parler de rapport d'échange. La pesée effectuée porte donc sur les ensembles en présence et conduit à déterminer ce qui est communément appelé un **« poids relatif ».**

Pour les **autres opérations** (Avis technique précité, 3.3.2) :

a. Le commissaire à la fusion **identifie les valeurs relatives qu'il juge pertinentes et qui reflètent,** de la manière la plus complète possible, **les valeurs relatives des entreprises en présence.**

> Les praticiens de l'évaluation s'accordent à dire que sont considérées comme telles les valeurs relatives qui tiennent compte, pour le présent et pour l'avenir, de la rentabilité d'exploitation, de la politique d'investissement, de la structure financière et du niveau de risque de ces entités.

b. Le commissaire à la fusion **apprécie l'importance relative donnée aux valeurs ainsi identifiées.** Cette notion, introduite dans la loi, ne peut donc être assimilée à une simple pondération mathématique des valeurs relatives jugées pertinentes, mais implique, selon une doctrine constante de la CNCC, une analyse du positionnement du rapport d'échange, proposé par les parties dans le projet de traité, par rapport à ces valeurs.

c. Cette analyse conduit le commissaire à la fusion à **apprécier,** dans le cadre de sa lecture d'ensemble du projet de traité de fusion, **le caractère satisfaisant des explications** qui y sont données sur les écarts entre le rapport d'échange proposé et les différentes valeurs relatives présentées.

Le commissaire à la fusion prend en considération, par exemple sans que ce soit limitatif (Avis technique CNCC précité, § 3.3.2 et guide professionnel CNCC sur le commissariat aux apports et à la fusion § 3.232) :

– les écarts pouvant résulter de différences de rentabilité, d'intensité capitalistique (cette notion correspond au rapport de l'actif immobilisé, majoré du besoin en fonds de roulement, sur le chiffre d'affaires ou la production) ou de structure financière ;

– le caractère manifestement « excentré » de la valeur relative issue du cours de bourse par rapport aux autres valeurs relatives et au rapport d'échange qui peut s'expliquer par le caractère non significatif du cours eu égard à la faiblesse du flottant ou des échanges (volumes et volatilité) ;

> Selon le guide CNCC précité, ce type d'argument est cependant à utiliser avec prudence. Si les deux sociétés sont cotées, seuls des motifs sérieux peuvent conduire à retenir un rapport d'échange sensiblement éloigné des cours de bourse.

– les valeurs relatives ressortant de l'évaluation des sociétés en présence selon des méthodes telles que les approches intrinsèques ou analogiques, qui ont a priori, un degré de pertinence plus élevé que les valeurs relatives résultant d'une approche traditionnelle par les critères ;

– le fait que la valeur des fonds propres doit être distinguée de la valeur d'entreprise qui correspond à la valeur des fonds propres augmentée de la dette financière nette de trésorerie ;

> Pour une analyse plus complète de ces concepts, se référer au guide professionnel CNCC « L'évaluation financière expliquée : Principes et démarches » (§ 5.22).

– le contexte de l'opération, ainsi que certaines de ses caractéristiques qui n'auraient pas été prises en compte dans la pesée relative des sociétés en présence, telles que :

- la décision des dirigeants de la société absorbante d'accorder une prime de contrôle aux actionnaires ou associés de la société absorbée, et du risque de dilution du patrimoine des actionnaires ou associés de l'absorbante qui en résulte,

- la liquidité plus ou moins grande des titres des sociétés participant à l'opération, provenant, par exemple, du fait de l'émission de titres admis à la négociation sur un marché réglementé (ou sur Alternext, devenu Euronext Growth ou le marché libre, devenu Euronext Access) pour l'une et non pour l'autre.

Dans le cas de la fusion-absorption de sociétés holdings non cotées par des sociétés cotées, l'AMF indique que ce type de fusion permet aux actionnaires des holdings absorbées d'accéder à un titre coté et, ce faisant, d'effacer la décote théorique liée à la structure de holding et à celle d'illiquidité liée à la non-cotation des titres de la société absorbée.

A ce titre, l'AMF a rappelé qu'il appartient aux organes sociaux des sociétés en cause et aux commissaires à la fusion, d'apprécier qualitativement les avantages respectifs retirés par les actionnaires des deux sociétés pour déterminer le caractère équitable de la parité (COB, rapport annuel 1994, p. 203).

d. Il examine si le rapport d'échange proposé n'entraîne pas d'appauvrissement durable pour chaque catégorie d'actionnaires, en comparant leur situation avant fusion, hors synergies, à leur situation après fusion, y compris synergies. En tout état de cause, il s'intéresse aux synergies dégagées par l'opération. Cette comparaison peut être faite à partir d'une évaluation de la société absorbante avant et après fusion ou à l'aide d'un critère adéquat en l'espèce, appliqué aux années suivant la fusion (par exemple, cash-flow ou résultat par action...).

4. Limites de la mission Le commissaire à la fusion n'a pas à contrôler les écritures comptables qui résulteront des décisions de l'assemblée ayant statué sur l'opération, ni à procéder à des vérifications relatives au respect des textes légaux et réglementaires se rapportant, par exemple, à la régularité des convocations, aux obligations de publicité ou de dépôts légaux. Il ne se prononce ni sur l'opportunité économique de l'opération ni sur les stratégies de groupe qui sous-tendent l'opération (Guide professionnel CNCC précité, § 3.16).

5. Moyens de contrôle Pour leurs contrôles, « les commissaires à la fusion peuvent obtenir auprès de chaque société, communication de tous documents utiles et procéder à toutes vérifications nécessaires » (C. com. art. L 236-10).

Lettre d'affirmation Aux termes de ses travaux, et avant la signature de son rapport, le commissaire à la fusion obtient des dirigeants de chaque société participant à l'opération, lorsque des déclarations importantes lui ont été faites, une lettre rappelant le contenu de ces déclarations et soulignant notamment que les informations prévisionnelles sur lesquelles se fondent les évaluations relèvent de leur responsabilité, qu'elles reflètent la situation future estimée la plus probable et que les décisions prises ou les actions envisagées ne contredisent pas les hypothèses retenues. La non-demande d'une telle lettre doit être justifiée dans son dossier (Avis technique précité, § 3.3.4).

Un **exemple** de lettre d'affirmation est proposé par le guide professionnel CNCC précité (§ 4.92).

Les commissaires à la fusion peuvent en outre se faire assister dans l'accomplissement de leur mission par un ou plusieurs **experts** de leur choix et dont les honoraires sont à la charge de la société (C. com. art. R 236-9 modifié et sur renvoi de C. com. art. R 22-10-7). Le commissaire à la fusion, qui utilise les travaux accomplis par un expert, peut prendre en considération les termes de la NEP 620 « Intervention d'un expert » (voir FRC 12/23 Hors série inf. 62.3) qui s'applique aux missions d'audit. De ce fait, il porte une appréciation critique sur (Avis technique précité, § 3.3.3) :
- le contour de la mission qui lui a été confiée et sa portée au regard de l'opération ;
- la sensibilité des paramètres utilisés et leur pertinence ;
- le caractère acceptable de ces évaluations au regard de sa mission.

Il indique son appréciation dans son rapport.

En cas de recours à des experts, le commissaire à la fusion conserve toujours l'entière responsabilité de sa mission. Il s'assure que les experts auxquels il confie des travaux respectent les règles applicables à la profession et sont indépendants de la personne ou entité à laquelle il fournit sa mission (C. déont. art. 10).

6. Pluralité de commissaires à la fusion Selon l'avis technique CNCC précité (§ 3.4), lorsque plusieurs commissaires à la fusion ont été désignés (en application de l'art. C. com. R 236-9, al. 2), ils se concertent afin d'organiser en commun leur mission, s'informent mutuellement de leurs travaux et confrontent leurs conclusions.

Il est souhaitable qu'ils :
- définissent conjointement une répartition des diligences (documents à obtenir, orientation de la mission, répartition de leurs travaux et des honoraires...) ;
- établissent une lettre de mission de préférence commune, ou à défaut des lettres de mission distinctes ;
- mettent en place une communication concertée vis-à-vis des dirigeants des sociétés participant à l'opération.

Les commissaires à la fusion peuvent également souhaiter effectuer une **revue croisée** de leurs dossiers de travail (Guide professionnel CNCC précité, § 3.24).

Contenu du rapport

13065 ***Question***

Quel est le contenu du rapport du commissaire à la fusion ?

Réponse

Le commissaire à la fusion établit un rapport écrit, distinct de celui sur la valeur des apports, qui doit indiquer :
- ses commentaires et/ou observations sur la pertinence des valeurs relatives attribuées aux actions ou parts des sociétés participant à l'opération ;
- ses commentaires et/ou observations et sa conclusion sur le caractère équitable du rapport d'échange découlant de l'analyse de son positionnement par rapport aux valeurs relatives jugées pertinentes ;
- le cas échéant, l'incidence sur les valeurs relatives présentées des difficultés particulières d'évaluation éventuelles ;
- en cas de fusion transfrontalière, les modalités de l'offre de rachat faite aux associés ou aux actionnaires qui n'ont pas approuvé la fusion et qui exercent leur droit de retrait.

Des exemples de rapports sont fournis par le guide professionnel CNCC « Commissariat aux apports et à la fusion » (juin 2012).

Commentaires **1. Contenu du rapport** Les conclusions des commissaires à la fusion sont présentées dans un **rapport écrit** (C. com. art. L 236-10). Il peut être établi autant de rapports qu'il y a de sociétés participantes mais le plus souvent les commissaires établissent un rapport global pour l'ensemble de l'opération (voir également n° 13050).

En cas de désaccord entre les commissaires à la fusion, le rapport commun indique les différents avis exprimés (Guide professionnel CNCC sur le commissariat aux apports et à la fusion, § 3.33).

Ce rapport est **nécessairement distinct** de celui sur la valeur des apports même si le commissaire est nécessairement le même (voir n° 13010). Seul le rapport du commissaire aux apports, qui est déposé au greffe du tribunal de commerce, a un caractère public (Avis technique CNCC précité, § 3.7.1).

Ce rapport doit indiquer (C. com. art. L 236-10) :
- « la ou les **méthodes suivies** pour la détermination du rapport d'échange proposé ;

Selon le bulletin CNCC (n° 78, juin 1990, EJ 90-59, p. 263), en cas de versement d'une soulte en espèces, celle-ci doit être évoquée dans le rapport.

- le caractère adéquat de cette ou ces méthodes en l'espèce, ainsi que les valeurs auxquelles chacune de ces méthodes conduit, un **avis étant donné** sur l'importance relative donnée à ces méthodes dans la détermination de la valeur retenue ;
- les difficultés particulières d'évaluation s'il en existe ».

Nouvelles mentions – Fusions transfrontalières (voir n° 7205) Pour prendre en compte **l'existence du droit de retrait des associés ou actionnaires**, outre les mentions précédentes, le rapport du commissaire à la fusion indique également (C. com. art. L 236-37 créé par ord. 2023-393 du 24-5-2023) :
- la ou les méthodes utilisées pour déterminer le montant de l'offre de rachat envisagée dans le cadre de l'exercice du droit de retrait ;
- le caractère adéquat de ces méthodes et les valeurs auxquelles chacune conduit, accompagnés d'un avis sur l'importance relative donnée à ces méthodes dans la détermination de la valeur retenue et, si différentes méthodes sont utilisées dans les sociétés qui fusionnent, la justification de l'utilisation de méthodes différentes ;
- les difficultés particulières d'évaluation s'il en existe.

Sur l'**évaluation du montant de l'offre de rachat**, voir n° 13025.

Selon l'avis technique de la CNCC sur le commissariat à la fusion (§ 3.7.1), l'objectif du rapport du commissaire à la fusion est d'éclairer les actionnaires ou les associés sur le **caractère équitable du rapport d'échange** proposé. A ce titre, le commissaire à la fusion met en évidence les points qu'il estime utiles à une bonne information des actionnaires ou associés.

Le rapport du commissaire à la fusion comporte par ailleurs :
- ses commentaires et/ou observations sur la **pertinence des valeurs relatives** attribuées aux actions ou parts des sociétés participant à l'opération ;
- ses commentaires et/ou observations et sa conclusion sur le **caractère équitable** du rapport d'échange découlant de l'analyse de son positionnement par rapport aux valeurs relatives jugées pertinentes ;
- le cas échéant, l'incidence sur les valeurs relatives présentées des **difficultés particulières d'évaluation** éventuelles.

Les **observations** que formule le commissaire à la fusion sur les valeurs relatives comme celles qu'il formule sur le rapport d'échange, **traduisent son désaccord**, sur le caractère équitable du rapport d'échange.

Il convient toutefois de noter que les commentaires formulés sur les valeurs relatives, même s'ils conduisent le commissaire à la fusion à retenir un intervalle modifié de valeurs relatives, n'impliquent pas un désaccord sur le caractère équitable du rapport d'échange présenté dans le projet de traité de fusion, dont l'appréciation constitue l'objectif ultime de sa mission et sur lequel porte en conséquence sa conclusion.

2. **Structure du rapport** Le rapport du commissaire à la fusion est structuré de la manière suivante (Avis technique précité, § 3.7.2) :

a. **Titre** Le rapport est intitulé « Rapport du commissaire à la fusion sur la rémunération des apports ».

b. **Destinataire** Le rapport est destiné aux assemblées de l'ensemble des sociétés participant à la fusion.

c. **Introduction** Dans une partie introductive, peuvent être rappelés :
- le contexte légal de l'intervention du commissaire à la fusion et les conditions de sa désignation ;

- les responsabilités respectives des dirigeants et du commissaire à la fusion ;
- la référence à la doctrine professionnelle de la CNCC applicable à cette mission et l'objectif des diligences qu'elle propose ;
- l'absence de travaux postérieurement à la date de signature du rapport.

d. Présentation de l'opération et description des méthodes d'évaluation retenues Cette présentation se réfère de façon générale aux informations contenues dans le projet de traité de fusion et/ou dans le rapport de l'organe compétent, dès lors que le commissaire à la fusion estime que celles-ci sont suffisantes pour informer les actionnaires ou associés.

Elle peut reprendre de façon synthétique les éléments suivants :
- rappel du contexte ;
- présentation des sociétés participant à l'opération ;
- description de l'opération ;
- synthèse des apports et des caractéristiques de l'opération ;
- présentation des conséquences de l'opération pour les actionnaires ou associés de la société absorbée d'une part et pour ceux de la société absorbante d'autre part ;
- description des approches de valorisations exposées dans le projet de traité de fusion et des valeurs relatives en résultant ;
- rapport d'échange retenu et augmentation de capital de la société absorbante ou bénéficiaire des apports.

e. Vérification de la pertinence des valeurs relatives attribuées aux actions des sociétés participant à l'opération Le commissaire à la fusion précise les travaux qu'il a effectués pour vérifier la pertinence des valeurs relatives attribuées aux actions ou parts des sociétés participant à l'opération. Il présente, en fonction de son jugement professionnel, le résultat de ses travaux. Il met en évidence les points qu'il estime utiles à une bonne information des actionnaires.

Ceux-ci peuvent porter sur :
- les arguments fournis pour écarter certains critères ou méthodes d'évaluation ;
- les difficultés de mise en œuvre ;
- l'adéquation des critères et méthodes retenus utilisés pour la détermination des valeurs relatives ;
- les modalités de calcul des valeurs relatives pour l'ensemble des critères et/ou méthodes ;
- le cas échéant, la prise en compte de critères ou méthodes qu'il juge utile d'introduire.

Il formule, le cas échéant, les commentaires et/ou les observations qu'il estime nécessaires, sur la pertinence des valeurs relatives présentées.

L'AMF précise que le commissaire à la fusion doit décrire dans son rapport l'analyse multicritères et la démarche qui l'a conduit à privilégier ou à exclure telle ou telle méthode. Son rapport doit être détaillé tant sur la pertinence des méthodes retenues, que sur leur mise en œuvre concrète afin de permettre aux actionnaires d'apprécier les conditions de rémunération de l'opération qui leur est proposée (Position-recommandation 2020-06 du 17-6-2020 – Guide d'élaboration du prospectus, 3e partie, § 6).

f. Appréciation du caractère équitable du rapport d'échange proposé Le commissaire à la fusion rappelle le rapport d'échange proposé dans le projet de traité de fusion et précise les travaux qu'il a effectués pour apprécier son caractère équitable.

La description des travaux effectués pour vérifier le caractère équitable du rapport d'échange inclut généralement (Guide professionnel CNCC précité, § 3.356) :
- l'analyse du positionnement du rapport d'échange par rapport aux valeurs relatives jugées pertinentes ;

Si certains résultats se trouvent excentrés par rapport à la parité en définitive retenue, il appartient au commissaire à la fusion d'indiquer pourquoi il estime que ces résultats « extrêmes » ne sont pas de nature à mettre en cause le rapport d'échange retenu et donc à justifier la décision prise.

- la mesure de l'incidence du rapport d'échange sur la situation future des différentes catégories d'actionnaires.

Afin d'illustrer l'incidence que peut avoir l'opération sur chacune des catégories d'actionnaires, le commissaire à la fusion peut mettre en évidence les synergies attendues et leur traduction en termes économiques, en précisant la nature, le chiffrage et les sources d'information qu'il utilise.

Il récapitule les valeurs relatives proposées par les parties et celles qu'il a éventuellement introduites.

Il formule, le cas échéant, les commentaires et/ou observations qu'il estime nécessaires, sur le caractère équitable du rapport d'échange.

g. **Synthèse** Cette partie est facultative et sa rédaction est laissée au jugement du commissaire à la fusion.

Avant de présenter sa conclusion, le commissaire à la fusion peut synthétiser les points clés qui lui permettent de formuler sa conclusion.

Cette synthèse a pour objet d'apporter une information claire et pertinente aux actionnaires ou associés.

h. **Conclusion** Plusieurs types de conclusion peuvent être formulés en fonction de la portée des éléments rappelés ci-avant et dont l'incidence finale est appréciée par le commissaire à la fusion.

Pour des **exemples** de conclusions, voir l'avis technique CNCC précité (§ 3.7.4) :
- conclusion favorable en cas de fusion ;
- conclusion favorable en cas d'apport partiel d'actif placé sous le régime des scissions ;
- conclusion défavorable pour limitation ou incertitudes ;
- conclusion défavorable avec observation remettant en cause le caractère équitable.

i. **Date du rapport** Elle fixe l'état des informations dont le commissaire à la fusion a disposé pour émettre son rapport. C'est pourquoi, il est d'usage qu'elle corresponde à la fin des travaux du commissaire à la fusion et soit proche de la date des lettres d'affirmation.

j. **Adresse et indication du (des) signataire(s) du rapport**

3. **Exemples de rapports** Ils sont fournis par le guide professionnel CNCC « Commissariat aux apports et à la fusion » (juin 2012, § 4.101 et 4.103).

Diffusion du rapport

13075 ***Question***

Quand le rapport du commissaire à la fusion doit-il être diffusé ?

Réponse

Il doit être mis à disposition des actionnaires ou des associés au siège social de chaque société ou être publié sur le site internet de chaque société 30 jours au moins avant la date de l'assemblée générale extraordinaire.

Lorsque l'approbation de la fusion par l'assemblée générale extraordinaire de la société absorbante n'est pas requise (en cas de délégation de sa compétence au conseil d'administration ou du directoire prévue par l'article L 236-9 II du Code de commerce), le rapport du commissaire à la fusion est fourni un mois au moins avant la date de l'assemblée générale de l'autre société ou des autres sociétés qui fusionnent (C. com. art. L 236-10 modifié par ord. 2023-393 du 24-5-2023).

Commentaires Voir nº 13411.

Responsabilité du commissaire à la fusion

13080 ***Question***

Quelles sont les responsabilités civile, pénale et disciplinaire du commissaire à la fusion ?

Réponse

Le commissaire à la fusion est responsable civilement, dans les conditions de droit commun, des fautes qu'il aurait pu commettre dans l'exercice de ses fonctions.

En revanche aucune sanction pénale n'est prévue à son encontre, hormis celles se rapportant aux incompatibilités. Enfin, sa responsabilité disciplinaire peut être recherchée.

Commentaires Responsabilité civile Le commissaire à la fusion est responsable (Guide professionnel CNCC « Commissariat aux apports et commissariat à la fusion », juin 2012, § 2.141 et 3.151), dans les conditions de droit commun, des fautes qu'il aurait pu commettre dans l'exercice de ses fonctions (C. civ. art. 1382), l'action en responsabilité contre lui se prescrivant par cinq ans (C. civ. art. 2224 ; Bull. CNCC nº 152, décembre 2008, p. 618 s.).

Cette prescription de droit commun de cinq ans ne change toutefois en rien la durée de conservation de ses archives par le commissaire à la fusion (inscrit sur la liste des commissaires aux comptes), dont la durée est de 10 ans (Bull. CNCC nº 157, juin 2010, EJ 2009-133).

Responsabilité pénale Il n'existe **aucune disposition pénale** spécifique pour le commissaire à la fusion, hormis celles se rapportant aux incompatibilités prévues à l'article L 821-28 du Code de commerce (créé par ord. 2023-1142 du 6-12-2023) (identiques à celles du commissaire aux comptes, voir nº 13050). La responsabilité pénale du commissaire à la fusion peut également être recherchée, conformément au droit commun, pour délit de faux en écriture ou complicité de certains délits commis par les dirigeants sociaux (Guide professionnel CNCC précité, § 3.152).

Responsabilité disciplinaire Lorsque le commissaire à la fusion est un commissaire aux comptes, il est soumis aux dispositions de l'article R 821-81 du Code de commerce (créé par décret 2023-1394 du 30-12-2023) en matière de responsabilité disciplinaire. Ainsi, le non-respect par le commissaire à la fusion des principes généraux du Code de déontologie (voir FRC 12/23 Hors série inf. 10), notamment en matière d'indépendance, pourrait entraîner contre lui une action disciplinaire (Guide professionnel CNCC précité, § 2.143 et 3.153).

SECTION III

Commissariat aux apports

I. Désignation du commissaire aux apports

Intervenants

13100 ***Question***

Qui est chargé de la mission de commissariat aux apports ?

Réponse

La mission de commissariat aux apports est effectuée par le commissaire à la fusion.

En l'absence de commissaire à la fusion et lorsque la nature des opérations le nécessite, un commissaire aux apports doit être nommé. Il est choisi sur la liste des commissaires aux comptes (personnes physiques ou sociétés remplissant certaines conditions) établie par la H2A (Haute Autorité de l'audit, anciennement H3C) et disponible sur son site, ou sur une liste d'experts établie par les cours et tribunaux. Toutefois, le commissaire aux comptes des sociétés réalisant l'opération de fusion ne peut pas intervenir en tant que commissaire aux apports.

Commentaires La mission de commissariat aux apports est effectuée par le commissaire à la fusion (C. com. art. L 236-10). En l'absence de commissaire à la fusion et lorsque la nature des opérations le nécessite, un commissaire aux apports doit être nommé (C. com. art. L 236-10 ; voir nº 13010).

Les dispositions de l'avis technique de la CNCC sur le commissariat aux apports sont applicables tant au commissaire à la fusion effectuant la mission de commissariat aux apports qu'au commissaire aux apports nommé de façon spécifique. En conséquence, il nous a semblé préférable, pour éviter toute confusion, d'**utiliser** dans ce Mémento **le terme « commissaire aux apports »** concernant la mission spécifique de vérification des apports.

1. Conditions de nomination Le commissaire aux apports est nommé **à l'unanimité** des actionnaires, ou à défaut, par décision de justice (C. com. art. L 225-147). Concernant la nomination du commissaire aux apports **en cas de fusion,** l'Ansa (Com. nº 12-050 du 4-7-2012) a indiqué que seuls les actionnaires de la société bénéficiaire de l'apport, c'est-à-dire de la société absorbante, sont compétents pour désigner à l'unanimité le commissaire aux apports puisqu'eux seuls sont concernés par la vérification de l'évaluation desdits apports.

La requête est adressée au président du tribunal de commerce dans le ressort duquel est fixé le siège social de la société bénéficiaire des apports, bien que le commissaire aux apports puisse être choisi dans le ressort d'une compagnie régionale d'un autre lieu (Guide professionnel CNCC sur le commissariat aux apports et à la fusion, juin 2012, § 2.133).
Sur les documents et informations à communiquer au tribunal de commerce, voir le guide professionnel CNCC précité, § 1.5.

Moment de la désignation Les textes légaux et réglementaires ne précisent pas la date à laquelle le commissaire aux apports doit être désigné. Il apparaît cependant souhaitable qu'elle soit demandée **avant** que le projet de traité ne soit définitivement établi étant donné la complexité de la mission et le délai de mise à disposition du rapport aux actionnaires. Le fait d'intervenir en amont de l'opération ne fait peser sur le commissaire aux apports aucune responsabilité supplémentaire, en particulier sur le contenu du traité d'apport (Guide professionnel CNCC précité, § 2.131).

2. **Personnes pouvant être désignées** Elles sont choisies (C. com. art. R 22-10-7) :
– sur la **liste des commissaires aux comptes** (personnes physiques qui sont notamment, sauf dérogations, titulaires du certificat d'aptitude aux fonctions de commissaire aux comptes ou du diplôme d'expertise comptable, ou bien sociétés de commissaires aux comptes remplissant certaines conditions), qui est établie par la Haute Autorité de l'audit (H2A, anciennement H3C) et qui est disponible sur son site (www.h2a-france.org) ;
– ou parmi les **experts** inscrits sur une des listes établies par les cours et tribunaux.

Il peut être désigné un ou plusieurs commissaires aux apports (Guide professionnel CNCC précité, § 2.132).

Le commissaire aux apports peut être une personne physique ou une personne morale (Bull. CNCC n° 84, décembre 1991, CEP 91-28, p. 565).

3. **Incompatibilités et indépendance** :

a. **Incompatibilités** Les commissaires aux apports sont soumis aux mêmes incompatibilités que les commissaires aux comptes (C. com. art. L 225-8). Pour plus de détails, voir FRC 12/23 Hors série inf. 20.2 a.

b. **Indépendance du commissaire aux apports par rapport aux commissaires aux comptes** Voir n° 13050, les mêmes règles d'application pour le commissariat à la fusion et le commissariat aux apports.

Par ailleurs, les fonctions de commissaire aux apports sont, à peine de nullité des délibérations prises au vu de son rapport, incompatibles avec toute activité ou tout acte de nature à porter atteinte à son indépendance à l'égard de l'une des parties à l'opération d'apport ou d'une personne qui la contrôle ou qu'elle contrôle (Cass. com. 26-5-2009 n° 08-13 611 commenté dans le Bull. CNCC n° 155, septembre 2009, p. 527 s.).

En outre, l'AMF recommande que le commissaire aux apports intègre, dès l'acceptation de sa mission, une analyse des situations de conflits d'intérêts potentielles ou existantes et transmette à l'AMF une lettre justifiant cette analyse (Position-recommandation 2020-06 du 17-6-2020 – Guide d'élaboration du prospectus, 3e partie, § 6).

Sur les incompatibilités communes au commissaire aux apports et au commissaire à la fusion, voir n° 13050.

4. **Acceptation de la mission** Les conditions d'acceptation de la mission sont identiques à celles du commissaire à la fusion (voir n° 13050 et Avis technique sur le commissariat aux apports, § 3.1).

5. **Secret professionnel** Le commissaire aux apports est soumis au secret professionnel :
– s'il s'agit d'un commissaire aux comptes désigné en tant que commissaire aux apports, en application de l'article L 821-35 du Code de commerce (créé par ord. 2023-1142 du 6-12-2023) (voir FRC 12/23 Hors série inf. 30.7) ;
– s'il s'agit d'un expert, en application de l'article 226-13 du Code pénal.

Le bulletin CNCC (n° 169, mars 2013, EJ 2012-20, p. 109 s.) estime ainsi que le commissaire aux comptes effectuant une mission de commissaire aux apports ne peut pas établir une attestation indiquant le déroulé de sa mission en vue de sa production en justice (conformément aux art. 200 à 203 du CPC).

Contenu de la mission

13105 ***Question***

Que recouvre la mission de commissariat aux apports ?

Réponse

La mission du commissaire aux apports a pour objectif de vérifier que la valeur des apports n'est pas surévaluée et en conséquence de conclure que la valeur des apports :
- en cas d'apports en nature, correspond au moins à la valeur nominale des actions (ou parts) à émettre, augmentée de la prime d'émission ;
- en cas de fusion, est au moins égale au montant de l'augmentation du capital de la société absorbante (ou au montant du capital de la société issue de la scission) augmenté de la prime de fusion (ou d'émission).

Le cas échéant, le commissaire aux apports apprécie également les avantages particuliers qui peuvent être stipulés.

Commentaires Le commissaire aux apports doit établir **un rapport** dans lequel :
- il **apprécie,** sous sa responsabilité, la **valeur des apports en nature** (C. com. art. L 225-147 sur renvoi de l'art. L 236-10) ;

Dans ce cadre, il vérifie la conformité de la détermination des valeurs d'apport, comptables ou réelles, retenues dans le traité d'apport avec les règles comptables de valorisation (Bull. CNCC nº 135, septembre 2004, p. 443 s., § 3.2 et Avis technique sur le commissariat aux apports, § 3.3).

- il **vérifie** également, en cas de fusion, que la valeur des apports est au moins égale au montant de l'**augmentation du capital** de la société absorbante (ou au montant du capital de la société issue de la scission) augmenté de la prime de fusion (ou d'émission) (C. com. art. R 236-10 modifié par décret 2023-430 du 2-6-2023).

Pour la CNCC (Avis technique précité, § 3.8.1), le montant de l'augmentation de capital doit s'entendre de la valeur au nominal des actions ou parts à émettre, augmentée éventuellement de la prime d'émission, de fusion, ou de scission en application de l'article R 225-8 du Code de commerce (recodifié à l'art. R 22-10-8) pour les constitutions de SA avec offre au public.

Par ailleurs, dans le cas où la société absorbée a émis des valeurs mobilières donnant accès au capital, le commissaire aux apports doit **émettre un avis** dans son rapport sur le **nombre de titres** de la société absorbante ou bénéficiaire des apports auquel les titulaires de ces valeurs mobilières peuvent prétendre (C. com. art. L 228-101 ; voir nº 13130).

Enfin, le commissaire aux apports apprécie également les **avantages particuliers** qui peuvent être stipulés lors de telles opérations.

Fusion sans augmentation de capital Dans le cas où une fusion se produit sans augmentation de capital, par exemple, lorsque la société absorbante rémunère les actionnaires de la société absorbée par ses propres actions auto détenues, l'établissement d'un **rapport sur les apports en nature** n'est **pas requis** (Com. Ansa 10-064, 3-11-2010).

II. Etablissement du rapport sur la valeur des apports en nature et des avantages particuliers

A. Diligences

Contrôles généraux à effectuer

13110 ***Question***

Quels sont les contrôles à effectuer par le commissaire aux apports ?

Réponse

Le commissaire aux apports :
- contrôle les apports pris individuellement : il s'assure de la réalité, de l'exhaustivité et de la valeur attribuée aux apports ;
- procède, dans le cas d'une fusion ou de l'apport d'une branche d'activité, à une analyse de la valeur réelle et globale des apports ;
- le cas échéant, examine la nature et la valeur des avantages particuliers stipulés dans les statuts et/ou dans le projet de traité de fusion.

Commentaires Les contrôles suivants doivent être effectués (Avis technique de la CNCC sur le commissariat aux apports et guide professionnel CNCC sur le commissariat aux apports et à la fusion, juin 2012) :

1. **Prise de connaissance** (Guide professionnel CNCC précité, § 2.221) Elle est identique à celle nécessaire à l'établissement du rapport sur les modalités de la fusion (voir nº 13060). Cette prise de connaissance lui permet en particulier d'identifier les parties en présence, les situations pouvant créer un risque de conflits d'intérêts, d'analyser la situation de contrôle au moment de l'opération et le sens effectif de l'opération. Ces deux derniers éléments conditionnent la méthode d'évaluation des apports, à savoir valeurs comptables ou valeurs réelles, à faire figurer dans le projet de traité d'apport, en application de la réglementation comptable en vigueur et notamment des articles 710-1 à 770-2 du PCG (voir Annexe 2, nº 13640).

2. **Contrôle des apports** La mission du commissaire aux apports a pour objectif final d'apprécier que la valeur des apports n'est pas surévaluée. Par valeur des apports, il faut entendre (au sens de C. com. art. L 225-147) la somme des valeurs individuelles des apports proposées dans le traité d'apport. En cas de fusion ou d'apport d'une branche d'activité, la valeur des apports correspond à la notion d'actif net apporté. La valeur des apports ainsi définie ne correspond pas nécessairement à la valeur réelle des apports pris dans leur ensemble ; tel est généralement le cas lorsque les apports sont effectués à leur valeur comptable (voir nº 7742).

La valeur des apports peut ainsi être approchée de **deux façons** (Avis technique CNCC sur le commissariat aux apports, § 3.3) :
- **élément par élément**, par une approche de la valeur de chaque apport pris individuellement (voir **a.** ci-après) ;

– par une **approche globale** de la valeur réelle des apports, notamment dans les cas de fusion ou d'apport d'une branche d'activité (voir **b.** ci-après).

Selon le guide professionnel CNCC précité (§ 2.2), **seule la seconde approche correspond réellement à l'objectif du commissaire aux apports** qui consiste in fine à vérifier que le capital est libéré. La première vise davantage à conforter les valeurs individuelles qui seront reprises dans les comptes de la société bénéficiaire des apports. En conséquence, le guide professionnel considère qu'il n'est pas possible de se limiter, dans la plupart des cas, à la première approche, notamment dans les cas de fusion ou d'apport d'une branche d'activité.

Notons que cette approche ne va pas dans le sens des règles comptables du PCG puisqu'elle conduit, dans certaines situations, à remettre en cause la valeur des apports inscrits dans le traité à la valeur comptable conformément aux articles 710-1 à 770-2 du PCG (voir Annexe 2, nº 13640). Tel est le cas, par exemple, de l'apport d'une branche d'activité qui, du fait du non-provisionnement des engagements de retraite pourtant autorisé comptablement, pourrait être estimé surévalué par le commissaire aux apports.

Sur les conséquences de cette approche en cas d'apports en valeur comptable dont la somme est supérieure à la valeur globale réelle de la société absorbée ou de la branche d'activité, voir nº 7742.

3. Contrôle des apports pris individuellement

a.1. Réalité et exhaustivité des apports (Avis technique CNCC précité, § 3.3.1.1) La problématique se pose sous plusieurs axes :

– **nature et existence** : le commissaire aux apports vérifie que l'apporteur est en droit de transmettre la propriété des biens dont l'apport est envisagé et ce, sans qu'il existe de restriction à ce libre transfert telles que des clauses « intuitu personae » d'agrément préalable d'un tiers à la cession ;

Si tel n'était pas le cas le commissaire aux apports s'interrogerait sur la possibilité que ces clauses soient levées et dans le cas contraire serait amené à en faire état dans son rapport.

– **exhaustivité** : une omission d'actifs ou de passifs dans le projet de traité d'apport constitue une anomalie qui en tant que telle devrait être, d'une part mentionnée par le commissaire aux apports dans son rapport sous la forme d'observations sur la valeur individuelle des apports, et d'autre part appréciée quant à son incidence sur le montant de la valeur réelle des apports pris dans leur ensemble au regard de l'augmentation de capital envisagée majorée de la prime ;

– **apport de branche complète d'activité** : la difficulté en termes d'exhaustivité peut être liée à la méthode retenue par l'entité concernée pour identifier les actifs et les passifs transférés, indépendamment de la méthode d'évaluation qui doit être en conformité avec la réglementation comptable en vigueur. Là aussi toute anomalie significative est à signaler dans le rapport et l'incidence sur la valeur des apports pris dans leur ensemble est à apprécier ;

– **engagements transférés** : dans les opérations d'apports-fusions, certains engagements peuvent ne pas être comptabilisés dans les comptes, or ils contribuent à la valeur globale des apports. Il convient donc qu'ils soient pris en compte dans l'évaluation globale qui est faite, à défaut les apports pourraient se trouver surévalués.

Il peut notamment en être ainsi :
– des engagements en matière de pensions, de retraites et d'avantages similaires ;
– des impôts différés passifs transférés à la société bénéficiaire des apports résultant :
  • soit de différences temporaires entre les bases comptables et fiscales dans les comptes de la société absorbée ou apporteuse telles qu'éventuellement appréciées par référence aux principes de consolidation,
  • soit des conséquences du régime fiscal applicable à l'opération de fusion ou d'apport, voir nº 7900 s.

L'ensemble de ces éléments doit figurer dans le projet de traité d'apport, lorsque l'opération est réalisée à la valeur réelle (voir nº 7700).

a.2. Valeur attribuée aux apports Le commissaire aux apports s'assure que les valeurs d'apport, comptables ou réelles, retenues dans le traité d'apport sont conformes aux règles comptables de valorisation (Avis technique CNCC précité, § 3.3).

Selon l'Avis technique précité de la CNCC (§ 3.3.1.2), l'appréciation des valeurs proposées dans le projet de traité d'apport peut notamment prendre en considération les éléments suivants :

– lorsqu'un bilan sert de base à l'opération et a été contrôlé par les commissaires aux comptes de la société absorbée ou apporteuse, en particulier dans le cas où les apports sont effectués à leur **valeur comptable,** le commissaire aux apports peut demander à la société les documents relatifs à l'audit qui lui ont été communiqués et effectuer, le cas échéant, notamment sur des points ou risques spécifiques susceptibles d'avoir un impact sur les valorisations proposées, les diligences complémentaires qu'il estime nécessaire ;

– dans le cas où les apports sont réalisés à la **valeur réelle,** le commissaire aux apports s'intéresse à la pertinence des méthodes d'évaluation retenues et aux calculs présentés, puis éventuellement confronte ces résultats avec ses propres travaux d'évaluation. Il peut se faire assister par un expert de son choix, conformément à l'article R 22-10-7 al. 3 du Code de commerce.

L'évaluation de certains éléments apportés, compte tenu de leur nature, justifie une attention toute particulière de la part du commissaire aux apports. Il en est ainsi notamment :

- des éléments dissociables et réalisables séparément, en particulier des biens hors exploitation ;
- des éléments incorporels pour lesquels sont généralement prises en compte plusieurs méthodes d'évaluation fondées sur des éléments historiques ou prévisionnels, dont le commissaire aux apports examine la cohérence et la sensibilité ;
- des éléments non comptabilisés au passif de la société absorbée ou apporteuse mais qui seraient transmis à la société bénéficiaire des apports, tels que ceux énumérés précédemment (voir ci-avant) et de leur incidence éventuelle sur l'évaluation individuelle des apports ou leur valeur globale.

Le guide professionnel CNCC précité (§ 2.231) fournit le détail des contrôles susceptibles d'être effectués.

b. Analyse de la valeur réelle et globale des apports (Avis technique CNCC précité, § 3.3.3) Cette démarche qui ne se confond pas avec une simple sommation des évaluations individuelles que le commissaire aux apports estime acceptables, relève des techniques d'évaluation d'entreprise. Le commissaire aux apports est ainsi conduit à approcher la valeur réelle des apports pris dans leur ensemble par référence à différents critères et différentes méthodes, tels que :

- **valeur boursière,** si les titres de la société absorbée ou de la société dont les titres sont apportés sont admis à la négociation sur un marché réglementé ;
- **valeur de rentabilité** (capitalisation d'un résultat prévisionnel normatif, actualisation de flux de trésorerie prévisionnels...) ;
- **valeur patrimoniale** (actif net corrigé...) ;
- **valeurs analogiques** (comparaisons boursières, transactions comparables) ;
- le cas échéant, **valeur de contrepartie,** c'est-à-dire la valeur réelle des titres émis en rémunération des apports, déterminée comme ci-avant.

L'AMF recommande en outre que le commissaire aux apports considère l'ensemble des données fournies par l'émetteur avec un regard critique. Il doit apprécier le caractère raisonnable des hypothèses prises en compte, ainsi que la pertinence et la concordance des différentes valeurs retenues. Il doit rechercher s'il n'aurait pas été opportun de mettre en œuvre d'autres méthodes et/ou critères d'évaluation et en apprécier l'incidence (Position-recommandation 2020-06 du 17-6-2020 – Guide d'élaboration du prospectus, 3e partie, § 6).

4. **Avantages particuliers stipulés** Le commissaire aux apports examine la pertinence de l'information donnée dans le projet de traité ou les statuts (ou projet de statuts) sur la nature et les conséquences pour l'actionnaire ou l'associé de ces avantages (Avis technique CNCC précité, § 3.4). Il vérifie que les avantages ne sont, ni interdits par la loi (rupture illicite de l'égalité entre actionnaires), ni contraires à l'intérêt de la société (pas d'abus de majorité) (Guide professionnel CNCC précité, § 2.24).

Le commissaire aux apports n'a pas à rechercher les avantages particuliers, la mission qui lui est impartie par les textes étant de porter une appréciation sur les avantages particuliers **stipulés** dans les statuts (ou projet de statuts) et/ou dans le projet de traité d'apport, de fusion, scission ou apport partiel d'actif.

> Il y a donc lieu de distinguer les avantages particuliers des avantages particuliers stipulés. Ainsi (CA Douai 7-7-1994), le seul fait que les minoritaires reçoivent uniquement des actions de la société absorbante alors que les majoritaires reçoivent les actifs et les passifs de la société absorbée, ne constitue pas un avantage **stipulé** (mais résulte de la transmission universelle du patrimoine conformément à C. com. L 236-2 modifié par ord. 2023-393 du 24-5-2023).

Selon le ministre de la Justice (Rép. Rossi, AN 3-12-1990, nº 31295), la mission du commissaire aux comptes consiste moins à juger du bien-fondé de l'octroi d'avantages, lesquels procèdent du consentement des associés exprimé dans le pacte social, qu'à en apprécier la consistance et les incidences éventuelles sur la situation des actionnaires, notamment si de tels avantages confèrent à certains d'entre eux un droit préférentiel sur les bénéfices et le boni de liquidation.

5. **Limites de la mission** Le commissaire aux apports (Guide professionnel CNCC précité, § 2.15) :

- n'a pas à contrôler les écritures comptables qui résulteront des décisions de l'assemblée ayant statué sur l'opération ;

En particulier, il n'a pas à se prononcer sur la comptabilisation du mali ou du boni de fusion.

- n'a pas à procéder à des vérifications relatives au respect des textes légaux et réglementaires se rapportant par exemple à la régularité des convocations, aux obligations de publicité ou de dépôts légaux ou à tout élément qui n'aurait pas d'incidence sur la valeur des apports ;
- bien qu'il s'informe sur le contexte économique et juridique dans lequel se situe l'opération envisagée afin d'être en mesure d'apprécier les conséquences possibles de cet environnement sur les évaluations retenues, il n'a à se prononcer ni sur l'opportunité économique des opérations d'apports ou de fusion, ni sur les stratégies de groupe qui sous-tendent de telles opérations ;
- il n'a pas, a priori, à opérer de vérifications sur le contenu du traité d'apport/fusion. Cependant, lorsqu'il est nommé assez tôt, il peut, en fonction de son jugement professionnel, formuler, le cas échéant, les observations qu'il estime nécessaires sur le contenu du traité.

Enfin, selon la revue Economie et Comptabilité (nº 173, décembre 1990, p. 51 s.), il ne rentre dans sa mission :

- ni de relever les insuffisances des commissaires aux comptes et des dirigeants ;
- ni de révéler d'éventuels faits délictueux dont il aurait eu connaissance lors de sa mission.

6. **Lettre d'affirmation** Le commissaire aux apports obtient des dirigeants de la société apporteuse ou absorbée, lorsque des déclarations importantes lui ont été faites, une lettre rappelant le contenu de ces déclarations et soulignant notamment que les informations

prévisionnelles sur lesquelles se fondent les évaluations relèvent de leur responsabilité, qu'elles reflètent la situation future estimée la plus probable et que les décisions prises ou les actions envisagées ne contredisent pas les hypothèses retenues. La non-demande d'une telle lettre doit être justifiée dans son dossier (Avis technique CNCC précité, § 3.3.5).

Un **exemple** de lettre d'affirmation est fourni par le guide professionnel CNCC sur le commissariat aux apports et à la fusion (juin 2012, § 4.91).

Incidence d'un effet immédiat ou différé

13115 ***Question***

Quelles sont les diligences spécifiques du commissaire aux apports lorsque l'opération a un effet immédiat ou différé ?

Réponse

Le rôle du commissaire aux apports est :
- d'apprécier le caractère raisonnable des modalités d'évaluation des apports à la date d'effet ;
- de privilégier une approche globale de la valeur d'ensemble des apports ;
- de vérifier que le projet de traité d'apport intègre une clause d'ajustement appropriée des valeurs d'apport provisoires, à la date d'effet de l'opération ;
- de s'intéresser à la solvabilité de la société apporteuse ou des actionnaires de la société absorbée, qui ont accepté de donner leur garantie pour mettre en œuvre la clause d'ajustement par un versement de trésorerie si l'actif net arrêté à la date de l'opération s'avère inférieur à l'actif net apporté ;
- d'apprécier la nécessité d'obtenir une garantie en provenance d'un tiers.

Commentaires Si la date d'effet prévue de l'opération est celle de l'assemblée générale qui l'approuvera (opération dite « à effet immédiat »), ou est postérieure à la date de cette assemblée (opération dite « à effet différé »), le commissaire aux apports met en œuvre les diligences applicables à ce contexte particulier et privilégie une approche globale de la valeur d'ensemble des apports (voir n° 13110).

Par ailleurs, le commissaire aux apports peut souhaiter examiner les informations disponibles afin de vérifier qu'il n'existe pas de risque structurel de minoration de la valeur des apports et d'apprécier si la valeur globale a été estimée sur des bases cohérentes et raisonnables, sa mission étant de veiller à ce que les apports ne se révèlent pas être surévalués rendant ainsi impossible la libération de l'augmentation de capital au jour de sa réalisation effective (Avis technique CNCC sur le commissariat aux apports, § 3.3.2.2).

Sur les valeurs comptables à mentionner dans le traité d'apport en cas d'effet différé, voir n° 7735.

Incidence d'un effet rétroactif

13120 ***Question***

Quelles sont les conséquences d'une opération à effet rétroactif sur les diligences du commissaire aux apports ?

Réponse

Le commissaire aux apports examine si, durant la période de rétroactivité, les activités apportées n'ont pas généré de pertes susceptibles d'affecter la valeur des apports à la date de réalisation définitive de l'opération. Il vérifie, le cas échéant, que les conséquences d'une telle situation ont été correctement appréhendées dans le projet de traité d'apport.

Commentaires (Avis technique CNCC précité, § 3.3.2.1) Dans le cas d'une opération avec effet rétroactif, le commissaire aux apports examine si, durant la période de rétroactivité, les activités apportées n'ont pas généré de pertes susceptibles d'affecter la valeur des apports à la date de réalisation définitive de l'opération. Il vérifie, le cas échéant, que les conséquences d'une telle situation ont été correctement appréhendées dans le projet de traité d'apport qui lui a été communiqué, étant précisé que son analyse prend fin à la date de son rapport.

Sur l'appréciation de la nécessité d'une provision pour perte intercalaire, voir n° 10670.

Il peut utiliser l'état comptable prévu à l'article R 236-4 4° du Code de commerce (modifié par décret 2023-430 du 2-6-2023 ; voir n° 13225) lorsqu'il est établi à une date proche de la date des assemblées appelées à statuer sur l'opération envisagée ou, si ce n'est pas le cas, des comptes intermédiaires établis à la date la plus proche possible de ces assemblées, ou de tout document de gestion qu'il juge utile.

Pour apprécier l'opportunité d'utiliser l'information ressortant de ces documents, il peut s'appuyer sur un rapport d'examen limité, transmis par la société absorbée ou apporteuse, si les commissaires aux comptes de cette dernière en ont établi un.

Le commissaire aux apports peut également procéder à toutes vérifications qu'il juge utiles, notamment en l'absence d'un tel rapport, et peut utiliser les travaux effectués par d'autres intervenants.

Emission de valeurs mobilières par la société absorbée

13130 ***Question***

Quels contrôles spécifiques doit effectuer le commissaire aux apports en cas d'émission de valeurs mobilières par la société absorbée ?

Réponse

Le commissaire aux apports doit émettre un avis dans son rapport sur le nombre de titres de capital de la société absorbante ou de la ou des sociétés nouvelles bénéficiaires des apports, auquel les titulaires de valeurs mobilières donnant accès au capital de la société absorbée ou scindée pourront prétendre après l'opération.

Commentaires Dans le cas où la société absorbée a émis des valeurs mobilières donnant accès au capital, le commissaire aux apports doit émettre un **avis** dans son rapport sur le **nombre de titres de capital** de la société absorbante ou de la ou des sociétés nouvelles bénéficiaires des apports, auquel les titulaires de valeurs mobilières donnant accès au capital de la société absorbée ou scindée pourront prétendre après l'opération (C. com.

art. L 228-101, al. 2). En conséquence, il est conduit à vérifier que (Guide professionnel CNCC « Commissariat aux apports et commissariat à la fusion », § 2.114 et 3.233) :
- le projet de traité de fusion contient le nombre de titres de capital de la ou des sociétés absorbantes ou nouvelles ;
- que ce nombre de titres a été correctement déterminé.

C'est-à-dire en corrigeant le nombre de titres qu'il est prévu d'émettre ou d'attribuer au contrat d'émission en fonction du nombre d'actions à créer par la ou les sociétés bénéficiaires des apports (C. com. art. L 228-101, al. 2).

Pour plus de détails, voir Mémento Sociétés commerciales nº 74410 et 83281.
En cas d'apport partiel d'actif, voir Mémento Sociétés commerciales nº 74420.
Rapport du commissaire aux apports Pour un **exemple** de conclusion additionnelle dans le cadre de l'article L 228-101 du Code de commerce, voir le guide professionnel CNCC sur le commissariat aux apports et à la fusion de juin 2012 (§ 2.367, iv).

B. Contenu

Contenu du rapport

13140 ***Question***

Quel est le contenu du rapport du commissaire aux apports ?

Réponse

L'objectif du rapport est d'éclairer les actionnaires ou les associés sur la nature des apports et les méthodes d'évaluation retenues.

Le commissaire aux apports doit donner son appréciation de la valeur des apports figurant dans le traité et se prononcer sur la non-surévaluation de ces apports ainsi que sur la libération du capital.

Des exemples de rapports sont fournis par le guide professionnel CNCC « Commissariat aux apports et à la fusion » (juin 2012).

Commentaires 1. **Objectif du rapport** Selon la CNCC (Avis technique sur le commissariat aux apports, § 3.8.1), l'objectif du rapport est d'éclairer les actionnaires ou les associés sur la nature des apports, les méthodes d'évaluation retenues et l'appréciation faite par le commissaire aux apports, pour que ceux-ci disposent d'éléments objectifs pour prendre leur décision lors de l'assemblée ou de la signature des statuts.

Selon l'AMF, son rapport doit être détaillé tant sur la pertinence des méthodes retenues, que sur leur mise en œuvre concrète (Position-recommandation 2020-06 du 17-6-2020 - Guide d'élaboration du prospectus, 3e partie, § 6).

Rapport distinct Ce rapport est nécessairement distinct de celui sur les modalités de la fusion, même si le commissaire est nécessairement le même (voir nº 13010).

Seul le rapport du commissaire aux apports, qui est déposé au greffe du tribunal de commerce, a un **caractère public** (Avis technique CNCC précité, § 3.7.1).

Si plusieurs commissaires aux apports ont été désignés (Avis technique CNCC précité, § 3.8.1), **ils établissent un rapport commun.** En cas de désaccord entre les commissaires, il est établi un seul rapport qui indique les différents avis exprimés, en les attribuant à chacun d'eux.

2. **Structure du rapport** La CNCC (Avis technique précité, § 3.8.2) suggère la **structure de rapport suivante** :

a. **Titre** En cas d'apports effectués dans le cadre d'une fusion, d'une scission ou d'un apport partiel d'actif placé sous le régime des scissions, le commissaire à la fusion désigné effectuant également la mission de commissaire aux apports, le rapport est intitulé « Rapport du commissaire à la fusion ou à la scission sur la valeur des apports ».
Dans les autres cas, le rapport est intitulé « Rapport du commissaire aux apports ».

b. **Destinataire** Le rapport est destiné à l'assemblée de la société bénéficiaire des apports.

c. **Introduction** Dans une partie introductive, peuvent être rappelés :
- le contexte légal de l'intervention du commissaire aux apports et les conditions de sa désignation ;
- les responsabilités respectives des dirigeants et du commissaire aux apports ;
- la référence à la doctrine professionnelle des commissaires aux comptes applicable à cette mission et l'objectif des diligences qu'elle propose ;
- l'absence de travaux postérieurement à la date de signature du rapport.

d. **Présentation de l'opération et description des apports** Cette présentation se réfère, de façon générale, aux informations contenues dans le projet de traité d'apport et/ou dans le rapport de l'organe compétent, dès lors que le commissaire aux apports estime que celles-ci sont suffisantes pour informer les actionnaires (ou les associés).

Elle peut reprendre de façon synthétique les éléments suivants :
- rappel du contexte ;
- présentation des sociétés et/ou des parties et intérêts en présence ;
- description de l'opération :
  • caractéristiques essentielles des apports : date d'effet (rétroactif, immédiat ou différé), comptes servant de base à l'opération, régimes juridique et fiscal adoptés,
  • conditions suspensives éventuelles,
  • rémunération des apports,
  • avantages particuliers stipulés (le cas échéant) ;
- description et évaluation des apports :
  • état récapitulatif des biens apportés et de leur valeur d'apport,
  • description et choix des approches d'évaluation retenues et respect de la réglementation,
  • critères d'évaluation adoptés,
  • traitement de la période de rétroactivité éventuelle.

e. **Diligences et appréciation de la valeur des apports** Le commissaire aux apports synthétise les travaux effectués sur les apports pris individuellement et dans leur globalité, ainsi que, le cas échéant, sur les avantages stipulés. Il présente, en fonction de son jugement professionnel, le résultat de ses travaux.

Le cas échéant, il formule les commentaires et/ou observations qu'il estime nécessaires sur l'évaluation des différents éléments apportés. Le **plan** suivant peut être suivi (énumération indicative) :
- présentation des diligences ;
- appréciation de la méthode de valorisation des apports et de sa conformité à la réglementation comptable ;
- réalité des apports ;
- valeurs individuelles des apports ;
- appréciation de la valeur globale des apports ;
- le cas échéant, appréciation des avantages particuliers stipulés.

Dans le paragraphe sur **l'appréciation de la valeur globale des apports,** le commissaire aux apports peut apporter des **commentaires et/ou observations sur les points significatifs** et notamment :

- les hypothèses utilisées dans le cas où l'évaluation d'un ou plusieurs éléments significatifs apportés repose essentiellement sur des données prévisionnelles, et le fait que ces hypothèses constituent ou non une base acceptable pour les évaluations proposées ;
- les événements postérieurs susceptibles de minorer la valeur de certains éléments apportés, voir nº 10675 ;
- les pertes éventuelles réalisées pendant la période de rétroactivité, non prises en compte dans le projet de traité d'apport ou dans la valeur réelle des apports, voir nº 10665.

Incidence des règles comptables de valorisation des apports Les observations peuvent, en outre, porter sur les points suivants (énumération indicative donnée par le Bull. CNCC nº 135, septembre 2004, p. 443 s., § 3.3) :

- choix erroné des valeurs individuelles d'apport au regard de la situation des sociétés participant à l'opération et du sens de l'opération, voir nº 7605 ;
- projet de traité d'apport-fusion en valeurs réelles ne mentionnant pas tous les actifs et passifs transmis (en particulier, ceux qui ne sont pas comptabilisés au bilan de la société absorbée ou apporteuse), voir nº 7700 ;
- absence, le cas échéant, de la mention d'un fonds commercial égal à la différence entre la valeur globale de l'absorbée et la somme algébrique des valeurs réelles de chaque actif et passif apporté, voir nº 7700 ;
- pour les opérations d'apport-cession, absence de mention des valeurs réelles et des valeurs comptables ou absence d'engagement préalable de cession, voir nº 10205 et 10212 ;
- constatation non justifiée dans le traité d'une perte de rétroactivité, voir nº 10665 ;
- non-prise en compte dans les valeurs d'apport des dividendes à verser par la société absorbée, y compris ceux versés à la société absorbante, voir nº 10615.

Il précise si ces observations ont une incidence sur la valeur des apports pris dans leur ensemble.

Dans le cas où le commissaire aux apports a été conduit à mettre en œuvre des approches d'évaluation pour apprécier la valeur globale des apports (voir nº 13110), il est d'usage qu'il indique les critères ou méthodes qu'il a retenus et le cas échéant, ceux qu'il a été amené à exclure. Il prend en considération l'évaluation qui en résulte pour déterminer si les observations qu'il a pu mentionner sur les valeurs individuelles affectent ou non la valeur des apports pris dans leur ensemble.

D'une manière générale, le commissaire aux apports peut développer également, dans cette partie, les points qui lui paraissent nécessaires à une bonne information de l'assemblée. Il peut être notamment exposé :

- les limites au champ d'investigation propres à la mission, et les modalités qu'il a pu mettre en œuvre pour en restreindre la portée ;
- les principaux paramètres et hypothèses affectant l'évaluation et les analyses de sensibilité qui ont été effectuées ;
- les conditions suspensives spécifiques à l'opération non levées à la date de son rapport.

f. Synthèse Cette partie est **facultative** et sa rédaction est laissée au jugement du commissaire aux apports.

Avant de présenter sa conclusion, il peut synthétiser les points clés qui lui permettent de formuler sa conclusion au regard :

- des éléments dont il a pu disposer à la date de son rapport ;
- des **diligences** qu'il a pu accomplir ;
- des paramètres et hypothèses qui sous-tendent les valeurs retenues, dont il apprécie le caractère acceptable au regard de ces évaluations.

Cette synthèse a pour objet d'apporter une information claire et pertinente aux actionnaires ou associés. Elle peut s'articuler autour des **deux axes** suivants :
- sur les **diligences** mises en œuvre : sur certaines opérations, le commissaire aux apports peut souhaiter attirer l'attention sur le caractère irréductible de certaines limites touchant ses diligences ou la réalisation de l'opération ;
- sur les **éléments essentiels ayant une incidence sur la valeur** : dans un certain nombre de contextes, il peut être pertinent de donner aux actionnaires (ou associés) une information sur la sensibilité des évaluations présentées au regard de certains paramètres.

Il convient de rappeler que les éléments repris en synthèse ne peuvent conduire à une appréciation divergente de celle figurant dans le paragraphe de conclusion.

g. **Conclusion** Le commissaire aux apports conclut en indiquant son appréciation au regard de la non-surévaluation des apports et en tire les conséquences sur l'actif net apporté comparé au montant de l'augmentation de capital prévue, augmenté de la prime éventuelle.

Le commissaire aux apports formule sa conclusion conformément aux **exemples** fournis dans l'avis technique de la CNCC (§ 3.8.4) et le guide professionnel sur le commissariat aux apports et à la fusion de juin 2012 (§ 2.367).

3. **Exemples de rapports** Ils sont fournis par le guide professionnel CNCC précité (§ 4.101 et 4.102).

Date de signature du rapport

13145 ***Question***

A quelle date le commissaire aux apports doit-il signer son rapport ?

Réponse

La date de signature correspond à la fin des travaux du commissaire aux apports et est proche de la date de la lettre d'affirmation.

Commentaires En effet, la date fixe l'état des informations dont le commissaire aux comptes a disposé pour émettre son rapport (Avis technique sur le commissariat aux apports § 3.8.2).

Diffusion du rapport

13150 ***Question***

Quand le rapport du commissaire aux apports doit-il être diffusé ?

Réponse

Il doit être mis à disposition des actionnaires au siège social de la société bénéficiaire 8 jours au moins avant la date de l'assemblée générale extraordinaire.

Commentaires Le rapport du commissaire aux apports est déposé au siège de la société bénéficiaire des apports **8 jours au moins avant l'assemblée** (C. com. art. R 22-10-9 et R 225-136).

Le rapport du commissaire aux apports doit par ailleurs être déposé au **greffe du tribunal de commerce** par la société bénéficiaire de l'apport 8 jours au moins avant la date de l'assemblée.

Enfin, lorsque la société bénéficiaire des apports est une société émettant des titres sur un **marché réglementé,** le rapport du commissaire aux apports devra être émis au plus tard **45 jours avant la date de l'assemblée** afin d'être intégré dans le document valant dispense de prospectus (ancien document E ; voir nº 13215) à transmettre à l'AMF (Règl. gén. art. 212-34).

Un **calendrier d'une opération de fusion** entre deux SA est présenté aux nº 13405 s.

Responsabilité du commissaire aux apports

13155 ***Question***

Quelles sont les responsabilités civile, pénale et disciplinaire du commissaire aux apports ?

Réponse

Le commissaire aux apports est responsable civilement, dans les conditions de droit commun, des fautes qu'il aurait pu commettre dans l'exercice de ses fonctions.

Sa responsabilité pénale peut être engagée s'il a frauduleusement fait attribuer à un apport en nature une évaluation supérieure à sa valeur réelle.

Une action disciplinaire peut enfin être engagée à son encontre.

Commentaires **Responsabilité civile** Le commissaire aux apports est responsable civilement, dans les conditions de droit commun, des fautes qu'il aurait pu commettre dans l'exercice de ses fonctions. L'action en responsabilité civile contre les commissaires aux apports est soumise à la prescription de droit commun de 5 ans (C. civ. art. 2224 ; Bull. CNCC nº 152, décembre 2008, p. 618 s.).

Cette prescription de droit commun de cinq ans ne change toutefois en rien la durée de conservation de ses archives par le commissaire aux apports (inscrit sur la liste des commissaires aux comptes), dont la durée est de 10 ans (Bull. CNCC nº 157, mars 2010, EJ 2009-133, p. 195 s.).

Responsabilité pénale Elle peut être engagée :
- s'il a frauduleusement fait attribuer à un apport en nature une évaluation supérieure à sa valeur réelle (C. com. art. L 241-3 1º pour les SARL, art. L 242-2 pour les SA et art. L 244-1 pour les SAS) ;
- en cas de non-respect des dispositions de l'article L 821-28 du Code de commerce (créé par ord. 2023-1142 du 6-12-2023) entraînant une incompatibilité ou une interdiction.

Faits délictueux Le commissaire aux apports n'a pas à révéler au procureur de la République les faits délictueux dont il aurait eu connaissance dans le cadre de sa mission (Guide professionnel CNCC « Commissariat aux apports et commissariat à la fusion », juin 2012 § 2.142).

Responsabilité disciplinaire Le commissaire aux apports est soumis aux dispositions de l'article R 821-81 du Code de commerce (créé par décret 2023-1394 du 30-12-2023) en matière de responsabilité disciplinaire. Ainsi, le non-respect par le commissaire aux apports des dispositions du Code de déontologie, notamment en matière d'indépendance, pourrait entraîner à son encontre une action disciplinaire (Guide professionnel CNCC précité, § 2.143).

SECTION IV

Commissaires aux comptes

I. Rôle des commissaires aux comptes

Avant la fusion

13170 ***Question***

Quel est le rôle des commissaires aux comptes des sociétés participant à l'opération avant la fusion ?

Réponse

Avant la fusion, les commissaires aux comptes doivent avoir certifié les comptes des 3 derniers exercices. En revanche, ils ne doivent pas obligatoirement vérifier l'état comptable intermédiaire, si ce dernier est établi.

Commentaires 1. **Rôle du commissaire aux comptes** Avant la fusion, les commissaires aux comptes doivent avoir **certifié** les comptes des 3 derniers exercices. En effet, ceux-ci doivent être mis à la disposition des actionnaires de toute société par actions participant à l'opération (voir n° 13220).

Si un état comptable intermédiaire est établi (voir n° 13225), **les commissaires aux comptes ne doivent pas obligatoirement en vérifier la sincérité.** En effet, la CNCC (Bull. CNCC n° 167, septembre 2012, CNP 2003-31, p. 581 s.) considère que l'intervention du commissaire aux comptes n'est pas obligatoire, l'article L 821-54, alinéa 2 du Code de commerce (créé par ord. 2023-1142 du 6-12-2023) en vertu duquel les commissaires aux comptes vérifient la sincérité avec les comptes annuels de tout document relatif à la situation financière de la société ne s'appliquant pas aux documents adressés aux actionnaires en cours d'année, à d'autres occasions que l'assemblée générale appelée à statuer sur les comptes annuels. Cette position est toutefois contestée juridiquement, voir Mémento Sociétés commerciales n° 83148.

Les commissaires aux comptes peuvent néanmoins émettre un rapport particulier sur ces comptes intermédiaires : audit ou examen limité entrant dans le cadre des **services autres que la certification des comptes (SACC)** fournis à la demande de l'entité (Communiqué CNCC du 29-7-2016 ; voir n° 13175 et FRC 12/23 Hors série inf. 73 et 74). Dans ce cas, le commissaire à la fusion (ou aux apports) pourra s'appuyer sur le rapport d'examen limité établi par les commissaires aux comptes.

En cas de non-établissement de l'état comptable, cette irrégularité est, à notre avis, à mentionner à l'assemblée générale la plus proche en application de l'article L 821-10 du Code de commerce (modifié par ord. 2023-1142 du 6-12-2023) car, s'agissant d'un document obligatoire, son absence est de nature à porter un préjudice aux actionnaires.

En conséquence, il convient de signaler l'absence d'établissement de l'état comptable intermédiaire dans un rapport spécial à l'AGE approuvant la fusion, y compris dans le cas d'une fusion simplifiée (sur l'établissement de l'état comptable dans cette situation, voir n° 13225).

Défaut de désignation régulière d'un commissaire aux comptes La **nullité d'une fusion** ne peut plus être prononcée pour défaut de désignation régulière d'un commissaire aux comptes (CA Paris

26-3-2009 nº 07-4287). En effet, la nullité de la délibération d'une assemblée ayant décidé une fusion ne peut résulter que du non-respect d'une disposition expresse du Livre II du Code de commerce sur les sociétés commerciales (C. com. art. L 235-8, al. 1 et L 235-1). Or l'ancien article L 225-227 du Code de commerce qui envisageait comme cause de nullité le défaut de désignation régulière des commissaires aux comptes est devenu l'article L 821-5 du Code de commerce (modifié par ord. 2023-1142 du 6-12-2023) et ne fait donc plus partie du livre II du même Code.

2. **Indépendance du commissaire aux comptes** Lorsqu'au cours de la période couverte par les états financiers, une personne ou une entité dont les comptes sont certifiés fusionne, acquiert ou est acquise par une autre personne ou entité, le commissaire aux comptes apprécie si, à la date de prise d'effet de la fusion ou de l'acquisition, les intérêts ou relations actuels ou récents entretenus avec cette personne ou entité, notamment les **missions et les services autres que la certification des comptes** (voir FRC 12/23 Hors série inf. 20.2 et 73) qui lui ont été fournis, sont de nature à **compromettre son indépendance.** Si tel est le cas, il prend toutes les **mesures de sauvegarde** nécessaires pour mettre fin à la situation, au plus tard dans les trois mois à compter de la date de prise d'effet de la fusion. Lorsque ces mesures sont insuffisantes à garantir son indépendance, il doit mettre fin à son mandat (C. déont. art. 20).

Pendant l'opération de fusion

13175 ***Question***

Quel est le rôle des commissaires aux comptes des sociétés participant à l'opération pendant la fusion ?

Réponse

Le Code de commerce ne prévoit pas d'intervention spécifique des commissaires aux comptes lors de la fusion.

Toutefois, ils peuvent effectuer, à la demande de l'entité dont ils assurent le commissariat aux comptes, des diligences d'acquisition.

En outre :
- les commissaires aux comptes conservent leur responsabilité propre quant aux irrégularités qu'ils seraient amenés à constater lors du déroulement de leur mission générale, notamment : inégalité entre les actionnaires, faits délictueux (non-libération du capital ou majoration d'apports), non-conformité du traité de fusion aux règles comptables ;
- si des irrégularités sont relevées, les commissaires aux comptes les portent à la connaissance des dirigeants, ainsi que, le cas échéant, du comité d'audit.

A défaut de régularisation, ils devront faire mention des irrégularités relevées dans un rapport spécifique à l'AGE devant statuer sur l'opération.

Les commissaires aux comptes sont tenus au secret professionnel vis-à-vis des commissaires à la fusion et des commissaires aux apports.

Commentaires Dans le cadre spécifique de l'opération de fusion ou de scission, les commissaires aux comptes n'ont **pas à intervenir** (C. com. art. L 236-10) et n'ont donc pas de rapport à établir à cette occasion (voir toutefois « Missions particulières » ci-après).

En outre, le commissaire aux comptes ne peut pas réaliser les missions de commissariat aux apports et à la fusion concomitamment à sa mission de certification légale (voir nº 13050 et 13100).

L'intervention d'un commissaire à la fusion **n'exonère pas** le commissaire aux comptes **de sa responsabilité propre** quant aux irrégularités qu'il serait amené à constater lors du déroulement de sa mission générale, notamment : égalité entre les actionnaires (voir FRC 12/23 Hors série inf. 103 à 103.5), faits délictueux : non-libération du capital ou majoration d'apports (Bull. CNCC n° 88, décembre 1992, CD 92-25/EJ 92-138, p. 616 s.). En outre, dans le cadre de sa mission permanente, le commissaire aux comptes doit vérifier la sincérité et la régularité des informations données dans le rapport du conseil présenté à l'assemblée statuant sur la fusion avec les documents sur la situation financière de la société adressés aux actionnaires (Bull. CNCC n° 104, décembre 1996, EJ 96-224, p. 73 s.).

En particulier :
- le commissaire aux comptes **de la société absorbante** apprécie, dans le cadre des objectifs de sa mission d'audit, la conformité du traité de fusion au regard des règles comptables en procédant à un examen de son contenu, si possible dès la phase de prise de connaissance de l'opération projetée (Bull. CNCC n° 135, septembre 2004, p. 443 s., § 4.1), voir n° 7600. Lorsque, dans le cadre de sa mission, il relève une **irrégularité** dans le projet de traité de fusion au regard du PCG (art. 710-1 à 770-2 ; voir Annexe 2, n° 13640), il en informe dans les meilleurs délais les dirigeants de la société initiatrice de l'opération ainsi que, le cas échéant, le comité d'audit de celle-ci. A défaut de régularisation, il en fera mention dans un rapport spécifique à l'AGE devant statuer sur l'opération (Bull. CNCC précité) ;
- le commissaire aux comptes **de la société absorbée,** bien qu'il n'ait pas d'investigations particulières à effectuer dans le cadre de la fusion, qui décèlerait, sans procéder à des investigations particulières, des anomalies graves dans le traité de fusion, les porte à la connaissance des dirigeants, ainsi que, le cas échéant, du comité d'audit (C. com. art. L 821-63 créé par ord. 2023-1142 du 6-12-2023) et mentionne l'irrégularité relevée dans un rapport remis à l'AGE de fusion, voire procède à une révélation de faits délictueux (Bull. CNCC n° 104, décembre 1996, EJ 96-224, p. 738 s.).

Enfin, les commissaires aux comptes sont obligatoirement **convoqués aux AGE statuant sur la fusion,** comme ils doivent l'être à toute AG (C. com. art. L 821-65 créé par ord. 2023-1142 du 6-12-2023, voir n° 13411).

Missions particulières :
- ils peuvent effectuer, à la demande de l'entité dont ils assurent le commissariat aux comptes, des diligences d'acquisition ou de cession, le commissaire aux comptes se réfère alors aux « diligences qu'il a estimées nécessaires » (Communiqué CNCC du 26-7-2016 « Références aux normes ou à la doctrine pour les services autres que la certification des comptes – SACC – fournis à la demande de l'entité », voir FRC 12/23 Hors série inf. 73) ;
- ils peuvent dans des cas particuliers se voir confier par la société à la demande d'une autorité publique (par exemple, l'AMF) une **mission spéciale** sur l'opération (C. mon. fin. art. L 621-9-2). Leur rapport est alors diffusé aux actionnaires en complément du rapport des commissaires à la fusion (Rapport COB 1988, p. 38).

Secret professionnel :

1. Relations entre le commissaire aux comptes de la société absorbante et celui de la société absorbée Dans le cadre d'une fusion-absorption, le commissaire aux comptes de la société absorbante (non consolidante de l'absorbée) n'a pas la qualité de successeur du commissaire aux comptes de la société absorbée, la personnalité morale de cette dernière ayant disparu. Il n'est donc pas possible, pour le commissaire aux comptes de l'entité absorbée, d'autoriser le commissaire aux comptes de l'absorbante à accéder à son dossier de travail, faute de dérogation expresse prévue par la loi (Bull. CNCC n° 168, décembre 2012, EJ 2012-18 et CEP 2012-03, p. 720 s. ; Bull. n° 173, mars 2014, EJ 2013-31, p. 95 s.).

2. Relations avec le commissaire aux apports et à la fusion Le commissaire aux comptes n'est **pas délié du secret professionnel** à l'égard du commissaire à la fusion et du commissaire aux apports (C. com. art. L 821-35 créé par ord. 2023-1142 du 6-12-2023 ; Bull. CNCC nº 139, septembre 2005, EJ 2005-116, p. 498 ; Avis technique sur le commissariat aux apports, § 3.1 et Avis technique sur le commissariat à la fusion, § 3.1).

Voir également FRC 12/23 Hors série inf. 30.7.

Après l'opération de fusion, chez la société absorbée

13180 ***Question***

Que deviennent le ou les commissaires aux comptes de la société absorbée après la fusion ?

Réponse

Après la réalisation de la fusion, les fonctions du ou des commissaires aux comptes de la société absorbée cessent de plein droit.

Commentaires Après la réalisation définitive de la fusion, les **fonctions** du commissaire aux comptes de la société absorbée **cessent de plein droit**. Son mandat prend fin (Bull. CNCC nº 140, décembre 2005, EJ 2005-162, p. 689) :
- soit à la date de la dernière assemblée votant le projet de fusion, si celui-ci a un effet immédiat ou rétroactif ;
- soit à la date retenue par les assemblées, si l'effet de la fusion est reporté.

En cas de fusion, la société absorbée est dissoute sans liquidation. Ses comptes ne sont pas arrêtés et l'AGO d'approbation des comptes ne se tient pas. La mission du commissaire aux comptes prend ainsi fin sans qu'il ait à émettre de rapport sur les comptes annuels (Bull. CNCC nº 140 précité).

La perte par un commissaire aux comptes de ses fonctions par suite de l'absorption de la société dont il certifiait les comptes par une autre société ne constitue pas, en l'absence de fraude commise à l'encontre du commissaire aux comptes, un intérêt légitime lui ouvrant l'action tendant à faire déclarer la nullité des actes ou des délibérations ayant décidé cette absorption (Cass. com. 7-10-1997 nº 1975 D).

Néanmoins, le commissaire aux comptes exerce une mission permanente de contrôle qui l'autorise, à tout moment et jusqu'à l'expiration de son mandat, à exercer les pouvoirs d'investigation qu'il juge utile de mettre en œuvre dans le cadre de cette mission (C. com. art. L 821-54 créé par ord. 2023-1142 du 6-12-2023).

En application de ces dispositions, le commissaire aux comptes d'une société confondue (dans le cas d'une TUP), ou à notre avis absorbée (dans le cas d'une fusion), peut, dans le cadre de sa mission, avoir mené des diligences sur les comptes de l'exercice précédant la TUP (ou la fusion), ou des diligences spécifiques à tel ou tel aspect de sa mission, préalablement à l'expiration de cette dernière. Il devra alors être en mesure de justifier les diligences accomplies en application de l'article D 821-186, alinéa 2 du Code de commerce créé par décret 2023-1394 du 30-12-2023 (voir également NEP 230 « Documentation de l'audit des comptes » et FRC 12/23 Hors série inf. 57 à 57.3) et documenter l'ensemble des travaux réalisés au cours de l'exercice de son mandat et jusqu'à son expiration (Bull. CNCC nº 153, mars 2009, EJ 2008-98, p. 273 s.).

En cas d'apports, les fonctions des commissaires aux comptes de la société apporteuse **ne cessent pas.**

Cas particulier : date de cessation des fonctions dans le cas d'une dissolution par confusion de patrimoine (TUP) Le commissaire aux comptes de la société dissoute (confondue) **reste en fonction jusqu'à la fin du délai d'opposition** des créanciers à la dissolution de la société, soit, selon l'article 1844-5 du Code civil, trente jours à compter de la publication de cette décision (position constante, en dernier lieu Bull. CNCC nº 148, décembre 2007, EJ 2007-83, p. 620).

Si la dissolution de la société intervient antérieurement à la date de tenue de l'assemblée générale appelée à statuer sur les comptes annuels de l'exercice clos, le commissaire aux comptes **n'est plus tenu d'établir de rapport sur les comptes annuels,** sur cet exercice (position constante, en dernier lieu Bull. CNCC nº 148 précité, EJ 2007-83). S'il a relevé des irrégularités, il en informera l'actionnaire unique en application de l'article L 821-10 du Code de commerce (modifié par ord. 2023-1142 du 6-12-2023) (Bull. CNCC nº 77, mars 1990, EC 89-210, p. 126).

Après l'opération de fusion, chez la société absorbante

13185 ***Question***

Quel est le rôle du ou des commissaires aux comptes de la société absorbante après la fusion ?

Réponse

Les commissaires aux comptes de la société absorbante vérifient la régularité de la traduction comptable de la fusion.

Commentaires Les commissaires aux comptes de la société **absorbante** sont **seuls habilités à certifier** les comptes annuels de celle-ci, qui regrouperont les résultats des sociétés fusionnées.

Dans le cadre de leur mission générale de certification, ils devront, postérieurement à l'AGE de fusion, apprécier la régularité de la traduction comptable de l'opération, informer les dirigeants et les actionnaires de la société absorbante des risques de surévaluation d'apport et de la libération fictive de l'augmentation de capital social liée à la fusion (Bull. CNCC nº 104, décembre 1996, EJ 96-224, p. 73 s.). Ils s'assureront de la comptabilisation des apports chez la société absorbante, à la date d'effet de l'opération, conformément au traité d'apport-fusion.

Ils vérifieront par ailleurs (Bull. CNCC nº 135, septembre 2004, p. 443 s., § 4.1) :
- le traitement comptable approprié des événements de la période intercalaire : perte éventuelle de rétroactivité (voir nº 10650 s.) et opérations réciproques (voir nº 10610) ;
- les modalités retenues de dépréciation du mali et de sortie définitive ;
- les coûts externes directement liés à l'opération et comptabilisés comme tels (voir nº 8163) ;
- qu'une information appropriée sur l'opération est donnée dans l'annexe et que ces informations sont cohérentes avec les éléments figurant dans le traité d'apport-fusion et les comptes.

En outre, en pratique, à notre avis, les commissaires aux comptes seront amenés à vérifier l'affectation comptable du mali technique de fusion aux différents actifs sous-jacents qui le justifient (voir nº 8362). Le cas échéant, ils vérifieront également, à notre avis, le traitement comptable du boni de fusion.

Enfin (Bull. CNCC nº 88, décembre 1992, EJ 92-187, p. 626 s.), si la **valeur de biens apportés,** inscrite dans les comptes, est supérieure à leur valeur d'inventaire **à la date de clôture,** les commissaires aux comptes veilleront à une correcte application des règles générales d'évaluation conduisant à la comptabilisation des provisions et des dépréciations nécessaires.

Le cas échéant, si nécessaire, ils prendront soin de faire toute observation sur le traitement comptable des opérations lors de l'AGE statuant sur celles-ci et à laquelle ils assistent.

Dans l'hypothèse où l'AGE approuverait l'opération alors qu'ils ont signalé une irrégularité, comme dans l'hypothèse où ils auraient connaissance d'une irrégularité une fois l'opération réalisée, les commissaires aux comptes en tireront les conséquences sur l'expression de leur opinion, dans la première partie de leur rapport sur les comptes annuels (Bull. CNCC nº 135, septembre 2004, p. 443 s., § 4.2).

Remarque – Rapport spécial sur les conventions réglementées conclues par la société absorbée Les conventions conclues avant la date de prise d'effet de l'opération (qu'il y ait ou non rétroactivité) poursuivent automatiquement leurs effets, à condition qu'elles soient mentionnées dans le projet de fusion (ou traité d'apport) et que leurs modalités d'exécution ne soient pas modifiées (Bull. CNCC nº 87, septembre 1992, EJ 92-102, p. 490 s. et nº 99, septembre 1995, EJ 95-152, p. 356).

Le commissaire aux comptes de la société absorbante (ou bénéficiaire des apports) doit (Bull. CNCC précités) :
- mentionner dans son rapport spécial l'ensemble des conventions réglementées conclues par la société absorbée et qui restent après la fusion encore qualifiables comme telles ;
- mais ne pas mentionner celles qui n'ont plus le caractère de conventions réglementées du fait de la disparition d'administrateurs communs ou d'administrateurs ou d'actionnaires bénéficiaires d'une convention dite « réglementée ».

Le président de la société absorbante (ou bénéficiaire des apports) doit aviser le commissaire aux comptes des conventions transférées dans le mois qui suit la clôture de l'exercice.

En cas de réduction de capital (CGI art. 115-2)

13187 ***Question***

Quel est le rôle du commissaire aux comptes dans le cadre de la réduction du capital d'une société apporteuse qui a effectué un apport partiel d'actif (APA) et qui décide d'attribuer gratuitement les titres reçus en rémunération de cet APA à ses propres actionnaires dans le cadre de l'article 115-2 du CGI ?

Réponse

Le commissaire aux comptes se prononce sur la régularité des causes et des conditions de la réduction du capital et vérifie que l'opération ne porte pas atteinte à l'égalité entre les actionnaires.

Commentaires L'avis technique de la CNCC « Intervention du commissaire aux comptes en cas de réduction du capital dans le cadre des dispositions de l'article 115 du Code général des impôts » du 25 mars 2022 précise le rôle du commissaire aux comptes dans le cadre de la **réduction du capital** intervenant dans une **société apporteuse,** qui, ayant effectué un **apport partiel d'actif (APA),** décide **d'attribuer gratuitement les titres reçus en rémunération** de cet APA à ses propres actionnaires dans le cadre de l'article 115-2 du CGI.

Pour un schéma illustrant cette opération et pour plus de détails sur les obligations des sociétés, voir l'avis technique précité (§ 1 et 2).

Sur les conditions d'application du régime de faveur et sur la comptabilisation de l'attribution gratuite aux actionnaires des titres reçus en rémunération de l'apport (prévue par l'art. 115-2 du CGI), voir nº 10040.

1. Sociétés concernées Cet avis technique s'applique aux **sociétés par actions** ou aux **SARL** qui ont désigné un commissaire aux comptes pour un mandat de six exercices.

Dans les SARL qui ont désigné un commissaire aux comptes dans le cadre de la mission Alpe qui est de trois exercices (C. com. art. L 821-57 créé par ord. 2023-1142 du 6-12-2023 ; voir FRC 12/23 Hors série inf. 59.1), le commissaire aux comptes est dispensé de l'intervention en cas de réduction du capital.

En l'absence de texte légal ou réglementaire, les statuts peuvent prévoir l'intervention du commissaire aux comptes en cas de réduction du capital.

En l'absence de dispositions statutaires, une entité peut demander au commissaire aux comptes d'intervenir. Ce dernier examine alors la demande en fonction des dispositions du Code de commerce et du Code de déontologie.

2. Projet de réduction de capital (Avis technique précité § 3) Il doit être **communiqué** au commissaire aux comptes.

a. Sociétés par actions Les textes légaux et réglementaires ne prévoient **pas de délai.** Il est donc souhaitable que la société et le commissaire aux comptes se concertent, pour que ce dernier dispose de délais suffisants pour réaliser ses travaux et présenter, le cas échéant, ses observations à l'organe compétent, avant la convocation de l'organe délibérant appelé à statuer sur ce projet.

b. SARL Le projet est communiqué au commissaire aux comptes **45 jours** au moins avant la date de réunion de l'assemblée appelée à statuer sur la réduction de capital (C. com. art. R 223-33 ; voir Note d'information NI.V « Réduction du capital », décembre 2021, tome 1, § 1.72).

3. Travaux du commissaire aux comptes (Avis technique précité § 3) Le Code de commerce prévoit un **rapport du commissaire aux comptes sur l'opération de réduction du capital** (C. com. art. L 225-204 pour les sociétés par actions ; art. L 223-34 pour les SARL).

Ce rapport ne porte pas sur la régularité des conditions de l'opération d'APA ni sur la valeur des titres de la société bénéficiaire attribués aux actionnaires de la société apporteuse.

Pour établir ce rapport, le commissaire aux comptes doit :
- se prononcer sur la **régularité des causes et des conditions** de la réduction du capital ;
- et vérifier que l'opération ne porte pas atteinte à l'**égalité entre les actionnaires.**

a. Régularité des causes La réduction du capital doit résulter de la décision de l'organe compétent de la société apporteuse de proposer l'attribution à ses actionnaires des titres de la société bénéficiaire qu'elle a reçus en rémunération de l'APA.

b. Régularité des conditions Le commissaire aux comptes vérifie la **concordance** entre :
- la valeur des titres reçus en rémunération de l'APA inscrite ou devant être inscrite (dans le cas où l'APA n'a pas encore été réalisé à la date d'émission du rapport du commissaire aux comptes, ce qui est le cas le plus fréquent en pratique) au bilan de la société apporteuse ;
- et le montant de la réduction du capital envisagée (nominal et prime).

La répartition de la réduction du capital entre le capital et les autres postes des capitaux propres résulte de la décision de l'organe délibérant qui détermine le nombre de titres de la société apporteuse à annuler.

Il n'appartient pas au commissaire aux comptes de se prononcer sur le nombre de titres devant être annulés en contrepartie de cette attribution.

c. **Respect de l'égalité entre les actionnaires** Le commissaire aux comptes vérifie que la répartition des titres reçus en rémunération de l'APA entre tous les actionnaires de la société apporteuse est effectuée **proportionnellement à leur participation dans son capital.**

4. **Rapport** (Avis technique précité § 4)

a. **Mise à disposition** (Note d'information NI.V « Réduction du capital », décembre 2021, tome 1, § 1.81 et 1.82).

Sociétés par actions :

– SA et SCA dont les actions sont admises aux négociations sur un marché réglementé : le rapport doit être établi à compter de la convocation de l'organe délibérant et au minimum **21 jours** avant sa réunion (C. com. art. R 225-150 et R 22-10-23) ;

– SA et SCA dont les actions ne sont pas admises aux négociations sur un marché réglementé, ainsi que SAS : le rapport doit être établi à compter de la convocation de l'organe délibérant et au minimum **15 jours** avant l'assemblée (C. com. art. R 225-150, R 225-88 et R 225-89).

SARL Le rapport du commissaire aux comptes est adressé aux associés au moins **15 jours** avant la date de l'assemblée (C. com. art. R 223-19).

b. **Exemples** L'avis technique (§ 4) propose des exemples de rapport pour les sociétés par actions et les SARL.

II. Rôles respectifs du commissaire aux comptes et du commissaire aux apports

Application des règles comptables relatives aux fusions

13190 ***Question***

Quels sont les rôles respectifs du commissaire aux comptes et du commissaire aux apports dans l'application des règles comptables relatives aux fusions et opérations assimilées ?

Réponse

Le commissaire aux apports vérifie la conformité de la détermination des valeurs d'apport, comptables ou réelles, retenues dans le traité d'apport.

Le commissaire aux comptes de la société absorbante (ou bénéficiaire des apports) s'assure de la « conformité » du traité d'apport, ainsi que de la correcte comptabilisation des éléments qu'il contient.

Commentaires Les conséquences des règles comptables relatives aux fusions et opérations assimilées (PCG art. 710-1 à 770-2 ; voir Annexe 2, nº 13640) sur le commissaire aux apports et le commissaire aux comptes (Bull. CNCC nº 135, septembre 2004, § 3.1 à 4.2, p. 453-456) sont les suivantes :

1. **Le commissaire aux apports,** dans le cadre de son appréciation de la valeur des apports, vérifie la conformité de la détermination des valeurs d'apport, comptables ou

réelles, retenues dans le traité d'apport avec les règles comptables : valeurs retenues en fonction de la situation donnée (voir nº 7605), présence de tous les éléments devant figurer dans le traité en cas de valeurs réelles (voir nº 7700), correcte reprise du bilan de la société absorbée en cas de valeurs comptables (voir nº 7740).

Sur le contenu de la mission du commissaire aux apports, voir nº 13030.

Sur les contrôles spécifiques à effectuer par le commissaire aux apports en cas d'émission de valeurs mobilières par la société absorbée, voir nº 13130.

2. **Le commissaire aux comptes de la société absorbante (ou bénéficiaire des apports),** dans le cadre de sa mission générale, s'assurera de la « conformité » du traité d'apport pris dans son ensemble, ainsi que de la correcte comptabilisation des éléments (valeurs d'apport, boni et mali de fusion, perte de rétroactivité, etc.) qu'il contient, au regard des règles comptables.

Sur le contenu de la mission du commissaire aux comptes, voir nº 13185.

3. **Le tableau suivant** (issu du Bull. CNCC précité, annexe I) **présente une synthèse des responsabilités respectives** du commissaire aux apports et du commissaire aux comptes de la société bénéficiaire au regard de l'application des règles comptables :

Domaines abordés dans le PCG (art. 710-1 à 770-2 ; voir Annexe 2, nº 13640)	Commissaire aux apports	CAC de la société bénéficiaire
La méthodologie d'évaluation des apports y compris, le cas échéant, les options retenues (filialisation de branche d'activité, actif net insuffisant...)	X	X (1)
Le traitement comptable des apports chez la société bénéficiaire		X
Les événements de la période intercalaire : - dans le traité d'apport (perte de rétroactivité) - dans la comptabilité de la société bénéficiaire (perte de rétroactivité et opérations réciproques)	X	X
Le traitement comptable des coûts externes directement liés à l'opération (option retenue)		X
Les informations requises dans l'annexe de la société bénéficiaire		X

(1) Le Bull. CNCC nº 135, septembre 2004, p. 457 n'a pas mis de croix dans cette case. Toutefois, à notre avis, le commissaire aux comptes de la société bénéficiaire est nécessairement concerné par la méthodologie d'évaluation des apports, ces derniers devant figurer dans les comptes qu'il aura à certifier ; c'est d'ailleurs ce qui est indiqué dans le bulletin CNCC précité, p. 455.

TITRE IV

Information et compléments pratiques

CHAPITRE 10

Information comptable et financière

Plan du chapitre

SECTION I

Information à fournir aux actionnaires préalablement à l'opération

I. Information des actionnaires des sociétés par actions participant à l'opération

A. Information à fournir

Liste des documents

13205 ***Question***

Quelle est l'information à fournir aux actionnaires des sociétés par actions participant à l'opération ?

Réponse

Les actionnaires doivent disposer des éléments suivants :
- le projet de fusion (ou de scission, le cas échéant),
- le rapport du conseil d'administration ou du directoire, ainsi que, le cas échéant, une information sur les modifications importantes de l'actif et du passif,
- le rapport des commissaires à la fusion (ou à la scission),
- les comptes annuels et les rapports de gestion des trois derniers exercices,
- dans certains cas, un état comptable intermédiaire.

Commentaires Le calendrier figurant au n° 13406 s. présente les modalités de cette information et notamment les délais à respecter.

Les développements exposés ci-après portent donc essentiellement sur le contenu des documents mis à la disposition des actionnaires.

Une copie de ces documents doit leur être délivrée sans frais, sur simple demande de leur part.

Ces documents (à l'exception des rapports du conseil d'administration, du commissaire à la fusion, ou du commissaire aux apports) doivent être mis à la disposition des actionnaires :
- **même en l'absence probable d'AGE** dans le cadre des opérations simplifiées (voir n° 13420) ;
- y compris, à notre avis, lorsqu'une AGE délègue au conseil d'administration ou au directoire la compétence de décider d'une fusion ou le pouvoir de déterminer les modalités définitives

du projet de fusion (C. com. art. L 236-9). Pour plus de détails, voir Mémento Sociétés commerciales nº 83265.

Le conseil d'administration ou le directoire qui sollicite une telle délégation doit établir un rapport écrit, mis à la disposition des actionnaires. A défaut de précision dans les textes, le contenu de ce rapport est libre.

Sur le contenu :

- du projet de fusion, voir nº 13210 ;

Le « projet de fusion » (termes employés par le Code de commerce) présenté aux actionnaires constitue le « traité de fusion » (termes employés dans ce Mémento).

- du rapport du conseil d'administration ou (du directoire), voir nº 13215 ;

Des **dispenses** d'établissement du rapport du conseil d'administration (ou du directoire) existent :

- lorsque les actionnaires de toutes les sociétés participant à l'opération écartent à l'unanimité l'obligation pour le conseil d'administration (ou le directoire) d'établir un rapport sur le projet de fusion ou de scission (C. com. art. L 236-9 I., al. 4) ;

Selon l'Ansa (CJ du 12-10-2011, 11-057), cette décision unanime peut être constatée par n'importe quel moyen permettant d'en assurer la preuve, il n'est pas nécessaire de réunir les actionnaires en AGE ;

- pour les fusions simplifiées, c'est-à-dire lorsque la société absorbante détient à 100 % et à 90 % la société absorbée ou lorsque les sociétés absorbante et absorbée sont détenues à 100 % ou à 90 % par une même société (voir nº 13420) ;
- pour les scissions simplifiées, c'est-à-dire en cas de scission d'une société par actions détenue à 100 % par les sociétés bénéficiaires de la scission ou lorsque la société scindée et les sociétés bénéficiaires sont détenues à 100 % par une même société (voir nº 13420) ;
- pour les apports partiels d'actif simplifiés soumis au régime des scissions réalisés par une filiale contrôlée à 100 % en faveur de sa mère ou inversement (voir nº 13420).

- du rapport des commissaires à la fusion (ou à la scission), le cas échéant, voir nº 13065 et 13140.

Sur les comptes annuels et les rapports de gestion des trois derniers exercices à présenter, voir nº 13220.

Sur l'état comptable intermédiaire, voir nº 13225.

B. Projet de fusion (ou de scission)

Contenu

13210 ***Question***

Quelles indications le projet de fusion (ou de scission) doit-il comprendre ?

Réponse

Le projet de fusion (ou de scission) constituant le principal document retraçant l'opération, il doit comprendre un certain nombre d'indications juridiques, comptables et fiscales destinées à retracer la réalité de l'opération.

Commentaires Le projet de fusion (ou de scission) est le principal document retraçant les opérations financières et comptables engagées entre les sociétés.

Le « projet de fusion » (termes employés par le Code de commerce) présenté aux actionnaires constitue le « traité de fusion » (termes employés dans ce Mémento).

Il convient donc de mentionner dans ce projet un certain nombre d'indications pour retracer la réalité de l'opération sur les plans économique et juridique et permettre de la traduire comptablement dans les sociétés concernées.

Apports partiels d'actif Soumettre un apport partiel d'actif au régime juridique des scissions conduit à établir un projet d'apport partiel d'actif (voir n° 7113). Certaines mentions décrites ci-après au I. 1. d., g. et i. ne sont toutefois pas applicables (C. com. art. R 236-19 modifié par décret 2023-430 du 2-6-2023). Pour plus de détails, voir Mémento Sociétés commerciales n° 83090.

Fusions simplifiées à 100 % Les informations requises ci-après au I. 1, aux points d., f., g. et i. ne sont pas à fournir en cas de fusions (ou scissions) simplifiées à 100 % (C. com. art. R 236-1 et R 236-17 modifiés par le décret précité).

I. Mentions à faire figurer dans le projet de fusion Les mentions à faire figurer dans ce projet résultent d'obligations juridiques, comptables et fiscales :

1. Sur le plan juridique (C. com. art. R 236-1) Ces indications concernent :

a. la forme, la **dénomination** et le **siège** social de toutes les **sociétés participantes** ;

b. les **motifs, buts** et **conditions** de la fusion ou de la scission ;

c. la **désignation** et l'**évaluation** de l'**actif** et du **passif** dont la transmission aux sociétés absorbantes ou nouvelles est prévue (en pratique, le projet ne contient que l'indication de grandes masses : immobilisations, stocks, valeurs réalisables, etc., le détail étant renvoyé à des annexes) ;

Sur les conséquences des opérations réalisées durant la période intercalaire, voir n° 10600 à 10625.

d. les **modalités de remise des actions** et la date à partir de laquelle ces actions donnent droit aux bénéfices, ainsi que toute modalité particulière relative à ce droit ;

e. la **date** à partir de laquelle les **opérations** de la société absorbée ou scindée seront, du point de vue comptable, considérées comme accomplies par la société bénéficiaire des apports ;

Sur les conséquences pratiques de cette date, voir n° 10600 s.

f. les **dates** auxquelles ont été **arrêtés les comptes** des sociétés intéressées, utilisés pour établir les conditions de l'opération ;

g. le **rapport d'échange** des droits sociaux et, le cas échéant, le montant de la soulte ;

Les méthodes d'évaluation utilisées et les motifs du choix du rapport d'échange étant donnés dans le rapport du conseil d'administration (voir n° 13215), ils n'ont pas à être exposés dans le projet de fusion. Toutefois, en l'absence de rapport du conseil d'administration (voir n° 13205), il paraît opportun d'indiquer les méthodes d'évaluation dans le projet de fusion.

En cas de scission partielle (voir n° 7156), le projet d'apport partiel d'actif doit en outre indiquer (C. com. art. R 236-19 modifié par décret 2023-430 du 2-6-2023) :
- les modalités de répartition des parts ou actions attribuées directement aux associés ou actionnaires de la société apporteuse ;
- si l'attribution est réalisée soit par réduction de capital, soit par imputation sur les capitaux propres de la société qui apporte une partie de son actif. Dans ce dernier cas, le projet doit également préciser les modalités comptables de l'opération.

h. le montant prévu de la **prime de fusion** ou de scission ;

i. les droits accordés aux associés ayant des **droits spéciaux** et aux porteurs de titres autres que des actions ainsi que, le cas échéant, tous les **avantages particuliers**.

Selon l'Ansa, en l'absence d'AGE de la société absorbante pour les fusions simplifiées à 100 % et à 90 % (voir nº 13420), le projet de fusion doit mentionner les droits auxquels peuvent prétendre les titulaires de valeurs mobilières donnant accès au capital de la société absorbante (Com. Ansa. 11-057, CJ du 12-10-2011).

Pour plus de détails, voir Mémento Sociétés commerciales nº 83090 à 83092.
Sur les fusions transfrontalières, voir Mémento Sociétés commerciales nº 84650.

2. Sur le plan comptable

a. Statut comptable du projet de fusion Du fait de l'obligation de retenir une valeur d'apport définie (comptable ou réelle) pour une situation donnée (voir nº 7600 et 7605), le projet de fusion est devenu comptable, c'est-à-dire qu'il doit suivre les règles comptables.

Il demeure toutefois un document juridique, dont le contenu est réglementé juridiquement (voir 1. ci-avant).

En outre, les règles comptables imposent que certaines mentions figurent dans le projet de fusion (ou de scission), ces mentions conditionnant les valeurs d'apport qui seront comptabilisées. Ainsi :
- en cas d'opération d'apport-cession, afin de bénéficier de la dérogation (valeur réelle) au moment de la filialisation et au cas où la cession ne se réalise pas in fine, le projet de scission doit mentionner l'engagement de cession (ou d'introduction en bourse) ainsi que les valeurs comptables et réelles des actifs et passifs apportés (voir nº 10212) ;
- en cas de fusion avec effet différé, le projet de fusion doit comporter une mention précisant que l'évaluation à la date d'effet différée des valeurs d'apport est faite sous réserve de la détermination des valeurs définitives telles qu'elles seront fixées à la date d'effet (en ce sens, Recueil des normes comptables de l'ANC, commentaire IR3 « Fusion à effet immédiat ou différé » sous l'art. 744-2 du PCG ; voir nº 7735) ;

Le projet de fusion prévoit généralement la réalisation d'un inventaire des éléments d'actif et de passif apportés, évalués à la date d'effet différé selon les mêmes méthodes que pour les valeurs estimées dans le projet (Guide professionnel CNCC sur le commissariat aux apports et à la fusion, § 1.143).

- en cas d'opération avec effet immédiat, par analogie avec le traitement retenu en cas d'effet différé (voir nº 7735 et ci-avant), le projet de fusion (ou de scission) devrait comporter une mention précisant que l'estimation des valeurs comptables est réalisée sous réserve de la détermination des valeurs comptables définitives à la date d'effet de l'opération (Recueil des normes comptables de l'ANC, commentaire IR3 précité sous l'art. 744-2 du PCG).

b. Base de la comptabilisation Le rôle essentiel du projet de fusion, pour la traduction comptable de l'opération de fusion, doit également être souligné. Le projet, après son approbation, le cas échéant, par l'assemblée des actionnaires ou des associés, constitue la pièce justificative pour la comptabilisation de l'opération dans la société absorbante ou nouvelle (des annexes détaillées étant néanmoins nécessaires en pratique pour aider à la comptabilisation des opérations).

Aussi, la plus grande attention doit-elle être accordée à son contenu et à sa rédaction, pour que, sous son aspect tant juridique que comptable et fiscal, il ne puisse pas prêter à contestation.

3. Sur le plan fiscal Les principales mentions à porter dans le traité d'apport sont les suivantes :

a. Régime de faveur En cas d'option pour le régime de faveur en matière d'IS, l'option elle-même et les engagements corrélatifs pris par la société absorbante (voir nº 7300), par les sociétés apporteuse et bénéficiaire d'un apport partiel d'actif (voir nº 7340) et par les sociétés bénéficiaires d'une scission et les associés de la société scindée (voir nº 7360) conformément aux articles 210 A et 210 B du CGI (voir également nº 7802, 7812, 7900 à 7910).

En cas d'opération en valeur comptable, il doit être procédé dans le projet de fusion (en annexe) à l'éclatement de la valeur nette comptable des actifs apportés entre la valeur d'origine, les amortissements et les dépréciations. Pour plus de détails, voir nº 7750.

b. **Subventions d'investissement** En cas d'opération placée sous le régime de faveur, l'option éventuelle pour le régime dérogatoire à la règle de l'imposition immédiate de la fraction de la subvention d'investissement restant à imposer afférente aux actifs apportés, et, en cas d'option, la durée résiduelle de réintégration de la subvention à la date de l'apport (CGI art. 42 septies ; voir nº 7908).

c. **Acquisition antérieure de locaux professionnels destinés à être transformés en logements** En cas d'acquisition par la société absorbée, avant le 31 décembre 2022, de locaux professionnels ou de terrains à bâtir qu'elle s'est engagée à transformer en immeuble à usage d'habitation dans les quatre ans suivant la date de clôture de l'exercice d'acquisition, l'engagement de se substituer à la société absorbée pour le respect de l'engagement de transformation dans le délai restant à courir (CGI art. 210 F ; BOI-IS-BASE-20-30-10-20 nº 140 s.).

d. **Acquisition antérieure d'un droit de surélévation** En cas d'acquisition par la société absorbée, avant le 1er janvier 2018, d'un droit de surélévation d'immeuble en vue de la réalisation de locaux destinés à l'habitation qu'elle s'est engagée à achever dans un délai de quatre ans à compter de la date d'acquisition, l'engagement de se substituer à la société absorbée pour le respect de l'engagement d'achever les locaux dans le délai restant à courir (CGI art. 238 octies A ; BOI-BIC-PVMV-40-10-80 nº 230).

e. **Participation-construction** En cas d'opération placée sous le régime de faveur, en présence de versements excédentaires au titre de la participation-construction par la société absorbée (apporteuse), afin d'en obtenir le transfert, l'engagement de reprise de toutes les obligations de la société absorbée (apporteuse) liées aux investissements effectués à ce titre (BOI-TPS-PEEC-40 nº 280).

II. Modifications apportées au traité de fusion

1. **Modification importante de l'actif et du passif avant les AGE** Sur l'information à donner en cas de modification importante de l'actif et du passif intervenue entre la date d'établissement du projet de fusion et la date de la réunion des assemblées, voir nº 13215.

2. **Erreur dans le projet de fusion post-AGE** Si une erreur significative est relevée dans le projet de fusion (par exemple sur le montant de la prime de fusion) après son approbation par l'assemblée, seule une nouvelle assemblée pourra valider le correctif au projet de fusion (Bull. CNCC nº 125, mars 2002, EJ 2001-259, p. 99).

3. **Fusions sans AGE** Selon l'Ansa (CJ 7-12-2011 nº 11-070), la modification du projet de fusion par le conseil d'administration de la société absorbante, en l'absence d'AGE (voir nº 13420), constitue un avenant au contrat et implique un nouveau dépôt au greffe du projet de fusion et un nouveau délai. Toutefois, ce principe ne concerne que les modifications substantielles. Pour des modifications peu significatives, il n'est pas nécessaire de procéder à un nouveau dépôt. Il en est ainsi de toute nouvelle écriture comptable, de nature purement technique ou de l'imputation des frais de l'opération sur le compte de prime de fusion (pratique usuelle) ou de l'affectation de celle-ci sur le compte de réserve légale.

C. Rapport du conseil d'administration

Contenu

13215 ***Question***

Quelles informations le rapport du conseil d'administration (ou du directoire) doit-il contenir ?

Réponse

Le rapport du conseil d'administration (ou du directoire) doit expliquer et justifier le projet de fusion de manière détaillée (notamment, le rapport d'échange et les méthodes d'évaluation utilisées).

Le conseil d'administration doit en outre informer les actionnaires de toute modification importante de l'actif et du passif intervenue entre la date d'établissement du projet de fusion et la date de la réunion des assemblées.

Commentaires 1. Rapport du conseil d'administration

a. Selon l'article R 236-6 du Code de commerce (modifié par décret 2023-430 du 2-6-2023), le rapport établi par le conseil d'administration (ou le directoire) doit expliquer et justifier le projet de manière détaillée, du point de vue juridique et économique, notamment en ce qui concerne le **rapport d'échange** des actions **et** les **méthodes d'évaluation utilisées,** lesquelles doivent être concordantes pour les sociétés concernées, ainsi que le cas échéant les difficultés particulières d'évaluation.

En outre, en cas de scission, chacune des sociétés préexistantes bénéficiaires du transfert de patrimoine doit mentionner l'établissement du rapport des commissaires aux apports et préciser qu'il sera déposé au greffe du tribunal de commerce du siège de ces sociétés (C. com. art. R 236-18 modifié par décret précité).

Fusions transfrontalières Le conseil d'administration (ou le directoire) doit établir un rapport écrit qui est mis à la disposition des actionnaires (C. com. art. L 236-36 modifié par ord. 2023-393 du 24-5-2023 ; voir Mémento Sociétés commerciales n° 84661). Sur les fusions transfrontalières simplifiées, voir n° 13420.

Sur les opérations donnant lieu à un rapport du conseil d'administration, voir n° 13205.

b. **Cas particulier Sociétés dont les titres financiers sont admis aux négociations sur un marché réglementé** : pour les fusions (ou scissions ou apports d'actifs) donnant lieu à l'admission à la négociation sur un marché réglementé de titres financiers **de même catégorie déjà admis,** la société absorbante doit établir soit un prospectus, soit un **document valant dispense de prospectus** (dit « document d'exemption », ancien document E) dont le contenu est défini par le règlement délégué (UE) 2021/528 (Règl. 2017/1129/UE, art. 1er § 4. et 5. ; C. mon. fin. art. L 621-8 ; Règl. gén. AMF, art. 212-4 et 212-34). Pour plus de détails sur les opérations susceptibles de bénéficier de la dispense de prospectus, voir Position-recommandation AMF 2020-06 du 17 juin 2020, modifiée en dernier lieu le 28 juillet 2023 – Guide d'élaboration des prospectus et information à fournir en cas d'offre au public ou d'admission de titres financiers.

Ce **document d'exemption** doit comporter les mentions suivantes (Règl. (UE) 2021/528) :

– perspectives de l'émetteur et de la société acquise, ainsi que tout changement important intervenu dans les activités et la situation financière de chacune de ces sociétés depuis la fin de l'exercice financier précédent ;

- droits attachés aux titres de capital ;
- description de la transaction et son incidence sur l'émetteur.

Les annexes du règlement délégué précité précisent la liste des informations devant figurer dans le document d'exemption. Ces informations sont allégées lorsque les titres de capital qui seront admis à la négociation sur un marché réglementé ne représentent pas plus de 10 % des titres déjà admis.

Diffusion du document d'exemption Lorsque les titres financiers offerts dans le cadre d'une opération de fusion (scission ou d'apports d'actifs) représentent au moins 20 % des titres financiers de même catégorie déjà admis aux négociations sur un marché réglementé, l'émetteur dépose ce document d'exemption auprès de l'AMF (C. mon. fin. art. L 621-8 IV). Le projet de document est transmis à l'AMF 45 jours avant la date prévue pour la tenue de l'assemblée (Règl. gén. AMF art. 212-34). Il doit être accompagné des documents énumérés par les articles 7 et 15 de l'instruction AMF n° 2019-21 modifiée le 28 juillet 2023 (statuts à jour, derniers comptes approuvés, convention d'apport ou traité de fusion, le cas échéant, le rapport des commissaires aux apports ou à la fusion, etc.). En deçà du seuil de 20 %, il n'y a pas d'obligation de dépôt auprès de l'AMF.

Ce document est mis à la disposition du public dans un délai de quinze jours pour les opérations d'apport d'actif, d'un mois pour les opérations de fusion et de scission, précédant la date des assemblées appelées à autoriser l'opération ou précédant la date de réalisation de l'opération si aucune assemblée générale d'actionnaires n'est appelée à se prononcer (Règl. gén. AMF art. 212-34).

Pour plus de détails, voir Mémento Sociétés commerciales n° 83110 à 83112.

2. Information sur les modifications importantes de l'actif et du passif En cas de **modification importante de l'actif et du passif** intervenue entre la date de l'établissement du projet de fusion (ou de scission) et la date de l'AGE, le conseil d'administration (ou le directoire) doit en informer les **actionnaires** (C. com. art. L 236-9, I., al. 5 et R 236-7 modifié par décret 2023-430 du 2-6-2023) :

- **avant l'AGE** (voir n° 13411) ;

Sauf si les actionnaires de chacune des sociétés participant à l'opération en ont décidé autrement, les modalités de transmission de cette information aux actionnaires seront les mêmes que celles prévues pour le projet de traité (publication au Bodacc ou sur le site internet de chacune des sociétés), à l'exception du dépôt au greffe (voir n° 13411). Selon l'Ansa, la publication au Bodacc d'une modification importante de l'actif et du passif, survenue entre la date de signature du projet de fusion et l'AGE, n'impose pas de faire courir un nouveau délai de 30 jours pour réunir l'AGE (Com. n° 14-006, CJ de février 2014).

- **lors de la tenue des AGE** des sociétés absorbante et absorbée (voir n° 13413).

Le conseil d'administration doit en outre informer les conseils d'administration (ou les directoires) des autres sociétés participant à la fusion (ou la scission) pour que ceux-ci informent à leur tour leurs actionnaires de ces modifications.

L'information est transmise par tous moyens, sans délai.

D. Comptes annuels et rapports de gestion des trois derniers exercices

Comptes présentés

13220 ***Question***

Quels sont les comptes annuels et les rapports de gestion présentés aux actionnaires lors des AGE se prononçant sur la fusion ou l'opération assimilée ?

Réponse

Il s'agit des comptes annuels des trois derniers exercices approuvés par les assemblées générales ainsi que les rapports de gestion de toutes les sociétés (quelle que soit leur forme) participant à l'opération.

Commentaires Selon l'article R 236-4 3º du Code de commerce, toute société par actions participant à une opération de fusion ou de scission doit mettre à la disposition de ses actionnaires les comptes annuels des trois derniers exercices approuvés par les assemblées générales ainsi que les rapports de gestion de toutes les sociétés (quelle que soit leur forme) participant à l'opération.

Sur le délai dans lequel cette mise à disposition doit être effectuée, voir nº 13411.

Apports partiels d'actif Seuls les apports partiels d'actif soumis au régime des scissions (voir nº 7113) entraînent l'obligation de mettre les comptes annuels et les rapports de gestion des trois derniers exercices à disposition des actionnaires.

Selon la CNCC (Bull. CNCC nº 109, mars 1998, EJ 97-205, p. 88), il n'est pas nécessaire que la société ait fait approuver les comptes de trois exercices avant de procéder à l'opération de fusion. Par conséquent, il n'est pas interdit à une société qui n'a pas encore approuvé trois bilans de fusionner avec une autre société.

Si une société a moins de trois ans d'existence, elle fournit les comptes approuvés depuis sa création (Bull. CNCC nº 78, juin 1990, EJ 90-59, p. 263 s.). Si une société a moins d'un an d'existence, elle ne peut, de fait, fournir des comptes approuvés (mais cela ne peut pas empêcher la fusion de se réaliser). Un état comptable devra néanmoins être mis à la disposition des actionnaires dans les cas prévus au nº 13226 (Bull. CNCC nº 109 précité).

Les comptes présentés aux actionnaires doivent avoir été certifiés par le(s) commissaire(s) aux comptes.

Cas particulier (fréquent) : opération décidée avant que les comptes annuels du dernier exercice n'aient été approuvés (opération intervenant entre la date de clôture et la date de réunion du conseil ou de l'assemblée arrêtant et approuvant les comptes)
Selon l'article R 236-4 du Code de commerce, il convient de distinguer les deux situations suivantes :

a. Les comptes du dernier exercice ont déjà été arrêtés et certifiés Dans ce cas, doivent être mis à la disposition des actionnaires :
- les comptes annuels du dernier exercice ;
- les comptes annuels approuvés des deux derniers exercices précédents ainsi que les rapports de gestion correspondants.

b. Ces comptes n'ont pas encore été arrêtés Dans ce cas, doivent être mis à la disposition des actionnaires :
- un état comptable intermédiaire (voir nº 13225) ;
- les comptes annuels approuvés des deux derniers exercices précédents ainsi que les rapports de gestion correspondants.

Fusions simplifiées à 100 % En l'absence de toute AGE (voir nº 13420), il convient de mettre à la disposition des actionnaires les documents d'information tels qu'ils existent à la **date du dépôt du projet au greffe.** Il pourra s'agir selon le cas, soit de comptes approuvés, soit de comptes arrêtés et certifiés, soit encore d'un simple état comptable.

E. Etat comptable intermédiaire

Modalités d'établissement par la société absorbante (bénéficiaire des apports) et/ou la société absorbée (apporteuse)

13225 ***Question***

Quand et comment les sociétés parties prenantes à l'opération doivent-elles établir l'état comptable intermédiaire ?

Réponse

Cet état est établi :
– si les derniers comptes annuels se rapportent à un exercice dont la clôture est antérieure de plus de six mois à la date du projet de fusion ou de scission ;
– selon les mêmes méthodes que le dernier bilan annuel.

Toutefois, cet état n'a pas à être établi lorsque la société a publié son rapport financier semestriel.

Commentaires Les conditions et les modalités d'établissement de l'état comptable intermédiaire sont fixées par l'article R 236-4 4° du Code de commerce (modifié par décret 2023-430 du 2-6-2023).

Sur le cas particulier d'une fusion intervenant au cours des premiers mois de l'exercice alors que les comptes annuels du dernier exercice n'ont pas encore été arrêtés, nécessitant l'établissement d'un état comptable intermédiaire, voir n° 13220.

L'établissement de cet état comptable concerne, s'il y a lieu, **aussi bien les sociétés absorbantes (bénéficiaires des apports) que les sociétés absorbées (apporteuses).**

Fusions simplifiées à 100 % et à 90 %, scissions simplifiées Selon l'Ansa (CJ 12-10-2011, n° 11-057), cet état comptable intermédiaire doit être établi même en l'absence de convocation de l'AGE de la société absorbante (voir n° 13420). Cette position est, à notre avis, transposable aux scissions simplifiées à 100 % (voir n° 13420).

Apports partiels d'actif Seuls les apports partiels d'actif soumis au régime des scissions (voir n° 7113) entraînent l'obligation d'établir l'état comptable intermédiaire. Cet état devrait être établi même en l'absence d'AGE pour les apports partiels d'actifs simplifiés (voir n° 13420), la position de l'Ansa précitée sur les fusions simplifiées étant transposable à notre avis.

Sociétés concernées L'article R 236-4 4° fixant l'obligation d'établissement d'un état comptable intermédiaire concerne uniquement les sociétés par actions. Néanmoins, selon la CNCC (Guide professionnel sur le commissariat aux apports et à la fusion, juin 2012, § 1.133), il est souhaitable que cet état soit établi par toutes les sociétés participant à l'opération, quelle que soit leur forme juridique.

Sanctions encourues en cas de non-établissement de l'état comptable ou si l'état déposé est antérieur de plus de 3 mois à la date du projet :
– pénalement : aucune sanction n'est encourue (Guide professionnel CNCC précité, § 1.133) ;
– civilement : le président du tribunal de commerce, statuant en référé, peut soit enjoindre aux dirigeants sociaux, sous astreinte, de communiquer les documents prévus, soit désigner un mandataire chargé de procéder à cette communication (C. com. art. L 238-1, al. 1). Pour plus de détails sur l'injonction de faire, voir Mémento Comptable n° 80200 et Mémento Sociétés commerciales n° 46610.

La CNCC considère, qu'à défaut de texte le prévoyant, l'absence de mise à disposition d'un état comptable de moins de 3 mois ne constitue pas une cause de nullité de la fusion (Bull. CNCC n° 170, juin 2013, EJ 2012-104, p. 297).

Sur le rôle du commissaire aux comptes en cas de non-établissement, voir n° 13170.

Cet état :

a. est requis si les derniers comptes annuels se rapportent à un exercice dont la clôture est antérieure de **plus de six mois à la date du projet de fusion (ou de scission)** ;

b. doit être **arrêté moins de trois mois avant la date du projet** ;

Selon l'Ansa (Com. nº 3081-8, décembre 2000, p. 18), cet état doit faire l'objet d'un arrêté par le conseil d'administration ; des documents prévisionnels, établis par exemple à la date de clôture de l'exercice, ne peuvent donc être admis. En outre (Ansa, novembre-décembre 1996, nº 2858), la date d'arrêté de l'état est celle de la situation elle-même et non celle de la réunion de l'organe social ou de la prise de décision qui établit ou ratifie l'état comptable. Ainsi, un état comptable arrêté au 30 juin rend compte des opérations réalisées jusqu'à cette date.

c. doit être établi selon les **mêmes méthodes** et suivant la **même présentation** que le **dernier bilan annuel** ;

1. **Etablissement d'un bilan et d'un compte de résultat** Cette rédaction de l'article R 236-4 4º du Code de commerce laisserait penser que seul un état sous forme de bilan est requis. Toutefois, l'AMF, contactée officieusement par nos soins en mai 1997, nous a indiqué que l'établissement d'un compte de résultat était également nécessaire mais qu'en revanche n'était pas requis l'établissement d'une annexe et d'un tableau de flux.

2. **Notes explicatives en cas d'audit ou d'examen limité entrant dans le cadre des services autres que la certification des comptes (SACC)** La CNCC (Bull. CNCC nº 167, septembre 2012, CNP 2003-31, p. 581 s.) considère que l'établissement d'un état comptable se présentant sous la forme d'un bilan ne constitue pas une irrégularité. Toutefois, si l'état comptable fait l'objet d'un audit ou d'un examen limité dans le cadre d'une mission entrant dans le cadre des services autres que la certification des comptes fournis à la demande de l'entité (voir ci-après **d.**), il doit comporter des notes explicatives décrivant notamment les principes d'élaboration ou les critères retenus. Ces notes doivent reprendre a minima la description des méthodes comptables utilisées pour les comptes du dernier exercice clos ou un renvoi à l'annexe des derniers comptes annuels publiés. Elles doivent également mentionner le cas échéant les changements de méthode effectués et décrire les méthodes comptables spécifiques appliquées pour l'arrêté intermédiaire.

3. **Méthodes d'établissement** Selon la CNCC (Guide professionnel sur le commissariat aux apports et à la fusion, juin 2012, § 1.133) :
- l'état comptable est **généralement** établi sur la base des **données sociales des sociétés en présence.** Cependant, lorsque l'opération porte sur un groupe de sociétés, le commissaire à la fusion peut souhaiter demander, s'il le juge utile et si le calendrier de l'opération le permet, son établissement sous une forme consolidée ;
- en cas d'apport partiel d'actif soumis au régime des scissions, le commissaire aux apports peut souhaiter disposer d'une information intermédiaire pour la branche d'activité apportée. Dans ce cas, la branche d'activité n'ayant en général, pas de comptabilité générale autonome, des données issues de la comptabilité de gestion ou de la comptabilité analytique peuvent s'avérer utiles.

d. ne doit **pas obligatoirement** avoir été **vérifié** par le commissaire aux comptes (voir nº 13170).

En effet, la CNCC considère (Bull. CNCC nº 167, septembre 2012, CNP 2003-31, p. 581 s. et Guide professionnel CNCC précité, § 1.133) que l'intervention du commissaire aux comptes n'est **pas obligatoire** s'agissant d'un document adressé aux actionnaires en dehors de l'assemblée générale d'approbation des comptes annuels. Le commissaire aux comptes peut néanmoins, à la demande des dirigeants de l'entité, émettre un rapport d'audit ou d'examen limité dans le cadre des services autres que la certification des comptes (SACC) fournis à la demande de l'entité (Communiqué CNCC du 29-7-2016). Les commissaires aux apports ou à la fusion peuvent se faire communiquer par la société le rapport ainsi établi par le commissaire aux comptes (pour plus de détails, voir Guide professionnel CNCC précité, § 1.133).

A défaut d'intervention du commissaire aux comptes sur l'état comptable, les commissaires aux apports ou à la fusion peuvent effectuer cet examen (Guide professionnel CNCC précité, § 1.133).

e. n'est **pas requis** lorsque la société a publié son **rapport financier semestriel** (C. com. art. R 236-4 4° modifié par décret précité ; voir Mémento Sociétés commerciales n° 83190).

Publication du rapport financier semestriel Les sociétés dont des titres de capital ou des titres de créance sont admis aux négociations sur un marché réglementé doivent publier un rapport financier semestriel dans les trois mois qui suivent la fin du 1er semestre de leur exercice (C. mon. fin. art. L 451-1-2 ; voir Mémento Comptable n° 65590 s.).

Schéma récapitulatif

13226 Le schéma suivant, établi par nos soins, récapitule les différentes situations possibles, pour une **société clôturant au 31 décembre.**

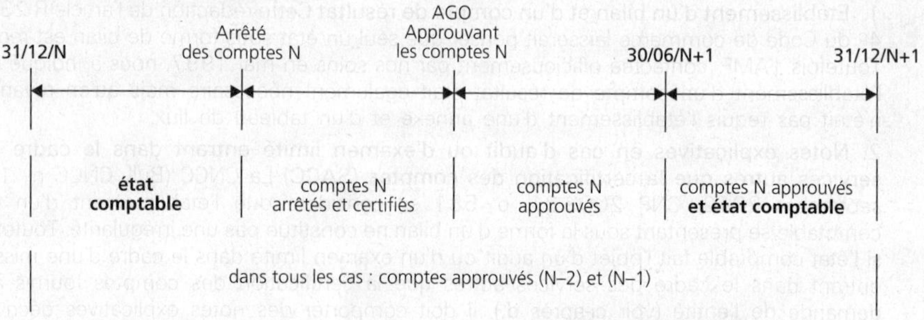

II. Information des associés des SARL participant à l'opération

Information à mettre à disposition

13250 ***Question***

Lorsqu'une SARL est partie à l'opération, quelles sont les informations à fournir aux associés ?

Réponse

Les documents qui sont habituellement adressés aux associés avant toute assemblée ainsi que, le cas échéant, le rapport du commissaire à la fusion.

Commentaires Outre les documents à adresser aux associés 15 jours au moins avant toute assemblée (texte des résolutions proposées, rapport des gérants), dans le cas où un commissaire à la fusion est désigné (voir n° 13010), ses rapports doivent être mis à la disposition des associés au siège social, 30 jours avant la date de l'assemblée statuant sur l'opération, comme dans la SA (C. com. art. R 236-4, al. 1).

En cas de consultation par écrit des associés :
- le rapport du commissaire à la fusion doit leur être adressé avec le projet de résolutions (C. com. art. R 236-4, dernier al.) ;
- tous les documents nécessaires à l'information des associés doivent leur être adressés (C. com. art. R 223-22, al. 1) : il peut s'agir, à notre avis, du projet de fusion.

Fusions transfrontalières Le gérant doit établir un rapport écrit qui est mis à la disposition des associés six semaines au moins avant la date de l'assemblée générale appelée à se prononcer sur le projet de fusion (C. com. art. L 236-36 créé par ord. 2023-393 du 24-5-2023 et R 236-24 modifié par décret 2023-430 du 2-6-2023 ; voir Mémento Sociétés commerciales n° 84661).

SECTION II

Information à fournir dans l'annexe aux comptes de l'exercice de l'opération

Informations au titre de l'opération

13270 ***Question***

Quelles informations la société absorbante (bénéficiaire des apports) doit-elle fournir dans l'annexe aux comptes de l'exercice de l'opération ?

Réponse

La société absorbante (bénéficiaire des apports) doit fournir une information dans l'annexe aux comptes de l'exercice de l'opération sur :
- l'impact de l'opération sur les principaux postes du bilan et du compte de résultat ;
- le contexte de l'opération ;
- les modalités de valorisation ;
- le montant de la perte intercalaire enregistré dans le sous-compte de la prime de fusion ;
- en cas de fusion : selon le cas, le traitement comptable du boni de fusion ou les modalités d'affectation extra-comptable du mali technique ainsi que les modalités d'amortissement, de dépréciation et de sortie définitive de ce mali ;
- et en cas d'apport-cession : le résultat de cession intragroupe constaté.

PCG art. 770-1

Pour toutes les opérations entrant dans le champ d'application du présent titre, l'entité absorbante ou bénéficiaire des apports doit mentionner l'impact de l'opération sur les principaux postes du bilan et du compte de résultat, les informations suivantes dans l'annexe de ses comptes annuels de l'exercice de l'opération :

- pour toute opération visée par le présent titre, l'entité doit mentionner le contexte de l'opération, les modalités d'évaluation des apports retenues ainsi que l'adoption éventuelle de traitements dérogatoires prévus par le présent titre (filialisation de branche d'activité et actif net comptable apporté insuffisant pour permettre la libération du capital) ;
- lorsqu'une opération a conduit à la constatation d'un boni, l'entité doit mentionner le traitement retenu ;
- lorsqu'une opération a conduit à la constatation d'un mali, l'entité doit mentionner les éléments significatifs sur lesquels le mali a été affecté ainsi que les modalités d'amortissement, de dépréciation et sortie définitive du mali ;
- lorsqu'une perte intercalaire et/ou un badwill est enregistré, l'entité doit mentionner le montant inscrit dans le sous-compte de la prime de fusion ;
- en cas d'opérations de filialisation d'une branche d'activité destinée à être cédée à une entité sous contrôle distinct, les apports étant évalués à la valeur réelle, l'entité doit mentionner le résultat de cession intragroupe constaté, afin de prévenir la distribution anticipée du résultat avant la réalisation de la cession à l'extérieur du groupe.

Commentaires Sur les modalités de valorisation, voir n° 7600 s.

Sur le traitement comptable du boni de fusion, voir n° 8460.

Sur le traitement comptable du mali technique de fusion, voir n° 8362 s. et 8364.

Sur la perte intercalaire, voir n° 10660 s.

Sur les opérations de filialisation d'une branche d'activité destinée à être cédée à une société sous contrôle distinct (« apports-cessions »), voir n° 10200 s.

Information comparative

13275 ***Question***

La société absorbante (bénéficiaire des apports) doit-elle établir des comptes pro forma au titre des exercices antérieurs présentés ?

Réponse

Non, l'établissement de tels comptes pro forma n'étant pas requis par le PCG. Toutefois, une information permettant d'expliciter l'impact de l'opération sur le bilan et le compte de résultat doit être fournie au titre de l'information comparative.

Commentaires Le PCG n'impose pas à la société absorbante d'établir des comptes pro forma au titre des exercices antérieurs. Toutefois, la société absorbante doit mentionner dans l'annexe de ses comptes annuels l'impact de l'opération sur les principaux postes du bilan et du compte de résultat (revenus, charges de personnel, amortissements et dépréciations, etc.), en sus des informations énumérées par l'article 770-1 du PCG (voir n° 13270).

CHAPITRE 11

Calendrier d'une opération de fusion

Plan du chapitre

A. Cas général

Remarque préalable Les développements suivants ne concernent que les fusions réalisées :
- entre **sociétés anonymes** ;
- sans délégation donnée par l'AGE de la société absorbante au conseil d'administration (ou au directoire) de la compétence de décider d'une fusion ou du pouvoir de déterminer les modalités définitives du projet de fusion (C. com. art. L 236-9) ; voir no 13205.

Délais légaux à respecter

13405 ***Question***

Quels sont les différents délais légaux à respecter en matière d'information des actionnaires lorsque la fusion est réalisée entre sociétés anonymes ?

Commentaires Le calendrier présenté ci-après, établi par nos soins, est découpé en cinq phases :
- la phase préparatoire (voir no 13406) ;
- la rédaction et la signature du projet de fusion (voir no 13408) ;
- l'information avant les AGE (voir no 13411) ;
- la tenue des AGE (voir no 13413) ;
- les informations et obligations fiscales et comptables postérieures aux AGE (voir no 13415).

Opérations non visées Ce calendrier ne concerne toutefois :
- ni les opérations de fusion entre une société mère et sa filiale détenue à 100 % ou à 90 %, ou celles entre sociétés sœurs dont la totalité des actions ou dont 90 % au moins des parts ou des autres titres conférant un droit de vote sont détenus par une même société (sur la procédure à suivre dans ces cas, voir no 13420 et 13421),
- ni les fusions transfrontalières (voir no 7205).

Phase préparatoire

13406

<table>
<tr><th>Dates limites</th><th>Société absorbée</th><th>Société absorbante</th></tr>
<tr><td>AGE – X j.
date indéterminée</td><td colspan="2">– Etude des conditions financières, juridiques, fiscales, sociales de l'opération.
– Négociations entre les représentants des sociétés des conditions financières de l'opération.
– Etablissement facultatif d'un protocole d'accord (ou lettre d'intention) tenu secret.</td></tr>
<tr><td>AGE – 100 j.
délai conseillé</td><td colspan="2">– Information et consultation du comité social et économique (CSE) pour les sociétés d'au moins 50 salariés (voir Mémento Comptable n° 80280 et Mémento Social n° 9200 ; voir également Mémento Sociétés commerciales n° 83082 s.) (1).
– Consultation des actionnaires sur la désignation du (des) commissaire(s) à la fusion (C. com. art. L 236-10 II ; voir n° 13010) (2).
– Consultation des actionnaires sur la dispense de rapport du conseil d'administration (voir n° 13205).
– Requête de chaque société aux fins de désignation d'un ou plusieurs commissaires à la fusion (si cette désignation n'a pas été écartée par les actionnaires) et aux apports (le cas échéant) (3).
– Si les titres financiers de la société sont admis aux négociations sur un marché réglementé, contact avec l'AMF.</td></tr>
</table>

(1) A défaut d'accord avec l'employeur, le CSE est réputé avoir été consulté et avoir un rendu un avis négatif à l'expiration d'un délai d'un mois à compter de la communication par l'employeur des informations pour la consultation, ou le cas échéant, à compter de l'information par l'employeur de leur mise à disposition dans la base de données économiques et sociales. Ce délai est porté à deux mois en cas d'intervention d'un expert et à trois mois dans le cas d'une ou plusieurs expertises dans le cadre de consultations se déroulant à la fois au niveau du CSE central et d'un ou plusieurs CSE d'établissement (C. trav. art. L 2312-16, R 2312-5 et R 2312-6).

(2) Il n'existe aucun délai légal mais il est souhaitable que le commissaire à la fusion puisse donner un avis aux organes d'administration, de direction et de surveillance des sociétés participantes sur la méthodologie retenue pour déterminer le rapport d'échange et sur les termes du projet de traité de fusion et, qu'en conséquence, il soit désigné le plus tôt possible dans le calendrier des opérations (Avis technique CNCC sur la mission de commissariat à la fusion, § 3.6.1). Pour plus de détails, voir n° 13050.
Sur la date limite prévue par le Code de commerce pour effectuer cette consultation, voir n° 13010. En tout état de cause, leur nomination doit avoir été effectuée suffisamment en amont pour leur permettre d'établir leur rapport au plus tard 30 jours avant l'AGE (voir n° 13411).

(3) Lorsque la mission du commissaire à la fusion est écartée, et lorsque la nature des opérations le nécessite, un commissaire aux apports est nommé à l'unanimité des actionnaires, ou à défaut, par décision de justice. Sur les **commissaires concernés et** la **procédure d'acceptation** de leur mission, voir n° 13050 et 13100.

Rédaction et signature du projet de fusion

13408

Dates limites	Société absorbée	Société absorbante
Entre AGE – 80 j. et AGE – 55 j.	**Rédaction du projet de fusion** devant contenir un certain nombre d'indications obligatoires (C. com. art. L 236-6 et R 236-1) (voir n° 13210).	
	Réunion(s) avec le ou les commissaires à la fusion, le cas échéant (Rec. COB (1)).	
Selon statuts	**Convocation** des conseils d'administration.	
AGE – 50 j. délai conseillé	**Réunion du conseil d'administration** de chaque société pour : – arrêter le projet de fusion ; – décider de convoquer l'AGE et en fixer l'ordre du jour ; – adopter les termes du rapport à l'AGE (C. com. art. L 236-9, I. al. 4, sur son contenu, voir n° 13215) et des résolutions proposées à l'AGE ; – déléguer à l'un de ses membres le pouvoir de signer le projet de fusion et la déclaration de conformité.	
(Compte tenu du délai conseillé) de AGE – 50 j. à AGE – 1 mois (2)	**Signature** du projet de fusion par le représentant de chacune des sociétés (prévoir un nombre d'exemplaires suffisant pour sa diffusion, à chaque société, aux commissaires à la fusion et/ou aux apports, à l'enregistrement, au greffe, au rang des minutes d'un notaire en cas d'apport d'immeubles, etc.).	
	Communication officielle : – aux commissaires à la fusion (ou au commissaire aux apports, le cas échéant), du projet de fusion (3) ; – au public, si les titres financiers de la société sont admis aux négociations sur un marché réglementé, de la signature du projet de fusion en attirant l'attention sur le **caractère provisoire** des reports d'échange envisagés tant que les AGE ne se sont pas prononcées (Rec. COB, juillet 1977, p. 5).	

(1) Toutefois, ils n'ont pas à être associés par les dirigeants à des choix qu'ils auront à apprécier (Rec. COB concernant l'information des actionnaires et la rémunération des apports en nature dans les opérations de fusion, scission ou apport partiel d'actif, juillet 1977, p. 10).
(2) Selon que la publication du projet de fusion est faite sur le site internet de la société (– 1 mois) ou au Bodacc (– 50 jours).
(3) Sur les diligences des commissaires, voir n° 13060 s. et 13110 s.

Informations avant les AGE

13411

Dates limites	Société absorbée	Société absorbante
AGE – 45 j.		**Information de l'AMF** : si les titres financiers de la société sont admis aux négociations sur un marché réglementé, communication à l'AMF, le cas échéant, du document d'exemption de prospectus (Règl. gén. AMF art. 212-34). Sur les situations dans lesquelles il doit être établi, voir n° 13215 (1).

<table>
<tr><th>Dates limites</th><th>Société absorbée</th><th>Société absorbante</th></tr>
<tr><td>AGE – 45 j.
(compte tenu du délai conseillé au n° 13408)</td><td></td><td>**Information des actionnaires et de l'AMF** : si les titres financiers de la société sont admis aux négociations sur un marché réglementé, diffusion d'un communiqué (sur les situations dans lesquelles il doit être établi, voir n° 13215) [2].</td></tr>
<tr><td>AGE – 35 j.</td><td colspan="2">– Si toutes les actions de la société revêtent la forme nominative, envoi d'un **avis de réunion** aux actionnaires qui l'ont demandé (C. com. art. R 225-72) [3].
– Si toutes les actions de la société ne revêtent pas la forme nominative ou si les actions de la société sont admises aux négociations sur un marché réglementé, publication au **Balo**, d'un **avis de réunion** contenant notamment l'ordre du jour et le texte des projets de résolution (C. com. art. R 225-73 et R 22-10-22).
– Pour les sociétés dont les titres financiers de la société sont admis aux négociations sur un marché réglementé, publication de l'**avis de réunion sur le site internet** de la société et d'un communiqué dans la presse de diffusion nationale indiquant les date, lieu et heure de réunion de l'AGE, précisant les modalités d'obtention par l'actionnaire des documents et renseignements préparatoires (Guide relatif au dépôt de l'information réglementée auprès de l'AMF et à sa diffusion, annexe 6, du 26-3-2019).</td></tr>
<tr><td>AGE
entre – 45 j.
et – 31 j. [4]

AGE – 31 j.</td><td colspan="2">**Publicité du projet de fusion** (C. com. art. L 236-6 modifié par ord. 2023-393 du 24-5-2023 et R 236-2) :
1. Dépôt au greffe du tribunal de commerce du lieu du siège social de chacune des sociétés pour être annexé au registre du commerce et des sociétés.
2. Insertion d'un **avis** au **Bulletin officiel des annonces civiles et commerciales** (Bodacc) [5], et si les actions de l'une au moins des sociétés sont admises aux négociations sur un marché réglementé ou si toutes les actions de l'une d'entre elles au moins ne revêtent pas la forme nominative, insertion d'un **avis au Balo, ou** publication du projet de fusion **sur le site internet principal** de la société pendant une période ininterrompue de 30 jours au moins avant la date de la première AGE appelée à se prononcer sur la fusion (C. com. art. R 236-2 et R 236-3 modifiés par décret 2023-430 du 2-6-2023) [6].</td></tr>
<tr><td>AGE – 30 j.</td><td colspan="2">**Information des actionnaires** :
1. Mise à disposition au siège social (C. com. art. R 236-4, al. 1)
ou
Publication sur le site internet principal de chaque société pendant une période ininterrompue commençant au plus tard 30 jours avant la date de l'AGE (C. com. art. R 236-4, al. 1 et R 236-5) [7] :
– du projet de fusion, des comptes annuels et rapports de gestion des 3 derniers exercices des deux sociétés et, si les derniers comptes annuels sont clos depuis 6 mois à la date du projet, d'un état comptable arrêté moins de 3 mois avant cette date [8] (voir n° 13225) ;
– du rapport du conseil d'administration ou du directoire (sur son contenu, voir n° 13215) et du rapport des commissaires à la fusion [9].
2. Si les titres financiers de la société sont admis aux négociations sur un marché réglementé : **diffusion du document d'exemption de prospectus** transmis à l'AMF [10].</td></tr>
</table>

<table>
<tr><th>Dates limites</th><th>Société absorbée</th><th>Société absorbante</th></tr>
<tr><td>AGE - 21 j.</td><td colspan="2">Information des actionnaires :
Pour les sociétés dont les actions sont admises aux négociations sur un marché réglementé, publication sur leur site Internet (C. com. art. R 22-10-23) :
- de l'avis de réunion ;
- du nombre total de droits de vote et le nombre d'actions composant le capital social ;
- des documents destinés à être présentés à l'assemblée ;
- du texte des projets de résolution ;
- et des formulaires de vote par correspondance et de vote par procuration.</td></tr>
<tr><td>AGE - 15 j.</td><td colspan="2">Convoquer les AGE d'actionnaires [11] [12] :
- Publication d'un avis de convocation dans un support habilité à recevoir les annonces légales (SHAL) [13] (cette publicité peut être remplacée par une convocation adressée à chaque actionnaire si toutes les actions de la société revêtent la forme nominative) (C. com. art. R 225-67).
- Si toutes les actions de la société ne revêtent pas la forme nominative ou si les actions de la société sont admises aux négociations sur un marché réglementé, publication en outre de l'avis de convocation au Balo (C. com. art. R 225-67 et R 22-10-20).
- Si les titres financiers de la société sont admis aux négociations sur un marché réglementé, publication de l'avis de convocation sur le site internet [14], de la société et d'un communiqué dans la presse de diffusion nationale indiquant les date, lieu et heure de réunion de l'AGE, précisant les modalités d'obtention par l'actionnaire des documents et renseignements préparatoires (Guide relatif au dépôt de l'information réglementée auprès de l'AMF et à sa diffusion, annexe 6, du 26-3-2019).
Information des actionnaires :
- Tenir à disposition des actionnaires au siège social et envoyer à ceux qui en font la demande les documents habituels comme avant toute assemblée extraordinaire (C. com. art. R 225-81, R 225-83, R 225-88, R 225-89 al. 2, et R 225-90) [15].
- Si les titres financiers de la société sont admis aux négociations sur un marché réglementé : envoyer à l'AMF une copie des documents tenus à la disposition des actionnaires (Rec. COB de juillet 1977 précitée, p. 4).</td></tr>
<tr><td>AGE - 8 j.</td><td></td><td>Publicité du rapport sur l'évaluation des apports
Dépôt au greffe du tribunal de commerce [16].

Information des actionnaires
Mise à disposition au siège social du rapport sur l'évaluation des apports.</td></tr>
</table>

Dates limites	Société absorbée	Société absorbante
AGE – X j. (à compter du jour où le conseil d'administration a eu connaissance des modifications)	**Information des actionnaires sur les modifications importantes de l'actif et du passif** entre la date de l'établissement du projet de fusion et la date de l'AGE (C. com. art. R 236-7) (17) : - par insertion d'un **avis** au Bodacc et, le cas échéant, au Balo ; **ou** - par publication sur le **site internet** de la société.	

(1) Dans ce cas, il n'y a pas lieu d'établir un prospectus soumis à l'approbation de l'AMF (Règl. gén. AMF art. 212-4).
(2) La diffusion doit être effectuée au plus tard le jour de la réunion de l'organe d'administration décidant de l'émission des instruments financiers concernés (Inst.
AMF 2019-21 du 6-12-2019 modifiée le 29-4-2021, art. 15). Sur les délais de diffusion de ce communiqué, voir nº 13215.
(3) Le délai de 35 jours pour l'envoi de l'avis de réunion a été supprimé en 2002. Toutefois :
- les demandes d'inscription des points ou des projets de résolution devant être transmises à la société 25 jours au moins avant la date de l'AG, l'avis de réunion doit être envoyé, à l'actionnaire qui en fait la demande, dans un délai suffisant pour qu'il puisse valablement déposer ses points ou ses projets de résolution ;
- lorsque la société envisage de tenir une assemblée générale dématérialisée et lorsque ses statuts prévoient un délai d'opposition des actionnaires au recours exclusif à la visioconférence **avant la convocation,** la société doit informer les actionnaires de la date prévue pour la réunion de l'assemblée en leur adressant un avis 35 jours au moins avant celle-ci.
Pour plus de détails, voir Mémento Sociétés commerciales nº 46153 et 46154.
(4) Selon que la publication du projet de fusion est faite sur le site internet de la société
(– 31 jours) ou au Bodacc (– 45 jours).
(5) Concernant les problématiques pouvant être liées aux délais de publication au Bodacc, la Chancellerie a apporté les précisions suivantes (Courrier du 25-11-2011) :
- le Conseil National des Greffiers des Tribunaux de Commerce a adressé à l'ensemble de la profession une circulaire dont l'objet est d'attirer l'attention des greffiers sur la nécessité de transmettre sans délai au Bodacc les avis de projet de fusion adressés par les sociétés
(Circ. 50/2011 du 17-11-2011) ;
- le délai de publication au Bodacc des avis transmis par les greffiers peut être ramené à 7 jours dès lors que le greffier souligne l'urgence de la publication lors de la transmission de l'avis au Bodacc.
(6) Selon l'Ansa (Com. 11-069, CJ du 7-12-2011), la dispense de publication papier pour cause de publicité internet vaut aussi bien pour la parution au Bodacc qu'au **Balo** (Com.
Ansa 11-069 précitée).
Lorsque le site internet n'est plus accessible pendant une période d'au moins 24 heures, le projet doit faire l'objet d'un avis publié au Bodacc et, le cas échéant, au Balo. Dans ce cas, le délai minimal de 30 jours entre le dépôt du projet au greffe et la date de l'assemblée est suspendu jusqu'à cette publication (C. com. art. R 236-3). Sur les caractéristiques du site internet, voir Com. Ansa précitée.
L'Ansa a précisé que bien que les deux modes de publicité (au Bodacc ou sur le site internet) soient reconnus de même force légale, la publication du projet de fusion au Bodacc sans indication spécifique, réalisée postérieurement à celle faite sur le site internet, a pour effet de reporter le terme du délai d'opposition de 30 jours des créanciers (Com. Ansa 22-038, CJ du 5-10-2022).(7) Lorsque le site internet n'est plus accessible pendant une période ininterrompue d'au moins 24 heures, les documents doivent être mis à la disposition des actionnaires au siège social. Dans ce cas, le délai de 30 jours est suspendu jusqu'à cette mise à disposition.

(8) L'état comptable intermédiaire n'est pas requis lorsque la société dont les titres sont admis aux négociations sur un marché réglementé a publié son **rapport financier semestriel** (C. com. art. R 236-4).
(9) Le rapport sur l'évaluation des apports doit être remis dans les mêmes délais que le rapport sur la fusion, soit 30 jours avant l'AGE (voir Mémento Sociétés commerciales n° 83179).
(10) Le document est publié dans les mêmes conditions qu'un prospectus.
(11) En ce qui concerne la consultation des obligataires, voir Mémento Sociétés commerciales n° 83980 à 83986.
(12) Il est rappelé que les commissaires aux comptes (C. com. art. L 823-17 et R 823-9 ; voir n° 13175) et les deux membres du comité social et économique (C. trav. art. L 2312-77) sont convoqués à toutes les assemblées d'actionnaires. Pour plus de détails, voir Mémento Sociétés commerciales n° 46240 et 46241.
(13) Outre la publication de l'avis de convocation dans un support habilité à recevoir les annonces légales, la société doit adresser aux actionnaires titulaires de titres nominatifs depuis un mois au moins à la date de l'insertion de l'avis, une convocation par lettre ordinaire (C. com. art. R 225-68).
(14) En pratique, l'avis de réunion comprenant déjà les mentions à faire figurer dans l'avis de convocation et devant être publié sur le site Internet de la société 21 jours au moins avant l'assemblée, l'obligation pour la société de publier sur son site Internet l'avis de convocation 15 jours avant l'assemblée est déjà remplie.
(15) Pour plus de détails sur les documents à adresser aux actionnaires, voir Mémento Sociétés commerciales n° 46440 s.
(16) C. com. art. R 22-10-9 et R 123-107. Le Comité de coordination du registre du commerce et des sociétés (Avis CCRCS 98-02 et 98-02 bis) estime que le rapport du commissaire à la fusion sur la valeur des apports en nature doit être déposé au greffe lorsque la fusion entraîne une augmentation de capital, c'est-à-dire dans le cas d'une fusion par absorption. Ce dépôt n'est donc pas nécessaire en cas de fusion par création d'une société nouvelle (création d'un capital nouveau mais pas augmentation de capital) notamment. Voir en ce sens également le guide professionnel CNCC « Commissariat aux apports et commissariat à la fusion », juin 2012, § 2.33.
Toutefois, selon certains, ce dépôt au greffe ne serait en aucun cas obligatoire, même pour les fusions entraînant une augmentation de capital, les fusions étant des opérations autonomes, distinctes des augmentations de capital avec apports en nature (voir Mémento Sociétés commerciales n° 83179).
(17) Les actionnaires peuvent toutefois dispenser à l'unanimité le conseil d'administration de ces procédés d'information.

Tenue des AGE

13413

<table>
<tr><th>Dates limites</th><th>Société absorbée</th><th>Société absorbante</th></tr>
<tr><td rowspan="2">AGE</td><td colspan="2">Information sur les modifications importantes de l'actif et du passif intervenues entre l'établissement du projet de fusion et la date des AGE (C. com. art. R 236-7).</td></tr>
<tr><td>Les AGE doivent statuer sur les éléments suivants :
– approbation de la fusion (1) ;
– dissolution de la société sous réserve de l'approbation de la fusion par l'AGE des actionnaires de l'absorbante (3).</td><td>
– approbation de la fusion (2) ;
– constatation de la réalisation de l'augmentation de capital et de la modification des statuts en découlant ;
– constatation de la réalisation définitive de la fusion et de la dissolution de la société absorbée.</td></tr>
<tr><td colspan="3">(1) La société absorbée doit réunir une AGE pour approuver la fusion puis statuer sur la dissolution de la société sous réserve de l'approbation de la fusion par l'AGE chez la société absorbante.
(2) L'AGE de la société absorbante doit statuer sur l'approbation de la fusion telle qu'elle lui est proposée, sur la base des rapports établis par le commissaire à la fusion (ou le commissaire aux apports, le cas échéant). Elle n'a pas à se prononcer sur l'approbation des apports en nature (en ce sens, Rép. Tron, AN 30-1-1995, nº 20598). L'assemblée générale n'est pas tenue d'adopter ou de rejeter « en bloc » les évaluations et le rapport d'échange fixé dans le traité de fusion ; elle peut aussi les modifier, avec l'accord de l'assemblée générale des associés ou actionnaires de la société absorbée, pour tenir compte, par exemple, des observations présentées par les commissaires à la fusion (ou le commissaire aux apports, le cas échéant) ou de faits nouveaux intervenus depuis la signature du traité de fusion (en ce sens, Cass. com. 6-10-2015 nº 14-11-680 et Mémento Sociétés commerciales nº 83260). Dans l'hypothèse où le commissaire formulerait une observation ou serait dans l'impossibilité de se prononcer sur la valeur des apports, l'AGE peut également passer outre cette appréciation défavorable. Cependant, elle devra tenir compte de la position prise par l'AMF qui a déclaré s'opposer à l'admission à la cote officielle de titres émis en rémunération d'apports dès lors que les commissaires à la fusion ne concluaient pas de façon positive, sans réserve ni observation sur la valeur des apports (Bull. COB nº 380, juin 2003, p. 54).
(3) Sur la cessation des fonctions du commissaire aux comptes que cette dissolution entraîne, voir nº 13180.</td></tr>
</table>

Formalités juridiques, comptables et fiscales

13415

<table>
<tr><th>Dates limites</th><th>Société absorbée</th><th>Société absorbante</th></tr>
<tr><td>Avant l'AGE</td><td></td><td>Dépôt auprès de l'administration fiscale (Bureau des agréments de la direction générale des finances publiques ou direction régionale des finances publiques, voir nº 7802) de la demande de transfert des déficits de l'absorbée.</td></tr>
<tr><td>AGE + 29 j.</td><td colspan="2">Etablissement d'une déclaration de conformité (C. com. art. L 236-17 et L 210-7) (1).</td></tr>
</table>

<table>
<tr><th>Dates limites</th><th>Société absorbée</th><th>Société absorbante</th></tr>
<tr><td rowspan="5">AGE
+ 1 mois (2)</td><td colspan="2">Présentation au service des impôts pour enregistrement du traité de fusion et des procès-verbaux d'AGE.</td></tr>
<tr><td colspan="2">Publication dans un support habilité à recevoir les annonces légales et, si toutes les actions de la société ne revêtent pas la forme nominative, au Balo :</td></tr>
<tr><td>– d'un avis de dissolution de la société (C. com. art. R 210-9).</td><td>– d'un avis d'augmentation de capital de la société (C. com. art. R 210-9).</td></tr>
<tr><td colspan="2">Dépôt au greffe du tribunal de commerce des documents suivants :</td></tr>
<tr><td>– 1 exemplaire du PV de l'AGE ;
– 1 exemplaire de la déclaration de conformité (C. com. art. L 236-17 et R 236-16, al. 3) ;
– déclaration de dissolution et demande de radiation du RCS ;
– 1 exemplaire du PV de l'AGE de l'absorbante.</td><td>– 1 copie certifiée conforme du PV de l'AGE et des statuts mis à jour (C. com. art. R 123-105 et R 123-107) ;
– 1 exemplaire de la déclaration de conformité (C. com. art. L 236-17 et R 236-16, al. 3) ;
– demande d'inscription modificative au RCS.</td></tr>
<tr><td></td><td colspan="2">Inscription modificative au Registre du commerce et des sociétés (C. com. art. R 123-66 et R 123-69).</td></tr>
<tr><td>Date de la publicité de fusion dans SHAL + 45 j.</td><td>Envoi au centre de formalités des entreprises de la déclaration de cessation d'activité.</td><td></td></tr>
<tr><td rowspan="2">Date de la publicité de fusion dans SHAL + 60 j. (3)</td><td>Autres formalités fiscales :
– envoi au service des impôts de la déclaration des résultats du dernier exercice ;
– déclaration (et éventuellement versement) des taxes assises sur les salaires et autres déclarations fiscales habituellement déposées par la société (notamment déclaration de TVA, déclaration des commissions et honoraires, etc.).</td><td></td></tr>
<tr><td>Ecritures comptables Voir n° 8010 s.</td><td></td></tr>
<tr><td>Avant la clôture de l'exercice</td><td></td><td>Ecritures comptables Voir n° 8100 s.</td></tr>
<tr><td colspan="3">(1) Cette déclaration peut être commune (Cass. com. 27-5-2008 07-11.428 et 07-11.530, n° 632 FS-PB). Sur les modalités d'établissement et le contenu de cette déclaration, voir Mémento Sociétés commerciales n° 83373 et 83374.
(2) L'ordre de présentation des obligations fiscales et des publications légales fourni ici doit être respecté en pratique.
(3) Sauf en matière de TVA (30 jours pour les redevables relevant du réel normal ; CGI art. 287-4).</td></tr>
</table>

B. Fusions simplifiées

Fusions simplifiées à 100 %

13420 ***Question***

La procédure à suivre est-elle simplifiée en cas d'absorption d'une filiale détenue à 100 % ou de fusion entre sociétés détenues à 100 % par la même société ?

Réponse

Oui, lors de l'absorption par une SA (ou une SAS ou une SCA) ou une SARL d'une ou plusieurs de ses filiales (sociétés par actions ou SARL) détenues à 100 % ainsi qu'en cas de fusion entre sociétés détenues à 100 % par la même société mère, plusieurs simplifications sont prévues par le Code de commerce.

Commentaires L'absorption d'une filiale à 100 % ou la fusion entre sociétés détenues à 100 % par la même société mère donne lieu à des simplifications juridiques (b.), sous respect des conditions suivantes :

a. **Conditions à respecter** Les simplifications décrites ci-après (b.) sont prévues pour les **fusions réalisées entre sociétés par actions et SARL,** lorsque **depuis le dépôt au greffe du projet de fusion** jusqu'à la réalisation de l'opération (C. com. art. L 236-11) :
- la société absorbante détient en permanence, la totalité des actions représentant la totalité du capital de la société absorbée ;
- ou lorsqu'une même société détient la totalité des actions représentant la totalité du capital de la société absorbante et de la société absorbée.

Remarques :

1. **Société de personnes détenue à 100 %** Selon l'Ansa, seules les SA, SAS, SCA et SARL peuvent bénéficier de la fusion simplifiée à 100 %. Ainsi, une SA souhaitant absorber sa filiale à 100 % qui est une société civile ne pourra pas se placer sous ce régime, et une réunion de l'AGE de la société absorbante sera donc obligatoire (CJ nº 12-048, 4-7-2012). Cette solution est, à notre avis, transposable aux fusions entre sociétés de personnes détenues à 100 % par une même SA.

2. **Acquisition de 100 % des actions après le dépôt du projet de fusion** L'acquisition de la totalité des actions postérieurement au dépôt du projet de fusion ne permet pas d'appliquer le régime de fusion simplifiée tel que prévu par l'article L 236-11 du Code de commerce. Il est néanmoins possible, sous la condition suspensive de l'acquisition de la totalité du capital de la société absorbée par la société absorbante, de ne pas procéder à un échange de titres ni par conséquent à une augmentation de capital en application de l'article L 236-3 du Code de commerce, ce qui dispense également de rapport d'un commissaire aux apports. Selon l'Ansa, cette solution est également applicable dans le cadre de la fusion de deux sociétés sœurs détenues à 100 % par la même société mère (CJ nº 20-041, 4-11-2020).

3. **Fusions transfrontalières** Peuvent également bénéficier des simplifications prévues décrites ci-après (b.), sous certaines conditions, les fusions réalisées entre une société par actions ou une SARL ayant son siège social en France et une société relevant du droit d'un autre Etat membre de l'UE (C. com. art. L 236-31 renvoyant à la section 1 sur les fusions, et notamment à C. com. art. L 236-11).

b. **Simplifications :**
- pas d'intervention d'un commissaire à la fusion (voir nº 13010) ;
- pas d'intervention d'un commissaire aux apports (voir nº 13010) ;
- pas d'augmentation de capital (C. com. art. L 236-3) ;

– pas d'approbation de la fusion par les AGE des sociétés absorbée et absorbante (C. com. art. L 236-11) ;

Un ou plusieurs des associés ou actionnaires de la société absorbante, représentant au moins 5 % du capital, peuvent toutefois demander en justice la désignation d'un mandataire aux fins de convoquer l'**AGE de la société absorbante** appelée à se prononcer sur l'approbation de la fusion (C. com. art. L 236-11, al. 2 ; voir Mémento Sociétés commerciales n° 83280). Le délai accordé aux associés ou actionnaires pour faire cette demande en justice est de 20 jours à compter de l'insertion d'un avis sur le projet de fusion au Bodacc ou au Balo, ou à compter de la publication du projet sur le site internet principal de la société (C. com. art. R 236-8 modifié par décret 2023-430 du 2-6-2023).

– pas d'établissement d'un rapport du conseil d'administration, du directoire ou des gérants des sociétés absorbée et absorbante.

Remarques :

1. Projet de fusion

a. Etablissement Malgré l'absence d'AGE, l'obligation d'établir un projet de fusion et de le déposer au greffe continue de s'appliquer (en application de l'article L 236-6 du Code de commerce). Certaines mentions, qui n'ont d'utilité que si l'opération entraîne un échange de parts ou d'actions, n'ont pas besoin d'être indiquées dans ce projet :
– modalités de remise des parts ou actions ;
– date à partir de laquelle ces parts ou actions donnent droit aux bénéfices et modalités particulières relatives à ce droit ;
– rapport d'échange des droits sociaux et, le cas échéant, montant de la soulte ;
– montant de la prime de fusion ou de scission.

b. Publicité Le dépôt au greffe et les autres mesures de publicité (insertion d'un avis au Bodacc et le cas échéant, au Balo, ou publication sur le site internet de la société) ont lieu 30 jours au moins avant que la **fusion ne prenne effet**. Selon l'Ansa (Com. 11-057 et 11-069, CJ du 12-10-2011 et 7-12-2011), il convient de retenir la **date d'effet juridique** de la fusion simplifiée, prévue dans le projet de fusion.

Sur la détermination de la date d'effet juridique, voir n° 10505.

2. Information des actionnaires Selon l'Ansa, même en l'absence de convocation de l'AGE de la société absorbante, les documents d'information prévus par l'article R 236-3 du Code de commerce (tels que le projet de fusion ou encore les comptes annuels), à l'exception des rapports du conseil d'administration, du commissaire à la fusion, ou du commissaire aux apports, doivent être déposés au siège social 30 jours avant la date de réalisation de la fusion (Com. 11-057, CJ du 12-10-2011).

Sur les documents à fournir aux actionnaires, voir n° 13205.

Sur la nature des documents comptables à mettre à la disposition des actionnaires, voir n° 13220.

3. Scissions simplifiées et apports partiels d'actif simplifiés Les simplifications prévues pour les fusions simplifiées à 100 % (absence de commissaire à la scission, de commissaire aux apports, absence d'AGE, absence de rapport du conseil d'administration) sont également applicables aux scissions simplifiées (voir n° 7150) et aux apports partiels d'actif simplifiés soumis au régime des scissions (voir n° 7113).

c. Simplifications ne pouvant pas être retenues en cas de fusions simplifiées transfrontalières au sein de l'UE :

– **Exemption d'approbation par l'assemblée générale de la société absorbante** Pour qu'une société française puisse fusionner selon la procédure simplifiée avec une société d'un autre Etat membre, il est nécessaire que la législation nationale de cette société prévoie des conditions compatibles, en particulier l'exemption d'assemblée générale de la société absorbante, qui n'est qu'optionnelle selon la directive 2017/1132 modifiée, lorsque la société française est absorbée (en ce sens, Com. Ansa, CJ n° 23-033 du 6-9-2023).

– **Pas d'exemption possible pour le rapport du conseil d'administration** Selon l'Ansa, l'établissement par les dirigeants de chaque société participante d'un rapport est requis même lorsque l'opération est soumise au régime simplifié en application de l'article

L 236-36, al. 1 du Code de commerce qui impose spécifiquement l'établissement d'un tel rapport (CJ nº 23-033 du 6-9-2023). En l'absence de toute approbation par une assemblée ou de décision collective, l'Ansa considère que, par prudence, ce rapport doit être mis à la disposition des associés 6 semaines avant la date de réalisation de la fusion telle que constatée par un mandataire délégué à cet effet par le conseil d'administration de la société absorbante (CJ précité). En effet, le délai d'un mois prévu par la directive 2017/11232/UE pour les fusions simplifiées transfrontalières (art. 132) n'a pas été transposé en droit français.

Fusions simplifiées à 90 %

13421 *Question*

Des simplifications sont-elles prévues en cas d'absorption d'une filiale dont la société mère (absorbante) détient au moins 90 % des parts ou autres titres donnant un droit de vote ou en cas de fusion entre sociétés détenues à 90 % par la même société ?

Réponse

Oui, des simplifications sont également prévues par le Code de commerce lorsqu'une SA (ou SAS ou SCA) ou une SARL absorbe l'une de ses filiales (SA, SAS ou SCA, ou SARL) dont elle détient au moins 90 % des parts ou autres titres donnant un droit de vote, ainsi qu'en cas de fusion réalisée entre sociétés détenues au moins à 90 % par la même société mère.

Commentaires L'absorption par une SA (ou SAS ou SCA) ou une SARL d'une ou de plusieurs de ses filiales (SA, SAS, SCA ou SARL) dont elle détient en permanence au moins 90 % des parts ou des autres titres conférant un droit de vote, sans en détenir la totalité, ou la fusion entre deux sociétés (SA, SAS ou SCA) dont une même société détient au moins 90 % des parts ou des autres titres conférant un droit de vote, sans en détenir la totalité, donne lieu aux simplifications suivantes :
- pas d'approbation de la fusion par l'AGE de la **société absorbante** sauf si un ou plusieurs actionnaires réunissant au moins 5 % du capital demandent en justice la désignation d'un mandataire aux fins de convoquer une AGE appelée à se prononcer sur l'approbation de la fusion (C. com. art. L 236-12). Le délai accordé aux associés ou actionnaires pour faire cette demande en justice est de 20 jours à compter de l'insertion d'un avis sur le projet de fusion au Bodacc ou au Balo, ou à compter de la publication du projet sur le site internet de la société (C. com. art. R 236-8 modifié par décret 2023-430 du 2-6-2023) ;

La fusion doit être en revanche approuvée par l'AGE de la **société absorbée.**

- pas d'augmentation de capital lorsque les parts et actions sont détenues par les associés dans les mêmes proportions (au moins 90 % pour l'une et pas plus de 10 % pour l'autre) dans toutes les sociétés qui fusionnent et que ces proportions sont conservées à l'issue de l'opération (C. com. art. L 236-3) ;
- pas d'intervention d'un commissaire à la fusion ni d'un commissaire aux apports (voir nº 13010) ;

Les rapports du commissaire à la fusion/aux apports ne sont pas requis à condition que la société absorbante propose aux actionnaires minoritaires le rachat de leurs actions préalablement à la fusion.

– pas d'établissement d'un rapport du conseil d'administration, du directoire ou des gérants.

L'établissement du rapport des dirigeants n'est toutefois écarté que si la société absorbante a proposé aux actionnaires minoritaires le rachat de leurs actions, préalablement à la fusion, à un prix correspondant à la valeur de celles-ci (C. com. art. L 236-12 2°). L'Ansa considère toutefois que lorsque les seules actions de la société absorbée qui ne sont pas détenues par la société absorbante le sont par la société absorbée elle-même (titre autodétenus en son nom propre), il n'y a alors pas lieu d'adresser une proposition de rachat. Il suffira de mentionner cette circonstance dans le traité de fusion (CJ n° 23-042 du 6-12-2023).

Sur les règles de détermination du prix de rachat des actions des actionnaires minoritaires, voir Mémento Sociétés commerciales n° 83286.

Ces allégements s'appliquent également lorsque la société mère détient, d'une part, 100 % de l'une des sociétés qui fusionnent et, d'autre part, plus de 90 % de l'une ou des autres sociétés (C. com. art. L 236-12, al. 1 modifié par ord. précitée).

Remarques :

1. **Fusions impliquant des SARL** Les fusions impliquant une ou plusieurs SARL peuvent désormais bénéficier des simplifications exposées ci-avant, prévues en cas d'absorption d'une filiale à 90 %, à la suite des modifications apportées par l'ordonnance n° 2023-393 du 24 mai 2023 (C. com. art. L 236-8 et L 236-12 modifiés par ord. précitée ; voir Mémento Sociétés commerciales n° 83285).

2. **Détention d'au moins 90 %** La détention d'au moins 90 % ne s'apprécie plus en droits de vote mais en parts ou titres conférant un droit de vote. Il en résulte que les droits de vote double ou multiple attachés aux actions ne sont plus pris en considération, seules l'étant les actions auxquelles ils se rattachent. Sont aussi exclues les actions privées de droit de vote de façon permanente, telles les actions de préférence sans droit de vote. On peut en revanche s'interroger pour les titres privés de droit de vote de façon temporaire comme par exemple les actions autodétenues (en ce sens, voir Mémento Sociétés commerciales n° 83285). Il semblerait que les actions autodétenues soient également exclues du calcul du seuil de 90 % (en ce sens, Com. Ansa, CJ n° 23-042 du 6-12-2023).

3. **Sociétés civiles dont les parts sont détenues à 90 % par une SA** Selon l'Ansa, les textes (C. civ. art. 1854-1 et C. com. art. L 236-11) ne permettent pas de soumettre au régime de fusion simplifié à 90 % l'absorption par une SA d'une société civile dont elle détient au moins 90 % des parts (CJ n° 20-026, 1-7-2020).

4. **Fusions entre sociétés sœurs – détention à 100 % des sociétés absorbées** Selon l'Ansa (CJ n° 21-016, 7-4-2021), le régime de fusion simplifié peut s'appliquer dans la situation où une même société détient 99,99 % de la société absorbante et 100 % des sociétés absorbées (soit la totalité des droits de vote), alors même que l'article L 236-11-1 du Code de commerce (abrogé et transféré à C. com. art. L 236-12 par l'ord. 2023-393 du 24-5-2023) prévoit que l'actionnaire ne doit pas détenir la totalité des droits de vote et que l'interprétation littérale de cet article conduirait à écarter le régime de fusion simplifié. L'Ansa a toutefois précisé qu'en l'absence de jurisprudence en la matière, la société absorbante pourra juger prudent, compte tenu de son appréciation propre d'un risque éventuel de contentieux de nuisance, d'appliquer le régime de droit commun (et d'écarter ainsi les allégements présentés ci-avant).

Tableau récapitulatif des simplifications prévues pour les fusions, scissions, ou apports partiels d'actif simplifiés

13425 Le tableau ci-après, établi par nos soins, présente une synthèse des simplifications juridiques applicables en fonction de la nature de l'opération relevant d'un dispositif simplifié.

Obligations	Fusion entre une société mère et sa filiale détenue à 100 % (C. com. art. L 236-11)	Fusion entre une société mère et sa filiale détenue à 90 % ou fusion entre sociétés sœurs détenues par la même mère à 90 % (C. com. art. L 236-12)	Fusion entre 2 sociétés détenues à 100 % par une même société (C. com. art. L 236-11)	Scission d'une société au profit de ses actionnaires qui la détiennent en totalité (2) (C. com. art. L 236-11 sur renvoi de l'art. L 236-21)	Scission lorsque la société scindée et les sociétés bénéficiaires sont détenues à 100 % par une même société (2) (C. com. art. L 236-11 sur renvoi de l'art. L 236-21)	Scission créant des sociétés nouvelles sans autre apport que celui de la société scindée (C. com. art. L 236-22) (4)	APA à une filiale détenue à 100 % placé sous le régime juridique des scissions (ou inversement) (6) (C. com. art. L 236-28)	APA entre sociétés sœurs détenues à 100 % par une même société (6) (C. com. art. L 236-28)
Echange de titres (Augmentation de capital par l'absorbante/bénéficiaire des apports)	Non	Oui (10)	Non	Non	Non	Oui	Oui (9)	Oui
Approbation par AGE de l'absorbante/bénéficiaire des apports et de l'absorbée/apporteuse	Non	Non (1)	Non	Non	Non	Oui (7)	Non	Non
Rapports à établir par le CA de l'absorbante/bénéficiaire des apports et de l'absorbée/apporteuse	Non	Non (sous condition) (3)	Non	Non	Non	Non (8)	Non	Non
Nomination d'un commissaire aux apports / à la fusion/scission	Non	Non (sous condition) (3)	Non	Non	Non	Non (5)	Non	Non

(1) Absence d'AGE uniquement pour la société absorbante sauf si un ou des actionnaires de l'absorbante détenant au moins 5 % du capital demande en justice la désignation d'un mandataire aux fins de convoquer l'AG.
(2) Pour les scissions réalisées entre SARL ou SARL et sociétés par actions, ainsi que désormais pour les scissions réalisées entre sociétés par actions, l'ordonnance n° 2023-393 du 24 mai 2023 ayant modifié les textes en ce sens (C. com. art. L 236-20 et L 236-21), voir n° 7150.
(3) Le rapport du conseil d'administration de la société absorbante et celui du commissaire à la fusion/aux apports ne sont pas requis à condition que la société absorbante propose aux actionnaires minoritaires le rachat de leurs actions préalablement à la fusion.
(4) Pour plus de détails, voir n° 13010.
(5) La nomination d'un commissaire aux apports n'est, à notre avis, pas requise, voir n° 13010.
(6) Pour plus de détails, voir n° 7113. En revanche, si l'apport n'est pas soumis au régime juridique des scissions, aucune de ces simplifications n'est applicable.
(7) La scission n'est approuvée que par les actionnaires de la société scindée.
(8) A condition que les actions de chacune des sociétés nouvelles soient attribuées aux actionnaires de la société scindée proportionnellement à leurs droits dans le capital de cette dernière.
(9) Pour une position contraire (pas d'augmentation de capital pour les apports partiels d'actifs simplifiés lorsque la filiale détenue à 100 % apporte une branche d'activité à sa mère), voir Ansa Comité juridique n° 11-57 du 12 octobre 2011 et 14-055 du 3 sepembre 2014.
(10) La fusion ne donne toutefois lieu ni à augmentation de capital ni donc à échange de titres lorsque les parts et actions sont détenues par les associés dans les mêmes proportions (au moins 90 % pour l'une et pas plus de 10 % pour l'autre) dans toutes les sociétés qui fusionnent et que ces proportions sont conservées à l'issue de l'opération (C. com. art. L 236-3).

Annexes

ANNEXE 1

Extraits du Recueil des normes comptables de l'ANC

Version consolidée du règlement ANC nº 2014-03 relatif au PCG : articles 213-2, 213-3, 221-1, 932-1 et 942-20 relatifs aux fusions et opérations assimilées

13620

Art. 213-2 *Evaluation des actifs reçus à titre d'apports en nature*
Le coût d'acquisition s'entend pour les biens et titres reçus à titre d'apports en nature par la société bénéficiaire, des valeurs figurant dans le traité d'apport, déterminées et évaluées selon les dispositions du titre VII (Ndlr : voir nº 7605).

Les apports en nature d'actifs corporels ou incorporels isolés figurant dans le traité d'apport sont assimilés à des échanges, et évalués selon les dispositions de l'article 213-3.

Art. 213-3 *Echanges et apports en nature d'actifs corporels et incorporels isolés*
Une immobilisation corporelle, incorporelle ou un stock acquis en échange d'un ou plusieurs actifs non monétaires ou d'une combinaison d'actifs monétaires (soulte) et non monétaires est évalué à la valeur vénale à moins que :
- la transaction d'échange n'ait pas de substance commerciale ou
- la valeur vénale de l'immobilisation reçue ou de l'immobilisation donnée ne puisse être évaluée de façon fiable.

Un échange n'a une substance commerciale que s'il entraîne une modification des flux de trésorerie futurs résultant de la transaction, ou si l'analyse de la transaction confirme de manière explicite la substance commerciale.

Si l'immobilisation acquise ne peut pas être évaluée à la valeur vénale, son coût est évalué à la valeur comptable de l'actif cédé.

Modification des flux de trésorerie futurs – Avis CNC nº 2004-15 du 23 juin 2004 relatif à la définition, la comptabilisation et l'évaluation des actifs

Un échange n'a une substance commerciale que s'il entraîne une modification des flux de trésorerie futurs résultant de la transaction, ainsi :
- la configuration des flux de trésorerie (risque, calendrier et montants) de l'actif reçu diffère de la configuration des flux de trésorerie de l'actif transféré, ou
- la valeur des flux de trésorerie attendus de l'échange est modifiée à l'issue de l'opération ;
- l'une ou l'autre des différences est significative par rapport à la valeur vénale des actifs échangés.

L'entité n'a pas à procéder à ces calculs quand l'analyse des conditions susvisées confirme de manière explicite la substance commerciale.

Aucune compensation ne peut être effectuée entre la valeur vénale de l'actif reçu et la valeur vénale de l'actif donné.

Echanges d'actions dans le cadre d'opérations de fusion entre entités détenues à 100 % – Avis CNC nº 2006-B du 5 juillet 2006 afférent aux modalités d'application du règlement CRC nº 2004-01 du 4 mai 2004 (question nº 3)

Cette question concerne les modalités d'évaluation des actions échangées entre actionnaires, dans le cadre d'opérations de fusion intervenant entre sociétés détenues à 100 %.

Cette situation est décrite dans l'exemple suivant. La société (C) ayant absorbé la société (B), il convient de traiter l'opération de remise des actions émises par la société bénéficiaire de l'apport (C) à sa société mère (A), après annulation des actions de la société absorbée (B).

Les sociétés (B) et (C) étant détenues à 100 %, et donc sous contrôle commun au sens des dispositions de l'article 741-1, les apports de la société absorbée (B) à la société absorbante (C) sont évalués à la valeur comptable.

S'agissant de l'opération de remise des actions par la société bénéficiaire de l'apport, à sa société mère, après annulation des actions de la société absorbée, le Comité considère qu'au cas particulier d'opérations de fusion intervenant entre sociétés détenues à 100 %, pour lesquelles les apports sont évalués à leur valeur comptable, les actions de la société absorbante, remises en échange des actions de la société absorbée, sont évaluées à la valeur comptable de ces dernières.

Cette position est étendue aux opérations de fusion intervenant entre sociétés détenues à quasi 100 %, c'est-à-dire en présence du nombre minimal d'actionnaires minoritaires dans la société absorbée et la société absorbante pour répondre aux seules obligations légales de constitution des sociétés.

Art. 221-1 *Règles générales d'évaluation*

A leur date d'entrée dans le patrimoine de l'entité, les titres immobilisés sont évalués selon les règles générales d'évaluation énoncées aux articles 213-1, 213-2, 213-3, 213-4, 213-5 et 213-8.

Le coût d'entrée des titres reçus en contrepartie d'un apport partiel d'actif par la société apporteuse, doit être égal à la valeur des apports retenue dans le traité d'apport.

Avis CU nº 00-D du 21 décembre 2000 relatif au traitement comptable des frais d'émission et d'acquisition de titres

- **Définition des frais d'émission et des frais d'acquisition de titres**

Les coûts internes liés à l'acquisition et à l'émission de titres ne constituent pas, sur le plan comptable, des frais d'émission et d'acquisition de titres. Seuls les coûts externes directement liés à l'opération, c'est-à-dire les dépenses qui n'auraient pas été engagées en l'absence de cette opération, constituent, sur le plan comptable, des frais d'émission et d'acquisition de titres.

La démonstration de ce lien direct à l'opération est relativement aisée pour les coûts relatifs aux honoraires de conseils, aux frais bancaires et formalités légales. En revanche, elle est plus difficile à apporter pour les coûts de communication et de publicité. Aussi, une analyse au cas par cas est nécessaire pour établir le caractère direct du lien entre la dépense et l'opération d'acquisition ou d'émission : notamment la publicité doit intervenir entre la date de lancement et celle de la fin de l'opération et la nature du message doit se rapporter explicitement à l'opération financière concernée.

- **Coûts directs liés à une acquisition engagés antérieurement à l'opération d'acquisition (frais d'acquisition de titres notamment)**

• Comptes individuels

Les coûts internes, ne constituant pas des frais d'acquisition, sont comptabilisés en charges de l'exercice. Les coûts externes constituant, sur le plan comptable, des frais d'acquisition, sont exclus du coût d'acquisition et sont comptabilisés en charges (art. 213-2).

Enfin, les coûts externes qui ne constitueraient pas sur le plan comptable des frais d'acquisition, sont comptabilisés uniquement en charges de l'exercice.

• Comptes consolidés

Dans les comptes consolidés :

– les coûts internes, ne constituant pas des frais d'acquisition, sont comptabilisés en charges de l'exercice ;

– les coûts externes constituant, sur le plan comptable, des frais d'acquisition, font partie du coût d'acquisition des titres pour leur montant net d'impôts (cf. art. 231-2 du Règl. ANC 2020-01 relatif aux comptes consolidés). Ils constituent alors un élément de l'écart d'acquisition.

En conséquence :

– dans la méthode de la « juste valeur », ils sont amortis sur la durée retenue pour l'écart d'acquisition ;

– dans la méthode dérogatoire, ils sont imputés sur les capitaux propres consolidés conformément aux dispositions de l'article 232-9 du règlement ANC n° 2020-01 ;

– les coûts externes qui ne constitueraient pas, sur le plan comptable, des frais d'acquisition, sont comptabilisés en charges de l'exercice.

• Cas particulier où l'acquisition et l'émission sont concomitantes

L'opération se déroule en deux temps : la décision d'acquérir la cible et le financement de l'acquisition. En conséquence, aucun lien ne doit être fait entre les coûts liés à l'acquisition et les coûts de financement (frais d'emprunt, frais d'émission de titres, liquidités).

• Dispositions diverses

Les frais qui seraient comptabilisés directement en charges de l'exercice, sont inscrits au compte de résultat selon leur nature. Par exception, en cas d'échec de l'opération ou en cas d'opérations n'entraînant pas d'émission de capitaux propres, c'est-à-dire si aucune émission ou acquisition n'est réalisée, les frais engagés sont comptabilisés directement et en totalité en charges exceptionnelles. Dans le tableau des variations des capitaux propres, les entreprises doivent faire apparaître distinctement les frais suivants, lorsqu'ils ont été imputés sur les capitaux propres :

– les frais relatifs à une émission d'instruments de capitaux propres ;

– les frais d'acquisition.

• Liste détaillée des frais identifiés : Cf. Annexes Titre II.

• Schémas comptables pour l'imputation des coûts d'émission d'instruments de capitaux propres sur les primes afférentes : Cf. Annexes Titre II.

Comptabilisation des titres reçus en rémunération d'un apport partiel d'actif – Avis CNC n° 2005-C du 4 mai 2005 afférent aux modalités d'application du règlement CRC n° 04-01

– Les titres reçus en rémunération par la société apporteuse sont comptabilisés à la valeur comptable si les apports ont été évalués à la valeur comptable dans le traité d'apport.

– Les titres reçus en rémunération par la société apporteuse sont comptabilisés à la valeur réelle si les apports ont été évalués à la valeur réelle dans le traité d'apport.

En effet, il ne s'agit pas à proprement parler d'un échange mais d'une simple contrepartie de l'apport qui doit être évaluée comme celui-ci et non en fonction de la parité. En outre cette position est cohérente avec celle des comptes consolidés, où aucune plus-value n'est dégagée lors de l'apport, si celui-ci est effectué entre sociétés du groupe sous contrôle commun.

Art. 932-1 *Plan de comptes général (en partie)*

Le plan de comptes, visé à l'article 911-5 et présenté ci-après, est commun au système de base, au système abrégé et au système développé. Les comptes utilisés dans chaque système sont distingués de la façon suivante :

- système de base : comptes imprimés en caractères normaux,
- système abrégé : comptes imprimés en caractères gras exclusivement,
- système développé : comptes du système de base et comptes imprimés en caractères italiques.

[...]

Classe 2 : Comptes d'immobilisations

20 - Immobilisations incorporelles

[...]

208 - Autres immobilisations incorporelles

2081 - Mali de fusion sur actifs incorporels

21 - Immobilisations corporelles

[...]

2187 - Mali de fusion sur actifs corporels

27 - Autres immobilisations financières

[...]

278 - Mali de fusion sur actifs financiers

28 - Amortissements des immobilisations

280 - Amortissements des immobilisations incorporelles

[...]

28081 - Amortissements du mali de fusion sur actifs incorporels

281 - Amortissements des immobilisations corporelles

[...]

28187 - Amortissement du mali de fusion sur actifs corporels

29 - Dépréciations des immobilisations

290 - Dépréciations des immobilisations incorporelles

[...]

29081 - Dépréciation du mali de fusion sur actifs incorporels

291 - Dépréciations des immobilisations corporelles (même ventilation que celle du compte 21)

29187 - Dépréciation du mali de fusion sur actifs corporels

[...]

297 - Dépréciations des autres immobilisations financières

[...]

29787 - Dépréciation du mali de fusion sur actifs financiers

[...]

4781 – Mali de fusion sur actif circulant (Ndlr : précision apportée par l'exemple VI des annexes au Titre VII)

Art. 942-20 *Immobilisations incorporelles*

(en partie) **Le compte 207 « Fonds commercial » enregistre l'acquisition des éléments incorporels du fonds de commerce acquis, qui ne font pas l'objet d'une évaluation et d'une comptabilisation séparées au bilan et qui concourent au maintien ou au développement du potentiel d'activité de l'entité.**

Le compte 207 enregistre également le mali de fusion.

ANNEXE 2

Extraits du Recueil des normes comptables de l'ANC relatifs aux fusions et opérations assimilées

Version consolidée du règlement ANC nº 2014-03 relatif au PCG et intégrant en dernier lieu le règlement ANC nº 2019-06 : articles 710-1 à 770-2 (titre VII du livre II)

Comptabilisation et évaluation des opérations de fusions et opérations assimilées dans les comptes de l'entité absorbante ou bénéficiaire des apports

13640

Titre VII. Comptabilisation et évaluation des opérations de fusions et opérations assimilées

Afin de faciliter la lecture du règlement, le présent document présente la version consolidée du titre VII du recueil des normes comptables françaises intégrant :
- les modifications apportées par les règlements de l'ANC nº 2017-01 du 5 mai 2017, nº 2019-06 du 8 novembre 2019 et nº 2023-08 du 22 novembre 2023 ;
- et les commentaires infra-réglementaires, remaniés afin de tenir compte des modifications faites par les règlements 2017-01, 2019-06 et 2023-08 précités.

S'agissant des éléments infra-réglementaires, ils sont classés selon leur objet. En effet, le Collège de l'ANC a décidé en juin 2017, pour les nouveaux textes comptables français adoptés à compter de 2017 par l'ANC, que les commentaires infra-réglementaires (IR), y afférents figureront dans le recueil des normes comptables selon la classification suivante :

1. **Commentaires contextuels (IR 1)** : l'origine du nouveau dispositif, l'exposé des motifs peuvent être précisés (nouvelle contrainte réglementaire, changement de normes) ainsi que les éléments conceptuels soutenant la position retenue.

2. **Recommandations relatives au champ d'application (IR 2)** : il s'agit d'indiquer qu'une catégorie d'opérations entre dans le champ d'application d'un article existant.

3. **Recommandations relatives aux modalités de mise en œuvre (IR 3)** : il s'agit de préciser et de détailler les modalités de mise en œuvre des dispositions réglementaires.

4. **Commentaires illustratifs (IR 4)** : les exemples permettent aux praticiens de mettre en œuvre plus efficacement les nouvelles dispositions.

5. **Recommandations relatives aux schémas d'écritures (IR 5)** : les règlements comptables comprenant une partie dédiée au fonctionnement des comptes, il convient de préciser les incidences du nouveau dispositif sur le fonctionnement des comptes.

Code de commerce

[ndlr : Les articles du Code de commerce mentionnés ci-après ont été modifiés à l'occasion de l'ordonnance 2023-393 du 24-5-2023 portant réforme du régime des fusions, scissions, apports partiels d'actifs et opérations transfrontalières des sociétés commerciales (JO du 25) et décret 2023-430 du 2-6-2023 (JO du 3). Leur mise à jour au sein du Recueil des normes comptables de l'ANC est en cours de réalisation. Le texte ci-après présente les articles modifiés extraits du Code de commerce actuel.]

Art. L 236-1

Une ou plusieurs sociétés peuvent, par voie de fusion, transmettre leur patrimoine à une société existante ou à une nouvelle société qu'elles constituent.

Cette faculté est ouverte aux sociétés en liquidation à condition que la répartition de leurs actifs entre les associés n'ait pas fait l'objet d'un début d'exécution.

Les associés des sociétés qui transmettent leur patrimoine dans ce cadre reçoivent des parts ou des actions de la ou des sociétés bénéficiaires et, éventuellement, une soulte en espèces dont le montant ne peut dépasser 10 % de la valeur nominale des parts ou des actions attribuées.

Art. L 236-2

Une fusion peut être réalisée entre des sociétés de forme différente.

Elle est décidée, par chacune des sociétés intéressées, dans les conditions requises pour la modification de ses statuts.

Si la fusion comporte la création d'une société nouvelle, chacune de celles-ci est constituée selon les règles propres à la forme de société adoptée.

Art. L 236-3

I. La fusion entraîne la dissolution sans liquidation des sociétés qui disparaissent et la transmission universelle de leur patrimoine aux sociétés bénéficiaires, dans l'état où il se trouve à la date de réalisation définitive de l'opération.

Elle entraîne simultanément l'acquisition, par les associés des sociétés qui disparaissent, de la qualité d'associés des sociétés bénéficiaires, dans les conditions déterminées par le contrat de fusion.

II. Toutefois, il n'est pas procédé à l'échange de parts ou d'actions de la société bénéficiaire contre des parts ou actions des sociétés qui disparaissent lorsque ces parts ou actions sont détenues :

1° Soit par la société bénéficiaire ou par une personne agissant en son propre nom mais pour le compte de cette société ;

2° Soit par la société qui disparaît ou par une personne agissant en son propre nom mais pour le compte de cette société ;

3° Soit par une société qui détient la totalité des parts ou actions de la société bénéficiaire et de la société qui disparaît ou par une personne agissant en son propre nom mais pour le compte de cette société.

4° Soit par les associés des sociétés qui fusionnent dans les mêmes proportions dans toutes les sociétés qui fusionnent, lorsque ces proportions sont conservées à l'issue de l'opération.

Art. L 236-4

La fusion prend effet :

1° En cas de création d'une ou plusieurs sociétés nouvelles, à la date d'immatriculation, au registre du commerce et des sociétés, de la nouvelle société ou de la dernière d'entre elles ;

2° Dans les autres cas, à la date de la dernière assemblée générale ayant approuvé la fusion sauf si le contrat prévoit que la fusion prend effet à une autre date, laquelle ne doit être ni postérieure à la date de clôture de l'exercice en cours de la ou des sociétés bénéficiaires ni antérieure à la date de clôture du dernier exercice clos de la ou des sociétés qui transmettent leur patrimoine.

Art. L 236-5

Par dérogation aux dispositions du deuxième alinéa de l'article L 236-2, si la fusion projetée a pour effet d'augmenter les engagements d'associés ou d'actionnaires de l'une ou de plusieurs sociétés en cause, elle ne peut être décidée qu'à l'unanimité desdits associés ou actionnaires.

Art. L 236-6

Toutes les sociétés qui participent à une fusion établissent un projet de fusion.

Ce projet est déposé au greffe du tribunal de commerce du siège desdites sociétés pour être annexé au registre du commerce et des sociétés et fait l'objet d'une publicité dont les modalités sont fixées par décret en Conseil d'Etat.

Art. L 236-18

Une société peut, par voie de scission, transmettre son patrimoine à plusieurs sociétés existantes ou à plusieurs sociétés nouvelles.

Cette faculté est ouverte aux sociétés en liquidation à condition que la répartition de leurs actifs entre les associés n'ait pas fait l'objet d'un début d'exécution.

Les associés des sociétés qui transmettent leur patrimoine dans ce cadre reçoivent des parts ou des actions des sociétés bénéficiaires et, éventuellement, une soulte en espèces dont le montant ne peut dépasser 10 % de la valeur nominale des parts ou des actions attribuées.

Art. L 236-19

Les articles L. 236-2 à L. 236-7 sont applicables aux scissions.

Art. L 236 27

La société qui apporte une partie de son actif et, le cas échéant, une partie de son passif à une ou plusieurs sociétés existantes ou nouvelles et la ou les sociétés qui bénéficient de cet apport peuvent décider d'un commun accord de soumettre l'opération aux dispositions de la section 2 du présent chapitre, à l'exclusion de sa sous-section 2 lorsque les sociétés ne sont pas concernées par cette dernière.

Lorsqu'il est fait application du premier alinéa, le projet mentionné à l'article L 236-6 peut prévoir que les parts ou actions de la société qui apporte une partie de son actif, de la ou des sociétés bénéficiaires ou à la fois de la société qui apporte une partie de son actif et de la ou des sociétés bénéficiaires représentant la contrepartie de l'apport seront attribuées directement aux associés de la société qui apporte une partie de son actif dans des conditions prévues par décret en Conseil d'Etat.

Code civil

Art. 1844-5

La réunion de toutes les parts sociales en une seule main n'entraîne pas la dissolution de plein droit de la société. Tout intéressé peut demander cette dissolution si la situation n'a pas été régularisée dans le délai d'un an. Le tribunal peut accorder à la société un délai maximal de six mois pour régulariser la situation. Il ne peut prononcer la dissolution si, au jour où il statue sur le fond, cette régularisation a eu lieu.

L'appartenance de l'usufruit de toutes les parts sociales à la même personne est sans conséquence sur l'existence de la société.

En cas de dissolution, celle-ci entraîne la transmission universelle du patrimoine de la société à l'associé unique, sans qu'il y ait lieu à liquidation. Les créanciers peuvent faire opposition à la dissolution dans le délai de trente jours à compter de la publication de celle-ci. Une décision de justice rejette l'opposition ou ordonne soit le remboursement des créances, soit la constitution de garanties si la société en offre et si elles sont jugées suffisantes. La transmission du patrimoine n'est réalisée et il n'y a disparition de la personne morale qu'à l'issue du délai d'opposition ou, le cas échéant, lorsque l'opposition a été rejetée en première instance ou que le remboursement des créances a été effectué ou les garanties constituées.

Les dispositions du troisième alinéa ne sont pas applicables aux sociétés dont l'associé unique est une personne physique.

Chapitre I. Champ d'application

Art. 710-1

Le présent titre vise la comptabilisation dans les comptes individuels des entités absorbantes, confondantes ou bénéficiaires des apports établies en France et appliquant le présent règlement, de toutes les opérations de fusions et opérations assimilées rémunérées par des titres et retracées dans un traité d'apport prévu à l'article L 236-6 du Code de commerce ou tout autre document faisant foi pour les entités non soumises au Code de commerce.

Il vise également la comptabilisation des apports partiels d'actif non soumis au régime des scissions, des confusions de patrimoine visées à l'article 1844-5 du Code civil et des fusions et scissions sans échange de parts ou d'actions visées au II de l'article L 236-3 du Code de commerce.

IR 2 : Interaction avec les champs d'applications d'autres règlements comptables

Concernant les entités entrant dans le champ d'application d'autres règlements comptables spécifiques (à savoir les entités relevant des règlements ANC 2014-07, ANC 2015-04, ANC 2015-11 et ANC 2018-06), le présent titre s'applique en l'absence de précisions particulières dans ces règlements. En effet, ces règlements sont des adaptations du Plan comptable général.

IR 2 : Opérations impliquant des sociétés civiles et des sociétés commerciales

Le présent titre s'applique à toutes les entités visées à l'article 710-1, quels que soient la forme juridique de l'entité absorbée et les principes comptables auxquels elle est soumise.

IR 2 : Opérations impliquant des entités étrangères / cas particulier des établissements stables

Les établissements stables situés en France n'ont pas de personnalité morale en France distincte de la société étrangère. De ce fait, ils ne sont pas soumis au présent titre. En conséquence, si un établissement stable français d'une société étrangère absorbe une entité française ou reçoit un apport d'une entité française, cette opération est considérée juridiquement et comptablement comme faite par une entité étrangère absorbante ou bénéficiaire des apports et n'est pas soumise aux règles du présent titre.

IR 2 : Traitement des opérations dans les comptes des entités apporteuses

Les titres reçus en rémunération d'un apport doivent être comptabilisés selon l'article 221-1.

Art. 710-2

Les opérations visées par le présent titre sont :

• Fusion d'entités : opération définie à l'article L 236-1 alinéa 1er du Code de commerce.

• Fusion sans échange de titres : opération définie à l'article L 236-3 du Code de commerce.

• Apport partiel d'actif constituant une branche d'activité : opération par laquelle une entité apporte un ensemble d'actifs et de passifs constituant une branche autonome, à une autre personne morale et reçoit en échange des titres remis par l'entité bénéficiaire des apports.

• Scission de sociétés : opération définie à l'article L 236-1 alinéa 2 du Code de commerce comme une transmission du patrimoine d'une société « à plusieurs sociétés ».

• Scission sans échange de titres : opération dans laquelle les titres de l'entité scindée et des entités bénéficiaires sont détenus en totalité par une même entité.

• Scission partielle : opération définie à l'article L 236-27 du Code de commerce.

• Confusion de patrimoine : cette opération visée à l'article 1844-5 du Code civil conduit à la dissolution de l'entité dont toutes les parts sont réunies en une seule main et entraîne la transmission universelle de son patrimoine à l'associé unique, sans qu'il y ait lieu à liquidation.

• Les apports de titres de participation conférant le contrôle de cette participation à l'entité bénéficiaire des apports : ces apports sont assimilés à des apports partiels d'actif constituant une branche d'activité et entrent dans le champ d'application du présent titre. Le contrôle au sens du présent article s'entend du contrôle exclusif et du contrôle conjoint tels que définis aux articles 211-3 et 211-4 du règlement ANC no 2020-01 relatif aux comptes consolidés.

IR 2 : Apports de titres ou d'actifs isolés

Voir articles 213-2 et 213-3.

IR 2 : Apports de titres de participation conférant le contrôle de la participation à l'entité bénéficiaire

Pour chaque opération d'apport de titres de participation, il convient de rechercher si l'apport confère le contrôle exclusif ou conjoint de la participation à l'entité bénéficiaire de l'apport. Le champ d'application du présent titre vise les apports représentatifs du contrôle mais également ceux grâce auxquels l'entité bénéficiaire acquiert le contrôle exclusif ou conjoint de l'entité dont les titres sont apportés.

La notion de contrôle s'apprécie en prenant en compte l'ensemble des apports de titres effectués par plusieurs entités de manière concomitante à une même entité bénéficiaire.

IR 3 : Fusion sans échange de titres

Il n'est pas procédé à l'échange de parts ou d'actions de la société bénéficiaire contre des parts ou actions des sociétés qui disparaissent :

• quand l'opération correspond à l'absorption par une entité, d'une ou plusieurs de ses filiales détenues à 100 % ;

• pour une opération dans laquelle les titres de l'entité absorbante et de l'entité absorbée sont détenus en totalité par une même entité ;

• quand les sociétés qui fusionnent sont détenues par les mêmes associés et dans les mêmes proportions. Ces proportions devront, pour cela, être conservées à l'issue de la fusion.

IR 3 : Branche autonome

Une branche autonome d'activité est une division d'une entité qui constitue, du point de vue de l'organisation, une exploitation autonome, c'est-à-dire un ensemble capable de fonctionner par ses propres moyens.

IR 3 : Scission partielle

Opération par laquelle un apport partiel d'actif (APA) réalisé au bénéfice d'une entité, donne lieu à l'attribution de titres représentatifs du capital de la société bénéficiaire de l'apport, non pas à la société apporteuse, mais aux associés de la société apporteuse.

IR 3 : Notion de titres

Dans ce règlement, la notion de « titres » recoupe les parts et actions au sens du Code de commerce.

IR 4 : Voir exemples.

Chapitre II. Principe d'inscription des apports dans les comptes de l'entité bénéficiaire

Art. 720-1

Les apports sont inscrits dans les comptes de l'entité bénéficiaire pour les valeurs figurant dans le traité d'apport. Pour les opérations visées à l'article 710-2 et réalisées par des entités établies en France, ces valeurs sont déterminées selon les modalités exposées aux articles 743-1 à 743-3 et 744-1 et 744-2.

IR 3 : Traité d'apport

Le traité d'apport mentionné à l'article 720-1 étant le seul document officiel matérialisant l'accord entre les parties, celui-ci sert de support à la comptabilisation des opérations de fusion et opérations assimilées.

IR 2 : Opérations entre une entité absorbante ou bénéficiaire des apports française et une entité absorbée ou apporteuses étrangère (opérations dites transfrontalières)

Comme le traité d'apport résulte d'un accord entre les parties dont l'une n'est pas soumise à la réglementation comptable française, les règles de valorisation des actifs et des passifs définies aux articles 743-1 à 743-3 et 744-1 et 744-2 ne peuvent donc pas être imposées à cette dernière. Toutefois, en l'absence de réglementation relative à la valorisation des apports dans le pays où est établie l'entité étrangère, il conviendrait de déterminer les valeurs d'apports selon les mêmes modalités que pour les opérations réalisées entre entités établies en France. De plus, les opérations de fusions et opérations assimilées présentant des caractéristiques comparables devraient être traitées de manière identique.

Chapitre III. Définitions

Art. 730-1

L'entité absorbante ou entité bénéficiaire des apports est l'entité qui reçoit les apports en vertu du traité d'apport et qui remet des titres en rémunération desdits apports.

L'entité absorbée ou entité apporteuse est l'entité qui transfère à l'entité absorbante ou bénéficiaire des apports, les actifs et les passifs mentionnés dans le traité d'apport.

L'entité initiatrice est l'entité qui, d'un point de vue économique, prend l'initiative des opérations et prend le contrôle :
- du capital d'une autre entité ou renforce son contrôle sur celui-ci ;
- d'une branche d'activité apportée par une autre entité.

L'entité cible est l'entité (ou branche d'activité) qui, d'un point de vue économique, passe sous le contrôle de l'entité initiatrice, ou sur laquelle le contrôle de l'entité est renforcé.

Chapitre IV. Méthodologie d'évaluation des apports

Art. 740-1

Les présentes dispositions concernent les modalités d'évaluation des apports et ne visent pas celles retenues pour le calcul de la parité.

Les apports sont évalués à la valeur comptable ou à la valeur réelle, selon la situation de contrôle au moment de l'opération et le sens de l'opération.

IR 4 : Voir exemples.

Section 1. Analyse de la situation de contrôle, commun ou distinct, au moment de l'opération

Art. 741-1

Pour chaque opération, il convient de déterminer s'il s'agit, à la date de réalisation juridique de l'opération :
- d'opérations impliquant des entités sous contrôle commun, i.e. une des entités participant à l'opération contrôle préalablement l'autre de manière exclusive ou les deux entités sont préalablement sous le contrôle commun d'une même entité mère ;
- d'opérations impliquant des entités sous contrôle distinct, i.e. aucune des entités participant à l'opération ne contrôle préalablement l'autre de manière exclusive ou ces entités ne sont pas préalablement sous le contrôle commun d'une même entité mère.

La notion de contrôle commun s'apprécie au niveau des personnes morales, même si elles sont détenues par la ou les mêmes personnes physiques.

IR 3 : Modalités d'analyse de la situation de contrôle au moment de l'opération dans le cas d'entités détenues par la ou les mêmes personnes physiques

Pour chaque opération de fusion ou opération assimilée, telles que définies à l'article 710-2, il convient de rechercher les situations de contrôle à la date de réalisation juridique de l'opération. La notion de contrôle s'apprécie uniquement au niveau des personnes morales. Ainsi, pour déterminer si une opération est réalisée sous contrôle commun ou distinct, il n'y a pas lieu de prendre en considération le contrôle ultime exercé par une ou plusieurs personnes physiques.

En conséquence, les opérations réalisées entre des entités sans lien de contrôle entre elles avant l'opération mais contrôlées par la même personne physique ou par un groupe de personnes physiques, sont considérées comme réalisées sous contrôle distinct. Les apports sont, dans cette situation, valorisés à la valeur réelle ou à la valeur comptable selon que l'opération est réalisée à l'endroit ou à l'envers.

Or, le sens des opérations est également apprécié au niveau des seules personnes morales. Il ne peut donc pas être tenu compte du contrôle pris ou perdu par un actionnaire personne physique pour conclure à une opération à l'envers. En conséquence, une fusion réalisée entre deux entités contrôlées par des personnes physiques, sans lien de contrôle entre elles, est réputée être réalisée à l'endroit. Les apports sont évalués à la valeur réelle.

Lorsque l'opération d'apport est réalisée par une personne physique à une personne morale, elle est réputée être réalisée sous contrôle distinct et est donc évaluée à la valeur réelle.

IR 4 : Voir exemples.

Art. 741-2

Le contrôle commun d'une entité correspond au contrôle exclusif, tel que défini à l'article 211-3 du règlement ANC no 2020-01 relatif aux comptes consolidés.

IR 2 : Pour les établissements de crédit, cf. article 21011-1 du règlement ANC no 2014-07 du 26 novembre 2014 relatif aux comptes des entreprises du secteur bancaire.

Pour les réseaux d'établissement de crédit dotés d'un organe central, au sens de l'article L 511-31 du Code monétaire et financier, le contrôle est également à apprécier au regard des dispositions de l'article 211-2 du règlement ANC no 2020-01 relatif aux comptes consolidés.

Section 2. Détermination du sens des opérations

Sous-section 1. Opérations à l'endroit

Art. 742-1

Les opérations à l'endroit visées par le présent titre sont :

• Fusion à l'endroit : fusion à l'issue de laquelle la personne morale, actionnaire principal de l'entité absorbante avant l'opération, conserve, bien que dilué le cas échéant, son pouvoir de contrôle sur l'absorbante.

Simultanément, la personne morale, actionnaire principal de l'entité absorbée avant l'opération, perd son pouvoir de contrôle sur celle-ci.

Dans une telle fusion, la cible est l'entité absorbée et l'initiatrice est l'entité absorbante.

• Apport à l'endroit : apport à l'issue duquel l'entité apporteuse perd le contrôle de la branche d'activité apportée, appelée cible. Elle ne prend pas le contrôle de l'entité bénéficiaire des apports, appelée initiatrice.

Dans un tel apport, la cible est la branche d'activité apportée et l'initiatrice est l'entité bénéficiaire des apports.

Sous-section 2. Opérations à l'envers

Art. 742-2

Les opérations à l'envers visées par le présent titre sont :

• Fusion à l'envers : fusion à l'issue de laquelle la personne morale, actionnaire principal de l'entité absorbée avant l'opération, prend le contrôle de l'entité absorbante, appelée cible.

Simultanément, la personne morale, actionnaire principal de l'entité absorbante avant l'opération, perd son pouvoir de contrôle sur celle-ci.

Dans une telle fusion, la cible est l'entité absorbante et l'initiatrice est l'entité absorbée ou sa maison mère.

• Apport à l'envers : apport à l'issue duquel l'entité apporteuse prend le contrôle de l'entité bénéficiaire des apports ou renforce son contrôle sur celle-ci.

Dans un tel apport, la cible est l'entité bénéficiaire des apports et l'initiatrice est l'entité apporteuse ou sa société mère.

Section 3. Principe de détermination de la valeur d'apport

Art. 743-1

Les apports sont évalués comme suit en fonction de la situation de l'entité absorbante ou de la bénéficiaire des apports et de l'existence ou non d'un contrôle commun entre les entités participant à l'opération :

• Apports évalués à la valeur comptable

– (1) et (2) Opérations à l'endroit ou à l'envers impliquant des entités sous contrôle commun. Avant l'opération, la situation de contrôle est déjà établie entre l'entité initiatrice et l'entité cible. L'opération de regroupement correspond donc à un renforcement de contrôle ou à un maintien de contrôle (cas des fusions sans échange de titres et des opérations de transmission universelle de patrimoine) et, dans la logique des comptes consolidés, il convient de ne pas réévaluer l'ensemble des actifs et passifs apportés.

– (3) Opérations à l'envers impliquant des entités sous contrôle distinct. Compte tenu des contraintes légales, les actifs et passifs de la cible (correspondant à l'absorbante ou à la bénéficiaire des apports) ne peuvent pas être comptabilisés à leur valeur réelle parce qu'ils ne figurent pas dans le traité d'apport. En effet, les actifs et les passifs figurant dans le traité d'apport sont ceux de l'entité initiatrice ; ils n'ont pas à être réévalués.

• Apports évalués à la valeur réelle

– (4) Opérations à l'endroit impliquant des entités sous contrôle distinct. Avant l'opération, la situation de contrôle n'est pas établie entre l'entité initiatrice et l'entité cible. L'opération de regroupement correspond donc à une prise de contrôle et dans la logique des comptes consolidés, il convient de traiter cette opération comme une acquisition à la valeur réelle. Cette analyse s'applique également aux opérations d'apport ou de scission suivies d'une perte de contrôle au profit d'une entité sous contrôle distinct. Si cette perte de contrôle ne se réalise pas, la condition résolutoire mentionnée dans le traité d'apport s'applique. Il convient alors d'analyser à nouveau l'opération et de modifier les valeurs d'apport. Pour ces opérations, il est ainsi nécessaire de mentionner, dans le traité d'apport, à la fois les valeurs comptables et les valeurs réelles des actifs et passifs.

Valorisation des apports / Notion de contrôle	Valeur comptable	Valeur réelle
Opérations impliquant des entités sous contrôle commun		
Opérations à l'endroit (1)	X	
Opérations à l'envers (2)	X	
Opérations impliquant des entités sous contrôle distinct		
Opérations à l'envers (3)	X	
Opérations à l'endroit (4)		X
(1) (2) (3) et (4) Voir ci-avant.		

IR 3 : Filialisation d'une branche d'activité distincte destinée à être cédée

Pour les opérations de filialisation d'une branche d'activité associées à un engagement de cession sous contrôle distinct, il convient, en l'absence de réalisation de la cession, d'appliquer la clause résolutoire contenue dans le traité d'apport.

Si la cession ne se réalise pas, les écritures d'apport initiales aux valeurs réelles sont contrepassées pour enregistrer les apports aux valeurs comptables tant chez l'entité bénéficiaire des apports que chez l'entité apporteuse.

- Au niveau de l'entité bénéficiaire, les valeurs comptables d'apport sont substituées aux valeurs réelles, avec réduction de la prime d'apport et retraitement des amortissements, provisions et des plus ou moins-values.
- Au niveau de l'entité apporteuse, il convient de réduire la plus-value d'apport à concurrence du résultat de cession anticipé.

Ce retraitement n'a pas d'incidence sur le capital social, car l'augmentation a été calculée à partir des valeurs de parité, donc des valeurs réelles qui ne sont pas remises en cause. En revanche, les montants affectés à la prime d'apport sont modifiés.

Puisque le traité d'apport prévoit l'indication des valeurs comptables et des valeurs réelles et en l'absence de modification du capital social, les conséquences comptables de la mise en jeu de la condition résolutoire sont limitées aux opérations précitées.

Cette disposition s'applique également à toutes les opérations suivies d'une perte de contrôle, quelles qu'en soient les modalités (une cession partielle, dilution de la filiale ayant reçu les apports, etc.).

Art. 743-2

Le contrôle conjoint est défini à l'article 211-4 du règlement ANC nº 2020-01 relatif aux comptes consolidés.

Les apports sous contrôle conjoint ou aboutissant au contrôle conjoint et qui n'impliquent pas des entités sous contrôle commun au sens de l'article 741-2 sont évalués comme suit :

• Apports évalués à la valeur comptable

Opérations n'entraînant aucun changement de contrôle. Avant l'opération, l'entité cible est sous le contrôle conjoint de l'entité initiatrice et le reste à l'issue de l'opération.

• Apports évalués à la valeur réelle

Opérations entraînant un changement de contrôle, à savoir :

– l'entité cible, qui n'était pas contrôlée conjointement par l'entité initiatrice avant l'opération, passe sous son contrôle conjoint à l'issue de l'opération ;

– ou l'entité cible, sous le contrôle conjoint de l'entité initiatrice avant l'opération, n'est plus contrôlée conjointement par cette dernière à l'issue de l'opération.

		Contrôle de l'entité cible après l'opération		
		Contrôle exclusif	Contrôle conjoint	Absence de contrôle
Contrôle de l'entité cible avant l'opération	Contrôle exclusif		Valeur réelle	
	Contrôle conjoint	Valeur réelle	Valeur comptable	Valeur réelle
	Absence de contrôle		Valeur réelle	

• En cas de création d'une entité spécifiquement destinée à recevoir des apports, l'analyse du contrôle doit être appréciée en analysant les liens entre les entités parties prenantes à l'opération à l'initiation de l'opération, c'est-à-dire avant la création de l'entité bénéficiaire des apports.

IR 3 : Opérations sous contrôle conjoint ou aboutissant à un contrôle conjoint

Le contrôle commun est limité au contrôle exclusif tel que précisé à l'article 741-2.

Le contrôle conjoint requiert une analyse supplémentaire afin de traiter de manière homogène les opérations sous contrôle conjoint ou aboutissant à un contrôle conjoint et qui n'impliquent pas des entités sous contrôle commun ultime.

Ainsi :

- S'il y a modification du contrôle, les apports sont évalués à la valeur réelle, soit lors du passage :
  - d'une situation de contrôle conjoint à une situation de contrôle exclusif ;
  - d'une situation de contrôle exclusif ou d'absence de contrôle à une situation de contrôle conjoint.
- Si le contrôle reste conjoint avant et après l'opération, les apports sont évalués à la valeur comptable.

IR 4 : Voir exemples.

Art. 743-3

Par dérogation, lorsque les apports doivent être évalués à la valeur nette comptable en application des règles prévues par les articles 743-1 et 743-2, et que l'actif net comptable apporté est insuffisant pour permettre la libération du capital, les valeurs réelles des éléments apportés doivent être retenues. Si l'actif net comptable apporté est insuffisant, mais néanmoins positif, cette dérogation ne s'applique qu'au seul cas d'apport à une entité ayant une activité préexistante, et ne peut pas s'appliquer en cas de création ex-nihilo d'une entité ni en cas d'aménagement d'une entité préexistante.

Par ailleurs, cette dérogation ne peut s'appliquer ni aux opérations de dissolution par confusion de patrimoine ni aux fusions et scissions sans échange de titres.

IR 3 : Actif net comptable négatif ou insuffisant

L'article 743-3 prévoit une dérogation aux principes généraux de valorisation des apports dans le cas où l'actif net comptable apporté est insuffisant pour permettre la libération du capital.

En effet, le montant de l'augmentation de capital de l'entité bénéficiaire des apports est déterminé en fonction du rapport d'échange retenu, lui-même calculé sur la base de la valeur globale de chaque entité à la date de réalisation juridique de l'opération.

Or, les actions d'apport doivent être intégralement libérées dès leur émission. Le respect de cette obligation requiert que le montant des apports effectués au profit de l'entité bénéficiaire soit au moins égal à l'augmentation de capital de cette entité augmentée éventuellement de la prime de fusion ou d'apport, conformément à l'article R 225-8 du Code de commerce (*Ndlr : art. R 22-10-8, l'article R 225-8 du Code de commerce ayant été abrogé par le décret 2020-742 du 29-12-2020*).

Lorsque l'apport est réalisé sous contrôle commun, les actifs et passifs apportés sont évalués à la valeur comptable. Dans ce cas, la libération du capital n'est pas possible si :

- la valeur comptable des actifs et passifs apportée est négative ;
- la valeur comptable des actifs et passifs apportés est positive mais inférieure à l'augmentation de capital plus la prime.

Pour ne pas bloquer la réalisation des opérations dans ces deux cas, et sous réserve que la valeur réelle des apports soit supérieure à l'augmentation de capital plus la prime, il est précisé par dérogation aux principes généraux, que les actifs et passifs apportés puissent être évalués à leur valeur réelle dans le traité d'apport.

Toutefois, l'application de cette dérogation est restreinte lorsque les valeurs nettes comptables apportées sont positives mais insuffisantes pour permettre la libération du capital. Dans ce seul cas, la dérogation ne s'applique qu'aux apports à une entité ayant une activité préexistante et ne s'applique pas en cas de création ex-nihilo d'une entité ni en cas d'aménagement d'une entité préexistante.

Il est rappelé que, s'agissant d'opérations sous contrôle commun, l'entité absorbante ou bénéficiaire des apports peut, pour permettre la faisabilité juridique de l'apport aux valeurs comptables, notamment :

- soit réduire le montant du nominal des actions de l'entité bénéficiaire des apports ou absorbante. Le montant de la réduction de capital social a pour contrepartie une augmentation de la prime d'émission ;
- soit, sous certaines conditions, déterminer un rapport d'échange à partir des seules valeurs comptables.

Section 4. Détermination des valeurs individuelles des apports

Sous-section 1. Détermination des apports à la valeur réelle

Art. 744-1

Lorsque les apports sont évalués à la valeur réelle, les valeurs individuelles des actifs et passifs apportés correspondent aux valeurs réelles attribuées à chacun des éléments inscrits dans le traité d'apport, figurant ou non à l'actif (par exemple les marques ou les impôts différés actifs) ou au passif (par exemple les provisions pour retraites ou les impôts différés passifs) du bilan de l'absorbée ou de l'entité apporteuse à la date d'effet de l'opération. Ces valeurs s'apprécient en fonction du marché et de l'utilité du bien pour l'entité. Pour l'établissement de ces valeurs, l'entité utilise les références ou les techniques les mieux adaptées à la nature du bien, telles que les prix de marché, les indices spécifiques et des expertises indépendantes.

La différence éventuelle positive entre la valeur globale des apports et la somme algébrique des valeurs réelles, estimées à la même date, des actifs et passifs identifiés, est également inscrite dans le traité d'apport ou autre document faisant foi, sur une ligne « fonds commercial », reprise comme telle au bilan de l'entité absorbante ou bénéficiaire.

Lorsque, dans des cas exceptionnels où la prise en compte de ces passifs conduit à rendre la valeur du fonds commercial négative (constatation d'un badwill), ce dernier fait l'objet d'une mention dans le traité d'apport et est comptabilisé dans un sous-compte de la prime de fusion lors de la réalisation de l'opération.

Les actifs et passifs identifiés lors de la fusion ou de l'apport partiel d'actif sont comptabilisés dans les comptes de l'entité absorbante ou bénéficiaire des apports, quelles que soient ses méthodes comptables. Les actifs et passifs qui ne sont pas habituellement comptabilisés par l'entité absorbante ou bénéficiaire des apports (par exemple actifs et passifs d'impôt différé, provision pour engagements de départ à la retraite le cas échéant) sont repris en résultat en fonction de leur utilisation.

IR 3 : Prise en compte d'un écart négatif entre la valeur globale de l'apport et la somme des actifs et passifs inscrits dans le traité d'apport

Lorsque les apports sont évalués à la valeur réelle, les éléments d'actifs et passifs comptabilisés dans l'entité absorbée ou apporteuse sont obligatoirement repris dans le traité d'apport. Les éléments pris en compte pour l'évaluation, non comptabilisés (chez l'entité apporteuse) mais répondant aux règles de définition et de comptabilisation des actifs et passifs sont également repris individuellement dans le traité d'apport.

En revanche, les passifs et notamment les passifs éventuels qui ne répondent pas aux règles de définition et de comptabilisation ne sont pas repris individuellement dans le traité d'apport. Il en est ainsi, par exemple, des restructurations probables ne remplissant pas les conditions de comptabilisation d'une provision. Ces passifs sont retenus pour le calcul de la parité et sont pris en compte globalement dans la valeur du fonds commercial.

IR 3 : Comptabilisation d'un apport aux valeurs réelles chez l'entité apporteuse

En cas d'apport à la valeur réelle, afin de mieux traduire les effets du traité d'apport chez l'entité apporteuse, il est préférable de ventiler le prix de cession, sur le plan comptable, afin d'avoir une correspondance entre ses écritures, le traité d'apport, et la reprise des éléments transmis dans la comptabilité de l'entité bénéficiaire de l'apport. En outre, pour des raisons fiscales, une présentation individualisée est utile pour les biens faisant l'objet d'un traitement spécifique.

Ainsi, une 1re solution consiste à comptabiliser les opérations de manière détaillée, c'est-à-dire à comptabiliser :
- séparément dans l'entité apporteuse « les sorties » de tous les éléments figurant à l'actif et au passif ;
- ainsi que, séparément, les éléments mentionnés au traité d'apport répondant aux conditions de définition et de comptabilisation des actifs et passifs mais qui n'étaient pas comptabilisés antérieurement (engagements de retraite, impôts différés, actifs incorporels créés en interne, fonds commercial, etc.). Toutefois ces éléments ne pourraient être comptabilisés qu'en charges et produits exceptionnels (l'écriture étant précisée dans le libellé).

Une 2e solution consiste à comptabiliser les opérations de manière globale.

IR 5 : Voir exemples.

Sous-section 2. Détermination des apports à la valeur comptable

Art. 744-2

Lorsque les apports sont évalués à la valeur comptable, les valeurs comptables individuelles des actifs et passifs apportés correspondent aux valeurs de chaque actif et passif figurant dans les comptes de l'entité absorbée ou apporteuse à la date d'effet de l'opération.

L'écart négatif entre la valeur globale de l'apport et la somme des actifs et passifs inscrits dans le traité d'apport fait l'objet d'une mention dans le traité d'apport (constatation d'un « badwill ») et est comptabilisé dans un sous-compte de la prime de fusion lors de la réalisation de l'opération.

IR 3 : Prise en compte d'un écart négatif entre la valeur globale de l'apport et la somme des actifs et passifs inscrits dans le traité d'apport (Badwill)

Dans des cas exceptionnels, la valeur globale des apports est inférieure à la somme des actifs et passifs individuels évalués à la valeur comptable (après prise en compte de toutes les dépréciations et passifs requis par les règles comptables). Cet écart négatif peut notamment être justifié par des passifs éventuels ou par des restructurations probables ne répondant pas aux conditions de comptabilisation d'une provision.

Dans ces circonstances, l'écart négatif entre la valeur globale de l'apport et la somme des actifs et passifs inscrits dans le traité d'apport fait l'objet d'une mention dans le traité d'apport (constatation d'un « badwill ») et est comptabilisé dans un sous-compte de la prime de fusion lors de la réalisation de l'opération.

IR 3 : Fusion à effet immédiat ou différé

Le présent article prévoit que le traité d'apport reflète la valeur comptable des apports à la date d'effet de l'opération.

Le traité d'apport est unique et est établi pour les besoins de l'assemblée générale (date de réalisation de l'opération) sur la base des valeurs d'apport estimées à la date d'effet différé. Il est en pratique précisé dans le traité que l'évaluation à cette date différée des valeurs d'apport est faite sous réserve de la détermination des valeurs comptables définitives telles qu'elles seront fixées à la date d'effet. Ce qui permettra de corriger si nécessaire les valeurs définitives d'apport à la date d'effet de l'opération en contrepartie de la modification de la prime de fusion ou d'apport, le cas échéant.

Sous-section 3. Retraitement des valeurs d'apport réalisé à la valeur comptable

Art. 744-3

En cas d'opération réalisée à la valeur comptable impliquant une entité absorbée ou apporteuse non soumise au présent règlement, l'entité absorbante ou bénéficiaire des apports procède aux retraitements nécessaires des actifs et passifs apportés pour se conformer à la définition des actifs et passifs tels que prévus au présent règlement.

Lorsque l'entité absorbante ou bénéficiaire des apports provisionne ses engagements de retraite et assimilés conformément à l'article 324-1, elle ajuste sa provision pour tenir compte des droits des membres du personnel de l'entité absorbée ou apporteuse, selon ses propres modalités d'évaluation.

Ces retraitements sont comptabilisés en contrepartie du mali ou boni de fusion éventuellement constaté.

A défaut de mali ou boni, ils sont imputés en report à nouveau conformément aux règles sur les changements de méthode.

Au-delà des retraitements obligatoires prévus aux alinéas précédents, l'entité absorbante ou bénéficiaire des apports peut également harmoniser les méthodes de comptabilisation et d'évaluation des actifs et passifs apportés selon ses propres méthodes. Dans ce cas, les changements en résultant sont traités conformément à l'article 122-2.

IR 3 : Harmonisation des méthodes comptables après opération d'apport ou de fusion – Evaluation des apports aux valeurs comptables

Les valeurs mentionnées dans le traité d'apport sont fonction des méthodes comptables appliquées par l'entité absorbée ou apporteuse.

Ainsi,

- en cas d'opérations transfrontalières, les actifs et passifs apportés résultant des comptes de l'entité étrangère apporteuse ou absorbée peuvent ne pas répondre à la définition des actifs et passifs telle que prévue par le présent règlement ;
- l'entité absorbante ou bénéficiaire des apports peut comptabiliser les engagements de retraite, alors que l'entité absorbée ou apporteuse ne les comptabilise pas.

En conséquence, après avoir comptabilisé le traité d'apport conformément à l'article 720-1 du présent règlement, l'entité absorbante ou bénéficiaire des apports doit harmoniser les méthodes de comptabilisation et d'évaluation des actifs et passifs. Cette harmonisation consiste à :

- sortir du bilan les actifs et passifs apportés qui ne répondent pas à la définition des actifs et passifs donnée par le présent règlement ;
- constater les actifs et passifs qui doivent être comptabilisés au bilan conformément au présent règlement ;

– constater ou compléter la provision pour engagements de retraite qui doit être comptabilisée au bilan si telle est la méthode appliquée par l'entité absorbante ou bénéficiaire des apports.

Ces retraitements sont comptabilisés en contrepartie du mali ou boni de fusion éventuellement constaté. A défaut, ils sont imputés en report à nouveau de l'entité bénéficiaire des apports ou absorbante, conformément aux règles sur les changements de méthode.

Au-delà des retraitements obligatoires prévus ci-dessus, il n'est pas requis de retraiter rétroactivement les actifs et passifs reçus afin d'harmoniser les règles de comptabilisation et d'évaluation.

Cependant, si l'entité bénéficiaire des apports ou absorbante décide de procéder à une harmonisation complète et rétroactive des méthodes d'évaluation et de comptabilisation des actifs et des passifs reçus au-delà de l'harmonisation minimale visée ci-dessus, cette harmonisation est traitée comme un changement de méthode. En conséquence, son impact est comptabilisé en report à nouveau ou en résultat selon les conditions de l'article 122-2 du présent règlement.

IR 3 : Contrepartie des retraitements dans opérations de fusion et de scission sans échange de titres du fait de la détention par une même entité de la totalité des titres de l'entité bénéficiaire des apports et de l'entité qui disparaît

Dans ces opérations, la contrepartie des retraitements est imputée en report à nouveau.

Section 5. Traitement du boni et du mali de fusion

Art. 745-1

Lorsque l'entité absorbante a acquis des titres de l'entité absorbée antérieurement à la date de l'opération de fusion, un boni ou mali peut apparaître lors de l'annulation de ces titres auxquels se substituent les actifs et passifs de l'entité absorbée.

IR 3 : Opérations de fusion en cascade au sein d'un groupe

Dans le cas d'opérations de fusion en cascade au sein d'un groupe, les filles fusionnant avec les petites-filles (premier traité de fusion), puis la mère avec les filles (deuxième traité de fusion), avec la même date d'effet, il convient de traiter chaque fusion individuellement même si la date d'effet est identique.

Concernant le sort du mali déterminé lors de la première fusion, voir art. 745-10.

IR 3 : Opérations de fusions de plusieurs filiales avec leur mère – Calcul des bonis et des malis

Lorsqu'une société mère fusionne avec plusieurs de ses filiales simultanément dans un même traité de fusion, il ne peut y avoir aucune compensation entre les bonis et malis de chaque opération de fusion. Ils doivent être comptabilisés individuellement.

Sous-section 1. Traitement du boni de fusion

Art. 745-2

Le boni représente l'écart positif entre l'actif net positif reçu par l'entité absorbante, après harmonisation des méthodes comptables telle que définie à l'article 744-3, à hauteur de sa participation détenue dans l'entité absorbée et la valeur comptable de cette participation.

Le boni est comptabilisé dans le résultat financier à hauteur de la quote-part des résultats accumulés par l'entité absorbée depuis l'acquisition et non distribués et,

dans les capitaux propres pour le montant résiduel ou si les résultats accumulés ne peuvent être déterminés de manière fiable.

Sous-section 2. Traitement du mali pour les opérations évaluées à la valeur comptable

Art. 745-3

Le mali de fusion représente l'écart négatif entre l'actif net, positif ou négatif, reçu par l'entité absorbante, après harmonisation des méthodes comptables telle que définie à l'article 744-3, à hauteur de sa participation dans l'entité absorbée et la valeur comptable de cette participation.

Le cas échéant, le mali est corrigé des ajustements de prix sur les titres de participation, positifs ou négatifs, intervenus postérieurement à la fusion.

Lorsqu'une fusion a pour effet de transférer à l'entité absorbante ses propres titres, aucun mali de fusion n'est constaté sur l'annulation de ces derniers.

IR 3 : Ajustements de prix positifs ou négatifs

Les ajustements de prix correspondent à des compléments ou des diminutions de prix :
- de la participation détenue antérieurement à la fusion,
- résultant de l'application de clauses de garantie ou de révisions de prix,
- versés ou perçus postérieurement à la fusion.

IR 3 : Annulation des actions propres reçues par voie de fusion

En cas d'absorption d'une mère par sa fille, la fusion a pour effet de transférer à l'entité absorbante (la fille) ses propres titres qu'elle doit annuler par capitaux propres. L'écart résultant de cette annulation ne peut être assimilé à un mali et comptabilisé en tant que tel à l'actif car cela reviendrait à reconnaître un incorporel généré en interne. Il convient d'appliquer dans cette situation les dispositions prévues par l'article 942-27 al. 7 en cas de rachat des actions propres en vue de leur annulation.

IR 3 : Valeur nette comptable des titres

La valeur comptable retenue pour les titres dans le calcul du mali est la valeur comptable définie à l'article 745-3 et s'entend de la valeur comptable nette.

Art. 745-4

Le mali de fusion peut, le cas échéant, être décomposé en deux éléments :

• le mali technique proprement dit, qui correspond, à hauteur de la participation antérieurement détenue, aux plus-values latentes sur éléments d'actif comptabilisés ou non dans les comptes de l'absorbée (éléments d'actifs identifiés hors fonds commercial, fonds commercial) déduction faite des passifs non comptabilisés dans les comptes de l'entité absorbée en l'absence d'obligation comptable (par exemple provisions pour retraites, impôts différés passifs). Cette composante est généralement constatée pour les fusions ou les opérations de transmission universelle de patrimoine évaluées à la valeur comptable, lorsque la valeur nette des titres de l'entité absorbée figurant à l'actif de l'entité absorbante est supérieure à l'actif net comptable apporté.

Les plus-values latentes sur éléments d'actif destinés à être revendus à brève échéance sont évaluées nettes d'impôts. Les passifs reversés à court terme sont évalués net d'impôt.

• au-delà du mali technique, l'éventuelle dépréciation ou l'éventuel complément de dépréciation de la participation détenue dans l'entité absorbée, nécessaire au moment de la fusion. Cette dépréciation ou ce complément doivent être comptabilisés dans le résultat financier de l'entité absorbante de l'exercice au cours duquel l'opération est réalisée.

IR 3 : Modalités de calcul du mali technique de fusion – Règles générales :

• Le mali technique de fusion correspond, à hauteur de la participation antérieurement détenue :

- aux plus-values latentes sur éléments d'actif comptabilisés ou non dans les comptes de l'absorbée, et évaluées de manière fiable. Ces éléments incluent, le cas échéant, un fonds commercial dès lors que ce dernier peut être évalué de manière fiable. Le fonds commercial peut inclure des éléments découlant de la prise de contrôle de l'entité absorbée par l'entité absorbante si ces derniers sont justifiés par des avantages économiques attendus ;
- déduction faite des passifs non comptabilisés dans les comptes de l'entité absorbée (par exemple provisions pour retraites, impôts différés passifs, etc.).

Il est précisé que le calcul du mali technique peut être réalisé sur la base d'une valeur globale de l'entité absorbée.

Un exemple de calcul de mali est mentionné au paragraphe VI.1 de l'annexe.

IR 3 : Détermination du mali technique en cas d'actif net comptable négatif

En cas d'actif net négatif apporté (TUP, fusion lorsque l'entité absorbante détient la totalité des titres de l'entité absorbée), les modalités de détermination du mali technique conduisent mécaniquement à calculer un mali global supérieur à la valeur des titres inscrits à l'actif de l'entité absorbante.

Or, la définition générale du mali technique s'applique quel que soit l'actif net comptable de l'entité absorbée, sans qu'il y ait lieu de limiter le montant du mali technique au seul montant des titres comptabilisés par l'entité absorbante. Le calcul du mali technique n'est limité que par les montants des plus-values latentes nettes sur éléments d'actifs et de passifs comptabilisés ou non, dans la mesure où elles sont justifiées et documentées.

En conséquence, en cas d'actif net négatif apporté, le mali technique comptabilisé à l'actif du bilan de l'absorbante pourra être supérieur à la valeur des titres détenus antérieurement à l'opération.

Toutefois, il est rappelé que le calcul du mali technique lors de l'opération de fusion ou de transmission universelle de patrimoine (TUP), doit être déterminé à partir des mêmes hypothèses de plus-values latentes que celles qui ont présidé à la comptabilisation ou à la non comptabilisation de la dépréciation des titres et des provisions pour risques éventuelles.

Art. 745-5

A la date de l'opération, l'entité procède à l'affectation du mali technique, calculé selon les modalités prévues à l'article 745-4, aux différents actifs apportés concernés, qu'ils soient inscrits ou non dans les comptes de l'absorbée, comme suit :

• si le mali technique est supérieur à la somme des plus-values latentes, estimées de manière fiable, sur les éléments d'actifs identifiés hors fonds commercial, il est affecté aux actifs apportés et le montant résiduel au fonds commercial ;

• si le mali technique est inférieur à la somme des plus-values latentes, estimées de manière fiable, sur les éléments d'actifs identifiés hors fonds commercial, il est affecté aux actifs apportés au prorata des plus-values latentes.

IR 3 : Modalités de calcul des plus-values latentes et affectation du mali technique

Le mali peut être affecté sur les seuls actifs pour lesquels une plus-value latente existe et peut être estimée de manière fiable : la valeur réelle de l'actif telle que définie à l'article 744-1 du présent règlement est déterminée de manière fiable, soit grâce à un prix de marché, soit par une méthode de calcul basée sur les flux futurs de trésorerie ou toute autre méthode jugée appropriée par le management.

Les plus-values latentes retenues pour l'affectation du mali sont considérées, le cas échéant, nettes d'impôt si la cession des actifs est envisagée à brève échéance.

Les modalités de calcul des plus-values latentes et de l'affectation du mali peuvent être présentées à l'aide du tableau ci-après.

Actif identifiable	Valeur comptable sociale (1)	Valeur réelle fiable (2)	Plus-value latente (3) = (2) - (1)	Impôt latent le cas échéant (4)	Plus-value latente nette d'impôt (3) - (4)	Affectation du mali au prorata des plus-values latentes nettes d'impôt dans la limite de celles-ci
Actif 1						
Actif 2						
Actif 3						
Total Mali de fusion sur actifs incorporels identifiables (a)						
Actif 1						
Actif 2						
Actif 3						
Total Mali de fusion sur actifs corporels (b)						
Actif 1						
Actif 2						
Actif 3						
Total Mali de fusion sur actifs financiers (c)						
Actif 1						
Actif 2						
Actif 3						
Total Mali de fusion sur actif circulant (d)						
Total Mali de fusion sur actifs identifiables (a) + (b) + (c) + (d)						
Mali résiduel affecté au fonds commercial (e)						
Total Mali sur actifs incorporels (a + e) = (f)						
Total Mali (b) + (c) + (d) + (f)						

Ce tableau fait apparaître distinctement le mali affecté respectivement aux immobilisations incorporelles, corporelles, financières et aux actifs circulants. Ces montants de mali sont comptabilisés au bilan dans les sous-comptes tels que définis à l'article 745-6 du présent règlement.

IR 4 : Voir exemples.

Art. 745-6

A la date de l'opération, l'entité absorbante comptabilise le mali technique dans un compte spécifique par catégorie d'actif concerné après son affectation.

IR 3 : Présentation au bilan du mali technique

Le mali technique est comptabilisé en fonction des différentes natures d'actifs sous-jacents afin de faciliter son suivi dans le temps compte tenu des nouvelles règles d'amortissement prévues à l'article 745-7.

En conséquence, le mali technique est comptabilisé dans les catégories suivantes :
- Mali de fusion sur actifs incorporels,
- Mali de fusion sur actifs corporels,
- Mali de fusion sur actifs financiers,
- Mali de fusion sur actif circulant.

Cette présentation par catégorie d'actifs résulte de l'affectation effectuée conformément à l'article 745-5.

Les entreprises peuvent créer autant de sous-comptes que nécessaire pour suivre le mali affecté aux différents actifs.

Art. 745-7

Le mali technique est amorti ou rapporté au résultat selon les mêmes règles et dans les mêmes conditions que les actifs sous-jacents auquel il est affecté.

IR 3 : Amortissement du mali technique

Le mali technique suit les règles d'amortissement de l'actif sous-jacent sur lequel porte la plus-value. Ainsi, la quote-part de mali affectée à un terrain ou à des titres n'est pas amortie mais fait l'objet, le cas échéant, d'une dépréciation conformément à l'article 745-8 du présent règlement. La quote-part de mali résiduelle affectée à un fonds commercial suit les règles d'amortissement du fonds commercial.

La quote-part de mali affectée à des actifs amortissables comme des brevets ou des outillages est amortissable sur la durée d'utilisation résiduelle des actifs.

Il en résulte que le mali pourra être pour partie amortissable et pour partie non amortissable selon les actifs sous-jacents auxquels il est affecté.

Art. 745-8

Conformément à l'article 214-15, chaque quote-part du mali affecté à un actif sous-jacent subit une dépréciation lorsque la valeur actuelle de l'actif sous-jacent devient inférieure à sa valeur nette comptable, majorée de la quote-part de mali affectée. La dépréciation est imputée en priorité sur la quote-part du mali technique.

Le mali technique résiduel affecté au fonds commercial suit les règles de dépréciation applicables aux fonds commerciaux. S'il fait l'objet d'une dépréciation comptabilisée en conformité avec l'article 214-17, aucune reprise de dépréciation n'est possible.

Art. 745-9

Les amortissements et dépréciations sont comptabilisés dans des comptes spécifiques par catégorie d'actif concerné.

Art. 745-10

En cas de cession, d'apport ou toute autre opération relative à l'actif sous-jacent auquel le mali est affecté, ce dernier suit le même traitement que l'actif sous-jacent.

IR 3 : Traitement du mali en cas de sortie de l'actif sous-jacent

En cas de cession, d'apport ou toute autre opération relative à l'actif sous-jacent auquel le mali est affecté, ce dernier suit le même traitement que l'actif sous-jacent.

Ainsi,

– en cas de sortie d'un actif auquel une quote-part de mali a été affectée, le mali doit être réduit à due concurrence et constitue un élément de la plus ou moins-value de cession de l'actif conformément à l'article 946-67 ;

– en cas d'apport de l'actif sous-jacent, la quote-part de mali affectée est elle-même apportée ;

– lorsqu'il correspond à des actions propres qui seront annulées, il doit être annulé par capitaux propres conformément à l'article 942-27.

IR 3 : Sort du mali technique lorsque l'absorbante est elle-même absorbée par la suite

Le traitement dépend des conditions de réalisation de l'opération :

– Si la fusion absorption est réalisée entre entités sous contrôle distinct : les apports sont valorisés à la valeur réelle et le mali est, de fait, intégré et affecté aux différentes valeurs des actifs apportés. Il n'apparaît pas dans les apports en tant qu'élément isolé.

– Si la fusion absorption ou la TUP est réalisée entre entités sous contrôle commun : les apports sont valorisés à la valeur comptable. Le mali doit être transféré tel quel, comme les autres éléments apportés, pour sa valeur comptable.

IR 4 : Un exemple de suivi de mali est mentionné au paragraphe VI.3 de l'annexe au présent titre.

Section 6 – Traitement de certaines fusions et de la scission sans échange de titres

Sous-Section 1 – Traitement de l'opération dans les comptes de l'entité bénéficiaire des apports

Art. 746-1

Pour les fusions définies aux 3° et 4° du II de l'article L 236-3 du Code de commerce et les scissions totales, l'entité absorbante ou les entités bénéficiaires des apports en cas de scission inscrivent la contrepartie des apports en report à nouveau.

IR 2 : Champ d'application des fusions sans échange de titres concernées

Pour les fusions définies aux 3° et 4° du II de l'article L 236-3 du Code de commerce, il n'est pas procédé à l'échange de parts ou d'actions de la société bénéficiaire contre des parts ou actions des sociétés qui disparaissent :

• pour une opération dans laquelle les titres de l'entité absorbante et de l'entité absorbée sont détenus en totalité par une même entité ;

• quand les sociétés qui fusionnent sont détenues par les mêmes associés et dans les mêmes proportions. Ces proportions devront, pour cela, être conservées à l'issue de la fusion.

Sous-Section 2 – Traitement de l'opération dans les comptes de l'entité détentrice

Art. 746-2

En conséquence d'une fusion sans échange de titres visée à l'article 746-1, dans les comptes des entités détentrices des titres des entités absorbée et absorbante, la

valeur brute et les éventuelles dépréciations des titres de l'entité qui disparaît sont ajoutées à la valeur brute et aux éventuelles dépréciations des titres de l'entité bénéficiaire des apports.

La valeur comptable brute des titres de l'entité qui disparaît est répartie uniformément sur la valeur unitaire des titres de l'entité absorbante.

En conséquence d'une scission totale sans échange de titres, dans les comptes de l'entité détentrice des titres de l'entité scindée, la valeur des titres et les éventuelles dépréciations de l'entité qui disparaît sont réparties, entre les titres des entités bénéficiaires des apports au prorata de la valeur réelle des apports transmis à chacune des entités bénéficiaires.

La quote-part de valeur comptable brute des titres de l'entité qui disparaît est répartie uniformément sur la valeur unitaire des titres des entités bénéficiaires des apports.

IR 3 : Sort de la dépréciation des titres de l'entité qui disparaît dans le cas d'une fusion sans échange de titres

Les dépréciations des titres de l'entité qui disparaît sont ajoutées aux dépréciations des titres de l'entité bénéficiaire des apports. L'entité détermine par la suite la nouvelle valeur d'utilité des titres de la société bénéficiaire des apports conformément à l'article 221-3 et ajuste, le cas échéant, le montant de la dépréciation.

IR 4 : Voir exemples.

Section 7 : Traitement de la scission partielle

Sous-section 1 : Traitement de l'opération dans les comptes de l'entité scindée

Art. 747-1

Pour les scissions partielles prévoyant l'attribution directe des titres émis par l'entité bénéficiaire des apports aux associés de l'entité scindée, l'entité scindée inscrit la contrepartie des apports en réduction des capitaux propres selon les modalités fixées par le traité de scission.

A défaut de précision dans le traité de scission, la contrepartie des apports est imputée sur le ou les comptes distribuables des capitaux propres et, en dernier recours, est comptabilisée au débit du compte de report à nouveau.

IR 3 : Modalités de rémunération et comptabilisation de l'apport

En application de l'**article L 236-27 du Code de commerce**, les parts ou actions de la société émises par la société bénéficiaire des apports peuvent être attribuées directement aux associés de la société apporteuse ou la société apporteuse peut également remettre ses propres titres directement à ses associés en plus ou à la place des titres reçus de la société bénéficiaire.

En pratique, les parts ou actions de la société bénéficiaire des apports peuvent être attribuées à l'entité apporteuse, et/ou aux associés de la société apporteuse.

Dans ce cas, l'entité apporteuse répartira la rémunération des apports entre la part à comptabiliser en titres reçus et celle à comptabiliser dans les comptes de capitaux propres.

IR 3 : Comptes de capitaux propres

Selon les modalités prévues par le traité de scission, la contrepartie des apports est comptabilisée :

- par une réduction de capital et/ou,
- imputés sur le ou les comptes distribuables et à défaut,
- au débit du report à nouveau.

Sous-section 2 : Traitement de l'opération dans les comptes des associés de l'entité scindée

Art. 747-2

En conséquence d'une scission partielle, dans les comptes des entités détentrices des titres de l'entité scindée, la valeur nette comptable, calculée à la date de l'opération, des titres de l'entité scindée est répartie entre les nouveaux titres émis par les entités bénéficiaires des apports et les titres de l'entité scindée conservés au prorata de leur valeur réelle.

La valeur comptable unitaire des titres détenus après scission correspond, pour chaque ligne de titres, à la valeur comptable globale ainsi attribuée divisée par le nombre de titres de la ligne.

IR 3 : Comptabilisation des titres reçus en rémunération d'un apport complété d'une distribution gratuite des titres de l'entité bénéficiaire des apports aux entités détentrices de l'entité apporteuse

Lors d'opération de restructuration, des entités peuvent distribuer à leur(s) actionnaire(s) des titres reçus en contrepartie d'un apport mais cela nécessite de réaliser deux opérations sur le plan juridique :

- une opération d'apport partiel d'actifs : comptabilisation de l'apport partiel d'actifs de la société apporteuse à l'entité bénéficiaire, rémunéré par des titres de l'entité bénéficiaire ;
- une opération de distribution gratuite de titres « Attribution » : l'apport partiel d'actif est suivi d'une opération (en général simultanée) de distribution par l'entité apporteuse à son/ses actionnaire(s) des titres de l'entité bénéficiaire des apports reçus.

En conséquence, lors d'une opération d'apport complétée d'une distribution gratuite des titres de l'entité bénéficiaire des apports, dans les comptes des entités détentrices des titres de l'entité apporteuse, la valeur nette comptable, calculée à la date de l'opération des titres de l'entité apporteuse sont réparties, entre les titres des entités bénéficiaires des apports au prorata de la valeur réelle des apports transmis à chacune des entités bénéficiaires.

La valeur comptable unitaire des titres détenus après l'opération d'apport complétée d'une distribution gratuite des titres correspond, pour chaque ligne de titres, à la valeur comptable globale ainsi attribuée divisée par le nombre de titres de la ligne.

Chapitre V. Evénements de la période intercalaire

Section 1. Traitement de la perte de rétroactivité

Art. 751-1

L'obligation de libération des apports doit être appréciée à la date de réalisation définitive de l'opération (assemblée générale extraordinaire des entités participant à l'opération).

Art. 751-2

En cas d'effet rétroactif, lorsque la valeur des apports à la date d'effet risque de devenir, du fait d'une perte intercalaire, supérieure à la valeur réelle globale de l'entité à la date de réalisation de l'opération, une provision pour perte de rétroactivité est constatée au passif pris en charge dans le traité d'apport, réduisant d'autant le montant des apports pour répondre à l'obligation de libération du capital. L'entité absorbante l'inscrit dans un sous-compte de la prime de fusion, et non en provisions pour risques et charges. En effet, elle ne doit pas reprendre en résultat une provision qui n'a jamais été dotée comptablement.

Art. 751-3

Lors de l'affectation du résultat de l'entité absorbante, la perte de l'entité absorbée constatée durant la période intercalaire est imputée sur le sous-compte de la prime de fusion. Après cette imputation, le solde du sous-compte de la prime de fusion est intégré à la prime de fusion.

Toutefois, l'existence d'une perte intercalaire ne conduit pas systématiquement à la constatation d'une provision, en effet :

• lorsque les apports sont évalués à la valeur réelle, la valeur d'utilité de chacun des apports est estimée en tenant compte des flux de trésorerie futurs. Ces prévisions de trésorerie intègrent nécessairement les résultats prévisionnels des quelques mois entre la date d'effet de la fusion et sa date de réalisation. La perte de rétroactivité est par conséquent déjà intégrée dans l'évaluation des apports. Sauf événements significatifs non prévus durant la période intercalaire, qui remettraient en cause les évaluations faites, la provision pour perte ne se justifie pas dans le traité d'apport aux valeurs réelles.

Les événements significatifs non prévus pouvant conduire à la constatation d'une provision pour perte de rétroactivité peuvent être les suivants :

- constatation d'une perte intercalaire supérieure à la perte estimée ;
- perte exceptionnelle d'un actif ;
- remise en cause des hypothèses ayant servi à l'évaluation des flux de trésorerie : changement de taux d'actualisation, modification dans la détermination des flux de trésorerie.

• lorsque les apports sont évalués à la valeur comptable, la valeur totale des apports inscrite dans le traité est en général inférieure à la valeur globale de l'entité absorbée.

Art. 751-4

Le mali de fusion doit être calculé à la date d'effet rétroactif de la fusion. Ainsi, ni la perte intercalaire ni les dividendes à verser ne sont pris en compte pour son évaluation.

Si la date d'effet rétroactif est antérieure à la date d'acquisition des titres de l'entité absorbée, il est tenu compte pour le calcul du mali technique tel que défini à l'article 745-3 :

- de l'actif net de l'entité absorbée à la date d'effet rétroactif et de la valeur des titres à leur date d'acquisition ;
- des variations de capitaux propres de l'entité absorbée entre la date d'effet rétroactif de la fusion et la date d'acquisition des titres.

IR 3 : Calcul du mali en cas de période de rétroactivité

L'inscription dans le traité d'apport de la perte intercalaire et des dividendes à verser résulte de l'obligation juridique de libération du capital et du risque de surévaluation des apports qui doit être apprécié à la date définitive de l'opération (assemblée générale extraordinaire) et non à la date d'effet.

Le mali de fusion est calculé à la date d'effet rétroactif de la fusion en fonction des éléments comptables, sans tenir compte des éléments liés à la libération juridique du capital. En conséquence, il n'est pas tenu compte de la perte de rétroactivité ni des dividendes à verser pour calculer le montant du mali de fusion.

En revanche, lorsque les titres de l'entité absorbée sont acquis (en totalité ou en partie) par l'entité absorbante pendant la période de rétroactivité, il y a lieu de calculer le mali en tenant compte de l'actif net de l'entité absorbée à la date d'effet rétroactif de la fusion et de la valeur des titres à leur date d'acquisition ainsi que des éléments concourant à la détermination du prix de ces titres, par exemple les dividendes versés à l'entité cédante pendant la période antérieure à la date d'acquisition des titres par l'entité absorbante.

Section 2. Traitement des opérations réciproques

Art. 752-1

Les opérations réciproques réalisées entre l'entité absorbée et l'entité absorbante ou correspondant à la branche d'activité apportée en cas d'apport partiel d'actif durant la période intercalaire, sont éliminées comptablement selon les modalités suivantes (règles identiques à celles prévues par le règlement ANC nº 2020-01 relatif aux comptes consolidés) et en fonction du caractère significatif des opérations.

Sous-section 1. Opérations n'affectant pas le résultat

Art. 752-2

Les créances et dettes réciproques ainsi que les produits et charges réciproques sont éliminés en totalité. Les incidences fiscales des opérations réciproques continuent cependant à être comptabilisées.

Les effets à recevoir et les effets à payer s'éliminent réciproquement mais, lorsque l'effet à recevoir est remis à l'escompte, le concours bancaire consenti au groupe est substitué à l'effet à payer.

Sous-section 2. Opérations affectant le résultat

§ 1. Profits et pertes internes

Art. 752-3

Les profits et les pertes ainsi que les plus-values et moins-values réciproques sont éliminés en totalité. En cas d'élimination de pertes, il convient de s'assurer que la valeur de l'élément de l'actif cédé n'est pas supérieure à la valeur réelle de cet élément. L'élimination des incidences des opérations internes portant sur des actifs a pour conséquence de les maintenir à leur valeur d'apport dans le bilan de l'entité fusionnée.

§ 2. Dividendes versés par l'entité absorbée

Art. 752-4

Si la réalisation de l'opération intervient après l'assemblée générale ordinaire de l'entité absorbée ayant approuvé les comptes clos à la date d'effet, afin de répondre à l'obligation juridique de libération du capital, il convient d'inclure les dividendes dans le passif pris en charge. Dans les cas où l'absorbante détient une participation dans l'entité absorbée, les dividendes à verser comptabilisés dans le passif pris en charge incluent ceux revenant à l'absorbante.

Art. 752-5

Afin d'éviter que l'entité absorbante appréhende à la fois le résultat de l'absorbée (bénéficiaire) au titre de l'exercice de la fusion en application de la clause de rétroactivité, et les dividendes auxquels elle a droit au titre de l'exercice précédant la fusion, il convient d'annuler le produit correspondant à ces derniers par :

- **le crédit du compte prime de fusion ;**
- **ou du compte report à nouveau si l'entité souhaite dans l'exercice de l'opération, distribuer un acompte sur dividendes comprenant ces dividendes reçus pendant la période intercalaire.**

Chapitre VI. Cas particulier de l'opération de confusion de patrimoine

Art. 760-1

Les opérations de dissolution par confusion de patrimoine étant par définition toujours réalisées entre entreprises sous contrôle commun, les actifs et passifs de l'entité dissoute sont toujours transmis à leur valeur comptable telle que définie à l'article 744-2.

Art. 760-2

Le traitement du mali et du boni pouvant apparaître lors de l'annulation dans les comptes de l'entité bénéficiaire de la transmission universelle de patrimoine suit les règles générales exposées aux articles 745-2 à 745-9.

Art. 760-3

La rétroactivité des opérations de dissolution par confusion de patrimoine n'étant pas prévue par le Code civil, les articles 751-1 à 752-5 ne sont pas applicables à ce type d'opérations.

Les écritures comptables sont reprises chez l'entité confondante à l'issue du délai d'opposition des créanciers tel que prévu par l'article 1844-5 du Code civil.

Chapitre VII. Informations devant figurer dans l'annexe

Art. 770-1

Pour toutes les opérations entrant dans le champ d'application du présent titre, l'entité absorbante ou bénéficiaire des apports doit mentionner l'impact de l'opération sur les principaux postes du bilan et du compte de résultat, les informations suivantes dans l'annexe de ses comptes annuels de l'exercice de l'opération.

- Pour toute opération visée par le présent titre, l'entité doit mentionner le contexte de l'opération, les modalités d'évaluation des apports retenues ainsi que l'adoption éventuelle de traitements dérogatoires prévus par le présent titre (filialisation de branche d'activité et actif net comptable apporté insuffisant pour permettre la libération du capital).
- Lorsqu'une opération a conduit à la constatation d'un boni, l'entité doit mentionner le traitement retenu.
- Lorsqu'une opération a conduit à la constatation d'un mali, l'entité doit mentionner les éléments significatifs sur lequel le mali a été affecté ainsi que les modalités d'amortissement, de dépréciation et sortie définitive du mali.
- Lorsqu'une perte intercalaire et/ou un badwill est enregistré, l'entité doit mentionner le montant inscrit dans le sous-compte de la prime de fusion.
- En cas d'opérations de filialisation d'une branche d'activité destinée à être cédée à une entité sous contrôle distinct, les apports étant évalués à la valeur réelle, l'entité doit mentionner le résultat de cession intra-groupe constaté, afin de prévenir la distribution anticipée du résultat avant la réalisation de la cession à l'extérieur du groupe.

Art. 770-2

A chaque clôture, l'entité doit mentionner dans l'annexe le suivi de son mali affecté aux actifs en détaillant par actif la valeur brute, et le cas échéant les amortissements, les reprises d'amortissement, les dépréciations et reprises de dépréciations.

IR 3 : Informations en annexe

Outre les informations requises précédemment, l'annexe doit également fournir les modalités d'amortissement du mali technique. Par ailleurs, il est précisé que l'affectation du mali aux actifs sous-jacents est une information qui doit être fournie à chaque exercice.

Annexes au titre VII – Exemples (IR 4)

Sommaire de l'annexe

I. Application du principe général de valorisation des apports

Exemples de détermination des valeurs d'apport selon la qualification des opérations

A. Opérations à l'endroit impliquant des entités sous contrôle commun

L'entité B absorbe l'entité A

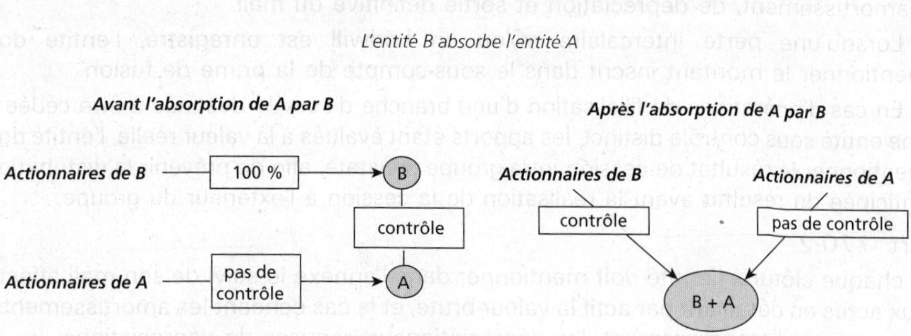

L'entité absorbante B est l'initiatrice, l'entité A est la cible.

La situation de contrôle est démontrée avant et après l'opération, les apports sont évalués à la valeur comptable.

B. Opérations à l'envers impliquant des entités sous contrôle commun

L'entité A absorbe l'entité B

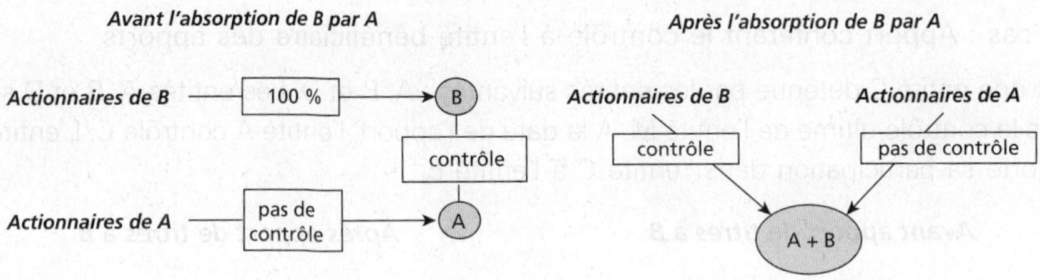

Les actionnaires de l'entité B, entité absorbée, sont à l'initiative de l'opération. L'entité A, bénéficiaire des apports, est la cible. Par cette opération les actionnaires de B renforcent leur contrôle dans l'entité A.

La situation de contrôle est démontrée avant et après l'opération, les apports sont évalués à la valeur comptable.

C. Opérations à l'endroit impliquant des entités sous contrôle distinct

L'entité B absorbe l'entité A

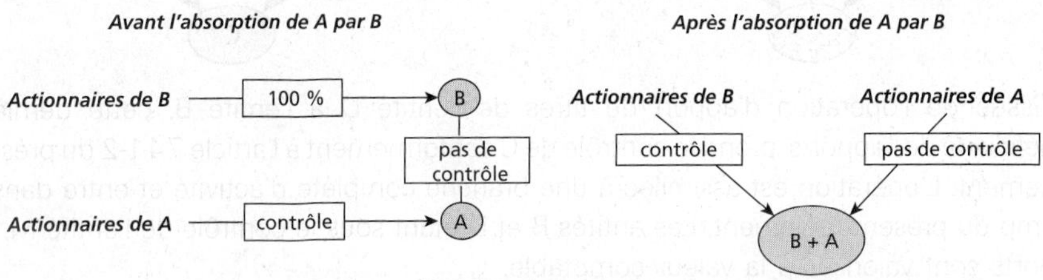

Les actionnaires de l'entité B sont à l'initiative de l'opération de fusion. L'entité A est la cible. Avant l'opération, les deux entités ne sont pas contrôlées par une même entité, elles sont en situation de contrôle distinct. Par cette opération, l'entité B prend le contrôle de l'entité A (acquisition), les apports sont valorisés à la valeur réelle.

D. Opérations à l'envers impliquant des entités sous contrôle distinct

L'entité C absorbe l'entité F

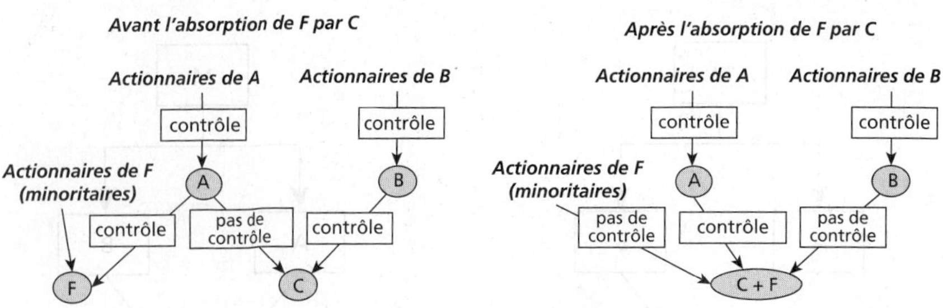

Par cette opération, l'entité A prend le contrôle de l'entité C. L'entité A (mère de l'entité absorbée) est l'initiatrice, l'entité C (entité absorbante) est la cible. Les apports de l'entité F sont valorisés à leur valeur comptable.

II. Apports de titres de participation conférant le contrôle de cette participation et assimilés à des apports partiels d'actif constituant une branche d'activité

1er cas : Apport conférant le contrôle à l'entité bénéficiaire des apports

Soit une entité C détenue par les entités suivantes : A, B et D. Les entités A, B et D sont sous le contrôle ultime de l'entité M. A la date de l'apport, l'entité A contrôle C. L'entité D apporte sa participation dans l'entité C à l'entité B.

Avant apport de titres à B

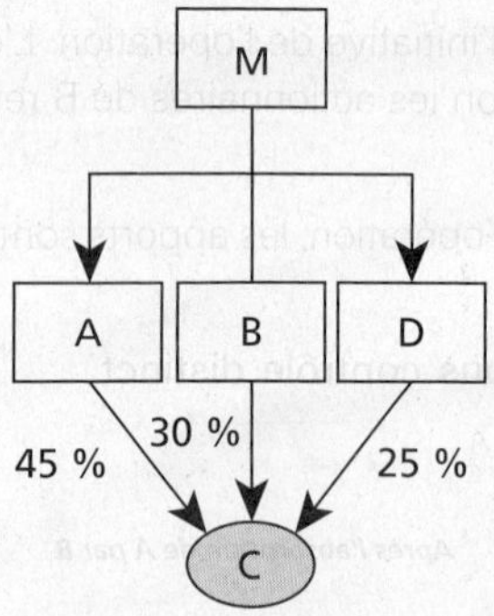

Après apport de titres à B

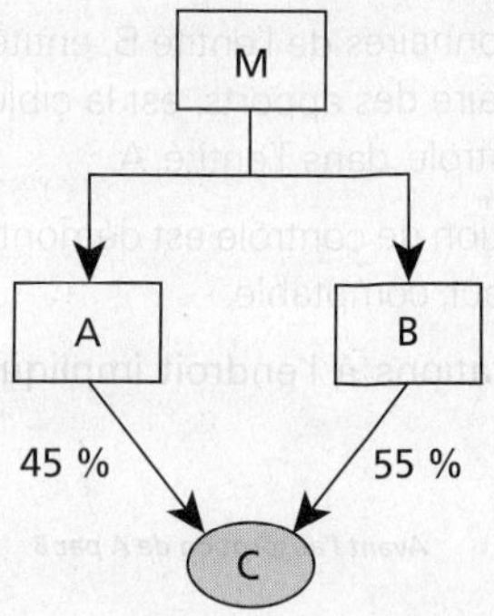

A l'issue de l'opération d'apport de titres de l'entité D à l'entité B, cette dernière, bénéficiaire des apports, prend le contrôle de C conformément à l'article 741-2 du présent règlement. L'opération est assimilée à une branche complète d'activité et entre dans le champ du présent règlement. Les entités B et D étant sous le contrôle de l'entité M, les apports sont valorisés à la valeur comptable.

2e cas : Apport complémentaire

Soit une entité C détenue par les entités A et B, qui sont sous le contrôle commun de l'entité M. A la date de l'apport, l'entité A détient 45 % de C et l'entité B 55 %, ce qui confère à l'entité B le contrôle de l'entité C.

L'entité A apporte 10 % de sa participation dans l'entité C à l'entité B.

Avant apport de titres à B

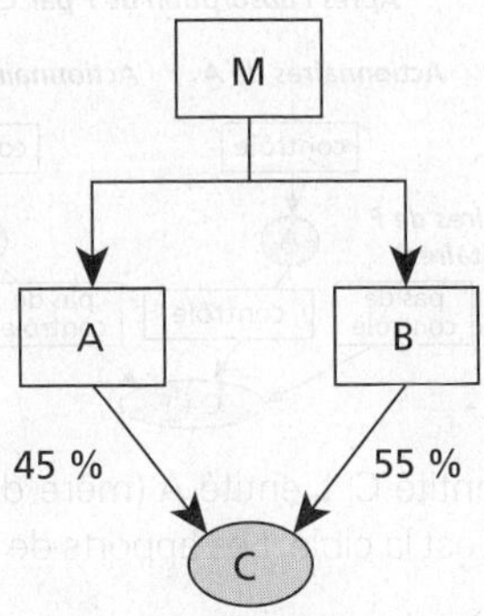

Après apport de titres à B

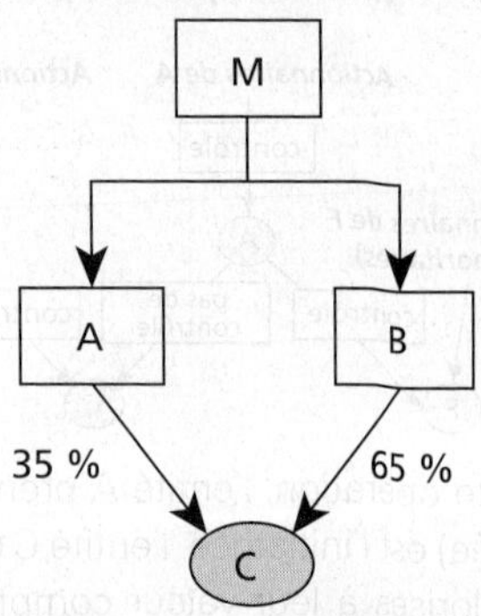

L'entité bénéficiaire des apports B ayant déjà le contrôle de C préalablement à l'apport, ce dernier ne conduit pas à conférer à B le contrôle de C conformément à l'article 741-2 du présent règlement.

L'opération n'est donc pas assimilée à une branche complète d'activité et n'entre donc pas dans le champ du présent règlement. L'apport de titres est considéré comme un apport d'actifs isolés et est évalué conformément à l'article 213-3 du présent règlement.

3e cas : Apports concomitants de titres

Apports concomitants

Soit une entité C détenue par les entités A, B, D et E. Les entités A, B, D et E sont sous le contrôle commun de l'entité M. Les entités D et E contrôlent conjointement l'entité C. De manière concomitante, les entités B, D et E apportent chacune 20 % de titres C à A.

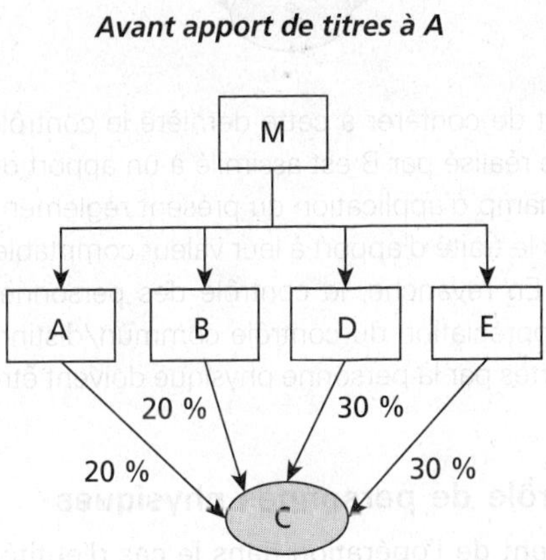

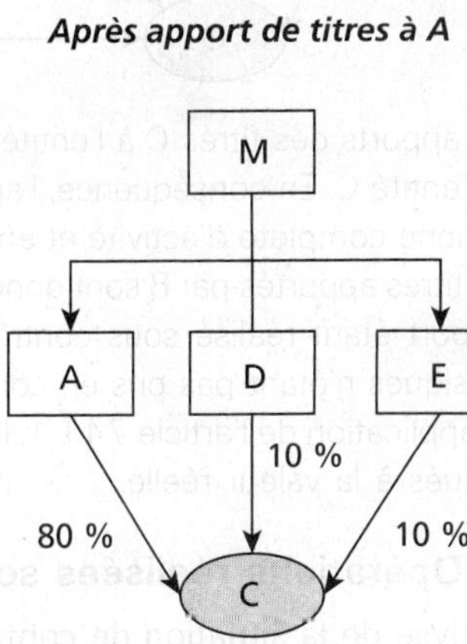

Les apports des titres C à l'entité A permettent de conférer à cette dernière A le contrôle de l'entité C. Les apports de titres sont assimilés à des apports de branche complète d'activité et entrent dans le champ d'application du présent règlement. Les entités A, B, D et E étant sous contrôle commun, les apports sont donc valorisés à la valeur comptable.

Apports concomitants impliquant une personne physique

Soit une entité C détenue par les entités A, B, D et une personne physique X. Les entités A, B, D sont sous le contrôle commun de l'entité M. Les entités B et D contrôlent conjointement l'entité C. De manière concomitante, l'entité B apporte 5 % des titres C à A et la personne physique apporte 30 % (soit la totalité de ses titres).

Avant apport de titres à A

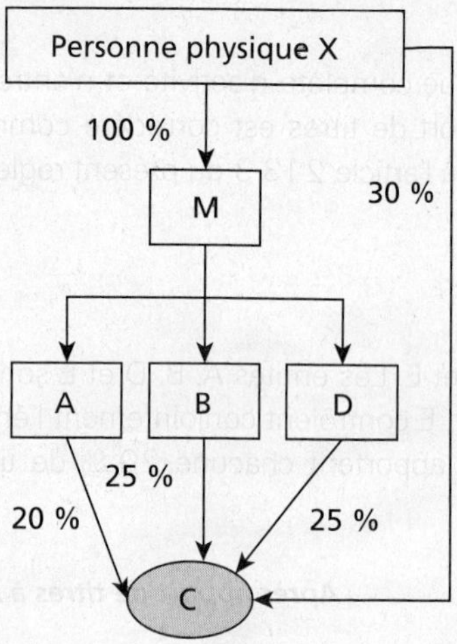

Après apport de titres à A

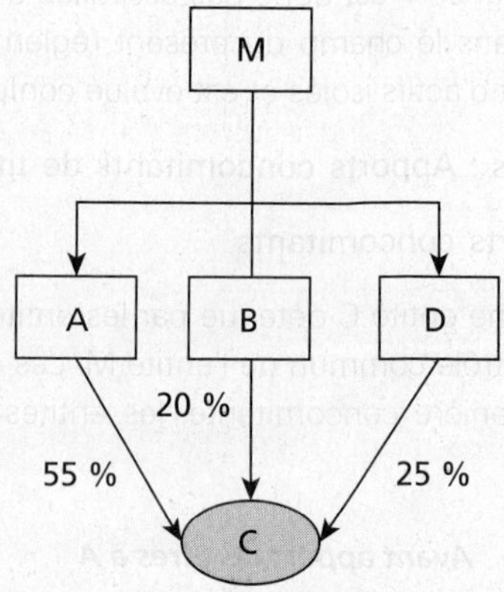

Les apports des titres C à l'entité A permettent de conférer à cette dernière le contrôle de l'entité C. En conséquence, l'apport de titres réalisé par B est assimilé à un apport de branche complète d'activité et entre dans le champ d'application du présent règlement. Les titres apportés par B sont donc inscrits dans le traité d'apport à leur valeur comptable, l'apport étant réalisé sous contrôle commun. En revanche, le contrôle des personnes physiques n'étant pas pris en compte dans l'appréciation du contrôle commun/distinct en application de l'article 741-1, les titres apportés par la personne physique doivent être évalués à la valeur réelle.

III. Opérations réalisées sous le contrôle de personnes physiques

Analyse de la situation de contrôle au moment de l'opération dans le cas d'entités détenues par la ou les mêmes personnes physiques – Exemples d'application

1er cas : Monsieur X, personne physique, contrôle la personne morale A, qui contrôle elle-même la personne morale B.

Avant fusion

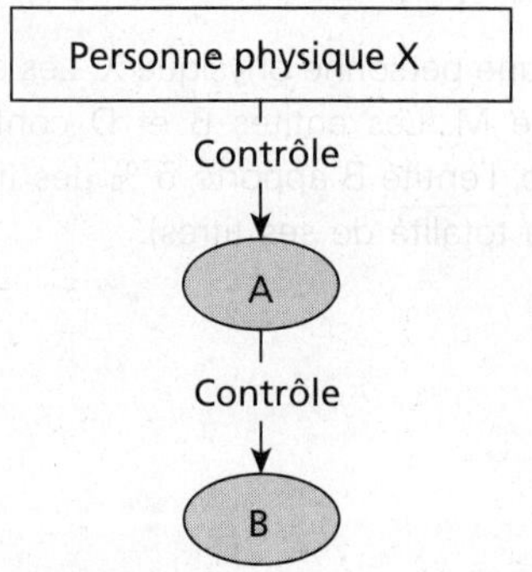

Après fusion

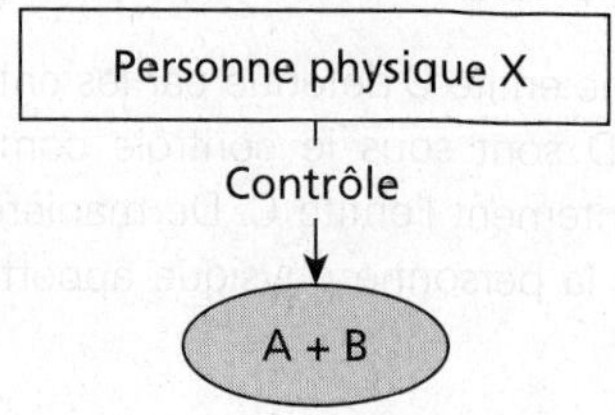

Conformément à l'article 741-1 du présent règlement, le niveau de contrôle est analysé au niveau de l'entité A et ce quel que soit le pourcentage qu'en détient la personne physique. L'opération de fusion entre les entités A et B s'effectue sous contrôle commun. Les apports doivent donc être évalués à la valeur comptable.

2e cas : Monsieur X, personne physique, contrôle les personnes morales A et B.

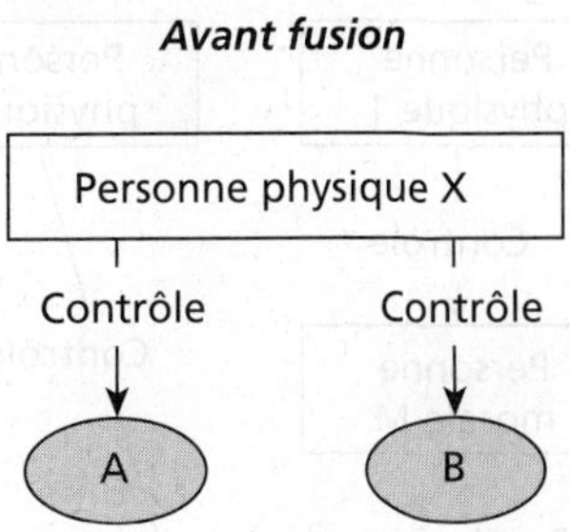

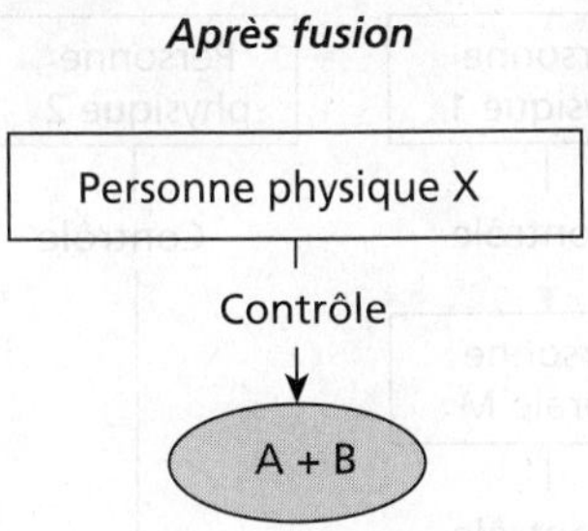

Préalablement à l'opération, les deux entités A et B n'ont aucun lien de contrôle au sens du présent règlement dans la mesure où le contrôle ne s'apprécie qu'au niveau des personnes morales.

L'entité A absorbe l'entité B. Les entités A et B sont sous contrôle distinct. Comme il n'est pas tenu compte du contrôle exercé par les personnes physiques, l'opération est réputée être réalisée à l'endroit. En conséquence, les actifs et passifs de l'entité B doivent être valorisés à la valeur réelle.

3e cas : Les entités A et B sont contrôlées respectivement par 2 personnes physiques, PP1 et PP2.

1. Les entités A et B sont contrôlées directement par des personnes physiques

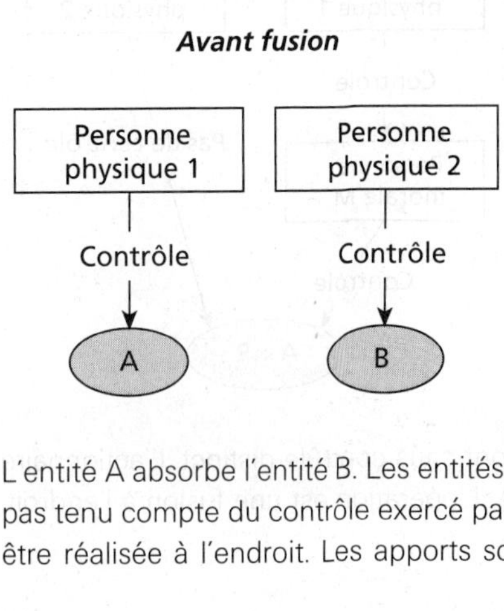

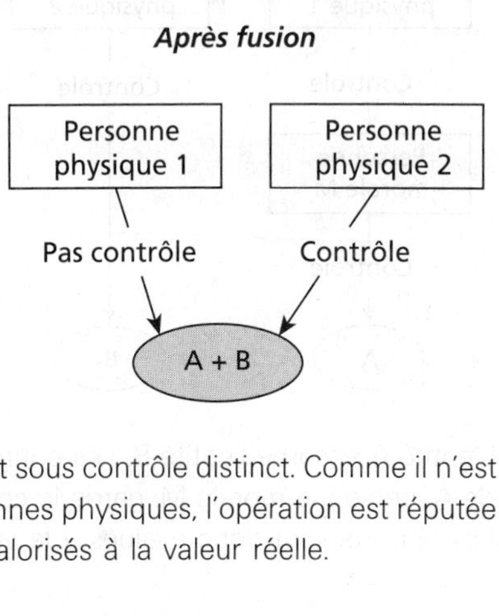

L'entité A absorbe l'entité B. Les entités A et B sont sous contrôle distinct. Comme il n'est pas tenu compte du contrôle exercé par les personnes physiques, l'opération est réputée être réalisée à l'endroit. Les apports sont donc valorisés à la valeur réelle.

2. L'entité A est contrôlée directement par une personne morale M (le contrôle ultime par la personne physique étant exercé par l'intermédiaire de cette personne morale)

2.1 La personne morale M perd le contrôle

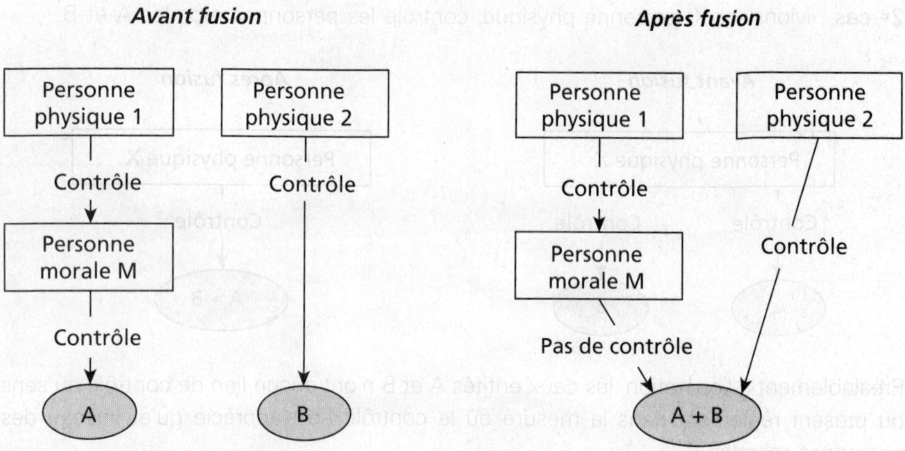

L'entité A absorbe l'entité B. Les entités A et B sont sous contrôle distinct. L'actionnaire de A, personne morale M, perd le contrôle de A. L'opération est une fusion à l'envers. Les apports sont donc évalués à la valeur comptable.

2.2 La personne morale M garde le contrôle

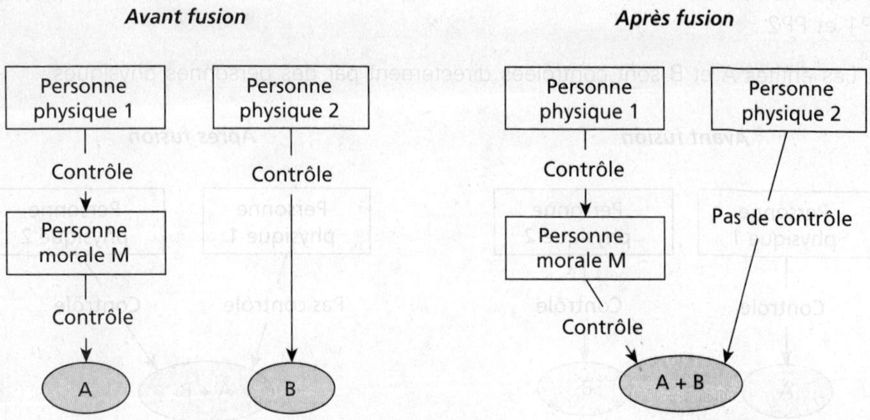

L'entité A absorbe l'entité B. Les entités A et B sont sous contrôle distinct. L'actionnaire de A, personne morale M, garde le contrôle de A. L'opération est une fusion à l'endroit. Les apports sont donc évalués à la valeur réelle.

3. L'entité B est contrôlée directement par une personne morale M (le contrôle ultime par la personne physique étant exercé par l'intermédiaire de cette personne morale)

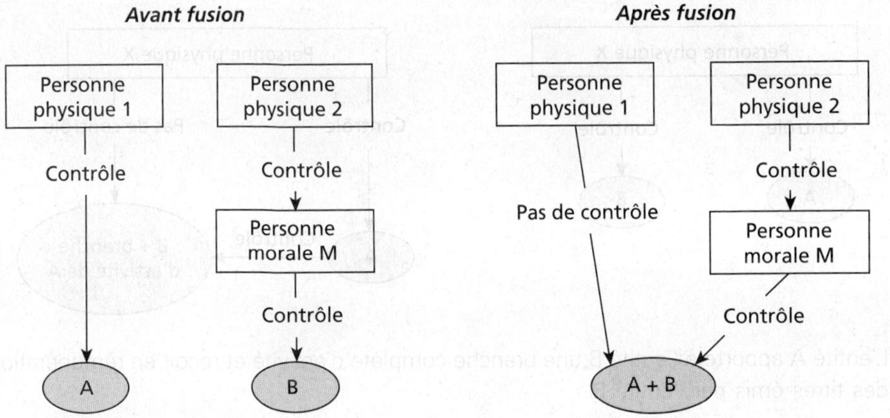

L'entité A absorbe l'entité B. Les entités A et B sont sous contrôle distinct. L'actionnaire de B, personne morale, prenant le contrôle de A, entité absorbante, l'opération est une fusion à l'envers. Les apports sont donc évalués à la valeur comptable.

4e cas : Apport partiel d'actif de A à B

1. Cas d'un apport partiel d'actif (APA) à l'endroit

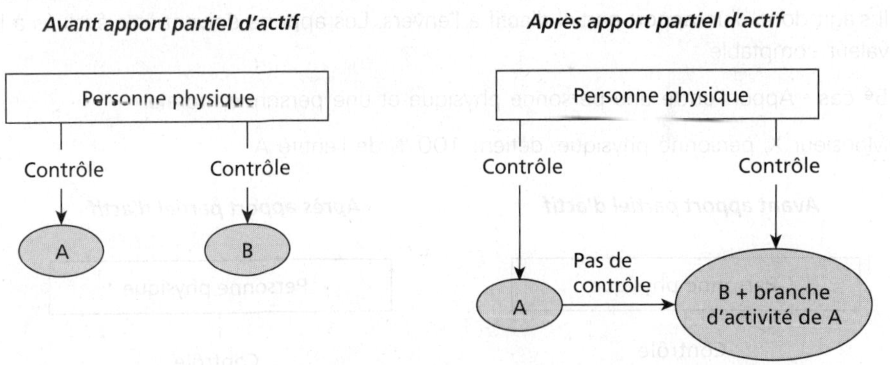

L'entité A apporte à l'entité B une branche complète d'activité et reçoit en contrepartie des titres de l'entité B.

A la date de l'opération, les deux entités n'ont aucun lien de contrôle au sens du présent règlement dans la mesure où le contrôle ne s'apprécie qu'au niveau des personnes morales. L'opération est donc sous contrôle distinct.

Du fait de l'apport, l'entité B prend le contrôle des actifs et passifs apportés par A. L'apport est donc à l'endroit. En conséquence, les apports doivent être évalués à la valeur réelle.

2. Cas d'un apport partiel d'actif à l'envers

Avant apport partiel d'actif

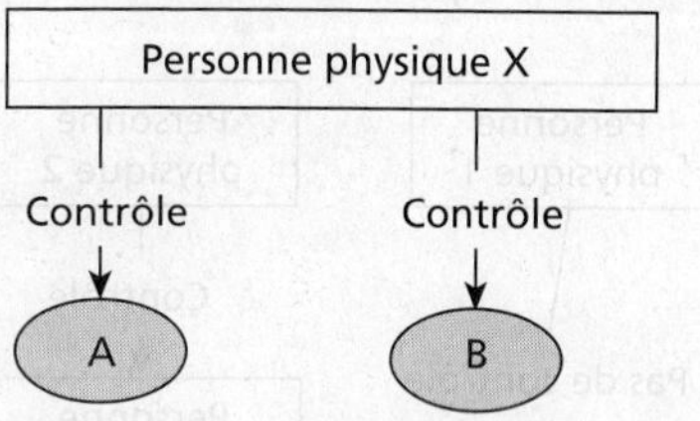

Après apport partiel d'actif

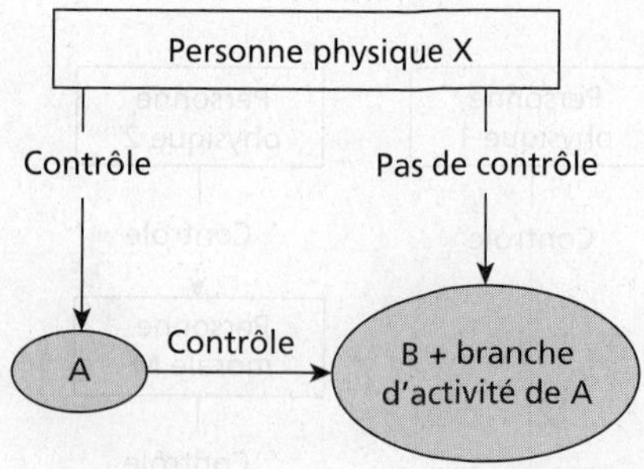

L'entité A apporte à l'entité B une branche complète d'activité et reçoit en rémunération des titres émis par l'entité B.

A l'issue de l'opération d'apport partiel d'actif, l'entité A prend ainsi le contrôle de l'entité B, entité bénéficiaire des apports.

A la date de l'opération, les deux entités sont contrôlées par une même personne physique mais n'ont aucun lien de contrôle entre elles au sens du présent règlement dans la mesure où le contrôle ne s'apprécie qu'au niveau des personnes morales. L'apport partiel d'actif est donc réalisé entre entités sous contrôle distinct.

Après l'apport, l'entité apporteuse prend le contrôle de l'entité bénéficiaire des apports. Il s'agit donc d'un apport partiel d'actif à l'envers. Les apports doivent être évalués à la valeur comptable.

5e cas : Apport entre une personne physique et une personne morale.

Monsieur X, personne physique, détient 100 % de l'entité A

Avant apport partiel d'actif

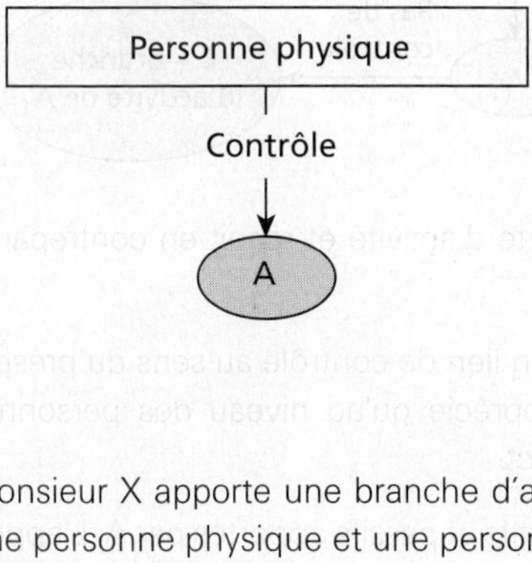

Après apport partiel d'actif

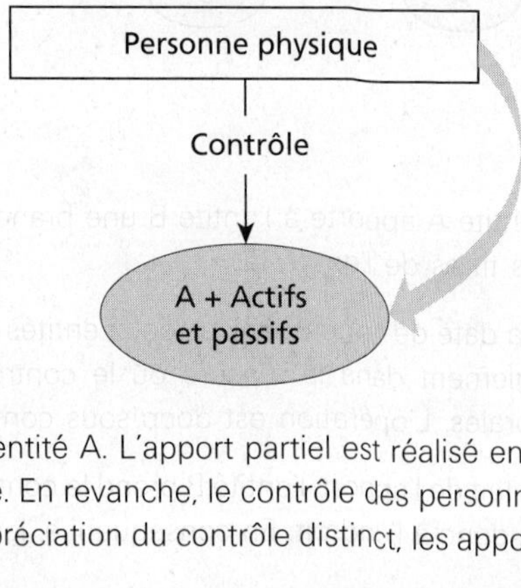

Monsieur X apporte une branche d'activité à l'entité A. L'apport partiel est réalisé entre une personne physique et une personne morale. En revanche, le contrôle des personnes physiques n'étant pas pris en compte dans l'appréciation du contrôle distinct, les apports sont évalués à la valeur réelle.

IV. Opérations sous contrôle conjoint ou aboutissant au contrôle conjoint

Les entités A et B sont sous contrôle distinct.

1er cas : Fusion des entités C et D détenues chacune de manière conjointe par les entités A et B

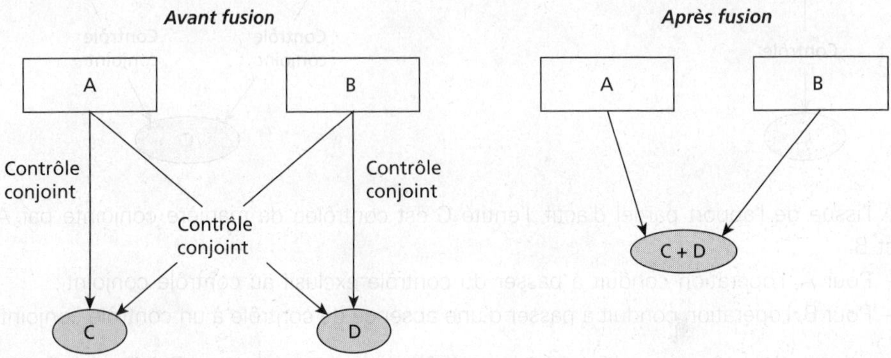

A l'issue de la fusion entre les entités C et D :
- Si l'entité A prend le contrôle exclusif du nouvel ensemble, les apports sont valorisés à la valeur réelle. Il y a, en effet, changement de contrôle puisque A passe d'un contrôle conjoint à un contrôle exclusif. Tel est également le cas si l'entité B prend le contrôle exclusif du nouvel ensemble.
- Si le nouvel ensemble reste sous le contrôle conjoint de A et B, les apports sont valorisés à la valeur comptable.

2e cas : Fusion de deux entités C et D respectivement sous contrôle exclusif de A et B

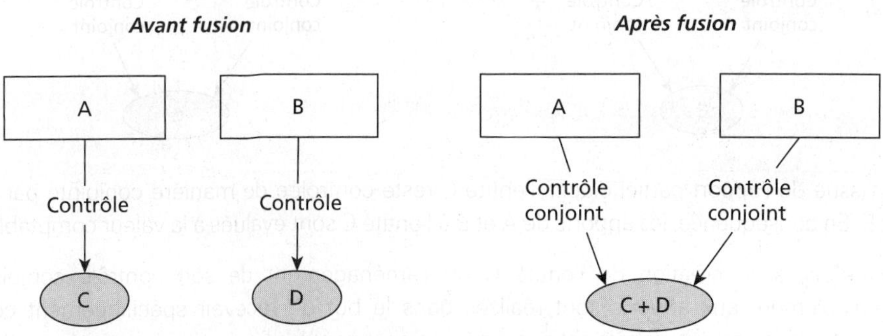

La fusion entre les entités C et D est réalisée sous contrôle distinct. A l'issue de cette fusion, le nouvel ensemble est contrôlé conjointement par A et B. Dans ce cas, les apports sont réalisés à la valeur réelle, que C absorbe D ou inversement.

3e cas : Apport partiel d'actif des entités A et B à C contrôlée par l'entité A avant les opérations d'apport.

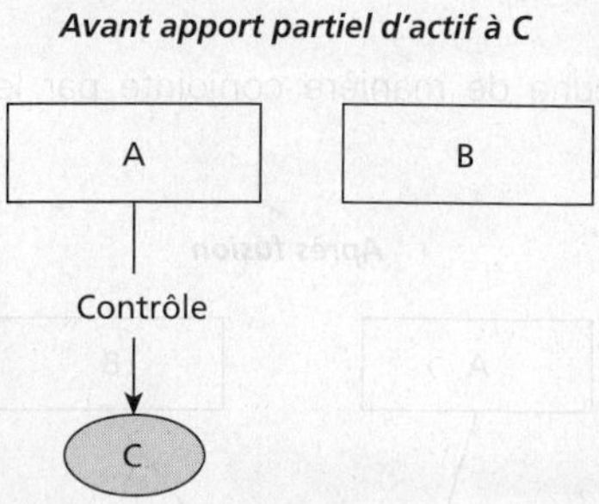

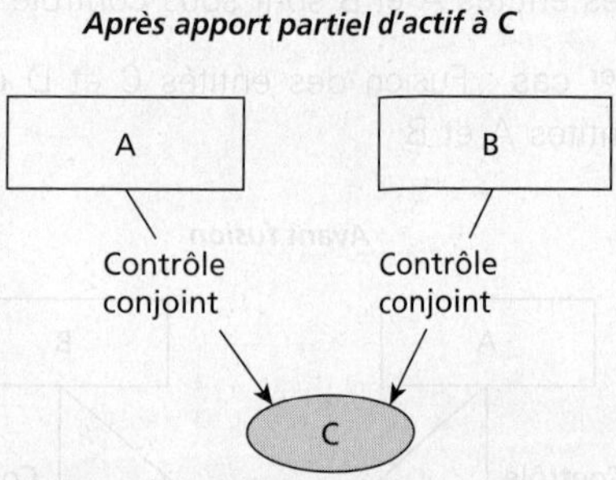

A l'issue de l'apport partiel d'actif, l'entité C est contrôlée de manière conjointe par A et B.

- Pour A, l'opération conduit à passer du contrôle exclusif au contrôle conjoint ;
- Pour B, l'opération conduit à passer d'une absence de contrôle à un contrôle conjoint.

L'opération entraînant modification du contrôle, les apports de A et B à l'entité C sont évalués à la valeur réelle.

4e cas : Apport partiel d'actif des entités A et B à C contrôlée conjointement par les entités A et B avant les opérations d'apport.

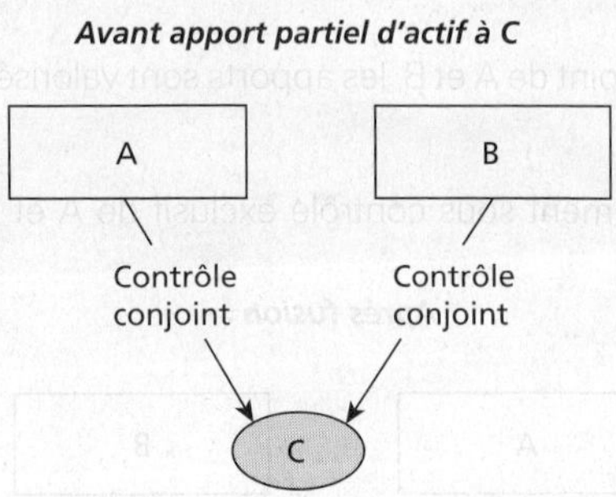

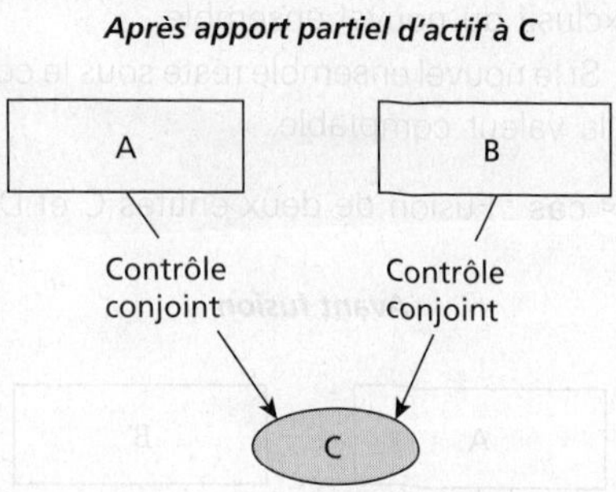

A l'issue de l'apport partiel d'actif, l'entité C reste contrôlée de manière conjointe par A et B. En conséquence, les apports de A et B à l'entité C sont évalués à la valeur comptable.

Toutefois, si la création de l'entité C ou l'aménagement de son contrôle conjoint préalablement aux apports sont réalisés dans le but de recevoir spécifiquement ces apports, l'analyse du contrôle est appréciée en analysant les liens entre les entités parties prenantes à l'opération et lors de son initiation. Ainsi, l'opération conduisant en réalité à une modification du contrôle pour les entités A et B (passage du contrôle distinct au contrôle conjoint), les apports doivent être évalués à la valeur réelle en application de l'article 743-2.

5e cas : Apport partiel d'actif des entités A et B à C contrôlées par l'entité A. Les entités A et B sont sous le contrôle commun ultime de l'entité M.

Avant apport partiel d'actif à C

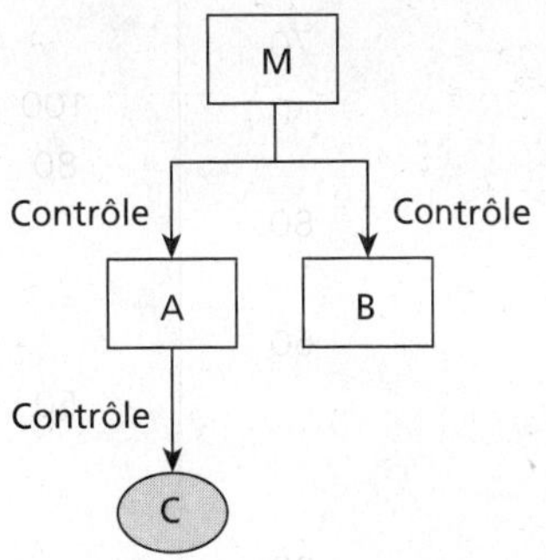

Après apport partiel d'actif à C

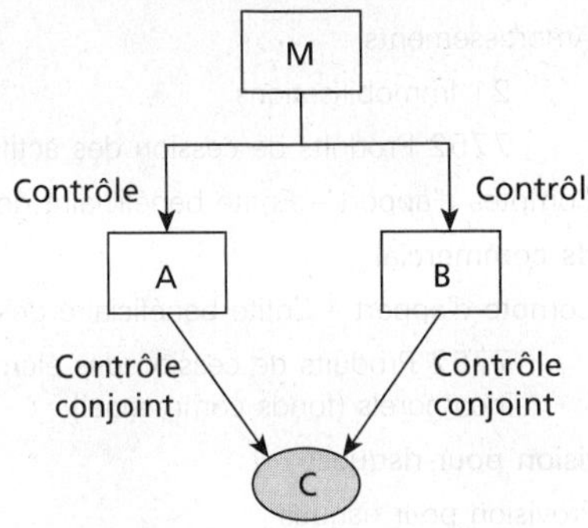

Les opérations d'apport étant réalisées sous le contrôle commun ultime de l'entité M, les apports sont évalués à la valeur comptable conformément aux règles générales de valorisation des apports, sans tenir compte des spécificités sur le contrôle conjoint.

V. Comptabilisation d'un apport aux valeurs réelles

Ecritures comptables d'une opération d'apport partiel d'actif dans les comptes de l'entité apporteuse :

	VNC	Valeur réelle (traité d'apport)	Plus-values
Fonds commercial	-	50	50
Immobilisation corporelle	30 (100 - 70)	80	50
Provision pour risques	(20)	(20)	-
Provision pour retraites	-	(40)	(40)
Impôt différé actif	-	10	10
Total	10	80	70

Précisions : le fonds commercial, la provision pour retraites et l'impôt différé actif ne figurent pas au bilan de l'entité apporteuse avant l'apport.

1re solution : Inscription individuelle des apports

Apport de la branche	D	C
Immobilisation corporelle		
675 Valeurs comptables des actifs	30	
28 Amortissements	70	
21 Immobilisations		100
7752 Produits de cession des actifs corporels		80
46 Comptes d'apport - Entité bénéficiaire des apports	80	
Fonds commercial		
46 Compte d'apport - Entité bénéficiaire des apports	50	
7752 Produits de cession des éléments d'actifs incorporels (fonds commercial)		50
Provision pour risques		
15 Provision pour risques	20	
78 Reprise de provision		20
67 Charge liée au transfert du passif à la bénéficiaire des apports	20	
46 Comptes d'apport - Entité bénéficiaire des apports		20
Engagements de retraite		
671 Charges exceptionnelles - Engagements de retraite	40	
46 Comptes d'apport - Entité bénéficiaire des apports		40
Impôt différé actif		
46 Comptes d'apport - Entité bénéficiaire des apports	10	
77 Produits exceptionnels (ID actif)		10
Rémunération des apports		
261 Titres reçus	80	
46 Comptes d'apport - Entité bénéficiaire des apports		80

2e solution : Inscription globale du prix des apports

Apport de la branche	D	C
Immobilisation corporelle		
675 Valeurs comptables des actifs	30	
28 Amortissements	70	
21 Immobilisations		100
Autres apports		
15 Provision pour risques	20	
78 Reprise de provision		20
Rémunération des apports		
77 Produit d'apport		80
46 Comptes d'apport - Entité bénéficiaire des apports	80	
261 Titres reçus	80	
46 Comptes d'apport - Entité bénéficiaire des apports		80

VI. Mali de fusion

1. Calcul du mali

L'entité A absorbe l'entité B dont elle détient 60 % des titres. L'entité a l'intention de céder le terrain et l'immeuble dans un avenir proche. Un impôt latent est donc pris en compte.

L'entité A détient 60 % d'une entité B		60 %
L'entité A absorbe l'entité B		
Valeur comptable des titres B chez A	18 500	
Actif net de l'entité B	22 000	
Actif net retraité de l'entité B		
Actif net de l'entité B	22 000	
- Frais d'établissement	(1 000)	
Plus-value sur terrain	6 000	
Impôt sur la cession du terrain	(2 000)	
Plus-value sur immeuble	3 000	
Impôt sur la cession de l'immeuble	(1 000)	
Plus-value sur titres	8 000	
Fonds commercial non valorisé	10 000	
- Moins-value sur matériel	(1 000)	
- Engagement de retraite	(5 000)	
Actif net corrigé	**38 000**	
Calcul du mali total		
Valeur comptable de la participation		18 500
Quote-part des apports à la valeur comptable 60 % × 22 000		13 200
		5 300
Calcul du mali technique		
Quote-part des apports à la valeur réelle 60 % × 38 000		22 800
Quote-part des apports à la valeur comptable 60 % × 22 000		13 200
		9 600

2. Exemples d'affectation et de suivi du mali technique

Exemple 1 :

Soit l'entité B détenue par l'entité A. L'entité A absorbe l'entité B au 1er janvier N. Les apports sont évalués à la valeur comptable.

La valeur des titres est de 50 000 et le mali technique dégagé lors de cette opération est de 8 000.

Conformément à l'article 745-5 du présent règlement, le mali technique est affecté aux différents actifs identifiables apportés au prorata des plus-values latentes dans la mesure où ces dernières sont fiables et significatives. Il est tenu compte d'un impôt latent sur les plus-values portant sur les actifs destinés à être cédés à brève échéance.

Actifs	Durée amort.	Valeur brute	Amort.	Valeur comptable sociale (1)	Valeur réelle (2)	Plus-value latente (2) - (1) = (3)	Impôt latent (4)	Plus-value latente nette d'impôt (3) - (4)	Affectation du mali au prorata des plus-values latentes dans la limite de celles-ci
Logiciel	5 ans	900	720	180	180 (a)				
Brevet A (b)	10 ans	1 000	500	500	1 500	1 000	333 (b)	667	667
Brevet B (b)	15 ans	5 000	3 333	1 667	4 000	2 333	- (b)	2 333	2 333
Total Mali de fusion sur actifs incorporels									**3 000**
Terrain		1 000		1 000	2 200	1 200	400 (c)	800	800
Outillage	10 ans	2 000	1 800	200	200 (d)				
Total Mali de fusion f sur actifs corporels									**800**
Titres de participation		1 000		1 000	1 500	500	-	500	500
Total Mali de fusion sur actifs financiers									**500**
Impôts sur déficits reportables			(e)		1 000	1 000	-	1 000	1 000
Total Mali de fusion sur actif circulant									**1 000**
Total Actifs affectés hors fonds commercial						6 033	733	5 300	5 300

Actifs	Durée amort.	Valeur brute	Amort.	Valeur comptable sociale	Valeur réelle	Plus-value latente	Impôt latent	Plus-value latente nette d'impôt	Affectation du mali au prorata des plus-values latentes dans la limite de celles-ci
				(1)	(2)	(2) – (1) = (3)	(4)	(3) – (4)	
Mali de fusion résiduel à affecter au fonds commercial (f)									2 700

a. La valeur réelle au-delà de la valeur nette comptable du logiciel ne pouvant être estimée de manière fiable, aucune plus-value latente n'a été identifiée.

b. L'entité a l'intention de céder le brevet A dans un avenir proche. Un impôt latent est donc pris en compte. En revanche, l'entité n'a pas l'intention de céder le brevet B, il n'est donc tenu compte d'aucun effet d'impôt.

c. De même, l'entité a l'intention de céder le terrain dans un avenir proche. Un impôt latent est donc pris en compte.

d. La valeur réelle des outillages est présumée au moins équivalente à la valeur nette comptable mais sans écart significatif, aucune plus-value latente n'a donc été identifiée.

e. L'entité affecte une quote-part de mali à l'impôt qui est présumé pouvoir être recouvré par l'entité absorbante à raison des déficits reportables de l'entité absorbée en tenant compte de l'impôt latent sur les plus-values de cession prévues à brève échéance.

f. Le fonds commercial non comptabilisé dans les comptes de l'entité absorbée est évalué à 3 500 mais le solde du mali à affecter étant de 2 700 le fonds n'est reconnu qu'à hauteur de ce montant.

g. La somme du mali de fusion sur actifs incorporels est égale à la somme du mali de fusion sur actifs incorporels identifiables et du mali de fusion résiduel affecté au fonds commercial.

Au 1/1/N, le mali de fusion de 8 000 est affecté et comptabilisé de la manière suivante :

Compte 2081 : « Mali de fusion sur actifs incorporels » : 5 700 (g)

Compte 2187 « Mali de fusion sur actifs corporels » : 800

Compte 278 : « Mali de fusion sur actifs financiers » : 500

Compte 478 : « Mali de fusion sur actif circulant » : 1 000

Exemple 2 :

Soit l'entité B détenue par l'entité A. L'entité A absorbe l'entité B au 1er janvier N. Les apports sont évalués à la valeur comptable. La valeur des titres est de 45 500 et le mali technique dégagé lors de cette opération est de 3 500.

Actifs	Durée amort.	Valeur brute	Amort.	Valeur comptable sociale (1)	Valeur réelle (2)	Plus-value latente (2) – (1)	Impôt latent (4)	Plus-value latente nette d'impôt (3) – (4)	Affectation du mali au prorata des plus-values latentes dans la limite de celles-ci (3)
Logiciel	5 ans	900	720	180	180 (a)				
Brevet A	10 ans	1 000	500	500	1 500	1 000	333 (b)	667	440
Brevet B	15 ans	5 000	3 333	1 667	4 000	2 333	- (b)	2 333	1 541
Total Mali de fusion sur actifs incorporels									**1 981**
Terrain		1 000		1 000	2 200	1 200	400 (c)	800	528
Outillage	*10 ans*	*2 000*	*1 800*	200	200 (d)				
Total Mali de fusion sur actifs corporels									**528**
Titres de participation		1 000		1 000	1 500	500	- -	500	330
Total Mali de fusion sur actifs financiers									**330**

Actifs	Durée amort.	Valeur brute	Amort.	Valeur comptable sociale (1)	Valeur réelle (2)	Plus-value latente (2) – (1)	Impôt latent (4)	Plus-value latente nette d'impôt (3) – (4)	Affectation du mali au prorata des plus-values latentes dans la limite de celles-ci (3)
Impôts sur déficits reportables			(e)	0	1 000	1 000		1 000	660
Total Mali de fusion sur actif circulant									**660**
Total Actifs affectés hors fonds commercial						6 033	733	5 300	3 500
Mali de fusion résiduel à affecter au fonds commercial									-
Total mali de fusion									**3 500**
Dont mali de fusion sur actifs incorporels									**1 981**

a. La valeur réelle au-delà de la valeur nette comptable du logiciel ne pouvant être estimée de manière fiable, aucune plus-value latente n'a été identifiée.
b. L'entité a l'intention de céder le brevet A dans un avenir proche. Un impôt latent est donc pris en compte. En revanche, l'entité n'a pas l'intention de céder le brevet B, il n'est donc tenu compte d'aucun effet d'impôt.
c. De même, l'entité a l'intention de céder le terrain dans un avenir proche. Un impôt latent est donc pris en compte.
d. La valeur réelle des outillages est présumée au moins équivalente à la valeur nette comptable mais non significative, aucune plus-value latente n'a donc été identifiée.
e. L'entité affecte une quote-part de mali à l'impôt qui est présumé pouvoir être recouvré par l'entité absorbante à raison des déficits reportables de l'entité absorbée en tenant compte de l'impôt latent sur les plus-values de cession prévues à brève échéance.

Au 1/1/N, le mali de fusion de 4 800 est affecté et comptabilisé de la manière suivante :
Compte 2081 : « Mali de fusion sur actifs incorporels » : 1 981
Compte 2187 « Mali de fusion sur actifs corporels » : 528
Compte 278 : « Mali de fusion sur actifs financiers » : 330
Compte 478 : « Mali de fusion sur actif circulant » : 660

3) Suivi du mali technique

Suite de l'exemple 1 :

Soit l'entité B détenue par l'entité A.

L'entité A absorbe l'entité B au 1er janvier N.

Les apports sont évalués à la valeur comptable.

Le mali technique dégagé lors de cette opération est de 8 000.

Par hypothèse,
- le brevet A est amorti sur 10 ans et sa durée résiduelle d'utilisation à la date de la fusion est de 5 ans. Conformément à l'article 745-7 du présent règlement, la quote-part du mali affectée au brevet est donc amortie sur 5 ans. Le brevet A est cédé le 30/6/N+2.
- le brevet B est amorti sur 15 ans et sa durée résiduelle d'utilisation à la date de la fusion est de 5 ans.

Conformément à l'article 745-7 du présent règlement, la quote-part du mali affectée au brevet est donc amortie sur 5 ans.

Le mali de fusion affecté à l'actif circulant portant sur des pertes fiscales reportables est repris au même rythme que ces pertes seront utilisées.

Au 31/12/N

Actif	Valeur comptable au 1/1/N	Amort. année N	Valeur comptable au 31/12/N	Affectation mali	Amort. ou reprise mali	Mali net au 31/12/N	Valeur comptable au 31/12/N (1)	Valeur actuelle au 31/12/N (2)	Ecart (2-1)	
Fonds commercial				2 700		2 700		3 500	800	Pas de dépréciation
Brevet A	500	100	400	667	133	533	933	1 000	67	Pas de dépréciation
Brevet B	1 667	333	1 334	2 333	467	1 867	3 200	4 000	800	Pas de dépréciation
Total Mali de fusion sur actifs incorporels avant dépréciation				5 700	600	5 100				

Actif	Valeur comptable au 1/1/N	Amort. année N	Valeur comptable au 31/12/N	Affectation mali	Amort. ou reprise mali	Mali net au 31/12/N	Valeur comptable au 31/12/N (1)	Valeur actuelle au 31/12/N (2)	Ecart (2-1)	
Dépréciation										
Total Mali de fusion sur actifs incorporels après dépréciation (1)						*5 100*				
Terrain	1 000		1 000	800		800	1 800	2 200	400	Pas de dépréciation
Total Mali de fusion sur actifs corporels				800		800				
Dépréciation										
Total Mali de fusion sur actifs corporels après dépréciation (2)				800		800				
Titres	1 000		1 000	500		500	1 500	1 300	- 200	Dépréciation de 200
Total Mali de fusion sur actifs financiers avant dépréciation				500		500				
Dépréciation						200				
Total Mali de fusion sur actifs financiers après dépréciation (3)						300				
Impôts sur déficits reportables				1 000	450	550	550 (a)	550	0 (b)	
Total Mali de fusion sur actif circulant						550				

(a) Ndlr : contrairement à ce qui est énoncé dans le règlement, le montant à indiquer est, à notre avis, 550 et non pas 0.

(b) Ndlr : contrairement à ce qui est énoncé dans le règlement, le montant à indiquer est, à notre avis, 0 et non pas 550.

Au 31/12/N

Conformément à l'article 745-7 du présent règlement, la quote-part du mali affectée aux brevets est amortie sur la durée résiduelle d'utilisation des actifs sous-jacents sur lesquels portent les plus-values, soit 133 pour le brevet A (667/5) et 467(2 333/5) pour le brevet B pour l'exercice N.

Par ailleurs, la quote-part du mali affectée à des pertes reportables est reprise au même rythme que leur utilisation, soit 450 pour l'exercice N. (a)

Que l'actif sous-jacent soit amorti ou non, la somme de la valeur nette comptable de l'actif et celle de la quote-part du mali affectée à cet actif est comparée à la valeur actuelle de l'actif au 31/12/N. Si cette dernière est inférieure à la valeur nette comptable de l'actif plus la quote-part du mali, une dépréciation est comptabilisée conformément à l'article 745-8 du présent règlement. Ainsi, au 31/12/N, une dépréciation de 200 sur le mali de fusion sur actifs financiers est comptabilisée.

Au 31/12/N, les écritures sont les suivantes :

		Débit	Crédit
68118	Dotation aux amortissements sur mali de fusion sur actifs incorporels	600	
28081	Amortissement du mali de fusion sur actifs incorporels		600
686627	Dotations aux dépréciations sur mali de fusion sur actifs financiers	200	
29781	Dépréciation du mali de fusion sur actifs financiers		200
6959	Reprise de mali affecté à des pertes reportables	450 (a)	
478	Mali de fusion de fusion sur actif circulant		450 (a)

(a) Ndlr : contrairement à ce qui est énoncé dans le règlement, le montant à indiquer est, à notre avis, 450 et non pas 550.

Au 31/12/N+1

Conformément à l'article 745-7 du présent règlement, la quote-part du mali affectée au brevet est amortie sur la durée d'utilisation résiduelle des actifs sous-jacents sur lesquels portent les plus-values, soit 133 pour le brevet A (667/5) et 467(2 333/5) pour le brevet B pour l'exercice N+1 et celle affectée à des pertes reportables est reprise de 450.

Conformément à l'article 745-8 du présent règlement, la valeur nette comptable du fonds commercial plus la quote-part du mali technique affecté au fonds commercial est comparée à la valeur actuelle du fonds commercial. Il en résulte une dépréciation de la quote-part du mali affectée au fonds commercial de 400 (cf. tableau ci-dessous).

Au 31/12/N+1

Actif	Valeur comptable au 1/1/N+1	Amort. année N+1	Valeur comptable au 31/12/N+1	Affectation mali	Amort. ou reprise mali	Mali net au 31/12/N+1	Valeur comptable au 31/12/N+1 (1)	Valeur actuelle au 31/12/N+1 (2)	Ecart (2) - (1)	
Fonds commercial				2 700		2 700	2 700	2 300	- 400	Dépréciation de 400
Brevet A	400	100	300	533	133	400				
Brevet B	1 334	333	1 000	1 867	467	1 400	2 400	3 800	1 400	Pas de dépréciation
Total Mali de fusion sur actifs incorporels avant dépréciation				5 100	600	4 500				
Dépréciation						- 400				
Total Mali de fusion sur actifs incorporels après dépréciation (1)						4 100				
Terrain	1 000		1 000	800		800	1 800	2 200	400	Pas de dépréciation
Total Mali de fusion sur actifs corporels				800		800				
Dépréciation										
Total Mali de fusion sur actifs corporels après dépréciation (2)						800				

Actif	Valeur comptable au 1/1/N+1	Amort. année N+1	Valeur comptable au 31/12/N+1	Affectation mali	Amort. ou reprise mali	Mali net au 31/12/N+1	Valeur comptable au 31/12/N+1 (1)	Valeur actuelle au 31/12/N+1 (2)	Ecart (2) - (1)	
Titres	1 000		1 000	300		300	1 300	1 300	-	Pas de dépréciation
Total Mali de fusion sur actifs financiers avant dépréciation				**300**		**300**				
Dépréciation										
Total Mali de fusion sur actifs financiers après dépréciation (3)						**300 (a)**				
Impôts sur déficits reportables				550	450	100	100 (b)	100	– (c)	
Total Mali de fusion sur actif circulant						**100**				

(a) Ndlr : contrairement à ce qui est énoncé dans le règlement, le montant à indiquer est, à notre avis, 300 et non pas 30.

(b) Ndlr : contrairement à ce qui est énoncé dans le règlement, le montant à indiquer est, à notre avis, 100 et non pas 0.

(c) Ndlr : contrairement à ce qui est énoncé dans le règlement, le montant à indiquer est, à notre avis, 0 et non pas 100.

Au 31/12/N+1, les écritures sont les suivantes :

		Débit	Crédit
68118	Dotation aux amortissements sur mali de fusion sur actifs incorporels	600	
28081	Amortissement du mali de fusion sur actifs incorporels		600
681617	Dotations aux dépréciations sur mali de fusion sur actifs incorporels	400	
29071	Dépréciation du mali de fusion sur actifs incorporels		400
6959	Reprise de mali affecté à des pertes reportables	450	
4781	Mali de fusion de fusion sur actif circulant		450

Au cours de l'exercice N+2, le brevet A est cédé au 30/6 et le terrain au 31/12/N+2.

Au 31/12/N+2

Actif	Valeur comptable au 1/1/N+2	Amort. année N+2	Valeur comptable au 31/12/N+2	Affectation mali	Amort. ou reprise mali	Mali net au 31/12/N+2	Valeur comptable au 31/12/N+2 (1)	Valeur actuelle au 31/12/N+2 (2)	Ecart (2) - (1)	
Fonds commercial				2 300		2 300	2 300 (a)	4 000	1 700	Pas de reprise de dépréciation
Brevet A	300	50		400	67					
Brevet B	1 000	333	667	1 400	467	933	1 600	3 666	2 066	Pas de dépréciation
Total Mali de fusion sur actifs incorporels avant dépréciation				4 100	533	3 233				
Dépréciation										
Total Mali de fusion sur actifs incorporels après dépréciation						3 233				

(a) Ndlr : contrairement à ce qui est énoncé dans le règlement, le montant à indiquer est, à notre avis, 2300 et non pas 2700.

Actif	Valeur comptable au 1/1/N+2	Amort. année N+2	Valeur comptable au 31/12/N+2	Affectation mali	Amort. ou reprise mali	Mali net au 31/12/N+2	Valeur comptable au 31/12/N+2 (1)	Valeur actuelle au 31/12/N+2 (2)	Ecart (2) - (1)	
Terrain	1 000		-	-		-	-	-	-	Pas de dépréciation
Total Mali de fusion sur actifs corporels						-				
Dépréciation										
Total Mali de fusion sur actifs corporels après dépréciation						-				
Titres	1 000		1 000	300		300	1 300	1 500	200	Reprise de dépréciation de 200
Total Mali de fusion sur actifs financiers avant dépréciation (b)						**300**				
Dépréciation						200				
Total Mali de fusion sur actifs financiers après dépréciation						**500**				
Impôts sur déficits reportables				100	100	-		-		
Total Mali de fusion sur actif circulant						-				

(b) Ndlr : contrairement à ce qui est énoncé dans le règlement, il faudrait indiquer, à notre avis, « Total Mali de fusion sur actifs **financiers avant** dépréciation » et non pas « Total Mali de fusion *sur actifs* **corporels après** dépréciation ».

1) Conformément à l'article 745-7 du présent règlement, la quote-part du mali affectée au brevet est amortie sur la durée résiduelle d'utilisation des actifs sous-jacents sur lesquels portent les plus-values, soit :
- 67 pour le brevet A (667/5/2) car le brevet est cédé le 30/6,
- et 467 (2333/5) pour le brevet B.

2) La quote-part du mali affectée à des pertes reportables est reprise au même rythme que leur utilisation, soit 100 pour l'exercice N+2.

3) Conformément à l'article 745-10 du présent règlement, le mali technique suit le même traitement que l'actif auquel il est affecté. En conséquence, la quote-part du mali portant sur le terrain et celle sur le brevet A sont reprises en résultat puisque le terrain est cédé au 31/12/N+2 et le brevet au 30/6/N+2.

4) Bien que la valeur actuelle du fonds commercial soit supérieure à la valeur nette comptable du mali technique affecté au fonds commercial, la dépréciation constatée en N−1 sur le mali n'est pas reprise conformément à l'article 214-19. En revanche, celle comptabilisée sur le mali technique affecté aux actifs financiers est reprise puisque la valeur actuelle des titres est supérieure à leur valeur nette comptable y compris la quote-part de mali affectée.

Au 31/12/N+2, les écritures sont les suivantes :

			Débit	Crédit
1)	68118	Dotation aux amortissements sur mali de fusion sur actifs incorporels	534	
	28081	Amortissement du mali de fusion sur actifs incorporels		534
2)	6959	Reprise du mali affecté aux déficits reportables	100	
	4781	Mali de fusion sur actif circulant		100
3)	67527	Valeurs comptables du mali de fusion sur actifs corporels cédés	800	
	2187	Mali de fusion sur actifs corporels		800
	67527	Valeurs comptables du mali de fusion sur actifs incorporels cédés	334	
	28081	Amortissement du mali de fusion sur actifs incorporels	333	
	2081	Mali de fusion sur actifs incorporels		667
4)	29781	Dépréciation du mali de fusion sur actifs financiers	200	
	786627	Reprise de dépréciations sur mali de fusion sur actifs financiers		200

VII. Fusion sans échange de titres du fait de la détention par une même entité de la totalité des titres de l'entité bénéficiaire des apports et de l'entité qui disparaît – Traitement comptable chez l'entité propriétaire

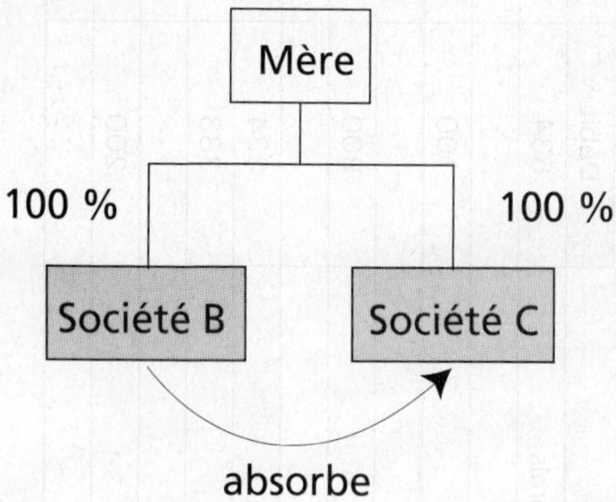

Soit une entité M détenant la totalité des titres des entités B (100 titres) et C. L'entité C apporte l'intégralité de ses actifs et passifs à l'entité B. En application de l'article L 236-3 II 3o du Code de commerce, il n'est pas procédé à un échange de titres. Le coût d'acquisition des titres C est de 2 000, ils ont été dépréciés de 200, la valeur des titres C au bilan de M est donc de 1 800.

A la date de l'opération				
26112		Titres – Titres B	2 000	
296113		Dépréciations – Titres Entité C	200	
	296112	Dépréciations – Titres Entité B		200
	26113	Titres – Entité C		2 000

A la date de l'opération, la valeur unitaire des titres B est augmentée de 20 (2 000/100), la dépréciation unitaire des titres B est augmentée de 2 (200/100), la valeur nette comptable unitaire des titres B est augmentée de 18.

VIII. Scission sans échange de titres du fait de la détention par une même entité de la totalité des titres des entités bénéficiaires des apports et de l'entité qui disparaît – Traitement comptable chez l'entité propriétaire

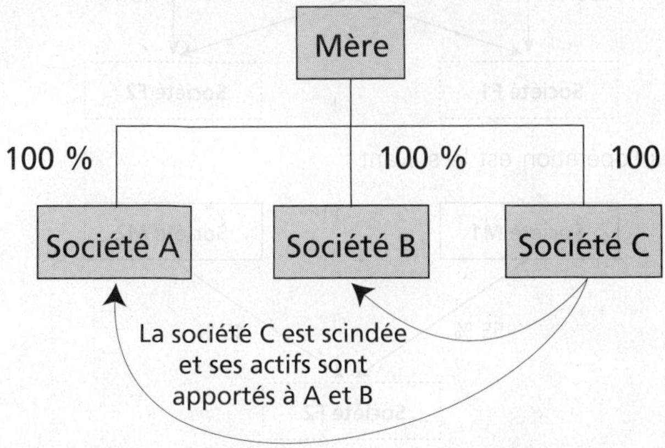

Soit une entité M détenant la totalité des titres des entités A (30 titres), B (100 parts) et C. L'entité C apporte l'intégralité de ses actifs et passifs aux entités A et B. En application de l'article L 236-3 II 3o du Code de commerce, il n'est pas procédé à un échange de titres. Le coût d'acquisition des titres C est de 2 000. Les valeurs réelles des actifs nets apportés à A et B sont respectivement de 1 500 et 1 000.

La quote-part des titres C ajoutée aux titres A est de 1 200 (1 500/2 500 × 2 000).

La quote-part des titres C ajoutée aux titres A est de 800 (1 000/2 500 × 2 000).

A la date de l'opération				
26111		Actions – Société A	1 200	
26112		Actions – Société B	800	
	26113	Actions – Société C		2 000

A la date de l'opération, la valeur unitaire des titres A est augmentée de 40 (1 200/30) et la valeur unitaire des titres B est augmentée de 8 (800/100).

IX – Fusion sans échange de titres du fait de la fusion de deux entités détenues par les mêmes associés et dans les mêmes proportions avant et après la fusion

IR 4 : Exemple de fusion sans échange de titres visée au 4o de l'article 236-3 du Code de commerce

Soit l'entité M1 qui détient les deux entités F1 et F2 à hauteur de 55 % et M2 qui détient les deux entités F1 et F2 à hauteur de 45 %. F1 est absorbée par F2.

Le schéma avant l'opération est le suivant :

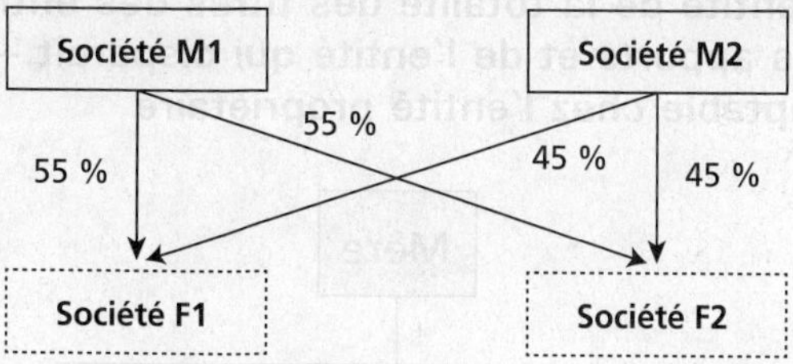

Le schéma après l'opération est le suivant :

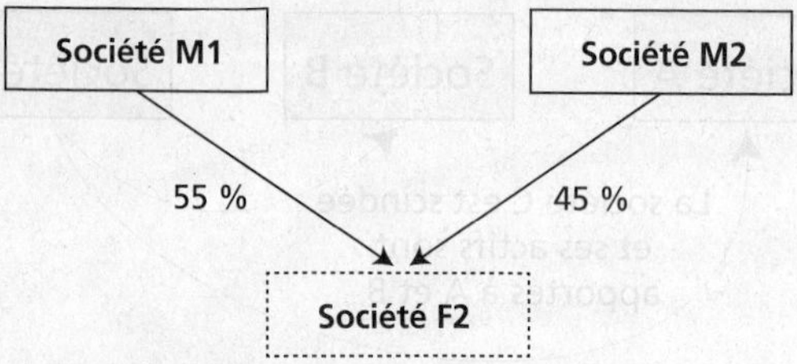

X – Traitement d'une scission partielle

IR5 : Exemple d'écritures chez l'entité apporteuse d'un apport à la valeur nette comptable

Les capitaux propres de l'entité scindée avant l'opération de scission partielle sont les suivants :

Capital : 50

Réserves distribuables : 10

Report à nouveau : 40

Selon les modalités prévues par le traité de scission partielle, la contrepartie des apports est comptabilisée en réserves distribuables pour 5 et en report à nouveau pour 5.

Ecritures comptables d'une opération de scission partielle réalisée à la valeur nette comptable dans les comptes de l'entité apporteuse en contrepartie d'une réduction de capitaux propres :

	VNC	Traité d'apport
Immobilisation corporelle	30 (100 – 70)	30
Provision pour risques	-20	-20
Total	10	10

1ère solution : Inscription individuelle des apports

Apport de la branche	D	C
Immobilisation corporelle		
675 Valeurs comptables des actifs	30	
28 Amortissements	70	
21 Immobilisations		100
7752 Produits de cession des actifs corporels		30
46 Comptes d'apport – Entité bénéficiaire des apports	30	
Provision pour risques		
15 Provision pour risques	20	
78 Reprise de provision		20
67 Charge liée au transfert du passif à la bénéficiaire des apports	20	
46 Comptes d'apport – Entité bénéficiaire des apports		20
Rémunération des apports		
1061 Réserves distribuables	5	
110 Report à nouveau	5	
46 Comptes d'apport – Entité bénéficiaire des apports		10

2ème solution : Inscription globale du prix des apports

Apport de la branche	D	C
Immobilisation corporelle		
675 Valeurs comptables des actifs	30	
28 Amortissements	70	
21 Immobilisations		100
Autres apports		
15 Provision pour risques	20	
78 Reprise de provision		20
Rémunération des apports		
77 Produit d'apport		10
46 Comptes d'apport – Entité bénéficiaire des apports	10	
1061 Réserves distribuables	5	
110 Report à nouveau	5	
46 Comptes d'apport – Entité bénéficiaire des apports		10

IR 4 : Exemple de scission partielle

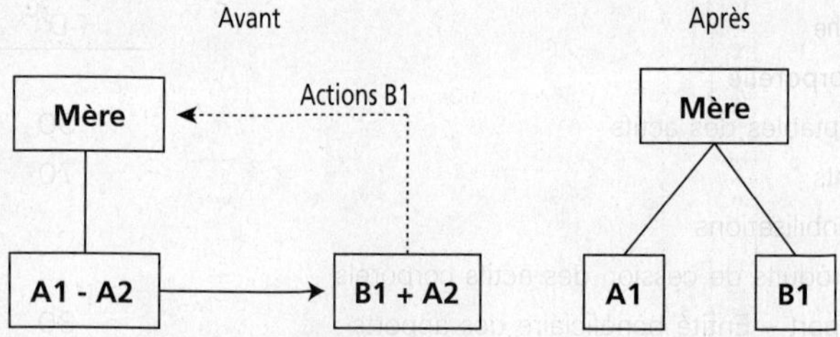

IR4 : Exemple chez l'associé de l'entité scindée partiellement réalisée à la valeur nette comptable

Soit la société Mère détient les titres A pour une valeur de 50 000. La société A comprend les activités A1 et A2. La valeur réelle des titres de A est de 100 000 et la valeur réelle des titres B remis à M est de 60 000.

Les activités A2 sont apportées à la société B1 qui en rémunération attribue ses titres à M, associée de A.

La valeur des titres de la société scindée détenus préalablement à la scission partielle est répartie entre les titres déjà détenus et les nouveaux titres de la société bénéficiaire. La valeur comptable des titres de la société apporteuse est répartie au prorata de la valeur réelle respective calculée à la date de l'opération de l'apport entre d'une part les titres de la société apporteuse et ceux de la bénéficiaire des apports.

La société Mère inscrit à son bilan les titres B1 pour 50 000 × 60 000/ 100 000 = 30 000

La valeur des titres de A1 sera réduite à hauteur du montant attribué aux titres B1, les titres A dans M après l'opération seront de 50 000 – 30 000 = 20 000.

Ainsi, que la scission ait été réalisée à la valeur comptable ou à la valeur réelle, il n'en résulte aucun impact dans le résultat de l'actionnaire de l'entité scindée.

Table alphabétique (2e partie)

Comptes sociaux, Résultat fiscal, Contrôle et information

A

B

E

F

G

I

J

L

M

O

R

S

V

TROISIEME PARTIE

Comptes consolidés en normes IFRS

* Liseré gris

Auteur **pwc**

Comptes consolidés en normes IFRS

Sous la direction de

Bertrand BALOCHE

la supervision technique de

Anne GIZARDIN et
Selim MAHJOUBI

et la coordination de

Joëlle MOUGHANNI et
Liza THÉRACHE AIT-KHALED

Avec le concours des spécialistes IFRS

Lisa MERILLAT

Tanguy RANNOU

CHAPITRE 1

Etats financiers consolidés (IFRS 10)

15000

Plan du chapitre

Plan du chapitre (suite)

Plan du chapitre (suite et fin)

L'ESSENTIEL DE LA NORME IFRS 10

I. Généralités

Objectif

15005 La norme IFRS 10, Etats financiers consolidés, vise à établir les principes de préparation et de présentation des états financiers consolidés (IFRS 10.1). En ce sens, IFRS 10 :
- donne une définition unique du contrôle qui s'applique tant aux sociétés classiques qu'aux entités ad hoc ;
- pose les principes de consolidation ; et
- prescrit les exigences comptables à appliquer pour la préparation d'états financiers consolidés.

Champ d'application

15007 La norme IFRS 10 s'applique à toutes les sociétés mères qui doivent publier des états financiers consolidés. En revanche, elle ne s'applique pas aux régimes d'avantages postérieurs à l'emploi, ni aux régimes d'avantages à long terme du personnel auxquels s'applique la norme IAS 19, Avantages du personnel (IFRS 10.4A).

Par exception, une société mère est exemptée de présenter des états financiers consolidés si toutes les conditions suivantes sont remplies (IFRS 10.4) :
- il s'agit d'une société entièrement ou partiellement détenue par une autre société et dont tous les autres propriétaires ont été informés de l'absence de présentation d'états financiers consolidés, sans s'y opposer ;
- les instruments de dettes ou de capitaux propres émis par cette société mère ne sont pas cotés sur un marché organisé ;
- cette société mère n'a pas publié, ni n'est en train de le faire, d'états financiers consolidés dans le but d'émettre des instruments financiers cotés sur un marché organisé ;
- la société mère ultime ou une société mère intermédiaire de cette société publie des états financiers consolidés conformes aux IFRS.

Par exception, une société d'investissement n'est pas tenue de présenter des états financiers consolidés si, conformément à IFRS 10.31, elle a l'obligation d'évaluer toutes ses filiales à la juste valeur par résultat (IFRS 10.4B), sauf cas visés par IFRS 10.32.

Cette exemption de consolidation n'est pas applicable aux filiales de société d'investissement qui fournissent des services liés aux activités d'investissement de leur société mère (tels que définis par IFRS 10.B85C à .B85E) : ces filiales doivent, en effet, être consolidées selon les principes énoncés par IFRS 10.

Principales caractéristiques de la norme IFRS 10

15008 La norme IFRS 10 propose une définition unique du contrôle (voir n° 15010) et impose une analyse du contrôle fondée sur trois critères cumulatifs et applicable à la fois aux entités opérationnelles et aux entités ad hoc. La notion d'« entité ad hoc » est par ailleurs remplacée par celle d'« entité structurée ».

En outre, la norme IFRS 10 contient les développements suivants :
- l'appréciation du caractère substantif des droits en général, et des droits de vote potentiels en particulier ;
- la notion de contrôle de fait, voir n° 15015 ;
- des indications spécifiques aux franchises pour déterminer si les droits dont dispose un franchiseur sont substantifs ou protectifs, voir n° 15136 ;
- des critères spécifiques pour déterminer si une entité est une société d'investissement (IFRS 10.27 à .30), une exemption de consolidation applicable aux filiales d'une société d'investissement, sauf cas visés par IFRS 10.32, et une nécessité dans ce cas d'évaluer la participation dans ces filiales à la juste valeur par la contrepartie du résultat (IFRS 10.31), voir n° 15188.

Parmi les difficultés d'application de la norme IFRS 10, notons notamment :
- la notion d'agent ou de principal (« pouvoir délégué ») ;
- l'appréciation du contrôle des entités structurées ;
- l'identification des activités pertinentes, c'est-à-dire celles qui affectent significativement les rendements de l'entité ;
- l'impact des droits de vote potentiels détenus par l'investisseur pour apprécier le contrôle.

Le schéma ci-après, établi par nos soins, synthétise les principales difficultés d'application d'IFRS 10.

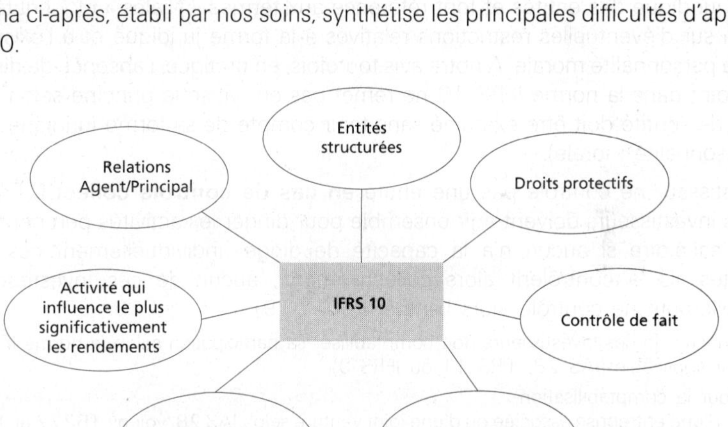

Enfin, les informations à fournir en annexe sont regroupées dans la norme IFRS 12, Informations à fournir sur les intérêts détenus dans d'autres entités, voir n° 24501 s.

II. Appréciation du contrôle

A. Définition du contrôle

15010 Un investisseur contrôle une entité s'il détient cumulativement (IFRS 10.6 et 7) :
- le pouvoir sur cette entité (voir n° 15012 s.) ;
- une exposition ou des droits aux rendements variables de cette entité (voir n° 15018) ; et
- la capacité d'agir sur ces rendements, c'est-à-dire qu'il existe un lien entre les rendements et le pouvoir (voir n° 15020).

Tous les faits et circonstances doivent être considérés dans l'analyse du contrôle d'une entité. En outre, si les faits et circonstances indiquent que l'un de ces trois éléments a changé, l'investisseur doit alors procéder à une nouvelle appréciation du contrôle (IFRS 10.8).

Les normes IFRS 10 et IFRS 11 ne contiennent pas de disposition spécifique concernant la forme juridique des entités et font référence aux termes « filiales » et « entités » sans précision sur d'éventuelles restrictions relatives à la forme juridique et à l'existence ou non de la personnalité morale. A notre avis toutefois, en pratique, l'absence de disposition sur ce point dans la norme IFRS 10 ne remet pas en cause le principe selon lequel le contrôle de l'entité doit être examiné sans tenir compte de sa forme juridique (avec ou sans personnalité morale).

Un investisseur ne contrôle pas une entité **en cas de contrôle collectif.** En effet, si plusieurs investisseurs doivent agir ensemble pour diriger les activités pertinentes d'une entité, c'est-à-dire si aucun n'a la capacité de diriger individuellement ces activités pertinentes, ils la contrôlent alors collectivement ; aucun de ces investisseurs pris individuellement ne contrôle alors l'entité (IFRS 10.9).

Chacun de ces investisseurs doit comptabiliser sa participation selon la norme IFRS qui lui est applicable (IAS 28, IFRS 11 ou IFRS 9).

Pour la comptabilisation :
- d'une entreprise associée ou d'une joint venture selon IAS 28, voir n° 15377 et 15561 s. ;
- d'une joint operation selon IFRS 11, voir n° 15375 et 15450 ;
- d'un actif financier à la juste valeur selon IFRS 9, voir Mémento IFRS n° 45080.

B. Notion de pouvoir

1. Définition du pouvoir et des activités pertinentes

15012 Un investisseur détient le pouvoir sur une entité lorsqu'il a des droits effectifs lui conférant la capacité de diriger les « activités pertinentes » de cette entité, c'est-à-dire les activités qui ont une incidence significative sur les rendements de l'entité (IFRS 10.10).

Les décisions relatives aux activités pertinentes peuvent, par exemple, être de nature opérationnelle, budgétaire ou encore porter sur la nomination et la rémunération des dirigeants ou prestataires de services de l'entité (IFRS 10.B12).

Pour des exemples d'activités pertinentes, voir n° 15130.

2. Appréciation du pouvoir

15014 Le pouvoir de diriger les « activités pertinentes » d'une entité peut être conféré par différents types de droits, tels que (IFRS 10.14 et .B15) :

- des droits de vote, effectifs ou potentiels (voir n° 15015 s.) ;
- le droit de nommer ou de révoquer les principaux dirigeants ;
- des droits de diriger, conférés par un contrat.

Pour les éléments à considérer pour apprécier le pouvoir, voir n° 15130.

Recensement des droits

15015 L'appréciation du pouvoir pour les entités « classiques » repose généralement sur la prise en compte des droits de vote (voir point 1. ci-après).

Pour les entités « structurées », d'autres éléments peuvent être nécessaires à l'analyse (voir point 2. ci-après).

1. **Entités « classiques »** Dans le cas où les rendements sont considérablement affectés par les activités opérationnelles et de financement, et que les décisions concernant ces activités doivent être prises de façon continue, ce sont les droits de vote qui, pris individuellement ou conjointement avec d'autres accords, confèrent le pouvoir à un investisseur (IFRS 10.B16).

Pour l'appréciation du pourcentage de droits de vote, voir n° 15140.

Les droits de vote comprennent ceux découlant de la détention juridique (IFRS 10.B16), certains droits de vote potentiels, et les autres droits décisionnels relatifs aux activités de l'entité (IFRS 10.B49).

Les **droits de vote potentiels** sont des droits d'obtenir des droits de vote dans une entité, par exemple du fait d'une option d'achat portant sur des actions ou d'un instrument convertible en actions. Seuls les droits de vote potentiels substantifs sont pris en compte dans l'appréciation du pouvoir (IFRS 10.B47), voir n° 15160.

Pour le caractère substantif des droits de vote, voir n° 15016.

a. **Pouvoir avec la majorité des droits de vote** Une majorité de droits de vote confère à un investisseur le pouvoir sur une entité si (IFRS 10.B35) :

- les décisions relatives aux activités pertinentes de l'entité sont prises à la majorité des droits de vote ; ou
- la majorité des membres de l'organe de direction dirigeant les activités pertinentes est nommée à la majorité des droits de vote.

Ces droits de vote doivent également être substantifs et conférer la capacité actuelle de diriger les activités pertinentes de l'entité (IFRS 10.B36 et .B37).

Pour plus d'informations, voir n° 15145.

b. **Pouvoir sans la majorité des droits de vote** Un investisseur qui ne détient pas une majorité de droits de vote peut toutefois, sous certaines conditions, détenir le pouvoir

sur une entité. Pour le déterminer, il convient d'examiner, en fonction des faits et circonstances, les effets :
- de l'existence éventuelle d'un accord contractuel portant sur les droits de vote (IFRS 10.B39) ;
- de l'existence éventuelle de droits découlant d'autres accords contractuels (portant par exemple sur la direction des activités pertinentes) (IFRS 10.B40) ;
- des droits de vote effectifs de l'investisseur (contrôle de fait, IFRS 10.B41 à .B45) ;

Un investisseur peut ainsi avoir un contrôle de fait sur une entité parce que, notamment, il détient le plus large bloc de titres et que le reste de l'actionnariat est très dispersé et dilué (voir no 15155).

- des droits de vote potentiels de l'investisseur (IFRS 10.B47 à .B50) ; et
- de la possible combinaison des quatre éléments cités ci-avant (IFRS 10.B38).

Pour plus d'informations, voir no 15150.

2. **Entités « structurées »** Lorsque les droits de vote n'ont pas d'incidence importante sur les rendements de l'entité (par exemple s'ils portent uniquement sur des décisions administratives alors que la gestion des activités est régie par des accords contractuels, ce qui est souvent le cas des entités ad hoc), l'investisseur doit analyser les accords contractuels pour déterminer s'il a des droits suffisants pour lui conférer le pouvoir sur l'entité (IFRS 10.11 et .B17).

La norme IFRS 10 donnant une définition unique du contrôle ne cite pas explicitement le cas des entités « ad hoc ». Cette notion, renommée « entités structurées », n'existe d'ailleurs que dans la norme IFRS 12 sur les informations relatives aux participations dans des entités (voir no 15175 s. et 24525).

Dans ce cas, la norme IFRS 10 fournit des indicateurs généraux à prendre en compte pour effectuer cette appréciation (IFRS 10.B3), et notamment :
- l'objet et la structuration de l'entité (IFRS 10.B5 à .B8 et .B51) ;
- l'exposition aux risques encourus et aux avantages potentiels pour lesquels l'entité a été créée (IFRS 10.B8 et .B55 à .B57) ;
- les liens établis et les décisions prises lors de la conception de l'entité (IFRS 10.B51) ;
- les droits conférés par les accords contractuels établis lors de la conception de l'entité (IFRS 10.B52) ;
- la détention de droits sur les activités pertinentes, y compris lorsque celles-ci n'existent qu'à la survenance de certains événements ou circonstances (IFRS 10.B53) ;
- l'engagement pris par l'investisseur de s'assurer que l'exploitation réelle de l'entité est conforme à sa conception d'origine (IFRS 10.B54) ;
- la relation spéciale entre l'investisseur et l'entité telle qu'une dépendance managériale, technologique ou de financement (IFRS 10.B19).

Pour l'appréciation du contrôle des entités structurées, voir no 15175 s.

Qualification des droits (droits substantifs et droits protectifs)

15016 Pour apprécier s'il a le pouvoir, l'investisseur tient compte uniquement des droits substantifs (et non des droits protectifs).

L'existence de droits substantifs exerçables par d'autres investisseurs peut empêcher un investisseur d'obtenir le contrôle sur une entité, même s'ils ne font que conférer à leurs détenteurs la capacité actuelle d'approuver ou de bloquer des décisions ayant trait aux activités pertinentes (IFRS 10.B25). En conséquence, peuvent constituer des droits substantifs ou protectifs :
- les droits de vote ;

Les dispositions d'IFRS 10 sur le caractère substantif portent également sur les droits de vote potentiels (voir Remarque au point 1. ci-après).

- les autres droits portant sur la prise de décision (par exemple les droits octroyés par des accords contractuels).

1. **Droits substantifs** Un droit est substantif si :
- son détenteur a la capacité pratique d'exercer ce droit (IFRS 10.B22) ;

Certains obstacles peuvent empêcher un droit d'être substantif : ceci est le cas, par exemple, de l'existence de barrières économiques (telles que des pénalités, des contraintes légales ou réglementaires, un prix d'exercice trop élevé, etc.) (IFRS 10.B23).

- et ce droit peut être exercé lorsque les décisions concernant la direction des activités pertinentes doivent être prises (IFRS 10.B24).

Certains droits peuvent être substantifs même s'ils ne sont exerçables que dans le futur. Par exemple, dans le cas d'une entité pour laquelle les décisions relatives aux activités pertinentes sont prises en assemblée générale, une majorité de droits de vote qui serait exerçable à la prochaine assemblée des actionnaires constitue un droit de vote substantif (IFRS 10.B24).

Remarque L'appréciation du caractère substantif des droits de vote potentiels peut s'avérer délicate. Il convient notamment que l'investisseur analyse les termes et conditions de ces instruments ainsi que les attentes, motivations et raisons évidentes l'ayant conduit à les accepter (IFRS 10.B48).

2. **Droits protectifs** Aux droits substantifs s'opposent les droits protectifs qui ont pour but de protéger les intérêts de leur détenteur, sans toutefois lui conférer de pouvoir (IFRS 10.B27).

Ces droits portent sur des changements fondamentaux des activités de l'entité ou ne s'appliquent que dans des circonstances exceptionnelles (IFRS 10.B26). Il peut notamment s'agir d'un droit de veto détenu par un actionnaire minoritaire sur des investissements ou des émissions d'instruments de dettes et de capitaux propres très élevés ou encore du droit pour un prêteur de saisir certains actifs en cas de défaut de paiement de la part de l'emprunteur (IFRS 10.B28).

Remarque Les droits qui ne peuvent s'exercer que dans des circonstances exceptionnelles ou qui dépendent de la survenance de certains événements ne sont toutefois pas tous protectifs (IFRS 10.B26).

Pour l'appréciation du caractère substantif ou protectif des droits de l'investisseur, voir nº 15135.

C. Exposition ou droits aux rendements variables

15018 Pour contrôler une entité, un investisseur doit être exposé ou avoir des droits aux rendements variables d'une entité. Tel est le cas lorsque les rendements revenant à l'investisseur peuvent varier de manière positive et/ou négative, en fonction de la performance de l'entité (IFRS 10.15).

L'analyse doit être fondée sur la substance des accords liant l'investisseur et l'entité, indépendamment de leur forme juridique (IFRS 10.B56).

Les rendements peuvent inclure les dividendes, les changements de juste valeur d'un investissement, les bénéfices d'impôts, les économies d'échelle, etc. (IFRS 10.B57).

D. Capacité à agir sur les rendements

15020 Contrôler une entité nécessite non seulement de détenir le pouvoir, d'être exposé ou d'avoir droit aux rendements variables de l'entité mais également d'avoir la capacité d'agir sur les rendements variables de l'entité (IFRS 10.17).

Ainsi, une fois que l'investisseur a déterminé qu'il disposait du pouvoir sur l'entité, il doit déterminer s'il agit pour son propre compte (c'est-à-dire en tant que principal) ou en tant que simple agent (pouvoir délégué) (IFRS 10.B58).

La norme IFRS 10 fournit des indicateurs pour mener cette analyse (IFRS 10.B58 à .B72), tels que :

- l'étendue de son pouvoir décisionnel ;
- les droits détenus par les autres parties ;
- la rémunération à laquelle il a droit selon les accords de rémunération ;
- son exposition à la variabilité des rendements tirés des intérêts qu'il détient dans l'entité.

En outre, pour apprécier s'il contrôle une entité, un investisseur doit prendre en compte les droits décisionnels qu'il a délégués à un gérant considéré comme simple agent comme s'il les détenait directement (IFRS 10.B59).

Pour plus de détails, voir nº 15170 s.

E. Autres problématiques d'appréciation du contrôle

15022 La norme IFRS 10 traite également des problématiques suivantes :

- l'identification d'agents pouvant agir pour le compte d'un investisseur même en l'absence de contrat (agent de fait) (IFRS 10.B73 et .B74), voir nº 15174 ;
- la qualification d'une portion d'une entité comme une entité séparable (ou encore appelée « silo ») pour certains actifs et passifs spécifiques d'une entité, lorsque ces actifs et passifs répondent à certaines conditions (IFRS 10.B76 à .B79), voir nº 15182.

III. Traitement comptable

A. Consolidation des entités contrôlées

Principe

15025 La société mère doit préparer des états financiers consolidés en utilisant des méthodes comptables uniformes pour les transactions et événements semblables se produisant dans des circonstances similaires (IFRS 10.19).

Un investisseur doit consolider une entité à compter de la date de prise de contrôle et doit cesser de la consolider lorsqu'il perd le contrôle de celle-ci (IFRS 10.20).

Pour la méthode de consolidation des entreprises contrôlées, voir n° 15186.

Procédures de préparation des états financiers consolidés

15026 La norme IFRS 10 fournit des indications sur les procédures de consolidation des filiales (IFRS 10.B86 à .B95).

B. Intérêts minoritaires

15027 Les intérêts minoritaires doivent être présentés parmi les capitaux propres, séparément de ceux détenus par les actionnaires de la société mère (IFRS 10.22).

Pour plus d'informations, voir IFRS 10.B94 à .B96.

C. Perte du contrôle

15029 Lorsqu'une société mère perd le contrôle sur une entité, elle déconsolide cette entité, comptabilise la participation conservée à sa juste valeur à la date de la perte de contrôle et enregistre la perte ou le gain relatif à la perte du contrôle de son ancienne filiale (IFRS 10.25).

Remarques :

1. Les modifications de pourcentage d'intérêts qui renforcent le contrôle et les diminutions de pourcentage d'intérêts qui n'entraînent pas la perte du contrôle sont à comptabiliser en capitaux propres (IFRS 10.23 et .B96). Pour plus de détails, voir n° 23662.
2. L'IASB a discuté d'une requête de l'IFRS IC concernant la nécessité ou non de réévaluer à la juste valeur les intérêts conservés dans une joint operation, lorsque l'investisseur cède un groupe d'actifs à une joint operation dans laquelle il devient coparticipant ou simple partenaire (IASB Update 10/15). Aucune décision n'a été prise lors de cette discussion. L'IFRS IC a observé qu'une telle transaction présente des similitudes avec la vente ou la contribution d'actifs à une joint venture ou à une entreprise associée et a recommandé à l'IASB de considérer le sujet dans de futurs travaux sur IFRS 10 et IAS 28 (IFRIC Update 07/16).

   Ce sujet n'a pas été rediscuté lors de la PIR des normes IFRS 10, IFRS 11 et IFRS 12 (voir n° 15101). Il pourrait néanmoins être traité dans le cadre du projet « Equity Method » mené par l'IASB (voir n° 15650).

QUESTIONS/REPONSES PRATIQUES

Remarque importante

15101 Les réponses aux questions présentées ci-après résultent de l'analyse des dispositions de la norme IFRS 10, Etats financiers consolidés, en vigueur actuellement, sur la base des informations disponibles au 31 décembre 2023.

Pour une présentation des principales dispositions de la norme IFRS 10, voir nº 15005 s.

La norme IFRS 10 a été publiée en mai 2011 en même temps que les normes suivantes qui forment, ensemble, le « pack consolidation » :
- IFRS 11, Partenariats (voir nº 15358 s.) ;
- IFRS 12, Informations à fournir sur les intérêts détenus dans d'autres entités (voir nº 24501 s.) ;
- IAS 28, Participations dans des entreprises associées et des joint ventures (voir nº 15552 s.).

Il existe des interactions entre ces normes, notamment dans la démarche d'appréciation du contrôle, comme le montre le schéma ci-après.

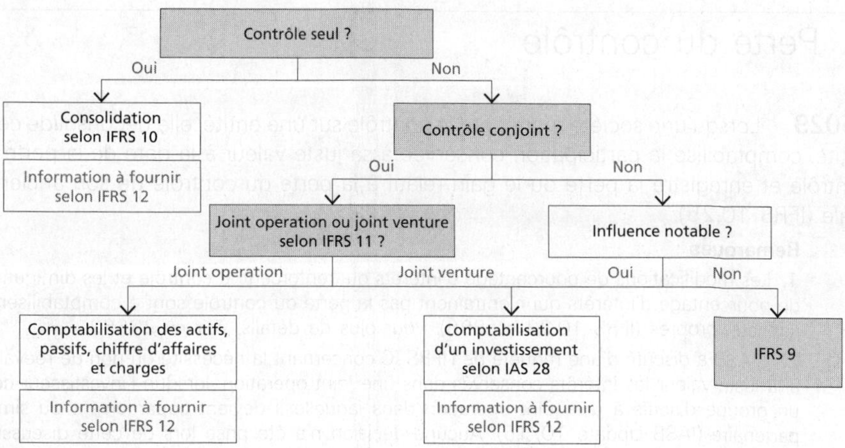

Ainsi, un investisseur va tout d'abord chercher à déterminer s'il y a contrôle, lequel s'appréciera selon IFRS 10. Si le contrôle exclusif ne peut être démontré, il s'agira d'apprécier s'il s'agit d'un contrôle conjoint. Une fois le contrôle conjoint établi, la norme IFRS 11 requiert de déterminer si le partenariat est une joint venture ou une joint operation. S'il n'y a ni contrôle exclusif, ni contrôle conjoint, l'investisseur doit alors s'interroger sur l'existence d'une influence notable au regard d'IAS 28. Et enfin, s'il n'y a ni contrôle exclusif, ni contrôle conjoint, ni influence notable, la participation est un actif financier évalué à la juste valeur, comptabilisé selon les modalités de la norme IFRS 9.

En outre, dans ces quatre configurations, la norme IFRS 12 impose de fournir un certain nombre d'informations en annexe.

« Post-implementation Review » (PIR) des normes IFRS 10, IFRS 11 et IFRS 12

En septembre 2019, l'IASB a lancé la PIR des normes IFRS 10, IFRS 11 et IFRS 12. Les objectifs étaient notamment de s'assurer de l'utilité de l'information fournie par ces normes aux utilisateurs des états financiers, d'identifier leurs dispositions qui induisent des difficultés de mise en œuvre pouvant aller à l'encontre de leur application homogène et d'évaluer les coûts inattendus de cette application.

Une demande d'informations (« Request for information ») a été publiée en décembre 2020 sur les thèmes de réflexion nécessitant une étude plus approfondie tels qu'identifiés lors de la première phase de la PIR.

En juin 2022, l'IASB a publié un compte-rendu des réponses à son appel à commentaires (« Report and Feedback Statement ») et a conclu qu'aucun sujet identifié dans le cadre de cette revue ne constitue un sujet suffisamment prioritaire (priorité haute ou moyenne) pour devoir être inscrit à l'ordre du jour de son programme de travail.

Evolutions possibles des réponses :

1. **Amendements des normes IFRS 10 et IAS 28, Vente ou apport d'actifs entre un investisseur et une entreprise associée ou une coentreprise** Un amendement, publié en septembre 2014, visait à clarifier le traitement de la vente ou de l'apport d'actifs par un investisseur à une entreprise associée ou une joint venture. Il précisait que lorsque cette opération entraîne une perte de contrôle avec maintien de l'influence notable d'une activité au sens d'IFRS 3, l'investisseur doit constater en résultat l'intégralité du profit ou de la perte de cession dégagé(e) et de l'impact de la revalorisation à la juste valeur de l'investissement résiduel. Dans le cas où il ne s'agit pas d'une activité, le résultat ne doit être constaté qu'à hauteur des participations non liées à l'investisseur dans l'entreprise associée ou la joint venture.

Pour plus de détails sur cet amendement et sa date d'entrée en vigueur, non encore déterminée, voir nº 15592.

2. **Amendement de la norme IFRS 10 (notion d'agent de fait)** Dans le cadre du processus d'amélioration annuelle des IFRS, un exposé-sondage publié par l'IASB en septembre 2023 propose d'amender le paragraphe B74 d'IFRS 10 sur la notion d'agent de fait. L'objectif de cet amendement est d'éviter d'aboutir à la conclusion que deux parties liées auraient le contrôle d'une même entité dans laquelle ils sont investisseurs.

IFRS 10.B74 précise actuellement qu'« une partie est agent de fait si l'investisseur ou ceux qui dirigent les activités de celui-ci ont la capacité de la faire agir pour le compte de l'investisseur ». La nouvelle version du paragraphe B74 serait moins assertive et préciserait qu'« une partie pourrait être agent de fait si l'investisseur ou ceux qui dirigent les activités de celui-ci ont la capacité de la faire agir pour le compte de l'investisseur ».

I. Généralités

Objectif de la norme IFRS 10

15105 ***Question***

Quel est l'objectif de la norme IFRS 10, Etats financiers consolidés ?

Réponse

Etablir les principes de présentation et de préparation des états financiers consolidés dès lors qu'une entité contrôle une ou plusieurs autres entités.

Commentaires Pour remplir cet objectif énoncé par IFRS 10.1 et .2 :
- requiert qu'une entité (la société mère) qui contrôle une ou plusieurs entités (les filiales) présente des états financiers consolidés ;

Pour le champ d'application de la norme IFRS 10 et les exemptions de présentation d'états financiers consolidés, voir nº 15007.

- définit le principe du contrôle et institue le contrôle comme la base de la consolidation (voir nº 15125) ;
- présente les modalités d'application du principe du contrôle permettant d'identifier si un investisseur contrôle une entité et doit de ce fait la consolider, voir nº 15125 s. ;
- définit les modalités d'établissement des comptes consolidés, voir nº 15186 s. ;
- définit les caractéristiques d'une société d'investissement et prévoit une exception à la consolidation de certaines filiales d'une société d'investissement, voir nº 15188.

D'autres normes s'appliquent également pour l'élaboration des états financiers consolidés :
- IFRS 11, Partenariats, pour la définition du contrôle conjoint, la classification des partenariats en deux catégories (joint ventures ou joint operations) et la méthode imposée pour la consolidation des joint ventures (mise en équivalence) ou des joint operations (quote-part des actifs et passifs), voir nº 15358 s. ;
- IAS 28, Participations dans des entreprises associées et des coentreprises, pour la définition des entreprises associées et de la mise en œuvre de la méthode de la mise en équivalence (applicable aux entreprises associées et aux joint ventures), voir nº 15552 s. ;
- IFRS 12, Informations à fournir sur les intérêts détenus dans d'autres entités, voir nº 24501 s.

Filiales détenues en vue de la vente

15115 ***Question***

Faut-il exclure du périmètre de consolidation les filiales détenues uniquement en vue de leur cession dans un avenir proche ?

Réponse

Non, ces filiales doivent être incluses dans le périmètre de consolidation jusqu'à la date de perte effective du contrôle et ce :
- que la décision de cession soit intervenue dès la date d'acquisition de ces filiales ou à une date ultérieure ; et
- que ces filiales répondent ou non aux critères de classement en actifs non courants (ou groupes d'actifs) détenus en vue de la vente conformément à IFRS 5.

Si la cession entre dans le champ d'application d'IFRS 5, des règles d'évaluation, de présentation et d'information spécifiques sont toutefois prévues, voir Mémento IFRS nº 37060.

Commentaires Les IFRS imposent la consolidation de toutes les filiales jusqu'à la date de perte du contrôle, et ce, que la décision de cession ait été prise dès la date d'acquisition de ces filiales ou à une date ultérieure (IFRS 5.BC53 et .BCZ20).

Toutefois, lorsque les conditions restrictives de classement en actifs non courants (ou groupe d'actifs) détenus en vue de la vente conformément à IFRS 5.6 s. sont remplies, des règles d'évaluation, de présentation et d'information spécifiques s'appliquent pour les actifs, passifs, produits et charges de ces filiales.

1. **Evaluation des actifs, passifs, produits et charges de la filiale destinée à être cédée** : évaluation globale du groupe d'actifs et de passifs de la filiale détenue en vue de la vente au plus faible de sa valeur nette comptable et de sa juste valeur nette des frais de cession (IFRS 5.15), ce qui équivaut à un test de dépréciation du groupe d'actifs mais selon des modalités particulières, voir Mémento IFRS nº 37060.

2. **Présentation des actifs, passifs, produits et charges de la filiale destinée à être cédée**

a. **Actifs et passifs de la filiale destinée à être cédée** Dès lors que les actifs et passifs de la filiale répondent aux critères de classement de la norme IFRS 5 (voir Mémento IFRS nº 37012), ils ne sont plus consolidés ligne à ligne comme dans le cas d'une intégration globale mais sont présentés sur deux lignes distinctes de l'état de la situation financière consolidé (bilan consolidé), respectivement en « actifs non courants détenus en vue de la vente » et « passifs directement liés à des actifs non courants détenus en vue de la vente » (IFRS 5.38).

Les gains et pertes relatifs aux actifs non courants et groupes d'actifs détenus en vue de la vente directement comptabilisés en autres éléments du résultat global (par exemple, les écarts de conversion sur les actifs destinés à être cédés) doivent figurer dans une rubrique distincte des autres éléments du résultat global (IFRS 5.38).

b. **Produits et charges de la filiale destinée à être cédée** Les produits et les charges de la filiale continuent à être intégrés ligne à ligne dans l'état du résultat global, sauf si la filiale destinée à être cédée est qualifiée d'activité abandonnée au sens d'IFRS 5.32.

Il en est ainsi notamment lorsque la filiale est acquise exclusivement en vue de sa revente ou lorsqu'elle constitue une ligne d'activité ou géographique principale et distincte, voir Mémento IFRS nº 37040.

Dans ce cas, le résultat net de cette filiale est présenté sur une ligne unique de l'état du résultat global consolidé « résultat des activités abandonnées » (IFRS 5.33).

Enfin, si la cession envisagée d'une filiale ne remplit pas les conditions d'IFRS 5, la consolidation de la filiale devra être effectuée selon les règles générales d'IFRS 10.

Entités non significatives

15120 ***Question***

Peut-on exclure du périmètre de consolidation les filiales non significatives ?

Réponse

Oui, si ces filiales sont jugées non significatives tant individuellement que considérées toutes ensemble.

Commentaires Compte tenu du principe de matérialité des IFRS (IAS 8.8 et IAS 1.7), certaines filiales peuvent, à notre avis, être exclues du périmètre de consolidation si elles sont jugées non significatives tant individuellement que considérées toutes ensemble.

Tel est le cas dès lors que la non-consolidation de ces entités ne peut pas avoir une influence sur les décisions prises par les utilisateurs des états financiers.

Il en est de même pour les joint ventures, joint operations ou entreprises associées.

Les entités exclues du périmètre de consolidation en raison de leur caractère non significatif devraient être examinées avec prudence chaque année afin de s'assurer qu'elles sont toujours jugées non significatives, tant individuellement que considérées toutes ensemble.

Dès lors qu'une entité redevient significative, la consolidation de cette entité est réalisée comme si celle-ci était intervenue effectivement à la date de sa prise de contrôle, d'où la nécessité de conserver un historique depuis cette date. A notre avis, si l'impact de la première consolidation est jugé significatif sur les états financiers de l'exercice de première consolidation, les résultats accumulés depuis la prise de contrôle devraient être comptabilisés dans le solde d'ouverture des capitaux propres de la première période présentée en comparatif et les périodes présentées en comparatifs devraient être retraitées (conformément aux principes applicables aux changements de méthodes comptables, IAS 8.22 s.).

Remarque Si les profits ou pertes accumulés depuis la prise de contrôle ne sont jugés significatifs ni par rapport aux résultats et aux capitaux propres des périodes antérieures, ni par rapport au résultat ou aux capitaux propres de l'exercice de première consolidation, l'entreprise pourrait en règle générale, à notre avis, choisir de les comptabiliser en résultat de l'exercice.

Exemple *Un groupe ayant des actifs nets de 500 K€ et un bénéfice avant impôts de 100 K€ a une filiale dont les actifs nets et le bénéfice s'élèvent respectivement à 10 K€ et 2 K€.*

L'activité de la filiale est en baisse depuis quelques années car la demande pour l'unique produit fabriqué par l'entité a enregistré une baisse significative. La direction n'a pas consolidé la filiale depuis plusieurs années en raison de la faible valeur de son actif net et de son résultat net notamment.

Au cours de l'exercice, d'anciens employés ont entamé des poursuites judiciaires contre la filiale en réclamant une somme de 1,5 M€ pour préjudice de santé.

Solution de l'exemple *Les résultats de la filiale semblent être négligeables pour le groupe mais les poursuites judiciaires entamées contre elle constituent un élément important qui devrait être pris en compte dans les états financiers consolidés. En pratique, à notre avis, il convient de distinguer deux cas de figure :*
- si l'analyse des faits et circonstances au regard de la norme IAS 37 montre qu'une provision d'un montant significatif pour le groupe devrait être comptabilisée dans les comptes de la filiale, celle-ci devrait être consolidée afin de faire apparaître cette provision dans les comptes consolidés du groupe ;
- si au contraire cette analyse montre qu'il n'y a pas de provision significative à constituer mais uniquement une information en annexe, celle-ci devrait être mentionnée dans l'annexe aux comptes consolidés du groupe sans nécessairement consolider la filiale elle-même.

Cette analyse devrait être revue à chaque clôture.

II. Appréciation du contrôle

A. Définition unique du contrôle

Modèle de contrôle unique fondé sur trois critères cumulatifs

15125 ***Question***

Quel est le modèle de contrôle défini par la norme IFRS 10 ?

Réponse

La norme IFRS 10 définit un modèle de contrôle unique applicable à toutes les entités et fondé sur trois critères cumulatifs.

Ainsi, un investisseur contrôle une entité s'il est exposé ou a droit aux rendements variables résultant de son implication dans l'entité et si le pouvoir qu'il détient sur cette entité lui permet d'influer sur ses rendements. C'est-à-dire s'il détient cumulativement :
- le pouvoir sur les activités pertinentes de cette entité ;
- une exposition ou des droits aux rendements variables de cette entité ; et
- la capacité d'agir sur ses rendements, c'est-à-dire s'il existe un lien entre les rendements et le pouvoir.

L'appréciation du contrôle d'une entité nécessite de considérer l'objet de l'entité ainsi que la manière dont elle a été structurée.

Commentaires :

1. **Démarche d'appréciation du contrôle** Ces dispositions résultent de la norme IFRS 10 (IFRS 10.6 et .7).

L'appréciation du contrôle nécessite donc de considérer cumulativement les trois éléments suivants :
- le pouvoir sur l'entité (voir n° 15135 s.) ;
- l'exposition ou les droits aux rendements variables de l'entité (voir n° 15165) ;
- la capacité de l'investisseur d'exercer son pouvoir pour influer sur ses propres rendements issus de son implication dans l'entité (voir n° 15170).

Les principes d'appréciation du contrôle, énoncés succinctement dans la norme, sont suivis d'un guide d'application détaillé comprenant de nombreux exemples et indicateurs qui décrivent des éléments susceptibles de conférer ou non le contrôle à l'investisseur. De là découle une multiplication des axes d'analyse.

Recommandations de l'AMF L'AMF attire l'attention des émetteurs sur le fait qu'il serait prématuré de conclure au contrôle ou à l'absence de contrôle sur la base d'un seul paragraphe considéré hors de son contexte, ou sur la base d'une similitude avec un exemple, sans avoir considéré les autres éléments d'analyse décrits dans le guide d'application (Rec. AMF 2013-19, Arrêté des Comptes 2013, § 5.1).

Ainsi, même lorsque la situation présente des similitudes avec certains aspects du guide d'application, il est essentiel de s'assurer, avant de conclure sur l'existence du contrôle, d'une part que les étapes du raisonnement ont été respectées et, d'autre part, que l'ensemble des faits pertinents ont été considérés (Rec. AMF 2013-19, Arrêté des Comptes 2013, § 5.1).

Remarques :

1. La notion de contrôle définie par la norme IFRS 10 ne vise que le contrôle individuel d'une entité par un investisseur. Elle exclut donc les situations de contrôle collectif (IFRS 10.9).

2. La norme IFRS 10 traite également de la qualification d'une portion d'une entité comme une entité séparable (ou encore appelée « silo ») pour certains actifs et passifs spécifiques de l'entité, lorsque ces actifs et passifs répondent à certaines conditions (IFRS 10.B76 à .B79), voir n° 15182.

3. Pour l'appréciation du contrôle d'une entité structurée, voir n° 15175.

Le modèle d'appréciation du contrôle repose sur les principes suivants :

Un modèle unique du contrôle

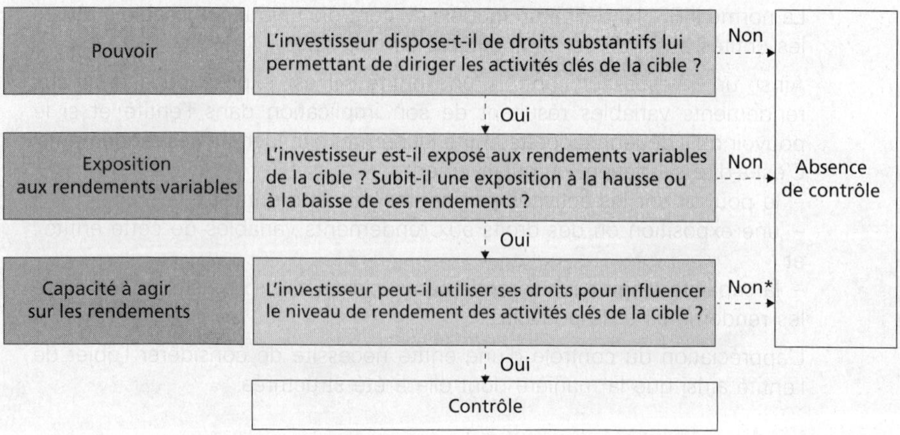

* Nécessité d'apprécier avec beaucoup d'attention tous les faits et circonstances

2. **Nécessité de considérer l'objet et la manière dont l'entité est structurée** L'appréciation du contrôle d'une entité nécessite de considérer son objet et la manière dont elle a été structurée. Cette analyse vise à permettre l'identification des activités pertinentes de l'entité, de la manière dont sont prises les décisions relatives à ces activités, de l'investisseur qui a la capacité de diriger ces activités et qui bénéficie des rendements qui y sont associés (IFRS 10.B5 à .B8).

Cet examen peut mettre en évidence :
- soit que l'investisseur contrôle l'entité par la détention de droits de vote. Tel est le cas en l'absence d'accord contractuel qui modifierait la manière dont les décisions sont prises (IFRS 10.B6) ;
- soit, au contraire, que la détention de droits de vote ne constitue pas l'élément important pour déterminer qui contrôle l'entité. Il convient dans ce cas de considérer d'autres facteurs (IFRS 10.B7 renvoyant à IFRS 10.B3) et également de s'interroger sur la manière dont l'entité a été structurée, en lien avec les risques qu'elle encourt et ceux qui sont encourus par l'investisseur et par d'autres tiers impliqués dans l'entité (IFRS 10.B8).

Pour l'appréciation du pouvoir dans ces deux types d'entités, voir n° 15130 s.

3. **Nécessité de réaliser une nouvelle appréciation du contrôle en cas de changement des éléments considérés lors d'une précédente analyse du contrôle** Tout fait et circonstance indiquant que l'un des trois éléments à considérer dans l'appréciation du contrôle (voir point 1.) a changé nécessite de réaliser une nouvelle appréciation du contrôle (IFRS 10.8 et .B80 à .B85).

Pour plus de détails, voir nº 15126.

Réappréciation du contrôle

15126 ***Question***

Dans quels cas un investisseur doit-il réapprécier le contrôle sur une entité ?

Réponse

Un investisseur doit réapprécier le contrôle sur une entité dès lors qu'une modification des faits et circonstances a une incidence sur l'un des trois critères cumulatifs du contrôle.

Commentaires Un investisseur doit tenir compte de l'ensemble des faits et circonstances lorsqu'il apprécie s'il a le contrôle d'une entité. Il doit réaliser une nouvelle appréciation du contrôle si les faits et circonstances indiquent qu'un (ou plusieurs) des trois critères cumulatifs définissant le contrôle (voir nº 15125) ont changé (IFRS 10.8, .B80 à .B85).

1. Les activités pertinentes d'une entité peuvent évoluer dans le temps. Si tel est le cas, il convient de réapprécier le contrôle au regard de ce changement des faits et circonstances qui affecte le critère relatif au pouvoir.

Tout changement dans la manière dont le pouvoir est exercé sur une entité doit donner lieu à une nouvelle appréciation du contrôle (IFRS 10.B81).

Les droits décisionnels peuvent, par exemple, être modifiés de telle sorte que les activités pertinentes ne soient plus dirigées par le biais des droits de vote mais par des accords contractuels conférant le pouvoir à une ou plusieurs autres parties.

De la même façon, l'entrée en procédure judiciaire d'une filiale visant à traiter les difficultés de l'entreprise constitue un élément nécessitant une nouvelle appréciation du contrôle. En effet, les prérogatives accordées à l'administrateur judiciaire par le juge pourraient être de nature à restreindre le pouvoir du groupe sur la filiale concernée. Par exemple, si le juge a la capacité pratique de dessaisir le dirigeant à tout moment pendant la période d'observation, il sera généralement conclu à la perte de contrôle dès l'ouverture de la procédure, quand bien même le dirigeant conserve en pratique la gestion des « opérations courantes » pendant cette période (cas des redressements judiciaires en France).

L'IFRS IC a indiqué que la survenance de faits et circonstances qui auraient des conséquences sur des droits analysés précédemment comme protectifs (voir nº 15135) doit entraîner une réappréciation du contrôle.

Tel serait le cas, par exemple, d'une dette dont le covenant n'est pas respecté, induisant la défaillance de l'emprunteur et aboutissant à rendre exerçables des droits de veto du créancier (IFRIC Update 09/13).

Un investisseur peut également acquérir le pouvoir sur une entité parce que les droits décisionnels détenus par une ou plusieurs autres parties qui l'empêchaient auparavant de contrôler l'entité sont échus (IFRS 10.B82).

2. Un investisseur doit examiner les changements qui ont une incidence sur son exposition ou ses droits aux rendements variables d'une entité (IFRS 10.B83). Un investisseur qui détient le pouvoir sur une entité peut, par exemple, perdre le contrôle

de cette dernière s'il cesse de recevoir des rendements ou s'il cesse d'être exposé à certaines obligations. Tel serait le cas, par exemple, s'il est mis fin à un contrat lui donnant le droit de recevoir des commissions de performance.

3. Enfin, il convient de tenir compte de tout changement impactant la capacité d'un investisseur à exercer son pouvoir pour influer sur ses propres rendements (IFRS 10.B84). Par exemple, un investisseur doit apprécier s'il continue d'agir pour son propre compte (ou comme mandataire, selon le cas) si la rémunération globale entre les différentes parties prenantes est modifiée.

Recommandations de l'AMF Dans le contexte de la guerre en Ukraine, compte tenu notamment des diverses sanctions et mesures gouvernementales, l'AMF a insisté sur l'importance d'effectuer une analyse spécifique et détaillée avant de conclure au maintien ou à une perte du contrôle des filiales situées dans les zones concernées. En conséquence, l'AMF recommande d'indiquer dans les états financiers, de manière suffisamment détaillée et spécifique, l'ensemble des faits et circonstances ayant conduit au maintien ou à la perte de contrôle (modification de la gouvernance, restriction d'accès et d'utilisation des actifs, etc.) (Rec. AMF 2022-06, Arrêté des Comptes 2022, § 3.3).

B. Notion de pouvoir

1. Définition du pouvoir et des activités pertinentes

15130 ***Question***

Comment déterminer si un investisseur détient le pouvoir sur une entité ?

Réponse

Un investisseur détient le pouvoir sur une entité lorsqu'il a des droits effectifs et substantifs lui conférant la capacité de diriger les activités pertinentes de cette entité, c'est-à-dire les activités qui affectent significativement ses rendements.

Commentaires Il convient tout d'abord de comprendre les contours de la notion de pouvoir puis, dans un deuxième temps, d'apprécier cette notion dans le cas des entités classiques et des entités structurées.

1. **Notion de pouvoir**

a. **Détention de droits par l'investisseur** Un investisseur a le pouvoir sur une entité s'il dispose de droits qui lui confèrent la capacité actuelle de diriger les activités pertinentes de cette entité (IFRS 10.A et .10). Ces droits peuvent soit lui être conférés par les droits de vote attachés aux titres détenus, soit provenir d'autres éléments à considérer (par exemple un contrat) (IFRS 10.11).

b. **Activités pertinentes de l'entité** Les activités que l'investisseur doit être en mesure de diriger sont les « activités pertinentes » de l'entité, c'est-à-dire les activités qui affectent significativement les rendements de l'entité (IFRS 10.A). Les activités pertinentes sont différentes selon la nature de l'activité exercée par l'entité.

Il s'agit, par exemple (IFRS 10.B11) :
- des ventes et des achats de biens ou de services ;
- de la gestion d'actifs financiers pendant leur durée de vie (y compris en cas de défaut) ;

- de la sélection, l'acquisition ou la cession d'actifs ;
- des activités de recherche et de développement ;
- de la détermination de la structure de financement ou l'obtention de financement.

Les décisions relatives aux activités pertinentes peuvent être des décisions opérationnelles ou budgétaires, ou encore, par exemple, porter sur la nomination et la rémunération des dirigeants ou des prestataires de services de l'entité (IFRS 10.B12).

Une entité a la possibilité de diriger ces activités même si les droits qui lui confèrent ce pouvoir n'ont pas encore été exercés (IFRS 10.12).

L'identification des activités pertinentes passe par l'analyse du business model. Il convient donc d'analyser le type d'exposition que l'activité est susceptible de générer, les flux, les risques, la structure des coûts, la chaîne de valeur, etc.

Remarque Dans la quasi-totalité des cas, une entité a une(des) activité(s) pertinente(s). Concernant les entités structurées, les entités totalement autopilotées sont rares. Même si leurs activités sont largement prédéterminées, la survenance de certains événements peut déclencher une prise de décision qui a une incidence sur les rendements variables et constitue donc une activité pertinente.

Exemples d'analyse des activités pertinentes L'analyse des situations nécessite de bien cerner les interactions entre les différentes parties et la structuration de l'entité avant de commencer l'analyse du contrôle. En outre, il convient de ne pas s'arrêter à la détention capitalistique car les liens contractuels pourraient également être déterminants.

1. L'entité Glass produit et commercialise des verres de haute technologie. Elle est détenue par trois investisseurs : A, B et C. Chacun détient 33,3 % des droits de vote et les décisions sont prises à la majorité simple. D est l'opérateur de l'usine et nomme le management opérationnel de Glass. Un contrat de distribution exclusif a été conclu entre Glass et D en vertu duquel D achète 100 % de la production de Glass.

Pour établir qui détient le pouvoir sur Glass, il convient avant tout de rappeler que la seule analyse de la gouvernance de Glass peut être inopérante dans la détermination du contrôle. En effet, le périmètre des activités pertinentes peut être plus large que celui de la seule entité parce que la gestion des activités clés peut être en réalité déportée dans des contrats connexes, comme un contrat d'approvisionnement ou un contrat de prestation de services.

Les termes du contrat peuvent notamment organiser la variabilité des rendements en dehors de l'entité. Ainsi, si les quantités et donc la production sont fixées par le client D et que les prix de vente sont eux aussi fixés au coût de revient plus une marge fixe, alors D gère les volumes et l'exposition au prix.

Dans le cas traité ici, l'activité Glass est une activité opérationnelle de production. Les activités clés sont celles relatives à l'achat des matières premières, à la production, à la gestion des stocks et aux ventes en prix et volume. Selon les modalités du contrat (politique de fixation de prix, fixation des volumes de production, exposition de D aux rendements de Glass), ce dernier pourrait éventuellement transférer la gestion des activités pertinentes de Glass à D.

2. Dans d'autres cas, l'activité peut dépasser le cadre d'une seule entité et englober plusieurs entités prises comme un tout. Tel peut être le cas si la production et la distribution d'une même activité sont logées dans deux entités juridiquement distinctes mais fonctionnant de manière totalement interdépendante et dont le management et le budget sont communs. Il faut alors considérer ces structures de manière regroupée afin d'avoir une vision de l'activité ou du projet dans son ensemble.

3. **Silos** Une même structure juridique peut contenir plusieurs entités qui fonctionnent de manière indépendante l'une de l'autre et qui ont chacune une activité propre. Dans

ce cas, et si et seulement si elles sont indépendantes et étanches, elles forment des silos et l'analyse du contrôle devra être menée aux bornes de chacun de ces silos, voir également n° 15182.

c. **Droits substantifs** Les droits comprennent :

- les droits de vote résultant de la détention juridique (IFRS 10.B16) ;
- les droits de vote potentiels (IFRS 10.B47 s.) ; et

Pour les droits de vote potentiels, voir n° 15160.

- les autres droits décisionnels relatifs aux activités de l'entité (IFRS 10.B49).

Lors de l'analyse du pouvoir, après avoir recensé les droits détenus dans une entité, il est nécessaire de s'interroger sur leur raison d'être, la manière dont ils ont été établis et l'objectif recherché par leur détenteur. Cette analyse peut nécessiter l'exercice du jugement.

Pour apprécier la notion de pouvoir, seuls sont à considérer les **droits substantifs,** c'est-à-dire les droits de vote ou autres droits contractuels (droit de révocation des dirigeants, droits de veto, etc.) qui donnent à l'investisseur la capacité de diriger les activités clés de l'entité ou qui l'en privent (IFRS 10.B22 s.).

Pour qu'un investisseur détenant plus de la moitié des droits de vote d'une entité détienne le pouvoir sur cette entité, il est nécessaire à la fois que les droits de vote soient substantifs, et qu'ils confèrent à l'investisseur la **capacité actuelle** de diriger les activités pertinentes de l'entité, c'est-à-dire généralement de déterminer les politiques opérationnelles et financières (IFRS 10.B36).

Ainsi, si une autre entité, qui n'est pas un agent de l'investisseur, détient des droits qui lui donnent la capacité de diriger les activités pertinentes, l'investisseur n'a pas le pouvoir.

Pour la notion de droits substantifs et la distinction avec les droits protectifs et des exemples d'analyse, voir n° 15135.

2. **Appréciation du pouvoir dans les entités classiques et dans les entités structurées** Même si la norme IFRS 10 fournit une définition unique du contrôle, l'appréciation du pouvoir nécessite, à notre avis en pratique, de distinguer les sociétés classiques et les entités structurées.

a. **Entités classiques** Dans les entités classiques, le pouvoir est essentiellement conféré par les droits de vote.

En général, lorsque les activités opérationnelles et de financement ont une incidence significative sur les rendements de l'entité, et que les décisions importantes concernant ces activités doivent être prises de manière continue, ce sont les droits de vote ou autres droits similaires qui, pris individuellement ou conjointement avec d'autres accords, confèrent le pouvoir à un investisseur (IFRS 10.B16).

Tel est généralement le cas des entités dites « classiques ».

b. **Entités structurées** Dans les entités structurées, il est nécessaire d'analyser si les accords contractuels régissant la gestion des activités opérationnelles et de financement ayant une incidence sur les rendements confèrent ou non le pouvoir à l'investisseur.

Lorsque les droits de vote n'ont pas d'incidence importante sur les rendements de l'entité, par exemple s'ils ne s'exercent que pour des décisions administratives, la direction des activités pertinentes étant régie par des accords contractuels, l'investisseur doit alors analyser ces accords contractuels pour déterminer s'il a des droits suffisants pour lui conférer le pouvoir sur l'entité (IFRS 10.B17).

Une telle situation se rencontre généralement dans le cas d'entités dites « structurées ».

Pour l'appréciation du contrôle dans le cas d'entités structurées, voir n° 15175 s.

3. Schéma récapitulatif des éléments à considérer pour apprécier le pouvoir

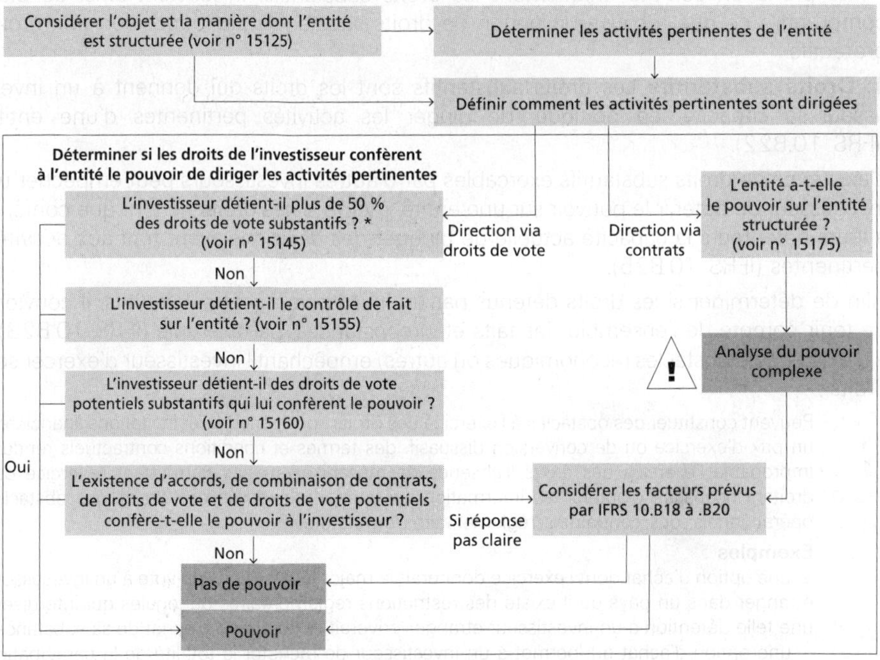

* Il convient en effet de s'assurer que les droits de vote sont substantifs, par opposition aux droits de vote protectifs (voir n° 15135).

2. Appréciation du pouvoir

a. Appréciation du caractère substantif ou protectif des droits de l'investisseur

Droits substantifs, droits protectifs

15135 ***Question***

Qu'est-ce qu'un droit substantif, par opposition à un droit protectif ?

Réponse

L'appréciation du pouvoir d'un investisseur sur une entité prend en compte uniquement les droits substantifs.

Les droits sont dits « substantifs » lorsque leur détenteur a la capacité, en pratique, de les exercer lors de la prise de décisions concernant les activités pertinentes de l'entité.

A l'inverse, les droits sont dits « protectifs » lorsqu'ils ont pour but de protéger les intérêts d'un investisseur, sans toutefois lui conférer le pouvoir sur l'entité à laquelle les droits se rattachent. Ils ont trait à des changements fondamentaux dans les activités d'une entité ou s'appliquent dans des circonstances exceptionnelles.

Commentaires Selon IFRS 10.B22, l'appréciation du pouvoir d'un investisseur sur une entité prend en compte uniquement les droits substantifs. Il convient ainsi de bien comprendre ce que recouvre la notion de droits substantifs par opposition aux droits protectifs.

1. **Droits substantifs** Les droits substantifs sont les droits qui donnent à un investisseur la capacité, en pratique, de diriger les activités pertinentes d'une entité (IFRS 10.B22).

L'existence de droits substantifs exerçables par d'autres investisseurs peut empêcher un investisseur de détenir le pouvoir sur une entité, même si ces droits ne font que conférer à leurs détenteurs la capacité actuelle de bloquer des décisions ayant trait aux activités pertinentes (IFRS 10.B25).

Afin de déterminer si les droits détenus par un investisseur sont substantifs, il convient de tenir compte de l'ensemble des faits et circonstances, par exemple (IFRS 10.B23) :
- l'existence d'obstacles (économiques ou autres) empêchant l'investisseur d'exercer ses droits ;

Peuvent constituer des obstacles à l'exercice des droits : des pénalités et incitations financières, un prix d'exercice ou de conversion dissuasif, des termes et conditions contractuels rendant improbable l'exercice des droits, l'absence de mécanismes clairs permettant l'exercice des droits, l'incapacité d'obtenir les informations permettant l'exercice des droits, des obstacles opérationnels, des contraintes réglementaires ou statutaires.

Exemples :
- une option d'achat dont l'exercice donnerait la majorité des droits de vote à un investisseur étranger dans un pays où il existe des restrictions réglementaires ou légales qui interdisent une telle détention à un investisseur étranger priverait cette option d'achat de sa substance ;
- une option d'achat qui permet à un investisseur de racheter la totalité de la participation de son partenaire mais qui n'a pas de substance si le partenaire est incontournable en raison de son savoir-faire, de ses parts de marché ou encore de son carnet d'adresses ;
- une option d'achat dont le prix d'exercice est beaucoup trop élevé par rapport à la valeur des actions sous-jacentes.

- l'existence de mécanismes pratiques permettant l'exercice des droits lorsque celui-ci requiert l'accord de plusieurs parties ou lorsque les droits sont détenus par plusieurs parties ;

L'absence de tels mécanismes peut être un indicateur que les droits peuvent ne pas être substantifs. Plus l'exercice des droits requiert l'accord d'un nombre important de parties, moins il est probable que ces droits soient substantifs. Toutefois, un conseil d'administration indépendant peut constituer un mécanisme permettant l'exercice pratique des droits détenus par de multiples investisseurs.

- l'intérêt qu'a le détenteur des droits à les exercer.

Enfin, les droits substantifs doivent également être exerçables en temps utile, c'est-à-dire lorsque les décisions relatives aux activités pertinentes doivent être prises (IFRS 10.B24).

Ainsi, les droits substantifs doivent généralement être immédiatement exerçables. Toutefois, certains droits peuvent être substantifs même s'ils ne sont exerçables que dans le futur, par exemple, lorsque des droits de vote potentiels peuvent être exercés avant la date à laquelle les décisions relatives aux activités pertinentes de l'entité doivent être prises. Tel pourrait être le cas d'une option d'achat qui n'est pas exerçable à la clôture d'un exercice mais qui le devient avant l'assemblée générale suivant la clôture.

Pour une illustration des droits substantifs, voir Exemple 1 ci-après.

La notion de droits substantifs est à opposer aux droits protectifs.

Pour des exemples d'analyse de droits, voir ci-après.

2. **Droits protectifs** Les droits protectifs ont trait à des changements fondamentaux dans les activités d'une entité ou s'appliquent dans des circonstances exceptionnelles (IFRS 10.B26). Les droits protectifs ont pour but de protéger les intérêts de leurs détenteurs sans toutefois leur conférer le pouvoir sur l'entité à laquelle les droits se rattachent. Un investisseur qui ne détiendrait que des droits protectifs ne pourrait pas détenir le pouvoir sur une entité, ni même empêcher un autre investisseur de détenir le pouvoir (IFRS 10.B27).

Il peut notamment s'agir (IFRS 10.B28) :
- du droit pour un prêteur d'empêcher un emprunteur d'exercer des activités pouvant significativement impacter son risque de crédit aux dépens du prêteur ;
- du droit de veto d'un actionnaire minoritaire sur les investissements supérieurs à ceux nécessaires dans le cadre de l'activité normale de l'entité ou d'approuver une émission d'instruments de dettes ou de capitaux propres ;
- du droit pour un prêteur de saisir certains actifs en cas de défaut de paiement de la part de l'emprunteur.

Exemple Le pacte d'actionnaires de l'entité X prévoit que les minoritaires disposent du droit d'empêcher toute modification statutaire et en particulier un changement d'objet social.

Un tel droit de veto serait protectif et n'interférerait pas dans l'analyse du contrôle. Inversement, un droit de veto portant sur le budget serait un droit substantif et pourrait faire perdre le pouvoir au majoritaire.

IFRS 10.B26 précise que le fait que les droits s'appliquent dans des circonstances exceptionnelles ou dépendent de certains événements ne signifie pas nécessairement qu'il s'agit de droits protectifs.

Pour une illustration des droits protectifs, voir Exemple 2 ci-après.

***Exemple 1** — Appréciation du caractère substantif des droits détenus par un investisseur* *Les décisions relatives aux activités pertinentes d'une entité A sont prises lors de l'assemblée générale annuelle. La prochaine AGO doit se tenir dans huit mois. Les actionnaires détenant individuellement ou collectivement plus de 5 % des droits de vote peuvent demander la tenue d'une assemblée générale, celle-ci ne pouvant toutefois pas se tenir avant un minimum de 30 jours.*

Les politiques concernant les activités pertinentes ne peuvent pas être modifiées en dehors de ces assemblées générales. Les décisions concernées incluent l'approbation d'une vente significative d'actifs de même que la décision de réaliser ou de céder des investissements significatifs.

Le caractère substantif des droits détenus par un investisseur est apprécié dans les quatre scénarios ci-après :

Scénario	*Appréciation du caractère substantif des droits détenus par l'investisseur*
L'investisseur détient la majorité des droits de vote	*Les droits de vote de l'investisseur sont substantifs. En effet :* *– l'investisseur peut prendre les décisions relatives aux activités pertinentes quand elles doivent être prises ;* *– le délai de 30 jours avant que l'investisseur puisse exercer ses droits de vote n'empêche pas celui-ci d'avoir la capacité actuelle de diriger les activités pertinentes.*

Scénario	*Appréciation du caractère substantif des droits détenus par l'investisseur*
Un investisseur détient un contrat à terme ferme portant sur l'acquisition de la majorité des actions de l'entité. Le dénouement du contrat doit intervenir dans un délai de 25 jours.	*L'investisseur détient des droits substantifs lui conférant le pouvoir sur l'entité. En effet, même si les investisseurs actuels décidaient de convoquer une AG, celle-ci ne pourrait se tenir avant un délai de 30 jours. Ils n'ont donc pas la possibilité de modifier les politiques existantes relatives aux activités pertinentes de l'entité dans le délai de 25 jours à l'issue duquel le contrat à terme sera dénoué. Le contrat à terme ferme détenu par l'investisseur lui confère des droits substantifs qui lui donnent la capacité actuelle de diriger les activités pertinentes même avant le dénouement du contrat à terme.*
L'investisseur détient une option d'achat fortement dans la monnaie et exerçable dans un délai de 25 jours	*Même analyse que pour le scénario précédent.*
L'investisseur détient un contrat ferme à terme portant sur l'acquisition de la majorité des titres de l'entité. Il ne détient aucun autre droit dans l'entité. La date de règlement du contrat interviendra à l'issue d'un délai de six mois.	*L'investisseur n'a pas de droits substantifs lui conférant le pouvoir sur l'entité. Contrairement aux scénarios précédents, l'investisseur n'a pas la capacité actuelle de diriger les activités pertinentes de l'entité. En effet, les autres investisseurs peuvent modifier les politiques existantes relatives aux activités pertinentes de l'entité avant la date de dénouement du contrat à terme.*

Exemple 2* — *Droit protectif détenu par l'Etat (action privilégiée) *L'entité X, entreprise productrice d'acier appartenant à l'Etat, a été privatisée. Toutes les actions de X ont été vendues au public et à différentes entreprises. L'Etat a toutefois conservé une action privilégiée (« golden share ») qui lui permet, si nécessaire et dans l'intérêt national (cas de force majeure prévu par la loi, par exemple, une menace de guerre), de remplacer le conseil d'administration de X par des représentants de l'Etat.*

L'entité A, une autre grande entreprise productrice d'acier du même pays, a acquis dans le cadre d'une OPA, 80 % des droits de vote de X. L'Etat a conservé son action privilégiée et a confirmé que l'entreprise X reste indispensable à l'équilibre économique du pays. Historiquement dans d'autres secteurs, l'Etat a déjà fait usage des actions privilégiées similaires qu'il détenait afin d'éviter une émission d'actions nouvelles ou la vente à des actionnaires étrangers d'un pourcentage significatif du capital ou encore pour réaliser toute action lui permettant de préserver les intérêts nationaux dans les secteurs concernés.

Solution de l'exemple 2 *L'action privilégiée détenue par l'Etat n'empêche pas l'entité A de diriger les activités pertinentes de X en contrôlant les politiques financières et opérationnelles. Les droits conférés par cette action privilégiée ont pour objectif de protéger les intérêts de leurs détenteurs et n'aboutissent ni à restreindre le pouvoir de A sur les activités pertinentes de X, ni à l'empêcher d'obtenir les avantages économiques liés à sa participation.*

L'entité A a donc le pouvoir sur l'entité X.

Exemple 3 *Les entités Glass et Diorer créent une entité SunGlass détenue à 50 % par Glass et 50 % par Diorer. Glass apporte un site destiné à la production de lunettes de soleil, Diorer transfère la technologie critique pour le processus de production ainsi que la marque qui sera apposée sur les lunettes. Le pacte d'actionnaires prévoit que :*
– les décisions sont prises à l'unanimité ;
– si le conseil d'administration n'arrive pas à statuer sur une décision après deux réunions successives (deadlock), la résolution est portée en assemblée générale des actionnaires (processus d'« escalation »). En l'absence d'accord des parties en assemblée générale, un médiateur indépendant est nommé par les parties. La décision de ce dernier lie les parties.

Solution de l'exemple 3 *Dans cette situation, un contrat impose l'unanimité des partenaires dans la prise de décision sur les activités clés. On rappelle que le contrôle conjoint existe en cas d'équité entre les partenaires pour prendre des décisions :*
– dans le cadre de la gestion des affaires (cas d'entente entre les partenaires et d'absence de conflit), et en prêtant une attention particulière aux règles de majorité qualifiée qui peuvent exister sur certaines décisions – « reserved matters » ;
– en cas de conflit, d'« incompatibilité d'humeur » ou de divorce, aucune des parties ne devant alors être prédominante.

A l'inverse, par exemple, en cas de « divorce », si l'un des partenaires peut reprendre l'activité, l'équité que suppose le contrôle conjoint peut être remise en cause.

Il est donc important d'analyser les différentes clauses du contrat liées aux modalités de prise de décision, de résolution des litiges et de sortie.

Dans cet exemple, une clause d'arbitrage qui confie à un tiers la décision finale respecte l'équité entre les partenaires et donc le contrôle conjoint.

De même, dans d'autres situations :
– un processus de résolution des litiges prévoyant une « clause de sortie alternative » (appelé également mécanisme de « roulette russe ») maintient cette équité : l'un des partenaires propose d'acheter les titres de l'autre, l'autre peut alors accepter de vendre sinon il est contraint de racheter les titres du partenaire à l'origine de la demande. Dans ce cas, aucune partie n'étant privilégiée, il s'agit vraisemblablement bien de contrôle conjoint ;
– une clause de « drag along » ou de « tag along » (autre clause de sortie classique) qui permet à un actionnaire majoritaire de forcer la vente de 100 % du capital ou au minoritaire de demander de suivre et de faire partie de la vente des titres du majoritaire ; une telle clause ne remet pas en cause le contrôle conjoint car elle ne permet pas à l'un des partenaires de forcer la vente des titres de l'autre à son profit.

Pour plus de détails sur ce type de clauses, voir n° 15161.

Exemple 4 *Les hypothèses sont identiques à celles de l'exemple 3, à l'exception de la clause de résolution de deadlock qui prévoit qu'en cas de désaccord à l'AG :*
– soit Glass a l'option d'acquérir les 50 % d'actions de Diorer (« deadlock call option ») ;
– oit Diorer a l'option de vendre l'intégralité de ses actions à Glass (« deadlock put option ») ;
– le prix d'exercice des options sera déterminé à dire d'expert, c'est-à-dire à la juste valeur.

Solution de l'exemple 4 *Pour l'analyse du contrôle dans ce cas, il convient de noter que les clauses de résolution de deadlock vont dans le même sens : que le put ou le call soit exercé, 100 % des actions reviendraient à Glass. Pour l'appréciation du pouvoir et notamment des droits substantifs, le call est en soi porteur de droits car il permet à Glass d'obtenir les droits de vote de son partenaire par l'exercice du call. A défaut de freins potentiels à cet exercice, le call confère à Glass le pouvoir et donc le contrôle.*

Exemple 5 *Les hypothèses sont identiques à celles de l'exemple 4, avec les éléments complémentaires suivants concernant le processus de deadlock :*
– si Glass exerce son call, alors Diorer a le droit de reprendre la technologie ainsi que la marque ;
– si à l'inverse, Diorer exerce son put, alors Sunglass peut conserver la technologie et la marque pour 10 ans en échange du paiement de redevances à des conditions de marché.

Solution de l'exemple 5 *Si Glass exerce son call, alors Glass est privé concomitamment de la technologie et de la marque Diorer, éléments indispensables à l'activité de Sunglass. Par conséquent, le call n'est pas substantif dans ce cas et il existe un contrôle conjoint de Sunglass.*

Remarque Pour analyser les situations décrites dans ces exemples, qui peuvent paraître similaires, il est nécessaire de regarder toutes les clauses du contrat ainsi que les éléments de contexte et d'environnement avant de pouvoir statuer sur le pouvoir et donc sur le contrôle.

Droits résultant d'un contrat de franchise

15136 ***Question***

Les droits résultant d'un contrat de franchise peuvent-ils être qualifiés de substantifs et conférer à un franchiseur le pouvoir sur un franchisé ?

Réponse

Les droits détenus par un franchiseur sur un franchisé sont généralement de nature protective.

Toutefois, il est nécessaire de faire preuve de jugement dans cette appréciation, en tenant compte des faits et circonstances spécifiques. En effet, dans certains cas, le franchiseur peut détenir des droits lui permettant de prendre des décisions relatives aux activités pertinentes du franchisé, susceptibles de lui conférer le pouvoir sur ce dernier.

Commentaires La norme IFRS 10 fournit des éléments d'appréciation spécifiques aux contrats de franchise visant à déterminer si un franchiseur doit consolider ou non ses franchisés.
Les contrats de franchise confèrent habituellement au franchiseur des droits décisionnels relatifs aux opérations du franchisé (IFRS 10.B29). En général, ces droits visent avant tout à protéger la marque du franchiseur. De ce fait, ils ne donnent pas nécessairement au franchiseur la capacité actuelle de diriger les activités pertinentes du franchisé, c'est-à-dire celles qui ont une incidence importante sur les rendements variables, tout comme ils ne limitent pas non plus nécessairement la capacité d'autres parties de les diriger (IFRS 10.B30).

La norme IFRS 10 précise toutefois qu'il est nécessaire de distinguer les droits destinés à protéger la marque en franchise, qui sont par nature protectifs, des autres droits permettant au franchiseur de prendre des décisions qui affectent significativement les rendements du franchisé (IFRS 10.B31). Il convient d'exercer son jugement afin de déterminer si les droits détenus par le franchiseur sont uniquement protectifs ou s'ils peuvent être substantifs.

A titre d'exemple, la structure de financement d'un franchisé peut affecter significativement ses rendements et constituer une activité pertinente. Ainsi, lorsqu'un franchiseur apporte un soutien financier à un franchisé, il est nécessaire d'analyser la nature et le niveau du soutien apporté ainsi que l'ensemble des clauses assorties. La norme précise que plus le soutien financier apporté est faible, moins le franchiseur est exposé à la variabilité des rendements du franchisé, et plus il est probable qu'il détient uniquement des droits protectifs (IFRS 10.B33).

Le franchiseur n'a pas le pouvoir sur le franchisé si d'autres parties ont des droits effectifs qui leur confèrent la capacité actuelle de diriger les activités pertinentes du franchisé (IFRS 10.B31).

Dans la pratique, il existe une grande diversité de contrats de franchise. Il est donc nécessaire de mener une analyse au cas par cas, en fonction des faits et circonstances spécifiques, en considérant également l'objet et la manière dont le contrat de franchise a été structuré.

b. Appréciation du pouvoir par les droits de vote

Détermination du pourcentage de droits de vote : cas d'une entité détenue indirectement

15140 ***Question***

Comment déterminer le pourcentage de droits de vote dans une entité détenue indirectement par l'entreprise consolidante ?

Réponse

A notre avis, en additionnant les pourcentages de droits de vote détenus par la société consolidante et par ses filiales.

Les pourcentages de droits de vote détenus par les joint ventures et par les entités sous influence notable de l'entreprise consolidante sont exclus.

Commentaires A notre avis, le pourcentage de droits de vote s'apprécie en additionnant les pourcentages de droits de vote détenus par la société consolidante et ceux détenus par les entités qu'elle contrôle.

Sont donc exclus de ce calcul les pourcentages de droits de vote détenus par les joint ventures et par les entités sous influence notable de l'entreprise consolidante.

Exemple 1 *Les entités A, B et C sont des filiales contrôlées à 100 % par la société M. A, B et C détiennent chacune 18 % des droits de vote de l'entité D et nomment chacune un membre du conseil d'administration de D (sur cinq membres au total).*

Par hypothèse, il n'existe aucun autre facteur que les droits de vote susceptible d'être pris en compte pour l'appréciation du contrôle.

Solution de l'exemple 1 *Le pourcentage de droits de vote de la société M dans l'entité D s'élève à 54 % (18 % + 18 % + 18 %) et M nomme, par l'intermédiaire de A, B et C, trois des cinq membres du conseil d'administration de D. L'entité D est vraisemblablement sous le contrôle exclusif de M.*

Exemple 2 *L'entité A détient une participation de 80 % dans l'entité B qu'elle contrôle, ainsi qu'une participation directe de 25 % dans l'entité C. L'entité B détient quant à elle une participation de 30 % dans l'entité C.*

Par hypothèse, il n'existe aucun autre facteur que les droits de vote susceptible d'être pris en compte pour l'appréciation du contrôle.

Solution de l'exemple 2 *. L'entité A contrôle l'entité B et, par voie de conséquence, contrôle également les 30 % de droits de vote de B sur C. En outre, l'entité A détient une participation directe ainsi que les droits de vote correspondants dans l'entité C.*

Le total des droits de vote du Groupe A dans C est de 55 % (30 % + 25 %). Le Groupe A contrôle vraisemblablement l'entité C.

Absence de pouvoir malgré une détention supérieure à 50 % des droits de vote

15145 ***Question***

Un investisseur détient-il le pouvoir sur une entité lorsqu'il détient, directement ou indirectement, plus de 50 % des droits de vote ?

Réponse

Oui, dès lors que les droits de vote détenus lui confèrent réellement le pouvoir sur l'entité, c'est-à-dire que :
- la direction des activités pertinentes résulte du vote du détenteur de la majorité des droits de vote ou la majorité des membres de l'organe de direction dirigeant les activités pertinentes est nommée à la majorité des droits de vote ; et
- les droits de vote sont substantifs et confèrent à l'investisseur la capacité actuelle de diriger les activités pertinentes de l'entité concernée.

Commentaires La norme IFRS 10 ne contient pas de présomption de contrôle lorsque l'entreprise détient plus de 50 % des droits de vote.

Elle précise qu'un investisseur détenant plus de la moitié des droits de vote a le pouvoir sur une entité dans les situations suivantes (IFRS 10.B35) :
- la direction des activités pertinentes résulte du vote du détenteur de la majorité des droits de vote ; ou
- la majorité des membres de l'organe de direction dirigeant les activités pertinentes est nommée par un vote du détenteur de la majorité des droits de vote.

Pour qu'un investisseur détenant plus de la moitié des droits de vote d'une entité détienne le pouvoir sur cette entité, il est nécessaire que les droits de vote (IFRS 10.B36) :
- soient substantifs ; et
- confèrent à l'investisseur la capacité actuelle de diriger les activités pertinentes de l'entité, c'est-à-dire généralement de déterminer les politiques opérationnelles et financières.

En conséquence, un investisseur qui détient plus de 50 % des droits de vote n'aura toutefois pas le pouvoir :
- si un autre investisseur dispose de droits réels (y compris de droits de vote potentiels substantifs) lui permettant de diriger les activités pertinentes de l'entité et qu'il n'est pas un agent de l'investisseur principal (IFRS 10.B36) ; ou
- si les droits détenus par l'investisseur majoritaire ne sont pas substantifs, par exemple si les activités pertinentes de l'entité sont dirigées par un gouvernement, une cour de justice, un administrateur, un liquidateur judiciaire, un créancier ou un régulateur (IFRS 10.B37).

> **Remarque** La détention du pouvoir ne suffit pas à démontrer que l'investisseur exerce le contrôle sur l'entité. Il convient également d'apprécier si l'investisseur est exposé aux rendements variables de l'entité (voir no 15165) et s'il a la capacité d'agir sur ces rendements (voir no 15170).

Exemple *Une entité D est détenue par deux entités A et B détenant respectivement 60 % et 40 % des droits de vote.*

A et B ont signé un accord selon lequel les décisions relatives aux activités pertinentes de D doivent être prises à l'unanimité des deux partenaires A et B.

Solution de l'exemple *A ne détient pas le pouvoir sur D. La détention de 60 % des droits de vote ne permet pas à A de diriger les activités pertinentes de D, c'est-à-dire généralement de déterminer les politiques opérationnelles et financières. En effet, l'accord signé entre A et B stipule que ces décisions nécessitent l'accord unanime de A et B. A et B exercent un contrôle conjoint sur D.*

Pouvoir malgré une détention inférieure à 50 % des droits de vote

15150 ***Question***

Un investisseur peut-il détenir le pouvoir sur une entité alors même qu'il détient 50 % ou moins des droits de vote ?

Réponse

Oui, il le peut dans l'une ou plusieurs des situations suivantes :
- des accords avec d'autres actionnaires lui permettent de disposer de leurs droits de vote ; et/ou
- des droits résultant d'accords lui confèrent le pouvoir de diriger les activités pertinentes de l'entité ; et/ou
- il détient le bloc de droits de vote le plus important, les droits de vote des autres investisseurs étant largement dispersés et dilués (contrôle de fait) ; et/ou
- il dispose de droits de vote potentiels substantifs qui, ajoutés aux droits de vote qu'il détient par ailleurs lui confèrent le pouvoir sur les activités pertinentes.

Commentaires Un investisseur peut détenir le pouvoir dans une entité malgré une détention inférieure ou égale à 50 % des droits de vote, dans l'une ou plusieurs des situations suivantes (IFRS 10.B38 s.) :

1. **Accords avec d'autres actionnaires permettant de disposer de leurs droits de vote** Un accord contractuel entre l'investisseur et d'autres détenteurs de droits de vote peut lui conférer le droit d'exercer suffisamment de droits de vote pour détenir le pouvoir, et ce même s'il ne détient pas suffisamment de droits de vote pour lui donner le pouvoir sans cet accord contractuel. En outre, en vertu d'un accord contractuel, l'investisseur peut être en mesure d'orienter le vote d'un nombre suffisant d'autres détenteurs de droits de vote pour lui permettre de prendre les décisions relatives aux activités pertinentes (IFRS 10.B39).

Voir Exemple 1 ci-après.

2. **Autres droits résultant d'accords conférant le pouvoir de diriger les activités pertinentes** Combinés à des droits de vote, d'autres droits résultant d'accords contractuels peuvent conférer à l'investisseur la capacité actuelle de diriger les activités pertinentes, par exemple la direction du processus de fabrication de l'entité ou le pouvoir de diriger d'autres activités opérationnelles ou de financement de celle-ci (IFRS 10.B40).

Pour les cas de dépendance économique d'une entité à l'égard de l'investisseur (par exemple, si l'investisseur est le principal client de l'entité), voir nº 15153.

Voir Exemples 2 et 3 ci-après.

Décision de l'ESMA En 2015, l'ESMA a noté qu'un investisseur n'ayant aucune détention capitalistique d'une entité pouvait avoir le pouvoir sur les activités clés de cette entité (EECS/0215-05, 11/15).

3. **Détention du bloc de droits de vote le plus important, les autres droits de vote étant largement dispersés et dilués (contrôle de fait)** Un investisseur détenant moins de la majorité des droits de vote d'une autre entité détient des droits suffisants pour détenir le pouvoir sur l'entité si ces droits lui confèrent la capacité, en pratique, d'en diriger seul les activités pertinentes (IFRS 10.B41 à .B45).

Sur le contrôle de fait, voir nº 15155.

4. **Détention de droits de vote potentiels substantifs** L'appréciation du pouvoir doit tenir compte des droits de vote potentiels substantifs détenus tant par un investisseur que par les autres actionnaires (IFRS 10.B47). Si un investisseur détient moins de la majorité des droits de vote d'une entité mais qu'il dispose d'instruments convertibles ou d'options, y compris des contrats à terme lui conférant des droits substantifs, alors l'investisseur pourrait détenir le pouvoir sur l'entité (IFRS 10.B50).

Sur les modalités d'appréciation des droits de vote potentiels, voir nº 15160.

Sur la notion de droit substantif, voir nº 15135.

Exemple 1 — Accords avec d'autres actionnaires permettant de disposer de leurs droits de vote *L'entité A détient 45 % des actions avec droit de vote de l'entité X. En outre, A a conclu un accord avec l'entité B - qui détient 20 % des droits de vote de X - accord selon lequel B votera toujours selon les instructions données par A.*

Solution de l'exemple 1 *L'accord entre A et B permet à A de bénéficier des 20 % de droits de vote de X détenus par B, B votant selon les instructions reçues de A. A disposant en outre directement de 45 % des droits de vote, elle détient donc le pouvoir sur X (45 % + 20 % de droits de vote).*

Exemple 2 — Droits contractuels conférant le pouvoir de diriger les activités pertinentes *Trois entités A, B et C investissent dans l'entité D en vue de fabriquer des ballons de football. L'entité A a une expérience reconnue dans la fabrication de ces ballons et a développé une nouvelle technologie permettant d'améliorer le processus de production et la qualité des ballons. Les entités B et C sont des banques ayant auparavant financé les opérations de A. L'entité A apporte à D sa technologie et son savoir-faire alors que les entités B et C lui octroient le financement nécessaire à son activité.*

Les droits de vote de D se répartissent comme suit : 40 % détenus par A, 30 % détenus par B et 30 % détenus par C.

Chaque actionnaire désigne des administrateurs proportionnellement à son pourcentage dans le capital de D.

Un accord entre actionnaires prévoit que les administrateurs de D ne seront pas dirigeants de l'entité, à l'exception du directeur général et du directeur financier, tous deux systématiquement désignés par A du fait de son expertise technique. Cet accord délègue en outre au directeur général et au directeur financier le pouvoir de fixer les politiques opérationnelles et le budget de fonctionnement de D, les demandes de financement complémentaire - en pratique exceptionnelles - devant toutefois être soumises à l'approbation du conseil d'administration.

Solution de l'exemple 2 *La délégation des pouvoirs sur les politiques opérationnelles et le budget accordée aux directeurs désignés par A confère à cette dernière la capacité de diriger les activités pertinentes de D. Les décisions relatives aux politiques opérationnelles et au budget représentent, en effet, une part substantielle des décisions concernant une entité opérationnelle.*

Les pouvoirs exercés par l'ensemble des membres du conseil d'administration, notamment en matière de changement dans la structure du financement et du capital de D, sont en fait limités et confèrent à leurs détenteurs davantage de droits leur permettant de protéger leurs intérêts que de droits interférant sur les activités pertinentes de D.

L'appréciation du pouvoir dans des situations similaires doit être réalisée avec prudence et en faisant appel au jugement, la distinction entre les droits protégeant les intérêts des actionnaires et ceux leur conférant le pouvoir sur les activités pertinentes d'une entité pouvant être délicate à opérer et sujette à interprétation. Il convient également d'apprécier, pour démontrer que A a le contrôle de D, si A est exposée aux rendements variables de l'entité (voir n° 15165) et si elle a la capacité d'agir sur ces rendements (voir n° 15170).

Exemple 3 — Droits contractuels conférant le pouvoir de diriger les activités pertinentes *Une entité A s'est engagée à vendre une entité C à une entité B ; cette vente est toutefois conditionnée à l'obtention d'un certain nombre d'agréments qui ne sont pas de pure forme.*

Les entités A et B ont conclu un contrat pour organiser la gestion de C par A (le vendeur) dans l'attente de l'obtention de ces agréments. Ce contrat limite les pouvoirs de A et lui interdit de prendre certaines décisions sans l'accord préalable de B (l'acquéreur).

Ces décisions portent sur la cession/le transfert d'actifs de C en dehors du cours normal de son activité, des actions relatives à d'importants litiges, l'octroi de dividendes, des modifications statutaires ou des modifications relatives à l'organisation actuelle de l'activité (« gestion en bon père de famille »).

Solution de l'exemple 3 *A notre avis, la mise en œuvre de ce type de restrictions relatives aux décisions prises par A ne confère pas à B le pouvoir de diriger les activités pertinentes de C avant l'obtention des agréments. En effet, ce contrat ne permet pas à B d'instaurer de nouvelles politiques opérationnelles ou financières de C ou d'abandonner celles actuellement suivies.*

En outre, en cas de non-obtention des agréments ou de non-respect des dispositions de ce contrat, A continuera à avoir le pouvoir sur les activités pertinentes de C. La mise en œuvre du contrat permet plutôt à B de protéger ses intérêts pendant cette période transitoire, sans remettre en cause le pouvoir exercé par A sur les activités pertinentes de C.

Dépendance économique d'une entité à l'égard d'un investisseur : appréciation du pouvoir

15153 ***Question***

La dépendance économique d'une entité à l'égard d'un investisseur accompagnée d'autres droits de l'investisseur dans l'entité peut-elle conférer le pouvoir à l'investisseur ?

Réponse

Oui, si l'ensemble des droits détenus par l'investisseur peuvent lui permettre d'influer sur les rendements de l'entité et lui conférer le pouvoir sur l'entité.

Commentaires En l'absence d'autres droits, la dépendance économique d'une entité à l'égard d'un investisseur (par exemple, si l'investisseur est le principal client de l'entité) ne confère pas à l'investisseur le pouvoir sur cette entité (IFRS 10.B40). En revanche, combinée à d'autres droits, la dépendance économique d'une entité à l'égard d'un investisseur peut conférer à l'investisseur la capacité actuelle de diriger les activités pertinentes et lui permettre d'influer sur les rendements de l'entité (pour une illustration, voir Exemple ci-après).

Exemple *E-Shopping est un centre commercial qui détient 40 % de F-Produits. F-Produits approvisionne E-Shopping en mobilier. Le capital restant de F-Produits, soit 60 %, est détenu par F, son fondateur historique.*

Selon le pacte d'actionnaires :

– le conseil d'administration est composé de deux administrateurs, 1 nommé par E-Shopping, 1 nommé par F. Les décisions du conseil d'administration concernent le budget, la nomination du DG, du DAF ou du responsable des achats et sont prises à l'unanimité ;

– le contrat d'approvisionnement entre E-Shopping et F-Produits est conclu pour 10 ans et intègre une clause d'exclusivité selon laquelle E-Shopping est le seul client de F-Produits, qui produit à la commande. E-Shopping s'engage sur l'achat d'une quantité minimale de mobilier permettant à F-Produits de dépasser son point mort. Le prix de vente de F-Produits correspond au coût de revient augmenté d'une marge de 5 %.

L'analyse du contrôle de F-Produits a été réalisée en déterminant les faits pertinents pour apprécier les trois conditions nécessaires au contrôle (IFRS 10.7) :

Démarche d'appréciation du contrôle selon IFRS 10	*Faits pertinents pour apprécier le contrôle*
Pouvoir sur F-Produits	***Activités pertinentes de F-Produits*** *: activité opérationnelle de production (achat de matières premières, production, gestion des stocks et ventes).* ***Direction des activités pertinentes de F-Produits*** *: la gouvernance de F-Produits pourrait laisser penser que cette entité est contrôlée conjointement, certaines décisions étant prises à l'unanimité des administrateurs : E-Shopping et F. Toutefois, le contrat d'approvisionnement organise en pratique les activités clés de F-Produits puisqu'il fixe le prix de vente et permet à E-Shopping de déterminer seul les volumes de production sur la base de son carnet de commandes.*
Exposition aux rendements variables	*Les deux actionnaires de F-Produits sont assurés de bénéficier de la marge de 5 % sur les ventes, à hauteur de leur participation dans le capital.* *E-Shopping est doublement exposé aux rendements variables de F-Produits :* *– non seulement au travers de sa participation de 40 % au titre de la marge fixe de 5 % de F-Produits ;* *– mais également en absorbant la fluctuation du prix de marché par rapport au coût de revient (+ 5 %) des marchandises achetées à F-Produits.*

Démarche d'appréciation du contrôle selon IFRS 10	*Faits pertinents pour apprécier le contrôle*
Capacité à agir sur les rendements	*E-Shopping peut exercer son pouvoir, en commandant une partie plus ou moins importante de la production de F-Produits, pour influer sur les rendements variables tirés de son implication dans F-Produits.*
Conclusion	*E-Shopping contrôle F-Produits, les trois conditions nécessaires au contrôle étant remplies.*

Remarque *L'analyse du contrôle dans le cadre de cet exemple aurait pu être différente en présence d'autres hypothèses.*

Ainsi, les contrats suivants pourraient fragiliser l'argumentaire visant à démontrer le contrôle de E-Shopping sur l'entité :

– contrat d'approvisionnement ne prévoyant pas de quantité minimale ou permettant au fournisseur d'atteindre tout juste le point mort, ou encore prévoyant des prix de vente alignés sur les prix de marché ; ou

– une gouvernance de l'entité alignée sur les droits de vote détenus par les investisseurs.

Contrôle de fait : appréciation du pouvoir

15155 ***Question***

Un investisseur ne détenant pas la majorité des droits de vote mais détenant le bloc de titres le plus important, le reste des droits de vote étant largement dispersé et dilué, peut-il détenir le pouvoir (contrôle de fait) sur une entité ?

Réponse

Oui, dès lors que ses droits de vote lui confèrent la capacité de diriger seul les activités pertinentes de l'entité.

Il convient d'exercer son jugement dans chacune des situations rencontrées, en analysant notamment les faits et circonstances suivants :
- l'importance relative des droits de vote détenus par l'investisseur par rapport à ceux détenus par les autres investisseurs et leur dispersion ;
- les droits de vote potentiels détenus par l'investisseur, par les autres investisseurs et par les autres tiers impliqués dans l'entité ;
- les droits conférés par des accords contractuels ;
- les autres faits et circonstances qui pourraient indiquer que l'investisseur a ou n'a pas la possibilité de diriger les activités pertinentes de l'entité (par exemple en analysant l'historique des prises de décision en assemblée générale).

Commentaires Ces dispositions sont explicitement prévues par IFRS 10.B41 à .B46. Un investisseur peut ainsi détenir le pouvoir sur une entité alors même qu'il détient moins de la moitié des droits de vote s'il a la capacité, en pratique, d'en diriger seul les activités pertinentes (IFRS 10.B41).

Pour déterminer si un investisseur a le contrôle de fait sur une entité, il faut non seulement qu'il détienne le pouvoir sur l'entité parce qu'il a le plus large bloc de titres et que le reste de l'actionnariat est très dispersé et dilué, mais également que les autres conditions nécessaires au contrôle soient satisfaites (exposition aux rendements variables de l'entité et capacité d'agir sur ces rendements).

Pour apprécier l'existence du pouvoir, afin de déterminer si l'investisseur a le contrôle de fait de l'entité, il convient d'exercer son jugement dans chacune des situations rencontrées, en analysant tous les faits et circonstances, notamment les éléments suivants (IFRS 10.B42) :

– l'importance relative des droits de vote détenus par l'investisseur au regard de ceux détenus par les autres investisseurs et leur dispersion (IFRS 10.B42a) ;

Pour l'appréciation de cet élément, il convient de souligner que :
– plus l'investisseur détient de droits de vote, ou
– plus l'investisseur détient de droits de vote relativement aux autres investisseurs, ou
– plus le nombre des autres investisseurs devant agir ensemble pour s'opposer à une décision est important,

alors plus l'investisseur est susceptible de pouvoir diriger les activités pertinentes de l'entité.

– les droits de vote potentiels détenus par l'investisseur, les autres investisseurs ainsi que les autres tiers impliqués dans l'entité (IFRS 10.B42b) ;

– les droits conférés par des accords contractuels (IFRS 10.B42c) ;

Remarque Si les décisions relatives aux activités pertinentes sont prises à la majorité des droits de vote, si l'investisseur détient significativement plus de droits de vote que d'autres investisseurs ou groupe organisé d'investisseurs, et si les autres droits de vote sont largement dispersés, il pourrait être clair, après avoir considéré les trois facteurs énoncés ci-avant, que l'investisseur détient le pouvoir sur l'entité (IFRS 10.B43).

A l'inverse, dans certains cas, l'analyse des facteurs indiqués par IFRS 10.B42a à .B42c (voir ci-avant) peut clairement conduire à conclure que l'investisseur ne détient pas le pouvoir (IFRS 10.B44).

Recommandations de l'AMF Dans ce cas, l'AMF a indiqué qu'il n'est pas nécessaire de poursuivre l'analyse et d'analyser les autres faits et circonstances (Rec. AMF 2013-19, Arrêté des Comptes 2013, § 5.1).

Enfin, dans d'autres situations, l'analyse des facteurs indiqués par IFRS 10.B42a à .B42c (voir ci-avant) ne permet pas clairement de conclure sur l'existence du pouvoir. L'investisseur doit alors considérer d'autres facteurs, notamment ceux indiqués par IFRS 10.B18, .B19 et .B20 (IFRS 10.B45, voir également ci-après IFRS 10.B42d).

– les autres faits et circonstances qui pourraient indiquer que l'investisseur a ou n'a pas la possibilité de diriger les activités pertinentes de l'entité (par exemple en analysant l'historique des prises de décision en assemblée générale) (IFRS 10.B42d).

Décisions de l'ESMA En 2015 et en 2020, l'ESMA a rappelé qu'un investisseur ne détenant pas la majorité des droits de vote mais détenant le bloc de titres le plus important pouvait détenir le pouvoir sur une entité au regard de l'analyse des facteurs IFRS 10.B42 et .B45 (EECS/0215-06, 11/15 et EECS/0120-04, 04/20).

Exemples fournis par la norme *La norme fournit les exemples suivants, synthétisés par nos soins dans le tableau ci-après.*

	Droits de vote détenus par l'actionnaire A le plus important	*Droits de vote détenus par les autres actionnaires les plus importants*	*Droits de vote détenus par les autres actionnaires*	*Autres faits et circonstances*	*L'investisseur le plus important a-t-il le pouvoir ?*
IFRS 10.B43 Exemple 4	*48 %*		*Plusieurs milliers d'actionnaires détenant chacun moins de 1 %.*	*Il n'existe pas d'accord entre les autres actionnaires pour se consulter ou prendre des décisions collectives.*	*Oui.*
IFRS 10.B43 Exemple 5	*40 %*	*12 actionnaires détiennent chacun 5 %.*		*Un pacte d'actionnaires confère à l'actionnaire principal le droit de nommer, révoquer et définir le niveau de rémunération des dirigeants responsables des activités pertinentes.* *Une majorité de 2/3 des voix est nécessaire pour modifier ce pacte.*	*Oui, en raison des droits qui lui sont conférés par le pacte, et sans tenir compte du fait qu'il pourrait ne pas exercer ce droit ou de la probabilité qu'il aurait de l'exercer.* *La simple répartition des droits de vote ne permet pas de conclure que A détient le pouvoir.*
IFRS 10.B44 Exemple 6	*45 %*	*2 actionnaires détiennent chacun 26 %.*	*3 actionnaires détiennent chacun 1 %.*		*Non.* *Il suffit en effet uniquement que les deux actionnaires détenant 26 % chacun s'unissent pour empêcher A de diriger les activités pertinentes.*
IFRS 10.B45 Exemple 7	*45 %*		*11 actionnaires détiennent chacun 5 %.*	*Il n'existe pas d'accord entre les autres actionnaires pour se consulter ou prendre des décisions collectives.*	*Non conclusif.* *Nécessité d'analyser d'autres faits et circonstances.*

	Droits de vote détenus par l'actionnaire A le plus important	Droits de vote détenus par les autres actionnaires les plus importants	Droits de vote détenus par les autres actionnaires	Autres faits et circonstances	L'investisseur le plus important a-t-il le pouvoir ?
IFRS 10.B45 Exemple 8	*35 %*	*3 actionnaires détiennent chacun 5 %.*	*Nombreux autres actionnaires détenant chacun moins de 1 %.*	*Il n'existe pas d'accord entre les autres actionnaires pour se consulter ou prendre des décisions collectives.* *Les décisions sont prises à la majorité simple. 75 % des droits de vote ont été exercés lors des dernières assemblées générales.*	*Non.* *La participation historiquement active des autres actionnaires en assemblée générale indique en effet, dans ce cas, que A n'a pas la capacité, en pratique, de diriger unilatéralement les activités pertinentes de l'entité.* *Et ce, même si lors des précédentes assemblées générales A a dirigé les activités pertinentes de l'entité en raison du nombre suffisant d'actionnaires ayant voté de la même manière que lui.*

D'autres exemples ont été élaborés par nos soins.

Exemple 1

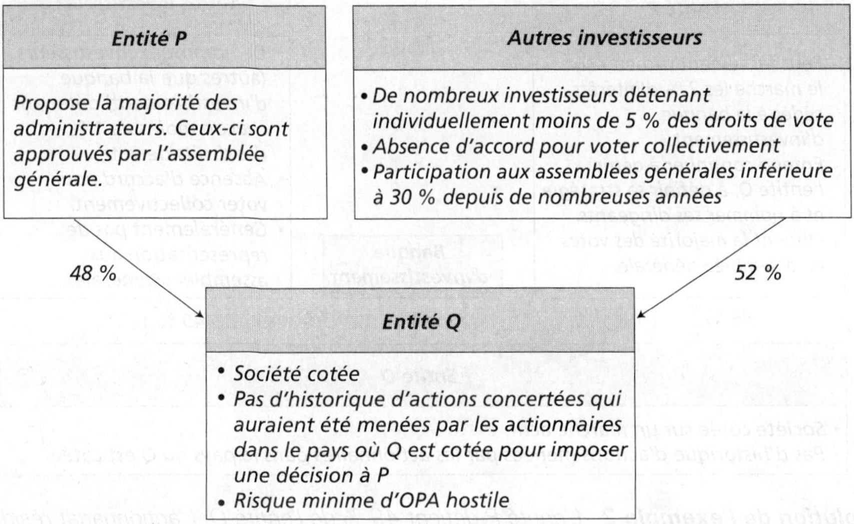

Solution de l'exemple 1 *Une première analyse doit être menée selon les principes énoncés dans IFRS 10.B42 :*

– taille relative du bloc de détention : l'entité P détient 48 % des droits de vote de l'entité Q, les autres investisseurs détenant individuellement moins de 5 % ;

– dispersion et dilution de l'actionnariat : les autres investisseurs détenant individuellement moins de 5 % chacun, il existe au moins 11 autres actionnaires.

Il convient également d'apprécier les autres faits et circonstances :

– il n'existe pas d'accord prévoyant le vote collectif des autres investisseurs, ceux-ci n'ont pas été très présents aux dernières assemblées générales et ils n'ont pas mené d'actions particulières ensemble dans le passé pour imposer une décision à P ;

– l'entité P a imposé à l'assemblée générale les administrateurs dont elle a proposé la nomination (IFRS 10.B18c).

Ces derniers éléments peuvent suggérer que l'entité P contrôle l'entité Q.

Exemple 2 *L'entité P consolide l'entité cotée Q dont elle détient 51 %. Q est lourdement endettée et a commencé à générer des pertes. P décide de céder 2 % de sa participation à une banque d'investissement.*

Le schéma ci-après présente la situation post-cession et fournit des informations complémentaires.

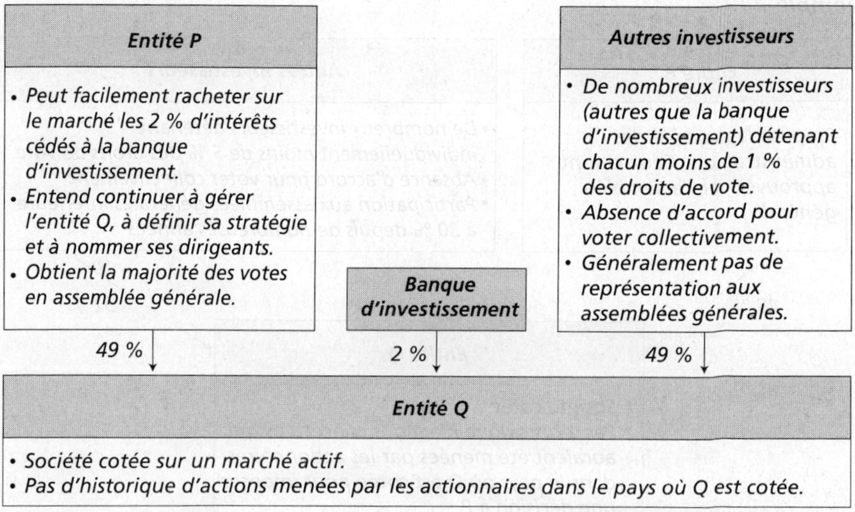

Solution de l'exemple 2 *L'entité P détient 49 % de l'entité Q. L'actionnariat résiduel est largement dispersé et dilué. P entend continuer à nommer les dirigeants de l'entité Q et à gérer ses activités pertinentes. P a la capacité, en pratique, de diriger les activités pertinentes de Q (IFRS 10.B18).*

Les principes d'appréciation de l'existence d'un contrôle de fait (IFRS 10.B42) couplés à l'analyse des facteurs d'IFRS 10.B18 suggèrent que l'entité P exerce probablement le pouvoir sur l'entité Q.

Exemple 3

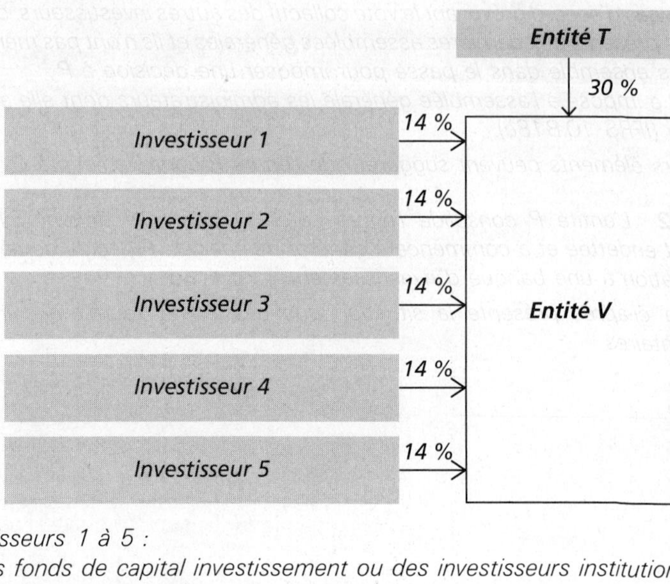

Les investisseurs 1 à 5 :
– sont des fonds de capital investissement ou des investisseurs institutionnels ;
– ne participent pas aux assemblées générales ;
– organisent régulièrement des réunions entre eux et avec les dirigeants de l'entité V.

Solution de l'exemple 3 *T ne contrôle pas V sur la base des principes d'IFRS 10.B42 :*
- taille relative du bloc de détention : l'entité T détient 30 % des droits de vote de l'entité V, cette détention excède certes les détentions des autres investisseurs (14 %) sans toutefois conférer à elle seule le pouvoir ;
- dispersion de l'actionnariat : 5 actionnaires détiennent le solde des droits de vote. Ils se rencontrent et pourraient vraisemblablement agir de concert aisément. Il suffirait que 3 actionnaires votent collectivement pour imposer leur décision à l'entité T.

c. Droits de vote potentiels

Incidence des droits de vote potentiels sur l'appréciation du pouvoir

15160 ***Question***

Faut-il prendre en compte les droits de vote potentiels pour déterminer si un investisseur détient le pouvoir sur une entité ?

Par exemple les droits de vote résultant d'obligations remboursables en actions, d'options d'achat ou encore de contrat d'achat à terme de titres.

Réponse

Oui, si les droits de vote potentiels sont substantifs, c'est-à-dire s'ils confèrent à l'investisseur la capacité pratique de diriger les activités pertinentes de l'entité.

L'analyse des droits afférents aux droits de vote potentiels nécessite la consultation d'un expert en raison de la complexité liée à la diversité des instruments et des interactions entre les normes, voir nº 24250.

Commentaires :

1. **Nécessité de prendre en compte les droits de vote potentiels pour apprécier le pouvoir** L'appréciation du pouvoir d'un investisseur sur une entité nécessite de prendre en compte l'existence de droits de vote potentiels s'ils constituent des droits substantifs, c'est-à-dire s'ils confèrent à l'investisseur la capacité, en pratique, de diriger les activités pertinentes d'une entité au moment où les décisions sur les activités pertinentes ont besoin d'être prises (IFRS 10.B22).

Les droits de vote potentiels sont des droits d'obtenir des droits de vote dans une entité, par exemple du fait d'instruments convertibles ou d'options, comme des contrats fermes d'achat ou de vente à une date future (« forwards ») (IFRS 10.B47).

Il s'agit également, par exemple, d'obligations remboursables en actions, d'obligations convertibles en actions, de bons de souscription d'actions.

Les droits de vote potentiels à considérer ne sont pas limités à ceux détenus par l'investisseur, il est également nécessaire de considérer ceux détenus par les autres investisseurs (IFRS 10.B47).

Ainsi, par exemple, il convient non seulement de considérer les options d'achat détenues par l'entreprise consolidante (option achetée) mais également :
- les options d'achat détenues par un tiers (option vendue) qui lui permettent d'acquérir des titres actuellement détenus par l'entreprise consolidante ; et
- les options d'achat détenues par un tiers lui permettant d'acquérir des titres actuellement détenus par un autre tiers, les droits de vote correspondants étant alors sans incidence sur le pourcentage de l'entreprise consolidante mais ayant un effet sur la répartition des droits

de vote entre tous les autres actionnaires et donc éventuellement sur l'appréciation du pouvoir de l'entreprise consolidante elle-même.

Pour une illustration pratique, voir les exemples ci-après.

Recommandation de l'AMF Dans le cadre de l'appréciation du contrôle des filiales russes dans le contexte de la guerre en Ukraine, en cas de cession assortie de la mise en place d'instruments donnant des droits de vote potentiels, l'AMF rappelle l'importance d'effectuer une analyse détaillée et globale de l'ensemble des caractéristiques de ces instruments. En outre, l'AMF recommande de préciser, dans les états financiers, les caractéristiques de ces instruments (fenêtre d'exercice, prix, autres conditions), l'analyse effectuée au regard du contrôle et les impacts de ces instruments (Rec. AMF 2022-06, Arrêté des Comptes 2022, § 3.3).

Afin de déterminer si les droits de vote potentiels doivent être pris en compte dans l'analyse du pouvoir, la norme IFRS 10 indique qu'il convient de se poser les trois questions suivantes :

a. **Les droits sont-ils substantifs ou protectifs ?** Seuls les droits de vote potentiels substantifs sont pris en compte dans l'appréciation du pouvoir (IFRS 10.B47).

Pour effectuer cette analyse, il convient de tenir compte de l'ensemble des faits et circonstances (IFRS 10.B23), par exemple :

- l'existence d'obstacles (économiques ou autres) empêchant l'investisseur d'exercer ses droits ;

Peuvent, par exemple, constituer des obstacles à l'exercice des droits de vote potentiels : un prix d'exercice ou de conversion dissuasif, des termes et conditions contractuels rendant improbable l'exercice des droits, des obstacles opérationnels, des contraintes réglementaires ou statutaires.

- l'intérêt qu'a le détenteur des droits à les exercer.

Par exemple, des droits de vote potentiels sont plus susceptibles d'être substantifs s'ils sont dans la monnaie ou si, pour d'autres raisons (réalisation de synergies...), leur détenteur aurait intérêt à les exercer.

Rappel Une option est dite « dans la monnaie » si :
- pour une option d'achat (call), le prix d'exercice de l'option est inférieur au cours du sous-jacent ;
- pour une option de vente (put), le prix d'exercice de l'option est supérieur au cours du sous-jacent.

Enfin, les droits substantifs doivent également être exerçables en temps utile, c'est-à-dire lorsque les décisions relatives aux activités pertinentes doivent être prises (IFRS 10.B24).

Ainsi, les droits substantifs doivent généralement être immédiatement exerçables. Toutefois, certains droits peuvent être substantifs même s'ils ne sont exerçables que dans le futur, voir point 2. ci-après.

Sur la notion de droits substantifs, voir nº 15135.

b. **Quels sont l'objectif et la manière dont l'instrument a été structuré ? Quelles sont les autres implications de l'investisseur ?** Déterminer si les droits de vote potentiels sont à prendre en compte dans l'analyse du pouvoir nécessite également de prendre en compte l'objectif et la nature de l'instrument conférant les droits de vote potentiels ainsi que l'objectif et la nature de tout autre lien entre l'investisseur et l'entité considérée (IFRS 10.B48).

Ceci implique notamment d'apprécier l'évaluation des divers termes et conditions de l'instrument ainsi que les attentes, motivations et raisons qui ont conduit l'investisseur à les accepter.

c. **Existe-t-il d'autres droits de vote ou d'autres droits contractuels conférant à l'investisseur le pouvoir sur les décisions pertinentes de l'entité ?** La détention de droits de vote potentiels, considérés seuls ou conjointement avec la détention d'autres droits, peut en effet conférer à l'investisseur le pouvoir de diriger les activités pertinentes de l'entité (IFRS 10.B50).

2. **Des modalités d'appréciation complexes du caractère substantif des droits de vote selon IFRS 10** L'analyse des droits de vote potentiels selon IFRS 10 est un exercice complexe.

La norme IFRS 10 n'impose pas qu'une option d'achat, un contrat à terme ou une dette convertible en actions soient immédiatement exerçables pour les prendre en compte dans l'appréciation du contrôle.

En revanche, ces options devront être prises en compte si elles constituent un droit substantif.

Ainsi, par exemple, une option non exerçable immédiatement pourra être substantive si elle peut être exercée par l'investisseur quand les décisions relatives aux activités pertinentes doivent être prises. Cela sera le cas d'une option d'achat qui peut être exercée avant la prochaine assemblée générale, si cette dernière est l'organe où se prennent toutes les décisions pertinentes relatives à l'entité.

Ainsi, l'analyse des droits de vote nécessite de considérer la raison d'être et la conception de ces droits, l'objectif poursuivi par son détenteur et les facteurs pouvant motiver l'exercice de l'instrument (synergies, par exemple) ou à l'inverse pouvant le contraindre.

Droits de vote potentiels
(options d'achats, contrats à terme, dettes convertibles en actions...)

IFRS 10

Jugement nécessaire

Doivent être **substantifs :**
- absence de barrière à leur exercice
- exerçables lorsque les décisions structurantes doivent être prises

Nécessité d'analyser la **raison d'être** et la **conception** des droits ainsi que l'objectif poursuivi par leur détenteur

Pour une illustration pratique, voir les exemples ci-après.

***Exemple 1** — Option d'achat détenue par l'entreprise mère sur les titres d'une filiale*
L'entité A, un détaillant de prêt-à-porter, a créé une entité Z pour promouvoir la distribution de ses produits dans un nouveau pays.

L'entité A détient 49 % de cette nouvelle entité Z, le reliquat (51 %) étant détenu par un distributeur local. L'entité A détient également une option d'achat (« call ») lui permettant d'acquérir à tout moment ces 51 %, le prix d'exercice convenu étant égal à 51 % de la juste valeur de l'entité Z à la date d'exercice de l'option. L'exercice du call permettra à A de bénéficier des synergies entre son activité et l'activité de Z.

***Solution de l'exemple 1** Si elle était exercée, cette option d'achat porterait le pourcentage de droits de vote de A à 100 %. L'option d'achat est exerçable à tout moment et permettrait à A de disposer des droits de vote lors des prises de décisions.*

Le prix d'exercice de l'option d'achat étant la juste valeur des titres, elle n'est ni dans la monnaie, ni en dehors de la monnaie. Compte tenu du fait que A a la possibilité d'exercer cette option pour bénéficier des synergies entre son activité et l'activité de Z, il est très probable que A ait le pouvoir sur l'entité X.

***Exemple 2** — Option d'achat (en dehors de la monnaie) détenue par un minoritaire sur 35 % des titres d'une filiale de A (IFRS 10.B50, Exemple 9) L'entité A détient un pourcentage de droits de vote de 70 % dans une entité X.*

L'entité détient 30 % des droits de vote de X ainsi qu'une option d'achat portant sur 35 % des titres X actuellement détenus par A. Cette option est exerçable à tout moment au cours des deux prochaines années. Le prix d'exercice de l'option d'achat est fixe et est très supérieur à la juste valeur (call très en dehors de la monnaie) des titres X et l'on s'attend à ce qu'il le reste pendant la période de deux ans jusqu'à l'échéance de l'option. A exerce ses droits de vote et dirige activement les activités pertinentes de X. Aucun autre élément n'est à prendre en compte dans l'analyse.

***Solution de l'exemple 2** Si elle était exercée, cette option d'achat réduirait le pourcentage de droits de vote de A à 35 % et B aurait alors 65 % des droits de vote de X. Toutefois, même si le call est immédiatement exerçable, il est peu probable que l'entité B l'exerce, compte tenu de son caractère actuel et futur très en dehors de la monnaie. Les droits potentiels conférés par l'option ne sont pas substantifs et ne remettent pas en cause le pouvoir de l'entité A sur l'entité X.*

Droits de vote potentiels – Incidence des clauses permettant d'acquérir ou de céder des titres

15161 ***Question***

Des clauses contractuelles permettant à un investisseur d'acquérir ou de céder des titres peuvent-elles représenter des droits de vote potentiels susceptibles de lui conférer le contrôle ?

Réponse

Une option d'achat (portant sur des titres auxquels des droits de vote sont attachés) confère à son détenteur des droits de vote potentiels à prendre en compte dans l'appréciation du contrôle dès lors qu'elle peut être exercée au moment où les décisions substantives doivent être prises.

En revanche, n'ont en général pas d'impact sur l'analyse du contrôle :
- une option de vente ;
- une clause de sortie (telle que « tag-along right », « drag-along right ») car elle ne permet à aucun investisseur de forcer la vente des titres d'autres investisseurs à son profit ;
- une clause de sortie alternative (« roulette russe ») qui représente un droit de sortie symétrique ; à condition de s'assurer que chaque investisseur ait la capacité pratique de l'exercer.

Toutefois, dans le cadre de l'appréciation du contrôle d'une entité structurée, de tels droits doivent être analysés avec précaution, en tenant compte de tous les faits et circonstances. En effet, dans ce type d'entité où les droits de vote ne représentent pas le critère déterminant pour établir le contrôle, ils peuvent être vecteurs de pouvoir.

Commentaires Il est fréquent, en pratique, que les pactes d'actionnaires (ou autres accords contractuels entre investisseurs) prévoient des clauses permettant à un (ou plusieurs) investisseur(s) d'acquérir les titres détenus par d'autres ou de céder ses (leurs) titres. Ces clauses peuvent être mises en œuvre soit immédiatement, soit ultérieurement (au cours d'une période de temps définie à l'avance ou à une date d'échéance), soit encore en cas de survenance d'un événement futur (clause de « deadlock », par exemple).

Les clauses les plus fréquemment utilisées sont notamment les suivantes :

- **option d'achat (« call option »)** Une telle option fournit à son détenteur le droit d'acquérir des titres détenus par un autre investisseur à un prix convenu, selon les modalités contractuelles ;
- **option de vente (« put option »)** Une telle option fournit à son détenteur le droit de vendre ses titres à un autre investisseur à un prix convenu, selon les modalités contractuelles ;
- **droit de sortie conjointe (« tag-along right »)** Si un investisseur (généralement majoritaire) souhaite céder ses titres et que les autres investisseurs ne souhaitent pas les acquérir, ces derniers peuvent obliger un tiers acquéreur à acheter également leurs titres aux mêmes conditions que celles offertes à l'actionnaire vendeur. Cette clause permet ainsi à un actionnaire minoritaire de demander de suivre et de faire partie de la vente des titres de l'actionnaire majoritaire ;
- **obligation de sortie conjointe (« drag-along right »)** Si un investisseur (généralement majoritaire) souhaite céder ses titres et que les autres actionnaires ne souhaitent pas les acquérir, il peut obliger ces derniers à céder également leurs titres aux mêmes conditions que celles qui lui sont offertes. Cette clause permet ainsi à un actionnaire majoritaire de forcer la vente de 100 % du capital d'une entreprise ;
- **clause de sortie alternative (« roulette russe »)** Ce type de clause s'applique généralement aux accords entre deux investisseurs uniquement. L'un des investisseurs propose d'acquérir les titres de l'autre, ce dernier peut alors accepter de vendre, sinon il est contraint de racheter les titres de l'investisseur à l'origine de la demande.

De telles clauses doivent être analysées afin de déterminer si elles sont susceptibles de conférer des droits de vote potentiels à leur détenteur ou à d'autres investisseurs. En effet, les droits de vote potentiels doivent être pris en compte dans l'appréciation du contrôle s'ils sont substantifs, c'est-à-dire s'ils confèrent à un investisseur la capacité actuelle de diriger les activités pertinentes d'une entité (IFRS 10.B22).

Pour l'incidence des droits de vote potentiels sur l'appréciation du pouvoir, voir n° 15160.

1. **Option d'achat** Une option d'achat (portant sur des titres auxquels des droits de vote sont attachés) confère à son détenteur des droits de vote potentiels. Si elle est substantive, c'est-à-dire si son détenteur a la capacité pratique de l'exercer au moment où les décisions concernant les activités pertinentes doivent être prises, elle est susceptible de conférer le pouvoir à son détenteur. Dans un accord conjoint, elle peut ainsi faire basculer le contrôle en faveur de l'un des partenaires.

Pour plus de détails, voir n° 15160 (Exemples 1 et 2) et 15420.

2. **Option de vente** Une option de vente détenue par un investisseur lui permet de vendre ses titres dans une entité : elle ne lui permet pas d'acquérir des droits de vote complémentaires. Le vendeur de l'option, quant à lui, est obligé d'acquérir les titres correspondants si le détenteur de l'option souhaite l'exercer. La décision d'achat n'étant pas sous son contrôle, ce dernier ne peut pas acquérir les titres lorsqu'il le souhaite. Par conséquent, généralement, une option de vente n'interfère pas dans l'appréciation du contrôle.

3. **Clauses de sortie (« tag-along », « drag-along », « roulette russe »)** :

a. En général, dans les **entités classiques,** où le pouvoir est essentiellement conféré par les droits de vote, de telles clauses ne devraient pas influer sur l'analyse du pouvoir. En effet, elles représentent un droit de sortie symétrique pouvant être exercé par chacun des investisseurs.

Les clauses de « tag-along » et de « drag-along » ne permettent à aucun investisseur de forcer la vente des titres d'autres investisseurs à son profit. Elles ne confèrent donc pas de droits de vote potentiels.

La clause de « roulette russe », quant à elle, conduit l'un des investisseurs à céder ses titres à l'autre investisseur. Toutefois, aucun investisseur n'est privilégié et chacun peut se retrouver en situation d'acquéreur. Il s'agit d'un droit symétrique qui ne permet à aucun investisseur d'obtenir, à sa seule initiative, les droits de vote détenus par l'autre investisseur. Une clause de roulette russe ne confère donc pas de droits de vote potentiels, à condition toutefois que chaque investisseur ait la capacité pratique d'exercer son droit.

Pour plus de détails, voir nº 15135, Exemple 3.

En effet, dans certaines situations, il est possible que l'un des investisseurs n'ait pas la capacité pratique d'exercer son droit de sortie. Tel est le cas, par exemple, si un investisseur n'a pas les ressources financières suffisantes pour exécuter l'offre d'achat. L'autre investisseur pourra actionner le mécanisme de roulette russe tout en sachant que le premier investisseur ne sera pas en mesure de lui acheter ses titres, et sera donc contraint de lui céder ses propres titres. L'investisseur ayant initié le mécanisme a ainsi la possibilité de forcer la vente des titres de l'autre investisseur à son profit. Dans une telle situation, la clause de roulette russe pourra s'analyser comme un droit de vote potentiel susceptible de lui conférer le pouvoir sur l'entité. Ce type de situation ne devrait toutefois pas être très fréquent en pratique.

b. Dans les **entités structurées,** qui sont conçues de telle manière que les droits de vote ne constituent pas le facteur déterminant pour établir le contrôle, l'analyse des clauses contractuelles d'achat et/ou de vente de titres doit être effectuée avec attention. En effet, une entité structurée étant rarement régie par ses statuts, de telles clauses peuvent conférer le pouvoir à un investisseur, et ce, même si les droits correspondants s'exercent uniquement dans des circonstances particulières ou si des événements interviennent.

Pour plus de détails sur l'appréciation du contrôle des entités structurées, voir nº 15176.

C. Exposition ou droits aux rendements variables

Exposition ou droits aux rendements variables de l'entité

15165 ***Question***

Le contrôle d'une entité dépend notamment de l'exposition ou des droits de l'investisseur aux rendements variables de l'entité. Que signifie cette condition en pratique ?

Réponse

Cette condition du contrôle est satisfaite lorsque les rendements revenant à l'investisseur peuvent varier de manière positive et/ou négative, en fonction de la performance de l'entité. L'investisseur doit ainsi apprécier si les rendements lui revenant sont variables et à quel point ils le sont. Cette analyse est fondée sur la substance des accords liant l'investisseur et l'entité.

Commentaires Cette disposition résulte d'IFRS 10.7b, .15 et .B2b. La notion de rendement s'entend de manière large.

Par exemple, les paiements liés à une obligation assortie d'intérêts fixes sont des rendements variables parce qu'ils exposent leur détenteur au risque de crédit de l'émetteur de l'obligation (IFRS 10.B56).

Les rendements peuvent inclure les dividendes, les changements de juste valeur de l'investissement, les avantages fiscaux, les économies d'échelle, les synergies, les commissions de service, les commissions et l'exposition résultant de la fourniture d'une ligne de crédit ou de liquidités, etc. (IFRS 10.B57).

Un investisseur doit apprécier si les rendements lui revenant sont variables et à quel point ils le sont (IFRS 10.B56). L'analyse doit être fondée sur la substance des accords liant l'investisseur et l'entité, indépendamment de leur forme juridique (IFRS 10.B56).

Appréciation de l'exposition aux rendements variables : notions d'« absorption » et de « contribution » à la variabilité

15167 ***Question***

Dans le cadre de l'appréciation de l'exposition de l'investisseur aux rendements variables de l'entité, il est important de déterminer si celui-ci détient des instruments qui absorbent les rendements variables de l'entité ou au contraire répercutent des rendements variables.

Comment les notions d'absorption ou de contribution à la variabilité d'une entité interviennent-elles dans l'analyse du contrôle et que recouvrent-elles ?

Réponse

Le Board de l'IASB a indiqué qu'il s'attendait à ce qu'un investisseur soit exposé ou ait des droits aux rendements variables d'une entité lorsqu'il détient des instruments qui absorbent de la variabilité, c'est-à-dire qui réduisent l'exposition de l'entité aux risques qui sont à l'origine de la variabilité de ses rendements.

A l'inverse, les instruments qui répercutent de la variabilité ne sont pas pris en compte dans l'analyse de l'exposition aux rendements variables et ne peuvent donc pas, s'il s'agit de la seule exposition, conférer le contrôle.

Il n'est pas forcément simple de déterminer si un instrument absorbe de la variabilité ou y contribue. Il convient ainsi de faire preuve de jugement.

Exemples d'instruments absorbeurs de variabilité :
- une action : les actionnaires ont droit aux dividendes et à la variation de valeur de leur investissement ;
- un financement : en accordant un prêt à une entité, le prêteur est exposé au risque de crédit de cette dernière, c'est-à-dire qu'il court le risque de ne pas être remboursé. L'investisseur absorbe donc une fraction des rendements de l'entité.

Exemple d'instrument contributeur de variabilité : un emprunt. Une partie qui emprunte de l'argent à une entité n'absorbe pas la variabilité des rendements de cette entité mais répercute de la variabilité, c'est-à-dire son propre risque de crédit (risque de ne pas pouvoir la rembourser).

Commentaires Pour contrôler une entité, un investisseur doit, notamment, être exposé ou avoir des droits aux rendements variables de cette entité (IFRS 10.7). Tel est le cas lorsque les rendements revenant à l'investisseur peuvent varier de manière positive et/ou négative en fonction de la performance de l'entité (IFRS 10.15).

Le Board de l'IASB a indiqué qu'il s'attendait à ce qu'un investisseur soit exposé ou ait des droits aux rendements variables d'une entité lorsqu'il détient des instruments qui absorbent de la variabilité, c'est-à-dire qui réduisent l'exposition de l'entité aux risques à l'origine de la variabilité de ses rendements (IFRS 10.BC65 et .BC67).

Remarque Certains instruments sont destinés à transférer du risque de l'investisseur vers une autre entité. De tels instruments créent de la variabilité des rendements pour l'autre entité sans pour autant exposer l'investisseur à la variabilité des rendements résultant de la performance de l'autre entité (IFRS 10.BC66).

Par exemple, une entité A est créée pour proposer des opportunités d'investissement à des investisseurs qui souhaitent avoir une exposition au risque de crédit de l'entité Z (l'entité Z n'est liée à aucune des parties intervenant dans l'accord).

L'entité A obtient du financement en émettant des billets de trésorerie (« notes ») liés au risque de crédit de l'entité Z, souscrits par les investisseurs, et utilise les fonds pour investir dans un portefeuille d'actifs financiers sans risque.

L'entité A obtient une exposition au risque de crédit de l'entité Z par le biais d'un CDS (« credit default swap ») auprès d'une contrepartie tierce. Le CDS transfère l'exposition au risque de crédit de l'entité Z à l'entité A, en échange d'une commission payée par la contrepartie du swap. Les investisseurs dans l'entité A reçoivent un rendement plus élevé qui reflète à la fois le rendement relatif aux actifs du portefeuille et la commission reçue relative au CDS.

La contrepartie au swap n'a pas d'implication dans l'entité A qui l'expose à la variabilité des rendements relatifs à la performance de l'entité A car le CDS transfère de la variabilité à l'entité A plutôt qu'il n'absorbe la variabilité des rendements de l'entité A (IFRS 10.BC66).

Il n'est pas forcément simple de déterminer si un instrument absorbe de la variabilité ou y contribue. Il convient de faire preuve de jugement. Cette analyse est importante car seuls les instruments qui absorbent de la variabilité sont pris en compte dans l'exposition aux rendements variables alors que ceux qui répercutent de la variabilité ne sont pas à prendre en compte car ils ne procurent pas d'exposition à leur détenteur.

Nous fournissons ci-après deux listes d'instruments qui généralement, à notre avis, absorbent (a.) ou à l'inverse contribuent (b.) à la variabilité :

a. **Instruments qui, pour leur détenteur, absorbent généralement de la variabilité de l'entité** :

- instruments de capitaux propres émis par l'entité ou instruments de dettes émis par l'entité (indépendamment du caractère fixe ou variable du taux d'intérêt) ;

Tel est typiquement le cas d'une action ordinaire : un actionnaire ayant droit aux dividendes et à la variation de valeur de l'action, il est ainsi exposé aux rendements variables (il absorbe donc de la variabilité).

- les garanties sur les dettes de l'entité (celui qui a accordé la garantie assurant ainsi une responsabilité relative au paiement des dettes de l'entité) ;
- les garanties relatives à la valeur des actifs de l'entité ;
- les engagements de liquidité donnés à l'entité ;

- l'achat d'un call (option d'achat) à un prix d'exercice fixe (donne à l'acheteur le droit d'acheter un actif de l'entité à un prix fixé) ;
- la vente d'un put (option de vente) à un prix d'exercice fixe (entraîne l'obligation pour le vendeur d'acheter un actif de l'entité à un prix déterminé).

Ces instruments peuvent conférer à leur détenteur une exposition à la variabilité des rendements et conduire au contrôle de l'entité et donc à sa consolidation si les autres critères d'IFRS 10 sont également remplis.

b. **Instruments qui, pour leur détenteur, contribuent généralement à la variabilité de l'entité** :

- les montants dus à l'entité ;

  Un tiers qui emprunte de l'argent à taux fixe à un émetteur contribue à la variabilité de l'émetteur en lui transférant son propre risque de crédit. Ainsi, il n'est pas exposé aux rendements variables de l'émetteur s'il n'a pas d'autres intérêts par ailleurs.

- la vente d'un call (option d'achat) à un prix d'exercice fixe (entraîne pour le vendeur l'obligation de vendre un actif de l'entité pour un prix déterminé) ;
- l'achat d'un put (option de vente) à un prix d'exercice fixe (donne à l'acheteur le droit de vendre un actif de l'entité à un prix fixé) ;
- les garanties reçues.

Ces instruments, pris individuellement, ne donnent généralement pas de droit ou n'exposent généralement pas l'investisseur aux rendements variables de l'entité. Celle-ci ne peut donc pas être consolidée si la détention de ce type d'instrument est la seule exposition de l'investisseur.

D. Capacité de l'investisseur à agir sur les rendements

Distinction agent/principal

15170 ***Question***

Le contrôle d'une entité dépend notamment de la capacité de l'investisseur à agir sur les rendements variables de l'entité. Que signifie cette condition en pratique ?

Réponse

Une fois que l'investisseur a déterminé qu'il disposait du pouvoir sur l'entité et qu'il était exposé ou avait droit aux rendements variables résultant de son implication dans l'entité, il doit apprécier si ce pouvoir lui permet d'influer sur les rendements de l'entité qui lui reviennent, c'est-à-dire notamment s'il agit pour son propre compte en tant que « principal » ou s'il agit en tant que simple « agent » (pouvoir délégué).

Un agent est principalement chargé d'agir pour le compte et au bénéfice d'une ou plusieurs autres parties (le principal). De ce fait, un agent ne contrôle pas l'entité lorsqu'il exerce son pouvoir décisionnel.

Commentaires :

1. **Appréciation du lien entre pouvoir et rendements pour déterminer si l'entité agit en tant que principal ou en tant qu'agent** Une fois que l'investisseur a déterminé qu'il disposait du pouvoir sur les activités pertinentes de l'entité et qu'il était exposé ou avait droit à des rendements variables résultant de son implication dans l'entité, il doit également déterminer s'il a la capacité d'exercer son pouvoir pour influer sur les rendements de l'entité qui lui reviennent (IFRS 10.17 et .B2c).

Ainsi, un investisseur qui dispose de droits lui permettant de prendre des décisions doit déterminer s'il agit pour son propre compte en tant que « principal » ou s'il agit en tant que simple « agent » (pouvoir délégué) (IFRS 10.18).

2. **Définition d'un agent** Un agent est principalement chargé d'agir pour le compte et au bénéfice d'une ou plusieurs autres parties (le principal). De ce fait, il ne contrôle pas l'entité lorsqu'il exerce son pouvoir décisionnel (IFRS 10.B58).

La norme traite également de l'identification d'agent pouvant agir pour le compte d'un investisseur, malgré l'absence de contrat (agent de fait) (IFRS 10.B73 et .B74) (voir Exemples 1 et 2 ci-après).

Un décideur ne doit toutefois pas nécessairement être considéré comme un agent du simple fait que d'autres parties peuvent bénéficier des décisions qu'il prend (IFRS 10.B58).

3. **Appréciation du contrôle d'une entité par un investisseur qui a délégué son pouvoir pour certaines questions particulières** Lorsqu'un principal délègue à un agent une partie de son pouvoir sur une entité, sans pour autant que l'agent ne contrôle l'entité car il exerce ce pouvoir pour le compte du principal, les droits décisionnels conférés à l'agent doivent être considérés comme étant détenus directement par le principal lors de la détermination du contrôle par ce dernier (IFRS 10.B58). Dans ce cas, le pouvoir est normalement détenu par le principal et non pas par l'agent (IFRS 10.B59).

4. **Appréciation du pouvoir lorsqu'il existe plus d'un principal** Dans ce cas, chacun des investisseurs détermine s'il détient le pouvoir sur l'entité en se référant aux dispositions générales d'IFRS 10.B5 à .B54 et à celles relatives plus spécifiquement à la notion d'agent et de principal (IFRS 10.B60 à .B72) (IFRS 10.B59).

Cette situation se rencontre notamment lorsqu'un fonds d'investissement est détenu par plusieurs investisseurs et qu'il est géré par un gérant. Si le gérant agit en tant qu'agent (pour le compte des investisseurs), ceci ne signifie pas nécessairement que l'un ou l'autre des investisseurs exerce le contrôle sur l'entité détenue (voir Exemple 3). Lorsqu'il existe plus d'un principal, chacun d'eux doit en effet déterminer s'il exerce le pouvoir sur l'entité sur la base d'un ensemble d'éléments constitués du pouvoir, de l'exposition aux rendements variables et de la capacité à agir sur les rendements (IFRS 10.B59). Si un investisseur détient, par exemple, une part importante du fonds, la détention restante étant dispersée, et que l'investisseur a la capacité, en pratique, de révoquer le gérant du fonds ou d'orienter les décisions qu'il prend, alors il est probable que cet investisseur détient le pouvoir et contrôle le fonds.

En janvier 2015, l'IFRS IC a précisé que, lorsque le gérant d'un fonds d'investissement, détenant lui-même des parts du fonds, ne détient pas le contrôle car il est démontré qu'il agit en tant qu'agent pour le compte des investisseurs (conformément à IFRS 10.B60 à .B72), il convient de s'interroger sur l'existence d'une influence notable, conformément aux critères d'IAS 28. En particulier, il est nécessaire d'apprécier si le pouvoir du gérant de participer aux politiques financières et opérationnelles, associé à sa détention capitalistique, lui confère une influence notable (IFRIC Update 01/15). La norme IAS 28 ne fournit, toutefois, aucune indication sur la façon dont le pouvoir de participer aux politiques financières et opérationnelles, détenu en tant qu'agent pour le compte d'un ou plusieurs investisseurs, peut affecter l'appréciation de l'influence notable. Cette appréciation requiert l'exercice du jugement et doit tenir compte de l'ensemble des faits et circonstances.

***Exemple 1** — Holding intermédiaire : agent de fait de la société mère ultime* *La société Holdco, détenue à 100 % par sa société mère M, détient 100 % de la société opérationnelle Opi. Le seul objet de Holdco est la détention de la participation dans Opi. Holdco établit des comptes consolidés IFRS.*

La question est alors de savoir si Holdco agit en tant qu'agent de fait de sa mère M et en conséquence ne contrôle pas Opi.

Solution de l'exemple 1 *Holdco contrôle Opi du fait :*
- de sa détention de 100 % des titres Opi ; et
- de la possibilité pour les dirigeants de Holdco d'influer sur les décisions d'Opi via le pouvoir qui leur est conféré par les droits de vote attachés aux titres Opi.

Les titres Opi ainsi que le pouvoir sur Opi sont détenus par Holdco, et ceci indépendamment du degré d'implication de la mère ultime M dans Holdco ou du contrôle que M exerce sur l'organe de direction de Holdco.

Le pouvoir sur Opi appartient, en premier lieu, à Holdco plutôt qu'à sa mère M. En effet, M n'a délégué aucun pouvoir à Holdco. En outre, Holdco étant également exposé à la variabilité des rendements de Opi, Holdco n'est pas un agent de fait de M et Holdco doit consolider Opi.

***Exemple 2** — Employés agents de fait* *L'entité X gère et a autorité pour prendre toutes les décisions concernant un fonds Z. L'entité X accorde des bonus à ses employés clés (dénommés KMP, key management personnel ci-après), sous la forme de titres du fonds, en fonction de la performance de Z et sous réserve du respect de certaines conditions. Les KMP peuvent également investir leur propre argent dans le fonds.*

L'entité X ne détient aucune participation directe dans le fonds.

X n'ayant pas de participation directe dans le fonds, ceci peut suggérer que X n'est pas significativement exposé aux rendements variables du fonds. Toutefois, les KMP peuvent, en substance, détenir leurs parts du fonds pour le compte de X. Le droit pour les KMP d'investir dans le fonds peut représenter une forme de rémunération et fournir des avantages indirects à X. Cette situation pourrait ainsi avoir un impact à la fois sur le critère d'exposition aux rendements variables (IFRS 10.7b) et sur l'analyse agent/principal (IFRS 10.7c et .B74) pour la détermination du contrôle selon que les KMP sont (ou non) considérés comme des agents de fait de X.

Solution de l'exemple 2 *Il est nécessaire de faire preuve de jugement pour déterminer :*
- si les KMP utilisent leur participation dans le fonds pour le compte de X ; ou
- si les parts du fonds sont des actifs personnels des KMP sur lesquels X n'a pas de pouvoir.

Pour se forger un jugement, il est nécessaire de tenir compte des faits et circonstances, par exemple :
- la position des KMP au sein de l'entreprise ;
- la raison pour laquelle les KMP détiennent ces titres ;
- si les droits conférés par la propriété de ces titres sont détenus par les KMP et si les KMP peuvent se séparer de leurs titres ou, a contrario, s'ils sont obligés de les conserver ;
- si les titres ont été octroyés par X ou s'ils ont été acquis par les KMP avec leurs propres fonds ;
- s'il existe des restrictions concernant le transfert de ces titres par les KMP sujettes à l'approbation de X ;
- comment, en pratique, les KMP exercent leurs droits de vote attachés à cette participation.

Sur la base de ces éléments, s'il ressort que les KMP sont des agents de fait, leur participation sera alors attribuée à X dans le cadre de l'analyse du contrôle du fonds par X.

Exemple 3 — Détermination du pouvoir lorsqu'il existe plus d'un principal dans le cas d'un fonds où le gérant est un agent *Soit trois investisseurs A, B et C détenant respectivement 15 %, 30 % et 55 % d'un fonds géré par un gérant externe. Le gérant du fonds a des pouvoirs importants pour prendre des décisions en matière d'investissement et les investisseurs ne peuvent ni orienter ces décisions ni s'y opposer par un droit de veto. Le gérant du fonds peut être révoqué mais uniquement à l'issue d'un vote unanime des trois investisseurs. Au regard des critères d'IFRS 10, le gérant est considéré comme un agent. Il agit pour le compte des investisseurs (chacun d'eux étant un principal).*

Solution de l'exemple 3 *Un agent n'a pas le contrôle sur une entité détenue (IFRS 10.B58). Ainsi, le gérant ne contrôle pas le fonds. En conséquence, sur la base des circonstances de cet exemple, les investisseurs ne doivent pas s'attribuer le pouvoir de décision du gérant. Le gérant du fonds est un agent pour chacun des trois investisseurs. Dès lors que l'agent intervient pour plus d'un principal, chacun d'eux doit déterminer s'il a le pouvoir (IFRS 10.B59). Aucun des investisseurs n'a le pouvoir unilatéral d'orienter les décisions du gérant ou de le révoquer. Ainsi, aucun d'eux n'a individuellement la capacité de diriger les activités pertinentes du fonds (IFRS 10.B9).*

Indicateurs à considérer pour la distinction agent/principal

15171 ***Question***

Quels sont les indicateurs à considérer pour déterminer si une entité agit en tant qu'agent ou en tant que principal ?

Réponse

La norme IFRS 10 fournit des indicateurs pour mener cette analyse, notamment :
- l'étendue du pouvoir décisionnel sur l'entité détenue ;
- les droits détenus par les autres parties impliquées dans l'entité : droits de révocation substantifs, par exemple ;
- la rémunération du décideur selon les accords de rémunération et la variabilité associée à celle-ci ;
- l'exposition à la variabilité des rendements tirés d'autres intérêts détenus dans l'entité : fourniture d'une garantie concernant la performance de l'entité, par exemple.

Commentaires :

1. **Eléments à considérer selon IFRS 10 pour déterminer si une entité agit en tant qu'agent** Il convient, dans cette analyse, d'apprécier dans son ensemble la relation entre le décideur, l'entité détenue et les autres parties ayant un lien avec l'entité détenue. Dans ce cadre, il convient de considérer en particulier les indicateurs suivants (IFRS 10.B60) :
- l'étendue du pouvoir décisionnel sur l'entité détenue (voir point 2. ci-après) ;
- les droits détenus par les autres parties impliquées dans l'entité (voir point 3. ci-après) ;
- la rémunération à laquelle le décideur a droit selon les accords de rémunération (voir point 4. ci-après) ;
- l'exposition à la variabilité des rendements tirés d'autres intérêts dans l'entité (voir point 5. ci-après).

Chacun de ces indicateurs doit être pondéré selon les faits et circonstances (IFRS 10.B60). Il convient d'apprécier tous ces indicateurs, sauf si une seule et même partie détient des droits substantifs lui permettant de révoquer sans motif le décideur (droits de révocation), ce qui est suffisant pour conclure que le décideur est un agent (IFRS 10.B61 et .B65).

2. **Etendue du pouvoir décisionnel sur l'entité détenue** Cet indicateur est apprécié en tenant compte des activités que peut mener le décideur telles que prévues dans les contrats ou selon la loi ainsi que de l'étendue du pouvoir du décideur concernant ces décisions (IFRS 10.B62).

L'étendue de l'autorité du décideur sur l'entité détenue peut être large et indiquer que le décideur peut détenir le pouvoir ; si elle est limitée, l'appréciation en termes de pouvoir devrait être inverse.

Il convient également d'examiner l'objet et la manière dont l'entité a été structurée, les risques auxquels elle est exposée ainsi que ceux qu'elle a transmis aux parties impliquées (IFRS 10.B63). Si l'investisseur a joué un rôle important dans la conception de l'entité (y compris dans la détermination de l'étendue des pouvoirs décisionnels), cela peut indiquer qu'il souhaitait et pouvait obtenir des droits pour diriger les activités pertinentes (IFRS 10.B63).

3. **Droits détenus par les autres parties impliquées dans l'entité** Les droits substantifs détenus par d'autres parties peuvent affecter la capacité du décideur à diriger les activités pertinentes de l'entité (IFRS 10.B64 s.). Il s'agit :
- des droits de révocation substantifs (IFRS 10.B65) ;
- des droits qui limitent l'étendue du pouvoir du décideur (IFRS 10.B66) ; et
- des droits exerçables par le conseil d'administration (ou tout autre organe de direction) (IFRS 10.B67).

Concernant les droits de révocation substantifs, si ceux-ci sont détenus par une seule et même partie lui permettant de révoquer le décideur sans motif, ceci est un élément suffisant pour conclure que le décideur est un agent. Si les droits de révocation sont détenus par plusieurs parties, plus l'exercice des droits de révocation requiert l'action concertée d'un grand nombre de parties et plus grandes sont l'importance des autres intérêts du décideur et la variabilité associée à ceux-ci (voir point 5. ci-après), moins il faut alors accorder d'importance à cet indicateur (IFRS 10.B65).

Pour l'appréciation du caractère substantif :
- d'un droit de nomination annuelle du gérant par les investisseurs, voir n° 15173, Exemple 2 (hypothèses C) ;
- d'un droit de révocation assorti d'un préavis d'un an, voir Exemple ci-après.

4. **Rémunération à laquelle le décideur a droit selon les accords de rémunération** Plus la rémunération du décideur et la variabilité associée à celle-ci sont importantes par rapport aux rendements attendus des activités de l'entité, plus il est probable que le décideur agit pour son propre compte plutôt que pour celui d'autrui (IFRS 10.B68).

Le décideur ne peut pas être un agent si sa rémunération n'est pas en rapport avec les services fournis et si l'accord de rémunération ne prévoit pas des termes, conditions et montants habituels pour des accords relatifs à des services similaires (IFRS 10.B69 à .B70). A l'inverse, le fait que ces deux conditions soient remplies n'est pas suffisant pour conclure que le décideur est un agent (IFRS 10.B70).

5. **Exposition à la variabilité des rendements tirés d'autres intérêts dans l'entité** Si le décideur détient d'autres intérêts dans l'entité détenue, par exemple s'il fournit des garanties relatives à la performance de celle-ci, l'investisseur doit tenir compte de son exposition à la variabilité des rendements tirés de ces autres intérêts lorsqu'il évalue s'il

est un agent. La détention d'autres intérêts dans l'entité peut indiquer qu'il agit pour son propre compte (IFRS 10.B72).

Pour apprécier son exposition à la variabilité des rendements, le décideur tient compte des éléments suivants :
- l'importance relative de ses intérêts et la variabilité associée à ceux-ci ; plus celles-ci sont importantes plus il est probable que le décideur agit pour son propre compte plutôt que pour celui d'autrui (IFRS 10.B72a) ;
- le fait que son exposition à la variabilité des rendements diffère ou non de celle des autres investisseurs et, dans l'affirmative, la possibilité que ses actions s'en trouvent influencées (IFRS 10.B72b). Ce pourrait être le cas par exemple lorsque le décideur détient des droits subordonnés dans l'entité détenue ou lui fournit d'autres formes de rehaussement de crédit.

***Exemple** — Appréciation du caractère substantif d'un droit de révocation assorti d'un préavis d'un an* *Le fonds X est géré par un gérant qui peut être révoqué par la direction du fonds avec un préavis d'un an. Les membres de la direction sont indépendants du gérant et sont nommés par les investisseurs du fonds ; la majorité des investisseurs du fonds est indépendante du gérant. Il est possible de recruter d'autres gérants de fonds du même secteur capables d'assurer la gestion du fonds.*

Solution de l'exemple *La nomination d'un gérant de fonds pour une période limitée (voir n° 15173, Exemple 2, hypothèses C) diffère, à notre avis, d'un recrutement à durée indéterminée avec un droit de révocation assorti d'un préavis d'un an. La durée d'un an du préavis constitue en effet une période relativement longue qui peut constituer un frein à l'exercice du droit de révocation.*

Concernant l'analyse du caractère substantif d'une telle disposition, les facteurs suivants doivent notamment être considérés :
- le préavis peut-il uniquement être signifié pendant une période limitée ?
- les décisions prises pendant la période de préavis affecteront-elles significativement les rendements du fonds ?

Indicateurs à considérer, en pratique, pour la distinction agent/principal

15172 ***Question***

En pratique, comment apprécier si une entité agit en tant qu'agent ou en tant que principal ?

Réponse

En faisant preuve de jugement dans l'analyse des indicateurs cités par IFRS 10 (voir n° 15171). Les indicateurs, qui sont notamment à considérer, ont été synthétisés par nos soins sous la forme du diagramme ci-après.

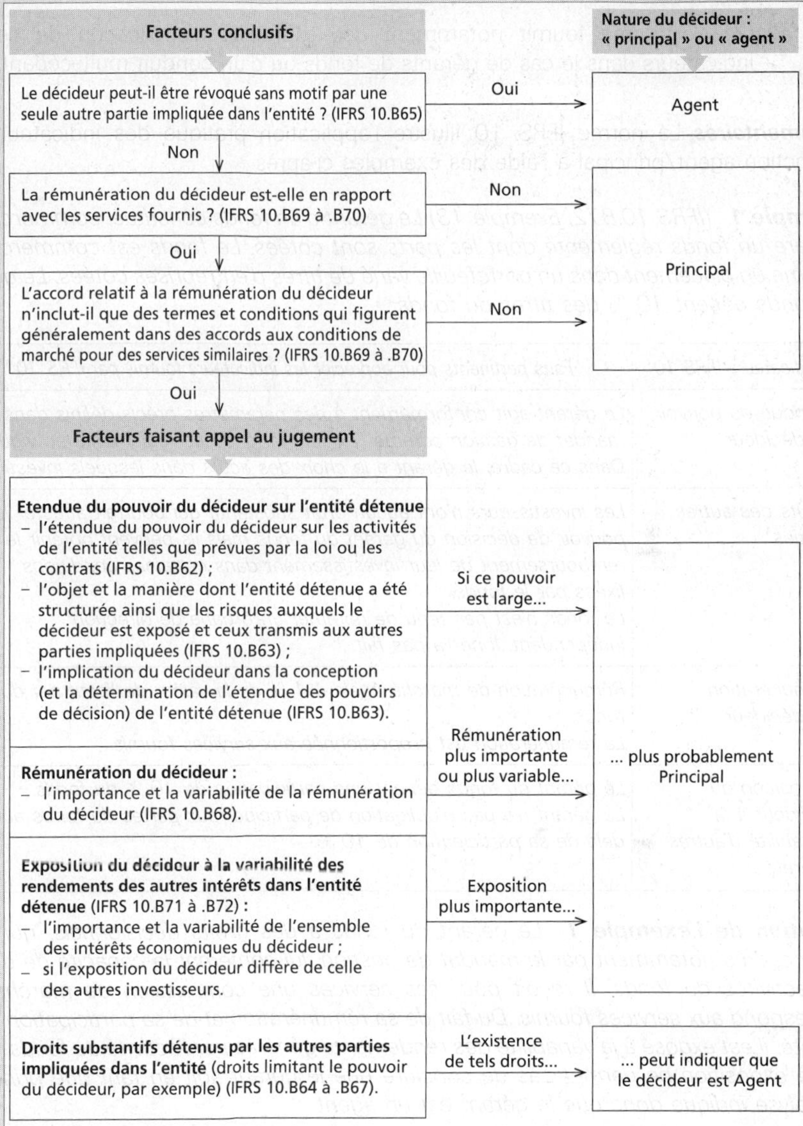

Remarque Il est nécessaire de pondérer chaque élément, sur la base des faits et circonstances.

Application des indicateurs à considérer pour la distinction agent/principal

15173 ***Question***

La norme IFRS 10 illustre-t-elle les indicateurs fournis pour apprécier si une entité agit en tant qu'agent ou en tant que principal ?

Réponse

Oui, la norme fournit notamment des exemples d'application de ces indicateurs dans le cas de gérants de fonds ou d'un conduit multi-cédants.

Commentaires La norme IFRS 10 illustre l'application pratique des indicateurs de distinction agent/principal à l'aide des exemples ci-après.

Exemple 1 *(IFRS 10.B72, Exemple 13) Le gérant d'un fonds constitue, commercialise et gère un fonds réglementé dont les parts sont cotées. Le fonds est commercialisé comme un placement dans un portefeuille varié de titres d'entreprises cotées. Le gérant du fonds détient 10 % des titres du fonds.*

Indicateurs IFRS 10	*Faits pertinents pour apprécier les indicateurs fournis par IFRS 10*
Etendue du pouvoir du décideur	*Le gérant agit conformément à des paramètres précis définis dans le mandat de gestion comme l'exigent la loi et les règlements en vigueur. Dans ce cadre, le gérant a le choix des actifs dans lesquels investir.*
Droits des autres parties	*Les investisseurs n'ont aucun droit substantif qui pourrait affecter le pouvoir de décision du gérant du fonds mais ils peuvent obtenir le remboursement de leur investissement dans certaines conditions fixées par le fonds.* *Le fonds n'est pas tenu de nommer un organe de direction indépendant. Il ne l'a pas fait.*
Rémunération du décideur	*Rémunération de marché égale à 1 % de la valeur de l'actif net du fonds.* *La rémunération est proportionnée aux services fournis.*
Exposition du décideur à la variabilité d'autres intérêts	*Le gérant du fonds détient une participation de 10 % du fonds.* *Le gérant n'a pas d'obligation de participer aux pertes du fonds au-delà de sa participation de 10 %.*

Solution de l'exemple 1 *Le gérant du fonds a des droits décisionnels, qui bien qu'encadrés notamment par le mandat de gestion, lui confèrent la capacité de diriger les activités du fonds. Il reçoit pour ses services une commission de marché qui correspond aux services fournis. Du fait de sa rémunération et de sa participation dans l'entité, il est exposé à la variabilité des rendements générés par l'activité du fonds, mais cette exposition ne permet pas de conclure que le gérant agit en tant que principal. L'analyse indique donc que le gérant est un agent.*

Exemple 2 *(IFRS 10.B72, Exemples 14A, 14B et 14C) Le gérant d'un fonds constitue, commercialise et gère un fonds qui offre des possibilités de placement à un certain nombre d'investisseurs.*

Indicateurs	*Hypothèses A*	*Hypothèses B*	*Hypothèses C*
Etendue du pouvoir du décideur	*Le gérant doit prendre des décisions dans le meilleur intérêt des investisseurs et dans le respect des accords régissant le fonctionnement du fonds. Le gérant dispose d'un large pouvoir de décision sur les activités pertinentes du fonds.*		

<table>
<tr><th>Indicateurs</th><th>Hypothèses A</th><th>Hypothèses B</th><th>Hypothèses C</th></tr>
<tr><td>Droits des autres parties</td><td colspan="2">Les investisseurs peuvent révoquer le gérant par un vote à la majorité simple, mais uniquement en cas de manquement au contrat.</td><td>Le comité de direction du fonds est composé de directeurs indépendants du gérant, nommés par les autres investisseurs.
La nomination du gérant intervient chaque année.
Les services rendus par le gérant pourraient l'être par un autre gérant.</td></tr>
<tr><td>Rémunération du décideur</td><td colspan="3">Le gérant perçoit une rémunération de marché composée :
– d'une commission fixe égale à 1 % de la valeur des actifs gérés ;
– d'une commission basée sur la performance du fonds correspondant à 20 % des profits du fonds si un certain niveau de profits est atteint.
La rémunération est proportionnée aux services fournis.</td></tr>
<tr><td>Exposition du décideur à la variabilité d'autres intérêts</td><td>Le gérant détient 2 % des titres du fonds, ce qui aligne son intérêt sur celui d'autres investisseurs. Il n'a aucune obligation de participer aux pertes au-delà de sa participation de 2 %.</td><td>Le gérant détient une participation plus substantielle dans le fonds.
Il n'a aucune obligation de participer aux pertes au-delà de sa participation.</td><td>Le gérant détient 20 % des titres du fonds.
Il n'a aucune obligation de participer aux pertes au-delà de sa participation de 20 %.</td></tr>
</table>

Solution de l'exemple 2

<table>
<tr><th>Hypothèses A</th><th>Hypothèses B</th><th>Hypothèses C</th></tr>
<tr><td colspan="3">Le mode de rémunération du gérant basé sur l'augmentation de la valeur du fonds aligne ses intérêts sur ceux des autres investisseurs sans créer une exposition aux rendements variables telle que le gérant soit considéré comme principal.</td></tr>
<tr><td>Le gérant est un agent.
Bien que le gérant du fonds dispose d'un pouvoir de décision étendu et qu'il soit exposé à la variabilité des rendements du fait de sa participation de 2 % et de sa rémunération, son exposition n'est pas suffisante pour indiquer qu'il agit en tant que principal.
De plus, les droits de révocation détenus par les autres investisseurs sont protectifs dès lors qu'ils ne peuvent être exercés qu'en cas de manquement au contrat.</td><td>La réponse dépend du montant de la participation détenue par le gérant.
Par exemple, une participation de 20 % pourrait suffire au cas présent pour conclure que le gérant est principal.
Tel serait le cas si la participation détenue par le gérant et sa rémunération créent une exposition à la variabilité des rendements générés par les activités du fonds d'une importance suffisante pour indiquer que le gérant agit pour son propre compte.</td><td>Le gérant est un agent.
La participation de 20 % détenue par le gérant et sa rémunération créent une exposition à la variabilité des rendements générés par les activités du fonds qui est d'une importance suffisante pour indiquer que le gérant agit pour son propre compte.
Toutefois, les investisseurs ont des droits substantifs de révocation du gérant. En effet, ils peuvent faire révoquer le gérant par le conseil d'administration s'ils le souhaitent.</td></tr>
</table>

Hypothèses A	*Hypothèses B*	*Hypothèses C*
	Le montant de l'exposition qui conduirait à une qualification en principal varie selon les circonstances (selon les conditions de rémunération ou d'autres facteurs notamment). Les droits de révocation détenus par les autres investisseurs sont protectifs (comme dans l'exemple A).	

Exemple 3 *(IFRS 10.B72, Exemple 15) Une entité est créée en vue de l'achat d'un portefeuille de titres à taux fixe adossés à des actifs. L'acquisition est financée au moyen de titres de créances à taux fixe et d'instruments de capitaux propres. Les instruments de capitaux propres sont conçus pour protéger les détenteurs des titres de créance (les créanciers) contre les premières pertes et pour permettre à leurs détenteurs de recevoir les rendements résiduels de l'entité.*

L'opération a été présentée aux créanciers potentiels comme un placement dans un portefeuille de titres adossés à des actifs, avec une double exposition au risque : risque de crédit associé à la défaillance possible des émetteurs des titres détenus dans le portefeuille et risque de taux d'intérêt associé à la gestion du portefeuille.

Lors de la formation de l'entité, les instruments de capitaux propres représentent 10 % de la valeur des actifs acquis. Le gérant de l'entité détient une participation de 35 % des titres, le reste (65 %), ainsi que tous les titres de créance, sont détenus par un grand nombre de tiers investisseurs non liés et très dispersés.

Indicateurs IFRS 10	*Faits pertinents pour apprécier les indicateurs fournis par IFRS 10*
Etendue du pouvoir du décideur	*Le gérant gère le portefeuille d'actifs en prenant des décisions de placement dans le respect des paramètres énoncés dans le prospectus de l'entité.*
Droits des autres parties	*Le gérant peut être révoqué sans motif sur décision prise à la majorité simple des autres investisseurs.*
Rémunération du décideur	*Rémunération du gérant composée :* *– d'une commission fixe de marché égale à 1 % des actifs sous gestion ; et* *– d'une commission de performance égale à 10 % du bénéfice, si le bénéfice excède un niveau déterminé.* *La rémunération est proportionnée aux services fournis.*
Exposition du décideur à la variabilité d'autres intérêts	*Le gérant du fonds détient une participation de 35 % du fonds.* *Le gérant est exposé à la variabilité des rendements du fait de sa participation et de sa rémunération.*

Solution de l'exemple 3 *Bien qu'il exerce ses fonctions dans le respect des paramètres définis dans le prospectus de l'entité, le gérant a la capacité actuelle de prendre des décisions de placement qui ont une incidence importante sur les rendements de l'entité. Les droits de révocation détenus par les autres investisseurs* *reçoivent une pondération moindre dans l'analyse, car ils sont détenus par un grand nombre d'investisseurs très dispersés.*

Le gérant doit accorder une plus grande importance à son exposition à la variabilité des rendements liée à sa participation, laquelle est subordonnée aux titres de créance. L'exposition aux premières pertes et les droits résiduels sur les rendements de l'entité qui découlent de la participation de 35 % sont d'une importance suffisante pour indiquer que le gérant agit pour son propre compte et donc qu'il contrôle l'entité.

Exemple 4 *(IFRS 10.B72, Exemple 16) Un décideur (le sponsor) parraine un fonds multi-cédants (le conduit) qui commercialise des titres de créance à court terme auprès de tiers investisseurs non liés. L'opération a été présentée aux investisseurs potentiels comme un placement dans un portefeuille d'actifs à moyen terme de qualité élevée, avec une très faible exposition au risque de crédit associé à la défaillance possible des émetteurs des actifs du portefeuille.*

Divers cédants vendent au conduit des portefeuilles d'actifs à moyen terme de qualité élevée. Chacun gère le portefeuille d'actifs qu'il vend au conduit ainsi que les créances en cas de défaillance, en contrepartie d'une commission de gestion fondée sur le marché. Chaque cédant fournit également une protection contre les premières pertes relatives aux créances irrécouvrables de son portefeuille d'actifs par une surcollatéralisation des actifs cédés au conduit.

Indicateurs IFRS 10	*Faits pertinents pour apprécier les indicateurs fournis par IFRS 10*
Etendue du pouvoir du décideur	*Le sponsor établit les modalités de fonctionnement du conduit et en gère les activités.* *Le sponsor approuve les vendeurs autorisés à vendre au conduit et les actifs qui seront achetés par celui-ci. Il prend également les décisions concernant le financement du conduit.* *Le sponsor agit dans les meilleurs intérêts de tous les investisseurs.*
Droits des autres parties	*Les investisseurs ne détiennent pas de droit substantif qui pourrait affecter le pouvoir de décision du sponsor.*
Rémunération du décideur	*Le sponsor reçoit une commission fondée sur le marché.* *Cette commission est en rapport avec les services fournis.*
Exposition du décideur à la variabilité d'autres intérêts	*Le sponsor a droit à tout rendement résiduel du conduit.* *Le sponsor fournit par ailleurs un rehaussement de crédit et des facilités de caisse au conduit. Le rehaussement de crédit absorbe les pertes à hauteur de 5 % de l'ensemble des actifs du conduit, après que les cédants ont assumé les premières pertes.* *Le sponsor n'accorde pas de facilité de caisse pour les actifs défaillants.*

Solution de l'exemple 4 *Bien que le sponsor reçoive pour ses services une commission de marché qui est en rapport avec les services fournis, il est exposé à une variabilité significative des rendements, du fait de ses droits sur les rendements résiduels du conduit, du rehaussement de crédit et des facilités de caisse accordés au conduit.*

Le conduit est en effet exposé au risque de liquidité du fait de l'utilisation de titres de créance à court terme pour financer des actifs à moyen terme. Bien que chacun des cédants détienne des droits décisionnels qui ont une incidence sur la valeur des actifs du conduit, le sponsor possède un vaste pouvoir décisionnel qui lui confère la capacité actuelle de diriger les activités qui ont l'incidence la plus importante sur les rendements du conduit. Le sponsor a en effet établi les termes du conduit et il a le droit de prendre des décisions concernant les actifs (approbation des actifs achetés et de ceux qui les cèdent) et du financement du conduit (pour lequel il faut régulièrement trouver de nouveaux financements).

Le droit aux rendements résiduels du conduit et la fourniture d'un rehaussement de crédit et de facilités de caisse font que l'exposition du sponsor à la variabilité des rendements générés par les activités du conduit diffère de celle des autres investisseurs. Par conséquent, cette exposition indique que le sponsor agit pour son propre compte et donc qu'il contrôle le conduit. L'obligation qu'il a d'agir dans les meilleurs intérêts de tous les investisseurs ne l'empêche pas d'agir pour son propre compte.

Distinction agent/principal : indicateurs à considérer lorsque deux parties d'un même groupe partagent le pouvoir et l'exposition aux rendements variables

15174 ***Question***

Lorsque le pouvoir et l'exposition aux rendements variables sont partagés entre deux parties d'un même groupe, quels facteurs considérer afin de déterminer si l'une des parties est « agent de fait » de l'autre partie ?

Réponse

Une telle analyse requiert l'exercice du jugement sur la base des faits et circonstances spécifiques. Il convient de tenir compte notamment de la nature des relations entre les deux parties ainsi que de la façon dont elles interagissent.

Commentaires Dans son évaluation du contrôle, un investisseur doit prendre en considération la nature de sa relation avec les autres parties afin de déterminer si ces dernières peuvent agir pour son compte, en l'absence d'accord contractuel : autrement dit, si elles sont « agents de fait ».

Il est nécessaire de faire preuve de jugement dans cette appréciation, en tenant compte non seulement de la nature de la relation entre l'investisseur et les autres parties, mais également de la façon dont les parties interagissent entre elles (IFRS 10.B73).

Lorsque deux parties d'un même groupe partagent le pouvoir et l'exposition aux rendements variables d'une entité, il convient de s'interroger afin de déterminer si l'une des parties est agent de fait de l'autre partie. Cette appréciation dépend des faits et circonstances spécifiques. Il convient notamment d'apprécier :

- les raisons du partage de pouvoir et de l'exposition aux rendements variables entre les deux parties ;
- les accords contractuels existant entre les deux parties ;
- la façon dont les deux parties interagissent entre elles en pratique ; et
- la taille relative des deux parties au regard de leur exposition aux rendements variables.

Si un agent de fait est identifié, le principal doit déterminer s'il contrôle l'entité. Pour ce faire, il doit prendre en considération les droits décisionnels de son agent de fait ainsi que son exposition indirecte, ou les droits indirects aux rendements variables qu'il détient par son intermédiaire, en même temps que les siens (IFRS 10.B74).

Exemple *Une société mère A détient deux filiales à 100 % :*
– la société M qui est gérant d'un fonds d'investissement F dans lequel elle a une participation de 15 %. En tant que gérant, M reçoit une commission fixe de marché qui ne lui permet pas d'avoir une exposition supplémentaire aux rendements variables. Les termes du contrat de gestion confèrent à M le pouvoir de décision sur les activités pertinentes de F ; et
– la société S qui est également actionnaire de F à hauteur de 36 %.

Les 49 % restant dans le fonds d'investissement F sont détenus par plusieurs autres investisseurs. Les sociétés M et S établissent des comptes consolidés. Lors de l'analyse du contrôle de F, comment identifier si S est agent de fait de M (ou inversement) ? Est-il possible qu'aucune de ces deux entités ne soit considérée comme agent de fait de l'autre ?

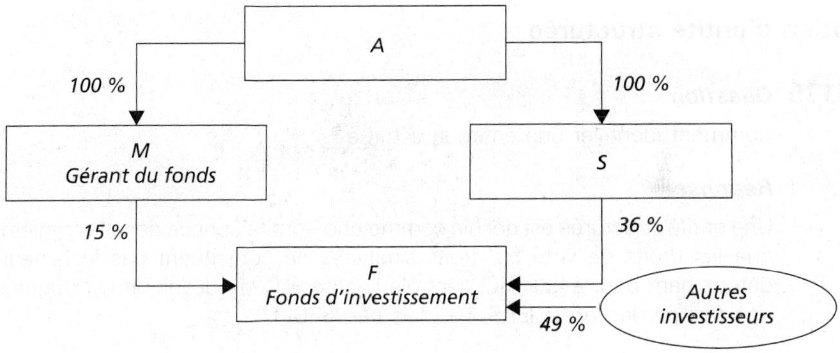

Solution de l'exemple *Comme indiqué ci-avant, les facteurs à considérer dans cette situation sont les suivants :*
– les raisons du partage du pouvoir et de l'exposition aux rendements variables entre les deux entités. Par exemple, S a-t-elle engagé M afin de gérer les actifs du fonds pour son compte ou, au contraire, détient-elle une participation dans F pour le compte de M et selon les instructions de la société mère A ?
– les accords contractuels entre les deux entités : au cas particulier, ils peuvent éventuellement indiquer si l'une des deux entités donne des instructions à l'autre entité ;
– la façon dont les deux entités interagissent, entre elles, en pratique. A titre d'exemple, S rencontre-t-elle directement M pour s'entretenir de la performance et de la stratégie d'investissement ? S a-t-elle la possibilité de révoquer M en tant que gestionnaire du fonds et de le remplacer par un autre gestionnaire de son choix ? S'applique-t-elle des consignes de vote de la part de M ou de la société mère A ?
– la taille relative des entités au regard de leur exposition aux rendements variables. Par exemple, les tailles relatives indiquent-elles qu'il est plus probable que l'une des deux entités soit l'agent de l'autre ?

Au cas particulier, il n'y a pas suffisamment d'éléments permettant de déterminer quelle partie est agent de fait de l'autre partie. En fonction des faits et circonstances, il peut éventuellement être conclu qu'aucune des deux entités (M et S) n'est l'agent de l'autre. Dans un tel cas, aucune ne doit consolider le fonds d'investissement F, quand bien même ce dernier est consolidé dans les comptes de la société mère ultime A.

Si, au contraire, il est déterminé que M agit en tant que principal, ce dernier doit tenir compte de la participation de S dans F (c'est-à-dire 36 %) afin de déterminer si son exposition aux rendements variables de F est suffisante pour en avoir le contrôle.

A noter que la prise en compte de la participation d'un agent de fait n'est valable que pour l'appréciation du contrôle. Ainsi, les intérêts minoritaires seront de 85 % si M conclut qu'il détient le pouvoir sur F (soit 100 % moins sa participation directe de 15 %) alors qu'ils seront de 64 % si c'est S qui détient le contrôle sur F (100 % – 36 %).

E. Appréciation du pouvoir dans les entités structurées

Notion d'entité structurée

15175 ***Question***

Comment identifier une entité structurée ?

Réponse

Une entité structurée est définie comme une « entité conçue de telle manière que les droits de vote ou droits similaires ne constituent pas le facteur déterminant pour établir qui contrôle l'entité ». Cette définition est donnée non pas par la norme IFRS 10 mais par IFRS 12.

Commentaires :

1. **Notion d'entité structurée** La notion d'« entité structurée » n'est pas définie par la norme IFRS 10 mais par la norme IFRS 12.

Une entité structurée est définie comme une entité conçue de telle manière que les droits de vote ou droits similaires ne constituent pas le facteur déterminant pour établir qui contrôle l'entité (IFRS 12.A et .B21). Tel est notamment le cas lorsque les droits de vote concernent uniquement des tâches administratives et que les activités pertinentes sont dirigées au moyen d'accords contractuels.

Une entité structurée peut présenter une ou plusieurs des caractéristiques suivantes (IFRS 10.B22) :
- des activités circonscrites ;
- un objectif précis et bien défini ;
- des capitaux propres insuffisants pour permettre à l'entité structurée de financer ses activités sans recourir à un soutien financier subordonné ;
- un financement par l'émission, auprès d'investisseurs, de multiples instruments liés entre eux par contrat et créant des concentrations de risques de crédit ou d'autres risques.

2. **Exemples d'entités structurées** Les montages fréquemment rencontrés et susceptibles d'impliquer une entité structurée sont par exemple :
- des opérations comportant des contrats de location (opérations de cession-bail, etc.) ;
- des transactions impliquant la vente/le transfert d'actifs financiers à une entité (titrisation de créances, etc.) ;
- des accords d'externalisation ;
- des accords de financement d'actifs ou de projets ;
- des start-ups ou accords liés à des projets de recherche et de développement.

Définition unique du contrôle applicable également aux entités structurées

15176 ***Question***

Existe-t-il des modalités spécifiques d'appréciation du contrôle pour les entités structurées ?

Réponse

Non, la définition unique du contrôle de la norme IFRS 10 s'applique à toutes les entités.

La norme IFRS 10 fournit des indicateurs d'appréciation des éléments du contrôle dont certains peuvent concerner, en pratique, plus particulièrement les entités structurées.

En outre, les entités structurées doivent faire l'objet d'informations spécifiques requises par la norme IFRS 12.

Commentaires La norme IFRS 10 définit un modèle unique de contrôle (voir nº 15125). Elle fournit toutefois des éléments d'appréciation du contrôle dont certains peuvent concerner, en pratique, les entités structurées.

Pour la notion d'entité structurée, voir nº 15175.

Dans le cadre de l'appréciation du contrôle d'une entité structurée, il convient notamment d'apprécier :

- l'objet et la manière dont l'entité a été structurée, et en particulier la manière dont l'entité a été structurée en lien avec les risques qu'elle encourt et ceux qu'elle transfère et qui sont encourus par l'investisseur et par d'autres tiers impliqués dans l'entité (IFRS 10.B8) ;

  Sont à considérer non seulement les risques de perte ou de baisse de valeur (« downside risk ») mais également les potentialités de gains (IFRS 10.B8).

- l'implication et les décisions de l'investisseur lors de la création de l'entité (IFRS 10.B51) ;

  L'implication de l'investisseur dans la structuration de l'entité n'est toutefois pas un élément suffisant à lui seul pour conférer à l'investisseur le pouvoir sur l'entité (IFRS 10.B51).

- les accords conclus lors de la création de l'entité : option d'achat, de vente, droit de liquidation notamment (IFRS 10.B52) ;
- les activités pertinentes de l'entité ;
- les droits - résultant d'accords notamment - qui confèrent à l'investisseur le pouvoir de diriger les activités pertinentes (IFRS 10.B17), même si ceux-ci s'exercent uniquement dans des circonstances particulières ou si des événements interviennent (IFRS 10.B53), voir nº 15130 ;
- l'engagement implicite ou explicite d'un investisseur de s'assurer que l'entité fonctionne conformément à son objet et à la manière dont elle a été structurée (IFRS 10.B54) ;
- l'exposition ou les droits de l'investisseur aux rendements variables de l'entité, voir nº 15165 ;
- la capacité de l'investisseur à utiliser son pouvoir pour agir sur les rendements variables de l'entité, voir nº 15170.

Remarque La norme IFRS 12, Informations à fournir sur les intérêts détenus dans d'autres entités, requiert des informations spécifiques à fournir concernant les entités structurées (voir nº 24525).

***Exemple 1** — Entité structurée ayant une activité de gestion de créances Trois investisseurs A, B et C créent une entité S dans laquelle est logé un portefeuille de créances. A, B et C détiennent chacun 1/3 des titres S. En outre, un pacte d'actionnaires spécifie que :*

– A est responsable de la sélection des créances : il compose le portefeuille de créances S selon les modalités convenues avec les autres investisseurs, ces modalités lui laissent toutefois une latitude importante dans la sélection. La trésorerie issue de l'encaissement des créances est utilisée en particulier pour acquérir d'autres créances ;

– B assure la gestion courante des créances, c'est-à-dire la réception des remboursements et des intérêts et le reversement aux autres investisseurs ;

– en cas de défaut sur une créance, C est une société de recouvrement et est responsable de toutes les décisions à ce titre.

Chacun des trois investisseurs intervient ainsi sur une activité distincte de S.

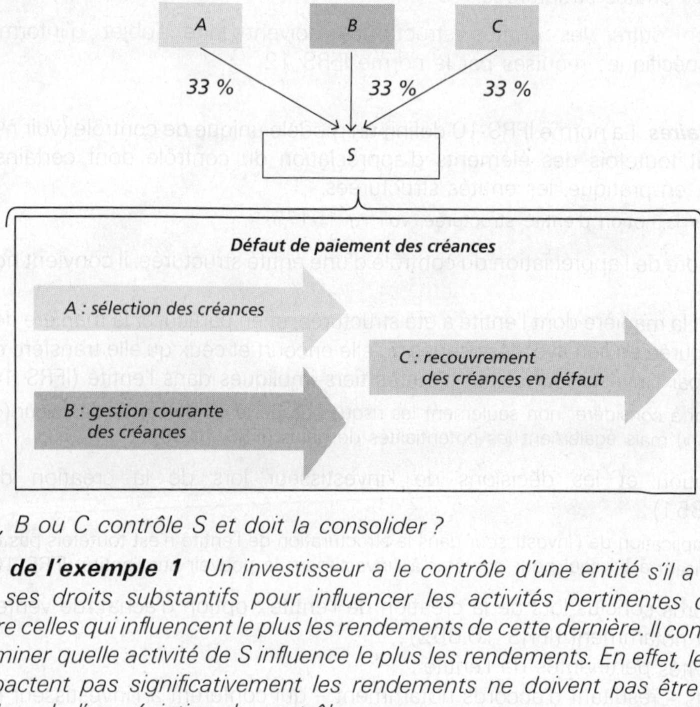

Qui de A, B ou C contrôle S et doit la consolider ?

***Solution de l'exemple 1** Un investisseur a le contrôle d'une entité s'il a le pouvoir d'utiliser ses droits substantifs pour influencer les activités pertinentes de l'entité, c'est-à-dire celles qui influencent le plus les rendements de cette dernière. Il convient donc de déterminer quelle activité de S influence le plus les rendements. En effet, les activités qui n'impactent pas significativement les rendements ne doivent pas être prises en compte lors de l'appréciation du contrôle.*

Dans le cas présent, la gestion courante des créances est une activité « mécanique » qui ne nécessite pas de prendre de décision et qui n'affecte pas les rendements de S. Ainsi, B n'a pas le pouvoir ni, par conséquent, le contrôle de S.

Pour déterminer parmi les deux autres activités laquelle influence le plus les rendements, la norme IFRS 10 fournit des indicateurs qu'il convient d'analyser :

– la raison d'être et la conception de l'entité ;

– les facteurs clés impactant les rendements (la marge, la valeur de l'entreprise, etc.) ;

– l'incidence du pouvoir décisionnel sur les rendements ; et

– l'exposition aux rendements.

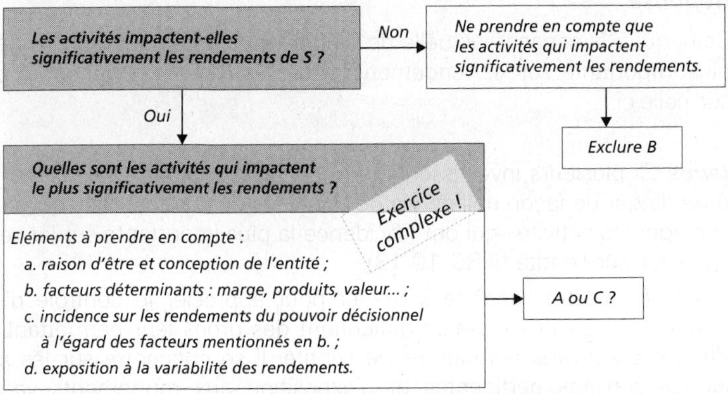

Les hypothèses présentées ne permettent pas de déterminer si l'activité qui influence le plus les rendements de S est la sélection des créances ou leur recouvrement. En conséquence, elles ne permettent pas de conclure qui de A ou de C contrôle S.

***Exemple 2** — **Risque de réputation** Une banque B crée une entité A dont l'unique objet est d'acquérir des actifs financiers prédéfinis sur les marchés et d'émettre des titres adossés à ces actifs auprès d'investisseurs. La banque n'a pas d'autre intérêt, ni de droits décisionnels sur A après sa création. Sa réputation pourrait toutefois être entachée en cas de défaut de A. Afin de protéger sa réputation, B pourrait envisager d'apporter un soutien financier à A bien qu'elle n'ait aucune obligation de le faire.*

Dans un tel cas, le risque de réputation peut-il conférer le contrôle de l'entité A à la banque B ?

***Solution de l'exemple 2** L'exposition au risque de réputation peut créer un engagement implicite pour la banque B de s'assurer que l'entité A opère conformément à son objet et à la manière dont elle a été structurée. Il s'agit de l'un des éléments d'appréciation du contrôle fournis par la norme (IFRS 10.B54). En effet, le risque de réputation est susceptible d'augmenter l'exposition aux rendements variables d'un investisseur et pourrait ainsi l'inciter à obtenir des droits suffisants pour lui conférer le pouvoir (IFRS 10.BC39).*

Toutefois, le risque de réputation n'est pas un élément probant, à lui seul, pour démontrer le contrôle (IFRS 10.BC37). Il est nécessaire d'examiner les accords contractuels pour déterminer si B dispose de droits suffisants pour lui conférer le pouvoir sur A, en tenant compte de tous les faits et circonstances.

Au cas particulier, en l'absence d'autres éléments indiquant que B exerce un pouvoir sur A, il n'est pas possible d'établir un tel contrôle.

Appréciation du pouvoir lorsque plusieurs investisseurs ont des droits sur différentes activités clés

15177 ***Question***

Comment apprécier le pouvoir lorsque plusieurs investisseurs détiennent des droits leur permettant de diriger chacun différentes activités pertinentes de l'entité ?

Réponse

Celui qui a la capacité actuelle de diriger les activités qui ont l'incidence la plus importante sur les rendements variables de l'entité détient le pouvoir sur celle-ci.

Commentaires Si plusieurs investisseurs ont chacun des droits effectifs leur conférant la capacité de diriger de façon unilatérale des activités différentes, celui qui a la capacité actuelle de diriger les activités qui ont l'incidence la plus importante sur les rendements détient le pouvoir sur l'entité (IFRS 10.13).

L'exemple ci-après illustre l'analyse à mener pour apprécier le contrôle d'une entité structurée, lorsque deux investisseurs détiennent des droits leur permettant de diriger chacun différentes activités pertinentes de l'entité. Il se concentre sur les aspects de pouvoir sur les activités pertinentes et d'exposition aux rendements variables des investisseurs. Il convient toutefois de rappeler que, pour l'analyse, les autres éléments d'appréciation du contrôle particulièrement applicables aux entités structurées et non traités dans cet exemple doivent également être pris en compte (objet et manière dont l'entité a été structurée, implication et décision de l'investisseur lors de la création, etc., voir n° 15176).

Exemple *H-Immo a été créée dans l'objectif d'acquérir un actif destiné à être donné en location à la société Xpert. H-Immo ne détient pas d'autre actif. H-Immo est détenue à 100 % par la banque BK. L'acquisition est financée par un emprunt contracté auprès de BK.*

Solution de l'exemple *La démarche d'appréciation du contrôle selon IFRS 10 est la suivante :*

1. ***Détermination des activités pertinentes de H-Immo*** *: L'objectif précis d'H-Immo étant organisé par les contrats de location et de financement, les droits de vote ne sont pas déterminants dans l'analyse du pouvoir. H-Immo est une entité structurée.*

Les activités pertinentes (c'est-à-dire celles qui ont un impact significatif sur les rendements variables de H-Immo) sont :

a. *la gestion du risque de crédit lié au paiement des loyers ; et*

b. *la gestion de la valeur résiduelle de l'actif à la fin du contrat de location.*

L'exploitation de l'actif ne constitue pas, au cas particulier, une activité pertinente de H-Immo, dans la mesure où elle n'a pas d'incidence sur les rendements de la société (les loyers perçus par H-Immo étant identiques quelle que soit l'utilisation de l'actif).

L'importance relative de ces deux activités pertinentes dépendra, entre autres, des conditions attachées au contrat de location et du risque de crédit de Xpert.

Ainsi, plus la durée du contrat est longue par rapport à la durée d'utilité de l'actif, ou plus le risque de crédit de Xpert est élevé, plus la gestion de celui-ci (et donc, des créances de loyers) pourrait constituer l'activité qui affecte le plus les rendements variables de H-Immo.

En revanche, plus la durée du contrat est courte, ou plus le risque de crédit de Xpert est faible, plus il est probable que la gestion de la valeur résiduelle de l'actif constitue l'activité qui génère le plus de rendements variables.

En fonction des faits et circonstances, d'autres activités pertinentes pourraient également devoir être analysées (par exemple, les décisions liées au refinancement de H-Immo ou à l'entretien de l'actif).

Voir remarque ci-après.

2. *Pouvoir* ***sur les activités pertinentes** :*

a. *Le pouvoir sur la gestion du risque de crédit lié au paiement des loyers est détenu par la banque BK : en particulier, en cas de défaut de paiement des loyers par Xpert, BK a le pouvoir de reprendre possession l'actif.*

b. *Pour déterminer qui a le pouvoir sur la gestion de la valeur résiduelle de l'actif, il convient d'analyser ce qui peut advenir de l'actif à l'issue du contrat de location. Ainsi, par exemple, une option d'achat ou de renouvellement exerçable par Xpert sera à prendre en compte dans l'analyse du pouvoir :*

- Une option d'achat de l'actif à l'issue du contrat de location donnera à Xpert le pouvoir sur cette activité pertinente.

- Une option de renouvellement du contrat donnera à Xpert le pouvoir sur la gestion d'une partie de la valeur résiduelle de l'actif (la partie qui pourrait être « consommée » pendant la durée de renouvellement).

Ces options ont un impact sur l'analyse du pouvoir qu'elles soient à prix fixe ou à la juste valeur. En revanche, une option à la juste valeur ne conférera pas à Xpert d'exposition aux rendements variables de l'entité (voir 3. ci-après).

3. ***Exposition aux rendements variables** :*

- BK est actionnaire et prêteur de H-Immo. Elle absorbe ainsi la variabilité des rendements de H-Immo liée (a minima) au risque de crédit de Xpert. Il conviendra de tenir compte, dans l'analyse, de la nature du débiteur et de son niveau de risque de crédit.

- En fonction des faits et circonstances, Xpert peut être également exposée aux rendements variables de H-Immo. En effet, si Xpert a une option d'achat ou de renouvellement à prix fixe au terme du contrat, en exerçant cette option, Xpert bénéficierait (ou subirait) le différentiel entre le prix d'exercice fixe et la juste valeur (de l'actif ou des loyers). Elle absorberait ainsi une part de la variabilité de H-Immo. Si, en revanche, le prix d'exercice de l'option d'achat ou de renouvellement est la juste valeur à la date d'exercice, Xpert n'absorberait pas de variabilité.

4. ***Conclusion** Pour déterminer qui contrôle H-Immo, il convient de prendre en compte tous les faits et circonstances et faire preuve de jugement, afin d'apprécier qui a le pouvoir sur l'activité pertinente qui a le plus d'incidence sur les rendements de H-Immo.*

Remarque – Activités pertinentes d'une entité dédiée à la location d'un actif à un preneur unique L'IFRS IC a été interrogé afin de clarifier les bases sur lesquelles l'appréciation du contrôle doit être menée dans le cas d'une entité structurée dont l'objet consiste à louer le bien unique qu'elle détient à un preneur unique.

L'IFRS IC a conclu que :

- la gestion du risque de crédit et la gestion de la valeur résiduelle de l'actif sont des activités pertinentes de l'entité ;
- l'utilisation du bien, en revanche, ne constitue pas une activité pertinente car elle n'affecte pas les rendements variables de l'entité structurée. Ainsi, le droit d'utiliser l'actif, pris isolément, n'octroie pas au preneur de droits lui conférant le contrôle de l'entité structurée.

L'IFRS IC a précisé qu'il est nécessaire, pour l'analyse du contrôle, de tenir compte de tous les droits détenus sur l'entité structurée, qu'ils résultent du contrat de location ou d'autres accords contractuels entre les parties (IFRIC Update 05/15).

> L'IFRS IC a décidé de ne pas ajouter ce sujet à son agenda, considérant que les dispositions d'IFRS 10 permettent de mener une telle analyse, lorsque l'ensemble des faits et circonstances est suffisamment précis.

Appréciation du pouvoir lorsque plusieurs investisseurs ont des droits sur des activités pertinentes au cours de périodes différentes

15179 ***Question***

Plusieurs investisseurs peuvent détenir des droits leur permettant de diriger chacun des activités pertinentes d'une entité au cours de périodes différentes. Dans un tel cas, un investisseur peut-il détenir le pouvoir sur une entité quand bien même ses droits portent sur une activité pertinente qui ne sera exercée que dans le futur ?

Réponse

Oui, un investisseur peut détenir le pouvoir sur une entité même s'il ne peut pas exercer dans l'immédiat ses droits portant sur les activités pertinentes de l'entité.

L'investisseur qui a la capacité de diriger les activités ayant l'incidence la plus importante sur les rendements variables d'une entité détient le pouvoir sur celle-ci, quand bien même ces activités ne sont pas réalisées dans l'immédiat.

Commentaires Un investisseur détient le pouvoir sur une entité s'il dispose de droits qui lui confèrent la capacité actuelle de diriger les activités pertinentes de cette entité (IFRS 10.10). Si plusieurs investisseurs ont chacun des droits effectifs leur conférant la capacité de diriger, de façon unilatérale, des activités pertinentes qui interviennent à des moments différents, il convient de déterminer quelle activité a l'incidence la plus importante sur les rendements variables de l'entité. Cette analyse est souvent complexe car elle intègre plusieurs paramètres. Il est ainsi nécessaire de faire preuve de jugement sur la base des faits et circonstances spécifiques.

Pour ce faire, il convient d'examiner les critères listés dans l'exemple 1 d'IFRS 10.B13 :
- la raison d'être et la conception de l'entité (a) ;
- les facteurs clés impactant les rendements (la marge, les produits, la valeur de l'entité, etc.) (b) ;
- l'incidence du pouvoir de décision de chaque investisseur sur les rendements de l'entité (c) ;
- et l'exposition des investisseurs à la variabilité des rendements (d).

Cette problématique peut concerner certains secteurs d'activité tels que, par exemple, la construction puis l'exploitation d'actifs industriels (infrastructures, autoroutes, plates-formes pétrolières, centrales biomasse, etc.) ou l'industrie pharmaceutique (phases de recherche, de développement suivies d'une phase de commercialisation). Dans la pratique, les activités ne sont pas toujours totalement dissociées, ce qui peut rendre l'analyse plus complexe.

Exemple *Les entités X et Y créent une nouvelle entité Z afin de construire et exploiter une autoroute à péage. L'entité X est responsable de la construction de l'autoroute prévue pour durer deux ans. Par la suite, l'entité Y prendra toutes les décisions relatives à l'exploitation du péage.*

L'entité Y peut-elle détenir le pouvoir sur l'entité Z pendant la phase de construction, sachant que l'entité X prend toutes les décisions lors de cette phase ?

Solution de l'exemple *L'entité Y peut détenir le pouvoir sur l'entité Z si l'on considère que la phase d'exploitation du péage est l'activité qui a le plus d'incidence sur les rendements variables de l'entité Z, et ce, même pendant la phase de construction.*

Pour mener l'analyse, il convient de considérer les critères d'IFRS 10.B13 et en particulier les facteurs qui déterminent la marge, les produits et la valeur de l'entité. Dans certains cas, la construction de l'autoroute peut être effectuée sous la supervision du Gouvernement et soumise à des audits de contrôle. L'entité X recouvre ses coûts liés à la construction plus une marge fixe au travers des prix qui seront pratiqués pour l'utilisation du péage, de telle sorte que X bénéficie en premier lieu des cash-flows générés par l'utilisation de l'autoroute.

L'entité Y est responsable de la gestion opérationnelle de l'autoroute, y compris la maintenance, et peut bénéficier d'une redevance équivalente à la trésorerie disponible au sein de l'entité Z après le règlement de toutes les charges (y compris la rémunération de l'entité X). Y a également la possibilité de déterminer les tarifs du péage.

Dans d'autres cas, il peut être convenu contractuellement que l'Etat fixe le prix du péage mais donne plus d'autonomie sur les modalités de construction de l'autoroute ; les entités X et Y partageant alors équitablement le cash-flow résiduel de l'entité Z.

L'ensemble des faits et circonstances spécifiques au projet doit être analysé au regard des critères listés par IFRS 10.B13 afin de déterminer si X a le contrôle dès la phase de construction.

Contrôle et consolidation de compartiments d'une entité (silos)

15182 ***Question***

Un investisseur peut-il contrôler un compartiment isolé d'une entité plus large « silo » ?

Réponse

Oui.

Un investisseur doit considérer un compartiment d'une entité plus large comme une entité réputée distincte lorsque tous les actifs, passifs et capitaux propres de ce compartiment sont isolés du reste de l'entité dans son ensemble. Un compartiment de ce type est généralement appelé un silo.

Si un compartiment répond à la définition et aux conditions énoncées par la norme, l'investisseur apprécie s'il en a le contrôle selon les modalités définies dans IFRS 10 (pouvoir sur les activités pertinentes, exposition aux rendements variables et capacité à agir sur ces rendements).

Le compartiment est consolidé par l'investisseur qui le contrôle. Dans ce cas, les autres parties n'en tiennent pas compte lorsqu'elles évaluent si elles contrôlent l'entité hôte et lorsqu'elles la consolident.

Commentaires La norme IFRS 10 a introduit la notion de « silo », ou compartiment isolé d'une entité plus large. Ainsi, un investisseur doit considérer s'il traite une portion d'une entité plus large comme une entité réputée distincte. Si c'est le cas, l'investisseur doit se demander s'il contrôle ce compartiment (IFRS 10.B76).

1. **Identification d'un silo** Afin d'être considéré comme un silo, le compartiment d'une entité plus large doit nécessairement satisfaire aux conditions suivantes (IFRS 10.B77) :
- les actifs du compartiment (et les rehaussements de crédit y afférents, le cas échéant) sont la seule source de paiement pour les passifs ou pour les autres intérêts du compartiment ;
- aucune autre partie (outre celles qui détiennent les passifs du compartiment) n'a de droit ou d'obligation sur les actifs et sur les flux de trésorerie résiduels du compartiment ;
- en substance, aucun des rendements générés par les actifs du compartiment ne peut être utilisé par le reste de l'entité plus large ;
- en substance, aucun des passifs du compartiment n'est payable avec les actifs du reste de l'entité plus large.

Ainsi, **en substance, tous les actifs, passifs et capitaux propres de ce compartiment sont isolés du reste de l'entité dans son ensemble.** Dans ce cas, le compartiment d'une entité plus large est réputé être une entité distincte, sur laquelle l'analyse du contrôle doit être menée.

Cette condition est satisfaite quand, par exemple, les investisseurs externes dans une entité participent à chaque cellule ou compartiment pris séparément et non à un « actif global indifférencié », c'est-à-dire lorsqu'il n'y a pas de mutualisation des actifs ou passifs de l'entité.

Cette condition est généralement précisée dans les documents constitutifs de l'entité (parfois dans la législation du pays d'immatriculation), qui disposent que les créanciers de chaque compartiment de l'entité ne peuvent pas accéder aux actifs d'un autre compartiment et que les investisseurs ne participent ni aux pertes ni aux bénéfices des autres compartiments.

En France :
- compte tenu du principe général d'unicité et d'indivisibilité du patrimoine, cette mutualisation existe d'un point de vue légal en cas de liquidation de l'entité (sauf exception, voir ci-après). Le principe général d'unicité et d'indivisibilité du patrimoine peut toutefois rester très théorique dans le cadre du fonctionnement courant de structures particulières, s'il existe des clauses de limitation de responsabilité contractuelles, permettant que les différents compartiments soient isolés ;
- des dérogations à ce principe d'unicité et d'indivisibilité du patrimoine ont en outre été consacrées par le droit français pour certaines structures. Tel est le cas pour les sociétés de titrisation, qui ont une forme de SA ou de SAS, et pour lesquelles la dérogation qui existait déjà pour les fonds communs de titrisation a été étendue. Cette dérogation existe en période de fonctionnement courant, comme en cas de liquidation.

Le plus souvent, l'organe de direction de ce compartiment ou de l'entreprise qui comprend ce compartiment est soumis à des restrictions strictes et parfois permanentes dans son fonctionnement.

Bien que ce soit généralement le cas en pratique, l'IASB n'a pas souhaité restreindre la notion de « silo » aux entités hôtes dont les activités ne sont pas dirigées par les droits de vote (entités structurées) (IFRS 10.BC148).

2. **Appréciation du contrôle sur un silo** Lorsqu'un silo est identifié au sein d'une entité hôte, il convient d'identifier l'investisseur qui le contrôle. L'appréciation du contrôle sur un silo est menée selon les modalités définies dans IFRS 10 (IFRS 10.B78) :
- pouvoir sur les activités pertinentes du silo ;
- exposition aux rendements variables provenant de son implication dans le silo ; et
- capacité à utiliser son pouvoir pour agir sur ces rendements.

L'appréciation du contrôle doit être menée aux bornes du silo, indépendamment du reste de l'entité hôte.

Sur les modalités d'appréciation du contrôle, voir n° 15125 s.

3. **Consolidation d'un silo** Le silo est consolidé par l'investisseur qui le contrôle. Dans ce cas, les autres parties n'en tiennent pas compte lorsqu'elles évaluent si elles contrôlent l'entité hôte et lorsqu'elles la consolident (IFRS 10.B79).

III. Consolidation des entités contrôlées

Méthode de consolidation des entreprises contrôlées

15186 ***Question***

Comment consolider les filiales dans les comptes ?

Réponse

Par intégration globale.

Commentaires IFRS 10.19 et .B86 décrivent les procédures de consolidation des filiales (sans toutefois donner de nom à la méthode). Ces procédures sont celles de l'intégration globale :
- cumul des postes du bilan, du compte de résultat et des flux de trésorerie de la filiale et de ceux de la mère ;
- élimination de la valeur comptable des titres de la filiale dans le bilan de la mère et de la quote-part de la mère dans les capitaux propres de la filiale (la norme IFRS 3, Regroupements d'entreprises indique comment comptabiliser le goodwill, le cas échéant) ;
- éliminations des soldes et transactions intragroupes.

Remarque Sur ce dernier point, l'existence d'une perte intragroupe peut nécessiter la constatation d'une dépréciation dans les comptes consolidés.,
En outre, les impôts différés sur des différences temporelles résultant de l'élimination des éléments intragroupes doivent être traités selon les modalités prévues par la norme IAS 12 (IFRS 10.B86).

La norme IFRS 10 impose également que les états financiers soient établis en utilisant des méthodes comptables homogènes pour des transactions et événements de même nature dans des circonstances similaires (IFRS 10.B87).

Si une entité du groupe utilise des méthodes comptables différentes de celles adoptées dans les états financiers consolidés, des ajustements appropriés sont apportés à ses états financiers lorsqu'ils sont utilisés pour préparer les états financiers consolidés (IFRS 10.B87).

La consolidation d'une entité doit intervenir à compter de l'obtention du contrôle par l'investisseur et cesser lors de la perte du contrôle (IFRS 10.20).

Selon cette méthode, les intérêts minoritaires sont présentés au sein des capitaux propres dans le bilan de l'ensemble consolidé et séparément des intérêts – part du groupe (IFRS 10.22).

Méthode de comptabilisation des entités contrôlées par une société d'investissement

15188 ***Question***

Comment une société d'investissement doit-elle comptabiliser ses filiales ?

Réponse

Une société mère qui répond à la définition d'une société d'investissement est exemptée de préparer des comptes consolidés. La norme IFRS 10 requiert qu'elle évalue les participations dans ses filiales à la juste valeur par résultat, conformément aux dispositions d'IFRS 9.

Toutefois, par exception, une société d'investissement doit consolider toute filiale qui fournit des services liés à ses activités d'investissement et qui n'est pas elle-même une société d'investissement.

Commentaires :

1. **Exemption de présentation des états financiers consolidés** Conformément à IFRS 10, une société mère doit préparer des états financiers consolidés dans lesquels ses filiales sont consolidées par intégration globale. En revanche, cette obligation ne s'applique pas à une société mère qui répond à la définition d'une société d'investissement : elle est exemptée de préparer des comptes consolidés (IFRS 10.4B), à l'exception du cas visé par IFRS 10.32 (voir point 3. ci-après).

2. **Définition d'une société d'investissement** :

a. La norme IFRS 10 définit une société d'investissement comme une entité qui, cumulativement (IFRS 10.27) :

- obtient des fonds d'un ou plusieurs investisseurs en vue de leur fournir des services de gestion d'investissement ;

  L'IFRS IC considère qu'une entité peut externaliser à un tiers tout ou partie d'une prestation de services de gestion d'investissement, tout en respectant le critère d'IFRS 10.27a (IFRIC Update 03/17, voir Remarque ci-après).

- s'engage auprès de ses investisseurs à ce que l'objet de son activité soit d'investir des fonds dans le seul but de réaliser des rendements sous forme de plus-values en capital et/ou de revenus d'investissement ; et
- évalue et apprécie la performance de la quasi-totalité de ses investissements sur la base de la juste valeur.

  Décision de l'ESMA En janvier 2017, l'ESMA a considéré qu'une société qui appréciait la performance de ses investissements sur la base de revues périodiques de la performance opérationnelle et financière, et non sur la base de la juste valeur, ne pouvait être qualifiée de société d'investissement (EECS/0216-08, 01/17).

b. Pour déterminer si une entité répond à cette définition, il est nécessaire d'examiner si elle présente les **caractéristiques** suivantes, **typiques d'une société d'investissement** (IFRS 10.28) :

- elle a plus d'un investissement ;
- elle a plus d'un investisseur ;
- elle a des investisseurs qui ne sont pas des parties qui lui sont liées ; et
- elle détient des droits de propriété sous forme de titres de capitaux propres ou d'intérêts similaires.

Ces caractéristiques sont indicatives et doivent être appréciées avec jugement.

L'absence de l'une ou l'autre de ces caractéristiques typiques ne signifie pas nécessairement que l'entité ne peut constituer une société d'investissement. Dans un tel cas, IFRS 10.28 requiert d'expliquer dans l'annexe les raisons qui ont contribué à définir l'entité comme une société d'investissement, conformément aux dispositions d'IFRS 12.9A.

L'IFRS IC a confirmé qu'une entité qui remplit les trois éléments de la définition d'IFRS 10.27 (voir point a. ci-avant) est une entité d'investissement, même si elle ne possède pas une ou plusieurs des caractéristiques typiques énoncées dans IFRS 10.28 (voir point b. ci-avant). Dans ce cas, en l'absence de l'une ou de plusieurs de ces caractéristiques typiques, l'IFRS IC a rappelé que l'exercice du jugement est nécessaire pour déterminer si l'entité respecte les trois éléments de la définition d'IFRS 10.27 (IFRIC Update 03/17 ; voir Remarque ci-après).

3. **Comptabilisation des filiales d'une société d'investissement** Conformément à IFRS 10.31, une société d'investissement doit évaluer les participations dans ses filiales à la juste valeur par résultat, conformément aux dispositions d'IFRS 9.

Sur la possibilité de prendre en compte une prime ou une décote dans l'évaluation de la juste valeur d'une participation cotée sur un marché actif (et donc de se départir d'une évaluation égale au produit du cours de marché unitaire par la quantité de titres détenus), voir Mémento IFRS nº 13384.

La norme IFRS 10 prévoit toutefois une exception à ce principe pour les filiales qui fournissent des services liés à l'activité de société d'investissement de leur société mère (IFRS 10.32).

Ainsi, une filiale qui n'est pas elle-même une société d'investissement et dont le principal objectif et la principale activité consistent en des services liés aux activités d'investissement de sa société mère doit être consolidée par cette dernière (IFRS 10.32). Cela parce qu'elle agit comme une extension des opérations d'investissement de la société mère.

Si, au contraire, la filiale qui fournit ces services est également une société d'investissement, la société mère doit l'évaluer à la juste valeur par résultat (IFRS 10.B85E).

A noter qu'une filiale sans activité, créée uniquement dans le but de diminuer l'impôt payé par l'investisseur, ne devrait pas être consolidée puisqu'elle ne procure pas de service lié aux activités d'investissement de sa société mère (IFRIC Update 03/14).

L'IFRS IC a confirmé ces principes en mars 2017 (IFRIC Update 03/17, voir Remarque ci-après).

Par ailleurs, l'IFRS IC a précisé qu'une entité d'investissement peut fournir, elle-même ou par l'intermédiaire d'une filiale, des services liés aux activités d'investissement à des tiers, pour autant que ces services soient complémentaires à ses activités d'investissement principales et, par conséquent, ne modifient pas l'objet commercial de l'entité d'investissement (IFRIC Update 03/17, voir Remarque ci-après).

4. **Comptabilisation par la société mère d'une société d'investissement** L'exemption de présentation de comptes consolidés ne s'applique à la société mère d'une société d'investissement que si cette dernière répond elle-même à la définition d'une société d'investissement. Ainsi, si la société mère n'est pas elle-même une société d'investissement, elle devra consolider toutes les entités qu'elle contrôle, y compris celles contrôlées par l'intermédiaire de la société d'investissement (IFRS 10.33).

Tel est le cas notamment lorsque les sociétés d'investissement ont pour société mère une banque, une société d'assurance ou encore une société de gestion.

Remarque En mars 2017, pour l'ensemble des sujets évoqués ci-avant, l'IFRS IC a conclu que les dispositions actuelles de la norme IFRS 10 sont suffisamment explicites pour ne pas nécessiter de porter le sujet à son agenda (IFRIC Update 03/17).

Consolidation d'une filiale dont la date de clôture est décalée

15191 ***Question***

Comment un groupe doit-il intégrer les comptes d'une filiale dont la date de clôture diffère de sa propre date de clôture ?

Réponse

Lorsque les dates de reporting de la société mère et d'une filiale sont différentes, la filiale prépare, pour les besoins de la consolidation, des états financiers supplémentaires à la même date que ceux de la société mère.

Toutefois, il est possible de déroger à ce principe sous deux conditions : (i) s'il est impraticable d'établir des comptes à la même date et (ii) si le décalage entre la date de clôture des comptes de la filiale et celle de la société mère n'excède pas trois mois. Dans ce cas, un ajustement des comptes de la filiale doit être effectué pour tenir compte des effets significatifs des transactions ou événements qui ont été traduits dans les comptes de la filiale durant cette période intercalaire.

Commentaires :

1. **Principe d'établissement de comptes consolidés** Les états financiers de la société mère et de ses filiales doivent, en principe, être établis à la même date de reporting (IFRS 10.B92).

Lorsque les dates de reporting de la société mère et d'une filiale sont différentes, la filiale prépare, pour les besoins de la consolidation, des états financiers supplémentaires à la même date que ceux de la société mère (IFRS 10.B92).

Toutefois, il est possible de déroger à ce principe sous deux conditions : (i) s'il est impraticable d'établir des comptes à la même date et (ii) si le décalage entre la date de clôture des comptes de la filiale et celle de la société mère n'excède pas trois mois. Dans ce cas, un ajustement des comptes de la filiale doit être effectué pour tenir compte des effets significatifs des transactions ou événements qui ont été traduits dans les comptes de la filiale durant cette période intercalaire (IFRS 10.B93).

Interrogée à ce sujet, la Commission des études comptables de la CNCC a rappelé que la dérogation au principe d'alignement de la date de clôture de la filiale sur celle de la société mère n'est pas une mesure de tolérance, mais un traitement applicable uniquement **sous condition de pouvoir démontrer que cet alignement est impraticable.** L'impraticabilité porte sur l'impossibilité pratique d'établir ou de reconstituer les états financiers de la filiale à cette date (par exemple en raison de limites inhérentes au système d'information comptable qui ne peuvent être résolues) mais ne peut en aucun cas reposer sur l'insuffisance des moyens humains ou matériels disponibles pour les préparer. L'impraticabilité doit être démontrée au regard de tous les effets raisonnables déployés par la société mère pour la surmonter (EC 2020-38, publiée le 9/04/21 ; www.cncc.fr).

Ce rappel de la CNCC se fonde notamment sur la notion d'impraticabilité telle que définie par IAS 8.5.

2. **Situations dans lesquelles un ajustement des comptes de la filiale est nécessaire pour l'établissement des comptes consolidés** En pratique, pour

l'établissement des comptes consolidés, un ajustement des comptes de la filiale ayant une clôture décalée (30/09, par exemple) par rapport aux comptes consolidés (arrêtés au 31/12, par exemple) est nécessaire lorsque :
- la filiale réalise pendant la période intercalaire (30/09 au 31/12) une ou plusieurs transactions significatives ou subit des événements ayant un effet significatif sur ses comptes sociaux ; ou
- le résultat de la filiale pendant la période intercalaire (30/09/N au 31/12/N) n'est pas comparable au résultat de la période intercalaire de l'exercice précédent (30/09/N-1 au 31/12/N-1), en raison, par exemple, des effets d'une crise économique au cours de la période intercalaire.

Dans ce cas, l'ajustement consiste à ajouter au résultat de la filiale le résultat intercalaire de l'exercice N (30/09/N au 31/12/N) et à déduire celui de l'exercice N-1 (30/09/N-1 au 31/12/N-1).

Cet ajustement permet ainsi de traduire dans les comptes consolidés les douze derniers mois d'activité de la filiale.

Exemple *Une société mère clôture ses comptes consolidés le 31/12/N. Sa filiale clôture ses comptes annuels le 30/09/N.*

La filiale a enregistré une perte de 1 000 K€ dans ses comptes clos au 30/09/N. Sur ces 1 000 K€, une perte de 100 K€ a été constatée entre le 1/10/N-1 et le 31/12/N-1.

En outre, compte tenu de difficultés économiques, la filiale estime avoir généré une perte de 500 K€ au cours du dernier trimestre de l'année N (1/10/N au 31/12/N).

Pour diverses raisons, la filiale n'est pas en mesure d'établir un autre jeu de comptes à la date de clôture de la société mère.

Solution de l'exemple *Pour l'établissement des comptes consolidés N, il est possible de retenir les comptes annuels de la filiale, le décalage entre la clôture des comptes de la filiale par rapport à celle des comptes consolidés n'excédant pas 3 mois.*

Toutefois, un ajustement est nécessaire compte tenu des effets significatifs des difficultés rencontrées sur le résultat intercalaire du 30/09/N au 31/12/N.

Les pertes de la filiale à intégrer dans les comptes consolidés de la société mère s'élèvent à 1 400 K€ et correspondent :
- aux pertes de la filiale générées sur l'exercice clos le 30/09/N (1 000 K€) ;
- diminuées des pertes de la filiale supportées entre le 1/10/N-1 et le 31/12/N-1 (-100 K€) ;
- augmentées des pertes de la filiale encourues sur la période 1/10/N au 31/12/N (+ 500 K€).

Un tel ajustement aurait pu ne pas être effectué si le résultat de la période intercalaire N et les composantes de ce résultat avaient été sensiblement identiques à ceux de la période intercalaire N-1.

CHAPITRE 2

Partenariats (IFRS 11)

15300

Plan du chapitre

Plan du chapitre (suite et fin)

L'ESSENTIEL DE LA NORME IFRS 11

A. Généralités

Champ d'application

15358 La norme IFRS 11 s'applique à tous les accords conjoints, c'est-à-dire aux accords en vertu desquels deux partenaires (ou plus) partagent le contrôle d'une activité (IFRS 11.4).

Pour que l'accord soit un partenariat, les deux conditions suivantes doivent être remplies :
- il existe un contrat entre les partenaires ; et
- cet accord confère aux partenaires le contrôle conjoint de l'activité (voir n° 15360 s.).

Pour les accords visés par la norme IFRS 11, voir n° 15401.

Le partenariat prend, en principe, la forme d'un contrat écrit mais peut également être formalisé différemment (IFRS 11.B2).

Le partenariat peut, par exemple, être un contrat spécifique conclu entre les partenaires ou encore un procès-verbal relatant les discussions entre les partenaires. Il peut également être prévu par les statuts ou les règlements du partenariat (IFRS 11.B2 et .B3).

Terminologie Afin de faciliter la lecture de ce chapitre, la terminologie retenue dans la traduction officielle publiée au JOUE (Journal officiel de l'Union européenne) :
- « joint venture » est traduite par « coentreprise » ;
- « joint operation » est traduite par « activité conjointe ».

B. Contrôle conjoint

Définition

15360 Le contrôle conjoint est le partage du contrôle d'une activité entre deux partenaires (ou plus) nécessairement formalisé.

Pour qu'il y ait contrôle conjoint, il convient de vérifier (IFRS 11.7 à .10) :
- que les partenaires, considérés collectivement, ont le contrôle de l'accord au sens d'IFRS 10, Etats financiers consolidés ;

C'est-à-dire que les partenaires ont ensemble la capacité de diriger les activités pertinentes de l'accord (voir n° 15012).

– et que les décisions concernant les activités pertinentes requièrent le consentement unanime des partenaires partageant le contrôle. Aucun des partenaires ne doit en effet être en mesure de contrôler unilatéralement l'activité. Ainsi, un partenaire qui contrôle conjointement un partenariat peut toujours empêcher les autres partenaires de contrôler unilatéralement le partenariat.

Les activités pertinentes sont définies dans IFRS 10 comme les activités qui ont une incidence importante sur les rendements de l'entité (IFRS 10.A).

Pour plus d'informations sur le contrôle conjoint et des exemples illustratifs, voir nº 15405 s.

Il est nécessaire de prendre en compte tous les faits et circonstances pour apprécier le contrôle conjoint (voir nº 15411). Tout changement de faits et circonstances doit donner lieu à une nouvelle appréciation du contrôle conjoint (IFRS 11.12 et .13).

Contrôle collectif « tournant »

15362 Si, dans un accord contrôlé collectivement par plus de deux partenaires, les décisions portant sur les activités pertinentes doivent être prises à la majorité simple et que cette majorité simple peut être atteinte par plusieurs combinaisons de partenaires agissant de concert, celui-ci n'est pas contrôlé conjointement (IFRS 11.B8).
En revanche, si l'accord spécifie quels partenaires (ou quels groupes de partenaires) sont tenus de s'entendre à l'unanimité sur les décisions concernant les activités pertinentes de l'accord, l'accord sera contrôlé conjointement (IFRS 11.B8).

C. Classification des partenariats : joint venture ou joint operation

Principe général

15365 Il existe deux catégories de partenariats : la joint venture et la joint operation.
Cette distinction est essentiellement basée sur la nature des droits et des obligations des partenaires sur le partenariat dans le cadre normal des activités et nécessite l'exercice du jugement (IFRS 11.14 et .B14).

Joint venture

15367 Une joint venture est un partenariat dans lequel les partenaires qui exercent un contrôle conjoint sur l'activité ont des droits sur l'actif net de celle-ci (IFRS 11.16).
Les partenaires sont appelés les coentrepreneurs.

Joint operation

15369 Une joint operation est un partenariat dans lequel les partenaires qui exercent un contrôle conjoint sur l'entité ont des droits sur les actifs et des obligations sur les passifs relatifs à celle-ci (IFRS 11.15).
Les partenaires sont appelés les coparticipants.

Démarche de classification

15371 Pour qualifier le partenariat, il convient de prendre en compte tous les faits et circonstances. Ainsi, l'analyse du partenariat, sur la base des droits et obligations des partenaires, peut être effectuée en plusieurs étapes résumées dans le schéma ci-après.

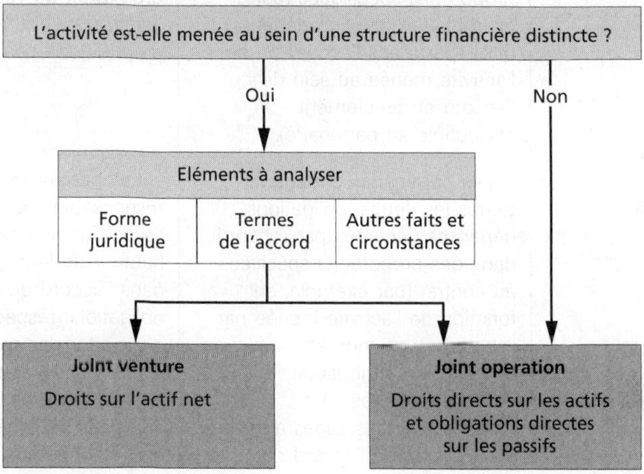

a. **Structure financière distincte** Si l'activité faisant l'objet du partenariat n'est pas menée au sein d'une structure financière distincte, le partenariat est automatiquement classé en joint operation (IFRS 11.B16).

Par structure financière distincte, la norme IFRS 11 désigne des entités (IFRS 11.A) :
- qui ont une personnalité morale ;
- qui n'ont pas de personnalité morale mais qui sont reconnues par la loi (par exemple, les sociétés en participation).

Si l'activité faisant l'objet du partenariat est menée au sein d'une structure financière distincte, il est nécessaire, pour classer le partenariat, d'analyser sa forme juridique, les termes du contrat ainsi que les autres faits et circonstances (IFRS 11.B15).

L'analyse de la forme juridique et des termes du contrat permet rarement de conclure qu'il s'agit d'une joint operation (sauf cas très spécifiques) ; il est alors nécessaire d'analyser les autres faits et circonstances.

b. **Forme juridique** (IFRS 11.B22 à .B24) En principe, la forme juridique de l'entité dans laquelle est logé l'accord détermine les droits initiaux des partenaires dans les actifs et les obligations sur les passifs relatifs à l'accord.

L'évaluation des droits et obligations des partenaires du fait de la seule forme juridique de l'entité suffit pour conclure que le partenariat est une joint operation **uniquement si** la forme juridique de l'entité ne crée pas de séparation entre les partenaires et l'entité (c'est-à-dire si les actifs et les passifs détenus dans l'accord sont les actifs et les passifs des partenaires).

Pour plus d'informations, voir nº 15435.

c. **Termes du contrat** (IFRS 11.B25 à .B28) Les termes de l'accord doivent être examinés pour déterminer la nature des droits et des obligations des partenaires.

Le tableau proposé par la norme (IFRS 11.B27), repris ci-après, donne des exemples de clauses que l'on pourrait retrouver dans un accord de joint operation ou de joint venture.

	Joint operation	Joint venture
Droits sur les actifs	Les partenaires partagent leurs droits (titre de propriété, etc.) sur les actifs de l'accord dans des proportions spécifiques (par exemple, en fonction de leur quote-part dans l'accord ou de l'activité menée au sein de l'accord et directement attribuable au partenaire).	Les actifs sont ceux de l'entité créée pour mener l'accord. Les partenaires n'ont aucun droit (droit de vendre, de nantir, etc.) ni titre de propriété sur ces actifs.
Obligations sur les passifs	– Les partenaires partagent toutes les dettes, obligations, dépenses générées par l'accord dans des proportions spécifiées au contrat (par exemple, en fonction de l'activité menée par l'accord et qui leur est directement attribuable). – Les partenaires sont responsables des litiges avec les tiers (clients de l'accord par exemple).	– Les partenaires sont responsables des dettes de l'accord mais uniquement à hauteur de leur quote-part dans l'accord ou de leurs obligations respectives d'apporter des capitaux non versés ou des capitaux supplémentaires (ou les deux). – En cas de litige avec un tiers (fournisseur, par exemple), ce dernier n'a aucun droit de recours contre les partenaires.
Charges/produits/ résultat net	Les charges et les produits sont répartis en fonction de la contribution des partenaires au sein de l'accord (par exemple, une allocation en fonction de l'utilisation d'une usine exploitée conjointement).	L'accord indique la répartition entre les partenaires du résultat net généré par l'accord.

Si l'accord stipule que les partenaires ont des droits sur les actifs et des obligations au titre des passifs relatifs à l'entreprise, le partenariat est une joint operation et il n'est pas nécessaire de prendre en considération les autres faits et circonstances (IFRS 11.B28).

d. **Autres faits et circonstances** (IFRS 11.B29 à .B32) Il convient d'examiner si les autres faits et circonstances donnent aux parties des droits directs sur les actifs et des obligations directes sur les passifs du partenariat (voir également nº 15438).

L'analyse des autres faits et circonstances pose de nombreuses difficultés pratiques et a suscité de nombreux débats de place. La norme n'a identifié qu'une seule situation dans laquelle l'analyse permettait de conclure que l'accord est une joint operation : si l'activité a été principalement conçue pour fournir sa production aux partenaires. Cela impliquerait en effet :

– que les partenaires ont droit à la quasi-totalité des avantages économiques découlant des actifs de l'entreprise ;

– que les passifs de l'entreprise sont en fait acquittés grâce aux flux de trésorerie reçus de la part des partenaires lorsqu'ils achètent la production.

Un enjeu important consiste à déterminer sur quelles bases les autres faits et circonstances doivent être appréciés. En particulier, est-ce que cette étape se limite au seul exemple fourni par la norme ou permet-elle une analyse en substance ?

D. Comptabilisation des partenariats

Joint operation

15375 Le coparticipant doit comptabiliser les éléments suivants au titre de ses intérêts dans une joint operation (IFRS 11.20) :
- ses actifs, y compris sa quote-part des actifs détenus conjointement, le cas échéant ;
- ses passifs, y compris sa quote-part des passifs assumés conjointement, le cas échéant ;
- sa quote-part des produits issus des ventes ;
- les charges qu'il a engagées, y compris sa quote-part des charges engagées conjointement, le cas échéant.

Pour la comptabilisation des intérêts dans une joint operation, voir nº 15450.

Cette méthode est proche de la méthode de comptabilisation des actifs contrôlés conjointement et des activités contrôlées conjointement selon l'ancienne norme IAS 31.

Lorsqu'un coparticipant acquiert des intérêts dans une joint operation qui constitue une activité au sens d'IFRS 3, il doit appliquer, à concurrence de sa quote-part, les principes de comptabilisation des regroupements d'entreprises établis selon IFRS 3 et selon d'autres normes IFRS, qui ne vont pas à l'encontre des dispositions d'IFRS 11, et fournir les informations qui y sont exigées pour les regroupements d'entreprises. Cette disposition s'applique aussi bien à l'acquisition des intérêts initiaux qu'aux acquisitions d'intérêts additionnels dans une joint operation qui constitue une activité au sens d'IFRS 3 (IFRS 11.21A).

Cette disposition s'applique également à la formation d'une joint operation si l'apport d'un des coparticipants au moment de la formation de la joint operation consiste en une activité (au sens d'IFRS 3) existante (IFRS 11.B33B). Toutefois, elle ne s'applique pas à l'acquisition d'intérêts dans une joint operation lorsque les coparticipants sont sous le contrôle ultime commun d'une ou plusieurs parties et que ce contrôle ultime n'est pas temporaire (IFRS 11.B33D).

Pour la définition d'une activité au sens d'IFRS 3, les principes de comptabilisation et l'information exigée pour les regroupements d'entreprises, voir nº 21353 s.

Parmi les principes de comptabilisation des regroupements d'entreprises qui ne vont pas à l'encontre des dispositions d'IFRS 11, la norme IFRS 11 mentionne (liste non exhaustive) (IFRS 11.B33A) :
- l'évaluation à la juste valeur des actifs identifiables et des passifs, sauf dans le cas des éléments particuliers pour lesquels IFRS 3 et d'autres IFRS prévoient des exceptions ;
- la comptabilisation en charges des frais connexes à l'acquisition dans les périodes au cours desquelles les coûts sont engagés et les services, reçus, à l'exception des coûts d'émission de titres d'emprunt ou de capitaux propres, qui doivent être comptabilisés selon IAS 32 et IFRS 9 ;
- la comptabilisation des actifs et des passifs d'impôt différé générés par la comptabilisation initiale des actifs ou des passifs, à l'exception des passifs d'impôt différé générés par la comptabilisation initiale du goodwill ;
- la comptabilisation du goodwill correspondant à l'excédent, le cas échéant, de la contrepartie transférée par rapport au solde net des montants, à la date d'acquisition, des actifs identifiables acquis et des passifs repris ;
- l'unité génératrice de trésorerie à laquelle un goodwill a été affecté doit faire l'objet d'un test de dépréciation au moins annuellement, ou lorsqu'il existe un quelconque indice que cette unité a pu se déprécier, comme l'exige IAS 36 pour un goodwill acquis dans un regroupement d'entreprises.

Lorsqu'un coparticipant accroît ses intérêts dans une joint operation qui constitue une activité (au sens d'IFRS 3), et qu'il en conserve le contrôle conjoint, les intérêts détenus antérieurement dans la joint operation ne sont pas réévalués (IFRS 11.B33C).

Les intérêts précédemment détenus par un coparticipant dans une joint operation qui constitue une activité (au sens d'IFRS 3) ne doivent pas être réévalués lorsque le coparticipant en obtient le contrôle conjoint (IFRS 11.B33CA).

En outre, en janvier 2016, l'IFRS IC a confirmé que, lorsqu'un coparticipant obtient le contrôle ou le contrôle conjoint d'une joint operation qui ne constitue pas une activité (au sens d'IFRS 3), les intérêts précédemment détenus par le coparticipant dans les actifs et les passifs de la joint operation ne doivent généralement pas être réévalués (IFRIC Update 01/16).

Par ailleurs, l'IASB a discuté d'une requête de l'IFRS IC concernant la nécessité ou non de réévaluer à la juste valeur les intérêts conservés dans une joint operation lorsque l'investisseur cède un groupe d'actifs à une joint operation dans laquelle il devient coparticipant ou simple partenaire (IASB Update 10/15). Aucune décision n'a été prise lors de cette discussion. L'IFRS IC a observé qu'une telle transaction présente des similitudes avec la vente ou la contribution d'actifs à une joint venture ou à une entreprise associée, thème qui fait désormais partie du projet « Equity Method » mené par l'IASB (voir nº 15650).

Joint venture

15377 Le coentrepreneur doit comptabiliser ses intérêts dans une joint venture selon la méthode de la mise en équivalence conformément à la norme IAS 28. Participations dans des entreprises associées et des joint ventures (voir nº 15552 s.), sauf si l'entité est exemptée de l'application de la méthode de la mise en équivalence selon les dispositions de cette norme (IFRS 11.24).

Pour la mise en œuvre de la méthode de la mise en équivalence, voir nº 15563.

La méthode de l'intégration proportionnelle n'est plus autorisée. Toutefois, pour la possibilité de continuer à intégrer proportionnellement les joint ventures au niveau de l'information sectorielle, voir nº 15456.

E. Informations à fournir

15385 Les informations à fournir au titre des intérêts détenus dans les partenariats sont traitées par la norme IFRS 12, Informations à fournir sur les intérêts détenus dans d'autres entités, voir nº 24501 s.

QUESTIONS/REPONSES PRATIQUES

Remarque importante

15400 Les réponses aux questions présentées ci-après résultent de l'analyse des dispositions de la norme IFRS 11, Partenariats, en vigueur actuellement, sur la base des informations disponibles au 31 décembre 2023.

Pour des informations sur les « Post-implementation Review » (PIR) des normes IFRS 10, IFRS 11 et IFRS 12, voir nº 15101.

Evolution possible des réponses Les réponses apportées dans les développements ci-après ne prennent pas en compte les projets en cours de discussion à l'IASB et les amendements publiés non entrés en vigueur suivants :

1. **Projet d'amendement de la norme IAS 28 « Equity Method »** : voir n° 15650.
2. **Amendements des normes IFRS 10 et IAS 28, Vente ou apport d'actifs entre un investisseur et une entreprise associée ou une joint venture** : voir n° 15592.

A. Champ d'application

Accords visés par IFRS 11

15401 ***Question***

Quels sont les accords visés par la norme IFRS 11 ?

Réponse

Tous les partenariats, c'est-à-dire les accords en vertu desquels deux partenaires (ou plus) partagent le contrôle d'une activité économique, qu'elle soit menée ou non au sein d'une structure financière distincte de celle des partenaires.

Pour que l'accord soit qualifié de partenariat, les deux conditions suivantes doivent être remplies :
- les partenaires sont liés par un accord contractuel définissant les modalités d'implication des partenaires dans l'activité ; et
- cet accord confère aux partenaires le contrôle conjoint de l'activité.

Pour la définition du contrôle conjoint, voir n° 15405.

Commentaires :

1. **Champ d'application de la norme IFRS 11** La norme IFRS 11 s'applique à toutes les entités qui sont partenaires d'un accord conjoint (partenariat) et ce, que l'activité soit logée au sein d'une structure financière distincte (quelle qu'en soit la forme) ou non (IFRS 11.3).

2. **Existence d'un contrat** Pour que l'accord soit qualifié de partenariat au sens d'IFRS 11, les partenaires doivent être liés par un accord contractuel. Cet accord prend, en principe, la forme d'un contrat écrit mais il peut être formalisé de différentes manières (IFRS 11.B2).

Le partenariat peut, par exemple, être un contrat spécifique conclu entre les partenaires ou un procès-verbal relatant les discussions entre les partenaires (IFRS 11.B2). Il peut également être inclus dans les statuts, charte ou autres actes constitutifs de l'entité (IFRS 11.B3).

Le contrat définit les modalités d'implication des partenaires dans l'activité, objet de l'accord. Il définit en règle générale (IFRS 11.B4) :
- l'objet, l'activité et la durée du partenariat ;
- la manière dont les membres de l'organe de direction sont nommés ;
- le processus de prise de décisions : les sujets qui requièrent les décisions des partenaires, les droits de vote des partenaires, ainsi que les règles de majorité ;

Remarque C'est le mode de prise de décision ainsi que la manière dont les membres de l'organe de direction sont nommés qui établissent le contrôle conjoint.

– la participation au capital (ou autres contributions) des partenaires ;
– la manière dont les partenaires se partagent les actifs, les passifs, le chiffre d'affaires, les dépenses ou le résultat provenant du partenariat.

3. **Contrôle conjoint de l'activité, objet de l'accord** L'accord doit conférer aux partenaires le contrôle conjoint de l'activité. Le contrôle conjoint est le partage du contrôle d'une activité économique par deux partenaires (ou plus) en vertu d'un contrat. Il existe lorsque les décisions sur les activités pertinentes nécessitent le consentement unanime des partenaires (IFRS 11.A et .7).

Pour la définition du contrôle conjoint et des activités pertinentes, voir n° 15405.

Remarque Des parties peuvent être impliquées dans un partenariat sans pour autant exercer un contrôle conjoint sur ce partenariat (IFRS 11.11).

Exemple *A et B décident de créer un partenariat (société J). Une des clauses des statuts de l'entité J stipule que tous les actionnaires doivent unanimement se mettre d'accord sur les décisions relatives aux activités pertinentes de J.*

A et B n'ont signé aucun autre contrat pour gérer les activités de J.

Solution de l'exemple *Même si A et B n'ont pas signé de contrat de joint venture distinct, la société J répond à la définition d'un partenariat entrant dans le champ d'application d'IFRS 11.*

En effet, les clauses prévues dans les statuts suffisent à démontrer l'existence d'un partenariat dès lors qu'elles engagent légalement les partenaires. De plus, les statuts confèrent à A et B le contrôle conjoint sur J.

B. Contrôle conjoint

1. Définition du contrôle conjoint

Définition générale du contrôle conjoint

15405 ***Question***

Qu'est-ce que le contrôle conjoint ?

Réponse

Le contrôle conjoint est le partage contractuel du contrôle d'une activité économique.

Pour qu'il y ait contrôle conjoint d'une activité, il convient de vérifier que, grâce au processus décisionnel convenu entre les parties :
– les partenaires doivent agir de concert pour prendre les décisions relatives aux activités pertinentes de l'entité ou de l'activité économique, ce qui leur en confère ensemble le contrôle ; et
– qu'aucun des partenaires n'est en mesure de contrôler unilatéralement l'activité.

Commentaires Le contrôle conjoint est le partage **du contrôle** d'une activité par deux partenaires (ou plus) en vertu d'un contrat. Il existe lorsque les décisions relatives aux **activités pertinentes** nécessitent le consentement unanime des partenaires (IFRS 11.7).

La notion de contrôle citée par IFRS 11 correspond à celle définie par IFRS 10, Etats financiers consolidés (IFRS 11.B5). Un investisseur contrôle une entité lorsqu'il est exposé ou a des droits sur des rendements variables du fait de son implication dans l'accord et lorsqu'il est capable d'avoir une influence sur ces rendements du fait de son pouvoir sur l'accord (IFRS 10.A).

Les activités pertinentes sont définies dans la norme IFRS 10 comme étant les activités qui affectent significativement les rendements du partenariat (IFRS 10.A).

Ainsi, pour qu'il y ait contrôle conjoint d'une activité, il convient de vérifier (IFRS 11.B6) :

- dans un premier temps, si tous les partenaires (ou un groupe de partenaires), considérés collectivement, contrôlent l'accord, c'est-à-dire s'ils doivent agir collectivement pour diriger les activités pertinentes de l'accord (contrôle collectif) (IFRS 11.8) ;
- dans un second temps, si les décisions relatives aux activités pertinentes nécessitent le consentement unanime des partenaires qui contrôlent collectivement l'accord (IFRS 11.9).

Ainsi, un partenaire qui contrôle conjointement un accord peut toujours empêcher les autres partenaires de contrôler unilatéralement l'accord (i.e. les empêcher de prendre des décisions relatives aux activités pertinentes de l'accord sans son consentement). En revanche, si le consentement unanime n'est exigé que pour les décisions protectives (i.e. liées à des changements fondamentaux des activités ou qui s'appliquent dans des circonstances exceptionnelles, IFRS 10.B26), le partenaire n'exerce pas le contrôle conjoint de l'activité (IFRS 11.10 et .B9).

Pour la notion de droits protectifs telle que définie par IFRS 10, voir n° 15016.

Ainsi, par exemple, le contrôle conjoint pourra être démontré lorsque deux partenaires détiennent chacun 50 % des droits de vote et les décisions relatives aux activités pertinentes doivent être prises à la majorité simple des droits de vote.

De même, si les règles de majorité concernant les décisions liées aux activités pertinentes requièrent un vote à l'unanimité des partenaires et prévoient, en cas de blocage sur ces décisions, le recours à un arbitre, le contrôle conjoint ne sera alors pas remis en cause (IFRS 11.B10).

En revanche, lorsque le minimum de droits de vote nécessaire pour approuver une décision peut être obtenu selon des combinaisons différentes de vote des participants, le contrôle conjoint n'existe pas (contrôle « tournant »). Sauf toutefois si l'accord précise quels sont les partenaires devant obligatoirement se mettre d'accord sur l'ensemble des décisions liées aux activités pertinentes du partenariat (IFRS 11.B6 et .B8 ; voir Exemple 1 ci-après).

Décision de l'ESMA L'ESMA a remis en cause la conclusion d'un contrôle conjoint par un émetteur sur cette base. Dans le cas considéré, l'émetteur détient 42 % d'une entité, le reste étant détenu par 8 autres investisseurs. Statutairement, il peut nommer 5 administrateurs sur 12. Les décisions liées aux activités pertinentes de l'entité nécessitent l'approbation des deux tiers des administrateurs. Puisqu'aucune de ces décisions ne peut être prise sans son accord, l'émetteur a conclu au contrôle conjoint sur l'entité. Cependant, l'ESMA a relevé que selon IFRS 11, le contrôle conjoint ne peut être conclu dans les situations où le pouvoir peut être exercé par plusieurs combinaisons d'investisseurs (EECS/0117-02, 10/17).

L'appréciation du contrôle conjoint nécessite de prendre en compte tous les faits et circonstances (IFRS 11.12). En outre, tout changement des faits et circonstances doit donner lieu à une nouvelle appréciation du contrôle conjoint de l'accord (IFRS 11.13).

Exemple 1 *Une entité J est détenue par 4 entités A, B, C et D détenant chacune 25 % des droits de vote. Les accords contractuels prévoient qu'au moins 75 % des droits de vote sont nécessaires pour prendre une décision relative aux activités pertinentes de J.*

Solution de l'exemple 1 *L'entité J n'est pas contrôlée conjointement par A, B, C et D. En effet :*

- certes, aucun partenaire ne peut prendre seul les décisions relatives aux activités pertinentes ;

- mais A, B, C et D contrôlent collectivement l'accord et l'approbation des décisions peut se faire selon diverses combinaisons de 3 ou 4 partenaires.

En conséquence, A, B, C et D sont présumés exercer chacun une influence notable sur J.

Remarque S'il existait un accord entre A, B et C stipulant qu'ils doivent agir tous les trois de concert pour les prises de décisions relatives aux activités pertinentes de J, A, B et C exerceraient le contrôle conjoint de J. D serait présumé exercer seul une influence notable sur J.

Exemple 2 *Une entité J est détenue par 2 entités A et B à hauteur respectivement de 51 % et 30 % des droits de vote et par d'autres investisseurs à hauteur collectivement de 19 % des droits de vote. Selon les statuts de J, les décisions relatives à ses activités pertinentes doivent être approuvées à la majorité des trois quarts.*

Solution de l'exemple 2 *L'entité J est contrôlée conjointement par A et B car ils détiennent collectivement 81 % des droits de vote et aucune décision relative aux activités pertinentes de J ne peut être prise sans leur accord commun. En outre, A ne contrôle pas J car il ne peut prendre seul les décisions relatives aux activités pertinentes de J, lesquelles doivent être prises à la majorité des trois quarts.*

Accord contractuel de partenariat et participation au contrôle conjoint

15408 ***Question***

Toutes les parties signataires d'un partenariat exercent-elles nécessairement le contrôle conjoint sur celui-ci ?

Réponse

Non. Pour qu'une partie signataire exerce le contrôle conjoint sur le partenariat, les décisions relatives aux activités pertinentes de celui-ci doivent nécessairement être prises avec son accord.

Commentaires Les parties signataires d'un partenariat ne participent au contrôle conjoint de celui-ci que si les décisions relatives à ses activités pertinentes ne peuvent se prendre qu'avec leur consentement. Elles disposent ainsi à plusieurs d'un droit substantif sur l'activité contrôlée conjointement. En effet, ces décisions doivent être prises à l'unanimité par les parties partageant le contrôle (IFRS 11.7).

Selon la norme IFRS 10, un droit est substantif dès lors que son détenteur a la capacité pratique de l'exercer au moment où les décisions relatives aux activités pertinentes doivent être prises, voir nº 15016.

Si le consentement unanime n'est exigé que pour les décisions conférant des droits protectifs, le partenaire n'exerce pas le contrôle conjoint de l'activité (IFRS 11.B9).

Selon la norme IFRS 10, les droits protectifs sont liés à des changements fondamentaux des activités ou s'appliquent dans des circonstances exceptionnelles (voir nº 15016).

Ainsi, un accord peut être un partenariat dans le champ d'application d'IFRS 11, même si certains partenaires n'exercent pas le contrôle conjoint sur l'activité du partenariat.

La norme IFRS 11 distingue les partenaires qui exercent le contrôle conjoint sur un partenariat (les « joint operators » ou « joint venturers ») et les autres partenaires qui n'exercent pas le contrôle conjoint (IFRS 11.11).

Si une partie prenante à un partenariat ne participe pas au contrôle conjoint, il convient d'apprécier si elle exerce une influence notable sur l'activité du partenariat, objet de l'accord conjoint.

Exemple *Une entité D est détenue par 3 entités A, B et C détenant respectivement 60 %, 30 % et 10 % des droits de vote. A et B ont signé un accord selon lequel les décisions relatives aux activités pertinentes de D doivent être prises à l'unanimité des deux partenaires A et B.*

Solution de l'exemple *A et B exercent le contrôle conjoint sur D. En effet, l'accord signé entre A et B stipule que les décisions relatives aux activités pertinentes de l'entité D nécessitent l'accord unanime de A et B.*

En outre, bien que C soit partenaire de l'accord, il n'exerce pas le contrôle conjoint puisque les décisions relatives aux activités pertinentes de D peuvent être prises sans son accord.

Il conviendra d'apprécier la nature de la participation détenue par C (participation conférant l'influence notable ou actif financier).

Appréciation de l'existence d'un réel contrôle conjoint

15411 ***Question***

Comment, en pratique, apprécier l'existence d'un réel contrôle conjoint des partenaires ?

Réponse

La seule dénomination légale de joint venture ne suffit pas à démontrer l'existence d'un accord conjoint. L'existence d'un accord constitue une condition nécessaire mais pas suffisante pour établir le contrôle conjoint.

Pour qu'il y ait un contrôle conjoint, tous les partenaires doivent agir ensemble pour diriger les activités qui ont une incidence importante sur les rendements et chaque partenaire doit avoir la capacité d'empêcher les autres partenaires de contrôler l'accord.

Cette appréciation du contrôle conjoint nécessite l'analyse non seulement des termes de l'accord contractuel et des activités pertinentes, mais également de tous les faits et circonstances pertinents.

Par exemple, un déséquilibre entre les droits et obligations des différents partenaires (conditions de sortie, modalités de partage des intérêts résiduels, etc.) pourrait démontrer l'absence de contrôle conjoint.

Commentaires :

1. Existence d'un accord : condition nécessaire pour établir un contrôle conjoint, mais pas toujours suffisante

Pour la forme contractuelle de l'accord conjoint, voir n° 15401.

Pour que les parties signataires d'un accord contractuel exercent un contrôle conjoint, elles doivent agir ensemble pour diriger les activités pertinentes et chaque partenaire doit avoir la capacité d'empêcher les autres partenaires de contrôler unilatéralement cette entité ou activité (IFRS 11.10 et .B9).

Remarque La capacité d'empêcher les autres partenaires de contrôler unilatéralement l'accord est appréciée qu'elle soit ou non effectivement exercée.

Deux partenaires pourraient ainsi, par exemple, exercer un contrôle conjoint sur une entité même si l'un des deux assure la gestion opérationnelle de l'entité et détient le savoir-faire technologique, dès lors que l'autre détient des droits de veto substantifs sur les décisions concernant les activités pertinentes et ce, même s'il ne les exerce pas effectivement.

Ainsi, le fait pour un partenaire de ne pas exercer son « droit de veto » ou de ne pas participer effectivement aux prises de décisions sur les activités pertinentes :
- ne peut être considéré comme une remise en cause du contrôle conjoint dès lors que ce partenaire conserve la possibilité contractuelle de participer effectivement à ces prises de décision ;
- ne peut être considéré comme un indicateur de contrôle exclusif par le partenaire qui assure la gestion opérationnelle et/ou qui détient le savoir-faire technologique.

En cas de doute, il convient, à notre avis, d'analyser les modalités de gouvernance du partenariat, afin (IFRS 11.B6) :
- d'identifier les activités pertinentes relatives à l'entité ou à l'activité sous contrôle conjoint (voir point 2. ci-après) ; et
- de s'assurer que les décisions relatives à ces activités pertinentes nécessitent réellement le consentement unanime des partenaires (voir point 3. ci-après).

2. **Identification des activités pertinentes qui nécessitent le consentement unanime des partenaires** Les activités pertinentes sont définies par la norme IFRS 10. Il s'agit des activités qui influencent significativement les rendements de l'activité, objet de l'accord conjoint. Afin de déterminer quelles sont les activités pertinentes dans un accord, il convient d'examiner systématiquement tous les faits et circonstances relatifs à chacune des situations rencontrées.

3. **Appréciation de la capacité d'empêcher les autres partenaires de contrôler l'entité** Pour conclure au contrôle conjoint, il convient de s'assurer que le « droit de veto » dont bénéficient les partenaires est un droit substantif. Ainsi, aucune décision relative aux activités pertinentes ne doit pouvoir être prise sans leur consentement.

Selon la norme IFRS 10, un droit est substantif dès lors que son détenteur a la capacité pratique de l'exercer au moment où les décisions relatives aux activités pertinentes doivent être prises, voir nº 15016.

Décision de l'ESMA L'ESMA a considéré le cas d'une entité dans laquelle l'émetteur détient 49,5 % du capital, le reste étant détenu par un autre investisseur. L'émetteur ne peut nommer que 2 administrateurs sur 5 dans le conseil d'administration. Cependant, il dispose d'un droit de veto sur les décisions liées aux activités pertinentes de l'entité (budget, business-plan, investissements, etc.). L'ESMA a conclu que ce droit de veto est un droit substantif et que l'émetteur détient ainsi le contrôle conjoint sur l'entité, puisque les décisions structurantes de l'entité ne peuvent être prises sans l'accord unanime de ses deux actionnaires (EECS/0117-04, 10/17).

Si ce droit ne lui confère que des droits protectifs, le partenaire ne partage pas le contrôle de l'entité (IFRS 11.10 et .B9).

Selon la norme IFRS 10, les droits protectifs sont liés à des changements fondamentaux des activités ou s'appliquent dans des circonstances exceptionnelles (IFRS 10.B26).

La capacité d'empêcher les autres partenaires d'avoir le contrôle de l'entité doit être appréciée non seulement au regard des termes de l'accord contractuel et de la gouvernance de l'activité économique, objet de l'accord, mais également en tenant compte de tous les faits et circonstances pertinents mettant en évidence un déséquilibre entre les droits et obligations des différents partenaires.

Il est essentiel, à cet égard, de comprendre l'économie globale de la création et du fonctionnement de l'entité ou de l'activité.

Par exemple, les partenaires n'ont aucune raison d'assumer un risque ni de bénéficier d'avantages qui ne seraient pas proportionnels à leurs intérêts dans l'activité économique et ce, sans contrepartie.

Dans tous les cas, et surtout lorsque la transaction ne semble pas équilibrée, il convient à notre avis :

a. de s'assurer de la connaissance de tous les éléments du contexte et notamment de l'ensemble des accords mis en place dans le cadre du partenariat (accord conjoint mais aussi contrats, statuts et pactes d'actionnaires, etc.) ;

A ce titre, l'existence de clauses contractuelles précisant la nature du contrôle ou de l'influence exercés par chacun des partenaires ne constitue pas une démonstration du contrôle conjoint tel que défini sur le plan comptable.

b. de réaliser un examen scrupuleux des droits et obligations des partenaires, notamment concernant :
- les conditions de sortie du partenariat, voir n° 15420 ;
- les modalités de partage des intérêts résiduels ;
- l'existence d'une éventuelle durée définie de l'activité objet de l'accord conjoint.

Dans le cas où cette analyse ne permettrait pas de mettre clairement en évidence le contrôle conjoint de l'activité économique, une analyse des autres faits et circonstances est requise notamment pour s'assurer qu'aucun des partenaires n'exerce un contrôle exclusif de cette activité.

En outre, en cas de changement dans les faits et circonstances et notamment de gouvernance au sein du partenariat, une nouvelle analyse doit être réalisée afin de vérifier que le contrôle conjoint demeure inchangé et que l'une ou l'autre des parties prenantes à l'accord conjoint n'a pas perdu le contrôle (IFRS 11.BC23).

2. Incidence de certaines situations sur l'existence d'un contrôle conjoint

Incidence sur le contrôle conjoint d'une option d'achat de titres octroyée à l'un des partenaires

15420 ***Question***

Une option d'achat de titres, auxquels des droits de vote sont attachés (call), octroyée à l'un des partenaires dans le cadre d'un accord conjoint, peut-elle remettre en cause le contrôle conjoint ?

Réponse

Oui, en règle générale, notamment lorsque :
- cette option d'achat confère à son détenteur un droit substantif, c'est-à-dire que le détenteur a la capacité pratique d'exercer ce droit lorsque les décisions concernant les activités pertinentes du partenariat doivent être prises ; et
- son exercice a pour effet de mettre fin à l'accord conjoint.

Commentaires Certains accords conjoints peuvent, en pratique, comprendre une clause (de sortie ou de « deadlock », par exemple) conférant à l'un des partenaires une option d'achat de titres de l'entité contrôlée conjointement dont l'exercice peut être réalisé immédiatement, ou ultérieurement, ou bien être conditionné à la survenance d'un événement futur.

Une telle clause peut remettre en cause le contrôle conjoint par les partenaires, notamment lorsque **l'option d'achat de titres de l'entité contrôlée conjointement** présente simultanément les caractéristiques suivantes :

Sur la définition et l'appréciation du contrôle conjoint, voir nº 15405 et 15411 respectivement.

1. **L'option porte sur des titres auxquels des droits de vote sont attachés** Elle confère ainsi, avant son exercice, des droits de vote potentiels à son détenteur.

Cette condition est généralement remplie.

2. **L'option d'achat confère à son détenteur un droit substantif** au sens de la norme IFRS 10, Etats financiers consolidés, c'est-à-dire que son détenteur a la capacité pratique d'exercer cette option lorsque les décisions relatives aux activités pertinentes du partenariat doivent être prises.

L'appréciation du caractère substantif peut s'avérer délicate. Il convient notamment d'analyser les termes et conditions de ces instruments (prix et période d'exercice) ainsi que les attentes, motivations, et raisons évidentes ayant conduit le partenaire à les accepter (IFRS 10.B48). Ceci suppose, en particulier, que cette option soit exerçable (ou devienne exerçable par le bénéficiaire de l'option) lorsque les décisions relatives aux activités pertinentes doivent être prises ; ce qui exclut les options dont l'exercice est conditionné par un événement indépendant de la seule volonté du bénéficiaire.

Ainsi, par exemple, une option d'achat exerçable uniquement dans une situation de blocage des décisions entre les partenaires ne sera pas considérée comme substantive si les situations de blocage visées sont explicitement décrites et prévues dans l'accord et impliquent le recours à un arbitre. En effet, une telle option ne peut pas être exercée immédiatement et à la seule initiative de son détenteur, les situations de blocage étant prédéfinies et le recours à un tiers étant nécessaire.

Par ailleurs, l'option conférera à son détenteur un droit substantif seulement s'il n'existe pas d'obstacles économiques ou autres (par exemple, pénalités ou incitations financières) pouvant créer une barrière financière qui empêcherait son détenteur d'exercer ses droits (IFRS 10.B23).

Cette analyse se fonde sur les dispositions d'IFRS 10 qui prévoient explicitement que les droits de vote potentiels substantifs doivent être pris en compte pour apprécier le contrôle (IFRS 10.B47).

Pour la définition des droits substantifs, voir nº 15016.

3. **L'exercice de l'option d'achat rend caduc l'accord conjoint** Indépendamment de l'incidence de ces options sur les droits de vote relatifs de chacun des partenaires, il convient d'examiner si l'exercice de telles options remettrait ou non en cause le partage du contrôle tel que décrit dans l'accord contractuel. En effet, le partage du contrôle du fait d'un contrat est le critère déterminant dans l'appréciation du contrôle conjoint (IFRS 11.5). En pratique, il convient de vérifier si l'exercice de ces options aurait pour effet de mettre fin à l'accord conjoint.

Ainsi, une option d'achat présentant de telles caractéristiques et détenue par un partenaire pourrait lui conférer le contrôle exclusif, l'autre (ou les autres) partenaire(s) n'ayant plus que l'influence notable.

Remarque La question de la remise en cause du degré de contrôle ne se pose pas en cas d'options de vente de titres. En effet, une telle option exerçable lorsque les décisions relatives aux activités pertinentes doivent être prises est sous le contrôle du vendeur et non de l'acquéreur. Ce dernier ne peut donc pas acheter les titres correspondants (et donc les droits de vote sous-jacents) lorsqu'il le souhaite.

Exemple *Les entités A et B interviennent dans le secteur de la pharmacie. En N, elles décident de créer à 50/50 une entité J de distribution de leurs produits en Asie. L'accord de joint venture prévoit que les décisions relatives aux activités pertinentes de l'entité J doivent être approuvées à la fois par A et B.*

En cas de désaccord entre A et B sur des sujets relatifs aux activités pertinentes de J, l'accord conjoint prévoit que :
- *l'entité A peut exercer une option d'achat sur la totalité des actions détenues par B ;*
- *l'entité B peut exercer une option de vente sur la totalité des actions qu'elle détient.*

Le prix d'exercice de l'option d'achat est basé sur la valeur de marché des titres à la date d'exercice.

Il n'existe pas de disposition dans le contrat prévoyant le recours à un arbitre.

L'exercice de ces options a pour effet la résiliation immédiate de l'accord conjoint.

Solution de l'exemple *A et B n'ont pas le contrôle conjoint de l'entité J.*
En effet, A détient des options d'achat de titres J :
- *lui conférant des droits de vote potentiels substantifs ;*

    A a la capacité pratique d'exercer son option car le prix d'exercice de l'option à la valeur de marché ne présente pas de caractère dissuasif pour A. En outre, A peut exercer son option immédiatement et à sa discrétion, les situations de désaccord ne contenant pas d'obligation de recourir à un arbitre. Ainsi, l'option peut être exercée lorsque les décisions relatives aux activités pertinentes de J doivent être prises.

- *dont l'exercice rend caduc l'accord contractuel.*

En conséquence, l'entité J est, à notre avis, contrôlée (exclusivement) uniquement par A, et ce dès l'exercice N.

Remarque Si l'exercice des options impliquait de recourir à une procédure arbitrale ou judiciaire, dont l'issue ne dépend pas du détenteur de l'option, l'entité J ne serait pas considérée comme contrôlée exclusivement par A, l'entité A n'ayant pas la capacité pratique d'exercer l'option lorsque les décisions concernant les activités pertinentes de J doivent être prises. L'entité J serait donc contrôlée conjointement par A et B.

Contrôle conjoint et partage des risques et avantages

15423 ***Question***

Le contrôle conjoint d'une entité est-il remis en cause lorsque l'un des partenaires bénéficie de la majorité des avantages ou assume l'essentiel des risques ?

Réponse

Non, à notre avis, dès lors que les décisions concernant les activités pertinentes doivent être prises à l'unanimité par les partenaires partageant le contrôle.

Commentaires A notre avis, le partage inégal des risques et avantages liés à une entité ou une activité économique ne remet généralement pas en cause l'existence d'un contrôle conjoint lorsque celui-ci est établi par un accord contractuel, quelle que soit la forme de cet accord (sur la forme de l'accord, voir nº 15401).

En effet, le contrôle conjoint est défini comme le partage, en vertu d'un contrat, du contrôle d'une activité économique et n'existe que si les prises de décisions relatives aux activités pertinentes de l'activité nécessitent le consentement unanime des partenaires parties prenantes à cet accord (IFRS 11.7).

Pour les activités pertinentes, voir nº 15012.

Cette définition ne fait aucune référence à la nécessité d'un partage équilibré des risques et avantages entre les partenaires et il est relativement fréquent que les pourcentages d'intérêts de chacun des participants au contrôle conjoint soient différents, sans pour autant que cela remette en cause l'existence d'un contrôle conjoint établi contractuellement.

Tel pourrait être le cas par exemple d'un partenariat où les partenaires détiennent respectivement 40 % et 60 % des parts d'une entité mais où les décisions relatives aux activités pertinentes sont toutes prises de manière unanime.

Toutefois, l'analyse au cas par cas de tous les faits et circonstances est indispensable pour apprécier si le partage inégal des risques et avantages remet en cause ou non le contrôle conjoint.

C. Classification des partenariats

Deux types de partenariats : joint ventures et joint operations

15430 ***Question***

Quels sont les deux types de partenariats définis par IFRS 11 et comment les distinguer ?

Réponse

La norme IFRS 11 définit deux types de partenariats :
- la joint venture (coentreprise) ; et
- la joint operation (activité conjointe).

La distinction entre ces deux catégories dépend de la nature des droits et des obligations des partenaires sur le partenariat dans le cadre normal de l'activité. Ainsi, si les partenaires ont des droits et des obligations sur l'actif net du partenariat, ce dernier sera une joint venture. En revanche, si les partenaires ont des droits directs sur les actifs et des obligations directes sur les passifs relatifs au partenariat, ce dernier sera une joint operation.

La norme propose une démarche d'analyse des droits et des obligations des partenaires pour déterminer la classification du partenariat. L'analyse nécessite de prendre en compte le modèle économique du partenariat ; la norme accorde une part importante à la teneur juridique des contrats.

Cette démarche est illustrée par le schéma ci-après :

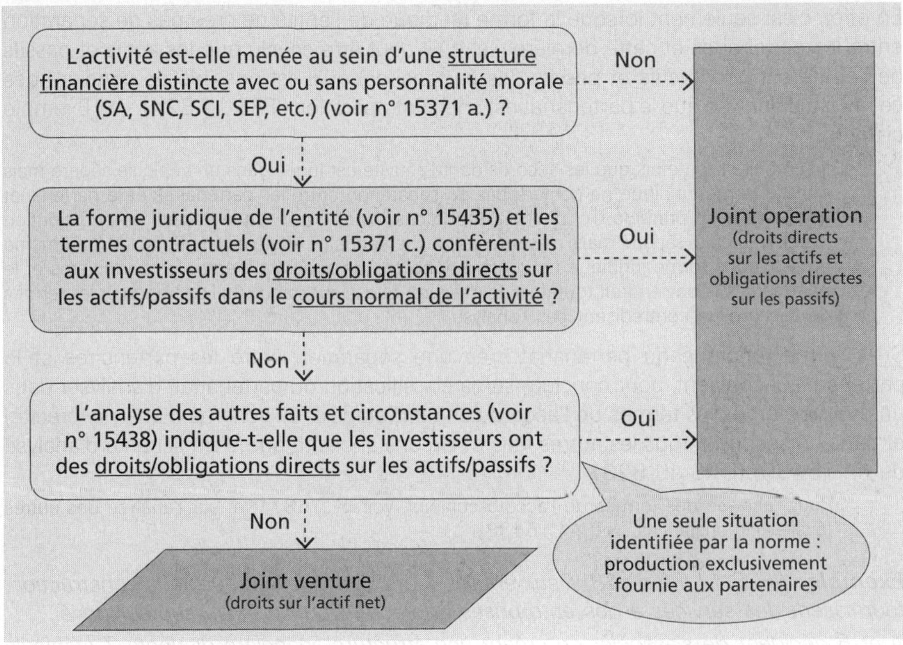

Forme juridique des partenariats

15435 ***Question***

Un partenariat dont la forme juridique crée une séparation entre les partenaires et le partenariat (cas d'une SA par exemple) peut-il être qualifié de joint operation ?

Réponse

Oui, mais ce sont des cas rares en pratique.

En effet, selon la norme IFRS 11, la forme juridique n'est pas prédominante. Ainsi, lorsque la forme juridique du partenariat confère une séparation entre les partenaires et le partenariat, il est possible que l'analyse des termes du partenariat et, s'il y a lieu, des autres faits et circonstances (étapes 2 et 3 du schéma au n° 15430) indique que les partenaires ont des droits sur les actifs et des obligations au titre des passifs relatifs à l'entité. Dans ce cas, le partenariat serait une joint operation.

Commentaires Selon la norme IFRS 11, la classification des partenariats nécessite une analyse en substance de l'accord pour déterminer si les partenaires ont des droits directs sur les actifs et des obligations directes sur les passifs relatifs à l'accord.

Lorsque la forme juridique du partenariat crée une séparation entre les partenaires et l'entité, il n'est pas possible de conclure immédiatement sur la classification en joint venture ou en joint operation.

Selon la norme IFRS 11, les partenariats logés dans une société anonyme par exemple ne sont pas systématiquement des joint ventures (voir Exemple au n° 15438).

En effet, c'est seulement lorsque la forme juridique de l'entité ne crée pas de séparation entre les partenaires et cette dernière (i.e. qu'il peut être conclu que les actifs et passifs de l'entité sont des actifs et passifs des partenaires) qu'il est possible de conclure dès ce niveau d'analyse que le partenariat est une joint operation (IFRS 11.B24), voir Exemple ci-après.

Il semblerait toutefois que les accords dont l'activité est logée dans un véhicule séparé mais dont la forme juridique ne confère pas de séparation entre les partenaires et le partenariat soient rares en pratique. Tel pourrait être le cas, à notre avis, de la société en participation (SEP), véhicule séparé mais n'ayant pas de personnalité morale, ni même de patrimoine propre, où la forme juridique ne confère donc pas de séparation entre les partenaires et le partenariat. Il conviendrait toutefois de s'assurer que la substance de l'opération et les termes de l'accord ne contredisent pas l'analyse.

Si la forme juridique du partenariat crée une séparation entre les partenaires et le partenariat, il convient, pour conclure sur la classification du partenariat, d'analyser dans un premier temps les termes de l'accord conjoint (étape 2 du schéma d'analyse précité) et dans un second temps les autres faits et circonstances (étape 3 du schéma d'analyse du nº 15430) (IFRS 11.B23).

Pour l'analyse des termes de l'accord conjoint, voir nº 15371, et sur l'analyse des autres faits et circonstances, voir nº 15438.

Exemple *(IFRS 11.IE2 à .IE8) Deux entités A et B, dans le secteur de la construction, fournissent des services à des entreprises du secteur public et du secteur privé.*

A et B décident de s'associer en créant une structure financière distincte Z (véhicule séparé) qu'ils contrôlent conjointement et dont l'objet est la construction d'une autoroute pour le compte de l'Etat, en réponse à un appel d'offres. Le contrat de construction de l'autoroute est signé par Z pour le compte de A et B.

Les actifs et passifs nécessaires à la construction de l'autoroute sont logés dans l'entité Z. La forme juridique de Z confère à A et à B des droits sur les actifs et des obligations sur les passifs de Z. En outre, les termes du partenariat précisent que :

- A et B ont des droits, proportionnels à leur pourcentage de participation dans Z, sur les actifs nécessaires à la construction de l'autoroute ;

- A et B ont une responsabilité solidaire et conjointe d'assumer, à hauteur de leur pourcentage de participation dans Z, tous les passifs opérationnels et financiers liés à l'activité de Z ; et

- le profit ou la perte de Z est partagé entre A et B à hauteur de leur pourcentage de participation dans Z.

La coordination et la supervision des travaux seront effectuées par une personne désignée, à tour de rôle, soit parmi les salariés de A, soit parmi les salariés de B. Z facturera l'Etat au nom des deux partenaires A et B.

Solution de l'exemple *L'activité de Z est logée au sein d'une structure financière distincte (véhicule séparé). Toutefois, la forme juridique ne confère pas une séparation entre les partenaires et cette entité. En conséquence, Z est une joint operation. Cette analyse est renforcée par l'analyse des termes de l'accord.*

Analyse des « autres faits et circonstances »

15438 ***Question***

Quels sont les autres faits et circonstances qui conduiraient à classer un partenariat en joint operation ?

Réponse

Lorsque l'analyse de la forme juridique puis des termes de l'accord (étape 2, voir n° 15430) ne permet pas de conclure sur le type de partenariat, il convient d'analyser les autres faits et circonstances (étape 3, voir n° 15430).

Cette analyse vise à déterminer si les partenaires ont des droits sur les actifs et des obligations sur les passifs relatifs au partenariat. Si tel est le cas, le partenariat sera une joint operation.

Par exemple, lorsque l'activité d'un partenariat est conçue essentiellement pour fournir sa production aux partenaires :
- les partenaires ont droit à la quasi-totalité des avantages économiques découlant des actifs du partenariat ;
- les passifs contractés par le partenariat sont, en pratique, remboursés grâce aux flux de trésorerie perçus lors de la vente de la production aux partenaires.

Le fait que les partenaires soient l'unique source de flux de trésorerie permet dès lors de démontrer que les partenaires ont une obligation sur les passifs relatifs au partenariat.

Commentaires Si les termes de l'accord ne viennent pas contredire la séparation créée par la forme juridique entre les partenaires et l'entité, il convient d'analyser les autres faits et circonstances afin de déterminer s'ils confèrent aux partenaires des droits directs sur les actifs et des obligations directes sur les passifs du partenariat (IFRS 11.B29).

La norme IFRS 11 a identifié notamment une situation permettant de conclure que les partenaires ont des droits sur les actifs et des obligations sur les passifs relatifs à l'accord. Il s'agit du cas où l'activité du partenariat est conçue essentiellement pour fournir sa production aux partenaires. Les partenaires auraient ainsi droit à la quasi-totalité des avantages économiques découlant des actifs du partenariat. Et les passifs contractés par le partenariat seraient, en pratique, remboursés grâce aux flux de trésorerie perçus lors de la vente de la production aux partenaires (IFRS 11.B31 et .B32).

L'analyse du partenariat pourrait être menée en répondant aux deux questions suivantes (IFRS 11.B33) :

- l'activité du partenariat est-elle conçue dans le but de fournir la production aux partenaires ?

  Il convient dans ce cas de s'assurer que le partenariat ne peut librement vendre sa production à des tiers (IFRS 11.B31).

- le partenariat est-il de ce fait systématiquement dépendant des flux de trésorerie apportés par les partenaires pour le paiement de ses passifs ?

Décision de l'ESMA L'ESMA a accepté le classement par un émetteur d'un partenariat en joint operation, du fait de ses caractéristiques spécifiques. Ainsi, le partenariat présente une structure financière distincte et ses termes contractuels ne spécifient pas que les partenaires ont des droits/obligations directs sur ses actifs/passifs. Cependant, la totalité de sa production est destinée aux partenaires, à un prix correspondant au coût de production plus une marge fixe. Le volume de la production est décidé dans le budget annuel du partenariat. Si les partenaires n'achètent pas leur quote-part de production budgétée, ils doivent verser au partenariat, en compensation, une indemnité correspondant au prix prévu au budget. En outre, le partenariat est exclusivement financé par les partenaires. L'ESMA a conclu que ces éléments indiquent que le partenariat s'inscrit bien dans le cas de figure envisagé dans IFRS 11.B32 et doit ainsi être qualifié de joint operation (EECS/0116-02, 07/16).

Précisions apportées par l'IFRS IC concernant l'appréciation de l'analyse des autres faits et circonstances lors de la classification des partenariats en joint venture ou joint operation :

1. A la suite d'une démarche d'« outreach » limité lancée en 2013 par l'IASB visant à recenser les difficultés d'application d'IFRS 11, l'IFRS IC s'est penché sur la classification des partenariats en joint venture ou joint operation, et notamment l'appréciation de l'analyse des autres faits et circonstances. Les discussions ont débuté en janvier 2014 et se sont poursuivies jusqu'en mars 2015. La principale question traitée visait à déterminer sur quelle base l'analyse des autres faits et circonstances doit être menée. Deux vues ont ainsi été présentées.

- Une vue restrictive selon laquelle l'analyse des autres faits et circonstances doit être menée uniquement sur une base légale et contractuelle. Autrement dit, seuls les droits et obligations dits « exécutoires » doivent être pris en compte.
- Une seconde vue élargie qui ne limite pas l'analyse des autres faits et circonstances aux seuls droits et obligations exécutoires. Selon cette vue, il convient également de prendre en compte l'objet social de l'entité, son modèle économique en lien avec celui des partenaires ainsi que leur implication dans l'activité.

Après quelques mois de discussions sur ce thème, l'IFRS IC a statué et retenu en mai 2014 la première vue, privilégiant ainsi une lecture stricte de la norme. Les autres faits et circonstances sont donc appréciés pour déterminer s'ils confèrent aux partenaires des droits sur les actifs et des obligations sur les passifs qui, par nature, s'imposent aux partenaires d'un point de vue juridique ou contractuel (notion d'« enforceable ») (IFRIC Update 05/14 s'appuyant sur IFRS 11.14 et .B30).

Dans ses recommandations en vue de l'arrêté des comptes 2014, l'AMF, après avoir rappelé cette précision apportée par l'IFRS IC, indique qu'en conséquence l'objet et la structuration de l'entité, le modèle économique ou l'expérience passée ne sont pas pris en compte dans l'analyse des autres faits et circonstances, sauf s'ils créent des droits et des obligations qui s'imposent aux partenaires d'un point de vue juridique ou contractuel (Rec. AMF 2014-13, Arrêté des Comptes 2014, § 2.2.1).

L'IFRS IC a précisé qu'il est indispensable de démontrer que les partenaires ont à la fois des droits directs sur les actifs et des obligations directes sur les passifs pour qualifier l'entité de joint operation. Concernant la nécessité d'avoir des droits sur les actifs, il est indispensable de démontrer que les partenaires ont accès à la totalité des avantages économiques bruts qui découlent des actifs (la production, par exemple) et qu'ils en supportent les risques associés (IFRS 11.B31 et .B32). Il n'est, en revanche, pas suffisant de démontrer qu'ils ont accès à une partie seulement des avantages économiques. L'IFRS IC a précisé qu'il est également nécessaire de démontrer qu'il existe, pour les partenaires, une obligation légale ou contractuelle de transférer des flux de trésorerie sur une base continue, permettant de régler les passifs du partenariat (IFRS 11.B14, .B32 et .B33). A défaut de pouvoir faire cette démonstration, le partenariat sera une joint venture et devra être comptabilisé par mise en équivalence.

Pour le cas des entités projet, voir n° 15439.

L'IFRS IC a conclu que les dispositions actuelles sont suffisamment explicites et détaillées pour ne pas nécessiter d'amendement ni d'interprétation de la norme IFRS 11 (IFRIC Updates 11/14 et 03/15).

La position de l'IFRS IC aboutit à une lecture très juridique des autres faits et circonstances. Sur cette base, il devrait donc y avoir très peu de joint operations pour les partenariats logés dans une entité juridique distincte, en dehors du seul exemple fourni par la norme (IFRS 11.B32, Exemple 5).

2. L'IFRS IC a également été interrogé afin de préciser comment l'analyse des autres faits et circonstances doit être appliquée à des situations spécifiques où l'activité du partenariat est conçue essentiellement pour fournir sa production aux partenaires (variantes de l'exemple fourni par IFRS 11.B32). Il a notamment été demandé à l'IFRS IC de préciser dans quelle mesure les éléments suivants peuvent affecter la classification du partenariat lors de l'analyse des autres faits et circonstances :

- production vendue aux partenaires à un prix de marché ;

  La question visait à déterminer si le fait que la production soit vendue aux partenaires à un prix de marché peut empêcher le partenariat d'être classé en joint operation lors de l'analyse des autres faits et circonstances. L'IFRS IC a précisé que le prix de vente en lui-même ne constitue pas un élément déterminant dans l'analyse et qu'il convient notamment de s'assurer que les flux de trésorerie provenant des partenaires, résultant à la fois de la vente de la production à un prix de marché et de toute autre obligation de financement, sont suffisants pour permettre de régler les passifs du partenariat sur une base continue. L'exercice du jugement est donc nécessaire afin de déterminer si, dans un tel cas, le partenariat est une joint operation.

- financement apporté au partenariat par un tiers ;

  A la question de savoir si l'apport d'un financement par un tiers peut remettre en cause la classification d'un partenariat en joint operation, l'IFRS IC a indiqué que cet élément, en lui-même, n'affecte pas la conclusion tant que les flux de trésorerie provenant des partenaires, résultant à la fois de la vente de la production et de toute autre obligation de financement, sont utilisés pour régler les passifs du partenariat. L'IFRS IC a précisé que, bien qu'une partie des passifs puisse être réglée par les flux de trésorerie provenant du financement externe, l'obligation de remboursement de ce financement sera assurée par les flux de trésorerie provenant des partenaires. Cette analyse n'est, par ailleurs, pas affectée par le fait que le financement externe soit apporté lors de la création du partenariat ou durant sa phase d'exploitation.

- nature de la production du partenariat (caractère fongible ou spécifique) ;

  L'IFRS IC a précisé que la nature de la production fournie aux partenaires (qu'elle soit fongible ou spécifique à leurs besoins) n'est pas un critère déterminant dans l'analyse des autres faits et circonstances, s'appuyant sur la nécessité de démontrer qu'il existe, pour les partenaires, une obligation de transfert de flux de trésorerie pour régler les passifs du partenariat qui résulte de leurs droits et obligations sur les actifs du partenariat, indépendamment de la nature de la production réalisée par ces actifs.

- notion de production « essentiellement » fournie aux partenaires.

  La question visait à clarifier s'il convient de déterminer que la production est essentiellement fournie aux partenaires sur la base des volumes de vente ou sur la base du chiffre d'affaires. S'appuyant sur IFRS 11.B31 et .B32, l'IFRS IC a rappelé qu'il est nécessaire de démontrer que les partenaires ont accès à la totalité des avantages économiques bruts qui découlent des actifs et que les passifs du partenariat sont réglés par les flux de trésorerie reçus des partenaires. De fait, la notion d'avantages économiques bruts est indissociable des flux de trésorerie provenant des partenaires, et qui résultent de leurs droits et obligations sur les actifs. Sur cette base, l'IFRS IC a clarifié que l'appréciation doit être menée sur la base du chiffre d'affaires (et non des volumes de vente).

  L'IFRS IC a conclu que les dispositions actuelles sont suffisamment explicites et détaillées pour ne pas nécessiter d'amendement ni d'interprétation de la norme IFRS 11 (IFRIC Update 03/15).

3. En outre, l'IFRS IC s'est penché sur la classification de deux partenariats présentant des caractéristiques similaires, à l'exception de leur forme juridique (l'un étant logé au sein d'une structure juridique distincte et l'autre non). L'IFRS IC a reconnu que l'application d'IFRS 11 pouvait conduire à classer ces partenariats différemment dans la mesure où la forme juridique, pouvant affecter la nature des droits et obligations des partenaires, est un élément pertinent dans la classification des partenariats. Toutefois, l'IFRS IC a précisé que, dans un tel cas, la différence de traitement comptable ne remettait pas en cause

le concept de « substance économique » d'IFRS 11 qui, selon l'approche retenue par la norme, vise à ce que la classification des partenariats reflète la nature des droits et obligations des partenaires.

L'IFRS IC a conclu que les dispositions actuelles sont suffisamment explicites et détaillées pour ne pas nécessiter d'amendement ni d'interprétation de la norme IFRS 11 (IFRIC Update 03/15).

Exemple

L'exemple ci-après, fourni par la norme, précise par ailleurs que le partenariat est conçu pour fonctionner au point mort. Cet élément n'est toutefois pas repris dans les paragraphes de la norme IFRS 11. Il s'agit à notre avis d'un élément important à prendre en compte lors de l'analyse car ce paramètre tend à confirmer que le partenariat n'assume aucun risque et notamment pas de risque lié au prix.

(IFRS 11.B32, Exemple 5) A et B décident de créer un partenariat, l'entité C, sous la forme d'une société avec personnalité morale.

A et B détiennent chacun 50 % de C. L'activité de C est la fabrication de matériaux que A et B utilisent au sein de leur propre processus de production. Le partenariat s'assure que A et B exploitent l'usine selon les spécifications quantitatives et qualitatives de A et B. Par ailleurs :

1. A et B ont décidé d'acheter conjointement 100 % de la production générée par C selon une proportion 50/50. C ne peut pas vendre sa production à des tiers sans l'approbation de A et de B ;
Ceci devrait rarement se produire en pratique, C ayant été créé par les partenaires pour répondre à leurs propres besoins.

2. le prix de vente des matériaux produits par C est fixé conjointement par les partenaires de façon à couvrir les coûts de production et les coûts administratifs engagés par C. C est réputé de ce fait fonctionner au point mort.

Solution de l'exemple *Compte tenu de la forme juridique de C (société avec personnalité morale), il existe une séparation entre les partenaires et C. En outre, les termes de l'accord ne précisent pas que A et B ont des droits sur les actifs et des obligations sur les passifs de C. L'analyse de la forme juridique et des termes de l'accord (étapes 1 et 2, voir n° 15430) conduit à considérer le partenariat comme une joint venture.*
Les partenaires doivent toutefois également tenir compte des autres faits et circonstances (points a. et b. ci-avant) :
– l'obligation pour A et B d'acheter la quasi-totalité de la production de C indique que C dépend exclusivement des partenaires pour la génération de ses flux de trésorerie. A et B ont donc l'obligation de financer le règlement des passifs de C ;
– le fait que A et B ont droit à la totalité de la production de C indique que A et B consomment la totalité des avantages économiques des actifs de C. A et B ont donc des droits sur la totalité des actifs de C.
Sur la base de l'analyse de ces autres faits et circonstances, il peut être déduit que C est une joint operation.

Remarque *La conclusion sur la classification du partenariat serait identique si les partenaires A et B décidaient de vendre leur quote-part de production à des tiers au lieu de l'utiliser dans leur processus de fabrication.*
En revanche, si les termes de l'accord étaient modifiés de telle sorte que C aurait la possibilité de vendre sa production à des tiers, C assumerait dans ce cas lui-même les risques liés à la demande, aux stocks et au crédit. Ces changements conduiraient à requalifier C en joint venture.

Cas des entités projet

15439 ***Question***

Les entités projet, et notamment celles créées pour les partenariats de grands projets de construction, peuvent-elles répondre à la qualification de joint operations ?

Réponse

Selon l'IFRS IC, l'analyse des autres faits et circonstances doit être menée uniquement sur une base légale et contractuelle. Autrement dit, seuls les droits et obligations dits « exécutoires » doivent être pris en compte. Il est donc fort probable qu'un partenariat logé dans une structure distincte soit une joint venture.

Commentaires :

1. **Principales caractéristiques des entités projet** Les entités projet ont un business model bien spécifique :

- elles sont généralement constituées pour exécuter un projet unique pour le compte des partenaires ;
- elles ont une durée de vie définie, avec un objet social spécifique (par exemple la construction d'un immeuble) ;
- à l'issue de la construction, le projet est vendu à des tiers et le partenariat est dissout. La trésorerie générée par la vente n'est pas réinvestie dans la structure mais remonte aux partenaires ;
- ces entités ne fonctionnent pas de manière autonome. Elles dépendent des partenaires à tout point de vue (financier, opérationnel, commercial ou encore managérial) ;
- les risques liés au projet sont assumés par les partenaires.

2. **Classification selon IFRS 11 des entités projet** L'application littérale d'IFRS 11 conduit à qualifier ces entités de joint ventures bien que la mise en équivalence ne permette pas de traduire la substance économique de ce type de partenariats. A la suite d'une démarche d'« outreach » lancée en 2013 par l'IASB visant à recenser les difficultés d'application d'IFRS 11, l'IFRS IC s'est penché sur la qualification des partenariats en joint venture ou en joint operation, et notamment l'appréciation des autres faits et circonstances.

Pour plus de détails, voir nº 15438.

La problématique se résume à la question de savoir si une entité projet peut être une joint operation sur la base de son « business model ». Après plusieurs mois de discussions, l'IFRS IC a statué et précisé, en mai 2014, qu'il est indispensable de démontrer que les partenaires ont à la fois des droits directs sur les actifs et des obligations directes sur les passifs pour qualifier l'entité de joint operation. Ainsi, il est nécessaire de démontrer que les partenaires ont, d'une part, accès à la quasi-totalité des avantages économiques bruts qui découlent des actifs (la production, par exemple) et, d'autre part, l'obligation d'acquérir ces avantages économiques et d'en supporter les risques associés. Il n'est, en revanche, pas suffisant de démontrer qu'ils ont accès à une partie seulement des avantages économiques. L'IFRS IC a également précisé qu'il est impératif de démontrer qu'il existe, pour les partenaires, une obligation légale ou contractuelle de transférer des flux de trésorerie sur une base continue, permettant de régler les passifs du partenariat (IFRS 11.B14, .B32 et .B33). A défaut de pouvoir faire cette démonstration, l'entité projet sera une joint venture et devra être comptabilisée par mise en équivalence.

Il n'est donc pas impossible qu'une entité projet soit qualifiée de joint operation, toutefois, en pratique, ces cas devraient être très rares. En effet, dans ce type de partenariats, les parties ont rarement des droits directs sur l'output ; elles ont plutôt des droits directs sur le produit de la vente de cet output, mais net des coûts de production.

Recommandations de l'AMF Dans ses recommandations en vue de l'arrêté des comptes 2014, l'AMF recommande de tenir compte de ces conclusions de l'IFRS IC pour l'analyse des droits et obligations résultant de l'activité d'entités projet. Elle recommande également que l'analyse effectuée soit détaillée dans l'annexe (Rec. AMF 2014-13, Arrêté des Comptes 2014, § 2.2.1).

D. Enjeux comptables, stratégiques et opérationnels d'IFRS 11

Conséquences du classement en joint operation ou en joint venture sur les états financiers du partenaire

15450 ***Question***

Quelles sont les conséquences du classement en joint operation ou en joint venture sur les états financiers du partenaire ?

Réponse

Si le partenaire détient des intérêts dans une joint operation, il doit constater sa participation dans cette activité selon une méthode qui, pour certains contrats, peut aboutir à un résultat proche de l'intégration proportionnelle (constatation de la quote-part des actifs, passifs, de chiffre d'affaires et de charges encourues, etc.). Pour d'autres contrats de nature différente, il pourra être nécessaire de constater 100 % de certains actifs et/ou de certains passifs, produits et/ou charges contrôlés ou assumés en totalité par l'un des partenaires. Au compte de résultat, la méthode aboutit généralement à constater des quotes-parts de produits et de charges.

Si le partenaire détient des intérêts dans une joint venture, les intérêts détenus dans une joint venture doivent être comptabilisés selon la méthode de la mise en équivalence. Ainsi, la quote-part de l'activité du partenaire dans la joint venture n'apparaît que sur une seule ligne du compte de résultat et sur une seule ligne à l'actif du bilan.

Commentaires Selon la qualification du partenariat en joint operation ou en joint venture, la comptabilisation sera différente.

1. **Si le partenaire (coparticipant) détient des intérêts dans une joint operation,** il doit comptabiliser, dans le respect des normes IFRS applicables (IFRS 11.20 et .21) :
- les actifs qu'il contrôle et/ou sa quote-part des actifs détenus conjointement ;
- les passifs assumés et/ou sa quote-part des passifs détenus conjointement ;
- les charges qu'il engage directement et/ou sa quote-part des charges encourues conjointement ;

– le chiffre d'affaires provenant de la vente ou de l'utilisation de sa quote-part de la production de la joint operation et/ou sa quote-part de chiffre d'affaires résultant de la vente de biens ou de services réalisés par la joint operation.

Un investisseur qui détient une participation dans une joint operation mais qui n'exerce pas le contrôle conjoint doit comptabiliser ses intérêts, de la même manière, dès lors qu'il a des droits sur les actifs et des obligations sur les passifs de la joint operation (IFRS 11.23).

Pour les modalités de comptabilisation d'une prise d'intérêts dans une joint operation, voir nº 15375.

En cas de vente ou d'apports d'actifs d'un coparticipant à une joint operation, le coparticipant devra comptabiliser les gains et pertes découlant de ces transactions seulement à hauteur des intérêts des autres parties à la joint operation (IFRS 11.B34).

Le coparticipant devra éliminer dans ses comptes (consolidés et individuels) le gain ou la perte correspondant à son intérêt dans la joint operation.

Par ailleurs, lors de cette transaction, si une perte de valeur des actifs devant être vendus ou apportés est identifiée, celle-ci devra être intégralement comptabilisée par le coparticipant (IFRS 11.B35).

En cas d'achat d'actifs à une joint operation, le coparticipant ne devra comptabiliser sa quote-part de résultat de cession réalisé par la joint operation que lors de la cession ultérieure de l'actif acheté (IFRS 11.B36).

En outre, si lors de la transaction une perte de valeur de l'actif devant être acheté est identifiée, le coparticipant devra comptabiliser immédiatement sa quote-part de ces pertes.

Remarque L'un des avantages de la qualification d'un partenariat en joint operation est que la quote-part du chiffre d'affaires est maintenue au niveau de l'état du résultat global.

En revanche, les termes de l'accord conjoint peuvent conduire à comptabiliser des dettes plus importantes au niveau du bilan du partenaire (constatation de 100 % de certains passifs contrôlés ou assumés en totalité par l'un des partenaires).

L'IFRS IC a traité certains sujets, détaillés ci-après, relatifs à la comptabilisation d'une joint operation :

Reconnaissance du chiffre d'affaires La question visait à clarifier si un partenaire dans une joint operation (coparticipant) doit comptabiliser le chiffre d'affaires provenant de la vente de sa quote-part de la production de la joint operation, tel que requis par IFRS 11.20d, lorsque la production est destinée aux partenaires. L'IFRS IC s'est penché sur le cas d'un partenariat, logé au sein d'une structure distincte, et qualifié de joint operation sur la base de l'analyse des autres faits et circonstances car la production est intégralement vendue aux partenaires proportionnellement à leurs droits sur les actifs (voir nº 15438). Dans un tel cas, l'IFRS IC a conclu qu'IFRS 11.20d ne trouvait pas à s'appliquer, les partenaires ne pouvant reconnaître du chiffre d'affaires envers eux-mêmes. Ces derniers reconnaîtront leur chiffre d'affaires uniquement lors de la revente à des tiers. Par conséquent, en application d'IFRS 11.20d, un coparticipant ne peut reconnaître de chiffre d'affaires au titre des ventes réalisées par la joint operation que sur les ventes à destination de tiers.

L'IFRS IC a conclu que les dispositions actuelles sont suffisamment explicites et détaillées pour ne pas nécessiter d'amendement ni d'interprétation de la norme IFRS 11 (IFRIC Update 03/15).

Dichotomie entre la quote-part de production achetée par les partenaires et leur détention capitalistique L'IFRS IC a été interrogé sur le traitement comptable à retenir lorsque la part de la production que les partenaires s'engagent à acheter est différente de leur détention capitalistique. Il a été considéré le cas d'un partenariat logé au sein d'une structure distincte dont la production est essentiellement vendue aux partenaires à un prix lui permettant de fonctionner au point mort. Le partenariat est classé en joint operation car il est considéré, sur la base des autres faits et circonstances, que les partenaires ont des droits et des obligations directs (IFRS 11.32, Exemple 5). La question visait à déterminer sur quelles bases les partenaires doivent comptabiliser leurs quotes-parts d'actifs, de passifs, de revenus et de charges, conformément à IFRS 11.20, lorsque la part de la production qu'ils s'engagent à acheter est différente de leur détention capitalistique et que l'accord contractuel ne fournit aucune indication. L'IFRS IC a indiqué qu'il était nécessaire de comprendre la raison de cette dichotomie, qui peut résulter de différents scenarios, et exercer son jugement afin de déterminer une comptabilisation appropriée.

L'IFRS IC a conclu que les dispositions actuelles de la norme IFRS 11 n'étaient pas suffisamment explicites pour traiter la comptabilisation d'une joint operation dans les circonstances décrites. Toutefois, l'IFRS IC a décidé de ne pas ajouter ce sujet à son agenda, notant qu'il serait nécessaire de mener une analyse plus approfondie afin de développer le guide d'application de la norme (IFRIC Update 03/15). Aucun calendrier n'a toutefois été déterminé concernant cette analyse.

Comptabilisation de la dette de location afférente à un contrat de location souscrit dans le cadre d'une joint operation mais contracté par un seul des coparticipants L'IFRS IC a été sollicité sur les modalités de comptabilisation de la dette de location relative à un contrat de location souscrit dans le cadre d'une joint operation mais contracté par un seul des coparticipants : ce dernier doit-il en comptabiliser la totalité ou bien uniquement sa quote-part dans la joint operation ?

Sur les modalités de comptabilisation d'un contrat de location par le preneur, voir Mémento IFRS nº 32972 s.

L'IFRS IC a conclu que le coparticipant seul signataire du contrat de location doit comptabiliser 100 % de la dette afférente à ce contrat. L'IFRS IC a également souligné l'importance de fournir une information adéquate à ce titre, permettant aux utilisateurs de ses états financiers de comprendre la nature et les effets de ses relations contractuelles avec la joint operation et les autres coparticipants en application notamment des dispositions d'IFRS 12.20a (IFRIC Update 03/19).

Reconnaissance du chiffre d'affaires par un coparticipant lorsque la production reçue de la joint operation et vendue par le coparticipant au cours d'une période comptable diffère de sa quote-part contractuelle dans le partenariat L'IFRS IC a été interrogé sur les modalités de reconnaissance du chiffre d'affaires relatif à une production issue d'une joint operation, lorsque la production effectivement reçue par le coparticipant au cours d'une période comptable diffère de la production à laquelle il a contractuellement droit. Dans le cas de figure soumis à l'IFRS IC, le coparticipant a le droit de recevoir une quote-part fixe de la production de la joint operation et il est obligé de payer une quote-part fixe des coûts de production qu'elle encourt. Pour des raisons opérationnelles, la production effectivement reçue par le coparticipant et vendue à ses propres clients au cours d'une période comptable est différente de la quote-part de production à laquelle il a contractuellement droit.

L'IFRS IC a conclu qu'un coparticipant doit reconnaître son chiffre d'affaires sur la base du seul chiffre d'affaires effectivement réalisé avec ses propres clients, conformément à IFRS 15, et non sur la base du pourcentage théorique auquel il a droit dans la production de la joint operation. Par conséquent, le coparticipant ne comptabilise pas de chiffre d'affaires sur la production à laquelle il avait droit mais qu'il n'a pas reçue de la joint operation et qu'il n'a donc pas pu vendre (IFRIC Update 03/19).

2. **Si le partenaire (coentrepreneur) détient une participation dans une joint venture,** il doit constater sa participation selon la méthode de la mise en équivalence, sauf s'il est exempté de l'application de cette méthode selon les dispositions d'IAS 28 (IFRS 11.24).

Sur la méthode de mise en équivalence, voir n° 15561 s.

Ainsi, dans le bilan, la quote-part des actifs/passifs sera présentée en net en titres mis en équivalence et au sein du compte de résultat, seule la quote-part du résultat des sociétés mises en équivalence apparaîtra (pour sa présentation, voir Mémento IFRS n° 54044 à 54048). En revanche, la contribution à l'endettement n'apparaît plus en tant que telle sur la ligne du bilan correspondante.

La norme IAS 1 précise par ailleurs que les autres éléments du résultat global provenant des sociétés mises en équivalence doivent être présentés sur deux lignes distinctes et répartis entre (IAS 1.82A) :
- ceux qui seront reclassés en résultat, lorsque certaines conditions seront remplies ; et
- ceux qui ne seront pas reclassés ultérieurement en résultat.

Pour plus de détails sur ce point, voir Mémento IFRS n° 53971.

Pour les pistes de réflexion liées à la suppression de l'intégration proportionnelle pour les joint ventures, voir n° 15456 et Mémento IFRS n° 54044.

Un suivi de la performance des joint ventures grâce à l'information sectorielle

15456 ***Question***

L'information sectorielle est-elle une réponse possible à la comptabilisation selon la méthode de la mise en équivalence des joint ventures requise par IFRS 11 ?

Réponse

Oui.

Même si la norme IFRS 12, Informations à fournir sur les intérêts dans d'autres entités, requiert de fournir en annexe des informations détaillées sur l'activité des joint ventures (voir n° 24520), les partenaires peuvent continuer à intégrer proportionnellement leurs joint ventures au niveau de l'information sectorielle si le suivi de la performance de ces joint ventures par le principal décideur opérationnel dans le reporting interne s'effectue selon ces modalités, conformément à IFRS 8.

Commentaires :

1. **Contexte et enjeux** Lorsque le partenariat est une joint venture, c'est-à-dire lorsque les partenaires ont des droits uniquement sur l'actif net du partenariat, la norme IFRS 11 impose l'utilisation de la méthode de la mise en équivalence, voir n° 15377.

Pour la distinction entre joint ventures et joint operations, voir n° 15365.

Les partenaires doivent présenter sur une seule ligne du compte de résultat leur quote-part du résultat des joint ventures.

2. **Quelles sont les informations à fournir pour les joint ventures comptabilisées selon la méthode de la mise en équivalence ?** Certes, la norme IFRS 12 prévoit de

fournir en annexe des informations détaillées sur l'activité des joint ventures significatives. Il s'agit notamment de communiquer, pour ces joint ventures, le montant global à 100 % (i.e. sans tenir compte de la quote-part d'intérêts détenus, IFRS 12.B14) du chiffre d'affaires, du résultat net et le montant des actifs et passifs courants et non courants, voir n° 24520.

Toutefois, les partenaires détenant des intérêts dans des joint ventures anciennement comptabilisées selon la méthode de l'intégration proportionnelle (telle qu'autorisée par l'ancienne norme IAS 31) peuvent avoir intérêt à continuer à intégrer proportionnellement leurs joint ventures au niveau de leur information sectorielle conformément à IFRS 8, Secteurs opérationnels.

3. **Quelles sont les possibilités offertes par IFRS 8, Secteurs opérationnels ?** La norme IFRS 8 permet de communiquer sur des indicateurs « non-GAAP » (i.e. non IFRS) dès lors que ceux-ci sont utilisés régulièrement par le principal décideur opérationnel de la société dans le cadre du reporting interne (IFRS 8.23).

Cela devrait être le cas lorsque les dirigeants suivent les performances des joint ventures plus finement qu'avec l'indicateur de la quote-part du résultat des sociétés mises en équivalence.

Pour les principes à respecter, voir Mémento IFRS n° 57935.

Si tel est le cas, le groupe pourrait par exemple communiquer sur un chiffre d'affaires incluant la quote-part de celui des joint ventures dans son information sectorielle fournie au sein de l'annexe aux états financiers, ainsi que dans les communiqués de presse, le rapport de gestion, etc.

Toutefois, s'agissant d'indicateurs non-GAAP, la norme IFRS 8 impose de fournir un rapprochement entre ces indicateurs tels que déterminés au niveau de l'information sectorielle et les comptes IFRS (IFRS 8.28).

Remarque Certains groupes qui mettent en équivalence leurs joint ventures depuis plusieurs années ont fait un choix différent. Ce choix est d'aligner leurs reportings interne et externe sur la mise en équivalence, ce qui sous-entend que les principaux décideurs opérationnels de ces groupes se contentent de suivre leurs joint ventures à l'aide d'une information très résumée dans leur reporting interne. Ce critère est donc celui déterminant pour la présentation de l'information sectorielle.

E. Augmentation ou diminution des pourcentages d'intérêts dans un partenariat

Variation de pourcentage d'intérêts dans une joint venture

15460 Pour les augmentations du pourcentage d'intérêts dans une joint venture avec maintien de la mise en équivalence, voir n° 23480.

Pour les diminutions du pourcentage d'intérêts dans une joint venture qui reste mise en équivalence, voir n° 23485.

CHAPITRE 3

Participations dans des entreprises associées et des joint ventures (IAS 28)

15550

Plan du chapitre

L'ESSENTIEL DE LA NORME IAS 28

Plan du chapitre (suite et fin)

L'ESSENTIEL DE LA NORME IAS 28

A. Généralités

15552 La norme IAS 28 vise à (IAS 28.1) :
- prescrire le traitement comptable des participations dans des entreprises associées ;
- exposer les dispositions relatives à la mise en œuvre de la méthode de la mise en équivalence, qui s'applique aux entreprises associées et aux joint ventures.

Remarques :
1. Une entreprise associée est une entité sur laquelle l'investisseur exerce une influence notable (IAS 28.3).
2. Une joint venture est un partenariat dans lequel les parties, qui exercent un contrôle conjoint sur l'entité, ont des droits sur l'actif net de celle-ci (IAS 28.3), voir nº 15367.

B. Influence notable

Définition

15555 L'influence notable est le pouvoir de participer aux décisions liées aux politiques financières et opérationnelles de l'entité détenue sans toutefois exercer un contrôle exclusif ou conjoint sur ces politiques (IAS 28.3).

Un investisseur est présumé exercer une influence notable sur une entité s'il détient, directement ou indirectement, 20 % ou plus des droits de vote de cette entité (IAS 28.5).

Cette présomption peut être réfutée s'il est clairement démontré que l'investisseur n'exerce pas d'influence notable.

S'il détient, directement ou indirectement, moins de 20 % des droits de vote dans l'entité, l'investisseur est présumé, à l'inverse, ne pas exercer d'influence notable.

Cette présomption peut toutefois être réfutée et une ou plusieurs des situations suivantes peuvent généralement démontrer l'influence notable (IAS 28.6) :
- représentation au sein du conseil d'administration ou de l'organe de direction équivalent de l'entité détenue ;
- participation au processus d'élaboration des politiques, et notamment aux décisions relatives aux dividendes et autres distributions ;
- transactions significatives entre l'investisseur et l'entité détenue ;
- échange de personnel dirigeant ;
- fourniture d'informations techniques essentielles.

Remarque Le contrôle exclusif d'un actionnaire sur une entité n'exclut pas nécessairement qu'un autre investisseur puisse disposer de l'influence notable sur cette même entité (IAS 28.5).

Prise en compte des droits de vote potentiels

15557 Les droits de vote potentiels (bons de souscription d'actions, options d'achat d'actions, etc.) doivent être pris en compte pour l'appréciation de l'influence notable s'ils sont actuellement exerçables ou convertibles par leur détenteur, et ce, qu'ils soient détenus par l'entreprise consolidante ou par des tiers (IAS 28.7).

Les droits de vote potentiels ne sont pas actuellement exerçables ou convertibles lorsque, par exemple, ils ne peuvent être exercés ou convertis qu'à une date future ou en cas de survenance d'un événement futur et incertain.

Pour apprécier si les droits de vote potentiels contribuent à l'existence d'une influence notable, il convient d'examiner tous les faits et circonstances qui affectent ces droits (conditions d'exercice par exemple), à l'exception des intentions de leur détenteur et de leur capacité financière à exercer ou convertir ces droits de vote potentiels (IAS 28.8).

Perte de l'influence notable

15559 Un investisseur perd l'influence notable sur une entité lorsqu'il perd le pouvoir de participer aux décisions liées aux politiques financières et opérationnelles de cette entité. La perte de l'influence notable ne coïncide pas nécessairement avec un changement du pourcentage d'intérêts dans l'entité (IAS 28.9).

La perte d'influence notable peut, par exemple, survenir lorsqu'une entreprise associée est soumise au contrôle des autorités publiques, d'un administrateur judiciaire ou d'un tribunal, ou encore à la suite d'un accord contractuel.

Pour les principes de comptabilisation d'une cession de titres d'une entreprise associée ou d'une joint venture induisant l'arrêt de l'application de la mise en équivalence, voir n° 23490.

C. Méthode de la mise en équivalence

15561 Un investisseur qui exerce une influence notable sur une entité ou un contrôle conjoint sur une joint venture doit comptabiliser sa participation dans l'entreprise associée ou la joint venture selon la méthode de la mise en équivalence, sauf lorsque les conditions d'exemption d'application sont satisfaites (IAS 28.16).

La norme IAS 28 fournit une liste précise d'exemptions (voir IAS 28.17 s.).
Pour le cas particulier des entités détenues par un organisme de capital-risque, voir n° 15567.

Mise en œuvre de la méthode de la mise en équivalence

15563 Selon la méthode de la mise en équivalence, la participation dans une entreprise associée ou une joint venture est comptabilisée initialement au coût, puis la valeur comptable de la participation est augmentée ou diminuée de la quote-part de l'investisseur dans le résultat net de l'entité détenue après la date d'acquisition (IAS 28.10).

Pour plus de précisions sur la comptabilisation des prises d'influence notable, voir n° 23456 s.

La quote-part de l'investisseur dans le résultat net de l'entité est comptabilisée dans le résultat net de l'investisseur, sur une ligne spécifique du compte de résultat.

Des ajustements de la valeur comptable de la participation peuvent également être nécessaires, au titre :
- des distributions reçues de l'entité détenue (dividendes, etc.) ;

Remarque En règle générale, la valeur comptable d'une participation mise en équivalence est réduite du montant des dividendes qu'elle distribue à l'investisseur.

La question se pose toutefois du traitement comptable d'une **distribution de dividendes pour un montant supérieur à la valeur comptable de la participation.** Dans ce cas, à notre avis, lorsque l'investisseur n'a aucune obligation de rembourser ce dividende à la société distributrice mise en équivalence, l'investisseur réduit la valeur comptable de la participation à zéro et constate l'excédent en profit.

Postérieurement à cette distribution, l'investisseur doit, à notre avis, faire un choix de méthode comptable sur la manière de comptabiliser sa quote-part dans les profits réalisés par l'entité mise en équivalence :
- soit immédiatement augmenter la valeur comptable de la mise en équivalence de cette quote-part de profits, puis mener un test de dépréciation de la participation (voir nº 15590) ;
- soit ne commencer à constater cette quote-part en augmentation de la valeur comptable de la mise en équivalence qu'une fois la distribution excédentaire absorbée par les profits ultérieurs.

La méthode comptable choisie doit être celle qui reflète le mieux les faits et circonstances.

- de la quote-part de l'investisseur dans les variations des autres éléments du résultat global de l'entité détenue.

Ces modifications sont comptabilisées dans les autres éléments du résultat global de l'investisseur (IAS 28.10).

La quote-part de l'investisseur dans les autres éléments du résultat global de l'entité est présentée sur deux lignes séparées distinguant (IAS 1.82Ab) :
- ceux qui ne seront pas reclassés ultérieurement en résultat ;
- ceux qui seront reclassés ultérieurement en résultat lorsque certaines conditions seront remplies.

En revanche, ces deux lignes distinctes ne seront pas détaillées en fonction de leur nature.

Remarque L'exposé-sondage « Equity method : share of other net assets changes » proposait d'amender la norme IAS 28 pour préciser la comptabilisation par l'investisseur des variations de l'actif net des entités mises en équivalence constatées directement dans les capitaux propres de ces dernières et correspondant, par exemple, à une émission d'actions au profit d'un tiers ou à un rachat d'actions auprès d'un tiers (ED/2012/3, 11/12). Toutefois, l'IASB avait finalement décidé de ne pas poursuivre ce projet. Cette problématique est désormais intégrée au projet « Equity Method » (voir nº 15650).

Incidence des droits de vote potentiels sur le pourcentage d'intérêts

15565 Les droits de vote potentiels ou autres instruments dérivés ne doivent pas être pris en compte dans le pourcentage d'intérêts sauf s'ils donnent accès, dès à présent, aux rendements liés aux titres de participation (IAS 28.12 et .13), par exemple, des options croisées d'achat et de vente exerçables à une même date future et dont le prix d'exercice est fixe.

Les droits de vote potentiels ou autres instruments dérivés qui ne donnent pas accès, dès à présent, aux rendements liés aux titres de participation dans une entreprise associée ou une joint venture doivent être comptabilisés selon la norme IFRS 9 (IAS 28.14).

Comptabilisation des autres instruments financiers dans une entreprise associée ou une joint venture

15566 La norme IAS 28 précise que la norme IFRS 9, Instruments financiers, s'applique à tous les autres instruments financiers dans une entreprise associée ou une joint venture auxquels la méthode de la mise en équivalence n'est pas appliquée, notamment les actifs financiers à long terme faisant partie de l'investissement net dans une entreprise associée ou une joint venture. IAS 28 précise également qu'IFRS 9 est d'abord appliquée à ces actifs, y compris les dispositions générales relatives à la dépréciation des actifs financiers, avant toute prise en compte des dispositions d'IAS 28 relatives à l'allocation des quotes-parts de pertes et des éventuelles pertes de valeur sur les entreprises mises en équivalence (IAS 28.14A).

Pour l'allocation des quotes-parts de pertes et des éventuelles pertes de valeur sur l'investissement net dans une entreprise associée ou une joint venture, voir nº 15588 et 15590.

Par ailleurs, lors de l'évaluation de ces actifs selon IFRS 9, il n'est pas tenu compte des ajustements de valeurs comptables induits par l'application d'IAS 28 (quotes-parts de pertes éventuelles de l'entreprise associée/joint venture ou charge de dépréciation de l'investissement net) (IAS 28.14A).

Afin d'illustrer l'interaction entre IFRS 9 et IAS 28, l'IASB a également publié un exemple d'application.

Pour la présentation au bilan des actifs à long terme faisant partie de l'investissement net dans une entreprise associée ou une joint venture, voir nº 15600.

Cas particulier des participations détenues par un organisme de capital-risque, un fonds commun de placement, une société d'investissement à capital variable ou une entité similaire

15567 Lorsque l'investisseur est un organisme de capital-risque, un fonds commun de placement, une société d'investissement à capital variable ou une entité similaire telle qu'un fonds d'assurance lié à des placements (ou lorsque la participation est détenue indirectement via une filiale qui est un organisme de ce type), il peut choisir de ne pas comptabiliser sa participation dans l'entreprise associée ou la joint venture selon la méthode de la mise en équivalence. En effet, IAS 28 autorise, dans ce cas, l'investisseur à comptabiliser sa participation à la juste valeur (avec constatation des variations de juste valeur en résultat) conformément à IFRS 9 (IAS 28.18).

Sur la possibilité de prendre en compte une prime ou une décote dans l'évaluation de la juste valeur d'une participation cotée sur un marché actif (et donc de se départir d'une évaluation égale au produit du cours de marché unitaire par la quantité de titres détenus), voir Mémento IFRS nº 13384, point 2.

Un exemple de fonds d'assurance lié à des placements est un fonds détenu par une entité en tant qu'élément sous-jacent d'un groupe de contrats d'assurance participatifs dits « directs ». Dans ce contexte, les contrats d'assurance comprennent les contrats d'investissement avec éléments de participation discrétionnaire (voir Mémento IFRS nº 66000R).

L'investisseur peut choisir d'appliquer cette exemption individuellement pour chaque participation dans une entreprise associée ou une joint venture, à la date de première comptabilisation de la participation (IAS 28.18).

Ainsi, le choix d'appliquer cette exemption n'est pas un choix de méthode comptable devant être appliqué à l'ensemble des participations dans les entreprises associées et les joint ventures de l'investisseur.

En outre, au sein d'un même groupe, une entreprise associée peut être détenue simultanément par deux types différents de filiales (IAS 28.19) :
- un organisme de capital-risque, un fonds commun de placement, une société d'investissement à capital variable ou encore une entité similaire telle qu'un fonds d'assurance lié à des investissements ;

Pour cette partie de la détention, l'investisseur a le choix de la comptabiliser :
- à la juste valeur selon IFRS 9, avec constatation des variations de juste valeur en résultat ; ou
- selon la méthode de la mise en équivalence telle que définie par IAS 28.

Ce choix est possible même si l'organisme de capital-risque (ou similaire) n'exerce pas l'influence notable sur cette partie de la détention mais que l'influence notable est démontrée par un autre lien de participation.

- et une entité opérationnelle plus « classique ».

Pour cette partie de la détention, l'investisseur doit la comptabiliser selon la méthode de la mise en équivalence telle que définie par IAS 28.

Cas particulier de l'application de la mise en équivalence à une entreprise associée ou une joint venture qui répond à la définition d'une société d'investissement

15568 Lorsqu'un investisseur détient une participation dans une entreprise associée ou une joint venture, qui répond à la définition d'une société d'investissement et qui détient elle-même des filiales, la question se pose de savoir s'il est possible de maintenir, lors de la mise en équivalence, l'évaluation à la juste valeur retenue par cette dernière pour évaluer ses participations. En effet, une société d'investissement doit évaluer la plupart de ses participations dans des filiales à la juste valeur, conformément à IFRS 9, avec constatation des variations de juste valeur en résultat (IFRS 10.31).

Pour plus de détails sur la définition d'une société d'investissement et la comptabilisation des entités contrôlées par une société d'investissement, voir n° 15188.

Ainsi, un investisseur a la possibilité, en appliquant la méthode de la mise en équivalence, de maintenir l'évaluation à la juste valeur utilisée par une société d'investissement pour ses propres participations (IAS 28.36A). Il s'agit d'une exception au principe d'harmonisation des méthodes comptables prévu par IAS 28.36, selon lequel il est nécessaire de comptabiliser des ajustements pour rendre les méthodes comptables de l'entreprise associée ou de la joint venture conformes à celle de l'investisseur (voir n° 15584).

L'investisseur n'a donc pas l'obligation de préparer des comptes consolidés au niveau de l'entreprise associée ou de la joint venture pour la mise en œuvre de la mise en équivalence car il bénéficie également de l'exemption de préparation de comptes consolidés applicable à l'entité mise en équivalence en raison de son statut de société d'investissement.

L'investisseur peut choisir d'appliquer cette exemption individuellement pour chaque participation dans une entreprise associée ou une joint venture, à la date la plus tardive, entre (i) la date de la première comptabilisation de la participation, (ii) la date à laquelle l'entreprise associée ou la joint venture devient une société d'investissement et (iii) la date à laquelle l'entreprise associée ou la joint venture devient une société mère (IAS 28.36A).

Ainsi, le choix d'appliquer cette exemption n'est pas un choix de méthode comptable qui doit être appliqué à l'ensemble des participations dans les entreprises associées et les joint ventures de l'investisseur.

Variations du pourcentage d'intérêts avec maintien de la méthode de la mise en équivalence : passage du contrôle conjoint d'une joint venture à l'influence notable (ou inversement)

15569 Selon IAS 28, le passage de l'influence notable au contrôle conjoint d'une joint venture (ou inversement) ne constitue pas un événement nécessitant une réévaluation des intérêts conservés à la juste valeur (IAS 28.BC30). En effet, la méthode de la mise en équivalence continue à être appliquée dans les deux cas (contrôle conjoint d'une joint venture ou influence notable). Ainsi (IAS 28.24) :

- en cas de passage de contrôle conjoint d'une joint venture à influence notable (par cession partielle de titres ou par modification de gouvernance), seul un résultat de cession partiel lié à la quote-part cédée doit être constaté en résultat, la quote-part conservée des titres ne devant pas être réévaluée à la juste valeur par résultat ;
- en cas de passage d'influence notable à contrôle conjoint d'une joint venture (par acquisition partielle de titres ou modification de gouvernance), la quote-part antérieurement détenue avant la prise de contrôle conjoint ne doit pas être réévaluée à la juste valeur par résultat.

De même, les gains et pertes comptabilisés directement en autres éléments du résultat global (« Other Comprehensive Income »/OCI) doivent être recyclés en résultat proportionnellement à la quote-part cédée (IAS 28.25).

Pour plus de précisions sur la comptabilisation des variations de pourcentage d'intérêts avec maintien de la méthode de la mise en équivalence, voir nº 23480 s.

Variations du pourcentage d'intérêts avec changement de méthode

15571 Passage d'entreprise associée ou de joint venture à filiale contrôlée exclusivement L'investisseur doit comptabiliser sa participation selon IFRS 3, Regroupements d'entreprises, et IFRS 10, Etats financiers consolidés (IAS 28.22). En conséquence, la quote-part antérieurement détenue doit être réévaluée à la juste valeur.

Passage d'entreprise associée ou de joint venture à actif financier selon IFRS 9 L'investisseur doit évaluer les intérêts conservés à leur juste valeur. Le résultat de cession correspond à la différence entre :

- la juste valeur des intérêts conservés et le produit de cession perçu ; et
- la valeur comptable de la participation.

En outre, tous les montants préalablement comptabilisés parmi les autres éléments du résultat global au titre de la participation dans une entreprise associée ou une joint venture doivent être comptabilisés par l'investisseur sur la même base que celle qui aurait été exigée si l'entité avait directement cédé les actifs ou passifs correspondants (IAS 28.22).

Ainsi, par exemple, les écarts de conversion comptabilisés en autres éléments du résultat global doivent être recyclés en résultat dès lors que l'investisseur cesse d'appliquer la méthode de la mise en équivalence.

Pour plus de précisions sur la comptabilisation des variations de pourcentage d'intérêts induisant l'arrêt de la méthode de la mise en équivalence, voir nº 23490 et 23760.

D. Classement des participations dans des entreprises associées ou joint ventures détenues en vue de la vente selon IFRS 5

15575 Un investisseur doit appliquer IFRS 5, Actifs non courants détenus en vue de la vente et activités abandonnées, à une participation dans une entreprise associée ou une joint venture qui répond aux critères de classement comme « détenue en vue de la vente » (IAS 28.20).

En outre, en cas de cession partielle, seule la quote-part des titres destinés à être cédés est reclassée en actifs destinés à être cédés tels que définis par IFRS 5 ; les titres destinés à être conservés continuant à être mis en équivalence jusqu'à la date de cession (IAS 28.20).

Ainsi, si un investisseur qui détient 25 % d'une entreprise associée s'est engagé à céder 5 % de ses titres, la cession étant hautement probable à la clôture, seuls les 5 % sont à traiter en actifs destinés à être cédés. Les 20 % destinés à être conservés continuent à être mis en équivalence jusqu'à la date de cession.

Conformément aux dispositions d'IFRS 5, les titres destinés à être cédés (5 % dans l'exemple) sont présentés sur une ligne distincte « actifs destinés à être cédés » au bilan de l'investisseur. Ils sont évalués au minimum de leur valeur comptable et de leur juste valeur nette des frais de cession et l'investisseur cesse de prendre en compte sa quote-part de résultat sur le pourcentage représentatif des titres destinés à être cédés à compter de la classification en actifs détenus en vue de la vente (pour plus de détails, voir Mémento IFRS n° 37052 s.).

Après la cession, les titres conservés sont comptabilisés conformément à IFRS 9, sauf si l'intérêt conservé demeure celui d'une entreprise associée ou d'une joint venture, auquel cas IAS 28 s'applique (IAS 28.20).

Pour les conséquences de l'application de la norme IFRS 5 aux cessions de titres d'entreprises associées et de joint ventures, voir Mémento IFRS n° 37070.

E. Mise en œuvre pratique de la méthode de la mise en équivalence

Comptabilisation initiale

15580 Lors de l'acquisition de la participation, le coût de la participation doit être comparé à la quote-part de l'investisseur dans la juste valeur nette des actifs et passifs identifiables de l'entité (IAS 28.32) :

Cela revient à réaliser une allocation du prix d'acquisition, en identifiant les actifs et les passifs identifiables de la participation et en les évaluant à la juste valeur, de la même manière que pour un regroupement d'entreprises sous IFRS 3 (voir n° 21361 s.). Ainsi, tous les actifs et passifs identifiables doivent être évalués à leur juste valeur dans le bilan d'ouverture, y compris ceux qui n'étaient pas reconnus précédemment par l'entreprise associée ou la joint venture (par exemple, un actif incorporel généré en interne, qui ne remplissait pas les critères de reconnaissance d'IAS 38, doit être reconnu lors de l'exercice d'allocation. En revanche, un goodwill comptabilisé par l'entreprise associée ou la joint venture sur des acquisitions antérieures ne répond pas à la définition d'un actif identifiable selon IFRS 3 et ne doit donc pas être reconnu lors de l'exercice d'allocation).

– si le coût de la participation est supérieur à la juste valeur nette des actifs et passifs identifiables de l'entité acquise, un goodwill lié à l'entreprise associée ou à la joint venture est inclus dans la valeur comptable de la participation. L'amortissement de ce goodwill n'est pas autorisé ;

Ainsi, si le coût de la participation est de 100 et la juste valeur de l'actif net s'élève à 80, la ligne « Participation mise en équivalence » présentée au bilan, sera évaluée à hauteur de 100, comprenant un goodwill notionnel de 20 qui sera comptabilisé à l'intérieur de la ligne de participation.

– si le coût de la participation est inférieur à la juste valeur nette des actifs et passifs identifiables de l'entité acquise, un produit (« badwill ») est comptabilisé dans le compte de résultat de la période, sur la ligne « Quote-part de résultat de l'entreprise associée ou de la joint venture ».

Dans une telle situation, la valeur des titres est augmentée du montant du badwill. La valeur comptable de la participation ne correspond alors pas au coût d'acquisition mais à la quote-part de l'investisseur dans la juste valeur de l'actif net acquis.

La quote-part de l'investisseur dans le résultat net de l'entité détenue doit ensuite être ajustée pour tenir compte de cette allocation, par exemple, de l'amortissement et de la dépréciation des actifs, sur la base de leur juste valeur respective à la date d'acquisition (IAS 28.32). Ainsi, toute survaleur liée aux actifs immobilisés amortissables qui aurait été déterminée au moment de la date d'acquisition sera comptabilisée en résultat post-acquisition de la société mise en équivalence, au fur et à mesure de l'amortissement desdits actifs.

Cas particulier d'une prise d'influence notable entre entreprises sous contrôle commun Un investisseur peut acquérir une participation dans une entreprise associée ou une joint venture auprès d'un vendeur avec lequel il est sous le contrôle commun d'une même (ou des mêmes) partie(s) ultime(s), pendant une période assez longue avant et après la transaction. La question se pose alors de savoir si l'acquéreur peut ne pas appliquer les principes d'IAS 28 à une acquisition entre entreprises sous contrôle commun en se référant à l'exclusion prévue par la norme IFRS 3 au titre des regroupements d'entreprises sous contrôle commun. Pour plus de précisions, voir n° 23220, point 3.

Date d'établissement des états financiers

15582 Pour appliquer la méthode de la mise en équivalence, l'investisseur utilise les états financiers disponibles les plus récents de l'entreprise associée ou de la joint venture. Si la date de clôture de l'entreprise associée ou de la joint venture diffère de celle de l'investisseur, l'entreprise associée ou la joint venture doit établir des états financiers à la même date que les états financiers de l'investisseur, sauf impossibilité pratique (IAS 28.33).

Si des états financiers à des dates différentes sont utilisés, il convient d'effectuer des ajustements pour prendre en compte les effets des transactions ou événements importants intervenus entre les deux dates. A noter toutefois que l'écart entre la date de clôture de l'entreprise associée ou de la joint venture et celle de l'investisseur ne doit pas être supérieur à trois mois (IAS 28.34).

La durée des périodes de présentation de l'information financière et l'écart entre les dates de clôture, le cas échéant, doivent être identiques d'une période à l'autre (IAS 28.34).

Harmonisation des méthodes comptables

15584 Les états financiers de l'investisseur doivent être établis en utilisant des méthodes comptables uniformes pour des transactions et événements semblables se produisant dans des circonstances similaires (IAS 28.35). Ainsi, si une entreprise associée ou une joint venture utilise des méthodes comptables différentes de celles de l'investisseur pour des transactions et événements semblables se produisant dans des circonstances similaires, des ajustements doivent être comptabilisés pour rendre les méthodes comptables de l'entreprise associée ou de la joint venture conformes à celles de l'investisseur (IAS 28.36).

Il existe toutefois une exemption à ce principe d'harmonisation des méthodes comptables pour les investisseurs détenant une participation dans une entreprise associée ou une joint venture qui répond à la définition d'une société d'investissement.
Pour plus de détails, voir nº 15568.

Eliminations des transactions « internes »

15586 Les profits ou les pertes découlant de transactions « amont » (« upstream transactions ») ou « aval » (« downstream transactions ») entre un investisseur (y compris ses filiales consolidées) et une entreprise associée ou une joint venture ne sont comptabilisés dans les états financiers de l'investisseur qu'à concurrence des participations non liées à l'investisseur dans cette entreprise associée ou cette joint venture (IAS 28.28).

Les transactions « amont » sont, par exemple, les ventes d'actifs par l'entreprise associée ou la joint venture à l'investisseur.
Les transactions « aval » sont, par exemple, les ventes d'actifs par l'investisseur à l'entreprise associée ou la joint venture.

En conséquence, la quote-part de l'investisseur dans les profits ou les pertes de l'entreprise associée ou de la joint venture découlant de ses transactions doit être annulée.

Remarque Se pose toutefois la question du traitement de l'excédent lorsque, dans une transaction aval, la quote-part de profit à éliminer excède la valeur comptable des titres mis en équivalence. En attendant une évolution possible de la norme, l'investisseur doit faire un choix de méthode comptable pour le traitement de l'excédent de gain non éliminé (pour plus de détails, voir nº 15690).

Traitement des pertes d'une entreprise associée ou d'une joint venture

15588 Si la quote-part de l'investisseur dans les pertes d'une entreprise associée ou d'une joint venture excède la valeur comptable de sa participation dans celle-ci, l'investisseur cesse de comptabiliser sa quote-part dans les pertes ultérieures (IAS 28.38).

La participation d'un investisseur dans une entreprise associée ou une joint venture est la valeur comptable de la participation déterminée par application de la méthode de la mise en équivalence, ainsi que toute quote-part à long terme qui, en substance, constitue une partie de la participation nette de l'investisseur dans l'entreprise associée ou la joint venture. Par exemple, un élément dont le règlement n'est ni planifié ni probable dans un avenir prévisible constitue en substance une extension de la participation de l'investisseur dans cette entreprise associée ou cette joint venture. De tels éléments peuvent comprendre des actions préférentielles et des créances ou des prêts à long terme, mais pas des créances clients, des dettes fournisseurs ou des créances à long terme assorties de sûretés adéquates, telles que des prêts garantis (IAS 28.38).

Les pertes comptabilisées lors de l'application de la méthode de la mise en équivalence qui excèdent la participation de l'investisseur en actions ordinaires sont imputées aux autres composantes de la quote-part de l'investisseur dans l'entreprise associée ou la joint venture selon l'ordre inverse de leur rang (c'est-à-dire selon leur ordre de priorité en cas de liquidation) (IAS 28.38).

Lorsque la quote-part de l'investisseur est ramenée à zéro, les pertes supplémentaires ne doivent pas faire l'objet d'une provision sauf si l'investisseur a une obligation légale ou implicite à ce titre ou a effectué des paiements au nom de l'entreprise associée ou de la joint venture (IAS 28.39).

Si l'entité détenue dégage ultérieurement des profits, l'investisseur ne recommencera à comptabiliser sa quote-part dans les bénéfices qu'à compter du moment où cette quote-part est égale ou supérieure à sa quote-part dans les pertes nettes non comptabilisées (IAS 28.39).

Indices de pertes de valeur et comptabilisation des dépréciations

15590 Après l'application de la méthode de la mise en équivalence, y compris la comptabilisation des pertes de l'entreprise associée ou de la joint venture, l'investisseur applique les dispositions de la norme IAS 28 pour déterminer s'il est nécessaire de réaliser un test de dépréciation sur la base d'indicateurs de perte de valeur (IAS 28.41A à .41C).

Cette disposition ne s'applique pas uniquement à la quote-part de l'investisseur dans l'entreprise associée ou la joint venture, mais également aux autres actifs à long terme détenus (par exemple, un prêt dont le règlement n'est ni planifié ni probable dans un avenir prévisible) qui font partie de l'investissement net dans l'entreprise associée ou la joint venture (IAS 28.38 et .40). Au préalable, ces autres actifs long terme faisant partie de l'investissement net doivent être évalués (et dépréciés, le cas échéant) selon les dispositions de la norme IFRS 9 avant toute application d'IAS 28 (IAS 28.14A).

Le goodwill n'est pas comptabilisé séparément puisqu'il fait partie de la valeur comptable de la participation de l'entité détenue (voir n° 15580). En conséquence, il n'est pas soumis à des tests de dépréciation séparés tels que prévus par la norme IAS 36. Ainsi, dès lors qu'il existe une indication objective que la participation risque d'être dépréciée, c'est la valeur comptable totale de la participation qui est soumise à un test de dépréciation conformément à IAS 36, en tant qu'actif unique (IAS 28.42).

Le test de dépréciation consiste à comparer la valeur recouvrable (valeur la plus élevée entre la valeur d'utilité et la juste valeur) avec la valeur comptable de la participation.

Indices de dépréciation d'une participation dans une entreprise associée ou une joint venture mise en équivalence Des informations obtenues par l'investisseur sur les événements suivants sont considérées comme des indications objectives de dépréciation (IAS 28.41A) :
- des difficultés financières importantes de l'entreprise associée ou de la joint venture ;
- un manquement à un contrat tel qu'un défaut de paiement de l'entreprise associée ou de la joint venture ;
- l'octroi par l'investisseur à l'entreprise associée ou à la joint venture, pour des raisons économiques ou juridiques liées aux difficultés financières de l'entreprise associée ou de la joint venture, d'une facilité que l'investisseur n'aurait pas envisagée dans d'autres circonstances (par exemple, un abandon de créance) ;
- la probabilité croissante de faillite ou autre restructuration financière de l'entreprise associée ou de la joint venture ;
- la disparition d'un marché actif pour la participation nette en raison de difficultés financières de l'entreprise associée ou de la joint venture.

Outre ces types d'événements, l'investisseur doit être attentif à toute information portant sur des changements importants, ayant un effet négatif sur sa participation, qui sont survenus dans l'environnement technologique, de marché, économique, ou juridique dans lequel l'entreprise associée ou la joint venture exerce son activité, et qui indiquent que le coût de l'investissement pourrait ne pas être recouvré (IAS 28.41C).

Une baisse importante ou prolongée de la juste valeur d'un placement en deçà de sa valeur comptable constitue également une indication objective de dépréciation (IAS 28.41C). Il convient d'exercer son jugement pour apprécier si cette baisse de la juste valeur est « importante » ou « prolongée ». Ainsi :
- Une baisse « importante » doit être appréciée par rapport à la valeur comptable de l'investissement à la date d'appréciation, en tenant compte de facteurs qualitatifs et quantitatifs, tels que la volatilité attendue de l'investissement ; par exemple, une baisse de valeur plus importante d'un investissement plus risqué peut être tolérée avant d'envisager une perte de valeur.

– Une baisse « prolongée » doit être appréciée en fonction de la période pendant laquelle la juste valeur est inférieure à la valeur comptable. En général, une période de 12 mois ou plus en dessous de la valeur comptable est considérée comme une baisse prolongée, indépendamment de la durée totale de détention de l'investissement. Ainsi, la période d'appréciation déterminée par l'entité (par exemple, 12 mois ou plus) est la même que l'investissement soit détenu au total pour 2 ou 20 ans.

La méthode choisie par l'entité pour déterminer ce qui est considéré comme une baisse « importante » ou « prolongée » doit être appliquée de manière cohérente. Par exemple, les fluctuations générales du marché ne peuvent pas servir d'indicateur pour écarter l'existence d'une perte de valeur, et les prévisions de reprise future des valeurs de marché ne peuvent pas compenser une baisse importante ou prolongée.

Si, ultérieurement, la valeur recouvrable de la participation augmente, une reprise de perte de valeur doit être comptabilisée conformément à IAS 36. En effet, une perte de valeur comptabilisée dans ces circonstances n'est affectée à aucun actif inclus dans la valeur comptable de la participation dans l'entreprise associée ou de la joint venture, goodwill compris.

Pour déterminer la valeur d'utilité de la participation, l'investisseur estime :

– sa quote-part de la valeur actualisée des flux de trésorerie futurs estimés qui devraient être générés par l'entreprise associée ou la joint venture, y compris les produits procurés par la cession in fine de la participation ; ou

– la valeur actualisée des flux de trésorerie futurs estimés que les dividendes à recevoir de la participation et sa cession in fine devraient procurer.

La valeur recouvrable d'une participation dans une entreprise associée ou une joint venture est appréciée au niveau de chaque entreprise associée ou joint venture, sauf toutefois si l'entreprise associée ou la joint venture ne génère pas d'entrées de trésorerie largement indépendantes de celles générées par d'autres actifs de l'investisseur (IAS 28.43).

Apport d'un actif non monétaire à une entreprise associée ou à une joint venture

15592 L'apport d'un actif non monétaire à une entreprise associée ou à une joint venture en contrepartie de titres de capitaux propres de l'entreprise associée ou de la joint venture doit être comptabilisé conformément aux dispositions relatives aux transactions internes (voir n° 15586), sauf lorsque l'apport est dépourvu de substance commerciale, tel que précisé par IAS 16 (IAS 28.30).

Cela revient à constater un résultat de cession partiel. Si l'apport est dépourvu de substance commerciale, le profit ou la perte est considéré comme latent et n'est pas comptabilisé.

Evolution possible des normes En septembre 2014, l'IASB a publié un **amendement des normes IFRS 10 et IAS 28 « Vente ou apport d'actifs entre un investisseur et une entreprise associée ou une coentreprise »** afin d'éliminer le conflit de texte existant lorsqu'une société mère perd le contrôle d'une filiale en l'apportant ou en la vendant à une société associée ou une joint venture. Cet amendement supprime notamment le choix de méthode comptable entre gain total et gain partiel, en créant une nouvelle ligne de démarcation basée sur la définition d'une activité (« business ») au sens d'IFRS 3. Ainsi, selon l'amendement, le profit ou la perte découlant de transactions « amont » (« upstream transactions ») ou « aval » (« downstream transactions ») entre un investisseur et une entreprise associée ou une joint venture portant sur des actifs ne constituant pas une activité au sens d'IFRS 3 n'est constaté qu'à hauteur des participations non liées à l'investisseur dans l'entreprise associée ou la joint venture (gain partiel). Si les actifs considérés constituent une activité, l'investisseur doit reconnaître la totalité du résultat (gain total) dans ses états financiers (pour le traitement comptable d'une diminution du pourcentage d'intérêts avec perte de contrôle exclusif, voir nº 23835).

Toutefois, lors de sa réunion de janvier 2015, pour les apports d'actifs ne répondant pas à la définition d'une activité, l'IASB a décidé d'amender à nouveau IFRS 10 et IAS 28 afin de clarifier qu'un investissement dans une entreprise associée ou une joint venture, résultant de la perte de contrôle d'une filiale, devait être comptabilisé initialement à sa juste valeur à la date de la perte de contrôle. Cette valeur d'entrée exclut l'élimination du résultat interne qui doit être considérée comme un ajustement ultérieur, venant réduire la valeur comptable de la participation mise en équivalence (IASB Update 01/15).

La date d'application obligatoire de cet amendement, prévue initialement pour les transactions réalisées au cours des exercices ouverts à compter du 1er janvier 2016, a été reportée, sans être toutefois précisée (amendement « Effective date of amendments to IFRS 10 and IAS 28 » publié en décembre 2015).

Dans l'attente d'une date d'application définitive, les pratiques antérieures doivent être poursuivies. Toutefois, à notre avis, une entité pourrait choisir d'appliquer les principes de cet amendement, même avant son approbation par la Commission européenne (voir Mémento IFRS nº 11134 et 11520).

Ce thème fait désormais partie du projet « Equity Method » mené par l'IASB (voir nº 15650).

F. Présentation dans les états financiers

Bilan

15600 La norme IAS 1, Présentation des états financiers, précise que les participations comptabilisées selon la méthode de la mise en équivalence doivent être présentées sur une ligne distincte dans l'état de situation financière (ou bilan) (IAS 1.54e).

Présentation des actifs à long terme faisant partie de l'investissement net dans une entreprise associée ou une joint venture Lorsque l'investisseur détient d'autres actifs à long terme qui, en substance, constituent une partie de la participation nette de l'investisseur dans l'entreprise associée ou la joint venture, les normes IFRS ne sont pas prescriptives sur la présentation de tels actifs au bilan.

Par exemple, un élément dont le règlement n'est ni planifié ni probable dans un avenir prévisible constitue en substance une extension de la participation de l'investisseur dans cette entreprise associée ou cette joint venture. De tels éléments peuvent comprendre des actions préférentielles et des créances ou des prêts à long terme, mais pas des créances clients, des dettes fournisseurs ou des créances à long terme assorties de sûretés adéquates, telles que des prêts garantis (IAS 28.38).

Pour plus de détails sur la comptabilisation de tels éléments, voir nº 15566.

Deux approches sont, à notre avis, acceptables :
- ces actifs étant évalués selon les dispositions d'IFRS 9 (voir nº 15566), ils peuvent être présentés parmi les actifs financiers, dans un poste distinct de la ligne présentant les participations mises en équivalence évaluées selon les dispositions d'IAS 28 ; ou
- alternativement, dans la mesure où ces actifs font partie de la participation nette de l'investisseur dans l'entreprise associée ou la joint venture (IAS 28.38), ils peuvent être

présentés sur la même ligne que la participation mise en équivalence. Dans ce cas, la décomposition du poste entre l'actif à long terme et la participation mise en équivalence doit être explicitée en annexe dans les états financiers.

Compte de résultat

15610 Pour la présentation de la quote-part de résultat des sociétés mises en équivalence (entreprises associées ou joint ventures), voir Mémento IFRS n° 54044 s.

En cas de perte de valeur de l'entreprise associée ou de la joint venture constatée sur la période, la présentation de la charge de dépréciation doit suivre la présentation de la quote-part de résultat de l'entreprise associée ou de la joint venture (par exemple, en dehors du résultat opérationnel). Cependant, cette charge doit être présentée sur une ligne distincte de la quote-part de résultat de l'entreprise associée ou de la joint venture (IAS 1.82).

QUESTIONS/REPONSES PRATIQUES

Remarque importante

15650 Les réponses aux questions présentées ci-après résultent de l'analyse des dispositions de la norme IAS 28, Participations dans des entreprises associées et des joint ventures, en vigueur actuellement, sur la base des informations disponibles au 31 décembre 2023.

Evolution possible des réponses Les réponses apportées dans les développements ci-après ne prennent pas en compte les projets en cours de discussion à l'IASB suivants :

1. Projet « Equity Method » En octobre 2020, l'IASB a relancé son projet de recherche sur la méthode de la mise en équivalence. En avril 2023, il a été décidé de faire évoluer ce projet vers le stade de normalisation, la prochaine étape étant la publication d'un exposé-sondage prévue au cours du second semestre 2024. L'objectif du projet est d'apporter des réponses aux difficultés d'application de la méthode de la mise en équivalence, telle que définie dans IAS 28, en utilisant les principes de la norme lorsque cela est possible.

Les principales problématiques d'application suivantes ont été identifiées dans le cadre de ce projet :
- comptabilisation des variations du pourcentage d'intérêts d'un investisseur dans une entité mise en équivalence ;
- comptabilisation des pertes en provenance d'une entité mise en équivalence ;
- vente d'une filiale à une entité mise en équivalence (interaction entre IFRS 10 et IAS 28) ;
- comptabilisation initiale et ultérieure des compléments de prix à la suite de l'acquisition d'une entité mise en équivalence ;
- imposition différée lors de la comptabilisation initiale d'une entité mise en équivalence.

2. **Amendement des normes IFRS 10 et IAS 28 « Vente ou apport d'actifs entre un investisseur et une entreprise associée ou une joint venture »** Voir nº 15592.

Elimination des transactions réalisées avec une entreprise associée ou une joint venture

15660 ***Question***

Un groupe doit-il appliquer les procédures d'élimination pour ses relations avec une entreprise associée ou une joint venture mise en équivalence ?

Réponse

Non, à l'exception de la quote-part de profits ou de pertes découlant de transactions « amont » ou « aval » entre l'investisseur et l'entreprise associée ou la joint venture.

Cette quote-part de profits ou pertes doit en conséquence être éliminée dans les comptes consolidés du groupe à hauteur de la quote-part de l'investisseur dans l'entreprise associée ou la joint venture, et ce, tant que l'actif sous-jacent à la transaction n'a pas été vendu à un tiers.

La quote-part de profits ou de pertes ainsi éliminée sera reconnue au compte de résultat ultérieurement lors de la vente de l'actif sous-jacent à un tiers.

Commentaires Les entreprises associées et les joint ventures ne font pas partie du groupe consolidé. En conséquence, les procédures d'élimination des soldes, transactions, produits et charges intragroupes, appliquées lors de la consolidation des filiales, ne sont pas appropriées lors de la comptabilisation des mises en équivalence.

Ainsi, par exemple, les créances ou les dettes issues des relations courantes entre le groupe (y compris ses filiales consolidées), d'une part, et les entreprises associées et les joint ventures, d'autre part, ne font pas l'objet d'élimination.

Il existe toutefois une exception à ce principe. En effet, les profits ou les pertes découlant de transactions « amont » (« upstream transactions ») ou « aval » (« downstream transactions ») entre un investisseur (y compris ses filiales consolidées) et une entreprise associée ou une joint venture ne doivent être comptabilisés dans les états financiers de l'investisseur qu'à hauteur de la quote-part des autres investisseurs dans cette entreprise associée ou cette joint venture (IAS 28.28).

Les transactions « amont » sont, par exemple, les ventes d'actifs par l'entreprise associée ou la joint venture à l'investisseur.

Les transactions « aval » sont, par exemple, les ventes d'actifs par l'investisseur à l'entreprise associée ou à la joint venture.

Pour le cas particulier d'une cession/apport d'activité au sens d'IFRS 3 par un groupe à une entité mise en équivalence, voir nº 15592.

Ainsi, la quote-part de l'investisseur dans les profits ou les pertes découlant de ces transactions « amont » ou « aval » doit être éliminée. Ce profit ou ce gain latent sera reconnu par l'investisseur lorsque l'actif concerné sera vendu à un tiers.

Pour les modalités d'élimination des transactions « amont », voir nº 15670.

Pour les modalités d'élimination des transactions « aval », voir nº 15680 et 15690.

Elimination des profits ou pertes relatifs aux transactions « amont »

15670 ***Question***

Comment un investisseur doit-il comptabiliser les profits ou les pertes réalisés par une entreprise associée ou une joint venture dans le cadre d'une transaction « amont » (« upstream ») ?

Réponse

Les profits ou pertes réalisés par l'investisseur dans le cadre d'une transaction « amont » doivent être éliminés à concurrence de la quote-part de participation de l'investisseur dans l'entité mise en équivalence.

Il existe, à notre avis, un choix de méthode comptable pour comptabiliser l'élimination soit en contrepartie de la valeur comptable des titres mis en équivalence, soit en contrepartie de la valeur comptable de l'actif acquis.

Commentaires Lors d'une transaction « amont » entre l'entreprise associée ou la joint venture (par exemple, les ventes d'actifs par l'entreprise associée ou la joint venture à l'investisseur), la quote-part de l'investisseur dans les profits ou les pertes découlant de cette transaction doit être éliminée. Ce profit éliminé sera externalisé et reconnu par l'investisseur lorsque l'actif sera vendu à un tiers.

A notre avis, un choix de méthode comptable est possible pour la comptabilisation de cette élimination.

1. **L'investisseur peut éliminer la quote-part de résultat découlant de la transaction en contrepartie de la valeur comptable des titres mis en équivalence** Cette approche est cohérente avec le paragraphe 10 d'IAS 28. En effet, la participation mise en équivalence est comptabilisée à son coût initial augmenté ou diminué de la quote-part de résultat de l'entité mise en équivalence (IAS 28.10)

Lors de la vente de l'actif à un tiers, l'externalisation de cette quote-part de profit viendra augmenter la participation de l'investisseur dans l'entreprise associée ou la joint venture.

2. **L'investisseur peut éliminer la quote-part de résultat découlant de la transaction en contrepartie de la valeur de l'actif acquis** Cette approche est cohérente avec le paragraphe 3 d'IAS 28. En effet, la participation mise en équivalence est comptabilisée à son coût initial augmenté de la variation de l'actif net (IAS 28.3).

Dans ce cas, la participation de l'entité dans l'entreprise associée ou dans la joint venture est augmentée des bénéfices que cette dernière génère en vendant ses actifs à l'investisseur. L'élimination de la quote-part de résultat découlant de la transaction est alors constatée en contrepartie de la valeur de l'actif acquis.

Exemple *— Vente de stocks par une entreprise associée à son investisseur L'entité A détient 20 % de l'entreprise associée B. L'entité B est mise en équivalence dans les comptes consolidés de A.*

B vend à A des marchandises pour un montant de 500. Le coût initial de ces marchandises chez B était de 300.

A la clôture, les marchandises sont toujours en stock au bilan de A. Elles seront revendues par A à un tiers en N+1.

Comment le profit réalisé par B, au titre de cette transaction, doit-il être comptabilisé dans les comptes de A ?

Solution de l'exemple *B a réalisé un profit de 200 (500 – 300). La quote-part de profit afférant à la participation de A est donc de 40 (200 x 20 %). A la clôture N, les marchandises n'ayant pas été vendues à un tiers, A doit éliminer cette quote-part de profit non externalisé, selon l'une des deux méthodes suivantes.*

Option 1 : Elimination en contrepartie des titres mis en équivalence

Année N : Annulation de la quote-part de profit liée à la vente de stocks

Dt	*Quote-part de résultat sur titres mis en équivalence*	*40*	
Ct	*Titres mis en équivalence*		*40*

Année N+1 : Externalisation du profit latent lors de la vente au client tiers en N+1

Dt	*Titres mis en équivalence*	*40*	
Ct	*Quote-part de résultat sur titres mis en équivalence*		*40*

Tout bénéfice supplémentaire réalisé par A lors de la vente de ses stocks sera comptabilisé en résultat opérationnel (chiffre d'affaires – coût des ventes).

Option 2 : Elimination en contrepartie de l'actif acquis

Année N : Annulation de la quote-part de profit liée à la vente de stocks

Dt	*Quote-part de résultat sur titres mis en équivalence*	*40*	
Ct	*Stocks*		*40*

Année N+1 : Externalisation du profit latent lors de la vente au client tiers en N+1

Dt	*Stocks*	*40*	
Ct	*Quote-part de résultat sur titres mis en équivalence*		*40*

Tout bénéfice supplémentaire réalisé par A lors de la vente de la marchandise en stocks sera comptabilisé en résultat opérationnel (chiffre d'affaires – coût des ventes).

Elimination des profits relatifs aux transactions « aval »

15680 ***Question***

Comment un investisseur doit-il comptabiliser les profits ou les pertes réalisés dans le cadre d'une transaction « aval » (« downstream ») avec une entreprise associée ou une joint venture mise en équivalence ?

Réponse

Les profits réalisés par l'investisseur dans le cadre d'une transaction « aval » doivent être éliminés à concurrence de la quote-part de participation de l'investisseur dans l'entité mise en équivalence.

Il convient d'éliminer cette quote-part de profit en réduisant la valeur comptable des titres mis en équivalence dans le bilan de l'investisseur.

Il existe, à notre avis, un choix de méthode comptable pour la contrepartie de cette diminution des titres mis en équivalence (cas d'une vente de stocks) :
- l'investisseur peut éliminer cette quote-part de profit sur une base brute : élimination d'une quote-part du chiffre d'affaires et élimination d'une quote-part du coût des ventes ; ou
- l'investisseur peut éliminer cette quote-part de profit en diminution de la quote-part de résultat des sociétés mises en équivalence, sans impacter le chiffre d'affaires ni la marge brute.

Les pertes réalisées par l'investisseur ne doivent pas être éliminées.

Commentaires **Les profits réalisés par l'investisseur** à la suite d'une transaction « aval » (par exemple, les ventes d'actifs par l'investisseur à l'entreprise associée ou à la joint venture) doivent être comptabilisés à concurrence des intérêts des autres investisseurs dans l'entité mise en équivalence.

Ainsi, la quote-part de profit qui doit être annulée correspond à la quote-part de participation que détient l'investisseur dans l'entité mise en équivalence.

Il convient d'éliminer cette quote-part de profit en réduisant la valeur comptable des titres mis en équivalence dans le bilan de l'investisseur. En effet, il n'est pas possible de réduire la valeur comptable de l'actif comme pour une transaction « amont » (voir n° 15670) car l'actif a été transféré à l'entité mise en équivalence.

Pour les cas où la quote-part du profit à éliminer excède la valeur comptable des titres mis en équivalence, voir n° 15690.

En revanche, il existe, à notre avis, un choix de méthode comptable pour la contrepartie de cette diminution des titres mis en équivalence (cas d'une vente de stocks) :
- l'investisseur peut éliminer cette quote-part de profit sur une base brute : élimination d'une quote-part du chiffre d'affaires et élimination d'une quote-part du coût des ventes ;
- l'investisseur peut éliminer cette quote-part de profit en diminution de la quote-part de résultat des sociétés mises en équivalence, sans impacter le chiffre d'affaires et la marge brute.

Quant aux pertes réalisées par l'investisseur à la suite d'une transaction « aval », elles ne doivent pas être annulées. En effet, ces pertes représentent la mise en évidence d'une potentielle perte de valeur de l'actif antérieure au transfert.

Exemple — Vente de stocks à une entreprise associée *L'entité A détient 20 % de l'entité B. B est mise en équivalence dans les comptes consolidés de A.*

A vend à B des marchandises pour un montant de 500. Le coût initial de ses marchandises chez A était de 300.

A la clôture N, les marchandises sont toujours en stock au bilan de l'entreprise associée B.

Comment le profit réalisé par A doit-il être comptabilisé ?

Solution de l'exemple *L'entité A a réalisé un profit de 200 (500 – 300). Cependant, la vente ayant été réalisée avec une entreprise associée, la quote-part de profit correspondant au pourcentage de détention de A dans B doit être éliminée, soit 40 (200 x 20 %).*

A la clôture N, les marchandises n'ayant pas été vendues à un tiers, A doit éliminer cette quote-part de profit en diminuant la ligne « titres mis en équivalence ».

Les deux méthodes suivantes sont acceptables pour la comptabilisation de la contrepartie.

Option 1 : Elimination de la quote-part de profit en chiffre d'affaires et en coût des ventes

Ecriture d'annulation de la quote-part de profit sur vente de stocks par l'entité A

Dt	*Chiffre d'affaires (500 x 20 %)*	*100*	
Ct	*Coûts des ventes (300 x 20 %)*		*60*
Ct	*Titres mis en équivalence*		*40*

Option 2 : Elimination de la quote-part de profit en contrepartie de la quote-part de résultat des titres mis en équivalence

Ecriture d'annulation de la quote-part de profit sur vente de stocks par l'entité A

Dt	*Quote-part de résultat des sociétés MEE (100 – 60)*	*40*	
Ct	*Titres mis en équivalence*		*40*

Ces ajustements seront annulés par A lorsque les stocks seront vendus par B à un tiers.

Transaction réalisée en « aval » lorsque la quote-part de profit à éliminer excède la valeur comptable des titres mis en équivalence

15690 ***Question***

Comment faut-il éliminer le profit relatif à une transaction « aval » lorsque la quote-part de profit à éliminer excède la valeur comptable de la participation de l'investisseur dans l'entité mise en équivalence ?

Réponse

Le gain latent est d'abord éliminé à concurrence de la valeur comptable de la participation mise en équivalence.

Pour la quote-part du gain latent qui excède la valeur comptable de la participation mise en équivalence, il existe, à notre avis, un choix de méthode comptable :
- soit ne pas éliminer cette quote-part excédentaire de gain latent et, en conséquence, la maintenir en résultat de l'investisseur ;
- soit éliminer cette quote-part et la comptabiliser en produit différé au passif de l'investisseur.

Commentaires Le gain relatif à une transaction « aval » (par exemple, les ventes d'actifs par l'investisseur à l'entreprise associée ou à la joint venture) doit être éliminé en réduction de la valeur comptable de la participation de l'investisseur dans l'entreprise associée ou la joint venture mise en équivalence (voir n° 15680).

Ainsi, lorsque ce gain excède la valeur comptable des titres mis en équivalence, se pose la question du traitement de cet excédent.

A notre avis, en l'absence de précision dans la norme, dès lors que la valeur comptable des titres mis en équivalence est ramenée à zéro, l'investisseur doit faire un choix de méthode comptable pour le traitement de l'excédent de gain non éliminé.

1. **L'investisseur peut décider de ne pas éliminer cet excédent de gain et le maintenir en résultat** En effet, conformément à IAS 28, si la quote-part de l'investisseur dans les pertes d'une entreprise associée ou d'une joint venture excède la valeur comptable de sa participation dans celle-ci, l'investisseur cesse de comptabiliser sa quote-part dans les pertes ultérieures (IAS 28.38). Les pertes supplémentaires ne doivent pas faire l'objet d'une provision sauf si l'investisseur a une obligation légale ou implicite à ce titre ou a effectué des paiements au nom de l'entreprise associée ou de la joint venture (IAS 28.39).

Ainsi, lors d'une transaction « aval », dans le cas où la quote-part de gain à éliminer excède la valeur comptable des titres mis en équivalence, l'excédent du gain peut ne pas être éliminé. Il est alors constaté immédiatement dans le résultat de l'investisseur.

A notre avis, tant que l'actif n'est pas vendu par l'entreprise associée ou la joint venture à un tiers, l'investisseur a le choix entre :
- imputer cette quote-part non éliminée sur sa quote-part des bénéfices futurs de l'entreprise mise en équivalence. Cette option implique d'effectuer un suivi extra-comptable ; ou
- continuer à comptabiliser sa quote-part de bénéfices futurs de l'entreprise mise en équivalence (sans jamais imputer la perte latente non éliminée) et externaliser le gain précédemment éliminé lors de la cession de l'actif à un tiers par la société mise en équivalence.

2. **L'investisseur peut éliminer l'intégralité de la quote-part de profit en constatant un produit différé au passif** Tant que l'actif n'est pas vendu à un tiers par l'entreprise associée ou la joint venture, l'investisseur comptabilise sa quote-part de bénéfices futurs en contrepartie de la ligne « Participation mise en équivalence » au bilan puis élimine le gain différé en contrepartie de cette participation pour le montant de cette quote-part. Ainsi, le gain différé ne sera repris au compte de résultat qu'une fois l'actif concerné vendu à un tiers.

Exemple — Vente de stocks à une entreprise associée *L'entité A détient 20 % de l'entité B. L'entité B est mise en équivalence. A vend un actif à B pour un montant de 400 en N. La valeur nette comptable de l'actif dans les états financiers de A est de 300 avant la cession.*

L'entité A a réalisé un profit de 100 (400 - 300). Cependant, la vente ayant été réalisée avec une entreprise associée, la quote-part de profit correspondant au pourcentage de détention de A dans B doit être éliminée, soit 20 (100 x 20 %).

A la date de la transaction, la valeur nette comptable de la participation de A dans B s'élève à 5. L'entité A n'a aucune obligation de combler les pertes envers l'entité B et n'a pas octroyé de prêt à long terme à B.

En N+1, B réalise un bénéfice de 60. La quote-part de A dans ce bénéfice est de 12 (60 x 20 %).

Au 31/12/N+1, B détient toujours l'actif qu'elle a acquis auprès de A.

En N+2, l'actif est vendu à un tiers pour un montant correspondant à sa valeur nette comptable.

Comment le profit réalisé par A en N doit-il être comptabilisé ?

Solution de l'exemple *En N, A doit éliminer la quote-part de profit 20 (100 x 20 %) à hauteur de la valeur comptable de la participation de A dans B soit 5 pour ramener cette dernière à 0.*

L'excédent de profit non éliminé, soit 15 (20 – 5) peut être comptabilisé selon l'une des deux méthodes suivantes.

Les deux méthodes suivantes sont acceptables pour la comptabilisation de la contrepartie.

1. *L'excédent n'est pas éliminé et est constaté immédiatement dans le résultat de l'investisseur*

Dt	*Banque*	*400*	
Ct	*Actif*		*300*
Ct	*Titres mis en équivalence*		*5*
Ct	*Produit sur cession d'actif*		*95**

** 80 de profit correspondant à la quote-part des autres investisseurs et 15 de profit correspondant à la quote-part non éliminée.*

En N+1, B a réalisé des bénéfices. L'entité A bénéficie à nouveau d'un choix de méthode comptable :

***Option 1** : L'entité A peut éliminer le gain excédentaire restant, à concurrence des bénéfices disponibles, soit 12. Ainsi, aucune quote-part de bénéfices de B ne sera comptabilisée en résultat en N+1.*

Comptabilisation de la quote-part de bénéfice réalisé par B (60 x 20 %)

Dt	*Titres mis en équivalence*	*12*	
Ct	*Quote-part de résultat des titres mis en équivalence*		*12*

Elimination du profit latent à hauteur des résultats de B

Dt	*Quote-part de résultat des titres mis en équivalence*	*12*	
Ct	*Titres mis en équivalence*		*12*

La valeur comptable des titres de participation mis en équivalence de B reste à 0 et le montant du gain latent résiduel est de 3 (15 – 12).

Lorsque l'entité B vend l'actif à un tiers en N+2, B réalise un profit de zéro puisque l'actif, au cas particulier, est vendu pour un montant correspondant à sa valeur nette comptable. Le gain latent de 20, éliminé à hauteur de 17 (5 + 12), est alors externalisé et comptabilisé en résultat.

Dt	*Titres mis en équivalence*	*17*	
Ct	*Produit sur cession d'actif*		*5*
Ct	*Quote-part de résultat des titres mis en équivalence*		*12*

***Option 2** : L'entité A peut continuer à comptabiliser sa quote-part de résultat dans les bénéfices de B en N+2, soit 12, et augmenter la valeur comptable de sa participation dans B.*

Dt	*Titres mis en équivalence*	*12*	
Ct	*Quote-part de résultat des titres mis en équivalence*		*12*

A devra néanmoins réaliser un test de dépréciation de sa participation mise en équivalence s'il existe un indice que l'investissement a perdu de la valeur.

En N+2, lorsque l'actif est vendu par B à un tiers, l'entité A constate en résultat le produit de 5 précédemment éliminé.

Dt	*Titres mis en équivalence*	*5*	
Ct	*Produit sur cession d'actif*		*5*

2. ***L'investisseur comptabilise un produit différé au passif*** *Le profit latent de 15 correspondant à l'excédent de la valeur comptable des titres mis en équivalence est constaté en produit différé dans les comptes de l'investisseur.*

Dt	*Banque*	*400*	
Ct	*Actif*		*300*
Ct	*Produit sur cession d'actif*		*80*
Ct	*Titres mis en équivalence*		*5*
Ct	*Produit différé (Bilan)*		*15*

En N+1, A reconnaît en résultat sa quote-part dans les bénéfices de B, soit 12 (60 x 20 %), et élimine le produit différé pour le même montant en contrepartie de la valeur comptable des titres de participation mis en équivalence de B.

Dt	*Titres mis en équivalence*	*12*	
Ct	*Quote-part de résultat des titres mis en équivalence*		*12*

Dt	*Produit différé (Bilan)*	*12*	
Ct	*Titres mis en équivalence*		*12*

La valeur comptable des titres de participation mis en équivalence de B reste à 0 et le montant du gain latent résiduel est de 3 (15 - 12).
Lorsque l'actif est vendu par B à un tiers en N+2, l'intégralité du profit latent de 20 est constatée dans le compte de résultat consolidé.

Dt	*Titres mis en équivalence*	*17*	
Dt	*Produit différé (Bilan)*	*3*	
Ct	*Produit sur cession d'actif*		*20*

CHAPITRE 4

Regroupements d'entreprises (IFRS 3)

21350

Plan du chapitre

L'ESSENTIEL DE LA NORME IFRS 3

Plan du chapitre (suite)

Plan du chapitre (suite)

Plan du chapitre (suite)

Plan du chapitre (suite)

Plan du chapitre (suite)

Plan du chapitre (suite)

Plan du chapitre (suite et fin)

L'ESSENTIEL DE LA NORME IFRS 3

Champ d'application d'IFRS 3 et définition d'un regroupement d'entreprises

21353 La norme IFRS 3 s'applique non seulement à toute transaction ou événement par lequel un acquéreur obtient le contrôle d'une ou plusieurs activités (l'acquise), mais également aux transactions par lesquelles plusieurs entités se regroupent au sein d'une seule entité sans qu'aucune des parties ne prenne, in fine, le contrôle des autres (cas, par exemple, des « fusions entre égaux ») (IFRS 3.A, .B5 et.B6).

Pour les opérations qui constituent des regroupements d'entreprises dans le champ d'application d'IFRS 3, voir n° 21470.

La notion d'activité est définie par IFRS 3 et permet de déterminer les opérations d'acquisition d'actifs qui répondent à la définition d'un regroupement d'entreprises (IFRS 3.3, .A et .B7 à .B12).

En outre, les prises de contrôle sans remise d'une rémunération par l'acquéreur au vendeur sont incluses dans le champ d'application de la norme IFRS 3 (IFRS 3.43). Ces opérations correspondent, par exemple :
- à des regroupements réalisés par contrat uniquement ; ou encore
- à la prise de contrôle de l'entité par l'acquéreur du fait de l'expiration ou de la suppression d'un droit de veto dont disposaient certains autres actionnaires de cette entité.

Remarque Une acquisition par l'un des partenaires d'un intérêt dans une joint operation répondant à la définition d'une activité au sens d'IFRS 3 (voir n° 15375) doit être traitée conformément à IFRS 3 dans les comptes de l'acquéreur.

En revanche, sont exclus du champ d'application de la norme IFRS 3 les acquisitions d'un actif ou d'un groupe d'actifs qui ne constituent pas une activité, les regroupements entre entités ou activités sous contrôle commun, les acquisitions par une société d'investissement de participations dans une filiale, ainsi que les formations de partenariats (joint ventures et joint operations) (IFRS 3.2 et .2A).

Remarque L'exclusion du champ d'application d'IFRS 3 concernant les formations de partenariats (joint ventures et joint operations) s'applique dans les comptes du partenariat lui-même.

Pour plus de détails sur les transactions exclues du champ d'application d'IFRS 3, voir n° 21500.

A. Comptabilisation d'un regroupement d'entreprises

21354 La méthode de l'acquisition est la seule méthode autorisée pour la comptabilisation des regroupements d'entreprises entrant dans le champ d'application de la norme IFRS 3 (IFRS 3.4).

La méthode de l'acquisition est mise en œuvre en considérant le point de vue de l'entité identifiée comme étant l'acquéreur. Ce dernier achète des actifs nets et comptabilise les actifs acquis et les passifs assumés, y compris ceux qui n'étaient pas comptabilisés auparavant par l'entité acquise.

La mise en œuvre de la méthode de l'acquisition implique les étapes suivantes :
- identification de l'acquéreur ;
- détermination de la date d'acquisition ;
- détermination du prix d'acquisition transféré par l'acquéreur au vendeur au titre du regroupement d'entreprises ;
- identification, classement et évaluation des actifs acquis et des passifs assumés de l'entité acquise ;
- évaluation des intérêts minoritaires ;
- comptabilisation et évaluation du goodwill ou du gain résultant d'une acquisition à des conditions avantageuses ;
- comptabilisation post-regroupement d'entreprises.

Ces différentes étapes sont développées ci-après.

Pour les particularités de mise en œuvre de la méthode de l'acquisition pour certains types de regroupements (regroupements entre mutuelles, prise de contrôle par achats successifs de titres, etc.), voir nº 22285 s.

La méthode de l'acquisition (notamment la détermination du prix d'acquisition et l'identification des actifs acquis et des passifs assumés) ne s'applique qu'aux transactions qui font partie intégrante du regroupement d'entreprises, et non pas à des transactions distinctes du regroupement à comptabiliser selon les autres normes IFRS appropriées (IFRS 3.51), voir nº 21645 et 22245 s.

1. Identification de l'acquéreur

21355 Parmi les entités qui se regroupent, l'acquéreur est l'entité qui obtient le contrôle de l'autre partie au regroupement, c'est-à-dire l'investisseur :

- exposé ou ayant droit aux rendements variables résultant de son implication dans l'entité acquise ; et
- dont le pouvoir qu'il détient sur cette entité lui permet d'influer sur ses rendements (IFRS 3.7 et .B13 renvoyant à la notion de contrôle donnée par IFRS 10).

Si l'application des dispositions de la norme IFRS 10 ne permet toutefois pas de déterminer clairement l'acquéreur, il convient de considérer l'ensemble des faits et circonstances pertinents et notamment certaines situations spécifiquement indiquées (IFRS 3.7 et .B13 à .B17), par exemple :
- l'entité qui a une taille plus importante que les autres ;
- l'entité qui a initié le regroupement ;
- l'entité qui transfère les éléments de rémunération dans un regroupement rémunéré en trésorerie ;
- l'entité qui émet les instruments de capitaux propres dans un regroupement rémunéré par des instruments de capitaux propres (sauf en cas d'acquisition inversée).

Pour la démarche à adopter en cas de difficultés d'identification de l'acquéreur, voir nº 21670.

La norme IFRS 3 fournit également des indications pour l'identification de l'acquéreur dans le cadre d'un regroupement avec création d'une entité nouvelle (IFRS 3.B18 et .BC98 à .BC101), voir nº 21705 s.

2. Détermination de la date d'acquisition

21356 La date d'acquisition correspond à la date à laquelle l'acquéreur obtient effectivement le contrôle de l'entité acquise (IFRS 3.8). Il s'agit généralement de la date à laquelle l'acquéreur transfère au vendeur les composantes du prix d'acquisition de l'entité (activité) acquise et acquiert les actifs et assume les passifs de l'entité acquise (IFRS 3.9).

Pour des exemples de détermination de la date d'acquisition, voir nº 21720.

3. Détermination du prix d'acquisition de l'entité (ou activité) acquise

Définition du prix d'acquisition

21357 Le prix d'acquisition de l'entité (ou activité) acquise correspond à la juste valeur, à la date d'acquisition, des éléments de rémunération remis au vendeur par l'acquéreur en échange du contrôle de l'acquise, en excluant tout élément qui rémunère une transaction distincte de la prise de contrôle (IFRS 3.32a et .37).

Les éléments du prix d'acquisition comprennent (IFRS 3.37) :
- les actifs de l'acquéreur remis au vendeur (liquidités ou autres actifs) ;
- les passifs repris par l'acquéreur ;
- les instruments de capitaux propres émis par l'acquéreur ;
- les ajustements éventuels du prix d'acquisition.

Des dispositions spécifiques sont prévues par IFRS 3 lorsque :
- les transactions sont réalisées sans paiement d'un prix d'acquisition par l'acquéreur au vendeur (IFRS 3.33, .B46, .BC334 et .BC335) ;

Il s'agit par exemple d'une prise de contrôle du fait de l'expiration d'un droit de veto détenu par un autre actionnaire ou encore d'un regroupement par contrat uniquement.

- le regroupement est réalisé exclusivement par échange d'instruments de capitaux propres et la juste valeur des instruments de capitaux propres de l'acquise peut être déterminée de manière plus fiable que celle des instruments de capitaux propres remis par l'acquéreur (IFRS 3.33) ;
- les plans de stock-options accordés par l'acquise à ses salariés avant l'acquisition sont remplacés par des plans de stock-options accordés par l'acquéreur et une partie de la juste valeur du plan de remplacement est incluse dans le prix d'acquisition (IFRS 3.B56 s.).

Evaluation du prix d'acquisition

21358 La juste valeur du prix d'acquisition de l'entité acquise est déterminée à la date d'acquisition (telle que définie ci-avant, voir nº 21356) (IFRS 3.37).

Pour l'évaluation des titres émis en rémunération du regroupement d'entreprises, voir nº 21760 à 21805.

Détermination du prix d'acquisition en cas de clauses d'ajustement éventuel de ce prix

21359 L'accord d'acquisition peut prévoir des clauses d'ajustement du prix, au titre desquelles l'acquéreur doit verser aux vendeurs de l'entité acquise un complément de

prix sous forme de remise d'instruments de capitaux propres ou de transfert d'actifs supplémentaires (IFRS 3.A) :
- si certains événements futurs spécifiés surviennent ; ou
- si certaines conditions sont remplies (niveau de performance de la cible, par exemple).

A l'inverse, certaines clauses peuvent prévoir que l'acquéreur dispose d'un droit de se voir restituer une partie du prix d'acquisition payé aux vendeurs à la date d'acquisition, si certaines conditions sont remplies.

A la date d'acquisition, l'acquéreur doit inclure dans le prix d'acquisition la juste valeur de tout actif ou passif résultant des ajustements éventuels du prix d'acquisition (IFRS 3.39, .40 et .BC346).

Pour la comptabilisation initiale des ajustements éventuels du prix d'acquisition, voir nº 21815.

Dans le cas où des paiements éventuels sont prévus au profit d'anciens salariés ou vendeurs de l'entité acquise qui continuent à exercer des fonctions au sein de cette entité après la date d'acquisition, la norme IFRS 3 fournit des indications pour déterminer si ce paiement éventuel constitue en substance (IFRS 3.B55) :
- un ajustement éventuel du prix d'acquisition ;
- un passif identifiable ; ou
- une rémunération de services rendus à l'entreprise postérieurement à l'acquisition.

Pour les circonstances et indicateurs à examiner pour opérer cette distinction, voir nº 22260.

Après la date d'acquisition, les changements d'estimation de la juste valeur des ajustements de prix entraînent un ajustement du goodwill (ou du profit résultant d'une acquisition à des conditions avantageuses) uniquement s'ils interviennent dans le délai d'affectation (voir nº 21368) et résultent de faits et circonstances existant à la date d'acquisition.

Dans tous les autres cas, le changement de cette juste valeur est constaté en résultat, sauf si l'ajustement de prix est classé en capitaux propres, auquel cas il n'est pas réévalué et son règlement ultérieur est comptabilisé en capitaux propres (IFRS 3.58).

Pour le traitement des changements d'estimation de la juste valeur des ajustements éventuels du prix, voir nº 21825.

Traitement des coûts directs liés à l'acquisition

21360 Les coûts directs liés à l'acquisition doivent être comptabilisés en charge de la période au cours de laquelle ils sont encourus (ou les services sont rendus), à l'exception toutefois (IFRS 3.53 et .BC366 s.) :
- des frais d'émission d'instruments de capitaux propres émis en rémunération d'un regroupement d'entreprises qui sont déduits des capitaux propres ; et
- des coûts liés aux dettes financières contractées dans le cadre d'un regroupement d'entreprises qui sont déduits des dettes financières correspondantes.

Pour la comptabilisation de ces coûts et leur conséquence en matière d'impôt différé, voir nº 21850 s.

4. Identification, classement et évaluation des actifs acquis et passifs assumés de l'entité acquise

Identification des actifs acquis et passifs assumés

21361 A la date d'acquisition, l'acquéreur doit comptabiliser séparément du goodwill les actifs acquis et passifs assumés répondant aux conditions suivantes (IFRS 3.10 s.) :
- ils constituent un actif ou un passif tel que défini par le Cadre conceptuel de l'IASB ; et
- ils font partie des éléments échangés entre l'acquéreur et l'acquise (ou ses précédents actionnaires) dans le cadre du regroupement.

Pour l'application aux provisions de ces critères d'identification, voir nº 21930 s.

De nombreux actifs incorporels de l'acquise doivent être constatés séparément du goodwill. Tel est le cas lorsque l'élément est identifiable, c'est-à-dire (IFRS 3.B31) :
- qu'il est séparable de l'entité acquise, seul ou conjointement avec un contrat, un actif ou un passif identifiable lié ; ou
- qu'il résulte de droits légaux ou contractuels.

Pour plus d'informations et notamment des exemples d'éléments incorporels acquis lors d'un regroupement d'entreprises, voir nº 22300 s.

Certains actifs et passifs font l'objet de conditions spécifiques qui ne correspondent pas aux conditions précitées (par exemple, les passifs éventuels) (IFRS 3.23, .BC272 à .BC278 ; voir nº 21960 s.).

En outre, les coûts de restructuration de l'acquise ne peuvent être constatés séparément du goodwill que s'ils répondent, à la date d'acquisition, à la définition d'un passif de l'acquise au sens du Cadre conceptuel de l'IASB (voir nº 12520) et aux dispositions spécifiques de comptabilisation d'une provision pour restructuration prévues par IAS 37, Provisions, passifs éventuels et actifs éventuels (IFRS 3.11, .BC132 à .BC143).

La norme IFRS 3 précise qu'un passif ou passif éventuel entrant dans le champ d'application de la norme IAS 37 ou de l'interprétation IFRIC 21 n'est reconnu que lorsque la condition relative à l'obligation actuelle résultant d'un événement passé spécifiquement prévue par ces textes est remplie à la date d'acquisition (IFRS 3.21B). Ainsi, une taxe entrant dans le champ d'application de l'interprétation IFRIC 21 ne donne lieu à la comptabilisation d'une provision que s'il existe, à la date d'acquisition, un fait générateur fiscal donnant lieu à l'obligation de la payer (voir Mémento IFRS nº 40380 s.).

Cette précision a été apportée par un amendement d'IFRS 3, adopté par la Commission européenne le 28 juin 2021 (Règl. UE 2021/1080) et d'application obligatoire pour les exercices ouverts à compter du 1er janvier 2022, pour tous les regroupements d'entreprises effectués postérieurement à cette date (voir Mémento IFRS nº 11510).

En règle générale, les actifs et passifs de l'acquéreur, même s'ils résultent directement du regroupement d'entreprises, ne sont pas constatés dans le cadre de la comptabilisation de l'acquisition, voir nº 21915. Par exception, l'indemnité à recevoir par l'acquéreur au titre d'une garantie qui lui est accordée par le vendeur et qui porte sur un actif ou un passif spécifique de l'acquise est constatée en contrepartie du goodwill (IFRS 3.27 et .28 ; voir nº 21980).

Classement des actifs acquis et passifs assumés

21362 A la date d'acquisition, l'acquéreur doit classer ou désigner les actifs acquis et passifs assumés identifiables sur la base des conditions existantes à cette date (IFRS 3.15 et .BC187).

Cette disposition peut notamment avoir des conséquences sur le classement des actifs et passifs financiers détenus ou émis par l'acquise, l'analyse des dérivés incorporés et la qualification des opérations de couverture (IFRS 3.16), voir n° 22000 s.

Une exception à cette obligation existe toutefois pour les contrats de location (côté bailleur, IFRS 16) qui restent classés sur la base des conditions contractuelles ou d'autres facteurs qui existaient à la date de conclusion (ou de modification) des contrats (IFRS 3.17).

Evaluation des actifs acquis et passifs assumés

21363 Le principe général consiste à évaluer tous les actifs et passifs identifiables acquis à leur juste valeur à la date d'acquisition (IFRS 3.18), sauf exceptions spécifiquement prévues par la norme IFRS 3 (IFRS 3.24 à .31A). Ces justes valeurs sont déterminées sur la base de l'utilisation optimale qu'en feraient des intervenants de marché (IFRS 3.B43), voir n° 22030 s. et Mémento IFRS n° 13378.

Remarques :

1. Pour l'évaluation d'un passif financier de l'acquise lorsque l'acquéreur a une meilleure qualité de crédit, voir Mémento IFRS n° 13393.

2. Pour l'évaluation d'un passif non financier de l'acquise relevant d'IAS 37, voir Mémento IFRS n° 13395.

De manière générale, les conséquences défavorables des décisions prises par l'acquéreur et/ou des conditions d'exploitation spécifiques à l'acquéreur ou à l'entreprise acquise sont comptabilisées en résultat postérieurement à l'acquisition.

5. Evaluation des intérêts minoritaires

21364 L'évaluation des intérêts minoritaires diffère selon qu'il s'agit de l'une ou l'autre des composantes suivantes :

1. Les intérêts minoritaires constituant une part d'intérêts actuels et conférant au détenteur une quote-part proportionnelle dans l'actif net de la filiale en cas de liquidation sont évalués, au choix de l'acquéreur réalisé pour chaque regroupement d'entreprises (IFRS 3.19) :

- soit sur la base de leur quote-part dans l'actif net identifiable de l'acquise évalué à la juste valeur à la date d'acquisition, et donc sans comptabilisation d'un goodwill au titre des intérêts minoritaires (méthode du goodwill partiel) ;
- soit à leur juste valeur à la date d'acquisition avec, en conséquence, la comptabilisation d'un goodwill à la fois pour la part groupe et pour les intérêts minoritaires (méthode du goodwill complet).

2. Les autres composantes des intérêts minoritaires sont évaluées à leur juste valeur à la date d'acquisition de la filiale, sauf si une autre base d'évaluation est requise par les autres normes IFRS qui leur sont applicables.

Les autres composantes des intérêts minoritaires représentent les autres instruments financiers émis par la filiale et classés dans son bilan en instruments de capitaux propres (voir n° 22165).

Pour l'évaluation des intérêts minoritaires, voir n° 22170 s.

6. Comptabilisation et évaluation du goodwill (ou du gain résultant d'une acquisition à des conditions avantageuses)

Définition et comptabilisation initiale du goodwill (ou du gain résultant d'une acquisition à des conditions avantageuses)

21365 Le goodwill (positif), qui est un élément résiduel, est calculé par différence entre (IFRS 3.32) :

1. d'une part, la somme des éléments suivants :

a. le prix d'acquisition au titre de la prise de contrôle, généralement constaté à sa juste valeur à la date d'acquisition ;

b. le montant des intérêts minoritaires dans l'acquise déterminé conformément à IFRS 3 (voir nº 21364) ; et

c. pour les acquisitions par étapes, la juste valeur à la date d'acquisition de la quote-part d'intérêts détenue par l'acquéreur dans l'acquise avant la prise de contrôle ;

2. et, d'autre part, le montant net des actifs acquis et passifs assumés, évalués conformément à IFRS 3 (voir nº 21361).

L'acquéreur a le choix, pour chaque regroupement d'entreprises, de comptabiliser soit un goodwill partiel (correspondant à son seul pourcentage de détention), soit un goodwill complet (incluant également le goodwill pour les intérêts minoritaires) (IFRS 3.19), voir nº 22182.

Le goodwill complet diffère du goodwill partiel lorsque l'acquisition porte sur moins de 100 % du capital de la cible. Il a pour effet d'augmenter les intérêts minoritaires et donc les capitaux propres d'ensemble à la date d'acquisition.

Un profit résultant d'une acquisition à des conditions avantageuses est constaté lorsque le calcul du goodwill (voir ci-avant) aboutit à une différence négative. Avant la constatation effective d'un tel profit, il est nécessaire de s'assurer que les différents éléments pris en compte dans son calcul ont été correctement identifiés et évalués (IFRS 3.34 à .36 et .BC371 à .BC381). Le profit ainsi calculé est attribué intégralement à l'acquéreur (IFRS 3.34).

Pour les précautions à prendre par l'acquéreur pour constater ce profit, voir nº 22207 s.

Dépréciation du goodwill

21366 Après sa comptabilisation initiale, le goodwill doit faire l'objet d'un test de dépréciation annuel. Ce test est réalisé de manière plus fréquente si des indicateurs de perte de valeur surviennent entre deux tests annuels (IAS 36.10b et .90), voir nº 22620 s.

En principe, un test de dépréciation du goodwill devrait être réalisé avant la fin de l'exercice d'acquisition (IAS 36.96). Toutefois, en pratique, l'acquéreur dispose, à notre avis et sauf indice de perte de valeur, du même délai que celui dont il dispose pour l'affectation définitive du goodwill aux UGT ou groupes d'UGT, ce délai pouvant aller jusqu'à la clôture de l'exercice qui suit celui de l'acquisition (IAS 36.84 et .85).

Il y a perte de valeur du goodwill si la valeur nette comptable de l'UGT (ou du groupe d'UGT) à laquelle (auquel) le goodwill est affecté est supérieure à la valeur recouvrable de cette UGT ou de ce groupe d'UGT (IAS 36.6, .74, .90, .104 et .C3). La perte de valeur totale qui en découle est alors imputée en priorité sur le goodwill (IAS 36.104).

En cas de comptabilisation d'un goodwill complet, la norme prévoit des modalités d'allocation de la perte de valeur du goodwill entre groupe et intérêts minoritaires différentes selon que la filiale non contrôlée à 100 % est elle-même une UGT ou fait partie d'une UGT plus large (IAS 36.C5 à .C7), voir nº 22712.

Evolution possible de la norme Pour des informations sur le projet en cours à l'IASB « Regroupements d'entreprises – Informations à fournir, goodwill et dépréciation », voir nº 21406.

7. Comptabilisation post-regroupement d'entreprises

Evaluation ultérieure dans le délai d'affectation des actifs acquis et passifs assumés constatés à la date d'acquisition

21367 Après la date d'acquisition, les actifs acquis et les passifs assumés dans le cadre d'un regroupement d'entreprises sont comptabilisés et évalués conformément aux différentes normes IFRS qui leur sont applicables en fonction de leur nature (IFRS 3.54).

La norme IFRS 3 prévoit toutefois des principes spécifiques d'évaluation ultérieure pour certains éléments, notamment les passifs éventuels constatés à la date d'acquisition (IFRS 3.56 et .BC243 à .BC245), voir nº 22102 s.

Identification tardive des actifs acquis et passifs assumés et modification des valeurs initialement attribuées

21368 L'acquéreur dispose d'un délai de douze mois après la date d'acquisition pour identifier les actifs acquis et passifs assumés de l'acquise non constatés lors de la comptabilisation initiale du regroupement et modifier rétrospectivement les valeurs initialement attribuées notamment (IFRS 3.45 à .50) :
- aux actifs identifiables acquis et passifs assumés de l'entité acquise ;
- aux intérêts minoritaires ;
- aux éléments du prix d'acquisition payé par l'acquéreur au titre du regroupement.

Toute modification ou première constatation pendant le délai d'affectation a une incidence sur le montant du goodwill (ou du profit résultant d'une acquisition dans des conditions avantageuses), si les informations obtenues (IFRS 3.45) :
- sont relatives à des événements ou circonstances existant à la date d'acquisition ; et
- auraient modifié la comptabilisation du regroupement à la date d'acquisition, si elles avaient été connues à cette date.

Pour l'identification tardive et/ou la modification des valeurs initialement attribuées, voir nº 22130 s.

De même, les impôts différés actifs réalisés pendant le délai d'affectation et qui sont liés à des faits et circonstances existant à la date d'acquisition doivent être comptabilisés par la contrepartie du goodwill (IAS 12.68), voir nº 22155.

Comptabilisation des modifications de valeur des actifs acquis et passifs assumés après le délai d'affectation

21369 L'impact des plus ou moins-values et des dotations ou reprises de provisions constatées après l'expiration du délai d'affectation par rapport aux valeurs attribuées aux actifs acquis et passifs assumés lors de la première consolidation est constaté de manière prospective, en résultat de l'exercice du changement et des exercices ultérieurs, le cas échéant, sans ajustement du goodwill.

Ainsi, les impôts différés actifs réalisés après l'expiration du délai d'affectation doivent être comptabilisés en résultat (ou en capitaux propres si la norme IAS 12 le requiert) sans modification du goodwill (IAS 12.68). Cette disposition s'applique même si le regroupement d'entreprises a été comptabilisé initialement avant l'application d'IFRS 3 (IAS 12.94 et IFRS 3.67).

Si les modifications de la comptabilisation initiale du regroupement sont liées à une correction d'erreur, les valeurs attribuées aux actifs et passifs acquis, aux intérêts minoritaires ou éléments du prix d'acquisition doivent être modifiées de manière rétrospective, comme si leur juste valeur corrigée avait été comptabilisée dès la date d'acquisition (IFRS 3.50 renvoyant à IAS 8). Le goodwill (ou le profit résultant d'une acquisition à des conditions avantageuses) doit également être modifié en conséquence, et l'impact de la correction d'erreur est constaté en capitaux propres d'ouverture de l'exercice de la correction d'erreur. En outre, les comptes des périodes antérieures présentées en comparatif doivent être modifiés (IAS 8.41 à .49).

B. Présentation des impacts des regroupements d'entreprises et des variations de périmètre dans l'état du résultat global

21370 Les normes IFRS 3 et IFRS 10 ne précisent pas dans quelle rubrique de l'état du résultat global les impacts des regroupements d'entreprises et des variations de périmètre doivent être présentés. A notre avis, deux solutions sont possibles (voir no 22800 s.) :

- la première solution consiste à présenter les produits et les charges liés aux regroupements d'entreprises et aux variations de périmètre dans chacune des rubriques appropriées de l'état du résultat global ;
- la deuxième solution consiste à présenter certaines charges et certains produits de l'exercice liés aux regroupements d'entreprises et aux variations de périmètre sur une ligne distincte de l'état du résultat global qui peut être intitulée « gains et pertes liés aux transactions », accompagnée d'une information en annexe.

Dans certaines circonstances, il est approprié de présenter certaines charges/produits liés à ces transactions dans chacune des rubriques appropriées de l'état du résultat global en raison de leur nature et de leur caractère significatif (par exemple, le gain résultant d'une acquisition à des conditions avantageuses).

C. Informations en annexe

21371 La norme IFRS 3 requiert de fournir les informations permettant aux utilisateurs des états financiers d'évaluer la nature et les impacts d'un regroupement d'entreprises intervenu pendant l'exercice ou après la clôture de l'exercice mais avant que les états financiers de la période soient publiés (IFRS 3.59).

L'ESMA a publié, le 16 juin 2014, un rapport relatif à l'application d'IFRS 3 dans les états financiers (« ESMA Report : Review on the application of accounting requirements for business combinations in IFRS financial statements » - ESMA/2014/643). Dans ce rapport, l'ESMA a indiqué que la présentation des informations requises par IFRS 3 dans une même note des états financiers est utile pour les analystes et améliore la comparabilité entre émetteurs.

Pour chaque regroupement d'entreprises intervenu au cours de la période, IFRS 3 requiert un certain nombre d'informations relatives notamment (IFRS 3.B64 à .B67) :
- au regroupement d'entreprises d'un point de vue général (nom et description de l'acquise, date d'acquisition, pourcentage de droits de vote acquis, etc.) ;
- à la juste valeur, à la date d'acquisition du prix d'acquisition du regroupement et à ses composantes ;
- aux ajustements éventuels du prix d'acquisition ;

Les dispositions d'IFRS 3 étant claires sur ce sujet, l'ESMA, dans son rapport précité, rappelle aux émetteurs la nécessité de les appliquer et de fournir les informations requises dès lors que les ajustements éventuels de prix peuvent avoir un impact significatif sur le résultat de la période ou des périodes ultérieures ou sur les flux de trésorerie.

- à chaque catégorie d'actifs acquis et passifs assumés de l'entité acquise ;

Dans son rapport précité, l'ESMA attire l'attention des émetteurs sur la nécessité :

1. d'affiner l'information fournie sur les actifs et les passifs acquis et notamment de présenter les informations pour chacune des catégories significatives d'actifs et de passifs telles que définies par IAS 1.59 ;

2. de fournir des informations sur les hypothèses et les méthodes d'évaluation utilisées pour évaluer les actifs, passifs, et intérêts minoritaires significatifs acquis dans le cadre du regroupement d'entreprises.

Concernant les hypothèses d'évaluation, les informations suivantes peuvent être précisées :
- les hypothèses intrinsèques à l'entité (business plan avec détail des taux de croissance du chiffre d'affaires, des marges...) ;
- les hypothèses macroéconomiques (taux de croissance à long terme) ;
- les paramètres d'évaluation (WACC, TRI, taux d'actualisation des actifs incorporels...).

- au goodwill et, le cas échéant, au gain résultant d'une acquisition à des conditions avantageuses.

Dans son rapport précité, l'ESMA encourage les émetteurs à indiquer les éléments constitutifs du goodwill et notamment quelles synergies sont attendues, selon quel calendrier, et la manière dont elles ont été déterminées.

Si une acquisition aboutit à la constatation d'un gain résultant d'une acquisition à des conditions avantageuses, l'ESMA, dans ce même rapport, recommande aux émetteurs d'indiquer les raisons qui conduisent à ce gain, par exemple une restructuration potentielle future n'ayant pas donné lieu à constatation d'une provision.

Des informations sont également requises dans des circonstances spécifiques, par exemple :
- si la comptabilisation initiale d'un regroupement d'entreprises est effectuée de manière provisoire au cours de la période d'acquisition (IFRS 3.B67a) ;

L'ESMA, dans son rapport précité, a rappelé la nécessité de fournir cette information.

- ou si un regroupement d'entreprises, constaté initialement au cours d'une période précédente, a des impacts sur l'exercice en cours (IFRS 3.61).

QUESTIONS/REPONSES PRATIQUES

Remarque importante

21406 Les réponses aux questions présentées ci-après résultent de l'analyse de la norme IFRS 3, Regroupements d'entreprises, en vigueur actuellement, sur la base des informations disponibles au 31 décembre 2023.

Evolution possible des réponses **Projet « Regroupements d'entreprises – Informations à fournir, goodwill et dépréciation »** A la suite des travaux entrepris dans le cadre de la « Post-implementation Review »/PIR de la norme IFRS 3 (initiée en 2013), un document pour discussion (« Discussion Paper »/DP) « Business Combinations – Disclosures, Goodwill and Impairment » avait été publié en mars 2020, dans le cadre d'un projet de recherche sur ces thèmes. En décembre 2022, il a été décidé de faire évoluer ce projet vers le stade de normalisation, la prochaine étape étant la publication d'un exposé-sondage attendue au cours du premier trimestre 2024. Les principaux objectifs du projet sont :
- l'amélioration des informations fournies par les entreprises sur les regroupements d'entreprises, notamment en ce qui concerne la performance du regroupement après l'acquisition ;
- le maintien ou non de l'approche du modèle de dépréciation du goodwill ;
- l'amélioration de l'efficacité du test de dépréciation des unités génératrices de trésorerie contenant un goodwill, selon la norme IAS 36, et la simplification de son application ; et
- d'autres sujets tels que les immobilisations incorporelles acquises lors d'un regroupement d'entreprises, par exemple.

Pour plus de détails sur ce projet, voir Mémento IFRS n° 36006.
Pour plus de détails sur la PIR d'IFRS 3, voir Mémento IFRS n° 22900.

SECTION I

Généralités

A. Notion de regroupement d'entreprises

Définition des regroupements d'entreprises

21470 ***Question***

Quelles opérations constituent des regroupements d'entreprises selon la norme IFRS 3 ?

Réponse

Il s'agit :
- de tout événement ou transaction par lesquels un acquéreur obtient le **contrôle** d'une ou plusieurs **activités** (l'acquise) ; et
- de certaines transactions par lesquelles plusieurs entités se regroupent au sein d'une seule entité sans qu'aucune des parties ne prenne, in fine, le contrôle des autres (cas par exemple des « fusions entre égaux »).

Commentaires :

1. **Définition et exemples de regroupements d'entreprises** La définition d'un regroupement d'entreprises est fournie par la norme IFRS 3.A, .B5 et .B6.

La façon la plus courante d'obtenir le contrôle d'une entité est d'acheter ses titres ou tout ou partie de ses actifs nets, à condition toutefois que ces actifs nets constituent une ou plusieurs activités.

Constituent également des regroupements d'entreprises :

a. les prises de contrôle sans échange d'une rémunération (IFRS 3.B5), par exemple :
- les prises de contrôle par contrat uniquement (IFRS 3.43, .BC78), voir nº 21472, point 3. ;
- les prises de contrôle du fait d'une action de l'acquise, notamment le rachat par l'acquise d'un certain nombre de ses propres actions induisant la prise de contrôle d'un actionnaire existant (l'acquéreur) (IFRS 3.43a), voir nº 21472, point 2. et Exemple ;
- les prises de contrôle dont la date d'acquisition ne correspond pas au transfert des intérêts financiers (date(s) d'échange) (IFRS 3.43b), voir nº 21472, point 1. ;

Pour le traitement comptable de ces transactions, voir nº 21570.

b. les regroupements entre mutuelles (IFRS 3.BC64 et .BC77), voir nº 21575 ;

c. les transactions qui aboutissent au regroupement de plusieurs entités au sein d'une seule (IFRS 3.B6c), même si, in fine, aucune partie ne prend le contrôle sur l'autre. Il s'agit notamment (IFRS 3.A, .BC5) :
- des transactions qualifiées de « roll up » ou « put together transaction » ; et
- des fusions entre égaux (« true mergers » ou « mergers of equals »).

En effet, même s'il n'y a pas de prise de contrôle d'une entité par une autre, ces transactions répondent à la définition d'un regroupement d'entreprises et entrent dans le champ d'application de la norme IFRS 3 (IFRS 3.A, .BC6 et .BC12).

Pour le traitement comptable des fusions entre égaux, voir nº 21560.

2. **Notion d'activité** La définition d'un regroupement d'entreprises (voir ci-avant) suppose que l'entité acquise ait une ou plusieurs activités.

Pour les développements relatifs à cette notion, voir nº 21490 s.

3. **Possibilité que l'une des parties prenantes au regroupement n'ait pas d'activité avant le regroupement** Les opérations impliquant la création d'une entité nouvelle (« newco ») sans activité préexistante peuvent répondre à la définition d'un regroupement d'entreprises.

C'est le cas, par exemple, d'une transaction par laquelle :
- plusieurs entités apportent leurs actifs nets à une entité nouvellement créée ; ou
- les actionnaires de plusieurs entités transfèrent leurs titres à une entité nouvellement créée (IFRS 3.B6c).

Sur l'identification de l'acquéreur dans les opérations impliquant la création d'une Newco, voir nº 21705 et 21706 (rémunération du regroupement respectivement en trésorerie et par des instruments de capitaux propres).

Toutefois, les opérations impliquant la création d'une entité nouvelle sans activité préexistante (ou l'utilisation d'une « coquille vide » préexistante) sont des opérations souvent complexes. Leur analyse, en « regroupement d'entreprises » tel que défini par IFRS 3 (le cas échéant qualifié de regroupement entre entités sous contrôle commun et/ou de « reverse acquisition ») ou au contraire en réorganisation interne de groupe ne répondant pas à la définition d'un regroupement d'entreprises, doit être réalisée au cas par cas, sur la base de l'ensemble des faits et circonstances et de la substance de l'opération.

Pour les opérations exclues du champ d'application d'IFRS 3, voir nº 21500.

Transactions sans remise de rémunération au titre de la prise de contrôle

21472 ***Question***

La prise de contrôle d'une entité réalisée sans remise de rémunération par l'acquéreur au vendeur peut-elle constituer un regroupement d'entreprises ?

Réponse

Oui, ces transactions sont explicitement visées par la norme IFRS 3.

Il s'agit, par exemple :
- de l'expiration d'un droit de veto dont disposaient certains autres actionnaires de cette entité et qui induit la prise de contrôle de l'entité par l'acquéreur ;
- d'une prise de contrôle à la suite du rachat par l'acquise d'un certain nombre de ses propres actions ; et
- des regroupements effectués par contrat uniquement.

Commentaires La définition des regroupements d'entreprises inclut les prises de contrôle d'une entité sans rémunération versée par l'acquéreur au vendeur (IFRS 3.43).

Tel est le cas d'une prise de contrôle d'une entité :
- à une date qui ne correspond pas à la date du transfert des intérêts financiers ; ou
- qui ne comporte pas de transfert de rémunération au vendeur (ni à la date de prise de contrôle ni à une date antérieure).

Entrent dans cette dernière catégorie de transactions, par exemple :
- la prise de contrôle de l'entité par l'acquéreur du fait de l'expiration ou de la suppression d'un droit de veto dont disposaient certains autres actionnaires de cette entité (voir point 1. ci-après) ;
- les prises de contrôle liées à une action de l'acquise (voir point 2. ci-après) ;
- les regroupements par contrat uniquement (voir point 3. ci-après).

1. **Prise de contrôle d'une entité du fait de l'expiration/la suppression d'un droit de veto d'un actionnaire minoritaire** La norme IFRS 3 vise la prise de contrôle d'une entreprise qui bien que détenue majoritairement n'était pas contrôlée en raison de l'existence d'un droit de veto des actionnaires minoritaires (qui n'est donc pas exclusivement destiné à protéger leurs intérêts) (IFRS 3.43), voir nº 15135 et 15145.

Lorsque ce droit de veto expire ou est supprimé, l'actionnaire majoritaire prend le contrôle effectif de cette entreprise, et ce, même en l'absence d'acquisition d'actifs nets ou d'intérêts complémentaires à la date de prise de contrôle.

2. **Prise de contrôle liée à une action de l'acquise** Il s'agit, par exemple, du rachat par l'acquise d'un certain nombre de ses propres actions, suivi de leur annulation, induisant la prise de contrôle d'un actionnaire existant (l'acquéreur) (IFRS 3.43a), voir Exemple ci-après.

Dans ce cas, la date d'acquisition devrait correspondre à la date du rachat d'actions (et de l'annulation de ces titres).

3. **Regroupements par contrat uniquement** Les regroupements par contrat uniquement sont inclus dans le champ d'application d'IFRS 3.43c.

Définition d'un regroupement par contrat Les regroupements par contrat uniquement sont les regroupements à l'issue desquels (IFRS 3.43c) :
- l'acquéreur obtient le contrôle de l'acquise du fait de la conclusion d'un contrat uniquement ;
- aucune rémunération n'est versée par l'acquéreur au titre de l'obtention du contrôle de l'acquise ou de son actif net ;
- l'acquéreur n'obtient pas de quote-part dans l'actif net de l'acquise, ni à la date d'acquisition ni antérieurement.

Les regroupements par contrat étant ceux qui ne donnent lieu à aucune rémunération au titre de l'obtention du contrôle (ni en trésorerie, ni en titres, ni en autres actifs), les opérations d'apport partiel d'actifs n'en constituent donc pas.

Pour la comptabilisation des regroupements par contrat, voir nº 21580.

Constituent notamment des regroupements par contrats des transactions comme les « stapling transactions » et les « dual-listed corporations » (IFRS 3.43c) :

- les **« stapling transactions »** sont des contrats qui lient les titres émis par une entité légale (habituellement une société) aux titres émis par une autre entité légale (souvent un trust). Les titres ainsi liés ne peuvent pas être négociés indépendamment les uns des autres et sont cotés à un prix unique. Ces transactions sont, en pratique, réalisées dans certains pays dans un objectif d'optimisation fiscale ;

La norme IFRS 3 considère que les « stapling transactions » sont des regroupements bien que, d'après la définition de ce type de regroupement, le contrat ne porte pas sur la gestion d'une entité mais sur d'autres aspects comme le prix de cotation, par exemple.

- une **« dual-listed corporation »** est un contrat selon lequel les activités de deux entités distinctes, cotées sur des marchés différents, sont gérées comme une seule entité économique (le traitement de ces transactions en tant que regroupement d'entreprises nécessite l'identification d'un acquéreur).

***Exemple** — Prise de contrôle à la suite de la restructuration du capital d'une participation* *La société M détient 45 % du capital d'une société F sur laquelle elle exerce une influence notable. F a emprunté des fonds pour racheter, conformément à la législation en vigueur, une partie de ses actions détenues par les autres investisseurs puis a annulé ces titres.*

M détient alors 57 % des droits de vote de cette activité et en a ainsi le contrôle exclusif.

Solution de l'exemple *La société M ayant obtenu le contrôle de F, cette transaction constitue bien un regroupement d'entreprises au sens d'IFRS 3.*

Notion d'activité selon IFRS 3

21490 ***Question***

Que recouvre la notion d'activité selon la norme IFRS 3 ?

Réponse

Une **activité** est un ensemble intégré d'opérations et d'actifs susceptible d'être géré en vue de fournir des biens ou services à des clients, de produire des revenus de placement (tels que des dividendes ou des intérêts) ou de tirer d'autres produits d'activités ordinaires.

Les **trois composantes** d'une activité sont :
- un ensemble d'**inputs** (par exemple actifs non courants) ;
- des **processus appliqués à ces inputs** (par exemple processus de gestion stratégique ou opérationnelle) ;
- le **tout ayant la capacité de générer ou de contribuer à générer des outputs,** c'est-à-dire susceptible de fournir des biens ou services ou d'autres revenus.

Même si une activité génère souvent des outputs, un ensemble intégré d'opérations et d'actifs n'a pas besoin d'avoir des outputs en date d'acquisition pour répondre à la définition d'une activité. Pour être considéré comme une activité, l'ensemble acquis doit comporter **au moins un input et un processus substantiel qui, ensemble, contribuent de manière significative à la capacité à créer des outputs.**

L'interprétation de cette définition peut s'avérer délicate en pratique.

Commentaires La définition de la notion d'activité donnée par la norme IFRS 3 permet de déterminer les opérations d'acquisition d'actifs qui répondent à la définition d'un regroupement d'entreprises (IFRS 3.A et .B7 à .B12) et sont par conséquent visées par IFRS 3.

1. **Définition d'une activité** Une activité est définie par la norme IFRS 3 comme étant un ensemble intégré d'opérations et d'actifs susceptible d'être géré en vue de fournir des biens ou services à des clients, de produire des revenus de placement (tels que des dividendes ou des intérêts) ou de tirer d'autres produits d'activités ordinaires (IFRS 3.A).

2. **Eléments constitutifs d'une activité** Les inputs, les processus appliqués à ces inputs et les outputs sont définis de la façon suivante (IFRS 3.B7) :

- **inputs** : toute ressource économique qui crée ou a la capacité de contribuer à créer des outputs lorsqu'un ou plusieurs processus y sont appliqués ;

  Exemples d'inputs : actifs non courants (comprenant des actifs incorporels ou des droits d'utiliser des actifs non courants), droits de propriété intellectuelle, capacité d'avoir accès aux matériels ou aux droits, et aux membres du personnel nécessaires.

  La norme précise qu'un contrat acquis est un input et non un processus (IFRS 3.B12Dax), voir nº 21493.

- **processus** : tout système, standard, protocole, convention ou règle qui, une fois appliqué(e) à un ou à des inputs, crée ou a la capacité de contribuer à créer des outputs ;

Exemples de processus : processus de gestion stratégique, de gestion des opérations et de gestion des ressources.

Ces processus sont généralement documentés, mais les processus à appliquer aux inputs pour pouvoir créer des outputs peuvent résider dans la capacité intellectuelle d'une main-d'œuvre organisée dotée des compétences et de l'expérience nécessaires, qui suit des règles et des conventions, voir nº 21494, Exemple 3.

En revanche, les systèmes de gestion comptable, de gestion de la paie ou d'autres systèmes administratifs sont des processus qui ne servent généralement pas à créer des outputs. Leur existence ne permet donc pas de déterminer si une activité existe.

– **outputs** : résultat d'inputs et de processus appliqués à ces inputs qui fournissent des biens ou des services à des clients, produisent des revenus de placement (tels que des dividendes ou des intérêts) ou permettent de tirer d'autres produits d'activités ordinaires.

Exemples d'outputs : produits finis, logiciel commercialisable, licence.

La capacité de réduire les coûts n'est pas considérée comme un output (alors que cela était le cas dans l'ancienne définition d'une activité).

La norme IFRS 3 apporte des précisions sur les éléments constitutifs d'une activité :

a. **Existence ou non d'outputs en date d'acquisition** Même si une activité génère souvent des outputs, un ensemble intégré d'opérations et d'actifs n'a pas besoin d'avoir des outputs en date d'acquisition pour répondre à la définition d'une activité.

Par exemple, un ensemble en phase de développement (« start up ») peut ne pas avoir de chiffre d'affaires à la date d'acquisition. L'acquéreur doit alors examiner d'autres facteurs tels que l'existence d'input et de processus substantiel pour déterminer si l'ensemble constitue une activité au sens d'IFRS 3 (IFRS 3.B8), voir nº 21494, Exemples 2 et 3.

A l'inverse, le fait que l'ensemble acquis génère déjà des outputs à la date d'acquisition n'indique pas à lui seul qu'il y a acquisition à la fois d'un input et d'un processus substantiel (IFRS 3.B8A), voir nº 21494, Exemples 1 et 5.

b. **Présence a minima d'un input et d'un processus substantiel** Pour qu'il soit susceptible d'être exploité, un ensemble intégré d'opérations et d'actifs nécessite deux éléments essentiels : des inputs et des processus appliqués à ces inputs. Il n'est cependant pas nécessaire qu'une activité comprenne tous les inputs et processus que le vendeur utilisait pour l'exploiter. Toutefois, pour être considéré comme une activité, l'ensemble acquis doit comporter au moins un input et un processus substantiel qui, ensemble, contribuent de manière significative à la capacité à créer des outputs (IFRS 3.B8).

c. **Analyse de l'ensemble acquis du point de vue d'un intervenant de marché** Pour déterminer si un ensemble acquis est une activité ou un groupe d'actifs, il convient d'analyser s'il peut être exploité et géré en tant qu'activité par un intervenant de marché. Il n'est donc pas pertinent de savoir si le vendeur exploitait l'ensemble comme une activité ou si l'acquéreur entend l'exploiter comme une activité (IFRS 3.B11).

Dans certaines situations, un acquéreur va intégrer un ensemble acquis dans ses propres activités, ce qui aura pour conséquence que l'ensemble acquis ne générera plus d'outputs après l'acquisition. Par exemple, une entité peut acquérir un de ses fournisseurs et utiliser ensuite tous les biens produits par l'ancien fournisseur dans sa propre production. L'ensemble acquis est toujours capable de générer des revenus à la date d'acquisition et peut donc être qualifié d'activité (si les critères du paragraphe B12C sont remplis (IFRS 3.BC21K), voir nº 21493).

Cette analyse est à effectuer sur la base de ce qui a été acquis dans son état actuel en date d'acquisition, sans tenir compte du fait de savoir si les acteurs du marché seraient en mesure de remplacer les inputs ou processus manquants, par exemple en intégrant l'ensemble acquis à leurs propres opérations (IFRS 3.BC211).

Par conséquent, la capacité d'un intervenant de marché à remplacer tout ou partie des inputs ou des processus manquants afin de continuer à produire des outputs n'est pas prise en compte dans l'analyse (alors que c'était le cas dans l'ancienne définition d'une activité).

d. **Passifs assumés** Presque toutes les activités ont des passifs. Une activité peut toutefois ne pas en avoir. A l'inverse, un ensemble acquis qui ne constitue pas une activité pourrait avoir des passifs (IFRS 3.B9).

En pratique, l'application de la notion d'activité selon IFRS 3 peut s'avérer difficile. En effet, déterminer si une transaction est une acquisition d'un groupe d'actifs ou d'une activité au sens d'IFRS 3 requiert du jugement et nécessite une analyse des faits et circonstances de la transaction.

Pour plus de précisions sur la démarche pratique permettant d'identifier une activité au sens d'IFRS 3 (selon cette nouvelle définition), voir nº 21491.

Définition d'une activité – Démarche pratique d'identification d'une activité

21491 ***Question***

Quelle démarche mettre en œuvre pour déterminer si une transaction est l'acquisition d'une activité ou d'un groupe d'actifs au sens d'IFRS 3 ?

Réponse

La démarche suivante pourrait, à notre avis, être adoptée :

Etape 1 (optionnelle) : réaliser un **test dit « de concentration »** de manière facultative. Ce test simplifie l'appréciation à porter pour pouvoir conclure qu'un ensemble acquis ne constitue pas une activité sans avoir à appliquer le cadre général d'analyse d'une activité. Il consiste à déterminer si la quasi-totalité de la juste valeur des actifs bruts acquis est concentrée sur un actif identifiable unique ou sur un groupe d'actifs identifiables similaires. Si le test est positif, l'ensemble acquis constitue un groupe d'actifs et l'analyse s'arrête.

Etape 2 : si le test de concentration est négatif ou si l'entité choisit de ne pas le réaliser, il convient d'appliquer le cadre général afin de déterminer si l'ensemble acquis comporte les éléments constitutifs d'une activité. Pour cela, **l'appréciation du caractère substantiel du processus acquis** est critique. Une approche différente est requise selon que l'ensemble acquis génère ou non des outputs et selon qu'il contient ou non une main-d'œuvre organisée en date d'acquisition.

Commentaires La norme IFRS 3 fournit un cadre d'analyse pour déterminer si un ensemble acquis doit s'analyser comme une activité ou un groupe d'actif(s). La démarche en deux étapes, résumée dans le schéma ci-après établi par nos soins, peut, à notre avis, être adoptée.

Pour la définition d'un output, d'un processus ou d'un input, voir nº 21490.

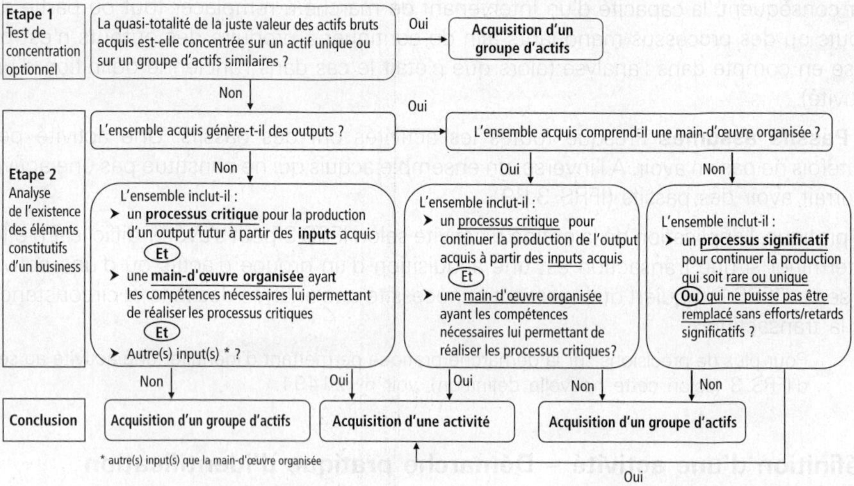

Etape 1 – Test de concentration (optionnel) Un ensemble acquis ne pourra pas constituer une activité si la quasi-totalité de la juste valeur de ses actifs bruts est concentrée sur un actif identifiable unique ou sur un ensemble d'actifs identifiables similaires. Ainsi, si la quasi-totalité de la juste valeur des actifs bruts acquis, reconnus et non reconnus au bilan (par exemple, un input, un contrat, un processus, une main-d'œuvre), est concentrée sur un seul actif identifiable (ou un groupe d'actifs identifiables similaires), il est peu probable qu'un processus substantiel ait été acquis.

Cette étape est **optionnelle,** au choix de l'acquéreur pour chaque transaction. Ainsi, si le test est positif, l'acquéreur peut soit décider d'arrêter l'analyse et conclure à l'acquisition d'un groupe d'actifs, sans passer à l'étape suivante, soit décider de poursuivre l'analyse (voir étape 2 ci-après). Cependant, si la quasi-totalité de la juste valeur des actifs bruts acquis n'est pas concentrée sur un actif identifiable unique (ou un groupe d'actifs identifiables similaires), l'acquéreur est tenu de passer à l'étape 2.

Etape 2 – Processus substantiel En l'absence de test de concentration ou si ce dernier est négatif, la suite de l'analyse consiste à déterminer si l'ensemble acquis comporte les éléments constitutifs d'une activité.

Que l'ensemble acquis génère ou non des outputs à la date d'acquisition, la condition requise pour être qualifié d'activité est que l'ensemble acquis comprenne, a minima, un input et un processus substantiel qui, ensemble, contribuent significativement à la capacité à créer un output.

Pour plus de précisions sur ces éléments constitutifs d'une activité, voir nº 21490.

La norme IFRS 3 fournit un cadre pour évaluer quand un input et un processus substantiel sont présents, avec des critères plus contraignants lorsque l'ensemble acquis ne génère pas encore d'outputs (cas des entreprises en démarrage par exemple).

Pour plus de précisions sur cette notion, voir nº 21493.

Définition d'une activité – Mise en œuvre du test de concentration

21492 ***Question***

En pratique, comment mettre en œuvre le test de concentration ?

Réponse

Le test de concentration vise à comparer la juste valeur de l'actif prépondérant (ou d'un groupe d'actifs similaires prépondérant) et la juste valeur de l'ensemble des actifs acquis. Le test est positif si la quasi-totalité de la juste valeur de l'actif brut acquis est concentrée sur un actif identifiable unique ou un groupe unique d'actifs identifiables similaires.

La norme définit l'actif brut acquis en excluant certains actifs identifiés et précise la façon dont la juste valeur doit être déterminée. Toutefois, la notion de quasi-totalité n'est pas définie par l'amendement. A notre avis, une interprétation possible pourrait désigner en pratique un seuil d'au moins 90 %.

En outre, un actif identifiable unique correspond à tout actif individuel (ou groupe d'actifs) qui serait comptabilisé et évalué comme un actif unique dans un regroupement d'entreprises. Certains actifs doivent également être regroupés s'ils ne peuvent pas être physiquement séparés l'un de l'autre facilement pour être utilisés séparément (par exemple, un terrain et un bâtiment).

Enfin, lorsque l'entité apprécie si des actifs sont similaires, elle doit prendre en considération la nature de chaque actif identifiable unique et les profils de risque associés aux actifs.

Commentaires Le test de concentration simplifie l'appréciation à porter pour pouvoir conclure qu'un ensemble acquis ne constitue pas une activité sans avoir à appliquer le cadre général d'analyse d'une activité. L'entité a le choix d'appliquer le test ou non et ce choix est à exercer pour chaque transaction. Les conséquences du test de concentration sont les suivantes (IFRS 3.B7A) :

- si le test de concentration est positif, l'ensemble acquis constitue un groupe d'actifs et non une activité, et aucune autre appréciation n'est nécessaire ;
- si le test est négatif ou si l'entité choisit de ne pas appliquer le test, il est alors nécessaire de poursuivre l'analyse afin d'évaluer si l'ensemble acquis comporte les éléments constitutifs d'une activité, voir nº 21491 et 21493.

Le test est fondé sur une comparaison de la juste valeur de l'actif prépondérant (ou d'un groupe d'actifs similaires prépondérant) et de la juste valeur de l'ensemble des actifs acquis : le test est positif si la **quasi-totalité** de la **juste valeur de l'actif brut acquis** se concentre sur un **actif identifiable unique** ou un groupe unique d'**actifs identifiables similaires** (IFRS 3.B7B).

Juste valeur d'un actif identifiable unique ou d'un groupe unique d'actifs identifiables similaires

――――――――――――――――――――― **> Quasi-totalité**

Juste valeur de l'actif brut acquis

Pour des exemples d'application pratique, voir nº 21494.

Les différentes notions nécessaires à la réalisation du test sont explicitées ci-après :

a. **Notion d'actif identifiable unique** Pour les besoins du test de concentration, un actif identifiable unique correspond à tout actif individuel (ou groupe d'actifs) qui serait comptabilisé et évalué comme un actif unique dans un regroupement d'entreprises (IFRS 3.B7Bc).

Pour plus de précisions sur l'identification des actifs acquis et passifs assumés dans un regroupement d'entreprises, voir n° 21361.

En outre, certains actifs doivent être regroupés : si une immobilisation corporelle est attachée à une autre immobilisation corporelle (comme dans le cas, par exemple, d'un terrain et d'un bâtiment), alors ces deux immobilisations corporelles constituent un actif unique dans le cadre du test de concentration. Ces immobilisations sont attachées au sens d'IFRS 3 car elles ne peuvent pas facilement être physiquement séparées l'une de l'autre pour être utilisées séparément, sans que cela n'occasionne des coûts importants ou une diminution importante de l'utilité ou de la juste valeur de l'une ou de l'autre (IFRS 3.B7Bd).

Il en est de même pour une immobilisation corporelle attachée à un actif pris en location, comme par exemple un bâtiment attaché à un terrain pris en location dont on détient le droit d'utilisation.
Un terrain et un bâtiment devraient généralement être comptabilisés séparément pour les besoins d'un regroupement d'entreprises mais seront à considérer comme un actif unique pour les besoins du test de concentration.

b. **Notion d'actifs similaires** Lorsque l'entité apprécie si des actifs sont similaires, elle doit prendre en considération la nature de chaque actif identifiable unique et les risques associés à leur gestion et à leur utilisation pour créer des outputs, c'est-à-dire les caractéristiques de risques associés aux actifs.

Les actifs suivants ne doivent pas être considérés comme similaires (IFRS 3.B7Be et .B7Bf) :
- un actif corporel et un actif incorporel ;
- des actifs corporels de catégories différentes (par exemple, des stocks, du matériel de fabrication et des véhicules automobiles), à moins qu'ils ne soient considérés comme un actif identifiable unique tel que défini ci-avant ;
- des immobilisations incorporelles identifiables de catégories différentes (par exemple, des marques, des licences et des immobilisations incorporelles en cours de développement) ;
- un actif financier et un actif non financier ;
- des actifs financiers de catégories différentes (par exemple, des créances et des placements en instruments de capitaux propres) ;
- des actifs identifiables qui font partie d'une même catégorie d'actifs, mais dont les caractéristiques de risque sont sensiblement différentes.

Par exemple, les risques associés à l'exploitation et la gestion de maisons individuelles données en location pourraient être sensiblement différents, notamment en raison de leur taille, de la zone géographique et du profil des locataires.

c. **Notion de quasi-totalité** La notion de quasi-totalité n'est pas définie par l'amendement. A notre avis, une interprétation possible pourrait désigner en pratique un seuil d'au moins 90 %.

d. **Détermination de la juste valeur de l'actif brut acquis** Pour les besoins du test de concentration, la juste valeur des actifs bruts acquis n'est pas nécessairement la même que la contrepartie transférée au vendeur (IFRS 3.B7Bb).

Cela pourrait être dû, par exemple, à des passifs assumés, qui sont pris en compte dans la détermination du prix d'achat de l'ensemble acquis mais qui sont exclus des actifs bruts retenus dans le dénominateur du test de concentration.

La juste valeur des actifs bruts sera également différente de la contrepartie transférée lors d'une acquisition partielle (c'est-à-dire lorsqu'il reste des intérêts minoritaires après la transaction et/ou qu'il y avait des intérêts antérieurement détenus). Lorsqu'une transaction aboutit à l'obtention du contrôle d'une entité juridique sans détenir la totalité des titres de l'entité acquise, les actifs bruts utilisés dans le test de concentration doivent inclure (i) la contrepartie transférée ainsi que (ii) la juste valeur des intérêts minoritaires et (iii) des éventuels intérêts précédemment détenus.

Par exemple, dans le cas d'une acquisition de 60 % d'une entité, l'actif brut comprend la participation acquise de 60 % plus la participation minoritaire de 40 %.

Les actifs bruts acquis excluent les éléments suivants (IFRS 3.B7Ba) :
- la trésorerie et les équivalents de trésorerie ;
- les actifs d'impôts différés ; et
- le goodwill résultant de l'effet des impôts différés passifs.

Ces éléments sont exclus de l'actif brut acquis car l'IASB a considéré que la forme fiscale de la transaction, et le fait que l'ensemble acquis comporte ou non de la trésorerie et des équivalents de trésorerie, ne devraient pas avoir d'incidence sur la qualification de l'ensemble acquis en tant qu'activité.

En pratique, la juste valeur de l'actif brut acquis peut être déterminée selon deux approches (IFRS 3.B7Ba et .B7Bb) :

Approche 1 Elle consiste à effectuer la somme des éléments suivants :

+ les justes valeurs de chaque actif identifiable (excluant la trésorerie et les équivalents de trésorerie, les actifs d'impôt différé et le goodwill issu de l'incidence des passifs d'impôt différé)
+ le calcul du « goodwill » suivant :
  + le prix transféré dans le cadre de l'acquisition
  + la juste valeur des intérêts minoritaires (dans le cas d'une acquisition inférieure à 100 %)
  + la juste valeur de la quote-part d'intérêts antérieurement détenus
  - la juste valeur de l'actif net acquis (sans tenir compte des passifs d'impôt différé)

Approche 2 Elle consiste à effectuer la somme des éléments suivants :

+ le prix transféré dans le cadre de l'acquisition
+ la juste valeur des intérêts minoritaires (dans le cas d'une acquisition inférieure à 100 %)
+ la juste valeur de la quote-part d'intérêts antérieurement détenus
+ la juste valeur des passifs repris (autres que les passifs d'impôt différé)
- la trésorerie et les équivalents de trésorerie
- les actifs d'impôt différé
- le goodwill issu de l'incidence des passifs d'impôt différé

Toutefois, lorsque la juste valeur de l'actif brut acquis est supérieure à cette somme, il est parfois nécessaire de procéder à un calcul plus précis.

Pour un exemple de détermination de la juste valeur de l'actif brut acquis, voir Exemple ci-après.

Exemple *Extrait d'un exemple illustratif de la norme (**Exemple E – Détermination de la juste valeur de l'actif brut acquis,** IFRS 3.IE118 à .IE123) Une entité (l'acquéreur)* *détient une participation de 20 % dans une autre entité (Entité A). A une date ultérieure (la date d'acquisition), l'acquéreur prend une participation supplémentaire de 50 % dans l'entité A et en obtient le contrôle. Les actifs et passifs de l'entité A à la date d'acquisition sont les suivants :*

1. *un immeuble d'une juste valeur de 500 UM ;*
2. *une immobilisation incorporelle identifiable d'une juste valeur de 400 UM ;*
3. *la trésorerie et les équivalents de trésorerie d'une juste valeur de 100 UM ;*
4. *des passifs financiers d'une juste valeur de 700 UM ; et*
5. *des passifs d'impôt différé de 160 UM résultant de différences temporaires liées à l'immeuble et à l'immobilisation incorporelle.*

L'acquéreur paie 200 UM pour la participation supplémentaire de 50 % dans l'entité A. L'acquéreur détermine qu'à la date d'acquisition, la juste valeur de l'entité A est de 400 UM, que la juste valeur de la participation minoritaire dans l'entité A est de 120 UM (30 % x 400 UM) et que la juste valeur de la participation précédemment détenue est de 80 UM (20 % x 400 UM).

Solution de l'exemple *L'acquéreur détermine que la juste valeur des actifs bruts acquis est de 1 000 UM, calculée comme suit :*

+ la juste valeur de l'immeuble (500 UM)

+ la juste valeur de l'immobilisation incorporelle identifiable (400 UM)

+ l'excédent (100 UM) de :

1. *la somme (400 UM) de la contrepartie transférée (200 UM) + la juste valeur de la part des actionnaires minoritaires (120 UM) + la juste valeur de la participation précédemment détenue (80 UM) ; sur*
2. *la juste valeur des actifs nets identifiables acquis (300 UM = 500 UM + 400 UM + 100 UM – 700 UM).*

L'excédent est déterminé d'une manière similaire à l'évaluation initiale du goodwill conformément à IFRS 3.32. L'inclusion de ce montant dans la détermination de la juste valeur des actifs bruts acquis signifie que le test de concentration est sur la base d'un montant qui est impacté par la valeur de tout processus substantiel acquis.

A noter que la juste valeur des actifs bruts acquis ne comprend pas la juste valeur de la trésorerie et des équivalents de trésorerie acquis (100 UM) et ne comprend pas les actifs d'impôt différé (néant dans cet exemple). De la même manière, le passif d'impôt différé n'est pas déduit lors de la détermination de la juste valeur de l'actif net acquis (300 UM) et n'a pas besoin d'être déterminé. Par conséquent, l'excédent (100 UM) n'inclut pas le goodwill résultant des effets des impôts différés passifs.

La juste valeur des actifs bruts acquis (1 000 UM) peut également être déterminée comme suit :

1. *le total (1 100 UM) obtenu par la somme des éléments suivants :*

+ 400 UM, correspondant à la somme du montant payé (200 UM), de la juste valeur de la part des actionnaires minoritaires (120 UM) et de la juste valeur de la participation précédemment détenue (80 UM) ;

+ 700 UM, égal à la juste valeur des passifs pris en charge (autres que les impôts différés passifs) ;

2. *en déduisant la trésorerie et les équivalents de trésorerie acquis (100 UM) et les actifs d'impôt différé acquis (néant dans cet exemple).*

La juste valeur des actifs bruts acquis (1 000 UM) est à comparer à la juste valeur des actifs principaux acquis que sont l'immeuble et l'immobilisation incorporelle.

Définition d'une activité – Processus substantiel

21493 ***Question***

Comment apprécier le caractère substantiel d'un processus acquis ?

Réponse

L'appréciation du caractère substantiel du processus est différente selon que l'ensemble acquis génère ou non des outputs en date d'acquisition.

Lorsque l'ensemble acquis ne génère pas d'output, un processus substantiel est défini comme un processus critique pour la production d'un output futur à partir des inputs acquis accompagné d'une main-d'œuvre organisée ayant les compétences nécessaires lui permettant de réaliser le processus critique avec d'autres inputs acquis.

Lorsque l'ensemble acquis génère déjà des outputs, un processus substantiel est défini comme soit (i) un processus critique pour continuer la production des outputs à partir du ou des inputs acquis accompagné d'une main-d'œuvre organisée ayant les compétences nécessaires lui permettant de réaliser les processus critiques, soit (ii) un processus nécessaire à la production de l'output qui est considéré comme rare et unique ou qui ne peut pas être remplacé sans nécessiter des coûts, des efforts ou des délais significatifs pour continuer la production de l'output.

Un processus n'est pas critique si, par exemple, il est accessoire ou mineur compte tenu de l'ensemble des processus nécessaires à la production d'outputs.

Commentaires :

1. **Rappel** Si une entité a choisi de ne pas appliquer le test de concentration ou si le test a échoué (voir n° 21492 – Etape 1), elle doit alors apprécier si l'ensemble acquis répond à la définition d'une activité. Pour être considéré comme une activité, un ensemble intégré d'opérations et d'actifs doit comporter au moins un input et un processus substantiel qui, ensemble, contribuent de manière significative à la capacité de créer des outputs (IFRS 3.B8).

Pour la définition d'input, processus et output, voir n° 21490.

2. **Une appréciation différente du caractère substantiel du processus acquis selon que l'ensemble acquis génère déjà ou non des outputs** La norme requiert des approches différentes selon que l'ensemble acquis génère ou non un output en date d'acquisition.

La présence d'outputs n'est pas suffisante en elle-même pour que l'ensemble acquis soit considéré comme une activité, car l'existence d'outputs n'implique pas en soi l'existence d'un input et d'un processus substantiel acquis (IFRS 3.B8A). Toutefois, les conditions à remplir pour qualifier d'activité sont moins contraignantes lorsque l'ensemble acquis génère déjà des outputs, l'existence d'outputs fournissant déjà certains indicateurs que l'ensemble acquis est une activité (IFRS 3.BC21M).

Les conditions pour qualifier le processus acquis de substantiel sont résumées dans le schéma ci-après, élaboré par nos soins.

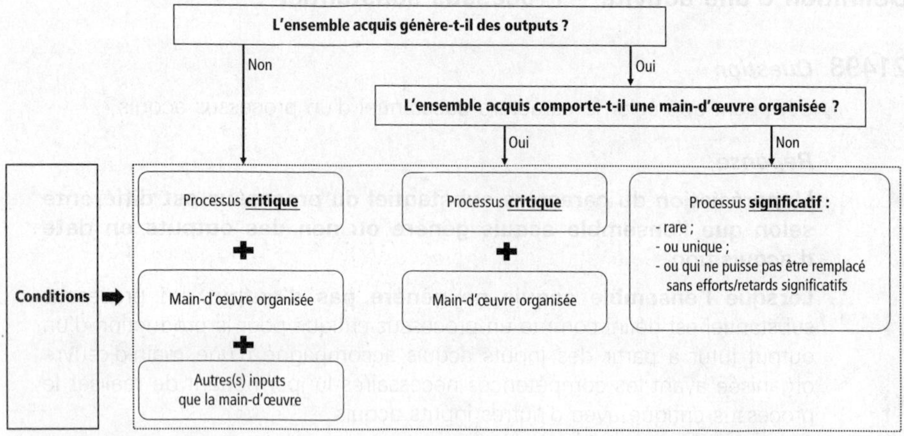

Lorsque l'ensemble acquis ne génère pas encore d'output (cas par exemple d'une entité en phase de démarrage qui n'a encore aucun chiffre d'affaires), un processus (ou un groupe de processus) est considéré comme substantiel si toutes les conditions suivantes sont réunies (IFRS 3.B12B) :

a. **le processus (ou le groupe de processus) acquis est critique** pour la capacité de faire évoluer ou de convertir le ou les inputs acquis en outputs ; et

b. les inputs acquis comprennent à la fois **une main-d'œuvre organisée** dotée des compétences, des connaissances et de l'expérience nécessaires pour exécuter ce processus (ou ce groupe de processus) ; et

c. **d'autres inputs** que cette main-d'œuvre sont susceptibles de faire évoluer ou de convertir en outputs.

Ces autres inputs pourraient consister, par exemple, en :
- des droits de propriété intellectuelle pouvant servir à mettre au point un bien ou un service ;
- d'autres ressources économiques pouvant être mises en valeur pour créer des outputs ; ou
- des droits d'accès à des matières nécessaires, ou encore des droits qui permettent la création d'outputs futurs.

En pratique, les technologies, les projets de recherche et de développement en cours, les biens immobiliers et les droits miniers sont des exemples d'inputs précités.

Pour des exemples d'application pratique, voir nº 21494.

Ainsi, lorsque l'ensemble acquis ne génère pas encore d'outputs, il ne peut qualifier d'activité s'il ne contient pas une main-d'œuvre organisée.

Lorsque l'ensemble acquis génère déjà des outputs à la date d'acquisition (par exemple du chiffre d'affaires), un processus (ou un groupe de processus) est considéré comme substantiel s'il répond à l'une ou l'autre des conditions suivantes lorsqu'il est appliqué à un ou plusieurs inputs acquis (IFRS 3.B12C) :

a. il est critique à la capacité de continuer à produire des outputs et on compte parmi les inputs acquis une main-d'œuvre organisée dotée des compétences, des connaissances et de l'expérience nécessaires pour exécuter ce processus (ou ce groupe de processus) ; ou

b. il contribue de manière significative à la capacité de continuer à produire des outputs et il est soit (i) considéré comme unique ou rare, soit (ii) impossible à remplacer sans que cela entraîne des coûts ou des efforts importants ou retarde de manière importante la capacité de continuer à produire des outputs.

L'IASB a considéré que de tels processus sont généralement utiles (« valuable ») et que leur présence indiquerait qu'ils sont substantiels, même si aucune main-d'œuvre n'est acquise (IFRS 3.BC21N). Il est donc possible de qualifier un ensemble acquis d'activité, même en l'absence de main-d'œuvre qualifiée.

La norme apporte les précisions suivantes, que l'ensemble acquis génère ou non des outputs en date d'acquisition :

- un **contrat acquis** est un input et non un processus substantiel. Néanmoins, un contrat acquis, par exemple un contrat de gestion immobilière ou de gestion d'actifs externalisée, peut donner accès à une main-d'œuvre organisée. Il est donc nécessaire d'apprécier si la main-d'œuvre organisée à laquelle donne accès un tel contrat exécute un processus substantiel dont l'entité a le contrôle, et donc qu'elle a acquis. Sont à prendre en considération dans cette appréciation la durée du contrat et ses modalités de renouvellement (IFRS 3.B12Da) ;
- le fait qu'une **main-d'œuvre organisée** acquise soit difficile à remplacer peut indiquer que le processus qu'elle exerce est critique pour la capacité de créer des outputs (IFRS 3.B12Db) ;

Une main-d'œuvre organisée peut être un input, un processus ou les deux. Par exemple, une société de conseil peut inclure des employés (inputs) qui utilisent leur capacité intellectuelle (un processus) pour générer des outputs.

- un **processus** n'est pas **critique** si, par exemple, il est accessoire ou mineur compte tenu de l'ensemble des processus nécessaires à la création d'outputs (IFRS 3.B12Dc).

Pour des exemples d'application pratique, voir nº 21494, Exemple 1.

Définition d'une activité – Exemples d'application pratique

21494 ***Question***

Comment appliquer les principes de la définition d'une activité à des situations concrètes ?

Réponse

La norme IFRS 3 fournit un cadre d'analyse théorique pour déterminer si un ensemble acquis doit s'analyser comme une activité ou un groupe d'actif(s) selon une démarche en deux étapes avec :

Etape 1 (optionnelle) : réaliser un test dit « de concentration » de manière facultative.

Etape 2 : si le test de concentration est négatif ou si l'entité choisit de ne pas le réaliser, il convient d'appliquer le cadre général afin de déterminer si l'ensemble acquis comporte les éléments constitutifs d'une activité.

La norme IFRS 3 propose des exemples qui permettent d'appliquer ces principes de définition d'une activité à des cas pratiques en explorant chacune des deux étapes.

Commentaires Les exemples développés ci-après permettent d'illustrer si l'ensemble acquis correspond à une activité ou à un groupe d'actifs en appliquant les deux étapes de l'analyse (Extraits tirés des exemples illustratifs d'IFRS 3.IE74 à .IE117).

***Exemple 1A** — Acquisition de biens immobiliers* *Une entité acquiert un portefeuille de 10 maisons individuelles qui sont données en location. Le prix payé est égal à la juste* *valeur globale des 10 maisons acquises. Chaque maison individuelle comprend le terrain et les murs. La surface au sol et le design intérieur sont différents selon les maisons. Elles sont situées dans la même zone géographique et le type de clientèle (i.e. les locataires) est similaire. Les risques associés à la gestion de ces maisons ne sont pas significativement différents. Aucun employé, autre actif, processus ou autre activité ne sont transférés.*

***Solution de l'exemple 1A** — Test de concentration L'acquéreur choisit d'appliquer le test de concentration optionnel et fait les constats suivants :*

– les bâtiments et le terrain sont considérés comme étant un actif unique car, bien qu'appartenant à des classes d'actifs différentes, ces éléments sont indissociables l'un de l'autre et ne peuvent être séparés sans encourir des coûts importants ;

– le bâtiment et les baux qui y sont attachés sont également considérés comme un actif unique, dans la mesure où ils seraient comptabilisés et évalués comme tels dans un regroupement d'entreprises ;

– les 10 maisons individuelles constituent un groupe d'actifs similaires car les risques associés à leur gestion et à la création d'outputs ne sont pas significativement différents.

Par conséquent, la quasi-totalité de la juste valeur de l'actif brut acquis est concentrée à 100 % sur un groupe d'actifs identifiables similaires.

L'ensemble acquis constitue donc un groupe d'actifs et non une activité, la poursuite de l'analyse n'est pas nécessaire.

***Exemple 1B** Même scénario que l'exemple 1A avec l'acquisition des 10 maisons, mais avec également :*

– un parc de bureaux d'entreprises comprenant 6 immeubles de bureaux de 10 étages entièrement donnés en location. L'ensemble d'immeubles comprend les terrains, les murs et les baux ;

– un contrat de nettoyage, de sécurité et d'entretien externalisé auprès d'un prestataire mais dont les revenus sont mineurs.

La valeur des 10 maisons est assez proche de la valeur des 6 immeubles.

***Solution de l'exemple 1B** — Test de concentration L'acquéreur choisit d'appliquer le test de concentration optionnel et fait les constats suivants :*

– les bâtiments et le terrain sont considérés comme étant un actif unique (aussi bien dans le cas des bureaux que dans le cas des maisons) car, bien qu'appartenant à des classes d'actifs différentes, ces éléments sont indissociables et ne peuvent être séparés sans encourir des coûts importants ;

– le bâtiment et les baux qui y sont attachés (aussi bien dans le cas des bureaux que dans le cas des maisons) sont également chacun considérés comme un actif unique dans la mesure où ils seraient comptabilisés et évalués comme tels dans un regroupement d'entreprises ;

– le groupe des 10 maisons et le groupe des 6 immeubles de bureaux sont chacun un groupe d'actifs similaires mais ne constituent pas ensemble un groupe d'actifs similaires car les risques associés à l'exploitation des actifs, la recherche et la gestion des locataires diffèrent considérablement notamment en raison du type de clientèle qui est très différent entre celui des maisons, d'une part, et celui des immeubles de bureaux, d'autre part ;

– la valeur du groupe de 10 maisons est assez proche de celle du groupe des 6 immeubles de bureaux.

Par conséquent, la quasi-totalité de la juste valeur de l'actif brut acquis n'est pas concentrée sur un groupe d'actifs identifiables similaires.

Il est nécessaire de continuer l'analyse afin de déterminer si les éléments constitutifs d'une activité sont présents dans l'ensemble acquis.

Poursuite de l'analyse *L'ensemble acquis génère des outputs à la date d'acquisition du fait des baux en place, mais (i) il ne comprend pas de main-d'œuvre organisée car aucun employé n'a été transféré ; et (ii) le contrat de nettoyage, de sécurité et d'entretien est le seul processus acquis mais il reste accessoire et mineur car il génère peu de revenus par rapport à l'ensemble acquis. C'est pourquoi, en l'absence de main-d'œuvre organisée et de processus qui contribuent de manière significative à la capacité de créer des outputs, l'ensemble acquis constitue un groupe d'actifs.*

Exemple 1C *Même scénario que l'exemple 1B avec l'acquisition des 10 maisons et des 6 immeubles de bureaux, mais cette fois-ci, l'entité reprend également les employés gérant les actifs et les contrats associés (gestion des locataires, gestion et supervision de tous les processus opérationnels, etc.).*

Solution de l'exemple 1C — Test de concentration *Echec au test de concentration, pour les mêmes raisons que celles évoquées dans l'exemple 1B.*

Poursuite de l'analyse *L'ensemble acquis génère des outputs avec les baux en place. Il comprend une main-d'œuvre organisée dotée des compétences, des connaissances et de l'expérience nécessaires pour exécuter les processus de gestion d'actifs et assurer la gestion des contrats associés (gestion des locataires et gestion et supervision des processus opérationnels). Ces processus sont critiques car ils sont essentiels à la capacité de continuer à produire des outputs à partir des inputs acquis que sont les terrains, les bâtiments et les baux. En outre, ces inputs et ces processus contribuent ensemble, de manière significative, à la capacité de créer des outputs.*

L'ensemble acquis constitue donc une activité au sens d'IFRS 3.

Exemple 2A — Acquisition dans l'industrie pharmaceutique *Une entité acquiert une société qui comporte :*

1. *un projet de recherche et développement sur un médicament pour traiter le diabète (projet 1), qui est dans sa phase de test finale et qui comprend :*
   - *les protocoles ;*
   - *les designs ;*
   - *et les procédures de formule de savoir-faire historiques qui devraient être nécessaires pour terminer la phase finale de test ;*
2. *un contrat de sous-traitance de la phase des essais cliniques : le contrat est établi au prix du marché actuel et un certain nombre de fournisseurs sur le marché pourraient fournir les mêmes services. Par conséquent, la juste valeur associée au contrat est nulle. L'acheteur n'a pas la possibilité de renouveler le contrat.*

Aucun employé, autre actif, processus ou autre activité n'est transféré.

Solution de l'exemple 2A — Test de concentration *L'acquéreur choisit d'appliquer le test de concentration optionnel et fait les constats suivants :*

- *le projet 1 est un actif identifiable unique (il serait comptabilisé et évalué comme un actif identifiable unique dans un regroupement d'entreprises) ;*
- *le contrat acquis de sous-traitance des essais cliniques possède une juste valeur nulle.*

La quasi-totalité de la juste valeur des actifs bruts acquis est donc concentrée sur le projet.

L'ensemble acquis constitue un groupe d'actifs et non une activité. La poursuite de l'analyse n'est pas nécessaire.

Exemple 2B *Même scénario que l'exemple 2A, mais l'entité reprend également un autre projet de recherche et développement sur un médicament pour traiter la maladie d'Alzheimer (projet 2). Ce dernier est également dans sa phase de test finale. Le projet 2 comprend :*
– le savoir-faire historique ;
– les protocoles de formule ;
– les designs ; et
– les procédures qui devraient être nécessaires pour terminer la phase finale des tests.

Les justes valeurs des projets 1 et 2 sont proches.

Comme dans l'exemple 2A, aucun employé, autres actif, processus ou activité ne sont transférés.

***Solution de l'exemple 2B** — Test de concentration L'acquéreur choisit d'appliquer le test de concentration optionnel et fait les constats suivants :*
– les projets 1 et 2 sont chacun des actifs incorporels identifiables uniques (ils seraient comptabilisés et évalués comme des actifs identifiables uniques dans un regroupement d'entreprises) ;
– les projets 1 et 2 ne sont pas des actifs similaires et ne doivent donc pas être regroupés pour les besoins du test de concentration. En effet, ils comportent chacun des risques différents associés à la gestion et à la création des outputs futurs à partir de chaque actif. Chaque projet comporte des risques significativement différents associés au développement, à l'achèvement et à la commercialisation du médicament auprès des clients. Les médicaments sont destinés à traiter des maladies significativement différentes et chaque projet a une clientèle potentielle distincte ;
– la quasi-totalité de la juste valeur des actifs bruts acquis est répartie assez équitablement entre les projets 1 et 2.

Par conséquent, la quasi-totalité de la juste valeur de l'actif brut acquis n'est pas concentrée sur un actif identifiable unique ou sur un ensemble d'actifs identifiables similaires.

Il est donc nécessaire de continuer l'analyse afin de déterminer si les éléments constitutifs d'une activité sont présents dans l'ensemble acquis.

***Poursuite de l'analyse** L'ensemble acquis n'a pas encore commencé à générer des outputs car les médicaments sont encore en phase de test. Il ne comprend pas non plus de main-d'œuvre organisée car aucun employé n'a été transféré. Même si le contrat de sous-traitance donne quant à lui accès à une main-d'œuvre organisée pour réaliser la phase d'essais cliniques, celle-ci n'a pas la capacité à mettre en œuvre le processus critique à la création d'outputs. En effet, la seule réalisation de cette phase d'essais cliniques ne développera ni ne convertira les inputs en outputs, même si le succès de cette phase est une condition préalable à la production d'outputs. Par conséquent, le contrat de sous-traitance ne donne pas accès à une main-d'œuvre dite « organisée » au sens d'IFRS 3.*

L'ensemble acquis constitue donc un groupe d'actifs et non une activité au sens d'IFRS 3.

***Exemple 3** — Acquisition d'une biotech Une entité acquiert une société de biotechnologie (Biotech). L'ensemble acquis comprend :*
– plusieurs projets de recherche et développement ;
– le transfert des scientifiques ayant les compétences, connaissances et expériences nécessaires à l'exécution des activités de recherche et développement ; et
– des actifs corporels (dont le siège social, un laboratoire de recherche et de l'équipement).

L'ensemble acquis ne contient pas de processus documenté.

Biotech n'a pas encore généré de revenus.

***Solution de l'exemple 3** — Test de concentration Il est évident que la quasi-totalité de la juste valeur de l'actif brut acquis n'est pas concentrée sur un actif identifiable unique ou sur un ensemble d'actifs identifiables similaires, compte tenu de la diversité des actifs acquis.*

Il est donc nécessaire de continuer l'analyse afin de déterminer si les éléments constitutifs d'une activité sont présents dans l'ensemble acquis.

***Poursuite de l'analyse** L'ensemble acquis ne génère pas encore d'outputs. Bien qu'aucun processus ne soit documenté, les scientifiques constituent une main-d'œuvre détenant les compétences, connaissances et expériences nécessaires à la mise en œuvre du processus critique permettant de développer ou convertir les inputs acquis en outputs. Les inputs acquis sont par exemple les projets de recherche et développement. Les processus appliqués à ces inputs sont des processus inhérents aux salariés : une capacité intellectuelle de recherche et de développement. En effet, les processus sont généralement documentés, mais les processus à appliquer aux inputs pour pouvoir créer des outputs peuvent résider dans la capacité intellectuelle d'une main-d'œuvre organisée dotée des compétences et de l'expérience nécessaires, qui suit des règles et des conventions. L'ensemble acquis comprend donc bien, au cas particulier, un processus critique capable de faire évoluer ou de convertir les inputs acquis en outputs.*

En conséquence, l'ensemble acquis constitue une activité au sens d'IFRS 3.

***Exemple 4** — Acquisition d'une usine qui est fermée Une entité acquiert une usine fermée de fabrication de smartphones. La production a été arrêtée 3 mois avant la date d'acquisition. L'ensemble acquis comprend :*

- le terrain ;
- le bâtiment ;
- les machines de l'usine.

La valeur du bâtiment avec le terrain est proche de la valeur des machines.

Compte tenu des contraintes réglementaires, l'acquéreur est tenu de reprendre les salariés qui travaillaient au sein de l'usine avant l'arrêt de cette dernière.

Aucun autre actif, processus ou autre activité ne sont transférés.

***Solution de l'exemple 4** — Test de concentration L'acquéreur choisit d'appliquer le test de concentration optionnel et fait les constats suivants :*

- les bâtiments et le terrain sont considérés comme étant un actif unique car, bien qu'appartenant à des classes d'actifs différentes, ces éléments sont indissociables et ne peuvent être séparés sans encourir des coûts importants ;
- le bâtiment et les machines ne sont pas considérés comme un actif unique, car les machines pourraient être déplacées et elles ne sont pas attachées au bâtiment ;
- le bâtiment et les machines ne sont pas des actifs similaires car ils appartiennent à des catégories d'actifs corporels différentes ;
- la quasi-totalité de la juste valeur des actifs bruts acquis est répartie assez équitablement entre l'installation (bâtiment et terrain) et les machines.

Par conséquent, la quasi-totalité de la juste valeur de l'actif brut acquis n'est pas concentrée sur un groupe d'actifs identifiables similaires.

Il est nécessaire de continuer l'analyse afin de déterminer si les éléments constitutifs d'une activité sont présents dans l'ensemble acquis.

***Poursuite de l'analyse** L'ensemble acquis ne génère plus d'outputs depuis 3 mois à la date d'acquisition. Mais l'ensemble acquis comporte une main-d'œuvre organisée dotée des compétences, des connaissances et de l'expérience nécessaires pour exécuter le processus de production. Cependant, l'ensemble acquis ne détient pas d'autres inputs* *(tels que des droits de propriété intellectuelle et des matières premières) que cette main-d'œuvre est susceptible de faire évoluer ou de convertir en outputs. En effet, en l'absence d'un brevet incluant le procédé de fabrication des smartphones et en l'absence des composants constituant la matière première, la main-d'œuvre organisée ne peut pas produire de smartphones à partir des seuls bâtiment et machines.*

L'ensemble acquis constitue donc un groupe d'actifs et non une activité au sens d'IFRS 3.

***Exemple 5** — Acquisition d'une licence de distribution Une entité acquiert l'exclusivité d'une sous-licence pour distribuer un produit X en France. Le vendeur détient les droits sur la licence pour distribuer le produit X dans le monde entier. L'ensemble acquis comprend :*

- la sous-licence ;

- les contrats clients existant en France ;

- le contrat d'approvisionnement pour acheter le produit X auprès du fabricant au taux du marché.

Aucun des actifs identifiables acquis n'a une juste valeur qui constitue la quasi-totalité de la juste valeur des actifs bruts acquis.

Aucun employé, autre actif, processus, capacité de distribution ou autre activité ne sont transférés.

***Solution de l'exemple 5** — Test de concentration La sous-licence et les contrats clients ne sont pas des actifs similaires car ils appartiennent à des catégories d'actifs corporels différentes. Il est évident que la quasi-totalité de la juste valeur de l'actif brut acquis n'est pas concentrée sur un actif identifiable unique ou sur un ensemble d'actifs identifiables similaires.*

Il est donc nécessaire de continuer l'analyse afin de déterminer si les éléments constitutifs d'une activité sont présents dans l'ensemble acquis.

Poursuite de l'analyse L'ensemble acquis génère des outputs provenant de la sous-licence au travers des revenus du produit X distribué en France. Il n'existe pas de processus documenté car la sous-licence et les contrats acquis (clients, approvisionnement) constituent des inputs et non des processus. Il n'y a pas de personnel transféré. Le contrat d'approvisionnement externalisé ne donne pas accès à une main-d'œuvre organisée dotée des compétences, des connaissances et de l'expérience nécessaires pour exécuter un ou des processus substantiels : le contrat d'approvisionnement permet seulement d'acheter le produit X, mais il ne donne pas accès au processus de production du produit X. Il ne permet donc pas d'acquérir une main-d'œuvre organisée, des processus et les autres inputs nécessaires à la production du produit X.

En l'absence de processus acquis, l'ensemble acquis constitue donc un groupe d'actifs et non une activité au sens d'IFRS 3.

B. Transactions exclues du champ d'application d'IFRS 3

21500 ***Question***

Quelles sont les transactions qui sont exclues du champ d'application d'IFRS 3 ?

Réponse

Ce sont :
- les regroupements entre entités ou activités sous contrôle commun ;
- les formations de partenariats (joint ventures et joint operations). Ces exclusions du champ d'application s'appliquent dans les comptes du partenariat lui-même ;
- les acquisitions d'actifs (ou groupe d'actifs) ne constituant pas une activité ;
- l'acquisition par une société d'investissement d'une participation dans une filiale.

Commentaires :

1. **Définition des regroupements entre entités ou activités sous contrôle commun** Voir nº 23210.

Pour le traitement comptable de ces regroupements, voir nº 23220.

2. **Définition des formations de partenariats (joint ventures** et **joint operations**) Les formations de joint ventures sont celles qui donnent lieu à un partenariat dans lequel les partenaires qui exercent un contrôle conjoint sur l'entité ont des droits sur l'actif net de celle-ci (IFRS 11.16). Toutes les formations de partenariats (joint ventures et joint operations) sont exclues du champ d'application d'IFRS 3. Ces exclusions du champ d'application s'appliquent dans les comptes du partenariat lui-même (IFRS 3.2a et .BC61C).

Pour le traitement comptable applicable aux formations de joint ventures, voir nº 21620.

3. **Acquisitions d'actifs (ou groupe d'actifs) ne constituant pas une activité** La norme IFRS 3.2b précise en outre la méthode de comptabilisation de ces actifs (pour plus de détails sur les modalités de comptabilisation de ces acquisitions d'actifs, voir nº 21590).

4. **Acquisition par une société d'investissement d'une participation dans une filiale** Une telle acquisition doit être comptabilisée à la juste valeur par résultat (IFRS 3.2A).

Pour la définition d'une société d'investissement selon IFRS 10 et le traitement comptable d'une participation dans une filiale d'une société d'investissement, voir nº 15007 s.

SECTION II

Comptabilisation initiale des regroupements d'entreprises

I. Méthode de comptabilisation des regroupements d'entreprises

A. Comptabilisation des regroupements d'entreprises

Comptabilisation obligatoire selon la méthode de l'acquisition

21550 ***Question***

Comment comptabiliser les regroupements d'entreprises visés par IFRS 3 ?

Réponse

Selon la méthode de l'acquisition (« acquisition method »).

Commentaires En effet, tous les regroupements d'entreprises, sauf rares exceptions (voir nº 21500), doivent être comptabilisés selon la méthode de l'acquisition (IFRS 3.4). L'application de cette méthode implique différentes étapes de mise en œuvre : identification de l'acquéreur, détermination de la date d'acquisition, comptabilisation et évaluation des actifs acquis et passifs assumés identifiables, etc. (voir nº 21640).

Pour l'interdiction d'utiliser la mise en commun d'intérêts (« pooling of interests ») pour les regroupements dans le champ d'application d'IFRS 3, voir nº 21555.

Pour l'application de la méthode de l'acquisition aux regroupements entre mutuelles, voir nº 22285.

Interdiction d'utiliser la méthode de la mise en commun d'intérêts

21555 ***Question***

La méthode de la mise en commun d'intérêts (« pooling of interests »), fondée sur les valeurs comptables historiques de l'entreprise acquise, est-elle autorisée par IFRS 3 ?

Réponse

Non. L'utilisation de cette méthode est interdite par IFRS 3 pour les regroupements d'entreprises entrant dans son champ d'application.

Commentaires La méthode de la mise en commun d'intérêts ne peut pas être appliquée aux regroupements d'entreprises entrant dans le champ d'application de la norme IFRS 3.

Cette méthode est aussi dénommée « pooling of interests » (IFRS 3.4, .BC22 et .BC23).

En revanche, cette méthode ou une méthode proche fondée sur les valeurs comptables de l'entreprise acquise peut être utilisée dans certains cas pour les regroupements entre entreprises sous contrôle commun (voir n° 23220), ou les formations de joint ventures (voir n° 21620).

Comptabilisation des fusions entre égaux

21560 ***Question***

Comment comptabiliser les « fusions entre égaux » ?

Réponse

Selon la méthode de l'acquisition, comme tous les autres regroupements entrant dans le champ d'application de la norme IFRS 3.

Commentaires La méthode de l'acquisition est en effet applicable à tous les regroupements d'entreprises entrant dans le champ d'application d'IFRS 3 (voir n° 21550) y compris les « vraies fusions » ou « fusions entre égaux » (« true mergers » ou « mergers of equals ») (IFRS 3.A et .BC12).

Les fusions entre égaux sont des cas très rares de regroupements d'entités de taille souvent assez similaire dans lesquels aucune entité ne prend le contrôle de l'autre.

Pour l'identification de l'acquéreur dans ce type de regroupement (c'est-à-dire l'identification de l'entité qui doit appliquer la méthode de l'acquisition dans ses comptes consolidés), voir n° 21700.

Prises de contrôle par apports partiels d'actifs ou fusions

21565 ***Question***

Comment comptabiliser les prises de contrôle par apports partiels d'actifs ou fusions ?

Réponse

Selon la méthode de l'acquisition, dès lors que l'opération porte sur une « activité » (ou plusieurs) telle(s) que définie(s) par IFRS 3 et qu'elle n'est pas spécifiquement exclue du champ d'application d'IFRS 3.

Commentaires Toutes les opérations d'apport partiel d'actifs (même si l'apport n'entraîne pas l'acquisition de titres) et toutes les fusions entrent en effet dans le champ d'application de la norme IFRS 3 dès lors qu'elles répondent à la définition d'un regroupement d'entreprises (voir n° 21470).

Pour que ces opérations répondent à la définition d'un regroupement d'entreprises, il convient notamment que les entités parties prenantes à l'opération soient distinctes.

La fusion de deux sociétés intégrées globalement dans un même jeu de comptes consolidés constitue, par exemple, une opération interne à ne pas traiter selon la méthode de l'acquisition dans les comptes consolidés de leur société mère commune.

Décision de l'ESMA Il en est de même pour la fusion d'une société mère avec l'une de ses filiales dans les comptes consolidés de la société mère (décision du CESR, devenu l'ESMA, EECS/1208-01, 12/08).

En revanche, une telle opération constitue, dans les comptes consolidés respectifs de chacune de ces deux sociétés filiales, un regroupement d'entreprises entre entités sous contrôle commun (voir nº 23210).

Dans ce cas, s'il ne s'agit donc pas d'un des cas d'exclusion du champ d'application de cette norme (voir nº 21500), ces opérations doivent, en conséquence, être comptabilisées selon la méthode de l'acquisition (IFRS 3.B6).

Prise de contrôle d'une entité du fait de l'expiration ou de la suppression d'un droit de veto détenu par un minoritaire

21570 ***Question***

Comment comptabiliser la prise de contrôle d'une entité du fait de l'expiration d'un droit de veto dont disposait un minoritaire ?

Réponse

Selon la méthode de l'acquisition, comme pour toutes les prises de contrôle entrant dans le champ d'application d'IFRS 3.

En pratique, à notre avis, cela reviendrait à appliquer les modalités de mise en œuvre de la méthode de l'acquisition relatives aux acquisitions réalisées par achats successifs de titres.

Commentaires La prise de contrôle d'une entité du fait de la suppression ou de l'expiration d'un droit de veto dont disposait un actionnaire minoritaire est couverte par la norme IFRS 3 (IFRS 3.43) et doit, en conséquence, être comptabilisée selon la méthode de l'acquisition.

En l'absence de précision de la norme sur les modalités pratiques de mise en œuvre de la méthode de l'acquisition dans le cas de ces prises de contrôle, une analogie avec le traitement comptable des prises de contrôle par achats successifs de titres (voir nº 23750) devrait pouvoir être réalisée.

Exemple *L'entité LTV exerce des activités de radiodiffusion et télédiffusion dans plusieurs pays.*

LTV détient 55 % d'une société de télédiffusion basée en Espagne et acquise cinq ans auparavant. Les dispositions de l'accord entre LTV et le détenteur des 45 % restants du capital confèrent le contrôle exclusif de la société de télédiffusion à cet actionnaire minoritaire. LTV a comptabilisé sa participation selon la méthode de la mise en équivalence conformément à la norme IAS 28.

La période de 5 ans couverte par l'accord et les droits de veto détenus par l'actionnaire minoritaire ont expiré. LTV, qui détient 55 % des droits de vote de la société espagnole, contrôle dorénavant cette société de manière exclusive. LTV n'a pas acquis d'actions supplémentaires de cette société et n'a effectué aucun paiement à l'actionnaire minoritaire.

Solution de l'exemple *La prise de contrôle de la société espagnole par LTV est un regroupement d'entreprises et LTV doit comptabiliser ce regroupement selon la méthode de l'acquisition. Le passage de l'influence notable au contrôle exclusif de la société* *espagnole est traité comme une prise de contrôle par achats successifs de titres (voir nº 23750).*

Ainsi, LTV consolidera l'activité de télédiffusion de la société espagnole pour la première fois par intégration globale et comptabilisera donc dans ses états financiers la totalité des actifs, passifs et résultats de cette société. Les actifs acquis et les passifs assumés sont constatés sur la base de leurs justes valeurs à la date de prise du contrôle exclusif, la réévaluation sur cette base de la quote-part antérieurement détenue (55 %) étant constatée en résultat (voir nº 23750).

Regroupements entre mutuelles

21575 ***Question***

Les regroupements entre mutuelles sont-ils comptabilisés selon la méthode de l'acquisition ?

Réponse

Oui.

Pour les modalités pratiques de mise en œuvre de la méthode de l'acquisition concernant ces regroupements, voir nº 22285.

Commentaires Les regroupements entre mutuelles sont inclus dans le champ d'application de la norme IFRS 3, l'IASB considérant ces regroupements similaires à d'autres transactions couvertes par cette norme (IFRS 3.BC71).

Il s'agit de regroupements réalisés entre deux entités détenues par des investisseurs à l'issue desquels l'acquéreur émet ses propres titres en rémunération de tous les titres de capital de l'acquise, la juste valeur des capitaux propres de l'acquise vient alors s'ajouter aux capitaux propres de l'acquéreur. En effet, la mutuelle acquéreuse émet des parts en contrepartie de toutes les participations des membres (adhérents) de la mutuelle acquise (IFRS 3.BC72).

Définition d'une mutuelle Une mutuelle est une entité qui est détenue par ses membres (et non par des actionnaires au sens traditionnel d'investisseurs/propriétaires) qui sont également des clients de la mutuelle. Elle distribue des dividendes à ses membres, souvent calculés sur la base de l'activité réalisée avec la mutuelle chaque année (« patronage dividends »), ou leur fait bénéficier d'avantages (coûts moindres ou autres avantages économiques) (IFRS 3.B48). C'est le cas, par exemple, des mutuelles d'assurance, des « credit unions » (caisses populaires) et des coopératives (IFRS 3.A).

Pour les modalités d'application de la méthode de l'acquisition aux regroupements entre mutuelles, voir nº 22285.

Regroupements par contrat uniquement

21580 ***Question***

Les regroupements par contrat uniquement sont-ils comptabilisés selon la méthode de l'acquisition ?

Réponse

Oui.

Commentaires Les regroupements par contrat uniquement sont inclus dans le champ d'application d'IFRS 3.

Les regroupements par contrat uniquement sont les regroupements à l'issue desquels (IFRS 3.43c) :
- l'acquéreur obtient le contrôle de l'acquise du fait de la conclusion d'un contrat uniquement ;
- aucune rémunération n'est versée par l'acquéreur au titre de l'obtention du contrôle de l'acquise ou de son actif net ;
- l'acquéreur n'a pas de quote-part dans l'actif net de l'acquise, que ce soit à la date d'acquisition ou antérieurement.

Pour plus de détails, voir n° 21472.

L'IASB reconnaît qu'il peut être difficile d'identifier l'acquéreur (IFRS 3.BC78 et .BC79) mais n'a apporté aucune précision pour ce type de regroupement.

Pour les précisions générales en matière d'identification de l'acquéreur, voir n° 21670.

Dans un regroupement par contrat uniquement, par définition, aucune rémunération n'est versée par l'acquéreur au titre de l'obtention du contrôle de l'acquise ou de son actif net (IFRS 3.43c). Le goodwill (ou le profit résultant d'une acquisition à des conditions avantageuses) est alors déterminé sur la base de la juste valeur à la date d'acquisition des intérêts de l'acquéreur dans l'acquise (IFRS 3.33, .34, et .B46), en lieu et place de la juste valeur du prix payé par l'acquéreur au titre du regroupement (voir n° 22180).

Dans un regroupement par contrat, les intérêts dans les capitaux propres de l'acquise, qui ne sont pas détenus par l'acquéreur, constituent des intérêts minoritaires dans les états financiers de l'acquéreur (IFRS 3.44). Ce principe peut aboutir à porter en intérêts minoritaires l'intégralité des capitaux propres de l'acquise si l'acquéreur n'a aucun intérêt dans les capitaux propres de l'acquise (IFRS 3.44).

B. Comptabilisation des opérations non couvertes par IFRS 3

Acquisitions d'actifs ou de groupes d'actifs ne constituant pas une activité selon IFRS 3

21590 ***Question***

Comment comptabiliser l'acquisition d'un actif ou d'un groupe d'actifs ne constituant pas une activité selon IFRS 3 ?

Réponse

L'actif ou le groupe d'actifs acquis ne constituant pas une activité au sens d'IFRS 3, la transaction ne répond pas à la définition d'un regroupement d'entreprises. Le coût d'acquisition de cet actif ou groupe d'actifs est alors réparti entre les actifs et passifs identifiables acquis, au prorata de leurs justes valeurs respectives à la date d'acquisition, sans comptabilisation d'un goodwill.

Lorsqu'un groupe d'actifs acquis inclut des actifs et des passifs qui ne sont pas évalués au coût (par exemple, des actifs financiers devant être évalués à la juste valeur, tels que de la trésorerie ou d'autres instruments financiers) et que le coût d'acquisition diffère de la somme des justes valeurs individuelles des actifs et des passifs constituant le groupe d'actifs acquis, l'acquéreur peut appliquer un des deux modes de comptabilisation suivants :
- soit, dans un premier temps, répartir le coût d'acquisition entre tous les actifs et les passifs identifiables acquis au prorata de leurs justes valeurs respectives à la date d'acquisition, puis évaluer les actifs et les passifs, qui ne sont pas évalués au coût, selon les normes IFRS qui leur sont applicables (IFRS 9 par exemple pour l'évaluation initiale à la juste valeur des instruments financiers) ;
- soit, dans un premier temps, comptabiliser et évaluer les actifs et les passifs qui ne sont pas évalués au coût selon les normes IFRS qui leur sont applicables, puis allouer le coût d'acquisition résiduel aux actifs et aux passifs évalués au coût au prorata de leurs justes valeurs respectives.

Le choix pour l'un ou l'autre des deux modes de comptabilisation constitue un choix de méthode comptable qui doit être appliqué à toutes les transactions similaires de façon permanente d'un exercice à l'autre.

Commentaires :

1. **Principe général** Lorsqu'un actif ou un groupe d'actifs acquis ne constitue pas une activité (voir n° 21490 s.), l'acquisition de cet actif ou de ce groupe d'actifs ne répond pas à la définition d'un regroupement d'entreprises (voir n° 21470) et ne doit donc pas être comptabilisé selon la méthode de l'acquisition.

La norme IFRS 3.2b indique que le coût d'acquisition de ce groupe d'actifs acquis doit être réparti entre les actifs et passifs identifiables du groupe sur la base de leurs justes valeurs relatives à la date d'acquisition, sans comptabilisation d'un goodwill.

Décision de l'ESMA Dans une décision publiée en avril 2018, l'ESMA a rappelé qu'un groupe d'actifs acquis ne constituant pas une activité peut inclure des actifs incorporels qu'un acquéreur doit obligatoirement identifier et auxquels il doit affecter tout ou partie du prix d'acquisition payé (EECS/0118-05, 04/18).

Dans cette même décision, l'ESMA a également rappelé que l'affectation du prix d'acquisition entre les actifs constituant le groupe acquis doit se faire sur la base des justes valeurs relatives de ces actifs, déterminées selon les techniques d'évaluations appropriées, conformément à IFRS 13.61, et non pas sur une base arbitraire.

2. **Application du principe général au cas particulier d'une acquisition d'un groupe d'actifs ne constituant pas une activité au sens d'IFRS 3 et incluant des actifs et des passifs qui ne sont pas évalués au coût** Un groupe d'actifs acquis ne constituant pas une activité au sens d'IFRS 3 peut inclure à la fois des actifs évalués au coût, comme des immobilisations corporelles dans le champ d'application d'IAS 16, et des actifs et des passifs qui ne sont pas évalués au coût à la date d'acquisition. Tel est le cas, par exemple, des actifs ou passifs financiers devant être évalués à la juste valeur conformément à IFRS 9. Dans ce cas de figure et quand le coût d'acquisition diffère de la somme des justes valeurs individuelles des actifs et des passifs constituant le groupe acquis, l'application des dispositions d'IFRS 3.2b pourrait aboutir à une évaluation initiale différente de la juste valeur des actifs et passifs financiers.

L'IFRS IC a été interrogé sur les modalités de comptabilisation de l'acquisition d'un tel groupe d'actifs (IFRIC Update 11/17).

Selon l'IFRS IC, si le coût d'acquisition diffère de la somme des justes valeurs individuelles des actifs et des passifs identifiables, l'acquéreur doit d'abord s'assurer de la réalité d'une telle différence, en revoyant l'identification et les modalités de valorisation des actifs et passifs identifiables constituant le groupe acquis.

Si cette différence est confirmée, l'acquisition est comptabilisée selon un des deux modes suivants :

1re approche L'acquéreur alloue d'abord le coût d'acquisition entre les actifs acquis et les passifs assumés identifiables constituant le groupe au prorata de leurs justes valeurs respectives à la date d'acquisition. Les actifs et les passifs qui ne doivent pas être évalués au coût sont ensuite réévalués selon les normes IFRS qui leur sont applicables.

Cette approche peut conduire à constater, à la date d'acquisition, un résultat de réévaluation pour la différence entre la valeur déterminée lors de l'allocation au prorata des justes valeurs relatives et la valeur déterminée lors de l'évaluation selon les normes IFRS applicables aux actifs et aux passifs concernés (voir Exemple ci-après).

2nde approche L'acquéreur alloue d'abord le coût d'acquisition aux actifs acquis et aux passifs assumés identifiables qui ne doivent pas être évalués au coût, et les évalue selon les normes IFRS qui leur sont applicables. Le résiduel du coût d'acquisition non alloué est ensuite affecté aux autres actifs et passifs devant être évalués au coût au prorata de leurs justes valeurs respectives.

Aucun résultat de réévaluation ne devrait, sauf exception, être reconnu lors de l'application de cette méthode.

Le choix pour l'une ou l'autre des deux approches constitue un choix de méthode comptable qui doit être appliqué à toutes les transactions similaires de façon permanente d'un exercice à l'autre.

L'IFRS IC considère que ces deux modes de comptabilisation sont compatibles avec les indications d'IFRS 3.2b (voir point 1. ci-avant). Par ailleurs, l'IFRS IC a indiqué qu'il n'a pas reçu de preuves suffisantes que ces deux méthodes aboutiraient à des différences significatives dans les comptes des acquéreurs. Ainsi, il n'a pas recommandé la mise en place d'un projet d'amendement de la norme pour restreindre le mode de comptabilisation de ces transactions à l'une ou l'autre de ces deux approches. Pour autant, ce sujet doit être suivi dans le cadre de l'entrée en vigueur de l'amendement de la définition d'une activité, susceptible d'augmenter le nombre d'acquisitions de groupes d'actifs (IFRIC Update 11/17).

Exemple *(inspiré d'un papier de travail discuté par l'IFRS IC en novembre 2017) Un acquéreur achète 100 % des titres d'une société immobilière. Cette société détient un immeuble d'exploitation, comptabilisé au coût selon les modalités d'IAS 16, de la dette financière et de la trésorerie comptabilisées à la juste valeur conformément aux dispositions d'IFRS 9. Ce groupe d'actifs et de passifs ne répond pas à la définition d'une activité selon les dispositions de la norme IFRS 3.*

Le prix d'acquisition est de 600 K€.

A la date d'acquisition, la somme des justes valeurs des actifs et des passifs de la société acquise est de 800 K€, composée comme suit :

- *Immeuble d'exploitation : 1 000 K€*
- *Trésorerie : 50 K€*
- *Dette financière : (250) K€*

La différence négative de 200 K€ entre le prix d'acquisition de l'ensemble et la somme des justes valeurs des actifs acquis et des passifs assumés s'explique par la volonté du vendeur de réaliser la vente rapidement pour des raisons personnelles.

Comment allouer le prix d'acquisition au groupe d'actifs et passifs acquis dans les comptes IFRS de l'acquéreur ?

Solution de l'exemple *L'ensemble acquis ne constituant pas une activité au sens d'IFRS 3, la méthode de l'acquisition n'est pas applicable. Le prix d'acquisition est alloué aux actifs acquis et passifs assumés, sans constatation d'un écart d'acquisition.*

1e approche :

Etape 1 *– Le prix d'acquisition est d'abord alloué à tous les actifs acquis et passifs assumés constituant l'ensemble acquis, au prorata de leurs justes valeurs respectives :*

- *Immeuble d'exploitation : 750 K€ [(1 000 / 800) x 600]*
- *Trésorerie : 37,5 K€ [(50 / 800) x 600]*
- *Dette financière : (187,5) K€ [(250) / 800) x 600]*

Etape 2 *– La trésorerie et la dette financière entrent dans le champ d'application d'IFRS 9 et doivent être évaluées à la juste valeur lors de leur comptabilisation initiale. Ainsi, la trésorerie acquise et la dette financière assumée sont réévaluées de la manière suivante :*

- *Trésorerie : 50 K€ (37,5 + 12,5)*
- *Dette financière : (250) K€ [(187,5) + (62,5)]*

Cette réévaluation conduit à reconnaître, à la date d'acquisition, un résultat de (50) K€ [12,5 + (62,5)].

L'immeuble d'exploitation reste évalué par l'acquéreur au coût, conformément à IAS 16, soit 750 K€.

1e approche	*Juste valeur*	*Etape 1 Affectation du prix d'acquisition*	*Etape 2 Réévaluation des éléments devant être reconnus à la juste valeur*	*Valeur d'acquisition*
Immeuble d'exploitation	*1 000*	*750*	*-*	*750*
Trésorerie	*50*	*37,5*	*12,5*	*50*
Dette financière	*(250)*	*(187,5)*	*(62,5)*	*(250)*
Total	***800***	***600***	***(50)***	***550***

2nde approche :

Le prix d'acquisition est d'abord alloué aux éléments qui ne doivent pas être évalués au coût lors de leur comptabilisation initiale. Le résiduel est affecté aux autres actifs et passifs au prorata de leurs justes valeurs respectives.

Ainsi, la trésorerie et la dette financière sont initialement comptabilisées à leurs justes valeurs à la date d'acquisition. Le résiduel du prix d'acquisition est affecté en totalité à l'immeuble d'exploitation.

- *Immeuble d'exploitation : 800 K€ [600 – 50 – (250)]*
- *Trésorerie : 50 K€*
- *Dette financière : (250) K€*

Aucun résultat de réévaluation n'est reconnu lors de l'application de cette approche.

2nde approche	*Juste valeur*	*Valeur d'acquisition*
Immeuble d'exploitation	*1 000*	*800*
Trésorerie	*50*	*50*
Dette financière	*(250)*	*(250)*
Total	*800*	*600*

Regroupements entre entreprises (activités) sous contrôle commun

21610 Pour la définition des regroupements entre entreprises sous contrôle commun, voir nº 23210 ; pour leur comptabilisation, voir nº 23220.

Formation de joint venture : traitement dans les comptes de la joint venture

21620 ***Question***

Comment comptabiliser une formation de joint venture dans les comptes consolidés de la joint venture ?

Réponse

Il convient, à notre avis, de déterminer si les actifs et passifs apportés à la joint venture par les coentrepreneurs constituent ou non une activité au sens d'IFRS 3.

1. Si les apports ne répondent pas à la définition d'une activité au sens d'IFRS 3, les actifs et passifs apportés par les coentrepreneurs à la joint venture sont alors évalués à leur juste valeur.

2. Si les apports répondent à la définition d'une activité au sens d'IFRS 3, deux méthodes sont alors possibles :
– la méthode du « fresh-start accounting » qui consiste à évaluer les actifs et passifs identifiables apportés à la joint venture à leur juste valeur ; ou
– la méthode fondée sur les valeurs nettes comptables historiques qui consiste à évaluer tous les actifs et passifs mis en commun sur la base des valeurs comptables historiques consolidées telles qu'elles figuraient dans les comptes de ceux qui ont créé la joint venture.

Commentaires Le traitement des formations de joint ventures au niveau des comptes consolidés de la joint venture diffère, à notre avis, selon que les actifs et passifs apportés par les coentrepreneurs à la joint venture répondent (ou non) à la définition d'une activité telle que définie par IFRS 3 :

Pour la définition des formations de joint ventures, voir nº 21500.

Pour la définition d'une activité au sens d'IFRS 3, voir nº 21490 s.

1. **Actifs et passifs apportés par les coentrepreneurs ne répondant pas à la définition d'une activité au sens d'IFRS 3** Dans ce cas, l'apport de ces actifs et passifs en contrepartie d'instruments de capitaux propres émis par la joint venture s'analyse, à

notre avis, comme une transaction de paiement fondé sur des actions et réglée en instruments de capitaux propres, couverte par la norme IFRS 2, Paiement fondé sur des actions (IFRS 2.2c).

Les actifs et passifs reçus par la joint venture et l'augmentation de capitaux propres qui en est la contrepartie sont ainsi évalués (IFRS 2.10) :
- sur la base de la juste valeur des actifs et passifs reçus, si cette juste valeur peut être estimée de façon fiable ; ou
- par référence à la juste valeur des instruments de capitaux propres attribués, dans le cas contraire.

2. **Actifs et passifs apportés par les coentrepreneurs répondant à la définition d'une activité au sens d'IFRS 3** Dans ce cas, l'apport des actifs et passifs à la joint venture est exclu du champ d'application tant de la norme IFRS 2 que de la norme IFRS 3.

En effet, les formations de joint ventures sont explicitement exclues du champ d'application d'IFRS 3 (IFRS 3.2a), voir n° 21500.

En outre, la norme IFRS 2 ne s'applique pas aux apports d'activité au sens d'IFRS 3, réalisés dans le cadre de la formation d'une joint venture (IFRS 2.5).

En l'absence de norme IFRS spécifique précisant la comptabilisation de ces transactions, le traitement comptable à retenir doit notamment être celui qui aboutit à l'information la plus pertinente pour les utilisateurs des états financiers (IAS 8.10 à .12). Les formations de joint ventures peuvent ainsi, à notre avis, être comptabilisées dans les comptes consolidés de la joint venture :
- **soit selon la méthode du « fresh-start accounting »,** consistant à évaluer les actifs et passifs identifiables de toutes les entités participant au regroupement à leur juste valeur (cette méthode étant appliquée à la date de création de la joint venture). Ces regroupements aboutissent en effet, en substance, à la prise de contrôle des activités préexistantes par la joint venture créée ;

Les modalités de mise en œuvre de la méthode du « fresh-start accounting » ne sont pas précisées par les normes IFRS actuelles. En outre, l'IASB n'a actuellement aucun projet d'examen de cette méthode.

La différence entre la juste valeur des actifs et passifs des entités participant au regroupement et la juste valeur du prix payé par la joint venture pour les acquérir est, à notre avis, comptabilisée en goodwill.

- **soit sur la base des valeurs comptables historiques consolidées** telles qu'elles existaient dans les comptes de ceux qui ont créé la joint venture.

Dans ce cas, la différence entre la valeur comptable consolidée de ces actifs et passifs et la juste valeur du prix payé par la joint venture pour les acquérir devrait, à notre avis, être comptabilisée en capitaux propres.

Remarque Lorsque la joint venture adopte la méthode de valorisation basée sur les valeurs comptables historiques consolidées, elle devrait, à notre avis, retenir les mêmes méthodes comptables que celles antérieurement utilisées par les coentrepreneurs.

Si toutefois la joint venture décide de retenir des méthodes comptables différentes de celles utilisées par les coentrepreneurs, elle peut, à notre avis, retenir dans ses propres comptes :
- soit l'une des méthodes comptables utilisées par l'un des coentrepreneurs ;
- soit une méthode comptable différente.

II. Mise en œuvre de la méthode de l'acquisition

Principes généraux de mise en œuvre de la méthode

21640 ***Question***

Comment mettre en œuvre la méthode de l'acquisition ?

Réponse

Selon une démarche en 7 étapes majeures :

1. identification de l'acquéreur ;

2. détermination de la date d'acquisition ;

3. évaluation du prix d'acquisition transféré par l'acquéreur au vendeur au titre du regroupement d'entreprises ;

4. identification, évaluation et comptabilisation initiale des actifs acquis et des passifs assumés de l'entreprise acquise ;

Concernant les étapes 3 et 4, l'acquéreur devra s'assurer qu'il n'existe pas de transactions qui, bien que conclues simultanément ou à l'occasion du regroupement d'entreprises, n'en font pas partie intégrante. De telles transactions doivent en effet être comptabilisées séparément du regroupement d'entreprises (voir nº 21645).

5. comptabilisation et évaluation des intérêts minoritaires ;

6. comptabilisation et évaluation du goodwill ou du gain résultant d'une acquisition à des conditions avantageuses ;

7. comptabilisation post-regroupement d'entreprises.

Commentaires Des précisions relatives aux modalités de mise en œuvre de la méthode de l'acquisition sont fournies par la norme IFRS 3.5 s. et .BC80 s.

Pour celles relatives à :
- l'identification de l'acquéreur, voir nº 21660 s. ;
- la détermination de la date d'acquisition, voir nº 21720 ;
- l'évaluation du prix d'acquisition transféré par l'acquéreur au vendeur au titre du regroupement d'entreprises, voir nº 21755 s. ;
- l'identification, l'évaluation et la comptabilisation initiale des actifs identifiables acquis et des passifs assumés de l'entreprise acquise, voir nº 21905 s., 22030 s. et 22300 s. ;
- la comptabilisation et l'évaluation des intérêts minoritaires, voir nº 22165 s. ;
- la comptabilisation et l'évaluation du goodwill ou du gain résultant d'une acquisition à des conditions avantageuses (« bargain purchase »), voir nº 22180 s. et 22205 s. ;
- la comptabilisation postérieure au regroupement d'entreprises, voir nº 22130 s.

La méthode de l'acquisition (et notamment l'évaluation du prix d'acquisition et l'identification initiale des actifs acquis et passifs assumés) ne s'applique qu'à des transactions qui font partie intégrante du regroupement d'entreprises, et non pas à des transactions distinctes du regroupement (voir nº 21645).

Identification des transactions distinctes du regroupement

21645 ***Question***

Pourquoi est-il nécessaire de distinguer les transactions qui font partie intégrante du regroupement d'entreprises des transactions distinctes du regroupement ?

Réponse

Dans le cadre de la méthode de l'acquisition d'IFRS 3, seules les transactions faisant partie intégrante du regroupement d'entreprises sont prises en compte pour la détermination du prix d'acquisition payé au titre du regroupement et l'identification des actifs acquis et passifs assumés identifiables.

Les transactions distinctes du regroupement doivent être comptabilisées selon les autres normes IFRS appropriées.

Ainsi, une transaction réalisée dans l'intérêt de l'acquise ou de ses précédents actionnaires avant le regroupement d'entreprises est généralement prise en compte pour la comptabilisation du regroupement. A l'inverse, une transaction réalisée dans l'intérêt de l'acquéreur ou de l'entité combinée issue du regroupement ne fait généralement pas partie du regroupement.

La norme fournit un certain nombre d'indicateurs permettant d'apprécier si la transaction fait ou non partie du regroupement : les raisons pour lesquelles cette transaction a été conclue, l'initiateur de la transaction et le moment où elle se déroule.

Commentaires :

1. **Principe de distinction entre les transactions qui font partie du regroupement d'entreprises et les transactions distinctes du regroupement** L'acquéreur doit déterminer si une partie du prix payé et/ou si certains actifs acquis et passifs assumés identifiables (IFRS 3.51) :
- font partie du regroupement d'entreprises et sont donc pris en compte dans la mise en œuvre de la méthode de l'acquisition pour la détermination du prix d'acquisition payé au titre du regroupement et/ou des actifs acquis et passifs assumés identifiables ; ou
- au contraire, font partie d'une transaction distincte du regroupement, à comptabiliser selon les autres normes IFRS appropriées.

Une transaction distincte peut être relative à (IFRS 3.51) :
- une relation préexistante entre l'acquéreur et l'acquise, voir nº 22245 ;
- un accord entre l'acquéreur et l'acquise conclu avant le regroupement d'entreprises ; ou
- un accord conclu en même temps que le regroupement mais qui ne fait pas partie intégrante du regroupement d'entreprises lui-même.

Seuls les éléments qui font partie de ce que l'acquéreur et l'acquise (ou ses précédents actionnaires) échangent dans le cadre de la négociation du regroupement font partie de la comptabilisation du regroupement. En revanche, les éléments qui ne sont pas échangés dans ce cadre sont considérés comme faisant partie d'une transaction distincte (IFRS 3.52).

Ainsi, ne font pas partie du regroupement, par exemple (IFRS 3.52) :
- une transaction qui vient régler des relations préexistantes entre l'acquéreur et l'acquise, voir nº 22245 ;

– une transaction qui rémunère des salariés de l'acquise ou d'anciens actionnaires vendeurs au titre de services futurs, voir nº 22260 ;

Voir également aux nº 22250 s. pour les avantages payables en actions et assimilés émis par l'acquéreur en remplacement d'avantages antérieurement accordés par l'acquise à ses salariés et dont tout ou partie peut devoir être comptabilisé séparément du regroupement d'entreprises.

– une transaction qui permet de rembourser à l'acquise ou à des vendeurs des coûts liés à l'acquisition qu'ils ont pris en charge pour le compte de l'acquéreur, voir nº 21850.

Remarque Dans les contrats d'acquisition ou les pactes d'actionnaires conclus lors d'un regroupement d'entreprises, le groupe acquéreur peut, en complément de l'acquisition d'une filiale, recevoir ou donner des engagements fermes ou optionnels sur les titres de la filiale acquise. Tel est le cas d'une option d'achat de titres détenus par un minoritaire (un « call ») ou d'un engagement ferme d'acquérir les titres d'un minoritaire à une date future (un « forward »).

Ces engagements constituent généralement une composante distincte du regroupement d'entreprises qui peut avoir différentes incidences comptables dans les comptes du groupe acquéreur, par exemple :

– la constatation d'une dette pour la valeur actualisée de la trésorerie à débourser pour l'acquisition future des intérêts des minoritaires ; ou
– la comptabilisation d'un dérivé en juste valeur par résultat ; ou encore
– ces engagements peuvent ne constituer qu'un engagement hors bilan.

Pour l'analyse et la comptabilisation de ce type d'engagements, voir nº 24250.

2. **Eléments d'analyse pour opérer cette distinction** La norme fournit des indicateurs permettant d'apprécier si une transaction fait partie du regroupement ou en est distincte.

Ces indicateurs doivent être considérés ensemble et non isolément. Il n'est toutefois pas nécessaire que tous les indicateurs soient remplis (IFRS 3.B50).

Il s'agit d'examiner :

a. **les raisons pour lesquelles les parties ont conclu cette transaction** (IFRS 3.B50a) ;

Les parties comprennent l'acquéreur, l'acquise, les actionnaires vendeurs, les administrateurs et dirigeants de l'acquise et ceux qui agiraient en tant qu'agents de ces derniers.

Ainsi, par exemple, si une transaction est conclue principalement dans l'intérêt de l'acquéreur ou de l'entité issue du regroupement, il est peu probable que la transaction fasse partie intégrante du regroupement lui-même ;

En conséquence, la partie correspondante du prix payé et, le cas échéant, les actifs ou passifs liés à cette transaction doivent être comptabilisés distinctement du regroupement.

b. **l'initiateur de la transaction** (IFRS 3.B50b) Une transaction initiée par l'acquéreur est vraisemblablement destinée à procurer à l'acquéreur (ou à l'entité issue du regroupement) des avantages économiques futurs, qui sont sans équivalent pour l'acquise ou les actionnaires vendeurs avant le regroupement. Dans ce cas, en principe, cette transaction ne doit pas faire partie de la comptabilisation du regroupement. A l'inverse, il est peu vraisemblable qu'une transaction initiée par l'acquise ou ses précédents actionnaires le soit au bénéfice de l'acquéreur ou de l'entité combinée ;

c. **le moment où se déroule la transaction** (IFRS 3.50c) Une transaction conclue par l'acquéreur et l'acquise au cours de la période de négociation du regroupement d'entreprises peut être initiée dans l'objectif de procurer des avantages économiques futurs à l'acquéreur ou à l'entité issue du regroupement. Ces avantages sont, a priori, sans équivalent pour l'acquise ou ses actionnaires vendeurs. Cette transaction ne devrait donc pas faire partie de la comptabilisation du regroupement.

A. Identification de l'acquéreur

1. Principe général

Identification de l'acquéreur : une étape incontournable

21660 ***Question***

Pourquoi l'identification de l'acquéreur est-elle essentielle pour la mise en œuvre de la méthode de l'acquisition ?

Réponse

Car l'évaluation des actifs et passifs à la juste valeur s'applique :
- dans les seuls comptes de l'acquéreur ; et
- sauf exception, aux seuls actifs et passifs de l'entreprise acquise.

Commentaires La norme IFRS 3 impose l'identification d'un acquéreur pour tout regroupement d'entreprises (IFRS 3.6).

La méthode de l'acquisition est en effet mise en œuvre en considérant le point de vue de l'acquéreur : celui-ci achète des actifs nets et comptabilise les actifs acquis et les passifs assumés, y compris ceux qui n'étaient pas comptabilisés auparavant par l'entreprise acquise.

En règle générale, l'évaluation des actifs et passifs de l'acquéreur juridique n'est pas affectée par la transaction, sauf exception (voir n° 21915), et cas particulier des « reverse acquisitions » (voir n° 21690).

Définition de l'acquéreur

21665 ***Question***

Comment identifier l'acquéreur ?

Réponse

En règle générale, l'acquéreur est défini comme étant la partie au regroupement qui obtient le contrôle de l'autre (des autres) partie(s) au regroupement. Ainsi, un investisseur obtient le contrôle d'une entité s'il est exposé ou a droit aux rendements variables résultant de son implication dans l'entité et si le pouvoir qu'il détient sur cette entité lui permet d'influer sur ses rendements.

Commentaires :

1. **Notion de contrôle utilisée pour identifier l'acquéreur** C'est la notion de contrôle, telle que définie par la norme IFRS 10, Etats financiers consolidés, qui est utilisée dans la norme IFRS 3 pour identifier l'acquéreur (IFRS 3.7, .B13 et .BC93). Ainsi, un investisseur obtient le contrôle d'une entité s'il est exposé ou a droit aux rendements variables résultant de son implication dans l'entité et si le pouvoir qu'il détient sur cette entité lui permet d'influer sur ses rendements, c'est-à-dire s'il détient cumulativement (IFRS 10.6 et .7) :
- le pouvoir sur les activités pertinentes de cette entité ;

- une exposition ou des droits aux rendements variables de cette entité ; et
- la capacité d'agir sur ses rendements, c'est-à-dire s'il existe un lien entre les rendements et le pouvoir.

Pour la notion de contrôle selon IFRS 10, voir nº 15125. Dans le cas où l'application des dispositions d'IFRS 10 ne permet pas d'identifier clairement l'acquéreur, voir nº 21670.

2. **Obligation d'identifier un acquéreur** La mise en œuvre de la méthode de l'acquisition implique que l'une des parties à la transaction soit identifiée comme étant l'acquéreur, voir nº 21660.

Difficultés d'identification de l'acquéreur

21670 ***Question***

Que faire en cas de difficulté pour identifier l'acquéreur ?

Réponse

Si l'application des dispositions de la norme IFRS 10 (notion de contrôle, voir nº 15125) ne permet pas de déterminer clairement qui est l'acquéreur, il convient de considérer l'ensemble des faits et circonstances pertinents et notamment certaines situations, comme par exemple :

a. de manière générale :
- l'entité qui a une taille plus importante que les autres (en termes d'actifs, de chiffre d'affaires, de résultat, etc.) ;
- l'entité qui a initié le regroupement ;

b. dans un regroupement rémunéré en trésorerie : l'entité qui transfère les éléments de rémunération ;

c. dans un regroupement rémunéré par instruments de capitaux propres :
- l'entité qui émet les instruments de capitaux propres (sauf en cas d'acquisition inversée) ;
- l'entité dont les actionnaires ont la fraction des droits de vote la plus importante dans l'entité issue du regroupement ;
- l'entité qui a le pouvoir de nommer ou de révoquer la majorité de l'équipe dirigeante de l'entité issue du regroupement.

Ces situations permettent généralement de déterminer l'acquéreur.

Commentaires :

1. **Indicateurs permettant d'identifier l'acquéreur** La norme IFRS 3 considère qu'il existe un acquéreur pour chaque regroupement d'entreprises. Lorsqu'il est difficile d'identifier l'acquéreur, une analyse au cas par cas de l'ensemble des faits et circonstances pertinents est menée.

Pour un exemple d'analyse menée à l'aide des critères ci-après, voir la décision du CESR, devenu l'ESMA (EECS/1209-15, 12/09).

La prise en compte des situations suivantes peut par exemple permettre cette identification (IFRS 3.7 et .B13 à .B17) :

a. la taille relative des entités (en termes d'actifs, de chiffre d'affaires, de résultat ou de juste valeur, etc.) : l'acquéreur est en règle générale l'entité dont la taille est significativement plus importante que celle des autres entités parties prenantes au regroupement (IFRS 3.B16 et .B17) ;

b. si le regroupement d'entreprises implique plus de deux entités, **l'entité qui a initié le regroupement** est en règle générale l'acquéreur (IFRS 3.B17) ;

c. si le regroupement est rémunéré essentiellement en trésorerie, en autres actifs ou par la prise en charge de passifs, **l'entité qui transfère la trésorerie, les autres actifs,** ou prend en charge les passifs, est probablement l'acquéreur (IFRS 3.B14 ; voir Exemple ci-après) ;

d. si le regroupement est essentiellement rémunéré par émission d'instruments de capitaux propres :
- **l'entité qui émet les instruments** est probablement l'acquéreur, sauf dans le cas d'une acquisition dite inversée (IFRS 3.B15) ;
- l'entité dont les propriétaires, considérés ensemble, conservent ou reçoivent **la fraction la plus grande des droits de vote** dans l'entité issue du regroupement est généralement l'acquéreur (IFRS 3.B15a) ;

L'appréciation de la détention de la plus grande fraction des droits de vote est réalisée en prenant en compte tout accord inhabituel concernant les droits de vote ou toute option, bons de souscription d'actions ou actions convertibles.

- l'entité dont un propriétaire ou un groupe organisé de propriétaires détient **une participation minoritaire significative** dans l'entité issue du regroupement sans qu'aucun autre propriétaire ou groupe de propriétaires ne dispose d'un nombre significatif de droits de vote est généralement l'acquéreur (IFRS 3.B15b) ;
- la composition des organes de direction de l'entité issue du regroupement : l'entité partie prenante au regroupement **qui a le pouvoir de nommer ou de révoquer la majorité de l'équipe dirigeante** de l'entité issue du regroupement est généralement l'acquéreur (IFRS 3.B15c) ;
- l'entité dont **l'ancienne équipe dirigeante a le contrôle** sur l'équipe dirigeante de l'entité issue du regroupement est généralement l'acquéreur (IFRS 3.B15d) ;
- **l'entité qui paie une prime de contrôle** par rapport à la juste valeur avant le regroupement des instruments de capitaux propres de l'(ou des) autre(s) entité(s) participant au regroupement est généralement l'acquéreur (IFRS 3.B15e).

Décision de l'ESMA En 2016, l'ESMA a accepté la qualification d'acquisition inversée d'une opération réalisée en deux temps (EECS/0116-06, 07/16) :
- une première acquisition réalisée par une entité opérationnelle non cotée (A) d'une entité cotée mais non opérationnelle (B) via un versement de trésorerie, B ne constituant pas une activité,
- puis une fusion des deux entités réalisée via une émission de titres de l'entité B en rémunération des actionnaires de A pour l'acquisition des titres de l'entité A.

Ainsi, en l'absence de précisions dans IFRS 3 pour une transaction de ce type (acquisition en cash d'une entité qui ne constitue pas un business puis fusion avec l'acquise avec émission de titres), le groupe peut se référer à IAS 8.10 à .12, qui stipule qu'en l'absence d'une norme ou d'une interprétation IFRS spécifiquement applicable à une transaction, le management doit faire usage de jugement pour développer et appliquer une méthode comptable permettant d'obtenir des informations fiables et pertinentes.

Au cas particulier, l'ESMA a accepté un traitement comptable par analogie avec IFRS 3. L'opération a ainsi été considérée comme une acquisition inversée, A étant l'acquéreur comptablement et B l'acquéreur légal, au vu des éléments suivants :
- les membres du conseil d'administration de l'ensemble combiné ont été désignés par les actionnaires de la société A et ont remplacé les membres du conseil d'administration de la société B ;
- la direction de la société A a remplacé l'ancienne direction de la société B ;
- la taille relative de la société A est significativement supérieure à celle de la société B ;

- les actionnaires de la société A détiendront la majorité des droits de vote dans l'entité combinée ;
- et la société A a payé une prime sur la juste valeur des actions de la société B.

La fusion de B dans A a été considérée comme une réorganisation interne.

La différence entre le versement en trésorerie et la valeur des titres de B a été considérée comme étant des coûts de cotation de A et enregistrée en résultat.

2. **Regroupements par contrat uniquement ou entre mutuelles** L'IASB n'a apporté aucune précision particulière concernant l'identification de l'acquéreur dans le cadre de ces regroupements. En conséquence, il convient donc de prendre en compte les différents indicateurs cités au point 1. ci-avant.

Pour la comptabilisation des regroupements par contrat, voir nº 21580 ; et celle des regroupements entre mutuelles, voir nº 22285.

***Exemple** — Prise en compte des modalités de rémunération du regroupement* *Une société A fait une offre pour acquérir une autre société B. Cette acquisition est rémunérée par A sous forme :*

- d'une émission d'instruments de capitaux propres à hauteur de 77 % de la juste valeur de B ;

- et d'un paiement en numéraire pour le solde (23 % de la juste valeur de B).

Une fusion-absorption (« legal merger ») de A et de B est envisagée après l'offre d'achat. Les deux sociétés A et B sont cotées sur un marché de capitaux réglementé. La société B est significativement plus importante que la société A :

- avant l'offre : la juste valeur de A est de 600, celle de B est de 1 000 ; les ventes de A représentent 35 % des ventes totales de l'entité regroupée ;

- à la suite du regroupement : les actionnaires de B détiendront 57 % des intérêts économiques de l'entité regroupée, et les actionnaires de A détiendront 50,2 % des droits de vote de l'entité regroupée compte tenu de l'existence de droits de vote doubles avant le rachat.

Concernant le contrôle des politiques financières et opérationnelles, il n'existe pas d'accord (contractuel ou non) entre les actionnaires qui limiterait l'exercice de leurs droits de vote.

L'entité regroupée sera composée d'un conseil de surveillance et d'un comité exécutif :

- le conseil de surveillance sera composé de 5 membres de A, de 5 membres de B et du président (président actuel du conseil de surveillance de A, qui aura un droit de vote prépondérant – « casting vote ») ;

- le comité exécutif sera composé de 4 membres ; son président sera le PDG actuel de B ; les trois autres membres seront le PDG actuel de A, un vice-président actuel de A et un vice-président actuel de B.

Solution de l'exemple *Selon la décision du CESR (devenu l'ESMA) prise en application de la version de la norme IFRS 3 avant révision en 2008 mais également applicable, à notre avis, selon la version actuelle d'IFRS 3, l'acquéreur devrait être l'entité A (EECS/0407-01, 04/07).*

En effet, bien que l'application des critères liés à la taille puisse indiquer que B est l'acquéreur (IFRS 3.B16), d'autres critères indiquent que c'est en fait A qui est l'acquéreur. Ainsi :

- A rémunère le regroupement en liquidités et en instruments de capitaux propres (IFRS 3.B14 et .B15) ;

- A émet les instruments de capitaux propres correspondants (IFRS 3.B15) ; et

- A est majoritaire au conseil de surveillance (du fait de son droit de vote prépondérant).

2. Regroupements par échange d'instruments de capitaux propres

Principe général d'identification de l'acquéreur

21685 ***Question***

Dans le cas d'un regroupement d'entreprises opéré par échange d'instruments de capitaux propres, l'acquéreur est-il celui qui émet ces instruments ?

Réponse

Oui, généralement, sauf dans le cas d'une acquisition inversée.

Commentaires En effet, dans un regroupement opéré par échange d'actions, l'entité qui émet les actions est généralement l'acquéreur (IFRS 3.B15) – c'est-à-dire l'entité qui obtient le contrôle de l'autre (des autres) entité(s) se regroupant ou de l'entité issue du regroupement – sauf dans le cas des acquisitions dites inversées (voir no 21690). Ce contrôle est toutefois apprécié en tenant compte de tous les faits et circonstances pertinents pour identifier l'acquéreur (voir no 21670 en cas de difficulté pour identifier l'acquéreur).

Pour le cas particulier d'un regroupement par création d'une entité nouvelle, voir no 21705 et 21706.

Acquisition inversée

21690 ***Question***

Qu'est-ce qu'une acquisition inversée ?

Réponse

Il s'agit d'un regroupement d'entreprises rémunéré par émission d'instruments de capitaux propres et dans lequel l'entité qui émet ces instruments est identifiée sur le plan comptable comme étant l'entité acquise et non l'acquéreur (comme généralement présumé), en application des principes généraux de détermination de l'acquéreur, voir no 21665 s.

Dans ce cas, l'acquéreur est l'entreprise juridiquement contrôlée, dès lors qu'elle est exposée ou a droit aux rendements variables résultant de son implication dans sa société mère et si le pouvoir qu'elle détient sur cette entité lui permet d'influer sur ses rendements (d'où la terminologie « acquisition inversée »).

L'entité émettant les instruments de capitaux propres ne peut être identifiée comme l'acquise sur le plan comptable – et l'opération comptabilisée comme une acquisition inversée – que si cette entité répond à la définition d'une activité. A défaut, il ne s'agit pas d'un regroupement d'entreprises mais, par exemple, d'une réorganisation interne du groupe.

Commentaires :

1. **Notion d'acquisition inversée** Une acquisition dite inversée est une acquisition dans laquelle une entreprise (l'acquéreur juridique) obtient le contrôle légal d'une autre

entreprise. Toutefois, elle émet, en rémunération de cette prise de contrôle, suffisamment de ses propres actions pour permettre aux anciens actionnaires de sa nouvelle filiale (juridique) de prendre le contrôle de son propre capital.

Les acquisitions inversées sont incluses dans le champ d'application d'IFRS 3 (IFRS 3.BC13), ce qui nécessite notamment de déterminer l'acquéreur.

L'acquéreur (l'entreprise qui obtient le contrôle de l'autre partie) est donc bien l'entreprise juridiquement contrôlée (IFRS 3.B19, .BC96, .BC97 et .IE1 s.). L'obtention du contrôle de l'entité acquéreuse, sur le plan juridique, par l'entreprise acquise doit être démontrée par l'ensemble des faits et circonstances pertinents. L'obtention, sur le plan juridique, de la majorité des droits de vote dans la société mère (juridique), par les anciens actionnaires de l'acquise, n'est pas suffisante, à elle seule, pour établir le contrôle (voir point 3. ci-après).

Pour un exemple d'acquisition inversée, voir ci-après.

2. **Objectif de la réalisation d'une acquisition inversée** Une acquisition inversée est parfois réalisée pour obtenir, de manière indirecte, une cotation sur un marché ou un autre avantage réglementaire (utilisation d'une licence).
Des entités de tailles différentes sont souvent impliquées, l'émetteur des actions pouvant être, par exemple, une entité de plus petite taille mais déjà cotée sur un marché ou détentrice d'une licence.

3. **Prise en compte de la substance de l'opération** En cas de regroupement d'entreprises par échange d'instruments de capitaux propres, il convient de déterminer quelle partie obtient le contrôle des autres parties à ce regroupement. Cela nécessite, selon IFRS 10, de déterminer l'investisseur qui est exposé ou a droit aux rendements variables résultant de son implication dans l'entité et si le pouvoir qu'il détient sur cette entité lui permet d'influer sur ses rendements (nº 21665).

Cette analyse doit prendre en compte la substance de tous les faits et circonstances pertinents (IFRS 3.B15) et ne pas se limiter aux pourcentages de détention respectifs des différents détenteurs (IFRS 3.BC97).

Pour les faits et circonstances pertinents à considérer, voir nº 21670.

4. **Nécessité que l'acquise (sur le plan comptable) soit une activité** Pour répondre à la définition d'une acquisition inversée, l'acquise, sur le plan comptable, doit être une activité au sens d'IFRS 3.3. En effet, si ce n'est pas le cas, la transaction ne pourra pas être traitée comme un regroupement d'entreprises (IFRS 3.B19).

Ce principe a été illustré lors d'une saisine de l'IFRS IC, qui porte sur le cas des anciens actionnaires d'une entité opérationnelle non cotée (O) qui deviennent actionnaires majoritaires d'une entité cotée non opérationnelle (C). Cette transaction implique :
- l'acquisition de 100 % de l'entité opérationnelle non cotée (O) par l'entité non opérationnelle cotée (C) ; et
- l'échange par les anciens actionnaires de leurs titres de O (l'entité opérationnelle non cotée) pour des titres de C (l'entité cotée non opérationnelle).

L'IFRS IC a indiqué que cette transaction, bien que présentant les mêmes caractéristiques qu'une acquisition inversée (les anciens actionnaires de l'acquise juridique obtenant le contrôle de l'acquéreur juridique), ne pouvait être traitée comme telle, car l'acquise du point de vue comptable ne constitue pas une activité (dans le cas présent l'acquise est C, l'entité cotée non opérationnelle) (IFRIC Update 11/12). Tout en décidant de ne pas inscrire ce thème à son agenda, l'IFRS IC a indiqué que cette transaction, étant exclue du champ d'application d'IFRS 3, doit être comptabilisée selon IFRS 2. Ainsi, la différence entre la juste valeur des actions présumées émises par l'acquéreur du point de vue comptable (l'entité opérationnelle non cotée) et la juste valeur de l'actif net identifiable de l'acquise représente un service de cotation en bourse reçu par l'entité opérationnelle non cotée, à constater en charge (IFRS 2.13A et .8, IFRIC Update 03/13).

5. **Précisions apportées par IFRS 3 pour l'application de la méthode de l'acquisition aux acquisitions inversées** De nombreuses précisions relatives aux modalités de mise en œuvre de la méthode de l'acquisition aux acquisitions inversées ainsi qu'un exemple d'application sont fournis par IFRS 3 (IFRS 3.B19 à .B27 et .IE1 à .IE15).

Ces précisions et cet exemple portent notamment sur la détermination du prix d'acquisition, l'évaluation du goodwill, la présentation dans l'état de situation financière (ou bilan), l'évaluation et la présentation des intérêts minoritaires, la présentation des états financiers consolidés et la détermination des résultats par action.

Exemple *La direction de l'entité B souhaite faire appel public à l'épargne et, à cette fin, décide de fusionner avec une entité A de taille plus modeste mais déjà cotée. Afin de bénéficier de la cotation, l'entité A cotée absorbe l'entité B non cotée.*

Au 31/12/N :

le capital de A est composé de 100 actions ordinaires, représentant un actif net de 100 000 (valeur unitaire de l'action A : 1 000) ;

– le capital de B est composé de 60 actions ordinaires, représentant un actif net de 150 000 (valeur unitaire de l'action B : 2 500).

A cette même date, l'entité A émet 2,5 actions en échange d'une action ordinaire de B. Tous les actionnaires de B échangent leurs actions de B contre des actions de A. A émet donc 150 actions ordinaires en échange des 60 actions de B.

Solution de l'exemple *L'entité A, qui détient la totalité des 60 actions de B à l'issue de l'échange, est l'acquéreur juridique de B.*

Toutefois, les anciens actionnaires de l'entité B détenant 150 des 250 actions de A ont la majorité des droits de vote à l'assemblée de la nouvelle entité A. Ils sont ainsi en mesure de désigner la majorité des membres du conseil d'administration de cette entité dès le 31/12/N.

La capacité de désigner les membres du conseil d'administration et les autres faits et circonstances démontrent que c'est donc l'entité B qui contrôle en réalité l'entité A issue du regroupement, ce regroupement constituant donc une acquisition inversée de A par B.

Cette réponse a été confirmée par le CESR (devenu l'ESMA) en septembre 2005, sur la base d'un exemple très proche de l'exemple présenté ci-avant (EECS/0407-12, 04/07). Cette position a été prise en application de la version de la norme IFRS 3 avant révision en 2008 mais est également applicable, à notre avis, selon la version actuelle d'IFRS 3.

Fusions entre égaux

21700 ***Question***

Les fusions entre égaux existent-elles en IFRS ? Comment identifier l'acquéreur dans ce cas ?

Réponse

En théorie, les fusions entre égaux pourraient exister. Toutefois, l'IASB les considère « virtuellement inexistantes » tellement elles sont rares.

L'identification d'un acquéreur est délicate dans une fusion entre égaux, aucune des parties au regroupement n'ayant clairement pris le contrôle de l'autre, par définition. Toutefois, ce regroupement étant couvert par la norme IFRS 3, il nécessite donc l'identification d'un acquéreur.

En pratique, en l'absence de prise de contrôle, il convient, à notre avis :
- d'analyser l'ensemble des faits et circonstances sur la base des différents indicateurs cités par IFRS 3 ; ou
- de suivre le sens juridique de l'opération, par simplification, si l'examen de ces indicateurs ne permet pas de déterminer quelle entité a pris le contrôle de l'autre.

Commentaires :

1. **Définition des fusions entre égaux** Il s'agit des cas très rares de regroupements dans lesquels aucune entité partie prenante au regroupement ne prend le contrôle de l'autre (IFRS 3.BC35).

2. **Obligation d'identifier un acquéreur dans les fusions entre égaux** Les fusions entre égaux constituent des regroupements d'entreprises auxquels la méthode de l'acquisition s'applique (IFRS 3.A et .BC12).

La difficulté rencontrée pour identifier l'acquéreur dans le cadre de certains regroupements (dont les fusions entre égaux) n'a pas été considérée comme une raison suffisante pour ne pas devoir appliquer la méthode de l'acquisition pour la comptabilisation de ces regroupements (IFRS 3.BC28).

Il convient donc, comme pour tout autre regroupement d'entreprises, d'identifier un acquéreur, et ce, même si IFRS 3 ne fournit aucune indication spécifique pour permettre cette identification (voir point 3. ci-après).

3. **Nécessité d'une analyse de l'ensemble des faits et circonstances et des indicateurs fournis par IFRS 3** En l'absence de dispositions spécifiques d'IFRS 3 permettant d'identifier l'acquéreur dans le cas d'une fusion entre égaux, il convient dans un premier temps d'analyser l'ensemble des faits et circonstances en prenant en compte les différents indicateurs cités par IFRS 3, voir nº 21670.

Lorsque cet examen ne permet pas d'identifier clairement l'acquéreur, une solution pourrait consister à maintenir le sens juridique de l'opération si aucun élément ne permet de démontrer que l'acquise sur le plan juridique est en réalité l'acquéreur sur le plan économique.

3. Regroupements par création d'une entité nouvelle

Principe général d'identification de l'acquéreur

21705 ***Question***

Une entité nouvellement créée pour effectuer un regroupement peut-elle être identifiée comme l'acquéreur dans un regroupement d'entreprises ?

Réponse

Oui mais uniquement si :
- cette entité nouvelle rémunère le regroupement en trésorerie, en autres actifs, ou par la prise en charge de passifs ; et

– à condition que, sur la base d'une analyse au cas par cas de l'ensemble des faits et circonstances pertinents, ce soit bien cette entité qui ait pris le contrôle des autres entités participant au regroupement.

Cela peut être le cas lorsque l'entité nouvelle a été créée par un nouvel acquéreur lui permettant de prendre le contrôle d'une activité existante.

En revanche, si une entité nouvellement créée rémunère un regroupement d'entreprises par émission d'instruments de capitaux propres, elle n'a pas de substance économique et ne peut pas être identifiée comme étant l'acquéreur dans ce regroupement (voir nº 21706).

Commentaires Selon IFRS 3.B18, une entité nouvellement créée ne peut pas être qualifiée d'acquéreur lorsqu'elle rémunère le regroupement par émission d'instruments de capitaux propres car elle n'a pas de substance économique.

Les anciens actionnaires de l'activité acquise par la nouvelle entité deviennent ainsi les actionnaires de la nouvelle entité.

Dans ce cas, c'est l'une des entités se regroupant et qui existait avant le regroupement qui doit être identifiée comme l'acquéreur (pour plus de détails, voir nº 21706).

A l'inverse, une entité nouvellement créée qui rémunère un regroupement d'entreprises autrement qu'en instruments de capitaux propres (i.e. en trésorerie, en autres actifs ou par la prise en charge de passifs) peut être identifiée comme l'acquéreur. Tel est le cas en substance (voir également IFRIC Update 03/06), notamment lorsque l'entité nouvelle a été créée par un nouvel acquéreur lui permettant de prendre le contrôle d'une activité existante. L'entité nouvellement créée constitue alors une extension du nouvel acquéreur.

Pour les modalités générales d'identification de l'acquéreur, voir nº 21665 s.

***Exemple** — Nouvelle entité identifiée comme l'acquéreur dans un regroupement d'entreprises* *Un investisseur crée une nouvelle entité pour acquérir une activité existante. La nouvelle entité acquiert 100 % des titres de l'activité auprès de ses anciens actionnaires, en utilisant la trésorerie obtenue lors de sa capitalisation.*
La nouvelle entité est-elle l'acquéreur dans le regroupement d'entreprises ?

Solution de l'exemple *La nouvelle entité est identifiée comme l'acquéreur dans le regroupement d'entreprises. Elle a une substance économique dans la mesure où elle a été créée pour prendre le contrôle d'une activité, et non pas comme véhicule pour combiner deux activités existantes. En outre, la nouvelle entité n'est pas contrôlée par les anciens propriétaires de l'activité acquise et représente un nouvel investisseur. Enfin, le regroupement a été rémunéré en trésorerie, et non pas par émission d'instruments de capitaux propres.*

Regroupements par création d'une entité nouvelle qui émet des actions

21706 ***Question***

Comment identifier l'acquéreur lorsqu'une entité nouvelle est créée pour effectuer un regroupement rémunéré par une émission d'actions ?

Réponse

Dans ce cas, l'acquéreur est obligatoirement l'une des entités se regroupant et qui existait préalablement au regroupement (et non la nouvelle entité créée pour opérer le regroupement).

L'acquéreur sera ainsi identifié sur la base des éléments disponibles.

En cas de difficultés pour identifier l'acquéreur, voir nº 21670.

Remarque Cette question ne traite pas des regroupements entre entités sous contrôle commun qui impliquent la création d'une entité nouvelle, voir nº 23210 s.

Commentaires :

1. **Prise en compte de la substance de l'opération** Le principe d'identification de l'acquéreur dans ce cas prend en compte le principe de la prédominance de la substance sur l'apparence (IFRS 3.B18 et .BC98 à .BC101). En effet, le fait de considérer l'entité nouvelle créée comme l'acquéreur aboutirait à traiter l'opération sur la base de sa forme juridique et non de sa substance, la création de telles entités nouvelles étant, le plus souvent, liée à des considérations juridiques, fiscales ou autres qui n'ont aucun lien avec l'identification de l'acquéreur (IFRS 3.BC100).

L'obligation d'identifier l'acquéreur parmi les entités qui existaient préalablement au regroupement n'est pas applicable aux regroupements réalisés par création d'une entité nouvelle qui rémunère le regroupement en trésorerie, en autres actifs ou par la prise en charge de passifs. Dans ce cas, en effet, IFRS 3 précise de manière explicite que l'entité nouvelle peut être identifiée comme étant l'acquéreur (voir nº 21705), et ce, même si cette nouvelle entité n'a pas d'activité.

Pour la nécessité de réaliser une analyse au cas par cas des opérations impliquant une entité nouvelle sans activité préexistante (ou avec une coquille vide préexistante), voir nº 21470, point 3.

2. **Eléments à retenir pour identifier l'acquéreur** L'identification de l'acquéreur doit être réalisée sur la base des éléments disponibles, notamment l'identification de l'entité qui a initié le regroupement ou de celle dont les actifs ou produits excèdent sensiblement ceux des autres entités (IFRS 3.B17).

Il conviendra également de se référer aux circonstances décrites par IFRS 3 comme devant être considérées en cas de difficultés pour identifier l'acquéreur (voir nº 21670), comme, par exemple, l'entité qui a le pouvoir de nommer l'équipe dirigeante de l'entité issue du regroupement et qui est probablement l'acquéreur. En tout état de cause, la notion essentielle est bien celle du contrôle, telle que définie dans la norme IFRS 10.

3. **Application aux regroupements de plus de deux entités** Ces dispositions s'appliquent également aux regroupements d'entreprises qui impliquent plus de deux entités préexistantes, l'une d'entre elles devant être identifiée comme étant l'acquéreur (IFRS 3.B17).

B. Date d'acquisition (entrée dans le périmètre)

Détermination de la date d'acquisition

21720 ***Question***

Quelle est la date d'acquisition (date d'entrée dans le périmètre) d'une entité acquise ?

Réponse

C'est la date à laquelle l'acquéreur obtient le contrôle de l'entité acquise.

Il s'agit en règle générale de la date à laquelle l'acquéreur transfère au vendeur le prix d'acquisition du regroupement d'entreprises, acquiert les actifs et assume les passifs de l'acquise (date de « closing » du regroupement).

Une analyse au cas par cas de l'ensemble des faits et circonstances pertinents est toutefois nécessaire.

Commentaires :

1. **Date d'acquisition (de première consolidation) basée sur la date de prise de contrôle** La notion d'obtention effective du contrôle par l'acquéreur détermine la date de consolidation de l'entité acquise (IFRS 3.8, .A, .BC106 à .BC110).

Comme pour l'identification de l'acquéreur (voir n° 21665), la notion de contrôle à retenir dans cette appréciation est, à notre avis, la même que dans la norme IFRS 10 (voir n° 15125). Ainsi, un investisseur obtient le contrôle d'une entité s'il est exposé ou a droit aux rendements variables résultant de son implication dans l'entité et si le pouvoir qu'il détient sur cette entité lui permet d'influer sur ses rendements (IFRS 10.6 s.).

La norme indique que la date d'acquisition correspond généralement à la date à laquelle l'acquéreur transfère au vendeur les composantes du prix d'acquisition de l'entité (activité) acquise, acquiert les actifs et assume les passifs de l'acquise (date de « closing » du regroupement). Tous les faits et circonstances doivent toutefois être pris en compte pour déterminer la date du transfert effectif du contrôle de l'acquise (IFRS 3.9).

En pratique, l'obtention du contrôle d'une entité peut être réalisée de différentes manières. Ainsi, si l'acquisition est réalisée par le biais d'une offre publique, la date d'obtention du contrôle correspond généralement à la date à laquelle un nombre suffisant de vendeurs accepte l'offre de manière inconditionnelle, transférant de ce fait le contrôle de l'acquise à l'acquéreur. Ainsi, la prise de contrôle d'une cible par l'acquéreur peut intervenir à une date antérieure ou postérieure à la « closing date ». C'est le cas, par exemple, lorsqu'un contrat signé avant la « closing date » aboutit au transfert effectif du contrôle d'une cible à l'acquéreur à la date de ce contrat (IFRS 3.9).

En revanche, la date d'acquisition ne peut pas être antérieure à la « closing date » au seul motif qu'il existe, dans le contrat d'acquisition, une clause contractuelle stipulant que le contrôle est présumé exister depuis une date antérieure à la « closing date », dès lors qu'aucune modification du contrôle de l'acquise n'est intervenue à la date du contrat ou avant la « closing date » (voir Exemple 1 ci-après).

2. **Transfert effectif du contrôle** Il n'est pas nécessaire que la transaction soit juridiquement parfaite pour que le contrôle soit considéré comme effectivement transféré à l'acquéreur (voir Exemple 4 ci-après).

3. **Contrat d'acquisition comportant une condition suspensive** En cas de contrat d'acquisition prévoyant une condition suspensive, la date d'acquisition ne peut pas, à notre avis, être antérieure à la date de levée de cette condition suspensive dès lors que cette condition n'est pas de pure forme (voir Exemples 2, 3 et 5). En effet, l'existence d'une telle condition ne permet pas à l'acquéreur d'être exposé ou d'avoir droit aux rendements variables résultant de son implication dans l'entité et de disposer d'un pouvoir sur cette entité lui permettant d'influer sur ses rendements (IFRS 10.6).

En revanche, le fait que le prix d'acquisition du regroupement comporte un paiement différé ou un ajustement éventuel du prix d'acquisition ne devrait pas, en règle générale, avoir d'impact sur la détermination de la date d'acquisition (Exemple 6).

***Exemple 1** — Dates différentes pour la signature du contrat de vente, le transfert du contrôle de l'acquise et le paiement du prix* *L'entité X acquiert 100 % de l'entité Y par un paiement en numéraire.*

La date d'acquisition de Y par X, spécifiée dans le contrat de vente, est le 10 mars.

Les administrateurs de Y sont nommés par X en remplacement des administrateurs existants le 1er avril, date à laquelle toutes les conditions suspensives du contrat de vente sont satisfaites.

Les actions de Y sont transférées à X le 15 avril, date du paiement du prix d'acquisition.

Solution de l'exemple 1 *La date d'acquisition de Y par X est la date à laquelle X a pris le contrôle de Y, soit le 1er avril. A cette date, X a nommé les administrateurs de Y.*

Cette date correspond également à la date à laquelle la vente est réalisée de manière inconditionnelle (levée de toutes les conditions suspensives du contrat de vente).

Le fait que le paiement du prix d'acquisition intervienne ultérieurement, le 15 avril, n'affecte pas la comptabilisation de l'acquisition. L'engagement de payer le prix d'acquisition (« transfert juridique » du prix au sens d'IFRS 3.9) est en effet pris dès la date du transfert effectif du contrôle de Y. Le prix d'acquisition est donc considéré comme échangé dès le 1er avril, date du transfert du contrôle de Y à X.

La date figurant dans le contrat de vente, le 10 mars, ne s'impose pas sur le plan comptable. En pratique, il est fréquent que la date de transfert du contrôle à l'acquéreur diffère de la date figurant dans le contrat d'acquisition.

***Exemple 2** — Regroupement d'entreprises conditionné par l'autorisation des actionnaires (condition substantive)* *Une société cotée doit obtenir l'autorisation de ses actionnaires pour effectuer une transaction importante constitutive d'un regroupement d'entreprises.*

Solution de l'exemple 2 *Un regroupement d'entreprises conditionné par l'autorisation des actionnaires ne devrait généralement pas être comptabilisé avant l'obtention de cette autorisation. En effet, une telle clause vise justement à préserver les intérêts des actionnaires.*

***Exemple 3** — Regroupement d'entreprises conditionné par l'approbation des autorités de la concurrence* *Un regroupement d'entreprises est conditionné par l'obtention de l'approbation des autorités de la concurrence dans un ou plusieurs territoires. L'acquéreur a déjà pu constater, dans le cadre d'une précédente acquisition, que l'obtention d'une telle approbation dans les pays concernés n'était pas de pure forme. Si cette approbation n'est pas obtenue, l'acquéreur renoncera au regroupement.*

Solution de l'exemple 3 *Un tel regroupement d'entreprises ne doit pas être comptabilisé tant que cette approbation n'est pas obtenue, celle-ci n'étant pas de pure forme.*

***Exemple 4** — Transaction non encore juridiquement parfaite* *Dans certaines juridictions, un acquéreur doit enregistrer auprès de l'administration les actions qu'il détient dans une nouvelle filiale. Cela constitue une formalité ordinaire (qui ne se solde jamais par un refus). Toutefois, plusieurs semaines sont nécessaires pour l'émission du formulaire d'enregistrement, document attestant la détention par l'acquéreur du titre de propriété des actions.*

Solution de l'exemple 4 *Cette obligation d'enregistrement constitue une condition de forme qui, en tant que telle, ne peut pas remettre en cause l'acquisition. Le regroupement d'entreprises doit donc être comptabilisé lors du transfert du contrôle, même si le processus d'enregistrement n'est pas achevé.*

***Exemple 5** — **Regroupement d'entreprises conditionné par la résolution d'un litige en faveur de l'entreprise acquise** Un accord d'acquisition prévoit que la réalisation d'un regroupement est subordonnée à la résolution d'un litige important en faveur de l'entité acquise.*

***Solution de l'exemple 5** Le regroupement d'entreprises ne doit pas être comptabilisé tant que le litige n'est pas résolu. Cette disposition protège en effet l'acquéreur contre l'acquisition d'une entité dont la responsabilité est mise en cause dans un litige et qui pourrait donc encourir un passif significatif pour faire face à ce litige.*

***Exemple 6** — **Contrat d'acquisition avec garantie de passif pouvant donner lieu à un ajustement du prix d'acquisition** Un contrat d'acquisition prévoit que le prix d'acquisition sera ajusté en fonction de la résolution de certaines incertitudes ; le vendeur s'engageant à reverser une partie du prix d'acquisition (par exemple en cas de redressement fiscal).*

***Solution de l'exemple 6** Ces dispositions affectent la comptabilisation du regroupement d'entreprises (voir n° 21980), mais ne remettent pas en cause sa réalisation. Il doit donc être comptabilisé lors du transfert du contrôle, quand bien même les incertitudes relatives à la mise en œuvre de la garantie de passif ne sont pas levées.*

C. Détermination du prix d'acquisition de l'entreprise (ou activité) acquise

21750 **Remarque** Bien que la traduction littérale de l'expression utilisée par la norme IFRS 3 « consideration transferred » soit « contrepartie transférée », l'expression habituellement utilisée « prix d'acquisition » a été maintenue par simplicité.

Les dispositions ci-après relatives au prix d'acquisition sont applicables tant à l'acquisition d'une entité qu'à l'acquisition d'une activité au sens d'IFRS 3, voir n° 21490 s.

1. Prix d'acquisition de l'entreprise acquise

a. Principes généraux

Détermination du prix d'acquisition de l'entreprise acquise

21755 ***Question***

Comment déterminer le prix d'acquisition de l'entité acquise dans le cadre d'un regroupement d'entreprises ?

Réponse

Le prix d'acquisition correspond à la juste valeur, à la date d'acquisition, des éléments de rémunération remis au vendeur par l'acquéreur en échange du contrôle de l'acquise (en excluant tout élément qui rémunère une transaction distincte de la prise de contrôle, voir n° 21645).

Les éléments du prix d'acquisition comprennent notamment :
- les actifs de l'acquéreur remis au vendeur (liquidités ou autres actifs) ;
- les passifs repris par l'acquéreur ;
- les instruments de capitaux propres émis par l'acquéreur ;
- les ajustements éventuels du prix d'acquisition.

Des dispositions spécifiques s'appliquent à la détermination du prix lorsque :
- les transactions sont réalisées sans paiement d'un prix d'acquisition par l'acquéreur au vendeur ;
- le regroupement est réalisé exclusivement par échange d'instruments de capitaux propres et la juste valeur des instruments de capitaux propres de l'acquise peut être déterminée de manière plus fiable que la juste valeur des instruments de capitaux propres remis par l'acquéreur ;
- les plans portant sur des actions accordées par l'acquise sont remplacés par des plans portant sur des actions de l'acquéreur et une partie de la juste valeur du plan de remplacement est incluse dans le prix d'acquisition (voir nº 22250 s.).

Commentaires :

1. **Définition et évaluation du prix d'acquisition** Les composantes du prix d'acquisition payé par l'acquéreur sont évaluées à leur juste valeur, déterminée à la date d'acquisition (IFRS 3.32a.i et .37).

Le prix d'acquisition payé peut être constitué de liquidités, d'autres actifs, d'une activité ou d'une filiale de l'acquéreur, de passifs repris par l'acquéreur qui étaient antérieurement assumés par le vendeur, d'ajustements éventuels de prix (voir nº 21815), d'instruments de capitaux propres ordinaires ou préférentiels, d'options, de bons de souscription d'actions et d'intérêts dans des entités mutuelles (IFRS 3.37).

2. **Inclusion dans le prix d'acquisition des seules rémunérations versées par l'acquéreur au vendeur en échange du contrôle de l'entité acquise (exclusion des rémunérations liées à des transactions distinctes de la prise de contrôle)** Le prix d'acquisition ne doit inclure que les éléments de rémunération versés par l'acquéreur au vendeur en échange de la prise de contrôle de l'entité acquise. Toute partie du prix d'acquisition qui rémunérerait une transaction autre que la prise de contrôle de la cible est comptabilisée distinctement selon la norme IFRS dont relève la transaction.

La norme IFRS 3 comporte des précisions permettant de distinguer les transactions qui font partie intégrante du regroupement de celles considérées comme des transactions distinctes pour la détermination du prix d'acquisition et la comptabilisation du regroupement (IFRS 3.51 à .53), voir nº 21645.

3. **Transactions réalisées sans paiement d'un prix d'acquisition par l'acquéreur au vendeur au titre de la prise de contrôle** Il s'agit par exemple de la prise de contrôle d'une entité déjà détenue à 60 % et dont l'actionnaire majoritaire obtient le contrôle effectif à la suite de la suppression du droit de veto dont disposaient les actionnaires minoritaires (40 %) sur certaines décisions stratégiques.

Dans ce type de transactions, le prix d'acquisition est constitué de la juste valeur à la date d'acquisition des intérêts détenus par l'acquéreur dans l'acquise (IFRS 3.33, .B46 et .BC335).

4. **Regroupements réalisés exclusivement par échange d'instruments de capitaux propres** Lorsque la juste valeur des instruments de capitaux propres de l'acquise peut être déterminée de manière plus fiable que la juste valeur des instruments de capitaux propres remis par l'acquéreur en rémunération du regroupement, le prix

d'acquisition est déterminé en retenant la juste valeur des instruments de capitaux propres de l'acquise (IFRS 3.33).

5. **Plans portant sur des actions (stock-options, actions gratuites, PEE...) accordés par l'acquise remplacés par des plans portant sur des actions de l'acquéreur** Pour déterminer la partie de la juste valeur du plan de remplacement qui est une composante du prix d'acquisition du regroupement, voir nº 22250 s.

6. **Dividendes versés après l'acquisition et faisant partie du prix d'acquisition** Lorsque le vendeur d'une cible a été rémunéré à ce titre par des titres de l'acquéreur, il peut arriver que très peu de temps après l'acquisition de la cible, il reçoive un dividende exceptionnel d'un montant significatif par rapport au prix d'acquisition de la cible.

La question se pose alors de déterminer si ce dividende exceptionnel fait partie du prix d'acquisition de la cible.

Ce cas n'est pas traité par la norme IFRS 3 mais ces dividendes pourraient, à notre avis, devoir être inclus dans le prix s'il est démontré qu'en substance ils constituent une part du prix d'acquisition de la cible.

> Tel est le cas, par exemple, lorsqu'une clause du contrat d'acquisition fait mention de distribution exceptionnelle de dividendes et que cette distribution de dividendes, d'un montant significatif par rapport au prix d'acquisition, est réservée aux vendeurs de la cible (et ne serait pas versée aux autres actionnaires de l'acquéreur).

Date d'évaluation de la juste valeur du prix

21760 ***Question***

A quelle date évaluer la juste valeur du prix d'acquisition de l'entité acquise ?

Réponse

A la date d'acquisition (date de prise de contrôle effectif) de l'entité acquise.

Commentaires La norme IFRS 3 indique que la juste valeur du prix d'acquisition du regroupement doit être évaluée à la date d'acquisition de l'entité acquise (IFRS 3.37), c'est-à-dire à la date d'obtention du contrôle de l'entité acquise par l'acquéreur (voir nº 21720). Ce principe est applicable :

1. **quelle que soit la méthode de détermination de la juste valeur du prix d'acquisition,** c'est-à-dire (voir nº 21755) que le prix d'acquisition soit déterminé par référence :
- aux éléments de rémunération versés par l'acquéreur au vendeur au titre de la prise de contrôle (IFRS 3.32) ;
- aux intérêts de l'acquéreur dans l'acquise (cas des transactions réalisées sans paiement d'un prix d'acquisition par l'acquéreur, IFRS 3.33) ; ou
- aux instruments de capitaux propres de l'acquise (cas des regroupements réalisés exclusivement par échange d'instruments de capitaux propres, lorsque la juste valeur des instruments de capitaux propres de l'acquise peut être déterminée de manière plus fiable que la juste valeur des instruments de capitaux propres remis par l'acquéreur en rémunération du regroupement, IFRS 3.33) ;

2. **même lorsque le prix d'acquisition a été arrêté avant la date de prise de contrôle** En effet, le principe d'évaluation de la juste valeur des composantes du prix d'acquisition à la date d'acquisition s'applique également, en l'absence de disposition contraire, aux rémunérations fixées entre un acquéreur et un vendeur avant la date de prise de contrôle (contrat d'achat à terme, par exemple) (IFRS 3.BC338 s.).

Paiement différé : évaluation du prix d'acquisition

21765 ***Question***

Comment évaluer le prix d'acquisition de l'entité acquise en cas de paiement différé lorsque celui-ci ne donne pas lieu à l'émission d'un instrument de dettes coté sur un marché actif ?

Réponse

La juste valeur à la date d'acquisition du prix d'acquisition (ou de la partie du prix d'acquisition) dont le paiement est différé correspond généralement à la valeur actualisée à cette date des montants dus. En pratique, le taux d'actualisation retenu correspond au taux de financement de l'acquéreur pour des instruments présentant des caractéristiques similaires.

Commentaires Conformément au principe général, les composantes du prix d'acquisition faisant l'objet d'un paiement différé (en trésorerie ou en titres répondant à la définition d'un instrument de dettes, voir Mémento IFRS nº 44350) sont évaluées à leur juste valeur, déterminée à la date d'acquisition (voir nº 21755).

Le passif encouru au titre de la rémunération dont le paiement est différé est un passif financier entrant dans le champ d'application de la norme IFRS 9 et sa juste valeur à la date d'acquisition doit être déterminée conformément aux dispositions de cette norme (IFRS 9.5.1.1 et .5.1.1A) et de la norme IFRS 13.

En pratique, lorsque le paiement différé ne donne pas lieu à émission d'instruments de dettes cotés sur un marché actif et que ce passif donne lieu à un actif dans les comptes d'une autre entité (ici le vendeur de la cible), la juste valeur de ce passif doit être égale à celle de l'instrument identique détenu à l'actif par un intervenant de marché (ici le vendeur de la cible) (IFRS 13.37 ; voir Mémento IFRS nº 13380). La juste valeur du passif doit tenir compte du risque de non-performance, incluant le risque de défaillance de l'acquéreur (IFRS 13.42 ; voir Mémento IFRS nº 13382). Le taux d'actualisation retenu correspond au taux de financement de l'acquéreur pour un instrument financier ayant des caractéristiques similaires (notamment concernant l'échéance de paiement et la devise dans laquelle l'instrument financier est émis). Cette évaluation est généralement déterminée par actualisation des paiements futurs (IFRS 13.B10 et .B11).

Si le paiement différé prend la forme d'un paiement en instruments de capitaux propres (par exemple, si le nombre d'actions émises est fixe, les actionnaires de l'acquise assumant en conséquence le risque de baisse ou d'augmentation de la valeur des titres), la classification au bilan suit les dispositions de la norme IAS 32, Instruments financiers – Présentation. La valeur de l'instrument doit ainsi être créditée directement en capitaux propres, par exemple dans une rubrique séparée en dessous du capital et libellée « Actions à émettre ».

Remise d'actifs non monétaires ou d'une activité : évaluation du prix d'acquisition

21775 ***Question***

Comment évaluer le prix d'acquisition de l'entité acquise, en cas de remise par l'acquéreur d'actifs non monétaires ou d'une activité en rémunération du regroupement ?

Réponse

Le prix d'acquisition est calculé en évaluant à leur juste valeur à la date d'acquisition les actifs ou l'activité remis par l'acquéreur.

L'écart entre la juste valeur et la valeur comptable des actifs non monétaires ou activité ainsi remis au vendeur donne lieu à la constatation d'un gain ou d'une perte dans les comptes de l'acquéreur.

Toutefois, si les actifs ou l'activité transférés ne sont pas remis au vendeur mais restent dans l'entité combinée après le regroupement (par exemple parce qu'ils sont transférés à l'acquise plutôt qu'à ses anciens actionnaires) et que l'acquéreur en conserve ainsi le contrôle, aucun résultat de cession sur les actifs ou activités transférés ne doit être constaté.

Commentaires En effet, conformément au principe général (voir n° 21755), le prix d'acquisition correspond dans ce cas à la juste valeur, à la date d'acquisition, des actifs ou de l'activité de l'acquéreur remis au vendeur en rémunération du regroupement (IFRS 3.37).

1. **Lorsque ces actifs non monétaires ou activité sont remis au vendeur,** il convient de comptabiliser séparément (IFRS 3.38) :
- la prise de contrôle de l'entité obtenue en échange des actifs non monétaires ou de l'activité remis au vendeur ;
- le résultat de cession des actifs ou de l'activité remis par l'acquéreur.

Le prix d'acquisition et le prix de cession à prendre en compte respectivement pour la comptabilisation de l'acquisition et celle de la cession correspondent à la juste valeur des actifs non monétaires ou de l'activité de l'acquéreur remis en rémunération de l'acquisition (et également cédés dans le cadre de la même opération) (IFRS 3.38).

2. Toutefois, **si les actifs ou l'activité transférés ne sont pas remis au vendeur mais restent dans l'entité combinée après le regroupement** (par exemple parce qu'ils sont transférés à l'acquise plutôt qu'à ses anciens actionnaires) et que l'acquéreur en conserve ainsi le contrôle, il convient de comptabiliser la prise de contrôle de l'entité acquise sans constater de résultat de cession sur les actifs ou activités transférés qui sont restés sous le contrôle de l'acquéreur (IFRS 3.38).

En effet, il s'agit d'une cession interne d'immobilisations/d'activité entre deux entités d'un même groupe après le regroupement d'entreprises (l'acquéreur et l'acquise) et dès lors que l'acquéreur conserve le contrôle de ces éléments, il maintient ces actifs/cette activité à leur valeur comptable historique immédiatement avant le regroupement et ne comptabilise pas de résultat de cession au titre des actifs transférés.

***Exemple** — Evaluation des actifs de l'acquéreur remis en rémunération d'une **acquisition** L'entité X, une société de service public, possède une unité de production d'électricité d'une valeur comptable de 55. L'entité A détient 60 % des droits de vote dans une société de distribution d'électricité, l'entité B.*

Le 31/12/N, X cède son unité de production d'électricité à l'entité A et reçoit, en contrepartie, les droits de vote de l'entité B détenus par A. La juste valeur de l'unité de production d'électricité du vendeur s'élève à 150, la juste valeur des actifs nets identifiables de l'entité acquise B à 200 et la juste valeur des intérêts minoritaires dans B est évaluée à 90.

***Solution de l'exemple** L'entité X a remis un actif non monétaire (l'unité de production d'électricité) en contrepartie de l'acquisition d'une participation lui conférant le contrôle de l'entité B, une société de distribution d'électricité.*

X doit comptabiliser l'acquisition de B, ainsi qu'un profit sur la cession de l'unité de production lorsque la transaction est réalisée.

1. ***Si la société opte pour le goodwill partiel** (voir nº 22182), le goodwill s'élève à 30 et est déterminé par différence entre :*

– le prix d'acquisition de B calculé en retenant la juste valeur de l'unité de production d'électricité, soit 150 ; et

– la quote-part de X dans la juste valeur des actifs nets identifiables de B, soit 120 (200 x 60 %).

Le profit sur la cession de l'unité de production d'électricité est égal à 95, correspondant à la différence entre le prix de vente de l'unité de production (prix d'acquisition de B par X, soit 150) et sa valeur comptable à la date de la cession (55).

a. ***Calcul du goodwill partiel** :*

Prix d'acquisition (juste valeur de l'unité de production d'électricité)	*150*
Quote-part acquise dans la juste valeur de l'actif net acquis (200 x 60 %)	*(120)*
Goodwill partiel	*30*

b. ***Calcul du profit sur la cession** :*

Prix de cession (juste valeur de l'unité de production d'électricité)	*150*
Valeur comptable de l'unité de production d'électricité	*(55)*
Profit sur la cession de l'unité	*95*

2. ***Si la société opte pour le goodwill complet** (voir nº 22182), le goodwill s'élève à 40 et est calculé par différence entre :*

– le prix d'acquisition de B, calculé en retenant la juste valeur de l'unité de production d'électricité (150), augmenté de la juste valeur des intérêts minoritaires (90) ; et

– la juste valeur des actifs nets identifiables de B de 200.

a. ***Calcul du goodwill complet** :*

Prix d'acquisition (juste valeur de l'unité de production d'électricité) augmenté de la juste valeur des intérêts minoritaires	*240*
Juste valeur de l'actif net acquis	*(200)*
Goodwill complet	*40*

b. ***Calcul du profit sur la cession** (calculé de la même manière que si la société opte pour le goodwill partiel, voir ci-avant).*

b. Rémunération du regroupement par remise de titres cotés

Evaluation des titres cotés émis en rémunération de l'acquisition

21785 ***Question***

Comment évaluer les titres cotés (instruments de capitaux propres) sur un marché actif émis en rémunération d'un regroupement d'entreprises ?

Réponse

Au cours coté sur ce marché à la date d'acquisition, sans aucun ajustement.

Commentaires Le principe général d'évaluation du prix d'acquisition à la juste valeur à la date d'acquisition (voir nº 21755) s'applique à l'ensemble des composantes de ce prix, et donc aux instruments de capitaux propres cotés émis en rémunération du regroupement (IFRS 3.37). L'évaluation à la juste valeur du prix d'acquisition doit être déterminée conformément aux dispositions de la norme IFRS 13, Evaluation de la juste valeur. Ainsi, lorsque les instruments de capitaux propres émis en rémunération sont cotés sur un marché actif, l'entité utilisera le cours coté sur ce marché à la date d'acquisition (IFRS 13.38). L'application de ces dispositions pose certaines difficultés :

a. **Notion de « marché actif »** Un marché actif est un marché sur lequel ont lieu des transactions sur les titres évalués selon une fréquence et un volume suffisants pour fournir de façon continue de l'information sur le prix (IFRS 13.A).

b. **Choix du marché principal et le plus avantageux** S'il existe plusieurs marchés possibles pour un même instrument, l'entité doit évaluer l'instrument sur le marché principal, c'est-à-dire celui ayant les volumes et le niveau d'activité les plus élevés pour un titre donné ou, à défaut, sur le marché le plus avantageux, c'est-à-dire celui qui maximise le prix de vente du titre, après prise en compte des coûts de transaction (IFRS 13.16 et .A).

c. **Cours acheteurs/cours vendeurs (« bid/ask »)** La norme IFRS 13 (IFRS 13.70) :
- requiert de retenir le prix le plus représentatif de la juste valeur dans la fourchette de prix entre ces deux cours (bornes incluses) ; et
- ne requiert pas (ni n'interdit), à titre d'approximation, l'usage d'un prix moyen entre le cours acheteur et le cours vendeur (voir Mémento IFRS nº 13386).

Cours acheteur (« bid price ») : le cours acheteur représente le prix auquel un courtier (ou un négociant) est prêt à acheter l'instrument financier.

Cours vendeur (« ask price ») : le cours vendeur représente le prix auquel un courtier (ou un négociant) est prêt à vendre l'instrument financier.

d. **Evaluation d'un bloc de titres émis** Les instruments de capitaux propres cotés émis en rémunération du regroupement doivent être évalués à la juste valeur conformément aux dispositions de la norme IFRS 13 (voir nº 21755). La norme IFRS 13 n'accepte pas la prise en compte d'une décote (ou d'une prime) pour l'évaluation d'un bloc de titres émis lorsque ceux-ci sont cotés sur un marché actif (niveau 1 de la hiérarchie des techniques d'évaluation, IFRS 13.69). La juste valeur du bloc de titres est alors évaluée sur la base du cours de cotation du titre à la date d'acquisition.

Fluctuations anormales de cours autour de la date d'acquisition

21795 ***Question***

A quelle date évaluer les titres cotés sur un marché actif émis en rémunération d'un regroupement d'entreprises, lorsque ces titres ont connu des fluctuations anormales de cours autour de la date d'acquisition ?

Réponse

Conformément au principe général, c'est-à-dire au cours coté sur ce marché à la date d'acquisition, sans aucun ajustement (voir n° 21785).

Commentaires La norme IFRS 3 ne prévoit explicitement aucune exception au principe général (voir n° 21760), dans le cas où le cours de bourse de titres cotés connaît des fluctuations anormales autour de la date d'acquisition. Ce sont dès lors les dispositions de la norme IFRS 13, Evaluation de la juste valeur, qui s'appliquent et qui prévoient que l'entité utilise le cours sur le marché actif déterminé à la date d'acquisition (voir n° 21785).

Il n'est ainsi pas possible d'évaluer la juste valeur des titres cotés remis en rémunération d'une prise de contrôle en faisant une moyenne sur une période raisonnable précédant et suivant la date d'acquisition.

c. Rémunération du regroupement par remise de titres non cotés

Evaluation des titres non cotés émis en rémunération d'un regroupement d'entreprises

21805 ***Question***

Comment évaluer les titres non cotés émis en rémunération d'un regroupement d'entreprises ?

Réponse

En retenant la part que ces titres représentent dans la juste valeur totale de l'entreprise acquéreuse.

Toutefois, dans le cas :

- où le regroupement est rémunéré uniquement en instruments de capitaux propres non cotés de l'acquéreur ; et
- où la juste valeur des instruments de capitaux propres de l'acquise peut être déterminée de manière plus fiable que celle des instruments de capitaux propres remis par l'acquéreur (par exemple lorsque les titres de l'acquise sont cotés sur un marché actif),

les titres émis par l'acquéreur en rémunération de l'acquisition sont évalués à la juste valeur des instruments de capitaux propres de l'acquise.

Commentaires A défaut de précision d'IFRS 3 pour l'évaluation des titres non cotés émis en rémunération d'un regroupement d'entreprises, ces titres devraient être évalués en retenant la part qu'ils représentent dans la juste valeur totale de l'entreprise acquéreuse.

Toutefois, dans le cas où le regroupement est rémunéré uniquement en instruments de capitaux propres de l'acquéreur et où la juste valeur de l'entreprise acquise peut être déterminée de manière plus fiable que la juste valeur de l'entreprise acquéreuse, les titres émis par l'acquéreur en rémunération de l'acquisition sont évalués en retenant (IFRS 3.33) :

- la juste valeur des instruments de l'entreprise acquise (cas où les titres de l'acquise sont cotés sur un marché actif, par exemple) ; ou
- la quote-part obtenue dans la juste valeur totale de l'entreprise acquise (cas où les titres de l'entreprise acquise ne sont pas cotés sur un marché actif mais où la juste valeur de l'entreprise acquise peut néanmoins être déterminée de manière plus fiable que celle de l'entreprise acquéreuse).

En l'absence de cotation des titres de l'acquise sur un marché actif, la détermination de la juste valeur de l'une des deux entités précitées (l'acquéreur ou l'entreprise acquise) nécessitera le recours à des techniques d'évaluation (IFRS 13.61 à .63). Ces techniques comprennent des approches fondées sur le marché (la référence à des transactions de marché récentes sur le même instrument ou à la juste valeur d'un autre instrument similaire) (IFRS 13.B5 à .B7) ou des approches fondées sur le résultat (techniques d'actualisation des cash-flows...) (IFRS 13.B10 et .B11).

Tous les aspects de l'acquisition (y compris les facteurs importants ayant influencé les négociations) doivent être pris en considération et des évaluations indépendantes peuvent être utilisées pour aider à la détermination de la juste valeur des titres émis.

***Exemple** — Modalités d'évaluation des titres non cotés émis en rémunération d'un regroupement d'entreprises* *L'entité X a émis 100 actions pour acquérir 100 % de l'entité Y. L'entité X n'est pas cotée.*

Immédiatement avant la transaction, le capital de X était composé de 400 actions, celui de Y de 200 actions. Une analyse de la juste valeur de X, réalisée avant le regroupement par une banque d'affaires sur la base d'une combinaison de multiples de capitalisation des bénéfices et d'une analyse des flux de trésorerie actualisés, a permis de déterminer une juste valeur de X de 600.

Les hypothèses suivantes sont examinées successivement :

a. *les actions de Y de l'entité acquise sont cotées sur un marché actif et le cours de bourse de chaque action est de 0,70 ;*

b. *les actions de Y ne sont pas cotées, mais il a été proposé aux actionnaires de Y la possibilité d'opter pour un paiement en numéraire de 1,45 à la place de chaque action X qui va leur être remise en échange de leurs actions de Y ;*

c. *les actions de Y ne sont pas cotées mais une analyse de la juste valeur de Y, réalisée par une banque d'affaires sur la base d'une combinaison de multiples de capitalisation des bénéfices et d'une analyse des flux de trésorerie actualisés, a fait ressortir que la juste valeur de Y s'élève à 155.*

Solution de l'exemple *L'entité X, qui rémunère intégralement l'acquisition de Y par une émission de ses propres actions, doit évaluer les actions émises en rémunération de l'acquisition de Y selon celle des deux valeurs suivantes qui paraît la plus fiable :*

- *en fonction de la quote-part d'intérêts que ces actions représentent dans la juste valeur de l'acquéreur X, en retenant comme hypothèse que la valeur de l'action X avant l'acquisition est égale à celle après l'acquisition ; ou*
- *par référence à la quote-part obtenue dans la juste valeur de l'entité acquise, Y.*

L'application de ce principe général aux différentes hypothèses précitées aboutit à :

a. *une quote-part d'intérêts dans la juste valeur de X de 150 (= 1,5 x 100) représentée par les 100 actions X émises sur la base de la juste valeur d'un titre X avant le regroupement.*

(600/400 = 1,5 ; 600 = juste valeur de X et 400 = nombre d'actions composant le capital de X avant augmentation de capital).

La juste valeur de Y, qui peut être déterminée par référence au cours de marché de ses actions, est de 140 (200 x 0,70). Dans ce cas, la juste valeur de Y est généralement considérée comme plus fiable, ses actions étant cotées en bourse sur un marché actif (voir nº 21785) ;

b. *une quote-part d'intérêts dans la juste valeur de X de 150 (600/400 x 100) représentée par les actions émises.*

La juste valeur de Y, qui peut être déterminée par référence à une offre d'acquisition faite en numéraire aux actionnaires de Y, est de 145 (100 x 1,45). Le cas échéant, la juste valeur de Y peut paraître plus évidente, le montant proposé aux actionnaires de Y étant un montant de trésorerie ;

c. *une quote-part d'intérêts dans la juste valeur de X de 150 (600/400 x 100) représentée par les 100 actions X émises. La juste valeur de Y, estimée à l'aide de techniques d'évaluation généralement admises, est de 155.*

La direction de X choisira celui des deux montants qui est mesurable de la manière la plus fiable.

Tous les aspects de l'acquisition doivent être considérés, notamment les facteurs significatifs influençant les négociations et les hypothèses utilisées pour l'évaluation indépendante des activités.

d. Comptabilisation chez l'acquéreur des ajustements éventuels du prix d'acquisition

Comptabilisation obligatoire dès la date d'acquisition

21815 ***Question***

Faut-il inclure, dans le prix d'acquisition, les ajustements éventuels du prix de l'entité acquise qui dépendent d'événements futurs ?

Réponse

Oui, de façon obligatoire, et ce, dès la date d'acquisition, pour un montant égal à leur juste valeur à cette date.

L'inclusion dans le prix d'acquisition d'un ajustement éventuel du prix donne ainsi lieu :

- soit à la comptabilisation d'un passif ou d'un instrument de capitaux propres, correspondant à l'obligation de l'acquéreur d'avoir à payer un complément éventuel de prix d'acquisition si certains événements futurs spécifiés surviennent ou si certaines conditions sont remplies ;

  Le classement en dettes ou en capitaux propres est réalisé selon les critères de la norme IAS 32.

- soit à la comptabilisation d'un actif, correspondant à un droit de l'acquéreur de se voir restituer une partie du prix d'acquisition payé au vendeur à la date d'acquisition si certains événements futurs spécifiés surviennent ou si certaines conditions sont remplies.

Commentaires :

1. Définition des ajustements éventuels du prix d'acquisition d'un regroupement

Un ajustement éventuel du prix d'acquisition correspond généralement à une obligation de l'acquéreur de transférer des actifs supplémentaires ou des instruments de capitaux propres aux vendeurs de l'entité acquise, dans le cadre de sa prise de contrôle, si certains événements futurs spécifiés surviennent ou si certaines conditions sont remplies (IFRS 3.A).

En pratique, un vendeur et un acquéreur ont souvent recours à un ajustement éventuel du prix d'acquisition lorsqu'ils n'ont pas réussi à se mettre d'accord sur la valeur de l'acquise dès la date d'acquisition.

Mais un ajustement éventuel du prix peut également donner à l'acquéreur un droit de se voir restituer une partie du prix d'acquisition payé aux vendeurs à la date d'acquisition si certaines conditions sont remplies (IFRS 3.A).

Remarques :

1. Certains paiements éventuels peuvent être prévus dans le contrat d'acquisition au profit d'anciens salariés ou actionnaires de l'entité acquise qui continuent à exercer des fonctions au sein de cette entité après la date d'acquisition. Il convient dans ce cas, en fonction de l'accord, de déterminer si ce paiement éventuel constitue en substance (voir n° 22260) :
- un ajustement éventuel du prix d'acquisition à inclure dans le prix d'acquisition de l'entité acquise dès la date d'acquisition en application d'IFRS 3 ; ou
- une transaction distincte du regroupement d'entreprises visant à rémunérer les anciens salariés ou actionnaires au titre des services rendus à l'entreprise après l'acquisition, et qualifiée selon le cas, soit d'avantages du personnel (entrant dans le champ d'application de la norme IAS 19, Avantages du personnel), soit de paiements fondés sur des actions (entrant dans le champ d'application de la norme IFRS 2, Paiement fondé sur des actions).

Il convient de distinguer les ajustements éventuels du prix d'acquisition dont le paiement/remboursement est conditionné à la réalisation de conditions (niveau de performances de la cible, par exemple) des garanties données contractuellement par le vendeur à l'acquéreur dans le cadre d'un regroupement d'entreprises, qui sont liées à tout ou partie d'un actif ou d'un passif déterminé de l'acquise et dont la mise en œuvre dépend de la survenance future d'un événement (règlement d'un litige, par exemple) qui se traitent différemment (pour plus de détails et un exemple d'indemnisation à recevoir, voir n° 21980).

2. Les ajustements éventuels de prix qui ont été comptabilisés par l'entité acquise dans le cadre d'un regroupement d'entreprises antérieur sont comptabilisés par l'acquéreur comme des passifs identifiables (ou dans certains cas des actifs identifiables) de l'acquise. En effet, ils ne répondent pas à la définition des ajustements éventuels du prix d'acquisition payés par l'acquéreur dans le cadre de l'acquisition de l'acquise (IASB Update 06/09).

2. Comptabilisation initiale des ajustements éventuels du prix d'acquisition d'un regroupement Dès la date d'acquisition, l'acquéreur doit inclure dans le prix d'acquisition de l'entité acquise la juste valeur à la date d'acquisition de tout actif ou passif résultant des ajustements éventuels du prix d'acquisition (IFRS 3.39, .40 et .BC346).

Un actif correspondrait à un droit de l'acquéreur de se voir restituer une partie du prix d'acquisition payé aux vendeurs à la date d'acquisition.

Un passif correspondrait à une obligation de l'acquéreur d'avoir à remettre au vendeur un complément éventuel de prix si certains événements futurs spécifiés surviennent ou si certaines conditions sont remplies.

Le Board a considéré que la difficulté d'évaluation de la juste valeur des ajustements éventuels du prix d'acquisition dès la date d'acquisition ne pouvait pas être retenue comme un argument suffisant pour ne pas constater les actifs et passifs résultant de ces ajustements dès cette date (IFRS 3.BC347).

Les informations utilisées dans les négociations entre l'acquéreur et le vendeur devraient être utiles pour déterminer cette juste valeur (IFRS 3.BC348).

L'évaluation de ces ajustements à une valeur nulle ne pourrait pas être considérée selon IFRS 3 comme une évaluation fiable (IFRS 3.BC349).

Une obligation de l'acquéreur de verser un ajustement éventuel du prix répondant à la définition d'un instrument financier est classée en instruments de capitaux propres ou en dettes financières selon les critères d'IAS 32 (IFRS 3.40 et .BC352).

En pratique, de nombreuses clauses d'ajustement éventuel du prix répondent à la définition d'un passif financier selon IAS 32 ; c'est le cas notamment si le complément éventuel de prix est payé par de la trésorerie ou par un nombre variable d'instruments de capitaux propres.

3. **Modifications ultérieures des ajustements de prix d'acquisition** Voir nº 21825.

***Exemple 1** — Ajustement éventuel de prix réglé en un nombre variable d'actions* *Le 1/01/N, le groupe G acquiert une cible A et convient avec les vendeurs de leur remettre en N+2 :*

- 100 actions de G si le chiffre d'affaires N+2 de A est compris entre 100 et 200 M€ ; ou

- 200 actions de G si ce chiffre d'affaires dépasse 200 M€.

Solution de l'exemple 1 *L'ajustement éventuel de prix est une dette. En effet, le règlement de cet instrument est effectué en un nombre variable d'actions qui dépend du niveau de chiffre d'affaires de la cible : soit 100, soit 200.*

***Exemple 2** — Ajustement éventuel de prix réglé en un nombre fixe d'actions* *Le 1/01/N, le groupe G acquiert une cible A et convient avec les vendeurs de leur remettre :*

- en N+2 : 100 actions de G si le chiffre d'affaires N+2 de A est supérieur à 100 M€ ; et

- en N+3 : 200 actions supplémentaires de G si le chiffre d'affaires N+3 dépasse 200 M€.

Solution de l'exemple 2 *L'ajustement éventuel de prix répond à la définition d'un instrument de capitaux propres selon la norme IAS 32. En effet, cette clause d'ajustement éventuel de prix comprend deux instruments indépendants : le premier, fonction uniquement du chiffre d'affaires N+2, et le second qui n'est fonction que du chiffre d'affaires N+3. Le nombre d'actions à remettre, qui est fonction de ces deux conditions de performance indépendantes, est fixe.*

Chacun de ces deux instruments de capitaux propres est reconnu à la juste valeur à la date d'acquisition en capitaux propres. Aucune modification ultérieure de cet ajustement éventuel de prix ne sera comptabilisée.

Paiements éventuels au profit de vendeurs qui continuent à exercer des fonctions dans l'entité combinée

21820 Pour plus de détails, voir nº 22260.

Changements d'estimation de la juste valeur d'un ajustement éventuel de prix

21825 ***Question***

Comment comptabiliser les changements d'estimation de la juste valeur d'un ajustement éventuel du prix d'acquisition qui surviennent après la date d'acquisition ?

Réponse

Tout dépend de la façon dont le complément éventuel de prix a été comptabilisé à la date d'acquisition. Si le complément éventuel de prix a été comptabilisé :

1. en tant qu'instrument de capitaux propres : il ne fera l'objet d'aucun ajustement après la date d'acquisition ;

2. en tant qu'actif ou passif (dette) à la date d'acquisition :
– si le changement d'estimation résulte de faits et circonstances existant à la date d'acquisition et intervient dans le délai d'affectation : le montant de l'actif ou de la dette sera ajusté par la contrepartie du goodwill (ou du profit résultant d'une acquisition à des conditions avantageuses) ;
– dans les autres cas, et notamment si le changement d'estimation résulte d'événements postérieurs à la date d'acquisition, l'actif ou le passif devra être évalué à la juste valeur à chaque date de clôture. Tout changement de cette juste valeur sera constaté en résultat.

Commentaires L'obligation de l'acquéreur de payer un complément éventuel de prix d'acquisition peut être classée soit comme un instrument de capitaux propres selon IAS 32.11, soit comme une dette (voir n° 21815).

1. **Complément éventuel de prix comptabilisé comme un instrument de capitaux propres à la date d'acquisition** Si le complément éventuel de prix est comptabilisé à la date d'acquisition comme un instrument de capitaux propres (i.e. s'il est payé par la remise d'un nombre fixe d'instruments de capitaux propres), aucun ajustement ultérieur de la valeur initialement inscrite en capitaux propres n'est à comptabiliser après la date d'acquisition.

Seul son règlement par remise d'instruments de capitaux propres est constaté par capitaux propres lorsqu'il intervient (IFRS 3.58 et .BC353).

2. **Complément éventuel de prix comptabilisé en tant qu'actif ou passif à la date d'acquisition** Les modifications de la juste valeur des compléments éventuels de prix constatés à la date d'acquisition en tant qu'actifs ou dettes sont constatées différemment selon que les informations complémentaires obtenues par l'acquéreur après la date d'acquisition proviennent (ou non) de faits et circonstances existant à la date d'acquisition (IFRS 3.58).

a. **Modifications des ajustements éventuels du prix d'acquisition provenant de faits et circonstances existant à la date d'acquisition** Dès lors que cette modification intervient dans le délai d'affectation, le prix d'acquisition du regroupement est modifié ainsi que le goodwill (ou le profit résultant d'une acquisition dans des conditions avantageuses) constaté à la date d'acquisition (IFRS 3.58 renvoyant à IFRS 3.45 à .49).

Pour le délai dont bénéficie l'acquéreur pour finaliser la comptabilisation d'un regroupement d'entreprises, voir n° 22130.

Pour les conditions d'application du délai d'affectation, voir n° 22130 s.

Après le délai d'affectation, les modifications de ces ajustements éventuels du prix d'acquisition sont constatées de la même manière que ceux provenant d'événements postérieurs à la date d'acquisition (voir point b. ci-après).

b. **Modifications des ajustements éventuels du prix d'acquisition provenant d'événements postérieurs à la date d'acquisition (pendant ou après la période d'affectation)**

Tel est le cas, par exemple, lorsque certaines conditions fixées initialement pour le paiement d'un complément éventuel de prix sont remplies, par exemple (IFRS 3.58) :
- la réalisation d'un niveau prédéterminé de bénéfices de la cible ;
- l'atteinte d'un certain cours de bourse des titres de l'acquise ; ou
- le franchissement d'une étape particulière dans un projet de recherche et développement.

La modification de l'ajustement éventuel du prix d'acquisition est comptabilisée en résultat que l'actif ou la dette représentatif(ve) de ce complément éventuel de prix d'acquisition soit ou non dans le champ d'application d'IFRS 9.

i. **Le complément éventuel de prix est dans le champ d'application d'IFRS 9** Le passif ou l'actif financier est évalué à sa juste valeur à chaque date de clôture, tout changement de juste valeur en résultant étant constaté en résultat conformément aux dispositions d'IFRS 9 (IFRS 3.58b.i et .BC354).

Les changements ultérieurs de juste valeur de ces passifs ou actifs financiers ne viendront donc pas modifier le prix d'acquisition du regroupement et donc le goodwill (ou le gain résultant d'une acquisition dans des conditions favorables), même dans le délai d'affectation (IFRS 3.58b.i et .BC356 s.).

En outre, l'IASB a précisé que ces compléments éventuels de prix d'acquisition (entrant dans le champ d'IFRS 9) devraient être **réévalués à leur juste valeur** après la date d'acquisition, qu'ils répondent ou non à la définition d'un instrument dérivé (IFRS 3.BC354 s.).

En effet, pour que le traitement des compléments éventuels de prix soit homogène – et contrairement aux principes généraux d'IFRS 9 qui prévoient l'évaluation d'un passif financier au coût amorti, sauf pour les dérivés et les passifs de transaction qui sont évalués à la juste valeur – l'ensemble des passifs financiers représentatifs d'un ajustement de prix doit être évalué à la juste valeur par résultat (IFRS 3.BC355).

ii. **Le complément éventuel de prix est hors du champ d'application d'IFRS 9** Dans le cas plus rare où le complément éventuel de prix est hors du champ d'IFRS 9, il est évalué à la juste valeur à chaque date de clôture et les variations de la juste valeur sont également constatées en résultat (IFRS 3.58b.ii).

3. **Présentation dans l'état du résultat global des changements de juste valeur des compléments éventuels de prix qui sont dans le champ d'application d'IFRS 9 et qui proviennent d'événements postérieurs à la date d'acquisition** A défaut de précision des normes IFRS 3 et IFRS 9 sur ce point, différentes présentations des changements de juste valeur des compléments éventuels de prix sont adoptées en pratique. A notre avis, la présentation doit être cohérente avec la nature et l'objectif du complément éventuel de prix.

Une des présentations peut être de distinguer dans le changement de juste valeur la partie du montant qui est liée à la valeur temps de l'argent constatée en charges financières, le montant résiduel étant présenté en résultat opérationnel. Une autre présentation consiste à classer l'impact de ce changement en résultat opérationnel, si le changement de juste valeur du complément de prix est lié à un changement des hypothèses relatives à un niveau de profits futurs – ce changement étant lié à la performance opérationnelle du groupe. Si en revanche, le changement de juste valeur est principalement lié à la valeur temps de l'argent, il peut être approprié de constater ce changement de juste valeur en charges financières.

Pour la présentation des impacts des regroupements dans l'état du résultat global, voir n° 22800.

4. **Conséquences de l'évaluation à la juste valeur à la date d'acquisition des compléments éventuels de prix et du traitement de leurs variations ultérieures**

Le Board a reconnu que l'application des dispositions d'IFRS 3 a des conséquences contre-intuitives. En effet (IFRS 3.BC358 s.) :

- un gain est constaté (par exemple, lié à la reprise d'un passif constaté au titre d'un complément éventuel de prix) si les seuils ou événements requis pour le paiement de ce complément éventuel de prix ne sont pas atteints ;
- à l'inverse, une perte est comptabilisée (le montant payé au titre de l'ajustement de prix étant supérieur à la juste valeur estimée du passif constaté initialement) si l'entité combinée enregistre de bons résultats après l'acquisition qui lui permettent d'atteindre/de dépasser les objectifs initialement fixés.

Le Board a toutefois indiqué :

- dans le second cas, que la constatation d'une perte liée au montant insuffisant du passif constaté initialement devrait être partiellement compensée par le niveau des résultats de l'entité combinée, meilleurs qu'estimés à la date d'acquisition (IFRS 3.BC359) ; et
- de manière générale, que l'existence de compléments éventuels de prix est souvent liée à des éventualités qui affectent également un autre actif ou passif (IFRS 3.BC360).

Tel peut être le cas d'un litige de l'entité combinée qui connaîtrait, après la date d'acquisition, une issue favorable. Si le montant que l'entité combinée s'est engagée à restituer au vendeur à ce titre excède l'estimation de la juste valeur du complément éventuel de prix réalisée à la date d'acquisition, la charge à constater à ce titre pourrait être compensée par la reprise du passif lié à ce litige (IFRS 3.BC360).

Changement d'estimation d'un ajustement éventuel de prix relatif à un regroupement comptabilisé avant 2010

21827 ***Question***

Comment comptabiliser les changements d'estimation d'un ajustement éventuel de prix relatif à un regroupement d'entreprises comptabilisé avant 2010 ?

Réponse

Conformément à la version d'IFRS 3 avant révision en 2008 appliquée pour comptabiliser le regroupement, c'est-à-dire dans le prix d'acquisition de l'entité acquise et donc en contrepartie du goodwill.

Commentaires :

Rappel La norme IFRS 3 actuelle s'applique aux regroupements d'entreprises dont la date d'acquisition correspond ou est postérieure à la date d'ouverture du premier exercice ouvert à compter du 1er juillet 2009, ce qui signifie que, pour les groupes ayant une clôture calendaire, cette norme s'applique, de manière obligatoire, aux regroupements d'entreprises dont la date d'acquisition est postérieure au 1er janvier 2010.

Les changements d'estimation des ajustements éventuels du prix d'acquisition relatifs à des regroupements d'entreprises qui sont intervenus avant l'application de la version révisée (en 2008) de la norme IFRS 3 doivent être comptabilisés jusqu'au règlement définitif du prix selon les modalités prévues par la norme selon laquelle le regroupement a été comptabilisé (IFRS 3 version 2004). C'est-à-dire dans le prix d'acquisition de l'entité acquise – en contrepartie du goodwill.

Rappel Selon la version de la norme IFRS 3 avant révision en 2008, un changement d'estimation d'un ajustement éventuel du prix d'acquisition entraîne un ajustement du prix d'acquisition antérieurement comptabilisé et donc du goodwill même si ce changement intervient après l'expiration du délai d'affectation.

En revanche, selon la version actuelle d'IFRS 3, lorsque les modifications des ajustements éventuels du prix d'acquisition résultent d'événements postérieurs à la date d'acquisition, ceux-ci doivent en principe être comptabilisés en résultat.
Pour la comptabilisation des ajustements éventuels du prix d'acquisition, voir n° 21825.

2. Coûts liés à l'acquisition

a. Coûts directs liés à l'acquisition

Principe général de non-incorporation au prix d'acquisition

21850 ***Question***

Comment comptabiliser les coûts directs liés à l'acquisition ?

Réponse

En charges de la période au cours de laquelle les coûts sont encourus ou les services sont rendus, à l'exception :
- des frais d'émission d'instruments de capitaux propres émis en rémunération du regroupement d'entreprises qui sont déduits des capitaux propres (voir n° 21860) ; et
- des coûts de transaction liés aux dettes financières contractées dans le cadre du regroupement d'entreprises qui sont déduits des dettes financières correspondantes (voir n° 21865).

Commentaires :

1. **Nature des coûts directs liés à l'acquisition** Les coûts visés sont les coûts encourus par l'acquéreur pour réaliser le regroupement d'entreprises. Ils comprennent par exemple (IFRS 3.53) :
- les honoraires versés à l'intermédiaire ayant identifié la cible ou aux conseils (avocats, banques d'affaires, cabinets d'audit, évaluateurs, etc.) ;
- les coûts administratifs généraux (par exemple, les coûts de fonctionnement d'un département interne chargé des acquisitions) ;
- les frais d'émission de titres émis en rémunération du regroupement d'entreprises et les coûts de transaction liés aux dettes financières contractées dans le cadre de ce regroupement.

2. **Comptabilisation en charges des coûts directs liés à l'acquisition** Ces coûts doivent être comptabilisés en charges de la période pendant laquelle ils sont encourus ou pendant laquelle les services sont rendus par les tiers, à l'exception (IFRS 3.53 et .BC366) :
- des frais d'émission d'instruments de capitaux propres émis en rémunération du regroupement d'entreprises qui sont déduits des capitaux propres (voir n° 21860) ; et
- des coûts de transaction liés aux dettes financières contractées dans le cadre de ce regroupement qui sont déduits des dettes financières correspondantes (voir n° 21865).

Selon l'IASB (IFRS 3.BC366 s.), la constatation en charges des coûts directs liés à l'acquisition est justifiée par le fait que :
- ces coûts sont la résultante d'une transaction distincte du regroupement d'entreprises, un service rendu par un tiers (autre que le vendeur), qui doit être comptabilisé en charges au moment où le tiers rend le service correspondant ;
- ces coûts ne représentent pas un actif de l'acquéreur à la date d'acquisition ;

– ces coûts ne font pas partie de la juste valeur du prix d'acquisition du regroupement échangé entre l'acquéreur et le vendeur au titre de la prise de contrôle de l'acquise ; un vendeur n'accepterait ainsi pas un prix d'acquisition inférieur à la juste valeur de l'acquise simplement du fait qu'un acquéreur décide d'encourir plus de coûts liés à l'acquisition qu'un autre acquéreur.

Le Board reconnaît que cette comptabilisation en charges n'est pas homogène avec la méthode appliquée lors de l'acquisition d'actifs isolés ou de groupes d'actifs non constitutifs d'une activité pour laquelle certains coûts sont inclus dans le prix d'acquisition de l'actif (du groupe d'actifs) (en application d'IAS 16.16 s. et d'IAS 2.10 s., par exemple).

3. **Cas de la prise en charge de ces coûts par le vendeur ou l'entreprise acquise** L'IASB a traité du cas où, pour éviter la comptabilisation des coûts directs liés à l'acquisition en charges, un acquéreur pourrait faire prendre en charge ces coûts par le vendeur ou par l'acquise avant la date d'acquisition (IFRS 3.52c et .BC370). Dans ces deux cas, la norme précise que toute forme de paiement qui permettrait à l'acquéreur de rembourser aux vendeurs ou à l'acquise les coûts ainsi pris en charge serait considérée comme une transaction distincte du regroupement (voir n° 21645) et ne pourrait donc pas faire partie de la comptabilisation du regroupement.

Ainsi, le remboursement effectué par l'acquéreur au vendeur qui va supporter ces frais ne serait pas constaté en élément du prix d'acquisition du regroupement mais en charges en tant que paiement des services correspondants.

En revanche, si l'acquéreur rembourse des honoraires relatifs aux travaux d'évaluation de la cible initialement payés par le vendeur avant la date d'acquisition, ces honoraires, dès lors qu'ils ne sont pas encourus pour le compte de l'acquéreur, devraient être constatés en élément du prix d'acquisition du regroupement car ils profitent principalement au vendeur et font vraisemblablement partie des éléments de rémunération versés par l'acquéreur au vendeur en échange de la prise de contrôle de l'entité acquise.

Frais d'émission d'instruments de capitaux propres émis en rémunération d'un regroupement d'entreprises

21860 ***Question***

Comment comptabiliser les frais d'émission d'instruments de capitaux propres émis en rémunération d'un regroupement d'entreprises ?

Réponse

En déduction des capitaux propres si ces frais répondent à la définition des coûts de transaction directement attribuables tels que définis par la norme IAS 32.

A défaut, ces coûts sont constatés en charges.

Commentaires Les frais d'émission d'instruments de capitaux propres, s'ils répondent à la définition des coûts de transaction marginaux directement attribuables à l'émission des instruments (IAS 32.37), doivent en effet obligatoirement être déduits des capitaux propres, même lorsqu'ils sont liés à un regroupement d'entreprises (IAS 32.35).

Pour plus de détails, voir Mémento IFRS n° 44405 s.

En conséquence, il est interdit de comptabiliser ces frais en charges ou de les incorporer au prix d'acquisition du regroupement.

Coûts liés aux dettes financières contractées lors d'un regroupement d'entreprises

21865 ***Question***

Comment comptabiliser les coûts liés aux dettes financières contractées dans le cadre d'un regroupement d'entreprises ?

Réponse

En déduction des dettes correspondantes si ces frais répondent à la définition des coûts de transaction tels que définis par la norme IFRS 9.

A défaut, ces coûts sont comptabilisés immédiatement en charges.

Commentaires Les coûts liés aux dettes financières, s'ils répondent à la définition de coûts de transaction marginaux directement attribuables à l'émission d'une dette et s'ils sont contractés dans le cadre d'un regroupement d'entreprises, ne doivent ni être comptabilisés immédiatement en charges, ni être inclus dans le prix d'acquisition du regroupement (IFRS 3.53).

En effet, ces coûts sont déduits des dettes correspondantes et sont obligatoirement étalés sur la durée de vie de l'emprunt selon la méthode du taux d'intérêt effectif, conformément à IFRS 9.A et .5.1.1.

Impôt différé actif sur frais d'acquisition engagés lors d'un regroupement d'entreprises

21870 ***Question***

Les frais d'acquisition engagés lors d'un regroupement d'entreprises doivent-ils donner lieu à comptabilisation d'un impôt différé actif par l'acquéreur ?

Réponse

Oui, dès lors qu'il existe une différence temporelle résultant d'un traitement fiscal différent de leur traitement comptable et qu'il est probable que l'entreprise disposera de bénéfices fiscaux suffisants pour le recouvrer.

En France, les frais d'acquisition engagés lors d'un regroupement d'entreprises devraient en général donner lieu à comptabilisation d'un impôt différé actif.

En effet, les frais d'acquisition :

- sont en principe désormais **comptabilisés immédiatement** en **charges** dans les comptes consolidés de l'acquéreur (et non plus en goodwill), voir nº 21850 ;
- alors que, **fiscalement,** ils sont **déduits de manière étalée** sur cinq ans.

Ce traitement fiscal différent du traitement comptable génère une différence temporelle qui donnera lieu à comptabilisation d'un **impôt différé actif** (en produits dans le compte de résultat) dès l'enregistrement des frais d'acquisition en charges s'il est probable que l'entreprise disposera de bénéfices fiscaux suffisants pour le recouvrer, voir nº 27610.

Concernant l'impact en résultat, l'enregistrement de ce produit d'impôt vient compenser en partie la charge liée aux frais d'acquisition.

Commentaires En France, les frais d'acquisition engagés lors d'un regroupement d'entreprises devraient en général donner lieu à comptabilisation d'un impôt différé actif.

En effet, les coûts directs liés à l'acquisition :

- doivent, en principe, être **comptabilisés en charges** de la période au cours de laquelle ils sont encourus et les services sont rendus, voir nº 21850 ;

  Rappel Ces frais, auparavant inclus dans le goodwill de la société acquise, sont désormais considérés comme une transaction séparée du regroupement d'entreprises, s'agissant d'éléments ne faisant pas partie de la juste valeur échangée entre l'acquéreur et le vendeur (IFRS 3.53 et .BC366).

- alors que **fiscalement, ils sont déduits de manière étalée sur cinq ans.**

Un impôt différé actif relatif à cette différence temporelle doit donc être comptabilisé s'il est probable que l'entreprise disposera de bénéfices fiscaux suffisants pour le recouvrer, voir nº 27610. Il est alors :

- enregistré en contrepartie du résultat (produits) (en ce sens IAS 12.58) dès l'enregistrement des frais d'acquisition en charges ;

  Cet impôt différé actif ne doit pas être enregistré par contrepartie du goodwill puisqu'il est relatif à une opération comptabilisée en résultat et n'est donc pas lié aux éléments d'actifs et passifs de la cible.

  Concernant l'impact en résultat, l'enregistrement de ce produit d'impôt vient ainsi compenser en partie la charge liée aux frais d'acquisition.

- repris en résultat de manière étalée sur cinq ans au fur et à mesure de la déduction fiscale des frais d'acquisition correspondants.

b. Autres coûts résultant de l'acquisition

Provision pour restructuration de l'acquéreur

21875 ***Question***

Les provisions pour restructuration constituées par l'acquéreur du fait du regroupement d'entreprises doivent-elles être incluses dans le prix d'acquisition de l'acquise ?

Réponse

Non.

Commentaires Les provisions pour restructuration de l'acquéreur, ne constituant pas un passif repris par l'acquéreur aux anciens actionnaires de l'acquise (voir nº 21755 et 21905), ne peuvent pas être incluses dans le prix d'acquisition du regroupement.

D. Identification des actifs acquis et passifs assumés

1. Principes d'identification des actifs acquis et passifs assumés

a. Critères généraux d'identification

Nature des éléments à comptabiliser séparément du goodwill

21905 ***Question***

Quels sont les éléments devant être comptabilisés séparément du goodwill à la date d'acquisition ?

Réponse

Les actifs acquis et les passifs assumés répondant à certaines conditions, voir nº 21910.

Commentaires L'acquéreur doit comptabiliser séparément du goodwill les actifs acquis et les passifs assumés qui répondent à certaines conditions, voir nº 21910.

Pour les critères d'identification des passifs éventuels, voir nº 21970 s.

Pour la non-comptabilisation des actifs éventuels, voir nº 21910.

Critères généraux d'identification des actifs acquis et passifs assumés

21910 ***Question***

Quelles sont les conditions pour comptabiliser séparément du goodwill, à la date d'acquisition, les actifs et passifs de l'entreprise acquise ?

Réponse

Deux conditions générales d'identification des actifs et passifs de l'entreprise acquise :
- ils constituent, à la date d'acquisition, un actif ou un passif tel que défini par le Cadre conceptuel de l'IASB ; et
- ils font partie de ce que l'acquéreur et l'acquise (ou ses anciens actionnaires) ont échangé dans le cadre du regroupement (en contrepartie de la prise de contrôle). Ils ne doivent donc pas résulter d'une transaction distincte, voir nº 21645.

Certains actifs et passifs font toutefois l'objet d'exceptions à ces conditions générales de comptabilisation séparée du goodwill.

Tel est le cas notamment des passifs éventuels qui, bien que ne répondant pas à la définition d'un passif selon le Cadre conceptuel, sont comptabilisés séparément du goodwill s'ils représentent, à la date d'acquisition, une obligation actuelle (et non potentielle) résultant d'événements passés et si leur juste valeur peut être évaluée de manière fiable.

Commentaires :

1. **Critères généraux d'identification des actifs et passifs de l'acquise** Pour être comptabilisé séparément du goodwill, un actif ou un passif doit (IFRS 3.11 s. et .BC112 à .BC130) :

- répondre, à la date d'acquisition, à la définition d'un actif ou d'un passif donnée par le Cadre conceptuel de l'IASB ; et
- faire partie des éléments échangés entre l'acquéreur et l'acquise (ou ses précédents actionnaires) dans le cadre du regroupement (en échange de la prise de contrôle) et donc ne pas résulter d'une transaction distincte du regroupement d'entreprises.

Les actifs ou passifs qui résulteraient de transactions distinctes doivent être constatés conformément aux normes IFRS qui leur sont applicables (et non pas dans le cadre de la mise en œuvre de la méthode de l'acquisition). Pour la distinction entre transactions faisant partie intégrante du regroupement d'entreprises et transactions distinctes, voir nº 21645.

La comptabilisation séparée des actifs et passifs de l'acquise est requise dès lors que les conditions précitées sont remplies, même si ces éléments n'avaient pas été comptabilisés dans les comptes de l'acquise avant le regroupement, par exemple parce qu'ils ne remplissaient pas avant l'acquisition les critères de comptabilisation des IFRS appropriés (IFRS 3.13).

Tel est le cas, par exemple, de certains actifs incorporels développés en interne telle une marque ou une relation client (IFRS 3.13).

A l'inverse, certains actifs comptabilisés par l'entreprise acquise ne doivent pas être comptabilisés par l'acquéreur. Tel est le cas par exemple d'un goodwill comptabilisé par l'acquise à l'occasion d'un regroupement antérieur. Ce goodwill acquis ne constitue pas un actif identifiable de l'acquise.

Pour les conditions de comptabilisation séparée des immobilisations incorporelles, voir nº 22300.

La norme précise qu'un passif entrant dans le champ d'application de la norme IAS 37 ou de l'interprétation IFRIC 21 n'est reconnu que lorsque la condition relative à l'obligation actuelle (implicite ou juridique) résultant d'un événement passé spécifiquement prévue par ces textes est remplie à la date d'acquisition (IFRS 3.21B). Ainsi, une taxe entrant dans le champ d'application de l'interprétation IFRIC 21 ne donne lieu à la comptabilisation d'une provision que s'il existe, à la date d'acquisition, un fait générateur fiscal donnant lieu à l'obligation de la payer (voir Mémento IFRS nº 40380 s.).

Cette précision a été apportée par un amendement d'IFRS 3, adopté par la Commission européenne le 28 juin 2021 (Règl. UE 2021/1080) et d'application obligatoire pour les exercices ouverts à compter du 1er janvier 2022, pour tous les regroupements d'entreprises effectués postérieurement à cette date.

Pour l'application des principes généraux d'identification aux provisions pour risques et charges, voir nº 21930 s.

2. **Exceptions aux conditions générales de comptabilisation séparée du goodwill** La norme IFRS 3 prévoit certaines exceptions limitatives aux conditions générales de comptabilisation séparée du goodwill, concernant les actifs et passifs suivants :

- les passifs éventuels (IFRS 3.22 s.), voir nº 21972 s. ;
- les actifs et passifs d'impôts différés résultant d'actifs acquis et passifs assumés dans un regroupement d'entreprises ou ceux induits par les différences temporelles ou les déficits fiscaux reportables de l'acquise existant à la date d'acquisition ou créés du fait du regroupement (IFRS 3.24 et .25) ;

Ces actifs et passifs d'impôts différés doivent être comptabilisés conformément à la norme IAS 12, Impôts sur le résultat, voir nº 21965.

– les passifs (ou actifs, le cas échéant) liés aux régimes d'avantages du personnel de l'acquise (IFRS 3.26) : ceux-ci doivent être comptabilisés conformément à la norme IAS 19, Avantages du personnel, voir n° 21960.

3. **Exemples d'éléments non identifiables** Ne peuvent être comptabilisés en contrepartie du goodwill, par exemple, les passifs au titre de l'arrêt ou de la réduction des activités de l'entreprise acquise qui n'existaient pas à la date du regroupement (voir n° 21930), les pertes futures (voir n° 21935) ou les actifs éventuels de l'entreprise acquise.

En effet, les actifs éventuels ne répondent pas à la définition d'un actif. Leur comptabilisation dans le cadre d'un regroupement d'entreprises est explicitement interdite (IFRS 3.23A).

Les actifs éventuels sont définis comme **des actifs potentiels** résultant d'événements passés et dont l'existence ne sera confirmée que par la survenance (ou non) d'un ou de plusieurs événements futurs incertains qui ne sont pas sous le contrôle de l'entreprise (IAS 37.10).

Actifs et passifs de l'acquéreur liés au regroupement d'entreprises

21915 ***Question***

Les actifs et passifs de l'acquéreur résultant directement du regroupement d'entreprises peuvent-ils être comptabilisés dans le cadre du regroupement d'entreprises, c'est-à-dire en contrepartie du goodwill ?

Réponse

Non, à l'exception toutefois de l'indemnité à recevoir par l'acquéreur au titre d'une garantie accordée par le vendeur et portant sur un actif/passif spécifique de l'acquise, voir n° 21980.

Commentaires Les actifs et les passifs de l'acquéreur, même s'ils résultent directement du regroupement d'entreprises, ne doivent pas être pris en compte dans la comptabilisation du regroupement d'entreprises et ne peuvent donc pas affecter le montant du goodwill. En effet, les actifs identifiables acquis et les passifs assumés qui entrent dans le calcul du goodwill correspondent aux actifs et passifs de l'acquise échangés entre l'acquéreur et les précédents actionnaires de l'acquise dans le cadre du regroupement d'entreprises (IFRS 3.12).

Pour le cas particulier de l'actif de l'acquéreur représentatif d'une indemnisation à recevoir (« indemnification asset ») qui est comptabilisé dans le cadre de la comptabilité d'acquisition, voir n° 21980.

Les actifs et passifs de l'acquéreur résultant du regroupement d'entreprises peuvent, par exemple, concerner :
- des **provisions pour restructuration de l'acquéreur** ainsi que les provisions pour les pertes et autres coûts encourus par l'acquéreur du fait du regroupement ;
- des **impôts différés actifs de l'acquéreur,** non comptabilisés avant le regroupement d'entreprises et devenant récupérables à la suite du regroupement d'entreprises.

Ces impôts différés actifs sont constatés dans les comptes de l'acquéreur si les conditions générales de comptabilisation de tels actifs sont remplies (IAS 12.28 s.).

En effet, à la suite du regroupement d'entreprises, la probabilité pour l'acquéreur de recouvrer de tels actifs d'impôts différés antérieurs à l'acquisition pourrait être modifiée. Par exemple, grâce aux résultats de la société acquise, l'acquéreur pourrait être en mesure d'anticiper des perspectives d'utilisation de ses pertes fiscales reportables supérieures à celles qui existaient précédemment. Dans ce cas, les impôts différés actifs sur ces pertes reportables pourraient être désormais comptabilisés. A l'inverse, à la suite d'un regroupement d'entreprises, l'acquéreur pourrait considérer que les perspectives d'utilisation de ses pertes reportables ne sont plus suffisantes pour justifier de maintenir la comptabilisation de ses impôts différés actifs. Ces changements dans la comptabilisation des impôts différés actifs doivent être constatés au cours de la période du regroupement d'entreprises, mais pas dans la comptabilisation du regroupement d'entreprises. Ainsi, l'acquéreur ne les prendra pas en compte pour la détermination du goodwill ou, le cas échéant, du profit résultant d'une acquisition à des conditions avantageuses (IAS 12.67).

La comptabilisation de ces actifs d'impôt différé devenus recouvrables en raison du regroupement ne pourra pas être réalisée avant que l'acquisition de la cible ne soit définitive (voir Exemple 2).

Pour les impôts différés actifs de l'entreprise acquise réalisés après la comptabilisation initiale du regroupement, voir nº 22155.

Exemple 1 — Imputation de déficits fiscaux de l'acquéreur sur les bénéfices futurs imposables d'une société récemment acquise *Deux sociétés A et B présentent les caractéristiques suivantes :*

- la société A a réalisé des pertes fiscales reportables au cours des exercices antérieurs au titre desquelles aucun actif d'impôt différé n'a été comptabilisé du fait de la non-probabilité de réalisation de bénéfices imposables futurs ;

- la société B réalise d'importants bénéfices imposables et sa direction dispose de prévisions fiables démontrant que des bénéfices taxables suffisants seront réalisés sur lesquels les pertes de A pourraient s'imputer en cas d'acquisition de B par A.

En décembre N, A acquiert B.

Solution de l'exemple 1 *Un actif d'impôt différé sur les déficits fiscaux reportables de A (l'acquéreur) devrait être comptabilisé, le nouvel ensemble pouvant démontrer sa capacité à générer suffisamment de bénéfices futurs imposables pour absorber les pertes fiscales de A.*

Cet actif d'impôt différé de l'acquéreur ne constitue pas un actif identifiable de l'entité acquise et doit être comptabilisé en résultat (et non par la contrepartie du goodwill) conformément aux dispositions de la norme IAS 12 (IAS 12.67).

Exemple 2 — Imputation de déficits fiscaux sur les bénéfices futurs imposables d'une société cible non encore acquise *Une société A qui a réalisé des pertes fiscales reportables au cours des exercices antérieurs envisage d'apurer ses déficits en les imputant sur les résultats bénéficiaires d'une autre entité qu'elle prévoit d'acquérir.*

Solution de l'exemple 2 *L'entité A ne peut pas comptabiliser un actif d'impôt différé correspondant à ses déficits fiscaux tant que l'acquisition n'a pas été réalisée.*

En effet, A ne contrôle pas une partie essentielle de la stratégie fiscale nécessaire au recouvrement de l'impôt différé actif, à savoir le vendeur de l'entité cible, et il ne peut pas être présumé qu'elle sera en mesure d'utiliser les bénéfices futurs imposables de l'entité cible pour imputer ses déficits fiscaux.

Les conditions de comptabilisation de cet actif d'impôt différé devraient être réexaminées après la prise de contrôle de l'entité cible.

b. Application des critères d'identification aux immobilisations incorporelles

Conditions de comptabilisation séparée du goodwill

21920 Pour les conditions générales de comptabilisation d'une immobilisation incorporelle séparément du goodwill, voir nº 22300 s.

c. Application des critères d'identification aux provisions (hors avantages du personnel)

Provisions pour restructuration de l'entreprise acquise

21930 ***Question***

Quelles sont les conditions de comptabilisation des coûts de restructuration de l'acquise en passifs identifiables acquis ?

Réponse

Deux conditions très restrictives :

1. ces coûts de restructuration répondent :
– à la définition d'un passif de l'acquise, à la date d'acquisition, au sens du Cadre conceptuel de l'IASB ; et
– aux conditions plus spécifiques de comptabilisation d'une provision pour restructuration prévues par IAS 37, Provisions, passifs éventuels et actifs éventuels ;
2. ce passif ne résulte pas d'une transaction distincte du regroupement.

Il convient en effet que ce passif ait été encouru « au bénéfice » de l'acquise (ou de ses précédents actionnaires) et non de l'acquéreur ou de l'entité issue du regroupement d'entreprises.

Commentaires :

1. **Conditions de comptabilisation des coûts de restructuration de l'acquise** Ces coûts ne peuvent être comptabilisés séparément du goodwill que s'ils répondent à la date d'acquisition à la définition d'un passif de l'acquise au sens du Cadre conceptuel de l'IASB (IFRS 3.11).

Ainsi, les coûts encourus en raison d'une restructuration ou de l'arrêt d'une activité de l'acquise, qui ne constituent pas un passif à la date d'acquisition, sont constatés en charges post-acquisition lorsqu'ils sont encourus (IFRS 3.11 et .BC132 à .BC143).

Un passif est une obligation actuelle de l'entreprise résultant d'événements passés et dont le règlement devrait se traduire pour l'entreprise par une sortie de ressources représentatives d'avantages économiques (Cadre.4.26 et IAS 37.10).

La norme IFRS 3 rappelle que les critères généraux de comptabilisation des coûts de restructuration sont précisés dans la norme IAS 37, Provisions, passifs éventuels et actifs éventuels. Ainsi, les coûts de restructuration de l'entreprise acquise ne sont constatés en passifs identifiables assumés que s'ils constituent, au plus tard à la date d'acquisition, un passif de cette entreprise au sens d'IAS 37 (IFRS 3.BC136), c'est-à-dire si l'acquise (IAS 37.14 et .70 s.) :

a. a un plan formalisé et détaillé de restructuration précisant au moins :
– l'activité ou la partie d'activité concernée ;
– les principaux sites affectés ;
– la localisation, la fonction et le nombre approximatif de membres du personnel qui seront indemnisés au titre de la fin de leur contrat de travail ;
– les dépenses qui seront engagées ; et
– la date à laquelle le plan sera mis en œuvre ;

b. et a créé, chez les personnes concernées, une attente fondée qu'elle mettra en œuvre la restructuration soit en commençant à exécuter le plan, soit en leur annonçant ses principales caractéristiques.

2. **Nécessité de s'assurer que les provisions pour restructuration de l'acquise, constatées à la date d'acquisition, constituent des passifs identifiables dans le cadre du regroupement** La norme IFRS 3.51 requiert de s'assurer :

- que les actifs et passifs identifiables de l'acquise font partie de ce que l'acquéreur et l'acquise échangent dans le cadre du regroupement d'entreprises et entrent donc dans la mise en œuvre de la méthode de l'acquisition ; et
- qu'ils ne résultent pas, au contraire, d'une transaction distincte du regroupement à comptabiliser selon les autres normes IFRS appropriées, voir nº 21645.

Une provision pour restructuration de l'acquise qui serait mise en œuvre par l'acquéreur essentiellement dans son intérêt ou dans l'intérêt de l'entité issue du regroupement ne fait ainsi pas partie de la comptabilisation du regroupement. Et ce, même si les conditions de la restructuration sont détaillées dans l'accord d'acquisition.

A l'inverse, une provision qui serait réalisée essentiellement dans l'intérêt de l'acquise ou de ses précédents actionnaires en fait généralement partie (IFRS 3.52 et Exemple 2 ci-après).

Si les conditions de comptabilisation d'une provision selon IAS 37 sont remplies dès la date d'acquisition (existence d'un passif de l'entreprise acquise à cette date), cela signifie que le processus lié aux restructurations est déjà bien avancé à la date d'acquisition (plan formalisé et détaillé notamment, voir point 1. ci-avant). En conséquence, il est peu probable que cette restructuration ait été décidée par l'acquéreur dans son propre intérêt, celui-ci n'ayant pas encore le contrôle de l'entité acquise à cette date.

Si tel était toutefois le cas, il conviendrait de s'interroger sur la date d'acquisition, laquelle pourrait alors être antérieure à la date déterminée.

Exemple 1 *L'entité V, un fabricant d'équipements industriels, a acquis en N trois entités : W, X et Y.*

1. *L'entité W, dont l'activité est identique à celle de V, dispose de quinze usines en Europe de l'Ouest. Avant l'acquisition, l'entité V a élaboré les grandes lignes d'un plan de restructuration aboutissant à la fermeture de cinq des usines de W.*

L'entité V a annoncé ce plan au moment du démarrage des négociations avec les syndicats qui ont débuté deux mois après l'acquisition.

2. *L'entité X, une société possédant quatre usines en Europe de l'Est. L'une d'entre elles fait des pertes et l'entité V a décidé et annoncé peu après la date d'acquisition un plan de fermeture de l'usine. Celle-ci continuera de faire des pertes pendant six mois jusqu'à sa fermeture complète.*

3. *L'entité Y, une société qui a la même activité que V, et qui possède des unités de production dans dix pays. A la date d'acquisition, l'entité V a annoncé un plan détaillé de rationalisation des activités de Y qui prévoit la suppression de 10 % de ses effectifs dans chaque pays. Aucune usine ne sera fermée et toutes les lignes de production seront conservées.*

Solution de l'exemple 1 *L'entité V ne peut pas comptabiliser de provisions pour restructuration en tant que passifs identifiables des différentes entités acquises. Aucune des circonstances précitées ne satisfait en effet, à la date d'acquisition, aux critères de comptabilisation des provisions pour restructuration selon IAS 37, les entités acquises n'étant pas tenues à la date d'acquisition par une obligation légale ou implicite d'engager ces coûts. Plus précisément :*

1. *Le plan de fermeture des usines de W ne constitue pas un passif identifiable de l'entreprise acquise à cette date. En effet, il ne constitue pas un passif de W, le plan*

n'ayant pas été annoncé à la date d'acquisition et ce plan a été décidé par l'acquéreur (dans son intérêt).

2. *Le plan de fermeture de l'usine de X étant une décision de V, les coûts correspondants ne peuvent être considérés comme un passif identifiable acquis. Le fait que ce plan ait été annoncé peu après la date d'acquisition (ou même avant ou à la date d'acquisition) ne modifierait pas cette conclusion dans la mesure où il s'agit d'une décision de l'acquéreur.*

En outre, la décision de fermeture prise par l'acquéreur V ne doit pas avoir d'incidence sur l'évaluation de l'usine X dans le cadre de l'affectation du prix d'acquisition, voir n° 22035.

Enfin, les pertes futures qui seront générées avant la fermeture effective de l'usine ne peuvent pas donner lieu à provision, ni dans le cadre de l'affectation du prix d'acquisition ni après l'acquisition, voir n° 21935. Ces pertes futures seront comptabilisées en charges au fur et à mesure de leur réalisation.

3. *Comme pour les usines de X et de W, le plan de rationalisation des activités de Y ayant été décidé par l'acquéreur, il ne peut pas donner lieu à comptabilisation en tant que passif identifiable acquis.*

Toutefois, après la comptabilisation initiale de l'acquisition, l'entité V comptabilisera des provisions pour restructuration au titre des mesures qu'elle prendra, une fois les critères d'IAS 37 satisfaits. Le coût de ces provisions sera constaté en résultat.

Exemple 2 *Une entité X acquiert une entité Y. A la date d'acquisition, Y a dans ses comptes une provision pour restructuration liée à un plan de restructuration qui a répondu aux conditions de comptabilisation d'IAS 37 un an avant que le regroupement d'entreprises soit envisagé.*

En outre, suite au rachat de Y par X et afin de bénéficier de synergies à partir des activités regroupées, X a prévu de fermer des sites d'exploitation de Y et de licencier certains salariés de Y. Six mois après la date d'acquisition, l'obligation liée à ce plan de restructuration est comptabilisée puisque les critères de comptabilisation de la norme IAS 37 sont satisfaits.

Solution de l'exemple 2 *Le plan de restructuration initié par l'acquise Y correspond à une obligation de l'acquise à la date d'acquisition, comptabilisée au bénéfice de l'acquise et de ses anciens actionnaires. En effet, cette obligation existait un an avant que le regroupement ne soit initié. En conséquence, dans le cadre du regroupement, l'acquéreur comptabilisera le passif enregistré par l'acquise à la juste valeur.*

Concernant le plan de restructuration initié par l'acquéreur X, ces coûts de restructuration ne représentent pas une obligation à la date d'acquisition (obligation actuelle). En conséquence, ils ne répondent pas à la définition d'un passif acquis et ne doivent donc pas être comptabilisés dans le cadre du regroupement. En revanche, l'acquéreur comptabilisera les coûts de restructuration dans les charges post-regroupement.

Pertes d'exploitation futures

21935 ***Question***

Les pertes d'exploitation futures peuvent-elles donner lieu à une provision dans le cadre de la comptabilisation du regroupement d'entreprises ?

Réponse

Non, comme c'est le cas en dehors d'un regroupement d'entreprises, les pertes d'exploitation futures ne peuvent pas être provisionnées, sauf si elles sont liées à des contrats déficitaires.

En outre, l'évaluation des actifs acquis lors d'un regroupement d'entreprises ne doit pas tenir compte des conditions d'utilisation des actifs spécifiques à l'acquéreur ou à l'acquise, et ce, même si ces conditions spécifiques peuvent générer des pertes futures. L'évaluation doit au contraire être effectuée sur la base de la juste valeur des actifs déterminée conformément à leur utilisation optimale par des intervenants de marché.

Commentaires :

1. **Interdiction de constituer une provision pour pertes d'exploitation futures au passif** En effet, une telle provision ne répond pas à la définition d'un passif (IAS 37.63 à .65) et donc à celle d'un passif identifiable acquis (IFRS 3.11), voir no 21910.

Cette interdiction vise également les pertes d'exploitation futures d'actifs ou groupes d'actifs détenus en vue de la vente, ces actifs ou groupes d'actifs devant être évalués, à la date d'acquisition, à leur juste valeur diminuée des coûts de la vente (IFRS 5.16), voir no 22097. Enfin, cette interdiction s'applique même lorsque les pertes d'exploitation futures résultent du regroupement.

La seule exception à ce principe général concerne les pertes futures liées à des contrats déficitaires (s'il s'agit d'un contrat déficitaire de l'acquise à la date d'acquisition), qui elles doivent donner lieu à provision (IAS 37.66 s.).

En revanche, un contrat acquis dans le cadre d'un regroupement d'entreprises et qui devient déficitaire du fait des actions ou des intentions de l'acquéreur devrait être comptabilisé en charges postérieures à l'acquisition et non pas en passifs identifiables.

2. **Pas de prise en compte des conditions d'exploitation spécifiques pour l'évaluation des actifs acquis** Les actifs acquis doivent être évalués à leur juste valeur déterminée conformément à l'utilisation optimale qu'en feraient des intervenants du marché, en tenant compte des hypothèses appropriées d'évaluation mais sans tenir compte des intentions de l'acquéreur ni de celles de l'entreprise acquise (conditions spécifiques d'exploitation, etc.) (IFRS 3.18, .20 et .B43), voir no 22035.

En effet, pour des raisons liées à la concurrence par exemple, l'acquéreur peut décider de ne plus utiliser un actif acquis ou de ne pas l'utiliser de manière optimale.

Pour la notion d'utilisation optimale telle que définie par la norme IFRS 13, voir Mémento IFRS no 13325.

Par exemple, la décision prise par l'acquéreur d'arrêter l'exploitation d'une usine de l'acquise ne doit pas avoir d'incidence sur la valeur attribuée à cette usine dans le cadre de la mise en œuvre de la méthode de l'acquisition, si d'autres intervenants du marché auraient pu continuer à l'exploiter. Dans un tel cas, la juste valeur de l'usine acquise correspond à sa valeur de marché déterminée conformément à l'utilisation optimale qui en serait faite par des intervenants de marché.

3. **Comptabilisation des conséquences des conditions d'exploitation défavorables** Les conséquences défavorables des conditions d'exploitation spécifiques à l'entreprise acquise ou à l'acquéreur sont comptabilisées, le cas échéant, en résultat de l'exercice d'acquisition.

Obligations de l'entreprise acquise dont le règlement dépend du regroupement d'entreprises

21940 ***Question***

Les obligations contractuelles de l'entreprise acquise dont le règlement dépend du regroupement d'entreprises (par exemple, les indemnités dues à certains dirigeants en cas de changement de contrôle) constituent-elles des passifs identifiables acquis ?

Réponse

Oui, car elles répondent à la définition d'un passif, tel que défini par le Cadre conceptuel de l'IASB et la norme IAS 37, à la condition toutefois qu'elles ne résultent pas d'une transaction distincte du regroupement d'entreprises.

Commentaires A la date d'acquisition, les obligations contractuelles de l'entreprise acquise dont le règlement dépend du regroupement d'entreprises constituent un passif identifiable dès lors qu'elles font partie de ce que l'acquéreur et l'acquise ont échangé au titre du regroupement d'entreprises (IFRS 3.10 à .12). En effet, à la date d'acquisition, elles répondent à la définition d'un passif selon le Cadre conceptuel de l'IASB.

Ces obligations contractuelles constituent une obligation actuelle de l'entreprise acquise dès la signature du contrat avec les tiers concernés ou dès lors que l'obligation implicite existe à l'égard de ces tiers. Lorsque le regroupement d'entreprises devient probable, ces obligations contractuelles répondent à la définition d'un passif conformément à IAS 37 et doivent être comptabilisées comme un passif assumé.

Il convient toutefois que ce passif fasse partie de ce que l'acquéreur et l'acquise échangent dans le cadre du regroupement et ne résulte pas d'une transaction distincte supportée par l'entreprise acquise au bénéfice de l'acquéreur ou de l'entité combinée.

Obligations implicites de l'acquéreur mais pas de l'entreprise acquise

21945 ***Question***

Les obligations implicites de l'acquéreur (par exemple de dépolluer en fin d'exploitation les terrains détenus par le groupe) qui ne constituent pas des obligations juridiques ou implicites de l'entreprise acquise constituent-elles des passifs identifiables acquis ?

Réponse

Non, car en l'absence d'obligation juridique ou implicite de l'entreprise acquise à la date d'acquisition, ces obligations ne répondent pas à la définition d'un passif ni dans le Cadre conceptuel de l'IASB, ni dans la norme IAS 37 à la date d'acquisition.

Ainsi, par exemple, la provision comptabilisée dans les comptes de l'acquéreur au titre de son obligation implicite de dépolluer un terrain de l'acquise en fin d'exploitation ne pourrait pas être comptabilisée en contrepartie du goodwill.

Commentaires Les passifs identifiables dans le cadre d'un regroupement d'entreprises doivent répondre à la définition d'un passif de l'acquise selon le Cadre conceptuel de l'IASB (Cadre.4.26 ; IFRS 3.11). L'acquéreur ne doit comptabiliser une provision que s'il existe, à la date d'acquisition, une obligation actuelle du fait d'événements passés, au sens d'IAS 37.15 à .22 (IFRS 3.21B).

Une obligation implicite de l'acquéreur, par exemple de dépolluer les terrains de la cible, ne peut pas donner lieu à la constatation d'un passif dans les comptes de l'entreprise acquise par la contrepartie du goodwill à la date d'acquisition. En effet, l'entreprise acquise n'a aucune obligation à cette date.

En revanche, ce passif doit être constaté par l'acquéreur dès lors que cette obligation implicite existe, c'est-à-dire postérieurement au regroupement.

Exemple *L'entreprise acquise A détient des terrains qui ont été pollués au cours de son exploitation passée. Toutefois, en l'absence d'obligation légale de dépollution, l'entreprise A n'a jamais opéré de dépollution et ne s'est jamais engagée, même de manière implicite, à dépolluer ces terrains. L'acquéreur B, au contraire, a toujours affiché une politique de préservation de l'environnement et de dépollution de ses propres terrains contaminés.*

Solution de l'exemple *Après l'acquisition, on peut raisonnablement penser que l'acquéreur a désormais une obligation implicite de dépolluer à la fois ses anciens terrains et ceux qu'il vient d'acquérir en prenant le contrôle de A. Il devrait donc comptabiliser, juste après la date d'acquisition, un passif au titre de cette nouvelle obligation de dépollution, dès lors que celle-ci peut être mesurée de manière fiable. Toutefois, cette obligation n'étant pas une obligation de l'entreprise acquise, ce passif ne peut être considéré comme un passif identifiable acquis mais plutôt comme un passif de l'acquéreur qui résulte du regroupement et qui devrait donc être comptabilisé postérieurement à l'acquisition.*

2. Critères d'identification spécifiques à certains actifs acquis et passifs assumés de l'acquise

Identification des régimes d'avantages du personnel de l'entreprise acquise

21960 ***Question***

Comment l'acquéreur doit-il comptabiliser les passifs (ou les éventuels actifs) liés aux régimes d'avantages du personnel de l'entreprise acquise ?

Réponse

Conformément aux dispositions de la norme IAS 19 (voir Mémento IFRS nº 27974 s.).

Commentaires :

1. **Exception aux conditions générales d'identification et d'évaluation des actifs acquis et passifs assumés dans le cadre d'un regroupement** Les régimes d'avantages du personnel constituent une exception au principe de comptabilisation et d'évaluation de la norme IFRS 3. L'acquéreur doit comptabiliser les passifs (ou les actifs

le cas échéant) relatifs aux régimes d'avantages du personnel conformément à la norme IAS 19 (IFRS 3.26, .BC296 à .BC300).

Pour l'évaluation des régimes d'avantages du personnel, voir nº 22085.

2. **Comptabilisation des modifications des régimes d'avantages du personnel de l'entité acquise** Il convient, à notre avis, de distinguer selon que ces modifications ont été décidées :

– **par l'acquéreur à la date d'acquisition** : ces modifications mises en œuvre par l'acquéreur (dans son intérêt ou dans l'intérêt de l'entité issue du regroupement) ne font pas partie du regroupement (voir nº 21910) et doivent être comptabilisées en charges post-acquisition conformément à la norme IAS 19 (IAS 19.99 à .112), et ce, même si ces amendements sont prévus dans l'accord d'acquisition (en ce sens, IFRS 3.51, .52 et .B50) ;

Ces amendements ont pour objectif, par exemple, d'aligner les régimes d'avantages postérieurs à l'emploi de l'entreprise acquise sur les régimes d'avantages postérieurs à l'emploi applicables aux employés de l'acquéreur, lorsque ces derniers sont plus favorables aux employés de l'acquise. Ce type d'amendement est, en principe, effectué au bénéfice de l'acquéreur et les modifications de régimes concernent les services futurs fournis par les salariés concernés (IFRS 3.52).

– **par l'entreprise acquise avant la date d'acquisition** : en principe, ces modifications doivent entrer dans la mise en œuvre de la méthode de l'acquisition dans la mesure où elles sont au bénéfice de l'acquise (ou de ses anciens actionnaires) et si elles sont intervenues au plus tard à la date d'acquisition (IAS 19.99 à .112). Il ne s'agira pas, dans ce cas, d'une transaction distincte du regroupement, voir nº 21645.

Identification des impôts différés actifs ou passifs de l'acquise

21965 ***Question***

Comment l'acquéreur doit-il comptabiliser les actifs ou passifs d'impôts différés relatifs à des actifs acquis ou des passifs assumés dans un regroupement d'entreprises et ceux induits par les différences temporelles et déficits reportables de l'acquise ?

Réponse

Conformément aux dispositions de la norme IAS 12 (voir Mémento IFRS nº 27451 s.).

Commentaires La comptabilisation des actifs ou passifs d'impôts différés relatifs à des actifs acquis ou passifs assumés par l'acquéreur dans le cadre du regroupement constitue une exception au principe de comptabilisation des actifs ou passifs identifiables de la norme IFRS 3. En effet, l'acquéreur doit comptabiliser ces actifs ou passifs d'impôts différés conformément à la norme IAS 12 (IFRS 3.24).

L'acquéreur doit également appliquer les dispositions de la norme IAS 12 pour comptabiliser les effets fiscaux potentiels des différences temporelles et des déficits reportables de l'acquise qui existent à la date d'acquisition ou qui résultent de l'acquisition (IFRS 3.25).

Le Board a précisé que les critères de comptabilisation de la norme IAS 12 sont sensiblement identiques à ceux d'IFRS 3.11 et .12. Cependant, cette exception aux critères généraux de comptabilisation séparée est destinée à insister sur le fait que l'acquéreur doit non seulement appliquer les dispositions de la norme IAS 12, mais également ses interprétations et éventuels amendements (IFRS 3.BC279 et .BC280).

Pour les principes d'évaluation des actifs ou passifs d'impôts différés, voir nº 22082.

Définition des passifs éventuels

21970 ***Question***

Quelle est la définition des passifs éventuels ?

Réponse

De manière générale, les passifs éventuels sont définis par la norme IAS 37 comme étant :

1. soit des **obligations potentielles** résultant d'événements passés et dont l'existence ne sera confirmée que par la survenance (ou non) d'un ou plusieurs événements futurs incertains qui ne sont pas totalement sous le contrôle de l'entreprise ;
2. soit des **obligations actuelles** résultant d'événements passés mais qui ne sont pas comptabilisées parce que :
   - il n'est pas probable qu'une sortie de ressources représentatives d'avantages économiques sera nécessaire pour éteindre les obligations ; ou
   - le montant des obligations ne peut être évalué avec une fiabilité suffisante.

Pour les conditions de comptabilisation d'un passif éventuel dans le cadre d'un regroupement d'entreprises, voir n° 21972.

Commentaires Les passifs éventuels sont définis par IAS 37.10 et IFRS 3.22. Selon la norme IAS 37, les passifs éventuels ne doivent pas être comptabilisés au bilan comme des passifs mais faire l'objet d'une information en annexe (IAS 37.27 s. et .86).

Un litige en cours dans lequel la responsabilité des différentes parties n'est pas établie pourrait, par exemple, constituer un passif éventuel.

Pour un tableau récapitulant les différences de comptabilisation d'un passif éventuel selon les normes IAS 37 et IFRS 3, voir n° 21972.

Comptabilisation initiale des passifs éventuels

21972 ***Question***

Les passifs éventuels de l'entreprise acquise doivent-ils être comptabilisés séparément du goodwill en passifs identifiables ?

Réponse

Oui mais uniquement si, à la date d'acquisition :
- ces passifs éventuels constituent une obligation actuelle (et non potentielle) résultant d'événements passés ; et
- leur juste valeur peut être évaluée de manière fiable.

Cette disposition de la norme IFRS 3, applicable à la constatation d'un passif éventuel dans le cadre d'un regroupement d'entreprises, diverge de la norme IAS 37 qui ne permet pas leur comptabilisation, voir n° 21970.

Commentaires :

1. **Conditions de comptabilisation d'un passif éventuel de l'entreprise acquise en passif identifiable** L'acquéreur doit comptabiliser, à la date d'acquisition, un passif éventuel assumé dans un regroupement d'entreprises, s'il s'agit d'une obligation actuelle

de l'acquise résultant d'événements passés et dont la juste valeur peut être évaluée de manière fiable (IFRS 3.23, .BC272 à .BC278). Et ce, même si ces obligations actuelles n'ont pas pu être comptabilisées en passif par l'acquise selon IAS 37 avant la prise de contrôle car la sortie de ressources n'était pas probable (IFRS 3.23).

En effet, ce critère de comptabilisation requis par la norme IAS 37 pour la comptabilisation d'un passif dans les comptes de l'acquise n'est pas repris dans IFRS 3, la probabilité de sortie de ressources étant prise en compte dans l'évaluation de la juste valeur de l'obligation (IFRS 3.BC272).

En revanche, une obligation potentielle de l'entité acquise ne peut pas être comptabilisée séparément du goodwill (IFRS 3.22, .23 et .BC275).

Pour l'évaluation initiale et ultérieure des passifs éventuels, voir respectivement nº 22040 et 22102.

Le tableau suivant récapitule les différences de comptabilisation d'un passif éventuel selon les normes IAS 37, Provisions, passifs éventuels, et actifs éventuels et IFRS 3, Regroupements d'entreprises.

	IAS 37	IFRS 3
Définition	– Obligations potentielles ; ou – Obligations actuelles (évaluation non fiable ou sortie de ressources non probable)	Pas de définition
Comptabilisation	Non, en aucun cas	Oui, si obligations actuelles évaluables de manière fiable

2. **Cas particulier des passifs éventuels fiscaux** La norme IFRS 3 prévoit explicitement que les actifs ou passifs d'impôts différés relatifs à des actifs acquis ou des passifs assumés dans un regroupement d'entreprises et ceux induits par les différences temporelles et déficits reportables de l'acquise ne doivent pas être comptabilisés selon les principes d'IFRS 3, mais doivent l'être conformément à la norme IAS 12 (IFRS 3.24 et .25), voir nº 21965. En revanche, IFRS 3 n'indique pas si cette exclusion s'applique également aux passifs d'impôts courants, et notamment aux passifs éventuels fiscaux relatifs à l'impôt courant.

En conséquence, en l'absence de précision, les passifs éventuels fiscaux relatifs à l'impôt courant peuvent, à notre avis, être comptabilisés et évalués :
– soit comme des passifs éventuels conformément à IFRS 3 (sur les conditions de comptabilisation des passifs éventuels, voir point 1. ci-avant) ;
– soit conformément à la norme IAS 12 ; dans ce cas, un passif est comptabilisé s'il est probable que le groupe n'aura pas d'arguments suffisants pour justifier sa position en cas de contrôle fiscal.

L'interprétation IFRIC 23 ne remet pas en cause cette position.

Pour l'évaluation des passifs éventuels fiscaux, voir nº 22080.

En pratique, la comptabilisation d'un passif éventuel selon IFRS 3 nécessite que sa juste valeur puisse être déterminée de manière fiable alors que la comptabilisation selon IAS 12 nécessite que le critère de probabilité soit rempli.

3. Exclusion des passifs éventuels de l'acquise du champ d'application d'IAS 37 et nécessité de fournir des informations Les passifs éventuels de l'entreprise acquise comptabilisés séparément du goodwill à la date d'acquisition sont exclus du champ d'application d'IAS 37 jusqu'au dénouement de l'éventualité (règlement effectif ou disparition de l'éventualité) (IFRS 3.23 et .56), et ce, afin d'éviter une décomptabilisation des passifs éventuels immédiatement après la date d'acquisition (IFRS 3.BC243).

La norme IFRS précise les informations à fournir en annexe sur les passifs éventuels 3 (IFRS 3.B64j et .B67c).

***Exemple** — Comptabilisation d'un passif éventuel dans le cadre du regroupement d'entreprises Un groupe acquiert une maison d'édition qui fait l'objet de poursuites pour diffamation. Le plaignant réclame un montant de 100 UM. L'avocat du groupe estime qu'il y a 70 % de probabilité que l'affaire aboutisse à une conclusion favorable pour le groupe. Avant le regroupement d'entreprises, la maison d'édition ayant considéré que la sortie de ressources n'était pas probable, aucune provision n'a été comptabilisée dans les états financiers de l'entité acquise conformément aux dispositions d'IAS 37.*

***Solution de l'exemple** A la date d'acquisition, le groupe doit comptabiliser un passif éventuel au titre de ce litige, dans le cadre du regroupement d'entreprises, et cela, même si la sortie de ressources n'est pas considérée comme probable dans la mesure où le montant du passif peut être évalué de manière fiable.*

Comptabilisation des passifs éventuels dont la juste valeur ne peut pas être estimée de manière fiable

21974 ***Question***

Comment comptabiliser à la date d'acquisition un passif éventuel qui constitue une obligation actuelle mais dont la juste valeur ne peut pas être estimée de manière fiable ?

Réponse

Ce passif éventuel ne peut pas être comptabilisé séparément dans l'état de situation financière (ou bilan). Il est donc implicitement compris soit dans le goodwill, soit dans le profit résultant d'une acquisition à des conditions avantageuses.

Commentaires Lorsque le passif éventuel est une obligation actuelle dont la juste valeur ne peut pas être estimée de manière fiable à la date d'acquisition, ce passif ne remplit pas les conditions de comptabilisation séparée en passifs identifiables, voir n° 21972. En conséquence, il est implicitement compris soit dans le goodwill, soit dans le profit résultant d'une acquisition à des conditions avantageuses (voir n° 22180 et 22205).

L'entreprise dispose toutefois du délai d'affectation pour confirmer si la juste valeur d'un passif éventuel qui constitue une obligation actuelle peut être ou non déterminée de manière fiable (voir n° 22130).

Pour les conditions à remplir pour bénéficier du délai d'affectation, voir n° 22132.

3. Identification d'un actif au titre de certaines garanties octroyées par le vendeur à l'acquéreur

Garantie portant sur un actif/passif spécifique de l'acquise

21980 ***Question***

Une garantie octroyée par le vendeur à l'acquéreur portant sur un actif ou un passif déterminé de la cible à la date du regroupement doit-elle être comptabilisée comme un actif séparément du goodwill ?

Réponse

Oui, l'acquéreur doit comptabiliser un actif correspondant à cette indemnisation à recevoir au même moment et pour un montant évalué sur les mêmes bases que l'élément qui fait l'objet de cette indemnisation.

En revanche, la comptabilisation de l'actif relatif à une indemnisation à recevoir ne s'applique pas, à notre avis, à une garantie générale (non liée à un actif ou à un passif spécifique).

Commentaires :

1. **Définition des garanties visées** Il s'agit des garanties données contractuellement par le vendeur à l'acquéreur dans le cadre d'un regroupement d'entreprises, qui sont liées à :

- **tout ou partie d'un passif déterminé** de l'acquise et dont la mise en œuvre dépend de la survenance future d'un événement (IFRS 3.27) ;

Le vendeur s'engage ainsi à indemniser l'acquéreur au titre de tout ou partie de passifs ou de passifs éventuels de l'acquise liés à des risques fiscaux, environnementaux ou légaux, par exemple, dont l'origine est antérieure à l'acquisition.

- ou **tout ou partie d'un actif spécifique** de l'acquise et dont la mise en œuvre dépend de la survenance future d'un événement (IFRS 3.27).

C'est le cas, par exemple, lorsque le vendeur s'engage à indemniser l'acquéreur si un projet de recherche et développement de l'acquise (comptabilisé à l'actif par l'acquéreur) n'obtient pas les autorisations légales pour son développement.

Ainsi, les garanties générales qui ne porteraient pas sur un actif ou un passif déterminé ne seraient pas visées par les dispositions d'IFRS 3 (voir point 4. ci-après).

2. **Comptabilisation à l'actif de l'indemnisation à recevoir (« indemnification asset »)** L'acquéreur doit comptabiliser un actif correspondant à cette indemnisation à recevoir au même moment et pour un montant évalué sur les mêmes bases, que l'élément qui fait l'objet de cette indemnisation (IFRS 3.27).

Pour les modalités d'évaluation des actifs et passifs identifiables dans un regroupement d'entreprises, voir n° 22030.

Il convient en outre de tenir compte dans cette évaluation de tout montant irrécouvrable. Ainsi :

- si l'indemnisation porte sur un actif ou un passif comptabilisé à la juste valeur à la date d'acquisition, l'acquéreur comptabilise l'actif correspondant à l'indemnisation à recevoir sur la base de sa juste valeur à la date d'acquisition (IFRS 3.27). Cette juste valeur prend en compte l'effet sur les flux futurs de trésorerie de certains montants potentiellement

irrécouvrables, sans qu'il soit nécessaire de constater une provision pour dépréciation de manière séparée ;
- en revanche, si l'actif ou le passif sur lequel porte l'indemnisation fait l'objet d'une exception aux principes généraux d'identification ou d'évaluation des actifs et passifs identifiables (voir n° 21960 s. et 22080 s.), l'actif correspondant à l'indemnisation à recevoir est constaté et évalué en utilisant les mêmes hypothèses que celles retenues pour l'élément couvert, en tenant compte de l'appréciation par la direction de toute limitation contractuelle du montant ainsi indemnisé et de toute difficulté de recouvrement (IFRS 3.28). A notre avis, l'acquéreur devrait comptabiliser l'actif pour son montant net et non pas comptabiliser une provision séparée correspondant au risque de non-recouvrement par exemple.

Tel pourrait être le cas par exemple d'une indemnisation à recevoir portant :
- sur un passif éventuel non constaté à la date d'acquisition car sa juste valeur n'est pas mesurable de manière fiable à cette date (dans ce cas, aucune indemnisation à recevoir n'est comptabilisée à la date d'acquisition) ; ou
- d'un élément qui n'est pas évalué à sa juste valeur à la date d'acquisition mais sur une autre base d'évaluation : selon les dispositions d'IAS 12 s'il s'agit d'un impôt par exemple, voir n° 22082.

Le montant de l'actif représentatif de l'indemnisation à recevoir ne sera pas nécessairement identique au montant de l'actif ou du passif sur lequel porte cette indemnisation. Il est possible, par exemple, que l'indemnisation soit limitée à un certain montant, qui ne correspond qu'à une partie du montant de l'élément couvert. Le montant de l'actif correspondant à l'indemnisation ne pourra en outre pas être plus élevé que le montant de l'actif ou du passif sur lequel porte la garantie.

3. **Conséquences de la comptabilisation d'un actif correspondant à l'indemnisation à recevoir** L'approche retenue par IFRS 3 permet d'évaluer correctement le goodwill dès la date d'acquisition.

En effet, selon cette approche, le goodwill est calculé y compris :
- le passif ou l'actif objet de la garantie, qui fait partie des actifs et passifs identifiables de l'acquise ;
- le droit à indemnisation de l'acquéreur qui constitue un actif, celui-ci ayant un droit de recevoir un remboursement de la part du vendeur si l'acquise éteint son obligation.

En outre, elle présente l'avantage d'avoir un traitement symétrique des variations ultérieures de l'actif ou du passif objet de la garantie et de l'actif représentant le droit à indemnisation de l'acquéreur, par la contrepartie du goodwill et en résultat ultérieurement, voir n° 22105 s.

4. **Comptabilisation des garanties générales** Les garanties générales ne sont pas visées par les dispositions d'IFRS 3 relatives à la comptabilisation d'un actif correspondant à une indemnisation à recevoir (voir point 1. ci-avant).

Ces garanties générales sont, en revanche, généralement concernées par les dispositions d'IFRS 3 sur les ajustements éventuels du prix d'acquisition. En effet, ces clauses devraient répondre à la définition des ajustements éventuels du prix d'acquisition d'IFRS 3 si la clause donne à l'acquéreur un droit de se voir restituer une partie du prix d'acquisition payé aux vendeurs à la date d'acquisition si certaines conditions spécifiées sont remplies, voir n° 21815.

C'est le cas, par exemple, lorsque le vendeur s'engage à rembourser un montant déterminé à l'acquéreur si un certain niveau de BFR de la cible n'est pas atteint à la fin de l'exercice suivant celui de l'acquisition.

Ces clauses sont, dans ce cas, à prendre en compte dans la détermination du prix d'acquisition dès la date d'acquisition pour un montant égal à leur juste valeur à cette date, voir no 21815.

Remarque Certaines de ces clauses générales peuvent avoir une juste valeur nulle à la date d'acquisition. Tel serait, par exemple, le cas des clauses souvent dénommées « completeness of representation and warranties » par lesquelles le vendeur s'engage à ce qu'aucune irrégularité ne soit mise en évidence en lien avec l'acquisition de la cible notamment sur les points suivants : taxes payées, litiges en cours, etc.

Les modifications ultérieures de la clause suivraient alors les mêmes principes que les modifications ultérieures des ajustements du prix d'acquisition, voir no 21825.

Après la date d'acquisition, les changements d'estimation de la juste valeur des ajustements de prix entraînent un ajustement du goodwill (ou du profit résultant d'une acquisition à des conditions avantageuses) uniquement s'ils interviennent dans le délai d'affectation et résultent de faits et circonstances existant à la date d'acquisition.

Dans tous les autres cas, le changement de cette juste valeur est constaté en résultat ou parmi les autres éléments du résultat global selon la norme IFRS appropriée (IFRS 3.58). Pour le délai d'affectation, voir no 22130.

Exemple *Le 1/01/N, une société A acquiert 100 % d'une cible C auprès de l'entité V. La juste valeur de la cible est de 100, sans tenir compte d'un passif éventuel lié à un litige dont la juste valeur est estimée à 10. La juste valeur des actifs et passifs identifiables de C est de 80 (hors passif éventuel relatif au litige).*

L'entité V garantit contractuellement à A la prise en charge sans condition du règlement de ce litige. Compte tenu de cette garantie, le prix d'acquisition est donc fixé à 100 et non à 90. La mise en jeu de la garantie n'est pas probable à la date d'acquisition.

Le 30/06/N, la juste valeur du litige est estimée à 12.

Le 30/06/N+2, la juste valeur du litige est estimée à 15.

Solution de l'exemple *Lors de la comptabilisation initiale de l'acquisition de C par A le goodwill est constaté pour 20 = 100 – 80, y compris la constatation d'un actif de 10 correspondant à l'indemnisation à recevoir par A et d'un passif éventuel de montant équivalent à la date d'acquisition, c'est-à-dire d'un montant de 10.*

Les écritures dans les comptes de A sont les suivantes :

*- **Ecriture au 1/01/N** :*

Dt	*Goodwill*	*20*	
Dt	*Actifs nets identifiables*	*80*	
Dt	*Actif à recevoir*	*10*	
Ct	*Passif éventuel*		*10*
Ct	*Trésorerie*		*100*

*- **Ecriture au 30/06/N** :*

Dt	*Goodwill*	*2*	
Ct	*Passif éventuel*		*2*

Dt	*Actif à recevoir*	*2*	
Ct	*Goodwill*		*2*

- *Ecriture au 30/06/N+2*

Dt	*P/L*	*3*	
Dt	*Actif à recevoir*	*3*	
Ct	*Passif éventuel*		*3*
Ct	*P/L*		*3*

E. Classement des actifs acquis et passifs assumés

Classement et désignation des éléments du bilan de l'acquise

22000 ***Question***

Sur quelles bases classer ou désigner les éléments de l'état de situation financière (ou bilan) de l'acquise lors d'un regroupement d'entreprises ?

Réponse

L'acquéreur doit classer ou désigner les actifs acquis et passifs assumés identifiables sur la base des **conditions existant à la date d'acquisition.**

Une **exception** à ce principe existe toutefois pour les **contrats de location** de l'acquise en tant que **bailleur,** qui sont classés en contrat de location simple ou de location-financement sur la base des conditions contractuelles et des autres facteurs pertinents qui existaient à la **date de conclusion** (ou de modification) **des contrats.**

Commentaires :

1. **Principe général** Selon IFRS 3.15 et .BC187, l'acquéreur doit classer ou désigner les actifs acquis et passifs assumés identifiables sur la base des conditions contractuelles et économiques, de ses politiques comptables et opérationnelles et de toute autre condition pertinente, telles qu'elles existent à la date d'acquisition.

2. **Exception au principe de classement des éléments à la date d'acquisition** Cette exception est relative au classement en contrat de location simple ou location-financement des contrats de location de l'acquise en tant que bailleur. Ce classement doit être effectué **à la date de conclusion** du contrat (ou à la date de **modification** du contrat si les termes contractuels ont été modifiés de manière susceptible d'affecter cette classification) (IFRS 3.17 et .BC188).

En effet, selon la norme IFRS 16, la classification d'un contrat de location est opérée par le bailleur à la date de conclusion du contrat (IFRS 16.63), et n'est révisée qu'en cas de modification de celui-ci. Les changements d'estimations (par exemple, de la durée de vie économique ou de la valeur résiduelle du bien loué) ou les changements de circonstances (par exemple, une défaillance du preneur) n'entraînent pas une nouvelle classification du contrat de location (IFRS 16.66).

Pour la définition d'une modification de contrat de location, voir Mémento IFRS n° 33009.

Pour le traitement comptable des modifications de contrat de location côté bailleur, voir Mémento IFRS n° 33027 (contrats de location-financement) et Mémento IFRS n° 33031 (contrats de location simple).

Ainsi, lors de l'acquisition d'une société, bailleur dans un contrat de location, et qui applique déjà les IFRS, le classement du contrat ne doit pas être réexaminé. Notons toutefois que les erreurs éventuelles de classification par la société acquise doivent être corrigées, sur la base des conditions contractuelles et des autres facteurs pertinents qui existaient à la date de conclusion du contrat (ou à la date de sa modification, le cas échéant).

Si la société acquise n'appliquait pas les IFRS, l'acquéreur doit classer et désigner tous les contrats de location sur la base des conditions contractuelles et des autres facteurs pertinents qui existaient à la date de conclusion du contrat (ou à la date de sa modification, le cas échéant).

Remarque Depuis l'entrée en vigueur de la norme IFRS 17, les contrats d'assurance selon IFRS 17 ne constituent plus une exception au principe de reclassement des éléments à la date d'acquisition (IFRS 17.Appendix D).

Réexamen du classement des actifs et passifs financiers, de l'enregistrement des dérivés incorporés et de la qualification des relations de couverture chez l'acquise

22005 ***Question***

Est-il nécessaire de réexaminer le classement des actifs et passifs financiers, l'enregistrement des dérivés incorporés et la qualification des relations de couverture de l'acquise lors d'un regroupement d'entreprises ?

Réponse

Oui, l'acquéreur doit ainsi réexaminer le classement ou la qualification des actifs financiers acquis et des passifs financiers assumés sur la base des conditions existant à la date d'acquisition.

C'est le cas notamment pour :
- le classement dans l'une des catégories correspondantes d'IFRS 9 (au coût amorti, à la juste valeur par résultat ou à la juste valeur par OCI), des actifs et passifs financiers détenus ou émis par l'acquise ;
- la qualification des opérations de couverture ;
- la séparation ou non des dérivés incorporés.

Commentaires :

1. **Principe général de réexamen du classement et de la désignation des actifs et passifs financiers** La nécessité pour l'acquéreur de réexaminer le classement ou la qualification des actifs acquis et passifs assumés identifiables sur la base des conditions existant à la date d'acquisition (voir n° 22000) peut avoir des conséquences notamment sur (IFRS 3.16) :
- le classement de certains actifs et passifs financiers détenus ou émis par l'acquise au coût amorti ou à la juste valeur par résultat, ou encore en actifs financiers à la juste valeur par OCI, conformément à IFRS 9 ;
- la désignation d'un instrument financier comme instrument de couverture conformément à IFRS 9 / IAS 39 ;
- la séparation ou non des dérivés incorporés de leur contrat hôte conformément à IFRS 9.

La norme IFRS 3 (IFRS 3.16) précise qu'il ne s'agit que d'exemples de reclassement ou de requalification. Cela ne préjuge pas, à notre avis, d'autres reclassements ou requalifications possibles (par exemple l'enregistrement d'obligations convertibles émises selon l'option juste valeur, ces instruments étant réputés être nouvellement acquis ou transférés à la date du regroupement).

2. **Précisions concernant le réexamen du classement des actifs et passifs financiers, l'analyse des dérivés incorporés et la qualification des relations de couverture** :

Type d'analyse	Obligation de réexaminer le classement des actifs et passifs financiers, l'analyse des dérivés incorporés et la qualification des opérations de couverture
Classement dans les différentes catégories d'actifs et de passifs financiers d'IFRS 9	En application d'IFRS 3.16a, l'acquéreur doit examiner à la date d'acquisition s'il convient de changer le classement initialement adopté dans les différentes catégories d'actifs financiers (actifs au coût amorti, à la juste valeur par résultat ou à la juste valeur par OCI) ou de passifs financiers (au coût amorti ou à la juste valeur par résultat). L'acquéreur étant considéré comme comptabilisant pour la première fois ces actifs et passifs financiers du fait du regroupement. **Remarques** : 1. Les actifs classés chez l'acquise dans la catégorie des actifs financiers au coût amorti et qui resteront classés par l'acquéreur dans cette catégorie devront être initialement enregistrés dans l'état de situation financière (ou bilan) de l'acquéreur à leur juste valeur à la date d'acquisition, quand bien même l'actif répondrait au critère de classement au coût amorti (analyse du business model et caractéristiques contractuelles des flux de trésorerie). 2. **Pour des actifs comptabilisés au coût amorti,** la différence entre la juste valeur à la date du regroupement d'entreprises et le montant à échéance sera amortie par le biais de la méthode du taux d'intérêt effectif. A noter que, dans certains cas, cette différence pourrait provoquer l'échec du critère SPPI, voir Mémento IFRS n° 45140.
Réexamen des dérivés incorporés	Obligation de procéder au réexamen des contrats pour savoir s'ils sont des dérivés en tant que tels ou s'ils contiennent des dérivés incorporés (IFRS 3.16c). L'acquéreur étant devenu, du fait du regroupement, une nouvelle partie au contrat, il doit ainsi réexaminer – selon les conditions existant à la date d'acquisition – s'il convient de comptabiliser les contrats en tant que dérivés ou de comptabiliser séparément les dérivés incorporés de leur contrat hôte (1).
Comptabilité de couverture	En application d'IFRS 3.16b, obligation d'arrêter (sur le plan comptable) et éventuellement de redésigner les opérations de couverture mises en place par l'acquise (2). **Remarques** : 1. A notre avis, il n'est pas possible de refléter de manière rétrospective, à la date d'acquisition, des relations de couverture qui existaient précédemment dans les comptes IFRS de l'acquise, car l'acquéreur n'entre dans ces relations de couverture qu'à compter de la date d'acquisition.

Type d'analyse	Obligation de réexaminer le classement des actifs et passifs financiers, l'analyse des dérivés incorporés et la qualification des opérations de couverture
	2. De nouvelles relations de couverture peuvent néanmoins être désignées de manière prospective à compter de ou après la date d'acquisition. La documentation de la couverture est réalisée à cette date en prenant en compte l'activité combinée. Ainsi : a. Pour les **relations de couverture en juste valeur** (« fair value hedge »), l'obligation d'arrêter la relation de couverture, sur le plan comptable, n'empêche pas l'application de la comptabilité de couverture en juste valeur à compter de la date d'acquisition. En effet, au titre de la comptabilité d'acquisition, l'instrument de couverture est constaté à sa juste valeur. Et l'élément couvert est également constaté à sa juste valeur qui tient notamment compte de l'évaluation du risque couvert. En conséquence, pour appliquer la comptabilité de couverture en juste valeur à compter de la date d'acquisition, le groupe devra documenter de nouvelles relations de couverture, et ce, de façon prospective à compter de cette date. Ces nouvelles relations de couverture ne devraient pas créer d'inefficacité parce que les flux de l'instrument de couverture et de l'élément couvert n'ont pas été modifiés. b. Pour les **relations de couverture de flux de trésorerie** (« cash-flow hedge ») : – d'une part, les réserves de couverture de flux de trésorerie de l'acquise avant le regroupement seront éliminées au titre de la comptabilité d'acquisition (2) ; et – d'autre part, la mise en place d'une nouvelle relation de couverture à compter de la date d'acquisition risque d'entraîner une inefficacité de la couverture. En effet, le dérivé de couverture préexistant possède une juste valeur non nulle à la date du regroupement alors que l'efficacité d'une relation de couverture de flux de trésorerie s'apprécie généralement par comparaison entre les changements de juste valeur du dérivé réel de couverture et les changements de juste valeur d'un dérivé hypothétique dont la juste valeur est nulle à la date de commencement de la relation de couverture. Ces deux dérivés n'étant pas identiques à la date d'acquisition, une inefficacité en résultera qui pourrait conduire à ne pas pouvoir appliquer la comptabilité de couverture de flux de trésorerie.

(1) Pour plus de détails et des exemples de réexamen de dérivés incorporés dans le cadre d'un regroupement d'entreprises, voir Mémento IFRS nº 48715.

(2) L'obligation d'arrêter et de redésigner les opérations de couverture engendre certaines difficultés. Par exemple, dans le cas d'une couverture de flux de trésorerie, le montant des pertes ou gains constatés sur l'instrument de couverture et enregistrés parmi les autres éléments du résultat global (OCI) recyclables de l'acquise disparaît lors du regroupement (ce montant fait partie intégrante de l'actif net de l'acquise) et ne peut être reconstitué parmi les autres éléments du résultat global (OCI) du groupe repreneur. Ce montant ne sera donc jamais recyclé en résultat.
Pour plus de détails et des exemples de redésignation de relation de couverture dans le cadre d'un regroupement d'entreprises, voir Mémento IFRS nº 50185 (sous IAS 39) et Mémento IFRS nº 49830 (sous IFRS 9).

F. Evaluation des actifs et passifs identifiables

1. Evaluation initiale des actifs et passifs identifiables

a. Principe général de détermination des valeurs d'entrée des actifs et passifs identifiables acquis

Evaluation à la juste valeur

22030 ***Question***

Quel est le principe général d'évaluation des actifs et passifs identifiables acquis ?

Réponse

Evaluation de tous les actifs et passifs identifiables acquis à leur juste valeur, sauf exceptions spécifiquement prévues par la norme IFRS 3.

Commentaires :

1. **Principe général d'évaluation à la juste valeur** Ce principe général est énoncé dans IFRS 3.18. Toutefois, certains éléments ne sont pas évalués conformément à ce principe général (voir point 2. ci-après).

L'annexe A de la norme IFRS 3 définit la juste valeur comme le prix qui serait reçu pour la vente d'un actif ou payé lors du transfert d'un passif dans une transaction normale entre des intervenants de marché, à la date de l'évaluation. Toutefois, IFRS 3.BC335 ne fournit pas d'indication spécifique pour l'évaluation à la juste valeur des actifs et passifs identifiables. Elle précise seulement que pour des raisons liées à la concurrence par exemple, l'acquéreur peut décider de ne plus utiliser un actif acquis ou de ne pas l'utiliser de manière optimale (par rapport à l'utilisation qu'en feraient d'autres intervenants du marché). Pour autant, la juste valeur de cet actif doit être déterminée sur la base de l'utilisation optimale qu'en feraient d'autres intervenants de marché, en tenant compte des hypothèses d'évaluation appropriées (IFRS 3.B43).

Pour les dispositions relatives à la détermination de la juste valeur, voir la norme IFRS 13, Evaluation de la juste valeur, Mémento IFRS nº 13310 s.

2. **Exceptions** (IFRS 3.24 à .31A) Des exceptions au principe général d'évaluation des actifs et passifs identifiables acquis à leur juste valeur sont spécifiquement prévues par la norme IFRS 3. Elles concernent :
- les impôts différés, évalués selon la norme IAS 12 (IFRS 3.24 et .25), voir nº 22082 ;
- les passifs (ou actifs le cas échéant) liés aux régimes d'avantages du personnel de l'acquise, évalués conformément à la norme IAS 19 (IFRS 3.26), voir nº 22085 ;
- les actifs représentatifs d'une indemnisation à recevoir (« indemnification asset ») obtenue par l'acquéreur (IFRS 3.27 et .28), voir nº 21980 ;
- les droits réacquis (IFRS 3.29), voir nº 22095 ;
- l'évaluation d'un paiement en actions accordé par l'acquéreur en remplacement d'un paiement en actions accordé par l'acquise (IFRS 3.30), voir nº 22250 ;

- les actifs et groupes d'actifs nouvellement acquis dans le cadre d'un regroupement et détenus en vue de la vente qui sont évalués à leur juste valeur diminuée des coûts de la vente conformément à IFRS 5.15 à .18 (IFRS 3.31), voir nº 22097 ;
- les contrats d'assurance (IFRS 3.31A), voir Mémento IFRS nº 66040.

Non-prise en compte des intentions ou de l'usage prévu par l'acquéreur

22035 ***Question***

Les intentions ou l'usage prévu par l'acquéreur doivent-ils être pris en compte dans l'évaluation initiale des actifs et passifs identifiables acquis ?

Réponse

Non, ces actifs et passifs doivent être évalués à leur juste valeur sur la base de l'utilisation optimale de l'actif par des intervenants de marché et sans prendre en compte les intentions ou l'usage spécifique prévu par l'acquéreur.

De manière générale, les conséquences défavorables des décisions prises par l'acquéreur et/ou des conditions d'exploitation spécifiques à l'acquéreur ou à l'entreprise acquise sont comptabilisées, le cas échéant, en résultat postérieurement à l'acquisition et non par la contrepartie du goodwill.

Toutefois, par exception, les actifs et groupes d'actifs nouvellement acquis dans le cadre d'un regroupement d'entreprises et qui répondent, dès la date d'acquisition, à la définition d'un actif ou d'un groupe d'actifs détenu en vue de la vente selon la norme IFRS 5 doivent être évalués à leur juste valeur nette des frais de cession même si la décision de cession est celle de l'acquéreur.

Commentaires La juste valeur des actifs acquis et passifs assumés est définie comme étant le prix qui serait reçu pour la vente d'un actif ou payé lors du transfert d'un passif dans une transaction normale entre des intervenants de marché, à la date de l'évaluation (IFRS 3.A).

Cette juste valeur doit être déterminée sur la base de l'utilisation optimale de l'actif par des intervenants de marché (voir Exemples 1 à 4 ci-après) et sans prendre en compte l'usage ou les intentions spécifiques prévus par l'acquéreur (IFRS 3.B43 et IFRS 13.29), sauf pour le cas des actifs et groupes d'actifs nouvellement acquis dans le cadre d'un regroupement d'entreprises et qui répondent, dès la date d'acquisition, à la définition d'un actif ou d'un groupe d'actifs détenu(s) en vue de la vente selon la norme IFRS 5, où l'intention de cession est prise en compte. Ces actifs sont en effet évalués à leur juste valeur mais diminuée des coûts de la vente (IFRS 3.31).

De manière générale, les conséquences défavorables des décisions prises par l'acquéreur et/ou des conditions d'exploitation spécifiques à l'acquéreur ou à l'entreprise acquise sont donc comptabilisées, le cas échéant, en résultat postérieurement à l'acquisition et non par la contrepartie du goodwill (voir Exemples 1 à 3 ci-après).

***Exemple 1** — Non prise en compte de la décision de l'acquéreur d'arrêter une usine de l'acquise, d'améliorer les garanties offertes aux clients et de régler un litige à l'amiable* *L'entité A acquiert l'entité B dans le cadre d'un regroupement d'entreprises.*

1. *Les actifs de l'entité B comprennent une usine qui fait double emploi avec les usines existantes de l'acquéreur et dont l'activité va être progressivement arrêtée par A au cours*

des trois à cinq années suivantes. L'entité B comptabilise l'usine à son coût historique, diminué du montant cumulé des amortissements.

2. *L'entité A prévoit également de mieux indemniser les clients de B au titre des garanties et de régler à l'amiable un litige en cours, bien que les avocats de B considèrent que sa responsabilité ne sera probablement pas engagée (passif éventuel).*

Solution de l'exemple 1 :

1. *La juste valeur d'une usine est le prix qu'un intervenant de marché paierait pour cet actif conformément à l'utilisation optimale qu'il en ferait. Si des intervenants de marché pourraient poursuivre l'activité de l'usine, l'usine devrait alors être initialement comptabilisée à sa juste valeur sans tenir compte de la décision de A d'arrêter progressivement son activité. Cette juste valeur est généralement déterminée selon une approche de marché (évaluation par un expert, par exemple), selon une approche par les revenus ou, à défaut, par sa valeur de remplacement amortie.*

Cette juste valeur peut être supérieure ou inférieure à la valeur comptable telle qu'elle figure dans les comptes de B avant l'acquisition, la différence donnant lieu à un ajustement de valeur de l'actif dans le cadre de la méthode de l'acquisition.

2. *L'intention de l'acquéreur de mieux indemniser les clients de B au titre des garanties ne correspond pas à ce que feraient d'autres intervenants de marché. En conséquence, elle ne doit pas être prise en compte dans la comptabilisation du regroupement d'entreprises. La provision pour garanties peut être augmentée dès lors que les conditions requises par IAS 37 sont satisfaites. La charge correspondante devra être comptabilisée au sein de la composante résultat de l'état du résultat global de l'acquéreur.*

En effet, la juste valeur prend en compte les caractéristiques d'un passif si ces dernières étaient prises en compte par un intervenant de marché lors de la détermination du prix de ce passif à la date d'évaluation (IFRS 13.11).

Le litige en cours représente un passif éventuel à la date d'acquisition, dont il est tenu compte dans la comptabilisation du regroupement dès lors que sa juste valeur peut être évaluée de manière fiable. L'évaluation de la juste valeur ne doit pas prendre en compte le fait que A souhaite régler le litige à l'amiable, cette intention ne pouvant être présumée comme celle d'autres intervenants de marché. En conséquence, la juste valeur peut être différente du montant que l'entité A compte proposer pour régler le litige à l'amiable.

Toutefois, le passif éventuel est résolu lorsque les plaignants acceptent le dédommagement proposé par A et le passif éventuel devient alors une provision, qui peut devoir être réestimée sur la base des montants devant être versés. Toute variation découlant de cette réestimation est comptabilisée au sein de la composante résultat de l'état du résultat global.

***Exemple 2** — **Décision de cession d'une activité après la date d'acquisition mais avant la date de clôture de l'exercice** L'entité X a acquis 100 % du groupe F, qui comprend plusieurs entités dont la principale activité est la fabrication de bateaux et d'équipements pour la pêche. Parmi ces entités, le groupe F possède une filiale sud-américaine détenue à 100 %, l'entité B, qui fabrique des véhicules type Jet Ski.*

L'activité stratégique de l'entité X est la fabrication de bateaux et d'équipements pour la pêche et son principal marché est l'Europe.

Après la date d'acquisition, mais avant la date de clôture, la direction décide de céder l'entité B. A la date de cette décision, tous les critères d'IFRS 5 pour classer l'entité B en tant que groupe d'actifs détenu en vue de la vente sont remplis et documentés (IFRS 5.6 à .8). L'entité B est en effet disponible pour une vente immédiate, la vente est hautement probable, et dans le cadre d'un plan approuvé par la direction, celle-ci recherche activement un acquéreur à un prix raisonnable.

Solution de l'exemple 2 *Les actifs et passifs identifiables de la filiale B qui remplissent les critères de comptabilisation séparée du goodwill à la date d'acquisition doivent être constatés à leur juste valeur, conformément aux dispositions d'IFRS 3.*

La décision de cession étant prise postérieurement à l'acquisition, l'entité B ne peut pas être comptabilisée dès la date d'acquisition selon IFRS 5, la définition d'un actif détenu en vue de la vente n'étant pas satisfaite à cette date. En revanche, IFRS 5 s'appliquera postérieurement à l'acquisition dès lors que l'actif répondra à cette définition.

Pour que des actifs non courants (ou un groupe d'actifs) acquis uniquement en vue d'être cédé(s) soi(en)t classé(s), dès la date d'acquisition, en actifs (groupe d'actifs) détenu(s) en vue de la vente, il convient que (IFRS 5.11) :

– la décision de cession de l'actif (ou du groupe d'actifs) ait été prise à cette date et que la cession intervienne dans les douze mois (sauf rares exceptions, prévues par IFRS 5, où ce délai peut être allongé) ; et

– il soit hautement probable que les autres conditions requises par la norme IFRS 5 pour le classement en actifs destinés à être cédés, qui ne seraient pas remplies à la date d'acquisition, le soient dans un temps court après cette date (généralement trois mois après l'acquisition).

Exemple 3 — Décision de ne plus utiliser un actif après la date d'acquisition *C a acquis un concurrent national, F. A l'issue de la transaction, C n'aura pas besoin de la licence d'exploitation de F. Cette licence pourrait donc être vendue, mais la direction a décidé de ne plus l'utiliser et de ne pas la vendre afin d'éviter qu'un nouveau concurrent ne pénètre le marché. Aucune pratique généralisée au niveau du secteur considéré ne se dégage concernant le devenir des licences d'exploitation acquises dans le cadre d'un regroupement d'entreprises.*

Solution de l'exemple 3 *La licence doit être initialement comptabilisée à sa juste valeur établie par des experts qualifiés. La juste valeur de la licence représente ce qu'un intervenant de marché serait prêt à payer en échange de l'actif.*

La juste valeur attribuée aux actifs acquis et passifs assumés ne doit pas être affectée par les intentions de l'acquéreur. La direction ne peut donc pas attribuer une valeur symbolique à la licence du seul fait qu'elle ne sera plus utilisée après l'acquisition.

La direction n'ayant pas l'intention d'utiliser cette licence, la durée d'utilité sera réduite à zéro. En conséquence, postérieurement à l'acquisition, cette licence devra être comptabilisée en charges pour tenir compte d'une durée d'utilité nulle.

Exemple 4 — Décision d'abandonner une marque de l'acquise dans un délai de 3 ans après l'acquisition *L'entité A acquiert l'entité B dans le cadre d'un regroupement d'entreprises. L'entité B détient une marque. L'entité A décide d'utiliser cette marque pendant 3 ans, en lui accolant systématiquement sa propre marque (« co-branding »), puis de l'abandonner pour ne conserver que sa propre marque.*

Solution de l'exemple 4 *Les intentions de l'acquéreur relatives à l'utilisation de la marque de l'entité B sur une durée limitée (trois ans) ne doivent pas, en principe, être prises en compte dans l'évaluation de la juste valeur de cette marque à la date de comptabilisation initiale du regroupement (Exemples 1 à 3 ci-avant).*

Toutefois, au cas particulier, il est démontré que la pratique du « co-branding » pendant une période de deux à trois ans avant abandon de la marque acquise est quasi systématiquement mise en œuvre par les intervenants de marché du secteur (vague importante de concentrations, les opérateurs de marché les plus importants acquérant des opérateurs de taille plus modeste et abandonnant les marques de ces opérateurs après une période de deux ou trois ans).

En conséquence, au cas particulier, la juste valeur de la marque est déterminée en tenant compte de la durée d'utilité prévisionnelle de trois ans, cette durée étant celle qui serait retenue par une autre équipe de direction (IAS 38.90a).

***Exemple 5** — **Obligation d'identifier les relations clients de la cible même si l'acquéreur dispose par ailleurs de relations avec la majeure partie des clients de l'acquise** Cet exemple reprend les principaux éléments d'une décision du CESR (devenu l'ESMA) publiée le 16/12/09 (EECS/1209-13, 12/09) relative à l'allocation du prix d'acquisition d'un regroupement d'entreprises.*

L'entité A acquiert l'entité B dans le cadre d'un regroupement d'entreprises. L'entité B détient des relations clients. L'entité A dispose également de relations avec la majorité des clients de B.

Dans le cadre de l'allocation du prix d'acquisition de l'entité B, A n'a pas identifié séparément les relations clients de B, considérant que la juste valeur des actifs devait être fonction de ce qu'il était prêt à payer pour les actifs acquis.

***Solution de l'exemple 5** Les relations clients de B doivent être identifiées séparément, même si A dispose de relations avec la majorité des clients de B. En effet, la juste valeur :*

- ne doit pas tenir compte du fait que l'acquéreur ne serait pas prêt à payer des relations clients dont il dispose par ailleurs ;

- mais doit refléter ce qu'un acheteur bien informé et sans relation client antérieure serait prêt à payer pour cette relation client.

b. Application des principes d'évaluation aux passifs

Evaluation initiale des passifs éventuels

22040 ***Question***

Comment évaluer les passifs éventuels assumés dans le cadre d'un regroupement d'entreprises ?

Réponse

A leur juste valeur à la date d'acquisition correspondant au prix qui serait payé lors du transfert d'un passif dans une transaction normale entre des intervenants de marché, à la date de l'évaluation.

Commentaires Les passifs éventuels sont initialement constatés à leur juste valeur à la date d'acquisition, correspondant au prix qui serait payé lors du transfert d'un passif dans une transaction normale entre des intervenants de marché, à la date de l'évaluation (IFRS 3.BC242 et .A).

Pour les principes généraux d'évaluation des actifs et passifs identifiables, voir nº 22030.
Pour l'évaluation ultérieure des passifs éventuels, voir nº 22102.
Pour le cas particulier des passifs éventuels fiscaux, voir nº 22080.

Evaluation d'un passif financier de l'acquise lorsque l'acquéreur a une meilleure qualité de crédit

22043 Pour plus de détails, voir Mémento IFRS nº 13393.

Evaluation d'un passif non financier de l'acquise relevant de la norme IAS 37

22045 Pour plus de détails, voir Mémento IFRS nº 13395.

c. Evaluation à la juste valeur des immobilisations incorporelles

Hiérarchie des méthodes d'évaluation

22050 ***Question***

Comment déterminer la juste valeur d'une immobilisation incorporelle ?

Réponse

En ayant recours à la hiérarchie de la juste valeur telle que définie par IFRS 13, Evaluation de la juste valeur, c'est-à-dire dans l'ordre indiqué :
- utilisation du prix coté sur un marché actif (sans ajustement) pour une immobilisation incorporelle identique (niveau 1 de la hiérarchie) ;
- en l'absence d'un prix coté sur un marché actif pour l'actif considéré, utilisation uniquement de données observables sur un marché actif pour un actif similaire (niveau 2 de la hiérarchie) ;
- en l'absence de données observables, évaluation de l'actif en utilisant principalement des données non observables sur un marché (niveau 3 de la hiérarchie) ; une approche par les revenus est ainsi fréquemment utilisée pour les actifs incorporels en raison de leur caractère unique.

Commentaires De la même manière que tous les autres actifs et passifs identifiables acquis (sauf rares exceptions), une immobilisation incorporelle acquise dans le cadre d'un regroupement d'entreprises est évaluée à sa juste valeur à la date d'acquisition (IAS 38.33 et IFRS 3.18). Cette juste valeur doit refléter les attentes des intervenants de marché à la date d'acquisition concernant la probabilité que les avantages économiques futurs liés à l'actif reviendront à l'entité (IAS 38.33 et .35).

Si un actif incorporel acquis dans un regroupement d'entreprises est séparable ou satisfait au critère légal-contractuel, il existe alors suffisamment d'informations pour évaluer de manière fiable la juste valeur de l'actif (IAS 38.35). Pour ce faire, l'acquéreur doit avoir recours à la hiérarchie de la juste valeur retenue par la norme IFRS 13 pour l'évaluation de la juste valeur de tous les actifs et passifs (financiers et non financiers), c'est-à-dire dans l'ordre indiqué :

1. Utilisation du prix coté sur un marché actif (sans ajustement) pour une immobilisation incorporelle identique (niveau 1 de la hiérarchie) ; les données utilisées doivent provenir du marché principal (ou à défaut du marché le plus avantageux) et l'entité doit, à la date de l'évaluation, pouvoir vendre l'actif au prix coté retenu pour l'évaluation (IFRS 13.76 à .80).

   Pour la définition du marché principal et du marché le plus avantageux, voir Mémento IFRS nº 13374.

   Un marché actif est un marché sur lequel ont lieu des transactions sur l'actif selon une fréquence et un volume suffisants pour fournir de façon continue de l'information sur le prix (IFRS 13.A).

   En pratique, il est peu fréquent qu'un marché actif tel que défini par IFRS 13 existe pour une immobilisation incorporelle, mais cela peut arriver. Par exemple, dans certaines juridictions, un marché actif peut exister pour des licences de taxis, licences de pêche ou quotas de production, librement cessibles.

En revanche, il n'existe pas de marché actif pour les marques, les titres de journaux, les droits d'édition musicale et cinématographique, les brevets ou les marques commerciales car chacun de ces actifs est unique. De même, bien que les immobilisations incorporelles s'achètent et se vendent, les contrats se négocient entre acquéreurs et vendeurs individuels et les transactions sont relativement peu fréquentes.

2. En l'absence d'existence d'un prix coté sur un marché actif pour l'actif considéré, évaluation de l'actif incorporel en utilisant uniquement des données observables sur un marché actif pour un actif similaire (niveau 2 de la hiérarchie) (IFRS 13.81 à .85).

La norme IFRS 13 fournit l'exemple d'un accord de licence qui est acquis dans le cadre du regroupement d'entreprises et qui a été très récemment négocié par l'entité acquise avec une partie non liée. Dans ce cas, le taux de redevances stipulé dans l'accord serait un input de niveau 2 (IFRS 13.B35e).

Pour plus de détails, voir Mémento IFRS nº 13387.

3. En l'absence de données observables, évaluation de l'actif en utilisant principalement des données non observables sur un marché (niveau 3 de la hiérarchie) (IFRS 13.86 à .90).

Une approche par les revenus est très fréquemment utilisée pour évaluer les immobilisations incorporelles acquises dans le cadre de regroupement d'entreprises en raison de leur caractère unique. Les données utilisées dans l'évaluation doivent alors refléter les hypothèses qu'utiliseraient des intervenants de marché (IFRS 13.87).

Prise en compte des synergies dans l'évaluation à la juste valeur des actifs incorporels acquis

22065 ***Question***

Les synergies liées à un actif incorporel acquis doivent-elles être prises en compte dans l'évaluation à la juste valeur de cet actif ?

Réponse

Il convient, à notre avis, de faire une distinction entre :
- les synergies accessibles à plus d'un intervenant de marché (« market synergies »), qui devraient être prises en compte dans la juste valeur de l'actif incorporel identifiable acquis ; et
- les synergies propres à l'acquéreur, qui ne doivent pas être prises en compte dans la juste valeur des actifs incorporels acquis.

Commentaires Lors d'un regroupement d'entreprises, les actifs incorporels identifiables acquis doivent être comptabilisés et évalués à leur juste valeur à la date d'acquisition (IFRS 3.18).

La norme IFRS 3 (IFRS 3.BC335) ne fournit pas d'indication spécifique pour l'évaluation à la juste valeur des actifs et passifs.

La norme IFRS 13, Evaluation de la juste valeur, précise que la juste valeur d'un actif déterminée à partir de données non observables (niveau 3 de la hiérarchie) ne doit pas intégrer les synergies propres à l'acquéreur, qui ne sont pas disponibles pour les autres intervenants de marché (IFRS 13.89).

Les synergies sont les avantages (revenus ou économies de coûts) qui résultent du regroupement de l'acquéreur et de l'entité acquise.

En revanche, la juste valeur d'un actif devrait, à notre avis, inclure les synergies accessibles à plus d'un intervenant de marché (« market synergies »).

En effet, ces synergies font partie du prix que paierait n'importe quel acquéreur pour obtenir les actifs en question, elles devraient donc être comprises dans la juste valeur des actifs incorporels acquis, qui est définie comme le prix qui serait reçu pour la vente d'un actif dans une transaction normale entre des intervenants de marché, à la date de l'évaluation (IFRS 13.A).

Exemple *Une société A opère dans deux activités : la maroquinerie de luxe et la parfumerie. A acquiert une société B opérant dans la maroquinerie et détenant une marque. La société A a l'intention :*
– d'utiliser son propre réseau de distribution existant pour les produits vendus sous la marque de la société B ;
– et de développer la marque acquise dans son activité parfumerie.

Par hypothèse, les sociétés opérant dans le secteur de la maroquinerie ont toutes un réseau de distribution propre. L'existence d'une double activité, maroquinerie et parfumerie, est une caractéristique propre à A, non représentative des autres sociétés du secteur de la maroquinerie.

Solution de l'exemple *Les synergies résultant de l'utilisation du réseau de distribution de la société A sont des synergies de marché dans le secteur de l'industrie du luxe, tous les intervenants de marché de ce secteur détenant également un réseau de distribution. La juste valeur de la marque acquise devrait donc inclure ces synergies.*

En revanche, les synergies liées au développement de la marque acquise dans une des activités existantes et spécifiques à la société A ne devraient pas être prises en compte dans la juste valeur de la marque.

d. Cas particuliers

Evaluation initiale des passifs fiscaux éventuels

22080 ***Question***

Comment évaluer les passifs éventuels fiscaux assumés dans le cadre d'un regroupement d'entreprises ?

Réponse

Les passifs éventuels fiscaux assumés doivent être évalués à notre avis au choix :
– selon les dispositions prévues par IFRS 3 pour l'ensemble des passifs éventuels assumés dans le cadre d'un regroupement d'entreprises ; ou
– conformément à la norme IAS 12, en utilisant l'approche de la valeur attendue (« expected value approach ») ou celle de la meilleure estimation du dénouement le plus probable.

Commentaires La norme IFRS 3 prévoit explicitement que les actifs ou passifs d'impôts différés relatifs à des actifs acquis ou des passifs assumés dans un regroupement d'entreprises et ceux induits par les différences temporelles et déficits reportables de l'acquise ne doivent pas être comptabilisés selon les principes d'IFRS 3, mais doivent l'être conformément à la norme IAS 12 (IFRS 3.24 et .25), voir nº 21965. En revanche, IFRS 3 n'indique pas si cette exclusion s'applique également aux passifs d'impôt courant, et notamment aux passifs éventuels fiscaux relatifs à l'impôt courant.

A défaut de précision d'IFRS 3 et d'IAS 12, les passifs éventuels fiscaux relatifs à l'impôt courant acquis dans un regroupement d'entreprises sont comptabilisés et donc évalués, à notre avis :

- conformément aux dispositions de la norme IFRS 3 relatives aux passifs éventuels ; ces passifs éventuels sont alors évalués à leur juste valeur à la date d'acquisition, déterminée selon les mêmes modalités que celles retenues pour l'ensemble des passifs éventuels (non fiscaux), voir nº 22040 ; ou
- conformément à la norme IAS 12 ; en pratique, le passif est évalué en utilisant l'approche soit de la valeur attendue (« expected value approach »), soit de la meilleure estimation du dénouement le plus probable.

L'approche de la valeur attendue est une méthode « statistique » qu'il n'est possible de retenir que lorsque la provision à évaluer comprend une population nombreuse d'éléments. Le montant à retenir correspond à la moyenne pondérée par leur probabilité d'occurrence des différents scénarios possibles.

L'approche de la meilleure estimation du dénouement le plus probable revient à retenir le montant correspondant au scénario que l'entreprise estime être le plus probable.

Evaluation des actifs et passifs d'impôt différé

22082 ***Question***

Comment évaluer les actifs et passifs d'impôt différé constatés dans le cadre d'un regroupement d'entreprises ?

Réponse

Conformément à la norme IAS 12, c'est-à-dire notamment sans recours à l'actualisation (voir Mémento IFRS nº 27451 s.).

Commentaires Par exception au principe général d'évaluation des actifs acquis et passifs assumés à leur juste valeur (voir nº 22030), les actifs et passifs d'impôts différés relatifs aux actifs ou passifs acquis dans le cadre d'un regroupement d'entreprises sont évalués conformément à la norme IAS 12, c'est-à-dire notamment sans recours à l'actualisation (IFRS 3.24 et .BC281).

En outre, l'acquéreur doit tenir compte dans l'évaluation des actifs et passifs d'impôts différés, conformément à IAS 12, des effets fiscaux potentiels des différences temporelles et des déficits reportables de l'acquise qui existent à la date d'acquisition ou qui résultent de l'acquisition (IFRS 3.25).

Pour déterminer si les différences temporelles déductibles de l'entité acquise peuvent être inscrites en tant qu'impôts différés actifs, il est nécessaire, notamment, de prendre en compte :

- les différences temporelles taxables ; et
- la probabilité de dégager un bénéfice imposable suffisant au cours des exercices ultérieurs.

Pour plus de détails, voir Mémento IFRS nº 27610.

Evaluation des régimes d'avantages du personnel

22085 ***Question***

Comment évaluer les passifs (ou les actifs) liés aux régimes d'avantages du personnel de l'entité acquise ?

Réponse

Conformément à la norme IAS 19, Avantages du personnel (voir Mémento IFRS nº 27974 s.).

En conséquence, les actifs et passifs générés par les avantages postérieurs à l'emploi doivent être évalués à :
- la valeur actualisée de l'obligation ;
- diminuée de la juste valeur des actifs du régime.

Commentaires :

1. **Principe général** Par exception au principe général d'évaluation des actifs acquis et passifs assumés à leur juste valeur (voir nº 22030), les passifs (ou les actifs, le cas échéant) liés aux régimes d'avantages du personnel sont comptabilisés et évalués conformément aux dispositions de la norme IAS 19 (IFRS 3.26 et .BC296 à .BC300).

Ainsi, une entité, acquise dans le cadre d'un regroupement d'entreprises, doit comptabiliser les actifs et passifs générés par les avantages postérieurs à l'emploi, accordés au personnel de l'acquise, à :
- la valeur actualisée de l'obligation ;
- diminuée de la juste valeur des actifs du régime.

Rappelons qu'un actif généré par un régime postérieur à l'emploi n'est comptabilisé que dans la mesure où (IAS 19.65 et IFRIC 14) :
- l'entité contrôle une ressource, c'est-à-dire a la capacité d'utiliser l'excédent pour générer des avantages futurs ;
- ce contrôle est le résultat d'événements passés (cotisations versées par l'entité et services rendus par les membres du personnel) ;
- l'entité peut en attendre des avantages économiques futurs sous la forme d'une diminution de ses cotisations futures ou d'un remboursement en trésorerie soit directement, soit indirectement par affectation à un régime en déficit. Le plafond de l'actif correspond à la valeur actualisée de ces avantages économiques futurs.

L'interprétation IFRIC 14, Plafonnement de l'actif au titre des régimes à prestations définies, exigences de financement minimal et leur interaction, fournit des indications sur la manière d'apprécier l'actif « disponible », au travers de remboursements ou de réductions de cotisations futures, qui peut être comptabilisé au titre d'un excédent de régime selon la norme IAS 19.

2. **Modification de régime de l'acquise dans le cadre d'un regroupement d'entreprises** Voir nº 21960, point 2.

Exemple 1 *L'entité A a acquis l'entité B. L'entité B fait bénéficier tous ses employés d'un régime de retraite à prestations définies. Les états financiers IFRS les plus récents de l'entité B indiquent que l'obligation au titre des prestations définies a été calculée à l'aide d'hypothèses sur le taux de progression des salaires et le taux d'actualisation qui sont très différentes de celles utilisées par l'entité A.*

Solution de l'exemple 1 *L'entité A doit évaluer le passif net au titre des retraites et avantages assimilés comme étant la différence entre la valeur actuelle de l'obligation au titre des prestations définies et la juste valeur des actifs du régime de retraite.*

L'entité A doit également réexaminer les hypothèses retenues pour calculer l'obligation de B au titre des prestations définies et revoir l'estimation de l'obligation sur la base d'hypothèses plus appropriées s'il s'avère que les hypothèses utilisées par B ne correspondent pas aux attentes de A.

Exemple 2 *L'entité A a acquis l'entité C. L'entité C dispose d'un régime de retraite à prestations définies non financé. C ne prépare pas ses états financiers conformément aux IFRS et comptabilise les coûts liés aux retraites lors des paiements au régime de retraite.*

Solution de l'exemple 2 *L'entité A doit calculer à l'aide d'hypothèses appropriées la valeur actuelle nette de l'obligation au titre des prestations définies de l'entité C, conformément à IAS 19. L'obligation liée aux retraites doit être comptabilisée en tant que passif identifiable.*

Exemple 3 *L'entité A a acquis l'entité D. Celle-ci fait bénéficier tous ses employés d'un régime de retraite à prestations définies. La juste valeur des actifs du régime est supérieure à la valeur actuelle de l'obligation. Les règles régissant le régime de retraite de D interdisent les remboursements ou les réductions de cotisations futures.*

Solution de l'exemple 3 *L'entité A ne doit pas comptabiliser un actif à la date d'acquisition. D'après les règles régissant le régime de retraite de l'entité D, A ne peut bénéficier de l'excédent du régime. La limitation/plafonnement de l'actif (« asset ceiling ») prévu par IAS 19 s'applique donc. L'entité A doit évaluer les actifs et passifs du régime de retraite conformément à IAS 19, et donner des informations sur l'excédent non disponible.*

Avantages du personnel fondés sur des actions

22090 ***Question***

Comment évaluer les passifs ou instruments de capitaux propres liés aux avantages du personnel fondés sur des actions ?

Réponse

Conformément à la norme IFRS 2, Paiement fondé sur des actions (voir Mémento IFRS n° 28951 s.).

Commentaires Par exception au principe général d'évaluation des actifs acquis et passifs assumés à leur juste valeur (voir n° 22030), les passifs ou instruments de capitaux propres liés aux avantages du personnel fondés sur des actions sont évalués selon la norme IFRS 2 (IFRS 3.30 et .BC311).

Pour le traitement particulier du remplacement par l'acquéreur de plans portant sur des actions accordés par l'acquise, voir n° 22250 s.

Evaluation des droits réacquis (droit d'utilisation d'une marque, etc.)

22095 ***Question***

Comment évaluer à la date d'acquisition les droits antérieurement accordés à l'acquise (par exemple, le droit d'utilisation d'une marque) et réacquis par l'acquéreur du fait du regroupement d'entreprises ?

Réponse

Par exception au principe général, les droits ainsi réacquis ne sont pas évalués à la juste valeur.

Ces droits, par exemple celui d'utiliser une marque, sont valorisés sur la base des conditions contractuelles à la date d'acquisition et de la durée résiduelle du contrat, sans tenir compte des possibilités de renouvellement.

A la date d'acquisition, l'acquéreur peut devoir également constater un gain ou une perte si les conditions du contrat sont, à cette date, favorables ou défavorables, par rapport aux conditions de marché, voir n° 22096.

Après la date d'acquisition, l'actif incorporel est amorti sur la durée résiduelle du contrat (de même, sans tenir compte des possibilités de renouvellement du contrat).

Commentaires :

1. **Evaluation à la date d'acquisition du droit réacquis** L'actif incorporel à constater séparément du goodwill au titre de la récupération par l'acquéreur d'un droit d'utiliser l'un de ses actifs incorporels, accordé à l'acquise avant le regroupement (voir n° 22485), est évalué sur la base des conditions contractuelles à la date d'acquisition et de la durée résiduelle du contrat conclu entre l'acquéreur et l'acquise (IFRS 3.29).

Toutefois, contrairement à l'approche que retiendrait un tiers pour valoriser ce droit, il n'est pas tenu compte des possibilités de renouvellement du contrat (IFRS 3.29). Il s'agit donc d'une exception au principe général d'évaluation des actifs acquis à leur juste valeur de marché, justifiée par le fait qu'un droit réacquis n'est pas équivalent à un droit contractuel acquis auprès d'un tiers (IFRS 3.BC308 s.).

Pour une illustration pratique, voir n° 22096.

A la date d'acquisition, l'acquéreur peut devoir également constater un gain ou une perte, voir n° 22096.

2. **Amortissement du droit réacquis** La durée d'amortissement de l'actif incorporel relatif au droit réacquis est déterminée sur la base de la durée résiduelle du contrat entre l'acquéreur et l'acquise, sans tenir compte des possibilités de renouvellement du contrat, de la même manière que les possibilités de renouvellement du contrat ne sont pas retenues dans son évaluation initiale (IFRS 3.55).

3. **Cession du droit ainsi réacquis à un tiers** Si l'acquéreur cède ce droit à un tiers après la date d'acquisition, la plus ou moins-value liée à la nouvelle attribution de ce droit est déterminée par différence entre la contrepartie reçue et la valeur nette comptable du droit ainsi réacquis à la date de cession (IFRS 3.55 et .BC310).

Droits réacquis : conséquences sur le résultat de l'acquéreur

22096 ***Question***

La réacquisition par l'acquéreur dans le cadre du regroupement d'entreprises d'un droit antérieurement accordé à l'acquise a-t-elle des impacts sur le résultat de l'acquéreur ?

Réponse

Oui si, à la date d'acquisition, les conditions du contrat qui donne lieu à ce droit sont favorables ou défavorables par rapport aux conditions actuelles du marché pour un contrat identique ou similaire.

Commentaires Un droit réacquis dans le cadre d'un regroupement d'entreprises peut donner lieu à la comptabilisation d'un résultat par l'acquéreur au titre du caractère favorable/défavorable du contrat et d'un ajustement du prix d'acquisition. Ainsi, si les termes du contrat donnant lieu à ce droit sont favorables ou défavorables pour l'acquéreur par rapport aux conditions actuelles du marché pour un actif identique ou similaire, l'acquéreur constate un gain/une perte égal(e) au plus faible des deux éléments suivants (IFRS 3.B36 et .B52) :
- effet du caractère favorable ou défavorable pour l'acquéreur des conditions contractuelles du droit réacquis comparées aux conditions actuelles de marché pour un droit identique ou similaire ;

Ce qui correspond, en pratique, à la différence entre :
- la « juste valeur » du droit (sur la base des conditions de marché à la date d'acquisition et de la durée contractuelle initiale restant à courir, sans prise en compte des renouvellements) ; et
- son évaluation sur la base des conditions initiales du contrat et de sa durée contractuelle initiale restant à courir.

- montant de l'indemnité de résiliation contractuelle (le cas échéant) que devrait payer la partie pour laquelle le contrat est défavorable pour mettre fin au contrat.

Ce gain ou cette perte est calculé de la même manière que ceux relatifs au règlement d'une relation préexistante, voir n° 22245.

Dans le cas où le contrat ne comporte pas d'indemnité de résiliation, il conviendra d'examiner la substance commerciale du contrat afin de déterminer le montant à constater au titre du caractère favorable/défavorable du contrat pour l'acquéreur. En effet, ce n'est pas parce que l'indemnité de résiliation est nulle (car non mentionnée au contrat) que le montant à constater en résultat doit être nul (correspondant au plus faible de la part favorable/défavorable et l'indemnité de résiliation).

En conséquence, il convient d'ajuster le montant du prix d'acquisition du regroupement :
- en le diminuant du montant de la perte ainsi calculée lorsque le contrat réacquis est défavorable à l'acquéreur, cette perte étant comptabilisée en charges ;
- en l'augmentant du montant du gain ainsi calculé si le contrat réacquis est favorable à l'acquéreur, ce gain étant comptabilisé en produits.

***Exemple 1** — Droits réacquis sans caractère favorable ou défavorable du contrat*
L'entité A fabrique des biens de consommation et vend ses produits par le biais d'un réseau de distribution de 4 000 distributeurs agréés.

Chaque distributeur agréé doit signer un contrat de distribution des produits de l'entité A pour une durée de 5 ans, en contrepartie de quoi il bénéficie de prestations de marketing et d'un support technique.

Le coût du contrat de distribution est de 5 M€, correspondant à la juste valeur des prestations reçues en échange pendant la période de 5 ans. Ce montant est payé à l'entité A lors de la signature du contrat.

Le coût du contrat de distribution est resté inchangé depuis plusieurs années. Le contrat de distribution peut être résilié par l'une ou l'autre partie moyennant le paiement d'une indemnité de 1 M€. En outre, si l'entité A est à l'initiative de la rupture, elle devra reverser la proportion des 5 M€ relative à la période résiduelle du contrat.

L'entité A acquiert l'un de ses distributeurs, l'entité X, dont le contrat de distribution court encore pour une période de 3 ans. La juste valeur du contrat de distribution est de 3,5 M€ à la date d'acquisition, incluant la valeur des possibilités de renouvellement du contrat pour 0,5 M€. Il n'y a aucun élément favorable ni défavorable pour A dans le contrat.

Solution de l'exemple 1 *L'entité A ne constate ni gain ni perte lié(e) au fait qu'elle ait mis fin au contrat dès lors que le contrat ne présente pas de caractère favorable ni défavorable. L'entité A comptabilise un actif incorporel de 3 M€ lors de l'allocation du prix d'acquisition, amorti sur la durée résiduelle de 3 ans. La juste valeur de l'actif n'incorpore pas la valeur du renouvellement potentiel de 0,5 M€.*

Exemple 2 — Droits réacquis incluant un élément défavorable du point de vue de l'acquéreur *L'entité A acquiert l'entité B pour un montant de 10 M€. Quatre ans avant l'acquisition, l'entité A a accordé à B une franchise d'exploitation de 10 ans en Chine. Le coût de la franchise s'élevait à 250 K€. Le contrat de franchise prévoit la possibilité pour chacune des parties d'y mettre fin moyennant une indemnité égale aux droits restant à payer, augmentés de 20 %.*

A la date d'acquisition de B par A, cette indemnité s'élève à 180 K€ = (250 x 6/10) + 20 %.

L'entité A a acquis B pour pouvoir se développer sur le marché chinois. Dans le cadre de conditions actuelles de marché sur la base des conditions résiduelles du contrat, A pourrait accorder une franchise équivalente sur une durée de six ans à un prix de 450 K€.

L'actif net identifiable de B est de 9 450 K€ (= 9 000 + 450, y compris le montant de la franchise).

Solution de l'exemple 2 *Le contrat de franchise doit être comptabilisé chez A pour 450 K€. Ce montant est amorti sur la durée restante du contrat (6 ans).*

En outre, A doit comptabiliser une perte de 180 K€ correspondant au caractère défavorable du contrat de licence par rapport aux conditions actuelles de marché.

Cette perte correspond au montant le plus faible entre :

- 300 K€ correspondant à la différence entre la valeur retenue pour ce droit (450) et le prix auquel cette licence a été accordée à B, soit 150 (250 x 6/10) ; et

- 180 K€ correspondant au montant que A devrait payer pour mettre fin au contrat de franchise avec B, à la date d'acquisition.

Ainsi, le prix payé de 10 000 K€ au titre de l'acquisition se décompose comme suit :

- 9 820 attribués au regroupement d'entreprises ;

- 180 comptabilisés en charges au titre de la réacquisition de la franchise.

Le goodwill de 370 K€ est calculé par différence entre le prix d'acquisition (9 820 = 10 000 – 180) et l'actif net identifiable de B (9 450).

Les écritures à constater sont les suivantes :

- Perte à constater au titre du dénouement du contrat de franchise (qui devient intragroupe) :

Dt	*Charge*	*180*	
Ct	*Trésorerie*		*180*

- Acquisition de B :

Dt	*Actifs nets identifiables de B*	*9 000*	
Dt	*Licence*	*450*	
Dt	*Goodwill*	*370*	
Ct	*Trésorerie*		*9 820*

Evaluation des actifs non courants détenus en vue de la vente

22097 ***Question***

Comment évaluer les actifs (ou groupes d'actifs) acquis lors d'un regroupement d'entreprises et qui sont destinés à être cédés conformément à la norme IFRS 5 ?

Réponse

A leur juste valeur nette des frais de cession.

Commentaires Les actifs (ou groupes d'actifs) acquis lors d'un regroupement d'entreprises et qui répondent à la définition d'actifs (groupe d'actifs) destinés à être cédés conformément à la norme IFRS 5, dès la date d'acquisition, doivent être évalués à leur juste valeur diminuée des frais de cession (IFRS 3.31).

La norme IFRS 3 renvoie à IFRS 5.15 à .18 pour les modalités d'évaluation de la juste valeur diminuée des frais de cession.

La norme IFRS 5 précise les conditions pour que des actifs non courants (ou groupe d'actifs) soient classés, dès la date de leur acquisition, en actifs (groupe d'actifs) destinés à être cédés. Deux conditions doivent être réunies (IFRS 5.11) :
- la cession de ces actifs (ou groupe d'actifs) doit intervenir dans les douze mois (sauf rares exceptions prévues par IFRS 5.9 selon lesquelles ce délai peut être allongé) ; et
- il est hautement probable que les autres conditions requises par IFRS 5.7 et .8 pour le classement en actifs destinés à être cédés, qui ne seraient pas remplies à la date d'acquisition, le soient dans un temps très court après cette date (généralement trois mois après la date d'acquisition).

2. Précisions relatives à l'évaluation ultérieure

Principe général

22100 ***Question***

Comment évaluer les actifs acquis et les passifs assumés après l'acquisition ?

Réponse

Conformément aux normes IFRS applicables aux actifs et passifs concernés.

Toutefois, des dispositions spécifiques d'évaluation sont prévues par la norme IFRS 3 pour l'évaluation ultérieure des actifs acquis et passifs assumés suivants :
- droits réacquis, voir nº 22095 ;
- passifs éventuels comptabilisés à la date d'acquisition, voir nº 22102 ;
- garanties accordées par le vendeur à l'acquéreur et portant sur un actif ou un passif déterminé de l'acquise, voir nº 22105.

Commentaires En effet, après la date d'acquisition, les actifs acquis et les passifs assumés lors d'un regroupement d'entreprises doivent être comptabilisés et évalués conformément aux différentes normes IFRS qui leur sont applicables en fonction de leur nature (IFRS 3.54).

La norme IFRS 3 énonce toutefois des principes spécifiques d'évaluation ultérieure pour les éléments cités ci-avant.

Evaluation ultérieure des passifs éventuels

22102 ***Question***

Comment évaluer les passifs éventuels de l'entreprise acquise après leur comptabilisation initiale en contrepartie du goodwill ?

Réponse

Au plus élevé des deux montants suivants :
- montant déterminé conformément à IAS 37, Provisions, passifs éventuels et actifs éventuels ; ou
- montant constaté initialement à la juste valeur, diminué, le cas échéant, des montants reconnus en revenus conformément à la norme IFRS 15, Produits des activités ordinaires tirés des contrats avec les clients.

Ces principes ne s'appliquent toutefois pas aux contrats comptabilisés selon la norme IFRS 9, Instruments financiers.

Commentaires Les modalités d'évaluation ultérieure des passifs éventuels de l'acquise sont définies par IFRS 3.56 et .BC243 à .BC245.

Si les passifs éventuels sont évalués ultérieurement conformément à la norme IAS 37, leur montant correspond à la meilleure estimation de la dépense nécessaire à l'extinction de l'obligation actuelle à la date de clôture (c'est-à-dire, à la date d'évaluation, au montant qu'il serait raisonnable pour une entité de payer pour régler l'obligation ou pour la transférer à un tiers) (IAS 37.36 s.). Cette estimation ne prend pas en compte le risque de crédit propre de l'acquéreur, contrairement à l'évaluation retenue pour la comptabilisation initiale d'un passif éventuel de l'acquise, voir Mémento IFRS nº 13395.

L'IASB a précisé le traitement des passifs éventuels de l'entreprise acquise après leur comptabilisation initiale dans le cadre d'un regroupement pour éviter leur décomptabilisation en application des règles générales d'IAS 37 et du Cadre conceptuel de l'IASB (IFRS 3.BC243 et Cadre.4.26).

Ce principe ne s'applique pas aux contrats comptabilisés à la date d'acquisition selon IFRS 9, Instruments financiers, et qui restent évalués ultérieurement conformément à cette norme (IFRS 3.56).

Garantie octroyée par le vendeur à l'acquéreur : comptabilisation ultérieure de l'actif constaté par l'acquéreur

22105 ***Question***

Après la date d'acquisition, comment évaluer et comptabiliser l'actif identifié à la date du regroupement et relatif à la garantie octroyée par le vendeur à l'acquéreur ?

Réponse

L'acquéreur doit évaluer, à chaque date d'arrêté, l'actif correspondant à l'indemnisation à recevoir constaté à la date d'acquisition, sur les mêmes bases que l'actif ou le passif de l'acquise qui fait l'objet de cette indemnisation (à la juste valeur ou selon une autre norme IFRS applicable).

Cet actif est décomptabilisé lorsqu'il est recouvré, vendu ou lorsque l'acquéreur perd le droit à l'indemnisation.

Commentaires A chaque date d'arrêté, l'acquéreur doit évaluer l'actif correspondant à l'indemnisation à recevoir constaté à la date d'acquisition. Cette évaluation est réalisée sur les mêmes bases que l'élément objet de cette indemnisation (à la juste valeur ou selon toute autre norme IFRS applicable), en tenant compte de toute limitation contractuelle du montant ainsi indemnisé. Pour les actifs qui ne sont pas évalués à la juste valeur, l'entité devra évaluer le caractère recouvrable de l'actif (IFRS 3.57).

Tout impact lié à l'évaluation ultérieure de l'actif correspondant à l'indemnisation à recevoir et à l'évaluation ultérieure de l'actif/passif de l'acquise faisant l'objet de cette garantie est constaté en contrepartie du goodwill si l'ajustement est lié à une situation existante à la date d'acquisition et intervient dans le délai d'affectation.

Pour le délai d'affectation, voir nº 22130 s.

Pour un exemple illustratif, voir nº 21980.

L'actif représentatif de la garantie octroyée à l'acquéreur n'est décomptabilisé que lorsque cet actif est recouvré, vendu ou lorsque l'acquéreur perd ce droit (IFRS 3.57).

G. Identification « tardive » et/ou modification des valeurs initialement attribuées

1. Principe général

Durée du délai d'affectation

22130 ***Question***

De quel délai l'acquéreur bénéficie-t-il lorsque la comptabilisation initiale du regroupement d'entreprises est provisoire ?

Réponse

Au plus tard, un délai de douze mois après la date d'acquisition.

Pendant ce délai, l'acquéreur doit, s'il obtient des informations relatives à des faits et circonstances existant à la date d'acquisition, identifier les actifs acquis et passifs assumés de l'acquise non constatés lors de la comptabilisation initiale du regroupement et finaliser, si nécessaire, la valorisation :
- des actifs acquis, des passifs assumés et des intérêts minoritaires de l'acquise ;

- des éléments du prix d'acquisition payé par l'acquéreur au titre du regroupement ; et
- de la quote-part d'intérêt détenue avant la prise de contrôle, dans le cas d'une acquisition par étapes.

Leur modification ou première constatation a une incidence sur le goodwill (ou le profit résultant d'une acquisition dans des conditions avantageuses) qui est ajusté en contrepartie.

Ce délai prend fin dès que l'acquéreur a reçu les informations attendues pour finaliser cette comptabilisation ou qu'il apprend que les informations complémentaires ne pourront pas être obtenues, sans toutefois excéder douze mois après la date d'acquisition.

Commentaires :

1. **Durée du délai d'affectation** L'acquéreur dispose d'un délai maximum de douze mois après la date d'acquisition pour (IFRS 3.45 à .50) :

a. identifier les actifs acquis et passifs assumés de l'acquise non constatés lors de la comptabilisation initiale du regroupement ; et

b. modifier rétrospectivement les valeurs initialement attribuées (voir nº 22135) :
- aux actifs identifiables acquis et passifs assumés de l'entité acquise ;
- aux intérêts minoritaires évalués à leur juste valeur (en cas d'utilisation de la méthode du goodwill complet) ;
- aux éléments du prix d'acquisition payé par l'acquéreur au titre du regroupement (ou autres montants utilisés pour le calcul du goodwill – dans le cas, par exemple, d'un regroupement sans paiement d'un prix par l'acquéreur) ; et
- à la quote-part d'intérêts détenue par l'acquéreur avant la prise de contrôle dans le cas d'une acquisition par étapes.

Pour le cas particulier des modifications de valeur d'un actif représentatif d'une indemnité à recevoir par l'acquéreur (« indemnification asset »), voir nº 22105.

Pour le cas particulier où l'entité souhaite changer la méthode d'évaluation des intérêts minoritaires pendant le délai d'affectation, voir nº 22170.

Ce délai prend fin lorsque l'acquéreur reçoit les informations attendues pour finaliser cette comptabilisation ou s'il apprend qu'il ne pourra pas recevoir d'informations complémentaires. En tout état de cause, ce délai ne pourra excéder douze mois après la date d'acquisition (IFRS 3.45).

Dans son rapport relatif à l'application d'IFRS 3 dans les états financiers, publié en juin 2014, l'ESMA a rappelé que le délai d'affectation de douze mois ne doit être utilisé que lorsque la comptabilisation initiale d'une acquisition est incomplète pour certains actifs ou passifs (« ESMA Report : Review on the application of accounting requirements for business combinations in IFRS financial statements » – ESMA 2014/643).

2. **Contrepartie des ajustements réalisés pendant le délai d'affectation** Les éléments précités étant tous pris en compte dans le calcul du goodwill (voir nº 22180) – ou du profit résultant d'une acquisition dans des conditions avantageuses (voir nº 22205) – leur modification ou première constatation dans le délai d'affectation aura une incidence sur le calcul du goodwill (ou du profit résultant d'une acquisition dans des conditions avantageuses).

La modification ou la constatation initiale d'un actif identifiable acquis a également un impact, par exemple, sur le montant des intérêts minoritaires lorsque ceux-ci sont évalués sur la base de leur quote-part dans l'actif net identifiable de l'acquise évalué à la juste valeur à la date d'acquisition (voir nº 22170).

Dans le cas où l'identification tardive ou l'ajustement du montant provisoire concernerait plus d'un actif ou d'un passif, les effets sur le goodwill (ou le profit résultant d'une acquisition dans des conditions avantageuses) pourraient complètement ou partiellement se compenser entre eux (IFRS 3.48).

3. **Prise en compte uniquement des informations relatives à des faits et circonstances qui existaient à la date d'acquisition** Les informations obtenues après la date de clôture du premier exercice au cours duquel le regroupement est intervenu donneront lieu à une première constatation ou à un ajustement des montants précités uniquement si ces informations (IFRS 3.45) :
- sont relatives à des événements ou à des circonstances existant à la date d'acquisition ;
- et qui, si elles avaient été connues, auraient modifié la comptabilisation du regroupement d'entreprises à la date d'acquisition.

Il s'agit des informations qui auraient pu raisonnablement être obtenues en mettant en œuvre des procédures de vérification habituelles et fréquentes dans ce type de situation. Pour l'appréciation de ces deux éléments, l'acquéreur doit examiner l'ensemble des faits et circonstances, notamment la date d'obtention de ces informations et la possibilité de justifier les raisons de l'ajustement des montants provisoirement comptabilisés (IFRS 3.47).

Ainsi, par exemple (IFRS 3.47) :
- sauf si l'acquéreur peut justifier d'un événement particulier ayant induit un changement dans la juste valeur d'un actif, le fait qu'un actif soit vendu à un tiers à un prix qui diffère de manière significative de la juste valeur provisoire qui lui a été allouée indiquerait plutôt qu'une erreur a été commise lors de l'évaluation initiale de cet actif ;
- une information obtenue très peu de temps après la date d'acquisition reflétera plus probablement des circonstances existant à la date d'acquisition qu'une information obtenue plusieurs mois plus tard.

En revanche, ce délai ne permet pas de comptabiliser des actifs ou des passifs de l'acquise qui ne satisfaisaient pas aux critères d'identification séparée du goodwill à la date de comptabilisation initiale du regroupement mais qui satisferaient à ces conditions en raison d'un événement intervenu pendant le délai d'affectation.

Tout changement, qui ne pourrait pas être considéré comme un ajustement de la période d'affectation (voir ci-avant), ne pourra pas être constaté par la contrepartie du goodwill (ou du profit résultant d'une acquisition dans des conditions favorables) et devra, en conséquence, être constaté en résultat de la période, voir nº 22140.

4. **Expiration du délai d'affectation après la date de clôture mais avant la date d'arrêté des comptes** Lorsque le délai d'affectation se termine après la date de clôture (31/12/N) mais avant la date d'arrêté des comptes (25/03/N+1), le traitement est le suivant (notamment par analogie avec IAS 10, IFRS 3.BC399) :
- seule l'information relative à des faits et circonstances qui existaient à la date d'acquisition **et** obtenue entre la date de clôture et la fin de la période d'affectation devra être traitée en N par la contrepartie du goodwill ;
- l'information relative à des faits et circonstances qui existaient à la date d'acquisition mais obtenue entre la fin de la période d'affectation et la date d'arrêté des comptes devra être traitée en résultat de la période N (car elle constitue un « adjusting event » selon IAS 10 ; voir Mémento IFRS nº 12794, point 1.) ;
- enfin, l'information obtenue entre la fin de la période d'affectation et la date d'arrêté des comptes qui n'est pas relative à des faits et circonstances existant à la date d'acquisition devra être traitée de manière prospective (voir nº 22140) ou rétrospective lorsqu'il s'agit d'une correction d'erreur (voir nº 22145), au même titre qu'un « non-adjusting event » selon IAS 10 (voir Mémento IFRS nº 12794, point 2.).

Ainsi par exemple, pour une acquisition le 31/01/N, le délai d'affectation expirant le 31/01/N+1 avant la date d'arrêté des comptes au 25/03/N+1, la comptabilité d'acquisition ne devrait plus être considérée comme provisoire dans les comptes au 31/12/N.

***Exemple 1** — **Délai de douze mois** En mars N, l'entité A acquiert l'entité B, une société présente dans le secteur de la chimie industrielle.*

1. *En septembre N, l'entité A découvre que B avait l'obligation légale de remédier aux dommages environnementaux causés par B antérieurement à l'acquisition. Sur la base d'une étude préliminaire effectuée par des consultants en environnement, l'entité A estime que la juste valeur de la provision s'élève à 100.*
2. *En mars N+2, l'entité A a obtenu le rapport définitif des consultants en environnement et a révisé son estimation de la juste valeur à 150.*
3. *En janvier N+1, l'actuaire de l'entité A a achevé l'évaluation à la date d'acquisition des engagements de retraite de B. Sur la base de ce rapport, A a révisé son estimation des engagements de retraite de l'entité B, et a augmenté ce passif de 100.*

La période de reporting de l'entité A s'échelonne du 1er janvier au 31 décembre. Aucune des obligations précitées n'était couverte par des garanties données par le vendeur.

Solution de l'exemple 1 :

1. *En septembre N, l'entité A comptabilise un passif environnemental de 100. Ce passif supplémentaire ayant été identifié dans un délai de douze mois à compter de la date d'acquisition, l'ajustement correspondant est constaté en contrepartie du goodwill.*
2. *En mars N+2, l'entité A comptabilise une augmentation de la provision pour passifs environnementaux de 50 lorsqu'elle reçoit le rapport définitif des consultants. La révision de l'estimation de la provision ayant été reçue plus de douze mois après la date d'acquisition, l'augmentation de la provision est comptabilisée en contrepartie du résultat.*
3. *En janvier N+1, l'entité A comptabilise une augmentation de la provision constatée au titre des retraites lorsqu'elle reçoit le rapport de l'actuaire. La révision de l'estimation ayant été reçue dans un délai de douze mois à compter de la date d'acquisition, l'ajustement correspondant est donc constaté en contrepartie du goodwill.*

***Exemple 2** — **Circonstances existantes à la date d'acquisition ou intervenues après cette date** L'entité A, un fabricant de produits chimiques agricoles, a acquis le 31/12/N l'entité B, une entreprise ayant une activité similaire. L'entité A, après avoir notamment déterminé la juste valeur des actifs et passifs identifiables de B, a comptabilisé, dans ses états financiers de l'exercice clos le 31/12/N, un goodwill de 250 au titre de cette acquisition.*

En N+1, l'entité A prend connaissance des faits suivants :

1. *Les réglementations régissant le contenu des produits chimiques fabriqués par l'usine italienne de l'entité B ont été modifiées en décembre N-1 et entrent en vigueur en décembre N. Du fait de ces nouvelles réglementations, le coût de production augmente. En conséquence, la valeur comptable de l'usine de B est supérieure de 150 à sa juste valeur. Ces nouvelles réglementations n'avaient pas été rendues publiques au moment de l'évaluation initiale de la juste valeur.*
2. *En juin N+1, un nouveau concurrent pratiquant des prix réduits s'est implanté aux Etats-Unis sur le marché de l'entité B, contraignant cette dernière à diminuer ses prix de vente afin de rester compétitive. En conséquence, la valeur recouvrable des usines de l'entité B aux Etats-Unis est inférieure de 200 à leur valeur comptable.*
3. *Entre janvier et décembre N+1, le prix de l'immobilier a augmenté de manière importante, et la juste valeur du siège social de l'entité B a augmenté de 150 depuis l'acquisition.*

L'exercice de l'entité A coïncide avec l'année civile.

Solution de l'exemple 2 :

1. *En N+1, l'entité A doit diminuer de 150 le montant de la juste valeur qui avait été attribuée à la date d'acquisition à l'usine italienne de B et ajuster corrélativement le goodwill. Les circonstances à l'origine de cette révision existaient à la date d'acquisition, les informations complémentaires obtenues dans le délai d'acquisition ayant permis d'estimer plus précisément la juste valeur de l'usine.*

2. *En juin N+1, l'entité A doit comptabiliser une dépréciation de 200 au titre des usines de B aux Etats-Unis. Cette provision doit être comptabilisée dans le résultat de N+1. La réduction de la juste valeur des usines est liée à des événements postérieurs à l'acquisition, de telle sorte que la perte de valeur n'a pas d'incidence sur le montant du goodwill constaté à la date d'acquisition. Toutefois, la perte de valeur des usines peut indiquer une perte de valeur du goodwill et déclencher un test de dépréciation, la perte de valeur correspondante étant également comptabilisée, le cas échéant, en résultat de l'exercice N+1.*

3. *L'entité A ne doit pas modifier la juste valeur de son siège social telle que déterminée à la date d'acquisition, ni modifier le montant du goodwill constaté à cette date. L'augmentation de la juste valeur du bâtiment, intervenue postérieurement à l'acquisition, n'a pas d'incidence sur le goodwill. L'entité A comptabilise cette augmentation de la juste valeur du bâtiment comme une réévaluation si les méthodes comptables appliquées par A prévoient l'utilisation du modèle de la réévaluation d'IAS 16. Sinon, le bâtiment sera comptabilisé à son coût historique, c'est-à-dire à sa juste valeur à la date d'acquisition, déduction faite des amortissements et dépréciations ultérieurs.*

Exemple 3 — Ajustement du prix d'acquisition réalisé pendant le délai d'affectation provenant de faits et circonstances existant à la date d'acquisition : confirmation d'un niveau de BFR de l'acquise à la date d'acquisition *L'entité E acquiert l'entité F pour 10 M€. Le contrat d'acquisition prévoit qu'un bilan d'ouverture audité devra être mis à la disposition de l'acquéreur dans les 90 jours qui suivent la date de prise de contrôle.*

Dans la mesure où le besoin en fonds de roulement (BFR) à la date d'acquisition excède 1 M€, l'entité E devra payer un montant complémentaire au vendeur. Par exemple, si le BFR est de 1,2 M€, l'entité E paiera un montant complémentaire de 0,2 M€ aux vendeurs de F.

Solution de l'exemple 3 *Le montant additionnel qui serait payé par E aux vendeurs de F du fait de l'excédent du BFR réel par rapport à 1 M€ est comptabilisé en tant qu'ajustement réalisé pendant le délai d'affectation.*

En effet, les ajustements relatifs au BFR résultent de nouvelles informations à propos de faits et circonstances qui existaient déjà à la date d'acquisition et qui ne sont pas liées aux performances futures de l'entité postérieurement à la date d'acquisition. Il s'agit ici de la confirmation du niveau de BFR de F à la date d'acquisition.

Toute modification du prix modifie en conséquence le goodwill (ou le profit résultant d'une acquisition dans des conditions avantageuses) (IFRS 3.45 s.).

Exemple 4 — Ajustement du prix d'acquisition provenant de faits et circonstances existant à la date d'acquisition : partie du prix d'acquisition placée sous séquestre en attente de la confirmation d'informations données par le vendeur à la date d'acquisition *L'entité E acquiert l'entité F pour 10 M€. L'entité E cherche à se protéger contre d'éventuelles affirmations erronées de la part des actionnaires de l'entité F.*

Dans cet objectif, l'entité E paie comptant à la date d'acquisition 9 M€ aux vendeurs et place 1 M€ sur un compte séquestre. Cette somme sous séquestre sera remise aux vendeurs dans un délai maximum d'un an si les doutes sur les affirmations des actionnaires de l'entité F sont levés.

Solution de l'exemple 4 *La somme placée sous séquestre est comptabilisée comme un ajustement du prix d'acquisition réalisé pendant le délai d'affectation. En effet, les fonds déposés sur le compte séquestre seront remis au vendeur sur la base d'informations obtenues après la date d'acquisition mais sont relatives à des conditions qui existaient à la date d'acquisition.*

Ces fonds ont la nature d'un paiement différé à comptabiliser en dette financière. Tout ajustement éventuel des fonds déposés sur le compte séquestre modifie le prix d'acquisition ainsi que le goodwill (ou le profit résultant d'une acquisition dans des conditions avantageuses) (IFRS 3.45 s.).

Conditions d'application du délai d'affectation

22132 ***Question***

Quelles conditions sont à remplir pour l'application du délai d'affectation au moment de la comptabilisation initiale du regroupement ?

Réponse

L'acquéreur doit indiquer dans l'annexe des états financiers :
- les actifs, passifs, éléments du prix d'acquisition ou autres qui ont été comptabilisés de manière provisoire ;
- les raisons pour lesquelles la comptabilisation initiale du regroupement est provisoire.

A défaut, l'acquéreur doit alors traiter les ajustements réalisés dans les douze mois suivant l'acquisition comme ceux réalisés postérieurement au délai d'affectation, c'est-à-dire soit comme un changement d'estimation (voir nº 22140), soit comme une correction d'erreur (voir nº 22145).

Commentaires Lors d'un regroupement d'entreprises, l'acquéreur doit en principe comptabiliser :
- les actifs acquis et passifs assumés de l'acquise à leur juste valeur à la date d'acquisition, voir nº 22030 ;
- les intérêts minoritaires de l'acquise conformément à IFRS 3, voir nº 22170 ;
- les éléments du prix d'acquisition payé par l'acquéreur au titre du regroupement conformément à IFRS 3, voir nº 21755 ; et
- dans le cas des acquisitions par étapes, la quote-part d'intérêt détenue avant la prise de contrôle à la juste valeur à la date d'acquisition, voir nº 23750.

Cette comptabilisation initiale peut être effectuée de manière provisoire lors de l'exercice au cours duquel le regroupement a été réalisé (IFRS 3.45).

L'acquéreur dispose alors d'un délai d'affectation maximum de 12 mois à compter de la date d'acquisition pour ajuster de manière rétrospective les valeurs initialement attribuées à ces éléments ou constater ceux qui n'auraient pas pu l'être lors de la comptabilisation initiale du regroupement, voir nº 22130.

Ce principe s'applique à tous les regroupements d'entreprises. Toutefois, il est nécessaire d'indiquer dans les notes annexes des états financiers de la période au cours de laquelle le regroupement est initialement comptabilisé (IFRS 3.B67) :
- les actifs, passifs, éléments du prix d'acquisition ou autres qui ont été comptabilisés de manière provisoire ;
- les raisons justifiant le caractère provisoire de la comptabilisation initiale.

Au cours de l'exercice suivant, devront également être indiqués la nature et le montant de tout ajustement réalisé pendant la période d'évaluation (IFRS 3.B67.iii).

Recommandations de l'AMF Dans ses recommandations en vue de l'arrêté des comptes 2007, l'AMF a rappelé que si l'information relative au caractère provisoire de la comptabilisation initiale réalisée n'était pas donnée « l'utilisateur pourrait considérer que les valeurs présentées sont définitives ; si des ajustements devaient ensuite intervenir, ils devraient alors être traités comme un changement d'estimation ou une correction d'erreur selon IAS 8 (Rec. AMF 2007-12, Arrêté des Comptes 2007, § 9.2).

Autrement dit, en l'absence d'information explicite sur les évaluations provisoires, l'acquéreur ne pourrait pas se prévaloir du délai d'affectation et devrait traiter les ajustements réalisés dans les douze mois suivant l'acquisition comme ceux réalisés postérieurement au délai d'affectation, c'est-à-dire soit comme un changement d'estimation (voir n° 22140), soit comme une correction d'erreur (voir n° 22145).

Modifications réalisées pendant le délai d'affectation

22135 ***Question***

Comment comptabiliser les modifications de juste valeur de l'acquise ou du prix d'acquisition qui interviendraient pendant le délai d'affectation ?

Réponse

Si ces modifications sont liées à une situation existant à la date d'acquisition, selon les modalités suivantes :
- modification rétrospective de la valeur des éléments concernés (actif acquis ou passif assumé de l'acquise, intérêts minoritaires de l'acquise ou quote-part d'intérêt détenue avant la prise de contrôle dans une acquisition par étapes) et du goodwill (ou du profit résultant d'une acquisition dans des conditions avantageuses) comme si ces modifications étaient intervenues dès la date d'acquisition ;
- présentation d'une information comparative retraitée.

Commentaires Les modifications de juste valeur de l'acquise ou du prix d'acquisition, liées à une situation existant à la date d'acquisition et qui interviendraient pendant le délai d'affectation, donnent lieu à une correction rétrospective, c'est-à-dire comme si ces modifications avaient été réalisées dès la date d'acquisition (IFRS 3.45, .49, .BC391, .BC395, .BC397 à .BC400 et .IE50 à .IE53) :
- des actifs acquis, passifs assumés et intérêts minoritaires de l'acquise, des éléments du prix d'acquisition ou, dans le cas des acquisitions par étapes, de la quote-part d'intérêt détenue avant la prise de contrôle ; et
- de la correction du goodwill (ou du profit résultant d'une acquisition dans des conditions avantageuses).

L'acquéreur devra également tenir compte dans ce retraitement rétrospectif des conséquences que les modifications d'actifs notamment pourraient avoir sur les amortissements, dépréciations, ou autre impact sur les produits des périodes précédentes (IFRS 3.49).

> Ce principe ne s'applique que si les modifications de valeur sont liées à des circonstances qui existaient déjà à la date d'acquisition (voir n° 22130).

Les comptes des périodes précédentes présentés en comparatif sont retraités de manière rétrospective (IFRS 3.49 et .IE53).

Exemple *Le 1/07/N, l'entité A acquiert l'entité B. L'un des actifs identifiables détenus par B est un bâtiment. L'entité A estime provisoirement la juste valeur du bâtiment à 100 000. Début N+1, l'évaluation est finalisée et aboutit à une juste valeur du bâtiment de 150 000 à la date d'acquisition.*

La durée d'utilité du bâtiment est de 50 ans.

La période de reporting de l'entité A court du 1er janvier au 31 décembre.

Solution de l'exemple *L'entité A doit ajuster de 50 000 la juste valeur initialement attribuée au bâtiment et le montant du goodwill constaté à la date d'acquisition. Ces corrections sont réalisées de manière rétrospective, c'est-à-dire comme si elles avaient été réalisées dès la date d'acquisition. Les écritures suivantes devraient donc être comptabilisées :*

1. *dans les comptes N présentés en comparatif et retraités de manière rétrospective :*

Dt	*Bâtiments*	*50 000*	
Ct	*Goodwill*		*50 000*
Dt	*Dotation complémentaire aux amortissements des bâtiments [(50 000/50) x 1/2]*	*500*	
Ct	*Amortissement des bâtiments*		*500*

L'ajustement de l'amortissement doit être comptabilisé en résultat (dans la même rubrique que celle qui inclut l'amortissement du bâtiment antérieurement comptabilisé sur la base d'une juste valeur provisoire de 100 000).

2. *dans les comptes N+1 :*

Dt	*Dotation aux amortissements des bâtiments (150 000/50)*	*3 000*	
Ct	*Amortissement des bâtiments*		*3 000*

Changements d'estimation après l'expiration du délai d'affectation

22140 ***Question***

Comment comptabiliser les changements d'estimation des valeurs des actifs acquis et passifs assumés intervenant après l'expiration du délai d'affectation ?

Réponse

De manière prospective, en résultat de l'exercice du changement et des exercices ultérieurs, sans ajustement du goodwill.

Commentaires L'impact des plus ou moins-values et des dotations ou reprises de provisions constatées après l'expiration du délai d'affectation par rapport aux valeurs attribuées aux actifs acquis et passifs assumés lors de la première consolidation est constaté de manière prospective, en résultat de l'exercice du changement et des exercices ultérieurs, le cas échéant, sans ajustement du goodwill.

Ce principe général s'applique également aux provisions qui s'avèrent excédentaires après l'expiration du délai d'affectation (sauf correction d'erreur). Ainsi, toutes les reprises de provisions excédentaires constatées après l'expiration de ce délai doivent être comptabilisées en résultat de l'exercice au cours duquel survient le changement d'estimation, sans que le goodwill soit affecté, sauf s'il s'agit en fait d'une correction d'erreur (IFRS 3.50).

S'il s'agit d'une correction d'erreur, la comptabilisation initiale du regroupement (montant de la provision et montant du goodwill) est modifiée de manière rétrospective, comme si l'erreur n'avait jamais été commise. L'information comparative présentée au titre de l'exercice de correction de l'erreur est retraitée de manière rétrospective (IAS 8.42).

Pour plus de détails, voir nº 22145.

Corrections d'erreurs

22145 ***Question***

Comment comptabiliser les modifications de juste valeur de l'acquise ou du prix d'acquisition liées à une correction d'erreur ?

Réponse

De manière totalement rétrospective, c'est-à-dire selon les modalités suivantes :
- correction des valeurs comptables des actifs acquis et passifs assumés, des intérêts minoritaires de l'acquise, des éléments du prix d'acquisition et de la quote-part détenue par l'acquéreur avant la prise de contrôle dans une acquisition par étapes comme si leur juste valeur, corrigée à la date d'acquisition, avait été constatée dès cette date ;
- modification, de manière symétrique, du goodwill ou du profit résultant d'une acquisition dans des conditions avantageuses ;
- comptabilisation de l'impact de la correction d'erreur en capitaux propres d'ouverture de l'exercice de la correction d'erreur ;
- modification des comptes des périodes antérieures présentées en comparatif.

Commentaires En effet, la norme IFRS 3 indique la nécessité de se référer à la norme IAS 8 (IFRS 3.50) et donc de comptabiliser les corrections d'erreur rétrospectivement, c'est-à-dire comme si l'erreur n'avait pas eu lieu et en modifiant de manière rétrospective les comptes des périodes antérieures présentées en comparatif (IAS 8.41 à .49).

L'ajustement rétrospectif du goodwill en cas d'erreur, indépendamment du délai d'affectation, constitue une exception au principe général de non-ajustement du goodwill après l'expiration du délai d'affectation.

2. Application du principe général à certains actifs

Impôt différé actif de l'acquise réalisé après la comptabilisation initiale de l'acquisition

22155 ***Question***

Comment comptabiliser un actif d'impôt différé d'une entreprise acquise, considéré comme non identifiable à la date d'acquisition mais qui est réalisé ultérieurement ?

Réponse

De la même manière que toute modification ultérieure d'un autre actif identifiable de l'acquise.

Les impôts différés actifs réalisés pendant le délai d'affectation et qui sont liés à des faits et circonstances existant à la date d'acquisition doivent être comptabilisés par la contrepartie du goodwill relatif à cette acquisition. Si la valeur comptable du goodwill est nulle (ou insuffisante), les impôts différés actifs doivent être comptabilisés en contrepartie du résultat en totalité (ou pour la différence avec le montant du goodwill).

Dans tous les autres cas, les impôts différés actifs doivent être comptabilisés :
- en résultat ou, le cas échéant, parmi les autres éléments du résultat global ou en capitaux propres si IAS 12 le requiert ;
- et donc sans modification du goodwill.

Commentaires Si les impôts différés actifs sont constatés dans le délai d'affectation et sont liés à des faits et circonstances existants à la date d'acquisition (voir n° 22130), ils doivent être comptabilisés par la contrepartie d'une diminution de la valeur comptable du goodwill constaté au titre de ce regroupement, et donc sans impact sur le résultat. Si le goodwill a une valeur comptable nulle ou est inférieur au montant de l'impôt différé actif, la totalité de l'impôt ou la différence entre les deux montants est constatée en résultat (IAS 12.68).

Ainsi, par exemple, un changement d'estimation, dans le délai d'affectation, conduisant à augmenter la juste valeur à la date d'acquisition des actifs identifiables acquis conduirait à accroître le montant des impôts différés passifs et pourrait ainsi permettre de reconnaître des impôts différés actifs sur déficits reportables. Ils seraient constatés par la contrepartie du goodwill (parce que liés à des faits et circonstances existant à la date d'acquisition).

Dans tous les autres cas, l'impôt différé actif est constaté, conformément à IAS 12, en contrepartie du résultat ou, le cas échéant, parmi les autres éléments du résultat global ou en capitaux propres si IAS 12 le requiert (IAS 12.68).

Les événements suivants pourraient donner lieu à la constatation d'un impôt différé actif par la contrepartie du résultat post-acquisition (parce que liés à une situation qui n'existait pas à la date d'acquisition) :
- signature d'un contrat important avec un nouveau client, permettant d'accroître les bénéfices futurs ;
- acquisition d'une autre activité.

Cette disposition s'applique également si le regroupement d'entreprises a été comptabilisé avant l'application de la version révisée d'IFRS 3 (exercices ouverts à compter du 1/07/10).

***Exemple 1** — Comptabilisation d'un impôt différé actif de l'entreprise acquise réalisé après la comptabilisation initiale du regroupement d'entreprises et après l'expiration du délai d'affectation* *L'entité A a acquis une filiale, l'entité B, qui disposait de différences temporaires déductibles au titre de déficits reportables de 500. A la date d'acquisition, le taux d'impôt était de 30 %.*

L'actif d'impôt différé de 150 (500 x 30 %) n'a pas été comptabilisé en tant qu'actif identifiable, A estimant que cet actif n'était pas recouvrable. Quinze mois après l'acquisition, A estime que le bénéfice imposable attendu devrait permettre de recouvrer l'ensemble des actifs d'impôt différé liés aux différences temporelles déductibles.

Le montant du goodwill est inchangé depuis l'acquisition, la réalisation du test annuel de dépréciation n'ayant pas révélé de perte de valeur.

Solution de l'exemple 1 *L'entité A doit comptabiliser un actif d'impôt différé de 150 par la contrepartie d'un produit d'impôt différé de l'exercice sans modification corrélative du goodwill (le délai d'affectation étant dépassé).*

Exemple 2 — Comptabilisation d'un impôt différé actif de l'entreprise acquise réalisé après la comptabilisation initiale du regroupement d'entreprises (lié à des circonstances qui n'existaient pas à la date d'acquisition) *L'entité A a acquis, le 1/07/N, une filiale, l'entité B dont l'activité courante est la construction et la démolition de bâtiments. L'entité B a des déficits reportables mais aucun impôt différé actif n'a été comptabilisé lors de la comptabilisation initiale du regroupement.*
Une catastrophe naturelle a eu lieu moins d'un an après la date d'acquisition permettant ainsi à l'entité B d'obtenir de nombreux contrats de nettoyage. Dans le passé, l'activité de B ne comprenait pas de services de nettoyage. En conséquence, la fourniture de ce service n'a pas été prise en compte pour l'évaluation de l'acquise.

Solution de l'exemple 2 *L'augmentation des résultats taxables suite aux contrats de nettoyage après la catastrophe naturelle ne pouvait pas être prévue et ne faisait pas partie des hypothèses de l'acquéreur lorsqu'il a réalisé l'évaluation de l'acquise à la date d'acquisition. En conséquence, les changements liés à cet événement ne doivent pas être comptabilisés comme un ajustement de la période d'évaluation. Les actifs d'impôts différés y afférents doivent être comptabilisés en résultat post-acquisition.*

H. Définition et évaluation des intérêts minoritaires

Définition des intérêts minoritaires

22165 ***Question***

Que recouvre la notion d'intérêts minoritaires selon IFRS 3 ?

Réponse

Les intérêts minoritaires (« non-controlling interests ») correspondent à la part des capitaux propres d'une filiale qui n'est pas attribuable directement ou indirectement à la société mère. Cette définition couvre :
- les instruments qui constituent une part d'intérêts actuels et confèrent à leur porteur une quote-part proportionnelle dans l'actif net de la filiale en cas de liquidation ;
- ainsi que les autres instruments financiers émis par la filiale et classés dans son bilan en instruments de capitaux propres.

Commentaires :

1. **Définition des intérêts minoritaires** Les intérêts minoritaires correspondent à la part des capitaux propres d'une filiale non attribuable, directement ou indirectement, à la société mère (IFRS 10.A).

Remarque La traduction officielle de « non-controlling interest » est « participation ne conférant pas le contrôle ». Toutefois, pour faciliter la lecture, nous avons conservé la terminologie « intérêts minoritaires », plus usuelle.

2. **Distinction de deux composantes au sein des intérêts minoritaires** Cette distinction est essentielle car les règles d'évaluation de chacune de ces composantes diffèrent :

Pour les modalités d'évaluation de ces catégories, voir nº 22170.

a. les instruments qui constituent une part d'intérêts actuels (« present ownership interests ») et confèrent à leur porteur une quote-part proportionnelle dans l'actif net d'une filiale en cas de liquidation ; et

b. les autres instruments financiers émis par la filiale et classés dans son bilan en instrument de capitaux propres (en ce sens IFRS 3.19).

Remarques :

1. De tels instruments émis par la filiale sont, par exemple :
- des plans d'options sur actions accordés à des salariés ;
- des actions de préférence ne donnant pas de droit à une quote-part proportionnelle dans l'actif net en cas de liquidation ;
- la composante capitaux propres d'un instrument convertible émis par une filiale.

2. Des intérêts minoritaires d'une filiale peuvent ainsi devoir être constatés même lorsque le pourcentage d'intérêts de l'entité consolidante sur la filiale est de 100 %.

3. **Présentation des intérêts minoritaires** :

a. **Dans l'état de situation financière (bilan),** les intérêts minoritaires sont présentés au sein des capitaux propres dans le bilan de l'ensemble consolidé (IFRS 10.22).

Les intérêts minoritaires répondent en effet à la définition des capitaux propres. Selon le Cadre conceptuel, les capitaux propres sont en effet définis comme l'intérêt résiduel dans les actifs d'une entité après déduction de tous ses passifs (IFRS 10.BCZ158 et Cadre.4.63).

En revanche, les intérêts minoritaires ne répondent pas à la définition d'un passif selon le Cadre conceptuel (IFRS 10.BCZ157 et Cadre.4.26). En effet, l'existence d'intérêts minoritaires ne donne pas lieu à une obligation actuelle du groupe dont l'extinction devrait se traduire pour l'entité par une sortie de ressources représentatives d'avantages économiques.

Afin de les distinguer des autres composantes des capitaux propres, les intérêts minoritaires doivent être clairement identifiés (par exemple, dans une rubrique intitulée « participation ne conférant pas le contrôle ») (IFRS 10.22).

Des intérêts minoritaires dans plusieurs filiales peuvent être regroupés dans une seule rubrique intitulée « participation ne conférant pas le contrôle » (IFRS 10.22).

b. **Dans l'état du résultat global,** il est nécessaire de distinguer la part du résultat et des autres éléments du résultat global attribuable (IAS 1.IG6 s.) :
- aux propriétaires de la société mère ;
- de celle attribuable aux minoritaires.

Evaluation initiale des intérêts minoritaires

22170 ***Question***

Comment évaluer les intérêts minoritaires à la date d'acquisition ?

Réponse

L'évaluation des intérêts minoritaires diffère selon qu'il s'agit de l'une ou l'autre des composantes suivantes :

1. **Intérêts minoritaires constituant une part d'intérêts actuels et conférant à leur porteur une quote-part proportionnelle dans l'actif net de la filiale en cas de liquidation** : l'acquéreur a le choix, pour chaque regroupement d'entreprises, de les évaluer :
- soit à leur juste valeur à la date d'acquisition ;

En conséquence, un goodwill est comptabilisé à la fois pour la part groupe et pour les intérêts minoritaires (méthode du **goodwill complet**).

- soit sur la base de leur quote-part dans l'actif net identifiable de l'acquise évalué à la juste valeur à la date d'acquisition.

Il n'y a alors pas de comptabilisation d'un goodwill au titre des intérêts minoritaires (méthode du **goodwill partiel**).

2. **Autres composantes des intérêts minoritaires** (autres instruments financiers émis par la filiale, classés dans son bilan en instruments de capitaux propres et non attribuables, directement ou indirectement, à la société mère) : l'acquéreur n'a pas de choix ; ces instruments doivent être évalués à leur juste valeur à la date d'acquisition de la filiale, sauf si un autre mode d'évaluation est requis par les normes IFRS applicables.

Commentaires Au sein des intérêts minoritaires (qu'il s'agisse des intérêts minoritaires détenus directement dans l'entité acquise ou indirectement dans les filiales de l'entité acquise), deux composantes doivent être distinguées (voir n° 22165) :
- les instruments qui constituent une part d'intérêts actuels et confèrent à leur porteur une quote-part proportionnelle dans l'actif net d'une filiale en cas de liquidation ; et
- les autres instruments financiers émis par la filiale et classés dans son bilan en instruments de capitaux propres.

L'évaluation des intérêts minoritaires diffère selon qu'il s'agit de l'une ou l'autre de ces catégories.

1. **Evaluation des intérêts minoritaires constituant une part d'intérêts actuels et conférant au porteur une quote-part proportionnelle d'actif net de la filiale en cas de liquidation**

a. **Choix de méthodes** L'acquéreur a le choix d'évaluer cette catégorie d'intérêts minoritaires (IFRS 3.19 et .BC209) :
- à leur juste valeur à la date d'acquisition (méthode du goodwill complet) ; ou
- sur la base de leur quote-part dans l'actif net identifiable de l'acquise évalué à la juste valeur à la date d'acquisition (méthode du goodwill partiel).

Ce choix doit être opéré regroupement d'entreprises par regroupement d'entreprises (IFRS 3.19). Il n'y a donc pas de permanence des méthodes sur ce choix.

Pour les conséquences stratégiques du choix entre le goodwill partiel et le goodwill complet, voir n° 22182.

Pour les modalités d'évaluation à la juste valeur de cette catégorie d'intérêts minoritaires, voir n° 22172.

b. **Possibilité, sous conditions, de bénéficier du délai d'affectation pour opérer ce choix** Si, pour une acquisition déterminée, le choix de la méthode d'évaluation des intérêts minoritaires n'a pas été réalisé à la première clôture suivant la date d'acquisition, et qu'une information a été mentionnée en annexe à ce titre (ainsi que sur le fait que les valeurs retenues sont provisoires), il est à notre avis possible d'opérer ce choix ultérieurement sous réserve toutefois d'être encore dans le délai d'affectation.

En revanche, une fois le délai d'affectation terminé, il n'est pas possible de revoir l'évaluation des intérêts minoritaires par la contrepartie du goodwill, sauf pour corriger une erreur (IFRS 3.50).

2. **Evaluation des autres composantes des intérêts minoritaires (instruments financiers émis par la filiale et classés dans son bilan en instruments de capitaux propres)** Pour cette catégorie d'instruments, il n'existe **pas de choix pour la méthode d'évaluation** (IFRS 3.19).

Ces instruments doivent être évalués :

- à leur **juste valeur à la date d'acquisition** (et non pas sur la base de leur quote-part dans l'actif net de l'acquise) ;

Ainsi, par exemple, les actions préférentielles de la cible qui confèrent à leur porteur un droit à un dividende prioritaire mais pas à une quote-part proportionnelle dans l'actif net de l'entité en cas de liquidation doivent être évaluées à leur juste valeur (IFRS 3.IE44B à .IE44E).

- sauf si un autre mode d'évaluation est requis par les IFRS applicables (IFRS 3.19, .B56).

Cette exception concerne notamment les actions gratuites en cours d'acquisition détenues par les salariés de la cible en rémunération des services rendus et à rendre par ces derniers qui, n'étant pas encore livrées aux bénéficiaires, ne confèrent pas à ces derniers un droit actuel dans l'actif net. Ces options doivent être évaluées selon la méthode prévue par la norme IFRS 2 (« market-based measure ») (IFRS 3.30 et .IE44H à .IE44J).

Modalités d'évaluation de la juste valeur des intérêts minoritaires

22172 ***Question***

Comment déterminer la juste valeur des intérêts minoritaires ?

Réponse

Rappel La juste valeur à la date d'acquisition est retenue (voir n° 22170) :
- sur option, pour l'évaluation des intérêts minoritaires constituant une part d'intérêts actuels et conférant au porteur une quote-part proportionnelle dans l'actif net de la filiale en cas de liquidation ;
- sans option, pour l'évaluation des autres composantes des intérêts minoritaires (autres instruments financiers émis par la filiale et classés en capitaux propres), sauf exceptions.

Cette juste valeur doit être déterminée sur la base du cours de bourse à la date d'acquisition, si les instruments de l'entité acquise sont cotés sur un marché actif. En l'absence de précision dans les textes, il est, à notre avis, possible de tenir compte d'une prime ou d'une décote dans cette évaluation.

A défaut de marché actif, l'acquéreur utilise des méthodes d'évaluation pour déterminer la juste valeur des intérêts minoritaires.

Dans ce cas, à notre avis, la juste valeur des intérêts minoritaires doit être analysée au regard du contexte de la transaction ayant conduit à la prise du contrôle de l'acquise (synergies, limitation des droits financiers des minoritaires, répartition du capital entre minoritaires, etc.).

Commentaires Lorsque l'évaluation des intérêts minoritaires est faite à leur juste valeur, il est peu fréquent de pouvoir appliquer « une règle de trois » sur le prix payé par l'acquéreur pour obtenir le contrôle de l'acquise afin de déterminer la juste valeur des

intérêts minoritaires. En effet, la juste valeur par action peut être différente selon qu'elle est déterminée :
- sur la base de l'intérêt de l'acquéreur dans l'acquise ; ou
- sur la base de la juste valeur de la participation des intérêts minoritaires dans l'acquise (IFRS 3.B45).

Par exemple, l'acquéreur peut avoir payé une prime de contrôle pour acquérir une participation majoritaire dans l'acquise.

La détermination de la juste valeur des intérêts minoritaires diffère selon qu'il existe ou pas un marché actif sur lequel sont cotés les instruments de l'entité acquise (IFRS 3.B44).

1. **S'il existe un marché actif** sur lequel les instruments de l'entité acquise sont cotés : la juste valeur est déterminée sur la base du cours de bourse à la date d'acquisition. En l'absence de précision dans les textes, il est, à notre avis, possible de tenir compte d'une prime ou d'une décote dans l'évaluation de la juste valeur des titres (et donc de se départir d'une évaluation égale au produit du cours de marché unitaire par la quantité de titres détenus).

Un marché actif est un marché sur lequel ont lieu des transactions sur l'actif selon une fréquence et un volume suffisants pour fournir de façon continue de l'information sur le prix (IFRS 13.A).

2. **En l'absence de marché actif,** l'entité détermine la juste valeur de l'instrument au moyen de techniques d'évaluation (IFRS 3.B44). En pratique, les techniques d'évaluation comprennent :
- des approches fondées sur le marché (la référence à des transactions de marché récentes sur le même instrument ou à la juste valeur d'un autre instrument similaire) (IFRS 13.B5 à .B7) ; ou
- des approches fondées sur le résultat (techniques d'actualisation des cash-flows...) (IFRS 13.B10 et .B11).

En l'absence de marché actif, la norme IFRS 13 permet de tenir compte des primes et décotes mais uniquement si elles sont liées à une caractéristique des titres détenus et si elles sont compatibles avec l'unité de comptabilisation définie dans la norme IFRS qui impose ou permet l'évaluation à la juste valeur (IFRS 13.69).

L'application d'une prime ou d'une décote de contrôle aux intérêts minoritaires nous paraît ainsi possible, la prime ou décote étant liée à une caractéristique du bloc des titres détenus et n'étant pas contraire, à défaut de précision de la norme IFRS 3, à l'unité de comptabilisation applicable selon IFRS 3 à ces titres.

Ainsi, la juste valeur des intérêts minoritaires peut être évaluée sur la base du prix payé par l'acquéreur pour obtenir le contrôle (y compris les ajustements éventuels de prix ultérieurs), diminué (ou augmenté) d'une décote (ou surcote) de minoritaires (IFRS 3.B45 et, en matière d'informations à fournir en annexe, IFRS 3. B64(o) et .IE72).

Dans ce cas, la détermination de la juste valeur des intérêts minoritaires nécessite une analyse rigoureuse du contexte de la transaction ayant conduit à la prise de contrôle. Ainsi, pour déterminer la juste valeur des intérêts minoritaires à partir du prix payé pour le bloc de contrôle, il convient à notre avis, de prendre en compte les éléments suivants, notamment, pour quantifier cette décote/surcote de minoritaires.

a. **Synergies payées dans le cadre de la transaction** Si des synergies sont identifiées et anticipées, il convient de les analyser de manière détaillée :
- s'il apparaît que ces synergies bénéficieront à l'acquise, alors tant les majoritaires que les minoritaires devraient bénéficier de la création de valeur en résultant (par exemple, par des dividendes plus élevés ou une valeur de vente des actions plus élevée). Il serait alors approprié de refléter tout ou partie de ces synergies dans la juste valeur des intérêts minoritaires ;

– s'il apparaît à l'inverse que ces synergies bénéficieront uniquement à l'acquéreur, il ne serait pas approprié d'évaluer les minoritaires à partir du prix payé par l'acquéreur. Il serait plus pertinent de raisonner sur la valeur de la société acquise prise de manière isolée (valeur « stand alone » de la société acquise).

Tel pourrait être le cas, par exemple, lorsqu'une entité (un réseau de distribution) acquiert une cible qui détient une marque, avec pour principal objectif d'accroître son portefeuille de produits. Dans ce cas, le prix payé par l'acquéreur reflète notamment la volonté de l'acquéreur d'augmenter ses ventes et ainsi de mieux rentabiliser son réseau de distribution. Les synergies réalisées bénéficieraient essentiellement aux majoritaires. Seules les synergies accessibles à plus d'un intervenant de marché peuvent toutefois être prises en compte dans l'évaluation à la juste valeur d'un actif incorporel, voir no 22065.

b. **Existence d'une limitation dans les droits financiers des minoritaires** S'il existe une limitation pour les minoritaires en termes d'exercice de leurs intérêts ou de liquidité (conditions de sortie), la juste valeur des intérêts minoritaires peut en être directement impactée. En effet, la valeur des instruments détenus par les minoritaires pourrait faire l'objet d'une décote.

c. **Répartition du capital de l'acquise entre minoritaires** La juste valeur par action pourrait être différente selon, par exemple, qu'un seul actionnaire minoritaire détient 49 % de l'acquise ou qu'une multitude d'actionnaires minoritaires détiennent ensemble 49 % de l'acquise.

d. **Droits octroyés aux minoritaires** L'examen des droits consentis aux minoritaires peut également être un indicateur de leur valeur. Par exemple, certains droits de véto accordés aux minoritaires sur des décisions du conseil peuvent leur conférer une valeur particulière.

I. Principes généraux de détermination du goodwill (positif)

Détermination du montant initial du goodwill

22180 ***Question***

Pour quel montant le goodwill (positif) doit-il être inscrit initialement dans l'état de situation financière (ou bilan) consolidé ?

Réponse

Pour un montant égal à la différence entre :

1. **la somme des éléments suivants** :

a. le prix d'acquisition au titre de la prise de contrôle, généralement constaté à sa juste valeur à la date d'acquisition, voir no 21755 s. ;

b. le montant des intérêts minoritaires dans l'acquise, voir no 22170 ; et

c. pour les acquisitions par étapes, la juste valeur, à la date d'acquisition, de la quote-part d'intérêts détenue par l'acquéreur dans l'acquise avant la prise de contrôle ;

2. **et le montant net des actifs acquis et passifs assumés, évalués à leur juste valeur à la date d'acquisition,** voir no 21905 s.

Commentaires La norme IFRS 3 aboutit à la comptabilisation à l'actif d'un goodwill calculé par différence entre les éléments définis ci-avant (IFRS 3.32 et .BC312). Ce goodwill est un élément résiduel et certaines de ses composantes peuvent ne pas constituer elles-mêmes des actifs.

En effet, le goodwill, qui est mesuré comme un montant résiduel, comprend différents éléments (IFRS 3.BC312 à .BC336), à savoir :

1. essentiellement des éléments qui constituent le « core goodwill » (ou « vrai goodwill ») (IFRS 3.BC316) :
- le goodwill de l'entreprise acquise prise séparément (incluant le cas échéant des actifs incorporels acquis ne répondant pas aux critères d'identification en immobilisations incorporelles séparément du goodwill, comme par exemple le personnel de l'entreprise acquise pris dans son ensemble, voir n° 22480) ; et
- des synergies attendues entre l'entreprise acquise et l'acquéreur, autres que celles devant être prises en compte lors de l'évaluation de certaines immobilisations incorporelles identifiables ;

2. d'autres éléments inclus dans le goodwill du fait de son mode de calcul, sans pour autant représenter conceptuellement un élément du goodwill (IFRS 3.BC315 et .BC317) :
- prix d'achat surévalué ; ou
- actifs et passifs qui ne seraient pas constatés à leur juste valeur lors de leur identification séparée alors que le prix payé tient compte de la juste valeur de ces actifs et passifs (par exemple les actifs et passifs d'impôt différé, voir n° 22082, ou les passifs liés aux avantages du personnel, voir n° 22085).

L'IASB a indiqué que le goodwill doit être constaté intégralement à l'actif parce qu'il est constitué principalement du « core goodwill » et que celui-ci générera des avantages économiques futurs qui reviendront à l'entité. L'acquéreur contrôle ces avantages économiques car il détient le pouvoir sur les décisions stratégiques de l'acquise (IFRS 3.BC318, .BC322 et .BC323).

La norme IFRS 3.B64e requiert de fournir en annexe une description qualitative des facteurs constituant le goodwill comptabilisé.

Le graphe suivant, établi par nos soins, synthétise les éléments constitutifs du goodwill :

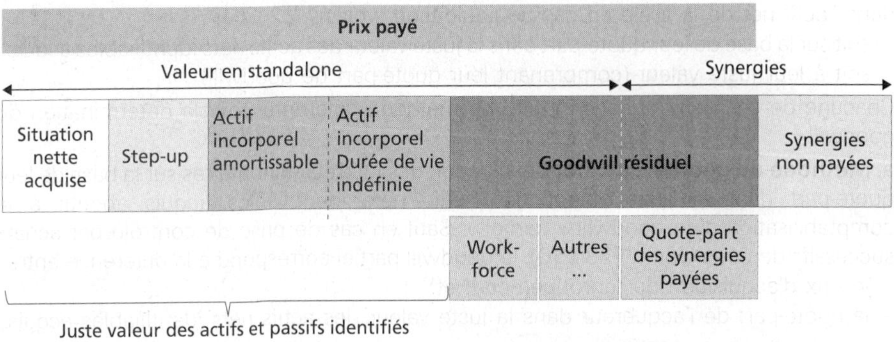

Le montant du goodwill dépend notamment **du mode d'évaluation des intérêts minoritaires** qui constituent une part d'intérêts actuels et confèrent à leur porteur une quote-part proportionnelle dans l'actif net de la filiale en cas de liquidation. En effet, ces derniers peuvent être évalués (voir n° 22170) :
- soit à leur juste valeur : cette méthode aboutit à la constatation d'un goodwill complet, comprenant la part des intérêts minoritaires dans le goodwill ;
- soit sur la base de leur quote-part dans la juste valeur de l'actif net de l'acquise.

Différence entre goodwill complet et goodwill partiel

22182 ***Question***

Pour chaque acquisition, l'entité peut opter pour la méthode du goodwill partiel ou pour celle du goodwill complet. Quelle est la différence entre ces deux méthodes ?

Réponse

1. Le **goodwill partiel** correspond à la différence entre :
- le prix d'acquisition du regroupement ; et
- la quote-part de l'acquéreur dans la juste valeur de l'actif net identifiable acquis.

Ce montant n'inclut pas le goodwill afférent aux intérêts minoritaires.

2. Le **goodwill complet** correspond à la somme :
- du goodwill comptabilisé au titre de la quote-part acquise par l'acquéreur ; et
- du goodwill relatif aux intérêts minoritaires.

Cette méthode de détermination du goodwill a pour effet d'augmenter les intérêts minoritaires et donc les capitaux propres d'ensemble, à la date d'acquisition.

Le goodwill partiel diffère du goodwill complet lorsque l'acquisition porte sur moins de 100 % du capital de la cible.

Commentaires :

1. **Deux méthodes possibles pour la détermination du goodwill : méthode du goodwill complet et méthode du goodwill partiel** On rappelle que, pour chaque acquisition, l'acquéreur a le choix d'évaluer les intérêts minoritaires **qui constituent une part d'intérêts actuels et confèrent à leur porteur** une quote-part proportionnelle dans l'actif net de la filiale en cas de liquidation (voir nº 22170) :
- soit sur la base de leur quote-part dans la juste valeur des actifs nets identifiables acquis ;
- soit à leur juste valeur (comprenant leur quote-part de goodwill).

Chacune de ces deux options induit une méthode différente pour la détermination du goodwill.

a. **Méthode du goodwill partiel** L'évaluation des intérêts minoritaires sur la base de leur quote-part dans la juste valeur des actifs nets identifiables acquis aboutit à la comptabilisation d'un goodwill « partiel ». Sauf en cas de prise de contrôle par achats successifs de titres (voir nº 23750), le goodwill partiel correspond à la différence entre :
- le prix d'acquisition du regroupement ; et
- la quote-part de l'acquéreur dans la juste valeur des actifs nets identifiables acquis.

En effet, conformément à la formule de calcul du goodwill (voir nº 22180), le goodwill partiel est égal à la différence entre :
- le prix d'acquisition augmenté de la quote-part des intérêts minoritaires dans la juste valeur des actifs nets identifiables ; et
- le montant des actifs nets identifiables évalués à leur juste valeur (quote-part des minoritaires et quote-part de l'acquéreur).

Autrement dit, le goodwill partiel correspond à la différence entre le prix payé et la quote-part de l'acquéreur dans les actifs nets identifiables.

Ce goodwill est qualifié de « partiel » parce qu'il est limité à la partie payée par l'acquéreur. Il n'inclut aucun goodwill afférent aux intérêts minoritaires.

b. **Méthode du goodwill complet** L'évaluation des intérêts minoritaires à leur juste valeur (y compris leur quote-part dans le goodwill) aboutit à la constatation d'un goodwill « complet ». Sauf en cas de prise de contrôle par achats successifs de titres (voir nº 23750), le goodwill « complet » représente la différence entre :
- le prix d'acquisition augmenté de la juste valeur des intérêts minoritaires ; et
- la juste valeur des actifs nets acquis.

En effet, ce goodwill correspond à la fois au goodwill au titre des intérêts majoritaires et à celui au titre des intérêts minoritaires. Il aboutit, en conséquence, à une augmentation des capitaux propres plus importante que selon la méthode du goodwill partiel (voir Exemple ci-après). Ainsi, en cas d'acquisition de moins de 100 % du capital de l'entité acquise, l'acquéreur constatera 100 % du goodwill comme pour les autres actifs et passifs acquis.

Pour les modalités d'évaluation de la juste valeur des intérêts minoritaires, voir nº 22172.

Le goodwill complet est différent du goodwill partiel uniquement en cas d'acquisition inférieure à 100 %.

2. **Différence entre goodwill complet et goodwill partiel dans le cas d'une acquisition indirecte** La méthode du goodwill complet aboutit à un résultat différent de celle du goodwill partiel en cas d'acquisition de 100 % d'une filiale détenant elle-même un pourcentage inférieur à 100 % dans une autre entité. Dans ce cas, les minoritaires dans la sous-filiale acquise sont calculés différemment selon la méthode utilisée :
- juste valeur, si utilisation de la méthode du goodwill complet ;
- quote-part de la juste valeur de l'actif net identifiable, si utilisation de la méthode du goodwill partiel.

3. **Conséquences du choix pour le goodwill complet** :

a. **Incidences sur les capitaux propres** A la date d'acquisition, le choix pour la méthode du goodwill complet par rapport à celle du goodwill partiel a pour effet d'augmenter les capitaux propres du montant du goodwill afférent aux intérêts minoritaires.

Ce choix peut ainsi s'avérer intéressant pour les sociétés ayant de faibles capitaux propres et/ou un ratio d'endettement élevé.

En outre, lors des exercices ultérieurs, en cas d'acquisition complémentaire de titres réalisée auprès des intérêts minoritaires, cette augmentation des capitaux propres demeurera. Elle permettra alors de compenser la diminution des capitaux propres résultant de la comptabilisation de l'acquisition complémentaire.

En effet, selon la norme IFRS 10, lors d'un rachat d'intérêts minoritaires, l'écart entre le prix payé et la valeur comptable des intérêts minoritaires est obligatoirement constaté en déduction des capitaux propres, voir nº 23730.

b. **Incidences en cas de dépréciation du goodwill** Si une dépréciation est à comptabiliser au titre du goodwill, celle-ci sera toutefois plus élevée si un goodwill complet a été comptabilisé car elle concernera également le goodwill alloué aux intérêts minoritaires. En revanche, la part de cette dépréciation affectée au groupe ne sera pas modifiée.

Pour les dépréciations du goodwill, voir nº 22710 s.

4. **Informations à fournir** La norme IFRS 3 précise que l'entité doit indiquer en annexe pour chaque acquisition inférieure à 100 % (IFRS 3.B64o) :
- le montant des minoritaires comptabilisé à la date d'acquisition et la base d'évaluation de ce montant (juste valeur ou quote-part dans la juste valeur des actifs nets identifiables) ; et
- pour les minoritaires évalués à la juste valeur, les techniques de valorisation ainsi que les principales variables des modèles utilisés pour déterminer cette valeur.

Exemple *Le 1/01/N, l'entité A acquiert 70 % du capital de l'entité B pour 900. La juste valeur des actifs nets identifiables est de 1 050 et celle des intérêts minoritaires est de 350. La quote-part des intérêts minoritaires dans les actifs nets identifiables est de 315 (30 % x 1 050).*

Solution de l'exemple :

1. *Calcul du goodwill selon la méthode du goodwill complet :*

Prix d'acquisition	*900*
Intérêts minoritaires (juste valeur)	*350*
Actifs nets identifiables	*(1 050)*
Goodwill complet	*200*

L'entité A doit comptabiliser les écritures suivantes :

Dt	*Actifs*	*1 050*	
Dt	*Goodwill complet*	*200*	
Ct	*Banque*		*900*
Ct	*Capitaux propres – Intérêts minoritaires*		*350*

2. ***Calcul du goodwill selon la méthode du goodwill partiel :***

Prix d'acquisition	*900*
Intérêts minoritaires (quote-part dans l'actif net de l'acquise)	*315*
Actifs nets identifiables	*(1 050)*
Goodwill partiel	*165*

L'entité A doit comptabiliser les écritures suivantes :

Dt	*Actifs*	*1 050*	
Dt	*Goodwill partiel*	*165*	
Ct	*Banque*		*900*
Ct	*Capitaux propres – Intérêts minoritaires*		*315*

Comptabilisation ultérieure du goodwill

22185 ***Question***

Le goodwill doit-il être amorti après sa comptabilisation initiale ?

Réponse

Non. En revanche, il doit faire l'objet d'un test de dépréciation au moins une fois par an, même en l'absence d'indice de perte de valeur.

Commentaires Le goodwill positif ne doit pas être amorti. En revanche, il doit faire l'objet d'un test de dépréciation réalisé, en principe, avant la fin de l'exercice d'acquisition. Toutefois, en pratique, l'acquéreur dispose, à notre avis, et sauf indice de perte de valeur, d'un délai supplémentaire pouvant aller jusqu'à la clôture de l'exercice qui suit celui de l'acquisition, voir nº 22645.

Ce délai correspond au délai dont dispose l'acquéreur pour l'affectation définitive du goodwill aux UGT ou groupes d'UGT, voir nº 22665.

Des tests doivent être effectués annuellement, ou plus fréquemment en cas d'indice de perte de valeur (IAS 36.90 et .96, IFRS 3.B63a), voir également nº 22635.

J. Acquisition à des conditions avantageuses : modalités de comptabilisation d'un profit

Profit résultant d'une acquisition à des conditions avantageuses

22205 ***Question***

Comment déterminer le profit résultant d'une acquisition à des conditions avantageuses ?

Réponse

Il s'agit de la différence, lorsqu'elle est négative, entre :

1. d'une part, **la somme des éléments suivants** :

a. prix d'acquisition, généralement constaté à sa juste valeur à la date d'acquisition, voir nº 21755 s. ;

b. montant des intérêts minoritaires de l'acquise, voir nº 22170 ;

c. pour les acquisitions par étapes, juste valeur à la date d'acquisition de la quote-part d'intérêts détenue par l'acquéreur dans l'acquise avant la prise de contrôle ;

2. et, d'autre part, **le montant net des actifs acquis et passifs, évalués à leur juste valeur à la date d'acquisition,** voir nº 21905 s.

Le profit ainsi calculé est attribué intégralement à l'acquéreur.

Commentaires Avant la constatation effective d'un profit relatif à une acquisition à des conditions avantageuses (« bargain purchase »), la norme IFRS 3 requiert que le processus d'identification et de valorisation des différents éléments pris en compte dans son calcul soit vérifié pour confirmer l'existence effective de ce profit (IFRS 3.34 à .36 et .BC371 à .BC381).

Cette vérification vise à s'assurer que toutes les informations disponibles ont été prises en compte dans le processus d'identification et d'évaluation des éléments du profit (IFRS 3.BC375). L'absence de justification concernant la réalisation du profit pourrait en effet laisser craindre des erreurs de valorisation de ses éléments constitutifs (IFRS 3.BC372 à .BC378).

Une fois cette vérification effectuée, la différence déterminée doit être comptabilisée comme un profit, part du groupe, à la date d'acquisition (IFRS 3.34).

Un profit relatif à une acquisition à des conditions avantageuses résulte notamment de circonstances où l'écart d'acquisition est très faible ou négatif et la réévaluation des actifs à leur juste valeur conduit à un tel profit ou accroît ce profit. Dans ce cas, il convient :
- de s'assurer de la correcte évaluation des actifs incorporels et de l'identification des passifs éventuels ;
- de vérifier que les autres actifs et passifs ne sont pas surévalués ou sous-évalués ;
- d'analyser la logique économique, financière et opérationnelle du « bargain purchase » : bonne affaire, restructuration importante potentielle future n'ayant pas pu donner lieu à provision ou conditions actuelles d'exploitation qui ne permettent pas de valoriser au mieux certains actifs incorporels (marques, par exemple).

Le montant de ce profit sera différent selon que l'acquéreur choisit d'évaluer les intérêts minoritaires (voir nº 22170) à leur juste valeur (méthode du goodwill complet) ou sur la base de leur quote-part dans la juste valeur de l'actif net identifiable de l'acquise (méthode du goodwill partiel) (voir Exemple ci-après).

La norme IFRS 3 requiert que l'acquéreur fournisse les informations suivantes dans les notes annexes (IFRS 3.B64n) :
- le montant du profit résultant de l'acquisition à des conditions avantageuses et le poste de l'état du résultat global dans lequel cet excédent est comptabilisé (pour plus de détails, voir nº 22800) ; et
- les raisons pour lesquelles l'acquisition se traduit par un profit.

Remarque La comptabilisation d'un tel profit ne devrait intervenir, a priori, que dans les situations suivantes (IFRS 3.35, .BC371, .BC379 et .BC381) :
- vente forcée nécessitant que la vente se réalise dans un délai très court ;

Par exemple, après le décès d'un dirigeant clé.

- ou impossibilité pour l'acquéreur d'identifier certains éléments de l'acquise ne répondant pas aux critères de comptabilisation d'IFRS 3 à la date d'acquisition, ou les évaluer à la juste valeur conformément à IFRS 3.

Ainsi, par exemple, lors d'un regroupement, l'acquéreur peut s'attendre à effectuer des restructurations (comme le feraient d'ailleurs d'autres intervenants de marché) sans pouvoir les comptabiliser séparément en passif identifiable à la date d'acquisition.

Exemple *(IFRS 3.IE46 à .IE49) Le 1/01/N, une entité A acquiert 80 % du capital d'une entité B pour 150. Les précédents actionnaires de B sont contraints de vendre à une date précise et ne disposent pas, en conséquence, de suffisamment de temps pour rechercher plusieurs acquéreurs potentiels.*

A la date d'acquisition, la juste valeur des actifs identifiables de B est de 250 et la juste valeur des passifs de 50.

La juste valeur des 20 % d'intérêts minoritaires dans B a été évaluée à 42 par un évaluateur externe.

Solution de l'exemple *L'entité A a décidé de comptabiliser cette acquisition selon la méthode du goodwill complet. La juste valeur de l'actif net identifiable de B (200) est supérieure au prix payé (150) augmenté de la juste valeur des intérêts minoritaires (42).*

Après revue des processus de valorisation des différents éléments constitutifs de ce profit, A confirme qu'un profit résultant d'une acquisition à des conditions avantageuses, calculé comme suit, doit être constaté :

Actifs nets identifiables	*200*
Prix d'acquisition	*(150)*
Juste valeur des intérêts minoritaires	*(42)*
Profit	*8*

L'entité A doit comptabiliser les écritures suivantes :

Dt	*Actifs*	*250*	
Ct	*Banque*		*150*
Ct	*Passifs*		*50*
Ct	*Capitaux propres – Intérêts minoritaires*		*42*
Ct	*Profit résultant d'une acquisition à des conditions avantageuses*		*8*

Remarque *Si l'acquéreur avait choisi d'évaluer les intérêts minoritaires dans B sur la base de leur quote-part dans la juste valeur de l'actif net identifiable de B à la date d'acquisition (méthode du goodwill partiel), le montant de ces intérêts minoritaires aurait été de 40 (200 x 20 %).*

Le profit aurait alors été calculé de la manière suivante :

Actifs nets identifiables	*200*
Prix d'acquisition	*(150)*
Quote-part dans la juste valeur de l'actif net identifiable	*(40)*
Profit	*10*

La différence de 2 entre le profit constaté selon le goodwill complet (8) et le profit constaté selon le goodwill partiel (10) est liée aux modalités d'évaluation des intérêts minoritaires. Elle correspond à la différence entre la juste valeur des intérêts minoritaires et la quote-part des intérêts minoritaires dans la juste valeur de l'actif net identifiable. Cette différence correspond, en règle générale, au goodwill des minoritaires.

Revue du processus d'identification et de valorisation des actifs et passifs identifiables

22207 ***Question***

Quelles précautions l'acquéreur doit-il prendre avant de constater un profit résultant d'une acquisition avantageuse concernant l'identification et le processus de valorisation des actifs et passifs identifiables ?

Réponse

L'acquéreur doit s'assurer qu'il a correctement réalisé l'identification des actifs acquis et des passifs assumés et revoir les procédures mises en œuvre à la date d'acquisition pour l'évaluation de certains éléments.

Commentaires Avant de constater un profit, l'acquéreur doit s'assurer qu'il a correctement identifié tous les actifs acquis et les passifs assumés. Le cas échéant, il doit comptabiliser les actifs et passifs supplémentaires identifiés au cours de sa revue (IFRS 3.36).

Il doit ensuite revoir les procédures d'évaluation mises en œuvre à la date d'acquisition concernant :
- les actifs acquis et passifs assumés identifiables ;
- les intérêts minoritaires dans l'acquise, le cas échéant ;
- les participations initialement détenues dans l'acquise, dans le cas d'une acquisition par achats successifs de titres ; et
- le prix d'acquisition, y compris les ajustements éventuels ultérieurs.

L'objectif de cette revue est de s'assurer que les évaluations effectuées prennent en compte de manière appropriée toutes les informations disponibles à la date d'acquisition.

Pour la comptabilisation de ce profit, voir nº 22210.

Décision de l'ESMA En la matière, l'ESMA a contesté les méthodes d'évaluation appliquées par une entreprise dans le cadre d'un regroupement d'entreprises, en rappelant les points suivants, notamment (EECS/0115-04, 07/15) :
- l'évaluation doit être effectuée du point de vue d'un acteur de marché et non pas du seul point de vue de l'acquéreur ;
- le fait que l'évaluation soit effectuée pas un expert indépendant ne décharge pas l'entreprise de la responsabilité du choix des hypothèses et modèles de valorisation ;
- le prix de sortie des actifs doit tenir compte des entrées et sorties futures de trésorerie relatives à ces actifs compte tenu de leur état et niveau de performance (notamment nécessité d'investissements futurs ou de remplacement).

Comptabilisation du profit résultant d'une acquisition à des conditions avantageuses

22210 ***Question***

Comment comptabiliser le profit résultant d'une acquisition à des conditions avantageuses ?

Réponse

Immédiatement dans le résultat de l'exercice d'acquisition, en l'attribuant en totalité à l'acquéreur.

Commentaires Le profit résultant d'une acquisition à des conditions avantageuses est comptabilisé dans le résultat de l'exercice d'acquisition en l'attribuant en totalité à l'acquéreur, sans distinction entre les différents éléments susceptibles d'être à l'origine de cet excédent, mais après vérification de l'évaluation des éléments le constituant (IFRS 3.34, .36 et .BC371 à .BC381), voir nº 22207.

Pour la présentation de ce profit dans l'état du résultat global, voir nº 22800.

K. Détermination des transactions faisant partie d'un regroupement d'entreprises

1. Distinction entre transactions faisant partie du regroupement et transactions distinctes

Principe général de distinction

22240 Pour plus de détails, voir nº 21645.

2. Relations préexistantes entre l'acquéreur et l'acquise

Relation préexistante entre l'acquéreur et l'acquise à laquelle le regroupement met fin

22245 ***Question***

Comment comptabiliser le dénouement d'une relation entre l'acquéreur et l'acquise résultant du regroupement d'entreprises ?

Réponse

Comme une transaction distincte du regroupement d'entreprises.

Ainsi, lorsqu'une relation préexistante est dénouée du fait d'un regroupement, l'acquéreur doit, le cas échéant, constater un gain/une perte lié(e) au dénouement de cette relation.

L'évaluation de ce gain/cette perte diffère selon la nature de la relation préexistante entre l'acquéreur et l'acquise :

1. **S'il s'agit d'une relation préexistante non contractuelle,** le gain/la perte correspondant au montant à hauteur duquel le contrat est favorable/défavorable est évalué(e) à la juste valeur.

2. **S'il s'agit d'une relation préexistante contractuelle,** le gain/la perte est évalué(e) sur la base du montant le plus faible entre :
   - le montant à hauteur duquel le contrat est favorable/défavorable pour l'acquéreur par référence à des transactions de marché identiques ou similaires ; et
   - l'indemnité de résiliation prévue par le contrat.

Ce gain/cette perte est comptabilisé(e) dans le résultat post-acquisition de l'acquéreur.

Enfin, le prix d'acquisition est corrigé pour en exclure le montant du gain/de la perte résultant du dénouement de la relation préexistante.

Ce montant constitue, en effet, non pas un élément du prix versé en échange de la prise de contrôle de la cible mais le règlement d'une transaction distincte du regroupement.

Commentaires :

1. **Notion de relations préexistantes** L'acquéreur et l'acquise peuvent avoir été parties prenantes dans des relations contractuelles ou non contractuelles avant le regroupement. Par exemple (IFRS 3.B51) :

a. **relation non contractuelle** : un litige opposant l'acquise et l'acquéreur ;

b. **relation contractuelle** : l'acquise et l'acquéreur sont liés :
- soit par un contrat client/fournisseur ;
- soit par un contrat conférant un droit d'utilisation (de licence ou de marque par exemple) : il s'agit alors d'un droit réacquis (voir nº 22485).

Remarque Parmi les relations préexistantes, seuls les droits réacquis (par exemple un droit d'utilisation d'une marque) donnent lieu à la constatation d'un incorporel lors de la constatation initiale du regroupement, la valeur de marché des autres relations préexistantes (par exemple un contrat client/fournisseur, voir Exemple 2 ci-après) faisant partie du goodwill (IFRS 3.IE64 à .IE67 et IFRIC Update 11/10).

Pour les particularités liées à l'évaluation d'un droit réacquis, voir nº 22095.

2. **Traitement du dénouement d'une relation préexistante** Un regroupement d'entreprises a pour effet, dans les comptes consolidés, de dénouer la relation qui existait entre l'acquéreur et l'acquise.

En effet, même si cette relation perdure après l'acquisition entre ces deux entités, elle n'existe plus au niveau des comptes consolidés, l'acquéreur et l'acquise faisant partie du même groupe.

Cette relation peut présenter pour l'acquéreur un caractère favorable ou défavorable. L'« arrêt » de cette relation justifie alors de comptabiliser en résultat l'effet de ce caractère favorable/défavorable à la date du regroupement. S'agissant d'une transaction distincte du regroupement d'entreprises (voir nº 21645), le gain/la perte correspondant(e) vient augmenter/réduire le prix d'acquisition du regroupement (voir Exemples ci-après).

En effet, dans ce cas, le prix versé par l'acquéreur au vendeur rémunère deux éléments : l'acquisition de la cible et le dénouement de la relation préexistante. Le dénouement d'une relation préexistante entre l'acquéreur et l'acquise ne sous-entend pas nécessairement que le regroupement d'entreprises met fin à cette relation. C'est le caractère favorable ou défavorable de cette relation qui prend fin :
- cette relation étant désormais entre deux entités d'un même groupe, du fait du regroupement d'entreprises ;
- ses effets devant, en conséquence, être annulés au niveau des comptes consolidés du groupe (voir Exemple 2 ci-après).

a. **Evaluation du gain ou de la perte résultant du dénouement** Cette évaluation diffère selon que la relation est contractuelle ou non contractuelle (IFRS 3.B52) :

i. **relations préexistantes non contractuelles** Le gain/la perte au titre du dénouement de la relation préexistante non contractuelle, doit être évalué(e) à la juste valeur (IFRS 3.B52a ; voir Exemple 1 ci-après) ;

ii. **relations préexistantes contractuelles** Le gain/la perte au titre du dénouement de cette relation est évalué(e) sur la base du montant le plus faible entre (voir Exemple 2 ci-après) :
- le montant à hauteur duquel le contrat est favorable/défavorable pour l'acquéreur en se référant à la valeur de marché d'un contrat identique ou similaire ; et
- l'indemnité de résiliation prévue par le contrat en faveur de celui pour lequel le contrat est défavorable.

Il est en effet supposé que le montant qui pourrait régler la relation préexistante ne peut être plus élevé que le montant auquel les deux parties se sont accordées contractuellement pour régler la relation.

Remarque Quelle que soit la nature de la relation préexistante (contractuelle ou non contractuelle) à laquelle le regroupement met fin, le montant du gain/de la perte ainsi calculé doit être ajusté si l'acquéreur a antérieurement constaté un actif ou un passif au titre de cette relation préexistante (IFRS 3.B52 et .IE57 ; voir Exemple 2 ci-après).

b. **Impact en résultat du dénouement de la relation préexistante** Le gain/la perte résultant du dénouement doit être comptabilisé(e) dans le résultat post-acquisition.

Dans le cas d'un dénouement de relation préexistante non contractuelle, l'acquéreur comptabilisera un profit si le dénouement de la relation doit lui être favorable et une perte dans le cas inverse.

c. Impact du dénouement de la relation préexistante sur le prix d'acquisition :

i. **décomposition du prix d'acquisition** Il est en effet considéré que le prix d'acquisition de la cible comprend deux éléments distincts (voir Exemples 1 et 2 ci-après) :
- les éléments versés en échange de la prise de contrôle de la cible, pris en compte dans le calcul du goodwill (IFRS 3.B52) ; et
- le règlement d'une transaction distincte du regroupement, donnant lieu à comptabilisation d'un gain (d'une perte) post-regroupement ;

ii. correction du prix d'acquisition Le prix d'acquisition du regroupement est ainsi corrigé pour exclure le montant constaté en gain/perte relatif au dénouement de la relation préexistante. Ce montant constitue, en effet, non pas un élément du prix versé en échange de la prise de contrôle de la cible mais le règlement d'une transaction distincte du regroupement.

***Exemple 1** — Dénouement d'une relation préexistante non contractuelle L'entité A acquiert l'entité B pour 50 et la juste valeur de l'actif net identifiable de B est de 40. Avant le regroupement, l'entité B a porté plainte contre l'entité A pour contrefaçon de brevet ; une provision pour litige a en conséquence été constatée dans les comptes de A. Le montant de cette provision dans les derniers comptes annuels de A s'élève à 3.*

Le prix d'acquisition comprend le règlement du litige avec B. La juste valeur du dénouement du litige est estimée à 4.

> ***Remarque** Cette estimation doit être faite même si aucun montant n'a été indiqué dans le contrat d'acquisition.*

***Solution de l'exemple 1** L'acquisition de B et le règlement du litige sont comptabilisés comme des transactions distinctes. Le prix payé de 50 se décompose comme suit :*
- *prix d'acquisition du regroupement pour 46 ; et*
- *coût du litige qui s'élève à 4.*

Le goodwill de 6 est calculé par différence entre le prix d'acquisition (46) et le montant de l'actif net identifiable (40).

Le dénouement de la relation non contractuelle donne donc lieu à une perte de 1 (coût du litige, 4, moins l'annulation de la provision antérieurement comptabilisée, (3), comptabilisée dans le résultat de A.

Les écritures à constater sont les suivantes :
- *Acquisition de B :*

Dt	*Actifs nets identifiables*	*40*	
Dt	*Goodwill*	*6*	
Ct	*Trésorerie*		*46*

- *Perte à constater au titre du dénouement de la relation non contractuelle (litige) résultant du regroupement :*

Dt	*Charge (coût du litige)*	*4*	
Ct	*Trésorerie*		*4*
Dt	*Provision*	*3*	
Ct	*Reprise de provision*		*3*

***Exemple 2** — Dénouement d'une relation préexistante contractuelle (IFRS 3.IE54 à .IE57) L'entité A achète des composants électroniques à prix fixe à l'entité C, sur la base d'un contrat de fourniture d'une durée de 5 ans.*

Ces prix fixes sont supérieurs à ceux que paierait A pour se procurer de tels composants auprès d'un autre fournisseur. A peut rompre le contrat avant son terme initial de 5 ans en versant une indemnité de résiliation de 6.

Trois ans avant l'échéance du contrat de fourniture, A achète C pour 50 (juste valeur de C sur la base de ce que d'autres intervenants du marché seraient prêts à payer pour l'acquérir). La juste valeur de l'actif net identifiable de C est de 40 (hors contrat).

Ce montant de 50 inclut la juste valeur du contrat de fourniture à hauteur de 8 évaluée comme suit :
– 3, correspondant à la valeur de marché d'un contrat similaire (y compris les efforts de vente, les relations clients, etc.) ; et
– 5, correspondant au caractère défavorable du contrat (prix des composants électroniques facturés à A supérieurs à ceux pratiqués sur le marché).

Aucune des deux entités n'a comptabilisé d'actif ou de passif relatif au contrat de fourniture avant l'acquisition de C.

Solution de l'exemple 2 *A doit comptabiliser une perte de 5 dans le résultat post-acquisition, égale au montant le plus faible entre :*
– l'indemnité de résiliation de 6 prévue par le contrat ; et
– le montant de 5 à hauteur duquel le contrat est défavorable pour l'acquéreur.

En conséquence, le prix d'acquisition est ajusté de 50 à 45. Il est en effet considéré que le montant de 5 correspond au dénouement du contrat de fourniture et non à la rémunération du regroupement d'entreprises. Le contrat n'est pas valorisé dans la comptabilité d'acquisition (voir Remarque au point 1. ci-avant).

Le goodwill de 5 est calculé par différence entre le prix d'acquisition (45) et le montant de l'actif net identifiable (40).

Les écritures à constater sont les suivantes :
– Acquisition de C :

Dt	*Actifs nets identifiables*	*40*	
Dt	*Goodwill*	*5*	
Ct	*Trésorerie*		*45*

– Perte à constater au titre du contrat :

Dt	*Charge*	*5*	
Ct	*Trésorerie*		*5*

Remarque *Si l'entité A avait comptabilisé, avant l'acquisition de C, une dette fournisseur de 6 au titre du contrat de fourniture de composants électroniques, elle aurait alors constaté, lors de l'acquisition, un gain de 1 au titre du dénouement du contrat (différence entre la perte sur contrat de 5 et la dette fournisseur comptabilisée pour 6).*

3. Remplacement par l'acquéreur d'un plan accordé par l'acquise à ses salariés

Principe général

22250 ***Question***

Comment comptabiliser le remplacement par l'acquéreur d'un plan (stock-options, actions gratuites, PEE, etc.) accordé par l'acquise à ses salariés ?

Réponse

Une partie de la juste valeur du plan de remplacement qui sera dénoué en actions de l'acquéreur est affectée au prix d'acquisition du regroupement d'entreprises (et donc au goodwill). La partie non affectée au prix d'acquisition constitue une charge de rémunération post-acquisition.

Commentaires En raison du regroupement d'entreprises, l'acquéreur peut être amené à remplacer un plan (attributions de stock-options, d'actions gratuites, PEE, etc.) accordé par l'acquise à ses salariés par un plan portant sur des actions de l'acquéreur (dénommé ci-après le « remplacement »). En général, dans ce type de remplacement, l'acquéreur remplace un plan qui portait sur des titres de l'acquise par un plan portant sur ses propres titres.

Par exemple, une société A achète 100 % d'une société C. Avant le regroupement d'entreprises, la société C avait attribué un plan de 100 actions gratuites à chacun de ses salariés. Dans le cadre de l'acquisition, l'acquéreur A remplace l'attribution de 100 actions gratuites de C par une attribution de 75 actions gratuites de A.

Lorsque le plan de l'acquise est remplacé par l'acquéreur, tout ou partie de la juste valeur du plan de remplacement est considérée comme étant une composante du prix du regroupement (IFRS 3.B56), venant ainsi majorer l'éventuel goodwill. La partie non affectée au prix d'acquisition constitue une charge de rémunération post-acquisition.

Pour les modalités d'allocation de la juste valeur du plan de remplacement, voir nº 22255.

Ce traitement s'applique au remplacement d'un plan initié par l'acquéreur, que le remplacement soit effectué de façon volontaire par l'acquéreur ou que ce dernier ait l'obligation de remplacer le plan de l'acquise.

Un acquéreur est considéré comme ayant l'obligation de remplacer le plan de l'acquise si cette dernière ou ses salariés ont la possibilité de lui imposer le remplacement. Il en est ainsi (IFRS 3.B56) si ce remplacement est prévu dans l'accord d'acquisition ou dans le règlement du plan mis en place par l'acquise, ou encore s'il est rendu obligatoire par la loi ou un règlement.

Remplacement d'un plan portant sur des actions accordé par l'acquise : distinction entre composante du prix d'acquisition et charge post-acquisition

22255 ***Question***

Dans le cas où l'acquéreur remplace un plan de paiement fondé sur des actions accordé par l'acquise, comment distinguer la part de la juste valeur du plan de remplacement constituant une composante du prix d'acquisition du regroupement de celle à constater en charges de rémunération post-acquisition ?

Réponse

Dans un premier temps, il convient d'évaluer, à la date d'acquisition, la juste valeur du plan initial accordé par l'acquise et celle du plan accordé en remplacement par l'acquéreur, conformément aux méthodes d'évaluation préconisées par la norme IFRS 2, Paiement fondé sur des actions.

Dans un second temps, la juste valeur du plan accordé en remplacement par l'acquéreur est répartie entre :
- la part relative à des services rendus avant le regroupement, à comptabiliser en tant que composante du prix d'acquisition ; et
- la part résiduelle (considérée comme relative à des services post-acquisition), à comptabiliser comme une charge de rémunération post-acquisition. Si aucun service n'est requis de la part des bénéficiaires au titre de ces avantages après la date d'acquisition (pas de condition de présence), cette charge est constatée immédiatement en résultat. Dans le cas contraire, cette charge est, à notre avis, étalée conformément à IFRS 2 sur la période résiduelle d'acquisition des droits.

Commentaires Pour déterminer la part de la juste valeur du remplacement affectée au prix d'acquisition du regroupement, il convient de procéder en deux temps :

1. **Evaluation, selon les dispositions d'IFRS 2, de la juste valeur à la date d'acquisition du plan initial attribué par l'acquise et du nouveau plan accordé en remplacement par l'acquéreur** (IFRS 3.B57).

La norme IFRS 2 impose une méthode d'évaluation fondée sur la juste valeur et intitulée « market-based measure » par IFRS 3. L'application de cette méthode d'évaluation aboutit à un montant généralement différent de celui qu'un intervenant du marché accepterait de payer à une certaine date pour acquérir les droits (la juste valeur à cette date). En effet, certaines caractéristiques d'un plan, telles que les conditions de présence, ne sont pas prises en compte pour la détermination de la juste valeur IFRS 2 des droits attribués.

Toutefois, par simplification, nous utilisons ci-après le terme « juste valeur » pour traduire la « market-based measure » qui correspond à la juste valeur au sens de la norme IFRS 2.

2. **Modalités de répartition de la juste valeur du plan de remplacement accordé par l'acquéreur** L'analyse du plan accordé en remplacement par l'acquéreur conduit à la décomposition de sa juste valeur de la manière suivante :

a. une part considérée comme relative **à la rémunération de services qui ont été rendus avant le regroupement d'entreprises.** Cette partie est affectée au prix d'acquisition du regroupement (IFRS 3.B57) ; et

b. **la part résiduelle,** considérée comme **relative à des services post-acquisition,** et comptabilisée comme une charge de rémunération post-acquisition (IFRS 3.B59). Si des services nécessaires à l'acquisition des droits initiaux restent à rendre après l'acquisition, cette charge devra à notre avis être étalée conformément à IFRS 2 sur la période résiduelle d'acquisition des droits. Dans le cas contraire, c'est-à-dire si aucun service n'est requis des bénéficiaires de ces avantages après la date d'acquisition, cette charge est comptabilisée immédiatement en résultat.

Cette répartition est effectuée de la manière suivante, sur la base de la période d'acquisition des droits :

La méthode décrite dans le tableau ci-après est identique que le remplacement soit classé selon IFRS 2 comme une dette (« cash settled ») ou comme un instrument de capitaux propres (« equity settled ») (IFRS 3.B61).

<table>
<tr><th>Part de la juste valeur du plan de l'acquise relative aux services pré-regroupement d'entreprises
(IFRS 3.B58)

(A)</th><th>Part de la juste valeur du plan de remplacement relative aux services post-regroupement d'entreprises
(IFRS 3.B59)
(B)</th></tr>
<tr><td>Juste valeur du plan de l'acquise × Période d'acquisition des droits déjà écoulée à la date d'acquisition
――――――――――――――――――――
Période la plus élevée entre :
- période d'acquisition totale des droits (1) ;
et
- période initiale d'acquisition des droits du plan accordé par l'acquise (2)</td><td>Juste valeur de l'avantage accordé en remplacement par l'acquéreur
–
Partie attribuable aux services pré-regroupement d'entreprises
(= A)</td></tr>
<tr><td colspan="2">(1) La période d'acquisition des droits est la période pendant laquelle toutes les conditions d'acquisition des droits telles que définies par IFRS 2 (IFRS 2.19 à .21 et .A) doivent être satisfaites (IFRS 3.B58).
(2) La période d'acquisition totale des droits est égale à la somme de :
– la période d'acquisition des droits déjà écoulée à la date d'acquisition ; et
– la période d'acquisition post-regroupement des droits octroyés en remplacement par l'acquéreur.</td></tr>
</table>

Remarque Les effets des impôts sur le résultat liés à un remplacement de plan par l'acquéreur dans le cadre d'un regroupement d'entreprises sont comptabilisés conformément à la norme IAS 12, Impôts sur le résultat (IFRS 3.B62).

3. **Conséquences des modalités de répartition de la juste valeur du plan de remplacement accordé par l'acquéreur** La partie des droits considérée comme relative à des services post-regroupement d'entreprises (colonne B du tableau ci-avant) correspond à l'excédent, à la date d'acquisition, de la juste valeur des droits accordés en remplacement par l'acquéreur sur la partie de la juste valeur des droits accordés par l'acquise affectée aux services pré-regroupement d'entreprises (colonne A du tableau ci-avant) (IFRS 3.B59).

Ainsi, dès lors que la juste valeur du plan de remplacement est supérieure à la juste valeur du plan de l'acquise, la totalité de l'excédent est affectée à une charge de rémunération post-acquisition.

Une partie des droits accordés en remplacement par l'acquéreur est ainsi attribuée à des services post-regroupement et ce même si les salariés de l'acquise ont rempli tous les services nécessaires à l'acquisition des droits initiaux attribués par l'acquise avant la date d'acquisition (IFRS 3.B59).

L'IASB a également précisé que la juste valeur du plan accordé en remplacement par l'acquéreur constitue en totalité une charge de rémunération dans les situations dans lesquelles (IFRS 3.B56) :
- les avantages du plan initial prennent fin du fait du regroupement d'entreprises ; et
- si l'acquéreur remplace néanmoins ce plan de façon volontaire.

En effet, dans ces situations, aucune partie de la juste valeur du nouveau plan ne peut être affectée au prix d'acquisition du regroupement d'entreprises, la juste valeur du plan initial étant nulle à la date du regroupement d'entreprises (puisque prenant fin du fait du regroupement d'entreprises) (IFRS 3.BC311B).

La répartition entre prix d'acquisition du regroupement et charge post-acquisition doit être fondée sur la meilleure estimation disponible, à la date d'acquisition, du nombre d'instruments octroyés en remplacement et qui devraient être acquis à l'issue de la période totale d'acquisition des droits (IFRS 3.B60).

Par exemple, si la juste valeur du plan de remplacement affectée au prix d'acquisition du regroupement est de 100 et que l'acquéreur estime que seuls 95 % des instruments seront acquis par les bénéficiaires à l'issue de la période d'acquisition des droits, le montant inclus dans le prix d'acquisition sera de 95.

Afin d'effectuer cette répartition, il convient d'apprécier si l'on se situe dans l'une des quatre situations suivantes. Les exemples présentés ci-après illustrent ces différents cas.

		Plan portant sur des actions accordé par l'acquise	
		Période initiale d'acquisition des droits terminée avant la date d'acquisition	Période initiale d'acquisition des droits non terminée avant la date d'acquisition
Plan portant sur des actions accordé en remplacement par l'acquéreur	Services futurs non requis, pour les bénéficiaires, après la date d'acquisition	Exemple 1	Exemple 4
	Services futurs requis, pour les bénéficiaires, après la date d'acquisition	Exemple 2	Exemple 3

Exemple 1 *(IFRS 3.IE62 à .IE64) L'entité A acquiert l'entité C. A attribue un nouveau plan pour une juste valeur de 110 (« market-based value »), pour remplacer un plan initial accordé par C à ses salariés dont la juste valeur est de 100 (« market-based value ») à la date du regroupement.*

La période d'acquisition des droits liés au plan initial attribué par C est déjà entièrement écoulée à la date d'acquisition. Les salariés n'ont pas l'obligation de fournir des services complémentaires après la date d'acquisition de C.

Par hypothèse, les transactions avec les salariés sont considérées comme dénouées en instruments de capitaux propres (plans « equity settled »).

Solution de l'exemple 1 *Le montant attribuable à des services pré-regroupement correspond à la juste valeur à la date du regroupement du plan accordé par C, soit 100. Ce montant est inclus dans le prix d'acquisition de C.*

Le montant correspondant aux services post-regroupement est de 10, soit la différence entre la valeur totale du plan accordé en remplacement par l'acquéreur (110) et la partie relative aux services pré-regroupement (100). Les salariés n'ayant pas l'obligation de fournir de services post-regroupement, A comptabilise immédiatement les 10 en charge de rémunération dans ses états financiers post-regroupement.

Exemple 2 *(IFRS 3.IE65 à .IE67) L'entité A acquiert l'entité C. A attribue un nouveau plan pour remplacer un plan initial accordé par C à ses salariés ; la juste valeur de ces deux plans est de 100 (« market-based value ») à la date du regroupement.*

La période d'acquisition du plan initial octroyé par l'acquise était de 4 ans. A la date d'acquisition, les salariés de l'acquise n'ayant pas exercé leurs droits ont travaillé 7 ans depuis l'attribution.

Le plan de substitution émis en remplacement par A requiert une année de services postérieurement au regroupement.

Par hypothèse, les transactions avec les salariés sont considérées comme dénouées en instruments de capitaux propres (plans « equity settled »).

Solution de l'exemple 2 *Même si la période d'acquisition du plan initial est terminée pour les salariés de C, A doit allouer une partie de la juste valeur du nouveau plan octroyé en remplacement à des charges de rémunération post-regroupement sur la base d'IFRS 3.B59. En effet, les salariés sont obligés de fournir une année de services post-regroupement pour acquérir les droits relatifs au plan accordé en remplacement par A.*

La durée totale d'acquisition des droits est donc de 5 ans, correspondant aux 4 ans initialement requis par C plus une année requise au titre de l'avantage accordé en remplacement par A.

Le montant attribuable à des services pré-regroupement est de 80. Il correspond à la juste valeur à la date du regroupement des droits initiaux accordés par C, soit 100 multiplié par 4/5.

Remarque *4/5 représente le ratio entre la période d'acquisition des droits du plan accordé par l'acquise (4 ans) et la période totale d'acquisition des droits (4 ans + 1 an).*

Ce montant de 80 est inclus dans le prix d'acquisition de C.

La différence de 20 entre la juste valeur totale de l'attribution accordée en remplacement par l'acquéreur (100) et la partie attribuable aux services pré-regroupement (80) est comptabilisée en charge de rémunération dans les états financiers post-regroupement de A.

Exemple 3 *(IFRS 3.IE68 et .IE69) L'entité A acquiert l'entité C. A attribue un nouveau plan pour remplacer un plan initial accordé par C à ses salariés ; la juste valeur de ces deux plans est de 100 (« market-based value ») à la date du regroupement.*

La période d'acquisition initiale des droits octroyés par l'acquise est de 4 ans. A la date d'acquisition, les salariés de l'acquise ont déjà travaillé 2 ans depuis l'octroi des avantages.

Le plan de substitution attribué en remplacement par A requiert une seule année de services post-regroupement.

Par hypothèse, les transactions avec les salariés sont considérées comme dénouées en instruments de capitaux propres (plans « equity settled »).

Solution de l'exemple 3 *Comme les salariés de C ont déjà travaillé 2 ans, la nouvelle période totale d'acquisition des droits est de 3 ans (2 ans + 1 an de services post-regroupement requis au titre des droits octroyés en remplacement par A).*

Le montant attribuable à des services pré-regroupement est de 50. Ce montant correspond à la juste valeur à la date du regroupement des droits initiaux accordés par C, soit 100 multiplié par 2/4.

Remarque *2/4 correspond au ratio entre la période d'acquisition des droits du plan initial accordé par l'acquise déjà écoulée à la date d'acquisition (2 ans) et la période la plus longue entre la période totale d'acquisition des droits (3 ans) et la période initiale d'acquisition des droits du plan accordé par l'acquise (4 ans).*

Ce montant de 50 est inclus dans le prix d'acquisition de C.

La différence de 50 entre la juste valeur totale de l'attribution accordée en remplacement par l'acquéreur (100) et la partie attribuable aux services pré-regroupement (50) est comptabilisée en charge de rémunération dans les états financiers post-regroupement de A.

Exemple 4 *(IFRS 3.IE70 et .IE71) L'entité A acquiert l'entité C. A attribue un nouveau plan pour remplacer un plan initial accordé par C à ses salariés ; la juste valeur de ces deux plans est de 100 (« market-based value ») à la date du regroupement.*

La période d'acquisition initiale du plan octroyé par l'acquise est de 4 ans ; à la date d'acquisition, les salariés de l'acquise ont déjà travaillé 2 ans depuis l'octroi des avantages.

Les avantages émis en remplacement par A ne requièrent aucun service post-regroupement.

Par hypothèse, les transactions avec les salariés sont considérées comme dénouées en instruments de capitaux propres (plans « equity settled »).

Solution de l'exemple 4 *Le montant attribuable à des services pré-regroupement est de 50, et correspond à la juste valeur à la date du regroupement des droits initiaux accordés par C, soit 100 multiplié par 2/4.*

Remarque *2/4 correspond au ratio entre la période d'acquisition des droits du plan initial accordé par l'acquise déjà écoulée à la date d'acquisition (2 ans) et la période la plus longue entre la période totale d'acquisition des droits (2 ans) et la période initiale d'acquisition des droits du plan accordé par l'acquise (4 ans).*

Ce montant de 50 est inclus dans le prix d'acquisition de C.

La différence de 50 entre la juste valeur totale de l'attribution accordée en remplacement par l'acquéreur (100) et la partie attribuable aux services pré-regroupement (50) est comptabilisée immédiatement en charges de rémunération dans les états financiers post-regroupement de A.

Remplacement par l'acquéreur d'un plan portant sur des actions accordé par l'acquise : règlement en trésorerie

22256 ***Question***

Dans le cas où l'acquéreur décide de régler le plan par le paiement d'un montant en trésorerie, comment distinguer la part de la juste valeur du plan de remplacement constituant une composante du prix d'acquisition du regroupement de celle à constater en charges de rémunération post-acquisition ?

Réponse

A notre avis, selon les mêmes modalités que pour les remplacements de plan en instruments de capitaux propres de l'acquéreur, voir n° 22255.

Commentaires Un acquéreur peut décider de régler les plans en cours de l'acquise par le versement aux bénéficiaires d'un montant de trésorerie plutôt que par la remise de ses propres instruments de capitaux propres.

La comptabilisation des règlements de plans en trésorerie est traitée par la norme IFRS 2 dans un cadre général et non pas dans le cadre d'un regroupement d'entreprises. La norme IFRS 3 ne fournit pas d'indication sur ce point.

A notre avis, les principes qui s'appliquent à la comptabilisation des remplacements de plans en instruments de capitaux propres peuvent également s'appliquer aux règlements des plans de l'acquise en trésorerie. Il convient ainsi, et selon les mêmes modalités, de répartir le montant versé en trésorerie entre :

– la part relative à des services rendus avant le regroupement, comptabilisée en tant que composante du prix d'acquisition ; et

– la part résiduelle (considérée comme relative à des services post-acquisition), comptabilisée comme une charge de rémunération post-acquisition.

Pour plus de détails, voir nº 22255.

Exemple *Le 31/12/N, l'entité C acquiert l'entité D et a l'obligation de remplacer les plans de stock-options en place chez D. La période d'acquisition initiale des droits octroyés par l'acquise est de 4 ans. A la date d'acquisition, les salariés de l'acquise ont déjà travaillé 2 ans depuis la date d'attribution du plan.*

Après l'acquisition, les employés doivent encore rendre 3 années de services (soit une année de plus que si le plan initial avait été conservé), à l'issue desquelles ils recevront alors un paiement de l'entité C en remplacement des instruments de D.

La juste valeur des stock-options de D à la date d'attribution s'élevait à 800. A la date d'acquisition, la juste valeur des stock-options est de 1 000. Les salariés ont accepté de renoncer au plan mis en place chez D tout en rendant une année de services supplémentaires en contrepartie d'un paiement en trésorerie de 1 300 que C s'est engagé à leur verser à l'issue de la nouvelle période d'acquisition.

Solution de l'exemple *Le montant de 1 000 est alloué au prix d'acquisition de l'entité en le multipliant par le ratio de la période acquise (2 ans) sur le montant le plus élevé entre la période d'acquisition totale (2 ans de période acquise + 3 ans de services post-acquisition) ou de la période d'acquisition initiale (4 ans).*

Par conséquent, l'entité va affecter 400 (= 1 000 x 2/5) au prix d'acquisition et comptabiliser un montant de 600 (= 1 000 – 400) en charge de rémunération post-acquisition. La portion de 400 affectée au prix d'acquisition peut être considérée comme un élément du prix d'acquisition alors que la portion de 600 est une dette de rémunération étalée sur la période de 3 ans de services post-acquisition.

La valeur incrémentale octroyée par C de 300 est constatée intégralement en charge de rémunération post-acquisition étalée sur la période de 3 ans de services post-acquisition.

La charge à constater au titre des services post-acquisition s'élève donc à un total de 900 (600 + 300).

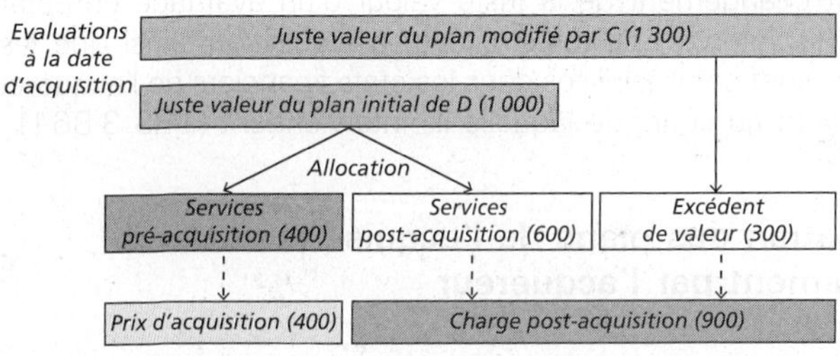

Remplacement par l'acquéreur d'un plan portant sur des actions accordé par l'acquise : comptabilisation ultérieure

22257 ***Question***

Comment comptabiliser, après le regroupement d'entreprises, les modifications d'un plan octroyé par l'acquéreur en remplacement d'un plan accordé par l'acquise et les changements d'estimation du nombre d'instruments acquis ?

Réponse

La comptabilisation des plans après la date du regroupement n'a aucune conséquence sur le prix d'acquisition du regroupement d'entreprises. Notamment :
- les modifications de plans réalisées après le regroupement d'entreprises sont comptabilisées conformément aux dispositions spécifiques d'IFRS 2 ;
- l'impact des changements d'estimation du nombre d'instruments remplacés que le groupe s'attend à voir acquis est constaté en résultat comme élément de rémunération de la période au cours de laquelle le changement intervient ;
- tout changement de la juste valeur d'un avantage comptabilisé en dettes (« cash settled »), intervenant après la date d'acquisition, ainsi que les effets d'impôt correspondants, sont comptabilisés dans les états financiers de l'acquéreur de la période post-regroupement au cours de laquelle ils interviennent.

Commentaires :

1. **Modification de plans après le regroupement d'entreprises** Toute modification de plan intervenant après la date d'acquisition doit être comptabilisée conformément aux dispositions de la norme IFRS 2, Paiement fondé sur des actions relatives à ces modifications. Ainsi, les effets de toute modification de plan qui interviendraient après la date d'acquisition sont comptabilisés conformément à cette norme pour déterminer la charge de rémunération de la période au cours de laquelle la modification intervient (IFRS 3.B60).

2. **Changement d'estimation du nombre d'instruments qui devraient être acquis, et changement de la juste valeur des plans comptabilisés en dettes (et impôts correspondants)** Tout changement d'estimation du nombre d'instruments qui devraient être acquis est comptabilisé en résultat comme élément de rémunération des périodes au cours desquelles ces changements ou résiliation interviennent, et non pas en ajustement du prix d'acquisition (IFRS 3.B60).

De même, tout changement de la juste valeur d'un avantage comptabilisé en dettes (« cash settled »), intervenant après la date d'acquisition, ainsi que les effets d'impôt correspondants, sont comptabilisés dans les états financiers de l'acquéreur de la période post-regroupement au cours de laquelle ils interviennent (IFRS 3.B61).

Comptabilisation des plans de l'acquise maintenus sans changement par l'acquéreur

22258 ***Question***

Comment comptabiliser, dans le cadre d'un regroupement d'entreprises, les plans de l'acquise qui sont maintenus inchangés par l'acquéreur ?

Réponse

Dans un premier temps, ils doivent être évalués, selon la norme IFRS 2, à leur juste valeur (« market-based measure ») à la date d'acquisition.

Dans un second temps, la juste valeur du plan est répartie entre :
- la part relative à des services rendus avant le regroupement, à comptabiliser en tant qu'intérêts minoritaires ; et

– la part résiduelle (considérée comme relative à des services post-acquisition), à comptabiliser comme une charge de rémunération post-acquisition.

Les modalités d'affectation de cette juste valeur entre intérêts minoritaires et charges postérieures à l'acquisition suivent les dispositions d'IFRS 3 relatives aux remplacements de plans (voir nº 22255).

Commentaires Le traitement comptable, dans le cadre d'un regroupement d'entreprises, des plans de l'acquise (stock-options, actions gratuites, PEE, etc.) qui sont maintenus inchangés par l'acquéreur, est précisé par IFRS 3.

La norme IFRS 3 indique que :
– si les plans sont acquis (« vested »), ils font partie des intérêts minoritaires dans la société acquise et sont évalués à leur juste valeur selon les dispositions de la norme IFRS 2 (« market-based measure ») ;
– si les plans sont en cours d'acquisition (« unvested »), ils sont évalués à leur « market based measure » comme si la date d'acquisition était la date d'attribution du plan, en application des paragraphes 19 et 20 (IFRS 3.B62A) ;
– les modalités d'affectation de cette juste valeur entre intérêts minoritaires et charges postérieures à l'acquisition suivent les dispositions applicables aux remplacements de plans (IFRS 3.B62B), voir nº 22255. Ainsi, alors que le plan est maintenu en l'état, la partie de la juste valeur du plan existant affectée aux intérêts minoritaires vient majorer le goodwill.

4. Paiements éventuels au profit d'anciens salariés (vendeurs ou non de l'acquise) qui continuent à exercer des fonctions dans l'entité combinée

22260 ***Question***

Comment apprécier si un paiement éventuel aux anciens salariés (vendeurs ou non de la cible) qui continuent à exercer des fonctions dans l'entité combinée constitue :
– un ajustement éventuel du prix d'acquisition (à comptabiliser conformément à la norme IFRS 3) ;
– un passif identifiable lors de l'acquisition (à comptabiliser conformément à la norme IFRS 3) ; ou
– une transaction distincte du regroupement, comme par exemple la rémunération des services rendus après l'acquisition (à comptabiliser conformément aux normes IAS 19 ou IFRS 2) ?

Réponse

Notamment en analysant :
– les raisons pour lesquelles le contrat d'acquisition prévoit un accord de paiement éventuel ;
– qui est l'initiateur de cet accord ; et
– la période au cours de laquelle les parties ont négocié cet accord.

La norme IFRS 3 fournit des indicateurs complémentaires permettant de qualifier le paiement éventuel aux anciens salariés ou vendeurs de l'acquise soit en ajustement du prix d'acquisition ou en passif identifiable lors de l'acquisition, soit en rémunération de services post-acquisition.

Commentaires :

1. **Principe général de distinction** Certains paiements éventuels peuvent être prévus dans le contrat d'acquisition au profit d'anciens salariés ou actionnaires de l'entité acquise qui continuent à exercer des fonctions au sein de l'entité combinée après la date d'acquisition. Il convient dans ce cas, en fonction de l'accord, de déterminer si ce paiement éventuel constitue en substance (IFRS 3.51 et .52) :

- un ajustement éventuel du prix d'acquisition à inclure dans le prix d'acquisition de l'entité acquise dès la date d'acquisition, voir nº 21815 ;
- un passif identifiable lors de l'acquisition (à comptabiliser conformément à la norme IFRS 3) ;

Tel peut être le cas de paiements éventuels réalisés au profit d'anciens salariés (qui ne sont pas des vendeurs de l'acquise) et qui restent salariés de l'acquise (voir point 3. et Exemple 1 ci-après).

- ou une transaction distincte du regroupement d'entreprises visant à rémunérer les anciens salariés ou actionnaires au titre des services rendus à l'entreprise après l'acquisition et qualifiée, selon le cas, soit d'avantages du personnel (entrant dans le champ d'application de la norme IAS 19, Avantages du personnel), soit de paiements fondés sur des actions (entrant dans le champ d'application de la norme IFRS 2, Paiement fondé sur des actions).

IAS 19.8 qualifie d'avantages du personnel toute forme de contrepartie accordée par une entité pour les services rendus par les membres de son personnel ou pour la cessation de leur emploi.

Selon IFRS 2.3A, les transferts d'instruments de capitaux propres d'une entité par ses actionnaires à des tiers (y compris à des membres du personnel) qui lui ont fourni des biens ou des services sont des transactions dont le paiement est fondé sur des actions et entrent dans le champ d'application de la norme IFRS 2.

Selon IFRS 2.5, les instruments de capitaux propres émis dans le cadre d'un regroupement d'entreprises en échange de la prise de contrôle de l'entité acquise n'entrent pas dans le champ d'application de la norme IFRS 2, mais dans celui d'IFRS 3, en tant qu'éléments du prix d'acquisition. En revanche, les instruments de capitaux propres attribués à des membres du personnel de l'entreprise acquise en leur qualité de membres du personnel (par exemple, en contrepartie de la poursuite de leur activité dans l'entité après le regroupement d'entreprises) entrent dans le champ d'application de la norme IFRS 2.

Pour le cas de la comptabilisation du remplacement par l'acquéreur d'une transaction de paiement fondé sur des actions accordée par l'acquise, voir nº 22250 s.

2. **Circonstances et indicateurs à examiner pour opérer cette distinction** Il convient notamment d'appréhender (IFRS 3.B54) :

- les raisons pour lesquelles le contrat d'acquisition prévoit un accord de paiement éventuel ;
- qui est l'initiateur de cet accord ; et
- quand les parties ont contracté cet accord.

Ces éléments d'analyse correspondent à ceux définis de manière générale par la norme IFRS 3 pour opérer la distinction entre les transactions qui font partie intégrante du regroupement d'entreprises et les transactions distinctes du regroupement, voir nº 21645.

En cas de difficulté pour réaliser cette appréciation, la norme IFRS 3 fournit les indicateurs complémentaires suivants (IFRS 3.B55) :

Remarque Tous ces indicateurs doivent être considérés dans l'analyse à mener, l'un d'eux pris isolément (sauf celui relatif au paiement qui ne serait plus dû en cas de départ du salarié, voir ci-après) ne permettant pas nécessairement d'opérer la distinction entre les transactions qui font partie intégrante du regroupement d'entreprises et les transactions distinctes du regroupement.

Modalités de poursuite de l'activité des actionnaires vendeurs Tout paiement (ou toute partie du paiement) complémentaire éventuel au profit des vendeurs/salariés qui serait automatiquement annulé si le vendeur/salarié cessait son activité constitue une rémunération de services post-acquisition (pour une illustration, voir Exemple 3).

L'**IFRS IC** a confirmé que dès lors que cet indicateur est rempli (annulation du paiement complémentaire éventuel si le vendeur/salarié cesse son activité), le paiement complémentaire constitue une rémunération de services post-acquisition, sans qu'il soit nécessaire de considérer les autres indicateurs (IFRIC Update 09/12 et 01/13).

Décisions de l'ESMA L'ESMA a également publié deux décisions en ce sens (EECS/0114-01, 04/14 et EECS/0124-01, 10/23).

Un paiement complémentaire éventuel qui n'est pas affecté par la fin de l'activité du vendeur/salarié pourrait indiquer que ce paiement éventuel constitue plutôt un ajustement éventuel du prix d'acquisition du regroupement qu'une rémunération de services post-acquisition (IFRS 3.B55a).

Période de poursuite obligatoire de l'activité des vendeurs après la date d'acquisition Si cette période coïncide avec ou est plus longue que l'échéance de versement du paiement éventuel, cela peut indiquer que le paiement éventuel constitue une rémunération de services post-acquisition (IFRS 3.B55b).

Niveau de la rémunération versée aux vendeurs qui continuent à exercer des fonctions dans l'entité combinée après l'acquisition Si ceux-ci reçoivent une rémunération salariale (autre que le paiement complémentaire éventuel) comparable à celle perçue par d'autres salariés/mandataires ayant des fonctions et responsabilités équivalentes, cela peut indiquer que le paiement complémentaire éventuel constitue plutôt un ajustement éventuel du prix d'acquisition du regroupement (IFRS 3.B55c).

Niveau du paiement complémentaire éventuel au profit des vendeurs qui continuent à exercer des fonctions dans l'entité combinée après l'acquisition Si ce paiement est supérieur à celui versé aux autres vendeurs qui n'exercent plus de fonctions dans l'entité combinée, cela peut indiquer que le différentiel de paiement complémentaire constitue plutôt une rémunération de services post-acquisition (IFRS 3.B55d).

Pour une illustration, voir Exemple 4 ci-après.

Nombre d'actions détenues par les vendeurs qui continuent à exercer des fonctions après l'acquisition Si les vendeurs qui détenaient antérieurement la quasi-totalité des titres de capital de l'entreprise acquise (en tenant également compte des titres détenus par des parties liées, telles que les membres de leur famille proche) poursuivent leur activité à des postes clés, cela peut indiquer que le paiement complémentaire éventuel constitue en substance un moyen de partager les résultats de l'entreprise acquise réalisés après l'acquisition et donc une rémunération de services post-acquisition. A l'inverse, s'ils détiennent un nombre peu important de titres de l'acquise et si tous les actionnaires vendeurs reçoivent par action le même paiement complémentaire éventuel, alors ce paiement complémentaire éventuel constitue plutôt un ajustement du prix d'acquisition du regroupement (IFRS 3.B55e). Dans le cadre de cette analyse, il convient également de prendre en compte les titres détenus par des actionnaires qui ont un lien avec les vendeurs qui restent salariés après l'acquisition, notamment des membres de leur famille.

Lien avec l'évaluation du prix d'acquisition payé à la date d'acquisition Si la partie du prix d'acquisition payée à la date d'acquisition se situe dans le bas d'une fourchette de valorisation de l'acquise et que la formule de calcul du paiement complémentaire éventuel est basée sur la méthode de valorisation, alors, en principe, le paiement complémentaire éventuel est un ajustement éventuel du prix d'acquisition. En revanche, si la formule de calcul du paiement complémentaire éventuel aboutit à des résultats comparables à ceux obtenus en application d'accords préexistants de répartition du résultat de l'acquise, le paiement complémentaire éventuel devrait en principe constituer une rémunération de services post-acquisition (IFRS 3.B55f).

Formule de calcul du paiement complémentaire éventuel La formule de calcul utilisée pour déterminer le paiement complémentaire éventuel peut être utile à la compréhension de la substance de l'accord d'acquisition.

Par exemple, si le paiement complémentaire éventuel est calculé sur la base d'un multiple des résultats, il a en principe pour but de finaliser/corriger l'évaluation de la juste valeur de l'acquise et constitue un ajustement éventuel du prix d'acquisition.

A l'inverse, un paiement complémentaire éventuel basé sur un pourcentage déterminé des résultats pourrait être comparé à un accord de partage des résultats de l'acquise et pourrait constituer une rémunération de services post-acquisition (IFRS 3.B55g).

Autres accords avec les vendeurs qui continuent à exercer des fonctions et autres facteurs à considérer Les termes des autres accords contractés avec les vendeurs (tels que les clauses de non-concurrence, les contrats exécutoires, les contrats de consultants et les contrats de location de biens) doivent être analysés. De même, les considérations fiscales liées aux paiements complémentaires éventuels peuvent parfois indiquer que le paiement complémentaire éventuel ne constitue pas un ajustement éventuel du prix d'acquisition. Au contraire, si le contrat de location prévoit des loyers aux prix de marché, cela peut indiquer que le paiement complémentaire éventuel constitue plutôt un ajustement du prix d'acquisition (IFRS 3.B55h).

Recommandations de l'AMF Il est nécessaire de faire preuve de jugement pour effectuer la distinction entre complément de prix et rémunération. En conséquence, l'AMF préconise, dans ses recommandations en vue de l'arrêté des comptes 2011, de justifier en annexe l'analyse effectuée et le jugement exercé (Rec. AMF 2011-16, Arrêté des Comptes 2011, § 3.2.4).

3. **Traitement des « golden parachutes » (ou « parachutes dorés »)** Les contrats de travail avec des cadres dirigeants peuvent comprendre le paiement d'une prime (en liquidités ou en actions) lorsque le contrat de travail du dirigeant prend fin (« golden parachute »). Lors du paiement de la prime à l'occasion d'un regroupement d'entreprises, il est nécessaire d'analyser le contrat afin de déterminer si ce paiement concerne des services qui ont eu lieu avant ou après le regroupement.

Ainsi, par exemple, si la clause de bonus a été incluse dans le contrat de travail avant que le regroupement ne soit envisagé, et qu'aucun service n'est requis après le regroupement, il s'agit d'une rémunération au titre de services réalisés avant le regroupement à comptabiliser en tant que passif identifiable acquis.

En effet, dans ce cas, on considérera que les avantages provenant de l'activité du dirigeant ont bénéficié à l'acquise ou à ses anciens actionnaires avant le regroupement.

Exemple 1 *(IFRS 3.IE58 et .IE59) Une entité B a conclu un contrat de travail avec un nouveau directeur général (DG) pour une durée de 10 ans. Ce contrat prévoit le paiement d'une prime de 5 M€ si B est rachetée avant la fin du contrat de travail de ce DG. Huit ans plus tard, l'entité A acquiert l'entité B. A la date d'acquisition, le DG, toujours salarié de B, reçoit la prime de 5 M€.*

Solution de l'exemple 1 *Le contrat de travail avec le DG a été conclu avant le début des négociations liées au rachat de B par A. En outre, l'objectif pour B par cette clause du contrat est d'obtenir les services de ce DG, et aucun élément ne démontre au contraire que cette clause a été conclue pour procurer des avantages à l'entité A ou à l'entité* *regroupée. En conséquence, le passif représentatif de l'obligation de B de payer cette prime au DG est un passif identifiable de l'acquise.*

Exemple 2 *(IFRS 3.IE60) Au cours des négociations de rachat de l'entité B par l'entité A et sur les conseils de l'entité A, B a conclu un contrat de travail avec un nouveau directeur général (DG). Ce contrat prévoit le paiement d'une prime de 5 M€ à ce DG si B est rachetée avant la fin du contrat de travail et si le DG reste salarié de la nouvelle entité pendant les 3 années qui suivent le rachat. Quelques mois plus tard, l'entité A acquiert l'entité B et le DG continue à fournir des services pendant les 3 années qui suivent le regroupement. La prime de 5 M€ lui est versée.*

Solution de l'exemple 2 *L'objectif de ce contrat de travail est essentiellement d'obtenir les services de ce DG après le regroupement. Etant donné que le DG n'est pas actionnaire et que le paiement de la prime est subordonné au fait qu'il reste salarié de la nouvelle entité, cette prime constitue une rémunération post-regroupement.*

Exemple 3 *En N, Xpert acquiert 100 % des titres de Start auprès de DG. DG perçoit 1 000 immédiatement en N et percevra un paiement complémentaire de 130 fin N+2 s'il reste dirigeant de Start jusqu'à cette date.*

Solution de l'exemple 3 *Le paiement des 130 à DG étant annulé s'il quitte Start avant N+2, il s'agit d'une rémunération de services post-acquisition à comptabiliser en charge de rémunération.*

Exemple 4 *En N, Xpert acquiert 100 % des titres de Start auprès de ses 3 fondateurs : F1, F2 et DG qui détenaient chacun un tiers des titres de Start. Seul DG reste dirigeant de Start après l'acquisition. F1, F2 et DG perçoivent chacun 1 000 immédiatement en N et percevront un paiement complémentaire de 330 fin N+2 si le budget de Start N+2 est réalisé à cette date. Le paiement des 330 n'est pas soumis à une condition de présence de DG en N+2 et se répartira de la manière suivante :*
- *100 pour F1 et 100 pour F2 ;*
- *130 pour DG.*

Solution de l'exemple 4 *Le paiement du complément de prix est différent selon que les vendeurs restent (ou non) dirigeants de Start après l'acquisition. Ceci constitue un indicateur que le différentiel de 30 payé à DG rémunère les services de DG, et ne constitue pas un complément du prix d'acquisition de ses 33 % de titres de Start.*

III. Particularités de mise en œuvre de la méthode de l'acquisition

1. Application de la méthode de l'acquisition à certains types de regroupements

Regroupements d'entreprises entre mutuelles

22285 ***Question***

Quelles sont les particularités d'application de la méthode de l'acquisition aux regroupements d'entreprises entre mutuelles ?

Réponse

Le goodwill (ou profit si l'acquisition a été réalisée à des conditions avantageuses) est déterminé sur la base de la juste valeur, à la date d'acquisition, des intérêts des membres dans l'acquise, ce montant étant considéré comme plus fiable que la juste valeur du prix payé par l'acquéreur au titre du regroupement.

En outre, la juste valeur à la date d'acquisition de l'actif net de l'entité mutuelle acquise est comptabilisée au crédit du compte de capital ou de capitaux propres de l'acquéreur.

Commentaires La méthode de l'acquisition s'applique aux regroupements d'entreprises entre mutuelles.

Pour la définition d'un regroupement entre mutuelles, voir nº 21575.

L'IASB a repris les commentaires de certains utilisateurs qui soulignaient la difficulté d'identifier un acquéreur dans ces regroupements (IFRS 3.BC70), mais n'a apporté aucune précision spécifique pour réaliser cette identification dans le cadre de ce type de regroupement.

Toutefois, pour les précisions apportées par IFRS 3 concernant l'identification de l'acquéreur, voir nº 21670.

1. **Calcul du goodwill (ou du montant constaté en résultat dans le cadre d'une acquisition à des conditions avantageuses)** La plupart des regroupements entre mutuelles ont lieu sans échange d'une rémunération facilement mesurable au titre du regroupement (IFRS 3.BC70).

En conséquence, dans un regroupement entre mutuelles, le goodwill (ou le profit résultant d'une acquisition à des conditions avantageuses) est déterminé sur la base de la juste valeur, à la date d'acquisition, des intérêts des membres dans l'entité mutuelle acquise (IFRS 3.B47 et .33).

Pour l'évaluation de la juste valeur de la mutuelle acquise, il convient de retenir les hypothèses que retiendraient des intervenants de marché concernant la mutuelle et notamment pour les avantages futurs des membres (IFRS 3.B49).

Ainsi, par exemple, une technique d'évaluation fondée sur les flux de trésorerie actualisés pourrait être utilisée pour déterminer la juste valeur de la mutuelle. Les cash-flows utilisés comme inputs pour ce modèle devraient être basés sur les cash-flows attendus de la mutuelle, reflétant les réductions accordées aux membres (IFRS 3.B49).

2. **Comptabilisation de l'actif net de l'entité mutuelle acquise** La juste valeur à la date d'acquisition de l'actif net de l'entité mutuelle acquise est comptabilisée au crédit du compte de capital ou de capitaux propres de l'acquéreur, et non par le biais du report à nouveau (IFRS 3.B47).

La norme IFRS 3 n'indique pas selon quelles modalités il convient d'ajouter l'actif net de l'entité mutuelle acquise au capital ou aux autres réserves de l'acquéreur.

Il est, à notre avis, possible d'ajouter au capital (ou aux autres postes de réserves) de la société mère, le capital (ou les autres réserves) de l'entité mutuelle acquise, ce qui constituerait une particularité dans le cas des regroupements entre mutuelles. En effet, la consolidation des comptes d'une filiale non mutuelle aboutit à la présentation séparée des comptes de capital et de réserves de l'acquéreur ; la quote-part de capitaux propres consolidés des filiales étant présentée dans un autre poste de capitaux propres consolidés.

Exemple *A et B sont deux coopératives détenues par leurs clients, lesquels reçoivent des dividendes pour un montant proportionnel aux marchandises achetées. A et B décident de se regrouper et A est identifiée comme l'acquéreur. Les membres de la coopérative B deviennent ainsi des membres de la coopérative A. La juste valeur de B est de 800 000 et la juste valeur des actifs nets identifiables de B est de 600 000.*

Solution de l'exemple *A doit comptabiliser le regroupement effectué avec B dans ses états financiers consolidés de la manière suivante :*

Dt	*Actifs nets identifiables acquis*	*600 000*	
Dt	*Goodwill*	*200 000*	
Ct	*Capital ou autres réserves*		*800 000*

2. Application de la méthode de l'acquisition aux acquisitions par achats successifs de titres

Prise de contrôle par achats successifs de titres

22290 Pour plus de détails, voir nº 23750 s.

Acquisition d'une cible rémunérée par cession de titres d'une filiale sans perte de contrôle

22295 ***Question***

Comment traiter l'acquisition d'une société rémunérée par remise de titres d'une filiale dans laquelle l'acquéreur se retrouve dilué après l'opération ?

Réponse

Cette opération comprend deux transactions :
- une prise de contrôle de la société cible comptabilisée selon la méthode de l'acquisition avec constatation d'un goodwill ; et
- une diminution du pourcentage d'intérêt sans perte de contrôle, au titre de la dilution, comptabilisée en Capitaux propres – Part du groupe.

Commentaires Afin d'éviter une sortie de trésorerie, l'acquéreur peut décider de rémunérer l'acquisition d'une société cible C par remise de titres d'une filiale F. A l'issue de l'opération, ce dernier se retrouvera ainsi dilué dans cette filiale.

Cette opération s'analyse comme deux transactions :
- une prise de contrôle de la société C comptabilisée selon la méthode de l'acquisition avec constatation d'un goodwill, voir nº 22180 ;
- une diminution du pourcentage d'intérêt sans perte de contrôle de la filiale F au titre de la dilution dont les effets sont comptabilisés en Capitaux propres – Part du groupe, voir nº 23820.

Ainsi, le résultat de cession calculé au titre de la dilution devrait, à notre avis, être égal à la différence entre la juste valeur de la quote-part cédée aux actionnaires minoritaires et la valeur comptable consolidée de cette quote-part, qui constitue sa valeur historique pour le groupe. Ce résultat de cession impacte les Capitaux propres – Part du groupe, la cession de titres n'entraînant pas la perte de contrôle de la filiale.

Dans cette situation, le prix d'acquisition de l'entité cible C et le prix de cession des titres de la filiale F devraient être identiques et correspondre à la juste valeur de la quote-part cédée de la filiale F.

Les valeurs comptables consolidées des actifs et passifs de la filiale F, y compris le goodwill, sont inchangées. En revanche, les capitaux propres sont modifiés, compte tenu de la nouvelle répartition de l'actif net de F entre la part du groupe et les minoritaires.

SECTION III

Distinction immobilisations incorporelles/goodwill

A. Critères de distinction immobilisations incorporelles/goodwill

Principe général de distinction

22300 ***Question***

Quelles sont les conditions générales de comptabilisation d'une immobilisation incorporelle séparément du goodwill ?

Réponse

L'élément doit répondre à la définition d'un actif incorporel, ce qui nécessite que cet élément soit identifiable, c'est-à-dire :
- qu'il soit séparable de l'entité acquise, seul ou conjointement avec un contrat, un actif ou un passif identifiable lié ; ou
- qu'il résulte de droits légaux ou contractuels.

Commentaires Un élément est comptabilisé séparément du goodwill en tant qu'immobilisation incorporelle à la date d'acquisition s'il répond à la définition d'un actif incorporel (IFRS 3.B31).

1. **Définition d'un actif incorporel** Une immobilisation incorporelle est définie, de manière générale, comme un actif non monétaire identifiable sans substance physique (IFRS 3.A et IAS 38.8).

Un élément répond à la définition d'un actif incorporel à la condition qu'il soit (IAS 38.10) :
- **identifiable** : une immobilisation incorporelle est identifiable si elle est séparable ou si elle résulte de droits légaux ou contractuels (IFRS 3.A et IAS 38.11 s.) ;

Pour le caractère identifiable d'un actif incorporel, voir point 2. ci-après.

- et **contrôlé par l'entreprise du fait d'événements passés,** celle-ci ayant le pouvoir d'obtenir les avantages économiques futurs correspondants et celui de restreindre l'accès des tiers à ces avantages (IAS 38.13 à .16). Selon IAS 38.33, tout élément incorporel identifiable acquis dans le cadre d'un regroupement d'entreprises est considéré comme contrôlé ;

En effet :
- les éléments incorporels faisant l'objet de droits légaux ou contractuels sont nécessairement contrôlés ;
- les éléments incorporels qui ne font pas l'objet de droits légaux ou contractuels mais qui sont séparables de l'entreprise acquise, seuls ou avec d'autres éléments, sont considérés comme contrôlés, car l'existence de transactions d'échange en dehors d'un regroupement d'entreprises constitue un élément de preuve du contrôle des flux futurs attendus de l'élément incorporel (IAS 38.16).

- et **porteur d'avantages économiques futurs** (IAS 38.17), cette condition étant considérée comme systématiquement remplie dans le cas des actifs incorporels acquis dans le cadre d'un regroupement d'entreprises.

En effet, ces actifs incorporels sont obligatoirement évalués à leur juste valeur et cette juste valeur prend déjà en compte les attentes des intervenants de marché concernant la probabilité que les avantages économiques futurs attachés à ces actifs iront à l'acquéreur (IAS 38.33).

2. **Une immobilisation incorporelle est identifiable** si :
- elle est **séparable de l'entité acquise,** c'est-à-dire susceptible d'être vendue, cédée, concédée par licence, louée ou échangée, soit individuellement, soit conjointement avec un contrat, un actif ou un passif identifiable lié, et ce indépendamment de l'intention de l'acquéreur (IFRS 3.A, .B33 s. et IAS 38.12a) ;

Par exemple, les relations clients d'une banque de dépôt ne peuvent être cédées individuellement mais font fréquemment l'objet de transactions conjointement avec les contrats de dépôt des clients correspondants. Elles doivent donc être identifiées en immobilisations incorporelles séparément du goodwill (IFRS 3.B34 et décision de l'ESMA EECS/0213-08, 10/13). L'évaluation de l'immobilisation incorporelle inclut alors les avantages économiques futurs que l'acquéreur obtiendra de ces relations clients (IAS 38.33 et décision de l'ESMA EECS/0213-08, 10/13).

Pour l'identification des relations clients, voir n° 22385 s.

Une immobilisation incorporelle acquise dans le cadre d'un regroupement d'entreprises satisfait au critère de séparabilité s'il existe des éléments probants concernant l'existence de transactions d'échange pour ce type d'actif, ou un type d'actif similaire, même si ces transactions sont peu fréquentes, et même si l'acquéreur n'est pas partie prenante à ces transactions (IFRS 3.B33).

Tel est le cas, par exemple, des listes de clients ou d'abonnés, fréquemment concédées par licence. Dans ce cas, la liste acquise dans le cadre d'un regroupement doit être considérée comme séparable même si cette liste présente des caractéristiques différentes de celles d'autres listes.

En revanche, le critère de séparabilité n'est pas rempli si la liste acquise fait l'objet d'une clause de confidentialité ou d'autres accords interdisant l'échange ou le transfert d'informations sur les clients ou abonnés (IFRS 3.B33).

- ou elle **résulte de droits légaux ou contractuels** (IFRS 3.A et IAS 38.12b). Un actif qui résulte de droits légaux ou contractuels est identifiable même si cet actif n'est pas cessible ou séparable de l'entité acquise ou d'autres droits et obligations (IFRS 3.B32).

Par exemple, une entité acquise détient et exploite une centrale nucléaire. L'autorisation d'exploiter cette centrale, accordée par l'Etat, est une immobilisation incorporelle identifiable puisqu'elle résulte de droits légaux et contractuels ; et ce, même si l'acquéreur ne peut vendre ou transférer cette autorisation séparément de la centrale nucléaire acquise (IFRS 3.B32b).

Décision de l'ESMA L'ESMA rappelle qu'il faut rester vigilant sur la nature de l'actif incorporel éventuellement comptabilisé. Ainsi a-t-elle réfuté l'activation dans le bilan d'acquisition de l'acquéreur d'un réseau de distributeurs d'une entité A, en tant qu'actif incorporel à durée de vie illimitée. En effet, l'ESMA a indiqué que le réseau de distributeurs ne répondait pas à la définition d'un actif identifiable, car cet élément n'est ni séparable de l'entité A, ni contractuel. En revanche, selon l'ESMA, c'est la relation contractuelle entre l'entité A et chacun de ses distributeurs qui constitue des actifs incorporels identifiables. Or, ce genre de relations étant en permanence sujet à de potentielles ruptures, leur durée d'amortissement est forcément finie (EECS/0116-08, 07/16).

3. **Groupe d'actifs** Lorsqu'un actif incorporel est séparable mais conjointement avec d'autres actifs corporels ou incorporels qui lui sont liés, l'acquéreur reconnaît ce groupe d'actifs comme un seul actif séparément du goodwill, à condition que les justes valeurs

individuelles des actifs de ce groupe ne soient pas mesurables de manière fiable (IAS 38.36 et .37). Si les justes valeurs des actifs sont mesurables de manière fiable, l'acquéreur ne peut les comptabiliser comme un seul actif que si ces actifs ont la même durée d'utilité (IAS 38.37).

Décision de l'ESMA Dans sa décision du 10 décembre 2007 prise en application de la version 2004 d'IFRS 3 mais qui est également applicable selon IFRS 3 actuelle, le CESR (devenu l'ESMA) a confirmé cette disposition dans le cadre de la comptabilisation de différents types de relations clients acquises lors d'un regroupement d'entreprises (EECS/1208-06, 12/08).

Eléments incorporels non comptabilisés par l'entreprise acquise

22305 ***Question***

Les éléments incorporels générés en interne et qui ne sont pas comptabilisés à l'actif par l'entreprise acquise doivent-ils être comptabilisés séparément du goodwill par l'acquéreur ?

Réponse

Oui, obligatoirement s'ils répondent aux conditions de comptabilisation séparée du goodwill.

Tel devrait être le cas, en pratique, de nombreux éléments incorporels générés en interne et non comptabilisés à l'actif de l'entreprise acquise, par exemple :
– les marques, les titres de journaux ou les relations clients développés en interne par l'entreprise acquise, voir n° 22340 s. et 22385 s. ;
– les frais de recherche et développement engagés sur des projets en cours à la date d'acquisition qui, bien que non immobilisés par l'entreprise acquise (car ne répondant pas aux conditions d'immobilisation), sont séparables ou résultent de droits légaux ou contractuels, voir n° 22490 s.

Commentaires IFRS 3.13 et IAS 38.34 prévoient de manière explicite que les éléments incorporels répondant aux conditions de comptabilisation séparée du goodwill (voir n° 22300) doivent être comptabilisés séparément, et ce même s'ils ne figuraient pas dans l'état de situation financière (ou bilan) de l'entreprise acquise avant la date d'acquisition.

Tel devrait être le cas, en pratique, de nombreux éléments incorporels générés en interne et non comptabilisés à l'actif de l'entreprise acquise. Par exemple :
– les marques, titres de journaux, brevets, relations clients développés en interne, etc., que l'acquise n'a pas pu comptabiliser à l'actif notamment parce que leur coût ne peut pas être isolé de celui du développement de l'activité dans son ensemble (IAS 38.63 et .64), et qui doivent être comptabilisés séparément du goodwill lorsqu'ils sont acquis dans le cadre d'un regroupement d'entreprises si certaines conditions sont remplies, voir n° 22300 et 22340 s. ;
– les frais de recherche et développement engagés sur des projets en cours à la date d'acquisition ne sont pas immobilisés par l'entreprise acquise s'ils ne répondent pas aux conditions d'immobilisation (par exemple, s'il n'est pas probable qu'ils dégageront des avantages économiques futurs). En revanche, lorsque ces projets sont acquis dans le cadre d'un regroupement d'entreprises, il suffit qu'ils répondent à la définition d'un actif

et qu'ils soient identifiables, c'est-à-dire qu'ils soient séparables ou qu'ils résultent de droits légaux ou contractuels (IAS 38.34), voir nº 22300 et 22490 s.

Il n'est en effet pas nécessaire que les conditions d'immobilisation des projets développés en interne soient respectées pour l'identification des projets de recherche et de développement acquis dans le cadre d'un regroupement, voir nº 22490.

B. Exemples d'éléments incorporels acquis lors d'un regroupement d'entreprises

Liste indicative d'immobilisations incorporelles identifiables

22325 ***Question***

Existe-t-il une liste des immobilisations incorporelles identifiables devant généralement être comptabilisées séparément du goodwill ?

Réponse

Oui, mais il s'agit d'une liste indicative donc non exhaustive.

L'appréciation du respect ou non des conditions de comptabilisation séparément du goodwill doit toujours être opérée au cas par cas, en fonction des circonstances spécifiques à l'élément incorporel considéré.

Commentaires La norme IFRS 3 fournit une liste détaillée d'éléments incorporels devant généralement être comptabilisés séparément du goodwill lorsqu'ils sont acquis dans le cadre d'un regroupement d'entreprises (IFRS 3.IE16 à .IE44).

Il convient toutefois de procéder à une analyse au cas par cas pour chaque élément examiné pour vérifier si les critères spécifiques des IFRS pour une comptabilisation séparée du goodwill (voir nº 22300) sont remplis.
Les questions ci-après sont élaborées à partir de cette liste (voir nº 22340 s.).

1. Eléments incorporels liés au marketing

Marques bénéficiant de droits légaux

22340 ***Question***

Les marques bénéficiant de droits légaux doivent-elles être constatées en immobilisations incorporelles séparément du goodwill ?

Réponse

Oui.

Commentaires Les marques bénéficiant de droits légaux doivent être constatées en immobilisations incorporelles séparément du goodwill, et ce, même si elles n'avaient pas été comptabilisées dans l'état de situation financière (ou bilan) de l'entreprise acquise (IFRS 3.13).

Pour les conditions de comptabilisation d'une immobilisation incorporelle séparément du goodwill, voir nº 22300 et 22305.

1. **Identification séparée en immobilisations incorporelles des marques bénéficiant de droits légaux** Les marques bénéficiant de droits légaux répondent en effet à la définition des immobilisations incorporelles puisqu'elles résultent notamment de droits légaux-contractuels (IFRS 3.IE18 et .IE20).

2. **Notion de marque** La notion de marque regroupe généralement plusieurs éléments différents, tels que, par exemple, les secrets de fabrication et/ou certaines technologies (IFRS 3.IE21 et IAS 38.37), que celles-ci soient ou non brevetées.

Lorsque les justes valeurs individuelles de ces différents éléments ne sont pas mesurables de manière fiable, l'acquéreur reconnaît ce groupe d'actifs comme un seul actif. En outre, même si la juste valeur de chacun de ces éléments peut être déterminée de manière fiable, il est possible néanmoins de les comptabiliser en tant qu'actif unique s'ils ont la même durée d'utilité (IAS 38.37).

Marques ne bénéficiant pas de droits légaux

22345 ***Question***

Les marques ne bénéficiant pas de droits légaux doivent-elles être constatées en immobilisations incorporelles séparément du goodwill ?

Réponse

Oui, dès lors qu'elles sont séparables de l'entreprise acquise (seules ou avec un actif, un passif ou un contrat lié).

Commentaires Les marques ne bénéficiant pas de droits légaux doivent être constatées en immobilisations incorporelles séparément du goodwill dès lors qu'elles sont séparables de l'entreprise acquise (seules ou conjointement avec un actif, un passif ou un contrat lié), et ce, même si elles n'avaient pas été comptabilisées dans l'état de situation financière (ou bilan) de l'entreprise acquise.

En effet, par définition, les marques non protégées juridiquement (cas exceptionnel, en pratique) ne répondent pas au critère « légal-contractuel ». En conséquence, elles ne sont identifiables que si elles sont séparables de l'entreprise acquise, seules ou conjointement avec d'autres actifs, ce qui est généralement le cas (IFRS 3.IE20).

Pour la notion de marque, voir également nº 22340.

Pour les conditions de comptabilisation d'une immobilisation incorporelle séparément du goodwill, voir nº 22300 et 22305.

Titres de journaux

22350 ***Question***

Les titres de journaux doivent-ils être constatés en immobilisations incorporelles séparément du goodwill ?

Réponse

Oui.

Commentaires Les titres de journaux doivent être constatés en immobilisations incorporelles séparément du goodwill, et ce, même s'ils n'avaient pas été comptabilisés dans l'état de situation financière (ou bilan) de l'entreprise acquise, voir nº 22305.

En effet, les titres de journaux répondent à la définition des immobilisations incorporelles et notamment au critère légal-contractuel et au critère de séparabilité (IFRS 3.IE18), voir nº 22300.

Noms de domaines Internet déposés

22355 ***Question***

Les noms de domaines Internet déposés doivent-ils être constatés en immobilisations incorporelles séparément du goodwill ?

Réponse

Oui.

Commentaires Les noms de domaines Internet déposés doivent être constatés en immobilisations incorporelles séparément du goodwill.

En effet, les noms de domaines Internet déposés répondent aux critères généraux de comptabilisation des immobilisations incorporelles séparément du goodwill et notamment au critère légal-contractuel (IFRS 3.IE18 et .IE22), voir nº 22300.

Ententes commerciales

22360 ***Question***

Les ententes commerciales, comme les clauses de non-concurrence, doivent-elles être constatées en immobilisations incorporelles séparément du goodwill ?

Réponse

Oui, si elles répondent au critère légal-contractuel (c'est-à-dire notamment si elles sont licites).

Commentaires La société acquise peut avoir conclu des ententes commerciales préalablement à la date d'acquisition. Les ententes commerciales (« non competition agreements ») existant à la date d'acquisition doivent être constatées en immobilisations incorporelles séparément du goodwill si elles répondent à la définition d'une immobilisation incorporelle et notamment au critère légal-contractuel (IFRS 3.IE18), voir nº 22300, c'est-à-dire, à notre avis, à la condition d'être licites.

Les ententes commerciales sont des accords contractuels qui interdisent à une personne ou une activité de faire concurrence à une entreprise sur un certain marché et pour une durée déterminée.

Pour déterminer si un accord rémunère des services post-acquisition, voir nº 22260.

2. Eléments incorporels liés aux clients

Listes de clients

22375 ***Question***

Les listes de clients doivent-elles être comptabilisées en immobilisations incorporelles séparément du goodwill ?

Réponse

Oui, en règle générale, mais à condition qu'il n'y ait aucune clause contractuelle ou légale interdisant la vente, la location ou le transfert des informations contenues dans ces listes.

Les listes clients sont des listes de noms et de coordonnées et comportent parfois, notamment lorsqu'elles sont organisées sous forme de base de données, des historiques de commandes, des données démographiques, etc.

Commentaires Les listes de clients doivent généralement être comptabilisées en immobilisations incorporelles séparément du goodwill. En effet, elles répondent généralement à la définition des immobilisations incorporelles et notamment au critère de séparabilité (elles sont souvent louées ou échangées séparément de l'entité), mais à condition qu'il n'y ait aucune clause contractuelle ou légale interdisant la vente, la location ou le transfert des informations contenues dans ces listes (IFRS 3.IE23 et .IE24), voir nº 22300.

Exemple *L'entité B a acquis l'entité C. L'entité C est une société du secteur des médias, exerçant des activités dans les télécommunications et les loisirs. La direction a demandé une étude sur les éléments devant être comptabilisés séparément en tant qu'immobilisations incorporelles. L'entité C dispose de bases de données contenant des informations sur sa clientèle. Ces informations sur la clientèle seront utilisées par l'acquéreur lors de campagnes publicitaires futures.*

Solution de l'exemple *Les avantages découlant de l'utilisation de ces bases de données ne sont pas protégés par des droits légaux. Le fait que ces bases de données soient séparables de l'entité acquise dépend de la législation en vigueur sur la protection des données. Si celle-ci permet à l'acquéreur de se séparer des informations contenues dans ces bases de données et de les vendre à un tiers, elles seront comptabilisées séparément en immobilisations incorporelles. Dans le cas contraire, elles feront partie du goodwill.*

Carnets de commandes

22380 ***Question***

Les carnets de commandes doivent-ils être comptabilisés en immobilisations incorporelles séparément du goodwill ?

Réponse

Oui, et ce, même si les commandes peuvent être annulées.

Outre la comptabilisation séparée des carnets de commande, il peut être nécessaire de constater séparément du goodwill la relation client contractuelle s'y rapportant, voir nº 22385.

Commentaires Les carnets de commandes doivent être comptabilisés en immobilisations incorporelles séparément du goodwill. En effet, les carnets de commandes résultent de contrats, tels que des commandes d'achat ou de vente. Ils répondent donc à la définition des immobilisations incorporelles et notamment au critère légal-contractuel (voir no 22300), même si les commandes peuvent être annulées (IFRS 3.IE23 et .IE25).

Par ailleurs, l'existence d'un carnet de commandes et la formalisation habituelle de la relation client au travers de commandes formelles permettent d'établir l'existence d'une relation client contractuelle qui doit également être comptabilisée séparément du goodwill (IFRS 3.IE29), voir no 22385.

Lorsque les commandes peuvent être annulées, la juste valeur des carnets de commandes devrait, à notre avis, tenir compte des historiques d'annulation. En pratique, le risque d'annulation doit être pris en compte sur la base de l'historique des annulations de commandes et des probabilités d'annulation.

Contrats avec les clients et relations clients y afférentes

22385 ***Question***

Les contrats avec les clients et les relations clients y afférentes doivent-ils être comptabilisés en immobilisations incorporelles séparément du goodwill ?

Réponse

Oui. La norme IFRS 3 indique qu'une relation client existe entre l'entité et ses clients si :
- l'entité dispose d'informations sur le client et a des contacts réguliers avec lui ; et
- le client a la possibilité d'entrer en contact directement avec l'entité.

Lorsque l'entité établit des relations avec ses clients par la conclusion de contrats, il existe généralement deux catégories d'immobilisations incorporelles sous-jacentes :
- d'une part, le contrat client en cours lui-même ; et
- d'autre part, la « relation client contractuelle » qui y est attachée et qui correspond notamment aux possibilités de conclusion de nouveaux contrats avec le même client.

La notion de « contrat client » doit être comprise au sens large pour inclure également, par exemple, les relations avec des clients dont les contrats sont résiliables ou les relations avec des clients réguliers mais pour lesquelles il n'existe pas de contrat formel en cours de validité à la date d'acquisition.

Commentaires **Comptabilisation des contrats avec les clients et les relations clients y afférentes séparément du goodwill** Une relation client existe entre l'entité et ses clients si (IFRS 3.IE28) :
- l'entité dispose d'informations sur le client et a des contacts réguliers avec lui ; et
- le client a la possibilité d'entrer en contact directement avec l'entité.

Si une entité établit des relations avec ses clients par la conclusion de contrats, les contrats clients et les relations contractuelles y afférentes (contrats de prestations de services discontinues, par exemple) répondent à la définition d'une immobilisation incorporelle et notamment au critère légal-contractuel, voir no 22300.

Dans ce cas, il existe généralement deux immobilisations incorporelles sous-jacentes (IFRS 3.IE27) :
- d'une part, le contrat en cours à la date d'acquisition ; et
- d'autre part, la relation client correspondante.

Il convient alors d'examiner les faits et circonstances pour déterminer si la relation client est séparable des contrats clients, et ainsi si les justes valeurs de ces deux éléments sont mesurables de manière fiable (voir n° 22300, point 3.).

Même si les justes valeurs de ces deux actifs sont mesurables de manière fiable, l'acquéreur ne peut les comptabiliser comme un seul actif que si ces actifs ont la même durée d'utilité (IAS 38.37).

Il peut en effet être fréquent que la durée d'utilité de ces deux immobilisations incorporelles et la manière dont les avantages économiques en résultant sont consommés soient différentes (IFRS 3.IE27).

L'existence d'un contrat avec les clients et de relations clients est identifiée même si :
- le contrat est résiliable (IFRS 3.IE30) ;
- il existe des clauses de confidentialité ou d'autres clauses contractuelles interdisant la vente ou le transfert des contrats séparément de l'entité acquise (IFRS 3.IE26) ;
- l'entité acquise a l'habitude d'établir des contrats avec ses clients, et ce, même si aucun contrat formel n'est en cours de validité à la date d'acquisition (IFRS 3.IE28).

Les relations avec les clients peuvent également être mises en évidence du fait de contacts réguliers entre l'entité et le client par des ventes ou de contacts réguliers avec des représentants commerciaux (IFRS 3.IE28).

Il suffit ainsi, par exemple, qu'il y ait un client identifié (au minimum le nom et les coordonnées), que ce client ait la possibilité d'entrer en contact directement avec l'entité et qu'il y ait un volume d'affaires effectif régulier à apprécier selon le secteur d'activité pour pouvoir considérer qu'il y a relation client contractuelle.

Exemple 1 *(IFRS 3.IE30b) La société B acquiert une société C qui fabrique des produits dans le cadre de deux lignes d'activité distinctes : articles de sport et biens électroniques. La société D est cliente de C pour ces deux types de produits. C a signé un contrat pour être le fournisseur exclusif de D concernant les articles de sport, mais n'a pas signé de contrat concernant la fourniture de biens électroniques.*

Solution de l'exemple 1 *Le contrat selon lequel C est fournisseur exclusif de D pour les articles de sport satisfait le critère légal-contractuel, qu'il soit ou non résiliable.*

Il est possible de considérer qu'une seule relation commerciale globale lie les sociétés C et D et qu'en conséquence la détermination de la juste valeur de cette relation tient compte des hypothèses concernant la relation entre C et D à la fois pour les articles de sport et pour les biens électroniques.

B peut également considérer qu'il y a deux relations clients distinctes avec D (une pour les articles de sport et une pour les biens électroniques). B devra alors s'assurer que la relation client concernant les biens électroniques satisfait le critère de séparabilité pour répondre à la définition d'un actif incorporel identifiable.

Exemple 2 *(IFRS 3.IE30c) La société B acquiert la société C le 31/12/N. C vend à ses clients uniquement sur la base de commandes. Le 31/12/N, C a un carnet de commandes en cours correspondant à des commandes de 60 % de ses clients, tous étant des clients réguliers et ayant signé des contrats.*

Les 40 % restants sont aussi des clients réguliers. Cependant, au 31/12/N, C n'a pas de commandes ni de contrats en cours avec ces derniers.

Solution de l'exemple 2 *Les commandes passées par 60 % des clients de C satisfont le critère légal-contractuel, même si ces commandes sont résiliables. Par ailleurs, puisque C a signé des contrats avec 60 % de ses clients, les relations clients satisfont également le critère légal-contractuel.*

En outre, C établit régulièrement des contrats avec 40 % de ses clients. En conséquence, les relations clients avec ces derniers reposent aussi sur des droits contractuels et satisfont donc le critère légal-contractuel, même si C n'a pas de contrat en cours avec ces clients au 31/12/N.

Relations non contractuelles avec les clients

22387 ***Question***

Les relations non contractuelles avec les clients doivent-elles être comptabilisées en immobilisations incorporelles séparément du goodwill ?

Réponse

Oui, dès lors qu'elles sont séparables de l'entreprise acquise (seules ou avec un actif, passif ou contrat lié). Tel est le cas s'il existe des transactions d'échange pour ce type d'actif ou un type d'actif similaire.

Commentaires Les relations clients non contractuelles ne bénéficiant pas de droits légaux doivent être constatées en immobilisations incorporelles séparément du goodwill dès lors qu'elles sont séparables de l'entreprise acquise (seules ou conjointement avec un actif, passif ou contrat lié), et ce, même si elles n'avaient pas été comptabilisées dans l'état de situation financière (ou bilan) de l'entreprise acquise. En effet, par définition, les relations clients non contractuelles ne répondent pas au critère « légal-contractuel ».

Les relations clients non contractuelles satisfont au critère de séparabilité s'il existe des éléments probants concernant l'existence de transactions d'échange pour ce type d'actif (ou d'actif similaire), même si ces transactions sont peu fréquentes, et même si l'acquéreur n'est pas partie prenante dans ces transactions (IFRS 3.B33 et .IE31), voir également n° 22300.

Les relations clients non contractuelles qui ne sont pas séparables ne peuvent pas être identifiées séparément du goodwill. Tel est le cas, à notre avis, des clients de passage non identifiables (« walk-up customers »), des parts de marché (voir n° 22395) et des fonds commerciaux (voir n° 22400).

Contrats potentiels en cours de négociation avec de nouveaux clients

22390 ***Question***

Les contrats potentiels de l'entité acquise, en cours de négociation avec de nouveaux clients, doivent-ils être constatés en immobilisations incorporelles séparément du goodwill ?

Réponse

Non, ces contrats font partie du goodwill.

Commentaires A la date d'acquisition, l'entité acquise peut être en cours de négociation avec un certain nombre de nouveaux clients sans qu'un accord n'ait été conclu (par exemple sur le prix, sur les caractéristiques des produits...). Ces contrats n'étant pas identifiables, ils ne peuvent pas être constatés en immobilisations incorporelles séparément du goodwill (IFRS 3.B38).

En effet, bien que l'acquéreur puisse considérer que ces futurs contrats potentiels ont une valeur, ces contrats ne font l'objet d'aucun droit légal et contractuel, et il n'y a aucun historique d'une relation passée avec ces nouveaux clients (comme c'est le cas lorsque l'entité acquise a l'habitude d'établir des contrats avec ses clients, même si aucun contrat formel n'est en cours de validité à la date d'acquisition, voir nº 22385).

En outre, ces contrats ne sont pas séparables de l'entité acquise à la date d'acquisition puisqu'ils ne sont pas susceptibles d'être vendus, cédés ou échangés, n'ayant pas encore d'existence à cette date.

La survenance d'événements postérieurs à la date d'acquisition, comme la signature effective du contrat après la date d'acquisition, ne devrait pas induire de reclassement en immobilisation incorporelle du montant ainsi pris en compte dans le goodwill à la date d'acquisition (IFRS 3.B38).

Pour les conditions d'identification tardive des actifs identifiables de l'acquise pendant le délai d'affectation, voir nº 22130 s.

Toutefois, l'acquéreur doit apprécier les faits et circonstances relatifs à tout événement qui interviendrait à une date très proche de la date d'acquisition pour s'assurer que les conditions d'identification d'un actif incorporel identifiable n'étaient pas remplies à la date d'acquisition (IFRS 3.B38).

Exemple *La société B acquiert la société C. A cette date, des négociations sont en cours entre C et de nouveaux clients concernant des contrats dont les principales conditions, incluant le prix et les spécificités des produits, n'ont pas encore été convenues.*

Solution de l'exemple *Bien que B puisse valoriser ces contrats en cours de négociation, les contrats potentiels avec de nouveaux clients ne satisfont pas le critère légal-contractuel parce qu'ils ne confèrent pas à l'acquéreur de droit contractuel ou légal à la date d'acquisition de C. En outre, il n'existe pas de pratique régulière d'établir de contrat entre la société C et ces nouveaux clients. Ces contrats potentiels ne sont donc pas séparables de l'entité acquise, parce qu'ils ne peuvent pas être vendus, transférés ou échangés.*
En conséquence, la valeur des contrats potentiels doit être comprise dans le goodwill.

Parts de marché

22395 ***Question***

Les parts de marché doivent-elles être constatées en immobilisations incorporelles séparément du goodwill ?

Réponse

Non, les parts de marché font partie du goodwill.

Commentaires Les parts de marché ne doivent pas être constatées en immobilisations incorporelles séparément du goodwill. En effet, les parts de marché ne répondent ni au critère légal-contractuel ni au critère de séparabilité, et ne constituent donc pas des immobilisations incorporelles identifiables, voir nº 22300. Elles font donc partie intégrante du goodwill.

Il convient de noter cependant que les parts de marché, telles qu'identifiées, évaluées et comptabilisées séparément en principes français, comprennent parfois plusieurs composantes dont certaines sont identifiables en tant que telles selon IFRS 3 et doivent donc être comptabilisées séparément.

Seules doivent donc être comprises dans le goodwill les parts de marché comprises au sens strict, c'est-à-dire les relations clients non contractuelles et non séparables, à l'exclusion des carnets de commandes, relations clients contractuelles et autres incorporelles identifiables au sens d'IFRS 3.

Fonds commercial

22400 ***Question***

L'identification d'un fonds commercial est-elle autorisée ?

Réponse

Non. Un fonds commercial, défini comme étant l'ensemble des éléments non identifiables du fonds de commerce, fait partie du goodwill.

Commentaires La comptabilisation d'un fonds commercial distinctement du goodwill n'est pas autorisée. En effet, les fonds commerciaux – tels que définis par le PCG art. 212-3, c'est-à-dire les éléments non identifiables du fonds de commerce – ne remplissent pas, par définition, les critères généraux d'identification des immobilisations incorporelles séparément du goodwill et notamment le critère de séparabilité, voir nº 22300.

Remarque Il ne faut pas confondre le fonds de commerce (qui comporte des éléments identifiables) et le fonds commercial (qui correspond aux éléments résiduels non identifiables, tout comme le goodwill).

3. Eléments incorporels liés aux arts

22415 ***Question***

Les éléments incorporels liés aux arts (pièces de théâtre, opéras) doivent-ils être constatés en immobilisations incorporelles séparément du goodwill ?

Réponse

Oui, lorsqu'ils sont protégés par des droits légaux (copyright, propriété intellectuelle).

Commentaires Les éléments incorporels liés aux arts, acquis dans le cadre d'un regroupement d'entreprises, doivent être comptabilisés séparément du goodwill s'ils sont identifiables, c'est-à-dire s'ils sont protégés par des droits légaux (copyright, propriété intellectuelle). En effet dans ce cas, ces éléments remplissent les critères généraux d'identification des immobilisations incorporelles séparément du goodwill et notamment le critère légal-contractuel (IFRS 3.IE32 et .IE33), voir nº 22300.

Sont, par exemple, considérés comme des éléments incorporels liés aux arts : les pièces de théâtre, les opéras, les ballets, les livres, les magazines, les journaux ou autres œuvres littéraires, les œuvres musicales (compositions, paroles de chansons, jingles publicitaires, etc.), les images, les photographies et œuvres audiovisuelles (films, vidéoclips, émissions de télévision, etc.).

Exemple *L'entité H a acquis le groupe P. Le groupe P possède différentes unités opérationnelles, dont une dans le secteur de l'édition. Le groupe P a conclu plusieurs contrats à court terme avec des auteurs en vue : ces contrats lui donnent droit à l'édition de différentes publications devant s'étaler sur une période de six mois après la date d'acquisition de P par H.*

Solution de l'exemple *Les contrats à court terme répondent à la définition d'un actif et doivent être comptabilisés séparément. Les avantages économiques futurs liés à ces contrats sont protégés par des droits légaux.*

4. Eléments incorporels liés à des contrats

Contrats conclus par l'acquise à des conditions favorables ou défavorables

22425 ***Question***

Les contrats conclus par l'acquise à des conditions favorables ou défavorables par rapport aux conditions de marché à la date d'acquisition doivent-ils donner lieu à comptabilisation d'un actif ou d'un passif séparément du goodwill ?

Réponse

Oui, même si ce principe n'est explicitement prévu que pour certains contrats (par exemple, les contrats de travail de personnes clés), il pourrait à notre avis s'appliquer à l'ensemble des contrats conclus par l'acquise à des conditions favorables ou défavorables à la date d'acquisition.

Toutefois, en pratique, il peut être difficile d'apprécier le caractère favorable ou défavorable de certains contrats. Il est nécessaire de faire preuve de jugement et de considérer l'ensemble des faits et circonstances, en particulier :
- l'ensemble des éléments du contrat tels que les conditions financières, la durée du contrat, les clauses de renouvellement (discrétionnaires ou non) ; et
- l'évolution du marché (prix, législation...).

En ce qui concerne les contrats de location dans lesquels l'entreprise acquise est locataire, le caractère favorable ou défavorable du contrat est pris en compte directement dans l'évaluation de l'actif « droit d'utilisation » (IFRS 16), voir nº 22455.

Commentaires La norme IFRS 3 précise que les contrats de travail de personnes clés, s'ils sont avantageux du point de vue de l'acquéreur, doivent donner lieu à la comptabilisation d'une immobilisation incorporelle séparément du goodwill s'ils sont conclus à des conditions favorables par rapport aux conditions de marché à la date d'acquisition (IFRS 3.IE37 ; voir nº 22475).

La norme IFRS 16, Contrats de location, a amendé IFRS 3 et a supprimé l'exemple des contrats de location simple dans laquelle l'entité acquise est locataire (anciennement IFRS 3.B29). Le caractère favorable ou défavorable d'un contrat de location est désormais pris en compte directement dans l'évaluation de l'actif « droit d'utilisation » (IFRS 3.28B).

Par ailleurs, la norme IFRS 3 indique que les contrats défavorables donnent lieu à comptabilisation d'une dette séparément du goodwill (IFRS 3.IE34). Il peut s'agir par exemple de contrats clients, de contrats de publicité, de services ou d'approvisionnement.

Ces précisions pourraient à notre avis s'appliquer de manière générale à tout contrat favorable ou défavorable (par exemple, contrat d'achats ou d'approvisionnement), puisqu'elles sont cohérentes avec le principe de juste valeur applicable à l'ensemble des actifs et passifs identifiables lors d'un regroupement d'entreprises (IFRS 3.18).

Toutefois en pratique, il peut être difficile d'apprécier le caractère favorable ou défavorable de certains contrats. Il est nécessaire de faire preuve de jugement et de considérer l'ensemble des faits et circonstances, en particulier :
- l'ensemble des éléments du contrat tels que les conditions financières, la durée du contrat, les clauses de renouvellement (discrétionnaires ou non) ; ou encore
- l'évolution du marché (prix du marché, législation...).

Remarques :

1. Lorsque les conditions favorables ou défavorables se rapportent à un contrat qui remplit les critères de comptabilisation (séparément du goodwill), le caractère favorable ou défavorable des termes du contrat est pris en compte dans la juste valeur de l'actif. Tel est le cas, par exemple, des contrats de location simple dans lesquels l'entreprise acquise est le bailleur, voir nº 22440.

2. Outre les contrats conclus entre l'acquise et un tiers, le caractère favorable ou défavorable d'un contrat est également pris en compte pour les contrats conclus entre l'acquéreur et l'acquise avant le regroupement et permettant à l'acquise d'utiliser un des actifs incorporels de l'acquéreur. Ces contrats donnent lieu, lors de leur réacquisition par l'acquéreur du fait du regroupement d'entreprises, à un profit ou à une perte lié(e) à son règlement, voir nº 22095.

Contrats de licence, de royalties, de franchises et droits de diffusion audiovisuelle

22430 ***Question***

Les contrats de licence, de royalties, de franchises, les droits de diffusion audiovisuelle et autres contrats similaires doivent-ils être constatés en immobilisations incorporelles séparément du goodwill ?

Réponse

Oui. Ces contrats résultent de droits légaux ou contractuels.

Commentaires Les contrats de licence, de royalties, de franchises, les droits de diffusion audiovisuelle et autres contrats similaires doivent être constatés en immobilisations incorporelles séparément du goodwill.

En effet, ces contrats répondent à la définition des immobilisations incorporelles car ils résultent de droits légaux ou contractuels (IFRS 3.IE34), voir nº 22300.

Contrats de publicité, de construction, de gestion, de fourniture de services ou d'approvisionnement

22435 ***Question***

Les contrats de publicité, de construction, de gestion, de fourniture de services ou d'approvisionnement et autres contrats similaires doivent-ils être constatés en immobilisations incorporelles séparément du goodwill ?

Réponse

Oui, en général.

Outre la comptabilisation de ces contrats eux-mêmes, il est également nécessaire de comptabiliser séparément les relations avec les clients concernés (voir n° 22385) mais en évitant tout double emploi lors de l'évaluation.

Commentaires Les contrats de publicité, de construction, de gestion, de fourniture de services ou d'approvisionnement et autres contrats similaires doivent être constatés en immobilisations incorporelles séparément du goodwill.

En effet, ces contrats répondent à la définition des immobilisations incorporelles et notamment au critère légal-contractuel (IFRS 3.IE34), voir n° 22300.

Remarque Les relations commerciales avec les clients concernés sont considérées comme des relations clients contractuelles et doivent être également comptabilisées séparément du goodwill (en plus des contrats eux-mêmes), mais en évitant tout double emploi dans l'évaluation, voir n° 22385.

Contrats de location simple (entreprise acquise = bailleur)

22440 ***Question***

Les contrats de location simple dans lesquels l'entreprise acquise est le bailleur doivent-ils donner lieu à la constatation d'une immobilisation incorporelle séparément du goodwill ?

Réponse

Non. Les contrats de location simple ne donnent pas lieu à la constatation d'un actif incorporel. En revanche, l'évaluation de l'actif corporel donné en location tient compte des termes du contrat de location (favorables ou défavorables) par rapport aux conditions du marché.

Commentaires :

Pour les dispositions relatives à la classification côté bailleur d'un contrat en contrat de location-financement ou contrat de location simple sous IFRS 16, voir Mémento IFRS n° 33020 s.

Les contrats de location simple dans lesquels l'entreprise acquise est le bailleur ne donnent pas lieu à la comptabilisation d'un actif incorporel. En revanche, lors de l'évaluation à la date d'acquisition des actifs donnés en location, leur juste valeur tient compte des termes du contrat de location (IFRS 3.B42).

Autrement dit, il n'est pas possible de comptabiliser séparément les deux éléments suivants :

- d'un côté, l'actif donné en location à la juste valeur de marché indépendamment de l'existence du contrat de location (100 par exemple) ; et
- de l'autre côté, en immobilisation incorporelle, les conditions favorables des termes du contrat de location acquis (20 par exemple).

L'ensemble doit être comptabilisé comme un seul actif (pour 120) (IFRS 3.B42).

Remarque Les relations clients contractuelles attachées à ces contrats de location et qui correspondent notamment aux possibilités de conclusion de nouveaux contrats avec les mêmes clients peuvent donner lieu à comptabilisation d'une immobilisation incorporelle sous certaines conditions, voir n° 22385.

Contrats de location-financement (entreprise acquise = bailleur)

22450 ***Question***

Les contrats de location-financement dans lesquels l'entreprise acquise est le bailleur doivent-ils être comptabilisés en immobilisations incorporelles séparément du goodwill ?

Réponse

Non. Ces contrats sont comptabilisés séparément du goodwill, mais en tant que créances financières de location-financement et non en tant qu'immobilisations incorporelles.

En revanche, une relation client liée à un contrat de location-financement dans lequel l'entreprise est le bailleur peut devoir être comptabilisée séparément du goodwill.

Commentaires :

Pour les dispositions relatives à la classification côté bailleur d'un contrat en contrat de location-financement ou contrat de location simple sous IFRS 16, voir Mémento IFRS nº 33020 s.

Les contrats de location-financement dans lesquels l'entreprise acquise est le bailleur sont comptabilisés séparément du goodwill, en tant que créances financières de location-financement.

En effet, pour un bailleur, un contrat de location-financement peut être assimilé à une « vente » à crédit. Ainsi, à la date de prise d'effet du contrat, le bailleur doit comptabiliser dans son bilan les actifs détenus en vertu d'un contrat de location-financement et les présenter comme des créances pour un montant égal à l'investissement net dans le contrat (IFRS 16.67).

L'investissement net dans le contrat comprend la valeur actualisée au taux d'intérêt implicite du contrat des paiements de location à recevoir par le bailleur au titre du contrat de location-financement, majorée de toute valeur résiduelle non garantie revenant au bailleur (IFRS 16.A).

En revanche, une relation client liée à un contrat de location-financement dans lequel l'entreprise est le bailleur peut devoir être comptabilisée séparément du goodwill, voir nº 22385.

Contrats de location (entreprise acquise = locataire)

22455 ***Question***

Lorsque l'entreprise acquise est locataire, comment les contrats de location identifiés en application d'IFRS 16 doivent-ils être comptabilisés ?

Réponse

Ces contrats doivent donner lieu à la comptabilisation de deux éléments séparément du goodwill :
- d'une part, un droit d'utilisation (présenté à l'actif du preneur soit séparément des autres actifs soit au sein des immobilisations de même nature que les actifs sous-jacents loués) ; et
- d'autre part, une dette de loyers.

La dette de loyers est évaluée à la valeur actualisée des paiements de loyers restants, comme si le contrat de location acquis était un nouveau contrat de location à la date d'acquisition.

Le droit d'utilisation est quant à lui égal au montant de la dette de loyers, ajusté de manière à refléter le caractère favorable ou défavorable des conditions du contrat de location par rapport à celles du marché.

Commentaires Les contrats de location dans lesquels l'entreprise acquise est locataire ne doivent pas donner lieu à la comptabilisation séparée d'une immobilisation incorporelle. En effet, selon IFRS 3.28A, les contrats de location identifiés en application d'IFRS 16 dans lesquels l'entreprise acquise apparaît en tant que preneur entraînent la comptabilisation des actifs au titre du droit d'utilisation et des dettes de loyers.

L'acquéreur doit évaluer la dette de loyers à la valeur actualisée des paiements de loyers restants (tels que définis selon IFRS 16), comme si le contrat de location de l'acquise était un nouveau contrat de location à la date d'acquisition.

Conformément à IFRS 16, l'évaluation de la dette de loyers nécessite d'actualiser les paiements de loyers restants au taux d'intérêt implicite du contrat, s'il est aisément déterminé, ou, à défaut au taux d'endettement marginal du preneur (la société acquise), à la date d'acquisition.

Sur le taux d'actualisation des paiements de loyers restants, voir Mémento IFRS n° 33003.

Il doit évaluer l'actif comptabilisé au titre du droit d'utilisation au montant de la dette des loyers, ajusté de manière à refléter le caractère favorable ou défavorable des conditions du contrat de location par rapport à celles du marché (IFRS 3.28B).

L'acquéreur n'est cependant pas tenu de comptabiliser les actifs au titre du droit d'utilisation et les dettes de loyers pour (IFRS 3.28A) :
- les contrats de location dont le terme de la durée (au sens d'IFRS 16) se situe dans les 12 mois suivant la date d'acquisition (et non la date de prise d'effet du contrat pour la société acquise) ; ou
- les contrats de location dont l'actif sous-jacent est de faible valeur (selon les explications d'IFRS 16.B3 à .B8).

Concernant l'exemption applicable à un contrat d'une durée résiduelle inférieure à 12 mois : cette exemption s'apprécie à la date d'acquisition de la société acquise et non à la date de conclusion du contrat de location par cette dernière. Par ailleurs, si au cours de cette période résiduelle, une modification est apportée au contrat, ou en cas de changement de la durée du contrat, le contrat sera considéré comme un nouveau contrat de location aux fins de la norme (IFRS 16.7).

Concernant l'exemption de faible valeur : cette exemption s'apprécie au regard de la valeur individuelle à neuf de l'actif sous-jacent au contrat de location à la date d'acquisition (et non sa valeur à la date d'acquisition ou à la date de conclusion du contrat de location).

Permis de construire

22465 ***Question***

Les permis de construire doivent-ils être constatés en immobilisations incorporelles séparément du goodwill ?

Réponse

Oui. Les permis de construire satisfont aux conditions générales d'identification des immobilisations incorporelles séparément du goodwill (voir n° 22300), et notamment au critère légal-contractuel.

Commentaires Les permis de construire remplissent en effet les critères généraux d'identification des immobilisations incorporelles séparément du goodwill et notamment le critère légal-contractuel (IFRS 3.IE34), voir n° 22300.

Contrats de travail de personnes clés ayant des compétences techniques spécifiques

22475 ***Question***

Les contrats de travail de personnes clés ayant des compétences techniques spécifiques doivent-ils être constatés en immobilisations incorporelles séparément du goodwill ?

Réponse

Oui, s'ils sont avantageux du point de vue de l'acquéreur. Ces contrats doivent, à notre avis, faire l'objet d'une analyse au cas par cas, compte tenu de leur diversité et de la difficulté à évaluer l'avantage pour l'acquéreur.

Commentaires Les **contrats de travail de personnes clés,** s'ils sont **avantageux du point de vue de l'acquéreur,** remplissent les critères généraux d'identification des immobilisations incorporelles séparément du goodwill, et notamment le critère légal-contractuel (IFRS 3.IE37), voir n° 22300.

Ces contrats doivent, à notre avis, faire l'objet d'une analyse au cas par cas, compte tenu :

a. **de leur diversité** : le contenu de ces contrats peut être très variable d'un contrat à l'autre et certains d'entre eux n'offrent que des garanties limitées à l'acquéreur en cas de prise de contrôle ; et

b. **de la difficulté à évaluer l'avantage pour l'acquéreur** (voir n° 22425) : en pratique, il peut être difficile d'apprécier si ces contrats sont avantageux pour l'acquéreur, notamment en l'absence de savoir-faire très spécifique du salarié, ou de son rôle stratégique pour l'entreprise, et/ou d'une différence significative entre sa rémunération et les conditions de rémunération sur le marché à la date d'acquisition.

Personnel de l'entreprise acquise pris dans son ensemble

22480 ***Question***

Le personnel de l'entreprise acquise pris dans son ensemble doit-il être constaté en immobilisations incorporelles séparément du goodwill ?

Réponse

Non. Le personnel de l'entreprise acquise pris dans son ensemble fait partie du goodwill.

Commentaires :

1. **Définition du personnel de l'entreprise acquise pris dans son ensemble (« assembled workforce »)** Le capital humain de l'entreprise acquise (IFRS 3.B37) représente l'ensemble des salariés permettant à l'acquéreur de poursuivre les activités de l'acquise immédiatement après la date d'acquisition.

Ainsi, le capital humain aurait une valeur du fait que l'acquéreur n'est pas obligé de rechercher, recruter et former de nouveaux salariés à la suite du regroupement.

2. **Comptabilisation séparée du goodwill** Le capital humain de l'entreprise acquise ne peut pas être comptabilisé séparément en immobilisation incorporelle et est constaté dans le goodwill, notamment parce qu'il ne répond pas à la définition d'une immobilisation incorporelle (IFRS 3.B37, .BC176 à .BC180 et IAS 38.15), voir no 22300.

En effet :
- ce capital humain n'est ni protégé légalement ou contractuellement ni cessible séparément de l'entité acquise. Il n'est donc pas identifiable ;
- les avantages qui en découlent ne sont pas contrôlés par l'entité car elle ne peut empêcher une modification de sa composition.

Droits réacquis

22485 ***Question***

Les droits, accordés par l'acquéreur à l'acquise antérieurement au regroupement, et réacquis par l'acquéreur du fait du regroupement d'entreprises, donnent-ils lieu à la comptabilisation d'une immobilisation incorporelle séparément du goodwill ?

Réponse

Oui. Les droits réacquis satisfont le critère légal-contractuel et le critère de séparabilité d'une immobilisation incorporelle.

Commentaires Du fait d'un regroupement d'entreprises, un acquéreur peut récupérer le droit d'utiliser l'un de ses actifs incorporels (comptabilisé ou non à l'actif dans ses états financiers) qu'il aurait accordé à l'acquise avant le regroupement.

Tel peut être le cas, par exemple, d'un droit d'utilisation d'une marque de l'acquéreur dans le cadre d'une franchise ou d'un droit d'utilisation d'une technologie de l'acquéreur dans le cadre d'un accord de licence (« technology licensing agreement »).

Un droit ainsi réacquis constitue une immobilisation incorporelle à constater séparément du goodwill (IFRS 3.B35).

En effet, le droit réacquis satisfait le critère légal-contractuel et le critère de séparabilité et constitue la continuation d'un droit préexistant dont bénéficiait l'acquise avant le regroupement (IFRS 3.BC182 s.).

Pour l'évaluation de ce droit à la date d'acquisition et sa comptabilisation ultérieure, voir no 22095.

5. Eléments incorporels liés à la technologie

Projets de recherche et développement en cours à la date du regroupement

22490 ***Question***

Les projets de recherche et développement de l'entreprise acquise, en cours à la date du regroupement, doivent-ils être comptabilisés séparément en immobilisations incorporelles ?

Réponse

Oui :

- dès lors que les critères généraux d'identification des immobilisations incorporelles sont remplis (voir n° 22300), ce qui devrait généralement être le cas car ces projets répondent au moins au critère de séparabilité ; et
- indépendamment du respect ou non des conditions d'immobilisation énoncées par la norme IAS 38 pour les projets générés en interne.

Commentaires Les projets de recherche et développement en cours de l'entreprise acquise sont comptabilisés séparément en immobilisations incorporelles si et seulement si les critères généraux d'identification des immobilisations incorporelles sont remplis, et ce, indépendamment du respect ou non des conditions d'immobilisation énoncées par la norme IAS 38, Immobilisations incorporelles, pour les projets générés en interne (IAS 38.34 et IFRS 3.BC149).

Ce devrait être généralement le cas car ces projets répondent au moins au critère de séparabilité. Par ailleurs, la transaction réalisée à la date d'acquisition démontre que ces projets sont porteurs d'avantages économiques futurs (IFRS 3.BC152).

De la même manière que pour les autres immobilisations incorporelles, la juste valeur des projets de recherche et développement acquis dans le cadre d'un regroupement d'entreprises est présumée pouvoir être évaluée de manière fiable, bien que le Board reconnaisse que cela nécessitera des estimations et l'exercice du jugement (IFRS 3.BC153).

En outre, ces actifs doivent être évalués à leur juste valeur déterminée sur la base de l'utilisation optimale qu'en feraient d'autres intervenants de marché, en tenant compte des hypothèses d'évaluation appropriées (IFRS 3.B43). Donc sans tenir compte des intentions de l'acquéreur ni de celles de l'entreprise acquise (conditions spécifiques d'exploitation, etc.). En effet, pour des raisons liées à la concurrence par exemple, l'acquéreur peut décider de ne plus utiliser un actif acquis ou de l'utiliser d'une manière différente de son utilisation optimale par d'autres intervenants de marché (IFRS 3.B43), voir n° 22035.

Exemple *L'entité S, un groupe pharmaceutique, acquiert l'entité B, un concurrent du secteur. L'entité B a engagé des coûts de recherche et développement importants pour le développement de deux nouveaux médicaments qui ont été soumis à des tests cliniques. Le premier médicament n'a pas obtenu d'autorisation réglementaire mais S pense pouvoir obtenir cette autorisation dans les deux ans. Le second médicament a récemment été autorisé. Les revenus que devraient générer ces deux produits constituent l'une des principales motivations de l'acquisition de B.*

Solution de l'exemple *Les droits relatifs aux deux médicaments doivent être comptabilisés séparément du goodwill, car ils sont séparables de l'entité acquise. L'entité S aura le pouvoir d'obtenir les avantages économiques futurs correspondant à ces deux médicaments.*

La juste valeur des droits relatifs au premier médicament doit tenir compte de la probabilité et de la date d'obtention de l'autorisation réglementaire. Les frais de recherche ultérieurs seront comptabilisés en charges conformément à IAS 38. Les frais de développement seront immobilisés à compter de la date à laquelle les conditions d'IAS 38.57 seront remplies.

Concernant le second médicament, l'obtention de l'autorisation sera reflétée dans la juste valeur affectée à l'immobilisation incorporelle correspondante, voir n° 22495.

Projets de recherche et développement ayant abouti

22495 ***Question***

Les projets de recherche et développement ayant abouti doivent-ils être constatés en immobilisations incorporelles séparément du goodwill ?

Réponse

Oui. En règle générale, ces projets répondent le plus souvent à la définition d'une immobilisation incorporelle, voir nº 22300.

Commentaires Les projets de recherche et développement ayant abouti doivent être constatés en immobilisations incorporelles séparément du goodwill. En effet, ces projets sont identifiables : ils sont généralement protégés juridiquement (brevets, autorisations de mise sur le marché, etc.) et les avantages économiques correspondants sont ainsi contrôlés.

Technologies brevetées

22500 ***Question***

Les technologies brevetées doivent-elles être constatées en immobilisations incorporelles séparément du goodwill ?

Réponse

Oui, ces technologies remplissant le plus souvent les critères généraux d'identification des immobilisations incorporelles, voir nº 22300.

Commentaires Les technologies brevetées doivent être constatées en immobilisations incorporelles séparément du goodwill. En effet, ces technologies remplissent les critères généraux d'identification des immobilisations incorporelles séparément du goodwill et notamment le critère légal-contractuel (IFRS 3.IE39 ; voir également nº 22300), au même titre que les projets de développement ayant abouti (voir nº 22495).

Secrets commerciaux

22505 ***Question***

Les secrets commerciaux doivent-ils être constatés en immobilisations incorporelles séparément du goodwill ?

Réponse

Oui, mais à condition :
- qu'ils soient protégés juridiquement ;
- ou à défaut qu'ils soient séparables de l'entité acquise soit individuellement, soit conjointement avec un autre actif (par exemple une marque), un passif ou un contrat, ce qui est généralement le cas.

Dans le cas où le secret commercial ne peut être utilisé sans un autre actif incorporel, comme par exemple une marque et un savoir-faire intrinsèquement liés, les deux éléments peuvent être comptabilisés séparément du goodwill sur une ligne unique d'actif.

Commentaires :

1. **Conditions générales pour que les secrets commerciaux soient constatés séparément en immobilisations incorporelles**

Les secrets commerciaux concernent les formules, modèles, programmes, procédés, méthodes, techniques ou process qui créent de la valeur économique présente ou future en restant secrets et dont le secret est protégé.

Les secrets commerciaux remplissent en règle générale les critères généraux d'identification des immobilisations incorporelles séparément du goodwill, voir n° 22300. En effet, ils peuvent être protégés juridiquement ou être séparables de l'entité acquise individuellement ou conjointement avec d'autres actifs (IFRS 3.IE44).

2. **Lien entre les secrets commerciaux et les autres actifs incorporels** Dans le cas d'une entreprise acquise possédant, par exemple, une marque déposée et un savoir-faire non breveté nécessaire pour fabriquer le produit dont la marque est déposée, en première analyse, il semblerait que le savoir-faire réponde au critère de comptabilisation séparée du goodwill (actif séparable de l'entité acquise conjointement avec un autre actif). Toutefois, il convient, à notre avis, de prendre en compte l'existence du lien très étroit entre la marque et le savoir-faire et de comptabiliser les deux éléments sur une ligne unique, distincte du goodwill, dès lors que leurs durées d'utilité sont similaires (IFRS 3.IE21).

Ce qui devrait être le cas puisque les deux éléments sont inexploitables l'un sans l'autre.

Bases de données

22510 ***Question***

Les bases de données doivent-elles être constatées en immobilisations incorporelles séparément du goodwill ?

Réponse

Oui, en règle générale. Les bases de données qui sont protégées répondent au critère légal-contractuel. Celles qui ne le sont pas sont souvent échangées et répondent donc aux conditions d'identification des immobilisations incorporelles, voir n° 22300.

Commentaires Les bases de données doivent généralement être constatées en immobilisations incorporelles séparément du goodwill.

En effet, les bases de données protégées juridiquement répondent au critère légal-contractuel et celles qui ne sont pas protégées sont séparables puisqu'elles peuvent faire ou font l'objet d'échanges (IFRS 3.IE42 et .IE43), voir n° 22300.

C. Comptabilisation ultérieure des immobilisations incorporelles acquises lors d'un regroupement d'entreprises

Application des règles générales

22530 ***Question***

Les règles d'évaluation des immobilisations incorporelles postérieurement à l'acquisition sont-elles différentes selon que ces immobilisations ont été acquises lors d'un regroupement d'entreprises ou séparément ?

Réponse

Non. Les règles d'évaluation ultérieure sont identiques que les immobilisations incorporelles aient été ou non acquises dans le cadre d'un regroupement d'entreprises.

Commentaires Les règles d'évaluation ultérieure des immobilisations incorporelles, telles que définies par les normes IAS 38 et IAS 36 (choix entre méthode du coût historique et méthode de la réévaluation, modalités d'amortissement, modalités de dépréciation et comptabilisation des sorties d'immobilisations), sont en effet identiques, quelles que soient les modalités d'acquisition de ces immobilisations (lors d'un regroupement d'entreprises, acquisition séparée ou développement en interne) (IFRS 3.B39).

Dans son rapport relatif à l'application d'IFRS 3 dans les états financiers, publié en juin 2014, l'ESMA a attiré l'attention des émetteurs sur la nécessité d'utiliser des hypothèses cohérentes pour l'évaluation de la juste valeur lors de la comptabilisation initiale des actifs et passifs acquis dans le cadre du regroupement d'entreprises et pour leur traitement comptable ultérieur (« ESMA Report : Review on the application of accounting requirements for business combinations in IFRS financial statements » – ESMA/2014/643, 06/14).

Ainsi, si la juste valeur d'un portefeuille client a été évaluée en tenant compte du taux de perte des clients, cette méthode doit être conservée dans le cadre de son amortissement.

SECTION IV

Dépréciation du goodwill

1. Test de dépréciation du goodwill : généralités

Etapes de réalisation du test de dépréciation du goodwill

22620 ***Question***

Comment réaliser le test de dépréciation du goodwill ?

Réponse

Il convient de procéder par étapes, comme suit :

a. **affectation du goodwill,** selon les modalités précisées par la norme IAS 36, à une (ou plusieurs) unité(s) génératrice(s) de trésorerie (UGT) et réexamen de cette affectation dans certaines circonstances ;

b. réalisation des **tests de dépréciation des actifs identifiables de l'UGT** (ou du groupe d'UGT) présentant un indice de perte de valeur avant de réaliser le test de dépréciation du goodwill ;

c. réalisation du **test de dépréciation de l'UGT** (ou du groupe d'UGT), une perte de valeur étant constatée si sa valeur comptable, comprenant le goodwill qui lui est affecté, est supérieure à sa valeur recouvrable ;

d. **affectation en priorité au goodwill** de la perte de valeur ainsi déterminée ;

e. allocation de la **perte de valeur au groupe et aux intérêts minoritaires** le cas échéant ;

f. comptabilisation de la **perte de valeur du goodwill en résultat,** aucune reprise ultérieure n'étant autorisée.

Commentaires L'ensemble de ces étapes, permettant de mettre en œuvre le test de dépréciation du goodwill, est détaillé ci-après, voir nº 22635 s.

La norme IFRS 3 permet d'opter soit pour le goodwill partiel, soit pour le goodwill complet (voir nº 22170 s.). En conséquence, la norme IAS 36 prévoit, en cas de comptabilisation d'un goodwill complet, des modalités spécifiques d'allocation de la perte de valeur du goodwill entre groupe et intérêts minoritaires (IAS 36.C6).

Pour les modalités de comptabilisation des pertes de valeur du goodwill et leur allocation au groupe et aux minoritaires, voir nº 22712.

Evolution possible de la réponse Les difficultés d'application du test de dépréciation du goodwill devraient être traitées dans le cadre du projet de l'IASB « Regroupements d'entreprises - Informations à fournir, goodwill et dépréciation », voir nº 21406.

2. Fréquence et date de réalisation des tests de dépréciation

Principe

22635 ***Question***

Quelle est la fréquence de réalisation des tests de dépréciation du goodwill ?

Réponse

Un test de dépréciation annuel est obligatoire pour chaque goodwill. Ce test doit être réalisé de manière plus fréquente si des indices de perte de valeur apparaissent entre deux tests annuels.

En outre, un test de dépréciation du goodwill devrait en principe être réalisé avant la fin de l'exercice d'acquisition. Toutefois, en pratique, l'acquéreur dispose, à notre avis et sauf indice de perte de valeur, d'un délai supplémentaire pouvant aller jusqu'à la clôture de l'exercice qui suit celui de l'acquisition. Ce délai correspond au délai dont dispose l'acquéreur pour l'affectation définitive du goodwill aux UGT (ou groupes d'UGT).

Commentaires :

1. **Fréquence de réalisation des tests de dépréciation du goodwill** Il est obligatoire de réaliser tous les ans un test de dépréciation pour chaque goodwill ; ce test peut toutefois devoir être réalisé de manière plus fréquente si des indices de perte de valeur apparaissent entre deux tests annuels (IAS 36.10b et .90).

Il est possible de simplifier les tests de dépréciation annuels mais sous certaines conditions, voir n° 22725.

Pour des exemples d'indices de perte de valeur, voir IAS 36.12 à .14.

2. **Exercice d'acquisition d'une entité consolidée** En principe, un test de dépréciation du goodwill devrait être réalisé avant la fin de l'exercice d'acquisition (IAS 36.96). Toutefois, en pratique, l'acquéreur dispose, à notre avis et sauf indice de perte de valeur, d'un délai supplémentaire pouvant aller jusqu'à la clôture de l'exercice qui suit celui de l'acquisition. Ce délai correspond au délai dont dispose l'acquéreur pour l'affectation définitive du goodwill aux UGT (groupes d'UGT) (IAS 36.84 et .85).

Pour plus de détails, voir n° 22645.

Date de réalisation des tests annuels

22640 ***Question***

A quelle date effectuer le test annuel de dépréciation du goodwill ?

Réponse

Toujours à la même date pour chaque unité génératrice de trésorerie (ou groupe d'unités génératrices de trésorerie) à laquelle (auquel) le goodwill est affecté. Cette date n'est pas nécessairement à la date de clôture de l'exercice.

Commentaires Cette disposition résulte d'IAS 36.96. En revanche, toutes les unités génératrices de trésorerie ne sont pas nécessairement testées à la même date ; plusieurs unités génératrices de trésorerie peuvent être testées à des dates différentes (IAS 36.96).

Pour la date de réalisation des tests de dépréciation d'un goodwill lié à une acquisition de l'exercice, voir n° 22645.

Date de réalisation des tests de dépréciation au titre des acquisitions de l'exercice

22645 ***Question***

Les tests de dépréciation au titre des acquisitions de l'exercice peuvent-ils être reportés sur l'exercice suivant, par exemple pour attendre l'affectation définitive du goodwill aux UGT ?

Réponse

Oui, à notre avis, mais uniquement :

- si l'affectation du goodwill aux UGT (ou groupes d'UGT) ne peut pas être réalisée sur une base définitive avant la date de clôture de l'exercice d'acquisition ;

Dans ce cas, cette affectation définitive et les tests de dépréciation doivent être réalisés au plus tard à la date de clôture de l'exercice suivant.

- et s'il n'existe pas d'indice de perte de valeur au cours de l'exercice d'acquisition.

Commentaires :

1. **Principe** Les tests de dépréciation du goodwill lié à une acquisition de l'exercice devraient en principe être réalisés avant la date de clôture de cet exercice (IAS 36.96).

Ainsi, pour un exercice coïncidant avec l'année civile, un goodwill lié à une acquisition réalisée le 15/01/N devrait en principe être testé pour dépréciation au plus tard le 31/12/N.

2. **Possibilité, à notre avis, de reporter le test de dépréciation du goodwill jusqu'à la date de finalisation de l'affectation du goodwill aux UGT (ou groupes d'UGT)** Cette possibilité résulte de l'analyse suivante :

- la réalisation des tests de dépréciation du goodwill requiert l'affectation de ce goodwill aux UGT (ou groupes d'UGT), ce qui suppose en premier lieu que le montant du goodwill soit déjà déterminé (IAS 36.85) ;
- l'acquéreur dispose d'un délai maximum de 12 mois à compter de la date d'acquisition (IFRS 3.45 s.) pour finaliser la comptabilisation d'un regroupement d'entreprises qui n'était pas définitive à la date de clôture du premier exercice au cours duquel le regroupement est intervenu.

Soit au plus tard le 14 mars N+1 dans l'exemple précité.

Toutefois, l'acquéreur dispose d'un délai plus long pour l'affectation du goodwill aux UGT (groupes d'UGT) pour les besoins des tests de dépréciation. Ce délai peut aller jusqu'à la clôture de l'exercice qui suit l'exercice d'acquisition (IAS 36.84).

Soit au plus tard le 31 décembre N+1 dans l'exemple précité.

Ainsi, à notre avis, l'acquéreur pourrait disposer d'un délai pouvant aller jusqu'à la date de clôture de l'exercice suivant l'exercice d'acquisition pour réaliser les tests de dépréciation du goodwill acquis.

3. **Conditions à respecter pour reporter les tests de dépréciation du goodwill sur l'exercice suivant l'exercice d'acquisition** A notre avis, les conditions à respecter devraient être les suivantes :

- l'acquéreur devrait mettre en œuvre les efforts nécessaires pour finaliser dans les meilleurs délais la comptabilisation définitive du regroupement d'entreprises et celle du goodwill aux UGT (ou groupes d'UGT), les informations nécessaires étant généralement les mêmes pour les deux affectations ;
- le cas échéant, s'il existe un indice de perte de valeur au cours de l'exercice d'acquisition, le goodwill doit faire l'objet d'un test de dépréciation au cours de ce même exercice (IAS 36.90). Dans ce cas, l'acquéreur devra procéder, dès l'exercice d'acquisition, aux évaluations nécessaires des synergies avec des UGT existantes et des UGT acquises pour pouvoir allouer, même sur une base provisoire, l'ensemble du goodwill et procéder ainsi au test de dépréciation.

Si l'acquéreur comptabilise une perte de valeur sur des bases provisoires, toute correction de cette perte de valeur à la suite de l'ajustement de ces bases dans le cadre de la finalisation de l'allocation du prix doit, à notre avis, être comptabilisée de manière rétrospective.

Sur la possibilité d'avoir à comptabiliser une perte de valeur du goodwill dès l'exercice d'acquisition, voir nº 22650.

Comptabilisation d'une dépréciation du goodwill dès l'exercice d'acquisition

22650 ***Question***

La réalisation d'un test de dépréciation du goodwill au cours de l'exercice d'acquisition (voir nº 22645) peut-elle aboutir à la comptabilisation d'une perte de valeur dès cet exercice ?

Réponse

Oui, dans des cas particuliers, notamment :
- si l'acquisition a été surpayée (erreur dans l'évaluation du prix, etc.), ce qui devrait être peu fréquent en pratique ; ou
- si les conditions économiques ont changé entre la date d'acquisition et la date de clôture de l'exercice.

Commentaires :

1. **Cas particuliers de la comptabilisation d'une perte de valeur du goodwill dès l'exercice d'acquisition** Une perte de valeur du goodwill pourrait être comptabilisée au cours de l'exercice d'acquisition dans les cas particuliers suivants :
- **si l'acquisition a été surpayée** : selon IFRS 3, ce cas est possible en principe. Le montant du sur-paiement étant difficile à évaluer de manière fiable à la date d'acquisition, il serait alors inclus dans le goodwill (et non pas constaté immédiatement en charges, de manière symétrique au produit constaté dans le cas d'une acquisition réalisée dans des conditions avantageuses, voir nº 22205). En conséquence, le goodwill devrait faire l'objet d'une dépréciation dès l'exercice d'acquisition (IFRS 3.BC382) ;
- **si les conditions économiques ont changé entre la date d'acquisition et la date de clôture** : cette situation est envisageable notamment dans des circonstances de difficultés économiques intervenues après la date d'acquisition.

2. **Incidences des restructurations ou investissements prévisionnels sur la perte de valeur du goodwill** Il est possible que le prix d'acquisition, et donc le goodwill, comprennent les incidences prévisionnelles (positives) de restructurations ou investissements futurs, alors que ces restructurations ou investissements ne sont pas pris en compte dans la valeur d'utilité parce qu'ils ne sont pas encore engagés conformément aux normes IFRS.

Cependant, ce cas relativement fréquent en pratique ne devrait pas aboutir à une perte de valeur « mécanique » du goodwill dès l'exercice d'acquisition. En effet, si ces restructurations/investissements ont un « caractère de marché », leurs effets positifs sont pris en compte dans la juste valeur nette des frais de cession qui est, en conséquence, probablement supérieure à la valeur d'utilité. La juste valeur nette des frais de cession est donc retenue comme valeur recouvrable, ce qui conduit ainsi à la non-prise en compte de perte de valeur du goodwill dès cette date.

3. **Incidences des impôts différés passifs sur la perte de valeur du goodwill** L'impôt différé passif constaté lors d'un regroupement d'entreprises peut induire une surévaluation « mécanique » du goodwill lorsque le montant d'impôt différé passif comptabilisé est supérieur à sa juste valeur.

Tel peut être fréquemment le cas en pratique puisque la norme IAS 12, Impôts sur le résultat, qu'il convient d'appliquer pour l'évaluation des impôts différés constatés lors d'un regroupement d'entreprises, interdit l'actualisation de l'impôt différé.

Cette surévaluation du goodwill pourrait dans certains cas se traduire par la constatation d'une perte de valeur mécanique du goodwill lorsque la valeur d'utilité est retenue comme valeur recouvrable.

En effet, la valeur d'utilité étant une valeur avant impôt, l'impôt différé passif ne doit pas être inclus dans la valeur comptable de l'UGT servant de base de comparaison à la valeur d'utilité et ne peut donc venir compenser le goodwill surévalué.

Afin d'éviter la constatation d'une perte de valeur de ce seul fait, il peut être recommandé de retenir, comme valeur recouvrable, la juste valeur nette des frais de cession (en ce sens, décision de l'ESMA EECS/0910-05, 12/09).

Pour plus de détails, voir Mémento IFRS n° 36315.

3. Affectation du goodwill aux UGT pour les tests de dépréciation

Principes généraux d'affectation du goodwill aux UGT

22660 ***Question***

A quelles unités génératrices de trésorerie affecter le goodwill pour la réalisation des tests de dépréciation ?

Réponse

Aux unités (ou groupes d'unités) génératrices de trésorerie (UGT) :
- de l'acquise mais également à celles de l'acquéreur dans la mesure où on s'attend à ce que celles-ci tirent avantage du regroupement (synergies futures attendues) ; et
- qui représentent le niveau le plus fin de suivi par le groupe, dans le cadre de son reporting interne, de son retour sur investissement en y incluant le goodwill.

Le niveau d'affectation ne peut cependant pas être plus large qu'un secteur opérationnel tel que défini par IFRS 8, Secteurs opérationnels pour l'information sectorielle.

Commentaires :

1. **Nécessité d'affecter le goodwill à une UGT (ou groupe d'UGT)** Comme pour tous les actifs qui ne génèrent des flux de trésorerie que conjointement avec d'autres actifs ou groupes d'actifs et dont la valeur recouvrable ne peut être déterminée individuellement (IAS 36.66 à .67), le goodwill doit être affecté à une UGT (ou groupe d'UGT) pour pouvoir être testé pour dépréciation (IAS 36.80 à .81 et .C2).

L'UGT d'un actif (qui peut être le goodwill) est le plus petit groupe identifiable d'actifs comprenant cet actif dont l'utilisation continue génère des entrées de trésorerie largement indépendantes des entrées de trésorerie générées par d'autres actifs ou groupes d'actifs (IAS 36.6 et .68).

2. **Affectation du goodwill aux UGT de l'acquéreur dont on s'attend à ce qu'elles bénéficient du regroupement** Il convient d'affecter le goodwill (ou une partie du goodwill) aux UGT (ou groupes d'UGT) de l'acquéreur dont on s'attend à ce qu'elles tirent avantage du regroupement (synergies futures attendues), et ce, même si aucun actif ou passif identifiable de l'entreprise acquise n'a été affecté à ces unités (IAS 36.80 et .C2). Il n'y a donc pas lieu d'affecter le goodwill aux seules UGT de l'entité acquise mais bien de tenir compte de l'ensemble des effets du regroupement, en se plaçant dans la perspective du groupe après le regroupement.

Par exemple, le goodwill lié à l'acquisition d'une entreprise du secteur des médias ayant pour seule activité le développement de « contenus » sera affecté à l'UGT de l'acquéreur spécialisée dans la mise en ligne (Internet) de ces contenus si c'est cette activité qui doit bénéficier des synergies liées à l'acquisition.

Et ce, même si les actifs et passifs identifiables acquis sont utilisés exclusivement pour le développement des contenus et donc affectés aux UGT de l'entité acquise.

3. **Lien avec le reporting interne : affectation du goodwill au niveau le plus fin auquel le groupe opère le suivi de son retour sur investissement en incluant le goodwill dans cet investissement** L'IASB considère en effet que la seule base raisonnable d'affectation du goodwill consiste à retenir le niveau auquel le goodwill est géré et ses performances appréciées pour les besoins du reporting interne, c'est-à-dire en principe le niveau auquel le goodwill serait naturellement associé (IAS 36.80a et .BC139 à .BC144 ; voir Exemple ci-après).

Il est donc parfois nécessaire de se placer – pour les besoins du test de dépréciation du goodwill et afin d'éviter une affectation arbitraire – à un niveau de découpage des activités qui comprend plusieurs UGT (IAS 36.81).

En revanche, il n'est pas possible de regrouper plusieurs UGT pour les tests de dépréciation du goodwill (par exemple, lorsque ces UGT ont les mêmes caractéristiques économiques) si le goodwill est suivi par la direction pour son reporting interne au niveau de chacune de ces UGT.

En effet, l'IASB considère que si le groupe a connaissance, au travers de son reporting interne, de la dépréciation du goodwill au niveau d'une UGT (ou d'un groupe d'UGT), il doit communiquer cette information à l'extérieur (au travers de la comptabilisation éventuelle d'une perte de valeur), sans pouvoir opérer une quelconque compensation avec les « plus-values latentes » existant au niveau des autres UGT, même si elles ont les mêmes caractéristiques économiques (IAS 36.BC145c et .BC150).

En conclusion, il existe un lien très fort entre l'affectation du goodwill pour les besoins des tests de dépréciation et le reporting interne, de sorte qu'il n'est généralement pas nécessaire de développer des outils de reporting spécifiques pour ces tests, sauf si le groupe suit le goodwill à un niveau plus large que le découpage sectoriel (IAS 36.BC140) (voir Exemple ci-après).

Ainsi, si la direction suit dans son reporting interne le goodwill à un niveau plus élevé que celui des UGT (ou groupes d'UGT) identifiées comme devant bénéficier du goodwill, celui-ci peut être testé à ce niveau plus élevé utilisé par la direction pour son reporting interne, dès lors que ce niveau ne dépasse pas celui d'un secteur opérationnel (voir point 4.).

4. **Lien avec les secteurs définis pour l'information sectorielle** Une UGT (ou un groupe d'UGT) à laquelle (auquel) le goodwill est affecté ne doit pas être plus large qu'un secteur opérationnel déterminé conformément à IFRS 8, Secteurs opérationnels (IAS 36.80 s. et .BC139 s.).

La norme IAS 36 précise également que les segments opérationnels visés sont les segments opérationnels identifiés individuellement (et tels que définis par la norme IFRS 8.5), c'est-à-dire avant agrégation (IAS 36.80b).

5. **Clés de répartition du goodwill entre les UGT devant bénéficier du regroupement**
La répartition du goodwill entre les différentes UGT devant bénéficier du regroupement doit être opérée sur une base raisonnable et permanente et refléter notamment :

a. la valorisation des synergies attendues au sein de chaque UGT (ou groupe d'UGT), ces synergies étant généralement évaluées en actualisant les profits ou économies attendus de ces synergies dans chaque UGT (ou groupe d'UGT) ;

A défaut d'une affectation tenant compte des synergies attendues, par exemple en cas d'affectation sur la base d'un prorata global par rapport au chiffre d'affaires ou au résultat d'exploitation, l'affectation peut conduire à allouer une partie du goodwill dans des UGT où aucune synergie n'est attendue, ce qui présente un risque fort de dépréciation lors du test de dépréciation.

b. l'existence d'actifs qui n'ont pas pu être comptabilisés séparément du goodwill mais qui sont clairement liés à une ou plusieurs UGT identifiées.

La présomption que le critère d'évaluation fiable est rempli pour tous les actifs incorporels devrait limiter le nombre d'actifs incorporels non reconnus à la date d'acquisition, voir nº 22300.

En pratique, il n'existe que rarement une analyse détaillée permettant d'évaluer séparément les composantes du goodwill (synergies attendues ou éléments incorporels n'ayant pas été comptabilisés séparément du goodwill, par exemple) et de les affecter de manière spécifique aux UGT concernées. En conséquence, une autre approche consiste à déterminer le goodwill lié à l'acquisition qui est affectable à chaque UGT par différence entre « la juste valeur du goodwill » de chaque UGT concernée (différence entre la juste valeur de l'UGT et celle de ces actifs et passifs identifiables, qu'ils soient ou non comptabilisés) avant et après l'acquisition (le goodwill additionnel étant le goodwill acquis).

***Exemple** — Lien entre le reporting et l'affectation du goodwill aux UGT L'entité D, société internationale du secteur de la chimie, a acquis l'entité E qui opère dans le même secteur et qui possède 80 usines implantées dans 10 pays.*

Il y a un marché externe pour la production de chacune des usines, chaque usine a une comptabilité séparée et dispose d'informations sur ses flux de trésorerie.

L'entité E est gérée par zone géographique. La direction a décidé que chacun des 10 pays représentait le niveau le plus bas auquel le goodwill pouvait être affecté de façon raisonnable et cohérente. Dans chacun des 10 pays, le plan de rémunération de la direction prévoit le suivi de certains ratios financiers. Ces ratios intègrent l'affectation du goodwill aux activités de chacun des 10 pays. Avant de racheter l'entité E, l'entité D n'était pas implantée dans ces 10 pays.

***Solution de l'exemple** Chaque usine constitue une unité génératrice de trésorerie distincte. Cependant, le suivi du goodwill étant effectué opérationnellement au niveau du pays (comme le reflète d'ailleurs la rémunération des dirigeants opérationnels concernés), il devra être affecté à chacun des 10 pays dans lesquels ces usines sont implantées et non au niveau de chaque usine.*

Date d'affectation du goodwill aux UGT

22665 ***Question***

A quelle date affecter le goodwill aux unités génératrices de trésorerie pour la réalisation des tests de dépréciation ?

Réponse

En principe, au plus tard à la clôture de l'exercice au cours duquel le regroupement d'entreprises est intervenu. Toutefois, il est possible de bénéficier d'un délai d'affectation allant jusqu'à la clôture de l'exercice qui suit celui de l'acquisition.

Commentaires :

1. **Délai d'affectation du goodwill aux UGT (ou groupes d'UGT) pour le test de dépréciation** Cette affectation doit en principe être réalisée au plus tard à la fin de l'exercice au cours duquel le regroupement d'entreprises est intervenu. Il est toutefois possible de bénéficier d'un délai d'affectation allant jusqu'à la clôture de l'exercice qui suit celui de l'acquisition (IAS 36.84).

L'entité devra indiquer en annexe les raisons pour lesquelles le goodwill n'a pas été intégralement affecté aux UGT ainsi que le montant du goodwill non affecté (IAS 36.133).

2. **Deux délais d'affectation de durées différentes** Les entreprises disposent donc de deux délais d'affectation de durées différentes :

- l'un de douze mois à compter de la date d'acquisition pour déterminer ou ajuster les justes valeurs des actifs acquis et des passifs assumés de l'acquise, non constatés ou constatés de manière provisoire lors de la comptabilisation initiale du regroupement, si l'acquéreur obtient des informations relatives à des faits et circonstances qui existaient déjà à la date d'acquisition (IFRS 3.45 s. et IAS 36.85) ;

  Les éléments précités peuvent entraîner une modification corrélative de la valeur du goodwill pendant cette période, voir no 22130.

- l'autre allant jusqu'à la clôture de l'exercice qui suit celui de l'acquisition pendant lequel l'affectation du goodwill aux unités génératrices de trésorerie peut être réalisée (IAS 36.84 et .BC151 à .BC152).

En pratique, l'affectation du goodwill devrait, **le plus souvent,** être finalisée en même temps que la finalisation de la comptabilisation du regroupement d'entreprises (détermination des actifs acquis et passifs assumés notamment), c'est à dire **dans les douze mois** suivant la date d'acquisition, les informations nécessaires étant les mêmes dans les deux cas.

Toutefois, un délai supplémentaire peut s'avérer nécessaire pour mettre en place soit une nouvelle organisation opérationnelle du groupe et définir, en conséquence, de nouvelles UGT ou groupes d'UGT, soit un nouveau reporting ou un reporting modifié.

A notre avis, dans le cas particulier où il y aurait un indice de perte de valeur du goodwill avant la clôture de l'exercice suivant l'exercice d'acquisition, une affectation, même provisoire, devrait être opérée avant cette date pour permettre la réalisation du test de dépréciation requis par IAS 36.90, voir no 22645.

Incidence des cessions de titres ou de branches d'activités

22670 ***Question***

En cas de cession partielle de l'UGT à laquelle le goodwill est affecté, comment déterminer la part du goodwill imputable au résultat de cession ?

Réponse

Au prorata des valeurs respectives de l'activité cédée et de la partie de l'UGT conservée, sauf si une autre méthode est plus adaptée.

Commentaires Lorsqu'une activité comprise dans une unité (ou un groupe d'unités) génératrice(s) de trésorerie à laquelle (auquel) un goodwill a été affecté pour la réalisation du test de dépréciation, est cédée, il est nécessaire de comptabiliser une partie du goodwill de l'UGT en résultat de cession (IAS 36.86).
En d'autres termes, il faut décomptabiliser le goodwill :
- soit totalement, s'il a été affecté à une UGT (ou un groupe d'UGT) qui est intégralement cédé(e) ;
- soit partiellement, si le goodwill avait été affecté à un groupe d'UGT et que certaines de ces UGT sont cédées, ou encore, si le goodwill avait été affecté à une UGT (ou groupe d'UGT) et qu'une activité de cette UGT (ou groupe d'UGT) est cédée.

Remarque En revanche, à notre avis, les cessions d'actifs isolés ou de groupes d'actifs non constitutifs d'une activité compris dans une unité génératrice de trésorerie ne devraient généralement pas donner lieu à une comptabilisation d'une partie du goodwill dans le résultat de cession.

Pour la notion d'activité selon IFRS 3, voir nº 21490.

La répartition du goodwill entre l'activité (les activités) cédée(s) et l'activité (les activités) conservée(s) est généralement réalisée sur la base des valeurs relatives de l'activité sortie et de la partie de l'UGT conservée, une autre méthode plus adaptée pouvant toutefois être retenue si elle permet de mieux refléter le goodwill relatif à l'activité cédée (IAS 36.86).

Pour plus de détails, voir Mémento IFRS nº 36565.

Incidence des réorganisations de la structure de reporting

22675 ***Question***

Faut-il procéder à une réaffectation du goodwill aux UGT en cas de modification de la structure du reporting interne du groupe ?

Réponse

Pas de manière systématique. La réaffectation du goodwill aux UGT dépend des effets de la réorganisation interne sur le suivi du goodwill. Ainsi, si la réorganisation interne a pour effet de :
- **scinder en plusieurs parties une UGT (ou un groupe d'UGT) existantes** (chaque partie étant affectée à d'autres UGT ou groupes d'UGT) : le goodwill doit être réaffecté en utilisant une méthode similaire à celle utilisée en cas de cession, voir nº 22670 ;
- **regrouper une UGT (ou un groupe d'UGT) avec d'autres UGT (ou groupes d'UGT)** : dans ce cas, la réallocation du goodwill à un niveau plus élevé n'est, à notre avis, possible que si la réorganisation a bien eu pour effet de modifier le niveau de suivi du goodwill et se traduit par de véritables changements d'organisation opérationnelle du groupe.

Commentaires A la suite d'une réorganisation du groupe, la composition d'une UGT (ou un groupe d'UGT) – à laquelle (auquel) un goodwill est rattaché – peut être modifiée. Ainsi, l'UGT (ou le groupe d'UGT) peut :
a. **avoir été scindée en plusieurs parties, chaque partie étant affectée à d'autres UGT ou groupes d'UGT existantes** : dans ce cas, le goodwill doit être réaffecté en utilisant une méthode similaire à celle utilisée en cas de cession (IAS 36.87), voir nº 22670 ;

Par exemple, une UGT A est scindée en deux groupes d'actifs (production et distribution), ces groupes d'actifs étant réalloués en raison d'une réorganisation interne du groupe respectivement à l'UGT B et l'UGT C.

b. **avoir été regroupée avec d'autres UGT (ou groupes d'UGT)** : dans ce cas, une réallocation du goodwill à un niveau plus élevé n'est, à notre avis, possible que si la réorganisation a bien eu pour effet de modifier le niveau de suivi du goodwill. Autrement dit, cela implique que de véritables changements d'organisation opérationnelle du groupe aient eu lieu.

Une modification de l'outil de reporting ou un changement de dirigeants ne suffisent pas à eux seuls à démontrer qu'il existe un véritable changement d'organisation opérationnelle.

Compte tenu des incidences que peut avoir un tel regroupement d'UGT sur le test du goodwill, il est à notre avis pertinent de s'assurer que cette réallocation n'a pas pour objectif d'éviter la constatation d'une perte de valeur du goodwill à la date de la réallocation.

Remarque – Incidence de la nouvelle affectation du goodwill sur les états financiers des périodes antérieures et sur l'information à fournir La modification du niveau auquel le goodwill est testé n'est pas un changement de méthode comptable au sens d'IAS 8, mais plutôt un changement de circonstances. En conséquence, la norme IAS 8 ne s'applique pas. Les tests de dépréciation réalisés antérieurement ne doivent donc pas être modifiés de manière rétrospective.

La nouvelle affectation des goodwills entre les UGT doit être mentionnée en annexe (IAS 36.130d.iii).

4. Fait générateur d'une perte de valeur du goodwill

Définition du fait générateur

22690 ***Question***

Quel est le fait générateur d'une perte de valeur du goodwill ?

Réponse

Il y a perte de valeur du goodwill si et seulement si la valeur nette comptable de l'UGT (ou du groupe d'UGT) à laquelle (auquel) le goodwill est affecté est supérieure à la valeur recouvrable de cette UGT ou de ce groupe d'UGT.

La perte de valeur totale qui en découle est alors imputée en priorité sur le goodwill.

Commentaires :

1. **Fait générateur de la perte de valeur du goodwill** Il y a perte de valeur d'une UGT (ou d'un groupe d'UGT) si sa valeur nette comptable (comprenant, le cas échéant, celle du goodwill) est supérieure à sa valeur recouvrable, c'est-à-dire au montant le plus élevé de la juste valeur diminuée des coûts de la vente ou de la valeur d'utilité (cash-flows futurs actualisés) de cette UGT (ou de ce groupe d'UGT) (IAS 36.6, .74, .90, .104 et .C3).

Pour la détermination de la valeur recouvrable d'une UGT, voir nº 22715.

La norme IAS 36 (IAS 36.104) impose d'imputer en priorité sur le goodwill la perte de valeur de l'UGT (du groupe d'UGT) à laquelle (auquel) ce goodwill a été affecté.

2. **Compensation entre plus et moins-values latentes sur les différents éléments de l'UGT (ou du groupe d'UGT)** En pratique, il peut donc y avoir compensation entre les éventuelles moins-values latentes sur le goodwill et les plus-values latentes nettes sur les actifs et passifs identifiables qui sont implicitement incluses dans la juste valeur diminuée des coûts de la vente ou dans la valeur d'utilité de l'unité :

a. que ces actifs et passifs soient comptabilisés ou non ;

Par exemple, la valeur recouvrable de l'UGT (du groupe d'UGT) tient compte de la valeur des éléments incorporels générés en interne et non comptabilisés à l'actif.

b. et que ces actifs et passifs aient été générés par l'entreprise acquise ou le groupe acquéreur, avant ou après la date d'acquisition.

Par exemple, les incorporels non comptabilisés peuvent avoir été générés en interne :
- par l'entité acquise après la date d'acquisition (marques, etc.) ; ou
- par le groupe acquéreur, au sein des UGT bénéficiant des synergies attendues du regroupement, que ce soit avant l'acquisition ou après l'acquisition.

Pour la nécessité de procéder aux tests de dépréciation des actifs identifiables de l'UGT avant de réaliser le test de dépréciation du goodwill, voir nº 22695.

Perte de valeur du goodwill et des autres actifs de l'UGT (ou du groupe d'UGT)

22695 ***Question***

L'imputation de la perte de valeur d'une UGT en priorité sur le goodwill (voir nº 22690) ne risque-t-elle pas d'aboutir à l'imputation sur le goodwill de pertes de valeur qui concernent en fait les actifs identifiables ?

Réponse

Non, sauf cas particuliers. En effet, les actifs identifiables présentant un indice de perte de valeur doivent être testés pour dépréciation éventuelle avant le goodwill.

Commentaires En effet, lorsque les actifs identifiables de l'unité génératrice de trésorerie à laquelle le goodwill appartient font l'objet d'un test de dépréciation à la même date que l'UGT comprenant le goodwill (ou s'il existe un indice de perte de valeur de l'un de ces actifs), celui-ci doit être réalisé avant de réaliser le test de dépréciation du goodwill (IAS 36.97 s.).

De même, lorsqu'une UGT faisant partie du groupe d'UGT auquel est affecté le goodwill doit faire l'objet d'un test de dépréciation, celui-ci doit être réalisé avant de réaliser le test de dépréciation de ce groupe d'UGT pris dans son ensemble (IAS 36.97).

Il est donc raisonnable de penser que la perte de valeur de l'UGT (ou du groupe d'UGT) dans son ensemble, calculée après prise en compte des pertes de valeur de ses composantes identifiables, est bien liée à une perte de valeur du goodwill (IAS 36.BC168).

Il pourrait cependant arriver qu'un actif identifiable ait perdu de la valeur sans que le groupe ait identifié un indice de perte de valeur relatif à cet actif. Dans ce cas, si le test de dépréciation de l'UGT à laquelle l'actif est affecté fait apparaître une perte de valeur de l'UGT, la perte imputée en priorité sur le goodwill peut comprendre une perte de valeur de cet actif identifiable dont on n'a pas détecté la baisse de valeur autrement.

D'où l'intérêt de détecter avec soin les indices de perte de valeur des actifs identifiables, les pertes de valeur sur ces actifs étant réversibles en cas d'amélioration de la situation alors que les pertes de valeur du goodwill ne peuvent faire l'objet d'aucune reprise ultérieure (voir n° 22745).

Exemple *Une société internationale du secteur de la chimie, l'entité D, a acquis l'entité E qui opère dans le même secteur et qui possède 80 usines implantées dans 10 pays. Il y a un marché externe pour la production de chacune des usines, chaque usine a une comptabilité séparée et dispose d'informations sur ses flux de trésorerie.*

L'entité E est gérée par zone géographique.

La direction suit le goodwill au niveau de chacun des 10 pays et l'a donc affecté au niveau de chacun de ces pays (voir Exemple au n° 22660). Avant de racheter l'entité E, l'entité D n'était pas implantée dans ces 10 pays.

Deux ans après l'acquisition, l'entité D décide de restructurer les activités acquises dans deux pays et, dans ce contexte, de fermer cinq usines dans ces deux pays.

Quatre ans après l'acquisition, de nouveaux produits lancés par des concurrents viennent supplanter certains des produits fabriqués par E et ce dans chacun des 10 pays. Chaque usine, prise individuellement, reste rentable.

Solution de l'exemple :

1. ***Deux ans après l'acquisition*** *Chaque usine constitue une UGT distincte, D doit donc calculer la valeur recouvrable des cinq usines qu'elle a décidé de fermer pour réaliser le test de dépréciation de ces usines et constater, le cas échéant, les pertes de valeur correspondantes.*

La fermeture de ces usines constituant un indice de perte de valeur, le goodwill doit être testé au niveau du groupe d'UGT auquel le goodwill a été alloué (à savoir chacun des deux pays). En effet, malgré la restructuration, le goodwill n'a pas été réalloué et continue d'être suivi par pays. L'entité D doit ainsi déterminer la valeur recouvrable des activités de l'entité E dans chacun des deux pays dans lesquels les usines seront fermées. La valeur recouvrable de ces activités est comparée à leur valeur comptable, goodwill compris et après déduction des pertes de valeur éventuellement comptabilisées au titre des usines elles-mêmes.

Toute perte de valeur complémentaire identifiée vient tout d'abord en diminution de la valeur comptable du goodwill, puis est déduite des autres actifs, au prorata de leurs valeurs comptables, sans pouvoir ramener leur valeur comptable en dessous du plus élevé des trois montants suivants : juste valeur nette de frais de cession, valeur d'utilité, zéro (voir n° 22730).

En pratique, les usines ne pourront pas se voir imputer une perte de valeur complémentaire par rapport à celle éventuellement comptabilisée au titre de l'étape précédente.

2. ***Quatre ans après l'acquisition*** *Il n'y a pas d'indice de perte de valeur des usines prises individuellement, il n'est donc pas nécessaire de procéder à un test de dépréciation au niveau des usines.*

Il y a, en revanche, un indice de perte de valeur du goodwill. Ce dernier doit donc être soumis à un test de dépréciation au niveau du groupe d'UGT auquel il a été alloué de façon raisonnable et cohérente, c'est-à-dire comme dans la situation 1., au niveau de chacun des 10 pays.

La valeur recouvrable de ces activités est comparée à leur valeur comptable, goodwill compris.

Toute perte de valeur identifiée vient tout d'abord en diminution de la valeur comptable du goodwill, puis est déduite des autres actifs (dont les usines), au prorata de leurs valeurs comptables, sans toutefois pouvoir ramener ces valeurs comptables en dessous du plus élevé des trois montants suivants : juste valeur nette de frais de cession, valeur d'utilité, zéro.

Pour un exemple chiffré d'imputation de la perte de valeur d'une UGT (ou d'un groupe d'UGT) au goodwill et aux autres actifs identifiables, voir n° 22730.

5. Montant de la perte de valeur du goodwill

Calcul de la perte de valeur

22710 ***Question***

Comment calculer la perte de valeur du goodwill ?

Réponse

La perte de valeur du goodwill est égale à l'excédent :
- de la valeur nette comptable de l'UGT à laquelle le goodwill est affecté, y compris la valeur nette comptable de ce goodwill ;
- sur la valeur recouvrable de cette UGT, c'est-à-dire le montant le plus élevé de sa juste valeur diminuée des coûts de la vente ;
- et de sa valeur d'utilité (cash-flows futurs actualisés).

Lorsque cet excédent (perte de valeur de l'UGT) est supérieur à la valeur comptable du goodwill, celle-ci est ramenée à zéro et la différence est imputée sur la valeur nette comptable des autres actifs de l'UGT.

Commentaires :

1. **Imputation prioritaire de la perte de valeur de l'UGT ou du groupe d'UGT sur le goodwill** Comme expliqué au n° 22690, la perte de valeur du goodwill ne résulte pas du calcul d'une valeur recouvrable spécifique mais plutôt de l'imputation en priorité sur le goodwill de l'éventuelle perte de valeur de l'UGT (ou du groupe d'UGT) à laquelle (auquel) il est affecté.

Si la perte de valeur de l'UGT ou du groupe d'UGT est supérieure à la valeur nette comptable du goodwill, celle-ci est ramenée à zéro et l'excédent est réparti entre les autres actifs de l'UGT ou du groupe d'UGT selon les modalités définies par IAS 36 (IAS 36.104 à .108), voir n° 22730.

2. **Compensation entre moins-values latentes sur le goodwill et plus-values latentes sur d'autres actifs et passifs** Les modalités de calcul de la perte de valeur du goodwill telles que décrites par IAS 36 (IAS 36.104) entraînent une compensation entre les moins-values latentes sur le goodwill et les éventuelles plus-values latentes sur les autres actifs et passifs, voir n° 22690.

Filiale non détenue à 100 % : perte de valeur du goodwill et allocation au groupe et aux intérêts minoritaires

22712 ***Question***

Quelles sont les particularités de calcul de la perte de valeur du goodwill et de son allocation entre le groupe et les intérêts minoritaires lorsque le goodwill porte sur une filiale non détenue à 100 % ?

Réponse

Lorsque l'acquéreur choisit d'utiliser la **méthode du goodwill partiel** pour l'acquisition d'une filiale non détenue à 100 %, la valeur nette comptable de l'UGT (ou du groupe d'UGT) est augmentée de la part des intérêts minoritaires dans le goodwill pour la réalisation du test de dépréciation du goodwill. C'est cette valeur ajustée qui est ensuite comparée à la valeur recouvrable de l'UGT (ou du groupe d'UGT).

Lorsque l'acquéreur choisit d'utiliser la **méthode du goodwill complet,** un tel ajustement de la valeur comptable n'est pas nécessaire (le goodwill des intérêts minoritaires étant déjà pris en compte). Il convient, en revanche, d'allouer la perte de valeur du goodwill entre groupe et intérêts minoritaires. La norme IAS 36 prévoit des modalités d'allocation différentes selon que la filiale non contrôlée à 100 % est elle-même une UGT ou fait partie d'une UGT plus large.

Commentaires :

1. **Utilisation de la méthode du goodwill partiel : ajustement de la valeur comptable de l'UGT (ou du groupe d'UGT) pour tenir compte de la part des intérêts minoritaires dans le goodwill** Si l'acquéreur choisit d'évaluer les intérêts minoritaires dans l'acquise sur la base de leur quote-part dans la juste valeur de l'actif net identifiable acquis (et non à leur juste valeur, voir n° 22170), il est nécessaire de réintégrer le goodwill afférent aux intérêts minoritaires dans la valeur nette comptable de l'UGT (ou du groupe d'UGT) dans le cadre du test de dépréciation du goodwill (IAS 36.C4).

Cela permet de comparer la valeur recouvrable et la valeur comptable de l'UGT établies sur des bases cohérentes.

Le goodwill afférent aux intérêts minoritaires est en effet inclus dans la valeur recouvrable de l'UGT (du groupe d'UGT) mais pas dans la valeur nette comptable de l'UGT ou du groupe d'UGT testé (selon la méthode du goodwill partiel, cette partie du goodwill n'est pas comptabilisée dans les états financiers de l'acquéreur).

En effet, seule la part du groupe dans le goodwill est constatée lorsque le groupe choisit la méthode du goodwill partiel (IAS 36.C4 et .C8).

Pour le calcul de la valeur recouvrable et de la perte de valeur d'une UGT (d'un groupe d'UGT), voir Mémento IFRS n° 36305 s.

La norme IAS 36 fournit un exemple illustrant la manière de réaliser le test de dépréciation dans ce cas (voir Exemple 1 ci-après).

Un tel ajustement de la valeur comptable n'est en revanche pas nécessaire lorsque le groupe utilise la méthode du goodwill complet (le goodwill des intérêts minoritaires étant déjà pris en compte).

2. **Utilisation de la méthode du goodwill complet – Allocation de la perte de dépréciation du goodwill entre part du groupe et part des intérêts minoritaires** Cette allocation est réalisée de manière différente selon que la filiale (ou une partie de la filiale) non contrôlée à 100 % est elle-même une UGT ou pas.

a. **Si la filiale (ou une partie de la filiale) non contrôlée à 100 % constitue une UGT,** la perte de valeur du goodwill est allouée au groupe et aux intérêts minoritaires à hauteur du pourcentage d'intérêts de la filiale (IAS 36.C6).

La norme IAS 36 fournit un exemple illustrant la manière de réaliser le test de dépréciation dans ce cas (voir Exemple 2 ci-après).

b. **Si la filiale (ou une partie de la filiale) fait partie d'une UGT plus large,** c'est alors la perte de dépréciation de l'UGT plus large, à laquelle la filiale (ou une partie de la filiale) appartient, qu'il convient d'allouer (IAS 36.C7) :

- en priorité sur le montant du goodwill (ou des différents goodwills) affecté(s) à cette UGT (voir nº 22620) ;

Si différents goodwills ont été affectés à l'UGT, la répartition de la perte de valeur entre ceux-ci se fait au prorata de leurs valeurs nettes comptables respectives avant dépréciation. En outre, si une partie de cette dépréciation est allouée à des goodwills relatifs à des filiales non contrôlées à 100 %, il convient d'effectuer une répartition entre groupe et intérêts minoritaires, de la même manière que se répartit le résultat de la filiale.

- toute perte de valeur résiduelle qui n'a pu être affectée au(x) goodwill(s) de cette UGT doit faire l'objet d'une répartition entre les autres actifs de l'UGT (du groupe d'UGT), au prorata de leur valeur nette comptable respective. Parmi ces autres actifs détenus par des filiales non contrôlées à 100 %, il convient de répartir la partie de la perte de dépréciation entre groupe et intérêts minoritaires, de la même manière que se répartit le résultat de la filiale.

La norme IAS 36 fournit un exemple illustrant la manière de réaliser le test de dépréciation dans ce cas (voir Exemple 3 ci-après).

Remarque En septembre 2010, l'IFRS IC a examiné différentes situations dans lesquelles l'application de la méthode de calcul et d'allocation de la perte de valeur du goodwill pouvait aboutir à des incohérences. Il en est ainsi notamment lorsque :

- une partie des intérêts minoritaires est évaluée à la juste valeur et l'autre partie est évaluée selon la méthode du goodwill partiel en fonction de leur quote-part dans l'actif net de la filiale (voir nº 22165) ;
- le goodwill attribuable aux minoritaires n'est pas proportionnel à celui attribuable à la société mère (par exemple, du fait de l'existence d'une prime de contrôle) ; et
- des transactions entre le groupe et les minoritaires ont conduit à une variation d'intérêts depuis la comptabilisation initiale du goodwill.

L'IFRS IC a décidé de ne pas proposer d'amendement pour résoudre ces sujets.

Evolution possible de la réponse Les difficultés d'application liées au test de dépréciation du goodwill devraient être traitées dans le cadre du projet de l'IASB « Regroupements d'entreprises – Informations à fournir, goodwill et dépréciation », voir nº 21406.

Exemple 1 *(IAS 36.IE62 à .IE68)* ***– Intérêts minoritaires évalués au prorata de la valeur des actifs nets identifiables (goodwill partiel)*** *Le 1/01/N, une société A acquiert 80 % du capital d'une société B pour 2 100. A la date d'acquisition :*

- la juste valeur de l'actif net identifiable de B est de 1 500 ;

- les intérêts minoritaires sont évalués au prorata de leur quote-part dans l'actif net identifiable de B, soit 300 (1 500 x 20 %) ;

- le goodwill partiel est de 900, il correspond à la différence entre : le prix payé par A augmenté du montant des intérêts minoritaires (2 400 = 2 100 + 300) et le montant de l'actif net identifiable de B (1 500).

La société B constitue une UGT. La société A considère que d'autres UGT bénéficieront également des synergies générées par l'acquisition de B et leur a donc alloué une part du goodwill pour 500. En conséquence, le goodwill relatif à l'UGT B est de 400.

A la fin de l'exercice N, A considère que la valeur recouvrable de l'UGT B s'élève à 1 000. La valeur nette comptable de B hors goodwill est de 1 350.

Solution de l'exemple 1 :

1. *Calcul de la perte de valeur de l'UGT B A la fin de l'exercice N, le calcul de la perte de valeur se résume comme suit :*

	Goodwill de B	*Actifs nets identifiables*	*Total*
Valeur nette comptable	*400*	*1 350*	*1 750*
Intérêts minoritaires non comptabilisés (1)	*100*		*100*
Valeur nette comptable ajustée (X)	*500*	*1 350*	*1 850*
Valeur recouvrable de l'UGT B (Y)			*1 000*
Perte de valeur = (X) – (Y)			*850*

(1) La valeur recouvrable de l'UGT B (1 000) est globale et comprend le goodwill afférent aux intérêts minoritaires. En revanche, dans le cadre de la méthode du goodwill partiel utilisée pour la comptabilisation de l'acquisition de B, le goodwill afférent aux intérêts minoritaires n'est pas comptabilisé dans les états financiers de A.

Pour calculer la perte de valeur de l'UGT B, il convient de retraiter « extra-comptablement » la valeur comptable de B en lui ajoutant le goodwill afférent aux intérêts minoritaires, soit 100 (400 x 20 % / 80 %).

2. *Allocation de la perte de valeur La perte de valeur de 850 doit être allouée en priorité au goodwill de B, soit 500.*

Comme A n'a comptabilisé que 80 % du goodwill en application de la méthode du goodwill partiel, elle ne doit allouer la perte de valeur totale de 850 qu'à hauteur du goodwill comptabilisé, soit 400.

Le montant résiduel de la perte de valeur d'un montant de 350 doit être comptabilisé en déduction de la valeur comptable des actifs nets identifiables de B, comme illustré ci-après.*

** 350 = 850 – 400 (dépréciation du goodwill part du groupe) – 100 (part des intérêts minoritaires dans la dépréciation du goodwill).*

	Goodwill de B	*Actifs nets identifiables*	*Total*
Valeur nette comptable	*400*	*1 350*	*1 750*
Perte de valeur	*(400)*	*(350)*	*(750)*
Valeur nette comptable après comptabilisation de la perte de valeur	*0*	*1 000*	*1 000*

Exemple 2 *(IAS 36.IE68A à .IE68E) –* ***Intérêts minoritaires évalués à leur juste valeur (goodwill complet) et filiale constituant une UGT indépendante*** *Le 1/01/N, une société A acquiert 80 % du capital d'une société B pour 2 100. A la date d'acquisition :*
– la juste valeur de l'actif net identifiable de B est de 1 500 ;
– les intérêts minoritaires sont évalués à leur juste valeur, soit 350 ;
– le goodwill s'élève à 950. Il correspond à la différence entre le prix payé par A augmenté du montant des intérêts minoritaires (2 100 + 350) et la juste valeur de l'actif net identifiable de B (1 500).

La société B constitue une UGT. La société A considère que d'autres UGT vont également bénéficier des synergies générées par l'acquisition de B et leur a donc alloué une part du goodwill pour 500. Le goodwill relatif à l'UGT B est donc de 450.

A la fin de l'exercice N, A considère que la valeur recouvrable de l'UGT B s'élève à 1 650. La valeur nette comptable de B hors goodwill est de 1 350.

Solution de l'exemple 2 :

*1. **Calcul de la perte de valeur de l'UGT B** A la fin de l'exercice N, le calcul de la perte de valeur se résume comme suit :*

	Goodwill de B	*Actifs nets identifiables*	*Total*
Valeur nette comptable	*450*	*1 350*	*1 800*
Valeur recouvrable			*1 650*
Perte de valeur			*150*

*2. **Allocation de la perte de valeur** La perte de valeur (150) doit être allouée en priorité au goodwill, donc dans sa totalité au cas spécifique.*

La filiale B constitue une UGT. En conséquence, la perte de valeur du goodwill est allouée aux intérêts majoritaires et aux intérêts minoritaires selon les mêmes pourcentages que ceux utilisés pour la répartition des pertes et profits (IAS 36.C6), c'est-à-dire à hauteur de 120 au groupe (soit 80 % x 150) et à hauteur de 30 aux intérêts minoritaires.

***Exemple 3** (IAS 36.IE68F à .IE68J) – **Intérêts minoritaires évalués à leur juste valeur (goodwill complet) et filiale faisant partie d'une UGT plus large** Mêmes hypothèses que pour l'Exemple 2 ci-avant, et en supposant que B fait partie d'une UGT plus large (Z), incluant un autre groupe d'actifs (C) détenu à 100 %.*

A considère que d'autres UGT vont également bénéficier des synergies générées par l'acquisition de B et leur a donc alloué une part du goodwill pour 500.

Le goodwill de l'UGT Z provenant de regroupements d'entreprises précédents est de 800.

A la fin de l'exercice N, A considère que la valeur recouvrable de Z est de 2 800 et que la valeur comptable de l'UGT Z, hors goodwill, s'élève à 3 000, dont 1 600 relatifs à C et 1 400 relatifs à B.

Solution de l'exemple 3 :

*1. **Calcul de la perte de valeur de l'UGT Z** A la fin de l'exercice N, le calcul de la perte de valeur se résume comme suit :*

	Goodwill	*Actifs nets identifiables*	*Total*
Groupe d'actifs C (détenus à 100 %)	*800*	*1 600*	
Groupe d'actifs B (détenus à 80 %)	*450*	*1 400*	
Valeur nette comptable de l'UGT Z (1)	*1 250*	*3 000*	*4 250*
Valeur recouvrable de l'UGT Z (2)			*2 800*
Perte de valeur = (1) – (2)			*1 450*

2. *Allocation de la perte de valeur* *Les pertes de dépréciation sont allouées aux groupes actifs de l'UGT de la façon suivante :*

*- **en priorité aux goodwills** : au prorata des valeurs comptables des différents goodwills relatifs à ces groupes d'actifs, mesurées avant la constatation de la perte de valeur ;*

*- **ensuite aux autres actifs identifiables de l'UGT** : au prorata des valeurs comptables des différents actifs nets identifiables, mesurées avant la constatation de la perte de valeur.*

Pour les groupes d'actifs non détenus à 100 %, la perte de valeur ainsi allouée au goodwill et actifs nets identifiables est ensuite répartie entre le groupe et les intérêts minoritaires selon les mêmes pourcentages utilisés pour la répartition des pertes et profits.

a. ***Allocation de la perte de valeur en priorité au goodwill*** *L'allocation de la perte de valeur respectivement aux goodwills de C et de B et, pour celui de B, le partage entre groupe et intérêts minoritaires se présente comme suit :*

	Groupe d'actifs C (détenus à 100 %)	*Groupe d'actifs B (détenus à 80 %)*	*UGT Z*
Valeur nette comptable du goodwill	*800*	*450*	*1 250*
Perte de valeur allouée aux goodwills	*800*	*450 (1)*	*1 250*
Perte de valeur allouée au groupe	*800*	*360*	*1 160*
Perte de valeur allouée aux intérêts minoritaires	*0*	*90 (2)*	*90*

(1) L'allocation de la perte de valeur aux goodwills aboutit dans cet exemple à déprécier les deux goodwills en totalité.
(2) La perte de valeur du goodwill de B est ensuite répartie entre :
- le groupe à hauteur de 360 (= 80 % x 450) ; et
- les intérêts minoritaires à hauteur de 90 (= 20 % x 450).

b. ***Allocation de la perte de valeur résiduelle aux autres actifs identifiables de l'UGT Z*** *L'allocation de la perte de valeur résiduelle d'un montant de 200 (1 450 – 1 250) aux autres actifs identifiables de l'UGT Z est réalisée comme suit :*

	Groupe d'actifs C (détenus à 100 %)	*Groupe d'actifs B (détenus à 80 %)*	*UGT Z*
VNC des actifs nets identifiables	*1 600*	*1 400*	*3 000*
Pourcentage d'allocation entre les groupes d'actifs	*53 %*	*47 %*	*100 %*
Perte de valeur allouée aux actifs nets identifiables	*106*	*94 (1)*	*200*
Perte de valeur allouée au groupe	*106*	*75*	*181*
Perte de valeur allouée aux intérêts minoritaires	*0*	*19 (2)*	*19*

(1) Allocation de la perte de valeur résiduelle (200) aux groupes d'actifs de l'UGT au prorata des VNC des actifs nets identifiables mesurées avant la perte de valeur. La perte de valeur résiduelle allouée au groupe d'actifs de B est de 94 [200 x 47 % (47 % étant égal à 1 400 / 3 000)], au groupe d'actifs de C de 106 (53 % x 200).
(2) La perte de valeur allouée au groupe d'actifs de B (détenue à 80 %) est allouée entre le groupe et les intérêts minoritaires selon les mêmes pourcentages que ceux utilisés pour la répartition des pertes et profits (respectivement 80 % et 20 %).

Définition de la valeur recouvrable d'une UGT

22715 ***Question***

Comment déterminer la valeur recouvrable d'une UGT ?

Réponse

Cette valeur correspond au plus élevé des deux montants suivants :

a. **la juste valeur diminuée des coûts de la vente** : prix qui serait reçu pour la vente de cette unité dans une transaction normale entre des intervenants de marché, à la date de l'évaluation, diminué des coûts de sortie, c'est-à-dire des coûts marginaux directement attribuables à la sortie, à l'exclusion des charges financières et de la charge d'impôt sur les résultats ;

b. **valeur d'utilité** : valeur actualisée des flux de trésorerie futurs estimés attendus de l'utilisation continue d'un actif et de sa sortie à la fin de sa durée d'utilité.

Commentaires La norme IAS 36 apporte, outre la définition de la valeur recouvrable d'une UGT (IAS 36.6 et .39), de nombreuses précisions pour sa détermination (IAS 36.18 s. et .A).

Pour plus de détails, voir Mémento IFRS nº 36305 s., 36455 s. et 36505 s.

Possibilité d'utiliser la valeur recouvrable d'une UGT déterminée lors d'un précédent test

22725 ***Question***

Est-il possible de simplifier les tests annuels de dépréciation du goodwill, c'est-à-dire d'utiliser, lors d'une clôture ultérieure, la valeur recouvrable d'une UGT déterminée lors d'un précédent test ?

Réponse

Oui, mais sous certaines conditions très restrictives. En pratique, le report de la valeur recouvrable déterminée au cours d'un exercice ne devrait généralement pas être possible au-delà de l'exercice suivant.

Commentaires L'estimation détaillée de la valeur recouvrable de l'unité génératrice de trésorerie (ou du groupe d'UGT), effectuée pour la réalisation d'un précédent test de dépréciation, peut en effet être utilisée lors d'une clôture ultérieure si (IAS 36.99) :
- il n'y a pas eu de modification significative des actifs et des passifs depuis le précédent calcul ;
- lors du précédent calcul, la valeur recouvrable était substantiellement supérieure à la valeur comptable ; et
- sur la base d'une analyse des événements qui se sont produits et de l'évolution des circonstances depuis le calcul le plus récent de la valeur recouvrable, il est très peu probable que la valeur recouvrable actuelle qui serait déterminée à la date du test de dépréciation en cours soit inférieure à la valeur comptable de l'unité à cette date.

Par exemple :
- les performances réelles de l'UGT (du groupe d'UGT) ne doivent pas être sensiblement en dessous des prévisions utilisées lors des évaluations précédentes ;
- l'évolution de l'environnement et notamment les conditions de marché (taux d'intérêt) ne doivent pas avoir connu une évolution susceptible de générer une perte de valeur.

Il est généralement difficile de remplir toutes ces conditions en même temps, et a fortiori deux exercices de suite. En pratique donc, le report ne devrait généralement être possible que d'un exercice à l'autre (sous réserve de respecter les conditions ci-avant et d'ajuster éventuellement certains paramètres) mais pas au-delà.

Imputation de la perte de valeur d'une UGT lorsqu'elle excède la valeur comptable du goodwill

22730 ***Question***

Comment imputer la perte de valeur totale de l'UGT (ou du groupe d'UGT) à laquelle (auquel) le goodwill est affecté lorsque celle-ci est supérieure à la valeur nette comptable du goodwill ?

Réponse

Après avoir ramené la valeur nette comptable du goodwill à zéro, toute perte de valeur complémentaire doit être imputée sur les autres actifs de l'UGT (ou du groupe d'UGT) au prorata de leurs valeurs nettes comptables mais sans les ramener à une valeur nette comptable inférieure au plus élevé des trois montants suivants :
- juste valeur diminuée des coûts de la vente ;
- valeur d'utilité ;
- zéro.

Si ces imputations ne permettent pas d'affecter la totalité de la perte de valeur de l'UGT (ou du groupe d'UGT), un passif ne peut pas être comptabilisé, sauf s'il est spécifiquement requis par une norme IFRS, par exemple en cas de contrat déficitaire.

Commentaires La perte de valeur d'une UGT (ou d'un groupe d'UGT) doit être répartie, en diminution de la valeur comptable des actifs de l'UGT (ou du groupe d'UGT) dans l'ordre suivant (IAS 36.104) :
- diminution de la valeur comptable de tout goodwill affecté à l'UGT (au groupe d'UGT) ;
- et ensuite diminution de la valeur comptable des autres actifs de l'unité (du groupe d'unités) au prorata de la valeur comptable de chaque actif dans l'unité (le groupe d'unités).

Pour répartir une perte de valeur entre les actifs autres que le goodwill, une entité ne doit pas réduire la valeur comptable d'un actif en dessous du montant le plus élevé de (IAS 36.105 et Exemple 1 ci-après) :
- sa juste valeur diminuée des coûts de la vente (si on peut l'évaluer) ;
- sa valeur d'utilité (si on peut la déterminer) ; et
- zéro.

Le montant de la perte de valeur qui aurait été affecté à l'actif sur la base de sa valeur nette comptable relative mais qui n'a pas pu l'être en raison de la limitation ci-avant doit être réparti au prorata entre les autres actifs de l'UGT (du groupe d'UGT) (IAS 36.105 et Exemple 2 ci-après).

Si une partie de la perte de valeur globale n'est toujours pas affectée après imputation au goodwill et aux autres actifs, un passif ne peut être constaté que si cela est imposé par d'autres normes (IAS 36.62), par exemple au titre d'une provision pour contrat déficitaire selon IAS 37.66. En revanche, un passif ne pourrait pas être comptabilisé au titre des pertes d'exploitation futures, IAS 37.63 interdisant ce type de provision.

Lorsqu'une UGT à laquelle un goodwill est affecté n'est pas détenue à 100 %, le montant de la perte de valeur est réparti entre les intérêts majoritaires et les intérêts minoritaires selon les mêmes pourcentages que ceux utilisés pour la répartition des pertes et profits, voir n° 22712.

Ce mode de répartition peut toutefois aboutir à des incohérences lorsque le goodwill attribuable aux minoritaires et au majoritaire n'est pas proportionnel aux pourcentages d'intérêts utilisés pour répartir les pertes et profits. Il en est ainsi, par exemple, lorsque le goodwill attribuable à la mère incorpore une prime de contrôle (en ce sens IFRIC Update 09/10).

Si la perte de valeur relative aux intérêts minoritaires correspond à un goodwill qui n'est pas reconnu dans les états financiers consolidés de la maison mère, cette perte de valeur ne peut pas être reconnue.

Exemple 1 *Lors de l'acquisition de 100 % de la société Z, le goodwill dégagé a été affecté à différentes UGT, dont celle regroupant toutes les formes de la molécule X que la société vend (comprimés, suppositoires, sirops). Chaque ligne de production des différentes formes de la molécule X représente une UGT, mais le goodwill ne pouvait être réparti à un niveau plus bas qu'il ne l'a été.*

La direction de Z a réalisé un test de dépréciation et a déterminé que la valeur recouvrable du groupe d'UGT est de 700. Les données sont les suivantes :

	Valeur comptable	*Juste valeur diminuée des coûts de la vente*	*Valeur d'utilité*
Goodwill	*300*		
UGT Comprimés	*500*	*550*	*500*
UGT Suppositoires	*90*	*50*	*50*
UGT Sirops	*250*	*50*	*150*
Total	***1 140***	***650***	***700***
Valeur recouvrable du groupe d'UGT testé	***700***		
Perte de valeur à affecter	***440***		

Solution de l'exemple 1 *La perte de valeur sera affectée de la manière suivante :*
– en priorité au goodwill ;
– puis aux différentes UGT, au prorata de leur valeur comptable, la valeur comptable de chaque UGT après affectation de la perte ne devant pas être inférieure au montant le plus élevé entre la juste valeur diminuée des coûts de vente, la valeur d'utilité et zéro.

	Valeur comptable avant test de dépréciation du groupe d'UGT	*Perte de valeur*	*Valeur comptable après dépréciation*
Goodwill	*300*	*– 300 (3)*	*–*
UGT Comprimés	*500*	*0 (1)*	*500*
UGT Suppositoires	*90*	*– 40*	*50*
UGT Sirops	*250*	*– 100 (2)*	*150*
Total	*1 140*	*440*	*700*

(1) Imputation de la perte de valeur du groupe d'UGT, soit 440, en priorité au goodwill. Il reste donc : 440 – 300 = 140 à affecter aux UGT.
(2) UGT Comprimés : aucune perte de valeur ne peut lui être affectée ; sa juste valeur diminuée des coûts de vente (550) étant supérieure à sa valeur comptable (500).
(3) Répartition de la perte de valeur résiduelle (140 = 440 – 300) aux autres UGT : l'affectation de la perte de valeur au prorata de leur valeur comptable conduirait aux dépréciations suivantes :
– UGT Suppositoires : [90 / (90 + 250)] x 140 = 37 ;
– UGT Sirops : [250 / (90 + 250)] x 140 = 103.
Cependant si une perte de valeur de 103 est affectée à l'UGT Sirops, sa valeur comptable après dépréciation (147) sera inférieure à sa valeur d'utilité (150). La perte de valeur affectée à l'UGT Sirops est donc limitée à 100.
La différence avec la perte de valeur de cette UGT calculée sur la base du prorata des valeurs comptables (3) est affectée à l'UGT Suppositoires. La perte de valeur totale affectée à l'UGT Suppositoires est donc de 40.

Exemple 2 *Les données relatives à la valeur comptable et à la valeur recouvrable des différents éléments constitutifs de l'UGT figurent dans le tableau ci-après en sachant que :*
– l'immeuble A présente un indice de perte de valeur ; sa valeur de marché diminuée des coûts de la vente est de 650 et sa valeur d'utilité est de 850 ;
– la machine A, qui ne présente pas d'indice de perte de valeur, pourrait être vendue d'occasion pour 90 ;
– les machines B et C, qui ne présentent pas d'indice de perte de valeur, ne pourraient pas être vendues. La juste valeur diminuée des coûts de la vente de la machine B est de zéro car celle-ci ne peut qu'être mise au rebut pour une valeur de zéro. La juste valeur diminuée des coûts de la vente de la machine C est de 20 car celle-ci est composée de métaux recyclables qui pourraient être récupérés et vendus pour 20.

Pour l'ensemble des actifs considérés excepté l'immeuble A, on suppose dans cet exemple que la juste valeur diminuée des coûts de la vente est supérieure ou égale à la valeur d'utilité.

	Valeur comptable et valeur recouvrable de l'UGT	*Juste valeur diminuée des coûts de la vente*
Goodwill	*250*	*N/A*
Immeuble A	*800*	*650*
Machine A	*100*	*90*
Machine B	*90*	*0*

	Valeur comptable et valeur recouvrable de l'UGT	Juste valeur diminuée des coûts de la vente
Machine C	110	20
Brevet A	200	50
Total	1 550	-
Valeur recouvrable de l'UGT testée	1 000	
Perte de valeur à affecter	550	

Solution de l'exemple 2 *La perte de valeur sera affectée de la manière suivante :*

	1e allocation de la perte de valeur	Valeur nette comptable révisée après 1e allocation	2nde allocation de la perte de valeur	Valeur nette comptable après 2nde allocation
Goodwill	- 250 (1)	0	0	0
Immeuble A	0 (2)	800	0	800
Machine A	- 10 (3)	90	0	90
Machine B	- 54 (3)	36	- 11 (4)	25
Machine C	- 66 (3)	44	- 14 (4)	30
Brevet A	- 120 (3)	80	- 25 (3)	55
Total alloué pour l'UGT	- 500		- 50	
Total de la perte de valeur de l'UGT	550		50	
Reste à allouer	50			

(1) Affectation de la perte de valeur de l'UGT, soit 550, en priorité au goodwill. Il reste donc : 550 - 250 = 300 à affecter.

(2) Pas d'affectation de la perte de valeur de l'UGT car la valeur recouvrable de l'immeuble, qui correspond à sa valeur d'utilité, est supérieure à sa valeur nette comptable.

(3) En principe, la perte de valeur résiduelle de 300 serait à répartir comme suit, au prorata des valeurs comptables :

	Valeur nette comptable	Perte de valeur à affecter	Détails de calcul
Machine A	100	60	(100 / 500) x 300
Machine B	90	54	(90 / 500) x 300
Machine C	110	66	(110 / 500) x 300
Brevet A	200	120	(200 / 500) x 300
Total	500	300	

Cependant, la valeur nette comptable de la machine A ne peut être réduite en deçà de sa juste valeur diminuée des coûts de la vente (90). La perte de valeur est donc limitée à la différence entre la valeur nette comptable et la juste valeur diminuée des coûts de la vente, soit 10.

La valeur nette comptable des autres actifs (Machine B, Machine C et Brevet A) est en revanche réduite selon les calculs ci-avant.

(4) 2nde allocation : la perte de valeur non allouée de 50 doit donc être affectée entre les autres actifs comme suit :

	Valeur nette comptable	*Perte de valeur affectée*	*Détails de calcul*
Machine B	*90*	*11*	*(90 / 400) x 50*
Machine C	*110*	*14*	*(110 / 400) x 50*
Brevet A	*200*	*25*	*(200 / 400) x 50*
Total	*400*	*50*	

6. Reprise de pertes de valeur du goodwill

22745 ***Question***

Est-il possible de reprendre une perte de valeur du goodwill ?

Réponse

Non, sauf dans le cas particulier où la reprise de provision résulte d'un changement de méthode ayant un effet rétrospectif.

Pour le cas particulier du goodwill dégagé au titre d'une entité mise en équivalence, voir Mémento IFRS n° 36720.

Commentaires La reprise des pertes de valeur du goodwill est en effet interdite (IAS 36.124) sauf dans le cas particulier où la reprise de provision résulte d'un changement de méthode qui implique un ajustement rétrospectif.

Tel fut par exemple le cas des groupes qui ont dû changer l'affectation de leur goodwill à la suite de la première adoption d'IFRS 8.

L'interprétation IFRIC 10, Information financière intermédiaire et dépréciation, précise en outre qu'une provision pour dépréciation du goodwill dotée au cours d'une période intermédiaire ne peut pas être reprise au cours d'une période intermédiaire ou annuelle ultérieure (IFRIC 10.8 et .BC10). Selon cette interprétation, en effet, les dispositions précitées d'IAS 36.124 doivent prévaloir sur celles d'IAS 34.28 qui précisent que la fréquence de l'information financière intermédiaire ne doit pas avoir d'incidence sur l'évaluation des résultats annuels.

Pour la reprise des dépréciations des titres mis en équivalence, y compris la part relative au goodwill, voir Mémento IFRS n° 36720.

SECTION V

Présentation des impacts des regroupements d'entreprises et des variations de périmètre dans l'état du résultat global

Principe général de présentation dans l'état du résultat global

22800 ***Question***

Comment présenter dans l'état du résultat global les impacts des regroupements d'entreprises et des variations de périmètre de l'exercice ?

Réponse

A défaut de précision des normes IFRS 3 et IFRS 10, deux solutions sont, à notre avis, possibles :

- **1re solution** : présenter les produits et les charges liés aux regroupements d'entreprises et aux variations de périmètre dans chaque rubrique appropriée de l'état du résultat global ;
- **2nde solution** : présenter certaines charges et certains produits de l'exercice liés aux regroupements d'entreprises et aux variations de périmètre sur une ligne distincte de l'état du résultat global qui peut être intitulée « gains et pertes liés aux transactions », accompagnée d'une information en annexe. Dans certaines circonstances, il convient de présenter certaines charges/produits liés à ces transactions dans chacune des rubriques appropriées de l'état du résultat global en raison de leur nature et/ou de leur caractère significatif (par exemple, le gain résultant d'une acquisition à des conditions avantageuses).

Commentaires :

1. **Enjeu** Les normes IFRS 3 et IFRS 10 requièrent la comptabilisation et l'évaluation d'un nombre important d'éléments en résultat tant à la date d'acquisition qu'au cours des exercices suivants.

Selon les dispositions des normes IFRS 3 et IFRS 10, les éléments suivants, notamment, doivent être comptabilisés dans l'état du résultat global :

- les coûts directs liés à l'acquisition (à l'exception des frais d'émission d'instruments de capitaux propres émis en rémunération du regroupement d'entreprises et des coûts de transaction liés aux dettes financières contractées dans le cadre du regroupement d'entreprises), voir no 21850 s. ;
- les gains ou pertes relatif(ve)s à la réévaluation de la quote-part antérieurement détenue lors d'une acquisition par étapes, voir no 23750 s. ;
- le profit résultant d'une acquisition à des conditions avantageuses, voir no 22205 s. ;
- le gain ou la perte lié(e) au dénouement d'une relation préexistante entre l'acquéreur et l'acquise à laquelle le regroupement d'entreprises met fin, voir no 22245 ;

- les changements d'estimation de la juste valeur des ajustements éventuels de prix après la date d'acquisition s'ils constituent un actif ou une dette à la date d'acquisition, voir nº 21825 ;
- le produit relatif aux actifs d'impôt différé de l'acquise réalisés après la comptabilisation initiale du regroupement d'entreprises et au-delà du délai d'affectation, voir nº 22155 ;
- le gain ou la perte relatif(ve) aux intérêts résiduels éventuellement conservés lors de la perte de contrôle d'une filiale, voir nº 23840.

Les normes IFRS 3 et IFRS 10 ne précisent pas dans quelle rubrique de l'état du résultat global les impacts des regroupements d'entreprises et des variations de périmètre doivent être présentés.

En revanche, ces normes requièrent que des informations en annexe soient fournies pour indiquer le montant du gain ou de la perte ainsi constatés ainsi que la rubrique de l'état du résultat global dans laquelle ces éléments sont présentés.

Tel est le cas notamment pour :
- les coûts directs liés à l'acquisition constatés en charges (IFRS 3.B64m) ;
- les gains ou pertes relatifs à la réévaluation de la quote-part antérieurement détenue lors d'une acquisition par étapes (IFRS 3.B64p.ii) ;
- le profit résultant d'une acquisition à des conditions avantageuses (IFRS 3.B64n.i) ;
- le gain ou la perte lié au dénouement d'une relation préexistante entre l'acquéreur et l'acquise à laquelle le regroupement d'entreprises met fin (IFRS 3.B64l) ;
- le gain ou la perte relatif aux intérêts résiduels éventuellement conservés lors de la perte de contrôle d'une filiale (IFRS 12.19).

2. **Présentation des impacts des regroupements d'entreprises et des variations de périmètre dans l'état du résultat global** A défaut de précisions des normes IFRS 3 et IFRS 10, deux solutions de présentation, toutes les deux conformes à IAS 1, sont à notre avis, possibles.

a. La première solution consisterait à **présenter les gains et pertes liés au regroupement d'entreprises et aux variations de périmètre dans chacune des rubriques appropriées de l'état du résultat global.** Le classement en opérationnel ou en financier suivra alors celui adopté de manière générale (sans tenir compte du regroupement d'entreprises) pour le produit ou la charge concerné.

Cette solution serait plus adaptée avec un mode de **présentation par nature** des produits et des charges.

b. La seconde solution consisterait à présenter **certaines charges et certains produits liés aux transactions sur une ligne distincte de l'état du résultat global,** pour autant que leurs montants soient significatifs (IAS 1.97 et Rec. ANC 2020-01, § 2.3).

En effet, bien que la norme IAS 1 interdise, de manière générale, la compensation des produits et des charges (IAS 1.32), elle l'autorise toutefois lorsqu'elle permet de mieux refléter la substance d'une transaction, ici les regroupements d'entreprises ou les variations de périmètre (IAS 1.33).

Lors de l'adoption de cette solution de présentation sur une ligne unique, il est toutefois approprié de présenter certaines charges/produits liés à ces transactions non pas dans cette rubrique unique mais dans chacune des rubriques appropriées de l'état du résultat global.

Tel est le cas lorsque la norme IAS 1 et/ou d'autres normes IFRS (par exemple IAS 12.77 concernant la présentation des impôts) requièrent la présentation obligatoire de rubriques minimales dans l'état du résultat global et/ou des ajouts de rubriques additionnelles si elles permettent de mieux refléter la performance de l'entité.

Par exemple, un gain résultant d'une acquisition à des conditions avantageuses d'un montant très significatif est présenté séparément si cette présentation permet de mieux appréhender la performance financière de l'entité.

La présentation sur une ligne unique est accompagnée d'une information en annexe sur la nature des produits et charges contenus dans cette rubrique, comme le requièrent les normes IFRS 3 et IFRS 10 (voir point 1. ci-avant).

Le libellé de la rubrique doit alors être suffisamment explicite. Cette rubrique pourrait être intitulée « gains et pertes liés aux transactions ».

Cette seconde solution de présentation serait plus adaptée avec un mode de **présentation par fonction** des produits et des charges.

Le choix pour l'une ou l'autre des deux solutions (point a. ou point b. ci-avant) constitue un choix de méthode comptable. En conséquence, ce choix doit être appliqué à tous les regroupements et/ou variations de périmètre de l'exercice et de façon permanente d'un exercice à l'autre.

3. **Présentation sur une ligne distincte de l'état du résultat global des impacts des prises de contrôle et des variations de périmètre : classement en résultat opérationnel courant ou en autres charges opérationnelles/autres produits opérationnels** Le classement de cette rubrique distincte (voir point 2b.) doit suivre le principe général de classement dans l'état du résultat global.

Pour le rappel du principe général, voir Mémento IFRS n° 54042 et 54043.

Présentation des coûts internes relatifs à une prise de contrôle

22805 ***Question***

Sur quelle ligne de l'état du résultat global présenter les coûts internes relatifs à une prise de contrôle (tels que les charges de personnel d'un département chargé des acquisitions, par exemple) ?

Réponse

A notre avis, deux présentations de ces coûts internes sont envisageables :
- soit dans la rubrique de l'état du résultat global qui regroupe ce type de coûts, par exemple la rubrique « frais administratifs généraux » ;
- soit dans la ligne distincte de l'état du résultat global qui présente les impacts des acquisitions et variations de périmètre (voir n° 22800) ; une telle présentation nécessite d'avoir défini au préalable une politique comptable spécifiant les modalités d'attribution de ces coûts à une transaction déterminée.

Pour les coûts fixes, cette option de présentation ne nous paraît toutefois possible que si cette ligne distincte est présentée dans le résultat opérationnel courant.

Commentaires :

1. **Rappel des modalités de comptabilisation en charges des coûts directs liés à l'acquisition** La norme IFRS 3 inclut dans la définition des coûts directs liés à l'acquisition les coûts administratifs généraux et plus particulièrement les coûts de fonctionnement d'un département interne chargé des acquisitions (IFRS 3.53).

Tous les coûts directs liés à l'acquisition sont constatés en charges (IFRS 3.53).

Cette disposition est notamment justifiée par le fait que ces coûts sont la résultante d'une transaction distincte du regroupement d'entreprises, un service rendu par un tiers (autre que le vendeur), qui doit être comptabilisée en charges au moment où le tiers rend le service correspondant (IFRS 3.BC367 s.).

2. **Présentation dans l'état du résultat global** A notre avis, les frais internes liés au regroupement d'entreprises peuvent être présentés :
- soit **dans la rubrique qui regroupe ce type de coûts,** par exemple « frais administratifs généraux » ;
- soit **pour le montant de ces coûts ventilé par transaction dans la rubrique présentant l'effet de la transaction,** mais à condition toutefois que la direction ait défini une politique comptable permettant d'identifier les frais internes à affecter à une transaction déterminée.

Les coûts internes peuvent comprendre, par exemple, les coûts d'un département chargé d'analyser les cibles potentielles, les primes payées aux salariés sur les transactions réussies.

Une politique comptable acceptable serait, par exemple, d'allouer ces coûts par acquisition sur la base d'un suivi rigoureux des temps passés.

Cette politique a notamment pour objectif d'allouer les coûts internes aux transactions ayant abouti. A défaut, la présentation de la totalité des coûts internes dans la rubrique distincte pourrait aboutir à présenter ces coûts dans la ligne « gains et pertes liés aux transactions » même en l'absence de transaction.

Toutefois, lorsque cette ligne distincte est présentée dans la rubrique « autres produits opérationnels » ou « autres charges opérationnelles », il n'est pas acceptable, à notre avis, que les coûts fixes de personnel soient alloués à cette rubrique, voir nº 22800, point 3. En effet, ces coûts ont par nature un caractère récurrent qui ne peut répondre à la définition des « autres charges opérationnelles ».

3. **Cas des groupes présentant les frais de personnel par nature de charge** Si le groupe présente le résultat global par nature des charges et produits, l'utilisation de la rubrique « gains et pertes liés aux transactions » est possible mais uniquement si :
- il est indiqué que la ligne des charges liées aux avantages du personnel ne comprend pas certains de ces coûts liés à un regroupement d'entreprises ;
- le montant total des charges liées aux avantages du personnel, y compris ceux inscrits dans la rubrique présentant l'effet net du regroupement d'entreprises, fait l'objet d'une information en annexe conformément à IAS 1.97 ;
- la politique comptable retenue pour allouer une partie des coûts internes à une transaction déterminée est indiquée.

SECTION VI

Revue de l'application d'IFRS 3 (Post-implementation Review)

Conséquences de la Post-implementation Review (PIR) d'IFRS 3

22900 ***Question***

Suite à la « Post-implementation Review » (PIR) de la norme IFRS 3 initiée par l'IASB, quels sont les enseignements et les améliorations proposées ?

Réponse

Dans son rapport (« Report and feedback statement »), publié en juin 2015, suite à la « Post-implementation Review » (PIR) d'IFRS 3, l'IASB a identifié différents axes de réflexions mais a décidé en juillet 2016 de ne pas inclure dans ses projets en cours à court terme l'ensemble de ces sujets, en dehors des thèmes relatifs aux écarts d'acquisition et à la définition d'une activité.

Commentaires :

1. **Démarche de la « Post-implementation Review » (PIR) d'IFRS 3** L'IASB a lancé en juillet 2013 la PIR de la norme IFRS 3. L'objectif était notamment de s'assurer que l'information fournie par IFRS 3 est utile aux utilisateurs des états financiers, d'identifier les dispositions d'IFRS 3 qui induisent des difficultés de mise en œuvre pouvant aller à l'encontre d'une application permanente de la norme et d'évaluer les coûts inattendus d'application du texte.

Un appel à commentaires (« Request for information ») a été publié en janvier 2014. L'IASB a reçu 93 lettres émanant de sociétés, de cabinets comptables et d'audit, de régulateurs, d'investisseurs, d'agences gouvernementales et d'autres acteurs. Une note synthétisant ces commentaires a été présentée à l'IASB en septembre 2014. Les discussions se sont poursuivies au cours des réunions ultérieures du Board.

En juin 2015, l'IASB a publié le compte-rendu des réponses à son appel à commentaires (« feedback statement »).

2. **Thèmes de réflexions identifiés dans le « feedback statement »** Les thèmes de réflexion identifiés ont été classés en quatre catégories correspondant au degré de pertinence du thème (degré déterminé par le staff de l'IASB sur la base des commentaires reçus, des recherches académiques, des travaux effectués par l'ASAF et le FASB, de l'intérêt pour les investisseurs, préparateurs et auditeurs).

a. **Thèmes de catégorie 1 (pertinence très élevée)** :

- efficacité et complexité des tests de dépréciation du goodwill ;
- comptabilisation ultérieure du goodwill (y compris les avantages comparatifs d'une approche exclusive de dépréciation et d'une approche amortissement et dépréciation).

Pour plus de détails sur les dispositions actuelles, voir n° 21365 s.

b. **Thèmes de catégorie 2 (pertinence élevée/moyenne)** :

- enjeux de l'application de la définition d'une activité (« business ») ;

Pour plus de détails sur les dispositions actuelles, voir n° 21353 et 21490.

- identification et évaluation des actifs incorporels tels que les relations clients et les marques.

Pour plus de détails sur les dispositions actuelles, voir n° 22387 (relations clients) et 22340 s. (marques).

c. **Thèmes de catégorie 3 (pertinence moyenne)** :

- information concernant la performance de l'acquise ;
- utilité de la comptabilisation ultérieure des compléments de prix ;

Pour plus de détails sur les dispositions actuelles, voir n° 21825.

- évaluation des compléments de prix et des passifs éventuels ;

Pour plus de détails sur les dispositions actuelles, voir n° 21815, 21970 et 22102.

- utilité de la comptabilisation des acquisitions par étapes et de la perte de contrôle.

Pour plus de détails sur les dispositions actuelles, voir n° 23750 s.

d. **Thèmes de catégorie 4 (pertinence faible)** :

- évaluation des intérêts minoritaires ;

  Pour plus de détails sur les dispositions actuelles, voir nº 21364 et 22170 s.

- information comparative de la période antérieure ;

  Pour plus de détails sur les dispositions actuelles sur ces deux derniers points, voir nº 21371.

- comptabilisation du goodwill négatif en résultat ;

  Pour plus de détails sur les dispositions actuelles, voir nº 21365 et 22205.

- compléments de prix effectués à des actionnaires vendeurs qui deviennent salariés.

  Pour plus de détails sur les dispositions actuelles, voir nº 22260.

3. **Conséquences de la PIR d'IFRS 3** En juillet 2016, l'IASB a décidé de ne poursuivre la réflexion à court terme que pour les thèmes relatifs à la définition d'une activité et aux écarts d'acquisition.

En octobre 2018, l'IASB a publié un amendement d'IFRS 3, modifiant la définition d'une activité. Cet amendement est entré en vigueur pour les exercices ouverts depuis le 1er janvier 2020. Ses dispositions ont été intégrées dans le présent chapitre.

Pour plus de détails sur la définition d'une activité selon IFRS 3, voir nº 21490 à 21493.

Pour plus de détails sur le projet de l'IASB « Regroupements d'entreprises – Informations à fournir, goodwill et dépréciation », voir nº 21406.

CHAPITRE 5

Regroupements entre entreprises (activités) sous contrôle commun (IFRS 3)

23200

Plan du chapitre

QUESTIONS/REPONSES PRATIQUES

Remarque importante

23206 Les réponses aux questions présentées ci-après résultent de l'analyse des dispositions de la norme IFRS 3, en vigueur actuellement, sur la base des informations disponibles au 31 décembre 2023.

Le sujet des regroupements entre entreprises sous contrôle commun a fait l'objet d'un projet de recherche de l'IASB, portant notamment sur les formes les plus courantes de regroupements sous contrôle commun, leur définition, les différences entre ces regroupements et les autres formes de regroupements d'entreprises, les méthodes de comptabilisation de ces regroupements dans les comptes consolidés de l'acquéreur ainsi que l'information qui doit être fournie en annexe sur ce type de regroupements.

Ce projet de recherche a donné lieu à la publication, en novembre 2020, d'un document pour discussion (« Discussion Paper »/DP) « Business Combinations under Common Control » (DP/2020/2). Suite à l'analyse des commentaires reçus et à ses délibérations, l'IASB a décidé, en novembre 2023, de mettre fin au projet (IASB Update 11/23). Un résumé du projet (« Project Summary ») devrait être publié au deuxième trimestre 2024.

23207 Pour les transactions entre entreprises sous contrôle commun impliquant des participations mises en équivalence dans le champ d'application de la norme IAS 28, voir n° 23220, point 3.

Définition d'un regroupement entre entreprises (activités) sous contrôle commun

23210 ***Question***

Comment définir un regroupement d'entreprises (activités) sous contrôle commun ?

Réponse

Il s'agit d'un regroupement entre plusieurs entreprises ou activités dans lequel toutes les parties prenantes au regroupement sont contrôlées par une ou plusieurs autres parties, pendant une période assez longue avant et après le regroupement, ce contrôle n'étant pas temporaire.

Commentaires La norme IFRS 3 définit les regroupements d'entreprises sous contrôle commun comme ceux dans lesquels la totalité des parties prenantes au regroupement (entités ou activités) sont contrôlées par une même partie (voir Exemple 1 ci-après) ou par plusieurs parties (voir Exemple 2 ci-après) (IFRS 3.2c et .B1 s.) :
- pendant une période assez longue avant et après le regroupement ; et
- ce contrôle n'est pas temporaire.

La **notion de contrôle** utilisée dans la définition des regroupements d'entreprises sous contrôle commun est celle de la norme IFRS 10. Ainsi, un investisseur contrôle une entité s'il est exposé ou a droit aux rendements variables résultant de son implication dans l'entité acquise et si le pouvoir qu'il détient sur cette entité lui permet d'influer sur ses rendements (IFRS 10.A).

Remarque La notion de contrôle temporaire n'est pas définie par la norme IFRS 3.

Toutefois selon l'IFRS IC, une restructuration interne d'activités existantes, même si elle est suivie de la cession des entités ainsi restructurées en dehors du groupe, répond généralement à la définition d'un regroupement entre entreprises sous contrôle commun, voir nº 23215. Cette décision de l'IFRS IC, prise en application de la version 2004 de la norme IFRS 3, reste à notre avis toujours applicable, la définition des regroupements entre entreprises sous contrôle commun n'ayant pas été modifiée en 2010 avec la nouvelle version d'IFRS 3.

Décision de l'ESMA Le CESR (devenu l'ESMA) a confirmé cette réponse (EECS/1209-14, 12/09).

Notion de contrôle collectif Un groupe de personnes sera considéré comme contrôlant une entité lorsque, à la suite d'accords contractuels, ces personnes ont collectivement le pouvoir de diriger ses politiques financières et opérationnelles pour retirer des avantages de ses activités. Par conséquent, un regroupement d'entreprises est en dehors du champ d'application d'IFRS 3 lorsque ce même groupe de personnes a, à la suite d'accords contractuels, le pouvoir collectif in fine de diriger les politiques financières et opérationnelles de chacune des entités se regroupant pour retirer des avantages de leurs activités, et lorsque ce pouvoir collectif in fine n'est pas temporaire (IFRS 3.B2).

Une entité peut être contrôlée par une personne, ou par un groupe de personnes agissant ensemble selon un accord contractuel, et cette personne ou ce groupe de personnes peut ne pas être assujetti(e) aux dispositions des IFRS. Par conséquent, il n'est pas nécessaire que les entités se regroupant soient incluses dans les mêmes états financiers consolidés pour qu'un tel regroupement d'entreprises soit considéré comme impliquant des entreprises sous contrôle commun (IFRS 3.B3).

Sur la notion de contrôle collectif, voir Exemple 2 ci-après.

Les regroupements entre entreprises (activités) sous contrôle commun sont exclus du champ d'application de la norme IFRS 3 (voir nº 21500).

Pour leur traitement comptable, voir nº 23220.

Remarque Le rapprochement entre une entité (activité) unique préexistante et une nouvelle entité créée ne constitue pas un regroupement d'entreprises au sens d'IFRS 3 ni, a fortiori, un regroupement entre entreprises sous contrôle commun.

Exemple 1 — Contrôle exclusif des parties prenantes à la transaction par une seule partie avant et après la transaction *M. Verdier détient :*
- A, un fabricant de produits d'ingénierie marine ayant des filiales dans un certain nombre de pays ; et
- T, une entité fournissant des services de logistique terrestre.

Compte tenu des synergies attendues du regroupement des activités marine et terrestre, M. Verdier a pris des dispositions pour que A acquière l'intégralité des actions de T par échange d'actions.

Solution de l'exemple 1 *Cette transaction constitue un regroupement entre entreprises sous contrôle commun au niveau de A. Les entités se regroupant sont A et T. M. Verdier contrôle toutes les entités se regroupant avant et après la transaction et ce contrôle n'est pas temporaire.*

Exemple 2 — Contrôle collectif des parties prenantes à la transaction avant et après la transaction *Les entités S1, S2 et S3 ont signé deux accords de partenariat organisant* *chacun le contrôle des entités A et B. Ces accords requièrent le consentement unanime des parties sur les décisions stratégiques opérationnelles et financières (IFRS 3.B2). S1, S2 et S3 contrôlent, à titre individuel, A et B conjointement, et exercent également, de manière collective, un contrôle exclusif sur A et B. Le contrôle n'est pas temporaire.*

Le 1/12/N, l'entité A acquiert l'entité B.

Solution de l'exemple 2 *L'acquisition par A de l'entité B constitue un regroupement entre entreprises sous contrôle commun car les accords de partenariat établissent le contrôle collectif de S1, S2 et S3 sur les entités A et B. Ce contrôle est exercé avant et après la transaction et n'est pas temporaire.*

Restructuration interne d'activités existantes suivie d'une cession à un tiers

23215 ***Question***

La cession d'un ensemble d'entités d'un même groupe ayant fait récemment l'objet d'une réorganisation interne remet-elle en cause la qualification de ce regroupement en regroupement entre entreprises sous contrôle commun ?

Réponse

Non, selon l'IFRS IC.

En conséquence, cette transaction sera généralement traitée en deux étapes :
- 1re étape : regroupement entre entreprises sous contrôle commun, exclu du champ d'application de la norme IFRS 3 ;
- 2nde étape : cession externe.

Remarque Pour apprécier si le regroupement interne, préalable à la cession hors groupe, est bien un regroupement entre entreprises sous contrôle commun, il convient de réaliser une analyse au cas par cas, fondée sur l'ensemble des faits et circonstances pertinents.

Commentaires :

1. **Opérations visées et question posée** Une des opérations visées par l'IFRS IC (IFRIC Update 03/06) est, par exemple, la fusion de deux sociétés sœurs suivie de la cession à un tiers de l'ensemble ainsi regroupé (traitement de l'opération dans les comptes de l'entreprise absorbante).

La question est de savoir si les opérations de restructuration « interne » réalisées avant la cession à un tiers constituent (ou non) des regroupements entre entreprises sous contrôle commun exclus du champ d'application d'IFRS 3 (IFRS 3.2c).

La norme IFRS 3 définit les regroupements entre entreprises sous contrôle commun comme ceux dans lesquels toutes les entreprises ou activités se regroupant sont contrôlées par une ou plusieurs (autres) parties, tant avant qu'après le regroupement d'entreprises, et ce contrôle n'est pas temporaire (voir no 23210).

La notion de contrôle temporaire qui figure dans la définition d'un regroupement entre entreprises sous contrôle commun n'étant pas définie par la norme IFRS 3, il convient de déterminer si la cession à un tiers de l'entité restructurée, dans un délai court après le regroupement, induit un contrôle temporaire des entreprises ainsi regroupées qui pourrait remettre en cause la qualification de l'opération en regroupement entre entreprises sous contrôle commun.

2. **Décision de l'IFRS IC** (IFRIC Update 03/06) Sur la base de cette décision, à notre avis, la cession à l'extérieur du groupe de l'entreprise (préexistante ou nouvellement créée) issue de la restructuration interne ne remet **généralement** pas en cause la qualification de cette restructuration interne en tant que **regroupement entre entreprises sous contrôle commun.**

Décision de l'ESMA Le CESR (devenu l'ESMA) a confirmé cette réponse (EECS/1209-14, 12/09).

Cela conduit donc généralement à traiter la transaction en deux étapes :

- **1re étape : fusion des deux filiales ou création d'une entité nouvelle et transfert à cette dernière des deux entités préexistantes** Cette première étape constituerait, au niveau de la filiale absorbante ou de la nouvelle entité créée, un regroupement entre entreprises sous contrôle commun, exclu du champ d'application d'IFRS 3 ;

  Pour la comptabilisation des regroupements entre entreprises sous contrôle commun, voir no 23220.

- **2nde étape : cession à l'extérieur du groupe** induisant la comptabilisation d'un résultat de cession dans les comptes de la société qui perd le contrôle des deux entreprises (voir no 23835 s.).

Traitement des regroupements entre entreprises (activités) sous contrôle commun

23220 ***Question***

Comment comptabiliser les regroupements entre activités ou entreprises sous contrôle commun ?

Réponse

A notre avis, ces regroupements, exclus du champ d'application d'IFRS 3, peuvent être comptabilisés selon deux méthodes :

1. soit **la méthode de l'acquisition (juste valeur)** applicable aux prises de contrôle ;
2. soit **une méthode basée sur les valeurs comptables historiques.**

   Dans ce cas, aucun nouveau goodwill n'est constaté, la différence entre le prix payé et la valeur comptable historique des actifs et passifs de l'entité acquise étant comptabilisée en capitaux propres.

Cette seconde méthode implique de déterminer :

a. **les valeurs comptables historiques** : à notre avis, il devrait s'agir des valeurs figurant dans les comptes consolidés de la mère ultime ; et

b. **la date à partir de laquelle ces valeurs doivent être retenues pour la première consolidation.** Deux solutions sont, à notre avis, acceptables :
- soit à partir de la **date d'ouverture de la première période présentée,**
- soit à partir de la **date effective du regroupement.**

Le choix de l'une de ces deux méthodes de comptabilisation doit être appliqué de manière homogène pour des transactions de nature similaire, selon les faits et circonstances qui leur sont spécifiques.

Commentaires :

Remarque Pour la définition des regroupements entre entreprises sous contrôle commun, voir nº 23210.

A défaut de précision de la norme IFRS 3 sur le traitement comptable des regroupements d'entreprises sous contrôle commun (ces regroupements étant exclus de son champ d'application, voir nº 21500), leur traitement comptable doit notamment fournir l'information la plus pertinente (IAS 8.10 à .12).

Ces transactions peuvent ainsi, à notre avis, être comptabilisées dans les comptes consolidés de l'acquéreur selon l'une ou l'autre des méthodes suivantes :
- la méthode de l'acquisition (voir point 1. ci-après) ;
- une méthode basée sur des valeurs comptables historiques (voir point 2. ci-après).

Le choix de l'une de ces deux méthodes de comptabilisation doit être appliqué de manière homogène pour des transactions de nature similaire, selon les faits et circonstances qui leur sont spécifiques. A notre avis, les éléments suivants peuvent être pris en compte pour le choix de la méthode qui reflète le mieux la substance du regroupement :
- Existence d'intérêts minoritaires : si l'opération affecte des intérêts minoritaires, ceci pourrait indiquer que la méthode de l'acquisition est plus appropriée. A l'inverse, la méthode basée sur des valeurs comptables historiques pourrait être plus indiquée si les entités regroupées sont détenues à 100 % par le même actionnaire.
- Prix d'acquisition : si l'entreprise acquise est payée à sa juste valeur en trésorerie, ceci pourrait indiquer que la méthode de l'acquisition est plus appropriée. A l'inverse, si le prix d'acquisition correspond à la valeur comptable de l'entreprise acquise dans les comptes du vendeur, ceci pourrait indiquer que la méthode basée sur les valeurs comptables historiques est plus indiquée.
- Management des entités combinées : si les entités combinées sont dirigées par la même équipe de direction que celle qui officiait avant l'opération, la comptabilisation du regroupement d'entreprises sous contrôle commun selon la méthode des valeurs comptables historiques pourrait être plus appropriée. Un changement significatif dans l'équipe de direction pourrait, au contraire, justifier une comptabilisation du regroupement selon la méthode de l'acquisition.
- Objectif de l'opération : une acquisition réalisée dans la perspective d'une introduction en bourse pourrait être mieux traduite sur le plan comptable si elle était traitée selon la méthode de l'acquisition. A l'inverse, si l'acquisition est réalisée pour simplifier la structure du groupe, ou pour des considérations fiscales, ceci pourrait indiquer que la méthode basée sur les valeurs comptables historiques est plus appropriée.

Cette liste d'éléments n'est pas exhaustive. Les jugements effectués pour déterminer la méthode utilisée doivent être indiqués en annexe au titre des jugements critiques (IAS 1.122).

Rappel Dans les comptes consolidés de la société mère des deux entités qui se regroupent, il s'agit d'une opération intragroupe qui doit être éliminée, conformément aux dispositions générales d'IFRS 10.B86.

1. La méthode de l'acquisition, telle que définie par la norme IFRS 3 pour les prises de contrôle exclusif entrant dans son champ d'application (voir nº 21354 s.). En effet, IAS 8.11 indique qu'en l'absence de norme spécifique, il peut être fait référence aux dispositions de normes existantes qui traitent de sujets similaires et liés.

Remarque Une entité qui choisirait d'appliquer la méthode de l'acquisition à ce type de transactions devrait appliquer toutes les dispositions d'IFRS 3 sans qu'il soit possible, à notre avis, d'apporter des aménagements pour tenir compte du caractère interne de l'opération.

Cas particulier où la méthode de l'acquisition ne s'applique pas – Rapprochement d'une activité préexistante (ou d'entité(s) ne formant qu'une unique activité préexistante) et d'une nouvelle entité créée (Newco) rémunérée par émission d'instruments de capitaux propres de Newco La méthode de l'acquisition ne peut pas s'appliquer dans ce cas car ce type de rapprochement ne répond pas à la définition d'un regroupement d'entreprises selon la norme IFRS 3.

En effet, Newco, l'acquéreur juridique, ne peut pas être identifié comme l'acquéreur comptable dans une transaction rémunérée en instruments de capitaux propres (voir nº 21705). Newco serait donc l'acquise d'un point de vue comptable, ce qui n'est pas autorisé par la norme IFRS 3 qui impose que l'acquise ait une ou plusieurs activités avant le regroupement (voir nº 21470).

Dès lors, cette transaction n'est pas un regroupement d'entreprises et doit, à notre avis, être traitée comme une réorganisation interne. L'acquéreur juridique, Newco, intègre les actifs et passifs de l'activité préexistante sur la base de leur valeur comptable dans les comptes de l'activité existante, sans reconnaissance d'un goodwill. Toute différence entre le coût de la transaction et la valeur comptable des actifs et passifs de l'activité préexistante est comptabilisée en capitaux propres. Ce traitement s'applique :
- à partir de la date d'ouverture de la première période présentée, même si la transaction est intervenue en cours d'année ; ou
- à partir de la date à laquelle l'activité préexistante a rejoint le groupe si cette date est postérieure.

Ce traitement est adopté pour refléter l'absence de changement de la substance économique du groupe.

2. **Une méthode basée sur des valeurs comptables historiques** Cette méthode est celle retenue par la norme américaine ASC 805-50-05-5 pour traiter les regroupements entre entreprises sous contrôle commun.

Elle se justifie par le fait que les transactions entre entreprises sous contrôle commun ne sont pas toujours des transactions faites dans des conditions de concurrence normale qui serviraient de base à une évaluation des actifs et passifs acquis à leur juste valeur.

En pratique, dans le cadre de la mise en œuvre de cette méthode, il convient en effet de déterminer :

a. d'une part, **les valeurs comptables historiques.** A notre avis, ces valeurs devraient être celles figurant dans les comptes consolidés de la mère ultime exerçant le contrôle commun des entités se regroupant – au niveau de laquelle les comptes consolidés sont établis – sous réserve toutefois que ces valeurs aient été établies conformément aux normes IFRS.

Si les valeurs comptables historiques retenues sont celles au niveau de la mère ultime, la valeur comptable du goodwill constaté par cette dernière lors de l'acquisition de l'entité (ou du sous-groupe concerné) devrait être maintenue, comme pour les autres actifs.

Toutefois, à notre avis, certaines situations pourraient justifier l'utilisation d'autres valeurs, telles que celles figurant dans les comptes d'un palier intermédiaire, ou celles figurant dans les comptes de l'entité acquise. Par exemple, l'utilisation des valeurs comptables figurant dans les états financiers de l'entité acquise pourrait se justifier si les utilisateurs des états financiers de l'entité acquise sont désormais les utilisateurs des états financiers de l'ensemble regroupé.

Exemple La société A est une société cotée en bourse avec de nombreuses filiales ayant différentes activités. L'une de ces filiales, la société G, détient une dette cotée en bourse. La société G a elle-même trois filiales (les sociétés X, Y et Z) qui constituent ses activités dans trois pays différents. En prévision d'une introduction en bourse, la société X acquiert la société Z. Supposons que la société A et la société G ont des valeurs comptables différentes au titre des actifs de la société Z. Les chiffres consolidés du niveau le plus élevé doivent en principe être utilisés pour les regroupements d'entreprises sous contrôle commun. Cela signifierait que la société X utiliserait les valeurs enregistrées dans les états financiers consolidés de la société A. Cependant, étant donné que cette réorganisation a eu lieu à l'intérieur du sous-groupe de la société G, dont les états financiers sont lus par les tiers, l'utilisation des valeurs issues des états financiers consolidés de la société G pourrait être jugée plus pertinente.

b. d'autre part, **la date à laquelle les valeurs comptables historiques doivent être retenues.**

L'IFRS IC ayant décidé de ne pas traiter de ce sujet (IFRIC Updates 11/09 et 01/10), deux solutions sont, à notre avis, acceptables :

i. **Valeurs comptables historiques à la date d'ouverture de la première période présentée** Cela revient à comptabiliser cette transaction rétrospectivement à cette date ou à partir de la date à laquelle les entités parties prenantes ont rejoint le groupe (si cette date est postérieure).

La référence à la norme américaine ASC 805 pour le traitement des regroupements entre entreprises sous contrôle commun est possible, IAS 8.12 autorisant l'utilisation d'une méthode prévue par un autre référentiel comptable, en l'absence de norme ou d'interprétation IFRS traitant de ce thème (en ce sens, décision du CESR, devenu l'ESMA, EECS/0508-04, 05/08, prise en application de la version 2004 d'IFRS 3 mais applicable également selon IFRS 3 actuelle).

Toutes les dispositions de la norme ASC 805 relatives à la comptabilisation de ce type de transaction devront alors être appliquées.

Traitement des frais liés à l'opération Afin de respecter la logique de la méthode, et selon les modalités prescrites par les anciennes normes APB 16 et IAS 22 pour la comptabilisation du « pooling of interest » (à défaut de précision de la norme américaine actuelle), les frais liés à l'opération sont, à notre avis, à comptabiliser en charges de l'exercice.

Cette méthode permet de présenter les états financiers tels qu'auraient été ceux d'une société unique si, au lieu de créer plusieurs sociétés, l'actionnaire ultime avait, dès le départ, pris la décision d'en créer une seule.

ii. Valeurs comptables historiques à la date du regroupement, par analogie avec IFRS 3.8 et .10 (et IFRS 10.20) qui font référence à la date de prise de contrôle pour déterminer la date d'acquisition (et de cession).

Traitement des frais liés à l'opération A notre avis, ces frais devraient être constatés en charges.

Aucun « nouveau » goodwill ne peut être généré dans le cadre de cette méthode, les valeurs retenues n'étant pas basées sur le prix payé et la juste valeur des actifs et passifs identifiables. En conséquence, l'écart éventuel qui résulte de la différence entre le prix payé et la valeur comptable historique consolidée des actifs et passifs de l'entité acquise est comptabilisé en capitaux propres (soit dans la rubrique « Résultats accumulés », soit dans une rubrique de réserve spécifique des capitaux propres).

L'enjeu du choix de la date à laquelle les valeurs comptables historiques sont retenues a des conséquences sur le montant de la différence entre les valeurs comptables historiques et le prix payé constaté en capitaux propres ainsi que sur les états financiers retraités présentés en comparatif.

3. **Cas particulier – Prises d'influence notable ou de contrôle conjoint entre entreprises sous contrôle commun** Si la norme IFRS 3 exclut explicitement les regroupements entre entreprises sous contrôle commun de son champ d'application (IFRS 3.2c), la norme IAS 28 ne prévoit pas d'exclusion de son champ d'application pour les opérations de transfert des entreprises associées ou des joint ventures entre entreprises sous contrôle commun.

Saisi à ce sujet en juin 2017, notamment sur la pertinence d'un raisonnement par analogie avec l'exclusion des regroupements entre entreprises sous contrôle commun du champ d'application d'IFRS 3, l'IFRS IC a provisoirement conclu que les acquisitions d'entreprises associées ou de joint ventures entre entreprises sous contrôle commun devraient être traitées selon les dispositions générales de la norme IAS 28, sans analogie possible avec IFRS 3 (IFRIC Update 06/17). Cette conclusion est basée sur le fait que ces transactions ne sont pas exclues du champ d'application d'IAS 28.

Toutefois, cette décision de l'IFRS IC de 2017 n'a pas été finalisée.

En outre, ce sujet n'avait pas été retenu dans le cadre du projet de l'IASB sur les regroupements entre entreprises sous contrôle commun (projet abandonné, par ailleurs, en novembre 2023).

En conséquence, l'acquisition d'une entreprise associée ou d'une joint venture entre entreprises sous contrôle commun devrait être traitée, **à notre avis,** selon une des **deux méthodes** suivantes :

S'agissant d'un choix de méthode comptable, il doit être appliqué de manière homogène pour des transactions de nature similaire (IAS 8.13).

- par application des dispositions générales de la norme IAS 28 relatives à la comptabilisation des prises d'influence notable ou de contrôle conjoint, notamment du fait de la non-exclusion explicite de ces opérations du champ d'application de cette norme ; ou
- par traitement similaire à celui de l'acquisition d'une entreprise sous contrôle commun (voir points 1. et 2. ci-avant), dans la mesure où les concepts sous-jacents aux procédures suivies pour comptabiliser l'acquisition d'une filiale sont également adoptés pour comptabiliser l'acquisition d'une entreprise associée ou d'une joint venture (IAS 28.26).

CHAPITRE 6

Variations de périmètre et/ou du pourcentage d'intérêts dans une entreprise mise en équivalence : entreprise associée ou joint venture (IAS 28)

23450

Plan du chapitre

QUESTIONS/REPONSES PRATIQUES

Plan du chapitre (suite et fin)

QUESTIONS/REPONSES PRATIQUES

Remarque importante

23456 Les réponses aux questions présentées ci-après résultent de l'analyse des dispositions de la norme IAS 28, Participations dans les entreprises associées et les joint ventures, en vigueur actuellement, sur la base des informations disponibles au 31 décembre 2023.

Evolution possible de la norme Pour des informations sur le projet « Equity Method », voir n° 15650.

A. Comptabilisation des prises d'influence notable

Coût d'acquisition des titres d'une entité mise en équivalence

23460 ***Question***

Comment déterminer le coût d'acquisition des titres d'une entité mise en équivalence ?

Réponse

Le coût d'acquisition correspond au prix d'acquisition augmenté des coûts directs liés à l'acquisition.

Commentaires Selon IAS 28.3 et .10, la participation dans une entité mise en équivalence est initialement comptabilisée au coût, sans toutefois définir cette notion de coût.

L'IFRS IC définit le coût comme comprenant (IFRIC Update 07/09) :
- le prix d'acquisition remis au vendeur par l'acquéreur en échange des titres mis en équivalence ; et
- les coûts directs liés à l'acquisition.

Ces coûts correspondent à ceux directement attribuables à l'acquisition (par exemple, les honoraires versés aux comptables, conseils juridiques, banques d'affaires, évaluateurs et autres consultants intervenus pour effectuer le regroupement).

Cette position a été prise en application de la version de la norme IAS 28 avant révision en 2011 mais reste applicable, à notre avis, selon la version d'IAS 28 actuellement en vigueur.

Cette précision apportée par l'IFRS IC ne devrait pas créer de divergence avec la pratique passée qui faisait généralement référence à la définition du coût donnée par d'autres normes telle qu'IAS 16 (IAS 16.16 s.).

Remarque – Différence avec le traitement du coût d'acquisition des titres d'une filiale La prise en compte des coûts directs liés à l'acquisition de titres mis en équivalence dans le coût d'acquisition de ces titres diffère du traitement adopté par IFRS 3 pour les coûts directs liés à l'acquisition de titres de filiales, ceux-ci étant en effet constatés en charges (voir nº 21850).

Ajustements éventuels du prix d'acquisition des titres mis en équivalence

23465 ***Question***

Comment comptabiliser un ajustement éventuel du prix d'acquisition des titres mis en équivalence lors de la prise d'influence notable ?

Réponse

A notre avis, l'ajustement éventuel du prix d'acquisition doit être estimé à la date d'acquisition et être inclus dans le coût d'acquisition des titres mis en équivalence.

Commentaires La norme IAS 28 n'apporte pas de précision sur le traitement comptable des ajustements éventuels du prix d'acquisition des titres mis en équivalence. Le coût d'acquisition des titres mis en équivalence comprend le prix d'acquisition remis au vendeur par l'acquéreur en échange des titres mis en équivalence et les coûts directs liés à l'acquisition qui ont été encourus pour les acquérir (voir nº 23460).

A notre avis, un ajustement éventuel du prix d'acquisition des titres mis en équivalence doit être estimé à la date d'acquisition et être inclus dans le coût d'acquisition des titres mis en équivalence, par analogie avec le traitement des ajustements éventuels du prix d'acquisition d'une prise de contrôle prévu par IFRS 3 (voir nº 21815).

L'ajustement éventuel du prix d'acquisition constitue :
- soit une dette ou un instrument de capitaux propres (correspondant à l'obligation de l'acquéreur d'avoir à payer un complément éventuel de prix d'acquisition si certains événements futurs spécifiés surviennent ou si certaines conditions sont remplies). Le classement en dettes ou en capitaux propres est réalisé selon les critères de la norme IAS 32, Instruments financiers – Présentation (voir Mémento IFRS nº 44320 s.) ;
- soit un actif (correspondant à un droit de l'acquéreur de se voir restituer une partie du prix d'acquisition payé au vendeur à la date d'acquisition si certains événements futurs spécifiés surviennent ou si certaines conditions sont remplies).

Remarque Différents traitements comptables sont applicables aux changements d'estimation des ajustements éventuels du prix d'acquisition, voir nº 23466.

Changements d'estimation des ajustements éventuels de prix après la date d'acquisition des titres

23466 ***Question***

Comment comptabiliser les changements d'estimation des ajustements éventuels du prix d'acquisition de titres mis en équivalence qui surviennent après la date d'acquisition ?

Réponse

Lorsque le complément éventuel de prix a été comptabilisé comme un instrument de capitaux propres, il ne fera l'objet d'aucun ajustement de prix après la date d'acquisition.

Lorsque le complément éventuel de prix a été comptabilisé comme un actif ou un passif (dette) à la date d'acquisition, et en l'absence de précision des textes, ses variations ultérieures de valeur peuvent, à notre avis, être comptabilisées selon l'une des deux méthodes suivantes (à appliquer de manière cohérente et permanente aux transactions similaires) :

a. **méthode du « coût »** : les changements d'estimation du passif ou de l'actif sont comptabilisés en contrepartie du coût des titres ;

b. **méthode de la « juste valeur », par analogie avec IFRS 3** : l'actif ou le passif devra être évalué à la juste valeur à chaque date de clôture. Tout changement de cette juste valeur est comptabilisé en résultat.

Cas particulier Lorsque le changement d'estimation résulte de faits et circonstances existant à la date d'acquisition et intervient dans le délai d'affectation, le montant de l'actif ou du passif est, à notre avis, systématiquement ajusté par la contrepartie du coût d'acquisition, et donc de la ligne « Titres mis en équivalence ».

Commentaires Une obligation de l'acquéreur de verser un ajustement éventuel du prix dans le cadre d'un regroupement d'entreprises selon IFRS 3 et répondant à la définition d'un instrument financier est classée en instrument de capitaux propres ou en dette financière selon IAS 32 (IFRS 3.40).

Pour plus de précisions, voir n° 21815.

Lorsque le complément éventuel de prix a été comptabilisé comme un instrument de capitaux propres, il ne fera l'objet d'aucun ajustement de prix après la date d'acquisition.

Lorsque le complément éventuel de prix est comptabilisé comme un actif ou un passif (dette) à la date d'acquisition, la norme IAS 28 n'apporte pas de précision sur le traitement comptable des ajustements éventuels du prix d'acquisition des titres mis en équivalence. En l'absence de précision des textes, deux méthodes peuvent, à notre avis, être retenues pour comptabiliser les modifications ultérieures des ajustements éventuels de prix des titres mis en équivalence (voir n° 23465) :

1. **Méthode du « coût »** Selon cette méthode, les changements d'estimation du passif ou de l'actif sont comptabilisés en contrepartie du coût des titres mis en équivalence. Cette approche est conforme à IAS 8.37, qui prévoit qu'un changement d'estimation comptable donnant lieu à des variations d'éléments d'actifs et de passifs doit être comptabilisé de façon prospective par ajustement de la valeur comptable de l'élément concerné au cours de la période du changement.

2. **Méthode de la « juste valeur »** L'actif ou le passif devra être évalué à la juste valeur à chaque date de clôture. Tout changement de cette juste valeur est comptabilisé en résultat.

Remarque A notre avis, le traitement décrit ci-avant n'est pas applicable lorsque le changement d'estimation résulte de faits et circonstances existant à la date d'acquisition et intervient dans le délai d'affectation. En effet, par analogie avec IFRS 3.45, le montant de l'actif ou de la dette est ajusté par la contrepartie du coût d'acquisition des titres et donc mécaniquement du goodwill (ou du profit résultant d'une acquisition à des conditions avantageuses) inclus dans la ligne « Titres mis en équivalence », dans le délai d'affectation.

Pour une analyse détaillée des changements d'estimation de la juste valeur des ajustements éventuels de prix selon IFRS 3, voir n° 21825.

La méthode retenue par le groupe doit être appliquée de manière permanente et cohérente pour toutes les transactions similaires (IAS 8.13).

Achats successifs de titres aboutissant à une prise d'influence notable ou à une prise de participation dans une joint venture

23470 ***Question***

Comment comptabiliser une prise d'influence notable ou une prise de participation dans une joint venture par achats successifs de titres ?

Réponse

A défaut de précision dans la norme IAS 28, deux méthodes de comptabilisation peuvent, à notre avis, être utilisées pour comptabiliser une prise d'influence notable ou une prise de participation dans une joint venture par étapes :
- la méthode du coût ; et
- la méthode de la juste valeur, par analogie avec le traitement des prises de contrôle exclusif par étapes.

Le choix de l'une ou l'autre méthode doit être appliqué de manière permanente.

1. Selon la **méthode du coût** :

a. Le goodwill comptabilisé correspond à la somme des goodwills de chacun des lots successivement acquis. A chaque acquisition, un goodwill est ainsi calculé par différence entre le prix payé et la quote-part de juste valeur de l'actif net identifiable acquis à la date de cette acquisition.

b. Le coût des titres correspond à la somme :
- du prix d'acquisition de chaque lot acquis ;
- des frais d'acquisition afférents ; et
- de la quote-part de résultat et autres éléments du résultat global (OCI) revenant à chacun des lots acquis avant la prise d'influence notable ou de participation dans la joint venture et accumulés depuis leur acquisition.

Ainsi, selon cette méthode, le coût des lots acquis avant la prise d'influence notable ou de participation dans la joint venture n'est pas évalué à la juste valeur lors de la prise d'influence notable ou de participation dans la joint venture.

2. Selon la **méthode de la juste valeur, par analogie avec IFRS 3** :

a. Le goodwill est calculé par différence entre :
- le prix d'acquisition payé au titre de la prise d'influence notable ou de participation dans la joint venture, augmenté de la juste valeur à la date de prise d'influence notable ou de participation dans la joint venture des lots antérieurement acquis ; et
- la quote-part des actifs identifiables et passifs assumés évalués à leur juste valeur à la date de prise d'influence notable ou de participation dans la joint venture.

b. Le coût des titres correspond à la juste valeur des titres à la date de prise d'influence notable ou de participation dans la joint venture.

Ainsi, selon cette méthode, le coût des lots acquis avant la prise d'influence notable ou de participation dans la joint venture est évalué à la juste valeur.

Lorsque les titres antérieurement détenus étaient classés en actifs financiers à la juste valeur en contrepartie des autres éléments du résultat global (OCI), le montant inscrit dans la réserve OCI n'est pas recyclé en résultat, lors de la prise de participation complémentaire, conformément aux dispositions d'IFRS 9.

En application de cette méthode, les frais d'acquisition des titres sont comptabilisés en charges.

Commentaires La norme IAS 28 ne contient pas de disposition relative à la comptabilisation d'une prise d'influence notable ou d'une prise de participation dans une joint venture par étapes, contrairement à la norme IFRS 3 qui traite de manière détaillée des prises de contrôle exclusif par étapes (voir nº 23750 s.).

Toutefois, IAS 28.3 et .10 prévoient que la participation dans une entreprise mise en équivalence est initialement comptabilisée au coût sans préciser ce que cette notion de coût recouvre.

Pour les précisions apportées par l'IFRS IC sur la notion de coût et notamment sur le traitement des frais de transaction, voir nº 23460.

En raison de cette imprécision, deux méthodes peuvent, à notre avis, être appliquées pour comptabiliser une prise d'influence notable ou de participation dans une joint venture par étapes :
- la méthode du coût ; ou
- la méthode de la juste valeur, par analogie avec le traitement des prises de contrôle exclusif par achats successifs de titres (IFRS 3.42).

Recommandations de l'AMF Dans ses recommandations en vue de l'arrêté des comptes 2012, l'AMF indique que la méthode retenue doit être indiquée dans l'annexe des états financiers (IAS 1.117) et être appliquée de manière permanente à toutes les transactions de cette nature (Rec. AMF 2012-16, Arrêté des Comptes 2012, § 6.2.2.1).

Le choix entre les deux méthodes aura un impact sur la ligne « Titres mis en équivalence », le goodwill relatif à une entreprise associée ne devant pas être présenté distinctement de cette même ligne (IAS 28.42).

1. **Méthode du coût** Selon cette méthode, qui découle des dispositions d'IAS 28.10 précitées, le goodwill correspond à la somme des goodwills de chacun des lots successivement acquis.

a. A chaque acquisition, un goodwill est ainsi calculé par différence entre le coût du lot acquis et la quote-part de juste valeur de l'actif net identifiable acquis à la date de cette acquisition (IAS 28.32).

b. Pour ce qui concerne le coût de la quote-part détenue avant la prise d'influence notable ou de participation dans la joint venture (comptabilisée jusqu'alors en actifs financiers selon IFRS 9, à la juste valeur par résultat ou à la juste valeur par OCI, selon l'option retenue de manière irrévocable par l'entreprise), il convient à notre avis :
- d'une part, d'extourner en contrepartie du résultat les variations de valeur de ces titres depuis leurs dates d'acquisition, afin de ramener la valeur de la participation à son coût initial ;

Ceci est cohérent avec la décision de l'IFRS IC de janvier 2019, relative à la comptabilisation dans les comptes individuels d'un émetteur de la prise de contrôle d'une filiale par étapes. Dans le cas examiné par l'IFRS IC, l'émetteur a choisi de comptabiliser son investissement dans les titres d'une filiale au coût, dans ses comptes individuels. Lorsque l'émetteur obtient le contrôle d'une filiale dont il détenait des actions comptabilisées en tant qu'actifs financiers à la juste valeur selon IFRS 9, l'IFRS IC a conclu que le coût initial pouvait être déterminé soit par référence à la juste valeur des titres à la date de prise de contrôle (méthode équivalente à la méthode de la juste valeur décrite au point 2. ci-après), soit par référence au coût historique des acquisitions de chacun des lots de titres antérieures à la prise de contrôle (méthode équivalente à la méthode du coût décrite ci-avant). En outre, l'IFRS IC a précisé que, lors de l'application de la méthode du coût, toute différence entre la juste valeur des titres détenus antérieurement à la date de prise de contrôle et leur coût d'acquisition historique devait être comptabilisée en résultat et ce, même si l'émetteur comptabilisait les variations de valeur antérieures en OCI (c'est-à-dire même si les titres étaient classés en actifs financiers à la juste valeur par OCI).

– et, d'autre part, de comptabiliser en contrepartie du résultat, la quote-part dans les profits/pertes et les autres éléments du résultat global (OCI) revenant à chacun des lots acquis avant la prise d'influence notable ou de participation dans la joint venture, qui ont été accumulés jusqu'à cette date.

Ce montant doit toutefois être diminué des distributions de dividendes reçues entre la date d'acquisition de la participation initialement détenue et la prise d'influence notable ou de participation dans la joint venture.

Selon cette approche, le coût des lots acquis avant la prise d'influence notable ou de participation dans la joint venture n'est pas évalué à la juste valeur lors de la prise d'influence notable ou de participation dans la joint venture.

2. **Méthode de la juste valeur** (par analogie avec le traitement des prises de contrôle exclusif par étapes, IFRS 3.42) A notre avis, les dispositions générales relatives aux prises de contrôle par achats successifs de titres (voir no 23750) peuvent également s'appliquer à la prise d'influence notable ou de participation dans une joint venture d'une entreprise dont les titres étaient jusqu'alors comptabilisés en actifs financiers selon IFRS 9.

Cette approche implique :

a. d'une part, de **comptabiliser un goodwill** à la date de prise d'influence notable ou de prise de participation dans une joint venture, déterminé (par analogie avec IFRS 3.32) pour un montant égal à la différence entre :
– le prix d'acquisition payé au titre de la prise d'influence notable ou de la prise de participation dans la joint venture, augmenté de la juste valeur à la date de prise d'influence notable ou de prise de participation dans la joint venture de la quote-part d'intérêts dans l'acquise antérieurement détenue ;

Conformément aux principes d'IFRS 3 applicables aux prises de contrôle exclusif, les frais de transaction sont constatés en charges, voir no 21850.

– et la quote-part des actifs identifiables acquis et passifs assumés évalués conformément à IFRS 3, c'est-à-dire généralement à leur juste valeur à la date de prise d'influence notable ou de prise de participation dans la joint venture ;

b. et, d'autre part, de prendre en compte, en ce qui concerne le coût de la quote-part détenue avant la prise d'influence notable ou la prise de participation dans la joint venture (quote-part jusque-là comptabilisée en tant qu'actif financier selon IFRS 9, à la juste valeur par résultat ou à la juste valeur par OCI, selon l'option retenue de manière irrévocable par l'entreprise), la juste valeur de cette quote-part à la date de la prise d'influence notable ou la prise de participation dans la joint venture.

Cas d'une quote-part antérieurement détenue initialement comptabilisée à la juste valeur en contrepartie des autres éléments du résultat global (OCI) Par analogie avec IFRS 3.42, lors de la prise de l'influence notable ou la prise de participation dans la joint venture, le montant inscrit dans cette réserve (OCI) doit être comptabilisé de la même façon

que si l'émetteur avait directement vendu la quote-part antérieurement détenue. Ainsi, conformément aux dispositions d'IFRS 9, les titres ayant été initialement comptabilisés à la juste valeur en contrepartie des autres éléments du résultat global, ce montant n'est pas recyclé en résultat, lors de la prise de participation complémentaire.
Sur les modalités de comptabilisation des actifs financiers selon les dispositions d'IFRS 9, voir Mémento IFRS nº 45080.

Exemple *Le 1/06/N, une entité A a acquis une participation de 10 % dans une entité B pour 1 000 sans encourir de frais. La participation dans l'entité B a été comptabilisée en actifs financiers à la juste valeur par résultat.*
Au 31/12/N, l'entité A comptabilise une augmentation de juste valeur de 600 en contrepartie du résultat.
Au 1/01/N+1, l'entité A acquiert 25 % supplémentaires dans l'entité B pour 4 000, ce qui lui permet d'obtenir l'influence notable de B.
La juste valeur de l'actif net identifiable de B était de 5 000 en juin N et s'élève à 8 000 au 1/01/N+1.
L'entité B a enregistré des profits après dividendes de 2 000 entre le 1/06/N et le 1/01/N+1.
Ces informations sont reprises dans le tableau suivant :

	1/06/N	*31/12/N*	*1/01/N+1*	*Variations (1/01/N+1 vs 1/06/N)*
% dans l'entreprise associée	*10 %*	*10 %*	*35 %*	*+ 25 %*
Prix d'acquisition	*1 000*		*5 000*	*+ 4 000*
Juste valeur de l'actif net identifiable de l'entreprise associée	*5 000*		*8 000*	*+ 3 000 (1)*
Actifs financiers à la juste valeur par résultat (10 %)	*1 000*	*1 600 (2)*		

(1) Cette variation s'explique en partie par la réalisation d'un profit après versement des dividendes de 2 000.
(2) Le montant de 1 600 représente la juste valeur des 10 %. Cette juste valeur se décompose en 800 (8 000 x 10 %) de quote-part de juste valeur dans les actifs nets identifiables et 800 de quote-part de juste valeur dans les actifs non identifiables au 31/12/N.

Solution de l'exemple :
1. ***Méthode du coût*** *La prise d'influence notable de B est comptabilisée en suivant les étapes ci-après :*
a. *Comptabilisation du goodwill à la date de prise d'influence notable, calculé comme suit :*

Coût de l'acquisition initiale	*1 000*
Quote-part de la juste valeur d'actif net (10 % x 5 000)	*(500)*
Goodwill relatif à la première acquisition	*500*
Coût de l'acquisition complémentaire	*4 000*
Quote-part de la juste valeur d'actif net (25 % x 8 000)	*(2 000)*
Goodwill relatif à la deuxième acquisition	*2 000*
Goodwill total selon la méthode du coût	***2 500***

b. *Comptabilisation en titres mis en équivalence d'un montant correspondant à la somme des éléments suivants :*
– coût d'acquisition des deux lots de titres : 5 000 (= 1 000 + 4 000) ;
– la quote-part de A dans le résultat de B (net des dividendes) pendant la période de détention des 10 % : 200 (= 10 % x 2 000). Cette quote-part des profits de l'entité est constatée en résultat.

Soit 5 200 en titres mis en équivalence (dont 2 500 de goodwill total).

En outre, la valeur des actifs financiers à la juste valeur par résultat au 31/12/N est réduite pour la ramener à leur coût initial. Pour ce faire, la valeur des titres est diminuée de 600 en contrepartie du résultat afin d'annuler l'augmentation de juste valeur constatée fin N depuis l'acquisition du premier lot de titres.

L'écriture à constater est la suivante :

Dt	*Titres mis en équivalence*	*5 200 (1)*	
Dt	*Résultat (annulation de la réévaluation des 10 % des titres de B entre la date de leur acquisition initiale et la date d'obtention de l'influence notable)*	*600*	
Ct	*Trésorerie*		*4 000*
Ct	*Actifs financiers à la juste valeur par résultat*		*1 600*
Ct	*Résultat (constatation de la quote-part de A dans le résultat de B, net des dividendes, entre la date de l'acquisition initiale des 10 % et la date d'obtention de l'influence notable)*		*200*
(1) Dont 2 500 de goodwill.			

2. ***Méthode de la juste valeur*** *La prise d'influence notable de B est comptabilisée en suivant les étapes ci-après :*

a. *Comptabilisation du goodwill à la date de prise d'influence notable, calculé comme suit :*

Détermination du coût dans l'entreprise associée :	
Juste valeur des 10 % détenus initialement	*1 600 (1)*
Juste valeur du prix payé pour acquérir les 25 % supplémentaires	*4 000*
Coût de la participation dans l'entreprise associée	*5 600*

(1) L'évaluation de la juste valeur des actifs financiers à la juste valeur par résultat au 31/12/N (1 600) est reprise comme base d'évaluation de la quote-part antérieurement détenue au 1/01/N+1.

Le goodwill est calculé comme suit :
– coût de la participation dans l'entreprise associée : 5 600,
– moins quote-part de l'entité A dans la juste valeur de l'actif net identifiable de l'entité B à la date de prise d'influence notable (35 % x 8 000 = 2 800).

Soit un goodwill de 2 800.

b. *Constatation en titres mis en équivalence de 5 600 (dont 2 800 de goodwill) correspondant au coût de la participation dans l'entreprise associée évalué à la juste valeur (voir ci-avant).*

L'écriture à constater est la suivante :

Dt	*Titres mis en équivalence*	*5 600 (1)*	
Ct	*Trésorerie*		*4 000*
Ct	*Actifs financiers à la juste valeur par résultat*		*1 600*
(1) Dont 2 800 de goodwill.			

B. Comptabilisation des variations de pourcentage d'intérêts avec maintien de la méthode de la mise en équivalence

Augmentation du pourcentage d'intérêts dans une entreprise associée ou une joint venture avec maintien de la mise en équivalence

23480 ***Question***

Comment comptabiliser une acquisition complémentaire de titres d'une entreprise associée ou d'une joint venture avec maintien de la mise en équivalence ?

Réponse

A notre avis, l'acquisition complémentaire de titres donne lieu à la comptabilisation d'un goodwill calculé par différence entre le coût d'acquisition de ce dernier lot de titres acquis et la quote-part de la juste valeur de l'actif net identifiable obtenu en contrepartie à la date de cette acquisition complémentaire.

Commentaires A défaut de précision de la norme IAS 28, une acquisition complémentaire de titres d'une entreprise associée ou d'une joint venture avec maintien de la mise en équivalence de cette entité doit, à notre avis, être traitée de la manière suivante :

1. Comptabilisation d'un goodwill sur cette acquisition complémentaire de titres calculé par différence entre :
- le coût d'acquisition de ce dernier lot de titres acquis ; et
- la quote-part de la juste valeur de l'actif net identifiable obtenu en contrepartie à la date de cette acquisition complémentaire.

2. La quote-part d'actif net détenue avant cette acquisition complémentaire ne doit pas être réévaluée à la juste valeur à la date de cette dernière acquisition.

En effet, cette acquisition complémentaire de titres ne change pas la nature de l'investissement détenu dans cette entité : l'entreprise associée (ou la joint venture) reste une entreprise associée (ou une joint venture) et le pourcentage d'intérêts existant donnait déjà lieu à une mise en équivalence avant cette dernière acquisition (en ce sens le traitement selon IAS 28.24 du passage du contrôle conjoint à l'influence notable, ou inversement, qui ne donne pas lieu à réévaluation des titres conservés en raison du maintien de l'application de la méthode de la mise en équivalence).

Remarque Dans certains cas, l'augmentation du pourcentage d'intérêts peut résulter d'une transaction autre qu'une acquisition complémentaire de titres. C'est le cas notamment lorsqu'une entité souscrit à une augmentation de capital d'une entreprise associée ou d'une joint venture ou lorsque l'entreprise associée ou la joint venture procède au rachat de ses propres actions. Les principes de comptabilisation de ces opérations sont, à notre avis, proches de ceux retenus pour une acquisition complémentaire de titres (comptabilisation d'un goodwill sans réévaluation de la quote-part d'intérêts détenue avant cette dernière augmentation du pourcentage d'intérêts).

Pour un exemple d'augmentation du pourcentage d'intérêts suite à :
- une augmentation de capital d'une entreprise associée, voir Exemple 2 ci-après ;
- un rachat par une entreprise associée de ses propres actions, voir Exemple 3 ci-après.

***Exemple 1** — Acquisition complémentaire de titres d'une entreprise associée avec maintien de l'influence notable* *Une entité A a acquis 20 % d'une entreprise associée B en N–3. Le coût d'acquisition de ces 20 % est de 12 000 et la juste valeur de l'actif net identifiable de B comptabilisée à cette date s'élève à 55 000.*

En N, A réalise une acquisition complémentaire de 15 % dans B, renforçant l'influence notable exercée sur B. Le coût d'acquisition des 15 % supplémentaires s'élève à 16 000. La valeur comptable de l'actif net de B à la date de l'acquisition complémentaire s'élève à 68 000 et la juste valeur de l'actif net identifiable de B à 75 000.

Ces informations sont reprises dans le tableau suivant :

	31/12/N–3	31/12/N	Variations
% dans l'entreprise associée	20 %	35 %	+ 15 %
Prix d'acquisition	12 000	28 000	+ 16 000
Juste valeur de l'actif net identifiable de l'entreprise associée	55 000	75 000	+ 20 000
Valeur comptable de l'actif net de l'entreprise associée	50 000	68 000	+ 18 000 (1)

(1) Le montant de 18 000 correspond aux profits réalisés nets des dividendes distribués après l'acquisition du 1er lot.

Solution de l'exemple 1 *Le goodwill à constater au titre de l'acquisition complémentaire de titres est le suivant :*

Coût d'acquisition des 15 % complémentaires acquis	*16 000*
Quote-part d'actifs nets identifiables acquis à la juste valeur (15 % x 75 000)	*(11 250)*
Goodwill relatif au second lot de titres acquis	***4 750***

Ce goodwill vient ainsi s'ajouter au goodwill constaté lors de la prise d'influence notable et qui a été calculé comme suit :

Coût d'acquisition des 20 premiers % de B par A	*12 000*
Quote-part d'actifs nets identifiables acquis à la juste valeur (20 % x 55 000)	*(11 000)*
Goodwill relatif au premier lot de titres acquis	***1 000***

Au total, le goodwill est de 1 000 + 4 750, soit 5 750.

Le montant inscrit en titres mis en équivalence au 31/12/N est donc de 31 600 :
- 28 000 (soit 12 000 + 16 000) de coûts d'acquisition pour chaque tranche,
- et 3 600 de profits post-acquisition des 20 % de détention initiale [(68 000 – 50 000 = 18 000) x 20 %].

L'écriture à constater au titre de l'acquisition complémentaire est la suivante :

Dt	*Titres mis en équivalence*	*16 000 (1)*	
Ct	*Trésorerie*		*16 000*

(1) Le montant de 16 000 correspond au coût d'acquisition des 15 % complémentaires acquis. Il inclut le goodwill complémentaire (4 750), le goodwill relatif à une entreprise associée ne devant pas être présenté distinctement de la ligne « Titres mis en équivalence ».

***Exemple 2** — **Augmentation du pourcentage d'intérêts résultant d'une augmentation de capital de l'entreprise associée** Une entité B a acquis 20 % d'une entreprise associée A lors de sa création. Le capital social de A est composé de 100 actions d'une valeur nominale de 1. La valeur comptable des titres mis en équivalence s'élève à 20.*

Aucun goodwill n'a été constaté lors de l'acquisition de cette première tranche, l'acquisition ayant eu lieu lors de la création de l'entreprise associée.

L'année suivante, l'entité A procède à une augmentation de capital de 16 en émettant 16 actions d'une valeur nominale de 1 entièrement souscrites par B.

La juste valeur des actifs de A s'élève à 74 avant l'augmentation de capital puis à 90 après l'augmentation de capital.

Le pourcentage d'intérêts de B dans A augmente mécaniquement de 20 % à 31 % (36/116 actions). A l'issue de l'augmentation de capital, l'entité A reste sous l'influence notable de B.

***Solution de l'exemple 2** Le goodwill à constater au titre de l'augmentation du pourcentage d'intérêts est le suivant :*

Coût d'acquisition des 11 % à la suite de l'augmentation de capital (a)	*16*
Part des actions acquises dans la juste valeur de l'actif net identifiable existant [(31 % -20 %) x 74] (b)	*8*
Part des actions acquises dans la trésorerie reçue par A du fait de l'augmentation de capital (31 % x 16) (c)	*5*
Valeur totale des actions acquises (d) = (b) + (c)	*13*
Goodwill (a) – (d)	*3*

La valeur des titres mis en équivalence dans les comptes consolidés de B s'élève désormais à 36 (20 + 16 dont 3 de goodwill).

L'écriture à constater au titre de l'augmentation du pourcentage d'intérêts dans A est la suivante :

Dt	*Titres mis en équivalence (dont goodwill de 3)*	*16*	
Ct	*Trésorerie*		*16*

***Exemple 3** — **Augmentation du pourcentage d'intérêts résultant du rachat par l'entreprise associée de ses propres actions** En N-1, une entreprise associée A a émis 100 actions d'une valeur nominale de 1 dont 20 % souscrits par une entité B.*

La juste valeur de l'actif net identifiable de A est de 300. La valeur des titres A mis en équivalence dans les comptes consolidés de B s'élève à 60 (20 % x 300), aucun goodwill n'ayant été constaté lors de la première tranche.

En N, l'entité A rachète 20 de ses propres actions auprès des autres actionnaires pour 120 et procède à une annulation de ces titres. Le pourcentage d'intérêts de B dans A augmente mécaniquement de 20 % à 25 % (20/80 actions).

L'actif net de l'entité A est désormais de 180 (300 – 120).

***Solution de l'exemple 3** A notre avis, le coût présumé d'acquisition des 5 % correspond au pourcentage de détention de B dans la trésorerie décaissée par l'entité A pour racheter ses propres actions soit 24 (20 % x 120). Ainsi, ce coût présumé diminue la valeur comptable des titres mis en équivalence mais est également le coût d'acquisition des 5 % complémentaires.*

Le goodwill à constater au titre de l'augmentation du pourcentage d'intérêts est le suivant :

Coût présumé d'acquisition des 5 % à la suite du rachat de ses propres actions effectué par l'entité A	*24*
Part des actions acquises dans la juste valeur de l'actif net identifiable (5 % x 180)	*9*
Goodwill	*15*

La valeur des titres mis en équivalence dans les comptes consolidés de B s'élève toujours à 60 mais se décompose de la façon suivante :

Valeur des titres mis en équivalence avant le rachat d'actions	*60*
Diminution de la valeur de la quote-part d'actif net (20 % x 120)	*(24)*
Augmentation de la valeur de la quote-part d'actif net (5 % x 180)	*9*
Goodwill reconnu suite à l'augmentation du pourcentage d'intérêts	*15*
Valeur des titres mis en équivalence après le rachat d'actions	*60*

Le raisonnement économique et les impacts comptables seraient identiques si, à la place d'un rachat de ses propres actions, l'entité A avait distribué un dividende de 1,2 par action soit au total 120 dont 24 (120 x 20 %) revenant à l'entité B et que l'entité B avait utilisé le produit reçu (24) pour racheter 5 % des actions auprès des autres actionnaires.

Diminution du pourcentage d'intérêts dans une entreprise associée ou une joint venture avec maintien de la mise en équivalence

23485 ***Question***

Comment comptabiliser le gain ou la perte résultant d'une diminution du pourcentage d'intérêts dans une entreprise associée ou une joint venture et qui reste mise en équivalence ?

Réponse

En résultat, que cette diminution du pourcentage d'intérêts résulte d'une cession de titres de l'entreprise mise en équivalence ou d'une dilution à la suite d'une augmentation de capital de l'entreprise mise en équivalence inégalement souscrite.

Commentaires Le profit ou la perte résultant d'une diminution du pourcentage d'intérêts dans une entreprise associée ou une joint venture qui reste mise en équivalence devrait, à notre avis, être comptabilisé en résultat.

La constatation d'un tel résultat de cession n'est pas explicitement indiquée par IAS 28. Toutefois selon l'IFRS IC (IFRIC Update 07/09 et 01/12), elle découle de la précision contenue dans la version de la norme IAS 28 avant révision en 2011, maintenue dans la norme IAS 28 révisée, concernant la nécessité, dans un tel cas, de reprendre en résultat la quote-part ainsi cédée dans les gains ou pertes recyclables compris dans les autres éléments du résultat global (« Other Comprehensive Income »/OCI) si les normes IFRS relatives à la cession des actifs ou passifs correspondants le prévoient (IAS 28.25).

L'IFRS IC a également précisé que la constatation d'un résultat de cession est requise quel que soit l'événement ayant induit la diminution du pourcentage d'intérêts : cession de titres ou dilution suite notamment à une augmentation de capital inégalement souscrite (en ce sens IFRIC Update 07/09).

Cette position de l'IFRS IC, prise en application de la version de la norme IAS 28 avant révision en 2011, reste applicable, à notre avis, selon la version d'IAS 28 actuellement en vigueur.

En pratique, en cas de diminution du pourcentage d'intérêts à la suite d'une cession, il convient de constater en résultat la différence entre :
- la somme du prix de cession des titres et de la quote-part cédée dans les gains ou pertes recyclables compris dans les autres éléments du résultat global (OCI) ; et
- la dernière valeur en consolidation de la quote-part de capitaux propres cédés.

Remarque – Présentation dans l'état du résultat global A notre avis, le profit ou la perte résultant d'une diminution du pourcentage d'intérêts dans une entreprise associée ou une joint venture qui reste mise en équivalence devrait généralement être présenté parmi les éléments d'exploitation du cédant, soit au sein du résultat d'exploitation courant, soit dans les rubriques « Autres produits d'exploitation non courants » et « Autres charges d'exploitation non courantes ».

Pour la notion de « résultat d'exploitation courant », voir Mémento IFRS nº 54042.

Pour les rubriques « Autres produits d'exploitation non courants » et « Autres charges d'exploitation non courantes », voir Mémento IFRS nº 54043.

Le classement de l'impact des cessions dans ces deux dernières rubriques se fait de manière très limitative.

Il ne peut en effet intervenir que s'il s'agit de produits ou de charges en nombre très limité, inhabituels, anormaux et peu fréquents, et de montants particulièrement significatifs. En outre, ces éléments doivent être présentés par l'entreprise de manière distincte dans son compte de résultat, pour faciliter la compréhension de la performance opérationnelle courante et permettre au lecteur des comptes de disposer d'éléments utiles dans une approche prévisionnelle des résultats (conformément à IAS 1.85 et .86).

Toutefois, les faits et circonstances pourraient conduire à adopter un autre classement (en financier par exemple).

Recommandations de l'AMF Dans ses recommandations en vue de l'arrêté des comptes 2012, l'AMF encourage les sociétés à indiquer le classement retenu dans l'annexe des états financiers (IAS 1.117), ce choix devant être appliqué de manière permanente à toutes les transactions de cette nature (Rec. AMF 2012-16, Arrêté des Comptes 2012, § 6.2.1).

Passage d'entreprise associée à joint venture (ou inversement)

23487 ***Question***

Comment traiter une participation dans une entreprise associée qui devient une joint venture (ou inversement) ?

Réponse

En continuant à appliquer la méthode de la mise en équivalence et sans réévaluer les intérêts conservés.

Commentaires Selon IAS 28, le passage d'influence notable à contrôle conjoint (joint venture) – ou inversement – constitue un changement dans la relation entre l'investisseur et l'associée (ou la joint venture) et donc dans la nature de l'investissement. Toutefois, la méthode de la mise en équivalence continuant à être appliquée dans les deux cas (joint venture et entreprise associée), cette transaction ne nécessite pas une réévaluation des intérêts conservés à la juste valeur (IAS 28.BC30). Ainsi (IAS 28.24) :

- en cas de passage de joint venture à entreprise associée (par cession partielle de titres ou par modification de gouvernance), seul un résultat de cession partiel lié à la quote-part cédée doit être constaté en résultat, la quote-part des titres conservés ne devant pas être réévaluée à la juste valeur ;

  De même, les gains et pertes comptabilisés directement en autres éléments du résultat global (« Other Comprehensive Income »/OCI) doivent être recyclés en résultat proportionnellement à la quote-part cédée (IAS 28.25).

- en cas de passage d'entreprise associée à joint venture (par acquisition partielle de titres ou modification de gouvernance), la quote-part antérieurement détenue avant la prise de contrôle conjoint ne doit pas être réévaluée à la juste valeur.

C. Comptabilisation des cessions de titres d'une entreprise associée ou d'une joint venture induisant l'arrêt de la méthode de la mise en équivalence

Cession de titres d'une entreprise associée ou d'une joint venture entraînant l'arrêt de l'application de la mise en équivalence

23490 ***Question***

Comment comptabiliser une cession de titres d'une entreprise associée ou d'une joint venture entraînant l'arrêt de l'application de la mise en équivalence ?

Réponse

Par résultat.

Si un intérêt résiduel dans l'associée ou la joint venture est conservé, le résultat de cession est constaté non seulement sur les titres cédés, mais également sur les titres conservés par la société cédante.

La juste valeur de la participation conservée constitue la valeur d'entrée de l'actif financier dans le champ d'application de la norme IFRS 9.

Commentaires Il résulte d'IAS 28.22b qu'un résultat de cession doit être comptabilisé en résultat lorsqu'une entreprise cesse d'être une associée ou une joint venture, par exemple du fait de la cession totale des titres détenus par l'investisseur ou d'une cession partielle des titres induisant une perte d'influence notable ou de contrôle conjoint.

Remarque Pour la présentation de ce résultat de cession dans l'état du résultat global, voir n° 23485.

Si un intérêt résiduel dans l'entreprise associée ou la joint venture est conservé, le résultat de cession est constaté (IAS 28.22b et .BC29) :

- non seulement sur les titres cédés ;

Le résultat de cession sur les titres cédés correspond à la différence entre le prix de cession et la quote-part cédée dans la valeur comptable des titres mis en équivalence (y compris le goodwill).

- mais également sur les titres conservés par la société cédante. Ces derniers sont réévalués à la juste valeur à la date d'arrêt de l'application de la méthode de la mise en équivalence en contrepartie du résultat.

La juste valeur de la participation conservée à la date à laquelle l'entité cesse d'être une associée ou une joint venture constitue la juste valeur d'entrée de l'actif financier dans le champ d'application de la norme IFRS 9 (IAS 28.22b et .BC29).

L'arrêt de l'application de la méthode de la mise en équivalence induit également la reprise des gains ou pertes antérieurement comptabilisés directement en autres éléments du résultat global (« Other Comprehensive Income »/OCI), sur la même base que celle qui aurait été exigée si l'investisseur avait directement sorti les actifs ou passifs correspondants (IAS 28.22c et .23). Cette reprise est effectuée en totalité même en cas de cession partielle (IAS 28.22c et, dans le cas de cession de titres d'entités étrangères, IAS 21.48 et .48Ab).

Ainsi, les éléments suivants doivent, par exemple, être constatés en résultat à la date d'arrêt de l'application de la mise en équivalence :
- le montant des écarts de conversion relatifs à l'entreprise associée ou à la joint venture cédée (IAS 21.48 s.) ;
- le montant des gains ou pertes comptabilisés parmi les autres éléments du résultat global (OCI) relatifs aux instruments de couverture de l'entreprise associée ou de la joint venture [IFRS 9.6.5.11 (IAS 39.101) et .6.5.14 (IAS 39.102), renvoyant à IAS 21.48 s.].

En revanche, d'autres éléments ne doivent pas être constatés en résultat à la date d'arrêt de l'application de la mise en équivalence, les normes concernant ces éléments n'autorisant pas de recyclage ultérieur en résultat, même lors de la décomptabilisation des titres mis en équivalence :
- le montant des réévaluations relatives au passif net (ou à l'actif net) au titre de régimes d'avantages postérieurs à l'emploi à prestations définies de l'entreprise associée ou de la joint venture cédée, qui ont été comptabilisées en autres éléments du résultat global (OCI), notamment les écarts actuariels, selon les principes de la norme IAS 19, Avantages du personnel ;
- le montant des réévaluations à la juste valeur en contrepartie des autres éléments du résultat global (OCI) liées aux instruments de capitaux propres, détenus à l'actif par l'entreprise associée ou la joint venture cédée, conformément aux dispositions d'IFRS 9, Instruments financiers.

Pour la comptabilisation d'une cession avec maintien de la méthode de la mise en équivalence, voir nº 23485.

Exemple *Une entité A détient 35 % d'une entité B sur laquelle elle exerce une influence notable. Elle décide de céder une partie de ses titres pour 7 500 ramenant sa participation dans B à 10 % et perdant ainsi l'influence notable.*

La valeur comptable des titres mis en équivalence à la date de la perte d'influence notable s'élève à 9 000.

Les gains correspondant aux écarts de conversion antérieurement comptabilisés dans les autres éléments du résultat global (OCI) s'élèvent à 500.

La juste valeur de la participation conservée est de 2 500.

Solution de l'exemple *A la date de perte de l'influence notable, l'entité A comptabilise sa participation dans B à sa juste valeur pour 2 500 (actifs financiers).*

Le résultat de cession comptabilisé en résultat s'élève à 1 500 et se décompose comme suit :

Prix de cession des titres cédés (25 %)	*7 500*
Juste valeur de la participation conservée (10 %)	*2 500*
Valeur comptable des titres mis en équivalence (35 %)	*(9 000)*
Recyclage en résultat des gains antérieurement comptabilisés en OCI recyclables	*500*
Résultat de cession	*1 500*

L'écriture à constater est la suivante :

Dt	*Actifs financiers à la juste valeur*	*2 500*	
Dt	*Réserve OCI*	*500*	
Dt	*Trésorerie*	*7 500*	
Ct	*Titres mis en équivalence*		*9 000*
Ct	*Produit de cession*		*1 500*

CHAPITRE 7

Variations de périmètre et/ou du pourcentage d'intérêts dans une filiale (IFRS 3, IFRS 10)

23650

Plan du chapitre

Plan du chapitre (suite et fin)

L'ESSENTIEL DES NORMES IFRS 3 ET IFRS 10 (Variations de périmètre et/ou de pourcentage d'intérêts dans une filiale)

A. Généralités

23657 Les développements ci-après concernent les dispositions de la norme IFRS 3, Regroupements d'entreprises (voir nº 21353 s.) et de la norme IFRS 10, Etats financiers consolidés (voir nº 15005 s.).

B. Approche de l'entité économique

23658 L'approche générale retenue par la norme IFRS 10 (et la norme IFRS 3, Regroupements d'entreprises) pour le traitement des variations de périmètre est l'approche de l'entité économique.

Pour cette approche et ses conséquences, voir nº 23710 s.

Selon cette approche, les états financiers d'un groupe sont présentés comme ceux d'une entité économique unique englobant deux catégories de propriétaires : les majoritaires et les minoritaires.

Les intérêts minoritaires font ainsi partie des capitaux propres de l'entité consolidante. Il résulte de cette approche que :
- les transactions entre majoritaires et minoritaires sans conséquence sur le contrôle de la filiale ne modifient pas l'entité économique ; leur effet est dès lors constaté en capitaux propres ;

Pour la comptabilisation de ces transactions, voir nº 23662.

- en revanche, les transactions donnant lieu à prise ou perte du contrôle exclusif d'une filiale modifient l'entité économique et induisent de ce fait un changement des états financiers.

Pour la comptabilisation de ces transactions, voir nº 23659 s. (prise de contrôle exclusif) et nº 23661 (perte de contrôle exclusif).

Remarque Sont visées dans les développements ci-après les transactions fermes portant sur des titres de filiales ou d'entreprises associées.

Pour la démarche d'analyse et la comptabilisation des contrats d'options sur titres consolidés ou mis en équivalence, voir nº 24250 s.

C. Prise de contrôle exclusif d'une entité

Principe de comptabilisation – Cas général

23659 Une augmentation du pourcentage d'intérêts avec prise de contrôle exclusif d'une entité donne lieu à la première consolidation de cette filiale selon la méthode de l'**intégration globale.**

Cette prise de contrôle est comptabilisée selon la norme IFRS 3, Regroupements d'entreprises (IFRS 10.3), et donne lieu à la comptabilisation initiale des actifs et passifs identifiables de la filiale concernée et d'un goodwill selon la méthode de l'acquisition (voir nº 21550 s.).

Prise de contrôle par achats successifs de titres

23660 Lors d'une prise de contrôle d'une entité par achats successifs de titres (ou acquisition par étapes), il convient :
- de constater le goodwill à la date de prise de contrôle exclusif sur la totalité de la participation détenue après la prise de contrôle ;

Pour les modalités de calcul du goodwill, voir nº 23750.

- de comptabiliser, sauf exceptions, tous les actifs acquis et passifs assumés de l'entité acquise à leur juste valeur déterminée à la date de prise de contrôle, les intérêts minoritaires étant calculés conformément à IFRS 3 (voir nº 22170) ; et
- de réévaluer, en contrepartie du résultat, la quote-part d'intérêts détenue par l'acquéreur dans l'acquise avant la prise de contrôle, sur la base des justes valeurs déterminées à la date de prise de contrôle.

Pour le traitement d'une prise de contrôle par achats successifs de titres, et notamment lorsque l'entité était précédemment comptabilisée en actifs financiers selon IFRS 9 ou mise en équivalence, voir nº 23750 s.

D. Perte de contrôle exclusif d'une entité

23661 La date de sortie du périmètre (ou déconsolidation) d'une filiale est la **date** à laquelle la société mère **cesse** d'exercer le **contrôle exclusif** sur cette entité (IFRS 10.20).

La perte de contrôle exclusif donne lieu à :
- décomptabilisation des actifs (y compris du goodwill) et des passifs de la filiale, à leur valeur comptable à la date de perte du contrôle exclusif ;
- décomptabilisation des intérêts minoritaires, à leur valeur comptable ;
- reprise en résultat ou en capitaux propres, selon les normes IFRS applicables, des gains ou pertes recyclables relatifs à cette filiale constatés parmi les autres éléments du résultat global (OCI) – y compris la quote-part relative aux intérêts minoritaires ;
- comptabilisation de l'éventuelle participation résiduelle dans cette ex-filiale, à la juste valeur à la date de perte du contrôle ;
- constatation d'un **résultat global de cession,** incluant l'impact de l'évaluation à la juste valeur de la participation résiduelle, le cas échéant.

1. **Comptabilisation d'un résultat global de cession** Un résultat global de cession au titre d'une cession avec perte de contrôle exclusif doit être comptabilisé, même si l'entité conserve une participation résiduelle (IFRS 10.25 et .B98). En effet, le résultat global de cession ainsi calculé résulte de la perte du contrôle exclusif qui change l'entité économique (voir nº 23658).

Le résultat de cession est global puisqu'il comprend non seulement le résultat lié aux intérêts cédés mais également celui lié à la participation conservée, le cas échéant.

La norme IFRS 10 fournit, en outre, des éléments à considérer pour déterminer si une perte de contrôle exclusif réalisée en plusieurs transactions de cession constitue une seule opération de cession ou des transactions distinctes (cession(s) sans perte de contrôle exclusif suivie(s) d'une cession avec perte du contrôle exclusif) (IFRS 10.B97 ; voir nº 23805). En effet, le calcul du résultat de cession différera selon qu'il s'agit d'une seule opération de cession ou au contraire de transactions distinctes.

2. **Détermination du résultat global de cession** Le calcul du résultat global de cession est égal à la différence entre (IFRS 10.B98 s.) :

a. d'une part, le cumul des éléments suivants :

- la juste valeur du prix de cession (augmentée de toute distribution d'actions de la filiale faite aux actionnaires, en leur capacité d'actionnaires, induite par la perte de contrôle) ;
- la reprise en résultat des gains ou pertes constatés en autres éléments du résultat global (OCI), attribuables au groupe et recyclables en résultat ;

En revanche, les résultats de cession relatifs à des transactions avec les intérêts minoritaires réalisées antérieurement à la perte de contrôle restent en capitaux propres (voir nº 23843).

- la juste valeur de la participation éventuellement conservée dans l'ex-filiale ; et
- la valeur comptable des intérêts minoritaires dans l'ex-filiale, y compris les gains et pertes comptabilisés en autres éléments du résultat global (OCI) attribuables aux intérêts minoritaires ;

b. et d'autre part, la dernière valeur comptable consolidée de cette filiale à la date de perte de contrôle exclusif.

Pour le calcul du résultat de cession, voir nº 23840.

3. **Réévaluation des titres conservés** Après la perte de contrôle, les titres de participation éventuellement conservés sont comptabilisés à leur juste valeur à cette date, qu'il s'agisse d'une participation dans une joint venture, dans une entreprise associée ou d'un actif financier comptabilisé conformément aux dispositions de la norme IFRS 9, Instruments financiers (IFRS 10.B98).

En pratique, une cession avec perte du contrôle exclusif s'analyse comme deux opérations de nature différente :

- la cession intégrale des titres de la filiale ; et
- un nouvel investissement correspondant à la participation éventuellement conservée dont la comptabilisation s'effectue selon la norme qui lui est alors applicable (IAS 28 ou IFRS 9).

Evolution possible de la norme L'amendement des normes IFRS 10 et IAS 28, Vente ou apport d'actifs entre un investisseur et une entreprise associée ou une coentreprise, publié en septembre 2014, clarifie le traitement d'une perte de contrôle exclusif résultant de la vente ou de l'apport d'un actif non monétaire à une entreprise associée ou à une joint venture.

Pour les dispositions de cet amendement et sa date d'entrée en vigueur, non encore déterminée, voir nº 15592.

E. Acquisitions et cessions sans incidence sur le contrôle exclusif d'une filiale

23662 Une fois le contrôle exclusif d'une filiale obtenu, les transactions sans incidence sur le contrôle de la filiale (acquisition ou cession d'intérêts minoritaires) sont considérées comme des transactions entre actionnaires et sont donc comptabilisées en capitaux propres (IFRS 10.23) car ne modifiant pas l'entité économique. Ainsi :

– dans le cas d'une acquisition d'intérêts minoritaires, tout écart entre le prix d'acquisition des titres et la quote-part complémentaire de capitaux propres consolidés acquise par le majoritaire est comptabilisé en Capitaux propres – Part du groupe (IFRS 10.B96 et .BCZ168 s.) ;

Pour les coûts directs liés à une acquisition d'intérêts minoritaires, voir n° 23737.

– dans le cas d'une cession d'intérêts minoritaires, l'écart entre le prix de cession des titres et la quote-part de capitaux propres consolidés cédés par le majoritaire est comptabilisé en Capitaux propres – Part du groupe (IFRS 10.B96 et .BCZ168 s.).

Pour le traitement d'une cession d'intérêts minoritaires, ses conséquences fiscales et les coûts directs liés, voir n° 23820 s.

Dans les deux cas, les valeurs comptables consolidées des actifs et passifs de la filiale concernée, y compris celle du goodwill, sont inchangées (IFRS 10.BCZ173).

F. Présentation des impacts des variations de périmètre

23663 Voir n° 21370.

QUESTIONS/REPONSES PRATIQUES

Remarque importante

23706 Les réponses aux questions présentées ci-après résultent de l'analyse des dispositions des normes IFRS 3, Regroupements d'entreprises, et IFRS 10, Etats financiers consolidés, en vigueur actuellement, sur la base des informations disponibles au 31 décembre 2023.

SECTION I

Principes généraux de traitement des variations de périmètre

Adoption de l'approche de « l'entité économique » et conséquences pratiques

23710 ***Question***

Quelle est l'approche générale retenue par les normes IFRS 3 et IFRS 10 pour le traitement des variations de périmètre ?

Réponse

Il s'agit de l'approche de « l'entité économique ». Les états financiers d'un groupe sont présentés comme étant ceux d'une entité économique unique englobant deux catégories de propriétaires : les majoritaires et les minoritaires.

Les intérêts minoritaires font donc partie des capitaux propres de l'entité consolidante.

Il résulte de cette approche que :

1. l'effet des transactions entre majoritaires et minoritaires sans conséquence sur le contrôle de la filiale est constaté en capitaux propres ;

2. en revanche, les transactions donnant lieu à la prise ou la perte du contrôle exclusif d'une filiale constituent un événement économique significatif modifiant l'entité économique et induisent de ce fait un changement des états financiers consolidés. Ainsi :
- une prise de contrôle exclusif donne lieu à la comptabilisation initiale des actifs et passifs identifiables de la filiale concernée et à un goodwill selon la méthode de l'acquisition ; et
- une perte de contrôle exclusif donne lieu à la décomptabilisation des actifs et passifs de la filiale concernée et à la constatation d'un résultat global de cession.

Sur le conflit de textes existant entre les dispositions de la norme IFRS 10 et de la norme IAS 28 dans le cas particulier où la société cédante apporte ou vend une filiale à une entreprise associée ou une joint venture comptabilisée selon la méthode de la mise en équivalence, voir n° 15592.

Commentaires :

1. **Approche de « l'entité économique »** Les normes IFRS 3 et IFRS 10 ne font pas référence à l'approche de « l'entité économique ».

Toutefois, l'inclusion des intérêts minoritaires dans les capitaux propres des états financiers consolidés constitue l'une des conséquences de l'approche de l'entité économique (IFRS 10.22).

Les normes IFRS 3 et IFRS 10 reflètent par ailleurs les autres conséquences pratiques majeures de cette approche (voir point 2. ci-après).

En outre, la norme IFRS 10 confirme que les comptes consolidés sont les états financiers d'un groupe présentés comme ceux d'une entité économique unique (IFRS 10.A). Les actionnaires de l'entité consolidante et les détenteurs d'intérêts minoritaires dans les filiales sont considérés comme ayant des intérêts économiques de même nature dans une même entité constituée par le groupe.

2. **Conséquence majeure de l'approche de « l'entité économique » : importance de la prise/perte de contrôle d'une entité dans le traitement des variations de périmètre** Conformément à cette approche qui considère les intérêts minoritaires comme faisant partie des capitaux propres de l'entité consolidante (voir point 1.), les transactions entre l'entité consolidante et les intérêts minoritaires sont traitées de manière différente selon qu'elles modifient (ou pas) le contrôle d'une filiale et donc l'entité économique (IFRS 10.BCZ173). Ainsi :

a. la prise ou la perte de contrôle d'une entité est un événement économique considéré comme significatif modifiant l'entité économique et induisant de ce fait un changement des états financiers consolidés :

- comptabilisation initiale des actifs et passifs identifiables de la filiale concernée et d'un goodwill selon la méthode de l'acquisition pour les prises de contrôle exclusif, voir nº 21905 s. ; et
- décomptabilisation des actifs et passifs de la filiale concernée et constatation d'un résultat global de cession pour les pertes de contrôle exclusif, voir nº 23835 ;

Pour plus de précisions sur le conflit de textes dans le cas d'un apport d'une filiale à une entreprise associée ou à une joint venture, voir nº 15592.

b. en revanche, les transactions entre l'entité consolidante et les intérêts minoritaires qui sont sans incidence sur le contrôle d'une filiale ne modifient pas l'entité économique et sont constatées en capitaux propres (IFRS 10.BCZ168 s.), étant considérées comme des transactions entre actionnaires (IFRS 10.23), voir nº 23730 et 23820.

SECTION II

Augmentations du pourcentage d'intérêts

A. Principes généraux

Conséquences pratiques de l'approche de « l'entité économique »

23720 ***Question***

Quelles sont les conséquences pratiques de l'approche de « l'entité économique » sur le traitement comptable des augmentations de pourcentage d'intérêts ?

Réponse

Il convient de distinguer selon que l'augmentation du pourcentage d'intérêts aboutit (voir nº 23710) :

- **à la prise de contrôle exclusif d'une filiale** (cas des acquisitions par étapes, par exemple) qui modifie de manière significative les états financiers consolidés. Dans ce cas, lors de la comptabilisation initiale, il convient de comptabiliser les actifs et passifs identifiables de la filiale concernée et un goodwill selon la méthode de l'acquisition ; ou
- **au renforcement du contrôle exclusif d'une filiale** qui constitue une transaction entre actionnaires. Celle-ci est alors constatée en capitaux propres, voir nº 23730.

B. Augmentations du pourcentage d'intérêts sans changement de méthode de consolidation

Acquisition complémentaire de titres d'une entreprise déjà intégrée globalement (acquisition d'intérêts minoritaires)

23730 ***Question***

Comment comptabiliser une acquisition complémentaire de titres d'une entreprise déjà intégrée globalement (acquisition d'intérêts minoritaires) ?

Réponse

En capitaux propres, conformément à l'approche de « l'entité économique » ; cette transaction est en effet considérée comme une transaction entre deux catégories de propriétaires (les majoritaires et les minoritaires) en tant que détenteurs des capitaux propres de la même entité économique.

Il convient ainsi :

1. de reclasser les intérêts minoritaires acquis par le majoritaire dans les Capitaux propres - Part du groupe ; et

2. d'éliminer le prix d'acquisition des titres acquis par le majoritaire en l'imputant sur les Capitaux propres - Part du groupe.

L'écart entre le prix d'acquisition des titres et la quote-part complémentaire de capitaux propres consolidés acquise par le majoritaire vient alors réduire, lorsqu'il est positif, les capitaux propres.

Les valeurs comptables consolidées des actifs et passifs identifiables de la filiale concernée, y compris le goodwill, ne sont pas modifiées.

Commentaires :

1. **Principes généraux de traitement d'une acquisition d'intérêts minoritaires** La norme IFRS 10 comporte des dispositions explicites sur le traitement d'une acquisition complémentaire de titres d'une entreprise déjà contrôlée exclusivement (IFRS 10.23

et .B96). Conformément à l'approche de « l'entité économique », l'acquisition complémentaire de titres d'une entreprise déjà intégrée globalement n'a pas d'incidence sur le contrôle de la filiale. Il s'agit d'une transaction avec les intérêts minoritaires qui est analysée comme une transaction entre actionnaires en tant que détenteurs des capitaux propres de la même entité économique. A ce titre, cette transaction est constatée en capitaux propres, voir nº 23710. En pratique, une telle acquisition donne lieu :

a. **au reclassement entre les deux lignes des capitaux propres** (Intérêts minoritaires et Capitaux propres – Part du groupe) de la quote-part de capitaux propres que ces titres représentent à la date d'acquisition (IFRS 10.B96) ;

Ce reclassement permet de tenir compte du changement de pourcentage d'intérêts des minoritaires et du majoritaire sur la filiale.

b. et **à l'élimination du prix d'acquisition des titres acquis par le majoritaire** en l'imputant sur les Capitaux propres – Part du groupe.

Ainsi, l'écart entre le prix d'acquisition des titres et la quote-part complémentaire de capitaux propres consolidés acquise par le majoritaire vient réduire, lorsqu'il est positif, les Capitaux propres – Part du groupe, en maintenant inchangée la valeur comptable consolidée des actifs et passifs identifiables de la filiale incluant le goodwill (IFRS 10.23, .B96, .BCZ168 s. et .BCZ173).

L'écart entre le prix d'acquisition des titres et la quote-part complémentaire de capitaux propres consolidés que ces titres représentent, à la date de leur acquisition, est à comptabiliser en capitaux propres, que cet écart soit positif (réduction des Capitaux propres – Part du groupe) ou négatif (augmentation des Capitaux propres – Part du groupe).

Toute variation des capitaux propres liée à un changement du pourcentage d'intérêts de l'entité consolidante dans une filiale est présentée dans l'état des variations des capitaux propres. En effet, la norme IAS 1, Présentation des états financiers, distingue les opérations qui ont un impact sur les capitaux propres et qui sont réalisées avec les actionnaires, agissant en leur qualité d'actionnaire, comptabilisées dans l'état des variations des capitaux propres, des autres opérations présentées parmi les autres éléments du résultat global (« Other Comprehensive Income »/OCI) (IAS 1.106d.iii).

Les flux de trésorerie résultant d'une augmentation de pourcentage d'intérêts dans une filiale sans prise de contrôle devront être comptabilisés en flux de financement, sauf si la filiale est détenue par une société d'investissement telle que définie par IFRS 10 et est évaluée à la juste valeur par résultat (IAS 7.42A et .42B).

Décision de l'ESMA L'ESMA a également précisé que, quelle que soit son activité, dès lors que l'entité ne répond pas à la définition d'une société d'investissement (voir nº 15188), les flux de trésorerie résultant d'une augmentation de pourcentage d'intérêts sans prise de contrôle devront être comptabilisés en flux de financement, l'exemption prévue par IAS 7.42A ci-avant n'étant pas applicable dans ce cas. Cette décision vise notamment le cas d'entités qui effectueraient des transactions s'inscrivant dans leur stratégie d'investissement, sans pour autant être qualifiées de sociétés d'investissement (EECS/0119-01, 07/19).

Pour le non-recyclage en résultat de l'impact en capitaux propres de ces transactions lors de la perte de contrôle exclusif de la filiale, voir nº 23843.

2. **Remise d'éléments non monétaires en rémunération d'une acquisition d'intérêts minoritaires** Lorsque l'acquéreur remet au vendeur des éléments non monétaires en rémunération d'une acquisition d'intérêts minoritaires, l'IFRS IC a indiqué qu'il convient de comptabiliser séparément (IFRIC Update 09/12 et 01/13) :

- l'acquisition complémentaire de titres de l'entreprise déjà intégrée globalement ;
- le résultat de cession des actifs remis par l'acquéreur.

Ainsi, l'acquisition complémentaire de titres de l'entreprise déjà intégrée globalement donne lieu à la comptabilisation en capitaux propres de l'écart entre le prix d'acquisition des titres et la quote-part complémentaire de capitaux propres consolidés que ces titres représentent à la date de leur acquisition (IFRS 10.23 et .B96). Le prix d'acquisition des titres correspond à la juste valeur de la considération payée (IFRS 10.B96). Au cas particulier, la transaction étant réputée équilibrée, cette juste valeur correspond également à la juste valeur des actifs non monétaires remis en rémunération de l'acquisition. Par ailleurs, l'écart entre la juste valeur et la valeur nette comptable des actifs non monétaires remis au vendeur donne lieu à la constatation d'un gain ou d'une perte au compte de résultat, correspondant au résultat de cession des actifs dans les comptes de l'acquéreur (IAS 16.68).

A noter toutefois que l'IFRS IC n'a pas souhaité inscrire ce thème à son agenda considérant qu'une clarification sur ce point n'est pas nécessaire (IFRIC Update 09/12 et 01/13). A notre avis, cette position prise par l'IFRS IC alors qu'IAS 27 s'appliquait aux variations de périmètre reste applicable avec IFRS 10.

Exemple *Une entité A acquiert, le 31/05/N, 60 % d'une autre entité B pour un prix de 120 en trésorerie. A cette date, la juste valeur des actifs nets identifiables de B est égale à 150. La juste valeur des intérêts minoritaires est de 70.*

La prise de contrôle de B par A a donné lieu à comptabilisation d'un goodwill déterminé comme suit :

	Méthode du goodwill partiel	*Méthode du goodwill complet*
Juste valeur du prix d'acquisition de B (1)	*120*	*120*
Intérêts minoritaires (2)	*60 (40 % x 150)*	*70*
Juste valeur de l'actif net de B (3)	*150*	*150*
***Goodwill** : (1) + (2) - (3)*	*30*	*40*

Le 31/03/N+1, A acquiert 10 % complémentaires de B pour un prix en trésorerie de 20. L'actif net de B a augmenté de 10 entre le 31/05/N et le 31/03/N+1 et est alors égal à 160 (sur la base des justes valeurs à cette date). La valeur nette comptable du goodwill est inchangée.

Solution de l'exemple *Le montant des intérêts minoritaires se présente comme suit au 31/03/N+1, en fonction de la méthode initialement adoptée pour la comptabilisation du goodwill relatif à la prise de contrôle de B par A :*

	Méthode du goodwill partiel	*Méthode du goodwill complet*
Intérêts minoritaires au 31/05/N	*60*	*70*
Augmentation (40 % x 10)	*4*	*4*
Intérêts minoritaires au 31/03/N+1	*64*	*74*

L'acquisition complémentaire de 10 % de B pour 20 donne lieu au mouvement suivant des capitaux propres :

	Méthode du goodwill partiel	*Méthode du goodwill complet*
Juste valeur du prix d'acquisition des 10 % (1)	*20*	*20*
Valeur comptable des intérêts minoritaires au 31/03/N+1 transférée au groupe (2)	*16 (64 x 10 / 40)*	*18,5 (74 x 10 / 40)*
Ecart à imputer sur les Capitaux propres - Part du groupe (1) - (2)	***4***	***1,5***

La diminution des capitaux propres est plus importante lorsque A choisit d'appliquer la méthode du goodwill partiel (plutôt que la méthode du goodwill complet) pour traiter l'acquisition de B.

La différence de 2,5 (4 – 1,5) correspond à la part des intérêts minoritaires dans le goodwill (10 x 10 / 40) qui vient augmenter le montant des intérêts minoritaires déterminés selon la méthode du goodwill complet. Les intérêts minoritaires étant moins élevés selon la méthode du goodwill partiel, l'écart entre le prix d'acquisition et la valeur comptable des intérêts minoritaires est plus élevé selon la méthode du goodwill partiel.

La valeur des intérêts minoritaires après cette écriture est de 48 (64 – 16) ***selon la méthode du goodwill partiel*** *et de 55,5 (74 – 18,5)* ***selon la méthode du goodwill complet.***

La différence de 7,5 correspond à la part des intérêts minoritaires dans le goodwill (10 x 30 / 40) constatée uniquement selon la méthode du goodwill complet.

Prise de contrôle suivie d'une acquisition d'intérêts minoritaires : opération unique ou opérations distinctes

23735 ***Question***

Quels éléments considérer pour déterminer si une prise de contrôle suivie d'une acquisition d'intérêts minoritaires constitue une seule opération (regroupement d'entreprises) ou plusieurs transactions distinctes (prise de contrôle et acquisition d'intérêts minoritaires) ?

Réponse

Une analyse au cas par cas de l'ensemble des faits et circonstances doit être effectuée.

Les éléments suivants sont notamment de nature à démontrer que les transactions sont liées :
- les deux transactions ont été conclues simultanément et en tenant compte de chacune d'entre elles ;
- l'effet économique de ces deux transactions doit être appréhendé comme celui d'une transaction unique ;
- la réalisation de l'une des transactions est conditionnée par la réalisation de l'autre ;
- l'une des transactions ne se justifie économiquement que considérée conjointement avec l'autre transaction.

Tel est le cas de deux transactions conclues avec un même tiers vendeur lorsque l'une des transactions est à un prix inférieur au marché mais est compensée par l'autre transaction à un prix supérieur au marché.

Commentaires :

1. **Enjeu** Dans le cas d'une entité ayant pris le contrôle d'une cible et qui, peu de temps après cette prise de contrôle, réalise une acquisition d'intérêts minoritaires, la question se pose de savoir si la deuxième transaction (acquisition d'intérêts minoritaires) constitue ou non une opération liée à la première transaction (prise de contrôle de la cible). En effet, que l'entreprise consolidante utilise la méthode du goodwill complet ou la méthode du goodwill partiel, le traitement comptable des deux transactions peut différer selon que les deux transactions sont ou non considérées comme liées.

a. **Si l'entité consolidante décide d'utiliser la méthode du goodwill complet** pour comptabiliser ces transactions :

– si les transactions sont considérées comme liées, elles sont comptabilisées comme une opération unique de regroupement d'entreprises, induisant la comptabilisation d'un goodwill ;

Le goodwill correspond à la différence entre la somme des prix d'acquisition des deux transactions augmentée de la juste valeur des intérêts minoritaires (considérés après la seconde transaction) et diminuée de la juste valeur de l'actif net identifiable acquis.

– si, à l'inverse, elles sont considérées comme des opérations distinctes, la seconde opération est traitée comme une acquisition d'intérêts minoritaires donnant lieu à mouvement de capitaux propres.

En pratique toutefois, le fait que les deux transactions soient ou non considérées comme liées donne généralement lieu aux mêmes effets comptables lorsque l'entreprise consolidante utilise la méthode du goodwill complet et que les goodwills ainsi calculés sont positifs, sauf concernant le traitement des coûts de transaction. En effet, si les transactions sont considérées comme liées, les coûts de transaction sont constatés en charges alors que, si les transactions sont considérées comme distinctes, les coûts relatifs à l'acquisition d'intérêts minoritaires sont constatés en capitaux propres.

En effet, dans ce cas, le goodwill, les capitaux propres – part du groupe et les intérêts minoritaires sont identiques après le dénouement de la seconde opération (toutes choses égales par ailleurs) (voir Exemples 1 et 2 ci-après).

En revanche, lorsque le montant net des actifs acquis et passifs assumés excède la somme des prix d'acquisition des deux transactions à laquelle est ajouté le montant des intérêts minoritaires (« gain résultant d'une acquisition à des conditions avantageuses ») et que les opérations sont considérées comme liées, cet excédent est alors constaté en gain dans le compte de résultat. A l'inverse, si ces opérations sont considérées comme des opérations distinctes, la seconde opération est traitée comme une acquisition d'intérêts minoritaires donnant lieu à un mouvement de capitaux propres.

b. **Si l'entité consolidante décide d'utiliser la méthode du goodwill partiel** pour comptabiliser ces transactions :

– si les transactions sont considérées comme liées, elles sont comptabilisées comme une opération unique de regroupement d'entreprises, induisant la comptabilisation d'un goodwill au titre de la somme des pourcentages d'intérêts acquis dans le cadre des deux transactions ;

– si, à l'inverse, elles sont considérées comme des opérations distinctes, la première donne lieu à la comptabilisation d'un goodwill à hauteur du pourcentage acquis au titre de la seule prise de contrôle et la seconde opération est traitée comme une acquisition d'intérêts minoritaires donnant lieu à un mouvement de capitaux propres.

2. **Eléments permettant de déterminer si les transactions sont ou non considérées comme liées** Pour apprécier si les transactions sont liées, il convient, à notre avis, de procéder à une analyse au cas par cas de l'ensemble des faits et circonstances. En effet, par analogie avec IFRS 10.B97 pour apprécier si une cession avec perte de contrôle réalisée en différentes transactions doit être comptabilisée comme une opération unique ou comme des transactions distinctes, les éléments suivants pourraient indiquer que les différentes transactions (prise de contrôle et acquisition d'intérêts minoritaires) doivent être constatées comme une transaction unique :

– les deux transactions ont été conclues simultanément ;

– l'effet économique de ces deux transactions doit être appréhendé comme celui d'une transaction unique ;
– la réalisation de l'une des transactions est conditionnée par la réalisation de l'autre ;
– l'une des transactions ne se justifie économiquement que considérée conjointement avec l'autre transaction.

Tel est le cas, par exemple, de deux transactions conclues avec un même tiers vendeur lorsque l'une des transactions est à un prix inférieur au marché mais est compensée par l'autre transaction à un prix supérieur au marché.

Recommandations de l'AMF L'AMF a confirmé qu'il était possible de faire cette analogie avec une cession réalisée en différentes transactions (Rec. AMF 2011-16, Arrêté des Comptes 2011, § 3.2.2).

Certains de ces éléments d'appréciation sont proches de ceux cités par le CESR (devenu l'ESMA) dans le cas de deux transactions réalisées dans un laps de temps court et auprès du même tiers vendeur (prise de contrôle et acquisition d'intérêts minoritaires).

En effet, le CESR indique que les éléments suivants sont notamment de nature à démontrer que les différentes transactions sont distinctes (EECS/0508-02, 05/08) :
– la réalisation de la prise de contrôle n'est pas conditionnée par la réalisation de l'acquisition d'intérêts minoritaires ;
– à la date de réalisation de la prise de contrôle, il n'est pas encore certain que la transaction (suivante) d'acquisition d'intérêts minoritaires se réalise, en raison par exemple de la nécessité d'obtention d'autorisations qui ne sont pas de pure forme.

Ne sont ainsi généralement pas considérées comme des autorisations de pure forme l'obtention de l'accord des actionnaires de l'acquéreur ou celle des autorités de la concurrence (voir nº 21720, Exemples 2 et 3 respectivement).

A notre avis, cette décision du CESR, rendue avant l'entrée en vigueur d'IFRS 10, reste applicable après l'entrée en vigueur de cette norme.

Compte tenu des éléments d'appréciation nécessaires, il conviendra de décrire, dans les notes annexes, les jugements effectués si la transaction est significative.

Exemple 1* — *Incidences comptables de transactions liées *Une entité B est détenue à 60 % par l'actionnaire B1 et à 40 % par l'actionnaire B2.*

L'entité A conclut avec B1 un contrat d'acquisition de ses intérêts (60 %) dans l'entité B. Il est prévu dans le contrat que l'entité A n'acquerra les intérêts de B1 que si elle peut acquérir les intérêts de B2 (40 %) dans B. A ne réalisera ces deux transactions qu'à la condition de détenir 100 % de l'entité B.

L'entité A obtient l'accord de B2 de lui vendre ses intérêts dans l'entité B. Ainsi, l'entité A acquiert simultanément 100 % de l'entité B auprès de B1 et de B2.

Les deux transactions avec les actionnaires de l'entité B, B1 et B2 sont considérées comme liées, la prise de contrôle de B par A (transaction avec B1) étant conditionnée à l'acquisition des intérêts minoritaires détenus par B2.

Au titre de la transaction avec B1, l'entité A paie en trésorerie 120 pour l'acquisition de 60 % de l'entité B.

Au titre de la transaction avec B2, l'entité A paie en trésorerie 70 pour l'acquisition de 40 % de l'entité B.

La juste valeur des actifs nets identifiables de B est égale à 150.

Solution de l'exemple 1 *Les deux transactions étant considérées comme liées, elles sont comptabilisées comme une seule et même opération de prise de contrôle de B par*

A par laquelle l'entité A obtient 100 % de l'entité B. Cette opération donne lieu à comptabilisation d'un goodwill calculé de la manière suivante :

Juste valeur du prix d'acquisition de B (1)	*190 (= 120 + 70)*
Juste valeur de l'actif net de B (2)	*150*
Goodwill : (1) – (2)	*40*

Le tableau ci-après présente l'état de situation financière (ou bilan) simplifié obtenu à l'issue des deux transactions. Les montants créditeurs sont présentés en négatif.

	Etat de situation financière (ou bilan) à l'issue des deux opérations
Goodwill	*40*
Actif net	*150*
Banque	*(190)*
Capitaux propres – Part du groupe	*0*
Capitaux propres – Intérêts minoritaires	*0*

***Exemple 2** — **Incidences comptables de transactions séparées** Une entité B est détenue à 60 % par l'actionnaire B1 et à 40 % par l'actionnaire B2.*

Le 31/05/N, l'entité A acquiert 60 % des intérêts de B1 dans l'entité B. Cette transaction est ferme et définitive.

Le 30/06/N, l'entité A acquiert 40 % de l'entité B auprès de B2.

Les deux transactions avec les actionnaires de l'entité B, B1 et B2 constituent des transactions distinctes au regard notamment des critères énoncés par IFRS 10 (voir point 2. ci-avant).

Le 31/05/N, l'entité A paie 120 en liquidités pour l'acquisition des intérêts de B1 dans l'entité B. A cette date, la juste valeur des actifs nets identifiables de B est égale à 150 et la juste valeur des intérêts minoritaires est de 70.

Le 30/06/N, A acquiert 40 % complémentaires de B pour un prix d'acquisition en liquidités de 70.

Par simplification, il est considéré que l'actif net de B n'a pas été modifié entre le 31/05/N et le 30/06/N.

La valeur nette comptable du goodwill dégagé au titre de l'acquisition de B est inchangée.

***Solution de l'exemple 2** La prise de contrôle de B par A donne lieu à comptabilisation d'un goodwill déterminé comme suit :*

	Méthode du goodwill partiel	*Méthode du goodwill complet*
Juste valeur du prix d'acquisition de B (1)	*120*	*120*
Intérêts minoritaires (2)	*60 (40 % x 150)*	*70*
Juste valeur de l'actif net de B (3)	*150*	*150*
Goodwill : (1) + (2) – (3)	*30*	*40*

L'acquisition complémentaire de 40 % de B pour 70 donne lieu au mouvement suivant des capitaux propres :

	Méthode du goodwill partiel	*Méthode du goodwill complet*
Juste valeur du prix d'acquisition des 40 % (1)	*70*	*70*
Valeur comptable des intérêts minoritaires au 30/06/N transférée au groupe (2)	*60 (40 % x 150)*	*70*
Ecart à imputer sur les capitaux propres attribuables au groupe : (1) – (2)	*10*	*0*

La diminution des capitaux propres est plus importante lorsque A choisit d'appliquer la méthode du goodwill partiel (plutôt que la méthode du goodwill complet) pour traiter l'acquisition de B. La différence de 10 correspond à la part des intérêts minoritaires dans le goodwill.

Les tableaux ci-après présentent les états de situation financière (ou bilans) simplifiés obtenus à l'issue des deux transactions selon que le groupe choisit la méthode du goodwill partiel ou celle du goodwill complet pour traiter l'acquisition de B. Les montants créditeurs sont présentés en négatif.

1. *Méthode du goodwill partiel :*

	Acquisition des 60 % auprès de B1	*Acquisition des 40 % auprès de B2*	*Etat de situation financière (ou bilan) (à l'issue des deux opérations)*
Goodwill	*30*		*30*
Actif net	*150*		*150*
Banque	*(120)*	*(70)*	*(190)*
Capitaux propres – Part du groupe		*(10)*	*(10)*
Capitaux propres – Intérêts minoritaires	*(60)*	*60*	*0*

2. *Méthode du goodwill complet :*

	Acquisition des 60 % auprès de B1	*Acquisition des 40 % auprès de B2*	*Etat de situation financière (ou bilan) à l'issue des deux opérations*
Goodwill	*40*		*40*
Actif net	*150*		*150*
Banque	*(120)*	*(70)*	*(190)*
Capitaux propres – Part du groupe			
Capitaux propres – Intérêts minoritaires	*(70)*	*70*	*0*

L'état de situation financière (ou bilan) simplifié ainsi obtenu est identique à celui obtenu si les deux transactions sont considérées comme liées (voir Exemple 1).

Ajustements éventuels du prix d'acquisition d'intérêts minoritaires

23736 ***Question***

Faut-il inclure dans le prix d'acquisition les ajustements éventuels du prix d'acquisition d'intérêts minoritaires qui dépendent d'événements futurs ?

Réponse

Oui, dès la date d'acquisition, pour un montant égal à leur juste valeur à cette date.

Commentaires Il arrive que le paiement d'une acquisition d'intérêts minoritaires se compose d'un paiement initial fixe et d'ajustements éventuels du prix, payables si certains événements futurs spécifiés surviennent. La norme IFRS 10, qui traite d'une acquisition d'intérêts minoritaires, ne précise pas le traitement de ces ajustements éventuels du prix.

Décision de l'ESMA Selon le CESR (devenu l'ESMA), comme pour les ajustements éventuels de prix intervenant dans le cadre d'une prise de contrôle d'une filiale (voir no 21815), une obligation de l'acquéreur de verser un complément de prix est comptabilisée en dettes financières dès la date d'acquisition des intérêts minoritaires pour un montant égal à sa juste valeur à cette date (EECS/0213-09, 10/13).

L'obligation contractuelle de l'acquéreur de devoir payer le montant de l'ajustement éventuel de prix répond en effet à la définition d'une dette financière selon IAS 32.11 à évaluer à la juste valeur. Dans le cas cité par le CESR, l'acquéreur est tenu par un contrat à verser de la trésorerie au vendeur des intérêts minoritaires :
- si certaines conditions en dehors de son contrôle et de celui du vendeur sont remplies (par exemple, l'atteinte d'un niveau d'EBITDA de l'acquise) ; et
- si l'acquéreur ne peut en aucun cas éviter cette obligation.

L'ajustement éventuel du prix étant relatif à une acquisition d'intérêts minoritaires, la contrepartie de la dette est constatée par capitaux propres (décision EECS précitée).

A notre avis, cette décision du CESR, prise avant l'entrée en vigueur d'IFRS 10, reste applicable après l'entrée en vigueur de cette norme.

Si ce paiement éventuel est prévu au profit d'anciens salariés ou actionnaires de l'entité acquise qui poursuivent une activité salariée au sein de cette entité après l'acquisition d'intérêts minoritaires, il convient – comme dans le cas d'une prise de contrôle (voir no 21815) – de s'interroger pour déterminer si ce paiement éventuel constitue en substance :
- un ajustement éventuel du prix d'acquisition à inclure dans le prix d'acquisition des intérêts minoritaires dès la date de leur acquisition ; ou
- une transaction distincte du regroupement d'entreprises visant à rémunérer les anciens salariés ou actionnaires au titre des services rendus à l'entreprise après l'acquisition, et qualifiée, selon le cas, soit d'avantages du personnel (couverts par la norme IAS 19, Avantages du personnel), soit de paiements fondés sur des actions (couverts par la norme IFRS 2, Paiement fondé sur des actions).

Coûts directs liés à une acquisition d'intérêts minoritaires

23737 ***Question***

Comment comptabiliser les coûts directs liés à une acquisition complémentaire de titres d'une entreprise déjà intégrée globalement (acquisition d'intérêts minoritaires) ?

Réponse

En déduction des capitaux propres.

Commentaires Selon l'approche de l'entité économique, les augmentations du pourcentage d'intérêts sans modification du contrôle d'une filiale sont considérées comme des transactions entre actionnaires et doivent, en conséquence, être constatées en capitaux propres, voir nº 23730.

L'IFRS IC a indiqué que les coûts directs liés à une acquisition d'intérêts minoritaires doivent être comptabilisés en capitaux propres (IFRIC Update 07/09).

En effet, selon la norme IAS 1, Présentation des états financiers, les coûts encourus au titre de transactions entre actionnaires, agissant en leur qualité d'actionnaire, sont comptabilisés en capitaux propres, de la même manière que les opérations concernées (IAS 1.106d.iii et .109).

A notre avis, cette décision de l'IFRS IC, prise avant l'entrée en vigueur d'IFRS 10, reste applicable après l'entrée en vigueur de cette norme.

Acquisition d'intérêts minoritaires d'une filiale dont le contrôle a été obtenu avant 2010

23738 ***Question***

Faut-il comptabiliser en capitaux propres une acquisition d'intérêts minoritaires réalisée à compter de 2010, alors que le contrôle de la filiale a été obtenu avant 2010 ?

Réponse

Oui.

Commentaires La norme IFRS 10 ne prévoit pas de traitement comptable spécifique pour les acquisitions d'intérêts minoritaires lorsque la prise de contrôle de la filiale a été constatée en application de la version d'IFRS 3 avant révision (soit avant le 1er janvier 2010 pour les entreprises ayant une clôture calendaire).

Dès lors, l'acquisition d'intérêts minoritaires doit être constatée conformément à la norme IFRS 10, cette norme étant applicable sans exception aux transactions réalisées à compter de la date de sa première application.

En conséquence, lorsque la prise de contrôle a été comptabilisée conformément à la version de la norme IFRS 3 avant révision en 2008, la différence entre le prix d'acquisition des intérêts minoritaires et leur valeur comptable doit être comptabilisée en diminution des capitaux propres et aucun goodwill complémentaire ne doit être constaté, voir nº 23730.

Remarque Ce traitement comptable des rachats de minoritaires peut être pénalisant pour le montant des capitaux propres du groupe. En effet, lors de la prise de contrôle, le groupe a comptabilisé un goodwill partiel (conformément aux dispositions de la norme IFRS 3 avant révision en 2008). Or, l'augmentation des capitaux propres lors de la prise de contrôle est moins importante avec un goodwill partiel qu'avec un goodwill complet et ne permet pas ainsi de compenser la dégradation des capitaux propres lors du rachat des intérêts minoritaires (voir ci-avant).

Pour les conséquences liées au choix entre un goodwill complet et un goodwill partiel, voir nº 22182.

C. Augmentations du pourcentage d'intérêts avec changement de méthode de consolidation

Prise de contrôle par achats successifs de titres

23750 ***Question***

Quels sont les principes généraux de comptabilisation des prises de contrôle par achats successifs de titres ?

Réponse

En raison du changement de nature de l'actif détenu avant et après la prise de contrôle, la comptabilisation d'une prise de contrôle par achats successifs de titres reflète deux opérations :
- la cession à la juste valeur de la participation antérieurement détenue avant la prise de contrôle ; avec la comptabilisation d'un résultat de cession lorsque cette quote-part n'était pas comptabilisée à la juste valeur (cas des participations mises en équivalence) ;
- suivie de l'acquisition de la totalité des titres détenus après la prise de contrôle ; cette prise de contrôle induit la comptabilisation d'un goodwill à la fois sur les titres détenus avant la prise de contrôle et ceux acquis de manière complémentaire.

Commentaires :

Remarque Les acquisitions par achats successifs de titres sont également appelées acquisitions réalisées par étapes (« step acquisitions »). Pour les spécificités liées à la comptabilisation d'une prise de contrôle par achats successifs de titres d'une entité précédemment :
- comptabilisée en actifs financiers à la juste valeur (IFRS 9), voir nº 23755 ;
- mise en équivalence, voir nº 23760.

1. **Principes généraux de constatation des prises de contrôle par achats successifs de titres** Le traitement comptable des prises de contrôle par achats successifs de titres est explicitement détaillé dans la norme IFRS 3 (IFRS 3.41 à .42A et .BC384 à .BC389).

La comptabilisation d'une prise de contrôle par étapes reflète deux opérations :
- d'une part, la cession de la participation antérieurement détenue avant la prise de contrôle ; avec constatation d'un résultat de cession lorsque cette quote-part n'était pas comptabilisée à la juste valeur (cas des participations mises en équivalence) ;
- d'autre part, l'acquisition de la totalité des titres détenus après la prise de contrôle ; cette prise de contrôle induit la comptabilisation d'un goodwill à la fois sur les titres détenus avant la prise de contrôle et ceux acquis de manière complémentaire (voir nº 22180 s.).

Ce principe s'applique dans les 3 cas suivants, à savoir, lorsque les titres détenus antérieurement étaient :
- évalués selon la méthode de la mise en équivalence, voir nº 23760 ;
- comptabilisés selon la méthode de la joint operation, voir nº 15375 ;
- comptabilisés en actifs financiers à la juste valeur (IFRS 9), voir nº 23755.

Concernant le cas des titres comptabilisés en mise en équivalence ou en actifs financiers à la juste valeur, l'IASB a justifié ce mode de comptabilisation par le changement de nature de l'actif détenu avant et après la prise de contrôle (IFRS 3.BC384) :
- avant la prise de contrôle, l'acquéreur ne disposait que d'un actif : une participation évaluée par mise en équivalence ou à la juste valeur selon IFRS 9 ;
- après la prise de contrôle, cette participation est remplacée par l'ensemble des actifs et des passifs sous-jacents de l'entité acquise matérialisant le droit dont dispose désormais l'acquéreur de décider de la manière d'utiliser cet actif net.

En conséquence, l'IASB considère logique d'enregistrer le résultat correspondant à la décomptabilisation de la participation précédemment détenue.

Lorsque la participation précédemment détenue est comptabilisée comme un actif financier (IFRS 9) immédiatement avant la prise de contrôle, aucun résultat de réévaluation n'est reconnu, puisque sa valeur comptable correspond déjà à sa juste valeur immédiatement avant la prise de contrôle. La réévaluation a déjà été reconnue, depuis la date de comptabilisation initiale de la participation, en contrepartie du résultat dans le cas d'un actif financier à la juste valeur par résultat et en contrepartie des autres éléments du résultat global (OCI) dans le cas d'un actif financier à la juste valeur par OCI. Dans ce dernier cas, la réserve des variations de valeur de la participation est comptabilisée de la même façon que si les titres avaient directement été vendus par l'acquéreur (IFRS 3.42) : cette réserve n'est donc pas recyclée en résultat.

Sur les modalités de comptabilisation d'une cession de titres de capitaux propres (actions) classés en actifs financiers à la juste valeur par OCI, voir Mémento IFRS nº 45280.

Concernant le cas d'une prise de contrôle d'une joint operation, la norme IFRS 3 clarifie que l'obtention du contrôle exclusif d'une joint operation qui constitue une activité au sens d'IFRS 3 (et non l'acquisition d'un groupe d'actifs) est une prise de contrôle par étapes. Ainsi, le coparticipant qui obtient le contrôle exclusif sur une telle joint operation doit réévaluer ses intérêts précédemment détenus à la juste valeur en contrepartie du résultat (IFRS 3.42A).

L'IFRS IC a en effet considéré qu'une telle opération constituait la prise de contrôle d'une activité dans son ensemble et non la simple acquisition des actifs complémentaires détenus jusque-là par le coparticipant.

2. **Nécessité d'évaluer la juste valeur à la date de prise de contrôle de la participation détenue avant la prise de contrôle** La comptabilisation du résultat de cession et du goodwill nécessite de déterminer la juste valeur à la date de prise de contrôle de la participation détenue avant la prise de contrôle (voir point 1.).

a. **Participations n'entrant pas dans le champ d'IFRS 9** Une prise de contrôle par achats successifs de titres conduira à reconnaître un résultat de réévaluation lorsque la participation précédemment détenue n'était pas comptabilisée à la juste valeur (cas d'une participation mise en équivalence ou d'un intérêt dans une joint operation), pour la différence entre la valeur comptable de cette participation avant la prise de contrôle et sa juste valeur à la date de prise de contrôle.

Cette évaluation peut être délicate lorsque les titres ont été précédemment mis en équivalence. La juste valeur de la participation détenue avant la prise de contrôle est déterminée sur la base du cours de bourse à la date d'acquisition si les titres de l'entité acquise sont cotés sur un marché actif (IFRS 13.38). En l'absence de précision dans les textes, il est, à notre avis, possible de tenir compte d'une prime ou d'une décote pour une participation dans une entreprise associée, même lorsque celle-ci se compose de titres cotés (niveau 1). Cette position est également celle exprimée par l'AMF dans ses recommandations en vue de l'arrêté des comptes 2013 (Rec. AMF 2013-19, Arrêté des Comptes 2013, § 2.1.2).

Sur la possibilité de prendre en compte une prime ou une décote dans l'évaluation de la juste valeur d'une participation cotée sur un marché actif (et donc de se départir d'une évaluation égale au produit du cours de marché unitaire par la quantité de titres détenus), voir Mémento IFRS nº 13384.

b. **Participations entrant dans le champ d'IFRS 9** Lorsque la participation antérieurement détenue est composée d'actifs financiers à la juste valeur (IFRS 9), ils étaient de fait déjà évalués à la juste valeur immédiatement avant la prise de contrôle et il n'est donc pas nécessaire d'effectuer une nouvelle évaluation au titre de la prise de contrôle. En pratique, la méthode d'évaluation de la juste valeur des actifs financiers précédemment mise en œuvre pour leur évaluation selon IFRS 9 peut être utilisée pour évaluer la quote-part antérieurement détenue à la date d'acquisition.

Pour les précisions apportées dans le cadre de l'évaluation à la juste valeur des intérêts minoritaires, voir nº 22172.

Prise de contrôle d'une entité précédemment comptabilisée en actifs financiers (IFRS 9)

23755 ***Question***

Comment comptabiliser la prise de contrôle par achats successifs de titres d'une entité précédemment comptabilisée en actifs financiers (IFRS 9) ?

Réponse

Lors de la prise de contrôle, deux opérations doivent être reflétées comptablement : la cession des titres précédemment constatés en actifs financiers et l'acquisition de la totalité des titres détenus après la prise de contrôle. Ainsi, il convient :

1. d'une part, de **constater le goodwill** égal à la différence (a – b) entre :

a. la somme des éléments suivants :
– le prix d'acquisition payé par l'acquéreur au titre de la prise de contrôle généralement constaté à sa juste valeur à la date d'acquisition, voir nº 21755 s. ;
– les intérêts minoritaires, voir nº 22170 s. ;
– les titres antérieurement comptabilisés en actifs financiers évalués à la juste valeur à la date d'acquisition ;

b. le montant des actifs acquis et passifs assumés au titre du regroupement, généralement constatés à leur juste valeur à la date d'acquisition, voir nº 21905 s. ;

2. d'autre part, de **comptabiliser tous les actifs acquis et passifs assumés de l'entité acquise,** généralement à leur juste valeur déterminée à la date de prise de contrôle, **et les intérêts minoritaires** selon des modalités précisées par la norme IFRS 3.

Commentaires Les dispositions générales relatives aux prises de contrôle par achats successifs de titres (voir nº 23750) s'appliquent à la prise de contrôle d'une entité précédemment comptabilisée en actifs financiers (IFRS 9). Il convient ainsi :

1. d'une part, de **comptabiliser un goodwill à la date de prise de contrôle** de l'entité, égal à la différence (a – b) entre (IFRS 3.32) :

a. **la somme des éléments suivants** :
– prix d'acquisition payé par l'acquéreur au titre de la prise de contrôle, généralement constaté à sa juste valeur à la date d'acquisition, voir nº 21755 s. ;
– montant des intérêts minoritaires déterminé selon les modalités précisées par la norme IFRS 3, voir nº 22170 ;
– juste valeur à la date d'acquisition de la quote-part d'intérêts détenue par l'acquéreur dans l'acquise avant la prise de contrôle ;

b. **le montant des actifs acquis et passifs assumés au titre du regroupement,** évalués conformément à la norme IFRS 3 – généralement à leur juste valeur à la date d'acquisition, voir nº 21905 s.

Si le montant (b) précité est supérieur au montant (a), la différence donne lieu à la constatation d'un profit (profit résultant d'une acquisition à des conditions avantageuses « bargain purchase ») (IFRS 3.34), voir nº 22205 ;

2. d'autre part, de **constater les actifs acquis et passifs assumés de l'entité acquise** généralement à la juste valeur déterminée à la date d'acquisition (IFRS 3.18), et de constater les intérêts minoritaires selon les dispositions précisées par la norme IFRS 3, voir nº 22170.

Dans la mesure où la participation antérieurement détenue était composée d'actifs financiers entrant dans le champ d'application d'IFRS 9 (évalués à la juste valeur par résultat ou à la juste valeur par OCI, selon l'option retenue de manière irrévocable par l'entreprise), ils étaient de fait déjà évalués à la juste valeur immédiatement avant la prise de contrôle. Par conséquent, il n'est pas nécessaire d'effectuer une nouvelle évaluation au titre de la prise de contrôle et aucun résultat de cession n'est constaté lors de la prise de contrôle, en application d'IFRS 3.42.

En pratique, la méthode d'évaluation de la juste valeur des actifs financiers précédemment mise en œuvre pour leur évaluation selon IFRS 9 peut être utilisée pour évaluer la quote-part antérieurement détenue à la date d'acquisition.

Cas d'une quote-part antérieurement détenue initialement comptabilisée à la juste valeur en contrepartie des autres éléments du résultat global Lors de la prise de contrôle, le montant inscrit dans cette réserve (OCI) doit être comptabilisé de la même façon que si l'acquéreur avait directement vendu la quote-part antérieurement détenue (IFRS 3.42). Ainsi, conformément aux dispositions d'IFRS 9, les titres ayant été initialement comptabilisés à la juste valeur en contrepartie des autres éléments du résultat global (OCI), ce montant n'est pas recyclé en résultat.

Sur les modalités de comptabilisation des actifs financiers selon les dispositions d'IFRS 9, voir Mémento IFRS nº 45080.

Exemple *Le 1/01/N, une entité A acquiert une participation de 20 % dans une entité B, pour 3 500, sans que cette acquisition ne lui confère d'influence notable. Les titres B sont donc comptabilisés en actifs financiers à la juste valeur par résultat.*

Au 31/12/N, leur juste valeur s'élevant à 6 000, ces titres sont réévalués (pour 2 500 = 6 000 – 3 500) en contrepartie du résultat.

Par simplification, les effets d'impôts sont ignorés.

Le 1/01/N+1, A acquiert, contre paiement en trésorerie de 22 000, une participation supplémentaire de 60 % dans B, et prend ainsi le contrôle de B.

La juste valeur de l'actif net identifiable de B au 1/01/N+1 est de 19 000, la juste valeur des intérêts minoritaires de 6 000. Le groupe a choisi de traiter cette acquisition selon la méthode du goodwill complet.

Solution de l'exemple *Lors de la prise de contrôle, il convient de procéder comme suit :*

Déterminer le goodwill à la date de la prise du contrôle de B Ce goodwill est égal à 15 000, calculé par différence entre :

– la juste valeur du prix d'acquisition payé par A au titre de la prise de contrôle (22 000) à laquelle s'ajoute la juste valeur de la participation détenue avant la prise de contrôle (6 000) et la juste valeur des intérêts minoritaires (6 000), soit 34 000 au total ; et

– 100 % de la juste valeur de l'actif net identifiable de B au 1/01/N+1, soit 19 000.

Les actifs et passifs identifiables de B sont constatés à leur juste valeur à la date de prise de contrôle pour un montant global net de 19 000 conformément à la méthode de l'acquisition.

Les écritures suivantes devraient être comptabilisées :

Dt	*Actifs nets identifiables acquis*	*19 000*	
Ct	*Intérêts minoritaires*		*6 000*
Ct	*Trésorerie*		*22 000*
Ct	*Actifs financiers à la juste valeur par résultat*		*6 000*
Dt	*Goodwill*	*15 000*	

Prise de contrôle d'une entité précédemment mise en équivalence

23760 ***Question***

Comment comptabiliser la prise de contrôle par achats successifs de titres d'une entité précédemment mise en équivalence ?

Réponse

Lors de la prise de contrôle, les deux opérations suivantes doivent être reflétées comptablement : la cession des titres précédemment mis en équivalence et l'acquisition de la totalité des titres détenus après la prise de contrôle. Ainsi, il convient :

1. de **constater le goodwill** pour un montant égal à la **différence (a – b)** entre :

a. **la somme des éléments suivants** :
– le prix d'acquisition payé par l'acquéreur au titre de la prise de contrôle généralement constaté à sa juste valeur à la date d'acquisition, voir nº 21755 s. ;
– le montant des intérêts minoritaires, voir nº 22170 ;
– la juste valeur à la date d'acquisition de la quote-part d'intérêts détenue par l'acquéreur dans l'acquise avant la prise de contrôle ;

b. **le montant des actifs acquis et passifs assumés au titre du regroupement,** évalués généralement à leur juste valeur à la date d'acquisition, voir nº 21905 s. ;

2. de **comptabiliser les actifs acquis et passifs assumés de l'entité acquise généralement à leur juste valeur déterminée à la date de prise de contrôle,** voir nº 21905 s., **et les intérêts minoritaires** déterminés selon les modalités prévues par la norme IFRS 3, voir nº 22170 ;

3. et enfin de **réévaluer la quote-part d'intérêts détenue par l'acquéreur dans l'acquise avant la prise de contrôle,** correspondant aux titres précédemment mis en équivalence (y compris le goodwill) sur la base des justes valeurs déterminées à la date de prise de contrôle avec pour contrepartie le résultat.

Commentaires Les dispositions générales relatives aux prises de contrôle par achats successifs de titres (voir nº 23750) s'appliquent à la prise de contrôle d'une entité précédemment mise en équivalence (IAS 28.22 qui renvoie à IFRS 3 et à IFRS 10). Il convient ainsi :

1. de **comptabiliser un goodwill** à la date de prise de contrôle de l'entité calculé pour un montant égal à la différence (a – b) entre (IFRS 3.32) :

a. **la somme** des éléments suivants :
- prix d'acquisition payé par l'acquéreur au titre de la prise de contrôle, généralement constaté à sa juste valeur à la date d'acquisition, voir nº 21755 s. ;
- montant des intérêts minoritaires déterminé selon les modalités prévues par la norme IFRS 3 (voir nº 22170), soit à leur juste valeur (« goodwill complet »), soit sur la base de leur quote-part dans la juste valeur des actifs nets identifiables acquis (« goodwill partiel ») ;
- juste valeur à la date d'acquisition de la quote-part d'intérêts détenue par l'acquéreur dans l'acquise avant la prise de contrôle qui correspond à la juste valeur des titres antérieurement mis en équivalence ;

b. et le **montant des actifs acquis et passifs assumés au titre du regroupement,** évalués conformément à IFRS 3 – généralement à leur juste valeur à la date d'acquisition, voir nº 21905 s.

Si le montant (b) précité est supérieur au montant (a), la différence donne lieu à la constatation d'un profit (profit résultant d'une acquisition à des conditions avantageuses, « bargain purchase ») (IFRS 3.34), voir nº 22205 ;

Le goodwill correspondant à l'entité précédemment mise en équivalence calculé conformément aux normes IAS 28 et IFRS 3 est annulé lors de la décomptabilisation des « Titres mis en équivalence » – poste dans lequel le goodwill des entreprises associées est comptabilisé.

Pour la présentation de ce profit dans l'état du résultat global, voir nº 22800.

2. de **constater les actifs acquis et passifs assumés de l'entité acquise généralement à la juste valeur déterminée à la date d'acquisition** (IFRS 3.18) **et les intérêts minoritaires,** ceux-ci étant évalués conformément à IFRS 3, voir nº 22170 ;

3. de **réestimer,** par la contrepartie du résultat, **la quote-part d'actif net identifiable détenue avant la prise de contrôle** correspondant aux titres précédemment mis en équivalence (y compris le goodwill) **sur la base des justes valeurs à la date de prise de contrôle** (IFRS 3.42 et .BC384 à .BC389).

Cette disposition aboutit à la comptabilisation d'un résultat de cession sur les titres détenus antérieurement à la prise de contrôle (voir nº 23750). Ce résultat est égal à la différence entre la juste valeur des titres à la date de prise de contrôle et la valeur nette comptable correspondante.

De la même manière que dans le cadre d'une cession avec perte de contrôle exclusif (voir n° 23840), cette cession doit conduire (IAS 28.22c et .23) :
- à la reprise en résultat des écarts de conversion constatés sur la quote-part détenue avant la prise de contrôle ; et
- à la reprise en résultat ou en capitaux propres des gains et pertes compris en autres éléments du résultat global (« Other Comprehensive Income »/OCI) également constatés au titre de la participation détenue avant la prise de contrôle. Cette reprise est effectuée en résultat ou en capitaux propres selon les dispositions des normes IFRS relatives à la décomptabilisation par l'entité concernée des actifs ou passifs correspondants.

Ce retraitement ne conduit pas à constater en résultat les résultats accumulés entre ces deux dates, ceux-ci ayant déjà été comptabilisés dans le cadre de la mise en équivalence de la participation antérieurement détenue.

Exemple *Le 1/01/N, une entité A acquiert une participation de 20 % dans une entité B pour 3 500. Cette participation lui permet d'exercer une influence notable sur B. A cette date, la juste valeur de l'actif net identifiable de B est de 10 000.*

Le 1/01/N+1, l'entité A prend le contrôle de cette entité du fait de l'acquisition d'une participation complémentaire de 60 % pour 22 000.

La juste valeur de l'actif net identifiable de B au 1/01/N+1 est de 19 000, les justes valeurs des intérêts minoritaires et de la quote-part antérieurement détenue dans B de 5 000 chacune. Le groupe a choisi de traiter cette acquisition selon la méthode du goodwill complet.

Le résultat de B en N est de 6 000.

La valeur comptable des titres mis en équivalence (y compris le goodwill) a varié comme suit :

	1/01/N	*Variation*	*31/12/N*
Quote-part d'actif net identifiable	*2 000*	*1 200 (2)*	*3 200*
Goodwill	*1 500 (1)*		*1 500*
Total Titres mis en équivalence	*3 500*	*1 200*	*4 700*

(1) Lors de la prise d'influence notable, le goodwill a été calculé conformément à la norme IFRS 3, c'est-à-dire sur la base de la juste valeur des actifs nets identifiables à la date de la prise d'influence notable de l'entité B [1 500 = 3 500 – (10 000 x 20 %)].
(2) Il s'agit de la quote-part du groupe dans le résultat de l'entreprise associée (1 200 = 6 000 x 20 %).

Solution de l'exemple *La comptabilisation au 1/01/N+1 de la prise de contrôle de l'entité B précédemment mise en équivalence consiste à :*

1. ***calculer et comptabiliser le goodwill à la date de prise de contrôle de l'entité B*** *Le goodwill comptabilisé à la date de prise de contrôle de B est égal à 13 000, calculé par différence entre :*
- *la juste valeur du prix d'acquisition payé par l'acquéreur au titre de la prise de contrôle (22 000) à laquelle s'ajoute la juste valeur de la participation détenue avant la prise de contrôle (5 000) et la juste valeur des intérêts minoritaires (5 000). Soit 32 000 au total ; et*
- *100 % de la juste valeur de l'actif net identifiable de B au 1/01/N+1 : 19 000 ;*

Le goodwill relatif à la première transaction de prise d'influence notable est extourné lors de la décomptabilisation des « Titres mis en équivalence », les goodwills relatifs aux associées étant constatés sur cette ligne.

2. ***constater les actifs et passifs identifiables de l'entité acquise sur la base de leur juste valeur à la date de prise de contrôle,*** *conformément à la méthode de l'acquisition d'IFRS 3, voir n° 21905 s. ;*

3. ***réévaluer la quote-part d'intérêts antérieurement détenue*** *sur la base de leur juste valeur à la date de prise de contrôle de B de 300 (5 000 – 4 700). Cette réévaluation est comptabilisée par la contrepartie du résultat ;*

4. ***aucune écriture n'est nécessaire au titre du résultat de B, accumulé entre les deux transactions,*** *celui-ci ayant été pris en compte lors de la mise en équivalence de B.*

Les écritures suivantes devraient être comptabilisées :

Dt	*Actifs nets identifiables acquis*	*19 000*	
Ct	*Intérêts minoritaires*		*5 000*
Ct	*Trésorerie*		*22 000*
Ct	*Titres mis en équivalence*		*4 700*
Ct	*Résultat*		*300*
Dt	*Goodwill*	*13 000*	

Le tableau suivant présente l'état de situation financière (ou bilan) consolidé du groupe A avant et après la prise de contrôle (extrait).

Actif	*Avant prise de contrôle*	*Après prise de contrôle*	*Passif*	*Avant prise de contrôle*	*Après prise de contrôle*
Goodwill		*13 000*	*Capitaux propres*	*1 200 (6 000 x 20 %)*	*1 500 (1 200 + 300)*
Titres MEE	*4 700 (3 200 + 1 500)*		*Intérêts minoritaires*		*5 000*
Actif net de l'acquise		*19 000*			
Trésorerie	*(3 500)*	*(25 500) (1)*			
Total Actif	*1 200*	*6 500*	*Total Passif*	*1 200*	*6 500*

(1) 25 500 = 3 500 + 22 000.

SECTION III

Diminutions du pourcentage d'intérêts

Remarque Sur la nécessité d'appliquer la norme IFRS 5, Actifs non courants détenus en vue de la vente et activités abandonnées, entre la date de décision de cession et la cession effective des titres d'une entité contrôlée ou d'une entreprise associée et sur les modalités d'application de cette norme, voir Mémento IFRS nº 36951 s.

A. Principes généraux

Diminution du pourcentage d'intérêts dans une entité contrôlée : comptabilisation ou non d'un résultat de cession

23800 ***Question***

Faut-il comptabiliser un résultat de cession en cas de diminution du pourcentage d'intérêts dans une entreprise contrôlée ?

Réponse

Oui, mais uniquement si la diminution du pourcentage d'intérêts est accompagnée d'une perte de contrôle exclusif, cette perte de contrôle modifiant l'entité économique.

A l'inverse, lorsque le contrôle exclusif est conservé, l'impact de la diminution du pourcentage d'intérêts est constaté en capitaux propres sans modification des actifs et passifs de la filiale concernée (y compris le goodwill). Il s'agit en effet d'une transaction entre deux catégories de propriétaires appartenant à une entité économique unique qui n'est pas modifiée, voir nº 23710.

Commentaires :

1. **Comptabilisation en résultat de l'impact de la perte de contrôle exclusif** :

a. Pour les principes généraux de comptabilisation d'une perte de contrôle exclusif, voir nº 23835.

b. Un résultat de cession doit être comptabilisé au titre d'une cession avec perte du contrôle exclusif d'une filiale (IFRS 10.25). Si un intérêt résiduel est conservé, le résultat de cession est constaté non seulement sur les titres cédés mais également sur les titres conservés par la société cédante. Ces derniers sont réévalués à la juste valeur à la date de perte du contrôle exclusif en contrepartie du résultat.

Le fait générateur de la comptabilisation du résultat de cession est la perte du contrôle exclusif qui change l'entité économique (voir nº 23710), le cédant ayant transformé une participation qui confère le contrôle en une simple participation minoritaire.

Cette diminution du pourcentage d'intérêts peut résulter d'une cession de titres à l'extérieur du groupe ou d'une augmentation de capital de l'entité consolidée inégalement souscrite. Pour les précisions concernant les modalités de calcul du résultat de cession, voir nº 23840.

2. **Comptabilisation de la diminution du pourcentage d'intérêts du groupe dans une filiale qui reste contrôlée exclusivement** Selon l'approche de « l'entité économique » qui analyse les transactions avec les intérêts minoritaires comme des transactions entre actionnaires (voir no 23710), l'impact de la diminution du pourcentage d'intérêts, sans changement de méthode de consolidation, est constaté en capitaux propres sans modifier les valeurs comptables consolidées des actifs et passifs identifiables de la filiale concernée (y compris le goodwill).

Ces diminutions du pourcentage d'intérêts peuvent résulter d'une cession de titres à l'extérieur du groupe, d'une augmentation de capital de la filiale inégalement souscrite, ou encore d'une fusion interne entre deux filiales induisant une diminution du pourcentage d'intérêts du groupe dans l'entité fusionnée.

Perte de contrôle exclusif réalisée en plusieurs transactions : opération unique ou transactions distinctes

23805 ***Question***

Comment déterminer si une perte de contrôle exclusif en plusieurs transactions de cession constitue une seule opération (cession avec perte de contrôle exclusif) ou des transactions distinctes (cession(s) sans changement de méthode suivi(e)s d'une cession avec perte de contrôle exclusif) ?

Réponse

Une analyse au cas par cas de l'ensemble des faits et circonstances doit être effectuée.

Les éléments suivants, notamment, sont de nature à démontrer que les transactions sont liées :
- les transactions ont été conclues simultanément et en tenant compte de chacune d'entre elles ;
- l'effet économique de ces transactions doit être appréhendé comme celui d'une transaction unique ;
- la réalisation de la cession d'intérêts minoritaires est conditionnée à celle de la transaction entraînant la perte de contrôle exclusif ;
- l'une des transactions ne se justifie économiquement que considérée conjointement avec les autres transactions. Tel est le cas de deux transactions conclues avec un même tiers lorsque l'une des transactions est à un prix inférieur au marché, compensée par l'autre transaction à un prix supérieur au marché.

Commentaires :

1. **Enjeu** Lorsqu'une entité consolidante cède partiellement ses intérêts dans une filiale sans perdre le contrôle exclusif de cette dernière et, peu de temps après, réalise une autre cession d'intérêts entraînant la perte de contrôle exclusif de cette filiale, la question se pose de savoir si la seconde transaction (perte de contrôle exclusif) constitue ou non une opération liée à la première transaction (transaction avec les intérêts minoritaires).
Le traitement comptable des deux transactions diffère selon que les deux transactions sont ou non considérées comme liées.

a. **Si les transactions sont considérées comme liées,** elles sont comptabilisées comme une opération unique de perte de contrôle exclusif. Il convient alors de :
- décomptabiliser les actifs et passifs de la filiale (y compris le goodwill) ;

- constater un résultat global de cession ; et
- le cas échéant, enregistrer l'investissement résiduel (considéré après la seconde transaction) à la juste valeur à la date de la perte de contrôle, voir nº 23835.

b. **Si à l'inverse elles sont considérées comme des opérations distinctes,** la première opération est traitée comme une transaction avec les intérêts minoritaires donnant lieu à mouvement de capitaux propres. La seconde transaction entraînant la perte de contrôle exclusif donne lieu à la constatation d'un résultat global de cession ne comprenant pas l'impact de la première transaction.

Aucun recyclage en résultat du mouvement ayant impacté les capitaux propres lors de la première transaction n'est possible lors de la seconde transaction de perte du contrôle exclusif.

2. **Eléments à considérer pour déterminer si les transactions sont ou non considérées comme liées** La norme IFRS 10 permet d'apprécier si une cession avec perte de contrôle réalisée en différentes transactions doit être comptabilisée comme une opération unique ou comme des transactions distinctes (IFRS 10.B97).

Les éléments suivants pourraient indiquer que les différentes transactions doivent être constatées comme une transaction unique :
- les deux transactions ont été conclues simultanément et en tenant compte de chacune d'entre elles ;
- l'effet économique de ces deux transactions doit être appréhendé comme celui d'une transaction unique pour être correctement pris en compte ;
- la réalisation de l'une des transactions est conditionnelle à la réalisation de l'autre ;
- l'une des transactions ne se justifie économiquement que considérée conjointement avec l'autre transaction.

Tel est le cas de deux transactions conclues avec un même tiers lorsque l'une des transactions est à un prix inférieur au marché mais est compensée par l'autre transaction conclue à un prix supérieur au marché.

***Exemple 1** — Incidences comptables de transactions liées* *Une entité A est détenue à 100 % par M.*

M décide de céder à deux fonds d'investissement, F1 et F2, l'intégralité de ses intérêts dans A. Au titre de cet accord tripartite, M vend 30 % de ses intérêts dans A à F1 et 70 % à F2 et perd concomitamment le contrôle de A. Les deux transactions avec F1 et F2 sont considérées comme liées.

Au titre de la transaction avec F1, l'entité M reçoit 180 en trésorerie pour la cession de 30 % de l'entité A.

Au titre de la transaction avec F2, M cède 70 % de A pour un prix de cession de 420.

La valeur comptable consolidée de A à la date de cession (y compris le goodwill) est égale à 300 dans les comptes consolidés de M.

Solution de l'exemple 1 *Les deux étapes étant considérées comme des transactions liées, elles sont comptabilisées comme une seule et même opération de cession de 100 % des intérêts de M dans A accompagnée d'une perte de contrôle.*

Prix de cession de A (1)	*600 (180 + 420)*
Valeur comptable consolidée de A à la date de cession (2)	*300*
Résultat de cession : (1) – (2)	***300***

M comptabilise donc un résultat de 300 au titre de la cession de A.

***Exemple 2** — Incidences comptables de transactions distinctes* Une entité A est détenue à 100 % par M.

M décide de céder à deux fonds d'investissement indépendants, F1 et F2, l'intégralité de ses intérêts dans A.

Le 1/02/N, M vend 30 % de ses intérêts dans A à F1.

Le 1/04/N, M vend 70 % de A à F2 et perd concomitamment le contrôle de A.

Les deux transactions avec F1 et F2 sont considérées comme distinctes.

Au titre de la transaction avec F1, l'entité M reçoit en trésorerie 200 pour la cession de 30 % de l'entité A.

Au titre de la transaction avec F2, M cède 70 % de A pour un prix de cession de 420.

La valeur comptable consolidée de A dans les comptes consolidés de M (y compris le goodwill) est égale à 300 le 1/02/N et le 1/04/N.

***Solution de l'exemple 2** La cession de 30 % de A à F1 est une transaction entre actionnaires qui donne lieu au mouvement suivant des capitaux propres :*

Juste valeur du prix de cession des 30 % de A (1)	*200*
Valeur comptable des intérêts du groupe transférés aux intérêts minoritaires le 1/02/N (2)	*90 (300 x 30 %)*
Ecart à ajouter aux Capitaux propres – Part du groupe : (1) – (2)	*110*

Au 1/04/N, lorsque M cède 70 % de ses intérêts dans A à F2, il en perd le contrôle exclusif donnant lieu à la constatation du résultat de cession suivant.

Pour le calcul du résultat de cession, voir nº 23840.

Prix de cession de 70 % de A (1)	*420*
Valeur comptable des intérêts minoritaires à la date où A est déconsolidée (2)	*90*
Valeur comptable consolidée de A à la date de cession (3)	*(300)*
Résultat de cession réalisé par M : (1) + (2) + (3)	*210*

B. Diminutions du pourcentage d'intérêts sans changement de méthode de consolidation

Cession de titres d'une entreprise déjà intégrée globalement et qui le reste

23820 ***Question***

Comment comptabiliser le résultat d'une cession de titres d'une entreprise déjà intégrée globalement et qui le reste ?

Réponse

En capitaux propres, conformément à l'approche de « l'entité économique ». Cette transaction est en effet considérée comme une transaction entre deux catégories de propriétaires (les majoritaires et les intérêts minoritaires) en tant que détenteurs des capitaux propres de la même entité économique.

Il convient ainsi de constater :
- les intérêts minoritaires pour la quote-part de capitaux propres consolidés de la filiale qu'ils représentent à l'issue de la cession, en diminuant les Capitaux propres - Part du groupe du même montant ; et
- le prix de cession des titres cédés par le majoritaire, en l'imputant sur les Capitaux propres - Part du groupe.

L'écart entre le prix de cession des titres et la quote-part de capitaux propres consolidés cédée aux minoritaires par le majoritaire est alors comptabilisé dans la rubrique Capitaux propres - Part du groupe.

Les valeurs comptables consolidées des actifs et passifs de la filiale concernée, y compris le goodwill, ne sont pas modifiées.

Commentaires La norme IFRS 10 comporte des dispositions explicites sur le traitement comptable d'une cession de titres d'une entreprise contrôlée exclusivement et qui le reste (IFRS 10.23).

Conformément à l'approche de « l'entité économique », cette transaction n'a pas d'incidence sur le contrôle de la filiale, il s'agit d'une transaction entre deux catégories de propriétaires de la même entité économique (les majoritaires et les intérêts minoritaires) dont l'impact doit être constaté en capitaux propres.

Ainsi, la cession de titres d'une entreprise intégrée globalement et qui le reste donne lieu (IFRS 10.B96) :
- au **reclassement entre les deux lignes des capitaux propres** (Intérêts minoritaires et Capitaux propres - Part du groupe) de la quote-part de capitaux propres consolidés que ces titres représentent à la date de cession et qui est transférée entre ces deux catégories d'actionnaires ;

Ce reclassement permet de tenir compte du changement dans les pourcentages d'intérêts relatifs dans la filiale des intérêts minoritaires et des actionnaires de la société mère.

- et de **constater la juste valeur du prix de cession des titres cédés** par le majoritaire en Capitaux propres - Part du groupe.

L'écart entre la juste valeur du prix de cession des titres et la quote-part de capitaux propres consolidés que ces titres représentent à la date de leur cession et les coûts relatifs à lacession (voir nº 23822) sont constatés en Capitaux propres - Part du groupe, en maintenant inchangée la valeur comptable consolidée des actifs et passifs de la filiale, y compris le goodwill (IFRS 10.23, .B96, .BCZ168 s. et .BCZ173).

L'écart entre le prix de cession des titres et la quote-part de capitaux propres consolidés que ces titres représentent à la date de leur cession est comptabilisé en capitaux propres, que cet écart soit positif ou négatif (il vient alors respectivement augmenter ou diminuer les Capitaux propres - Part du groupe).

Remarque Cet écart constaté en capitaux propres ne sera jamais recyclé en résultat, même en cas de perte de contrôle exclusif (voir nº 23843).

La quote-part de capitaux propres consolidés que ces titres représentent à la date de cession et qui est reclassée entre les deux lignes (Intérêts minoritaires et Capitaux propres – Part du groupe) comprend notamment :
– les écarts de conversion relatifs à la filiale partiellement cédée. Ainsi, la diminution du pourcentage d'intérêts dans une filiale sans perte de contrôle exclusif entraîne le reclassement, à hauteur du pourcentage cédé, des écarts de conversion relatifs à cette filiale (IAS 21.48C) ;
– les gains ou pertes comptabilisés parmi les autres éléments du résultat global (« Other Comprehensive Income »/OCI) relatifs aux instruments de couverture de cette filiale à hauteur du pourcentage d'intérêts cédé (IFRS 9.6.5.11 (IAS 39.101) et IFRS 9.6.5.14 (IAS 39.102), renvoyant à IAS 21.48 s.).

Toute variation des capitaux propres liée à un changement du pourcentage d'intérêts de l'entité consolidante dans une filiale est présentée dans l'état des variations des capitaux propres. En effet, la norme IAS 1 distingue (IAS 1.106d.iii) :
– les opérations qui ont un impact sur les capitaux propres et qui sont réalisées avec les actionnaires, agissant en leur qualité d'actionnaire, comptabilisées dans l'état des variations des capitaux propres ;
– des autres opérations qui sont présentées parmi les autres éléments du résultat global (OCI).
Les flux de trésorerie résultant d'une diminution de pourcentage d'intérêts sans perte de contrôle devront être comptabilisés en flux de financement (IAS 7.42A et .42B).

Décision de l'ESMA L'ESMA a également précisé que, quelle que soit son activité, dès lors que l'entité ne répond pas à la définition d'une société d'investissement (voir nº 15188), les flux de trésorerie résultant d'une diminution de pourcentage d'intérêts sans perte de contrôle devront être comptabilisés en flux de financement, l'exemption prévue par IAS 7.42A ci-avant n'étant pas applicable dans ce cas. Cette décision vise notamment le cas d'entités qui effectueraient des transactions s'inscrivant dans leur stratégie d'investissement sans pour autant être qualifiées de sociétés d'investissement (EECS/0119-01, 07/19).

Cession partielle de titres sans perte de contrôle exclusif : traitement des conséquences fiscales

23821 ***Question***

Comment comptabiliser les conséquences fiscales d'une cession partielle de titres sans perte de contrôle exclusif ?

Réponse

L'impôt lié à la plus-value de cession doit être comptabilisé :
– en capitaux propres, pour la partie afférente à la plus-value comptable (cette dernière, qui correspond à la différence entre le prix de cession et la valeur comptable dans les comptes consolidés des titres cédés, étant également constatée en capitaux propres) ; et
– en résultat et en autres éléments du résultat global (« Other Comprehensive Income »/OCI), pour la partie afférente à la différence entre la valeur comptable dans les comptes consolidés et la valeur fiscale des titres cédés (cette différence correspondant aux résultats et autres éléments du résultat global constatés et non distribués entre la date d'acquisition et la date de cession).

Commentaires La cession de titres consolidés à des minoritaires génère un effet d'impôt lié à la plus-value fiscale de cession des titres. Cette plus-value fiscale est égale à la différence entre :
– le prix de cession ; et
– la valeur fiscale des titres (correspondant généralement à leur coût d'acquisition pour le groupe).

Dans les comptes du groupe, l'impact comptable d'une cession partielle de titres sans perte du contrôle exclusif, constaté en capitaux propres selon IFRS 10 (voir nº 23710), est égal à la différence entre :
- le prix de cession ; et
- la valeur comptable consolidée des titres.

L'impact comptable de la cession ne correspondant pas à la base de calcul de l'impôt lié à cette cession, cet impôt doit être décomposé en deux éléments distincts :

1. D'une part, l'impôt sur la différence entre le prix de cession et la valeur comptable des titres cédés, qui correspond à la plus-value comptable.

Cette quote-part d'impôt est constatée en capitaux propres comme l'impact de la cession sans perte du contrôle, en application du principe de symétrie (IAS 12.58 et .61A).

2. D'autre part, l'impôt sur la différence entre la valeur comptable et la valeur fiscale des titres cédés.

Cette quote-part d'impôt est constatée en résultat et parmi les autres éléments du résultat global (OCI) de façon symétrique aux éléments qui ont conduit à l'augmentation de la valeur comptable des titres (c'est-à-dire les résultats globaux des exercices antérieurs non distribués et constatés depuis la date d'acquisition) (IAS 12.58).

En raison de l'exemption prévue par IAS 12.39 pour les différences temporelles sur les titres de filiales, aucun impôt différé ne doit, en principe, avoir été constaté sur les résultats accumulés et non distribués sur les exercices de réalisation de ces profits.

En effet, une entité ne doit comptabiliser un impôt sur les différences temporelles imposables sur les titres de ses filiales que s'il est probable que la différence se renversera dans un avenir prévisible (IAS 12.39). L'impôt n'est donc provisionné que lorsqu'il devient probable qu'il y aura une distribution des réserves ou une cession de titres de la filiale.

Ainsi, dès que la cession devient probable, un impôt différé passif doit être constaté sur les réserves accumulées correspondant à la quote-part de titres qui vont être cédés. Il est comptabilisé en contrepartie du compte de résultat et parmi les autres éléments du résultat global (OCI). Il est repris lors de la cession effective des titres.

Remarque Cet impôt est inférieur au montant de l'impôt qui sera payé lors de la cession puisque sa base n'intègre pas la différence entre le prix de cession et la valeur comptable des titres.

Exemple *L'entité A détient 100 % de l'entité B.*

Dans les comptes de l'entité A, les valeurs comptables et fiscales des titres B s'élèvent à 300 et 200 respectivement. La différence entre ces deux montants correspond aux réserves non distribuées de l'entité B depuis son acquisition par l'entité A.

L'entité A n'a jamais comptabilisé d'impôt différé passif car le reversement de la différence temporelle sur les titres B n'était jusqu'ici pas probable.

L'entité A vend 20 % de l'entité B pour 250. Le taux d'impôt de l'entité A sur la cession est de 40 %.

Solution de l'exemple *La plus-value de cession de B s'élève à 190, soit [250 – (300 x 20 %)] et est constatée directement dans les capitaux propres de l'entité A.*

Le montant de l'impôt dû par A lié à cette cession partielle est de 84, soit [250 – (200 x 20 %)] x 40 %. Cet impôt est constaté :
- en résultat pour 8, correspondant à l'impôt sur la différence entre la valeur comptable et la valeur fiscale (réserves accumulées non distribuées) pour la partie des titres vendus, soit (300 – 200) x 20 % x 40 % ; et
- en capitaux propres pour 76, correspondant à l'impôt sur la différence entre le prix de cession et la valeur comptable des titres cédés (impact de la cession partielle de titres comptabilisé en capitaux propres), soit [250 – (300 x 20 %)] x 40 %.

Remarque Si, à la date de la clôture précédente, il avait été probable que le groupe A céderait 20 % des titres B, un impôt différé passif aurait été constaté par résultat sur la différence entre la valeur comptable et la valeur fiscale (réserves accumulées non distribuées) des titres destinés à être cédés, soit pour 8.

Cet impôt différé passif aurait été repris par résultat lors de la cession des 20 % des titres B.

Coûts directs liés à une cession d'intérêts minoritaires

23822 ***Question***

Comment comptabiliser les coûts directs liés à une cession d'intérêts minoritaires sans perte du contrôle ?

Réponse

En déduction des capitaux propres.

Commentaires Selon l'approche de l'entité économique, les diminutions du pourcentage d'intérêts sans perte du contrôle exclusif donnent lieu à la constatation en capitaux propres de l'écart entre le prix de cession des titres et la quote-part de capitaux propres que ces titres représentent. Ces transactions sont considérées comme des transactions entre actionnaires, voir nº 23820.

L'IFRS IC a indiqué que les coûts directs liés à une cession d'intérêts minoritaires doivent être comptabilisés en capitaux propres (IFRIC Update 07/09).

En effet, selon la norme IAS 1, Présentation des états financiers, les coûts encourus au titre de transactions entre actionnaires, agissant en leur qualité d'actionnaire, sont comptabilisés en capitaux propres, de la même manière que les opérations concernées (IAS 1.106d.iii et .109).

A notre avis, cette décision de l'IFRS IC, prise avant l'entrée en vigueur d'IFRS 10, reste applicable après l'entrée en vigueur de cette norme.

Cession de titres d'une filiale sans perte de contrôle consentie pour acquérir une cible

23826 Voir nº 22295.

C. Diminutions du pourcentage d'intérêts avec changement de méthode de consolidation

Diminution du pourcentage d'intérêts avec perte de contrôle exclusif : principes généraux de comptabilisation

23835 ***Question***

Comment comptabiliser une cession de titres d'une entreprise intégrée globalement impliquant une perte de contrôle exclusif ?

Réponse

La perte de contrôle exclusif donne lieu à une modification de l'entité économique et donc à un résultat de cession non seulement sur les titres cédés mais également sur les titres conservés par la société cédante reflétant ainsi comptablement le changement de nature de l'actif détenu avant et après la perte de contrôle.

La cession aboutit ainsi à :
- la décomptabilisation des actifs (y compris le goodwill) et des passifs de la filiale, à leur valeur comptable à la date de perte du contrôle exclusif ;
- la décomptabilisation de la valeur comptable des intérêts minoritaires à la date de perte du contrôle exclusif, y compris leur quote-part dans les gains ou pertes recyclables compris parmi les autres éléments du résultat global (« Other Comprehensive Income »/OCI) ;
- la reprise des gains ou pertes recyclables relatifs à cette filiale compris parmi les autres éléments du résultat global (OCI) et attribuables au groupe ;

Cette reprise est effectuée par résultat ou par capitaux propres, selon le traitement qui aurait été appliqué si l'entité consolidante avait cédé directement les actifs ou les passifs à l'origine de ces gains ou de ces pertes.

- la constatation d'un résultat global de cession attribué aux propriétaires de la société mère, voir nº 23840 ;
- la comptabilisation de l'éventuel investissement résiduel dans cette filiale à la juste valeur à la date de perte du contrôle et de tout montant dû (ou prêté) à la précédente filiale, conformément à la norme IFRS qui lui est applicable.

Toutefois, si la société cédante apporte ou vend une filiale à une entreprise associée ou une joint venture comptabilisée selon la méthode de la mise en équivalence, il existe un choix de méthode comptable, résultant d'un conflit entre les dispositions des normes IFRS 10 et IAS 28. Ainsi, dans l'attente de l'évolution des textes, il est possible :
- de réévaluer les intérêts conservés dans la filiale cédée (intérêts conservés à travers la participation dans l'entreprise associée ou la joint venture) à la juste valeur et de constater ainsi un résultat de cession total ; ou
- de ne pas procéder à cette réévaluation et de constater un résultat partiel de cession relatif uniquement à la quote-part cédée.

Il s'agit d'un choix de méthode comptable à appliquer de manière permanente.

Commentaires La norme IFRS 10 détaille ainsi les conséquences comptables de la perte du contrôle exclusif d'une filiale (IFRS 10.B98 s.).

La norme IFRS 10 précise que toute participation résiduelle conservée par l'entité consolidante dans sa précédente filiale et tout montant dû (ou prêté) à la précédente filiale sont évalués conformément aux autres normes IFRS qui leur sont applicables (IFRS 10.25b).

Ainsi, selon IFRS 10, lors de la perte de contrôle, les titres conservés dans la filiale sont évalués à leur juste valeur et comptabilisés conformément aux normes qui leur sont applicables, c'est-à-dire (IFRS 10.25b) :
- soit en application de la norme IAS 28, s'il s'agit des titres d'une entreprise associée ou d'une joint venture ;
- soit conformément à la norme IFRS 9, si ces titres constituent un actif financier soumis à IFRS 9.

L'impact de toute différence d'évaluation relative aux titres conservés et aux montants dus (ou prêtés) par la précédente filiale fait partie du résultat de cession. En effet, selon l'approche de l'« entité économique », la perte de contrôle s'assimile à un échange de deux participations de nature différente induisant la constatation de la cession intégrale des titres conférant le contrôle et des créances et prêts de la filiale, les intérêts éventuellement conservés étant considérés comme un nouvel investissement dont la comptabilisation initiale s'effectue selon la norme IFRS qui leur est applicable.

Cas particulier d'une cession à une entreprise associée ou une joint venture comptabilisée selon la méthode de la mise en équivalence Si la société cédante apporte ou vend une filiale à une entreprise associée ou une joint venture comptabilisée selon la méthode de la mise en équivalence, il existe un choix de méthode comptable qui découle d'un conflit entre les dispositions des normes IFRS 10 et IAS 28, et selon lequel la société cédante peut :

– soit réévaluer les intérêts conservés dans la filiale cédée (intérêts conservés à travers la participation dans l'entreprise associée ou la joint venture) à la juste valeur et constater ainsi un résultat de cession total (application des dispositions d'IFRS 10) ;

– soit ne pas procéder à cette réévaluation et constater un résultat de cession partiel relatif uniquement à la quote-part cédée (application des dispositions d'IAS 28). En effet, la norme IAS 28 indique que, lorsque des apports non monétaires sont apportés à une entreprise associée ou à une joint venture, un gain ou une perte n'est constaté qu'à hauteur des participations non liées à l'investisseur dans l'entreprise associée ou dans la joint venture (IAS 28.28).

La méthode comptable choisie doit être appliquée de manière permanente et faire l'objet d'une information en annexe si cette information est significative (voir Mémento IFRS nº 55355).

Evolution possible des normes

L'amendement des normes IFRS 10 et IAS 28 **« Vente ou apport d'actifs entre un investisseur et une entreprise associée ou une coentreprise »,** publié en septembre 2014, clarifie le traitement d'une perte de contrôle exclusif résultant de la vente ou de l'apport d'un actif non monétaire à une entreprise associée ou à une joint venture.

Pour les dispositions de cet amendement et sa date d'entrée en vigueur, non encore déterminée, voir nº 15592.

Remarque La cession totale ou partielle d'une filiale accompagnée d'une perte du contrôle exclusif entraîne l'application de la norme IFRS 5, Actifs non courants détenus en vue de la vente et activités abandonnées, dès lors que certaines conditions sont remplies (IFRS 5.8A), voir également Mémento IFRS nº 37012. Les principales conséquences pratiques de l'application d'IFRS 5 sont les suivantes :

– poursuite de la prise en compte du résultat de la filiale, déterminé conformément aux procédures de consolidation énoncées par IFRS 10, jusqu'à la date de cession effective ;

– arrêt de l'amortissement et de la dépréciation des actifs corporels et incorporels de cette filiale, indépendamment de la poursuite de l'activité (compensé, le cas échéant, par une dépréciation d'ensemble de la filiale, constatée en application d'IFRS 5) (IFRS 5.25 et .20 s.) ; et

– impact sur le résultat de cession, la valeur comptable consolidée des titres cédés étant différente de celle qui aurait été prise en compte si la norme IFRS 5 n'avait pas été appliquée préalablement à la cession.

Diminution du pourcentage d'intérêts avec perte de contrôle exclusif : calcul du résultat de cession selon IFRS 10

23840 ***Question***

Comment déterminer le résultat d'une cession de titres consolidés par intégration globale induisant une perte de contrôle exclusif ?

Réponse

Le résultat global de cession, comptabilisé en résultat et attribuable à l'entité consolidante, correspond à la différence entre :

1. **le cumul des éléments suivants** :
- la **juste valeur du prix de cession,** augmentée de toute distribution d'actions de la filiale faite aux actionnaires, agissant en leur qualité d'actionnaire, induite par la perte de contrôle ;
- la **reprise en résultat des gains ou pertes compris en autres éléments du résultat global** (« Other Comprehensive Income »/OCI) attribuables au groupe et recyclables de cette manière ;
- la **juste valeur de l'intérêt résiduel** éventuellement conservé dans la précédente filiale ;
- la **valeur comptable des intérêts minoritaires dans la précédente filiale,** y compris les gains ou pertes compris en autres éléments du résultat global (OCI) attribuables aux intérêts minoritaires ;

2. et **la dernière valeur comptable consolidée de cette filiale à la date de perte de contrôle exclusif.**

Ce résultat global comprend ainsi :
- le résultat lié aux intérêts cédés ;
- le résultat lié à l'intérêt résiduel éventuellement conservé ; et
- le recyclage d'éléments antérieurement constatés directement en OCI.

Sur le conflit de textes existant entre les dispositions de la norme IFRS 10 et de la norme IAS 28, dans le cas particulier où la société cédante apporte ou vend une filiale à une entreprise associée ou une joint venture comptabilisée selon la méthode de la mise en équivalence, voir n° 15592.

Commentaires :

1. **Calcul du résultat global de cession** La norme IFRS 10 précise les modalités de calcul du résultat relatif à une cession partielle ou totale de titres d'une entité consolidée accompagnée d'une perte de contrôle exclusif (IFRS 10.25, .B98 et .B99).

Ce résultat comprend non seulement le résultat lié aux intérêts cédés mais également le résultat lié aux intérêts résiduels éventuellement conservés, voir également n° 23835.

IFRS 12.19 requiert de présenter, dans les notes annexes aux états financiers, le résultat global de cession ainsi que la composante de ce dernier correspondant à la réévaluation à la juste valeur à la date de cession des intérêts éventuellement conservés.

Le résultat lié aux intérêts résiduels éventuellement conservés correspond à la différence entre :
- la juste valeur de l'intérêt résiduel conservé dans la précédente filiale ; et
- la quote-part qu'il représente dans la valeur comptable consolidée de la filiale à la date de perte de contrôle exclusif, y compris les gains ou pertes compris en autres éléments du résultat global (« Other Comprehensive Income »/OCI) et attribuables à la quote-part conservée.

A la date de perte du contrôle, la participation éventuellement conservée est en effet comptabilisée à sa juste valeur à cette date (IFRS 10.25b), voir n° 23835.

Remarque En revanche, les ajustements constatés en capitaux propres lors de précédentes transactions avec les intérêts minoritaires ne doivent pas être recyclés en résultat lors de la perte de contrôle de la filiale, voir n° 23843.

Sur le conflit de textes existant entre les dispositions de la norme IFRS 10 et de la norme IAS 28 dans le cas particulier où la société cédante apporte ou vend une filiale à une entreprise associée ou une joint venture comptabilisée selon la méthode de la mise en équivalence, voir n° 15592.

2. **Reprise des écarts de conversion et des gains et pertes compris en autres éléments du résultat global (OCI)** La perte du contrôle induit la reprise de l'intégralité des gains ou pertes antérieurement comptabilisés directement en autres éléments du résultat global attribuables au groupe (OCI). Cette reprise est effectuée en résultat ou en capitaux propres selon les dispositions des normes IFRS relatives à la décomptabilisation par l'entité concernée des actifs ou passifs correspondants (IFRS 10.B98c et .B99).

Cette reprise en résultat se fait pour la quote-part dans ces éléments attribuables au groupe ; la norme IAS 21 indiquant explicitement que la part des minoritaires dans les écarts de conversion est décomptabilisée du fait de la perte de contrôle mais n'est pas constatée en résultat (IAS 21.48B).

Le même principe de reprise en résultat pour la part du groupe doit, à notre avis, être également appliqué aux gains ou pertes comptabilisés parmi les autres éléments du résultat global (OCI).

Ainsi, les éléments suivants doivent, par exemple, être constatés en résultat à la date de perte du contrôle exclusif :

- le montant des écarts de conversion relatifs à la filiale cédée et attribuables aux propriétaires de la société mère (IAS 21.48 s.) ;

La norme IAS 21 indique explicitement que les écarts de conversion relatifs à la filiale cédée sont constatés en résultat à la date de perte du contrôle exclusif de la filiale. En conséquence, les écarts de conversion ne peuvent pas être constatés en résultat avant que la cession soit effective. Et ce, notamment au moment où les titres cédés sont classés en actifs détenus en vue de la vente selon IFRS 5 et évalués alors à leur juste valeur nette des frais de cession.

- le montant des gains ou pertes comptabilisés parmi les autres éléments du résultat global (OCI) relatifs aux instruments de couverture de cette filiale et attribuables aux propriétaires de la société mère (IFRS 9.6.5.11 (IAS 39.101) et IFRS 9.6.5.14 (IAS 39.102), renvoyant à IAS 21.48 s.).

En revanche, les éléments suivants ne doivent pas être constatés en résultat à la date de perte du contrôle exclusif, les normes concernant ces éléments n'autorisant pas de recyclage ultérieur en résultat, même lors de la décomptabilisation des actifs ou passifs correspondants :

- le montant des réévaluations du passif net (ou de l'actif net) comptabilisées en autres éléments du résultat global (OCI) au titre de régimes d'avantages postérieurs à l'emploi à prestations définies, notamment les écarts actuariels, selon les principes de la norme IAS 19, Avantages du personnel ;
- le montant des réévaluations liées aux actifs financiers à la juste valeur en contrepartie des autres éléments du résultat global (OCI), conformément aux dispositions d'IFRS 9, Instruments financiers.

Pour les entités qui appliquent la méthode de la juste valeur pour constater leurs actifs corporels ou incorporels (actifs évalués à la juste valeur et écarts de réévaluation constatés directement en capitaux propres), les gains ou pertes de réévaluation relatifs constatés en capitaux propres sont reclassés en résultats accumulés (« retained earnings ») (IAS 16.41 et IAS 38.87), à la date de perte de contrôle exclusif, et ne font pas partie du résultat global de cession (IFRS 10.B99).

Exemple *Une entité S est détenue à 80 % par P et à 20 % par des minoritaires.*
P vend 40 % de ses intérêts dans S aux minoritaires pour un paiement en trésorerie de 160 et perd le contrôle de S.

L'actif net de S à la date de cette opération est de 250. Les gains correspondant aux écarts de conversion antérieurement comptabilisés dans les autres éléments du résultat global (OCI) totalisent 50 et ont été affectés pour 40 à P et pour 10 aux intérêts minoritaires.
A l'issue de la transaction, P conserve 40 % de S. La juste valeur de la participation conservée à la date de la perte de contrôle est de 160.

Solution de l'exemple *La perte de contrôle exclusif de P sur S donne lieu à la constatation d'un résultat global de cession de :*

Prix de cession de 40 % de S (1)	*160*
Reprise en résultat des gains ou pertes compris en éléments du résultat global (OCI) attribuables aux propriétaires de la société mère et recyclables (2)	*40*
Juste valeur de l'intérêt résiduel conservé par P correspondant à 40 % de S (3)	*160*
Valeur comptable des intérêts minoritaires, y compris leur quote-part dans les gains ou pertes compris en autres éléments du résultat global (OCI) (4)	*50 (250 x 20 %)*
Valeur comptable consolidée de S à la date de cession (5)	*250*
Résultat global de cession : (1) + (2) + (3) + (4) – (5)	*160*

Le résultat global de cession comprenant 80 de résultat lié aux intérêts conservés à présenter en annexe :

Juste valeur des intérêts conservés (1)	*160*
Reprise en résultat des gains ou pertes compris en éléments du résultat global (OCI) attribuables aux propriétaires de la société mère et recyclables à hauteur des intérêts conservés (2)	*20 (40 x 40 % / 80 %)*
Quote-part correspondant aux intérêts conservés dans la valeur comptable consolidée de S à la date de cession (3)	*100 (250 x 40 %)*
Résultat lié aux intérêts conservés : (1) + (2) – (3)	*80*

Cession avec perte du contrôle exclusif : sort des ajustements constatés en capitaux propres lors de précédentes transactions avec les intérêts minoritaires

23843 ***Question***

Lors de la perte de contrôle d'une filiale, doit-on recycler en résultat les impacts des transactions avec les intérêts minoritaires constatés antérieurement en capitaux propres ?

Réponse

A notre avis, il n'est pas possible de les recycler.

Commentaires :

1. **Principe général** A défaut de précision explicite de la norme IFRS 10, il ne convient pas, à notre avis, de recycler en résultat, lors de la perte de contrôle d'une filiale, les ajustements constatés antérieurement en capitaux propres au titre de transactions réalisées avec les intérêts minoritaires (acquisition ou cession d'intérêts minoritaires).

En effet, le recyclage de ces ajustements ne fait pas partie des éléments à prendre en compte pour le calcul du résultat global de cession à constater lors de la perte du contrôle exclusif d'une filiale, détaillés dans la norme IFRS 10 (voir nº 23840).

Le calcul du résultat global de cession comprend en revanche le recyclage des gains ou pertes antérieurement comptabilisés directement en autres éléments du résultat global (« Other Comprehensive Income »/OCI) ; cette reprise étant effectuée en résultat si les dispositions des normes IFRS relatives à la décomptabilisation par l'entité concernée des actifs ou passifs correspondants le prévoient (voir nº 23840).

Tel est le cas, par exemple, pour le recyclage en résultat des écarts de conversion (IAS 21.48 s.).

Cette disposition ne peut pas en revanche s'appliquer aux ajustements constatés antérieurement en capitaux propres au titre de transactions réalisées avec les intérêts minoritaires – qui ne sont pas constatés parmi les autres éléments du résultat global (OCI) mais dans l'état des variations des capitaux propres en tant que transactions entre actionnaires en capitaux propres (IFRS 10.23).

La norme IAS 1 distingue en effet les opérations qui ont un impact sur les capitaux propres et qui sont réalisées avec les actionnaires, agissant en leur qualité d'actionnaire, comptabilisées dans l'état des variations des capitaux propres, des autres opérations présentées parmi les autres éléments du résultat global (OCI) (IAS 1.106d.iii).

2. **Conséquences pratiques** Le principe énoncé ci-avant a les conséquences pratiques suivantes, illustrées à l'aide d'un exemple : l'entité consolidante qui cède tout d'abord, sans perte du contrôle, 30 % d'une filiale détenue à 100 %, constate en capitaux propres l'écart entre le prix de cession des titres et la quote-part de capitaux propres consolidés cédée aux minoritaires par le majoritaire, voir nº 23820.

Lors de la cession des 70 % restants (avec donc perte de contrôle), le résultat de cession portera uniquement sur les 70 % cédés (voir nº 23840), l'impact lié à la première cession de 30 % n'étant pas recyclé en résultat mais demeurant en Capitaux propres – Part du groupe.

Conséquences de l'application d'IFRS 5 aux cessions de titres consolidés

23845 Voir Mémento IFRS nº 37060.

SECTION IV

Présentation des impacts des variations de périmètre

Présentation dans l'état du résultat global des impacts des variations de périmètre

23900 Voir nº 22800.

CHAPITRE 8

Options sur titres consolidés ou mis en équivalence (IFRS 3, IFRS 10, IAS 32, IFRS 9)

24200

Plan du chapitre

Plan du chapitre (suite et fin)

QUESTIONS/REPONSES PRATIQUES

Remarque importante

24205 Les réponses aux questions présentées ci-après résultent de l'analyse des dispositions des normes IFRS 10, Etats financiers consolidés, IFRS 3, Regroupements d'entreprises, IAS 32, Instruments financiers – Présentation, et IFRS 9, Instruments financiers, en vigueur actuellement, sur la base des informations disponibles au 31 décembre 2023.

I. Principes généraux de traitement des contrats d'options sur titres consolidés ou mis en équivalence

Types de contrats concernés

24210 ***Question***

En matière d'options sur titres consolidés ou mis en équivalence, quels sont les types de contrats concernés et comment peut-on les recenser ?

Réponse

Il peut s'agir d'achat ou de vente d'options, d'options croisées ou quasi croisées, d'options conditionnées à la survenance d'un événement, d'achats et de ventes à terme fermes (« forwards ») ou enfin de contrats d'échange de performance (« equity swap » ou « total return swap »).

Ces contrats sont plus généralement mis en place dans le cadre de certaines structures d'entreprises (LBO, mise en commun d'activité, avec fort intuitu personae des membres fondateurs, etc.) ou lors de certaines opérations de la vie des groupes (croissance externe, désengagement, octroi d'avantages aux salariés avec un sous-jacent en actions, etc.).

Leur recensement est d'autant plus difficile que leurs appellations peuvent être diverses, par exemple promesse d'achat ou de vente, engagement d'achat ou de vente, droit de sortie, droit de suite, droit de préemption.

Les titres visés sont ceux des entités contrôlées (filiales) ou contrôlées conjointement (joint ventures) ainsi que les titres d'entreprises sous influence notable (entreprises associées) et ne concernent pas les actifs financiers traités selon les principes de la norme IFRS 9.

Commentaires En général, les contrats d'options sur titres consolidés ou mis en équivalence sont mis en place dans le cadre de certaines structures particulières ou à l'occasion de certaines opérations de la vie des groupes.

L'expérience montre qu'il est nécessaire d'analyser avec attention les différentes clauses de ces contrats qui peuvent lier des actionnaires existants non seulement entre eux mais également avec d'autres actionnaires potentiels.

La qualification de ces contrats (qui conditionne leur traitement comptable) relève d'un processus d'analyse relativement complexe, voir nº 24250.

1. **Types de contrats concernés** Il peut s'agir de contrats tels que :
- des **options d'achat (« call options »)**, que l'entreprise en soit ou non la bénéficiaire (c'est-à-dire qu'elle ait acheté l'option ou au contraire, vendu l'option) ;
- des **options de vente (« put options »)**, que l'entreprise soit acheteur ou vendeur d'option ;

Entrent par exemple dans cette catégorie les ventes de puts sur intérêts minoritaires.

- des **situations d'options croisées,** il s'agit de l'acquisition et de la vente simultanée d'une option d'achat (call) acquise et d'une option de vente (put) vendue (encore appelées « promesse de vente » ou « promesse d'achat ») dont les termes et conditions sont identiques (mêmes contreparties, mêmes sous-jacents, même période d'exercice, même prix d'exercice) ;
- des **situations d'options quasi croisées,** lorsque les termes et conditions ne sont pas exactement identiques, mais relativement proches ou peu décalés dans le temps ;
- des **options conditionnelles,** c'est-à-dire des options d'achat ou de vente ou des options croisées ou quasi croisées dont l'exercice est conditionné à la survenance d'un événement précisé par contrat ;
- des **achats et ventes à terme fermes (« forward »)** dans lesquels les cocontractants se sont engagés de manière ferme et irrévocable, l'un à acquérir et l'autre à céder les titres sous-jacents ;
- ou enfin des **contrats d'échange de performance (« equity swap » ou « total return swap »),** qui permettent au propriétaire des titres, objet du swap, d'obtenir une rémunération indexée sur des indicateurs de marché (Euribor, €STR, etc.) en lieu et place du retour sur investissement relatif aux titres sous-jacents dont il continue de détenir la propriété juridique.

2. **Recensement de ce type de contrats** Ces contrats d'options revêtent souvent des appellations diverses telles que « promesse d'achat » ou « promesse de vente », « engagement d'achat » ou « engagement de vente », « contrat de liquidité », « droit de sortie », « droit de suite », « droit de préemption », etc.

Par conséquent, leur recensement peut s'avérer délicat, d'autant que leur dénomination peut être très diverse et parfois peu claire.

Remarque Dans l'ensemble du chapitre, le terme « option » est utilisé de manière générique pour tous les types de contrats décrits ici.

Pour mener à bien le recensement de ce type d'engagements, il faut, à notre avis :

a. **Identifier les structures d'entreprises** pour lesquelles l'usage de ce type d'engagements est fréquent, par exemple :
- les entreprises dotées d'un fort intuitu personae de leurs fondateurs (personnes physiques) ;
- les entreprises en LBO (« Leverage Buy-Out ») ;
- les mises en commun d'activité avec un contrôle conjoint partagé entre partenaires ;
- ou enfin, les entreprises non cotées ayant des actionnaires minoritaires.

b. **Analyser** s'il existe des **opérations de croissance externe ou de désengagement,** notamment les acquisitions d'entreprises à fort caractère entrepreneurial, les opérations de portage, les (dés)investissements progressifs dans des entreprises à capital fermé ainsi que l'octroi d'avantages aux salariés sous forme d'actions, d'options (stock-options) ou même de trésorerie.

c. Enfin, **analyser les contrats liant la société avec ses actionnaires et/ou les actionnaires entre eux,** tels que les statuts, les pactes d'actionnaires, les conventions de « partnership », les lettres d'intention ou tout autre contrat particulier liant les actionnaires entre eux.

Analyse des contrats d'options sur titres consolidés ou mis en équivalence

24250 ***Question***

Comment analyser les contrats d'options sur titres consolidés ou mis en équivalence ?

Réponse

L'analyse de ces contrats, souvent complexe, nécessite de bien comprendre l'économie des opérations réalisées ainsi que la réelle substance des engagements liant les différentes catégories d'actionnaires concernés.

A défaut de développements spécifiques dans les normes IFRS actuelles, la comptabilisation de ces contrats nécessite un traitement au cas par cas qui fait intervenir plusieurs normes IFRS aussi différentes que complexes.

Commentaires L'analyse des options sur titres consolidés ou mis en équivalence est souvent complexe, pour les raisons suivantes :
- ces transactions reposent sur des contrats qui sont eux-mêmes complexes et qui nécessitent de bien comprendre l'économie des opérations réalisées ainsi que la réelle substance des engagements liant les différentes catégories d'actionnaires concernés (existants ou potentiels) ;
- ces transactions sont à la croisée de plusieurs normes comptables aussi différentes que complexes notamment celles portant sur les instruments financiers (IAS 32 et IFRS 9), les regroupements d'entreprises (IFRS 3), les méthodes de consolidation (IFRS 10 et IAS 28), les avantages accordés au personnel (IAS 19), les paiements fondés sur des actions (IFRS 2) et les provisions (IAS 37), pour ne citer que les principales ;
- enfin, bien que relativement courantes, ces transactions n'ont pas fait l'objet de développements spécifiques et ne sont pas traitées par les normes IFRS actuelles.

Le traitement comptable de ces contrats nécessite ainsi une analyse et un traitement au cas par cas.

L'analyse du traitement comptable abordera les principaux enjeux suivants (liste non exhaustive) :
- appréciation de l'impact de ces contrats sur le contrôle de l'entité concernée ;
- appréciation de l'impact de ces contrats sur le pourcentage d'intérêts du groupe dans l'entité concernée ;
- comptabilisation d'une dette ou d'un dérivé au titre de ces contrats ;
- existence ou non d'une composante rémunération au titre de ces contrats ;
- constatation d'un engagement hors bilan, etc.

***Exemple 1** — Traitement comptable d'une option d'achat détenue par la société mère sur les titres d'une filiale* *L'entité A détient 60 % des titres d'une filiale F et a acquis une option d'achat (call) exerçable à tout moment sur les 40 % détenus par le minoritaire. Cette option d'achat n'est liée à aucune autre transaction, elle a été conclue avec l'actionnaire minoritaire qui ne rend aucun service au groupe. Le prix d'exercice de l'option d'achat est une formule considérée comme proche de la juste valeur.*

Solution de l'exemple 1 *L'achat de call est une transaction isolée (non liée à une autre transaction) et il n'est pas lié à des services rendus ou à rendre.*

Concernant l'incidence de cette option sur le pourcentage de contrôle et d'intérêts de F :

*1. **Incidence éventuelle sur le pourcentage de contrôle** Si elle était exercée, cette option d'achat porterait le pourcentage de droits de vote de A à 100 %. L'option d'achat est exerçable à tout moment et permettrait à A de disposer de droits de vote lors des prises de décisions. De plus, il n'existe a priori pas de frein à l'exercice de l'option d'achat par A (notamment son prix d'exercice est une approximation de la juste valeur). Il est donc très probable qu'il s'agisse de droits substantifs à prendre en compte dans le pourcentage de droits de vote de A dans F.*

*2. **Incidence éventuelle sur le pourcentage d'intérêts** Une option d'achat seule ne permet pas en général (tant qu'elle n'a pas été exercée) d'accéder aux rendements liés aux titres sous-jacents. Le pourcentage d'intérêts de A dans F est donc de 60 %, A n'ayant accès aux rendements de F (constitués des dividendes et de l'actif net résiduel) qu'à hauteur de ce pourcentage tant que l'option d'achat n'est pas exercée par A.*

***Exemple 2** — Traitement comptable d'options croisées portant sur les titres d'une filiale* *L'entité B détient 55 % des titres d'une filiale D et a par ailleurs contracté des options croisées avec l'actionnaire minoritaire portant sur les 45 % restants (achat d'un call et vente d'un put). Les deux options ont la même échéance et ne sont pas exerçables avant l'assemblée générale qui prend les décisions relatives aux activités clés de D, elles ont de plus le même prix d'exercice fixe. Le contrat d'options croisées ne rémunère ni biens ni services rendus ou à rendre. La politique de distribution de dividendes n'est pas modifiée par ces options mais D n'en a pas versé depuis plusieurs années.*

Solution de l'exemple 2 *Les options étant de sens inverse mais parfaitement symétriques en termes de caractéristiques (mêmes titres sous-jacents, même prix d'exercice fixe, même échéance, mêmes modalités d'exercice et même contrepartie), elles doivent être analysées comme des transactions liées entre elles.*

Par hypothèse, ce contrat n'entre pas dans le champ d'IFRS 2 ou d'IAS 19 car il ne rémunère ni biens ni services.

Concernant l'incidence de cette option sur le pourcentage de contrôle et d'intérêts de D et sur sa comptabilisation :

*1. **Incidence éventuelle sur le pourcentage de contrôle** Les options n'étant pas exerçables à la date à laquelle les décisions relatives aux activités pertinentes de D doivent être prises, elles n'ont pas à être prises en compte dans le pourcentage de contrôle de la filiale.*

*2. **Incidence éventuelle sur le pourcentage d'intérêts** Les options comprennent un engagement d'achat d'intérêts minoritaires d'une filiale. Ainsi, en l'absence de précision dans les textes, l'analyse de leur incidence sur le pourcentage d'intérêts dépendra du choix de méthode comptable retenu par l'entité B (voir n° 24320) :*

– l'entité B peut avoir choisi d'appliquer les dispositions d'IFRS 10 et de faire l'analyse du transfert des risques et avantages des titres sous-jacents aux options (voir a. ci-après) ; ou

– l'entité B peut avoir choisi d'appliquer les dispositions d'IAS 32 (voir point b. ci-après).

a. *Si l'entité B a choisi d'appliquer les dispositions d'IFRS 10 : les options ayant des caractéristiques parfaitement symétriques, il convient de les considérer ensemble pour apprécier si les rendements associés à la propriété des titres sous-jacents ont été transférés à B.*

Toutes choses égales par ailleurs, et dans la mesure où les options ont des caractéristiques parfaitement croisées et avec un prix d'exercice fixe, il est considéré virtuellement certain que les options seront exercées et donc que les 45 % de titres seront à terme détenus par B. En effet :

– si la juste valeur des titres de D augmente au-delà du prix d'exercice, B aura intérêt à exercer son option à l'échéance ;

– si la juste valeur des titres de D diminue en deçà du prix d'exercice, c'est l'actionnaire minoritaire qui aura intérêt à exercer son option de vente afin de céder les titres dans des conditions qui lui sont favorables (prix d'exercice du put supérieur à la juste valeur des titres à l'échéance).

Ainsi, B récupérera les titres, dont les rendements lui sont d'ores et déjà transférés, compte tenu du prix d'exercice fixe des options. Les dividendes versés par D ne devraient pas interférer dans l'analyse, B étant en mesure de contrôler les dividendes versés par D et il est peu probable qu'il décide de procéder à un tel versement avant d'acquérir les titres de D (la trésorerie liée à ce versement de dividendes quittant alors pour partie le groupe).

Dans ce cas, l'opération s'assimile à une opération de portage et B doit consolider la filiale D avec un pourcentage d'intérêts de 100 %. Il est considéré que les risques et avantages des titres sous-jacents aux options ont été transférés dès la mise en place des options croisées.

b. *Si l'entité B a choisi d'appliquer les dispositions d'IAS 32 : aucune analyse du transfert des risques et avantages n'est menée. Le pourcentage d'intérêts des titres sous-jacents aux options est affecté à l'entité B : la filiale D est consolidée avec un pourcentage d'intérêts de 100 %.*

Ainsi, au cas particulier, les deux méthodes comptables aboutissent au même résultat, à savoir la prise en compte par l'entité B du pourcentage d'intérêts des titres sous-jacents aux options.

3. ***Comptabilisation d'une dette financière*** *La contrepartie correspondant aux 45 % non encore juridiquement détenus donne lieu à l'enregistrement d'une dette relative au paiement différé des titres (IAS 32.23). Le montant de cette dette est le prix fixe d'exercice des options, pour son montant actualisé. La désactualisation sur les exercices ultérieurs se traduira par une charge d'intérêts en résultat.*

***Exemple 3** — Traitement comptable d'une vente de put sur titres d'une joint venture*
L'entité F détient 50 % des titres d'une joint venture E. F a, par ailleurs, accordé une promesse d'achat conditionnelle à l'autre coentrepreneur (vente de put) dont le prix d'exercice est calculé sur la base de 3 fois l'EBITDA de E. Ce put ne devient exerçable qu'en cas de désaccord prolongé et manifeste entre les coentrepreneurs, confirmé après recours devant un tribunal arbitral tiers. Il ne s'agit pas d'un contrat signé avec le personnel de la joint venture et rémunérant des services.

Solution de l'exemple 3 *Concernant l'incidence de cette option sur le pourcentage de contrôle et d'intérêts de E et sur sa comptabilisation :*

1. ***Incidence éventuelle sur le pourcentage de contrôle*** *La promesse d'achat n'est pas représentative de droits de vote exerçables par F à la date à laquelle les décisions relatives aux activités pertinentes de E doivent être prises car (i) leur exercice est conditionné à une situation de désaccord devant être confirmée par un tribunal arbitral*

tiers et (ii) l'exercice de la promesse d'achat n'est pas sous le contrôle de F, en tout état de cause. Cette option n'a donc pas à être prise en compte dans le pourcentage de contrôle de E.

2. ***Incidence éventuelle sur le pourcentage d'intérêts*** *Le prix d'exercice de l'option est une formule basée sur l'EBITDA de la joint venture. En général, le prix d'exercice n'étant pas fixe [que le facteur multiplicateur (x fois l'EBITDA) soit évolutif ou non], les rendements associés à la propriété des titres sous-jacents ne sont pas transférés avant l'exercice de l'option. En conséquence, la promesse d'achat (vente de put) n'est pas non plus prise en compte dans le pourcentage d'intérêts de la joint venture.*

3. ***Comptabilisation d'un dérivé*** *La promesse de vente (même conditionnée à une situation de blocage) ne constitue pas un put sur intérêts minoritaires (car F ne contrôle pas la joint venture E et n'a donc pas de minoritaires) mais est constitutive d'un dérivé entrant dans le champ d'application d'IFRS 9 et qui doit être comptabilisé et évalué en juste valeur par résultat.*

II. Principes de traitement d'un engagement d'achat d'intérêts minoritaires

Note préliminaire

24300 Dans les développements ci-après, nous abordons principalement le cas d'un engagement d'achat d'intérêts minoritaires, tel qu'un put émis après la première application des normes IAS 27 et IFRS 3 révisées en 2008.

Un put sur intérêts minoritaires dans une filiale est une option de vente de titres de cette filiale vendue par l'entreprise consolidante à un minoritaire.

Le put entraîne l'obligation pour l'entreprise consolidante d'acheter les titres détenus par le minoritaire à un prix d'exercice spécifié (fixe ou variable) et à une date future (ou sur une période spécifiée) si le minoritaire exerce son option de vente.

Lorsqu'il est question de « puts sur intérêts minoritaires » (options de vente vendues aux minoritaires d'une filiale contrôlée), cela suppose que le contrôle de l'entité dont les titres font l'objet du put est déjà démontré (par la détention effective, hors effet du put, de la majorité des droits de vote ou par d'autres moyens).

Evolution possible des normes De nombreuses discussions ont été entamées à l'IASB et à l'IFRS IC ces dernières années sur le sujet des puts sur intérêts minoritaires, sans donner lieu à la publication de textes définitifs à ce stade.

1. **Comptabilisation d'un put sur intérêts minoritaires réglé en un nombre variable d'instruments de capitaux propres de la société mère** Une demande d'interprétation concernant la comptabilisation d'un put sur intérêts minoritaires réglé en un nombre variable d'instruments de capitaux propres de la société mère a été soumise à l'IFRS IC en mai 2016. La question était de savoir si un tel put devait donner lieu à la comptabilisation par le groupe :

– d'une dette pour la valeur actualisée du prix de rachat estimé, de la même manière que lorsque le put est réglé en trésorerie ou en autres actifs financiers ; ou

– d'un dérivé à la juste valeur.

L'IFRS IC a également été sollicité sur le traitement comptable d'un put sur intérêts minoritaires dont le règlement peut se faire soit en trésorerie, soit en instruments de capitaux propres de la société mère, au choix de la société mère.

En novembre 2016, l'IFRS IC a décidé de ne pas ajouter ce sujet à son agenda, considérant que le sujet était trop large pour être traité de manière efficace et notant qu'il sera examiné par l'IASB dans le cadre de son projet dédié aux instruments financiers ayant des caractéristiques d'éléments de capitaux propres (projet « Financial Instruments with Characteristics of Equity »/FICE, voir Mémento IFRS nº 44100) (IFRIC Update 11/16).

A notre avis, en l'absence de précision dans la norme, lorsqu'un put sur intérêts minoritaires peut être réglé en un nombre variable d'instruments de capitaux propres de la société mère, il existe un choix de méthode comptable entre (i) comptabiliser une dette pour la valeur actualisée du prix de rachat estimé ou (ii) comptabiliser un dérivé à la juste valeur. Ce choix de méthode comptable doit être appliqué par le groupe de manière homogène pour des transactions similaires.

2. **Comptabilisation initiale et variations ultérieures de la dette liée à un put sur intérêts minoritaires** En mai 2010, une demande d'interprétation concernant la comptabilisation des variations de la dette liée à un put sur intérêts minoritaires, sur la base des normes IFRS 3 et IAS 27 révisées en 2008, a été soumise à l'IFRS IC.

En septembre 2010, l'IFRS IC a tout d'abord refusé de statuer sur ce point compte tenu du conflit existant entre les normes IAS 32 et 39, d'une part, et IAS 27, d'autre part. Puis, il a finalement décidé de retenir une solution pour résoudre à court terme la diversité de pratiques en la matière (IFRIC Update 03/11).

> **Remarque** Depuis le 1er janvier 2018, la norme IFRS 9 a remplacé la norme IAS 39. Selon IFRS 9, les discussions/réflexions de l'IFRS IC et de l'IASB auxquelles il est fait référence ci-après restent valables.

Cette solution aurait consisté à exclure les puts sur intérêts minoritaires du champ d'application d'IAS 32 afin de les constater en tant que dérivés en juste valeur par résultat, conformément à IAS 39, et non pas en constatant une dette pour la valeur actualisée du prix d'exercice, tel que requis par IAS 32.23.

Des amendements du champ d'application d'IAS 32 et éventuellement d'IAS 27, IFRS 9 et IAS 39 ont ainsi ensuite été présentés à l'IASB afin de permettre la mise en œuvre de cette solution.

Toutefois, l'IASB a rejeté cette proposition et a demandé à l'IFRS IC, en novembre 2011, de poursuivre les travaux sur les puts et les forwards (contrats fermes) sur intérêts minoritaires en maintenant la constatation d'une dette pour le prix d'exercice actualisé et en étudiant la seule question de la comptabilisation des variations ultérieures de cette dette.

Selon les discussions à l'IFRS IC, cette variation devrait être comptabilisée en compte de résultat (IFRIC Update 01/12), proposition acceptée en février 2012 par l'IASB. Un projet d'interprétation a donc été publié en mai 2012 dont l'appel à commentaires s'est terminé en octobre 2012.

> **Remarque** Cette interprétation ne devait pas s'appliquer aux puts sur intérêts minoritaires qui ont été comptabilisés comme une transaction d'acquisition future et conditionnelle d'intérêts minoritaires et comptabilisée en « goodwill en cours », selon IFRS 3 avant révision (version de 2004).

En janvier 2013, l'IFRS IC a réaffirmé la position exprimée dans le projet d'interprétation qui constitue selon lui l'interprétation correcte des normes existantes (IFRIC Update 01/13). Il a en outre élargi le champ d'application de l'interprétation aux forwards sur minoritaires. Il a toutefois à nouveau constaté que comptabiliser les puts sur minoritaires en tant que dérivés en juste valeur par résultat conformément à IAS 39, plutôt que comptabiliser une dette pour la valeur actualisée du prix d'exercice, fournirait une meilleure information financière. Par conséquent, l'IFRS IC a réitéré sa demande à l'IASB, avant la publication de l'interprétation, de reconsidérer l'applicabilité des exigences d'IAS 32.23 aux puts et aux forwards sur minoritaires.

En juin 2013, l'IASB a décidé de traiter ce sujet dans le cadre de son projet dédié aux instruments financiers ayant des caractéristiques d'éléments de capitaux propres (projet « Financial Instruments with Characteristics of Equity »/FICE, voir Mémento IFRS nº 44100).

Les réponses apportées dans les développements ci-après ne prennent pas en compte ce projet en cours de discussion.

Dispositions relatives aux engagements d'achat d'intérêts minoritaires

24310 ***Question***

Les normes IFRS 3 et IFRS 10 traitent-elles des engagements d'achat d'intérêts minoritaires ?

Réponse

Non, les normes IFRS 3 et IFRS 10 ne comportent aucune disposition sur les modalités de comptabilisation des engagements d'achat d'intérêts minoritaires.

Commentaires Les normes IFRS 3 et IFRS 10 n'apportent aucune précision sur les modalités de comptabilisation des engagements d'achat d'intérêts minoritaires.

La norme IAS 32, Instruments financiers – Présentation, impose de comptabiliser une dette au titre de l'obligation pour l'entité de racheter ses instruments de capitaux propres (puts sur intérêts minoritaires, par exemple), voir nº 24320.

Deux demandes d'interprétation différentes concernant la comptabilisation des puts sur intérêts minoritaires, selon la version des normes IFRS 3 et IAS 27 avant révision de 2008 (version 2004), ont été soumises à l'IFRS IC. Toutefois, l'IFRS IC a décidé de ne pas inscrire ces thèmes à son programme de travail, considérant qu'il ne pourrait pas arriver à une solution dans un délai raisonnable (IFRIC Updates 07/06 et 11/06).

La première demande d'interprétation concernait la contrepartie du reclassement initial des intérêts minoritaires en dettes, à la suite de l'émission d'un put ou d'un forward sur intérêts minoritaires.

La seconde demande d'interprétation concernait la comptabilisation des variations ultérieures de la dette liées à l'ajustement de la valeur estimée du prix d'exercice d'un put sur intérêts minoritaires.

Une demande d'interprétation concernant la comptabilisation des puts sur intérêts minoritaires selon les normes IFRS 3 et IAS 27 après révision en 2008 a été soumise à l'IFRS IC en mai 2010, voir ***Evolutions possibles des normes*** au nº 24300, point 2.

Modalités de comptabilisation d'un engagement d'achat d'intérêts minoritaires

24320 ***Question***

Comment un groupe doit-il comptabiliser un engagement d'achat d'intérêts minoritaires d'une filiale réglé en trésorerie ou en autres actifs financiers ?

Réponse

Un engagement d'achat d'intérêts minoritaires réglé en trésorerie ou en autres actifs financiers doit nécessairement donner lieu à la constatation d'une dette pour le prix de rachat estimé actualisé.

A notre avis, en l'absence de précision dans les normes, plusieurs approches sont possibles, avec des conséquences sur :
- la comptabilisation ou non d'intérêts minoritaires et le pourcentage d'intérêts du groupe dans la filiale ; et
- le mode de comptabilisation des variations ultérieures de la valeur de la dette constatée au titre de l'engagement d'achat des intérêts minoritaires.

Commentaires :

Remarque Lorsque l'engagement d'achat est accordé à des actionnaires qui sont également salariés d'une filiale, il convient en premier lieu d'apprécier si l'accord vise à acquérir des titres de minoritaires et/ou à rémunérer les services rendus par les minoritaires en leur qualité de salariés/dirigeants. Dans ce dernier cas, le groupe est susceptible de devoir constater tout ou partie du paiement en charge de rémunération à ce titre. Les dispositions d'IAS 32.23, relatives au rachat d'actions détenues par des minoritaires, pourraient ne pas s'appliquer, une telle transaction étant alors à traiter selon les dispositions des normes relatives à la rémunération de services reçus par le groupe (IAS 19 ou IFRS 2).

1. **Comptabilisation d'une dette pour la valeur actualisée du prix d'exercice de l'engagement d'achat** Un engagement d'achat (par exemple une option de vente (put)) octroy à un minoritaire entraîne l'obligation pour l'entreprise consolidante d'acheter les titres détenus par le minoritaire à un prix d'exercice spécifié, à une date future (ou sur une période spécifiée).

Ainsi, du fait de l'existence de cet engagement d'achat, les intérêts minoritaires, classés en capitaux propres avant la vente de cet engagement (IFRS 10.22), ne répondent plus à la définition d'un instrument de capitaux propres selon IAS 32 puisqu'ils deviennent remboursables en trésorerie ou en autres actifs financiers par l'effet de l'engagement d'achat (notion de « puttable instruments ») (IAS 32.11, .16a, .18b et .AG29).

Par conséquent, une dette doit être comptabilisée lorsque l'engagement d'achat est réglé en contrepartie de trésorerie ou d'un autre actif financier (IAS 32.AG29 et .BC68). Une dette doit être comptabilisée, même si l'obligation est conditionnée à ce que les minoritaires exercent leur option de vente (IAS 32.23).

Sur le cas particulier d'un engagement d'achat réglé en contrepartie d'un nombre variable d'instruments de capitaux propres de la société mère, voir n° 24300, point 1.

La dette doit être évaluée à la valeur actualisée de remboursement, c'est-à-dire, à notre avis, la valeur actualisée la plus probable du prix d'exercice de l'engagement d'achat (IAS 32.23 et .AG27). Aucune précision n'est apportée par les normes sur le taux d'actualisation et les modalités d'estimation du prix d'exercice.

Lorsque le prix d'exercice n'est pas connu au moment de la comptabilisation de l'engagement d'achat, par exemple parce qu'il correspond à l'application d'une formule à la date d'exercice, l'estimation de ce prix d'exercice peut être en pratique basée sur des business plans pouvant prendre en compte plusieurs scénarios, une formule appliquée à la valeur actuelle des minoritaires, la juste valeur actuelle des minoritaires, etc. Il convient de s'assurer de la cohérence entre le taux d'actualisation et la base d'estimation du prix d'exercice retenus.

2. **Conséquences d'un engagement d'achat sur la comptabilisation (ou non) des intérêts minoritaires** Si un engagement d'achat octroyé à un minoritaire donne nécessairement lieu à la comptabilisation d'une dette pour le prix d'exercice estimé actualisé, la question se pose de la comptabilisation (ou non) des intérêts minoritaires sous-jacents. En l'absence de précision normative (voir n° 24310), deux approches sont possibles, à notre avis :
- soit appliquer les dispositions d'IFRS 10, auquel cas la comptabilisation ou non d'intérêts minoritaires dépendra de l'analyse du transfert au groupe des risques et avantages des titres sous-jacents à l'engagement d'achat, voir n° 24330 et 24350 ;
- soit appliquer les dispositions d'IAS 32 (et ignorer celles d'IFRS 10), auquel cas les intérêts minoritaires sont nécessairement décomptabilisés (ou ne sont pas comptabilisés, si l'engagement d'achat est accordé dans le cadre d'un regroupement d'entreprises), voir n° 24380.

S'agissant d'un choix de méthode comptable, l'entité devra appliquer l'approche retenue de manière constante et homogène. Cette méthode comptable doit être présentée dans les états financiers de l'entité.

Si les minoritaires sont comptabilisés, le groupe continue à leur allouer une quote-part de résultat de la filiale tant que les intérêts sous-jacents à l'engagement d'achat n'ont pas été effectivement achetés par le groupe.

Si les minoritaires sont décomptabilisés, le pourcentage d'intérêts sous-jacents à l'engagement d'achat est alloué au groupe dès que cet engagement est accordé par le groupe.

3. **Mode de comptabilisation des variations ultérieures de la valeur de la dette constatée au titre de l'engagement d'achat** La dette constatée au titre de l'engagement d'achat doit être réévaluée tant que les intérêts sous-jacents n'ont pas été effectivement achetés par le groupe ou que l'engagement d'achat n'est pas éteint sans être exercé. A notre avis, en l'absence de précision normative, la contrepartie de cette réévaluation dépend de la comptabilisation (ou non) des intérêts minoritaires bénéficiant de l'engagement d'achat (selon le choix de méthode retenu par le groupe, voir point 2. ci-avant) :
- si les intérêts minoritaires sont comptabilisés en application des dispositions d'IFRS 10 (absence de transfert des risques et avantages au groupe) : la dette peut être réévaluée en contrepartie du compte de résultat ou en contrepartie des capitaux propres, selon un choix de méthode comptable à appliquer de manière constante et homogène par le groupe ;

Pour plus de détails, voir n° 24355.

- si les intérêts minoritaires ont été décomptabilisés (ou n'ont pas été comptabilisés) en application des dispositions d'IFRS 10 (avec transfert des risques et avantages au groupe) ou des dispositions d'IAS 32 : la dette doit être réévaluée en contrepartie du compte de résultat.

Pour plus de détails, voir n° 24370.

Cette démarche de comptabilisation est résumée dans le schéma ci-après, établi par nos soins.

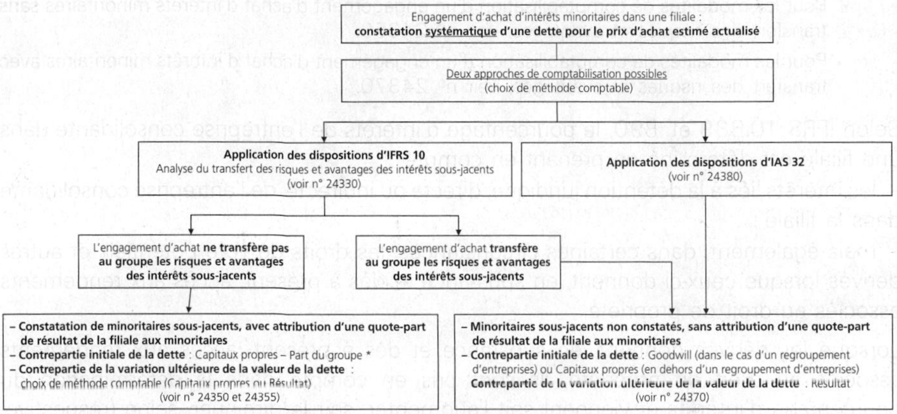

* Une autre présentation est possible, voir n° 24350, point 3.

III. Comptabilisation d'un engagement d'achat d'intérêts minoritaires : choix d'appliquer les dispositions d'IFRS 10

Analyse du transfert des risques et avantages

24330 ***Question***

Lorsque le groupe choisit d'appliquer les dispositions d'IFRS 10 pour la comptabilisation d'un engagement d'achat d'intérêts minoritaires, comment l'analyse du transfert des risques et avantages est-elle menée ?

Réponse

En pratique, une analyse au cas par cas des contrats, en tenant compte de tous les faits et circonstances, s'avère nécessaire afin d'apprécier si l'engagement d'achat transfère au groupe, dès à présent et en substance, les rendements associés à la propriété des titres concernés.

Commentaires Un groupe peut choisir d'appliquer les dispositions d'IFRS 10 pour la comptabilisation d'un engagement d'achat d'intérêts minoritaires (voir n° 24320, point 2.). Dans un tel cas, la question se pose de savoir si, selon ces dispositions :
- il doit continuer à constater des minoritaires tant que ces intérêts n'ont pas été effectivement achetés ; ou
- s'il doit augmenter son pourcentage d'intérêts dans la filiale du pourcentage d'intérêts sous-jacents à cet engagement d'achat (et donc décomptabiliser les minoritaires ou ne pas les constater).

Pour les modalités de comptabilisation d'un engagement d'achat d'intérêts minoritaires sans transfert des risques et avantages, voir nº 24350.

Pour les modalités de comptabilisation d'un engagement d'achat d'intérêts minoritaires avec transfert des risques et avantages, voir nº 24370.

Selon IFRS 10.B89 et .B90, le pourcentage d'intérêts de l'entreprise consolidante dans une filiale est déterminé en prenant en compte :
- les intérêts liés à la détention juridique, directe ou indirecte, de l'entreprise consolidante dans la filiale ;
- mais également, dans certaines circonstances, les droits de vote potentiels et autres dérivés lorsque ceux-ci donnent, en substance et dès à présent, accès aux rendements associés au droit de propriété.

Lorsque les dérivés donnent, en substance et dès à présent, accès aux rendements associés au droit de propriété, ils sont pris en compte dans la détermination du pourcentage d'intérêts et viennent soit l'augmenter, soit le diminuer, selon (respectivement) qu'ils transfèrent ou privent l'entreprise consolidante des rendements liés aux titres sous-jacents.

Un exemple de dérivés pris en compte dans le pourcentage d'intérêts est fourni dans l'Exemple 2 au nº 24250. Dans cet exemple, la vente de put et l'achat de call de l'entreprise consolidante (options dites « croisées ») viennent augmenter le pourcentage d'intérêts car ils donnent, en substance et immédiatement, accès aux rendements associés au droit de propriété des titres sous-jacents.

Inversement, ils privent les intérêts minoritaires de l'accès immédiat aux rendements associés au droit de propriété des titres sous-jacents et, par conséquent, diminuent le pourcentage d'intérêts des intérêts minoritaires.

En pratique, lorsque le groupe choisit d'appliquer les dispositions d'IFRS 10, les titres faisant l'objet de la vente d'un put (ou d'un engagement d'achat) par l'entreprise consolidante à un minoritaire ne devraient généralement pas avoir d'incidence sur le pourcentage d'intérêts tant que cette option n'est pas effectivement exercée. En effet, dans la plupart des cas, l'entreprise consolidante qui a vendu l'option de vente sur les titres n'a accès aux rendements associés au droit de propriété que lors du dénouement de l'option, le cas échéant, et non lors de son émission.

Compte tenu de la complexité de certaines opérations, une analyse au cas par cas, sur la base de tous les faits et circonstances (clauses des contrats d'option, existence d'options de vente et d'achat, pouvoir de l'entreprise consolidante sur la politique de distribution de dividendes de l'entité, prix d'exercice dans ou en dehors de la monnaie), s'avère nécessaire afin d'apprécier si :
- d'une part, la transaction avec les minoritaires est ferme en substance ; et
- d'autre part, le transfert des rendements associés à la propriété des titres concernés est ou non réalisé avant la date d'exercice de ces options.

Remarque IFRS 10.B90 fait référence au transfert des rendements attachés à la propriété des titres pour apprécier si les droits de vote potentiels ou autres dérivés doivent ou non être pris en compte dans le pourcentage d'intérêts.

En pratique, pour apprécier la substance de ces dérivés et déterminer s'ils modifient ou non le pourcentage d'intérêts de l'entreprise consolidante, l'analyse de l'accès aux rendements repose, à notre avis, sur le transfert des risques et des avantages associés aux titres sous-jacents. Selon IFRS 10, la notion de rendements s'entend de manière large. Ainsi, les rendements peuvent inclure les dividendes, les changements de juste valeur de l'investissement, les avantages fiscaux, les économies d'échelle, les synergies, les commissions de service, les commissions et l'exposition résultant de la fourniture d'une ligne de crédit ou de liquidités, etc. (IFRS 10.B57).

***Exemple** — Vente d'une option de vente (put) par l'entreprise consolidante sur les titres d'une filiale* *Une entité consolidante A détient 80 % d'une filiale F.*

A a accordé aux minoritaires de F une option de vente des 20 % de F qu'ils détiennent, dont le prix d'exercice est égal à la juste valeur des titres à la date d'exercice. Si les minoritaires exercent leurs options, A sera obligée de racheter ces 20 % aux minoritaires.

A a choisi d'appliquer les dispositions d'IFRS 10 pour la comptabilisation des engagements d'achat d'intérêts minoritaires (voir nº 24320).

Solution de l'exemple *Le pourcentage d'intérêts de l'entité A dans la filiale F s'élève à 80 % et ne passera à 100 % que lorsque les minoritaires exerceront leur option de vente des 20 % de l'entité F.*

En effet, si les titres sont achetés, ils le seront à leur juste valeur à la date d'achat. Entre la date de l'accord de l'engagement d'achat et la date de rachat des titres, les minoritaires bénéficieront de toute appréciation éventuelle de la valeur des titres de l'engagement (les minoritaires continuent à bénéficier des avantages des titres sous-jacents) et subiront toute diminution éventuelle de cette valeur (les minoritaires continuent à être exposés aux risques des titres sous-jacents).

Ainsi, cette option de vente dont le prix d'exercice est égal à la juste valeur ne permet pas de transférer à A les risques et avantages (et plus généralement les rendements) inhérents aux titres sous-jacents tant que l'option n'est pas exercée par les minoritaires.

Dette au titre d'un engagement d'achat d'intérêts minoritaires sans transfert des risques et avantages

24350 ***Question***

Lorsque le groupe choisit d'appliquer les dispositions d'IFRS 10, comment doit-il comptabiliser la vente d'un engagement d'achat d'intérêts minoritaires sans transfert des risques et avantages ?

Réponse

L'obligation contractuelle pour une entité de racheter ses instruments de capitaux propres (telle que constitue la vente d'un put sur intérêts minoritaires) en contrepartie de trésorerie ou d'un autre actif financier donne lieu à la comptabilisation d'une dette pour la valeur actualisée du prix d'exercice de l'option selon la norme IAS 32, Instruments financiers – Présentation.

La contrepartie de cette dette est constatée en capitaux propres.

Les minoritaires continuent à être matérialisés dans les capitaux propres et une quote-part de résultat de la filiale leur est affectée tant qu'ils n'ont pas été effectivement achetés par le groupe.

Sur le cas particulier d'un engagement d'achat d'intérêts minoritaires réglé en contrepartie d'un nombre variable d'instruments de capitaux propres de la société mère, voir nº 24300, point 1.

Si le paiement vise, en substance, à rémunérer non pas l'achat des titres mais une transaction distincte (par exemple, la rémunération de services rendus par les minoritaires en leur qualité de salariés/dirigeants), les dispositions des normes concernées s'appliquent au lieu de celles de la norme IAS 32.

Commentaires :

Remarque Lorsque l'engagement d'achat est accordé à des actionnaires qui sont également salariés/dirigeants d'une filiale, il convient en premier lieu d'apprécier si l'accord vise à acquérir des titres de minoritaires et/ou à rémunérer les services rendus par les minoritaires en leur qualité de salariés/dirigeants. Dans ce dernier cas, le groupe est susceptible de devoir constater tout ou partie du paiement en charge de rémunération à ce titre. Les dispositions d'IAS 32.23, relatives au rachat d'actions détenues par des minoritaires, pourraient ne pas s'appliquer, une telle transaction étant alors à traiter selon les dispositions des normes relatives à la rémunération de services reçus par le groupe (IAS 19 ou IFRS 2).

Décision de l'ESMA L'ESMA a publié une décision en ce sens. Dans le cas examiné par l'ESMA, l'émetteur a pris le contrôle d'une cible en acquérant 51 % de ses titres, les 49 % résiduels restant détenus par ses fondateurs. Il a par ailleurs accordé à ces derniers une option de vente sur leurs titres, exerçable à compter du troisième anniversaire de sa prise de contrôle. Le prix d'exercice de cette option est décoté en cas de départ des fondateurs du groupe avant son exercice. L'ESMA a conclu que la décote était une rémunération pour des services rendus par les fondateurs post-acquisition. L'émetteur aurait ainsi dû comptabiliser (i) une dette financière pour le prix d'exercice de l'option de vente réduite de la décote en cas de départ des fondateurs et (ii) une charge de rémunération pour le montant estimé de la décote, étalée sur la durée de service attendue (EECS/0124-02, 10/23).

Lorsque le groupe choisit d'appliquer les dispositions d'IFRS 10 pour la comptabilisation des engagements d'achat des minoritaires et conclut à l'absence de transfert des risques et avantages des titres sous-jacents, les minoritaires continuent à être présentés dans les capitaux propres et une quote-part de résultat de la filiale leur est affectée tant qu'ils n'ont pas été effectivement achetés par le groupe.

1. **Comptabilisation d'une dette pour la valeur actualisée du prix estimé de l'engagement d'achat d'intérêts minoritaires** Voir nº 24320, point 1.

2. **Contrepartie de la dette à constater en capitaux propres au titre d'un engagement d'achat sans transfert des risques et avantages** La dette constatée au titre de l'engagement d'achat est comptabilisée en contrepartie des capitaux propres (IAS 32.23). En effet, lorsque l'engagement d'achat des intérêts minoritaires ne transfère pas les risques et avantages dès son émission, il n'est pas, à notre avis, représentatif d'une acquisition ferme et immédiate d'intérêts minoritaires mais il doit être considéré comme une transaction d'acquisition future et conditionnelle d'intérêts minoritaires. L'anticipation des effets d'une telle acquisition d'intérêts minoritaires aboutit à comptabiliser la transaction selon l'approche de « l'entité économique », c'est-à-dire comme une transaction entre propriétaires de la même entité, directement en capitaux propres.

Pour l'acquisition d'intérêts minoritaires, voir nº 23730.

3. **Présentation de la contrepartie de la dette au sein des capitaux propres** La contrepartie de la dette peut, à notre avis, être présentée au sein des capitaux propres d'ensemble de deux manières ; le choix de présentation doit être appliqué de manière cohérente à tous les engagements d'achat d'intérêts minoritaires :

a. soit intégralement en déduction des Capitaux propres – Part du groupe ;

En effet, lorsque l'engagement d'achat d'intérêts minoritaires ne transfère pas les risques et avantages, il n'est pas pris en compte dans la détermination du pourcentage d'intérêts de l'entreprise consolidante dans la filiale, voir nº 24320.

En conséquence, les intérêts minoritaires continuent d'être constatés au bilan, dans les capitaux propres et au compte de résultat (IFRS 10.B89).

b. soit sur deux lignes distinctes, c'est-à-dire :

– sur une ligne distincte présentée en déduction des intérêts minoritaires, à hauteur de la valeur comptable des titres objet de l'engagement d'achat des intérêts minoritaires ; et

– pour le solde, en déduction des Capitaux propres – Part du groupe.

Un tel reclassement des intérêts minoritaires pourrait, à notre avis, être présenté sur une ligne séparée juste en dessous de la ligne « Intérêts minoritaires ».

Cette seconde présentation présente à notre avis un double avantage :
– les intérêts minoritaires sont ainsi maintenus de manière apparente au sein des capitaux propres consolidés d'ensemble (conformément à IFRS 10.22) ; et
– l'impact constaté en Capitaux propres – Part du groupe est celui qui serait comptabilisé si l'option était immédiatement exercée.

4. **Comptabilisation ultérieure de la dette pendant la vie de l'instrument (variations de la dette constatée au titre de l'engagement d'achat des minoritaires)** La dette constatée au titre de l'engagement d'achat doit être réévaluée tant que les intérêts sous-jacents n'ont pas été effectivement achetés par le groupe ou que l'engagement d'achat n'est pas éteint sans être exercé. A notre avis, en l'absence de précision normative, si les intérêts minoritaires sont comptabilisés en application des dispositions d'IFRS 10 (absence de transfert des risques et avantages au groupe), la dette peut être réévaluée en contrepartie du compte de résultat ou en contrepartie des capitaux propres, selon un choix de méthode comptable à appliquer de manière constante et homogène par le groupe.

Pour plus de détails, voir n° 24355.

5. **Comptabilisation de l'exercice de l'engagement d'achat** Si l'engagement d'achat est exercé, le paiement effectué par le groupe à ce titre vient éteindre la dette constatée au titre de cet engagement. Si la contrepartie initiale de la dette était intégralement comptabilisée en Capitaux propres – Part du groupe (point 3a. ci-avant), les intérêts minoritaires sous-jacents sont reclassés en Capitaux propres – Part du groupe.

6. **Comptabilisation de l'extinction sans exercice de l'engagement d'achat** Si l'engagement d'achat s'éteint sans être exercé, la dette correspondante est décomptabilisée en contrepartie des composantes des capitaux propres impactées par sa comptabilisation initiale et ses variations ultérieures.

Cette extinction ne modifie pas la valeur comptable des intérêts minoritaires dans les capitaux propres.

7. **Absence de distinction entre un engagement d'achat d'intérêts minoritaires sans transfert des risques et avantages émis dans le cadre ou en dehors d'un regroupement d'entreprises** Lorsque l'engagement d'achat est accordé dans le cadre d'un regroupement d'entreprises, il convient de déterminer si cet engagement fait partie intégrante de l'opération de prise de contrôle elle-même ou constitue, en substance, une transaction distincte d'acquisition future et conditionnelle d'intérêts minoritaires complémentaires.

Tel est le cas lorsque l'engagement d'achat ne transfère pas, dès son émission, les risques et avantages.

Il n'y aurait alors pas de différence de comptabilisation avec un engagement d'achat d'intérêts minoritaires émis en dehors d'un regroupement d'entreprises.

Dans le cas contraire, si l'émission de l'engagement d'achat implique un transfert des risques et avantages liés aux titres sous-jacents, l'engagement fait partie intégrante du regroupement d'entreprises et constitue ainsi, en substance, une seule et même opération avec l'opération de prise de contrôle.

Ce qui implique la comptabilisation obligatoire d'un goodwill attribuable au groupe pour l'ensemble des titres détenus juridiquement et ceux faisant l'objet de l'engagement d'achat.

Pour plus de précisions, voir n° 24330.

Pour les éléments à considérer pour déterminer si une prise de contrôle suivie d'une acquisition d'intérêts minoritaires constitue une seule opération ou des opérations distinctes, voir n° 23735.

Exemple *La filiale F est détenue à 75 % par A et à 25 % par le minoritaire M. A accorde au minoritaire M un put exerçable dans 5 ans, dont le prix d'exercice est égal à 3 fois l'EBITDA.*

A a choisi d'appliquer les dispositions d'IFRS 10 pour la comptabilisation des engagements d'achat d'intérêts minoritaires. Après analyse des faits et circonstances et compte tenu des caractéristiques du prix d'exercice, il est considéré que le put sur intérêts minoritaires ne transfère pas les risques et avantages à A.

La valeur actualisée sur 5 ans du prix d'exercice estimé au jour de l'émission du put est de 92.

Solution de l'exemple *L'obligation pour A de racheter les 25 % de titres de F détenus par M du fait du put donne lieu à la constatation d'une dette à hauteur de la valeur actualisée du prix d'exercice, soit 92.*

La contrepartie est constatée en Capitaux propres – Part du groupe dans les comptes consolidés de A, si telle est la présentation choisie par le groupe (voir point 3. ci-avant).

Dt	*Capitaux propres – Part du groupe*	*92*	
Ct	*Dette au titre du put*		*92*

Variations ultérieures de la dette relative à un engagement d'achat d'intérêts minoritaires sans transfert des risques et avantages

24355 ***Question***

Lorsque le groupe choisit d'appliquer les dispositions d'IFRS 10, comment doit-il comptabiliser les variations ultérieures de la dette relative à la vente d'un engagement d'achat d'intérêts minoritaires sans transfert des risques et avantages ?

Réponse

Dans l'attente de la finalisation des travaux en cours à l'IASB et à l'IFRS Interpretations Committee sur cette question (voir nº 24300, point 2.), il est, à notre avis, possible de comptabiliser les variations ultérieures de la dette :
- en résultat, conformément aux dispositions des normes IAS 32 et IFRS 9, et ce, que ces variations soient liées à l'effet éventuel de la désactualisation ou à l'ajustement de la valeur estimée du prix d'achat (prix variable ou juste valeur) ; ou
- en capitaux propres (approche qui a la préférence de l'AMF) soit intégralement (quelle que soit la nature de ces variations ultérieures), soit à hauteur des seuls changements de valeur estimée du prix d'acquisition, les variations liées à l'effet éventuel de la désactualisation de la dette de put étant alors constatées en résultat.

Commentaires :

1. **Première approche : comptabilisation en résultat de toutes les variations ultérieures de la dette (y compris celles liées aux changements d'estimation du prix d'achat)** Les normes IFRS n'apportent pas de précision spécifique sur la comptabilisation des variations ultérieures de la dette liées à l'ajustement de la valeur estimée du prix d'exercice d'un engagement d'achat d'intérêts minoritaires sans transfert des risques et avantages.

Toutefois, l'application des dispositions d'IAS 32 et IFRS 9 aboutit à la comptabilisation en résultat de toutes les variations ultérieures de la dette, y compris l'effet éventuel de la désactualisation.

En effet, le traitement du changement de la valeur estimée du prix d'exercice (en cas de prix d'exercice variable ou à la juste valeur) résulte des dispositions de la norme IAS 32.23 renvoyant à la norme IFRS 9 pour la comptabilisation ultérieure de la dette. Selon la norme IFRS 9, l'effet des changements d'estimation des flux de trésorerie à payer au titre d'une telle dette est constaté en résultat (IFRS 9.B5.4.6).

Tel est le cas, par exemple, lorsque le prix d'exercice de l'option de vente est égal à la juste valeur des titres à la date d'exercice ou est établi à partir d'une formule de calcul dont les variables sont des indicateurs de performance financière future (chiffre d'affaires, EBITDA, résultat).

En outre, l'effet éventuel de la désactualisation (lorsque l'achat des intérêts minoritaires est prévu à une date future) est comptabilisé en charges financières conformément à IFRS 9.A et .5.3.1.

Cette solution est, à notre avis, applicable que l'engagement d'achat soit accordé dans le cadre ou en dehors d'un regroupement d'entreprises, voir nº 24350, point 4.

2. **Seconde approche : comptabilisation en Capitaux propres – Part du groupe**

Cette approche est très suivie en pratique par les groupes français et a la préférence de l'AMF dans l'attente de la finalisation des travaux en cours à l'IASB et à l'IFRS IC, voir nº 24300.

Selon cette approche, les variations de la dette liée à l'engagement d'achat d'intérêts minoritaires pourraient suivre le même traitement que celui retenu lors de l'acquisition d'intérêts minoritaires, c'est-à-dire être constatées en capitaux propres (sauf, le cas échéant, pour l'effet de désactualisation de la dette).

En effet :

- la constatation en capitaux propres des variations ultérieures de la dette liée à un engagement d'achat d'intérêts minoritaires sans transfert des risques et avantages permet que l'accroissement ou la diminution de la juste valeur des titres par rapport à leur valeur comptable soit constaté en capitaux propres. Ce qui est cohérent avec l'approche « entité économique » retenue par les normes IFRS 3 et IFRS 10, les transactions avec les intérêts minoritaires étant analysées comme des transactions entre actionnaires en tant que détenteurs des capitaux propres de la même entité économique et constatées en capitaux propres (IFRS 10.23 ; voir nº 23730) ;
- cette approche nous paraît également cohérente avec l'interprétation IFRIC 17, Distribution d'actifs non monétaires aux propriétaires d'une entité, qui prévoit, d'une part, que la distribution d'actifs non monétaires aux actionnaires donne lieu à la constatation d'une dette pour la juste valeur des actifs à distribuer et, d'autre part, que les variations ultérieures de cette dette (dues aux changements de juste valeur des actifs à distribuer) sont comptabilisées directement en capitaux propres s'agissant de transactions avec des actionnaires (IFRIC 17.11 et .13).

Pour une présentation générale d'IFRIC 17, voir Mémento IFRS nº 37705.

Selon cette approche, les variations ultérieures de la dette constatées après l'émission de l'engagement d'achat d'intérêts minoritaires pourraient, à notre avis, être comptabilisées différemment en fonction de leur nature :

- l'effet éventuel de la désactualisation (lorsque l'achat des intérêts minoritaires est prévu à une date future) serait comptabilisé en charges financières ;
- le changement de la valeur estimée du prix d'exercice (hors effet éventuel de désactualisation) serait comptabilisé soit intégralement en Capitaux propres – Part du groupe, soit en Intérêts minoritaires (à hauteur de leur valeur comptable) et pour le solde en Capitaux propres – Part du groupe, selon la méthode adoptée par le groupe pour la contrepartie de la dette, voir nº 24350, point 2.

Recommandations de l'AMF Dans ses recommandations en vue de l'arrêté des comptes 2009, l'AMF s'est prononcée en faveur de cette approche sans toutefois distinguer l'effet éventuel de désactualisation du changement de la valeur estimée du prix d'exercice (Rec. AMF 2009-28, Arrêté des Comptes 2009, § 3.5).

3. **Nécessité d'une information en annexe sur le traitement appliqué** L'AMF précise en outre (Rec. AMF précitée) que les entités doivent expliquer en annexe la méthode comptable retenue. Cette précision est également rappelée par l'IFRS IC (IFRIC Update 09/10).

Evolution possible de la réponse Voir nº 24300.

Dette au titre d'un engagement d'achat d'intérêts minoritaires avec transfert des risques et avantages

24370 ***Question***

Lorsque le groupe choisit d'appliquer les dispositions d'IFRS 10, comment doit-il comptabiliser la vente d'un engagement d'achat d'intérêts minoritaires avec transfert des risques et avantages à l'entreprise consolidante ?

Réponse

Lorsqu'un engagement d'achat d'intérêts minoritaires (tel qu'un put sur intérêts minoritaires, généralement associé à d'autres instruments) a pour effet de transférer immédiatement les risques et avantages associés aux titres faisant l'objet de l'engagement d'achat, il doit être comptabilisé comme une acquisition ferme et immédiate des titres sous-jacents avec paiement différé (sauf pour l'éventuelle partie du paiement qui viserait à rémunérer une transaction distincte de l'achat des titres). Une dette est constatée au titre de ce paiement différé.

A compter de l'émission de l'engagement d'achat, aucune quote-part de résultat n'est affectée aux minoritaires puisque les intérêts qu'ils détiennent sont réputés appartenir au groupe.

Les éventuelles variations ultérieures de la valeur de la dette jusqu'à la date d'achat effectif des intérêts minoritaires sont comptabilisées en résultat.

Commentaires :

Remarque Lorsque l'engagement d'achat est accordé à des actionnaires qui sont également salariés/dirigeants d'une filiale, il convient d'apprécier si l'accord vise à acquérir des titres de minoritaires ou à rémunérer les services rendus par les minoritaires en leur qualité de salariés/dirigeants. Dans ce dernier cas, le groupe est susceptible de devoir constater tout ou partie du paiement en charge de rémunération à ce titre. Les dispositions d'IAS 32.23, relatives au rachat d'actions détenues par des minoritaires, pourraient ne pas s'appliquer, une telle transaction étant alors à traiter selon les dispositions des normes relatives à la rémunération de services reçus par le groupe (IAS 19 ou IFRS 2).

Décision de l'ESMA L'ESMA a également publié une décision en ce sens (EECS/0124-02, 10/23). Voir nº 24350.

1. **Comptabilisation d'une dette pour la valeur actualisée du prix estimé de l'engagement d'achat d'intérêts minoritaires** Voir nº 24320, point 1.

2. **Incidence du transfert des risques et avantages sur le pourcentage d'intérêts et sur le traitement comptable de l'engagement d'achat** Lorsqu'un engagement d'achat

d'intérêts minoritaires (tel qu'un put sur intérêts minoritaires, associé à d'autres instruments) transfère les risques et avantages à l'entreprise consolidante, il devrait, à notre avis, être pris en compte dès son émission dans la détermination du pourcentage d'intérêts de l'entreprise consolidante sur la filiale dont les titres font l'objet de l'engagement d'achat.

Pour l'appréciation du transfert des risques et avantages du fait de l'existence d'un engagement d'achat intérêts minoritaires, voir nº 24330.

Dans ce cas, l'engagement d'achat donne lieu à la comptabilisation d'une acquisition ferme et immédiate des titres sous-jacents avec paiement différé.

A compter de l'émission de l'engagement d'achat, aucune quote-part de résultat n'est plus affectée aux minoritaires puisque les intérêts qu'ils détiennent sont réputés appartenir au groupe.

3. **Contrepartie initiale de la dette constatée au titre d'un engagement d'achat d'intérêts minoritaires avec transfert des risques et avantages** Le traitement comptable d'une telle acquisition ferme d'intérêts minoritaires est différent selon que cet engagement d'achat a été accordé :
- au moment d'un regroupement d'entreprises et qu'il est lié à celui-ci ; ou
- après la prise de contrôle de la filiale dont les titres font l'objet de l'engagement d'achat.

a. **Engagement d'achat d'intérêts minoritaires conclu au moment du regroupement d'entreprises et lié à ce dernier** Dans ce cas, l'engagement d'achat fait partie de la comptabilisation d'une opération unique de regroupement d'entreprises.

Le paiement différé au titre de l'engagement d'achat est constaté en dette pour la valeur actualisée du prix d'achat estimé et fait partie du prix d'acquisition des titres au même titre que le prix payé pour la prise de contrôle. La contrepartie du paiement différé vient donc mécaniquement augmenter le goodwill lié à la prise de contrôle.

b. **Engagement d'achat d'intérêts minoritaires conclu après l'obtention du contrôle** Un engagement d'achat d'intérêts minoritaires avec transfert des risques et avantages et qui est conclu après l'obtention du contrôle est comptabilisé comme une acquisition ferme d'intérêts minoritaires, au moment de son émission.

Pour la comptabilisation d'une acquisition ferme d'intérêts minoritaires, voir nº 23730.

Les intérêts minoritaires que ces titres représentent à la date d'émission de l'engagement d'achat sont reclassés vers les Capitaux propres – Part du groupe et la contrepartie de la dette est comptabilisée en Capitaux propres – Part du groupe. Ainsi, l'écart entre le prix d'acquisition des titres (c'est-à-dire le prix de rachat estimé actualisé) et la valeur nette comptable des intérêts minoritaires que ces titres représentent à la date de l'émission de l'engagement d'achat est constaté en Capitaux propres – Part du groupe (sans modifier les valeurs comptables consolidées des actifs et passifs identifiables ni le goodwill) (IFRS 10.B96 et .BCZ168).

4. **Comptabilisation ultérieure pendant la vie de l'instrument** Dans la mesure où il est considéré que le groupe a d'ores et déjà acquis les intérêts minoritaires sous-jacents à l'engagement d'achat, la dette constatée à ce titre est une dette financière comptabilisée selon les dispositions de la norme IAS 32, renvoyant à la norme IFRS 9 pour sa comptabilisation ultérieure. Ainsi, la variation de valeur de la dette (résultant du changement de la valeur estimée du prix d'exercice et de l'effet de la désactualisation) est constatée en résultat, conformément à IFRS 9.A et .5.3.1.

5. **Comptabilisation de l'exercice de l'engagement d'achat** L'exercice de l'engagement d'achat ne constitue, en substance, que le paiement différé au titre de l'acquisition d'intérêts minoritaires qui a eu lieu lors de l'émission de l'option. Ainsi, l'exercice de

l'engagement d'achat donne lieu à la décomptabilisation de la dette au titre du paiement différé par la contrepartie de la trésorerie effectivement versée aux minoritaires.

6. **Comptabilisation de l'extinction de l'engagement d'achat** L'extinction de l'engagement d'achat sans exercice correspond, à notre avis, en substance, à une transaction avec les minoritaires par laquelle les titres sous-jacents de l'option et les intérêts minoritaires qu'ils représentent sont vendus aux minoritaires au jour où l'engagement d'achat s'éteint.

> **Remarque** Lorsque le groupe choisit d'appliquer les dispositions d'IFRS 10 et que l'analyse en substance a démontré que l'engagement d'achat d'intérêts minoritaires, éventuellement associé à d'autres instruments, a pour effet de transférer dès son émission les risques et avantages à l'entreprise consolidante, l'extinction de l'engagement d'achat sans exercice devrait être atypique car contraire à la substance de l'engagement d'achat telle qu'analysée. Cette situation peut néanmoins être rencontrée dans un contexte de manque de liquidité.

Cette cession d'intérêts minoritaires est constatée en capitaux propres (IFRS 10.23). Ainsi, l'écart entre le prix d'achat et les intérêts minoritaires que cette option représente à la date d'extinction de l'engagement d'achat est comptabilisé en Capitaux propres – Part du groupe. Les valeurs comptables consolidées des actifs et passifs de la filiale concernée, y compris le goodwill, ne sont pas modifiées et les intérêts minoritaires sont constatés pour la quote-part de capitaux propres consolidés de la filiale qu'ils représentent à la date d'extinction de l'engagement d'achat.

Exemple *Le 31/12/N, le groupe G négocie avec V afin de prendre le contrôle de la cible C. Le groupe G :*
– acquiert de manière ferme 60 % des titres C pour 150 ; et
– accorde à V une option de vente des 40 % de titres C résiduels pour un prix fixe de 109 dans 3 ans.

Concomitamment, G a l'option d'acheter les 40 % de titres C au même prix de 109 et au même terme de 3 ans.

Par simplification, il est considéré que la valeur actualisée du prix d'exercice au 31/12/N est de 100 et que l'effet annuel de la désactualisation est de 3.

La juste valeur de l'actif net de C est de 180 au 31/12/N.

Le groupe choisit d'appliquer les dispositions d'IFRS 10 en menant l'analyse du transfert des risques et avantages. Après analyse des faits et circonstances, il est considéré que les options croisées (put et call à prix fixe) représentent, en substance et au regard de l'analyse du transfert des risques et avantages (voir nº 24320), une acquisition ferme à prix fixe qui transfère à G les risques et avantages liés aux 40 % de titres C et constitue avec la prise de contrôle une opération unique de regroupement d'entreprises.

Solution de l'exemple *Les options croisées, put et call sur intérêts minoritaires, transférant à G les risques et avantages liés aux 40 % de titres C, sont prises en compte dans la détermination du pourcentage d'intérêts de G dans C.*

Ainsi, le pourcentage de G dans C est de 100 % dont 40 % font l'objet d'un paiement différé.

Les écritures suivantes doivent être comptabilisées :

1. *A la date du regroupement d'entreprises :*

Dt	*Goodwill*	*70*	
Dt	*Actif net de C*	*180*	
Ct	*Trésorerie*		*150*
Ct	*Dette au titre du paiement différé*		*100*

Le goodwill de 70 correspond à la différence entre :
- le prix d'acquisition des 100 % qui est de 250 (dont 150 payés immédiatement et 100, montant actualisé du paiement différé de 109, dans 3 ans) ; et
- le montant des actifs nets acquis au titre du regroupement, soit 180.

2. *Au titre de chacun des exercices N+1, N+2 et N+3 (constatation des effets de la désactualisation) :*

Dt	*Charges financières*	*3*	
Ct	*Dette au titre du paiement différé*		*3*

3. *Au 31/12/N+3 (avant l'exercice de l'une des deux options, put ou call), la dette au titre du paiement différé est de 109 = 100 + (3 x 3).*

4. *Au jour de l'exercice de l'une des deux options :*

Dt	*Dette au titre du paiement différé*	*109*	
Ct	*Trésorerie versée à V*		*109*

IV. Comptabilisation d'un engagement d'achat d'intérêts minoritaires : choix d'appliquer les dispositions d'IAS 32

Dette au titre d'un engagement d'achat d'intérêts minoritaires - Analyse selon les dispositions d'IAS 32

24380 ***Question***

Lorsque le groupe choisit d'appliquer l'approche IAS 32, comment doit-il comptabiliser l'émission d'un engagement d'achat d'intérêts minoritaires ?

Réponse

Lorsque le groupe choisit d'appliquer les dispositions d'IAS 32, l'engagement d'achat d'intérêts minoritaires conduit à conclure que le groupe a d'ores et déjà acheté ces intérêts, sans prise en considération du transfert des risques et avantages menée selon les dispositions d'IFRS 10.

Ainsi, même si l'engagement d'achat ne conduit pas au transfert des risques et avantages des titres sous-jacents au groupe, cet engagement doit être comptabilisé comme une acquisition ferme et immédiate des titres avec un paiement différé (sauf pour l'éventuelle partie du paiement qui viserait à rémunérer une transaction distincte de l'achat des titres). Une dette est constatée au titre de ce paiement différé.

A compter de l'émission de l'engagement d'achat, aucune quote-part de résultat n'est affectée aux minoritaires puisque les intérêts qu'ils détiennent sont réputés appartenir au groupe.

Les variations ultérieures de la valeur de la dette jusqu'à la date d'achat effectif des intérêts minoritaires sont comptabilisées en résultat.

Commentaires Lorsque le groupe choisit d'appliquer les dispositions d'IAS 32, les modalités de comptabilisation de l'engagement d'achat d'intérêts minoritaires sont les mêmes que celles d'un engagement d'achat avec transfert des risques et avantages sous IFRS 10 (voir n° 24370).

CHAPITRE 9

Informations à fournir sur les intérêts détenus dans d'autres entités (IFRS 12)

24500

Plan du chapitre

L'ESSENTIEL DE LA NORME IFRS 12

Note liminaire

24501 La norme IFRS 12, Informations à fournir sur les intérêts détenus dans d'autres entités, a été publiée en mai 2011 en même temps que les normes :
- IFRS 10, Etats financiers consolidés (voir n° 15005 s.) ;
- IFRS 11, Partenariats (voir n° 15358 s.) ;
- IAS 27, Etats financiers individuels ; et
- IAS 28, Participations dans des entreprises associées et des joint ventures (voir n° 15552 s.).

A. Généralités

Objectif de la norme et champ d'application

24507 L'objectif d'IFRS 12 est de fournir des informations permettant aux utilisateurs des états financiers d'une entité d'évaluer (IFRS 12.1) :
- d'une part, la nature des intérêts qu'elle détient dans d'autres entités et les risques qui leur sont associés ;

Les intérêts détenus dans une autre entité sont définis comme tout lien contractuel ou non contractuel qui expose l'entité présentant l'information financière à un risque de variation des rendements associés à la performance de l'autre entité (IFRS 12.B7). La norme précise que la détention d'intérêts dans une autre entité ne résulte pas uniquement d'une simple relation client-fournisseur (IFRS 12.A). Pour évaluer si elle a des intérêts dans une autre entité, l'entité présentant l'information financière considère « la raison d'être et la conception » de cette autre entité (selon la traduction de la norme disponible sur le site de l'IASB de la notion de « purpose and design ») (IFRS 12.B7).

- et d'autre part, les incidences de ces intérêts sur sa situation financière, sa performance financière et ses flux de trésorerie.

La norme définit les **informations obligatoires** à fournir par toute entité qui détient des intérêts dans (IFRS 12.2 et .5) :
- des filiales (dont des entités structurées consolidées) ;
- des partenariats (joint operations ou joint ventures) ;
- des entreprises associées ; ou
- des entités structurées non consolidées.

Pour plus d'informations :
- sur les filiales, voir n° 15005 s. ;
- sur les partenariats, voir n° 15358 s. ;
- sur les entreprises associées, voir n° 15552 s. ;
- sur les entités structurées, voir n° 24525.

Les dispositions de la norme IFRS 12 s'appliquent également aux intérêts d'un émetteur dans une des catégories citées ci-dessus, lorsque ces intérêts sont classés (ou inclus dans un groupe destiné à être cédé qui est classé) comme « détenus en vue de la vente » ou comme « activités abandonnées » selon IFRS 5, Actifs non courants détenus en vue de la vente et activités abandonnées, à l'exception des informations financières résumées indiquées aux paragraphes B10 à B16 (IFRS 12.5A et .B17).

Remarque La norme ne s'applique pas :
- aux régimes postérieurs à l'emploi ou autres avantages à long terme du personnel relevant de la norme IAS 19, Avantages du personnel ;
- aux états financiers individuels (sauf si l'entité présente uniquement des états financiers individuels et détient des intérêts dans des entités structurées non consolidées, auquel cas elle doit appliquer les dispositions de la norme IFRS 12.24 à .31) ;
- aux intérêts détenus dans un partenariat sans exercice du contrôle conjoint, sauf si ces intérêts lui permettent d'exercer une influence notable sur le partenariat ou si ces intérêts sont détenus dans une entité structurée ;
- aux intérêts dans une autre entité comptabilisés selon la norme sur les instruments financiers (sauf si ces intérêts sont une participation dans une entreprise associée ou une joint venture évalués à la juste valeur en contrepartie du résultat ou si ces intérêts sont détenus dans une entité structurée non consolidée).

B. Hypothèses et jugements importants

24515 La norme IFRS 12 stipule qu'une entité doit fournir des informations sur les **hypothèses** et **jugements importants** sur lesquels elle s'est appuyée pour déterminer (IFRS 12.7 et .9A) :
- si elle contrôle une autre entité dans laquelle elle a investi (voir nº 15010) ;

> **Recommandations de l'AMF** Dans les cas significatifs où l'analyse du contrôle est complexe, l'AMF recommande d'expliquer en annexe les éléments ayant permis de conclure sur le contrôle, afin de donner au lecteur les clefs pour une meilleure compréhension des spécificités des relations entre l'investisseur et l'entité concernée (Rec. AMF 2013-19, Arrêté des Comptes 2013, § 5.3.1).

- si elle exerce un contrôle conjoint au sein d'un partenariat (voir nº 15360) ou une influence notable sur une autre entité (voir nº 15555 s.) ;
- le type de partenariat (joint operation ou joint venture), lorsque l'activité faisant l'objet du partenariat est menée au sein d'une structure financière distincte (voir nº 15371) ;
- si elle répond à la définition d'une société d'investissement (IFRS 12.2a.iii et .9A).

> En outre, si l'entité répond à la définition d'une société d'investissement tout en n'ayant pas une (ou plusieurs) des caractéristiques de ces sociétés (telles que définies par IFRS 10.28), il convient d'indiquer en annexe les raisons qui ont conduit l'entité à aboutir à cette conclusion (IFRS 12.9A).
>
> Par ailleurs, une entité qui répondrait à la définition d'une société d'investissement pour la première fois ou, au contraire, qui ne répondrait plus à cette définition, doit fournir des informations spécifiques (IFRS 12.9B).
>
> Pour plus de détails sur les caractéristiques d'une société d'investissement, voir nº 15188.

Le recours à des hypothèses et jugements importants peut intervenir pour déterminer, par exemple :

– le type de contrôle qu'exerce l'entité sur une autre entité lorsque des faits et circonstances l'ont amenée à revoir ce contrôle au cours de la période de présentation (IFRS 12.8) ;

Recommandations de l'AMF :

1. L'AMF recommande la plus grande transparence en cas de modification de la nature du contrôle qu'exerce le groupe, notamment sans évolution de la détention en capital, lorsque l'impact du changement est significatif. L'AMF a ainsi rappelé qu'il convient de détailler en annexe, en plus des impacts, l'analyse et les jugements effectués (Rec. AMF 2014-13, Arrêté des Comptes 2014, § 2.3).

2. Dans le contexte de la guerre en Ukraine, compte tenu notamment des diverses sanctions et mesures gouvernementales, l'AMF a insisté sur l'importance d'effectuer une analyse spécifique et détaillée avant de conclure au maintien ou à une perte du contrôle des filiales situées dans les zones concernées. En conséquence, l'AMF recommande d'indiquer dans les états financiers, de manière suffisamment détaillée et spécifique, l'ensemble des faits et circonstances ayant conduit au maintien ou à la perte de contrôle (modification de la gouvernance, restriction d'accès et d'utilisation des actifs, etc.) et de décrire les principales caractéristiques et les impacts des options de rachat de titres cédés, le cas échéant (Rec. AMF 2022-06, Arrêté des Comptes 2022, § 3.3).

– si l'entité agit pour son propre compte ou en tant qu'agent (IFRS 12.9c) ;

– toute situation allant à l'encontre de la présomption de contrôle lorsque les droits de vote sont au moins égaux à 50 % ou toute situation de contrôle lorsque les droits de vote sont inférieurs à 50 % (IFRS 12.9) ;

– toute situation allant à l'encontre de la présomption d'influence notable lorsque les droits de vote sont au moins égaux à 20 % (ou d'influence notable lorsque les droits de vote sont inférieurs à 20 %) (IFRS 12.9).

Par ailleurs, l'entité doit indiquer comment elle a regroupé ses intérêts dans des entités semblables (IFRS 12.B3).

Le regroupement permet d'éviter une surcharge de détails inutiles pour les utilisateurs des états financiers (IFRS 12.4 et .B2).

C. Intérêts détenus dans des filiales, partenariats et entreprises associées

24520 Concernant les intérêts détenus dans des filiales, partenariats et entreprises associées, la nature des principales informations à fournir par l'entité établissant les comptes consolidés est décrite de manière synthétique dans le tableau suivant.

		Partenariats		
Informations à fournir	Filiales (1a)	Joint operations	Joint ventures	Entreprises associées
Nom, lieu, nature de la relation avec l'entité dans laquelle l'entreprise a des intérêts	Oui (1b)	Oui (2a)	Oui (2a)	Oui (2a)
Informations financières résumées *	Oui (1c)	Non	Oui (2d)	Oui (2d)
Nature et étendue des restrictions importantes associées aux intérêts détenus	Oui (1d)	Non	Oui (2b)	Oui (2b)
Nature des risques associés aux intérêts détenus	Non	Non	Oui (2e)	Oui (2e)
Nature, montant et raisons des soutiens financiers accordés sans y être tenu par une obligation contractuelle	Non	Non	Oui (2f)	Non
Autres informations à fournir	Oui (1e)	Oui (2c)	Oui (2c et 2g)	Oui (2c et 2g)

(*) Les informations financières résumées ne sont pas requises pour les intérêts dans les filiales, partenariats et entreprises associées classés (ou inclus dans un groupe destiné à être cédé qui est classé) comme « détenus en vue de la vente » selon IFRS 5, Actifs non courants détenus en vue de la vente et activités abandonnées (IFRS 12.B17).

La norme IFRS 12 comporte des précisions sur le regroupement de certaines informations. L'entité doit trouver un équilibre entre une information trop détaillée potentiellement inutile pour les utilisateurs des états financiers et un regroupement d'informations trop poussé qui aurait pour effet de les obscurcir (IFRS 12.B2 à .B6).

Commentaires du tableau :

1. **Filiales** :

1a. En complément des informations permettant aux utilisateurs des états financiers consolidés de comprendre la composition du groupe, la norme IFRS 12 impose de fournir des informations sur les intérêts des minoritaires dans les activités et les flux de trésorerie du groupe (IFRS 12.10 à .12).

Pour chacune des filiales présentant des intérêts minoritaires significatifs, l'entité doit fournir des informations détaillées.

L'appréciation du caractère significatif des intérêts minoritaires revêt donc une importance particulière.

Pour plus de détails sur l'appréciation de la matérialité des intérêts minoritaires, voir nº 24540.

Il s'agit des informations indiquées dans les notes (1b) à (1d) suivantes :

1b. Doivent être communiquées les informations suivantes :
- le nom de la filiale et le lieu où se situe son établissement principal ainsi que le pays dans lequel elle a été constituée s'il est différent (IFRS 12.12) ;
- le pourcentage de détention et de droit de vote des minoritaires, la part du résultat net de la période et du résultat cumulé revenant aux minoritaires (IFRS 12.12) ;
- le montant des dividendes versés sur la période aux minoritaires (IFRS 12.B10).

1c. Doivent être également communiquées des informations financières résumées concernant les actifs, les passifs, le résultat net et les flux de trésorerie de la filiale (IFRS 12.B10).

Recommandations de l'AMF Dans ses recommandations en vue de l'arrêté des comptes 2014, l'AMF a rappelé l'importance de fournir cette information et a indiqué que la ventilation du résultat et des capitaux propres des minoritaires par les principales filiales contributrices ne permet pas à elle seule d'atteindre cet objectif. L'AMF a par ailleurs précisé que pouvoir rattacher ces intérêts minoritaires, le cas échéant, à leur segment opérationnel est utile pour le lecteur (Rec. AMF 2014-13, Arrêté des Comptes 2014, § 2.1.3).

Les informations financières résumées requises sont les montants avant élimination des comptes et opérations réciproques (IFRS 12.B11).

1d. L'entité présentant l'information financière doit indiquer (IFRS 12.13) :
- les restrictions importantes qui limitent sa capacité d'accès ou d'utilisation des actifs du groupe et de règlement des passifs du groupe ;

Les restrictions visées par la norme peuvent être de nature légale, réglementaire ou contractuelle et porter notamment sur les possibilités de transférer de la trésorerie au sein du groupe ou de restreindre les prélèvements sur les capitaux propres (par exemple, pour le paiement de dividendes). Tel peut notamment être le cas des groupes détenant des filiales dans des pays où un contrôle des changes ou d'autres contraintes existent (Venezuela, Russie, par exemple).

Pour l'information à fournir par ailleurs sur les soldes significatifs de trésorerie et d'équivalents de trésorerie détenus par l'entreprise mais qui ne sont pas disponibles pour le groupe, voir Mémento IFRS nº 56210.

- la nature des droits de protection des minoritaires et dans quelle mesure ces droits peuvent limiter la capacité de l'entité à accéder ou à utiliser les actifs du groupe et à régler les passifs du groupe ;
- les valeurs comptables, dans les états financiers consolidés, des actifs et des passifs auxquels s'appliquent ces restrictions.

1e. En outre, IFRS 12 requiert de fournir des informations permettant aux utilisateurs des états financiers consolidés d'évaluer :
- les incidences des modifications du pourcentage de détention des titres de participation dans les filiales qui n'ont pas entraîné de perte du contrôle (IFRS 12.18) ;

Ces incidences doivent être présentées sous forme de tableau (IFRS 12.18).

- l'incidence de la perte du contrôle d'une filiale au cours de la période de présentation de l'information financière (IFRS 12.19).

2. **Partenariats et entreprises associées** Pour chaque partenariat (joint operation ou joint venture) ou entreprise associée significative pour l'entité présentant l'information financière, l'entité doit communiquer les informations qualitatives 2a à 2c suivantes :

2a. le nom, la nature de la relation avec le partenariat ou l'entreprise associée (par exemple, en décrivant la nature des activités du partenariat), le lieu où se situe son établissement principal (IFRS 12.21a) ;

2b. la nature et l'étendue des restrictions importantes limitant les transferts de fonds (sous forme de dividendes ou autre) à l'entité présentant l'information financière (« restricted cash ») (IFRS 12.22) ;

2c. le pourcentage d'intérêts détenu au sein de ce partenariat ou de cette entreprise associée (IFRS 12.21a).

2d. Pour chaque joint venture ou entreprise associée significative, des informations quantitatives doivent également être fournies : informations financières résumées (IFRS 12.21b.ii) et notamment le montant global (à 100 %, i.e. sans tenir compte de la quote-part d'intérêts détenus, IFRS 12.B14) des actifs courants et non courants, des passifs courants et non courants, du chiffre d'affaires, du résultat net et des autres éléments du résultat global (IFRS 12.B12).

Recommandations de l'AMF La norme ne précisant pas les éléments qualitatifs et quantitatifs à utiliser pour déterminer si la joint venture ou l'entreprise associée est significative, il est utile d'indiquer notamment les éléments qualitatifs pris en compte dans la détermination de ce caractère significatif (importance stratégique de cette entité, par exemple) (Rec. AMF 2014-13, Arrêté des Comptes 2014, § 2.2.2).

Concernant les joint ventures, les informations financières résumées doivent également inclure les éléments suivants : montant global du solde de trésorerie et équivalents de trésorerie, des dettes financières courantes et non courantes, des amortissements et dépréciations, des charges et produits d'intérêts, des charges et produits d'impôts (IFRS 12.B13).

Toutes les informations financières résumées fournies doivent être retraitées des ajustements effectués lors de l'application de la méthode de la mise en équivalence (et notamment les retraitements de juste valeur à la date d'acquisition) ou au titre des différences de méthodes comptables (IFRS 12.B14a).

Recommandations de l'AMF Dans ses recommandations en vue de l'arrêté des comptes 2014, l'AMF a insisté sur la nécessité de fournir ces informations et a indiqué qu'il était utile de faire le lien avec les secteurs opérationnels (Rec. AMF 2014-13, Arrêté des Comptes 2014, § 2.2.2).

Par ailleurs, pour atteindre l'objectif poursuivi qui est de permettre aux utilisateurs d'évaluer la nature, l'étendue et les incidences financières de leurs intérêts dans des partenariats et des entreprises associées, l'AMF encourage les sociétés à s'interroger sur les agrégats à fournir en complément de ceux requis par IFRS 12.B12 et .B13 (Rec. AMF 2014-13, Arrêté des Comptes 2014, § 2.2.2).

Pour plus de détails sur la granularité de l'information requise pour les joint ventures et les entreprises associées, voir n° 24545.

2e. L'entité doit indiquer les engagements qu'elle a pris à l'égard des joint ventures (de manière distincte de ses autres engagements) (IFRS 12.B18 à .B20) ainsi que les passifs éventuels contractés à l'égard des joint ventures ou entreprises associées (IFRS 12.23).

Recommandations de l'AMF Dans ses recommandations en vue de l'arrêté des comptes 2014, l'AMF a insisté sur la nécessité de fournir l'information relative aux engagements pris à l'égard des joint ventures ou de faire des renvois dans les notes annexes si cette information figure par ailleurs (Rec. AMF 2014-13, Arrêté des Comptes 2014, § 2.2.2).

2f. Le montant total de l'engagement pris pour soutenir financièrement les joint ventures doit être indiqué (IFRS 12.B19a.iv).

2g. Pour chaque joint venture ou entreprise associée significative, des informations qualitatives doivent également être fournies :
- utilisation de la méthode de la mise en équivalence ou de la juste valeur pour la comptabilisation de celle-ci (IFRS 12.21b) ;
- un rapprochement des informations financières résumées présentées avec la valeur comptable de la participation dans la joint venture ou dans l'entreprise associée mise en équivalence (IFRS 12.B14b) lorsque cette méthode est appliquée ;
- une information sur la juste valeur de la participation détenue lorsqu'il existe un prix coté sur un marché pour cette participation (IFRS 12.21b.iii) ;

Sur la possibilité de prendre en compte une prime ou une décote dans l'évaluation de la juste valeur d'une participation cotée sur un marché actif (et donc de se départir d'une évaluation égale au produit du cours de marché unitaire par la quantité de titres détenus), voir Mémento IFRS nº 13384.

- la quote-part éventuellement non comptabilisée des pertes de la période et des pertes cumulées réalisées par les joint ventures ou entreprises associées (IFRS 12.22c).

En outre, l'entité doit indiquer la valeur globale de ses intérêts dans toutes les joint ventures ou entreprises associées qui sont non significatives prises isolément et qui sont comptabilisées selon la méthode de la mise en équivalence (IFRS 12.21c et .B16).

D. Intérêts détenus dans les filiales non consolidées d'une société d'investissement

24522 Les informations à fournir concernant les filiales de sociétés d'investissement non consolidées qui sont comptabilisées à la juste valeur par la contrepartie du résultat sont énoncées par IFRS 12 (IFRS 12.19A à .19G).

Certaines informations, requises par ailleurs par IFRS 12, ne sont en revanche pas à fournir concernant ces entités (IFRS 12.21A et .25A).

Décision de l'ESMA Dans le cadre d'une revue des états financiers d'un émetteur, l'ESMA a toutefois indiqué que, même si des informations qualitatives et quantitatives ne sont pas spécifiquement requises par IFRS 12 concernant les filiales de sociétés d'investissement, certaines informations requises par IFRS 13 devaient également être données, comme par exemple, le niveau hiérarchique de l'évaluation, les techniques et données d'évaluation, certaines informations quantitatives spécifiques, etc. (IFRS 13.93). En effet, IAS 1.31 précise qu'une entité doit envisager de fournir des informations supplémentaires, lorsque le respect des dispositions requises par les normes IFRS lui paraît insuffisant pour permettre aux utilisateurs des états financiers de comprendre l'incidence de transactions particulières, d'autres événements ou conditions sur la situation financière de l'entité et sur sa performance financière (EECS/0119-04, 07/19).

E. Intérêts détenus dans des entités structurées consolidées ou non consolidées

24525 Une entité structurée est une « entité conçue de telle manière que les droits de vote ou droits similaires ne constituent pas le facteur déterminant pour établir qui contrôle l'entité », les principales activités étant dirigées par des accords contractuels (IFRS 12.A).

La norme IFRS 12 ne reprend pas la notion d'entité ad hoc à laquelle se référait SIC 12, mais traite des entités structurées, pour lesquelles elle donne la définition précitée.

Pour la notion d'entités structurées et des exemples, voir n° 15175 et 15176.

La nature des principales informations à fournir par l'entité établissant des comptes consolidés concernant ses intérêts dans des entités structurées est synthétisée dans le tableau suivant :

Informations à fournir	Entités structurées consolidées	Entités structurées non consolidées (2a)
Nom, lieu, nature de la relation avec l'entité dans laquelle l'entreprise a des intérêts	Oui (1a)	Oui (2b)
Nature et étendue des restrictions importantes associées aux intérêts détenus	Oui (1a)	Non
Nature des risques associés aux intérêts détenus	Oui (1b)	Oui (2c)
Nature, montant et raisons des soutiens financiers accordés sans y être tenu par une obligation contractuelle	Oui (1c)	Oui (2d)
Informations financières résumées	Oui (1a)	Oui (2e)
Autres informations à fournir	Oui (1a et 1d)	Non

Commentaires du tableau :

1. **Entités structurées consolidées** :

1a. Les obligations d'informations applicables aux filiales (telles que décrites au n° 24520) sont applicables également aux entités structurées consolidées. La norme IFRS 12 prévoit pour ces dernières des informations complémentaires spécifiques.

1b. La norme IFRS 12 requiert de fournir des informations permettant aux utilisateurs des états financiers consolidés d'évaluer la nature et l'évolution des risques associés aux intérêts détenus par l'entité dans des entités structurées consolidées (IFRS 12.14 à .17).

Recommandations de l'AMF Lorsque ces risques peuvent avoir un impact significatif sur les comptes, les sociétés évalueront le niveau d'information et d'agrégation pertinent pour répondre aux attentes des utilisateurs (Rec. AMF 2014-13, Arrêté des Comptes 2014, § 2.1.5).

Ainsi, pour toutes les entités structurées consolidées, l'entité consolidante doit indiquer les termes de tout accord contractuel qui pourrait l'obliger, elle ou ses filiales, à soutenir financièrement l'une de ces entités, y compris les événements ou circonstances qui pourraient l'exposer à une perte (IFRS 12.14).

1c. Pour les entités structurées consolidées doivent être indiqués la nature, le montant et les raisons d'un soutien, financier ou autre, fourni au cours de la période lorsqu'il a été apporté (ou qu'il y a eu l'intention de l'apporter) sans que l'entité n'y soit tenue par une obligation contractuelle (IFRS 12.15 et .17).

1d. Lorsque ce soutien a abouti au contrôle de l'entité structurée, doivent être décrits les facteurs pertinents qui ont conduit à l'octroi d'un soutien, financier ou autre, à cette entité structurée non consolidée antérieurement (IFRS 12.16).

2. **Entités structurées non consolidées** :

2a. La présentation sous forme de tableau des informations relatives aux entités structurées non consolidées doit être privilégiée à moins qu'une autre forme convienne mieux (IFRS 12.28).

2b. Il s'agit pour ces entités de fournir une description de leur nature, leur objet, leur taille, leurs activités et leurs modes de financement (IFRS 12.26).

2c. L'entité doit fournir les informations suivantes :

- le montant de son exposition maximale au risque de perte attribuable à ces entités (IFRS 12.29c) ainsi que la façon dont cette exposition maximale a été déterminée. S'il n'est pas possible de la quantifier, il est nécessaire de l'indiquer et d'en préciser les raisons ;
- la comparaison entre, d'une part, son exposition maximale au risque de perte attribuable à ces entités, et d'autre part, ses intérêts dans les actifs et passifs des entités structurées non consolidées (IFRS 12.29d).

2d. Il est nécessaire de décrire la nature, le montant et les raisons des soutiens, financiers ou autres, qui auraient été fournis aux entités structurées non consolidées dans lesquelles l'entité a ou a déjà eu des intérêts, sans que l'entité n'y soit tenue par une obligation contractuelle (IFRS 12.30).

2e. Au cas particulier, il s'agit de fournir les valeurs comptables des actifs et passifs comptabilisés dans les états financiers présentés (y compris leur classement dans l'état de la situation financière) au titre des intérêts détenus dans les entités structurées non consolidées (IFRS 12.29a et .29b).

Recommandations de l'AMF Lorsque les risques liés aux entités structurées non consolidées (qui font notamment l'objet des informations citées aux paragraphes 2c, 2d et 2e) peuvent avoir un impact significatif sur les comptes, les sociétés évalueront le niveau d'information et d'agrégation pertinent pour répondre aux attentes des utilisateurs (Rec. AMF 2014-13, Arrêté des Comptes 2014, § 2.1.5).

QUESTIONS/REPONSES PRATIQUES

Remarque importante

24535 Les réponses aux questions présentées ci-après résultent de l'analyse des dispositions de la norme IFRS 12, Informations à fournir sur les intérêts détenus dans d'autres entités, en vigueur actuellement, sur la base des informations disponibles au 31 décembre 2023.

Pour des informations sur les « Post-implementation Review » (PIR) des normes IFRS 10, IFRS 11 et IFRS 12, voir nº 15101.

Appréciation de la matérialité des intérêts minoritaires

24540 ***Question***

Comment apprécier, en pratique, la matérialité des intérêts minoritaires ?

Réponse

L'appréciation de la matérialité des intérêts minoritaires nécessite de faire preuve de jugement, en menant une analyse à la fois qualitative et quantitative. Cette appréciation doit, à notre avis, être effectuée sur une base brute, c'est-à-dire sur la base de leur contribution dans les actifs bruts et les passifs consolidés du groupe.

Lorsqu'il existe des sous-groupes, il convient de mener l'analyse à la fois sur une base individuelle, au niveau de la filiale considérée, ainsi qu'au niveau du sous-groupe constitué par la filiale et l'ensemble de ses participations.

Commentaires IFRS 12.12 requiert de communiquer des informations spécifiques pour les filiales présentant des intérêts minoritaires significatifs, parmi lesquelles des informations financières résumées.

Pour plus de détails sur les informations à fournir, voir nº 24520.

L'objectif de cette disposition est de permettre aux utilisateurs des états financiers d'apprécier la composition du groupe et de comprendre les intérêts dont les actionnaires minoritaires disposent dans les activités et les flux de trésorerie du groupe.

Comme l'indiquent les bases de conclusion de la norme (IFRS 12.BC21 à .BC29), ces informations individualisées ont été demandées par les utilisateurs des états financiers car elles permettent de comprendre la part des profits et de la trésorerie d'une filiale qui revient aux minoritaires.

1. **Démarche générale** La notion de « minoritaires significatifs » n'est pas définie par la norme IFRS 12. Il est donc nécessaire de faire preuve de jugement dans cette appréciation, en menant une analyse à la fois qualitative et quantitative.

Recommandations de l'AMF Dans ses recommandations en vue de l'arrêté des comptes 2013, l'AMF préconise d'évaluer la pertinence et la granularité des éléments à présenter en fonction des situations spécifiques. Les éléments pouvant être pris en compte sont, par exemple, l'existence de soldes de trésorerie significatifs, le poids de ces participations dans les agrégats utilisés par le groupe (résultat, flux de trésorerie, actif, passif) ou encore l'existence de sous-groupes (Rec. AMF 2013-19, Arrêté des Comptes 2013, § 5.3.4).

L'AMF recommande également aux sociétés d'indiquer en annexe la façon dont le caractère significatif des intérêts minoritaires a été apprécié (Rec. AMF 2014-13, Arrêté des Comptes 2014, § 2.1.3).

En outre, l'ESMA encourage les groupes à communiquer sur les intérêts minoritaires lorsque ces derniers sont significatifs au niveau des comptes consolidés mais qu'aucun d'entre eux n'est individuellement significatif (ESMA/2014/1309, 10/14).

L'IFRS IC a notamment été interrogé afin de clarifier les bases sur lesquelles les informations requises par IFRS 12 devaient être fournies. En janvier 2015, l'IFRS IC a ainsi confirmé que l'appréciation de la matérialité des intérêts minoritaires significatifs doit être effectuée au regard des états financiers consolidés du groupe, sur la base de données tant quantitatives que qualitatives, notamment relatives à la nature de l'activité de la filiale. L'IFRS IC précise qu'il convient également de considérer l'objectif visé par ces informations, à savoir permettre aux utilisateurs des états financiers d'apprécier la composition du groupe et les intérêts des actionnaires minoritaires dans les activités et les flux de trésorerie du groupe. Il doit être fait preuve de jugement pour cette appréciation, à effectuer séparément pour chaque filiale ou sous-groupe (IFRIC Update 01/15).

2. **Base d'appréciation (brute ou nette)** L'appréciation de la matérialité des intérêts minoritaires dépend des faits et circonstances. Toutefois, à notre avis, il est approprié de mener cette appréciation sur une base brute, c'est-à-dire en considérant la part des intérêts minoritaires :
- dans les actifs bruts et les passifs consolidés du groupe ; et
- dans les différents agrégats de performance (chiffre d'affaires...).

L'actif net n'est pas toujours l'indicateur le plus pertinent pour apprécier la matérialité des intérêts minoritaires. En effet, une entité peut être à la fois fortement capitalisée et endettée et, ainsi, avoir un actif net peu élevé. Dans un tel cas, une appréciation fondée sur l'actif net ne permettrait pas de mettre en évidence la part potentiellement significative des intérêts minoritaires dans les actifs bruts et les passifs consolidés du groupe.

De la même façon, le résultat net ne doit pas être le seul agrégat à retenir pour apprécier la part des intérêts minoritaires dans la performance du groupe. Une filiale significative peut, en effet, avoir une faible rentabilité.

3. **Niveau de l'appréciation (sur une base individuelle ou au niveau d'un sous-groupe)** Lorsqu'une filiale détient, elle-même, des participations ayant des intérêts minoritaires, l'appréciation de la matérialité des intérêts minoritaires doit, à notre avis, être menée par le groupe à la fois :
- sur une base individuelle (c'est-à-dire au niveau de la filiale considérée) ; et
- au niveau du sous-groupe constitué par la filiale et l'ensemble de ses participations.

Il est important de mener l'analyse au niveau du sous-groupe car la performance et la position financière du sous-groupe, dans son ensemble, sont consolidées dans les comptes du groupe. La part des intérêts minoritaires dans la filiale, mère de ce sous-groupe, s'étend donc également au reste du sous-groupe.

L'IFRS IC a confirmé qu'il est nécessaire de faire preuve de jugement pour déterminer la base sur laquelle les informations requises par IFRS 12.12 doivent être présentées. Sur la base de cette appréciation, les informations peuvent être fournies :
- soit pour le sous-groupe dans son ensemble ;
- soit de façon désagrégée, pour toute filiale présentant des intérêts minoritaires au sein de ce sous-groupe.

L'IFRS IC précise en outre que, conformément à IFRS 12.B11, les montants présentés doivent être indiqués avant élimination des transactions intragroupe entre la filiale ou le sous-groupe considéré et les autres entités du groupe (à l'exclusion des transactions réalisées au sein du sous-groupe qui, elles, doivent être éliminées) (IFRIC Update 01/15).

Sur ces différents points, l'IFRS IC considère que les dispositions sont suffisamment explicites et détaillées pour ne pas nécessiter d'amendement ni d'interprétation de la norme IFRS 12 (IFRIC Update 01/15).

Exemple *Le Groupe M, dont le total bilan et les capitaux propres s'élèvent respectivement à 560 et 140, détient l'entité A à 70 %. Cette dernière a des capitaux propres de 10 ; la part revenant aux actionnaires minoritaires de A est de 3. La contribution brute des minoritaires de A est de 30 % des actifs de A (180), soit 54, ce qui représente 10 % du total bilan du Groupe M. De même, leur contribution brute dans les passifs consolidés (hors capitaux propres) est de 11 % (30 % des passifs de A d'un montant de 160, soit 48, rapporté aux passifs consolidés de 420).*

Ainsi, sur une base brute, les intérêts minoritaires de A représentent 10 % du total bilan du Groupe M et 13 % des passifs consolidés (hors capitaux propres). Toutefois, sur une base nette, ils peuvent apparaître comme non significatifs car ils représentent seulement 2 % des capitaux propres consolidés du Groupe M (3 rapporté à 140).

Bilan consolidé (M + filiale A à 70 %)

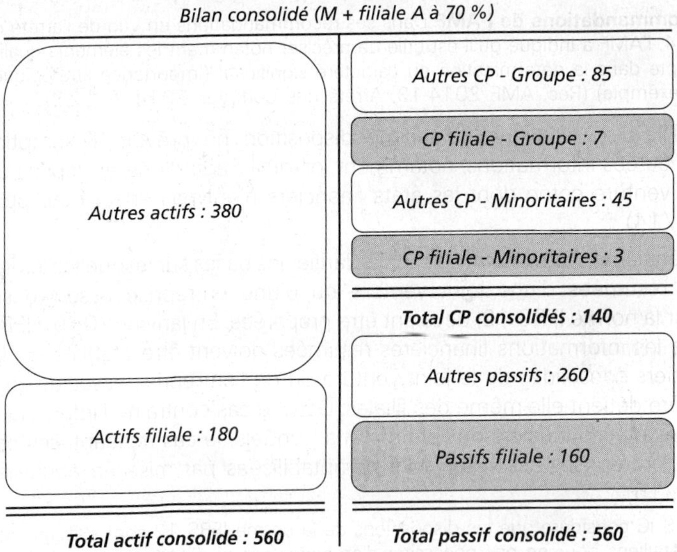

Granularité de l'information requise pour les joint ventures et entreprises associées

24545 ***Question***

Est-il possible d'agréger les informations requises pour les joint ventures et les entreprises associées significatives ?

Réponse

Non, ces informations doivent être communiquées sur une base individuelle.

Commentaires IFRS 12.21 requiert de communiquer des informations qualitatives ainsi que des informations financières résumées pour chaque joint venture et entreprise associée significative.

Pour plus de détails sur les informations à fournir, voir nº 24520.

L'objectif est de permettre aux utilisateurs des états financiers d'évaluer la nature, l'étendue et les incidences financières des intérêts détenus dans ces entités. En effet, la méthode de la mise en équivalence ne permet pas de montrer les ressources et les obligations qui résultent de l'implication dans une joint venture ou une associée (seule la quote-part dans l'actif net et le résultat net est présentée).

En novembre 2014, l'IFRS IC a confirmé que la publication des informations requises par IFRS 12 doit être faite sur une base individuelle, et non agrégée, dès lors qu'une joint venture ou une entreprise associée est significative pour l'entité présentant l'information financière. Ceci reflète les intentions de l'IASB, telles que décrites dans le paragraphe IFRS 12.BC50.

La norme IFRS 12 ne précise pas quels critères retenir pour l'appréciation de la matérialité des joint ventures et entreprises associées. A notre avis, il est nécessaire de faire preuve de jugement, en tenant compte également d'éléments qualitatifs, par exemple, si ces activités revêtent une importance stratégique pour le groupe.

Recommandations de l'AMF Dans ses recommandations en vue de l'arrêté des comptes 2014, l'AMF a indiqué qu'il est utile de préciser notamment les éléments qualitatifs pris en compte dans la détermination du caractère significatif (importance stratégique de l'entité, par exemple) (Rec. AMF 2014-13, Arrêté des Comptes 2014, § 2.2.2).

En outre, l'IFRS IC souligne qu'aucune disposition ne prévoit d'exemption pour la publication de ces informations, notamment lorsqu'il s'agit d'une entreprise associée ou d'une joint venture cotée dont les états financiers n'ont pas encore été publiés (IFRIC Update 11/14).

L'IFRS IC a également été interrogé afin de clarifier les bases sur lesquelles les informations financières résumées d'une joint venture ou d'une entreprise associée significative, requises par la norme IFRS 12, devaient être préparées. En janvier 2015, l'IFRS IC a ainsi précisé que les informations financières résumées doivent être établies sur la base des états financiers consolidés de la joint venture ou de l'entreprise associée considérée, si cette dernière détient elle-même des filiales. Dans le cas contraire, l'information doit être basée sur les états financiers de l'entité dans lesquels, le cas échéant, ses propres joint ventures et entreprises associées sont comptabilisées par mise en équivalence (IFRIC Update 01/15).

L'IFRS IC considère que les dispositions de la norme IFRS 12 sont suffisamment explicites et détaillées pour ne pas nécessiter d'amendement ni d'interprétation de la norme (IFRIC Update 02/15).

Pour toutes les joint ventures et les entreprises associées qui ne sont pas individuellement significatives, les informations requises peuvent être présentées de façon agrégée par type de participation : joint ventures, d'une part, et entreprises associées, d'autre part (IFRS 12.21c).

Table alphabétique (3e partie)

Comptes consolidés en normes IFRS

A

B

C

L

M

N

O

P

Achevé d'imprimer
juin 2024
Photocomposition
par MAURY IMPRIMEUR S.A.
45330 MALESHERBES

Dépôt légal : Juin 2024

236893 695 (I) – PFE 39 g – NC (I-C)
Achevé d'imprimer en juin 2024 sur les presses de C.P.I. BECK
Dépôt légal : juillet 2024
Imprimé en Allemagne

Certifié PEFC

Ce produit est issu de forêts gérées durablement et de sources contrôlées

PEFC

PEFC/04-31-0658

www.pefc.de

36893-695 (I) - PRL 39 g - NC (LC)
Achevé d´imprimer en juin 2024 sur les presses de C.H.BECK
Dépôt légal : juillet 2024
Imprimé en Allemagne